红军长征纪实丛书

红四方面军卷

1

中共中央党史研究室 编

中共党史出版社

图书在版编目(CIP)数据

红军长征纪实丛书．红四方面军卷/中共中央党史研究室编．
—北京：中共党史出版社，2016.10(2023.2 重印)
ISBN 978-7-5098-3787-0

Ⅰ.①红… Ⅱ.①中… Ⅲ.①中国工农红军长征—史料
②红四方面军—史料 Ⅳ.①K264.406

中国版本图书馆 CIP 数据核字(2016)第 168207 号

出版发行：中共党史出版社
协调编辑：潘　鹏
协理编辑：李晓倩
责任编辑：姚建萍　贾京玉　王鸽子　吕佳音　王媛
责任校对：龚秀华
责任印制：谷智宇
社　　址：北京市海淀区芙蓉里南街6号院1号楼
邮　　编：100080
网　　址：www.dscbs.com
经　　销：新华书店
印　　刷：北京盛通印刷股份有限公司
开　　本：170mm×240mm　1/16
字　　数：2806 千字
印　　张：210.75
印　　数：4001—5500 册
版　　次：2016 年 10 月第 1 版
印　　次：2023 年 2 月第 3 次印刷

ISBN 978-7-5098-3787-0
定　　价：430.00 元(全七册)

《红军长征纪实丛书》编纂说明

编纂《红军长征纪实丛书》，是党中央部署的党史工作重点项目。在中央领导同志亲切关怀和有力指导下，在各方面的大力支持下，经过十年艰苦努力，在中国共产党成立95周年、红军长征胜利80周年之际，这项工作终于完成。现将这套丛书有关编纂情况说明如下。

一、编纂过程

2006年11月5日，时任中共中央政治局常委李长春同志在《文献与研究》第45期刊载的《关于毛泽东亲自发起、集体编纂的〈红军长征记〉（上）》一文上批示："长征精神是我党光荣革命传统的集中体现，是中华民族伟大民族精神的生动展现"，为弘扬伟大的长征精神，建议"重编'长征纪实'，作为完整的党史、军史的一部分"。

根据李长春同志指示精神，中共中央宣传部召集有关单位举行协调会议，决定由中共中央党史研究室牵头承担此项任务。时任中央党史研究室主任李景田同志和室委会对此高度重视，立即进行了认真研究、全面统筹，确定该项工作为室重点工作，决定由室副主任李忠杰同志分管，第一研究部具体承担编纂任务。2006年11月下旬，第一研究部拟出初步方案，提出《红军长征纪实丛书》拟集中编纂长征亲历者回忆录、长征日记等文献资料。经专家论证和室领导修改审定后，以中共中央党史研究室名义将工作方案报中共中央宣传部。

2006年至2010年，第一研究部向全国各地党史工作部门和中央、军队的其他研究机构发函，征集相关文稿线索。在此基础上，收集了散存于各种书籍报刊中的有关长征文献，从中筛选、整理、编辑文稿900余万字，并一一撰写了作者简介，形成丛书初稿。初稿曾经中央党史研究室和解放军军事科学院、国防大学、中国人民革命军事博物馆、解放军后勤指挥学院等单位党史、军史专家审阅。随后按照专家意见和建议进行了调整和修改。

2013年7月，第一研究部进一步调整编纂体例，扩大资料收集范围，增加编纂内容，再次对全国各类党史、军史、文史刊物，以及其他社科期刊、老干部报刊、港台书刊等，进行系统排查和资料补充，最后共整理编纂文稿1600余万字。2014年初，曲青山同志担任中央党史研究室主任后，室委会明确提出必须在纪念红军长征胜利80周年之际完成该套丛书的编纂出版。同年10月，在张树军副主任具体指导下，该书进入最后的编辑、审核阶段。在第一研究部共同努力和中共党史出版社的大力配合下，终于在纪念红军长征胜利80周年之际，完成此书的编辑工作。全书共分十卷42册。

在长达十年的编纂过程中，中央党史研究室室委会多位领导同志和有关工作人员付出很多的精力和心血。丛书编纂过程中，三任室主要领导同志李景田主任、欧阳淞主任和曲青山主任，始终对这项工作给予认真指导；两任分管室领导李忠杰副主任和张树军副主任对这项工作高度负责，亲自进行工作部署、把关和审查；第一研究部积极组织力量攻坚克难，保证了工作的顺利开展。第一研究部先后参与编纂工作的有：原主任霍海丹，原副主任刘益涛、李蓉，以及王新生、覃艺、杨青、王继凯、王树林、魏雪莲、刘慧娟、光新伟、黄亚楠、徐嘉等同志。第一研究部主任蒋建农同志具体主持了2013年7月以来的编辑工作，并逐篇审阅修订了全部书稿。第一研究部副主任孙丽萍同志审核了全书的编辑体例和文稿的作者简介。各卷责任编辑在出版社三审三校基础上再次进行文稿通读和审校。中共甘肃省委党史研究室李荣珍、孙瑛等同志参加了本丛书副编中《西路军卷》书稿的编辑工作。其他曾对这项工作给予支持、作出贡献的中央党史研究室和军队方面的党史、军史老专家主要有韩泰华、叶心瑜、阎景堂、姜廷玉、朱玉、肖甡、徐占权、陈力、王健英等同志。

二、稿件来源

20世纪50年代以来，为继承发扬党和人民军队的光荣传统，解放军总政治部曾按照中央军委指示精神，组织力量陆续编辑出版革命回忆录《星火燎原》丛书，至2009年完成《星火燎原全集》20卷，共1066万字，文稿1705篇，其中有关长征的文章约400篇。几乎在同一时期，中国青年出版社也陆续编辑出版了《红旗飘飘》丛书共32集，约400篇文章，包括回忆录、传记、小说、诗歌、日记等，其中与红军长征相关的文章约有五分之一。这些丛书中收集的革命回忆录包括长征回忆录，不仅史料价值高，而且记述生动，真实感人，数十年来成为党史、军史教育的生动教材，影响和激励着一代代青年献身祖国建设事业。

专门编辑红军长征回忆录的权威资料书，主要是20世纪90年代由中国人民解放军历史资料丛书编审委员会编辑出版的《红军长征·回忆史料》两册，共120篇，约100万字。该书大部分文章是丛书编审委员会约请参加过长征的老同志撰写，部分是选用党和红军一些领导人及其他老同志过去发表过的，系统记载了红军长征的光辉历程，具有很高的学术价值和宣传教育意义。

实际上，反映长征历史的回忆录和回忆文章十分丰富，散见于境内外各类书籍、报刊、杂志和内部资料中。在新的历史时期，很多老同志、老红军还相继撰写发表了新的回忆文章或专著。因此，编纂一部能够更全面反映长征历史的大型纪实丛书十分必要。我们在编纂《红军长征纪实丛书》过程中，尽最大努力从各部门、各地方、各方面搜集了所有能够找到的相关资料，主要包括以下几方面：

一是境内出版的综合性回忆文集。如《中国工农红军第一方面军长征记》《星火燎原》《红旗飘飘》《红军长征·回忆史料》《革命回忆录》《回顾长征》《苦斗十年》《红六军团征战记》《艰苦的历程》《红二十五军长征纪实》《钢铁子弟兵》《长征女战士》《女兵列传》《中国工农红军西路军·回忆录卷》等。

二是党的领导人、红军将领和其他老红军个人文集、回忆录、日记和关于他们的纪念文集。如《毛泽东选集》《毛泽东自述》《周恩来选集》《周恩来自述》《朱德自述》《任弼时选集》《陈云文集》《张闻天文集》《杨尚昆回忆录》《叶剑英选集》《彭德怀自述》《刘伯承回忆录》《聂荣臻回忆录》《杨成武回忆录》《杨得志回忆录》《张宗逊回忆录》《李坚真回忆录》《萧克回忆录》、徐向前《历史的回顾》、《康克清回忆录》《陈锡联回忆录》《洪学智回忆录》《程子华回忆录》《张震回忆录》《刘华清回忆录》《王诚汉回忆录》等；林伯渠、陆定一、陈伯钧、赖传珠、彭绍辉、韦国清、李黎林、张南生、赵镕、伍云甫、童小鹏、林伟、萧锋、莫休、关向应、张子意、王恩茂、吴德峰等的长征日记；《回忆贺龙》《无名英雄蔡威》《徐海东纪念文集》《卓越的青年将领：纪念吴焕先同志牺牲五十周年专辑》《刘英纪念文集》等。

三是中央、军队有关部门编写的内部资料集或公开出版物。如中共中央宣传部党史资料室编《红四方面军和鄂豫皖边区、川陕边区史料》(1945年版)、《党史资料》(1953—1955年版);中共中央文献研究室编《文献与研究》;中共中央党史研究室编《中共党史资料》《党史资料通讯》;中国人民解放军历史资料丛书编审委员会编《军史资料》;沈阳军区政治部编研室编《红军将士忆长征》;成都军区党史资料征集委员会办公室编《红军长征回忆与研究》;解放军北京部队后勤部政治部编《为了红色中华》;解放军兰州部队党史资料征集办公室编《戎马春秋》等。

四是各地方党史资料集和地方党史部门提供的内部资料。如《中国工农红军北上抗日先遣队》(中共福建省委党史研究室等编)、《江西党史资料》《红军长征过云南》《峥嵘岁月:红军长征在湖南专号》《甘肃党史资料》《红旗漫卷:红军长征西征在宁夏》、《豪情忆征程》(中共新疆区委组织部编)、《红军长征在通道》《红军长征过扎西暨扎西会议资料(选编)》《定西地区党史资料汇编》《酒泉地区党史资料汇编》、《红西路军史料》(中共张掖地委党史资料征集办公室编)、《滇黔桂边区革命根据地》(中共广西百色地委党史办公室等编),以及有关省、市、县党史研究室采编收集的当地红军的内部资料等。

五是全国和地方政协部门编写的文史资料。如全国政协编辑的《文史资料选辑》《文史资料存稿选编》,广西、云南、四川、甘肃、青海、陕西、山西、宁夏、新疆等省区编辑的《文史资料选辑》,以及有关市、县如遵义、兴义、威信、晋宁、成都、江安、叙永、岷县、稷山、高台、乌鲁木齐、酒泉、霍县等地区编辑的文史资料。

六是新中国成立前后的有关期刊杂志和报纸。新中国成立前的期刊有《自由中国》(1938年)、《北方文化》(1946年)等。新中国成立后,五六十年代的报刊有《解放军文艺》《民族团结》《新观察》《人民空军》《中国工人》《中国青年》《人民文学》《边疆文艺》《红岩》《山花》《新港》《延河》《新文萃》《旅行家》等;

改革开放新时期以来的期刊有《学习与研究》《党的文献》《中共党史研究》《百年潮》《纵横》《军事历史》《人民铁道》《近代史研究》，以及各地党史、档案部门和高校出版的期刊等；报纸主要有《人民日报》《光明日报》《解放军报》《工人日报》《中国青年报》《人民铁道报》以及有关省、自治区、直辖市、地级市出版的日报等。

七是境内外出版的有关国民党将领长征回忆录和长征日记。如大陆出版的《围追堵截红军长征亲历记：原国民党将领的回忆》《白崇禧回忆录》《万耀煌将军日记》等；台湾出版的《陈诚先生回忆录》《陈布雷回忆录》《万耀煌先生访问记录》等。

三、编辑体例

（一）关于丛书的主要内容和卷次。《红军长征纪实丛书》是红军长征历史亲历者回忆录、口述史料、长征日记等的大型历史文献资料集辑。在选材内容上，要求必须是亲历者自己撰写或本人口述资料，以保证文献的史料价值。在卷次分类上，主要以参加长征的各路红军和有关亲历者为专题，分为《红一方面军卷》《红二方面军卷》《红四方面军卷》《红二十五军卷》《沿途亲历者忆长征卷》《日记卷》《中国工农红军北上抗日先遣队卷》《南方三年游击战争卷》《西路军卷》《国民党军围追堵截卷》共十卷。

（二）关于各卷文章的编排顺序。各卷主要按历史发展过程分为若干阶段，每个阶段拟定一个标题作为一部分。第一部分一般为各专题概述，不便划入各阶段的文章以“其他”为标题编在最后一部分。有些卷次由于内容繁杂，又单独列出小专题，如“女红军忆长征”“回忆长征人物”等。每一部分的文章仍主要按历史时间顺序编排，并把重要领导人的文章排在前面。

（三）关于文章内容的处理。对所选文章坚持力求保持原貌，尽量不作改动。对史实错误等问题，一般采取在页下加注释的方式予以说明。文中注明编者对原文有修订的，主要是以下内容：一是删去一些与长征无关或关系不大的部分；二是明显的提法错误；三是逻辑不清、前后矛盾之处；四是语句不通、字词标点错误。为便于查阅利用，文末按照学术规范注明文章来源或出处。

（四）关于所选文章的作者简介。丛书各卷在作者第一次出现时，在文末附作者简介。简介主要写明作者姓名、女红军性别、少数民族族别、出生年、籍贯、参加中国工农红军和加入中国共产党时间、红军长征时（或相应历史时期）任职、新中国成立后主要任职和最高职务、卒年卒地等。由于缺乏相关资料，有些作者简介信息还不完整。

（五）关于具体编辑规范。由于所选文章来源多样，原有编辑规范不统一，现全部按照一般通行标准重新修订，具体如下：

1.关于数字用法。记数词：除引文外，十（包括十）以内用汉字，十以上用阿拉伯数字；概数一律用汉字。时间数字：表示公历时间的，包括年、月、日、时，均用阿拉伯数字；表示农历的，月份和日期用汉字，年和钟点用阿拉伯数字。部队番号：统一用汉字；表示部队番号的"廿"不作改动，但"红廿五军"一律改为"红二十五军"。

2.关于固定术语。除引文外的历史事件、会议等固定术语的写法作规范修改，不加引号、圆点等符号，如：九一八事变、八七会议。

3.关于混用字。除引文外的常见字混用，按规范写法修改。如："的地得""底的""呆待""象像""份分""枝支""它他"等的混用，均作修改。对于《日记卷》，为保持文献原貌，固定术语和混用字等，尽量不作修改。

4.关于口述者和整理者的编辑。原版本中注有口述者和整理者的，将口述者名字放在文章标题下，不出现“口述”字样，整理者放在文末最后一行加括号注明，如：（××整理）。

由于我们水平有限，加之时间紧、任务重，丛书编纂难免有一些疏漏和不妥之处，恳请读者批评指正。

中央党史研究室

2016 年 9 月 15 日

目　录

一、概况

二、强渡嘉陵江

三、西进松（潘）理（县）茂（县）地区

四、迎接中央红军

五、懋功会师

六、与红一方面军共同北上

七、南下转战川康边

八、西进康北

九、与红二、红六军团在甘孜会师

十、与红二方面军共同北上

十一、会宁会师

十二、女红军忆长征

十三、回忆长征人物

十四、其他

本册收入第一至第二部分文章 49 篇

一、概况

率军北上[1]

朱德

在毛儿盖，我们休息了三个星期。

张国焘这个人，在中央苏区的时候，一般的还不知道他究竟是怎样的人。有些老同志对他印象都不好，但也没有谁说过他的坏话。因为他那时还是一个党的负责同志，也听说到他是一个“机会主义”，但到什么程度也不知道。

两河口会合后，在那儿，革命军事委员会、党以及苏维埃政府代表们，都开了会议，讨论了几天，作下了决议，要“继续北上”。当面张国焘他也并不提出反对，却在背后去阴谋反对这个决议，不执行这个决议——当时我们还不了解他素来就是反对中央的这种情形。他开过会回去以后，马上鼓动自己部下的队伍来进行反对了。

他知道自己过去曾经做了很多不好的事，他想用一切方法来掩饰这些错误。结果便选择了拿不是事实的事情来攻击中央的方法。

一方面军和四方面军会合后感情本来很好。他口头不讲什么，而实际在那里策动着撤离的把戏。我们也不知道这种事情，同时谁也不会想到。

---

① 本文选自中央文献研究室二部编《朱德自述》中《同张国焘斗争》《率军北上》两部分内容。此处以《率军北上》为总标题，将两部分内容合为一文——编者注。

当时他愿意北上又不愿意北上的原因，就是想争官做，并且鼓动自己的下级打电报给中央，想当中央书记和军事委员会主席。这些事可以说完全是那种军阀的老套，我们看了这电报，是十分诧异这个怪人的。

中央和一方面军干部很想帮助四方面军，可是张国焘却始终认为四方面军是他个人的，不但不感谢你好意的帮助，同时还拒绝，不高兴你好意的帮助呢。

到了毛儿盖后，他悲观失望了。他感觉革命没有前途，拼命想往西，到西藏、青海，远远的去躲避战争。他却不晓得，在那里人口稀少——地理条件虽然好，只想取巧采用脱离群众的办法。他最错误的观念是想到一个偏僻、最落后的地方去建立根据地。

中央完全否决了他这些意见。中央决定还是北上。

他一个人没办法反对，只得拼命去鼓动下面南下，讲话中间多讲北上的困难。共产党中讲实力派的只有他，还没有第二个人。中央决定他当总政委，并且决定红军分两路北上——因为当时还有一部分人在底下，总司令部决定怎样派人去接那一部分人，由阿坝上来。

那时一方面军有三万多人，四方面军有六万多人，① 我仍为总司令，刘伯承同志为参谋长②，商议如何把那一部分带上来，但是张国焘已经下了决心来一下，便实施了他的阴谋办法，不执行这个命令。

在毛儿盖开会的争论当中，我们已经深知领导四方面军不是一件容易的事。张国焘的领导四方面军是一贯以个人为出发点，因此党的组织、军事上的组织也就很薄弱了。总之，一切都从个人出发，凡是反对他的，都会遭到他的征服，或者被赶走了，或者被杀掉了。这种机会主义路线和正确的路线是势不两立的。结果，他搞得党、政、军都集中在他一个人手里，成为一个独裁者。

---

① 1935年6月红一、红四方面军会师时，红一方面军（中央红军）有2万余人，红四方面军有8万余人——编者注。

② 全称为“总参谋长”——编者注。

他对于红军军、党、政权各方面，都采取了很多旧的方法来培养个人势力。我们为了好好培养这些工农分子，总是从正面宣传党、马克思主义和真正一些红军的办法、制度以及苏维埃制度与法令。

我们一路下去，做了很多正确的工作，不管怎么说，在群众中间讲共产主义多，反正起了影响，以致后来他不让我们去指挥队伍，接近队伍。但是他不从加紧党的工作这方面来搞，也难搞得好。他自己也没办法带，更因为是在艰苦的草地中间，更是需要。虽然他一方面反对，而经过我们陆续逐渐地整理到了某些程度，他也觉得这样好一点。没有办法不往这面转。我们也就抓紧进行了群众工作，譬如打骂现象……在路途上都渐渐改了。因为与一方面军的会合，他们这些弱点，都暴露了。过去张国焘是专门以打仗来掩饰这一切，过分夸张着战事，报告战事。现在逐渐对人民队伍同志的不爱惜都充分地暴露出来了。

一转到阿坝，过一条噶曲河没有准备好。其实张国焘是根本没有准备，过不去好南下。他是更坚决地反对中央北上的决议了。中央带了一方面军的一、三军团和四方面军的第四军、第三十军，在包座打了胜仗，他又极力把四军和三十军调回来。他个人主张坚决反对中央，对一方面军司令部都采取了监视的态度。

9 月间，以第一军团做前锋，党中央、苏维埃政府，都继续沿岷山一带北上了。我还和四方面军留下来，一两个月中间斗争更激烈了。上层下层都展开了斗争。他一提出反对中央，就更需要他自己的团结，团结这一部分势力，好用来反对中央。他明知道不能反对，但也还是反对了。他公然成立了“第二中央”及军事组织，三位一体集中在他身上。留下来的一方面军还有两个军团，第五、第九军团，约万把人。时时刻刻从此开展了更尖锐的斗争。以不正确的反对正确的路线，实无话可说。他们只有不讲道理，动不动要打。我们很困难。

张国焘说，中央苏区的向北走是退却逃跑。但那完全是没有理由的说法。

……因为张国焘那不正确的办法，扯上扯下损失了部队有三分之一以上，譬如四军、三十军一两万人，损失到剩下四五千人。有些是打仗打死的，有些在困难中逃跑了……

渐渐他也感觉到没有办法了，没有出路了，要出四川又没办法。他由于悲观失望，想一个人躲避在绥靖去做土司了，有些人就把他叫作“张土司”了。

我们同徐向前同志、陈昌浩同志离开他了。是打到底的。一路打，一路改造部队，用中央苏区那一套办法，建设党、建设红军及群众工作，渐渐整理得相当有头绪了。打了四川军的十几个师，又在那里补充了兵额。辗转在芦山、天全、名山很多处，在这样条件下，驻了好几个月。“张土司”才又下来，到我们一起来了。这时在整体上的斗争，我们已经获得胜利了，虽然外表上还蒙着张国焘的伪中央，内部却实际变了质。

短期间整顿，为的是红军。党的内容，一般政治文化水准都设法提高了。第五军团、第九军团在这些方面相当起了应有的模范作用，就开始准备北上了。

路线得改变了。由“八一宣言”起，告国民党书①，一直朝着统一战线路线上去。

张国焘是没有路了，到西藏去，非常不好走。在四川留下又蹲不住。就只有拼命北上一条路，便又改变为与一方面军靠拢。这时，中央已经进入陕北了。

由宝兴到三江口、懋功，转入西康丹巴、道孚、炉霍，到了甘孜。

在道孚曾经整顿了一个时期，准备北上。在这中间，一般的进步还是有的。譬如提到一些世界政治上的影响，在那里我们仍然天天收到新

① 1936年8月25日，中共中央发布由毛泽东起草的《中国共产党致中国国民党书》，敦促国民党政府实行抗日、民主，表示愿意同国民党“结成一个坚固的革命的统一战线”。——编者注。

闻、电报，大家展开来讨论这些问题。一切工作从政治出发，不一天光忙于事务。这一回转来，变得更艰苦了。到了西康地区，筹备北上的工作，做得还不错，准备了帐篷、牛羊、粮食，训练了部队，各方面探听了道路，在政策上也采取了比较合理的一些办法。

在不幸中的大幸，是我们留在西康，去把二方面军接上来了。

他们千辛万苦从云南过来，一路经巴塘、白玉，到了甘孜，一路由定乡、理化、瞻化到了甘孜。他们还带有万多人，贺龙同志、萧克同志、任弼时同志、关向应同志，都在这儿会合了。

这一班人一来，在那里三个方面军都有人在了，便开开会，讨论些问题，大家都愿意联合。关于张国焘反中央的问题，他们还都一点不知道，来了以后，才知道。就主张反对张国焘——可是当二方面军还没有到甘孜，他就自动把他那一块"中央"的牌子摘下来了，另外组织了所谓"西北委员会"①。

二方面军的贺、萧、关、任态度都很好，对问题都有很深刻的认识。同时由于他们的二军团、六军团，对于中央的信仰很高，也就影响了四方面军的转变。

会合之后，准备北上。会合中间还开了很多会议，然后出发。又是一个多月艰苦地行走在草地中间。

由甘孜向东北，经东谷、尼马沟、牙柁，出了西康，到阿坝，又过噶曲河，很顺利就能过去，即由上坝子、下坝子，到了包座、巴西，到巴西以后走的就是一方面军北行的道路了。一路上也没有怎样打大仗，一直向岷山出甘肃……

当时正是广西地方实力派反对蒋介石的时候，我们趁这空子，一钻就钻过甘肃来了。

在岷州一带和张国焘又扯了几个月的皮。二方面军来了一计划，中

---

① 1935年6月6日，张国焘在炉霍宣布"取消中央的名义"，成立中共中央西北局，在组织上"归于统一"——编者注。

央也将就了这计划，并且派一方面军由彭德怀同志指挥向南来接。我们整个的计划，都归我指挥。张国焘当政治委员，他也承认了。四方面军集中在岷州，二方面军开到了天水。一方面军南下来接应。四方面军往北走，这些计划都搞好了。

突然他又变了卦，想把四方面军带到甘肃西部甘凉肃去，于是扯着就走。大家开会反对，西北委员会也全体反对。他仍坚持要跑，但是到了洮州，天落大雪，人们对于雪山、草地，已经怕伤了，都不情愿西行，完全同意折转来。从此张国焘在部队中的信仰大大减低下去了。

折回，由临潭向渭源、会宁……与一方面军陈赓、杨勇带的第一师在会宁会合了。

……一方面军由中卫来接应，我们也北进到会宁会合，已是 1936 年的 10 月 9 日。

选自中央文献研究室二部编:《朱德自述》, 解放军文艺出版社2003年1月第1版, 第165—168、183—185页。

朱德，字玉阶，1886 年生，四川仪陇县人。1922 年在德国加入中国共产党。1927 年 8 月 1 日参加领导南昌起义，任起义军第九军副军长。1928 年 1 月发动湘南起义，成立工农革命军第一师。4 月率部上井冈山，同毛泽东领导的秋收起义部队会师，成立工农革命军（后改称中国工农红军）第四军，任军长。红军长征时任中华苏维埃共和国中央革命军事委员会主席、中国工农红军总司令。新中国成立后，曾任中国人民解放军总司令，中央人民政府副主席，中华人民共和国副主席，国防委员会副主席，中共中央纪律检查委员会书记，中共中央政治局委员、常委，中共中央副主席，全国人大常委会委员长等职。长期任中共中央军委委员、常委、副主席。1955 年被授予元帅军衔。1976 年在北京逝世。

回忆红四方面军长征[①]

徐向前

强渡嘉陵江

为实现川陕甘计划，配合中央红军作战，3月初[②]，我们复挥军南进，连克仪陇、苍溪。共歼田颂尧、罗泽州部五个团，俘敌3000余人，缴枪5000余支。我军忽北忽南，敌人摸不清我们的真正企图。我们则利用这一机会，勘察地形，训练部队，隐蔽造船，加紧进行渡江作战的准备工作。

嘉陵江为巴蜀的四大名川之一。源出陕西凤县的嘉陵谷，由北而南，自广元起，汇合白龙江水流，一泻千里，直下长江。两岸山峦耸立，水面宽阔坦荡，堪称天堑。当时，嘉陵江西岸北起广元、南至南部一线的江防任务，由敌邓锡侯、田颂尧部担任。敌人的兵力部署是：邓锡侯部21个团，防守北起广元以北陈家坝，南至江口以北的沿江地段。其中，以15个团守备江防，以六个团分置于广元西北之车家坝和昭化东南的剑门关，作预备队。田颂尧部32个团，防守江口以南至南部县境的新政坝，共四百里的沿江地段。其中，28个团守备江防，另有七个团配

① 标题为编者所拟，选自徐向前回忆录《历史的回顾》中《强渡嘉陵江》和《长征路上（上）》《长征路上（下）》部分。

② 此时为1935年3月初——编者注。

置于阆中以西的衣思场地区，为总预备队。3 月上、中旬，我带领孙玉清、杜义德等同志，沿江勘察地形和水文情况，选择主渡点。而后，制订了渡江作战计划，提交方面军总部讨论。

根据敌人阵势，我们决定从苍溪和阆中之间约百里的沿江地段，实施偷渡和强渡相结合，多路突击，重点突破。这带是田颂尧的防区。该敌曾屡遭红军打击，士无斗志，畏我如虎。又因江面宽阔，敌意想不到红军会从这里渡江。敌兵力配置单薄（仅有三个团，前沿只有四个营），防守亦较疏懈。主渡点塔子山地区地形不错，河道弯向我方，水势平稳，又有塔子山雄峙东岸，居高临下，便于我隐蔽船只，发扬火力，掩护强渡。对岸前沿是一片平滩，纵深为丘陵起伏地，利于我渡江部队抢占登陆场，展开兵力，两翼迂回（起初将主渡点选在阆中以北，我们派一个班偷渡过江，被敌发现，仅剩一名会泅水的战士回来，后才改为塔子山）。我军如出其不意，一旦强渡成功，便可造成摧枯拉朽的战役态势，席卷西岸守敌，乘胜占领嘉陵江、涪江之间的广大地区，为进击甘南创造条件。

我军的渡江作战部署如下：

三十军为渡江主力，于苍溪以南的塔子山附近实施重点突破，消灭守敌后向剑阁、剑门关方向进攻，协同三十一军消灭剑门关之敌。

三十一军居右，从苍溪以北之鸳溪口渡江，尔后消灭剑门关守敌，并迅速向昭化、广元发展，打击邓锡侯部和阻击位于甘南的胡宗南部南下，保障我右翼侧的安全。

九军居左，从阆中以北渡江，尔后以一部协同三十军向北进攻，以另一部消灭阆中、南部的守敌，保障我左翼侧的安全。

四军为方面军第二梯队，待第一梯队渡江成功后于苍溪渡江，以一部向南迂回，协同九军消灭南部守敌，主力则向梓潼方向发展。

方面军总部炮兵营配置于苍溪塔子山上，掩护三十军强渡。

总部分工由我负责渡江战役的指挥工作，陈昌浩于东线指挥三十三军及地方武装牵制敌人。

这是我军第一次进行大规模的强渡江河作战，准备工作至关紧要。一要军民协力，迅速完成上百只木船和三座竹扎便桥的营造，解决各路部队的渡江工具。二要深入政治动员，利用支流河汊苦练渡江本领，保证部队具有必胜信心，熟练掌握渡江作战的战术和技术。三要根据各自担任的任务，研究敌情，侦察地形，层层制定周密的具体作战方案。四要绝对隐蔽、秘密，包括侦察、训练、造船、集结等，以保证战役战斗的突然性。各项准备工作，要求 3 月下旬完成。

为迷惑敌人，3 月下旬，我们以一部分兵力向南进攻。敌人判断：红军“希图突破二、三两路阵地，均因官军防守甚严未逞。近忽改由营（山）、巴（中）方向移动，有突破四路军企图。”并据此调整部署，防我南进。

3 月 28 日夜，我们下达了渡江命令。我和张国焘都在塔子山附近，直接指挥。事先，各强渡部队和苏维埃政府组织群众，从几十里外把船只抬到江边，伪装隐蔽，敌人毫未觉察。结果，渡江很顺利。主渡部队三十军八十八师先头团，首先从塔子山附近秘密渡江成功，全歼对岸守敌一个营，巩固了登陆场。继而，八十八师的另两个团渡江，攻占了飞虎山、高城山、万年山等制高点，溃敌一个增援旅的反扑。大部队陆续跟进，向纵深发展。我和方面军指挥部，于次日上午跟三十军过了江，直趋剑阁。与此同时，右翼三十一军和左翼九军，亦分别从苍溪以北和阆中以北地区，强渡成功，向前扩展。继后，第二梯队四军渡江，我四个军的兵力全部投入战斗。

从渡江到攻打剑门关，是突破缺口的阶段。

我军兵分三路，以疾风扫落叶之势，席卷沿江敌人。左翼九军一部在四军一部配合下，经阆中地区南下，于 4 月 2 日攻占南部县城，歼李炜如部三个团。右翼三十一军击溃刘汉雄一部后，迅速向剑门关推进。中路三十军及九军另一部于 3 月 31 日攻占剑阁后，以八十九师控制县城，八十八师向东北疾进，协同三十一军攻占剑门关。

我随中路行动。带着一名参谋，一个通讯队，一个警卫队。每次打仗，这两支队伍都跟着我们行动。通讯队负责架设电话及侦听和破坏敌人的电话联系；警卫队负责我们的安全，传送信件，关键时刻还可投入战斗，很顶用。那时，敌人乱得一塌糊涂，电话打来打去，乱喊乱叫，被我们听得一清二楚。我军刚进剑阁，别处的敌人不知剑阁已失，打来电话问："赤匪到哪里了？你们怎么样呀？"有的干部回答倒干脆："老子是红军，你们完蛋啦！"令人又好气又好笑。我叫通讯队把电话机守起来，敌人来电话就装作是他们的人回答，趁机了解敌情，迷惑敌人，以便我们随时调整战斗部署。

4 月 2 日，我八十八师、九十三师及九十一师一个团，分别进抵剑门关下，从东、西、南三面包围了剑门关。剑门关位于横亘剑阁、昭化之间的剑门山上，扼控川陕大道，"插翅难渡"，是邓锡侯部江防部署的支撑点。敌二十八军宪兵司令刁文俊，率三个团，依托险要地势及预构的集团工事防守。王树声在前面指挥，要求动用方面军总部的迫击炮营，摧毁敌阵地，我们同意。11 时许，部队发起攻击。我军在迫击炮和机枪火力的掩护下，前仆后继，猛烈向敌阵地突击，多次与敌人展开肉搏。经半天激战，全歼守敌三个团，拿下了剑门关。剑门关向来以"一夫当关，万夫莫开"的险要地势而著称，三国时姜维就守过那个地方。战后，我去剑门关一看，真是个奇怪的地形。你从北面来的话，它是个高山，一壁千仞，险恶万分。你从南面来的话，它是坡的。南攻容易北攻难。人家说剑门关险要，我看也险要也不险要。从陕西到四川就险要，从四川到陕西就不险要。我们的部队是从南面打过去的，只用半天就解决了战斗，打了个漂亮的歼灭战。那里"汉柏"很多，又粗又壮，传说是张飞令蜀军栽的。王树声说笑话：山上树太多，我们的马尾手榴弹扔出去，挂在树上掉不下来。一发迫击炮弹打响，把树上的马尾手榴弹都震到地上，四处爆炸，吓坏了敌人，部队趁势一冲，就拿下了山头。我说，这种战术，叫“全面开花”嘛！

剑门关这个江防支撑点一失，邓锡侯部慌了神，沿江敌人纷纷溃逃。我军乘胜进击，三十军和三十一军一部当夜由剑门关直扑昭化，次日占领该城，歼守敌一个团。三十一军主力进至羊模坝、三磊坝地区，阻击胡宗南部南下，并包围了广元。我南面的九军、四军，主要是收拾田颂尧的部队。四军以一部西向梓潼发展，另一部协同九军克阆中、南部，溃敌一个旅，歼敌三个团。至此，我军控制了北起广元、南至南部约四百里的嘉陵江西岸地区，敌人的沿江防线悉被摧毁，战役的第一阶段遂告结束。

第二阶段是进击。向纵深发展，横扫沱嘉流域的敌人。

敌人的江防被突破后，蒋介石极为恼火，手令第二十九军军长田颂尧撤职查办；副军长孙震记大过一次，暂代军长职务，“戴罪图功”。这时，田颂尧部已逃向射洪、盐亭、三台地区集结；邓锡侯二十八军一部退缩于广元及其以北地区，另有三个旅和军部所率之部分机动兵力，布防于梓潼、魏城、江油、中坝地区；胡宗南部仍在川甘交界的青川、碧口至南坪一线。我们决定，集中主力歼灭梓潼、江油地区的邓锡侯部，并伺机向川甘边发展攻势。

8日，我们令三十一军主力继续扼守羊模坝、三磊坝，并围困广元；令三十军以八十九师出青川、平武，分割广元、江油敌军并阻击胡宗南部南下，保障我右侧安全；而以三十军、九军主力向江油，四军主力向梓潼，展开猛烈进攻。10日，九军渡过涪江，包围江油，前锋直迫中坝。这一攻势，直接威胁成都、绵阳，使刘湘、邓锡侯大为震惊。邓锡侯慌忙拼凑十个团的兵力，亲自率领，经中坝向江油增援。江油守敌一个旅，依托坚固工事和优势火力，顽固拒守，我军难以攻克。我和指挥部住在江油城南一座民房里，获悉邓部来援，我们当机立断，决定打援。令九军二十七师继续围城，集中九军二十五师、三十军八十八师及四军十、十一两师各一部，在江油以南的塔子山、雉关山一带，布下阵势。经两天激战，全歼钻进来的敌四个团，接着乘胜追歼逃敌，18 日克中坝，19 日克彰明，邓锡侯差一点被活捉。四军 18 日克梓潼，一部西向又克北川，向西北推进的三十军八十九师，亦相继克青川、平武。

经过这段进击，我军控制了东起嘉陵江，西至北川，南起梓潼，北抵青川，纵横二三百里的广大地区。如按原计划向甘南进击，深感兵力不足。下一步怎么办？我就发电报给后面的张国焘、陈昌浩，催他们表态。

谁知，我们在前面打，后面可就搬了家，放弃川陕根据地。那时张国焘在剑阁，陈昌浩在旺苍坝地区，搞一锅端，大搬家。我打电报左催右催，提议把南边的部队向北集中，迂回碧口，抄胡宗南的后路，进取甘南。但张国焘死活不吭气，叫人干着急。部队只好就地发动群众，补充兵员、给养，待命行动。后来他说，那时他正注视中央红军的动向，对西出或北出，下不了决心。这样一拖拖了个把月，使我们打胡宗南的计划流产了。战机就是两三天、三五天时间，不会总有的。你抓住战机，乘敌不备，打破一两个要点，接连下去就能打开局面。如果慢条斯理，犹豫不决，失去战机，再想创造战机谈何容易！而且胡敌是蒋介石的主力部队，武器装备好，战斗力不弱。我们耽误了时间，敌人加强了准备，再想啃就啃不动了。后来，三十军、三十一军一部向摩天岭攻了一下，人家凭险固守，我们没打出个名堂，只好作罢。

强渡嘉陵江战役从 3 月 28 日开始，至 4 月 21 日结束，历时 24 天。我军总计攻克阆中、南部、剑阁、昭化、梓潼、青川、平武、彰明、北川等九座县城，共歼敌 12 个多团，一万余人。只是由于张国焘慢慢腾腾，瞅来瞅去，忙着在后面搞大搬家，才使进击甘南的战机丧失，未达到战役的预期目的。

红四方面军撤出川陕根据地，是由多方面的原因造成的。

首先，是优势敌人的联合压迫。我军入川时，四川军阀混战犹酣，并反对蒋介石的势力染指四川“剿赤”事宜。敌人营垒的四分五裂，是红军立脚生存和发展壮大的基本条件之一。但是，自从刘湘组织六路围攻起，这个条件便发生了变化。四川军阀从内乱走向联合，开始统一对付红军。我川陕根据地军民，费尽九牛二虎之力，艰苦鏖战十个月，才粉碎了六路军阀的联合围攻。接踵而至的，是蒋介石与四川军阀的联合。刘湘等军阀不仅同意蒋介石的势力入川，而且在军事上甘愿服从蒋介石的统一调度。于是，蒋介石迫不及待地纠合其嫡系部队及川陕两省的军阀势力，向我根据地周围云集重兵，部署发起“川陕会剿”，企图一举将红军置于死地。

条件决定形势。敌人营垒的暂时稳定和统一，造成从四面八方联合压迫我军的严重局面。蒋介石在川陕根据地周围部署的兵力，达二百个团以上，层层筑碉，严密封锁。一旦“川陕会剿”开始，敌东西堵截，南北夹击，势必陷我军于背腹受敌、进退失据的极端不利境地。这与我们以往反三路围攻、六路围攻时，背靠巴山，只对付川敌一面、两面、三面的进攻，是显然不同的。

在这种情况下，出路安在？一是破釜沉舟，死守根据地，准备拼上全力，同敌人决一死战；二是提前冲破敌人的“川陕会剿”部署，打出外线，保存和发展有生力量。权衡利弊，考虑再三，我们在清江渡会议期间，选择了后一条出路，制定了依托老区、收缩战线、发展新区的“川陕甘计划”。这个计划，虽然在付诸实践中尚需修正，但主力红军将向川陕甘边转移，打击胡宗南，发展新的根据地，却是毫无疑义的。

孟夫子说过：鱼我所欲也，熊掌亦我所欲也，二者不可得兼。欲有所得，必有所失。在周围敌人的重兵压迫下，我们要集中主力出击甘南，发展新区，就得准备舍弃川陕根据地的一部分或大部地盘，甚至暂时变根据地为游击区，日后伺机再图恢复。下不得这个决心，是不行的。这是冲破敌人“川陕会剿”计划的需要，保存自己和消灭敌人的需要。从战略指导原则上看，应当允许的。相反地，不顾敌情我力，企图固守一地，死打硬拼，结果只能断送红军的力量，实为兵家之大忌。

毛泽东同志在《中国革命战争的战略问题》中指出：敌人的强大和红军的弱小，是中国革命的一个基本特点。因此，“革命根据地只有乡村和小城市。其区域开始非常之小，后来也并不很大。而且根据地是流动不定的；红军没有真正巩固的根据地。”（《毛泽东选集》第174页）井冈山时期，为打破湘赣两省敌人的“会剿”，毛泽东同志亲率红四军主力，离开井冈山，转移到赣南、闽西，胜利建立了新的革命根据地。中央苏区第五次反“围剿”前夜，面对敌人重兵包围的严重形势，他又建议主力红军应跳出内线，向苏浙皖进军，伺机打回根据地。可见，毛泽东同志在强敌压境的情况下，也主张转移外线作战。那种不计后果，死死抱住根据地固守的观点，理论上是错误的，实践上是有害的。

第二，川陕根据地民穷财尽。革命根据地要支持战争，支持红军的存在和发展，离不开必要的人力、物力、财力。红军打仗，一要吃饭，二要穿衣，三要兵员，四要武器弹药。没有这些，所谓保存自己，消灭敌人，便是空想。川陕根据地后期的情况，可以用四个字概括：民穷财尽。要粮没粮，要衣没衣，要兵员补充没兵员补充，别说部队打仗，就是生存都成了问题。如果敌人的“川陕会剿”来临，我们缺乏支持战争的人力、物力、财力，即使咬紧牙关，勉力支撑，但毕竟难以持久。要想再打一场类似反三路围攻或反六路围攻那样的战争，说到底，叫心有余而力不足。

川陕根据地搞得民穷财尽，有两方面的原因。一方面，是长年战争的消耗和破坏。从我军入川到强渡嘉陵江的两年零三个月里，仅战役规模的大仗，就足足打了16个月。我们虽然取得了军事上的胜利，但战争给根据地带来了巨大的消耗。战争过程中，敌人两进两出，在我根据地空舍清野，烧杀掳掠，破坏尤烈。另一方面，则是“左”的政策所导致的。张国焘在川陕根据地，推行的还是王明的那一套，许多东西是“左”的。如对地方政策，只要当过保长的，多要杀掉；认定是地主、富农的，也要杀掉。其实，有些保长是穷人，大家推举他出来干这份差事的。有些地主、富农虽有剥削，但民愤不大，可以改造，不同于罪大恶极的土豪劣绅。不问青红皂白，把他们通通杀掉，只能扩大敌对势力，吓跑中立者，孤立自己。土地政策、经济政策也“左”。地主不分田，富农分坏田；侵犯中农利益，甚至将一些中农划成地富成分，无条件地剥夺，使他们失去了生产积极性；把小经纪人当资本家打倒，搞得根据地商业凋敝，连日用生活物资都很难买到。俘虏政策上，要兵不要官，放兵不放官，尤其是对营以上被俘军官，杀掉不少，增加了敌军的对抗、报复心理。这些“左”的政策和在鄂豫皖时期差不多。历史经验证明，推行“左”的政策，想不受惩罚是不可能的。“左”的东西，开始往往被轰轰烈烈、有声有色的革命形式掩盖着，一时不易被人识破。然而，它的灾难性后果，总要集中爆发的。一旦爆发，局面即难以收拾。

总之，战争的破坏和“左”的政策交互作用的结果，把川陕根据地搞到了民穷财尽的地步。好比一个池塘，水都抽干，鱼还能活吗？活不了的。根据地的人力、物力、财力消耗殆尽，红军只有另找出路，以图生存和发展。

第三，策应中央红军的战略需要。中央红军第五次反“围剿”的失败，牵动着各个革命根据地红军的命运。红四方面军兵力较多，位于连接西南和西北地区的桥梁地带，对正在向云贵川边和川西北转战的中央红军，无疑具有重要的策应作用。正因为如此，蒋介石也就更加重视对这两支红军力量的分割，以便各个击破。打破蒋介石的分割包围，全力策应中央红军北上，是红四方面军全体指战员义不容辞的责任。我们的一切计划和部署，必须服从这个大局。

从 1935 年 1 月中央来电，令红四方面军全力西渡嘉陵江，配合中央红军作战之日起，我们就把冲破蒋介石的“川陕会剿”计划和策应中央红军的战略任务，紧密结合，变成这一时期全军的战略行动方针。“皮之不存，毛将焉附！”中央红军如果被敌人消灭，红四方面军的命运，可想而知。我军一边密切注视中央红军的动向，及时用电台向他们提供情报；一边调整兵力部署，积极进行强渡嘉陵江的准备。尽管中间因敌情变化，中央红军的行进路线有些曲折，但全力策应中央红军北上的方针和任务，我们是明确的，毫不动摇的。强渡嘉陵江战役的主要企图，就在这里。假如不是为了策应中央红军的战略需要，我军实现“川陕甘”计划，就没有必要渡江西出，同川敌作战，而是应当直接出西北方向，寻歼胡宗南部。对此，稍懂战略问题的人，不难一目了然。嘉陵江战役结束不久，我军转而进军川西北，终于实现了一、四方面军的胜利会合，更是有力的证明。

整个说来，红四方面军退出川陕根据地，有它的复杂原因。优势敌人的压迫，长年战争和“左”的政策造成的困难，策应中央红军的紧迫战略需要，凑到了一起。在这个意义上说，是历史的必然。问题在于：主力红军撤出根据地后，没有留下足够兵力坚持游击战争，只留下刘子才、赵明恩等千把人枪，如果把三十三军留下，要好得多；强渡嘉陵江后，犹豫徘徊，丧失了进击甘南的战机，使“川陕甘计划”流产。川陕甘计划未能实现，非常失策，是关系整个革命命运的问题。如果当时实现了这个计划，我军将能得到更大补充，中央红军北上就有了立脚点，形势会不一样的。

川陕革命根据地，在第二次国内革命战争中有过它的光荣历史地位和作用。那里的人民群众，为了中国革命的胜利，前仆后继，艰苦奋斗，英勇牺牲，贡献了他们所能贡献的一切力量。红四方面军的生存、发展、壮大，与川陕根据地人民的大力支援是分不开的。成千上万川陕人民的英雄儿女，在创建和保卫根据地的斗争中，献出了宝贵的生命。川陕人民的英雄儿女永垂不朽！

懋功会师

1935 年 5 月初，中央红军胜利渡过金沙江，继续北上，准备在川西北建立新的革命根据地。

这时，红四方面军主力集中在涪江地区，就地休补，发动群众，筹粮扩红。我还记得，我们的电话机工作人员本来就不少，三天中又扩进100多名新兵。因电话机有限，用不上这么多人，只好把他们分配到部队中去。四军十师第二十八团，强渡嘉陵江战役中减员200来人，但扩红近900人，全团人数达1700余人。总部还组建了一个补充师，师长秦基伟。武器、弹药、粮食、被服、经费等，各部队亦获得较大补充，比在川陕根据地后期的日子，要好过得多。全军共八万多人，加上从川陕根据地撤出的党政机关人员和革命职工，总计不下十万之众。

蒋介石为防止红一、四方面军会合，实行各个击破，正调遣兵力，企图以江油、中坝为中心，对我实施东西堵截，南北夹击。敌人的部署是：以刘湘主力王缵绪部十三个旅为右路纵队，由罗江地区出绵阳、魏城，沿涪江东岸向彰明、两河口、重华堰进击；以邓锡侯第二十八军和孙震第二十九军各一部为左路纵队，由三台、绵阳出动，沿涪江西岸经香水场，双合场向中坝、江油进攻；以胡宗南部南下青川、平武，配合左、右两纵队的夹击；广元以北的邓锡侯一部南下，向剑阁推进；唐式遵一部守备昭化至阆中一线，防我东返；邓锡侯另一部封锁土门及北川河谷，防我西进；李家钰部防守阆中及其以西左壁垭、店子垭一线，阻止红军南下。

涪江流域的江油、中坝地区，枕山面水，紧邻川西平原，物产丰富，利于我军休养生息。然而，“梁园虽好，终非久恋之乡”。要打破蒋介石的合围部署，要策应中央红军北上，我军不能在这里久留。这时，张国焘、陈昌浩已经上来，立即在江油附近召开了高级干部会议，各军的负责同志均参加。会上，张国焘讲了撤出川陕根据地，是为了迎接中央红军北上。两军会合后，要在川西北创建根据地，赤化川、康、陕、甘、青等省。为打破蒋介石的合围部署，方面军下一步应首先占领北川、茂县、理县、松潘一带地区，背靠西康，作立脚点。他还提出，那带是少数民族杂居地区，应成立苏维埃西北联邦政府，以利开展工作，云云。陈昌浩也发了言。大家没有异议，一致同意按张国焘的意见行动。

西向岷江地区，建立川西北根据地，迎接中央红军北上，实现两个方面军的胜利会师，成了动员和鼓舞部队的巨大动力。全军指战员，士气高昂，精神焕发，纷纷表决心，做准备。我们计划，首先突破邓锡侯在土门、北川河谷设置的防线，占领岷江流域的松潘、茂县、理县、汶川。五月上旬，部队先后撤出彰明、中坝、青川、平武等地，向西进发。

松、茂、理、汶一带，是邓锡侯的地盘。境内高山连绵，河谷错列，地形险要，为汉、藏、羌、回等民族杂居区域，盛产黄金、木材、烟土、药材、牛羊、兽皮等。为防止我军西进，邓锡侯在进入川西北的咽喉要地北川至茂县的土门险关，设置了三道防线，陈兵约三万余人，凭险筑垒，封锁土门，全力守备北川河谷。

5 月 12 日，我先率九军、三十军主力，由北川西进，翻山越岭，直抢土门。沿途多原始森林，人烟稀少。我军经激烈战斗，连续击溃邓锡侯部11个团和各地民团的防堵，强占北川河谷，夺取土门险关。15日，先头部队占领茂县。我和前线指挥部在土门住下，指挥部队消灭附近顽抗的残敌，扼住南面的制高点，接应后方机关转移。从成都、绵竹方向来援之敌，拼命向我进攻，想把红军的通道截断。我掩护部队在土门以南的山上，抢筑工事，顶住敌人。敌人处于仰攻的不利地位，死伤惨重。我后方机关包括从川陕根据地撤出的兵工厂、被服厂、造船队、医院、妇女组织、地方干部等，相当庞大。男男女女，抬着机器、粮食、担架、物资，走了几天，才转移完毕。嗣后，方面军总部进驻茂县。先头部队一部沿岷江南下，控制了文镇关、雁门关、威州等要点；一部直逼汶川，占领理番（今理县）。后续部队四军、三十一军一部，则北进至松潘、平武以南的镇江关、片口等地。北进的这一路，本想占领松潘县城，扼控从川西北通往甘南的咽喉要地，屏障茂、理。但胡宗南部先我一步，进驻松潘。松潘是座古城堡，城墙厚达二三十米，周围皆崇山峻岭，敌筑有坚固防御工事。我们的部队缺乏炮火，攻也攻不动，遂退至松潘以南的镇江关，与胡敌对峙。从镇江关、片口、北川、观音梁子、千佛山至汶川一线，敌我双方，不时发生激战。

方面军总部驻地茂县，即现今的茂汶自治县。县城内有几百户人家，全县约六七万人口。羌族占总人口的百分之八十以上，是川西北羌族人民最集中的县份。民房多为山石垒砌而成，依山面水，方方正正，相当坚固。境内烽火台不少，矗立在高山顶上，远远望去，像擎天柱似的。寺庙也多，一座不大的县城，就有二三十座大小不等的寺庙。羌族人民多从事畜牧业或经商。农业以种植苞谷、红薯、土豆为主，刀耕火种，靠天吃饭，产量甚低。尚白色是他们的民族传统，一切以白色为上，蓝色、黑色次之。我们见到的男女老少，衣着一般为白、蓝、黑三色，显得格外朴素。

这个民族勤劳，朴实，好客，喜歌舞，性情开朗。但是，由于长期受汉官、军阀的压迫和掠夺，对汉人积恨较深，戒备心很强。红军到来以前，邓锡侯部大肆进行反动宣传，诬蔑红军“普烧普杀”、“共产共妻”、“青面獠牙”、“头长八只角”、“专吃人脑花和小娃娃”等，更加深了羌族人民的疑惧。不少人弃家出走，逃进深山老林里去。红军来后，使敌人的宣传不攻自破。我军指战员不仅长得和常人一模一样，不烧不杀，不抢不夺，而且积极帮助群众背水、劈柴、治病，提倡宗教信仰自由，尊重少数民族的风俗习惯，宣布取消一切苛捐杂税，强调加强各民族的团结。我军的模范行动和政策的威力，颇见成效。许多人打消了原先的疑惧心理，把红军视为亲人，纷纷杀猪宰羊，献馍敬酒，载歌载舞，慰劳红军。一些跑到深山老林去的群众，也陆续回来。报名参加红军的青壮年不少，红四方面军有些羌族干部就是那时入伍的。

红一方面军已进入川康边，正经会理、冕宁北上。两军会合，指日可待。方面军总部在茂县开会，研究迎接中央红军的工作。首先是派部队前往接应的问题。确定由三十军政治委员李先念，率该军第八十八师及九军二十五师、二十七师各一部，西进小金川地区，扫清敌人，迎接中央红军。其次是动员部队做好两军会师的思想准备和物质准备。要求各部队层层深入动员，以坚持战斗岗位、多多消灭敌人、认真执行民族政策、大力筹集和捐献慰劳品等实际行动，迎接兄弟部队。川西北高原气候变化多端，昼暖夜寒，要多筹集些羊毛羊皮，制作毛衣、毛袜、皮背心，作慰问品。根据我军西征转战的经验，炊具容易丢，伙夫不够用，部队经常开不上饭，直接影响行军和作战，是件叫人恼火的事。估计转战中的一方面军，也会遇到同样的困难。所以，我提议从各部队抽一批炊事员，带上粮食、盐巴、炊具，跟八十八师行动，会师后立即补充到一方面军，先解决吃饭问题。大家都赞成。

我印象最深的是，陈昌浩在会上提出了“欢迎三十万中央红军”的口号。当时我有点反感，觉得这是吹牛。就说：“恐怕中央红军没有那么多吧，还是留点余地为好。”但是，会后还是那样宣传的，标语也是那样写的。会师后的事实证明，中央红军还不到两万来人，哪来的三十万嘛！我们的宣传打了自己的嘴巴。弄得四方面军的指战员，议论纷纷。可见，不论任何情况下，政治宣传都要实事求是，留有余地，决不能忘乎所以，信口开河。

李先念率八十八师和九军一部出发后，为便于指挥前线部队作战，我即移住理县下东门。张国焘、陈昌浩仍在茂县。下东门为岷江和杂谷脑河汇流的地方，是块平坝子。四周环山，林木葱茂，蹦跳腾窜的猴群，嬉闹在山林间，逗人喜爱。有时我和警卫员、参谋一大早起床，站在山边看猴子玩耍，别有一番情趣。

进入理县境内，藏民逐渐多起来。越向川西北和西康地区深入，藏民越多，约占总人口的百分之六七十。为了发动藏民，团结藏民，部队派人做了不少调查研究工作，使我们第一次对藏族社会，有了概略的了解。

当地有句俗话：“官住平，民住坡，蛮家住到山窝窝。”所谓“蛮家”，又称“番民”，是历史上沿袭下来歧视藏民的称呼。他们大都散居在山区，从事农牧业生产。二三十户人家为一寨，不少寨子筑在人迹罕至的高山顶上。每寨是个小小的社会单位，自给自足，与外界很少往来。民房系石头砌成，一般分三层：上层供佛、晒谷，中层住人、烧饭，底层圈牛、羊、马等。家有二三十条牛以上的为“发财人”；有十多条牛的为中等人；仅有二三条牛或没有牛的为穷苦人。阿坝的大土司是川西北藏民的最高统治者，各地分别设有大小不等的土司，行使统治权力。大土司每年要向成都军阀交几万两银子。奴隶制盛行，每个土司头人家里有十多个以上的“娃子”（奴隶），供剥削役使。奴隶没有人身自由，像牲口一样，任凭奴隶主生杀予夺。奴隶主划个圈圈，奴隶们就不敢越出圈子一步，真是“画地为牢”。平民百姓每年需向土司头人、汉官进贡银钱、物品，担负种种劳役，生活极端贫苦。“以物换物”的原始交换形式，依然保留，许多藏民甚至以经商赚钱为耻辱。出口货物以毛皮、麝香、鹿茸、贝母、金子为主，入口货物以茶叶、布匹、油、盐、糖等为主。理县西南的杂谷脑，就是一个出入口货物交换的地点。藏民性情朴实、剽悍、直爽。善骑射，喜着皮衣、革履，食物以牛羊肉、青稞、糌粑、酥油、牛奶为主。信仰喇嘛教，崇奉活佛、喇嘛。家家供有佛像，每寨均有喇嘛寺庙。活佛就是“活神仙”。藏民平时见到土司头人不叩头，只需脱帽垂目即可，见到大小活佛则必须下跪叩头。喇嘛教的地位和影响，可见一斑。

我军进入川西北地区时，即组成了中华苏维埃西北联邦政府、少数民族委员会和党的西北特区委员会。张国焘任联邦政府主席，周纯全任民族委员会委员长。提出了建立藏族苏维埃和人民政府、民族自决、信教自由、取消一切苛捐杂税、没收汉官和发财人的土地分给穷人、武装藏民劳苦群众、藏回羌汉穷人联合起来打倒国民党军阀等项纲领、政策，发动群众，建党建政。这是我军第一次开展少数民族地区的工作，一切要从头做起。

这里的条件远不及通南巴，发动群众的工作困难重重。一是语言不通，障碍甚大。二是历史上形成的民族隔阂很深，短期内不易消除。三是地广人稀，走上百多里山路，往往见不到一个寨子。四是少数上层反动的土司、喇嘛，利用他们的统治势力和影响，暗地进行破坏活动，甚至公开组织反革命武装。尽管如此，由于我军抓住了汉、藏统治阶级同广大劳动群众之间的尖锐对立这一主要矛盾，打倒汉官、反动土司，分田分粮，不断进行艰苦细致的工作，因而发动群众是有成绩的。许多藏民分得土地后，把“分配土地证”当神物供奉起来，烧香念佛，祈求神灵保佑土地，保佑红军。各县、区、村的人民政府相继建立，吸收了一批藏民积极分子当家作主。藏民地方武装组织，也逐步建立。有些地方还建立了党、团支部。总之，党和红军的影响，已经在藏族人民中日益扩展开来。

筹集慰问中央红军的物资，是和发动群众的工作结合进行的。部队一面走家串户，发动群众，一面筹集粮食、羊毛、羊皮、牛羊、盐巴、茶叶等。群众工作愈深入，筹集物资愈好办些。一些重要地点，总经理部分别设立了粮站，专门积蓄粮食，有的粮站积存达二百万斤以上。盐巴极缺，各部队都组织了些人到山里选石头，熬盐巴（那带有种白石头，可以熬盐）。指战员普遍会打草鞋，又学会了剪皮衣服，撕羊皮，捻毛线，织毛衣、毛背心、毛袜子。物少情意重。大家制作的每件慰问品，都渗透着对一方面军的兄弟情谊。从前线到后方，从总部机关到连队，从地方政府到人民群众，处处在为迎接中央红军忙碌，气氛热烈而紧张，十分感人。

前线的战斗，相当激烈。北面的胡宗南部，东面和东南面的川军，频频向我发起进攻。我军凭借山险和工事固守，不断予敌以重大杀伤。我最担心的是灌县、汶川方向的来敌，因为那带是从川西平原通向川西北的大道，敌人运输方便，增兵容易。我们利用山险河谷，布下了几道防线扼守。敌攻我防，部队天天打消耗战，够恼火的就是了。北川、松潘、茂县、理县、汶川地区的各族人民群众，在各级苏维埃和人民政府的组织下，冒着敌机轰炸和炮火杀伤的危险，源源不断地向前线运送粮食，帮红军砍柴、烧饭、送水、护理伤病员等，给前线指战员们极大鼓舞和有力支援。

6月8日，李先念率领的迎接中央红军的部队，攻占懋功，歼邓锡侯部近千人，继占达维。这时红一方面军已先后占领安顺场和泸定桥，渡过天险大渡河，经天全、芦山向宝兴急进。大家盼望很久的两军会师，就在眼前。消息传来，我们极为兴奋。6月12日，张国焘从茂县打来电话，要我代表四方面军领导人写一份报告，火速派入去懋功，转送中央。因我住理县，距离懋功近些。我连夜写报告，介绍了敌军和我军在川西北的部署情况，请示两军会合后的作战方针，表示热烈欢迎艰苦转战的中央西征大军。连同两幅地图，第二天一大早，就派人送走了。

一、四方面军的前锋部队，12日胜利会师在夹金山下。毛泽东等中央领导人于15日抵懋功①，会见了李先念等同志。部队驻地一片欢腾。各部队将慰问品集中起来，赶着牲口，一批批送往会师地区。仅三十一军，一批就送去了衣服500件，草鞋1400双，毛袜500双，毛毯100条，鞋子170双，袜底200双。藏族同胞，跳起“锅庄”舞，表示庆贺，红一、四方面军的会合，使蒋介石企图各个击破红军力量的计划，彻底破产。

曲　折

两军会合后，面临的首要问题，是确定战略方针，统一作战部署，打破蒋介石的围堵计划，建立新的革命根据地。党的团结，红军的团结，是实现这一任务的主要条件。然而，会师不久，张国焘即和中央发生分

① 应为6月18日抵懋功县城——编者注。

歧，给党和红军的团结，投下了愈来愈浓重的阴影。

张国焘与党中央的分歧，首先始自战略行动方针问题。

会师前夜，蒋介石判断我一、四方面军“急图合股川西”，“不外横窜康、青，北向甘、陕两途”。因而以胡宗南部27个团，布于松潘至平武一线，扼我北进；以刘湘、孙震、李家钰等部90余团，固江油、汶川、灌县一线，以杨森、邓锡侯部50余团至名山、芦山、雅安、荥经一线，防我东出；以刘文辉、李抱冰、薛岳等部，自南而北推进，追堵红一方面军，并策应岷江东岸；以甘、青两省的马家军，防我西出青海。我北面的四军、三十军一部，在松潘以南的镇江关、松平沟地区，与胡宗南部对峙；东面的四军、三十一军各一部，在汶川、观音梁子、千佛山、土地梁、北川、片口一线，与川军对峙。敌人不断向我进攻，激战一直不停。我们当时以一部主力南下接应中央红军，一部兵力在茂、理、汶一带发动群众，筹集粮食、物资。前线兵力有限，处于守势。

对于战略发展方向问题，方面军总部那时没有讨论过。当然，领导层里并不是毫无考虑。我军刚进入川西北地区，张国焘就宣布成立苏维埃西北联邦政府，出布告，写条例，发指示，建立各级地方人民政府，忙得不亦乐乎。表面看来，似乎要铺开摊子，在这带立脚生根。其实不然，大家都在考虑下一步向哪个方向发展。因为谁都清楚，川西北山大地广，人稀粮少，不适合大部队久驻。又是少数民族地区，历史上形成的民族隔阂不易消除，红军要建立革命根据地，谈何容易呀！我和李先念同志交换过意见，认为还是原来的川陕甘计划比较好。如果中央红军上来。两军的力量加在一起，北上消灭胡宗南一部分主力，争取在川陕甘边创建根据地，与通南巴的游击区打通联系，再图发展，似为上策。而张国焘、陈昌浩呢？据我观察，是个举棋不定的态度。有时说北取陕、甘，有时说南下川西南边，拿不出个成熟的方案来。当时，迎接中央红军是当务之急，战略发展方向问题亦需两军会合后才能决定，大家都有等待的思想，想等党中央上来后再说。

蒋介石不断向我东部和北部增兵筑垒，我们整天和敌人对峙，打消耗战。所以，我是很着急的。6 月 12 日，我起草的致中央的报告里说："目前我军之主要敌人为胡宗南及刘湘残敌，我军之当前任务必先消灭其一个，战局才能展开，因之或先打胡或先打刘须急待决定者。""西征军万里长征，屡克名城，迭摧强敌，然长途跋涉，不无疲劳，休息补充亦属必要，最好请西征红军固阵休息补充，把四方面军放在前面消灭敌人，究以先打胡先打刘何者为好，请兄方按各方实况商决示知为盼。"这些话，说明我对战略行动方针问题，是焦急与等待的心情，交织在一起的。

6 月 16 日，中央和军委来电，提出两军会合后的总方针是：占领川陕甘三省，建立三省苏维埃政权，并于适当时期以一部兵力组织远征军，占领新疆。目前的行动计划是一、四方面军主力，"均宜在岷江以东，对于即将到来的敌人新的大举进攻给以坚决的打破，向着岷、嘉两江之间发展。"如发展受到限制时，则以陕、甘各一部为战略机动地区。坚决地巩固茂县、北川、威州在我手中，并击破胡宗南之南进，是这一计划的枢纽。并且指出：以懋功为中心的地区均深山穷谷，人口稀少，给养困难。至于西康，情形更差。邛崃山脉地区，只能用小部队活动。红军主力出这些地区，均非良策。如敌人完成封锁计划，则将使红军北出机动，极端困难。由此可见，中央当时想以夺取岷江和嘉陵江上游的中间地区为立脚点，伺机向甘南和陕南发展。这同我们原来制定的"川陕甘计划"，有相近之处。

住在茂县的张国焘、陈昌浩，没有向我打招呼，17 日即复电中央。他们虽表示同意向川陕甘发展，但认为东出北川和北打松潘，地形和敌情均极为不利，因而主张一方面军沿金川地区北进占领阿坝，四方面军从茂、理北上进占松潘西，两军去青海、甘肃，以一部组成远征军占领新疆，主力伺机东向陕西发展。为解决给养困难，隐蔽作战企图，暂时可南下先取岷江以西的天全、芦山、名山、雅安地区。18 日，中央来电指出："目前形势须集中主力首先突破平武，以为北向转移枢纽。其已过理番部队，速经马塘绕攻松潘，力求得手。否则兄我如此大部队经阿坝与草原游牧区域入甘、青，将绝大困难，甚至不可能。向雅、名、邛、大南出，即一时得手，亦少继进前途。因此力攻平武、松潘，是此时主要一着，望即下决心为要。”19日，在川敌猛攻下，我军被迫放弃北川县城，于笔架山至神仙场一线，继续凭险阻敌。南面的红一方面军，亦被杨森部压迫，撤离宝兴。当日张国焘来下东门，致电中央，同意北打松潘，又提出“东扣岷江，南掠天、芦、灌、邛、大、名”的意见。并要我第二天去懋功当面向中央陈述他的意见。20日，中央又来电强调，力争红军主力出东北，实现川陕甘计划；如绝无办法，暂时只好向川西南发展。如是，则四方面军须速向懋功开进，两军集中20个团以上的兵力，突击雅、名、邛、大地区，打开战局。因为这一行动关系全局，中央认为，需张国焘立即去懋功面商。这样，张国焘才急忙动身，从茂县赶到懋功去。

这个时候，陈昌浩也来到理县。我们商量，还是应按中央北出的指示，做攻打胡宗南的准备。北川已失，出平武困难，唯一的出路是想法拿下松潘。我们一面派兵加强东面的千佛山、观音梁子一线，阻击川敌，扼控茂县；一面调两团兵力向松潘方向运动，并派人侦察黑水地形，拟西取黑水作后方，援应攻打松潘的部队。

松潘是个地震区。1933年8月，我军正在进行仪南战役时，松潘发生大地震，我们都感觉到了。地震中心在叠溪地区。据老乡说，当时岷江曾断流三天，江水流入地震中心，形成一块宽500余米、深80余米的大海子。我四军一部从茂县进占松潘以南的松平沟时，就是从叠溪海子坐船渡过的。由茂、理到松潘，山高林深路险，又因地震关系，山石不断塌方，极难通行。部队一边排除塌方，一边行进，每天只能通过一个团。三十一军有个班，行进途中遇上塌方，全部牺牲。我军刚到川西北时，计划占领松潘，但因行进困难，才被胡宗南部抢先一步扼控，打了一下，攻不动，退到镇江关一带。这次调兵上去，准备再打松潘，是硬着头皮干的。

6月26日，中央政治局于懋功的两河口开会。28日，正式作了《中央关于一、四方面军会合后战略方针的决定》①。决定明确指出：

一、在一、四方面军会合后我们的战略方针是集中主力向北进攻，在运动战中大量消灭敌人。首先取得甘肃南部以创造川陕甘苏区根据地。使中国苏维埃运动放在更巩固、更广大的基础上，以争取中国西北各省以至中国的胜利。

二、为实现这一战略方针，在战役上必须首先集中主力消灭与打击胡宗南军，夺取松潘与控制松潘以北地区，使主力能够胜利地向甘南前进。

……

接着，军委制定了松潘战役计划。确定一、四方面军兵分三路（一方面军为左路军，四方面军为中路军、右路军和岷江支队），攻占松潘，北出甘南。

张国焘从两河口回返茂县途中，经下东门见到了我。他对会见中央领导及两河口会议的情况，不愿多谈。只是说：中央红军一路很辛苦，减员很大，和我们刚到通南巴时的情形差不多。我最关心的是下一步向哪个方向打？他说：中央的意见，要北出平武、松潘，扣住甘南，徐图发展。我看还是先取川西南比较好，否则，粮食、给养都不好办。我说：北打有北打的困难，南打也有南打的困难。平武那边，地形不利，硬攻不是办法；松潘地区不利大部队展开。我和昌浩商量，准备扣住黑水，分路迂回袭击，或许能够取胜，南下固然能解决目前供应上的困难，但一则兵力有限，二要翻越雪山，且不是长久立足之地，万一拿不下来，北出将会遇到更大的困难。张国焘沉思良久，最后表示同意先打松潘，但仍未放弃南取邛崃山脉地区的意见。

① 准确名称为《中共中央政治局决定——关于一、四方面军会合后的战略方针》。——编者注。

张国焘回茂县后，又来电话，要我们按中央的决定，攻打松潘。具体部署是：以王树声率岷江支队四个团于岷江东岸，控制北川至茂县一线阵地，继续阻击和牵制川军，并吸引胡敌南向；以陈昌浩率一部（右路），我率一部（中路），分路经黑水、芦花北进，出毛儿盖，迂回松潘。7月6日，我和陈昌浩分别率部队从理番、茂县出发。

就在我们出发的当天，中央慰问团抵杂谷脑，慰问四方面军。慰问团成员有李富春、林伯渠、罗迈（李维汉）、刘伯承等同志。张国焘在杂谷脑，迎接慰问团。后来我听说，张国焘曾在那里借口“统一军事指挥”，向中央要权。还煽动一些同志，向中央建议由我当红军副总司令，陈昌浩当总政治委员，周恩来当总参谋长等。陈昌浩也发电报要求由张国焘任军委主席，朱德任前线总指挥，周恩来兼总参谋长。我当时被蒙在鼓里，对这些事情一概不知。

从这以后，我们耳闻目睹的一些不利于两军团结的现象，就日渐增多起来。有些话很难听。张国焘对下面散布：“中央政治路线有问题”，“中央红军的损失应由中央负责”、“军事指挥不统一”……据说还派人找一方面军的同志了解会理会议、遵义会议的情况等，实际上是进行反中央的活动。在此同时。凯丰、博古他们，则指责四方面军撤离鄂豫皖和退出通南巴是“逃跑主义”，还有什么“军阀主义”啦，“土匪作风”啦，“政治落后”啦，甚至公开写文章抨击。他们这种“左”的做法，与当初刚到中央苏区时，对待毛主席和一、三军团差不多，只能激起四方面军干部的反感。许多指战员想不通，憋着一肚子气。这也给了张国焘以挑拨的借口。

对于这种复杂局面，我缺乏思想准备。两军会合之初，我想离开四方面军，去中央做点具体工作。因为自从在鄂豫皖和张国焘、陈昌浩共事以来，我的心情一直不舒畅。张国焘对我用而不信，陈昌浩拥有“政治委员决定一切”的权力，锋芒毕露，喜欢自作主张。许多重大问题，如内部“肃反”问题，军队干部的升迁任免问题，等等，他们说了算，极少征求我的意见。特别是在川陕根据地，取消了原来的中央分局，由张国焘以中央代表身份实行家长制的领导，搞得很不正常。我处在孤掌难鸣的地位，委曲求全，凭党性坚持工作。既然两军已经会合，我就想趁此机会，离开四方面军。我在下东门见到陈昌浩时说过：“我的能力不行，在四方面军工作感到吃力，想到中央去做点具体工作。听说刘伯承同志军事上很内行，又在苏联学习过，可否由他来代替我。”我请陈昌浩把我的要求，向张国焘郑重反映。陈昌浩当时说了些鼓励我的话，答应适当的时候，向“张主席”做工作。后来，听说四方面军有些同志议论一方面军部队装备不好，打了败仗等。为此，我严肃批评了他们，嘱咐部队要学习一方面军的长处，不准背后议论。再往后，教条主义者对红四方面军的指责就更多了，不少干部都向我反映。我虽然教育干部不要向底下散布这些东西，但说老实话，心里是不痛快的。四方面军这支部队，是从鄂豫皖的一支300来人的游击队伍发展起来的，打了那么多硬仗、恶仗，是党领导的队伍，发展到八万多人，很不容易。尽管部队存在这样或那样的缺点，但本质是好的，是坚决打蒋介石的，是实行土地革命的，是拥护第三国际的，是听党的话的，是和人民群众血肉相连的，是竭诚拥护同中央红军会合的。怎么又是军阀，又是土匪，又是落后，又是逃跑的？！不看主流，把四方面军说得漆黑一团，对两军团结对敌，没有任何好处。我确实想不通。后来同彭德怀同志谈起这些问题，他对我说，这是教条主义那些人搞的。会合的时候，毛主席主张讲团结，团结第一，大局为重。我说：要是按毛主席的意见办就好了。

总之，张国焘怀有野心，想当头头，一再制造分歧，破坏了两军会合后的团结局面。教条主义者没有贯彻毛主席的团结方针，对四方面军吹毛求疵，横加指责，也起了不好的作用。

向毛儿盖进军

按照两河口会议的决定，一、四方面军的部队陆续开拔，分路北进。

我带的一路部队，7 月 6 日从理番地区出发，斗折蛇行，沿黑水河北岸行进。黑水河面不宽，约三四十米，但水流湍急，浪涛翻滚，深不可测。据老乡说，没有索桥是过不去的。沿岸的溜索桥本来就很少，敌人为防红军渡河，几乎破坏殆尽。两岸山势陡峻，小道崎岖，大片大片的原始森林，茂密无间，遮天蔽日。敌机虽不易发现我们，但部队运动受地形条件的限制，一天只能走五六十里。沿途经过些藏民山寨，大都空空如也。他们受反动宣传的影响，早已牵上牲口，驮着粮食，转移到深山老林里去，有的还不断向红军放冷枪。民族矛盾是历史上形成的，“冰冻三尺，非一日之寒。”我们要求部队严格执行群众纪律，吃了藏民的粮食，用了藏民的柴草，都要如数付款，或写个欠条，留在那里。住过的房屋，临走时要打扫干净，上好门板。那时，我们最困难的是粮食。部队路过的地方，能搜罗到的粮食差不多都搜罗净尽，即使这样，粮食还是不够吃的。途中，零星战斗不断，主要是藏族上层反动分子进行武装抵抗和袭扰活动。

7 月中旬，三军团已进抵黑水、芦花地区。彭德怀军团长得悉我军正向维谷开进，当即亲率一个团前来接应。维谷渡口的索桥遭敌人破坏，大家只能隔河相望。那里水流甚急，水声很大，双方说话听不大清楚。我见对岸有个身材粗壮、头戴斗笠的人，走路不慌不忙，估计是彭军团长。相互招手后，我便掏出笔记本，撕下张纸，写上——彭军团长：我是徐向前，感谢你们前来迎接。捆在块石头上，扔过河去。两岸的同志，十分高兴，互相喊话、招手、致意。第二天早晨，我从维谷赶到亦念附近，找到一条绳索，坐在竹筐里滑过河去，与彭德怀同志会见。我们谈了些敌情及沿途见闻，还商谈了部队架桥事宜。他给我的印象，是个开门见山、性格爽直的人。

因桥未架好，大部队无法过河，我们在维谷一带住了两天，才抵芦花。张国焘、陈昌浩和党中央领导机关，也陆续来了。在那里，我见到了毛泽东、周恩来、朱德、刘少奇、张闻天、博古等同志。见到这么多中央领导同志，我既高兴，又拘谨，对他们很尊重。毛主席还代表中华苏维埃政府，授予我一枚五星金质奖章。这不是给我个人的荣誉，而是对英勇奋战的红四方面军全体指战员的高度评价和褒奖。

红四方面军八十八师和一方面军先头部队已占领毛儿盖。王树声率后卫部队陆续撤出岷江东岸，向黑水、芦花、松潘地区集中。胡宗南部正加强对松潘的固守，薛岳一部亦进抵平武、文县，配合胡敌防我北出甘南。那时我和总司令接触最多，几乎天天在一起核对敌情，调动队伍。我对周围敌军的兵力部署、番号、装备、位置、作战特点及我军各部队的住地、人数、行进方向等，全装在脑子里，记得滚瓜烂熟，能有问必答，总司令对这点比较满意。他认为红四方面军的干部年轻，有朝气，部队生龙活虎，纪律严明，是支难得的有战斗力的队伍。他说一方面军过去也是这样的，但经过万里转战，损失不小，十分疲劳，亟待休养生息，恢复元气。他希望一、四方面军的指战员互相学习，取长补短，团结一心，度过眼前的困难，争取更大的发展。他的这些话，完全是顾全大局的肺腑之言，给我留下了难忘的印象。朱总司令作风朴实，宽厚大度，平易近人，为接近过他的干部、战士共同称道。有次，我去他住地，他正坐在房里烧糌粑吃。见我来到，高兴地说：来吧，我们一起吃！我俩边吃边谈，无拘无束。此情此景，至今仍历历在目。

我从朱总司令那里得知，一方面军保存的干部较多，兵员较少，便和陈昌浩商量，建议从一方面军派些干部来四方面军工作，我们调几团兵力，补充一方面军。我们一起去张国焘住地，征得了他的同意。张国焘当时已任军委副主席，摆出的是统筹全局的姿态。他答应立即向中央建议，落实这件事情。原来，我们计划抽调四个团给一方面军，后经中央同意抽了三个建制团过去，即四军三十二团，1100 人；三十军二七〇团，1600 人；三十三军二九四团，1100 人，共 3800 人。同时，中央又从一方面军调了些有指挥和参谋工作经验的干部，来四方面军各军任参谋长。

为了统一部队的指挥，加强两军团结，胜利完成北上的任务，7 月 18 日，军委公布了由朱德任红军总司令，张国焘任红军总政委的命令，规定“一四方面军会师后，一切军队均由中国工农红军总司令、总政委直接统率指挥。”19 日，制订了《松潘战役第二步计划》。20 日，对军队组织系统作了如下的调整。

中央军委：主席朱德，副主席张国焘、周恩来、王稼祥。

中国工农红军：总司令朱德，总政治委员张国焘，总参谋长刘伯承。

红军前敌指挥部：总指挥徐向前（兼），政治委员陈昌浩（兼），参谋长叶剑英，副参谋长李特。

一军：军长林彪，政治委员聂荣臻，参谋长左权。

三军：军长彭德怀，政治委员杨尚昆，参谋长肖劲光。

五军：军长董振堂，代政治委员曾日山，代参谋长曹里怀。

三十二军：军长罗炳辉，政治委员何长工，参谋长郭天民。

（以上各军为原一方面军的一、三、五、九军团）

四军：军长许世友，政治委员王建安，参谋长张宗逊（原一军团）

九军：军长孙玉清，政治委员陈海松，参谋长陈伯钧（原五军团）

三十军：军长程世才，政治委员李先念，参谋长李天佑（原一军团）

三十一军：军长余天云，政治委员詹才芳，参谋长李聚奎（原三军团）

三十三军：军长罗南辉，政治委员张广才，参谋长李荣。

（以上为原四方面军各军，番号未变；方面军总部仍保持原建制）

7 月 21 日，中央政治局在芦花召开会议，听取四方面军的汇报。中央派人通知我出席会议，要我汇报军事方面的情况。出席会议的有：

博古、张闻天、毛泽东、周恩来、朱德、王稼祥、李富春、张国焘、邓发、凯丰、刘伯承、陈昌浩。会上首先由张国焘发言，讲了红四方面军撤出鄂豫皖和川陕根据地的经过。接下来是我发言。我在汇报四方面军的情况时指出：这支队伍的优点是工农干部多，对党忠诚；服从命令听指挥，纪律较好；作战勇敢，打起仗来各级干部层层下放，指挥靠前，兵力运动迅速敏捷，长于夜战，以二七四团、二六五团夜战最好；平时注意军事训练，射击、手榴弹操练很勤，战后注意总结经验。缺点是文化程度低，军事理论水平及战略战术的素养不够，参谋业务薄弱。陈昌浩在发言中，扼要介绍了四方面军政治工作的情况。当天的会议，遂告结束。第二天继续开会，因我和陈昌浩要率前敌指挥部先去毛儿盖，便未再出席。后来听说，会议开得比较圆满。中央领导同志一致肯定了四方面军的英勇奋斗，肯定了是坚决执行中央路线的，但存在某些缺点。会上没有出现新的争执。

我和陈昌浩、叶剑英带一部兵力，向毛儿盖进军。举目所见，尽是崇山峻岭和原始森林。部队披荆斩棘，翻山越谷，走得很艰苦。翻越长岱山时，有棵大粗树横倒在那里，我们的马都过不去，只得绕路走。毛儿盖位于松潘以西约250华里处，若尔盖大草原的边沿，是块平坝子。居住的藏民多数从事畜牧业，少数务农。有座相当讲究的喇嘛寺庙，坐落在西山坡上，与附近那些破旧不堪的藏民住房，成了鲜明对比。我住的是普通藏民的房屋，两层——上面住人，下面住牲口，气味颇大。藏民的楼房不造楼梯，砍根树桩子，挖上些梯槽，当楼梯用。我们进房，就得爬树桩。陈昌浩、叶剑英的住处离我不远，也都是藏民的房屋。我先头部队二六八团于7月间占领毛儿盖后，曾想方设法，筹集了些粮食、牛羊，等待大部队上来。我们安顿就绪，吃了顿饱饭，立即派人为中央领导同志安排住地，并了解敌情，计划攻取松潘。

这时，我四军一部，经与胡敌激战，攻占了距松潘十多里的要点毛牛沟。后续部队，继续向松潘运动。敌人判断我军的企图是：袭取松潘，以大部经毛儿盖、松潘进占岷县;一部经阿坝进据夏河,“期达越过洮、夏两河,接通‘国际路线’,或由陇中窜向陕北、宁夏,与陕匪合股,如其不成,仍回窜川北。”因而,蒋介石除严令松潘地区的胡宗南部筑碉固守阵地外,以王均第三军布于洮河沿线,主力控岷县、临潭;于学忠第五十一军布于天水、甘谷、武山、陇西一线,主力控陇西;以青海、宁夏的马家军布于贵德、同仁、循化、皋兰、临夏地区,主力控临夏。另以第四十五军出懋功,向抚边、阿坝追击;第二十一军越岷江,向理番、毛儿盖、班佑追击;新编第六师李家钰部出威州、茂县,向镇江关、松潘追击;暂编第二师彭诚孚部,出白草场,向镇江关追击。战略预备队杨森部,控懋功;郭勋祺师,控新津;王瓒绪部,控绵竹;薛岳部,控平武。蒋介石企图死扼松潘,压迫红军经草地出甘、青,而后在“临潭、临夏、夏河、同仁间,将其聚歼”。

我和陈昌浩、叶剑英商定,以多路突击的办法,攻打松潘。但是,由于松潘那带地形险要,胡敌兵力众多,凭碉固守,我军火力不行,不论正面突击或迂回攻击,均难奏效。

8 月初,党中央领导同志和红军总部来到毛儿盖地区。军委召集会议,重新研究敌情,确定行动部署。朱德、毛泽东、张闻天、博古、王稼祥、张国焘、刘伯承、陈昌浩、叶剑英和我,出席了会议。大家一致认为,因松潘地区敌人兵力集中,凭垒固守,我军屡攻难克,决定放弃攻打松潘的部署,改为执行夏洮战役计划。夏洮战役以红军主力出阿坝,北进夏河地区,突击敌包围线之右背侧,争取在洮河流域灭敌主力,创造甘南根据地为作战目的。为实现这一新的战役企图,我和陈昌浩提议,集中红军主力,向一个方向突击。但张国焘主张分左、右两路军行动。会议采纳了他的意见。决定左路军由红军总司令部率五军、九军、三十一军、三十二军、三十三军组成,从卓克基北进取阿坝,控墨洼,继而向北出夏河;右路军由红军前敌指挥部率四军、三十军、一军组成,以少部兵力担负扼阻和牵制松潘胡敌的任务,大部从毛儿盖北出班佑、巴西地区，万一无路可走，再改经阿坝前进。彭德怀率三军全部及四军一部作总预备队，掩护中央机关前进。

部署既定，部队忙着做北上的准备，并派人侦察行进的道路，但是，张国焘野心不死，又节外生枝，要中央召开政治局会议，解决“政治路线”问题。中央政治局随即在沙窝开会，正式通过了《中央关于一、四方面军会合后的政治形势与任务的决议》。决议重申了党的北进战略方针，是要首先取得甘肃南部，创造川陕甘革命根据地，以争取苏维埃在西北和全中国的胜利。而加强一、四方面军的团结，彻底击破蒋介石的包围与封锁，消灭敌人有生力量，则是实现党的战略方针的基本条件。“一切有意的无意的破坏一、四方面军团结一致的倾向，都是对于红军有害对于敌人有利的。”“必须使一、四方面军的每一个同志都了解，一、四方面军都是中国工农红军的一部分，都是中国共产党中央所领导的，在我们中间只有阶级的友爱与互助，而与攻击、分散相对立。只有这样，一、四方面军的团结一致才能巩固与争取胜利，才能溶成一片，去消灭阶级敌人。”决议针对张国焘要求清算中央政治路线的观点，进一步申明了遵义会议对这个问题所作的结论，即中央的政治总路线是正确的，没有粉碎敌人第五次“围剿”的主要原因是军事路线上的错误，经遵义会议已得到了纠正。后来我听说，不论在遵义会议或沙窝会议期间，毛主席都不主张清算中央的政治路线，因为那时军事问题具有最紧迫的意义。政治路线的错误，待时机成熟时再予解决。所以，决议上才那样写。毛泽东同志的这种考虑和处理，是正确的。在这次会议上，还补选了陈昌浩、周纯全二人为政治局委员。

沙窝会议后，张国焘满肚子不高兴，脸色阴沉，不愿说话。陈昌浩向我发牢骚，说中央听不进国焘的意见，会上吵得很凶。我对张国焘、陈昌浩说：现在不是吵架的时候，这里没有吃的，得赶紧走，我们在前面打仗，找块有粮食吃的地方，你们再吵好不好呀！当时的确到了闹粮荒的严重地步，我心里着急得很。部队天天吃野菜、黄麻，把嘴都吃肿了。供应中央领导机关的粮食，眼看快要吃完。郑义斋、吴先恩他们是“老后勤”，愁得不行，向我反映，我也没办法。周恩来同志患疟疾病，起不了床。我去看望他时，带去几斤牛肉，算是头等补养品。我想，这么困难的情况下，要命第一。我一再催促张国焘、陈昌浩早走，以后再吵，原因就在这里。至于当时争论的焦点是什么，谁是谁非，我不了解。那是中央政治局内部的事，没有人和我谈过，自己也不想过问。

好说歹说，走的问题总算说成了。朱总司令和张国焘率红军总部去左路军，我们和党中央走右路。经党中央同意，决定以三十军二六五团、二六四团为先遣兵团，经墨洼过草地出班佑、包座，为全军开路。右路军主力分为三个梯队，采取阶梯队形，交互掩护，缩短长径，蝉联北进。岷江两岸的牵制部队殿后，逐段掩护，适时向主力靠拢，衔接前进。

8 月 20 日，中央政治局在毛儿盖举行会议，讨论战略方针和夏洮战役的作战行动问题。出席会议的有张闻天、毛泽东、博古、王稼祥、陈昌浩、凯丰、邓发，列席会议的有李富春、徐向前、林彪、聂荣臻、李先念。朱德、张国焘、刘伯承已去左路军，叶剑英带右路军先头部队先行，彭德怀率三军殿后，均未参加会议。

会议首先由毛泽东同志发言。他说：根据中央关于创造川陕甘根据地的方针，我军北进夏河地区后，有两个行动方向。一是东向陕西，一是西向青海。我的意见，主力应当向东，向陕甘边界发展，而不应向黄河以西。他认为，红军北出后，应以洮河流域为基础，建立根据地。这一地区，背靠草地，川敌不易过来。临近青海的回民区，党的民族政策得当，回民不至于反对我们。如东进受阻，以黄河以西作战略退路，也是好的。

会上，相继发言的有陈昌浩、王稼祥、凯丰、林彪、博古和我。我表示完全赞成毛泽东同志的意见，北进夏河后，坚决向东发展。我说：原则上的问题，中央早已决定，战略方针当然是向东。我军北出甘南后，应坚决沿洮河右岸东向，突破岷州王均部的防线，向东发展。万一不成，再从河左岸向东突击。陈昌浩的态度同样很坚决，主张快速北进，集结最大兵力，向东突击，以实现中央既定方针。其他同志的发言内容，是一致的，都赞成毛泽东同志的意见。毛泽东很高兴，还特地表扬了陈昌浩的发言。

而后，毛泽东同志作了结论。大意是：第一，向东还是向西，是全局中的关键。向东，是积极的方针，我们必须采取这一方针。否则，将被敌迫我向西，陷红军于不利境地。第二，从洮河左岸或右岸前进，可视情况而定。如有可能，即采取包座至岷州的路线北出。占领西宁，目前是不对的。第三，左路军应向右路军靠拢。阿坝可速打一下，后续部队应不经阿坝而向右路军靠拢。我们只应将左路军看成是战略预备队。作战役预备队它赶不及，不能指望。总之，必须坚决向东打，以岷州、洮河地区为中心向东发展，决不应因遇到一些困难，转而向西。

会议最后决定，以毛泽东同志的发言为基本内容，形成《中央关于目前战略方针之补充决定》。

毛儿盖会议是一个重要会议，改变了夏洮战役计划的具体部署，变右路军为北进主力，有重大历史意义。会后，右路军迈上了征服大草原的艰难途程。

打开北上的通道

8 月 21 日，右路军陆续出动。一军团先行，继后是党中央领导机关、红军大学等，再后是三十军、四军，彭德怀率三军殿后。我和陈昌浩、叶剑英随三十军行动。

当时，朱德、张国焘率领的左路军，根据原定的夏洮战役计划，正通过草地边沿地区，经查理寺向阿坝北进。他们来电说，已从查理寺派董振堂带五军主力探查北进道路。阿坝地区人粮较丰，比芦花、毛儿盖要好得多。主力占领阿坝，很有必要，既可解决财源给养问题，又可作为战略后方，多辟北进道路，必要时还可协助右路军行动。8 月 20 日，先头部队即攻占了阿坝。

鉴于毛儿盖会议已决定右路军为打通北进通道的主力，左路军应向右路军靠拢，8 月 20 日、21 日，我和陈昌浩连电朱、张，告以中央的新决定。即以岷州为根据地向东发展，首先以岷、洮、哈达铺为主要目标，争取在洮河东岸与敌决战。目前主力西向或分兵出西宁，均不妥当。左路军占领阿坝后，不必肃清该地区之敌，可速向右路军靠拢，以便集中兵力灭敌，速出甘南。接着中央政治局亦发电将《中央关于目前战略方针之补充决定》的精神，告诉了张国焘和朱德总司令。但是，张国焘公然无视中央的决定，仍坚持左路军以阿坝为后方，出夏河、洮河地区，左右两路分兵北进。我和陈昌浩商量，认为张国焘总和中央闹别扭不好，而且从军事上看，左右两路军集中兵力出甘南是上策，因而 8 月 24 日，又致电朱、张，陈说利害："目前箭已在弦，非进不可。""弟意右路军单独行动不能彻底消灭已备之敌，必须左路马上向右路靠近，或速走班佑，以便两路集中向夏、洮、岷前进。主力合而后分，兵家大忌，前途所关，盼立决立复示，迟疑则误尽中国革命大事。"张国焘呢？把中央的决定和我们的劝告当耳旁风。我们左催右催，也没有用。

从 8 月 22 日起，我们率右路军进入若尔盖大草原的边缘地带，开始了穿越草地的进军。辽阔的草原，起伏的山丘，湛蓝的天空，交织成一幅壮丽而神秘的画卷。行进的队伍，逶迤蛇行，忽隐忽现，像是漂泊在浩渺无际的绿色海洋里。

这是军事史上罕见的艰苦行军，是人同自然界的殊死斗争。在这片神秘的土地上，既显示着大自然力量的凶猛无情，更表现着具有高度觉悟的人——红军指战员的无穷智慧和力量。天气令人莫测地变幻着。中午还是晴空万里，烈日炎炎，下午突然黑云密布，雷电交加，暴雨、冰雹铺天盖地而来。夜间气温达零度以下，冻得人们瑟瑟发抖，彻夜难眠。黑色的泥沼，被深草覆盖着，一不小心，人和牲口陷进里面，就会被吞没。水塘不少，但大都含有毒汁；喝下去又吐又泻。四野茫茫，渺无人烟，找不到粮食。野芹菜、草根、马鞍、皮带，成了指战员充饥的食物。一方面军的部队减员尤多，因为他们长途转战，体力消耗太大，实在经不起恶劣环境的折腾。为减少死亡和发病率，党中央、前敌指挥部和各军领导同志，想了些办法。如令前锋部队在沿途标上安全路标，指示道路；组织有经验的人挖野菜、尝“百草”，各人不要乱挖乱吃；尽量减少一切不必要的辎重和干部坐骑，腾出马匹、牦牛，供宰杀食用；夜间组织联欢会，点起篝火，大家围在一起，边活跃情绪，边取暖御寒；加强政治思想工作，发扬团结友爱和革命乐观主义精神，不准丢弃伤病员，从绝境中求胜利；等等。“人定胜天。”依靠广大指战员的高度觉悟和坚强毅力，我军终于通过了人迹罕至的大草原。由此证明，中国共产党领导的工农红军，的确是一支打不垮、拖不烂、难不倒的英雄队伍。这样的队伍，是永远不可被战胜的。

穿过草地，部队进入了半农半牧的巴西、班佑地区。有粮，有水，有牛羊，有民房，大家可高兴啦。毛主席和中央领导机关住阿西，我、陈昌浩、叶剑英及前敌指挥部住巴西。两地相距不远，来往较方便。陈昌浩是中央政治局的成员，又和博古、张闻天、王稼祥等同志熟悉。有什么事情，都是他去和中央联系。

距离巴西、班佑 100 多里的上下包座，是通往甘南的必经之地，由胡宗南部扼守。上下包座相距数十里，有包座河纵贯其间，山高路险，森林密布。守敌利用山险隘路，修筑许多碉堡，并备有大批粮食，构成了可以长期坚守的防御阵地。胡宗南得悉我军北进消息后，急调其驻漳腊的伍诚仁第四十九师，星夜向包座增援，妄图扼住红军北进的通道。

抢在胡宗南增援部队赶来之前，强占包座，出师甘南，是摆在右路军面前的紧急任务。丧失战机，我军就有被迫退回草地的危险。8 月 26 日，我们到达班佑、巴西地区后，立即派人侦察地形、敌情，进行攻打包座的战斗部署。鉴于三军尚未通过草地，一军在长征途中减员太多，我和陈昌浩向党中央、毛泽东同志建议：攻打包座的任务，由四方面军的三十军、四军承担。中央批准了这一建议。我们决心在敌援兵到来之前，速战速决，攻取上下包座，然后集中兵力打援。以三十军八十九师二六四团攻击包座南部的大戒寺；八十八师两个团和八十九师另两个团位于包座西北地区，相机打援；以四军一部攻击包座以北的求吉寺守敌。一军作预备队，集结于巴西和班佑地区待机，并负责保护党中央的安全。我的指挥所，设在上下包座之间的一座山头上。

8 月 29 日，我二六四团向大戒寺一营守敌发起攻击。经一夜激战，歼敌两个连，余敌退据大戒寺山后的碉堡里顽抗。30 日夜，援敌四十九师先头部队进抵大戒寺南。为诱使援敌全部进入我伏击圈内，二六四团略予抵抗后，奉命撤至大戒寺东北。当夜，敌进至大戒寺。次日，敌师长伍诚仁率师部进到大戒寺以南，令三个团的兵力沿包座河东西两岸进击，企图压迫我军于上下包座附近而歼灭之。当天下午 3 时，我们下令反击。埋伏在山林间的八十八、八十九师指战员，一举揳入敌三个团中间，将敌割成三块，激战至晚，将敌四十九师大部歼灭。

在此同时，我四军一部也向求吉寺之两营守敌发起猛攻，歼敌一个多营。残敌继续凭险固守。打得最激烈的时候，我在求吉寺前沿。那座寺庙的院墙又高又厚，敌在庙后山上筑了坚固工事，控制着制高点，很不好攻。部队前仆后继，伤亡不小，我遂令部队停止攻击，围住残敌，待机消灭。战斗中，我十师师长王友钧打红了眼，端起机枪，架在警卫员肩膀上，向敌猛烈扫射，掩护部队攻击，不幸中弹牺牲。战后，部队将他与其他烈士的尸体，一起掩埋在求吉寺附近的山下。

王友钧是湖北广济县人，原红十五军的战士。在红四方面军历任班长、特务队长、营长、团长，屡建战功，是全军著名的“夜摸将军”。他所带领的二七一团，擅长夜摸、夜袭，神出鬼没，经常出敌不意，出奇制胜。在川陕苏区反六路围攻时，他带着三十多名手枪队员，夜间从西线偷渡小通江，攀越几丈高的悬崖，摸入敌后方牛角嵌团部阵地，砍死敌团长，摧毁敌团部，带着缴获的武器、文件、俘虏，安全返回，受到了方面军总部的表扬。他牺牲时，年仅 24 岁，令人十分难过。我在第二次北上路过那里时，曾去王友钧和其他烈士的坟前，献上一束野花，以示哀悼和缅怀之忱。

包座战斗，我三十军立了大功，四军打得也不错。是役共毙伤敌师长伍诚仁以下 4000 余人，俘敌 800 余人，缴获长短枪 1500 余支、轻机枪 50 余挺，电台一部，粮食、牦牛、马匹甚多。我军指战员经过草地的艰难行军，不顾疲劳，不怕牺牲，坚决完成党中央和毛泽东同志赋予的打开北进通道的任务，取得了全歼蒋介石嫡系部队胡宗南一个师的重大战果，有不可磨灭的历史意义。

右路军出了草地，占领包座，已是 8 月底。左路军那边，不见动静，令人焦急。毛主席找我和陈昌浩去，研究如何做张国焘的工作，催他带左路军上来。我说，如果他们过草地困难，我们可以派出一个团，带上马匹、牦牛、粮食，去接应他们。毛主席说：这个办法好，一发电报催，二派部队接，就这么办。接着，即以毛泽东、陈昌浩和我三人的名义，发出电报。我们又令四军三十一团准备粮食，待命出动。

可是，张国焘离开阿坝，刚进入草地，就变了卦。9 月 3 日，他来电说：“（葛曲河）上游侦察七十里，亦不能徒涉和架桥，各部粮食能吃三天，二十五师只两天，电台已绝粮，茫茫草地，前进不能，坐待自毙，无向导，结果痛苦如此，决于明晨分三天全部赶回阿坝。”“如此影响整个战局，上次毛儿盖绝粮，部队受大损；这次又强向班佑进，结果如此。再北进，不但时机已失，且恐多阻碍。”可见，这时张国焘连北进的方针也不同意了，实际上是要南下。他的“理由”并不能成立。一是所谓葛曲河涨水，无法徒涉和架桥。其实，四方面军有支 100 多人的造船队，就在左路军，就地取材，营造简便渡河工具，不成问题。二是所谓粮食缺乏。

其实，阿坝那带，粮米较毛儿盖地区要多，张国焘以前来电也说过。我们从毛儿盖出发，每人只带了供两三天食用的炒青稞，还不是通过了草地！他们的粮食，绝不会比我们少，过草地有什么不行？更何况我们还要派部队带粮去接应他们呢！所以，张同焘这是找借口，与中央的北进方针相抗衡。

这时，我们已令红一军一师为先头部队，向俄界地区探路开进。敌文县、武都、西固、岷州线兵力不多，筑碉未成，难以阻我突击。中央一方面希望早日北进，一方面也在考虑如何使张国焘转弯。因为这是关系全局、关系左路军命运的问题，而不是张国焘一个人的问题。那几天，陈昌浩几乎天天往中央驻地跑，希望能找出个妥善办法来。

根据陈昌浩回来讲的情况，9 月 8 日，我们致电朱、张请示："胡不开岷，目前突击南坪、岷时间甚易。总的行动究竟如何？一军是否速占罗达？三军是否跟进？敌人是否快打？飞示，再延实令人痛心。""中政局正考虑是否南进。毛、张皆言只有（要）南进便有利，可以交换意见，周意北进便有出路；我们意以不分散主力为原则，左路速来北上为上策，右路南去南进为下策，万一左路无法，北进只有实行下策。如能乘（敌）向北调时（取）松潘、南坪仍为上策。请即明电中央局商议，我们坚决执行。"

当天，张国焘来电，命令我和陈昌浩率右路军南下。这样，党中央的北进和张国焘的南下之争，终于发展到针锋相对的明朗化地步，成为牵动全局和影响红军命运、前途的斗争焦点。这份电令是陈昌浩先看到的，拿来和我商量。事情发展到这般地步，我们夹在中间，感到很为难。我说：这样重大的问题，不向中央报告不行，你还是跑一趟吧！陈昌浩同意，马上带上电报，去找张闻天、博古他们。晚上，陈昌浩来电话通知我去周恩来住地开会。周副主席当时患病未愈，身体很虚弱，起不了床。我到那里时，毛主席、张闻天、博古、王稼祥、陈昌浩都在，说:就等你来了。在座的都是政治局委员，只有我不是，所以我是个听会的态度。会前，毛主席他们已经拟好了一份要张国焘执行中央北进指示的电文，会上念了一下，要陈昌浩和我表态。陈昌浩表示，同意电报的内容，建议力争左右两路军一道北上；如果不成，是否可以考虑南下。我同意中央的意见，对南下问题考虑不成熟，没有表态。

接着，中央即以我们七人的名义致电左路军。原电如下：

朱张刘（伯承）三同志：

目前红军行动是处在最严重关头，须要我们慎重而又迅速地考虑与决定这个问题。弟等仔细考虑的结果认为：

（一）左路军如果向南行动，则前途将极端不利，因为：

（甲）地形利于敌封锁，而不利于我攻击，丹巴南千余里，懋功南七百余里均雪山，老林，隘路。康口天芦雅名邛大直至懋抚一带，敌垒已成，我军绝无攻取可能。

（乙）经济条件，绝不能供养大军，大渡河流域千余里间，术（？）如毛儿盖者，仅一磨西面而已，绥崇人口八千余，粮本极少，懋抚粮已尽，大军处此有绝食之虞。

（丙）阿坝南至冕宁，均少数民族，我军处此区域，有消耗无补充，此事目前已极严重，决难继续下去。

（丁）北面被敌封锁，无战略退路。

（二）因此务望兄等熟思深虑，立下决心，在阿坝、卓克基补充粮食后，改道北进，行军中即有较大之减员，然甘南富庶之区，补充有望。在地形上、经济上、居民上、战略退路上，均有胜利前途。即以往青宁新说，已远胜西康地区。

（三）目前胡敌不敢动，周、王两部到达需时，北面仍空虚，弟等并拟于右路军抽出一部，先行出动，与二十五、（二十）六军配合行动，吸引敌人追随他们，以利我左路军进入甘肃，开展新局（面）。

以上所陈，纯从大局前途及利害关系上着想，万望兄等当即立断，则革命之福。

恩来、洛甫、博古
向前、昌浩、泽东
稼祥
九月八日二十二时

9日，中央又致电张国焘："陈谈右路军南下电令，中央认为是不适宜的。中央现恳切指出，目前方针，只有向北才是出路，向南则敌情、地形、居民、给养，都对我极端不利，将要使红军陷于空前未有之环境。中央认为：北上方针绝对不应改变，左路军应速即北上，在东出不利时，可以西渡黄河占领甘、青交通新地区，再行向东发展。"

当天，张国焘电复我们并转中央，再次明确表示反对北进，坚持南下。电文如下：

（甲）时至今日，请你们平心估计敌力和位置、我军减员、弹药和被服等情形，能否一举破敌，或与敌作持久战而击破之；敌是否有续增可能。

（乙）左路二十五、九十三两师，每团不到千人，每师至多千五百战斗员，内中病脚者占三分之二。再北进，右路经过继续十天行军，左路二十天，减员将在半数以上。

（丙）那时可能有下列情况：

1. 向东突出蒙西（？）封锁线，是否将成无止境的运动战，冬天不停留行军，前途如何？

2. 若停夏、洮是否能立稳脚跟？

3. 若向东非停夏、洮不可，再无南返之机。背靠黄河，能不受阻碍否？上三项诸兄熟思明告。

4. 川敌弱，不善守碉，山地隘路战为我特长。懋、丹、绥一带地形少岩，不如通、南、巴地形险。南方粮不缺。弟亲详问二十五、九十三等师各级干部，均言之甚确。阿坝沿大金川河东岸到松岗，约六天行程，沿途有二千户人家，每日都有房宿营。河西四大坝、卓木碉粮、房较多，绥、崇有六千户口，包谷已熟。据可靠向导称：丹巴、甘孜、道孚、天、芦均优于洮、夏，邛、大更好。北进，则阿坝以南彩病号均需抛弃；南打，尽能照顾。若不图战胜敌人，空言鄙弃少数民族区，亦甚无益。

5. 现宜以一部向东北佯动，诱敌北进，我则乘势南下。如此对二、六军团为绝好配合。我看蒋与川敌间矛盾极多，南打又为真正进攻，决不会做瓮中之鳖。

6. 左右两路决不可分开行动，弟忠诚为党、为革命，自信不会胡说。如何？立候示遵。

这时，陈昌浩改变了态度，同意南下。我不愿把四方面军的部队分开，也只好表示南下。他去中央驻地反映我们的意见，回来很不高兴，说是挨了一顿批评。

10日晚上，毛主席亲自来到我的住处，站在院子里问我：向前同志，你的意见怎么样？我说：两军既然已经会合，就不宜再分开，四方面军如分成两半恐怕不好。毛主席见我是这种态度，便没再说别的，要我早点休息，遂告辞而归。

毛主席和党中央决定，单独带一、三军团北上（一军团已在俄界），速出甘南。他们于10日夜间开拔，第二天凌晨，我们才知道。那天早晨，我刚刚起床，底下就来报告，说叶剑英同志不见了，指挥部的军用地图也不见了。我和陈昌浩大吃一惊。接着，前面的部队打来电话，说中央红军已经连夜出走，还放了警戒哨。何畏当时在红军大学，他跑来问：是不是有命令叫走？陈昌浩说：我们没下命令，赶紧叫他们回来！发生了如此重大的意外事件，使我愣了神，坐在床板上，半个钟头说不出话来。心想这是怎么搞的呀，走也不告诉我们一声呀，我们毫无思想准备呀，感到心情沉重，很受刺激，脑袋麻木得很。前面有人不明真相，打电话来请示：中央红军走了，还对我们警戒，打不打？陈昌浩拿着电话筒，问我怎么办？我说：哪有红军打红军的道理！叫他们听指挥，无论如何不能打！陈昌浩不错，当时完全同意我的意见，作了答复，避免了事态的进一步恶化。他是政治委员，有最后决定权，假如他感情用事，下决心打，我是很难阻止的。在这点上，不能否认陈昌浩同志维护团结的作用。那天上午，前敌指挥部开了锅，人来人往，乱哄哄的。我心情极坏，躺在床板上，蒙起头来，不想说一句话。陈昌浩十分激动，说了些难听的话。中央派人送来指令，要我们率队北进；陈昌浩写了复信，还给张国焘写了报告。

“男儿有泪不轻弹。”然而，那两天我想来想去，彻夜难眠，忍不住偷偷哭了一场。我的内心很矛盾。一方面，几年来自己同张国焘、陈昌浩共事，一直不痛快，想早点离开他们。两军会合后，我对陈昌浩说，想去中央做点具体工作，的确是心里话。我是左思右想，盘算了很久，才说出来的。另一方面，右路军如单独北上，等于把四方面军分成两半，自己也舍不得。四方面军是我眼看着从小到大发展起来的，大家操了不少心，流了不少血汗，才形成这么支队伍，真不容易啊！分成两半，各走一方，无论从理智上或感情上说，我都难以接受。这也许是我的弱点所在吧！接着，中央又来电报要我们带着队伍北上。并说：中央已另电朱、张取消8日南下电令。陈昌浩决心南下，骂中央是什么“右倾机会主义”啦，“逃跑主义”啦，我想，是跟着中央走还是跟着部队南下呢？走嘛，自己只能带上个警卫员，骑着马去追中央。那时，陈昌浩的威信不低于我，他能说会写，打仗勇敢，又是政治委员。他不点头，我一个人是带不动队伍的，最多只能悄悄带走几个人。想来想去，还是决定和部队在一起，走着看吧！这样，我就执行了张国焘的南下命令，犯了终生抱愧的错误。

党的北进方针，不是随心所欲的决定，而是基于一定的历史环境和党所面临的任务而形成的马克思主义的方针。当时，正是日本帝国主义加紧侵略我国，中华民族同日本侵略者的民族矛盾日益上升，并变动着国内阶级关系的时期。日本帝国主义者继武装侵占我东北三省、河北北部、察哈尔省北部后，进而制造“华北事件”，发动所谓“华北五省自治运动”和冀东“自治”，公然声称要独霸全中国。“落后”的北方，一扫万马齐喑的局面，掀起抗日救亡的怒涛。蒋介石的不抵抗主义和“攘外必先安内”的反动政策，不仅愈益被广大人民所反对，同时也引起了统治阶级营垒内部一些爱国人士的不满。党中央和毛泽东同志从粉碎蒋介石的灭共计划，保存和发展红军力量，使党和红军真正成为全民族抗日斗争的领导力量和坚强支柱这一基本目的出发，确定北进川陕甘地区，创造革命根据地，进而发展大西北的革命形势，是完全正确的。

毛泽东同志在分析建立川陕甘根据地的条件时，就明确指出：第一，在政治上，能够利用陕北苏区及通南巴游击区取得协同配合，短期内形成巩固的根据地，迅速形成在西北地区和全国的革命领导中心。第二，在敌情上，这个地区的敌人分属几个系统，互相之间存在着矛盾和冲突，战斗力一般较薄弱，并远离其政治军事中心，便于红军各个击破。尤其是东北军张学良部，反帝与不满蒋介石的情绪日增，正是红军开展争取工作的有利条件。第三，在居民条件上，由于连年不断的深重农业危机，普遍的饥荒，沉重的捐税和土地在地主手里的高度集中，正迅速生长着农民土地革命的要求和斗争。第四，在物质条件上，川陕甘边是西北比较富庶的区域，能够保证红军现有力量及今后发展的需要。基于上述条件，党和红军集中兵力，乘间北进，在川陕甘边立脚，建立起可靠的前进阵地，就一定能够影响全国革命形势的发展，把民主革命和民族革命推进到一个崭新的阶段。与此相反，张国焘的南下方针，虽然从战术上看，不无可取之处，但从战略上看，这一方针，不仅会使党和红军退处川康边的偏僻之地，失去迅速发展壮大的机会，而且更重要的是，会使党的力量远远脱离全国抗日图存的革命高潮，无法负担自己对全国革命的领导重任。张国焘反对北进，坚持南下，是错误的。

列宁说过:原则的政策是唯一正确的政策。原则的分歧,不能退让，不能调和，只能通过斗争去解决。但是，由于我当时没有从原则上、战略上的高度去看待“北进”和“南下”之争，更没有识破张国焘的个人野心，因而当斗争尖锐化、明朗化的时候，彷徨困惑，心情焦虑，仍然寄希望于中央能够说服张国焘，带着左路军一道北进；实在不行的话，宁肯等一等，不然只好一道南下，结果跌了跟头。

毛泽东同志说过：南上的绝路。后来的事实，完全证明了这一正确论断。“吃一堑，长一智。”我对毛主席的远大战略眼光和非凡气魄，是经过南下的曲折，才真正认识到的。

进军川西南

1935 年 9 月中旬，左路军和右路军余部奉张国焘的命令，分别从阿坝和包座、班佑地区南下，向大金川流域的马塘、松冈、党坝一带集结。我和陈昌浩率右路的四军、三十军及红军大学部分人员，回头再次穿越草地。

浩渺沉寂的大草原，黄草漫漫，寒气凛冽，弥漫着深秋的肃杀气氛。红军第一次过草地时留下的行军、宿营痕迹，还很清楚。有些用树枝搭成的“人”字棚里，堆着些无法掩埋的红军尸体。衣衫单薄的我军指战员，顶风雨，履泥沼，熬饥寒，再次同草地的恶劣自然条件搏斗，又有一批同志献出了宝贵生命。回顾几个月来一、四方面军合而后分的情景，展望未来的前途，令人百感交集，心事重重，抑郁不已。一路上，我话都懒得说。

我军抵毛儿盖略事休息后，旋即沿着黑水、芦花以西的羊肠山路，向党坝、松冈开进。时值苹果、核桃、柿子的收获时节，部队沿途找藏民购买或交换，弄来充饥果腹。月底，我们在大金川北端的党坝同左路军会合。朱德、张国焘、刘伯承、王树声等，已来到这里。朱总司令面色黧黑，目光炯炯，步履稳健，见到我们有说有笑，一如往常，似乎天塌下来，也没放在心上一样。

10 月 5 日，张国焘在卓木碉（脚木足）召开高级干部会议。出席会议的有朱德、张国焘、徐向前、陈昌浩、刘伯承、王树声、周纯全、李卓然、罗炳辉、余天云等军以上干部，四五十人。会址在一座喇嘛寺庙里。就在这个会上，张国焘公然宣布另立中央，打出了分裂主义的旗帜。

会议由张国焘主持。他的发言，蛊惑人心，欺骗性很大。大意是：中央没有粉碎敌人的第五次“围剿”，实行战略退却，是“政治路线的错误”，而不单是军事路线问题。一、四方面军的会合，终止了这种退却，但中央拒不承认自己的错误，反而无端指责四方面军。南下是终止退却的战略反攻，是进攻路线，而中央领导人被敌人的飞机、大炮“吓破了胆”，对革命前途“丧失信心”，继续其北上的“右倾逃跑主义路线”，直至发展到“私自率一、三军团秘密出走”，这是“分裂红军的最大罪恶行为”。他攻击中央领导人是什么“吹牛皮的大家”，“‘左’倾空谈主义”，还说他们有篮球打、有馆子进、有捷报看、有香烟抽、有人伺候才来参加革命；一旦革命困难，就要“悲观”、“逃跑”等等。他宣布中央已经“威信扫地”，“失去领导全党的资格”，提倡仿效列宁和第二国际决裂的办法，组成新的“临时中央”，要大家表态。

另立“中央”的事，来得这么突然，人们都傻了眼。就连南下以来，一路上尽说中央如何如何的陈昌浩，似乎也无思想准备，没有立即表态支持张国焘。会场的气氛既紧张又沉闷，谁都不想开头一“炮”。张国焘于是先指定一方面军的一位军的干部发言。这位同志长征途中，一直对中央领导有意见，列举了一些具体事例，讲得很激动。四方面军的同志闻所未闻，不禁为之哗然。大家你一言，我一语，责备和埋怨中央的气氛，达到了高潮。

张国焘得意洋洋，要朱德同志表态。

朱总的发言心平气和，语重心长。他说：大敌当前，要讲团结嘛！天下红军是一家。中国工农红军在党中央统一领导下，是个整体。大家都知道，我们这个“朱毛”，在一起好多年，全国和全世界都闻名。要我这个“朱”去反“毛”，我可做不到呀！无论发生多大的事，都是红军内部的问题，大家要冷静，要找出解决办法来，可不能叫蒋介石看我们的热闹！

张国焘又让刘伯承表态。

刘讲了一通革命形势相当困难的话，弦外之音是要讲团结，不能搞分裂。张国焘为此怀恨在心。不久，便将刘的参谋长职务免去，调他去红军大学工作。

张国焘见朱德、刘伯承都不支持他，脸色阴沉，但不便发作。接着，就宣布了“临时中央”的名单，以多数通过的名义，形成了“决议”。还宣布开除毛泽东、周恩来、张闻天、博古的党籍。“临时中央”主席，自然由他担任。这样，张国焘的反党行为，就发展到了高峰。

这次会议，明显带有突然袭击的性质。所谓“决议”，并未经郑重讨论，不过是一哄而起罢了。我在会上没有发言，也没有举手表决，对眼前发生的一切，既不理解，又很痛心。拥护吧，没有多少道理，原来就有党中央，这边又成立一个，算什么名堂？但自己有些事还没想清楚，说不出个所以然来。头一回遇上如此严重的党内斗争，左右为难，只好持沉默态度。会后，张国焘找我谈话，我表示不赞成这种作法。我说：党内有分歧，谁是谁非，可以慢慢地谈，总会谈通的。把中央骂得一钱不值，开除这个，通缉那个，只能使亲者痛，仇者快，即使是中央有些做法欠妥，我们也不能这样搞。现在弄成两个中央，如被敌人知道有什么好处嘛！我的主导思想是希望团结，不要感情用事，免得越弄越僵，将来不堪收拾。张国焘呢？大言不惭地以列宁反对第二国际、成立第三国际的事例为自己辩解，根本听不进我的劝告。

分裂不得人心。大敌当前，党的团结和红军的团结，是党和人民的根本利益所在，是一、四方面军广大指战员的迫切要求所在。张国焘愈是公开制造分裂，煽动分裂，广大指战员就愈加渴望团结，珍视团结。红四方面军的不少同志，脑子里都打了问号："这样做对吗？""符合党章要求吗？""有利于一致对敌吗？"他们虽然不敢公开表示自己的意见，但对"张主席"的盲目崇拜心理，开始怀疑动摇，窃窃私议之风，不可遏止。红一方面军的指战员，不满情绪尤甚。调来四方面军任军参谋长的陈伯钧同志，就曾直接找张国焘谈话，呼吁团结，反对分裂。他是黄埔五期生，参加了毛主席领导的秋收起义，任过红军师长、军团参谋长等职。他秉性刚直、豪爽，敢于坚持原则，陈述己见。红四方面军南下期间，他调红军大学执教，一面培训干部，一面积极支持刘伯承对张国焘的斗争，表现不错。

我的精力，主要集中在军事问题上。

当时，敌人发现红军一部北上，大部南下，乃沿大小金川地区，布阵防堵。刘文辉二十四军两个旅，位于大金川沿岸的绥靖、崇化、丹巴一线；杨森二十军四个旅另一个团，布于小金川沿岸的懋功、抚边、达维一线；邓锡侯二十八军一个团，扼守抚边以东的日隆关等地。为打开南下通道，我们制订了夺取绥靖、崇化、丹巴、懋功的战役计划，报请红军总部批准实施。

朱德总司令虽不同意张国焘的分裂主义行为，但认为部队既然已经南下，就应打开战局，找块立脚生存的地方。那么多红军，没有地盘，没有饭吃，无异于不战而自毙。同时，他又坚信，只要大家是革命的，最后总会走到一起的。因而，在军事行动方面，积极行使总司令的职权，及时了解敌情，研究作战部署，定下决心。早在大革命时期，他就和川军打过交道，对军阀部队的作战特点，了如指掌。他说：川军向来欺软怕硬，惯打滑头仗，我们不打则已，要打就抓住打，狠狠地打！他要求各级指挥员要讲究战术，发挥运动战的特长，以快以巧制敌，用小的代价去换取大的胜利。朱总司令在逆境中不当“空头司令”，尽量发挥自己的作用，完全是从爱护和发展红军力量出发的。

根据《绥（靖）崇（化）丹（巴）懋（功）战役计划》，我们作了具体部署。以五军、九军二十五师、三十一军九十三师组成左纵队，由王树声率领，沿大金川右岸前进，抢占绥靖、丹巴；以四军、三十军、三十二军及九军二十七师大部组成左纵队，由我和陈昌浩率领，从大金川左岸进攻，直取崇化、懋功；三十三军及二十七师一个团，驻守马塘、梦笔山地区，屏障红军总司令部驻地卓木碉；三十一军九十一师师部及二七七团、红军大学，留驻阿坝，掩护后方。

10 月 8 日，我左右两路纵队，开始行动。

大小金川地区，地形复杂，多深山绝壁和峡谷急流，利守难攻，不便大部队运动。战役开始后，我右纵队九军二十五师首先向绥靖河以北绰斯甲附近的观音桥强攻，以便渡河南下，与左纵队的进攻夹岸相应。但因守敌刘文辉部凭坚固守，我硬攻难克，右纵队渡河受阻。我们临时调整部署，令左纵队的四军从党坝地区出动，强渡大金川。11 日，四军渡河成功，沿右岸疾进，12 日克绥靖，16 日克丹巴。与此同时，我左岸之三十军亦向南急进，15 日攻占崇化，以一部继续向懋功方向发展。九军二十七师于 15 日夜间，对绥靖以东之两河口守敌杨森部第七旅发起攻击，经三小时激战，将敌击溃，继而跟踪追击，于 16 日克抚边，19 日溃杨森第四旅，占达维。20 日，三十军一部克懋功。守敌杨森部两个旅南逃，被我进占达维之二十七师主动截击，俘获一部；该师继而乘胜向东南发展，连克日隆关、巴郎关、火烧坪、邓生等地。至此，这一战役胜利结束。总计溃敌刘文辉、杨森部六个旅，毙俘敌 3000 余人。

这一仗是山地隘路战，很难打。我军机智英勇，灵活迅速，充分发挥夜摸、奇袭和小部队大胆迂回穿插等战术特长，渡激流，穿峡谷，破敌垒，夺要隘，表现了红军坚无不摧的优良战斗素质。九军二十七师连续作战，疾进五百余里，打得最出色。夜袭达维之战，行动秘密、神速，当部队摸进街里时，敌人还在睡大觉。敌第四旅旅长高德州惊醒后。顾不上穿衣服，仓皇逃走。战后，朱德总司令高度评价红四方面军的战斗力，认为是一支过得硬的红军队伍，继承了叶挺独立团的铁军传统。这次战役的主要缺点是右纵队渡河受阻后，未能及时转移兵力，配合左纵队行动，致使近半数兵力陷于无用武之地的状态；追击不力，对溃逃进山林的残敌搜索不够，影响了扩大战果。

百丈决战

我军南下川西南作战，与蒋介石的“剿匪”大军，碰个正着。

蒋介石的“攘外必先安内”方针，包藏着“一箭双雕”的企图：一方面，彻底消灭红军，扼杀革命力量；另一方面，乘机削弱和收服地方军阀势力，形成蒋家的一统天下。四川一地，正如诸葛亮所谓：“益州险塞，沃野千里，天府之土。”蒋介石早就垂涎三尺。他借着追剿中央红军的机会，派大批嫡系部队入川，进而控制了四川的各派军阀势力，正力图把“天府之土”变成他的战略大本营。十月间，蒋介石确定结束其“剿共”指挥中心“武汉行营”的工作，正式成立“重庆行营”，宣布“指挥剿匪之军事重心，即移于重庆”。他鼓吹四川“不愧为我们中国的首省，天然是复兴民族最好的根据地”，随即派大批国民党军政要员入川“建设四川”。并对川军进行了整编。

整编后的川军，编制情况如下：

二十军军长杨森，辖一三三、一三四、一三五师，共 15 个团。

二十一军军长塘式遵①，辖第一、第二、第四师，共 16 个团零 12 个独立营。

二十三军军长潘文华，辖教导师、第五师，共 14 个团零六个独立营。

二十四军军长刘文辉，辖一三六、一三七、一三八师及军直属旅，共 15 个团零一个特务大队。

四十一军军长孙震，辖一二二、一二三、一二四师，共 18 个团零一个特务团。

四十四军军长王缵绪，辖一师、二师，暂编一师，共 16 个团零 11 个独立营。

四十五军军长邓锡侯，辖一二五、一二六、一二七、一二八、一三一师，共 24 个团。

第一〇四师师长李家钰。共九个团零一个补充团。

四川善后公署直辖部队，包括暂编第三师、第四师，模范师，暂编第三旅，独立第五、六、七旅，警备第一路及边防第六混成旅等。

由此，四川军阀即被蒋介石一手控制，天府之国，遂成蒋土。

整编后的川军，紧缩约三分之一的名额，但充实了建制，补充了武器弹药，战斗力有所增强。这时，蒋介石令川军集中力量对付我军；胡宗南部北向甘南，对付中央红军；吴奇伟部南下，对付红二、六军团；李抱冰部则扼守西康一带。我们估计，我军趁势南攻，打击川敌，夺取天全、芦山、名山、雅安、邛崍、大邑地区，有较大把握，遂制定了《天芦名雅邛大战役计划》。

我军的具体作战部署是：以四军、三十二军为右纵队，由丹巴经金汤攻取天全，并以一部向汉源、荥经活动；以三十军全部、三十一军九十三师及九十一师之两个团、九军二十五师为中纵队，取宝兴、芦山，得手后向名山、雅安及其东北地区进攻；以九军二十七师为左纵队，除

① 塘式遵，应为“唐式遵”。

以一部巩固抚边、懋功、达维外，主力向东伸进，威胁灌县、大邑之敌。另以五军为右支队，巩固丹巴地区；以三十三军为左支队，留驻马塘、两河口，相机威胁理县，占领威州；以三十一军九十一师师部率二七七团驻守达维、懋功。这一部署，以主力夺取天、芦、名、雅、邛、大等县为目的，对康定、汉源、荥经、灌县方向，采取佯攻姿态，配合主力行动。

朱德总司令完全同意以上部署，并就战术问题作了重要指示。他认为，这一战役与绥崇丹懋战役的不同点在于：部队已经打出了川西高原的山险隘口，作战形式将由山地战、隘路战变为平地战、城市战；由运动战变为阵地战、堡垒战。为打破敌人的堡垒封锁线，在战术上必须充分注意集中兵力，择敌弱点攻击，尽可能在野战中溃敌，乘胜追击，袭取堡垒和城市。要熟悉攻击敌人堡垒和阵地的方法，详细侦察，周密计划，多用夜袭手段取胜，并注意对付敌人的阵地反击。针对部队在开阔地形条件作战的情况，他特别强调加强防空教育的重要性，既要消除畏惧敌机的心理，又要采取应付敌机的具体措施，万万不可掉以轻心，等闲视之。他说：我们是工农红军，不是拜物教主义者，绝不惧怕帝国主义的清道夫——蒋介石的飞机大炮。但是，我们又要承认敌人的飞机确有杀伤威力，是要吃肉的。口头上空喊不怕，而不去研究对付它的科学方法，只会使红色战士经受无代价的牺牲。他对如何组织对空射击、对空侦察、对空隐蔽和伪装、疏散队形及战斗中应注意之点；都作了具体要求。

川敌为扼阻红军前进，自南而东加强兵力，筑碉封锁。以刘文辉部防守金汤、泸定至汉源、雅安一线；杨森部防守宝兴至大硗碛一线；邓锡侯部防守宝兴以东大顺场至水磨沟一线；郭勋祺模范师九个团集中天全；另从绵竹等地抽调 18 个团，向西增援。

10 月 24 日，我军翻越夹金山，向天全、芦山、宝兴发起进攻。我和陈昌浩随中纵队行动，直趋宝兴。守敌杨森部是被红军打怕了的，一触即溃。我军“打狗如打狼”，毫不松懈，猛打穷追，溃敌三个旅，于11月1日进占宝兴。继而乘胜前进，连续打垮刘湘教导师一个旅和一个团的阻击，直逼芦山城下。沿途共俘敌千余人，缴步枪2000余支，轻重机枪50余挺。在此同时，我左、右两纵队亦顺利进展。7日，左纵队攻占大顺场，歼邓锡侯第七旅一部，前锋抵近邛崃县境。右纵队克金汤后，又溃敌模范师一个旅，10日占领天全，随即向东迂回，协同中纵队包围芦山。刘湘急令其独立旅向名山地区增援，遭我三十军、九军各一部钳击，全部被歼。名山西北之王家口镇一团守敌，亦被全歼。12日，芦山守敌在我军猛烈攻击下，弃城溃逃，该城遂被我占领。

我军战若雷霆，声威大震。十多天内连下宝兴、天全、芦山等县城，共歼敌5000余人，击落敌机一架。邛崃以西、大渡河以北、青衣江以北及懋功以南的川康边广大地区，均被我控制，造成了东下川西平原，直掠成都的战略态势。成都告急，重庆震动，国民党军政要员和大小军阀，无不惶惶然。

战役过程中，红军以主力西取康定、泸定、还是东扣名山、芦山，发生了不同意见。张国焘要我们重点夺取康、泸，将来以道孚为战略后方，在西康地区发展。我和陈昌浩商量，觉得还是按原定的作战计划，重点加强左翼的攻击，夺取天、芦、名、雅地带为上策。一是这带人烟和粮房较多，部队易于补充；二是我军与川敌作战，较易得手，如能乘胜东下川西平原，可获更大补充，过冬不成问题；三是距离转战于川黔边的红二、六军团较近，能对他们起到有力的策应作用。如果重点向西康发展，则人、粮补充不易，气候寒冷，过冬困难，不利策应二、六军团的转战。我说：现在早已不是“山大王”的时代了，我能往，寇亦能往，蒋介石不会让我们僻处一方，悠哉游哉的。陈昌浩和我的看法一致，认为蹲到川康边，被敌人封锁住，我们的处境将会更困难。张国焘未再坚持他的意见，我们遂挥军向名山、邛崃地区进击。

刘湘唯恐川西平原有失，成都难保。于是，急调其主力王缵绪、唐式遵、范绍曾等部及李家钰部，星夜赶赴名山及其东北的夹门关、太和场、石碑岗地区，扼阻红军。连同原来的守敌，合计兵力达 80 余团。

川军是我们的老对手，对付他们，有点把握。我们计划从名山和邛崃间的通道上，实施夜袭突破，完全切断两城敌军的联系，进而围攻名山，吸打邛崃方向的援敌，相机发展攻势，打到岷江西岸，控制青衣江以北、岷江以西、邛崃以南的三角地带。

11 月 13 日，我们集中中纵队全部及右纵队四军的兵力，计 15 个团，向朱家场，太和场发起猛攻。当天，溃敌两个团，乘胜前进。16 日，直下邛崃、名山大路上的重镇百丈，再打下去，我军即将进入人粮极丰的川西平原。

敌人着忙，出动六个旅的兵力，进行反扑。经半日激战，被我三十军及九军一部击退。九军二十七师乘胜沿百丈通邛崃的大路进击，势如破竹。仅七十五团一营人即连破敌堡 200 多个，当天下午占领了黑竹关、治安场、王店子。由于敌人沿邛、名公路纵深配备，碉堡林立，兵力集中，我军继续突进不利，我们遂令部队停止前进，主力向百丈左右靠近。以九十三师围攻名山，三十二军向名山至洪雅的大路突击，吸引邛崃方向的援敌出动。

19 日拂晓，敌十几个旅从东、北、南三面向我进攻，拉开了百丈决战的战幕。

据俘虏供称：刘湘下了死命令，要川军拼死夺回百丈，援救名山守敌，临阵不前者，一律就地枪决。战斗一打响，敌人即集中强大炮火，向我阵地猛烈轰击。成批敌机盘旋上空，疯狂施行轰炸。整营整团的敌军，轮番向我阵地猛攻。从黑竹关到百丈十多里的战线上，处处是战火硝烟、刀光血影，是爆炸声、枪炮声、喊杀声，是敌我双方的殊死搏斗。

百丈一带，地势开阔，多丘陵、树丛、深沟、水田。战斗开始后，我骑马赶到那里，观察情况，现地指挥。三十军指挥所设在百丈附近一座小山包上，我绕来绕去，好不容易才摸到。见了李先念他们，简单问了问情况。我们当时判断，刘湘是狗急跳墙，孤注一掷，如果我军顶住敌人的攻势，灭敌一部，有可能胜利转入反攻，直下岷江西岸。唯敌机太讨厌，对我前沿至纵深轮番轰炸，威胁甚大。部队在开阔地带运动和作战，不易隐蔽，对付敌机又缺炮火，伤亡增大，叫人很伤脑筋。我军坚守在月儿山、胡大林、鹤林场及黑竹关至百丈公路沿线的山岗丛林地带，与敌反复拉锯，血战三昼夜。敌用两旅兵力企图通过水田进占百丈，在我几十挺机枪扫射下，整营整连的敌军，被击毙在稻田里，横七竖八，躺倒一大片。但因该地交通方便，敌人调兵迅速，后继力量不断增加，攻势并未减弱。21日，我黑竹关一带的前锋部队被迫后撤，敌跟踪前进。22日，百丈被敌突入，我军与敌展开激烈巷战。我到百丈的街上看了下，有些房屋已经着火，部队冒着浓烟烈火，与敌拼搏，打得十分英勇。百丈附近的水田、山丘、深沟，都成了敌我相搏的战场，杀声震野，尸骨错列，血流满地。指战员子弹打光，就同敌人反复白刃格斗；身负重伤，仍坚持战斗，拉响手榴弹，与冲上来的敌人同归于尽。百丈战斗，是一场空前剧烈的恶战，打了七天七夜，我军共毙伤敌1.5万余人，自身伤亡亦近万人。敌我双方，都打到了精疲力尽的地步。

战局没有打开，薛岳部又从南面压了上来。敌我力量悬殊，持久相峙对我不利。我们只好放弃原计划，从进攻转入防御。11月下旬，我三十军、九军撤出百丈地带，转移到北起九顶山，南经天品山、王家口至名山西北附近之莲花山一线。四军在荥经方向，遭薛岳部猛攻。因敌众我寡，被敌突进，部队遂撤至青衣江以北。在西面大炮山的三十三军，则继续巩固阵地，与李抱冰部对峙。我军遭敌重兵压迫，堡垒封锁，南下或东出已不可能。

我军百丈决战失利，教训何在呢？第一，对川军死保川西平原的决心和作战能力，估计不足，口张得太大。川军是我们的老对手，被红军打怕了的，历次作战中往往一触即溃，闻风而逃。但这次却不同。经过整编，蒋介石向各部队都派了政工人员，多数军官又经峨眉军官训练团的训练，敌军的战斗力有较大加强。为确保成都平原，刘湘亲自坐镇，不惜代价，挥军与我死打硬拼。加上敌人兵力众多，运输方便，地形熟悉，堡垒密布，炮火强大诸条件，便成了难啃的硬骨头。战役过程中，薛岳部又压了上来。对于这些情况，我们战前缺乏足够估计，想一口吞掉敌人，打到川西平原去。这是导致决战失利的主要原因。第二，与此相联系，我军高度集中兵力不够。刘湘在这带集结的兵力，达80团以上，纵深配备，左右呼应，凭碉坚守。我们只集中了十五个团的兵力进击，一旦遇到敌人的拼死顽抗和反扑，深感兵力不足，捉襟见肘。部队两过草地，体力消耗很大，乍到新区，人地生疏，群众还没发动起来，无法积极配合红军作战。这样，就难以取得战役战斗中的优势地位。第三，战场的选择失当。百丈一带，地势开阔，部队的集结、隐蔽、攻防受很大限制，极易遭受敌机袭击与炮火杀伤。当敌发起反攻时，我军处在十余里的长弧形阵地上，三面受敌，相当被动。另外，部队习惯于山地战、隘路战，而对平地、水田、村落战斗，则缺乏经验。有些干部到了平川地带，连东西南北都辨别不清；敌机来了，无法对付；部队撒出去作战，抓不住，收不拢，影响了指挥信心。仗打得比较乱，有的部队“放了羊”；有的部队你打你的，我打我的，协同配合不好；有的部队不讲战术，增大了伤亡。凡此种种，都与我们在战役指导思想上的急躁和轻敌有关。广大指战员的浴血奋战精神，是可歌可泣的。

百丈决战，是我军从战略进攻转入战略防御的转折点，也是张国焘南下方针碰壁的主要标志。战后，我军遂以巩固天全、芦山、宝兴、丹巴地区为中心任务，在这带与敌相峙，发动群众，准备过冬。红军总部和方面军总部，住芦山城北的任家坝。

那年冬季，天气异常寒冷。临近川中盆地的宝兴、天全、芦山，本属温热地区，冬日气候较暖，但却一反往常，下了十多年未遇的大雪。位于大小雪山——折多山和夹金山附近的丹巴、懋功地区，更是漫山皆白，地冻三尺。部队派出筹集粮食、牦牛的人员，大都得了雪盲症，有些同志冻死在雪地里。当地人口稀少，粮食、布匹、棉花无继，兵员扩充有限。敌军重兵压迫，战斗不止。我军处境日趋艰难，广大指战员愈来愈清楚地认识到，张国焘的南下方针是错误的。

柳暗花明

正当我军南下碰壁、处境困难的时刻，党中央的民族统一战线策略和团结对敌的方针，及时传来，给全军带来了希望，带来了力量。这是一个转折关头，在红四方面军的发展史上，有重要意义。

我军南下期间，全国的政治形势发生了急剧变化。日本帝国主义对华北的露骨侵略，我党“八一宣言”的发表，中央红军长征到达陕北的胜利，白区地下党组织的英勇斗争，推动全国的抗日救亡运动，走向新的高潮。

12 月 9 日，北平爆发了大规模的学生运动，矛头直指日本侵略者和蒋介石的不抵抗主义，其势如波涛汹涌，席卷全国，标志着中华民族的伟大觉醒。这时，共产国际已派张浩同志（林育英）回陕北，与党中央取得了联系。12 月 25 日，中央政治局在瓦窑堡会议上，作出了《关于目前政治形势与党的任务的决议》，进一步确立了党的建立抗日民族统一战线的策略路线。不久，即将这个决议的基本内容和张浩回国的消息，向红军总司令部和四方面军作了通报。

张国焘虽挂起了分裂党的伪中央招牌，但一直不敢对外公开宣布。据我观察，他是做贼心虚，骑虎难下。

张国焘的“中央”，完全是自封的，并不合法。既未按党规党法，经民主选举产生，又未向共产国际报告，得到批准。那时，中国共产党是隶属共产国际的支部之一，一切重大问题的决定，必须经共产国际认可，方能生效。张国焘是老资格的政治局委员，当然更明白这一点。他深怕公开打出另立“中央”的旗号后，一旦被斯大林和共产国际否决，局面将不堪收拾。特别是王明、博古等人，都是共产国际的“宠儿”，斯大林决不会轻易否定他们。张国焘对此颇有顾虑，要给自己留条退路，便不敢把事情做得太绝。

朱德同志坚决反对另立“中央”,对张国焘也起了有力的制约作用。朱德总司令在党和红军中的巨大声望，人所共知。也只有他，才能同张国焘平起平坐，使之不敢为所欲为。自从张国焘另立“中央”起，朱德同志就和他唱对台戏。他同张国焘的斗争，绝不像“左”倾教条主义者那样，牙齿露得越长越好，而是心平气和，以理服人，一只手讲斗争，一只手讲团结。我去红军总部汇报工作时，曾不止一次地见过他同张国焘谈论另立“中央”的问题。他总是耐心规劝张国焘,说你这个“中央”不是中央，你要服从党中央的领导，不能另起炉灶，闹独立性。张国焘就劝朱德同志出面，帮他做党中央的工作，要中央承认他的“中央”是合法的，是全党的唯一领导。俩人的意见，针锋相对，谁也说不服谁，但又不妨碍商量其他问题。张国焘理不直，气不壮，矮一截子，拿朱老总没办法。朱总司令的地位和分量，张国焘是掂量过的。没有朱德的支持，他的“中央”也好，“军委”也好，都成不了气候。张国焘是个老机会主义者，没有一定的原则，没有一定的方向。办起事来，忽“左”忽右。前脚迈出一步，后脚说不定就打哆嗦。朱总司令看透了他，一直在警告他,开导他,制约他。因而张国焘心里老是打鼓,不敢走得更远。

南下以来,我一直支持朱总司令的意见,几次劝张国焘放弃第二“中央”，但他就是不听。我毫无办法，心里很不痛快，常常借口军事工作忙或身体不适，不去参加总部的会议。有段插曲，我印象很深。百丈战斗后，我们前敌指挥部收到党中央发来的一份电报，说中央红军在陕北打了个大胜仗，全歼敌军一个师。这就是直罗镇战役。我很高兴，拿着电报去找张国焘。我说：中央红军打了大胜仗，咱们出个捷报，发给部队，鼓舞鼓舞士气吧！张国焘态度很冷淡，说：消灭敌人一个师有什么了不起，用不着宣传。我碰了一鼻子灰，转身就走了。心想：这个人真不地道，连兄弟部队打胜仗的消息，都不让下面知道。可是，没过几天，张国焘又准许在小报上登出了这条消息。从这个小小的侧面，也能反映出他那种七上八下的心理状态。消息传开，中央红军北上的胜利与我军南下的碰壁，成了鲜明对比。张国焘散布的中央“率孤军北上，不会拖死也会冻死”、“至多剩下几个中央委员到得陕北”的谬论，不攻自破。不少同志窃窃私议：“还是中央的北上方针对头”，“南下没有出路”，“我们也该北上才对”。全军要求北上的呼声日渐高涨起来。

张国焘上不着天，下不着地，心里着慌。特别是张浩来电，传达共产国际的指示，肯定中央北进路线是正确的，高度评价中央红军的英勇长征，这对张国焘的分裂主义，无疑是当头一棒。这个时候，陈昌浩也转变了态度，表示服从共产国际的决定。孤家寡人的张国焘，被迫“急谋党内统一”。朱总司令和大家趁机做他的工作。我们还是老主意：取消这边的“中央”，其他分歧意见，待日后坐下来慢慢解决。为了给张国焘一个台阶下，有同志提出，这边可组成西南局，直属共产国际中共代表团领导，暂与陕北党中央发生横的关系。这个过渡性的办法，大家认为比较合适，张国焘能够接受。经与中央协商，中央表示同意。

1936 年 1 月下旬，张国焘在任家坝召集会议，讨论党中央发来的“十二月决议”（瓦窑堡会议）要点。出席会议的有朱德、陈昌浩、我、周纯全、傅钟等人。

“决议”要点明确指出，在民族革命新高潮中，一部分民族资产阶级、乡村富农与小地主、小军阀，有同情和参加革命的可能。党的策略路线是发动与组织全民族的一切革命力量，结成广泛的民族统一战线，反对主要敌人日本帝国主义与反动头子蒋介石。为此，党的具体政策上，必须实行若干转变，如准备直接对日作战，团结一切革命的小资产阶级和知识分子，优待反日反卖国贼的白军官兵，不再没收富农的土地和财产，用比较宽大的政策对待工商业资本家等。为坚持党对民族统一战线的领导权，必须反对当前的主要危险关门主义倾向，同时也不放弃反右倾的斗争。

党的策略路线的重要转变，打开了我们的眼界，使我们受到很大鼓舞。大家在发言中均表示，应在新的策略路线的基础上，团结起来，一致对敌。张国焘除表示同意中央的新策略外，还百般为自己的错误辩解。过后，他曾致书四川军阀，要搞统一战线，但未取得任何进展。

确定我军的战略行动方针，亦迫在眉睫。

川康边无法建立革命根据地，已为事实所证明。2 月上旬，敌人集中了薛岳等部六七个师及川军的主力，开始向天全、芦山地区大举进犯。我军粮弹缺乏，打得十分艰苦。经一周激战，被迫撤出天全、芦山。面对敌人的重兵压迫，我们准备陆续撤离宝兴、丹巴、懋功地区，向康定、炉霍、道孚转移。

这时，中央来电指出："育英动身时，曾得斯大林同志同意，主力红军可向西北及北方发展，并不反对靠近苏联。"并就红四方面军的战略行动方针，提出了三个方案，供我们选择。

第一方案为北上陕甘。四方面军东渡岷江，二、六军团北渡长江，共同北进。第一步抵川北，第二步抵陕甘，为在北方建立根据地，同苏联红军联合对抗日本侵略者，创造条件。

第二方案为就地发展。红四方面军依托现地，打破敌人的"围剿"。第一步迫向岷江。第二步进入岷沱两江间，实现夺取四川的计划。二、六军团则在靠近川南的云贵川边建立根据地，与四方面军相呼应。

第三方案为南下转战。四方面军南渡大渡河、金沙江，与二、六军团取得近距离的会合，甚至转向云贵川发展，寻求机会前进。

上述三个方案，中央认为，第一方案是上策，如何实行，由四方面军视敌情、地形条件而定。

我们讨论的结果，一致赞同继续北上的方案。因为朱德、刘伯承、陈昌浩和我，过去就同意中央的北进方针，只是由于张国焘坚持南下，才造成了现在的局面。张国焘南下碰壁，又见斯大林同意主力红军靠近苏联，准备与苏联红军联合抗日，自然顺水推舟，同意北上的方案。至于夺取四川或南下云贵川的方案，大家认为，根据敌情、我力及地形条件，难以实现。关于策应红二、六军团北进的任务，自然应由四方面军承担，视发展情况再作决定。

我们制定了《康（定）道（孚）炉（霍）战役计划》。决定以一部兵力（九十一师两个团）位于大硗碛、邓生、达维地区，牵制东南之敌，而以主力迅速西进，经懋功、金汤、丹巴进取道孚、炉霍、甘孜，相机占领康定。争取在这一地区进行休整补充，筹集粮秣、物资，伺机北上。张国焘南下建立川康边根据地的方针，至此宣告破产。

在道孚、炉霍、甘孜

1936 年 2 月下旬，我军兵分三路，撤离天全、芦山、宝兴地区，向道孚、炉霍、甘孜进军。刘伯承、李先念率三十军八十九师先行，为全军开路。红军总部与方面军总部从宝兴出发，随第一纵队（三十军、四军、五军及九军二十五师）行动。

行军路上，天寒地冻，没有一丝春意。首先翻越夹金山，漫山皆白，积雪盈尺。七十六团和总指挥部走在一起，费了好大的劲，才攀上顶峰。下山容易些，人和马匹几乎是滑下山去的，指战员都滚得像雪人一般。经达维、懋功至丹巴，沿途有前卫部队指示的路标，筹集的粮草，行进比较顺利。

从丹巴至道孚，横亘着大雪山脉中段的折多山，顶天矗立，海拔五千多米。山上积雪终年，空气稀薄，风暴、雪崩不断，在附近老百姓的心目中，就像一道噬人生命的鬼门关。好在刘伯承、李先念带领前锋部队开路，已经翻过这座雪山，为后续部队提供了经验。我们住在丹巴的一个村子里，又向藏民作了调查。他们说：翻越党岭山，必须赶在中午 12 点钟以前。每天下午要起风暴，人到那里，就别想活命。我们令部队充分做好征服大雪山的准备工作。规定每人带足三天以上的干粮；备有两双草鞋和一副铁脚码子;尽量筹集御寒取暖的衣被、毛皮、辣椒、生姜、青稞酒、干柴；每个班、排配有刨冰攀崖用的铁锹、绳索等。各级政治机关大力进行思想动员，号召发扬不怕艰难困苦和团结友爱的精神，万众一心，向雪山进军。

总指挥部和七十六团一起行动。头天下午出发，在半山腰过夜，以便翌日上午通过党岭山。高原地带，爬山特别费劲。越往上走，越觉得头晕脑胀，四肢无力，气都喘不过来，只能一步一步地挪。夜间，寒风怒号，大雪弥漫，气温达零下二三十度。指战员们的衣服冻成了冰筒，眉毛、胡子结满冰霜。有些同志被冻僵在雪堆里，长眠在折多山上。牦牛是个宝，数量虽少，但出了大力气。这种动物，不仅肉可食，皮可衣，而且适应高原的恶劣自然条件，驮运物资，爬山履雪，比马匹还顶用。我们通过党岭山后，那些驮着辎重的牦牛，把四肢收起，扒在雪坡上下滑，一气就能滑下山去。同志们都风趣地把它们称作“革命牛”、“救命牛”。

3 月 15 日，总部机关抵道孚，随后进驻炉霍。我三十军进而占领西康东北部重镇甘孜。四军经炉霍向西南疾进，攻占瞻化，俘敌国民党西康宣慰使诺那喇嘛以下百余人。三十一军九十三师及九军二十五师，分别由丹巴、道孚南下，钳击泰宁，守敌李抱冰五十三师一部弃城南逃康定。三十二军及九军二十七师，在懋功以南完成掩护主力转移任务后，跟进道孚、炉霍。三十一军九十一师在宝兴南关、大垭口多次与追敌激战，溃敌两个团，胜利完成后卫任务后，亦从懋功、丹巴向炉霍地区转移。至 4 月上旬。我军控制了东起丹巴，西至甘孜，南达瞻化、泰宁，北连草地的大片地区。

这带原属四川军阀刘文辉的势力范围，是以藏民为主的藏汉杂居区域。藏族的土司、喇嘛权力很大，是实际统治者。喇嘛庙林立，县城的庙宇盖得金碧辉煌，气势非凡，象征着佛教的显赫地位。喇嘛寺均拥有大批土地、粮食、酥油、金银和牛羊，并有武装自卫。陈昌浩、刘伯承率部攻下炉霍一座寺院即获得粮食一万石、羊毛十万斤、盐四万余斤，及一批贵重药材、金器银器、毛毡、武器弹药等。根据党的统一战线策略，我军放宽了对土司、喇嘛的政策，尽量通过和平谈判，令其停止武装抵抗。用借贷方式，取得我们急需的军用物资。对坚持反动立场、顽固抵抗者，才以武力解决之。甘孜西部的大土司德格，就同红军达成了互不侵犯协议，并捐献了一批粮食和牛羊，慰问红军。我们则派人送去了些武器、弹药，作为谢礼。这对争取其他土司、喇嘛，友好对待红军，有较大影响。

我们原来不准备在这带立脚，只想筹足必要的粮物，即刻北上。3月初，三十军刚占道孚，总部即指定由李先念、何长工、李天焕、曾日三等同志，组成粮食委员会，负责全力筹集粮食和牛羊肉（制肉干）。要求达到供平均每人十五天需用的数量，以备北上。然而，那时策应二、六军团北进的任务，提上了日程，使我们不得不改变原计划，在道孚、炉霍、甘孜地区，停留下来。

二、六军团转战在川黔滇边，同党中央失去了电台联系。中央对二、六军团的指示，便由四方面军电台转发。朱总司令是中央革命军事委员会的主席，极为关心二、六军团的命运。鉴于二、六军团已转战到滇西北地区，拟北进与四方面军会合，朱总司令提议，四方面军暂住现地休整补充，接应二、六军团北上，大家都同意。不知怎么搞的，张浩来电，反对这个计划，说：“二、六军团在云贵之间创立根据地，是完全正确的。”“将二、六军团引入西康的计划，坚决不能同意。”并说：四方面军既已失去北出陕甘的机会，应争取先机南出，切勿失去南下机会。那时，中央红军主力已东渡黄河，向山西地区转战。形势错综复杂，方针变来变去，我们感到迷惑不解。多亏朱总司令决心不变，坚持四方面军仍在现地休整训练，待与二、六军团会合后，共同北上。同时，红军总部和方面军总部还向中央建议，陕北为红军活动的重要地区，东征红军不宜孤军突出，脱离根据地，宜早日回到陕北为好。后来，我看了文件才知道，红一方面军东征的目的，是要从绥远方向打通与苏联的联系，推动抗日局面的发展。

这个期间，我们对部队进行了整编。整编后，共五个军四万余人。编制序列如下：

方面军总部：总指挥徐向前，政治委员陈昌浩，副总指挥王树声，参谋长李特，政治部主任李卓然，副主任傅钟、曾传六，供给部部长兼政委倪志亮。

四军：军长陈再道，政治委员王宏坤，参谋长张才千，政治部主任刘志坚。辖十师（师长余家寿，政委叶道志）、十一师（师长周世元，政委陈锡联）、十二师（师长张贤约、政委胡奇才）、独立师（师长张德友、政委高厚友）。各师均直辖营，不设团部。

五军：军长董振堂，政治委员黄超，副军长罗南辉，参谋长李屏仁，政治部主任杨克明。辖十三师（师长李连祥，政委朱金畅）、十五师（师长郭锡山，政委谢良）。该军系 1936 年 1 月间由五军团与三十三军合编而成。

九军：军长孙玉清，政治委员陈海松，参谋长陈伯雄，政治部主任曾日三。辖二十五师（师长王海清，政委盛修铎）、二十六师（师长刘理运，政委杨朝礼）、二十七师（师长陈家柱，政委李德明，参谋长姜振汉）、教导师（师长张道容，政委易汉文）。各师均直辖营，不设团部。

三十军：军长程世才，政治委员李先念，参谋长黄鹄显，政治部主任李天焕。辖八十八师（师长熊厚发，政委郑维山，参谋长熊德成，政治部主任徐太先）、八十九师（师长邵烈坤，政委张文德，参谋长刘雄武，政治部主任裴寿月）。每师三个团。九十师暂缺。

三十一军：军长王树声兼，政治委员周纯全，参谋长李聚奎，政治部主任王新亭。辖九十一师（师长徐深吉、政委桂干生）、九十三师（师长柴洪儒、政委叶成焕）。每师三个团。九十二师暂缺。

三十二军：军长罗炳辉，政治委员李干辉。辖第九十四师、九十六师。

直辖骑兵师：师长许世友，全师200余人。

抗日救国军：总指挥王维舟。辖第一路（司令李中芳）、第二路（司令李彩云）、第三路（司令柴中孔）、第六路（司令司良俊）。

红军大学：校长刘伯承，政治委员何畏，政治部主任张际春，参谋长张宗逊。

共产主义学校：校长刘希平。

部队整编后，主要是进行训练和开展地方工作。根据北上的敌情和地形条件，着重突出打骑兵、打堡垒、夜间战斗、江河战斗等战术训练。刘伯承同志主持红大的教学，亲自给干部讲打骑兵的战术问题，还编写了专门教材。我听过他讲课，深入浅出，比喻生动，富有哲理性，让人感到津津有味，听了还想听。在地方工作方面，军队派出一批党政干部协助地方人员建党建政，建立藏民地方武装，建立百姓联合会、青年队、姊妹团等群众组织，并积极帮助群众发展生产。由于当地的经济、文化条件十分落后，藏民对卫生知识简直一无所知。妇女生下孩子，用酥油擦一擦就算了事。大人、小孩患病，听天由命，连“偏方”治疗都不懂。人畜不分，性病流行。因而人口的出生率低，死亡率高。大力开展群众性的清洁卫生工作，帮助群众治疗各种疾病，也是我军的一项重要工作内容。

为策应二、六军团北上，4月中旬，我们派出四军及三十二军一部，由道孚南下，阻止李抱冰部堵截。16日占东俄洛，19日逼近雅江，守敌两个团逃窜，三十二军在追击中歼敌一部，占领雅江，继占西俄洛，将康定之敌阻于雅江以东。二、六军团正从丽江一带向川康边的中甸、稻城方向进军，我们预计再有40天左右，两军即可胜利会师。方面军总部进行了动员和布置，要求各部队大力开展迎接二、六军团的组织准备工作。我在动员会上说：红军是一家人，我们和中央红军与二方面军的关系，好比老四与老大、老二之间的兄弟关系。上次我们和老大的关系没搞好，要接受教训。“兄弟阋于墙，外御其侮。”吵架归吵架，团结归团结，不能分家。现在老二就要上来，再搞不好关系，是说不过去的。每个部队都有自己的长处、短处，方针是互相学习，取长补短，加强团结，一致对敌。

5月间，红一方面军结束东征，回到陕北，开始西征。25日，中央来电，分析了当时的形势，提出了二、四方面军迅速北进的战略方针：

（一）国内及国际的政治形势均取着暴风雨般的姿态向前发展，党的反日统一战线策略有第一步的成就（按：指与张学良建立了统战关系），目前议事日程上的具体任务是建立西北国防政府，彻底战胜日本帝国主义。

（二）……红军西渡后，向陕、甘、宁发展，策应四方面军与二方面军，猛烈发展苏区，渐次接近外蒙。外蒙与苏联订立了军事互助条约，国际盼望红军靠近外蒙、新疆。

（三）四方面军与二方面军，宜趁此十分有利时机与有利气候速定大计，或出甘肃，或出青海，在兄等大计决定之后，一方面军适时向天水、兰州出动，进一步策应兄等，使蒋军不能拦阻。至于奉军，已与秘密约定，不加拦阻。

党的这一战略方针，使我们极为兴奋。二、四方面军会合在即，北上问题，迫在眉睫。红军总部和方面军总部一致决定，全军6月底北出夏、洮地区，届时二方面军可到甘孜，随即跟进。6月间，因两广事件发生，蒋介石调胡宗南等部南下，向李宗仁、白崇禧施加压力，甘南地区空虚。中央认为，二、四方面军出甘南最有利。总部讨论后，又改变了北出方向，决定乘虚出岷州地区，横扫王均、毛炳文部，向甘东南发展，并请一方面军向天水方向活动，进行策应。25日，我们作出了分左、中、右三个纵队，向松潘、包座一带前进的部署。旋即派李先念率八十九师和骑兵师组成先遣军，经西倾寺先出阿坝，为全军通过草地作物资准备。

取消“临时中央”的问题，大家都很关心。经张国焘与中央磋商，决定由二、四方面军领导人组成西北局。6 月上旬，张国焘在炉霍召开党的活动分子会议，正式宣布取消伪中央。这是张国焘分裂主义的彻底破产，也是党的正确路线和团结方针的伟大胜利。

与二方面军共同北上

7 月初，二、四方面军在甘孜地区胜利会合。朱德、张国焘、陈昌浩从炉霍去甘孜，会见贺龙、任弼时、关向应、萧克、王震等同志。我因要带中纵队先行北上，留在炉霍布置出发事宜，没有参加会见。

按照原定的北进部署，二、四方面军分三路纵队陆续开拔。集结在炉霍地区的九军、四军十二师和独立师、三十一军九十三师及方面军总部为中央纵队，由我率领，7 月 2 日出动，经让倘（琅塘）、查理寺、毛儿盖向包座前进。集结在甘孜地区的四军十师和十一师、三十军八十八师、三十二军（会合后即编入二方面军）及二方面军为左纵队，由朱总司令率领，7 月 3 日出动，经东谷、西倾寺、阿坝向包座、班佑前进。集结在绥靖、崇化地区的五军及三十一军九十一师为右纵队，由董振堂率领，经卓克基、马塘向毛儿盖、包座前进。

这次北上，目的很明确。正如方面军总部 6 月 29 日发布的政治命令中指出的：“党目前的战略方针是在创造西北广大与巩固抗日根据地（按：应为创造与巩固西北广大抗日根据地）任务之下，主力红军首先向松潘甘南行动，消灭该地区之敌王均、毛炳文部，进而与一方面军呼应，横扫而东援，（策）应两广，坚决抗日，扩大与加深民族革命战争，争取全中国人民苏维埃的胜利。”因而，广大指战员兴高采烈，精神焕发，勇气倍增。

“雄关漫道真如铁，而今迈步从头越。”我军顶烈日，战饥疲，越高山,第三次过草地。经近一个月的长途跋涉,终于胜利到达包座地区。

7 月 27 日，中央批准西北局成立，由张国焘任书记，任弼时任副书记。任弼时同志异常关心全党全军的团结。他到甘孜后，即与朱德、张国焘、陈昌浩等人交谈，了解张国焘与中央发生分裂的经过，以便找出圆满的解决方案，进一步消除隔阂，促进党和红军的团结。在草地里，他同我第一次见面，就询问这方面的情况，征求我的意见，并说：他已向中央建议召开六中全会，请共产国际派代表参加，从原则上解决以往的分歧。我赞同他的倡议，讲了几点看法：（一）中央和毛泽东同志的北上方针是正确的。自己当时没有跟中央走，是不想把四方面军分成两半。（二）大敌当前，团结为重，张国焘另立中央，很不应该，党内有分歧可以慢慢地谈嘛！但是我说话他不听，朱老总的话他也不听。现在取消了“中央”，对团结有利。北进期间，最好不谈往事，免得引起新的争端。（三）一、四方面军会合后，我们很高兴。但中央有的同志说四方面军是军阀呀，土匪呀，逃跑呀，政治落后呀，太过分了，伤害了四方面军的感情。我和四方面军许多指战员都想不通。（四）我们从参加革命起，就表态拥护第三国际，臂章上也是那样写着的。由共产国际出面解决以往的分歧，我赞成。弼时同志很高兴，表示一定要在这方面作出努力。他给我的印象，冷静、诚恳，对促进党和红军的团结，充满信心。任弼时同志的这种态度，在 8 月 9 日他给贺龙、关向应、萧克、甘泗淇同志的信中，有充分的反映：“我这次随朱张等行动，力求了解过去一、四方面军会合时的党内争论问题，并努力促成我党的完全团结一致，我与朱（德）、张（国焘）、刘（伯承）、向前、傅钟、卓然等同志的谈话，大家对党在组织上的统一建立最高集体集权领导是认为迫切重要的问题，陕北同志亦同样是认为迫切需要的，在这一基础上我党团结一致想可能得到顺利的成功。我对陕北同志建议召集中央全体会议（在一、二、四方面军靠近和会合时）已得他们的同意，现国际正讨论这一问题，大概是可能批准这一会议的召集，我现在正在这边同志中要求他们将来在六中全会上很（作）客观冷静正确的自我批评。根据目前形势与党的策略路线决议基础，重新估计过去中央的领导；六中全会应着重在目前形势与战斗任务上的讨论，对粉碎五次‘围剿’斗争经验只须在主要问题上提出原则上的讨论，而应避免一些枝节不甚重要而且争论也无良好结果的小问题。”弼时同志做的这些工作，对促进党和红军的团结，有重要作用。

甘南的守敌，是王均、毛炳文、鲁大昌等部。为阻止我军前进，王均第三军之第七、第十二师在文县、武都、天水、西固，毛炳文三十七军之第八、第二十四师在陇西、定西，鲁大昌新编十四师在岷州、洮州、西固，分别固防，企图构成西固至洮州、天水至兰州两道封锁线。在青海方向，则由敌新编第二军马步芳部扼守循化至贵德和新城至湟源一线，防止红军西进。8月初，我们制定了《岷（州）洮（州）西（固）战役计划》，经红军总部批准实施。我军的具体部署是：以四方面军之三十军、九军、五军组成第一纵队，主力由包座经俄界、旺藏寺出哈达铺攻击岷州，一部取道白骨寺、瓜咱城相机夺取西固，向武都方向佯动；以四军、三十一军组成第二纵队，夺取洮州旧城，而后主力向临洮方向活动，一部向夏河、临夏发展，以保障左侧安全；以二方面军为第三纵队，出哈达铺，策应第一、二两纵队。这一战役行动，以先机取得岷、洮、西地区，主力向兰州、天水方向进展，会合一方面军为主要目的。

8月5日，我军从包座地区出发，向甘南挺进。9日，一纵队之八十八师抢占天险腊子口。10日，八十九师攻占大草滩、哈达铺，歼敌千余人。继后，我率三十军一部进克漳县，陈昌浩指挥九军、五军围攻岷州。在此同时，第二纵队之四军经野狐桥①、新堡向洮州旧城进攻，

① 多写作“殪虎桥”——编者注。

十师克旧城，十二师占洮州，并继向临洮方向发展。十师占洮州旧城后，遭马步芳骑兵旅猛烈进攻，激战一周，将敌击退。下旬，八十九师克渭源。唯岷州鲁大昌部凭坚死守，我军久攻未下。我率前敌指挥部驻漳县，陈昌浩在岷州前线，红军总司令部驻岷州三十里铺。

进入甘南，我们才知道党中央与张学良有个通盘计划。这个计划，是根据日本帝国主义者进逼绥远和蒋介石处理两广事件尚未脱手的形势，以首先造成西北的抗日局面，逼蒋抗日为出发点而制定的。其要点为：

第一，一、二、四三个方面军有配合东北军打通苏联、巩固内部、出兵绥远、建立西北国防政府之任务。由此任务之执行，以配合推动全国统一战线的形成，达到大规模抗日战争的目的。根据一、二、四方面军会合西北，东北军与我们联盟，日本指挥蒙伪军进攻绥远、内蒙，企图割断中苏关系及蒋介石注意西南而暂时无法顾及西北等情况，上述任务可能而且必须在较短时间内实行之。

第二，打通苏联为实现全国抗日战争，首先是造成西北抗日新局面的主要一环。打通苏联分两步走。第一步，配合东北军进据甘西。二、四方面军尽可能夺取岷州，以甘南为临时根据地，休整补充。继而以有力一部出陇西，攻击毛炳文部，威胁兰州，以便东北军于学忠部三个师向兰州这一战略枢纽地带集中；另以有力一部出夏河，攻击河州，威胁青海，吸引河西走廊马步芳部东援，以便东北军乘虚接防甘、凉、肃三州，接通新疆。这一步骤，约一个半月内实现之。第二步，三个方面军合力夺取宁夏。第一步骤实现后，一、二、四方面军在甘北会合。12 月起，以一个方面军留守陕甘宁苏区，两个方面军趁结冰期西渡黄河，消灭马鸿逵部，占领宁夏，完成从北面接通苏联的任务。

第三，巩固内部，形成陕、甘、宁、青四省的抗日革命发展新阶段。任务包括：新老革命根据地及红军的巩固与扩大，使之成为西北局面的坚强领导中枢；东北军的加强；陕、甘、宁、青各部统一战线的完成，反动分子的肃清，民主纲领的初步实现等。

第四，东北军与红军联合组成抗日先锋军，出师绥远，抵御日伪军的进攻，推动全国抗日运动的发展。

第五，与南京政府谈判，逼蒋抗日，争取停止内战，一致对敌。为此，我军目前暂不出河南，实行“你不来攻，我不去打”的策略，如蒋介石派兵来攻，则一面坚决作战，一面争取议和。

根据中央上述战略行动计划，西北局放弃了原定乘虚向东南发展的作战企图，作出了二、四方面军在甘南建立临时根据地的部署。为攻克岷州，陈昌浩指挥九军、五军连日攻城，部队伤亡不小，但未获进展。我四军一部克渭源，三十军一部逼近陇西，造成了威胁兰州的态势。

东北军那边，迟迟不见动作，不知是何缘故。8 月下旬，中央来电征求西北局领导人的意见：依据现时力量，假如以二方面军在甘南、甘中策应，而以四方面军独立进取青海及甘西，联系新疆边境，四方面军有无充分把握？如在冰期前西渡黄河，能否解决渡河工具？张国焘打电话来，征求我的意见。我答复说：问题不大，四方面军有这个力量夺取甘西。事后，我即着参谋人员搜集河西的地形、民情资料，考虑出青马敌后，进据河西走廊的问题。

8 月底，中央鉴于蒋介石在解决两广事件后，已令胡宗南部回开兰州，并有分化东北军、撤换张学良的企图，因而变更了原来的行动计划。

新的行动方针，要求把甘南发展为战略根据地之一，与巩固和发展陕南根据地和陕甘北根据地相呼应，并迫使胡宗南部停止于甘肃以东，准备冬季打通苏联。9 至 11 月的具体部署是：一方面军以一部主力南下，占领海原、靖远、固原及其以南地区；四方面军控制甘南，尽可能取得岷州、武山、通渭地区；二方面军速向陕甘南交界地区出动。中央指出：“三个方面军的行动中，以二方面军向东行动最关重要。”一方面是吸引从郑州回开甘肃的胡宗南部钟松旅，迟滞于陕甘交界处，使之无法西进威胁控制兰州；另一方面又可伺机给王均部以打击，把陕南与甘南的根据地联系起来。据此，我三十一军九十三师北出，于9月7日占领通渭；红一方面军一师，由聂荣臻、左权、陈赓率领南下，直插静宁、隆德地区，逼近西兰公路；二方面军由哈达铺地区东出，9月1日占领礼县，继向陕甘边发展，连克成县、徽县、两当、康县等城。任弼时同志去二方面军随军行动，刘伯承同志亦调往二方面军工作。

这时，中央又将陕甘宁根据地的困难情况，向我们作了通报：陕甘宁苏区版图颇大，东西长1200余里，南北亦600里，现有盐池、定边、靖边、安定、安塞、延川、保安、环县、豫旺九城在我手中。“各县论地情则山多，沟深林稀，水缺土质松，人户少，交通运输不便，不宜大部队运动。人口总数只40余万，苏区内当红军的已超过三万人，物产一般贫乏，农产除小米外，小麦及杂粮均缺，不能供给大军久驻。”彭德怀也给我发过一个电报，内容和中央的电报差不多，我印象很深。我军在甘南占领的地区，人口约80万，而陕甘宁根据地的人口，才40余万，相比之下，我们的处境还好些。

西北局根据当时的情况，提出了两个战略行动方案：一是红军出西北，据黄河以西的甘宁青三省地区；二是出川、陕、豫、鄂。中央复示：“我们向国际提出亦是出西北与不得已时出东南两方案。”并称已派邓发同志经新疆去莫斯科，正等待共产国际批准。

为配合二方面军向陕甘边行动，朱总司令和张国焘令四方面军抽出两个军，东出西和、礼县，消灭王均部。陈昌浩认为，派两个军出西、礼作用不大，不如集中主力于现地区，伺机北出通渭、静宁、会宁，与一方面军合力夹击西进的胡宗南部，更为有利。将来四方面军主力应向陇东北发展，与陇东南的二方面军呼应作战。为此，他从岷州前线，赶回三十里铺，与朱、张磋商。结果，于9月13日共同向中央提出了新的作战方案。

电称：“我军为先机打破敌之既成计划，争取抗日友军，造成西北新局面，一、四方面军乘胡敌在西北公路上运动之时机，协同消灭其一部。二、四方面军尽力阻止和迟滞胡敌西进。”具体部署为：“（一）我一方面军主力由海原、固原地区向静宁、会宁以北地区活动，南同四方面军在静、会段以袭击方式侧击运动之胡敌，并阻止其停止静宁以东。（二）我二方面军以主力在徽、两、凤以北地区，并以一部进到宝鸡活动，虚张声势，扬言：二、四方面军即直出汉中，一方面军（向南）会合，以牵制王均于天水地区和吸引胡敌不敢长驱西进为目的。二、四方面军除以九十三师主力即向静、会段以南地区活动外，以一部机动兵力集结陇西、武山，并适时以八团以上兵力打击静、会间之胡敌，相机打通一方面军。”

我仔细考虑了这个方案，认为主要问题是在西兰通道地区与敌决战，我们占不到便宜。据情报说，胡宗南的第一师、第十八师十八日即可抵咸阳，第四十三、四十七两师随后跟进，再加上王均第三军和毛炳文师及马家军的兵力，敌优我劣的态势相当明显。而战场选在西兰公路附近，敌人运输方便，调兵迅速，我军南北夹击不成，反会遭到敌人的左右夹击。同时，三个方面军都向陕甘北集中，那里人口稀少，就粮困难，不便大部队久驻，也是严重问题。因此，我向朱、张建议，以一部兵力速围马步芳的家乡河洲，吸引马敌，主力乘虚从永靖以南的莲花渡过黄河，进据古浪、永登、红城子一带，与兰州的东北军配合，控制这一战略枢纽地区，休整补充，为策应一方面军西渡黄河，共取宁夏，打通苏联，创造有利条件。但是，我的建议没有被接受。

共产国际批准了红军夺取宁夏和甘西的计划。中央认为，第一步应由一、四方面军合力夺取宁夏；第二步进据甘西。鉴于一方面军兵力有限，需固守现有根据地，抽不出更多兵力与四方面军共同夹击胡敌，故决定派红一师向静宁、会宁一带出动，策应四方面军主力北进，控制以界石铺为中心的有利基点。在通渭、庄浪、静宁、会宁地区迎敌。9月18日，朱德、张国焘、陈昌浩发布了通庄静会战役纲领。我们开始行动，拟向静宁、会宁地区转进。这样，一、四方面军主力南北夹山敌人的计划，就变成了四方面军北进，在西兰通道地区，独立迎击胡敌。我明白这一仗很难打，但准备硬着头皮干。

我们正忙着调动队伍北进，张国焘匆忙赶来漳县。进门就把周纯全、李特、李先念等同志找来，说:我这个主席干不了啦，让昌浩干吧！我们大吃一惊，莫名其妙。问了问情况，才知刚开完岷州会议。会上陈昌浩和张国焘的意见不一致，陈昌浩得到与会多数人的支持，张国焘的意见被否决。分歧的焦点是：陈昌浩主张立即北上静、会地区，会合一方面军，与敌决战。张国焘则认为，既然一方面军主力不能南下，四方面军独力在西兰通道地区作战，十分不利，主张西渡黄河，进据古浪、红城子一带，伺机策应一方面军渡河，夺取宁夏，实现冬季打通苏联的计划。这是张国焘与陈昌浩共事以来，第一次发生尖锐争论，加上他有个另立“中央”的包袱压在身上，所以情绪很激动，还掉了泪。他说：“我是不行了，到陕北准备坐监狱，开除党籍，四方面军的事情，中央会交给陈昌浩搞的。”我觉得，陈昌浩在这个时候和“张主席”闹得这么僵，似乎有点想“取而代之”的味道，也不合适。大家你一言，我一语，劝了张国焘一通。关于军事行动方针问题，我们说，可以继续商量。

张国焘来了劲头，指着地图，边讲边比画。大意是说，四方面军北上静会地区，面临西兰通道，与敌决战不利；陕甘北地瘠民穷，不便大部队解决就粮问题，如果转移到河西兰州以北地带，情形会好得多。从军事观点看来，我们觉得张国焘的意见，并非没有道理。于是，当场制定了具体行动部署：四方面军以两个军从永靖、循化一带渡过黄河，抢占永登、红城子地区作立脚点；以一个军暂在黄河渡口附近活动，吸引和牵制青海的马步芳敌；以两个军继续布于漳县、岷州地带，吸引胡宗南部南下，而后这三个军再渡河北进。主力出靖远、中卫方向，配合一方面军西渡黄河，共取宁夏。这个方案，一是避免了在不利地区同敌人决战；二是吸引胡敌南向，减轻了对一方面军的压力；三是并不违背中央关于两军先取宁夏、后取甘西的战略企图；四是便于解决四方面军的就粮问题。部署既定，张国焘即电告朱德、陈昌浩，要他们来漳县会商。同时，令部队调动，准备从循化地区渡河。

次日一大早，陈昌浩赶来，见这边都同意张国焘的方案，他也就不再坚持原来的意见。朱总司令到来后，亦同意照此决定行动，并提出应报告中央。张国焘一面起草电报向中央报告，一面令部队开始行动。

我带先头部队，向洮州进发，张国焘他们继后。过了洮州，向老乡调查。据老乡说，现在黄河对岸已进入大雪封山的季节，气候寒冷，道路难行。根据这样的地形、气候条件，我觉得渡河的计划难以实现。遂返回洮州，向朱、张汇报。这时，中央来电，明令禁止四方军西渡。电文说："我一、四方面军合则力厚，分则力薄。合则宁夏、甘西均可占领，完成国际所示任务，分则两处均难占领，有事实上达不到任务的危险。""中央认为四方面军仍宜依照朱、张、陈 9 月 18 日之部署，迅从通渭、陇西线北上，不过半月左右即可到达靖远、海原地域，从靖远渡河；一方面军跟即渡河或合力先取宁夏，或分途并取宁夏、甘西，二方面军仍在外翼制敌，则万无一失。"朱、张在洮州召开会议，讨论了中央的指示，一致决定放弃西渡计划。29 日，方面军总部下达了北进静、会地区的命令。

9 月 30 日，我军分为五个纵队，向通渭、庄浪、会宁、静宁前进。第一纵队为四军，经官堡、渭源、华家岭攻占青江驿、翟家所；第二纵队为三十军，经鸳鸯铺、榆盘镇袭占通渭；第三纵队为九军，经野狐桥[1]、中堡里至新市镇；第四纵队为三十一军，进至通渭、马营一带；第五纵队为五军，随九军之后向庄浪、威戎镇发展。我和陈昌浩跟一纵队行动。我军北进的任务有二：（一）执行《通庄静会战役计划》，在西兰通道以北阻击胡敌，屏障陕甘苏区。（二）会合红一方面军，从靖远

① 多写作"殪虎桥"——编者注。

地区西渡黄河，夺取宁夏。四方面军开始北进后，二方面军亦根据中央指令，经天水地区渡过渭河，向会宁地区前进。10 月 2 日，红一方面军一师进占会宁。8 日，我四军先头部队在青江驿、界石铺与红一师部队会合。9 日，方面军指挥部抵会宁，受到红一师师长陈赓及所属人员的热烈欢迎。陈赓原是鄂豫皖时期红十二师师长，此次相见，格外高兴。

三个方面军会宁大会师，胜利结束了长征，在中国革命史上揭开了新的一页。

选自徐向前：《历史的回顾》，解放军出版社1988年10月第1版，第265—335页。

徐向前，原名徐象谦，1901 年生，山西五台人。1927 年加入中国共产党，12 月参加广州起义，后到海陆丰地区任工农革命军第四师十团党代表、四师参谋长、师长。1929 年 6 月到鄂东北，任红十一军第三十一师副师长，之后任红一军副军长，红四军参谋长、军长。1931 年 11 月红四方面军成立，任红四方面军总指挥兼红四军军长。红军长征时任红四方面军总指挥，红一、红四方面军在懋功会师后，任红军前敌总指挥部总指挥、中华苏维埃共和国中央革命军事委员会委员等。新中国成立后，曾任解放军总参谋长、中共中央军委副主席、国务院副总理兼国防部部长、中华人民共和国中央军事委员会副主席、中共中央政治局委员、全国人大常委会副委员长等职。1955 年被授予元帅军衔。1990 年在北京逝世。

风雪长征路

陈锡联

红四方面军的长征，和中央红军长征一样，历尽艰难，波澜壮阔。其英勇壮举和先北上、后南下、复北上的曲折经历，惊天地泣鬼神！作为个人的回忆，由于年代久远，好多事情记不清了，有的忘掉了，这里只说说我记忆所及的长征中的一些情况。

强渡嘉陵江战役开始后，我们几个师的干部，分头下到部队。我带着一个团，从苍溪附近渡江，占领了剑阁、阆中一带。在江油打了一仗，没打下来，转到北川。

北川河谷，长约百里，地势险要，是方面军西进的唯一通道，敌派重兵把守。为了打开通道，方面军在北川中间的土门发起了土门战役。

此役，我率部攻千佛山。在各兄弟部队左右夹击下，我们一举攻占了千佛山主峰——佛祖庙。佛祖庙不大，石头砌成。方面军的指挥部就设在庙里。我率部在庙下面坚守，以牵制敌人，掩护大部队通过。

在坚守千佛山期间，由于连日辛苦，疲劳过度，我的身体出了毛病：先是上吐下泻，继而持续高烧。后来实在支持不住，躺倒了。警卫员把我抬下山。在下山途中遇见徐老总，他见我躺在担架上，往我前额上一摸，吃惊地说："烧得这么厉害呀！"我说有好几天了，也不知道是什么病。徐老总说："赶紧到医院，找个老中医看看。"

医院设在一个老财主家里。6 月的天气，已经是很热了，别人都穿着单衣，或光着膀子，我却穿着棉衣，盖了好几床被子，还是觉得冷。头发一缕一缕地往下掉，正常人的头皮发青，我的头皮却是又红又肿，头发全掉光了，成了“和尚头”。一个外号叫“富农”的警卫员非常负责地照顾我（名字记不得了）为我端水送饭，穿衣盥洗，尽心照料，感情非常深。我什么东西也吃不下，每天却要拉好几次，每次都是警卫员扶着我到外面去，拉的全是脓血和黏液，腥臭腥臭的，招来许多的苍蝇围着我。警卫员找了一根小木棍，在一头绑些碎布条，帮助我来回赶苍蝇。他看我一病不起，人都变了形，以为我不行了，经常一个人在那里偷偷地哭。我对他说：“你走吧，别管我了。”他哭着说：“我不走，要死咱们死在一块。”他的心非常细，白天不离我左右，晚上就睡在门口，怕我出意外。

从当地请来一位老中医，70 多岁，牙都掉完了，给我把完脉，说：“你这个病可是很重哟。”我问是什么病，老中医说:“这个病叫伤寒病，西药你们没有，先吃几副中药试试吧。”

吃了几副药，仍不见好转。老中医见我一点东西都吃不下，就说：“不吃东西怎么行？”这时，陈再道同志派人送来十几只鸭子，老中医就让警卫员把鸭子杀了，把鸭子煮熟，不让我吃肉，只喝汤。喝了十几天鸭汤，老中医再来把脉，感觉到我的脉搏跳的有力了，哈哈大笑，说：“你有救了。”

又过了十几天，我觉得背上发热，身上有点劲，能下地走动了。我就拄着一根棍子，让警卫员扶着，慢慢在院子里活动。这个时候，传来红一、四方面军即将会师的消息，医院里上上下下喜气洋洋。我把部队发的毛巾、鞋子等拿出来，委托医院转送给一方面军的同志们。

在北川住了一个多月，身体渐渐好转，我便离开医院，返回部队。

红一、四方面军在懋功（今小金）会师后，两支队伍共同北上。我按照军部的指示，带着一个团在后面掩护。到了黑水、芦花，见到了彭德怀同志，他当时是红三军团军团长。我向他报告后，说我是红四方面军第十一师的，要到第四军军部去。彭德怀同志告诉我，说军部已经到了毛儿盖，并给我指了前进路线。

翻过打鼓山，从上、下打鼓进到毛儿盖。看到一座房子，门前写着“一军团”几个字。我推门进去，见到聂荣臻和罗瑞卿同志。他们得知我是红四方面军的，非常热情，要给我弄吃的，我说吃过了，谢谢他们的好意。

在毛儿盖的一座寺庙里，我第一次见到了周恩来副主席。周副主席正和张国焘在一起，向一个通司（翻译）了解北上的路线。张国焘见到我，就向周副主席介绍说：“这是我们红四方面军最年轻的师政委，十一师的政委，叫陈锡联，外号‘小钢炮’。”周副主席热情地握住我的手，问我多大，我说 20 岁，周副主席说：“你们四方面军的干部真年轻啊！”周副主席见我穿得很多，脸色苍白，问我是不是身体不好，我说刚得了一场大病，还没有完全好。周副主席说：“那可要注意哟！”

第一次见到仰慕已久的周恩来副主席，印象很深刻。当时他很瘦，胡子很长，略显疲惫，但是精神很好，两眼炯炯有神，待人非常热情，和蔼可亲，是一位忠厚的长者。

第四军军部也在毛儿盖。我向军长许世友作了汇报，晚上就在军部休息。

刚刚躺下，张国焘和张闻天同志来到军部，找许军长谈话。我因为身体还虚弱，躺下后迷迷糊糊的，听见他们三个说话的声音，好像是张闻天同志介绍红一方面军反“围剿”和遵义会议的情况。后来不知什么时候睡着了，等睁开眼睛，张国焘和张闻天同志已经走了。许军长告诉我，说张国焘把我的大衣穿走了。我一看，压在身上的大衣果然不见了。

在毛儿盖休息了几天，补充了粮食，我带着部队继续出发。走了两三天，到了下包座，正赶上包座战斗。战斗中，第十师师长王友均同志牺牲，我调到第十师任师长。

在包座，接到军参谋长张宗逊同志的电报，要我带一个团，和他一起，到甘南一带筹集粮食，同时接应左路军向右路军靠拢。张宗逊同志原来是红一方面军的，懋功会师后，根据徐向前、陈昌浩同志的建议，从红四方面军抽调建制部队补充红一方面军，从红一方面军调来一些干部到红四方面军各军任参谋长和政治部主任。张宗逊同志就是从红一方面军调到第四军任参谋长的。我们原来不认识，见面以后，互相介绍了各自的情况，就带部队出发了。

走了一两天的路程，即在当地展开筹粮工作。晚上，军部发来一份紧急电报。张宗逊接过电报看了好长时间，沉默不语。我问他："什么事情？"他把电报拿给我看。内容很简单,要我们立即带部队返回包座。当时，我和张宗逊同志分析，可能上面有情况了。

连夜动身，返回军部。这才知道，两个方面军已经分开了。党中央和中央红军要北上，张国焘要南下。

根据张国焘的命令，红四方面军各部队从原路返回毛儿盖。我们又一次过草地。望着来时路上的景物，大家的心情很复杂，不明白究竟是怎么一回事。

在毛儿盖，红四方面军召开会议，会上传达了张国焘的"指示"，说中央向北是"退却逃跑"，说中央是"右倾机会主义"，还说胡宗南的主力在北边，北上是死路，南下才是正确路线，等等。

1935 年 9 月，红四方面军各部分别南下，回兵川西。南下途中，张国焘公开宣布成立第二中央，走上了一条分裂党、分裂红军的道路。

究竟北上正确，还是南下正确，这在当时是有"争论"的。党中央正确分析了国内形势和敌我双方处境，高瞻远瞩地做出了北上的英明决定。而张国焘出于个人野心，先是向中央要权，达不到目的时，便依仗职权，采用蛊惑和欺骗的手段，煽动、命令红四方面军部队南下。以后的事实说明，南下是错误的，南下才是一条绝路。

南下途中，我在扎窝又负了一次伤。扎窝地处藏汉杂居区，由于受国民党反动派的操纵、指使，藏族中少数土司、喇嘛组成反动武装，时常骚扰、袭击南下的我军。当我和许世友军长路过扎窝时，一些武装分子突然向我们袭击，把许军长的警卫队都打散了。我看到许军长处境很危险，就对他说：“军长你到后面去，我到前头顶着。”我扛起一挺机关枪，来到一个高处，架起机关枪就朝那些反动武装分子扫射。我这边枪声一响，那些武装分子都向我围拢过来，集中火力向我打枪。突然，从侧面打来一粒子弹，从我的左背部打进来，从右背部穿出去，我一个趔趄就倒下了。警卫员一面用机关枪掩护，一面把我背下来。当时不知道伤口在哪里，只觉得胸腹部肿胀难受。我让警卫员把我头朝下、脚朝上倒提起来，血水马上从伤口处流了出来，肚子感觉轻松了一些。

看到我负了伤，许世友同志非常焦急。他说：“要不惜一切代价，一定要把锡联同志抬出草地。”他令一位团长选几名身强力壮的小伙子抬着我走。那位团长为难地说：“战士们都是饥寒交加，步履艰难，怎么还能抬着人走呢？”许世友同志想了想，令人把一匹驮重机枪的好马牵来，把枪零件拆散，分给同志们携带，然后把我扶在马上，并指定一名同志牵着马，还把他身上仅有的一小口袋大米给了那位牵马的同志，让他在路上煮稀饭给我吃。我因为有伤在身，流了许多血，神志模糊，身体虚弱，在马上根本坐不住。警卫员就让我趴在马背上，又用一根绳子将我和马捆在一起，马走路摇晃时我也掉不下来。就这样我“骑”着马一面行军一面养伤，到党坝时伤口基本就快好了。

10 月初，我们由党坝出动，强渡大金川，10 月 12 日攻克绥靖。在绥靖，有一件事我印象很深：死了一个教导员。怎么死的？撑死的。

强渡大金川，一天多没吃饭。打下绥靖后，该地有不少李子树，结了好多李子。这位教导员又饥又渴，吃了不少李子，又吃了一些没有烧熟的玉米，吃饱后就在树下睡着了。俗话说：桃饱人，杏伤人，李子树下埋死人。李子吃得太多，加上睡着后风一吹，着了凉，胃不消化，结果撑死了。我去看他，撕开他的上衣，看到他的肚子胀得圆圆的，没有消化的玉米一粒粒的还能摸得出来。

攻克原西康省之丹巴县城，休息了几天，部队进行动员，开始实施

《天（全）芦（山）、名（山）雅（安）、邛（崃）大（邑）战役计划》。在天全打垮了刘湘的一个“模范师”后，方面军决定向名山、邛崃方向进击，攻取川西平原。

对于方面军的这一战略行动，刘湘极为恐慌。川西平原是刘湘的“粮仓”和“根据地”。失掉川西平原，刘湘将没有立足之地。因此，刘湘下了死保川西的决心。他集中了 80 多个团，在名山东北要镇百丈，与方面军展开了一场长达七天七夜的争夺战。

这场战斗，许多老同志在回忆时称之为“百丈决战”。这确实是一场事关战略全局的激战，是我在红军时期所经历的一次最激烈、最残酷的战斗。

刘湘是我们的老对手，每次交手都是手下败将。这一次却不同了。一是因为他得到了蒋介石的鼎力相助，蒋介石不仅给了他大批的武器装备，还帮助刘湘整训部队，并派了许多骨干充实到他的部队中，其作战能力有了明显提高。二是因为刘湘这次是拼了老命，把他的队伍全都调过来，敌我双方在兵力对比上差距很大，刘湘集中了 80 多个团，我们只集中了 15 个团。因此战斗一开始，我就感到这次对手与过去明显不同。过足了大烟瘾的川军在飞机、大炮的掩护下，像羊群一般，漫山遍野地蜂拥而来。我们在百丈地区十几里长的弧形阵地上摆了上百挺机关枪向敌人扫射，打掉一批，又上来一批，这些川军就像韭菜一样，割了一茬，又长出一茬。虽然阵地前铺满了敌人的尸体，但后面的敌人又踩着同伙的尸体冲上来。敌人冲进阵地，战士们就同敌人展开白刃格斗，刺刀捅弯了就与敌人抱在一起肉搏。到后来敌我双方都混在了一起，敌我双方的鲜血将稻田里的水都染红了。

我由于先病后伤，特别是在扎窝负伤后，元气还没有完全恢复，身体很虚，腿发软，走路都摇摇晃晃的。但是在责任感和顽强精神的支撑下，我咬着牙在一线指挥战斗。我们师的阵地也和其他兄弟部队的阵地一样，反反复复地夺了丢、丢了夺，几经易手。有一次敌人看到从正面不好攻，就向侧翼迂回。我告诉孔庆德，要他带部队赶紧去支援一下。孔庆德同志是山东人，打仗很勇敢，他带了一个营过去，很快就把敌人打了下去。敌人向侧翼迂回受阻，就又向正面来攻。副师长王近山考虑我的身体不好，就对我说："师长你在这里守着，我绕到敌人后面打一下。"他率一支部队抄了敌人的后路，在敌人的屁股后面猛地一攻，我指挥部队从正面一压，前后一夹击，把敌人打退了。

百丈一战，前前后后打了七天七夜。我军共毙、伤敌 1.5 万余人，终于守住了百丈阵地，但是我们自身伤亡也很大。这一仗，由于双方进行了殊死搏斗，都打到了筋疲力尽的地步。方面军考虑，这样长期固守阵地与敌人拼消耗，对我非常不利。因为我们兵员不足且缺乏补给，很难再与敌人相持。遂主动撤出阵地，又转回天全一带。

此时我方面军处境非常不利。东进，有四川军阀主力挡道；南出，薛岳的六个师正以逸待劳。唯一出路，是向西康一带转移。

至此，张国焘南下方针宣告彻底失败！

现在回想起来，百丈之战的失利，完全是张国焘错误的南下方针造成的。可以这样讲，虽然方面军自草地南返后，广大指战员以英勇顽强的精神连续作战，也取得了一些战斗的胜利，但是，由于南下的方针根本就是错误的,因此走向失败只是早晚的事情。它说明了这样一个道理：正确的路线、方针、政策，是军事斗争取得胜利的关键因素。这是多少革命同志用鲜血和生命换来的深刻教训，我们要永志不忘。

1936 年 2 月，方面军被迫向西北方向转移。西进之途，也是一条艰难困苦之路。先翻夹金山，夹金山是一座雪山，山上气候变化无常，一会儿冰雹大雪，一会儿狂风呼啸。当地群众告诉说，翻雪山一定要赶在中午前通过顶峰。我们头天下午赶到山下，第二天凌晨出发开始上山。上山途中各部队政治宣传工作搞得很活跃，石头上刷着标语，宣传队员们敲锣打鼓喊口号，指战员们情绪很高。越往上走，空气越稀薄，大家的话也越来越少，到了顶峰，高山反应最厉害，谁也不说话了，大家心中只记着上山前的要求：不要停留，赶快走，翻过顶峰就是胜利！指战员们相互帮助、互相鼓励，终于在中午时分翻过顶峰。过了夹金山，前面又有一座大雪山——折多山。折多山位于丹巴、道孚之间，海拔 5000 多米，山上积雪终年不化，空气异常寒冷而稀薄。其顶峰叫党岭，党岭并不很高，但非常陡峭，并且经常有风暴、雪崩和冰雹。如果赶上风暴，呼啸的狂风能把人吹倒、掩埋。我自千佛山得伤寒病后，身体尚未完全恢复，又在扎窝负伤，病伤交加，加上连续征战，身体一直处于虚弱疲惫的状态。过夹金山，还能自己走。再翻折多山，我实在是没有气力了，勉勉强强到了顶峰党岭前，由于空气稀薄，呼吸非常困难，气都出不来。我断断续续对警卫员说："你们走吧，我休息一下。"警卫员说："师长不能停下，要冻死的！"我说："冻死就算了，不能连累你们！"警卫员脑瓜蛮灵活的，急中生智想了一个办法：用一条绳子捆住我的腰，一个人在前面拽，一个人在后面推，这样连推带拽才翻过顶峰。

在翻越折多山过程中，一些有病或有伤的同志因体力不支，躺倒在雪山上再也没有起来，也有一些同志被肆虐的暴风雪吞噬了。

翻过折多山，方面军分多路展开：第三十军攻占甘孜，第三十一军及第九军第二十五师进占泰宁（今乾宁），第三十二军及第九军第二十七师进驻炉霍、道孚，我们师随第四军经炉霍向西南攻占了瞻化（今新龙）。因南下期间大量减员，部队又进行了一次整编：第四军三个大师编为四个小师（师以下没有团，只有营、连建制），我又调回第十一师任政治委员，师长是周世元。

部队在瞻化进行了较长时间的休整。瞻化地区是藏汉杂居区，藏民居多数。我们根据方面军的指示，要求全师指战员贯彻执行共产党和红军的民族宗教政策，尊重当地藏民的宗教信仰和风俗习惯，保护好寺庙，并做争取喇嘛的工作。当地藏民家中都有一座烧香拜佛的经堂，藏民视之为圣洁之地。我们规定，未经该家主人允许，任何人都不得进入经堂。广大指战员都自觉执行上级的规定。开始的时候，一些藏民由于受国民党反动派的欺骗宣传，对红军既怕又不信任，见到红军就喊:“忙米戈壁！忙米戈壁！”（藏语：大兵来了的意思）并纷纷躲藏起来。后来看到红军秋毫无犯，纪律严明，逐渐消除了误解。我们和当地藏民始终保持了非常好的关系。

在瞻化期间，我住的地方附近有一个寺庙。该寺庙不大，建在半山腰上。负责管理寺庙的是两个喇嘛，其中一个懂汉话和藏医。我虽然住在寺庙附近，对寺庙里喇嘛们的生活方式很好奇，但从来没有进去过，也不主动询问他们的生活情况。有时就站在老远的地方看着他们虔诚地焚香诵经。时间一长，两位喇嘛见我像个当“官”的，就主动邀请我到他们的经堂里看看，我就好奇地进去了。只见经堂里点亮了许多酥油灯，喇嘛们分等级坐成三排，中间有尊大佛，旁边有许多小佛。喇嘛们击鼓诵经，还有其他乐器配合，就听见经堂内鼓声悠悠，经声缓缓，感到非常好听。我不便久看，就告辞出来了。那位懂藏医的喇嘛见我气色不好，关切地询问我是不是身体有病？我告诉他我害过伤寒，又负过伤，还没有完全好。两位喇嘛就主动给我看病、熬药。他们见我吃不惯酥油、糌粑，就教我如何炒面，如何吃酥油，就是先用锅把油熬了，再用纱布过滤，这样就干净些。还送给我两块白糖，让我蘸着酥油、糌粑吃，再煮一些茶梗水（没有茶叶）喝，这样好消化。我们就按照他们讲的办法试着自己做吃的，慢慢也就习惯了。通过一段时间的接触，我们结下了深厚的情意。

红二、六军团经过艰苦征战，于1936年6月到达甘孜地区，与红四方面军会合。会合后,两支部队并肩北上。当我率部离开瞻化的时候，那位喇嘛特意来看我，送给我一小坛子菜籽油，那个时候搞点菜籽油非常不容易，还炒了一些糌粑盐和牛肉，用牛皮口袋装好，送给我说:“牛皮口袋不怕雨，里面的肉坏不了，你背着它路上吃。”我送给他一匹白马、一副马鞍和一件坎肩留作纪念。

1996年5月,为纪念中国工农红军长征胜利60周年,上海电视台《长征》摄制组来采访我，我向他们讲了这件事。他们很感兴趣，专门跑到瞻化去调查访问。他们把访问的情况写了一个材料。材料上说：

“当年的瞻化县50年代改名为新龙县。根据陈锡联的回忆，判断为甲孜乡的甲孜寺。该寺庙不大，在半山腰上。经调查，红军时期，该寺庙曾经住过伤病员。当时负责的有两位喇嘛，一名叫仁孜喇嘛，一名叫四龙赤成喇嘛，前者为寺庙主持。仁孜喇嘛吩咐要照顾好红军伤病员，具体操办由懂藏医的四龙赤成喇嘛来处理。养伤的具体情况得到当地百姓及年长的喇嘛证实。陈锡联临走时曾送一匹马、一副马鞍和一件坎肩，现白马已死，其余两件物证已找到。但陈锡联当时住地已毁。

红军走后，国民党借助地方势力要迫害仁孜喇嘛，他不得已举家逃往甘孜县拖坝区的也仁达村。四龙赤成喇嘛不久也病故。如今，寺庙还在，‘文革’遭冲击，现正在修复，还没有完全建好。当年照顾红军伤病员的事在寺庙和当地广为流传。为纪念仁孜喇嘛，他的住所至今空置着，未拆除。

据了解，仁孜喇嘛还有一个弟弟名为格绒罗布，80多岁，仍健在，住甘孜县的也仁达村。我们再去寻访，终于找到他们一家。经采访了解，仁孜喇嘛解放后去世，他们全家都知道仁孜喇嘛与红军关系好。目前他们是普普通通的藏族农家。他们很想念当年的红军，但不知道照顾的伤员就是陈锡联。”

当年夏天，我们第三次过草地。这次行军，路程最远，时间最长，但由于准备充分，与前两次相比，还算顺利。走的时候，我找了一位懂汉话的藏民当通司（翻译）和向导。这位“通司”有一个年轻的妻子和一名一岁左右的男孩，他不放心把妻子和孩子放在家里，就把全家带上和我们一起走。这位“通司”很健谈，一路上我们谈天说地，有说有笑。他很自豪地告诉我：当地藏民女子找一位“通司”做丈夫是非常高兴的，一辈子就可以衣食无忧了。他说他经常到成都去用金子换珠子。当地的商人很狡猾，给他换的是假珠子，他经常上当。不过他说他的金子也不纯，他说金子纯不纯用牙使劲咬一咬就知道了。路上他还教我学藏文。

走了几天，到了甘孜的东北部，他想回去，说小孩有病，家里也有老人。我向他表示感谢，还送给他一匹马，一些牛肉、酥油、糌粑等。第二天一早他就回去了。我们继续向前走。我虽然带着一匹马，但很少骑，驮着伤病员，走了 20 多天，又到了包座。

由包座向甘南，实施《岷（州）洮（州）西（固）战役计划》。先取洮州旧城,继克临洮,随后又占领渭源。此后分成五个纵队继续北上。第四军为第一纵队，由徐向前和陈昌浩率领，第十师在前，第十二师居中，第十一师殿后，一路艰难行军，于 10 月初胜利到达会宁，期盼已久的三个方面军大会师的愿望终于实现了！

我和师长周世元率第十一师在后面走，因此大会师没有赶上。当我们进入会宁城时，看到庆祝三军会师的标语还在。我们想象着当时那种热烈、欢庆的感人场面，既为中国工农红军首次实现大团圆而激动，又为未能亲自参加这一盛会而遗憾!

会师后，中共中央和中央军委发布《十月份作战纲领》。命令“四方面军以一个军率造船技术部迅速进至靖远、中卫地段，选择利于攻击中卫与定远营之渡河点，以加速的努力造船，11 月 10 号前完成一切渡河准备；四方面军主力在通（渭）、马（营）、静（宁）、会（宁）地区就地筹粮休整，派多数支队组成扇形运动防御，直逼定西、陇西、武山、甘谷、秦安、庄浪、静宁各地敌军附近，与之保持接触，敌不进我不退，敌进节节抵抗，迟滞其前进时间，以其可能在 10 月份保持兰西大道于我手中”。“攻宁部队准备以一方面军西方野战军全部及定盐一部、四方面之三个军组成之”。

根据中共中央和中央军委的命令，木匠出身的第三十军政委李先念同志亲自监督造船，很短时间就造出了十几条船。渡河地点确定后，方面军总部即率第三十军、第九军、第五军西渡黄河。

在造船及渡河过程中，蒋介石下达“进剿”令，敌西北“绥靖”主任兼第三路总司令朱绍良率部向我发动进攻。为保障造船及大部队渡河，第四军组成扇形运动防御，节节抵抗，迟滞其进攻速度。待部队全部渡河后，我们边打边撤，逐步脱离接触，向打拉池、海原一带开进。

我们在前面开进，关麟征的部队在后面追，还派出飞机在头上狂轰滥炸。一颗炸弹在我身旁不远处爆炸，我骑的那匹马受了惊，挣脱了缰绳，顺着一条大路跑得无影无踪。这匹马是缴获的敌骑兵连长的坐骑，很懂事，让它趴下，轻轻拍拍它，就趴下了。马背上驮着我的全部家当：衣服、行李、用具等等。马惊跑了，一下子什么都没有了，干干净净，倾家荡产。饲养员哭着说：对不起首长，没有把马拴好，让马跑了，把东西全丢了。我说你哭什么，丢就丢了嘛！后来我们追击敌人，想顺路找找马，但是没有找到。

到了打拉池这个地方，发生了一件非常危险的事情：我们想在打拉池稍事休息，估计敌人可能要追来，还派出了一个排的警戒。我进了一个房子，躺了一会儿，肚子饿得咕咕叫。我爬起来，看看屋里有什么吃的没有。在一个角落里发现一个泡菜坛子，里面泡着一坛子辣椒。我想这东西吃点也管用，结果吃了以后，肚子又胀又烧心，难受得躺不住。我来到外面一个高处，四面一看，唉呀！就见敌人密密麻麻平铺着围了过来，担任警戒的同志还在那里睡大觉。我吓出一身冷汗，掏出20响的驳壳枪，朝天“砰砰”就是两枪。枪声一响，部队全惊醒了，马上就和敌人打起来。战斗中，一位教导员光荣牺牲，后来找了一口棺材把他安葬了。

在甜水堡和胡宗南的第一师打了一仗。胡宗南的部队装备很好，一个连有八九挺机关枪，战斗力也不错。双方在羊福山展开争夺战。敌人凭借优势火力向山上攻，快到跟前时，我令司号员吹冲锋号。司号员刚拿起号，还没有吹，就倒在我的身上。我一看，已经牺牲了。我端起机关枪，站在阵地上向敌人扫射。战士们呐喊着向敌人冲去，展开肉搏。手榴弹的爆炸声，子弹的呼啸声，战士的呐喊声以及敌人的惨叫声响成一片。经数小时激战，终于把敌人打到山下。这一仗，敌我双方伤亡都很大，仅我们师部警卫连就打掉了一多半。我衣服、帽子上也穿了好几个窟窿，奇怪的是竟然没有伤着身子，真是不可思议。

到了晚上，还要准备打。肖克同志（当时任第三十一军军长）派人传达命令，说不打了。当夜即撤出阵地。

先转到古城堡，然后又转到山城堡。在山城堡歼敌一个师。我们作预备队，因为打得顺利，没有上去。这是内战时期最后一仗。

这一仗打完，我们进入陕北盐池地区。

在陕北，方面军又进行了一次整编。我从第十一师又回到第十师任师长，叶道志同志任政治委员，范朝利同志任参谋长，汪宏清同志任政治部主任。下辖第二十八团、第三十团、第三十一团。团的干部，记得有滕海清、郑国仲、赵崇德等，其他人不记得了。

1936 年 12 月 12 日，张学良、杨虎城为逼蒋抗日，发动“西安事变”，活捉了蒋介石。消息传来，大家高兴得不得了，都说这下好了，不用再打内战了。

为了支持主张抗日的友军，在中央军委前敌总指挥部率领下，我们由盐池地区南下，进抵西安附近三原一带待命。

西渡黄河的第三十军、第九军、第五军组成西路军，在徐向前总指挥、陈昌浩政治委员率领下，孤军作战数月，终因寡不敌众，陷于弹尽粮绝的境地。为解西路军之危，中央决定组成援西军西进增援，当走到镇原时，传来西路军失败的噩耗。

西路军的命运，是红四方面军、也是中国工农红军战斗史上最为悲壮惨烈的一幕！我的老班长孙玉清同志，时任西路军第九军军长，在甘州南山被俘后，他大义凛然，宁死不屈，最后在青海西宁慷慨就义！他是我的入党介绍人，在我成长过程中，他给了我很大的教育和帮助。听到他牺牲的消息，我禁不住失声痛哭。几十年来，我从未忘记他。即使今日提起，我心里仍感到十分难过。

西路军的英勇壮举和不屈精神，永远为历史所铭记，为人民所景仰！

牺牲的烈士，壮志未酬；活着的人，还要战斗！1937年7月7日，“卢沟桥事变”爆发。在党中央、毛主席的领导指挥下，我们东渡黄河，奔向抗击日寇侵略的广大战场！

选自陈锡联：《陈锡联回忆录》，解放军出版社2004年1月第1版，第56—75页。

陈锡联，1915年生，湖北黄安（今红安）人。1929年参加中国工农红军，1930年加入中国共产主义青年团，同年转为中国共产党党员。红军长征时任红四方面军第四军十一师政治委员等。新中国成立后，曾任解放军炮兵司令员、总军械部部长，沈阳军区司令员，中共中央东北局书记处书记，北京军区司令员、国务院副总理、中共中央政治局委员、中共中央军委常委、中共中央顾问委员会常委等职。1955年被授予上将军衔。1999年在北京逝世。

浴血长征路（节选）

秦基伟

雄关漫道

正当我四方面军奋力征战，冲破敌人“川陕合剿”之际，江西革命根据地的中央红军，因王明、李德等人“左”倾瞎指挥，导致第五次反“围剿”失败，开始了战略转移。

1935年1月中旬，遵义会议确定了毛泽东同志的领导地位。会后，中央红军向川黔边的赤水河进军，拟从泸州至宜宾一带渡江北上，并给四方面军发来电报，提出一、四方面军协同作战，要求四方面军“要迅速集结部队完成进攻准备，于最近时期，实行向嘉陵江方面进攻。”为了摆脱受敌南北夹击的不利局面，策应中央红军北上，方面军首长决定我方面军主力向川西北发展，在川康边界地区建立根据地。

三四月份，我军强渡嘉陵江。

从此，红四方面军的长征就开始了。徐向前总指挥带领九军、三十军经北川、墩上、土门，攻占茂县，部队士气高昂，满腔热情地迎接中央红军北上。

过草地时，总部机关分为两个梯队，总供给部那一摊子好大呵，有机关本部、医院、兵站、妇女独立团等，总共有几千人，编成一个梯队，我当梯队长。

红四方面军为什么要离开川陕根据地，同一方面军会师究竟是个什么背景，为什么合而又分，南辕北辙，当时对全局方面的情况我不太了解。我记忆比较深的是过草地，来回折腾了三次。我这个梯队长，是很费心血的，要计算路程，一天走多长时间，每人带多少粮，每人每天定量多少，都得心中有数，做出规定。所谓粮食，就是糌粑面，把青稞炒熟，推成面，搁点盐巴，有水就用水泡了吃。没有水就干吃，就这东西，还不能随便吃。分配到个人，自己背，但消耗权不在自己手里，由我统一掌握。休息的时候，互相监督，每人每天二两，绝不能超量。因为当时粮食极度匮乏，如果不这样控制，让战士们放开肚皮吃，有些同志几天就吃完了，剩下的只能等死。就这样互相控制，还照样有超前消费的，被领导知道了就要挨处分。因为超量吃粮，枪毙人的事都是有的。现在听起来未免残忍，可是当时的环境，不这样做不行。爱护部队，保护同志，有时候也需要采取断然措施。这样一来，大家受到震动，都不敢再多吃了，也明白了我们的用心良苦。

由于我们管得细，管得紧，虽然同样吃不饱但保证了本单位绝大多数同志走过了草地。我管的那一坨，过草地时饿死的不多。

除了饿就是累。人困马乏，加上严寒，许多同志又被夺去了生命。特别是爬雪山的时候，顶着风就像顶着刀子。

第三次过草地，从丹巴至道孚，要翻越海拔 5000 多米的折多山，主峰党岭矗入云霄，终年积雪不化，上面空气稀薄，严重缺氧。当地有首歌谣：党岭山，离天三尺三。雪似刀，风如剑。鹰过此山脱层皮，人过此山难回返。党岭山每天下午都要起风暴。风暴一来，狂雪漫卷。有的同志走着走着，走不动了，看见一个避风的旮旯，往里一蹲，想缓缓劲。谁知就这么一蹲，就再也站不起来了。

又累又饿又冷，来回折腾，今天往北，明天往南，心里也没个支撑。那时候的人，身体非常虚弱，有的一头栽下去就再也起不来。但另一方面，从那个环境里过来的人，真可以说比钢铁还硬。几十年后，徐向前元帅在总结红四方面军战斗作风时，概括了五个字，即狠、硬、快、猛、活。我尤其认为四方面军的“硬”是比较突出的，是在特殊的环境里熬炼出来的，二万五千里长征对于中国军人意志的锤炼，是任何一个军校也培养不出来的。如今想起这段特殊而又伟大的历史，心里依然感慨不已。

1936 年 10 月，经过一番曲折，红军一、二四方面军三大主力又在会宁会师了。

我们到达时，会宁县城已是焕然一新，充满了节日气氛。

两军会师犹如失散多年的兄弟又回到一起了，老战友新同志，有的拥抱，有的热泪满面，场面激动人心。

可是会宁会师之后，我们才知道，为了抗日，我党正在积极建立抗日民族统一战线，提出了“欢迎国民党官兵和红军联合抗日”、“国民革命军与抗日红军联合起来，打倒日本帝国主义”等。

也就是说，我们要同仇人蒋介石善罢甘休，甚至还要以礼相待。这个弯子，实在不好转，尤其是基层的干部和战士们，一听说要同蒋介石联手抗日，有的当时就愣住了，说了许多难听的话。

我一方面做他们的工作，一方面自己心里也憋气。

维护大局的道理是懂的，就是感情上一时难以接受。记得为这件事我还找了郑义斋部长，抽了他大半包烟。他反复地讲，从大道理讲到小道理，讲得口干舌燥，我就是不吭声，闷头吸烟。

他有些奇怪了，说：“你这个人，平时挺会用脑子的，这次怎么钻进牛角尖里硬是出不来呵？”

我说：“你讲的那些道理，我都跟下面讲过好几遍了，我才不是死脑筋呢。”

他更奇怪了，问：“那你咋老不吭声，像有好大思想问题似的。”

我说：“道理我懂，工作我做，就是心里憋气，下面干部战士冲我骂娘发牢骚，我找谁发去，还不兴到你这里来出口气吗？”

他先是愣了一会，然后咧嘴笑了，说："哦，原来是这样，你这个办法好。"又说："其实，我心里也老不痛快，跟你差不多，但咱得做出痛快的样子，不然下面情绪更大。"

那天晚上，我和郑部长一夜没睡，谈了很多，谈工作也谈个人问题，还到将来革命成功了，有什么打算。

郑部长说，革命成功了，他要办一所财经学校，培养会计人才。又说："到时候你也去，帮我招呼管理一摊子。"我说："郑部长，别老抓我了。革命成功了，赶紧给我找所学校，我要上学了。"他说："那就等你学完了再去。"

我说学完了也不去，我要回到鄂豫皖搞粮食工作，让乡亲们都吃饱肚子。

节选自秦基伟：《秦基伟回忆录》，解放军出版社1996年3月第1版，第68—72页。

秦基伟，1914 年生，湖北黄安（今红安）人。1927 年参加黄麻起义，1929 年参加中国工农红军，1930 年加入中国共产党。红军长征时任红四方面军总参谋部补充师师长、后方梯队梯队长等。新中国成立后，曾任第二野战军第四兵团十五军军长、中国人民志愿军第三兵团第十五军军长，云南省军区副司令员，昆明军区司令员，成都军区司令员，北京军区政治委员、司令员，国务委员兼国防部部长，中央军事委员会委员，中共中央委员，中央政治局候补委员、委员，全国人大常委会副委员长等职。1955 年被授予中将军衔。1988 年被授予上将军衔。1997 年在北京逝世。

人类史上的伟大壮举

洪学智

1936年10月10日，正当日本帝国主义准备对我国华北大举进攻，中华民族处在空前未有的危急存亡的时候，在党中央、中革军委的直接领导下，伟大的一、二、四三个方面军在甘肃会宁胜利会师，实现了三大主力红军北上抗日的愿望，极大地鼓舞了中国人民的抗日热情，赢来了全民族一致抗日的崭新局面。

红军指战员为胜利会师而欢呼。

全国人民为胜利会师而振奋。

中国革命进入了民族革命战争的历史新阶段。

红军长征的胜利，创造了人类历史上空前未有的奇迹，是中国共产党及其领导下的人民军队的伟大壮举。长征途中，其艰难困苦、迭陷险境，实属人间罕见。但是，红军钢铁一般的意志战胜了恶劣的自然环境，英勇善战打破了蒋介石数十万重兵的围追堵截，大无畏的革命精神征服了一切艰难险阻。红军的伟大会师，使蒋介石“攘外必先安内”专打内战的倒行逆施图谋彻底破产，促使国民党军队内部有识之士张学良、杨虎城发动了“双十二事变”，逼蒋停止内战，一致对外，促成了国共两党的第二次合作局面。红军的伟大会师，使全国人民的抗日战争有了坚不可摧的中流砥柱，促进了民族统一战线的形成，是中华民族的无上光荣，是取得抗日战争胜利的雄壮序曲。

会宁的大会师，使红四方面军胜利地结束了历尽危急艰难、曲折复杂的长征历程。这是以毛泽东同志为首的党中央战胜张国焘分裂党和红军所取得的伟大胜利，是朱德、刘伯承、徐向前、李先念等领导同志和红四方面军各级指战员英勇斗争取得的伟大胜利。

鄂豫皖三省交界的大别山区，是红四方面军的发源地。

20 世纪 20 年代后期，鄂豫皖边军阀混战，兵戈迭起，加之连年荒旱，兵连祸结，司令、盗匪多如牛毛，地主囤积居奇，高利贷盘剥，贫苦农民断炊断顿，饿殍遍野。大革命时期，鄂豫皖边的人民群众就经受过轰轰烈烈反帝反封建的革命洗礼。许多地方都建立了共产党的组织，领导和推动了抗捐、抗租和“均粮”的农民运动。

1927 年蒋介石叛变革命后，鄂豫皖边的共产党人从血泊中站起来，11 月，由董必武等同志领导的湖北省党组织，在党的八七会议指导下，发动了黄安麻城起义，第一次向当地农民提出了党的土地革命口号，极大地鼓舞了贫苦农民的斗争热情。起义后，将起义的农民自卫军正式改编为工农革命军鄂东军，成为红四方面军创建的起点。

在敌人疯狂反扑下，鄂东军只剩下 72 个人，被迫转移到木兰山上打游击。在极端险恶的环境中他们像扑不灭的烈火，顽强不屈，勇敢战斗，坚持了革命武装斗争，发展成为拥有 300 余人的红三十一师。1929 年夏，师长吴光浩不幸牺牲，党中央派徐向前同志来此负责军事指挥。同年 5 月 6 日（农历三月二十七日），商城南部爆发农民起义，成立了以周维炯为师长、徐其虚任党代表的红三十二师。到 11 月 8 日又爆发了六安霍山农民起义，成立了徐百川为师长、姜镜堂（张明为政治部主任）的红三十三师。嗣后，中央许继慎到鄂豫皖边把这三支红军武装统一编为红一军，许继慎任军长，曹大俊任政委。红一军组成，开始了从游击红军向正规红军、从游击战向运动战的战略转变。同时，三块根据地连成一片，结为一体，成立了以郭述申为书记的鄂豫皖边特委。红军和根据地的统一，使鄂豫皖边的革命斗争进入了一个新的发展阶段。军长许继慎、副军长徐向前等同志抵制了“立三路线”关于切断京汉路、切断长江、进逼武汉的冒险主义主张，采取机动灵活的方针和拣弱敌打的战术，连战皆捷，军政素质迅速提高，改善了武器装备，培养了英勇顽强、连续作战的过硬作风，在很短时间内使兵力从 2100 余人发展到 6000 余人，为以后大规模地反“围剿”作战创造了条件。

在敌人大肆“围剿”开始前，1930 年 11 月，党中央派曾中生同志任鄂豫皖特委书记兼军委主席，领导和指挥反“围剿”斗争。红一军在皖西取得连克金家寨、麻埠等重大胜利，粉碎了敌人对鄂豫皖边的第一次“围剿”。此后，红一军向商南转移，按照中央指示，在福田河与从鄂北转来的红十五军合编，成立红四军，由邝继勋任军长，余笃三任政委，徐向前任参谋长，曹大俊任政治部主任。红一军的番号调到中央苏区。红四军成立后，为寻机歼敌，扩大和巩固根据地，遂决定转入进攻作战。当时，新集成了各县逃亡地主的渊薮，聚集着数以千计的反动武装四处抢掠，屠杀群众，危害极大，而且依靠寨墙坚固，居高临下，易守难攻。红军决定铲除这一根据地内的祸害，采取土工作业，用棺材装填 300 多斤黑色炸药和几枚山炮弹，于 2 月 10 日下午将石砌寨墙炸开一个缺口，红军乘势攻入，解放了新集，以后成为根据地的政治中心。此后，双桥镇一仗，首次取得歼敌一个师的胜利，活捉老牌军阀敌师长岳维峻。进攻作战，大获全胜，鄂豫皖根据地内一片欢腾，红四军声威远震。蒋介石的第二次“围剿”又告失败。1931 年 5 月，党的六届四中全会后，中央又派张国焘任鄂豫皖分局书记兼军委主席。第二次反“围剿”胜利后，徐向前、曾中生同志率红四军主力克英山县城，南下蕲黄广一带，在根据地群众支持下，取得歼敌七个多团、俘敌 5000 余人的重大胜利。9 月 13 日，曾中生被撤销了政委职务，由陈昌浩接任。

9 月 18 日，日本帝国主义在沈阳发动武装进攻，公然侵占我国东三省，全国人民一致要求枪口对外，共同抗日，挽救危亡。在日军深入国土之际，蒋介石一味奉行罪恶的不抵抗方针，集重兵于根据地周围，随时准备发动大规模进攻。红军抓紧进行整顿和扩编。11 月 7 日，在黄安县七里坪倒水河畔举行了数万军民参加的红四方面军成立庆祝盛典。红四方面军的成立，标志着红军力量更加壮大和指挥统一，为进行更大规模的运动战创造了条件，是鄂豫皖人民进行了四年革命战争的胜利成果。

为彻底打破敌人的“围剿”部署，方面军总部主动向外线进攻，各个击破周围之敌。从 1931 年 11 月至翌年 6 月，我军连续发起黄安、商城潢川、苏家埠、潢川光山四大战役，运用捕捉战机、先发制敌、“围点打援”、迂回包围、穿插分割、运动歼敌的战法，总共消灭敌正规军近 40 个团六万余人，活捉敌皖西“剿共”总指挥厉式鼎，粉碎了敌人的第三次“围剿”计划，震动了南京。战后，部队发展到 4.5 万余人，地方武装和赤卫军共达 20 万人以上，根据地面积 4 万余平方公里，东起舒城附近，西迄京汉铁路，北濒淮河，南至黄梅广济，人口 350 余万，形成方面军史上第一个发展高峰。

1932 年 5 月，蒋介石亲自出马，坐镇武汉，任鄂豫皖三省“剿匪”总司令，调集 24 个师另六个旅 30 余万兵力，其中包括许多嫡系精锐师团，还有四个航空队，部署第四次“围剿”。蒋介石的第四次“围剿”，聘请了德国顾问，战术有重要改变，即并列推进，稳扎稳打，边进边剿，遇红军主力，则据地固守，待援合围，又从德国购买自动步枪、子母弹等新式武器，其部队还进行了白刃战训练。敌人还提出所谓“三分军事七分政治”的口号，采取编保甲，厉行“连坐法”，动员外逃土豪劣绅回乡执政，强化各级反动党政机关和武装，以配合其军事进攻。这时张国焘没有采纳关于休整部队，做好反“围剿”准备，寻机歼敌，各个击破敌人的正确建议，命令红军南下围攻麻城，过早与敌实行决战，进逼武汉。8 月上旬，敌人的总攻开始，红军仓促迎敌，被迫撤麻城之围。经冯寿二、七里坪两场恶战，虽杀伤众多敌人，但未能歼灭敌之一路，自身消耗亦巨。

10 月 11 日黄昏，为调动敌人，减轻苏区负担，把战争引到敌占区，方面军主力西越平汉路，转到外线作战，以造成对我有利时机，再打回苏区。但终因敌重兵围追，方面军主力被迫开始了前所未有的无后方无根据地的长途战略转战。留下红二十五军坚持斗争，部队忍饥挨饿，冒着严寒冷雨，艰辛备至，迭履险境，在枣阳苦战三天，未能消灭敌人，然后，西行转战 3000 余里。经过一系列战斗，依靠全军奋力血战，反复冲击，夜翻野狐岭，抢占竹林关，终于脱离了险境。部队衣不蔽体，食不果腹，翻秦岭，走关中，再翻秦岭，徒涉汉水，南进汉中，终于摆脱了追堵之敌。西行转战两个月，红军先后歼敌近万人，我军保存 1.4 万余人，成为创建川陕革命根据地的骨干力量。

1932 年 12 月 17 日，方面军总部利用四川军阀混战之机，决定翻过巴山天险，进军通南巴创建川陕革命根据地。时值隆冬，冰雪封山，气候十分恶劣。古称“蜀道之难，难于上青天”，巴山上山 70 里，山上 70 里，下山 70 里，在这 210 里山道中，由于兵匪骚扰，行人早已绝迹，一些羊肠小路多为荆棘掩没。但是，红军战胜了巴山风雪，克服了山道险阻，占领通南巴。四川历来号称“天府之国”，地广人多，物产丰饶，但在军阀和地主阶级暴虐统治下，人民遭受苛捐杂税，重租高利的多种剥削，民不聊生，中小商业纷纷倒闭，农业凋敝，田园荒芜，物价昂贵，烟毒遍地，活活成了劳动人民的人间地狱。红军进去后，通过分兵发动群众，开仓分粮，分配土地，建立政权，得到广大群众的拥护，很快掀起了一场翻天覆地的群众斗争，开创了以通南巴为中心的川陕根据地。

蒋介石连电四川各派军阀，要他们立即停战言和，趁红军立足未稳，由田颂尧为督办，发起三路围攻。红军根据川北的地形条件和群众条件，采取收紧阵地，节节抗击，待机反攻，重点突破，经四个月激战，取得空山坝大捷，然后乘胜扩张战果，直迫广元城下，胜利粉碎了田颂尧的三路围攻，取得歼敌 2.4 万余人的战果，极大振奋了群众，为进一步巩固和发展根据地奠定了基础。

1933 年 6 月，方面军于木门召开会议，决定将原有的四个师扩编为四个军。同年秋，我军在大规模扩红（军）和练兵运动的基础上，利用田颂尧新败，杨森、刘存厚力图自保的形势，发起外线进攻，连续取得仪陇南部、营山渠县、宣汉达县三个战役的胜利，歼敌近两万人，缴获大量军用物资，并与王维舟同志领导的川东游击军会合，使部队扩展到五个军八万余人，地方武装九万余人，根据地面积纵二百余里，横三百余里，达 4.2 万平方公里，人口逾 500 万，对川陕革命根据地的巩固有着重大意义。这就形成了方面军史上的第二个发展高峰，被毛泽东同志誉为仅次于中央革命根据地的“中华苏维埃共和国的第二大区域。”

1933 年 11 月 16 日，刘湘发起约有 25 万兵力参战的六路围攻，妄图消灭红四方面车。我根据地军民奋起抗击，采取收紧阵地、积极防御、伺机决战的作战方针，分东西两线，组成宽正面、有重点、大纵深、多梯次的防御体系，在主要阵地依山凭险构成集团工事和多道堑壕，有力地阻击和消耗敌人。在次要阵地上，则以少数兵力结合游击队和赤卫军防守，并于密林要隘遍树红旗，广布疑阵，迷惑敌人。经四期收紧阵地，在东线万源地区实行防御战，同刘湘主力血战，杀伤敌万余人，转入总反攻。东线敌人全线崩溃后，西线红军实施大纵深迂回，在黄猫垭一举歼敌 1.4 万余人。刘湘耗资 1900 万元，官损 5000，兵折八万，一败涂地，难以为继。反六路围攻胜利，是红四方面军战史上一次大规模的反“围剿”作战，再次引起国民党营垒的震恐，增加了蒋介石的“西顾之忧”。

1934 年 10 月，中央根据地的红军主力向西转移，开始了震撼世界的长征。1935 年 1 月 22 日，中央和军委于遵义会议后指示四方面军“宜迅速集结部队完成进攻准备，于最近时期实行向嘉陵江以西进攻”，以与中央红军密切地协同作战。这时，蒋介石不甘心失败，正加紧布置“川陕会剿”，方面军决定向宁羌方向实行佯动，以掩护我军渡江。在敌人大惊失色、连忙调整部署、以重兵增援川陕边时，红四方面军发起强渡嘉陵江战役，突破敌人的沿江防线，连克八座县城，歼敌万余人，创造了大规模强渡江河的范例。在川西北，徐向前派三十军政委李先念和九军军长何畏率先头部队迎接红一方面军，并嘱咐李先念多带些炊事人员和炊具、粮食，以保证兄弟部队有饭吃。6 月 12 日，两军在夹金山北麓胜利会师，两支兄弟部队欢呼跳跃，欣喜若狂。两军会师后，红四方面军抽调红三十军九十师二七团和八十九师直属队，共 1600 人，补充红三军团；抽调红四军十一师三十二团 1100 人、红三十三军九十八师二九四团 1000 人，补充红一军团。红一方面军调军事干部和政工干部，到红四方面军各军任参谋长和政治部主任。中央采取的这一措施，对提高红一方面军的战斗力，加强红四方面军的军政建设，发挥了重要作用。我三十军打先锋，经包座之战，歼灭胡宗南一个师，打开了北出甘南的通道。但在这一重要时刻，张国焘拒不执行党中央的北进决定，擅自命令红军南下，党中央遂率红一、三军团单独北上。右路军南下期间，红四方面军苦战半年之久，虽歼敌近三万人，但自身也损耗了半数兵力，在川康边陷入困境。由于朱德、刘伯承、徐向前等同志和广大指战员的抵制与斗争，张国焘才被迫同意全军经道孚、炉霍、甘孜地区转移，接应红二方面军一道北上。长征途中的红二、六军团，已转战在川、黔、滇边地区，突然中断了与党中央的电台联系，党中央对红二、六军团的指示，改由红四方面军电台转发。经朱德总司令建议，红二、六军团决定渡金沙江与红四方面军会合。红四方面军在各部队广泛进行了迎接红二、六军团的政治动员和物质准备，并展开了赶制慰问品的活动。

6 月 3 日，红三十二军在理化以南之甲洼与红六军团先头部队第十六师会合。6 月 17 日，红四军与红二方面军在瞻化会师。6 月 30 日，红三十军八十八师与红六军团在甘孜以西的绒坝会合。7 月上旬，红二、四方面军先后开始北上。红四方面军第三次穿越茫茫数百里的草地，于 8 月初走出草地，到达包座地区。

9 月 30 日，红四方面军分五路向西安兰州大道开进。10 月 8 日，先头部队在青江驿、界石铺与红一方面军一军团一师部队胜利会师。10 月 9 日，红四方面军总部到达会宁，受到红一方面军热烈欢迎，实现了红军三大主力——一、二、四方面军会宁大会师。会师后，红四方面军即直接归党中央、中央军委指挥。

红四方面军在中国共产党的领导下，从创建到长征胜利，在敌强我弱、独当一面的艰险复杂的斗争环境中，高举反帝反封建的大旗，创造了鄂豫皖根据地、川陕根据地，将星星之火燃成燎原之势，形成了方面军历史上的两个发展高峰。经过十年艰苦卓绝、百折不挠的连续反复激烈的反“围剿”斗争，取得了土地革命战争的辉煌胜利。红四方面军在人民群众的支持下，由小到大，由分散到集中，由小股游击队发展到正规的红军兵团，在战争实践中，采取灵活机动的战略战术，或收紧阵地，运动防御，诱敌深入，避实击虚，迂回包围，分割歼敌，或利用矛盾，创造战机，围点打援，奔袭奇袭，近战夜战，各个击破，成为一支使敌人闻风丧胆的强大的革命武装力量。

作风就是战斗力。在党的领导下，为了劳动人民的彻底解放，红四方面军始终有坚强的意志和严明的纪律，在历次战役战斗中攻如猛虎，守如泰山，前仆后继，浴血奋战，雷厉风行，一往无前，养成了优良的战斗作风。徐向前元帅把它概括为：“狠、硬、快、猛、活”五个字。这五个方面相互联系，形成红四方面军的优良传统。

在建军初期，红四方面军的团以上干部，主要是黄麻、商南、六霍起义的领导人和骨干。他们土生土长，与当地的民众有血肉联系。另外，则是由党中央派来的少数军政领导干部。这些建军骨干，具有一定的马列主义修养，富有革命的坚定性和创造性，从战争中学习战争，领导红军渡过了艰难的初创时期。军、师、团三级干部主要来自基层，一般都是按照班、排、连、营的顺序提拔起来的。他们长期在枪林弹雨中出生入死，几乎没有一个同志身上不带几处伤疤。他们对党忠心耿耿，对人民全心全意，生龙活虎，斗志顽强，具有丰富的战斗经验和基层工作经验，熟悉部队，了解士兵，能与部下打成一片。许多同志经过各种训练班或彭（湃）杨（殷）学校、红军大学的培养，不断提高了军政理论水平。有了这批久经战火锻炼的领导骨干的支撑，红四方面军才能愈战愈强，百炼成钢，历经艰难险阻而打不垮，拖不烂。就是在西路军那种万分惨烈的绝境中，部队仍是指到哪里打到哪里，万众一心，血战到底。事实证明，从斗争实践中考察干部，正确地遴选干部，尤其是高级干部，对保持人民军队的无产阶级性质，不断增强战斗力，有极为重要的意义。

红军在发展壮大过程中，不断对错误的路线进行了抵制和斗争。土地革命战争时期，党内曾发生过“左”倾错误，其中尤以王明路线统治时间最长，危害最大。党的遵义会议结束了“左”倾错误在党中央的统治，确立了毛泽东同志在红军和党中央的领导地位，把党的路线转到马克思列宁主义的轨道上来。以毛泽东为代表的党的领导核心的形成，是我们党成立以后经过十年来的革命实践、经过正反两方面经验的长期比较所作出的历史性选择。遵义会议在极端危急的关头挽救了党，挽救了红军。1935 年 6 月，红一、红四方面军在懋功会师以后，张国焘向党中央闹独立性，拒不执行党中央的北进方针，擅自命令红四方面军南下，使红四方面军三过草地雪山，深受其害。举世瞩目的万里长征，既是广大指战员英勇对敌作战的历史，又是不断克服“左”的和右的错误影响的历史。

今天，纪念长征胜利 60 周年，回顾长征历史，弘扬长征精神，我十分怀念在土地革命战争中抛头颅、洒热血而英勇牺牲的革命烈士，永远怀念那些在长征途中倒在风雪高山和茫茫草地上的英雄们！永远怀念山河为之呜咽、风云为之变色的浴血奋战的西路军勇士们！他们将永远活在我们的心中，永远鼓舞着我们的工作和学习！让我们继承和发扬长征的革命精神，在以江泽民同志为核心的党中央领导下，坚决贯彻执行党的基本路线，团结一心，开拓进取，为建设有中国特色的社会主义而努力奋斗！

选自《解放军报》1996年10月18日。

洪学智，1913 年生，河南商城汤家汇（今属安徽金寨）人。1927 年参加革命，1929 年参加中国工农红军，同年加入中国共产党。红军长征时任红四方面军第四军政治部主任、方面军政治部组织部部长等。新中国成立后，曾任解放军第十五兵团副司令员，第十三兵团副司令员，中国人民志愿军副司令员，国务院国防工业办公室主任，解放军总后勤部副部长、部长兼政治委员，中央军委委员、副秘书长，中共中央委员，中共中央顾问委员会委员，全国人大常委，全国政协副主席等职。1955 年被授予上将军衔。1988 年恢复军衔制后再次被授予上将军衔。2006 年在北京逝世。

红四方面军长征情况概述①

傅钟

一、退出根据地与西进
（1934年10月至1935年6月）

毛裕镇与青江渡会议

我军胜利地粉碎刘湘六路进攻之后，继续深入地发动群众进行西进亦即长征的准备工作。为此，毛裕镇之政治工作会议于9月下旬召开了。至会军、政工作人员达千余人。

这次会议提出以下之军训："智勇坚定，排难创新，团结奋斗，不胜不休。"同时奖励了各军的战斗模范单位和射击、投弹、劈刺等军事技术成绩优秀的选手。如在奖旗上，九军之七十三、七十五团题为"攻如猛虎，守如泰山"；三十军之二六五团题为"夜老虎"；三十一军之二七四团题为"夜摸常胜军"；三十三军之二九六团题为"百发百中"。还有四军及其它单位或个人亦在获奖者。这在推动工作、提高士气方面起着重要作用。这次会议实例地把政治工作与军事技术密切地加以结合，是其特点之一。并进行了政治动员，提出"粉碎川陕鄂三省会剿"、

① 原题为《红四方面军创建川陕边革命根据地及长征情况概述》，本文节选长征部分，改为现题。

"准备消灭刘湘之新进攻"的战斗口号，而且把军训词谱以曲调、广为歌唱，鼓舞全军。

有了政治动员，还须有军事上的准备，遂于10月中旬在青江渡召开军事会议。出席会议者有团以上之军事干部。这次会议着重提出：中央红军大举西征，我们应积极配合其行动；在军事技术上应注意河川战法之研究；在政治工作上强调研究少数民族问题，重视少数民族工作。徐向前同志在这次会议上作了关于反刘湘六路进攻的总结报告，提出加强部队军事政治的训练，提高彭杨学校的教育水平，从而造成部队学习军事技术与政治工作的热潮。

陕南战役

青江渡会议后，不久即移师西向。我四军十二师、九军二十五师、三十军八十八师及九十师之二六九团、三十一军九十三师，共15个团之兵力，先后集结于广元旺苍坝，继即向陕南进军。我八十八师与二十五师首歼杨木坝胡宗南之补充旅一个团，四军十二师于阳平关歼灭守敌胡宗南部一个营，我八十八师夜袭攻占广元之兴龙堡，因敌猛烈反扑，增援部队未及时赶上，遂退出该地。此时以三十一军牵制广元之敌，主力继续北向。我十二师及二六三团一击而攻占宁羌县城，消灭杨虎城之独立团全部。我仍继续前进，攻克青铺湾，将杨虎城之王老虎全旅歼灭之，我乘胜猛追，击溃杨之骑兵团后即进占沔县城，再一气而直抵汉中城郊。九军攻褒城亦给敌人以重大打击。

此役我缴获敌长短枪50余支，轻重机枪50挺，俘敌官兵3000余人，红军再次得到补给与扩大，仅三十一军就扩大新战士1500余人。我八十九师副师长丁继才同志即于此役殉职了。

扫除嘉陵江东岸的绊脚石——罗泽洲

从陕南回师以后，嘉陵江东岸为罗泽洲部据守，故须首先扫除这块绊脚石。于是我三十军主力集中老官场一带，即开始向敌进攻。八十八师夜袭老官岩，八十九师夜袭红山庙，遂将罗师之两团兵力悉数歼灭。我乘胜猛追，直抵仪陇近郊。我九军一部亦将仪陇凤仪场之守敌一团消灭。经过数日之激战后，罗烟灰（泽洲）从此则一蹶不振了。是役我缴获长短枪 2000 余支，俘敌官兵一下 500 人以上，内中有一个整团跪地缴枪。时为 1935 年 2 月。

嘉陵江西岸之敌军士兵起义

当红军威震川陕，赤区日益扩大之际，四川白区党省委对白军兵运工作则越加重视。远在 1934 年，省委曾给川西北地区党发出关于兵运工作的指示，加强在进攻红军的白色军队中的“红军之友社”的活动，大量争取与团结群众在党的周围，举行革命兵变，开展游击战争，配合红军行动。省委曾直接派阮自强同志等前到邓锡侯之六混成旅工作。该旅驻防剑阁。其二团内则有我党支部之组织，除阮自强同志外还有其他党员七八人，由他们发动起义，当将敌一个营击溃以后，遂率部东渡，受到我军指战员的热烈欢迎。

渡江与西进

西渡嘉陵江，始于 1935 年 1 月，于广元神宣驿渡江，占领西岸之杨木坝，击溃守敌一个团，因受胡宗南之阻挠，遂撤回东岸。又于 2 月底由苍溪张坝渡江，未果，乃转至王渡操练水兵，侦察渡口，坚造船只，弄清沿江一线的敌人兵力部署、番号及路线后，于 3 月 19 日之夜，得以顺利渡江了。

我渡江之后，即以八十八师、二十五师、九十三师等主力进击火烧寺，一举而击溃江防军刘汉雄师之一个旅。21 日取阆中，继而击溃王致远部后，遂克南部，迫盐亭。我另一部主力于渡江后之第四日攻克剑阁县城，乘势猛进，我八十八师配合三十一军之一部占领天险剑门关，邓锡侯之第七混成旅刁文俊全部计四个团被我歼灭，我二六八团即乘势占领昭化县城，八十九师一部逼近广元。我九军三十军继向西进，集结于剑阁西南之青林门，同时我四军之一部占领梓潼县城。我主力于青林口稍事休整后，分两路前进，二六八团北进青川、平武与胡宗南部激战于摩天岭之后即克平武。我主力经后坝、白碾子、重华堰包围江油，敌杨善轩部据城顽抗，我攻未下。约于 4 月下旬我三十军占领川西之重镇——中坝。四军经梓潼出彰明与三十军会合，遂于中坝集结休整，以三十军八十九师入北川，一举而攻克该县县城。此时邓锡侯率龚、牛两旅，并指挥刘湘、孙震兵力之一部，共 18 团之众，辅以飞机八架，向我中坝进行反攻。我与敌于雉山梁经数日之激战后，消灭邓锡侯部之四个团。我军且战且进，弃守平武，则随即西渡涪江入茂州，继进威县。三十三军入汶川据守牛头山钳制岷江东岸之敌。四军攻松潘，李先念同志率三十军八十八师和九军一部渡岷江，占理番、进懋功，直与一方面军会师。

我军西渡攻克阆中后，由于该地白区党之原有群众工作，更由于升钟寺起义部队的基础，遂于升钟寺成立一独立师。该师成立之后，旬日间即扩大数千之众。我三十军进入中坝之后，不数日即扩大新战士千余人，红军所到之地，群众斗争如火如荼。我进入梓潼彰明一带，四川地方党即派出党员配合红军发动群众，建立革命武装，因而川西北地区的革命声势，日益浩大。

在渡江与西进中，我全军无比英勇，消灭敌人兵力总计在 12 个团以上，至于击溃敌人兵力则有 20 余团之众，俘获亦多。

在渡江与西进中，广大群众离开根据地，忍受一切牺牲，与红军同艰苦共生死。在嘉陵江东岸的 1.1 万余伤病员，竟能全部安然而渡江，实赖于他们的热切关怀与运送，而尤以极其众多之妇女群众所表现出的革命热情，实令人永志不忘。

二、草地进军与南下

（1935年7月至1936年3月）

四方面军在夹金山的会合

我三十九军主力一部占领懋功后，先头部队即于夹金山与一方面军会师了。两大主力红军之会合，全军振奋，欢欣若狂。

包座战役前后

一、四方面军会合后，经草地数日之进军，到达包座地区，时包座救济寺[①]一带仅胡宗南之一个团据守，我三十军二六三团击溃包座守敌一营之众，而四军亦将救济寺之敌打垮。敌为阻我北进，第二日，敌之四十九师伍诚仁部于松潘全部赶到。此时我三十军八十八师集结于包座一带，八十九师继亦跟上。敌赶到之后即在包座两边山腰构筑工事，我军乃以二六五、二六八团抢占敌左翼之高点，二六四团占敌右翼之高点，二六三团于正面抵抗。战斗于 8 月 × 日午后 4 时开始，激战一夜，该敌除少数逃窜外，余均被我歼灭，师长伍诚仁负重伤而逃。是役毙千余，俘 800 之众，缴获长短枪 1500 余支，轻重机枪 70 余挺。此时敌胆惊心寒，我军士气更高。

包座战役之后，张国焘反党反中央的野心更加暴露，把左路军控制在手，进行反党和分裂红军的阴谋活动，不顾沙窝会议党中央的决定，反对共同北上抗日的方针，在南下途中，张国焘竟捏造是非，故播谎言，蒙骗干部，进而成立伪中央，以致造成在党内和红军内部思想上和组织

① 应为求吉寺，下同。

上一时的混乱现象，引起了广大干部对张国焘的这种反党行动深为不满与愤慨。

由于张国焘反党和分裂红军的结果，当时红军一部被迫复经草地南下，备尝艰苦，减员甚大。在敌人方面，已知红军一部南进，遂布阵对我，计总共约 50 团之众（杨森六个团、刘湘 25 个团、薛岳九个团、李抱冰六个团、刘文辉六个团，还有其他地方团队）进行阻击。我一战于懋功，再战于宝兴，约歼敌四团以上。继续南下则力战于百丈关。敌主力为刘湘、杨森、薛岳等共 40 团之众。血战七昼夜，我三十军、九军、四军三十一军几乎全部参加。敌竟以飞机十余架轮番助战，战斗甚为激烈。此役敌之伤亡达 1.5 万人以上。敌人遭我军打击后，遂逃出天全、芦山，我军前锋进逼名山、雅安。适天气近寒，棉衣无着，我军之指战员有不少采棕以代制棉背心及袜者，其克服困难之精神，实令人深为感动。

四川省委与省政府的成立，抗日救国军之号召

南下战役结束之后，于 1935 年 11 月中旬在天全、芦山、荥经、名山及宝兴县境内，建立四川省委与省政府；旋于芦山组成抗日救国军总指挥部，由王维舟同志任总指挥，对当地各界人士，进行抗日救国之政治号召。

我进入天、芦等地区，为时虽未及四月，而自省委成立之后，甚多地方党政工作干部积极努力发动群众，对当时红军之作战会合起极其重要作用，尤以粮食之供给，表现成绩更大。但此时四周之敌强大，我以两度通过草地的疲惫之师，而又处于连续作战毫无休整的状态下，困难之多不一而足，遂于 1936 年春北上。

三、一、二、四方面军大会合
（1936年4月至1937年3月）

北 上 进 军

1936 年 3 月，我三十军领先，由丹巴西向翻越党岭大雪山，进占西康之道孚，继克炉霍与甘孜。

我后续部队九军、三十一军、四军等跟进抵西康后，主力即摆脱了敌人，自此即可获得体整的机会。红三十三军合编于红五军，驻防大金川，担任后卫以钳制敌人。

雅江之战与红二方面军的会合

1936 年 5 月初，四军一部与三十二军由道孚南下，击溃蒋敌主力李抱冰师两个团，随即占领雅江，并以一部警戒康定之敌，一部据守西俄洛，稍事休整再进理化西南甲洼，即于此地与红六军团会师了。

我红三十二军与红六军团会合之后，双方振奋不已，遂进占理化，适红二军团已由巴安进抵甘孜了。

西北局之组成

二、四方面军会合于康北之后，于同年 5 月在甘孜成立了西北局党委员会①。这个机构成立之后，以朱德、任弼时等同志为中心，积极主张北上与中央会合，并使红二、四两个方面军兄弟般地团结在一起，克服草地行军缺乏粮食居所及自然条件的各种困难，以至顺利达成岷洮西战役计划之实现。

① 此处回忆不确，中共中央西北局于1936年7月27日在北上途中成立——编者注。

红军刚一结束草地行军，乃于救济寺会议决定北向甘南，即开始岷洮两之战役行动。

1936 年 8 月我先遣军三十军八十九师之先头部队，翻越岷山腊子口以后，迅即占领岷州之外围据点哈达铺，继即紧围岷州城，将鲁大昌及其守城部队压入城隅，我一部向东活动监视陇西毛（炳文）、胡（宗南）、王（均）敌之动作。王宏坤同志率四军沿洮河北上，经杨华桥、新堡里攻克洮州县城，击溃守敌一营，缴获粮食物资一部。十二师守新城向狄道方向发展。第十师乘胜占领旧城与马步芳敌骑一旅，激战达一周之久，终于将敌击退。三十军、九军、三十一军亦先后克渭源进漳县，打开了胜利前进的道路。

岷州会议与通庄静会战役计划，一、二、四方面军之大会合

我军进入甘南之后，1936 年 9 月，西北局在岷州三十里堡会议，提出通、庄、静、会战役计划，以实现全国主力红军之大会师。

西北局在岷州会议上，朱德，任弼时等同志积极反对继续西进的错误行动，坚持北上会合，团结全党消灭敌人，巩固与扩大陕甘宁抗日根据地之正确方针。

北上会合的方针一定，即行开始通、庄、静、会的战役行动。我军兵力组成为：四军为第一队，限 10 月 1 日集中渭沅，经通安驿、华家岭、马营、新添堡后，向青家驿、瞿家所前进，相机取会宁，警戒陇西之敌。

三十军为第二纵队，限 10 月 1 日前取道鸳鸯铺榆盘镇，占领通渭大部出四咀镇。在界石铺接通一方面军，一部东占庄浪，向平凉方面发展，候五军接防。

九军为第三纵队，于 9 月 29 日由新旧城出发，取道杨华桥、中堡里，于 10 月 4 日到达新市镇。

三十一军为第四纵级队，在陇西钳制敌人，并有阻止毛（炳文）敌

之任务。

五军为第五纵队，候九军通过，10 月 2 日晚撤离围岷向庄浪前进，接替三十军之任务，向平凉方面活动，征集物资，注意对礼县与泰安之敌人的警戒。

西北局及四方面军直属队，其一、二梯队 9 月 29 日由新城出发，经中寨集梅川镇，在九军二十五、二十七师后跟进，第三梯队（包括卫生部、供给部、红大与保卫局）经中堡里于 2 日到申都向通渭集中。

骑兵师由第三纵队首长指挥，随该纵队行进，直接分配其任务。

这次战役行动，我军抵达通渭之后，乃集结北上，并未按原计划之全部实施，遂放弃对庄、静之占领。在北进道上，五军后卫部队于西兰公路之华家岭与王、胡、毛等敌数师之众激成一日，敌并配有飞机数架助战。向我猛扑，我五军副军长罗南辉同志遂于 10 月 23 日在此役中壮烈殉职了。

这次战役行动，胜利地实现了全国主力红军一、二、四方面军在甘肃会宁的大会师。

团结对敌，山城堡首次告捷

全国主力红军大会合后，我三十军、九军、五军及四方面军直属队一部，由靖远附近西渡黄河之后，即组成西路军。

四军、三十一军递进，抵甜水堡与胡宗南之四十三师及另一旅之兵力激战,我于左翼击溃敌人一旅之众。继于 10 月中旬参加山城堡之战。此次战斗系我一、四方面军会合后，第一次取得重大胜利、我三十一军之九十三师在这次战斗中表现攻击精神旺盛，听指挥，英勇果敢，不怕牺牲，保持与发扬了红四方面军的光荣的战斗传统。

援西军的组成，抗战开始

“双十二”事件发生，敌人遂停止对我进扰。我四军、三十一军经海原、曲子、赤水，抵庆阳之后，入三原、淳化一带驻防，准备应付何（应钦）之向潼关进攻，援助东北军。不久，因西路军在河西走廊受挫，中央指示组成援西军，以刘伯承同志任司令员，张浩同志任政委，于 1937 年的 3 月初由云阳出发，甫抵屯子镇，即获悉西路军业已失败，一部入新疆，其余分散游击。援西军遂停止行动了。

我四军、三十一军在党中央的正确领导下，走上了胜利的道路，成为党的主要武装力量之一。抗战开始，即以这支部队作基础，改编为一二九师。进入新疆之一部，与在甘北和祁连山一带分散活动的干部及战士，在抗日战争时期，亦先后返回抗日根据地，继续为党与人民的革命事业英勇奋斗。

结束语

红四方面军能最后取得与其它主力红军的大会合，这完全是由于党中央坚强的领导的结果。叛徒张国焘在四方面军工作时骗取了党对他的信任，借以遂其篡党篡军的罪恶阴谋。一、四两个方面军第一次会合以后，张国焘分裂党、分裂红军的反革命行动，给中国人民革命事业带来不可估量的损害。幸赖党中央和毛主席的英明领导，采取了正确的政策，教育原四方面军广大干部，团结了全党全军。而叛徒张国焘的反党反人民的罪恶实质被揭穿之后即只身而逃。这个严重的历史教训，有助于我们必要随时保持着清醒的头脑和高度的革命警惕性，认清反革命势力的代理人的恶毒面貌，以便我们更加紧密地团结在党中央的周围，发挥我们每个革命战士效忠于党和人民事业的战斗作用。

原载《党史资料》1955年第3期。

选自李海文主编：《中国工农红军长征亲历记》，四川出版集团四川人民出版社2005年5月第1版，第311—319页。

傅钟，1900 年生，四川叙永人。1922 年参加筹建旅欧中国少年共产党的活动，成为中国共产党党员。1926 年初赴苏联学习，1930 年 7 月至 1931 年 9 月任中共中央军委委员，1931 年赴鄂豫晚革命根据地。红军长征时任红四方面军政治部副主任、中共川康边省委书记、中共中央西北局组织部部长。新中国成立后，曾任中央军委总政治部副主任、解放军总政治部副主任、国防委员会委员、全国人大常委会委员、中共中央顾问委员会常委等职。1955 年被授予上将军衔。1989 年在北京逝世。

艰苦长征路

王新亭

夹金山下会师

1935 年春，红四方面军开始长征。为策应中央红军北上，红四方面军西进向岷江地区发展，沿途多次击溃敌人堵击，抵达了川西藏族地区，控制了茂县、汶川、理县一带。部队驻了几天，上级动员部队与中央红军会师。我们十分兴奋，纷纷打草鞋、织毛衣毛袜，做好迎接中央红军的准备。

5 月，为了与中央红军会师，我们过夹金山。这是大雪山，翻越困难。过夹金山，须在 12 时以前，因为每日下午狂风大雪，气候十分恶劣。下山时无法步行，都是滑着下山。6 月 8 日，我们九军攻占了懋功，歼灭守敌，并占领要镇达维。

6 月 13 日，中央红军到达懋功，与红四方面军胜利会师。同志们极为欢欣鼓舞，互相握手，欢呼跳跃，激动得热泪盈眶，充满了兄弟般的阶级情谊。

6 月 14 日晚，毛主席和党中央、中央军委领导同志赶到达维。党中央领导同志不顾辛苦，亲自接见了红四方面军的军、师负责同志。这是我第一次见到毛主席、朱总司令、周恩来等中央领导同志，心情格外激动。当晚，两个方面军举行了庆祝大会。毛主席在大会上发表了重要讲话，号召两大主力红军要紧密团结，互相学习，在党中央的领导下，共同实现北上抗日的伟大任务。

6 月 16 日，红一方面军主力到达懋功地区后，我亲自组织红九军的机关、部队代表，向红一方面军赠送慰劳品，计有草鞋 1300 多双，汗巾 203 条，毛线袜 357 双，皮衣、毛衣 47 件……我也多次组织和一方面军同志的联欢活动，演出自编自演小节目、组织篮球比赛等。

“红大”生活

根据中央指示，一、四方面军互相交流了一批干部，体现了团结一致的精神。

红军大学就是遵照这种精神，于 1935 年 8 月底组建起来的。校长是刘伯承，何畏是政委，张宗逊为参谋长。第一次过草地后，我从红九军调来红大当政治部主任，一起工作的还有李井泉、彭绍辉、陈伯钧、张际春、赖光勋等同志。刘伯承同志主持的红大，为四方面军培训了很多干部。

在红大组建过程中，刘伯承校长亲自领导制定了教学方针、教学制度和教学规划……他多次给红大教职员讲：我们红大必须以马列主义的军事政治理论为指针，理论与实际并重，认真研究战斗经验，把学员培养成为忠于革命事业，政治坚定，英勇善战，既能打仗，又懂得政治工作的各级领导干部。他还指示，政治工作重点要抓紧共产主义教育；要进行克服单纯军事观点的教育；红大要发扬红军光荣传统和优良作风。为了提高学员的军政素质，刘伯承校长还亲自授课和做示范动作。

我在红大工作期间，经常给学员讲政治课。那时没有现成教材，我在讲课之前，总是要到学员中进行调查，根据学员的要求和实际水平，亲自动手写讲课提纲。先在政治部进行试讲，反复修改好讲课提纲后，才在学员中正式讲解，教学效果较好。后来刘伯承校长知道了这个情况，对我备课认真，先进行试讲等教学方法进行了表扬。

红大初建时，驻在四川阿坝附近的金川，金川地势好，有大片原始森林，山清水秀，如同仙境。金川盛产梨，有种“沙儿梨”多得不得了。这种梨皮薄核小，香甜汁多，没有什么渣子，到嘴就化了，所以特别好吃。晚饭后散步时，我们就买上一筐回来，睡觉前大家啃梨。在长年作战的情况下，这也算是趣事了。

红大一直跟随朱总司令、张国焘率领的左路军行动。张国焘强令部队南下，进至川西南和西康交界地区，红军大学还在天全的红岩村十八道水驻过一段时间。

三过草地

长征中，四方面军过了三次草地，后两次是张国焘造成的。

懋功会师后，党中央决定实行北上方针。1935年8月，红军分成左、右两路军北上。左路军由朱总司令、张国焘率领。我们红大随左路军行动，于是我们第一次过草地。这草地纵横600余里，茫茫无际、没有人烟，没有道路，十分荒凉。水草深没膝盖，草丛下面河沟交错，都是些烂泥腐水，找不到踏脚之处，大家就从一个草墩跳到另一个草墩上行走。草地上的草墩儿是草根结成的，又软又滑，还有些弹性，踏上一脚四周都在颤动，行军时，走出这一步，看好下一步，才敢动脚，稍不小心就会掉进泥潭里去。泥潭稀软，越陷越深，有时还会把援救人员给陷进去。草地气候恶劣，变化无常，早晨浓雾迷漫，中午露出蓝天见红日，霎时间又狂风大作，乌云翻滚，雨雪、冰雹倾盆而下。部队行动非常艰难，体力消耗很大。行军速度并不快，每天走出50华里，就累得筋疲力尽了。在草地行军遇到的另一个困难，是少粮缺水。部队出发前，在卓克基地区买了些青稞，做成炒面。但数量有限，每天每人只能分到两三把，后来连一把炒面也分不上了。只好发动群众挖野菜、草根充饥。但部队多厨菜少，这时又动员大家煮吃皮带、马鞍上的皮革等。沼泽地带，虽然到处都是水，但都是些死水，呈黑褐色，味难闻，大都有毒，不能饮用。只有晚上到达宿营地后，才派人出去找活水。由于缺乏饮水，战士个个都是唇干嘴裂。夜晚露营，连块干地都找不到，只有背靠背的坐在水草地上，靠相互间的体温抵挡潮湿和寒风。在过草地时，我把马让给伤病员骑，自己持杖步行。我眼睛不太好，看不清路，深一脚浅一脚，常常摔倒，摔的满身是泥浆。白天我组织政治机关的同志下部队做鼓动工作和收容工作，晚上了解部队行军及减员情况，研究处理办法等。在断粮时，和同志们去挖野菜，有时还用旧马掌钉子和麻线钓鱼，给伤病员吃。同志们在草地行军中，发扬了团结战斗、吃苦耐劳、不胜不休的光荣传统。部队始终充满了革命英雄主义和革命乐观主义的精神，克服了种种困难，经过六天的艰苦行军，于 8 月 23 日到达中阿坝。

红九军进至阿坝地区以后，突然接到通知，要部队停止前进。当时大家都弄不清是怎么一回事，后来才知道，是张国焘借口困难拒不执行党中央要左路军迅速向右路军靠拢，向洮河以东发展的指示。他要四方面军南下，张国焘在中阿坝军级以上的干部会上，捏造了许多莫须有的罪名反对党中央，还把党中央北上抗日、创造新苏区的战略方针和正确主张，说成是借口抗日，实行“逃跑主义”这次会议，我对九军政委陈海松同志说:“草地过了一半，又要南下，搞什么名堂。”“一个月前，你要我做动员报告，我反复讲了与中央红军会师的意义，讲了北上抗日的伟大意义。现在又要南下，这是什么意义呀？你自己去动员吧”。陈海松同志听了我的话，愣了半天，无言可对。没过几天，我被调到红军大学去工作了。第一次过草地时，我们左路军到达阿坝就停止前进了，这时右路军在徐向前总指挥的带领下已穿过草地，到达半农半牧的巴西、班佑地区。红四方面军第一次过草地至此结束。

红四方面军第二次过草地，是在1935年9月中旬开始的。

左路军到达阿坝后，张国焘按兵不动，对抗中央北上的方针，提出南下川康的错误主张。这时毛主席和党中央决定，单独带一、三军团北上，速出甘南。个别干部电话报告了这一情况，并问追不追？陈昌浩政委接电话后，问徐向前总指挥怎么办？徐向前总指挥明确坚定地指出：哪有红军打红军的道理？！要听指挥，无论如何不能打！徐总在关键时刻表现了高度的政治原则性，为维护红军团结做出了重大贡献。

1935年9月15日,张国焘发布一个《大举南进政治保障计划》。声称："我们目前的战略方针是保证集中主力，大举向南进攻……只有大举南进，消灭川敌残部，才是真正的进攻路线。"张国焘随即命令红四军、红三十军及红军大学部分人员，分别由阿坝和包座地区，回头再次穿越草地。

第二次过草地，时近冬初时节，黄草漫漫，寒风凛冽，部队仍穿单衣，打赤脚，特别是粮食，更为缺乏。深秋肃杀的气氛，笼罩在沉寂的大草原上。野菜很难找到了，只能以枯草代食。途中遇到的困难远远超过第一次过草地。许多年轻的指战员，在寒冷、饥饿、过度疲劳的情况下，被夺去了宝贵的生命。这次南下途中，还很清楚的看到，第一次过草地时留下的行军、宿营痕迹。有些用树枝搭成的"人"字窝棚里，堆放着无法掩埋的红军尸体，此景此情令人百感交集，抑郁不已。

10月5日，张国焘在卓木碉召开高干会议，就在这次会上，张国焘公然宣布另立中央，打出分裂主义的旗帜。朱德总司令和刘伯承同志在会上都不支持张国焘这种分裂党的行为，并在会议后进行了耐心的工作，和张国焘分裂党和红军的罪行进行了坚决的斗争，表现了高度的政治原则性。

张国焘为了贯彻错误的南下方针，打开通往天全、芦山的道路，实现其在川康边境建立根据地的计划，于10月上旬，发动了绥（靖）崇（化）丹（巴）懋（功）战役。8日起，部队分左右两纵队，沿大金川两岸向南进攻。大小金川地区，到处是高山绝壁，峡谷激流，地形复杂，易守难攻。部队经两过草地，减员很大，未得休整，又投入战斗。我红军战士，有崇高的政治觉悟，以坚韧不拔的毅力，迅速果敢的行动，采取夜摸、奇袭、迂回的战术，出敌不意地穿越峡谷，夺取要隘，占领桥梁，飞渡激流。有的部队七天五战，疾进500里。至20日，连克懋功、丹巴两县城及绥靖、崇化、抚边、三屯、达维、日隆关等要镇，击溃川敌六个旅，毙俘敌3000余人。

此战结束后，张国焘于10月20日，又发布了天（全）芦（山）雅（安）邛（崃）大（邑）战役计划。将部队分为左、中、右三个纵队，全力南进，想夺取上述地区，建立根据地。

10月24日，红四方面军和五、九军团，穿越终年积雪、空气稀薄的夹金山，向宝兴、天全、芦山之敌发动进攻。至11月12日，我军中路纵队击溃敌四个旅，占领宝兴，直逼芦山城下；左路纵队攻占大川场，歼敌一部，前锋抵邛崃县境；右路纵队击溃敌一个旅后，占领天全，协同中路纵队歼敌一个增援旅；攻占芦山。共毙俘敌5000余人，击落敌机一架。

11月19日拂晓，敌十几个旅从东、北、南三面向我进攻，拉开了百丈决战的战幕。

11月22日，敌人突入百丈，我军与敌展开激烈巷战。百丈附近的水田、山丘、深沟，都成了敌我相搏的战场，杀声震野，尸骨错列，血流满地，这是一场空前剧烈的恶战。打了七天七夜，共毙伤敌1.5万余人，我军自身伤亡也近万人。在百丈决战中，敌我双方，都打到了筋疲力尽的地步。

百丈决战，是我军从战略进攻转入战略防御转折点，也是张国焘南下方针失败的一个主要标志。我军从此处境更加困难，广大指战员从惨痛的血的教训当中愈来愈清楚地意识到，张国焘的南下方针是错误的。

第三次过草地是1936年7月份开始的，7月初，二、四方面军在甘孜地区胜利会合。这时，我由红大调到四方面军总政治部任组织部长，主任为张琴秋，副主任为傅钟。

第三次过草地的部署，二、四方面军分三路纵队陆续前进。集结在炉霍地区的九军、四军十二师和独立师、三十一军九十三师及方面军为中央纵队，由徐向前同志率领，7月2日出动，经壤塘、查理寺、毛儿盖向包座前进；集结在甘孜地区的四军十师和十一军、三十军八十八师、三十二军（会后编入二方面军）及二方面军为左纵队，由朱总司令率领，7月3日出动，经东谷、西倾寺、阿坝向包座、班佑前进；集结在绥靖、崇化地区的五军及三十一军九十一师为右纵队，由董振堂率领，经卓克基、马塘向毛儿盖、包座前进。

第三次过草地，经一个月的长途跋涉，终于胜利到达包座地区。

8月5日，我军从包座地区出发，向甘南挺进。第一纵队在徐向前亲自指挥下，9日抢占天险腊子口，10日攻克哈达铺，歼敌1000余人，19日攻占漳县，26日攻克渭源。徐总率前指驻漳县。第二纵队于8月20日攻克洮州旧城，歼敌一营，接着击退敌马步芳一个旅的进攻，9月7日攻克通渭，进占武山、新市镇。第三纵队经救济寺、腊子口，9月初进至哈达铺，并攻占礼县。

党中央于8月底，派聂荣臻、左权同志率领红一方面军的一军团和十五军团西征，进至西兰公路以北地区，策应和迎接二、四方面军北上。

1936年9月7日，红三十一军攻克通渭时，我由方面军总政治部调到三十一军任政治部主任，军长是萧克，政委是周纯全，参谋长是李聚奎。

10月7日和8日两天，红四方面军先后在会宁同红一方面军胜利会师。10月22日，红二方面军在静宁同红一方面军胜利会师。至此，举世闻名的长征，以敌人的失败，我军的胜利而宣告结束！红军三大主力的会合，把红军的力量集中起来了，它给中国人民展示了新的希望，为开创中国革命和革命战争的新局面奠定了基础。

会宁会师后，四方面军按照中央革命军事委员会部署西渡黄河。三十军、九军、五军团刚过黄河，胡宗南部队赶到，红三十一军和红四军为敌所阻，未过黄河。

1937 年初，党中央和军委派郭述申同志到三十一军接替周纯全同志担任政治委员。当时我们的任务是清算张国焘的错误路线，加强全军的党性教育，为建设党军而奋斗。同时按援西军总部的指示，积极进行援西的准备工作。这是我初次认识郭述申同志。他工作认真负责，深入群众，给我留下了深刻的印象。我们三十一军参加援西军，由刘伯承、张浩同志指挥，执行援助西路军的任务。3 月，我们到达甘肃镇原时，得到西路军失败的消息，便停止西进。

西路军被俘的人，后来被敌人由平凉解送西安上火车。为了争取被俘的人回来，我们在天水到西安的路上写了很多标语：红军在镇原。看到这个标语后，不少被俘的同志跑回来了。组织上还派人到西安，协助红军西安办事处做被俘人员的工作。我因为在红九军工作过，红九军很多人认识我，我也被派去西安。我化装成学生，以找弟弟为名，到火车上走了一趟。由于敌人看管的很严，被俘的人很难逃跑，只有少数同志跳火车回来了。

选自王新亭：《王新亭回忆录》，解放军出版社2008年10月第2版，第34—43页。

王新亭，又名王兴庭，1908 年生，湖北孝感人。1930 年参加中国工农红军，同年加入中国共产党。红军长征时任红四方面军第九军政治部主任，红军大学政治部主任，红四方面军政治部组织部部长、第三十一军政治部主任等。新中国成立后，曾任西南军区副政治委员兼政治部主任，济

南军区代司令员兼第二政治委员，解放军副总参谋长，中央军委副秘书长，军事科学院政治委员、顾问国防委员会委员，中共中央委员，全国政协委员会常委、中共中央顾问委员会委员等职。1955 年被授予上将军衔。1984 年在北京逝世。

难忘的征程

刘瑞龙

1935 年 3 月，红四方面军强渡嘉陵江之后，我们川陕革命根据地各级党政工作人员及职工近两万人，随八万主力红军开始长征。在长征途中，我们沿红军足迹，传播革命真理，宣传发动群众，建立地方党的组织和革命政权，组织领导各族人民实行土地革命，建立地方武装，保卫和建设根据地，筹集粮秣，扩大红军。特别是进入少数民族地区后，在省委和方面军党组织领导下，通过调查和研究少数民族地区的情况，根据党的十大政纲，制定地方党和红军的民族工作政策，开展了卓有成效的民族工作，顺利开辟了北上的道路。红军和地方党委的这些地方工作，为举世闻名的长征胜利做出了重要贡献。这是一段难忘的征程，也是最值得怀念的岁月。

一

我们川陕省委机关是在苍溪永宁铺和方面军参谋长倪志亮一起渡江的。在我们西进通过剑阁重华堰时，才得知张国焘将后方来了个大搬家，放弃了川陕根据地，只留下川东省委书记刘子才和宣传部长赵明恩等同志带领千余人坚持根据地斗争。从此，我们告别了经过两年多创建起来的川陕革命根据地，告别了那里的人民，踏上了长征的路程。

省委和省苏维埃机关随方面军政治部进驻江油县城以南大镇中坝后，立即组织党政干部分赴乡镇，与方面军部队一起进行新区的党政建设，发动农民打土豪分田地，建立地方武装，筹粮扩红等工作。经过近一个月的组织发动工作，先后建立中共平南、彰明、阆南三个县委和赤化、平武、平南、江油、彰明、阆南、百倾坝等 13 个县一级苏维埃政权。各县苏维埃均辖若干区、乡、村苏维埃。与此同时，还建立了工会、农会、妇联会、共青团、少先队、儿童团等群众组织。在各级党组织和苏维埃的领导下，展开了轰轰烈烈的打土豪分田地运动，贫苦农民敲锣打鼓，燃放鞭炮，欢天喜地地在分得的土地上挂上注有自己姓名的标牌，领到了土地证，实现了千百年来梦寐以求的愿望。翻身做了主人的新区人民衷心拥护共产党，踊跃参加红军，并以人力、物力积极支援红军。仅江油县，到我们西进时，连同地方党政人员和游击队计 6000 余人参加红军。以省苏维埃副主席余洪远同志和方面军政治部副主席①傅钟同志领导的筹粮队，采取一打（打地主、土豪）、二征（征义务粮）、三借（向富裕人家借）、四买（用银元或苏维埃货币购买）的办法，在江油一个县就筹集粮食 900 余万斤。这不仅使红军在人力上得到大量补充，同时也保证了红军西进所需的粮食和大批物资。

5 月初，中央红军胜利渡过金沙江继续北上，准备在川西北建立新的革命根据地。中旬，方面军为打破蒋介石对我的合围，策应中央红军北上，挥师西向岷江地区，先后攻占墩上、土门、茂县（今茂汶羌族自治县）、威州、理番（今理县）和松潘、平武以南的镇江关、片口等广大地区。这时，中央红军已进入川康边，正经会理、冕宁北上，两军会师，指日可待。

省委按照方面军迎接党中央和准备与中央红军会师的行动方针，工

① 应为政治部副主任——编者注。

作重点是做好新区的地方工作，以便为四方面军与中央红军会师创建一个稳固的立足点。

松（潘）理（县）茂（县）地区，是藏、羌、汉等民族杂居地区。党和红军如何根据少数民族地区的政治、经济、文化等情况来开展工作，这对我们来说是一个新的课题。当时我在川陕省委任宣传部长。我和省委其他同志对川西北少数民族情况是无知的，一切都要从头学起，从头做起。

对于进入少数民族地区的工作，方面军和省委在进入岷江地区之前，就进行了政策和组织等方面的准备。准备工作是从调查研究入手的。当时一些出入少数民族地区的商人，他们通晓少数民族的语言，熟悉地理环境和民情风俗，为我们提供了丰富的资料，使我们学到了很多知识。在此基础上，我们依照党对中国革命的少数民族问题的论述，结合以往在鄂豫皖、川陕革命根据地开展地方工作的经验，我和省委书记周纯全，省委委员傅钟、罗世文、省委秘书长吴永康等同志一起研究起草了《西北特区关于少数民族工作须知》,并于 5 月 5 日在《干部必读》西北特刊第二期上发表，供方面军部队和党政干部了解川西北少数民族情况，学习、掌握党的民族政策，以便在进入少数民族地区后正确地执行民族政策和有效地进行宣传工作。

二

5 月中旬，部队进入岷江地区后，省委和方面军各部队抽出部分人员组成工作队,深入城镇村寨,展开地方工作。为使这一工作顺利进行，周纯全、傅钟、吴永康、罗世文、张琴秋和我等省委同志进行了认真的研究，并指定我在方面军各部队地方工作部部长和地方县以上干部会议上讲一次话，谈谈在少数民族地区工作的意见。我这次讲话，着重讲解了党的民族工作方针和政策；部署了宣传发动群众、建党建政、成立地方武装、实行土地革命、筹粮扩红等项工作；强调了我们在少数民族地区开展工作，环境变了，工作对象变了，我们的工作内容、工作作风和工作方法，也必须随之改变；要求同志们在思想上要认识到，深受奴役和压迫的广大奴隶、牧民、工人（采木公司工人和金矿工人）是革命斗争的基本力量，为了争取、团结和依靠他们，我们一面要正确地执行党的政策，充分发挥党的民族政策的巨大威力，另一方面，我们每个同志都要从思想感情上，视少数民族基本群众为兄弟，要了解和尊重他们的风俗习惯、宗教信仰，严格遵守纪律，帮助他们发展生产，保护贸易，提高生活水平。

会后，省委发出了《关于少数民族工作的一封信》，提出为适应目前回、番民族的需要，决定成立番、回民族的革命党。谁愿意自动参加并反对帝国主义、国民党的，就有资格入党。从革命党内选择一部分阶级成分好的，工作勇敢积极，有斗争精神者，再介绍他加入共产党。与此同时，方面军印发了《红军对番民十大约法》、《共产党、红军对番人主张》、《告回番民众》等文告，并以散发传单，刻（石刻）写标语，召开群众集会等形式，向各族群众大力进行宣传。为更有成效地开展民族工作，方面军在5月23日的《西北军区政治部给各级政治部、处的一封信》中要求：军、师政治部之下立刻成立少数民族委员会，政治处之下成立少数民族组。到5月底，又先后组成了党的西北特区委员会、中华苏维埃西北联邦政府和少数民族委员会。6月5日，西北特区委员会作出《关于党在番人中的工作决议》。

这一系列民族政策的制定和组织措施，再加上大批工作队进行深入耐心的宣传发动，使岷江地区的地方工作迅速打开了局面。到5月底仅茂县，就先后建立起中共县委、县苏维埃政府。各族人民在县委和苏维埃政府领导下，进行了轰轰烈烈的土地革命，苦难深重的贫苦农牧民，分到了土地和财物，当家做了主人。翻身后的各族人民，热烈拥护共产党、大力支援红军。在这期间，全县为红军筹粮300余万斤，仅县城附近就有1000多各族青年参加红军，还组织大批人力帮助红军运送粮食、物资，护送伤病员，接待过往红军，为方面军西进懋功地区与中央红军会合提供了有力的保障。

争取和团结少数民族中的上层人士，是党的民族工作中不可忽视的一项重要工作。他们虽然与本民族的劳苦群众有着剥削与被剥削的矛盾，但在过去长期反对、抵制汉族反动统治阶级的歧视、压迫、掠夺、维护本民族本部落的利益方面，又有着共同之处。他们在群众中有相当的影响。而党和红军在民族工作中，提倡民族平等团结，尊重少数民族的风俗习惯和宗教信仰自由，帮助少数民族摆脱压迫和贫苦的政策，得到了部分上层人士的同情和拥护。这样，争取和团结少数民族中的上层人士不仅必要，而且也是可能的。如方面军部队攻占墩上时，我们对松潘县白草区区长羌族土司安登榜进行争取团结工作。经部队耐心讲解、教育，使他领会了我们党的主张和民族政策，并切身感到红军纪律严明，尊重少数民族，与国民党军阀队伍截然不同，是为各民族求解放的队伍。于是，安登榜毅然投身革命阵线，走上了革命道路。他积极配合红军作战，亲自参加宣传群众和组织群众工作。后任游击队长，率领羌族地方武装配合红军搜山肃反、侦察情况、筹粮运粮、运送物资等。8月，安登榜奉命率领游击队到毛儿盖为北上红军筹粮。在一次筹粮途中，与敌遭遇展开激战。因寡众悬殊，弹尽援绝，他和十几名红军战士、游击队员全部壮烈牺牲。安登榜为各族人民的革命事业贡献了自己宝贵的生命。这是红军贯彻执行党的民族统一战线政策，争取团结上层人士的一个成功的典型范例。

6月初，省委机关随方面军总部西渡岷江，经理番到达县属的杂谷脑镇。这个镇的后山上有一座大喇嘛寺，寺里的主持喇嘛和当地土司、头人相互勾结，统治着这一地区各族人民。方面军总部和省委进驻杂谷脑后，立即派我和王维舟同志带领工作队前去进行争取、团结工作。寺庙的主持喇嘛接待我们，很客气，和我们谈的很好。从交谈中，感到他对藏族情况很熟，知识广博，特别使我们惊奇的是，他汉语讲的特别流利，这在喇嘛中是很少见的。但我们第二次去他就变了，拦住我们不让进门，高喊“格笃”（打的意思），驱使寺庙武装向我们开枪。后来部队攻下这座寺庙后，我们才知道他是以喇嘛身份潜藏在寺庙里的国民党少将。在我们进军川西北之前，帝国主义分子就以传教等方式在少数民族地区活动，国民党也在喇嘛、土司、头人中活动，唆使他们反对红军。因而在少数民族地区开展工作，不仅要争取、团结少数民族，同时也要同国民党反动派和帝国主义分子作斗争。

经过一段工作使我们认识到，逐步沟通语言是将我们党的政纲、政策深入宣传到群众中去和少数民族人民沟通思想的基础。为此，省委决定，由省委宣传部选聘一名藏族喇嘛当藏文翻译，一名回族阿訇当回文翻译，帮助我们翻译党和红军的布告、捷报和宣传品，使藏族、回族人民了解我们党的政治主张和政策。这两位翻译和我们相处得很好，我们按照《优待专门家条例》给予工资、生活等方面的优待。他们拥护共产党和红军，工作积极，为省委的宣传工作做了大量的工作。在我们相处的日子里，经他们帮助，我也学到了一些有关川西北少数民族的知识。与此同时，方面军部队、省委、省苏维埃也选聘了一批“通司”（翻译人员），他们熟悉当地自然、地理、人文等情况，既担任翻译，又当向导，特别是在协助部队开展地方工作中，发挥了重要作用。

三

6 月 12 日，李先念同志率领的迎接中央红军的先头部队与红一方面军的前锋在夹金山下会师。喜讯传来，全军一片欢腾。方面军各部队立即将一批批慰问品送到红一方面军驻地，兵站为他们补充了给养，宣传队去驻地演出慰问，洗衣队帮助洗衣服。两军互相学习，交流经验，互相鼓励，呈现着一派团结友爱的气氛。

会师前，党中央分析当时形势，确定两个方面军会师后应集中力量向东向北发展，建立川陕甘根据地，以促进全国抗日民主运动新高潮。张国焘背道而驰，主张向西发展和“组织远征军占领新疆”。中央两次发电指出张国焘上述意见的错误。

为了统一战略方针，6 月 26 日，党中央政治局在懋功县属两河口召开会议，会议通过了周恩来代表党中央和中革军委所作的《关于目前战略方针的报告》。根据会议精神，中央政治局于 6 月 28 日作出《关于目前战略方针的决定》，决定“集中主力向北进攻，在运动战中歼灭敌人，首先取得甘肃南部以创建川陕甘根据地。”

两河口会议后，中央派李富春、刘伯承、林伯渠、李维汉等同志组成中央慰问团，到杂谷脑慰问红四方面军，并帮助传达两河口会议精神。过去，富春、维汉同志在江苏省委，伯承同志在中央军委，都领导过我们在（南）通、海（门）、如（皋）、泰（兴）地区红十四军的游击运动。在他们跋涉千山万水后，我们久别重逢，分外亲切。他们畅谈了“左”倾错误对中央苏区的危害和长征中的许多新鲜事物。伯承同志还以与彝族头人小叶丹结拜的事例，向我们介绍了在彝族地区工作经验。他说，对少数民族工作，要唤醒他们觉悟，帮助他们推翻反动派的统治，争取民族解放，摆脱贫困和压迫；对少数民族中的上层人士，主要是争取团结他们建立反蒋统一战线。对他们中一些人的武装对抗，我们不能采取过分的军事行动，要尽量耐心地争取他们和我们一道打国民党反动派。在交谈中，伯承同志看到我们驻地堆放着一大包一大包的酥油，并且只是用来点灯。他说：“这可是好东西哟，和上海西餐桌上的黄油一样，用它点灯太可惜喽。”原来我们见酥油里杂质很多，味道也闻不惯，就用它点灯，在房里乱放。伯承同志教我们，先把酥油在锅里熬一熬，再用纱布滤一下就好吃了。果然，这样一加工，过去很难闻的气味没有了，感到很香了，真和上海吃的黄油差不多。

为了贯彻党中央的北上方针，红军总部确定以一方面军的一、三军团和四方面军的四军、三十军组成右路军，由前敌总指挥徐向前、政委陈昌浩率领，以毛儿盖为中心集结，向班佑、巴西地区开进，党中央随右路军行动；以一方面军的五、九军团和红四方面军的九军、三十一军、三十三军组成左路军，由朱总司令和张国焘率领，以马塘、卓克基为中心集结，向阿坝地区开进。左路军北上到阿坝后应东进到班佑地区，向右路军靠拢，然后齐头并进，向甘南进军。但张国焘到阿坝后，阻挠北上，借口噶曲河涨水和草地不易通过，强令东进到达墨洼的部队返回阿坝。中央连电张国焘，令他立刻率左路军北上。张国焘目无党纪军纪，公然违抗中央命令。在这种情况下，中央毅然率一、三军团北上。

中央北上后，张国焘即在阿坝召开干部会议，编造出所谓“阿坝会议决议”，诬蔑中央北上的正确路线是所谓“机会主义”、“右倾逃跑”，而把自己南下的错误行径美化为所谓“进攻路线”。10 月 15 日在卓木碉公开揭出反党旗帜，宣布成立第二中央。这一系列罪行表明张国焘的分裂主义已达到了登峰造极的地步。

朱德、刘伯承、徐向前等一些领导同志，是不同意张国焘分裂主义行径的。但他们从爱护和发展这支革命力量出发，既然部队已经南下，那就应该打开局面，使部队有个立足点。因此他们积极行使各自的职权，计划和指挥好每次战役、战斗，尽量避免和减少损失。

10 月 8 日，方面军发起绥（靖）、崇（化）、丹（巴）、懋（功）战役。历时 12 天，我军连克绥靖、丹巴、崇化、懋功及火烧坪、日隆关、巴郎、邓生等地。这不仅扩大了红军原在大小金川活动时的革命地域，并为以后巩固这片地域创造了有利条件。

大小金川地区包括丹巴、懋功、抚边、崇化、绥靖、党坝、卓克基、松岗、壤塘、阿坝等地。当时人口十余万，多为藏族，百分之九十以上分布在南部地区，从事农牧业，农牧产品基本自给。早在两军会合以前，党中央和红四方面军都曾提出过在包括大小金川地区在内的川西北建立根据地的主张。从 6 月上旬李先念同志率领的迎接党中央和红一方面军的部队进占小金川地区后，便开始了根据地的创建工作。两军会合后，又相继进占大金川东部地区。部队和地方党政工作部门，随即组织大批工作队，深入村寨老林，四处找寻、动员由于国民党反动派造谣欺骗而躲入深山的群众返回了家园。接着组织和发动群众，先后在懋功、崇化、绥靖等地建立起县、区、乡、村各级苏维埃政权和游击队，领导广大群众展开分配土地、牛羊和拥护红军活动。

绥、崇、丹、懋战役后，展开了恢复和发展根据地的工作。首先成立了金川省委（又叫大金省委）、川康革命委员会，组建了金川军区，统一领导地方党政军各项工作。为保卫根据地，金川省委先后组建了金川独立师（又称大金川红军独立一师、藏民独立一师）、丹巴独立师（又称大金川红军独立二师、藏民独立二师），共 3000 余人，多为藏族，骑兵占半数。他们在金川军区领导下，出色地完成了守卫本土、警戒交通线和配合红军作战等任务，并在革命斗争中锻炼成为坚强的革命战士。在后来方面军第二次北上时，两个独立师和格勒得沙革命军等地方武装随军北上。这个时期参加红军的天宝、杨东生、扎喜旺徐等同志，后来都锻炼成为党的高级干部。

大小金川革命根据地的迅速恢复、扩大和巩固，使方面军南下有了总的后方，对前线部队的粮食物资供应和方面军第二次北上，均做出了重要贡献。

10 月 24 日，方面军除令红五军（含合编前的红三十三军）留守金川，建设和巩固后方外，其他部队进行天（全）芦（山）名（山）雅（安）邛（崃）大（邑）战役。省委（从 7 月下旬川陕省委已改称川康省委）机关翻越夹金山，随军前行。战役开始，发出了朱总司令口述，由我记录整理的《告川军将士书》。大意是，蒋介石卖国残民，举国共弃，要川中各军袍泽勿受蒋贼愚弄，与红军携手共谋国事等语。这是我受朱总司令亲切教导的开始。

我军发起进攻后，连克宝兴、天全、芦山，进围名山，直逼邛崃县境，歼敌5000余名。四川军阀刘湘惟恐川西平原有失，成都难保，急忙集重兵80余团与我决战。我军与敌在百丈恶战七天七夜，尽管英勇奋战歼敌1.5万余名，但我军亦伤亡近万，又逢敌薛岳部压了上来，战役被迫结束，部队撤出百丈关。

战役结束后，时值冬季，部队大部在夹金山以南的天全、芦山、宝兴地区过冬。此时，方面军只控制点线地区。大军云集，与民争粮，藏族一些上层反动分子以此诱迫群众不与红军合作。方面军因战斗、疾病大量减员，被服、粮食、医药等补给发生极大困难。党中央、毛泽东同志关于“南下是没有出路”、“南下是绝路”的预见，至此完全证实。

在这样困难的环境中，方面军和省委（从11月原川康省委改为四川省委）领导部队和党政干部展开了地方工作。经过艰苦、耐心、细致的宣传发动工作，并以自身严格执行党的民族政策和群众纪律的模范行动,获得了广大群众的拥护和欢迎。先后建立起天全、芦山、太平、宝兴、雅安、荥经等六个县的县委、县苏维埃政府和地方武装，领导群众打土豪、分配地主土地和财产，实行土地革命，使贫苦农民和出身贫寒的教书先生、医生、端公道士、嫁给贫苦农民的富农妇女等，都分得了土地。方面军部队和各级苏维埃在翻身后各族人民的大力支援下，筹集了大批粮食和军用物资，保证了作战部队和后方机关的供应，并有4000多各族青年参加红军，使部队得到一定的补充。

为克服物资缺乏，保障军民供应，方面军部队还办起一些军工厂，招聘一些能工巧匠，自己动手修枪械、打战刀、编斗笠、缝制被服等。这不仅部分解决了物资供应的困难，同时也减轻了人民的负担。部队还在天全、芦山办起盐厂和茶厂，除部分供给部队外，大部供给群众。茶叶主要供给藏民饮用。在这一地区至今流传着这样一首歌谣：“红军好，红军亲，红军一心为穷人。留的茶叶能治病，穷人日夜想亲人。”

与张国焘南下碰壁形成鲜明对照的是党中央北上方针的胜利。当时我们有一部“新闻电台”。这部电台由原一方面军电台台长罗若遐（岳夏）同志主持，跟随保卫局行动，专门担任抄收新闻的任务。开始只抄收陕北党中央的红色中华和国民党中央通讯社每天播发的新闻电讯，后来又抄收苏联、日本、越南电台播发的英、日、法、德语新闻，由廖承志、罗世文、朱光同志译成中文，送给我们宣传部。这些新闻不仅对与外界处于完全隔绝状态的方面军领导机关有重要的参考价值，同时不断传来陕北的胜利消息，使方面军广大指战员深受鼓舞。开始，张国焘对陕北的胜利消息采取压制和封锁的手段，在徐向前同志“红军打了胜仗，必须向部队、向群众宣传，以此鼓舞我们的士气”的据理力争下，红四方面军当时发行的刊物《红色战场》，连续地报道了党中央率一、三军团胜利到达陕北与红十五军团会合；直罗镇战役胜利；陕北根据地不断扩大；革命形势日益高涨等消息。这些振奋人心的消息，大大鼓舞了广大指战员的斗志。同时，党中央北上胜利、张国焘南下碰壁，相映之下，不少同志私下议论：“还是党中央北上战略方针胜利了。”对张国焘的南下错误方针，产生了怀疑和不满，要求维护党和红军的团结、北上与中央会合的情绪，日益强烈和高涨。

1936 年 2 月初，敌人经过周密准备，集中薛岳部六七个师和川军主力，向天全、芦山地区大举进攻。张国焘在其南下行动碰壁后，被迫决定西进道孚、炉霍、甘孜地区，争取时间进行休整补充，筹集给养物资，待机行动。

四

2 月下旬，方面军从天全、芦山、宝兴出发，北翻夹金山，经懋功、丹巴，又翻越大雪山中段的折多山。山上终年积雪，空气稀薄，气候变化无常，时有冰雹、狂风、大雪降临。为了避开风暴的袭击，必须每日12时前通过党岭山顶峰。部队不得不在头天下午开始行军，连夜接近主峰。红军指战员、共产党员和各级地方干部，发扬了高度团结友爱、不畏艰险的精神，翻过了大雪山。3月中旬抵达道孚、炉霍。这时红四方面军由于南下的损失，已从北上时的八万人、减到四万人。方面军总部驻炉霍后，领导部队进行整编、训练、筹集物资等项工作，同时准备迎接二、六军团共同北上。

行军途中，在懋功短暂休息时，方面军政治部进行调整。周纯全同志调任方面军政治部主任，原一方面军五军团政委李卓然同志调任方面军政治部副主任，我奉调方面军政治部任宣传部长，原一方面军的刘志坚同志任副部长，李伯钊同志任方面军政治部剧团团长。后来过党岭山时，我和伯钊同志在山腰温泉小庙内，利用现成曲调编写了《雪山行》的歌，印发部队传唱。驻炉霍后，一方面军干部调到四方面军领导机关工作的更多。如到政治部工作的有敌军工作部长刘型同志，他是井冈山的老战士、扼守黄洋界的指导员。还有组织科长刘鹤孔同志，青年科长江启化同志，都是中央红军的老战士。参谋部有郭天民、曹里怀、李聚奎等同志。

这一段，是一、四方面军干部间交流情况和经验的最活跃时期。当时，红军大学和方面军总部驻在一起。因此，我与兼红大校长的刘伯承同志和政治部主任张际春同志接触较多。刘伯承同志大力提倡我们要学习斯大林的《列宁主义概论》，他说："宋朝宰相赵普主张半部《论语》治天下，我们要学好《列宁主义概论》，做为治国平天下的武器。"方面军在川陕时，干部听过徐向前同志讲的有关战略问题的知识。刘伯承同志在红大讲课时，又具体地阐述了有关战略、战役、战术的丰富知识和经验，对四方面军干部提高军事素养和组织指挥能力帮助很大。李卓然、刘志坚、刘型、刘鹤孔、江启化等同志在工作中，向我们系统地介绍了一方面军政治工作经验，例如：制订政治保证计划，对部队经常进行政治思想教育以及行军、作战中的宣传鼓动工作等。从此，一、四方面军干部、战士之间，相互了解、尊重、团结、友爱的气氛大大增强了。

3 月下旬，红二、六军团正从黔滇边境北进，准备与红四方面军会合。这一喜讯。更加振奋了全军指战员。

这期间做了几件大事：

在朱总司令主持下，开了一次野菜展览会。起初拟定的中心内容是指导指战员学会过草地时识别可供食用野菜的知识，后来展览会发展成总结草地生活经验、传布草地生活基本常识的会。例如：选择宿营地、搭帐篷、找水、架锅、找野菜、找燃材（牛粪、树枝、草根等）生火、保证宿营地安全等等。

军事训练。重点放在打敌人骑兵的战术训练。在刘伯承总参谋长和徐向前总指挥的主持下，组织红军大学和方面军部队进行打骑兵演习。训练中，我们把原随右路军行动的陆定一、黄镇同志在毛儿盖合编的《打骑兵》歌，在部队中传唱，有力地配合了打骑兵训练任务的完成。现在回忆起来，歌词很有纪念意义，照录如下：

敌人的骑兵不须怕，沉着敏捷来打它。

目标又大又好打，排子枪快放易射杀。

我们瞄准它！我们打垮它！

我们消灭它！我们是无敌的红军，打垮蒋贼百万兵。

努力再学打骑兵，我们百战要百胜。

部队进入西康后，方面军政治部总结了在少数民族地区的工作经验，并根据广泛组织抗日反蒋联盟的新策略，制定了在少数民族地区工作的新政策。在政治上给一切革命的头人、喇嘛以选举权和被选举权。在经济上，不没收大头人、大喇嘛的财产，仅没收顽固对抗的反动头子的土地财产，分给群众。提倡贸易自由，开采矿藏、山林，开办工厂，发展农业生产，欢迎和奖励本族私人投资。在宗教方面，实行政教分离、信教自由，保护喇嘛寺。鉴于前段部队中对藏族同胞的宗教感情了解不深，有的同志把藏民放牧时也念经作为笑谈，个别人还把供奉的漆布神像拿做包袱皮用，引起藏族同胞的反感，坏人也以此造谣、煽动群众与我们不合作。为此，方面军制定了《番区十要十不要》、《回区十要十不要》等纪律规定。这些新政策和纪律规定的颁布实施，不仅在妥善处理少数民族内部的阶级关系、争取团结上层人士方面发挥了巨大威力，而且在动员群众起来革命，大力支援红军，保证方面军二次北上，起了重要作用。同时对充实和完善党的民族政策，也具有重要意义。

三四月间，方面军在新的策略路线下，派出大批红军干部到农牧区、集镇、部落，宣传党的政治主张，指明民族解放的道路，帮助藏民生产，医治疾病，开展清洁卫生工作。组织"百姓联合会"、"青年队"、"姊妹团"、"喇嘛改进会"等，并相继建立了丹巴、道孚、炉霍、甘孜等县的波巴依得瓦政府，在道孚还建立了千余人的波巴自卫军。

这期间，方面军在争取团结少数民族上层人士的统战工作中也取得了突出的成功。3月中旬，红三十军向炉霍挺进，为贯彻执行党的民族政策，对寿灵寺采取了"围而不打"方针，在巧取之后，又按着方面军总部的指示，一面向被俘的僧众讲解党的政策，一面给大、小喇嘛以优待，并派人保护寺庙。我军的实际行动，扩大了红军的影响，该寺的大喇嘛积极与我军合作。在寿灵寺的影响下，红军在炉霍的觉日寺和甘孜寺均受到热烈欢迎。4月23日，红军与康西北的德格土司签订了互不侵犯协定。规定红军不进入德格地区；德格土司不打红军。并按协定为红军筹集牛150头、马53匹，以及大批粮食。方面军回赠了银元和枪械，作为酬谢。5月，方面军俘获了曾阻扰红军西进的国民党"西康宣慰使"诺那呼图克图，方面军给予优待。在党的民族政策和宗教政策的感召下，诺那思想上起了很大变化，他常教红军学藏文，编藏歌教红军唱。不久身患伤寒，经红军医务人员救治无效，圆寂于甘孜。红军请来八位活佛，按着宗教仪式为其火葬，并按其遗言，由其弟子韩大载将诺那骨灰送至五台山安葬。这一系列统战工作的进行，产生了广泛的影响，许多头人、喇嘛投向抗日反蒋统一阵线，与红军保持了良好的关系，在筹建各级波巴依得瓦政府和为方面军二次北上筹集物资中，起到了一定的作用。

6 月 6 日，张国焘在炉霍召开党的活动分子会议。在全军心向陕北的形势下，被迫宣布取消自立的伪中央。至此，张国焘的分裂主义罪恶活动宣告彻底破产。这是党中央的正确路线和团结方针的伟大胜利。

6 月 25 日，方面军作出分左、中、右三个纵队北上的部署。29 日，方面军总部发布《四方面军二次北上政治命令》。7 月初，方面军与二、六军团会师，随即按原定部署北上。大批党政地方干部、地方武装或编入战斗部队，或进党校随军北上。10 月 9 日到达会宁，一、二、四方面军胜利会师。至此，红四方面军胜利结束了一年又七个月的艰难坎坷的长征。长征中的地方工作也随之结束。

红军虽然走了，但党和红军在长征路上播下的革命火种并没有熄灭。他们在敌人枪口、屠刀之下，不顾生命安危，掩护红军伤病员，奋勇开展武装抗暴斗争，用鲜血和生命迎接革命的胜利。

1987 年 10 月于北京

选自中国人民解放军历史资料丛书编审委员会编：《红军长征·回忆史料（2）》，解放军出版社1992年9月第1版，第105—177页。

刘瑞龙，化名石钧、袁也平、王大舜，1910 年生，江苏南通人。1926 年加入中国共产主义青年团，1927 年转入中国共产党。1930 年任中共通海区特委书记，参与创建领导中国工农红军第十四军。红军长征时任中共川陕省委（后改称川康省委、四川省委）宣传部部长、红军总政治部宣传部

部长、红四方面军政治部宣传部部长。新中国成立后，曾任中共上海市委秘书长，中共中央华东局农业委员会书记、华东军政委员会土地改革委员会副主任、国家农业部常务副部长兼党组副书记、顾问，政协全国委员会常委，全国人大常委会委员等职。1988 年在广州逝世。

历经艰难曲折取得长征胜利

范朝利

今年是中国工农红军长征胜利 60 周年，作为红四方面军的一名老战士，回忆起当年那绵延曲折的长征路和三大主力会师的情景，我的心情久久不能平静，那是一段令人终生难忘的历程。

懋功会师　奋起北上

1935 年 3 月 28 日，为了实现川陕甘作战计划和策应中央红军行动，红四方面军进行了强渡嘉陵江战役。从渡江起，红四方面军实际上就开始了长征。4 月下旬，红四方面军主力集中在涪江地区休整。我当时在红四军第十一师任参谋主任，我们师在江油以南的青莲渡进行了六七天的休整，广泛发动群众，筹粮扩红。在这期间，部队武器、弹药、粮食、被服和经费都得到了补充，各团扩红三四百人，全师扩充到近 5000 人。

5 月初，中国工农红军第一方面军，在毛泽东同志和党中央的率领下，以惊人的毅力和神速的行动，胜利渡过金沙江，准备经西康省东南部北上与红四方面军会师，在西北建立新的革命根据地。

为阻止一、四方面军会合，蒋介石调兵遣将，企图组织以江油、中坝为中心的新的围攻。刘湘之主力五瓒绪部 13 个旅分别由罗江地区出绵阳、魏城，沿涪江东岸向彰明、两河门、重华堰进攻；孙震和邓锡侯两军各一部由三台、绵阳出动，沿涪江两岸中坝、江油进攻；胡宗南部则由碧口、文县南下青川、平武，企图配合以上两敌向我实施南北夹击；东面的唐式遵一部守备昭化至阆中一线，防我东返；邓锡侯另一部则封锁土门及北川河谷一线，防我西进。敌人南北夹击东西合围，企图将我军围歼在江油、中坝地区。红四方面军刚刚撤离根据地，处境相当困难。

为打破蒋介石的合围，策应一面军的行动，红四方面军5月初在江油以西的西山场召开了高级干部会议。当时红四军军部和十一师都在江油西侧的西山，红四军军长王宏坤和政委周纯全等领导同志参加了会议。会议决足向岷江地区发展，占领松潘、理县、茂县等地，摆脱红四方面军当前所处的不利境地，并配合红一方面军北上，争取两个方面军胜利会师。

5月12日，方面军先头部队九军、三十军经北川向汶川、汶县进发。红四军和三十一军则分别进到了松潘、平武以南镇江关、片口等地，我们十一师为军的二梯队，并负责掩护军机关的安全。

到了镇江关地区以后，红四军即北进攻打松潘，准备拿下这座古城，扼控从川西北通往甘南的咽喉要地。但胡宗南部先我一步，进驻松潘。这座古城，周围崇山峻岭，敌人筑有坚固的防御工事，城墙厚达十多米。我军缺乏炮火，攻击受阻，遂撤至镇江关，与敌对峙，敌我双方不时发生激战。这时，红一方面军正经会理、冕宁北上，两个方面军的前锋已相距甚近。为顺利会师，红四方面军确定派三十军和九军各一部西进小金川地区扫清敌人，迎接中央红军。

6月13日，两个方面军的前锋部队胜利会师在夹金山下。经过艰苦奋战的红军指战员，好像久别的亲兄弟一样，紧紧握手拥抱，欢呼跳跃，激动得热泪盈眶。14日，会师部队在达维镇召开了庆祝大会。在一片欢呼声中，毛泽东到会作了亲切讲话，他以中央红军长征和红四方面军最近作战的胜利，说明了红军是不可战胜的。他还指出，懋功会师是一伟大胜利，它粉碎了蒋介石妄图阻止一、四方面军会师的恶毒计划，对于开创中国革命的新局面具有重要意义。

为了迎接中央红军的到来，四方面军各部队都进行了深入的思想动员，贴出“欢迎中央红军”的标语口号，广大指战员纷纷展开竞赛，以坚持战斗岗位、多多消灭敌人、大力筹集和捐献慰问品的实际行动，作为迎接党中央和红一方面军的献礼。我们根据川西北气候变化多端、昼暖夜寒的特点，筹集了部分羊毛羊皮，制作了毛衣、毛袜、皮背心等慰问品，许多干部战士还纷纷捐献衣物，我也捐献了一双新布鞋和一件上衣。

6 月 29 日，我们根据中央军委制定的《松潘战役计划》开始向北运动，但张国焘出于个人野心竟借口组织问题，反对中央北上方针，制造谣言，挑拨离间，提出改组军委和红军总司令部，由他自己担任军委主席的无理要求。中央对张国焘的错误行为进行了坚决的斗争，并为了顾全大局，任命他为红军总政委。后经多次斗争帮助，张国焘才同意红四方面军向毛儿盖集中。

7 月初，我们继续北进。这一带地处邛崃山脉，海拔 4700 多米，山上常年积雪，行动十分困难。我们日夜兼程，7 月中旬到达松潘地区。根据中央政治局芦花会议精神，我红四军十一师攻占了距松潘十多里的要点毛牛沟，准备夺取松潘。我后续部队陆续到达后，根据徐向前、陈昌浩和叶剑英等领导同志的意见，确定以多路突击的方法，夺取松潘。但是，由于胡宗南部兵力众多，凭碉堡固守，我军的正面突击和迂回穿插，均未奏效。8 月初，根据党中央毛儿盖会议精神，决定放弃攻占松潘计划，迅速北进，执行夏洮战役计划。

8 月中旬，根据中央决定，红军分左右两路分别北进。由朱总司令、张国焘总政委、刘伯承总参谋长率领五、九、三十一、三十二、三十三军组成左路军，从卓克基北进阿坝、控制墨洼，过草地后向班佑、阿西靠拢；由党中央和前敌指挥部率领一、三、四、三十军为右路军。

8月15日至20日，我左右两路军分别从卓克基和毛儿盖地区向阿坝和班佑方向挺进。右路军由红一军先行，随后是党中央领导机关、红军大学、三十军，再后是我们红四军，彭德怀率红三军殿后。

8月23日，我们从毛儿盖东侧开始穿草地。出发前，我们要求部队多准备干粮，但由于当时处在游牧地区，粮食十分缺乏，再加上战斗频繁，有的只准备了三四天的炒面和炒玉米粒就出发了。展现在我们时前的是纵横数百里的茫茫大草地，渺无人烟。这里的天气变幻莫测，中午还是晴空万里，烈日炎炎，下午突然黑云密布，雷电交加，暴雨、冰雹铺天盖地而来，夜间气温骤降，冻得人们瑟瑟发抖，彻夜难眠。为抵御严寒，夜间大家围坐在一起，点起篝火，边活跃情绪，边取暖御寒。黑色的泥沼，深不可测，一不小心，就会陷进去被它吞没。一旦陷进去，个人还不能挣扎，越挣扎陷得越深，别人也不能直接用手去拉，否则，还会把你也带进去。出发的第二天，我和师部警卫连正行进着，突然走在前头的战士匡继贵同志陷进泥沼，一下就到了肚脐深，我马上告诉他，不要乱动，赶快弯腰趴下，我们连忙解下绑脚扔给他，几个人一齐用劲才把他拖上来，救了他一条命。原野茫茫，找不到粮食，前面的部队还可以挖野菜充饥，后续部队连野菜也吃不上了，只好用草根、皮带、皮马鞍充饥，最后实在没办法，只得杀一些战马充饥。这是军事上罕见的艰苦行军，是人同自然界的殊死搏斗。红军将士以英勇无畏和压倒一切困难的英雄气概，经过五天的艰苦行军，终于走出了这片人迹罕至的大草原，右路军先头部队，于26日傍晚到达班佑、巴西地区。

胡宗南得悉红军主力北进后，急调其驻漳腊的伍诚仁第四十九师，星夜向包座增援，企图挡住我军北进的通道。能否抢在胡宗南部队赶来之前抢占包座，是摆在我右路军面前的紧急任务，如果丧失战机，我军就有被迫退回草地的危险。我先头部队到达班佑、巴西以后，立即派人侦察地形、敌情，做攻打包座的准备。鉴于当时红三军尚未通过草地，红一军在长征途中减员较多，党中央、毛泽东同志决定，由我们红四军和三十军担任攻打包座的任务。

包座位于四川松潘的北部，地处群山之间，周围森林密布，敌人凭险构筑了许多碉堡备粮屯兵，准备长期把守，是红军进入甘南的一大障碍。根据当时敌情，前敌指挥部决定：红四军一部攻击包座北侧的求吉寺；三十军一个团攻击包座南侧的大戒寺之敌，主力（八十八、八十九团）位于包座西北地区，相机打援。

8 月 29 日，我军同时向求吉寺、大戒寺发起攻击。经过一天激战，我红四军将士歼灭求吉寺守敌一个营，余敌仍负隅顽抗，我重新调整部署，继续向守敌攻击，敌大部被歼，残敌向东南方向溃散。与此同时，我三十军将士迅速攻占大戒寺后，主力利用有利地形，又围歼援敌十九师大部，毙伤敌师长伍诚仁以下 4000 余人，俘 800 余人，缴枪 1500 余支（挺）及大批粮食、牛羊。我军全部控制了包座地区。

包座战斗，是我军长征北进以后取得的一次重大胜利；歼灭胡宗南一个主力师，极大地鼓舞了我军的士气，打击了敌人的气焰，敲开了向甘南进军的门户，对实现党中央北上方针具有重要意义。

南下——张国焘错误路线的失败

包座之战，扫除了我军北进道路上的绊脚石。已到达包座地区的右路军指战员，正满怀信心地等待左路军到达，一起北进。然而，张国焘左路军一到阿坝便按兵不动，百般刁难中央，拒不执行中央的北上方针，公然提出南下川康边的计划，并让右路军的四方面军部队南下。在此情况下，中央红军毅然执行原定的北上正确方针。

9 月 12 日，我们师接到军部命令，说中央红军已经北去，要我们“回师草地，重返川西南。”事情来的太突然了，一些干部战士问我们：“为什么不与中央红军一起走啊？”我们也无法回答，只能执行命令。后来我们才知道，这是张国焘搞的鬼，他搞分裂，搞反党阴谋，强令四方面军南返，提出什么“要在川康边境的天全、芦山一带，打下一个背靠草地的川西南根据地。”

9月中旬，我们又班师回头，再次穿越草地。这次南下的困难远远超过上一次。这时秋风凛冽，红军战士衣单鞋缺，粮食更为奇缺，许多英勇的红军指战员被这极度恶劣的自然条件夺去了宝贵的生命。9月下旬，南下部队，到达马塘、松冈、党坝一带。四川军阀得知我军回来了，立即由刘湘牵头，纠集刘文辉二十四军两个旅，杨森二十军四个旅另一个团，邓锡侯二十八军一个团等共30个团，沿大小金川地区布阵堵截，企图乘我两过草地的疲倦之机，一举置我军于死地，形势非常危急。

红军指战员虽然对再次南下议论纷纷，但打起仗来却不含糊。方面军前敌指挥部制定了《绥（靖）崇（化）丹（巴）懋（功）战役计划》。10月8日，我军分左右两路纵队开始行动。王树声副总指挥率领五军、九军二十五师、三十一军九十三师组成右纵队，沿大金川右岸，向绥靖、丹巴攻击；徐向前总指挥和陈昌浩率领四、三十、三十三军及九军二十七师组成左纵队，从大金川左岸直取崇化、懋功。行动开始后，左纵队行动受阻，难以渡过大金川，我四军马上从党坝地区出动，强渡大金川，11日渡河成功，沿右岸疾进，12日克绥靖，16日克丹巴，歼敌1000余人。与此同时，我左岸的三十军、九军亦进展顺利，攻绥化、战达维，至20日攻克懋功，尔后乘胜向东南方向发展。至此，在广大指战员的英勇奋战下，我军南下以来第一战役胜利结束，共击溃敌刘文辉、杨森六个旅，毙俘3000余人。

绥崇丹懋战役以后，方面军又制定了《天芦名雅邛大战役计划》。10月24日，我军发起进攻，经十多天激战，先后攻克宝兴、天全、芦山等县城，歼敌5000余人，邛崃山以西、大渡河以东、青衣江以北和懋功以南的川康边广大地区已被我控制，造成了直逼成都的战略态势。

虽然取得了两次战役的胜利，但整个形势仍对我不利。此时冬季将至，气候寒冷，衣食无着，部队两过草地，没有得到休整，新区群众尚未发动,我军减员得不到及时补充。刘湘唯恐川西平原有失,成都难保，急忙调兵遣将，纠集80余个团，准备在百丈一带与我军决战。刘湘亲令川军“拼死夺回百丈关，援救名山，临阵不前者，一律就地枪决”。

百丈一带，地势开阔，部队的集结、隐蔽都受到很大的限制，易攻难守。11月19日，敌人几个旅在飞机大炮的掩护下，由北、东、南三面向我军突出了百丈地区十余里长的弧形阵地发起疯狂反扑。我红军指战员忍着疲劳寒冷与优势之敌展开激战，子弹打光了就与敌人展开肉搏战，有的战士胳膊打断了，就用牙齿咬着导火索将手榴弹拉响，与冲到眼前的敌人同归于尽。我军与敌人反复拉锯，血战三昼夜，阵地还在我们手里。出于这里交通方便，敌人的兵力不断增加，攻势并未减弱。21日，我黑竹关一带的前锋部队被迫后撤。22日，敌突入百丈，我军与敌展开激战，附近的水田、山丘、沟渠都成了敌我相搏的战场，杀声震野,血流满地,战况空前激烈。战至26日,我军共毙伤敌1.5万余人，我军伤亡亦近万人，如再固守下去，与优势之敌拼消耗，对我军显然不利。为此，我军于11月下旬撤出百丈一带阵地，转移到九山至天全、宝兴一带扼险防守。1936年2月，敌人又集中薛岳等六七个师和川军主力，向天芦地以大举进攻，我军处在前有强敌，后无根据地依托的困难境地，战斗打的十分艰苦。经一周激战，我军被迫撤出天全、芦山一线，向西转移。至此，张国焘的南下路线宣告失败。

南下以来的曲折经历，使红四方面军指战员认识到了中央北上方针的正确，也深深体会到了离开党中央正确领导的滋味。

甘孜会师　踏上北上胜利路

正值红四方面军南下处境困难之时，全国的政治形势发生了急剧变化，党中央民族统一战线策略深入人心，抗日救亡运动蓬勃兴起，中央红军顺利到达陕北，革命根据地迅速扩展。喜讯传来，给处在困境中的红四方面军指战员带来了希望，增添了力量。

百丈一战失利后，面对敌人重兵压迫，方面军只好陆续撤离宝兴、丹巴、懋功地区，向康定、道孚、炉霍一带转移。1936 年 2 月下旬，我们兵分三路向西转移。红四军和三十军、五军、九军的二十五师为第一梯队，同方面军总部一起行动。

川西的 2 月，天寒地冻，没有一丝春意。西进途中，横在我们面前的是一座顶天耸立的雪山天险。我印象最深的是大雪山山脉中段的党岭山，它海拔 5000 多米，山上终年积雪，天雪一色，空气稀薄，风暴、雪崩不断，在附近老百姓的心目中，它就像一道鬼门关。据当地藏民介绍，翻越党岭山，必须赶在中午 12 点以前，每天下午要起风暴，人到那里凶多吉少。我们根据地藏民的介绍和先头部队的经验，做了充分的准备。头天下午出发，在山腰过夜。雪山的夜啊，可真难熬，寒风怒号，气温达零下 20 度，指战员的眉毛、胡子都结满冰霜，有些战友被冻僵在雪堆里，有的就长眠在白雪茫茫的雪山上了。第二天上午，我们开始翻越党岭山，山上空气稀少，越往山顶爬，越觉得头晕脑涨，四肢无力，喘不过气来。但是，不能停下来，一停下就会倒下去。我们一会儿攀冰崖，一会儿爬雪沟，一不小心，就会滑下雪渊。一路上，我们互相搀扶，团结一致，一步一挪，经四小时跋涉，终于越过了这道鬼门关。

翻过雪山以后，我们继续向西疾进。3 月 1 日，我先头部队攻占道孚，15 日，又攻克炉霍。尔后，红四军由炉霍南下。这一带原属四川军阀刘文辉的势力范围，是以藏民为主的藏汉杂居区域。藏族的土司、喇嘛头头权力很大，是实际的统治者。各喇嘛寺都拥有大批土地、粮食、酥油、金银和牛羊，并有武装自卫。自炉霍南下后，我们边打边进，18 日，逼近瞻化（现为新龙），这是西康东北部的一个重镇，镇上有一个很大的寺庙，由国民党西康宣慰使诺那喇嘛把持，我们逼近后，本想争取他们，和平进驻，但他们负隅顽抗，不与我们讲和。18日傍晚，我们发起进攻，一举攻克此镇，俘敌百余人，缴获枪支百余支和电台一部。与此同时，我三十军西进攻克甘孜，三十军及九军各一部南下攻克泰宁，击溃敌李抱冰五十三师一部。至4月下旬，方面军已经控制了东起丹巴，西到甘孜，南达瞻化、泰宁，北接草地的大片地区。

为策应二方面军北上，部队在这一带暂时停留下来。一方面宣传党的统一战线的方针，放宽对土司、喇嘛的政策，筹集粮食和牛羊肉；一方面休整部队。

在此期间，方面军调了一些军师职干部到红军大学学习，我与陈再道师长分在一个班。红二方面军顺利渡过金沙江后，为保证两个兄弟部队会师，我们红大的部分学员又回到了战斗部队，陈再道到红四军当军长，我到红四军十师当参谋长。我们红四军及三十二军一部挥师南下，占俄洛、逼雅江，将李抱冰部阻于雅江以东，策应二方面军北上。

6月3日，二方面军的先头部队六军团十六师，在理塘以南之甲洼与三十二军会合。7月2日，二方面军全部到达甘孜地区，两支兄弟部队胜利会师了。

两军会师后，四方面军各部队把大批慰问品送到了二方面军，慰劳艰苦转战的将士们，两支兄弟部队都表示红军要永远团结再不分离。在广大指战员强烈舆论的压力下，张国焘被迫解散自立的伪中央，成立了党的西北局委员会。在朱总司令、刘伯承、任弼时、贺龙、关向应、徐向前等领导同志的力争下，两个方面军迅速北上与中央会合。北上红军分三路开进。7月3日，我们红四军编入左纵队，在朱总司令的率领下，由甘孜地区出发，经东谷、西倾寺、阿坝向包座、班佑方向前进。

这次穿越草地北上，虽然准备比较充分，但路程比前较远、时间长、困难大。但是，"红军都是钢铁汉，千锤百炼不怕难"，英勇无畏的红军指战员经一个月的奋战，又一次战胜了茫茫数百里的草地死亡线。8月1日，到达包座地区，取得了北上与中央会合的第一步胜利。随后，我们又战胜了敌人的围追堵截，出甘南、抢腊子（口）、攻岷州、克兆城，迅速北进。10月8日，红十师作为方面军的先头部队，在会宁的青江驿、界石铺与一方面军一军团第一师胜利会师。会师的场面真是激动人心，指战员们紧紧拥抱，热泪盈眶。10月10日，三大主力在会宁城胜利会师，揭开了中国革命史上新的一页。

选自《齐鲁文史》1996年第3期。

范朝利，1914 年生，河南光山县郭家河乡大刘湾村（今属新县）人。1930 年参加中国工农红军，同年加入中国共产党。红军长征时任红四方面军第四军十师参谋长。新中国成立后，曾任陆军第十四军军长、济南军区副司令员、中共中央纪律检查委员会委员等职。1955 年被授予中将军衔。2012 年在济南逝世。

参加红军　跟随长征

康立泽

1935 年，是中国革命的低潮时期。红军因为没有打破敌人的第五次“围剿”而被迫进行战略大转移，举行长征。在艰难的长征中，我幸运地目睹了中国工农红军第三次胜利会师的盛况，经历了三次翻雪山、过草地的艰苦磨炼。

跟随红四方面军第三十军迎接中央红军在懋功胜利会师，第一次过雪山草地

我是红四方面军三十军八十八师二六八团的战士。1935 年 5 月下旬，军政委李先念同志率领我们师和红九军二十五师到懋功迎接党中央和红一方面军，我们团担任警戒掩护。大家听说要和中央红年会师都非常高兴，纷纷腾房、打扫卫生，刷贴欢迎中央红军的标语，准备慰问品，非常热闹。不少人拿出自己的布袜、手巾、瓷碗、草鞋等，作为慰问品赠送给即将会师的战友。我刚参加不久，没有这些东西，连部老文书教我打了两双草鞋，他说：行军打仗离不开草鞋，这种礼物最实用。

不久，我们和红一方面军一军团二师四团在懋功的达维地区胜利会师、举行了联欢会。联欢会上我幸运地第一次见到了中央领导同志毛泽

东主席、朱德总司令、周恩来总政委，聆听了毛主席的亲切讲话。他以中央红军长征和红四方面军最近作战的胜利，深刻说明了红军是不可战胜的，并指出，红军的长征不仅打击了敌人，锻炼了自己，而且扩大了党的影响，沿途撒下了革命的种子。他号召红一、四方面军全体同志，在党中央的领导下，互相学习，亲密团结，完成党所赋予的一切任务。朱总司令也讲了话，大会由周恩来总政委主持。中央领导同志的讲话使全体指战员受到很大的鼓舞。会后，剧团演出了精彩节目。庆祝会热情洋溢，歌声、掌声、欢呼声不断，团结友谊的气氛很浓。由邓小平同志任主编的《红星报》还发表了社论《伟大的会师》一文，讲述红一、四方面军会师的历史意义和面临的新任务，热情赞扬红四方面军的奋斗业绩。

红一、四方面军会师后，中央确定了会师后的战略方针，发布了《一、四方面军会师后组织番号和军以上干部任免决定》，组织了前敌总指挥部，任命徐向前同志任总指挥、陈昌浩同志兼任政委、叶剑英同志任参谋长。确定了进军部署，中央从红一方面军抽调李卓然、李聚奎、陈伯钧、张宗逊、郭天民、朱良才、刘志坚、李荣等高级干部到红四方面军及所属的各军任参谋长、政治部主任、以加强红四方面军和各军的领导力量。从红四方面军的四军、三十军、三十三军抽调四个建制团 3700 多人，充实红一方面军的一、三军团。把红一、四方面军合编左、右两路军北上，以红一方面军的一军（原红一军团）、三军（原红三军团）及红四方面军的四军、三十军、红大、中央机关组成右路军，由中央、前敌总指挥部率领；红一方面军的五军（原红五军团）、九军团（后改为三十二军）及红四方面军的三十一军、三十三军、九军组成左路军，由总司令朱德、总政委张国焘、总参谋长刘伯承率领。

我们从懋功出发经无边、两河口，翻越海拔四五千米的梦笔山，到了卓越克甚，经马塘又翻过 4000 多米高的几座大山进入芦花、黑水地区。这里是四周雪山环抱的藏族地区，境内山峦重叠、坡陡沟狭、道路险要、人烟稀少、流行病多，地藏民在国民党、土司的高压政策胁迫下，把粮食、物资都运进高山或森林中坚壁起来，藏民群众在国民党和土司、头人的欺骗宣传下，怕共产，把牛羊、骡马赶进了深山老林躲起来。我们所到许多山寨没有炊烟，听不到鸡鸣犬叫，给我军北上造成了很大的困难。当地气候恶劣，时冷时热，时雨时晴，我们缺粮少盐，缺医少药，痢疾、疟疾、伤寒等疾病迅速蔓延，成百上千的红军指战员被夺去了宝贵的生命。

从黑水地区出发，我们二六八团为先锋，向毛儿盖挺进。沿途高山连绵，没有道路，山上密布着森林、覆盖着冰雪。密林中穿行，不少同志的衣裤、手臂、腿被树枝剐破，谁也顾不上包扎，流着血、忍着疼痛继续跟着部队行进，经过十天左右的艰苦行军，终于到达了毛儿盖。我们团和一军侦察连在毛儿盖歼灭了胡宗南派来防堵我军北上的一个加强营500多人，俘敌300余人、缴获短枪200余支、机枪19挺、电台一部、击落敌机一架，缴获一批弹药、粮食、骡马、牛羊等。这对长征中没有后方补给的红军来说，不仅得到了物资补充，也得到了休整的机会。中央军委在这里召开会议，通过了《中央关于一、四方面军会合后所面临的形势及任务的决议》，决定一、四方面军迅速北上，右路军为打通北进通道的主力，执行创立川、陕、甘根据地的方针。

8月中下旬，我们离开毛儿盖北上，进入了一望无际、纵横数百里茫茫无人烟的松潘、若尔盖大草原。进入神秘险地这是兵家大忌，我数万红军在前途莫测，缺少物资补给的情况下，进入气候多变、满是沼泽的荒原险地，其艰难的程度是常人无法忍受和难以想象的。

但是，我红军战士为北是抗日，挽救民族危亡而置生死于不顾，毅然奋勇前进。我一、四方面军胜利会师后，蒋介石惊恐不安，认为我两大主力红军会师后势大力强，威胁更大，既怕我东出赤化四川，更怕我北上陕甘，靠近苏联、蒙古，急忙调集大军进行围追堵截，妄图把我军饿死、困死在草地。殊不知我红军战士有高度的阶级觉悟和坚强的革命意志，能够战胜一切困难，穿越神秘草地。其中，水草地多是烂泥沼泽，泥沼上浮着一层厚厚的绿草，行走在上面忽悠忽悠的，稍不小心就会陷进深不可测的泥潭而不能自拔以至没顶。沼泽地满是水但不能饮用，又苦又涩，喝了肚子胀、拉稀，要找点食用水很困难。草地无粮补充，吃完带的干粮，就只好采野菜、挖草根、吃皮带、吃马鞍、宰杀驮骡和坐骑充饥。草地行军异常艰难，一会儿烈日当头晒得难熬，一会儿雨雪冰雹冻得打哆嗦。经过几天艰苦行军，我们终于穿过四五百里的草地，到达了巴西、班佑地区。这时，先遣部队侦察获悉，距巴西、班佑百十里的包座有胡宗南一个团驻守。胡宗南得知我军北进的消息后，急调驻松潘、漳腊的第四十九师伍诚仁部，星夜驰援包座、救吉寺，堵截我军北出甘南。

我前敌总指挥部认为，这是消灭敌第四十九师，打通北上通道的极好机会。前敌总指挥建议并经中央军委批准，命令我三十军在四军一部配合下攻取包座歼敌四十九师。军、师、团首长亲自察看地形，侦察敌情。包座位于松潘县以北300里左右，是我军北进甘南的必经之路，距巴西百里左右。在群山之中，周围山上是茂密的原始森林。包座河纵贯南北，两岸石崖陡峭，敌人一个团驻扎在包座大喇嘛寺里，寺庙后是高山并筑有碉堡，山坡的松林里建立了几个外围据点，构成前沿阵地。星夜驰援包座的敌四十九师，是一支实力较强的部队，有1.2万人，相当于我三十军的人数，装备好。我军经长途行军作战又翻雪山过草土，指战员们较疲倦。但是一听要打仗，顿时情绪高昂，纷纷请战。总部前指和军首长根据敌情、地形、我情进行了详细分析。制定了周密的作战计划，决定采取围点打援的战术，诱敌深入、伏击歼敌。我先遣队二六四团，首先攻击包座南大戒寺之敌，诱秀增援；我八十八师之二六三团、二六八团、八十九师之二六六团、二六七团秘密运动到敌援兵必经之路的包座西北山上的森林里，隐藏集结，相机出动歼灭援敌第四十九师。

8月29日，二六四团向大戒寺守敌发起攻击，经一夜激战，歼敌两个连、俘敌一部，30日上午，我二六四团继续围攻该敌，控制东山制高点。当日，援敌四十九师先头部队二九一团搜索前进，进抵大戒寺以南与我二六四团接火，为诱敌深入我伏击圈，我二六四团依托山头边打边撤。敌欺我抵抗无力，大胆分路推进，当晚进至大戒寺。未发现我主力，摸不清我军情况。31日，敌沿包座河两岸浩浩荡荡地向前推进，当日下午，骄傲狡猾的敌人像瞎子一样进入我伏击圈。我三十军主力在山上森林中埋伏了几天，急得发慌，终于等到该死的敌人送死来了。临近黄昏，我军突然向敌人发起攻出，打得敌人措手不及。我二六八团像猛虎下山一样，直扑敌阵把敌人分割成三段，随即我军主力两个师冲入敌阵，顿时包座河两岸喊杀声、枪炮声、手榴弹爆炸声震动大地。三四里长的山谷，炮火映红了天空，敌人以猛烈的炮火从左右两个方面夹击我二六八团，妄图打通被我分割切断的联系，敌步兵不顾一切地向我冲击，均被我打退。敌人和我们争夺山头，非常激烈，我军指战员前赴后继，不怕牺牲，越打越勇，与敌人进行了白刃战，用手榴弹、刺刀拼杀，直打到深夜，将胡宗南部第四十九师歼灭于包座地区，毙伤敌师长伍诚仁以下4000余人，俘敌团长以下800余人，我们占领了包座，打开了北上进军甘南的通道，完成了中革军委赋予的任务。

战斗中，我军伤亡也不小，仅我们二六八团二营六连就伤亡30余人，连长、代理连长的一排排长都牺牲了，指导员和三排排长受重伤。打扫战场时，我跟大家一起去收拾战利品，缴回一批枪支、子弹等物，我也扛了两支步枪、两袋子弹回来，兴奋不已。我们二六八团，英勇顽强，穿插打得好，受到了上级表扬。

张国焘闹分裂，强令南下，二过雪山草地

包座歼敌之后，红四方面军主要负责人张国焘，离开阿坝，刚进入

草地，就动摇变卦了。借口葛曲河涨水不能徒涉架桥，草地缺粮断炊，不能坐待自毙为由，不同意北上，主张南下，破坏中央的战略方针。中央为了顾全大局。维护红军团结和革命的利益，进行了耐心地说服、规劝工作，等待争取张国焘北上。怀有个人野心的张国焘，不顾革命的利益、红军的前途、党的组织原则和纪律。逆一、四方面军广大指战员的愿望而行，公然在 9 月 8 日发电令催前敌总指挥徐向前、政委陈昌浩率领右路年中的红四军、红三十军、红军大学南下。

9 月中旬，右路军中的红四军、三十军从包座、班佑地区南下，再次穿越草地。时值深秋，夏日绿色的草原，变成了一片枯黄、浩瀚无际的草地。走到山丘上向南望去，川西北草原中央被我右路军数万人行进踏出的数条大道纵贯南北，蜿蜒荒草地中。我们沿着这条自己北上时开辟的大道原路返回。这次重返草地再过雪山所遇的困难比第一次更大、更艰苦。首先是饥饿，只发三天的干粮，要从班佑经毛儿盖、黑水到马塘、党坝行走近千里。部队千方百计寻找食物，采野菜、挖草根、剥树皮、杀战马、吃马鞍、皮带，饱尝了苦涩辛酸。其次，气候变冷，风雪交加更难以忍受。随着气温的急剧下降,冻得大家直发抖,有的被冻僵、冻死。在我们返回途中看到有的熄灭的篝火灰烬的四周躺着一圈冻死的战友尸体，他们为革命光荣地献出了生命，这种情景深深地印在我的脑海里，终生难忘。我们到黑水、芦花、马河坝一带，疟疾、痢疾、伤寒、流感等传染病流行。十余天就遍及全军，缺医短药，伤病员得不到及时治疗和休养，许多同志牺牲了。我们在回返南下时，沿途看到不少同志的坟墓和未掩埋的尸体。指战员们都以极其沉痛的心情，挥泪向死去的战友告别。

50 年后的 1985 年，我同老伴王守敏和子女们重返草地，回味当年的艰辛,使子女们了解革命之艰难。阿坝州党委送给我的党史资料记载：1954 年黑水县人民政府将散埋在他们县境各地的红军忠骨，移入烈士陵园者就有近万具。其他县的情况，尚未计算在内。雪山草地夺去多少红军战士的生命是很难计算清楚的。

9月底，我们到达马塘、党坝、松岗地区集结。10月初，张国焘妄想当头头，做领袖，竟在卓木碉召开高级干部会议，不顾朱德总司令“大敌当前，要讲团结，天下红军是一家”的劝告，另立临时中央，公然分裂党、分裂红军。这时，敌人发现红军一部北上，大部南下的情况，急调数万川军沿大、小金川地区布防堵击。

为了打开南下通道，“赤化”川康，我军发动了绥靖、康化、丹巴、懋功战役。红四方面军将主力分成左右两纵队，沿大金川河两岸夹河南下。10月8日，开始行动，经过十余大的战斗，击溃了刘文辉二十四军、杨森二十军的六个旅，毙、俘敌3000余人，攻占了绥靖、崇化、懋功、丹巴。

为扩大战果，乘胜追击，我军又发出天（全）芦（山）名（山）雅（安）邛（崃）大（邑）战役，徐向前总指挥率领我们红三十军、红三十一军的大部和红九军的一部为中路纵队，翻越了终年积雪的夹金山，追击溃逃之敌，直取宝兴。我军抓住川军作战欺软怕硬、保存实力、打滑头仗、怕抄屁股的弱点，以小部队攻正面，主力渡河后迅速爬高山、攀陡壁抄到敌人的后面发起攻击。经几小时激战，击溃敌第二十军的三个旅，占领宝兴县，随后乘胜追击，打垮刘湘的教导师和一个旅及一个团，直逼芦山城下，沿途俘敌千余人，缴获步枪千余支，较机枪50余挺。

芦山守敌在我军猛烈攻击下，弃城逃窜，我军又进占芦山城。川军连连溃败，蒋介石十分惊恐，命令刘湘“全力征讨南下共军”。刘湘急调川军主力三个军一个师，星夜赶赴名山及东北之夹门关、太和场地区集结，连同原来守敌共八十多个团，以阻我东进，保卫成都和川西平原。

我红三十军八十八师和红九军二十五师进攻战略要地大邑县百丈，将守敌一零四师两个团击溃，猛追溃敌、乘大雾占领了百丈要镇，毙伤敌千余人。敌人为夺回要地，同我决战。19日，调集了十个旅的兵力，从东、南、北三面向我进攻。敌人集中强大的炮火向我轰击。敌机轮番对我军前沿阵地和预备队轰炸扫射。我军拥挤在一个狭窄地带，遭到敌机疯狂轰炸扫射，伤亡不小。敌人在飞机、炮火掩护下，成团成旅地向我军阵地冲击。我军集中了数十挺轻、重机枪和火炮，以密集火力扫射进攻之敌，整排整连的敌人倒在我阵地之前的稻田里、沟洼里、山坡上，稻田都被鲜血染红了。

百丈战斗异常激烈，是一场大血战。双方参战部队近百团，达 20 万人。在敌机和炮火猛烈轰击下，一股敌人突破我阵地，冲入百丈街上，在浓烟烈火中我们同敌人展开了激烈的巷战，逐房逐室的争夺。街上、房顶上、民房里到处都是死尸、伤员，地上和墙壁上到处都是弹痕、血迹。炸弹声、枪炮声、手榴弹爆炸声，震耳欲聋，同敌人反复争夺山头、制高点，拼刺刀的喊杀声、冲锋号声，震天动地。我军集中火炮、轻重机枪、手榴弹以密集的火力大量杀伤进攻之敌，进行猛烈的反击拼杀，数次打退敌人的进攻。

百丈恶战，打了七天七夜，我军毙伤敌人 1.5 万余人。自身伤亡也有上万人。局面没有打开，蒋介石的嫡系薛岳部六个师又增援上来了。敌我力量悬殊过大。翌年 2 月下旬，我军撤离开（全）芦（山）宝（兴）地区，向道孚进击，再次翻越 5000 多米的夹金山、党岭山急进。至此，张国焘南下川康另立中央的美梦，终为泡影。3 月 1 日，我红三十军占领道孚。中旬，攻取炉霍，占领西康东北重镇要地甘孜。

红四方面军与红二、六军团会师甘孜北上，三过雪山草地

我军进占道、炉、甘地区后，甩掉了敌军的尾追，一面休整训练，一面准备迎接红二、六军团共同北上抗日。经过两次往返草地连续行军作战，部队伤亡很大，减员很多，由同中央红军会师时的八万余人减少到四万余人。

部队整编以后，减少机关充实了连队，积极进行射击、刺杀、投弹、炸碉堡、夜间战斗、河川战斗、打骑兵和防空等训练。同时进行民族政策和统一战线工作的教育，教育干部战士尊重少数民族风俗习惯，保护寺庙经堂，学习日常生活用的藏语，争取藏民和喇嘛同红军联合反蒋，反四川军阀刘湘、刘文辉，努力开展统战工作，建立同藏民的良好关系，以取得藏民和喇嘛的支持，筹集粮食、牛羊、皮毛、布匹等物资。发动全军指战员捻毛线、织毛衣裳，达到每人织两身毛衣的要求，一套过草地时自己穿，一套慰问二、六军团的战友。在部队中广泛地进行了迎接二、六军团的教育，要求全体指战员向英勇善战的红二、六军团学习，搞好同兄弟部队的关系，加强团结，共同北上。

英雄的红二、六军团不畏艰难险阻，不怕强敌围追堵截，穿过六省行程万余里，于 1936 年 7 月初，进入甘孜地区，与我红三十军胜利会师。二、六军团的到来受到我们三十军指战员的热烈欢迎。我们将筹集到的大批粮食、牛羊、食盐送到二、六军团驻地，腾出打扫干净的房舍，准备了木柴，烧好了开水，修了厕所，使英勇转战的红二、六军团的同志能很好休息。我们将亲手编织的毛衣、毛裤、毛手套等慰问品送给了他们，充分显示了两支主力红军亲如兄弟般的团结友爱。在欢迎红二、六团和隆重庆祝两支主力红军胜利会师的大会上、朱总司令作了重要讲话。他讲了形势与任务并勉励号召红二、六军团、红四方面军，团结一致，战胜一切困难，做好准备，继续北上建立抗日根据地。任弼时同志也讲了话。庆祝会上还演了《迎亲人》和《红军舞》等节目。

随后红二、六军团和三十二军组成红二方面军。这时，共产国际代表林育英、中央总负责人张闻天致电朱德总司令、张国焘总政委，传达了“林育英同志动身时，曾得到斯大林同志同意，主力红军可向西北及北方发展，并不反对靠近苏联。”关于红四方面军行动方针，中央提出三个方案供选择：第一，北上陕甘；第二，就地发展；第三，南下转战。中央认为第一方案是上策。张国焘南下失利，鉴于共产国际同意红军主力北上抗日，以及朱德同志一直心平气和地规劝他取消不合法的“中央”。1936年6月6日，在西康炉霍召开党的活动分子会议，宣布取消他的第二中央，准备组成西北局。至此，张国焘分裂党、分裂红军的活动宣告失败。红军总部和红四方面军领导人复电中央，表示“一致同意北上”。

7月初，红军总部率领红二、四方面军，分成左、中、右三个纵队陆续开始北上。我们红三十军第八十八师，同红四军的第十、十一两个师和红二方面军为左纵队，由总司令、总政委率领从甘孜出发，经东谷、西倾寺、阿坝向包座、班佑前进，第三次过雪山草地。这次有了较充分的思想、组织、物资准备，但是路程比前两次过雪山草地远得多，要从西康省的甘孜经川西北若尔盖大草原出岷山进入甘南，行走的时间比前两次更长，遇到的困难、吃的苦头也更多。进入海拔3000至5000多米的高原地区，要爬终年积雪的多座大雪山，天气瞬息万变，气候寒冷、空气稀薄，行走相当困难，翻过高山就是茫茫大草原，沼泽地、水草地、污泥烂水坑遍地皆是。步行艰难，不小心就有陷入淹没的危险。第三次过草地，正值秋季多雨季节，雨具不足、帐篷又不够，淋雨是家常便饭，有时露营也难以找到一块干地，夜晚冻得直打哆嗦，双脚直跳，有的背靠背互相取暖，有的被冻伤、冻死。带的15斤干粮只到行程的一半就吃完了，宰杀驮骡驮马和首长坐骑，采野菜、摘野果、挖草根、剥树皮，以果腹充饥。经过艰难跋涉，克服了自然界的恶劣气候，战胜了敌人的围追堵截，终于在1936年8月初，我们又胜利地第三次走出草地。

这次北上，我们八十八师是先遣兵团的前卫师，从西康省的甘孜县出发，经东谷、西倾寺和四川省的阿坝到包座约一个月，每日行走六七十里。虽然战士们很辛苦、劳累，但政治工作、管理教育有很大进步，军阀主义、打骂处罚战士的现象基本上得到了纠正。我们八十八师政治思想工作及时有力，连队党支部发挥了核心作用，党、团员发挥先锋模范作用，大家团结友爱、互相帮助，路上又唱歌、又说笑，情绪很高，受到上级的表扬，称我们师是执行命令、遵守纪律、巩固部队的模范。

再次到达包座时，中革军委来电祝贺并指示："四方面军略休息后，迅速北进。" 8 月 5 日，我们红三十军从包座出发，向甘南挺进。9 日，我八十八师抢占天险腊子口。10 日，八十九师攻占大草滩哈达铺，歼敌千余人，获长短枪千余支。徐向前总指挥率领我们三十军攻克漳县，夜袭敌三十七军毛炳文部，歼敌一部，击毙敌旅长、团长各一名，缴获甚多。我军乘胜追击敌人，逼进陇西，经鸳鸯铺、榆盘镇进占通渭县。至此，才算走出了险境，摆脱了敌人围追堵截，迎来了抗日战争的新局面。

红一、二、四方面军在会宁会师，胜利结束长征

10 月 22 日①，我们二六八团进了会宁城。在这里我幸福地参加和目睹了中国工农红军三个方面军胜利大会师的盛况。红四方面军总指挥部到达会宁城时，受到红一方面军陈赓师长所部的热烈欢迎。红二方面军总指挥部也到达将台堡，实现了第一、第二、第四三大主力红军的胜利会师。这是我们广大指战员渴望已久的心愿，感到无比的欣慰和高兴。会宁城内一片欢腾，举行了盛大的庆祝大会师联欢会。中共中央、中华苏维埃中央政府、中央革命军事委员会联名发出了致会宁大会师的贺电，向三个方面军的领导人及全体指战员致以热烈的慰问和祝贺。

这次三大主力红军在甘肃会宁地区胜利会师是具有伟大历史意义的，在长征中红军以坚定不移、革命必胜的信念，艰苦奋斗、不畏艰险、不怕牺牲的革命精神，以百折不挠、勇往直前的英雄气概，同沿途数十万围追堵截的国民党军队，进行了殊死的搏斗，彻底粉碎蒋介石消

① 应为10月9日——编者注。

灭红军的企图，工农红军取得了伟大胜利，完成了二万五千里长征，开辟了中国革命的新局面。正如毛泽东主席在《论反对日本帝国主义的侵略》一文中指出的 ：“长征是历史纪录的第一次，长征是宣言书，长征是宣传队，长征是播种机。它向全世界宣告，红军是英雄好汉，帝国主义和蒋介石围追堵截等，则是完全无用的。长征宣告了帝国主义和蒋介石围追堵截的破产，长征以我们胜利、敌人失败的结果而结束。”

长征的胜利，推动了抗日新高潮的到来，挽救了国家民族的危亡，保存了革命的精华，造就了一批卓越伟大的领袖人物，锻炼出一批能征善战、不怕困难，不畏艰险的将帅人才和一支英勇善战的英雄部队。他们在国内革命战争、抗日战争、解放战争中立下不朽的功勋，是开国的元勋，是新中国的栋梁。长征在人类活动史上树立了一座无与伦比的丰碑，是中国人民的宝贵精神财富，是鼓舞我国人民建设有中国特色社会主义的巨大精神力量，也是鼓舞我军革命化、正规化、现代化建设的巨大精神力量，必将永远激励着我们、把老一辈无产阶级革命家开创的伟大事业继续向前推进！

选自李立、董建中主编：《光辉历程》第1册，陕西人民出版社2006年11月第1版，第259—273页。

康立泽，1921 年生，四川金川人。1935 年参加中国工农红军，同年加入中国共产主义青年团，1936 年转入中国共产党。红军长征时为红四方面军第三十军八十八师二六八团战士。新中国成立后，曾任中央军委工程学校政治部副主任，第一军医大学政治委员，第七军医大学政治委员，解放军军事医学科学院副政治委员兼五三研究院政治委员，第四军医大学政治委员，解放军总后勤部副政治委员，乌鲁木齐军区副政治委员，中央军委纪委委员等职。2014 年在西安逝世。

红四方面军长征

王恩厚

为了粉碎敌人策划中的“川陕会剿”，响应党中央率中央红军战略转移突围北上和策应已进入陕南商县一带红二十五，红四方面军发起新的作战行动。当时，党中央 1935 年 1 月 22 日电四方面军大意是：中央红军拟从泸州上游渡江，若无障碍，约 2 月中旬可渡江北上。建议你们和群众武装独立师团积极活动，钳制刘（湘）敌，集中主力红军，全力向西线进攻，配合中央红军歼敌，更有利会师。后来敌情变化，中央红军行动略有变更。方面军按原定方针向陕甘发展，配合中央红军北上，决定西渡嘉陵江。1 月下旬先展开广昭和陕南战役，20 天内，攻克县城两座，歼敌五个团，俘敌 4800 余人，缴长短枪 5100 余支，扩大红军 1500 余人。北调了胡（宗南）敌和川敌，这是外线作战。我们由师参谋处率司、政、卫和千余人的民兵担架，随军战场救护，后送数百名伤员，丁纪才副师长牺牲。部队攻克宁羌州，激战新铺湾，占沔县，师直在沔县展开收容，军主力挺进到长寨、菜园，作九军攻褒城预备队。我主力陕南作战期间，东南各线川敌乘隙向我根据地进攻。3 月初我军回师反击，在苍溪、仪陇等地区全歼敌四个团和另四个团各一部，俘敌 3000 余人，缴获枪支 5000 余支。我军控制了从广元城南到南部县城的嘉陵江东岸，为红四方面军展开了长征的序幕。

强渡嘉陵江　歼敌建新区

1935年3月28日张国焘、徐向前、陈昌浩率红四方面军主力五个军八万余人和后方机关二万余人，共十万余人，兵分三路强渡嘉陵江，开始长征。嘉陵江江水湍急，两岸崇山峻岭，十分险要，川军置重兵严密防守。红九军在阆中城北强渡。红三十一军在苍溪县城北驾溪口强渡。红三十军为中路，由苍溪县城南塔子山强渡。红四军为总预备队随中路渡江。红三十三军掩护后方机关阻击东线各路进攻之敌。我军各路以自造木船强渡,强渡成功后,速搭浮桥通过。三路大军同时突破敌江，向左右纵深发展，猛力追歼溃逃之敌。红三十军将强渡任务交八十八师二六三团担任，该团称“钢团”，既能强攻善守，又有江河隘路战斗经验。当夜强渡成功，占领敌江防阵地主峰，拂晓前红三十军全部过江，猛追歼灭溃逃之敌。3月31日克剑阁城，接着八十八师向剑门关进发，配合红三十一军攻克剑门关天险，全歼守敌。红四、九军克阆中、南部、梓潼、渡涪江，一部包围江由主力向中坝挺进，引敌援歼之。方面军组红十二、二十五、八十八三个主力师击溃敌援兵，全歼敌四个团，俘敌3000余人。4月18、19日克中坝、彰明，缴获甚多，打乱了布置，威胁成都。红八十八师参谋长率司、政、供、卫进至剑阁，将重伤员留送后方医院，带着轻伤员和辎重，经重花堰过涪江达中坝附近展开工作。方面军渡江后24天歼敌12个团一万多人，横扫嘉陵江、涪江流域，纵横400余里，攻克县城八座，建立根据地，组建工作队，配合地方党宣传组织群众，建立苏维埃，打土豪分田地，开展禁吸、种植鸦片烟等，受到广大群众的欢迎，支援红军担架运输和物资供应，广大青年踊跃参加红军。由于东线各路之敌重兵压迫，方面军后方机关和川陕省党政机关干部等，在红三十三军阻敌掩护下，先后于4月20日前撤到嘉陵江以西。从此，红四方面军离开了战斗两年又三个月的川陕根据地，走上了新的征程。留下刘子才、赵明恩率领地方武装千余人，坚持根据地艰难困苦的游击战争，长达五年之久。

土门战役迎接中央红军

北川、土门河谷地形十分险要，是成都东北天然屏障，是我军西进必经之路，敌设重兵防守。4 月底，方面军主力分途西进，首先红三十军攻占伏泉山，墩上歼敌一部。5 月 2 日、5 月 3 日，红九、三十军主力抢渡江，攻占大渡口，给阻敌以重创，10 日红二十五、八十八师聚歼千佛山守敌，占领顶峰。13 日红三十一军克桃坪，歼敌一部。14 日拂晓，红九、三十、三十一军三军各一部总攻土门，经激战敌防线土崩瓦解，当即占土门、干沟，追歼溃敌。15 日攻克茂县。15 日至 18 日敌集中近三十个团的兵力反击我大垭口阵地，企图夺回失去的土门防线，以阻止我军向岷江流域西进。但各路攻击之敌无进展，伤亡严重，反攻受挫，败下阵去，转为筑碉固守。至 5 月 22 日我军挺进岷江流域，沿途击溃阻敌 20 个旅，击毙、击伤、俘敌万余人，缴获大量枪弹物资，是一次重要的战役。6 月 3 日我部队进入川北少数民族地区，连克镇江关、片口、北川、茂县、理番、芦花等。该地人烟稀少，语言不通，风俗不同，深山、老林、恶水、雪峰林立，粮食匮乏，供应大部队吃穿住和发动群众是严重问题。由方面军副总指挥王树声率红四、三十一、三十三军各一部坚守伏泉山、千佛山、土门、北川东北一线，阻击敌人，掩护后方机关和主力部队西进，迎接中央红军。5 月下旬方面军令李先念政委、何畏军长率红二十五、二十九、八十八三个师，沿岷江兼程西进。6 月 8 日攻占懋功城和达维镇，歼敌千余人。我们直属队完成各次战斗后，伤病员救治转运，由师参谋处率领，经茂州，渡岷江，过理番，穿越长年积雪的红桥山。那是在冰雪里爬上去和滚下来的，进住两河口抚边镇，展开收容和筹集粮食物资工作，迎接中央红军。

懋功胜利会师　一、四方面军共同北上

6 月 12 日红四方面军和红一方面军前卫部队在夹金山北麓胜利会师。指战员亲密握手拥抱，欢呼跳跃，激动得热泪盈眶。我在达维镇部热忱接待，打扫卫生，张贴标语，让房、送粮菜等。17 日毛泽东、朱德、周恩来等中央领导同志到达达维镇，受到驻军和群众热烈欢迎。当晚举行了胜利会师庆祝大会，毛主席、朱总司令讲了话。毛主席说，红军是不可战胜的军队，团结一致可以战胜任何困难和一切敌人。广大指战员受到很大鼓舞。18 日中央领导率机关到达懋功，受到李先念和红八十八师部队热烈欢迎。当晚毛泽东、周恩来、朱德等中央领导亲切接见了李先念，询问方面军和鄂豫皖、川陕苏区情况，表示对四方面军极大的关怀。懋功会师是一个伟大的胜利，有重大的历史意义，粉碎了蒋介石妄图阻止一、四方面军会师的计划，为两支部队在党中央和军委直接领导下开创新局面，创造有利条件。6 月 26 日党中央在两河口召开了政治局扩大会议,作出了“关于一、四方面军会合后战略方针的决定”：集中主力北进，在运动中消灭敌人，创建川陕甘根据地，争取西北各省以至全中国的胜利。首先集中主力消灭和打击胡宗南部，夺取松潘控制以北，以便主力挺进甘南。这是一个正确的方针。全军广大指战员听到两大主力红军会师，无不欢欣鼓舞，增强了消灭更多敌人、取得革命胜利的信心。没几天，中央红军进驻我们驻地抚边、两河口镇，受到我们隆重的欢迎，开了联欢晚会。在这里我认识了一军团卫生部长姜济贤和总司令部医生张汝光。从这以后，我们红三十军主力部队和一、三军团并肩北进。7 月 8 日红三十军二六八团和一军侦察连，包围了毛儿盖胡

宗南敌一个营，16 日夜敌突围，被我全歼。我们师直属队跟随党中央机关级队，经卓克基、梭磨、苍得、打鼓，进住毛儿盖一带，沿途崇山峻岭，雪峰、河谷、恶水密林，隘路难行。部队披荆斩棘，翻山越谷大部露营，在途中多次看到毛泽东、周恩来等中央领导同志持拐棍行走，心里说不尽的尊敬。在苍得，总卫生部长贺诚给我写信说他的马死了，我派人给他送去一匹好马。这是应该帮助的。解放后贺诚见到我还提起此事。在越打鼓、苍得雪山时，看到路边有死去的一方面军的同志，心里感到十分难过，他们为了革命献出了生命，同战场阵亡一样的光荣。我们到了毛儿盖赶上了部队。师参谋处率领司、政、供、卫，住进附近几个村庄休整筹粮。八十八师主力进住卡龙，警戒松潘之敌，战斗中，击落敌机一架。7 月下旬，党中央率两个方面军进住毛儿盖、马塘、卓克基、卡龙一线。休整近 1 个月准备过草地北上。党中央召开了毛儿盖会议，重申小河口会议的决定，北上出甘南，创建根据地是唯一不变的方针，根据敌情变化放弃松潘战役。部队调整领导机构。部队分左右两路军并进，然后左向右靠陇。以一方面军一、三军，四方面军四、三十军组织右路军。由党中央直接领导，徐向前、陈昌浩、叶剑英指挥。左路军由一方面军的五、三十二军和四方面军九、三十一、三十三军及方面军直属队等组成，由张国焘、朱德、刘伯承指挥。在毛儿盖师政治主任赵荃梅召集供、卫商议筹粮，实际半牧区人少粮乏，秋粮青稞未熟，牲畜很少见，无粮可筹。只好找老百姓，商借买些不熟青稞、小羊、小猪，还有少许食盐、辣椒等。全直属队在河沙滩集合，听朱德总司令给我们讲红军三大任务的报告。刘伯承给我们讲草地行军应是多路方队，打骑兵射击方法是卧、跪、立射，排子枪快放，一齐射杀，并学唱打骑兵歌。八十八师卫生部派一个担架班带两副担架，帮助工作繁忙、身体不好的中央领导同志过草地。

越过草地战包座

8 月 15 日，左右两路军分别向阿坝、班佑挺进。右路军由毛儿盖、卡龙一带出发。进入渺无人烟，茫茫沼泽的草地，气候无常，一会天空晴朗，阳光灿烂，一会狂风怒号，冷雨嗖嗖，雪雹漫天，无正路可走，一不小心就陷进沼泽。为了防止敌骑袭击和陷入泥洼，实行班、排、连横队行进，过沼泽手拉手。露营休息选在干凹地方，用洗脸盆烧水，洗脸、洗脚，做饭用树叶、野菜根加糌粑等，不少同志因饥寒体弱长眠在草地上了。走了五天，8 月 20 日到达班佑牛粪房和巴西、阿西地区，出了草地。二六七团出营哨警戒，先头连猝不及防遭敌骑突袭受损。红四、三十军主要任务是抢占上下包座。派少数部队围歼求吉寺、大戒寺胡宗南守敌一团。红三十军集中主力，布伏围歼松潘来援之敌。在快行军中，有掉队病号，派看护长带收容队扶抬跟上。在途中遇上李先念政委，他问看护长掉队病号都收容上来了吗，看护长说只三个病员起不来，扶不走也无担架，掉队太远。李先念态度严肃地说："不行，快回去找！"看护长回去找，但他再也没有回来……上下包座数十里包座河贯穿其间，两岸有小村落，山高路隘，森林密布，部队进入部署的伏击阵地。8 月 31 日，敌伍诚仁率四十九师进入我伏击圈，遭我猛烈袭击，激战半天被我全歼。大戒寺、求吉寺残敌缴械投降了。包座之战给我军送来了枪弹、衣物、粮食、牛羊和俘虏，补充了部队。包座战斗胜利打开了我军进入甘南的通道，为实现北上战略方针做出了重要贡献。

张国焘分裂党、分裂红军，擅自率军南下

8月20日张国焘、朱德、刘伯承率左路军过草地占阿坝后，27日向班佑前进。9月1日左路军一纵队和红军总部进到噶曲河，因河水大，受阻。3日张国焘以噶曲河涨水，不能徒步和架桥，茫茫草地缺粮断炊，“不能坐待自毙”为由，令左路军三天返回阿坝一带。同时致电党中央，反对继续北上，并提出右路军亦南下。党中央和徐向前、陈昌浩多次复电张国焘，言及北上方针绝对不应改变，左路军应速与右路军靠拢，跟进北上。但是张国焘无视党纪、军纪，公然违抗既定的北上方针和命令，擅自率红军主力七个军南下。10月5日在卓克基召开会议，作出成立第二中央组织的决议。这时张国焘分裂党、分裂红军的活动已发展到登峰造极的地步，破坏了党和红军的团结统一，给中国革命造成了无可估量的损失。

在此情况下，党中央为了贯彻既定北上的正确方针，于9月10日凌晨率领红一、三军向罗达、俄界前进，先行北上。9月11、12、14日党中央致电张国焘，严厉谴责他分裂主义错误，南下是没有出路的，并恳切希望他率军北上，但张国焘不听。9月11日，红一、三军攻占腊子口，18日进到哈达铺。10月上旬翻六盘山。10月19日党中央率领陕甘支队（一、三军）7000余人经过40天艰苦转战，到达陕北苏区吴起镇，与陕北7000余人的红十五军团胜利会合。至此，中央红军胜利结束了历时一年，途经11省的二万五千里长征。接着又胜利粉碎了敌人对陕北苏区第三次围剿，歼敌三个师。陕北根据地迅速发展，红军不断扩大，奠定了党和红军今后战略任务，建设西北苏区，领导全国革命蓬勃发展，与张国焘南下错误路线形成鲜明的对照。

当听说党中央率领红一、三军北上走了，红四方面军掉头再过雪

山草地南下，和红一方面军暂时分开了，当时实在感到想不通，心里非常难过。9月15日和17日，张国焘发布南下命令和保障计划。方面军各部队先后从阿坝、包座地区南下白马塘、松岗、党坝一带集结。大军再次经过自然条件恶劣的草地，指战员衣单鞋破粮更缺，许多人献出了宝贵的生命。我们的担架员抬扶伤病员，运输员担十几担药箱子，没有吃的实在走不动了，只好杀掉我的骑马，连皮带肉分给他们，拌野草树叶充饥，这样才艰难地走过了草地。9月下旬，红三十军抵松岗一带稍息休整。10月7日张国焘发布了绥、崇、丹、懋战役计划。以红二十五、九十三师和红五军组成右纵队，由王树声指挥，沿大金川右岸进攻，强占绥靖丹巴；以第四、三十、三十二军和九军二十七师组成左纵队，由徐向前、陈昌浩率领，从大金川以东进攻夺取崇化、懋功；以红二十七师一个团守马塘、梦笔山屏障，住卓克基红军总部，红三十一军九十一师及二七七团、红军大学，留住阿坝掩护后方。

10月8日左右纵队开始战役行动。红四军12日克绥靖，16日克丹巴，11日红八十八师攻占赵壁山，15日克崇化，20日克懋功城；15、16日红九军攻克两河口、抚边、达维等重镇，主动截击南逃之敌，俘获甚多，并连占日隆关、巴郎关、火烧坪、邓生等地。历时七天五战，急进500余里，沿途击溃杨森、刘文辉敌六个旅，毙伤俘虏3000余人。占领县城四座和一批重镇。战役是在地形十分复杂，易守难攻条件下进行的。部队两过雪山草地，减员很大，未得休整，但仍能克服重重困难，以坚韧不拔的毅力，迅速果敢的行动，运用夜摸、奇袭，通过峡谷，夺占要隘，抢占桥梁，强渡急流，表现了英勇顽强的战斗作风。

10月22日张国焘发布天（全）芦（山）雅（安）邛（崃）大（邑）战役计划。10月24日方面军兵分三路，以迅猛之势穿越终年积雪的夹金山向宝兴、天全芦山之敌发起进攻。11月1日占宝兴，7日攻占大川场、金汤镇，10日克天全，12日占芦山。10余日红军占领了邛崍山以西，大渡河以东，青衣江以北，懋功以南之川康广大地区。毙、伤、俘一万余人，击落飞机一架，缴获大批枪弹物资。11 月 13 日方面军集中 15 个团向名山邛崃地区进攻,乘胜东下川西平原。16 日攻占百丈一带，击退敌六个旅的反攻。11 月 19 日，川敌集中 80 个团优势兵力，在几十架飞机和大炮掩护下，从北、东、南三面向我百丈阵地反扑，我军与敌军展开了浴血奋战,反复冲杀白刃搏斗。连续七昼夜的激战，毙、伤、俘敌 1.5 万余人，我伤亡近万。这样拼消耗战对我不利。11 月下旬撤出百丈阵地，转为扼要防守，结束战役。

方面军自 9 月中旬从草地南返，两个月来连续作战，广大指战员千辛万苦，克服重重困难，以英勇顽强精神取得了许多战斗的胜利。但由于张国焘南下方针的错误，未能取得决定性的胜利。由进攻转为防御，是张国焘南下碰壁的必然结果，百丈战斗失利是个转折点。接着我军面临强大敌人的进攻，我兵员补充困难，衣食匮乏，大量伤病员缺医少药。我记得总卫生部派侯政到八十八师检查工作，清理药品器材，一半以上去支持医院。中央关于“南下是没有出路”的英明预见得到了完全的证实。1936 年 2 月初，敌薛岳七个师和川军主力开始向我天、芦地区大举进攻，前有强敌后无根据地，部队补充困难，阵地防不胜防。2 月 11 日—22 日决定方面军撤离天全、芦山地区，再越夹金山回达维、懋功，向西北转移，至此张国焘南下方针宣告完全失败。

康（定）道（孚）炉（霍）甘（孜）战役

张国焘南下碰壁，广大指战员不满情绪日增，党中央不断批评教育和耐心等待，共产国际同意红军主力北上方针，张国焘不得不赞同北上方针。遂于 1936 年 3 月上旬发布了康、道、炉、甘战役计划。红三十军为方面军先头部队，翻越长年积雪、海拔 5000 米的党岭山。3 月 1 日占道孚，16 日占炉霍，3 月下旬向甘孜挺进，途经朱窝甘海子喇嘛寺，数百名喇嘛关门闭守，我军露营寺外，秋毫无犯。并派通事①进寺送信给头人，说明红军保护他们，请他们快派人骑马通知甘孜喇嘛寺头人。红军保护喇嘛和地区人民，请他不要逃跑，不要抵抗，烟火为号表示欢迎，红军即日可到。第3日，红三十军进住甘孜，刘文辉一个连投降，我军受到喇嘛和群众的欢迎。至4月上旬方面军已控制了东起懋功，西至甘孜，南达瞻化、泰宁，北连草地的广大少数民族地区。建立波巴依得瓦政府和地方武装。方面军进行整编、训练、筹集物资，迎接二、六军团共同北上。八十八师进住绒坝岔、方玉桥不久，德格白玉土司纠合千余人地方武装进攻绒坝岔，被我全歼俘虏后，向他说明红军政策，保护他们，提出只要以后同红军合作，放他们回去，枪、马也还他们。他们既感意外又很高兴，签订协定，互不侵犯，顺从甘孜。

方面军南下西进，往返雪山草地，连续进行战斗，减员很大，各连队要适应新的任务。方面军进行整编，有总部直属队、司、政、供、卫，红军大学，骑兵师，独立第一、二师，妇女独立团。部队编为六个军19个师，共四万余人，与南下时相比减员很大。这是张国焘分裂主义的恶果。6月6日张国焘在炉霍召开党的活动分子会议，宣布取消第二中央。张国焘九个多月的分裂党、分裂红军的活动终告失败，同时朱德，张国焘及方面军领导人复电党中央，同意北上。部队进行紧张的军事训练，如打骑兵，攻堡垒，夜战与强渡江河等，并积极筹集粮、盐巴、茶、牛、羊、帐篷、衣、鞋、袜等，人人动手捻毛线、织毛袜等，欢迎二、六军团会合北上。我也学会了织毛袜、毛手套。这时总卫生部派王友德、许德等同志来八十八师检查工作，帮助突击治疗伤病员和准备草地行军卫生、防预、医疗、保障工作。

6月3日二、六军团先头部队与方面军前往迎接部队会合，7月2日二、六军团集结甘孜地区，与红四方面军胜利会师，受到方面军和当

① 应为“通司”，藏语翻译。

地群众热烈欢迎，方面军赠送大批粮食、衣物慰问品，充分显示红军亲密团结。党中央电令二、六军团和红三十二军组建红二方面军，总指挥贺龙，副总指挥肖克，政委任弼时，副政委关向应。

二次北上　三过雪山草地　会宁大会师

6 月 25 日方面军决定分左中右路纵队和红二方面军共同北上，向松潘、包座进发。26 日方面军令李先念率八十九师和骑兵师，为先遣军经西倾寺先占阿坝，为后续部队筹备粮食、牛羊。左路军由四方面军第四、三十军和红二方面军组成，由朱德、张国焘率领，八十八师前卫。7 月 3 日从甘孜等地出发，经东谷寺、西倾寺、阿坝，向包座前进。沿途设有两处粮食及牛、羊供应站，补给后续部队。我们进到噶曲河边，探水不深，立即涉过彼岸露营。在毛儿盖通往班佑相会处，看到河对面山坡上有座帐篷，军首长令通讯骑兵班，前去看看是干什么的？说来也巧，还是前一年在毛儿盖给军首长带路当通司的老人，他正在这里挖药。一见面就认出来了，他问，你们要到哪里去？通讯员说从班佑到包座。他说可以不走班佑，有一条近路，快走一天可直达包座，比走班佑少走两天多的路。首长们大喜，请他再次为我们带路。老人欣然同意，我们报总部发现了近路。第二天 8 月 1 日红三十军八十八师突然进占上下包座地区，这样为方面军节粮省路，减少了损失。中路纵队由徐向前、陈昌浩率领，由方面军直属队，第九军、三十一军和四军一部分，及独立师、团组成，7 月 2 日从炉霍出发。右路纵队由董振堂率领，有第五军、三十一军一部。7 月 10 日从绥、靖、崇化地区出发。三路纵队于 8 月 5 日—12 日先后到达包座地区，为第二次北上取得决定性的胜利。方面军第三次过草地，虽然准备比较充分，但路程远时间长，长途跋涉近一个月才走出草地。严重的无粮断炊，以野菜、草根、皮带、牛、羊皮充饥，顶住了冰雪、寒风、暴雨行军和露宿饥寒的痛苦。道道险关被钢铁般的红军闯过来了。8 月 9 日前锋部队红三十军八十八师抢占天险腊子口，10 日攻占大草滩、哈达铺歼敌千余人，包围岷州。继续向北挺进克盐井、漳县、洮州、渭源等地区。击溃敌人毛炳文的阻击，俘敌一部直追到陇西城下，敌困守城堡不出。方面军部队在此稍息准备下一步行动计划。方面军卫生部长苏井观到我八十八师检查行军卫生保障和战伤救护工作，我们受到鼓舞和教益。

红二方面军到哈达铺后迅速东出向陕甘边界挺进，9 月 1 日克礼县，继克成县、徽县、两当，过渭河穿越西兰公路。1.3 万余人进入静宁、会宁地区。

9 月 30 日，红四方面军分作五个纵队先后由岷州、漳县地区向通渭、庄浪、会宁、静宁前进。10 月 2 日红一方面军部队攻占会宁城。8 日红四方面军第四军十师在青江驿、界石铺与红一方面军一军团胜利会合，9 日四方面军总指挥部率 33000 余人到达会宁城一带，受到一方面军热烈欢迎，他们还赠送了早已准备好的慰劳品。10 日会宁城内万众欢腾，举行了盛大的庆祝一、二、四方面军胜利会师联欢大会。在党中央直接领导下，广大指战员渴望已久的心愿实现了，结束了红四方面军历尽艰难险阻，转战一年零七个月（1935 年 3 月—1936 年 10 月）的长征。这是以毛泽东为代表的党中央正确路线战胜了张国焘的错误路线，是朱德、刘伯承、徐向前等领导同志，不断同张国焘斗争和广大指战员英勇奋斗的结果。胜利取得多么不容易，是无数革命先烈用热血换来的。我们敬爱的战友邱元信、韩家道、胡光基、刘友邦、吴应先等都先后牺牲在三过雪山草地中，他们为革命献出了青春。

选自王恩厚编著：《难忘的岁月》，中医古籍出版社1998年11月第1版，第52—66页。

王恩厚，1917 年生，湖北麻城人。1930 年加入中国共产主义青年团，1931 年参加中国工农红军，1933 年转入中国共产党。红军长征时任红四方面军第三十军八十八师卫生部长（医务主任）。新中国成立后，曾任第一军医大学校长、吉林医科大学校长兼党委书记、中国中医研究院党委书记等职。2005 年在北京逝世。

雄关漫道真如铁
——跟随红四方面军长征记

谢邦选

参加红军

1933 年 8 月，红四方面军来到我家乡，依托大巴山开辟川陕革命根据地。那年我 19 岁，参加了红军地方武装阆（中）、南（部）独立营。

参军后随独立营进山打游击，配合主力红军粉碎了敌人历时九个多月对苏区空前规模的“六路围攻”。到 1934 年 9 月，川陕根据地的发展进入全盛时期，红四方面军由入川时的四个师 1.5 万人发展到了五个军 11 个师八万余人。我也在战斗中成长，1934 年 3 月入党后相继被提拔为独立营的连长、营长。

强渡嘉陵江

1935 年 3 月，红四方面军为摆脱敌人、开辟新区、配合长征途中的中央红军北上，决定放弃川陕根据地强渡嘉陵江。转移前夕，我奉命率独立营 100 多位家乡子弟兵补充到红三十一军九十一师二七三团二营，我为该营书记。部队整编完毕，红四方面军携带地方武装、党政机关、医院学校、随军民夫等约十万之众，全军压向嘉陵江。至此，北起广元县，南至我的家乡南部县，沿江东岸我军部署了 28 个团准备强渡，而敌人调集了 53 个团扼守江防阻我西进。

我部强渡点选在苍溪县北的鸳溪口。3 月 28 日午夜，我九十一师奉命开到江边，只见江面涛声拍岸，对岸漆黑一片。这时，从塔子山下的树林里走出一队队肩扛木船的红军队伍，在夜幕的掩护下快速来到江边，放下木船随即登船悄悄划向西岸。西岸敌哨兵耐不住料峭的春寒，早已躲进哨棚里抽大烟去了。红军先头连乘着夜幕、借助风势，很快偷渡成功，登岸后又连摸三道敌哨，直抵敌军江防营部。敌军官兵正在抽大烟、打麻将，被突然闯入的红军战士惊呆了，乖乖做了俘虏。敌人发现江防出了问题，迅速组织反扑，并用火力封锁江面。徐向前总指挥立即命令塔子山上的我军炮兵和沿江几十挺轻重机枪一起向对岸敌阵地开火，同时命我九十一师开始强渡。我所在的二营分乘四条木船，在我军炮火掩护下与兄弟船队一起，冒着枪林弹雨，飞渡嘉陵江。渡江途中，不时有人中弹落水，我们不顾一切奋力划桨，船离岸还有七八米远，战士们迫不及待地跳入水中扑向岸堤。上岸后迅速向左右两翼的敌军反击，巩固了渡口扩大了战果。主力部队渡江后，我三十一军军长余天云又亲率我师沿江击溃川军一个旅，一举攻占敌江防重地火烧寺。

29 日这一天，红四方面军在沿嘉陵江 400 余里的江防线上全线强渡，与敌激战终日，歼敌万余，彻底粉碎了敌军的防线和反扑，胜利地渡过了嘉陵江。

血战剑门关

剑门关，位于剑阁县城东北的剑门山上，关口宽 20 余米、长 500

余米，两侧峭壁陡立，一条古道从两山夹缝中通过。雄关扼守着川陕大道，自古为兵家必争之地。川军邓锡侯，将其精锐三个团摆放在关山上下，构筑明碉暗堡，配备轻重武器，妄图借天堑阻挡我军前进。

4月2日，我九十一师和红八十八师强渡嘉陵江后直插剑门关下，从东、西、南三面包围了剑门关。此时，方面军副总指挥王树声亲率总部炮兵营赶来助战。2日中午，天降大雨，王树声一声令下，红军冒雨展开攻击。我九十一师在师长余家寿指挥下向关隘东侧敌军进攻，红八十八师在师长熊厚发指挥下向关隘西侧敌军进攻。不久两处敌阵地均被我攻占，只剩死守剑门关主峰阵地的敌人尚未解决。

守此主峰阵地的是邓锡侯的爱将杨倬云率领的一个团，其火力配备强又凭险顽抗，红军不宜集团进攻。王树声把我师预备队二七四团二营调上来，将攻打剑门关主峰的任务交给了该营营长陈康。冲锋号吹响后，在我军炮火和轻重机枪掩护下，陈营长率领全营冲向山隘，敌军见状拼死射击，由于地形不利，红军战士虽前仆后继英勇冲锋，终因兵力施展不开，伤亡过大退下关来。王树声叫来炮兵营长，命令他必须将炮弹打到敌军工事之内，压住敌人火力。陈营长再次组织冲锋，在我军炮火猛烈轰击下，红军战士奋力强攻，很快突入敌阵与敌人展开了肉搏战。王树声见二营得手，立即命令我团增援。我随部队一起呐喊着冲上山顶，一时间关山上下刀光剑影，“杀”声一片，战斗异常激烈。敌军被我红军大队杀得血肉横飞，死伤遍地，号叫着向后溃逃。我军紧追不舍。杨倬云见势不妙，手端机枪亲自督战，见到他的逃兵就扫。退到关隘内的敌兵无处藏身全都挤压在狭窄的关槽里，红军大队赶来，十几挺机枪一齐狂射，转眼间敌尸体填满了峡谷。杨倬云见大势已去，无颜逃命，转身跳崖自尽了，我军胜利地攻占了剑门雄关。

在这场战斗中，我的左大腿被子弹击穿，负伤后退出了战斗。

“南下是绝路”

1935 年 6 月 18 日，毛主席领导的红一方面军与红四方面军在四川懋功胜利会师。两军合兵一处，总兵力达十余万人。红四方面军主要负责人张国焘，不顾大局，拥兵自傲，公然反对中央北上抗日的正确方针，甚至在两军过草地的路上准备用武力胁迫中央。毛主席明察秋毫，果断率领党中央和红一、三军团万余人脱离险境，毅然北上陕甘与陕北红军会师了。

张国焘不听毛主席“南下是绝路”的忠告，一意孤行地自立伪“中央”，胁迫朱德总司令、刘伯承总参谋长和红一方面军五、九军团及数万红四方面军指战员挥兵南下，重返草地，企图在地瘠人稀的西康地区“发展”，使红军主力陷入空前绝境。

我伤好后到政治部地方委员会工作，主要任务是开创川西北根据地，先后担任过西康、大金军区司令部秘书、参谋和阿坝地区区委书记。但在整个川西北，高山穷谷、民贫地瘠、经济落后又多是少数民族地区，语言不通、风俗不同、民族关系复杂，根本不利于红军的生存和发展。我们的工作往往收效甚微，每到一地既无粮饷可筹，又无兵源可征，只能跟着方面军总指挥部不断地转移。

在一年的艰苦征战中，张国焘把齐装满员的红四方面军及部分中央红军，在川西北荒无人烟的草地雪山间拖来拖去，损失过半。到了 1936 年 7 月与红二方面军会师时，全军已不足四万人。

翻越大雪山

1935 年 10 月底，张国焘企图占领川西成都平原，开创根据地，命令全军翻越夹金雪山攻占宝兴。我随方面军总部来到夹金雪山下。我是第一次过雪山，而红一方面军五、九军团的战士已经是第二次翻这座山了，只不过那次他们是在夏季，这一次我们却要在入冬前翻山了。

这次过雪山，不必细说，缺医少药、腹中无食，许多体质不好的伤病员冻死在山上。

我军在成都至雅安间的百丈关与川军展开了近十天的激战。虽然红军英勇杀敌，歼敌 1.5 万余人，但自身损失也在万余人。由于红军长期没有补充和休整，两过草地翻越雪山的艰辛，使部队陷入极度疲劳；又因战略指挥上存在方向性错误，致使百丈关之战全面失利，红四方面军元气大伤，周旋数月，开创川西平原根据地的企图化为泡影。无奈之下张国焘只得命令部队再度翻越夹金雪山向川西更远的道孚撤退。

这一次，我随总部机关来到夹金山下，在一片树林前看到了红军史上极度悲惨的一幕：几百名不能行走的伤员将被遗弃在这片树林里。因为大家都清楚，这些伤员即使抬上雪山也会冻死。然而把他们留下也就是留给了后面的敌人，依然是条死路。树林里，不忍心丢弃伤员的战友和不忍心拖累战友的伤员，用泪水进行着最后的诀别。伤员们纷纷将自己的干粮、衣被送给即将上山的战友，战友们能留给伤员的却是一颗颗准备“最后时刻”拉响的手榴弹。看着战友们生离死别的悲痛场面，听着树林里传来阵阵绝望无助的哭喊声，我的眼在流泪、心在流血，怀着万分痛苦的心情默默地跟着队伍向雪山走去。

夹金雪山海拔 3700 多米，红军指战员凭着坚强的意志再次战胜了它。可谁能想到，在向道孚进军的路上，又有一座大雪山横卧在我们面前。这是红军长征史上遇到的最大最高的雪山了，它的主峰叫党岭山。党岭山海拔 5000 多米，顶天矗立，直插云霄。山上空气稀薄、气候多变，隆冬季节山上气温低于零下 30 度。部队在山下休整了两天，尽可能地准备了辣椒、生姜、青稞酒和干柴。为了赶在中午前翻越山顶（山顶每天下午有风暴），总部规定各部下午登山，在半山腰过夜，以便在第二天早上冲顶。部队进行了思想动员后，战士们身着单衣、脚踏草鞋、顶着寒风向陡峭的冰峰走去。

越向上走路越陡越滑，空气也越稀薄。爬夹金山时我还能挺过来自己走，但这一次山太高太大了，来到半山腰我已觉得喘不过气，头昏脑涨、四肢无力，在战友的搀扶下总算来到山上的营地。

晚上在雪山上露营，半夜气温骤降，狂风雪浪阵阵袭来。战士们无以遮挡，只能相互依偎着取暖。衣服冻成了冰桶，眉毛、胡子结满了冰，成百的战士被冻僵在雪堆里再也没有醒来。一夜未睡的我和战友们，第二天早上用雪掩埋了同伴的尸体，又随队出发了。当走到昨天前卫营露宿的山崖下时，又看到许多冻死的战友。我们围站在那些被大雪掩盖的遗体旁，默默地向烈士致敬，然后又迎着风雪继续前进了。就这样，红军战士以大无畏的英雄气概和团结互助的友爱精神，再一次战胜了大雪山。

三过草地

1936 年 7 月，贺龙、任弼时领导的红二、六军团长征来到川西北和红四方面军会合，迫于形势，张国焘不得不撤销自立的伪“中央”，同意与二方面军共同北上。听到这个消息，全军上下一片欢腾，大家都为再过草地做着各种出发前的准备。

我当时任阿坝地区区委书记，主要任务是协助总部兵站筹备粮草。一天，我来到兵站找站长吴先恩商量事。一进兵站院门就看见朱德总司令正在听吴先恩汇报工作，见我进来，朱总司令招招手示意我也来听。吴先恩汇报完后，朱总司令问他：“兵站有多少伤员？”“六百多个。”吴先恩回答。“有多少担架？”总司令又问：“二百副左右。”吴先恩又回答。“没有担架的伤员怎么办？”吴先恩听了总司令的问话，难过地低头不语了，朱总司令见状提高了嗓音严厉地大声对吴先恩说：“这次我们决不能丢掉一个伤员，一定要把他们全部带出草地！”吴先恩为难地抬头看着总司令。朱总司令又问他：“你有多少骡马？”“二百多匹，是用来驮运武器、弹药和物资的。”吴先恩回答。总司令想了想说：“你把这些牲口全部用于驮运伤员，只要不是粮食，其他武器、物资统统丢掉，现在人是最重要的。缺少的牲口，我打电话从各部队抽调，我自己也抽一匹马给你们，一会儿送来。”“这怎么行！没有总部的命令，您的马我们不能收。”吴先恩有些着急地说。“就这样定了，这是命令，必须执行，我是红军总司令！”说完，朱总司令大步向院门走去。我和吴先恩听了朱总司令的教诲，深深地为这位“红军之父”爱兵如子的精神所感动，钦佩之余一起举手向他敬礼，目送他远去的身影。

7 月中旬，四方面军在前，二方面军在后，五万多红军大队向茫茫草地进发。对于草地我并不陌生，已经走过两回了。前两次过草地时艰难困苦的历程，战友牺牲的场景还都历历在目。而今我们又要踏着烈士的遗迹，冒着风雨寒冷、饥渴泥泞的折磨第三次跨越它。虽然这次有些经验，做了准备，但由于这次穿越草地的路途更远（600 余里），时间更长（全军历时月余），所筹集的粮食远远不能满足大军的需要。进入草地后不久，部队还是遇到了严重的困难，指战员们不得不再次以野菜、草根以及皮带、牛皮充饥。行军沿途，不时见到因伤病冻饿而死的战士遗体。一天，在过一条小河时，前面的人看到对岸有人背靠背地坐在那里一动不动，觉得奇怪，等我们过河后才发现有70余位战士因冻饿集体困死在河边，只发现一个小战士还有点气，我们大家轮流背着他走了两天，但终究未能把他活着背出草地。

走向胜利

1936年9月，部队走出草地，攻克腊子口，在岷州、兆水、陇西间向敌人发动进攻。激战月余，取得胜利，获得长征中第一次补充休整的好时机。红三十一军在新任军长肖克（原二方面军六军团军团长）指挥下攻克渭源进入休整时，我有机会回我的老部队九十一师二七三团二营看看。见到他们时，从营长到战士，全营不足百人，没有一个是我认识的，想想一年前我带独立营100多个家乡子弟踏上长征路，走到今天我成了唯一的幸存者，心里悲痛万分。但是，我们这支英勇善战，不畏险阻，不怕牺牲的英雄部队，从长征开始至此，历时19个月，转战一万多里，途中战胜了凶恶敌人，战胜了雪山草地，战胜了千难万险，终于胜利地踏上了进军陕北的最后征途。

1936年10月22日前后，红一、二、四方面军三大主力红军在甘肃的会宁、静宁地区胜利大会师。从此，中国革命在党中央、毛主席的英明领导下掀开伟大的新篇章。

选自国务院机关老干部活动中心编辑:《永远珍藏的记忆》, 2007年, 第43—50页。

谢邦选，1914年生，四川南部人。1933年参加中国工农红军，1934年加入中国共产党。红军长征时任红四方面军第三十一军九十一师二七三团

二营营部书记，四川省长胜、恩阳县第四路指挥部参谋，西康中阿坝第一区委书记甘肃省漳县军事部参谋、秘书等。新中国成立后，曾任全国供销合作总社生产局副局长、北京市手工业管理局副局长、全国手工业总社监事会副主任、国务院机关事务管理局副局长、全国政协委员等职。2005年在北京逝世。

漫漫长征路①

岳仲连

1932年底，中国工农红军第四方面军在鄂豫皖革命根据地遭几十万国民党军队的疯狂“围剿”，历经艰苦卓绝的战斗，被迫撤离大别山，离开根据地，转战数千里，突破重重包围，战胜前堵后截的敌人，一路披荆斩棘，跋山涉水，历经艰险，浴血奋战，到达我的家乡大巴山下的川北地区。

红军到来后，发动群众打土豪，斗地主，开仓放粮，分田分地，禁绝鸦片，建立苏维埃政府，消灭土匪和反动会道门，建立起了以通江、南江、巴中为中心的革命根据地，在轰轰烈烈的土地革命运动中，百万工农齐踊跃，广大群众过上了当家作主的生活，从心底里感谢共产党，感谢红军，充分认识到红军是穷人自己的子弟兵，是带领广大劳苦大众求翻身，得解放的队伍，为巩固和保卫革命成果，大批青少年加入到红军的行列，很多家庭父送子、母送儿，妻送夫、兄弟相争参加红军。当时不足14岁的我参加了苏维埃政府儿童团，经过一段时间训练，转入红军正规部队，在三十军八十八师二六三团三营九连当战士。随着革命斗争如火如荼地发展，红军队伍不断壮大，建立起了以川北，陕南为中心，幅员广阔，土地肥沃，人口众多，物产丰富，地势险要的川陕革

① 编辑时原文略有删改。

命根据地。大巴山下革命运动声势浩大，发生了翻天覆地的变化，根据地进一步发展和巩固，四方面军兵员和战斗力也有了很大提高，波澜壮阔的革命洪流，引起了国民党反动派的无比恐慌，面对星星之火，可以燎原之势，以田颂尧为首的四川军阀纠集了几十万川军对根据地疯狂围剿和进攻，在徐向前总指挥的领导下，红军经过殊死拼杀，英勇战斗，取得了辉煌胜利。为妄图歼灭红军，蒋介石又委任刘湘为剿总司令，调集国民党嫡系部队胡宗南入川“会剿”。对红军形成层层包围之势，经过近两年血与火的残酷战斗，红军消灭了大量敌人，我们自己也损失不少。由于连年战争，原本富庶、给养充足的川陕革命根据地受到严重创伤，土地荒芜、粮食缺乏、人口减少、群众大量逃亡，加之国民党反动派继续调兵遣将，疯狂“围剿”，根据地难以支撑局面，同时为了策应北上的中央红军，总部决定放弃川陕革命根据地，突破嘉陵江，向川西进行战略转移，红四方面军由此开始了第二次长征①。

为了给四方面军战略转移打开通道，首先必须要强渡嘉陵江。嘉陵江沿岸敌重兵把守，强渡嘉陵江的任务由我三十军八十八师承担。三十军是四方面军的主力军团，政委李先念，代军长程世才，八十八师又是三十军的主力师，长征路上经常做为先头部队逢山开路，逢河寻桥，遇敌战斗，军首长经常随八十八师行动，师长熊厚发，政委郑维山，他们都是20多岁的优秀指挥员，且有智有谋，英勇善战。具有丰富的指挥经验。八十八师辖三个团，在川陕革命根据地保卫战中，战功卓著、屡建奇功,以不同作战优势和特点而闻名全军,二六三团荣获“守如泰山”称号。1935年初，军部命令我所在的二六三团为渡江先锋团，接受渡江任务后，在广大群众的大力支持下，我们砍树造船，夜间乘船航渡演习，一切准备就绪后，于初春的一个晚上发起战斗，深夜里部队开始上船渡江，敌人发现后疯狂扫射、炮轰，我们以强大火力还击。在兄弟部

① 有些四方面军的老同志，把1932年10月红四方面军撤离鄂豫皖的行动，称之为第一次长征——编者注。

队炮火掩护下，经过英勇战斗，殊死拼杀，突破了敌人重兵设防的“天堑”嘉陵江，抢占了滩头阵地，并向纵深发展，先后攻克平武、北川等很多县城。通道打开后，部队向川西、甘南方面转移进军。1935 年 6 月，军政委李先念带领我们八十八师在四川夹金山下的懋功和中央红军会师，当看到远方过来的中央红军，我们欣喜万分，振奋不已，跑过去拥抱相泣，欢呼雀跃，中央红军和四方面军都是在敌人重兵“追剿”，围追堵截，经过英勇奋战，突破重围，以重大伤亡的代价换得了会师的胜利。我们高兴的心情是无法比喻的，想到和中央红军会合后力量强大了，同时有以毛泽东为首的党中央领导，我们的革命一定会取得胜利。

两路大军会师后，由于川西藏区人烟稀少，粮草奇缺，有的地方青稞未熟就吃光，主要靠买来的牦牛和挖野菜度日，为了摆脱困境，以党中央的部署，我们八十八师在军政委李先念、代司令员程世才率领下，执行北进的任务，从懋功出发，经卓克基、芦花、黑水到达毛儿盖。在毛儿盖打了一仗，消灭了胡宗南的一股守敌，又走了好几天，过了一条水流湍急的河，到达包座。在上、下包座打了两个漂亮仗，消灭了胡宗南的两个团，敌师长负伤跳河，还活捉了两个团长。这一仗打得十分激烈、残酷，敌人一颗子弹穿过斗笠而我侥幸未受伤，战斗到最后，敌我双方混战在一起，我们就展开肉搏战。那时候红军干部战士每人一杆枪、一把系着红缨的刀，近距离战斗主要用刀砍杀，为一个山头往往要争夺好几次，从白天打到晚上，敌人主力终于被歼灭。我们一部分红军战士穿上俘虏的衣服，扮成国民党军，在远处山沟里点起火，打散了的敌人以为是他们自己人，纷纷朝火堆里跑，全被我们抓了俘虏。包座战斗缴获了大批武器、弹药、粮食、牛羊马匹和其他物资，大部分送给了兄弟部队，红军战斗力和生活条件有了很大提高和改善，如果继续向北发展，我们会取得更大的胜利。谁知，由于张国焘错误路线的影响，四方面军和中央红军会师后又分手，中央红军北上，而四方面军南下。

南下路上要过草地，茫茫草地，一望无际，草美花香，鸟飞雀跃，十分好看，但美丽的草皮下面有吃人的陷阱，人马行进，稍有不慎，一旦陷进去是很难拔出来的，而且随时都有暴雨、冰雹袭击，在草地上经常能看到牺牲了的红军战士，那场面，那情景真惨啊！有的陷进草地只剩下伸出来的手和枪；有的是拼命向前爬的形态，有的互相靠着，再也无力起来，而将枪紧紧地抱在怀中……我们都流泪了，看到战友未死在敌人枪口下，而倒在茫茫草地上，他们都是来自鄂豫皖，大巴山的穷苦人子弟，为了革命事业，为了建立一个新中国，牺牲在草地上，怎能不令人心痛呢？经过十来天的行军，我们终于战胜了难以想象的困难，走出了草地。

为了阻击红四方面军南下，防止攻破成都、雅安，国民党纠集薛岳、刘湘、邓锡侯等几十万人马拼死堵截和抵抗，我所在的八十八师打了很多漂亮仗，多次受到总部的嘉奖，但是由于总体路线方针的错误，加之敌人数量、装备大大强于我军，在天全、芦山、百丈大战中，敌人天上飞机轰炸、地上炮火轰击，成营成团地冲锋，在十来天血与火英勇惨烈的拼杀中，消灭了敌人大量的有生力量，敌横尸遍野，血流成河，农田的水都变成红色的了。我军伤亡也惨重。后来我团退回名山一个竹林里，因为几天苦战未合眼，在瓢泼大雨中我竟昏睡过去，飞机来轰炸就是睁不开眼，一颗弹片击中腹部而负伤倒地，在军医院做手术时大夫说："这小家伙命大，肠子都能看见而未丧命。"休养一段时间恢复得差不多了，我又上了战场。

面对敌人步步紧逼，拼死抵抗。南下成为无望之势，在朱德、徐向前等首长的坚持劝说下，张国焘不得不放弃南下主张，重新北上。我们三十军做为先遣部队又踏上开路的征程，和尾追的敌人打了几仗后便过草地、翻雪山。二过草地是沿着原路返回，由于长时间的残酷战斗，食物缺乏，战士们体力都很差，不少同志牺牲在草地上。我们在西进、南下、北上途中多次翻越雪山，大的是红桥山、夹金山、折多山，雪山终年积雪，气候严寒，空气稀薄，呼吸困难，经常有暴风雪和雪崩，强光刺激易得雪盲，看不见东西，山上还不能说话。翻越雪山，十分艰苦。但只要天气适宜，准备充分，一座雪山一天就可翻过，越雪山虽苦不堪言，但红军没有太多的伤亡。

1936 年初，我们先遣部队到达川西丹巴，我被调到二六八团给团政委当公务战士，后到道孚、炉霍一带，为在藏区做群众工作，宣传红军的政策和征集给养方便，三十军成立了藏语训练班，我读过六年私塾，在红军战士中还算是能识文断字有文化的人，再加上年轻、灵活，被调到藏语训练班任班长，隶属军政治部（政治部主任李天焕）。从这时起，到西征至一条山调骑兵团近一年时间里，我直接在政委李先念等首长的身边工作和战斗。为学好藏语，军部请来还俗的喇嘛当通司（翻译），给我们教一般生活及宣传用语，讲藏民的宗教信仰及生活习惯，其他时间就和政治部下属的宣传队到部队和群众村落搞宣传、刷标语。红军政治宣传工作抓得紧，威力大，在那困难、艰苦的环境里，歌声总是鼓舞着我们战胜困难，英勇前进，歌声总是激励着我们斗志旺盛，团结一心，英勇杀敌；而且政治部的秀才们随不同的战斗任务，不同的作战对象很快编出通俗好唱、易懂好记、容易理解和落实的歌曲，我们学会后分头去部队教唱，一些歌曲至今记忆犹新。

过草地歌

行、行、行、草地中大齐劲，
不怕困难，奋勇地向前进，
要发扬刻苦耐劳的精神最要紧，
要时刻准备打骑兵，
我们百战百胜。

过雪山歌

雪山草地，可以战胜，
为了消灭当前的敌人，
不怕一切困难和牺牲。

我们坚决前进、前进、前进、进！
红色战士，艰苦奋斗，
为了战胜当前的敌人，
不怕一切困难和牺牲。
我们坚决前进、前进、前进、进！

打骑兵歌

指挥员和红色战斗员们，
努力学会打骑兵哪，
第一个基本原则
要沉着固守、勇敢坚定，
利用地形和他拼。
指挥员和红色战斗员呀，
骑兵来了不怕它呀，
要确实相信自己手中的武器。
投手榴弹，用刺刀杀，
乒乓、乒乓、乒乒乓。
打垮他来消灭他。

从丹巴、道孚、炉霍到甘孜走了好几天，草原上没人烟，偶尔能见到藏民用牛粪砌成的房子。有一天我们行军到一条河边，河水清澈湍急，首长命令宿营，派一个营警戒，一部分去上山打柴、挖野菜，在半路突遭藏兵袭击，看此情形，我鞋都来不及穿，利用河谷、山包做掩护，跑回军部驻地，政委从望远镜看到敌我已混战在一起，便令机枪朝天扫射，藏兵听到密集的枪声，吓得一声呼哨，四散逃走。对付藏兵上级要求只要不危及红军安全和生命，一般不用枪炮消灭。尽量用政策宣传感化，让他们知道红军不杀人、不放火、不抢老百姓，是穷人的队伍。有的反动土司率藏兵袭击红军后，往往龟缩在寺庙里，遇到这种情况，我们经常是围而不打，喊话宣传，更不用炮轰，避免寺庙被毁，引起藏民误解。

川西草原河流很多，在一次行军途中，先头部队过了河，水突然上涨，后续部队过不去，观察几回仍不见水位落，我们一些战士便上山打猎、挖野菜，在一个山梁下发现有数不清的牦牛、羊群，有藏兵看护，一看便知是土司、牧主的畜群，我们高呼："阿老—红军牙木来"（红军好得很）、"阿老—红军牙木萨"（红军不杀人），一个骑着青马的头目十分嚣张，命令藏兵开枪，红军有些同志负了伤，迫不得已我们击毙了头目及击伤一些藏兵后，他们四散逃走，我们将好几千头牦牛、羊群做为战利品赶了回来，解决了饥饿的大问题。李先念政委安排一部分送给了兄弟部队，一部分由部队放牧看护，准备慰问即将到来的二方面军，那段时间，牛羊很多，但也不能多杀，一个连分配几头，几天吃一头都有规定，肉及内脏吃完后，骨头熬汤喝，牛皮割成块带上，以解决以后的饥饿。

部队到达甘孜后，由于国民党军队对藏族群众的残酷压榨、剥削和杀戮，他们对汉人有很深的成见和仇恨，他们更不知道红军是为了穷人翻身解放打天下的队伍，很多喇嘛和群众跪在地上诚惶诚恐地喊"卡珠、卡珠"（告饶，求情），我们通过翻译宣传红军保护藏民不杀人，买卖公平，不拿群众一针一线的纪律，宣传红军尊重藏民风俗及宗教自由，宣传保护活佛、喇嘛及寺庙的政策，他们看到红军和过去的队伍大不相同，才对红军有了全新的认识，把我们称为"红汉人"。在甘孜建立了苏维埃政府，还和藏族群众举行过盛大联欢活动。由于我们宣传工作好，严格执行纪律，从活佛到僧俗群众对红军十分友好，主动卖给我们青稞、酥油、盐巴等，那段时间部队得到较好休整，方面军总部驻在土司衙门，三十军军部和总部相距不远，当时正值鲜花盛开季节，草原上芬芳清香，景色十分迷人。甘孜气候较好，比较富足，部队买回了很多羊毛，要求每个战士织一双手套或一双袜子，用来慰问即将到来的二方面军，由于自己年龄小，不会打毛线，就洗羊毛，捻毛线。1936 年 7

月初，红二、四方面军终于在甘孜会师了，我们赶着慰问的牛羊、抬上织好的手套、袜子等慰问品，不少战士都感动得哭了，我们像久别的弟兄重逢一样亲切，拥抱、跳跃、欢呼、倾诉战斗的历程，憧憬美好的未来，那场面真令人激动啊。二方面军从湘西出来，经过长途跋涉，艰苦征战，伤亡也很大，每人分了一双手套、一双毛袜，很多战士舍不得穿，留着做纪念。

四方面军在甘孜会师后，部队在此休整的时间较长，有一段时间在三十军政治部我和黄火青同志住在一起，他经常给我们讲苏联十月革命的故事，教唱苏联歌曲，还经常说“乌拉！乌拉！”由于藏区云集数万大军，使得粮食给养十分困难，同时在中央的指示和朱德、任弼时、贺龙、徐向前等首长的坚持下，张国焘同意继续北上，令三十军为开路先锋，为北上会师打开通道。于是我们就第三次过草地，由于藏族群众的大力支援，食品、给养和物资准备充分，还有帐篷，在草地上宿营，绵延数里，十分壮观。再加上有前两次过草地的经验教训，从路线选择、宿营、伤病员照料，掉队人员收容，紧急情况处理，各部队互相联络和照应都精心安排，当时虽是六七月份，仍然寒气袭人，经常有暴风雨和冰雹。茫茫草地上一眼望不到边，从甘孜出来走了三天没人烟，后来断了粮，我们只有挖野菜、嚼草根、啃树皮、杀战马来充饥，有的人甚至中了毒而牺牲。第三次过草地旱草地较多，没有前两次艰难危险，伤亡也不太多。长征路上，作为一名红军战士，不明白为啥中央红军和四方面军会师后友好的气氛突然不见了，中央红军北上，而四方面军南下；南下失利后战士们情绪很不好，二、四方面军会师后，我们希望再也不要分开，那时候我们也不知道中国版图有多大，就知道中央红军在北面，延安在北面，每当朝西走时，因越来越荒凉，给养又困难，战士们普遍情绪低落，甚至发牢骚，但向北、向东走时情绪普遍高涨，虽然虚弱消瘦，衣服褴褛，但为了北上抗日和中央红军会师，个个斗志昂扬，意气奋发，表示再大的困难也能克服，再凶顽的敌人也能消灭。

经过 40 多天行军，部队经阿坝、包座、俄界，越岷山，向甘南进军，路上经常有躲在山林里的土匪和藏兵冷枪和飞石袭击，我们拉开距离行军，尽量不和他们纠缠，8 月初到达腊子口。腊子口附近悬崖峭壁，地势险要，真有一夫当关，万夫莫开之势，那么险要的地形，而且敌人重兵把守，也被一方面军兄弟部队攻克了，我们感到无比敬佩。攻腊子口是八十八师在晚上偷袭成功的，敌军约一个连的部队防守，没有打恶仗敌人就四散逃走，这是因为头年攻腊子口被一方面军兄弟部队打怕了，知道了红军作战的无比神勇。部队到达岷县三十里铺进行了整编休整，军部将藏语训练班撤销，并入政治部警卫排，我任班长。当地群众由于受头年红一方面军的影响，知道红军是穷人的队伍，纪律严明，买卖公平不扰民，因此对红军很友好，也没有外逃的，还帮助我们买来了豆面及其他杂粮、土豆、盐巴等食物；这是断粮多天后第一次吃的五谷，豆面糊糊那香味真是难忘啊！部队规定每人只能吃一碗，不能多吃，怕过分饥饿的肠胃被撑坏，待适应后再吃。我们在三十里铺休息了几天，换了草肚子，吃到粮食和盐巴的红军战士体力恢复了许多，部队首长做了战前动员，讲了攻打二郎山，解放岷县城，为北上会师扫平障碍、打开通道的意义，我们高呼“拿下二郎山，解放岷县城，消灭鲁大昌”，向岷县进军，部队包围了岷县城，向二郎山发起攻击。

二郎山在岷县城南，作为县城的屏障，居高临下，能将城内一切尽收眼底，国民党陇南军阀鲁大昌为阻击红军北上，防止县城攻破，在二郎山及附近山头上筑有 13 个碉堡，并挖数条战壕派重兵把守，攻打二郎山的任务由八十八师担任，由二六五团主攻，二六三团、二六八团助攻。战斗是晚上打响的，后半夜还下起了雨，我们一部分从山上包抄过去，一部分正面佯攻，敌人做梦也没想到红军晚上冒雨实施突袭，红军战士个个如猛虎向山上冲，快到天亮先后攻下九座碉堡，消灭了许多敌人，我红军战上也伤亡不少，当准备向最后四座碉堡发起攻击时，军首长考虑到地形不利，同时三十军没有在岷县长驻的任务，主要任务是为了北上会师打开通道，于是命令停止攻击，撤离战斗，许多俘虏主动要求参加红军，作为先头部队，再未攻打岷县城，继续向北进军。

长征到漳县，军部驻在盐井镇，我随政委李先念、政治部主任李天焕是晚上赶到的，这个地方十分热闹，店铺很多，水熬盐味道十分有名，我们住在盐井镇西南一个村子里。一天国民党飞机来侦察，我们躲到百姓果园里，后军部组织部队集合，说群众反映有人偷了苹果，凡是进了果园的出列，经查，一个和我一般大的小战士包里有 20 多个苹果，他是八十八师政委郑维山的警卫员，他说："师政委行军打仗很辛苦，而且受过伤，身体不好，给政委补补身子，自己一个也没吃。"后竟然以违纪犯律将他枪毙了。师政委郑维山抱着小战士泪流满面地说："跟我爬雪山，过草地都活过来了，为了 20 来个果子丢了命，我对不住你呀"。多好的小战士，几十年来我一直为他痛心和鸣不平。唉！那时候红军的纪律严得很啊！

到陇西后，三十军驻在首阳镇、菜子河一带，过菜子河翻一座山是王家垭，这个地方有一古迹景观十分奇异，在一棵几个人抱不住的树干上修建一小庙，树上还滴水，当地老百姓说，这"神水"能治百病，十分灵验，小庙香火不断。我们在这一带住的时间较长，成立了苏维埃政府，打土豪，分田地，深得广大百姓拥护。群众说，距王家垭 40 多里有一姓蔡地主，其儿子在国民党部队当营长，家里有团丁并有不少枪。一天，政委李先念带着部队和警卫排战士去缴这个地主武装的枪，留下我、杨干事和一炊事员看护营地及仓库里的给养。夜间，摸来了一伙土匪，砍死了放哨的炊事员，我们惊醒后奋勇还击，这些土匪是看到红军缴获的物资多，是来抢东西的，我们两人在戏楼居高临下，声东击西，予以还击。打死、打伤好几个土匪，到天麻亮，他们四散逃走。第二天，李先念政委他们回来后见我们保住了仓库的物资给养，表扬了我们，还开玩笑说，怎么没把"小芝麻壳"杀掉（因我脸上有雀斑起的绰号）。为防止土匪再来，我们背石头、修工事，中午李政委写一封信要我送到菜子河，我问政委“这一带土匪很多，跑不过去怎么办”，政委说“万一被抓住，先把信吃掉”。我翻山、越岭、过河，在一山腰上听见枪声四起，原来是我军侦察连和土匪遭遇了，土匪被打散后，我将信交给侦察连长，完成任务回到驻地。

后来在通渭华家岭打了一仗，缴获了敌人的几辆汽车。快到会宁有个二十里铺，首长在大会上讲快要和中央红军会师了，要我们洗洗，收拾一下，以饱满的精神和中央红军会师。我们高兴得不得了，撤离川陕根据地两年来，三次过草地，多次翻雪山，转战南北，克服了难以想象的困难，吃了难以想象的苦，那么多战友倒下去了，我们终于取得长征的胜利，将要和中央红军会师，怎么能不高兴呢？洗头洗脸后，群众要求把水收集起来再用，才知道这一带常年干旱，水十分金贵，首长开会要红军战士十分珍惜水，不要多用乱倒，不要因此影响和群众的关系，由于我们严格执行了纪律，群众很满意。

1936 年 10 月 10 日，我们怀着无比喜悦的心情在会宁实现了和中央红军的会师，在会宁城下，战士们纵情欢呼，热情拥抱，热泪盈眶，共同庆祝中国工农红军第一、二、四方面军胜利会师，庆祝万里长征胜利结束，庆祝中国革命新阶段的开始。那激动振奋的情景一辈子也忘不掉啊！（彭明整理）

节选自中国人民政治协商会议四川省南江县委员会编：《南江文史》第13辑，2004年12月，第80—94页。

岳仲连，1918 年生，四川南江人。1933 年参加中国工农红军，1936 年加入中国共产主义青年团。红军长征时为红四方面军第三十军八十八师二六三团战士，第三十军政治部藏语训练班班长、警卫排班长。新中国成立后，曾任甘肃省玉门市政协委员。

二、强渡嘉陵江

川陕边区

王新亭

反敌三路围攻

1932 年 12 月下旬，我红四方面军翻越大巴山后，趁敌人后方空虚，决定兵分三路，夺取通江、南江、巴中。川北的通、南、巴地区，背靠巴山南麓，俯视川东盆地，物产丰富，地势险要，易守难攻，是个战略要地。

12 月 25 日，我十二师先头部队出敌不意，首先攻占通江县城。这是不大的一座偏僻山城，千余户人家。三面临山，一面傍水，四周环有相当坚固的城墙。红军首次进入通江，影响巨大。我军态度和蔼，买卖公平，秋毫不犯，军纪严明。先头部队入城，怕惊扰百姓，晚上都露宿在街道两旁的屋檐下面。屡遭军阀部队蹂躏的川北群众，从未见过这样好的部队。群众一传十，十传百，纷纷集聚在街头路边，打着小旗子，端着茶水，欢迎红军的到来。

1933 年 1 月下旬，我军攻克巴中县城。紧接着于 2 月 1 日解放了南江县城。

红四方面军入川仅一个月，就歼敌三个团，击溃敌八个团，解放了通江、南江、巴中三座县城及周围的大部分地区。从此，以通、南、巴为中心的川陕革命根据地开始形成，取得了立足点。川陕边区是我军较理想的建立根据地的地方。我们在川陕边区坚持了两年多，一面打仗，一面做群众工作。部队又得到了大发展。

1933 年 1 月，蒋介石委任田颂尧为川陕边区“剿匪”督办，并令其迅速“进剿”红军。田颂尧随即在成都宣布就职，将嘉陵江以西的部队大部东调。二月中旬，完成了对我根据地进行三路围攻的兵力部署。

反敌三路围攻的战役，从 2 月中旬开始至 6 月中旬结束。历时四个月，分为：收紧阵她、相持对垒、收紧阵地、战略反攻等四个阶段。

2 月 18 日至 3 月 18 日，为作战第一阶段。

2 月 18 日，田颂尧、孙震令其所属左、中、右三路纵队，向我发起全线进攻。

我军的防御战线长，兵力少，武器弹药不足，不宜与敌人持久对垒。为诱敌深入，我们边打边撤，逐步收紧阵地。2 月 28 日，我十一师主动放弃通江的重要据点长池，转移阵地至八庙垭地区。3 月 8 日，我十二师撤离巴中县城，收紧阵地至清渡一线。3 月 18 日，我军放弃南江县城。在此期间，杨森、刘存厚也趁火打劫，各派出一部兵力进犯我侧后阵地，均遭我迎头痛击，后溃退。

这一阶段作战中，我军先后歼敌近 8000 人，给进攻敌人以沉重打击，达到了迟滞和消耗敌人的目的。

3 月 19 日至 4 月 25 日为作战的第二阶段。

我军主力撤到新的防御阵地后，积极准备迎击敌人的进攻。敌人这时也停止进攻，就地休补，准备发起更大的攻势。于是，战场形成对峙状态。利用这一有利时机，我们进行了休整训练，开展战场练兵和冷枪冷炮杀敌运动。加强政治工作，树立持久作战的思想，克服急躁情绪。开展瓦解敌军的工作。向群众进行宣传工作，坚定斗争的信心。扩大运输队伍，增强运输力量。我军抓紧时机进行了上述工作，为战局的胜利发展，创造了有利条件。

4月26日至5月中旬为作战的第三阶段。

敌人经过一个月的休补，部署就绪，4月26日，又向我发起了强大攻势。前沿阵地一片硝烟火海，敌军数倍于我，攻势猛烈，我前线部队承受的压力极大。上级决定,再次收紧阵地,放弃通江县城。这时候，我军战略退却到了终点，收紧阵地，也紧到了极限。我军主力集中在方圆不到百里的空山坝地区，像一只缩回的拳头，握得紧紧的，准备随时给敌人以致命的打击。

5月15日至6月15日，为作战的第四阶段。

我军的节节抗击，逐步退却，造成敌人两个致命弱点。一是大兵团深入到密林峡谷，回旋余地小，兵力展不开，易遭杀伤;二是减员大增，疲劳加剧，补给困难，士气沮丧。当然我处境也很困难，主要是部队太集中，粮食不够吃，靠挖野菜、竹笋、胡豆充饥。

上级决定，以敌左纵队13个团，作为反攻的首要打击对象。5月20日晚，我十一师秘密插入敌侧后。21日拂晓前，方面军总部下达了总攻击令。我军一万多部队，将敌左纵队13个团大部，包围分割在余家湾、柳林坎地区。经三昼夜激战，全歼敌七个团，击溃六个团，毙伤俘敌旅参谋长李汉诚以下官兵近5000人。

从5月26日至6月15日，我军连克南江、通江、巴中、江口等地，前锋逼近仪陇、广元、苍溪县城，胜利结束了反三路围攻战役。

这次战役历时四个月，我军共歼敌2.4万余人，缴长短枪八千余支、机枪200余挺、迫击炮50余门。田颂尧多年经营起来的实力被打掉三分之一。蒋介石一怒之下，下令把这位川陕“剿匪”督办的头衔给罢免了。

四个月的反围攻斗争，大大提高了群众的阶级觉悟和胜利信心，革命热情空前高涨。一些农民在高山深谷中发现窝藏的地主、反动分子、散兵游勇，都捆起来送政府惩办，敢于向土豪劣绅作斗争。踊跃缴纳公粮，积极参加红军等。以通、南、巴为中心，包括苍溪、广元、仪陇、万源等一部分新区的川陕革命根据地，面积达三万平方公里，人口超过200万，进入了一个巩固和发展的新时期，到处呈现出欣欣向荣的景象。

这时，我从十师三十团调到十二师当政治部主任。由于部队发展很快，到1933年7月间，十二师扩编为九军，我就担任九军政治部主任。我在九军工作时间较长，军长是何畏，政委是詹才芳，副军长是许世友。

部队扩编后，我就忙着抓红九军各级党的组织和政治机关的建设。筹划出版红九军的小报《不胜不休》，主要对象是战士。记得在这个小报的报头上还印有“红九军全体红色战士小报”的字样。

三次进攻战役

1933年7月，蒋介石委任刘湘为四川“剿共”总司令。田颂尧、杨森、刘存厚等军阀，慑于红军声威，各坐巢穴，互相观望，不敢轻举妄动。为巩固和发展川陕根据地，我方面军抓住这一有利时机，从8月中旬至10月底，在徐向前指挥下，先后发起了三次进攻战役，即仪（陇）南（部）战役、营（山）渠（县）战役、宣（汉）达（县）战役。

仪南战役从8月12日开始，至27日结束，历时半个月，我们红九军在仪南战役中担任主要突击任务。

8月12日，我军全线出动，发起进攻。我们第九军兵分三路，直指仪陇。右路在尹家铺打了个遭遇战，击溃敌一个团，歼敌200余名，余敌逃向阆中。左中两路进展顺利，当天就包围了仪陇县城及其周围据点。仪陇是个山城，朱总司令的故乡。县城建筑在高山顶上，城墙坚固，不太好攻。县城外围据点，居高临下，都筑有坚固的防御工事，守敌并不多，总共只有两个多团的敌人。我们是八个团，兵力占绝对优势。但是，敌人占据有利地势，有坚固的城墙、工事作屏障。这次山地攻坚战，比较费劲，经过一个星期的连续苦战，才将城周围据点全部攻克，共歼敌一个团。

8 月 22 日，第九军向县城发起总攻，不到半日，就攻进了县城。县城后面的全城寨是有名的天险，敌人一个多团退进那里据险顽抗，很难啃。第二天又激战一天，才将守敌全歼。仪陇县城解放后，我派九军政治部的政工人员张贴标语，其中有一条标语是："朱总司令是仪陇人！"群众争相观看，影响很大。

我们攻克仪陇后，右路指向阆中，中、左两路迅速向南部地区挺进。四天之内，我们九军即将嘉陵江东岸的南部盐区全部占领。在地方党配合下，发动盐井职工继续生产，并开凿了一些新盐井，基本上解决了根据地吃盐的问题。

为时半月的仪南战役，共歼敌 3000 余人，解放了仪陇及其大部地区。尤其是将南部产盐地区全部占领，意义更为重大。部队经过实战锻炼，提高了山地作战的能力，为今后作战创造了良好的条件。

为解除杨森部队对我川陕革命根据地的威胁，方面军于 9 月 22 日，发起营（山）渠（县）战役。根据徐总的命令，我们第九军于 22 日隐蔽地插入敌后，以迅猛行动，突然攻占龙背场、马鞍场。红三十军从正面逼近玉山场。24 日第九军进抵营山以北 60 余里的马深溪，将凭险顽抗的敌第二混成旅残部全部击溃。29 日，红三十军攻下佛楼寺、杨家寨。30 日，红四军十一师亦攻占石河桥，并南下进逼渠县。10 月 3 日，第九军、第三十军各一部，冒着滂沱大雨，猛攻大庙场、新店子一线。红九军的七十三团打得很出色。英勇冲入敌阵地，同敌人肉搏，连破七道工事，打乱敌人的阵地。当晚红九军即攻克营山；六日，继占嘉陵江边的周口。至此，营渠战役胜利结束。

营集战役自 9 月 22 日开始，至 10 月 6 日结束。十多天之内，我军攻坚越险，前进上百里。先后歼敌 3000 余人，缴枪 2000 多支，解放了近百万人口的大片土地。

为继续发展胜利形势，方面军决定发起宣（汉）达（县）战役，力争全歼刘存厚部。刘存厚是个老牌军阀，贪婪昏庸，他升官有道，治军无能。方面军于10月17日发起宣达战役，18日，红九军向宣汉方向猛烈发展。徐向前总指挥亲率我红九军前进。19日，红九军二十五师即占领宣汉；20日，三十军解放达县县城。

宣达战役自10月17日开始，至27日结束，历时十天，战果辉煌。把刘存厚的绥定王国“端了个底朝天”，可惜没有活捉刘存厚。我先头部队进击城东门时，他尚在府中饮酒作乐，听到枪声仓皇从城南门出逃。经十天的战斗，我军解放宣汉、达县、万源三座县城。根据地向东扩展200余里，与川东游击区连成一片。在这次战役中，毙敌千余人，生俘敌旅长以下3000余人，缴枪8000余支、子弹500余万发，银元百余万和大批的粮食、布匹等军用物资，还有兵工厂、被服厂、造币厂、印刷厂等。特别是搞到这个兵工厂，有工人1000多人，机床100多台。我们用它自造了手榴弹、子弹、修理枪炮，对后来打刘湘起了很大作用。

历时两个半月的仪南、营渠、宣达三次进攻战役。我军先后歼敌近两万，缴获长短枪1.2万多支。川陕革命根据地扩展到4.2万多平方公里，南江、巴中、仪陇、营山、宣汉、达县、万源等八座县城，建立了22个县市的革命政权。极大地鼓舞了群众，他们纷纷参加红军，这时红四方面军发展为五个军，八万余人。由此，形成川陕根据地的鼎盛局面，也是红四方面军发展史上的新高峰。

在创建川陕革命根据地中，政治机关除了保证完成战斗任务外，大力地进行了群众工作。我曾带领红九军政治机关的同志在通江、营山、仪陇等地参加群众工作。川陕边区的广大群众，深受地主豪绅和军阀的压迫、剥削，经过我军的宣传和组织工作，积极参加土地革命，踊跃支前和参军。

反敌六路围攻

1933 年 9 月，刘湘正式就任四川“剿共”总司令，总部设在成都。刘湘在蒋介石的大力支持下，纠集起各路军阀势力，于 11 月初向我根据地发起了六路围攻。敌人先后投入的兵力，达 140 个团，不下 25 万人，另外还有 18 架飞机助战。敌人自西向东，采取分进合击、步步为营、稳扎稳打的战略，气焰嚣张地叫嚷“三个月内全部肃清”我红四方面军。

徐向前总指挥率红九军、红四军共八个团的兵力，分头向开江、开县出击刘存厚时，敌六路围攻就开始了。11 月 1 日，红九军、红四军主力五个团，在开江城北永兴场、开县城西杨柳关一线，与敌激战五昼夜，虽歼敌 5000 人，但未能击退敌人。敌后续部队不断增加，红军处境不利，被迫转入防御，节节抗击，遂撤至南坝场、宣汉、达县一线，逐步向后收缩阵地。

这时，徐向前总指挥和方面军领导当机立断，采取反三路围攻的成功经验。首先，收紧阵地、诱敌深入，尔后，抓住有利战机，转入反攻，突破敌人防线，向敌纵深穿插迂回，分割包围，予以各个歼灭。当时敌我兵力部署，分为东西两线配置。东线为敌刘湘的精锐部队，是敌人主攻方向。我军东线部队为红四军全部、红九军和红三十军各两个师以及三十三军的一部分，共 25 个团，由总指挥徐向前同志兼东线前敌指挥。西线之敌为邓锡侯、田颂尧、杨森、李家钰、罗泽州各部，是敌辅助进攻方向。我西线部队为三十一军大部，红九军第二十七师，红三十军第九十师，共 12 个团，由副总指挥王树声同志兼西线前敌指挥。我和红九军军长何畏、政委詹才芳均在东线。

12 月中旬，敌第一期进攻开始。六路敌军，同时在东线西线向我发起进攻，企图占领宣汉、达县、仪陇等城和旺苍。15 日凌晨，东线敌人利用浓雾掩护，强渡州河。徐总乘敌半渡之机，挥军击敌。州河北岸，敌我相搏，杀声震天，山河尽染，血战两天，约歼敌3000人。因敌投入兵力越来越多，我军歼敌一部后，遂于17日放弃宣汉，18日放弃达县。西线我军于1934年1月11日，也主动放弃仪陇，我军收紧阵地，继续抗击敌人。

1933年12月中旬至1934年1月中旬，我东、西两线部队和地方武装，英勇抗击敌人第一期总攻，共毙伤敌1.3万余人，击落敌飞机一架，有力遏制了敌人进攻的锐势。

1934年3月3日，敌发起第二期总攻。西线四路敌军齐头并进，向我旺苍坝、恩阳河、玉山场、鼎山场进攻。我军顶了几天，歼敌2000余人，战局转入暂时对峙状态。3月12日，东线敌军向我军发起重点进攻，猛攻我红灵台地区，激战三天，我军歼敌1500余人，阵地屹立不动。22日，敌又改向我老鹰嘴、毛坪地区进攻，激战两昼夜，又被我歼灭2000余人。东线敌军重点进攻，遂告失败。

4月初，敌第三期总攻开始。为继续诱敌深入，我军主动再次收紧阵地。东线撤至刘坪、镇龙关、万源以南一线；西线撤至贵民关、关光山、得腾山一线。4月23日，东线之敌一个师又三个旅，连续向我镇龙关、石窝场、高白寨一线猛攻。经六天激战，将敌击溃，仅在镇龙关附近，即歼敌4000余人。敌人第三期总攻，又告破产。

6月20日，敌开始第四期总攻，共动用了140多个团的兵力。敌人重点夺取万源，企图截断川陕通道，一举将我军消灭在通江以北地区。为此，敌集中兵力对红军在万源及附近阵地展开全线猛攻。我军依险固守，在万源前线与敌展开了一场激烈的阵地攻防战。7月16日，敌第五路以八个旅的兵力，向万源以南的孔家山和城西之出天门阵地进攻。我军集中主力于第二线待机，以少数部队在第一线顽强抗击敌人。7月22日至27日，敌人以整团、整旅轮番冲击，先后两次向我大面山、甑子坪阵地猛攻。均被我军击退。8月6日，敌倾其全部兵力，在飞机掩护下，对我万源东、西两侧和正面阵地，再次发动猛烈攻击。红九军全体指战员和兄弟部队在一起，抱着与阵地共存亡的决心，以步、机枪火力和手榴弹、礌石、滚木，与敌整整激战了两天，击退了敌人的进攻，守住了阵地。有的同志真是杀红了眼，一天要对付敌人五六次以上的冲锋，从天亮打到天黑，大刀砍卷了刃，刺刀也捅弯了，敌人拼了死命，我们也拼了死命，结果出现了阵前敌人的尸首一堆一堆的情况。

从 7 月下旬至 8 月上旬，近 20 天时间里，敌人在万源地区共发动五次大规模的进攻，死伤万余人，却未获得进展。

万源保卫战后，方面军决定乘胜反攻。在徐总的指挥下，红九军和红四军各两个师，红三十一军一个师共十四个团，组成第一梯队，担任突破任务。于 8 月 9 日发起反攻。红军先以一个团，利用夜间穿山越涧，迅速逼近青龙观突破口。十日拂晓，向敌纵深发展，红九军和红四军主力从左右两翼发起进攻。至 16 日，我军先后占领了青龙观附近的清花溪、黑钟山、石人坝等地，在龙池山歼敌一部。在东线之敌被我军分割包围猛插，已全线崩溃。20 日红军迫近宣汉、达县，东线反攻胜利结束。西线之敌见东线溃败，十分惊慌，仓皇撤出通江城。9 月上旬，为配合西线反攻，徐总指挥向西线之敌作大纵深迂回。红九军、三十军、四军之主力，由通江以南渡过通江河后，从敌第三、四路接合部之得胜山实施夜袭，一举突破敌阵地。敌撤至南坳场、右垭口和同观寨一线顽抗。9 月 8 日夜，红军再次夜袭，突破右垭口后，乘胜猛追。西线之敌见红军攻势迅猛，纷纷向东路撤逃。红九军一部追敌第三路，直扑仪陇；红四军一部追敌第四路，进占兰草渡；红三十军和红三十一军一部收复巴中，直扑敌一、二两路，于黄木亚东南地区，将敌十团包围全歼。红军乘胜前进，相继收复南江、仪陇，占领苍溪、阆中。至 10 月下旬，共毙伤敌旅长以下 1.4 万余人，缴枪 7000 余支、迫击炮 40 门。敌人六路围攻，遂被彻底粉碎。

历时十个月的反敌六路围攻作战，以我军的胜利，敌人的失败而告终结。十个月共歼敌八万余人，缴枪三万余支，炮 100 多门，击落敌人飞机一架。

反六路围攻，是我们在四川打得最艰苦的一个战役，我军伤亡 2000 余人，根据地良田久荒，房屋半毁。反六路围攻，在红四方面军的历史上，也可以说是战役规模最大、持续时间最长、战果最辉煌的一个战役。

1935 年三四月，为配合中央红军在川南、黔北的北上行动，并向四川、甘肃边境发展，方面军在苍溪、阆中之间实施了强行西渡嘉陵江战役。船只很少，我们就用竹排搭成浮桥。这次战役，歼敌万余人，控制了嘉陵江以西纵横二三百里的地区，并威逼了成都。

选自王新亭:《王新亭回忆录》, 解放军出版社2008年10月第2版, 第23—33页。

离开故乡①

傅崇碧

长征前夜

1934年12月19日,中央军委电示红四方面军“重新准备进攻”,“钳制四川全部的军队”。这样,配合中央红军行动又成了红四方面军的主要任务。于是红四方面军主力西移,后方机关也转移到南江旺苍坝地区。

这时候省委来电要我速回旺苍坝。我接到省委电示后立即召开团党委会布置工作,随即出发到省委。到旺苍坝省委办公室报到时,省委书记袁克福、红四方面军总政治部副主任傅钟都在这里。他们不问县和独立团的情况,开门见山地说了形势的变化,红军主力要向西过嘉陵江,迎接中央红军和毛主席。川陕苏区留我和长池县全体干部和独立团进行游击战,坚持工作。谈完后问我有什么意见要求,我说,坚决服从党的决定。

回到驻地,我一夜未眠,想着怎样来完成党交给的任务。第二天一早,我吃饭后准备返回独立团。这时省委书记来到我住的地方,说你不走了,也不用回独立团了,留下城口县委书记刘子厚和他们县独立团在苏区坚持工作,你有另外的任务。指示我在旺苍坝等长池县委机关干部

① 题目为编者所加。

到来后，带领他们随主力行动。旺苍坝有 800 多支枪，交给长池县委机关带走，以做扩建地方部队时用。

我在旺苍坝动员了一些运输力量。等到第三天，县委机关干部和武装工作队全部到齐了，共 500 多人。当天召开了会议，我传达了省委书记和傅钟副主任的谈话精神。旺苍坝兵站交给的武器弹药，已交由武装工作队运输。我们休息一天后出发。

我们出发的第二天，在途中听到炮声。我们在省委后边跟进。到了嘉陵江以东简阳镇，省委书记宣布由长池县委机关原班人马建立江油县委，暂住此地。三十军政治部主任李天焕也住在此镇，省委要我们和他联系。

我到了三十军政治部，见到了李天焕主任。李主任告诉我部队占领了江油以东的五个区，军政治部都有工作组，正在筹建区、乡政府。这里地下党基础很好，过去领导过农民反苛捐杂税的斗争，在群众中有相当的影响。政治部决定地下党组织不公开，配合我们打倒土豪劣绅，反对苛捐杂税，分田、分粮，进行群众斗争。

我回到简阳镇驻地，召开了县的干部会议，把省委书记的指示和李主任介绍该区的情况作了传达。我提出当前的主要任务，除秘书长留下主持机关工作外，所有干部都到现有的五个区，在军队帮助下，迅速把区、乡政权、群众组织建立起来，开展分田、分粮斗争，建立区的地方部队，收缴地主反动武装的武器，进行扩军等工作，组织人力物力支援部队。

区、乡政权建立后，群众组织逐渐得到了巩固，并选举工农兵代表，出席县代表大会，成立江油县苏维埃政府。在军队的帮助下，在地下党的积极配合下，县的工农兵代表大会按时召开了。此后五个区的独立营顺利地集中到县，成立了独立团。省武装指挥部授予了独立团军旗。县武装部部长黄明被任命为独立团副团长，我兼任政委。我们积极扩军支前，得到部队的好评。

独立团由600多人扩大到1000多人，我们把收缴地主反动武装的100多支枪，连同我们带来的800多支枪，发给战士们。为此举行了独立团成立及授枪仪式大会，红三十军政治部主任李天焕到会讲了话。

独立团成立后，请部队帮助训练了一个月，收效不小。省委指示，独立团渡过嘉陵江，占领江油县南北广大地区。独立团遂跟着主力部队渡过了嘉陵江，县机关也移到嘉陵江以西江油县和中坝之间。

中坝是通往成都的要地和物资集散地，有几万人，有中小学校八九个，小工业也很多，很繁华。省委书记周纯全、红四方面军总政治部副主任傅钟到了中坝，看到市区各部队搞物资的人员很多很乱。周、傅两位首长指示我和兵站部长吴先恩，成立中坝市没收委员会，由我兼任主任委员，吴先恩任副主任委员，统一物资分配，大部分满足军队的需要，一部分分给贫穷市民和工人。各部的零散人员由红四方面军总政治部通知，一律撤出市区，没有介绍信不能进入市区。决定由江油县独立团调一个营来负责维持市区秩序和警卫工作。区镇政府很快建立起来了。江油县政府布告全市人民，学校、工业、商业照常工作，市镇秩序恢复正常。

对此，群众非常拥护。群众团体自动拿出各种物品，组织慰问团到部队进行慰问活动。市里组织了市武装营、独立营，由原来300多人扩大到500人。市的警卫任务交给了新成立的武装营。没收委员会完成了预定任务，宣告撤销。

会　师

从强渡嘉陵江开始，红四方面军实际上就开始了长征。

1935年初春，我怀着难离难舍的心情，告别了故乡人民，带着2000多名游击队、赤卫队员加入了红军的战斗行列，匆匆离开了生我养我的川陕革命根据地。

故乡的人民是勤劳朴实的，又是善良温厚的。他们尽管不会用多少娓娓动听的辞藻来倾吐感情，然而，他们的行动却是能足以表达深厚感情的最好标志。他们把自己的感情和命运，同红军紧紧地连在一起。

故乡人民的一大贡献是，输送了大批优秀儿女参军参战，补充和壮大了红军队伍。

红四方面军从鄂豫皖根据地转战西征，由于遭到敌人的围追堵截，历经长途跋涉，到达川北时还剩1.5万人。他们刚刚站住脚跟，又接连受到敌人的围攻。敌人的兵力一次比一次多，规模一次比一次大，持续的时间一次比一次长，几乎是天天有战斗，仗仗有伤亡。然而，在这种情况下，我们的红军队伍却在战斗中成长，越打越壮大。从1932年底到1933年秋，不到一年时间，红军就由四个师迅速扩大为五个军、15个师，兵力达八万之众！是谁具有这么巨大的“神力”？兵源来自何方？——苏区的人民大众。

组织地方武装，配合红军作战，这是川陕根据地人民做出的第二大贡献。

川陕边区的人民从事武装斗争是有传统的，也很普遍。革命老前辈、共产党员王维舟同志领导的川东游击队，就是红军入川前一支规模较大的地方武装。这支队伍广泛活动于川东北地区，在艰苦的环境中坚持斗争数年之久，逐步得到锻炼成长。1933年秋，红军进行宣（汉）达（县）战役时，军阀刘存厚弃城而逃。为了切断敌人的退路，地方党组织起来的农民赤卫队、武装群众1000多人，扛着鸟枪，背着大刀，抬着土炮，配合川东游击队扼守住前河渡口的敌人两个连。当时，敌人的散兵游勇成了过街老鼠，人人喊打，连妇女、儿童们都追着喊着抓俘虏。等到红军主力赶来，一下吃掉了敌人两个师。后来，川东游击队扩大改编为红三十三军。在红军的帮助和指导下，许多地方武装力量先后建立和成长起来。

为了有效地配合红军作战，巩固新生的红色政权，川陕根据地的地方武装力量有着一套比较完整的组织。原来，各县、区就有不同规模的地方武装。后来，为了进一步加强地方武装建设，1933 年 8 月在通江的新场坝，专门召开了一个地方武装代表大会，有 100 多人参加。会上，宣布成立了中国工农红军川陕省军区指挥部，并决定各县设立县军区指挥所。同时，明确指出各级军区指挥部的任务是统一指挥地方武装——独立团（营）战斗连、游击队、赤卫军等，组织侦察、防谍，镇压反革命分子，维护根据地治安，对群众进行军事教育和训练，支持、配合红军作战。对于地方武装的组织和任务，还作了具体规定：“参加赤色地方武装的成分，绝大部分甚至百分之九十九都是贫农、雇农、手工业工人，个别中农、穷苦青年、牧童、劳动妇女等，地主富农是绝对没有资格的。”年龄规定是：八岁至 15 岁可参加儿童团，16 岁至 23 岁参加少先队，23 岁至 40 岁参加赤卫军。这三种地方武装，不分男女均普遍参加，不脱离生产。此外，16 岁以上的，只要成分好，体力强，无不良嗜好者，可参加少先模范连、战斗连、独立连、独立营、独立团、游击队等。这些地方武装组织是脱离生产的，在战斗中可以越县调动。赤卫军组织在当地党组织领导下活动，有的党支部书记兼任连指导员，区委、县委领导同志兼任营、团政治委员。我当县委书记时，就兼任着独立团的政治委员，穿的衣服也同红军的一样。在红军的帮助下，各地先后组织了大批游击队、战斗连、少先模范连。后来，几乎每个苏区县都建立了独立营、团，少者数百人，多则一两千人，随时可配合红军作战和补充主力部队。这样一来，整个苏区真可谓全民皆兵，森严壁垒。

这些地方武装组织起来以后，一时缺少武器，怎么办？除了缴白军的枪，红军支持一些枪支弹药外，主要靠土法上马来武装自己。我们一边“掏窝”，收缴地主豪绅们私藏的枪支弹药，一边组织铁匠盘起烘炉，锻造大刀、长矛。还用没收和自织的土布，按统一规格做成“军服”。别看这支武装穿的衣服五颜六色，但配以雪亮的大刀、锋利的长矛，还是显得挺威风的。这支地方武装所起的作用，更不能等闲小看。他们打土豪，抓逃犯，站岗放哨，查路条，监视敌人，破坏敌人交通和通信设施，袭击敌人粮仓、弹药库，为红军送情报、当向导，在反击敌人发动的两次大规模围攻中，也发挥了重要作用。他们为根据地的建设做出了突出贡献。

组织起浩浩荡荡的支前大军，有力支援红军作战，这是根据地人民做出的第三大贡献。

在反六路围攻的一次收缩阵地行动中，红军撤到通江毛裕镇附近的一条河边，因船只少，伤病员和重武器转移不过去。当地群众立刻动员起来，伐树砍竹，拆卸门板，很快搭起了一座浮桥，让红军顺利通过。随后，敌人追扑过来，人民群众毫不犹豫地点火烧掉了浮桥，使敌人动受阻。从这里可以看到人民群众高尚的自我牺牲精神!

从鄂豫皖过来的老同志，在西征途中尝过失去后方根据地的痛苦，其中一个大问题，就是伤病员无处安置。因此，我们的战士不怕牺牲，却担心负伤而拖累部队行动。在川陕根据地，这个问题就不用发愁了。广大群众把红军当作亲人，甘冒风险抢救和掩护红军伤病员。一次，有20多名红军伤员没街来得及撤走，马家坪区委组织群众在敌占区掩护转移，使这些同志全部安全归队。那时，除了有后方医院，群众家家户户几乎都可以作“病房”，许多伤员都是分散住在老百姓家里。医院的人手忙不过来，全由群众包了。老大爷、老大娘、小孩子，都帮助料理，特别是妇救会的同志，辛勤地守护着伤病员，帮助做饭送水，缝补衣服、被褥，涮洗绷带，端屎端尿，还为伤病员绣袜底，编草鞋，像待亲兄弟、亲姐妹一样。当时缺医少药，当地的中医就采用草药为伤病员治疗。为了让伤病员早日恢复健康，重返杀敌前线，广大群众省吃俭用，把鸡、鱼、肉、蛋源源不断地送往医院。面对这么好的人民，多少伤病员感动得流下了热泪，多少战士伤病还未痊愈就坚决要求上了战场。

记得鹦哥咀的战斗还未完全结束，乡亲们就组织慰问团，抬着贴有大红纸的肥猪，打着红旗来到前沿阵地上。敌人在对面2000多米处用机枪扫射，子弹从人们头顶上呼啸着飞过，慰问团的乡亲们全不在乎。红军指战员看到这情景，受到极大鼓舞，士气倍增。

节衣缩食，发展生产，创造丰厚的物质财富，从物力财力上支持红军，满足前方需要，这是川陕根据地人民做出的又一大贡献。

自古就讲“兵马未动，粮草先行”。给养，就是军队的生命线。这一点，军人懂，老百姓心里也明白。红四方面军撤离鄂豫皖根据地，由于走得仓促，准备不足，在数千里转战中，饥饿和寒冷总是时时伴随着广大指战员。因此，当红军一进川北，地方党组织和广大人民群众，便把帮助解决部队给养当作一个极其重要的问题来解决。

偏僻贫穷的山区，骤然间增添了这么多军队，吃穿的确是个大难题。当时，广大贫苦群众因交租还债，多半以糠菜度日，粮食所剩无几。在这种情况下，只好向“虎口”要粮——打土豪，打军阀。先是在附近，后来逐渐向外延伸。红军每逢攻城夺池，打下敌人一处要点，总是开仓放粮，接济穷人，只留一部分充作军用；而人民群众呢，又总是省吃俭用，从牙缝里、手指尖上节约下来支援红军。军民之间亲如一家，共渡难关。人民群众节衣缩食的活动广泛开展，涌现出许多动人事迹：有的乡亲把用打土豪分得的粮食做出的第一锅饭送到部队，送到村、乡苏维埃，非让亲人们先尝尝“鲜”；有的给红军送去了准备用来换油换盐的鸡蛋，送去了自己舍不得吃的老母鸡；有的送去了收藏的腊肉、干菜；还有的老大娘把积攒了好几年、亲手一朵一朵掰出来的棉花和一丝一丝纺出来的棉纱送到乡苏维埃，捐给红军做衣服。所有这一切，都表达着人民群众对红军的一片赤诚之心。

1933 年开春后，川陕根据地到处是人欢马叫，一片春耕春种的繁忙景象。广大贫苦农民由于分得了土地，生产积极性特别高涨。川陕省委、省苏维埃政府，把发展生产、发展经济、保证和改善红军及根据地人民的物质生活，看作是夺取革命战争胜利、巩固和扩大革命根据地的头等重要的任务。为此，首先抓了农业生产，努力增产粮食和经济作物，解决军民吃穿的问题。

各级地方党组织和苏维埃政府，在大力发展生产中发挥了民主政权的作用：

第一，禁烟种粮。过去，川北种植罂粟的烟田占全部耕地的30%左右，而且占的都是好田。苏维埃政府作出规定，不准种烟，种了的不准收，关闭烟馆，禁售鸦片，如有违犯，轻者罚款，重者送交革命法庭制裁。这样一来，地变人也变——过去田里烟花纷飞，后来遍地稻麦飘香；过去瘦骨伶仃的烟鬼，后来变成了生产的能手和作战的勇士。

第二，兴修水利。省、县苏维埃政府均设有水利局，组织群众修塘、挖堰、筑坝、开沟，使许多旱地变成水田，提高了单位面积产量。

第三，扩大开荒面积。由于规定了“自开、自种、自得”的奖励开荒政策，耕地面积迅速扩大，增加了农作物的收成。

第四，改进劳动组织。政府除将没收地主和征收富农的耕牛、农具、种籽分给贫苦农民外，还帮助群众组织了互助组、合作社、代耕队，明显提高了生产效率。

第五，提倡多种经营，大力养殖牲畜。在政府的号召下，根据地人民除多种稻子、棉花、油菜、花生外，大量种植杂粮，如苞谷、黄里、绿豆、洋芋、蚕豆、芝麻、荞麦、红薯、芋头等。还利用房前屋后、田边地角，种植各种青菜及南瓜、黄瓜、丝瓜、冬瓜、茄子、豇豆、瓠子、苦瓜等多种蔬菜。同时，大量喂养牲畜家禽，育植经济作物，栽桑养蚕，发展“耳山”，即培育黑、白木耳的山林。当时的川北，农、林、牧、副、渔全面发展；猪、羊、牛、马、鸡、鸭六畜兴旺。

仅仅一年，川陕苏区的经济形势就大为改观。农业获得了空前大丰收。通江地区的农民反映，每亩地产的粮食比往年提高两倍还多，由原来只产100多斤提高到200多斤，棉花、油料作物也获得了好收成。人民生活顿时宽裕起来。苏区群众编成歌谣唱道：

一九三三年，

红军到川边。
建立新政府，
工农掌政权。
豪绅被打倒，
农民分了田。
团结搞生产，
日子比蜜甜。

丰收之后，人民群众首先想到的是还在英勇作战的红军指战员。人们用筛子筛、风车扬，整出最好的粮食，一背背、一挑挑、一车车，源源不断地送往红军驻地。人们挑拣出上等棉花，纺纱织布，送往被服厂为红军做军衣。此时，根据地区域已无什么土豪可打，吃的穿的全取之于民。数万军队所需之物，依靠根据地人民硬是解决了。乡亲们还经常扛着肥猪，牵着羊，背着鸡鸭去慰劳红军。有的群众地里的瓜香了、树上的果熟了，也要摘上一背篓送给子弟兵尝鲜……

说来也怪，红军入川后的那两年，灾荒历来很重的川陕边区，竟然变得风调雨顺，五谷丰登，人民富多了。人们惊叹地说："红军真是咱穷人的'福星'啊！"

再看看我们的红军——丰衣足食，兵强马壮。指战员们身上穿的，不再是原来的长袍短褂"三合一"了，而是崭新整齐的军装，冬有棉，夏有单。碗里端的是大米干饭，有饭有菜，而且还经常能"打牙祭"。大家吃得饱，穿得暖，身体结实健壮，打起仗来冲锋陷阵，个个像小老虎一样。

革命战争的胜利，又为苏区人民发展生产创造了更有利的条件。当红军取得粉碎敌人六路围攻的胜利后，根据地建设达到了空前规模。在拥有 23 个县（市）、500 多万人口的广大区域，不仅农业连续获得丰收，军工生产、民用工业、财政、金融、商业、交通等各行各业，也都逐渐发展起来。光手工业生产就有几十种，纺织、缝纫、制鞋、炼铁、铸造、造纸、造墨、制作农具、造船、木篾器、熬盐、制糖、酿酒、榨油、采煤、烧炭、制火药、造梭镖大刀等等，真是百业俱兴，这些行业广泛、全面，从各条战线上保证了革命战争和人民生活的需要，促进了根据地建设的巩固和经济繁荣。

川陕苏区军民取得的这些巨大成就，当时不仅在整个四川，而且在全国都是有影响的。毛泽东同志在 1933 年召开的第二次全国苏维埃代表大会上就曾高度评价说："川陕苏区是中华苏维埃共和国的第二大区域。川陕苏区，有着地理上、资源上、战略上和社会条件上的许多优势。川陕苏区，是长江南北两岸间苏维埃发展的桥梁。川陕苏区，在争取苏维埃新中国的伟大斗争中，具有非常巨大的作用和意义。"

在离开故乡之前，所有这些都是我终生难忘的。

节选自傅崇碧：《傅崇碧回忆录》，中共党史出版社1999年12月第1版，第24—34页。

傅崇碧，1916 年生，四川通江人。1932 年参加中国工农工军，同年加入中国共产主义青年团，1933 年转入中国共产党。红军长征时任中共江油县委书记兼红军独立团政治委员、中共宝兴县委书记、中共天宝特委副书记兼宝兴独立团团长、红四方面军干部团团长等。新中国成立后，曾任北京军区副司令员兼北京卫戍区司令员、北京军区政治委员、中共中央顾问委员会委员等职。1955 年被授予少将军衔。2003 年在北京逝世。

转战巴蜀（节选）

王定烈

一、踏上征途

红四方面军在川东胜利地结束了宣达战役后，王维舟、杨克明、罗南辉领导的“川东游击军”正式改编为红三十三军，辖九十七、九十八、九十九（师长王波、政委王代安、政治部主任赵正贵）三个师，配合主力红军继续战斗在宣汉、开江、开县一带。

此时，蒋介石又气又急，企图一举歼灭红军队伍，便命四川军阀刘湘为“剿匪”总司令。刘湘在重庆宣誓：“誓以至诚，接受中央任命，团结全川军民，为剿灭共匪而努力……”

随即，刘湘纠集二十八军邓锡侯、二十九军田颂尧、新编六师和二十三师李家钰、二十军杨森、二十一军王陵基、二十三军刘邦俊以及王三春等部大小军阀140余个团，总兵力达20余万人，飞机数十架，兵分六路，向川、陕革命根据地发动疯狂进攻。

为粉碎敌人的六路围攻，红三十三军为方面军左翼，从三汇口（开江）、温塘井（开县）一带，“收紧阵地”转入防御。第一步“收紧”到杨柳关、上八庙一线，组织阵地防御。

初冬的川东，寒气袭人，枯叶凋零，满目苍凉。阴霾的天空不时地下着蒙蒙细雨。当时，我们从马渡关、隘口场、得胜场一带同来参军的有 300 多人，身着单衣单裤，脚穿破草鞋，爬山越岭走了四天，来到南坝场三十三军部，再到上八庙九十九师二九五团报到。我被分配到驻扎在宝塔山上的三营七连当战士。

我们新战士首先遇到的是艰苦生活的考验。部队没有棉衣、铺盖，从家里来时穿什么还继续穿什么，许多人是穿着补丁摞补丁的破衣烂衫。我们住在塔内，睡的是稻草铺，真是铺地盖天头枕砖哪！

连日里跋山涉水，疲惫不堪，倒头扎在那里便呼呼大睡。半夜里，点燃的篝火熄灭，刺骨的寒风钻进衣内，人被冻醒了，浑身瑟瑟发抖。

“老乡们，我们摆‘龙门阵’好不好？”我搓着手说。

大家齐声应着：“好嘛，你留着‘洋头’，看样子是喝过墨水的喽，你就先摆吧。”

我在“洋学堂”时,按校方规定留着小分头。我也毫不客气,什么“薛仁贵大战摩天岭”啦,“诸葛亮七擒孟获”啦,“杨六郎把守三关口”啦，“武松打虎”啦，使出浑身解数大摆特摆了一遍。

老乡们听得眼睛圆溜溜，每完一段就抢着问：“还有啥子嘛？再来一个。”

大家忘记了寒冷，你一言他一语，一段接一段，说说笑笑，不知不觉中传来了“嗒滴——嗒嗒”的起床号声。

末了，我即兴编了一段“三字经”：

入军门，驻塔亭。
糙米饭，甑子①蒸。
缺铺盖，草盖身。
熬寒夜，摆龙门。
“灰狗儿”②，仔细听：
碰着了，抽你筋……

---

① 甑子：蒸饭用的木桶。

② 灰狗儿：对敌人的贬称。

我们的指导员姓鄢，由他教大家唱《国际歌》。“起来，饥寒交迫的奴隶……”并字字句句地讲解歌词的含义。听着指导员的讲解，我的面前仿佛出现了一片广阔的天地，也使我第一次明白了打碎旧世界、翻身求解放的道理。因为是第一次学唱，指导员的讲解生动形象，在我的脑海里留下了深刻的印象。

参军后第三天，时逢上八庙赶场。那天，鄢指导员带着我们七班去场上参加群众大会，宣传共产党的政策。1000 多人的会场上人头攒动，全神贯注地听着演讲。

我被指定呼喊口号。指导员演讲刚结束，我振臂高呼：

“打倒土豪劣绅！”

“打倒贪官污吏！”

“保卫苏维埃政权！”

“保卫胜利果实！”

突然间，一阵激烈的枪炮声传来。敌王陵基指挥的郝耀庭部向我们发起了突然袭击。

顿时，子弹在耳边呼啸，炮弹掀起的泥土四处飞溅，赶场的人们东躲西藏，乱作一团。

敌人依仗人多势众，向宝塔山发动猛烈攻击。我们新兵第一次亲临战场，全班只有一两支四川造的“夹板枪”，而且打上几发就卡壳，几乎是手无寸铁。

我的脖子上挂着两颗手榴弹，向敌人扔了过去。

指导员命令：“快撤！”

大家转身后撤。

敌人追来了，边追边喊：“抓住‘乌棒老二’——”

敌人叫红军“乌棒老二”，真可气！

我们退到南坝场以南。我觉得自己狼狈极了，全身上下满是泥巴，长褂子被子弹穿了几个窟窿，草鞋也不知啥时跑丢了。

夜幕降临了。炊事员抬来几甑子米饭，大家争着盛饭。无意中不知谁把一枚手榴弹碰响了，轰然一声，一下子伤亡了 20 多人。有的脑袋炸开了花，有的缺胳膊少腿，有的掉了下巴，呻吟地喊叫的，非常凄惨。

我不知道面前的此情此景是不是在梦中，刚才还活蹦乱跳的小伙子忽然之间就死了。这使我意识到了战争的残酷！

平静下来清点人数。我们下王家屋同来参军的兄弟叔侄八个人，现在少了五个。一个月之后的战斗中又失掉联络一个，两个月后，我的大哥又病倒被送到后方，最后只剩下我一个人了。

这时候，我开始羡慕起了那些不怕子弹的老兵。

一天，我忍不住问鄢指导员："指导员，怎么样才能勇敢？"

大约是我的样子让指导员觉得既好笑又好玩，他故作认真地说："把你的洋头剃了，把长褂子剪短了就勇敢喽！"

我二话不说，转身撒腿就跑。一会儿工夫，头剃得溜光闪亮，长褂剪成了短褂，又跑回指导员身边。

没想到，他捂着嘴笑起来。

我有点恼了，以为指导员取笑我："指导员，你，耍我？"

"告诉你，红军有句老话，贪生不生，笑死不死，为穷苦人打天下，虽死犹荣。只要豁出来该冲就冲，该乐就乐，你不怕子弹，子弹就找不着你。"

我听得入了迷。

指导员说着说着，猛地"忽喇"一下把上衣脱下来。

我定睛一看，不觉一阵惊诧，只见他的身上布满了刀疤弹痕。

指导员笑笑："看见没有？一、二、三、四、五、六、七、八，怎么样，我没有耍你吧？以后跟着我，包你很快出师，哈哈！"

"贪生不生，笑死不死"，我反复地唠叨着这句话，似乎一下子明白了许多，好像自己也一下子长大了。

我军继续诱敌深入"紧收阵地"。部队没有枪的人太多。我们就砍斑竹，一端削得尖尖的，然后放在微火上烤干，再抹上桐油，称为“竹矛子”，轻便好使，锋利无比。我们就是靠“竹矛子”、梭镖、鬼头刀与敌人周旋。后来从敌人手中缴来钢枪，才慢慢“以旧换新”。我也终于有了属于自己的钢枪。可是，却舍不得丢掉“竹矛子”。因为部队子弹不多，远距离用枪打，近距离用“竹矛子”戳，敌人常常无力招架败下阵去。我们也成了名副其实的“双枪兵”，往往趁敌人的“双枪兵”（钢枪、烟枪）正在过大烟瘾的时候，出其不意地冲上去杀他个措手不及。敌人丢盔弃甲，狼狈不堪。

红九十九师为了给主力创造歼敌条件，向虾耙口、老君场、黄金口、青龙观、厂溪一带牵制敌人。那时，部队还没有夜行军的经验，都是点火把照路，一个班一支，好像无数条火龙在蜿蜒的山峦中游动，声势浩大，蔚为壮观。敌人不知底细，被我调动得乱转。

敌李家钰部一发现“火龙”就晕头转向地围着直打圈圈。我们部队趁机拣弱敌打了多次进攻战斗。后“收紧”到五龙背一带，构筑工事，架设鹿砦，准备阻击敌人的进攻。

不久，我被调到营部当传令兵。那时基层没有电话，也没有什么文件手令，全靠一个脑子一张嘴。营长对连里下达命令，传令兵立即背下、复颂后，及时传达。无论前沿打得多么凶，也必须以最快的速度把命令传达下去，把下面的意见、情况带上来。

我的子弹、手榴弹比连队的战士多。每当传令有空时，便要打上一阵子“灰狗儿”过过瘾，赚上他几个。回来后，自然免不了挨顿批评，甚至双手把枪高高举过头顶，面壁罚站一两个小时，可心里还是美滋滋的。

正在这时，张国焘的“肃反”运动开始了。许多指战员无论其表现如何，不分青红皂白，被说成是“投机分子”、“反革命”，扣上“改组派”、“第三党”、“取消派”等帽子，一律抓起来罚苦工，有的甚至被杀害。天哪，那些农民出身，抱定翻身闹革命的人第一次听到这么多新名词，被弄得莫名其妙，一时间部队人人自危，惶恐不安。有些干部、战士吓得干脆开了“小差”。

一天，团部传令兵送来一张“条子”，说调我到团部去，干什么却没有说。我一到团部就被规定不准乱走乱动，连解手上厕所也要报告。

一会儿，有人来了，向我提出了一连串的问题。

“你叫什么名字？”

“王、王定烈。”

“为什么结巴？嗯？心中有鬼，放老实点！”审问的人比抢我家东西的棒老二还凶三分，“我问你，你为什么认字？”

“我，我……”我不知道认字有什么不好，更不知道他为什么要问这些。

“啪！”一记重重的耳光掴在我的脸上，顿时耳鸣头炸，眼冒金花。

“你人小鬼大，再不老实，当心你的脑壳！你家有几间房？几亩地？干过什么坏事？”

我咬咬牙：“老子有一死顶了头了，来吧！”

无奈，他们审不出结果，把我关进了草房。

残酷的斗争，无情的打击，极大地削弱了部队的战斗力。我们二九五团政治委员陈其双，人们都叫他“二杆子”。他简直像发了疯似的，带着一班人马跑到连队，把队伍集合起来训话，挨个查问是不是“改组派”，是不是“反革命”，是不是“地主、富农”。问不出什么，他在队伍面前来回走动，“察言观色”，谁要是精神有点紧张，就抓起来搞“逼、供、信”。三天之内，他就在全团“突击”抓了200多人，严刑拷打后，把他们五花大绑，押送军部去“报功”。

军长王维舟、政治委员杨克明（又名洪涛尔）、副军长罗南辉查问了情况后，把“二杆子”政委臭训一顿，撤掉了他的职务。我和被关押的同志才全部被放了出来，并被留在团部当了小书记。

一场灾难终于平息下来，但却白白地伤害了许多好同志。

二、挫败“神兵”

1934年1月，我们在五龙背同敌人进行着艰苦的鏖战。突然传说万源县以南清花溪、长坝地区，出现了一股什么“神兵”，喝了雄鸡血酒和“符水”，能“刀枪不入”，神出鬼没地在我后方活动，搞得人心惶惶。红九军有个营去清剿，遭“神兵”伏击，猝不及防吃了点小亏。一时间，更是传说纷纭，鸡犬不宁。

一天，王老（对王维舟军长的尊称）和罗南辉副军长、王波师长来到团部。

王军长说：“这次调你们九十九师去消灭神兵。”

我一听，高兴地脱口道：“首长，神兵啥样子？”

王军长笑道：“啥子神兵啊！格老子，全是假的。刘湘他龟儿子打不赢红军，就搬来了个江湖术士刘从云，号称‘刘神仙’，笼络一批兵痞、土匪、流氓、鸦片烟鬼、赌棍等社会渣滓，专门装神弄鬼。罗副军长、王波师长都是打‘鬼’的内行，你们听他的指挥没错，管叫那些狗杂种个个见阎王去！”

罗南辉接着说：“格老子，硬是巧，‘神兵’那玩艺，我当年搞革命暴动时就搞过，可惜碰上子弹就不灵了，照样往肚皮里钻，那简直是‘冲壳子’（开玩笑）。”

他的话引得大家哈哈大笑，也引出了大家的好奇心，个个跃跃欲试，都想见识一下这帮家伙是些什么玩艺。

其实，所谓“神兵”、“天兵天将”，那全是蛊惑人心的鬼话。国民党、豪绅、地主利用人们的迷信无知，把那些好吃懒做、吃喝嫖赌的恶棍纠集起来，替他们卖命，欺压人民。其组织名目繁多，什么“大道会”、“扇子会”、“孝义会”、“圣母会”等等，扬言练就了“铜头铁臂、刀枪不入”

的本领，强迫人民捐钱、送粮、送草，奸掳烧杀，丧尽天良，无恶不作。他们还专门在后方捕杀我零星人员和地方政府、群众团体的工作人员，一时间搞得满城风雨，怨声鼎沸。我们决心去碰碰他们。

为了在精神上制服它，我们也来了个“以毒攻毒”，故意把一些猪血、狗血抹在子弹、竹矛、大刀上，群众纷纷传言，红军能避邪。我们布好阵势，严阵以待，诱其来攻。

那天，这帮家伙们抽足了鸦片烟，喝上一大碗雄黄酒，醉得疯疯癫癫，身披红布，头裹黄巾，左手握符，右手提刀（或梭镖），口中念念有词：“天不怕，地不怕，四大天王来保驾。钻不进，杀不进，观音老母来救命……”像一群无头苍蝇，张牙舞爪地涌过来。

我们并不急于开火，只是一味地一撤再撤。“神兵”们不知是计，得意洋洋。殊不料，他们的酒醒了，烟瘾开始发作。这时候，我们以火力急袭，然后呐喊着冲杀过去，用竹矛梭镖猛刺，青岗棒横扫，大刀猛砍。嗬，一阵穷追猛打，杀得“神兵”尸横遍野，活着的抱头鼠窜。

这一仗下来，“神兵”们再也不敢逞狂耀武扬威了。我们就钻空子打它。夜间，他们龟缩在佛堂、庙内抽鸦片、赌博、行乐。我们得到情报，立即“摸夜螺丝”（夜袭），打它个防不胜防。有次，“神兵”们穷途末路，钻进山洞。我们抱来柴草加些干辣椒点燃，用风车往里扇，直熏得他们鬼哭狼嚎，叩头求饶。

红九十九师二九五团、二九六团、二九七团在固军坝、清花溪、罗文坝、桅杆坝一带横扫一个月，俘虏敌人3000余，打死打伤和烧死烧伤者不计其数，清除了后方一大祸患。敌人闻风丧胆，群众拍手称快。

“神不灵了！”

“红军有了破神法！”

“红军才是天兵天将啊！”

三、坚守花萼山

挫败了“神兵”，我们继续“紧收阵地”。红二九五团撤离桅杆坝南山防御阵地，继续向北转移。部队沿着崎岖的山间小路，踏过“七十二道脚不干”的小河，经万源县之长坝转移到万源城东北的花萼山布防。

时值黄梅雨季，花萼山云遮雾罩，终日被笼罩在灰蒙蒙的云海之中，上不见天，下不见地，几步开外，只闻声响，不见人影，整天在云雾里过日子。

我们不分昼夜地赶修战壕、盖盖沟、扎木城、插竹签，利用险峻的山岭和天然屏障坚守阵地。山上的天气阴阴雨雨，变幻无常，压过来一块云，眨眼就是一阵急雨。一天里一会儿冷一会儿热，里外夹攻，浑身上下总是水淋淋的。山间坡陡路滑，草鞋上不挂“脚码子”走三步就得摔两跤，跌得人头昏脑涨。冷不防，敌人的炮弹飞来落在阵地上，把工事炸坏了，就只好再修再补，人变成泥猴儿，分不清嘴脸。

在山上喝水不成问题，吃饭却是难题。山下穷乡僻壤，粮食本来就不多，即使弄到一点也无法运上来。我们只好挖野菜、刨葛根、野笋、摘红薯叶子充饥。每天把人分成两摊，一部分人挖战壕，一部分人挖野菜。没有盐巴，就熬硝盐，吃起来又苦又涩。山上没有民房可住，也没有帐篷，我们动手割草搭“窝棚”，真是“铺地盖天，两腿一蜷，风餐露宿，空气新鲜”。

我们都是穷苦人家出身，吃苦受累习以为常，大家想的是“不灭反动派穷人怎翻身”。尽管生活战斗环境艰苦，我们每天欢快地哼唱《打刘湘歌》：“莫打鼓来莫敲锣，听我唱个作战歌。摆开队伍打刘湘，一个要打他五个……”还唱着《红军歌》：“红军三大任务，打倒帝国主义，铲除封建势力，实行土地革命……”歌声、枪炮声在花萼山上荡漾，在山谷中久久回响。

1934年6月，方面军主力第三次“紧收阵地”到花萼山、孔家山、青龙观、大面山、芝包场、鹰龙山、云雾山一线，构成400余里的新月形防御阵地。我军主动放弃占据的除万源县城以外的所有县城，兵力更加集中。敌人也以万源为主要目标，集中主力与我争夺万源外围的孔家山、青龙观、大面山、南天门等防地。

万源保卫战进入了决战阶段。终日炮声隆隆，持续达两个月之久。正是：

巴山蜀水两相依。
英雄儿女团结密。
六路敌军呼啸至，
万源城外炮声急。

为牵制敌人兵力，方面军决定由红四军接替花萼山防务，我们红九十九师向东出击。

6月9日，九十九师进攻大竹河，击溃王三春部、陈国枢部千余人，俘敌300余人，并乘胜占领了城口县城。敌人慌了手脚，立即调兵驰援。

7月1日，九十九师主动撤出城口，二九五团又“紧收”到老君山、平坝。二九六团驻大竹河。二九七团“紧收”到庙坝（军部驻此）一线与敌人形成两军对垒。敌人白天进攻，我们夜间出击，你来我往，成为胶着状态。

我们使用的是后方兵工厂造的马尾手榴弹，上面刻着“消灭刘湘”、“打倒反动派”等字样，成为战士们的心爱之物。敌人冲到阵地前，我们先以滚木、礌石砸，逼近了才将手榴弹密集投向敌群，乘着爆炸烟雾，跃出战壕，冲入敌阵，与敌展开白刃格斗。

几个月来，我们以阵地为家，不分昼夜地与敌人浴血奋战，在枪林弹雨中度过了一个个不眠之夜。战斗间隙，我们又抓紧练射击、刺杀和劈刀技术。整个方面军反“六路围攻”战役前后持续达十个月之久，最后以我军反攻，刘湘“耗资 1900 万元，官损 5000，兵折八万”而告终。

反六路围攻战役胜利后，军部传令兵从庙坝来口传军政委张广才同志的命令，他的书记何献之生病住院，要我去军部帮助工作。

张广才是湖北黄陂人，铁路工人出身，当年 34 岁，参加过黄麻起义，历任县委书记、团长、政委、师、军政委等职。他作战勇敢，要求严格，但是，没有上过学，不能阅读文件、书信，不会写字，只认得自己的名字。

那时，部队还处于“指挥时代”，各级只有军政首长，没有司令部机构和参谋长、参谋等人员。书记就成了指挥员、政治委员必不可少的“拐棍”。下达一般性命令，都是当面交代或由传令兵口头传达，重大战斗任务要写书面命令。上级来函或下级写来的报告，张政委就叫我念给他听。听完了，他口述意见或决定，我负责记录整理，再复述给他听，然后将私章盖上。

我只上过几年小学，字迹潦草，错别字不少，觉得很吃力，也难为情，常常为自己文化水平低而苦恼。但是，张政委那种勤奋工作的精神，却给我留下了深刻的记忆。

***《打刘湘歌》全文：**

莫打鼓来莫敲锣，
听我唱个作战歌。
摆开队伍打刘湘，
一个要打他五个。

第一地形看清楚，
坡坎道路要留心。
层层阵地布置好，
兵力集结要适中。
游击部队伸远些，

警戒部队要认真。
抵抗阵地做坚固，
主要阵地屯重兵。
两翼火线能交叉，
死角要小射界宽。
使用兵力贵节省，
前轻后重成纵深。

第二工事要做好，
位置适当快做成。
前线部队做前面，
后面来做二三线。
先做卧沟再跪沟，
要有时间做站沟。
发现敌人就可打，
敌人不来再加修。
胸墙齐胸外边么（坡）
垛子是方内口窄。
侧墙侧立背墙厚，
交通沟要起联络。
头道木城三十米，
又要坚固钻不进。
工事前面要扫开，
最要隐蔽认不清。
盖墙内面伸起腰，
柱子要粗土铺厚。
阵地后做隐蔽部，

好来隐藏预备队。

第三敌人来攻击，
不慌不忙占阵地。
警戒部队尽量打，
先给敌人大杀伤。
瞄准射击排子枪，
一枪一个莫要慌。
就是敌人接近了，
少数出击打下去。
要紧地方莫要让，
增点队伍也无妨。
万一被迫向后收，
排哨连哨接着打。
打得敌人乏气力，
集中部队猛出击。
出击动了接到撵，
抓紧部队防反攻。
前面出击后掩护，
层层使用要见机。

第四我们攻敌人，
看清阵地莫粗心。
山大路窄硬攻难，
要分几路奇击敌。
运动队伍要秘密，
夜近敌人晓攻击。

进入敌人火线内，
利用地形和地物。
坚决冲锋破敌阵，
一寸得手进一尺。
用小部队抄敌后，
主攻佯攻都一致。
攻上去了快杀进，
后面部队跟得急。
掌握队伍三面打，
乘敌溃乱莫停息。
敌人援兵要防好，
打垮援兵各个击。
得的枪弹着人管，
伤亡后面把人看。
步枪人员上前去，
千万兵力莫分散。
占领阵地做工事，
部队立刻加整理。
想法击退抵抗敌，
再接再厉向前进。

第五打法用夜袭，
轻装秘密敌不意。
白天要把地看好，
进路退路掩护齐。
进入敌阵曲折转，
接近工事几炸弹。

占领工事隐藏好，
莫乱打枪听动静。
敌如溃乱乘乱打，
敌来援兵侧击他。
骚扰敌人耗敌弹，
使敌疲劳难作战。
袭击敌人要进取，
缴敌枪弹使敌乱。
如果要占敌阵地，
夜袭成功晓作战。
愈是天黑风雨夜，
愈要到处去夜袭。

第六瞄准和射击，
个个把它当饭吃。
先把枪支检查好，
缺口准星齐不齐。
十个米达瞄圆靶，
枪平缺口对准星。
刚刚瞄在圆靶下，
不上不下不偏趋。
瞄准要快要精确，
三角瞄准来检查。
学会瞄准学扳机，
两段扳机少用力。
距离射量要学会，
一望晓得起标尺。

一分钟打十二发子，
一分钟死多少敌。
再把腕臂练出力，
七式瞄准天天演习。
拿枪就打枪枪中，
消灭刘湘考第一。

第七学习抛炸弹，
要会保管要会掷。
三十米达掷站式，
要高要远要正中。
跪掷卧掷本是难，
学习几次就容易。
各排挑出炸弹手，
弹弹掷中敌人急。
掷手处处要隐蔽，
利用炸烟去冲锋，
炸退敌人快出击。

第八学习跑跳走，
健全身体会动手。
中等木城跳过去，
小小河流挡不住。
遇到障碍接着爬，
人搭人梯翻城墙。
行起军来能走路，
出敌不意敌难守。

身体健强少疾病，
枪多人多力雄厚。
再要注意讲卫生，
钢铁红军无敌手。

第九大胆打游击，
轻装便衣敌不意。
多带干粮会走路，
夜行晓袭要秘密。
侦探布远路问熟，
声在东方实击西。
远行突击打圈子，
扰敌截敌与诱敌。
敌少猛力冲去打，
敌多四面打游击。
破敌电线截粮草，
半路捕敌传令兵。
多与穷人一路打，
发动游击涨势力。
到处联络起得好，
能合能分能集中。

第十指挥要得力，
有勇还要有谋略。
研究军事学战术，
指挥部队要沉着。
敌情弄清任务定，

地形兵力分得清。
主力集中重进攻，
自居主动定决心。
命令未下详思考，
一步二步都想到。
行动迅速敌不意，
进退都在掌握中。
四面联络要弄好，
警戒搜索要细心。
不是一人独勇敢，
千万人勇如一人。
决攻决守意志坚，
胜不骄傲败不灰心。
军机变化会乘机，
独断专行亦所需。
下级干部抓得紧，
管理教育莫减轻。
十大要诀很要紧，
个个干部要记清。
一传十来十传百，
又学又做莫要停。
工农红军几十万，
决战消灭贼刘湘。
一旦刘湘消灭了，
赤化全川胜利成。

此系原红四方面军政治委员陈昌浩，于1934年反六路围攻时所作。

四、惜别苏区

粉碎了敌人的六路围攻，1935年1月，方面军主力发动了陕南战役，攻克了宁强、沔县①等广大地区，随后又准备西渡嘉陵江。此时，传来了中央红军长征已到达贵州遵义的消息，大家都很兴奋，并积极准备攻打万县，在川东与红一方面军会师。

3月底，捷报频传。28日，红四方面军主力突破敌人嘉陵江防线，继之又占领剑阁、昭化、梓桐、彰明、江油等地。部队上上下下群情振奋，一片欢腾。红九十九师依然留在大竹河一线向东警戒，继续与当面敌人对峙。

阳春三月，春意正浓。川陕根据地的人民正在进行春耕，运输队忙着给前线红军运粮、运米，妇女们日夜赶做劳军鞋袜，儿童团手持梭镖，站岗放哨，盘查行人。苏区呈现出一片生机勃勃欣欣向荣的景象。

恰在这时，我见到了运输队中的四姐。我们抱在一起，笑个不停，跳个不住。

“大培，你长得好高哟！”姐姐高兴地说。

我问：“妈妈好吗？”

“好，好。这一年多她出来好几趟，送粮送鞋，有时还抬担架哟。她见到红军就看个不够，好想你哟！”

想着劳苦的母亲，我的眼睛里有些模糊。

四姐又要启程了。我们匆匆告别。望着姐姐挑担远去的背影，一种难以言叙的情感蕴积心间。我突然大声喊着：“四姐，叫妈妈保重，全家保重！”

---

① 宁强为今县名，时名宁羌；沔县，今勉县——编者注。

“老三，你也保重啊！”

亲切悠长的声音久久回荡。

姐姐远去了。我倾听着周围的欢声笑语，心里有着说不出的高兴。可是，谁能想得到，已经开创了的局面还会轻易地放弃呢？

4 月上旬，方面军令罗南辉副军长率红九十九师为方面军后卫，逐步向西转移。

暗夜如漆。我们借着夜幕掩护摆脱了敌人，行进在山谷隘路上。每个人的左臂上都系着一块白布，作为联络信号，防止掉队。前面不时传来“小心点，小心点”的声音。原来已有人和骡马掉下深渊了。大家深一脚、浅一脚地在山间转绕，经竹峪关、洪口、石门、苦草坝、清江渡、黄木垭、旺苍坝，穿过通（江）、南（江）、巴（州）中心区。

天亮了，只见沿途的岩石上用斗大的字写着的标语、口号随处可见。“赤化全川”、“斧头劈开新世界，镰刀割断旧乾坤”、“共产党万岁”、“红军万岁”、“共产十大政纲”、“土地法”、“劳动法”等等，十分醒目。

我们走走停停地走了一个多月。每到一地人民群众烧茶送水，夹道欢送，人民期盼着我们多打胜仗，保卫根据地。

转移途中，张国焘却下了一道命令，实行“坚壁清野”。何谓“坚壁清野”？即凡是敌军可能到达的地方，把粮食、锅碗瓢盆一律藏起来，把水井封死，把房屋烧掉，美其名曰“让敌人无法利用”。其实这是“作法自毙”，毁掉自己。

部队只好每走一段路就停下来，一面挖战壕准备阻击敌人追兵；一面派人召集群众、地方干部开会，动员大家“坚壁清野”。“自毁家园，以纾国难”，谁也不忍心放火烧房，可上级命令，谁敢违抗？怕背上“帮助反革命”的罪名，遭杀头。同志们看到群众背井离乡，流离失所，无处安身，暗暗地流下了眼泪，心里憋着一股子气，等到敌人到来，杀它个痛快。

可是，我们不仅迟迟没有见到敌人的踪影，而且接到的命令总是向西，再向西，一直渡过了嘉陵江，还是向西。

到了剑阁地区，才看见川陕苏维埃省府，以及党、政、群领导机关、兵工厂和医院也在向嘉陵江西岸大搬家。原来，根据地不要了。

此时，敌人已逐渐围拢过来，隔江向部队打着冷枪、冷炮。

红四方面军主力西渡，本来只是为了策应一方面军夺取四川西部，而张国焘却背着中央把川陕根据地的全部人马、坛坛罐罐搬了个一干二净。三年来，全区军民艰苦奋战，流血牺牲创建的根据地全部抛给了敌人，使苏区人民遭到了敌人的残酷镇压。特别是那个自毁家园的“坚壁清野”政策，更是给人民带来了莫大的痛苦和伤害。

5 月，我们放弃嘉陵江防线，怀着依恋的心情，离开嘉陵江西岸，沿着蜀道向中坝、茂县、再渡岷江，且战且走。大家想到艰苦创建的根据地转眼间丧失殆尽，部队已无根据地依托，“脚板皮就是根据地”，心情是极其沉重的。但是，想到很快又要与中央红军会合了，心里又充满了希望和喜悦。

5 月下旬，为了掩护一、四方面军主力会师，九十九师沿着岷江西岸进逼灌县。二九五团一营营长安守田率部先行，过溜索桥抵达东岸都江堰附近，准备攻克灌县、再攻取成都。后因上级改变决心，又撤回西岸与敌邓锡侯部对峙。由于部队连续行军、战斗、风餐露宿，伤病员显著增多。在岷县，部队遭敌人的飞机空袭，伤亡 30 余人，迟滞行动达三个小时之久。

那时，我患了伤寒症，全身疲惫无力，头脑昏昏沉沉。团长万汉江同志特意用他的马把我驮上，并让马夫悉心照料我。当晚过了一道铁索桥，我都在昏迷之中，自己也不知道是怎样过来的。

万汉江是安徽霍山人，早期参加红军，历任班、排、连长。1933 年冬调二九五团任三营营长，后任团长等职。他诚恳朴实，对人和蔼可亲，没有架子，对部属既严格又关心。行军途中，他总是把自己的马让给伤病员骑，自己步行。休息时，就往连队跑，同战士们一块做游戏、说笑话、讲故事。打起仗来，他像一头狮子，节骨眼上就脱掉上衣，裸露着宽厚黑亮的胸膛，腰插驳壳枪，手提大刀，英威逼人，大喊一声“跟我来，奶奶的！”带上“冲锋队”就一路挥刀冲杀打向敌阵。我们都称他“万老头”。其实当年他只有28岁。

到达灌县西岸后，我被转送理番（杂谷脑）团卫生队。

节选自王定烈：《沧海一粟》，知识产权出版社2005年1月第1版，第10—26页。

王定烈，1918年生，四川宣汉人。1933年参加中国工农红军，1935年加入中国共产主义青年团，1936年转入中国共产党。红军长征时任红四方面军第三十三军九十九师二九五团书记，红五军第十五师四十三团文书。新中国成立后，曾任广州军区空军副司令员、济南军区空军副司令员、空军副司令员等职。1961年被授予少将军衔。2014年在北京逝世。

离开川陕根据地前后

王宏坤

清江渡会议

敌人的六路围攻被粉碎后，我们的根据地基本恢复了。我们四军依然在东面取防御态势，十二师在万源及其以东百余里处，十师在宣汉、达县以北。

十个多月的反六路围攻虽然胜利了，但由于长期作战，加上敌人的严重破坏，根据地元气大伤。当务之急是要加强恢复根据地的工作，建党、建政，发展生产，搞活经济。对部队来说，在前线同敌对峙的同时，要加强整训，补充新兵。总之，反围攻一结束，地方和红军都在努力克服各种困难，热火朝天地投入到了艰苦斗争之中。

当时，最大的困难还是缺粮。在往年一年中的九十月份是秋收的季节，可是今年因为春夏的播种时节处于敌人的六路围攻的紧张阶段，根据地被敌人占领了，群众大部跑掉或躲藏起来，田地荒芜了。胜利后，我们虽然恢复了根据地，但这时却没有收获。许多人在挨饿，红军也一样。特别是四军防区最严重。怎么办？还是靠发动群众，组织种菜，种短期作物，到外面买粮、筹粮。还积极到敌占区去打粮。尽量取之于敌。一次，我们得到情报，十师前面的敌人新到了一批粮食物资，我即叫三十二团团长李走灼连夜派出团特务队。第二天一早，他们果然搞回了物资粮食，还搞到了上千块大洋。

这时，在四军十师的广大防区，霍乱流行起来，而且来势猛烈，我们军医院不几天就住满了。病号不断增加，如果抢救不及时，二三天就会有生命危险，有的还没来得及进医院就死去了。

霍乱首先是在敌人那里流行起来的，还在以前同我军作战的时候，敌人的部队中不少人就死于霍乱。敌人虽然被打败了，但霍乱的病毒却在他们的侵占区域内蔓延。

根据地和红军纷纷组织起来抓预防、抓医治。我们的红军医院和地方医院发挥了巨大作用。当时没有西药，懂得西医的人极少，只有中医中药，也只有充分发挥中医中药的作用。实践看来，中医中药治霍乱的效果是很好的。

有一个年过 70 的老中医，他的治疗有特效。不论病到什么程度，只要吃进了他开的药，就能活下来，他救下的指战员不计其数。我自己也是其中的一个。

当时，我们军部住在镇龙观西南面的一个村庄里，司令部住在旁边的一座庙内，一天早饭后，我到司令部，刚一坐下，突然身上不停地颤抖，感觉到浑身冰凉，接着就是连续不断地拉肚子，到午饭后即不省人事。

第二天上午 9 点，我醒过来，发现那位老中医站在面前，他安慰我再也没有事了。

原来，我昏过去后，大家急坏了，连忙把老先生从百十里外抬来，给摸了脉，喝了药，不几个钟头，我醒过来也不泻了，接着又喝了两副药，病就好了。

这位老先生，倾向进步，同情革命，相信共产党和红军，为人民解放事业立了大功，后来一直跟随我们长征到了甘孜、炉霍，因无法过草地，遂妥善安排他回了川北。

在党的领导下，根据地人民和红军齐心协力送瘟神，不久，霍乱的流行得到了有效控制，并逐步消灭了。

这时，方面军总部召开军事会议，会址定在清江渡。

会议规模较大，通知到师、团。因为我们四军当时还是处于防御态势，比较分散，参加会议人员各自走一条路。我也是独自去的。带了六个骑兵从镇龙观西南面的驻地出发,取道江口（现在的平昌县所在地），前往清江渡。

江口在得胜山南面，是两条河的交汇处，附近还有连绵的大山，山势很陡，镇子依山傍水，这里河水很深，因而也是水码头，有排和船只行走。我们一行到江口爬那山梁子，山路很陡峭，牲口四条腿试探着向下伸，到江口宿营，住在镇边山上的一座庙内。

清江渡在通江城和巴中城之间，镇子不小，比通江城还大。

会议内容主要是总结反六路围攻的作战经验，讨论军事训练工作计划。徐向前总指挥、陈昌浩政委和张国焘当时都住在清江渡。会上，张国焘、陈昌浩都讲过话，主要由徐总指挥作报告。

徐向前总指挥总结了一年来反围攻作战的经验教训。指出：敌人对付红军的方法是：防御时采取堡垒政策、坚工固守、经济封锁、反动游击；进攻时实行步步为营，稳扎稳打、分进合击的战术；红军对付敌人围攻的战略方针是“决战防御”，即利用川北的有利地步，逐次收紧阵地，节节抗击，并予敌以大量消耗，保存自己的有生力量，待造成有利条件即集中兵力反攻，实行重点突破，以迂回包围手段，大举歼灭敌人。在战役计划上，通过周密侦察，确实弄清敌方兵力配置、地形及道路状况，努力做到“知己知彼、百战不殆”。在战术上，以各个击破来对付敌人的分进合击；发挥夜袭特长，对付敌人之据险扼守；以广泛的群众游击战争骚扰敌人，配合主力红军作战。攻击时，集中兵力，选敌弱点，实施奇袭；防御时，工事要做得牢固，且要有纵深配备，求得更好地发挥火力，消灭敌人，保存自己，并正确使用预备队，追击时动作要迅速、勇猛，向纵深穿插，分割包围，各个歼灭敌人。

接着，与会者进行了热烈的讨论，并结合战例，交流了经验，大家争着发言，气氛很热烈。

我认为徐总的报告水平是很高的，对会议总结我热烈拥护。

会上，还表扬了一些团队。

会议开的时间不短，会上也分析了敌人可能发起新的进攻，要求做好准备。还办了训练班，由徐总指挥亲自讲课，主要讲战术的应用，包括集中兵力，进攻突破，运动防御，迂回包围等。

清江渡会议很重要，它在红四方面军发展历史上有深刻影响。

会议期间，九军副军长兼二十五师师长许世友同志请我喝酒，清江渡这一带是他们的防地，他要尽地主之谊。那一次在庙垭场，他嫌我弄的酒少，不过瘾，也夸下了海口，他们防地里什么都有。这一回，胜利了，心里很高兴，他搞了四大盘菜，鸡鸭鹅鱼，另有一面盆汤，一大壶加一面盆白酒，足足有十多斤，摆下了两个洋铁碗当酒盅，他先要一人一碗轮流干，我说不行，你喝两碗我一碗。老许真英雄，一碗酒端起来咕噜噜一下子就下去了，接着来第二碗，我们两个边干边吃，二三个钟头后，桌上的酒全光了，菜还剩下不少。刚吃完，他起身就朝外走，说："找水喝去"。我怕他醉了，跟着他。他向总部住处摸。

总部住一座楼房的二楼上，张国焘刚好在里面。许世友叫："要喝水！"他手拿茶杯，"这是什么东西！"许世友又叫着。

张国焘吓了一跳，连忙对我说："王宏坤同志呀，你们快回去吧！"

这一回，许世友真醉了。第二天我问他的公务员，回答说他还睡着。第三天，许世友见到我，要求我们再喝一次，我谢绝了，说会议快要结束，得准备回去了。

清江渡会议结束后，我即往回赶。当时部队的任务就是要加强整训，补充新兵，做好反击敌人新的进攻的准备，因为各队都有同志参加了会议，所以军部没有必要再召开会议，传达会议精神的工作由各师自己安排。利用这个机会，我计划到各单位去看一看。

第一站到军医院。这时军医院驻镇龙观。向医院院长周吉安同志和政委兼政治部主任徐立清同志了解了一些情况。

我们医院的同志们很了不起，在当时那种条件下工作，克服了各种难以想象的困难，救死扶伤。在反六路围攻中，收下的伤病员，一扎就是一大片，有时多达五六千。其中有四军的，也有兄弟部队的。徐立清等同志的工作极为出色，我们都给予了充分的肯定和鼓励。

在军医院，我还专门去拜访那位中医老先生，他还给我作了身体检查，说恢复得不错，但需要调补一下，给开了五六副药。

下一步到四军后勤部，后勤部原驻洪口，反攻开始时，为供应方便，向南开到龙凤场。我到了龙凤场，见到了后勤部长秦辉灿国志和政委张德发同志。

我们后勤部在反六路围攻中是立了大功的。与刘湘作战，主要在四军防区，在那种极为困难的条件下，四军后勤部不仅要供应四军部队，还要供应一部分兄弟部队。秦辉灿是一位优秀的后勤部长，在鄂豫皖时就在老十师当后勤主任，是一位“老后勤”，他经验丰富，办法多。在成立军部时，我们为了进一步加强后勤工作，又选择了张德发同志任政委，张德发原来是一个团的团长，工作劲头大，很能吃苦耐劳，他们的工作很出色。

一到后勤部，我即发现他们的工作很主动。正在千方百计地筹集物资、弹药、资务等，为部队过冬和新的反围攻斗争作准备，他们精打细算，想方设法开源节流。他们掌握物资，自己生活同样艰苦朴素，我对他们的工作很满意。

之后，我又带张德发到万源。我们四军政治部驻万源，十二师师部也在这里，军政治部主任徐长勋兼任十二师政委。徐长勋向我谈了政治思想工作情况，当晚还一起看了军政治部宣传队的文艺演出，他们的文艺节目搞得很活跃。

十二师三十六团在万源西南前线，对着宣汉方向防御。我打算去看一看，徐勋礼陪同我，到那里的道路真险，我的马不敢走，畏畏缩缩的，徐勋礼骑的是一匹毛驴，别看个头不大，但力气比马还大，陡峭崎岖的狭窄小路，下面就是十余丈深的悬崖，它也有时四条腿聚在一起，但同样行走自如，不惊不惧。

三十六团团部住在一个镇子上，政委刘治潮同志在团部，我们去时，他们刚刚与反动会道门武装打完仗，部队得胜而归，大家情绪很高。我们一行也就在团部住下来了。

战陕南

我在十二师各团转了一段时间。这时，总部来电话要我到巴中开会。我即带警卫员、通讯员共十余骑出发，先到万源，又经丝罗坝、洪口到毛浴镇。在毛浴镇见到了张琴秋、傅钟两同志。进川时，傅钟为红十师政治部主任，张琴秋曾任红七十三师政治部主任，现在他俩都任方面军政治部副主任，好久不见，在这里见面，他们很热情。在闲谈中，他们还提醒我说，何畏也要参加巴中会议，你这次可别发火呀。

在毛浴镇住了一夜，第二天经通江城到清江渡，当时方面军参谋部驻清江渡，参谋长倪志亮同志正好在家，倪志亮也劝我，你与何畏的事过去了就算了吧，别再扯它了，别生气了。没有想到他们都知道我与何畏关系紧张。

到巴中是一天的下午。巴中城很大，街道也多，街市上遂相当繁华热闹，通江都没法比。

第二天上午宣布开会。到会的有张国焘、徐向前、陈昌浩、王树声、李先念、何畏和我，规模较小，内容是讨论“陕甘计划”，就是四方面军要向西北出击甘南，打击敌胡宗南部，占领控制甘肃南部的文县、武都、成县和天水、岷州地区。这里的战略位置很重要，东有嘉陵江、汉水，南有白龙江、西有洮河，北有渭水，又有几个山脉卡着，东有秦岭、西有岷山，这里临山傍水，打下这里，在这里建立川陕甘根据地，放弃万源和通江以东。

在讨论中，大家认识比较一致，认为这个战略方针是可行的，按此方针办，对根据地和红军的发展也是有利的。

下面讨论集中兵力和行动时间问题，讨论刚开头，即接到中央发来的电报，说他们已经进至贵州四川交界处，计划从泸州上游渡长江北上，要求四方面军派部队到长江边接应。

大家很高兴，整个会场气氛热烈活跃，纷纷议论派多少部队，先说一个军，又考虑到一个军不行，路程远，前面敌人又多，四川的路难走，七议八议，决定去五六个师，其余的留下来守根据地，去接应的部队要坚决地拼命地去战斗，准备作出最大的牺牲。

但是，到第二天，中央又来电报，叫四方面军不要去了。

这样，会议又回头来讨论甘南作战问题，计划集中12个团，以三十军、九军和三十一军各抽一部，以四军全部在根据地东面、南面防御。

我对战略方针是完全赞同的，但对要我们四军全军防御有意见。我说，又是我们防御，我们一进四川就防御，老让我们防御，我们抽调两个团不行吗？

第二天答复了我，同意四军抽两个团，我说，好啊，我们抽十二师三十四团、三十六团。当时考虑，十师在镇龙观以南的北山场、马渡关、罗文坝一线，对着渠县达县、宣汉方向与敌刘湘部对峙，部队不能抽，只有抽十二师部队。

至此，会议就结束了。会议期间，虽然没有与何畏吵，但我也不搭理他，而与其它同志谈得有兴致。何畏主动找我套近乎，一天下午，对我说，王宏坤同志，我们去打兔子吧，那边飞机场上兔子多，我冷冷地说，你去打吧，我不去。

会议结束后，我即往回赶，准备组织部队，赶到万源，召集了十二师师长徐勋礼、政委徐长勋等开了会，传达了方面军的战略意图和行动方针，布置抽调三十四团和三十六团，由师长徐勋礼领着，万源方面的防务交三十团，由师政委徐长勋负责。我还特别要求在万源方面加强发展地方武装的工作，搞好主力部队和地方武装配合作战。

听说要参加进攻作战，部队可高兴死了。特别是三十四团，许多人高兴得直流眼泪。三十四团是由老十师特务营发展起来的，一入川就从竹峪关到巴山防守，反六路围攻的后期调到万源一线坚守防御，反六路围攻胜利后又回到了巴山防御，前后达两年，真可谓艰苦异常。部队集中后带到竹峪关，全团 1500 多人，没有一件完整的衣服，大多数人的衣服都破成了布条条。我叫军后勤部给补充了一些衣服、子弹。部队很快完成了行动准备，等待命令出征。

1935 年 1 月下旬，我军按原计划出发，徐向前总指挥率 12 个团准备首先拿下广元、昭化。为了夺取广元、昭化，先以主力渡过嘉陵江突击敌之侧背。

我带四军的两个团走另一路，经三十一军防地向北运动，计划夺取川陕大道上的重要据点转斗铺，掩护主力的侧翼安全，阻敌援兵。

我们到三十一军防地后，见到了当地分区司令员王友均同志。王友均原为我们老十师特务队队长，是个挺精干的小伙子，从鄂豫皖转战入川的路上，很多时候是他带特务队在前开路。进入四川后，七十三师师长王树声找我说，他们供给困难，要求帮助。我们十师特务队 130 多人，会夜摸，筹集物资很有办法。在十师立了大功。我当即让王友均带了特务队一部 70 余人去了七十三师，王友均自来七十三师（现三十一军）后，我们一直未见面，这次相会，大家很高兴，当即由他报告了敌情。他说，转斗铺有敌胡宗南部一个加强营，共四个步兵连另一个爆破队，近 600 人，敌人火器强，因靠近我根据地，始终处于戒备状态。

转斗铺就在我根据地边的一座大山（南山）外。如果我军由南向北正面攻击，那么既下山运动不易，同时也容易遭敌强大火力杀伤。我们的部署是：以三十四团先向转斗铺东北方向十几里处开去，控制那一带的大山，保护方面军主力的东侧安全，以其中的两个连向转斗铺以北方向警戒。以三十六团、王发均率独立团及地方游击队从南山南面向转斗铺西侧运动，包围攻击。

天亮前，我军包随了转斗铺。上午 10 点，发起猛攻，激战至午后，我军已扫清外围，两路接近镇子，敌人抵挡不住，向东突围逃跑。我军接着猛追。

敌人很狡猾，先向东往宁强方向跑，一阵后又折向北面跑。我军追到东面，不见敌人踪影，我用望远镜往北一看，发现敌人在爬山，连忙命号兵吹号调部队向北。

敌人朝北还未上到山头，即遭到我三十四团那两个连的坚决堵击，背后我追兵又压过来，我军两面夹击，将敌全歼，俘敌营长以下 500 余人。缴自动步枪 20 余挺。

北面的敌人闻讯，以一个营的兵力向转斗铺来援，正好进入我三十四团预设阵地。三十四团一阵猛打，敌伤亡过半，残部乘夜溃逃而去。

那天攻入转斗铺街上，缴获了不少战利品，其中印象最深的是有许多美国帕克金笔，我的公务员就缴到了 20 余支。敌人是在内部做生意。还缴了不少面粉，但后来发现，敌人在里面投了毒药。还有一种东西，表面上很像油条，其实是炸药，是敌人用来焚烧我工事前障碍物的，但当时大家都还没见过。徐勋礼拿起来咬了一口，觉得也是甜的，当作油条吃，也是饿极了。我叫他不要吃，他不信，结果到半夜里又吐又泻搞得一塌糊涂，差一点死过去。

转斗铺战斗结束后，我们向西面 20 多里处靠了靠，那一带是山地，部队扎在那里待机，并保障主力侧翼安全。

方面军主力那边的行动并不顺利，虽然给了敌人以较大打击，但广元、昭化两城没有攻下，部队也有较大伤亡，敌胡宗南部是蒋介石嫡系精锐，装备好，火器强，他们会做工事，凭坚固守，爬在里面不出来。我军火力弱，缺乏炮火，硬攻攻不动。

这时，中央来了电报，提出红四方面军与长征中的红一方面军协同作战,并要求红四方面军“宜迅速集结部队完成进攻准备,于最近时期,实行向嘉陵江以西进攻”。策应红一方面军是全局性的头等大事,为此,方面军总部迅速作出了相应决定，准备西渡嘉陵江，为了调动嘉陵江沿岸敌人北向创造渡江战机，即决定我军以主力一部出击陕南。

我们在转斗铺以西驻地住下不久，总部给我来了一道命令，要我带六个团，包括四军十二师两个团，三十军八十八师三个团和总部炮兵团攻取宁强等地。

宁强是陕军孙蔚如的地盘，孙蔚如过去跟我们有关系，但敌六路围攻时搞过我们，又让胡宗南进到川陕边，威胁我军侧背，我们也想教训他一下。

宁强处于川陕甘交界处，县城是川陕大道的要隘。宁强驻敌一个团，敌以两个营守城内，以一个营守城外西南山头大庙。我军别的部队未到，我手中只有十二师两个团。我以三十四团一部置于城北面一小飞机场处，防敌逃跑，以另一部攻占东面阵地，以三十六团向城西南山头及大庙攻击。

当夜（记得是除夕夜），三十六国攻进庙内，夺下了山头，又乘机从城西南角搭云梯爬上城墙，打开城门，我军冲进城中，与敌展开激烈巷战，那天夜里我是跟着第二批进城的，我们进城时，城内巷战正酣，还差一点被三十六团战士误伤着。

我军突破城垣,敌人慌了,往北溃逃,刚好进入我三十四团埋伏地,很快被我一网打尽，敌团长杨竹荪被活捉。

战斗结束后，我们三十四团继续北进，第二天，一举功克要地阳平关，歼守敌大部。

我们在宁强住了两天，程世才、熊厚发率八十八师来到，我们遂继续北进，在宽川与敌两个营遭遇，敌一触即溃，我军也不追赶。

这时，有消息说孙蔚如令陕军独一旅一个团和第四十九旅从勉县西进，朝我们方向运动。我当即令十二师师长徐勋礼率三十六面向东警戒，监视敌人行动，保护我军右侧安全，明确告诉他，敌人不攻击我，我也不去攻击他，敌若攻我，我即反击他。

后来，当徐勋礼他们到达新浦湾以西时，即发现敌人已占新浦湾镇子，为了占领制高点，阻敌西进，我军即去抢占新浦湾西面大山，我抢敌也抢，结果敌我双方在山头遭遇了。

敌人第四十九旅被称为“老虎旅”，是陕军中的王牌，战斗力较强，敌旅长王劲哉素以凶悍、骠勇著称，颇能打仗，人称“王老虎”。我三十六团也是我军主力团之一，有很强的战斗力，这样，双方一交火，很快就演成了一场激战。

我们正向北行进，听到东面枪声激烈，连忙带着通讯队、警卫连赶过去。到了前沿一看，敌我双方打在一起。敌一个旅，我一个团，敌我拼死相搏，三十六团给敌人以大量杀伤，但自已伤亡也不小。首先是师长徐勋礼抬下来了，接着，团长、政委也抬下来了。虽然伤亡大，但部队英勇顽强作风不减。我连忙传令停止攻击，将部队收起来。

我连夜对三十六团进行整顿，发现全团连以上干部大部伤亡，总共只剩下三营教导员，一个连长和一个指导员，于是，我将我的警卫连长派去代理团长，提升三营教导员为团政委，并相应提拔配备了其余营连干部。

仗已经打到这个样子，不打不行。只有打下去。当夜，八十八师和总部迫击炮团到了。我们以“夜老虎”二六五团夜摸新浦湾西北面大山，二六三团为预备队并相机从侧面迂回，以三十六团在正面攻击，我还把我的警卫连交三十六团指挥，以二六八团插入沔县①和新浦湾之间，断

① 沔县，今勉县，下同——编者注。

敌退路，以追击炮实行火力掩护。

第二天凌晨，“夜老虎团”夜摸西北面敌大山阵地迂回成功，我正面三十六团也发起了猛攻。三十六团不愧为是过得硬的部队，始终具有一种压倒敌人的英雄气概，伤亡那么大，一经整顿，战斗力迅速恢复，强大的突击力使敌无法招架。同时，二六八团也迅速占领了沔县通向新浦湾的大道，控制了路侧高地，敌后路受到威胁，顿时，敌人军心动摇，我军乘胜猛攻，一举将敌四十九旅另一独立团大部歼灭。

接着，我们留三十六团打扫战场，以八十八师向沔县疾进，我随八十八师行动，途中又溃敌一个骑兵团，乘胜占领沔县城。

我们占领沔县城后，八十八师驻城内及城外以东地区，接着十二师三十六团也由新浦湾开到城外以南地区，不久，九军一部也到了。我军遂围攻褒城、南郑，并和地方党组织配合，在当地广大乡村发动群众，建立政权，发展游击队，扩大红军。那里的青年参军很踊跃，不到十天，仅十二师就扩红 1000 多。

陕南作战，我军先后攻占了宁强、阳平关、沔县等城镇，共歼敌四个多团及一批反动地方武装，缴机枪 50 余挺，步枪 500 余支，俘敌 4000 余人，成功地调动了嘉陵江沿岸一带敌人向此，为我军渡过嘉陵江创造了有利战机。但是，陕南作战政治上也有失策的一面，它对与西北军的统一战线关系有一定影响。

克 梓 潼

在我们出兵陕南的时候，王建安同志调红四军政治委员，洪学智同志调任军政治部主任。自张成台同志调离后，四军政委一职空缺半年多了，而政治部主任一职原来一直由徐长勋同志兼任，洪学智来后，徐长勋即免兼。

我们在陕南作战时，川敌向我根据地发起了多路进攻。西线相继侵占了我阆中、仪陇、苍溪等城镇。在东线，我四军十二师防守万源的部队在给敌以重大打击后，奉命放弃万源，向后收缩。十一师则由王建安、洪学智指挥坚守在得胜山、镇龙观、余家坪一线，日夜抗击刘湘主力的猛犯。

陕南作战结束后，大约是 3 月初，我带十二师主力开到广元以东约 15 里地区掩护，方面军集中了三十军、九军主力和三十一军一部南进，经激战，共歼灭和击溃进犯之敌十多个团，收复了仪陇、苍溪等地。

正是在广元以东地区，我与王建安通了电话，他们刚刚撤至巴中，在那一带反复与敌争夺，我们相互通报了情况。他和洪学智到职后，我们一起没有会面，这也是第一次通电话。这时，根据地在逐步缩小，部队新兵也很多，我的精力主要花在利用打掩护的间隙抓紧训练部队上。

3 月底，红四方面军为了实现川陕甘计划和有力地策应中央红军的长征，开始了强渡嘉陵江战役。具体兵力部署为：三十军于苍溪以南塔山附近实施重点突破，消灭江防守敌后向剑阁、剑门关方向进攻，协同三十一军消灭剑门关之敌；三十一军从苍溪以北鸳溪口渡江，尔后消灭剑门关守敌，向昭化、广元进攻；九军于阆中以北渡江，一部协同三十军向北进攻，以另一部消灭阆中、南部之敌；四军为方面军二梯队，待第一梯队渡江成功后于苍溪渡江，以一部向南迂回，协同九军消灭南部守敌，一部则向梓潼方向发展。这个部署，我是后来知道的。我没有参加有关会议，王建安或许知道。

渡江作战开始后，三十军、三十一军和九军相继成功渡过，作为第二梯队的我们四军，主力由王建安率领，向阆中、江油地区发展。我带十二师三十四团和三十六团因为有掩护任务走在后面。刚过江，总部即来了命令，要我率十二师主力迅速攻下梓潼，保障主力西进左翼安全。

梓潼离邓锡侯的老巢绵阳才不过百里，再下去就是川西平原，就是成都。敌人必然会死守。

部队开到梓潼附近后，得知守敌是邓锡侯部一个团，另有反动民团七八百，敌人以正规军两个营及反动民国防守城内，以一个营置于城外西南面七八里处的山头上。

由于梓潼是绵阳的屏障，敌若失去梓潼，不仅绵阳会受到直接威胁，而且也会震动成都。因此，我们判断，我兵围梓潼的消息一出，绵阳敌人必然来援，所以我们得作好打敌援兵的准备。具体部署是：以三十四团攻城，以三十六团攻城外西南山头，并准备打敌援兵。

我军经一天一夜的急行军，第二天拂晓，三十四团以突然动作将梓潼城内之敌围住，我率三十六团继续向西南方向运动，以一个营将路南山头敌据围子围起来，另以团主力越过围子在西南面通往绵阳的道路上选择好地形，做好工事隐蔽着，等待打击绵阳来援之敌。

我军围攻梓潼的枪声一响，绵阳的敌人马上就接到了梓潼求援的电话。敌人的电话线刚好从我们处所穿过，我们用机子塔上，我听到绵阳和梓潼及城外西南山头守敌正在通话，绵阳方向说，援兵就要到了。

我将消息告诉了三十六团指战员，大家高兴极了，自陕南作战以后，三十六团兵员充足，又训练了两个多月，好久没有捞上仗打，全团上下正憋着一股使不完的劲。

上午 12 点，援敌来到了我军埋伏地点，一声号令，战士们如猛虎下山，扑向敌人，经一场激战，我军歼敌近两个营，余敌狼狈地向绵阳溃逃。

敌援兵中伏，三十六团围攻山头的部队乘机发起攻击，一举攻克山头围子，全歼守敌。三十四团也发起了猛攻，梓潼守敌更加恐慌，敌团长在电话中连连向绵阳求救，“我们守不住了！”我对着话筒说：“你们跑不了，只有缴枪投降了！”

三十四团攻入城内，敌人向南面突围，三十六团及时赶上，我军南北夹击，很快将敌全歼在城外。

我们在梓潼住了六七天，在这里发动群众，这里的群众参军踊跃，不几天我们即扩红五六百。解放后在海军舟山基地任政委的张维汉同志就是这次参军的，参军时给我放马。

我们攻占梓潼的时候，我四军、三十军、九军主力正在江油、中坝、彰明一带作战，给敌邓锡侯部以沉重打击。接着，我四军一部又西向攻克北川城。同时，三十一军继攻克剑门关后，进至羊模坝、三磊坝地区，阻击敌胡宗南部南下，三十军一部北进，相继攻克青川、平武。

至此，红四方面军的强渡嘉陵江战役胜利结束，总计歼敌 12 个团，约一万余人，攻克阆中、南部、剑阁、昭化、梓潼、平武、彰明、北川等八座县城和青川镇，控制了东起嘉陵江、西至北川、南起梓潼，北抵青川，纵横二三百里的广大地区。

但是，当时并没有想到，我们红四方面军从此即离开了在此奋战了两年多的川陕革命根据地。

选自王宏坤：《我的红军生涯》，人民出版社1991年7月第1版，第237—252页。

王宏坤，1908 年生，湖北麻城人。1927 年参加黄麻起义，1929 年参加中国工农红军，同年加入中国共产党。红军长征时任红四方面军第四军军长、政治委员，红四方面军副参谋长，川康省军事部指挥长，红四方面军直属纵队司令员等。新中国成立后，曾任中共中央中南局委员，中南军政委员会委员，海军副司令员、第二政治委员，海军党委第一书记，国防委员会委员，中共中央委员等职。1955 年被授予上将军衔。1993 年在北京逝世。

强渡嘉陵江

许世友

强渡嘉陵江，是红四方面军在反六路围攻作战后进行的一次重大战役，也是方面军战史上规模最大的一次渡江作战。这次战役开始于1935年3月28日，结束于4月21日，歼敌一万余人，攻占了北迄青川、平武，南至梓潼、彰明的涪江至嘉陵江之间的广大地区，打乱了敌人的“川陕会剿”计划，为向川西和甘南扩大革命根据地创造了有利条件。但是，由于张国焘擅自决定放弃川陕根据地，这次战役的胜利成果未能得到巩固和发展。

一、渡江之前

红四方面军强渡嘉陵江之前，面临着新的形势。在“六路围攻”中惨遭失败的四川军阀已经处于分崩离析状态。蒋介石气急败坏，责骂各路军阀“均畏匪如虎，望风而逃”，“犹复捏报战情，淆乱是非”，“致任匪驰骋，如入无人之境地”，他一方面连催刘湘“复职”，并将“奔逃”“捏报”最甚，“不惟牵动全线战局，尤足动摇各路军心”的罗泽州“革职查办”，以图稳住战局；一方面令其嫡系胡宗南、上官云相等部相继入川，以贺国光等人组成“驻川参谋团”，乘机攫取四川大权，积极筹划“川陕会剿”，妄图对我军发起新的围攻。

在此期间，方面军为巩固和发展反六路围攻的战果，加强部队建设，为粉碎敌人“川陕会剿”做好准备，各部队相继转入了整训工作。

1934 年 11 月，继毛裕镇党政工作会议之后，方面军在巴中县清江渡召开了军事工作会议。会议总结了一年来同川军作战的经验教训，分析了形势，研究了今后的作战方针，确定在部队经过一个时期的整训后，集中主力向嘉陵江以西和甘肃南部发展，使川陕根据地扩大成为川陕甘根据地。会议向全军指战员发出号召：“坚决斗争，加强一切工作，充实自己的力量，冲破‘川陕会剿’。”

根据毛裕镇党政工作会议和清江渡军事工作会议关于进一步加强方面军部队和川陕革命根据地建设的精神，全军进行了整编和训练。

整训之初，部队进行了整编。为充实连队，精简了部分师、团机构，方面军由原有的 15 个师 44 个团缩编为 11 个师 32 个团，另编了炮兵团、红军大学以及由游击队合编成的两个独立师。我在这时调任第四军军长。这个军的前身是红十师，原编有三个师八个团，这次缩编为两个师七个团；第十师辖二十八、三十、三十四、三十六团；第十一师辖三十一、三十二、三十三团；第十二师的编制于渡江战役结束后恢复。

我来到四军，立即投入了紧张的军事训练。这一时期进行的练兵运动，在红四方面军的历史上是空前规模的。方面军专门制定了《军事教育计划大纲》和《各军比赛条约》，普遍开展了竞赛活动。我们四军在认真总结作战经验的基础上，针对川军的作战特点，侧重抓了以射击、投弹、拼刺、夜战为主要内容的训练，使部队的战斗力有了明显的提高。

整训期间，我们与其他部队一样，还派出大批人员，到方面军划分的宣汉、达县以北及江口地区，协助地方党组织发动群众，恢复生产，组织和训练地方武装，使曾遭六路围攻之敌践踏的川陕根据地，又呈现出一派生机。

至 1935 年 1 月，我军经过三个多月的整训，做好了迎接新的战斗任务的充分准备。为贯彻清江渡会议确定的方针，我军乘敌“会剿”尚未开始之际，发起了广（元）昭（化）战役。目的是歼灭位于该地区的胡宗南部的独立旅，打开向西向北发展的门户。

广昭地区为胡宗南部的五个团和两个游击支队驻守，统归胡部独立旅旅长丁德隆指挥。该部到达广昭地区不久，兵力分散，且与川军有矛盾，是我军向甘南发展的有利方向。我军如将该敌歼灭，攻占广元、昭化，不仅对敌正在组织的“川陕会剿”是个有力打击，而且可以在嘉陵江上游开创一个新局面，使川陕根据地扩大为川陕甘根据地。

我们四军十师、三十一军九十一师、九军二十五师、三十军八十八师等部队奉命参加了这一战役。

1935 年 1 月 22 日，我军先后攻占了广元、昭化周围的转斗铺、羊模坝、三磊坝、河湾场、宝轮院等外围据点，进围广元、昭化县城，歼敌约两个团。广、昭两城守敌凭坚固守，意借坚城以疲我军。方面军鉴于我军攻击数日进展不大，长期屯兵于坚城之下，亦非良策，乃放弃原战役企图，主动撤广昭之围，将主力转至嘉陵江东岸。

这时，具有伟大历史意义的遵义会议已经胜利结束。会议确定了以毛泽东同志为代表的新的中央的正确领导，使中国革命走上了毛泽东思想指引的胜利道路。1935 年 1 月 22 日，党中央政治局及军委对红四方面军当前的战略行动方针给了一个极为重要的电报指示。内称：“为选择优良条件，争取更大发展前途计，决定我野战军（指中央红军）转入川西，拟从泸州上游渡江。若无障碍，约二月中旬即可渡江北上。……为使四方面军与野战军乘蒋敌尚未完全入川实施‘围剿’以前，密切地协同作战，先击破川敌起见，我们建议你们应以群众武装与独立师团向东线积极活动牵制刘（湘）敌，而集中红军全力向西线进攻。”因此指示四方面军“宜迅速集结部队，完成进攻准备，于最近时期实行向嘉陵江以西进攻。至兵力部署及攻击目标，宜以一部向营山之线为辅助方向，而以苍溪、阆中、南部之线为主要方向。”

方面军在广昭战役之后，主力是集中的。接到中央电报后，理应按照中央指示，迅速准备，积极创造条件克服客观上存在的一些困难，尽快打过嘉陵江去。但是张国焘却违背中央指示，擅自决定发起陕南战役，命令方面军主力向陕南出击。

我们四军五个团和三十军、九军各一部于 2 月初由广元以北的朝天驿地区向陕南推进，计划首先攻占陕南的宁强和阳平关，尔后向勉县、汉中方向发展。2 月 3 日，我四军十师主力先后攻克宁强和阳平关，歼灭守敌陕军一个团，尔后和九军、三十军等兄弟部队一起，分三路从铁锁关、宁强、阳平关向东北挺进，先后占勉县、围褒城、攻南郑，将陕军四十九旅和独立旅第一团大部歼灭，兵锋直逼汉中。

陕南战役，我军在军事上是取得了一定的胜利，并使嘉陵江沿岸的胡宗南部北调，有利于我军下一步的渡江作战。但是没有坚决执行中央要红四方面军尽快向嘉陵江以西进攻的指示，延误了渡江时间，致使中央红军在泸州上游渡江的计划未能实现。同时陕军孙蔚如部与我军订有互不侵犯的协议，主动向其出击，在政治上也是失策的。

二、打过江去

在我军出击陕南期间，其他各线之敌乘机进攻我根据地。东线之敌于 2 月初占领万源，并继续向通江、巴中推进。西线之敌罗泽州暂编第二十三师于 2 月上旬占领阆中和仪陇，罗乃琼第三师于 2 月下旬占领苍溪。

为制止敌人的进攻，扫清渡江障碍，我军回师川北后，首先进行了苍溪、仪陇战斗，歼敌两个整团和另两个团的大部，俘敌官兵 3000 余人，缴枪 5000 余支，控制了北起广元、南至河溪关的嘉陵江东岸（阆中县城除外），尔后转入强渡嘉陵江的准备工作。

嘉陵江，是四川省的四大河流之一，起源于秦岭山脉，与长江汇合于重庆，中上游出没在高山峡谷之中，水深流急，对于缺少渡河工具的我军来说，确是一道不易逾越的天险。

敌为阻止我军西渡，以53个团的兵力布防于北起朝天驿，南至新政坝，约300公里正面的嘉陵江西岸地区，纵深直至涪江沿岸。邓锡侯第二十八军的21个团，防守北起广元的朝天驿、南至射箭河以北的沿江地段，其中15个团部署在一线，六个团位于广元车家坝和昭化西南的剑门关为预备队。田颂尧第二十九军的32个团，防守射箭河以南至南部县的新政坝，部署在一线的有25个团，总预备队七个团配置在阆中以西的思衣场地区。敌人布防的特点是正面宽大，敌力稀薄，纵深空虚，反映了敌人力不从心的窘境。

根据当面敌情和地形，主要突破地段选在哪里为好？徐向前等方面军领导同志反复勘察了地形，确定集中兵力在苍溪县的鸳溪口至阆中以北地段实施多路而有重点的突破，首先夺取沿江要点，尔后向敌人纵深发展，占领嘉陵江至涪江的广大地区，为向甘南发展创造条件。

我军选择的这一主要突破地段，江面虽较宽，约150至400米，却是敌整个江防的薄弱部位。该地段正面宽约30公里，敌人仅部署了三个团，一线地区只有四个营。这些部队属田颂尧第二十九军，装备较差，又因屡遭我军打击，士气低落，是薄弱而好打之敌。从地形条件看，东岸一般高于西岸，便于我军隐蔽待机和组织火力掩护。水文条件也是有利的，江水流速缓慢，水深只有三到五米，岸滩比较平坦。战后，连敌人也不得不承认："共军竟乘虚进攻，真可谓善于选择弱点。"

要渡过江去，困难还是不少。嘉陵江上没有桥，所有的船只不是被敌人劫持到西岸，就是被击沉、烧毁了。没有渡河工具怎么办？方面军总部决定：动员一切力量，自己动手造船。

根据地人民听说我们要造船渡江，从人力、物力各方面予以大力支援。有的把自已用来盖房子的木料扛来了，有的把点灯或油漆家具的桐油也送到了工地。许多船工、铁匠、木匠带着工具，跋山涉水，赶到工地参加造船。军民协力，经过一个多月的辛勤劳动，造出了可以同时运载三个团的船只，还用毛竹扎了三座浮桥。

于造船的同时，各部队在思想动员、敌情侦察、组织计划和渡河训练等方面，进行了周密而充分的准备。3 月 28 日黄昏，各部队按预定计划推进至嘉陵江边。

29 日凌晨 3 点钟，渡江开始了。由三十军八十八师二六三团的两个营和方面军教导营编成的突击队，在苍溪以南的塔子山附近，以神速的动作乘船飞驰对岸。

“哒哒哒”，一阵清脆的机枪声划破了寂静的夜空。我军突击队临近对面岸滩时被敌发现。

奇袭立即转为强渡。不待敌人的火力全部展开，我军的数十门迫击炮和几十挺机枪一齐向敌前沿猛烈射击。密集的火力构成了道道火网，映红了嘉陵江上空。

在火力掩护下，突击队胜利登岸，全歼守敌一个营，击毙敌团长陈登朴，随后又击退了左右两翼敌人的反击，占领了李社坝、老君堂、胡家场一带的登陆场。

紧接着，方面军第一梯队分三路开始渡江，如数把钢刀直插对岸：

左路九军攻克阆中，并于阆中以北渡江；

中路三十军在塔子山渡江，攻占了飞虎山、高城山、万年山诸要点，击退了敌江防总预备队前来增援的一个旅；

右路三十一军在鸳溪口强渡，一举攻占敌江防要点火烧寺，击溃敌一个旅。

我军多路而有重点的进攻，使敌陷于顾此失彼、防不胜防的窘境，第一道防线被迅速突破。

我们四军在塔子山渡口渡江时，总部工兵连已在江上架起一座浮桥。我站在桥头，不断地挥手招呼部队：“快！快！”

竹扎的浮桥受江水冲击，时起时落，人走在上面摇摇晃晃，一不小心就会掉下去。敌人的几架飞机，带着“哭泣”似的声音在上空盘旋，扔下的炸弹不时在浮桥两侧江面掀起一股股水柱。战士们顾不得这些，迅速而有秩序地向对岸冲去。

渡过江，我军一部配合九军一部攻打南部县城。守敌在我军的强大攻势面前，一触即溃，不战而逃。

与此同时，各路劲旅迅猛向敌纵深及其两翼发展进攻。三十军和九军一部，在三十军政委李先念等同志率领下，攻克剑阁县城，又向北疾进，协同副总指挥兼军长王树声同志率领的三十一军，攻打敌江防纵深要点剑门关。

“剑阁峥嵘而崔嵬，一夫当关，万夫莫开。”这是唐代诗人李白对剑门地势的描述。剑门关确是险要，两边峭壁如利剑砍成，中间只有一条人行道南北向穿过，成为出入川陕的必经隘口。敌第二十八军的宪兵司令刁文俊率四个团把守此地，构成了江北纵深要点。

三十军和三十一军先后到达剑门关地区，对敌形成三面包围。敌据险顽抗。王树声同志决定集中使用迫击炮和机枪，掩护突击队对敌各个集团工事实行逐点攻击。4 月 2 日午时，攻击全面展开。敌拼命反扑，红军与敌展开白刃格斗，表现极为英勇。激战半日，守敌全部被歼，红旗插上了敌人狂称为“插翅难渡”的剑门关要隘。

剑门关的夺取，拔掉了敌沿江防线的最后一个要点，渡江战役第一阶段遂告胜利结束。

三、鏖战江油

“红军过了河，羊子奔索索（四川土语，形容杨森欲逃不能），冬瓜遍地滚（田颂尧绰号冬瓜），猴子摸脑壳（邓锡侯绰号猴子），矮子挨鞭打（李家钰绰号李矮子，又是边防军），刘湘怕活捉，请问委员长，看你又如何？！”这是四川人民在我军突破嘉陵江后流传的一首歌谣。它热情地歌颂了我军的胜利，辛辣地嘲弄了四川军阀的失败。

敌沿江防线被我军突破后，残敌溃退到盐亭、梓潼、江油（现武都区）、中坝等地，企图构成新的防线，阻止我军西进。方面军总部以取得战役全胜为目的，决定集中主力歼灭梓潼、江油、中坝地区之敌。遂令三十一军和三十军八十八师分别推进羊模坝、三磊坝、广元地区和青川、平武，防堵胡宗南部南下；令九军和三十军主力向江油、中坝地区进击。赋予我们四军的任务是：攻克梓潼县城，阻击绵阳方向可能来援之敌。

我们顾不上休息，接到命令就准备出发。在一块开阔地上，我对先头部队第三十一团作了简要动员：

“同志们，嘉陵江是过来了，摆在我们面前还有150多里山路。我们要拿出关云长过五关斩六将的劲头来，追歼逃往梓潼的敌人。”

指战员们听说还有仗打，连日作战的疲劳一扫而光，换上新草鞋，又迈开了矫健的步伐。

行军路上，到处都是敌人遗弃的枪支、弹药、被装、大烟等物品，还有从老百姓那里抢来的来不及带走的粮食、布匹、牲畜等。沿途村落集镇，被敌洗劫一空，焚毁的房屋在燃烧，惨遭蹂躏的妇孺在哭泣。看到这一切，战士们怒火满腔，宣传队员们不时对部队大声疾呼：“快，追上敌人消灭他，为乡亲们报仇！”

我们翻山越岭，很快进抵梓潼城下。经过激战，占领了川陕大道上的这一重镇，派出了向魏城、绵阳方向的警戒。

与此同时，九军二十七师在江油县城附近的牟家渡，乘敌不备渡过涪江，歼敌一个营，尔后击溃了城郊守敌一个团，占领了江油外围的观雾山、公子坪、陈塘观、塔子山诸要点，对江油守敌形成了合围。三十军主力击溃了以中坝为中心，沿涪江一线守备的敌两个旅，占领了中坝、彰明等地。

江油、中坝地区，是川西北的富庶之地，土地肥沃，物产丰富，商业繁荣，中坝还有“小成都”之称。该地区在军事上也有重要的地位，为成都的北方门户，历来是兵家必争之地。三国末期，魏将邓艾亲率精兵三万，自甘肃阴平翻山越岭 700 余里突袭江油城。蜀军守将马邈毫无准备，来不及组织抵抗。江油城一丢，蜀军防线全面崩溃，魏军长驱直入直趋成都。蜀汉后主刘禅见败局已定，只好派侍中郎张绍带着皇帝的御玺向魏军投降。

由于这一地区特有的地位与作用，我军的攻势对成都构成了重大威胁。成都市的大地主、大资本家以及反动官僚，纷纷变卖财产，准备逃往重庆、武汉、上海、香港等地。四川军阀的反动统治，出现了严重的危机。

刘湘为保住其四川省的统治大权，不遗余力，拼凑了 18 个团的兵力，由第二十八军军长邓锡侯率领，在飞机的支援下向江油、中坝反扑，妄图解江油之围，除成都之危。

方面军总部获悉这一情况，遂令九军二十七师继续围困江油；九军二十五师、三十军八十八师和我们四军，撤离中坝、彰明、梓潼等地，分别占领江油以南的塔子山和鲁家梁子一带有利地形，抢修工事，打敌援兵。

一接到命令，我和参谋长便立即带着几个师长到鲁家梁子勘察地形，由政委王建安、副军长刘士模和政治部主任洪学智组织部队向鲁家梁子机动。

登上海拔 677 米的鲁家梁子主峰，江油和中坝隐约可见。鲁家梁子和塔子山似一道城墙，把江油与中坝拦腰隔断，山东侧有涪江，西侧有八家河南北向流过。控制了这道山梁，就卡住了中坝入江油的唯一通道，这是十分利于打阻击的地形。

现在明确了部署，部队已陆续到达，抢修了部分工事，做好了战斗准备。

4 月 17 日晨，金色的太阳刚刚爬上山巅，黑压压的敌群就向我阵地冲过来了。只见一个个骨瘦如柴的敌兵，端着枪，猫着腰，有气无力地向山上爬着。

敌人离我们越来越近了，100 米，50 米……

“打！”

随着一声令下，一排手榴弹在敌群中开了花，机枪、步枪、手枪一起吼叫起来。顷刻间，敌人倒下一大片。侥幸活命的，连滚带爬地向山下逃去。

敌人没有就此罢休，组织了更加凶猛的进攻。先以飞机、大炮一阵滥炸，接着是三个团的集团冲锋。

战斗在激烈地进行。突然，一股敌人突破了我军左翼阵地，那里是我军与三十军八十八师的接合部，如不能制止敌人的连续突破，将会造成极其被动的局面。

我与政委商定，决定使用预备队第二十八团，夺回丢失的阵地。

二十八团是个能打硬仗的老部队，团长王近山同志是个能打善战的骁将，交给他们的任务没有不能完成的。

在王近山同志的带领下，二十八团迅速向敌人发起了猛烈的反击。震耳欲聋的喊杀声在山谷回荡，复仇的手榴弹在敌群中炸响，寒光闪耀的钢刀砍向敌人，火红的战旗又飘扬在三十四团的阵地上。

激烈的战斗持续到下午，我们打退了敌人的许多次冲锋，防御阵地坚如磐石。

战斗间隙，我到前沿看望部队。只见不少的前沿工事打得连影子也没有了。敌人的尸体和打断的树枝、炸松的泥土，在山坡上厚厚地铺了一层。我军的伤亡也很大，不少连队只剩下三四十人了，还有一些带彩的同志坚守在阵地上，谁也不愿意下火线。我每到一地，所听到的回答都是一句话：“人在阵地在！”

我带着满意而踏实的心情返回军指挥所，正好收到上级的敌情通报：进攻塔子山之敌已分两路溃退，有一个团向鲁家梁子东南侧逃去。

据此通报判断，敌向这个方向溃退，必将动摇我当面之敌的军心。我们决定抓住这一有利战机，以十师一个团迂回敌侧后，断其退路，主力从两翼实施反击。

伴随着我军鏖战一天的太阳，带着满意的笑容下山了。战士们身披晚霞，横枪举刀，以排山倒海之势卷击敌人。激战至天黑，敌大部被歼，旅长也受了重伤，残部退向中坝。

敌军长邓锡侯在嘴头岩见各路溃不成军，慌忙跑回中坝部署守城。可是，他身边仅剩下不足三个团的兵力，已无力再战，不得不率残部退回绵阳、罗江。我军乘胜追击，再克中坝、彰明。至此，渡江战役胜利结束。

我军强渡嘉陵江战役的胜利，打乱了敌人的“川陕会剿”计划，形势十分有利于我军继续向甘肃南部地区发展。然而，张国焘却片面地夸大敌人可能发动新的“围剿”的严重性，看不到川陕根据地能够坚持和发展的有利条件及其战略意义，荒谬地作出“与其被敌人赶走，不如主动撤走”的逃跑主义的结论，擅自决定放弃川陕根据地。还在渡江准备阶段，他就借口前方需要兵力，把东线红军和地方武装西调。当主力部队攻占了嘉陵江以西地区后，他便率后方机关全部撤离了根据地，使广大军民艰苦奋斗两年多所取得的胜利成果毁于一旦。

张国焘擅自决定放弃川陕根据地的错误，给中国革命事业造成了严重损失，使红四方面军再次陷于无根据地依托的困境，被迫长征，向西转移。

选自《许世友回忆录》，解放军出版社1986年9月第1版，第295—310页。

许世友，1905 年生，河南新县人。1926 年加入中国共产主义青年团，1927 年转为中国共产党党员，同年参加中国工农红军。红军长征时任红四方面军第四军军长、骑兵师司令员。新中国成立后，曾任中共山东分局委员，山东军区副司令员、司令员，中国人民志愿军第三兵团司令员，解放军副总参谋长，国防部副部长，南京军区司令员，中共江苏省委第一书记，广州军区司令员、中共中央军委委员、常委，中共中央委员，中央政治局委员，中央顾问委员会委员、常委、副主任等职。1955 年被授予上将军衔。1985 年在南京逝世。

西渡嘉陵江

傅钟

红四方面军在川陕革命根据地粉碎了四川军阀的六路围攻后，于1935年2月开始了西渡嘉陵江的准备。

嘉陵江，是四川省的四大江河之一。江阔水深，中上游出没在群山峡谷之中，奔流湍急。川敌二十八军、二十九军和蒋介石嫡系胡宗南第一师等部，凭借天险，企图阻止我军西渡。敌人在沿江修筑了无数的碉堡，构成了坚强的江防工事，并把江中的大小船只掠走；弄不走的便击沉或烧毁了。

方面军总指挥部决定，立即动员一切力量，在短期内制造出一批渡船——能够同时装上三个团的兵力，以突然的奇袭动作打过江去。

造船，这是一件谈何容易的事情！没有船厂，没有船坞，没有工人，也没有工具和材料；有的只是根据地军民迫切向往打过江去的火热的心。红四方面军的健儿，由鄂豫皖根据地打到川陕边，虽然渡过了汉水和其他无数的大小河川，但自己动手来造船，这还是第一次。能同时装三个团，最少也得70只船。另外，为了使后续部队能及时跟上突击部队，还要修造三座竹扎的便桥。

造船渡江的意图必须严守秘密，为此，不但要选择适当的渡口，而且还要选择隐蔽的造船场所。总指挥徐向前同志亲自率领参谋人员翻山越岭，沿嘉陵江东岸寻找了三四百里，最后才选定在苍溪与阆中两县之间的塔子山下。该山背后有个宽广的平坝子，可以集结部队。离塔子山30余里的王渡庄附近，山高林深，也正是隐蔽造船的理想地方。

造船厂就在这里仓促地建立起来了，一切全是白手起家，一切全靠川陕边根据地人民的热情支援。老船工们背着干粮带着工具，从大巴山下、渠江两岸，跋山涉水，昼夜兼程赶来。青壮年们从数百里外运来了大批木材（工地虽在大森林里，但新砍伐的湿木材不能用），到处收集破铜烂铁——准备做船上用的钉子。他们把自己点灯的、油漆嫁妆的桐油都省了下来，送到工地。

一所新兴的工厂很快便在丛山密林中开工了。这个工厂没有高大的烟囱,没有机器马达的喧嚣。有的却是铁器撞击、砍伐锯截树木的声音，和数百人劳动的欢腾呼喊。再有就是红色宣传员伴着锣鼓的嘹亮歌唱。这些声音交织成伟大的交响乐章，四周的群山答和着回响。船工们和种种困难搏斗，日夜不停地工作着。

造船需用大量的钉子，但面前只有一些破锅和从破庙里摘来的废钟，连个最起码的熔炉也没有。工人们便想办法先把钟、锅敲成碎块，然后在地下挖个很深的坑，燃起耐烧的木材，把碎铁块放进去，慢慢熔化；经过锤打，造成各种需用的钉子。就这样，工人们发挥了高度的劳动热情，按期把70只船和三座竹扎便桥制造成功，他们还在船舷上写着“奋勇杀敌，争取早日革命成功”的字样。

与造船同时，准备渡江的勇士们，也在嘉陵江左侧的东河，作了刻苦的锻炼，学习划船、泅水，练习登岸的战术动作。

这时，党中央已经举行了具有历史意义的遵义会议，长征的红一方面军在毛主席领导下，沿途攻城取镇，消灭和击溃了大量的国民党反动军队，正胜利地向四川挺进。消息传来，川陕边区军民真是万众欢腾，一致要求早日打过嘉陵江去，配合红一方面军行动。

全军经过一个多月的紧张战备，一切准备就绪了，但是要投入渡江战斗还有更大的困难。这些船离渡口还有30多里路，当中还隔着一座名叫凉风垭的大山。哪里有运船的工具呢？只有工人们的双肩。他们把船只用草绳缠起来，再绑上木棍，抬着走。每一只船都需要由十几个年轻力壮的人来抬，而且顶重要的还必须把所有的船只和便桥，在一夜之间全部运送到塔子山边——我军准备渡江的出发地。

3 月 27 日下午 6 时，太阳被群山吞没了。抬船的队伍一队接着一队出发了。漆黑的夜笼罩着大地，山风呼呼，人们沉重的脚步沿着满是荆棘的山岭前进，不时惊走了栖息林中的鸟群。

凉风垭的主峰，既陡且险，仅有的小路，早被枯草湮没了。抬船的人们必须用自己的双脚踏出路来。最陡的地方，前面人的脚跟几乎碰到后面人的鼻子。这么陡的坡，抬这么大的船实在不好走，大家只好在船底铺上垫木，前拉后推地往上滑送。衣服撕烂了，皮肉磨破了，在这深夜里不知有多少血汗洒在险峻的荒山中，但是藏在人们内心里的那股高兴劲,却把所有的艰险和疲劳忘掉了。有位老大爷说:“我活了 60 多岁，走遍了全四川，只看见水里驶舟，从没听说过山地行船。可这样奇怪的事，我现在亲身来做了！”

嘉陵江的急流，激荡着红军战士的心，像往常一样，等待战斗的日子，总是显得特别长。3 月 28 日，战士们好容易盼到太阳落山，他们走出工事，麇集在草丛或灌木林中，一次又一次地检查自己的武器弹药，谁也不去理会江对岸的枪声。千百颗急跳的心只等待着渡江的号令，可是号令却迟迟不下来。忽然，一个瘦长的身影出现在他们面前，黑暗中看不清面孔，但单看这身影，大多数人便认出了这是总指挥徐向前同志。啊,总指挥亲自来检查渡江的准备,给人们带来了莫大的鼓舞。

夜 9 时许，江上弥漫起一片轻雾，浑浑茫茫，急湍的江水，狠命拍打着江岸。前线指挥部发出了命令：“急袭渡江！”于是，各渡点上的红军战士登上了自己造的木船、竹筏,像万箭齐发,向大江对岸疾驰……

虽然指战员们尽最大可能保持肃静，但抬这么多船只下水，免不了会有声音。敌人发觉了，随即射来密集的炮火。炮弹在江心爆炸，激起高大的水柱，气浪冲击着木船。我先锋部队一刻未停，向两边散开，冒着枪林弹雨拼命划向对岸。有的船被打着了，火光照红了江面。有的船被枪弹打穿，船身摇摇摆摆下沉。战士们奋勇地跳出船，握枪泅水，扑向对岸。3 月的江水，还寒彻骨髓，许多战士在江中负伤牺牲了，江水卷着战士们的鲜血向远方流去。让长流不息的嘉陵江永远记着吧，它那灌溉着万千亩良田的江水之中，曾含有红军战士们的鲜血啊！

不管敌人的炮火如何猛烈，也阻挡不住红军战士，就是剩下一船一人也要占领对岸。当冲在前面的船只离对岸约 20 多米时，战士们争先恐后跳下船来，涉水展开了冲杀。

这时，在塔子山上的红军炮兵，接到了发射的命令。但当时的红军还没有强大的炮兵部队，只有屈指可数的一些迫击炮，炮弹不多，既不能压制住敌人炮火，也不能完全将敌人的工事摧垮，只能在一定程度上支援我军登岸步兵。

渡江部队发出了登岸的信号。可是他们完全暴露在敌人碉堡群的火网下，平坦的沙滩，没有地方可以隐蔽。就在这时，红军另一团的两个连，登上滩头，迅速从敌右侧迂回插入敌阵，两面夹击，才占领了滩头阵地。紧接着敌人在猛烈的炮火掩护下，向我组织了连续反扑。红军战士凭借着临时挖掘的单人掩体，抗击敌人。此时，塔子山上我军的炮火发挥了最大的威力,一串串拖着长长火舌的炮弹,在反扑的敌群中开花。

天快亮了，总指挥部命令突击部队，要不惜一切牺牲，坚决守住滩头阵地，同时命令部队在苍溪城附近强架了竹筏浮桥，投入大量的部队向敌侧后猛插。在塔子山渡江的同时，我军另两个师的兵力——一在苍溪上游 50 里，一在塔子山下游 40 里地方，亦投入渡江战斗。敌人在我数路大军的猛攻之下，全线崩溃了。

红四方面军乘胜渡过嘉陵江后，接着又横扫了嘉陵江和涪江之间的剑阁、昭化（今广元）、梓潼、彰明（今江油）等十余城镇，歼灭了敌人 12 个多团。6 月中旬，在川西的懋功地区与一方面军会师。此时，全军指战员无不欢欣鼓舞，对革命前途充满胜利的信心；大家都认为，能在党中央和毛主席直接领导下，是无上光荣。

和一方面军会师，也是四方面军历史上一段曲折的经历。本来中央指示，是要四方面军主力西渡嘉陵江，策应一方面军北上。但张国焘早已心怀鬼胎，他对革命前途悲观失望，利用西渡嘉陵江的时机，实行了大搬家政策，将川陕根据地自动放弃。并采取欺上瞒下的手段，拖着全部人马向西逃跑。与一方面军会师后，他的机会主义与个人野心，更发展到登峰造极的地步，公然进行分裂党、分裂红军的罪恶活动。幸赖党中央、毛主席的英明领导，红四方面军走过一段曲折的道路后，终于又回到了党中央的怀抱，与兄弟红军并肩走上了抗日前线。

选自中国人民解放军战士出版社编：《星火燎原》选编之三，中国人民解放军战士出版社1980年11月第1版，第340—345页。

突破嘉陵江

洪学智

1934年10月，中央苏区的红军主力向西转移，开始了举世闻名的长征。11月，红二十五军也奉命撤出鄂豫皖根据地，转战陕南。

在川陕根据地的后期，红四方面军领导机关逐渐转移到了旺苍坝。旺苍坝属于广元的一个区。这时，中共中央召开了遵义会议，确立了以毛泽东同志为核心的党中央正确领导，并决定中央红军转入川西，要求红四方面军予以配合，“宜迅速集结部队完成进攻准备，于最近时期实行向嘉陵江以西进攻”。四方面军在旺苍坝召开紧急会议，认为迎接中央红军是当务之急，决定适当收缩东线部队，同时采取声东击西战略战术，集中兵力出击陕南，以迷惑和调动敌人，创造在苍溪南北地区渡嘉陵江的有利条件，同时接应已至商县一带的红二十五军。

1935年2月间，四军、九军、三十军各一部，共12个团的主力，分三路从铁锁关、宁羌、阳平关向陕南进军。在陕南作战的十余日间，红军先后占领了宁羌、沔县两城①和阳平关重镇，向西进攻打了杨虎城的部队，后来又把胡宗南的补充团打垮了。从进攻方向看，好像我们要向北、向西安、向天水这个方向发展的样子，实际上红军正在进行强渡嘉陵江的准备。

---

① 宁羌，今宁强；沔县，今勉县——编者注。

当红军主力在陕南作战期间，川陕地区各线敌军即乘隙向根据地进攻，占领了万源、巴中、通口、仪陇、苍溪。为制止敌人进攻，扫清渡江作战的障碍，方面军主力回师川北后，当即决定首先消灭仪陇、苍溪之敌。仪陇、苍溪一战，三十军、九军、三十一军各一部，歼灭了田颂尧、罗泽洲两部敌军四个团全部或大部和另四个团各一部，俘敌官兵3000余人，缴获长短枪5000余支。

这样，北起广元南至南部城的嘉陵江东岸，除阆中外，都被红军控制，扫清了渡江作战的障碍。条件成熟后，方面军即以三十一军一部在苍溪附近的张坝实施强渡，拟乘胜突破敌人的嘉陵江防线。但因准备不足，后续部队未能继突击部队登岸，强渡计划没有实现。

嘉陵江沿岸及其西南地区，系敌田颂尧和邓锡侯两部防守，由二十八军军长邓锡侯统一指挥，共52个团。敌人妄图凭借嘉陵江天险，阻止红军向西发展。

方面军总指挥徐向前率领有关人员，沿江勘察地形、水文情况，并根据敌人宽大正面的防御特点和兵力配备情况，决定集中主力，选择敌人防御薄弱环节实施多路而有重点的突破。突破成功后，先以穿插、迂回战术消灭沿岸防御之敌，夺取要点，而后则以主力向敌纵深发展，占领嘉陵江、涪江之间的广大地区，求得在运动中大量歼灭敌人，为下一步向甘南发展创造条件。决定三十军实施主要突击，从苍溪以南的塔子山附近突破，消灭江防守敌后，向剑阁方向进攻，同时协同三十一军消灭剑门关之敌。三十一军从苍溪以北鸳溪口突破，消灭剑门关守敌，迅速向广元、昭化方向发展，打击邓锡侯部和阻击甘南的胡宗南部南下。

方面军各部队进行了深入的政治动员，向广大指战员说明渡江作战的意义，要求解除顾虑，增强信心，坚决顽强，奋勇前进，突得破，站得稳，彻底歼灭沿岸防御敌人。

根据地党和人民对红军渡江作战，进行了巨大的支援。很多船工、木工、铁工，由各地跋山涉水赶赴苍溪。群众还远道运来了造船的大批木材，筹集了大量废旧钢铁。部队很快造成了大批木船和三座竹扎便桥构件。

3月28日夜,三十军号称“钢军”的二六三团两个营和总部教导营，在塔子山附近以神速秘密的动作渡江，直至迫近对岸，敌人才发觉。但未等敌火力展开，红军在塔子山上的炮兵和重机枪阵地，数十门火炮和几十挺机枪立即向敌猛烈射击，掩护突击部队胜利登岸。

29日拂晓，三十一军也在苍溪以北的鸳溪口强渡成功，九军也于阆中以北渡过嘉陵江，并攻克阆中县城。第二梯队第四军很快从苍溪渡过嘉陵江，投入战斗。4月2日红军攻占南部县城。

剑门关是横亘剑阁、昭化之间的剑门山的隘口，两山雄峙，扼川陕大道，地势十分险要，是敌人江防的重要支撑点，敌有三个团防守。

4月2日拂晓，三十一军四个团和三十军八十八师对剑门关形成三面包围，在迫击炮和机枪火力掩护下，将主峰和两侧险要阵地攻占。二七四团一个排长，牺牲后手里还紧握着一柄砍断的大刀。经过半日激战，守敌三个团全部被歼，红军一举占领敌人所谓“插翅难飞”的剑门关要隘。

敌人沿江防线悉被摧毁，红军控制了北起广元、南至南部400余里的嘉陵江西岸地区。这时，方面军决定集中主力歼灭梓潼、江油地区的邓锡侯部，然后伺机向川甘边发展。兵力部署是三十军八十九师分割广元、江油敌军并阻击胡宗南部南下，九军、三十军和四军主力，分别向江油、梓潼、中坝地区进攻。

三十军和九军各一个师，立即以迅雷之势直趋江油。四军则由苍溪、阆中以西向梓潼推进，前锋直迫中坝。

邓锡侯惊恐万分，他的老巢绵阳受到直接威胁。邓锡侯为解江油之围，保障成都安全，慌忙拼凑十个团的兵力，由他亲自率领，在飞机掩护下，经中坝向江油大举增援。

方面军部署重兵在江油以南打敌援兵，歼其四个团，俘敌3000余人。18 日克中坝，19 日克彰明。四军 18 日攻占梓潼。

占领梓潼后，我立即组织小分队宣传红军的主张，成立苏维埃，建立人民政权。继而我们向成都大坝子打过去。由于敌人全部集中在成都，我们没有强攻，只是围着打，把成都近郊的一些乡镇占领了。我军在大坝子补充兵员、粮食，发展壮大队伍，准备进一步的进攻。

向西北推进的第三十军八十九师，10 日攻克青川，14 日攻克平武。四军一部乘胜西向，于 21 日克北川城。

红四方面军强渡嘉陵江战役历时 24 天，总计歼敌 12 个多团，一万余人，攻克阆中、南部、剑阁、昭化、梓潼、青川、平武、彰明、北川等九座县城，控制了东起嘉陵江、西迄北川、南起梓潼、北抵川甘边界纵横二三百里的广大地区。

我们红军之所以迅速获得重大胜利，主要是运用了正确的战略战术。方面军的北出和南返作战，打乱了敌人的江防计划，削弱了敌人江防力量，造成了敌人错觉。其次是在思想动员、敌情侦察、组织计划、技术战术训练和渡江器材等方面，进行了周密而充分的准备，保障了战役的进行。另外，就是渡江地段和主要突击方向选择得正确。

选自洪学智：《洪学智回忆录》，解放军出版社2002年10月第1版，第97—101页。

红三十三军在川陕边的斗争和西渡嘉陵江[①]

王维舟

川东游击军与红军会师，彻底打垮了军阀刘存厚，宣、达战役胜利结束。1933年10月底，我在宣汉城西门外广场上主持召开数十万人的群众大会。红四方面军政治委员当众宣布，川东游击军正式改编为红四方面军第三十三军，决定我任军长，原梁山[②]、达县中心县委书记杨克明同志任政治委员，不久上级又派罗南辉同志为副军长，统辖三个师（九十七、九十八、九十九师），王波任九十七师师长，冉南轩任九十八师师长，蒋群林任九十九师师长。大会上群情激动，全体游击队员兴高采烈，几十里以外的群众都赶来庆祝。大会之后，宣汉全城如同过年一般，到处红旗飘扬，家家张灯结彩，鞭炮声不绝，群众自发的欢庆活动延续了三天三夜。

川东游击军和川东广大人民有着极深厚的密切联系，来自人民，依靠人民，同人民共呼吸。队伍改编为红三十三军后，保持与发扬了这一个光荣传统，每到一地便组织发动群众，帮助群众生产。农民翻了身，开始了新的生活。川东广大农村摆脱了军阀和封建势力的统治，群众热烈地拥护和支持这支队伍。对此，反动军阀恐慌万状。1933年11月，四川军阀刘湘、王芳洲策动大小军阀向苏区发动了大规模的六路围攻，

① 原题为《红三十三军的成立及川陕边革命根据地的斗争》，选入本书时编者改为现题。

② 今梁平县——编者注。

全苏区的军民投入了艰苦的战斗。我奉命率部队担负左翼阻击任务，进到南坝场前杨柳关一带。我军防线自宣汉属芭蕉场至开县之樊口店，长400余里，战斗相持了三个月之久。敌人十分疯狂，以为红三十三军是一支新部队，不堪一击。其实这支部队的许多战士都是经过多年游击战争锻炼的，新战士也都是翻身的农民，对军阀有着极深的阶级仇恨，成为不可抗拒的力量。我军扼守阵地与敌人顽强战斗，最后一次反击，把进攻的敌人赶出去几十里。红军主力为寻求战机，收缩阵地，从正面主动撤退了，我们左翼也不得不撤退。部队撤退时，节节阻击，打退了敌人的多次进攻。

一天，我们正在官渡场前线指挥所，忽然从后方跑来一个人说：军部后方被“神兵”袭击，军用物资和大批给养全被抢去。来人还说:“神兵十分厉害，刀枪不入。”经了解，原来是一些反动地主武装，趁我军前方吃紧，组织反动会道门在后方捣乱。红三十三军的前身——川东游击军，曾多次清剿过“神兵”，知道所谓“刀枪不入”全是骗人的鬼话。我们选出一批老游击队员组成一支小部队，迅速开回后方打“神兵”。两千多反动“神兵”正在那里大吃大喝。我们部队突然出现了，反动匪徒仓促披上红布，手提大刀，大喊：“真神护身打不死。”我军战士一阵排子枪猛扫，当场击毙很多“神兵”，大部分做了俘虏。

四方面军总指挥部随即命令我军，组成一支专打反动会道门武装的部队，由副军长罗南辉同志率领，经罗文坝、王坝、清花溪等地清剿反动匪徒。后沿宣汉县后河一带，一直清扫到万源县全境及城口县城下，每战必胜，给反动的“孝义会”、“大刀会”、“扇子会”以毁灭性打击。反动“神兵”惊慌地说：“不灵了，不灵了，红平有了破神法。”红三十三军智勇打“神兵”的事迹，迅速传遍各地。

当我军撤退时，不知撤退到何地，并和四方面军失去联系和配合。这一点当时很难理解。后来才知道是张国焘对我军发生疑惧，怕我军靠不住，因此不和我们联系。上级没有通知我军，使我们几次处于被敌人包围、孤军奋斗之困境。从当时的情况看来，四方面军领导由于对我军了解不够，需要对我军加以考验，也是理所当然的。但这个考验前后竟达三年之久。我军对党忠诚，毫不怀疑上级对我们这种待遇和考验。1934 年，张国焘在巴中县清江渡召开高级干部会议，当时我在城口前线，奉调前去赴会。1922 年在莫斯科，我同张国焘曾在列宁所召集的东方民族会议上见过面。在四川这段时间，常与他见面，对他提出过很多建议，但都未被采纳。自从改编为红三十三军，处处受到张国焘的歧视。我军人多枪少，武器、弹药缺少补充，而我们担任战斗的任务很重，防线又长，万一有所失误，要以军法从事，处境相当困难。但我们为被压迫人民谋解放的坚强意志绝不动摇！年轻的红三十三军从敌人手中夺取武器和给养来装备自己，在严酷的战斗中不断提高战斗力，丰富战斗经验，给敌人以沉重打击。

最令我痛心疾首的是，党多年培养出来的 300 余青年革命干部，遭到张国焘的无辜杀害。游击军和红四方面军刚会合，张国焘派人在宣汉的双河场，以开会为名，集中杀害了地下党的干部百余名。在巴中县，张国焘把我们三十三军的两个师长蒋群林、冉南轩从前线调去，暗中杀害。在宣汉的清溪乡三弯崖，又杀害了三个团的团级干部（其罪状是他们过去当过保甲长）。在黄中铺前线，把正在火线指挥作战的军政委杨克明同志撤职，调离前方。还将排级以上干部 50 余人调到后方，大部分被杀害，只有少数几个人幸免。全军的干部和战士，随时有被叛徒张国焘杀害的危险，这是张国焘对革命犯下的罪行。我们对干部进行了多方的教育和解释，使全体同志都认识到，我们是革命的组织，对革命决不悲观失望，决不灰心动摇，决不因此而掉队落伍，坚信总有一天会弄清是非的。

1934 年 11 月清江渡会议以后，我得通知，随总部徐向前同志到中巴县，参加了第一次工农兵代表大会。后又参加围攻广元。由广元以南渡嘉陵江后，在羊模坝歼灭胡宗南部一个团，后因胡宗南主力猛烈反击，部队即折回东岸。1935 年 1 月，发起了陕南战役，攻克宁强、阳平关，与敌人展开激战，歼敌甚多。后主力围攻褒城未下，遂结束陕南战役，由汉中返回四川，在旺苍坝举行庆祝会，庆祝陕南战役的胜利。

红四方面军在川陕苏区粉碎了四川军阀的六路围攻后，于 1935 年 2 月开始西渡嘉陵江。我随徐向前，王树声两同志在苍溪县附近塔子山下找到了渡江点。此处敌人虽有坚强的江防工事，山势险峻，但敌人兵力薄弱。我军在苍溪后山凉风凹下小河边制造木船。经过一个多月的紧张准备，制造了 30 余只木艇（每只木艇能容一排人）。在某晚夜半时，我与正树声同志指挥渡江。王树声同志把兵力和船只调动完毕，用电话通知我，即开始渡江。我一声令下，20 门迫击炮一齐开炮，接着数路大军发起猛攻，敌人惊慌失措，全线崩溃。我军取得了渡江战斗的胜利。

节选自王维舟：《我的回忆》，载中共中央党史资料征集委员会、中共中央党史研究室编：《中共党史资料》1982年第1辑，中共中央党校出版社1982年2月第1版，第97—101页。

王维舟，1887 年生，四川宣汉人。1911 年参加四川保路斗争和辛亥革命，后进行反袁世凯的护国斗争、护法战争。1920 年在上海加入旅华朝鲜共产党组织，1927 年转入中国共产党。红军长征时任红四方面军第三十三军军长、第三十一军参谋长、川康边抗日救国军总指挥、红四方面军总指挥部第五局局长等。新中国成立后，曾任中共中央西南局委员、常委，西南军政委员会副主席兼西南军政委员会民族事务委员会主任，西南民族学院院长，中共中央监察委员会委员、常委、中共中央候补委员、委员，全国人大常委会委员等职。1970 年在北京逝世。

西渡嘉陵江

陈再道

渡江之前

1934年11月，方面军总部先在毛裕镇召开了党政工作会议，后在清江渡召开了军事工作会议，总结了反六路围攻的经验，确定了新的行动方针和战斗任务。

按照这两个会议的精神，在加强根据地各项建设的同时，部队进行了为期三个月的整训，全军由原来的15个师44个团，缩编为11个师32个团。

整训一开始，许世友同志就调到了我们四军任军长。四军由原来的三个师八个团，缩编为两个师七个团。十师辖二十八团、三十团、三十四团、三十六团，十一师辖三十一团、三十二团、三十三团。到渡江战役结束时，又恢复了十二师的建制。我仍在十一师任师长。

接着，我们开始了紧张的政治教育和军事训练。在明确政治工作任务，加强思想工作的同时，根据《军事教育计划大纲》的规定及《各军比赛条约》的要求，在认真总结作战经验的基础上，针对川军的作战特点，有的放矢地进行了以射击、投弹、刺杀和夜战为主要内容的训练，进一步提高了部队的作战能力。

这时候，我军面临的形势是严重的。

敌人的六路围攻失败之后，蒋介石一面给刘湘打气，让其“提挈进剿，以资振作”，一面命令杨虎城出兵，“以资呼应”刘湘重整旗鼓，促成了“川陕会剿”计划。

10 月 22 日，刘湘在成都召开“剿匪”会议，会后亲自到了南京，向蒋介石当面请示“安川大计”。此后，蒋介石命令胡宗南，由甘肃进入四川广元、昭化；上官云相指挥的四十四师、四十五师、四十七师和独立第四旅，也向川陕边境推进。并派出以贺国光为首的“委员长行营驻川参谋团”，统一指挥，监督指导作战。

1935 年 1 月，我军结束了为期三个月的整训，乘敌人尚未发起“川陕会剿”，发起了广（元）昭（化）战役。在当时，我只知道战役目的是为歼灭胡宗南部，打开向西、向北发展的道路。后来才知道，党中央在这时举行了遵义会议，结束了王明路线的统治，确立了毛泽东同志在全党的领导地位。因此，我们发起的广昭战役，也有策应中央红军北上之意。

胡宗南部在广元、昭化地区，有五个团和两个游击支队的兵力，统一由独立旅旅长丁德隆指挥，分别驻守在广元、昭化和川陕交界的转斗铺等地。

我军参加广昭战役的部队是：四军的十师、三十一军的九十一师、九军的二十五师、三十军的八十八师等部。

战役打响，我军首先攻占了广元、昭化周围的羊模坝、三磊坝、河湾场，以及转斗铺等外围据点，进围广元、昭化县城，歼灭敌人两个团。此后，两城之敌，凭坚固守，攻击数日，进展甚微，领导便决定我军由广元、昭化主动撤围，将部队移至嘉陵江东岸。

听领导同志说，在我军发起广昭战役后，党中央和军委发来一份电报，得知一方面军已离开遵义，正向川黔边界的赤水方向前进，要四方面军向嘉陵江以西进攻，达到先击破川敌的目的。

方面军总部接到这份电报，立即召开会议进行了研究，决定暂时停止与胡宗南角逐，由三十一军和总部工兵营负责准备造船，适当地收缩我军在东线的兵力，以一部主力出击陕南，造成在苍溪、阆中一线渡江的条件，并接应进入陕南商县一带的红二十五军。

2 月初，我军集结了 12 个团的兵力，由广元以北的朝天驿地区向陕南推进，随之发起了陕南战役。计划首先攻占宁强、阳平关，尔后向沔县、汉中方向发展。我们四军十师的主力一举攻克宁强、阳平关，歼灭了陕军守敌一个团。然后同九军、三十军部队一起，由宁强、阳平关等地，迅速向东北方向挺进，攻占沔县，围攻褒城，直抵南郑，歼灭了陕军四十九旅和独立旅第一团大部，我军进攻的矛头直指汉中。

在达到调动敌人北上的目的后，我军于 2 月中旬结束陕南战役，立即回师川北，准备渡过嘉陵江，策应中央红军进入四川。

听说就在这时候，方面军总部又接到中央军委来电，中央红军因在土城作战受到阻碍，放弃了拟以泸州上游渡江北上的计划，决定在川滇黔边广大地区活动，争取在这一地区创造新的苏维埃根据地，以与二、六军团及四方面军呼应作战。

但是，这时刘湘的部队主力，已在东线占领了万源，正向通江、巴中方向推进。西线的苍溪、阆中、仪陇等地，亦被田颂尧、罗迺琼部占领。因此，方面军总部决定仍拟强渡嘉陵江，实现原定的川陕甘计划，同时密切注视中央红军的转战动向，随时准备策应中央红军的行动。

我军要强渡嘉陵江，有不少问题需要解决。除了以各种作战行动迷惑敌人，主要是解决渡江工具问题。因为嘉陵江上没有桥梁，所有的船只不是被敌人拖到西岸，就是被敌人击沉、烧毁了。鉴于以上情况，方面军总部决定，动员一切力量，自己动手造船。

我军的渡江作战指挥工作，由徐向前同志亲自负责。参加造船的部队在他的领导下，由于依靠各级党组织和苏维埃政府，充分发动了当地的广大人民群众，很快地准备好了造船的各种材料，并选择了三个造船地点，开始了紧张的造船工作。

王渡，是个造船的主要地点，它坐落在嘉陵江支流东河的岸边。从各地赶到王渡参加造船的工匠，负责送运木材、钢铁的人民群众，纷纷来到这里参加造船工作。经过一个多月日夜不停地紧张劳动，共造成“毛半壳”船 75 只，还用毛竹扎了三座浮桥，按时完成了造船的任务。

与此同时，各部队做好了思想动员，侦察敌情和渡江训练工作。只等方面军总部一声令下，千军万马便可强渡嘉陵江！

掩护主力渡江

3 月 28 日黄昏，夕阳抛射出紫金色的光芒，洒向滔滔的嘉陵江沿岸。顷刻间，嘉陵江变得五彩缤纷，光芒灿烂，好像是两岸的人民群众，捧起的一幅巨大的彩绸，欢迎我军赶快渡过嘉陵江。

我军各部队按照预定计划，悄然离开了临时驻地，经过一段隐蔽的行军，分别推进到了嘉陵江畔。

横在我军面前的嘉陵江，是四川的四大名川之一，因发源于陕西凤县的嘉陵谷而得名。它由北向南，千曲百折，穿峡绕岭，奔流而下。进入四川广元境内，与滚滚的白龙江汇合，一泻千里，奔腾向前，最后扑进了长江的怀抱。嘉陵江的两岸山岭相连，江面宽阔，水流坦荡，称得上是一水成天堑。

敌人为了防止我军西渡嘉陵江，在西岸北起广元、南至南部一线，有邓锡侯、田颂尧部担负江防任务。邓锡侯的 21 个团兵力，以 15 个团部署在北起陈家坝、南至射箭河的沿江地段，以六个团部署在车家坝、剑门关作为预备队；田颂尧的 33 个团兵力，以 25 个团部署在昭化以南至南部新政坝的沿江地段，以七个团部署在衣思场地区作为预备队。

为了制订一个妥善的渡江计划，徐向前同志曾亲自到沿江地带进行了考察，探明了水文情况，了解了沿江民情，选择了渡江地点。根据敌人沿江的布防情况，我军决定从苍溪和阆中之间的百里江岸，为实施偷渡和强渡地段。这一地段由田颂尧防守，由于江面宽阔，不易渡过，敌人仅配置三个团兵力，而且前沿只有四个营。再加上该敌屡遭我军打击，心有余悸，这就在心理上造成了对我军的有利条件。

我军的主要渡江地点，是苍溪的塔子山地区。这里河道东弯，水势平缓，并有塔子山作为屏障，既可居高临下，掩护渡江部队，又可隐蔽船只，遮掩我军行动。在塔子山的对岸是一片平滩，纵深是起伏的丘陵地带，很利于我军登上西岸之后，便可以席卷沿江之敌，占领嘉陵江以西的广大地区。

按照方面军总部的部署，我军的渡江主力是三十军。他们在苍溪的塔子山附近实行重点突破，歼灭对岸的守敌之后，向剑阁、剑门关方向前进，协同三十一军消灭剑门关之敌；三十一军在苍溪以北的鸳溪口实施强渡，在消灭剑门关守敌之后，迅速向昭化、广元方向推进，打击邓锡侯的部队，阻击胡宗南部队南下；九军在阆中以北渡江，一部协同三十军向北进攻，一部歼灭阆中、南部之守敌。

我们四军的十师、十一师，是渡江的第二梯队，任务是掩护主力渡江，待第一梯队渡江之后，我们最后渡过嘉陵江，主力向梓潼方向发展，一部协同九军消灭南部守敌。另有方面军总部的炮兵，配置在江边的塔子山上，用炮火支援主力部队强渡。

3 月 28 日夜，在我们焦急地等待之中，徐徐地拉开了帷幕，它像巨大无边的隐蔽物，遮掩着塔子山后平坝子上的渡江部队，遮掩着塔子山湾沟里支援我军的群众和船只。只有闪烁在夜空的星星，像无数双晶亮的眼睛一样，看着我们做渡江前的准备工作。

渡江命令是徐向前同志发出的。

由三十军八十八师二六三团的两个营和总部教导营组成的突击队，接到徐向前同志发出的命令后，立即推着一只只木船离开了湾沟，像一支支离开弓弦的雕翎箭，擦着银光闪闪的水面，向滔滔的嘉陵江飞了过去。登上船只的突击队员，以神奇迅猛的动作，使一只只木船飞快地向对岸驶去。

这时候，一阵清脆响亮的机枪声，从嘉陵江对岸传了过来。大家听了这机枪声为之一震，担心我们的渡江突击队被敌人发觉了，是不是能够冲破敌人的火力封锁，强行登上嘉陵江的对岸……

但是，没等敌人的全部火力展开，我军置于塔子山上的迫击炮群，以及架好的几十挺机枪，就以冰雹突然降临之势，猛烈地泻向敌人的前沿阵地。我军发射出的密集火力，织成了一道道闪光的火网，照亮了嘉陵江的上空，映红了嘉陵江的滔滔流水。

在我军强大火力的掩护下，已经靠近对岸的一只只木船，在突击队指战员的奋力划动下，胜利地登上了嘉陵江的对岸。

突击队登上对岸之后，以无比迅速的动作，很快展开了全部火力。经过一场短暂的激战，突击队击毙了敌人的团长陈登朴，全歼了对岸的守敌一个营。

在左右两翼防守的敌人，听到这突然而起的激战枪声，急忙赶来支援。但没等敌人赶到我军登岸地点，我们的突击队已分成左右两路，向匆忙赶来的敌人扫了过去。增援的敌人以为是神兵天降，跑得慢的被我军击毙了，跑得快的算是捡了一条命，跌跌撞撞地逃了回去。突击队以疾风扫落叶之势，占领了李社坝、老君堂、胡家场一带的登岸地点。

这时候,已经快到第二天凌晨了。我军第一梯队的部队,兵分三路，开始渡江，像一把把锋利的剑，直向嘉陵江对岸插去。

三十军八十八师的另两个团，抢渡嘉陵江之后，以江河奔泻的势头，攻占了飞虎山、高城山、万年山等制高点，击溃了敌人一个增援旅的疯狂反扑。

与此同时，右翼三十一军的部队，由苍溪以北强渡嘉陵江成功；左翼九军的部队，也由阆中以北强渡嘉陵江登岸，分别向纵深发展，继续扩大战果。

我记得，是在第二天上午，徐向前同志带领着方面军总指挥部，同三十军跟进的部队一起，乘船渡过嘉陵江的。徐向前同志在渡江之后，听说是到剑阁方向去了。

直到第一梯队的部队，全部渡过了嘉陵江，我们四军的十师、十一师，才在军长许世友同志的指挥下，由塔子山渡口开始渡江。

我们渡江的时候，没有乘坐木船，总部的工兵同志们，已在宽阔的嘉陵江上，铺起了毛竹扎的浮桥。十师在前，我们十一师在后。等十师的部队过完了，我们十一师才开始过浮桥。

我来到浮桥跟前，想看一看浮桥的牢靠程度。只见许世友同志正站在桥头，一面挥动着手臂，一面亮开宏亮的嗓门儿，冲着过桥的部队喊道：

“快！快！”

“军长，你先走吧！”我来到他跟前说。

“莫慌。等部队过完，我们一起走！”

我听着他那不容分说的话语，再没有劝他先过江。急忙调过头来，招呼十一师的部队，快一点儿通过浮桥。

我站在许世友同志旁边，目光跟着走过的部队，向江上望过去，只见那毛竹扎成的浮桥，像是浮在江面上的巨大的冰块，承受着过往部队的压力，与滔滔而过的江水的冲击，浪花飞溅，时起时落。战士们走在浮桥上面，如同荡在秋千上一样，飘飘摆摆，摇摇晃晃，一不小心，就会落入江水中。

倏然间，只见敌人的几架飞机，像是盘旋而至的乌鸦，发出一阵凄厉的叫声之后，慌忙地扔下几颗炸弹，又仓仓皇皇地飞走了。随着一起起爆炸声，在浮桥的左右两侧江面上，升起了一个个冲天的水柱，浮桥突然受到强烈的震动，像是要散架一样晃个不停。正在桥上行进的战士们，根本没把这些放在眼里，没有掉下水的继续朝前走，掉下水的又爬上了浮桥。在我们战士的心目中，刚才飞过去的敌机，只是一群哇哇叫的乌鸦，毫不在意地快步走在浮桥上，秩序井然地通过了嘉陵江。

最后,我跟着许世友同志通过了浮桥,提缰策马向部队的前头赶去。

塔子山前阻击援敌

我军强渡嘉陵江后，兵分三路，乘胜前进，以迅雷不及掩耳之势，横扫沿江防线之敌。在几天的时间内，连续攻克了阆中、南部、剑阁、剑门关、昭化等地，包围了广元县城，彻底摧毁了敌人的沿江防线。

江防失守，引起敌人一片混乱。

消息传到南京，蒋介石大发雷霆。他立即发出手令，撤职查办二十九军军长田颂尧;副军长孙震代理军长职务,却也受了记大过处分。

这时候，田颂尧的残部已逃往射洪、盐亭、三台地区，邓锡侯部退缩到广元和梓潼、魏城、江油、中坝一带，胡宗南部仍留在青川、碧口、南坪一线。敌人的目的是明显的，他们妄图拼凑一条新的防线，阻止我军继续向西挺进。

方面军总部鉴于此种情况，决定集中我军的主力部队，歼灭梓潼、江油地区的邓锡侯部，并待机向川甘边发动攻势。

按照这一决定，除三十一军主力继续扼守羊模坝、三磊坝和继续围困广元外，三十军八十九师出青川、平武，分割广元、江油之敌，阻击胡宗南部南下；三十军和九军的主力，合力攻打江油；四军的主力直取梓潼，阻击绵阳方向可能来援之敌。

四军直取梓潼的作战命令，是由许世友同志传达的。并决定我师三十一团为先头部队，由许世友同志给三十一团作了动员。他要求大家在规定时间内，赶完 150 多里山路，拿出关云长过五关斩六将的劲头，把逃进梓潼的敌人歼灭掉。

广大指战员听完作战命令，连日作战的辛苦、劳累，一下都被赶跑了。大家马上集合起来，又踏上了崎岖的山路。

在行军的路上，不时看到敌人遗弃的枪支、子弹。敌人是因抢老百姓东西太多，为减轻负担才丢下枪支、子弹的。我们沿途经过的村寨集镇，被敌人洗劫一空，房屋在燃烧，群众在哭泣。

战士们目睹这一切，仇恨的怒火油然而生。大家纷纷向领导表示决心，一定要打到梓潼去，把那些龟儿子们杀光，为乡亲们报仇雪恨。大家在杀敌决心的激励下，在上级规定的时间内，赶完了 150 多里山路，于 4 月 4 日来到了梓潼县城近郊。

这时候，敌二十八军六旅的两个团，分别驻守在梓潼城内和城外长卿山等据点。

我军进抵梓潼之后，先后攻占了凤凰山、牛石铺等外围据点，形成了对梓潼县城的包围之势。邓锡侯看见梓潼危在旦夕，曾派出 18 架次飞机前来支援。但是，这并没有挽回敌人的败局，我军在攻下长卿山后，一举攻克了梓潼县城，全歼了守敌两个团。只有六旅旅长成了漏网之鱼，提前逃到绵阳去了。

我军攻占梓潼后，立即派出一部分部队，向绵阳方向放出警戒。

在此同时，三十军和九军的主力，经过数次激烈的战斗，渡过了敌人严密防守的涪江，攻占了中坝、彰明等地，占领了江油外围的观雾山、公子坪、陈塘观、塔子山等要点，对江油守敌形成了合围。

江油、中坝地区，是川西北的富庶之地，又是成都的北部门户，这里不仅物产丰富，商业繁荣，在军事上也具有重要地位，是历来兵家必争之地。由于它的特殊地位和作用，敌人在中坝失守后，惟恐江油再被我军攻占，对成都造成更大威胁，刘湘急忙拼凑 18 个团的兵力，由二十八军军长邓锡侯带领，在空中飞机的掩护下，向江油、中坝发起了反扑，妄图为江油之敌解围。

方面军总部得知这一情况，急令九军二十七师围困江油，九军二十五师、三十军八十八师和四军，立即撤离中坝、彰明、梓潼等地，分别占领江油以南的塔子山和鲁家梁一带的有利地形，抢修工事，阻击援敌。

按照军领导的部署，我们十一师占领了塔子山的有利地形。经过紧张的抢修工事，做好了阻击援敌的准备，只等敌人前来送死了。

一切安排停当之后，我登上塔子山顶峰，看了一下周围的环境，只见鲁家梁和塔子山，像一道难以逾越的屏障，把中坝和江油分隔在南北，东西两侧的涪江、八家河，紧贴着山缘汩汩流过，这就更增加了我军阵地的难攻易守程度。我望着眼前的一切，对完成阻击援敌的任务充满了信心。

4 月 17 日清晨，敌人以两个旅的兵力，从右翼向我塔子山阵地发起了进攻。接着敌人以另两个旅的兵力，向我鲁家梁阵地发起了进攻。

初升的太阳刚刚爬上山顶，敌人像从黑夜里走出的幽灵，向我塔子山阵地发起冲锋。我站在山顶的指挥位置上，只见那些骨瘦如柴的士兵，身背竹篓，两手端枪，胆战心惊地向山上望了一阵，才弯着腰向山上爬过来。

我们的战士早已瞪大了眼睛，密切地注视着爬上来的敌人。因为我们战前作了规定，当敌人冲上来时，没有得到射击的命令，谁也不准提前扣动扳机。

战士们眼巴巴地望着敌人，急不可耐地等待着命令。敌人离阵地愈来愈近了，听见了敌人急促的喘息声，直到敌人爬上最能发挥火力威力的距离，我们才发出射击的命令。

随着发出的射击命令，一阵密集、激烈的枪声，打破了山区清晨的寂静，一发发聚积着愤怒的子弹，一齐射向前来送死的敌人。敌人还没反应过来，就像一群死猪滚了下去。

敌人的进攻并没有停止，他们以更加密集的队形，向塔子山阵地发起一次次冲击。我们的战士发扬了英勇顽强的战斗作风，愈战愈勇，愈战愈强，打退了敌人的一次次冲击，使敌人的企图未能得逞。

对鲁家梁阵地发起进攻的敌人，也同样碰得头破血流，丢盔弃甲地败下阵来。

可是，被我军包围的江油县城，因缺乏火炮和炸药等原因，却成了一时难以啃动的硬骨头。为了不影响我军的整个行动部署，最后，我军主动撤围了江油县城。

我军西渡嘉陵江之后，先后占领了阆中、南部、剑阁、昭化、梓潼、青川、平武、彰明、北川等九座城镇，共歼敌一万多人。但是，就在我军向西进攻的时候，张国焘却擅自放弃了川陕根据地，使我军丧失了进击甘南的战机，未能达到预期的战役目的。

选自陈再道:《陈再道回忆录》(上),解放军出版社1988年8月第1版,第278—292页。

陈再道,原名程再道,1909年生,湖北麻城人。1927年参加黄麻起义,1928年加入中国共产党。红军长征时任红四方面军第四军第十一师师长,第四军副军长、军长。新中国成立后,曾任中南军区副司令员兼河南军区司令员,解放军武装力量监察部副部长、武汉军区司令员,铁道兵司令员、中共中央委员、中央军委委员、中共中央顾问委员会委员,全国人大常务委员会委员、全国政协副主席等职。1955年被授予上将军衔。1993年在北京逝世。

强渡嘉陵江

程世才

红四方面军在川陕革命根据地粉碎了刘湘指挥的六路围攻，胜利地完成了陕南作战之后，于 1935 年 2 月中旬回师川北。此时，中央红军转战到贵州，召开了党的具有历史意义的遵义会议，开始了以毛泽东同志为首的党中央的新的集体领导，从此，把党的路线转到马克思列宁主义的轨道上，在危急关头挽救了革命。在毛主席为首的党中央的正确指挥下，长征途中的红一方面军指战员不顾疲劳，连续作战，沿途攻城夺镇，所向披靡，冲破了国民党反动军队的围追堵截，胜利地向四川挺进。这对川陕苏区的军民来讲，真是个极大的喜讯。消息传开，万众欢腾，纷纷要求早日西渡嘉陵江，迎接毛主席、朱总司令率领的中央红军。

2 月 26 日，方面军接到中央电告：因敌以重兵在泸州附近长江沿岸防堵，不易通过，中央红军已停止了原在泸州上游渡江的计划，主力转向川黔边活动。当时，四方面军为了积极配合中央红军在川南、黔北的行动，同时贯彻继续向川甘边境发展的方针，决定在苍溪、阆中之间实施西渡嘉陵江的计划。

要西渡嘉陵江，便要先扫清江东之敌。前不久，四川军阀乘红军主力赴陕南作战之机，分路向我根据地推进，先后侵占了阆中、仪陇、苍溪等地。3 月初，红三十军、九军和三十一军各一部，向占据上述地区之敌发动进攻。八十八师和八十九师夜袭成功，一举攻占了苍溪城东的老观场、红山庙等要点。经过十余日激战，我军收复了仪陇、苍溪等地,歼灭罗泽洲、田颂尧所属五个团的全部或大部,俘敌官兵 3000 余人，缴枪 5000 多支。至此,嘉陵江东岸,北起广元,南至南部,除阆中县城外，已全部被红军所控制，从而扫除了渡江作战的障碍。

嘉陵江是四川的四大河流之一，江宽水深流急，两岸多是悬崖峭壁，地势非常险要。敌人在沿江一带构筑了坚固的工事。渡江战役开始之前，全军上下进行了紧张繁忙的准备工作。广泛深入地进行了政治动员。反复阐明渡江作战的意义，解除各种思想顾虑，坚定必胜信心，树立坚决、勇敢、顽强和突得破守得住，彻底歼敌的思想。方面军总部对敌人的布防情况作了周密的侦察和分析。当时，田颂尧、邓锡侯以重兵依险据守，严密防范，企图阻止红军西进。他们将 53 个团的主要兵力集中在北起广元地区、南至南部县境的沿江一线，但是，由于敌人将主要兵力全“堆”在江边，其后方十分空虚。而且因布防战线绵长，出现了不少薄弱环节。

根据敌情、地形和红军的作战能力，方面军总部进行了周密的渡江作战部署：以三十军从苍溪城南的塔子山实施重点突破，消灭江防守敌之后向剑阁剑门关方向进攻，协同三十一军歼灭剑门关之敌；三十一军从苍溪以北鸳溪口南石落锅渡江，而后消灭剑门关守敌，并迅速向广元、昭化方向发展进攻，打击邓锡侯和阻击位于甘南的胡宗南部南下，以保障右翼安全；九军在阆中以北涧溪口渡江，而后以一部协同三十军向北进攻；以另一部兵力消灭阆中、南部之敌，以保障红军左翼安全；红四军为方面军第二梯队，于第一梯队渡江成功后，在苍溪渡江，以一部向南迂回，协同九军消灭南部之敌。主力向梓潼方向发展。方面军的炮兵营（四个炮兵连），配置在苍溪塔子山上，掩护三十军强渡。方面军指挥部随在三十军之后，部队渡江成功后，移驻剑阁或根据具体情况再行决定。

当时，我在三十军当副军长，李先念同志任军政委。接受任务后，我便立即赶到担负强渡先头部队任务的八十八师，同该师师长熊厚发同志一起研究渡江方案。尔后，我和熊厚发同志一起，带着几个人来到嘉陵江边，勘察选择主渡地点。

横在我们面前的嘉陵江，就像一匹放任不羁的野马，奔腾不息，一泻千里。又像一条巨龙，被周围的高山挤压得发了怒，它咆哮着、怒吼着，扬起一个个浪头，狠劲儿地拍打着岸边的峭崖。宽阔的江面上，大大小小的旋涡一个套着一个，向前奔流而去。两岸多是高山峭壁和崎岖的羊肠小道。“好家伙，真够险峻的！”我禁不住在心里暗暗念道。

经过调查研究，我们决定将主渡点选在苍溪县东南的石家坝附近。这里敌方江水弯曲，突向我方，我方两端江面突向敌方，对敌形成钳形。这样，便于我军发扬火力，掩护部队渡江。而且水流较缓，便于航渡。

为了进一步摸清敌情，我和熊厚发师长化装成当地群众的样子：身穿蓝布裤褂，头缠白布帕子，背着筐篓，拿着镰刀，腰里还别着旱烟锅子，多次到江岸边实地勘察。警卫人员也化装成老百姓，在离我们稍远的地方砍柴、割草。熊厚发同志揣着笔记本，边看边记，还勾画着地形草图。经过反复侦察核准，我们对敌我双方的地形、江水的流速变化，敌人的工事构筑、兵力部署、火力配备以及预备队所在方位等情况都摸清了，就连敌人怎么换班，每班次多少人，进出哪个工事，有什么规律，都掌握得一清二楚。

我们把侦察来的情报加以整理，标示出来。然后，召集干部们进行图上作业，发扬军事民主，集体研究修改作战计划和战斗部署。经过讨论，大家心里有了底数，信心足得很，劲头也更大了。

渡江，得首先解决渡江的工具——船。敌人逃跑时，把嘉陵江边的船只全部掠走、击沉或烧毁了。渡船问题怎么解决呢？方面军总部决定，自己动手造。徐向前总指挥亲自带人翻山越岭，勘察造船的合适场地。最后，选定苍溪和阆中之间的塔子山背后的王渡场作为造船场。当时木料、铁钉等原料都没有，工人也没有，困难真不少，要白手起家，造出船来。千难万难，有了群众便不难。那时红军和群众的鱼水关系体现得非常充分。我们得到了根据地人民的大力支援。人们听说红军要造船，渡过嘉陵江打敌人，许多老船工、木匠、铁匠背着干粮，带着工具从四面八方赶来了；年轻力壮的，肩扛背驮，运来了大批木材；老人、小孩，收集了一堆堆废铜烂铁，送来供打钉子用……就这样，不出一个月，几十只崭新的木船造成了，船舷上还写着“奋勇杀敌，争取早日革命成功”等鼓舞人心的标语。

就在总部组织造船的同时，我们准备渡江的部队展开了紧张的水上练兵。在嘉陵江左侧的东河上，指战员们加紧学习驾船、泅水技术，演练登陆、突破、巩固阵地、扩大战果、纵深穿插等战术动作。熊厚发师长以身作则，不仅练得认真，而且组织指挥十分周密，对怎样上船、怎样划水、怎么在船上有效地发扬火力，怎样登陆突破等，都带着部队一步一动地进行了演练。待到船造好了，指战员们渡江的技术、战术动作也已练得比较熟练了。万事俱备，只欠东风，红军战士怀着必胜的信心，等待着渡江作战的命令。

1935 年 3 月 28 日，晚上 9 点多钟，前线指挥部发出了渡江命令。按照预定作战部署，九军在左翼，三十一军在右翼，三十军居中路，三支大军像三把锋利的钢刀，直插敌人盘踞的嘉陵江西岸。

当晚，我和熊厚发同志带领部队到达预先选定的渡江地点，迅速将已经运来隐藏在附近山沟里的几十只小船抬到江边下水，按编号顺序排列好，待命出发。这时，愚蠢的敌人对我军的行动还丝毫没有察觉。我们望着对岸，只见敌人除了时而传来几声狼嚎般的吆喝，或偶尔盲目地放几枪壮壮胆而外，剩下的是死一般的寂静。换岗的敌人，慢慢悠悠地晃着电筒，在漆黑的夜里发出一点点幽光。熊厚发师长看了看表，正是午夜一点半。他用征询的目光望着我：“副军长，到时间了。”

“好，按计划行动。”我点了点头说。

“开始渡江！”随着熊师长简短有力的一声令下，50 多只小船载着渡江勇士们，似离弦的利箭，直射对岸。

担任这次强渡先头部队的是二六三团的两个营。每只船上乘一个班，船头架着轻重机关枪。战士们手握步枪，腰挂手榴弹，背后还插着大刀，一双双机警的眼睛注视着前方。渡江部队拼命地向前划去。

在茫茫夜幕里，由于江涛拍岸声淹没了船桨击水的声音，所以直到我们的船队距敌西岸不到 50 米的时候，敌人的哨兵才发现了我们。

“谁？干什么的？”敌哨兵一面大声吆喝，一面用手电照射着江面。我渡江部队一声不响，只管拼命向前划船。当船离西岸约20多米时，敌人开始用步枪射击。此时，我渡江部队船头的机枪一齐向岸上的敌人开火，部署在东岸的炮兵听到枪声，也向敌人开炮掩护。还没等敌人的火力展开，我突击部队已胜利登岸。

我渡江勇士们以极其神速的动作，猛冲猛打，很快就全歼了守敌三个连的兵力，占领了敌一个营的沿江防区，控制了要点。随后，又打退了南北两翼敌人的反扑，巩固了杜里坝、老君堂、胡家坝一带的登陆场地。

29 日拂晓，我八十八师后续部队的两个团渡江投入战斗，乘胜攻占了飞虎山、高城山、万年山等制高点，并击退了思衣场方向敌江防总预备队前来增援的一个旅。我军乘势猛追，向纵深地区发展，一天之内即向前推进了 70 余里，全歼敌刘汉雄部一个旅。随后，我军在九军兄弟部队的配合下，一举攻占剑阁。4 月 2 日拂晓，八十八师和三十一军四个团，分别进抵剑门关，形成对敌东、西、南三面包围。敌依托剑门关两侧山头险要地形和集团环形防御工事，力图固守。

剑门关是横跨剑阁、昭化之间剑门山上的隘口，扼川陕孔道，两旁均为数十丈高的悬崖绝壁，山间只有一条小道相通，古称“剑门天下险”。真是“一夫当关，万夫莫开”。经敌长期驻守设防，地堡成群，堑壕密布，是敌江防纵深的重要支撑点和战略要地。邓锡侯部宪兵司令刁文俊率三团之众在此坚守。红军集中迫击炮和机关枪火力掩护突击队对敌各集团工事，实施逐点攻击、突破。上午 11 时许，对敌发起全线猛攻。

三十一军向隘口东侧敌军进攻，三十军向隘口西侧敌人进攻。刁文俊率部据险死守，并拼命反扑。红军英勇杀入敌阵，奋力歼敌，敌抱头鼠窜，四散溃逃。红军一举占领隘口东、西两侧高地，并乘胜攻入隘口的北山主峰，与敌人展开英勇顽强的肉搏战。经过几个小时的激烈战斗，终于将守敌三个团全部歼灭，攻占了战略要地——剑门关。

红军攻占剑门关后，敌整个江防土崩瓦解，溃敌纷纷向西逃窜，一泻数百里，红军在徐总指挥的率领下，在几百里的战场上，东杀西追，势如破竹。各部队相互配合，四面出击，不断扩大战果，于 4 月 21 日攻克北川城。至此，整个强渡嘉陵江战役，历时 24 天遂告胜利结束。我军共歼敌 12 个多团，一万余人；连续攻克了阆中、南部、剑阁、昭化、梓潼、青川、平武、彰明、北川等九座县城，控制了东起嘉陵江，西至北川，南自梓潼，北抵川甘边界之间纵横二三百里的广大地区。经此一役，田颂尧部队一败涂地，为减轻战败之责，田颂尧电请蒋介石以“削职示惩”。并将刘汉雄等人拟定的处分报蒋介石。蒋介石立即回了手令，处分了田颂尧等人。

天险嘉陵江被突破了。这次战役，打破了蒋介石和四川军阀妄图对我川陕革命根据地发动新的围攻的反革命计划和消灭红军的美梦。同时，由于巩固和扩大了革命根据地，具有随时可北出甘南、南下成都之利，严重地威胁着当时国民党四川反动统治中心——成都，迫使敌人忙于调兵遣将，四面布防，以阻红军南进。从而，调动和牵制了敌人的有生力量，有力地配合了中央红军的北上，而且推动了川西北人民的革命斗争，进一步发展和壮大了红军队伍及革命力量。强渡嘉陵江的胜利，具有重要的战略意义和深远的历史意义，在红四方面军的战史上写下了光辉的一页。

选自《艰苦的历程》：中国工农红军第四方面军回忆录选辑（下），人民出版社1984年12月第1版，第19—25页。

程世才，1912 年生，湖北礼山（今大悟）人。1930 年参加中国工农红军，同年加入中国共产主义青年团，1931 年转入中国共产党。红军长征时任红四方面军第三十军代理军长、军长。新中国成立后，曾任公安军第一副司令员、沈阳军区副司令员兼沈阳卫戍区司令员、解放军装甲兵副司令员、全国人大常委会委员、中共中央顾问委员会委员等职。1955 年被授予中将军衔。1990 年在北京逝世。

出发长征 ①

李德生

1935 年 1 月，我们听说中央红军将从泸州上游渡江北上，要求红四方面军向川西北运动，以作积极策应。为此，红四方面军决定适当收缩东线部队，先以 12 个团的兵力，发起陕南战役，以迷惑和调动敌人北移，创造我军主力在苍溪南北地区西渡嘉陵江的有利条件。

我们师参加陕南战役，首先攻打川陕要道上的宁羌（今宁强）。宁羌城高墙厚，守敌一个团，防备充分。2 月 3 日，在扫除外围据点、第一次攻城受挫后，上级决定派我们交通队为攻城突击队。这是我回交通队后参加的第一次战斗。我们班是突击队的尖刀，冲在最前面，在兄弟部队的有力配合下，每个人都使出了看家本领，猛打猛冲，从城西南角搭云梯爬上城墙，打开城门，部队冲进城中与敌展开激烈巷战，一连歼灭了几处要点上的敌人。经过一阵激战，敌人弃城往北溃逃，刚好被预先埋伏的三十四团截住，敌团长杨竹荪被活捉。

第二天，我师继续北进。十多天时间里，我军先后占领了宁羌、沔县（今勉县）两城和阳平关重镇，歼敌四个多团，缴获轻重机枪 70 余挺，长短枪 5000 余支。陕南战役的胜利，成功地调动了嘉陵江沿岸一带敌人向北，为我军渡江西进创造了有利时机。战役目的达到，部队回师

① 题目为编者所加。

川北。

1935 年 2 月中、下旬，我们四军在旺苍坝东北一带休整，同时担负方面军侧后安全保障任务。这时，传来了一个重大消息，说中央在贵州遵义召开了一次重要会议，批评了“左”倾军事路线，中央领导人作了调整，推选毛泽东同志为政治局常委，全权负责处理军事指挥工作。还说，毛泽东同志料敌如神，用兵奇巧，指挥部队接二连三打胜仗，中央红军很快就能到四川了。

突破嘉陵江之前的十多天里，我们交通队紧张地进行了一系列准备。我带领我们班抓紧时机开展小群练兵活动，对个别不会泅水的给予重点帮助，使全班每个人都满怀信心地投入渡江战斗。

3 月 28 日晚，渡江战役发起，在苍溪塔子山附近的百里江段上分三个地点强渡成功，部队向敌纵深及两翼发展攻势。4 月 16 日，我们十师进抵距梓潼七八十公里的地区，为了顺利拿下梓潼县城，师长派我带人先去侦察敌情。

那天晚上，月色朦胧，我带了两名四川籍战士，顺着山林向梓潼方向前进。这一带和川北的地形不同，山不高，也不险，山上山下长着一片片“张飞柏”。我们三人跑了五六公里，在当地老乡的帮助下，抓回邓锡侯部的一个士兵，从他口中得知，梓潼驻有邓锡侯的一个团，另外有反动民团七八百人。敌人以正规军两个营及反动民团守城内，以一个营置于城外西南几里处的一个山头上。

根据我们侦察的情报，师长带领部队经过一昼夜急行军到达梓潼，三十四团以迅猛的动作占据城北城东有利地形，军长王宏坤率领三十六团继续向西南方向运动，以一个营将山头上的敌人包围起来，另两个营置于通往绵阳大道两侧，做好工事隐蔽着，等待打击绵阳来援之敌。

梓潼是绵阳的屏障，敌若失去梓潼，不仅绵阳会直接受到威胁，而且也会震动成都。我师围攻梓潼的枪声一响，绵阳敌人立即派出部队驰援。敌援军到了我三十六团设伏地点，部队如猛虎下山，勇猛扑向敌群。

经一场激战，三十六团歼敌近两个营，余敌狼狈溃逃。此时，三十六团围攻山头的部队乘势发起攻击，一举攻克山头，全歼守敌。城内的敌人失去外围据点和援兵，更加慌乱，连忙向南突围。攻入城内的三十四团和及时赶到的三十六团，对敌南北夹击，很快将敌全歼于城外。

嘉陵江战役胜利结束，我军总计歼敌 12 个多团，一万余人。控制了东起嘉陵江、西起北川、南起梓潼、北抵川甘边等纵横二三百里的广大地区。嘉陵江战役取得胜利以后，本应乘胜前进，一鼓作气消灭文、武、成、康、碧口一带胡宗南的主力。而在后方的张国焘却迟迟不发援兵，又决定撤出川陕根据地，临走前将许多民房烧毁。4 月份，方面军总部和川陕省机关先后撤到嘉陵江以西，向川西北的茂县、松潘方向开进。

节选自李德生：《李德生回忆录》，解放军出版社1997年8月第1版，第43—46页。

李德生，1916 年生，河南光山县（出生村庄今属新县）人。1930 年参加中国工农红军，1931 年加入中国共产主义青年团，1932 年转为中国共产党党员。红军长征时任红四方面军第四军十师交通队通信员、党支部书记、排长。新中国成立后，曾任中国人民志愿军第十二军副军长、第一副军长兼参谋长、军长，南京军区副司令员，解放军总政治部主任，北京军区司令员，中共安徽省委第一书记，沈阳军区司令员，国防大学政治委员，中共中央政治局候补委员、委员、常委，中共中央副主席，中央军委委员、中央军委办事组成员、中央军委办公会议成员，中共中央顾问委员会委员、常委等职。1955 年被授予少将军衔。1988 年被授予上将军衔。2011 年在北京逝世。

强渡嘉陵江

徐国夫

1935年1月22日，广昭战役开始之日，中央军委来电指示，为配合中央红军渡长江进四川行动，令我军由川北向川西进攻，西渡嘉陵江，突入敌后运动歼敌，策应红一方面军渡江北进。为此，我红四方面军总部紧急召开会议，决定离开川陕根据地，向嘉陵江以西发展，并制定了具体作战方针。然而，2月16日中央军委再次来电告知，因敌人长江沿线布防严密，难以实现渡江入川计划，暂作另图。客人因故未到，做好的一桌菜怎么办？吃！自己吃！

常言道：船小好掉头。运用逆向思维理解，那就是船大难掉头。我红四方面军自作出新的作战方针后，即按此方针实施，对川陕根据地放松了防守，四川一些军阀相继占领了根据地的部分领地。因此，继续坚持原根据地亦有困难，故依然坚持已制定的作战方针，按计划渡过嘉陵江，向川西发展。

嘉陵江，巴蜀名川要水，源出陕西礼泉凤县嘉陵谷，由北而南，于昭化汇合白龙江而倾流直下入长江。沿江两岸宽阔坦荡，堪称天堑。

审视地理，总部决定实施偷渡与强渡相结合，多路突击，重点突破。其部署是：以三十军为主力，于苍溪以南的塔子山先派小股部队偷渡过江，歼灭守敌，保证军主力渡江。右路三十一军于鸳溪口强渡；

我九军为左路，于阆中北强渡。四军为二梯队，炮兵配属主攻方向。动员民众协助红军分别于三个方向扎造浮桥。徐向前同志为战役总指挥。

准备工作是渡江成功与否的关键。部署已毕，全军上下便投入了紧张的准备工作之中。

战争年代的机关与和平年代的机关最明显的不同点是没有固定的办公地点，人到哪里，就在哪里办公。再一个特点就是前文所说的：忙！战前忙，战中忙，战后忙，忙得焦头烂额。

战役部署一下达，我带九军政治部工作组立即进驻二十五师主力团——七十四团。上级规定的准备时间约一个月。从这时起，我们工作组和部队一起投入了紧锣密鼓的准备工作。

白天我和战士们一起砍竹子，扎竹排。我们所住的阆中城北涧溪口一带盛产青竹，村镇周围，房前屋后到处都是成片的竹林。成竹一般都在碗口粗细，十余米高。砍倒成竹，去枝除杈，三四米一截，粗细搭配扎成排备用。

夜间我们进行思想发动，针对那些不愿离开根据地，对渡江信心不足的思想倾向进行教育。同时我们还派出侦察人员对渡江作战方向进行秘密侦察；组织战士进行水下运动训练。在正式发出渡江命令前的几小时。我们趁着夜色迅速搭起了一条二米多宽、200 多米长的浮桥，为渡江做好了充分准备。

1935 年 3 月 28 日凌晨 1 点多，徐向前总指挥发出了渡江命令，除主攻方向的三十军一个团乘船偷渡外，三路主力部队同时向江对岸进发。我所在的九军二十五师七十四团是左路前头部队，当跑至浮桥三分之二路段时，对岸敌人发觉，以猛烈火力进行封锁，当时有许多人员中弹跌入江中。但我们没有退却，一边还击，一边加快步伐继续向前冲击。在团重火力掩护下，尖刀营迅速抵达对岸与敌展开对垒，并很快击溃敌军防守部队，为全军按时渡江提供了保证。

在渡江后与敌人争夺滩头阵地时，我的左脚负了轻伤。

选自徐国夫：《大漠风声疾》，白山出版社1998年10月第1版，第70—72页。

徐国夫，1914 年生，安徽六安人。1928 年加入中国共产主义青年团，1931 年参加中国工农红军，1932 年转入中国共产党。红军长征时任红四方面军第九军政治部组织部副部长、红四方面军总部骑兵第一团团长。新中国成立后，曾任沈阳军区装甲兵司令员、武汉军区副司令员、全国政协委员等职。1955 年被授予少将军衔。2004 年在沈阳逝世。

突破嘉陵江[①]

陈宜贵

1935 年 2 月，我红四方面军在川陕苏区粉碎了四川军阀的六路围攻后，决定西渡嘉陵江，与川西的一方面军会师，共同北上抗日。

当指战员们听说要过江与毛主席、朱总司令率领的一方面军会师，都高兴极了，恨不得立刻插翅飞过嘉陵江去。

但是渡江谈何容易。嘉陵江江阔水深，奔流湍急，一块小木板，眨眼就冲下去好远；江面上浮泛着团团的旋涡，如同无数条蛟龙扭在一起飞泻而下。彼岸，沿着刀削斧劈般陡峭的悬崖，敌人修筑了无数碉堡，构成了坚固的江防工事。白天，只要有人在江边一露面，密集的子弹就会像飞蝗一样喷射过来。守江的敌人得意忘形地吹牛："就是神兵天将，也休想渡过嘉陵江！"

为了把嘉陵江撕开一道口子，给我军西进开辟通路，上级把突破嘉陵江的光荣任务交给了我们二六五团。当时显桃同志任该团二连指导员，我在团里当参谋。

二六五团是全军赫赫有名的夜老虎团。这个团在长期革命战争中练出了一手夜战近战的过硬本领。部队夜里行军路过村庄，连狗都不惊动。记得一天夜晚，天黑得就像锅底，一位军首长特地带上一个通讯员，

① 题目为编者所加。

提前藏在“夜老虎”要经过的路旁，观察动静。可是左等右等，既不见人，也听不见任何动静。忽然，从前面一百多米处出现了一点点像萤火虫似的亮光——这是联络信号，原来“夜老虎”已经从面前过去了。

夜老虎团不仅夜行军有一手，登悬崖，搭人梯，夜袭敌人的本领也很高强。1934 年，在嘉陵江上游九龙山战斗中，“夜老虎”一夜就摸下敌人八个山头阵地，使胡宗南的部队闻风丧胆，谈“虎”色变。让这样的团队担负突击任务，真是再合适不过了。

在一个没有月色、大雾笼罩着江面、就像诸葛亮草船借箭那样难得的夜晚，朱显桃同志率领着一支夜袭队，带着短枪、大刀、绳索在雾帐的掩护下，悄悄地潜过了江，摸到敌人的鼻子底下。虽然江岸悬崖陡峭，石壁难登，却难不住久经训练的“夜老虎”。一个虎彪彪的小伙子，脖子上套着绳索，腰上别满了匕首，像壁虎似地贴着陡壁，把匕首插进石缝里当作脚踏物，慢慢地爬了上去。不一会儿，上面掷下绳索，下面的同志攀绳而上。

这时，天已蒙蒙发亮。透过黎明前的薄雾，江岸上的轮廓渐渐清晰起来。朱显桃迅速将夜袭队分成若干组，分头向各个碉堡摸去。他带的一个小组，刚迂回到一个碉堡后面，就见一个敌兵披件上衣，睡眼惺忪地出来解手。朱显桃一个虎步蹿上去，用驳壳枪抵住他的胸口，这家伙张嘴刚要喊叫，被另一个队员一把卡住脖子，随手往嘴里狠狠地塞进一块擦枪布。随即，队员们像一阵旋风似地冲进碉堡，只见射击孔上的两挺机枪，阴森森地对着江面，一个敌兵正坐在机枪旁打盹，其余的都还呼呼大睡。这时，打盹的敌人抬起了头，发现情况不妙，惊叫着刚要伸手去摸机枪，被显桃一枪撂倒。霎时，睡觉的敌人全被惊醒，有的想爬起来拿枪，有的张口想叫，但看到一个个乌黑的枪口，都吓得目瞪口呆。显桃用枪比画着对他们说：

“红军已经全部渡过了江，你们已经被包围了。都不要乱动，谁要捣蛋，就打死谁！”

十几个敌人只好跪的跪，站的站，躺的躺，谁也不敢再乱动一下。

与此同时，附近几座碉堡也被其他小组拿下。这样，敌人依江筑成的双重封锁线，被我们打开了一个缺口。

对岸的夜老虎团得到偷袭成功的信号后，立即组织抢渡。一批批突击队登岸后，不顾一切地向两侧敌阵地直插猛冲。鬼头刀在敌群中飞来飞去，不少敌人送了狗命。惊恐万状的敌人摸不清我们究竟来了多少人马，就像受惊的兔子一样满山逃窜。

当太阳升起的时候，所有突击队都上了岸。敌人吹嘘的固若金汤的江防，被撕开一道大口子。红军的千军万马，浩浩荡荡地渡过了嘉陵江……

在嘉陵江的西岸，我和显桃又不期而遇。像过去一样，我们高兴得互相捶打，善意地开着玩笑，彼此讲述着个人的经历。当他见我未能参加突击队的渡江战斗而深感遗憾时，还是那句老话："别急，仗有你打的！"（杨建平整理）

节选自陈宜贵:《应该永远记住他们》，载皖西革命斗争史编写组编:《皖西革命回忆录:第二次国内革命战争时期》上卷，安徽人民出版社1980年6月第1版，第306—308页。

陈宜贵，1916 年生，安徽霍邱人。1930 年参加中国工农红军，1931 年加入中国共产主义青年团，1933 年转入中国共产党。红军长征时任红四方面军第三十军八十八师二六四团团部书记、师政治部秘书长，红九军政治部保卫局局长。新中国成立后，曾任宁夏军区政治部主任、北京军区后勤部政治委员等职。1955 年被授予少将军衔。1997 年在北京逝世。

横渡嘉陵江①

罗光泽

自从红军粉碎国民党反动军队对苏区的六路进攻以后，敌人无可奈何，只好退到嘉陵江西岸，凭借大江天险，沿江构筑工事，碉堡林立，联成一线，并有反动军阀刘汉雄统兵把守，以防御我军的向西进击。我们把敌人赶过大江以后，在新苏区进行了打土豪、分田地等一系列社会改革，帮助被地主军阀压在社会最底层的劳苦大众当家做了主人，建立了苏维埃政权和武装赤卫军。人民群众积极热情支持红军保卫苏区，因而敌我双方在大江两岸对峙起来。嘉陵江便成了川陕甘苏区的一大天然屏障。

嘉陵江在苏区西部，是长江上游的一个主要支流，宽800—1500米，波涛汹涌，水深流急。两岸高山重叠，岩崖陡峭，山间小路，忽上忽下，蜿蜒曲折，地势十分险要。由于江面不宽，对面大声说话都能听见，双方的一举一动，也都看得清清楚楚，因而对敌我双方来说，都是易守难攻的。

1935年二三月间，我红四方面军要渡江西征。当时我们只知道要去与长征的中央红军会师，消息传来，个个精神振奋。川敌二十八军、二十九军和蒋介石嫡系第一师独立旅等部，依托大江天险，企图阻止我

① 编者对原文个别地方略有删改。

军西渡。敌人在嘉陵江西岸修筑了无数碉堡，构筑了坚固的防御工事，武器弹药也优于我们，而且早在他们退向江西岸的时候，就把所有渡船，全都抢过去控制起来，弄不走的便击沉或烧毁了。这一切，无疑都增加了我们渡江的困难。但对岸守敌，都是与我们红军多次作过战的，是我们的手下败将，深知我们的厉害，所以他们士气不振，没有战斗力，枪声一响，便就丢下武器，逃之夭夭。我们都讽刺地叫他们是送缴武器的运输队。我方虽武器较差，特别是缺少重武器，又没有渡船，但我军意志坚强，士气旺盛，有克服困难决心，也有足够的时间进行准备，而且有根据地广大人民的支援，因之，虽知渡江有困难，但都摩拳擦掌，充满胜利信心。

红四方面军总指挥徐向前同志带领参谋人员，翻山越岭，沿嘉陵江东岸，寻找适于大军渡江的渡口，行程三四百里，最后选定在苍溪的塔子山下实行强渡。由于塔子山背后有个宽广的平坝子，可以集结部队；离塔子山 30 余里的王渡庄附近，山高林深，既木料充足，又是隐蔽造船最理想的地方。

最使我们高兴的是，上级把横渡嘉陵江的任务交给了我们三十军八十八师，并且决定我所在的二六三团为渡江的先头部队。团里又把我们三营七连作为尖兵连，第一批过江。同志们听到这个消息后，莫不欢欣鼓舞，小同志乐得直蹦高。

上级部署我们的主渡地点是塔子山下苍溪县东南几里的石家坝一带，一切准备工作，都要在这一带秘密进行。又派八十九师的一支部队，在我们右翼三十多里之处的老苍溪佯攻，在那里构筑工事，在群众中造渡江舆论，做出积极准备渡江的态势，给敌人造成错觉，吸引敌人的注意力，迫使敌人把重兵调往那里，严加防守。

与此同时，全军又从各方面展开了渡江的准备工作。首先是组织造船。假如每船能坐十几个人，一次过一个营，就得有船四五十只。上级要求在 20 天内完成，这个任务很艰巨，困难也很多，可是，在当地苏维埃政府和广大群众的大力支援下，军民一齐动手，砍树的砍树，锯板的锯板，运的运，抬的抬，烘干的烘干，造船的造船，同心协力，大家齐动手，昼夜不停，饭忘了吃，汗顾不得擦，终于按时把船造出来了。一排排战船，刷上了油漆，在阳光照射下闪闪发光，显得威风凛凛。指战员们看了，深受鼓舞，更加坚定了打过江去打败敌人的信心。夜间，我们秘密地把船抬运到渡口附近的一个小山沟里隐藏起来，并派人严密封锁，禁止行人，以防走漏消息。

其次是侦察对岸的敌情和地形。一方面，我们隐蔽在渡口附近，不分白天黑夜地对敌人进行监视观察，有时也化装成老百姓，装做拾柴割牛草，到江边实地勘察，从他们的碉堡工事、武器配备、兵力部署以及岗哨换班情况中，摸清他们的活动规律；另一方面，我们又选派一些本地同志，化装成老百姓，过江赶集，收集情况，也从河西我方地下组织由敌人内部搞来材料。这多方面的情况，纷纷送到指挥部，供领导分析判断，确定作战方案。

第三是紧张的渡江作战训练。夜间，部队集结在嘉陵江支流之一的东河一带，秘密地进行航渡演习。按照编队，分配船只，确定上船的先后顺序，以及上船后每个人的战斗位置、工作任务等等，反复练习，要求干净利索，既迅速敏捷，又准确无误。还规定了渡江队形、前后距离和左右间隔，强调互相保持联系，协同作战。特别是夜间战斗，既要保持肃静，又要严防火亮暴露目标。命令要求大家，在渡船没有靠岸前，不管敌人怎样喊话，打电筒，甚至开枪，都不能答话，不许还枪；靠岸后，要立即用全部火力，压倒敌人，并迅速向敌人冲锋，抢制高点，占敌人碉堡和工事。还要指定专人，负责将所有船只，及时返回，以便使第二梯队和后续部队迅速过江。

当时我在三营七连当书记（文书），因为三排长生病，我还暂时代理三排排长。我们尖兵连确定三排首先过江。经过昼夜不停地观察敌情、地形，完全了如指掌。我们的对手是刘汉雄的反动军队，他有一个旅，分布在新、老苍溪沿江一带，由于八十九师部分部队的佯攻，刘汉雄已把这个旅的主力，偷偷地调往老苍溪。在我渡江处约五六华里的地段上，有敌一个营，两个连在江边防守，一个连为预备队，往后尚有敌人的预备队约一个营，再往后十余里，又设有预备队约一个团，准备随时接应吃紧之处。但那都是被我们多次打垮过的惊弓之鸟，根本不在话下。尽管如此，连长还一再叮咛：我们是夜战，敌人又居高临下，凭险扼守，我们要渡过江去，扫清守敌，保证大军顺利渡江，还是很不容易的，一定要记住：提高警惕，不能轻敌。我们遵照连长的指示，重视敌人，加紧准备，刻苦练习，决心以坚决勇猛的动作，速歼对岸的敌人。

一切准备就绪了，领导对各项措施进行检查后，于 1935 年 3 月 28 日下达了半夜开始渡江的命令。因为夜间要行军、渡江和战斗，命令战士们白天睡觉休息好，大白天哪里能睡得着呢，有的把眼睛闭得紧紧的，也睡不着，有的实在睡不着，便坐起来擦枪、擦刺刀，看连长来了，又赶紧躺下装睡。我迷糊了一下子，似乎上了渡船，飞过江去，和同志们一起攻打碉堡，敌人的机枪火力很猛，打伤了一位战友，我气红了眼，大喊一声："冲啊！"便飞跑上去。没想到这一声大喊，把同志们吓了一跳，明白了我这是说梦话，便都哈哈大笑起来，我被他们的笑声惊醒，觉得很不好意思。

天刚黑下来，部队便开始向渡口行进，走了三个多小时，来到放船的小山沟里。这天晚上，一片漆黑，只有满天的繁星，闪闪烁烁，由于道路崎岖，石岩难攀，路又看不太清，要尽量不出声响地把船抬到渡口，很不容易。因之，原计划半夜一点半钟渡江，结果弄到三点钟才开始上船。这时虽已接近拂晓，但江雾弥漫，还是几步之外，难见人影。我们先遣排首批上船，按照顺序，排列在江面上，严阵以待。这时，透过浪涛击岸的哗哗声，隐约可以听到敌人在对岸走来踱去的脚步声和大声喊话声，大约敌人夜间站哨害怕，还间或茫无目的地打几枪，来给自己壮胆，但对我们的行动，却毫无知觉。

战士们各按自己的位置坐好，两挺机枪架在船头，并配有五六名神枪手。同志们都紧紧握着自己的机枪、步枪、手榴弹和大刀，瞪大眼睛，警惕地监视着敌人的动静，随时准备，一旦发生情况，立即投入战斗。几名有力的划船舵手，紧紧握着船桨，等待出发的命令，恨不得赶快飞过江去。

各船的联络代表，回到自己船上以后，一声令下，便开始渡江了。我们三只先遣船像三只刚刚射出的利箭，直向对岸飞去。相继，其他木船也一齐向着对岸疾驰，勇士们使劲地摇动双桨，拍击着江水，发出“唰唰”的声响，但却又立即被奔腾不息的嘉陵江波涛声淹没了，所以我们众船齐发，横渡江面一多半了，敌人仍然什么也没有发现。当我们距离西岸只有几十米远的时候，敌人的哨兵突然发问：“谁，干什么的？”

“你别瞎嚷嚷了，天都快亮了，哪还有什么人来。”另一个哨兵打着哈欠不满意地说。

“下边真有响动，你听！”

接着，一道手电筒的光柱，向着船面扫来。我们个个紧张地注视着那个光柱，握紧了手中的刀枪。突然，光柱扫到船上，这说明我们已经暴露了。江雾腾腾，敌人虽然发现了有船，但还看不清楚船上都是什么人。

“干什么的？”敌人大声呼喊着，我们并不答话，只是更加使劲地划船。大约敌人也着急了，又疯狂地喝道：“再不回答，要开枪啦。”

这时，船更近了。敌人借着手电的亮光，看清了是我们红军渡江，就“叭叭”地向着我们开枪了。我们严守总部的命令，并不还枪，更加快速地向前划行。子弹向渡船的左右嗖嗖地飞来钻进江水，发出吱吱的叫声。与此同时，我军在塔子山掩护部队的炮火，向着敌人的碉堡工事猛烈轰击。炮弹像雨点一样个个落在敌人的阵地上，只见对岸，火光冲天，敌人惊呼乱叫，火力也减弱了。这时，第一只船上有人负伤了，我坐的是第二只船，船被子弹打穿了两个窟窿，江水哗哗地涌进来，不一会儿就是一大片。我赶紧把早已准备好的棉花，塞到船梆的洞洞里，用脚牢牢地踩住它，又把已经涌进来的江水快速地舀出去，以减轻船的负重。

这时敌人也向我们开炮了。炮弹在江水中炸裂，激起高大的水柱，向四面扩散开去，掀起巨大的浪涛，冲击着战士左右摇晃。我们拼命划桨，尽管敌人炮火非常猛烈，也阻挡不了我红军战士的勇猛前进。

刹那间，我们冒着弹雨靠岸了。战士们一个个跳下船去，我们这一船还没有完全靠岸，大家就急不可待地跳将下去，哪知道江水没腰深，原想要抢时间，没想到反而慢了。我们涉着深水，立即向江岸冲去。在我们的强烈炮火掩护下，迅速占领了敌人的前哨碉堡。敌人根本没有想到红军会从这里过江，这帮只会欺压人民的大烟鬼，早就知道红军的厉害，看到我们登岸，已经慌了手脚。我们的几颗手榴弹响过，一阵机枪猛射，面前的敌人，除掉跑了几个，全都乖乖地投降了。

这时，第二梯队已经过江登岸，增援上来，两面夹击，很快占领了敌人的主要阵地。我们让抓来的俘虏带路，向敌人的纵深发展，一路势如破竹，敌人预备队企图向我反扑，被歼灭大部。我们又一气猛追了二三十里，天亮时，敌人精心设计的防线，全被我们摧毁了，固守天险的敌人——刘汉雄一个旅也全被击溃了。

江雾散尽，太阳露出了笑脸，注视着我们的后续大军源源不断地渡过了嘉陵江；嘉陵江水汹涌奔流，浪花飞腾，似乎在高声欢唱红军渡江的伟大胜利。（栋宇、韩冬整理）

选自罗光泽：《罗光泽同志回忆录》，1982年8月编印，第22—26页。

罗光泽，1910年生，四川阆中人。1933年参加中国工农红军，1935

年加入中国共产党。红军长征时任红四方面军第三十军第八十八师第二六三团连部文书、代理排长。新中国成立后，曾任湖南省煤炭工业管理局副局长、吉林省煤炭工业管理局副局长等职。2007 年在长春逝世。

强渡嘉陵江

徐芝富

川陕根据地面积相当大，北到秦岭，西到嘉陵江。在敌人深入我们腹地进攻失败后就又退到他们原来防地固守起来，打算长期围困我们。就在这种情况下，我们西进准备工作开始了。

西进的第一道天堑就是嘉陵江。因为我们不是渡江的主攻部队，担任的是预备突击队任务，所以对渡江准备情况知道的不多，只知道当时上级为了隐蔽我们西进的意图，将准备工作做得很秘密，船只都是在离敌人 30 多里的山沟里制造的。船的数量并不多，只有四五十条，而且是仅能载十人左右的小木船，但在那时的确是了不起的创举。大家想想，砍树、制造、搬运、训练水上战斗，这些都必须在短短一个月内完成，还要封锁消息不能让敌人知道，这可是很不容易的，但我们都顺利地完成了。据先头部队说，一直等到我们 50 只小船趁黑夜渡到江中心时，敌人才发现我们的意图，不过对敌人来说已经晚了，在一阵猛烈的火力进攻下，战友们很快就占领了对岸的滩头阵地，随后又组织力量攻占了敌人两个碉堡。

这 50 只小船，把一个营的兵力渡过了嘉陵江，为我们后续大部队开辟了通路。等我们大部队渡江的时候，浩浩荡荡，真像猛虎下山、蛟龙过江一般，声势非常壮观、威武。虽然我们过了江，但也并非一帆风顺，上岸走了不到五里路就碰上敌人的两个团来增援。我们哪能放过送到嘴边的肉！一个猛烈冲锋，打得敌人四散奔逃，我们连俘虏都来不及清点，就一股劲地猛追，一直追了七八里。当然不只我们一个部队追，那时是齐头并进，风卷残云般地压住敌人，迫使敌人不敢抵抗。此次战斗共消灭敌人五个团，俘虏就像羊群一样往后带。直至到了茂县，敌人在沿途又挨了狠狠的打击之后，才弄清楚我们的兵力有多少，但敌人还不知道我们动向。当时邓锡侯、刘湘等四川军阀，以为红军要进攻成都了，便抽调了好几个师来堵截，于是便有了茂县之战。

节选自中共南京市委党史工作办公室、中共南京市鼓楼区委党史工作办公室编:《红旗漫卷——南京部分老红军口述长征史》, 中共党史出版社2006年10月第1版, 第132页。

徐芝富，1914 年生，四川达县人。1933 年参加中国工农红军，1936 年加入中国共产党。红军长征时为红四方面军第三十军八十八师战士。2006 年在南京逝世。

强渡嘉陵江

杜万荣

当红四方面军粉碎敌人的六路围攻后，蒋介石和四川各路军阀不甘心失败，又企图对川陕苏区组织所谓川陕“围剿”。随即四川军阀刘湘所部已集结东线之宣汉、达县准备西进；罗泽洲、杨森等集结于南线之营山、仪陇地区准备北犯；孙震、邓锡侯等部集结于阆中南部地区，准备配合行动。蒋介石嫡系胡宗南集结于昭化、广元地区。各路敌军都蠢蠢欲动，图谋扼杀我军于川陕地区。

时值中央红军在毛主席和朱总司令率领下，突破敌人的五次“围剿”，长征到了贵州一带。中央指示红四方面军主力，西渡嘉陵江，策应一方面军北上。因此，四方面军于1935年初，首先集结主力，声东击西，发起陕南战役，首战洋木坝，歼敌胡宗南一部，再克宁强州，又歼敌一团，继与西北军杨虎城激战于青木湾，再歼敌一个旅。随即我主力进占沔县①，前出汉中，彻底粉碎了敌人准备川陕“围剿”的阴谋。陕南战役胜利结束我前出陕南之主力，迅速回师广元、阆中、南部一带，并一举攻克苍溪，进驻嘉陵江沿岸，积极准备西渡嘉陵江，以策应中央红军北上。

指战员听说西渡嘉陵江，与毛主席、朱总司令率领的中央红军会

① 沔县，今勉县——编者注。

合，无不兴高采烈，渴望早一天见到毛主席和朱总司令。

当时，我在方面军总部彭杨学校工作，彭杨学校是培养全军革命军政干部的学校。总部决定以彭杨学校中干队之一部为基础，与三十军、三十一军的干部教员队，合编为总部直属水兵连，我为连长，以担任西渡嘉陵江之架桥任务，保证方面军在主要方向上强渡。水兵连组成后，当即进驻总部所在地旺苍坝，在学校徐琛吉主任的领导下，开始了紧张的渡江之架桥训练。

水兵连的同志们多是嘉陵江上的船工，他们地形熟，水性好，驾船技术也懂得。虽然没有亲手架过桥梁，但还是见过不少嘉陵江上的舟桥、浮桥，具有一定的架桥知识。又因江上的船只都被敌人抢劫一空，烧毁殆尽，架浮桥困难较大，只好就地取材利用当地丰富的竹子作器材架设浮桥，且简便、易行。所以我们就以架设浮桥为主要训练科目。

旺苍坝地处山区，又是阴雨连绵初春 3 月的河水，仍然冷彻肌骨。部队在这样的天气里作业，困难很多。但水兵连的同志们，为了能早日见到毛主席，见到朱总司令，都被一种强大的暖流所鼓舞，冷了喝上一些烧酒，再钻进水里练习，都以刀山敢上，火海敢闯的决心，迎着困难前进。

1935 年 3 月下旬，方面军主力云集嘉陵江沿岸，北起广元，南至南部，在敌人四百多里的江防线上，发动了强大的江河进攻。

总部指挥部，就设在苍溪城东南群山环抱的烟户楼。在烟户楼的一座大庙里，总部首长详细的交给了我水兵连的架桥任务，同时也命令九军政治部运输团担任架桥器材的运输工作。并绝对保证水兵连架桥器材的充分供应。

一天黄昏，我们连抬着四只自制的小木船和应用的一切架桥工具，踏着崎岖的山间小道，快速地向苍溪城进发。当夜幕降临，在广布尔木的山坡上行进时，一片漆黑。身负重任的水兵们，穿过重重的大山，越过层层的森林，不是这个跌倒了，就是那个被摔伤。笨重的木船，压得大伙直喘粗气。尽管在张嘴不见牙齿的山坡上，不断地听到摔跤声，部队仍旧神速地前进着。因为大家都有一个共同的心愿：打过嘉陵江，消灭江防旅，活捉刘汉雄，尽快与中央红军会合。刘汉雄，是四川军阀、川北督军田颂尧的一个师长，下辖江防旅，屯扎在苍溪城以西之嘉陵江的江防线上，妄图凭借天险，挡住我军西征。

苍溪城已被敌人破坏得毫无生气，它静静地待在嘉陵江东岸。城里的人民，惨遭川军浩劫，城市已成废墟，街道上没有一丝灯光，只有布满破碎的纸片，被风吹得满地飞扬，所到之处都呈现一片凄凉的景象。战士们目睹反动派对苏区人民所犯下的罪行，都怒不可遏，默念着，血债一定要用血来还。

担任强渡的是三十军八十八师二六三团，强渡点选在苍溪城以南的塔子山下，总部指挥所就设在塔子山下，居高临下，不仅能清楚地观察到我军的一切行动，就是隔江对岸，敌人的蛛丝马迹也在我军的视野之中。我们的架桥点，就选择在城西北河床向我湾曲处嘉陵江河滩上。作战部署是强渡与架桥同时进行，当强渡部队发起攻击粘住敌人时，架桥就马上开始。这样一方面可以保证强渡的突然性，另一方面可以减少敌人对架桥工作的干扰，只有架桥工作的顺利进行，才能保证方面军主力尽快西渡。

部队来到江边，夜空一片寂静，只有滩头上的激流冲着岩石，发出哗哗的响声。经过一夜跌跌撞撞的行军，水兵们都有几分倦意，大家肃静地隐蔽在软绵绵的沙滩上待命。这时，人们虽然觉得有点疲劳，但锐利的双眼，却贪婪地搜索着对岸江边的望水垭和老屠山上碉堡里的敌人的一切动静。时间却仍然像以往战前一样，过得那么缓慢。人们都焦急地等待着度里坝方向传来我军强渡的枪声。一等再等，大家都有点心烦意乱的不平静起来，就把嗓门压到最低限度，相互对准耳门叽叽喳喳，议论的中心是要求就地偷渡，摸掉对岸江上十多只木船上敌人的排哨。

可是，我们没有直接参战的任务，特别是惊动了敌人，必然影响强渡的突然性，这是铁的纪律所不允许的。在这种情况下，我和刘指导员、樊进香教官等人多方研究，大家认为，如有确有的把握不惊动敌人，偷渡过去隐蔽在敌人的鼻子底下，待度里坝方向发起攻击后，我们在敌人的侧翼，摸掉对岸敌人船上的排哨，攻下老屠山头上敌人的碉堡，就可直接威胁敌人的后方，这不仅对强渡方向是一个很大的配合，且早一点拔掉我们对岸老屠山上的钉子，更可使我们的架桥任务提前施工。于是，我和樊教官各带一个班，各乘一只小木船，我向南，樊教官向北，分两路夜摸。我们悄悄地把小船推进江里，又轻轻地划动双桨，绝不许有半点响声，一边轻划，一边借助顺流的冲力，不一会儿就在敌方靠了岸。上得岸来，人们像猫儿似的躲在乱石堆里静听，连人们的呼吸都听得清楚，但没有发现任何情况，我们又慢慢地在乱石堆里爬着。爬着，爬着，不多时就爬到敌人的集团工事跟前，停在工事外面仔细地听了一阵，到处一片寂静，周围也是一片漆黑。我和传令兵又继续向前着，刚爬了几步，传令兵就轻轻地摸到敌人的脚下，他心里怦怦跳，很怕惊动了敌人，停了一会听着敌人并没有什么动静，就猛扑上去，死死地卡住敌人的脖子，这个熟睡的哨兵，还没有苏醒，就瘫痪在工事里了。这时樊教官也摸到了，多数人都隐蔽在工事里，我和樊进香、传令兵又向停船的地方摸去，绝对肃静的藏在船旁的石堆里，还听见熟睡在船上敌人的鼻鼾声。

突然猛烈的枪炮声从度里坝方向传来，船上的敌人很快从梦中惊醒，我们三个人像猛虎一样的扑上船去，后面的水兵也一起跳上各船，只见樊进香手提马刀，左右开弓先劈倒几个，又厉声地叫道，不准动，缴枪不杀，谁动就劈了谁。20多个敌人被捂在船舱里，可是没提防从黑角里冲出了一个敌军官，猛一刺刀，穿透了樊进香的左手。樊教官手疾眼快，手起刀落，咔嚓一声，那个匪兵的脑袋就掉在船舱里，其余的敌人有的吓破了胆举手求饶，有的跳江，有的拼命往老屠山乌龟壳里跑。这时，东方已经挂起初升的艳阳。度里坝方向的敌人，还在拼命地阻击我军强渡，我们头顶上老屠山炮楼里的敌人，也已疯狂地摇动他那嘶哑的轻机关枪，这就使我水兵连直接暴露在敌人的密集火力下，这不仅会影响我架桥部队的迅速施工，而且也挡住了我强渡部队向敌人纵深的发展，因此决心拔掉敌人这个钉子。

同志们看到这种情形，哪里肯让这群漏网的敌人再往乌龟壳里钻，樊教官斜挂着手提枪，手握鬼头刀，率领两个班猛追逃跑的敌人直奔炮楼。这回樊教官的大刀，却没有碰着对手，那群草包兵，见势不对，夹着尾巴，丢掉炮楼飞也似的往剑阁方向逃跑了。我们一阵火力追击，没闲工夫去管他，只好让他们多活几天。这时，我们迅速地肃清了沿江的零星敌人。在滚滚的江面上，开始了架桥施工。塔子山下隆隆的炮声，似乎在催促我们加速工作。因此，我们打桩的打桩，牵索的牵索，抬竹筏的抬竹筏，大家都紧张地劳动着。

结构浮桥，要用负荷很粗的绳索来固定浮桥的器材。苍溪一带的竹子甚多，破开竹子，用竹皮制成酒杯粗的牵藤，每根约数百米长。西头固定在望水垭下面巨大的礁石上。在东岸的沙滩上垒起石堆，打下铁桩，把牵藤一根一根拉直。这是架设浮桥的基础工程，只要牵藤结实，拉得紧，不仅可以抗御一般的激流，还可增加负荷。3 月的江水冻得人发抖。但人们想往毛主席，心里暖烘烘的。为了使部队通行便利，不仅把竹子一捆一捆地铺在牵藤上，又用长竹片把竹捆牢牢地固定起来，这样就可以通行骡马和笨重物资。为了行走安全，又在竹筏上铺了一层门板，过往人畜都平平展展，安全可靠。

在架桥工作已顺利展开的时候，敌我两军仍在度里坝的山被上进行着激烈的冲杀，隆隆的炮声，也鞭策着我们架桥的同志争分夺秒。

眼看刘汉雄吹嘘的所谓巩固的江防就要完蛋时，嗡嗡的敌机，却来给刘汉雄的江防旅吊孝了。浮桥威胁着刘汉雄的后方而敌机也就对准度里坝的强渡和浮桥狂轰滥炸，这就严重地威胁着浮桥的生存，也影响着我们的继续施工。

为了保住将要完工的浮桥和使架桥任务的顺利进行，必须给袭扰我们的敌机以坚决的打击，一排长迅速地率领全排到老屠山丘组织对空射击。顷刻间，在密集的枪声中，只见敌机翘起屁股，拖着白烟逃走了。

但是敌人并不甘心，浮桥对他们是莫大的威胁，接着又是三架敌机，抖动机身，发出刺耳的哀鸣，盘旋在度里坝和浮桥上空，很快几声巨响，水柱从浮桥四周升起。我乘坐的小船骤烈地翻滚，我从巨浪中钻出水面时，只见浮桥摇摇欲坠，我撕破嗓子，要同志们保住浮桥并让水性不好的同志立即对空射击，水性好的同志尽快抢修，阻止桥身裂开。在我们一阵浓密的火力阻击下，才迫使敌机不敢低飞。不多一会，又是三架敌机盘旋在浮桥上空，接着一串黑影，从空中滚下来。顿时，竹排、木板在空中飞午，巨浪鼓起，猛烈的洒下强劲的水珠，眼看浮桥就要断裂，同志们紧握牵藤，尽力阻止竹排裂开，一阵紧张的抢救才阻止了浮桥的破裂。

这时，敌机已倾泻完了炸弹，可又进行了疯狂地俯冲扫射。但俯冲对敌机十分不利。高了，命中不了目标，低了，却遭到我射击组的严重威胁，经过反复扫射，他无可奈何地盘旋了几个圈子，就拖着白烟，回成都报丧去了。

在战胜刘汉雄江防旅的抵抗后，就打开了我军西进的通路。我主力很快通过浮桥，浩浩荡荡地向剑阁方向西追歼灭逃敌。水兵们，高兴地站在浮桥两头，迎着我军的千军万马，直奔梓潼。

选自中共旺苍县委党史工委办公室编:《旺苍党史资料:红军在旺苍》第3辑，1986年10月，第213—219页。

杜万荣，1915 年生，四川阆中人。1933 年参加中国工农红军，1934 年加入中国共产党。红军长征时任红四方面军总部直属水兵连连长、红军

大学连长等。新中国成立后，曾任解放军第六十军政治部联络部部长、绵阳军分区政治部主任、南京军事学院政治保卫部部长、第二防化兵学校政治委员、防化兵科学技术研究院副政治委员、防化学院政治委员、总参谋部防化部顾问等职。2007 年在北京逝世。

组建水兵连　西渡嘉陵江

伍伦发

1935 年 2 月，陕南战役期间，红四方面军总指挥部为了尔后西渡嘉陵江的需要，决定组建红军水兵连。

当时，我在红四方面军十二师三十六团一营营部当通信员。在向陕南进军的路上,张营长问我:“会不会浮水？会不会划船？”我说:“会”。营长说：“打了这一仗调你到总部水兵连好吗？”我回答：“好”！ 2 月 9 日打下新铺湾的当晚，上级通知我次日一早出发，到宁强县报到。我到宁强后不久即与四、九三十军调水兵连的同志一道向旺苍坝进发，到达目的地后的一天下午，总部在旺苍街上召开了红四方面军水兵连成立大会。副总指挥王树声、参谋长李特（按：当时参谋长为倪志亮）到会讲了话。他们主要讲了组建红军水兵连的目的，水兵连的组织，任务等问题。王副总指挥说：“组建水兵连就是为了渡江，但渡哪条江暂不告诉你们，到时候就自知了。原来考虑完成渡江任务后水兵连即撤销，人员仍回各军。后经研究,决定水兵连列入建制,直接归总部参谋处领导。因四川河流较多,保留这个连有好处。你们要做好一切准备,加强划船,推船和浮水训练。训练中要开动脑筋找窍门,做到技术过硬,机动灵活。”

水兵连有四个排，16 个班，共 220 人。（按:据老红军杜万荣回忆，杜曾为连长）连长田启堂，指导员胡孝宏，副连长陈 ××，副指导员胡正明。成立水兵连的同时，还组建了一个船工会，领导人张正宽。船工会里有木匠、铁匠，专为水兵连造船修船。船工会住东溪场，也直属总部参谋处领导。

接着，在旺苍的东河开始了训练。2 月的川北，正值隆冬，北风凛冽，河面还结着一层冰，我们在冰水中练习浮水，没有一个人叫苦。但是，由于水温实在太低，给训练带来困难。一次，两个战士竟冻死于水中，总部首长知道后，指示连部调整了训练方案，上午划船，下午浮水。十余天后，部队划船、推船、浮水技术大有提高。

2 月下旬，王树声和李特同志到水兵连，检查了训练情况，对我们的成绩表示满意。指示今后训练划船为主，并且指出了技术上的毛病，比如推船时身体前曲度数不够，两臂不直，出力不猛，影响了前进速度，提出了新的要求：划船时桡片入水要轻，不能有响动。静水中每一桡应使木船前进 35 至 50 公分，流水中应达到 70 至 100 公分；浮水训练要会踩水，出水时不能出声。首长指示后，我们进行了更为艰苦的训练。

3 月 8 日，王、李首长再次到水兵连，并带了一个步兵营，指导我们进行步兵水兵的协同渡江训练。3 月 9 日，首长们观看了划船、浮水演练，进一步提出了训练要求。此后，李特参谋长就在水兵连住下来，每日亲自到现场指挥训练。步兵分队是轮换参加，先后前来训练的有三四个营。训练场地变了几个地方：旺苍、王渡、岐平、元坝子，每到一地都因地制宜分秒必争地进行紧张的演练。大家的技术越来越娴熟，步兵、水兵协同越来越密切。渡江日期临近了，一天，王副总指挥宣布：“同志们，我们的任务就是强渡嘉陵江！”他说，嘉陵江江面宽阔，水深流急，船渡不易掌握。一只木船要容一个排的兵力，你们要保证部队安全，准时到达对岸，否则就会影响整个渡江战斗。最后他强调：“渡江任务能否顺利完成，关键就在水兵连。大家要做好牺牲的准备，即使剩下一人一船，也要完成任务！”会后，各班、排纷纷表示：坚决完成渡江任务，宁愿死在枪炮下，也不落一个怕死鬼的臭名声。

渡江战斗迫近了。上级命令我们协同步兵将所有木船从 50 多里外的歧平运到苍溪塔子山下（按：据《川陕苏区历史资料汇集》载：水兵连渡河点在昭化的猫儿跳）此地离嘉陵江我军渡河点约七八里。部队先派出一个排到前面开路，他们铲除了灌木杂草等障碍物后，开拓出一条五尺宽的道路。3 月 27 日晨六时，扛船队出发。15 名步兵扛一只船，二名水兵各扛一支桡片。每个战士平均负道百斤以上,加之,道路难行，大家一会儿就气喘吁吁，汗流如注，浑身都湿透了，最艰苦的一段是翻越凉风垭。那是杂草丛生，荆棘纵横，战士们赤脚蹒跚前进，血从脚板流出来，染红了杂草。沿途饥渴交加，疲惫异常。直到下午 6 时，终于将船运到了指定地点。

3 月 28 日晚上，江面上雨雾弥漫，看不清对岸。渡河点上，部队整装待发。庄严的时刻到了，三十军的首长下达了战斗命令。先头部队立即登船，向西岸进发！偷渡不成就强渡。水兵连要保证部队顺利渡江，并指示我们待渡江任务完成后，在苍溪城西架设一座浮桥。

部队在登船过程中，被敌人发觉。敌人对岸猛烈地向我开火，几乎同时，我设在塔子山上的重机枪，迫击炮也打响了，在枪林弹雨中，大小船只全部离岸。敌人的照明弹不断在江面上升起，我们在强大火力掩护下，不顾一切勇猛划向对岸，步兵同志也在船上向敌猛烈还击。大约两点钟，部队纷纷登上对岸，经过激烈战斗，占领了滩头阵地。当我们把伤员运回东岸时已是三点多钟了。渡江战斗中水兵连共牺牲九名同志。

渡江任务一完成，水兵连一、二排立即前往苍溪县城西门外架浮桥，让大部队过江。约八点到达架桥地点，十点开始架桥。在湍急宽阔的嘉陵江上架浮桥相当困难，主要是木船不易固定。我们设法用竹子编成大竹篓，装上巨量卵石作锚，沉入江底，并用很粗的纤绳系在船上，解决了难题。架桥过程中，当地群众抬鱼、肉、糖来慰劳我们。3 月 31 日，一条横跨大江宽三米，长 200 米的浮桥终于架起来了，我军源源不断地通过嘉陵江向西进军。

4 月间,我们水兵连和船工会奉令,坚守桥头,维护浮桥安全。以后,浮桥在洪水袭击、敌机轰炸下，几次道到严重破坏，但每次都被我们很快修复，保证了浮桥畅通无阻。5 月，任务完成后，水兵连继主力红军之后，踏上了新的征程。（龙治业、吕连中整理）

原载成都军区党史资料征集委员会办公室编:《党史资料》第15期(总第45期),1983年10月9日。

选自中共旺苍县委党史工委办公室编:《旺苍党史资料:红军在旺苍》第3辑,1986年10月,第220—223页。

伍伦发,四川营山人。红军长征时为红四方面军总部直属水兵连战士。新中国成立后，曾任青海省公安独立师后勤部部长。

策应中央红军

盛先传

我们八十九师从通江后山上面线往苍溪进发，到了苍溪县时，在城东面的一个村子里构筑工事，与敌人隔江对峙，敌人在嘉陵江西面，我们在嘉陵江东面。就在这个时间，四方面军接到中央电报，当时我们不完全知道电报的内容，但只知道要策应中央红军。解放后我在省直机关讲党史课时提供的资料才知道这份电报的内容：为了选择优良条件，争取更大发展前途，决定中央红军转入川西，从泸州上游渡江，若无障碍，约 2 月中旬，即可渡江北上，预计沿途将有许多激烈战斗，这一战略的实现，与红四方面军的行动有密切关系，为使红四方面军与中央红军乘蒋敌尚未完全入川，实施围剿以前密切协同作战，先击破川敌起见，除以群众武装与独立师团，向东线积极活动，钳制刘敌外，应集中红军全力向西线进攻？望迅速集结部队，完成进攻准备，于最近时期，实行向嘉陵江以西进攻兵力部署及攻击目标，宜以一部向营山之线为辅助方向，而以苍溪、阆中、南部之线为主要方向，在主要方向宜集中主力，从敌人薄弱之间隙部及薄弱部突入敌后，在广大无堡垒地带寻求敌人，于运动战中，包围歼灭之。依战况发展，能进入西充、南充、蓬溪地带则与中央红军之配合最为有利。

在我们未接到中央电报之前，四方面军已集中了四军的二十五师，三十军的八十八师、三十一军的九十三师由广元以南地区渡过嘉陵江，在陕南与敌人接战，有个地方叫杨木坝，歼灭了胡宗南的补充旅一个团，俘虏了 800 人，缴了 600 多支枪，同时四军十二师在围攻广元的同时也分出部分部队渡嘉陵江，后遭到胡宗南主力的猛烈反击，又撤回嘉陵江东岸。在陕南战役时，同胡宗南作战中攻克了宁强县，消灭了敌人一个团，紧接着就攻占了阳平关，消灭敌人一个营。这时同杨虎城部队的四十九旅和独立第一旅的第一团展开了激战，被我们全歼四十九旅和独立第一旅一个团，我们的八十八师一直打到褒城县，进入汉中地区。在陕南战役中途接到中央电报后，部队就从陕南撤回来了。当时我们八十九师在苍溪东边固守阵地，我们的主力部队强渡嘉陵江，策应中央红军，离开了川陕根据地，开始长征。现在我回忆当时的捷报，我们主力部队四军、九军、三十军八十八师、三十一军在猫儿跳、胡家坝等处强渡嘉陵江，敌人有 100 多个团的兵力防守在嘉陵江西岸，我们三十军八十八师在胡家坝强渡过嘉陵江，迅速攻占了敌人的前沿阵地，连续多次打垮了敌人的反攻，并向纵深发展，夺取了敌人的主要阵地飞虎山、高城山和万年山，进而攻占了剑阁，接着八十八师又在三十一军的配合下，由东南两方面向防守在天险剑门关的敌人邓锡侯部队第七混成旅进行猛攻，消灭了敌人西个团，强占了剑门关，敌人便全线土崩瓦解，八十八师又乘胜追击攻占了化城，消灭了敌人一个团，并进而围攻江油县城。此时，我们的主力部队四军、九军和三十军八十八师都集中在中坝彰明地区。我们八十九师接到军部命令，要我们八十九师赶快向江油进发,我们从苍溪过嘉陵江,江上已搭起了宽大的浮桥。我们日夜兼程，走了两天一夜，第三天上午，正当八十八师围攻江油城时，我们八十九师赶到了。

江油县城边上有一条河，我跟着副师长杨秀坤赶到李先念跟前时，我看到李先念正在河沿边上两腿叉开拿着望远镜向县城及城后面的山上观看，并不断问旁边站的司号长：二六三、二六五团的位都在那里？杨秀坤请示李先念给八十九师的战斗任务，李对杨说：“你们赶快过河去，从正面攻打江油县城。”

江油县城内的敌人把城外的房子都破坏了，待在城里防守。我们八十九师杨秀坤带着二六四团攻城，一连攻了三次都没攻开，部队伤亡也大，我们就退下来，把江油县城围困起来，在城外构筑工事。蒋介石得到消息派嫡系部队从阆中方向赶上来了，向江油一带阻击我们的主力，并集中四川所有军队在江油的中坝，阻击我们不让与红一方面军会合。我们八十六师围困江油城时，我们的主力与敌人展开了中坝战役，敌人飞机不断轰炸,最多的一次达到120架,掩护步兵向我们不断进攻。

正当中坝战役打得激烈的时候，八十九师接到军部命令，叫我们去打北川。杨秀坤带着二六四团在中坝以西的一座大山上，这里山连山，我们一连翻了三座山头，走了三天，到达北川的城背后。我们随即开始攻城，北川的敌人没多少，很快就被我们击溃了。但我们没进城，住在山脚下，背着山，面对一条河。北川打开后，后续部队从中坝沿着大路到达北川。

我们八十九师留了两个营防守在北川背后的大山上。抽第三营沿着北川河边一直往上游行进，行进了两天，到河床很窄处紧急渡河。晚间我们准备渡河的竹排，把竹子打成捆，再拿粗竹子把捆好的小竹子连到一块，结成竹排就能坐人。这条河并不宽但水流湍急，一个连有四个竹排，一个竹排能坐一个排，把竹排放到水里，人爬到竹排上斜溜着就往过冲，还请当地老百姓用竹竿往过撑。我记得三营的第七连是渡河前锋。因河对面驻守着敌人一个排,七连半夜渡过河时,敌人还正睡大觉,摸了哨兵，就把这里一个排的敌人全活捉了，这样全营过河了。

消灭了敌人一个排后，我们要占领大山，这大山的名叫摩天岭，悬崖绝壁，中间只开凿着一条栈道，在栈道中间的突兀处驻守着敌人一个连，这是敌连部。(大约有一幢楼的面积)，从活捉敌人一个排处到这里大约有20华里，开始我们猛攻猛打，敌人顶不住就顺栈道没命逃跑，我们在敌屁股后面不停地追赶，一点时间都不敌停，只怕敌人会在前面拆掉栈道上的木板我们就无法过去了，我们边打边追，这样不停地跑了大约 90 华里，整整一夜多半天，追到北川城对面时就有了路上山，敌人上山我们追着也上山，到山头上，那边又遇到悬崖，有三四丈高，敌人来不及收腿就从崖上全跳下去了，我们前面一个排追着也来不及收脚从悬崖掉了下去。

在这次追赶敌人中，杨秀坤边跑边指挥，并喊："跟上！跟上！"我跟着杨秀坤也在追赶敌人。快到悬崖边时，我被杨秀坤一把抓住猛甩到一块石板上，我从石板上爬起坐下来，吐了两口血，觉得浑身没劲了。从此我的肺部一直不好，直到现在。

我们在这个山上防守了一月多，后续部队陆续上山，摩天岭山连山很长，我们三十军都在这山的一条线上，等待迎接红一方面军会师。

选自盛先传:《难忘的岁月——盛先传革命回忆录》，1996年，第47—52页。

盛先传，1918 年生，安徽六安人。1931 年参加中国工农红军，1936 年加入中国共产党。红军长征时任红四方面军第三十军八十九师师部司号长、第三十军军部司号长。新中国成立后，曾任甘肃省公安厅政治部宣传科科长，甘肃省人民检察院检察员，兰州市人民检察院检察长，天水地区民政局局长兼党组书记、地委委员等职。2001 年在天水逝世。

江上的回声

王春声

为了在军事行动之前加强政治攻势，师政治部组织了一支宣传队，分别在嘉陵江沿岸的燕咀口、猫儿跳、黄咀口等地展开了活动。

我们那个组的活动地点是燕咀口，离对岸只有七八十公尺。敌人大声说话，我们都能听见。这一带江边上长着许多礁石，我们就利用这些礁石作掩体。向江对岸喊话了：

“白军的兵友们！请你们出来，我们有话跟你们谈……”

过了一会，对岸果然有一个四川口音的人搭腔了：

“你们不要耍花样了！哄我们把脑壳伸出来，好叫你们在上面钻洞洞。”接着传来一片骂人的声音……

“格老子，真不识抬举……”我实在忍不住了，正想再骂两句，忽然左边有人向我投过来一颗小石蛋。我转过头一看，原来是我们组的一个老战士，他也是个四川人，姓闻，诨名叫“大脑壳”，当时大家都这样叫他。他又大胆又机灵，对人也挺和善。那时他瞪着一对大眼睛批评我说：

“春声！你想干啥子？”

停一会，我们的喊话筒又响了：

“兵友们！红军说话算话，保证不开枪，出来吧！我们来摆一摆家常……”接着喊话的人又讲了天下穷人是一家、红军官兵平等的道理。

可是那些白军却躲在堑壕里回答说：

“你们投降吧，我们这里有钱花，每天都有大肉吃……看你们衣服破成那个样子……”

这就是第一次宣传的“结果”——没有瓦解敌人，倒叫敌人把我们奚落了一顿。那天晚上气得我一夜没睡好觉。

情况越来越不好。敌人不光是和我们对喊，还向我们开枪。上级对我们的要求是：不准还枪，不和他们对骂，耐心地讲道理。

我们组里最活跃的人要算闻“大脑壳”。他能想出各种各样的办法隐蔽自己，对敌人宣传。有一次他躲在一块礁石后面侦察敌情，大家都奇怪：为什么那块礁石后面会突然长起一株树来？仔细一看，原来是闻大脑壳从别处扛来作伪装的。当时我很佩服他，遇事都向他学习，学习他的勇敢、大胆；不过他的机警灵活，我倒没有学到手。

一天下午，太阳快要落山了，嘉陵江的水变成了一片金黄色。江对岸的敌人又在放冷枪，有的还娘呀妈的在骂人。我实在是受不了，心里一气，没向队长请示就钻进一堆刺蓬里去，向江对岸喊起来：

“白军的兵友们！不要放枪啦！想一想吧：你们的枪口是对着谁？是对着自己的兄弟呀！在家我们都是受军阀地主的压迫；现在你们却拿起枪杆帮助军阀地主的压迫来打自己的兄弟。兵友们！你们好好想想吧……”

“砰！砰！砰！”对面打来几枪。突然，好像有个什么虫在我的右膀子上夹了一下，我觉得嗓子一阵热辣辣的，头也有些晕起来，手插进棉衣里一摸，手上黏糊糊的一片，我明白了：我中了子弹。眼睛一黑，身子不由得倒在刺蓬上了……

住了一个时期的医院，伤口就好了，上级仍叫我回宣传组去工作。

一回到组里，同志们像一盆火一样，热烘烘地把我包围起来。看看我的伤口，问长问短的没有个完。一会，闻大“脑壳”把我拉到江边去，向我介绍白军的情况。他大摇大摆地走着，还用手指划着江对岸，大声说话。我见他那股子不警惕的样子，就提醒他说：“小心敌人放枪呀！”他倒满不在乎地笑了笑说：“不怕，白兵放枪，会通知我们的。你走了以后，我们的宣传方法有了很大改进：现在不光是喊话、写标语，还给白兵们唱戏唱歌儿。告诉你：每天晚上我们还要教白兵们一次歌呢。”他接着又告诉我：“最近他们经常给白军送宣传品。师里把宣传品印好以后。他们就把它捆在木筏上，利用观音堂那条小河的冲劲，把木筏冲到江对岸去。在这期间，他们还动员了许多白兵的家属来喊话，宣传我党的政策；经过这样反复宣传，就有个别白兵在晚上凫水过来和我们联系；我们又通过这些人了解白军内部情况，再用这些材料向白兵宣传。这一来作用就更大，现在白军内部的思想很混乱。今天晚上，那边又要派人过来，你就跟我们一块守夜班吧！”

我非常高兴地答应了。

晚上，天上铺了一层薄薄的云，月亮又细又弯，悄悄地在薄云里面滑着走，一忽儿又从云缝里钻出来，半截露在薄云外面，就像一支帐钩挂着一幅纱帐似的，江对岸是一片漆黑，看不见一点灯光。嘉陵江水还是和往常一样慢慢地流着，在月光下白得像面镜子。我和闻大“脑壳”并排蹲在江岸上，两只眼睛像猫头鹰一样瞅着江对岸。一会，队长走过来问：

“怎么不唱歌？”

“没有打信号过来。”

“你说白兵真的会打信号？”我有点怀疑地问。

“会打的，每天都是这样。”闻“大脑壳”满有把握地说。

过了好一会，江对岸果然出现了火花，那火光亮了三下，闻“大脑壳”扛了扛我的肩膀说：“怎么样？你看，白兵们在说：官长们‘压宝’去了。”说着他搔了搔脖子，拉开嗓子就唱起来了。

对面没有声音，更没有枪声，江水伴着歌声，在黑夜中回响。等到下半夜，还不见有什么动静。我感到有点累了，不知不觉就打起盹来。也不知过了多长时间，队长突然把我叫醒，指着江心叫我看。我擦了擦眼皮，定了定神，只见一个黑黑的东西，迎着一闪一闪的白浪，在江心里移动着。队长小声说："来啦！"

一听说"来啦！"我才醒悟过来，不知怎样搞的，我倒有几分紧张起来。因为我刚参加红军，还没见过白军哩！

那黑东西越来越近，不一会就爬上岸来。队长和我们一齐迎上去，只见那人湿淋淋地站在我们面前冷得直打战。队长亲热地和他握手，问他："辛苦了！情况怎么样？"

"情况很紧，"那人回答说。"逃跑的人越来越多，官长们抓住就枪毙，大家想过来，又害怕。"

"船呢？"

"官长们亲自看着的，不容易到手。"

"好吧！烤火去，吃了饭再走。回去告诉大家：能弄到船就一起过来，我们在这掩护你们；要是不行，就叫大家等一等，红军很快就要过江了。"

队长招呼那人吃了饭，交给他一包用防水布包好了的宣传品，又仔细地嘱咐了一番，才送他下水。那人将宣传品的包裹绑在脖子上，跳下水，向江对岸凫走了。……

我站在江边，望着凫过去的黑点，不由得想：这是话的力量，是真理的威力。有的时候，它比枪炮的威力要强多少倍！

选自中国人民解放军三十年编辑部编：《中国人民解放军三十年初选稿》第一卷第三辑（一），第6—10页。

王春声（有著作写作王春生），1911 年生，四川广元人。1934 年 10 月参加中国工农红军，1935 年加入中国共产党。红军长征时任红四方面军某

师政治部宣传员。新中国成立后，曾任云南省边防保卫局副局长，普洱军分区司令员，云南军区军政干校校长，第三十八师师长，贵州省军区副参谋长、顾问等职。1989 年在贵阳逝世。

“小侦察兵”

鲜明

我们来到嘉陵江边，已经是好多天了。

营的首长，日夜忙碌不停，操持着渡江的事。我虽然是个小通信员，不像首长那么操心，可是，看着首长那样操劳，心里也十分着急。有时，跟营长到江边上去看地形，望着那可恨的大江，真想一脚把它踢开。要不是它拦挡，我们早就到了川西，跟一方面军会师了。

全军的同志，都在为渡江贡献自己的力量，有的造船，有的扎木筏，有的在练武艺。我能做什么呢？最多送送信，或者用那把背了多天的水壶给首长烧点开水。真是使不上劲，插不上手。

一天早晨，营长忽然给我一个任务，要我去找一个熟悉江对岸情况的老乡。我真是高兴极了，把茶壶一放，撒腿就跑。

“回来，”营长叫住我，“你听明白了吗？找一个熟悉江对岸情况的人！”

“听明白了，”我连忙说，“把这个人找来，保管你满意。”

“你找谁啊！”营长问我。

“王胜，就是火佛山后那家的小孩。”我怕营长嫌他小，接着解释说：“别看他人小，可懂事哩，他常过江去做小生意。”

营长似信不信，最后一招手说：“快去，叫来问问看。”

我怎么认识王胜的呢？说起来也不奇怪，自从我们来到火佛山以后，我常提着水壶，到他家烧水。他十六七岁，我呢，年龄和他相仿。两个人见面就熟。我每次前去，他就叫妈妈帮我烧水，拉着我到他屋后大树下打钱儿玩。闲谈的时候，他对我说，他去过江对岸。

我跑到他家，正好碰见王胜，他穿着件打土豪分得的缎马褂，一看见我，又要拉我去打钱玩。我没多说，拉着他就往营部跑。

王胜见了我们营长，一听问他江西岸南部县的情况，很骄傲地背起两手，像小学生背书似的，背诵着每条街，每条巷。

营长很满意他的回话，最后笑着问他："小鬼，你敢到江那边走一趟吗？"

"怎么不敢！"他理直气壮地说。

"你不怕江？也不怕敌人？"营长又问。

"江有什么可怕！"他咽了一口吐沫，"敌人也不可怕。"

"敌人要抓住你，问这边的事，你怎么办？"

"他们揍死我，也不告诉他们。"他又非常自信地说，"你放心，他们抓不住我。"

说完之后，营长决定让他去侦察。因为对岸不使用咱们苏区的票子，便给了他两块铜洋。这小鬼，晚上坐着一个小木桶，向江西岸划去。

两天以后，他回来了。不等营长问话，他便一五一十地讲起来。说江岸上撒满了三角钉，白塔山上住了一个机枪连，有四挺机枪；灵里洞驻的是团部。敌人很害怕红军过江，公路上有很多卡车，全是装的箱子、官太太，她们正往遂宁、潼川方向跑。还讲到塔山下的"万人坑"，敌人天天在那儿杀人。讲到最后，神秘地向营长说："那边的老百姓，都盼着红军快过江哩！熟悉的人，都悄悄地问我，'红军怎么还不过江来，红军再不来，老百姓就没活路了。'营长。"他说到这里，抓住营长的手，说，"你们快过去吧！"

营长很感谢他，握住他的手说："小同志，谢谢你。我们一定要打过江去，解放那边的人民。"说罢，叫我领他到伙房吃饭去了。

过了几天的晚上，我们营乘着小木筏，依据小侦察兵提供的情况选了渡口，开始渡江了。……

选自中国人民解放军三十年编辑部编：《中国人民解放军三十年初选稿》第一卷第三辑（一），第10—12页。

鲜明，1920 年生，四川营山人。1933 年参加中国工农红军，1937 年加入中国共产党。红军长征时为红四方面军某营通信员。新中国成立后，曾任沈阳军区外长山要塞区参谋长、旅大警备区司令部顾问等职。1988 年在大连逝世。

攻击之前

孙洪道

我们教导队，抬着自己造的木船、竹排，来到了江边。只见江水滚滚，一眼望不到对岸。有人吐了下舌头，轻轻地说:“娘老子，好宽噢！”

我们隐蔽在江岸上，心急地等待上船的命令。有的摆弄着随身带的舀水小瓢，有的把手榴弹盖拧松。突然，徐深吉队长向我说:“传令兵，通知各排，撤回去。”

听了这话，不由得一愣：难道说不过江了？准备了三个多月，学游泳，造木船，这一切都白费了？正想不透，徐队长又说:“还愣着干什么，快去！”

我跑去向军事教员范“红鼻子”（名字忘了，只记得外号）一说，他也愣了，可是，仍向部队下达了撤回去的命令。这一下，都七七八八嘟哝开了。

“这是搞的什么鬼？”

“不渡江，也得说明个道理呀！”

“……”

更有些人，对我发牢骚，说我误传命令，要杀头，还有人问我到底为什么撤？似乎我是什么指挥员似的。这更使我火了。

我们撤到苍溪，这里老百姓早被动员走了。住下以后，徐队长看出我不高兴，问我：“小鬼，嘴嘛的能挂个手榴弹，为啥子？”

我把自己心里的怀疑，和在江边上同志们说的那些，都告诉了队长，他听了笑着揍了我一拳，说："小鬼啊，你还早哩！……"

到底为什么，他不给我说。

开完干部会，街上就热闹起来。东头吹哨子，西头摔门板，到处灯火辉煌。像过年似的，闹腾了一番，又立刻命令我们去睡觉。对岸的敌人，轰轰嗵嗵打起炮来。我们都睡在挖好的掩体里，当然也不去管它。

睡到深夜3点多钟，徐队长突然叫醒我，要我去通知部队，立刻到渡口集结。并且要我嘱咐着，不准大声说话，不准暴露秘密。这一来，我全明白了，没打愣，赶忙去传达命令。

拂晓，部队在渡河点登上自己造的小船，人不知，鬼不晓，一只只的小船悄悄地向对岸划去。

船快到对岸了，也没听见敌人的动静，徐队长碰碰我说："小鬼，怎么样，明白了吗？"我低声而又不好意思地说："明白了！……"

紧接着，在岸上响起了激烈的枪声。……

选自中国人民解放军三十年编辑部编:《中国人民解放军三十年初选稿》第一卷第三辑(一)，第12—13页。

孙洪道，1919年生，四川南江人。1933年参加中国工农红军，1938年加入中国共产党。红军长征时任红四方面军教导队通信员、红军大学司号员。新中国成立后，曾任解放军第五十军军长、陕西省军区司令员等职。1995年在成都逝世。

“草船借箭”

李世春

乌云密布，天地不分，在这漆黑的夜里，我们全连登上了战船。我军的追击炮、机枪，接着也响开了。嘉陵江，更加喧闹起来。

张连长、陈指导员和我，分头乘在三个竹筏上，指挥我们连开向对岸。

船刚到江心，突然看见江面上几只小筏七零八落顺流而下，有的小筏上，还有火亮，像是指挥灯。看到以后，我心里大吃一惊：“糟糕，上游渡江的部队，被敌人打下来了！”看到这情景，不由得心头火起，恨不得马上冲到对岸去。

“前进啊，同志们！”不知谁，愤怒地喊着。“上游的部队没渡过去，全靠我们了！”

同志们都激怒了，相互鼓励着，加油向对岸划。快登岸了，敌人发现了我们，猛烈地向我们射击。我们一面还击，一面跳下水，向岸上冲去。张连长刚一上岸，一阵机枪打来，他倒在江滩上。

同志们更加气红了眼，抡起大刀，像湖水似的，杀向敌人的堑壕。看不清人，分不出枪声，只见江岸上刀光亮闪，敌人哇哇地叫喊着向后逃跑。一颗手榴弹扔来，我受了伤，倒在地上。但是，我们的连队，突破了第一道工事，冲进了敌人的第二线阵地……

天亮，部队全部渡过了嘉陵江。我被抬进了医院。心里总惦念着从上游渡江的兄弟部队。

一天，陈指导员打剑阁负伤下来，我们谈到那晚上渡江战斗，我说："上游的那支部队，不知道伤亡了多少人！"

陈指导员笑着摇摇头说："你还不知道呢，那晚上打下来的木筏，上边没有人！"

"怎么，难道说是假的？"我不由得一惊。

"对！那是上级安排的'草船借箭'计，木筏上全是草人！"陈指导员说着，又哈哈笑起来。

我这才恍然大悟：好一个锦囊妙计！真把敌人弄昏头了。多亏了这一计，要不，我们真不知道要伤亡多少同志呢！

选自中国人民解放军三十年编辑部编：《中国人民解放军三十年初选稿》第一卷第三辑（一），第13—14页。

李世春，红军长征时为红四方面军第三十一军第九十三师二七四团一营二连副连长。

塔子山头的回忆

高志荣

6 月的川北，到处郁郁葱葱。我沿着当年长征时走过的路线，兴致勃勃地登上苍溪城南的塔子山头。举目眺望，秧田齐整，竹林片片，村舍幢幢；山脚下，嘉陵江像一条玉带蜿蜒伸向远方，江阔水深，奔流不息。足踏着这熟悉的泥土，我周身的热血在沸腾，翻涌的思绪一下子把我带回到几十年前的往事中去……

一

1935 年 1 月，红四方面军粉碎了四川军阀刘湘等的围攻后，正积极准备迎击蒋介石组织的“川陕会剿”。这时，遵义会议开过不久，红一方面军在以毛泽东为代表的新的中央的领导下，从遵义出发，向赤水挺进。蒋介石十分惊恐，他怕红一方面军与红四方面军会合，形成更加难以阻挡的洪流。所以，急忙纠集各路军阀，拼凑了 150 多个团，从四面八方向红军合围，妄图把红军消灭在川、黔、滇交界地区。

1935 年 1 月 22 日，中央电示红四方面军：集中主力西渡嘉陵江，拖住川军，配合红一方面军北上。

消息传开，川陕边区军民无不欢欣鼓舞，一个个兴高采烈，盼望这一天早日到来。“打过嘉陵江，迎接中央红军！”成为各部队的战斗口号。

渡江，关键要有船。可一下子上哪弄那么多船？造！没有船厂，没有船坞，没有工人，也没有工具和材料，谈何容易？为这事，方面军总指挥部费尽了心思：选造船点，抽调人员，筹集物资……造船地点最后定在离塔子山30余里的王渡场。这里距离主渡口40余里，中间隔着一座云峰山，山高林深，浓荫掩映。正是：背靠复平梁，面朝响水滩，红军造船厂，藏在密林间。

说是造船厂，其实简陋得很，一切全是白手起家：工棚是用篾席和树枝搭起来的，老船工们背着工具、干粮，从大巴山下，渠江两岸，跋山涉水，昼夜兼程赶来，沿江群众为船厂送来了大量的废旧铁器，还把自己点灯用的、油漆嫁妆的桐油送来，群众从几百里外送来柏木、黄连木这些造船的上等木材。王渡场一带的乡亲，饱受军阀的剥削和压迫，早就盼望着红军为他们报仇雪恨。当听说红军要造船渡江打敌人，纷纷报名参加，要求为红军造船出把力。

苏维埃政府指派老船工李在安负责船厂工作。这个工厂没有高大的烟囱，没有机器马达的轰鸣，有的只是铁器撞击、砍削截锯树木的声响，以及工人们劳动的号子声。余天云军长、木工出身的李先念政委还亲临造船工地，和工人们一起干活，了解生产的进度和困难，作政治动员。没有造船图纸，工人们就群策群力，集思广益。一条条长达一丈四尺、适应强攻渡江的“五板子船”，在这工棚的油灯下制造出来了。

3月25日，我们把已经造好的木船翻过来，在船底涂一层锅烟。当天，同时抬出三架竹筏，在通往王渡场的江面上架起了浮桥。第二天下午，70只木船由红军战士抬过了东河。接着就沿着刚抢修好的通往塔子山的小路前进。每条船，固定一个班负责。抬时船底朝天，上面有树枝、竹叶、茅草伪装，远远望去就像一座座长着树木草丛的土包。抬船的队伍翻过大河坝，穿过龙洞沟，登上500米高的云峰渡口，又从烟峰楼直下罗家沟，经九湾子到太阳洞，直奔塔子山背后的太阳村。27

日深夜，70 只木船全部按时运到目的地。

在造船的同时，我们三十军八十八师二六三团准备渡江的勇士们，也在练习划船、泅水、登岸的战术动作。训练场设在王渡场、老观场附近的蔡家河上。这里是个约有一公里长的湾湾潭子，水深五米左右，最深处有一二十米，潭子的一面是大片的鹅卵石沙滩，一面紧贴着杨家崖和老鸦崖这片绿色的屏障。我们先遣营就住在两崖之间的蔡家院子等村庄里，既隐蔽又方便，非常适合训练。

我们请沿江一带有名的老水手当“教练”。第一步,每个人先学上、下船，然后学习划船和船被打坏时的修复、堵漏技术。训练由简到繁，由易到难；从偷渡和强攻的突击动作，到抢滩登岸；从巩固滩头阵地，到扩大登陆场的演习。一切都按渡江的实战要求进行。为了防止敌机的侦察,我们白天把船隐蔽在江边的竹林里,利用一早一晚紧张进行训练。

训练遇到困难的时候，军、师、团首长总会来到我们中间，给大家鼓劲儿。李先念政委经常到训练场，给大家作动员。他说：“先遣营过江后，应像一颗炸雷，在敌人的滩头阵地来个四面开花。”他见大家都笑了，又语重心长地说：同志们，你们是整个方面军的先锋突击营，任务很光荣又很艰巨啊！千万不要忘记了一个月前，40 多位战友的鲜血曾染红这江水的教训。那是在 2 月底，兄弟部队因船只少，准备不足，在鸳溪试渡失败，40 余人全部牺牲。首长的战前动员，激发了部队的练兵热情。大家表示，要克服一切困难，苦练水上杀敌本领，做到旗开得胜，马到成功。

二

嘉陵江的激流，激荡着红军战士的心，像往常一样，等待战斗的日子，总是显得特别长。这一天终于来到了。

3 月中旬的一天，我和营长接到通知，要我们马上到团部去。我俩飞身上马，立即消失在莽莽密林中。来到团部，团长邵烈坤、师政委郑维山正等着我们。团长高兴地说："走，我们一道到前线领受战斗任务！"我和营长一听，高兴得几乎跳起来。

江水滔滔，马蹄声声。不多时，我们便来到塔子山下，把马拴在树上，顺着羊肠小路往上攀登。阵阵凉风吹来，顿觉格外清爽。登上山顶，来到一片树林里，我们一眼就看见徐向前总指挥和李先念政委站在那里。营长和我异口同声地说：好！又有大仗打了！这是我们的经验。因为每次碰上硬仗、恶仗，首长们总是亲临前线指挥。徐总指挥和李政委见我们来了，亲切地上前同我们打招呼。徐总指挥问我们："你们准备得怎样了？"营长立即回答："水上练兵，渡江演习，人员配备都搞好了，部队正在进一步熟练技术。"我也忙补充道："战士的情绪好，都盼着能早日渡江。"徐总指挥满意地对李政委笑了笑，高兴地说："不要心急，我们马上就要打过江去，要让同志们有思想准备，过了江还有大仗打呢！"我和营长听了徐总指挥的话，笑得合不拢嘴。接着，徐总指挥向我们宣布命令："总部正式命令，强渡嘉陵江的先遣部队由你们担任。"李政委用激将法问道："作为方面军的重要突击队，你们三营行不行？如果不行，我就换别的营来担任。"我和营长一听，急坏了，忙向首长表示："请首长放心，我们三营保证完成任务！"李政委见我们非常坚决，十分高兴："好嘛！我相信你们能完成这一重任。"

徐总指挥又详细了解了部队的训练情况，对我们说："我们总部的几个同志跑了几百里路，认为塔子山下是比较理想的渡口，今天请你们来实地受领任务和看看地形，你们要反复看清楚，这很重要。"李政委挥手向我们说："请你们到前面来看看。"大家拨开树枝，朝他指的方向看去，敌人防守的西岸，一目了然。军首长像面对地图和沙盘一样，指着河对岸说：敌人前沿设了三道防线，两个连把守河滩，一个连守蚕丝观，一个营守赵家山。他们虽然修筑了防御工事，但兵力不足，这里是敌人的薄弱点。接着首长又指向左侧的疮婆婆庙说：我们的主渡口就选在这个庙下面，这里叫石家坝。接着，李先念政委将总部的作战意图，渡江部署，一一向我们作了具体介绍。我们听了非常兴奋。遵照上级的指示，我们在塔子山召集连排干部，用一周时间详细察看地形、观察敌情，反复研究和制订渡江、登滩的实施方案，还多次召开党团骨干、班排活动分子和全体军人大会，进行思想发动工作。李先念政委亲自作政治动员，他说：党中央在遵义召开了扩大的政治局会议，革命形势发展得很快、很好。我们要突破嘉陵江，向西南靠拢，尽快与中央红军会合。他还反复指出我们三营的重要作用，语重心长地叮嘱我们：你们成功与否关系整个方面军的渡江作战。一再提醒我们：你们不要轻敌呀，要预防万一。首长的教导，提高了各级干部的思想认识，使我们上下拧成一股劲儿，为渡江作好了充分的准备。

三

渡江前夕，战士们隐蔽在草丛或灌木丛中，一次又一次地检查自己的武器弹药，千百颗急跳的心在等待着渡江的号令。

3 月 28 日晚 9 时许，江面上弥漫着一片薄薄的轻雾。这时，前线指挥部发出了“急袭渡江”的命令。我们二六三团先遣营首先行动，以熟练的动作，把埋伏好的几十条木船抬到岸边，轻轻推入江中。第一批突击队员用瓢代桨，向对岸划去。夜来风起，浪涛哗哗作响，像是在有意掩护红军的行动。当船划到离对岸五六十米时，敌人发觉了。随即枪炮声大作，炮弹在江心爆炸，激起高大的水柱。先头部队毫不畏惧，猛虎似的扑上岸，一阵猛烈扫射，先干掉了敌人的排哨，然后冲向敌二、三道防线，同时向我指挥部发出了先遣部队已胜利登岸的信号。设置在塔子山上的火炮、机枪，立即向敌前沿阵地实施猛烈轰击。只见一颗颗炮弹，像长了眼睛似的，准确地在敌群中开花。敌人乱作一团，争相逃命。在我炮火的掩护下，我先遣营全部登岸，团主力和后续部队紧接着过了江，击退了敌人的两翼夹击，一举抢占了蚕丝观制高点，控制了胡家场一带的登陆场。

3 月 29 日凌晨，我八十八师二梯队的两个团和后续部队也陆续过江投入战斗。敌人见势不妙，边打边退，妄图死守赵家场据点。因该据点既是敌人旅、团指挥所的咽喉，又是夺取几个制高点的必经之路。从蚕丝观到赵家场，隔着一条山梁子，敌我双方在这条梁子上激战，反复拼杀。我先头部队迂回敌后，两路夹攻，歼灭了守敌，攻占了赵家山、杨家坝，捣毁了敌人的团部、旅部。我军乘胜追击，又拿下了高沉山、飞虎山、明阳寺等制高点，击溃了敌总预备队增援的一个旅，敌人在西岸构筑的最后防线被我彻底摧垮。我三十一军也从苍溪上游的石落锅渡口强渡成功。登岸后，在剑阁县合林地区与敌人的一个旅激战，攻占了敌险要阵地火烧寺，沉重打击了川军。我九军从阆中城北渡江后，兵分两路：一路协助三十军向北进攻，一路向阆中县城迂回。过江的红军夺回被敌人扣留的大批船只，在沿江群众的支持下，很快就在苍溪城附近的谢家渡一带，搭起了三座浮桥，保证了大部队的通过。尽管敌机分批来轰炸，但他们的投弹技术太不高明，始终炸不到我们。

红军的三路突击，犹如风卷残云。国民党军阀苦心经营了几个月的所谓 600 里江防，一夜之间就被我军突破了。红军势如破竹，一天就向纵深挺进 70 里。军阀邓锡侯、田颂尧气得发“疯”，蒋介石听说川军一败如水，骂他们草包无能。沿江群众嘲讽川军是“豆腐江防”，赞誉红军是不可战胜的“铁军”。

4 月 2 日，三十一军按计划从正面对剑门关守敌展开猛攻，吸引住守敌。我们三十军出其不意地绕到敌后，突然袭击，夺取了北山主峰。这样，既可以对剑门关之敌形成包围，又可以居高临下从敌的背后攻击。整整一天，战斗十分激烈。敌人顽固坚守，妄图垂死挣扎。我们步步紧逼，绝不给敌人喘息的机会。我们同兄弟部队一直冲杀到剑门关前，最后同顽固的敌人展开了肉搏，终于夺下了所谓“插翅难飞渡”的剑门关，打开了红军西进的右翼屏障。

大军挺进，捷报频传。3 月 31 日，红九军攻占阆中城；同一天，中路三十军及九军的一部从东青向西，攻占剑阁。4 月 2 日，九军左翼在四军配合下，攻占南部城，全歼守敌三个团。

强渡嘉陵江战役历时八天，歼敌八个团一个营，攻克了阆中、南部、剑阁、昭化四座县城，控制了 400 华里的沿江地区，挫败了敌人的“会剿”计划，为西进后的下一战役创造了有利条件。

塔子山巍然屹立，嘉陵江滚滚东流。虽然 51 个春秋过去了，但是，这一段峥嵘岁月将永远、永远地光耀史册。

选自成都军区党史资料征集委员会编:《红军长征回忆与研究》, 云南人民出版社1986年12月第1版, 第40—46页。

高志荣，1914 年生，湖北麻城人。1930 年参加中国工农红军。1932 年参加中国共产主义青年团，1933 年转入中国共产党。红军长征时任红四方面军第三十一军特务营政治委员(一说政治教导员)。新中国成立后，曾任华东军区防空司令部政治委员，海军舟山基地司令员，华东军区海军副司令员，东海舰队副司令员、顾问等职。1955 年被授予少将军衔。1984 年在上海逝世。

攻克剑门关

陈康

我听到徐向前同志为剑门关纪念碑题写碑文的消息，内心顿时产生了一种异常激动和兴奋的感情。当年，徐向前总指挥和王树声副总指挥率领红四方面军，西渡嘉陵江，进抵松潘、平武和青川一带，接应中央红军由贵州入川，实现红军两大主力在川西北懋功胜利会师。这在红军发展史上，有着重大的意义。

红四方面军过了嘉陵江，碰到的最大障碍就是川西北要道的隘口剑门关。我们九十三师二七四团二营，受命攻打剑门关主峰。如今回忆起剑门关这一战，依然历历在目。

1935 年 3 月 28 日深夜，嘉陵江东岸一片宁静，初春的微风，送来油菜花的阵阵清香。我们隐蔽在山沟里和松林间，望着滚滚奔流的江水，等待渡江命令。

这已经是第二次强渡嘉陵江了。

嘉陵江，是四川省的四大河流之一。江阔水深，奔流湍急。川陕根据地在嘉陵江以东，剑门关在嘉陵江以西。根据徐向前总指挥提出的作战方案，我们三十一军要从南面攻打剑门关，渡江地点也必须选在剑门关以南。第一次渡江是在 3 月初。我营四连是先头部队，在副营长带领下，乘着自制的木筏和小船，在湍急奔流的江面上冲向西岸。当大家暗自拍手高兴的时候，返回到江心的船只，被敌人发现了，轻重机枪一起扫来，船上的艄公多被打死打伤，船在漩涡中打了几个转，就顺水漂走了。

这次渡江失利，让敌人发觉了我军要从剑门关以南渡江往北攻关的战略意图。迅即增调川军刘汉雄部，于剑阁县沿线抢修工事，加强设防。这给我军再次从南面渡江带来了新的困难。但这一点也没有动摇徐总的决心。他重新组织力量，察看地形，赶造船只，操练水兵，并由王树声副总指挥亲自率领先头部队，从苍溪的鸳溪口二次渡江。

29日拂晓，终于传来了王树声副总指挥的渡江命令。我们乘坐的竹筏和小船，像离了弦的箭，在炮火掩护下，直发对岸。渡过嘉陵江，即在剑阁县火烧寺（现合林公社）一举把守敌刘汉雄部一个旅给击溃了，并俘敌400余人，然后，火速直插剑门关。这就把敌人由绵阳、剑阁、昭化和广元之间的沿江防线拦腰斩断。

敌人的如意算盘是这样拨的：以剑门关为中心来看嘉陵江，北面江宽，水流也稍显得缓和平稳，在枯水季节，有些地段，可用就便器材渡过；南面水深流急，长年浪涛汹涌，非船不能渡。他们料定，红军没有渡江船只，第一次偷渡又遭失利，川军又加强了沿江的防御工事，红军不可能再从南面渡江向北攻关了。同时，敌人又来个“将计就计”，把沿江大小船只全部没收或毁坏，逼着我军从北面渡江。这样川军就组织面北防御，把住剑门关，胡宗南部队又在剑门关北70里外的广元一线面南设防，置我军在剑门关与广元之间的狭小地带，然后实施两面夹击，消灭我军。

在剑门关组织面北防御的是川军邓锡侯，他令其宪兵司令刁文俊，亲自率领四个团防守。一个团压剑门关东侧沙坝河和红岩寺一线，远可瞰制我军根据地，近可作关口守兵后盾；一个团压关南20公里外的汉阳铺一线，向北可防我军破关南进，向南威慑我军渡江北攻；“精锐”嫡系杨倬云团，驻扎关上，负“把门将军”之重任。另一个团作为预备队，若有告急，随时增援。敌人按着他的如意算盘，雄关之上摆下重兵，凿筑大量明碉暗堡，又用十匹骡子驮来四万银元，以作战赏，鼓励官兵，消灭我军于雄关之下。

不料，我军出其不意地又从南面二次渡江，打乱了敌人苦心设计的防御体系。因此，我军突破嘉陵江的消息，守敌迟迟不敢向他的上司报告，想以最快的速度把我军重新逼回江东，演个“掩耳盗铃”的把戏。似乎在嘉陵江上从来没响过枪声，以瞒过他的主子。而我军却势如破竹，在苍溪的塔子山、鸳溪口及阆中的涧溪口等地段同时强渡，使敌人顾此失彼，无力招架。守敌见我军渡江已成事实，无法隐瞒过去，才于三日后电告蒋介石和四川“剿总”。

敌人看到依仗嘉陵江堵截红军的企图已经告吹，就重新调整部署，凭借剑门关天险，堵住我军西进。而我军要到川西北和中央红军会师的决心，是不可动摇的；这就在剑门关展开了一场恶战。

我们二七四团二营，是王树声副总指挥直接掌握的预备队，他走到哪儿带到哪儿。我带着全营同志，紧紧跟在王树声同志身后，沿着嘉陵江西岸“云翠廊”上的石板路，疾步前进。随着前面不断传来的密集枪声和稀疏的迫击炮声，我们的脚步越走越快，到后来简直是小跑，在渡江后的第四日，即 4 月 1 日下午，逼近剑门关前。

“剑门天下雄”的谚语，早在四方面军从鄂豫皖进入川陕根据地时就听说过的了。川陕根据地和剑门关只有一江之隔。我们每次登高西望，剑门关雄姿的轮廓，在茫茫云雾中时隐时现。现在，我来到雄关面前，才看清了它的真面目——

站在关外由北往南看，整架山的地势北高南低，七十二峰峰峦绵亘，极像七十二头雄狮面北而卧，日夜警惕地守护着蜀国大门。那高耸入云的峭壁，犹如刀切斧砍一般，是不可逾越的天然屏障，只有一个隘口，悬在几丈深的绝壁中，古称“鸟道天险”。除此之外，便是插翅也难飞过去。关口有座三层门楼，楼上设置瞭望哨，底楼装置有两扇大铁门，在刀矛剑戟时代，若有敌寇闯关，守关兵卒紧闭铁门，便成了“一夫当关，万夫莫开”之势；但得关口一破，就一泻千里，直下成都。因为它地形险要，又是战略要地，所以自秦惠王伐蜀以来，剑门关便成为历代兵家必争之地。

站在关内由南往北看，是起伏的丘陵地，这对于擅长攻坚的红军来说，倒是理想的用武之地。

我看完整个地形，顿时觉得心头开朗：徐总决定从剑门关南面渡江、由南往北攻关的决策，使我军避开了雄关，调动守关敌人由原来的面北防御，变为面南防御；雄关不但起不到阻挡我军的天然屏障的作用，而且挡住了敌人的退路，变为埋葬敌人的坟墓。

我高兴地对营政委说：“看来，强渡嘉陵江和攻打剑门关，是一个完整的作战方案。虽说从南面渡江困难很大，但是，只要一过江，攻打剑门关就容易了。可以这么说，剑门关这一仗，用兵在雄关，要着在渡江。我们出其不意地在关内摆下夹攻阵势，打破历代兵家攻关的先例，恐怕是违背了敌人的心愿的吧！”

“敌人的用兵方法，是跟三国时蜀将姜维学的。敌人扬言，要把雄关作为十万精兵来用，真是蠢材。今天攻关的不是钟会的十万之师，而是智谋高强的红军。这一次算他看错皇历了。”听了营政委的回答，我才知道他多少还懂得点历史典故呢。

攻打剑门关的战斗正在激烈地进行着。

王树声副总指挥，按照原定的作战方案，指挥我军从东、西、南三面包围敌人。兄弟的八十八师一部，从剑阁经汉阳铺和天生桥一带，向东北疾进，沿途横扫拦阻我军前进之敌，在剑门场以西，向守敌猛攻。我三十一军九十一师一部，在剑门场以东，神速切断广元、昭化和沙坝河等地敌军援兵，从东南面的黑山观、风垭子等地猛攻。我九十三师一部，从关口南面的五里坡到梯子岩，直夺关口。

4 月 2 日拂晓，剑门关外围敌人的据点全部扫清。敌人被逼上最后一个主峰阵地。我军把敌人围了起来。

为了不给敌人喘息的机会，攻打剑门关的各部队，不顾几天来的奔袭、苦战和饥饿，向主峰守敌发起攻击。

临近 11 点多钟，天空乌云由淡变浓，毛毛细雨越下越大，地上的水顺着山沟往下淌。我们的攻击部队，在迫击炮和轻重机枪的掩护下，又一次向主峰发起攻势。眼看快要完蛋的敌人，把集中在主峰上的火力，不歇气地向我攻击部队倾泻。由于我们的迫击炮打得不准，压制不住敌人的火力，使得攻击部队一次又一次被迫退下来。

突然，山谷中出现了喊杀声。敌人在炮火掩护下，企图夺回失掉的阵地。我见王树声副总指挥一边用望远镜看，一边说："'棒老二'还想反扑！"他命令团部司号长说："告诉炮兵连长，给炮弹安上眼睛，往敌人集团工事里打。"司号长是个胆子大的人，他在阵地上跑来跑去，一点也不害怕，他好像是用自己的行动来鼓励大家把主峰阵地拿下来。

我那时才 20 多岁，又是个急性子人，一听到枪声，就想往上冲；又看到兄弟部队失利，急得直跺脚，恨不得冲上去，一口把敌人吞掉。我捋起了袖子，右手按着插在腰间的手枪，眼巴巴地等着王树声副总指挥下命令。

战士们比我还急。渡江前，我们进行了政治动员，当大家知道这次西征是要和中央红军会师，高兴得又是蹦又是跳，求战情绪很高。我们四方面军，从鄂豫皖到川陕，长期单独作战，敌人总是欺我力量小，动不动就要"围剿"，这次和中央红军会师，两支力量会合在一起，对中国革命将发生重大作用。所以同志们表示："就是赤手空拳，用拳头砸，也要砸开剑门关，迎接中央红军！""打好剑门关这一仗，向党中央报捷！"我们把打下剑门关，作为迎接中央红军的见面礼。

王树声副总指挥，用望远镜正聚精会神地在观察战场情况，丝毫没有察觉到我焦急的心情和准备攻击的动作。

"又退下来了，搞么事！"这是我一个湖北同乡口音的战士在埋怨，他瞪起眼睛，望着攻击部队，急得要跳起来了。

“龟儿，等老子上来砍你脑壳！”一个四川口音的战士，发狠地咒骂起来。

这时候，我听到陈友寿师长和叶成焕政委在一旁议论：“部队经过长途奔袭，又苦战了一天一夜，应该调换一下了。”

“把敌人消耗得差不多了，现在到了较量后劲的时候，该投入后备力量解决战斗。”

“对，是放老虎出笼的时候了。”

我估想这一下该上去干了，就给营政委递个眼色，一同向王树声副总指挥表态：“请首长下命令吧，我们保证把主峰阵地拿下来。”

王树声副总指挥没吱声，他仍然用望远镜在敌人主峰阵地上搜索着什么。

“难道他不理解我的心情吗？不，绝对不是！”我问着自己，又自己回答自己。

王树声副总指挥是非常理解我们的心情的，是极为信任二营全体同志的。这支部队，是他在鄂豫皖亲自带出来的。多年来，他以自己的英勇和智慧，把部队培养出擅长攻坚和夜摸的战斗作风。他很喜欢这支部队，总是把最艰巨的任务交由它来完成。1934 年，在反六路围攻最紧张的时刻，我们二营趁一个漆黑之夜摸上青龙观，消灭了敌人一个旅，突破了敌人的核心阵地，给全军大反攻创造了有利条件。四方面军总部，曾奖给我们一面“夜袭常胜军”的锦旗。1935 年初，我军初次和胡宗南部队交手，总指挥部决定先来一次试探性进攻，摸个底细。任务又交给了二营。我带领全营同志，在剑门关以北的广元地段，迎着刺骨的寒风，蹚过水深没胸的嘉陵江，攻打乌龙堡，完成任务后，又蹚水回到根据地……

我深情地看了看我所熟悉的老首长。怀着崇敬的心情，用恳切的声调说：“是时候了，让我们攻击吧！”

“你们做好准备，听候我的命令。”我深知，王树声副总指挥有他自己的用兵习惯和方法，他对自己手中掌握的预备队，不用则已，要用就用在关键时刻，用就要解决问题。

王树声副总指挥放下望远镜，喊了声传令兵："快通知炮兵连，把炮弹往敌人集团工事里打。"又转过脸对我说："陈五和同志（我当时的名字）我命令你们二营向敌人主峰阵地发起冲锋！"

我早就等得心急火燎似的，恨不得一步跨上主峰，几乎是在王副总指挥下达命令的同时，我就拔出了手枪，他话音刚落，我就喊了声："跟我来！"五连、六连紧紧跟在我的身后，迎着毛毛细雨，像猛虎扑食一般往上冲；四连因为在第一次渡江时损失较大，所以改作营的预备队跟进。

敌人发现我们预备队加入了战斗，就集中所有的火力向我营射击。突然，我觉得左背热辣辣的，用右手一摸，黏糊糊的一片血。

"营长，你负伤了！"卫生员跑过来为我包扎，还怕我昏倒，赶忙用手来扶我。

"我没事，快去招呼其他同志。"正说话间，前面几个同志倒下了，接着，又是几个同志倒下了；我们被压在一个土坎下抬不起头来。

这时我才发现，自从我们第一次渡江失利，副营长牺牲，我就下了为战友报仇的决心，眼前又看到攻击部队不断失利，急得我想一脚登上主峰，把敌人全干掉。由于我消灭敌人心切，一接到攻击命令，没注意战斗队形，就带着往上冲，结果兵力火器展不开，有力用不上。

第一次攻击失利了。

我照自己头上打了一巴掌，狠狠地跺了一下脚，责备自己是搞么事的！

"现在要怎么办呢？"我默默地想着。因为我知道，打开剑门关和中央红军会师，是四方面军广大指战员的心愿；剑门关打不开，我们就不能和中央红军会合；一个方面军的副总指挥，亲自指挥一个营作战，这说明剑门关一战的重要性；王树声副总指挥此时此刻使用预备队的用意……我们是非打下剑门关不可的。我和营政委简单商量之后，利用土坎作掩护，重新组织战斗队形，研究了冲锋道路和火力掩护问题。我叫营连打旗兵把红旗抖开，司号兵和各支援火器，都静候我的命令。

“把炮兵连长叫来。”王树声副总指挥有点生气地对传令兵说。

说是炮兵，其实只不过是几门迫击炮而已。

“敌人已经集中在主峰阵地上，那是一个集团工事，”他用手指给炮兵连长看，说，“我命令你每三发炮弹必须有一发准确地落在敌人工事里，压制住敌人的火力，掩护二营再次发起冲锋。”

“刚才，我们炮打得不准，部队没冲上去，我有责任。”炮兵连长有点自愧地说，猛然又用保证的口气回答王副总指挥：“这一次我亲自上去打，请首长放心！”他一溜烟地跑回了炮兵阵地。

哒哒哒，哒哒哒，敌人一股劲地在射击，子弹“噼噼啪啪”地打得土石飞迸。

我气得骂道：“你小子真不识时务。刚才是老子们步炮协同不好，部队没有很好地展开，让你讨了便宜，现在别再做梦了！”我和营政委细致地检查着部队的准备工作。

“司号兵，吹冲锋号！”我的命令一下，营连号声次第而响，连排长的指挥旗和打旗兵的红旗，也随之展开，轻重机枪也哒哒哒地吼叫起来，支援的迫击炮，也按照预定的联络信号开火了，一发又一发的炮弹，咚咚咚地落在敌人主峰上的集团工事里，战士们端着刺刀，高喊杀声，直冲敌阵。只见漫山遍野红旗招展，军号齐鸣，战马长嘶，夹杂着惊心动魄的枪声，犹如山倾海翻，震天动地。

我们的营政委，每次打仗总要冲在最前面。刚才冲锋号一响，他马上跃起身直往前冲。就在这一刹那间，他胸部连中数弹，身子晃了几晃，只见他在倒下去之前，还颤颤巍巍地撑持着身子，将手中的手榴弹扔向敌人阵地里。

我们营政委姓鲍，才十七八岁，长得矮胖、敦实、精干，干起活来从不知道累，大家诙谐地管他叫“包谷米”。就是说他不仅长得像它，也是人们生命所不可缺少的。他做思想政治工作，总是那么深入细致，打仗时又总是冲在前面。过嘉陵江之前，他每次给部队作政治动员总少不了这几句话：咱们这次西征，是要回到党中央的身边，在党中央的直接领导和指挥下，把日本侵略者赶出中国去。战斗发起前，他总是给大家说：什么雄关不雄关，在二七四团二营面前，没有什么“关”。看到兄弟部队攻不上去，急得他前窜后跑，一会儿到前面看看，一会儿来向全营同志报告战况，一会儿检查部队的准备工作，一会儿又来跟我商量怎么打法……我们在战斗中结下了深厚友情。他的牺牲，更激起我无限的仇恨。

“刁文俊你个王八蛋，你要落到我手里，非把你剁成肉酱不可！”

我把对敌人的仇恨化为力量，向部队作几句简短的动员：“同志们，只要拿下主峰，剑门关就破了。”我接着高喊：“同志们，冲啊！”

我们全营同志，立即跃出隐蔽地，端着刺刀，以泰山压顶之势，似雷霆万钧之力，沿着选择好的冲锋道路，一鼓作气冲上山顶。手榴弹的白烟，立刻汇成一片浮云，在敌人阵地上升起。溃退的敌人，一群一群放羊似的乱跑乱窜。

敌人越跑越多，东一群，西一群，像蚂蚁倾巢一样，我也被这意外的情况弄怔了。

“怎么搞的，敌人越跑越多！”一个念头从我脑海里闪过：“该不是情况有变化了吧？”

为了防止意外，我要全营同志紧紧“咬”住敌人，穷追猛打，拼命往敌人阵地上冲。等我到敌人阵地上一看，原来主峰上是一个营的集团工事，另一个营隐蔽在松树林里作预备队。由于我营攻击太猛太快，敌人来不及使用预备队反扑，两个营就一齐溃退，漫山尽是人了。

敌军团长杨倬云在部署兵力时，曾向守关人员下达命令：凡见溃兵就枪毙。当败兵逃回关上时，守关人以“临阵潜逃”论处，开枪射击，威逼士兵回过头来和我军硬拼。

残敌前进不得，后退不能，被压在一个不到300米长的槽沟里，逼成挨打的缩头乌龟。我们营居高临下，几百颗手榴弹一齐往下扔，槽子里人山人海，浓烟滚滚，像熬一锅烂稀粥似的。

杨倬云见形势不妙，赶急命令营长廖玉章抬出银元，每个士兵发给三元拼命奖。廖营长没发几个人，就腰部中弹，由两个士兵夹持着，走了几步就倒地毙命了。

杨倬云见阵地已丢，营长中弹身亡，就策马往关上逃。猛抬头一看，关上已经红旗高插，风吹得红旗“呼啦啦”的飘着。吓得不知所措。他哪晓得，就在我营血战关槽子残敌时，兄弟部队一个连迅猛从西侧插入，夺了关口，堵死退路，他只好带着几名心腹随从逃往营盘嘴。但后面我军紧紧追赶，前面又是数十丈深的悬崖峭壁，使他陷入了上天无路，入地无门的绝境，无可奈何地跳下了悬崖……可怜这位胖矮个子团长，竟一命呜呼哀哉！

4月2日黄昏，剑门关战斗胜利结束，全歼守敌四个团。

雨后的剑门关，又经过战斗的洗礼，那高大的松柏树，显得更加青翠碧绿；盛开的杜鹃花，映红了大小剑峰，照得红军战士的脸上，像飞起了红云一般。面北而卧的72头雄狮似的山峰，现在都躺在我们的脚下。硝烟味虽然还没有散尽，但大地却显得那样宁静，那样美丽。我当然喜爱这里的美景，但是，更高兴的是我们终于打开了剑门关，为我们红军会师冲开了道路。

剑门关战斗结束不久，我就被调任为副团长。二营却仍然经常作为王树声副总指挥直接掌握的预备队，出雄关，奔江油，翻山渡水，斩关夺隘，迅速向西进……

剑门关攻克以后，扩大和巩固了嘉陵江沿岸阵地，扫除了西征途中一大障碍。

我军走后月余，川军在营盘嘴一带曾用绳索在悬崖上找出几具尸体。杨倬云的小老婆，从一双花袜底和一个丝裤带上，辨出杨的尸体，才抬回老家彭县安埋。

刁文俊为给守关丧命的“棒老二”超度亡魂，在姜公祠附近建立一座“白骨塔”，解放后被群众拆除。

解放初期，当地群众还在万丈崖下拾到昔日守关川军的机枪残骸。

剑阁人民为悼念攻打剑门关而牺牲的红军战士，在关口附近修了一座红军墓，如今墓地上已是芳草青青，松柏苍苍！

剑阁人民政府，为感念红军的英勇精神，在关口修起一座庄严的纪念碑，徐向前同志特地为纪念碑题写了“红军攻克剑门关纪念碑”的碑文，以传之后世，永远不忘。

选自《艰苦的历程：中国工农红军第四方面军回忆录选辑》下册，人民出版社1984年12月第1版，第26—37页。

陈康，1911 年生，湖北广济（今武穴）人。1930 年参加中国工农红军，1931 年加入中国共产党。红军长征时任红四方面军第三十一军第九十三师副团长，第九军第二十五师副团长、第二十七师团长，第三十一军第九十一师团长。新中国成立后，曾任解放军第十三军军长，昆明军区副司令员、代司令员，中共云南省委书记，兰州军区副司令员，中共中央委员等职。1955 年被授予中将军衔。2002 年在北京逝世。

攻占剑门关

屈兴栋

红四方面军三十一军，自苍溪强渡嘉陵江之后，就以快速的行军直奔剑门关。

部队正在前进，前面响起了激烈的枪声。陈友寿师长跨上马，飞跑前去。我们在路上休息待命。队长说:“前面就是剑门关了。常言说，打破剑门关，好比得四川，这可是一道天险啊！”

“有多高？”不知谁在问。

“嘿，从顶上丢下一块石头，抽完一袋烟才能落地呢！”

“听说，上面还有诸葛亮六出祁山时修的栈道呢！”

我们这些当通信兵的，常在首长身边转，把听来的一些话，添油加醋地相互传说着。

过后才知道，这些形容一点也不假。剑门关确实是个天险。它是横跨川北剑阁、昭化（今广元县）南北之间的一支大山脉隘口，行经川陕的古道，号称成都的大门。三国时代蜀、魏交战，这里是诸葛亮六出祁山的总后方。整架山的地势北高南低，山岭绵亘，像波涛一般。北面峭壁高耸入云，在横亘东西山脉的腰间，像切豆腐一样，山北砍了那么一条峡沟。由北往南，只有一条人行道穿过主峰。道路在几丈深的峭壁当中。四川军阀邓锡侯的混成旅及刁文俊等部，约六个团，把守此地，企图阻止我军西进。

当我们奉命到达主峰下师指挥所后，王树声副总指挥正跟师长、政委研究部署。山上，敌人轻重机枪不分点地响着。

11 点多钟，我军向主峰的东部各山头发起了总攻。九十三师三个团，九十一师一个团投入战斗。经过一番争夺战，把敌人逼向主峰。

“传令兵，快去通知二七四团，准备向主峰发动总攻。”师长忽地从地上站起，向我们命令着。

命令传下不久，二七四团将攻坚常胜的第二营调上去，在迫击炮、轻重机枪的掩护下，向主峰发动了攻势。

主峰上的敌人，一时显得特别活跃，集中所有的火力，向我攻击部队射击。二七四团的同志们，不顾一切，前仆后继地向上攻。突然，山谷中一阵喊杀声，王树声副总指挥一面用望远镜看，一面向师长说：“糟糕，敌人反扑了。”他又命令传令兵：“快，跑步告诉九十一师，要他们立刻援助。”

陈师长着急地望望炮兵连的阵地，向我说：“快去，叫迫击炮快打，往敌人鸡蛋形工事里打！”我刚要跑去，只听师长高兴地叫着：“好，好，上去了！”这时只见二七四团的同志们冲上了主峰。……

我去迫击炮连回来，主峰上平静了。原来，二七四团二营攻上去又被打下来了。

攻击失利了，师首长照例要到前面去察看。我们几个人跟陈师长来到了二七四团指挥所。

师长向二七四团团长问明了伤亡的情况，说：“你们重新组织一下，准备第二次攻击。二营的伤亡太大，是否把他们换下去？”

这时，二营营长陈康就站在旁边。他只有 20 来岁，听说要换他们下去，他很不服气，但当着师长，又不好说什么，只是像孩子似的，要求团长：“我们虽然伤亡较多，攻击力量还有。”他看看师长没加反对，就大着胆说：“再让我们攻三次也不成问题。敌人就是铁罗汉，铜金刚，我们也要把它打碎！”

师长望着他微微一笑，说:“你这个小营长，真有一股硬劲。好吧，叫你们攻。可是不能硬拼，要动脑筋！”

团长听了师长这句话，又把第二次主攻任务交给了二营。

陈师长带着我们，绕过两个小山头，来到了第一次攻击失利的第五连。在师长跟五连干部谈话的工夫，我抽空跑到班里找吴永兴去了。

吴永兴，是我的老乡，参加红军以前，我们两个人是放牛的朋友，入伍以后，又在一个团。自从我调师部通信队，就没见到过他。今天，五连伤亡很大，他怎么样呢？

“你怎么来啦？”吴永兴突然抓住我的手，摇了几下。我看他活着，心里很高兴。两个人坐在地上，谈起来。

“你跟我们一块参加主攻吧！”他兴致勃勃地说。

我自从调到师部，捞不着打仗，心里憋着一口气，向他说：“我没那个福分，别说打仗，连枪瘾都捞不着过。现在成了个枪架子！”

“别发牢骚咗！”他轻轻拉了我一把，说：“走，我领你到前边过枪瘾去！”

我连忙向他摆摆手，暗示师长在跟连的干部谈话，不能去。

“同志，”他拍拍我的肩膀说，“你年纪小，个子这么矮，在战斗连队不行啊！像刚才那阵拼刺刀，敌人一个耳光，就完你的戏了。”

我问他：“你今天干倒了几个？”

“刺死一个，刺伤俩。”他说着指指身上的血迹，像是证明他不是吹牛。这些我早看见了。他们全连，每个人的衣服，不是给刺刀穿破了洞，就是同敌人厮打时弄得稀烂。吴永兴告诉我，这次他们连牺牲了十几个同志，其他几乎每人都多少带了点伤。有的是被敌人刺的，有的是从山上滚下来摔伤的。说着，他捋起袖子:“你看，我刺倒一个家伙后，没来得及闪身，被另一个家伙刺了一道口子。当时也顾不得疼了，一转身，对那家伙刺了去。刚把刺刀拔出来，嘿！后边又上来两个。我看势不妙，急忙侧身退了两步，正好‘大个’跳过来解了围。”

他说到这里，指指旁边那个同志。他叫什么名字，我不知道，吴永兴叫他“大个”，我也这样称呼他。他身上的衣服稀烂，正拿石头敲着拼弯了的刺刀。我问他：

“你干倒了几个？”

他伸出满手——五个！我心里十分敬佩，便问他：“你的衣服是被刺破的？”

他摇摇头说：“不，是从山上滚下来擦破的。”

“幸亏我们的‘大个’。”吴永兴又称赞说，“要不是他眼疾手快，‘小孩’也完戏了。”

“小孩”，是他们班的一个小同志。吴永兴说，正当“小孩”被一个敌人骑住的时候，大个子跳过去，一下把那家伙刺翻了。

正谈到这里，连部传令兵跑来。大家都问他：“有什么消息？”

“连长要你们准备，马上要攻击了。”传令兵说。

“告诉连长，我们早准备好了！”吴永兴回答。

“我是找你们排长，”传令兵说，“你们说准备好了，顶个屁事？”

传令兵把吴永兴说得无话可答。旁边一个同志说：“我们给你当个副传令兵还不够格吗？”

“去你的吧！”传令兵跑走了。

吴永兴他们听说二次攻击，都很高兴。大家都纷纷说，这回非打上去不可，要多刺死几个兔崽子，替班长报仇。

原来，在上次搏斗中，他们班长牺牲了。另外还牺牲了两个同志。讲到班长的牺牲，“大个”把头一摇，惋惜地说：“真可惜，我一步没赶上！”他沉痛地叙述着：当我把“小孩”救下以后，一抬头，看见四五个敌人围着班长转。正要冲上去救班长，脚下有滩血一滑，摔了一跤。只听哇哟一声，班长刺倒了一个敌兵。这时，从班长背后转出一个敌人，一下把班长刺倒了……“大个”说到这里，心里怪难受，他又重复着刚才的话：“只差了一步，没救下班长！……”

副班长见大家为牺牲的班长难过，插嘴说："同志们，今天咱们剩下一个人，也要把剑门关打下，这仇非报不可！"

"看这帮棒老二有几个头！""大个"愤愤地望着山顶，挥了挥他那铁锤似的拳头，像要一拳把剑门关砸开。

"龟孙们就是凭人多！"吴永兴也接着骂道，"屎壳郎再多，它能挡住大车！"

大家立即紧张地准备着二次攻击。有的检查手榴弹的保险针，有的用砂石擦刺刀。"大个"的刺刀敲不直，要求副班长替他换一把。副班长给他换了一把，说："'大个'，你向大家介绍介绍经验，怎么样拼才有利！"

"大个"把手一挥，说："没有什么可以介绍的，重要的是沉着，不要光想抢先，要瞅住龟孙的空子！抓住空子，要快刺，快拔，注意周围的情况。"

我看到同志们劲头大，决心强，心里也很激动。这时突然有人向我说:"小鬼，你还在这里，师长早走了！"听了这话，可吓坏了。糟糕！只顾在这里聊，把事耽误了。要是师长有事找不着我，那可怎么办？想到这里，我赶忙往回跑。

我紧跑慢跑，赶到指挥所，正好师长刚到。我问别的传令兵，师长叫我没有，别人说没叫，这才放了心。可是，同志们不饶我，这个说："我当敌人把你打死哩！"那个说："我当你叫敌人抓去了！"我告诉他们没乱跑，并讲起了五连和敌人拼刺刀的事。同志们不埋怨我了。这个叫我讲，那个要我讲，好像我参加了那场拼刺似的，直讲到师长叫我去传炮兵连长，才算罢了。

迫击炮连连长听说师长叫他去，怯生生地问我：

"师长是不是火了！"

"没有。"

"这次要吃大批评。"他向我说。

“为什么？”

“第一次攻击，我们的炮打得不准，部队没有攻上去，我们也有责任！”但他又像诉苦似的对我说，“小鬼，叫我有什么办法呢？炮弹少，不敢多打，炮手又多数不懂技术，有的连药包都不会加，信管都不会装。打炮的几个人，全是俘虏兵，我又要管装信管，又要管炮的瞄准，有什么办法……”

炮兵连长来到指挥所，师长没批评他，向他交待任务说：“敌人大部都集结到主峰阵地，只要我们攻下主峰，剑门关就破了。”师长略微提高了嗓门严肃地说：“你要时时刻刻想到，摧毁敌人的鸡蛋形工事，我们就会少流许多血，要求你们，这回一定要把炮弹打到敌人工事里！”

炮兵连长紧绷着脸，看来他的心情十分沉重。他向师长表示说：“这一次，我们无论如何要把炮弹打到工事里，再打不中，我……”

“这是技术！”师长打断他的话，“光凭决心是不行的。你要亲自掌握瞄准！”

“是！”连长答了声，跑回去了。

天下开了毛毛雨，清凉的雨水，沙沙地落到身上，但它冲洗不掉我们心头的焦急。号声嘟嘟响着，迫击炮阵地上响了几声，人们都瞪起眼，望着敌人的阵地。糟糕的是，炮弹不是偏左，就是偏右，接连六七发，都没命中目标。陈师长一会把望远镜举起看看敌人阵地，一会看看我方炮兵阵地，只是摇头叹气。看样，他恨不得一步跑到炮阵地，亲自去打炮。素来和蔼的叶成焕政委，这时也发脾气了，他厉声地说：“派个人去问问炮兵连长，他们打的是什么炮！还能打准不！”我们听得出，这是最严重的警告。大家都替炮兵连长捏着一把汗。

我跑到迫击炮阵地，把政委原话告诉了连长。连长把帽子往地上一摔，推开瞄准手，自己干开了。

我跑回指挥所，只见政委焦急地对师长说：“时间不早了，别指望炮吧！”

师长沉默地看看天色，大声地说："号兵，吹攻击号！"

号响了，我军所有的轻重机枪，一齐开了火，冲锋部队冒着密集的枪弹，向主峰冲去。快接近山顶了，敌人用机枪、步枪、手榴弹组成密密的火网，压得主攻部队抬不起头来！

"刁文俊哪！老子捉住你，要剥你的皮！"师长愤愤地骂了一句，然后转身向我们说："再去，告诉炮兵连，限他五发炮弹打中目标！"

传令兵还没跑出三步，轰！轰！轰！一连三发炮弹，在敌人工事里爆炸了。接着又连中数发。

"好，好！"师长大声叫着，"赶快吹号，吹号！……"

激动心弦的号声，震荡着山谷，压倒了枪炮声。冲锋的部队像潮水，涌向山头。手榴弹的白烟，立刻汇集成一片浮云，在敌人阵地上升起。

我们的同志冲上去了！……

一阵厮杀之后，山顶上枪声稀落了，溃退的敌人正向南峰西边乱跑。

王树声副总指挥和陈师长、叶政委都轻松地吁了口气。他们相互望了望，似乎是齐声地说："成功了！"

"告诉炮兵连，"陈师长说，"叫他们原地休息！"

我们怀着难以描摹的心情，踏着突击部队开辟的道路，跟在师首长的后面，向剑门关主峰前进。毛毛雨还下着，担架队忙着往下抬负伤的同志。两个担架员抬着一个牺牲的同志，从我们旁边走过时，师长问："这是谁？"

"四连的一排长。"担架员回答说，"他牺牲后，手里还握着一把砍断了的大刀；他的身边，倒着四五个敌人！"

师长、政委走过去，摸了摸那个同志的手，沉痛地说："抬下去吧！"

我们继续往山上走，走到主峰工事外边，突然看到一个牺牲的同志，两手握着上着刺刀的步枪，插到一个敌人肚子上。看来，是刚刺中敌人，又被背后的敌人偷刺倒的。

陈师长弯下腰，从牺牲的烈士身上摘下一颗手榴弹，装进自己口袋里，然后又领我们向山上走去。师长一路走着，一路向部队发出命令："不给敌人喘息的机会，追！"

九十三师的同志们，在号声和红旗下前进，最后把剩下的500多敌人赶到剑门关的关外，歼灭了。

剑门关上飘起了胜利的红旗。部队集结在剑门场。陈师长来到五连。五连虽然只剩下三十几个人了，但是，他们都用自豪的眼光，迎接着师首长。

"你们伤亡多少同志？"师长握住五连连长的手问。

"50多名。"五连连长回答后，又立刻补充说："但是敌人死在我们手下的，不下300。"

这时，师长把从烈士身上摘下的那颗手榴弹交给五连连长，说："这是你们连一个同志的武器，交给你们，愿你们能用它替倒下的同志报仇！"

五连连长，两手接过那颗手榴弹，激动地望着陈师长。……

选自中国人民解放军战士出版社编：《星火燎原》选编之三，中国人民解放军战士出版社1980年11月第1版，第350—358页。

屈兴栋，1915年生，四川阆中人。1932年加入中国共产主义青年团，1933年参加中国工农红军，1936年由共青团转入中国共产党。红军长征时为红四方面军第三十一军九十三师师部通信兵。新中国成立后，曾任第二野战军教导总队副政治委员，中央军委军事工程学院预科政治委员、院务部政治委员等职。1976年逝世。

剑门关上杀敌人[①]

罗光泽

胜利地渡过嘉陵江之后，大家兴致勃勃，继续向西进军。屡屡被我红军打败的刘文辉、邓锡侯、李家钰等的双枪军（身上有一支步枪还背一支大烟枪），总是不愿认输，像癞皮狗一样不断地捣乱，对我红军进行阻击或尾追，妄图阻挡红军的西进。我们红四方面军的目的是到西康边界一带，寻找敌人统治薄弱的地方，建立新的革命根据地，积蓄力量，等待革命高潮时期到来，再进行反攻，打出去。同时，中央红军进行战略转移已到四川，我们要去迎接万里跋涉北上抗日的中央红军。所以，我们的任务不是为了消灭这一部分敌军，也不是与这帮敌人进行决战，而是尽量甩开敌人，大步前进。可是，敌人却利令智昏，以为我们是退却逃跑，紧追不舍。

有一次，我们二六三团担任全军的后卫警戒。我们三营七连，在一个山头上构筑了简单的防御工事，掩护全军安全地向西挺进。我们一个班伏在掩体里，看着红军战友们一个个雄赳赳地迈着大步，唱着战歌，浑身充满了力量，感到红军一定无敌于天下。大部队过去了，伤病员、医院白衣战士、后勤部队、工厂、学校，全都走过去了，我们准备撤出警戒，去赶队伍。当我们各个班排交互后撤，还有一个班没有动身的时

① 编者对原文个别地方略有修订。

候，尾追我们的敌人就赶上来了。我们立即隐蔽，严密监视敌人动向，准备战斗，可是，敌人并没有向我们进攻，而是沿着北山岗的岗脊，向西疾步走去。这是为什么？敌人的行动引起了我们的警觉。原来狡猾的敌人，看我们留做掩护的连队人少力单，妄图迂回到我后面消灭我们，但又深知我们厉害，不敢贸然轻举妄动，梦想迅即西进，选择有利地形，切断我们的退路，然后围歼。我们也不敢怠慢，马上跳出掩体，踏着南山岗向西飞奔。

南北两条山岗，大致平行地向西绵绵延伸，中间夹着一条深沟，犹如伸直的两臂。北山岗上，虽有慢坡，但地势平缓，弯曲较少，易于行军；而南山岗上，则陡坡起伏，弯弯曲曲，加上岩石荆棘横路，更加难行。地势给我们带来的困难，要求我们必须用加倍的努力，去抢占前面的制高点。大概敌人也是这个意图，因之也在跑步前进。

南北两条山岗，有的地段相距仅约百八十米，互相都能看得清清楚楚，却都顾不得开枪射击，只顾向前飞跑。我们跑啊跑，额头上涌出了热汗。时值 4 月，四川的天气还略有寒意，但我们却浑身上下衣服裤子全被汗水浸透了。跑啊跑，跑得个个都只好张着大嘴喘气，嗓子热辣辣的，像冒烟似的难受。路上偶然遇到泉眼水沟，顾不得停下，有的同志，用瓷缸舀起一缸，边跑边喝。岗上有一户人家，我渴急了，进屋找点水喝。一瓢凉水，咕咕几口就全都灌进肚里，又舀一瓢，刚要再喝，这家的老大娘一把按住水瓢，不让我再喝了。她说：“你们跑得这么急，全身是汗，像刚从水里捞出来，猛地喝凉水太多，要炸肺的，可千万别再喝了。”我谢过老大娘，只好恋恋不舍地放下水瓢，赶紧赶路。有个小同志，实在跑不动了，我们抢过他的步枪，减轻一下他身上的负重，拉着他继续不停地跑。还有一个同志，被树茬挂掉了一只草鞋，还不知道，直到脚被扎得鲜血淋漓，才知道草鞋已经丢了。同志们劝他用裹腿绑带把脚包一包，他说：“哪有那个工夫呀，抢占了制高点就是胜利啊！”他硬是咬着牙和我们一起连续跑了 20 几里地。大家都累得一点劲也没有了，一步一挪地向着山头爬去。若在平常，几步就可以蹿上去了，现在却只好一步一喘气，一步迈半尺，心里急得像火燎，脚却就是挪不动，像有千斤重。尽管如此，我们爬上制高点时，敌人还刚刚接近山脚，他们也疲劳得够呛。我们一阵机枪扫去，除了死去的，都老老实实地瘫在了地上，无力再前进了，也不敢再前进了，眼睁睁地看着我们胜利地撤走了。

不久，军阀李家钰的双枪军又阻挡了我们的去路。这帮大烟鬼在我们的前方构筑了工事，用机枪封锁了道路。为了前进，必须拔掉这个钉子，我们连三排担任了主攻。李家钰的双枪军，对老百姓耀武扬威，欺压勒索，但在我们红军面前，却是无能的绵羊。我们曾经多次较量过，他们是一攻即破一打就垮最没有战斗力的一支川军，我们谁都没有把他们放在眼里。战斗一打响，我们就冒着弹雨，接近了敌人的工事。这时，工事里火舌倾吐，机枪更加狂叫起来。我们卧倒在地，匍匐爬向前去。按照往常的经验，只要几颗手榴弹甩过去，压住他们的机枪火力，他们就会惊慌失措，狼狈逃窜。可是没有料到，这次李家钰下了狠心，要在蒋介石面前露一手，立一功，他下令，只要打退红军，守住阵地，每人赏给大洋 30 块，大烟土五两。重赏之下，这些烟鬼流氓，精神大振，拼死顽抗。我们手榴弹在乌龟壳前面爆炸了，一时间烟雾腾腾，敌人的机枪被压住了，不能吼叫了，趁这有利的瞬间，我们跃身而起，猛冲上去，满以为敌人已闻风而逃，我们将要冲进敌人工事时，却突然从里面居高临下地跳出几十个敌人，个个手执长把大刀，犹如关云长的青龙偃月，向我们猛劈过来。我们毫无防备，措手不及，仓促应战，展开白刃搏斗。他们的长把大刀，长三米左右，我们的刺刀加步枪，没有两米，已经面对面地遭遇上了，机枪、步枪、手榴弹完全失去了作用。面对眼前的紧急情况，我们个个气红了眼，凭着红军的勇敢，忘我地左右砍杀，互相救助，稳准狠地猛烈冲刺，好不容易才把这帮亡命徒击退，惊慌地缩进了他们的乌龟壳。由于我们的麻痹轻敌，吃了大亏，牺牲了两位战士。我们的一班长郑新武同志，身上背了两条子弹袋，交叉地挂在双肩之上，都被敌人的大刀砍成两截，幸亏有子弹垫着，没有受伤。敌人的狡诈，把同志们气得直骂，发誓不消灭这帮龟孙，为死者报仇，决不离开这个阵地。流血的代价使我们认识了轻敌的错误，也更激起了我们对敌人的刻骨仇恨。领导重新部署了战斗，迅速地把这帮烟鬼消灭了，李家钰的重赏，虽给亡命徒们注入了一针强心剂，也没挽救得了他们必然失败的命运。

四川反动军阀并不甘心自己的失败，敌二十八军宪兵司令刁文俊又部署重兵在剑阁县境一带，修筑工事，凭险拒守，妄图再次阻挡我军西进。一天拂晓，晨雾蒙蒙，我们三十军八十八师、三十一军九十三师和九十一师一部分全面展开了进攻。我们三营受命夺取左翼据点和迂回于敌人的左后方，阻击敌人。战斗打响后，我们猛攻上去，激烈的战斗进行了一天一夜，才突破敌人的防线。这时天已大亮，雾也开始散去，就在我们刚刚接近敌人阵地时，十几个剩余的敌人，从沟堑里面跳出来没命地逃跑，连长让我带一个班去追击这一部分逃敌。当时营政委（教导员）也在这个班，他和我们一起迅速地向敌人追去。这帮亡命徒好像穿了兔子鞋，为了逃命，不顾一切地飞跑。他们跳过沟，越过坎，开始还不时地卧倒，向我们开枪，阻止我们追击，后来连开枪也顾不得了，我们把他们击毙了几个之后，剩余的更是没命地逃跑，甚至把枪也扔了。烟鬼们大概是把吃奶的劲都用尽了，钻进一片柏树林里再也不见影了。我们立即四散，包围了柏树林，逐步缩小范围，向里搜索，并不断喊话，宣传我们投降不杀优待俘虏的政策。十几个敌人在走投无路的情况下，不得不举手投降了。

这时，太阳已经爬出东山，高高地挂在天上，大地一片葱绿，显得格外新鲜。营政委根据太阳的位置，分辨了一下方向，说我们已经深入到了敌人的后方。侧耳细听，枪声和手榴弹的爆炸声，仍然不断，这说明前边的战斗还在进行。营政委让我派两个战士把俘虏押送回去，其余的人，继续向敌后迅速深入，抢占最重要的天险剑门关，阻击逃敌，切断敌人的退路，准备关门“打狗”。

我们略作休息，吃点炒米后，便钻进松柏林里，向敌人纵深迂回，最后来到一个小山包上,山上杂木丛生,绿叶掩映。我们坐在柏树丛里，向外窥望，路上时有向前走去的敌人，也有从前方抬回的敌人伤兵，显得很安静。敌人怎么也没有想到，我们犹如一把尖刀插进了它的腹部。又往前走了一段，剑门关已伫立眼前了。

剑门关，剑门关，号称四川天险，真是名不虚传。青砖高垒，展翅飞檐，远远望去，有如雄狮踞山，非常雄壮威武。它的东面，是一个长长的慢坡，北高南低，山岭绵延，像波涛一般，一直伸延到战斗着的远方。慢坡之上，谷峰错落，山岩起伏，到剑门关的附近，又逐渐向上翘起。它的西边，则由于地壳变动，岩层断裂，突然下陷，落差数百米，立陡悬崖。两侧也是悬崖峭壁，无路可通。关设绝顶之上，唯一通路，必须经过关下的门洞，然后顺着断裂石崖，曲折盘旋而下。只要剑门关的大门一关，除非生有翅膀，是难以逃越的，确有一夫当关，万人莫进之势。相传它是我国古代为防御西方羌氐入侵而修建的，历来是兵家必争之地，也是有名的古战场。曾经有人题词说，“蜀国多仙山，青城天下幽，峨眉天下秀，三峡天下险，剑门天下雄。”

营政委说：“这是敌人进退的咽喉要道，若要把它夺到我们手里，这股敌人的命运就操在我们手中了。”

“那咱们就把它夺过来吧！等敌人退下来时，狠狠地打它一家伙。”我说。

“领导的意图，就是要我们把它拿下来，在这里阻击逃敌。”

“那就快动手吧！”同志们都急不可耐了。

“好，”营政委看了大家一眼，“做好战斗准备”。

于是我们隐蔽地绕到剑门关门洞的旁边，出其不意地闯了进去。十几个敌人毫无警惕，认为我们还在几十里地外战斗，根本没想到来得这么快。我们大喝一声“举起手来”，他们一个个都吓得目瞪口呆，乖乖地当了俘虏，有的跪在地上请求饶命。

门楼分上下两层，由于年久失修，残砖断瓦，乱扔一地。营政委说：“我们的弹药有限，这些破砖烂瓦都是消灭敌人的武器。”我们又在附近拣回一些石块，全都搬到楼上，做好了阻击的一切战斗准备。站在剑门关的门楼上，遥望剑阁县城，青堂瓦舍，历历在目。再看四周，丛山峻岭，更觉异常险要。无怪人们常说：“打破剑门关，好比得四川。”确实很有道理。

10点多钟，果然敌兵溃退下来，开始还是零零星星，不一会儿便大批地涌来。敌人狼狈不堪，争先恐后地想从剑门关下逃跑。营政委一声令下，手榴弹、砖瓦石块一齐倾泻下去，炸得敌人血肉横飞，哭爹喊娘，不知所措，像没头的苍蝇，挤来挤去，到处乱撞，车马辎重，横躺竖卧，不一会儿，敌人的尸体便阻塞了道路。前方我军追击部队，紧逼过来，号声、枪声、喊杀声，交织成巨大的威力，更加使敌人胆战心惊，乱哄哄地前阻后拥，一下就倒下一大片，而后边的人便在人身上踩踏过去。真是兵败如山倒。他们为了逃命，自相践踏，为了夺路，自相残杀，死者不计其数，道路更加阻塞，敌兵不得不弃道四散，而别处又无路奔下陡峭的悬崖。他们拥来挤去，惊恐万状。营政委和我们几个人在门楼上向下望去，剑门关下，已成了溃退敌人的人山人海，我们占据的门楼，好似敌人溃兵“海洋”中的一座“孤岛”。我们虽是人少力单的“孤岛”，但敌人已成了惊弓之鸟，却不知我们的虚实。他们本来就是乌合之众，败退下来，更是风声鹤唳，草木皆兵，根本失去了任何抵抗的能力，只能束手待毙。

大部队迅速追赶过来，已成瓮中之鳖的敌人，除了死掉和逃掉一部分外，全都老老实实地当了俘虏。这一仗，俘虏了上千的敌人，缴获了大量的枪支弹药和其他军需物品。当时我们只顾阻击消灭敌人，根本未考虑自己的安危，战斗结束后，想起来还真有些后怕。在那样的情况下，敌人如果知道我们的真情实况，倘若涌上门楼，即使我们再有十倍的力量，也是难以抵御的。这段往事，时近 50 年了，现在回想起来，还历历在目，记忆犹新。（栋宇、韩冬整理）

选自罗光泽：《罗光泽同志回忆录》，1982年8月编印，第27—32页。

勇夺剑门关

徐国夫

横渡嘉陵江之后，我九军一部在四军一部的配合下攻占南部县城。我随另一部转道北进，直奔剑门关。

剑门关，现位于川陕公路之间，四川剑阁县东北。川陕公路古为剑阁道，是大、小剑山峭壁间的古栈道。三国蜀相诸葛亮为运送辎重粮草，在此凿山架木，飞阁通衢，始成剑阁道。此道北抵汉中，南通成都。唐代于道中狭窄处置关，以两崖嵚峙，其形如门，故称剑门关。

剑门关，古有“鸟道天险”之称。此关呈北高南低之势，72 座山峰峰峦叠嶂，如 72 头雄狮面北而卧，绵延 20 里，峭壁高耸入云，似刀砍斧劈般拔地而起，其高逾 20 丈足，最低处也有十余丈。由北向南一条独路至两高峰之间沟壑处有一隘口，唐朝有人建关门一座，三层结构，顶层可眼望，中层可餐卧，底层有硕大铁门两扇，关启甚不灵便，需三五人操作。关闭门扇，若欲由北向南入关实如登天。故此处便有“一夫当关，万夫莫开”之说。三国魏将钟会带领十万兵马，出陕南入川伐蜀，蜀将姜维退屯剑阁，依关守险，令钟会望关兴叹，无可奈何，罢兵而去。后多有战将意图川蜀，均被此关所挡。古往今来，此关确为兵家必争之战略要地，也确为蜀地安危之门户。

然而由南向北皆为起伏丘陵，并无险势。川军守敌邓锡侯认为，嘉陵江上游面稍宽，水流平缓，有些地段涉水亦可渡过；而下游水急涛汹，沿江防守坚固，料我军必弃下而从上游过江。此时，胡宗南部于广元一线向南设防，置我军于广元、剑门关之间狭小地带而南北夹击。故此，在剑门关的防御部署为面北防御。

可惜徐向前总指挥没按邓锡侯的设计行事，令我军偏偏在敌人认为不可能的下游苍溪、阆中之间强渡嘉陵江，这一下，无险可守的剑门关在我擅长攻坚的红军面前易手即成定局。

3 月 29 日，我红军于下游渡江成功的消息传至剑门关，守敌便已惊恐不安。4 月 2 日，当王树声副总指挥带领攻关部队抵近剑门关前时，敌守关“门神”杨倬云已感末日将至。

我军攻关部署是：一路出剑阁，经汉阳铺一带攻击前进，至剑门场由西进攻；一路沿五里坡方向由正南主攻；我所在的九军七十四团与三十一军一部出黑山观由东南发起进攻。我一路攻击方向虽无关北险势，但比其他两路攻击方向险恶多。顺势观察，山势呈阶梯状，坡度在六七十度，有一条沿石壁刻有梯磴的小路。梯磴上长着斑斑苔藓，溜滑无比，即使闲暇时攀登也很艰难。

4 月 2 日拂晓，王树声副总指挥发出攻击令，三路攻关部队从不同方向分别向山顶攻击。山上守敌依托明碉暗堡和强大火力对我军进行了严密封锁，因此攻击效果不明显。

我东南路因上山路线不利，速度更加缓慢。开始敌人还没有发觉，后来一经发觉，加强了火力，因此，四五个小时，只有一排人攀上不到一半路程。11 点多钟，天又下起了小雨，这就给我们向上攀登带来了更大的困难，许多人攀上一段又滑下来，并造成了部分伤亡。当时我和团领导都急得头顶冒火。

此时，我南路部队冲上山顶，经过一番短兵相接的争夺后，占领了关头阵地。

事后得知，当我军抢占了制高点后，敌人纷纷溃逃。敌团长杨倬云见形势不妙，急令手下人抬出事先准备的银元向士兵发放。结果一名营长未发下去几个人就中弹毙命。杨倬云自知大势已去，前是悬崖，后有追兵，已身陷绝境，无可奈何，跳下悬崖。

4 月 2 日黄昏，剑门关战斗全部结束，全歼守敌 4 个团，获长短枪千余支。

剑门关得手，为我军出关向西发展敞开了大门。我四方面军各部队迅速按计划展开，很快攻占了昭化，包围了广元。至此，嘉陵江两岸中上游广元至南部之间 200 公里地段被我军控制。

川北王田颂尧防守不力，丢失剑门关，蒋介石大为恼火，手令撤销了他二十九军军长之职，副军长孙震也被记了一大过。此时的田颂尧羞愧沮丧、悲观落魄至极，带着残部灰溜溜地向川南逃去。

选自徐国夫：《大漠风声疾》，白山出版社1998年10月第1版，第72—74页。

南部战斗

韩东山

1935年3月，红四方面军实施的强渡嘉陵江战役，一举突破敌军江防，歼敌12个多团，万余人，实是我方面军战史上大兵团强渡江河的模范战例。此役为积极配合中央红军在川南、黔北的行动和四方面军继续向川西和甘南扩大革命根据地,具有重大的意义。别梦依稀50年，我今已年逾80，作为当时战役参加者之一，亲身经历了战役中南部等战斗，每忆此事，犹在昨日。

四川盆地东北边缘之南部县城，位于嘉陵江西岸，北距阆中40公里南距江南之新镇坝30公里。是时敌田颂尧部约六个团布防其间。具体位置是，阆中以南至南部县有李炜如旅三个团，南部城至新镇坝有王铭章师三个团；敌王师部及一个团驻南部县城。渡江战役开始前，总部指示我九军二十五师待中路三十军打响后，即由阆中以北之涧溪口一带实施偷渡（渡江器材自行解决）；得手后，尽量避敌纠缠，迅速向南部地区迂回，夺取南部县城，以保障整个战役的左翼安全。

受领任务后，我们上下一方面进行深入的战前动员，各级领导下到基层反复阐明渡江作战意义，树立突得破、拿得下、立得稳，彻底歼灭敌人的思想;另一方面，实施多种手段积极侦察渡口地带的敌情、江情，同时积极筹备渡江器材。当时，嘉陵江东岸的船只都叫敌人弄到西岸去了，总部为了加强中路，渡江器材都集中到那里，我们只得发动大家开动脑筋想办法自筹器材。造船要木料，一时筹集不到那么多，况且时间也来不及。怎么办？正在全师上下串点子想办法之际，我到各团转了一圈回来，刚进师部，就听到门外一片吵嚷声。我急忙走出去一看，只见人群当中一个满头大汗的小战士指着个大桶比画着。近前，就听一个参谋说，师长，这个四川娃儿想出个法子，用打谷桶当船。我一听有“门”，就和那个四川籍战士聊起来。这是一种四川打谷用的绊桶，可以装五六个人。我马上叫参谋处通知各团，尽快搜集。第二天，部队从老乡那里搞到几十个打谷用的绊桶。这时，九军政治委员陈海松同志到我师检查渡江准备工作，听说这事，亲自试了一下。一个绊桶在水上不稳，左右摇晃，很容易扣个底朝天，同时又容易被江水冲散。后来，我们想到湖北的打鱼桶，是用根杠子把两个桶绑在一块的。于是照此办法改进一下，用两根杠子绑四个桶，一试既稳又灵便。渡江工具算是解决了。在部队进行渡江动员，制作渡江器材的同时，我带全师团的干部到渡江地域进行了多次实地勘察，查明了两岸的地形、江水的流速、敌方的动态，制定了偷渡和迂回南部的作战计划：全师于28日夜进入渡口地带，按七十四团、七十三团、七十五团的序列依次渡江；七十四团过江后，抢占要点，掩护后续部队过江；全师过江后，依七十五团、七十三团序列向南部实施穿插迂回，于31日前完成对南部的包围，争取4月2日前拿下南部县城。

1935年3月28日夜，万籁俱寂，微弱的星光在天空中闪烁。全师偃旗息鼓，静悄悄地抵达渡江地域。七十四团杨树华团长布置完渡江工作后，乘夜色急忙前来报告一切就绪，问可否偷渡，我看看表，时近9时，按总部计划渡江时间快到了，但因中路三十军还未见动静。我指示他不可妄动，严密注视江对岸情况，随时报告。午夜时分，江上游石家坝方面枪炮声，顿时大作，七十四团政委李天瑞按捺不住，请求过江，并报告说：对岸无异常情况。我即下令七十四团迅速偷渡，过去后，不要轻易开火，查明情况，迅速报告。凌晨4时许。七十四团派人划过两条船来，报告说，全团均已过江，并已控制沿江要点，在没有惊动敌人的情况下，搞到两条船；对岸原有少数敌兵正向上游方向运动；该团过江时不慎被冲走了几十人。我即刻命令七十三团、七十五团迅速依次过江，注意安全隐蔽。到上午 10 点多钟，全师不发一枪一弹，偷渡成功。

其时，敌似乎发现我师人马已过江，向上游运动之敌在距我登陆地域几公里外停止前进，就地构筑工事。我查明情况后，即以少数兵力监视敌人，全师注意伪装隐蔽，入夜后再相机动作。同时召集各团军事首长开会，明确下步行动计划，命令七十五团为师前锋，尽量避敌纠缠，果断迅速地向南部地区以南实施穿插，于 31 日前控制要点，断南部敌之退路，并阻止新镇坝之敌的增援。七十三团跟进，在南部城东北方向集结隐蔽。七十四团断后，在必要时可用部分兵力向苍溪方向实施佯动，吸引敌注意力，待两团开拔后，迅速跟进，到南部西北方向集结待命。

30 日下午 3 时多，我随七十三团抵达南部城东北几里处，只见敌方无任何动静。这时七十三团团长田文龙跑来报告说，据侦察，南部城之敌无任何反常情况。我即下令注意隐蔽，迅速查明敌之兵力及布防态势。与此同时，七十五团报告，该团已穿插到南部城南几公里处，据侦察，城南几个制高点有敌约一个加强营的兵力扼守，团的作战方案，预定下午 7 时发起攻击。我即同意。夜色降临时，南部城南夺取制高点的战斗打响了。10 点多钟，枪声渐弱下去。陈团长报告说，大部制高点均已夺在我手，只剩一个高 300 多米的山头还未攻下来，上有一个敌加强连防守。七十五团二营在攻击中，营长、副营长先后阵亡，现着该营六连连长指挥攻击。六连连长万德坤那时才 19 岁，原是“夜老虎”二六五团调来的，夜战很有办法。这次他带领部队采取小股多路的战术，乘着夜色一鼓作气将山头攻了下来，全歼敌人一个连，缴获九挺勃郎宁轻机枪，前后才两个多小时。至此，南部城南要点均控制于我手中。天将放晓时，七十四团完成断后任务，也抵达南部城西北。是时，南部城的包围网业已形成。

南部县城紧傍嘉陵江，城四周有两丈高的城墙环绕，易守难攻。经侦察，除城外有敌约一个团兵力，城内有王敌师部及一个团的兵力。我便令参谋处通知七十五团加固工事，扼守制高点，密切注视新镇坝方向，有何动向随时报告。其后，我带领七十三团、七十四团主要首长隐蔽迫近敌方查看地形，选择主攻方向。回来的路上，七十三团团长田文龙和七十四团团长杨树华为争取主攻任务争得面红耳赤，不可开交。两人陈述了诸多理由，待我表态。我一笑了之，劝他俩不要争了，回去再作道理，一到师指挥部，即刻召集团以上干部会，摆情况，谈利弊，精心、反复地推敲作战计划。最后定下决心，先扫清城外之敌，尔后着由方面军授予“攻如猛虎”称号之七十三团由东北方向主攻，七十四团助攻，七十五团仍领断敌退路和打援任务。战斗开始前，军政委陈海松同志来电说，二十七师随三十军打得不错，望我师全体指战员发扬勇敢顽强，连续拼杀的战斗作风，拿下南部，全歼守城之敌。部队经过战前动员，请战书似雪片飞向各级指挥员手中。决心之坚定，士气之高昂，令人振奋。4 月 1 日前，外围之敌基本肃清，只有少数逃向城内，部队随即逼近城边，全师重火器也迅速集中于主攻方向。入夜，一声令下，攻击南部城区战斗打响。火力袭击后，七十三团实施强行攻击，部队打到城下。因敌顽强抵抗，数次受阻，喊杀声时强时弱。我立即到前沿察看，只见部队正在迅速调整部署。田文龙跑来报告说，城墙太高，加之敌火力很猛，部队有些伤亡。据侦察，江边方向守敌不多，准备组织一支敢死队，从那里摸上去。这时，副团长余娃子（大名记不清了），手提大刀过来大声说：“敢死队组织好了，这次再拿不下来，把我当尿泡踩。”我们走过去，敢死队已列队完毕，人人手握大刀，身背手榴弹，跃跃欲试。田团长问我开始吧。我点点头，即令作战参谋通知七十四团在西北方面打狠些。这时，只听见余副团长挥着大刀说：“同志们，咱七十三团从没当过孬种，反六路围攻，咱拿过方面军授的‘攻如猛虎’的大旗，这回师又让咱们拿主攻，这好名头别让咱砸了。”说罢，他大刀一挥，带队向江边方向奔去。望着消失在夜色中战士们的背形，我暗暗地握紧了拳头。此时，七十三团从正面开始了强行攻击，枪炮声、喊杀声四起。余副团长带领的敢死队，不负众望，乘敌不备，偷袭入城，拼命厮杀。许多战士手中大刀刃砍卷了，直抵城门，正面部队乘势也攻入城内。天还未放晓，便将守敌如数全歼。不幸的是，该团副团长英勇牺牲。我记得他出生在河南罗山一个贫苦农民的家庭，1930 年参加红军，作战勇敢，从战士、班、排、连、营长直当到副团长。至今他那英武雄壮的样子还深深地刻在我的脑子里。从渡江到打下南部县城，共歼敌一个师部又约三个团的兵力，完成了总部交给我师保障战役左翼安全的任务，为渡江战役第二阶段的胜利发展，提供了可靠的保障。

1986 年 3 月

选自中国人民解放军历史资料丛书编审委员会编:《红军长征·回忆史料(1)》，解放军出版社1990年11月第1版，第387—390页。

韩东山，1905 年生，湖北礼山（今大悟）人。1928 年加入中国共产党，1929 年参加中国工农红军。红军长征时任红四方面第九军二十五师师长。新中国成立后，曾任湖北省军区司令员、武汉军区副司令员、全国政协常委等职。1955 年被授予少将军衔。1986 年在武汉逝世。

回忆剑阁会议

余洪远

1935 年 4 月初，红四方面军在占领剑阁，攻克天险剑门关之后，紧接着以“西北革命军事委会”的名义，在剑阁县城“节孝祠”，原国民第二小学内，召开了一次重要会议。参加会议的有川陕省委、省苏维埃政府和红四方面军的主要领导人：张国焘、王树声、周纯全、张琴秋、傅钟，李维海、王维舟、王宏坤、曾传六等。我也参加了。徐向前、陈昌浩、李先念三同志因率部队到平武、青川前线去了，未能到会。当时因部队任务繁重，时间紧迫，故会议仅开了一个晚上。

那时开会条件很差，会场也没有什么布置，与会人员就利用学生的桌凳就座。中间点着一盏油灯。尽管如此，但大家发言热烈，现在记得的主要内容有如下几点：

第一，全面总结了陕南战役和强渡嘉陵江战役的经验。张国焘首先发言。他说：陕南战役对胡宗南是一个严重打击，原先打算去同红二十五军会合，后来因情况发生了变化，没有会合上，所以才改变了原定计划。如果不是陕南战役沉重地打击了胡宗南，我们就不能杀回马枪顺利渡过嘉陵江，更没有今天的胜利，对于这一点，会上没有提出异议。但是，随着后来的实践，使人认识到，陕南战役虽在军事上取得了某些胜利；但却破坏了同杨虎城的统一战线，延误了同党中央和一方面军的会和时间，给一方面军的行动造成了一些困难，这不能不说是一个失策。当然，这也是后话了。对渡江战役，特别是红军攻克天险剑门关所取得的胜利，到会同志都给予充分的肯定。一致认为，这次胜利，不仅巩固了嘉陵江沿岸阵地，进一步扩大了突破口，而且扫除了西进北上途中的一大障碍，为部队继续长征创造了有利条件，给部队和根据地人民以极大的鼓舞。大家在发言中谈得十分兴奋，有的还赞扬了这次参战的部队和有功人员。

第二，会议着重讨论和确定了部队的行动方向。本来，早在清江渡会议后，徐向前总指挥就提出过，要“巩固老区，发展新区，从东南打出去，以解决部队和根据地人民的吃、穿、用的问题，并派出得力的部队去迎接党中央和一方面军。”这一战略计划是完全符合中央指示精神的。可是，由于张国焘的阻扰，使这一计划一直未能实现。所以，在剑阁会议上，许多同志又提出了这个问题，大家都盼望能够尽快地同党中央和红一方面军会合。纷纷指出：两军会合力量大，胜利一定有保障。可是，张国焘在会上却找了许多借口来进行辩解，他说：“向前（指徐帅）从前线给我打来的电话，问派哪几个军去迎接一方面军。我说根据目前的情况，抽不出多少部队去了，要去也只能去一个师。向前说：‘一个师太少了，那怎么行呢。’”接着，张国焘把每个部队当前负担的主要任务和行动路线说了说，目的还是不准派部队去迎接党中央红一方面军。就这样，会议争论的时间较长，最后才决定：红四方面军的整个部队仍向西向北发展。即：北面一路由徐向前、李先念同志率领，首先攻占平武、青川，而后相机拿下天水，准备建立川陕甘根据地，主要作战对象是对付胡宗南；另一路即以进入剑阁、苍溪、阆中、南部一线的部队，继续向西挺进，尽快攻占梓潼、中坝、江油、北川，而后进至茂州。这便是红四方面军开始长征时的路线。

第三，会议批评纠正了红军在撤离某些地区时，少数同志执行“坚壁清野”任意烧老百姓房子的错误路线。谈到这个问题时，到会同志无不表示非常愤慨，特别是傅钟、张琴秋等同志的发言，对此提出了尖锐的批评，并点了某些同志的名，要求给予严惩。由于会上批评很严厉，所以从这次会议后，就再没有发生过乱烧群众房屋的现象了。

第四，张国焘还在会上提出了准备去茂州成立博巴政府的主张。他说，这个政府下设一些部，大体和川陕苏维埃政府差不多，只是要合并一些机构。同时还宣布将原来的川陕省苏维埃政府改为红四方军总后勤部，对外名义不变，确定由我负责专搞红军的后勤工作。对这个问题，会上未作具体讨论。

会后，我便带领川陕省委，省苏政府的机关工作人员和妇女独立一、二团，政府替卫营，以及少共、儿童团、工厂职工、部队地方干部等将近万把人，同红四方面军总政治部副主任傅钟同志一道，赶往中坝。沿途大力宣传和发动群众，帮助建立各级苏维埃政府，扩大红军，并积极为部队筹措长征中所需要的粮食和其他物资。

剑阁会议是红四方面军长征途中第一次重要会议，这次会议所讨论和确定的问题，对于一、四方面军的会师等，都起到了积极的作用。在剑阁会议 50 周年来临前夕，特对红四方面军长征时在剑阁召开的重要会议作一回忆，以示纪念。

选自中国人民政治协商会议四川省委员会文史资料和学习委员会编：《四川文史资料选辑——红军长征在四川》第48辑，2006年编印，第171—173页。

余洪远，1907 年生，陕西西乡人。1932 年参加中国工农红军，同年加入中国共产党。红军长征时任红四方面军后方纵队负责人、中共金川省委委员兼军事部部长。新中国成立后，曾任川南军区政治部主任、西南军区炮兵副政治委员、沈阳军区炮兵政治委员，成都军区副政治委员、顾问等职。1955 年被授予少将军衔。1991 年在南京逝世。

偷渡涪江前后

吴仕智

1935 年 4 月，红四方面军按中央的指示西渡嘉陵江，突入敌后，运动歼敌，以策应红一方面军渡江北进。我军胜利渡过嘉陵江后，向涪江进发。红九军二十五师率先进入涪江南岸，与敌二十八军邓锡侯部隔江相峙。

涪江上游的江油中坝地区，枕山面水，紧接川西平原，物产丰富，不仅利于我军休养生息，也是西进必经之路。红九军和二十五师首长何畏、陈海松、许世友等进入涪江南岸后，曾先后三次带领干部到江边侦察敌情。发现敌人早已把江边的船控制了，并依江筑成了双重防线。夕阳从我们侧背后射到江面上，一切都看得清清楚楚。川北这条有名的大江，江面并不宽，不过百十米，可水流湍急，放进一根竹子，眨眼就漂到老远去了。江西北岸一带的沙滩和高地上，敌人每隔二三十米布有大大小小的碉堡，乌黑的枪眼盯着江面和南岸沙滩。这里的地势错综复杂，敌主力就布置在江油城外的塔子山一带，轻重火力点星罗棋布。

陈海松、许世友首长察看敌阵地后决定，在没有船和桥的情况下，组织突击队偷渡涪江，如偷渡被发现即实行强渡。接着，挑选一些善于泅水的战士偷偷入江试探。最后选择江油至塔子山附近为渡点。突击队用竹片扭成粗绳，由几名战士偷渡过江，将绳子系在对岸的几棵大树上后，突击队立即攀绳过江。但行至江中心，因水急，人多，负荷太重，绳子断了，只有少数同志游回来，其余全被江水吞没。虽然这次偷渡未成，但对岸敌人尚未发现我们。接着，师部又决定：寻找偷渡工具。

陈海松政委召开了干部会议，进行思想动员。他讲了古时候一个国家的军队背水而战的战例。战例中强调要死于阵前不死于阵后，结果这支军队士气高昂，终于夺取了胜利。最后，陈政委号召全师向兄弟部队学习，开展看谁先过江，看谁冲锋在前，看谁“当钉子”的活动。同志们纷纷表示：“大敌压不垮，大江挡不住，宁在阵前死，不在阵后生。”定要夺得渡江胜利！

当地人民给予了大力支援，老乡们送来了几十个拌桶。我们将两个拌桶连在一起当“渡船”，一个“渡船”可坐一二十人，又将棉被浸透放在拌桶上面，既可作掩护，又可架机枪。在星明月亮的夜里，江面上浮动这么多人是不难发现的。但今夜，大雾在江面上扯起帷帐，下半夜后，雾越来越大，敌人用手电筒照射也没有发现我们的行动。加之天快黎明，敌人认为我们再不会有啥行动，也放松了戒备。师首长认为时机已到，当机立断，于凌晨四时发出了渡江命令。师突击队一个营率先开渡，15分钟后，第一批突击队的战士刚一靠岸，敌人听到拌桶响，就叫喊道：“霉老二①来啦！给我打！”一股股敌人从碉堡涌出来，向江面胡乱射击。我们的后续部队冒着枪林弹雨，仍然不停地向对岸赶去。霎时间，我方阵地上的火力也一起怒吼起来。愤怒的枪声淹没了涪江的咆哮声，压制住了敌人的火力。不多时，我们的部队过了江，冲向敌人阵地。敌人在我们猛烈攻击下，纷纷倒下，活着的敌人有的当了俘虏，有的拼命地逃跑。江边的枪声惊动了塔子山和江油的守敌，他们拼命地向我涪江渡口射击，但被我方的火力压住了。在强渡的同时，我工兵连冒着敌人的炮火抢搭浮桥，一个战士倒下，另一个战士立即接上，一座用木筏连成的简易浮桥终于建成。6时左右，全师部队胜利渡过了涪江。

① “霉老二”是当时国民党对红军的诬称。

渡江后，塔子山和江油守敌，凭着他们的优势兵力和装备，向我军发起了一次又一次的反扑。阵地上一片火海，硝烟翻滚，我军的冲杀声和敌人的惨叫声交织在一起，一阵高过一阵。我们的每个战士牢记着渡江前的誓言，像钉子一样钉在那里，坚守阵地，不让敌人前进一步。突然，传来师参谋主任牺牲的不幸消息。这消息更激起了同志们对敌人的仇恨，顿时，阵地上响起了激愤的喊声："为参谋主任报仇！"喊声惊天动地，压倒了激烈的枪声。同志们怀着为首长报仇的急切心情，冒着枪林弹雨冲杀上去，敌人倒在我们的脚下，敌人的工事被我们攻占，我军很快包围了塔子山的敌人，并发起了全线反击，一个多营的敌人举着白旗向我军投降。

我师控制了塔子山地区后，敌人已逃至中坝一带，师部组织力量追歼逃敌。这时，红九军所属部队已全部渡过涪江，而且，二十七师还包围了守在江油城的敌军一个旅。军部为了解决江油之敌，命令我师速往。江油城墙坚固，守敌火力组织严密，而我军缺乏火炮，要打开城墙不是易事。于是，我们想了个办法。从群众那里买口棺材，内装黑色炸药，然后从外围向城墙挖地道，把棺材置入，引火炸掉城墙。但由于地道未挖到城墙根，爆炸未成功，城未攻克。这期间，邓锡侯率领十八个团的兵力，在飞机的配合下，发起进攻。敌机十分疯狂，三架飞机并排地将一批批的炸弹，到处乱扔。从中坝到江油一带，炸死了不少老百姓，毁掉了大片即将成熟的小麦。有一次，炸弹竟然扔到我们师的俘虏营，炸死了不少俘虏兵。

后来，江油之敌转由兄弟部队继续包围，我师撤离江油，挥师西进，于 1935 年 6 月先后到达北川、茂县，准备向川西北腹地进军。（王章文、胡奎儒、整理）

选自成都军区党史资料征集委员会办公室编：《红军长征回忆与研究》，云南人民出版社1986年12月第1版，第58—60页。

吴仕智，1917年生，四川宣汉人。1933年参加中国工农红军，1934年加入中国共产党。红军长征时为红四方面军第九军二十五师通信员。新中国成立后，曾任新疆喀什军分区副司令员、和田军分区司令员、克孜勒苏军分区司令员。2001年在西安逝世。

三渡涪江

宋献璋

红四方面军渡过嘉陵江之后，横扫川西，接连攻占了阆中、剑阁等十多个县城，逼近了涪江。

我们九军二十五师七十三团，奉命担任渡江先遣任务，突破江防，攻占江西岸的江油城。涪江水翻着滚滚的浪花，自北而南，像一条巨大的野蟒，昼夜不息地怒吼，奔流。江心的大旋涡嗖嗖旋转。军阀邓锡侯的一个团，凭着这个天险，据守着江油城。他们守住了渡口，把江面上所有的船只都拖到了对岸。

怎么渡过这条江呢？我们团的几位首长，白天黑夜在江岸上奔走，徒涉是不可能，寻船无路，自己造船，又来不及，背后敌人尾追着，隆隆的炮声，日夜不停。唯一的办法，派小部队潜渡过去，夺敌人的船。

经过一番研究，选拔了一个排的人，泅水过去。为了怕他们被江水卷走，找了一条粗绳，让这个排拉着绳子泅水而过，万一过不去，岸上的人拉绳子，把他们拖回。

晚上，一个排的战士，顺次拉住那条竹编的摔绳，跳下滚滚的江水。岸上一个连的人，像拔河似的，拉住绳子，目不转睛地望着水里的人，慢慢地放出手里的绳子。水里的同志们，一手分着浪，一手拉绳，吃力地向对岸游。最前面的一个刚到江心，几阵巨浪冲打，绳子顺流倾斜，江里的人也跟着向下流去。岸上的人见势不妙，急忙往回拉绳子，可是绳子上已没有人了：他们都被大浪卷了下去。……

就这样，第一次潜渡失败了。

第二天，团的几位首长，着急地站在江岸上，还有什么好办法呢？想不出来。最后决定去访问老乡，问问他们，是否有办法。可是，老乡们都摇头，说要想渡过去，没船，是万万不可能的。在回团部的路上，参谋长突然发现了一只农民用来打稻的大木桶，他跑过去看了看，心想："找几只桶连起来，不是可以当船吗？"于是，他跑回了团部。……

经过一番研究，便向老乡们借了几只木桶，五个连在一块，又做了几把桨，当晚，两个班的战士，又开始试渡了。事情正像预料的那样，稻桶做的"船"，底平头方，下到水里直打转。

划啊，划啊！船上的人仍是不停地挥着桨。岸上的人暗暗使劲，恨不得跳下去推船前进。小船艰难地移动，还没划到江心，一个旋涡把"船"头突然折向南方，接连两只"船"都卷进了两个大旋涡的中心，像陀螺似的在水上直转，岸上的人看不清"船"上的人了，只是目瞪口呆地望着旋转的"船"。突然连接稻桶的绳子被扭断了，稻桶在水上簸动旋转得更厉害了。岸上的人还来不及想抢救的办法，一个稻桶翻了，一个底朝天了，又一个……滚滚的江水又卷走两班红色的勇士！

两次渡江都失败了，总部不得不考虑另外的办法。准备绕过涪江，可是这要给部队带来更大的困难，要推迟同一方面军会师的时间。因此，总部一方面命令再设法渡江，一方面又命令作长途行军的准备。这使得付团长心像刀割一样的难受，涪江真的阻住了我们吗？他不甘心，又跑到江边去看。这时饲养员朱子明同志正在江边饮马，付团长向朱子明说："小朱，注意不要让水把马冲走了。"

"怕什么！冲走了，我下去把它捞上来。"这个十六七岁的小饲养员很轻松地回答着。

"你没有看到这两天渡江的情况？"小朱的话真有些使付团长生气。

"嘿嘿这个江算什么，我一下就凫过去了。"

付团长看见小朱孩子般的脸孔满不在乎，不由得心里一动，“难道在小朱的身上能找到渡江的办法吗？”于是他用一种商讨的口吻说：“你看江里的旋涡多大，稻桶都被卷走了，你不怕吗？”

“旋涡是危险的，水性好的人倒可以试一试。”小朱的口吻不是刚才那样的调皮了，而是一本正经地同付团长研究问题。付团长看见小朱那么认真的样子，猛然想起他的家在嘉陵江边，他是在船上长大的，会凫水是无疑了。付团长的心中添了几分希望，随后用试探的口吻说：“你真能过江，我给你一个任务，你到那边去偷一条船过来行吗？”

“我一个人不能。”朱子明沉思了一会说，“团首长号召大家想办法时，我早就在想了，不过……”

付团长这时感觉到希望似乎大了一点，这也是没有办法的办法，又紧接着追问一句：“要几个人呢？”

“总要两三个人。”小朱考虑一下说，“这样大的江水，凫累了大家可以帮帮忙，死了也有个报信的。”

于是由朱子明提供线索，付团长又在通信班和其他连里找到两个战士，一个曾经是嘉陵江的船夫；另一个曾在长江上开过船。他们四人研究以后选择了在三营的右翼，离驻地六里路的山边，作为起渡点，顺着水趟，斜渡涪江，这样容易渡过，并且距渡口远，不易被敌人发觉。

黄昏时，付团长又亲自带着小朱和他的两个战友，来到起渡点，付团长紧紧地握住他们的手，祝他们成功。他们脱得赤条条的，露出浑身有劲的肌肉，把枪拴在腰间，扑通、扑通地跳下了水。

付团长站在岸上，望见他们三个人像鱼儿似的向对岸游去。一阵浪头打来，他们把头埋进了水里，浪头过去后又露出了水面，人头愈来愈小，一会儿隐没在黄澄澄的水里了，只听得哗哗的水流声，水声愈来愈大……

付团长回到了团部，立刻通知三营做好渡江战斗准备，船只一到马上渡江。可是整整地等了一夜，不见朱子明他们回来。大家心里都不安地想:“难道,他们被水冲走了吗?”从清晨到黄昏,江水依旧滚滚地流,去偷船的人依然无影无踪。

晚上,快9点钟,离小朱渡江的时间有30个小时了,他们活着回来似乎不大可能了,付团长心里感到难过,又开始考虑改用其他的办法渡江。突然接到三营来的电话,说昨天派出的三个同志已回来了,并带回了三条船。这是多么高兴的事啊!他丢开电话机,急忙赶到三营驻地。只见同志们正围着小朱等三人在问长问短。他扑上前去,紧紧地抓住了朱子明的手。

原来朱子明和他的战友昨晚也被江水卷进了旋涡,但他们像鱼一样摸透了水性,就顺旋涡转,借着旋转时外冲的力量冲出了旋涡,跟一个一个的旋涡搏斗了半夜,终于游到了对岸。可是人一上岸,就倒在地上,四肢无力了。事不宜迟,他们休息了一会,便四处搜索敌人的船。狡猾的敌人,把船都拴在上游一个陡悬崖下,从陆地上,没法接近。他们三个商量了一下,又潜下水,沿江岸逆水向上游去。当他们游到船的附近,东方发白,天快亮了。他们只好找个岩石缝,像螃蟹一样,躲起来。没有一点吃的东西,饿得不行了,就挖岩石上的青苔充饥。等啊,等啊,好容易才盼到天黑。三个人悄悄地跳上三只船,静静地划向岸这边。……

付团长听完他们叙述的经过,又紧紧地跟他们一一握手,一面命令三营准备过江,一面派人给三位英雄战士做饭。

晚上,组织了一个加强连,登上了三只小船。在敌人睡梦之中,突然摸上了渡口。涪江,这道天险,又被英勇的红军战胜了。……

选自中国人民解放军三十年编辑部编:《中国人民解放军三十年初选稿》第一卷第三辑(一),第24—28页。

宋献璋,1916年生,四川阆中人。1932年加入中国共产主义青年团,1933年参加中国工农红军,同年转入中国共产党。红军长征时任红四方面

军第九军二十五师七十三团排长。新中国成立后，曾任解放军师政治委员兼浙江台州军分区政治委员，浙江省军区干部部部长、副政治委员，南京军区高级步兵学校政治委员，海军东海舰队副政治委员等职。1955 年被授予少将军衔。1990 年在上海逝世。

江油中坝鏖战急

郑维山

1935年春，油菜花盛开的时节，我红三十军八十八师奉命从昭化转兵西进，同兄弟部队一起，攻打江油中坝。

这是西渡嘉陵江战役的第二阶段。

渡江战役，是红四方面军为实现向川陕甘发展的作战计划和策应中央红军北上，在发动了广（元）昭（化）战役和陕南战役之后，所进行的一次大规模的强渡江河作战。战役是3月28日正式打响的。我们八十八师作为渡江的先头部队，首先从苍溪东南的塔子山附近强渡成功，全歼对岸守敌。接着，红九军、红三十一军、红四军等兄弟部队也分别从几个不同地方突破了敌沿江防线。在一周时间内，我军以凌厉攻势，席卷敌军，先后攻占了阆中、剑阁、南部、昭化等县城和川北咽喉要塞剑门关。这样一来，四川军阀头子刘湘慌了神，蒋介石更为恼火。他们以追究战败之责为由，对川军“二路军”总指挥田颂尧等人“削职示惩”，并急令各路川军沿涪江分据要点设防，构成新的防线，以阻止我军西进和南下。当时，敌人的部署大致是这样的：以绵阳为大本营，绵阳以北由邓锡侯的二十八军负责；绵阳以南至三台由孙震（原为二十九军副军长，接替田颂尧为代总指挥）所部负责；另以许绍宗纵队和王缵绪的“六路军”约八万兵力指趋剑阁、梓潼方向；胡宗南部则仍旧陈兵川甘交界的南坪、碧口、青川一线，阻止我军北上。鉴于这一形势，我方面军总部为取得渡江战役全胜，决定把战斗推向纵深，集中主力，歼灭梓潼、江油地区之敌，并伺机向川甘边发展进攻。为此，令三十一军主力推向三磊坝、平模坝地区，包围广元，北对胡宗南部；四军南攻梓潼，阻止绵阳方向可能来援之敌；由三十军政治委员李先念同志率领我八十九师出青川、平武，阻止胡宗南部南下；在徐向前总指挥直接指挥下，九军主力和我们八十八师向江油中坝展开猛烈进攻。

江油，位于成都盆地的西北边缘，有山有水，是川北的富庶之地。当时的县城武都，东临涪江，西面北面紧靠崇山峻岭，南为一片起伏地，城虽不大，但城墙坚固。中坝在武都以南约 40 里，更为富足繁荣，古来是川陕甘三省的粮食、药材集散地，为江（油）、彰（明）两邑精华所粹，享有“小成都”之称。武都到中坝之间为丘陵起伏地，西面的大山到东面的涪江不过十里左右。按古人的说法，江油是“属巴蜀之上游，通松龙之要道”。相传公元 263 年，魏将邓艾伐蜀，率精兵三万，自甘肃阴平翻山越岭突袭江油关，蜀将马邈猝不及防，举关投降。江油一失，蜀军防线全面崩溃，魏军长驱直入成都，蜀国遂灭。所以，自魏晋以后，历代都很重视江油中坝的战略地位和作用。蒋介石和刘湘当然是很清楚的。他们令邓锡侯重点防守，邓特意派他宠信的得力干将杨晒轩率所谓的“精锐之师”一师一旅盘踞县城，凭险固守；又命所部特科司令游广居率四师孙礼旅、一师卢济清旅，以中坝为据点，沿江构筑工事设防，邓锡侯本人亲率重兵坐镇绵阳，以作策应。

按照方面军总部的统一部署，4 月 7 日前后，我师在程世才同志的率领下由昭化，九军由阆中、南部一线同时出发，疾指江油。从昭化到江油约 300 余里，沿途多为山地，道路崎岖，沟壑纵横，部队连续翻山越岭，常常是饿了啃点干粮，渴了饮口泉水，有的同志疲乏得边走路边打瞌睡，可谁也不说累，谁也不叫苦。时值春季，沿途一片郁郁葱葱，花红、竹翠、豌豆青青，芳草溢香。但是，明媚秀丽的春色，挽留不住红军战士的脚步；每日行程100里，多是昼夜兼程。队伍一边走一边宣传群众。在我军经过的许多地方，山坡岩壁、村庄院墙、桥头树桩，到处都留下了“迎接中央红军北上！”“打过涪江，活捉邓锡侯！”“打倒军阀，铲除封建势力，为争取独立自由的苏维埃新中国而战！”“没收地主的土地，分给贫苦农民，做好扩大红军的工作！”等标语。沿途刚刚遭过残敌洗劫的穷苦百姓，纷纷奔走相告，欢迎我军。有的老乡拉着战士的手说：“邓猴子，田冬瓜（邓猴子、田冬瓜为邓锡侯、田颂尧的绰号）这些龟儿子，与匪一家，可把我们坑害苦了，你们要狠狠地打，替老百姓报仇雪恨。”

经过两天多的急行军，4月10日左右，我师同兄弟部队先后抵达涪江东岸。涪江是嘉陵江一大支流。虽然江岸不像嘉陵江那样陡峭险峻，但当时正值桃花水汛季节，水深流急，江面又宽，没有渡河器材是过不去的。而沿岸的船只和所有渡河器材，在我军未到之前，已全被敌人抢劫或毁掉了，敌人又占据对岸有利地形构筑工事严守，所以要渡江也是十分困难的。听说，九军的先头部队开始抢渡时，是将老乡打谷用的拌桶捆在一起，每次只能过一个班。我们师是在武都以南东塔坡之下的渡口渡江的。我们渡江还比较顺利，一是有强渡嘉陵江的成功经验；二是九军的先头部队已经过江，歼灭了对岸的守敌，抢占了南塔坡等制高点，将敌杨晒轩旅围在江油（武都）城内，为我们开辟了登陆场，并送过来一部分渡河器材；三是沿岸群众热情相助，纷纷从家里拿来拌桶、竹条、麻绳等物，协助部队临时赶制了一些简易木船、竹筏。在群众的大力支援下，我们同九军二十五师等兄弟部队，迅速从几个不同地方渡过涪江，乘胜向中坝发动攻势。与此同时，在东线，我红四军已攻占梓潼，开始进击彰明。

驻守中坝的孙、卢两旅正在因县城被围而惊慌失措，又见大队红军突破沿江防线，以排山倒海之势压来，一时难以招架，无心恋战，纷纷又沿公路青莲渡方向溃退而去。配合孙、卢所部据守江防的八县①联防司令蹇幼樵率领的地主武装，闻风即窜向安县一带。我军占领中坝后，迅速横扫周围残敌，攻占了观雾山、公子坪、城塘观等高地要点，开始对县城的紧缩包围，龟缩进城的杨晒轩，一面依托坚固的城墙和工事顽固据守，一面急电向邓锡侯报急呼援。

早在我军突破嘉陵江，攻克剑门关时，邓锡侯已感到面临的威胁，惶恐不安。现在听到红军势如破竹，攻占中坝、梓潼，围困江油城，深入到自己的防区腹地，直接威胁着成都、绵阳，自然更加慌了手脚。在蒋介石和刘湘的责令下，急忙不遗余力地拼凑了 18 个团的兵力，亲自率领，由绵阳出发增援，妄图解江油之围。当时，我方面军总部前线指挥部就设在城南的一座民房里，徐向前总指挥亲临前线指挥。在获悉敌人的动向和企图后，徐总当机立断，令九军二十七师继续围困江油守敌；令我八十八师、九军二十五师疾速向江油以南之南塔坡、鲁家梁子一带隐蔽集结，布阵于公路两侧潜伏地待机，在四军十师、十一师各一部的配合下，于运动中歼灭援敌。

围点打援，是我红四方面军一出拿手好戏，是徐总在鄂豫皖时就常用的一种作战方法。比如 1931 年的“黄安大捷”，全歼敌六十九师，活捉师长赵冠英；还有 1932 年的苏家埠战役，歼敌三万余人，俘敌总指挥兼七师师长厉式鼎，用的都是这样的打法。在当时的条件下，我们没有炮兵，连迫击炮和轻重机枪也很少，弹药更不足，硬攻设防的城镇是十分困难的，多以围城而引敌援兵出动，然后在运动中予以歼灭。所以，围点打援是以少胜多、以逸待劳的有效战法。我部跟徐总从鄂豫皖到川陕根据地，深知徐总谙熟兵法，指挥才能卓越。他在此时此地作出集中主力在运动中歼灭邓锡侯援军的决策，是十分英明正确的。

4 月 15 日，我同师长熊厚发带部队从中坝出发绕经南塔坡而过，隐蔽集结于西南的水沟庙、公子坪、谷家湾等地后。随后召集营、团干

① 八县，系江油、彰明、平武、北川、昭化、广元、剑阁和梓潼。

部传达方面军指挥部的决定。我们一方面组织干部侦察地形，研究具体战斗方案，同时层层召开战前动员会，号召团与团、营与营、连与连之间相互展开杀敌竞赛。全师从上到下，如燃起一团烈火，三个多月来连续行军作战的疲劳一扫而光，干部战士人人斗志昂扬，信心十足，记得当时最响亮的一个动员口号是："同二十五师比一比，看谁歼灭的敌人多，看谁抓获的俘虏多。"

这天午后，我和熊师长、程世才副军长带着三个团的干部登上一道山梁看地形。鲁家梁子北靠观雾山，南连中坝平原，东临涪江，西有官渡河，连绵起伏，恰似一道天然的城墙，竖立江油至中坝之间。江油、中坝公路恰如一条蜿蜒的带子，从鲁家梁与南塔坡之间穿过。控制了这道山梁和遥相峙立的南塔坡，便卡住了中坝至江油的主要通道。就地形来说，整个梁子高高低低，几十条沟沟岔岔，是个十分理想的运动中歼敌之地。熊厚发同志高兴地说："嘿，这回该叫邓猴子好好尝一下红军的厉害了！"

邓锡侯在四川军阀各路头目中，向来以"能战"将军闻名，既老谋深算，又有点亡命之徒的气势。据说，每到战局的危急关头，他总爱亲临前线督战，给部下打气壮胆。如今，为解江油之围，他就像快要输光的赌徒，不惜血本，气势汹汹地率领大队人马沿公路线蜂拥而来。16日，抵达青莲渡，即会同溃退到此的孙、卢两旅，开始向中坝外围红军警戒阵地发起进攻。一经接触，我军即作佯败状引退，邓锡侯当晚占驻中坝，连夜将兵力分三路部署展开，决定次日一早便开始向我军发起全线进攻，以求同杨晒轩会师。可他哪知道，我军早布下罗网，张开"口袋"，正等着他来钻呢。

17日早上，东方刚刚泛起鱼肚白的时候，敌人就出动了。好家伙，来势还真凶呢！公路上，河沿岸，菜籽地和麦地里，黑压压的一片接一片，朝县城方向扑来。站在我身边的二六五团政委黄英祥好像早等得不耐烦了，说："该死的邓猴子，你到底来了！"

太阳爬上山巅的时候，敌人的先头部队进入我们预定作战地域，邓锡侯的确是够狡猾的，在行至岩咀头附近起伏谷地时，他先用一部分兵力搜索前进，企图与我接触后先进行局部战斗，抢占有利地形，然后掩护主力前进。方面军指挥部此时命令我们，只以小部分兵力边抗击边转移，以诱敌大队深入。

急于向县城方向推进的邓锡侯见先头部队进展顺刊，便自以为得计，即令大队人马以梯次密集的队形，沿岩咀头至水沟庙一线前进。

“打！”近中午时，接到指挥部方面的出击命令，二十五师由北向南，我八十八师由西北向东南方向，像两只下山的猛虎，直向敌群扑去。隐蔽在各个山头和沟岔中的红军战士，一齐向敌人发起猛烈进攻。步抢、机枪、冲锋枪吐出了一道道火舌，哒哒哒一个劲地叫着。一颗颗手榴弹嗖嗖嗖地飞向敌群，纵横六七里长的战场，硝烟滚滚，火光闪闪，阵阵喊杀声回荡在山谷。

就当时的情况分析，我们占据着有利地形，以逸待劳，士气高昂，有必胜的信心。可敌人毕竟兵多势众，武器装备明显比我们强，拥有大批新式轻重机枪和火炮，弹药又充足，还有飞机助战。这一带的山头又不是很高，易于发扬火力。在这种情况下，我们如果硬同敌人拼搏，全面开花式地打，伤亡就可能很大。为此，我们在压下去敌人第一个冲击浪潮之后，及时调整了战斗部署。一方面加强了阻击西侧官渡方向敌援军方向的兵力，一方面将三个团同时摆开，将敌人截成数段，使之首尾不能相顾，然后聚而歼之。当时，我们营团干部大都是十八九岁到20岁的年轻小伙子，血气方刚，一听到枪响，就想带部队往上冲。有时敌机在头顶掠过也不在乎。为了能全歼敌人和减少自己的伤亡，我和师长分头随一个团行动，一再叮咛各级指挥员，“要沉住气，稳打，狠打！”各团、营干部也都下到前沿阵地，每个连以上的战斗单位，均有一名上级指挥员在场。这也是我们红四方面军打仗的老传统了，一是可随时掌握战斗进展情况，机断行事；二是可以鼓舞士气，掌握部队，直接组织指挥。

战斗进行得十分紧张激烈。敌人仗着武器精良和纵深配备，一次又一次反扑，波浪式地冲锋，一上午就有六七次之多。每群敌人后面，都跟着持手枪的督战队。据后来从俘虏口中得知，他们的旅、团营长曾给督战队下令：凡是往前冲的赏银元，往后退的一律当场枪毙。在他们的恫吓威逼下，被打退下去的敌人又掉回头，猫着腰，向我阵地硬攻。但是，我们的部队是以打硬仗出名的。肩宽体壮的二六五团团长邹丰明，像历次打恶仗那样，背一口大刀，提着驳壳枪，一边组织指挥进攻，一边朝敌人射击。团政委黄英祥，是个智勇双全的优秀指挥员，做思想工作耐心细致，打起仗来又是冲在前面。战斗发起前，对部队做了有力的动员，反复检查了各营连阵地的准备工作。战斗打响后，他一直随 1 营坚守在前沿阵地，站在离敌人不到 200 米远的岩石旁指挥部队，尽管身边子弹嗖嗖地飞，可他是那样的沉着坚定。敌人攻上来一批，被打退一批。水沟边、坡坎上、草丛中、大路旁，到处躺着敌人的尸体，有的帽子被打得挂在小树枝上，在炮火声中摇晃着，……

江油方向，也不时传来阵阵密集的枪声，被围在城内的杨晒轩旅为配合他们的援兵，组织突围。有一股突围出城的敌人，刚冲出城外不到两公里，被我军拦腰截断，前堵后围，全部歼灭。

看来，敌人不到完全输光是不肯收兵的。我们呢？既然已经“咬”住敌人，那当然不会轻易松口的。从日当头一直鏖战到日偏西。在夕阳下，火红的旗帜，一直在炮火硝烟中飘扬。红旗到哪里，勇士们就冲向那里。

急于解县城之围的邓锡侯将其右翼溃退下去的一个旅的兵力，并入中路，在飞机的掩护下，组织了更加凶猛的集团冲锋。轻重机枪一阵紧似一阵，呼啸而来的炮弹把无数碎石、树枝掀到了半空，不少的前沿工事打得连影子都没有了。太阳快落山时，敌人仍盘踞在我师左翼阵地与兄弟部队二十五师结合部附近的一个高山头上。这是一个很重要的制高点，敌人控制着，对我威胁很大。“我们决不能让敌人占领，一定要把它尽快攻下来！”二六五、二六八团的同志争着要求承担攻取这个山头的任务。我和师长考虑到战斗可能要持续到晚上，“夜老虎”团夜间将会有更加艰巨的任务，便决定由二六八团上去。二六八团把这一任务交给了二营。

“司号员，吹冲锋号！”二营王营长平时不大爱说话，打起仗来勇猛如虎，总是冲锋在前，随着号声，他一挥手，带着部队迅猛向山头冲去。占据了有利地形的敌人，以猛烈的火力疯狂地向山腰扫射。冲在前面的同志，不少倒下了，可我们的战士硬是有一股子猛劲，继续向上攻。看来，正面进攻伤亡太大，我们当场决定，把二六八团重机枪连调整过来，进行掩护，以一个连队继续从正面进攻，吸引敌人注意力，以两个连队疾速迂回到敌侧后，实施进攻，双方机枪不停地怒吼。手榴弹横飞，一时硝烟弥漫。敌人只顾从正面压制我们的进攻，等他们发现侧后我军部队时，我们的战士已冲到眼前，两军短兵相接，间以白刃相搏。山上的敌人几乎全部被歼，阵地上，被打死的敌人尸体一堆一堆的。当然我们也伤亡了一部分同志。有个年仅 16 岁的小战士，是在部队北出陕南，攻打沔县时参加红军的，参军仅两个月，就英勇地倒在阵地前，他身边还躺着两具敌尸。

连续不断的激战持续到太阳落山后，接到指挥部关于敌情的最新通报：正面进攻南塔坡之敌卢济清旅分两路溃退，一路向中坝，一路向鲁家梁子东南侧的龚渭清旅后背靠近。一直亲临前沿阵地指挥的副军长程世才同志根据指挥部指示，要求我们拿一个团以最快的速度迂回斜插过去，同兄弟部队一起，对敌人实行包抄。师长熊厚发同志说了声：“上！”便带着二六三团沿一条沟岔飞奔而去。程世才副军长和我留在二六八团的阵地上，继续指挥部队，分别围歼残敌。

伴随着我军鏖战一天的太阳，好像也疲乏不支，躲进云层里去，天色渐渐暗起来。到了夜晚，我军正好大显神威。敌人多次冲击失败后，眼看覆灭在即，像挨了重棒打的饿狼，嚎叫着夺路而逃。我们的战士越战越猛，有的持枪、有的挥舞着大刀，纵横厮杀，紧追不舍。敌四旅旅长龚渭清，是邓锡侯手下有名的敢死队长，他亲率20响的驳壳枪营猛烈扫射，还是阻止不住我军的猛烈冲击，龚本人和他手下的两个团长受了重伤，士兵死伤过半，不得不乘夜色沿官渡河谷向中坝溃退。敌孙礼、卢济清、陶凯旅一见满山遍野的红军尾追而来，很快乱了阵脚，纷纷夺路而逃。一时间，人员、车辆、马匹拥挤在一起，互相争路，马嘶人嗥，死伤无数，到岩咀头附近督战的邓锡侯眼看所部溃不成军，指挥失灵，如同丧家之犬，在一片"活捉邓锡侯"的喊杀声中，仓皇向中坝方向逃去。

围歼残敌的战斗一直持续到18日拂晓，我军集中兵力，乘胜追击，再克中坝。彰明方面，也传来我军告捷的消息。

这一仗打得好痛快！是一次成功的"围点打援"之战，短短两天时间内，我军将援敌全部击溃，歼敌四个团，俘其3000余人，并缴获了一大批武器弹药和物资。邓锡侯16日从绵阳出发时，曾在同僚面前夸口："本帅率领十余团，亲出一阵，你看如何？"牛皮吹过不到两天，被红军打得丢盔弃甲，败回绵阳，一时成为笑话。邓锡侯败下阵后，不仅影响到所部士气，而且使整个川军对红军的威力更加惧怕。

就在徐总指挥我们鏖战江油中坝的同时，向西北挺进的我三十军八十九师，相继攻占青川、平武；四军一部攻占彰明后西向北川。至此，我军控制了东起嘉陵江，西至北川，南起梓潼，北抵青川，纵横二三百里的广大地区，历时24天的嘉陵江战役全部结束。这一战役的胜利，彻底打破了蒋介石和四川军阀妄图消灭红军于川北的美梦，进一步巩固和扩大了革命根据地，扩大了红军队伍，推动了川西北人民的革命斗争，调动和牵制了敌人的有生力量，有力配合了中央红军的北上作战。

战斗结束后，我们在中坝休整了一段时间，江油、中坝一带，枕山面水，气候温和，物产丰富，确是个休养生息的好地方。然而，"梁园虽好，终非久恋之乡"。为了打破蒋介石随即而来的"东西堵截，南北夹击”的合围部署，迎接中央红军北上，我们在徐总的指挥下，又雄赳赳气昂昂地挺进北川河谷，开始向岷江地区进军。

1986 年 6 月于北京

选自中国人民解放军历史资料丛书编审委员会编:《红军长征·回忆史料（1）》，解放军出版社1990年11月第1版，第399—406页。

郑维山，1915 年生，湖北麻城（出生地今属河南新县）人。1929 年加入中国共产主义青年团，1930 年参加中国工农红军，同年转入中国共产党。红军长征时任红四方面军第三十军八十八师政治委员。新中国成立后，曾任陆军第十九兵团副司令员兼参谋长，中国人民志愿军第二十二兵团代司令员，北京军区副司令员、司令员、兰州军区司令员、中共中央委员，中共中央军委委员，中央顾问委员会委员等职。1955 年被授予中将军衔。2000 年在北京逝世。

关于红军强渡涪江、包围江油县城战况的回忆

李明

我原是红九军二十五师七十三团的团长，守大面山，反六路围攻后，在达县的胡家场调师部任参谋部主任，仍兼七十三团的团长。

江油的渡涪江战役是我亲自指挥的，具体的时间记不清了。大概是四五月间，记得当时田里油菜花已经开败了。渡过嘉陵江后，先头部队很快地占领了彰明及涪江以东的大片地方。我们第二天便从苍溪渡江直逼江油。当时江油的县城在武都，就是现在人们所说的老江油。上级给我们的任务是要立即拿下江油城，可是有涪江阻隔，渡江就遇到很大的困难，九军的军长何畏主张蹚水过去，说是可以从江油城南五里外一个水面很宽的滩头蹚水过去，而且他还非要部队蹚水过去不可。他带着一个老百姓来了，是个老头儿，要这个老头儿做向导。这个老头儿也说完全可以淌水，并说他曾多次淌水过这个江。于是，便由这个老头儿做向导。我们七十三团一个名叫石志班的副团长（这个人在后来部队改编时对穿国民党军装想不通，跑回家去了）带着五连去淌水。水也不太深，但走到中间水流就很急了。老百姓几个人淌水倒还不难，但我们这样大的部队要用这种办法过江的话，就行不通了。结果，两个排，连这个向导，还有一个营教导员都给冲跑了。石副团长赶紧叫往后撤，可是何畏仍要坚持。我说：“不行啊，一个连都冲走了一大半！”最后，只得撤

回来，重新组织、重新想办法。我们准备在朝彰明方向、与对岸塔子山（南塔坡）相对的江心有两大沙滩的地方渡江。这地方距江油城大约有五里路，怎么办呢？我们想出了办法，利用老百姓的拌桶，三只拌桶连成一只“船”，用杉树条和竹条绑在一起，再用桐油石灰把漏水的地方糊好。一共绑了十几只“船”，一船可以载一连人，只不过挤一点。我们准备了三天后才开始正式渡江。我先带七十三团的第一连渡江，过江后我布置好滩头阵地守卫，又返回组织第二次渡江。第二船又由我带着从沙滩上游渡了过去。这就过了两个连，属七十三团的第一营。接着，后面的“船”都没有渡成功，被打到沙滩（下中脊）上去了。军教导队也停在那个沙滩上了。我们已渡过江的这两个连把阵地往前推，占领了坝子，又把渡口扩大了一些。敌人跟我们打了一上午，还是攻不过来，才停下来去调部队。停在沙滩上的部队过不了江，又大都不会撑船，怎么办呢？于是，我只好反转来想办法。我们在军内调查，看哪个会水。后来，终于找到了这么一个人，是三连的排长，巴州人，是巴州有名的“水猫子”，能在水中泅三天三夜。他说：“你怎么不早说呢？我会有办法，我能弄到船。”我说：“你有什么办法呢？”他指着远处河对岸说：“你看，那不是有个渡船在那对门吗？我去把它弄过来！”原来，那对门有个渡口。我说：“好吧，不管你用什么办法，只要你能把渡船弄来就好。”他把衣服一脱就下水去了，他从水底潜游到对面的那个渡口，又从水下用头把那个渡船顶了过来。有了船就好办了。这只船能载一连人。他不仅水性好，还能撑船，就用这只船，他把沙滩上的部队一船一船地全渡过去了。后续部队也跟着渡过去了。吃了东西后，我和陈海松（红九军副政委兼二十五师政委）作了一个简单的动员，要大家一鼓作气首先拿下塔子山（即南塔坡，武都镇南面的制高点）。先头部队攻了三次都没有攻下，后来我就带着教导队去攻。教导队是班长以上的干部，一人有两件武器——冲锋枪和驳壳枪，很能干，在机枪火力的掩护下，一下子就把塔子山攻下来了。直打到下午一两点钟才结束战斗。敌人反攻了十几次，都被我们打退了。这一仗，我们消灭了邓锡侯部第四旅的一个团，剩下的两个团缩回了江油城里去了。

攻江油城时，我手抓梯子爬。起来投手榴弹，手颈被刀尖砍伤了，给我留下了一个永久性的纪念。我们占领了观音岩以南到彰明之南的那个山头(即火焚山。此系江彰平原涪江东岸离武都较近的一个制高点)，把江油城团团围了城墙上我们进行了多次攻城战，但因江油城在涪江边上，城很坚固，城墙下尽是杉木，一根挨一根，有十几公尺宽，虽强攻了多少次都没有攻下，用炸药炸也没炸开。叫前面说的那个“水猫子”潜水到紧靠涪江西岸边的东门去搞了些名堂也没有成功，只得把它包围起来。先是二十五师包围，后来三十军的八十八师、九十师及三十三军、三十四军①的后续部队也陆续前来增援。这样，我们便围起来不理它，掩护我们的大部队向西进军，先后占领北川、墩上、土门和汶川等地。邓锡侯企图解江油的围，又纠集了不少部队来增援。于是，我们便在塔子山西边那个山（即观雾山南麓城塘观一段）上和邓锡侯的部队开展了一场激烈的战斗。徐老总也亲自到了。何畏的指挥所就设在观音岩后的一个店子（即孟家店）里，离战地前线约十多华里。红三十三军九十八师一部、九军二十五师七十五团、三十军八十八师二十八团②等进行夜战，由于指挥有误，加之联络信号没有搞好，敌人从中间溜跑了。我们二十五师的两个主力团——七十五团和八十八团（此番号疑有误，当时九军二十五师辖七十三、七十四、七十五三个团）自己打自己打了一个晚上。直到双方都抓住了一个营长才晓得误会了。天亮了，邓锡侯集中兵力猛扑过来，我们红八十九师一部、二十五师的七十三团、七十五团，还有军教导队联合起来反击，很快就把邓锡侯打垮了，黄昏的时候就占领了中坝。俘敌很多，邓锡侯也差点被抓住了。如果我们头天晚上不打

① 此时红四方面军辖第四、第九、第三十六第三十一、第三十三军等，没有第三十四军——编者注。

② 疑为二六八团。此时红八十八师辖第二六三、第二六五、第二六八团。

误会仗的话，邓锡侯肯定跑不脱的。邓锡侯的鞋子都被我们撵掉了。他搞了一辆破汽车朝绵阳方向逃去了。先头部队七十五团紧紧追赶，追至青莲场南面盘江慢坡渡后，又掉回头打扫战场，搞了两三天。

这次战斗缴获的战利品多得很，银元是用箩筐装，还有很多金银，我们拿着这些没用，都交到军部去了。中坝参军的人相当多，光是二十五师一天就吸收了五千人参军。我们在中坝休整了一个礼拜的样子，便向北川西进，直达墩上、土门一带。（易可情整理）

1984 年 4 月 16 日

中共绵阳市委党史研究室供稿。

李明，红军长征时任红四方面军第九军二十五师参谋部主任兼七十三团团长。新中国成立后，曾任四川省军区参谋长。

忆中坝等地人民对红军长征的巨大贡献

余洪远

江油县中坝是川西北一个著名的商业集镇。1935 年 4 月中旬，红四方面军占领此地后，随即在城中心建起了一座雄伟的纪念碑。这座碑到现在已有 50 年了，其间虽几经风雨，但在人民群众的精心保护下，至今依然完好无损；刻在碑上那“百战百胜的工农红四方面军光荣胜利纪念碑”的巨大碑文，在艳阳下闪闪发光，璀璨夺目。

每当我看到这座纪念碑的照片时，心中便不由得想起了 50 年前，我四方面军征战到江油地区时，广大人民群众热烈欢迎自己的子弟兵，积极开展土地革命，踊跃支援、参加红军的动人情景，就像放电影一样，一幕又一幕地浮现在我的眼前。

一

这事还得先从剑阁会议说起。1935 年 3 月底，红军打过嘉陵江后，很快便占领了苍溪、阆中、剑阁江西岸的大片地区，乘胜攻克了天险剑门关。4 月初，西北革命军事委员会在剑阁县城内一所学校里召开了一次重要会议。会上，除讨论决定了部队的行动方向等问题外，还确定进一步加强红四方面军的经理（后勤）工作。这以后，我奉令参与了这方面的领导工作。

长征途中，红军的后勤保障工作，是一项十分艰巨而繁重的任务。那时，由于部队流动性大，一方面要行军打仗，一方面还要分散做群众工作。加之脱离根据地后，粮食补给十分困难。尤其我们队伍很庞大，记得过嘉陵江时，有正规红军约八万人，还有地方武装、游击队、少先队、儿童团，以及从老苏区撤出来的地方干部和工厂职工，总共约十来万人。这么多的人，不论走到哪里，首先就要解决一个吃饭的问题，同时还要保证部队作战中所必需的物资供应。因此，摆在我们面前的困难是不小的。为了完成剑阁会议上确定的任务，根据方面军总部首长的指示，我立即带领川陕省委、省政府机关干部和妇女独立团、政府警卫营等，将近万把人，同方面军总政治部副主任傅钟同志一道，于 5 月上旬进驻中坝。傅钟同志带着宣传队驻城内祥泰行栈，专门负责搞宣传。我带的一路人马驻在北门外一所中学内，主要为部队筹措西进的粮食和其他物资。

二

中坝是个好地方，它位于涪江沿岸的江彰平原之中，土地肥沃，物产丰富，除主产稻谷、小麦外，副食如豆油、酱菜、海椒面、黄花菜、辣子酱等土特产品也有名气，加之，这里地处交通要道，上通甘陕，下达成渝，是川陕甘三省物资的一个集散地，商业比较发达，称得上是川西北一个著名的商埠，城内各种店铺鳞次栉比，铺子里摆着各式各样品种繁多的东西，街上人来车往，熙熙攘攘，十分热闹。

但是，由于国民党反动派的长期统治和地主豪绅的残酷剥削，这里的群众生活十分贫苦，他们急切盼望早日得到解放。因此，我们到达中坝后，有不少群众赶来欢迎，有的还敲锣打鼓，挂红放炮，抬着整边整边的大肥猪肉前往部队驻地慰问。但多数群众对我们并不十分了解。据此，我同傅钟同志商量，决定首先从宣传工作入手。我们把军队和地方干部合编成若干个工作队和宣传队，用“巩固老区，发展新区，迎接党中央和毛主席，迎接中央红军”的口号进行动员，鼓励大家深入城乡，发动群众。傅钟同志很善于做宣传鼓动工作，部队每到一地，他都亲自组织或带领宣传队，到群众中去开展宣传活动。宣传形式是多种多样的。有口头宣传，如开会、演讲、访贫问苦、个别交谈等;有文艺宣传，如演文明戏,街头活报剧、教唱歌、演唱等;还有文字宣传，如张贴布告、印发文件、书写标语、传送捷报、散发传单、编印课本资料、绘制图表和漫画等。通过这些形式，大力宣传共产党的纲领、路线和政策，宣传红军的性质、任务和纪律。揭露军阀和地主豪绅的罪恶，及时传播红军的胜利喜讯，号召工农起来闹革命、求解放，建立自己的苏维埃政权。

在这些宣传形式中,尤以石刻标语最为出色。江油一带地方,石崖、石柱、石碑、石壁、字库、牌坊等分布比较广泛，各个部队和工作队、宣传队便利用这些醒目的地方，组织石工队、镌刻队，吸收当地一些手艺较好的名工巧匠，精心刻制大幅石刻标语。巍然屹立于中坝街头的红军纪念碑，就是在傅钟同志的亲自设计和指导下改建成的。原来，这是一座所谓的“德政碑”，傅钟同志便组织石工队搭上很高很高的架子，在六丈多高的碑体上铲去旧文，重新设计和刻制新的碑文。除正面的碑文外，记得其他三方的标语文字分别是：“为争取独立自由与领土完整的苏维埃新中国而战”（北面）、“铲除封建势力，消灭卖国贼蒋介石，坚决赤化全川”（东面）、“彻底没收地主阶级的土地平分给贫苦农民，坚决做好扩大红军的工作”（西面）。这些巨幅标语，发挥了强大的宣传鼓动作用，给广大军民以极大的教育和鼓舞。

红军在江油驻留期间，还发布了一系列布告，现在我还记得有：以宣传红军的光荣任务和当红军的好处，动员青年积极报名参加红军的

《告工农父老兄弟姊妹书》；以规定各级苏维埃政府具体工作任务为主要内容的《苏维埃政府主席联席会议决议》；以规定征收公粮的范围、数量、标准和办法的《公粮条例》等。尤其以川陕省苏维埃政府主席熊国炳、副主席余洪远、祝义亭的名义发布的《川陕省苏维埃政府布告》，内容丰富，文字通俗，是一份带纲领性和综合性的文告，它揭露了国民党军阀政府卖国和独裁的反动性，明确宣布只有川陕省苏维埃才是工农穷人唯一的政府；同时公布了一些政策和法令，如工农穷人选出自己的代表，组织各级苏维埃政权，除暴锄奸；取消苛捐杂税；打土豪、分田地；允许商人合法经营，等等。上述这些，对于发动群众，开展各项斗争，保护群众利益等方面都起到了重要的作用。

群众很快发动起来了，随即便自上而下地建立各级苏维埃政权。当年，我们在江油县（包括彰明）共建立了济时、江油、彰明三个县的苏维埃政府，一个中坝市苏维埃政府，300 多个区、乡、村苏维埃政权。各级苏维埃还相应建立了群众武装游击队，在领导群众打土豪、分田地、动员青年参战，组织筹粮和运输支前等方面，都做出了重大的贡献。

三

5 月，红四方面军主力陆续向川北、茂州方向转移，去策应党中央和一方面军。茂州、汶川一带是大山区，不产稻米，小麦也产得很少。为了保障部队的供给，总部指示我们，要在中坝地区，采取灵活的政策，尽一切努力把粮食物资搞到手。当时，有九军、四军各一部在彰明以南靠绵阳一线防御成都方面的敌人，三十军和三十一军各一部在青川、平武一线对付胡宗南，掩护我们在中坝大搞粮食。我们在这里筹粮的具体办法是：一打、二征、三借、四买。打，就是打地主、土豪，没收他们的粮食。这是游击队的主要任务。征，就是征收义务粮。基本上按照《公粮条例》的有关规定办理。广大劳苦群众由于翻了身，对党和红军充满了无限的感激之情，因而纷纷献交公粮，不少人除交够公粮外，还把自己的口粮也献交出来，宁愿自己吃野菜，喝稀粥，这种情景着实感人。借，就是打借条向富有的人家借粮。买，就是用银元和苏区的票子向群众买粮。就这样，过了一段时间，仍不能满足前方部队的需要。当时，从北川每天要派几千人回中坝来运粮食。怎么办？好在这时正值麦熟季节，我们便采取了“割借”的办法。所谓“割借”，就是对富农、地主的麦子，我们组织人到地里去直接收割。供参加割麦的人划片包干，规定任务，连割带打、晒，由苏维埃政府派人去收秤，然后打个借条，盖上大印，确定今后成立政府时再偿还。用这种办法搞粮食来得快。我们割了地主、富农的麦子，老百姓高兴得很。但有时也因调查不准确，误割了中、贫农的麦子的。碰到这种情况，我们除了道歉外，还补给银元衣物和苏区的票子。

在这里搞粮食，最得力的还算妇女独立团。她们最能吃苦，不仅会行军打仗，而且搞劳动活也十分在行，割起麦子来动作十分麻利。每天都比男同志割得多，割打完了，运得也快，只见她们背的背，挑的挑，有说有笑，不一会就运到村苏。

江油这个地方（包括梓潼、剑阁、安县、北川的一部分地区）几乎解决了整个四方面军第一次向草地进军的粮食问题。当时，江油和彰明两县人口将近 30 万，平均每人大约献出了 30 斤口粮。在这里，我们前后共筹集了 900 多万斤粮食（包括各部队自筹的），除红军在驻留期间和苏维埃工作人员食用外，单是支援西进的粮食就有三四百万斤，我们撤离此地时，还剩万把斤粮没运走，便分给了临时留下来不便长征的部分儿童团员。

四

筹集这么多的粮食，运输也是一个大问题。从中坝到川西北高原有好几百里，就是在江油本县境内送粮有的也要走 100 多里。为了解决这个问题，我们除在中坝设立一个大粮站外，还在行军沿途设立了若干个粮站和临时仓库，组织人力，有计划地接力运送。运粮队主要由年轻力壮的游击队员组成，并动员一些能够挑担的壮年农民参加。还有不少积极性很高的妇女、儿童和老人也主动赶来搬运。有的用背篼背，有的用箩筐挑，一路上只见男男女女，老老少少，来来往往，川流不息，有的小孩连衣服都不穿，光着身子也背上几十斤，他们一趟又一趟地往中坝、官渡等红军粮站运送。这种热烈而踊跃的运粮情景，实在感人至深。

中坝附近各乡设立了许多粮仓。如我们在让水乡六村邓家院子设立的那个较大的粮仓可收储十来万斤粮。这些粮大部分是从三四十里外的河西乡、西屏乡祥和寺等地运来的，囤积几天后，又从这里运到官渡，再转到北川的陈家坝。中坝西郊的永丰乡，当时就设了粮库七处，参加运粮的民工近 400 人。这个乡是平坝，盛产稻麦，筹的粮食多。这些粮先运到小河、官渡，再运往桂溪、陈家坝。江油重华街上就有 100 多人组成的运输队，行程 100 多里，把粮运往北川第一站——沙窝子（当时属平武）。除了组织群众运输外，部队还编有专门的运输队，使用骡马驮运。

北川的千佛山激战，参战部队多，时间又长（两个来月），地形相当险要，因而红军的粮食补给十分困难。那时，北川产粮很少，部队用粮主要靠江油、安县运送。从中坝到千佛山，要长途跋涉两三百里。过了官渡，便进入大山地区，山高坡陡，悬崖深涧，道路十分狭窄，途中还要通过两座悬空几丈高的竹索吊桥，人走在桥上左右摇晃，挑粮过桥更是胆战心惊，加之沿途常遭国民党军队、土匪和地方团防的袭击，运粮队员只好起早摸黑地赶路。时值夏季，经常暴雨倾盆，道路泥泞难走，常有人摔倒路上，有的甚至连人带粮滚下深涧，献出了宝贵生命，或摔成重伤。尽管如此艰难，但江油、北川、安县地区的人民，总是不辞千辛万苦，冒着生命危险，将一批批粮食物资及时运往千佛山阵地和茂州行军途中，保证了红军部队行军和战斗的胜利。

五

6 月初，我奉徐向前总指挥的命令，搁下中坝筹粮扫尾工作，十万火急地奔往北川县城徐总驻地，接受新的任务。原来，毛主席、党中央率领的中央红军已经强渡大渡河，正向天全、芦山方向开进。徐总告诉我，已派出先念同志率八十八师等部队前往迎接去了，考虑到一方面军长途跋涉，粮食补给一定很困难，要我立即带领在中坝筹粮的工作队员，并多带些粮食，赶去懋功（今小金）一带，为迎接党中央和一方面军做物资准备，接受任务后，我们以最快的速度组成了迎接中央红军筹粮工作队，我叫政府总务处长庞继元同志专门选了几匹大骡子，驮上从中坝带来的盐巴、豆豉、海椒面、酱菜、资阳豆瓣和剑阁腊肉等。并要求每个同志的水壶都不装水了，全装上豆瓣酱；手帕也不用来擦汗了，全包上盐巴和海椒面，把干粮袋也装得鼓鼓的。我们经过七八天的艰苦跋涉，途中克服了重重困难，每个同志都对这些东西倍加爱惜，直到在懋功的两河口，才将这些物资高兴地交到一方面军同志的手里。一天，朱总司令路过马尔康，在我们驻地吃午饭。当他吃到剑阁腊肉和资阳豆瓣等时，高兴地连连称赞："又吃到家乡的东西了，真香！真香！"随后又紧紧握住我的手说："洪远同志辛苦啦！你们完成了一项光荣的任务呀！"听到总司令的赞扬和鼓励，我真有说不出的高兴。可是，在这高兴之中，我怎能忘记中坝等地人民对我们的帮助呢！

在长征中，江油等地人民不仅在粮食物资方面给了我们巨大的支援，而且还积极报名参加红军。记得当年在江油、彰明两县就有好几千人参加了红军，仅红三十军进入中坝不几天就扩大新战士千余人，有的是在赶场时毅然报名参了军；有的是在送军粮、运弹药、抬伤员，一去就跟红军踏上万里征程；有一些游击队在配合红军作战时，要求集体转为红军。尤其突出的是，还出现了父子、兄弟、夫妻、姊妹和一家几口人同时参军的动人情景。

总之，江油、中坝这块富饶的土地，这里的人民群众对红军长征所做的巨大贡献，对革命的贡献，我是终身难忘的。

中共绵阳市委党史研究室供稿。

湔江两岸

方子翼

红四方面军突破嘉陵江、涪江之后，在主力部队攻打江油城的同时，二六四团便日夜不停地继续西进，他们的任务：抢先占领北川城，为整个后续部队开路。

黑夜，杨秀坤副师长亲自率领着二六四团，踏进了湔江北岸的深山险谷。部队在崎岖的山路上，悄悄地前进。经过一天一夜的急行军，第二天傍晚，先头部队攀登上了北川城旁的高峰——三层岩。

三层岩的山尖上，覆盖着积雪。沿在这白皑皑的顶峰上，可以隐约地望到山下灰秃秃的北川城垣。银带似的湔江，躺在城下。据侦察员报告，邓锡侯的一个营，驻守在城里。黄昏，当我军冲下山去，从北门打进去后，敌人便弃城逃过了湔江，他们烧掉了横跨江面的篾索吊桥，把我军甩在江北岸。

湔江，是涪江的一条大支流，汹涌地横躺在我们面前。大家望着滚滚的流水，望着隔岸的火光，恨不得横生两翼，飞越过去。杨副师长用手电照着展在地上的军用地图，反复查着，他是想找寻渡口，寻找新的桥梁。可是，看了许久，连一个这样的符号也没找到。二六四团的黄团长，急得直挠头，不时发出啧啧声。杨副师长突然说道："看，北川上游，江分成了两岔。那里水一定比较浅。"说着，他用红铅笔在地图上画了个"U"字，决定部队立刻沿江而上，从分岔的地方渡江，然后回头往包谷山打。

部队沿着江岸,走了半天,到达了预定的渡口。这里由于江分两岔,水流缓慢,最深的地方,也不过齐胸。同志们不顾天寒水冷,跳下水去。

可是,涉过第一道江岔,部队又被拦阻住了。一条江虽然分成两股,水势并没减弱多少。再涉水是不可能了。杨副师长命令部队停下,立刻动手砍树架桥。

这条水并不太宽,岸边上长着很多的大树,大家想:只要能砍倒几棵树,就可以架起一座便桥,可是,因水流太急,第一棵树一着水,像一条水蛇似的溜走了;第二棵树倒下去,一个浪头压上来,又冲跑了。第三棵、第四棵……均是如此。

深夜,杨副师长正召集干部会研究渡江的办法,去军部送信的人,星夜赶回来了。并且带回了军首长的信,杨副师长急促地看了一遍,把信递给我说:"方秘书,读给大家听。"我打开手电,一字一句地读着。内容的大意是:

"杨副师长转二六四团全体同志:……知你们正在艰难之中,但你们要想尽一切办法,今晚渡过江去,并限明日中午打到北川对岸的包谷山……"

大家听了信的内容,更是着急。二六四团王政委说:"问题十分明显,我们正站在前进的跳板上,无论如何,今晚要打过江去!"黄团长猛地站起说:"它就是一条天河,我们今晚也要过去!只要天亮前能过得江去,明天中午打到包谷山还不成问题。"

现在,已经是夜晚12点了,事不宜迟,杨副师长重新展开地图,看了一下,说:"黄团长带领两个营继续沿江向上走,去找渡口,其余的部队留下架桥。两个方案,总会有一个行得通的。"

二、三营出发了。一营和团直的人员,在繁茂的密林中奔忙,伐木声响彻夜空。杨副师长奔跑着,指挥着一支临时组成的"工兵",他不时地用电筒照着手表。时间,一切为了争取时间。

约摸3点多钟，对岸传来了呼叫声。架桥的同志们惊喜地望着对岸，突然传来消息：二、三营已经从上游过了江，打到对岸了。

黎明时分，一营和团直的同志，在对岸同志的协助下，终于架起了一条成型的桥。

部队全部渡过江后，杨副师长大声地命令着："折向东打，目标包谷山！"

旭日照着湔江，我们的部队，沿着江畔，急急向包谷山前进，时间要求我们，四个小时，必须赶完80里，否则，就到不了包谷山。

"每小时20里，保证不掉队！"有的干部这样说。

杨副师长说："不是光跑路，还要准备战斗，"他坚决地命令着，"遇上小股的敌人，不管他，一直向前插！"

部队刚走出不远，前面就响起了激烈的枪声。惊慌的敌人，不知道从何处飞来了天兵，没命地逃跑。路上到处是丢弃的东西，背篓子，大烟枪，绊在脚下，甚至我们连地上的枪都来不及捡，一个劲地向前赶。……

边打边走，我军像入了羊群。整整四个小时，枪声没停，下午1点钟，打到了包谷山，把敌人一个旅的阵地，冲得稀里哗啦！及至敌人发现我们人数很少，企图反扑的时候，我军的大部队，已经渡过湔江来了！

选自中国人民解放军三十年编辑部编：《中国人民解放军三十年初选稿》第一卷第三辑（一），第29—31页。

方子翼，原名方泰兴，1917年生，河南商城（出生村庄今属安徽金寨）人。1930年参加中国工农红军，同年加入中国共产主义青年团，1933年转入中国共产党。红军长征时任红四方面军第三十军八十九师师部书记、师政治部青年股股长。新中国成立后，曾任空军第五航空学校校长，空军某军副军长、军长，北京军区空军副司令员兼训练部部长，广州军区空军副司令员，空军学院顾问等职。1955年被授予少将军衔。2015年在北京逝世。

“盘堆”架桥

田厚义

1935 年 3 月，春风吹到了嘉陵江上游古老沉寂的山区，桃李争芳，万物萌发，一片生机。这天，风和日丽，景色明媚，晚饭以后，红三十一军军部驻地——广元县元坝子，歌声嘹亮，笑语飞扬。军直机关的干部正在做游戏。别看这些二三十岁的“老红军”，工作、打仗时严肃紧张，可玩起来，那个活泼劲儿，一点也不亚于连队的战士。“咚咚咚、咚咚咚！”鼓点突然中止了，“俘虏”走到圈子中央表演节目：有的唱一首歌，有的哼几句家乡小调，有的干脆作一副怪相，逗得大家哄堂大笑。

“田参谋，项参谋——”

我刚传出手中的红绸帕，心里在庆幸不会当“俘虏”了的时候，军部通讯员来到了我和项辉志同志的身后。

“有任务吗？”我们俩退出游戏队列问。

“有！”

“什么任务？”

“不知道，政委叫你们马上到军部。”

我和项参谋紧跟在通讯员的后面，直奔军部。军政委詹才芳同志正等着我们。一见我们，他就说：“我们的部队打开并占领了昭化、剑门关。军长来信，要你们通讯科完成两项任务；第一，架设从元坝子到磨子垭的电话线，90 里路，明天天亮前通话。第二，在磨子垭的嘉陵江上架一座浮桥，三天时间完成。项辉志负责架线，田厚义负责架桥，马上开始执行。”

接受任务后，项参谋带领电话班出发了，我带领四名战士连夜赶往磨子垭。春夜的山区，星月灿烂，山林恬静，美极了。可是我没有心思去欣赏。我奔走在崎岖的山路上，心里只装着架桥的任务。我知道，任务是很重要的。我们红三十一军强渡嘉陵江以来，尽管打了不少胜仗，但由于胡宗南部队与四川军阀互相勾结，堵我进路，北面的压力还是很大的。如果能在嘉陵江上架设一条通道，江东部队和后方机关就能迅速跟进和转移，江西部队也能掌握进退自如的主动权。架桥，关系到巩固和发展渡江战役的胜利成果啊！可是怎样才能架起一座桥呢？我虽然当了一年多通讯参谋，但从来没架过桥，更何况是在水深浪急的嘉陵江上，心里实在虚得很，一点底也没有。心急路长，我们五人走得汗流浃背，气喘吁吁。我还摔了几跤。后来我又想，军长在前面，他一定会有办法。说不定早就安排好了架桥的一切，只等我去组织一下就可以了。这样一想，心里安定了些，解开上衣，放开小跑，巴不得马上就见到军长。鸡叫二遍的时候，我们走完了 90 里山路，带着一身汗水和露水，赶到了磨子垭。

天还没有亮，本来可以休息一会儿，可我根本睡不着。黎明的曙光刚刚照亮江面，我就坐上一只小渡船，到昭化去向孙玉清军长报到。孙军长见到我，问了詹政委好，马上就向我布置任务：在附近的江上架一座浮桥，能过四路纵队的步兵和两路纵队的骑兵。越快越好，最迟三天必须完成。

“你懂架桥的技术吗？”军长终于问到了我最关心的问题。

“不懂，过去没架过桥。”我迫不及待地回答，军长脸上的表情一下严肃了起来。“是政委派我来的。”我补充了一句。

军长的眉头蹙了蹙，好久不吭声。我的希望破灭了，额上又沁出了汗水。沉默一阵之后，军长叫秘书给我写个介绍信，去找九十一师政治部主任。我带着介绍信来到九十一师政治部，主任看了之后对我说："架桥的技术和组织领导由你负责，民工的管理和吃饭问题由我们组织科负责。"

鸭子只得上架了。上就上吧，共产党员接受任务是不能讲价钱的。我决心豁出去干。告别了主任，我一溜烟跑到江边的架桥地点。一看，架桥的材料只有少许竹子和我坐来的那只小船；地形两岸开阔，一抹平沙，连可以拴住绳索的一棵树或大一点的石头也没有，时间这样紧迫，材料如此缺乏，任务多么艰巨啊！我沙滩上走过去、走过来，听着江涛的抨击声，望着两岸的旷野，心里火燎燎乱糟糟的，急得要死。我并不信神，可是此刻多么希望能有一位全知全能的神仙从碧波中升起来，向我指点架桥的办法呀……

真是意想不到，"神仙"果然出现了，江边走来了一位老大爷，看上去有60开外年纪，身挎背筐，拾着粪。我赶快迎上去恭恭敬敬地问道："老大爷，请问这个地方过去架过桥吗？"

"架过。"老大爷抬起头来回答我。

我又问："尽是沙滩，绳索没法生根，怎么架呀？"

"有法子。"老大爷说："把那些大大小小的石头搬到一块，堆起来，就可以拴住绳子了。我们老百姓把这法子叫'盘堆'。"

我注意听着老大爷的话，心情顿时开朗了。我正要谢别而去，老大爷却靠近我一步，机警地朝四周打量几眼，低声说："要在这里架桥，光用竹子、木头不行，还要有船。我告诉你，离昭化四十里的地方，有个复兴场，那里的沙滩上埋有九只船，你们去找到拉来，桥就好架了。"

老大爷说完匆匆地走了。我站在沙滩上，久久地望着他渐渐远去的身影。多好的老人啊！在我最危难的时刻，他给我指明了架桥的方法，告诉了我埋船的秘密。我不知该怎样感谢他！可是那时，我不但没有说出一句感激的话，而且连他的姓名也未曾问及。多少年后，每当我回忆起这件事的时候，总是感到内疚和不安。

我跑回驻地。命令两名战士立即赶往复兴场，寻找埋在那里的船只，请老乡连夜拉回来，另外两名战士和我一道就地发动群众，伐木砍竹，采石"盘堆"。

寂静的山村，荒凉的沙滩，顿时沸腾起来了。经我们一宣传，广大群众明白了红军架桥打白匪的道理，马上汇集成浩浩荡荡的架桥大军，开始了工作。一根根木料运往江边，一捆捆竹子堆积沙滩，木工们拉锯抡斧，篾匠师傅剖竹扎排。采石的队伍最庞大，不但青壮男女投入战斗，就连年过六旬的老人和十来岁的娃娃也参加了运石的行列。人们背的背，挑的挑，来往如梭，奔忙不息。那时的群众很穷，许多人穿不起鞋，赤脚在沙砾中奔跑，破了皮，出了血，可是没有一个人叫苦。到了夜里，老乡们从自己家里拿来稻草，高粱秸、篾笆作火把，火光月光交相辉映，工地上如同白昼。劳动的号子声、吆喝声此起彼伏，凿木的叮当声，剖竹的劈吧声响成一片，紧张繁忙的情景十分动人。

第二天早晨，太阳刚刚升起来，架桥的一切准备工作就绪了。万事俱备，只欠东风。船只一到，马上就可以架桥。这时，我一天一夜一直处于极度兴奋的心又转为焦急了。船，那九只船找到了吗？能拉回来吗？途中会不会出问题呢？会不会被人劫走呢？……我像木桩似的伫立滩头，凝视远处的江面，辨认着那儿出现的每一个影子。啊！来了，来了！一只、两只、三只……正好九只！"同志们，船来了！"我禁不住大喊起来。老乡们、战士们一齐拥到江边，在一片欢呼声中接到了船，整整九只船。

两位战士向我报告了完成任务的经过：他们到达复兴场附近的沙滩上之后，很快发现了埋船的痕迹，但是埋得很深，要靠他们两人把九只船挖出来，没有两个月时间恐怕是不行的。于是他们到村子里找到群众，说明红军要借船架桥的意图。群众一听，纷纷带上锄头、畚箕赶到江边，经过半天的忘我战斗，将船挖了出来，接着又推选出 50 多个人，连夜拉船到昭化，这些老乡在夜里行船，费尽了心，流干了汗，到现在还没有吃饭。

我看着民工同志们一个个衣衫褴褛，饥疲交瘁，还主动为我们连夜拉船，感激之余，心里涌起一股酸楚的滋味。我再三向他们表示感谢。然后，叫两位战士带他们到九十一师吃饭，好好休息。

架桥开始了。碧蓝的江面，看起来平静无波，实际上却以每秒钟好几米的速度向前奔流。波涛像无数匹脱缰的野马，以不可拽转的力量，企图将船只、绳索、竹排统统席卷而去。广大民工并不在乎这一切。他们以大无畏的精神,把一根根手臂粗的绳索牢牢地套在“盘堆”上，用船作牵引，顶着波浪一步步前进，硬把桀骜不驯的嘉陵江拦腰捆了起来。九只船在水深浪急的地方被固定了。竹排漂浮在河宽流缓之处。一根又一根的木条将船和竹排衔接起来，像一条长龙一样横卧江中。

架桥的任务提前完成了。可是我并没有像以往完成别的任务一样沉浸在自豪的喜悦中，而是陷入了久久的沉思：两天前，这里是空荡荡的沙滩，空悠悠的江水，什么也没有。可现在，横在眼前的却是一座坚固的桥。时间才两天两夜，为什么会有这样大的变化呢？我的眼光落到了浮桥两端的“盘堆”上,那些由大大小小的石头集合而成的“盘堆”，看起来很平凡，但就是它们套住了绳子，固定了木船，串起了竹排，锁住了一江水，托起了一座桥。它们连接了胜利的道路，红军的千军万马将从此通过，继续前进。这时，我又想起了神秘可敬的老大爷，想起了几十名连夜拉船的群众，想起了数百名忘我战斗的民工，他们不正像那岿然不动的“盘堆”吗？

1980 年 11 月 4 日于武汉

选自成都部队川陕革命根据地军事斗争史编委会编:《巴

山烽火：川陕革命根据地回忆录》，四川人民出版社1981年6月第1版，第127—132页。

田厚义，1906年生，湖北大悟人。1929年加入中国共产党，1930年参加中国工农红军。红军长征时任红四方面军第三十一军司令部作战科参谋，第九十三师司令部通信科科长、团参谋长。新中国成立后，曾任湖南省公安总队副司令员，湖南省军区司令部副参谋长、副司令员，湖北省军区副司令员，全国政协委员等职。1955年被授予少将军衔。1987年在武汉逝世。

红军长征纪实丛书

红四方面军卷

2

中共中央党史研究室 编

中共党史出版社

本册收入第三至第六部分文章 82 篇

三、西进松（潘）理（县）茂（县）地区

土门、北川河谷战斗

郑维山

一

1935 年 4 月 21 日，红四方面军举行的嘉陵江战役胜利结束。这一胜利，破坏了敌人“川陕会剿”计划，我方面军主力占领平武、青川、梓潼、北川广大地区，威胁绵阳、成都。当时，川西北只有敌邓锡侯部队驻守，兵力空虚，北面的胡宗南部和东面的刘湘部，都一时赶调不及。这为我方面军实现向甘肃南部发展，创造了有利条件。

但就在徐向前总指挥率领我四方面军主力攻打彰明和江油中坝等地，横扫涪（江）嘉（陵江）流域敌人的时候，留在后面的方面军领导人张国焘，却对革命形势作了极其悲观的估计，擅自放弃川陕根据地，指挥东线红军和后方机关“大搬家”，跟着渡江西进，他们迟迟不上来，部队只好在嘉、涪一带地区停留，故胡宗南部趁机作了周密的部署和充分准备。这样一来，不仅失去了战机，破坏了原定迂回碧口、抄胡宗南后路、进取甘南的作战计划，而且使整个方面军陷于失去根据地依托的不利处境。

4 月下旬，敌“国民政府军事委员会委员长行营参谋团”（以下简称“重庆行营参谋团”）奉蒋介石命令，调兵遣将，组织以江油中坝为

中心的围攻。重庆行营参谋团命令邓锡侯部由绵阳地区出动，沿涪江西岸前进，令“六路军”王缵绪部及“五路军”唐式遵一部共 13 个旅，出绵阳、魏城、沿涪江东岸前进。令北面胡宗南部由碧口、文县南下青川、平武，令“三路军”李家钰部位于东起阆中西经左壁庙至店哑子一线防止红军南出。令“五路军”另一部守备昭化至阆中沿嘉陵江一线，阻止红军东返。对我形成南北夹击，东西堵截的合围态势。

根据这一形势，我军继续集中在江油中坝一带坚持显然是不利的，重返嘉陵江以东已不可能，北出之路又被胡宗南堵住，困难较大。为打破蒋介石的合围，迎接中央红军，方面军指挥部决定，西出土门，迅速占领岷江流域的松潘、茂县（今茂汶羌族自治区）、理番（今理县）、汶川地区作立脚点，实现两个方面军的会师。

从 4 月下旬开始，我四方面军各部队先后撤出青川、平武、彰明、中坝等地，挥戈南向岷江地区进军。

二

我三十军八十八师和红九军二十五、二十七师等兄弟部队，是在徐向前总指挥的亲自率领下，于 5 月初由江油地区进入北川河谷的。

从北川进入岷江流域，要经过山谷交错的山区。山的高度由东向西逐渐增大，自徐师岭及其以北至龙溪堡、高山堡，便形成横断东西、绵亘相连的高山山脉，不少地方是悬岩绝壁，且是深山老林。真是“一山来了一山迎，只堪入画不堪行”。只有土门、干沟、土地岭，才有一条长的隘路通向茂县。我们西向岷江地区、北川、土门的一条长隘走廊是必经之路。就在这长隘走廊间，也矗立着伏泉山、大垭口、千佛山、老君山、观音梁子等大山，绵亘蜿蜒约百里，号称川西平原和成都坝子的“北边城墙”。

我们西进之时，正是初夏、天热多雨，山路崎岖泥泞，江河水位增高，北川河、湔江和它的数条支流，看起来河面很窄，但水深流急。两岸又多为悬崖峭壁，人一般难涉水过去，又很少见渡船，河上大都是铁索桥和竹索桥。这不仅给部队展开兵力发动进攻形成自然障碍，就是大部队行军也十分艰难。

红四方面军主力进入北川后，敌四川“剿匪”第一路总指挥邓锡侯惊恐万分。多年来，邓锡侯一直兼任松潘、理番、茂县、懋功、汶川屯殖督办。这一带是邓锡侯的地盘，邓锡侯为巩固其势力范围，同时防止红军由茂县出崇宁（今并入郫县、彭县）或汶川、灌县直下平原，遂同孙震提出守备北川河封锁土门的方案。经重庆行营参谋团和刘湘批准，乃令李炜如旅为先遣，驰驻墩上；令二十八军第五师副师长兼 13 旅旅长陶凯，率八个团兵力，驻守上门、上沟、观音梁子、土地岭等地，封锁隘口。另调藏族奴隶主的马队 600 人，控制干沟，受陶凯指挥。5 月 1 日，陶凯所部抵达土门，遂以一部兵力驻墩上，以为前进阵地；以五个团又两个营兵力位观音梁子一线，作为主阵地，以不足两个团的兵力占领土地岭一线，为第二阵地。马队位于干沟附近。他们抢在红军之前，控制了有利地形，层层设防，筑垒据守。

由我三十军政治委员李先念同志率领的八十九师由平武，四军一部从彰明出发进入北川河谷。5 月 1 日向墩上守敌发起进攻，溃敌陶凯所部一个团。然后又在东狱官一带歼敌李炜如所部一个团，追击逃敌于凉风垭。于是红军打开了“北边城墙”的突破口。5 月 3 日后，徐向前总指挥率方面军主力到达北川河谷，即与先头部队会合，然后展开兵力，以九军二十五师和三十军八十八师作为主攻部队，开始向漩坪、伏泉山一带的守敌展开激烈进攻。

5 月 4 日，我军以优势兵力，包围了盘踞在伏泉山上的敌李炜如旅。这一带的山多呈马鞍形和锯齿形，山头与山头相隔不远，火力可以互相呼应。敌人依仗有利地形，从山脚到山顶，层层设防，又以密集的炮火封锁，一时硬攻难以得手。我和熊厚发同志商量后，决定以二六八团从正面进攻吸引敌人。以二六五团迂回到敌侧后，从敌人认为无法攀登而守备薄弱的一条峡谷绝壁摸上去，给敌人以出其不意的打击，乘势夺取制高点。二六五团是在长期实战中锻炼出来的一支过硬队伍，打了许多漂亮的夜战，被总部授予“夜老虎”奖旗。战斗中，他们常常能在敌人的鼻子底下，搭人梯，登悬崖，攀绝壁，钻草丛，潜深沟，悄悄地接近敌人阵地。突破口一般都是选在敌人的侧后或敌人认为进不去、攻不上的地方。就是偶尔被敌人发觉，他们也能沉着应战，宁可牺牲也不暴露目标，不到手榴弹可以发挥威力的距离不还击。等摸到敌人跟前时，首先是数十颗手榴弹同时在敌人群中开花，然后趁敌人混乱和手榴弹爆炸烟雾猛扑上去，将敌人的主阵地拿下来，然后同二六三、二六八团相配合，在运动中歼灭敌人。

这一次，我们也不例外。二六五团接受任务后，由团政委黄英祥带领第一营在前，我和团长邹丰明带第二、三营跟进。天黑后从敌人防御阵地之间的一条峡谷洼地往上摸。这个地方没有路，尽是密密麻麻的灌木梢子林，或是峭岩。战士们的脸被荆棘划破了，手被石笋刺伤了，甚至有的滚到山沟里去，但谁也不呼叫，悄悄地爬起来再往上攀。这样整整用了四五个小时才爬上山顶，凌晨三点钟到达主峰。敌人还在睡梦中，一部分被我们的手榴弹、大刀送上了西天，敌人压根没有想到，在他们营、连、排层层设防的阵地上，又是半夜三更，会有飞兵自天降，也闹不清究竟来了多少人。在混乱的敌群中，只见到处是臂系白布的“夜老虎”（白布是我们夜间的联络标志），到处是闪着亮光的大刀片。惊恐的敌人无心恋战，纷纷丢枪弃炮，四处溃逃，有的跌下悬崖，有的挂在山涧大树上，呼叫救命。我二六五团一举攻下伏泉山主峰阵地后，一面组织兵力坚守阵地，一面以一部分兵力由山顶向下进攻，配合山下二六八团和二六三团等兄弟部队，对残敌实行两面夹击。一霎间，山上山下都是我军的红旗和喊杀声，敌人难以招架，争相夺路溃逃，敌伏泉山阵地全部落于我手。

邓锡侯、孙震听说漩坪、伏泉山阵地被我军占领，十分惊恐。急调其纵队司令王铭章率八个团，从安县赶到伏泉山南侧的擂鼓坪一线集结，又派特科司令游广居率七个团赶到草鞋街一带作策应，妄图夺回伏泉山阵地。5月5日午后，王铭章部在强大的火力和飞机掩护下，将兵力展开于曹山坡、苏仓沟一线，向扼守伏泉山我军发起全线进攻。我军指战员严阵据守，浴血奋战，敌人冲上来一批、打退一批。二六三团打得尤为出色，在他们的阵地前，敌人留下了成堆的尸体。敌人在正面进攻失利之后，改变战术，以其主力向漩坪东侧运动，企图迂回夹击我军，半路上遭到我军二十五师、二十七师部队的迎头痛击，退回擂鼓坪一线固守。我军几支部队会合后，乘胜猛烈追击，向西扩大战果，于5月6、7两日，先后攻占了东大垭口，百家林等敌主要阵地。5月9日，兵至千佛山。

千佛山主峰海拔2900米，是北川河谷南侧的最高点和“北边城墙”的中心支柱，山势险峻、战略位置重要。突兀高耸的山顶上有一佛祖庙，左右是万仞绝壁，半山腰有一天然石洞，确有“一夫当关，万夫莫开”之势。千佛山主峰守敌是川军豢养的“金堂帮”头目赖金亭，他带着由各地反动民团拼凑起来的“剿共”自卫团和帮会分子，盘踞在佛祖庙，扼守住“天门洞”，配合川军封锁红军前进之路，气焰很嚣张。开始，我们从正面仰攻，几次不克，伤亡了一部分同志。10日黄昏后，我们派出一支精干的突击队，携带短枪、大刀、手榴弹，借夜暗由“天门洞”侧后的悬岩攀摸上去，突然出现于敌后，一举歼灭敌人一个排，拿下“天门洞”。后续部队也一鼓作气攻上山顶，占领了佛祖庙。敌人大部被生擒，一些负隅顽抗的被当场击毙，还有不少敌人在惊慌逃命中，从庙后跳岩跌死。

与此同时，兄弟部队二十五师也以猛烈的攻势，占领千佛山周围几个制高点。5月11日，又一举拿下千佛山西侧的西大垭口，歼灭陶凯所部一个团。在千佛山东面一线，我四军、三十一军等部队几经激战，打退和击溃了从茶坪方向赶来的敌增援部队，先后攻占了巴罗山、皇宫山、大坪山等据点要地。至此，从漩坪、伏泉山到墩上、千佛山的阵地连成一气，北川峡谷通道基本上被我军所控制。

三

攻占千佛山主峰的第二天，方面军指挥部令三十一军一部从桃坪方面赶上来接防，我八十八师同二十五师、二十七师等部队，疾速转兵西趋，夺取土门要塞。

如果说千佛山、伏泉山是成都坝子的“北边城墙”，那位于茂汶、北川、安县交界的土门，则如同坚固险要的“城门”。连绵群峰耸立于北，观音梁子、上下横梁子屏障于南，确为易守难攻之地。坐阵土门的敌二十八军五师副师长兼十三旅旅长陶凯，曾在江油中坝战斗中领教过红军的厉害，这次受领封锁土门的任务后，设置了三道防御阵地，每一阵地重叠配备各种火力，多为路易式机枪和迫击炮，形成密集交叉火力网。我军经过侦察摸清敌情后，决定集中兵力先攻取敌人的主阵地观音梁子。徐总亲临前线指挥，决定 5 月 15 日拂晓发起攻击。攻击部署是先以二六五团一个营夜间突袭敌主峰阵地，二十五师两个团担任正面主攻，二十七师一部和我二六八、二六五团迂回敌两侧，实行包抄。战斗从一开始就十分激烈。二六五团夜袭一举成功，其他部队按计划行动。山谷里，顿时枪声、炮声、手榴弹爆炸声和喊杀声交织在一起。两个小时后，敌前沿阵地被我突破。二六三团奉命扼守阵地，阻止敌军，其他部队乘胜追歼敌人。只见红旗所指之处，部队跟着到达，虽有不少同志倒下，但无一人后退。我们有个营长，一直冲在队伍前面，腿部中弹负伤后，仍不让同志们抬下山，坚持伏在一块石头上指挥战斗。二六八团有一个年仅15岁的小司号员，身矮体弱，爬到半山腰时累得喘不过气来，便由一个高个子战士背上，跟随进攻部队前进。在嘹亮的号声中，我军指战员如虎添翼，纷纷冲向敌群，同敌展开短兵相接的白刃战。鏖战至中午时分，几架敌机临空投弹。因山多林木岩石，部队易于隐蔽，敌机难以投准目标。有一架看上去很小的敌机，为寻找目标，在我阵地上空超低空飞行，战士们纷纷举枪迎击。我从通信员手中接过小金钩马枪，也朝敌机射击。不知是被我们击中还是飞机发生故障，那架敌机嚎叫着撞在对面一座山上坠毁。其他敌机狂轰滥炸一阵之后，便从山头掠过，朝南飞去。午后两点左右，我军攻占观音梁子主阵地。敌人连续反击，均被击溃。16时许，我军兵分两路攻取土门。一路翻越冷水坪，出大沟口；一路自老君山直指雨淋磴。这一攻势如同伸出两条铁臂，把包括土门在内的敌军右翼阵地团团围住。这时，占领墩上、桃坪等地的兄弟部队也赶来支援，形成南北夹击敌人之势。

防守土门右翼阵地的敌人，共五个团由陶凯亲自指挥。战斗一经打响，敌阵地即被击破。我军迅速分割包围，守敌各不相顾，纷纷乱窜奔逃。土门这一带地方，多老林竹丛，古树荆藤，人钻进去，很不好寻。有的地方，尽是密密麻麻的箭竹林，只有砍竹开路才能前进。敌人分散钻入树竹丛中，这样就很难成建制地全歼敌人，抓获更多的俘虏也困难。战斗持续到第二天早上，终于全部摧毁敌人土门封锁线，陶凯率残部狼狈逃窜。

敌人苦心经营的土门封锁线被我摧毁，整个北川土门通道掌握于我军手中。对此，蒋介石的参谋团十分恼火，严电刘湘饬其一、二、六各路军，重整旗鼓，趁红军立足未稳进行全线总反扑，限期夺回伏泉山、千佛山阵地，重新封锁土门，堵截红四方面军西进岷江流域。邓锡侯、孙震、王缵绪等川军头目接令后，聚集安县紧急会商，收整了30多个团，分别从绵阳、江油、绵竹、灌县等几个方面压过来。留在伏泉山、千佛山一线坚守阵地的我红四军、三十一军、三十三军，以坚韧不拔的意志，凭险据守，与敌人浴血拼搏。方面军副总指挥王树声等领导同志，亲临前沿阵地组织指挥，鼓舞士气。部队扼守阵地两个多月，掩护我后续部队和党政机关全部顺利通过北川峡谷。

四

土门战斗，是我红四方面军在西渡嘉陵江战役之后的一次大规模的山地阵地争夺战。为封锁和夺占北川峡谷通道，敌我双方都投入了大量兵力，几经反复激战，我军终于击破敌人土门封锁阵地，歼灭邓锡侯所部七个团，打通了西进岷江流域的通道，吸引和牵制了王缵绪、孙震、许绍宗等部 14 万余人的力量，粉碎了重庆行营参谋团妄图围歼红军的企图。最后以敌人的失败而结束。当时的敌人前线“总指挥”邓锡侯等人在解放后写的回忆录中这样记载着：从红军占领伏泉山起，到主动撤出全阵地上，“经过 70 余日，掩护红 4 方面军主力打开土门进路和在侧敌运动中胜利通过长隘路横渡岷江。在阵地当面的川军除开邓锡侯所部不计外，吸引了王缵绪所部 11 个旅，33 个团约六万人；孙震 12 个旅 35 个团约 5.3 万人；江油、中坝方面的许绍宗纵队五个旅 13 个团，约 2.8 万人，总计约在 14.1 万人左右。经过这一战役，摆脱了十几万川军的纠缠，对红军懋功会师和党中央毛儿盖会议，起到保安作用。这一战役时间如此之长，制约川军这样大的兵力，在历史上实属罕见。”

在我红军夺占土门隘关，乘胜攻占茂县、理番、汶川，打开西进通道之后，方面军总部令我三十军副军长程世才率八十九师等部队灌县方面来犯之敌，熊厚发师长带二六三团在理番地区待机，由李先念同志率我八十八师二六五团、二六八团和二十五师、二十七师一部，作为先遣部队和方面军代表，疾速西渡岷江，翻越终年积雪、气候恶劣的红桥山，经懋功迎接党中央和中央红军。

我奉命带八十八师两个团，跟李先念同志去执行这一光荣任务，感到十分高兴。战士们也是个个心头乐开了花，把连月来行军作战的疲劳一扫而光，怀着急切的心情，翻山越岭、日夜兼程。

6 月 15 日，我们终于到达维、懋功同日夜思念的中央红军相会合。然后两支红军主力携手并肩，开始浩浩荡荡地向北挺进。

1986 年 6 月于北京

选自中国人民解放军历史资料丛书编审委员会编:《红军长征·回忆史料（1）》，解放军出版社1990年11月第1版，第407—413页。

茂县阻击战

徐芝富

茂县东北是群山起伏，山高而险，西南也是丛林，但愈向南就愈小，有一条公路自南向北，穿城而过，顺着山腰，向东而去。

上级预计敌人向茂县一带集结兵力，是妄图在这里阻击、消灭我们。因此，上级决定把主力部队向北一拐，进了深山密林。而命令我们八十八师一个团占领茂县东北高山阵地，掩护大部队西上。

我们在山上，居高临下，茂县城内敌人活动看得清清楚楚，其实当时敌人已在茂县集中了两个师，人数比我们部队多得多。但国民党军队作战，都有个保存实力、各自为阵的现象，谁也不主动进攻。上级首长当然比我们普通战士知道得多，所以沉得住气，敌人来攻，我们就打，并且要把敌人消灭在阵地前，始终不追击，只要把进攻的敌人打退，就算完成任务。我们的战士心里可就急了，眼看着那些敌人在眼皮底下跑来跑去，可是不准冲出去打，战友们个个急红了眼，恨不得立即将敌人消灭掉。

我们在茂县担任掩护任务，一共打了三天，杀伤了很多敌人，消耗了敌人大量有生力量。连日来，敌人源源不断地将大量伤兵往后方送，能走的就从汽车路上走。因为我们在高山上，所以敌人的这些情况我们都看得清清楚楚。直到我们大部队甩开敌人很远以后，我们才在半夜撤出茂县高山。天亮以后，敌人才发现同他作战的部队只是一个团，邓锡侯气急败坏，大骂部属是饭桶。

节选自徐芝富：《长征岁月》，载中共南京市委党史工作办公室、中共南京市鼓楼区委党史工作办公室编：《红旗漫卷——南京市部分老红军口述长征史》，中共党史出版社2006年10月第1版，第133—135页。

回忆在松理茂的岁月[①]

何坤

危难时刻

1934年10月,在国民党蒋介石发动的声势浩大的第五次“围剿”下,由于博古等人先是采取“左”倾冒险主义,后又实行防御中的保守主义的错误领导,红军消耗很大,英勇奋战了一年,仍未能打退敌人的“围剿”,中央红军被迫转移,开始长征。我所在的红四方面军也遇到了被蒋介石任命为“剿匪总司令”的四川军阀刘湘纠集的约上百个团兵力分六路的疯狂进攻。红军在广大人民群众的大力支援下,历经艰险,经过70多个昼夜奋战,俘虏了2.5万多名旅长级以下敌军官兵,粉碎了敌人的进攻,摆脱了围追,踏上了北上抗日的征途。

红一方面军在极为艰险困难的紧要关头,接受了毛主席的建议,甩开了敌人的围追堵截。后来中共中央在遵义召开了政治局扩大会议,成立了由毛泽东、周恩来、王稼祥同志组成的三人小组负责全军的行动。确立了以毛泽东同志为核心的党中央领导,从此,红军得救了,革命也得救了。

遵义会议之后,红军在毛泽东等的正确指挥下,根据实际情况的变

① 题目为编者所拟。

化，灵活地变换作战方向，忽东忽西，迂回曲折的穿插于敌方的重兵之间，处于主动地位。到1935年5月9日，中央红军渡过金沙江，摆脱了国民党几十万军队的围追堵截，取得了战略转移中具有决定意义的胜利。遵义会议成为中国革命由曲折走向光明的伟大历史转折点。

就在这一年，我们红四方面军为配合中央红军战略转移，开始长征，北上抗日，我们突破了敌人在嘉陵江一带的数道防线后，到达了松潘、懋功一带。我们第二分院的全体人员离开根据地从旺仓坝普子岭又经过好几天的急行军赶到嘉陵江岸边的元坝子。在这里我们接收了前线的300多名伤员。医院医护人员少，病人伤情复杂，重伤员也很多，这是我们二分院从来没有遇到的情况。人员少，伤员多，怎么办？分院领导决定：白天黑夜连着干。伤员驻地分散，我们的班组就将准备好的药械、敷料放在一起，两人抬着去各处工作。黑夜就打着火把到村里去换药。直到第二天下午才能把治疗工作完成。我们都是半夜吃一顿饭，到第二天中午还吃不上饭。我更忙，药房只有我一个人，除了要给伤病员配药外，有时还要给伤员换药。

我们在元坝子待了一个星期，后来伤员要转移到安全地区，这项转移伤员的任务也落到了我们医护人员身上。我的任务是带一个三人小组转移100名伤员，只给两只大木船，要把伤员护送到嘉陵江上游去。我和伤员讲明情况，争取他们的配合。好在大家齐心，伤员全上了船。船也开了。船行江中，我们正在高兴顺利转移时。突然发现有两架敌机来了。容不得我多想，飞机已飞到了我们的头顶上，在空中盘旋。我们紧张极了，我叮嘱让大家别出声，两眼紧盯着飞机，生怕敌机扫射、投弹。这飞机飞了两圈后居然飞走了，看着远去的飞机我的心才放了下来，伤员们都很庆幸没有发生战斗。

我们的木船加快划，多想赶快到岸边呀！离对岸已很近了，有一个伤员突然大喊起来：“快看呀！”大家一齐向对岸看去，对岸的大石头上写着“消灭刘湘！”的巨幅标语，这说明我们快要同中央红军会师了！

此时，所有伤员都活跃起来，人们唱起了歌，把刚才的紧张全忘了。

太阳西下，我把100多名伤员护送到了目的地，在一个叫猫儿跳的地方交给了接收人员。

途中遇险

在猫儿跳地方接交了伤员，根本没容我们休息一下，就有命令传来。我们分院的全体人员于当天夜里就又随部队出发了。经过几天的急行军，我们到了重花县城，在这里接收了200多名伤员。这又是一个重任务。又是白天黑夜连着干。我们一连干了四天多，情况刚有了好转，上级又命令我们把所有的伤员转移出去，转移到离重花城40多里的地方，时间只给24小时。我们急了，到城里去找人，可城里哪里有人呢？全城的居民都走光了，想找一些可抬担架的青壮年人更是一个也找不到，完成转移的任务只能落在我们二分院全体人员身上了。领导决定，年龄在17岁以下的三人抬一副担架。我们自己扎担架，一次又一次的捆绑，总算弄好了。

长长的担架队出发了，我们要趁着黑夜把伤员转送出去。路越来越难走，看来全是山路了。我们往返一次约七八十里路，我们平均都往返了两三次，几次下来，我和我的小战友的肩都磨破了皮，血一点一点渗了出来，疼、累一起袭击着我们。最后我们忍着疼和累完成了任务！

战争的突发性带来的紧急情况是谁都无法预料的。24小时跑了近200里地，真想多休息一下，然而，新任务又来了，我们又要翻越一座大山，向西转移到一个新的地方。

离开家已有很长时间了，走在路上我不时想起家乡。但想家的念头一闪就过去了，大部分时间顾不上想，只有累和困伴随着我们。

入西康松潘县城

我们艰难地爬上一座大山，刚到山顶，眼前突然出现了一座小城。我们兴奋地走了过去，这是一座很特殊的小城，几乎所有建筑全是用石头建成。城里的人穿着也很特殊。男人多穿皮衣，女人则穿花色斑斓的衣服，很漂亮。男女都穿着高筒皮鞋，很神气。然而他们的语言我们却一句也听不懂，后来一打听才知道，我们已经进入西康省松潘县，我们早已离开了四川。

我和我的小伙伴在欣赏这新鲜的景观时，有一队武装人员来了。走在最前面的人喊："让开！让开！"就在此时，从远处来了十多个全副武装的红军战士。走近了，我看见他们腰里全都挂着驳壳枪，身背一把马刀，十分威风。他们后面的队伍又是打鼓又是吹号热闹非凡。这后面走着几个胖一点的官儿，其中有个方脸大个子。我觉得在红军里是不搞这种派头的，怎么这人要搞呢？不大一会儿一伙人就走完了。依照统一的部署，我们二分院的人全部集中到一条江边休息，在这里我把我在小城里看到的情况和我的想法给我们的领导易明成主任说了，他告诉我说，走在最后那个四方脸的人就是张国焘主席。听了他的话我吃了一惊！我只"啊"了一声再也没说什么。

横在我们面前的这条河叫岷江，我们等在这里准备过江。我看见水面很宽，浪很大，滚滚的流水向前奔腾着。过了一会儿，只见江面上来了几个牛皮筏子，没有木船。这就是我们要过江的工具。每只牛皮筏子只能站五六个人，我们站在筏子中间，由懂水性的藏族同胞把我们送过江。过江后又走了一段路，走到一条河入江的三角地带，这里有个小村子，人不多，我们就住在了老乡家。

这一夜睡得真好，把多少天的疲劳全消除了。早晨我们刚醒，就听见有人呼喊："飞机来了！飞机来了！"我们所有的人都机敏地跑到外面隐蔽。敌机有两架，就盘旋在小村子的上空，那飞机飞了两圈就向村子里丢了两颗炸弹，幸好炸弹全落在村庄旁的河上。结果把河上的桥炸飞了。老乡在庆幸没炸村子的同时，又怒骂国民党蒋介石不长好心眼，只害老百姓。

我们在这里住了约一个月，一边学习一边为老百姓做点卫生防治工作。老百姓待我们很好，亲如一家。有一天，红四方面军总医院从这里路过，把我们二分院医务主任易明成叫去了。他回来和我说，总医院周吉安主任点名要调你到总医院给他当警卫员，我服从组织安排。然而这消息一传开，有许多同志不愿意让我走，让易明成同志反映情况。后来我还是被调走了，周吉安主任来带走了我，我又开始了一种新的生活，我琢磨着如何做好警卫工作的事。

周吉安是我参加红军后在王坪总医院工作就认识的人，我很敬佩他，跟着他我可以学到很多知识，我很愿意给他做警卫。我们俩人骑着马走在路上，遇到许多野鸡，周主任给我说："小何，你去给咱打几只野鸡呀！"我很窘迫地说："我不会打驳壳枪！""当红军不会打枪，那不行，可要学呀！""是，我一定学会！"我回答说。

节选自何坤：《艰苦岁月长征路》，载内蒙古自治区党委党史研究室编：《长征中的故事》，2006年10月，第228—233页。

何坤，1918 年生，四川通江人。1933 年参加中国工农红军。红军长征时任红四方面军医院医生。新中国成立后，曾任内蒙古准格尔旗医院院长，伊克昭盟医院院长、计划生育办公室主任等职。

第一次战斗

杨新友

1935 年 5 月，我们红四方面军继续长征，向北川、茂县挺进。那时我 16 岁，刚参军不久，对红军的一切都觉得新鲜；而对于打仗，老实说，心里还有点胆突突的，但看见同志们个个精神抖擞，斗志昂扬的劲头，我也就胆壮起来了。

当时我军处境十分困难。我们在向北川挺进中，前有重兵堵截，后有敌人追击，飞机跟踪轰炸扫射，还有土匪拦路干扰。敌机总是在我们头上转来转去，我们只好离开大道隐蔽。它一时找不到目标，就飞过去了，可是过了一会，又飞回来，部队又得散开，就这样边前进边隐蔽，行军速度很慢。

一天早晨，东方刚露出鱼肚白，雾气还没有散尽，敌机又出现了。只见它从高空俯冲下来，发出一阵刺耳的怪声，一股飓风把道边的树木刮得哗哗作响。接着就是几声巨雷般的轰鸣，烟尘滚滚，弹片横飞，敌人对我们进行了野蛮的轰炸。我们的几名战友牺牲了，还有几名战友负了伤。看见这些不知名的战友倒下去，感到非常难过，但我没有害怕，没有被这野蛮的轰炸吓住，却增强了战斗的决心，心头燃烧着愤怒的火焰，决心为死难的战友报仇。我们含着眼泪，掩埋好战友们的尸体，部队又继续前进了。

部队行军到平武县附近的一个村子时，前边发出枪声，我们立即停止前进，就地待命。突然又遭到敌人的阻击，我不免有点紧张起来。我到部队不到一个月，就要参加战斗，心里有点忐忑。张排长看出我的神情，趴在地上问我：

“怎么样，小鬼，害怕了？”

我壮了壮胆子说：“不怕。排长，有什么任务，就交给我吧！我一定给牺牲的战友报仇。”

“对，不要怕，越打越坚强。我们党，我们这支队伍，就是在战斗中锻炼成长起来的。”排长说完话，我点了点头。

我们愤怒填胸，隐蔽在路旁做好战斗准备。不一会，接到命令：前面有敌人阻击，我班要把村头路边的一个敌人碉堡消灭掉，扫除前进道路上的阻碍。全班立即投入战斗。班长带领全班十个人，绕路来到碉堡前的坡路旁隐蔽，选择有利地形趴在地上，观察敌人的动静。碉堡里的敌人有一个班，一挺重机枪，一挺轻机枪连续扫射，火力很猛，打得我们抬不起头。这时我们用火力和敌人对射，可是敌人身居有利地形，火力又猛，很快把我们的火力压了下去，还牺牲了二名战士。怎么办？大家心如火焚。这时班长要两个人从侧面出击。我请求说：“我去，坚决把它干掉。”

班长同意我和小王出击，其他战士做火力掩护，我带着几颗手榴弹，和小王从侧面爬了过去，班长和留下的战士集中火力又一次和碉堡里的敌人对射起来。在火力掩护下，我和小王迅速匍匐前进，离碉堡不远时，小王带着手榴弹冲了过去，没跑几步，就中弹牺牲了。仇恨的烈火燃满我全胸，我不顾一切地继续向前爬，在距离牺牲的小王不远时，我用一只手撑在地上，用嘴咬开手榴弹的导火线，另一只手迅速将手榴弹投向碉堡。手榴弹在碉堡里爆炸，碉堡里的火力停了。我用尽全身的力量快速冲到碉堡前，又把一颗手榴弹投进碉堡，在手榴弹的巨响声中，班长带领几名战士冲了上来，歼灭了残余的敌人，缴获了八支步枪，两挺机枪。战斗结束时，我们班十名同志就剩下五人了。这次战斗是用五名同志的生命为队伍继续前进铺平了道路。由于我在这次战斗中表现勇敢，连里表扬了我，提升我当了副班长，在第一次战斗中我得到了锻炼。

选自杨新友:《浴血奋战的岁月》，载中共鞍山市委组织部、中共鞍山市委老干部局、中共鞍山市委退休干部工作委员会:《血与火的岁月——鞍山市离休干部革命回忆录》，第86—88页。

杨新友，1915 年生，四川安县人。1935 年参加革命，1937 年加入中国共产党。红军长征时任红四方面军某部副班长。新中国成立后，曾任辽宁省鞍山市工商局储运处副处长、鞍山市五金公司副经理等职。1991 年逝世。

掉队的小排副

王学敏

1935 年 7 月，四方面军从川东开往川西，行经茂州的那天晚上，我忽然得了病。第二天早晨部队要出发的时候，想挣扎着爬起来继续跟部队前进，可谁知两腿不听使唤，站起来就摔倒，不得已，进了医院。

医院在茂州通威州的道边上，部队天天向前过，我怕红军真的要过完了，再想见面就不容易了，于是天天拄着根棍子，连走带爬的到路边上，坐在一棵小树下，眼也不眨地望着不断向西南走着的战友。心里想：我把你们看个够，死在这里也甘心！

第四天，我们团长带着二营在江油打掩护结束后，也赶来了，可是我不知道。我照旧坐在那棵小树下，羡慕地看着向前走着的队伍。“哎，你是哪部分的小同志？”队伍里有人问我。“唉，哪部分也不管用了！”我心里虽然这样想，但还是回答说，“七十六团的。”

“我们就是七十六团的！”哎呀！自己的队伍都过去四天了，怎么又出来个七十六团呀？莫非是一方面军？我又看了看他们头上，头上是大八角帽，我不由自主地笑了：

“团部在吗？”

“在后面！”那人已经走过去老远了，还扭回头来告诉我。

“司号排副怎么不走了？”是团长的声音，我扭过头来看见团长，拄起棍就向他跟前跑，连走都走不快，跑怎能跑呢！我跌倒了，团长这才知道是怎么回事，连忙把我拉起来："不要紧吧？"我摇了摇头。

"把'胆小鬼'牵过来给他骑上！"团长要用他那匹叫"胆小鬼"的黑骡子驮着我走。我高兴得就像死里还生一样，又跟上队伍前进了。

我们沿岷江南下。右边是岷江，左边是钻到云彩里去的九顶山。敌机不断地来侦察扫射，讨厌的岷江又发大水，山谷里被水冲击得嗵嗵直响，连飞机来了都一点儿听不到，我们一会儿看看头上，还要不住地看脚下的小道，这样，一会儿看上，一会儿看下，有不少同志就头昏脑涨了，四连有个同志就是这样滚到江里，被水卷走的。我骑的那匹黑骡子本来就是胆小鬼，在这样的地方胆更小了，它不是踢打着蹄子不敢走，就是尥蹶子，有一次过小沟，它又尥着蹶子向前蹿了一步，差点把我甩到江里去。打从这，马夫同志再说保险我也不敢骑它了。

下午 5 点钟到了威州。我走得浑身骨头都散了，心里希望在这里住宿。可是走着走着，部队要从竹索桥过江，这竹索桥是用竹绳子编的，上面铺着木板，有半里多长，走的时候隔一丈多一个人，我走上去，就像走在悬空的一幅布上，一抬脚它一起伏，一迈步它一晃荡，还咯吱咯吱响。我扶着边绳，心不住扑通扑通地跳着，总算过去了。

过了薛城镇，我们便沿杂谷脑河左畔西行。这地方更不好走了，越往前走路越小，山也越高。杂谷脑河水虽不大，声音可不小，吵得耳朵都痛。有时候为了看飞机，不觉得看到对岸上去了，那里一群群野山羊蹿来蹿去。

快到理县的时候，我们正沿石壁走，忽然山上呼噜噜向下滚开了石头。我们以为是藏人闹的，嘿，抬头一看，却是一群猴子在半山腰里向下扔石头。我气火了，拾起块石头就想丢它们，可是却不小心被猴子丢下来的一块石头绊倒了，弄了个嘴啃地。同志们哈哈大笑："小排副饿了吧？"虽然自己只有 15 岁，我可不愿意被同志们看成是小孩，自己是排副嘛！可是有很多时候这孩子脾气偏偏给自己丢丑。

过了杂谷脑镇，杂谷脑河水也少了，我们就在河里走，这不是河，简直是石头缝。两边的山也不知有多高，一个劲儿伸上去，都快要合住了。只有一幅蓝布似的天空连着它们。脚底下是鹅卵石，水在石头底下流，只听潺潺声，不见水在哪儿，夹墙似的山谷闷得厉害。都想快点走出去见见天，但是走得快了脚和石头光打架，草鞋坏得也快，沙同志光着脚丫走，脚掌磨破了，痛得眼角里夹着泪珠子向前赶，所以又得稍把速度放慢点。

听说政委带着一三营在党坝前方阻击敌人，我们要去同他们会合，共同完成任务。

要过马塘山了。大家都说这山很高，难爬得很，我不服气，心里暗想：就是登天我也不会掉队！ 8 月大晴天，山又是秃子，太阳顶在头上，热得厉害，部队走得很快，起初我紧追还能跟上，可是爬了一半，腿就有点不由人了。嘴里像火烧，又没处找水，我使劲咽唾沫，快到山顶时，实在走不动了，我折了根小树，走一步拄两步，一点点地往上挪。我好不容易爬到山顶，哎呀，连个人影也不见了。离开部队的那股滋味把我折磨怕了，心里一急，就向前追。可是下山比上山更难，两腿直哆嗦，差点滚下去。幸好后面还有收容队，他们连拉带架地帮助我，才算没掉队。下山后好走得多，有个同志又高兴了，他随走随叨叨："马塘山，真难翻，走得头痛腿又酸，上山三十下四三，口干舌燥唾沫黏！"天黑时才追上队伍。

在卓克基宿营那天晚上，同志们见有房子，真高兴得了不得。大家吃了点带皮的粗青稞面糊糊，便甜甜地睡了。这里的天气，诸葛亮也难猜出好坏，睡时满天星，半夜哗哗下开了大雨，房子像个筛子，外面下里面也下，同志们都变成了水鸡子。

"翻过这座山就是党坝，今天晚上咱们全团就能大团圆了！"号长向我们说。他还说上山 20 多里有个大喇嘛寺，头一次休息就在那里。出发了，雾气腾腾，五步外就看不到人。我对自己说："王学敏呀王学敏，就是使上吃奶的劲也不能掉队！明天就要见到政委他们啦！"右面是山没有动静，左面的大金川水可哗啦哗啦地响，部队走得仍然很快。

9点多钟，雾渐渐散了，太阳像个白盘子似的挂在东南。都说越穷越倒霉，我是越怕掉队越出事。可能是在卓克基被雨淋坏了，肚子又痛又坠，老想大便，我捂着肚子走，想等部队休息时再说。可是它越疼越厉害，我双手使劲卡着也不行了，便闪到路边大便。肚子痛得厉害，可越着急粪便越下不来，急得我出了一头大汗，还是坠的站不起来。队伍眼看过完了，我仍然蹲在那里。渐渐地，人声没了，只有大金川河水越流越响，我赶忙提上裤子就追，可是部队不见了。

追着追着，眼前出现了岔路。我躬下腰仔细看，两条路都有马蹄印和人脚印，并且都是新的，向哪边走呢？可作难了。我在那里等了几袋烟工夫，想等后面部队上来好打听打听，紧等慢等也不见人影，我想久等不好，万一碰见藏人叫他们杀了可不值得，革命还没成功哩！况且左边那条路窄小，坡大，右边路平坦，宽大；党坝应是个大地方，通大地方的路自然要大些，这样，我就顺右边路追去了。

越向里走树越大，晴晴的天看不到日光，那些树是枝枝相连叶叶相盖，走在树下像在暗室里差不多。路旁经常有各种怪动静，我心像着了火似的，追部队心切，根本顾不上害怕。路在几人抱不过来的大树中弯来弯去，向前看去是树挨树，就像大树排起树墙来，故意找我的别扭！原来听说上山20多里有喇嘛寺，我跑到太阳当头了还不见寺在哪儿就有点怀疑了。再向地下看看，那些马蹄子和人脚印都是新的，我还是向前赶。正走得满头大汗，也不敢歇歇，忽见前面大树下有人倚树坐着，我高兴了，便喊着问：“喂！哪部分的？”那些人不仅不回答，连动都不动。我笑他们说：“看你们累得连动都不动了！”我向前疾走，越走越近，看他们好像都是戴的小八角帽！原来碰到的是一方面军的同志！这次西进就是为了同一方面军会师的，突然半路遇到了，我加快向他们跟前跑，跑近一看：啊！他们的脸色砖青，我这才知道是牺牲的同志！这时，我把嘴巴子向拄着拐棍的两手上一放，不禁愣住了：倚坐在树上的那两个同志的手和脸都露着骨，看样子是被什么鸟兽撕啄的；另两个同志背靠背地坐在那里死了，他们脸前放着破茶缸，里边有半缸雨水；另一个同志侧身倒在那里，肩上还背了把黑布洋伞……我再也不忍心看下去，头垂在拐棍上，眼泪流湿了两个手背……刺刀叮当响的战场上他们没有死去，可恶的疾病和饥饿竟夺去了他们的生命！……我不能再待下去，走！去找部队！找到部队就能战斗，用胜利来悼念他们！我扭身没敢再看，不停脚地又向前进。这一路上，类似这样的惨景不下五处，我再也没停脚，惊恐和激愤的心情鼓励着我一气爬到了山顶。

到山顶一看，希望中的喇嘛寺仍然没影。唉，不管那些了，这里有太阳，没有大树，向山下望去是十几里起伏的草山，我坐下来贪婪地向嘴里塞了几把炒面，就又向山下跑。在齐肩的老草中，我一气又向前赶了 40 里，总算遇到了部队，但不是七十六团，而是七十九团。

七十九团的同志告诉我，这条路是通往无边去的，白天我路过的那个岔路，不该走右边，而是走左边，上去九里就是大喇嘛寺，再过山就到党坝了，本来我想找个近道走，他们说向西翻过山是党坝不错，但那密林里藏人太多，不能过；向无边呢，他们送信都是一个整班来往，单个一个人也不行。要想到党坝还得走回头路，就是这条路也经常有藏人打我们。这一夜虽然同志们把我照顾得很周到，我还是睡不着，肚子气成了鼓，我生自己的气，昨天为什么偏走了这条道呢！

第二天，我决心顺原路去找自己的部队。本来前天只准备足了到党坝的劲，昨天用了个精光，今天又得重来，真是咬着牙地向回走。累是累，到党坝的路线知道了，像是看到了亮光，速度并没减低。

走完草山，刚到昨天休息的那路口，见到地下有两颗黄澄澄的步枪子弹壳，我拾起来嗅了嗅，还有火药气味，“糟糕！这里一定有人！”我这样想着，急忙闪进路旁草中。听了会儿，没动静，我又埋怨自己道：“看你这胆小鬼！比团长那骡子胆还小！”我把大八角帽向额头拉了拉，鼓励自己说：“装威武点，要是真有坏人凭神气也给他个下马威。”

于是提起棍子就又钻进了那阴森森的老树林……

走了一天，只吃了几口炒面，水也没喝——听说这里水有毒，由于口渴，又拉不动腿了，心催腿快点！再快点！不管怎么急，加上棍子现在三条腿也没两条腿走得快了。

越过三岔路向左走了不远，天就黑了。我想前面不远就是喇嘛寺，说不定那里有部队哩！就硬着头皮再向前赶。

摸了一段夜路，还没见喇嘛寺，我又怀疑起来了。正当信心开始动摇的时候，忽然前面出现微弱的亮光，顺光走去，进到一个大圆门下，才知道是早就盼望的那座喇嘛寺。我藏在墙角听动静，怕有坏人。不久，听那边说：

“吃饭吧！吃了好睡觉！”

话给我做了证明：这些人是红军，至少是汉人！我跑上前去，喜得心都开了花，原来他们就是团部通信排的一个班，是到军部送信回来路过这里，准备明天回党坝的，不用他们让，我就从架在石头上的大铜锅里抓了两把青稞麦猛吃，噎得直打嗝。

第二天再往上走，那小路古怪得出奇。小倒好说，它像斜放着的一条镜子，一不小心，就滑下去老远。我用十个脚趾头使劲抓着地走，后来把脚趾头都磨破了，还没到顶，我直恨自己没长猴子脚上那样的爪子！

同志们一个拉一个，总算到了山顶。大风吹得连人都站不住，没敢休息，马上就翻过山去了。本来从小路下到山脚就是党坝，可是这一路上藏人太多，见汉人就打，他们这个班来的时候就是一个排护送的，因此，我们不能顺原路下，只好对准方向，摸进了从来没人走过的原始森林。

从川东到川北，走了不少怪山怪林，但从没走过这样怪的老树林，越往里越难走，活着的大树就够多的了，地上那一踏一个坑的烂树叶子上，还纵横交错地躺着许多死了的老树。我们十几个人，不断地互相呼唤着，从这棵树爬上那棵树，从这个石头跳上那个石头，就像原始人似的，树上石头上都长着一层苔藓，滑得站不住脚，大家不断地摔倒，帽子掉了可再拾来戴上，身上破了是补不起来的，不少同志脸上摔得青一块紫一块，有个大个子同志还说："咱们是孙悟空大闹九妖十八洞！"

在树林里我们又经历了一场雷雨和冰雹的考验，天黑时，终于出了怪林，到了党坝。

"哎哟！你们的裤头都成裙子啦！"我们的短军裤撕扯得早已经不像裤子了，刚进团部时大家这样说。

团长向通信班同志们问好，握手，我不知是因掉队而自羞呢，还是因为别的，不敢抬头，只低着头跟大家朝里走。

"噢，小排副你回来啦！"团长忽然看见我了，并且马上把我的瘦手攥到他那两个温暖的大手中，我抬起头来看着团长，像噩梦初醒的婴儿，虽然心还在怦怦跳，可终于是倒在母亲的怀抱中了……

选自杨国夫等：《星火燎原·未刊稿》第4集，解放军出版社2007年8月第1版，第5—11页。

王学敏，1920 年生，四川巴中人。红军长征时任红四方面军第四军二十七师七十六团司号排副排长。新中国成立后，曾任四川省建材公司经理、四川省物资厅党委委员等职。

红小鬼“小河子”

毛尚仁

我参加红军时是个小鬼。从当上红军的第一天起，首长和同志们都叫我“小河子”，直到我当了营长才不叫了。我的这个绰号是有来由的。

1935 年春天，红军到了我的家乡西康荥经县小河子，成立了苏维埃政府，打土豪分田地，取消苛捐杂税……那时候，家乡的一座小学校，因为听国民党的反动宣传，老师都跑光了，学生也散了，我家是穷人没跑。小学校就在我家后山，有二三里远，军团部就驻扎在那里。

那年，我只有 11 岁，但我已经知道，红军是为了我们穷人打天下的。

有一天，我翻过后山就到小学校那里去了。一个身上穿着黑衣服下身穿黄军裤的中年人看见我就问："小朋友，干什么来的？"我说："参加红军来的！"他用眼睛把我全身上下打量了一番，就笑着说："你个子还没有小马枪高，就要参加红军？"我看他有些瞧不起人，就说："别看我个子小，我有力气！"这时候又来了几个穿杂颜色衣服的红军，有的说我岁数太小个子也太小，有的说："行军打仗，你吃不消！"我不服气地说："我人小，可我什么也不怕！"他们不管我怎么说，还是说："太小了，回去吧！"

红军不要我，多丢人，我一气就哭起来了，他们就哄着我派人把我送回家了。

隔了几天，我第二次又去了。倒霉，又碰上那些老是说我“太小了，吃不消”的红军，我不想和他们说话但是又找不到别的什么人，他们走到我跟前，亲热地摸着我的头说：“小朋友，怎么又来了！”我正在把我几天来在脑子里想好的话，讲给他们听，没想到，我的祖母踮着小脚跟来了。这时，他们就你一句我一句地说：“你还是跟你奶奶回去吧！”我说：“不！”我的祖母就扯着我的耳朵要我回家去，我又哭起来了。祖母把我拖回家后，把我关在一个黑房子里，不准我出来。第二天，她在门外问我：“还出去不出去？”我想了一下就说：“不出去了，奶奶！”我嘴里这么说，心里还是想去一趟。我听见祖母一边用钥匙开锁的声音，一边嘴里叨咕：“再等几年就要娶媳妇了！毛家这房人就剩下你一个了，再要出去就绝根啦！”

又过了几天，我又偷偷地跑去了。这一回，半天找不到人，我正站在那里不知道怎么办才好呢，一个瘦瘦的尖下巴的年轻人，背着一支枪从房子里出来了，我问他人到哪里去了？他虽没告诉我，但我看他那态度，对我很关心，我就把我前两次来参军的遭遇告诉了他，他好像在想着什么。待了一会儿，他轻轻地小声地对我说：“你真的要当红军吗？”我点头说：“真的。”他说：“那你明天一早就来吧！”

第二天早晨我又偷偷地到这里来的时候，整个小学校里空空的一个人也没有了！红军走了，真的走了，我站在小学校大门口的外面，眼巴巴望着这个故乡的小学校，望着故乡的村庄早晨升起的炊烟，望着红军住过的这一片地方，眼眶里充满了泪水。可哭又有什么用？只怪我起得晚啦！走吧！跟着红军走过的足迹追吧！

于是，我寻找着红军走过的马蹄印，顺着红军走过的足迹急急忙忙地跑着，眼泪不断地掉在衣襟上，不知道是为什么哭得这么伤心？

追了十多二十里路，我才追上。当我看到红军队伍最后的人马时，我便大声地喊着：“等一等，我来啦！”红军最后的人马停了下来，我一口气就跑上去了，大家团团地把我围起来啦，那个上身穿黑衣服下身穿黄军裤的中年人和那个瘦瘦的尖下巴的青年人，也来了。大家看到我跑得这么累，又看到部队走出我家住的地方这么远了，我看到他们好像互相商量了一阵子，才热烈地握着我的手说：“你到底还是来啦！真是了不起的小鬼！”我看他们答应我当红军了，不知怎么搞的，我又哭起来了，这回，可是忍不住高兴才哭起来的。

事后，我才知道，那个上身穿黑衣服下身穿黄军裤的中年人是军政治部的干事，那个瘦瘦的尖下巴的青年人是通信班的班长，从我当了红军的第一天起，他们就给我起了绰号叫我“小河子”，大概是因为我是从家乡小河子哭着来参加红军的缘故。

你们别以为我当时只 11 岁，这么小的孩子在红军队伍里能干些什么？我开始在通信班里待了两天，后来，我们到天全，天全被我们队伍打开，就到了沙平。在沙平休整，上级把我放到红军宣传队里去了，这里的小鬼更多，跳舞，演戏，每天活蹦乱跳，真快活，简直忘了长征中的艰苦。以后在长征行军中，我们宣传队分成好几个小组，每到一个地方,就分组分村庄去写标语,向老百姓宣传红军的政策。我们这个小组，是三个人，岁数比我大、个子比我高的那个南方人，圆圆脸，穿件半截皮大衣，里面是羊羔子毛，他是组长，专门负责写标语，做宣传；比我岁数大一点、个头和我差不多的那个小胖子，专门扛梯子，我呢？是提洋铁桶的。一到宿营地，我就去找老乡的锅灰和烟筒里的灰，把它刮下来，掺水拌在洋铁桶里，用麻扎成的笔写;如果写坏了，我就再扎一支。我们写的标语是：“打倒土豪分田地；取消苛捐杂税；解放受苦人！”我们向老百姓宣传的是：“红军为了穷人打天下；中国人不打中国人！把枪口对准日本人！红军北上抗日……”

后来，我又调到通信班，上级发给了我一支小马枪，和那些红军小鬼在一起警卫首长，干些勤杂工作。有一天，瘦瘦的尖下巴的通信班长把我和一个姓胡的叫去了，交代给我俩押俘虏的任务。我们押着十多个大个子俘虏，他们一个连一个绑起来，从驻地押到沙平去，有 20 里路，我俩每人拿着一支套筒马枪，小胡比我大点，我在前面，他在后面。临走的时候，我俩就先向俘虏们说好了 :“你们别看我们个子小，我们红军不是分个子大小的！你们要是老老实实，我们红军是优待俘虏的，你们谁要是不听指挥，就地枪毙！”其实当时，我对党的俘虏政策也不透彻，只是为了怕俘虏调皮才这样吓唬他们的。在大山里，在开阔地上，我们走了 20 里，顺利地把十多个俘虏押到了沙平。我们一到沙平，老百姓和部队上的人都跑来围住我们，有的说 :“嘿！这两个红军小鬼押了这么多俘虏，真是了不起！”有的问 :“你们从什么地方押来的？”我俩就说 :“20 里以外！”

大家不断地赞扬我和小胡。从此，我的绰号“小河子”被红军的首长们和战友们就叫得更响亮了！（王照运整理）

选自杨国夫等:《星火燎原·未刊稿》第4集，解放军出版社2007年8月第1版，第143—146页。

毛尚仁，1924 年生，四川荥经人。红军长征时任红四方面军第三十三军宣传员、通信员。新中国成立后，曾任沈阳军区第一一五师坦克团副团长。

红军进羌寨

何雨农

我作为羌族的一员，能参加伟大的长征行列，成为一名光荣的红军战士，感到荣幸和自豪。我常常想起红军长征到羌寨那些难忘的日日夜夜。

1935 年春，为了策应中央红军北上，红四方面军向西挺进。首先突破了嘉陵江，接着以神速之兵，攻克了剑门天险，进行了平武（古龙州）、江油（中坝）等战役，击溃了国民党和四川军阀部队的阻截，进入了我们羌族聚居的茂县山区。

国民党四川军阀妄图堵截红四方面军西进与中央红军会合，便急急忙忙从绵阳、安县、绵竹等地增调部队阻截，从灌县派兵沿着岷江北上增援茂县以东土地岭防线，妄图以土地岭为屏障，堵住红四方面军西进；与此同时，又强迫茂县城的各族群众，不分男女老幼，日夜不停地抢修加固茂县城墙，连我这个只有 15 岁的孩子也被抓去当了民夫，修城墙。不仅如此，国民党还四处欺骗宣传，说共产党、红军是“赤匪”，要“吃人”，要“共产共妻”，“杀人放火”等等，企图造成广大群众对红军的恐惧和憎恨。但是，不少羌族人早已听说红军是穷人的队伍，都盼望红军早日到来，替山寨人报仇。

一天黄昏，乌云笼罩着茂县城，我和民夫们正冒着蒙蒙细雨，在城墙上赶修工事。忽然听到东边土地岭方向传来枪炮声。只见国民党官兵和土司头人纷纷携家逃离县城，城中一片慌乱。工地上，监工们也吓得溜跑，见此情景，我们河西各村的民夫们也一哄而散，我乘机悄悄地逃回家里，一家人都为尚在外面替人看病的父亲担心。母亲着急得替父亲烧香祈求神灵保佑。直到第二天晚上，父亲才回家。原来，我父亲是县城有名的中医先生，那天正在城里给人诊脉看病突然碰上了被红军打败逃进城来的国民党兵抓壮丁。他们见铺子就抢，见人就抓。我父亲就这样被抓去给他们当背夫，被押着连夜赶到威州（今汶川县）。他乘解手的机会逃出威州，跑回了家。这时的河西各村寨，岳希土司、团丁、保甲长们都纷纷逃往深山，部分群众也被他们威胁和欺骗逃离了山寨，只剩下一些穷得叮当响的穷人。我父亲找到叔伯大哥何思敬（本村私塾教师）商量，串连了河西几个山寨的穷人，准备迎接红军，我看见父亲用彩色纸做了一些三角旗，写着“欢迎红军”的字样，我问他“红军是什么样的人？”父亲笑着对我说：“他们都是好人。”

红军进了茂县城的消息，很快传遍了我们河西水西村。在大伯和我父亲的串连下，当晚便组成了欢迎红军进山寨的队伍。第二天，欢迎群众奉香顶烛，手执欢迎旗，敲锣打鼓，吹吹打打，前去向进城的红军表示欢迎，不料；队伍刚到桥头，突然遭到乱枪射击，欢迎的群众，听到枪声，丢下东西，四处逃散。这时，村里有的反动分子便说:“他们（指红军）不受欢迎，用枪打你们，你们还是上山躲起来吧。”一些人信以为真，扶老携幼，带上干粮躲进山里，我父亲同大伯开初也不明真相，事后通过打听，才知道是国民党支持反动团丁们向群众开的枪。妄图将此事嫁祸红军，挑拨红军与群众的关系。

为了弄清事情的真相，揭穿敌人的阴谋，三天后，红军部队一个班来到了我们河西村，父亲和何思敬大伯在家里烧茶倒水迎接红军的到来。红军进村后，一没有打枪，二没有抓人，积极帮助群众担水劈柴，打扫院子，见有群众的地方就宣传红军的政策，并公开揭露敌人向群众开枪的事实和阴谋。红军的模范行动和宣传，擦亮了群众的眼睛，他们一传十，十传百，“红军纪律严明，热爱穷人”等话语，很快传遍羌寨，躲进山里的群众纷纷回到家里。

羌族人民在共产党和红军的领导下，打土豪，分田地，废除了世袭的土司制，建立了自己的苏维埃政权，羌族人民第一次当家作主。1935年夏是最欢乐、最难忘的日子，广大羌族人民为保卫自己的苏维埃政权，积极为红军筹集粮食，运送伤员、弹药，不少青年主动要求参军。我就在那时当上了红军。我记得红军解放羌寨不久，红军一个团部来到河西，驻进了早已逃跑的岳希土司的衙门，我也到团部为红军服务。红军团长易文涛是安徽人，待人十分和气。他见我人小机灵，办事认真，主动问我愿不愿意参加红军。我一听心里高兴极了，当即回答说：愿意愿意。回到家里，我把红军团长要我参加红军的话跟父母讲了，他们不仅表示支持，还亲自把我带到红军团部托给易团长，二老离开团部时并一再向我叮嘱：“去吧，好好跟着红军干革命，家里的事你尽管放心”。从此，我便加入了红军的队伍，转战在岷江两岸。后来，红军长征北上，又离开了茂县，但红军播下的革命种子深深留在羌寨山乡，红军创下的英雄业绩深深留在羌族人民心中。他们没被反动派还乡团的反攻倒算、残酷镇压所吓倒，羌族人民坚信红军总有一天定会凯旋归来的。

选自中国人民政治协商会议四川省委员会文史资料和学习委员会编：《四川文史资料选辑——红军长征在四川》第48辑，2006年编印，第203—215页。

何雨农，羌族，1920年生，四川茂县人。1935年参加中国工农红军，1936年加入中国共产主义青年团，1937年转入中国共产党。红军长征时任红四方面军第三十一军九十三师二七二团侦察参谋。新中国成立后，曾任西藏军区后方部队参谋长、西藏军区后勤部部长，高等军事学院院务部副部长，成都军区后勤部副部长等职。1996年在成都逝世。

红军长征到羌寨[①]

马福寿

我们羌族人民在解放前，与各处劳苦大众一样，历来过着饥寒交迫、水深火热的生活。

我家一共六口人，五个劳动力。由于土地少，加上地主的盘剥榨取和高利贷，一家人一年累到头仍然难得温饱。我从七岁起就给地主放羊，13 岁开始打零工挣钱，光着双脚，背着硝桶，往返于三龙和沙坝之间，劳动三两天，用所挣的几个钱买几斤包谷面给我母亲送回去。地主经常到我家来催租逼债，我们一家时常挨打受气。

1934 年，我们听说红军到了川化，心里感到特别高兴。因为红军是为穷人打土豪、分田地的军队，要使普天下人人有饭吃，有衣穿，不受压迫、不受剥削。在那黑暗的年月里，贫苦大众有谁不盼望这一天呢？我们寨子里的一些年轻人都盼望着红军早点到羌寨来。

1935 年正月，我大哥马福堂、二哥马福龙双双到北川，不久参加了红军，在红三十一军特务连当战士。这年的阴历三月十三日（注），由我大哥、二哥带路，60 多名红军开进了三龙。接着，其中的 28 名由一位指导员带领，于当日下午 3 点钟左右，驻进纳呼陈么姑的碉房里；另一支由一位队长带领驻在卡玉。我急于想见到走了两个多月的大哥、

① 标题为编者所拟，原文标题为《羌族老红军马福寿的回忆》，文中个别地方略有修订。

二哥和盼望已久的红军，就赶到纳呼去。送天下午，三龙乡的民团头头蔡兴龙带领着一帮人假惺惺地到纳呼慰问红军，实际上是想麻痹红军，但他不敢接近红军，留下几扇猪膘、一匹马就匆匆忙忙地离开了。

地方反动势力于当晚纠集三龙、洼底、曲谷三地的民团1000多人，在14日拂晓前包围了纳呼，先派人将碉楼下面放哨的红军战士杀害，立即放火烧碉楼。火势凶猛，住在碉楼里的红军大部遇害，仅十人左右幸存。他们冒着浓烟火舌转移到碉楼最低层，把墙壁凿开一个洞，准备突围出来。但由于民团人多势众，他们都被反动民团乱刀砍死，28位红军战士全部壮烈牺牲在这里。后来，羌寨人民为了缅怀革命先烈，把这座碉楼称作为“红军碉”。

继纳呼一仗后，地方反动头子带着民团迅速转攻卡玉，此时正是吃早饭的时候。住在我们家里的红军与民团接上火，战斗十分激烈，整整打了一天。民团头顶柴禾拼命往我家口前冲，妄图用柴禾引燃房屋，把红军烧死在屋里。红军战士用手榴弹轰退了敌人。这年，我已年满18周岁，战斗打响以后，我把彩号身上的枪拿起来就同敌人对打。我们家的房子地势处得低，民团投掷的石头把火坑上面的锅都给砸烂了，红军战士诙谐地说，“我们打了那么多次仗，像今天这样的仗还是第一次呢，把饭锅都给砸烂了。”由于红军有着铁的纪律，团结战斗，打退了民团的多次进攻。我二哥为了阻止民团火攻，迎着敌人密集的火力去掀柴禾，当场中弹牺牲，最后连尸体都没来得及掩埋。天黑以后，大约9点来钟，我大哥和我给红军指了个地方，挖洞引出红军。这时，团匪在村前村后、桥头桥尾生起了无数堆篝火，把村寨照得通明。团匪队伍因为打了一整天，没顾得上吃饭，都跑去吃饭和烧大烟了。我们以拍手为暗号，趁机悄悄撤出了村寨，在黑夜里急速向龙坪挺进。在这生死存亡的关键时刻，红军战士都不顾个人安危，争相背扶着伤病员行军。目睹这一切，使我第一次受到了活生生的教育。行军至龙坪磨坊处，遇见另一群民团在那里放哨，传出“哪个、哪个”的讯问声。我是新兵，不懂军纪，举枪放了两发。目标暴露以后，队伍就涉三齐河冲了过去。行至花桥，又遇民团，山头上也有不少民团。我们在队长的带领下，举起大刀，打着盒子炮，冲过花桥，摆脱了敌人的包围。天大亮时，我们胜利抵达沙坝，才与大部队会合了。当天，行军抵达凤仪桥头，住了一宿。第二天进驻汶川县节瓦村。随后又到耿达、卧龙，来来回回走了好几次。

我所在的部队是三十一军九十三师，是后卫部队。刘湘、胡宗南的部队尾追到茂县石大关，我们的队伍还在汶川县克枯一带，我们在威州跟敌人打了几仗。后来，张国焘开始背离党中央，喊的口号是反对右倾机会主义逃跑，打到成都过新年，吃大猪肉。在张国焘的错误指挥下，我们南下打到雅安县境。在攻打金鸡关时，我和大哥都挂了彩。我出院后就被派去大垭口守警戒。新年以后，我们的部队就开始撤退。国民党薛岳、李抱冰两部占领了牛头山和巴郎山，妄想阻挡住红军并一举歼灭。我随部队从雅安撤出以后再翻夹金山，经达维、懋功、丹巴，进入道孚以及上金湾、下金湾，我们后卫部队就在那里守警戒。一路上，我们除与国民党和地方反动势力作战以外，还要与严酷的自然环境作斗争，吃了不少苦。我们于 1936 年 6 月和红二、六军团会师北上，7 月走出草地后，我光荣地参加了共产党；随部队向甘陕进发。（张昭全整理）

注：据中共茂汶县委党史办公室考证：红军系在 1935 年 5 月 31 日（农历四月二十九日）到纳呼。

选自《四川党史研究资料》1986年第12期。

马福寿，羌族，1915 年生，四川理番人。1935 年参加中国工农红军，1936 年加入中国共产党。红军长征时任红四方面军第三十一军九十三师特务连战士。新中国成立后，曾任四川省茂汶羌族自治县县长、中共茂汶县委书记、阿坝藏族自治州政协副主席等职。1994 年逝世。

四、迎接中央红军

接应中央红军

洪学智

红四方面军西渡嘉陵江后，5 月，向川西北进军，准备与转战中的中央红军会合。我们四军政治部留在后方收尾，建立地方政权，发动和组织群众，支援红军。四军留下十二师归我指挥，后面一些部队的政治工作都归四军政治部布置完成。我们从成都的大坝子，经梓潼、江油、匡家坝、中坝、北川，到了茂县，进到通河、鸡公寨、苦瓜寨，最后进到了松潘、黑水、芦花。

四军部队通过通河铁索桥后，确定铁索桥由政治部坚守，防止敌人破坏，保证后续部队过河。到鸡公寨黑水河上又有一个铁索桥，守桥的任务还是交给政治部，要求必须保证日夜能够过部队。

鸡公寨已完全是少数民族地区。进入这样一个地区，部队在思想上、物资上都缺乏准备。对少数民族地区情况不了解，语言又不通，不能直接对话，风俗习惯也完全不一样。头人都有武装，他们之间经常发生械斗，对少数民族群众统治很严。我们利用通司向群众宣传，但他们一个个不讲话，也不理你，跟哑巴一样。他们怕一开口，头人把他们宰掉。由于国民党的反动统治，造成少数民族与汉族之间的矛盾很尖锐，我们做群众工作很困难。另外，当地气候变化无常，空气稀薄，部队很不适应，病号增加。

在鸡公寨，原来四方面军的筹粮，管理后方医院，安置伤病员，做群众工作，后方的安全保卫等等，都是由九军担任，我们军到后，就交给了我军政治部。我这个政治部主任，做了好多后勤部的工作。

九军一直走在前边，我们从鸡公寨、苦瓜寨，到维古，仍然是接替九军的任务。当时，我们军长、政委带着十师、十一师向马河坝大雪山前进。马河坝、沙阿雪山是红军过草地之前过的几座雪山。红军没有过雪山的经验，没有能在上午10时前翻越，到了山上，突然大风骤起，大雪飞扬，一个是缺氧，一个是气温突然下降，身体差的就受不了。保卫连一个班长，身体很棒，不知道有心脏病，到山脚下不小心栽倒，十多分钟就停止了呼吸。很多红军指战员就这样长眠在雪山上。

我们政治部派人沿路掩埋牺牲的红军战士尸体。雪山上怎么掩埋呢？也只是把尸体从山路上移到路边或山坡上，用雪覆盖。

为了迎接中央红军，我们需要准备物资，包括鞋子、衣服、粮食，全军都做了动员。我们进到黑水、芦花后，方面军总部把方面军的部分医院、后方伤病员都交给我管。我们还有一个补充师，都是俘虏兵，主要任务是抬担架、转运伤员。方面军确定由十二师两个团掩护我们。由于前线的部队伤亡比较大，最后就留了一个团来掩护。其余都编到十、十一师去了。

那时候真困难，我靠什么呢？就是靠十二师那个团。中央红军与红四方面军会合后，这个团又编到一军团去，我只能靠军直属队。我们政治部有一个保卫连，有100多人，很能打仗，每一个战士都有一支步枪，五六个手榴弹，一把大刀，大刀上还有红缨子。还有一个通信警卫连，也有战斗力，能打仗。还有一个迫击炮连，只有四门炮，每门炮有炮弹50发。

搞粮食主要是靠我们民运部。民运部长姓许。

我们缺盐少粮。反动头人每天派人到处袭击，他们打的是麻雀战，在山林、峡谷、河边藏着，冷不防的就给你一枪，不是被打伤，就是被打死。我们搞到粮食很困难。

有一次民运队在一个寨子里筹集粮食，被反动武装包围在一栋民房里。他们有二三千人。房子是石头墙，很厚，门是木头的。他们先把门给烧着，门被烧开以后，再向里面冲。民运队先打死他们两个人，他们被镇住了，不敢再冲。许部长楼上楼下地指挥，让人家把屁股给打伤了。后来他们拿梯子往上冲，许部长就指挥往外扔手榴弹。

有两个小伙子当过警卫员，很机灵，很勇敢，一看形势不好，趁着天黑，拿了手枪，就冲出寨子往回跑。反动武装有好多人拼命追，追了好远，也没有追上。

天亮的时候两个小伙子跑回来，我们正在吃早饭，他们气喘吁吁报告："许部长他们被包围了，快去救援！"

我带了警卫连、保卫连和两门迫击炮，火速跑去。

我们大约在上午9点钟赶到。与许部长会合以后，我们站在山下，反动头人在山上，用大石头往下砸。许部长原已被打伤，又被石头砸伤，就不能动了。交通队长很勇敢，一直往前靠，我让他注意，他不在乎，结果给打死了。他是个很好的干部。

反动头人起火在树林子里做饭，到处冒烟，目标很清楚。我们两门迫击炮就对着他们，打了十多炮，打得他们害怕了。后来，他们再不敢与我们对阵，一碰到我们就跑。

方面军见我这一摊子太大，以后又派了一个独立团归我指挥，团长是袁克服。有一次，反动头人又来了几千人，在维古对面的山头上，把独立团给围住了。我们就用迫击炮放了两炮，他们吃了一些亏，才退走的。我对独立团的干部说，你们不要在这里了，到省委归建去吧。他们同意，就回省委去了。

有一次保卫连的一个排长带部队遇到反动头人的武装。这个排长厉害呀，把手榴弹两个一束、三个一束，就这么握着，等反动头人指挥百把人一冲时，就用手榴弹轰，一下子就把他们打垮了，俘虏几十人，缴获了几十支枪，我们一个伤亡也没有。

排长回来向我报告，我说你们打得不错，表扬了他们。他们每人都有一把马刀，威风得很。后来，我们三五个人在山路上走，反动头人武装都不敢打。他们怕厉害的。

进到黑水、芦花，我们找到头人，跟他们谈判：一是我们是过路的，不在此久留；二是吃你们粮食给钱，不干扰你们。我们红军主张民族平等，跟四川军阀不一样。但谈判结果，他们还是不允许我们经过，说你们要是从这过，我们就打你们。

三十军在前面走，在鸡公寨同他们打了一仗，反动头人打不赢就跑到了山上。

以后，我们大军从那里过，他们不敢成群结队打，就跟我们打麻雀战，两三个人一股，藏在山沟里、树丛中，突然打你一枪，打得很准，不死也伤。前头部队经过时打了他们，俘虏了一些人，交给我们后，经过教育放了回去，但仍无济于事。我们想了很多办法做工作，还是很难解决。后来，我们反复做工作，争取头人。部队要吃饭呀，要买粮食呀，必须同头人谈判。那时正好麦子已熟，头人不敢回来收，我们就收了麦子，但是留下了钱。

1935 年 7 月，红四军政治部在黑水、芦花接到方面军指示，中央纵队要经过黑水、芦花，要我们准备粮草，做好迎接工作，并负责接收中央红军的伤病员。

接到通知后，我立即组织民运部、保卫部等部门以及红四军政治机关、直属队，连夜出发，翻山越涧，打开了几个反动头人的寨子，搞到了几万斤粮食和几百只牛羊。

中央纵队先遣队到了黑水、芦花后，给红四军政治部来信，让我们将筹措的牛羊、粮食送到三军团转交。于是我们先后送去了三批粮食和牛羊。中央纵队到了黑水、芦花后，又让我们把筹措的牛羊、粮食直接送到中央纵队，随后，我们又送去了一批粮食、牛羊和慰问品，前后共送去了四批。

在中央纵队离开黑水、芦花时，我见到了负责中央纵队粮草供应的刘少奇同志。少奇身材修长，态度和蔼可亲。他见到我很高兴，紧紧握着我的手说：“洪主任，谢谢你了，也谢谢红四军对中央纵队的大力支持，你们送来的粮食、牛羊和慰问品，可解决了大问题。”

这是我第一次见到刘少奇。1941 年 4 月我从太行山抗大总校转战到苏北盐城抗大五分校，在他的领导下工作了一个时期。

选自洪学智:《洪学智回忆录》，解放军出版社2002年10月第1版，第101—106页。

在松潘迎接中央红军[①]

李德生

我们部队在松潘以南地区差不多停留了两个月，有几件事使我至今记忆犹新。

这里是汉、藏、羌、回等民族杂居区，以藏族为主。我们初到这里，遇到的第一个问题是不了解藏族同胞的风俗习惯，不适应这里的生活环境。由于历史的原因，特别是国民党反动政权、反动军队的长期统治压榨，欺骗宣传，多数藏民分不清共产党、国民党，分不清红军、白军，不知哪个好哪个坏，凡是见到汉民、汉族军队都憎恨、恐惧、躲避。红军到来之前，邓锡侯部大肆进行反动宣传，诬蔑红军“普烧普杀”、“共产共妻”、“青面獠牙”、“头长八只角”、“专吃人脑花和小娃娃”，更加深了藏族人民的疑惧，纷纷弃家出走，把牛马羊赶进深山老林，把粮食、食品、生活用品藏匿起来，有的甚至偷偷地向部队打黑枪、动刀子。

针对这种情况，部队大力宣传中国共产党的政治路线、政治主张、民族政策、宗教政策，宣传红军的宗旨、性质；向部队干部战士介绍藏族的历史、风俗、民情，制订政策纪律。我们交通队时常分散外出执行任务，为了使大家更好地执行政策纪律，我在党支部会议上讲了执行民族政策和宗教政策的意义，要求大家自觉尊重、关心、爱护藏族同胞，

① 题目为编者所加。

尊重藏民和宗教神职人士的风俗习惯，未经允许，不入寺庙，不进藏包。每到一地，我们主动为藏民修桥铺路，背水劈柴，放牧牛羊。爱民的模范行动是最好的宣传。广大藏族同胞看到我们红军的一举一动，说我们是菩萨兵，很快消除了隔阂，主动给部队让藏包，送肉奶，当向导。军爱民，民拥军，到处荡漾起鱼水欢歌。

在藏区，适应当地的生活也不容易。藏胞们以食用青稞、酥油、牛羊肉和奶制品为主。头几天，我们班每个人一闻到酥油的味道就呕吐，吃糌粑觉得比吃中药还困难。我看到班里几位战友吃东西又吐又呕的痛苦样子，下决心带头过好生活关。为了能够很快吃下糌粑，白天我把糌粑放在口袋里，晚上放在枕头边，过一会就拿起来闻一闻，尝一尝，没几天就觉得糌粑的味儿不冲鼻了。吃之前，把青稞面与酥油和在一起，使劲用手捏，捏的时间越长越好吃。大家看到我吃的又香又甜，一个个跟着学，慢慢地也都爱吃糌粑了。

做好欢迎中央红军北上的工作，实现两个方面军的胜利会师，是当时头等大事。我们在鄂豫皖时，就听说江西中央苏区在朱毛领导下，不断取得革命战争的胜利。开始我还以为朱毛是一个人，后来才知道是毛委员和朱总司令。现在就要和红一方面军会师了，大家都懂得，两个方面军会师，红军的力量就更强大了，我们的革命事业就会取得更大的胜利，我们的根据地也将巩固和扩大，这是多么大的喜事，全军同志都像过节一样高兴。每个同志都把自己舍不得穿的衣服、裤子、鞋子、袜子捐献出来。我捐献的是条白毛巾和一个小本子，这是两年前在总医院住院时发的“宝物”,一直珍藏在身边。在小本子的扉页上,我写了一行字：“向红一方面军战友学习！”另外，我还在老乡的帮助指导下，用几天时间做了一双鞋，用牛皮作底子，用牛毛捻的线编成帮子，样子还挺不错。

1935 年 6 月中旬，红四方面军同中央红军在懋功胜利会师的捷报传到部队，干部战士们奔走相告，笑着，跳着，欢呼着，喜庆胜利时刻的到来。

有一段，我师驻地距中央红军北上必经道路不远。没过几天，就听说军委首长带着部队过来了。大家主动跑到大路边列队迎接。我们看到，中央红军的衣服是灰的，八角帽比我们的小一些，每个人挎包上还挂了只搪瓷杯。大家鼓掌高呼："热烈欢迎中央红军！"等口号，师长王友均向几位骑马的红军跑了过去，敬礼，握手。有人说，那个子高高的、长头发的就是毛泽东同志，那长络腮胡子的是周恩来同志。

这是我第一次见到毛主席、周副主席。

节选自李德生：《李德生回忆录》，解放军出版社1977年8月第1版，第46—48页。

千佛山一线防御

王宏坤

红四方面军的长征实际上从强渡嘉陵江开始的。为了策应中央红军，我们不得不渡江西进。到达涪江地区的江油、中坝、梓潼等地后，蒋介石为了防止红军一、四方面军会合，实行各个击破，加紧调遣兵力，企图以江油、中坝为中心对红四方面军实施东西堵截，南北夹击。

这时，红一方面军在党中央的率领下，准备渡金沙江北上与红四方面军会师。

为了迎接中央红军北上，打破蒋介石的合围部署，红四方面军向西出动，计划占领北川、茂县、理番、松潘一带地区，背靠西康作立足点。

大约是5月上旬，红四方面军先后撤出彰明、中坝、青川、平武等地，经北川、安县、绵竹边境，向茂县、松潘地区开进。

我也奉命率十二师三十四团、三十六团从梓潼向西开进。我们走在最后。几天后，到达北川。当时四军政治部驻北川城内，洪学智同志在那里等候我。见了面，彼此很高兴。这是他到四军任职后我们第一次见面。这之前，几个月不在一块，只能在电话里通通气。

我们相互介绍了一些情况。他还将总部关于四军的行动的命令交给了我。

当时，军政委王建安已奉命率十师二十八团和十二师三十团向北发展，牵制敌胡宗南部，计划打下松潘，扼控川西北通往甘南的咽喉要地，为茂县、理番作屏障。但因胡敌控占的松潘城堡坚固，我军攻了一下没有攻下来，于是我军退守松潘以南的镇江关，与敌对峙。总部要求十二师三十四团、三十六团也迅速北进，与二十八团、三十团合兵一处，命令中要求我亲率十师主力三十一团和三十二团和三十三团向西南进发，到茂县东南的千佛山地区防御，阻击成都方面敌人的进攻。（我到北川时，十师主力已经出动了。）

我赶到千佛山，陈再道的三个团都在这一带。一个在千佛山上，一个在千佛山东北方向的山头上，另一个往西南方向的山头上。

千佛山又高又险，上山极不容易，山上很久以前大约有人居住，但如今早已是一片荒芜、渺无人烟。山头有一座大庙，建造得很有气派，但因久无人迹，早已是断壁残垣。

千佛山这一线地形对我军防御很有利。这里山高谷深路险，向南更为险峻。我们依据险山巉崖构置成多道防线，并筑起了坚固工事。我的指挥所设在那座大庙内，庙前庙后也做好了工事。那一带丛林多，也有成片的竹林，里面有野猪成群出没，到后来，这里成了炮火连天的战场，很少再见其踪影，这时已是大热天，但山上气温较凉，晚上还得盖棉被。

千佛山一带的位置很重要。对我对敌都关系重大。它南面不远就是川西平原，就是成都、绵阳，我控制这里，对敌威胁很大。它北面是北川河谷和土门要隘，如果这里被敌人重兵控制，我向松潘、茂县、汶川、理番发展的西进通道就会被切断，建立川西北根据地，迎接中央红军的任务将难以完成。

敌人对这一线很重视。我军到达之前，这里由邓锡侯部重兵扼守，在我军攻占这一线后，敌人急了，蒋介石的参谋团也曾多次严令刘湘、邓锡侯、王缵绪组织部队夺回，以便截断红军西进通道。

这样，敌我之间的一场大搏斗在这里激烈展开，时间长达两个多月，我军无数次地打退了敌人的大举进攻，像钉子一样钉在这里，牵制了敌邓锡侯、王缵绪、孙震、许绍宗等部达 90 多个团约 14 万的兵力，掩护方面军胜利进入岷江流域，迎接中央红军。

由于千佛山南面不远是成都、绵阳，那里交通方便，敌人运兵快，敌人不断增大兵力，后来对我竟达到十几倍、二十几倍的优势，对我们压力很大。但是，在战场上，不论敌人投入的兵力多么大，攻势多么猛烈，主动权总还是掌握在我们手里。

好几次，我们坚守山梁要点，让出前面河谷，放敌进入其内，运用迂回包围的战术，成批成批地歼灭敌人。那时，这一带雨水多，河谷路滑，敌人行动不便，在我军多次猛烈反击下，敌人吃了不少亏。我们还以小分队深入到敌驻地夜摸夜袭，不断取得战果。有几次，敌人也乘夜暗向我发起大举进攻，均被我军击退。

最令人恼火的是，敌机连续不断地来扫射轰炸。为了防空，我军挖了防空洞，做了盖沟。但敌机说来就来，我军仍不断有些伤亡。一天，我们刚出庙门。即见敌机来了，并很快即俯冲下来，钻工事来不及，只得就地顺着坡度卧倒，我刚卧下，炸弹就爆炸了，我算没事，而我的警卫班长被伤着脑袋当场牺牲了。司务长还未来得及出门也牺牲在庙内。

我们在千佛山一带防御期间，西进的兄弟部队已经和红一方面军胜利会师。消息传来，大家高兴异常。在这之前，总部早就通报了中央红军到达地点，两军距离越来越近，会师指日可待，红四方面军全军上下欢欣鼓舞、斗志倍增。大家纷纷行动起来，开展捐献活动，准备了大批慰问品。我们在千佛山的部队就搞了不少衣服、布匹、毛巾、鞋袜等等。其中许多是新的，指战员平常舍不得穿用，现在都献出来，表示自己的心意，我们将其集中起来，专门派人送去。

两军会合以后，总部还专门给我们送来了一部电台，以便保证和主力联络的畅通。给我们的这部电台和前来工作的人员原是一方面军的，一方面军电台多，我们四方面军当时电台少，只总部有几台，各军都没有。有了电台，通讯联络方便多了。

7 月中旬，胜利会师后的一、四方面军逐步向北开去，他们安全通过，我们的掩护任务也告结束，上级来电命我们撤出阵地，随主力北进。路线是经茂县到芦花、黑水。

从千佛山上下来，到了茂县城，方面军副总指挥王树声当时住城里，他留在后面，专等我们。我们进了城，吃完晚饭后，我带十师师长陈再道一起去见王树声。王树声告诉我，上面来了命令，你现在任红军副总参谋长，总参谋长是刘伯承，四军军长由许世友同志接任。他还拿出命令让我看。我说，我没有文化，干不了这个工作，哪能黄牛当马骑？部队全交给你，我只跟着走就行。

王树声不同意我单独跟部队走，后来我也想到，部队大部在前面走了，在后面的有五六千伤病员，另有打掩护的两个团（十师三十二团和一独立团）没有人带，不接受不行。

那一天，我从茂县城出来，三十三团政委胡奇才打来电话，向我问行军路线，我告诉他向北顺河经燕门关过铁索桥。这回也碰巧，那条河上南面还有一个雁门关，那里也有一座铁索桥。两个地名音相近，又都有铁索桥，但一个在上河，一个在下河，一个在北，一个在南，不知是我没有交代清楚，还是他听错了，结果他们走错了路，又遇敌机轰炸，被副总指挥派人追回来，给撤了职。至今，胡奇才同志还经常摆起这个龙门阵。

我们开始向芦花、黑水方向前进，沿途山高林密，很难行走。进到松潘以南，茂县西北地区的河南岸，见到那里有一个大湖，周围山路陡峭骇人，每天下午三四点起，砂石滚滚落下，完全不能通过。现在看来，大概是地震造成的。

沿途经过的地段是少数民族生活区，由于历史上形成的民族隔阂加上国民党反动派的宣传，他们对我军不了解，不断袭击我们。敌机也不断地跟踪扫射轰炸。在进到芦花的前一天，袭击的敌机又来了，敌机顺着河谷低空飞行，我站在山嘴上的哨兵端起自动步枪朝敌机扫射，敌机被击中，栽下来了，飞行员也同时毙命。

我们到了芦花、黑水东南 20 里处住下。两天后，上面给我来电，要我将所带的四方面军四军三十二团交给一方面军三军团（这时已改称三军）。当时三军团驻芦花、黑水，离我们很近。

三十二团 1300 余人。我给他们做了工作。经过动员，大家愉快地表示服从革命需要，当即由十师参谋胡鹏飞同志带去三军团，圆满办完了交接事宜。三军团随即把他们编入部队。

第二天，我还因事去了三军团驻地芦花，见到了他们的队伍出发。其中就有不少我们原三十二团的指战员，那时穿着很明显，四方面军的帽子大，一方面军的帽子小，衣服也有不同。

我在芦花三军团驻地会到了三军团军团长彭德怀，参谋长肖劲光，以及伍修权等同志，他们还盛情留我吃了一餐饭，在那样困难的情况下，还搞了些牛肉专门招待我，热情得不得了，令人感动，至今也还记忆犹新。

听说刘少奇同志住芦花西面的一个镇子里，（当时他兼任粮食委员会主任），我即准备去看望他。这一带是藏民区，一些藏民受反动宣传煽动，经常向我们发起袭击。我带着警卫排，沿途见到一方面军的同志也在做碉堡工事，防备袭击。少奇同志住的镇子坐落在一个山岗上，我们来到镇子前，正要上坡时，即见一个中年人带着一队骑兵和几匹驮着东西的牲口出来，我猜想他就是少奇同志，连忙迎过去问："你是少奇同志吗？我是王宏坤。"

少奇同志很热情地拉着我的手说："哦，你就是王宏坤，早就听说过。"

我们站在那里互致问候，简单地谈了几句，我看到他很忙，即告辞离去，少奇同志也连连挥手再见。

选自王宏坤:《我的红军生涯》, 人民出版社, 1991年7月第1版, 第253—258页。

第三次负伤

傅崇碧

独立团归建后，整个团已扩大到 2800 多人。当时由独立营配合部队包围江油县城，一营在江油以北搜剿地方反动武装，配合区的工作开展。

江油城里敌人一个旅被红军包围得死死的，不敢外出一步。1935 年 5 月前后，省委通知我们，红四方面军主力为迎接党中央，与红一方面军会合，要向西边的茂县、丹巴转移，围城任务交给我们独立团担任，让我们掩护主力部队撤离。

接到省委通知后，我们立刻召开县委常委会，并吸收独立团参谋长、主任参加讨论。经过讨论大家一致认为，任务艰巨，要动员一切力量来完成上级交给的任务。决定在江油外区活动的二营立即归建；各区加紧动员青年组、区武装部队，全力支援独立团作战。

当时因独立团没有团长，仅有的一位副团长又离队在医院治病，因此主要责任压在了我的肩上。我和参谋长率营连干部到围城的主力部队中了解部队的配置，围城部队团长向我们介绍了情况后，带我们到部队阵地察看了具体战斗布置和部队配置、工事地形，了解情况后我们回到了部队。

第二天中午，接到总部的命令，要我独立团在 6 月 2 日夜 10 时前接替江油县南北山防御任务。我们营连干部由于预先熟悉了主力部队的战斗配置和地形，包括敌人的活动规律，心理上有了一定准备。我们商量，一营原来配合主力部队围城，对地形和敌情熟，黄昏前由一营隐蔽进入主阵地。连营干部可先进入前沿哨所，待天黑时，部队进入主力部队哨位接替，主力部队隐蔽撤出。二营两个连也占领阵地。三营在西北作为团预备队，接防任务晚10时前完成。

主力部队在晚10时全部撤出了阵地，阵地上的20多箱手榴弹全部交给我们使用。我们要一营派小部队到城北门，待敌出城后用火力给敌杀伤后速撤回阵地；三营在城南也派出小部队，待敌出城后用火力杀伤后迅速撤回。部队主要防御城西北通茂县大川要道，掩护主力部队的转移，争取两天时间不让敌人占领城西北山。

主力部队撤走了，我们接防后一整夜很平静。天明后，敌人向西北山炮击。上午10时，敌又向西北山打了十几炮，我阵地仍毫无动静。敌人情况不明，又不敢出城，就在城墙上用望远镜向城外察看。我们居高临下，敌人活动的情况我们都看得很清楚。

敌人怀疑情况有变化。快到中午12时，敌人以一个连的兵力从城南门出来，小心翼翼地向前进到500多米处的一个村子前用火力侦察。我小部队埋伏在村内不动，等敌人靠近村边，突然用火力给敌以杀伤。敌人不敢抵抗，很快撤回城内。我们的小部队也回到原地。

到了下午2时，敌人可能判断出东北南门城外都无部队，红军主力部队大概已经撤走了，便从南门出来两个营向西北山下运动。我们给部队规定，敌人炮击和火力攻击时不理他，不过早暴露我们的火力点，等到敌人靠近，再用手榴弹有效地杀伤。我们每个战士都准备了十多个手榴弹。

敌人两个营在火力掩护下到了山脚，见山上没有动静，就大胆地集中兵力向山上冲击。当他们冲到我前沿阵地30米左右时，我们集中用手榴弹投向敌群，看到敌人倒下去不少。敌人开始往回跑，我军冲锋号响了，战士们从工事内跳出来向敌反冲锋，冲出300多米，缴获一部分枪弹，又很快撤回战壕内休息，迎接第二次攻击。

敌人的进攻被击退后，天已黑了，战斗基本停下来。我清查了一天战斗的成果，俘敌 26 名，缴获枪支弹药一部分。我二营伤亡 30 余名。我们利用黑夜，派小部队不断袭击，使敌人不得安生。主力集中加修工事，补充弹药，迎接第二天敌人更大的进攻。

第二天上午 10 时，敌出城后分三路向城西北山进攻，在前沿阵地前被我击退。第二次进攻开始，我军战士顽强地抗击敌人。地形对我们防御有利，但敌人的兵力火力占据优势。战斗到下午 4 时，我左面阵地被敌攻破。我使用预备队反击虽未成功，但已按上级规定的时间完成了任务。

于是我们决定由三营掩护，二营一营撤出战场，到江油西北山河西、北川和江油交界地区有利地形修筑工事。由三营派出一个连的兵力保持和敌接触，敌进攻时即抗击敌人，敌人不进攻时即派出小部队袭击敌人，主要不让敌向北川、茂县前进。我们撤出战斗后向总部和省委报告，总部来电说我们掩护主力转移的任务完成得很好，并说给我们派了一位团长，系原主力部队的何治欲团长。我们很高兴。何团长的到来无疑加强了独立团的领导力量。

何团长到来的第四天，也就是 1935 年 7 月的一天，总部来电命我独立团到观音梁子山下江油、北川至茂县的十字路口选择有利地形，修筑工事，阻击江油、北川之敌向茂县前进。部队开进设防地区以南十多里的地方时，先头部队在小山头发现敌人。老乡说刚看到 300 多人从西面川北方向来。我一边把情况和我们的决心报告总部省委，一边令二营跑步前进，趁敌立足未稳，坚决消灭敌人。我和团长迅速赶到一营，进行战斗准备。

下午 6 时，一营展开了对敌战斗，顺利占领了有利地形。接着二营赶到，我和团长下令，二营从左侧进攻，很快将敌压缩到了 500 多米高的一个小山头。何团长和我找一、二、三营营长商量抓紧时机，由一、二营主攻，三营为团的预备队。布置完毕已是夜里12时40分了。我们要求各营回去好好组织，凌晨1时开始向敌总攻。

总攻开始后我跟随一营，何团长在一、二营之间的指挥所。半小时后，把敌人压缩到了更小的地方。我们与敌人的距离不到百米，战斗进行得非常激烈。一颗手榴弹飞来，在距我很近的地方爆炸了。我只觉得腿一麻，便不能动了。鲜血涌流出来。警卫员和一个战士把我抬到一块石头后面。这时何团长离我很近，知道我负伤赶快跑过来看我。我说一营攻上山头了，要二营进攻加快，很快可以全部消灭敌人。何团长回到指挥所不到10分钟、参谋便来报告说，何团长牺牲了。

战斗结束，敌人被全部消灭，未跑掉一个。

这时天还未明。担架队抬着我走。天明后，我躺在担架上，因流血过多，迷迷糊糊，只感到口干想喝水。这样又坚持到夜里进了医院。一片漆黑，什么也看不见。走进一间老乡的小房子内，半天才弄到一个小油灯。房子里什么也没有，来了位医生说他们也是才到，有些药品和器械还未到。他看看我的伤口后说包扎还好，但今晚换不成药了，先给我一点止痛药片吃了休息，我说想喝水，他叫警卫员去老乡家烧点开水。过了很长时间才弄来开水。警卫员叫我喝水吃药。折腾了一天，我什么都不想吃,便让警卫员自己吃点干粮,早点休息。我在担架上躺了一夜。

天明，医生来换药，解开绷带后，发现绷带已让血浸透了。这时院长也来了，说我流血不少。在这里住了两天，部队开始转移。然后就是不停地行军。这里住一天，那里住半天，转来转去走了大约十几天，沿途很少看到村庄。有一天行军到了一处住地，看到妇女穿得都是藏族衣服，这才知道到了藏族地区。

转了20多天，到了一个比较大的地方。我问警卫员这里是什么地方，警卫员说，听他们讲叫杂谷脑，都是藏族，说话我们听不懂。我们住在一个喇嘛庙内，在这里一住就是20多天。

我的伤口从外表看已经长得很好了，但是仍不能动，而且越来越痛，腿开始发肿，肿得像个小桶，疼痛难忍。医生每天给我吃止痛药，后来把我转送到大藏寺红四方面军总医院。

总医院政委周光坦是我原来的老上级，知道我到了总医院，便和贺诚院长来看我，他见我的腿肿得厉害，马上叫医生来检查。两位医生看了以后，说腿已经化脓了，必须动手术。我一听要动手术，怕锯我的腿，就告诉医生无论如何我不做手术。第二天周政委和贺院长又来到我住处，昨天给我检查的两位医生也来了。贺院长要我躺下再检查一下，看是否真的需要动手术。我躺下后医生用了些什么药在我鼻子上洒了两下，我就感到迷迷糊糊想睡觉。过了不久，就什么也不知道了。

到了半夜我开始呕吐，好像肚子里什么东西都要吐出了。似睡似醒之间，我感觉住的不是原来的地方。我喊警卫员，问这是什么地方？警卫员说给你做手术了。我赶快摸我的腿，腿还在，心里就踏实了。

天亮以后，周政委和医生来看我。说你怕锯腿，不愿动手术，给你用了麻药，才给你开了刀，取出来两块弹片。他们给我看取出的两块不小的弹片，说就是它在你腿里面作怪，可能伤了一点筋，慢慢会好起来的。

大约过了半个月，伤口真的好了起来，也不痛了，我真有说不出的高兴。但腿伸不直，走路仍然很困难。周光坦政委弄到一匹马，行军时硬是把我拖到马背上。我很感谢周政委。他让我不要着急，每天还派人来给我做按摩，让我自己适当地锻炼。我在总医院住了三个月，腿渐渐好了起来，基本能伸直了，我再也不怕因残废而给部队增加负担了。

部队又开始行动，我随总医院在草地连续走了十多天，到了金川县。这里汉人多了起来，藏族同胞大多数也都会讲汉语。在这里我遇到了省委少共书记吴瑞林同志。我在通江县任县委书记时，吴瑞林是县委少共书记，我们是同事。他知道我到了金川，到医院看我，并问我有什么困难要他帮助。我说没有困难。他告诉我傅钟副主任也在金川。

吴瑞林回到省委后把我的情况向傅钟副主任作了报告。傅钟副主任是我的老首长，第三天派人到医院看我，为我办了出院手续，接我到了他的住地。一见到我，他就询问我的身体情况，说党中央率红一方面军北上了，我们部队将南下迎接红二方面军。傅副主任让我跟他一起走。我们的部队经丹巴到懋功，翻过夹金山到了宝兴县。傅副主任让我留在宝兴县担任县委书记，他带的干部和工作人员留下了 21 名，给我作为建立宝兴县委的基础。当时傅钟副主任兼任四川省委书记。

选自傅崇碧:《傅崇碧回忆录》，中共党史出版社1999年12月第1版，第35—41页。

光荣的使命

余洪远

瓢泼大雨一阵紧似一阵，我带着警卫人员在中坝通往北川的山路上策马疾驰。当我们从雨幕中钻出来，走进北川城郊徐向前总指挥住处时，一个个浑身水流，活像落汤鸡。徐总指挥一见，连忙迎上来拉着我的手说："来得这样快，看淋成这个样！""接到你的命令，搁下筹粮扫尾工作就急忙赶来了。"我答道。"是要越快越好哇！"徐总一面叫炊事员为我们做饭，一面拿出自己的衣服叫我换，然后把我换下的衣服拧了拧水，在火炉上边烤边说："毛主席、党中央率领中央红军已强渡大渡河，飞夺泸定桥，正向天（全）芦（山）宝（兴）地区开来了！我们正准备致电党中央，报告所处位置和敌情，并坚决表示我四方面军全体同志，正以'十二万分的热忱，欢迎我百战百胜的中央红军。'先念同志已率八十八师和二十五师、二十七师各一部，由岷江地区日夜兼程西进，迎接中央红军去了，估计很快可以在懋功（现小金）一带会合。叫你来，是想要你带领省政府、省委机关一部分和妇女独立团，赶去懋功一带，为迎接中央和一方面军做物资准备，主要是筹措粮食。"这时，我换上了徐总的衣服，他个儿大，我个儿小，穿起来像龙袍一样，惹得我们一阵捧腹大笑。然后徐总接着说："懋功这个地方是少数民族地区，群众基础没有根据地好，出产也比较差，在那里筹粮困难是很大的。但中央机关和一方面军长征以来，长途跋涉，历尽艰辛，亟须得到粮秣补充，不管有多大困难，也希望你一定完成好，并且要做到‘十二万分热忱’。”听完徐总的话，我已掂出了这次任务的分量，当即表示：“请总部放心，我们坚决完成任务！”

从徐总那里接受任务之后，我们用最快的速度将川陕省苏维埃政府、川陕省委机关一部分和妇女独立团组成了迎接中央红军筹粮工作队。考虑到刚去懋功时准备物资有困难，我让政府总务处长庞继元同志专门找了几个大骡子，驮上中坝带出来的食盐、豆豉、海椒面、酱菜和资阳豆瓣。我们还让每个同志的水壶都不装水了，全装上这些东西，把干粮袋也装得鼓鼓的。经过紧张准备，工作队由一个工兵营开路，一个战斗团和政府警卫营掩护，于6月初向懋功疾速前进。为了争取时间，我们在路上边走边动员。同志们一听说要去与中央红军会师，并为他们筹粮，情绪更高了。

6月13日，工作队经过七八天的艰苦行军，行程700余里，从北川经茂县、理县，来到了红桥山下。红桥山是我们长征途中遇到的第一座雪山，山上长年积雪，空气稀薄，特别是下山时必须经过一个300多公尺高的大雪槽，槽里厚厚的冰光溜溜的，槽两旁全是悬崖绝壁。同志们克服重重困难，爬上了山顶，下槽时，把牲口的缰绳盘在颈上，下了鞍，然后打趴着朝下一推，呼呼地滑下去，人也躺着往下一滑，有的连同牲口一块滑进了旁边深邃的雪坑去了，大多数同志遍身磨出了血。但一想到身负的光荣任务，也毫不叫苦。

翻过红桥山，当晚我们到达了懋功境内的两河口。这时，前方传来了一、四方面军先头部队在达维胜利会师，毛主席、朱总司令和周副主席等中央领导同志将来两河口继续北上的信息。听到这个喜讯，同志们高兴得一夜没睡觉，忘了刚翻过红桥山的疲劳，连夜准备东西迎接一方面军。有两条米袋的，让出一条新的来；有两副绑腿的，让出一副好的来；有两双草鞋的，自己只留下一双；有的同志干粮也舍不得吃了，小心翼翼地包起来，准备留给一方面军的同志们。庞继元同志一路上像痛爱幺儿一样护着他那几驮宝贝疙瘩，那天晚上又围着驮子东拍拍，西摸摸，生怕漏了一块豆瓣一粒盐。不少同志还连夜动员群众磨糌粑，做干粮。

第二天一大早，我们就向卓木碉出发。卓木碉是懋功以北 20 来里一个小镇，一方面军一部分即将通过这里。到了卓木碉，我们把工作队分成两路，一路由川陕苏维埃副主席兼邮政局长祝义亭同志带领，到城里去设粮站，我和一部分同志暂留在这里，立即埋上几口大锣锅烧开水，设立粮站，搭宣传鼓动棚，把工作队、掩护部队和当地一些群众组织起来，沿路站好队，等待迎接一方面军到来。说也奇怪，那天的时间好像过得特别慢。开水烧开了一次又一次，人们向南边路上望了一回又一回，鞭炮撑着只等点，锣鼓提着只等敲，可就是不见亲人来。等哪等哪，直到下午两点钟，只听山头放哨的同志一声喊："来了！来了！"顿时，鞭炮齐鸣，锣鼓喧天。看见一方面军的队伍开过来了，同志们迎上前去，热烈拥抱，欢呼跳跃，幸福的热泪夺眶而出。一袋袋来自江油中坝的大米，一包包来自南部盐井的白盐，一壶壶来自资阳、郫县的豆瓣，还有川北山地的茶叶，川西平原的海椒面，阿坝草原的酥油糌粑和我们缝制的绑腿、米袋、草鞋及一针针编织的毛衣、背心、毛袜、手套……这些凝结着全川人民和四方面军指战员深情厚意的物品，送到了一方面军同志们的手里。一方面军的同志们捧着这些东西，真是感激不尽。一个姓曹的团干部，因伤躺在担架上，握着我的手说："感谢老大哥部队呀，可给了我们最大的支援啦！"我忙说："这是徐向前总指挥亲自叫我们来的，为了北上抗日，我们做得还不够哇！"

我们在懋功住了六七天，对一方面军进行了初步的粮秣补给。6 月下旬，一方面军进至两河口、马尔康一带。我们在一个晚上撤出懋功又赶到马尔康，在这里展开了大规模筹粮活动。

在我们没来这里之前，国民党反动派对当地群众进行了大量的欺骗宣传，同时胁迫群众上山隐蔽，不准卖粮食给红军，不准给红军带路和当通司。我们初来这里时，只见到空房子，找不到一粒粮食，好不容易见到一个人，可一转眼又跑了，个别不跑的，也不通语言。这样连续几天，一无所获。这时，大量部队又急需粮食，真是急得人团团转。后来，花了九牛二虎之力，才找到了几个会说汉藏两种话的通司。我们和他们一块吃饭睡觉，做了许多思想工作，取得了他们对红军的信任，然后由这些人去向山上的人喊话，宣传红军的纪律和政策。躲在山上的人本来就不想离开家，听到宣传后，逐渐都回来了。这时，工作队的同志分成若干小组，全都深入到群众中去做宣传工作。粉笔队到处写满了标语口号和布告，宣传队员用《孟姜女》调、《五更》调、《小放牛》调和当地土语等，形象生动地宣传红军是少数民族的好朋友，是穷人的军队，目的是反帝抗日，反封建反压迫。深刻揭露国民党军队和土匪特务进行欺骗宣传的罪恶目的。工作队员在同群众接触时，都严格遵守不支乌拉、尊重当地民族风俗习惯等"四要十不准"的规定。经过这样艰苦的工作，群众逐渐打消了思想疑虑，纷纷行动起来，从县到乡建立苏维埃政权，踊跃支援红军。他们把地窖里、岩洞里藏的粮食掏出来支援红军，有的把仅有的口粮和牛羊肉都献了出来。马尔康苏维埃政府主席格达瓦和妇女部长泽西同志，夜以继日地为我们筹集粮食、牛羊和蔬菜，起了非常积极的作用。对于群众送来的东西，我们都如数付给了钱，或者用外地带来的布匹和盐巴换。对大地主、土豪的粮食，我们采取征借的办法，用政府的名义打条子。对于家计贫穷的人户，我们不但不征不借，还主动赈济。这样，群众对我们很满意。

马尔康东边20里的卓克基，是部队通往毛儿盖、包座方向的路口，我们在这里建了个大粮站。把小麦磨成炒面，青稞做成糌粑，玉米磨成粉，还储集了洋芋、萝卜、白菜和南瓜等蔬菜，凡是从这里路过的部队都得到了一些补充。中央机关和总部也走的这条路，因为他们不像部队那样可以筹些粮食，所以，我们按每人30斤重点给予补给。

正在我们紧张工作的时候，一天，中央机关秘书长刘少奇同志打电话给我，说粮食暂时差不多了，眼下急需再办几件事：一是给中央再送点酥油、骡马和可以骑的毛驴（因为徐老、谢老、董老喜欢骑毛驴）；二是特别注意给毛主席选一匹温和的骑马和一个能识字的男护士。我一听要给毛主席和中央首长直接准备东西，高兴极了。第二天就送去了酥油、马匹和七头毛驴。毛驴都是买的土司骑的挂红彩、吊铃铛的好毛驴。事后听说几个老人都很满意，徐老舍不得骑，只用它驮东西，自己穿着草鞋拄着木棒跟在后面走。因当时不好找马，我便把自己骑的马送交了主席的医生傅连暲同志。主席要的男护士，因我们当时护士大多是女的，且识字的不多，只好把我身边工作的医生孙玉华同志送去（他是我前不久才从工农医院选来的一个男医生），据说主席很满意。

我们在马尔康住了近 20 天。一天，张国焘和朱总司令路过我们驻地，张把我介绍给朱总说："这是余洪远同志，原来是川陕苏维埃副主席，长征以来主要在前面搞粮食，现在他带着省委、政府机关一部分在这里筹粮迎接一方面军。"总司令一听，握着我的手说："洪远同志辛苦啦，粮食搞得怎么样？"我说："首长比我们辛苦。我们在这里搞了 200 万斤粮食，两万斤盐巴，还有一些牛羊、骡马和蔬菜。"总司令说："搞了这么多东西，真是完成了一项光荣的任务呀！中央领导同志，中央机关和不少一方面军的同志都吃到了你们搞的粮食，我还吃到了你们从中坝带来的腊肉呢！"听到总司令对我们的工作如此满意，我连忙说："总司令，我们做得很不够！"总司令笑着说："做得很好，不过往后还会有更艰巨的任务，要继续努力呀！"送走了总司令，我心里久久不能平静，暗暗下决心，一定要牢记总司令的教导，把今后的任务完成得更好。

选自《艰苦的历程：中国工农红军第四方面军革命回忆录选辑》（下），人民出版社1984年12月第1版，第43—47页。

挺进懋功

董兴谱

1935年，我在红四方面军副总指挥王树声同志身边做保健护士工作。记得那是6月中旬的一天，王树声副总指挥对红二七四团团长石志本和政委说：“我们要摆脱敌人的围追堵截，尽快到四川西部懋功，迎接红一方面军老大哥部队。”接着王副总指挥严肃地说：“剑门关是我们红军必经之路，那里地形非常险要，并有敌人的重兵把守。据侦察，敌人在关的附近就有三万多人，修筑了大大小小的碉堡群和各种工事，加上武器精良，真可谓一夫当关，万夫莫开。但我们是红军，一定要拿下剑门关，打开通向懋功的道路，完成红一、四方面军会师之举。你们团担任主攻任务，总部炮兵营配属你们。此仗关系重大，我相信你们会胜利完成任务的。”①

部队经过几天的行军，来到剑门关，经过一天的战斗，成效不大。我们的部队被山头上的三个大碉堡压在半山腰上，伤亡较大，同志们的心里很着急。这时，王副总指挥赶到前沿。他听了汇报以后，果断地命令炮兵营长打掉敌人的碉堡，开辟前进的道路。

所谓炮兵营，实际上只有两门八二迫击炮和有限的几发炮弹，炮兵营长原是国民党部队的一名炮手，当王副总指挥来时只剩下四发炮弹

① 此处回忆时间有误。红四方面军于1935年4月2日攻克剑门关——编者注。

了。情况危急，如果打不通剑门关，就无法与红一方面军会师。王副总指挥向炮兵营长下令说："你要用这几发炮弹把山上的碉堡打掉，决不能耽误了我们迎接红一方面军的任务！"

炮兵营长立即操炮，只听三声巨响，山头上的三个大碉堡被炸上了天。红二七四团的战士们乘机冲上山去，同敌人展开了肉搏战，溃不成军的敌人抱头逃窜了。到了下午4时左右，我军攻占了剑门关，歼敌大部，打开了通向懋功的道路。

战斗结束后，王副总指挥在参战部队集合大会上说："同志们，我们已经打通了剑门关，我们现在要以最快的速度向懋功挺进，迎接红一方面军部队。"当时，我们大家都为战斗的胜利和即将与红一方面军的会师而欢呼、跳跃，激动的心情难以形容，高兴得忘记了战斗的疲劳。

王副总指挥接着说："同志们！中央红军经过长途的行军作战，是非常辛苦的，为了表达我们对老大哥部队的心意，我们要把最好的东西拿出来慰劳他们。"

会后，同志们兴致勃勃地回到驻地，打开了自己的背包，找着献给中央红军的礼物。在红二七四团政治处的院内，不一会就堆满了各式各样的东西：有新的被面、新鞋、衬衣、毛巾等各种物品。

通过剑门关后，我们先头部队到达了懋功。红二七四团的副团长和红一方面军的一位营长接上了头。① 在一片欢呼声中，红一、四方面军在懋功胜利地会师了。

会师以后，我们响应党中央北上抗日的方针，向川陕甘边区进军，建立苏维埃政权，迎接全国抗日民主运动的高潮。

选自沈阳军区政治部编研室编：《红军将士忆长征》，白山出版社1996年8月第1版，第383—384页。

① 迎接中央红军的红四方面军先头部队有红九军第二十五师第七十四团、第二十七师第八十团等说法。红二七四团时属红三十一军第九十三师——编者注。

董兴谱，1914 年生，湖北新洲人。1930 年参加中国工农红军，1931 年加入中国共产主义青年团，1934 年转入中国共产党。红军长征时任红四方面军第三十一军九十三师二七四团卫生队看护长。新中国成立后，曾任东北军区后勤卫生部第二十四医院院长、东北军区后勤部第一办事处卫生处副处长，沈阳军区大连第一疗养院副院长等职。1995 年在大连逝世。

懋功放歌

徐国夫

懋功为川西夹金山下的一座县城，它在我军的发展史上，曾有着辉煌的一页。

嘉陵江战役后，我红四方面军又连克南部阆中、梓潼、青川、平武、北川等九座县城，控制了东起嘉陵江，西迄北川，南起梓潼、北抵川甘边界纵横150公里的广大地区，为继续向川西北和甘南发展创造了有利态势。但由于张国焘擅自放弃川陕革命根据地，破坏了原定向川甘边发展的战略计划，使红四方面军陷于无根据地依托的困难境地，被迫走上了艰难曲折的长征之路。

在此后的两个多月时间内，我红四方面军广大指战员在徐向前总指挥等领导的带领下，克服了重重困难，沿岷江南下，先后控制了文镇关、雁门关，占领了汶川、理番等城镇。此时中央红军已由会理、冕宁北上。为策应中央红军行动，红四方面军派出三十军李先念政委率八十八师及九军二十五师、二十七师各一部由岷江地区向西推进，于6月8日，歼灭川军邓锡侯一部，占领懋功及之南的要镇达维，为两军会师扫清了障碍。

1935年5月下旬的一天，我正在一个连了解迎接中央红军准备情况，一个通信员骑马跑来通知我到军部有事，我便随他一起到了临时设置在一座庙中的军部。从外面走进去，我发现孙玉清军长、陈海松政委、政治部王新亭主任和二十五师韩东山师长都在。我一边敬礼，一边问：

“首长们叫我来有啥指示？”

陈海松政委看了看孙玉清军长，又看了看王新亭主任才对我说：

“徐国夫，我们几个商量了一下，有项特殊任务准备交给你，想听听你的意见。”

“只要领导信任我，我有啥说的。说吧，啥任务？”

“我们几个都脱不开身，决定让你这个组织部部长带几个人，代表我们九军首长随二十五师韩师长他们一起西进，迎接中央红军。”

自嘉陵江战役前，听说我红四方面军将与中央红军会师，大家的心情就特别激动。军政治部接连搞了多次教育，还提出了“以实际行动为会师献礼”等口号。战士们听了这个消息，情绪特别高涨，从连到师，层层发动，积极筹集粮食、羊毛、羊皮、盐巴、茶叶、牛羊等物资以备慰问中央红军。有人拿出了珍爱之物，有的拿出了自己都舍不得穿的新军装、毛巾等，大家还纷纷编草鞋，用牛羊皮缝制皮背心；撕羊毛，捻毛线，织毛衣、背心、袜子等等。打起仗来也更加勇敢，会师成了大家精神上的寄托和思想上的动力。我也将自己仅存的一套军装和一双布鞋献了出来。

那天，从广州回来的小女儿看了这段后对我说：“老爸，还至于这样吗？”我说，那天你回来一进门搂着你母亲的脖子直转圈，那是怎么回事？女儿说：“两年多没见到老娘了，想呗！”我说，对了，我们当时就是这个感觉。

是的，红四方面军自组建以来，一直独立作战，艰苦的战争生活使我们始终盼望着能与中央红军会合，能早日见到中央，正如一个四处漂泊的游子盼望见到亲人一样。

听说让我去迎接中央红军，当时我心里特别激动。但我又担心如此重要的事怕自己做不好给我们的军抹黑。这时孙玉清军长似乎看透了我的心思，说道：

“不要有负担，放开胆子干，会干好的，我们相信你。”

王主任也说道：“没关系，有事多跟韩师长他们商量，没问题的。”

我方面军派出接应中央红军的部队有三十军一个师，九军二十五师七十四团和二十七师一个团，统归李先念同志指挥。我九军七十四团又是接应部队的前卫。因此我就成了红四方面军最先见到中央红军的首批人员。

我们由理番出发后，一路上兴高采烈，激动无比。6 月 8 日我们抵近懋功城，一个冲锋就歼灭了敌两个营和部分地方武装的守军。待后续部队到达后，我们又继续向懋功以南的达维镇进发，并很快肃清了守敌。然后我们便全体行动，征集住房，打扫卫生，砌锅垒灶，搬运粮食、肉菜、衣物等，开始了紧张的准备工作。

派出的通信员回来报告，红一方面军的先头部队大约 13 日就能到达维镇。这一夜我们大家几乎都没睡，准备工作虽然按计划做得很充分，但我心里总像不踏实，一遍又一遍地检查，有的标语贴得稍稍歪了一点，我就让人揭下来重贴。清晨，我们做好了饭菜，便派了一拨又一拨人员到村外瞭望。直到下午 2 点多，有人报告发现了红一方面军的先头部队。我和二十五师韩师长等一行人赶紧迎出村外。

远远地，我们看见了飘摆的红旗。

越来越近，越来越近……

我们终于看清了他们的服饰和面孔。

这是一支疲惫的队伍：灰色的红军服，有的打了补丁，有的撕裂了口子；八角帽有的出了洞，有的不知何去；汗水和灰尘在脸上流下一道道污痕……

走在最前面的是一位圆脸中等身材的人。我们互相招着手向一起走去，当还有十几步远的时候，他就伸出了手。这时有人告诉我他是中央红军二师四团杨成武政委。他也知道了我们的身份。我和韩师长同时拉住杨成武政委的双手，不停地问候着。

这时我七十四团的战士们也都拥了上来，与中央红军四团的战士们欢呼拥抱在一起，那个激动人心的场面持续了十多分钟。这时不知谁说了句："赶紧让中央红军的同志吃饭吧！"我们才相互携拥着向住地走去。

来到住地，我们端出水盆让中央红军的同志们洗脸洗脚，然后统一聚餐。

谈呀，说呀，笑呀……直到深夜才休息。

一天后，我们在懋功又迎来了中央红军董振堂军团长率领的第五军团。

五军团前身是冯玉祥属下的起义部队，家底比中央红军其他部队好一些。我们看到五军团官兵队列比较齐整，衣服也比较干净，一式的小平头（当时我们的部队都是光头），个别人手上还戴着戒指。董振堂军团长高大魁梧，和蔼可亲，既有长者风度，又不失武将之威。会师后，五军团的同志为我们表演了篮球赛（这是我一生中第一次看见打篮球），晚上又进行了联欢，又是一场热闹非凡的场面。

这就是 1935 年 6 月 13 日，历史永远记住了这个伟大的日子，也记住了"懋功"这个名字！

选自徐国夫：《大漠风声疾》，白山出版社1998年10月第1版，第75—78页。

五、懋功会师

红军团结胜利的篇章
——忆懋功会师

李先念

1936 年 10 月，中国工农红军第一、第二、第四方面军，会师于甘肃省会宁，标志着长征胜利结束和中国革命新局面的开始。红军二万五千里长征，已成为中国各族人民和外国许多朋友称颂的历史奇迹，成为鼓舞我国各族人民克服艰难险阻去夺取胜利的巨大力量。为纪念长征胜利 50 周年，中共中央党史资料征集委员会和中央军委党史资料征集委员会等单位，要我写一篇回忆长征过程中懋功会师的文章。这段历史距今半个多世纪了，许多细节已记不清楚，只能把主要经过写出来，以资纪念，并供研究长征史的同志们参考。

1935 年 6 月，红一、红四方面军在四川省懋功（今小金）会师，是有重大历史意义的事件。这是在党中央领导下，两个方面军英勇奋斗，共同努力的结果。两军会师的实现，有着丰富的历史内容，我所知道的仅仅是其中的一个方面。1935 年一二月间，党中央和红一方面军经过英勇艰苦转战到了川黔边境，准备北渡长江进入四川，电示红四方面军派部队去迎接。消息传来，广大指战员都非常高兴。我们早就盼望见到党中央和红一方面军了。过去只听说过毛泽东、朱德、周恩来等中央领导同志，可是红四方面军的同志见到过他们的不多。我们对红一方面军非常敬佩。早就知道红一方面军在中央根据地英勇奋斗，粉碎了敌人四次“围剿”，发展壮大到十多万人，创造了光辉的业绩。红一方面军开始长征以后，我们知道的情况就少了。根据我们从鄂豫皖西征到川陕时经历的艰难困苦，心里常想到，红一方面军离开根据地，多次冲破敌人的围追堵截，行军作战好几个月了，各方面的困难一定很大。因此，大家都想尽快地前去策应和会合。

1935 年 3 月，红四方面军离开川陕根据地进到嘉陵江和涪江之间地区不久，为了两个方面军的靠拢，又继续西进。这时，蒋介石已调胡宗南部进入甘南，企图从北面堵截和进攻红军，以配合南路、东路的国民党中央军和川军“追剿”红一、红四方面军。针对这种敌情，奉军分会和红四方面军总部的命令，我们红三十军（我任政治委员）第八十九师（邵烈坤同志任师长）从剑阁开赴青川、平武一线，抢占摩天岭，堵击胡宗南部南下，以保障方面军向西行进的右侧安全。摩天岭是甘南进入四川的天然屏障，山势险峻，易守难攻，战略地位很重要，历史上称之为阴平古道。三国时期诸葛亮为防御曹魏从北面进攻，保卫蜀国的安全，曾在此屯兵驻守。我们到青川和平武之间的山梁上还看到诸葛亮庙的旧址。史书记载，魏国进兵蜀国时，邓艾得知这里无兵防守，指挥部队攀越摩天岭，攻取江油，进入成都，灭掉了蜀汉。我们迅速占领了摩天岭，就打乱了胡宗南部企图夹击红军的计划。

5 月上旬，党中央率红一方面军已进入川西彝族居住区，准备经冕宁北上。这时，红四方面军总指挥部决定，向岷江地区进发，继续向红一方面军靠拢。我们从摩天岭撤下来，急速向西南前进。与此同时，徐向前同志指挥许世友同志率领的第九军和程世才同志率领的第三十军一部，经过多次激战，击溃邓锡侯部陶凯师和当地民团，突破敌人防线，抢占北川河谷，夺取了墩上和土门险关，打开了进入岷江的门户。随后，他们又攻占了茂县、汶川和理番（今理县）。红一、红四方面军会师，指日可待了。

5 月中旬，即两军将要会合的前夕，红四方面军总部在茂县召开了各军领导同志的会议，研究布置迎接党中央和红一方面军的各项准备工作。总部决定由我们率领红三十军第八十八师和红九军第二十五、第二十七师各一部，开往小金川地区去迎接党中央。红四军、红三十一军的一部在松潘以南的镇江关、松平沟地区，抵御北面的胡宗南部；另一部在北川、片口一线抵御东面的川军，以保障会师的顺利实现。会上，徐向前、陈昌浩、王树声同志都讲了话，说明了这次会师的重要意义，要求各级领导干部，深入基层，广泛动员，奋勇杀敌，认真执行民族政策，大力筹集给养和制作慰劳品，以实际行动热烈欢迎党中央和红一方面军。向前同志特别强调，会师后，一定要搞好团结，一切行动要听党中央和中央军委指挥。会后，他还把我们留下，说：一方面军长期转战，一定非常辛苦和劳累，要动员部队发扬不怕艰难困苦和连续作战的战斗作风，争取早日会师。

接受任务后，我和李天焕同志（红三十军政治部主任）立即同红二十五师师长韩东山等同志，研究迎接党中央和红一方面军的具体行动计划，动员部队尽快做好出发前的准备工作。随后，我带少数部队，从茂县赶到理番，又向红八十八师师长熊厚发和政治委员郑维山等同志传达总部的命令和部署。经过讨论确定熊厚发同志率红二六三团留在理番继续同敌人作战，郑维山同志率红二六五、红二六八团和我们一起行动。

5 月底，部队分两路出发：一路是红九军第二十七师一部，从汶川向西南的卧龙方向前进，阻击由巴郎山方面西进的敌人；一路是红九军第二十五师和红三十军第八十八师，分别从汶川、理番出发直取懋功。从理番到懋功有 300 多里，中间必须翻越海拔 4000 多米的红桥山。翻越这样终年积雪的大山，还是红军创建以来的第一次。我们有打硬仗、打恶仗的经验，有走险路、强渡江河的经验，还没有爬过雪山。当地人烟稀少，也找不到向导，可是指战员为完成迎接党中央的光荣任务，心急如焚，纷纷表示一定要爬过雪山去。百闻不如一见。从山下向山上爬，先是很大的太阳，后是大雾，快到山顶时，飞起鹅毛大雪，一时好像进入银色的世界里了。大家第一次看到这样奇异的景色，非常兴奋。由于山路陡峻崎岖，空气稀薄，指战员互相搀扶着，防止倒下去爬不起来。没想到下山后，因为强烈雪光的刺激，部队中有三分之一的同志得了雪盲症，还有很多同志高山反应头痛很厉害，部队只好暂时停止行进。记得休整了半天，大家的眼睛才慢慢地恢复正常，部队又继续前进。这次过雪山得到了一条经验，就是群众说的，雪山不能白天过，要在半夜时候过。我们懂得了这一点，后来在其他地方几次过雪山，就再没有人得雪盲症了。

6 月初，前锋部队红二十五师遵照我们的命令和部署，先攻占了两河口，随后又歼灭邓锡侯部两个营及地方反动武装近千人，攻占了懋功，并乘胜向达维进发，准备南出夹金山，到宝兴、芦山、天全一带去迎接党中央和红一方面军。6 月 12 日，我们和红八十八师部队进驻懋功后，接到韩东山两次电话报告，说红九军第二十五师的先头部队和红一军团第二师的先头部队，在达维以南、夹金山北麓的木城沟胜利会师了。喜讯传来，群情振奋。我当即发电报向总部作了报告。我们在懋功一方面分析敌情，察看地形，部署警戒；另一方面动员部队和发动当地群众，腾出房子，打扫街道，筹备给养，编排文艺节目，书写欢迎标语，集中慰问品等，准备热烈迎接党中央和红一方面军。有八个兄弟民族居住的懋功空前热闹起来了。

同日，向前同志代表军分会和红四方面军总部，在理番写了一份给毛泽东、周恩来、朱德诸同志的报告，详细报告了敌情、民情和红四方面军各部队的位置，介绍我们率领部队带着电台已经到达懋功，如何行动请中央指挥。他建议两军会合后，红一方面军先休息补充，让红四方面军在前面御敌。报告还说：红四方面军及川西北千百万工农群众，正准备以十二万分的热忱欢迎百战百胜的西征军。这些话，确确实实表达了我们全体指战员的心情，说出了我们的心里话。这份报告，是派专人传送的，还附送了两份地图，供中央领导同志更具体地了解四川地区的情况，以便研究确定会合后的战略方针。

6 月 16 日，党中央和毛主席提出在川陕甘建立根据地的战略方针和首先向岷、嘉地区发展的行动计划，致电红四方面军领导人征求意见。可是，由于敌人很快占领了茂县、北川一带地区，失去了战机，致使这一计划未能实现。

6 月 18 日，我们在懋功迎接了党中央和红一方面军。当时喜悦之情，难以言表。毛主席和中央几位领导同志住在一座法式建筑的天主教堂内，我们住在小金川河边的新街。当天晚上，毛泽东、周恩来、朱德、张闻天等同志和红一方面军的几位领导人，在天主教堂的东厢房里，亲切会见了我。我第一次见到这么多中央领导同志，心情特别激动，也有一点拘谨。毛泽东同志充分肯定了红四方面军的战绩，给红四方面军很高评价，并代表党中央和红一方面军全体同志，对红四方面军全体指战员表示亲切地关怀和慰问。毛主席说，过去两支红军独立作战，现在会合了。这样，我们的力量更大了。他打开地图，边看边问，岷（江）嘉（陵江）地区的气候怎样？地形怎样？人民群众的生活条件怎样？还能不能再打回去？我说，岷、嘉两江之间地区，大平坝子很多，物产丰富，人烟稠密，是汉族居住地区，部队的给养和兵源都不成问题。从战略地位看，东连川陕老根据地，北靠陕甘，南接成都平原，可攻可守，可进可退，回旋余地大。如红军进入这一地区，有了立足之地，可以很快休整补充，恢复体力，再图发展。而且这时茂县、北川还在我军控制之下，可以打回去，否则再打过岷江就难了。我还说，来懋功的一路上，只看到很少的藏族牧民，筹粮很难，大部队久驻无法解决供给。大小金川和邛崃山脉一带高山连绵，谷深流急，大部队很难行动，不容易在这里站住脚。向西和向北条件更差。总的思想是说明无论从地理条件、群众基础，还是从红军急需休整补充的实际情况和发展前途看，会师后向东北方向，首先是向岷、嘉地区发展比较有利。早在川陕反“六路围攻”

胜利后，向前同志同我们就议论过沿嘉陵江两岸作战和向甘南发展的问题。所以，当时心里是真想打回去。广大指战员也是这种心情。毛主席听我汇报情况时连连点头。这个时候，毛主席正在考虑全局的大问题，听取各方面的意见，准备制定会合后的战略方针。我还清楚地记得，那天晚上，大家兴致勃勃，一直谈到深夜。在懋功和中央领导同志的会见，使我终生难忘。不久，中央政治局在两河口召开的会议上，对红军行动又作出了新的部署，制定了攻打松潘的战役计划。

党中央领导同志和红一方面军的领导人在懋功休整了三天。这期间两支部队互相联欢、慰问、交谈，非常亲切。我们和红一方面军的部队举行了一次联欢庆祝大会。会上，红一方面军的代表讲话说，两大主力红军会师，开创了中国革命史上的新纪录，是对国民党反动派的重大打击。过去就耳闻过红四方面军的光荣战绩，相信两军会合后，一定会打更多的胜仗，消灭刘湘，胡宗南、邓锡侯等军阀更多的部队，创造新的根据地。我们的代表讲话中，表示坚决听从党中央的指挥，一定虚心向红一方面军学习，团结奋斗，并肩前进，争取新的胜利。在天主教堂里，两军一些团以上干部还集会一次，一起吃过饭。当然没有什么好吃的东西，无非是让大家吃一顿饱饭，而这在当时来说也是很难得的。同志们都非常满意。朱德同志还特意到住处看望我们，询问红四方面军部队的休整情况，对广大指战员非常关怀。

6 月 21 日后，党中央率领红一方面军，沿抚边河北上，向两河口进发。我们按照中央的部署，红二十五师继续留在达维镇，防御东面敌人的进攻；又派出一部分部队沿小金川河西进丹巴，再沿大金川河北进，以保障党中央北上的左翼安全。我们和一部分部队又在懋功驻了几天，负责党中央的后卫。

红一、红四方面军会师后，敌人从东、南、北三个方面继续向我军进逼，企图把我军困死在人烟稀少的川西北少数民族地区。在这种形势下，部队保持会师时的团结合作、共同奋斗的精神，特别重要。为此，在党中央领导下，双方都做了许多工作，对加强部队建设，执行中央北上战略方针，创造了有利条件。懋功会师形成的团结局面，后来虽然经历了曲折复杂的发展过程，但是最终实现了红一、红二、红四方面军和全国红军的大团结。历史证明，我们党的团结，军队的团结，是符合革命历史发展潮流的，任何人，任何力量都破坏不了。

懋功会师，标志着我们党和我们军队团结胜利的一个新开端，在我党、我军历史上写下了光辉的篇章。50年过去了，懋功会师所体现的党和人民军队团结一致，争取胜利的精神，我们要永远继承和发扬。

在长征中死难的烈士永垂不朽！

长征精神永放光芒！

选自《军事历史》1989年第4期。

李先念，1909年生，湖北黄安（今红安）人。1927年加入中国共产党。1927年11月参加黄麻起义，1928年编入中国工农红军第十一军三十一师五大队。红军长征时任红四方面军第三十军政治委员。新中国成立后，曾任中共中央中南局第三副书记，中共湖北省委书记、湖北省人民政府主席，中南军政委员会副主席，中南行政委员会副主席，政务院财政经济委员会副主任、财政部部长，国务院副总理兼财政部部长，国家计划委员会副主任，中共中央政治局委员、常委，中央书记处书记，中共中央副主席，中央军委委员、常委，中华人民共和国主席，政协第七届全国委员会主席、党组书记等职。1992年在北京逝世。

攻克懋功　会师达维

韩东山

（一）

1935 年 6 月初，部队在四川西北的汶川活动，当时我任红四方面军第九军二十五师师长。一天，接到紧急通知，命令我立刻赶到总指挥部去。徐向前总指挥一见到我便兴奋地说："告诉你个大喜讯：我们马上就要和中央红军会师了！""真的？"我实在不敢相信。

"真的！"徐总指挥收敛了笑容，神情严肃地说道："有项重大的政治任务交给你：你师立刻做好战斗准备，为中央红军进入懋功打开通道。会师后，向中央首长汇报我们四方面军的情况，还要掩护中央红军安全通过夹金山，以后的具体行动，将由三十军政委李先念指挥你们。"

接着，徐总指挥又详细地讲解了这次会师的意义。他说："毛主席和中央首长率领的红一方面军撤离中央苏区后，蒋介石调集大量敌军前堵后追，天上还有飞机轰炸。但是在毛泽东同志正确指挥下，四渡赤水，突破乌江，强渡大渡河，抢占泸定桥，即将翻越大雪山和我们红四方面军在懋功会师。这是一个具有伟大意义的历史时刻！你韩东山是迎接毛主席的第一个红四方面军的代表，说不定将来还得给你上书呢！"

这次谈话足足有两个小时，会师前后应注意的事项尤其是如何保卫毛主席的安全和搞好和一方面军的团结，指示得非常具体，反复强调了多次。

怀着兴奋而又紧张的心情，我踏上了返回的路程。望着身前身后逶迤起伏的野岭，望着远方红装素裹的雪山，真是百感交集，心潮激荡。一、四方面军都走过了艰难曲折的道路，战胜了强大凶恶的敌人，付出了壮烈惨痛的牺牲。今天，终于要胜利会师了，中国革命就要出现一个新的伟大的高潮了！想到这里，不禁加快了步伐。我知道，全师指战员听到这一喜讯，一定会兴奋得欢呼起来。

果然，我向全师传达了徐总指挥的指示以后，全师沸腾了！人们喜形于色，奔走相告，好像在庆祝盛大节日，很多连队当晚举办了文艺晚会，战士们跳呀唱呀，不少干部则用大碗当杯，以水代酒，纷纷痛饮起来。

（二）

第二天凌晨，部队开始了急行军，三天走了300多里，挺进到了懋功县城。

这一路大大小小打了20余仗，我们是无心恋战，敌人是肆意骚扰，穷缠不舍。为了完成会师任务，一些伤病员不得不留在原地。

汶川到懋功，途中几乎都是少数民族地区，这些地方交通不便，人烟稀少，连个向导都找不到，给我们带来很大困难。到达懋功东北20余里的抚边镇时，遭遇到四川军阀邓锡侯部队的拦阻，为了确保中央红军顺利翻越大雪山，我当即决定：坚决消灭当前之敌！

此地南靠群山，北临大河。消灭敌人非强渡大河不可。夜里强渡开始了，战士们冒着敌人密集炮火，抢搭浮桥，冲过大河。接着全师猛冲，不到半个小时便攻克了懋功。共歼灭了700多敌人，邓锡侯的残部则纷纷逃进深山里去。战斗结束，天尚未亮。我命令两个营据守懋功县城。其余部队星夜兼程，又奔赴县城东南的达维镇。

（三）

达维位于夹金山以北的山窝里。这里四季寒冷，房舍很少。我只好命令部队露宿野地。到达当晚，北风呼啸了一夜。部队轻装行军，衣薄腹饥，可人人心中都燃烧着一团火。

次日拂晓，我指令七四团团长杨树华带领三营向夹金山出发，一方面警戒灌县之敌，一方面寻找中央红军。

三营行进到巴朗地区时，与敌遭遇了，战斗中全营上下争先恐后，奋不顾身向敌冲去，大家只有一个念头：消灭敌人，用胜利迎接毛主席！战斗胜利了，营长陈玉清等六十几个同志都牺牲了，这是会师前的最后一仗。他们没能看见中央红军，可他们却用鲜血赢得了两大主力红军会师的来临。

6 月 10 日中午，一个参谋冒冒失失跑进了师部驻地，人未到声先至："师长，师长，电话，电话！"我腾地跃起："什么电话？哪来的电话？"参谋手舞足蹈，结结巴巴地报告说："来了！来了！七四团……电话……和中央红军——会师了！"

喜事像长了翅膀，飞遍了全师驻地，用不着下命令，人们争着抢着清整驻地，挑水做饭，张贴标语。当天晚上，全师上下都"失眠"了。达维镇内外到处是三三两两的人群，人们议论着，猜测着，有不少战士站在镇外的几处高坡上，向着朦胧中的夹金山方向久久地眺望……

此情此景深深地激动着我，使我至今难忘。

（四）

“毛主席来了！”

“中央红军来了！”

“欢迎一方面军老大哥！”

3 月 12 日下午，震天动地的欢呼声响彻了达维镇，真是欢声如雷，山应谷鸣。毛主席、周副主席、朱总司令和刘伯承、王稼祥等中央军委首长率一方面军胜利翻过夹金山向我师驻地走来。

我急忙迎了上去，可首长们一个都认不得，我只好一一敬礼。正当我焦急万分的时候，我的老师长陈赓同志突然出现在我面前，紧紧地握住我的手。（陈赓同志在鄂豫皖任十二师师长时我是三十六团副团长）因为我以前听说老师长从鄂豫皖根据地回上海养伤时被捕了，还担心他被害了。这一见面，甭提多高兴了。在老师长介绍下，我才认识了毛主席、周副主席等中央首长。这时，一、四方面军的指战员早就像久别重逢的亲人一样，紧紧地握手，热烈地拥抱在一起，人人都满含着激动的泪水，跳呀蹦呀，喊呀说呀……

我领着毛主席等中央首长走进了一座喇嘛寺庙。毛主席等中央首长也没休息，亲热地让我坐在身边，关切地询问起部队情况来。首长们询问得可仔细了，从军队的建制、干部的成分、思想状况，战士们的生活、训练、学习，一直问到师团的历史、党组织建设、部队战斗力、军民关系等等。这种场面我是第一次经历，心情十分紧张，生怕说错了话。首长们看出我的紧张情绪，便和蔼地叫我慢慢讲，周副主席爽朗地笑着，递过一碗水说：“师长同志，讲得很不错嘛，别慌，别慌！”看着毛主席亲切的目光，周副主席和蔼的笑容，朱总司令等都在认真地记着笔记，我放松了，把我知道的红四方面军的情况都扼要地讲了出来。最后我说："我们部队的指战员都是来自鄂豫皖和四川的贫苦农民，打仗都非常顽强勇敢，一上战场没有一个怕死的，都是拼命地往前冲"时，毛主席高兴地笑了，从座位上站起来："是啊！这就是红军的作风！我们从江西出发那天起，飞机在头上飞，敌人在地上追，我们还是闯过来了，而且……"毛主席把两个拳头举到胸前，有力地合到一起："更发展了，更壮大了！嗯？哈哈！"

屋内的首长们都会意地笑了。这笑声里充满了对蒋介石的蔑视，对会师的喜悦，更向往着对明天胜利的希望。

第二天，我带着团以上干部去看望首长，返回的路上遇到陈赓同志。老师长还是那样朝气蓬勃、乐观豪爽。他一把拉住我的胳膊，半认真半玩笑地说："老韩啊，中央首长都到这儿了，不弄点好吃的说得过去吗？伙计，怎么官越大越小气啦？"

这话可说冤枉我了！临行接受任务时，徐总指挥就反复交代了这一点。可是紧急行军，屡逢战斗，又来到了达维这么个偏僻地方，伙食班里连点肉星都没有哇，为这事我专门开了团以上干部会合计了一阵子。决定派两个排到深山里去打牦牛。运气还真不错，一下子搞到两条牦牛，现在正在锅里炖呢。我向老师长报告了以后，陈赓同志呵呵笑着说："这还差不多，老韩，真有你的！"

当天下午，接到通知说晚上一、四方面军要开联欢晚会，并指定由我代表四方面军讲话。这下我可呆了，虽说我是师长，可没读过一天书，这样大的场合，当着老大哥部队和中央首长的面讲话，可把我愁坏了。晚饭一口也吃不下，赶快召集干部会议，请大家凑词。结果七凑八凑，足足凑了一个多小时，总算有了点谱，就这样，怀着忐忑不安的心，我来到了联欢会场。

（五）

会场设置在镇外山脚下。前面搭了个简易讲台。台周围悬吊着数盏油灯，为了挡风，在四周挂上了许多军用篷布。

周副主席是会议主持人。他还亲自点燃了一个大气灯，使会场显得更加明亮。开会时，周副主席第一句就是："今天，我们在这里召开一个联欢晚会，热烈欢迎四方面军的同志们……"

当宣布我讲话时，中央首长和一方面军同志们热烈地鼓掌。一股暖流冲击着我，使我激动万分，结果好不容易凑起来的讲话词也忘了。我猛然想起徐总指挥的指示，想起了红四方面军走过的战斗道路，就放声讲起来了。没想到话刚讲完，我还没来得及敬礼，就掌声雷动，口号声四起了。

"向四方面军学习！"

"感谢四方面军对我们的帮助和欢迎！"

"庆祝伟大的会师胜利！"

我们四方面军的同志则高喊着：

"向一方面军老大哥学习！"

"向中央首长致敬！"

"争取更大的胜利！"

这千百人的欢呼声，像松涛，似狂潮，压过高空长风，在无垠的阔野中久久回响。会场内外洋溢着团结、热烈和欢乐的节日气氛。

接着，毛主席、朱总司令相继在会上讲了话。毛主席说："这次会师具有伟大的历史意义，是红军战斗史上的重要一页，是中华苏维埃有足够战胜国民党反动政府和完成北上抗日任务的力量表现。我们在中央苏区就知道四方面军的同志在党的领导下，作战英勇，创造了川陕苏区，消灭了很多敌人，各方面都有很大成绩。

“我们红军是打不垮、拖不烂的队伍，是劳动人民求解放的队伍。我们从离开中央苏区那天起，每天都是同超过我们几倍的敌人作战，但是敌人的围追堵截不仅没能消灭我们，而我们却大量消灭了敌人。战斗中虽然有一些伤亡，但我们却锻炼得更加坚强，扩大了革命影响，沿途撒下了革命种子……

“今天胜利会师了，我们一、四方面军是一家人，要在党中央领导下为彻底消灭蒋介石反动派，赶走日本帝国主义而共同奋斗！”

朱总司令在讲话中谈到了各地红军的历史作用和会师的意义，以及今后任务。

我们师的指战员都是第一次聆听毛主席、朱总司令讲话，大家都屏住呼吸极认真地听着，千百双眼睛都聚精会神地盯着毛主席和朱总司令，听到精彩处，都情不自禁地鼓起掌来。

讲话结束后，在热烈的掌声中和口号声中周副主席宣布军委文工团的演出开始。团长李伯钊告诉我：“军委文工团经过长期行军、作战，通过敌人封锁线，道具大部分丢失了，演员也牺牲了一些。今天的演出只能表示点心意。”

演出中有两支歌至今难忘：一支名叫《三大任务歌》；另一支名叫《两军会师歌》。

我们师没有文工团，可是在一方面军同志们的热情邀请下只好合唱了几首歌子，记得唱了首《大刀歌》：

万源保卫战，作战要勇敢；

子弹消灭敌人算不得好汉，

冲上去，用刀砍……

晚会的节目也许在今天登不上大雅之堂，可当时却都真实地反映了红军的现实生活，歌颂了我们艰苦卓绝的长征；那些简朴、生动的节目使我们感到亲切，指战员很受鼓舞。许多节目在雷鸣般的掌声中只好一再重演。晚会持续到深夜。散会后，漫山遍野的歌声还久久不息。

清晨时分，太阳从雪山峰顶后升起，整个达维笼罩在彩色夺目的朝霞中。我们二十五师全体指战员早已排列整齐，等待着欢送一方面军同志。

毛主席等中央首长虽然整夜未睡，可依然精神抖擞地来到队伍前面。我疾步而出，向毛主席敬礼请示。毛主席亲切地握着我的手说：

"我们走后，部队还得几天走完，你们的任务是把警卫布置好。提高警惕，坚决消灭敌人，掩护部队完全通过。现确定将五军团三七团交给你指挥，我们在懋功要开一个重要会议，等我们从懋功出发，你们再向懋功行动。明白吗？"

"明白！徐总指挥也早指示我们要在这里坚守七天，坚决完成掩护警戒任务！主席放心，我保证完成任务！"

"好，好！韩师长同志，再见啦。"毛主席再次紧握了我的手，又转身对部队全体指战员挥手喊道："同志们，再见！"

"再见！"

"再见啦！"

几千人的辞别声在山谷中轰响着，几千顶军帽在手中挥舞着，几千双眼眶里滚动着泪珠，几千颗心脏都在沸腾着、激荡着。那时我们以为最艰难的岁月已经过去了，黑夜消失了，黎明来临了。全体红军团结在党中央、毛主席周围，中国革命的胜利就要到了！

这次激动人心的会师，已经过去50年了，有些具体情节，也回忆不起了。但在会师中毛主席讲的这两句话，我却永远忘怀不了：

"一、四方面军是一家人！"

"会师的胜利证明我们的红军是不可战胜的！"

选自《艰苦的历程：中国工农红军第四方面军革命回忆录选辑》（下），人民出版社1984年12月第1版，第48—56页。

难忘的两次会师

郑维山

红军三大主力会师，是我国革命战争经过艰难曲折，走向新胜利的一个起点。在会师前的长征途中，红四方面军还曾分别和红一、红二方面军在懋功和甘孜会师。那时我在红四方面军八十八师任政治委员，有幸直接参加了这两次会师。当时那种难以忘怀的情景，至今仍萦绕脑际。

1935 年 1 月，党的遵义会议召开了。遵义会议上，结束了王明“左”倾冒险主义的统治，确立了毛泽东同志在全党的领导地位。就在这以后不久，我们听到毛主席、周副主席、朱总司令率领红一方面军继续长征，准备迂回黔滇边，北渡金沙江，同我四方面军会合的消息，指战员们是多么高兴啊！

根据党中央的指示，红四方面军决定西渡嘉陵江，去迎接中央红军。为了扫清渡江障碍，保证方面军主力顺利过江，我奉命带八十八师二六五团（师长熊厚发同志带师主力随方面军准备过江），会同兄弟部队，迅速打垮企图阻我过江的罗泽洲部。三月初的一个夜晚，我们做好准备，以夜袭手段，一举攻占了老官寨、红山，接着向仪陇发展。盘踞在这里的敌人足有四个团，他们凭借座座山头、层层障碍和工事、火力，拼命阻止我们前进，激战竟夜，我们的部队几乎都用上去了，仍不能突破敌最后防线。天快亮了，我意识到这样胶着下去不行，立即命令部队组织猛攻，同时命令把学兵连拿上去，壮大阵容。学兵连都是些十几岁的娃娃，受训时间短，战斗力不强。但他们情绪高昂，有股冲劲。加之当时天色未明，敌人弄不清我军底细，误认为我后续部队赶到，不敢恋战，弃阵逃跑。我军乘势追杀，终于把罗泽洲主力赶过仪陇城，压回到营山地区。这一仗我军共歼敌近四个团，完成了保障主力渡江的任务。

过江后，我们师又参加了强攻剑门关，激战江油、塔子山、雉山关、彰明等战役战斗，连克中坝、茂县（今茂汶羌族自治县），控制了文镇关、雁门关、威州等重点，于四月中旬到达岷江东岸重镇——汶川。

1935 年 6 月，正当我八十八师二六三团在熊厚发同志率领下，和红三十一军一起，在理番地区与敌鏖战时，我带二六五团、二六八团攻占汶川准备继续西进之际，指战员们盼望已久的喜讯终于来到了。

一天，红三十军李先念政委突然从总指挥部来到汶川。一到就告诉我们：中央红军在毛主席、周副主席、朱总司令率领下，已在泸定突破天险，渡过了大渡河，正向我们这里前进。李政委来汶川，就是根据徐向前总指挥的命令，带我们八十八师两个团和红九军二十五师、二十七师一部，西渡岷江，经懋功，南下宝兴、芦山、天全，去迎接党中央和红一方面军。

“中央红军来了！”消息很快传开，战士们心里都乐开了花。几个月来，部队不顾连续作战的疲劳，盼望中央红军到来，憧憬两大主力会合后的大好革命形势。现在眼看会师就要实现，怎能不格外高兴呢！我们接到命令，立即整装出发，向懋功前进。

从汶川到懋功，行程 320 余里，中间多为崇山峻岭。尤其是有座叫红桥山的大雪山，高达四五千米，山顶积雪终年不化。老乡们传说：山上有神，能呼风唤雨，喜怒无常。我们是无产阶级领导的红军，自然不信有什么鬼神，但老乡们说的大自然的喜怒无常，又不能不信。好在那时部队个个年轻力壮，加上会师心切，士气正旺，再险恶的征途，也不放在心上。

经过一天多的行军，部队来到红桥山下，一看，嗬，果然是巍巍然不见山顶，雾腾腾云缠山腰。这里的天气也怪，先是万里无云，骄阳似火，一开始爬山便人人挥汗如雨了。当爬到半山腰时，突然狂风大作，满山满谷涌出乌云，顷刻间，瓢泼似的大雨夹着冰雹，劈头盖脑地砸下来。战士们用斗笠遮住头脸，硬往上走。走着走着，将到山顶时，大雨又变成纷纷扬扬的鹅毛大雪，铺天盖地地洒向山头，覆盖了我们前进的道路，顿时，大家都变成了“雪人”，整个天地间白茫茫的。李政委和我，这时正在二六八团后面跟进。只听到前面雪雾里有人瓮声瓮气地说：“娘咯，这是人走的路吗！”

“我们走过去，不就成了一条大路嘛！”另一个人似乎不同意前一个人的说法，富有深意地反问。

“乖乖，那个山上出太阳啦！”时间不长，我们又听到前面传来一阵欢呼声。当我们爬上山顶，极目远眺，不禁为这雪峰奇景和战士们的乐观情绪所感染。顿时，使人领略了“会当凌绝顶，一览众山小”的杜甫著名诗句。看着一望无际、波澜壮阔的银山云海，向往会师后中国革命灿烂的前景，我们心怀开朗，觉得征途上任何艰难困苦都不在话下，不过是过眼烟云。此时，李政委也若有所触，意味深长地对我说：“是啊！干革命如同登山，艰苦中孕育着欢乐，欢乐中要不忘艰苦。认准方向，勇往直前，方能从一架高峰攀上更高的山峰！”

下山时，指战员们迎着刺眼的雪光，忍受着由于强烈雪光刺激而引起的剧烈头痛，一步步地艰难前进。傍晚，终于翻过山来。这时尽管多数人都害了雪盲，眼睛看不清东西。但当听到邓锡侯正由邛崃、大邑向懋功蠢动，妄图截阻我红军两大主力会师时，便又不顾疲劳，忍受痛楚，互相拉手拽衣，急速向懋功挺进了。

刚接近懋功，李政委就接到了红二十五师师长韩东山同志的报告：红二十五师已攻克懋功，消灭守敌邓锡侯的两个营及地方武装近千人，部队继续向达维前进。以后几天喜讯不断传来：红二十五师七十四团在夹金山和红一方面军第二师第四团胜利会师；6月12日，李政委立即向驻在理番的四方面军总部报告了毛主席到来的消息。徐总指挥当日即发电报，向党中央详细报告了当面敌情和四方面军各部队的位置，并提出未来作战意见请示中央。电报中，还代表四方面军全体指战员写道：“以十二万分的热忱，欢迎我百战百胜的中央西征军。”

两个方面军胜利会合，党中央、毛主席到达达维的喜讯传遍全师，上下一片欢腾，各团立即清理驻地，准备驻房，张贴欢迎标语。许多同志晚上睡不着觉，天不亮就起来到镇外高坡处向夹金山方向眺望。指战员们盼望党中央、毛主席和一方面军的战友早一天到达懋功。

6月15日，前头部队送来报告，山前大路发现一支部队，正向懋功而来。我立即用望远镜观察。只见，队列里衣帽褴褛，服式不一，不少人穿的是国民党的灰军装，但帽子上似乎没有青天白日徽章。据此，我即命令部队原地停下来，用军号询问。但问了好久，也问不出个名堂。

“可能是中央红军！”李政委经过观察分析，作出了判断。为防万一，我们当即派出小分队前去侦察、联系，同时部署部队做必要的战斗准备。不多时，小分队回来了，说：“就是中央红军到了！”

“中央红军到了！欢迎中央红军！”顿时，部队沸腾起来，战士们再也顾不得队形是否整齐，飞也似地向中央红军扑去。就在这夹金山、红桥山汇合的谷口，两支兄弟部队会合了！

“欢迎党中央！”

“欢迎毛主席！”

“欢迎中央红军！”

“中国工农红军万岁！”

“中国共产党万岁！”

满山谷爆发出了震耳欲聋的口号声、欢呼声。指战员们高举着枪支、挥舞着红旗，跳着、喊着、唱着，每个人都热泪盈眶，尽情地享受这会师的欢乐。

为了让经历了无数艰难险阻、远道而来的兄弟部队休息好，我们请中央红军住在懋功城内，自己住在城外小金川岸边的村庄，同时派部队担负了懋功城外四周的警戒任务。当晚，我们和红二师的负责同志见了面，彼此叙长道短，格外亲切、融洽。

第二天，中央领导同志到了。深夜，我正向各团了解当天的情况，李先念政委满面春风地从外面回来，一进门便说："毛主席刚才找我去了！"我急忙地询问主席说了什么，有什么指示？李政委告诉：主席问了咱四方面军的情况，很仔细。问总部领导同志，问部队的素质、情绪，还问能不能打回川陕苏区？李政委分析：看样子，主席是在考虑两大红军主力会师后下一步的行动。当时，我们都由衷地感到，党中央来了，革命力量聚结了，前途更加乐观、光明！

按照商定的方案，红一方面军先头部队和我师在懋功城里举行了联欢会，我奉李先念政委的指示出席联欢会，并代表四方面军部队致了欢迎词。记得两支部队当时那种热烈亲切的情绪，十分感人。战友之间，患难相逢，大家都是热泪盈眶。

那些天，李先念政委和我们同住一室，我们言谈话语，都离不开会师和对会师后光明前景的憧憬。一天早晨，我们还没醒来，朱总司令竟来到我们的住室。通信员要把我们叫醒，朱总司令不让，说："他们很辛苦，不要喊，我坐下等等。"便和通信员悄声聊开了天。我一睁眼，通信员介绍这是日想夜盼的朱老总，我非常激动，又非常不安，一面喊李政委，一面连鞋也顾不上穿，立即翻身下地。在我们家乡鄂豫皖根据地，"朱毛"的名字早已家喻户晓。我孩童时，就听了许多神奇的传说，对他们十分羡慕和敬仰。参加革命后，懂得了一些革命道理，知道了他们的革命业绩和理想，更是崇敬信仰。现在，终于见到了我们红军的总司令，幸福之情油然而生，怎么会不格外激动呢？朱老总看到我那慌乱的样子，边笑边慈祥地说："莫急，莫急，穿好鞋，洗个脸嘛！"我们哪顾上洗脸，边穿衣服边和朱老总攀谈。朱老总表扬四方面军仗打得好。并说他是仪陇人，他家乡的人民很感谢红军解放了他们。还风趣地给我们讲述了中央红军长征的情形，介绍了四川的风土人情，意味深长地告诉我们“体民情，能安军，作战的胜利，离不开人民的支援……”等道理。总司令那亲切的话语和深刻的教诲，使我们终生难忘，受益颇深。总司令走后，我们很快把当时的情形传达给部队，在部队中引起了强烈反响。特别是宣传队，走到哪里，都把“红军总司令朱德——仪陇人！”的大标语写在墙上、树上、路上。当时这成了鼓舞军民英勇作战的巨大力量。

会师后，两支兄弟部队广泛开展了互访、互学活动。红一方面军重视部队的全面发展，指战员经验多见识广，我们强调要虚心向他们学习。中央红军文工团给我们演戏，李伯钊同志还亲自到我们部队教歌子。过去，我们四方面军部队，老是一遍又一遍地唱《打刘湘》，这时从老大哥部队学了不少新歌，村庄里、道路上，到处洋溢着嘹亮的歌声。大家都感到，懋功这座偏僻的山城，空前的红火、热闹起来了。记得当时部队最爱唱的《红军两大主力会师歌》，有几句是这样的：

“万余里长征，经历八省险阻与山河，
铁的意志，血的牺牲，
换得伟大的会合。
为着奠定中国革命巩固的基础，
哎！为着奠定中国革命巩固的基础，
高举红旗向前进。”

不久，中央在两河口召开会议，决定北上抗日。根据中央的决定，6月下旬，我们和中央红军兵分两路，浩浩荡荡地向北进发了。当时，我带八十八师一部配属一军团，在左权同志的指挥下，拟打松潘，直出甘南。后因张国焘背弃此决定，迟滞了我军行动，使胡宗南抢占了松潘，我们只得改道北上。

8月，部队来到毛尔盖集结，尔后向班佑、巴西地区开进，遇到了纵横数百里的大草地。这里野草丛生，沼泽遍地，渺无人烟，也没有道路。加之气候变幻莫测，时雨时晴，不时遇到狂风和冰雹的袭击，真是人间罕见的怪地。部队硬是以藐视一切困难的英雄气概，向前行进。粮食吃光了，就吃野菜野草，甚至宰掉体弱难支的战马充饥；能吃的野草找不到了，还把皮带、马鞍煮了吃。没有干地，没有宿营之所，指战员们就背靠背地坐在湿漉漉的草地上，恢复一下体力。夜晚，战士们把单衣撑起来，挡雨遮露，抵御草地的严寒。就这样，大家始终充满革命乐观主义，互相鼓励，你搀我扶，经过五天的艰难行进，终于越过了被称为“绝境”的大草地。

闯过一关又一关。草地刚过，又遇到敌人的堵截。原来，胡宗南发现红军北上，即令其四十九师由漳腊营向包座急进，企图阻挡我红军前进。为开辟进军道路，军首长即令我带八十八师两个团，会同兄弟部队，夺取上下包座。包座，地处群山之间，周围尽是原始森林。西有包座河，南有银戈河，地势十分险要，既是胡宗南的重要补给线，又是堵我前进的要道。因此胡早就派了一个加强营在这里把守。29日，八十九师二六四团向敌发起进攻，经一夜激战，将外围碉堡全部拔除，敌两个连残部固守大戒寺后山碉堡顽抗待援。次日，敌四十九师三个团进抵上包座以南三十里之松林口，企图乘红军尚未完全占领包座之际，与守敌会合。当敌主力进至包座河两岸时，与我八十八师(欠二六三团)迎面相遇。敌即凭借原始森林和早已构筑的土围堡垒、护墙展开顽抗。我八十八师和八十九师一部，即以二六八团直扑包座桥，揳入敌三个团中间，把敌截为三块。二六五团协同二六八团，猛攻沿包座河西岸进犯之敌，八十九师部队由此迂回，歼击由包座河东沿向北进犯之敌。指战员们不顾连日过雪山草地的疲劳，不畏敌火力强猛，直扑敌阵：马尾手榴弹在森林里不能发挥威力，就冲过去与敌短兵相接，发挥我近战的威力，轻武器对突破土围土堡作用有限，就把手榴弹集中起来，当炸药包用。指战员们时而向敌射击，时而与敌肉搏，激战至晚，终于把胡宗南这个主力师全部歼灭，毙伤敌师长伍诚仁以下4000余人。从而打开了通向甘南的门户，为红军北上做出了贡献。记得战斗结束后，李先念同志曾对我说：“打得好，打得勇猛顽强，你们扑上去不多久，包座河两岸森林的上空就烟雾弥漫，黄土遮日，只听得到枪声、喊杀声，看不到人。我军有这种作风，就无敌不克。”

包座之战，扫除了前进道路上的绊脚石。正当我们要和中央红军并肩携手，向北挺进时，一天，突然接到总部的命令，说中央红军不知去向，要我们“回师草地，南返川西”。这时，我正患伤寒病，发高烧，烧得昏迷不醒，究竟发生了什么事，没有人告诉我，只感到战士用担架抬着我走路。几天后，我稍微清醒些，认准又在过草地，便问：“不是过了草地吗？怎么回来了，这是为什么？”战士们也说不清楚。后来才听说，这是张国焘搞的鬼，是张国焘搞分裂、搞反党阴谋，强令四方面军部队南返，要在川康边境的天全、芦山一带，打下一个什么“背靠草地的川西根据地”。

四川军阀得知我军回来了，立即由刘湘牵头，纠集起五十个团，乘我是两过草地的疲惫之师，向我军猛扑过来，妄图一举置我们于死地。部队在孤军无援、伤亡得不到补充的情况下，虽取得了懋功、宝兴两战的胜利，但因敌众我寡，在位于雅安至成都公路上的百丈关恶战中，我军在饥寒交迫，极其疲惫，而敌军兵力又增至80个团的情况下，顽强地与敌激战、对峙七天七夜，歼敌1.5万人，自损越万，打成平手。我师遂奉命转至芦山整顿、补充待命。事实上我军已不可能在这里站住脚。加之，此时薛岳集团又自洪雅向天全疾进，参加对我军的围剿，情势更加险恶，我军不得不被迫退出川西，向川西北的炉霍、瞻化、甘孜转移。自此,张国焘所谓“建立川西根据地”的梦幻,终告破灭。那时，我们虽不知张国焘搞分裂、搞阴谋的全貌，不知是他的罪恶导致的结果，但对他与中央红军背道而驰，使红四方面军这支党的军事劲旅走向险境，遭受损失，极为不满，怨声载道。后来才听说，早在四方面军南返伊始，毛主席、党中央就曾发出《为执行北上方针告同志书》，警告张国焘“南下没有出路”,“南下是绝路”。与张国焘的罪行对照,毛主席、党中央的预见是多么英明啊!

2 月底,方面军主力开始向川西北转移。此时装备较好的薛岳集团,昼夜不停地向我军疾进,企图咬住我军主力,与我决战。据此,方面军指挥部命令我带八十八师两个团,会同红三十二军,在天全一带阻击薛岳,掩护方面军主力退出川西。在这里,我军以绝对的少数,凭借山林河川,与薛岳的前卫 18 个团周旋、激战了八天,打得这股敌人溃不成军,迟滞了敌人的追击,赢得方面军主力转移的时间。任务完成后,3 月中旬,我们奉命昼夜兼程,快速西进到西康省东北部的要镇——甘孜,赶上了红军主力。

在甘孜,我师奉命驻防休整,补充了部分减员。不久,我们又听到红二方面军经过艰苦转战,进入西康地区,正向我军靠近的消息。像夜暗中见到光明,我们心中又燃起了新的希望。经历过和中央红军会师欢乐和分离痛苦的广大指战员,更加懂得和红二方面军会合的珍贵。大家都以不同的形式表示,要把这次会师搞得更好,使红军永远团结,永不分离。

就在这时,我又接到新的命令——带二六五团进至绒坝岔地区,去迎接红二方面军。当时我们的心情真是万分激动!大家都议论着,用什么厚礼去迎接兄弟部队……当时,我们面临的最大困难是物资缺乏。时已至 6 月炎夏,战士们的单衣尚无着落。粮食更是困难,部队常常以野菜充饥……在这种情况下,拿什么去向兄弟部队表示自己的心意呢?大家实在感到为难。

“到草原买一批牛羊来慰劳老大哥吧!”有人提议。于是,我们立即派出许多小分队去执行这一任务。可是哪里买得到呢!相反,由于长期以来国民党反动派在这里造成的藏汉两族人民的严重对立,小分队出去后,还常常遭到不了解我军的藏胞的“袭击”。记得有一次,绒坝岔西面德格土司(注:土司相当于专署,德格土司辖甘孜和绒坝岔以西的德格、白玉、同普、邓柯、石渠等县）的叶巴（土司下面专管军事的官员），就纠集了五个县的数千名藏胞，横枪跃马，突然把我们团团包围。怎么办？冲出去厮杀？绝对不能，工农红军怎么能同民族兄弟自相残杀；喊话宣传，语言又不通。后来，我们终于想起来《三国演义》里诸葛亮“七擒孟获”的故事，决定乘暗夜把“夜老虎”二六五团撒出去，抓一批“俘虏”来，然后教育释放，请他们帮助红军当宣传员、联络员。

夜半，在山坡上、沟渠旁、小树林中包围我们的藏胞们沉沉入睡了。“夜老虎”悄悄摸过藏哨，一个反包围就“俘虏”了好几百人。回来，我们即连夜谈话，说明我们是共产党领导的工农红军，是“朱毛”领导的军队，是专门打国民党反动派和欺压人民的反动军阀的，红军与藏族同胞是一家人等道理，反复解释了党的少数民族政策，还让他们和我们同吃同住，施以感化。

“通司”把我们的话一句句翻译给被“抓”来的藏胞们听，起初他们半信半疑，革命道理加上他们的实际体察，渐渐的一个个脸上露出了友好的形色。经过反复询问，我们还发现原来那个叫夏格刀登的叶巴也在里面，就又耐心地做他的工作。不久，终于取得了藏胞们的信任。“红军，泽毛泽毛的！”（藏语很好的意思）藏胞对我们终于由仇视变得亲近了。接着，我们又把夏格刀登请到甘孜，李先念政委亲自接见了他，和他订了“和约”并让他参加了我党协助成立的“波巴依得瓦”政府（藏族人民政府）。从此，我们和当地藏胞的关系改善了，物资缺乏的困难也随之在很大程度上得到了解决。在藏族同胞的支援下，我们筹集购买了大批牛羊，准备慰劳长途跋涉而来的红二方面军的战友。同时，为了保障顺利地再过草地，北上抗日，部队还广泛开展了打毛衣活动。大家积极性很高，一般都是人手两件，一件自穿，另一件送给二方面军的同志，作为会师北上的礼物。

7 月 1 日，这个光明美好的日子，川康高原又充满了节日的欢乐——红二方面军在任弼时、贺龙、关向应等同志率领下终于到来了！当红四军、红三十二军在理化西南的甲洼与红六军团会合时，我们三十军八十八师,在绒坝岔与红二军团胜利会师了。尝尽分离苦,愈觉会合甜。部队又一次投入了比懋功会师更为激动的欢快之中。

为了给二方面军的同志“接风”，我们还特地把进驻绒坝岔时歼灭国民党保安团缴来的好酒、山珍、海味珍藏起来。这天，得知任政委、贺老总和二方面军其他首长要到我们这里来，更是喜不自禁，大家加紧做着欢迎的准备。唯恐有什么不尽意的地方。我根据大家的心意，亲自吩咐伙房：“把那些好东西都拿出来，摆一席好宴，给首长和二方面军的同志们接风！”果然,那天的午餐,是从来没有过的丰盛。当任政委、贺老总、关向应和甘泗淇等首长入席后，一见那么多好酒佳肴，就问：“在这不毛之地，你们从哪里弄来这么多好吃的东西？”我答：“从国民党那里缴来的。”“你们没舍得吃,招待我们……”贺老总沉思了一下，边笑边说：“感谢你们。这叫还粟于民嘛！国民党刮民，又回到了人民子弟兵——红军嘴里。来！让我们干杯，共庆胜利！”几句富有深意的话,说得大家心花怒放。我们随着任政委、贺老总,频频举杯,开怀畅饮，沉浸在会师的幸福之中。席间，任政委、贺老总谈笑风生，十分亲切。饭后，首长们还向我详细询问了四方面军与中央红军分裂的情形。我尽自己所知，毫无保留地向首长们作了汇报。并且拿出当时所谓临时中央（后来才知道是张国焘自立的中央）下发的文件，给首长们看，也向首长们谈了自己积在心中的疑虑、不解和希望。谈话中，任政委、贺老总神情严肃，只是时而提问，时而沉思，不加评论，只在分别时，亲切地对我说:“郑维山同志，谢谢你们的盛情招待，你谈的情况很好。对的，我们会合了，就要北上，革命一定要发展到最后胜利！”说完，首长们和我们紧紧地握了手，尔后跨上战马，向四方面军总部驻地——甘孜方向驰去。我们眼望战马驰去的方向，直待烟尘消失。后来，在漫长的革命征程中，这段难忘的往事，一直深深地印在我的记忆中。一九六四年大比武期间，贺老总到南苑某地检查北京部队的工作时，我有幸再次向他汇报工作。汇报结束后，老人家记忆犹存，重又提起那段往事，风趣地感谢四方面军的接应，感谢我们当时在危难中盛宴款待他，赞许我给他提供了真实情况。万万想不到，十年浩劫，血雨腥风很快席卷而来，这竟是我见贺老总的最后一面。

红二、四方面军会师后不久，张国焘被迫解散自立的中央，① 在甘孜成立了党的西北局委员会。朱总司令、刘伯承、任弼时、贺龙、徐向前等领导同志，力主北上，与中央会合。事实上，好几万红军聚集在人烟稀少、土地贫瘠的高原上，也难于坚持长久，一年来的曲折经历就是有力的佐证。红四方面军是在党领导的农民暴动中诞生，在党的怀抱里成长起来的革命军队。广大指战员的心终究是红的，他们坚决拥护北上抗日，张国焘尽管野心不死，也难以阻挡历史潮流。在党的正确路线指引下，我们终于和二方面军的同志一道，第三次跨过草地，踏上了毛主席走过的道路。

1936 年 10 月，一、二、四方面军三大红军主力，终于在会宁会师。旋即在山城堡打了一仗，消灭胡宗南部一个师，胜利地结束了艰难曲折而又伟大的长征。从此，中国革命的历史又展开了新的一页。

选自《艰苦的历程：中国工农红军第四方面军革命回忆录选辑》（下），人民出版社1984年12月第1版，第57—70页。

① 张国焘是在与红二、三军团会师前夕，在张浩与党中央的电文督促下，于1936年6月6日被迫取消“第二中央”的——编者注。

会师（节选）

傅崇碧

1935 年 4 月中旬，四川军阀刘湘部主力控制了嘉陵江以东地区。当时红四方面军计有五个军，主力部队 11 个师 33 个团，加上一个补充师，共 8 万余人；连同地方武装和随军行动的地方党政机关、学校、医院和工厂职工等，总计约 10 万人。从 4 月底到 5 月 22 日，敌人在岷江流域先后投入兵力约 2 个旅，被我歼灭一万多人，红四方面军取得土门战役的重大胜利。

这时，红一方面军正经会理、冕宁北上，两个方面军相距渐近，会师已指日可待。这一即将到来的伟大事件，激起了全军无比高涨的热情。广大指战员欢欣鼓舞，斗志昂扬，纷纷展开竞赛，决心以英勇战斗、加强工作、努力学习的实际行动，迎接党中央和与红一方面军会师。部队还热烈地展开了捐献衣物、鞋袜的活动，准备了大批慰问品。

6 月 12 日，红四方面军第二十五师第七十四团和红一方面军第二师第四团在夹金山北麓胜利会师。两支兄弟部队的指战员紧紧握手拥抱，欢呼跳跃，激动得热泪盈眶。会师的喜讯很快传遍整个方面军。人们到处询问会师的情况，议论会师的盛势。驻在达维镇的部队积极整理内务，张贴标语，腾出房子，准备粮食，充满了欢乐的景象。同日晚，张国焘、陈昌浩、徐向前致电中央，报告了当前敌情和红四方面军部队的位置，提出了当前任务的意见请中央决定，表示红四方面军全体同志，正以“十二万分的热忱欢迎我百战百胜的中央西征军”。

党中央、红一方面军领导人和红四方面军领导人，互相致电，热烈祝贺会师的胜利，17 日，毛泽东、周恩来、朱德等中央领导，在部队和人民群众的欢呼声中到达达维镇。当晚，两方驻当地的部队共同举行了胜利会师庆祝大会。周恩来主持庆祝大会。毛泽东亲切讲话。他以中央红军长征和红四方面军最近作战的胜利，深刻说明了红军是不可战胜的。指出红军的长征，不仅沉重地打击了敌人，锻炼了自己，而且扩大了党的影响，沿途撒下了革命种子。他号召红一、四方面军全体同志，在党中央的领导下，互相学习，亲密团结，完成党所给予的一切任务。朱德总司令也讲了话，中央领导的讲话，使全体指战员受到了很大的鼓舞。最后，中革军委总政治部剧团，为大会演出了精彩节目。晚会中，大家热情洋溢，歌声、掌声、欢呼声此起彼落，团结和兄弟友谊的热烈气氛，使整个会场为之沸腾。

懋功会师粉碎了蒋介石妄图阻止红一、四方面军会师的计划，这两支红军的会师为在中央和军委直接领导下开创新的局面创造了有利条件。

节选自傅崇碧：《傅崇碧回忆录》，中共党史出版社1999年12月第1版，第34—35页。

第一次见到毛主席

向守志

1935 年 3 月 28 日夜，徐向前指挥我所在的红九军与红三十军、红三十一军主力，兵分三路，强渡嘉陵江天险，继续向西挺进。由此，拉开了红四方面军长征的序幕。那时，为了早日与中央红军会合，我们几乎是天天在行军，天天在打仗。长时间的行军打仗，指战员们的脚都磨烂了，无论谁脱下草鞋，露出的都是一双血迹斑斑、溃烂流脓的脚。我的双脚也不例外，一路走来，肿痛难忍。最后只能把双脚用一层层布或稻草包裹着，没有多久，那裹脚布或稻草上就渗出了斑斑血迹。并且，我的负荷还要比别人重，因为我肩上扛的是一挺重机枪。有一次，队列中的一个战士在我前面摔倒了，枪托碰上了我的脚，我也跌了一跤。我赶紧站起来，先扶起那个战友。等他走了，我再起步时，才发现刚才那个战士的枪托把我的脚背砸得鲜血淋淋，每走一步如万箭钻心般的疼痛。即便是这样，我还是咬着牙，坚持跟上了队伍。

就是在这次行进的途中，我由连党支部委员、班长孙志杰介绍加入了共产主义青年团。

不久，团长传达了一个振奋人心的消息：中央红军已经在泸定桥突破大渡河天险，正向北挺进，准备与我们红四方面军会师。红四方面军总部决定，由红三十军政治委员李先念率一部西渡岷江，南下迎接中央红军。

消息很快传遍了部队。我和战友们兴高采烈，怀着急切的心情昼夜兼并南下。六月中旬部队到达了懋功，开始做会师的准备。

部队上下一片喜气洋洋，都在谈论会师的意义，憧憬会师后的光明前途。“知道吗？中央红军有30万部队，而且装备精良，战无不胜。”“是吗？加上我们四方面军的10万部队，就是40万大军啊！这下可以痛痛快快地打敌人了，非把刘湘这个龟儿子砸扁了不可。”

1935年6月18日，红四方面军部队终于迎来了历尽艰辛的中央红军。小金川岸边，我们红九军全体官兵穿戴整齐，像参加阅兵式一样站在道路两边。当毛泽东、张闻天、周恩来、朱德等领导同志率中央机关人员出现时，我们一边喊口号“欢迎中央红军老大哥！”“庆祝两大主力红军胜利会师！”一边鼓掌高唱着“万岁！万岁！我们来会合！……”的欢庆会师歌曲。过去，我们在基层部队，虽然知道中央红军和朱（德）、毛（泽东）的英名，但从没有亲眼见过他们。这是我第一次见到毛主席，他穿着灰色棉大衣，身材高大，满头黑发被微风吹动，面带着微笑不停地向我们挥手致意，给我留下了难忘的印象。

中央红军的队伍走近了，我却惊奇地发现中央红军队伍并不像我想象的那样威风凛凛，兵强马壮。由于长途跋涉和艰苦转战，他们衣衫破旧，服式不一，不少人穿的还是缴获国民党军的灰军装，只是帽子上没有青天白日徽，许多人还拄着树枝当拐杖。队伍里有几顶红军的八角帽，比四方面军的军帽要小一些。武器装备与我们四方面军也相差悬殊。回到宿营地，我才知道其他部队所迎接到的中央红军部队也和我们所见到的情况相似。原来，中央红军在没有后勤保障的艰难的长征中，历经漫漫征途上的一场场血战，战斗伤亡和非战斗减员很多，指战员们尽管衣衫破烂，但脸上依然充满战斗激情。

节选自向守志：《信念就是战斗力》，载中共南京市委党史工作办公室、中共南京市鼓楼区委党史工作办公室编：《红旗漫卷——南京部分老红军口述长征史》，中共党史出版社2006年10月第1版，第20—23页。

向守志，1917 年生，四川宣汉人。1934 年参加中国工农红军，1935 年加入中国共产主义青年团，1936 年转入中国共产党。红军长征时任红九军第七十六团二营四连战士、班长、副排长。新中国成立后，曾任中国人民解放军第二野战军第十五军四十四师师长兼政治委员，中国人民志愿军第十五军四十四师长、军参谋长，解放军陆军第十五军军长，炮兵副司令员，第二炮兵司令员，南京军区司令员，中共中央委员，中央顾问委员会委员等职。1955 年被授予少将军衔。1988 年被授予上将军衔。

一、四方面军会师前后

黄萍

1935年1月，党中央在贵州遵义召开了具有伟大历史意义的政治局扩大会议。这次会议结束了王明“左”倾冒险主义在党中央的统治，确立了毛泽东同志在红军和党中央的领导地位。会议之后，在毛泽东正确指挥下，中央红军四渡赤水河，巧渡金沙江，强渡大渡河，飞夺泸定桥，翻越夹金山，于6月中旬在懋功地区与红四方面军胜利会师。在会师前后的这段时间，我们的通信联络工作是极为艰巨的。

军委总部的电台，特别是一、六两个分队，担负的任务更繁重，既要保障对中央红军所属的一、三、五、九等军团的指挥通信，又要加强同四方面军和二、六军团的联络。因此必须确保24小时不间断的通信。为此，总部电台采取了一、六分队交替行进的方法，做到一部电台行军，一部电台工作，从而使各对方台能够随叫随应。各军团电台虽无条件实施交替行进，但都能与总部电台密切配合。他们常常不顾行军的疲劳，抓住一切可利用的机会，如行军大休息的时间，或道路不好行进迟缓的时刻，都就地开设电台，与总部电台取得联系。沟通联络后，只要没有特别紧急的情况，就一直工作到双方的电报都收发完毕，才撤收机器，迅速追赶部队。每逢遇到这种情况，司令部总是派得力的分队和参谋人员警戒、护送电台。若是有重要情况，一些首长还亲自同电台在一起，对电台十分关怀爱护。当时我在一分队工作，对此有亲身体会。

那时，国民党军队常派飞机侦察扫射。为了防空和隐蔽我军的行踪，部队通常多在夜间行军，但我们无线电队为了工作的需要，不得不在白天实施强行军。这样一方面要紧急赶路，一方面还要不时地隐蔽防空，到了目的地，还要马上架线工作。因此，常常得不到适当的休息。同志们虽很疲劳，但由于有高度的政治责任感，不论在什么情况下，工作都抢着干，从不怕累叫苦，互相推托，始终保持着饱满的情绪。

为了解决电台的实际困难，在部队骡马十分紧缺的情况下，上级首长仍给电台配备了骡马。可是因爬山越岭，道路崎岖，或为了绕开敌人堵截，要穿越密林，行走不便，骡马丢了不少。对仅剩下的几匹，大家都互相谦让，总是让给年大体弱的同志骑。环境越艰苦，同志间越是相互体贴照顾，这种团结友爱的精神，使大家受到了深刻的教育和鼓舞。

在离开遵义到四渡赤水的两个多月里，军委总部同所属各部的联络始终畅通，来往电报现在看到的就有 280 余份。同红四方面军的联络也非常密切，为了联络的顺利，四方面军电台多是王子纲台长亲自上机，因为他的手法好，发报点急划长，间隔均匀，听起来清晰悦耳，我们都喜欢同他通报。由于通信联络顺畅，来往电报收发及时，这对党中央、中央军委及时了解情况，正确制定作战部署，实施不间断的作战指挥，灵活机动地打击敌人，起了重要作用。电台的工作是这样，电话队也不例外，他们常常在大家休息的时候，不是架线，就是开始向新的营地开设新的线路。而且又总是等部队机关走了以后，他们才能撤线，然后再去追赶部队。在行军途中，常常见到电话队的同志，背负电话线，走得满头大汗。他们那种吃苦耐劳的精神，实在感人。

在中央红军四渡赤水之后，正向金沙江挺进时，不知什么原因，我们同四方面军的联络突然中断了，这引起了中央首长的严重关注。朱总司令、刘总参谋长为此常来电话询问情况，鼓励大家千方百计地与四方面军联络上。我们都非常着急，每天都按原定的联络时间，细心地呼叫、守听，但总是联络无效。直到抢渡金沙江的前夕，大约是 1935 年 4 月下旬的一天下午，我刚接陈笑云的班不久，突然听到一个非常熟悉的信号，再仔细一听，正是四方面军的电台在呼叫我们，而且又是王子纲亲自上机。他当时呼叫得特别急促，时间也较长，我多想尽快地和他沟通联络啊！在中央红军将要渡金沙江的关键时刻，能和四方面军恢复联络，这该是多么令人兴奋呀！我情不自禁地喊起来：四方面军出来了！出来了！王诤听了马上走过来，从我头上摘下耳机，他戴上亲自抄收了对方的一份长报，接着把我们积压的电报也发出去了。据以后了解到：红四方面军的那份长报，除了通报当面的详细敌情外，还说明了四方面军的行动概况。在这样的紧要关头，收到如此重要的电报，对中央红军决定尔后的行动无疑是有重要意义的。接着我们胜利地渡过金沙江和大渡河两大天险，把蒋介石几十万大军远远地抛在了后边。蒋介石妄图围歼我中央红军于大渡河南岸，使我重蹈石达开覆辙的幻想彻底破灭了。在这种情况下，四川军阀刘湘部也闻风丧胆，纷纷向东逃窜，被迫龟缩在雅安一线组织防御。

强渡大渡河以后，我们无线电台的工作，仍然处于紧张繁忙的状态，对所属各台（含四方面军）的电报数量顿时猛增起来。这期间，中央红军乘胜向敌人展开猛烈攻势，一鼓作气，连克荥经、天全、芦山等县，对雅安之敌形成合围的态势。我先头部队，随即向北推进，进抵宝兴，翻越夹金山，于6月12日到达懋功达维地区，与四方面军的先头部队三十军胜利会师。14日，党中央、中央军委到达达维，当晚两个方面军举行了会师庆祝大会。16日，党中央、中央军委及中央红军主力到达懋功地区。至此全部实现了一、四方面军会师的重大战略决策，为增强红军战斗力，开创新的局面，创造了极为有利的条件。

一、四方面军会师时，红四方面军的先遣台是徐明德领导的五台，这也是我们同四方面军相遇的第一个电台。因为在遵义会议之后，我们就知道了要与四方面军会师的意图，所以经过了整整半年的行军，克服了重重困难，现在终于实现了会师，大家的激动心情，真是难以用语言来形容。徐明德同志非常热情地款待了我们，使我们大饱口福。大家倾心交谈，沉浸在亲密欢乐的气氛之中。五台的同志为了让我们得到很好的休息，还主动地为我们转抄了不少电报。

会师以后，中央机关很快进驻两河口地区。那时四方面军的领导也都集中到中央来了。在这段时间里，由于部队处于休整状态，我们电台的工作比较轻松一点，大家都有了比较充裕的时间进行休息。但是缺粮的问题又接踵而来，我们只好掺吃野菜，好在这一带野菜很多，像韭菜、蕈菜之类的野生植物，遍地皆是，很容易采到。

在部队休整期间，组织上进行了必要的调整，变动较大的是总部直属机关和一方面军的电台。当时，除随电台建制调到四方面军的以外，还零星地调了不少人去。现在记得的就有刘俊英、朱忠村、李景瑞、曾庆良、闻述尧、黄萍、李鳌鱼、钟明江等，这大大地加强了红四方面军的电台工作。四方面军也在物资上给了一方面军很大支持。所有这些都充分地体现了革命军队团结一致和大公无私的革命精神。

到四方面军去后，我和闻述尧被派到六台工作。六台政委徐定选、副台长秦华礼等都是四方面军的同志。直到一、二、四方面军会师以前，我都一直在六台工作，大家相处得很好。有时虽然也发生点不愉快的事，都能正确对待，并没影响到互相间的团结。

在六台工作的过程中，也遇到过一些挫折。如在松潘战役中，六台跟随许世友军长（红四军），一次工作中发报机突然出了故障了，连续几天不能发报。许世友同志知道后，非常着急，当即把我们叫了去，问明情况后，严肃而又关切地说：当前情况很紧急，松潘之敌已经被包围，我们很快就要发起进攻，你们要想尽办法把机器修好，保证完成这次作战任务。我们听了，深感责任重大，回到电台后，抓紧检修机器，寻找和排除故障，同时采取了抄“野”报的方式，抄收总部和附近友邻部队的来往电报。我们虽然不能及时地向总部报告情况，但由于抄收了这些电报，仍能了解上面的意图和整个战场的形势，为四军首长决定自己的行动提供了依据，从而避免了大的影响。后经反复检查，发现两支发信管子中有一支失效了。因为两支管子是并联的，把失效的一支去掉后机器便恢复了工作，尽管发射功率小一些，但很快便和总部沟通了联络。过了几天，红四军转移到毛儿盖地区和总部会合，从总部得到补充，发信机便完全恢复了正常。另一次是 1936 年 5 月，六台跟随三十二军（军长罗炳辉，政委李干辉），当时的任务是进军川西南，迎接红二、六军团的到来。在向理化挺进的途中，一天我们正抄收总部电报时，忽然听不到声音了，检查结果是真空管烧了。因为没有备份的，又一次和总部失去了联系。这对于三十二军的行动造成了很大的困难。上一次发信管子坏了，仍然能够抄收总部和友邻台的电报，知道总部的意图，了解敌我双方的情况，影响并不大；而现在的问题是，我们的收信机坏了，无法抄收总部的指示，等于完全失去了耳目，这对于部队的行动将会造成多大的困难啊！我们把这一情况立即向罗军长作了报告，罗军长并未责怪我们，而是要我们尽量设法补救。首长的体谅，更使我们感到内疚，在这样关键时刻，出现这样的严重问题，大家的心情是很沉痛的。最后我们想到，收信机管子坏了，收听不到对方台的讯号，但发信机还是好的，仍可以发报，只要总部能及时地了解我军的情况并及时通报给二、六军团，便可以协调双方的行动。于是我们就采取这样的方法：把呼叫的时间稍微拉长些，并在每呼叫一遍后，就告诉对方我台的收信机坏了，不能收听，只能盲发，请注意抄收我们的电报。每次联络结束前，向对方预告下一次发报的时间，请对方按时收听、抄收。总部得知上述情况后，也作了相应的安排。后来证明，这种方法很有效，我们盲发的电报，总部完全收到了，无一漏抄。这样持续了一周时间，我军就进到了理化附近。

在这里，我们发现远处的草原上有一大片牛、马，羊群，像翻滚的彩云一般，向理化东北的山区移动动，并有骑兵护送。因为我们当时的任务是迎接二、六军团，所以无意恋战，只是布置了警戒，监视其动向。

我们就地开设了电台，向总部发了一份电报，随后就随部队和机关后撤休息了。因为这里是山区，没有人家，只好住在帐篷里，有的同志没有帐篷，就只好在山上露营。到了第三天，畜群才基本过完，但后面还留着一小部分。为了解决食用、运输问题，我们立即组织出击，结果没有遇到什么抵抗，就把畜群截了下来，一清查，仅牛、马就有五六百头，羊只更多了，另外还得了部分粮食。当日，我们进驻到理化县城。这里是藏、汉民族杂居的地方，附近一带人烟比较稠密，物资也很丰富，为我们迎接红二、六军团的到来，提供了物质基础。

在进驻理化的第三天，红二、六军团的先头部队——六军团的十七师来到理化同我们会师了。在电台不能收信的情况下，为什么会师得如此顺利呢？后来在我们与总部会合时了解到，总都按时抄收了我们盲发的电报，知道了我们的行进路线，就及时电告二、六军团，从而协调了我们之间的行动，为顺利会合创造了条件。罗炳辉军长知道之些情况后。非常高兴，表扬电台的同志做得好。当时配属在二、六军团先头部队的电台队长是龙振彪，报务员有周涌、严成钦。周涌原是一方面军的，又是我的同学，没想到在这里相逢，真是欣喜若狂。尤其使我难忘的是，当龙振彪得知我们收信机的管子被烧后，立即把他们的一副备用管子给了我们，使我们很快恢复了同总部的联系。我们同六军团的同志一起，在理化休整几天后，即分头向甘孜进发。

1936 年 7 月 2 日，四方面军和二、六军团齐集甘孜，胜利会师。这时二、六军团组成红二方面军。7 月上旬，两个方面军开始北上，10 月与一方面军胜利会师。三大主力红军的会师，宣告了蒋介石聚歼红军企图的彻底破产。

选自中国人民解放军总参谋部通信部编研室编:《红军的耳目与神经——土地革命战争时期通信兵回忆录》,中共党史出版社1991年4月第1版,第139—144页。

黄萍，1917年生，江西大余人。1930年参加中国工农红军，同年经彭德怀介绍加入中国共产主义青年团，1936年转入中国共产党。红军长征时任中央纵队第二梯队电台报务主任，红四方面军电台报务员、报务主任。新中国成立后，曾任江苏省邮电管理局局长，邮电部工程管理局副局长，中央军委通信部工程建设处处长、通信兵副参谋长兼工程建设处处长，沈阳军区司令部通信兵部主任，通信兵学院院长，总参谋部通信兵部副主任、顾问，全国政协委员等职。1964年晋升为少将军衔。2002年在北京逝世。

与中央红军会合[1]

王定烈

6 月的理番，生机盎然、阳光明媚。红军的到来使山城内外熙熙攘攘，热闹非凡。鲜红的大字《捷报》上登着“与中央红军会合了”的消息。6 月 12 日，红三十军八十八师先头部队在懋功县之达维与红一方面军会合了。喜讯传到卫生队，伤病员们欣喜若狂。我们忘记了病痛，好像服了什么灵丹妙药一样，身体突然轻松了许多，一下子变得精神抖擞，议论着怎样欢迎经过千辛万苦长途征战的战友们。

我说：“打草鞋、备干粮，迎接战友们，好不好？”

大家齐声赞成。

于是，我们准备干粮的，打草鞋的，为表达自己的心意，日夜忙碌起来。

方面军总政治部宣传部的同志也编了一首振奋人心的歌：

万岁！万岁！

伟大的会合，震动全球、全中国。

革命的力量伟大无比，

粉碎那强盗们，无情的战歌。

万岁！伟大雄壮的会合……

① 题目为编者所加。

我们等呀盼呀，可惜的是，我们没有见到中央红军。那些慰问品也没有送到。我的病情尚未痊愈，归队心切，便离开卫生队回到团部。

不久，传来了党中央“两河口会议”的消息，红军就要北上抗日了。之后，又传来红军在包座消灭了胡宗南的部队等等。红九十九师还是担任后卫，负责掩护全军北上。部队由岷江西岸节节抵抗，逐渐撤向理番一线。敌邓锡侯部紧追不舍，师政委王德安亲自率二九七团阻击敌人，在战斗中不幸阵亡。

我们继续向西撤退。在马塘以东，凭着山险，顽强战斗，掩护着主力向草地前进。

部队越向西走，山势越来越高，人烟越来越稀少，终于进入了藏族聚居地。由于风土人情陌生，部队每行动一步都困难重重。尤其令人担忧的是没有饭吃，干粮袋里虽然还有三五斤炒面，但谁也舍不得吃，因为还要靠它走过草地哩！部队便一面警戒战斗，一面挖野菜、拾麦穗、拣蘑菇、刮榆树皮果腹。由于部队过于集中，你采他也采，渐渐地野菜也采不到了，有的同志便吃起“活麻”来。“活麻”四川生长的一种有毒性的野草，酷似家麻，但有毒刺，以手触之，像被蝎子蜇了一样疼。我们只好用开水烫熟，吃起来不觉异味，但大小便出血。草鞋磨烂了，上山割梭草做绳，剥树皮做材料自己编织……

面对着一望无际的荒土野岭，我们面前映现着一幕幕悲壮的画面：在枪林弹雨中，部队冲锋陷阵；在炮火硝烟中，一个个年轻的战友倒在血泊中，长眠在鲜血浸染的黄土地上。我的内心里涌动着巨大的情感波涛。为了革命的胜利，为了共产主义一定要实现，我甘愿洒尽自己的青春热血。

节选自王定烈：《惜别苏区》，载王定烈：《沧海一粟》，知识产权出版社2005年1月第1版，第26—28页。

曲折的道路　胜利的征程

——随红四方面军转战鄂、豫、皖、川、陕、康、甘情况回忆（节选）①

江波

1928 年 5 月，我在家乡湖北黄安县参加了中国工农红军，当时只有 14 岁。参军后，先在连队里当通讯员，后给徐向、甘继时、周纯全等同志当警卫员，以后成了红军干部。当过战士、班长、排长、连指导员、军特务营政委（当时营叫政委）、团政委。从参军起，到红军长征抵达陕北止，先后共八年，我跟随红四方面军，转战于鄂、豫、皖、川、陕、康、甘等地，道路十分曲折，斗争极其艰巨。事情已过去 40 多年，但回忆及此，心潮起伏，每每不能平静。现就当年征程中自己的见闻，略述于后。

……

① 编者对原文内容略有修订。

四、离开川陕根据地以后

（一）和红一方面军胜利会合

1935 年春，红一方面军未能粉碎敌人第五次“围剿”，长征转战到金沙江。为了接应红一方面军，红四方面军全部西进，经广元、剑阁、梓潼到懋功，在夹金山之北与红一方面军会合。当时，红一方面军经长途跋涉，和敌人进行多次的战争，部队减员很大，装备很差，缺少服装、鞋帽，生活极苦。头发都长得很长，看样子几个月都没有理发了。两军会合后，大家都很高兴，召开联欢会，互相致敬，互相鼓励，欢乐的情景十分感人。红四方面军的同志主动给红一方面军的同志捐送衣服、鞋子和各种物资。我当时是红四方面军第四军十一师三十一团政委，团长是邹国厚。两军会合后，决定继续长征北上。

（二）荣幸地见到毛主席、周副主席和朱总司令

我三十一团在千佛山和敌人打了一仗，战斗结束后，部队跟随团长邹国厚北上出发了。我留下来把伤病员安排好，然后同警卫员和机关几个干部一同去赶部队。来到懋功一个村子，见村子的民房已被红一方面军全借用了，我们就在一棵大树下宿营。正准备用脸盆烧点开水冲炒面吃时，一方面军一个干部走过来，和我们联系，问明情况，又走了。不一会儿，那个干部又转来对我说：“毛主席叫你去会见。”我听了又惊又喜，饭没顾得吃，就跟着那个干部走。走了不多远，来到一家藏民住的小楼。藏民的习惯，一层楼圈牛羊，二层楼住人。我们两个上到二楼，就见到了正在办公的毛主席、周副主席和朱总司令。三位首长热情地给我打招呼、让座位。我刚在铺板上坐下，毛主席便亲切地问道，

"你是哪里人？家里情况怎样？"我说:"我是湖北黄安人，家里很穷，4岁时父母被逼死，8岁给地主放牛羊，扛长工，终年得不到分文，还得表兄给地主倒找几吊钱的饭钱。"毛主席说："你家里很穷啊，穷人就要闹革命么！"接着又问："你什么时候参加革命，现在多大了，担任什么工作？"我说："14岁参加革命，现在20岁，在红四方面军工作，担任第四军十一师三十一团政委。"毛主席、周副主席、朱总司令听了以后，都很高兴。毛主席鼓励我说："你很年轻，当团政委，很能干嘛！要好好工作，为解放受苦受难的人民，为解放全中国而斗争。"这时，周副主席也十分关心地问："团里有多少人？装备怎样，干部情况如何？"我回答说："团里有2000多人，武器还不错，都是缴获四川军阀的，班以上干部多是鄂豫皖的，战士四川人居多。"我的话刚一落音，朱总司令就哈哈笑着说："我们四川人也是很穷的，穷人就是要革命的。"接着毛主席说："现在我们一方面军和四方面军会合了，要继续北上，到陕北去，打日本，救中国。"周副主席和朱总司令都反复讲了北上的意义，并叮咛我带好部队，好好干。这时炊事员送上饭来，三位首长都招呼我吃，我很不好意思。吃过饭后，毛主席叫人给我们找了住宿的地方。第二天一大早，我们又继续前进，追赶部队去了。这次幸福的会见，给我留下了终生难忘的记忆。

（三）红一、四方面军同时过草地

我赶上部队后，渡过大渡河，准备过草地。这时部队划分为左右两路军。红一方面军的第五军、第三十二军和红四方面军的第九、三十一、三十三军组成左路军，由朱德、刘伯承、张国焘率领；红一方面军的第一、第三军团和红四方面军的第四、三十军组成右路军由毛主席、周副主席、徐向前率领。我所在的第四军第十一师三十一团跟毛主席率领的右路军一同过草地。在草地共走了20多天。草地真是个鬼地方，气候变化异常;一会儿是万里晴空，火红的太阳，晒得人晕头转向；

一会儿又是乌云密布，雷电交加，大雨倾盆，冰雹盖顶。走在干草地上还好一些，而走在湿草地上，踏上一脚，周围都颤动，一脚陷下去就拔不出来，就这样牺牲了不少同志。加上天上有国民党飞机整天跟踪轰炸扫射，地下有敌人少数民族骑兵不时来骚扰，你只要刚一宿营他们就来袭击。一次，我们刚到一宿营地，藏族部落的骑兵部队就出动好几千人来袭击。另外，缺乏粮食，每人每天规定只准吃一碗炒面。主要是依靠野菜充饥，在这样艰难困苦的情况下行军打仗，不少同志被饥饿夺去了生命。我们三十一团原有 2000 多人，过草地后只剩下 1000 多人了。我的马也给杀着吃了。我当时没有鞋子，在草地上行军，还要指挥打仗，很不得劲，就搞了一块生牛皮包在脚上。这东西走在干地方时，变得又干又硬，像刀子一样割脚，痛得受不了;走在湿草地上，它又泡得发胀，越胀越滑，很不是滋味。后来，我连裤子也没有了，怎么办呢？搞了一块牛毛织的口袋围在下半身。这东西很粗糙，长途跋涉，两条腿的夹裆被口袋磨得稀烂，疼痛极了。全军同志都十分艰苦，而班长以上干部比战士更苦。干部要作战士的思想工作，行军中还要帮助伤病战士扛枪，更要指挥打仗。所以，班排干部牺牲的最多。

（四）张国焘的分裂活动，四方面军返回四川

当右路军到毛儿盖，左路军到阿坝时，张国焘耍阴谋，闹分裂，向毛主席争权。毛主席、周副主席、朱总司令都不同意。毛主席的领导地位是遵义会议确定的，怎能让给张国焘呢？当时，周副主席是全军的总政治委员。两军会合后，总政委的职务让给了张国焘。张国焘还不满足，他诬蔑毛主席是右倾逃跑主义，说毛主席率领一方面军出发时 20 万人①，现在搞的只有几千人了。我的人马多，当然该掌权，这就发生了分裂。一天晚上，我们团正在松潘一带和胡宗南军队打仗，接到师部

① 中央红军长征出发时为8.6万人——编者注。

打来的电话，要我赶回师部开会。我很纳闷，赶到师部后，有人说：中央跑啦！中央发生分裂了。还有人说什么，是右倾逃跑路线等等。部队到了毛儿盖，毛主席、周副主席已经带上红一方面军的第一、第三军团提前走了。这时有人主张去追打红一方面军，徐向前同志说："这是党内分歧，共产党不能打共产党。"后来，我们四方面军的第四军、三十军二次返回草地进四川，过大渡河，到党坝。接着我十一师去攻打西康，没有打下，我也负了伤。以后又从党坝出发，翻过夹金山，到天全、节山、萦经、雅安一带。这时四川地方军阀同意国民党中央军进入四川，陈诚、薛岳国民党军就合伙打我们，胡宗南也在陕西堵截我们。由于西康没有打下来，不能继续西进，进陕又不能，在四川又停不住。这时，毛主席从陕北打来电报叫我们北上，留在左路军的朱德、刘伯承积极给张国焘做工作，要他北上。

（五）同二方面军会合，再过草地北上

正当此时，贺龙、任弼时、关向应、王震、肖克等同志率领红二方面军从湘鄂川黔根据地突围转移，于 1936 年 7 月初长征到达西康甘孜，与我们四方面军会合。红二方面军经湖北、贵州，渡金沙江，是很艰苦的。在会合之前，领导上动员四方面军一些部队每个人打一双草鞋或者袜子，送给二方面军的同志。这时二方面军大约有一万多人。贺龙、任弼时、关向应、王震、肖克等同志，同朱德、刘伯承同志一起，给张国焘反复做工作，晓以大义，说明利害，要他服从中央决定，率军北上。最后；由于大势所趋，南进失败，敌人大军压境，迫不得已，张才同意了中央的意见，回师北上。于是，四方面军开始第三次过草地。

1936 年 7 月，红二、四方面军分三路北上。当过草地时；鉴于前两次的经验，事先做了充分准备，行进比较顺利。8 月初，到达包座地区。毛主席听说二、四方面军北上的消息，非常高兴，打电报给张国焘，介绍北上路上的地点及各方面的情况。到 9 月中旬，二、四方面军到达甘

南腊子口、哈达铺、岷县、临洮一带。腊子口的防守部队是伪甘肃主席鲁大昌的地方军，不能打仗，一触即垮。接着我们占领了岷县、临洮、通渭等地。毛主席和党中央派人前来联系，又一次重申了中央的决定，要红四方面军坚持北上。可是张国焘野心不死，又要阴谋、搞分裂，违抗中央决定，命令四方面军停止北上，西渡黄河。先头部队第九军、三十军、五军（红一方面军第五军团和红四方面军第三十三军合编为第五军）从甘肃靖远附近的虎豹口，搭起浮桥先过了黄河。三十一军和四军没有来得及过河，敌机炸毁了浮桥，胡宗南的大军赶到，封锁了河口，渡河西进已不可能，剩下的两个军和第二方面军一起向陕北行进。在陕甘交界的同心城，与红一方面率会合了。又在山城堡与胡宗南部队打了一大仗，歼敌几千人，然后到达曲子、环县一带。（黄钟奇、邢振华整理）

节选自中国人民政治协商会议陕西省委员会文史资料研究委员会编:《陕西文史资料选辑》第6辑，陕西人民出版社1979年11月第1版，第155—171页。

江波，1914 年生，湖北黄安（今红安）人。1928 年参加中国工农红军，1931 年加入中国共产主义青年团，1933 年转入中国共产党。红军长征时任红四方面军第四军十一师三十一团政委。新中国成立后，曾任解放军第一通信学校政治委员、中央军委高级通信学校政治委员、陕西省军区副政治委员等职。1961 年晋升为少将军衔。1987 年在西安逝世。

懋功会师

盛先传

一个月之后，八十九师二六四团接到命令去打茂州。茂州在岷江的南面。打开茂州后，越过威州去懋功迎接红一方面军。当我们顺威州向前进 100 多里，在岷江边上有一个峡口，一边靠岷江，一边靠崖，敌人就在岷江峡口处把守，我们过不去了，与敌人隔着江边上的狭口对峙，大约对峙一个月，我跟着杨秀坤到这里整天观察对面的敌情。

我们八十九师在这里与敌对阵堵阻，大部队抢渡了岷江，占领岷江北面，顺懋功方向推进，八十八师在李先念等领导人的带领下先占领懋功。懋功在夹金山的北山脚下，在夹金山那边，驻守着我们八十八师的一个团，夹金山与红桥山相接，在红桥山脚下住有四军的一个团，我们红四方面军和红一方面军的先头部队终于在夹金山、红桥山下会师了，我们在懋功县欢迎红一方面军，全军欢腾，战士非常高兴。据说毛泽东同志在懋功接见了李先念同志，李先念把红四方面军和三十军的基本情况向毛泽东作了汇报，毛泽东很赞赏先念同志的工作，曾说："看来，三十军的政委李先念还是红四方面军的正派政委。"在两河口会议后，增补李先念同志为中央军委委员。毛泽东后来在懋功接见了红四方面军军以上的政治委员。

1935 年 8 月，红一、四方面军会师后，朱德任红军总司令、张国焘任总政委，中央政治局在两河口开了十几天的会议，会议讨论的中心内容是：北上还是创建川陕甘根据地的问题，毛泽东提出要北上，张国焘反对北上，并要求改组中央委员会和中央政治局，但会议批评了张国焘的错误，最后决定还是北上。一方面军的一军团兵力不足，由四方面军的四军和九军各抽一个团的兵力补充给一军团。

就在这前后的时间，我们八十九师在威州固守时，吃了近一月的豆角，因这里再找不到粮食，同时，又没盐，这里满山遍野长着花椒，煮吃四季豆时，拿花椒当盐吃。我因一来刚吐过血；二来营养赶不上，身体很虚弱。

两河口会议决定北上，才通知部队，我们八十九师撤到威州，又渡过岷江，是从岷江的一座索桥上过去的，索桥是用竹皮拧的，索桥两头有石桩子，把竹索系在石桩上的。从索桥过了岷江，就到了懋功一带，与原驻守在这里的八十八师和红一方面会合在一块，在懋功准备干粮北上。

红一、四方面军会合后，组织了左、右路军。右路军由四方面军的四、三十军、一方面军的一、三军团，总指挥徐向前，政委陈昌浩，参谋长叶剑英，行进的计划是准备翻过雪山向毛儿盖进发，通过班佑、巴西前进。左路军是由红一方面军的五军团，四方面军的九、三十一、三十二、三十三军组成，由朱德、张国焘直接指挥。从卓克基出发，经过阿坝向班佑前进。

选自盛先传:《难忘的岁月——盛先传革命回忆录》，1996年版，第53—55页。

架起天线是一家

——忆红一、四方面军电台会师前后

徐明德

嘉陵江战役后，张国焘过高估计川陕苏区面临的困难，无视嘉陵江战役胜利带来的有利条件，擅自决定放弃川陕苏区西移。当时，在前指参谋长李特处同住在江油县中坝的方面军总部间交通不便，电话不通，通信联络十分困难。于是，便成立了四方面军无线电第五台，跟随前指保障作战指挥中的通信联络。1935年4月,我带五台来到北川前指报到。

4月下旬，蒋介石为阻止我军在嘉陵江与涪江之间建立新的苏区，趁我立足未稳，在江油地区对我发动新的围攻夹击。为了争取主动，并策应已经渡过金沙江的中央红军北进，四方面军开始向岷江地区转移。三十军政委李先念率第八十八和九军一部向懋功开进，准备迎接中央红军。这时，我带电台正随三十军军长程世才行动。一天，通信员送来方面军领导的指示信，信上命令我带电台立即返回茂县方面军总部。我带电台刚到茂县，张国焘亲自将九军二十五师师长韩东山和我找去，当面给我们交任务。这样的“架式”不多见，我猜测一定有重要任务。任务果然重要而令人兴奋：迎接中央红军！

张国焘说：“你韩师长带两个团到懋功、夹金山去迎接中央红军，如果到那里接不到，就派小部队过夹金山到天全、芦山一带寻找，一定要找到毛、朱、周、张、博。配备无线电五台随你师行动。”由于韩师长文化水平低，不会起草电报稿，张便明确由师的李参谋起电报稿，送电台审查译发，不通之处由电台修改。同时，强调要保护电台安全，特别是过雪山时山高路滑，要注意人员、器材的安全。

我回到电台传达命令并组织大家做准备工作。供给部按方面军首长指示发给电台人员每人一条毛巾、一双草鞋。从总部首长再三叮嘱、周密关怀这些细节上，我们也感受到迎接一方面军，同中央红军会师任务的重要。

我同韩东山师长约定第二天过岷江。可没想到翌日早饭后我派人去师部联系，发现韩师长的司令部已经转移了。我立即报告张国焘，张答复我说，徐向前总指挥也要过江，要我们随徐总过江后追赶韩师长。于是我们过江后来到一个小镇，才追上部队。事后我才知道，韩师长甩电台是有原因的。这位师长一向敢冲敢干，有一次行军因军务紧急，他骑马从电台行列中冲了过去，影响了电台安全，违反了规定，被气愤的电台同志们推搡了一番不说，还被张国焘狠剋了一顿。从这以后，他一见电台就躲避，所以就来了个不辞而别。赶上韩师长，我们电台便随部队西进，一直到了懋功。

在懋功住下后，我们便积极做迎接中央红军的准备工作。电台除了同方面军总部保持顺畅联络外，还进行了思想动员和宣传。宣传 30 万中央红军伟大的长征；宣传两大主力红军会师是一个伟大的胜利；宣传对兄弟部队要热情欢迎，团结体谅。我们早就十分敬仰毛泽东、朱德，都希望同中央红军会合在一起，壮大革命的力量。这时候，会师就在眼前，久闻大名的阶级弟兄就要见面了，大家的情绪非常高。大家还积极做好慰劳中央红军的物质准备，对此，方面军总部专门发来了电报指示，强调要筹集粮食衣物，做好迎接中央红军的准备，如果房子不够住，要主动让出房子。这个电报是我收译后交韩师长的。我们想方设法筹集青稞、大麦，打草鞋，有的同志还学习捻羊毛、织毛衣，准备慰问历尽千辛万苦的一方面军同志。我们电台当时住在一个小天主教堂内，房子较多，我便告诉管理人员，准备食物、开水，见到一方面军的同志，一定请进来休息，擀面条、煮米粥款待。

6 月 12 日，中央红军的先头部队翻过终年积雪的夹金山，在达维与前去迎接的红四方面军胜利会师了。我们电台虽在懋功没有看见这个伟大的历史性场面，但我们一样能感受到这种胜利的喜悦和激动。6 月 18 日，党中央、军委和一方面军陆续到达懋功地区。我们的同行——一方面军三局和无线电台的同志们也都亲切地会合在一起。

这一天，中央军委三局局长王诤和政委伍云甫到我们电台来了。我和副台长张天华及全台同志迎出去，两个方面军无线电通信战士的手紧紧握在一起！过去，我们只能通过电波互相传递信息，协同战斗；现在，大家终于能够面对面谈话，肩并肩工作了。我们请王局长、伍政委参观了我们的机器、电源。王局长说："你们的机器不错嘛，挺新的。"还说了许多鼓励的话。为了表达我们对红一方面军无线电通信工作战友的深情厚意，我们尽最大努力筹办了一桌宴席，留他们吃午饭。那一顿饭，做了七八个菜，有猪肉、鸡肉，还包了白糖包子，除了没酒，能搞到的我们都端上去了。这些东西是我们打土豪搞来的，我特意告诉管理员留着款待一方面军同志。王局长风趣地对我说："长征以来，在你这儿吃的是最丰盛的一顿啦！"

后来，一军团、五军团、九军团电台的同志们也都先后来到我们电台串门看望。搞无线电通信的同志有句俗话，叫作"看见天线就找到了家"，确实如此，大家虽然从未见过面，可是亲热得像老相识，一家人。大家互相参观机器、交流工作情况，互相学习长处和经验，互相帮助解决器材、人员上的困难，取长补短，互通有无。

九军团部电台台长朱虚之、政委彭德大、报务主任邱均品及黄萍等来到我们台，当他们看到我们缴获国民党的五瓦电台比较新，又羡慕又高兴。我们照例尽其所有请他们吃了一顿饭。黄萍前不久见到我还提起了这顿50多年前的饭，说："我记得你招待我们吃得可好啦！"因九军团到懋功比较晚，所以筹款筹粮有困难，没盐吃，没零钱发技术干部津贴，想买鞋也买不到。我们知道后，立即把打土豪搞来的一包约三斤重的盐和一皮口袋铜板送给了他们。我们电台技术骨干少，只我一个服务员值班，还要兼译电工作，常常忙得连轴转。任三十军政委的李先念便同九军团长罗炳辉、一军团二师长陈光谈了此事。九军团马上慷慨地调了一位报务员蔡文南和两名机要员陈连升等到我们电台工作。大家相处融洽，以后机电分开，译电员还是不愿离开电台，而一直住在我们电台上。

一军团电台台长海风阁、汪名震、荆振昌等也都来过我们电台作客。6月的一天，大约已深夜12点，李先念政委把我叫去了。陈光师长也在。他问我：你的电台能不能发长报？能不能转报？原来，一军团有份长电报发军委，他们的电台联络不通。我说："可以发，我还有备份电池。"我刚回到电台，电报稿就送到了，约1000多个汉字。我立即开机呼叫军委电台，副台长译报，他译一部分我发一部分，很快就顺利地发出去了。

五军团驻守懋功，因此我们之间便成了"老邻居"，相处时间最长，来往也最密切。队长周维、政委李白、报务主任钟贞一及报务员黄荣、郭隆飞、黄子坤、机务员陈明等，都常到我们电台来，有时晚饭后散步也溜达到我们电台来玩。他们使用的是15瓦的大电台，黄油、器材也困难。有一次，周维队长急火火地跑来，焦急地对我说："哈姆莱特充电机没汽油了，电台没法工作了，可怎么办啊！"我立即想到我台珍存的大半桶煤油。这桶煤油是电台成立时方面军三局长宋侃夫给我们的，供电台夜间工作点灯用的，长征路上搞点油不容易，我们一直用得极节省。但为了保证兄弟电台不间断工作，我们毫不犹豫地全部送给了他们。但是，这大半桶煤油也只够帮助他们维持一段时间电台工作的。有一天，周维、李白、钟贞一一起来找我想办法。我在训练班学习时因中途生病，机务部分学的也不怎么样，但根据掌握的一点知识，想出了一个办法，这就是把大机器改为小机器，即把 210 大发信管换为 201 收信机管，把收信机管当发信机管用，这样可以省电。我又拿出了我全部备份 B 电四块送给他们，这四块 45 伏的 B 电串联起来，180 伏的电压就够了，低压请他们再想点办法。就这么个土办法，还真的帮他们恢复了工作。当时，只觉得保证通信顺畅高于一切，毫无你我之分，我的电台，你的电台，都是红军的电台；你的任务，我的任务，都是革命的需要。甚至于，我自己的电台如果断电断油怎么办，都没顾上多考虑。

五军团电台也给了我们很大的帮助。我们电台没有天线电流表，只靠安装的一只小灯泡，一有信号输出就亮。大约使用时间过长，不亮了。陈伯钧参谋长，拆下自己手电筒上唯一的小灯泡给我们装上了。我们电台收信机的变压器坏了，杂音大，声音小，抄收报极端困难。我就用通报英语告诉了周维。这时周维电台跟随九军参谋长陈伯钧驻在抚边镇，到我们电台骑马还要走两天，来一趟很不容易。但周维立即派机务员陈明来了。没有备份的变压器无法更换，他就帮助检查修理机器，直到能凑合着工作了，帮我们渡过了一关。

在同一方面军兄弟电台共同战斗生活的日子里，他们的许多通信工作制度，规定和作风给了我很大的启发。我便向他们学习，改进我们电台的工作。

一是改进通报方法，严格通报登记。一方面军电台严格用英文缩语通报，不用明码，而且有严格、正规的报务登记制度。我把他们通信学校的教材、通报登记规定等都要来一份，并参照建立了报务登记，禁止明码通报，使用英文通报缩语。

二是改善通报态度，严格通报纪律。我们克服通报中有时发脾气、扯闲话等现象，加强了纪律性。

三是变机通合一为机通分开。这样有利于高业务水平，加强责任心，有利于保密，同时又注意处理好机通人员关系，密切配合。

四是改进作风和管理教育方法。一方面军干部没有小灶，台长没有挑夫，对下面坚持说服教育，待人和气。我们认真学习他们官兵一致，上下团结，同甘共苦，艰苦奋斗的好作风，主动撤销了小灶和挑夫，克服了个别干部打骂士兵的不良习气，增强了全电台的团结。

一、四方面军会师后，于 1935 年 8 月混编为左、右路军北上。为加强通信工作，军委对两个方面军的电台和人员进行了调整。从一方面军调到四方面军 30 多名通信技术人员，七部电台。两个方面军电台的战友们互相学习，亲密团结，共同和张国焘的分裂行为作斗争，一起完成了北上抗日途中的通信联络任务。

选自中国人民解放军总参谋部通信部编研室编:《红军的耳目与神经——土地革命战争时期通信兵回忆录》，中共党史出版社1991年4月第1版，第292—297页。

徐明德，1916 年生，河南新县人。1931 年加入中国共产主义青年团，同年参加中国工农红军，1935 年转入中国共产党。红军长征时任红四方面军无线电第五台台长。新中国成立后，曾任海军司令部通信处处长、通信兵部主任，海军司令部“两查办”主任，海军副参谋长。1964 年晋升为海军少将军衔。2007 年在北京逝世。

六、与红一方面军共同北上

难忘的三次过草地

许世友

红四方面军长征走过的道路是非常坎坷的。由于张国焘进行分裂党和红军的阴谋活动，致使我们从 1935 年至 1936 年 10 月，先后三次往返于雁过不落脚的草地，数次翻越终年积雪的高山，进行了 17 个月的长征①，经历了极为艰难曲折的过程。

在长征的艰苦岁月，忠于党、忠于革命事业的广大指战员，野菜当粮棕当衣，蓝天当被地当床，百折不挠，英勇作战，克服了许多难以想象的困难。最后终于在以毛泽东同志为代表的党中央的亲切关怀和正确领导下，战胜了张国焘的分裂主义，回到了党中央的怀抱。

一、首次过草地

在我们四方面军进行强渡嘉陵江战役期间，一方面军在毛泽东同志的正确指挥下，四渡赤水河，巧渡金沙江，摆脱了数十万敌军的围追堵截，取得了战略转移中具有决定意义的胜利。接着又顺利通过凉山彝族区，经西康（今属四川）东南部继续北上。

---

① 一般认为，红四方面军长征从1935年3月底强渡嘉陵江算起——编者注。

然而，取得强渡嘉陵江战役胜利的红四方面军，却由于张国焘擅自决定放弃川陕根据地，四川各路军阀以及胡宗南部又从东、南、北三面逼来，处境极其被动。在此情况下，方面军为摆脱不利处境，并策应红一方面军北上，争取两个方面军会师，决定继续西进，向岷江地区发展。

军队的转移、流动，在战争年代虽是常有的事，但每当我们离开一个战斗和生活过的地方，却往往又是依依难舍。离开江油、中坝地区的那一天，我的心情和大家一样十分沉重。望着前来送行的乡亲们，望着这里的一山一水，我想起了创建川陕革命根据地的艰难，想起了许多献出宝贵生命的战友，想起了根据地人民对我军的深情厚谊，想到了我军撤离后人民将面临的灾难。虽然我不知道我军是否会很快打回这一地区，但是深信：有着光荣革命传统的川陕边人民，一定会坚持长期的斗争；红军播下的革命火种，一定会在这片土地上燃烧起熊熊烈火。

我军撤离江油、中坝地区后，相继攻占了茂县、理县和松潘、平武以南地区。这时，红一方面军经会理、冕宁北上，强渡大渡河，飞夺泸定桥，继续向天全、宝兴、懋功（现名小金）方向前进。两个方面军相距益近，会师已指日可待。这一即将来临的伟大事件，激起了全军无比高涨的热情。广大指战员欢欣鼓舞，斗志昂扬，积极筹集粮食，捐献慰问品，准备迎接远征而来的党中央和红一方面军。

1935 年 6 月 14 日，具有重要历史意义的时刻终于来到，四方面军的九军和三十军各一部，在夹金山下与一方面军部队胜利会合了。①

会师之日，两支部队在达维镇召开了庆祝大会，毛泽东同志到会讲了话。他以一方面军长征和四方面军近期作战的胜利，深刻地说明红军是不可战胜的。他号召两个方面军的指战员，在党中央领导下，互相学习，紧密团结，去夺取新的更大的胜利。

会师的喜讯传到远离达维的我们第四军，部队长时间沉浸在欢乐之

① 1935年6月12日，红四方面军第九军一部与中央红军先头部队会师——编者注。

中，歌声、笑声此起彼伏。指战员们奔走相告，谈论着这一事件的伟大意义，憧憬着革命的美好前景。同志们坚信，红军两大主力会合以后，在党中央的正确领导下，中国革命必将开创一个新的局面。

两个方面军会合后，面临的首要问题是向哪里发展，在哪里建立新的根据地。党中央根据毛泽东同志的意见，确定了北上创造川陕甘根据地的战略方针。

党中央的这一战略方针，是在对形势正确分析的基础上提出来的。当时，日本帝国主义正加紧对我国的侵略，由东北三省向华北步步进逼。然而，蒋介石的卖国投降活动越来越露骨：1935 年 7 月签订了《何梅协定》①，公然将河北、察哈尔两省的主权奉送给日本侵略军；10 日，又奴颜婢膝地颁布了《敦睦邦交令》，宣布取缔一切反对日本帝国主义侵略的言论和行动。这些丧权辱国的事件，激起了全国人民的强烈反对，要求抗日的呼声遍布中华大地。在这样的形势下，我军北上，在接近抗日前线的西北地区建立革命根据地，无疑可以促进全国抗日民主运动新高潮的到来。

从川陕甘地区的敌我态势看，也十分有利于我军向北发展。红军两大主力会合后的总兵力达十多万，四方面军的主力位于岷江上游的镇江关、片口、北川、茂县等地，随时可以向北出击。而追击一方面军的敌之主力薛岳部已被拖得十分疲惫，北面的胡宗南部尚未完成堵截部署，东面的川军屡遭重创，一时无力向我进攻。这些情况表明，我军向北发展，不仅是形势的需要，条件也是具备的。

但是，张国焘出于他的政治野心和机会主义的立场，反对在接近抗日前线的川陕甘地区建立根据地，主张向边陲地区退却。他还以解决所谓“统一指挥”的组织问题为借口，狂妄要求改组党中央和中央军委，阴谋夺取党和军队的最高领导权。他的错误主张和无理要求，理所当然

① 国民党反动政府的代表、华北军分会代理委员长何应钦与日军华北驻屯军司令官梅津美治郎签订的协议，习惯上称“何梅协定”。

地被党中央否定和拒绝。

党中央本着以大局为重、团结对敌的原则，先后在两河口、芦花和毛儿盖附近的沙窝召开会议，对张国焘的错误进行了严肃的批评教育。在两河口召开的会议上，明确规定了一、四方面军会合后的战略方针是："集中主力向北进攻，在运动中大量歼灭敌人，首先取得甘肃南部，以创造川陕甘根据地。"在沙窝召开的会议上，又通过了《关于一、四方面军会合后的政治形势与任务的决议》，重申了北上创造川陕甘根据地的方针，并针对张国焘的错误，强调要提高党中央在红军中的威信，号召"全体党员与红色指战员像一个人一样团结在党中央的周围"。

经过反复的斗争，张国焘表面上接受了北上的方针，但分裂党和红军的阴谋活动并未就此罢休。

由于张国焘的百般阻挠，我军北上的时间延误了两个多月。在此期间，敌情发生了很大变化。胡宗南的主力已调集松潘地区，堵住了我军原计划经松潘入甘南的道路。我军丧失了乘敌之虚向北发展的最好时机，不得不改道经自然条件极为恶劣的草地北上。

第一次过草地是于1935年8月15日开始的。进军的部署分为两路：右路军为一方面军的第一、三军团和四方面军的第四、三十军，由毛泽东、周恩来等中央政治局的大多数同志率领，以毛儿盖为中心集结，向班佑、巴西开进；左路军为一方面军的第五、九军团（已改称第三十二军）和四方面军的第九、三十一、三十三军，由红军总司令朱德、总政委张国焘、总参谋长刘伯承率领，以马塘、卓克基为中心集结，向阿坝地区开进，尔后东进至班佑地区向右路军靠拢。四方面军指挥部改称前敌指挥部，徐向前任总指挥，陈昌浩任政治委员，叶剑英任参谋长，负责右路军的军事指挥工作。

我们第四军担任右路军的后卫。主力出发时，我们在松潘以南的镇江关、松平沟、小姓沟地区，积极佯攻松潘守敌，钳制敌人，掩护主力安全北上。完成任务后，我们也踏上了纵横数百里的大草地。

草地，一望无际如茫茫大海。茂密的杂草，蒲团似的东一丛西一蓬。草块之间，到处是积满污水的烂泥潭。沿途渺无人烟，没有道路，只有先头部队给我们留下的一道时隐时现的脚印。

草地的天像小孩的脸，说变就变。时而彩霞满天，时而暴雨倾盆，时而冰雹骤下，时而雪花纷飞。上午还是烈日当空，酷暑蒸人，穿一件单衣还热得透不过气来，到了下午却刮起了令人瑟缩抖颤的寒风，鹅毛大雪铺天盖地。我们把仅有的衣服披在身上，也抵挡不住风雪的吹打。过草地不到一个星期，好比过了春夏秋冬四季。

天黑了，部队要宿营。可是在这渺无人迹的草地上，既无村舍可借住，又无大的场地可露营。部队只能分散在一小块一小块地势稍高的地方，支撑起破烂的毯子挡风遮露，捡来半干半湿的小树枝，燃起忽明忽暗的篝火，驱赶逼人的寒气。在过草地的日子里，我们没有睡过一个囫囵觉。

最大的困难还是吃饭问题。草地的积水乌黑发臭，闻到就使人恶心，更难以下咽。至于能填肚子的东西就更少了。进草地前，大军云集在人烟稀少、地瘠民贫的少数民族地区，难以筹集到多少粮食。进草地后，尽管大家都很节省粮食，仍维持不了几天，多以野菜、草根甚至牛皮、皮带充饥。吃这些东西，现在来看是难以想象的，在那时确能燃起一个人的生命之火，不少同志就是靠一把野菜、一根皮带，坚持下来走出草地的。

官兵一致，同甘共苦，这是我党我军的优良传统，也是克服一切困难，战胜任何敌人的重要因素。在那艰苦的岁月，部队内部关系很好，上下左右亲密无间。一把干粮分着吃，一杯清水匀着喝，一件衣服让着穿，一床毯子合着盖。有的同志走不动了，大家抢着给他背东西或扶着他走；有的同志病倒了，大家就轮换着抬他。共产党员和各级干部更是以身作则，吃苦在前。我们军长、师长的乘马都让给伤病员骑，还经常替体弱的战士背枪，以模范行动激励大家去战胜困难。

经过约一个星期的艰苦跋涉，我们终于胜利通过了这个被称为“绝境”的草地，到达巴西、班佑地区。

胡宗南发现我军经草地北上，先派出其补充第一旅的一个团控制了我军入甘南的必经之地——包座，其中一个营驻守包座，团部率两个营驻守求吉寺；后又派第四十九师由松潘增援包座。

我军到达班佑等地后，为打开前进道路，保障全军顺利进入甘南，前敌指挥部根据毛泽东同志的指示，决定在敌援兵未到之前，首先消灭包座之敌，控制要点，尔后集中兵力打敌援兵。

包座之战，是我们过草地后打的第一仗。前敌指挥部把这一任务交给了三十军和我们四军。三十军的任务是以一个团消灭包座守敌，主力隐蔽集结于包座西北山地，准备打援。我们四军的任务是以一部攻打位于包座以北约十公里的求吉寺。

指战员们经过草地的艰苦行军，十分疲劳。一听说有仗打，劲头又上来了，几个师长争着要任务。考虑到十师部队在过草地时减员不多，我和政委商定把这一任务交给了他们。

8 月 29 日黄昏，西方山头上的晚霞刚刚消逝，十师部队以迅速的动作抵近求吉寺，突然向敌发起猛烈攻击，很快拿下了外围的几个要点，乘势突入寺院。敌人组织敢死队拼命反扑，十师师长王友均亲自率领部队与敌展开肉搏。经过草地恶劣环境熬煎的指战员，一个个虽是面黄肌瘦，但喊杀声还是那样洪亮，斗志还是那样旺盛，作战还是那样奋勇。看着这些生龙活虎的战士，谁能想到他们是在肚皮紧贴着脊梁骨的情况下与敌人厮杀的呢？！

到了弯月挂上树梢的时候，二三百个敌人已成了我军的刀下鬼，残敌向西北方向逃窜，求吉寺恢复了原有的宁静。

我们的胜利不是轻而易举能够得到的，往往要付出血的代价。在这次战斗中，十师伤亡了不少同志，王友均师长也英勇捐躯。他于 1911 年出生在湖北广济县一个贫苦农民家庭，牺牲时年仅 24 岁。参加革命后，历任班长、特务队长、营长、团长、副师长等职，作战勇敢，指挥果断，是一名优秀的指挥员。他任三十一军二七一团团长期间，常率部队夜袭敌营，出奇制胜。在反六路围攻的西线作战中，他率领手枪队30余人，从平溪坝以北偷渡大通江，绕过敌人的多道岗哨，摸到敌人后方的牛角嵌，攀越几丈高的悬崖，突袭敌军团部，砍死敌团长。1935年6月，他在北川县千佛山战斗中负伤，痊愈后调任十师师长。对于他的牺牲，我和指战员们一样极度悲痛，为失去这样一位能打善战的指挥员而感到十分惋惜。我们把他的遗体安葬在求吉寺附近的山上，墓前堆满了战士们含着热泪采来的山花。同志们默默地向他告别："安息吧，王友均同志！您的英勇事迹，我们永远不会忘记，您未竟的事业，我们一定继续下去！"

在我们四军十师攻打求吉寺期间，第三十军二六四团攻占了包座。因敌第四十九师前来增援，为诱其深入，二六四团又主动撤至包座东北侧山地，军主力仍在包座西北侧山地隐蔽待机。当敌两个团沿包座河西岸背水为阵，另一个团进至包座河东岸，敌师部进至包座以南时，三十军开始出击。首先以一个团由包座河西楔入敌三个团中间，将敌分割成互不连接的三块，尔后集中兵力，一个团一个团地逐个歼灭。激战至深夜，歼敌大部，敌师长伍诚仁受重伤后落水而死。①

包座一战，毙伤俘敌5000余人，缴获各种枪支近2000支，还有大批粮食。这是红四方面军在毛泽东同志直接领导下取得的第一个胜利。这一胜利的取得，从作战指导上来看，是由于我军及时掌握了敌情，首先歼灭了包座地区的守敌，为打援战斗创造了有利条件。战斗中，正确采取了分割包围、各个歼灭的战术，发挥了我军近战夜战的特长，从而达成了速战速决。英勇顽强的战斗作风，也是取得这一胜利的重要因素。广大指战员刚刚走出草地，未经休息便投入战斗，忍受着饥饿，奋

① 回忆有误，伍诚仁受伤脱逃，未死——编者注。

不顾身地勇猛冲杀，终于歼灭了敌人，扫清了前进路上的一大障碍，为实现党中央的北上方针作出了贡献。

二、再次过草地

包座地区的占领，打开了向甘南进军的门户。包座距离甘肃岷县只有 150 多公里，沿途多为汉人居住区，路大粮多，敌人的防守兵力极为空虚，我军继续北上的条件十分有利。因此，党中央电示左路军，迅速出班佑向右路军靠拢，全力向洮河以东发展。

阴谋篡党并坚持分裂主义的张国焘，不顾朱德、刘伯承等同志的坚决反对，到阿坝后擅令左路军停止前进。他先是坚持要红军全部出洮河以西，越黄河入青海，后又提出南下川康边。党中央连电张国焘，指出“目前方针只有北上才是出路”，令其“立刻率左路军向班佑、巴西开进，不得违误”。张国焘顽固地和党中央相对抗，命令左路军和右路军中的四方面军部队全部南下，并于 10 月间在卓本碉公然另立“中央”，自封为“主席”，其反党活动发展到了登峰造极的地步。

张国焘分裂党和红军的罪恶行径，严重破坏了党和红军的统一和团结，削弱了北上创建抗日根据地的力量，给中国革命事业造成了不可估量的损失。

张国焘明知他公开分裂党和红军的阴谋会遭到全党全军的一致反对，为了欺骗和蒙蔽群众，便在部队中公开散布对党中央的不满，恶意挑拨两个方面军之间的关系，并加强了军阀主义的专横统治，扬言要对“经过斗争和教育仍不转变的分子”给予“纪律制裁”。对中央政治局在俄界会议上对其反党错误所作的决定则严加封锁。

9 月中旬，四方面军以及左路军的五军团和三十二军，在不明真相的情况下执行张国焘的“命令”，分别由阿坝和包座地区南返，再次穿越自然环境极为恶劣的草地。

第二次过草地，已是秋季，金风萧瑟，天气转寒，战士衣单鞋缺，大军再经草地，粮食更缺乏，比第一次过草地更为艰苦。同志们毫无准备，情况不明，思想一度混乱，许多人想不通，有意见：为什么不北上而要南下？为什么要和党中央分开？南下到哪里去？但所有这一切，在当时都无法得到回答，大家只有闷着头，跟着走。

9 月下旬，我军走出草地，到达马塘、松岗、党坝一带，开始了南下时期的艰苦作战。为打开通往天全、芦山的道路，方面军首先进行了绥（靖）崇（化）丹（巴）懋（功）战役。

绥崇丹懋地区，到处是高山绝壁和峡谷急流，易守难攻。我军两次过草地，消耗很大，又未得到休整。但是，广大指战员发扬了人民军队不怕艰难困苦、英勇顽强的战斗作风，以坚韧不拔的毅力和迅速果敢的行动，运用夜摸、奇袭和穿插迂回的战术，穿峡谷，渡激流，翻高山，抢隘口，所向披靡，一往无前，攻占了丹巴、懋功、达维等地，毙伤俘敌 3000 余人。

敌见我军南下，急忙调兵四处防堵：以刘文辉的第二十四军防守金汤及泸定至汉源、雅安一线；以杨森的第二十军防守宝兴至大硗碛一线；以邓锡侯的第二十八军防守宝兴以东大川场至水磨沟一线；以刘湘的“模范师”防守天全。另从绵竹等地抽调了 18 个团的兵力向西增援，企图将我军堵截于天全、宝兴西北山岳地区。

方面军以攻取天全、芦山、名山、雅安、邛崃、大邑等地为目的，于 10 月 20 日发布了《天芦名雅邛大战役计划》，确定以我们四军和三十二军为右纵队，方面军参谋长倪志亮为纵队司令员兼政委，由丹巴经金汤攻取天全，并以一部向泸定、汉源、荥经方向活动；以三十军和三十一军九十三师、九军二十五师为中纵队，方面军副总指挥王树声为纵队司令员，三十军政委李先念为纵队政委，先占宝兴、芦山，得手后向名山、雅安及其东北发展进攻；左纵队由九军二十七师编成，该军政委陈海松为纵队司令员兼政委，以一部防守懋功、达维，主力向东发展。另以第五军团防守丹巴地区，以第三十三军防守马塘、两河口等地，相机进攻理县。

10 月 24 日，中纵队以神速的行动翻越夹金山，向宝兴守敌发起进攻。我们右纵队沿大渡河、金汤河南下，首先攻占了国民党西康设治局所在地金汤镇，继向天全发展进攻。

天全，是由西康入川西的一道关口，西侧有大岗山和落西山屏障，两山之间有天全河东西向流过，形成走廊地带。刘湘以他的王牌——“模范师”驻守该地，第一旅部署在灵关河以西，第二旅部署在大岗山和落西山北侧，第三旅为预备队，部署在老场、三江口地区，师部率直属队驻城内。另有刘文辉的一个旅部署在天全以西 20 公里的紫石关，自然形成了“模范师”的前哨阵地。

根据敌人的部署和地形情况，倪志亮同志与我商定，我们四军由金汤翻越夹金山，直取紫石关和天全。

金汤距天全 100 多公里，4000 多米高的夹金山，横亘其间。山上坡陡路险，荆棘丛生，许多地段无路可走。我们由采药农民作向导，用大刀斩荆棘开路，一昼夜翻过了这座堆冰积雪的大山，迅速抵近紫石关。

我军的突然出现，似神兵天降。紫石关守敌不知所措，慌乱不堪。在我军攻击下，有的举枪投降，有的狼狈地向天全逃跑。

突破紫石关，我们命令先头部队第十二师，尾随溃退之敌，相机向天全发起攻击。

当我赶到天全以西地区时，十二师部队正在与敌激战。我登上一个高地，迅速察看了前面的地形。这是一个河川，地势低洼。宽约四十米的小河子南北向流过，与东西流向的天全河汇合于大岗山西南山脚，唯一的大桥位于麻柳林。敌在河东岸及大岗山构筑了大量工事，以猛烈的机枪火力控制着河川和大桥。我军的数次冲锋都被压了回来。

地形对我不利，不宜正面强攻。我命令十二师暂停进攻，决定采取我军的拿手好戏，派精干的小部队从侧翼夜摸偷袭。

深夜，星月微明，淡淡的浮云在天空徐徐飘动。月光下，一溜长黑影由西向东移动着。我站在高地上，目送着突击队的离去。

突击队越走越远，渐渐消失在河对岸的丛林中。我的视线随之转向对面的大岗山。

半个小时过去了，没有动静。一个小时过去了，还是没有任何动静。是路走错了？还是山崖太陡，爬不上去？我正疑虑着，忽见大岗山西南山麓亮起了两个火点，那火点越来越大。

“是突击队发回来的信号，偷袭成功了！”不知是谁高兴得叫了起来。我立即命令发出总攻的信号。

随着嘹亮的军号声，第十一师和十二师部队徒涉小河子，向东岸发起了猛烈冲击。突击队消灭了驻守半山腰的敌两个连，随即配合主力部队，从后面夹击河东岸守敌。敌人首尾不能相顾，一个团很快被我军歼灭大部。红旗插上了大岗山南麓，迎来了彩霞满天的黎明。

与此同时，王近山师长率领的第十师由当地群众带路，于拂晓前徒涉天全河，夺取了城南浮桥，随即向天全城守敌手枪营发起进攻，歼敌一部后突入城内，经过一番激战，占领了“模范师”师部。

敌师长郭勋祺率残部逃至天全以东五公里的梅子坡，使用预备队向大岗山反攻，企图先夺回大岗山，再以全力收复天全城。

不待我军站稳脚跟，敌一个团就从大岗山北麓沿山脊向我反扑过来，一场激烈的白刃格斗在山顶展开了。

我军的战士们英勇无比，武艺超群。刘湘的“模范师”在我们红军的铁拳下，被打得死伤累累，溃不成军。郭勋祺和一些残兵败将连滚带爬地向洪雅逃去。

攻打天全的战斗是一场硬仗。我们的对手是刘湘的王牌——“模范师”，装备精良，又有险要地形和坚固工事作依托。敌师长曾夸下海口：

“纵有红军数万，也难飞过天全。”但是，敌人的失败常常是因为过高地估计了自己的力量。我军迅速果敢的行动，灵活多变的战术，勇敢顽强的战斗作风，使敌人的狂妄计划成为南柯一梦。我军打败了刘湘的“模范师”，歼敌 2000 余人，取得了南下以来最大的胜利。

打下天全城，我们四军又向东北方向迂回，协同中纵队攻克了芦山县城。至此，方面军攻占了邛崃山以西、大渡河以东、青衣江以北、懋功以南的川康边广大地区，毙伤俘敌一万人以上。

我军直趋成都的攻势，使蒋介石以及四川军阀大为惊恐，赶紧飞符遣将，调集 80 多个团约 20 万人于名山、邛崃地区，企图建立新的防线，阻止我军的进攻。

敌人的主力业已集中，兵力占绝对优势，我军又面临着连续作战的消耗和缺吃少穿等困难，条件不利于我与敌决战。但是，张国焘无视现实，强令方面军部队全力进攻名山、邛崃，致使我军在百丈地区经历了南下以来空前激烈的一场苦战。

11 月 16 日，方面军主力攻下名山东北要镇百丈，打退了敌六个旅的反扑，沿百丈通邛崃大道向东推进。

我军的攻势很快在优势之敌的阻击下受挫。19 日拂晓，敌十几个旅在飞机大炮的掩护下，向我军突出于百丈地区的十余里弧形阵地反扑过来。

敌人进攻之凶猛，是我军与川军交战以来少见的。飞机炸，大炮轰，十几个旅的兵力分组轮番进攻。开始是整连整营的，后来是整团整旅的集团冲锋，几个旅齐头并进。

百丈一带是丘陵地，地形开阔，无险可依。我军仅依托敌原有的碉堡工事防守，与敌展开拉锯式的激战。接连三昼夜的时间，虽歼敌 1.5 万多人，但因兵力对比过于悬殊，百丈主阵地被敌突破，我军伤亡也近万人。在这种情况下，我军被迫撤出百丈一带，转移到北起九顶山、南迄名山西北一线，与敌形成对峙。

在方面军主力与敌决战期间，为保障右翼的安全，方面军总部命令我们四军和三十二军，分别由天全、飞仙关南下，出击荥经和汉源。

我们四军的任务是攻打荥经县城。荥经守敌为刘文辉第二十四军一部。我军占领天全、芦山地区之时，该敌已成惊弓之鸟，惶惶不可终日。我军顺利地拿下了荥经县城。

12 月初，敌人加强了攻势，蒋介石派薛岳率七个师，从新津、成都出动，经洪雅向荥经、汉源大举进犯，妄图配合川军将我军压迫于天全、芦山地区予以全歼。

荥经方向敌情严重，方面军政委陈昌浩亲自找我布置任务。我们商定在峡口一带阻击敌人，但对兵力使用问题发生了争论。我提出："敌来者不善，守峡口最好摆五个团，至少三个团。"陈昌浩不同意我的意见，他说："薛岳是稳扎稳打，碉堡政策，不会把主力一下子用上来，我们摆一个团就够了。"我再三向他陈述了敌我力量对比和利弊关系，阐明我的理由。他坚持己见，根本不考虑我的建议。我见争论已成僵局，只好服从命令，派三十五团担负这一任务。

战斗打响后，敌人一次就投入了九个团的兵力实施疯狂的进攻。我三十五团指战员英勇抗击，迭挫强敌，打得非常艰苦。但终因寡不敌众，战斗失利，全团伤亡三分之二，团长、政委也光荣牺牲了。

峡口阵地一丢，我们难以抵挡占绝对优势之敌的连续突破，不得不边打边退，撤至天全、紫石关一带。

峡口一仗的失利，主要原因在于违反客观实际的瞎指挥。沉痛的教训告诉我们，指挥员的决心正确与否，事关战役、战斗的成败。指挥得当，可以小的代价换取大的胜利；指挥失误，将会招致不必要的流血牺牲。而指挥员的正确决心，必须建立在对敌我双方情况全面了解、正确分析的基础上。在时间允许的情况下，还应尽可能征求更多人的意见，反复磋商，集思广益。主观臆断、一厢情愿地指挥作战，就免不了要吃败仗。

方面军一系列战斗的受挫，标志着张国焘南下方针的破产。从此，我军南下作战由战略进攻被迫转为战略退却。

三、第三次过草地

我军自9月中旬第二次过草地南下，连续作战两个多月。尽管广大指战员英勇奋斗，取得多次战役战斗的胜利，终因张国焘在战略指导上的根本错误，使我军不仅未能在川康边区打开局面，反而陷于前有强敌、后无根据地依托、严重缺乏补给的困境。天全、芦山、宝兴地区人口稀少，生产落后，我军得不到粮食的补给，只能以山果、野菜、土豆充饥。时已隆冬，高原气候更加寒冷，由于当地不产棉花，同志们只好上山割棕做成蓑衣穿在身上御寒，或把未经硝制的牛羊皮当背心穿。饥饿、寒冷和疾病，又夺去了不少同志的生命。

在发动群众和开辟根据地方面，虽也做了大量工作，但因该地区汉藏杂居，情况复杂，在国民党反动政府的大汉族主义的统治和藏族上层反动分子的煽动下，民族隔阂较深，使我军在这一地区难以站稳脚跟。这一系列事实充分说明，党中央关于“南下是绝路”的英明预见是完全正确的。

在我们四方面军南下期间，党中央率领红一、三军团北上，于1935年10月间胜利到达陕北，与红二十五、二十六、二十七军会合。接着又粉碎了敌人对陕甘根据地的第三次“围剿”，歼敌一个师零一个团，根据地和红军得到了大发展。我们从方面军发行的刊物《红色战场》上看到这些消息，受到很大鼓舞，引起了强烈的反响。不少同志私下议论：“还是党中央的方针正确”，“只有北上才是出路”。要求维护党和红军的团结，北上与党中央会合的呼声日益高涨。

在南下碰壁的事实面前，张国焘被迫承认：“红军如果长期停留在川康区域是不利的”，也提出了北上的方针。但他的所谓北上，并不是去和党中央会合，而是想去甘肃、青海、新疆等边陲地区。

1936 年 2 月，方面军部队陆续撤出天全、芦山、宝兴地区，经达维、懋功向甘孜一带转移。途中再次翻越夹金山，还翻过了被称为“万年雪山”的党岭山，又一次经受了极度恶劣的自然环境的磨炼。

党岭山，横亘在丹巴、道孚之间，主峰海拔 5400 多米，山上空气稀薄，积雪终年不化。当地群众中流传着这样一个迷信传说：“这座山离天只有三尺三，人到顶上不能说话，一说话就要被天神治死。”当地年长的群众还告诉我们，山上气候变化无常，不时有冰雹、大雪降临，要避开暴风雪的袭击，必须在每天中午前通过顶峰。因此，我们决定在头天下午开始行动。

我们在雪山脚下，吃了一餐用为数甚少的土豆、青稞和野菜煮成的“饭”，整装出发了。同志们拄着木棍，踏着蜿蜒崎岖的山径向上攀登。

随着时间的消逝，长龙般的队伍已进入白云缭绕的半山腰。忽然，西北方向涌起一块乌云，挨着山头压了过来，这预示着一场暴风雪将要来临。为争取时间，大家都不约而同地加快了脚步。

雪山的气候变化很快，不过一刻钟，暴风雪就来了。霎时，天昏地暗，狂风大作，刮得人们站不住脚，睁不开眼。紧接着，鹅毛大雪越下越大，气温骤然下降。

由于天黑、风急、雪大，难以继续行进，只好原地休息，待风雪停后再前进。我们要求部队，选择避风的地方，以连为单位围在一起休息。因人多围在一起，可以较好地抵御风雪的袭击，可以人们自身的温度相互取暖。

好不容易挨到风停雪止，天色微明，大家互相搀扶着艰难地站立起来，又迈开了前进的步伐。

冻得失去了知觉的双脚已不听使唤，走一步跌一跤，爬起来再走，走出二三十步才慢慢恢复了知觉。不少同志的脚冻裂了，鲜血渗透了裹在脚上的破布和草鞋，在雪地上留下了斑斑血印。

越往上爬，积雪越厚，天气越冷，空气也越稀薄了。同志们一步一停，一步一喘，每走一步都要用出全身的力气。有的同志晕倒了，大家就互相搀扶着向上攀登。

在这最艰难的时刻，政治工作发挥出特有的威力。王建安政委不顾自己身体虚弱，不断地给部队作鼓动工作。各级干部以短促有力的口号，宣传队员们敲响锣鼓，打起“呱嗒板”，活跃气氛，鼓舞部队的士气，激励大家去战胜困难。

距顶峰越来越近了。突然，前面传来一阵欢呼声。走在我身后的警卫员一步跳到我跟前，手指着山顶高兴地说：“军长你看。”我抬头一看，只见一面鲜艳的红旗耸立在顶峰，在皑皑白雪的映衬下，是那样的光彩夺目，那样的振奋人心。

“前卫团到达主峰了！”胜利的消息随着山峦的回音，拨动着每一个同志的心弦。同志们忘记了严寒，忘记了饥饿，忘记了疲劳，一鼓作气向上冲刺。

来到主峰，真好像到了琼玉世界。片片白云绕着山头轻轻地飘过，银装素裹的雪山，在阳光的照耀下显得分外妖娆。在空气稀薄的山顶上，同志们无暇观看这雪山美景，加快步伐向山下行进。

一过主峰，我们都倍感轻松，队伍里谈笑风生，更加活跃。王建安政委风趣地说：“孙大圣大闹天宫，蟠桃、仙丹、吃的、喝的，应有尽有。我们是在缺吃少穿的情况下‘大闹天宫’。看来，孙大圣在我们红军面前也要甘拜下风了。”

同志们的欢声笑语，不禁使我感慨万分。是啊，孙悟空大闹天宫，那不过是文人构思的神话，而真正创造人间奇迹的，却是中国共产党领导的工农红军，是我们英勇无畏的红色战士。

翻过党岭山，方面军先头部队三十军，一举攻克道孚、炉霍，进占西康东部重镇——甘孜。我们四军经炉霍向西南疾进，攻占瞻化（现名新龙），俘敌国民党西康宣慰使诺那喇嘛以下百余人，缴枪百余支和电台一部。三十一军和九军二十五师分别由丹巴、道孚南下钳击泰宁（现名乾名），守敌李抱冰部弃城南逃康定。至 1936 年 4 月，我军控制了东起懋功，西到甘孜，南达瞻化、泰宁，北连草地的广大地区，转入整编、训练、筹集粮食和做群众工作，准备与正从黔滇边北上的红二方面军会合后继续北上。

从甘孜地区北上，还要经过大草地。我军根据前两次过草地的经验，在甘孜地区进行了较为充分的准备。为适应过草地时打敌骑兵、侦察道路、筹集粮食的需要，方面军组建了一个骑兵师，全师编三个团共 3500 多人，我调任骑兵司令。

5 月上旬的一天，我们骑兵师在甘孜召开了成立大会。朱德总司令、刘伯承总参谋长检阅了部队。朱总司令还作了热情洋溢的讲话，他号召我们团结一致，英勇作战，为保障方面军部队顺利北上与党中央会合做出贡献。

6 月下旬至 7 月初，红二方面军先后进入甘孜地区，受到四方面军全体指战员的热烈欢迎。我们经历了与一方面军分离的痛苦，更感到与二方面军会合的珍贵。我们把他们接进早就腾出并打扫干净的房屋里，把烧好的饭菜、开水和亲手织成的毛衣、毛袜等慰问品送到战友手中，一起开联欢会，一起畅谈艰苦的战斗经历和远大的革命理想，充分体现了人民军队内部兄弟般的紧密团结。

两个方面军会师后面临的共同任务，就是迅速北上与党中央会合。这是中国革命的根本利益所在，是当时形势的迫切需要，也是广大指战员的共同愿望。

可是，不顾党和人民利益的张国焘，还要坚持他的错误方针。朱德、刘伯承、任弼时、贺龙、关向应、徐向前等同志，坚决维护党中央的统一领导，对张国焘的错误进行了多次斗争。张国焘在四处碰壁、极端孤立的情况下，被迫宣布取消他另立的“中央”，同意按甘孜会议确定的方针，北上与党中央会合。至此，张国焘持续近一年的分裂党和红军的阴谋活动，终告失败。

7 月上旬，两个方面军携手并肩开始北上。二方面军以及四方面军的四军十师、十一师，三十军八十八师为左纵队，由甘孜经阿坝向班佑、包座开进；九军、四军十二师、三十一军九十三师和独立师为中央纵队，由炉霍经壤塘，毛儿盖向包座地区开进；五军（由原一方面军第五军团和三十三军合编）及三十一军九十一师为右纵队，从绥靖（现名大金）、崇化地区出发，经卓克基、马塘向包座开进。我们骑兵师提前出发，为后续部队侦察道路，筹集粮食。

6 月 27 日晨，旭日东升，霞光万道，3000 多骑兵浩浩荡荡地踏上了北上的征程。嘹亮的军号声，战马的嘶鸣声和铁蹄声，交织成一支动人的乐曲。驰骋的战马，威武的骑兵，耀眼的马刀，构成了一幅万马奔腾的图画。

我骑在奔驰的马上，思考着如何完成筹粮任务。我深知北上征程的艰险，深感自己肩上担子的分量。俗话说："兵马未动，粮草先行。"前两次过草地的经历，使我有了更深刻的体会。我暗暗下定决心，不管遇到多大困难，付出多大代价，一定要筹集到更多的粮食，保证主力部队通过草地。

一阵急促的马蹄声打断了我的沉思，侦察兵向我报告：前面不远就到色曲河。

我们扬鞭催马穿过山沟，眼前出现了意想不到的情景：蒙古包像繁星洒落在色曲河两岸；绿油油的草地恰似墨绿柔软的地毯，微风吹过，又如抖动起来的绿色绸缎；一群群牦牛和羊，低着头漫不经心地吃草。

"我们找到大粮仓了！"队伍中响起一阵欢呼声，战士们疾马飞奔向前。

马蹄声惊动了正在吃草的牛羊，"哞哞"乱叫，四处奔窜。牧民们闻声走出蒙古包，以惊奇、疑虑、恐惧的目光，看着我们这些头戴八角帽、身背钢枪和大刀的不速之客。

霎时，平静的草地乱起来了，牧民们有的慌忙躲进蒙古包，有的赶着牛羊向附近山沟里跑，有的向我们举起了猎枪。

我估计群众可能误会了，命令部队停止前进，叫几个给我们带路的通司向群众喊话：

“不要开枪，我们是北上抗日的红军，是穷人的队伍！”

“红军是救国救民的‘菩萨军’，主张穷苦人当家作主，反对压迫人民的国民党军阀和帝国主义！”

“红军尊重少数民族的风俗习惯，提倡信教自由，保护藏回蒙民的利益！”

“……”

这个地方离甘孜不远，群众对我军早有所闻，一经通司的喊话说明，紧张的气氛很快缓和下来。

牧民们听说我军要筹粮过草地北上抗日，纷纷献出自己的牛羊、青稞、豌豆、酥油、奶渣。我们按当地的价格购买，许多群众不愿收钱，我们再三向他们说明：公买公卖，不拿群众的一针一线，这是红军的纪律。

第一天的筹粮进行得比较顺利，沿色曲河两岸筹集了400多头牛，1000多头羊,还有一部分粮食。那里的羊很大,人骑在上面还跑得很快。有些战士看着筹集到的那么多牛羊，高兴得马也不骑了。骑着牛羊返回集合地点。

深夜，奔波了一天的战士早已进入梦乡，我和各团的指挥员还在研究第二天的行动方案。从各团汇报的情况看，筹集的粮食远远达不到上级的要求。从一般牧民群众那里虽然可以筹集到一些牛羊和粮食，但数量有限，而占有大量牛羊和粮食的土司头人，大多不愿出卖或者只是卖给我们少量。我们既不能强迫，更不能去抢，只能做耐心细致的宣传工作。我们确定第二天再找土司交涉。

我刚刚躺下休息，骤然而起的一阵枪声把我惊起。哨兵报告说：反动土司派人袭击了我们。

看来，这些反动土司软的不吃要吃硬的。我立即指挥部队出击。

这些人是反动土司豢养的武装，以能骑善射著称。但他们毕竟是乌合之众，不懂战术。我军的一次冲锋就把他们打垮了。

被我们抓到的几个俘虏，供出了反动土司的牛羊转移地点。我们连夜搜索，按“破坏抗日红军的一切反革命分子的土地财产一律没收”的政策，把反动土司的8000多头牛羊全部收缴。

我们继续北上，在西倾寺、壤塘等地，又筹集了3000多头牛羊和四五万斤粮食。7月13日抵近阿坝。

阿坝位于大草地的南部边缘，是我军过草地的必经之地。这里的土司头人叫墨桑，很反动。他获悉我军要经阿坝北上，阴毒地把当地的群众统统赶走，将粮食和牲畜全部转移到外地。

我们进入阿坝时，镇内空荡荡的。好不容易找到两个年长的藏民，了解到一些情况。藏民告诉我们，反动土司有好几千人的武装，武艺高强，横行无忌。夜间射击能打香火，三枪打不中，即被视为废物，装进麻袋投入河中。

根据藏民提供的情况，我们分兵搜索，找到了600多头牛羊和一万多斤粮食。但未发现土司武装。

15日，我们向东继续前进。到达麦加而康、觉儿黄、赛苟共巴地区时日已西沉，突然发现千米以外火光点点，不时还传来马叫声。经侦察，那是驻扎休息的土司武装，约四五千人。

土司武装屯兵阿坝通查理的要道上，显然是企图阻击我军。我们必须搬掉这一“绊脚石”。但是我们骑兵师经过长途征战，已经有不少减员，对这数倍于我的敌人，只能智取，不宜强攻。我和参谋长召集三个团的团长研究确定，乘敌尚未发现我军，毫无戒备之际，立即发起进攻，以奇袭的战术破敌。

夜色沉沉，伸手不见五指。部队分多路迅速隐蔽地接近敌营。敌兵们围着为驱赶野兽而点起的火堆，横七竖八地躺在地上，马匹零零散散地拴在周围。

我们按预定的时间，发出了攻击的信号，指战员们首先向火堆甩出了一批手榴弹。随着爆炸声，燃烧着的柴火腾空而起，火星直冲天穹。敌人的马匹被炸惊了，嘶鸣着四处乱窜。敌兵们有的当场被炸死，有的被惊马踩得鬼哭狼嚎。我们高举马刀，左冲右杀，将敌大部歼灭。

这是我们骑兵师组建后打的最大的一仗，也是最顺利的一仗，缴获了近百匹马和一批枪支弹药。

击溃了敌人，我们经下阿坝、查理寺继续前进，在安曲又给后续部队留下了 1000 多头牛羊。

渡过噶曲河，我们开始第三次踏进大草地。

这次过草地比前两次路程远，时间长。由于党中央不断给予重要指示和亲切关怀，广大指战员渴望早日回到党中央的怀抱，实现党和军队的统一，走上抗日前线，因而士气特别高昂，行动也很迅速，比较顺利地走出了草地。

我们这支组建不久的骑兵部队，一路上经过 72 次战斗，虽只剩下了 200 多人,但筹集了两三万头牛羊和大批粮食,完成了上级赋予的“筹集粮食，侦察道路”的光荣任务。

两个方面军走出草地后向甘南进军，连续突破了敌在甘南设置的两道封锁线，于 1936 年 10 月上旬胜利到达甘肃会宁，实现了三个方面军的大会师。

会师之日，会宁城内万众欢腾，久别重逢的三个方面军指战员，手捧着印发的党中央的贺电，个个喜笑颜开，脸上挂满了激动的泪花。我们的心情正如方面军政治部下发的讲话提纲中写的那样：

为着会合红一方面军，我们的眼睛都望穿了。

现在我们会合了。……不论在任何人的眼睛里看起来，这都是一个惊人的胜利。

我们已经一致地在中国共产党的领导下，坚决地为执行当前的伟大政治任务而斗争，再没有任何人能够破坏我们的团结。

会宁大会师，标志着我们红军结束了历尽千难万险的长征，也标志着张国焘分裂党和红军的阴谋彻底破产。这是在毛泽东思想指引下取得的伟大胜利。

“长征一完结，新局面就开始。”全党全军在党中央的领导下，站在抗日民族斗争的最前线，朝气蓬勃地投入了新的战斗。

长征的岁月，在历史的长河里不过是短暂的一瞬，对于我们却是终生难忘的。张国焘的反党行为从反面教育我们，党的领导的高度集中和统一，全党的紧密团结，这是革命胜利的根本保证。任何一个共产党员，都要把自己置于党的绝对领导之下，严格遵守党的“个人服从组织，少数服从多数，下级服从上级，全党服从中央”的组织纪律。只有这样，全党才能保持步调一致，更好地担负起历史所赋予的巨大的责任。

这一时期的斗争实践还使我们更深刻地认识到，毛泽东思想指引的道路，才是中国革命胜利的必由之路。离开她，必然遭受挫折和失败。懋功会师后，红四方面军如能按照毛泽东同志提出的战略方针迅速北上，必定能有力地促进中国革命运动新局面的开创。可是，张国焘一意孤行，公然分裂党和红军，把红四方面军拖入极为危险的境地。至于后来能够转危为安，则是由于有以毛泽东同志为代表的党中央的正确领导和亲切关怀；是因为朱德、刘伯承、任弼时、贺龙、关向应、徐向前等同志，与张国焘进行了坚持不懈的斗争；是由于广大指战员的英勇奋战。

党的十一届六中全会通过的《关于建国以来党的若干历史问题的决议》中指出：“如果没有毛泽东同志多次从危机中挽救中国革命，如果没有以他为首的党中央给全党、全国各族人民和人民军队指明坚定正确的政治方向，我们党和人民可能还要在黑暗中摸索更长时间。”这是中国革命历史、也是红四方面军的发展史所证明的无比正确的结论。

选自许世友:《许世友回忆录》，解放军出版社1986年9月第1版，第311—342页。

跟着党三过雪山草地①

李德生

王明、张国焘推行“左”倾路线给革命造成了巨大损失。这条错误路线，连我一个普通战士也深受其害，使我遭受了参加革命五年来最大的一次挫折。

部队驻在松潘县镇江关时，我作为党支部书记召集本支部各小组长汇报思想情况。当时，我们交通队和师机关是一个党支部，有个支委是师叶政委的秘书,他也在场。各小组长汇报后,我作了归纳总结。我说：“现在战斗比较频繁，生活也相当艰苦，要加强思想工作，加强党的生活。最近几个月，我们党的组织生活有点松了，汇报不经常了，希望大家要抓紧。”谁料到，那个秘书向叶政委反映时，歪曲我的原意，说我讲的是，现在部队不如过去了。叶政委是张国焘大批撤换四军领导干部时，从别的单位调到十师的，军阀主义很严重，后来到抗战时怕艰苦，开小差了。当时叶政委听后就火了，他吼叫：“现在部队明明比过去强了,你怎么说不如过去了。”马上叫人用绑腿把我捆起来。我不服气,说：“你们对十师领导干部有看法，为什么要整我？”我和他们辩解，他们就打我。叶政委当场宣布撤销我的支部书记职务，开除我的党籍，把班长职务也撤了。他们把我关到禁闭室，我一会儿要出来解小便，一会儿

① 原文标题为《被开除党籍，跟着党三过雪山草地》——编者注。

要出来解小便，与他们作斗争，关了一天，只好把我放出来。他这种错误做法，使得叶政委的交通排有三分之一的战士借故掉队跑到别的部队去了，枪没有人扛，只好由牲口驮。

这事发生以后，我反反复复地想了很多很多：

自从鄂豫皖苏区开始，红四方面军中始终存在着“左”的错误倾向和军阀主义的恶劣作风。有的领导干部，发现部属的缺点、错误，开口就骂，动手就打，不容陈述，不容申辩，甚至随随便便地杀人，弄得上下级关系紧张，许多人成了屈死之鬼。

我们部队西征翻越秦岭时，三十三团卫生队的司务长，将头一天买的没吃完的菜挑着走，被师长发现了，追问：“你挑这个菜干什么？从哪里来的？为什么挑这个挑子？”还没等对方说明，就不问青红皂白要枪毙这个司务长。司务长看事情不妙，把一挑子菜摔了就跑，跑到山上跳起脚来骂师长。师长派几个骑兵去追，没有追住，把一个好好的革命同志赶跑了。后来听说他到另一个师去了。

我们交通队有个战士，不小心把枪栓里的一个小零件掉了，但并不影响使用。上级追查，说这个班的班长有游击习气，对战士管理不严，要杀一儆百。结果把战士和班长都枪毙了。此事发生之后，干部战士人人自危，谨小慎微，对领导敬而远之，看到问题也不敢吱声，生怕一不小心厄运临头。

一件一件的事，使我认识到：由于极左路线的毒害，使得一些人思想方法偏激，办事绝对化了。正如后来徐向前同志说过的：张国焘“他这个中央代表是王明派来的，执行的是王明路线，许多东西是‘左’的。”尽管处在这样的环境和气氛中，我始终觉得我们党是正确的，许多党的干部都很好，他们是真正的共产党员；个别人的错误做法，我认为他们不能代表党。我从参加红军以来，经过出生入死的战争考验，艰难困苦的生活磨炼，要跟着共产党干革命的意志是不会改变的，为了革命事业，个人受点挫折算不了什么。我当时下定决心，打击再大再重，不消极，不退缩，不后悔，挺直腰杆，革命到底！我受处分的包袱一直背到1936年12月，部队到陕北后，由师特务连指导员李明科同志重新介绍我入党。又过了十年，1946年经晋冀鲁豫军区三纵队党委批准，纠正了原来的错误，认为“这是拿行政上的手段处理党内问题”，“宣布开除党籍，更是不应当，没理由，不合党章规定”，“是当时在张国焘错误领导的一系列错误表现之一”，纵队党委决定取消原处分，我的党籍恢复到1932年算起。

我就是在没有党籍的情况下，跟着党三次过雪山草地，没有停顿过革命的脚步！

1935年8月下旬，我们右路军北穿纵横数百里的草地，向班佑、巴西前进。苍茫草地，千百年来由死神统治的地方，充满着恐怖的色彩和神秘的传说。一踏进它的深处，让人如同漂泊在汪洋大海之中，不见山丘、林木、飞禽、村舍、人烟，满眼灰绿色，天连着草，草连着天。

草地中间到处是草墩和泥沼，没有道路可寻，只有先头部队留下的标记和时隐时现依稀可辨的足迹。许多地方草深过胯，踩在上面软绵绵，晃悠悠，一不小心就会滑入深可没顶的烂泥潭中。

草地海拔3000多米，气候变幻莫测。刚才还碧空万里，烈日高照，强烈的阳光烤得人们汗流浃背，喘不过气来；转眼间，乌云密布，雷声隆隆，狂风大作，暴风雨夹杂着一阵阵冰雹，铺天盖地而来，令人无处躲无处藏。夜幕降临，气温骤然降至零度以下，寒风刺骨，使人禁不住瑟瑟打战。由于到处是水，找不到干的地方，没法躺没法坐，大家只得把枪支起来，挂上破布单挡风御寒，你靠我我靠你，挤在一块取暖。有时，找到一块斜坡，地势稍干，或者找到一棵大树，在那里休息一下，就像到了天堂了。

穿越草地，最大的困难莫过于缺少粮食。虽然进草地之前大家都带了炒熟的青稞粒、青稞面，可是，由于草地漫长，尽管省了又省，还是维持不到走出草地。从一进草地，我就勒紧裤带节省干粮，每次吃饭吃个几分饱，或者到饿的时候吃一点，这样，到班里几个战友没吃的时候，我还剩了小半袋干粮，匀给他们，和成稀稀的糊糊喝。连这半袋干粮也吃完了，大家只好四处刨草根，采集灰灰菜、马齿苋、野芹菜、野韭菜、籽籽菜、刺儿菜、野蒜等充饥。由于连续几天吃野菜，又缺盐，有时缺少燃料，煮的半生不熟，许多人吃得上吐下泻，全身浮肿。我们走在右路军的后头，最后连野菜也找不到了，只得煮皮带、皮马鞍子吃。这还是很难得的美食呢！

草地行军中，同志们你帮我，我帮你，互相关心，互相鼓励。许多干部、党员，尽管自己也饥饿疲劳不堪，还帮助战友背枪、背子弹带，搀扶着体弱有病的战友前进。领导干部的骡马，都让给有伤病的战士骑，或者用来驮枪炮、物资。师、团卫生队的几副担架，由各单位用来抬重伤员、重病号，干部和战士们争着抢着抬担架，分不清哪个是干部，哪个是战士。有的战友牺牲了，大家流着眼泪，把他掩埋好，绝不让他暴尸荒野。

在艰苦的情况下，共同的信仰和阶级友爱就像无形的精神纽带，把大家紧紧地联结在一起，斗志更顽强，意志更坚定。到了休息点和宿营地，大家照样开展文娱活动，唱歌，朗诵，做游戏。有几个四川籍的战士很会摆龙门阵，说笑话，逗得大家忘记了疲劳、饥饿和病痛。有的人一边行军，一边编顺口溜，抒发豪迈的气概：

亘古草地魔鬼场，
飞禽走兽不见影。
红军个个钢铁汉，
虎穴龙潭照样闯。

草地昼夜有四季，
风雪雷电伴征程。

你帮我，我帮你，

战友胜过亲兄弟；

阶级情，共珍惜，

同心协力过草地。

大约经过一周的艰苦跋涉，我们终于从死神统治的草地挣扎出来，胜利抵达班佑地区。

8 月 29 日黄昏，我们十师神速进抵包座，这里是通往甘南要地，有胡宗南部队据险扼守，我们在攻取外围几个据点后，乘胜进入包座北侧求吉寺寺院。守敌负隅顽抗，组织敢死队拼命反扑。寺院的院墙既高且厚，敌人在庙后山上筑有坚固工事，控制着制高点，易守难攻。我们英勇冲杀，前仆后继，伤亡甚大。师长王友均，不顾我们的劝阻，带头向前冲击。我们交通队一边往前冲杀开道，一边掩护师长的安全。寺院的房屋，一层连着一层，越往后越高。到了最高一层，敌人的一个机枪火力点不停地响着。我们由下向上进攻，处于不利位置。师长从战士手中抓过一挺机枪，架在警卫员肩膀上，向敌人猛烈扫射，压住了敌人的机枪，掩护部队冲了上去。在院子里，我们和敌人展开激烈的白刃战。混战之中,敌人的暗枪击中了师长头部,师长当即牺牲。看到师长牺牲，大家气红了眼，狠命扑向敌人。战斗结束后，我们将师长和其他牺牲的烈士，安葬在求吉寺东侧的山上，向他们沉痛地告别。

包座战役先后打了三天，以红军的全胜而告终，共计毙伤敌师长伍诚仁以下官兵 4000 余人，俘虏近千人，缴获各种枪支近 2000 支及大量弹药、粮食和牛、羊、马匹。

包座战斗之后，我们边休整边等待左路军的到来。可是，过了七八天，还不见他们的踪影。究竟是啥原因呢？谁也不敢打听，谁也不敢议论，只是静静地观察，默默地揣度。又过了几天，听说党中央、毛主席率领红一方面军向北走了。对此,我们既感到惊奇,又感到纳闷。不久，我们终于知道了事情的原委。

两路红军合而又分，是由于张国焘自恃人多枪多，傲视中央，伸手争党权军权，达不到目的，就推行分裂主义，中途变卦，拒绝北上。对红四方面军广大干部战士，他耍手段，搞蒙骗，说中央红军北上是右倾逃跑主义，胆小鬼；我们不走，要在川康建立根据地。迫使红四方面军回师川西南。

1935 年 9 月中旬，我们右路军在徐向前等同志率领下，第二次穿越草地，踏上了回师川西南的艰苦征程。9 月的草地，秋风肃杀，冷雾弥漫，寒气逼人，红军第一次过草地时留下的踪迹，不时出现在眼前，有些用树枝搭成的“人”字棚里，仍躺着一些无法掩埋的红军尸体。看到这些，回顾起几个月来一、四方面军合而又分的情景，展望未来的前途，人们不禁百感交集，感情的波涛汹涌，心中郁结着难以排遣的阴影。同第一次过草地相比，这一次的困难更大、更多。大家穿着薄薄的单衣，咬紧牙关，顶风冒雪，忍饥挨饿，踉踉跄跄地向前跋涉，又有许多体弱有病的战友献出了宝贵的生命。经过七八个痛苦难熬的白天黑夜，再一次穿越草地。

到达毛儿盖，部队休息了几天，然后沿着崎岖的山间小道一路南行。这一带百姓很少，弄不到粮食，唯有采些核桃、柿子充饥。9 月底，在大金川北端的党坝，我们抬着工兵自己修成的木船，翻过山坡，渡过金沙江，同左路军会合。

大约 10 月上中旬，我们陆陆续续地风闻星星点点的消息，说是张国焘在卓木碉召开高干会议，讲了中央和第一方面军的许多坏话，宣布另立中央。在当时，对于这种天大的事，我们只能耳听眼看心想，嘴上绝不敢说什么，脑子里暗暗地思忖：有了一个中央，再成立一个中央，这和兄弟分家打架差不多，这有利革命吗？还能团结一致对敌吗？

在此期间，朱德、徐向前同志等指挥我们打了绥（靖）崇（化）丹（巴）懋（功）战役。总计溃敌刘文辉、杨森部六个旅，毙伤敌 3000 余人。

绥崇丹懋战役后，红军兵分三路向南进击。10 月 24 日，右纵队沿大渡河、金汤河南下，一举攻克金汤镇，继而翻越海拔4000余米冰雪覆盖的夹金山。我们十师，在师长陈锡联、副师长王近山的率领下，徒步蹚过冰冷的青衣江，夺取天全城南的浮桥。没多久，就攻占了刘湘“模范师”师部。

红军攻势凌厉，锋芒直指川西平原。蒋介石、刘湘急忙调集80多个团的兵力，于名山、邛崃一线堵截。我军在百丈与数倍于我的敌人血战七昼夜，毙伤敌1.5万余人，自己也伤亡近万人，被迫撤出百丈一带，转移到北起九顶山、南迄名山西北一线防御。

百丈失利，南下碰壁，军心受挫。驻区人口稀少，粮食、布匹、棉花无继，兵员扩大有限。敌军重兵压迫，大小战斗不止，我军处境日趋艰难。这时，中央红军胜利到达陕北的消息不断传来，方面军的《红色战场》报作了连续刊载；国际代表张浩发来电报①，传达共产国际的指示，肯定中央北上是正确的。这一切使广大指战员愈来愈清楚地认识到，张国焘南下方针是错误的，纷纷要求北上。

1936年2月初，敌麇集重兵向天全、芦山地区大举进犯，局势更加恶化。上级通知，抓紧时间做好再次过雪山的准备工作。连里给每个人分了40多斤大米，一半煮熟加点盐炒一炒，一半生米，分装两个干粮袋里，没有铁脚码子的人还赶制了三四双草鞋。中旬，部队离开天全，经达维、懋功向西北行进。途中再次翻越夹金山、折多山大雪山。

折多山大雪山横亘于丹巴、道孚之间，主峰党岭山海拔5000多米，山上终年积雪，空气稀薄，气候变幻无常，不时有冰雹、狂风、大雪降临。当地的群众告诉我们，要想避开风暴、雪崩的袭击，必须在中午时分通过顶峰。为此，我们准备了照明用的松明火把和在山上御寒的生姜、辣椒，于头天下午离开山下驻地，沿着冰雪覆盖的山路，连夜向主峰攀登。天越来越黑，山越来越陡，我们摸索着刨开冰雪，手脚并用，一步一喘

① 应为中共驻共产国际代表团代表——编者注。

地往上爬。谁要是一步没踩稳，就会滑落万丈雪谷。到了后半夜，气温愈降愈低，凛冽的大风卷着雪片向袖口、领口里面钻，穿的棉衣好像只是穿着一张薄纸，四肢麻木，不听使唤，嘴里嚼着生姜、辣椒还是不停地打哆嗦。接近山顶，空气更加稀薄，人人呼吸困难，头昏脑涨，腰酸腿软，一个个呼哧哧不停地“拉风箱”。在这种极端困难的情况下，同志们发扬阶级友爱精神，你拉我，我扶他，一人晕倒，几人相帮。中午之前，我们终于胜利地越过党岭山大雪山。

越过顶峰往下走时比较省力，喘得不那么厉害了。我们排有个同志不小心摔倒了，他顺着雪坡往下滑，一滑滑了好远，跑到部队前面去了。其他同志跟着滑，感到十分有趣，不到几个小时到了山下。过了半山腰，这里生长着成片的原始森林，古木参天。一些猴子在树上跳来跳去，有的还吱吱乱叫，逗得大伙忘掉疲劳。

翻过党岭山后，至 4 月上旬，红军控制了东起懋功，西迄甘孜，南达瞻化（今新龙）、泰宁，北连草地的广大地区。

我们在瞻化差不多驻扎了两个月。部队展开了整编、训练、筹粮和群众工作。整编中，我们十师改为十一师，师长周世元，政委陈锡联，下辖三个团，实际只相当于三个营。1936 年 1 月部队在天全时，我调到侦察排当班长，这次整编，侦察排和交通队合并，我重新成为交通队班长。为了帮助几个天全参军的新战士提高军事技术，那一段我天天带他们到驻地后边的河滩里练习刺杀和投弹。

6 月中旬后，二、六军团部队陆续到达甘孜地区。我们预先筹集了大批粮食、牛羊和食盐，腾出打扫干净的房子。六军团经过我们部队驻地时，大家高举“欢迎善打运动战的红二、六军团”的标语，夹道迎接，把早已准备好的毛衣、毛袜、牛肉干等礼品送到战友手中。军机关还专门召开了欢迎晚会，盛情款待二、六军团的团以上干部。

甘孜地区地广人稀，物产不足，大军无法久驻。在党中央的诚挚挽救和其他多种因素的共同作用下，张国焘被迫取消“第二中央”，再度率部北上。第三十军军长李先念率领先遣军先行，为后续部队筹集粮食、牛、羊。7 月初，红二、四方面军先后开始北上。这是我们第三次过草地了。出发前，我们做了许多准备工作。每人都带了二三十斤干粮，几双草鞋，许多同志还用未经硝制的生羊皮缝制羊皮背心。

这次过草地，路程更远，日子更长，尽管事先做了不少准备工作，可是所带的干粮根本不足沿途食用。几个天全参军的同志年纪轻，没有过草地的经验，他们的干粮早几天就吃完了，我们几个老战士就把节省下来的干粮匀给他们吃，自己多吃些野菜和草根。有时，连里给各班发几块羊肉或牦牛肉，我们舍不得一下吃光，留着一点，放些野菜熬成汤，每人喝一碗。有一次路过藏胞的住地，把藏民扔了的破牛皮、破羊皮捡回来，把有毛的地方放在火上烧一烧，然后切成小块，和着野菜一起煮着吃。大家风餐露宿，忍饥挨饿，大约熬过了二十几个日日夜夜，终于第三次走出了草地。

部队在包座一带休息了几天，然后分为三个纵队向甘南挺进。1936 年 10 月 8 日，我们十师在青江驿、界石铺与红一方面军第一师胜利会师。红四方面军总指挥部到达会宁城时，受到了红一方面军部队的热烈欢迎。晚上，在城内文庙举行了盛大的庆祝会师联欢大会。

至此，我作为红军这个“宣传队、播种机”的一员，胜利完成了长达一年七个月的长征。

回顾红军时期，我的七年战士生活，可以说是历尽磨难。我们每天几乎都在行军打仗，而且是在极其艰难困苦条件下，在最基层、最前沿斗争着的，那艰苦程度往往接近了体力的极限。我们的物质生活极其菲薄，尤其是长征路上，衣不蔽体，食不果腹。我还遇到错误路线的打击，一个战士被张国焘路线开除党籍，也是少有的。凡此种种，使我在青少年时期砥砺了意志，坚定了信念，锻炼了肌肤，增长了知识，密切了战友情谊，加深了同人民群众的鱼水感情，学会了战胜各种敌人和困难。战士的感受，有许多是和干部不完全一样的。然而就是这七年，使我仿佛上了一次大学，让我读了一部战斗与生活的百科全书。这七年打下了我革命一生的基础。在以后的岁月里，不管遇到什么艰难困苦，红军生活就清晰地浮现在脑子里，奋力向前的那股勇气，那股豪情，就再也控制不住了！

节选自李德生：《李德生回忆录》，解放军出版社1977年8月第1版，第49—60页。

“之”字征程

陈再道

征服草地

1935年5月，方面军总部在江油附近召开高级干部会议，决定我军西进岷江地区，迎接中央红军北上，建立川西北根据地。根据这次会议的决定，我军首先要占领北川、茂县、理县、汶川、松潘地区，才有可能实现这一计划。

占据这一地区的敌人是邓锡侯部。为了防止我军由此西进，邓锡侯凭借境内山岭连绵，河谷纵横，在进入川西北的咽喉要道上，北川至茂县土门一线，设置了三道防线，陈兵约三万人，凭险筑垒，卡住土门，准备倾全力守备北川河谷。

5月12日，徐向前同志亲自率领九军、三十军的主力，由北川西进，直攻土门。经过多次激烈的战斗，强占北川河谷，夺取土门险关，继之占领茂县。敌人丢失土门，连续拼命反攻，企图把通道切断。

就在这个关键时刻，我们四军和三十一军一部，奉命北进至松潘、平武以南的镇江关一带。原准备让我们占领松潘县城，扼住川西北通往甘南的咽喉要道。但是胡宗南部先我一步进驻松潘，因我军几次攻城不下，形成了敌我对峙的局面。随之，我们四军十一师奉命退至千佛山一线，时断时续地与敌人发生战斗。

这时候，中央红军正在经过会理、冕宁北上。方面军总部为了迎接党中央的领导同志和一方面军，除了发动各部队筹集物资和慰问品外，还派李先念同志率领三十军、九军各一部，西进到小金川一带扫清敌人，迎接中央红军北上，攻占懋功，继克维达。于6月13日①，两个方面军在夹金山下胜利会师，毛泽东等中央领导同志来到了懋功，亲切地会见了李先念等同志。

提起送慰问品这件事，那情景是感人至深的。那时候，我们住在山沟草棚子里，坚守在千佛山一线阵地上，生活艰苦，物资缺乏。但是，指战员们听说要与中央红军会合，纷纷拿出各种物品交给领导，让领导转交给中央红军。有的同志实在没东西可送，就抓紧战斗的空隙时间，自己动手用羊毛捻毛线，织背心，打袜子，送给中央红军的战友，真是针针线线表心意，件件双双寄深情，我们虽然没有参加胜利会师大会，但大家把欢迎之情送到了。

两个方面军胜利会师之后，中央政治局在两河口召开会议，作出了《中央关于一、四方面军会合后战略方针的决定》，明确指出要集中主力向北进攻，以创造川陕甘苏区根据地。军委还制订了松潘战役计划，确定一、四方面军兵分三路，攻占松潘，北出甘南。此后，党中央又在芦花、沙窝、毛儿盖召开会议，进一步明确了北上的战略方针等重大问题。并对军队组织系统作了调整，由朱德任中央军委主席，张国焘、周恩来、王稼祥任副主席；由朱德任中国工农红军总司令，张国焘任总政治委员，刘伯承任总参谋长；徐向前任红军前敌指挥部总指挥，陈昌浩任政治委员，叶剑英任参谋长，李特任副参谋长。

由于张国焘怀有野心，一再制造分歧，把问题搞得复杂了。随着时间的一再拖延，敌情已经发生了变化，胡宗南调动他的主力部队，堵住了我军经松潘入甘南的道路，使我军不得不改变计划，通过自然条件非

① 应为6月12日——编者注。

常险恶的草地北上。

按照军委确定的行动部署，我军分成左右两路北上。左路军由红军总司令部率五军、九军、三十一军、三十二军、三十三军组成；右路军由红军前敌指挥部率四军、三十军、一军组成。三军和四军一部作为总预备队，负责掩护中央机关前进。

我们四军担任右路军的后卫。主力部队在毛儿盖集结后，向班佑、巴西开进时，我们在松潘以南的镇江关、松平沟、小姓沟地区，正在以积极的姿态佯攻松潘的守敌，以吸引、钳制敌人，掩护主力部队北上。我们完成吸引、钳制敌人的任务以后，于8月下旬，踏上那漫无边际的草地。

我们要通过的茫茫草地，是若尔盖大草原的边缘。这片人畜难以涉足的草地，在边缘地区牧民的传说中，充满了神秘、恐怖的色彩，它被称作是死神统治的地方，不知多少年过去了，谁也没有到过它的深处，更不用说有勇气通过它了。

但是，它在我们红军广大指战员的心目中，却没有那么神秘可怕，大家以征服它的决心、勇气、智慧和力量回答了这个问题。

一踏进草地，就像漂泊在大海上一样，让人一眼望不到尽头。这草地究竟有多大，谁也一时说不清楚。只见天连着草，草连着天，茫茫无垠，浩浩无际，笼罩在阴冷潮湿的迷雾之中。

眼前没有飞禽走兽，也没有道路可寻，只有先头部队留下的脚印，时隐时现地留在杂草与积水之间。一脚踩到过膝的杂草丛中，如同踩在棉絮上一样，晃晃悠悠，颤颤微微。如果不小心脚下一滑，就会陷入积满污水的烂泥潭中。遇到浅的地方，还能让别人拉起来；遇到深的地方，就会有被淹没的危险。而且，愈往前走愈难走，一天走不了多少路。

草地的气候，更惹人讨厌。它像猴子的脸似的，说变就变，来得快。刚才还是碧空如洗，阳光灿烂，转眼间，便是狂风大作，暴雨倾盆，过一阵，又是冰雹骤降，大雪纷飞，真是一天经四季呀！

我们走过草地遇到的最大困难，还是大家的吃饭问题。进草地之前，都带了炒熟的青稞粒、青稞面，但因为走草地举步维艰，体力消耗增大，尽管不敢放开肚皮吃，也难以维持到走出草地了。不知是谁想出个“共产”的办法，把大家剩下的一点干粮，自愿集中起来分着吃。最后，所有的干粮袋都空了，就挖野菜、刨草根、煮皮带、宰牦牛……

在自然环境恶劣、可食之物断绝的情况下，我们依靠信念、团结的力量，官兵一致，同甘共苦，白天互相扶着跋涉，黑夜互相靠着休息，让生命之火燃烧不熄，渡过了最艰难的时刻。

大约经过一个星期的时间，我们终于从死神统治的草地挣脱出来，胜利地到达了班佑地区。

右路军到达巴西、班佑得知，距离当地一百多里的上下包座，是通往甘南的必经之地。据守上下包座的胡宗南部，利用山高路险、森林密布等自然条件，筑有长期坚守的防御阵地。胡宗南得知我军北进的消息后，急令驻漳腊的伍诚仁第四十九师，日夜兼程赶往上下包座，妄图卡死我军北进的道路。

前线指挥部根据毛泽东同志的指示，为了打开我军北进的道路，保障全军顺利进入甘南地区，决定在敌人援兵未赶到之前，首先消灭据守包座之敌，然后再集中力量打击援兵。

这是我军穿过草地后的第一仗。

前敌指挥部经过研究，把攻打包座的任务，交给了三十军和我们四军。三十军以一部攻击包座南部的大戒寺，以主力置于包座西北地区准备打援；我们四军以一部攻击包座北部的求吉寺。

经过艰苦的草地行军，广大指战员的体力尚未恢复，可一听说打仗又精神起来了。在军部交代作战任务的时候，我们几个师长都争着要任务。军长许世友同志考虑到十师减员不多，就把攻打求吉寺的任务交给了十师。

8 月 29 日黄昏，我站在一个高岗上，目送兄弟部队从驻地出发。

战斗结束后听说，包座战斗打得异常激烈。

正当三十军的一个团向大戒寺发起进攻，歼灭了一部分守敌，残敌退据山后碉堡时，敌人援兵四十九师赶到了。为把来援之敌诱入伏击圈，我攻击部队撤到大戒寺东北；当援敌进入伏击圈之时，作为预备队的三十军主力，立即从山林中冲杀出来，把援敌一个师大部歼灭了。

在此同时，十师向求吉寺展开了猛攻。在扫清外围突入寺院后，师长王友钧带领部队同敌人展开肉搏，歼灭了大部分守敌，王友钧同志不幸壮烈牺牲。

我听到王友钧同志牺牲的消息，心情沉重地离开驻地，默默地来到他的墓地，挥泪告别了这位亲密的战友。是他和在包座战斗中牺牲的烈士一起，用生命换来了包座战斗的胜利，打开了我军北进甘南的通道。

回马川西南

包座战斗胜利结束后，还不见左路军北出草地，我们不知发生了什么事，总想打听到左路军的消息。

当时上层领导中发生的事情，我们这一级干部一无所知。因为事关重大，又受纪律约束，谁也不敢打听，谁也不敢议论，只是默默地猜测，悄悄地观察着。后来，党中央和毛泽东同志，带领一、三军团北上走了，我们既感到突然，又感到纳闷，随着时间的推移，才看出个端倪来。

9 月中旬，我们右路军在徐向前等同志的带领下，分别从包座、班佑地区出发，开始了回马川西南的艰苦征程。

我们四军奉命从包座穿越草地。草叶飘摇，秋声悲壮，到处弥漫着寒气、冷雾，给人们的心中投下了难以消除的阴影。大家默默地朝前走着，一个月前过草地留下的踪迹，不时出现在人们的视野里。那踉跄而行的脚印，那露宿压倒的草丛，那无法掩埋的尸体，使大家想起第一次过草地的情景，胸中涌动着感情的波澜。

这次回转过来走草地，同第一次过草地相比，遇到的困难更大、更多了。但是，大家就是在自然气候较冷，身上穿着单衣，携带干粮不足的情况下，顶风冒雨，忍饥挨饿，艰难地在草地上跋涉着。不知渡过多少难熬的日夜，终于在 9 月下旬走出了草地。

我们到毛儿盖休息了几天，然后就沿着一条羊肠子似的山路，开始向党坝、松冈方向行进。我忘记了走了多少天，才到党坝同左路军会合。这一带，盛产核桃、柿子、苹果，我们到达这一地区，一时找不到老百姓，也找不到一点粮食，只得搞一些水果填肚子。

这之后，张国焘在卓木碉召开会议。他不顾与会同志们的反对，公然宣布了另立“中央”，打出了分裂主义的旗帜。我们听到这一消息后，虽然不敢公开表示自己的意见，却常在背后偷偷议论这件事，认为张国焘搞的这一套，是分裂党的行为，是不得人心的。

朱德、刘伯承、徐向前等同志，虽不同意张国焘的分裂主义行为，但考虑到我军既然已经南下，就应该打出一块立足之地，随即发起了绥崇丹懋战役。

绥靖、崇化、丹巴、懋功地区，到处都是高山峡谷，是个很难攻的地方。为便于部队行动和展开，领导决定分为左右两个纵队。以五军、九军二十五师、三十一军九十三师组成左纵队，由王树声同志率领，沿大金川右岸前进，抢占绥靖、丹巴；以我们四军、三十军、三十二军和九军二十七师一部组成右纵队，由徐向前和陈昌浩同志率领，沿大金川左岸前进，直取崇化、懋功。

战役开始，我右纵队九军二十五师，首先向绥靖河以北观音铁桥发起强攻，左纵队隔岸进攻配合，因守敌刘文辉凭坚固守而受阻。我们四军奉命从党坝出动，强渡大金川成功，然后沿右岸向前疾进，从 10 月 12 日开始，连克绥靖、丹巴两城；与此同时，左岸我三十军、九军二十七师，攻占崇化，继克抚边，再占达维，后取懋功。我军以溃敌六个旅，毙俘敌人三千余人的战绩，胜利地结束了这一战役。

这时候，蒋介石以“建设四川”为名，通过对川军的整编，一手控制了四川军阀。蒋介石除命令胡宗南北上甘南对付中央红军，命令吴奇伟南下对付红军二、六军团，命令李抱冰扼守西康一线以外，还命令川军集中力量对付四方面军。因此，领导决定兵分三路，趁势南攻，夺取天全、芦山、名山、雅安、邛崃、大邑地区。

我们四军和三十二军为右纵队，方面军参谋长倪志亮为纵队司令兼政委，由丹巴经金汤攻取天全，并以一部向泸定、汉原、荥经方向活动；以三十军、三十一军九十三师和九军二十五师为中纵队，方面军副总指挥王树声为纵队司令，李先念同志为纵队政委，先攻取宝兴、芦山，得手后向名山、雅安及其东北地区进攻；以九军二十七师为左纵队，由陈海松为纵队司令兼政委，除以一部巩固抚边、懋功、达维外，主力向东伸进，威胁灌县、大邑之敌。并以第五军团防守丹巴地区，以第三十三军防守马塘、两河口等地，相机向理县进攻。

10 月 24 日，在徐向前、陈昌浩同志率领下，中纵队以神速的行动，翻越了冰雪覆盖的夹金山，以疾风卷雪之势，攻占了宝兴、芦山。我们右纵队在这一时间，迅速沿着大渡河、金汤河南下，首先攻克了金汤镇，然后向天全发起进攻。

天全，分新旧两城，旧城在东面，新城在西面。城西北有大岗山，城南有青衣江流过，整个天全坐落在陡壁之上，是通往泸定、康定的要隘，由刘湘的“模范师”防守。

我们攻克金汤之后，要向天全发起进攻，路上遇到许多困难。金汤离天全 100 多里，说来这点路不算什么，但在这段路上，横亘着四千多米高的夹金山。它山势陡峭，直插入云，冰雪覆盖，漫山皆白，根本无路可走。多亏一位药农当向导，我们用一昼夜的时间，翻过了难以攀登的夹金山，一口气到达了紫石关。

敌人对于这神兵天降般的行动，吓得手忙脚乱脑壳晕，在我军一鼓作气地猛烈攻击下，有的急忙举枪投降，有的仓皇逃往天全。我们给敌人来个穷追不舍，一直往天全方向追去。

当我们到达天全附近时，先头部队十二师正对敌人展开攻击。由于敌人火力控制着河川、浮桥等要点，十二师的数次冲锋都被压了回来。于是，军长许世友同志下令停止进攻，决定派出精干的小部队，到夜间从侧翼偷袭敌人。

这天夜里星月微明，精干的突击队出发了。大约过了一个多小时，我们看见大岗山西南亮起了两个火把。这点燃的火把，是偷袭成功的信号。随着响起了嘹亮的军号声。

我带领十一师的部队，同十二师的部队一起，迅速地涉过一道小河，向东岸敌人发起猛烈冲击。突击队在半山腰消灭敌人两个连后，立即配合我们从后面夹击东岸守敌，搞得敌人顾前顾不了后，很快消灭了一个团敌人，把红旗插上了大岗山南麓。

这时候，十师迎着黎明的曙光，在当地群众的带领下，徒步涉过了青衣江，夺取了城南的浮桥，向城内守敌发起了进攻。据守在城内的敌人，在我们势如铁拳的猛击之下，死伤累累，溃不成军，完全丧失了抵抗能力，剩下的残兵败将连忙逃往洪雅。我们占领了天全县城后，又协同中纵队，一举攻克了芦山县城。

我军这直趋川西平原的攻势，使蒋介石和刘湘大为震惊，急忙调集 80 多个团的兵力，置于名山、邛崃一线，企图建立新的防线，以阻止我军的进攻。这样，便导出了在百丈地区的一场空前苦战。

10 月 16 日，我军的中纵队和四军全部，继攻克朱家场、太和场之后，直下名山东北的重镇百丈。敌人出动六个旅的兵力，对我军进行猛烈的反扑。经过半日的激烈战斗，我军把敌人的一部击退，乘势占领了黑竹关、治安场等地。但因敌人沿邛崃、名山公路布兵众多，碉堡林立，我军奉命停止前进，向百丈附近靠拢。并以一部兵力围攻名山；另一部兵力沿名山、洪雅大路突击，吸引邛崃方向援敌加以歼灭。

但是，以后战局的发展趋向，使我军处于不利的地位。

敌人为了夺回百丈，刘湘下了死命令。于 10 月 19 日拂晓，敌人以十几个旅的兵力，从东、南、北三个方向，开始向百丈进攻。坚守在月儿山、胡大林、鹤林场等阵地的我军，展开了进攻与反进攻的拉锯，奋力血战了三个昼夜，虽然大量地杀伤了敌人，敌人的攻势却没有减弱，以更猛烈的火力向我军继续进攻。

10 月 22 日，敌人突入了我军占领的百丈，在城内展开了激烈的战斗。尽管我军与敌英勇拼搏，恶战了七天七夜，毙伤敌人 1.5 万余人，终因敌我力量悬殊，持久对峙对我军不利，于 11 月下旬撤出了百丈。

百丈失利，南下碰壁，使我军处于十分艰难的境地。

就在这时候，传来了中央红军北上胜利的消息，全军上下一致要求北上，弄得张国焘成了孤家寡人。特别是张浩发来的电报，传达了共产国际的指示，肯定中央北上是正确的，使张国焘受到很大震动。朱德、徐向前、刘伯承等同志，抓住时机，趁热打铁，劝张国焘放弃原来的主张，取消另立的“中央”，并采取组成西南局，直属共产国际中央代表团领导的过渡办法，让张国焘顺着台阶走了下来。后来，在二、四方面军会合后，党中央正式批准成立西北局，张国焘被迫取消了另立的“中央”，彻底宣告了分裂主义的破产。

再次北上

1936 年 2 月，我军撤离天全、芦山、宝兴地区，向道孚、炉霍、甘孜进发。

我记得，这次行军由刘伯承、李先念同志率领先头部队八十九师，徐向前同志带领着我们四军、三十军、五军和九军二十五师。要西去，得再次翻过夹金山，然后翻过终年积雪不化的党岭山。

党岭山横拦在丹巴、道孚之间，主峰海拔五千多米，山上空气稀薄，经常有风暴、雪崩，像是一道鬼门关立在面前。当地的群众告诉我们，为避开风暴、雪崩袭击，必须在中午时分通过顶峰。

我们做好征服党岭山的准备工作，头天下午离开山下驻地，沿着冰雪覆盖的山路，开始向山上攀登。由于山上空气稀薄，愈往上爬愈费劲，大家都觉得头晕脑涨，四肢发木，一个劲地呼哧呼哧“拉风箱”。

傍晚时分，先是狂风大作，后是大雪纷飞，气温愈降愈低，爬山更加困难。我们找了个避风的地方，大家围在一起休息，待风停雪过再往上爬。

大约到了后半夜，山上风停雪住了。我们立即直起发麻的身体，继续往山顶上攀登。又爬了一阵，觉得更喘不过气来，大家发扬团结友爱精神，你拉我，他扶你，终于爬上了党岭山顶峰，在中午之前闯过了这道鬼门关。

我们翻过党岭山，先头部队已攻克道孚、炉霍，三十军进而占领甘孜。我们四军经过炉霍，向西南方向疾进，一举攻占了瞻化，俘虏了国民党西康宣慰使诺那喇嘛以下百余人。紧接着，三十一军和九军二十五师，分别由丹巴、道孚南下，钳击泰宁李抱冰部。守敌李抱冰闻声丧胆，丢下泰宁逃到康定去了。至此，我军控制了东起懋功，西到甘孜，南达瞻化、泰宁，北连草地的广大地区。

这之后，我军转入了整编、训练、筹粮和群众工作，准备与在行进中的二、六军团会合，尔后再次北上。

在这次整编中，方面军总部之下，编有四军、五军、九军、三十军、三十一军、三十二军，共六个军四万多人。

整编后，领导上让我进入红军大学高级班学习。红军大学由刘伯承任校长，何畏任政治委员。进入红军大学之后，因为我没有文化，感到学习很紧张。每天除了学习军事理论，还学习马列主义著作。我记得，在学习期间，杨献珍同志曾经给我们讲过政治经济学。通过在红军大学的学习，使我的政治思想和军事理论水平有不少提高。

我们在红军大学学习过程中，不仅学习紧张，而且生活艰苦。因为那时筹集到的粮食，要留出一部分准备北上，学员的伙食实行定量供应,每人每顿饭只给一个青稞饼子,再加一碗水煮菜汤。这个定量标准，对于饭量小的同志，还是可以吃饱的；对于饭量大的同志，那就填不饱肚皮了。同我一起学习的范朝利同志，由于身高体壮饭量大，有时饿得叫苦连天。我看他饿得那个样子，每顿饭就支援他一点，分给他半个青稞饼子，他才凑合着算是吃饱了。

7 月初，二、四方面军在甘孜会师。我在炉霍红军大学学习，没能看到会师的热烈场面。我们听到二、四方面军会师的消息，班里的同志都很高兴，大家亲手赶制各种慰问品，表达对兄弟方面军的欢迎之情。

红军大学是个随军学校，在我学习的那段时间里，大部分时间驻在炉霍，以后就跟随方面军总部行动。我学习了几个月，就回到四军任副军长，不久，就担任了四军军长职务，王宏坤任政治委员，刘志坚任政治部主任。当时缺参谋长，三个方面军会师以后，耿飚同志从一方面军调来四军任参谋长。下辖十师、十一师、十二师和独立师。余家寿任十师师长，叶道志任政治委员;周世元任十一师师长，陈锡联任政治委员;张贤约任十二师师长，胡奇才任政治委员；徐应忠任独立师师长，高厚友任政治委员。

那时候，我们的军、师两级班子，干部年轻，很有朝气，多数同志出身于贫苦农家，为穷人求解放参加红军，在经过不断地战斗考验的同时，使自己逐渐成长、成熟起来。这些同志有一定的思想觉悟，积累了带兵打仗的经验，不管上级交给什么艰巨任务，都能拼出命来完成。而且，从不计较职务上谁高谁低，谁上谁下，例如张才千同志，过去我们都是师长，我当军长后，他在军里任参谋主任，工作干得很出色。大家觉得都是为了革命胜利而战斗着，并在战斗中结下了生死与共的革命情谊。王宏坤同志曾任四军军长职务，改任政治委员后，对军事工作也很关心，很支持。刘志坚同志原在一方面军工作，他长期做政治工作，有丰富的政治工作经验，抗日战争时期，我们又再度合作，相互配合得很好。还有师里的领导干部大都是年轻有为的得力干部。比如陈锡联同志，当时他年轻体壮，聪明能干，作战勇敢，指挥有方，大家综合他的特点，送给他个“钢炮”的绰号。

我未任四军军长之前，政治委员周纯全调走后，王建安同志任政治委员。我任四军军长之后，王建安同志调离四军，由王宏坤同志任政治委员。王建安同志临走的时候，我们俩谈了好长时间。从我当班长他当副班长在一起开始，一直谈到四军当时的情况和面临的任务。我们互相嘱咐、勉励着，都想在新的工作岗位上争取新的成绩。

按照领导决定的北上部署，二、四方面军分三路纵队出发。以二方面军和四方面军四军十师、十一师、三十军八十八师为左纵队，由甘孜经阿坝向班佑、包座开进；以九军、四军十二师、独立师、三十一军九十三师为中纵队，由炉霍经壤塘、毛儿盖向包座开进；以五军、三十一军九十一师为右纵队，由绥靖、崇化经卓克基、马塘向包座开进。

这次北上与头一次过草地不一样。因为经过南下的挫折、磨难，广大指战员吃尽了苦头，早就渴望回到党中央的怀抱。现在，由于党中央的亲切关怀，我们即将同兄弟方面军一起，并肩走上抗日的前线，大家的士气特别高。尽管这次北上路途遥远，但经过近一个月的艰苦跋涉，终于到达了包座地区，开始了向甘南地区进军。

据守甘南地区的敌人，是王均、毛炳文、鲁大昌等部，分别布在文县、武都、天水、西固、陇西、定西、岷州、洮州等地，妄图构成西固至洮州、天水至兰州两道封锁线。

我军按照岷州、洮州、西固战役部署，以三十军、九军、五军组成第一纵队主力，由包座经俄界、哈达铺攻击岷州，一部经白骨寺、爪咱城相机夺取西固，并向武都方向佯动；以四军、三十一军组成第二纵队，先攻占洮州旧城，尔后主力向临洮方向活动，一部向夏河、临夏方向发展；以二方面军为第三纵队，前出哈达铺地区，策应第一、第二两个纵队行动。

8 月 5 日，我军由包座地区出发，分别向甘南地区挺进。按照规定的作战任务，先后赶至作战地区，向敌人展开了进攻。

第一纵队的三十军八十八师，一举抢占了天险腊子口；八十九师进占了大草滩、哈达铺，尔后又攻克了渭源县城；三十一军一部占领了漳县；只有攻打岷州的兄弟部队，遇到了守敌鲁大昌部凭坚抵抗，造成了久攻不克的局面。

我们四军是第二纵队，途经野狐桥、新堡，十师直趋洮州城郊，一口气攻下洮州旧城后，又攻克了临洮。十二师在行军途中，因为等待后面的独立师，直到十师攻占了临洮，他们才赶到临洮休整。

不久，方面军总部要十二师到渭源接防。十二师到渭源接防之后，张国焘又命令撤离渭源；十二师刚从渭源撤下来，方面军总部又要十二师重夺渭源。

我和王宏坤政委考虑，上边这样来回折腾，会影响下边的战斗情绪，便赶到十二师驻地洮河，商量如何重夺渭源。我军撤离渭源以后，敌人一个骑兵旅占领了该城。十二师接受重夺渭源的命令后，在张贤约、胡奇才同志的指挥下，经过一夜的多次强攻，重新收复了渭源城。

一举收复了渭源，同志们都很高兴，那时我们还年轻，在进渭源县城的时候，我和王宏坤、陈锡联、张贤约、胡奇才等同志，要赛一赛谁的马快。不料，跑在前面的胡奇才同志，突然被迎面横道的电线扫下马来。他怕我们也摔下马，连声大喊“有电线”，我们才避免栽个鼻青脸肿。

选自陈再道：《陈再道回忆录》（上），解放军出版社1988年8月第1版，第293—311页。

随左路军北上[①]

李培南

两河口会议和毛儿盖会议

我国两大主力在懋功会师后，继续北上，沿着小金川上行，经过抚边、八角到两河口。这里是川西北地区，山势并不陡峭，但海拔很高，约在 4000 米上下。这次翻越的大山，叫梦笔山。山上覆盖着青草，像草地一样，但看不到任何灌木，足见山势之高了。

在这里行军，除空气比较稀薄外，不像爬夹金山那样吃力，因为山势显得很平坦，差不多像在平地的大道上前进一样。因此队伍能够比较整齐地前进。

6 月中旬，中央军委纵队到达两河口，并在那里召开了政治局会议，决定在一、四方面军会合后我们的战略方针是集中主力向北进攻，在运动战中大量消灭敌人，首先取得甘肃南部，以创造川陕甘苏区根据地，使中国苏维埃运动放在更巩固更广大的基础上，以争取中国西北各省以至全中国的胜利。这说明，为了迎接全国抗日民主运动的高潮，红军必须战胜一切困难继续北上。这时部队从两河口翻过梦笔山，就到了卓克基。

① 题目为编者所拟。

卓克基是一个较大的藏民聚居的镇子，它坐落在梭唐河南岸，和北岸阿坝藏族首府马尔康府相对。这里的房屋多用石头筑墙石板盖顶，一般分为两层，底层关牲畜，上层住人，靠一根独木梯上下，所谓独木梯就是用一根比较粗大的木头，每隔约一尺左右，削掉一块，作为踏脚之处，人就可以扶着一级一级地上下了。每层相隔并不很高，因此上下还是比较容易的。人住的这一层上面都有较小的经堂，土司家的住房就与一般居民不同了，他们的住房比较高大，不止两层，也比较坚固，是用木头建成的，室内装饰，也搞得非常讲究。在卓克基，就有土司家的高大建筑。

从卓克基过了梭唐河，就是马尔康。马尔康在当时也是一个藏民聚居的较大镇子。它现在是四川省西北的交通和贸易中心，有向东南通往成都，向东、北通往甘肃、青海，向西通往西藏的公路。我那时仍在五军团工作，就在这一带住了一段时间。会师以后的一、三军团和四方面军的一部分，就从这里经梭唐、黑水、芦花到达毛儿盖一带。

在毛儿盖，中央政治局召开了会议，1935 年 8 月 5 日，通过了《中央关于一、四方面军会合后的政治形势与任务的决议》。会议重申了一、四方面军继续北上抗日，为创造川陕甘新苏区而斗争的方针，必须在部队中坚决反对各种右倾机会主义的动摇。会议再次肯定了两河口会议确定的方针是正确的。

毛儿盖政治局会议还决定：全部一、四方面军分别向毛儿盖与卓克基两地逐渐集中，分兵两路北上。右路军包括一方面军的一军团、三军团、四方面军的四军、三十军及军委纵队的一部分与新成立的红军大学，以毛儿盖为中心集中。左路军包括四方面军的九军、三十一军，一方面军的五军团、九军团及军委纵队的一部分，以卓克基为中心集中，两路都准备经过草地北上。

当时这里的敌情已日趋紧张，尾追我军的川军刘文辉部已占据懋功，并向抚边前进！蒋军的周浑元、吴奇伟纵队集结在雅安；胡宗南集结了四个师的兵力位置于松潘地区的漳腊、龙虎关、包座等地；川军刘湘部已占领了整个岷江东岸，敌人企图阻止我军东出四川，北上甘陕，把我军逼往西面人烟稀少的少数民族地区，以便逐渐地消灭我们。

在上述这种严重形势下，原在四方面军工作，当时已经担任红军总政治委员的张国焘，却故意拖延行动，不坚决执行中央政治局会议的决定。中央等待张国焘的觉悟，在毛儿盖停留了一个月，最后不得不于8月下旬命令左右两路军同时过草地北上，右路军从毛儿盖出发，过草地到班佑，左路军从卓克基出发，过草地到阿坝，再向东到班佑会合。这样，全军都开始了向草地进军。

过草地

草地是个什么样子？当时谁也说不清。因为在我们的红军指战员中谁也没有见过，谁也没有走过。现在要过草地，也只是听取当地藏民的一些口述。说什么到处是水草，走几天一路也见不到人烟，而且天气多变，一天之内，时而晴天，时而骤雨，时而冰雹满地。总之，要在茫茫的草原中前进，没有丰富经验的向导是无法辨别方向的。地面上没有可供识别的地形地物，天上的太阳和北斗星，在阴雨的白天和夜晚，都不能再作为识别方向的标志。

当部队从卓克基出发时，我仍在五军团政治部工作，随着部队向阿坝方向前进。据说，阿坝地区才是真正的大草地。现在一天走几十里。经过的地方，虽然到处都是水草覆盖着，不过晚间到达宿营地时，还是到了一定的居民点。给我印象最深刻的一次行军，就是宣布当天宿营查理寺的那次行军。当早晨行军开始时，天气晴朗，据向导说，到达查理寺，路程不过60里左右。可是到了傍晚，据说到宿营地的路程还很远，这时天气又突变，下起大雨来了。因为天黑看不见，队伍已经三五成群地走散了，只能在大雨声中听着同伴们踏水的声音盲目地走着，周身都被雨打湿了，幸而没有遇到深沟大河，因而并没有遭到淹死的危险。这样盲目地走着走着，忽然看到远处有火光出现，大家不约而同地转向火光处前进，接着出现的火光不止一处，于是就向就近的火光走去，在走到跟前时，却是一处矮小的房子。这种房子，就是逐水草而居的游牧人临时居住的地方。当时屋内已挤满了人，湿木头虽然燃着了，但屋内浓烟弥漫，把人呛得不能久停，很快就得到屋外换换气，但是外面继续下着雨,因此我宁愿站在外面淋着雨,也不愿走进屋内受烟熏。直到拂晓，才看到周围还有不少部队。不久，集合号响了，周围的部队又陆续集中起来,继续前进,又走了一整天,天快黄昏的时候,才到达查理寺附近，却又被一条河流阻隔着，河面虽不宽，但水流却很急，牲口过河还没什么，但人过河，却有很大的困难，要几个人手拉着手，才不致被急流冲走。当时也有几个体弱的同志被冲倒，顺流而下，经过其他同志的努力营救，才被扶上岸来。但这时过的还只是小草地，前面将要过的，才是真正的大草地。

下面是一首《去查理寺夜行军纪实》七律、描写了当时的情况：

黄昏草原雨倾盆，
夜半积水一胫深。
暗黑人马都不见，
风雨同行任驰奔。
火光起处寻战友，
牧民棚内挤多人。
浓烟弥漫难持久，
只得雨中待凌晨。

部队在查理寺一带休息和补充粮食后，又继续向阿坝前进。当然经过的地方都是草地，直到阿坝这里才是居民区。阿坝居民比较集中，有农田，种的是青稞麦，房屋多用土筑成。我们到那里时，藏民差不多都逃避开了，但我军还是很注意当地的风俗，很注意遵守群众纪律，吃了群众的粮，烧了群众的柴草，都要留下条子和现款，要给藏民以良好的影响。

由阿坝继续向西北前进，就真正进入广袤的大草地了。这里是高原地区，平均海拔 3500 公尺。总的来说，地势是平坦的。但总是在两边都是矮矮的山岗或者丘陵之间前进着。这些山岗都被青青的水草覆盖着。有的地方有小小的灌木丛。两边山岗中间，可以说是比较平的“谷地”，满布水草，松软异常，人马走在上面，如果稍一不慎，就会陷进很深的泥沼之中，很难把脚拔出来，特别是马匹陷进去，要把它拉出来，就更加困难。在晚间宿营时，自然没有什么房子可住，就只能露营或住在帐篷里，这里所说的帐篷，不是人们常见的军用帐篷或者牧民的帐篷，而是用一幅被单、一根绳子，两根不高的木棍，临时架设的简易帐篷。如有油布铺在水草上，人睡在上面，那自然是最好不过了，但不少同志是用两块兽皮（狗皮或羊皮）做成的坎肩，展开铺在水草上。这样，上有简易帐篷遮雨，下有皮垫隔水，睡在上面软绵绵的，真可以说像睡在弹簧床上一样，“高枕无忧”的走进甜蜜的梦乡了。

但是，吃饭却是一个大问题，要通过历时一周多，行程数百里，渺无人烟的大草地，不可能携带足够的粮食，而且在草地周围非常贫瘠的地区，也无法搞到粮食。因此，每天只能吃三四两炒面以及能够找到的野菜过日子。每人每天吃粮的数量，要受到严格限制，谁如多吃了，要受到军法军纪的严肃制裁，不如此，就不可能保证胜利地通过这样广阔的大草原。所以宿营后就有许多同志都跑到山坡上去寻找野葱蒜和灰灰菜之类的野菜，为了吃，就尝起百草来了。

在这样的地方，烧也是大成问题的，只能在山坡上找一点零散的灌木枯枝，用面盆作锅来煮稀薄的野菜粥吃。由于粮食不足，缺乏足够的营养，以致有一些体弱有病的同志就牺牲了，长眠在草地里。

可是当部队到达噶曲河附近时却停在那儿，不再前进。据说因河水太大，不能徒涉，部队只好停止前进，没有进一步说明原因，但终于又命令部队向回走了。这究竟是怎么一回事呢？后来才知道是张国焘这个野心家，把四方面军看作他个人的实力，依靠他手里的人多枪多，看不起一方面军，向党中央闹独立，他在两河口会议上，同意了政治局的决定，但实际上采取了阳奉阴违的态度。在毛儿盖会议上，他也同意了会议的决议，但不是真心诚意的，仍然耍了两面派的手法。这时，张国焘不顾朱德、刘伯承等同志的反对，公开违抗中央命令，分裂红军，在绰木碉自立所谓中央，不是北上抗日，而是又命令部队南下天全、芦山了。这样，部队又要再过已经走过的草地。

去年我写了一首调寄沁园春题为《三过草地》的词：

千里荒原，
不见村舍，
渺无人烟。
看茂密水草，
铺满大地；
曲折溪水，
流声潺潺。
岁岁荣枯，
年年水浸，
脚踏草上软绵绵。
须留神，
如足陷泥泞，
拔起真难！

红军跃过雪山，
更何惧草地风雨寒！
米袋空粮断，

饥食野菜；
夜卧草上，
昼雨浸衫。
钢铁健儿，
不畏艰苦，
困难越大志越坚。
看今日，
喜风和日丽，
难忘昨天。

选自李培南：《铁流二万五千里》，上海交通大学关心下一代工作委员会1996年编印，第45—50页。

李培南，1905 年生，江苏邳县人。1927 年加入中国共产党。1933 年 10 月到中央苏区工作。红军长征时任红军总政治部宣传部干事、红四方面军红军大学政治教员和上级指挥科政治教导员等。新中国成立后，曾任中共温州地委书记兼军分区政委，上海交通大学党委书记、代理校长，中共上海市委委员，上海社会科学院党委书记、院长，上海市人大常委会副主任等职。1993 年在上海逝世。

抢渡大金川

许昌

（一）到达大金川东岸

我们红四军在长征途中，于 1935 年六、七月间的一个细雨霏霏的下午，到达了四川省西北部的卓克基。此地北临急流，是小金川等河流的汇流处，南靠邛崃山脉险峻的山领。当地居住着 100 多户藏民，也常有汉人来此经商，是这一带藏区的一个贸易集散地。这是我们进入藏区以来第一次遇到的一个好地方。真想休息几天，恢复一下积累已久的疲劳。但是立即又接受了新的任务——迅速占领大金川（大渡河的上游）西岸的绥靖县城，于是大家便又忙碌起来。有的将破烂的衣服撕成布条，编织草鞋；有的将不易得到的牛皮口袋，几个人分开，做成活像“骆驼蹄子”似的“皮鞋”。在征途中历经风霜的人们，谁都懂得：爱护脚要同爱护生命一样。因此在这个紧张的时刻，谁也不愿意休息。

黎明，我们又出发了。这时虽然是五黄六月，但邛崃山峰上仍覆盖着皑皑的白雪，我们就在这崎岖的山峦间爬上爬下，经过两日的艰苦行军，才到达了大金川的东岸。这时据先头部队的侦察人员说：这里通往绥靖的道路，仅有一条崎岖的羊肠小道直抵大金川“乙”字形的河岸，从那里渡过大金川，就可以到达绥靖。但是那里的水流湍急，汹涌的波涛冲击着东岸的悬崖。正面是深沟高垒，实难跨渡。我们的左前方，河的转弯处对岸，有宽约一二里路不等的一块淤积平坦地带，沿河向南伸展而去。但可供抢渡的河段却不到百米，并且被四川国民党军的一个营严密的把守着。大有一人把守、万人难渡之势。但它却是我们唯一的渡河点。

连续几个月的行军作战，奔波在人烟稀少的高原、雪山地区。到这里时，弹虽未尽，但粮早已绝了，要不是采集些野菜和蘑菇（有的同志不幸吃了毒蘑菇，就这样白白地牺牲了）充饥，红色的指战员们早已寸步难行了。但是，尽管生活如此艰难，而大家的情绪却仍然很高昂。大家清楚地懂得：这百般的折磨是敌人加给我们的。只有坚决地战胜敌人，我们才有生路。这时摆在我们面前的新的困难是什么呢？是渡河的器材，主要的就是船。因为只有它才能帮助我们冲破那大金川的惊涛骇浪，驶到彼岸。

但是，这时我们却并没有一只船。处在这万般困难的情况下，我们红四军的首长，决定在敌人尚未发觉我军前，出敌不意地抢渡大金川。因此一面命令全军在邛崃山东麓集结待命，一面命令我军的船工立即造船，并要红二十八团迅速地做好抢渡大金川的一切准备工作。

（二）造船

我军船工会的同志们如同我们大家一样，都是处在饥寒和疲劳交迫的邛崃山上，但是当他们一接到上级造船的命令时，全体同志便立即行动起来了：木工同志马上打开随身背挑着的造船工具——据、斧、锛、凿等，就在这东山坡上，分头去选找可供造船用的木材。铁工同志从担子上卸下了钳、锤，架起了打铁炉；钳工们用钳子紧紧地钳着那烧得红红的灼铁放到铁砧子上，拿锤的同志们紧接着就挥舞起流星铁锤，叮叮当当地打得火花四射。虽然大家汗流浃背，又饥饿，又疲劳，但是依然在愉快地劳动着。木工和铁工们兴奋地唱着自编的歌曲："我们在解板哪，你们打船钉呀！大家同心协力干，快把船造好呀！""铁锤打下响叮当呀,就是为着打老蒋哪！同志们加油来造船,赶快抢渡大金川呀！"

为了使造好的船离渡河点不要太远，必须把在半山坡上解好的木板和打好的船钉运送到紧靠翻山的一个坡凹地方，于是那里便成了临时的"造船厂"。造船小组更加辛苦了，他们工作的地方不仅没有树木遮避风雨，山上的背阴处还有积雪，而且空气更稀薄。夜晚虽然非常寒冷，但因怕敌人发觉，他们也不敢烤火，只有点着几盏酥油灯，在微弱的灯光下繁忙地工作着。有时因过度疲劳了,正钉着就打起盹来,钉锤失手，打着了手脚，惊醒后，揉揉眼皮，又继续工作。

全体船工会的同志，就这样日以继夜地辛勤地工作着，最后终于造成了八九只可乘十几、二十人不等的大船。为了使在渡河时不会被敌人发觉，又将这些大船都涂成了灰蓝色。

当船工会的同志在紧张地造船的时候，大家尽力地支援他们；有的同志给他们编织草鞋，有的同志在山野里，费尽心机去寻找很难寻到的一点可食的野菜充饥，而将自己仅有的一把保命的炒面送给造船的同志吃。此外，同志们还积极地进行着抢渡大金川的一切准备工作。

（三）木船翻过邛崃山

船是已经造好了，但是造好的木船距离河边还隔着一架大山。因此，必须在对岸敌人的严密监视下，在漆黑的夜里，把这八九只"庞然大物"，从高达十来里的山上，经过一条蜿蜒而下的羊肠小径，由邛崃山的东边抬到山西边的河畔去。

在船造好的当天，而红二十八团奉命又要在这天夜里四点钟抢渡大金川。因此，必须在几个小时以内把船抬到渡河点，这是一个比造船还困难的艰巨任务。

暮色降临了，负责抬船的红色指战员们，将停放在“造船厂”里的船，用力地翻了个底朝天，他们就一个挨着一个地用肩头抬着船缘，有的头偏在舱内，有的头偏在船的外边，使人身不能自主的向着山顶慢慢地蠕动着。用了好长的时间，才把船抬到了山顶。人们稍加休息后，就又开始往下坡抬。为了使抬船的人不至失足，能摸清道路，每一只船都有一个人指挥。因为坡度太大，在下坡和转弯时，船常常呈现为五六十度的倾斜状。这时,如果稍一不慎,船和人都有被跌进万丈深渊的危险。在陡坡和转弯处虽然人不停地轮换着，但是仍压得左右和前边的人透不过气来；有的同志的手被崖壁的尖石和山上的荆棘撞刺出了血，肩头被船缘扯破了，脚和腿被岩石撞伤了，跌倒滚下去，爬起后又争着抬，有的同志因太吃力了，竟呕出了血；更令人悲痛的是有个别的同志一脚没有踩实，就掉下万丈巨壑，从此就和我们永别了，但是紧接着又有人补上去。这种前仆后继、可歌可泣、坚苦卓绝的牺牲精神，显示了红色指战员们高尚的政治品质。

这时我们军直属队奉命随同先锋团到河边集结。我们走在陡峭狭窄的山路上，虽然是轻装，仍感到行走很吃力。正当我们踉跄着下到半山的时候，忽然听到前面有急喘和很多脚步碰撞岩石的声音，逼近一看，原来是抬船的同志们也走到这里了。当我看到他们那身上的重负，及那不可战胜的坚毅的神情，我默默地淌出了激动和敬佩的热泪。多么伟大的气魄，多么崇高的形象呀！

经过了六七个钟头的超体力的劳动，费尽了千辛万苦，红色指战员们，终于把一只只的大船抬到了大金川的河畔。

（四）抢渡大金川

船已经一只只地放到水里了。这时，河对岸的敌人一点也没有发觉。红二十八团先头营接受了光荣的抢渡任务。抢渡的勇士们个个摩拳擦掌，恨不得插翅飞过大金川，让敌人尝尝红军的厉害。但大家却都压抑着内心的激动，鸦雀无声地，小心翼翼地运动到船舱内。水兵连的水手们，也都手握着橹桨，注视着前方。

突然，暗中传来了命令："抢渡开始！"于是紧张而激烈的抢渡的战斗便开始了。第一只船首先破浪前进，其余的船也接连着分头出发。大金川的巨浪和漩涡，严重的威胁着船的安全。当船驶到大金川河中的激流时，敌人发觉了，机枪猛烈地咆哮了起来。这时，我军事先准备好的掩护炮火——轻重机枪和迫击炮，便立即向敌人的河防工事和火力点展开了还击。噼里啪啪轰轰隆隆的枪炮声和无数连续的冲锋号声交杂在一起，冲破了笼罩在古老的大金川河谷里的寂静。这时，还在河东岸的同志们，也不顾敌人从对岸扫来的弹雨，激昂的齐声呐喊："同志们，勇敢的冲呀！"喊声震动着附近的山谷。

正在紧张抢渡的时候，有一只驶到激流中的船，因为一个水兵战士牺牲了，船身便失去了平衡，船旋转着随激流而下，消失在黑暗中，岸上的同志看见这种情况，非常悲愤，但却不能脱身去搭救，大家只盼望着赶快抢渡过河去，消灭掉敌人，为他们报仇。

船上红色的指挥员们和红色的水兵同志们虽然有的负伤了，有的牺牲了，但是船仍然在奋勇地破浪前进着，船被打穿了，大家就设法把它堵起来。经过 20 多分钟与激流和对岸上敌人的搏斗，终于登上了滩头，接着，又开始了激烈的滩头争夺战。正当滩头争夺战方兴未艾的时候，突然从敌人的右后方传来了阵阵激烈的枪声。这一新的情况，使我们很感迷惑。然而，敌人却更加混乱，迅速地溃退下去了。于是抢渡大金川的战斗便胜利地结束。

原来，刚才从敌人右后方传来的阵阵激烈的枪声，是这么一回事：我军被激流冲走的那只船，被冲了三四里路以后，经船上同志们奋不顾身的抢救，终于使船在水流缓慢的地方靠了岸。靠岸后，他们就从敌人的右后方立即发起了攻击。这对于我们的滩头争夺战的迅速结束，起到了料想不到的作用。我军抢渡大金川以后，便在 1935 年六七月里的一个晴朗的早晨，乘胜占了绥靖县城。

以上这段往事，已经过去 20 多年了。今天回首往事，不禁百感交集。在邛崃山上抬船和在抢渡大金川战斗中英勇牺牲的英雄们永垂不朽！

选自《甘肃时报》1957年7月7日。

许昌，1915 年生，安徽六安人。1931 年参加中国工农红军，1932 年加入中国共产党。红军长征时任红四方面军第四军供给部出纳科长、第十一师侦察参谋。新中国成立后，曾任兰州军区军事法院院长、甘肃省军区副政治委员等职。1997 年在合肥逝世。

芦花备粮

熊友刚

红四方面军和红一方面军在夹金山下会师以后，接着又先后向芦花出发了。

当时，我在红四方面军卫生部工作。军部命令我带一部分工作人员和伤员，随一方面军先走，到达目的地后，找三军团彭德怀军团长联系，还要我们一面行军，一面准备好过草地的粮食。

自从会师以后，我就想到一方面军去学习些卫生工作经验，可是总找不到机会，现在听说要我们和一方面军一起行军，简直高兴的不得了。同志们也是一样，谁都想向一方面军的同志学些东西。因此，当我宣布了这个消息以后，一个个都拍手欢呼起来。

出发的路上，200多个工作人员，照顾着七百多伤病员，有条不紊地前进。

部队沿着弯弯曲曲的小路前进，走出一层山，又进入了一层山。偶尔来到一片平地，看到三五户人家，一打听，老乡都很贫穷，连自己吃的都不够，更谈不上卖粮了。第一天这样，第二天还是这样。渐渐地我心里有些着急了：在这荒山野地里，到哪儿去弄粮食呢？后来，伤病员也看出了问题的严重。这个说："这鬼地方，人都找不到，能有粮食才怪呢。"那个说："上级要我们沿途准备过草地的粮食，别说我们是伤病员，就是战斗部队，也没办法呀！"一提起粮食，大家就议论起来没个完。我们一面动员大家节省粮食，一面想办法弄粮食。可是究竟到哪里去弄，大家心里没有底，只是把希望寄托在芦花。我心里想：既然这么多的部队都到芦花，那芦花一定会是个大地方。

我们总算赶到了芦花。

刚踏进芦花，我们立刻就失望了。这是个在大山沟里的小村子，村子里到处都是一方面军的同志，简直连插脚都困难了。一方面军的同志有的在打草鞋、补衣服；有的正忙着炒青稞麦；有的在杀牛煮肉；有的来来往往搬这运那的。他们一个个既紧张又愉快。看着他们忙碌着为过草地准备一切，心里真羡慕：到底是战斗部队，走得快，先到这里有吃有住的。又一想：他们能弄到粮食，这里的粮食一定很多。于是，我急忙把伤病员安置在路边休息，便去找彭军团长，准备找到首长后，再想法搞粮食。

迎面走来一位同志，我向他问明了彭军团长的住处以后，又顺便问了他一句："这里粮食好搞吧？"他摇摇头说："困难极啦！周围的地主土豪，都有马有枪，他们把粮食囤积在寨子里，把牛羊赶进深山里。你要粮，他就守住寨子和你硬拼。每次去打粮都要伤亡人，有的连队打了几天，每人才不过分到三五斤。"听了他的话，刚才冒出的那点高兴，又消失了。我边问走边自己：怎么办呢？虽然军部指示过有困难可以找彭军团长帮助解决，可是遇到这样的情况，彭军团长又有什么办法呢？怎么能向他叫困难呢？我的脚步放慢了，但是又想不出别的办法，最后还是走进了彭军团长住的屋子。

我向彭军团长报告完部队已安全到达以后，彭军团长关心地问：

"没有掉队的吧？"

"没有！"我回答。

"那好！"彭军团长满意地笑了一下。他没有再说什么，像是在考虑什么问题似的沉默起来。我趁这个机会，仔细看了一下他的装束。他穿着一套粗蓝布衣服，拐肘和膝盖处都磨得发白了，看样已有七八分旧了。脚上穿着一双快破了的草鞋，很不合脚。“彭军团长多么艰苦朴素啊！”我正敬佩地想着，彭军团长又谈话了。

“这么办吧！”他态度温和，而又肯定地说：“前面就是草地，行军更困难。在这里要抓紧时间治疗，尽量争取不叫大家带着重伤重病过草地。一面治疗，一面要把过草地的准备工作做好：青稞面要炒熟，最好磨成粉，这样吃起来方便；牛肉要做成牛肉干，好携带；还要多想些办法，做一些适合伤、病员吃的干粮……”接着，彭军团长详细地向我指示了应该如何炒青稞，如何磨粉，如何做牛肉干。他指示得是那样具体、细致，每讲一件事，总要停一下，仿佛怕我不明白似的。直到他认为我完全领会了他的意思，才又讲下去。我一面听着，心里一面热乎乎地想：他是多么热爱伤病员、多么关心下级呀！就连炒青稞磨面粉这样小事都亲自研究过了。

彭军团长指示完这些事情以后，又说:“房子已经给你们准备好了，可能少一些，得挤一点;粮食也给你们准备了一部分，以后部队打了粮，再继续发给你们。这里困难比较多，不过你们尽管安心治疗就是了。”

听说房子、粮食全有了，心里真有说不出的轻松和感激。我想着刚才在街上向我介绍情况的那位同志说的话，心里说：这每一粒粮食都是一方面军的同志们用血汗换来的呀！此刻，我的嗓子里像有个什么东西塞住了一样，一句话也说不出来了，只是呆呆的瞪着眼，看着彭军团长那慈祥、温和的脸。直到彭军团长问我还有什么困难时，我才想起他一定很忙，赶快告别了。

伤病员被带进一幢幢房子和一个个院子里；粮食也领来了，还有十几头牦牛。伤病员和工作人员们，围看着横眉瞪眼、尾巴又粗又大的牦牛，看着一口袋一口袋粮食，争问着，粮食和牦牛从哪来的。当我把彭军团长的指示和这些粮食和牦牛的来历告诉大家以后，工作人员当即表示：保证好好治疗！伤病员也下决心安心休养，争取早日归队。接着同志们纷纷问我：彭军团长身体怎样？穿什么衣服，吃什么饭？还说过什么话呀……所有的人，对彭军团长，对一方面军的同志们，心里都有说不出的敬爱和感激。

到芦花后的第六天，我们四方面军的部队也赶到了，一方面军的同志先离开芦花向草地前进了，我们的准备工作也完成了。

沿着一方面军踏出的路，我们进入了荒无人烟的草地。一路上，吃着一方面军给我们准备的炒面和牛肉干，倒也不觉得艰苦。又走了几天，我们忽然发现在燃烧过的篝火旁边，躺着一些烈士的尸体。从死者衣领上的红布条和帽子上的红五星上，我们知道这是一方面军的同志。他们有的嘴里还含着野草；有的身边的茶缸里还盛着没有煮熟的野菜和草根。看到这些情形，我们全都明白了：他们的粮食吃光了！再看看自己肩上的粮袋，敬仰与悲痛之感，立时涌上心头。我们的每一粒粮食里，都含着比山高、比海深的阶级友爱，包藏着同志的鲜血和生命啊！此刻，我们心灵上的痛苦，要比肉体上的痛苦还要胜过百倍。我们擦干眼泪，掩埋好战友们的尸体，然后默默地在战友们的墓前宣誓：我们一定学习你们的崇高品质，担负起你们未完成的事业，从胜利走向胜利。

选自中国人民解放军三十年编辑部编：《中国人民解放军三十年初选稿》第一卷第三辑（一），第44—47页。

熊友刚，1903 年生，湖北黄安（今红安）人。1929 年参加中国工农红军，1930 年加入中国共产党。红军长征时为红四方面军第三十一军卫生部部长。新中国成立后，曾任东北军区后勤部管理处处长、沈阳军区后勤部部长等职。1969 年在沈阳逝世。

毛儿盖筹粮

肖永正

1935 年 8 月下旬，党中央政治局在毛儿盖召开了会议，在再次挫败了张国焘的阴谋活动后，决定红军一、四方面军在中央的统一领导下，共同北上。我们四方面军的指战员们得悉即将跟随毛主席、朱总司令、周副主席继续长征北上的消息，一个个兴奋极了，把几个月来的疲劳抛到了九霄云外，都在积极整装准备长征过草地。

俗话说："大军未动，粮草先行。"部队的粮秣是个很重要的事情。在我们四方面军还没有到达毛儿盖之前，一方面军的先头部队早就到达了这里，并且做了许多前站工作，为我们后续部队开了路，还筹集了许多粮食，分发给各部队。我们三十军到的比较晚。当我到方面军供给部领粮食的时候，部长林伯渠同志还留守在那里。他对我说："马上要过草地了。走多少时间还不知道。你们的体力怎么样？能背多少口粮哇？"我说："平均一人背 50 斤问题不大。"林部长告诉我：总部在基家寨集中了一批粮食，但已经分发好几天了。你们去看看还有没有。接着他亲自给我批了个领粮条。

我一看批的是 60 万斤，就带了一个营的人，几百匹骡马，还有帮助运输的挑夫，总共有 2000 多人，朝镇西的基家寨出发了。

我们走了一天，下午才到。在基家寨负责发放粮食的是张令彬同志。我们四方面军在懋功与一方面军会合以后，大家相处得非常熟。一见面他就说："你们可来晚了。粮食全分完啦。"

我以为他开玩笑，就说："那好办，不得粮食，我这2000人马就在你这儿驻扎下。"

老张看着我浩浩荡荡的队伍直挠头。我这才知道粮食真的发完了。眼见天色已到傍晚，大家空着肚子赶了一天路都饿极了，还有许多的骡马,吃什么呢？我也急了起来。张令彬跑前跑后地忙了一阵后安慰我说："先给你们安排一个地方住下再说，住下再说。"

我们被领进一座依山构筑的高大石楼里。这是当地一个大土司的住宅。主人已经逃走了，只留下这座布达拉宫似的重楼迭阁，像只凶恶的巨兽矗立在昏暗的天光里。据说，这高楼重叠的大建筑群最顶上一层是经堂。经堂下是存放箱笼细软、贵重物品的内库房。中层住家眷，下层住的是杂役奴仆，底层喂牲口。主楼外侧的楼除了住下层官员外还驻扎兵员。但此时整个石楼里人去楼空，已经没有任何陈设，只剩下许多间空空荡荡的房屋。房屋之多之大，我们2000人马住进去也没住满。

人员虽然安置好了，但我的心情很沉重。因为我们三十军长征过草地的粮食全无着落，大家走了一天还粒米未进，作为负责军里军需供应工作的我，怎能不焦急呢？现在这地方不说没有米，就连烧水找口锅都没有。我和大家都急得乱转。我正往楼上走,突然,跟我管马的小鬼"哎呀"喊叫了一声,就咋咋呼呼地从楼下跑上来找我,嘴里连珠炮似地说："你的马掉进无底洞啦！"我随口说："你是怎么管的？"小鬼吵吵嚷嚷地说："我把马牵进楼下的马房，那马一脚没站稳，咣当一声掉下去就不见了。"听了小鬼的话，我心里猛地一动：这大楼房里会不会有暗窖呢？暗窖里会不会藏着粮食？因为早在麻城搞农民运动的时候，我跟着农会打土豪劣绅，打贪官污吏，这帮家伙把粮食、金银珠宝等财物都偷偷摸摸地到处乱藏。造夹墙，起暗楼，挖地窖，这儿藏那儿藏，简直挖空了心思。有的还不惜把祖坟掘开，将金银财宝放进棺材里藏起来。千奇百怪的窖藏，我们起过不少。天长日久把各种窖藏的秘密都掌握了。走进豪门深宅，跺跺地板，敲敲四壁，捅捅天花板，看看屋里屋外门窗户扇建造格局的新旧，常常就可以判断有无窖藏夹带。

眼下，马掉进“无底洞”，说明这石楼里一定有“暗窖”。于是，我马上把大家叫来，找了些长矛子，四处戳戳。哎，果然发现点名堂。原来石头砌的墙壁和地板之间塌了一方。一眼望去漆黑一片不见深底。我们抽了几条木梯接起来,放了下去。然后打起火把,踩着木梯朝下走。在几丈深处果然见到了我的马。它好端端地站着，一点也没受伤。再看地,原来这儿铺着很平整的木板。底下是个石筑的洞,像个古墓的巷道。我的马踩塌的正好是入口处。这时，从洞里吹出一阵阵嗖嗖的凉风，夹杂着麦香味。我想，这儿准是个窖藏粮食的地方。看那木板地面，平行可走三四个人。可以想象，这儿曾经是很多人挑着东西走过的。我笑着对管马的小鬼说：“今晚不会叫你饿肚子喽！”

倒是小鬼们眼尖，他们一下就看清了里边的东西，个个惊呼起来：“粮食！粮食！这么多的粮食啊！”我们举起火把一照，果然是金黄一片，堆积如山，全是上好上好的小麦。

穿过这“麦海”往里走，又出现了一间地窖。简直像神话一样。在这间很不低矮的窖室里，整整齐齐地码着许多整只整只的腊猪肉、腊羊肉，还有牛油、布匹、棉花。更有意思的是，肉垛后面还有许多的铁锅。最大的足可煮下一只整猪！

大家高兴透了，玩笑话一串串地抛出来。这个说：“这么好的腊肉，煮熟了我能吃下半方。”那个说：“这土司为红军准备的给养可真不赖。”

我望着这堆积如山的粮、肉、布匹，对大家说：“一个土司就窖了这么多的东西。这里面不知有多少藏族奴隶的血泪呀！这儿的剥削压迫该是多么严重啊！”大家一时肃穆起来。

当晚，我们只挑了几担麦子，搓了一搓，抬来几口大锅煮了一顿麦饭。大家很满意地吃了。夜里，睡在土司的石楼上，皎洁的月光从楼窗里照进来，我心情十分激动，久久地不能入睡。不仅是因为发现了这么多东西，更主要的是我们这些战士为革命冲锋陷阵，出生入死，在所不惜。进入雪山以来，一日一餐。经常处在半饥不饱的状态，但他们的情绪一直是愉快的，多么难得的好战士啊！

第二天，我们将发现窖藏的事报告了张令彬同志，并且如数上交。以后，我们仍按林部长的批条，运了 60 万斤小麦到毛儿盖。

我们把领到的 60 万斤小麦运到驻地，分发到各单位之后，全军上下立即行动起来。你看吧，石磨呜噜呜噜忙不迭地转起来，灶火日夜不停地呼呼拉拉烧起来，人也是川流不息地忙起来。凡是能用的锅、灶，石碾、水磨都用上了。到处是炒呀，磨呀，说呀，笑呀，备粮的热潮席卷了毛儿盖。经过一番筹备，一番休整，由毛儿盖出发的时候，身着各式各种裤褂的战士们，除了一个斗笠，一件蓑衣，一只搪瓷饭碗之外，平均每人都分得了 50 斤炒面。另外每个班还发了一个脸盆。我们供给部带了几十头骡马，驮了点饲料，几口袋干红辣椒，还有一些藏红花之类的药材。在历来供给微薄的红军里，特别是在艰苦的康藏征途中，大家对此都很满意了。尤其是我们红四方面军，头一次跟随毛主席、周副主席行军打仗，个个别提有多高兴啦！

清秋 8 月里的一天，阳光普照。我们怀着胜利的信心，在鲜艳的红旗下，离开毛儿盖，向千里草原进发。（邢源整理）

选自《天津日报》，1982年7月1日。

肖永正，1904 年生，湖北麻城人（祖籍河南新县）。1928 年参加农民赤卫军，1930 年参加中国工农红军，1931 年加入中国共产党。红军长征时任红四方面军第三十军供给部粮秣科科长。新中国成立后，曾任华北军区后勤部财务部部长，河北省军区后勤部部长、副司令员等职。1955 年被授予少将军衔。1994 年在天津逝世。

长征途中的一次背盐行动

黎启先

1935 年 8 月,红军长征来到四川省丹巴县,准备在这里休整。当时,我在红四方面军三十一军九十一师供给部当战士。部队首长为了给红军过草地做好物资准备，决定在休整期间完成一项重要的任务就是要尽快搞到盐，因为战士们已好长时间没有吃上盐了。

那时的丹巴镇，由于国民党反动派的长期残酷压榨，再加上奸商搞鬼，食盐奇缺。我们费了好大的劲，也没有找到盐。

正在我们发愁的时候，却传来了好消息：前方部队打下了一个县城——道孚，国民党在道孚镇里囤积了很多盐。上级命令，立即组织运盐小分队，去道孚背盐。

嗬，这个小分队可真不小，没到两天功夫，就集中了二三百人。我也有幸被选进了小分队。队长是供给部的一位年轻干部。他高高的个子，清瘦的脸庞，一双大眼睛又黑又亮，看得出是个精干的棒小伙子。

第二天天刚放亮，我们就整装集合了。临出发前，队长做了动员。他走到队列前，操着一口湖北腔，严肃地对我们说：“同志们，这次运盐任务又光荣，又艰巨，要翻过一座四川有名的雪山——党岭山，我们有没有勇气克服困难完成任务？”

“有！”二三百人异口同声地回答，喊声在晨空中回荡。

“好，出发！”队长一声令下，我们便个个精神抖擞，愉快地出发了。想到部队马上就要有盐吃了，我们每个人心里都喜滋滋的，一路带着小跑，丝毫也不觉得累。在那田间小路上，还不时地响起嘹亮雄壮的革命歌声：

革命军人个个要牢记，
三大纪律、八项注意。
第一一切行动听指挥，
步调一致才能得胜利。
……

第二天下午，我们来到了党岭山脚下。眼前是一片葱郁茂密的松树林子，穿过松树林才能翻越党岭山。这是个古老的松树林，棵棵苍松树干高大粗壮。夕阳的余晖，又给那些伞形的树冠抹上一层金色，更显得肃穆壮观。

当我们快到松林尽处时，只听队长喊了一声："停止前进！"听到命令,大家立即停了下来。队长说:"今晚,咱们就在这个树林子里宿营，明天早晨再翻山。"这时天还没黑，照往常行军，说什么也得再走个十里八里的，今天怎么不走了呢？我们都小声地叽叽喳喳开了。

队长看出大家面带不解的样子，便笑着对我们说："大家不知道，这党岭山山高、雪厚、风还大，前边的同志刚走过，脚印马上就给刮平了,晚上走路容易失掉联系。"说完,他就组织我们拾柴点火,化雪烧水，泡干粮、洗脚。然后，大家围着火堆倒下休息了。

夜幕徐徐降临，山谷里的冷风一阵阵地向我们袭来，"哗——"呼啸的松涛此起彼伏，这松林之夜真有点阴森森的。我们冷得睡不着觉，开始都侧着身子面对着火堆睡。谁知，前面烤热了，后面又冻得难受，真是"火烤胸前暖，风吹背后寒啊！"我们不得不翻过身来烤后面。这样翻来覆去，哪能睡得着觉啊！好不容易熬到天亮，我们吃过干粮，又抖抖精神，向雪山进军了。

大雪山可真是名不虚传。它披着一身终年不化的积雪,银光耀眼，寒气逼人。我们踏着积雪，沿着蜿蜒崎岖的山路向上爬。在山下我们还听说党岭山有个怪脾气，一遇有大的响动，本来是万里无云的天空，顷刻间就会变得乌云密布，接着便是一场风雪或冰雹。人们煞有介事地讲得绘声绘色，弄得我们也不知道是真还是假。不过，为了减少麻烦，我们还是注意减少响动，不唱歌，不鸣枪，甚至都不大声说话。

快到山顶的时候，我们看见雪地里露出前方部队牺牲战友的遗体。这里到处是白茫茫的雪，找不到一点土，我们只好用雪来掩埋他们，大家低下头，默默地致哀。然后，难过地从他们身旁走过。

这天，是个晌晴天，太阳照在雪上，反出道道耀眼的白光，像电焊的弧光一样,刺得我们眼睛直发花。整整走了一天,下山时天已经黑了,我们就在山下的小树林里住下了。

大家正围着火堆烤火，突然，一个同志捂着眼睛喊了一声：“我的眼睛怎么这么疼？”

“唉呀，我的眼睛也疼！”接着，许多同志都这样喊道。

有的同志撩起衣角擦眼睛，越擦越疼。奇怪，白天眼睛都好好的，怎么一下子就来病了？队长看了看几个同志的眼睛，他也说不出是啥原因。那时身边没有一点药，大家干着急，想不出办法，只好苦苦地熬过这漫长的一夜。

第二天起来后，情况更严重了，大约有三分之二的同志眼睛什么也看不见了。他们有的瞪着眼睛呆呆地坐在火堆旁；有的不相信自己真的能“瞎”，使劲地眨着眼睛，尔后又痛苦地闭上了。

我们眼睛好的同志，焦急地望着队长。队长坐在离火堆不远的小土岗上，双手托着腮，紧皱眉头，像在思考着什么。那双往日又黑又亮的大眼睛里布满了血丝，他为了照顾眼睛疼的同志，几乎一夜没合眼。此刻，又看到这么多同志的眼睛都“瞎”了，他怎能不着急呢！

队长发现大家都望着他，便起身向火堆旁走来。他把同志们叫到一起，平静而温和地说:“同志们，咱们这么多同志的眼睛都看不见了，是继续前进，还是停下来休息啊？”

沉默了一会儿，一个眼睛“瞎”了的同志一扬手，站起来，粗声粗气地说：“我们是共产党员、毛主席领导的红军战士，没有克服不了的困难，我们决不后退！”

“对，我们决不后退！”

“我们坚决完成任务！”

二三百人发出的铿锵喊声，在幽静的树林里回荡……

就这样，我们眼睛好的同志拉着眼睛“瞎”了同志的手，一步一步艰难地继续前进。

我们大多数人都是临时从各团抽出来的，平日素不相识，谁也叫不上谁的名字，互相都亲切地称呼“同志”。“同志”，这个充满革命深情的称呼，把我们的心连在一起了。阶级情，同志爱，像一股股暖流在我们彼此的心中交流着。每走到一处，我们总是先给眼睛不好的同志打水，泡干粮，把他们安排在稍好一点的地方休息。

没过多久，这些同志的眼睛陆续都好了。后来我们才知道，他们不是真瞎了，而是在雪山上受到强光刺激后得的“雪盲症”。同志们的眼睛好了后情绪更高了，走得也更起劲了。

一天傍晚，我们离老远就隐约看见了暮霭笼罩着的道孚镇，不由地心头一阵欢喜，更加快了步伐，跑进镇子里。

前方部队的首长和战友们热情地迎上来，拉着我们的手，关心地让我们休息几天后再装盐，可我们一想到部队吃盐的困难劲，坚持要在当天晚上把盐装好，第二天就往回返。

晚饭后，一个同志领着我们来到放盐的地方。大家一看见那白花花的盐，都急着上前装起来。那时，没有麻袋和箩筐，我们就用褥单卷个筒形，两头一扎当口袋，装上满满一袋盐，足有五六十斤重。要不是有个党岭山挡路，说什么一个人也得背上个百八十斤的，让部队一直吃到过完草地才好呢！

第二天一大早，我们迎着初升的太阳，背着盐上路了。每个人的肩上虽然多了五六十斤的重量，但走平路时还没觉得怎样累。可在翻越党岭山的时候，就觉得比来时困难多了。

党岭山上的雪好像也厚了许多，我们深一脚浅一脚地向山上走着，越往上走雪越厚。大家不得不弓着腰走，这只脚踩下去，再拔起那只脚，一步一步地往前挪。寒风袭来，雪顺着裤腿直灌到腰部。虽然是在雪山上行走，我们却一点也觉不出冷来，汗水把军装都湿透了。不管怎么累，大家掂掂背上的盐，心里就有说不出的高兴，而且忍不住地又说又笑。

下山不比上山容易，稍不小心，就会连人带盐滑出老远。一个同志滑下去后，爬起来还回过头来笑着对大家喊："坐滑梯真自在啊！"

下到半山腰，党岭山的上空，不知从哪儿飘来了大块大块的乌云，一下子遮住了整个太阳。霎时，狂风卷着积雪，向我们迎面扑来，我们的脸像被刀剜火燎似地难受。风稍停，天空便纷纷扬扬地下起了鹅毛大雪。

"党岭山向咱们抖威风啦！"

"下雪还真是照顾咱们呢，要是下雹子，可就难受了。"

"红军战士什么都不怕，下雹子算个啥！"

大家你一句我一句风趣地谈笑着，一步一步艰难地行走，但却没有一个掉队的。这些反映出了当年红军战士的革命乐观主义精神。

是的，红军战士没有被困难吓倒。我们终于战胜了风雪，战胜了党岭山。下山后，小分队的战士们再次穿过茂密的松树林，很快回到了丹巴县城。

部队首长和同志们看到我们背回这么多盐，高兴极了。他们有的紧紧握住我们的手问寒问暖，有的战士还兴奋得把我们一举老高……

大家都为我们胜利完成这次背盐任务而欢呼雀跃！（营口市史志办公室整理）

节选自《营口日报》2006年9月22日。

黎启先，1911年生，湖北黄安（今红安）人。1930年参加中国工农红军。红军长征时为红四方面军第三十一军第九十一师供给部战士。新中国成立后，曾任辽宁省人民保险公司副经理、辽宁省土产进出口公司副经理、中国人民银行营口支行行长、营口市供销合作社主任、营口市人民委员会视察室视察员等职。1987年逝世。

心向北上[①]

袁璜

(一)

1935年6月，红军一、四方面军在懋功会师。党中央毛儿盖会议决定红军分兵两路北上，我们四方面军四军、三十军和一方面军一、三军团组成右路军，在党中央、毛主席率领下，向北翻越白雪皑皑、空气稀薄的巴颜喀拉山，来到了绵延的水草地。开始，我们觉得水草地是大平原，不会有多远，要比翻雪山容易得多，缺乏思想准备。上级通知带足15天的青稞炒面，我们为了轻便只带了8天的份儿。这草地绵延600多里，一望无际，荒无人烟，飞鸟稀少。一年365天，不分春夏秋冬都是云雾漫天，寒风森森，一忽儿雨，一忽儿雪，一忽儿雨雪交加，有的战士风趣地把这里称为“妖魔之地”。部队虽有准备，由于衣着单薄不能御寒，同志们冻得脸色铁青，有时还要冒着雨雪穿过三四十里水深没膝的泥潭，向前行军。过草地行程很艰难，艰难之状不可言及。每脚下去软绵绵滑溜溜，污泥黑水直冒泡，弄不好踩下去越陷越深，有的同志就这样陷下去牺牲了。我们互相搀扶一步步试探着向前走去，一连十多天，粮食越来越少，最后每天一两、二两地维持着，因为被雨水淋

① 题目为编者所拟，编者对原文个别之处略有修订。

洗，几乎都成了糨糊。许多同志还舍不得吃，省下来留给伤病员吃，自己挖野菜吃。快出草地的时候，部队一点粮食也没有了。同志们饿得饥肠辘辘，渴得唇焦舌燥，吃不到饭，也喝不到水，因为这里的水含有毒汁，要是喝了，喉咙肚子就会立即胀起来，直到疼死。我们宁肯忍饥耐渴，也不肯无谓的牺牲。受伤的同志也精心保护伤口，以免毒水侵蚀溃烂。整整20多天蹚水草地行军，出草地的时候，大家的脚泡得又白又嫩，不敢走路。脸瘦的青乎乎的，胡子头发又乱又长，眼窝乌黑，十分疲劳。就在这样恶劣的条件下，战士们中间，也听不到一句怨言，因为大家都知道北上的战略意义，党团员处处作表率。

正当我们红军右路军走出草地，跟着毛主席继续北上的时候，一直待在阿坝不动的张国焘，下令让四方面军四军、三十军南下马尔康一带。当时，我们不清楚南下的意图和实质，忍痛告别中央红军，开始南下。二次过草地时，部队处境更为困难，忍饥吞草，昼夜兼程。走出草地时，我们排25人，牺牲了10人，部队伤亡很大。经过长途跋涉，历尽艰险，到达马尔康一带。这时，组织上决定让我到二六七团当排长。由于国民党反动军队的围歼，加之我军疲惫在马尔康站立不住，张国焘又提出攻打成都，结果在天全、芦山一带滞留三个月，遭到敌中央军薛岳部和川军刘湘的夹击，两军对峙，部队消耗很大。在中央以及朱德等同志和四方面军广大指战员的共同斗争下，张国焘被迫接受北上。

1936年2月，我们开始了第二次北上。部队从宝兴出发，进入雪山地区，来到了大雪山——夹金山下。夹金山的位置在宝兴的西北，懋功的南面，它高耸入云，经常不见山峰，但见座座雪山连绵起伏，寒气袭人。虽然没有冬装，条件恶劣，但由于摆脱了挨打的局面，按照党中央的指示踏上北上征途，部队士气还是很高的，我们克服重重困难，终于翻越了夹金山，到了党岭山下。党岭山海拔约5000米，山势比夹金山还险要，当地居民称其为神山。川军刘文辉还在这座雪山顶峰部署了一个哨卡，妄图依据天险阻止我军北上。先导部队红三十军八十八师以迅雷之势夜袭敌据点，消灭了敌人，为后续部队扫清了障碍。我们翻越夹金山连续行军十几天，赶到当岭山半山腰的宿营地时，天色已近黄昏。这里苍翠的原始森林，在雪峰的陪衬下，郁郁葱葱。抬头向雪山上望去，好像云彩在雪山下边，景色新奇。宿营地旁一湾清泉热气腾腾，竟是一个温泉，战士们高高兴兴地洗头洗脚，要不是水太热，部队有命令不让下水，我们真会跳下水去洗一洗，大家忘记了饥饿和劳累。部队在这里住了半宿，午夜开始爬山。爬着爬着天色渐明，只见前面红军的大队人马，正沿着蜿蜒崎岖的山径向上爬去。漫长行列一望无际，一队红军，又一队红军；一面红旗，又一面红旗，向前缓缓地移动着。太阳从东方升起，淡淡的阳光照在雪山上面，银光闪闪，渐渐地我们手脚开始发麻发疼，不听使唤了。第二天下午 4 点离顶峰还有三里多路，同志们又冷又饿，走走停停，有的小战士累倒了就不想起来。这时紧跟向导走在最前边的师长汪乃贵同志，身背一支步枪、肩扛了一挺机枪，喊起口号："同志们，快快上，翻过山去，那边就是大平原！"这么一喊，大家都跟着喊了起来，雪峰间回荡着革命口号。各级干部和党、团骨干带头抢挑重担，一边鼓动，一边帮助伤病员、体弱的同志前进。我身背三支大枪，带着全排同志一个拽一个的枪背带，互相拉着手一步步向前挪动。天有不测风云，快到山顶的时候，老天变了脸，只见乌云腾起，狂风大作，雪花、雪片、雪块迎面扑来，雪山翻腾了，像天崩地裂一样，暴风卷起漫天的飞雪，自上而下地铺天盖地翻卷了下来，有的连人都被刮倒了。刹那间，天上落下了拳头大小的冰雹，打倒了许多同志，师部炊事员的生铁锅也被砸裂了。同时，几处雪崩把队伍打断了。我们全身结成硬邦邦的冰雪片，鞋也变得厚厚的，上面裹满了冰雪，我们的手脚不知冷热，肚子不知饥饱，人也不知劳累，有许多同志倒下了，我们手挽着手，互相依偎立于风雪之中。好一阵子风吹云散，红日当空。我们又开始顽强地向上爬，越向上空气越稀薄，人人都张着嘴大口大口地呼吸。大家互相勉励着、鼓舞着：爬过雪山离党中央、毛主席就更近一些了。终于，顶峰在前，只见夕阳斜下，红旗在顶峰迎风飘扬。当岭山终于被我们红军踩在脚下。下山的时候，我们人人心情振奋，大家都坐在雪山山坡往下滑，一溜溜地滑到山下，部队简单休整后，奉命连夜行军120里,天明到了道孚。紧接着师长带领部队一路奔袭,三天行军480里，赶到甘孜参加围歼了军阀刘文辉一个旅。战斗胜利后，我们奉命休整，一边训练，一边捻毛线织衣服、备粮食迎接二方面军到来。6月，红二方面军到了，二、四方面军胜利会师后，我们共同北上。

（二）

1936年8月部队到达甘南，党中央根据政治形势和任务，对红军抓紧政治教育、军事训练，对广大指挥员分期分批开始培训，准备迎接全国抗日高潮的到来。在甘南的一天，我恰巧碰上了师长汪乃贵，师长拉着我的手关心地问起我的工作和学习情况，鼓励我进步。

我同师长谈话中得知，组织上确定我们师长和一些干部到红军大学学习。参加革命以来，尽管在师部交通队时首长和同志们教会了一些字，戎马倥偬，行军打仗，早忘得差不多了。由于文化低工作很吃力。我立即黏住了师长，要求跟着师长一块去学习。首长笑着说，你爱学习这好哇，向组织上申请，由组织上决定。后来经过申请，组织上同意我去学习。红军大学分为高干、步校两部分，校长是毛泽东同志。长征中红大一边打仗一边学习，为部队培养了许多干部。

1936的10月，在甘肃会宁，我们二、四方面军同党中央、毛主席从陕北派来西征迎接我们的一方面军会师了。在会宁召开了庆祝大会，胜利会师的情景真是难以用语言表达。同志们互相拥抱，举枪欢腾，欢呼雀跃,激动的泪水汩汩而流。“红军万岁！”“红军大团结万岁！”“中国共产党万岁！”“北上抗日收复失地”等口号响彻天空。朱德同志在大会上讲了话。他语重心长地说："同志们，我们胜利了。这个胜利是来之不易的。我们活下来的同志要很好地学习和工作，完成先烈们未完成的事业……"（张烈夫整理）

节选自袁璜：《难忘的红军时代》，载中共丹东市委组织部编：《战斗的岁月——革命回忆录》，1981年6月编印。

袁璜，1913 年生，四川渠县人。1933 年参加中国工农红军。1933 年加入中国共产主义青年团，1935 年转入中国共产党。红军长征时任红四方面军第三十军九十师师部交通队战士、二六七团排长。

艰险北上路[①]（节选）

盛先传

十二、草地行军

我在三十军，是右路军，也是右路军的开路先锋，我们准备出发时，在懋功每人发了大约三斤熟牛肉，一斤青稞炒面，一块酥油，这些不够十天的干粮。

从懋功出发时是七八月了，我们进入雪山，山下是原始森林，山上是常年积雪的山峰，松树之大，有的树下可住一排人，最大的树下可住一连人，树下全是干的。在森林里还能找到野菜，蘑菇等野生植物等。可我们先头部队有条纪律，号召沿途不能采野菜，要留给后续部队，宿营时就在周围采吃。

我们部队翻过的雪山有三座山，第一座叫上打鼓山，第二座叫中打鼓山，第三座叫下打鼓山。我们翻过这常年积雪的三座山就到了毛儿盖。在毛儿盖准备干粮，我们从藏族老乡那儿把青黄不接的青稞买来，把穗子掐了放在锅里大概一炒，每人准备了三四斤干粮，在毛儿盖住了10多天。

在毛儿盖宿营期间，红一、四方面军（中央军委）召开了著名的毛

① 题目为编者所加。

儿盖会议，会上张国焘又不同意北上，批评了张国焘的错误，最后还是决定北上。

我们离开毛儿盖进入草地。草地分两种，一种是旱草地；一种是水草地，旱草地上面长着草，下面的土是干的，这对我们宿营采集野菜都较有利，但旱草地占的路程并不多，最多的是水草地。水草地上面长着草，下面是水和腐草，面上盘根错节，结成一块一块的草皮，人踏在上面走时忽闪忽闪的，就像现在的席梦思床，只要站一会儿水就从脚底下冒上来，但人却掉不下去。若遇到河沟，看起来是河沟，水流着，而实际上是长年草皮烂掉形成的，我们有的同志把烂草抓起来，一捏就像豆腐渣，只要人一进去拉都来不及就掉下去了，不知有多深。我们过水草地时，有的同志就这样牺牲了，有的骑着马往过走时，结果连人带马一起掉下去了，为了绕道我们不知要走多少路能过去。

在我们过水草地时又是秋天，天气变化异常。早上东方是朝霞，朝霞一过马上黑云就过来，接着是大雨。大雨过后我们把衣服脱下拧干又穿上。有时在行军中能碰到一个小山包，就背靠背站着或坐着休息一会，不过有的山包边沿还长着灌木，多半是柳树丛，我们砍些柳枝堆起来烧着取暖，煮着吃点野菜等东西。我们的干粮在进草地不远就吃完了，所以就吃车前草。煮时还比较容易煮烂，但一吃肚子就疼，找不到这种草，只要能煮烂的就吃，有些草我们吃了中毒，嘴都肿起来，但只要哪个单位发现有毒的草就传开了，叫大家注意，在实在没有办法的情况下，有的单位就杀着吃首长的军马肉，师以下首长的军马全杀着吃了。有的同志饿得发晕，只要一栽倒就再起不来了，搀也搀不起就牺牲了。

我们不但受饥饿威胁，还与反动土司的武装藏兵打仗。这些反动土司都有一定的地盘和武装藏兵，红军只要一进入他们的地盘就骑着马来打我们，他们在草地骑马打仗看来掉不进烂草沟，因他们是本地人熟悉草地情况，打仗凶猛，都是藏族兵，背的枪上安着叉子。

我们在草地大约行走了有20多天,八十八师先头部队打下班佑后,我们三十军全军到了班佑。班佑是藏族土司的所在地，这里藏民的房子是用较粗的木棍插在土里，用红柳灌木条子串起来，把树梢子绑起来搭成一个圆包子，上面用犀牛粪糊有四指厚，下雨不漏，房子里面铺着二尺厚的干牛粪，人就睡在干牛粪上。我们到班佑时藏民都跑了，房子都空着,所以我们就住进牛粪房子里,美美地睡了一天。因我们疲劳过度,这一睡确实够享福了。

十三、掉头南下

从班佑出发走了一天半就到了甘肃的南部，有个地方叫上包座，这是藏民聚居的地方。这里驻着胡宗南的一个补充旅，在上包座北面的救济寺驻守着一个团①，叫四军打败了。因在松潘时敌人为堵截我们，原想把我们封锁在草地里饿死，过了草地后，胡宗南的四十九师从松潘方向向包座来增援，我们三十军就与敌增援部队在包座山上打了一天一夜。当时我们在山头上，敌人从山下拼命硬攻，八十八师占据在包座山的中山，八十八师右侧是四军，左侧是八十九师二六四团，敌人的连续冲锋都被我们打退了。我在杨秀坤身边，杨秀坤作战勇敢，很有指挥能力，他一面指挥战斗，一面往下甩手榴弹。我也不停地往下甩手榴弹，甩了多少，自己也不知道。经过激战，我们开始反攻，终于把胡宗南的四十九师全部消灭了,敌师长吴成仁逃跑时跳崖自杀,②挂在一棵树上,打死和俘虏了2000多敌人,缴获了长短枪1500多支,轻重机枪70多挺。后来给我们八十九师二六四团每个步兵连分配一挺机枪，枪领回来后战士们高兴得跳起来，欢呼胜利。

① 救济寺,即求吉寺——编者注。

② 应为伍诚仁,未死,脱逃——编者注。

这一仗得以使红军后续部队顺利通过草地，也是继续北上的决定性一仗。如果先头部队不把敌四十九师打垮，后续部队因饥饿疲劳过度就可能被封锁在草地内。这一仗是李先念同志亲自指挥的，在刚过完草地极度疲劳的情况下能打胜这一仗，可见先念同志指挥上的才能。以及全军指战员的英勇奋战精神。

我们消灭敌四十九师，即固守在原阵地，防御从松潘方向再来增援的敌人，因这个阵地是个口子。

右路军陆续过完草地，都集中在上、中、下包座一带，等待左路军。左路军按原计划到了阿坝就跟着右路军路线向包座进军，可左路军到阿坝后张国焘就不走了，张国焘听到在包座打了胜利，认为这是四方面军的本钱。并阻挡北上，觉得北上没有前途，没出路。于是就给徐向前、陈昌浩打电报阻挡毛泽东北上，要毛泽东挥师南下。当时我在军部，有人就这样传说的；如果不南下的话，就地解决，要求把毛泽东杀掉，然后挥师南下，陈昌浩把电报给了徐向前，徐向前把电报给叶剑英，（叶剑英是参谋长）叶剑英把电报给毛泽东看了。据说陈昌浩接到电报时主张张国焘的意见，但徐向前不同意，就偷着把电报给叶剑英了。

毛泽东看了电报觉得中央有危险，一、四方面军的关系就非常紧张起来。四方面军的四军驻地靠近毛泽东附近，一、四方面军两家就在两面山上架起了机枪，都处于战斗准备状态。毛泽东感到一、四方面军的分裂会给红军带来极大的损失，就站在山头上大声讲话："北上是为了抗日，南下还是为了革命，现在不愿意北上，要南下的也可以，以后再要北上，与一、四方面军会合的还是欢迎的。"毛泽东在山头上劝说了大家一阵后，徐向前又讲话了，他给四方面军的四军讲话："北上也罢，南下也罢，天下没有红军打红军的道理，四方面军的同志即使南下的话就南下吗……"就在这种情况下，一、四方面军分裂了。

一、四方面军的分裂对革命力量带来了损失，尤其给四方面军带来了极大的危害，这要归罪于张国焘。

分裂后，毛泽东带着一方面军的一军团、三军团和原来的总部北上了。四方面军四军和三十军挥师南下了。

节选自盛先传:《难忘的岁月——盛先传革命回忆录》，1996年印刷，第55—61页。

沉重的足迹

徐国夫

俗语常说：看景不如听景，听景不如想景。这也许是非现实的空虚意识作祟的缘故。但现实生活中往往就发生这样的事：你游览一处景观，看过之后，便大失所望，既没有别人说的那么好，更没有想象中那么美。所以有人千方百计想得到一种东西，当这种东西即将得到时，却又踟蹰彷徨起来，这种心情是可以理解的。

两军会师之前，在我们四方面军绝大多数人心目中，把红一方面军想象成威武雄壮之师、神通之师。当两军刚一见面，这种想象便凉了，落差还使少数人产生了轻视之态。

是的，仅仅从外表看，一方面军从服饰到武器确实有些差，多数人衣衫褴褛，缺鞋少帽，武器也比较落后，重机枪、迫击炮等重武器几乎没有，即使董振堂军长挎着的手枪也仅是一把木套驳壳枪。最缺少的就是子弹，多者十多粒，少者二三粒，个别已颗粒皆无。会师前，张国焘告诉我们中央红军 30 万。见面后我们才知道不到 2 万人。但与装备所不同的是他们较好的文化修养和饱满的精神状态。他们打篮球、唱歌、做游戏;即使谈起话来,也比我们认识问题能力高得多。针对这种情况，我们政治部在九军开展了大量的思想教育，向战士们说明，一方面军长途跋涉，历尽艰险，就在会师前一天他们还在与敌人拼杀，在没有得到休整补充情况下能有如此状态已属不易，我们应该学习中央红军不屈不挠、英勇杀敌和勇往直前的精神与旺盛的革命斗志。通过两军同时开展的思想教育，在指战员之间形成了相互学习，取长补短，切磋战术，沟通情感的融洽气氛，也为两个方面军交流干部，调整编制、装备奠定了基础。

当部队基层官兵沉浸在一片欢乐、激动之中时，中央军委在懋功以北的两河口召开了会议，决定："集中主力向北进攻，在运动中大量歼灭敌人，首先取得甘南创建川陕甘根据地。"7 月 18 日，军委于懋功以北通往毛儿盖途中的芦花之地发布由朱德任红军总司令，张国焘任红军总政委的命令，规定"一切军队均由中国工农红军总司令、总政委直接统率指挥"。刘伯承同志任总参谋长。并对两方面军会合后从组织上进行了调整，四方面军抽调三个建制团补充一方面军；一方面军抽出部分干部进入四方面军。还成立了以徐向前任总指挥、陈昌浩任政委、叶剑英任参谋长的前敌指挥部。

8 月初，在毛儿盖军委再次召开会议，制定了分左、右两路分头行动的方针。我九军归左路军，另有四个军，由朱德、张国焘、刘伯承等红军总司令部率领；另三个军组成右路军，由徐向前、陈昌浩、叶剑英等前敌指挥部率领。彭德怀率三军为预备队。我左路军行动路线是，由卓克基和马塘出发，进阿坝，然后过草地向东北与右路军汇合。

懋功地区以北均为藏民区，居民稀少，多为游牧藏民，间隔很远偶有个聚居点，但多时也仅有二三十户人家。这一带正北方向有梦笔山和打鼓山，山势陡峭，沟壑纵横，路径崎岖，生长着大片的原始森林，茂密无间，遮天蔽日，虽可避开敌机，但行军也比较困难。东北方向则多为沼泽地，河川交错，蒿草萋茂，气候恶劣，路径难辨，虽无松潘草地艰险，但也令人难以招架。

6 月中旬完成迎接中央红军任务后，我随二十五师一部先进入抚边待命，后向北越梦笔山于马塘与军主力会合。这时军政委陈海松和政治部主任王新亭指示我任军收容队政委，并配属了一个骑兵连和一个担架排及部分卫生救护人员约百十余人。

收容队，不言自明，就是负责收护那些因伤、病、残等各种原因而掉队的人员。故而要走在队伍的最后边。当时我们红军队伍中有一条很严格的规定，不是在万不得已的情况下不得丢弃枪支和伤病员。这也正是我军战争年代的一项光荣传统。

收容队走在大部队之后，虽无探路之险，但在吃野菜草根的日子里，为寻找能够入口之物也加大了难度。

出发前我很不容易找到一位40多岁的藏民作通司。茫茫林海高山，漫漫沼泽草地，阴晴无常的气候，没有当地人作向导是很难通过的。但当地藏民似乎对我们并不欢迎，因为几万人的大队人马通过，必然与他们争粮食，也易破坏草场，损害牛羊。加之国民党的“黑色”宣传，大部分藏民皆逃避，尤其青壮年男性藏民更是难寻。在卓克基的一个山沟里，我好不容易找到了这位中年人。这是一位既说藏语又懂汉语、宗教十分虔诚的藏民。我把来意向他说明后，他的家人和他本人都不同意。后来我付给四块银元并答应每天再付一块的许诺后，他才勉强同意与我们带路。以后七昼夜的行程，我们庆幸有了这位善良的藏民兄弟作向导，才避免诸多险要抵达阿坝。

由马塘出发，行不远，就遇到了一条河流，这是白河下游的一个分支，河面虽不宽，但河水湍急，在没有渡运工具的情况下徒步涉河危险极大。好在两岸间有条竹索道，可供人员横跨。

这种竹索道与其他类索道原理相同，但对当时的我们而言都是第一次。我决定马匹由河面涉过，人员走竹索道。向导给大家讲了如何操纵索道跳板的方法之后，首先需要一人携纤绳先自滑过，以便不会操纵的人中间停止时协助牵动。

让谁先过？

当然向导先过最有把握，但我心里又多了个心眼。其他同志先过，万一操作不当中间停止又很难保证安全。想了想，我决定还是自己先过。我说服其他争抢的同志，并做了一番安排后，便坐上了吊板。

索道是用四股竹篾拧成的竹绳，上搭一扣索，下吊三根绳连接的吊板。人坐在吊板上，手握竹索，向前滑动。

坐上吊板，大家帮助加固之后，我便开始向前滑开。开始时，由于岸高人重，向前滑的还比较顺利，待行至中间，后半程呈上坡势，就全靠人自行操纵了。望着十多丈深的沟壑和翻腾湍急的河水，我不免头发胀，眼发花。但责任驱使着我无暇顾及这些，只有奋力向前，大家才有出路。

我稍稍停顿了几分钟，往手上唾了几口口水，便一下一下向前捯去。速度虽然很慢，但每推一下都能向前移动一段距离。经过十多分钟的努力，我终于抵达对岸，悬着的心和我的身体总算一起着了地。

两边有了纤绳协助，后来的人过得就快了，两个多小时，我们百十号人都到了对岸。

出发后的前两天，我们没有收到掉队人员。大家因为兜里有些携带的青稞，情绪还比较高。走出森林，进入沼泽，掉队人员开始出现，越往前走掉队人员越多，偶尔还看见几具尸体，被泥水泡得肿胀，令人心中消沉。

照顾好掉队人员是我们的第一职责。对轻伤病员我们加以简单处置，吃些食物净水后搀扶着继续行军，对那些较重的伤病员，我们则将其安排到担架和马背上。

长征之路其苦，可谓苦不堪言，没有亲身经历的人们，是无法想象得到的。时至今日，许多人遇到一些困难便叫苦不迭，我们说他根本不知道什么叫苦。毛泽东等老一辈革命家何以称赞红军伟大，许许多多外国友人何以对我红军战士赞叹不已，这与红军战士战胜常人难以战胜的困难而生存下来并取得成功有着直接关联。在我以后的生活中也曾多次遇到过天灾人祸，艰难之时，每逢我想起长征的日子，便觉得什么困难都无所谓。有人提出让后代青年有意识地接受一些艰苦磨炼，我是完全同意的，这对其成长大有裨益。

卫生队的一名十五六岁的女战士走着走着两脚忽然陷进泥潭里拔不出来，吓得大喊大叫。近处的一名女兵前去拉她，结果也同样陷了进去，并越陷越深。这时在向导的指导下，我一面安慰两名女战士不要喊叫更不要乱动，一面命大家把系裤子的绳带解下来接在一起，一头甩给一名陷着的女兵，大家一起向外拉。这个办法很管用，两名女同志很快都脱离了危险。

当时我们把草地比喻成“魔毯”，远远望去，遍地绿草鲜花，煞是美丽，殊不知，这美丽下面，掩盖着噬人的恶魔，我们有许多战友都是这样葬身其中。

我们带的粮食很有限，开始吃了两天，我发现粮食越来越少，到底需要多长时间能走到目的地心中又不得而知，便要求全队的工作人员限制食量。尽管如此，两天后仅剩了一点点，满足伤病员也有了困难。前面的部队无粮食还可以寻些野菜之类，到了我们这里，可食的野菜花草已很难寻找，只好找些草根等。皮带吃了，皮马鞍吃了。我们早已发现水草中有鱼，有人就抓来鱼准备吃，向导（当地称通司）本是位特别和善的人，发现后却大发起脾气。一了解才知道，藏民佛教是不准吃鱼的，谁吃了，不仅吃的人，连看见的人也要跟着遭殃，尤其在草地里，吃了鱼就要迷失方向永远走不出去。当时我们就知道这是迷信，但为了尊重藏民的风俗，也为了留住这位向导，我当着他的面向大家命令、告诫再不准食鱼。背后我却告诉大家，抓住鱼还可以吃，但必须避开向导。

鱼和草根都是难以解决根本问题的，伤病员中有的因为伤病过重，加之缺食少水，便闭上了眼睛。工作人员中有的也开始支持不住，难以行动。见此，我不得不忍痛命令杀了两匹马，使饥饿总算有了些缓解。

还有让人恼火的就是喜怒无常的气候。本来是湛蓝的天，洁白的云，太阳也很是友好。骤然间风嚎云低，倾盆大雨夹着冰雹劈头盖顶落下来，避闪不及，只有任其淋打。为寻一块干松些的地儿宿营，大家也煞费了苦心。夜幕中，用携带的木棍支起一块毯子式破布，相互背靠背坐着睡起来。因此有人就把木棍当成行军时的三件宝之一（另两件是草鞋和笔）。有了这件宝，可以探路，可以支简易帐篷，可以拄着休息，实为宝物一件呢！

军部把唯一的骑兵连留给收容队，一方面是为了用马匹驮乘重病伤员；另一方面也是为了保证安全。

进入藏区后，我们时常受到一些藏人武装的骚扰，多则几百人，少则几十人。大部队行动时他们不敢接近，一旦发现小股部队或掉队人员便突然而至，打一阵又跑，因此也造成了一定的损失和伤亡。这些武装大多都是由藏族上层反动分子所组成，但也有少数是不明真相的贫苦藏民。收容队置于大部队之尾，人少枪单，且有伤病人员和女性，常常是他们袭击的主要对象。

到达阿坝当天的拂晓，我们还在宿营，忽然从侧面涌出一伙藏民武装，骑着马、举着刀呼嚎而来。这些人一般都有四件武器：火枪、长矛、大刀、小刀。常使的多是大刀、长矛，也许怕使用火枪，枪声引来救兵。但他们没有想到我们有骑兵。见此，我命令骑兵快速迎敌。他们看见我们有骑兵阻挡，便立即撤了下去。这些人有时只是为了抢夺财物，并无杀人害命之意，所以，我们也多是将其拦住或吓跑为止，很少置其于死地。

七天之后，我们赶到阿坝的九军驻地。一路上收容伤病掉队人员200余人，除3人因伤病过重牺牲外，其他大部途中即已归队，与我们同时到达的还有30余人。

七昼夜我感觉似乎七年一样长，它使我感受到了漫漫长征路的无情与有情。

收容队的出色工作受到了军首长和部队同志的一致好评。

选自徐国夫:《大漠风声疾》,白山出版社1998年10月第1版,第79—85页。

北上的艰苦岁月[①]

何坤

炮打杂谷脑

没过几天，红四方面军全过了岷江到达懋功去迎接中央红军。在懋功以北的达维镇红一、四方面军会师了，毛泽东主席、朱德总司令、周恩来副主席和四方面军的张国焘、第三十军政委李先念会师后召开了会师大会。红一、四方面军会合后的兵力达到了十多万。随后，中共中央在两河口召开了政治会议，形成决定，指出："我们的战略方针是集中主力向北进攻，在运动战中大量消灭敌人，首先取得甘肃南部，以创造川陕甘苏区根据地。"两大主力会师后兵力大大增强，又有正确的指导方针，局势是十分有利的。

我们总医院是机关人员与妇女独立师同行。张琴秋同志时任四方面军妇女独立师的师长。我们路经西康的杂谷脑时，遇到了阻力。杂谷脑是由反动土司统治着的，有一座很大的喇嘛庙，喇嘛很多，不让队伍通过。我们派人交涉，说不通，他们死活就是不让红军通过。

我们试图绕过这里，然而不行。喇嘛庙是背山建筑的三层楼，庙前是一片开阔地，庙坎下是通往马尔坎、卓克基的大路，除了此路无路可

① 题目为编者所拟。

走。路边又是一条大河，水流湍急，人是根本过不去的。我们在这里又不能耽误时间，生怕影响与中央红军的会师。经研究，最后决定只能采取硬攻。妇女独立师张琴秋师长发动了对杂谷脑的强攻，战斗进行了两天，就是攻不下来。最后实在没办法了只好开炮攻打，想保护寺庙的良好愿望实在是无法实现了，只好这样。妇女独立师向喇嘛庙发了两炮，个个炸弹很准确地打在庙楼上，第二、三层楼炸塌了，冒起浓浓的黑烟，反动土司只得裹挟了不少喇嘛逃跑。有人说红军的炮弹长眼了，正好打准了庙楼。我们占领了杂谷脑庙，清理喇嘛庙时，在火堆中发现了很多白洋，给我们增加了供给，解决了不少问题。

打开通道，我们很快通过了杂谷脑庙。继而来的二分院也得以从这里顺利通过。

没过多久，二分院的易明成主任又把我从周吉安同志那儿要回来，我又到二分院药房任司药，我们一伙老相识见面格外亲热，问长问短。

二分院在西康的转角楼住了很长时间。驻防可以得到休整，但我在这里却遇到了麻烦……

生病追赶部队

在转角楼驻防时我生病了，患的是急性痢疾。我虽然是在药房工作，但却没有治疗痢疾的药物，只能依靠自身的免疫力抵抗。又加上当时的生活很困难，每天吃的主食是荞麦苗，没有任何油盐可调剂，更没有条件选择易消化的食物。因此我的腹泻持续了十多天，脱水很厉害，我站也站不起来，真要行动一下就得爬。十多天后我的病才好了点，但身体十分虚弱，一时不可能恢复体力。就在此时，部队出发了，也许是情况太紧急，没有人来通知我一声，部队就全走了。待我知道后，挑药箱的挑夫走了，村子里的人也全走了。我是司药，有一对药箱还放在我的住处，挑药箱的人找不到我也没有办法了，只好由我这身体极度虚弱的人来挑。

部队走了我心里很急，还怕村子里来了坏人抢走药品，一时间急得满身流汗。我硬撑着身体，挑着药箱艰难地走。我知道这药箱里的药品和器械对于部队的重要性，这全是给红军将士们医治伤病所必需的，只要我在就一点也不能丢。一个小红军和医务工作者的责任给了我勇气，我已 17 岁了，我要挑着走！但由于我的身体太虚弱，挑起来东倒西歪走不了几步。我记着我在家十二三岁也常背柴去卖，就进村找到一个背筐，将药箱里的东西全装在背筐里，我下决心一定要把药品背上去追赶部队。

部队向什么地方去了，我不知道，出了村只能靠着感觉顺着一条大路往前走。大路在眼前延伸，伸向山里了，蜿蜒曲折。我沿着山路奔走，满身大汗。前面遇上了一片原始森林，我又害怕遇到野兽，真是提心吊胆！好不容易走出森林又是大山，我一连翻越了三座大山，看看前面依然是延伸出去的山路，却看不见部队的影子。我累极了，走一步都需要咬着牙鼓劲，这才能走出去。说实在的，这时候全凭追赶部队的一种精神支撑着，如果连这点精神也没有了，很可能就地躺倒了再也起不来。我身上的汗跟下雨一样往下流，衣服贴到身上，眼前金花四起。我心里只有一个想法，那就是追赶，只有追赶上部队才有一切，绝不能松劲，绝不能坐下休息，坐下就走不了啦！

我艰难地向前走，不知走了多长时间，我又翻越了一座大山。站在高处往前一看，终于看见部队了，一阵兴奋。我好像换了个人，背筐也忽然感觉变得轻多了，劲头也大了，我像飞一样下山，嘴里还不住的呼喊。我赶上部队了，一下扑到易明成主任跟前，他抱住我，把背筐从我的背上解下来，我再也动弹不了啦。同志们前来慰问我，安慰我，他们也在为我着急呢。

我把我的情况向易明成主任说了一遍，他给了我很多鼓励，也为部队撤离时没通知到我而愧疚。

过草地

部队出发了，我们二分院跟随部队从大藏寺进入草地。听说到阿坝有粮食供给，结果到了阿坝，部队也没得到粮食。部队在出发前都没做带干粮的准备，都以为跟往常在内地行军一样，宿营地有房住，有人家，有粮食吃，结果既无房舍、人家，又无粮食吃，整个部队只好采野菜充饥。

就这样经过好多天在草地连续行军才到达噶曲河，我们到噶曲河后不知何原因传说噶曲河水涨，结果这时的左路军和红五军团①，还有跟右路军走的红军总卫生部队都从噶曲河畔退回到西康省马尔坎、卓克基一带。这时我们都感到很奇怪，为什么红一方面军都往前走了，四方面军反而又从噶曲河退回到西康马尔坎、卓克基一带不出草地?

左路军这两次在草地的往返，没有粮食吃，全靠吃野菜。这是人为造成的，是领导造成的，关键是领导没有思想认识，没有精神准备，把走草地看成是与往常在内地行军一样，结果使左路军全体红军将士们在生活上遇到极大的困难，只能靠吃野菜来维持生命。这时左路军从噶曲河又退回到马尔坎、卓克基一带，说是休整，也不知真正原因。

节选自何坤:《艰苦岁月长征路》，载内蒙古自治区党委党史研究室编:《长征中的故事》，2006年10月编印，第233—237页。

① 文中此处说法不准确。1935年7月21日，红军第五军团改称第五军。8月初，中央规定以中央红军第五、第三十二和红四方面军第九、第三十一、第三十三军组成左路军。

艰苦的草地行军

潘峰

1935年6月，红四方面军同红一方面军在川西懋功地区胜利会师。尔后，在党中央和毛主席的直接领导下，红军兵分两路开始北上。左路军由朱德总司令、张国焘率领，右路军由毛主席、周副主席率领。徐向前同志为前敌总指挥，也在右路军。我所在的三十军编在右路军。我们二六九团是全军的后卫，担负着阻挡尾追之敌和收容全军掉队人员的任务。

二六九团是个在战火中诞生成长的硬棒棒的部队。它于1933年7月组建，在川陕边苏区两年多的时间里，先后参加了大大小小数十次战斗，每次都是出色地完成任务。全团从干部到战士，上上下下劲儿总是鼓得足足的，在战斗中总想抢个“硬骨头”啃啃。特别是跟红一方面军兄弟部队会师以后，想到今后能够在党中央的直接领导下战斗，情绪更加高昂了。这次过草地，虽说没有当上“先锋”，但捞上了个“殿后”，大家也挺高兴，认为这个任务也很重要、很光荣。出发前，我们计算好到达草地北沿目的地的路程，准备了七天的干粮。等主力部队出发三天后，我们全团3000多人也雄赳赳地跨上征程，大踏步地向草地开进了。

草地，当人们还没有真正接触它，认识它的时候，或许会被这带着诗情的名字、被那幅有画意的外貌所吸引，以至痴情神往。这里，没有硝烟，没有弹坑，没有枪炮声，沉睡了千百年的草地，始终保持着它那死一般的寂静。然而，对我们来说，它却不是友好的“主人”。当我们这些远方来客一踏上这块土地的时候，它便像一头饿急了的野兽，张开大口，向我们扑来，其凶狠不亚于敌人的进攻。饥饿，寒冷、泥沼……在我们的前进路上布下了一道道难关。

当时，我们这个团一无电台，二无向导，就靠一个指北针定方向。开始，我们想得很简单，认为这段路上既没有山，也没有河，平平坦坦的，只要认准了方向，一直朝北走就行了。再说，前面有大部队带路，怕啥！谁知一碰到实际，问题就来了。方圆数百里的草地，一片荒凉，没有人烟，甚至连鸟都极少见到。到处是沼泽和泥潭，哪有路好走！我们不得不经常避开这种危险地带，绕道而行。这样七绕八拐，便迷失了方向，有时走了好半天又转回到老地方。想沿着前面部队的脚印行进，更难。在那茫茫无际的草地上，水草深浅高矮不一，有的地方像草坪，有的地方草长半人高，人踩过之后，草很快地又竖起来，后面的人，很难看出足迹。我们进草地走了不到三天，便再也找不到前面部队的踪迹,同主力部队失掉了联系。加上我们收容了一部分伤病员,行进缓慢，离前进中的主力部队之间距离越拉越远。

面对这种情况，怎么办？从上到下，每个指战员都很焦急。然而，大家的信念依然十分坚定：走出草地，完成北上！同志们表示，红军战士是钢铁汉，打不垮，拖不烂。只要有口气，就要战胜困难走出草地，就是倒，也要让身体向前方倒！走！就这样，我们这个团便独自开始了艰难的草地行军。

困难，预想不到的困难，就像讨厌的蝗虫一样，纷纷向我们飞扑而来。

首先是饥饿的袭击。进入草地我们天天往前走，干粮全部吃光了。饿着肚子又走了两天，仍然是既望不到草地的边，又找不到大部队的影。人是铁，饭是钢，多日在草地上跋涉的劳累，又处于断粮状态，只好暂停下来，想办法。可是，办法在哪里？我们这一支孤军在漫无人烟的不毛之地上，连一丁点口粮都没有了啊！怎么办？我们只好把骡马杀掉，分到连队去让干部战士们吃，然后又在驻地周围挖野菜吃，最后只好把仅有的皮带煮熟充饥。因为那一带大部分是水草地，地下水是多年淤积腐烂发臭的死水，想找到一点干净水和牛粪做燃料都是比较困难的。野菜中灰灰菜算是上等菜，其次是大黄叶子、野芹菜、野韭菜、籽籽菜、刺儿菜、花菜、锯齿菜、野蒜等。有好多野菜，其实我们并不晓得它们的真名实姓，大部分是按它长的形状起的名字。这些野菜因肚子饿的关系，吃起来也感觉不到什么怪味（大黄叶子、籽籽菜经过烤干可以当旱烟抽）。寻找野菜时，不管是哪个单位或个人发现有大片野菜，就马上通知兄弟单位来挖，大家分享，这种革命友爱精神用语言难以形容。由于连续光吃野菜，又缺盐，有的野菜因缺少燃料煮的半生不熟就吃，部队发生了浮肿，病号日增，困难就更大了。不久，连营地周围的野菜也吃光了。我们只好转移到新的营地。一天，有几个同志发现一种罕见的山萝卜，类似山药蛋形状，颜色是灰的。当时因为采的数量很少，大伙儿还互相谦让，由部分同志分着吃了。哪晓得到了半夜，这些同志上吐下泻，有的还大叫大闹。卫生队长带着医生立即查明情况，原来是吃“山萝卜”中了毒，精神错乱。闹到天明，中毒轻的同志呕吐、头晕、头痛、四肢无力；中毒重的同志竟被夺去了宝贵的生命。根据这种情况，我们决定马上向北转移到新的营地寻找野菜充饥。面对许多病号怎么办？各支部召开临时紧急党员会，任务是：“把牺牲的同志立即掩埋好，不准丢掉一个病号、一支枪、一粒子弹”，干部和党员分工带头。团卫生队有几副担架，实在不能走的重病号，由各单位轮流派人抬，一副担架由四个人或者六个人换着抬，轻病号由两个人负责搀扶一个。同志们发扬了高度的阶级友爱精神，身体比较强的同志争先恐后地帮助身体弱的有病的同志，大家互相勉励，拖着沉重的双腿，一脚水一脚泥地艰难前进着。即使在这种情况下，我们的同志依然很乐观，战士们编了许多顺口溜，如：“身无御寒衣，肚内饥，晕倒爬起来，跟上去，走到宿营地”、“天上无飞鸟，地上无人烟，茫茫草原，蓝蓝的天，只有红军亲眼见”、“天当被、地当床，暴雨来了当蚊帐”、“翻雪山，过草地，锻炼红军真本事”、“同志们鼓足劲，前面就是宿营地”、用这些顺口溜，鼓动着大家前进。

饥饿加劳乏就够受的了，老天爷也在残酷地欺负我们这些远方来客。草地上的气候，变化无常。时而风雨交加，冷得让人发抖；时而烈日当空，热得人全身是汗，可是一转眼工夫，又会乌云满空，大冰雹铺天盖地的砸下来，砸得人躲都无处躲……

天欺侮远来客，地也欺侮“外乡”人。草地的地形地貌地物与内地大不相同，那里是川西高原，平均海拔高在3000米以上，空气稀薄，自然氧供应量小，观察易误，行走易乏，搞得我们非常疲劳。更叫人恼火的是小片沼泽地和泥潭，死水坑太多，毫不夸张地说，真是星罗棋布。这给草地行军又增加了一层困难。那些小洼洼，水不深，泥层厚，稍一不慎掉进去，一会儿工夫就被淤泥吞没了，有不少同志就是这样牺牲了的。后来我们才学会了一种营救落入泥坑者的办法。谁掉进泥潭都不要动（越动陷下去越快），由岸上人伸出枪支、扁担或绳子，小心翼翼地把“失足”人拖出来。这个办法说来简单，可在当时，这办法不知挽救了多少人的生命。

面临着这么多困难，大家都这样想：我们二六九团组建两年来，打了许多恶仗、硬仗，能攻善守。在阶级敌人面前，我们是英雄部队，难道就这样被困死在草地上？不行！得想办法排除万难，摆脱险境，尽量减少损失，为党为革命把这个团保存下来，走上新的征途。

走不动了，停下来，开会，研究办法。各级干部会，各级党组织会。克服困难的办法虽然一下子想不出多少，但是大家有一个共同信念，我们一定能战胜困难，胜利前进。大家想到，我们红四方面军自打黄麻暴动起家，在最困难的时候只剩下六七十个人，跑到木兰山上打游击。就凭那么点星星之火，终于发展成鄂豫皖三省边区割据燎原之势，后来又西进创建了川陕苏区。在与自然界斗争中，我们也曾有翻越大雪山接应兄弟部队的经历，走雪山所遇到的困难，也是相当严重的，但我们都挺过来了。马列主义必胜，这一信念是坚定不移的。

我们统一了认识，也就有了战胜困难的信心。要解决的最紧迫的问题是粮食，野生动物又被已过去了的大部队惊跑了。怎么办？杀马吃，吃光了牲口还是找不到大部队。挖野菜吃。从团的领导干部到每一个战士，确实做到了完全平等，真是有难同当了。有时候野菜也找不到，就煮皮带吃，我们红二六九团把皮带都吃光了。古话说：“饥不择食”，我们在吃皮带的时候，还觉得满可口哩。

再一个是燃料问题，草地上根本无树木柴禾，草是青的，烧不着。那就只有拣干兽粪做燃料。在当时条件下，干兽粪很宝贵，一摊都舍不得丢，烧不完还得带上。

这样我们就得逐野菜和兽粪而行动。行动中又常会遇到风雨和冰雹袭击，草地一夜间就等于内地一年四季的气候变化，夜间是很冷的。那时候我们也没有防雨和御寒装备，住下来只能三五人一群，枪架作撑杆，蒙上两层褴褛的破被单，挡风遮雨。大家身上都淋湿了，只有相互靠紧，实在冷得无法了就烧起兽粪火来取暖。这样一天天熬下来，也记不清有多少天了，普遍浮肿，病号日增，行动更加困难。愈是困难，干部的模范带头作用，党支部的堡垒作用，就愈是发挥得好。部队日常工作制度，始终坚持不懈，在严重的困难面前，部队的团结和组织纪律观念更强了。每天的大小休息，照常开展文娱活动，唱歌，做游戏，有时还演些小节目。四川籍战士很多人会说评书，摆龙门阵，逗得大家捧腹大笑，忘记了疲乏和病痛，革命乐观主义精神，完全压倒了困难，从未被困难所压倒。在种种困难面前，团里统一提出行动口号：“不丢一个人，不丢一支枪和一粒子弹”。其实到了这时候，全团身体好的不多了，行动中就是轻病号抬着重病号，而此时所谓轻病号，在通常情况下也都是重病号。六个人抬一副担架走几里地就要换人，不分干部战士都轮换着抬担架，不抬担架时也是相互搀扶着走，全靠毅力支撑着挪动脚步。在这种情况下，共同信仰和阶级友爱就像一根无形的精神纽带，把大家联结在一起，全团更加团结，意志也更加坚定，不找到大部队决不止步。

有一天正在途中休息，突然发现左前方来了一支队伍。一遇“敌情”，同志们顾不得疲乏和伤病苦痛，立刻抢占有利地形，准备战斗。那支队伍越来越近，这时我们才看清来的是自己部队。大家高兴极了，欢呼着一涌而上，迎接兄弟部队。从他们口中才得知，自从我们团失掉联系后，上级非常着急，关心我们的安危，曾经派部队四出寻找，这支部队就是军首长派来接应我们的。他们带来了食物和药品，更重要的是带来了党的温暖。红军都是在烈火中炼出来的钢铁战士，出入枪林弹雨，从来是流血不流泪的。可是，这一次，我们和接应部队相互拥抱着，都情不自禁地流下了热泪。二六九团得救了！我们终于胜利地走出了草地！

我们到达包座附近只休整了三天，就参加了包座之战。战场上，同志们依然个个像小老虎一样，精神抖擞，猛打猛冲，丝毫看不出是一支刚刚历尽千辛万苦的“疲惫之师”。这一仗，我们和兄弟部队一起，全歼装备精良、物资充足的胡宗南部四十九师6000余人。当我们扛着战利品，押着战俘凯旋而归的时候，每个同志脸上都露出了胜利的微笑。

选自中国人民解放军历史资料丛书编审委员会编：《红军长征·回忆史料（1）》，解放军出版社1990年11月第1版，第554—558页。

潘峰，1915年生，安徽六安人。1929年加入农民协会并参加六霍起义，1930年参加中国工农红军，1931年加入中国共产主义青年团，1932年转

入中国共产党。红军长征时任红四方面军第三十军九十师二六七团营政治委员、团政治处组织股股长，第二六九团营长。新中国成立后，曾任华北军区干部部副部长、军委防空军干部部部长、全国政协委员等职。1955年被授予少将军衔。1994年在北京逝世。

北上攻打包座

徐芝富

1935 年 6 月中旬，在遵义会议之后，我们同红一方面军胜利会师。

遵义会议是中国革命的转折点。在这个会议上纠正了“左”倾教条主义错误在中央的统治，确立了毛泽东在全党和中央的领导地位。我们四方面军的指战员，除了极少数人看到过毛泽东外，其余都没见过，只是听说过毛泽东的名字。在进入藏族地区以后，虽然大家都很疲劳，但听说毛泽东带领着部队快到了，大家都非常高兴，士气更加高昂，急切盼望与中央红军会师。可是由于部队任务不同，我们这个师向松潘方向进军，而由四方面军的另一支部队向懋功进发去迎接中央红军。直到毛儿盖以后，我们才看到党中央机关。

毛儿盖离草地不远，可以说在草地边上。中央政治局在毛儿盖附近的沙窝召开了会议，给我们确定了明确的目标——北上抗日。而我们接到北上的第一个任务就是要攻打包座。

包座由胡宗南的一支部队驻守，人数不多，只有一个团。可是在松潘却有敌人一个师。如果我们攻打包座，松潘的敌人就一定会来增援。因此我们除一部分围攻包座外，大部分主力要用来消灭敌人援军。如果我们不把这两股敌人消灭，红军就过不了草地，抗日的目的也就达不到，因此这仗非打不可。

我们的驻地离毛儿盖还有十几里。记得我们出发的那天，首长对我们进行了动员，讲了打好这一仗的重要意义，要求大家要不怕困难、不怕流血牺牲，坚决把敌人消灭掉。动员之后，我们都穿着整齐的服装，精神抖擞，信心百倍，扛着枪，唱着歌出发了。毛儿盖不过是只有几十户人家的一个小镇，我们在离镇还有一二里远时，就看到在部队经过的道路两旁有很多老百姓正在欢迎我们，他们中有的提着瓦壶，有的拿着粗碗，给我们送茶送水。站在路两旁的，有老有少，有男有女，有的带着枪，有的放声高歌，有的欢呼大笑。时不时有人举拳高呼口号，还有人——多半是女同志，冲到路上跳起红军舞，她们虽然穿着很破的衣服，面孔也很消瘦，但一个个脸上都带着开心的笑容，就像过节那么高兴。看得出老百姓对我们红军的感情很深，发自内心地支持毛泽东领导的工农红军。

选自徐芝富:《长征岁月》，载中共南京市委党史工作办公室、中共南京市鼓楼区委党史工作办公室编:《红旗漫卷——南京部分老红军口述长征史》，中共党史出版社2006年10月第1版，第135—136页。

闪过“虎头”打“屁股”

杨政和

我们红四方面军和中央红军会师后，从懋功出发沿岷江西岸边打边走，直奔号称摩天岭的松潘。

松潘，是川甘咽喉之地，是红军出川入甘的唯一通路。地势十分险要，山高壁陡，接天依水，古树参天，只有一条路可以攀登。就在这条路上，敌人设下了重兵，每隔几里路，就有一道坚固的铁闸门。据说是“山高三十里,闸门五十座”。当地的老百姓,称这里是“阳间鬼门关”。胡宗南把主力部队摆在松潘，分兵一部在松潘以北的上、下包座。其阵势，像一只“老虎”蹲在红军前进的路上。如果说松潘是“虎头”，那么包座就是它的“屁股”了。

我军在攻击松潘受挫之后,便暂时歇兵山下,开起了“诸葛亮会”。最后决定从松潘山下绕过去，打敌人的屁股。困难的是，这山下有一片湖水。我军既无船，又无筏，怎么渡过去呢？经过研究，我们就地伐木造筏，各处去搜罗藏胞用的牛皮船。准备妥当之后，在一个晚上，开始了行动。为了迷惑敌人，在行动的同时，先以一小部兵力佯攻松潘。其余的部队，悄悄地跳上了木筏、牛皮船。

“登陆”之后，连一条小路都没有。傍山遍坡，尽是大树，地上的荒草比人还深。荒草里还有野藤、乱石和烂泥塘。有的同志狠狠地低声骂着：“他妈的，真进了鬼门关！”

这个地势，是上级早已预料到的，即派一支精悍的开路队，斜背着枪，挥动着铁铣、洋镐，劈荆砍棘，填坑铲草，一步步地修筑道路。有的地方实在难以开出路来，便用一条粗绳拴在树上，一个个顺绳而过。我们一面走，一面想：“这哪里是行军，简直是探险队爬山。”

据后来听说，松潘的敌人天亮不见红军的踪迹，向他们的高级指挥官洋洋得意地报告说：“共军过不了松潘，已被迫撤退了。”而包座的敌人，自知红军没攻下松潘，也高枕无忧地唱开了小调。直到我军奔袭到了包座阵前，敌人才如大梦初醒，连连叫苦。上包座的敌人一个旅仓促应战不及，最后便退守在一个坚固的喇嘛寨里。这个寨的四周，是四五丈高、三尺多厚的石头墙，十分坚固。我们三十六团的张团长，一面派人向顽抗的敌人喊话，一面组织人赶造爬房的梯子。参加突击队的人，多半是干部，每人都配备着“三大件”：马刀、手枪、手榴弹。一声号响，突击队一手提枪，一手握刀，爬上了梯子。前边的人倒下，后边的人上去；这个梯子断了，另一个梯子又竖起来。激战半夜，我们爬上了围墙，将敌人歼灭大部，一股残敌被压缩到一个碉堡楼里。

就在这时，天大亮了。蒋介石派来了飞机，嗡嗡转了几圈，投下了大批的大米、白面和罐头。我们歇兵喇叭寨四周，大会餐一顿。有的同志吃着罐头，望着飞回的飞机说：“他妈的，还以为自己完成了任务呢？”有的就说：“它这次的任务就是‘慰劳’吗！”

我们饱餐之后，精神百倍，最后向顽守高楼的敌人发起了攻击，冲锋号一响，我们便把浸透了煤油的木头点着火，向困守的敌人扔去。顿时，敌人守的屋顶一片火海，烧得敌人惨叫，碎石爆飞。一部分死不缴枪的家伙，仍是缩到房底下不肯出来。我们冲上去挖房脚，便把这些顽固的东西，全部埋葬在碎石堆里。

两天两夜的包座战斗，以红军的胜利而告结束了。事后，我们给这次战斗起了个名，就叫它："闪过虎头打屁股"。当然，屁股一打烂，这个"虎头"也就完蛋了。

选自中国人民解放军三十年编辑部编:《中国人民解放军三十年初选稿》第一卷第三辑（二），第6—7页。

杨政和，1913 年生，四川阆中人。1933 年参加中国工农红军，1936 年加入中国共产党。红军长征时任红四方面军第四军十二师三十六团政治处宣传股股长等。新中国成立后，曾任河南省开封市兵役局第二政治委员等职。2007 年在开封逝世。

包座之战

程世才

红四方面军在懋功与中央红军会师之后，经过了一个时期的休整，开始北上。在我军到达毛儿盖以前，敌胡宗南部已派兵扼守我军必经之地——救济寺、包座；与此同时，又调驻松潘的四十九师向包座增援，企图阻止我军北进，并防止我军东进。

在这种情况下，上级命令我们三十军去歼灭敌四十九师并打下包座。我们接到命令后，就带领部队出发，路过中央驻地毛儿盖时，见到了毛主席和其他首长。

徐向前总指挥作过介绍后，毛主席和我们一一握手。毛主席穿一身普通的灰布衣裳，戴着八角帽子，手里拿着一张北上路线略图。因为是在一座寺庙里，没有桌椅和凳子，地图只好铺在地下。大家环绕着地图，有的坐一块木板，有的干脆蹲下。毛主席详细地询问着我们部队的情况，如掉队多少，各连多少人，战士们情绪高不高，生活怎样，休息了几天，是不是解了疲乏，粮食困难是否克服了，打仗准备了给养没有，等等。然后毛主席就我们将要执行的战斗任务作了指示，并着重谈到建立抗日根据地的问题，说明全国抗日高潮即将到来，整个形势对我们有利。

毛主席对当时形势的分析和那关怀部属和战士的问话与和蔼可亲的态度，给我们留下了不可磨灭的印象。

离开毛主席以后，我们全军指战员都怀着最大的决心和必胜的信心经过草地向包座进发。

包座守敌是胡宗南部独立旅的一个团。团部驻在大喇嘛寺内。这座寺庙紧靠着一座五六百米高的大山。寺前有一条小河，虽然只有两丈宽，但因为正值草地雨季，河水深而湍急，是一道天然屏障。敌人控制了制高点,在山坡上的松林里建立了六七个外围据点,构成一个防御区。

外围据点的敌人，从荫蔽的碉堡里向我进攻的部队射击，使我军每前进一步都要付出代价。但战士们打的十分勇猛顽强，当天便攻占了许多碉堡，歼灭了两个连的敌人。

入夜，侦察处根据已掌握的敌情和俘虏的口供，绘制了包座守敌和增援部队路线图，并将地图和俘虏中的敌军一个排长、两个班长送来军指挥部。这三个人，已经知道了我军宽待俘虏的政策，因此并不怎么害怕。我们审问了俘虏，将他们的口供和侦察处的报告相对照，进一步查明了敌人的情况。之后，我们就去察看地形。这夜虽有月光，但夜雾蒙蒙，看不甚远。我们时而骑马，时而步行，摸到包座跟前察看后，又对敌增援部队的来路进行了重点勘察。

我们知道,增援的敌四十九师是胡宗南的主力军,共约 1.2 万多人。而我们虽然是一个军，但由于过雪山、草地缺乏粮食，没有油盐，战士们的体力已受到严重的损害，减员也很多。加上拨出一个师部和一个团编到一方面军后，全军总共只有 1.3 万多人。要歼灭装备比我们好、数量几乎和我们相等的敌人，确实是一个艰巨的任务。在这种情况下，要把仗打好，就更要依靠正确的判断，周密的计划。因此我们一夜之间，除看地形外，并反复研究，特别仔细地制定了作战方案。

翌日上午，我们除用一个团的兵力继续围攻包座外，将主力布置在敌人援军必经之地——西面山上，并派小部兵力控制了东山制高点。

本来据俘虏供称，敌人增援部队在这天下午到达。但敌人没有按时来。我军经过连续急行军是很疲倦的，尤其是各级指挥员因通夜未眠，两个眼皮常常不自觉地合拢来。然而，大家都想尽办法不打瞌睡，焦灼地等待着战斗。又等了一夜零半天，敌人才沿着松潘通包座的道路浩浩荡荡地来了。同志们的精神立即振作起来，兴奋地说："该死的敌人，你到底来了！"

中午12点钟，战斗打响了。为了全歼敌人，我们预定在敌主力进入我埋伏圈后再出击。可是敌人十分狡猾，先用一部分兵力搜索前进，企图在与我接触后先进行局部战斗，抢占有利地形，然后主力再前进。我们看穿了敌人这一诡计，命令山上的主力部队隐蔽好，只以正面的一个团在一些次要的小山头上抗击，给敌人大量杀伤后就节节撤退，以诱敌大胆深入。这座山顺着山势下来有许多小山包；山上是森林，净是一搂粗的大松树，十分便于隐蔽。因此，骄傲的敌人像瞎子一样，摸不透我军的情况；又因为距离包座只有十几里路了，救急心切，推进很快，这样正中了我军之计。

在节节抗击中，我军不仅使敌人受到不小的伤亡和消耗，而且摸到了敌人的战斗力与作战特点：敌方的小集团（连、排）战斗打得比较灵活，并相当顽强；火力也很强，每待冲锋时，除了有很多轻重机枪掩护外，还用迫击炮、小炮等武器轰击我前沿和纵深。距离火线只有二三里的我军指挥所附近，不断有炮弹爆炸。针对上述情况，我们决定采取多梯队的疏散队形进攻。同时集中火力狠打猛打它一点。

敌主力进入我预定的埋伏圈时，已到下午3点了。照预计，在黄昏前发动猛攻较为有利，但是敌人主力既然已经来到，就需要提前发起总攻击。军指挥部在5点钟发出总攻命令和信号后，隐蔽在山上的我军，一齐向敌人出击，枪声、炮声和手榴弹的爆炸声响成一片，六七里长的战场，打成了一片火海。

从地势上来讲，我们是居高临下，但敌人有纵深配备，并占据着许多小山头。漫山遍野都是大松树和灌木丛，敌人运动兵力我们看不到。我军冲到哪里，哪里的敌人就利用树林，山包或河坎作掩护，拼命地守卫，拼命地反击。在这种情况下我军展开了更猛烈的攻击，把敌人拦腰斩成了三段。同时用仅有的几十发迫击炮弹轰击集群的敌人。战士们用手榴弹、刺刀同敌人厮杀，前边的倒下了，后边的又冲上去，整个战线都展开了肉搏战。一个山头被敌人抢占了，我们就把它夺回来。

师、团掌握的所有预备队和机关的干部、宣传员、炊事员、饲养员也都拿起枪来参战。军的指挥部起初用电话通信和指挥，最后出击时我们军部的几个同志也随部队到了前边。

切断敌人第一段的我二六八团，打的最出色。左右两面的敌人向他们夹击，他们像一把钢刀一样横插在中间，左右猛冲，数次打垮敌人的反扑。当我们经过这段阵地的时候，几乎每一步都会踏到烈士们洒的鲜血。有一个烈士，一只胳膊打断了，另一只手里还紧紧握着大刀片。这种情景是十分令人感动的。

战斗一直激烈地进行了七八个小时。我军终于把截成三段的敌人一段段啃掉了。敌人的师长伍诚仁受重伤后跳了河，另有一个团长和一个副团长作了俘虏。

敌主力被歼，后勤部队企图逃跑，我军以一部兵力猛追，缴了七八百条牦牛和马匹，这些牲口驮的粮食和弹药也都成了我们的战利品。

与此同时，围攻包座的我军，也向喇嘛寺里的敌人发动了几次猛攻。夜间两点钟，守敌除有二三百人趁大雾向南坪方向逃跑外，全部就歼。逃跑的敌人，曾放火烧寺里的粮库，我军攻占后迅速地将火扑灭。有的战士跳到冒着烟的粮仓里，抓出烧得焦糊的粮食，大口地吞嚼。他们是忍着饥饿同敌人厮杀，取得胜利的！

守在喇嘛寺后高山上的敌人，约有 200 人。我军为了减少伤亡，只将他们团团围住，没有进行攻击。在攻占喇嘛寺以后，正像我们所预料的一样，敌人看到大势已去，就乖乖地交了枪。

至此，包座战斗全部胜利结束。一万多敌人，除了 4000 多被打死和少数的逃跑了以外，其余都当了俘虏。

包座的胜利，为红军继续北进清除了一块绊脚石，也是红四方面军战斗史上光荣的一页。

选自《解放军报》1975年10月18日。

包座之战

张开基

包座之战是扫除长征路上障碍的重要战斗之一。

这已经是20多年前的1935年的秋季的事了。那时我在红四方面军八十九师二六七团四连当排长。我们部队与红一方面军胜利会师后，就向松潘前进。沿路不断与敌人进行战斗，翻越过海拔5000公尺、五黄六月气候也是零下数度的雪山，越过了一望无际长年积水的草地，到达了班佑。好容易经过几个月的连续行军与战斗，大家欢天喜地正以为可以住上房子歇口气了，谁知刚歇下脚几个钟头，半夜里师部来了命令，要我们立即向巴西救济寺方向前进。老天爷好像故意与人作难，一个劲儿地下着大雨，同志们的衣服、装具全部湿透了，像从河里刚捞出来的一样，被冻得浑身紫青，满是鸡皮疙瘩。但是大家情绪很高涨，行军的文娱活动仍然很活跃。大家都知道目前只有一个任务，那就是前进再前进！

第二天上午10点半钟，前面遇上了敌人，我们立刻奉命向敌人把守的一个山头前进。快接近敌人的时候，隐隐约约发现敌人都是穿着灰制服，大家都很高兴：一定是敌人的正规部队，保险有弹药、枪支，还会有吃的东西。大家一心要换支好枪，多弄一点子弹装备自己，所以加速前进。这时敌人也发觉了我们，拼命地射击，用机枪封锁了我们前进的道路。天还下着大雨，子弹也像雨点一样落下来，但为了要急于消灭敌人，同志们不顾一切地向前冲去，很快就冲进了敌人的阵地，敌人还没来得及还手，我们就用一排手榴弹把前哨敌人的一个排消灭了。我们正要继续向上冲时，突然接到上级命令，要我们巩固已得阵地，等下午交给兄弟部队接守后，马上撤回班佑去。“撤回班佑？”当时同志们都很奇怪，弄不清是什么原因，有个别同志还发牢骚说：“正要打个大胜仗，又后撤了，真倒霉！”当晚回到班佑后，大家还议论纷纷，有人估计：可能有更重要的任务要交给我们去完成。

过了一晚，第二天中午团政委来到我们连队，大家都围住他问长问短。他把大家集合起来，介绍了情况，说，昨天打的不是主要敌人，要我们去包座打主要敌人，并说那里有更重要的任务等着我们。他的话刚讲到这里，不知是谁喊了声：“服从指挥，坚决完成重要任务！”大家的情绪立即沸腾起来，许多人举手报名，要求给自己分配最艰巨的任务。尽管天还下着大雨，大家穿着湿淋淋的衣服站在雨地里，一个个精神饱满，信心十足。

当天夜里，部队就出发了，急速向包座挺进。连续一天两夜没合眼，没正式吃过一顿饭，也没喝过一次开水；饿了就吃点剩下的草皮根粉，渴了就喝河中水，想打瞌睡了就自己用手拧痛大腿上的皮肉，以刺激精神。就这样，我们很快地赶到了目的地——包座。

这里已经住着中央机关的首长和许多部队，房子本来很少，好多部队都在雨地里露宿。我们干脆坐在雨地里暂时休息。在休息中，团政委把我们班以上干部集合在一堆篝火旁边，做了简单动员，主要意思是：包座住有党中央和毛主席，敌人想在此阻击我军前进，已经把部队调到包座西南一个大山头一带，因此战斗任务很重要。团政委说完了话，大家都站起来表示：要坚决保卫党中央，保卫毛主席！因为时间紧迫，我们没有多停，就从右面一座山上爬上去了。

这座山就在包座眼前，到处悬崖陡壁，壑险林深，形势险要。因为要突破敌人的阻击，保卫党中央和毛主席安全通过包座，这里就成了军事要地。虽然山高路滑，几天急行军，又没吃饭，但大家意识到任务的重要，所以仍一鼓作气，不到三个钟头就爬上了山头。一到山顶，也顾不得休息，就立即构筑工事，准备战斗。

这天傍晚的时候，在我连前面山头的五连阵地上首先发生了战斗。战斗一开始就很激烈，枪炮声连夜未停，喊杀声不时传来。五连同志连夜已打退了敌人几十次冲锋，杀伤了几百名敌人，同时五连也伤亡很大，急需支援。当时因为我们阵地不能离开，一时又抽不出人力支持，所以只好用火力阻击来杀伤敌人，直到第二天上午 11 时，敌人才勉强占了五连阵地。另一面的敌人，在下午 3 时，倚仗着密集的火力和集体冲锋，突破了我连的第一、二道前沿阵地，把我们压到最后一道堑壕内。情况万分危急，我们必须坚守阵地，必须不惜一切牺牲，保卫党中央，保卫毛主席！

敌人向我们最后一道堑壕发起了进攻，一个两个，一群两群的敌兵，弯着腰冲过来了。临近的敌人投来一颗手榴弹，冒着烟落到我跟前，我立即拾起它投回给敌人，随后，敌人又接连不断投过来手榴弹，我和指导员都用同样的办法回敬了敌人。有一次我刚拾起一颗冒烟的手榴弹，另一颗手榴弹又落在我脚前打转转，我急忙把手中的这个扔出去，同时用右脚把另一个踢出了阵地。我们居高临下看得清楚：这些回敬的手榴弹在敌人群中每爆炸一次，就有一批敌人送了命。敌人有些慌乱了，正在这个节骨眼上，我身后那挺打不响的轻机枪（因为常常没有子弹）忽然“哒哒哒”地叫起来，惊慌失措的敌人乱成一团，我一看这正是反冲击的好机会，就高声喊道：“同志们！冲呀！……”趁着迷漫的硝烟和尘土，就冲出了堑壕，立即和敌人展开了搏斗。我一个大跃步冲到敌人一个连长跟前，双手拦腰把这个家伙紧紧抱住。这家伙大概一时吓糊涂了，或者是手枪关了保险，枪也打不响了，只用它对着我的头乱敲打。我这时也不知道痛，死死地抱住他不放，决心要干掉他！我因为几天来没吃饭，饥饿和疲劳已使身体很虚弱，眼看我要被敌人摔倒时，跑过一个人，端着刺刀对着这家伙就是一刀，随后又打了一枪，结束了这个家伙的狗命，我扭头一看，原来是连部的通信员。因为战斗紧急，我们彼此只点了点头,就又同大家喊着“冲呀！杀呀！”冲向敌人群中，展开肉搏白刃战。一时枪声、喊杀声响成一片，敌人纷纷溃退，根本不敢抵抗。我们越打越猛，哪里有敌人就向哪里冲，狠狠地追击着敌人，一直把失去的阵地全部夺回，把敌人追赶得看不到了才止。战斗结束后，我们获得了两挺崭新的机枪和一大批子弹，使大家空了的子弹袋又装满了子弹。

选自杨国夫等:《星火燎原·未刊稿》第4集，解放军出版社2007年8月第1版，第154—157页。

张开基，1912 年生，四川太平（出生村庄为今属万源）人。1932 年参加中国工农红军，1935 年加入中国共产党。红军长征时任红四方面军第三十军第八十九师二六七团排长、连长。新中国成立后，曾任西北军区炮兵部副司令员兼军械部部长、陕西省军区副司令员等职。1955 年被授予少将军衔。1990 年在西安逝世。

包座之战

孙继争

1935 年 8 月 20 日，右路军在党中央、毛主席的率领下，从毛儿盖出发，进入纵横数百里的茫茫草地。我们历尽艰险，克服了种种难以想象的困难，经过五天多的艰苦行军，胜利地通过了被称为绝境的草地。

敌胡宗南发现红军过草地北上，急令四十九师向草地北端的包座增援，企图会同已占据包座的守敌，在上、下包座至阿西茸一线堵击我刚出草地的红军北上。

包座位于松潘北部，与我军驻地巴西、班佑最近距离约 15 公里左右，群山环抱，地势险要。守敌胡宗南部独立旅二团分驻上包座的大戒寺一个营，求吉寺两个营，两处凭借山险林密，筑以集群式碉堡，构成一个防御区，卡在我红军进入甘南的必经之路上。

右路军前敌指挥部刚到巴西，侦察科长就来向徐向前总指挥报告：增援包座守敌的四十九师先头部队，距包座只有 40 余里。上包座是我们出草地进入甘南的门户，为保证党中央北上方针的实现，徐总决定夺取上包座，歼灭当面守敌和增援的四十九师，为全军北上打开通路。

徐总立即赶往毛主席住处去报告。徐总对毛主席和中央领导同志非常尊重和爱戴。在工作、战斗上，他及时报告请示；在行军中，为防止敌人骑兵的袭击，他亲自部署和指挥部队保护中央纵队的两侧安全；每到宿营地时，他都要首先布置、检查对毛主席和中央领导同志的安全警卫事宜；在生活上，他指示方面军总经理部要照顾好毛主席和中央领导同志的生活。在过草地最困难的时候，徐总把在茂县发的但一直没有舍得吃的大米，派警卫员给毛主席送去。这一切，我们在徐总身边工作的同志无不为之感动。这次，毛主席仔细地听了徐总的报告，当即定下了夺取上包座的决心。

从毛主席住处回来，徐总不顾连日过草地的艰辛和劳累，便带领我们一行来到距大戒寺、求吉寺（救济寺）几百米的地方，隐蔽在原始森林里进行勘察。不料，被敌人发现了，枪、炮一齐向我们射击。我和警卫员熊家林同志几次劝他低姿观察，他却说：太低了看不清，这次战斗是我们实现中央北上方针的关键一仗，不把敌情、地形搞清楚，怎么行呢？徐总不顾身边飞过的子弹、弹片，一边用望远镜继续观察，一边把敌人暴露的火力配置全部标记在地图上。

现地勘察后，徐总回到距下包座五公里的末巴山指挥所。这里北能看到求吉寺战场，南能观察到大戒寺全貌。徐总在指挥所里，边看地图边思考，最后，我们看他在地图上画出几个红色箭头指向上包座，大家都知道，这是徐总已定下战斗部署的决心了。

徐总决心在敌四十九师主力尚未赶到之前，消灭求吉寺、大戒寺守敌，控制要点，进而歼灭增援的敌四十九师，打开出草地的门户，保证全军顺利北上甘南。具体部署是：三十军二六四团攻击大戒寺之敌；三十军主力八十八师、八十九师埋伏在上包座西北的丛林中，准备歼灭敌增援的四十九师，四军十师攻击求吉寺之敌，其主力控制各要道，并随时准备出击，消灭来犯之敌；一方面军主力集结于巴西、班佑待机。毛主席、周恩来副主席对徐总的战斗部署十分满意。徐总向各部队下达了战斗命令。

8 月 29 日，红四军、三十军各部队指战员，怀着坚决打好这一仗的必胜信心，按着徐总命令到达指定位置。黄昏，二六四团向上包座敌据点大戒寺发起进攻，敌人凭借已控制的制高点和外围松林中的六七个据点，向我进攻部队疯狂射击，使我军每前进一步，都要付出代价。二六四团指战员打得非常勇猛顽强，经过一夜激战，扫清了外围所有据点，歼敌两个连，攻占了大戒寺。残敌退据大戒寺后山碉堡负隅顽抗，等待援兵。为了诱敌援兵靠近，我军采取围而不攻。30 日夜，援敌四十九师先头部队二九一团进抵大戒寺以南。为诱敌深入，红三十军以二六四团略予阻击，且战且退至大戒寺东北山区隐蔽，只留少数兵力监视敌人行动。当夜敌进至大戒寺，31 日，敌四十九师继续北进，狡猾的敌人先用一部分兵力搜索前进，待与我接触后，先以局部战斗夺取有利地形后，主力再继续前进。徐总命令三十军主力隐蔽好，只以正面的二六六团进行节节抗击，继续诱敌深入，二六六团遵照命令在一些次要的小山头上实施抗击，给敌人以大量杀伤和消耗后就步步后撤。愚蠢的敌人像瞎子一样，摸不透我军的情况；又因包座告急，救急心切，就继续前进，结果正中了我军之计。当日下午，敌二九一、二八九两个团进到包座河西岸，二九四团进到包座河东岸，敌师部进到大戒寺以南。至此，敌四十九师全部被诱入我伏击圈内。

下午 3 点，我军向敌四十九师发起总攻，隐蔽在山上的红军将士，一齐向敌人出击，顿时，枪、炮和手榴弹爆炸声响成一片，整个六七里长的战场上，成了一片火海。

敌遭我突然攻击，抢占要点，拼命地进行反击。这时，我八十八师二六八团由包座河以西像一把钢刀一样插入敌二九一团和二八九团中间，并切断包座河东西两岸敌人的联系，将敌分割成三块。敌二八九团和二九一团拼死从南北两面向我二六八团夹击，我二六八团英勇拼杀，连续打垮了敌人数次反冲锋。接着二六三团在二六八团的协同下，猛攻包座河西北端的敌二九一团，激战一小时，即将该团歼灭。随后又向南面的敌二八九团攻击。为不使敌人逃窜，徐总命令八十九师二六七团向敌左翼迂回，抢占大戒寺南山要点，断敌退路，二六六团从正面向该敌攻击，使其头尾不能相顾，协同二六三团歼灭敌二八九团。同时隐蔽在包座河以东森林中的我二六四团，以突然动作从正面向敌二九四团发起攻击。

战斗激烈地进行着。从总的方面我们居高临下，敌人背水为阵，但敌人有纵深配备，并占据了一些小山头，尤其漫山遍野都是大松树和灌木丛，我军冲到哪里，哪里的敌人就利用树林、山包或河坎作掩护，拼命顽抗。为了夺取战斗的胜利，红三十军将师、团的所有预备队以及军部的通信连、警卫连、保卫排等都投入了战斗；军、师、团的机关干部和一些勤杂人员都拿起枪参加战斗。英雄的红军将士，不顾刚出草地的一身疲劳，忍着饥饿，向敌人发起了更猛烈的攻击，他们在包座河畔，在密林丛中，用刺刀、手榴弹和大刀同敌人厮杀，整个战线展开了肉搏战，前面的倒下了，后面的又冲上去。有的战士受了重伤，已拿不起枪，但仍用一只手抓起手榴弹，用牙咬开盖，滚向敌群，与敌人同归于尽。四军十师王友均师长，他身先士卒，带领部队攻克求吉寺，全歼守敌，但王师长却不幸中弹牺牲，同千百个在战斗中献出宝贵生命的英雄一起，为开辟北上道路流尽了最后一滴血。

经过七八个小时的激烈战斗，我军终于将胡宗南的四十九师全部歼灭。固守在大戒寺后山高地的200余敌人，看大势已去，在我们政治攻势下，全部缴械投降。至此，包座战斗胜利结束！这次战斗，共毙、伤、俘敌5000余人，敌师长伍诚仁受重伤后跳了河。缴获轻重机枪50余挺，长短枪1500余支，还缴获了大批我们最急需的牦牛、骡马、粮食、弹药等军用物资，使北上红军得到了很大补充。

战斗结束后，徐总向毛主席详细汇报了战斗情况。毛主席听后，高兴地赞扬说：四方面军干部、战士英勇善战，打得好！

包座战斗的胜利，扫清了红军北上的障碍，打开了向甘南进军的门户，为实现党中央北上的战略方针作出了重大贡献。

选自《艰苦的历程：中国工农红军第四方面军革命回

忆录选辑》（下），人民出版社1984年12月第1版，第110—114页。

孙继争，1917 年生，四川宣汉人。1932 年参加中国工农红军，1933 年加入中国共产主义青年团，1935 年转入中国共产党。红军长征时任红四方面军第三十三军九十八师二九五团连长、红四方面军总部作战科参谋。新中国成立后，曾任福州军区炮兵副司令员、闽北指挥部副司令员、福州军区炮兵顾问等职。1961 年晋升为少将军衔。2000 年在保定逝世。

攻堡战

潘焱

部队从班佑出发向救济寺①前进。今天在这条路上走着的还有老大哥部队红一方面军和我们的党中央。

从地图上看，救济寺位于草地边缘，西、北临山，东面靠河，是通往腊子口的必经之路。据说，跟踪的敌人已从松潘出发，企图先我占领救济寺，乘我长途跋涉、人困马乏，来一次突然截击，一下子吃不掉，也要把我们困死在这荒僻的大草地！

这天出发和往常一样，我还是负责收容，走在全营的最后。老远我就看见一个黑大个，他大背着两条枪，肩上还扛着一条，一晃一晃地向前走着。他是五连的藏族战士弋宜芝。这些天来，他总主动要求收容任务,和我经常搭伴。他扭转头来向我招呼:“政委同志,洋漠！洋漠！（藏语！好！好！）”我也答道：“洋漠！洋漠！”两个人并肩走着，我拍了拍他的肩膀，伸出了大拇指，说：“你的行！”他看了看我笑着说：“我从小跟土司（藏族部落领袖）当娃子（奴隶）受的苦那就不用提了，今天这一点算得了什么！”

我们俩谈的很相投，步子越走越快，一路上也没有收容到一个掉队的。

---

① 即求吉寺,下同——编者注。

我知道大家早就攒足了劲要大干一场了。出川以来，很久没打仗了。我们既无粮站又无兵工厂。主要供给全仗从敌人手中夺取，这样长时间不打仗，真有点想的慌！何况大家并不满意自己肩膀上扛的“三套筒”、“湖北条子”和“四川造”，还总想着捡敌人个“洋捞”呢！

快到救济寺的时候，我们听到了枪声，前面传来消息：我三十军和胡宗南的王牌部队四十九师在救济寺西南包座一带接上火了。

敌前卫约一个团的兵力占领了救济寺，并且在我们到达之前，已在救济寺西北角的一条山腿上架起了五个临时的碉堡。黑森森的碉堡发射孔正张望着道路。看来敌人是欺侮我们没有重火器！

敌人是够滑头的，先我占领了有利地形，抢修了掩体。也正因为这样，一开始他们就处于被动的地位：他们只能缩在乌龟壳里挨打，我们却有着极大的活动余地。

五连担负攻打第一个碉堡的任务。他们采取了野外攻坚的办法，以一个排做掩护，另一个排突击。由于我们缺少打碉堡的经验，突击部队一开始运动就遭到敌火的威胁，及至抵近敌堡约一百公尺处，已有九人伤亡。第一次进攻失利了。

经过一番讨论，我们决定选几个枪法好的战士，组成一个火力队，再次掩护突击。

“我算一个！”弋宜芝自报奋勇说。

弋宜芝是参加红军不久的藏族战士，没经过多少训练。他能打得准吗？我正这样想，他又解释说：“我在家的时候，常上山打野兽，土枪都能打准，这快枪更不成问题。”

跟着报名的还有藏族战士佯端里和平时奖为特等射手的十名战士。

我们重新组织了第二次进攻。

弋宜芝第一个开枪，他一枪就打进了敌人发射孔里，大家都齐声称赞。跟着各射手也向瞄好的目标开了火。敌人的枪全哑巴了。就在这时，突击组沿着棱线和地沟向敌人的碉堡跟前跃进了。当碉堡里的敌人发觉的时候，突击组的同志已接近了外墙，敌人刚刚把枪身探出来，还没来得及射击，手榴弹就顺着枪眼塞了进去。只听得轰隆轰隆连续爆炸的声音和敌人哭叫的声音混成一片，烟尘大股大股地从发射孔冒了出来。第一个碉堡就这样解决了。

利用进攻第一个碉堡的经验和晚间作战的有利条件，我们又连续收拾了敌人三个碉堡。

眼前只剩下最后一个碉堡了。这个碉堡最大，里边有一个多连和一个营部，并且它的周围地势开阔，很不好接近。

这时传来友军的胜利消息：包座之敌全部被歼，敌师长突围未成，逃至小河边上吊自杀。除此之外，警戒部队的一个小勤务员又跑来悄悄告诉我，昨晚我们和敌人干得正起劲的时候，党中央已经安全地从山背后绕过去了。

我们不能再跟敌人泡了，要很快前进。最后决定采用土工作业，通过开阔地接近敌人。

由于工具少，体力差，部队只好分班倒换着干。大家在紧张地劳动着，静静的荒野里只听得到急促的喘气声、刨土声，镐头偶尔碰到石头发出的叮当声……

天亮以后，敌人见我们挖交通沟的人很少，突然从里边反击出来，但是掩护部队立即将敌人赶回去了。大家虽然很累，情绪却更高了，一边坚持白天作业，一边向敌人展开了政治攻势。战士们喊道："快投降吧！不投降，只有死路一条！"敌人等不来援兵，又见我们快挖到近前，这时便熊了，乱七八糟地喊道："不要挖了！咱们缴械！"一个战士把锹往地下一甩，用帽子擦了把汗嘟囔着说："嘿！我当你有多大本事呢！"我们又喊了一阵，一个敌人的军官答话了："我们缴枪，得有条件：第一，不要杀害我们；第二，放我们回家；第三，不要没收我们个人的东西。"

我们一一地回答了。

过了不大会儿，从碉堡里抬出一捆一捆的步枪、机枪，一嘟噜一串的驳壳枪和其他短枪，最后出来的是一拉一串的俘虏，他们一个个低垂着头，怯生生向外走着，有的胳膊上挂着一个小包袱，有的胳肢窝里夹着一床毯子……

这一帮“拦路虎”落得如此下场，恐怕是他们事前没能料到的。

这时师政治委员杨朝礼同志来到了，我没来得及给他敬礼，他笑呵呵地把手伸给了我。杨政委看到我们新缴获的“柏大林”轻机枪、“三节式”重机枪和“半开门”、“汉阳造”，故意挑逗着我：“你们营这一仗装备了这么多好枪，以后，听不到你们打漂亮仗就该打屁股啰！”我说：“那就看打仗的时候，师政委想得起我们想不起啰！”政委一听笑出声来了：“你这个小鬼，没打仗就先将我一军，好，有了任务，一定给你们！”旁边的同志都高兴地跳起来。有的说：

“政委，不能开空头支票！”

“有任务真想到我们才是哩！”

杨政委说：“一定！”

这时，弋宜芝和其他几个藏族战士，都齐声说：“洋漠，洋漠！”逗得大家都哄笑起来。

选自中国人民解放军三十年编辑部编:《中国人民解放军三十年初选稿》第一卷第三辑(二),第8—11页。

潘焱，1916年生，河南新县人。1929年参加中国工农红军，1932年加入中国共产党。红军长征时任红四方面军第四军十二师营政治委员、独立三团政治委员、红十二师司令部作战股股长等。新中国成立后，曾任解放军第五兵团参谋长，贵州军区副司令员兼参谋长，中国人民志愿军第十六军军长，海军北海舰队副司令员，海军参谋长、顾问，北京军区副司令员兼北京卫戍区司令员，全国人大常委会委员等职。1955年被授予少将军衔。1999年在北京逝世。

忆长征中的两件事①

赵新

捉“舌头”

1935年秋，我所在的三十军九十师受命攻打鼎山场。师长汪乃贵命令我们侦察连抓个“舌头”，摸清敌情。

这天深夜，天黑洞洞的，阵地上静得出奇，排长“鄂豫皖大哥”带着我跳过两道战壕，翻过栅栏，绕过小树林里打瞌睡的敌人哨兵，藏在一堵断墙下，观察周围情况。

忽然，从远处树林边传来一阵脚步声，只听一个说：“连长，我拉肚子。”“你他妈事儿真多，滚一边拉去！”敌连长说完，朝断墙这边走来。瞅准机会，我一跃而起，掐住敌连长的脖子，把他扑倒在地，用破布塞住了他的嘴，排长用绳子将他的手脚一绕，我俩抬起来就跑。刚跑出一段，后面就传来了哨兵的呼喊声，手电筒的光柱不停地向我们这边晃动，子弹也嗖嗖地飞了过来。情急之下，我端起“汉阳造”，枪响灯灭。敌哨兵惊叫一声，呆立在原地，我们趁机撤了出来，顺利地把“舌头”交给了师长。

① 题目为编者所拟。

遭遇战

1935年8月，我们走出草地时，已是三天三夜没吃一点东西，肚子里灌的全是水，举步维艰。进入四川班佑地区后，守敌胡宗南部又围追阻截。为扫清红军北上的障碍，我们与敌军在班佑以东的大戒寺和包座打了一场遭遇战。

大戒寺背靠一座五六百米的大山，寺前有一条小河，虽然只有两丈宽，但因为地势陡峭，又逢雨季，河水深而湍急，形成一道天然屏障。8月29日黄昏，我军突然发动猛攻，付出血的代价，夺取了外围据点，敌军死命抵抗，等待援兵到来。

30日下午5时，敌援兵钻进了我们预设的“口袋”。嘹亮的冲锋号刚刚吹响，我军如下山的猛虎直扑敌军，打得敌人鬼哭狼嚎，六七里长的战场一片火海。我第一个跃出战壕，“啪”地一枪打倒了白匪军的一个指挥官，乘敌人混乱之际，大家冲上去和敌人展开了厮杀。战斗进行得极其惨烈，一起参军的小伙伴赵耙子满身是血，牺牲时双手还紧握着大刀；排长“鄂豫皖大哥”端着机枪冲在最前面，子弹打光了，就用大刀砍，被打断了一条胳膊后，还把短刀捅入了敌人的胸膛。

经过七八个小时的激战，我军将胡宗南的四十九师全部歼灭，敌师长伍诚仁负伤后跳河自杀。我们还缴获了大量的急需物资，致使敌军将我们困在草地的阴谋彻底破产。（范建生、卢旭升整理）

节选自范建生、卢旭升：《有勇有谋夺胜利——老红军赵新在长征时期的战斗故事》，载《解放军报》2006年8月29日。

赵新，1918 年生，四川宣汉人。1933 年参加中国工农红军。红军长征时为红四方面军第三十军九十师战士。新中国成立后，曾任解放军天津部队某部仓库顾问。

误失北上机会①

张宗逊

8月上旬，中央军委命令我到红四方面军第四军任参谋长，军长是许世友，政治委员是王建安。这时，中央军委决定红军分左右两路军北上，右路军由红军的前敌指挥部率领，红四军、红三十军和红一、三军团组成。党中央随右路军前进。

红四军在8月中旬由哈龙一带集中到毛儿盖。8月20日，我随红十一师（师长陈锡联）到腊子山（草地）向松潘方面警戒。25日，由腊子山出发过草地，31日到达上包座。在上包座配合红三十军击溃敌胡宗南的第四十九师，歼灭其一部。从9月1日起，红四军担任向南坪方向的警戒。

我在红四军工作不安心，写信与右路军总指挥部参谋长叶剑英，请求调动工作。当时，右路军总指挥是徐向前同志，政治委员是陈昌浩。9月9日晚饭后，我接到总指挥部的电报：宗逊星夜回总部，另有任务。接到电报后，我立即启程，一夜走了六七十里路，在10日黎明赶到驻夹溪的总指挥部。当时，没有见到叶参谋长，我就在司令部休息。

第二天，我睡醒起来，看到刘志坚和李伯钊，才知道张国焘阴谋用

① 题目为编者所加。

武力裹胁毛主席、党中央南下①，发生了我党历史上有名的张国焘反党事件。事出意外，使我感到犹如晴天霹雳一般。后来知道毛主席、党中央已率领红一、三军团先行北上，开往俄界，脱离了险境，并在政治局会议上作出决定，号召全体同志，反对张国焘南下把红军带到战略上极为不利的地区、反对张国焘的退却逃跑路线。刘志坚、李伯钊等同志是带着红三军团的“火线剧社”到红四军和红三十军来慰问的，事件发生后，他们也没有赶上红三军团的部队。红四方面军的同志告诉我，毛泽东曾亲自对在红军大学工作和学习的红四方面军同志说：你们想回去的可以回去，你们将来还是要北上的。历史证明，毛泽东同志的论断是非常英明正确的。

当我知道毛主席、党中央率红一、三军团北上的消息以后，懊悔极了，都怪自己遇事不敏感。其实，我在前一天晚上赶往总指挥部的路上，曾遇到红一、三军团的收容队，但我没有主动向他们问清情况，他们误认为我是红四方面军的人员，错过了联络机会。我万分难过，当天曾想逃跑，但因为道路不熟，也不懂藏语，毫无办法，因而精神恍惚，情绪消沉。9 月 11 日，彭绍辉同志从红三十军调来总指挥部，他也是从红一方面军调到红四方面军工作的，当时任红三十军参谋长，有了他来做伴，我的情绪才稍好一点。

选自张宗逊:《张宗逊回忆录》，解放军出版社1990年10月第1版，第137—139页。

张宗逊，1908 年生，陕西渭南人。1924 年加入中国共产主义青年团，1926 年转入中国共产党。1927 年参加秋收起义，任工农革命军第一团连长、

① 9月9日，张国焘电令陈昌浩率右路军南下。毛泽东在1937年3月中共中央政治局扩大会议上说，他当时从叶剑英的报告中得知：“这电报上说：‘南下，彻底开展党内斗争’。”——编者注。

团部参谋。红军长征时任红一方面军中央纵队参谋长，红三军团第四师师长、第十团团长、中央休养连连长，红四方面军第四军参谋长，红军大学教育长、参谋长兼高级指挥科科长等职。新中国成立后，曾任解放军第一野战军暨西北军区副司令员、西北军政委员会委员、最高人民检察署西北分署检察长、解放军副总参谋长、中央军委军校部部长、济南军区副司令员、解放军总后勤部部长，中共中央委员、国防委员会委员、全国政协委员等职。1955 年被授予上将军衔。1998 年在北京逝世。

强渡大金川江

洪学智

王宏坤这时离开红四军到方面军任副参谋长。开始是由他指挥方面军的后方，红四军政治部配合他。王宏坤调走后，这一摊子全部交给我管。

伤病员的转移运输很困难，有时没有房子住，就住到树林里、草甸子上。我每天得盘算怎么给大家搞到粮食，使部队不饿肚子。从黑水、芦花向班佑前进的路上是数百里茫茫无际的草地，渺无人烟，沼泽遍布，水多有毒，不能饮用。气候变幻莫测，时晴时雨，好好的天气，突然就狂风冰雪大作。那种气候,那种环境,到哪里搞粮食？搞不到粮食，我们就在山坡草地里采蘑菇、挖野菜充饥，还不得不杀战马，有时就把皮带、皮马鞍煮着吃。

我们翻过了马后坡最大的一座山，前头部队已经走过，山坡上可吃的野菜野果都找不到了，还要走一两天的草地。因我们政治部带着伤病员，没有部队掩护，危险很大，结果又回到黑水、芦花。

8 月底，折回到黑水、芦花，我就病了，发起了高烧。我病倒以后，上级派王宏坤带着电台和警卫部队来接替我指挥。

红四军卫生部给我吃中药、西药，又打了几十针，但烧都降不下来，昏迷不醒，眼看危在旦夕。

后来部队找到了一位老中医，从离我们六七十里路远的地方，把他请来。他 70 来岁，据说能治三种病，一是伤寒;二是痢疾;三是妇科病，是几代祖传的中医。他原是我们苏区的，我们离开苏区时，用担架把他给抬来了。有一次王宏坤拉痢疾,他看了后,开了几味药,喝下去就好了。

这位老者诊了我的脉，确诊是伤寒病。

大家对老者说：洪主任吃了很多药，就是不管用。您老赶紧想想办法，不然首长就没救了。

老中医说：不用慌，我开一个方子，只要能搞到我这几味药，吃下去，药到病除。

大家喜出望外，就按照老中医的方子，发动许多人到处找药。在一个小医院里找到了几味药，但还少六味，其中有三四味最重要的没有找回来，我们医院派人满山遍野去找。他们早上出去，下午带了四种重要的药回来。老中医一看正缺这几味，说有治了。

于是，他就看着煮药，喂药。晚八九点钟时，我喝了第一次药，到天亮时又喝了一次，高烧也没退，但也没发展。第二天，我又喝了一次药。这时，老中医高兴了，说有救了。之后，我开始退烧，原来我闭着眼睛，不省人事，现在能睁眼认人。晚上接着吃药，烧就完全退了。

在我生病期间，警卫排一个战士是个回民，他见我病得厉害，很伤心，说洪主任都快死了，我还活着干什么，就一枪把自己打死了。我听后，掉下泪来。他跟着我，一路上冒了多少险，吃了多少苦呀，千不该万不该这样呀!

我问，秘书长呢？他们说，他也死了。我很惊讶，他好好的怎么就死了呢？他们说，前天晚上，他心脏病突发，死了。我们的秘书长姓李，安徽霍邱人，是从鄂豫皖来的，我病后主要就靠他负责。

我们政治部党委书记叫蒋以贵，他随部队行动，飞机丢炸弹，把他头部炸伤。我还清醒时，要医生赶快想办法治，结果因伤重牺牲了。

政治部的组织部长和宣传部长已跟部队先走，只剩下了民运部长和保卫部长。我把他俩找来，问他们部队情况怎么样？

他们答，就是没吃的，缺粮，只能到处挖野菜，采蘑菇。

我又问还有牛羊吗？他们说都宰了。

我听后，觉得这样下去不行，没有饭吃，还怎么爬雪山过草地呢？

我说你们应该带部队去筹粮，能搞多少粮食是多少。

他们说得走一个多月，才能搞到粮食。我说一个多月也得干。

这样，他们组织了几百人，包括迫击炮连、医院、供给部、保卫连等单位，有四五百人吧，由保卫部长和民运部长带领去搞粮食。

我的病情虽已好转，但还不能走。老中医就选了最小的蘑菇煮给我吃，也没有盐。还好，我们还有几斤白糖，他们每天就冲白糖水给我喝，坚持了一些日子。

个把星期后，出去筹粮的同志回来了。真是喜出望外，他们弄到十余万斤粮食，还有上百头牛、100 多匹马、几千只羊。

我惊奇地问："从哪里搞到这么多粮食和牛羊？"

他们未语先笑，说："你不知道，我们跟反动头人的武装打了一仗，迫击炮一轰，他们害怕，就跑了，然后由翻译带着我们找到了领头的牛、羊，用绳子拴住（作标记）后，牵着走，其他的牛羊就跟着成群结队来了。"

我说："你们立了大功，赶快把东西分给伤病员，要平均分配一下。马匹用来驮运东西和伤员。"

9 月中旬，红四军军部从班佑拍来电报，叫我们不要动，原地待命，等他们回来。

部队这次返回，是因为张国焘闹分裂，反对北上。党中央说服无效，率领一、三军团单独北上，四方面军部队奉张国焘的命令折回南下。

这样，我们就在黑水、芦花等着他们。我又派部队出去搞了些粮食，部队回来要吃饭呀。大家节约用粮，细水长流，每个伤病员用多少粮、多少牛羊肉，都有明确规定。

几天后，部队返回。右路军指挥徐向前和政委陈昌浩从黑水、芦花过，派了一个参谋来看我，叫我好好休息养病。

我派人把他们请到政治部，弄了些牛羊肉炖着，加上辣椒、生姜，请他们吃了一顿饭，他们高兴极了，说好久没有吃到这么好的饭菜了。

红四军军部回来，我们政治部归建。红四军到了党坝，方面军决定我们四军和罗炳辉三十二军，统一由倪志亮指挥。

10 月 8 日，红四方面军发动绥（靖）崇（化）丹（巴）懋（功）战役。11 日，红四军从党坝地区出动，强渡大金川江。

大金川江峡深流急，刘文辉的一个旅守在对岸。

我们造了三只大木船，一只大木船能坐一连人，三只船能运过去一营人。

黎明时，天朦朦胧胧的，守江的敌人还在睡梦中。我先头部队悄悄摸到敌人碉堡下，用手榴弹往碉堡里塞，把敌人打垮了，我们的部队都到了江边。

渡河时，河面上黑蒙蒙的看不清楚，对面还有敌人封锁，需要人指挥。那时我的病刚好，脑子清楚，体力不行，能够勉强被人扶着走几步。他们就把我抬到河边看着他们过，有问题随时向我请示怎么办。

部队过河时，敌人机枪封锁，伤了七八十人，又没担架队。我吩咐抬我的四个担架员去把所有伤员都抬到一块，还派了政治部其他人员一块去，把伤员送到一个村庄里，由医院派人照顾。

部队渡河完毕，我也该渡河了，由警卫班派两个人架着我走。

这时，倪志亮带着警卫班、通信班坐了三只船来，我问他到哪里去？他说要去开会。

倪志亮看到我在慢慢走，就招手让我上他的船。但这条船人多，我的警卫员只好坐到另一只船上去，与我分开了。

不料，我们的船一下水，由于河水流速太快，落差大，船就像脱缰的野马，左右翻腾，不好驾驭。前面山头拐弯的地方，有几个陡坡，水流飞快。我用望远镜看了一下，观察到有水花、漩涡，心想不好，让船立即靠岸，结果靠不拢，船一下子冲入滔滔大浪里。那是只新船，只听吱吱地响，桨也折断，船里面灌满了水，浮起沉下，幸好船没翻。船到平塘里稳住，大家就拼命把水排出，船慢慢漂着，靠到岸边。

第二只船，一下子顺着急流冲到江中。浪头很高，汹涌澎湃，船翻了过去，把一个姓蔡的参谋和十多个通信员、警卫员打在浪里。只有船老大把着船桨算是活了下来。

第三只船，还得过呀！我的警卫员在上面，当地渡河的工会主席也在上面。他有经验，是经过风浪的，他叫人把两面桨下了，用绳子把舵拴好。大家一个挽一个，牢牢的，不松手，通过了险滩。

这次江里遇险，牺牲了十七八个人和七八个船夫。

上岸后，大家湿淋淋的，浑身打颤，赶紧弄柴火，烤衣服。我的警卫员把他的衣服脱下来给我穿。

警卫班又绑了一个担架，让我上了担架，抬到了绥靖城里。绥靖城里很不错呀！红军打开城门，杀猪、宰羊，弄东西吃，大家改善了一顿生活。他们不让我吃肉，只熬了些猪肝汤给我喝。

在绥靖城里休息了一天，我感觉精神稍好一点，但骑马还是不行。我在政治部骑的那匹骡子比较好，就让人牵来，我骑在骡子上，两边有人照料着慢慢走。我的身体一天比一天好，开始两个人搀着，第二天就一个人扶着，第三天就不用人帮了。

这时候，我们四军的部队占领了丹巴县。丹巴城在大金川江右岸的高山脚下，守丹巴的敌军把通往丹巴的桥板给拆掉，我们部队过不去，没有完全消灭他们。

我们研究各种办法过河。我找到了少数民族的头人，给他做工作，还把牛、羊给了头人一些。后来，我们在河的下段选了个地方，弄了些牛皮船，一次能乘坐五个人。坐船时，倪志亮又让我坐他的船，他说："老弟，我们两人命大，还是坐到一块儿。"我们各自带一个警卫员，再加划船的共五个人，坐一条船渡过了江。

小小牛皮船，在急流中，在浪谷里，真是吓人。人坐在上面不能动弹，小船上下不停地颠簸，忽儿推上浪尖，忽儿落到浪底，划船的也惊吓得直叫。

那一带地形奇特，不是峭壁，就是河谷。以后我身体恢复了，开始跟着部队走，决心训练部队怎样渡河。一次，选了几个会水的，扎木排渡河，由于浪很大，木排控制不住，猛地一下撞在石礁上，撞散了。其中一个人不错，抓到一根木头而获救，其他的人我们找了半天，也没见到影子。

敌人把铁索桥的桥板给拆掉。我们就想办法恢复，但山高、风大、谷深、流急，桥两头摆动，一般人不敢上。有个通信员，自告奋勇，上到铁索链，没走几步，脚就滑离铁索悬了空，一下子歪下去，他抓住了铁索链，在空中来回晃悠，大家心都揪紧了，叫他“死死抓牢，不要松手”。这时有个牧民顺着铁索慢慢往前爬，还带着一条绳子，把通信员拴住，然后让通信员跟着他爬回来了。

选自洪学智:《洪学智回忆录》，解放军出版社2002年10月第1版，第106—113页。

艰难的日子

袁光

6 月下旬，我们无线电队离开三局，从卓克基出发，沿着波涛滚滚的梭磨河上行，当晚即到达了四方面军驻地马塘镇报了到。四方面军的同志对我们的到来，给予了热情的迎接，很快为我们安排好宿营地，在整洁的房屋里搭起了铺板，送来了开水。我和队里的同志刚落座，几位四方面军的同志就围拢过来，问寒问暖，好不亲热，使我们感到兄弟部队亲如一家。正当我们谈得起劲的时候，一个通信员走到我的面前，向我正正规规敬个礼说：“袁政委，首长请你马上去！”我急忙随通信员来到了一座石头围墙的院子，四方面军政治部副主任傅钟已在门口等我了。他一见到我就谈笑风生，使人没有丝毫的拘束。在询问了我们无线电队的情况后，对我说：“欢迎一方面军的同志到这里工作。你们电台配属王树声副总指挥，负责保证岷江地区部队的通信联络，任务很重啊！”我代表全队同志表示了决心，也希望四方面军的同志不要把我们当作客人。傅钟同志听了高兴地说：“好啊！我们本来就是一家人嘛，以后我们在一起工作的时间还长呢！”说着看看开饭时间到了，就吩咐通信员端来了饭菜：两盘牛羊肉炒的野芹菜，还有白晶晶的大米饭，显然是特意款待我的。真没想到啊，这让我内心一阵发热。红军长征以来，部队爬雪山、过草地，给养十分困难，一日两餐常常也没有保证，常以树皮、草根充饥。今天我却受到这样的款待，使我深感四方面军同志对我们的尊重和友爱。

第二天，我们辞别了傅钟，赶往王树声副总指挥所在的茂县。王副总指挥对我们的到来非常高兴，他详细向我介绍了当前的形势和任务。在岷江两岸共有四方面军万余人，主要任务是箝制岷江东北方向的敌军，掩护北上的主力歼灭毛儿盖、松潘之胡宗南主力。整个掩护部队，只有我们一部电台，我们任务之重大是可想而知的。

电台很快开通工作了，我军也已打开了北进的道路。可偏在此时，我却突然病倒了，持续几天的高烧，烧得我不住地打寒战，呼吸困难，呕吐不止，后来就昏迷不醒了。那时，部队天天行军、作战，环境那样紧张，又缺医少药，许多同志病倒了，就再没好起来。而我这次足有半个月的大病，居然奇迹般地站了起来，恢复了健康，我知道这不是我命大，而是红军部队中的阶级友爱给了我新的生命。在我病倒的那些日子里，四方面军医院找不到西药，是一个老中医遍寻中草药为我熬服治疗；是同志们用担架抬着我行军打仗的。王树声副总指挥在百忙中亲自好几次到病床前看我，并派人设法弄到几斤大米、白面和一块腊肉送来。这些东西，首长平日都见不到，却让我在病中享用到了。我深刻地体会到，红军中的团结和阶级友爱，是我们战胜困难的重要法宝。而一旦丧失了红军内部的团结统一，形势就变得十分艰险……

我大病初愈回到无线电队时，我们这部电台从王树声副总指挥那里交给王宏坤副参谋长领导。我们恋恋不舍同王树声告别后，在王副参谋长身边开始了新的工作，并随之过黑水、打仓德，准备北上毛儿盖。谁能想到，就在此时，情况发生了莫名其妙的变化。那天，我们电台正在和前面的一方面军红三军团联络，王副参谋长来到电台，厉声命令电台停止通报，立刻撤线，并宣布任何人今后都不准再与红一、三军团通报。见我们个个一副惊愕的神态，他缓和了一下态度："大家以后会知道情况的，现在必须执行命令。"从此，一种不祥的预感笼罩在电台分队同志们的心头。到底发生了什么情况呢？

原来，一、四方面军懋功会师后，张国焘把四方面军当作个人资本，妄图分裂红军，另立“中央”。在两河口会议上，反对中央关于红军北上的决策，故意拖延四方面军的行动。中央为团结张国焘，于毛儿盖再次召开政治局会议，决定会师后的红军主力分为左、右两路北上。左路由张国焘接替周恩来任总政委,和朱总司令共同率军北上。但是，张国焘仍然按兵不动，中央数次电催无效，张国焘索性孤注一掷，密电拉拢右路军陈昌浩南下。这样，张国焘分裂红军的行动就公开化了。

王宏坤副参谋长随部队南下把我们电台带到绥靖，也未另行指派新的任务，实际上我们被停止了工作。一个多月以后，才安排到四方面军供给部，以后又先后调到三十三军、五军团和西北联邦政府等处。这期间，人无饭吃，机器也没油吃，我们还千方百计用水磨拉电机，充电收报。可我们还再三受到告诫，不准电台对外联络，只负责四方面军内的日常通报。我们就这样在绥靖度过了八个多月，那是我红军生涯中最苦涩的岁月。不但承受着被歧视的精神痛苦，而且生活上也没有着落，不少同志被饥饿和伤病夺去了生命。我们日夜盼望着早日挣脱出这种困境，跟着毛主席北上。

节选自袁光:《历尽曲折到北陕北》,载中共中央党史研究室《中共党史资料》编辑部、中国延安精神研究会《中华魂》编辑部、中国炎黄文化研究会《炎黄春秋》编辑部编:《红军不怕远征难——纪念红军长征胜利60周年征文集》,中共党史出版社1996年10月第1版,第301—303页。

袁光，1909 年生，江西泰和人。1930 年参加中国工农红军，同年加入中国共产党。红军长征时任红一方面军第八军团无线电分队政治委员、红四方面军无线电分队政治委员。新中国成立后，曾任铁道兵第二

师政治委员，入朝作战，后任中国人民志愿军铁道兵团干部管理部部长、志愿军铁道兵指挥所政治委员，中国人民解放军铁道兵政治部副主任，中国人民解放军军事审判庭副庭长，最高人民法院军事审判庭副庭长，军事法院副院长、解放军总政治部信访工作领导小组组长，中央军委纪律检查委员会委员、常委，全国政协委员等职。1955 年被授予少将军衔。1998 年在北京逝世。

三过雪山草地

刘志坚

提起红军长征，自然就会想到过雪山草地，其艰苦的确是让人难以想象的，许多年轻的战士倒下去后，就再也爬不起来了。而我却三过雪山草地，而且活下来了。至今回忆起来，仍惊心动魄，但也很有意义。

一过雪山草地

1934 年 10 月 16 日傍晚，红三军团全体指战员告别中央苏区，踏上了漫漫长征路。这时，我在第五次反“围剿”最后的战斗中右腿负伤尚未痊愈，还不能下地走路。袁国平等军团领导舍不得把我丢下，安排人用担架抬着我，行进在军团政治部的行列中。经过大约半个月，伤口大体愈合才自己走路。

红军突破重重险阻，于 1935 年下旬，进入贵州。听说贵州这地方“天无三日晴，路无三里平，人无三分银”。所到之处，几乎确是如此。先说天，三个月了，几乎没见过太阳，成天大雾小雨，阴天就算好天气了；再说路，都是大山，行军一天，不知要翻几座山，羊肠小道，加上每天细雨蒙蒙，大队伍实在难走。一是走的慢，如果前边人摔了跤或骡马翻了鞍，后面的人就得等一阵；二是路滑如油，虽然每个人都撑根拐棍，摔跤的人还是不少。摔得满身泥巴，到了宿营地，没有水洗火烤，又正值冷天，第二天出发时，穿上湿衣湿裤湿鞋，冰冷冰冷的，真是说不出来的难受；三是人穷，我们走遍贵州，见到除少数地主富农外，大多数人家都无棉被，有的一家盖一床用了几代的像猪油渣一样的破絮，有的盖稻草，有的躺在火炉边过夜。红军白天行军一路上见到的穷人都是衣不蔽体。最令人难过的是十七八岁的大姑娘没有裤子穿，跪在路边上向红军讨要。我们的干部战士常常脱下自己的衣服给她们。这种情景对我们干部战士是一种很实际的教育，更巩固了他们为贫苦人民翻身解放革命到底的决心。

1935 年 4 月 15 日，三军团部队途经白水镇附近时，遭敌机轰炸，我的左膝骨被炸伤，警卫员牺牲，军团组织部长欧阳钦左手和颈部也被炸伤。因此，我和欧阳钦又只好被担架抬着前进。抬过泸定桥时，因骡马不能过桥，衣被用物等丢得精光。在过宝兴时，邓颖超赶到路边，让担架停下，她亲切地看望和安慰我，要我好好养伤，不要着急。她给了我克服伤痛和困难的力量。13 日三军团十一、十二两个团进至宝兴之线，掩护红军主力翻越夹金山大雪山。从此，红军开始过雪山草地。我左膝骨伤虽未愈，但因担架不能抬，只得咬紧牙关，拖着骡子的尾巴，艰难地、一步步地爬过了大雪纷飞又很缺氧的夹金山大雪山。

没想到红一、四方面军会合后，张国焘却与中央在战略方针上发生严重分歧。中央主张红军北上，张国焘却主张南下。20 日，中央政治局在两河口召开会议，28 日会议决定一、四方面军集中主力向北进攻。张国焘却违背两河口会议决定，仍坚持部队南下，阻挠执行北上方针。

三军团于 6 月 28 日翻越梦笔山第二座大雪山后，7 月 3 日，又翻越长板山第三座大雪山，6 日翻越打鼓山第四座大雪山，7 日翻越拖罗岗第五座雪山，8 日先头部队到达芦花地域。彭德怀亲率十一团到亦念接应红四方面军的四军、三十一军。13 日后，红三军团在黑水、芦花、侧格等地割麦七天，准备过草地的用粮。此时，我的伤仍未痊愈，不能下地割麦，十二团政委苏振华知此情况，给我送来几斤麦子和一点玉米，还送来一双袜子。对战友的这种情谊我深为感激。

中央军委决定：一、四方面军会合后，由红军总司令、总政委统率指挥，仍以军委主席朱德为总司令，张国焘为总政委。8 月 8 日，中央军委决定将一、四方面军混合编组，组成左、右路军。以一方面军的一、三军团和四方面军的四、三十军、军委纵队一部组成右路军，由以总指挥徐向前、政治委员陈昌浩、参谋长叶剑英为首的前敌指挥部指挥，北上过草地，向班右、巴西推进；以一方面军五、九军团和四方面军的九、三十一、三十三军、军委纵队一部组成左路军，由红军总司令部指挥，向阿坝推进。8 月 20 日，红军右路军开始进入草地。在草地行军十分艰难，高原缺氧，天气多变，风雨雪交加。泥泞、寒冷、饥饿，夺去了许多革命战士的生命，这种情景真是前所未见。我记得第一天三军团政治部由毛儿盖出发，走了 60 多里路，天快黑时，抵达一个无名草地上宿营，这里一所房子也没有，只有一些低矮的小树，袁国平和我及向仲华等，折了一些小树枝搭了一个小棚，我们几个人挤在一起过夜。夜里下了一夜大雨，小棚无法挡雨，我们几个人被雨淋得满身透湿，无法入睡，只好背靠背挤在一起，讲故事、说笑话、猜谜语或唱唱歌，总算熬到了天亮。第二天完全进入草地，矮小的树木也见不着了。开始还可以看到太阳，但过一阵子，便狂风大作，忽而又下起雪来。第三天过噶曲河，河宽不到 20 米，但水深齐腰，水流很急，水冷如冰，徒涉时还需几人互相搀扶，否则会被急流冲走。不少战士因体弱、缺氧和寒冷，过河上岸时倒下了。第四天是在沼泽地内行走，不仅天气变化无常，而且地下完全是水草，要选择在草堆上走，如不小心，掉入沼泽坑内，则越陷越深。有的同志就这样永远出不来了，不少骡马也因陷入沼泽坑内拔不出来。第五天，8 月 26 日，终于走出草地，到了班佑、巴西、阿西地区。班佑只有几间用干牛粪堆的房子，巴西、阿西则有不少藏民房子，地里有麦子、萝卜菜等，大家想到终于出了草地，见到了房子、麦子、萝卜等，像打了一个大胜仗那样高兴。出草地后，三军团部队驻巴西地区，军团司令部、政治部驻在巴西。

二过雪山草地

大约是9月9日，三军团政治部主任袁国平跟我谈，大意是中央政治局两河口会议和毛儿盖会议一再决定，一、四方面军会合后应北上，以便抗日，但张国焘仍坚持南下，总政要三军团组织一个慰问团到驻包座的三十军部队去慰问。三十军在包座打了一个胜仗，消灭胡宗南部队一个旅。借慰问的机会,宣传中央北上方针的正确,争取他们一同北上。慰问团由火线剧社十多人，两个团俱乐部主任，六七名优秀连队政治指导员和我组成，由我带队。袁国平还指示说，你们路过阿西时，到总政去一下，看杨尚昆副主任还有什么指示。9月10日，我带慰问团路过阿西时，到总政见了杨尚昆副主任，杨尚昆指示的内容与袁国平说的基本相同。随后，我带慰问团同志步行约八九十里到了驻包座的三十军政治部，晚上即给三十军部队演出歌舞节目。火线剧社演出的节目很受欢迎，几乎每个节目都要再来一次，快到午夜才结束。我回到军部时，三十军政委李先念说，叶剑英参谋长给我发来一个电报。我接过电报一看，电文很简单，大意是：先念转志坚，你们应立即赶回来。我当即将电报念给慰问团的同志听。我们猜想是部队要出发北上了。当即向李先念提出，我们立即出发往回返。李先念说，你们已走了一天路没有休息就给部队演出，已经很疲劳，应稍休息一下，吃点东西，现在天不亮，等天快亮时再走。我们觉得李先念讲的有道理，大家同意了。三十军政治部还将缴获胡宗南部队的胜利品毛巾，给我们每人一条。天将亮时，我们慰问团全体即往回赶路。快到阿西时遇上了总政派到红四军办唱歌训练班的李伯钊，和杨尚昆派去叫李伯钊回来的警卫员。她即同我们一起往总政驻地阿西赶。大约下午 4 时左右，我们到了阿西。可是一方面军的同志一个也不见了，尽是四方面军的干部战士。一进村即来了 100 多人的部队，先将我们身上的手枪、驳壳枪缴了，然后将我们关在一所藏民的楼上，拿掉了楼梯，并有战士看守。我们商量后提出：第一，我们无罪，要求解除看管；第二，让我们回原部队；第三，要求见政治部主任傅钟、副主任李卓然。第二天即 9 月 12 日上午，我和李伯钊被允许去见傅钟、李卓然。我们说：我们枪被缴掉，人被看管，这是怎么一回事？傅钟、李卓然也说这是不对的，答应马上向陈昌浩提出发还枪支，撤去看守人员。接着我们又提出立即追赶原部队。傅、李异口同声地说：毛（泽东）、周（恩来）、张（闻天）、博（古）昨天半夜带一、三军团北上了，已走得很远了，你们赶也赶不上了。还说沿途有武装藏民截击，你们也走不出去，并有被枪杀的危险。李卓然特别强调说，朱总司令，刘伯承总参谋长带军委一部分和红大、五军团、九军团还在阿坝、松岗地区，还是留下为好。我和李伯钊要求见陈昌浩，当面向他提出，傅钟答应转告。当天下午，我和李伯钊得到通知去见陈昌浩。我们见到陈昌浩时，他没等我们开口说话，便高声嚷道，毛、周、张、博右倾机会主义带一、三军团开小差逃跑了，投降蒋介石去了。我们听了这么一说，内心感到问题严重，但还是提出要回原部队去。陈昌浩高声回答：你们也要投降蒋介石，那不行，只能留在这里，同我们一起南下。部队需要准备一下，三天后即南下，同驻阿坝的左路军会合。我们一听说南下，就想到又要过雪山草地。再过那鬼地方，真使人毛骨悚然。我和李伯钊一再要求回原部队，陈昌浩就是不答应。我们无可奈何，只得回到慰问团住的地方，再同大家商量。有的同志提出夜晚偷偷出走，多数同志认为那样太危险。议来议去，觉得只好同右路军四方面军的部队南下，左路军那边还有朱德、刘伯承和五军团、九军团，等到同他们会合后再到一方面军的部队去。

9 月 15 日，我们慰问团二十几位同志跟随前敌政治部第二次过雪山草地。行军路线完全是原来经过的路线。这次比上次更困难，一是体力消耗殆尽，尚未得到恢复；二是没有粮食。每到宿营地露营后，各自找野菜，如野葱、野蒜等，找几块小石头架上饭盒子、茶缸子或脸盆煮一下充饥，有时捡点前边部队杀马时丢下的马皮煮一下充饥，既无油又无盐，实在难吃。又过了五天草地，到了毛儿盖。在那里休息了几天，弄了点萝卜干和青稞麦。大约是 9 月下旬又出发,再过拖罗岗、打鼓山、长板山、梦笔山等四座大雪山。这时已是秋天，我们仍然穿着破旧的单衣，天气寒冷，缺氧反应更加厉害，每爬一座雪山都得一整天，每往上爬一步就得休息分把钟。到了山下，找不到房子，总是露营，真是饥寒交迫。大约是 10 月底到卓克基、松岗地区，这里有些藏民的房子，我们慰问团找到了一处藏民的房子暂时住下。可是火线剧社演技王申壶因行军掉队不见回来，等了几天也不见人影，听说被殿后收容掉队落伍的人枪毙了。大家听了又气愤又难过。我们对张国焘违背中央决议南下，心里都充满反感。到了卓克基，听说张国焘于 10 月 5 日在卓术碉成立了第二“中央”。这显然是搞分裂。我们耳闻目睹张国焘在部队中搞军阀主义，随意打人、骂人，甚至随便枪毙，实在看不惯。我们穿浅灰色衣帽,有红领章、红帽徽;四方面军穿的是黑色衣帽,无红领章、红帽徽，所以随便走到那里，一看就非常分明。有的人受张国焘的影响，骂我们是“右倾机会主义分子”。对此我们极为不满，总想离开那种环境到一方面军去。到卓克基后，我带着慰问团全体同志到了住在松岗的一方面军九军团政治部，见到黄火青主任后，我向他提出在那里工作，他表示非常欢迎。可是过了不到一个星期，陈昌浩发电报给九军团领导，不许我们留在九军团，要我们回前敌政治部。我们拖延了几天没回去，陈昌浩又给黄火青发电报，说如果留下我们，就要给他处分。不得已，我把火线剧社和几个干部留给九军团，只身回到四方面军的前敌政治部。政治部主任傅钟即分配我到前敌政治部办事处工作。前敌政治部主任是黄超，办事处只有一个组织干事，一个敌工干事，我原是三军团的宣传部长改任宣传干事。陈昌浩见火线剧社还有几个干部没有回来，又发电报给黄火青，一定要他们回来。火线剧社和我带去的几名干部只好都回到了前敌政治部。火线剧社编入四方面军文工团，几名干部则分配到四方面军部队去了，李伯钊到卓克基后，即到前敌司令部陈昌浩那里，因为他们在苏联学习时就认识。在卓克基、松岗地区停留了将近个把月，张国焘提出反对“毛、周、张、博右倾机会主义”向北逃跑；打到天山、芦山去；打到川西去；创造川西南根据地；赤化四川等口号，要部队再次南下。这时，有人沿用原七军流行的曲子，填了“南下行”的歌词，用了张国焘的上述错误口号内容，鼓励部队南下，并说陈昌浩、傅钟、李卓然都审阅了，他们都赞同，我觉得他们都同意了，我还能说什么呢？也表示没意见，这是我随声附和的一个失误。部队开始南下，又要过夹金山大雪山，黄超向我提出，要火线剧社到夹金山顶上去布置宣传鼓动棚，张贴张国焘提出的那些口号标语，我亦违心地表示没有意见，这是我随声附和的又一个失误。至于后来有人传说“南下行”的歌曲和火线剧社在夹金山上布置宣传鼓动棚写的那些口号、标语是我搞的，那不是事实，纯属误传。

1935 年 12 月中旬，我跟前敌政治部办事处从卓克基附近出发，经过懋功、达维、夹金山大雪山、宝兴，在快到天全的路上，我终于见到了朱总司令。我把被留下的情况向他作了汇报，同时请示我们应该怎么办。朱总司令说，你们既已被留下，那只好在这里工作，四方面军也是红军，需要加强政治思想工作，你们可以多做工作，少说话。我觉得朱总司令的指示很好，心里有了底，应照着去办。大约 12 月底到了天全。张国焘 10 月 5 日在卓木碉成立第二“中央”时就成立了第二军委和总司令部、总政治部，周纯全任政治部主任，李卓然任副主任兼宣传部长，李卓然见到我，要我任宣传部副部长，主要是主管油印报纸。因为油墨、纸张困难，记得每周才出一期。这时，四方面军的部队正在雅安一带同薛岳纵队和川军打仗。1 月中旬，李卓然提出要我到前方去帮助部队作些战时政治工作和瓦解敌军工作。我即到了雅安前线红四军政治部，见到了四军军长许世友。他说薛岳的部队装备和战斗力都比川军强得多，仗不好打。我在前线待了一周左右即回到天全。我回到天全后，听说前线部队阵地被薛岳部队突破，开始向天全、芦山进攻，四方面军部队伤亡很大，正在后撤。在天全、芦山站不住脚了，张国焘建立川西南根据地的计划无法实现。2 月上旬，张国焘发布了康（定）道（孚）炉（霍）战役计划，部队向川西、西康转移。不久，又提出建立川康根据地的计划，并成立西北联邦政府，以邵式平为主席。部队往西康转移时决定以刘伯承为入康先遣司令，带红三十军为先头部队。周纯全、李卓然指定我为先遣工作团主任。先遣工作团只有宣传、群工、敌军干事各一人。

三过雪山草地

1936 年 2 月上旬，先遣司令刘伯承和我跟随三十军先头部队八十八师前往西康甘孜地区。一路上，我同刘伯承差不多每天都走在一块，在将近一个多月的行军途中，刘伯承多次跟我交谈，他说：事实证明南下是行不通的，碰了壁，现在只好到西康去，那里都是藏民，地广人稀，部队人员补充，粮食补给不能持久，也会站不住脚。如再往西去，不知要过多大的无人草原地区，更没有出路，最后还只有北上才是唯一的出路。我完全赞成他的意见。无论往西往北，我们都要第三次过雪山草地。果然我们经过宝兴后，又第三次翻越夹金山大雪山，又经过达维、懋功，往西，翻越摩罗大雪山，到丹巴，用了两天时间翻越党岭大雪山，这座山高 90 多里，这是所翻越雪山中最高的一座。在半山上露营一夜。山顶上的天气变化无常，时而下雪时而下雨，风特别大，人被吹倒爬不起来。只有中午个把小时几个人抱作一团，用冲锋的动作，才可以冲过山顶。我往山顶冲时，亲眼看到一个炊事员身上背着一口锅，因锅顶风，同抱着的人脱了手，被大风吹倒掉到雪坑被雪没了。真令人难过。我刚冲过山顶，就头痛、肚子痛，只得就地躺下，休息约两个小时后才继续下山，半夜后到了道孚县。一到道孚县就听到密集的枪声，原来是道孚喇嘛寺 100 多喇嘛持枪对我先头部队进行武装抵抗。经过战斗，喇嘛逃跑了，藏民也跑光了。2 月 28 日到达道孚，在道孚停了几天之后，又向炉霍县前进。炉霍喇嘛寺有人枪 1000 左右、三十军用了一个师打了约一周，才攻下炉霍寺。之后，三十军拟进入甘孜县，甘孜县喇嘛寺约有 3000 多武装的喇嘛，甘孜县中途还有一座东固喇嘛寺，也有为数不少的武装喇嘛。为了避免流血，先遣司令刘伯承提出，要想办法做喇嘛的工作，通过喇嘛打通藏民群众的思想。并用他的名义给东固喇嘛寺写了一封信，说明我们的宗旨和政策，不侵犯喇嘛和藏民的利益，并保护他们的利益，由通司（藏语翻译）送去。这封信真起了作用，部队到东固时，喇嘛果然没有抵抗和逃跑。

到达东固后，刘伯承要我陪他到喇嘛寺去见当家喇嘛。我们进寺后，先到寺的正殿向佛像鞠躬行礼然后进一步向当家喇嘛宣传了我们的宗旨和政策，重申保证不侵犯喇嘛和藏民的利益，并提出请他们往甘孜大喇嘛寺送信。这样做的效果果然不错。当刘伯承和我带三十军先头部队到达离甘孜县 30 里地的普玉隆时，甘孜喇嘛寺的两个当家喇嘛骑马来迎接了。刘伯承又要我陪他到喇嘛寺去，由于工作做得好，甘孜喇嘛寺的喇嘛和藏民一个也没有跑。

3 月 30 日，刘伯承率先遣部队和我们先遣工作团进驻甘孜，不久陈昌浩也到了甘孜。周纯全决定将先遣工作团改为甘孜工委，任命我为甘孜工委书记。工委的任务第一是争取藏族群众，建立藏民党、团、自卫队组织，建立政权；第二是为三十军部队和进驻甘孜的机关筹集粮食、羊毛、帐篷。经过两三个月的工作，在甘孜县建立了甘孜城、东固、绒坝岔、白玉四个区的藏民政权和藏民党支部、团支部、自卫队等组织，并筹集了部队所需要的大批粮食、羊毛、帐篷。大约是 5 月初朱德总司令到甘孜时，受到喇嘛和县城藏族群众的沿途欢迎。

我们在甘孜藏民中进行三个月左右的工作后，6月初成立甘孜藏民政府并举行了赛马，检阅藏民自卫队等庆祝活动。7月2日，二方面军到达甘孜，贺龙、任弼时、关向应、萧克等也都到了甘孜。由于集中到甘孜地区的部队太多，粮食十分紧张，再向藏民征集粮食已很困难。显然这么多部队要在这里待下去是不可能的了，唯一的出路是北上。

7月初，张国焘被迫取消了第二“中央”，改为西北局；取消了第二军委、总司令部、总政治部，仍称四方面军。这时，我被任命为四方面军政治部宣传部长。之后，四方面军和二方面军分三个纵队开始北上。四方面军的四军、三十军和二方面军为左纵队，由朱总司令率领，从甘孜地区出发，经东谷、西倾寺、阿坝，向包座、班佑前进。九军、四军一部，独立师，三十一军一部及四方面军总部为中央纵队，由徐向前率领，从炉霍地区出发，经埌塘、查理寺、毛儿盖、向包座前进。五军（原五军团）和三十二军（原九军团）为右纵队，由董振堂率领，从绥靖、崇化地区行动，经卓克基、马塘，向毛儿盖、包座前进。三个纵队，穿行数百里茫茫草地，克服缺粮、缺氧等极大困难，经过约一个月的长途跋涉，于8月1日到达包座地区。我第三次过草地，从甘孜出发到阿坝是跟随红四军司令部一起行军的，到阿坝休息时找到了四方面军政治部，和四方面军政治部一起到达包座。从包座出发时，我接到四方面军政治部通知，任命我为岷（州）、洮（州）、西（固）地区工委书记。所谓工委也只有我一人。因红四军要出岷、洮、西地区，因此，我又跟随四军行军，于8月下旬到西固。9月初，我正打算依靠红四军政治部群众工作部部长周干民等同志开展地方工作时，又接到朱总司令命令，任命我为红四军政治部主任。9月30日起，四方面军部队分为五个纵队，先后由岷州、漳县等地出发向静宁、会宁方向前进。与此同时，中央指派一方面军第一军第一、二师部队在隆德、静宁、界石铺一线和庄浪、渭水和平凉大道游击威胁胡宗南部队，积极策应二、四方面军北上。10

月 10 日在会宁县城胜利会师。

一、二、四方面军胜利会师后，我听说邓小平出任总政治部副主任了，便专程到了总政治部找邓，向他要求允许我仍回到三军团工作。邓副主任说，为了加强四方面军部队的工作，中央军委还要派干部到四方面军部队去，你已经在那里工作了，是件好事，不要回原部队了，就在四方面军工作吧。我愉快地接受了安排。不久，中央军委派耿飙到红四军任参谋长，派符竹庭到红四军任政治部副主任兼组织部长。听说还派了肖克、郭述申、李聚奎、唐天际等到三十一军工作。从此，我完全安下心来，在红四军政治部工作。

抗日战争开始后，红四军改编为八路军一二九师三八五旅，我被任命为一二九师政治部宣传部长，随部队奔赴华北抗日前线。

选自《湖南党史》1994年第3期。

刘志坚，1912 年生，湖南平江人。1927 年参加革命，1930 年加入中国共产主义青年团，同年参加中国工农红军，1931 年由共青团转入中国共产党。红军长征时任红一方面军第三军团政治部宣传部部长，红一、红四方面军会合后留红四方面军工作，任中共甘孜工委书记、红四方面军政治部宣传部部长、中共岷（州）洮（州）西（固）工委书记、红四军政治部主任等。新中国成立后，曾任中央军委情报部副部长、部长，解放军总政治部副主任，解放军艺术学院院长、政治委员，军事科学院第二政治委员，昆明军区政治委员，解放军政治学院院长兼政治委员，中共中央委员，中央军委委员，中央顾问委员会委员等职。1955 年被授予中将军衔。2006 年在北京逝世。

我三次翻雪山过草地[①]

黄荣

1934年10月，红军开始长征。我当时在红五军团电台当报务员，随部队从江西省兴国县出发。

1935年6月，红五军团离开大渡河，走了三天，到达大雪山脚下的四川省宝兴县。当地人把夹金山称作“大雪山”。此山高4300多米，山上积雪终年不化，气候变化异常，时而狂风暴雨，时而雨加冰雹，只有夏天气候好的日子里，赶在中午12点以前才能通过。当地流传着一句话：“要过夹金山，性命交给天。”听说红军要翻雪山，老百姓都为我们祈祷：愿菩萨保佑，有个好天气，让红军顺利翻过雪山。

第二天，我们上到大雪山的半山腰宿营，做好爬雪山的最后准备。下午，电台政委李白召集会议，要求大家必须在思想上、物资上做好充分准备，发扬红军吃苦耐劳、团结互助的好传统，战胜困难，安全越过大雪山。我的顶头上司电台报务主任钟贞益问我，明天爬雪山准备得怎么样？我说身边只有一床被单、两件单衣、上级发的一些羊毛和脚上穿的一双草鞋，爬山时把单衣全穿上，再把被单包裹在身上，用绳子把羊毛捆在脚上——“全副武装”，我有信心翻过雪山。

次日拂晓，部队向山顶进发，越过雪线，气温骤降，越往上爬越冷，

① 编者对原文略有删改。

空气越稀薄，呼吸也越困难。快到山顶，那就是冰雪世界，雪花飞舞，狂风呼啸，鸡蛋大的冰雹劈头盖脑地打过来，根本没法躲开，有的同志就这么被砸死砸伤。到了山顶，风雪交加，空气更稀薄，雪深没膝，把整只脚从雪里抽出来才能往前迈，非常吃力，真是一步一喘。有些体弱的同志尽管有战友搀扶着，还是摇摇欲倒。特别受不了的是冷，很多人只有单衣，冻得嘴唇发白、浑身哆嗦，抖着抖着就倒下蜷缩在雪地里，从此长眠大雪山。

我头晕，胸闷，浑身没力，两脚发软，大口大口地喘着气，渐渐也迈不开脚了,真想一屁股坐下歇个够。后面的郭龙飞不断地推我、顶我，催我快走，千万别停下。我脚上的草鞋系绳松了，也不敢停下来扎紧，就这么昏昏沉沉、磕磕碰碰地跟着队伍往前走……

下山了。山陡雪滑，有些同志干脆往下跳，顺势滑下去。我也跟着纵身往下跳，谁知刚好踹在一个雪堆上，一下子把脚上的草鞋撞掉了，捆在脚上的羊毛也散开来，冰雪直往裤管里塞，我只好打着赤脚在雪地走路了。开始还能感觉到双脚刺痛，但慢慢就麻木了。身上感觉越来越冷,牙齿抖得“咯咯”响,两只脚越来越不听使唤,渐渐地我掉在了后面。周维队长听说我掉了队，一问知道我光着脚，便从行李袋中取出自己备用的草鞋叫警卫班长胡伟才送给我。胡班长对我说，队长知道你掉队，叫我给你送鞋来，快穿上，赶上去。真是“雪中送炭”！此事过去 70 年了，每当看到或者听到“雪中送炭”这个成语，我的脑子里就浮现出周队长和他的那双草鞋，终身难忘。

穿上队长送的草鞋，脚板不直接着地，脚就不那么痛了。加上是下山，步子轻了很多，我慢慢就赶上了队伍。终于在当天下午 4 点多，我们胜利地翻过了夹金山。

翻越终年积雪人迹罕至的夹金山之后，我们红五军团于 6 月中旬在四川懋功与红四方面军三十军会师。全军振奋，欢喜若狂。三十军的同志主动从城里搬出，留下大米和牛羊肉，让我们住进去。第二天晚上，两军开了联欢会，大家尽情欢唱。说欢呼声震撼了懋功城，真是一点不假。

两个方面军合并为左、右两路军，在党的统一领导下，北上抗日。8月初，左、右两路军开始北上。毛泽东、周恩来、张闻天随右路军行动，朱德、张国焘、刘伯承随左路军行动，向荒无人烟的大草地进军。

大草地漫无边际，据说方圆六百里，并有水、旱草地之分。在水草地行军，令人战战兢兢。一望无际的茫茫泽国，河沟交错，到处有陷阱般的无底深潭。行军要特别小心，一个紧跟一个走，稍不注意和离队就会陷下去，很难爬上来。每天从早到晚，我们都在泥泞中行军，非常累，走得脚都肿了，但到处都是水和烂泥，难得找个干地歇歇脚。草地气候多变，有时浓雾弥漫，难辨东西南北，有时雪花夹带冰雹，四处白茫茫一片。山坡干草地是理想的宿营地，我们用竹子插在地上，撑开两三层被单挡风遮雨，在里面架起收发报机工作。一些人到周围找牛粪当柴烧，烧水做饭洗脸洗脚都用一只脸盆。晚上实在奇寒难耐，就在小篷里三三两两地背靠背相互取暖，等待天亮。经过七天的艰苦跋涉，红军征服了草地。毛泽东、周恩来同志率领的右路军到达班佑。而张国焘却拒绝执行中央北上抗日的方针，擅自命令左路军（包括红五军团①）调头南下，我们被迫再过草地、翻雪山。

张国焘率红四方面军（包括红五军团）到达四川的桌木碉，另立“中共中央”，自封为主席，诬蔑中央执行右倾机会主义路线，公然分裂党，分裂红军。这时，我被调到红四方面军第四军电台任报务员，随第四军南下参加攻打天全的行动。部队总攻天全那天晚上，我从18时至24时值夜班。快下班时，总部电台耿台长在机上告诉我，下半夜4时，总部将有急电给你们，请按时抄收。我在报务日记中，特别交代摇手班长张剑峰，要他早晨4点钟，一定叫醒台长，抄收总部急电。可到早上4点，

① 自1935年7月21日起，红五军团已改称红军第五军。

张班长去叫台长时，台长因为白天太累，一翻身又继续睡，没起来。拂晓前敌人全线溃退，部队只追到天全县境，没继续追。6时台长起来却没上机而是跑到山上找胜利品去了。7时我上班抄收到总部急电，电报已延误三个多小时。为此，总部派两名参谋来追查电报延误的责任。据他们说，那天晚上部队侦察获悉，敌人有溃逃的迹象，总部要求各部队做好战斗准备，到时跟踪猛追，消灭敌人。在通往雅安途中，有一座桥，桥面很狭窄，只能逐一通过。数千敌人要在桥头等一二小时，才能过完，这正是消灭敌人的有利时机。由于电报延误，部队未能执行总部的命令，让敌人逃跑了，后果当然非常严重。两位参谋找电台领导和摇手班长了解情况，再看我写的报务日记，排除了我的责任。事情弄清楚后，伍政委找我谈话，叫我不要跟四台了，到总部二局去。我到二局，受到二局蔡威局长的欢迎，不久被任命为二局电台台长。

部队南下，攻克宝兴、天全、芦山等县，继续向雅安进军。蒋介石在成都坐卧不安，因为若雅安失守，则成都难保。他亲自督战，令刘湘率川军20余万兵力向红四方面军进行反扑。敌我在百丈关激战七天七夜，双方伤亡惨重。红军毙、伤敌人1.5万余人，自己也付出伤亡近万人的惨重代价，被迫退到甘孜、炉霍地区进行休整。但炉霍地区人烟稀少、贫困偏僻，指战员缺衣少粮，部队由开始南下的八万多人减为四万多，红四方面军陷入了极端艰难困苦的境地，全军上下十分不满。我们二局绝大部分同志都表示，坚决与张国焘分裂党分裂红军的错误作斗争，坚决拥护中央北上抗日的方针。这时，中央多次来电劝说张国焘北上。1936年6月，贺龙、任弼时率红二方面军到达甘孜，也劝说张国焘一同北上。迫于内外压力，张国焘不得不取消另立的中央，同意北上。于是，我们开始了第三次过雪山草地。

这次要翻的雪山是梦笔山，山高4100多米，比夹金山低些，也没有那么陡。由于已经有了两次爬雪山的经验，准备得又比较充分，我们顺利地到了山顶。下到山腰，路边有一片梨树，果实累累，后勤部收购了一批，分给干部战士每人两个，当作干粮。翻过雪山，又踏上草地。老天爷好像和我们作对，天气一日三变，上午还阳光灿烂，中午却狂风暴雨，下午雨雪加冰雹。在这种气候下行军，病号不断增加，随带的粮食已经吃完，全靠找野菜充饥。草地野菜不少，有的能吃，有的却有毒。为了避免中毒，我们像神农氏一样，几乎尝遍了那里的野菜，凡是甜的一般都认为能吃，苦的就不敢吃，也真的找到不少如韭菜、蕈菜之类的野菜。有时上级发下一些青稞，但没法加工，只好煮青稞粒吃。青稞粒很难消化，加上一路上经常有一顿没一顿，很多人肠胃被搞坏了，拉肚子的不少，只好仍然找野菜吃，既充饥，还可以治腹泻。我们二局局长蔡威患伤寒，没药治疗，发烧一直不退，但头脑很清醒。他躺在担架上，眼看干部战士已几天没吃粮食，全靠野菜充饥，下令把他的坐骑杀掉，分给大家充饥。大家一致认为，决不能轻易杀掉领导的坐骑，要挺住继续找野菜充饥，坚持走到了大草地的边沿。就在即将走出草地的时候，蔡局长却永远留在了那里。现在，每逢“八一”和国庆，从电视上看到出席招待会的老同志们熟悉的身影越来越少，我都会想起长征路上牺牲的战友，也会想起“青山处处埋忠骨”这句诗。

1936 年 10 月，部队走出草地，到达甘肃会宁县。不久，三大红军主力在将台堡会师。1937 年 8 月，部队改编为国民革命军开赴抗日前线。我们二局返回延安和中央二局合并。我被任命为三科副科长，负责通信侦察工作，每天向中央军委提供敌情动态。自此，我在新的岗位上开始了新的征程。

选自《大江南北》2005年第10期。

黄荣，壮族，1911 年生，广西凤山县西山乡人（今属巴马县）。1929 年加入中国共产党，1930 年参加中国工农红军。红军长征时任红一方面军

第五军团报务员、红四方面军总部二局电台台长。新中国成立后，曾任广西省交通厅厅长，中共广西省委交通部部长，中共广西壮族自治区委员会常委，广西壮族自治区政协副主席，广西壮族自治区人大常委会主任，全国人大民族委员会委员，中共中央监察委员会委员等职。2012 年在南宁逝世。

五过夹金山

汪名震

1933 年夏，我和殷金荣一起调到军委总部无线电六分队，政委是朱邦英，报务主任是刘寅。大约在秋末冬初成立二十二分队，我任队长，报务员有周九生（周涌）、夏侯求皇、冯云芹等，带着小机器回到一军团，直到长征。

1935 年夏天，我们二十二分队随一军团二师师长陈光率领的前卫团四团行动，从宝兴经硗碛翻越夹金山。当时正值盛夏，我们身着单衣，热得汗流浃背。过山前，当地老百姓对我们说：你们穿这身衣服过山，不累死也要冻死，大风来了会把你们刮走的！但是，党中央、毛主席领导下的红军战士，毅然向夹金山进发了。白皑皑的雪山像巨龙似的横卧在我们前面，从山下到积雪的地方（称作雪界）有十多里远，从雪界到山顶有十五六里，海拔又高，空气稀薄，行走困难。我们电台的运输员们，挑着机器、电池上山，就更是难上加难。全分队的同志们互相帮助，分担行李，搀扶着上山，有的实在走不动了就拉住马尾巴走。不能停步，不能坐下，更不能跌倒，否则就会起不来。到了山顶，前卫部队同四方面军会师的消息鼓舞着我们，大家不顾山陡路险，把机器往怀里一抱，坐在雪上像滑滑梯一样滑下了山。当晚在山下达维宿营，受到了四方面军同志的热情接待。然后我们又去懋功等待后续部队，等军委到后，召开了一、四方面军联欢大会，庆祝两个方面军的胜利会师。

从懋功出发又翻越了梦笔山，到卓克基、毛儿盖做了过草地的准备工作，四方面军三十军临时归一方面军一军团指挥，我们这个机动电台奉命随三十军行动。草地荒无人烟，地面浮着草，草下是烂泥滩，一不小心就会陷下去。天气变化无常，一会儿下雨，忽而又雨过天晴。雨来一身湿，雨过衣晾干。我们电台走到草地中间时，三十军搞到一个降落伞，为着保护机器，方便工作，军部就把它送给电台使用。一到宿营地就把它撑起来，机器架在里边，解决了工作的大问题。草地里除了草，还有些灌木丛，没有高大的树木，架天线找根杆子很困难，唯一的办法是把运输班的扁担接起来作天线杆。过草地时牺牲了不少同志，我们电台的管理班长因病牺牲了，至今我们还怀念着他。

过了草地到达包座，我们二十二分队正式调归四方面军工作，随三十军军部驻在上包座。在这里打了一仗，消灭了敌四十九师两个整团，同时还打下敌人一架飞机，掉在包座的山上。军部通知我们到山上去把敌人飞机上的电瓶取下来用。我带着通信员和运输员高高兴兴地去了，因只有一把钳子，一把起子，没有大工具，怎么也取不下来，我们只好空手而归，没有完成任务。

在上包座没住多久，又把我调到四方面军总指挥部。到中包座总指挥部后，听四方面军政委陈昌浩说："他们（指毛主席、周副主席）想去赤化蒙古。"我们这才知道毛主席北上了。至于其他一些情况是以后逐渐听说的。总指挥部决定我到一台工作，当时一台台长王子纲有病，报务员有尤静轩。到一台后部队就南下，从原路过草地翻雪山回到天全、芦山一带。由于张国焘分裂党的错误，在路上看到一些"打倒毛、周、张"的错误标语，对此情此景真感到痛心和不解。

在天全、芦山一带没住多久，住懋功部队需要电台。三局新组装了一部电台，名为十三台，叫我带领去懋功工作。出发时我请求配备点备用部件，如真空管等，得到答复是零配件困难，再没有多余的了。我们全台 20 多人在没有向导、没有部队掩护的情况下，第三次翻过夹金山到达懋功。

在懋功工作大约一个多月的时间，一天夜里，值班的报务员焦急地叫醒了我，说他收听时听到“砰”地一声收报机就没有声音了。我们一检查，是真空管烧坏了。后来听刘光甫（工程师）说，当时需要电台，但又没有器材，只好东拼西凑，真空管也都是些过期的，所以用不久就坏。我们向领导报告情况后，奉命第四次翻过夹金山回到三局。撤销此电台，我又回到一台工作，直到天全、芦山一带遭到失败，第五次过夹金山,向甘孜一带撤退。大约是在去甘孜的路上,我被调到十台任台长。十台机务员是黄凤梧，报务员是陈霄云、王玉衡。不久二方面军到达甘孜同四方面军会合，经过斗争、张国焘被迫同意北上，才又三过草地，经阿坝、包座、腊子口、岷州到漳县。此后我得了伤寒,发高烧昏迷不醒，同志们抬着我行军。病势减轻后我才知道，指挥部很关心电台同志的健康，还请卫生部长苏井观来给我医治过。另外，部队曾向青海方向行走了一天，但这一行动很不得军心，听说行军中有些指战员离开了部队，全军同志希望同党中央、毛主席会合，所以张国焘不得不转回头来继续北上。

节选自汪名震：《从宁都起义到西路军》，载中国人民解放军总参谋部通信部编研室编：《红军的耳目与神经——土地革命战争时期通信兵回忆录》，中共党史出版社1991年4月第1版，第126—128页。

汪名震，1907 年生，河南郏县人。原为冯玉祥部前敌指挥部电台报务员，1931 年参加宁都起义后编入中国工农红军，1936 年加入中国共产党。红军长征时任中央军委电台第二十二分队队长、红四方面军三局第十

台队长等职。新中国成立后，曾任中国驻苏联大使馆商务参赞、对外贸易部技术进口公司副经理、国家成套设备出口公司经理、国家对外经济联络委员会办公厅主任、对外贸易经济委员会党委副书记、全国政协委员等职。

三翻大雪山

张步德

1928年，红军来到我的家乡福建长汀，建立了人民政权苏维埃政府。1933年我参加了红军。先在独立团，第二年调到五军团无线电队的运输排当运输员。

五军团主要是由国民党军官赵博生起义的部队改编的。赵博生同志牺牲后由董振堂同志率领（赵博生和董振堂两同志原是西北军孙连仲部下的高级军官，后在江西宁都率领二十六路军起义）。无线电队的那部电台就是起义军带来的。当时，无线电队有100多人员，除队长、政治委员、指导员、报务员等专业人员以及一些勤杂人员外，还有两个排，一个警卫排，一个运输排。警卫排有武装，他们的任务是保卫电台和到宿营地架设电线，保证红色电波畅通无阻。运输排的任务是行军时负责搬运机器。我当时在运输排挑一担内装收发报机的箱子。

1935年6月，红一方面军和四方面军在懋功会师。同年8月，党中央毛主席决定红军分为左右两路军北上抗日。五军团属左路军，归四方面军的张国焘率领。1935年夏天，这部电台转到四方面军的三十一军手里，我也随之到了三十一军。西安事变以后，部队改编，电台又转到八路军的一二九师，我又随之到了一二九乡。1937年，电台改为手摇发报，我离开了运输排，负责摇机器。1938年我被提拔为无线电队的副指导员。当年下半年，领导上派我去学习，我才离开了这部与我几乎朝夕相处了四年的电台。

电台是部队不可缺少的通讯工具，尤其是红军初创时期，没有电台或者是电台的机件失灵，红色电波中断，部队就要变成瞎子，就不能与党中央和兄弟部队取得联系，更不能随时听到党中央和毛主席的指示，行动就会迷失方向。因此，每逢行军，电台都是紧紧跟在司令部后面，它除了由本部门的警卫排保护外，必要时上级还派来武装支援。就连我们无线电队的工作人员，在物质上也受到优待。

40 多年前，在长征路上，我挑着一担装有收发机的箱子三翻大雪山的情景，至今不忘。

1934 年 10 月，我们中央苏区的工农红军开始战略大转移。在长征途中，我们五军团始终担任后卫，电台一直跟在司令部后面。我们从江西出发，在贵州桐梓过的春节。第二年 6 月间到达四川边界，翻过夹金山，在懋功与四方面军会合。

1935 年 6 月间，前卫部队在四川的天全附近打垮了杨森六个团后占领了天全、芦山两县，随后，我们五军团向宝兴县西北的夹金山前进。

夹金山高 4000 多公尺，山上积雪终年不化，山上空气稀薄，寒冷风大，大雪纷飞，气候多变。通过山口必须在上午 9 点钟以后下午 3 点钟以前，这时风小些，阳光也比较充足。老乡告诉说，翻山要多穿衣服，脚上也要穿厚些，要准备些白酒和辣椒水御寒，每人最好拿一根拐棍，上山下山拄着走，以免滑倒。我们从苏区出来，沿途战斗，衣服有限。时正夏天，身上都是单衣，脚上只是草鞋。我们所经之地，居民少，大多很穷苦，根本弄不到白酒。部队只能买到一点辣椒，沏上水，每人灌一点在水壶里；拐棍倒是每人都有，不是木棍就是竹棍。我们过雪山的物质准备虽然很差，但精神饱满，战胜雪山的意志十分坚决，而且充满信心。

出发前一天，指导员向我们作了动员，并要求过雪山不掉队一人，不损坏一物，到了宿营地，红色电波要畅通无阻。同时又嘱咐大家在山上不准讲话，不能笑，也不能停留。否则山风大容易出危险。还要求大家发扬阶级友爱精神，互相帮助，坚决征服雪山，胜利前进，跟随毛主席北上抗日。

我记得出发那天是个大晴天，天空无云，阳光灿烂。一大早，我们沿着一条山沟前进。清晨的空气十分新鲜，凉风习习，吹在身上非常舒服，走路一点不费力。山沟里异常寂静。这儿既没有城镇的喧闹声，也听不见反动派围追堵截我们的枪炮声，能听到的只是我们红军战士前进的嚓嚓嚓的脚步声，沿路能看到的只是山坡上高高低低的树木。间或也碰上几户人家，路上偶尔遇到老乡，他们用惊惧的眼光看着我们。6 月的天气，太阳火辣辣的，越走越热，我肩上的一担箱子也越来越重，走了一天还未上山。这一天行军不很紧张，路上休息了两三次。休息时，同志们坐下来喝水，吃干粮，宣传队还为我们演了节目。他们的歌舞既鼓舞了大家的情绪，又驱散了我们的疲劳。天黑时部队便停下来宿营。这时，我们运输排的同志就可放下担子休息了，警卫排的同志和报务员同志们却忙了。他们架线的架线，安放机器的安放机器，开始工作。寂静的夜空传出了哒哒哒的电报声，红色电波越过了万水千山，传到了兄弟部队，传到了党中央和毛主席的身边。

第二天天不亮，起床的号声把我们从甜睡中惊醒。今天要通过雪山，天蒙蒙亮我们就出发了。出发前，指导员又把过雪山的要求说了一遍，我们今天走得很快，要在十点钟时赶到山口，约摸走了四五个小时，到了半山腰。仰头钟去，只见山上白雪皑皑，一个个山峰如同银子堆砌起来的似的。从此以后，沿途再也看不见树木和人家，连飞禽走兽也没碰到过，我们已经来到人迹罕至的雪山区了。突然，两架敌机在我们头上盘旋。长征途中，我们天天要对付国民党反动派的围追堵截，飞机轰炸，这么两架飞机，战士们哪里把它放在眼里。他们一边走一边嘴里大骂，有时还仰起头来看它两眼。走着走着，气温突然下降，太阳晒在身上没有一丝热气，仿佛换了季节。路也冻得邦硬邦硬，棍子拄在地上发出咯咯咯的响声。我们越爬越高,已经在雪山上行进了。四周白雪皑皑,银峰耸立,仿佛置身琼瑶世界。眼前的雪景是那样雄伟壮丽,使人惊叹,但又叫你看了胆战心惊，稍一大意，就可能掉进雪坑，越陷越深，爬也难爬上来。阳光洒在积雪上，银光闪耀，非常刺眼，简直不敢正视它，我们只能低着头，踏着前卫部队的脚印，小心翼翼地一步一步，艰难地前进。快到山口时，风越来越大，路越来越难走，肩上的担子也越来越重。大风刮得我几乎站不住脚，身子不住地摇晃。我一手抓住扁担绳，尽量使担子平衡，减少摇晃；另一手拄着拐棍，稳住脚跟。有时实在脚软无力，迈不开步，怎么也爬不上去，便抓住前面牲口的尾巴，借它之力。到了山口附近有几十米平地，地上躺着三四个牺牲的同志。大家默默地走过他们身边，怀着悼念的心情，向这些同志的遗体告别。……

山上气候多变，突然狂风卷着雪花漫天飞舞，单薄的军衣抵挡不住风雪的吹打,冻得我们浑身哆嗦,牙齿打战。加上空气稀薄,呼吸困难,我只觉得头晕腿软，上气不接下气，喘个不停，走一步停一步。当我实在迈不开步时，恨不得卸下肩上沉重的担子才好，但一想到我肩上挑的收发报机是部队不可缺少的通讯器材，无论如何不能丢失和损坏；又想到我是跟随毛主席北上抗日，决不能掉队。想到这些，我脚下仿佛有了劲，便咬紧牙关，拼着全身的力气，挑着担子，终于爬上了山顶。到了山顶，突然乌云蔽空，飞雪变成冰雹，像石头子似的劈头盖脑打来，我们只好捂着脑袋，迎着冰雹继续前进。

在英勇无畏的红军战士面前，狂风冰雹猖狂了一阵，威风渐渐减弱下来。我们也开始下山了。这时，冰雹又变成了阵雨。下雪山并不比上雪山省力。因为前面部队把雪路踩实了，雪路成了冰道，滑溜溜的，非常难走。尤其是挑着沉重的担子，稍不留心，脚跟没有踩稳，就会滑倒或滚到雪岩下面去。所以，我拄着棍子——这根棍子在过雪山时真帮了我的大忙，一步一步地踩实，走得非常慢，也非常吃力。

经过大半天的爬雪山，我们既没有休息也没有吃一点东西喝一口水，又冷又饿，真是精疲力竭。有的同志实在走不动了，队伍的间距越拉越大。这时，班排长便走到那些同志跟前，拿过他们的行李和枪支，帮他们背，减轻他们的负担。再不然，便拉着、搀着他们前进，不让一个战友掉队。

我们下到半山腰，天开始黑了，要不是借着雪光，黑糊糊的，道也看不清，更难走了。走到山脚下，到了宿营地，天已完全黑得什么都看不见了，队伍也找不到，大家便大声喊叫才找到自己的单位。一到宿营地，警卫排的战士马上架好电线，报务员同志连忙安放机器，又开始工作了，哒哒的电报声又在夜空回荡。

毛儿盖会议以后，党中央毛主席决定红军兵分左右两路继续北上抗日。八月，毛主席率领右路军继续前进。张国焘率领左路军至阿坝却又擅自南下，向川康边境的天全、芦山退却，胡说什么“打回成都吃大米”。我们五军团当时属左路军，由于张国焘的错误路线，所以我又肩挑发报机再一次翻过了大雪山。

我们在天全、芦山附近过了春节，这时已是1936年2月了。敌人集中兵力向天全、芦山进攻，我军陷入困境，张国焘被迫率军向甘孜撤退。这时二方面军也来到了甘孜。由于朱德、任弼时、贺龙、关向应等同志的坚决斗争，四方面军广大干部也纷纷要求北上抗日，张国焘不得不率军北上，从甘孜出发，经阿坝包座再一次过雪山草地。这时，我又第三次肩挑发报机翻越了大雪山。

1979年4月

选自中国人民政治协商会议天津市委员会文史资料研究委员会编：《天津文史资料选辑》第7辑，天津人民出版社1980年2月第1版，第52—53页。

张步德，福建长汀人。1933 年参加中国工农红军，1934 年加入中国共产党。红军长征时任红五军团无线电队运输排运输员、红四方面军第三十一军无线电队运输排运输员。新中国成立后，曾任天津卷烟厂厂长、天津对外经济联络局副局长、天津市人大常委等职。2007 年在天津逝世。

一位红军机要员的长征经历

杨志宏

三番攀越夹金山

我们终于到了邛崃山脉的夹金山脚下。川西高原的岷山、邛崃两大山脉有不少著名的大雪山，夹金山就是我们长征中遇到的头一座。

从宿营地到山顶上有20多里路，据说每天一过中午，山顶上必有大风大雪和冰雹袭来，所以全部人马必须在中午以前越过山顶，否则有遭受大风雪和冰雹灾难的危险。为了全军人马的安全，天还没亮，我们就开始上山，当时还下着小雨，并且有雾。快到中午，我们艰难地登上了山顶，忽然天晴了，山顶上到处是积雪，在阳光照射下，眼睛都睁不开。对面山上刮起一阵阵大风，风卷起积雪一浪高一浪地扑来，我们未敢作瞬间的停留，即赶快下山，一直下到半山腰才休息了一下。待到大家把自己带的饭拿出来，早都冻成冰块了……下山快到宿营地达维时，我们看到了盼望了许久的穿黑色衣服的红四方面军战士。他们吹着军号，敲着洋鼓，列队欢迎我们，并且带了许多慰劳品，如衣服、干粮、草鞋等等。可惜我们第二天还要赶路，没有更多的机会和他们欢叙战友情谊。

从达维到懋功是90里路，我们一路上不断地战胜了许多敌人和天然障碍，尤其是第一次越过了大雪山，又实现了与红四方面军的大会合，这时敌情也没有过去那么紧张了，故我们在懋功休息了几天。大家的体力得到恢复，精神上也轻松了许多，但粮食缺乏、衣着单薄、气候寒冷和水土不服等新的困难又来了，害病的人越来越多。红军总卫生部的傅连暲同志给我们看病时，往往只开一张处方，而把所有病人的姓名都写在那张处方上，一时弄得我们莫名其妙。后来他说："你们害的是同样的病，我给你们开的是同样的药，为了省事又节约纸张，这样就行了。"为了克服缺乏粮食的困难，有的人去采蘑菇吃，我们只凭着南方采蘑菇的经验，不懂得此地蘑菇的特性，致使有人中毒。总司令部为此下通知，叫大家千万不要乱吃蘑菇。

1935 年 6 月下旬，中央红军到达懋功县的两河口，中央政治局在这里召开了会议，讨论红军以后的战略行动。会址在我们住处东头不远，会场上声音大一点儿，我们都能听到，但听不清楚内容。这是一、四方面军会合后中央头一次开会，张国焘他们都来了。会议开始显得比较清静，但后来声音越来越大，有的人情绪比较激动，又好像是发生了争论。后来我们才逐渐明白，原来是张国焘不赞成中央"北上抗日，创建川、陕、甘根据地"的主张，而主张西进，把红军拉往青海、新疆，并且要与党中央争领导权。此时红军已面临断粮，无法在此久留，会议匆匆结束，张国焘赶回杂谷脑（又叫理番）四方面军总部去了。

离开两河口，我们翻越了第二个大雪山——梦笔山，到了卓克基。我们在卓克基住了好几天，这时张国焘也到中革军委来了，他带来自己的交通队，这是红一方面军中所没有的编制。交通队的人员都是经过挑选的，他们年轻力壮，精干勇敢，武器也比较好，多半是 2 号或 3 号驳壳枪，他们的经常任务是送信、警卫，必要时当预备队。

没有粮食，饥肠辘辘，后来晚上工作点灯用的油也没有了，只好用"酥油"代替。这种油是用皮口袋装的，就跟现在市上卖的香肚差不多，不过体积比香肚大，每袋大约有二三十斤，色黄，点燃以后有股怪味熏得人很难过，但为了工作，朱总司令和周副主席都能承受，何况我们呢？

从卓克基出发，经过几天的行程就到了一个叫芦花的地方，一路上部队因粮食成问题，只能找野菜充饥。芦花的地形比较开阔，有不少耕地，地上种的多是麦子；其次是蚕豆、豌豆和玉米等。麦子多半快熟了，我们饿得迫不及待，赶紧找当地人联系收买粮食，也顾不得什么打场、磨面之类的工序了，大家自己动手去地里割麦，并每人挑一担回来，把麦穗放在火里烧着吃，或是用手把麦粒搓下来找家什炒，有锅的用锅，没锅的就用脸盆，总之各人想办法把它烧熟救饥就是了。朱总司令虽然年纪那么大了，仍和我们一样，去割麦挑麦。我们中有几位同志悄悄地开玩笑说："没有想到总司令在井冈山挑谷子的那股劲儿又使到这里来了。"周副主席虽然身体很弱，工作又忙，也和我们一起搓麦粒，搓得两手通红。因为部队不仅要顾当时吃，还要准备带几天的粮食走路，以应付前进路上更为困难的环境。在这里，张闻天同志还参加了我们的一次党小组会，藏民的家里连一条板凳都没有，他和我们一样是站着开完会的。

部队由芦花出发时，不知咋地我的肚子疼得不能动，被迫留了下来。部队缺药，傅连暲也没了办法，这时的卫生部和长征初期已大不相同，他们不仅没有担架，连人员也少了许多。几天以后，我的肚子痛稍好，卫生部也要出发了，我急欲追赶部队，便跟他们一块儿离开了芦花。次日翻越打鼓山，此山比夹金山不知高多少倍，我们分三天才翻过，向毛儿盖前进。在途中，适逢红军大队人马又从毛儿盖返回来，我即回到中革军委原单位。这时，我听说中央在毛儿盖开过会，准备分两路过草地，我们属于左路，要从原路返至卓克基。

在返回的路上，我因旧病未好又染痢疾，故只身掉队，等我到达卓克基时，大队早走了。我被送至红四方面军的医院。这医院的中医给我开了几粒"痢疾丸"，病竟很快就好了，但不知道军委纵队到什么地方去了，只好跟随医院走。一路上经马尔康，向北翻越大山，风雨交加，还杂有冰雹，大家又冻又饿又困，其苦可想而知。宿营地只有一块烧柴火的地方，房顶没有瓦，盖的薄木板空隙很大，不仅挡不住大雨，而且冰雹打得房顶乱响，使人很难入睡。医院里的病人多是痢疾和疟疾病，因为又冻又饿，不少战友牺牲了。睡在我身边的熊斌和钟海山都先后死了。老熊是王田寨人，老钟是赤岭下人，本来我们彼此并不认识，只是大家说的都是一口瑞金话，彼此一听就很亲热，可惜我那时没能多了解他们的情况。

几天之后，前面走的队伍又回来了，经此地向马尔康方向走去。医院的负责人给我们传达说："毛、周、张、博右倾逃跑了。我们要南下，到成都坝子吃大米去……" 我听到这个消息后非常震惊，不知部队掉头回来到底是怎么回事，周围绝大多数是红四方面军的同志，我都不熟，也不敢随便去问，只好闷在心里。

过了几天，我们也由原路返回马尔康，中途我又掉了队，当晚就在山沟旁的树林里待了一夜。在这里我碰上了一位四川同志，过夜的树底下刚好还有前面的同志遗留下来的火种，我俩又拾到两个骡蹄子。我把骡蹄子放在火堆里把毛烧掉，用石片把烧焦了的地方刮一刮，就放到嘴里啃起来，除了一股烧焦的臭气外，好像也有点肉香味。那位同志则在树林里拣了点蘑菇煮煮，也就把肚子敷衍过去了。不一会儿，天又下起雨来，我们的火也被淋灭了，幸好没有碰到敌人或野兽，虽然吃了不少苦头，总算平安无事。

第二天到了马尔康，我打听到了总司令部住在卓木碉，便要求出院归队。经过松岗时，听说九军团住在这里（改称三十二军了），我就顺便去看了看九军团政治部主任、我的老首长黄火青。他告诉了我一些有关张国焘闹分裂的情况，这一来，我心里才有数了。因天色已晚，黄火青招待我住了一宿。次日一早,我离开松岗去找总部住地。我独自一人，手无寸铁，走了多半天，没有碰见一个红军，虽有点儿担心碰见敌人或猛兽,但也只好硬着头皮往前走,并准备应付一切意外情况。中午过后，碰上一位本地人躺在路旁休息，他的穿着打扮就像现在的藏族同胞差不多，凭经验，我估计他一定带有当地人出门时常带的那种干粮“面饼”，于是上前叫了一声“老庚”（这是在芦花时现学的）。见他没有什么反应，我又叫了他一声“大哥”。好像他还是没有听懂，我便拿出一块云南造的银元，用手势比画，问他能不能卖给我一块烧饼充充饥？他把银元接过去，看了看后还给了我。我又请他看看我遍身上下和所带物品，结果他看上了我的洗脸毛巾。我把毛巾给他，他给了我一块饼，然后我俩不约而同地笑了起来。我狠狠地啃了几口面饼继续赶路，可又一想：“不能一下吃完了，还得忍着点，留下一点儿下次再吃，以防万一。”傍晚，我终于归队了，但这时的军委和从前大不一样了。张国焘已另立“中央”，他自任中央的主席，朱总司令实际上已被软禁，其他的中央负责同志也见不着了，我的一些同事虽然见我回来了，也都不大敢和我随便说话，于是我也只好和大家一样沉默。张国焘反对中央北上抗日，照他的老主意办事，他要强令红军南下走回头路。部队往南走了几天，来到了绥靖县城。在这里发生了一场风波，起因是我们有一位负责无线电通讯的同志工作中出现了错字。本来我们的物质条件就很差，加上这里的地理、气候（经常雷电交加）等等困难，错抄或漏抄个把字是难免的。张国焘司令部的一些人就借这个题目来做文章。他们要我们从江西苏区出来的同志集合起来，站在他们住处门口，有几位高级领导人对着我们大发雷霆，恶狠狠地训我们。有的人还说我们中有人故意捣鬼，把字弄错，叫我们要站出来“自首”，并说：“你们一方面军对无线电技术人员不是有技术津贴费吗？那好，我们也给你们钱，但如果有了差错，我就要你们的脑袋！”他们唯恐自己说话无效，还故意把朱总司令抬出来，企图利用朱总司令帮他们说话，但朱总司令却非常温和地勉慰了我们一番。

由绥靖再往南走就回到了懋功县。这时懋功比前次路过时冷清多了。我们沿着原路重越夹金山，在那里看到一条标语，写的是：“平坝子肥猪多，白米好，不过雪山吃不到。”我们看了以后，心里有一种难以形容的滋味，感到这种宣传跟以前大不一样，思想上很不习惯。

后来，我被调到四方面军工作。不久，在川康地区实在混不下去的张国焘又下令叫我们走回头路。正是 1936 年农历元宵节晚上，我们悄悄地离开南坝又经芦山、灵关、宝兴三越夹金山，经懋功等地到丹巴县城。在灵关时，第九十一师师长徐深吉等来军部领受任务，交谈中有同志半开玩笑地唱了句：“红军南下行……要打成都城……”引得大家都不禁苦笑了起来。因为这次南下，不知害死了多少人，即使没有死的也吃了不少苦头，虽然吃到了几顿大米饭，但能补得过来吗？何况此后还不知要死多少人，吃多少苦头呢？

我们的处境越来越难，几乎与外界完全隔绝，一切日用必需品都无来源，就连工作用的纸笔墨也快要用光了，无线电机器没有油发电，怎么办呢？只有节约和找代用品。工作纸先用铅笔正写一遍，把纸反过来又写一遍，再用染布的红、绿染料配成墨水，用毛笔正反各写一遍，最后用墨再正反各写一遍，这样一张纸就可当八张纸用。削铅笔时要十分小心，一点铅芯也不肯削掉，写字时将笔杆转动，尽可能把字写得小一点儿，如果谁不小心把铅芯削断了一点儿，自己心里也要难过半天。铅笔用短了，手拿不住了，就用铜笔帽套起来用，一直用到无法再用为止。无线电机器则利用当地的水磨来解决。

大军北上同心城

1936 年六七月间，红二方面军到了四川西北部的甘孜县，与红四方面军会合了。渐失人心的张国焘想拉拢红二方面军为他所用没有成功，不得不勉强地在口头上答应北上，于是二、四方面军从甘孜、炉霍、道孚等地出发了。我们驻丹巴的后卫部队由丹巴沿大金川西岸北上，在大金川东岸的交通要道上，沿途均有敌人把守，我们有时不得不绕道而行，甚至在本来就崎岖难行的山崖上另辟新路前进。

在绥靖县城，看到有红五军团的一些部队驻守，他们没有和我们一同南下，是作为后卫一直住在这里过冬，他们的生活比我们更苦。他们把树皮磨成粉，再掺些野菜充饥，我看到这里好多树都没有皮了，没有一个人的脸色是正常的。我们离开绥靖，又经卓克基、马尔康北上，在毛儿盖碰上了红五军团军长董振堂等领导，他们也是路经此地北上的。第九十一师政委桂干生和师长徐深吉共同请五军团的首长们吃了一顿午饭——稀糊糊，并动员大家捐献了一些干粮和草鞋等给五军团的同志们。

离开毛儿盖，我们在荒无人烟的草地连续走了整整一个星期。除了天空和草滩以外，头一两天偶尔能看到一些类似乌鸦的鸟，有时还能看到一年前路过此地的同志们的露营地和烈士们的遗物等等。那几天我们都是夜宿晓行，每到傍晚，就各人找一块地势比较高的地方，坐在自己的包袱上，头顶雨具蹲上一晚，如果没有遇上袭人的大风雪就算不错了。连续几天没有一个像样的休息处，后来看到了一个像小猪圈那样的处所，大家非常高兴。到跟前一看，原来是个牛屎棚子，是用晒干了的牛粪做墙，顶上盖些乱七八糟的东西，再用牛粪糊起来的。真正住上了房子，还是走出草地到了救济寺①以后。

我们在救济寺休息了几天，总算把在草地露宿了一星期的身体温暖了过来，体力也恢复了一点儿。前面路上又有敌人拦路、打枪，为了避免伤亡，我们不得不又改为夜行军了。有时突然来了大风雨，伸手不见掌，路的左面是高山，右面是河，高深莫测，我们只好站在原地，一动也不敢动，任凭风吹雨打雷声轰，直站到天亮。

出松潘草地北行，就进入甘肃地界。经过腊子口时，我们看到了被我军攻破的敌人工事，英勇的红军战士的杀敌之声犹在耳边回响。又经

① 救济寺，即求吉寺，下同——编者注。

过大草滩、哈达铺、申都铺、新市等地，我们到了甘肃省的通渭县。红一方面军先遣队派来的联络员，送来了好多党中央有关当时形势和政策的文件。我们知道了党中央的消息后都十分高兴，军参谋长李聚奎执笔给红一方面军先遣队负责人写了封信，以使他们明了我军当时的真实情况。不知是哪位同志把这封信保存下来，1958 年初我曾在瑞金革命纪念馆看到过此信的复制品，1977 年冬，又在《中国工农红军长征文物选辑》中看到此信的影印件。

当我们得知中央的消息正兴高采烈的时候，忽然接到了张国焘的命令，要我们立即撤离通渭，返回岷州再西进。从地图上看，红一方面军先遣队所驻的界石铺就在通渭东北方向，仅相隔几天的路程，眼看就要和红一方面军会合了，而且他们已经派了人来接应，为什么还要背道而驰呢？不少人心里实在纳闷，但又不得不走。这时肖克从红二方面军调来任三十一军军长，政委则由原在红四方面军工作的周纯全继任。

我们由通渭返回新市镇后，不断听到部队中不愿再听从张国焘西进命令的情况。例如，有的部队已从岷州那边往西去了，有的又进驻了某地的喇嘛寺，部队中已开始有人逃跑。又如某部队负责人来军部汇报说，他们部队中有位连长带了一部分人走了，走时留下了一张字条，申明了他们走的原因是不愿意为张国焘送死，而宁愿去打游击，并表示决不背叛革命，请放心等等。在这期间，我曾看到过一本油印的小册子，书名叫《冬季战斗准备》，其中谈道：“因西北气候寒冷，滴水成冰，重机枪无法用水冷却枪筒，必须准备用清油代替……”我猛然醒悟，这实际是张国焘为逃往青海所做的准备。听说西去青海，荒无人烟的地方更为广阔，再说已快到冬季，后勤无法保障，怎么办呢？由于这种种情况，绝大多数人都反对张国焘的这种不顾我军死活的主张。为使部队的思想情绪缓和一下，张国焘又使了一个花招，命令改西进为北上，这样来回折腾，我们又由新市镇开往通渭。

几天之后，我们到达会宁县的韩家集。那天大家走了一夜，早饭还没有做熟，国民党的先头部队就从后面追上来了，这是国民党的第二十五师，师长是关麟征。我们除后卫部队在韩家集村外的黄土山梁上阻击敌人，大部人马早饭没吃就继续北撤，经干沟驿、郭城驿、大芦子、红铺子到靖边。当红五军团、红九军、红三十军和红三十一军部分直属队已过黄河，我们尚未来得及过去时，忽然传来了口头命令，说是要往东去，向打拉池前进，赶快向党中央靠拢。我们听说这个命令，心里十分高兴。

我们一路上日夜行军作战，经过打拉池，向同心城前进。这段行军作战，无论敌人的疯狂和我军的艰险、紧张，都不亚于渡湘江和通过贵阳等地时的情景，如果不是张国焘闹分裂，我们本不至于再吃这种苦头的。这地方尽是黄土地，水很缺，我们日夜跑路，想喝口凉水都很难找到。这里地形看起来比较平坦,但树木很少,敌机欺我们没有地方隐蔽，又缺乏足够的火力对空还击，就猖狂低飞，轰炸扫射……

不管是张国焘闹分裂，还是蒋军对我们围、追、堵、截及疯狂滥炸，都没能阻止我们同红一方面军的会合和回到党中央的身边，我们终于胜利地到达了同心城，并回到三十一军军部。

部队经过甜水堡和山城堡战斗，在盐池地区休整了几天。党中央派张浩、任弼时同志来我们驻地，讲解了当时的国内外形势、敌情以及我们的任务和党的政策等；同时，党中央又派了唐天际来担任三十一军参谋长（原参谋长李聚奎已被张国焘逼到黄河北岸去了）。

12 月 31 日晚上，传来消息说蒋介石在西安被张学良、杨虎城将军抓起来了。消息重新核实后，大家都高兴得从地铺上跳起来，顿时屋子里热闹异常，都在议论如何处置蒋介石，再没有人睡觉了。这个消息似乎预示人们，中国的政治局势将要发生大的变化了。

1936 年的最后一天，我们是在甘肃省庆阳县城南郊一个名叫石舍的村子里度过的。1937 年 1 月 1 日上午，为了迎接阳历新年元旦，部队举行会餐（其实只有少得可怜的羊肉和粉条做的菜）。我们从老百姓家里借来了各式各样的桌子、板凳和碗筷（筷子不够，只有用高粱秆凑数），摆在村中的一个露天场里。菜一端出来就结冰了，好在这天没有刮大风，还算不错。我们虽然没有喝酒，但人人都举起了倒满开水的土碗，互相祝贺长征所取得的胜利，迎接新的一年的到来。最后是吃小米饭，这种米我从前不仅没有吃过，而且还不知道世界上竟有这种东西，似乎从思想到肠胃都还不习惯，不过与长征中的艰苦生活相比，我们都开心得合不拢嘴了。

下午，召开全体军人大会。红三十一军政治委员周纯全回顾了我们长征以来的经历，谈到了今后的形势，要大家做好各种准备，迎接新的一年，迎接新的任务。

长征的艰苦历程终于结束了。1937 年新年刚过，我们即奉命向西安方向前进，从此又踏上了挽救中华民族危亡的征途。

选自《纵横》1996年第10期。

杨志宏，曾用名杨荣祐，1916 年生，江西瑞金人。1931 年加入中国共产主义青年团，1932 年参加中国工农红军，1934 年由共青团转入中国共产党。红军长征时任中央军委一局二科科员，红四方面军第九军、三十军、三十一军军部科员。新中国成立后，曾任中央军委技术部三局副政治委员、成都军区后勤部政治委员、中国科学院化学研究所副所长等职。

一个通信战士的回忆（节选）

罗若遐

奉命到红四方面军

渡过金沙江后，6 月间，迎来了一、四方面军懋功（今小金县）会师。会师后，中央军委派我带领无线电一分队到四方面军去工作，任务是把一方面军通信工作的经验和保密规定介绍给四方面军，同时也向四方面军学习。我们随即到理番县杂谷脑四方面军总指挥部报到，张国焘作贼心虚，我们一到，他就怀疑我这个台是中央派来监视他的，对我们很不放心，把我们无线电第一分队改为无线电第十台，配给川陕省委，省委书记是周纯全。后来，组成左、右路军时，三十一军政委詹才芳率领该军九十一师担任右路军后卫，我们电台又调归詹才芳指挥。长征到了马塘（当时马塘只有几间破烂的房屋），我们在那里过了一个夏天。由于周围山顶常年积雪，气候寒冷，只有穿上棉军装、皮大衣才能御寒。当地藏族同胞因受反动宣传，对红军坚壁清野，粮食颗粒不见，人畜逃之一空。我们粮食不够，缺油无盐，只得采藤菇、摘野果、挖野菜甚至杀骡马充饥。

1935 年秋，我们突然收到张国焘发来的密电，说毛、周、张、博是右倾逃跑，命令已全部过了草地的右路军，重新返回草地南下。我们电台的同志都是从一方面军调来的，都不相信张国焘的鬼话。

当右路军中的四方面军部队受到张国焘的欺骗，被迫重过草地南下后，我们电台又调到总司令部工作，这时张国焘仍然怀疑我。不久，红四方面军在张国焘错误路线指导下，翻过夹金山，进攻有重兵据守的成都，结果，我军伤亡惨重，不得不再度翻越夹金山，重新进入藏民地区。

1935年底，我台随总司令部进驻雅安附近。一天，领导上找我谈话，拿份电报给我，怀疑我私自同陕北党中央通报。我说没有，他还不相信。我接过电报仔细一看，发现电报是六组字码一行，而正常的电报格式是五组字码或十组字码一行，这明明是假的。最后，伍云甫为我解脱，才停止了对我的逼供。但到第二天，就把发报机收缴了，让我专门抄收新闻。接着又让我跟着保卫局行动，实际上是受监视。我抄收新闻，开始时只抄陕北党中央红色中华通讯社的和国民党中央社的，以后又抄收苏联塔斯社和东京、西贡、柏林电台播发的英语、日语、法语和德语新闻。抄收的新闻，一律送保卫局，由监禁在那里的三个人翻译。以后我才知道这三个人是廖承志（化名何柳华）、罗世文和朱光。廖承志不仅会译中文电码，还能译英语、日语、法语和德语，我对他十分钦佩。有几次想找他接近、攀谈，他每次都含笑不语。到1936年9月第二次过草地后，廖承志才告诉我，以前不同我交谈，是怕连累了我。1936年10月，一、二、四方面军在陕北会师后，党中央、毛主席向张国焘要人，廖、罗、朱三同志这才脱离张国焘的魔掌，回到党中央的怀抱。

1936年春，我们第二次进驻懋功。原一方面军的张令彬、杨梅生两同志也同我一起遭受张国焘的迫害。他们经常来新闻台同我聊天，接触多一些。一天傍晚，天色昏暗，刘少文单身来访，轻声地对我说：岳夏，你和张令彬、杨梅生已上了张国焘的黑名单了，你们要赶快停止交往，否则……我立即把这事告诉了张、杨，并约定以后尽量少接触。这样，我们才得以免受张国焘的进一步迫害。

1936年7月，二、四方面军在甘孜会师。会师前，张国焘施展诡计，将他分裂党和红军的文件材料，送给贺龙、任弼时、关向应、王震等同志，要求分发给二方面军部队阅读。二方面军负责同志在此之前已从党中央的通报中得知张国焘的罪恶行径，立即将送来的文件材料付之一炬。会师后，张国焘又妄图欺骗拉拢二方面军领导反对党中央，遭到坚决抵制。在党中央再三督促下，并经过朱德、刘伯承、任弼时、贺龙、关向应等同志的坚决斗争，张国焘才被迫同意北上，同党中央会合。

1936 年 10 月，一、二、四方面军在陕北会师。这时，我还在新闻台，不久，调到二十四分队。10 月下旬，我们到达保安。12 月 30 日，张学良把延安让出来，我们便从保安搬到延安。1937 年 3 月，组织上派我带一部电台到山西太原，归当时党派到阎锡山部队里当代表的彭雪枫领导，建立同延安党中央的直接联络。这个台，我任台长，报务员有李建华，译电员钟金辉。一直到 1937 年七七事变，我们才奉命从地下转为公开，重新穿上军装，建立了以彭雪枫为处长的八路军驻晋办事处。这时我任彭雪枫的秘书兼台长，电台由原来的五瓦改为 15 瓦。办事处建立时，我经手从阎锡山第二长官司令部那里领了二三十部电台，都有手摇马达，发给了部队。后来党中央又从延安派来熊梦飞和胡灿传。太原失守后，我们到了临汾，我就不当台长，台长由熊梦飞接任。

节选自中国解放军总参谋部通信部编研室编：《红军的耳目与神经——土地革命战争时期通信兵回忆录》，中共党史出版社1991年4月第1版，第90—97页。

罗若遐，曾用名岳夏、岳公远，1907 年生，湖南浏阳人。1932 年加入中国共产主义青年团，翌年参加中国工农红军，并由共青团转入中国共产党。红军长征时任中央革命军事委员会第三局通信团无线电营营长兼第一分队队长、中革军委第三局第一分队队长、红四方面军无线电第十台台

长、红四方面军新闻台台长等。新中国成立后，曾任中央军委通信部副部长，军事学院通信兵教授会主任，高等军事学院通信兵教研室主任、战略教研室副主任等职。1955 年被授予少将军衔。1988 年在北京逝世。

我在长征中的电台工作[①]

林青

6 月中旬，红一、四方面军在达维胜利会师。

星夜兼程

电台二分队随十三团从卓克基（今四川马尔康）开往松潘、毛儿盖，中途曾在上、中打鼓地方宿营。第二天刚吃完午饭，彭雪枫团长对我说，军委有命令来，电台马上到毛儿盖另有任务，明天 12 点以前要赶到。路程约五六十里，决定派二营五连护送你们。下午 3 时出发，走到了黄昏时候，天气骤变，山风夹着沙土、雪花劈头盖脸地打过来，使人连眼睛都睁不开。唇齿上下打颤，鼻涕流淌不止，这时真是又累又饿。我们躲在疏稀矮小的灌木丛里，三三两两缩成一团，把仅有的衣被紧紧地披裹在身上。风到了下半夜才停止，我们渡过了艰难的一夜。天亮后，为了不误时限，我们继续赶路，于下午 1 时许到达毛儿盖。随即架设天线，调好机器，紧张地同三分队、九分队和前敌指挥部等电台通报，完成了任务。

① 题目为编者所加。

三过雪山

7 月间，我们在毛儿盖休整，电台和部队一样，口粮要自筹。除电台值班人员外，我们都出去筹集口粮，积极准备过草地北上。中央军委决定红军分为左、右两路，左路军由朱德、张国焘领导，率领五军（原五军团）、三十二军（原九军团）和四方面军之九军、三十一军、三十三军；右路军由党中央和前敌总指挥部领导，率领一军（原一军团）、三军（原三军团）和四方面军之四军、三十军。8 月上旬，电台二分队奉命跟随王树声同志返回卓克基，前往阿坝与左路军总部会合，准备随总部一起过草地。到卓克基后，我因生病被撤掉队长职务（二分队后改为十二台）。病愈后，到阿坝无线电六分队，队长刘寅（后改为八台，八台台长耿锡祥，报务员有我和荆振昌等人）。这时，张国焘公然反对和阻挠北上抗日的方针，分裂红军，擅自决定四方面军南下川西地区。此时此刻，使我更想念毛主席、周副主席，想念已走出草地北上的一、三军团，也想念曾多年工作过的九分队。后来，我调到一台，报务主任是尤静轩，报务员有邱均品、徐定选、黄奕棋等，机务员是王永华（现名王清生）。不久，我们又回到天全，在五个多月的时间里三次翻越夹金山，由于敌人重兵防守，左路军在川西地区开辟新局面的意图未能实现，于是又折回，辗转于丹巴民族地区。后来，部队向西进军，经道孚、炉霍到达甘孜。

1936 年 6 月，红二、六军团和红四方面军在甘孜地区会师。在朱德、贺龙、任弼时、刘伯承等同志坚决主张北上的斗争下，张国焘的阴谋失败，二、四方面军沿着一年前一、三军团走过的道路北上。这时期，任弼时一直随总部和朱德、张国焘在一起，做了大量的工作，领导我们前进。10 月，三大主力军在甘肃会宁、静宁地区胜利会师，结束了举世闻名的二万五千里长征。

党的关怀

1936 年 10 月，随同左路军总部电台一台，胜利到达陕北根据地吴起镇。我们和军委三局的同志们会合了。

12 月 12 日西安事变发生后的第二天，军委三局在保安县（今志丹县）成立无线电第十八分队，我为队长，报务员邓国军、黄金乐，机务员贾涵。在李克农直接领导下，我们专与派往西安张学良处的电台联络，确保党中央、毛主席的通信需要。由于对方信号微弱，我们总是全神贯注地收听，才能把电码抄收下来。李克农知道电台的同志工作十分辛苦，亲自写信给陕甘宁边区政府财政部长林伯渠，请他批准给我们四人开“小灶”，每人每日从机关合作商店领取四个馒头，一碟土豆丝炒羊肉，以增强体质，搞好工作。

1937 年 1 月 12 日，十八分队由保安迁到延安后，即撤销建制，我调到无线电三十七分队任队长兼政委，报务员布朱 ×× 和黄金乐等人。电台随陕北独立一师行动。在师长白志文、政委张达志领导下，在瓦窑堡地区担负保卫陕甘宁边区的通信保障任务。

节选自林青:《从百色到延安》，载中国人民解放军总参谋部和通信部编研室编:《红军的耳目与神经——土地革命战争时期通信兵回忆录》，中共党史出版社1991年4月第1版，第114—116页。

林青，曾用名林合、林鸣合，1911 年生，广东文昌（今属海南）人。1929 年参加百色起义，1930 年加入中国共产党。红军长征时任中央革命

军事委员会第三局无线电分队分队长，红军总部（随红四方面军行动）电台报务员等。新中国成立后，曾任广东省邮电管理局局长，邮电部电信总局第一副局长，第四机械工业部办公厅主任、教育局局长、顾问，全国政协委员等职。1987 年在北京逝世。

我两次经过草地的回忆

王荣高

红军进行二万五千里长征时，我在九军团军长罗炳辉部下，跟着队伍前进。我们一方面军翻越了大雪山、夹金山，在川西懋功地区和四方面军会师。在党中央和毛主席指挥下，红军继续北上。1935 年 8 月份，我们从毛儿盖出发，越过人烟罕见的草地。在途中，身居红军总政委要职的张国焘搞分裂主义，逃跑主义，不听中央的指挥，擅自将四方面军和我们一方面军九军团从草地拖回川西南下，又打回天城，仗是越打越难打，减员也多，我们心中疑问也多了。为什么不跟党中央、毛主席北上？而经过草地又南下呢？军心思北上，我们就像离开母亲的孩子，盼望能早日回到母亲的怀抱。在 1936 年的夏天，我们九军团在理化与二方面军会师了，不久我们和二方面军到甘孜地区，在朱总司令，任弼时、关向应、王震、萧克、贺龙诸位领同志正确领异下，和全体指战员一致要求下，积极主张北上，迫使张国焘企图南下分裂红军的阴谋彻底破产了。我们再一次克服了过草地的重重困难，向北挺进，当年 10 月，一、二、四方面军三大主力在甘肃会宁胜利会师，我们终于胜利到达陕北，问到中央的怀抱。

“红军不怕远征难，万水千山只等闲。”关于红军经过草地，遇列种种困难的具体情况，已见党史资料，许多亲历其境的老革命同志所写的回忆录，记载很详，今不再述，特补充当时红平战上自己编唱的歌一首于此：

野菜吃来甜又香，喂饱红军饥饿肠。

没米没面算什么？红军粮库遍山岗。

从上述这首歌中，已充分表现出当时红军战士坚忍卓绝的革命精神。由于有此精神，故能所向无敌，达到革命圣地——陕北延安。

再从过去革命历史来看，只有统一思想、统一指挥、统一行动，才能取得胜利。搞分裂的，终归失败，张国焘不就是个典型吗？愿与大家共勉之！

选自中国人民政治协商会议福建省宁化县委员会文史组编：《宁化文史资料》第5辑，1984年9月，第49—50页。

王荣高，1918年生，福建宁化人。1934年参加中国工农红军，同年加入中国共产主义青年团，1936年转入中国共产党。红军长征时为红九军团（后改称红三十二军）战士，先后随红一、红四、红二方面军长征。新中国成立后，曾任绥蒙军区医院政治委员，福建省军区军医学校政治委员、晋江军分区政治部主任，宁化县政协副主席等职。2003年在宁化逝世。

过雪山草地目击记[①]

魏程

爬雪山

1935年我在红四方面军第九军二十五师工作。在毛主席提出北上抗日后，于1935年5月，与红一方面军准备在夹金山会师。我们二十五师从达维、懋功出发，向夹金山进军。部队来到夹金山山脚下的一片森林。部队就驻扎在森林里面。战士们有的用树枝搭篷子，有的准备干粮，有的上山开雪路。我们医务所医务人员也积极准备医疗药品等。休息了一天，第二天部队要横跨雪山。当我们听说中央红军在山那边，战士们欢欣鼓舞立刻沸腾起来。部队做好了一切准备工作，我们往南走，真是高山耸入云，一眼望不见峰顶。夹金山位于宝兴县西北部，懋功县之南，理县之西。据说夏天西藏人到四川雅安县做买卖走过，平常一般无人过。白皑皑的雪山耸立在我们面前，六七十里高的山坡根本看不到山顶。无边无际的积雪气势逼人，山上积雪数丈。夹金山经常大雪纷飞，气候严寒，空气稀薄，呼吸非常困难。因为我们救急药很少，一般情况不使用，实在不得已的情况下，才给呼吸特别困难的战士用一点。我们的红军战士没有被困难所征服，一步一步向前走，一面走一面

① 编者对原文个别地方略有修订。

开辟雪路。有的同志冷了就喝点辣椒水。不过辣椒水对身体强壮的人还起点作用，但对身体弱的战士，根本起不了作用。身体弱的战士冻得牙格格地响，脸色也变成了黑灰色。越是环境艰苦干部战士越互相关心、互相爱护、互相帮助。同志们袋里的青稞麦互相让。一位大哥哥（记不清名字了）热情地对我说："你吃吧！"简短的三个字多么感人肺腑。我那时很小，把青稞麦放在嘴里，像皮条似的咬不动，由于身体疲倦又饿又困，躺在雪山地上就迷迷糊糊地睡着了。可能是刚刚睡着吧，我就被一位大姐姐推醒了。我睁眼一看，原来是政治宣传队的，她严肃地对我说："小鬼，可不能在这睡，再睡会你就起不来了，打起精神，赶快走吧。"我红着脸，揉了揉眼睛，站起来不好意思的给她行了个军礼，扭头向山上走去。

白茫茫的积雪，闪闪发光，刺得人连眼都睁不开。向上一望，雪白的山顶连着天边，使人眼花缭乱。我们不敢向四处张望，只能看着前边人的脚印，一个跟着一个向上爬着。我记得爬到半山腰，路越来越窄了，难爬得很，空气也越来越稀薄，呼吸更加困难。我们穿着破草鞋、单衣，冷得真难受，嘴唇冻得像用紫色染了似的。我们把夹被子打开，披在身上也不顶啥用。正走着突然一阵狂风，刮得天昏地暗，霎时下起倾盆大雨，接着又下起了鹅毛大雪，雪里还夹着冰雹。有时完全变成冰雹。冰雹像核桃大，打在头上，就起个大包，战士们有顶被子的，有顶脸盆的，有的炊事员还顶着大锅，被冰雹一打，叮当作响。正走着，对过山上哗啦一声，我抬头一看，雪山在崩裂，溶化了的积雪和雨水，推着大冰块从对面山上滚了下来。

忽然前面传来一个可喜的消息，"同志们！再加把油啊，离山顶只有几里路了"。我挣扎着往上爬，我们团医务主任彭清和对我说："小鬼，快加一把油吧！就要上山顶了，我们就要和毛主席率领的中央红军会合了！"我们要和毛主席率领的中央红军会合了，我顿时感到浑身增添了不少力量。

我们顺着前边部队开出的雪路，走着，走着，终于来到了山顶。红一方面军与我红四方面军二十五师会合于夹金山顶峰。红旗飘扬在夹金山顶峰上，我激动的四处张望。我们以革命的毅力战胜了雪山，征服了冰峰，大家的心里充满了欢乐。但俯视一下来路，在这白皑皑的雪山上，还躺着我们许多亲密的战友，在这悲喜交集的时刻，两大主力红军胜利会师在夹金山上。战士们互相拥抱欢庆会师，我们高举战旗胜利前进。

过草地

红军过草地的情景，更是惊心动魄。茫茫草原，纵横数百里，荒无人烟，气候多变，时雪时雹。草底下河沟交错，草面上无路可走，一脚不慎就会陷下去，只能踏着草根较密的地方一步一步地艰难前进。10天、20天过去了，人员渐渐少了。我们逐渐进入了无人区。这里地势险峻。我们不知穿过了多少悬崖和峡谷，有时仰起头来，蔚蓝的天空只剩下一条线，条件越来越艰苦了，就连羊肠道也没有了，只能用刀斧砍掉树木，劈倒荆棘条，开出一条道路来。部队中落伍掉队，生病的人渐渐增多，战士们发扬阶级友爱互相搀扶着走。身体强的帮助身体弱的背枪，背行李，总之不让一个掉队。我们在峡谷中走了20多天，到了海拔两千多公尺的康藏高原的边缘，气候继续恶化。这时我们要进入草地了。草原渺无边际，处处是片片绿色草滩。草地的水呈黑褐色，很多地方的水不能饮用。同志们口干得厉害，干看着水不能喝，喝了这有毒的水，立刻肚子发胀，甚至被胀死。这种内含毒素的水，不仅饮用可致命，有时脚上被草根刺破了，毒水一泡，就要红肿起来，并很快溃烂。草地，地质特殊。上面硬，下面软，主要是地面长满青草，草根互相联系，人在地面行走时，仿佛踏上吊桥，又类似布包水豆腐，走路时必须小心，要注视前面，有茸密青草的地方，才能轻轻地踩草前进。一不留神，踏破了草根、地皮马上陷入泥泞中。泥浆很深，土质很黏，骡马陷进去很难爬出来。

在向草原前进的日子里，部队把党旗、军旗、战旗全部展开。红旗在绿油油的广阔的草原上，迎风飘扬，显得格外壮丽。我们举起拳头向党宣誓：能战胜雪山、草地，能战胜饥饿、寒冷，能战胜疾病、死亡。我们在困难面前不畏缩、不动摇，永远在党的旗帜下奋勇前进！

草地中地形高，空气稀薄，煮饭水烧到七八十度水就开了。用手摸摸水还不烫手。草地的气候变化多端，一天能有十八变，一时出太阳，晒得人受不了，甚至使人中暑。一会又下雨，忽然又刮起一阵狂风，刮得人们站都站不住。雨里还夹着蚕豆大的冰雹，打到我们刚晒得热辣辣的脸上，像刀子刺入肌骨一样难受。

草原的黑夜和白天一样多变。我们白天顶着风雨行军，夜晚还在风雨里露夜。每天晚上战士们只能背靠背打盹。有一次我用野草铺起厚厚的草铺，自已满以为这下可以睡个好觉，半夜时只觉闷得慌，鼻子、耳朵灌满了臭污水，原来自己已经大半截身子陷在稀泥里了。大家为了取暖，挤到一块睡觉。草地上便形成一个一个的人堆。人已精疲力尽，经不住一挤一压，一睡去就再也醒不过来了。我们除了与自然条件斗争外，有时敌人的骑兵也来袭击我们。红军战士，虽然面临饥饿、寒冷、疲劳的威胁，但在敌人面前还是士气旺盛，斗志昂扬，英勇杀敌的！

路上真是遇到了说不尽的艰难、险阻。战士们肚子痛、头晕、闹胃病、拉肚子等疾病也不少，又没有药品，医务人员真着急，于是开动脑筋克服困难找草药。牛油代替凡士林，仅有一点食盐，谁都舍不得吃，给伤病员消毒用。牛耳朵叶当伤口的盖布用，白开水洗伤口，竹签代替换药的镊子。大锯条当骨锯，剃头刀代替手术刀，竹签代替探针，仅有一点西药，伤病员互相推让谁也不吃。疾病、寒冷的袭击越来越严重。粮食早已吃完了，在草地上什么也找不到。

在草丛中和树林里找能吃的野生植物，我们寻找肥厚嫩绿的牛耳朵叶子，或野草根的茎秆充饥，不管是苦的、酸的、涩的，甚至是臭的，因为有的同志没有选择地吃野草、野菜，故中毒而丧失生命。有的野菜、野果一吃下去，立即发生呕吐，就这样活活地吐死。上级当时下达了命令，强调在吃野草、野菜时认真选择防止中毒。我们一天走不了三四十里路，就得去找野菜。宿营，在草地里盖蓝天铺大地，拾来一块牛皮，七八人围着烧牛皮吃，牛皮一见火就冒着黑水泡，越烧越硬，并发出一股股臭味。很大一张牛皮一烧便缩成不大一块。大家用刀子割开放在嘴里嚼，咬不烂，又拿出再烧。

在草地煮饭或取暖，都是拾牛粪烧，因为草地海拔数千公尺，气候稀薄。水烧到 10 分钟 20 分钟才下野菜，饭可难煮熟呢。在草地上走了四五十天，寒风刺骨，没有穿的、盖的，战士在懋功缝了些棕树皮背心也穿破了。有的战士为避寒围着毡子。有的把生羊皮、生牛皮裹在身上避寒。由于种种困难，延长了在草地行军的时间，最难吃的皮带也吃光了。我在出发时带的一些盐救了不少同志的命，当同志们拄着棍子都站不住的时候，就坐下来，找些牛粪，烧上火，煮上缸子开水，放点盐喝一缸子盐水，就有劲了。大家意味深长地说：“皮带和锅巴盐也跟着我们闹革命。”

我们经过艰苦的努力，战胜了吃人的草地，到了腊子口。休息了一天，领导同志讲话：“我们已走出草地，可是我们不少亲密的战友，永远安息在草地上了，他们没有走完的路我们一定要走。”这时候战士擦着眼泪，原来百多人，现在只有三四十人了。指导员讲：“我们人并不少，这不是三四十人，而是三四千人，三四万人。一人倒下去，千万人站起来。”英勇的红军，在茫茫的草原上，踏出了一条北上抗日的道路。

选自中共天津卫生局委员会编:《血与火的洗礼——天津市卫生系统老干部革命回忆录》, 1996年7月, 第1—6页。

魏程,红军长征时为红四方面军第九军二十五师战士。新中国成立后,曾在天津市药品检验所工作。

留在雪山草地的记忆

罗坚忠

1932年红军进入四川北部地区，建立川陕革命根据地。我参加了大石区苏区组织的儿童团。1933年我13岁，就从家里偷着跑出来，参加了红四方面军第九军政治部宣传队。红四方面军于1935年3月退出川陕革命根据地，实行战略转移。边走边打，打出通道继续前进，历时近四个月到达懋功地区，同红一方面军会师。会师后，在党中央和毛主席的领导下，从懋功北上，踏上了万里征程。在长征途中，红军历尽艰辛，饱经磨难，既同人斗，又同天斗。尽管国民党反动派调集了几十万的军队进行前后夹击、围追堵截，妄图将红军斩尽杀绝，但他们万万没有想到，红军以惊人的气魄和毅力，胜利地到达了陕北。万里长征使我经受了一场血与火的锤炼，经历了一次生与死的考验，使我终生难忘。

那是在1935年6月，我作为一名红军战士，随部队长征来到夹金山脚下。这是一座海拔4900公尺的雪山。站在山下仰望，只见夹金山冰雪皑皑，高耸入云，山势陡峭，直上直下。据当地村民介绍，夹金山不仅山势险峻，而且气候也十分古怪。山下朝阳的一面，像炎热的夏天；山腰像春秋，雪花落下来随着就融化；山顶上不仅终年冰天雪地，空气稀薄，而且气候变化无常，本来万里无云，转眼间乌云弥漫，暴风骤起，冰雪横飞。他们出于好心，劝我们不要翻越雪山。而肩负解放全中国历史重任的红军战士又怎么能被这一困难吓倒呢！那时，红军指战员中南方人多，当时正值夏天，每人只穿一套单军装，粮食药品也不多。由于天天行军打仗，战士们体质较差，伤病员较多，要翻过这座雪山，困难确实是很大的。但是，大家抱着跟随毛主席革命必胜的坚定信念，士气十分高涨，在村民的大力支持下，部队做好了登山的准备。

我在红九军政治部宣传队任副队长。宣传队共有 42 人，分四个班，都是十五六岁的红小鬼。队长姓王，也不过 18 岁。首长非常照顾我们，给我们每人缝了一件羊皮坎肩，脚也用羊皮包裹得严严实实的，再穿上草鞋，并准备了炒面等。由于我们担负着宣传鼓动任务，清晨三四点钟，就先行上山了。山高路陡，脚趾头也冻麻木了。胸口像压着什么东西，腿也像绑上一块大石头，浑身没劲，迈不动步。大家咬着牙，难也要向前走。忽然，不知从什么方向涌来一块乌云，接着暴风雪夹着鸡蛋大小的冰雹劈头盖脸地砸下来，把头上戴的斗笠都砸破了。大家急忙把背包顶在头上，就这样，还是有许多人头上都砸起了大包。冰雹刚停，又下起了鹅毛大雪，衣服上结了冰，山风一吹，冰冷刺骨，浑身打颤。风雪中，人就像大海里的小船，被刮得东倒西歪。同志们赶紧手拉着手走，顶着暴风雪，踉踉跄跄地行进。来到山顶上，我们不顾呼吸困难和饥寒，立刻组织宣传队开始宣传鼓劲。山顶上红旗飘舞，鼓号声响彻山谷。正当我们宣传得起劲的时候，忽听有人高喊："毛主席上来了！"这真是我们意想不到的呀！大家心里甭提多高兴了，把乐器放在一边，一窝蜂似地拥到了毛主席身边。只见毛主席和他的警卫员互相搀扶着登上山顶。大家一时不知说什么好，毛主席亲切地说："小鬼，宣传得不错，你们辛苦了。"周副主席、朱总司令也都登上山了。朱总司令关切地说："山上太冷，你们不要久停，赶紧下山吧！"我们目送着毛主席、周副主席、朱总司令先后下了山，又继续我们的宣传鼓动工作。上山难，下山也不易，山陡路滑，雪坑很多，人要是掉下去，是非常危险的，很多同志就牺牲在这里。王队长不顾劳累和饥饿，经常搀扶、照顾着年龄较小的同志。在下山时，他和两名队员不慎滑到很深的冰雪窝子里，再也没有上来。有的伤病员经不住风雪、冰雹和高山缺氧的煎熬，倒在雪地上，再也没有站起来。我们宣传队就有四位年仅十几岁的战友长眠在夹金山了，他们为中国人民的解放事业，献出了宝贵的生命。

过了夹金山，部队住在山下一个叫达维的村子里进行休整。在这里召开了联欢会，毛主席、周副主席、朱总司令讲了话，会上还演了文艺节目，会场气氛十分热烈。红军指战员一往无前的英雄气概和在艰难困苦中的革命乐观主义精神，至今令人难忘。

1935 年 8 月，红军长征来到了四川、西康、青海三省交界处。方圆百里不见人烟的大草地呈现在面前。草地上水草茂盛，一米多高的草丛上空笼罩着阴森迷蒙的浓雾。草丛底下，河沟交错，黑泥、烂草、臭水散发着浓烈的腐臭味。腐草结成的地,表面十分松软,人在上面行走，扑哧扑哧地作响，一不小心就会陷进泥潭，不能自拔。草地里有水不能喝，别说没有人烟，就连野兽飞鸟也很少见。这里的天气喜怒无常，一会儿烈日当空，一会儿倾盆大雨。夜间，气温急剧下降，人冻得发抖，仿佛到了寒冬一般。在这种恶劣环境下，有些同志陷进了泥潭，每天都可看到年轻的战友牺牲在草地上。

部队筹集了每人只够三五天的粮食，找了当地一个 60 多岁的通司作向导，就进入了草地。部队根据先头部队插的路标前进。两只脚整天在水里泡着，越泡越胀，草鞋也越来越紧，慢慢地把脚挤出许多水泡，被臭水浸泡后化了脓，走起路来，伤口就像撒上了盐，钻心地疼。草地里干地很少，偶尔遇到了突出水面的干地，就成了我们休息或宿营的地方，夜里大家紧紧地挤在一起抵御着寒风。一个星期过去后，粮食越来越少，已经快吃光了，野菜也难以找到，大家感到浑身无力，抬不起脚来。在困难面前,大家团结得像一个人一样。有粮食的同志主动拿出来，给断粮的同志吃，身体较强的主动搀扶身体弱的，有的同志实在走不动了，大家就轮流背着他，大家只有一个心眼，为了革命，要克服一切困难，走出草地。首长为了使战士们能走出草地，把自己骑的马让战士们杀掉吃了。最后实在没有吃的，就把皮腰带，甚至步枪上的背带全都一段一段烧焦后吃了。我几次饿得昏过去，是同志们把我抢救过来的。我亲眼看见一个炊事员端着开水送给战士喝，可是，还没等到战士接过碗来，他就突然昏倒在地上，再也没有起来。红军指战员历尽艰辛，终于走出了草地。由于长途行军、打仗、爬雪山过草地和“左”、右倾机会主义的错误军事路线的影响，使红军遭受了巨大损失。1936 年 10 月 23 日三大主力红军到达甘肃会宁大会师。会师后红军部队分别开赴抗日前线。我所在的宣传队大都分到部队去了，我被分到中央红军大学政治处宣传队，随中央红军大学到达延安。

中共天津市委党史研究室供稿。

罗坚忠，1920 年生，四川旺苍人。1933 年参加中国工农红军，1938 年加入中国共产党。红军长征时任红四方面军第九军政治部宣传队副队长。新中国成立后，曾任中共天津市河西区委统战部顾问。

带伤过雪山

常毅

1935 年 6 月，红四方面军在四川西部懋功一带与中央红军会师后，部队即汇成了一支浩浩荡荡的激流，向北进发。

我的左脚受了伤，一瘸一拐地掉了队。途中遇到七个伤员，凑成了一伙。他们有的脚受了伤，用破牛毛毡子包裹，有的胳膊受了伤，用三角巾缠着吊在脖子上。掉队的伤员们遇在一块非常亲热，像久别重逢的亲人一样，大家选我当了临时的组长，每人找了一根不太合适的拐棍，一拐一拐地向前赶队伍。

走在草地上，遍地是半人来高的荒草，脚下是一陷尺把深的泥浆，一踩“叽咕”“叽咕”直响，往上滋滋地冒红水。我们深一脚浅一脚像喝醉酒似的向前摇晃着，受了伤的脚插在污黑的泥潭里，像刀割样地疼痛。

一天，来到了川西的大雪山下。

大家横七竖八地躺在山脚的树荫下，仰头望着这座横在面前的天然屏障，想着老乡们对它的神话般的传说，心情都很紧张。透过树林的空隙向上望去，起伏的山头一个接着一个，迷茫的白雾笼罩在山腰里，遮住了视线。我们是几个掉了队的伤员，由于饥饿与伤口的折磨，一个个面黄肌瘦，走到这里已经有气无力了。眼看着横在面前的是一座从未有人走过的大雪山，每个人都考虑着一个问题：怎么办？

我是个共产党员，这时，越发觉得自己责任的重大。我对大家脸上扫了一眼说：“同志们，前面就是大雪山。我们能让困难吓倒吗？大家说该怎么办？”

一个左手和右腿都缠满了破布、大家都叫他刘排长的伤员用一只手扶着那只伤手，费力地抬起头来，瞪着眼说：“什么，让困难吓倒？”他停了一下接着说，“别看我们是伤员，我们爬也要爬过去！”

“就死在这里可没有那么便宜。死也要死在山上，你说呢？”一个小鬼扭过头来问张金和。

张金和挤了挤眼睛：“干吗要死？阎王爷那还没登记呢。我们要活着过去，走不动就爬呗！”

这两个小鬼都是四川人，年龄都不过十七八岁，成天总喜欢嘻嘻哈哈地好开个玩笑。

“说得可好听。山这么高，我们饿得肠子都拧成线了，怎么过呢？”躺在树根旁的一个伤员闭着眼嘟囔着。

话音没落，马上有几个人插上嘴来：“人家前面的部队怎么过的？毛主席怎么过的？我们就过不去吗？”

“中央红军能打垮反动派渡过大渡河、金沙江，我们就连雪山都过不去吗？”

张金和翻开了衣袋，用瘦骨嶙峋的手细心地一粒粒拣出了最后的一把蚕豆：“来！我给一个人吃几粒，饱饱肚子。”这把蚕豆他已经背了二十几天，是吃草根树皮省下来、准备在节骨眼的时候吃的。这时一个躺在角落里一直没有讲话的伤员，艰难地翻个身，用右手支撑着坐了起来，从腰里掏出了半截皮带，一面用诚恳的眼光看着大家，一面用那只颤抖的手把皮带捧到面前说：“我这还有半截皮带，大家分着吃点吧，吃完了好过山。”

“皮带”、“蚕豆”，当时是多么好的食物啊！在这生死关头有了吃的，胜利就有了保证。同志们感动得眼里含着热泪，心里觉着暖呼呼的。

“我们今天好好吃一顿。来个‘牛肉素烧蚕豆’。”张金和采回来一把野菜，边走边说道。

“蚕豆留到山上吃吧！”不知谁提了这样一个建议，马上得到了大家的支持。

每个人分到了一份烧焦了的皮带和一个菜团。把皮带外面的黑皮一刮，露出了黄肉，像牛肉干一样，咬一口喷香，再啃一口菜团，真美极了。

吃完以后，我看了大家一眼说：“我们现在的任务只有一个，就是要跨过这座雪山，坚决赶上部队，我们是毛主席领导的红军战士，是共产党员，绝不能向困难投降。就是爬，也要爬过去。”

刘排长拄着手杖，瞪着眼睛，板着严肃的面孔站在那里。突然，他把“手杖”一挥吼道：“还有什么说的？走吧！”说完，转过头一拐一拐地向山上走去。

我们开始了爬山……

树林越来越稀，走出森林已经是下午了，道路越走越窄，有些危险的地方干脆要爬着过，偶尔碰到了伤口，真是痛入骨髓。渐渐出现了积雪，向上望，啊！白花花的积雪起伏着一直向上伸去，和蓝天接在一起。一根根冰柱倒挂在岩石的边沿像倒垂的竹笋一样排在一起，长的有丈长，粗得几人都抱不过来，迎着阳光闪闪地发出微弱的光芒。前面走过的部队踏出的山路，沿着山坡、峡谷、峭壁像羊肠子一样弯弯曲曲地向上伸去，在白茫茫的积雪上刻下了一条黑线。

走了一天，还没见到山顶，肚子早就“咕噜噜”地叫了。每个人就和着雪把张金和带着的蚕豆吃了，凉飕飕的雪水和硬邦邦的蚕豆吃在嘴里甜滋滋的。

张金和这个小伙子真是硬骨头，他腿上的伤口已经烂得腐臭难闻了，用一块破牛毛毡子包着，但他从未皱眉头，还不时地讲几句笑话逗大家笑个不停。他正走在一个陡滑的斜坡上，脚下一滑，“嗖”的一声滑到深沟里去了。在这种情况下怎能去救他呢？大家愣在那儿惋惜着这个年轻战士的生命，小鬼站在那里，肩头一起一伏地“抽泣”起来……

不一会儿，沟旁边慢慢地露出了个人头。大家正又惊又喜，张金和又挣扎着爬了上来。

“跌伤了没有？还能走吗？”大家边拍打他身上的雪边关心地问。

“好家伙！没什么！摔得真痛快，把我身上的虱子都摔掉了。”他抖着身上的雪,挤着眼睛笑着说,随后又一拐一拐地跟着大家向上走去。

红红的太阳在西边山上露着半边脸庞窥视这巍峨的山峦，夕阳的余晖抚摸这起伏的山脉。在这白天的最后一刻，银白的积雪上像裹着碎玉石一样一跳跳地闪烁发光。往下看，山腰上缭绕着云雾，往上看，白花花的还没个头，好像世界上除了天就是雪似的。在这空旷渺无人烟的雪山上移动着我们这几个黑点，像甲虫一样向上蠕动，在这大自然的面前显得有多么渺小多么无力啊！

暮色降临了。寒风像钢针一样往肉里钻，撕成了一条条的衣服随风飘舞。爬上了一个山头，又一个山头，实在爬不动了，就坐在仅有一尺宽的冰路上喘口气。一停下来，汗水被冷气一吹，越发觉得四面的冰雪冷气袭人，马上像打摆子似地抖起来，只得赶快起来向上爬……

爬到山顶已经是第二天的上午了。山顶不能久停，我们马上下山。下山看起来很容易，可有些地方也很难走，要一个接着一个向下滑，一不注意就来个仰面朝天，虽然碰着伤口痛得直咧嘴，可大家还是嘻嘻哈哈地往下奔。

到山脚的树林里已经黄昏了。张金和跟小鬼采来了一把青草和野菜，几天没见绿东西了，这一顿吃得真痛快。

黑夜降临了，森林黑黝黝地望不见底。熊熊的篝火一蹿蹿地跳着，干树枝烧得“噼噼啪啪”地响，身下是一尺多厚的烂草和树叶，散发出腐朽的草木味。吃罢了，烤着火，不知什么时候一个个都酣然入梦了。树林深处，不时传来一两声隐隐约约的虎啸狼嚎，四面发出“嗷嗷”的回响，瀑布打在岩石上“哗啦哗啦”地发出震耳的鸣响。我躺在柔软舒适的“草床”上，看了看酣睡着的战友，看了看为了增加热量偎抱而睡的小鬼和张金和，一股说不出的感情由胸膛涌向心头，我们党有着这样一些坚强的战士，有什么困难不可战胜呢？这是革命的精华啊！

高不可攀的雪山终于被我们几个伤员战胜了，可是现在我们也只有五个人了。为了战胜雪山而贡献出自己仅有的一段皮带给大家的那位伤员，在山上牺牲了；有着坚强意志的刘排长终于被枪伤夺走了可贵的生命……

清晨，太阳刚刚露出头来，阳光已驱散了黑夜的魔影。空气也特别清新，我们又出发了。

选自杨国夫等:《星火燎原·未刊稿》第4集，解放军出版社2007年8月第1版，第12—15页。

常毅，1913年生，河南商城人。1929年参加革命工作，1930年编入中国工农红军，1929年加入中国共产主义青年团，1930年转入中国共产党。红军长征时在红四方面军。新中国成立后，曾任华东军区后勤部组织部副部长、干部部部长等职。2008年在南京逝世。

12 次翻越夹金山　三次过草地[①]

胡宗林

与妇女团并肩战斗

我是四川阿坝理番人，出生于 1920 年。我的父亲是一位普普通通的藏族农民，他一辈子受苦受穷，去世得早，我没有见过我的生身父亲。后来母亲改嫁了，继父是汉人，叫胡德昌。

红军到理番县不久，就开始招兵，他们叫“扩兵”、“扩红”。我对红军的了解多了，也有了感情，就想当红军。当时我也不懂什么革命道理，只认准了一个理：当了红军，再不用伺候人，再不会挨打挨骂，也不会饿肚子，还有大米饭吃。

我加入了红四方面军三十一军，被分配在学兵连。学兵连，培训的时间长一些，作为干部来培养。

有一次，整个连队被调去参加攻打杂谷脑喇嘛寺的战斗。杂谷脑喇嘛寺是我们地区最大的一座寺院，平时有几百个喇嘛。红军到理番县之前，国民党的特务分子也潜入寺院，挑动喇嘛与红军作对，被红军打垮、打败的国民党散兵败将，也跑到寺院，此外还有当地的屯兵和土匪，都汇聚在寺院，提出所谓“武装保卫寺院”的口号，来反对红军。

① 选入本书时，编者略有修改。

6 月 18 日，总部命令妇女团担任进攻杂谷脑喇嘛寺的任务。同时命令我们学兵连参加战斗，要求我们在 19 日上午务必赶到。我们提前一天，于 18 日上午赶到。

我们到达时，战斗已经打响。妇女团有三个连投入战斗，从三面向寺院发起猛烈进攻，还有总部炮兵的炮火支持。枪一响，国民党散兵败将和特务分子早就跑得不知去向，喇嘛和屯兵乱作一团，红军从三个方向冲进寺院，打死打伤数十人。战斗很快就结束了。

上级命令我们学兵连协助妇女团打扫战场，帮她们烧水做饭，抬担架。这次战斗，红军的损失很小，只有几个伤员，没有一个同志牺牲。我们看到妇女团的战士们，穿着整齐的军装，戴着八角帽，扛的全是德国造的马枪，口径都很新，一人一支枪，一把大刀，威风凛凛，神气得很。我们都非常羡慕。

第一次翻越夹金山不觉得难

红一方面军和红四方面军两大主力在懋功会师后，中央在懋功的两河口召开会议，制定了北上抗日的方针。

我们离开家乡，跟随四方面军总部，第一次翻越夹金山，向阿坝挺进。开始进军时，又把我派到先遣队的收容队，负责收容前面兄弟部队留下的伤病员和掉队的战士。

当时由于我自己年纪轻，身体好，从小受过苦，翻山时也没有觉得太苦、太难。

我牵着我的建昌马，把高原反应严重、走不动路的战士驮上，送过山去，然后又翻过山来，接别的同志。有时帮女同志和体弱的同志驮背包和粮袋，让他们徒步行军。

这样，几万大军，走了将近十天，光我们三十一军一万多人，也走了四五天。这些日子里，我来来回回走了好几趟。因为是一段一段送病号、驮背包，送一段又返回来，所以只算过一次。由于我表现好，第一次过夹金山，受到地方部和收容队领导的表扬。

过了大雪山，就往若尔盖大草原走。

水草地很难走，一天也走不了多远。早上出发时，往前看，可以看到前面在冒烟，我们知道，这就是我们今天的目的地；回头望，可以看到远处还在冒烟，那是我们昨天的宿营地。我们就这样一天一天地、艰难地往前走。每天宿营的地点，都是先头部队事先侦察好，安排好了的，选在比较干燥的地方，插上红旗，作为标志。最后一支部队路过后，就把红旗拔掉，说明部队已经全部走过了。

走了几天，我们到了噶曲河边，接到上级命令，停止前进，就地休整。两天后，突然接到上级命令，部队不北上，而要南下，往回走。这时我们才明白为什么到了噶曲河边，命令我们“停止前进，就地休整”。

懋功会师后，一方面军只有一万多人，而四方面军有八万多人，加上地方武装等人员，有十万多人。面对这种情况，张国焘认为四方面军人多势众，突然下命令，要四方面军南下。张国焘提出“打到成都过年”，“想吃大米，就要南下”等口号。他公开反对中央北上的正确方针，说：“红军北上，不拖死，也得冻死、饿死。”

当时，有的部队已经进入草原纵深地带，到达麦洼；有的部队快走出草地，到甘肃边境。我只走到半路。这是第一次过草地。张国焘一声令下，几万大军，又折回来，往阿坝走，这算第二次过草地。打了一个来回，损失很大。

四方面军里四川人很多，由于水草地实在是太艰苦，太难走，一听说不走水草地，要往回走，要到“成都吃大米”，大多数人都非常高兴，后卫变前卫，争先恐后往回走。有的同志说，我再也不到这个鬼地方，撒尿也不朝这个方向撒。我们收容队也成了先遣队，一些伤病员走得比一般人还要快。

这年 10 月，部队又回到了理番地区，我们红三十一军也回到我的家乡。

二次翻越夹金山，很多战友得了雪盲

10 月 5 日，张国焘在理番的卓木碉开会，公开分裂党和红军，另立“中央”。随后，决定南下打成都，几万大军离开藏区，浩浩荡荡开始南下，第二次翻越夹金山。

翻雪山时，白天遇到大太阳，高原的阳光，紫外线很强，晒得很毒，眼睛刺痛。雪山一反光，照得更难受，睁不开眼，直流泪，有的晒得眼睛红肿，很多指战员都得了雪盲。我们知道怎样防止雪盲，边走边用雪擦。上级不知道，批评我们，说用冰冷的雪来擦，容易刺激眼睛。后来得雪盲的人越来越多，看不清路，走不了。又没有别的办法，证明用雪擦，还是比较有效果，就让大家用雪擦。上级还表扬我们，说我们的办法好。尽管如此，不少人的眼睛肿得很厉害，用雪擦也没有用，几乎失明，看不见路，我们就搀扶着他们爬山。后来病人多了，一个人扶不了那么多，便用绳子牵着；得雪盲的人越来越多，连绳子都没有了，就把腰带解下来，接成绳子。

人们常说，大雪山的气候，跟娃娃的脸一样，说变就变，这话一点也不假。中午时分，晒得直冒汗，脸发烫，眼发肿。可是，到了午后，狂风大作，暴雪夹着冰雹，扑打在身上，这时，气温骤降，头发上，眉毛上，都结成冰，脊背发冷。那时我们没有温度表，也不懂什么多少度。反正冷得很厉害，牙齿打颤，连话也说不利落。每向上爬一步，都要付出艰苦的努力。生病的、得雪盲的同志就更困难。有时狂风一吹，一脚没有踩稳，就滚下山去，跌进深渊，救都没有办法救。有一次，我牵着根绳子，带着几个得雪盲的战士，突然一股狂风刮来，我赶紧让同志们趴下，我后面一组结着绳子的同志，也有几个得雪盲的，一个同志没有站稳，滚下了山，其他人来不及松手，一个接一个，四五个同志都滚下山去。

红四方面军翻过夹金山，到了宝兴、天全、芦山、邛崃、雅安、大邑等地，是“天府之国”的边沿地区，这时，国民党中央军和四川军阀先后调集 80 多个团的兵力，向四方面军进行围攻，战斗在百丈关打响。激战七昼夜后，红军伤亡很大，却不能突破敌人防线，只好后撤。这个仗打得很不值，虽然消灭敌军 1.5 万多人，红军自己的伤亡也有一万多。

“三子俱全”，十次翻越夹金山

百丈关战役后，红军从战略进攻转为战略防御，也成为张国焘南下路线失败的重要标志。张国焘被迫决定撤出川康边界，再次回到藏区。南下时，红四方面军有八万多人，回返时，只有四万多人，其中还有几千新兵。

红四方面军有五个军，总部命令董振堂率领红五军翻过夹金山，进驻丹巴，准备向炉霍、道孚、甘孜方向发展。但那里是山区，在大渡河边，地广人稀，粮食短缺。红四方面军总部指示三十一军组织运粮队，负责向红五军运送粮食。我也被调回政治部地方部，到运粮队当通司（翻译）。

那时已是 1935 年底，快过年了。上级要求我们把粮食、腊肉和其他生活必需品在年前送到，让部队过好年，也就是 1936 年的春节。

我们运粮，上级规定，一粒大米也不能吃。那时部队的纪律很严。运的是大米，我们自己却只能吃洋芋和苞谷。物质准备做得也很好，队长和协理员事先做了一点调查研究，老乡告诉我们，翻山运输，要“三子俱全”，就是脚夹子，套在脚上防滑；背夹子，用来背东西；拐耙子，当拐杖用，它有两个用处，走路当拐杖，休息时支撑背夹子。后来的实践证明，这“三子”东西虽小，作用很大，在运粮过程中，发挥了重要作用。不少运粮队没有这“三子”，吃了不少苦头，有的战士过雪山、爬冰坡时，脚下打滑，掉进深渊。

爬雪山，还要自己带水。开始我们没有经验，用竹桶装水。到了山上，水结成冰，竹桶胀裂，存不了水。后来当地老乡告诉我们，要用猪尿泡，放一半水，不能装满，抱在怀里，保温防冻。带一袋水，简直像照顾婴儿一样。

这是大雪封山的季节，一般人在这个季节是绝不会过雪山的，更不敢过夹金山这样高大险峻的雪山。但是，我们恰恰在这个时候组织运粮队翻越夹金山。夹金山在两个粮站之间，一来一回，就要翻两次山。我们共过了五次，就是十次。

1936 年的春节前，我们胜利完成了运粮任务，受到军首长的表扬。召开颁奖大会时，给我发了一块油布，是白布在桐油里浸泡过，可以防雨。现在看不到这种油布了，当时用处可大了，过草地有块油布，可以遮风避雨，防潮防冻，简直是个宝贝。

实事求是地、毫不夸张地讲，在整个红军队伍中，12 次翻越夹金山的，只有少数一些人，我是其中的一个。

过草地，人越走越少

1936 年 6 月，红四方面军在甘孜地区与红二、六军团会师。这时，张国焘在党中央的耐心争取和广大指战员的强烈要求下，同意北上同中央红军会合。我踏上第三次过草地的历程。

8 月份，几万大军分别从甘孜、炉霍、丹巴、马尔康出发。那时正是秋天，青稞、麦子熟了，牛羊也肥了，部队有吃的，大家很高兴，走起路来也有精神。

走了五天，过了农业区，就到了草地。部队在查岭寺休整两天，那里有兵站，给指战员补充粮食，有马的还有三四斤饲料，最多的发五斤。我要了五斤，多了也带不动。每人还要带十斤干柴。

我们收容队比大部队晚走一天。第一、二天，还没有什么，第三天，掉队的、病号就多起来了。有的人带不了那么多东西，就把柴火什么的扔了，我们有牦牛，有骡马，帮他们驮上。反正柴火是烧一点，少一点。

一路上，我们到处都可以看到一方面军过草地和四方面军两次过草地时扔下的东西，还可以看到一些红军战士的遗体，有的漂浮在水草地，有的曝晒在干草地上，腐烂发臭。可能是当时掩埋得浅，暴雨冲刷或狂风吹过之后，就裸露出来。看到这种情形，我们都非常难过，便重新掩埋，让他们的英灵得到安息。

走了几天，我们带的帐篷，就带不动了，只好扔掉。骡马和牦牛要驮伤病员，羊早已宰杀吃掉了，牦牛也是边走边杀了吃，连牛皮拔了毛也煮来吃。我们带的有铜锅，我的马上就驮着一口大铜锅，铜锅比铁锅好用，不容易碰破。战士们叫它“万能锅”，为什么叫“万能锅”？因为它的用处很多：一到宿营地，先用它烧开水，大家先喝口开水，然后烧热水大家轮流洗脸，洗完脸，再加一点热水洗脚。在草地行军，就靠两条腿走路，洗脚比洗脸更重要。头一天用热水洗一洗、泡一泡，第二天走路就轻快得多。

洗完脚，就烧水做饭。那时的饭，真是五花八门，有的部队有点肉，就煮肉吃；有的熬糌粑糊糊喝；有的煮生粮食，如青稞、麦子吃；有的熬茶喝。粮食吃完了，就只好挖野菜吃。到后来，连野菜也很难挖到，都让前面的部队吃光了。

越往前走，越困难，连烧的柴火也没有了。有的人走不动，就把枪管丢了，用刺刀把枪托劈开当柴烧，煮皮带来吃。有的饿的不行，等不及煮熟，在火上烤一烤就吃。

有一次，我们遇到一个营长，带着七八个战士，他病得很厉害，我们让他骑我的马，他不肯骑。我们看他病得很重，不管他同意不同意，硬把他扶上我的马，我牵着。到晚上，大家在一块干草地上宿营，我们有点粮食，把糌粑、青稞、野菜，还有一点肉，全部煮在铜锅里，大家一起吃。他们的粮食早就吃光了。

晚上大家挤在一起睡,我和营长挨着,每人有一块小被单。刚躺下，感到很冷，我怕把马冻着，心想，它可不能倒下，驮伤病员、驮粮食，它的任务还很重，就起来把我的被单盖在马身上，又躺在营长身边。营长一定要把他的被单给我，我说这无论如何不行，你有病，我身体好，扛得住。营长见我态度坚决，也就没有说什么。我因为太劳累，一躺下就睡着了。第二天一早醒来，感到很冷，一看，身上盖了条被单，我知道这是那位营长的，马上爬起来，拿着被单，要给营长盖上。只见通讯员趴在营长身边哭。我说:“小同志,快起来,我给营长盖上。早晨天冷，容易冻着。”通讯员哭着说：“盖啥子啊，营长早就咽气了。”我蹲下去一看,用手心摸摸营长的嘴,没有气,嘴唇冰凉,整个身子完全冻僵了。我拿着营长盖在我身上的被单，难过得放声痛哭。

越往前走越困难。杀一头牦牛，不但要把肉分给部队，连骨头也要砸碎了熬汤喝，里面放点野菜。牛皮也要分了吃，有的煮烂了吃，没有那么多柴草，就烤一烤吃。牛杀光了，首长把自己的坐骑也杀了分给大家。上级明确规定，收容队的马不能杀，我的马才能保存下来。

牛和马杀光了,就吃皮鞋,有的皮鞋底是生牛皮做的。挎包、皮带、枪带，凡是能吃的都拿来吃。鞋底烤黄了，在嘴里嚼，就是咽不下去，直想吐。饿得实在不行了，在嘴里有个东西嚼着，心里舒服一点，好像总有点什么吃的，不那么难受。

没有粮食，就挖野菜。有一种野菜，叫“海葱”，有点像普通的葱，白白嫩嫩的，嫩的甜，老的辣。顾不了那么多，甜的辣的都捡来吃。光吃野菜,没有一点油水,吃多了,胃里难受。遇到水塘,我们就去抓鱼,草地上鱼很多。抓鱼也不容易,有的同志不小心,掉进泥潭,就出不来了。

有一天，我们正走着，突然看到前面一棵树。虽然只有一棵不大的树，但我们都很高兴，大家知道，有了树，就说明快走出水草地了。我们没有想到，在大草原，看到前面有棵树，整整走了两天，才走到跟前。后来我们才知道，一方面军第一次过草地时，就看到这棵树，考虑到后面的部队还要过草地，中央军委下了死命令：任何部队、在任何情况下，都不准砍伐这棵树。

二、四方面军共五万多人，前前后后走了一个多月，才走出水草地。据有关部门统计，最快的，走了 27 天，最慢的，走了 31 天。而我们收容队最辛苦，接病号，送给养，挖野菜抓鱼，在中间来来回回走了无数遍。有的同志多次问我：你们究竟走了多少遍？我也说不清楚。有时一天就要打两个来回。你说，怎么算？

从四川理番到甘肃会宁，我走了一年多。（熊崧策整理）

选自《文史参考》2011年第12期。

胡宗林（仁钦索朗），藏族，1920 年生，四川理番（今理县）人。1935 年参加中国工农红军，1938 年加入中国共产党。红军长征时为红四方面军第三十一军学兵连战士、运粮队通司、收容队战士。新中国成立后，曾任中共广东省粤西区党委农垦部组织干部科科长，中共雷南县委书记，中共西藏工委日喀则分工委副书记、日喀则行署副专员，中共山南专区分工委副书记、山南行署专员，西藏自治区民政厅厅长、民政局局长，西藏自治区人大常委会副主任等职。2015 年在成都逝世。

我亲历的一过雪山草地

方子翼

我们第一次过雪山草地，是在 1935 年七八月间第一次北上期间。当时，我在红四方面军三十军八十九师师部当秘书，随副师长杨秀坤同志一起行动。

1935 年 6 月 10 日，杨副师长率二六四团在川西威州南面攻下绵篪镇后，驻在岷江边上，向灌县方向警戒。6 月中旬，听说军政委李先念同志率八十八师，在西康懋功地区与红一方面军会合了。消息传来，我们欣喜若狂。有的同志说："这一下可好了，两大主力红军会合起来，既有中央的直接领导，又有红军总部的统一指挥，意志更加统一，力量更加坚强。"也有的同志说："先赤化四川，再赤化全国，中国革命很快就会成功。"

7 月初，我们听说"红军不在四川驻足，而是要集中全力向北进攻，消灭胡宗南，夺取松潘，打通要道，挺进甘陕，建立川陕甘革命根据地"。听到要和胡宗南打一仗，我们也很高兴——胡的部队从鄂、豫、皖跟到四川，老缠着我们。如果消灭了胡宗南，既挖了蒋介石的心肝，也给红军除去一支劲敌，还可获得一批新武器。

接着，我们接到上级下达的命令：部队加紧准备给养和行装，预备翻越雪山。同时，上级发来了苞米、牛肉、食盐、辣椒、花椒、茶叶、棕皮等物，要求部队自己动手，制作干粮。记得当时我们制作的干粮有：

将包米炒熟做主食；将牛肉煮熟晒干做副食。另外，我们还将辣椒和花椒焙干舂粉做调料，将茶叶煮汁熬膏做饮料，将棕皮做成背心当棉衣。这样，我们每人开始准备 40 斤干粮和两双草鞋。

在准备行装的过程中，我一边忙一边想：40 斤干粮和两双草鞋，是要准备吃多少天？走多少路？食量大者要40斤，食量小者也要40斤？我的食量小，只要一半就够了，多了我扛不动。因为当时我身上除了武装外，还背着一大皮包的文件、地图、文具和 200 块大洋，如果再加上 40 斤食品，非掉队不可。想到这里，我就自己做主，真的只准备了 20 斤干粮。

7 月 10 日，二六四团奉命北上，在威州过岷江，翻党岭山，抄近路向松潘开进。

一过岷江，就进入大山峡谷。幽深阴森的山谷，沟壑狭窄，似有似无的荆棘小路，在冰水河沟左右频繁变换，没有桥梁，全要徒涉。河虽不宽不深，但水流很急，冰冷刺骨。经过一番跋涉，我们到达山麓。部队提早宿营，准备次日赶早爬山。

次日拂晓，部队向山麓开进。一到山麓，道路完全消失，摆在我们面前的只有陡峭的山崖。

见此情景，杨副师长急忙向向导询问："刚才山沟里还有羊肠小路，怎么到这里就没路了？"

向导回答说："山沟的小路是砍柴的樵夫走出来的，他们也不经常走。这山以前是有人从此走过，但近来已经许多年无人走，能走的地方也被冰雪掩埋起来了，但是挖一挖还是可以向上走的。"

听了此话，杨副师长当即命令："尖兵开路！"

黄耀宗团长立即将全团的锹、镐、刀、斧集中起来，交给尖兵连，要求照可走的痕迹斜着往上挖，尽量挖成一米长、半米宽的台阶，以便骡马通行。同时，令全团每人采一捆野草，准备垫路防滑。

党岭山标高 4000 多米，从山麓到山顶的垂直距离不过 3000 多米，但是斜着往上挖，弯弯拐拐，曲曲折折，就不是几千米，而是几十里。2000 米以下还有泥土，比较好挖，2000 米以上尽是冰雪，表面是雪，深层是冰，需要战士们花很大的力气。黄团长令部队轮换作业，一个团 1000 多人，从早上挖到中午，终于将路挖到山顶。多亏采取了“跳跃式挖掘”，如果是一米不落的全挖，恐怕花上一整天也挖不到山顶。

大部队沿着道路开始向山上前进，我们感到非常吃力，因此行进速度很慢。上到 2000 米就觉得胸闷气短，开始头昏脑涨，全身也渐渐乏力，越往上越严重。前面挖路的同志们，弯腰下去挖两下就得直起腰来喘气，但怎么呼吸也觉得喘气费劲，很多同志感到体力不支，有的同志当场晕倒，还有的同志不幸坠崖牺牲。

好不容易到达山顶，我们刚想喘口气，但突然发现下山比上山更难——北面的山崖既陡又无路痕，有的地方连站脚的地方都找不到，更不用说开挖了。于是大家放弃开挖，只好坐在地上小心翼翼地往下滑。部队带的那些骡马更艰难，它们的脚掌本来就不够灵便，背上还驮着沉重的兵器物资。饲养员同志们只好让它们跟人一样，臀部着地往下一点一点滑。这下可苦了饲养员同志们，他们自身行动已很困难，还要照顾骡马及其背上驮的军械物资的安全。虽然大家十分小心，在最陡处还是有骡马坠崖。

山上的气候变化得飞快。7 月间是盛夏的季节，在山下我们看到红日当空，晒得满头大汗，爬到半山腰就清爽宜人，到了山顶就是白云笼罩，阵阵寒气袭来，顷刻之间下起雨，中间还夹杂着雪花，冻得大家够呛。我们都说：“今天一天经历了四个季节。”

在山上，雪盲症开始在我们中间出现。当时我们没有人有墨镜，绝大部分同志连雪盲症是什么也不知道。上到雪线以上后，很多人由于眼睛长时间被雪光刺激，感到眼球发胀，到达山顶后眼睛开始疼痛，下到山麓，天一黑就变成了“瞎子”，一见火光便疼痛难忍。

为了恢复体力和视力，我们在党岭山麓的黑水河边休息了一天，准备再翻越东谷山和打鼓山。

东谷山和打鼓山，也是4000多米高的雪山。但因山谷不深且宽，山坡较缓，同时因有藏民居住，上下山的道路比较明显，走起来比较容易。但因山的厚度较大，每座山一上一下也花了一整天时间。

下了打鼓山后，北面已经看不见雪山了，一眼望去都是平坦的高原。我们沿俄德溯黑水而上，于7月中旬到达毛儿盖，结束了第一次雪山的行军。

毛儿盖不是城镇，而是一个较大的居民点，住的都是藏族同胞。此地有一座规模很大、建筑精美的喇嘛寺院。松潘就在毛儿盖东面200多里的岷江边上。

我们到达毛儿盖后，红四方面军总指挥部、中共中央、中央军委的同志亦相继来到，并在此召开军事会议。二六四团奉命保卫会场。

在此，我们听到很多重要消息：据侦察得悉，松潘地区驻有胡宗南等部重兵布防，兵力约十几万人，并筑有坚固的堡垒工事，我军可能不易通过。经研究，军委决定放弃“松潘战役计划”，另行发布“夏洮战役计划”——将北上路线改走阿坝，向甘南的夏河、洮河方向前进。这样，行军就要经过若尔盖大草原。

为了避免道路拥挤而延误时间失去先机，根据各部队现在的位置，军委决定兵分左右两路行军：左路军，以红一方面军的五军、三十二军和红四方面军的九军、三十一军、三十三军组成，由红军总司令部率领，于卓克基地区集结，经阿坝过草地，向甘南的夏河、洮河方向前进；右路军，以红一方面军的一军、三军和红四方面军的四军、三十军组成，由前敌指挥部（红四方面军总指挥部兼）率领，在毛儿盖地区集结，经墨洼过草地，向甘南的岷县方向挺进，中共中央、中央军委及其直属单位随右路军行动，统一领导和指挥全军的行动。

根据中央军委的统一部署，红军左右两路大军于1935年8月中旬，分别从集结地区出发，向草地开进。

右路军的行军序列为四个梯队：一军为第一梯队；前敌指挥部及其三十军、四军为第二梯队；中共中央、中央军委及其直属单位为第三梯队；三军为第四梯队。

我所在的三十军八十九师为第二梯队的前卫师，二六四团为二梯队的先锋团。副师长杨秀坤率二六四团于1935年8月19日从毛儿盖出发，第一天到达若尔盖草原南沿的墨洼宿营，次日进入草地。

初入草地，一眼望去，青草茫茫、野花遍地，到处是起伏的矮丘，行军队伍逶迤其间，忽隐忽现，大家当时觉得“甚是好看”。可是好景不长，越往里走越觉得费劲儿——没有人烟、没有道路、没有树林、没有河流，连鸟兽也看不见，天空就像一口大锅扣在部队的头顶上。

我们第一天走的基本上是干草地，有土丘和成丛的灌木，一过年朵坝这片有地名无居民的地方，土丘和灌木都不见了，平地上尽是长长短短的杂草。第二天我们到达色儿坝，草地开始有水，水深没过脚踝，但还不是沼泽。第三天就逐渐进入沼泽地区，只见一团团一丛丛的草墩子，一坑坑一洼洼的锈水泥潭，期间暗沟纵横，草墩浮在稀泥上面，一脚踏错，就往下陷，越动越陷，越陷越深，直至没顶。人马陷进泥淖的事故不断发生，虽然大家相互救援，但还是有很多同志陷在泥潭之中牺牲了。

草地的气候同雪山一样，也是忽晴忽阴。上午还是烈日当空，晴空万里，下午就会乌云密布，电闪雷鸣。我们被滂沱大雨和冰雹浇打了个正着。

现在回想起来，在某种程度上说，草地还不如雪山。雪山无水还可以吃冰止渴，草地虽然到处都是水，但基本上都有毒，不能喝。在雪山脚下露营还可借树木遮挡露水，在草地露营只有找一块干地，大家背靠背地坐着挤成一团打盹儿。最难受的是人的一双脚，整天在锈水中浸泡，又无条件烧水洗脚，每天早上第一个小时都不会走路。但是，大家互相鼓励，互相帮助，在草地上行军一个多星期，克服了种种艰难险阻，终于在 8 月 26 日到达若尔盖班佑进山，胜利结束第一次草地行军。（李清扬、贾晓明整理）

选自《纵横》2009年第7期。

三过雪山草地①

严大芳

1935 年，我们红四方面军第三十一军，在苍溪强渡嘉陵江，继而血战攻克剑门关，一直西进，于 6 月在懋功、理县一带与刚从夹金山翻过来的红一方面军胜利会师。会师后，中央政治局在两河口召开了会议。会议决定，集中主力向北进攻，创造川陕甘苏区根据地，以促进全国抗日民主运动的高潮。当时，两大红军主力的同志们兴高采烈，都感到增添了希望，革命胜利的曙光就在前头！我们就是这样怀着红军必胜的信念，开始了第一次翻越雪山草地。我当时在红三十一军交通队当战士。

但是，正当我们满怀希望奋力前进的时候，情况发生了逆转。毛儿盖会议后，由红四方面军的第八军、第三十一军、第三十三军和红一方面军第五、第三十二军团组成的左路军，由卓克基出发，到达阿坝附近，本应继续向包座、班佑方向前进，向右路军靠拢，但当时红四方面军的主要领导人张国焘突然下令停止前进。尽管中央电报屡次催其北上，他却按兵不动。

张国焘抵制中央命令编造的一个临时理由，就是前面嘎曲河水上涨，部队过不去。其实这时前卫部队已在涨水前过去了，到达了墨洼地

① 编者对原文个别地方略有修订。

区。后来当我们回师南下时，前卫部队又从河对岸渡了回来，这就证明我们是完全可以渡过嘎曲河的。总指挥部的有些领导还亲自去察看了水情。等一段时间水落下去再过河，或者是砍下河边长的杂树，或做成筏子，或钉桩拉上绳子过河，想想办法总是可以过去的。其实在这片荒芜泥泞的草地上，南南北北的大小河流我们是遇到过不少次的。随着雨大雨小，河水就时多时少。有一次也是在阿坝附近不远的地方，我们遇到了一条河，也是因为上游下暴雨，河水突然上涨，拦住了我们的去路。上级让我们交通队派人去试探水情，领导指派我和一个姓魏的同志去执行这个任务。虽然我俩懂一点水性，但由于连日来忍饥受饿在草地里行军，浑身无多少力气，加上水浑流急，我们有些招架不住，都连喝了好几口水。我挣扎着甩掉了身上所有的东西，勉强在下游几百米处冲到了对岸的河滩上。而小魏同志，却被河水夺去了他年仅 17 岁的生命。对岸的同志们一看不能过，就沿河往上走，最后找到了一段河面比较宽的地方，又等了半天的时间，河水降了不少，同志们才从齐胸深的河水里涉了过来。我们就是这样，也不知涉过了多少河流。总之，张国焘借口噶曲河水上涨队伍过不去，只不过是作为抵制中央命令临时编造的一个理由。

张国焘从在懋功与红一方面军会师后，就开始在红四方面军中散布红一方面军的许多坏话。主要的是诬蔑党中央是右倾逃跑主义，从中央苏区一直跑到这，领着红军老是打败仗。当他听说中央红军的人没有红四方面军的人多时，他就散布“谁有军队，谁最强，谁就应该当领导”的论调。在中央任命他为红军总政治委员后，他还提出要审查中央路线，要对党中央进行改选。因为我们交通队主要是担任首长的警卫工作和执行通信、侦察等任务，所以经常能够听到上上下下议论这些事。

部队停止前进的第二天，张国焘就在离嘎曲河不远的地方召集干部们开了一个会。后来我们听这次跟军首长去开会的几个警卫员回来讲，张国焘在会上大喊大叫，非常蛮横。他说我们不能再跟着红一方面军向北跑了，现在的党中央是错误的，只有他的主张才是正确的。他认为回到川西一带就可以躲开国民党的“围剿”。一听说要返回去再过草地和雪山，会场上的干部们都议论开了。当时大家都知道再往北走两三天，就可以走出草地了，而我们身上所背的粮食，也只够凑合吃两三天的了。如果再往回走，不知还要多走多少天才能出去，在这荒无人烟的地方还上哪能搞到粮食？没有粮食吃，人不都要饿死了吗？又想起一路上费了这么大劲，牺牲了多少同志，眼看要走出草地了，为什么还要回去？开会的干部们议论纷纷，大都是表示不愿意回去再过草地。这一下激怒了张国焘，他大加训斥，并把队伍减员这么大的原因说成是党中央给造成的，煽动大家对中央的不满。据说在这次会上，张国焘还组织了一些人对朱德、刘伯承等同志进行围攻。他们指着朱德同志问：“你快说！你们为什么要坚持北上？我们现在要南下，你支持不支持？”朱德同志回答说：“我坚决拥护中央制定的北上抗日的决议。”他们就吵闹着说：“你是个老右倾，老顽固。”

尽管如此，仍然还是有人站起来反对张国焘南下的错误主张，我们红三十一军军长于天云同志，在这次会上就公开表示坚决反对回师南下再过草地：“再把队伍拉回草地，只能受到更大的损失！”这样一来，于天云同志就成了执行张国焘路线的绊脚石，引起了张国焘军阀主义的大发作。张国焘为了压制反对南下情绪，达到“杀一儆百”的目的，开完会就撤销了于天云同志的军长职务。于天云同志在红四方面军中是一员有名的猛将，虽然他曾犯有严重的军阀主义错误，但他立下的战功是卓著的。当我们在一起南下快走出草地的时候，于天云同志看到队伍蒙受到极大的损失，摇着头十分痛心地说：“这样下去，部队拖得没有了！”由此更加对张国焘错误路线不满，结果被张国焘派人把他弄进了所谓的中央“国家保卫局”里审查和看管起来。于天云同志对此十分气愤。他在走到丹巴要过大金川河的时候，表示坚决不走了，张国焘就派人把他捆起来放在担架上抬着走。在走到河当中时，他翻身一跃，怀着一腔怨恨跳入了水中。领着我们立下屡屡战功的军长——于天云同志，就这样屈死在张国焘错误路线之下。打这以后，我们这支红三十一军的交通队,就被张国焘收编到方面军指挥部,成为他手下的第二支交通队。

回想起第二次过雪山草地的情景，更是苦不堪言。我们在嘎曲河边只停留了一天，返回来又走了两天以后，干粮袋里基本上全空了，同志们只有靠野菜充饥。第一次来的时候，偶尔还能遇到一些藏族奴隶主的牛群和羊群，弄来杀肉吃。返回来时就根本没有了，有也都跑到远远的地方躲起来了。我们除了吃野菜和草根，就是喝点盐水，有的连盐水都没得喝。最后把身上披的羊皮、腰里扎的牛皮带也都吃掉了，总之把能吃的东西都吃掉了。因为没有吃的，队伍减员是惊人的。无数的同志饿得实在走不动，眼巴巴地倒在了草地里……

走出草地，又翻雪山。此时已是深秋，雪山的气候更加寒冷。我们经过数月行军，衣服更难以遮体了，身体也大不如以前了。但我们比以前多了一点与雪山斗争的经验。不少同志都找了一根棍子，以便于在山上拄着走，还可用来扎雪探路，排险保安，在累的时候就用它来撑着身体休息片刻,再累也不坐下。尽管这样,还是有不少同志牺牲在雪山上。

再次翻越雪山草地后，部队得到了一些补给和稍加休整，然后又以顽强的战斗作风一举横扫了宝兴、天全一带的四川军阀，打得敌人狼狈逃窜。但国民党反动派得知我孤军南下后，马上就纠集了刘湘、杨森、李抱冰、刘文辉等部 40 多个团向我围攻而来。我军虽作战英勇，但左冲右杀，终不能破敌重围。这一带又是地脊民贫的少数民族地区，兵源和补给都很困难，更谈不上建立巩固的根据地了。就在这时，我在一次战斗中腿上负了伤。伤好归队后，被调到了总指挥部所谓的“国家保卫局”的特务队。

1935 年底，我军已在川西苦战近三个月，仗越打越大。蒋介石派周浑元的部队入川，与各路四川军阀配合，与我军在天全、芦山一带对峙。百丈关一仗，虽给敌以大量杀伤，但我军也伤亡严重，主力受挫，完全陷入被动的局势，无力再主动进攻。敌人乘此机会，直通天全城下而来，我们的防线不断被突破，特别是名山失守，我军已无法再坚持下去，被迫向西北方向撤退。

正当我们特务队随总指挥部向北转移时，上级通告了一个突然情况:敌所谓“剿匪军第二路军总指挥”薛岳,已派一部兵力从雅安出发，正沿青衣江西岸向北疾进。此股敌人的目的很明显，就是要直插我军后路，将我堵截于宝兴、芦山一带，继而进行围歼。敌人的这一企图一旦得逞，将使我全军陷入极其危险的境地。而此时我军都在青衣江以东，主力部队还在南面阻击敌人和正在向北转移。在这紧急关头，附近又没有什么部队的情况下，上级只好把我们这支负责保卫指挥部的所谓“国家保卫局”特务队调了上来，命令我们坚决堵住这股敌人。

接到命令，我们当夜出发。在青衣江东岸，找到了一个向西突出的湾部地段，决定隔江进行阻击。这里的江面比较窄，我方一线岸滩比较陡，加上水深流急，人难以徒涉，敌人是无法冲过来的。隔江向西望去，西岸的路紧靠江边，路再往西就是立陡立崖的大山，光秃秃的极难攀登上去。整个地段也没有什么可隐蔽的地形，距我方大约也只有百余米远，只要敌人从这走，就会完全暴露在我火力之下。我们的阵地，选在这个湾部地段上，沿江而曲，正好对敌方形成一个扇面，比较利于发扬火力，我们选择好地形后，就迅速开始构建工事，准备伏击和阻击敌人。

我们这支特务队，约有百十来人，都是经过挑选来的，人员比较精干，武器装备也比较好。一般每人都有三大件：一支长枪和一支短枪，再加上一把大刀。在这全军有可能被敌人全部包围的危急情况下，上级把我们调上来直接参战，大家都很清楚形势已到了很紧迫的程度，也深知此次任务责任重大，于是都下定决心，坚持堵住敌人，使主力部队赶上来向北安全转移。

天刚亮，我们的工事还没修好，敌人就上来了。来的敌人都是轻装前进，运动的速度很快，看样子也没注意我们江这边的动静，匆匆忙忙地一个劲往前跑。当敌人的前卫都进入了我们预备好的伏击地段时，我们突然开火，一排枪打过去，当即撂倒了一大片。当时我们队伍里还有一种缴获来的可以打连发的冲锋枪，大伙儿都管它叫“革造龙”。端起这家伙打集群目标，威力可真不小，一扫就能撂倒好几个。没等敌人反应过来，我们又是一排枪打过去，直打得敌人哭爹叫娘乱成一片，死的死，伤的伤。没挨着枪子儿的，也都趴在地上装死。后面的一看不好，急忙掉头就往回跑。待了一会儿，趴着装死的敌人，有胆大一点的，站起来想往回跑，可一动弹就被我们发现，一枪打过去，就地又倒下了。剩下的敌人一看不行，又无处躲藏，只好继续趴在地上装死，动也不敢动一下，更没有敢还枪的。在战斗开始阶段，我们打得敌人头都抬不起来。

过了一段时间，后面的敌人上来后，又组织了几次冲锋，企图强行通过。但一进入我们火力封锁的这个地段，不是纷纷倒下，就是抱头跑了回去。这样持续了几个小时，敌人隔着河无法冲过来，直接往北冲又冲不过去，只是在这段封锁区里扔下越来越多的尸体。我们在堑壕里隐蔽地来回运动，寻击目标，发现目标就打，打得敌人越来越不敢轻举妄动了。我们的战斗情绪却越来越高涨。同志们都知道，只有堵住敌人，才能保证全军安全地从南面撤下来，才能避免被敌人围在这险恶的地带。大家都争取多消灭几个敌人，狠狠地教训一下猖狂的敌人。在这次战斗中，我第一次受到上级授予“神枪手”的立功表扬。

我们整整阻击了一天，敌人也未能前进半步。到了晚上，主力部队赶上来把我们替换了下来，从而保证了我军沿青衣江东岸迅速向北撤退。由于情况紧急，所有部队都沿着这条路全速地向北撤，一直走到青衣江上游才把敌人甩远了些，然后我们向西渡过了江，又渡过大渡河，再翻过终年积雪的党岭山，经道孚、炉霍一直撤到了甘孜一带。在这次大撤退时，对于大量的战斗中负伤的同志，无法带走，给部队带来的损失相当严重。红四方面军由原来的八万人减到只有四万来人。

部队到达甘孜一带以后，开始了休整。由于当地是藏民的游牧区，条件仍十分困难，连基本的补给都很难，根本不适合大兵团的集结。但是敌人重点在东边堵着，回是回不去的。同志们都憋下了一肚子怨气。听说红一方面军在毛主席的领导下，已在陕甘宁扩大和巩固了根据地，大家都议论说，如果当初和红一方面军一起走过草地，我们也不会吃这么多的苦头了。

到了1936年夏天，听说红二、六军团已经入川，就要和我们会师了，大家异常高兴，精神也都振奋起来，决心拿出实际行动来欢迎红二、六军团。

7月初，我们和红二、六军团会师了，亲人重逢，真是倍感亲切。大家都在议论着，这回可要在一起北上了，因为大家的心，也都在向着北方了。果然在会师后，由于朱总司令的坚持和耐心说服，刘伯承、贺龙、任弼时、关向应等同志的一致主张，加上红四方面军广大干部战士强烈的要求，张国焘无法再坚持已见，红四方面军终于和红二方面军一起，重新开始了北上。

这是我们第三次过草地了。这也是我们受尽了苦中苦，才重新认定了方向。广大的红军干部和战士是经得起失败和挫折的考验的，前一段低落的情绪重新振作起来，以顽强的毅力踏上征途，终于再次走出了草地。

红四方面军于1936年7月下旬从甘孜地区出发，经阿坝、包座，8月初就到了甘南，先后攻占了哈达铺、临潭，再次与红一方面军会师。

选自沈阳军区政治部编研室编:《红军将士忆长征》，白山出版社1996年8月第1版，第412—417页。

严大芳，1918 年生，四川广元人。1933 年参加中国工农红军，1937 年加入中国共产党。红军长征时为红四方面军第三十一军交通队战士。新中国成立后，曾任沈阳军区外长山要塞警备区司令员，旅大警备区顾问等职。2011 年在大连逝世。

我三次爬雪山过草地

王夫同

1920 年 1 月，我出生于四川省宣汉县一个贫苦农民家庭。14 岁时也就是 1933 年，参加中国工农红军，成为红四方面军第四军第十二师的一名红军战士。1934 年加入中国共产主义青年团，1936 年，转为中国共产党党员。提起当年的红军长征，那一次次与敌人展开的硝烟弥漫的战斗，一幕幕与险恶的大自然进行的抗争，至今历历在目，萦绕耳边。印象特别深的是：前有围堵，后有追兵，打退了敌人的无数次猖狂进攻；三次爬雪山，三次过草地，历尽了无数艰难险阻，与生命极限相抗争。我也在艰苦绝伦的磨难和激烈的战斗中，迅速成长起来。

1935 年 6 月，红四方面军与红一方面军会师，我们战士心里都十分高兴，士气非常高涨。两个方面军会师后，党中央根据当时的国际国内形势，提出创建川陕甘苏维埃根据地的战略方针。红军分为左、右两路，我所在的第四军编在右路军。

第一次爬雪山过草地

1935 年 6 月的一天，部队开始第一次翻越终年积雪的夹金山。夹金山海拔 4000 多米，该山被当地百姓叫做“神山”，意思是除了“神仙”，连鸟儿也飞不过去。山上环境异常恶劣，气候变幻万千，刚才还晴空一片，万里无云，这会儿却又狂风吼叫，雪花飘飞，有时还会下起鸡蛋大的冰雹。狂风夹着冰雹，吹打在我们红军战士单薄的衣衫上，像刀刮的一样。

当爬到半山腰时，气温骤然变冷，冰雹、大雪直泻而下。同志们一步三喘，你推我拉地往上爬，身体壮实的老班长，抢过我的枪对我说：“小鬼，鼓把劲，过了雪山就是胜利！”

爬山的时候我们的衣物都很单薄，越往上走，空气越稀薄，憋得人脸发青，浑身无力，但又不能歇下来，因为一旦歇下来，就再也爬不起来了。由于天寒地冻、空气稀薄，再加上高原反应，许多红军指战员就长眠在这雪山上。

翻越夹金山后，我所在的右路军经过短暂的休整后，于 8 月下旬开始向荒无人烟的草地进军。第一次过草地时，我看到草地如同茫茫大海一样，一望无边。草都长在泥潭沼泽之中，根本找不到道路。刚开始还有彝族老乡给我们当向导，但走到草地中央时，向导也不熟悉，不敢再给我们带路。我们只有依靠先头部队给我们留下的一道道时隐时现的脚印。越往草地中心地带走，困难越大，每走一步，脚都要慎重地抬起，轻轻地踏下，一不留神儿就会陷入泥潭中拔不出腿。没长草的烂泥底下是空的，人和牲口踩上去，就会陷下去，而且越陷越深。我的脚由于长期穿草鞋，磨破了不少口子，长时间泡在草地的水中不久就烂了，当时没有药治，所以很长时间没有愈合。

草地的天气就像孩子的脸，说变就变，一会儿晴天，一会儿下雨，一会儿冰雹俱下，一会儿大雪纷飞。中午烈日当空，酷热难熬，夜晚寒风刺骨，令人发抖。过草地最大的困难就是吃饭问题。因为当时我年龄小，干粮带多了又背不动，所以带的粮食只能维持几天。其次是困了没有地方睡觉，我们只得找一个小埂子蜷缩在那里睡觉，醒来时身上全是水，没有一块是干的。就这样历经了七个日日夜夜，我们终于第一次走出草地，到达班佑、巴西地区。

同年 8 月底，我所在的第四军根据毛主席的命令，在包座同胡宗南的部队打了一仗，消灭了胡宗南的一个旅。这一仗打得很艰苦，因为干粮基本上吃完了，再加上我们人数上处于劣势，我们空着肚子、靠顽强的意志向敌人发起猛攻，并取得了胜利。

第二次爬雪山过草地

1935 年秋天，张国焘到了四川的阿坝后，他仗着人多势大（此时四方面军有 8 万多人），妄图分裂党、分裂红军，与中央分庭抗礼，其野心就是想当头，要中央听命于他。张国焘不顾中央一再电令催其北上，命令左路军在北上的中途掉头南下，并强令已过草地的右路军的四军、三十军（这两个军属四方面军的）从原路返回阿坝地区。在张国焘的强迫命令下，我们只好按原路返回，开始第二次过草地、翻雪山。

第二次过草地时，正是阴历九月，天气寒冷，夜间的温度多在摄氏零度以下，战士衣单粮缺，比第一次过草地时更为艰难，我们每个人带的干粮只有 20 斤左右，只够吃几天。如果提前吃完，就要受处分。部队走到丹坝，由于路途远，结果耽误了两天，这时我们的粮食已吃完。饥饿、寒冷、沼泽、疾病，威胁着每个红军指战员的生命。没有吃的，把骡马杀掉；骡马没有了，挖野菜，吃树皮草根；野菜吃光了，就煮皮带吃。由于缺盐，许多人身上出现了浮肿。记得我所在团的团长叫张日成，年龄比较大，看到大家实在饿得不行，就坚持把坐骑杀掉，将马肉煮成汤，分给全团的 600 多人，一人一碗汤用于充饥。尤其是空中还有敌人的飞机轰炸，前有堵截，后有追兵。在这样的情况下，虽然我们红军身体虚弱的多，掉队的多，伤病员多，但我们还是靠坚定不移的信念和坚强的意志，克服了令人难以想象的各种困难。

最令我终生难忘的一件事，就是在即将再次翻大雪山时，有一位首长摸着我的头问：小鬼累不累，哪里人，叫什么名字。我说：我是宣汉人，名叫王夫同，一点不累。这位首长和蔼地说：我们是老乡。我觉得首长穿着和我们普通士兵一样，灰军装，脚蹬草鞋，腰间扎着皮带，手握着树杖，没有其他特别，更没有骑大马。当时，我还不知道问我的这位首长是谁，后来，我们师长告诉我，我这才知道是红军总司令朱德，这是我第一次见到敬爱的朱总司令。

几天后，我生病了，并发高烧。副师长决定把我留在独立师的医院里治病，病治好后我被留在医院里学医，当时有一个医生叫吴盛敏，是他手把手地教我怎么取药、如何发药，一直到第三次过草地后一、二、四方面军会师，我们才分开。他回到了一方面军，我还在四军军卫部。

这时部队已经再次翻过了夹金山。这是红军长征途中最为艰难的路程。在过雪山草地的日日夜夜里，我们没有一天不打仗，没有一天不走路，不打就走，不走就打。在雪山和草地上，许多战士长眠在这里。

第三次爬雪山过草地

1936 年 2 月，我们遭到蒋介石部队的围攻，至 3 月份部队损失很大，整个红四方面军减员过半，由南下时的八万多人减至四万多人。红四方面军不得不第三次翻越夹金山，在向西北转移途中，又翻过海拔 5000 多米的折多山。当时正是寒冬季节，山上风雪交加，天寒地冻。加上当地人烟稀少，筹粮、买衣非常困难，这种忍饥挨冻的困难真是难以想象。山上到处都是厚厚的积雪，一脚踩下去，就有三四尺深，如果一脚踩空，就会滚到山沟被雪埋住，无法寻找。在道孚县的下卡镇，当时我还要负责二三十个伤病员，我们把带不走的重伤员安置在老百姓家里，另外带走了十多个能走的伤员，有男有女。当时一路都是红军，前不见头，后不见尾，我们一个跟着一个，深一脚浅一脚地向山顶爬去，虽然气都喘不过来，但谁也不敢休息，因为一旦坐下就再也站不起来了。当我们勉强走到山下时，大家准备捡树枝点火取暖。我的手脚都冻僵了，战友们点起了火，过了好一会儿我才有了知觉。

同年 7 月，由贺龙、任弼时、关向应、萧克等率领的红二方面军与我们红四方面军会师。两个方面军会师后,我们从甘孜出发,共同北上，开始了第三次过草地。

当时我很年轻，身上虽有多处被冻伤，环境非常恶劣，这些我都不怕。但最大的愿望就是想美美地睡上一觉，由于部队不断转移和频繁战斗，造成严重地失眠，使我感到特别困。记得有一次行军时，我走着走着就睡着了，掉进一个较深的枯井里，脸和鼻子都碰破了，这时我还没有完全醒过来，仍在机械地迈着腿往前走，哎，怎么走不动呢？这时我才醒过来了，发现四周一片漆黑，知道自己掉进了一个深坑（当时还不知道是枯井），我就拼命地呼喊，后面走过来的部队听到呼喊声，就停下来用五六根绑腿带，捻成绳子将我拉出了枯井，就这样，我又一次死里逃生。

这一次过草地就好多了。一是有经验，因为前面已有两次过草地的经验教训；二是有准备，由于时间充足，我们准备了不少粮食。当时我是学医的,所以师部给我三匹牲口驮药,两副担子,总共六个人。8 月，我们终于第三次走出草地，到达甘肃的会宁县。一方面军彭德怀、聂荣臻和陕北的刘志丹、徐海东，二方面军贺龙、任弼时和我们四方面军，三个方面军会合，举行了三军会师联欢大会，这是具有伟大历史意义的时刻，标志红军长征胜利地结束了，蒋介石妄图消灭红军的梦想的破灭。

我就是这样，经历了三次爬雪山、过草地、多次遇险、四次负伤，九死一生而幸存下来的。每当我回忆起这些往事，都深感革命胜利来之不易。

选自中共南京市委党史工作办公室、中共南京市鼓楼区委党史工作办公室编:《红旗漫卷——南京部分老红军口述长征史》，中共党史出版社2006年版。

王夫同，1920 年生，四川宣汉人。1933 年参加中国工农红军，1934 年加入中国共产主义青年团，1936 转入中国共产党。红军长征时为红四方面军第四军战士、卫生员。新中国成立后，曾任中国人民志愿军第十二军三十一师后勤部长，江苏省生产委员会委员、生产指挥组副组长，江苏省军区后勤部副部长、顾问等职。

三过雪山草地[①]

李在宇

1935年的春天，部队往川西转移，同一方面军会师，后又到了毛儿盖。当时，地里的青稞麦子还不成熟，那个地方是藏民居住地，当地居民对红军不了解，都上山躲起来了，我们没有吃的，连野菜都吃不着，我们还是想方设法克服困难。后来麦子成熟了，每天搞点麦子除吃饱还余一些留做干粮。但是天气冷了，我们穿的都是单衣服，每人只有两件，我们这些小孩子把两件单衣脱下由班长送到妇女队，由她们给装上羊毛，拿回穿上过冬。从这里出发就进入草地了，一进入草地，令人触目惊心，茫茫无际的草原笼罩着一片阴森森的浓雾，草底下淤积着黑色的泥潭，散发出一股腐臭的气味。这个地方是没有人走的地方，气候非常不好，一天多变，有时下雨，有时下冰雹，一天到晚衣服总是湿的。在这纵横200多里的大沼泽地里，许多人失足陷入沼泽中，有的战士陷进去就爬不上来了。草地上长着半人高的荒草，前卫部队把这些荒草踩倒成路，供后续部队通过，草地上还有一层水，人走在上面软绵绵的很费力。我从进草地就没穿过鞋，赤脚被水泡得变紫。我因在过嘉陵江时脚被船碰破了，一直没有好，再加上每天的黄水泡，溃烂很大一块，走路疼痛难忍。当时我是卫生员，带了些外伤药，每天自己上点，又用一

① 题目为编者所拟，文中个别地方略有修订。

些中药慢慢把脚治好了。就这样大部队好不容易过了草地。当时没有吃的，战士们饿着肚子行军。在部队快到上包座的一天下午休息时，我和战友找到一个河边去钓鱼。不一会，我钓到一条大鱼，心里高兴极了，当我往上一拽时，大鱼跑了，原来用针做的鱼钩被拉直了，真可惜。同志们眼巴巴地看着这条大鱼跑掉了。

部队到达上包座时，我们所在的医院距毛主席他们住地只隔一条沟，大家都非常高兴，第二天我们听说毛主席领导的部队已经走了，后来才知道当党中央、毛主席率右路军从巴西、班佑地区北上时，张国焘公然与党中央分裂,拒绝执行中央北上抗日的方针。1935 年 9 月 15 日，张国焘经过一番策划，炮制了一个所谓《大举南进政治保障计划》。9 月下旬，张国焘带领原红四方面军编入左、右路军的全部人马，和原红一方面军编入左路军的第五军、第九军及军委纵队一部，共四万多人，分别从阿坝、包座、班佑地区，回头再过草地南下。第二次过草地比第一次过草地更困难，当时已是深秋季节，草地上秋雨不断，寒气袭人。我们冒风雨、涉泥沼，再一次拖着疲惫的身子非常艰难地走在茫茫的草地上。路上没有吃的,树皮、草根已经吃光了。我们忍着饥饿继续前进。偶尔会看到第一次过草地留下的一些无法掩埋的红军尸体，他们为了中国的革命事业献出了自己宝贵的生命。当我们部队走到毛儿盖时已是 11 月份了，当时没有吃的，又冻又饿，每天走路也不断看到饿死的人。我们饿着肚子走了半个月，到了懋功县，因我的腿烂的很厉害，领导看我实在走不了了，就把我留到九军医院住院。出院后，把我留在九军医院当卫生员。

我们部队从懋功到达伟①，再往前走就要过大雪山——夹金山了。这座雪山终年冰雪覆盖。这时已近冬季，我们没有过冬的衣服，找些破布把脚包上。第一天出发，我们在雪山下住下。第二天天刚亮，开始爬

① “达伟”一般写作“达维”——编者注。

雪山，这个雪山一般是没有人走的，山上没有路，是前面的大部队踩出一条路，有的地方被踩成像冰一样滑，人一走上去就摔跟头。由于山高空气稀薄，缺氧，呼吸困难，我那时只有 13 岁，长途行军，没有吃的身体很弱，没有爬到山顶就爬不动了，当时只觉得四肢无力，胸口闷得喘不过气来，看见别的战友一步三喘地往上爬着，我也咬紧牙关坚持又爬了一段，说什么再也爬不动了。我正着急的时候，正好附近有一个人牵着一匹骡子在我身边走，我就拽着骡子尾巴爬到山顶，身体再也支持不住了,一心想坐下歇一会儿再走。这时身边的战友告诉我,只要坐下，就再也起不来了。听战友这样一说，我没敢坐下，强挺着继续往前走。因山高，半截山在云彩的上面，往远看一片大雪原，类似飞机在云层上面一样。这时已是下午了，部队开始下山，上山不好走，下山更难走，一脚踩不稳就会滑下去，到了半夜我们才下山到了宝兴县，在那住了半夜,当时我的脚趾都冻黑了。第二天天一亮,国民党的飞机就来了，在我们的上空狂轰滥炸,部队只好白天隐蔽,夜里行军。我们用竹子、树皮做成火把，为夜行军时使用。大约三四天，部队就到了天全一带驻防，这时前面的部队同刘湘的部队打仗，我们医院的医护人员在后面休息待命，此时我的脚趾甲已经冻掉了，走路非常困难。部队在那里过了春节。

1936 年 2 月，张国焘在党中央的强大压力下同意北上，他把红四方面军分成三路，撤离天全、芦山、宝兴地区，向道孚、炉霍、甘孜进发，李先念率红三十军八十九师先行，部队再次翻越夹金山。在翻越大雪山之前，部队领导向战士们做了思想工作，同志们准备了干粮，用竹筒子装了辣椒水，准备了夜晚行军用的干树皮和干竹子。这次回返虽然同志们的体力得到些恢复，有些准备，但这次的气候大变，大风刮得人都站不住，东倒西歪，眼睛也睁不开，气温降到零下二三十度，战士们的衣服结了冰，大风刮起的雪块像小石头，打在人的脸上真痛，还没到山顶,就有不少战友倒下,有的被雪埋了一半身躯，到山顶是一片雪海，体弱的战友坐下就起不来了，嘴吐白沫，闭上眼睛与世长辞。他们是哪里人，他们的家在哪里，无人知晓，这些无名的烈士在长征的路上是无计其数，就是这些先烈开辟了我们的前进路。我们好不容易翻过这座雪山，返回懋功。下山后我的脚又冻坏了，在总医院又住了几天，然后被分配到总部的总队医务所当卫生员，给机关的伤病员上药。

部队经过半个月行军又到了一座雪山下，当晚在山下宿营，第二天一早部队开始登山。这座雪山虽然不高，上山只有 15 里，但山很陡，不注意就会滚下山去。在上山的路上，我看到一个炊事员背着大行军锅，一不小心就从山上滚了下去，掉进了山涧里，我们的革命队伍又失去了一位好战士。中午，我们到了山顶，因大雪刺眼，大部分人都得了雪盲，眼睛流泪，只好用绳子互相拉着往前走，天黑后我们到道孚。在这里住了几天，有豌豆吃不饿肚子了，我们这些小孩子又活泼起来，后来我们就到炉霍，住了好几个月，部队在那里等待二方面军会师。

大约七八月，我们又准备第三次过草地，我被调到总医院一个医疗所当护士，因部队行军打仗，伤病员比较多，当时也没有交通工具，只好把重伤员就地疏散到老百姓家。我由于腿伤没有好，在过草地时每天随着大部队的后面溜边走，几天后，大部队走到前面去了，所剩的就是我们这些年龄小和有病的。在出草地前一个多礼拜就没有粮了，路边能吃的树皮、草根也没有了，我们硬是坚持着爬过了草地。又经过一段长途跋涉，部队顺利到了甘肃省成县，在那里的生活得到了一些改善，每个人的身体得到了恢复，部队又扩充了一些新兵。

随后，我们又经过长途行军到达甘肃省庄里镇和二、六军团会合。1936 年 10 月，红一、二、四方面军胜利会师，长征胜利结束。

节选自李在宇：《一生献给革命事业》，载中共辽阳市委党史研究室编：《红星闪闪——记辽阳红军人物》，辽新内资J字

[2006]第05号，第95—99页。

李在宇，1922年生，四川宣汉人。1933年参加中国工农红军，1944加入中国共产党。红军长征时为红四方面军医院医护人员。新中国成立后，曾任辽阳麻纺厂副厂长。

不畏艰难困苦，三过雪山草地[①]

梁文奎

1932 年底，红四方面军由于第四次反“围剿”失利，从鄂豫皖革命根据地作战略转移，翻越大巴山，越过秦岭进入四川北部。为了发展壮大革命根据地，红四方面军三十一军乘胜西进，经过一系列战斗，取得了进入川北门户——广元的关键胜利。1935 年 1 月,广（元）昭（化）战役打响，攻克宝轮院，激战乌龙包，合攻广元城，歼灭胡宗南部丁德隆旅部 1.2 万余之敌，取得了广昭战役的最终胜利，红三十一军九十三师驻扎我的家乡宝轮镇。

少年离家当红军。我出生在贫农家庭，七岁就帮人放牛，全家靠父亲帮人背米背盐，艰难度日。1934 年 11 月，我的父亲帮人背的米和盐在麻理坡被土匪抢光，一气之下病倒在床，无钱吃药，不幸去世，母亲因悲伤过度第二天也去世了，那时我才 15 岁。我借钱掩埋了父母，上山打柴卖钱还账交租，过着无依无靠的孤儿生活。这时，红军来到我的家乡，建立苏维埃政权，党的建设、政权建设、群团组织建设全面开展，发展农业、手工业、交通运输业和文化教育事业，坚持发动人民开展革命斗争。特别是红军经常访贫问苦，解决群众生活中的困难，把部队节约的粮食分给缺粮的农民；给患病群众送医送药，打扫街道清洁卫生；

① 题目为编者所拟，文中个别地方略有修订。

召开群众大会，宣传党的政策和红军的革命目标，使我了解了红军，知道了红军是咱穷人的队伍。我主动向红军报告地主藏身之地，参加打土豪、分田地工作。1935 年初，红三十一军九十三师政治部主任洪学智来到宝轮镇召开群众参军动员大会，掀起参加红军的热潮，当年 2 月，我背着家族的长辈，以帮助红军背盐为借口，参加了红军，从此便离开家乡，走上了革命道路，成为一名红军小战士。

历尽艰难三过草地。1935 年 3 月下旬，红四方面军按照中央的决定，开始北上，红三十一军九十一师、九十三师开始撤离广元，展开了强渡嘉陵江战役。在徐向前的亲自指挥下，红四方面军数万人马在旺昌境内强渡嘉陵江，夺取了阆中、南部、剑阁、昭化等县，红三十一军在副总指挥王树声率领下三面围攻，激战一昼夜，攻克了川北军事要塞——剑门关。我作为红三十一军九十三师经理处公务员，参加了强渡嘉陵江和攻克剑门关的战斗。嘉陵江战役共歼敌 12 个团，约一万余人，攻克 39 座县城，冲破了蒋介石和四川军阀“围剿”红军的计划，有力地配合了中央红军转战川、黔、滇正面北上抗日的斗争，建立了苏维埃革命政权，播下了革命火种。

1935 年 5 月初，部队开始北上，我随部队开始了长征中著名的过雪山草地的艰苦征程。在四川若尔盖地区，我和战友一道，行进在浩淼无边、人迹罕见、气候变幻莫测的沼泽中。当时天气非常寒冷，战士们仍穿着单衣。我的年龄小，身体单薄，有一天早上，我被冻僵了，这时部队已启程走了，当我醒来时，发现自己孤身一人，处在少数民族地区，自己与当地藏族同胞语言又不通，生怕产生误会，引起藏族群众的敌视，于是我毫不犹豫，克服饥饿和寒冷，一脚水一身泥，连滚带爬急行几小时，追赶上了部队。6 月中旬，红一、四方面军在懋功会师，张国焘闹分裂，企图分裂中央和红军，他坚持南下，而中央红军坚持北上抗日。红四方面军在张国焘的带领下又返回川西，这是第二次过草地。由于长时间行军，我的双脚都被磨破了，加上在水中长期浸泡，被感染溃烂，开始化脓生蛆，发烧昏迷在草地沼泽中，全靠战友们用担架抬，用肩背，才从草地中走了出来。针对张国焘的分裂主义和逃跑思想，在党中央的领导下，以朱德总司令和徐向前为首的正确路线，坚决与张国焘分裂主义作斗争。这时，红四方面军与贺龙为首的红二方面军会合后，再次北上，第三次过草地。第三次过草地时，部队完全断粮，加上敌人围追堵截，全靠挖野菜，吃树皮充饥。有时走在前面的部队把沿途野菜挖光了，后面的部队要走好几里地以外，才能挖到一点野菜，有的野菜有毒，吃了以后上吐下泻，还有的战士因为中毒献出生命。红军三大主力过草地减员过万人，我能走出来是幸运的。

不惧饥寒爬雪山。1935 年 10 月，红四方面军南下川西南作战，与蒋介石的“剿匪”大军遭遇，我军被迫进行百丈决战。当时，我所在的红三十一军九十三师为中路纵队，为夺取宝兴、芦山，向名山、雅安及其东北地区进攻。10 月 24 日，在徐向前、陈昌浩带领下，我军翻越雪山——夹金山，向天全、宝兴、芦山发起进攻。当时已进入冬季，天气异常寒冷，临近宝兴、天全、芦山，下起了当地十多年未见的大雪，折多山、夹金山更是漫山雪白，地冻三尺，许多战友都得了雪盲症。因衣服单薄加上缺少粮食、布匹、棉花，在翻越雪山时，许多战士都冻死在雪地里，部队处境日趋艰难。广大指战员愈来愈清楚地认识到张国焘南下路线是极端错误的，更加坚定翻过雪山北上抗日的目标。

在党中央和朱德总司令以及红四方面军徐向前副总指挥为代表的正确路线带领下，我们终于翻过了雪山，走过了草地，与中央红军汇合。1936 年 10 月，红军三大主力在甘肃会宁胜利会师，从而结束了具有伟大历史意义的长征，这是人类历史上举世无双的伟大壮举。（梁辉整理）

节选自梁文奎：《难忘那战斗的岁月》，载中共重庆市委组织部、中共重庆市委宣传部、中共重庆市委老干部局、中共重庆市委党史研究室编:《峥嵘岁月——重庆市老干部回忆录第三集》, 2006年10月, 第256—260页。

梁文奎，1918 年生，四川广元人。1935 年参加中国工农红军，1937 年加入中国共产党。红军长征时任红四方面军第三十一军九十三师经理处公务员。新中国成立后，曾任四川省涪陵县武装部政治委员、重庆垫江县民政局副局长等职。2013 年在垫江县逝世。

难忘的雪山草地

杜华义

我是 1933 年 6 月红四方面军解放我的家乡四川平昌时参加红军的，当时 14 岁，在家放牛。红军一到，跟着部队就走了，家里人都不知道。因为年龄小，被分到四军十一师三十三团卫生队做卫生员。由于张国焘分裂主义的错误，长征中我们经历了二次北上、三过草地、数过雪山的艰苦历程。

我们部队第一次北上是在北川千佛山坚守了一个多月，完成牵制敌人，掩护一、四方面军会师任务后，从茂县、黑水、芦花，到松潘西部的毛儿盖集中的。中间翻过了好几座海拔很高的山梁，每过一山都付出了生命的代价。特别是打鼓山，海拔 4500 多米，终年冰铺雪盖，虽说 7 月骄阳似火，但爬到 3000 来米，即如数九寒天，朔风怒吼，雪花纷飞，到处是厚厚的冰层和积雪，根本没有通路，且空气稀薄，呼吸十分困难，大家都是从冰雪上爬着前进的。

一到毛儿盖，就准备过草地。上级要求每人准备三五斤干粮和一些饮水，但毛儿盖是藏民游牧区，粮少人稀。由于反动派的宣传，大土司都把粮食带走或坚壁起来了，加之部队都要筹粮，我们后到的部队只得在藏民的地里拣一些剩下的青稞和土豆，几乎处于绝粮境地。在毛儿盖集结的一个多星期里，我们天天吃野菜，嘴巴都吃肿了。常吃的有中草药大黄的叶子，能找到灰灰菜、曲麻菜就很幸运了。

有一次，我到一条小河沟边挖野菜，忽然发现沟底有一些青稞粒，就小心翼翼地把它们拣起来，约有一小把，拿回班里和着野菜煮了一锅稀汤，大家吃得很高兴。第二天我又去挖野菜，恰好在这条河沟的上游水底又发现一些青稞粒，正想把它们拣起来，突然看到河边有粪便，里头还带有青稞粒。我一下明白，这些青稞粒原来是人们吃下去没能消化、排出后被雨水冲到河沟里的。

8 月下旬，右路军相继出动，开始了征服大草地的艰难行军。一出毛儿盖，沿着通往松潘的土路，走两个多小时，拐过一个小村庄，转向西北,进入一个山谷,由此攀山越岭,穿过一片茂密的树林,就是草地了。

大草地位于康藏交界地区的高地上，海拔 3000 多米。一眼望去，除了沟壑河汊，就是无边无际的野草，荒无人烟，连飞鸟走兽都不见，散发着阵阵腐败的气息。脚下根本没有路。根据上级指示，我们以班为纵队，全连一字排开，一边蹚倒水草，一边摸索前进。大家小心翼翼地踩着草墩子，谁也不敢脱离队伍。由于遍地沼泽，时常有人陷进去，越挣扎陷得越深，我们就用枪支、扁担、绳索等把他们拉上来。在队伍中间还能相救，若在队伍外或掉了队，就很难了。一些战士就是因为没法去救而牺牲的。草地天气阴晴无常，说变就变，下午常有狂风暴雨和冰雹的袭击。日温差达 30 多摄氏度，夜间常在零摄氏度以下，冻得大家瑟瑟发抖。没法睡觉，只得三个一群五个一伙，头上顶条被单、毡子，互相依偎着休息。

由于粮食少，每人每天只能吃到一两把青稞面，全靠挖野菜、到河沟里捉鱼充饥。到后来，树皮草根都吃光了，大家就把牛皮割制的鞋用火烤焦了吃。由于极度的饥饿和疲劳，一遇疾病，难以支持，不知什么时候就倒下了。医务人员不管行军多累，一到宿营地就忙于救治病号，还要宣传卫生防病知识,督促部队烧水洗脚等。担架员、卫生员、医生，每天都是最后露营休息。

经过五天艰苦行军，终于走出大草地，进入半农半牧，有粮有水有牛羊有民房的班佑、巴西地区。8 月底，四军、三十军各一部攻占包座，打开了北上甘南的通道，全军为之振奋。

就是这时，张国焘借口噶曲河涨水，部队缺粮，擅自命令部队南下，污蔑中央北上是“错误路线”。红四方面军干部、战士大多是从鄂豫皖苏区打过来的，同国民党反动派有血海深仇，听说南下打蒋介石，还要打到成都去，都拍手称快。张国焘的错误路线，当时的确迷惑了很多人，产生了一定的号召力。

1935 年 9 月中旬，我们四军、三十军及红军大学部分学员，奉命回头再次穿越草地南下，向大金川流域的马刺墉、松山冈、党坝一带集结。这就是我们第二次过草地。因是原路返回，也走了五天时间。当我们再次踏上川西北高原的茫茫草地时，第一次过草地留下的行军宿营的痕迹还在。有些用树枝搭成的小棚子里，堆着无法掩埋的红军战士的尸体；还偶尔能见到死在草地上的战士，他们的头露在水草的外边，身子早已深深地埋在泥沼里。由于自然条件的恶劣，我们这次又有一些同志献出了宝贵的生命。

红军南下后，在两个多月内，接连发起几个战役，尽管广大指战员英勇奋斗，取得了许多战斗的胜利，但终因敌强我弱，伤亡惨重，并陷入前有强敌、后无依托，严重缺乏粮食、弹药和人员补充的绝境。于是，被迫由战略进攻转入战略防御，退守夹金山以南的天芦宝地区过冬。

这年冬天，天气特别冷，天芦宝地区下了一场十多年未遇的大雪。位于大小雪山折多山和夹金山附近的丹巴、懋功地区，更是漫天皆白，地冻三尺。部队派出筹集粮食、牦牛的人员，大多得了雪盲症，有些同志当即倒毙在雪地里。没有粮食，部队只得以山里的野果、野菜充饥，许多同志吃了野韭菜中毒；没有棉衣，只得割棕榈制成蓑衣披在身上御寒，或用未经硝制的牛羊皮缝背心。由于战斗减员，加上饥饿，寒冷、疾病，人员伤亡过半，八万红军只剩下四万人。实践证明了“南下路线”的彻底破产，分裂不得人心。

第二年2月下旬，我军被迫撤出川康，向道孚、炉霍、甘孜一带转移。我们四军编为第一纵队，从天全出发，经两天行军，又来到大雪山夹金山的脚下。当晚，部队在夹金山下一座森林里露营，第二天一早4点钟打着火把上山。由于山陡、雪深、空气稀薄，一些同志身体不适，走着走着就倒下来了，牺牲在雪地里。凡是有病的、年老体弱的，大多牺牲在夹金山。由于冻土十分坚硬，连埋葬的地方都找不到，我们只得用冰雪和石块覆盖在烈士的身上。将近中午12点，快爬到山顶的时候，突然刮起狂风暴雪，部队根本不能行进，又不敢坐下，一坐下就爬不起来，大家只好拼命背对着风雪，等待风雪过后再走。由于风雪十分猛烈，很多人站立不稳，队里40多岁的老炊事员因背着大锅，当场连锅带人被刮进深沟里光荣牺牲。到山顶后，又走了一夜，才开始下山。由于山那边地势比较平缓，大家沿着山坡滑下去，个个滚得像雪人一样。

翻过夹金山，经达维、懋功到丹巴的路上，我得了重病，连日高烧不退。团里用担架送我到丹巴住了半个月医院。出院后，四军早已开拔，组织上分配我到方面军政治部副主任傅钟的警卫排当警卫战士。此时，部队正准备过折多山。

折多山为大雪山的中段，最高峰叫党岭，因此也叫党岭山，这是从丹巴至道孚的必经之路。党岭山海拔5000多米，比夹金山还高，翻过党岭山，必须赶在中午12点以前，因每天下午要起风暴，人到那里别想活命。上级规定每人要带足三天以上的干粮，还要带些辣椒、生姜、酒等防寒物品。做好准备后，我们头天下午出发，当晚在半山腰一座灌木林中过夜。第二天凌晨，队伍摸黑向主峰进发。因海拔很高，山路陡峭，积雪很深，越往上爬越费劲，大家连气都喘不过来，只能一步一步往前挪。一个个汗流浃背，衣衫湿透，很快又被冻成冰筒子。

我们快到达山顶时，冰雪反射的强烈的日光，照得大家睁不开双眼。在山头上走了很长时间，终于开始下山。接着又在半山腰一片森林中宿营。因为天太冷，大家不得不找些树枝烤火取暖。第二天一早，我突然感到两眼剧烈的刺痛、怕光、流泪，眼前的一切都变得模糊不清，原来，经烟火一熏，白天被雪刺的双眼失明了。我和许多的战士得了雪盲症。由于下山的路也很陡，行走十分困难，我们就拄着拐棍，一个接着一个，由前边的人牵着，勉强挣扎着下了山。这次翻越党岭山，走了三天。

下山即是道孚。我很快又被送进医院，半个多月后出院，被分到三十一军九十三师师卫生部当卫生员。

这时，部队正转入整编、训练、筹粮，发动群众等工作，准备与正从滇边北上的红二、六军团会合后继续北上。这一带主要是藏民区，多以游牧为主，经济文化落后，特别是卫生极差。妇女生下孩子，用酥油一擦了事。大人小孩生病完全听天由命。人畜不分，疾病流行。人口出生率低，死亡率高。我们医务卫生人员主要就是帮助群众治疗各种疾病，大力开展群众性卫生工作。

1936 年 6 月，张国焘被迫取消第二“中央”。7 月初，二、四方面军会师甘孜，我们三十一军九十三师被编为中央纵队。接着，中央纵队开拔，我们开始登上三过草地的艰苦征程。

我们第三次过草地，是从炉霍出发的，一出炉霍，走了一天，便是大草地。这是松潘大草地的西部，不是水草湿地，一路上还能看到游牧的牧民和牛羊。直到走进草原的深处，了无人烟。这次过草地，虽然准备工作比较充分，但比以往两次路程远、时间长，所带粮食仍不够食用，我们不得不再次以野菜、草根以至皮带、牛皮充饥。经过近一个月的长途跋涉，终于走出草地。

8 月初部队一出草地，即刻向甘南挺进，突破了敌人两道封锁线，于 1936 年 10 月上旬至甘肃会宁，实现三大主力会师。

红四方面军长征，从 1935 年 4 月中旬强渡嘉陵江开始，历经 19 个月。部队往返于雪山草地之间，转战于川、康、甘、青四省边境广大地区，历经大小战斗千百次，克服了许多难以想象的艰难困苦。作为一名卫生战士，在战地救护中，我目睹过无数次战斗，看到许多同志牺牲在敌人的枪林弹雨中，但最使我难忘的还是在雪山草地行军中牺牲的战友，他们是被恶劣的自然条件夺去宝贵生命的。他们中许多人没有什么轰轰烈烈的壮举或业绩，完全是平凡而普通的战士，但正是这些成千上万的平凡战士，创造了长征这一惊天地的业绩。今天，长征这段中国革命的辉煌历程已成为历史，但必将永久地载入中华人民共和国的史册。

选自《神剑》2012年第5期。

杜华义，1919 年生，四川平昌人。1933 年参加中国工农红军，同年加入中国共产主义青年团，1936 年转入中国共产党。红军长征时任红四方面军第四军十一师卫生员、红四方面军政治部警卫排战士、红三十一军第九十三师卫生员。新中国成立后，曾任炮兵防空学校卫生部长，高炮学校校务部副部长兼卫生处长，卫生部长，东北军区卫生部干部处副处长，中国人民志愿军第五一三中心医院院长，国防科委第二十基地医院院长、第七工区副主任、第二十七基地副司令员等职。2012 年在北京逝世。

过雪山草地[①]

胡德法

1935 年 3 月，红四方面军离开川陕根据地，开始长征。6 月，在四川懋功与红一方面军会师，得知党中央在贵州召开了具有历史意义的遵义会议，结束了机会主义路线在党中央的统治地位，确立了毛泽东同志在党中央的领导地位，给中国革命带来希望和曙光。

懋功会师后，一、四方面军共同北上抗日。由于国民党军队围追堵截，没路可走，迫使我们只能过雪山草地才能北上。我们翻越了梦笔山、打鼓山等雪山，走过了草地到达巴西、阿坝地区。这时，张国焘却坚持退却逃跑路线，公然进行分裂活动，擅自率领红四方面军南下川康地区，不能立足，又过雪山草地，于 1936 年 6 月在甘孜地区与红二方面军会师。在中共中央领导下，经过同张国焘错误路线的坚决斗争，捍卫了毛泽东同志的正确路线，两个方面军共同北上抗日，再次翻越岷山通过草地，于 10 月到达甘肃会宁，与红一方面军会师，胜利结束长征。由此可见，红四方面军本来可以与一方面军于 1935 年 10 月同时到达陕北的，但由于张国焘的错误路线的指导，红四方面军走了大弯路，三过雪山草地才到达陕北，比红一方面军迟到了一年。红四方面军八万多人的队伍，经反复折腾，到达陕北时只剩下万余人。我们活着的人，将永

① 题目为编者所拟。

远难忘那些倒在雪山草地上的烈士们。

在长征中经过雪山是很艰苦的。大雪山在人烟稀少的川康地区（即现在的川藏地区），山高路窄，甚至无路可寻，而且气候变化无常，时而下雨时而晴，时而又下冰雹，6 月的天气山顶都有积雪。由于空气稀薄，身体弱的同志发生憋气，有的就牺牲在这里。我们有个副连长叫郭长久，他也是连队的党支部书记，工作非常积极，对战士关心备至，行军中每天他都替战士背着几支枪。宿营时他也不休息，给战士打洗脚水，替战士站岗放哨，替炊事员做饭。因此，战士们也非常爱戴他。在过夹金山时，他突然喊我说："老胡啊！我实在不行了，我不能随同志们走了，我没能把革命进行到底，但我不会忘记共产党，不会忘记革命，希望你们一定要翻过雪山，把革命进行到底！"他喘一口气说一句话，最后声音就很细了。我对他说："好同志，我们不会忘记你！"说着说着，这个深受战士爱戴的副连长就闭上了眼睛。当时，同志们都是泪水满面，非常悲痛。连部的七名同志用仅剩下的一条被单子，轻轻地盖在他的身上。大家难舍难分，向这位亲密的战友作最后的告别，高举起革命红旗，又继续前进了。

草地也在川藏地区，是一片一眼望不到边的大草原。据老乡说，自古以来无人走过。草地上芦苇野草长得一人多高，一进去就容易迷失方向，有时走了半天又走了回来，但大家信念十分坚定，走过草地完成北上，再苦再难也要战斗到底。在这片难走的大草地里，我们几乎白天黑夜都在急行军，连续走了 40 余天才走出了这片草地。草地有硬地有沼泽，表面上是草下面是泥水，人和牲畜掉下去很不容易上来。一天，机枪排长张玺青，见前面有的牲畜已掉进了沼泽，路很不好走，便把我拉到后边勇敢地冲到前面为大伙开路。走着走着，他突然掉进沼泽里，同志们急忙解下了绑腿，往上拉他，但是越拉越往下沉，实在拉不上来，张玺青同志高喊："同志们，别管我了！你们走吧！你们继续前进吧！"最后，这个同志为革命英勇地献出了自己的生命，葬身草地，流芳千古！

过草地时，无论是干部还是战士都要背粮，18 岁以下的每人背干粮二十斤，18 岁以上的每人要背三十多斤，再加上行李、枪支、子弹、手榴弹和洋镐，平均每人身背五六十斤的重量。开始时规定每人每天吃老秤七两干粮，几天之后粮食不够了，减至四两，后又减为二两，终于粮食吃光了，我们就找草地里的野菜吃，野芹菜、野韭菜、籽籽菜、刺儿菜和野蒜等；皮带、马鞍子皮、步枪上的皮背带……凡是可以充饥的一切都吃光了，最后没有办法，就喝盐水维持生命。在这样艰苦的环境中，同志们的革命意志表现得无比坚定，伤病号拿枪作拐杖相互搀扶着跟着队伍行军，没有一个掉队的，更没有一个开小差的。当我们走出草地时，泯州的老百姓看到我们一个个都是面黄肌瘦，步枪无背带都扛着，穿着是破衣烂衫，但纪律却非常严明，不拿群众一针一线，还在泯州和天水铺同胡宗南部队打了几仗，非常勇敢。因此，受到老百姓的热烈拥护！ 1936 年 10 月，红四方面军胜利到达甘肃会宁同一方面军会师，接着又在山城堡战役中打退了胡宗南的反动军队，胜利地走完了长征路，完成了战略大转移。

节选自胡德法:《烈士鲜血染红旗——献给长征路上的战友们》，载中共天津市委组织部、中共天津市委老干部局编:《踏遍青山人未老——献给共和国的创造者》，1997年12月编印，第104—106页。

胡德法，1912 年生，河南固始人。1931 年参加中国工农红军，1932 年加入中国共产党。红军长征时任红四方面军某部营长。新中国成立后，曾任中共天津市委信访处处长、中共天津市纪律检查委员会常委。2008 年在天津逝世。

过雪山草地的记忆①

江有才

参加红军

那是 1932 年的 10 月，红四方面军来到了我的老家——四川巴中县。当时我只有 16 岁，怀着打倒土豪劣绅、让穷人翻身过上好日子的心愿，我和村里的 40 多名儿童一起，加入了童子团。1933 年 1 月，在曾口区二龙场苏维埃村的组织下，我报名参加了赤卫军，开始了革命战争生涯。

1933 年 8 月，我被编入了红军三十一军九十一师，当时许世友任师长，我担任了师部通讯员。在刚参加红军的两三年中，部队就在四川的通、南、巴（即通江、南江、巴中）一带，与敌人田顺尧的部队打仗周旋。打仗的方式是拉锯战，打出去、拉进来的战斗，即：敌退我进，敌进我退的战术。1935 年下半年，我所在部队转移到通、南、巴等大巴山一带，主要战斗有攻打通山坝、大罗马、小罗马。大巴山里人烟稀少，我军部队的人较多，粮食很成问题，吃不上大米，天天吃玉米面粥和洋芋，随时都要与敌人交战，一直坚持了两个多月。在反攻旺苍坝敌军田顺尧部队时，我军掌握了国民党部队中不少官兵抽大烟的情况，就

① 编者对原文略有删改。

故意在国民党部队面前示弱，以丢弃阵地后又突然反攻的形式，在国民党部队烟瘾发作时反攻，敌军丢枪弃弹逃跑，我军获得了很好的武器补充。随后，红军直逼广元，驻进广元大石坝长达半年。其间在旺苍、广元与敌人数次交锋，由于广元地势险要，进攻受挫，后经广元攻打到剑阁的剑门关，一举消灭了田顺尧部队的一个多旅，战斗非常激烈，剑门关到剑阁的那条路上死伤敌人不少，红军也有伤亡，在我军“缴枪的不杀，不缴枪的不留”的强烈宣传攻势下，国民党田顺尧部队的官兵有的就放下了武器投降，继续顽抗的就被我军歼灭了。为了保存我军实力，按照党中央的安排，我们的部队就从剑阁、通坝、江油经石全、威州、理县、达垢凹到马场，进入了草地边。①

第一次过草地翻雪山

我们第一次过草地时，部队一边行军一边打仗，打完一仗又继续前进。一路上随时都可能与敌人交火，完全是边走边打，没有休息的时间。好在由于过草地之前向当地老百姓买了点粮食，部队也带了一些干粮，让战士们能填填肚子。为了赶路程，一天行军走路达八九十里，走“两头黑”，即：每天早晨天不见亮就开始走，一直走到天黑。就这样一路走一路打仗，走了一个多月，经过了黄金喇嘛寺、子金、通化、大金到丹巴、懋功、达维，走出了草地。②

到达维后就开始了翻雪山。那一座座雪山，白天在日光的照射下反射很强十分刺眼，所以白天不能爬，必须天黑了才能爬。尤其是那夹金山，海拔4000多米，雪山又没路，半山的积雪很深，非常的冷，爬山

① 本段文字中田顺尧应为“田颂尧”——编者注。

② 此处回忆不清，似应为先北上后南下走出草地，到达丹巴，懋功一带——编者注。

呼吸困难。在斜坡上，马的脚要打滑，我们就拉着马走，大家相互搀扶着往前爬。到了山顶上，有100多米路，要走快一点，虽然山顶雪少，但空气稀薄、高度缺氧，人到山顶不敢坐，坐下就起不来了，不少红军战士爬累了坐下来后就再也没有站起来了……下坡时，人和马都不好走，雪很厚又滑，雪山中还有很深的雪坑，不小心人和马都要打滑翻滚下去，滑进雪坑就会被埋进去没命了。我们好不容易才翻过了夹金山。

部队又走了一天的路，到达宝兴、天全，与国民党中央军薛岳的部队进行战斗。敌方武器精良，弹药充足，而我方缺少枪支弹药，每个战士仅有一枚手榴弹，全靠战士们的英勇战斗，打退了敌人多次进攻。后又与四川军阀刘文辉的部队作战，我方进行夜间偷袭，缴获了敌军不少武器弹药。刘文辉的部队不少人吸食鸦片，有烟瘾的官兵就会向我方提出用自己的弹药交换医用麻醉药品，可见敌人战斗力的低下和纪律的涣散。后来刘文辉的部队撤走了，国民党中央军薛岳的部队又加强了进攻，我军部队伤亡很大，减员也严重，一个连只剩下七八十个人了。当时又没有兵力补充，当地的民族又不愿当兵，只好从天全翻山，又撤回宝兴县休整了数日。

第二次翻雪山过草地

我们再次翻越夹金山就更困难了，粮草弹药都短缺，当地的群众躲避战乱，部队买不到粮食，战士们饿着肚子再次翻雪山，真是又冷又饿，只有用棕皮当蓑衣，用羊皮当衣服，将麻绳把羊皮裹在身上御寒。这次翻雪山牺牲了不少红军战士。翻过雪山又由达维、懋功开始了第二次过水草地。这次过草地，朱总司令跟着我们三十一军，鼓舞着我们的士气，虽然红军没有了粮食，饥寒交迫，还必须往前赶。战士们穿着自己打的草鞋，在脚上包一块羊皮裹住脚，套上草鞋防冻、防裂口，晚上休息时将羊皮取下清洗干净，晾干后第二天再用。

为解决充饥问题，在部队休息时，大家四处寻找野葱、野菜，特别是草地里有一种叫做“兔儿草”的野菜，我们就靠它来填肚子。战士们把野菜摘回来，用“三用铜盆”（即：洗脚、洗脸、煮饭）来煮，去掉污水后捏成团,就这样填肚子充饥。后来在水草地野菜也不好找了，没有办法就将套枪的皮带解下来煮软了嚼着吃，将皮鞋的底子用刺刀削碎后也煮来充饥，以致于后来出草地时，几乎每个人的枪皮带都没有了。过草地途中，随时都有战斗，死人的事经常发生。战友们有的饿死，有的在战斗中牺牲，有的因生病或受伤由于缺医少药得不到及时救治也光荣牺牲了。一路上，我们的头顶上还有国民党的飞机不时的盘旋扫射，因此，过草地我们采取遇平地夜间走，遇山峦白日走，与敌人顽强地周旋。女战士们更艰苦，既要挨冻受饿，还要负责运红军送伤病员，如果遇到蛮子，还要受到凌辱甚至丧命。在运送红军伤病员中，女战士们体力不支，就用木棍和草绳做成简单的担架，在草地上拖着伤员艰难地前行。由于红军营养不良，体力消耗太大，不少战士都牺牲在了水草地里。英勇的红军战士们就是这样一起胜利地走出了这片死亡的草地，到达了甘肃的腊子口。到腊子口时我所在的警卫连 160 多人，仅剩下 80 多人了，一些牺牲的战士，至今连他们的姓名都无人所知。

在腊子口休整中，食物得到了补充。由于雪山草地的过度饥饿，以致有的红军战士匆忙进食而胀死。我们的连长严格控制战士们的进食量，使他们渡过了死亡关，胜利走完了艰苦卓绝的长征之路。（李小平整理）

选自中共重庆市委组织部、中共重庆市委宣传部、中共重庆市委老干部局、中共重庆市委党史研究室编:《峥嵘岁月——重庆市老干部回忆录第三集》，2006年10月，第184—189页。

江有才，1916 年生，四川巴中人。1933 年参加中国工农红军，1936 年加入中国共产党。红军长征时为红四方面军第三十一军九十一师师部通讯员。新中国成立后，曾任四川畜牧兽医学院（西南大学荣昌校区前身）党委副书记。2013 年在荣昌县逝世。

雪山草地的艰苦岁月①

沈先夫

两河口会议以后不久，上级下达一道命令，每人要准备 20 斤干粮，一块马牙石，一片小铁片，还有烧的棉花灰，要求事先准备好。当时没有火柴。出发不久，又遇到了一个很大的困难，就是过懋江。这个江并不宽，只有 300 多米宽。当时怎样过呢？有桥。这个桥，我们从来没见过，看来很特殊，既不是石头桥，也不是钢桥，还不是木桥，而是用竹子编成的绳子，有碗口粗，四根并列一起，中间用竹绳绑起来。桥不宽，一刮风就不能过人，一摆多高，要等风停了才能过人。每次只能走三个人，而且距离要拉得很远，一个连过完需要花两个多小时，重武器和马匹从水中渡过。从此又走了五六天，就正式进入了草地。

一望无边的大草原哪，看不到边。草长得高低不一，很不整齐，有一人多高的，有半腰高的，有的地方高低不平。有的长了一个草墩子一个草墩子的，每个草墩子，刚刚能站一个人。这些草墩子距离不一样，有的一步过去了，有的过不去，有的相隔很远，有的露出水面，也有的没露出水面。没露出水面的是少数。露出水面的是多数。走这个地区就跟跳秧歌一样，跳来跳去，跳好了，跳到最后就过去了。因为那时候肚子饿呀，没有劲哪！跳不动啊，有不少同志掉进去了。草地中间，

---

① 题目为编者所拟。文中个别地方略有修订。由于年代久远，本文对长征中爬雪山、过草地先后顺序的回忆不准确。

水到底有多深呢？有的地方二三寸深，有的地方一尺来深，有的没大腿跟深，有的地方连人都过不去，一人来深。我们身上还背 20 斤干粮，另外替公家背 100 元大洋。这 100 元大洋，越背越重啊，但不敢丢，丢掉了违反纪律。干粮快吃完了还没有到达有人烟的地方。到有人烟的地方还有多远，谁也不知道。这时上级下了命令，要减少吃干粮的数量，不准像过去那样吃了，规定每人每天只准吃不到两寸粗的米口袋那么一截，可能有三两重吧。到发现野草能吃的时候，总指挥部下达一道通知，把能吃的草的样子包在通知中，部队一看这样的草可以吃，大家照这个样子去找。草怎么吃呢？当时没有刀子切，把找到的草用手指甲掐碎，放在小罐子里，然后找干牛粪当作柴禾，点着火烧，没有火柴，也没有打火机，就用身上早先准备的马牙石、小铁片、棉花灰起火。打着以后不是明火，把棉花灰烧着了慢慢地吹，慢慢地引，逐步引大了，才能够出明火，用火烧水煮草吃。牛粪很好烧。烧火煮熟这个草，然后换两次水，第一次煮了把水倒了，第二次煮了把水再倒了，然后扭干，把一点炒面撒在煮熟了的草上，用手拌一拌就这样吃，就像拌马料一样。没有油，没有盐，就那么吃。后来干粮一点点也没有了，全是吃草哇，一吃十几天，没办法。后来，开始吃身上的皮带。皮带怎么吃呢，咬也咬不动，还有一点药味，很不好吃，就放在火里面烧哇。那个干皮带呀，一烧就成灰，就没有了。以后又把那个干皮带放在水里面泡哇。后来泡也没有时间，要走路吗，哪有时间泡哇，就在口里嚼来嚼去。当时皮带属于上等干粮，但是就是少。当时连队有不少抽烟的人。烟到哪去找呢？没处找，就把棉裤上的棉花当烟抽。我们问，这有什么抽头呢？他们说冒冒烟就是了。当时吃皮带也有规定，上边下的命令。因为身上带的皮带有限，枪上的皮带，皮子做的草鞋，还有穿着的皮背心，就是这么多，每天只准吃半尺长那么一节。那一节是很少的一点，因为多半烧成灰了。那个时候真难度日子啊，一时吃多了，第二天就没有了。吃了草和皮带，肚子真难受，脸哪、头哇，都发肿，一到大便的时候，叫爹叫妈，怎么也拉不出来，死的人很多，一个班一个班地死，后来一个排一个排地死，都死到一起。因为大家都吃的是一样的东西，都是害一个病，就是拉不出来屎。到了晚上宿营的时候，到哪去找干地方啊，都是水，没有个干的地方，就泡在水里面。根本谈不上睡觉，就坐着，坐一个晚上。每到一个宿营地的时候，每人都去薅草，一捆一捆地捆起来，留到晚上用。每个人挨排地坐着，把枪靠在身上，背对背地靠紧。拿一捆草垫在屁股下面，十几分钟就沉下去了，再垫一捆草。一晚上要垫七八捆草，才能够挺到天亮。到亮天，一清早就继续前进。草地中间有这样深的水，这么难走，不算什么，不算太大的困难。但是，在草地中间有一段，大约走了十多天，这段地方像豆腐一样，人马走上去马上下沉，沉得可快了，如果你慢慢地走，必然沉下去，就是说要快跑快走，否则就沉下去。这段路程死的人最多。你要想去救救他，自己必然也沉下去。两手一伸就完了。在这种情况下，总指挥部下命令，凡是沉下去的人都不要去救他。遇到这样的情况，就倒在地下滚来滚去，这样不是沉不下去吗！然后，在地上爬，就像蛤蟆一样，两只手，两只脚，就是连爬带滚哪，掉不下去了。这个办法虽然沉不下去，但是爬久了不行，得起来坐在那休息一会儿。身上的水呀、泥呀，简直不像话，很难看，当时也顾不得难看。这个地方刚过去就到了干草地。什么叫作干草地呢？就是没有水的草地。这段路程很远，走了20多天。当时又遇到一个新问题，就是当地地震不久，每个村庄的房子全部震倒了。在这20多天，比水草地困难得多，苦得多。我记得很清楚，这个地区叫黑水芦花。就是没有水吃。20多天不喝水。到了快走出黑水芦花地区的时候，有个不大不小的河，这下子可要把水喝足了，我们连人带马都趴在水中，好一阵儿，当时没有表，大概有十来分钟。上面下命令要赶快前进，但谁也不动，就趴在水里头。班长、排长用脚踢，用手拉，也不起来，反正趴在那里不动，就是喝水。喝足了，就把身上背的床单泡在水中，然后提起走。这是干什么呢？因为渴怕了，意思是准备没有水喝的时候，将它拧出来再喝。

除了过草地，还有两大困难，就是两座大雪山，一座叫作夹金山，一座叫作党岭山。动员全体干部战士，要把克服过草地的困难的精神拿出来，要两座大雪山向我们低头。翻过大雪山以后，就有希望，前途光明。1935 年的六七月份，那天从早晨开始上山。有什么路呢？没有，就是小毛道，叫冰和雪封得紧紧的，用洋镐挖，挖不动，一砸一个白点，就用身上背的刺刀，一个脚印一个脚印地捣，一步一步地往上爬。川陕苏区的大巴山空气与平地差不多，这两座大雪山就完全不一样了，空气非常非常地稀薄，上两三步就不行了，喘不上来气，得赶快坐下来，喘喘气，休息休息。如果勉强地上，就要送命。这两座大雪山，并不算太高，不像大巴山那样上七十，下七十，中间还有七十。可过这两座大雪山死的人特别多。一上到分水岭，大家高兴起来了，就唱歌吧。这一唱震动起来了，老天爷就发了脾气，不一会，天昏地暗，乌云四起，笼罩了整个的山头，泼下来碗口大的冰雹，一个有两三斤重，打得我们无处躲藏，只好把屁股朝天，脑袋朝下让它打。当时有很多人鼻子砸破了，耳朵打掉了。头部打破了当时就出血。一块冰雹两三斤重，能打死人，有的正打在脑袋上就打死了。有的把脚趾头打掉了。冰雹下了不一会儿就把去路整个堵住了，像垒的石头墙一样，搬也搬不动，推也推不倒。下山就更困难了。当时想起了下大巴山的时候了，学着下大巴山的样子，下了一晚一天，死的人很多，数也数不清。这是第一次爬雪山过草地简要的情况。①

第二次爬雪山过草地，同前面所讲的一样，因为照原路往回走吗！又回到四川的前面说过的那四个县，住了六个多月。四川的军阀刘湘、田颂尧、邓锡侯、李家钰用十万大军堵住去路，使你南下不了；北上吧，张国焘还不干。在这个时候，贺龙、关向应、任弼时同志率领二方面军从湖北洪湖出发，遵照毛主席的命令，北上抗日，与我们会师了。经过

① 本段回忆含第三次翻越雪山的情况——编者注。

了一段时间，我们又开始第三次爬雪山过草地，到了甘孜这个地方，也是喇嘛最多的一个地方。在这里休息了半个月。二方面军的同志说服动员教育张国焘，取消伪中央，遵照毛主席命令北上抗日。会议斗争得很激烈，张国焘被迫同意取消了伪中央，与二方面军一起北上抗日。

出了草地，每个人的脚都泡大了，肿得很厉害，多大的鞋子也穿不进去。草鞋也没有了，那个时候也没有布鞋，没有布条，也打不了草鞋，走土路，像个小脚女人一样，扭来扭去，真像跳舞一样，每天走 20 多里路很困难。人也非常难看，穿的衣服破破乱乱，脸几个月没洗，头几个月没剃，就像一群讨饭的叫花子一样。说个不好听的话，就像一群囚犯一般。那时越过明州，到了汉人地区，有了粮食吃，一顿吃了十几碗饭，还不见饱哇。当时就胀死了几千人。① 胀死几千人是什么原因呢？因为那个时候不懂科学。多少个月没吃粮食，一到有粮食的地方，放开肚子吃，当然胃受不了哇。这时候总部下了一个通知，每天只准吃五碗饭。那个时候纪律很严，想吃也不行，但是伙夫做饭随便吃，结果伙夫就胀死了好几个。有的老百姓讲，这是叫花子军队，要饭的军队，事实上他讲的有些对，那时候不像个军队嘛，枪也没有皮带，就是扛在肩上，有的倒扛，有的顺扛，以后慢慢地把老百姓动员回来了一部分，用群众去动员群众。我们不是在这里建立根据地，是路过，在这里休息。那个地区是汉人占多数。我们宣传讲共产党、毛主席政策，他们也懂，他们也相信我们是这个军队。我记得很清楚，有个老百姓问我，你们到底是什么军队，我说我们是红军、共产党的军队，是毛主席领导的军队。他们说你们怎么这么苦哇？我们答复，我们走雪山草地走了几个月，把人折腾得不像样子了，当时老百姓还相信我们的话。过后，老百姓就越回来越多，连地主、富农都回来了。当时我们说，粮食暂时借，我们打个

① 此处回忆疑不确——编者注。

借条吧，等解放以后，我们再报你的恩。在这里住了十几天以后，我们继续向北前进。

节选自杨子忱编著、郑晓亮主编:《沈先夫传》，1996年，第155—160页。

沈先夫，原名沈先富，1913 年生，湖北黄安（今红安）人。1930 年参加中国工农红军，1932 年加入中国共产党。红军长征时任红四方面军总指挥部警卫排长。新中国成立后，曾任吉林省工交部副部长、人事局局长、劳动厅厅长、中共吉林省顾问委员会委员等职。1993 年在长春逝世。

雪山草地行军难①

吴正夫

我是1916年生在四川渠县。小的时候，家里很穷，饭都吃不上。就听大人讲，红军不打人，不骂人，是穷人的部队，是专为穷人打天下、谋幸福的。就为这个，我在1933年农历九月初八这一天参加了中国工农红军，是红四方面军。参军时是17岁，参军不久就负了一次伤。那是1933年10月21日早上，我们和国民党在四川大神山碰上，双方就战斗起来，一颗子弹从我后背穿过小肚、大腿，又从手臂穿出，一枪就打了五个眼。敌人围追堵截，前追后赶，我们开始长征。

长征最苦的要算过雪山草地，我们这支队伍过了三次雪山草地。雪山草地在四川北部、新疆、甘肃、青海交界处。过雪山草地，没吃的，没穿的，没住的，连路都没有。我们走到哪儿，敌人就追到哪儿，敌人知道我们从哪儿出来，就在出口堵我们。有一次，敌人知道我们在山上，飞机就在山头扫射我们。我们连长急忙吹哨子，大家一齐开枪，最后打下两架飞机，一架飞机冲到山后，一架飞机一下冲到我们跟前。这时，大家高兴极了，一起跑去看飞机，从那时我们才知道飞机的轮子是那么的大。雪山空气稀薄，我们肚子里又没东西，又没有厚衣服抗寒，走着走着就滑倒了，有的同志倒下了就再也没爬起来，还有的人滚到悬崖下

① 题目为编者所拟。文中文字略有改动。

去了。敌人还在不停地追击，有时刚想坐下来歇歇，连长一声令下："同志们，不能坐，敌人来了。"我们又赶紧往山上爬。水草地更难走，遍地是水，草有一人来高，我们就组成八路纵队，一队一队把草踩倒，后面的人才能走。一到黑夜更难受，草地里睡也不能睡，坐也不能坐，大家都蹲着，肚子又饿。第二天，能走几个算几个，很多同志当时就牺牲了。草地草多，经常走着走着就滑倒了。每个战士都会编草鞋，不会编草鞋都觉得是可耻的。有机会、有材料，我们就编草鞋，没有材料就只能打赤脚。草地不是一般的艰苦，经常死人。水草地里有很多泥潭，常常有人和供给部队的牲口陷进去，陷进去就看不见了。我们第三次过草地一路上都是红军的尸体，他们死了连名字都不知道。有时我们在草地上走着走着，连长会说"同志们，今天不走了，今天准备干粮"，哪里有什么干粮？我们就去找草皮、树根，找能填肚子的东西。好的时候能找到长了蛆的骨头，我们就拿火烤，和着蛆吃，然后再接着走。三次过雪山、走草地，我们牺牲了很多同志。到陕北会师时，走出来的同志帽子只剩了个帽沿圈圈，衣服都不能遮羞了。毛泽东讲道，我们经过了很多困难，从南方被赶到北方，从几十万人到只剩下几万人。长征确实太艰苦了，也确实是太伟大了。

选自吴正夫：《一枪五孔命依然》，载内蒙古自治区党委党史研究室编：《长征中的故事》，2006年10月编印，第207—210页。

吴正夫，1916 年生，四川渠县人。1933 年参加中国工农红军，同年加入中国共产党。红军长征时为红四方面军第四军第十一师第三十二团战士。新中国成立后，曾任广东省公安厅四处副处长，内蒙古自治区包头市检察院副检察长、包头市体委副主任、包头市巡视室巡视员等职。

回忆爬雪山过草地的艰难岁月

王进山

我是红四方面军三十一军的一名战士。红军在长征途中要翻越几座大雪山。我记得的就有党岭山、夹金山、牛头山、打鼓山等等。我们团在翻越夹金山时，部队在头天下午必须赶到山脚下宿露营。战士们一夜到天亮没有合过眼，围着火堆休息，背靠背的坐到天明。这时连里病号也多起来了，我在那天晚上得病了，发高烧，烧得烫手，打皮寒（即疟疾病），开始还勉强顶得住，到第二天爬山时就不行了。我刚爬至半山腰时，病厉害了，为了不掉队，只得挣扎着走，摔倒又爬起来。到后来我实在走不动了，上气不接下气，很想坐下来休息一会儿再走。这时，已经跟不上部队了。我们的张班长是一位性格刚强办事利落的人，怕我掉了队，把我身上携带的东西全部交给其他战士背上，班长亲自扶着我走，小田同志在背后推着我一步一步地往上爬，在极其艰难的时刻体现了同志之间患难与共、风雨同舟的情意，含着鼓舞的力量，我深感欣慰，你关心我、我爱护你的战友之情温暖了我的心。病发过了之后头痛、心慌、眼花、恶心、呕吐，四肢无力，我就拉着绳子一步一步地向上爬。这座山很高，从山脚下望不到山顶，爬过一山又一山，抬头望去山上面有层层重叠的山峰。我们以班为单位用绳子拉着爬山，防止掉队。怕战士们掉进雪坑和山谷里，用棍子探路前进。山上终年积雪，气候多变，时常是一阵大风，接着又是雨雪、冰雹。山上空气稀薄，使人透不过气来，每往前迈一步，都要花费很大力气。眼睛被白皑皑的雪刺得睁不开。经过顽强的战天斗地的奋力拼搏，我们终于爬上了山顶。战士们高兴极了，部队开始下山了，先头部队走过后，大雪掩盖了脚印，后面的部队看不到路，有的战士坐在雪地上一段一段的慢慢往山下滑，战士们叫做坐“土飞机”，能滑的地方就滑，不能滑的地方就拉着绳子往下走。先到山脚下的同志，找来柴火，大家围着火堆休息，烤衣服，烧开水，吃炒面。由于白雪的刺激，战士们都成了睁眼瞎，只好拉着棍子继续前进。连队无医无药，只有一个卫生员，连红药水都没有。我的病和其他同志的病就这样硬着头皮顶过来了，前后有七八天的时间，才摆脱了病痛的折磨。这时，我逐渐不发病了，可以跟上大部队行军，我算是幸中之幸的人。

过草地之前，我们部队住在毛尔盖地区，做了过草地前的思想动员和物资准备工作。为了红军战士不挨饿、不受冻、能行军、能打仗、不掉队，上级要求每一个战士要准备十斤青稞炒面、四双草鞋、一根绳子、一根棍子、一小捆干柴、一块盐巴。当时连领导决定各班派一名战士协助司务长外出筹粮。毛尔盖是少数民族居住之地，红军部队在那里住得很多，藏族同胞不了解红军是什么样的队伍，更不了解红军的政策，所以人都跑光了，筹粮任务没有完成。每个战士只有五六斤青稞炒面，于是发动全连挖野菜煮成糊糊汤吃，饱一顿、饿一顿的凑合着。当时打草鞋的材料更困难，我们找来了一点干牛皮、羊皮、狗皮、马皮之类的东西，做成草鞋的样式穿着行军。战士们把它叫着“皮草鞋”。皮草鞋的优点是坚固耐用，缺点就是沾不得水，一沾水就软了。再一个就是越穿越大。从毛尔盖出发的时候，每个战士负重七八十斤。开始我们不懂得为什么要准备这些东西，后来进入草地才懂得这些东西用处之大。否则，过不了草地，翻不过雪山。红军进入草地之后，走的是荒无人烟的水草地。地面上有草、有水，人走在上面是软绵绵的。由于前面走过的部队很多，把地面的草根都踩坏了，后面的部队行走起来更加困难，一不小心就陷进泥潭里去，很难拔出腿来，如果陷进去了，不能使劲地动，若使劲动就越陷越深，难以自拔。这时，只有把身体向侧方倾倒，用手拉着旁边的草根爬起来，或由其他同志伸出木棍拉上来。草地的气候是多变的，恶劣的，遇不到一个好天气，成天不是下雨就是下雪，有时下冰雹，刮大风，吹得战士们睁不开眼睛，辨不清方向。雨雪淋透了战士全身，只好挣扎着往前走。没有松劲的，没有一个掉队，没有一个人唉声叹气、发牢骚的。实在太累了，站着休息一会儿再继续走，每往前迈一步都是十分艰难的。生活是极其苦的。战士们把死活不放在心上，一心想快点走出草地。到了晚上更是困难，以班为单位，找一块稍高点的地方用自己的被单搭起帐篷宿露营。我们班带的干柴已经烧完了，没有柴火烧开水，烤衣服，只能靠自身的热气暖自己的身体。用凉水拌炒面吃，大家围成一堆，缩成一团，似睡非睡地靠在一起等待天明。有的战士很风趣地说“白天当班长，晚上当团长”。我们部队到了一望无际的草地中间，炒面吃光了，什么吃的都没有了。我们三十一军走在三十军、九军、五军的后面，野菜也挖不到了。饥饿已迫近眼前，干部战士在心急如火的情况下，这时，有同志提出“皮草鞋”可以用火烧来吃，这是个很好的想法。接着连部通知把所有的皮草鞋、枪皮带、皮裤带都统计起来，由炊事班负责管理。要煮的时候，各班去拿，不准个人烧来吃，要作为全连的食物之用。吃这种东西先用火烧好后，切成很小的碎渣，再用水煮成汤由炊事员分给每个战士一小碗，若汤煮得多就分两碗，就这样战胜了饥饿。有的战士很形象地说：“我们打草鞋，穿草鞋，最后吃草鞋。”凡是能吃的东西都弄来吃光了，红军战士吃了多少苦中苦啊！在万分困难的时刻，部队首长把自己的骑马驮马杀来分给各连队渡过饥饿的难关。这时，部队越往前走战士的情绪越高，出现欢腾的气氛。看到地势高起来了，走着走着，就隐隐约约地听得到狗叫声，看到有树、有房子，到有人烟的地方了。红军战士经过顽强的斗争，战胜了饥饿、寒冷、伤病，征服了荒无人烟的草地，胜利地到达了巴西。这时红军战士激动得热泪盈眶。大家互相拥抱在一起，同志们尽情地欢呼：“我们胜利了！我们胜利了！”欢呼声响彻云霄。在那段艰苦的岁月里，红军干部、战士生命不息，奋斗不止，心心相印，同心同德，对革命前途充满了必胜的信心，以无比惊人的毅力和顽强的革命意志，克服了千难万险，越过了万水千山，他们威武不屈，不愧为钢铁的红军战士。红军战士有压倒一切敌人、压倒一切困难的革命精神，有排除万难，去争取胜利的精神。

眼看胜利在望之际，张国焘却反对北进路线，突然命令红四方面军回头南下，又一次爬雪山，过草地，路经毛尔盖、马塘向四川的天全、芦山一带退却。部队在这个地区停留较长，敌人向我们发起无数次进攻，成天打仗伤亡较大，后来部队被迫向丹巴、道孚、炉霍、甘孜等方向撤退。部队住在这一带做好迎接红二方面军的准备工作。上级动员我们，要求每个战士要学会捻毛线，打毛衣、毛裤、毛袜、毛手套，打草鞋，作为迎接红二方面军的见面礼物。我们与红二方面军会师后北上抗日，再次准备翻雪山、过草地。有了前两次翻雪山、过草地的经验教训，这次的准备工作做得很好。我们备好衣服、干粮、草鞋、驮帐篷的牦牛，再一次踏上翻雪山、过草地的艰苦路程，经过甘孜、阿坝、包座、若尔盖、班佑、巴西，最后在会宁与红一方面军派来接应红四方面军的部队会师。

在烽火硝烟的战争岁月里，在抛头颅、洒热血、翻雪山、过草地的革命征途中，我和战友们共同闯过了无数次的艰难险境，急流险滩，也共同分享过无数次胜利的欢乐。那些在枪林弹雨下为了人民的利益出生入死的战友倒下去了，我们现在还活着的幸存者想起死去的同志心里就难过。我们的红色江山来之不易，我们今天的幸福生活来之不易。中国革命的胜利是在中国共产党的领导下取得的，是红军战士用枪杆子打出来的。我们要永远纪念革命先烈，要永远牢记他们美好的心灵。我们应以他们的英雄事迹为榜样，去完成他们未竟的事业。

中共四川省安岳县委党史研究室整理供稿。

王进山，红军长征时为红四方面军第三十一军战士。

三过“死亡地带”

张力雄

中国工农红军走过的草地，位于川北与甘南的接合部，即松潘和毛儿盖以北、包座以南的一块原始大草原。该草原方圆数百公里，放眼望去，天地相连，茫茫一片，给人以无穷无尽的感觉。草地气候恶劣多变，地形复杂险恶。方圆数百公里内不仅人烟绝迹，飞禽走兽难觅，就连一块石头、一棵树都难以找到。草地里暗布沼泽，满目乌泥黑水，雨雾瘴气交融，根本就无路可走，被称为“死亡地带”。“过草地”是千难万险的长征中最为艰苦的一段。由于张国焘分裂党分裂红军的恶果，我们被迫过了三次草地，吃了许多难以想象的苦头，造成了不应有的损失。

1935 年 6 月中旬，红一方面军翻越了夹金山后，与红四方面军在达维村胜利会师了。会师后的形势很好，部队得到短暂休整，补充了必要的物资，战斗力加强了，斗争经验更丰富了。全军上下情绪高涨，一致拥护党中央北上抗日的正确路线和方针。党中央在两河口和毛儿盖举行的政治局会议上，决定兵分两路同时北进：以原一方面军的一、三军团（改为红一军和红三军）和四方面军的四军、三十军组成右路军，由徐向前总指挥和陈昌浩政委率领，经轩桥、灼水，过草地插到包座地区；原一方面军的红五军团、九军团（改为红五军和红三十二军）和四方面军的三十一军、三十三军、九军组成左路军，由朱德总司令和刘伯承总参谋长率领（实际上是张国焘掌握大权），经卓克基、马尔康、查理寺进入草地，过葛曲河向班佑、巴西前进，在包座地区与右路军会师后共同北上。

当时，我在红五军教导大队任政治委员。8 月，部队到达查理寺后进入草地。一天早上，军直属队各部在一块大草坪上集合，由宣传部长张际春作过草地的动员报告。他简略地介绍了草地的特点，要大家作好吃大苦、耐大劳的思想准备，并强调了过草地的重大意义：“同志们，我们要北上抗日，就必须克服一切困难通过草地。走出草地就是胜利！”动员结束后，部队开始向草地进军。

走了几十华里之后，展现在我们面前的是一片无边无际的沼泽地，天上看不见一只飞鸟，地上看不见一棵树木、一块石头，只有一层迷蒙的雾气。脚踩在地上软绵绵的，就像踩在弹簧上一样，散发着臭味的黑水滋滋地往上冒。碰到泥深的地方，脚就陷进去了，而且越陷越深，不能自拔。人陷下去后，别人若去拉他，不但拉不出来，拉的人也会跟着陷进去。所以行军时必须盯着比较结实的草丛走，而且要下脚轻，起步快，看到情况不妙，赶紧转换路线。有时大家还要手拉着手小心地往前走。即使这样，还是有同志途中被这魔鬼般的草地吞没了。草地行军，每走一步都要消耗很大体力，可谓步步艰难，处处险恶。

草地的气候简直像个喜怒无常的疯子，一日几变。经常乌云密布，狂风大作，暴雨如注，有时风里还夹着雪花和冰雹。大家只能用脸盆、枪托等护着头，身上寒冷彻骨，颤抖不止。风雨雪雹过后，马上又是烈日当头，整个草地就像一个大火炉，烤得人汗流浃背、口干舌燥，难以忍受。

白天艰苦的行军已使人疲惫不堪，到了晚上还是无法休息。因为遍地沼泽，根本找不到一块干燥的地方，只能选一些稍突起的草包或小河边有灌木的地方宿营。汗水、雨雪把衣服全弄湿了，也找不到干柴生火烤干，只好三人一组背靠背坐着，利用彼此的体温将衣服慢慢地焐干，并借相互的支撑打个盹。可刚一闭上眼，又是虫咬，又是寒风，使人难以入睡。

大家都想尽快走出草地，可困难却越来越大。首先是干粮无法得到补充。尽管饥饿难忍，仍不得不节约用粮。由于环境恶劣，病号越来越多，药品又奇缺。不少同志拖着病体，完全靠意志和毅力在与风雪搏斗中前进。同志们双脚整天在污浊有毒的泥水里泡得又红又肿，稍不小心划破一点皮，很快就会感染溃烂。这给我们的行军带来了更大困难。

所有这一切都没能阻挡住红军的步伐，因为有一个坚定的信念在鼓舞和激励着我们，那就是走出草地与毛主席率领的右路军会师，共同北上抗日。经过五天艰苦的行程，我们终于到达了葛曲河畔，这标志着我们的草地行军已完成了三分之二。过了葛曲河，不久就可以走出草地了。

第六天上午，刘伯承总参谋长和董振堂军长到葛曲河边察看水情。返回时来到我们教导大队驻地说：这两天要做好渡河的准备工作，加紧补充粮草，备好渡河工具，还要抓紧教育训练，估计两天后水位可降下去。水位一降，立即过河。首长们的到来给我们以极大的鼓舞。尽管在茫茫的草地里找野菜、干柴极为困难，但经过努力，我们仍然按要求作好了渡河的一切准备工作。我和大队长经常去葛曲河边观察水位。三天后，发现水位明显下降了，许多草丛露出水面。我们心情无比激动，想象着与右路军会师的场面，恨不得立即插翅飞过这几百米宽的河去。当我们把水位下降的消息传达到全体学员后，整个营地顿时沸腾起来，帐篷里响起了《当兵就要当红军》的嘹亮歌声和此起彼伏的欢呼声。同志们都沉浸在欢乐和希望之中。

第八天，水位又下降了不少，我们估计今天一定要过河了。忽然，军部通讯员送来通知，我迫不及待地打开一看，命令只有八个字："立即出发，南返阿坝。"风云突变！这出人意料的命令犹如一声霹雳，把我的头都震懵了。大队长一边叫拆帐篷，一边大声嚷嚷要去军团部问个究竟。我知道军令如山倒，便劝阻了他。回顾几天来过草地的艰险，我的心情十分沉重！南返阿坝意味着再过一次草地，而部队干粮少、病号多，对南返又迷惑不解，这政治思想工作怎么做？一系列的问题涌上心头，抬头看着这茫茫的草地，似乎天色都忽然黯淡下来了。

南返的目的地是阿坝，虽然不是我们原来北上的路线，但情况与第一次差不多，一路上野菜难找，指战员们在饥饿状态下行军。沿途全是丛草黑泥，嗅到的是死牛死马和大小便熏人的臭味，照样是日晒雨淋和冰雹的袭击，遭遇的艰险与上次过草地相比可以说是有过之而无不及。由于思想上迷惑不解，我的心情也异常压抑，猜不透上级的意图。为什么不抓住大好时机渡过葛曲河，北上与毛主席、党中央和右路军会师，反而要突然南返呢？但我们毕竟是军队，是有铁的纪律、又经过千锤百炼的红军，在如此恶劣的条件下，我们仍然战胜了重重困难，又用了五天时间到达了目的地阿坝。这就是第二次过草地。

到达阿坝后，部队进行休整。正当大家分头外出寻找食物时，接到军政治部通知：营以上干部到阿坝大喇嘛寺开会。第二天，我们一进喇嘛寺就看见大殿两旁贴着两条醒目的大标语：“反对北上逃跑主义”和“坚决南下创造川康根据地”。这个突如其来的动向使我们大吃一惊，但都没有作声。再看主席台上，既没有朱总司令也不见刘总参谋长，这更加引起我们的怀疑，我们默默地坐下了。不一会儿，个子不高、长着四方脸的张国焘拉开嗓门，操着地道的江西方言，气势汹汹地开始讲话。他指责党中央右倾，诬蔑毛主席北上是逃跑主义，标榜自己是正确路线，强调要在这一带建立根据地，“打到成都坝子吃大米”等。听完他这一番讲话，我们的肺都要气炸了。

我们在阿坝住了几天，本可好好休整、恢复一下体力，但张国焘的反党报告像魔鬼一样搅得我心情无法平静。不久，部队继续南进，经大、小金川向丹巴行动，沿途山高、水深、路窄，还过了不少摇摇晃晃的铁索桥，又是藏民区，语言不通，学员们非常不满，牢骚满腹，对建立川康根据地根本没有信心。

到丹巴不久，张国焘派其亲信黄超到红五军任政委。在一次军直排以上干部大会上，黄超作了题为《目前形势和任务》的政治报告，在讲过“阿比西尼亚”的情况后，他又按着张国焘的调子声嘶力竭地攻击党中央和毛主席。到会的干部非常反感，纷纷在下面小声议论。我和李大队长借口出去小便，悄悄地离开会场，想找军长打探一点消息。

军部驻地在原国民党丹巴县政府里，住处很简陋。我俩进去时，三十七团团长李屏仁正在向董军长汇报该团进驻大泡山的情况，董军长边听边在地图上寻找。我利用他们谈话的间歇问董军长：“首长，今天开会你怎么没去？大家都想听听你的讲话呢！”董军长低着头沉默了一会儿说：“因为有事没有去，再说我也不想讲话。”我又问：“毛主席、周副主席到哪里了？”军长抬起头，面带笑容地说:“他们走出草地啦。一、三军团已到了陕西。”大队长愤愤地说：“黄超政委刚才怎么说他们逃跑了？”军长口气严肃地说:“不要乱说！”接着,他又轻轻叹了口气。这一切使我明白了军长今天不去开会的真正原因，并肯定他内心是反对张国焘错误路线的。

当天下午，按规定要讨论黄超政委的报告，我们借口赶修操场，领着各队干部到丹巴河边坐下议论了一番。大家都说党中央毛主席决不会逃跑，说他们逃跑是在造谣。一个从江西宁都起义来的区队长气愤地站起来说:“如果连毛主席都‘逃跑’了，我们这些人还革什么命呢！”张国焘一伙的造谣和诬蔑反而激起大家对党中央毛主席的想念。

有一天，吃过晚饭后，我带领部分学员在河边新开的操场上投手榴弹和做游戏。军部一位参谋跑过来说：“一会儿‘张主席’要到这儿来散步，你们要注意……”不到十分钟，张国焘果然在军政委黄超等人前呼后拥下来了。跟随他来的警卫队以三角队形站立在张、黄的周围。森严的警戒，顿时使气氛紧张起来。我们立即停止一切活动立正着。张国焘招手要我和几个学员到他跟前去。他斜睨我一眼，一手叉着腰，一手指着操场问我：“这个操场是你们搞起来的吗？”我答：“是，因为工具缺乏,都是学员们从河边搬来石头一块块垒成的。”张国焘显得很高兴，抓紧时机进行他的反党宣传：“好，就要这样艰苦奋斗，建设自己的根据地，我们不走了。毛、周、张、博他们逃跑了，什么北上抗日？那是右倾机会主义！”听到这些鬼话，大家心中愤懑难抑。我鼓起勇气问：“一、三军团现在在哪里？”张国焘两手叉着腰恶狠狠地说：“他们已到陕西了。他们向北逃跑，是要掩护少数人经五原跑到外蒙古去。”正说着，有个学员从地上拎起两枚手榴弹拔腿就走，并大声说：“走，不干了！”表面上听起来他似乎是说不投弹，要收拾东西回营房去，实际上是在抗议张国焘的造谣和诽谤。张国焘狠狠地盯着那位学员，又不好发作。我们觉得那个学员为大家出了一口恶气。

10 月，绝大部分红军部队南下作战，11 月上旬攻占宝兴、天全、芦山等县城，歼敌 5000 余人。我红五军则在大、小金川和丹巴一带发动群众，建立根据地。但这一地区主要是藏民，语言不通，对共产党和红军缺乏认识，短期内很难发动起来。此地人口稀少，粮食紧缺，加上反动土司头人造谣蛊惑，藏民不时与红军发生冲突，我们的筹粮队经常遭到反动武装的袭击，我也挨过一土枪。

11 月中旬，我红九军、三十军等部继续向名山、邛崃前进，在攻占两县之间的重镇百丈后，眼看接近了人多粮丰的川西平原。此时刘湘急忙集结十几个旅，下死命令要夺回百丈。两军激战七昼夜，川军死伤 1.5 万余人，我军也伤亡近万人。这时国民党中央军薛岳部又从南面压上来，敌我力量悬殊，相持对我军不利。11 月下旬我红九军、三十军撤出百丈地带，由进攻转入防御。百丈一战失利后，我军退守天全、芦山、宝兴、丹巴地区。是年冬，天气严寒，漫山冰雪，有些筹粮人员得了雪盲症。粮食、棉衣无着，兵员扩充困难，而敌军集结重兵围攻，我军处境极为艰难。广大指战员愈来愈看清了张国焘分裂党分裂红军的阴谋，对他南下的错误路线也更加反感和痛恨。

残酷的现实已证明在川康边境无法建立革命根据地。1936 年 2 月上旬，敌人集中薛岳等六七个师和川军主力猛攻我军。我军粮弹皆缺，几经激战，于2月下旬撤离天全、芦山、宝兴。在党中央、毛主席多次来电劝说下，在朱总司令、刘伯承总参谋长、徐向前总指挥、贺龙、肖克司令员等坚决斗争和广大指战员的强烈要求下，张国焘被迫同意北上，并将部队整编。三十三军与红五军合编，三十三军的四十三、四十五团归五军建制，三十三军军长罗南辉为五军副军长，五军的三十九团调归三十一军建制，教导大队改为军随营学校，由军参谋长李屏仁兼任校长，我仍为政治委员。不久，我调四十五团任政治委员，团长叶崇本。在我去四十五团前，董振堂军长和罗南辉副军长详细地介绍了该团情况，希望我把一方面军的好传统带过去，把四方面军的好作风学到手，我去四十五团后很快熟悉了该部队，与叶团长合作得很好。

6月上旬，张国焘在炉霍宣布取消伪中央，全军振奋。北进的路上，我们在黑水、芦花等地见到一、三军团政治部写的“北上抗日”和“严格执行少数民族政策”等标语，倍感亲切。近一年来，我们走着张国焘的南下错误路线，现在又回到了党中央、毛主席领导的北上正确路线，真有拨开乌云重见天日之感。

我们经两河口、梭木、马塘进到黑水芦花。8月中旬的一天，董军长、罗副军长和政治部杨克明主任把我和叶崇本团长叫去。军长要我们抓紧筹集干粮，准备第三次过草地。前两次过草地的艰难险阻记忆犹新，听到又要过草地，我思想上确实有些紧张，问了一句：“又过草地？”军长看出我们的情绪，说：“对！不过不是走上两次的路线，而是走一、三军团走过的路线，经毛儿盖、松潘西侧进入草地。这次过草地准备充分、目标明确、经验丰富，一、三军团过草地时插的前进路标也给我们创造了有利条件。只要按毛主席的路线走，无论有多大的困难，我们都能战胜。”军长的话给我们以极大的鼓舞。

干粮是过草地的命根子。我们在黑水、芦花用了两天时间有组织地分散做藏民工作，积极筹粮。

到达毛儿盖以后，我们做了一次干粮大检查，再次强调严格执行不准动用干粮的命令，并继续设法筹粮。

我们从毛儿盖出发，从松潘县西侧进入草地。头一天走得不远，在一条小河边宿营。干部战士分头寻找干柴、木棒和野菜，以便做饭、烤衣服和搭帐篷。忽然草丛中跑出一只野兔，战士们立即蜂拥而上，抓住了野兔。这只野兔又肥又大，少说也有三斤重。炊事员连肉带骨一起剁碎，和上炒面、野菜煮了一大锅，大家美美地吃了一次“草地进军野餐”，还开了一个同乐晚会。战士们说他们抓的兔子是一只“为革命献身的兔子”，一定要请团长和我去参加他们的“进军餐”。我和团长婉言谢绝了，但战士们还是送来了两茶缸野兔汤。在那种艰苦的环境中尝到的野兔汤味之美简直无法形容，至今念念不忘……

从进入草地起，我团是全军的后卫，后面只有三十一军的九十一师。我团除了要做好本团过草地的工作外，还肩负着掩护和收容任务。我们将全团牲口都抽出来开展收容工作，轮换驮病号或年少体弱的同志。每个收容队都配备了几个身强力壮的战士、一个卫生员和一头牲口，带有十几斤干粮。进草地头两天还没有掉队的，即便掉下来了，也慢慢地跟上了。从第三天起，沿途掉队的同志多起来。坐着的、躺着的、因病在地上打滚的都有。有的喊头晕，有的喊肚子痛，有的腿软站不起来。有时刚把一个倒在地上的同志扶上马走了一程，前面又有个胃疼的重病号，只得把刚扶上马的同志换下来。有的同志可怜地向我们伸出一双颤抖的手说：“请给我一把炒面提提神吧！我要跟党中央、毛主席北上抗日啊！”此情此景令人心酸掉泪。看到病故的同志，我们以最快速度匆匆地掩埋好遗体，默默地哀悼着这些不知名的战友。

在草地行军中担任后卫，除了收容工作外，行军也更加困难。因为全军几万人马都走一条路线。前面大队人马走过后，软绵绵的草地网被踩下去了，有的地方踩得很深，成了黑水塘或黑水沟，简直不能再走了。实在不行还得从侧面绕道几十米才能过去。很难再找到干柴烧水和烤衣服了。我们只得做硬性规定，从毛儿盖带来的干柴，除做饭、烧开水外，任何人不得擅自动用。

第七天，饥荒更严重了。晚上宿营后，三营杨营长来报告说：“部队缺粮，走不动路了，怎么办？”当时他才23岁，原本是个身体很壮、敦敦实实的小伙子，一路上经常帮助掉队的同志背枪。艰苦的草地行军使他的体质骤然下降，变得又黑又瘦了。听到杨营长报告后，我叫参谋长立即通知各营营长、教导员来团部开紧急会议。会上，我逐营查问存粮情况，结果是一营尚可勉强支撑一天，二营每人顶多还有二两干粮，三营存粮最少，尤其是八连已断粮了。会上决定动员全团同志把枪皮带和土造牛皮斗篷拿出来，集中到供给处统一分配，主要是发给八连。我们对吃皮带的方法作了试验——先用火将皮带烧焦，刮净再敲细，然后拌上野菜煮。我和叶团长率先献出自己的皮腰带。叶团长开玩笑地对我说：“政委，你舍得吗？”我这根皮带在全团是有名的，它又宽又长，黄得发亮，质量很好，而且有一番来历。那是1934年初夏，我奉命带新兵团到沙县、永安地区搬运战利品，由于任务完成得好，红七军团军团长寻淮洲将这皮带送给我作纪念。说实在话，我真有点舍不得，但为了让同志们走出草地，再舍不得也要贡献出来！小小的牛皮带和着野菜一煮，够三个人吃上一顿！

次日，远处渐渐地出现了山峰和稀疏的小树林，大家激动地叫起来：“出草地了！出草地了！”部队走出草地，到达了包座。包座是通向甘南的必经之路，毛主席率领的中央红军一、三军团北上时曾路过这里，红四方面军某部在此歼敌一个师，当地群众对红军有一定的认识。但由于国民党反动派和土司头人的掠夺剥削，加上红军两次经过，我估计在这里补充粮食十分困难。没想到一到包座村口，军政治部张干事和供给部的侯科员就通知我团派人去领大小不等的11头牦牛回来宰杀充饥，并让告诉同志们，这是兄弟部队勒紧裤腰带节省下来的。

我们马上宰牛做饭，全团像回到家一样兴奋，又像过节一样热闹。我叫先煮30多斤牛肉，给尚未走到包座的掉队同志送去，通知他们快跟上队伍。结果 30 多斤牛肉真的救了 20 余名掉队战士的命，使他们走出了草地。到包座后，他们高兴地说：“真是雪中送炭啊！我们吃了牛肉汤，眼睛都亮起来了。”一连指导员当场就编起快板：“过草地，走山冈，肚子饥，心发慌。吃了牛肉汤，眼睛就发亮，能充饥，有营养，鼓劲赶路找中央。”团政治处何干事把这首快板诗抄下来，在一个部队必经的小山坡上进行宣传鼓动。快板声中，战士们行军步伐加快了，向着抗日前线奋勇前进。

节选自张力雄：《不辞万难渡重关》，载《福建党史月刊》2006年第8期。

张力雄，1913 年生，福建上杭人。1929 年加入中国共产主义青年团，1931 年转入中国共产党，1932 年参加中国工农红军。红军长征时任红一方面军第五军团（红一、红四方面军会师后改为左路军第五军）教导大队政治委员，红五军第十五师四十五团政治委员。新中国成立后，曾任西南军区炮兵部队政治部主任、副政治委员，陆军第十三军政治委员，昆明军区公安军第一副司令员，云南省军区副司令员、政治委员，昆明军区司令部副参谋长，江西省军区政治委员，福州军区顾问，全国政协委员等职。1961 年晋升为少将军衔。

三过草地

谢良

（一）

1935年8月上旬的一天，我们接到通知，团以上干部到军团部开会，听军团长传达中央政治局毛儿盖会议的精神。我们很快来到开会地点——一家藏民的房子里，见来开会的同志们有的坐在铺上，有的坐在凳子上，有的垫着块石头坐在地上，挤了满满一屋。当时军团政委李卓然同志已调离，由代理政委曾日三同志向大家传达。虽然室内有些闷热，但曾政委传达的毛主席、党中央的声音，却像阵阵清风，沁人心脾。

他说："毛主席、党中央认为，虽然由于'左'倾路线的错误，使中央革命根据地和红军受到严重的损失，但革命形势依然存在，并未低落，而且在继续发展。尤其是遵义会议清算了'左'倾机会主义路线之后，毛主席指挥我们打了胜仗，革命形势很好。一、四方面军会合后，两大主力红军交流了革命战争的经验，统一了指挥，战斗力也大大增强了。这一切，必将会大大振奋全中国的工农劳苦群众，增强他们对于革命胜利的信心。"

这时，我瞅了瞅到会的同志，一个个乐滋滋的，有的聚精会神地听报告，有的低着头唰唰地记笔记。大家都为革命的大好形势而感到欢欣鼓舞啊！

曾政委正要往下说，一直在埋头看档的董振堂同志忽然抬起头来，说：“这里我要插一句，中央要求我们越是在形势大好的情况下，越要加强一、四方面军的团结，任何破坏一、四方面军团结的倾向，都是有害于红军，有利于敌人的。四方面军广大指战员英勇善战，不怕困难，吃苦耐劳，服从命令，遵守纪律等许多长处，都值得我们虚心地学习。可我们有的同志看到人家的一点缺点，就说起风凉话来了，这是不利于团结的，今后一定要注意改正！”

曾政委接着又说：“中央认为，北上抗日的方针是完全正确的。我们必须坚决执行中央这个方针，反对右倾机会主义的动摇。这种动摇表现在对于党中央所决定的战略方针抱怀疑态度，不敢大胆地前进，企图远离敌人，避免战斗；这种动摇还表现在对于目前时局不能作出正确的估计，怀疑革命形势的存在，对革命前途悲观失望。”说到这里，曾政委突然提高声调，斩钉截铁地说，“右倾机会主义的动摇是当前最大的危险，开展反右倾机会主义的斗争，是目前的中心任务之一。”

曾政委这几句话，激荡着我们的心。大家虽然相视不语，但似乎都体会到其中的分量，揣测到党内存在着新的分歧，斗争仍在继续着，思想上开始引起了警惕。然而，我们并没有想到，经过党的毛儿盖会议，惯于耍两面派手法的张国焘虽然表面上赞成北上抗日的方针，却又在背地里捣开鬼了。

最后，曾政委看了看大家，意味深长地说：“同志们，我们面前还有很多、甚至是很严重的困难，首先是敌人不会放松对我们的进攻，另外，前面的草地也会给我们带来许多麻烦，甚至还会出现其他的干扰。虽然道路是曲折的，但是前途是光明的。只要我们坚决执行党中央的路线，团结一致，英勇奋斗，就一定会得到全国人民的拥护，加速革命高潮的到来！”

最后几句话，他说得特别响亮、有力，到会的同志都深受鼓舞。我和李屏仁同志交递了一下眼色，发出了内心的欢笑。我们仿佛见到了革命高潮的来临，似乎我们一走出草地，就要跃马横刀，驰骋在抗日杀敌的战场上了。

曾政委讲完以后，军团长董振堂同志又作了简短的指示，提醒大家一定要作好过草地的思想准备和物质准备。他说：“草地是一望无际的大草原，有的地方是一片沼泽，气候变化无常，我们决不能麻痹大意！”接着他又询问部队对骑兵的训练情况。李屏仁同志作了简要汇报，说：“大家都在认真地训练，巴不得马上同敌人骑兵干上几仗。现在整天唱着‘我们笑哈哈，我们笑哈哈’的歌子，信心可足哩！”

军团长听了，点点头，露出满意的微笑。

（二）

根据党中央的决定，红一、四方面军分左、右两路北上。当时的计划是：毛主席、周恩来副主席和党中央率领一方面军的一、三军团和四军、三十军为右路，从毛儿盖出发、经班佑、包座，出腊子口到甘南；朱总司令、刘伯承总参谋长，还有当时窃取红军总政委重要职务的张国焘等，率领四方面军的九军、三十一军、三十三军和一方面军的五、九军团为左路，由卓克基出发，经查理寺、阿坝，到班佑、包座与右路会合，然后一同北上。

我们三十七团担任左路军北上的前卫。8 月底，到达了阿坝。

阿坝，分上阿坝、中阿坝、下阿坝。中阿坝最大，那里的喇嘛寺金碧辉煌，巍然耸立，可容纳一两千个喇嘛念经。喇嘛寺的周围，有做各种买卖的店铺，穿着五颜六色服装的藏族同胞在街头来来往往，十分热闹。

我们在阿坝休息四五天，补充了干粮，继续前进。向东走出去不到 20 里，迎面就是渺无人烟的大草地了。

草地，真是草的汪洋大海，灰蒙蒙，白茫茫，雾气腾腾，浩淼无边，要不是在很远的地方有一线起伏的山峦，真无法辨认出那是草天相接的地方。草长得极茂盛，有的没过人顶，有的漫腰齐胸。下面水沟交错。有的是一片沼泽，水和泥土淤积呈黑色，在烈日的曝晒下，散发出阵阵刺鼻的臭味。

“这草地多么平，多么大啊！土真肥啊！”生长在那“地无三尺平”的贵州籍战士，惊讶地赞叹起来。

“革命成功以后，到这儿来办农场，那才好哪！”来自江南鱼米之乡的老战士，兴致勃勃地说：“到那时候，拖拉机轰隆隆一响，开出一片黑油油的庄稼地，种水稻、种小麦都行，保证年年丰收！”

大家正说得有劲，一个战士突然脚下一软，只听得噗哧一声，半截腿陷入淤泥里去了。他赶紧往外拔，可是越拔越陷。旁边的人急忙伸手去拉，猛一用力，拉的人也陷了进去。两个人一块在泥里挣扎着。其他同志一看不好，急中生智，忙解下几条绑腿，把一端丢给他们两个，缠在腰间，然后，大家像拉纤似的硬往上拽，才把他们拽了上来。

从此以后，大家都警惕了，在水多泥烂的地段，便选择草厚的地方走，从一个草垛子跨到另一个草垛子，像走跳棋似的，绕着弯一蹦一跳地前进。

傍晚，草地笼罩着浓重的雾霭。部队在一处稍高的平地上宿营。这里有十几间用牛屎垒起的房子，是牧民们临时躲避风雨用的，住不了多少人，于是部队便搭起了帐篷。一时，到处飘动着篝火，扬起一阵阵歌声和笑语，荒凉寂寞的草地，破天荒地变得热闹起来。

过了一会儿，天突然变了。一阵冷飕飕的大风刮来，天空雷电交加，掉下豆粒大的雨点，霎时间就变成瓢泼似的暴雨，把篝火全浇灭了。外面哗哗地下着雨，帐篷里也滴滴答答地漏着水。同志们挤在帐篷里，怕把弹药和干粮弄湿了，便有的顶着斗笠，有的撑开雨伞，背靠背地坐着，把弹药和干粮紧紧地抱在自己的怀里。

我和李屏仁同志在宿营地检查了一遍，然后回到了一间牛屎垒的房子里。这时，牛屎泥巴被暴雨完全浸湿了，像烂浆糊似的，一块一块地往下掉，掉在身上，冰凉冰凉的，又臭又脏。牛屎泥巴掉在警卫员李云脸上了，他急忙用手去抹，抹得一脸黑。李屏仁同志笑笑说:“小李啊，你真爱漂亮，还往脸上擦香粉哪！”说得李云同志哭笑不得。

暴雨一连下了三个多小时，到半夜才停。雨过以后，下弦月从云层间显露出来，草地上到处哗哗流水，弥漫着雾气，十分寒冷。大家的衣服、毯子都湿了，又无法生火，只得几个人挤在一起，互相以体温取暖。

第二天，太阳从草地的边沿上升起，像一团火，烧红了半边天。大家吃过干粮，拔起帐篷就出发了。

草地到处是水，有些地方水深没膝。我们头顶太阳，脚踩水草，深一脚浅一脚地走着。没想到太阳一晒，水面上泛起一层污秽浑浊的泡沫，我们的脚泡在那烂泥汤里，久而久之，痒得钻心，挠破了就会红肿溃烂。原来这水有毒，可我们当时并不知道。有的同志走着走着，渴得嗓子冒烟，便从地下舀起一缸子水来，刚想喝，一闻那股恶腥腥的臭味，又不得不把它倒掉。

这天，我和军团保卫局科员刘保山同志并肩走在一起。我们俩是兴国同乡，他又当过我们团的特派员，彼此十分熟悉。我知道，最近他患疟疾，身体很虚弱，这一次，他怕草地行军掉队，主动要求跟我们团先走，得到了上级的同意，才赶到一起了。

我们俩边走边谈。开始，他的情绪很好，和我谈这谈那，有说有笑。他说：“走了这么多的地方，还是咱们兴国好。常年的青松翠竹，到处都是绿油油的庄稼，老百姓待红军像亲人一样……唉，要是什么时候能再回到江西根据地，那有多好哇！”

我笑着说：“会回去的，总有一天会回去的！”

“陕北一定也是个好地方。”他又兴奋地说：“老根据地的群众就是不一样，你说是不是？到陕北以后，我一定先把病治好，身体练得棒棒的。不然，路都走不动，怎么上前线打日本鬼子？”

可是，在泥水里走了30多里路，他的话渐渐少了，气喘吁吁，浑身直冒虚汗。我问他是不是走不动了，他为难地说:“老谢，你们先走吧！我慢慢在后面跟上来。”

“那怎么行？你骑我的牲口走！”我不由分说地把他扶上了马背。

到下午，刘保山同志坐在马背上也支持不住了，东倒西歪，脸色煞白，直喘粗气。他突然对我说：“老谢，你当然知道，我多么希望走出草地，能再见到毛主席，跟毛主席干革命啊！可是我如今身体这样不争气，能出得了草地吗？”

我连忙安慰他：“这么多的难关都闯过来了，草地也难不住我们，很快就会通过的。我们一出草地，就和毛主席、党中央会合，陕北根据地就不远了。”

“对！走出草地，和毛主席、党中央会合……我们一定要走到的！”他的眼睛骤然明亮起来，抬起头，直望着远方，不再说别的话。

可是，在过一条小河的时候，发生了意外的不幸。刘保山同志骑着牲口走到河中间，马突然被水里的礁石绊了一下，他摔倒在水里。他拖着无力的身子在水里挣扎着，刚要站起来，又倒了下去。我们赶紧把他救上河岸，他却已昏迷不醒，奄奄一息了。

我蹲在他的身旁，眼看着残酷的草地要夺去战友的生命，心里就像刀绞一般。多么好的同志，多么坚强的共产党员！他一心想走出草地，跟着毛主席干革命，如今却在草地里倒下了！

“老刘，老刘，你醒醒！”我在他耳边呼唤着。

他微微睁开两眼，深情地看着我，喃喃地说：“走出草地，向毛主席……问好！”说完,刘保山同志就和我们永别了。李云同志蹲在一旁，失声痛哭起来，许多同志也都默默地流下了眼泪。

我慢慢地站起身来，默默地伫立着，心里说：“老刘，你安息吧、你没有实现的遗愿，我们一定要完成。我们一定战胜一切困难，走出草地，在毛主席、党中央的指挥下，把革命进行到底！”

在那条小河边，我们掩埋了刘保山同志。随后，大家擦干脸上的泪水，又迈开大步，追赶前面的队伍。

（三）

太阳西斜时，部队行进到噶曲河边。

噶曲河，我们原来了解是一条很浅的可以徒涉的河流，但由于昨夜的暴雨，现在正涨着大水，河面有半里多宽，河水浑浊，流速甚急，就像一条凶猛的巨蟒，在碧绿的草地里游动。

我们询问通司怎样过河。通司说：“这里现在过不去。只要顺河向上走，有半天路程，那里可以徒涉；要不，就在这里等上两天，水很快会退下去的，到那时再过。”

我们团的几个干部商量了一下，认为如果在这儿等上两天，把干粮吃完就不好办了，只有改变一下行军路线，从上游涉水过河，但需要请示上级批准后才能行动。于是我们便停下了。

当天傍晚，总参谋长刘伯承同志穿着一身藏民用羊毛织的粗布军衣，手里拄根木棍，徒步来到我们团。我们领他到团部帐篷里休息，给他倒了一杯开水，他端起来一饮而尽，然后笑道：“这杯开水，能值四两银子！”

我知道他这是针对行军途中草地里污水不能饮用的情况开玩笑说的，于是也笑着说：“现在噶曲河里水大得很，可以尽我们喝个痛快。”

“噶曲河的情况到底怎么样？走，看看去！”他说着，就站起身来，走出帐篷。

刘总参谋走到河边，凝视着滚滚的河水，默默地站了很久，然后折根小树枝丢到水里。那树枝落到水面，就像箭飞似地顺水而去。他突然转身问道：“有人下过水吗？”

李屏仁同志回答说：“我们一到，就叫几个会水的同志下去试了一下，河中间很深，一人一手还出不了水面。”

“到处都是这样吗？”他又问。

“这一带都是这样。据通司说，上游比较浅，可以徒涉。”李屏仁同志回答。

“你们去把通司请来。”他又向河里丢根树枝，一直望着那树枝被冲得很远很远。

通司来了。刘总参谋长便问道：“你说，这水要多长时间才能退下去？”

通司回答说：“再有两天就差不多了。”

“明天下午能过河吗？”

“不行，最快也得后天中午。”

“你说上游可以徒涉，离这儿有多远？”

“大约有半天路程。”

“50 里？”

“没有，40 里不到，三十六七里的样子。”

总参谋长细心地问了这些以后，又在河边来回走着，察看河滩上水纹的痕迹，判断河水涨落情况，最后和我们回到团部帐篷。坐下后，他又询问部队的思想情绪怎样，草地行军有什么困难。我们汇报说，虽然草地行军十分艰苦，但干部、战士思想上都明确北上抗日是毛主席、党中央确定的正确方针，所以大家有信心，有决心克服困难，希望早日走出草地，和毛主席、党中央率领的右路军会合，然后共同北上。刘总参谋长听了，点点头说：“战胜草地，北上抗日，这是全军大部分同志的共同愿望。但是有的人却认为茫茫草地，无法通过，连噶曲河涨水也成了不可克服的障碍了。我来一看，完全不是这么回事嘛！”他停了一会，又指示我们说：“部队暂时在这里休息，注意水情变化，等候总部的决定！”说完，就站起身出了帐篷，大步向总部驻地的方向走去。

夕阳的余晖把草地染成一片绯红。我们望着刘总参谋长远去的背影，心里很不平静。从刘总参谋长的话里，我们已经听出，有的人至今仍然不想北上，并在寻找种种借口，反对通过草地。我们心里想："看来在草地里，不仅有自然界的风雨，还有人们思想上的风风雨雨呢！"

刘总参谋长回去不久，又派通信员送来一封信。他在信中再次指示我们：要密切注意水情的变化，及时向上级报告，同时，也要做绕道从上游徒涉的准备。看了这信，我们知道北上的行动没有变化，也就放心了。这时，送信的那个通信员又说："朱总司令昨天晚上丢失了一块怀表，怎么也找不到了！"

李屏仁同志关切地说："总司令没有表，那可不方便哪！"

"朱总司令还不让告诉别人哩！"

"那怎么行？总司令要指挥全军行军、作战，怎么能离得了表！"李屏仁同志越琢磨越觉得不得劲。

我们正为这事着急，一营长彭少青同志恰好到团部来请示工作。他听说后，指着自己的手表说："我的这块表，还是江西第四次反'围剿'的战利品，送给总司令用吧！"

可不，彭营长平日十分珍惜的这块三大针的手表，是上级发的。它不仅能准确地计算分秒，而且能指示日子，如果给总司令用，当然比较合适。我便说："那你自己不是没有了吗？"

"我当营长，有没有表关系不大。可朱总司令指挥着全军，随时都要掌握时间，不能没有表呀！"他毫不犹豫地从手腕上取下表来，交给李屏仁同志，脸上浮现出欢快的笑容，仿佛交出的不是一块表，而是内心对党、对革命的一片赤诚。我们便马上写了封信，连同给朱总司令的表一起让通信员带了回去。

噶曲河在耳边喧闹了一夜。次日早晨，乌云密布，天空阴沉，我们跑到河边，见河水退下去许多，昨天离岸很远的河滩，现已露出水面了。

李屏仁同志抬头看看天，焦急地说："又要下雨了，我们应该抢在下雨之前过河。"

可是，就在这时，我们突然接到军团部转左路军总部的一道命令：部队立即返回阿坝待命，三十七团担任后卫。

这一意外的情况，我们开始简直不敢相信，特别是接到总参谋长要我们"密切注意水情变化"的信后，就觉得北上是不会有什么变化了，但现在……李屏仁同志直愣愣地看着这份"命令"，嚷道："这是为什么？过了噶曲河，到班佑只有三天路程，就能和毛主席、党中央会合，为什么不继续前进呢？"

然而，眼前是一份写得明明白白的命令：立即返回阿坝待命！

听说要往回走，大家心里凉了半截。战士们默默地收拾着东西，间或投来疑惑的目光，似乎是问："咱们到底要往哪里去？"有的则公开问道："难道咱们不和毛主席、党中央会合啦？""毛主席、党中央向前进，咱们为什么向后转？"

听着干部、战士的议论，我的脑子里也像一团乱麻，理不出一个头绪来。我想起出发之前曾日三代政委传达中央毛儿盖会议时的话："右倾机会主义的动摇是当前最大的危险。"我们现在往回走，和中央指出的有没有关系呢？我又想起昨天刘总参谋长的话："有的人却认为茫茫草地，无法通过。"这"有的人"，决不是一般的干部和战士啊！当然，我们那时并不知道，这一切都是张国焘搞的鬼；也不知道，就是他公开拒绝接受党中央的指示，违反党纪，分裂红军，擅自命令左路军南下；更不知道他密电右路军中的陈昌浩，妄图胁迫一方面军南下，说什么如不服从就"彻底解决"，丧心病狂地要以武力危害毛主席为首的党中央。①然而当时在右路军前敌指挥部任参谋长的叶剑英同志，发现了张国焘的这份密电，马上骑马去见毛主席，作了报告。毛主席、党中央为

① 至今未发现这一电报原文。毛泽东在1937年3月中共中央政治局扩大会议上说，他当时从叶剑英的报告中得知："这电报上说：'南下，彻底开展党内斗争'。"——编者注。

了粉碎张国焘的罪恶阴谋，当即在巴西镇召开了政治局会议，决定迅速脱离危险区域，便以上山找粮食为名，连夜把部队带走，率领一、三军团单独北上了。

往回返时，我们大家心情都很沉重，道路也好像变得更加漫长、难走，何况这是根本无法辨认出道路的水草地啊！走了不到一个小时，已经疲乏了。老天更不作美，一阵狂风刮过，下起了冰雹，最大的有鸡蛋那么大。同志们赶紧顶着毯子、背包、脸盆等物，抵御冰雹的袭击。我的那匹牲口，被冰雹打蒙了，在原地直打磨磨转，不肯往前走。半个小时以后，冰雹又变成了雪片，铺天盖地而来。有的战士气得骂了起来："他妈的！这鬼天也和老子作起对来啦！"

乌云翻滚，雪打风吹，我们的队伍艰难地向阿坝方向前进着。

（四）

9 月中旬，我们在上阿坝住了两天，接到总部通知：营以上干部到中阿坝的喇嘛寺去开会。

那天一大早，我们团的营以上干部向中阿坝走去。一路上，大家议论说，这回朱总司令和刘总参谋长可能要给大家讲话了。因为，部队从草地折回，干部、战士思想都不通，纷纷提出：为什么不过噶曲河？为什么不跟毛主席、党中央北上？为什么……这些问题，我们自己也不明白，当然更无法给同志们讲清楚。所以我们急切地希望首长能够讲明情况，解开大家思想上的疙瘩。

可是，我们走进喇嘛寺的大殿——这里已被布置成临时会场，迎面就看见粗圆柱上有两条非常刺眼的标语：一条是攻击北上抗日的，诬蔑北上是什么"逃跑主义"；另一条是鼓吹"南下创造川康根据地"的。看到这两条标语，我们直发愣，你看我，我看你，惊异得说不出话来，越发不明白眼前发生了什么事!

宣布开会了。主席台上突然出现十几个全副武装的警卫，分两边站着，气氛顿时紧张起来。不一会，张国焘就急匆匆地出场了。我过去从来没有见过他。他原来是个大胖子，长着满腮的黄胡茬，穿了一身油腻发亮的军装。

“同志们——”张国焘拉长了嗓子，装腔作势地说：“我不得不向大家提起一件令人非常痛心的事，就是我们红军现在只剩下十几万人了。我们应该大胆地承认，长征是失败了！现在虽然不是追究责任的时候，但我们应该想一想，怎么会弄到现在这个样子，怎么会落到这般地步的？现在，蒋介石掌握了全国政权，革命是处在两个高潮的中间，是总退却阶段。在这种情况下，有人要北上抗日，那简直是开玩笑，纯粹是小资产阶级的幻想！”他说到这里，露出满嘴黄牙，得意地笑着，那笑声听了使人恶心。接着，他又唾沫四溅地攻击说：“要北上，将成为无止境的逃跑，不冻死也会饿死，不饿死也会拖死。最后到了陕北，只能剩下几个中央委员逃到苏联去避难……”

张国焘的无耻诽谤，引起台下一阵骚动。不少同志交头接耳地议论，有的同志紧握双拳，怒目而视，脸气得通红。因为，这样公开恶毒地攻击毛主席和党中央，我们是闻所未闻、见所未见的。

张国焘可能感到他讲话的效果不妙，就使出了他那挑拨离间、威胁恫吓的伎俩，把话锋一转，直指着我们五军团的干部说：“你们中间有没有机会主义分子啊？你们戴的那顶小五星帽①，就是一顶机会主义的帽子。机会主义帽子底下就没有机会主义的脑袋？就没有机会主义的思想？我不相信！”

听到这些辱骂中伤的话，五军团的干部个个义愤填膺，怒不可遏。李屏仁同志把帽沿一拉，戴得更紧，一动不动地坐着。

---

① 指红军一方面军的军帽。

我再也听不下去了，把头一埋，情不自禁地想起我们在中央革命根据地的时候，以及长征路上，在毛主席、党中央的领导下，一、三、五、八、九军团几个部队团结一致，亲密无间，打仗时互相支援，训练时互相学习，就像亲兄弟一样，那是多么幸福啊！可眼下，张国焘却什么也不顾了，如此对待我们红军战士……这时我又骤然想起：朱总司令和刘总参谋长现在在哪里呢？他们肯定不会同意张国焘这样讲的。然而，我寻遍了台上台下，却看不到他们。正在纳闷，我发现朱总司令的爱人康克清同志就坐在我们前面不远的地方。听到有人小声地问她：

"总司令呢？"

"没有来。"康克清同志小声地回答说。

"他病了吗？"

"没有，他身体很好，你们放心吧！"

从简短的对话里，我隐隐约约地领会到，张国焘此时的所作所为，朱总司令和刘总参谋长是抵制和反对的，心里也就踏实多了。我心里说："我们虽然脱离了毛主席、党中央的直接领导，但是有毛主席、党中央委派的朱总司令和刘总参谋长领导我们，我们就有办法，就有希望……"

"我们要建立川康根据地！"台上一句声嘶力竭的叫喊，打断了我的沉思。抬头一看，见张国焘正挥动拳头狂叫着："川康地区，有着广大的弱小民族，有着优越的地势，我们是有创造川康新局面的更好条件的。因此，南下是唯一正确的路线。对南下的决定，不允许有任何的怀疑和动摇！凡是有北上逃跑错误思想的人，都要迅速转变过来，经过斗争和教育仍不转变的分子，要给予纪律制裁！"

这时，李屏仁同志捅捅我，小声地说："开头是扣帽子，现在要打棍子了。"我听到后面一个同志也不满地说："不靠说服靠压服，压不服就……"他虽然没有说下去，但我们知道他要说的是"压不服就打服"，所以几个人都轻蔑地笑了。

"河坝会议"接连开了三天，每次，我们都是憋着一肚子气进去，又憋了一肚子气出来。大家心里嘀咕："看你张国焘怎么表演！"至于被他恶意嘲笑为"机会主义"的五星军帽，我们却更觉得它可爱。它使我们时时刻刻想到毛主席，想到党中央，想到要永远保持和珍惜红军的荣誉。

阿坝分裂会议后不久，我们就接到臭名昭著的"阿坝会议决议"。决议的中心内容是反对所谓北上逃跑、鼓吹坚决南下之类的反党滥调，还要求立即向部队进行传达。那天上午，我们团的几个干部和军团组织科长袁子钦同志正在一家藏民房子里开会，看到文件，大家的肺都要气炸了。李屏仁同志站起来激动地说："谁传达？反正我是坚决不传达。"

"哼！谁传达他那个东西！"其他同志都这样说。

我说："烧了它。"

这时，袁子钦同志装了一锅旱烟，擦根火柴，正要点烟抽，李屏仁同志突然把火柴抓过来，让火苗对着那份文件。文件被点燃了，顷刻化为灰烬，落进了火塘。

（五）

9 月下旬，张国焘强令左路军和右路军的四军、三十军继续南下，说是去"开辟川康根据地"，"到天全、芦山吃大米"。

我们人往南走，心却向北，时时刻刻想着党中央、毛主席、周副主席以及一、三军团的北上。那时五军团有部电台，还一直和党中央保持着联系，我们每次到军团部去，总要悄悄地向军团组织科长袁子钦同志打听："毛主席、周副主席他们到哪里去？"头一次，他小声而兴奋地告诉我们："毛主席、周副主席他们出草地啦！"后来他又告诉我们："中央红军最近一举攻克天险腊子口，打了个漂亮仗。"他还说："中央批判了张国焘的错误，要咱们迅速北上哩！"这些消息，我们听了是多么兴奋啊！可是，没有多久，电台和中央联系的事被张国焘发现了，他说我们是“造谣生事，扰乱军心”，下令把电台的密码没收了。

一天，部队行军来到一个地势稍高的草滩，我们远远就望见一片帐篷，许多红军战士正迎着我们走来。渐渐地，帽子上的红五星也能看清了，我们就大声问道：“你们是哪个部队的呀？”

“九军团的。你们是五军团的吧？你们辛苦了，欢迎欢迎！”他们说着，一齐鼓起掌来。

九军团的同志们热情地把我们接到帐篷前。在那里，他们已准备了许多炒面，烧了大锅开水，像接待亲人似的，招呼我们休息、吃饭、喝水……九军团由于是左路军的后卫部队，还没有来得及进入草地，就南下了。见到他们一个个服装整齐,精神饱满,我们很受鼓舞。在草滩上，两支兄弟部队的同志们像久别重逢的战友一样，围坐在一起，亲切地交谈起来：

“党中央、毛主席和一、三军团的同志们哪里去了？”

“他们北上啦！听说已经走出草地，还打了大胜仗哩！”

“那我们为什么要往回走？”

“唉！谁知道呀！……”

同志说到这里，都不愿再说下去，只是把无限向往、期待的目光，投向了遥远的北方……

部队继续南下，到了川康边境的卓木碉。这时，张国焘分裂党、分裂红军的野心彻底暴露出来了。10 月 5 日，他非法成立伪中央和伪中央革命军事委员会，并自封为主席。他还把他任职的伪档印发下来，要我们向部队传达。

我们看着这个文件，越看越上火，眼都气红了。

“岂有此理！”一营长彭少青同志拍着桌子，跳了起来，“谁给张国焘这样的权利！我们都知道以毛主席为首的中央领导北上了，怎么这里又冒出来一个中央！这不是公开唱对台戏吗？这是哪家的中央？咱不认得它！”他说着，把那份文件撕得粉碎。

的确，这时五军团的干部、战士对张国焘反党行为的不满情绪，已越来越强烈，就像一座火山，几乎要到爆发的程度了。有些同志曾提出：“我们五军团单独北上，找毛主席、党中央去！”还有的同志甚至说：“如果张国焘阻挠我们执行毛主席、党中央跑命令，不让我们北上，就跟他干！他妈的，难道咱们还怕他不成！”

就在我们焦急、气愤而又束手无策的紧要时刻，朱总司令到五军团来了。一天下午，我们来到军团长董振堂同志住的屋子，只见里面坐满了营以上干部，朱总司令坐在靠窗的一张凳子上，正和军团长低声地交谈着。

我找地方坐下以后，抬头凝视着朱总司令慈祥的面容，不禁心里一热，眼睛湿润了，第一次见到总司令的动人情景又浮现在眼前。那是 1930 年 7 月，毛主席和朱总司令率领红军来到兴国，召开了数万人的群众大会。当毛主席给大家讲话时，他始终站在毛主席的身旁，他身材魁伟，军服整齐，肩背竹斗笠，腰插小手枪，十分威武。然而，在他微黑的脸上总是露着笑容，使人感到和蔼可亲。可现在，朱总司令瘦多了，两鬓间增添了星星白发，额上也多了好几道很深的皱纹，显得有些苍老。我们知道，这些日子，朱总司令和张国焘的分裂行为作斗争，也是遭受无情的打击和迫害呀！我们在南下途中就曾听说，张国焘行军时不仅一人占了十几匹牲口，满包大箱地驮着东西，而且竟指使人把朱总司令和康克清同志仅有的两匹牲口抢走了，后来朱总司令对着张国焘的亲信正义凛然地说：“我是党中央任命的总司令，我的马你没有权利牵走！”张国焘一伙才不得不把马又送了回来。现在，我们亲眼见到朱总司令日显苍老的面容，更唤起了对总司令的敬爱之情，也更激起了对张国焘骄横跋扈的无比愤恨！

军团长董振堂同志见人已到齐，便请朱总司令讲话。室内响起一阵热烈的掌声后，迅速安静下来。朱总司令微微点了点头，用缓慢的语调说:“同志们,我很早就想来看看大家,和大家谈谈了。同志们都好吧？”

听到总司令的亲切问候，同志们都抑制不住自己的感情，激动得热泪盈眶，一个同志大声地说:“我们都很好，总司令你要注意身体啊！”

“你们看，我不是好好的嘛！”朱总司令笑了笑，接着又说：“现在党中央、毛主席他们北上了,取得很大的胜利,这是一条正确的路线。毛主席早已指出：南下是绝路，无论就敌情、地形、居民、给养等条件来说，都是对我们极端不利的。可是有人却说北上是逃跑，只有南下才是革命。谁是谁非，历史会作出结论的。现在不是已经有许多事实说明这个问题了么！同志们，我们迟早也会走党中央、毛主席他们走的路的。但是现在有人还在坚持错误，我们就要坚决斗争，对有些同志则要耐心说服，作必要的等待。我们党内总是讲道理的，是非总是能够辨别清楚的。要相信，绝大多数同志是拥护毛主席、拥护党中央的，反对的是极少数；有一些同志则有一个认识的过程，觉悟的过程，我们要多做工作，不能太性急了。”

一缕阳光从窗口照射进来，室内显得更加明亮。大家望着朱总司令坚毅沉着的神色，听着他明彻深邃的话语，心胸顿时豁然开朗起来。许多同志频频地点头，眼里噙着泪花，脸上露出了欢笑。

“在敌人面前，我们是针锋相对，寸步不让；在事关路线的大是大非问题上，我们必须坚持原则，毫不含糊；但是在兄弟部队之间，在一些具体问题上，就不要斤斤计较。”朱总司令微微扬着两道浓眉，充满信心地说，“我们多少高山大河都过来了，多大的困难都能克服，那么凶狠的敌人都能战胜，难道眼前的困难就克服不了？”

是啊！长征以来，在党中央、毛主席的领导下，朱总司令和红军广大指战员并肩战斗，战胜了多少艰难险阻啊！我还清楚地记得，遵义会议之后，红军渡赤水河之前，在土城和敌人打了一仗。就在那次战斗的一天傍晚，朱总司令突然来到我们团指挥所，亲切地询问部队的情况，仔细地观察敌人的阵地，他用的望远镜特别长，可以把敌人在远处山上的活动看得一清二楚。他帮助我们精确地分析了对面敌人的动向，嘱咐我们说："你们一定要打好，坚决守住阵地！"正是在朱总司令的直接关怀下，那次我们圆满地完成了战斗任务。今天，总司令又带领我们进行新的战斗，克服新的困难，我们怎么能辜负他的信任和期望呢？

大家都屏息聆听，室内异常寂静。朱总司令的感情似乎也很激动，沉默了一阵，才继续说："同志们一定要顾全大局，讲革命、讲团结。无论如何不能扩大矛盾，不能盲动。红军和红军冲突起来，那意味着对革命犯罪！破坏团结的只是个别人，他们正巴不得咱们打起来呢，我们千万不要上个别人的当。一、四方面军都是党领导的工农红军，是亲密的阶级兄弟。四方面军的同志有很多优点，正如中央毛儿盖会议所指出的，他们英勇善战，吃苦耐劳，一方面军的同志要很好地向他们学习，和他们搞好团结。马克思、恩格斯号召全世界无产者联合起来。毛主席说，团结就是力量。你们五军团善守能攻，有许多优点，但也有缺点，你们人少嘛，光有你们也不行，要大家团结起来，共同奋斗，革命才能胜利。"

朱总司令的这些话，真是字字千钧，句句在理，十分中肯、透彻。到会的同志一边侧耳倾听，一边用心思索，决心铭记在心，坚决照着去做，一定要为毛主席争气，让朱总司令放心！

最后，朱总司令以高昂的语调，语重心长地："同志们！我希望你们和我一起度过目前这个困难的时刻。只要我们坚持原则，按照毛主席的方针办事，胜利就是我们的！大家有这个信心没有？"

"有！"同志们把对毛主席、党中央的坚定信念，把对革命事业的无限忠诚，凝聚成这一宏亮、有力的声音，向敬爱的朱总司令表示了自己的决心。

一营长彭少青同志霍地站起身，大着嗓门说："总司令，你放心！我们一定听你的话……"他拭着眼泪，激动得再也说不下去了。

军团长董振堂同志这些日子沉默多了，也消瘦多了。他最后站起来说：“请总司令放心！我们一定坚持原则，冷静、理智地处理问题，决不感情用事，决不辜负党和毛主席对我们的期望！”然后，他又转向大家，说：“总司令的这些话，我们应该牢记在心，同时要向部队进行传达。只要每个同志都能从革命的整体利益和长远利益着想，即使有天大困难，也是能够战胜的！”

此后，五军团又继续南下了。

（六）

1936年春，张国焘的所谓“创造川康根据地”的南下方针就完全失败了。四方面军在天全、芦山、雅安地区，受到了薛岳、周浑元、杨森、邓锡侯等国民党中央军和地方军阀部队的多路围攻，仗越打越大，部队损失严重。南下时有八万余人，此时减员一半，只有四万多人了。部队被迫撤向道孚、甘孜、炉霍一带。当时张国焘仍旧企图向青海的西宁方向逃跑。但是，在事实的教育下，四方面军的广大指战员越来越清楚地认识到，张国焘这种一味向边陲偏僻地区逃跑的路线是完全错误的，只有北上和毛主席、党中央会合，才是唯一的出路。正在这时，由任弼时、贺龙、关向应等同志率领的二方面军，转战千里，历尽艰辛，来到甘孜地区。两支兄弟部队胜利会师了！

1936年6月，二、四方面军会合后，进一步增强了同张国焘斗争的力量。朱总司令和刘伯承、任弼时、贺龙、关向应等领导同志坚持毛主席、党中央的正确路线，同张国焘进行了坚决斗争，四方面军广大指战员也纷纷要求北上抗日，致使张国焘被迫取消伪中央，同意北上与中央会合。于是，二、四方面军各部陆续北上，向草地进军。我们团也踏上了第三次过草地的艰难征程。

我们团和三十九团从绥靖出发，经过马尔康，向草地方向前进。

一路上，我们看到路旁的树木上，民房的墙壁上，还留有去年中央红军贴的标语：“中国共产党万岁！”“中国工农红军万岁！”这一条条标语，有的虽已被风雨侵蚀得模糊不清，但是，它却像一支支熊熊燃烧的火炬，照亮了我们前进的道路，催促着我们加快步伐，踏着毛主席的足迹奋勇前进！

一天，部队到了黑水附近，停在大路上休息。大路旁边，有一片碧绿的草滩，突兀着一块大岩石，衬托着蔚蓝的天空，十分壮观。我和李连祥两个还没有走到跟前，就远远地看见石上写着：“北上抗日”四个大字。这字，写得苍劲有力，像雕刻在岩石上一般。我们俩人久久地看着看着，不约而同地扑上前去，抚摸着这块巨石，眼泪唰地淌了下来。我们的心情是多么激动啊！去年这时，毛主席率领中央红军经过这里北上，我们却在张国焘的逼迫下，掉头南下了。一年来，部队经历多少艰难曲折，受到多么大的挫折！今天，我们又按照毛主席的指示，踏着毛主席走过的道路，重新北上。看到这令人醒目的四个大字，我们增添了无穷的力量，决心克服前面的千难万险，回到毛主席、党中央的身边，为中国革命事业继续战斗！

为了对部队进行教育，我们通知各营，把干部、战士集合在巨石前面，进行现场动员。我说：“这石上‘北上抗日’四个大字，是去年中央红军路过这里时写的。他们坚决执行毛主席、党中央的正确方针，早已长征到陕北,打了许多胜仗,打出了一片大好的革命形势。与此相反，南下没有出路，南下是绝路，一年来的事实充分证明了这一点。现在，我们又重新北上，走上了去年毛主席、党中央走过的道路。顺着这条道路走，我们就一定能走到毛主席身边，走上抗日前线，走向胜利！”

李连祥同志接着大声地说：“同志们，我们要沿着毛主席、党中央指引的革命道路奋勇前进！”

在激昂的口号声中，队伍继续前进了。

过了黑水、芦花，在去毛儿盖的路上，我们又遇到一件非常意外的事。那天晌午，部队正停在一条河边休息，突然，从旁边树林里窜出一个头发很长、藏民打扮的人，上前来，一把抱住我们的一个战士。同志们大吃一惊，他却哈哈大笑，接着从怀里掏出一顶红军帽子，大声地说："同志们！我可盼到你们了，我也是红军啊！"说着，呜呜地哭开了。

大家更加惊奇，这是怎么回事呢？后来一问，他才详细地谈了自己的经历。原来，他是红一军团的一个司号员，去年部队长征路过这里时，因照顾同班生病的战友，俩人掉了队，在路上不幸被土司的反动武装抓去，当了土司家的奴隶。在那挨打挨骂的日子里，他俩日日夜夜惦记着部队，思念着毛主席，暗中商量如何逃跑。有一次，他俩逃了出来，可是当天下午就被土司的骑兵抓了回去。抓回去就是一顿毒打。那个战士有病，当场就被活活打死了。留下他一个人，只得暂时忍受着牛马不如的奴隶生活。前些日子，土司的管家说，红军又来了，快把粮食都藏起来，准备打仗。他听了心中暗喜，趁黑夜逃跑出来，一直藏在树林子里，寻找自己的部队。他说："离开部队这一年，我就像没有爹娘的孩子，泪水只能往肚子里流啊！当我一眼看见自己的队伍，看见同志们帽子上的红星，我又想哭又想笑，别说心里多激动啦！"

他的遭遇，同志们听了十分同情。大家对反动土司更加憎恨。李连祥同志安慰他说："你总算逃出了狼窝虎口，又回到咱们革命队伍里来了。我们要记住这笔血泪账，跟着毛主席干革命，消灭一切压迫、剥削人民的坏蛋！"

部队继续前进。这时最大的困难，仍旧是缺乏粮食。我们经过的地方，反动头人、土司裹胁着大部分群众，远远地逃走了。有些藏民发现我们是红军，便主动接近我们，告诉我们去年红军经过这里的一些情况。但他们都是穷苦人，没有粮食接济我们。

一次，我们住在一个藏族老阿爸家里。那个老阿爸开始很害怕，问他什么，他都不说。后来他又仔细看了看我们，像突然发现什么似的，指着我们帽子上的红星，十分惊喜地说："你们是红军？"

“是啊，老阿爸，我们就是红军。”我和蔼地回答说。

他立刻握住我的手，喃喃说道：“啊！红军是最好的汉人！是最好的军队！你们和藏民是一家人！”

说着，他就在屋里寻找东西，找了好久。双手颤颤悠悠地捧出一张纸条递给我。我接过来一看，见上面有一行端端正正的铅笔字：“红军和藏民是一家人。”

老阿爸接着告诉我，去年，红军也曾住过这里。当时，村上的许多人听说来了很多汉人的军队，都吓得逃走了；老阿爸因为有病，躺在床上没有走。可是，他感到奇怪的是，那些当兵的汉人进村以后，既不抢东西，也不乱打枪，一个个都和蔼可亲，还帮助乡亲们打扫院子，背柴背水，细心照料没有带走的牛羊。有一次，有个当兵的医生来到老阿爸家里，那医生只十七八岁，背着一个背包，亲切地向老阿爸问寒问暖。老阿爸望着那医生帽子上的五角红星，愣了愣，说：“你们是……”“我们是红军！”医生说着，发现老阿爸有病，马上就给他诊断，服药，还帮助他烧水做饭，体贴入微地照顾他。老阿爸的病很快就好了。他想去把村里的人找回来，但红军却要离开这里。临出发时，老阿爸要红军医生留下自己的名字。那医生想了想，就从口袋里摸出铅笔，在这张纸条上写了一行字，笑吟吟地对老阿爸说：“鱼和水最亲，红军和藏民是一家人啊！”

听完老阿爸的叙述，我很受感动，又仔细地看了看红军医生写给老阿爸的那张字条，对老阿爸说：“红军是穷人的队伍，是为穷人翻身打仗的，藏族和汉族的穷苦人是一家……”老阿爸听了很高兴，见我们没有粮食、只是以野菜充饥，一定要弄些东西给我们吃。但是，他家里四壁空空，自己也饿得面黄肌瘦，我们怎么忍心吃他家的东西呢？所以，还是婉言谢绝了。

部队进入草地之前，由于长时间以野菜代粮，战士们的体力越来越差。我们开会研究，无论如何要想办法筹集一些粮食，让大家吃几顿饱饭，以便通过茫茫的水草地。但是，团供给处的同志出去筹粮，每次都是空着手去，空着手回。怎么办呢？我们只得打地里庄稼的主意了。那时青稞正在灌浆，粒子还不很饱满，但它总是真正的粮食啊！请示上级同意后，供给处就派人和藏民商量，出钱买他们长在地里的青稞，然后叫部队去收割。同志们听说有青稞麦吃，非常高兴，都跑到指定的田里去摘麦穗，拿回来放在火上烤，烤熟了，就用手把麦粒搓下来，一把一把地往嘴里塞。虽然麦粒没有磨碎，有的烤糊了，有的还是生的，但是，大家吃得特别香。

（七）

部队离开毛儿盖不久，就来到草地边沿了。我们极目望去，只见草连着天，天连着草，雾气沉沉，灰蒙蒙一片。我久久地凝望着，不禁想起去年，我们从阿坝第一次进入草地后，军团保卫局科员刘保山同志怀着未能跟随毛主席北上抗日的遗恨，在草地里倒下了。那时同志们是一个心思北上啊！可是到了噶曲河，却来了个原地折回，这是我们万万没想到的。当我们返回阿坝，越走离毛主席、党中央越远的时候，两条腿就像灌了铅似的，迈着沉重的步子，心里是多么难受！今天，我们要第三次过草地了，虽然饥饿严重地威胁着大家，但我们是找毛主席去，找党中央去，心里格外高兴，就是有天大的困难，也挡不住我们前进的脚步啊！

我们团的队伍浩浩荡荡地开进草地了。去年中央红军经过时踩出的路，还依稀可辨。红旗呼啦啦飘，歌声此起彼伏。团宣传队的同志们鼓动着大家，不时地喊道："毛主席、党中央在盼望咱们呢，快点走呀！我们只要不怕饥饿，不怕疲劳，互相帮助，去战胜困难，就一定会胜利地回到毛主席、党中央的身边！"

当时，团政治处为了鼓励大家和大自然作斗争，安全、胜利地通过草地，还出了手抄的“行军小报”一个营一份。内容主要是表扬一些行军情绪高，团结互助好，歌唱得多的同志和掉队少的单位。形式多样，有快板、短文、歌曲等。草地行军中，小报从前头往后传，传到哪个班，哪个班就选派一个有文化的同志念给大家听。大家听到班里同志大着嗓门念完快板，又唱起山歌，十分高兴。有时一遍不行，还要来两遍三遍。随着小报从前往后传，笑声和掌声也跟着从前头传到后尾。最后，那张报纸被揉得字迹都无法辨认了。

晚上宿营时，同志们到处找野菜，但野菜却很少。大概是由于去年红军打这里过，把野菜都挖光了。眼看又要断炊，我和李连祥团长便到军团部，向军团首长汇报了这一情况。董振堂同志沉思很久，然后说：“今后宿营要尽量避开去年部队的宿营点，这样野菜可能好采些；同时还要注意发现一些新的可吃的野菜。”接着他又说，“最近我尝了两种野菜，是过去没有吃过的，味道很好。可见能吃的野菜一定还有，要发动群众多想些办法。”

我们正要起身告辞，警卫员给军团首长端来一小盆野菜糊糊汤，接着又拿来四个热气腾腾的野菜、青稞窝窝。我们知道，这是四位军团首长的晚饭，已是少得不能再少了。我们起身要往外走，军团长却把我们叫住：“不能走，一起吃了饭再走！”

“不啦！我们回去再吃。”

“你们回去吃什么？”董振堂同志几乎是生气了。副军团长罗南辉同志也上来拉住我们，强迫我们坐下，叫警卫员再拿碗筷来。

碗筷拿来了，董振堂同志亲自把菜糊糊匀成六碗，把四个窝窝掰成六份，然后笑着招呼大家说：“吃吧！东西不多，垫垫肚子，要吃饱只有等走出草地了。”

我拿起筷子，看看军团首长和蔼的面容，听着他们亲切的话语，深深感到这碗里的野菜汤，手里的窝窝头，凝结着深厚的阶级情谊和同志间的友爱！

进草地后，越往前走，气候越恶劣，道路越泥泞，困难也越多。同志们感到饥饿难忍，身体虚弱也一天比一天突出。这时，队伍里开始出现掉队的同志了。我们清楚地知道，在草地里行军掉队是非常危险的。一个人孤单单地落在这漫无边际的大草原里，很快就会迷失方向，不冻死也会饿死，想独自走出草地几乎是不可能的！所以，我们通知各连，一定要加强同志间的团结互助，做到不落下一个阶级兄弟！

那天下午，我和警卫员李云同志牵了牲口，带着一个病号，走在队伍的后头。正走着，遇到一个班长和一个战士坐在路旁，而部队已经渐渐向前走远了。

“你们怎么啦？”我上前问道。

“政委，他走不动了。我们歇一会儿。”班长说着，又回头问那个战士，“好一些吗？咱们慢慢走吧！”

那个战士看看我们，摇摇头说：“我实在没有一点力气了。不要管我，你们先走吧！”

我走到他跟前，鼓励道：“同志，别泄气么！平时我们说要北上找毛主席，找党中央，不怕一切困难，怎么眼前的困难就克服不了？要坚持，咬着牙坚持，坚持下去就是胜利！站起来，让你们班长扶着，慢慢地朝前走！”

他看着我们期待的目光，感动地点点头，鼓起勇气站起来，可是刚站直身子，只觉得一阵头昏目眩，又沉重地坐下了。他哭着说：“我的心是坚决的，可是我的身体……”

我们都很着急，连马背上的病号也挣扎着要下来，把牲口让给他骑。警卫员李云同志说：“他这是饿的，我这儿还有两个野菜窝窝。”说着，从挎包里拿了出来，送到他的面前，叫他赶快吃下去。开始，那个战士不肯接，说“我吃了也没有用，还是留着吧！”可是在大家的劝说下，他接了过去，几口就吞下了。过了不一会，他就像吃了什么灵丹妙药似的，觉得头也不昏，眼也不花，身上也有劲了。终于，他自己站起身来，催促班长说："现在好了，咱们赶队伍去吧！"

我在后面走着，看着那个战士的背影，陷入了沉思：饥饿，饥饿，饥饿对我们的威胁越来越大，我们应该怎么和它作斗争呢？不然，许多同志是无法走出草地的呀！

草地的天气，真是变幻莫测。那天，我们早上出发时还晴空万里，走了不到 20 里路，乌云布满了天空，风飕飕的，小雨淅淅沥沥地下起来。

草地在晴天都是灰蒙蒙的，此时，更是白茫茫的一片。地是湿淋淋的，草是湿淋淋的，我们身上的衣服也都是湿淋淋的。冷风吹来，浑身打颤。饥寒交迫之苦，真是无以复加了。

队伍顶风冒雨，在泥浆里深一脚、浅一脚地前进着。许多同志互相搀扶着走路。这时前面有人提醒，把火柴和盐巴藏好，别叫雨水淋湿了。我想起李云同志身上也有一小块盐巴，便赶忙问道："小李，你把盐巴放好了吗？"

他说："放好了，放在装文件的皮包里，淋不着。"

原来好多天了，我们没有盐吃。喝水，水是淡的；吃野菜，野菜是淡的。嘴里无味，身上无力，很是难受。大家想吃点盐，甚至比想吃粮食还想得厉害。行军中，经常可以听到有人说："要是有几颗盐粒含在嘴里，那该有多美啊！"当时在草地里，对红军战士来说，吃几颗盐粒也成了一种奢望。小李身上的那块盐巴，还是在绥靖时买的。一直舍不得吃，现在简直成了宝贝。有时宿营以后，我们煮熟一锅野菜，有人提议："今天改善一下，放点盐吧！"小李才从挎包里拿出一个小纸包，取出盐块，在锅内转上两三圈，然后又赶快收藏起来。这样，野菜汤里能尝到一点咸味，大家就觉得格外味美可口，算是打了一次"牙祭"。

中午，雨仍然下个不停。部队在草地里休息。由于没有干柴，生不了火，喝不上开水，同志们只是背靠背地坐着，听任雨水顺着帽沿、脸颊往下流。

我和李连祥同志坐下不大一会，三营营长谭庆云同志急匆匆地跑来报告说："又有一个战士昏倒过去，抢救也不见效，看来不行了。"我们听了一怔，忙站起身，叫他领我们去看。在一片小高地上，围着的一群人中间，一个战士脸色灰白，直直地躺着，手里仍紧紧地握着一杆枪，张着嘴，好像是向我们要吃的东西，又好像是有话要对我们说，但是，他的心脏已经停止跳动。

疾病、饥饿、寒冷，又夺去了一个战友的生命；残酷的草地，又吞噬了我们一个阶级兄弟！我们脱下军帽，悲痛地低下了头，泪水和雨水一起流着……我心里说：如果不是张国焘率队南下逃跑，我们也不会付出这样大的代价呀！

在下午的行军途中，我迈着沉重的步子，脑子里怎么也摆脱不了那个牺牲的战士的形象，深深感到当前饥饿的严重性。我知道，进入草地以来，大家几乎把一切可以吃的东西都吃掉了。本来，不少同志头上有遮阳挡雨的皮斗笠，脚上有一块包脚板的牛皮。现在，皮斗笠和包脚的牛皮，连同腰上的皮带，都已煮着吃掉了。昨天晚上，警卫员李云同志把我们几个团领导的皮带都收去了。他先是在火上烤，烤得嗤嗤冒油，发出一股恶心的油漆味，然后就放在水里煮，煮烂以后，切成小块，分给每个人。

我暗暗思忖着：进入草地以来，我们团已倒下了十多个同志，现在我们正在草地深处，出草地还得几天路程，如果继续这样下去，病号会不断增加，还会有一些同志无法走出草地。这时，走在我旁边的李连祥同志突然对我说："老谢，咱们宰掉几头牦牛吧！"

原来，一直默默地走路的团长，心里也在琢磨着这个问题。我抬头看看前面一头驮帐篷的牦牛，那牲口瘦得皮包骨头，有气无力地一步一步朝前走。我想：也只有这一个办法了，但又犹豫地说："把牲口杀掉，帐篷怎么办？"

他却胸有成竹："不要多杀，一个营杀一头，丢掉几顶帐篷影响不大，当前是解决吃的问题要紧啊！”

我想不出别的法子，只得点头同意。并说：“杀了牦牛以后，对一些病号、身体虚弱的同志要适当照顾，让他们多吃点。”

李连祥同志十分赞成，接着又把我们的意见和参谋长、政治处主任说了一下，便通知下去了。

傍晚，部队在一块高地上宿营。雨已不下，天渐渐放晴，草地上到处有哗哗的流水声。在一条小河边，我们组织人员宰了四头牦牛，把牛肉、牛皮和牛血都分到各个连队。战士们听说有牛肉吃，喜出望外，不顾疲劳，捡回很多柴禾，挖了不少野菜。天色渐渐暗下来，大家把篝火烧得旺旺的，一边煮分到的牛肉，一边烘烤淋湿的衣服。一时间，到处散发出喷香的牛肉味。这香味，对我们来说，是多么诱人啊！

夜深了，我和团长到各连去看时，战士们不仅吃光了牛肉，而且把骨头也啃得干干净净，连汤也喝得一点不剩了。饥饿暂时得到了缓和，同志们都兴高采烈地围着篝火，讲故事、说笑话，情绪十分活跃。

草地行军到第七天下午，我们终于又一次的走出了草地。

我们走到草地的边沿，发现天空有鸟雀飞鸣，地上有牛羊吃草，远处有村庄人烟，生机盎然。看到这一切，我们那种喜悦的心情，就像长久漂泊在海洋上的船员，一下子发现了陆地似的，心都要蹦出来了！同志们三人一群，四人一伙，紧紧地抱在一起，跳跃着，欢呼着：“我们终于战胜了草地，我们胜利了！我们就要回到毛主席、党中央的身边了！”

在欢乐的人群中，那个在草地掉队的战士，拉着班长的手，激动得几乎哭出声来：“我们真出草地啦！”

那班长凝视着远方，深情地说：“是啊，我们一步一步从草地走过来啦！”

在包座住了一晚，补充了些粮食，休息了一下、第二天各连都把自己的战旗打开，在灿烂的阳光下，迎着从北方吹来的和风，徐徐飘动。

红旗漫卷，军号嘹亮，大家迈着矫健的步伐，雄赳赳，气昂昂，又踏上了新的征途。

我们经过腊子口、哈达铺、岷州等地方，到达西兰公路。

选自谢良：《独脚将军传奇》，华夏出版社1987年6月第1版，第82—113页。

谢良，1915 年生，江西兴国人。1930 年参加中国工农红军，同年加入中国共产党。红军长征时任红一方面军第五军团十三师三十七团政治委员、红四方面军第五军十三师政治委员。新中国成立后，曾任平原军区副政治委员兼政治部主任、华北军区政治部第二副主任、石家庄高级步兵学校政治委员、宣化炮兵学院政治委员、炮兵副政治委员、全国政协常委等职。1955 年被授予少将军衔。1991 年在北京逝世。

三过草地[①]

吴先洪

1935 年 8 月，党中央、中央军委在夺取松潘的作战计划被张国焘破坏以后，为了贯彻原定战略方针，决定红军经草地北上。我所在的左路军所属各部队在阿坝地区作短暂的思想和物质准备后，于 8 月下旬向茫茫草地进发。

一过草地

实际上，我们从茂县出发去阿坝集结的行军，已经进入了草地，不过那是草地的边缘。那时，我在红四方面军三十一军九十三师二七一团二连当指导员。最初的行军还能遇到藏族的居民点，以及大小喇嘛寺，而且有路可循,天气也还算正常,部队情绪也很高。而真正进入草地后，情形就完全不同了。

草地的气候瞬息万变，正当天气晴朗，烈日当头，每个人汗流浃背的时候、突然阴云四合，狂风暴雨迎面打来，或者雪花飘舞，冰雹乱飞，每个同志冻得浑身发抖。我们本来就衣服单薄，又没有雨具，即使

① 编者对原文个别地方略有修订。

有防雨防寒的装备，对这样迅雷不及掩耳的变化，也是防不胜防的，而且草地上又没有路，到处都是河沟、淤泥、沼泽。有的好一点的地方，可以踏在草皮上行走。但如果一脚不正，掉在泥淖里，轻者是沾一身泥水，严重者陷下去就再也爬不上来，真是“人陷不见顶，马陷不露颈”。所以每走一步，都要付出不可估量的代价。唐朝大诗人李白曾有诗说，“蜀道难，难于上青天”。他如从草地上走一趟，更会感到草地行，比蜀道剑阁还要难。

越往前走，接近草地的中心地带，困难就越加严重。夜间露营草地，草原之夜的寒冷、更使人难以忍受。虽然在烧“饭”的篝火旁能有片刻的暖意，但肚中少食，身上缺衣，所以篝火也解除不了疲劳和寒冷。大家只有在用几根木杆支起的“床单帐篷”下挤在一起，或者是背靠背用体温取暖。有时，夜间下起雨来，河水泛滥、连躺着的干地方也没有了，只有互相靠着站在漏雨的布篷下，度过那难耐的寒夜。

每天是天亮以后出发，傍晚就宿营。遇到比较好的路段，每天能走五六十里，或者还能多些，但遇到难走的路段，一天只能走三四十里，由于吃不饱，睡不好，每个人的体力都消耗很大。在软绵绵的草地上，每迈出一步都是很困难的。每当夜晚，远望前方一缕缕浓烟升起，知道前头部队已经宿营点起了篝火，这时大家互相鼓励着、搀扶着，鼓起最后的劲头，来完成这一天的最后行程。这时各班都派出两三个人，一面前进，一面采野菜和拾些干柴。到了宿营地，每班找一块比较干点的地方，架起干柴，用洗脸盆把采集来的野菜等洗后放在盆里，再放点粮食，这就是一顿丰盛的晚餐了。尽管东西不多，可是同志们却是互相谦让着让别人多吃一点，尤其让年龄大、年龄小和身体病弱的同志多吃点。有时每熬过一个饥寒交迫的夜晚，早起行军时，就有几名同志永远长眠草地，而不能北上一步了。

在行军中，连长带着队伍前进，我和通信员赵大旦、卫生员小张、九班副班长等四个人，作为连的收容队走在最后，帮助病号或掉队的同志背枪或者搀扶他们前进。当时我年轻，体质也好，所以每天都背着两三支抢行军，其他几位同志，也都抢着多背枪，以减轻掉队同志的负担。有一天，五班的王全和同志因为有病掉了队。他是四川南江县人，个子不太高，但身体很健壮，而且个性也很倔强，是全连有名的大力士，在行军中经常帮助别人，同时又是连里的活跃分子。由于进入草地后，粮食日益缺乏，每次开饭时，他总是让给别人，他有时只喝点稀汤，而行军时总帮别人背枪，饥饿和疲劳使他病了。他虽然有病掉了队，却坚决不让我替他背枪，硬是从我肩上把枪夺了回去，并顽强地说:“我能行，把枪给我背吧！”我和赵大旦轮流搀扶着他，他脚步蹒跚地又走了一段路，但步子越来越乱，我赶紧过去把他的枪拿了过来，然后和小赵两人搀着他缓慢地向前走。在太阳偏西，接近宿营地的时候，王全和同志却突然说：“指导员，我的两条腿不管用了，我怕不能再走了，希望你们大家早日走出草地，去打日本鬼子吧！”我看着他那痛苦的神情，赶紧打开干粮袋抓出一把炒面递给他，他推开我的手摇着头说：“我不饿，还是留给同志们吃吧！”说着拖着沉重的腿要往前走，赵大旦赶紧上前搀扶着他，他咬着牙吃力地迈着沉重的步子。一步、两步、10 米、20 米……他突然从赵大旦手中滑下去摔倒了，我赶紧跑过去，和小赵把他扶起来，想让他坐着休息一会儿，吃把炒面再往前走，但当我俩把他翻过身来一看，才知道他已停止了呼吸，永远离开了我们。

随着行军时间的增加，粮食已经越来越少，只能靠吃野菜维持生命。一天宿营后，大家都采野菜去了，我从针线包里拿出一根针弯了个鱼钩，到小河边去试着钓鱼。不料用这样的钩，居然钓上来一条七八两重的鱼。我赶紧跑回来，用这条鱼做了一洗脸盆鱼汤，连长抓出了两把炒面，然后把这一锅炒面野菜鲜鱼汤，端到各班，每个班的锅里都倒了一点这带有鲜鱼味的菜汤。于是河里能钓上鱼来的“喜讯”传遍了全连。在后来宿营的时候，同志们也试着去钓鱼，而且经常有所收获。这种少油无盐的小鱼野菜汤，在草地行军过程中，便算是美味佳肴了。

二过草地

9月2日,我们草地行军来到黄河上游的支脉——噶曲河。第二天,突然接到上级命令,部队立即返回阿坝。接到命令后,大家的情绪骤然低落,因为这意味着要第二次走过人迹罕至的茫茫草地。

为什么不北上了,返回阿坝到哪里去打日本鬼子?大家都满腹疑虑,不知发生了什么事情。

部队出发了,按照北上走过的路,又往回走,虽然轻车熟路,走起来似乎轻松一些,但是粮食已经所剩无几,况且草地的9月,虽不是寒风刺骨,却已是金风肃杀。身上最多只有两件单衣的红军战士就更加饥寒交迫,困难远比北上时多得多了。

干粮吃完了,由于大军往返经过,能吃的野菜也很不好找了,这时上级搞到一些羊,每个连队每人每天靠分得的一点点羊肉维持生命。在又冷又饿、连续行军的情况下,又有些战士被这恶劣的自然条件夺去了宝贵的生命。

越是没吃的,却越是吃得多。分得的一点羊肉吃进肚里就好像没吃东西一样,肚里总是觉得饿,总觉得若是有粮食,一顿饭也能吃下三斤米。实在没吃的了,饥饿逼出了新"食谱",我们把皮子用来煮了吃。于是,同志们在路上把过去扔掉的皮草鞋拾了回来,放在篝火上把毛烧掉,把焦糊的地方用刀刮干净用水煮。这玩艺儿吃起来很有嚼头,也很耐饿。后来路上拾不到皮子了,没办法就把脚上穿着的皮鞋脱下来煮着吃。鞋吃掉了只好光着脚板走路。有的同志脚被扎坏了,肿得老大,仍坚持行军。有的同志因化脓感染严重,最后漫及全身而丧失了生命。皮草鞋吃光了,就又把身上扎的皮带和枪背带都解下来煮了吃掉了。

吃皮带对胃肠不好的同志,又是一个严重的考验。记得我连炊事班的一个年龄比较大的同志有胃病，他的胃疼得很厉害，以致走不了路。但不吃东西怎能维持体力返回阿坝呢？炊事班的同志为了照顾他，每当行军休息或宿营后，就到水边去钓鱼，其他班的同志钓了鱼，有时也送给他吃。在同志们的关怀下，使这名战士得以维持生命。

就这样，我们又克服艰难的行军和难挨的饥饿，并付出了在草地上又倒下一批战友的代价。第二次走过草地，回到了阿坝。

到阿坝宿营后的第一件事就是尽快搞吃的。我带领一个排到阿坝以南几十里外去搞粮食，但是，几万大军驻扎在这儿，又为过草地多次筹粮，把方圆百里的粮食都买光了，如今还到哪里去买粮啊！幸好，我们在一个藏族家的一间空屋里，发现了很多不知存放了多少年的牦牛皮，我们全部买了回来。后来又发现一块地里有快要成熟的蚕豆和豌豆，经过再三向藏胞宣传，总算卖给我们部分，这些东西，就是我们返回阿坝驻扎期间的全部给养。

返回阿坝也就是 9 月 10 日左右，我接到通知去参加在总部召开的党的积极分子会议，会场设在喇嘛庙的宽敞大殿里，会场布置很简单，但贴的几条标语却很醒目。什么“反对逃跑主义”、“反对机会主义”等等。当时感到很奇怪，谁是逃跑主义、机会主义呢？开会了，没让下边汇报，也没有别人发言，只是张国焘的一篇大报告。内容主要是把党中央、毛主席北上抗日说成是“右倾逃跑主义、机会主义”。他主张部队南下，打到成都去，消灭四川军阀，建立川、康（西康）根据地等等。当时，我们听了都不知道出了什么事，都感到非常吃惊。虽然在两个方面军会合时，就听到一些“小广播”，那时也只认为是部队之间的关系问题。可是现在毛主席率红一方面军北上抗日，却成了“右倾逃跑”，而我们却又要南下，这不又分裂了么？

会议休息时，看见朱总司令在会场外边散步，又想到会场内主席台上并没有朱总司令在座，才意识到这是朱总抵制这个会议，他没有参加。虽然当时自己年龄小，职务也很低，还不能完全了解当时的具体情况，但看到心目中的英雄——朱总司令没参加会议，所以对张国焘在会上的讲话有些怀疑。心想：为啥不团结一致闹革命而要各搞各的呢？两个方面军会合之前，红四方面军也一直是宣传要北上抗日，而今北上抗日怎么又成了“右倾逃跑主义”呢？脑子里一时转不过弯来。

会议除了休息时由张琴秋领唱了几次《国际歌》外，只有张国焘的一个大报告。实质上这个会是张国焘反对党中央、分裂红军的一个亮相会，会上公开打出了反党、分裂红军的旗帜。会后，有人还谱写出一首拥护反党、分裂红军的歌——《南下行歌》，并通知全军学唱，而且要限期学会。

阿坝会议之后，9 月中旬，我红四方面军全体和红一方面军的五军团、九军团，从阿坝地区先后南下，集结于马塘、松岗、党坝一带待命。

三过草地

1936 年 4 月，红四方面军在被迫转移途中，越过了长年积雪的党岭山，在甘孜的道孚地区进行了一段时间的休整后，准备第三次走过荒无人烟的草地。

5 月中旬，上级叫我到红三十一军教导营去学习，去后没过几天，让我当了一连的支部书记。在教导营里，一面进行紧张的学习，一面积极作第三次过草地准备。供给部发下来一些牛羊毛，我们就学着捻线，织毛衣和手套。人人动手，自织自用，业余时间还要多打几双草鞋，以备过草地时穿。在教导营学习过程中，听到红二方面军已经渡过了金沙江继续北上，快要和我们会合了。

6 月中旬，教导营正随军部向北移动，通过道孚县到炉霍一带集结。我们又听到红二方面军已到达甘孜地区和我们红四方面军会师了，这一胜利消息给了我们很大鼓舞。到炉霍的第二天中午，张国焘来到教导营，并要到我连来看看，我们全连列队迎候他。张国焘在营长和连长陪同下，说是来检查过草地的准备工作，实际上只是来亮亮相而已。因为当他们一行人到我跟前时，连长介绍说："这是我们连的支部书记"，但他并未询问过草地的准备工作等有关情况，而是突然问我："你会唱打骑兵歌么？"我赶紧回答说："大家都会唱。"又问："二方面军和我们会合了，你们知道么。""知道。"我说。他只是和全连同志这样见了一下面，也没再讲话，就匆忙地走了。

这时，我们接到上级通知，在炉霍休息一星期，做好过草地的一切准备工作，个人除了搞些牛羊、自制五双皮毛鞋外，主要就是准备干粮。但不是自己去筹粮，而是到供给部兵站去领取原粮，自己加工。

我们把粮食和盐分次扛回了连队，除每个人应留的份额外，其他都交给炊事班。这一段时间就是领粮、分粮、炒豆子、炒小麦，找小磨加工炒面，再就是打草鞋。但部队人多锅少，石磨也不多。又要找皮子家制皮草鞋，大家忙得团团转。为了改善物质条件，上级还给每班配发一顶小型帐篷和两个洗脸盆。这样，过草地的物质准备基本齐全。

这次过草地，从组织动员到物质筹划，到政治思想工作，准备都是比较充分的，尤其是思想和干粮的准备，比上次过草地要充分得多。

7月2日，我们从炉霍出发了，目的地是草地北面的包座方向。时令正值盛夏，草地里各种野花盛开，但困难却更多，因为这次路程远，走的时间要长，我们是为了抗日而北上，同志们都希望早日到达抗日前线，所以部队情绪很高。同时大家都有克服困难的准备，因而进入草地后，部队中歌声不断，有时军文工团在宿营后，给部队演些小节目，以鼓舞士气，消除行军跋涉的疲劳。

草地上根本没有道路，到处是茂密的野草。草地行军开始的几天没有遇到沼泽和难涉河流，行进中以一个连为一群的不规则的方队平推着前进，这样大家在一起互相鼓舞，情绪很高，很少有掉队的，一般情况下是天亮之后出发，中午休息，集在一起吃干粮，下午 5 时左右就宿营了。草地上夜间虽然很冷，但我们有帐篷，睡得还比较舒适。

7 月 5 日宿营后，我被王树声军长叫去谈话，让我立即到红二七一团五连去当指导员。尽管我到教导营才只一个多月，还没学到更多的东西，但我愉快地服从了组织分配，当晚就到了五连。

五连全体指战员总共 87 个人，在人数上是个中等连队，连里有好几名老弱病号和 20 几名在莲花山一带入伍的新同志。几天的行军，部队已进入草地的腹地。此处气候多变，气温也比以前一段低，昼夜温差很大，空气稀薄，地上也不像刚进草地时那样好走，大多要踩着前面同志的足迹，一步步试探着前进。遇到沼泽地就更加难走，有时一脚下去泥水没到膝盖，每前进一步都非常困难。由于体弱者和病号日益增多，我们收容组的五六个人每天替病号背枪，照顾他们，所以收容队每天要被部队拉下十多里。有时只能走四五十里路。这样带的干粮就不够吃到走出草地了。十几天来，有的同志干粮袋已经空了，大家只有靠野菜和个人的皮草鞋、皮带充饥，还发动大家钓鱼。一些同志由于饥饿倒在了草地上，所以粮食就是生命。越往前走，不仅粮食没有了，一些能吃的野菜也由于先头部队多次的采集也不好找了，所以不得不采些大黄叶吃，明知这菜有微毒，但也得吃，吃之后脸和四肢都肿了。后来不得不把进草地前，上级用来驮文件和物资的牦牛、驮马杀了分给各连。有的领导同志为了解决饥饿，忍痛把乘马也杀了分给战士们充饥。我们连也分到一二头牛，这对八九十人的连队来说算是极大地改善了。我们把牛杀了，把肉分到各班，虽然少盐无佐料，但能吃上一顿牛肉，大家也心满意足了。因为尽管吃的是用火烧或用洗脸盆煮的半生不熟的肉，但比野菜汤好多了。牛肉吃光了，牛的五脏也吃了，最后剩下的牛皮也成了佳肴。先用火把毛烧掉，泡在水里把焦糊的毛刮掉，放在脸盆里煮到大半熟时，吃起来比干皮带要好得多。

有一天早晨，部队快要出发了，听说王树声军长下令要枪毙一个排长，原因是这个排长把分给他们的牛，吃了肉把牛头埋掉了。当然刮一个牛头是要费不少时间，但是一个牛头可以刮下不少可吃的东西，就可以使一二十人不致挨饿，甚至可以救活几个同志的生命。一个排长这样不关心战士的生活和生命，随便扔掉牛头，当然是不对了。后来，又把牛头找了回来，才算免了他的死罪，但这个排长被撤职了。

断粮之后，除靠上级有时发点牛肉和我们自己的皮带、皮草鞋之外，就是以野菜、草根为食了，同志们在饥寒交迫中坚持行军北上。有一天，通信员小王偷偷告诉我，他还保存着一个后备干粮袋，有二三斤炒面，他说到饿得实在不行的时候再拿出来。原来在出发前，他多缝了这个小口袋，另装了这么点炒面，一直背在身上，晚上就当枕头枕着睡觉。第二天宿营后，我发动那些没去采野菜的战士去钓鱼，全连钓到大小十几条鱼。然后，把鱼切开，各班大致平分了一下，小王就打开他那后备的干粮袋，各班都给一把炒面。这叫鲜鱼炒面野菜汤，大家喝起来都觉得十分香甜。后来小王把剩下的炒面分给了几个病弱的同志，没承想，就那么个小干粮袋，却救活了好几个同志的生命。可小王后来饿得差一点没走出草地。8 月 1 日，我们胜利地走出了草地，但我连却有 11 位同志，永远安息在草地里。

当我们到达包座地区时，前卫的兄弟部队已经夺取了天险腊子口，红军似出山的猛虎，迅速挺进甘南。首战哈达铺，打了敌人一个措手不及，进而包围了岷州，又连克漳县等数座县城。

10 月，红军第一、二、四方面军在会宁等地胜利大会师了，从此，我们又回到党中央、毛主席的英明领导下，中国革命从此又开创了一个崭新的局面。

选自沈阳军区政治部编研室编:《红军将士忆长征》，白山出版社1996年8月第1版，第436—444页。

吴先洪，1916 年生，河南新县人。1930 年参加中国工农红军，同年加入中国共产主义青年团，1932 年转入中国共产党。红军长征时任红四方面军第三十一军九十三师二七一团二连指导员、特务连连长。新中国成立后，曾任解放军第六十八师师长，炮兵第二十一师师长，炮兵学院院务部部长、副教育长，炮兵科学技术研究院副院长，吉林省军区副司令员、顾问等职。1994 年在长春逝世。

关于红四方面军三过草地的一些情况

唐荣华

我自1933年9月参加红军，一直在红四军十二师三十六团，参加了三过草地，对张国焘错误路线有亲身的感受。

1935年1月中下旬，我们经万源、通南巴，到广元，参加广昭战役。围攻广元未下，这时，红四方面军接中央指示，集中主力向嘉陵江以西进攻，配合红一方面军北上，消息传来，党内党外，干部战士无不欢欣鼓舞。2月初，我们从广元渔渡河向陕西进发，4日克宁强。再由新铺湾打到勉县，在勉县附近消灭胡宗南一个团另一个营，以及当时西北军的一个旅。3月上旬，上级命令我们回师川北，配合一方面军入川。我们又从勉县出发，下旬强渡嘉陵江，接连攻占剑阁、梓潼、江油。但就在这样节节胜利的形势下，张国焘擅自放弃川陕根据地。5月中旬，强令部队由成都附近出发，转移到茂县、平武、松潘一带，尔后经毛儿盖到达阿坝。8月中旬，中央召开毛儿盖会议，进一步肯定了北上抗日的方针。全军广大指战员热烈拥护中央的正确方针，积极准备北上，经阿坝到达上下包座，这是我们第一次过草地。这次是在正确路线指引下过草地，部队情绪高昂，战斗顺利，很少伤亡。我所在的三十六团一连136人，只发生三个病号，全连人员平安到达了包座。

我们到达包座的第六天晚上接到中央下达的命令，但次日早上突然变了。张国焘为了实现其分裂党分裂红军的阴谋，蛊惑人心地提出了“打回老家去，打回四川去”的口号，与中央北上抗日的路线相对抗，叫我们南下。中央为了挽救四方面军，一面说服张国焘停止分裂主义的错误行为，一面派了朱德、刘伯承等同志随四方面军行动。1935 年 9 月下旬，四方面军开始南下，我们四军经绰斯甲，翻牛头山，而后到达绥靖、丹巴，再经懋功，到天全。

部队来到天全一带，四川军阀刘湘、杨森、田颂尧、李家钰、罗泽周、邓锡侯，以及蒋介石派来的薛岳、胡宗南的队伍，从四方八面围了上来。红四方面军在天全苦战，消灭了刘湘的模范师、教导师之一部，占领了天全，打到芦山，接近雅安。这次南下行动，因背离了中央路线，部队人员、武器损失严重，我们连从包座出发的 136 人，到达天全时，加上沿途补充总共还不足百人。

打完天全一仗，敌人以十多个旅的兵力向红军大举进攻，红军虽经苦战，毙伤敌 1.5 万，但自己也伤亡惨重，精疲力乏，士气渐低。从天全打到芦山，又打到百丈，好多老同志都牺牲了。部队虽在天全、芦山、荥经一带得到一些补充，但部队总的战斗力是大大削弱了。由于当时四方面军远离中央，远离兄弟部队，四面受敌，孤军作战，不久即不得不撤离天芦地区，继续向西转移。部队沿天全、崇化，翻夹金山，再经丹巴，翻党岭山，过道孚、炉霍，到达甘孜地区。千里转战中，红军以疲惫之师与强敌周旋，再次受到重大损失。

到了甘孜，因为张国焘实行“左”的政策，部队得不到群众的支持，难以立足，不得不第三次过草地。1936 年 7 月初，我们从甘孜出发，经道孚、炉霍，向甘南转移。于月底到达甘肃南部的新城、旧县、岷州。这次过草地，部队不但要和国民党军队作战，而且受到反动地方武装的袭扰。特别是张国焘的“左”倾政策使我们失去了群众，部队吃、住、打无不困难，损失比前两次行动还要严重。我们连队，原来的 130 多名老同志只剩下四人了，其余都是沿途补入的。

在这种情况下，张国焘仍执迷不悟，在甘南又提出打到新疆去，争取苏联帮助，企图保存实力，与中央分庭抗礼。当地群众说，从甘南到新疆过沙漠，要走“穷八站”、“富八站”、“不穷不富又八站”（每站120里）。张叫部队做准备。在这期间，红四军的十师在旧县被“五马”军阀包围了一个星期，后调了九军和独立师才解围，把十师接到威戎、打拉池一带。张国焘却还不放弃“CC路线”，坚持把三十军、九军、五军组成西路军，沿河西走廊开进，而把四军、三十一军丢在后面不顾。张国焘在过黄河时已经上了船，因遇上国民党飞机轰炸，才临时返回。西路军由陈昌浩、徐向前带领。这时，中央为再次挽救四方面军，派了徐海东带陕北红军到打拉池接应四军、三十一军，把我们接到了定边、盐池进行休整，10月下旬，西路军向甘肃凉州一带进军，因没有群众支持，渐渐陷入绝境。在西北“五马”（马明方、马鸿逵、马步青、马鸿宾、马步芳）军阀的重重包围下，屡遭打击，坚持到1937年3月，终因弹尽粮绝而全军覆没。只有数百人在李先念同志率领下，苦战突围到新疆，至此，红四方面军只剩下四军和三十一军了。

选自谢振华等:《征程曲——我们的战斗回忆录》(上)，军事科学出版社1987年12月第1版，第70—72页。

唐荣华，1919年生，四川达县（今达州市通川区）人。1933年参加中国工农红军，1934年加入中国共产主义青年团，1936年转入中国共产党。红军长征时任红四方面军第四军十二师三十六团战士、班长，第十师二十八团排长。新中国成立后，曾任昆明军区警卫团长、玉溪军分区副司令员、曲靖和保山军分区政治委员、第十一军副政治委员等职。2008年在昆明逝世。

三过草地

李映光

1935年6月12日，一、四方面军在四川西部夹金山下会师后，党中央制定了“松潘战役计划”。确定打下松潘，攻占平武，然后出甘肃，沿文县、武都一带前进，可以不经草地的北上路线。然而，张国焘却拒不执行中央的决定。致使计划未能实行，造成了红四方面军不得不三过草地而北上的困难局面。

一过草地

1935年7月，一、四方面军在毛儿盖进行整训和过草地的准备工作。组成左、右两路军北上。右路军由毛主席率领，包括一方面军的一、三军团及四方面军的四军、三十军。左路军由朱总司令、张国焘率领，包括四方面军的九军、三十一军、三十三军，及一方面军之五、九军团。

当时，我在红四方面军三十军八十八师二六八团三营当通信员。

右路军从毛儿盖出发。上级命令我们三十军去歼灭敌四十九师并打下包座。我们从毛儿盖出发时，天已下着小雨，越走雨下得越大。走到一座大山腰时，山顶和岛云连成一片，狂风卷着积雪刮得天昏地暗。一会儿又下起了冰雹，蚕豆大的冰雹打在头上、脸上，实在疼痛。为了防止冰雹的袭击，我们把斗笠戴在头上，斗笠被冰雹打穿了，我们就把线毯子撑开顶在头上，道路被冰雹埋没了，迷迷茫茫的什么也看不见，什么也听不清楚，后面的人紧紧盯着前面的人，互相关照着，一步一步的向上爬。快到山顶时，我们的手冻僵了，腿冻麻木了，脚冻得钻心痛，真是又冷又饿，全身没有一点劲儿。正在这时，前面山顶传来了宣传队的声音，他们敲着锣鼓，唱着歌，喊着口号："同志们团结一致，战胜风雪！走过草地就是胜利！……"此起彼落的声音响彻山间，振奋了我们的精神。战友们互相搀扶着，前后拉着登上山顶。下山后我们来到浓雾弥漫的平原。辨认不出东南西北，脚下是一片片草茎和腐草结成的泥潭草墩子，踩在上面，像踩在弹簧上一样软绵绵的，一不小心就会陷下去，拔不出脚来。有的同志的草鞋陷进污泥里就找不到了。只好光着脚走路，有的同志失足陷进泥坑里，越挣扎越爬不上来，同志们也无法援助，一会儿连人带枪就看不见了。前面的人把泥草墩踩得很深了，后面的人只得重新探路，选择草根较深较密的地方行走。有时草墩没有了，全是沼泽地，部队无法前进，只好原路返回重新探路。在草地上艰难地行走一天，最多只能走 20 到 30 华里路程。白天我们的衣服被雨雪淋湿了，只得用自己体内的热量慢慢暖干。没有干柴烧开水，大家只好吃干粮喝冷水，夜间草地非常寒冷，冻得我们直打哆嗦，没有帐篷我们就用线毯子、被单架在步枪上挡风寒。地下很潮湿没法躺下睡觉，我们就紧紧地偎依在一起蹲在地上打盹。风雨、泥泞、寒冷的折磨和干粮极缺的熬煎，许多战友生了病，无药治疗，每天还要坚持走路。同志们的身体一天天的衰弱下去，瘦得已成皮包骨头了。体质弱的同志时常两眼发黑，腿发软，无力走路。但是大家团结得很紧，身体强的同志搀扶着身体弱的同志，年纪大些的同志拉着岁数较小的同志走，还将自己仅有的一点干粮让给病号和战友吃。同时，团、营、连都抽出一些身体较强的同志，组成各级收容队，轮流搀扶、抬或背着病号走。首长们的马也让给重病号骑。就这样我们每当熬过一个夜晚，早上要离开宿营地准备继续前进时，总有一些患重病的战友再也起不来了，长眠在我们共同躺过的地方。我们怀着悲痛的心情，一面哭一面将牺牲的战友掩埋好，又继续前进。

我们经过艰难的行程，终于在 9 月初到达了草地尽头——包座。歼灭了守敌胡宗南独立旅一个团和增援之敌四十九师三个团，毙伤敌师长以下一万多人，缴获了大量的武器、弹药、粮秣、被装和牛羊。我们伤亡也很大。有许多战友这次在战斗中英勇牺牲了，他们用鲜血和生命，为整个后续部队扫清了前进的道路。

二过草地

1935 年 9 月上旬，党中央在巴西召开了会议，当得悉张国焘企图以武力危害①党中央和毛主席后，中央即决定迅速脱离危害区域，率领一方面军的一、三军团继续北上，向甘南岷山方向前进。

红四方面军三十军，于 8 月 31 日到 9 月 1 日全歼包座之敌胡宗南主力四十九师后，经过半个多月的整训，等待后续部队的到来，正当我们准备向甘肃南部腊子口、岷山地区进军时，突然接到四方面军指挥部的命令，让部队返回草地南下四川。部队在进行动员时，我们的思想怎么也不通。心想刚过草地为什么又要返回呢？由于许多领导同志也搞不清楚，所以对战士们提出的各种问题也难以解释。张国焘玩弄反革命两面派伎俩和愚民政策，用军阀主义和镇压手段，来对待持不同意见的同志。特别在红四方面军搞肃反扩大化，错杀了许多人。因此，我们敢怒而不敢言，只好组织服从。我们返回的路线是第一次走过草地的原路。

① 9月9日，张国焘电令陈昌浩率右路军南下。电报中是否有“武力危害”字样，至今未发现电报原文。据毛泽东在1937年3月中共中央政治局扩大会议上说，他当时从叶剑英的报告中得知：“这电报上说：‘南下，彻底开展党内斗争’。”——编者注。

自包座翻越了一座大雪山，就二次进入了一望无际的大草原。当走到热曲班佑河时，上游下了大雨，河水暴涨。这条河原来只有六七十米宽，水只有半腰深。而涨水后，河床越来越宽，河水奔腾咆哮，深达胸部。上级要求我们上午到的部队，中午一定要过河。我们营以连为单位组成几个组，手拉手围成一圈，伤病员由十几个体壮的同志拉上或抬上一起过河。这时河面上风雪弥漫、河水不断上涨，水上漂浮着薄冰块。因为河水流速太快，所以有些同志走到河中间被水冲倒后就不见了。部队领导喊道:“同志们，过河后不要停留，要使劲跑，身上出了汗就好了！”过河后我们一口气跑了十几里路，直到身上出了大汗才停下来休息。

晚上，部队宿营在一个草滩上。我们全身湿淋淋的，衣服外面冻成了冰块，硬邦邦的，又没有柴火烤，就这样，有的伤病员同志牺牲了，有的把耳朵、手指头和脚趾头冻掉了，终身成了残废。我的脚趾头冻坏了七个，脚上的血口子一走路就流血，脚肿得又粗又大，就用烂布包上继续坚持走路。

部队经过几天艰难的长途跋涉后又进入了水草地，我们远远就看见了第一次过草地时，由于地冻无法掩埋战友们的遗体。由于这一次返回草地很突然，我们在物质上毫无准备，每人只发了五斤面粉，草鞋大部分都已穿烂了，好多同志就用破布包着脚走路。衣服穿得破烂不堪，难以遮体。身上生了虱子，头发长得很长，伤病员也越来越多，沿途的牛粪、干草都已烧完，能吃的野菜也早已拔光。这时的水草地，秋风凛冽，天寒地冻，连能吃的白草根也挖不出来了。实在找不到充饥的东西，就把首长骑的马匹杀了，连皮带肉用牛粪烧得半生不熟的分着吃，后来又将马鞍皮带、枪皮带、有皮子的鞋底子和腰带等等，都烧着吃了。

部队吃草根、皮带后，很多人得了肠胃病。有一次，我的肚子疼得很厉害，在地上直打滚。营部书记和卫生员找来一个装过救急水的小空瓶子，渗了几滴凉水，刷了刷瓶子倒在我的嘴里，这时部队已走远了，留下照看我的书记和卫生员要急着赶部队去，就对我说：“小李，你好些了能走时，就快去追赶部队，如果暂时好不了，就等着后续部队一块走。”我说：“陈书记你们快走吧！不要等了。”当他们走后，我伤心地哭了起来。我在地上不知躺了多长时间，渐渐地感到肚子不太痛了，就跟随在兄弟部队后面走。太阳落山后，部队都宿营了。宿营地到处点起了火堆。我就一个火堆接着一个火堆的问，一直找到后半夜，终于找到了我所在的部队，真是又难受又高兴。同志们听到我来了，都坐起来看我，营首长叫炊事班长老段给我烧了些开水，还给了一点点炒面，老班长风趣地说：“小鬼啊，我以为你不行了呢，你总算活着跟上来了。”我热泪盈眶地说：“是陈书记和卫生员的那滴救急水，救了我这条命，要不然就再也见不到你们了。”

部队经过了二次过草地和翻越了几座终年积雪的大雪山，减员很多。许多同志不是在与敌人战斗中牺牲，而是在张国焘错误路线的指导下，被草地和雪山夺去了宝贵的生命。每当我想起这段惨痛的经历，都悲愤不已。

三过草地

红四方面军被迫撤出天全、芦山、宝兴，到了丹巴、懋功进行整顿，上级指示我们等待与红二、六军团会师。

7 月 1 日，二方面军的主要领导同志贺龙、任弼时、关向应等首长到了甘孜，会见了朱总司令。同时召开了会议，批评了张国焘，决定二、四方面军共同北上，与党中央、毛主席率领的一方面军和陕北红军会师。7 月 2 日，红四方面军部分部队和红二方面军的全部集结于甘孜地区，召开了两大主力红军胜利会师的盛大庆祝会。在庆祝大会上，我看到朱总司令在一阵热烈的长时间的掌声中走到主席台的中央。他神采奕奕，脸上带着慈祥笑容，身穿土布衣服，打着绑带，脚穿草鞋，完全和战士一样。他用响亮的四川口音讲话：“同志们好！同志们辛苦了！祝贺二、四方面军胜利会师。党中央、毛主席率领的一方面军已经顺利的通过草地，到达了抗日的前哨阵地——陕甘革命根据地。我们会师后要继续北上，要团结一致，齐心协力，冲破敌人的重重封锁，战胜一切困难，到陕北与党中央、毛主席率领下的一方面军和陕北红军胜利会师，在党中央、毛主席的英明领导下，开展抗日斗争。”听了朱总司令的讲话，我们热血沸腾，很受鼓舞，会场响起了阵阵热烈的掌声。

会师后，我们部队在甘孜地区进行了三个月的整训和准备工作，总结了前两次过草地的经验教训，并派了许多同志到二方面军的部队去介绍情况。每人准备了25斤干粮，一小块油布，一个斗笠，每个人打了二至三双草鞋，还换上了新的军装。部队以团为单位组织了担架队，每个营都组织了宣传队，还准备了一部分药品。从思想到物质都做了充分的准备。

1936年7月上旬，红二、四方面军兵分三路，组成左、中、右三路纵队向北进发。

我们所在的部队编入左路纵队，在朱总司令率领下，从甘孜出发，翻越了几座高山峻岭和大雪山，又进入了一望无际的大草原。这次虽然是夏天行军，但高原的气候变化无常，一阵是晴空万里，一阵又是满天乌云，时而狂风大作，时而倾盆大雨，冰雹骤下。我们的衣服经常被雨水淋得湿透。7月下旬，我们红二、四方面军各路纵队先后通过草地，再经阿堤班佑、包座，到达甘肃省哈达铺，兵临敌军鲁大昌、邓宝珊部队坚守的岷州城，我红军四面包围未攻下，主力部队途经漳县、陇西、渭源地区后，又继续向会宁和靖远前进。当时，张国焘野心不死，假借中央名义以“建立河西根据地”和“打通国际交通线”为名，组织西路军西渡黄河向甘北进发。由于敌军追赶，破坏了渡口，结果只有红九军、三十军和红五军渡过黄河。西路军一路受到马匪部队的堵截和追击，尤其经过临泽、高台等战役，二万多人几乎损失殆尽。后来，在党中央和毛主席的关怀下，派陈云等同志把我们幸存下来的700多人，从新疆接到延安，回到了党中央的怀抱。

选自宁夏军区政治部编:《壮丽的画卷(革命回忆录)》，1989年8月，第32—39页。

李映光，原名李达，1921年生，四川阆中人。1933年参加中国工农红军，1940年加入中国共产党。红军长征时任红四方面军第三十军八十八师二六八团三营通信员。新中国成立后，曾任青海省军区司令部通信处处长，兰州军区司令部通信兵部副部长，宁夏军区副参谋长、顾问等职。

三过草地

蒲润

提起长征，人们自然会想起爬雪山、过草地的艰难困苦，可是，我想得更多的是那些永远躺倒在雪山草地的战友。

1935 年的 8 月间，我红四方面军在金川东北的卓克基一带集结。而国民党匪军则在松潘、懋功、雅安一带对我军形成三面围堵，妄图将十多万红军困死在人烟稀少的川康边界。要北上抗日，就不得不出敌不意，跨过渺无人烟的草地。连里接二连三地召开了班排长会、党员积极分子会和军人大会，向大家说明了草地的艰苦条件，要求每个战士除准备好衣服和草鞋外，还要筹够二十斤干粮。草鞋好办，红军战士差不多个个会打。衣服问题也不大，川陕苏区发的棉衣虽已破旧，补一补还可以穿，实在太烂的，就用土办法硝几张羊皮、狗皮、马皮，做件皮褂子。最大的困难就是筹粮，老百姓本来就缺粮，只能靠打土豪搞一点，派一个班出去筹一天，常常几乎是空手而回。大家只好每餐节约一点，把饭放在面盆或铁锹里焙干收藏起来，再就是找些野菜烘干搓碎当干粮。

进入草地的第一天，是我们三营打前卫。大家情绪很高，6 点钟就出发了，动作快的吃了点干粮，动作慢的只好边走边吃。这天情况还好，有路可走，沿途还有小山坡和树林，休息宿营时还找到了一块干地方。后来，路越来越窄，甚至没有路了，只有一大片荒凉、腐臭的沼泽地横在我们脚下，可我们偏要在这沼泽地里走出一条路来。

一天，排里一个从鄂豫皖苏区来的老战士张明发，不小心陷进了沼泽，幸亏旁边的人手快，一把抓住他，马上组织几个人搭起铁锹，躺在地上拉。费了好大的劲才将他拉起来。听连长说，好些连队都有人陷进沼泽里牺牲了。尤其是骡马，一陷进去就乱蹦，结果越陷越深，毫无办法。后来总结经验，派个侦察班在前面探路，做出记号，后续部队就按照记号走。

草地里，气候一天几变。一会儿，一阵大雨下来，淋得一身透湿，很单薄的被包也越背越重。一会儿，一阵大风袭来，夹着鸡蛋大的冰雹，有面盆的同志赶紧用面盆顶在头上，没有面盆的就用被单包住头。冰雹打在面盆上，叮当叮当作响，有如一支优美动听的进行曲。有的同志笑着说："嘿，这才好咧！红军过草地还有老天爷奏乐！"

记得是进入草地的第八天吧，我们来到回涡河边。① 据说这是一条黄河尾子，河不宽，正遇涨水，水流湍急旋涡大。开始，有的同志骑马下去探深浅，被冲下去好几十丈才爬回来，有的就连人带马被旋涡卷走了。我们在河边等了三天，洪水见涨不见落。这时大家带的干粮已经不多了，领导上规定每人每天只能吃三两，后来一天吃二两，不能多吃，谁多吃了就要受处罚。一次，我饿得实在难受，又找不到野菜，就多吃了几口青稞，被营长发现，狠批了一顿，还罚我加班放哨三小时。我身为排长，本来应该事事带头，严格执行命令，这次批评对我来说是参军以来一次很好的纪律教育。

后来听说，我们到达回涡河边的第二天，就有兄弟部队在沿河往上十多里处找到了岔河，水不深，人马都可以蹚水过河。可是，三天后，我们接到的命令却是向后转，退到天全、芦山、雅安一带，说是那里有大米吃。同志们听了这道命令，有的高兴地说："快点离开这个鬼地方，只要有吃的，就是打仗也痛快些。"有的觉得奇怪，不是说要和党中央

① 回涡河，应为噶曲河。下同——编者注。

一起北上抗日吗？怎么又要南下天全、芦山？也有的说，管他北上南下，只要是干革命就行。当时广大红军战士并没有识破张国焘搞右倾分裂的阴谋。

部队离开回涡河边往回走了，开始了第二次过草地。我们排由前卫变成了后卫。这时，排里的干粮已经吃完，战士把干粮袋上粘的一点面灰也洗下来煮着野菜吃了。一次，营里分下来一块马肉，大家就用来熬汤喝，熬了又熬，最后连骨头渣子也熬着吃了。后来，实在再也找不到什么吃的了，我们就把穿的各种皮褂子、牛皮鞋和腰带拿来煮着吃。有时连煮也不煮，放在火里煨软烧掉毛，一人撕一块就放在嘴里嚼，一个个嚼得满嘴乌黑。许多同志的身体拖垮了，有的人晚上一躺下，第二天就再也起不来了。和我一起在阆中参军的何芝礼和徐芝青，就是在一个风雪之夜牺牲的。头天宿营时，他们还找了野菜吃，可是第二天早晨我去叫他们时，他们的全身都冰凉了。我怎能相信他们就这样牺牲了呢？！我流着泪大声地呼喊着他们的名字，也没有把他们再唤醒过来。就这样，一连几天，我们排牺牲了七八个同志。要是不走这段回头路，会少吃多少苦，少死多少人啊！

走出草地，我们又回到了原来活动的大小金川一带。山河依旧，情况却发生了很大的变化。道路和一些桥梁被敌人破坏了，部队行进更加困难，敌人四处设防堵截，前卫部队几乎每天都要打几仗。我们左冲右突，在雅安一带站不住脚，只好翻过白雪皑皑的党岭山，西进到甘孜、炉霍一带与红二方面军会了师。经过这次南下西进，部队损失很大，许多同志开始感到这样下去不仅新的苏区建立不起来，抗日的主张实现不了，恐怕连我们这支革命队伍也可能要被拖垮。事实胜于雄辩。加上二方面军同志对张国焘进行斗争，张国焘不得不在表面上接受红军三大主力一致北上抗日的方针。于是，部队很快又一次动员过草地。

第三次过草地，虽然有了前两次过草地的经验，但是由于大家的身体都拖得很虚弱了，行军更显得艰难，一路上牺牲的同志也不少。记得眼看就要出草地时，胡宗南的一个主力师在下包坐堵截我们，妄图把我们困死在草地里。同志们一听这消息，个个气愤已极，人人摩拳擦掌，纷纷挽起袖子表示：不管敌人有多凶悍，拼命也要冲过去。这次战斗我们团又打前卫。战斗在中午打响，一直打到第二天拂晓，杀退了一支骑兵，摧毁了几座碉堡，才把敌人的防线撕开了一个口子，使大部队闯过了下包坐。战斗中，我们排又牺牲了五个同志。

然而，值得庆幸的是，我们这支在川康边界转战一年，三次跨越渺无人烟的草地的部队，终于在1936年9月，冲破敌人的层层封锁，经腊子口，过下包坐，到达了哈达铺。当我们在哈达铺地区走上公路，看到公路两旁随风起伏的麦子和老乡的住房时，真是觉得新鲜极了，喜悦极了。因为只是在这时，大地才向我们显露出生机，我们这支革命队伍才有了新的希望。（周辅文整理）

选自《湖南日报》1981年9月13日。

蒲润，原名蒲芝盛，1912年生，四川阆中人。1933年参加中国工农红军，1937年加入中国共产党。红军长征时任红四方面军第九军二十五师七十五团三营九连班长、排长。新中国成立后，曾任军委总后勤部驻东北绥芬河基地转运站副政治委员、绥芬河地区军政委员会副主任、绥芬河地区警备司令部司令员、国家卫生部中医研究院研究所所长，湖南医学院第一附属医院党委书记、湖南医学院顾问等职。2016年在长沙逝世。

回忆三过草地①

庞济轻

一、艰苦的里程

1935 年 6 月，毛主席和朱总司令率领的红一方面军和我们红四方面军在川西北部的懋功会师。在 6 月下旬的“两河口会议”上，中央对张国焘的右倾逃跑主义等错误思想，进行了严肃耐心的批评教育。

8 月，中央毛儿盖会议决定:红一、四两个方面军合并分二路北上。右路军由毛主席、周副主席率领。左路军由朱总司令、刘伯承总参谋长和张国焘率领。

我们红一、四两个方面军的干部战士在遵义会议和毛儿盖会议的精神鼓舞下，群情振奋、士气高涨，扎扎实实地做好过草地的一切准备工作。

过草地时，我在左路军红四方面军的第三十一军军部担任冲锋队队长职务。别看我是个女的，只有 20 来岁，可是行军、作战，样样都不比男同志差。那时候，在红军队伍里年青的指挥员太多了，有的团长、师长都才 20 几岁。我们这些青年人成天乐乐呵呵、打打闹闹，不知苦、不觉累，思想开朗，情绪乐观。那真是：长征道路险，红军战士坚；革

① 选入本书时，编者略有删改。

命征途远，红心永不变。

啊，那茫茫的大草地，一望无际，没有树木、没有路，荒无人烟。长年枯烂的水草，层层淤积，散发出腐臭的气味。在这一片沼泽地带，丛生的野草浮盖在死水潭上，看上去好像有路，其实那路好似湖中的荷叶，一踏上去，就翻了“船”。若掉进泥潭里，浅处齐腿，深处能吞没人，连马陷下去也能淹没。为了减少牺牲，战友们在这“弹簧”似的路上，小心踩着前面同志的脚印走，稍微不注意，就能陷进泥潭里。

有一天，我又困、又累、又饿，没精打采，走着走着，一没留神，抬脚走偏了，只差一步没踩在前面探路同志的脚印上，马上就陷进泥潭里，不大一会，泥水就没过了膝盖。我抬腿使劲往上拔，可越拔却陷得越深。冲锋队的一排长看见了，急忙喊道：“队长，队长！你不要动，要么越陷越深。”他走过来递过长枪，让我握住枪筒，于是他就用力拽，费了好大的劲儿也没拽动我，而我越陷越深，泥水都快没过腰了。周围的同志们都很着急，都要过来救我。但我想：革命需要许许多多的同志，不能因为我一个人而连累了大家，于是就大声地说，“同志们走吧，不要管我！”战友们看着我那渐渐陷下去的身体，眼睛里充满了泪水。这时只见一排长的眉头忽然一展，像是想起了什么，忙把背包打开，拿来四支长抢，把被子往上一铺，又要来两副绑腿系好，扔给我一手一个头，说道：“队长，把绑带握紧，我们拉拉你试试。”一、二、三哪！嘿！一排长这着还真灵，同志们真的把我慢慢地拽了出来。我差点没在这泥潭里见“阎王”。战友们都为我高兴起来，我一边激动地感谢大家，一面风趣地说：“革命还没有完呢，可不能这么早见‘阎王’喏。”一句话把同志们都逗笑了。

草地的气候真是变化无常，一会儿下雨，一会儿刮风，一会儿下雪，过一会儿又出太阳，七八月里还下雹子，连空气都是潮湿的，身上一会儿凉，一会儿湿，一阵冷，一阵热，非常难受。

使人最难熬的还是饥饿，过草地前准备了些干粮、炒面。进入草地后没几天就吃光了。咸盐，根本就没得吃。粮食没有了，怎么办？宿营的时候，就派出同志去打野物，打着了，便弄回来用火烤熟后，先分给伤病员、首长吃，然后才能轮到身体好点儿的同态“打牙祭”。实在没办法，只好找野菜、野果、树皮草要充饥。最后饿得没办法了，只好把首长的马杀了,甚至把皮带也拿来煮煮吃了。渴了,喝点草地浑浊的水。这样的生活,使许多战友身体浮肿,疾病缠身。由于艰苦的行军、作战，饥饿、寒冷，又苦又累。有的同志饿死，冻死了，有的淹没在泥潭里，为革命献出了宝贵的生命。

记得在一次行军中,我走着走着,突然觉得眼前一黑,就晕倒过去。醒来的时候,晃晃悠悠好像有人背着我,睁眼一看,是炊事班的老班长。我挣扎着下来，坚持自己走，同志们都那么艰难，可不能再给战友们添麻烦哪!

那时，条件虽然万分艰苦，但是，我们红军战士的情绪都很高。每当宿营的时候，同志们点燃了堆堆篝火，有的哼着家乡小调，有的坐下来谈谈革命理想，说说笑话、讲讲故事、摆摆“龙门阵”。有的围着堆堆篝火，抬头望着天上的北斗星，看看方向，问问延安在什么地方？掰开手指算算，走了多少里路程？还有多长时间能到延安……当时，我们想的是快点走出草地，快点到达延安，快点把日本侵略者赶出去，中国革命早点胜利。

就这样,我们军的干部战士互相鼓舞、互相帮助,摆脱了敌人的围、追、堵、截，以高度的革命乐观主义精神和坚忍不拔的毅力，第一次走出了荒无人烟的大草地。

二、一个针线包

我们左路军走出草地后，没有继续北上。

当时，红四方面军的主要负责人张国焘右倾思想非常严重，对长征失去信心，把抗战胜利的希望寄予国民党反动派。他依仗自己把持着红四方面军的军权，又靠四方面军人多枪多狂妄自大，与党中央分庭抗礼，搞独立王国。一方面挑拨在左路军中四方面军和一方面军的干部、战士之间关系，破坏两军之间的团结和友谊。而另一方面，却盗用中央名义，擅自胁迫左路军南下，第二次过雪山走草地。

一天的傍晚，我和战友们拖着疲倦的身体，深一脚浅一脚地走在第二次过草地的行军路上。忽然，在晚霞的余晖中，隐隐约约看见前面开过来一支状伍。我停住脚步，小声地问身旁一个战士，“是一方面军的队伍吧？”他应声道：“有可能。”队伍渐渐地近了，果然是一方面军的队伍，前面由旗手擎着红旗，后面跟着一位首长和藏族通司（向导、翻译）。他们身穿灰军装、头戴八角帽，干部战士精神抖擞，歌声笑语响成一片。到了我们跟前，那位首长向我们挥挥手：“四方面军的同志，你们辛苦了！”其他的干部战士也向我们点头微笑，我和战友们的心里都感到热乎乎的。

宿营的号声响了，两个方面军的同志们抱来树枝野草，点燃了堆堆篝火。火光映红了战友们的张张笑脸，有的哼唱着家乡山歌，有的谈笑风生……我和几个女同志给一方面军的几位姐妹摆“龙门阵”。我们四川家乡的风趣话语，时而逗得她们哈哈大笑。这愉快的谈笑，使同志们忘记了一天行军的疲劳。

夜晚，明月当空，星星眨着眼睛，草地的气候又湿又凉，我觉得身上冷飕飕的，直起鸡皮疙瘩。噢，怪不得这么冷，原来是衣裳挂破了，低头一看，鞋子也张开了嘴。我脱掉上衣，拽过挎包，想找针线缝缝，可翻来找去，针线包不知什么时候丢掉了，我抱着衣服，低头发呆，着急地哭了。这时，一方面军的一位大姐正好路过，见我这个样子，像是明白了什么，便走来挨着我坐下，她从怀里掏出针线包，引上线，对我笑笑，“来，我给你补补。”我感到很不好意思，执拗地说，“不用不用，我自己会补嘛！”她亲切地看着我：“同志妹噢，莫不好意思噢，虽然说咱们不是一个方面军的，可都是战友么，还客气啥子格？”我抬起头来望着她，大姐那明亮的眸子里透露出同志般的真挚和诚恳，便顺从地把衣服递过去。她见我哭过，逗趣地拍了我一下：“都当红军了，还哭鼻子噢？”我一下子破涕为笑，心里想：这位大姐可真好。大姐在聚精会神地给我缝补着军衣，我仔细地打量着她；她大约有二十四五岁的年纪，黑里透红的圆脸上，一双大眼睛明亮有神，剪着齐耳的短发，头上端端正正地戴着缀有红五星的军帽，显得刚毅而坚强。我拿起大姐的针线包，上面缀着一颗红五星，打开来，里面有几层夹格，有别针的、有装线的……我情不自禁地脱口说出：“这个针线包满好哟。”大姐手里停下针线，抬起头来，脸上显出庄重严肃的神色，慢慢地给我讲起了这个针线包的来历：“那还是在第五次反‘围剿’失败后，我们军撤离了江西苏区。在北上的一次行军途中，敌人从后面尾追上来。为了使部队主力迅速摆脱敌人，继续前进，我们团三营接受了阻击敌人的任务。我和卫生队长留下来抢救伤员。队长姓张，是一位16岁参加革命的老同志。主力部队走后，敌人以十倍于我的兵力向三营压来，密集的抢弹呼啸而过，营长和教导员沉着地指挥各连消灭敌人。战场上硝烟弥漫、枪声阵阵。我们打退了敌人一次又一次的冲锋。队长冒着危险，跑来跑去，为受伤的战友包扎伤口。当她正在为一个机枪手包扎胳膊的时候，一颗子弹突然飞来，击中了队长的前额，血，从额角上流下来，我急忙跑去拿出绷带给她包扎，她摆了摆手，吃力地从怀里掏出针线包递给我：‘拿去……带上它，为战友……补、补……衣……’队长的话还没说完，就牺牲了。”说到这里，大姐的眼睛湿润了。我的眼睛里也滚动着泪水，心底油然升起了对那位队长深深地敬佩之情。大姐又低下头来一面飞针走线地缝补着军衣，一面和我唠起了家常：问我多大了？什么时候参的军？家乡还有什么人？……可能是年轻人的觉多吧，不知怎么搞的，我眼皮老打架，嘴里只顾“嗯、嗯”地答应着，却不知不觉、迷迷糊糊地倒在她怀里睡着了……

等我一觉醒来,东方出现了鱼肚白,天已经黎明了。我伸了个懒腰,发现自己躺在一块干干的厚草上。我揉揉眼睛坐起来:咦?我那破了又破的军衣补得好好的,迭放在一旁,不知是谁的军衣盖在我身上?脚边还放着一双新草鞋。啊,准是那位大姐做的好事。我急忙披起大姐的军衣,一骨碌爬起来去找那位好大姐,边跑边喊:“大姐,大姐噢……”当我跑到一方面军的宿营地时,已经是人走火熄——她们已经出发了。我跑啊跑,想追赶上一方面军的同志,再见见那位好大姐。可是,她们已经走远了。我也真该死,连她的姓名我还不知道呢,就是一声“谢谢”也没说啊!

我迎着朝霞,身上披着大姐留下的军衣,发呆似地站着,晨风吹来,一阵凉意。我下意识地扯了扯衣服,发觉衣兜里好像有什么,摸出来一看:是个针线包和一张纸条。我打开纸条,上面工工整整地写着:同志妹,我们先走了,我们相信四方面军的同志也要北上的。衣服和鞋留给你。好好保存针线包,多为战友们补军衣。延安见!落款是:同志和大姐。

我抚摸着针线包,望着一方面军北上远去的脚印,心里激动不已,泪珠不断线地掉下来,默念着:多么好的同志和战友啊!好大姐,您放心呢,总有一天我们左路军也会跟上去,走北上的道路。

集合号声响了,我珍惜地保存起针线包,跑回军部。我决心要像大姐那样,多为同志们补军衣,让小小针线包也为长征贡献力量。

三、贺老总让马

我们左路军第二次过草地到了阿坝。张国焘反诬毛主席制定的北上抗日方针是退却逃跑,遭到朱德同志的严厉驳斥和坚决反对。朱德同志说:“南下是没有出路的。”但是,张国焘又假借中央名义,欺骗,蒙蔽、胁迫左路军向川康边境的天全、芦山一带退却转移。

10 月，张国焘在卓木碉公开打出反党旗帜，自立“伪中央”。朱德同志与张国焘又进行了面对面、针锋相对的斗争。我们广大指战员对张国焘的错误行为感到强烈的不满，坚决拥护以毛主席为首的党中央领导，要求走北上抗日的道路。

由于张国焘右倾逃跑主义路线的危害，在数次寡不敌众，多次对敌的浴血作战中，左路军连遭失败，士气大大受挫，部队减员甚多。最后，被迫撤至甘孜一带。

1936 年 7 月，红二方面军到达甘孜地区，与我们四方面军汇合。党中央、毛主席指示两个方面军一同北上。但是，张国焘又采取各种卑劣手段，强行二方面军的同志同意他的错误主张，却遭到二方面军的贺龙、任弼时等领导同志和广大指战员的坚决反对。经过激烈的斗争，在党中央、毛主席的一再指示劝告下，张国焘被迫取消“伪中央”，达成协议，同二方面军一起北上。

红四方面军和红二方面军汇合后，我和同志们对张国焘的错误路线有了进一步认识，对长征、对中国革命的胜利充满了信心和希望，浑身增添了力量，感到人多了，力量大了。

这是我们红四方面军第三次过草地了，由于前二次过雪山、走草地的饥饿、寒冷、劳累、再加上行军打仗，我的身体渐渐地垮下来。有一天行军时，我实在是走不动了，拄着根棍子，蹒跚着脚步，摇摇晃晃，走一走、歇一歇，慢慢地落在队伍后面。这时，从后面过来一支队伍，走在前面的是一位骑着马的首长，后面跟着几名“娃娃”警卫员。他身材魁伟、两眼炯炯有神，鼻子下留着显眼的黑胡子，脚穿草鞋，一身布衣裳，和战士一样打扮，只是肩上斜挎着匣枪和公文皮包。首长可能是爱惜马吧，一纵身，便从马上跳下来，把缰绳交给一个警卫员，一面步行，一边谈笑风生。

我蹲在路边，羡慕地看着他们。那位首长见我拄个棍子蹲在路边，笑呵呵地走过来，俯下身来，抚摸着我的头，慈祥而亲切地问："小鬼，走不动了哦？"我的好胜心本来就很强，一听这话就有些不高兴，两次草地都走过了，别瞧不起人，就把他的手推开："哪个走不动？"首长一听我四川口音，开玩笑似地说："这个女同志好厉害哟！咱们遂是半个老乡呐，可别给老乡丢脸喏！"我没言语。他又问："你是哪个部分的？"我没好气地回答："四方面军的。"首长沉思了一下，严肃而又认真地自言自语地说："四方面军的同志是好样的。"他看着我："同志，不要难过，要有胜利的信心和勇气。毛主席说过，'红四方面军的广大干部战士是好的，是团结的，是要革命的'。"我抬起头来，只见他走向牵马的警卫员，低声说了句什么，转过身来，向我挥挥手，"小鬼，延安见！"说完，就大步朝前走了。

那个牵马的警卫员把马牵过来，对我说："同志姐，贺老总让你骑马走。"我一听，惊奇得瞪大了眼睛，怕是听错了，忙问："什么？贺老总，就是打仗赫赫有名的贺龙军长吗？"警卫员笑着点点头。顿时，深深的敬意从我心底油然升起。那匹马骨瘦如柴，贺老总都舍不得骑，我怎么能……我望着走远的贺老总，这阶级友情的温暖、首长的关怀，都在激励着我，刹时，泪水模糊了双眼，真不知道从哪儿来的那么一股力量，忽地站起来，对警卫员说："请告诉贺老总，我能走。就是爬，也要爬到延安去，一定不给四方面军丢脸！"警卫员听后很受感动，对我说："那好吧，同志姐，祝你顺利！"说完，便牵着马走了。

四、走北上道路

二方面军的同志走了，贺老总和警卫员走了……

我支撑着身体，勉强走了几步，身体不由自主地又软了下来，我掉队了。但是，一种无形的力量却时时刻刻鼓舞着我，走北上的路。就这样，我硬是挺着连走带爬了三天三夜，终于赶上了军部收容队的同志，见了他们，便有气无力地喊了几声：“同志，同志……”就昏迷过去。

渐渐地，在朦胧中感觉有人对着我的嘴，好像喂什么给我吃。迷迷糊糊睁眼一看，是收容队的陈大姐把我抱在怀里，咀嚼着什么东西喂我。我望着陈大姐，看着周围的同志们，哭了，这真是死里复生哪！

吃了点青稞糌粑，喝了点水，肚子有食了，身上也感到有劲了，我拄着棍子，和收容队的同志，坚持继续赶路。

我们一些掉队的同志在收容队同志的照顾下，在上包坐追上了军部。我们军的同志经过三次雪山草地，艰苦卓绝的斗争，这个万多人的队伍，在张国焘右倾逃跑主义路线的坑害下，几经折腾，只剩下千把人了。战友们一个个面黄肌瘦，蓬头垢面，衣服破烂不堪，真比叫花子还狼狈。最使人痛心的是，一张张熟悉的面孔没有了，他们哪里去了？在这该死错误路线的践踏下，“革命到底”了。我和同志们无不为之痛哭流涕，悲痛欲绝。光难过有什么用？我们只有振作起精神，化悲痛为力量，踏着烈士的足迹前进。

这一天，我们军在上包坐通往下包坐的路上行军。干部战士又累又饿，无精打采，队伍稀稀拉拉像一条长虫，缓慢地蠕动，路边就有麦田，麦子刚刚灌浆。军部几位领导考虑到同志们实在疲乏万分，饥饿缠身，便商量了一下，为不违犯群众利益，筹集了一些银元，和当地老乡磋商后，买了一些麦子，给同志们填填肚子。

我们干部战士真是高兴极了，上麦田里掐下麦穗，点起火来，把麦皮烧焦，再趁热把麦皮搓下来，吹吹灰，用手捧起来就大口大口地往嘴里送。多少天没吃到东西了，真是饿急了，一个个狼吞虎咽，囫囵吞枣。渴了，喝口水。不管麦粒熟不熟，嚼巴嚼巴吃得可真香啊！在当时，真是一顿美餐啊！

吃饱了，喝足了，同志们你看看我、我看看你，都哈哈大笑起来，原来人人脸上都沾满了黑灰，只剩下两只眼睛眨巴眨巴地显得有精神了。大家逗趣地说：这下唱戏都不用化妆了，人人成了“黑包公”。部队指战员整理了行装，又继续赶路，这回同志们劲儿足了，行军的速度大大地加快起来。

部队到达下包坐以后，我们全军指战员统一了思想，总结了长征路上的经验教训，坚决响应党中央、毛主席的号召：走北上的道路。

我和同志们精神焕发，信心百倍，充满着对长征、对中国革命胜利的希望，大踏步地前进在奔赴延安的征途上。（向阳整理）

选自中国人民政治协商会议牡丹江市委员会文史资料研究委员会编：《牡丹江文史资料》第1辑，1983年7月，第73—84页。

庞济轻，女，1914 年生，四川通江人。1933 年参加中国工农红军，1937年加入中国共产党。红军长征时任红四方面军第三十一军冲锋队队长。新中国成立后，曾在东北军区卫生部第四医管局医院、地方街道等单位工作。

不该发生的事情

李永悌

1935年8月中旬，从上面传来消息，部队要过草地北上。8月21日中午，我们离开毛儿盖，沿着小河滩向东北走去。这是我们第一次过草地。

没多久，草地便显现出它的真面目。草地比想象的要艰苦千百倍！一片片黑色的沼泽，一墩墩绿色的草甸，隐藏在花草丛里，人和牲口一不小心就会陷进去，越挣扎反而陷得越深，最后把人畜全都引向死亡的深渊。一天上午，我们看到路旁有六七个人挤在一块，下面铺着一层被单，上面盖着一层被单，一动不动地睡在那里。从他们跟前走过的人都大声叫喊着：同志！快起来走呀，太阳都好高啦！但是没有一个人动一下，有人过去把被单拉开一看，一个个身子都僵硬了，只有枪还抱在怀里，也不知是怎么死的，我们不能停留，只能饱含眼泪告别他们，继续向前走。

1935年9月，中央来电要我们继续北上，张国焘却要我们南下。不久，命令来了，要我们南下再一次过草地。对此，我们都感到吃惊。走过一次草地的人，深知草地艰险，谁也不愿再走第二次。

军人必须服从命令，大家还是积极准备着，有的找粮食，有的弄来牛、羊杀了，以备路上食用。但是我却什么都没有，连那块遮雨的小油布也早已破损丢掉了。忽然，我看到别人扔掉的两张还带着血水和泥水的羊皮，便想用它做个背心。我把两张羊皮的头尾去掉，分别贴在身前身后，将两只前腿从肩上系起来，两只后腿则在腰的两边系起来。同志们都夸我会想主意。我心里想，这哪里是想出来的，分明是逼出来的。这两张羊皮在第二次过草地时，帮了我的大忙，没有它，我很可能就走不出草地了。

9 月 13 日，我们经班佑第二次进入草地。这次过草地，比第一次更加艰难。在一个叫严堵坝的地方，我看到一堆堆、一排排尸体，横七竖八地躺在那里，其中既有红军战士、机关干部，也有跟随红军出来的苏区群众和小孩。

第二年 7 月雨季到来前，我们从甘孜出发，第三次过草地北上。我们在朱总司令亲自率领下进入草地，走到来回两次走过的路上，不时看到以前死去的战士骨架。令我至今记忆犹新的是，有一具红军战士的完整骨架，虽经秋冬春夏的日晒雨淋、风雪严寒的侵袭，但还“稳坐”在地坎上不肯倒下，似乎是不甘心就这样死去。每当我想到这一情景时，总是情不自禁地心酸难过。

十个月里三过草地，在敌人的围追堵截下，在饥饿、严寒的威逼下，有多少年轻宝贵的生命留在了茫茫草地上。回头眺望那一望无际的草地，我心里更多的是难过和心酸：不该发生的事发生了，不该走的路走了。这个教训值得我们永远牢记。心里感到欣慰的是，最后，我们终于走到了陕北。

选自《解放军报》2006年10月23日。

李永悌，1916 年生，四川宣汉人。1933 年参加中国工农红军，同年加入中国共产主义青年团。红军长征时任红四方面军总指挥部二局报务员。新中国成立后，曾任西南军区司令部二局局长，公安部七局局长，中央军委中南技术局局长，解放军总参谋部三部副部长、顾问等职。1955 年被授予大校军衔。1961 年晋升为少将。2007 年在北京逝世。

九死一生出草地

谭清林

1935 年秋末，我们红四方面军越过荒无人烟、飞鸟绝迹的大雪山之后，在草地的边缘康猫寺休息了两三天，采集了一些松菌、松果，烤熟了一些牛羊皮作干粮，随即向草地进发。由康猫寺到草地那边的查理寺，历时 20 天。那时我在红四方面军三十军九十师的一个连队当打旗兵，年龄只有 16 岁，但过草地的情景，到今天还记忆犹新。

生命线

从康猫寺高处向草地望去，一片昏昏沉沉，无边无际，像个茫茫大海。没有太阳的时候，连东西南北也辨不出。这里到处是吃人的泥潭，人们只有踩着大如蒲团的草墩，探索着前进，一不小心，就会陷进泥坑，越陷越深，越挣扎陷得越快；就是踩着草墩走，也止不住心跳，一脚踏去，草团往下一沉，黑水就漫过脚面，人过去不多会儿，草团又还了原，连个脚印也难找。进了草地真像入了八卦阵一样，幸亏先头部队过去后，给我们留下了一条毛线绳，弯弯曲曲地通向草地深处，我们就顺着这条线，小心地走着，生怕踩断了它，因为我们清楚地知道，这不是一根普通毛线，这是兄弟部队付出多少战友的生命，才铺起来的一条真正的“生命线”。

我们顺着毛线走了四天，第五天下午，部队正在一块草滩上晒太阳，天气突然大变，狂风卷动着黑云，像恶魔似的要把大地一口吞掉，接着满天撒下一层层“盐粒子”，紧跟着又是一阵鹅毛大雪。为抵抗暴风雪的袭击，大家都自动围拢，几个人搂在一起，用夹被蒙在头上。

风雪稍停，一簇簇形如蘑菇的人群，掀开盖满雪花的夹被，互相搀扶着站了起来。再看毛线，已不知去向，草地变成白皑皑的雪海，我们连长带着全连同志，构成一路纵队，像找针似的在草滩上搜寻着毛线，成百双手扒开毛线两侧的积雪，却连影子也没找到。向前走，只会把部队带进可怕的泥坑，不得已，只好向后转，折回康猫寺，静候先头部队来人联系。

尝百草

在康猫寺又住了两天，先头部队果然派来了带路的“通司”，我们方重新走进草地。

来回一趟，原先准备的干粮和松果、松菌等全部吃光，康猫寺附近的山上为深雪覆盖，想再找些松菌、松果已十分困难。临出发前我把自己剩下的最后一小把炒面（因为第一次过草地时，同志们看我年纪小，总让我吃他们的干粮，使我能够剩下这一小把）一小撮、一小撮分给几个同志和着雪水吃了。当我们二次踏进草地的头两天，多数人只能喝些带有草味的黑水苦水,走起来肚子“咂唧”“咂唧”地响,两腿沉重无力，拉动一步都非常吃力。不吃东西是不行了，原来不被注意的野草野菜，随手拔起就往嘴里送，实在找不到青的就抓起两棵枯草，嚼嚼草根，咽些口水，几乎所有的野生植物，都被我们尝遍了。以后发现一种满身是刺的矮树，上面叶子已落光，结着豆粒大的小红果，吃起来味道酸甜酸甜的，像是樱桃，这算是最好的食物了。每当远远出现这种小树，我们腿上就不知哪来股劲头，一口气跑将过去，有的同志忘掉这里是草地，跑着跑着就掉进泥坑，牺牲了。跑到树旁的人则满口满口地往肚里咽，吃完了还要折下几枝，带给伤病的战友；第六天，有人从地上扒出一种如青萝卜一般粗大的水生植物，乍吃进口，味甜而脆，大家得到这个消息，都分头去找，谁知这是有毒的东西，吃下的同志不到半小时，毒性发作，呕吐不止，直把“胆汁”都吐了出来，他们周围挤了很多同志，急得直搓手，可拿不出解救的药方来，有的同志上前帮助捶背，有的舀碗凉水给中毒的人喝下，不知怎么的喝下去吐得更厉害，当场牺牲了几个战友。我们轻轻地解下烈士的夹被，覆盖在他们的遗体上，继续前进。以后我们再发现奇草异果，都小心地放在嘴里嚼嚼，试了又试，才敢咽下肚去。

最危险的时刻

这天，我扛着红旗正往前走，忽然草墩一晃，后脚没来得及靠上，两眼一黑，就跌进泥坑中，心想这下完了，红旗就是打旗兵的生命，人牺牲了倒没有什么，千万可别把红旗玷污，睁眼看看红旗，还没倒下，我慢慢地把旗杆竖直，一手抓住旗杆，一手按着泥地，试图挣扎着往上爬，反而越陷越深，泥浆已经齐腰。正在绝望的时候，连部文书来了，他伸手接过了我的红旗，插在一旁，然后把他那根拄行的竹棍，递一头叫我抓住，他站在草墩上拼命往上拖，拖了半天，全无成效，反而把他立足的草墩拖得也晃动起来。后续部队看到文书和我在红旗下面的挣扎，知道出事了，抢前跑来了一个身材高大的战士，他迅速把披在身上的夹被解开，铺在一块厚草上，再取下他肩上的两支步枪十字架形地横放在夹被上，一把抓住文书手中的竹竿，叮嘱我狠命抓住那头不放，随后又上来几个战友，他们一个拉住一个像拔河似的，拖了十多分钟的光景，把我周围的烂泥，晃成一个椭圆形的泥坑，这时，我的身子已可自由活动了；大个子指点我顺势躺下，他们猛一带劲，才把我拖了上来。用这个办法从泥坑里救人，在我们连队还是第一次，我被感动得两眼直淌热泪，虽然我的年纪还小，但我知道这种高贵的同志友谊，比山还高，比海还深，救我出险的那个大个子是我们连的战士，但我调来不久，还不晓得他叫什么名字。“谢谢你！同志！你是……”没等我讲完，他却抢先开了腔：“小谭，救出你的是他们。”他指了指另外几个战友，“我的姓名你就别问了，管我叫‘滑儿棒’好了，这是全营都知道的绰号。”他的脸面和语言如此纯朴，乐观，真叫人不会相信，他曾经是一个被称为“滑儿棒”的调皮战士，同志们向我介绍说自从进入草地以后，“滑儿棒”变成了连队的“热闹人”，他的话不知有多少，饥饿，疲劳也封不住他那张爱说爱笑的嘴巴，行军时，他的肩上经常是三支步枪……

从此，在漫长的行军和频繁的战斗中，“滑儿棒”同志就成了我最亲密的战友之一，我们常常在一起。

草地渡河

一天下午，在我们前面出现了一条大河，这条河宽约200公尺，两岸还长着几棵秃树，由于前两天下了一场倾盆大雨，水位很高，流急，浪大，向东南方向奔去。“通司”把我们引到一棵秃树下，只见树上拴着一根粗铁链，通向对岸。首长一声下水命令，部队就扑通扑通跳下河去，一手拉着铁链，一手举起步枪，向对岸游去。等到我和“滑儿棒”等同志跳下水去，没游十几公尺。由于人多流急，铁链断了，我和红旗一齐倒下水去，激流把我往下游冲走几十公尺，我抱着旗杆，身不由己地在水中忽上忽下，肚子快要灌满了河水，想站站不起来，幸亏被离岸不远的连长看见了，他朝着红旗浮沉的方向，骑着营长的大马沿岸跑下，骑马跳下河中想拦住我们，等游到我们的附近，他抓住红旗，我顺势浮出水面，双手拉住马尾。“滑儿棒”离我不远，他虽然身体很棒，但不通水性，此时也招架不住了，连长把马头勒转，朝他游去，叫他抓住我的衣襟，三个人随着大马直向对岸游去。我的身体较弱，加上喝了半肚子的冷水，全身冻得直打哆嗦，上下牙咯嗒咯嗒地打架，“滑儿棒”在后面小声警告我:“小谭，把牙咬紧些，千万别松手。”我听了他的话，咬紧牙关，心里真的安稳多了。不大工夫，我们都游到对岸，经过激流中的搏斗，人马都一齐倒在岸边，一点力气也没有了。

后来，营长又派人把铁链接上，天黑以前，全营同志都胜利地渡过了这条大河。

夜宿雪山

跨过草地巨流第二天的下午，前方露出一座不高的雪山，形如鲤鱼，山上一簇簇，一团团，像是盖了雪的房子，又像是一丛丛小树，很多同志因此抬起杠来，有的说：“我不但看到房子，还看见炊烟呢！不信你瞧。”有的反驳道:“那不是炊烟,是瘴气……”哪个不想看到人烟?所以多数人都帮助前一个人说话：“也许真是有人居住的地方呢？加点油。”傍晚，我们来到了山上，房子、炊烟的幻景统统消失了，眼前出现的是一片几人抱的大松树，“草地啊！我们总算把你丢掉啦！”大家兴奋地松了一口气。

部队决定在这里宿营，大家忙着找避风的地方，扒开积雪，捡些树枝，烧起篝火，偶然发现几只松果，指导员马上给我们打气:“同志们!

这里松树多，松果不会少，快去多捡些，吃饱了好走路。”

晚上，同志们围着一堆堆篝火，嚼着少量的松果和松菌，一个个瘦黄的面孔，在火光照耀下，泛出了红晕。连长、文书、司号员和我围在一堆火旁，“滑儿棒”同志也凑了过来，每人用塞着棉絮的破茶杯煮起雪水……“滑儿棒”像想起了什么似的，在他的衣袋、衣角到处搜索，终于掏出一小块从理藩带来的生姜。他用小刀在手心把它切成碎粉末，一小撮、一小撮放进我们的茶杯里说道：“姜汤可以取暖，把它当做胜利酒喝了吧！”接着他就像摆龙门阵似地讲开了：“草地真是个怪地方，等到革命成功了，要是我不死，一定跑来看看，我们这叫万‘苦’流芳，唐僧取经恐怕也没到过这块草地。”说着说着，我们就在篝火旁睡着了。

天亮了，凄厉尖叫的西北风狂啸着，篝火早被狂风大雪弄灭了，树枝上的冰棍，稀里哗啦地互相撞击着，打在身上也不觉得疼。我看连长挣扎了半天才慢慢地站起来，他推了推我，其实我早就醒了。可想起起不来，原来身下的冰起初被我们体温融化，后来又冻了起来，两只脚就像钉在地上一样，曲伸不得，连长帮助我活动筋骨，好久才“咯叽叽”地爬了起来，看看身下出现一个人印子。睡在我身旁的司号员，被推了好几分钟也没有动静，摸摸他的心口，冷冰冰地停止了跳动，连长忙以自己的身体贴着他的胸脯，想把他暖活，但是，毫无用处。这时，我看到连长眼圈红了，接着又默默地走向别的火堆，指导员和已经站了起来的同志跟连长一样，到处设法救助战友，十几个同志就这样无声无息地长眠在这座山上。原来100多人的连队，这时只剩下不足20个人了。

队伍就要出发了，连长、指导员还在复查死去的战友，像是盼望他们醒来，一道前进。

下了雪山，天气转晴，温暖的太阳晒着我们，结了冰的衣裳冒出一缕缕蒸汽，好像我们刚从温泉里上来一样。

“房子！房子！”

“是喇嘛寺！”

“我们又要见到人烟啦！”（李树凯、叶道理整理）

选自杨国夫等:《星火燎原·未刊稿》第4集，解放军出版社2007年8月第1版，第50—55页。

谭清林，1918 **年生，陕西宁羌（今宁强）人。红军长征时为红四方面军第三十军某连打旗兵。新中国成立后，曾任安徽省舒城县兵役局局长。**2003 **年逝世。**

过草地，我们经历了“四难”

张世魁

1919 年 8 月，我出生在湖北省麻城县的一个贫苦农民家庭，童年时代在黄安（今红安）参加了苏维埃政权儿童团。1932 年 9 月，在我 13 岁的时候离开我所热爱的故乡，离开生我养我的父母，来到中国工农红军四方面军三十一军九十一师二一七团，成为一名红军小战士。同年 10 月，加入中国共产主义青年团，1936 年，转为中国共产党党员。先后历任卫生员、班长、护士长、医生、卫生所长、卫生队长、卫生处副处长、处长、疗养院院长、四五四医院院长等职。

1935 年春至 1936 年 10 月，我参加了长征。在翻越海拔 4000 多米的夹金山时，由于山上空气稀薄，天气变幻无常，时而刮风，时而冰雹，山路崎岖，雪厚冰滑，我们红军战士一个个都变成了雪人，越往山上爬，路越艰难，空气越稀薄，喘气都十分困难。我们卫生队的护士长虽然年龄不大，只有 19 岁，个头不高，只有 1.65 米，但他已经是一个有着五年军龄的老战士，先后参加大小战役战斗十多次。在爬雪山过程中，他看到体弱多病的战士走不动，就走上前去，一边搀扶，一边关切地说：“山上空气稀薄，气候严寒，停不得脚，停下来会冻僵的，要咬紧牙关往前走啊！”并帮助我们扛枪、背干粮，拉着我们向上爬，不让全班的任何一个战友掉队。下山时，坡陡路滑，站立不稳，他就组织我们抱着枪坐在地上往下溜，自己总是最后一个溜下去。一座座雪山终于被我们红军战士以百折不挠的革命毅力所征服。虽然爬雪山我们历尽了艰险，但过草地那才是最艰苦的。我们离开毛儿盖北行40多华里便进入草地。草地其实就是高原湿地，多为泥质沼泽。草地上根本就没有路，汉河纵横交错，地势低洼积水。草地中的水草盘根错节。沼泽上的藏蒿草、海韭菜等，形成了较厚的草甸。草甸下面，乌黑乌黑的积水，泥泞不堪，浅的地方能淹没膝盖，深的地方能淹没人的头顶。远远望过去，好似一片灰绿色海洋，没有村寨，不见山丘，千里无人烟，连鸟儿都看不到。每年的 5 月至 9 月为草地雨季，使本来已经滞水泥泞的沼泽，更加成为一片泽国。我们正是在这个季节三过草地的,其艰难是后人难以想象的。

一是行走难

草地区域气候恶劣，晴空迷雾变幻莫测。刚开始过草地时，少数民族的族民还能给我们作向导，沿着草地的边缘走，到了中心地带，他们也不敢带路，我们只能按照方位一步一步地走。有时遇见草甸，我们总是踏着草甸走，从一个草甸跨到另一个草甸必须跳跃式前进，稍有不慎，就会掉进泥沼。泥沼一般很深，如果拼命往上挣扎，会越陷越深，来不及抢救就会被污泥吞噬。往往是一个人陷进去以后，另一个人伸手用力去拉，就会被带着陷进去。后来我们有了经验才知道，人一旦陷了进去，身子不能齐用力，要慢慢移动双脚。

我们班有一个四川籍的战士，过草地陷了进去，班长叫他不要动，其他战友用树棍子拖，用绑腿带缠在他的腰间，最终将他拉了上来。因此，行走时，我们拄着棍子探深浅，几个人搀扶着一起走。就这样，我们一天走下来，感到心力交瘁，筋疲力尽。

我们卫生队指导员，在爬雪山时，大腿受了枪伤，伤口恶化，全身浮肿。当时，部队准备将他留在驻地老百姓家养伤，他硬是不同意，坚持要跟着部队走，和战友一起过草地。我们就是靠着坚定的革命信念和革命意志，走过了人迹罕至、茫茫无边的荒滩草地。

二是御寒难

时至深秋，草地的天气，犹如孩儿脸，一日有三变，昼夜温差特别大。早上，太阳出得晚，冷得令人受不了；中午晴空万里，热得使人吃不消；下午往往突然间乌云密布，雷电交加，暴雨夹着冰雹铺天盖地而来；夜间气温降至零摄氏度左右，冻得叫人瑟瑟发抖。

我们在过草地前，大多衣单体弱，准备的为数不多的棉衣、皮衣哪能够几万人穿！为了御寒，那时我们的红军战士穿戴真是五花八门：有穿着单衣的，有穿着夹衣的，有裹着毯子的，有披着各种兽皮的，有头戴草帽斗笠的，还有顶着油布的，有穿草鞋的，打着赤脚的也不少。

在泥沼草地行军，真是“饥寒交迫，冻馁交加”。冷了，我们就咬点儿辣椒，或用水拌着辣椒面驱寒。辣椒、辣椒面都带的少，不够用，两三天后也没有了。在草地的几天里，脚是湿的，衣服是湿的，身上几乎没有干过。

三是食粮难

在过草地前，虽然我们尽了最大努力，如将青稞脱壳搓成麦粒，再碾成面粉炒熟；宰杀马匹、牦牛，做成肉干以备食用；在藏民带领下辨认野菜等，但筹集到的粮食还是远远不够用。

我们准备了炒米、豆子、青稞麦炒面，分类分段将这些干粮装入粮袋，多的十几斤，一般的带有五六斤，少的只有三四斤。青稞麦炒面需要用水煮和着吃，那时没有水，更谈不上煮着吃了。这种麦炒面干吃难以下咽，口渴难熬。还有不少同志在进草地之前来不及磨面，带的就是青稞麦。这样的青稞麦只能一颗颗咬着吃，带的少，就一颗颗数着吃，尽量节省多吃一两天。咬青稞麦既吃不饱，还难于消化。干粮准备得较少的战士，两三天就吃完了。这时候，草地才走了一半，有的甚至还不到一半，还有那么长的路程怎么办？大家就靠吃野菜、挖草根、剥树皮充饥。

有一天我干粮袋里一粒粮也没有，就拔草根一个劲儿地在嘴里嚼。尽管填不饱肚子，但总能解渴，还能提神。草地上有的野菜、野草有毒，吃了轻则上吐下泻，重则中毒死亡。这就要求我们学会辨别哪些野菜、野草能吃，哪些不能吃。前边的部队还有野菜、树皮充饥，后续部队连野菜、树皮都吃不上，生活上更是艰苦。野菜、野草、树皮吃完了，我们就将自己身上的皮带，甚至马鞍子煮着吃。有的战士饿得实在不行，就将骡马大粪中没有消化的青稞粒扒出洗干净吃。

吃是这样，喝也是这样。草地中的泥水不仅不能饮用，而且破了皮的腿脚泡过，还会红肿甚至溃烂，一下子很难好。凡是经历过草地的红军战士，大多都喝过人尿、马尿。这在我们今天无论如何也是难以想象的。

四是宿营难

我们红军过草地除了行走难、御寒难、食粮难以外，还有一个比较难的就是宿营难。草地净是泥泞渍水，一般很难夜宿。

行军到了傍晚，我们往往要找一个土丘、河边、高地，或者比较干一点的地方宿营。如果找不到比较干一点的地方，就只好在草地里露宿。怎么露宿？或者就地而卧，或者坐着打盹，或者背靠背睡一会。女同志往往两人依偎在一起，这样还暖和一点。我们男同志只能一个班、一个排聚集在一起，怀里抱着枪支，背靠背地坐着，相互间用自己的体温取暖。

那个时候，如果能有一块油布用树枝架起遮挡风雨，就算是很好的条件了。有时晚上风雨交加，用树枝架起的油布，既遮挡不住风雨，也抵抗不了寒冷，只能在风雨的淋浇之下熬过一夜。

在草地里露宿，我们特别小心，总是睁一只眼，闭一只眼，担心睡着后，跌倒滚到深水泥沼里去，就没命了。因此，我们排长安排几个人轮流站岗，以防发生不幸。

过草地，每天都有掉队的。饥饿、寒冷，加上缺医少药，伤病员有增无减。当时既无医院，又没那么多担架，完全靠每个伤病员拄着棍子，尾随着部队走。在这样极端恶劣的环境下，红军官兵怀着共同的革命理想，保持着严明的纪律和乐观的革命精神，发扬了令人感动的阶级友爱，官兵一致，同甘共苦，以巨大的精神力量战胜了自然界的困难。长征途中，红军所经历的艰难困苦是世上所罕见的。但是，千难万险压不倒红军将士。没有气吞山河、勇往直前的革命英雄主义和革命乐观主义，长征的胜利是不可想象的。（王桂荣、詹和太整理）

选自中共南京市委党史工作办公室、中共南京市鼓楼区委党史工作办公室编：《红旗漫卷——南京部分老红军口述长征史》，中共党史出版社2006年10月第1版，第89—96页。

张世魁，1919 年生，湖北麻城人。1932 年参加中国工农红军，同年加入中国共产主义青年团，1937 年转入中国共产党。红军长征时为红四方面军第三十一军第九十一师二一七团卫生员。新中国成立后，曾任解放军四五四医院院长等职。

草地生活片断①

罗光泽

1935 年 6 月，红一、四方面军在四川西部的懋功（小金）一带胜利会师后，党中央毛主席根据当时形势，决定了红军向北向东发展创造川陕甘根据地的战略方针，以促进抗日运动高潮的到来。但四方面军的负责人张国焘却对形势作了右的估量，反对中央的正确路线，主张向西向南退却逃跑，经过多次会议的教育、批评和斗争，他又阳奉阴违，表面同意北上抗日，却又迟迟不动，拖延时间。8 月毛儿盖政治局会议决定，仍然要红军迅速分路北上。这时张国焘反党反中央的企图已达白热化了，为了实现分裂党分裂红军的野心，于 9 月 9 日，电令红四方面军原政治委员陈昌浩带队回师南下。在这种情况下，毛主席率红一方面军连夜北上，到达陕北，开展了新的局面。而我们红四方面军在错误路线指挥下，却不得不回过头来，在已跨越的雪山草地上，又再次翻越无数的大小雪山，跨过荒无人烟的茫茫草原，在严重的缺衣少食的情况下，忍受着极大的痛苦和牺牲，一个个拖着软弱无力的身躯，迈着沉重的脚步，在人间从未有过的艰苦环境里往返辗转，折腾了一年多，引起了广大指战员对张国焘的极大不满，纷纷议论，谴责他给红军带来的严重损失。

① 编者对原文略有删改。

草地民情风俗

我当时所在的红四方面军八十八师二六三团随着张国焘的错误路线，进入了川西的青藏高原。这一带人烟稀少，气候严寒，有藏民、回民和汉民，但以藏民为主，有的地方干脆全是藏民。他们过着近乎原始社会的生活，有的务农，有的狩猎。务农的种植方法，非常落后，大多是刀耕火种，一块地种上青稞麦或者苞米，另一块则撂荒长草，过几年用火烧掉，再用简陋的农具把土刨一个小坑，放进种子就等候收割了。接近汉人居住的地区开化一些，除了种青稞苞米外，还种豆种蔬菜和饲养家禽等。在雪山上，有些狩猎为生的藏民，生活方式更是简单。他们没有固定的住处，用牦牛或马驮着全部家产和大小人口，走到大树下或石崖前，就露宿过夜。他们吃饭，全是用手抓着吃。每人有一把吃肉用的小刀，平常插在靴子的长筒里。他们用牛皮口袋装着糌粑，再带上酥油、茶叶和牛肉等，住下后，一家人围着火堆，边烤火边煮茶，把茶煮得浓浓的，用木碗盛上一点茶水，再放进点糌粑、酥油，用手指调匀，然后捏成小丸子，就往嘴里填，成年累月，几乎天天如此。他们吃猪肉的方法更特别，把猪杀了，也不褪去皮毛，放到树上风干几年，肉质变成黄色时再取回来，皮毛向下放到案上，用随身携带的刀子，把肉切刮成一片一片的，夹到青稞麦面做成的干饼里吃。藏民宰牛吃肉也与汉人不同。这些地方，家家养牛，多是牦牛。牦牛毛长而且头上没角，一群一群地哼哼乱叫，很像猪的叫声。我们经常看到藏民杀牛。两个人牵一条绳子，围着牛跑一周，将牛腿缠住，用力一拉，牛就倒到地上，然后上去一刀。剥下牛皮，将牛吊起来开膛，割下生肉就吃。既不放盐，也不放其他调料。我们开始不敢吃生牛肉，通司（翻译）一边吃一边让我们尝尝。我割下一块热乎乎的生牛肉，放进嘴里，只觉得甜甜的滋味，很好吃。当然，大多数藏民还是煮熟了用刀子割成小片来吃（他们吃羊，也多是煮整个羊吃，叫做苏扒羊，或用火烤熟吃，叫做烤羊肉），如杀带角的牛，就更简单了：两个人抓住牛的两角用力一扭，另一个人在牛屁股上一推，牛便倒在地上，然后从脖子上给它一刀就行了。这一带的大人小孩全会杀牛，我们看长了，也都学会了，我当时负伤未愈随三十一军医院在下寨坝一带，前方部队打下了一个外国人投资经营的有几千头牛的大牛场，给医院送来很多牛，我们就用这种方法杀牛的。

藏民的住房也很特殊。一般普通农家，都有木头架起来的两层木楼。最下层关牛羊，放农具或柴草之类，人住楼上。没有炕，没有床等家具，他们就地打坐就地睡觉。以牧畜为业的牧民，他们的生活习惯与其他藏民大致一样，只是住的有些不同。他们晚上住的是用牛毛织成的“木子布”做成的帐篷，很像蒙古包。

藏民信奉佛教和喇嘛教，所以喇嘛庙很多，有的是很富丽堂皇的，里面有成百上千的喇嘛，管理着大片的土地，成群的牛羊。庙里庙外，设有许多“转经”。这是把经文写在很长很长的厚纸上，再卷缠到圆形的心柱上，放在经鼓内，立放在架子上，或用人力或用流水的冲力，推动着经鼓轮子，不停地转动，故通称为“转经”。听说这样长年转动，是为了超度，死后灵魂不受罪。喇嘛庙里还有许多用牛皮做的大鼓和小鼓，直径有的是几尺甚至是几米。有的反动喇嘛和我们作对，被我们打下来以后，个别同志还偷偷地把鼓上的牛皮割下来，做皮带或鞋底，过草地时没得吃，又把它煮着吃了。

我们经过卓克基和阿坝，看到那里的喇嘛寺，是几百里内最大的了。在很远很远的地方，就能望见那黄色的塔顶，闪闪发光。庙宇非常雄伟堂皇，能住上千人。庙楼飞檐画栋，六七层，有几十米高。最下层关牲畜，二楼住佣人和士兵，三四层住家属和官吏，五六层是存放珍宝的仓库，七层是经堂，佛像，非常整洁。一层和二层之间是用一块粗大的木头做成的梯子，叫做独木梯。在大木头上，每隔一尺左右削去一片，做成阶梯形踩脚，所以牲口上不去。寺内还有容纳数百人的大礼堂，周围挂着几丈长黄绸缎的帐子，显得非常神秘肃穆。前台的桌案上，摆放着许多用奶油制成的供品。院内许多奇草异木，繁花盛开，芬芳扑鼻，因为喇嘛不在，我们没有进去看过，据说，这里住的是统治藏民的一个很大的统治者，而奴隶般的藏民却住在用牛粪贴成的棚子里，形成了鲜明的对照。

藏民有它独特的宗族关系，听说藏民生第一个男孩子留在家里传宗接代，其余的男孩都送到庙里当喇嘛，这些喇嘛，其实都是大喇嘛的奴隶。大喇嘛是上层统治者，对藏民有生杀予夺的大权。有的与国民党勾结，欺骗藏民来偷袭我们红军，我们在忍无可忍的情况下不得不消灭他们，这时喇嘛寺的物资粮食，便成了我们重要的补充来源之一。

国民党特务和反动喇嘛造谣说红军杀人放火，奸淫掠夺，许多藏民受骗后,都跑到山里去了,把粮食也藏起来。在反动头子的煽动指使下，躲在隐蔽的地方，见到我们掉队的个别人员，就猛力甩出已经拴在长绳上的矛子枪，射杀我们，然后很快把矛子枪收拉回去。有时，他们在树林里大声呐喊，胡乱放枪，骚扰我们。有一次，我们医院一个掉队的伤员便被他们的暗枪杀死了。等我们发觉去追赶时，却已无影无踪了。

我们到达一般藏民居住的地方，有时发现了粮食和牲畜，但又找不到主人，我们就把钱（藏洋）留下，并写个条子，说明吃了多少粮食，放下多少钱。如有违犯群众纪律的，都要从重处理。我团二营四连有个司务员，出去买菜时调戏了妇女，这事报到军部，马上集合队伍，当场把他枪决了。

由于我们严格执行党的民族政策和“三大纪律，八项注意”，又经过通司大量的宣传工作，广大藏民逐步明白了红军爱护穷人和藏民，为穷人打天下的道理，不仅为我们送粮送菜，主动给我们当向导当通司，而且我们所到之处，他们都热情地送茶送水，夹道欢迎，举起大拇指，不断地向我们说：“你们耶莫，耶莫（好的意思），国民党稀稀拉拉（不好的意思)。”我们以实际行动粉碎了国民党和反动头人的欺骗宣传，与藏民建立起亲密的军民关系，帮助他们建立了藏民政权（博巴政府），不少藏民还参加了我们的红军。

艰苦的草地生活

草地是一个神秘莫测、水草丛生的一片泽国。它纵横数百里，阴雾腾腾，方向难辨，一堆一堆的草丛，一二尺高的草根上浮动着一层红锈的污水，它似流未流。水中还有许多又细又长的红色小虫子，有的长约半尺，有的长约一尺，蜿蜒浮动，像一根根的红线在泥水中漂荡。我们穿着草鞋，把裤腿挽到膝盖以上，一个跟一个，小心谨慎地踩着那柔软的草丛，探索着一步一步艰难地前进。脚一踩到草墩上，那草墩晃晃悠悠，如果不用早已准备好的棍子支撑着，很容易掉进草丛下的烂泥潭里。一旦掉下去，想爬出来，紧活动，就会越陷越深。我们班的王建国同志，由于一时疏忽，就这样陷进去了，别的同志去救他，也被陷了进去，没有出来。炊事班的老张头，也是这样陷进去的，连饭锅和其他炊具都拿不出来了。后来，我们得出了一条经验：万一掉进泥潭，不能着急，要横躺在烂泥上面，翻身打滚就能出来了。这样着泥面积大，增加了浮力，就不致于陷进去了。但牲口马匹却不懂得这一条，一旦掉进去，四蹄不停地刨动，急于往上爬，结果越陷越深，只剩下一个脑袋，最后也渐渐消失了。

这一段水草地，我们虽然只走了个把星期，但许多的战友在枪林弹雨中没有牺牲，却被这烂泥潭夺去了他们的生命。

都说草地天气一日三变，真是名不虚传。早晨露气蒙蒙，烟雾腾腾，天昏地暗；到了中午，天气晴朗，蓝天万里，一切静悄悄，只见一望无际的大草原，地连着天，天连着地，那火辣辣的太阳，像火盆一样，烤得人们喘不过气来，连野草都向它低头了；到了下午，则狂风大作，乌云滚滚，大雨倾盆，或者是气温急剧下降，忽而漫天大雪，忽而冰雹骤下，无边的草原立刻又变成了一片银色的世界。因此，我们在草地行军，多是在下午两点钟以前，两点以后，就得寻找一个躲避风雪的地方过夜。这里没有房子，只有些低矮的树丛，有的同志撑起一块油布或一个包袱皮，有的同志弄来些树枝，像鸟雀筑窝似的，搭起一些零零乱乱的小棚子，同志们逗趣地说："我们又过上原始生活了。"

这还是比较好的时候，往往行军中遇上突然到来的狂风骤雨，无处躲避，只好就地休息，可是到处都是水漉漉的水草地，连个坐的地方都没有，同志们有的用背包，有的用枪托，垫着屁股坐一会儿。到了夜晚，十分寒冷，大家找一个稍高的地方打坐过夜，战友们背靠背地挤在一起互相取暖，特别是风雨一来，衣服全都湿透，由于地面到处是水，许多同志只好在风雨中站着，等待天亮。

草地生活非常艰苦，大家都很疲劳，但却精神饱满，有时笑声朗朗，有时歌声飞扬，使寂寞的草地，充满了生气。

在无边的草地里，要想做点饭吃，烧点开水喝，是非常困难的。因为没有柴禾，我们每到宿营地之前，必须从几十里外，就开始拾取牛粪片片，每人都满满地装上一挎包，连衣袋里也都塞得满满的。有了牛粪当柴禾，没有风箱也很难烧起火焰来，于是我们就用报纸或书本卷成一个筒筒，来吹火助燃。我们轮换着趴在地上吹，本来都已经走得精疲力尽，哪还有劲吹火，一个个弄得头晕眼花，腰酸腿麻，口干舌燥，脸也被烤肿了，熏得两眼直流泪，还烧不开一锅水。

由于我们大军在那人烟稀少的高寒地区转来绕去好几个月，需要大量的粮食，而这一带，大宗的粮食就是一年一季的青稞麦，因为生产方式原始简单，产量很低，供应不了我们的需要。我大概记得，我们队伍在到达毛儿盖一带时，领导就从群众那里买来地块上没有收割的青稞麦，然后动员大家自己到农田里把青稞麦弄回来，搓了吃。其中有许多没有干浆的，我们就用火燎焦它，吃起来很香甜；对已经成熟的，就把它炒好，装在米袋里做干粮。上级命令我们每人要准备 20 天的干粮，每人一天按一斤计算，也得准备 20 多斤，于是人人下地割麦子、背麦子、打麦子，打不下来就用手搓。我们把手都磨肿了，谁也不叫疼，仍然争先恐后地搓。饿了就烧起堆堆野火炒麦粒吃。有的用锅炒，有的用脸盆炒，也有的同志用面盆、茶缸煮整粒的麦子吃，腿快的同志，找到农家的磨把炒好的青稞麦磨成糌粑（麦面）。把这种糌粑装在米袋里做干粮，吃的时候，放点到碗里或茶缸里，用开水冲成糊糊吃，没有开水，就用山泉水搅拌一下吃，大部分同志来不及磨成糌粑，整粒的麦子炒好了就吃，或用山泉水泡着吃（由于行军，没有功夫烧开水），这样吃多了，往往泻肚子，同志们都一天天地面黄肌瘦起来。

但这还不是最坏的。记得在过草地的一段路上，干粮全都吃光了，荒无人烟的草地又无法补充，我们只好到处寻找野菜野果充饥。开始时没有组织，都是自己去找着吃，有的吃中了毒，如我们二营六连的同志们，在一个小河旁，找到一片白花花的蘑菇，认为走了好运，兴高采烈地弄回来，煮了好几大锅，饱餐了一顿，结果全连人睡下就起不来了，都中了毒，经过紧急抢救，用喝肥皂水或触动嗓子眼引起呕吐，把那些从嘴里吃进去的东西，再从嘴里吐出来，可把他们折腾坏了，才保住了性命。

艰苦生活的折磨，使同志们的身体越来越坏，个个熬煎得骨瘦如柴，许多生病的战友，拖着沉重的身躯艰难地前进着。更为严重的是，眼看寒冬就要到来，同志们还都身着单衣，在这高寒的地区往返周折，又无物资补给。

草地牧民，家家都有许多储存的羊毛，成了我们可以利用的宝贵物资。上级买下了大量的羊毛，发给各个单位，号召自己动手，度过严冬。我们把羊毛挑到河里冲洗干净，晾干后再拿树条子使劲抽打，使它变得如同在机器上弹出的棉花一样松软，然后再用一个木棒棰，一头束上一根毛线绳，接上已弹好的羊毛，用手旋转木槌子，就能纺出毛线来了。再将纺好的毛线，用竹签织成毛衣、毛裤、毛鞋、毛袜子，虽然很粗糙，却可以防寒过冬了。鞋子是将毛线搓成毛线绳，用钩针勾织成鞋邦，弄一块牛皮做鞋底，把鞋帮连在皮底上，就成了很讲究的毛鞋了。广大红军战士，就这样用自己的双手，解决了过冬穿衣问题。我也就是在这个时候学会做鞋子的。（栋宇、韩冬整理）

选自罗光泽：《罗光泽同志回忆录》，1982年8月第1版，第41—48页。

红军长征纪实丛书

红四方面军卷

3

中共中央党史研究室 编

中共党史出版社

本册收入第六至第七部分文章 96 篇

三过草地经砺炼[1]

朱邦仁

红四方面军粉碎了四川军阀刘湘策动的六路围攻之后，决定放弃川陕根据地，西渡嘉陵江，配合中央红军进行西征。

西征的第一道关就是强渡嘉陵江。

嘉陵江江阔水深，坐落在群山峡谷之中。江对岸有国民党重兵把守，沿岸还修建了无数碉堡、暗道，他们凭借天险，妄图阻止我军西进。

此时，遵义会议刚刚开过，中央红军在毛泽东主席的领导下，正夺城攻关，向四川方面挺进。消息传来，川陕军民一片欢腾。

1935 年 2 月，红四方面军总指挥部决定，动员一切力量，尽快渡江。为此，全军上下，开始了紧张的准备工作。一方面组织战士亲自动手制造渡船，另一方面积极组织强渡的勇士苦练划船、泅水、登岸的本领。

3 月 28 日夜，嘉陵江上薄雾弥漫，前线指挥部发出了“急袭渡河”的命令，各渡口的木船、竹筏，顷刻间便向对岸急驶而去。

我所在的三十军各师团共准备了 30 多条船只和竹筏，每条船可坐十几个人。经过侦察，我们选择了敌人江防比较薄弱的一个叫元坝子的地方过江，由二六三团的特务连担任先头抢险任务。那天天刚黑，担当抢险任务的勇士们便奉命出发了。当最先的渡船划到江中央的时候，

① 编者对原文略有删改。

对岸敌人的子弹便像雨点一样打了过来。在枪林弹雨中，我们的战友有的受伤倒下，有的中弹后掉进了江里。敌我双方经过一阵激烈的战斗，最先头的渡船终于到了对岸。勇士们奋不顾身地冲上岸边，用猛烈的炮火，打退了敌人的守军。二六三团特务连的勇士们占领了江岸后，马上搭起了一座浮桥。

当太阳从东方升起的时候，西岸的敌人终于被我各路大军打得落花流水，全线溃败。战斗结束后，我们交通队的战士跟随军部首长，跨过浮桥，顺利地渡过了嘉陵江。

过了嘉陵江，我们三十军交通队便跟随军首长一路急行军。刚过梓潼城，走到一座大山前，忽听空中来了敌机，同志们只好就地卧倒。敌机还是发现了我们，开始向我们扔炸弹。我刚趴下，就听“轰”的一声巨响,只觉得左脚好像被什么东西扎了一下。飞机过后,我爬起来一看，才知道一只脚被弹片炸得鲜血直流。卫生员见状，急忙为我包扎。好在伤势不重，在同志们的搀扶下，我一瘸一拐地跟在大家的后面行走。走了一段，队长看我越走越困难，就让一名战士将我送到了随军医院。

我随军医院来到剑阁，在这里住了一段时间后，伤势明显好转。我提出要归队，医生没有同意。直到又走了几天，来到江油城一个叫村花堰的地方，医生才批准我又回到了三十军的交通队。

过了涪江，往西走就进入川康地区。这里是汉藏杂居的地方，人烟稀少，气候恶劣，粮食奇缺，我们的生存遇到了很大困难。另外，由于国民党反动派的欺骗宣传，加之藏人中上层分子的煽动，当地的许多藏民都躲了起来，藏兵也有意和我们作对。

向西走了 20 多天，来到一个叫瓦背梁的地方。我们住下后，找不到吃的东西,只好动员战士们到野地挖野菜。可是,战士们出去挖野菜，经常会遭受冷枪的袭击。后来我们了解到，在不远的山岭中，聚集着一伙藏兵,囤积了不少粮食和盐巴。据牧民反映,这些藏兵平日横行霸道，经常欺压百姓，大家敢怒不敢言。红军来之前，他们的头目又和国民党军阀有了勾结，妄图阻止我们前进。军部了解到这些情况后，决定采取行动，消灭其中的顽固分子，争取大多数藏兵回到藏民中间。

一天，军长余天云命令我们交通队跟他进山，请当地一位牧民既当向导又当翻译。他带着我们来到大桥河畔，经过侦察，知道这伙藏兵住在前面一座三层楼里。这种住房，在当地一般都是上层住人，中层储藏东西，下层圈养牲畜。我们出其不意地包围了这座楼房，通过那名翻译向藏兵喊话，一边宣传红军的政策，一边叫他们和我方谈判。不大一会儿，只听楼上有人喊话：

“不要开火，请你们派人上楼，我们愿意谈判。”

余军长当即表示同意，条件是他们保证不开枪伤人。听到对方的保证后，他当即带了几名战士向那座楼房走去。谁知刚走到围墙大门口，就听楼上发出“叭”的一声枪响,余军长身旁的一个战士应声倒了下去。余军长见状，怒火万丈，急忙闪到围墙墙根，大声命令：

“打！”

眼前的一切战士们看在眼里，恨在心上，一听军长发出命令，顿时枪炮齐鸣。双方经过一阵激烈的战斗，藏兵终于支撑不住了，大声喊着要缴械投降。余军长厉声喊道：“要投降就把枪从楼上扔下来！”大伙儿顿时停止了射击。

不一会儿，一支支枪从楼口扔了出来，藏兵们也一个个垂头丧气，从楼上走了下来。

拿下了这座小楼，缴获了不少青稞和小麦。我们把一部分粮食分给了当地的贫苦牧民，同时根据群众的要求，处决了几个民愤极大的反动分子，对大多数藏兵，经过教育后，都打发他们回了家。

1935 年 6 月，红四方面军先后来到川康地区的懋功一带。

懋功原来是一座废弃的古城，到处断壁残垣。我们来到这里后，听说李先念同志率领的红军在夹金山北和中央红军已经会师，大家心里非常高兴。

从懋功往北走的第一天，我们就看到了中央红军的队伍，大家既高兴又稀奇。只见他们八角帽上戴着红五星，衣领上戴着红色领章（我们的服装当时没有这些），有的战士还背着一把雨伞，一个个显得很精神。大家都说方言，相互之间听不懂说什么，只好借助手势沟通。一连几天，我们都和中央红军并肩北上。

四方面军和一方面军会师后，党中央在懋功北的两河口召开了政治局会议，决定红军继续北上。6 月下旬，毛主席率领中央红军翻越了梦笔山、长板山、打鼓山等大雪山，到达了毛儿盖。就在这时，张国焘却坚持向西康、青海等少数民族地区行进，不愿和中央红军一起北上。

在毛儿盖，毛主席一面命令部队筹集粮草，准备过草地，一面在等待我们四方面军的到来。一直等了一个多月，直到张国焘来了后，中央政治局又召开了会议，分析了形势与任务，作出了决议，决定兵分两路继续北上。一路由中央、毛主席率领，一路由朱总司令、张国焘率领。

四方面军会师后，本应执行中央北上抗日的方针，但由于当时红四方面军的主要领导人张国焘坚持西进青海或南下川康的退却计划，对北上红军进行了种种阻挠，致使部队未能迅速北上。那段时间，我们也弄不清是什么原因，总是走走停停，停停走走，不多久，就落到了中央红军的后面。直到毛尔盖会议后，才听说我们正在向西北的阿坝方向前进。

从懋功北翻过几座大雪山，向阿坝走的这一段路，就是有名的川藏大草地。

草地是个什么样子，咋个过法，我们也不知道，只听到上级命令我们尽可能多地筹集一些粮食，以备过草地时食用。

进入川藏草地，真是草天相连，积水瘀黑，腐草堆积，水像马尿一样，恶臭难闻，脚下到处是泥淖，踩到上面，软绵绵的，用力过猛就会陷下去拔不出来。脚在这样的泥水中泡得时间长了，拔出来再经风一吹，就会裂开一道道血口子，钻心的疼。草地的气候极为恶劣，雨雪风雹来去无常，变幻莫测，时而晴空万里，骄阳似火；时而迷雾重重，方向难辨；时而阴云密布，风雨交加；时而电闪雷鸣，冰雹骤下；时而雪花飞舞，漫天银色。白天的跋涉虽然劳累，却比夜晚的寒冷要好受一些。因为一到晚上宿营，根本就找不到一块干燥的地方，几个人只好挤到一起，互相用体温取暖，在寒风中坐着打盹。

口粮在一天天减少，草地却不见尽头，同志们的身体明显消瘦。有的同志实在走不动了，往地下一坐，就再也没有起来。

就这样，大约走了一个多月，走到了川北边界的阿坝，奉命原地休整。我们交通队就住在阿坝北的噶曲河畔。一个多月的草地跋涉已使我们疲惫不堪，而更难熬的却是没有吃的。到处荒无人烟，到哪里去找吃的东西呢？就连野菜也不是到处都有啊！

一天，一位叫罗义山的战士，不知从什么地方打来一只野羊，可把大家高兴坏了。大家像过年一样，七手八脚，很快就把羊煺了出来。一只羊，交通队的几十名战士，竟然吃了三顿。

在噶曲河畔住了一个星期后，我们突然接到了南下重返草地的命令。这是怎么回事？我作为一名普通战士，当然不知道其中缘由。后来才知道，原来四方面军的主要领导人张国焘不顾党中央毛主席的再三劝告，也不顾朱德、刘伯承等领导的坚决反对，擅自命令部队停止前进。中央一再电催他迅速向毛主席率领的右路军靠拢（当时右路军已走出草地，到了阿北仓座一带），他却按兵不动。张国焘先是提出要通过甘肃西进青海，又提出南下川康，后又以噶曲河涨水为借口，不执行中央的决定。更为严重的是，他还阴谋以武力威胁党中央和一、三军团重返草地，同他一起向川康退却。

最后，党中央劝阻无效，张国焘等终于公开与中央分裂，带上四方面军从阿坝一带折兵南下。

这段历史，我们普通战士根本不知。当时，四方面军中有不少战士家在四川，听说要回四川，许多人当然愿意，于是，我们又重整行装，折返草地。

时值深秋，寒气袭人，由于长期行军得不到补充，许多战士早已无衣无食了，走起路来摇摇晃晃，掉队的战士日渐增多，冻死、饿死、累死的几乎每天都有。就这样，不知渡过了多少个风雨交加的日日夜夜，终于又走出了无边的水草地。

一出草地，情况好得多了。第一天来到懋功北的徐庆县，就找到了不少玉米棒子，大家饱饱地吃了一顿。

草地，残酷无情的草地，夺走了我们多少战友的生命！多少好同志经过长期饥寒交迫的折磨，耗尽了生命之火，壮志未酬，倒了下去，长眠在无边无垠的草海泽国。正是这些无名战士的鲜血，染红了国旗，换来了人民共和国的江山！

部队继续南下到了卓木碉，张国焘终于野心暴露，公然宣布成立伪中央，自己担任了主席。

四川军阀得悉我孤军南下的消息后，立即纠集了大量的兵力。北起懋功层层布防，守关占道，防止我军向岷江以西推进。我军在重兵强敌面前，以疲惫之师攻占了已被敌人盘踞的懋功，翻越了冰天雪地的夹金山，又打下了宝兴县城，歼灭了不少敌人。当我军顺河而下进入雅安、名山地区时，又遇到了刘湘、杨森、李抱冰、刘文辉等大量敌军。他们固守着纵横设置的碉堡，阻击我军向邛崃、大邑逼进。我军英勇奋战，虽歼灭了不少敌军的有生力量，但终因打不开局面，只好退出了这场拼消耗的恶战。

1936 年 3 月，我军由丹巴西进，开始翻越终年积雪的党岭山。

那天，我们到达党岭山脚时，接到命令，待天黑再过山。根据以往过雪山的经验，白天过雪山，阳光一照，容易灼伤眼睛，不少战士就被这种强光把眼刺坏了。

过党岭山可不是一件容易的事。尤其是冬季，我们还穿着过草地时的单衣。几个月来，我们不是过草地，就是翻雪山，吃不上，喝不上，一个个面黄肌瘦，疲惫不堪。党岭山上，尽是奇峰异石，稍不留心，草鞋踩在尖利的石头上就会刺破口子，流出血来。大家小心翼翼，艰难地向上攀登。越往上爬，积雪越厚，快到山顶，雪竟然漫到了大腿跟，每走出一步，都得用上全身的力气。快到山顶时，忽然又刮起了大风。不一会儿，风卷着雪块，裹着沙石，

打得人睁不开眼睛。我走着走着，忽然发现身前身后没有一个人，知道自己掉队了，心里不觉一阵紧张。幸好我有几次爬山的经验，于是把慌乱的心情沉静下来，鼓足劲摸索着爬上了山顶。在下山途中，终于找到了同志们的行踪。我索性躺在积雪上向山下滑动。就在快到山下的时候，一条裤腿被冰碴撕破，从裤口直到裤裆，真叫人哭笑不得。

1936 年初夏，我们通讯营从炉霍出发北上，开始了第三次过草地的长途行军。

这一次过草地有了经验。出发前，我们把青稞炒成炒面。为了在草地上生火做饭，我们还特意做了只牛皮风匣。

又是一望无际的大草原，到处是稀泥烂草，没有人家，不见炊烟。一个月过去了，吃的东西越来越少。最后连装干粮用的猪皮口袋也煮着吃了。幸好，沿途还能找到些野菜。但野菜吃得时间长了也不行，先是胀肚子后来便拉稀，有的战士因此而倒在了路上。正当饥饿严重威胁着我们生命的时候，营部给我们分来了两头牦牛。为了救命，我们先杀了一头，全排吃了好几天，留下另一头，大家不忍心杀，就用它驮东西。那头牛十分温顺，开始还需要赶着走，后来就主动跟着我们走。我们休息了，它也站在一边休息。晚上宿营时，卸下驮的东西，它就不声不响地到附近的地方吃草去了。第二天一早又转了回来。时间长了，它真成了我们离不开的好朋友。后来，快要走出草地时，我们实在没有东西可吃，只好狠着心把它杀了。杀它的时候，大家心里十分难过，许多战士都流下了眼泪。

40 多天的草地行军，我们没有遇到过一户人家，一直到 1936 年 8 月份，我军终于翻过茫茫岷山，进入甘肃南部，才脱离了雪山草地。

一天，部队来到一个叫戈城义的地方。在我们通讯营的前面，走着一个兄弟营。当这个营走到一个四面环山的山沟里时，突然飞来几架敌机。我们急忙钻进庄稼地隐蔽起来，而前面那个兄弟营还没来得及隐蔽，就被敌机发现后一阵狂轰滥炸，我们眼睁睁地看着这些战士一个个倒在血泊里……

选自内蒙古自治区党委党史研究室编:《长征中的故事》，2006年10月编印，第157—167页。

朱邦仁，1914 年生，河南商城人。1932 年参加中国工农红军，1936 年加入中国共产党。红军长征时为红四方面军第三十军交通队战士。新中国成立后，曾任内蒙古公安厅民警处副处长，中共东胜县委副书记，伊克昭盟政协副主席等职。1984 年逝世。

长征路上[1]

田震

在红军长征胜利70周年的日子里，我这个历经长征艰难险阻的红军老战士百感交集，长征路上的情景在眼前一幕幕浮现。

1933年9月，我在老家达县参加赤卫军，主要是站岗放哨，给红军带路送信，协助担任村粮食委员的父亲给红军筹备军粮。当年11月底我报名正式参加了红四方面军，在红四军十一师三十二团二营六连九班当战士。12月1日部队便与杨森的追兵打了一天，傍晚撤出阵地到柳岗坪参加训练。在那里，我学会了打草鞋，参加了共产主义青年团，当上了副班长。

1935年3月打巴中时，我们担任预备队。1935年红四方面军从苏区两河口出发西进，我们团是全军后卫，而我们连又在最后面。

部队过了嘉陵江，第一仗打绵阳，打了一天未攻克，便继续西进，排长传达上级命令，要我们去接中央红军。部队要翻越挟马山，据说山很高，山上的蚂蟥又多又大，爬上身咬人打都不下来，有的同志有些害怕。营长逗我们说："你们打白匪时都很勇敢，为啥子几条蚂蟥却把你们吓住了呢？"说完哈哈哈大笑起来，大家也跟着笑了。又走了两天，到了松潘，接着又是爬山。那里的山一座比一座高，路越走越陡险。两

① 编者对原文个别之处略有修订。

座山看起来很近，可一下一上几十里，路窄坡陡，上下都非常困难，稍不小心滚下崖去就没有命了。我们走了三天才走到芦花（黑水）与中央红军三军团会师。我们三十二团1200余人编入中央红军第三军团，军团长是彭德怀。芦花全是大山，谷深路险，地少土薄，坡陡、人稀、少衣、缺粮，又是少数民族地区，语言不通，红军生活的艰难可想而知。

我们后卫部队面临的第一个难题是没有粮食吃，能筹集到的粮食，能挖到的野菜都非常有限。为弄粮食，我们营政委被少数民族中的反动分子杀害，我们班去的六个战士死一伤二。不久，部队转移到少数民族的山寨里，也被反动分子包围，威胁红军：若不快走，就用蛮刀“把你们杀死喂鱼去！”

8月，连里下令准备干粮，每人最少15斤。19日部队出发了，21日早晨到了毛儿盖。团里命令把多余的轻重武器丢在那里，部队便向渺无人烟的茫茫大草地走去。

走路本来旧草鞋穿起很跟脚，我却把它扔了，换了一双自己打的新草鞋，结果没有走多远便把大脚趾打了个血泡，血泡破了，走起路来疼痛难忍。我心想这条小命恐怕要留在草地了，痛得只想哭又不能哭。我想，打仗随时都有死的可能都不害怕，为这点小毛病而哭鼻子，哪像红军战士啊！

“满生（我的乳名），跟上，不要掉队！”连长对我说。我咬紧牙关，紧紧跟上队伍。下午宿营时，天突然变脸，一瞬间，电闪雷鸣，狂风大作，暴雨突降，用被单搭的篷子被狂风刮走，衣服被雨湿透。新兵只有身上的一套衣服，只得两个人背靠背的站在水里等待天明。

早晨，一个个战友又惊叫起来。原来大家的干粮袋，经水泡了一夜全部胀开了，青稞和粉子抛了一地。我连三名战士就病死在这里。

走进草地第三天，也就是8月23日上午，前面连续向后传“跟上！不准掉队”的命令，我以为是发现了敌情，因为敌骑兵来袭击的可能性随时都有。上午，我见后面又上来一支部队，是红四方面军三十军，有名的“夜老虎”，能攻善守。这时大部队已过长江黄河分水岭，只有我们四连在后头。我们连长从江那边返回来把我牵过江去。一看，唉呀，真的在准备打仗，轻重机枪已装上了子弹带，炮弹已放在炮旁边。三十军派了四名干部到前头来与红三军团的干部交谈半小时后，三十军又从原路返回去了，我们继续前进。

后来才知道，是张国焘密电右路军政委陈昌浩，命令北上的右路军南下；如果不听从就当场扣留。张国焘给陈昌浩的密电，被右路军参谋长叶剑英看见后，立即报告给毛泽东、周恩来等①；陈昌浩又打电话给徐向前总指挥②，徐向前坚决制止说:“哪有红军打红军的道理！”这样才使张国焘的毒计落空，维护了红军的团结。

粉碎张国焘的分裂阴谋后，红军继续北上。

走进草地，每天出发总体是三件事，第一件：挖土埋多余的枪支。第二件:唱歌,主要唱《三大纪律八项注意》《打骑兵》等歌曲。第三件:指导员讲话，主要是号召大家发扬阶级友爱精神，身体强的主动帮助身体弱的，大的关心照顾小的。

草地阴雨天气多，特别是我们这些新兵，穷得连换洗的衣服都没有，身上的虱子多极了，把衣服脱下来在火上一烤，“噼噼啪啪”响，就像放鞭炮似的，直至到了陕北，发了棉衣，才换下来烧开水把虱子烫死了。

草地的草，高不高矮不矮的，我们每走一步，脚都必须提高，走起来非常费劲。我的烂脚痛得要命，碰上水洼更费力了，每走一步都得非常小心，要看准，才能跨出一步，稍不注意掉进烂泥坑里，不活活淹死，也要吓掉魂。怎么办呢？大家总结出一条经验，万一掉进泥坑去了，一

① 应为叶剑英报告给毛泽东，毛泽东即会同张闻天、博古、周恩来、王稼祥等召开紧急会议——编者注。

② 应为中央红军先行北上后，红四方面军前方部队向陈昌浩、徐向前打电话请示行动——编者注。

定不要乱动，否则会越陷越深，别人设法把你拖起来。即使是这样，还是有许多战士陷进泥潭再也没能爬出来。

到了第七天，还没有看到草地的尽头，有的战士已经没有干粮了，饿得走不动路。8 月 28 日中午，连长把全连集合起来，命令大家把米袋子拿出来，然后大家互相调剂。指导员说：“草地快走完了，我们大家准备的干粮本来是不成问题的，但由于刚进草地当天晚上一场大雨，使准备的干粮受到严重损失，有的同志剩有余粮，而有的同志没吃的，我们必须互相调剂，才能保证全连一个不少的走出草地。多一名战友就多一份革命力量，多一粒革命种子啊！”指导员讲完，连长、指导员、排长首先把他们自己的干粮全倒出来。我也把自己从川陕苏区背来的舍不得吃的大米干粮，约有一斤倒出来了。在连长的表扬鼓励下，凡是还有干粮的，都自觉地倒出来了。李连长又拿起小碗，一小平碗，一小平碗地分给每个人，然后带领大家继续前进。

下午，一个通讯员骑马从前头飞跑回来，边跑边说：“告诉大家好消息！告诉大家好消息！草地走完了！前面有人家了！还打了个胜仗！消灭敌人一个骑兵排！这匹马就是才缴来的啊！司令员说叫大家快走！”大家听到这振奋人心的好消息,行军速度加快了,太阳落山时，到了宿营地。

过了草地休息了三天，准备了干粮，我们又继续向雪山前进。9 月 4 日到了打鼓雪山脚下；连长指导员进行了征服雪山的动员，要求革命战友发扬阶级友爱、团结互助精神，克服困难，征服雪山。

打鼓雪山山下各种树木种类很多，长得又粗又高，干枯和东倒西歪的也不少，常常挡住我们上山的路，可是看不见鸟儿，更听不见什么声音。

中午休息时，大家朝后看，觉得好美啊！司号员叫道：“啊呀！我们已上到半空中了！你们看啊！一片汪洋大海！”只见近白远蓝，走过的大山一座也看不见了，几座山峰好似大海里的几个小岛。大家正看得兴奋时，天空左侧出现了一片厚厚的黑云，一会儿，随着“呼呼呼”的声音，小鸡蛋、鸽蛋大小的冰雹倾泻而来，大家赶快戴斗笠，顶脸盆遮挡，有的小战士吓哭了。山上的冰雪雨倾泻而来，我的病脚如针刺般的疼痛，连长命令大家：“爬山走！”可全是冰蛋铺路，空气稀薄，呼吸困难，脚粑手软，气短，真是前进一步退两步。连长忙叫大家“绝对不能坐下啊！”司号员叫我说：“小田，不要当狗熊啊！”我一咬牙，心一横，向打鼓雪山高峰爬去。

过了好久，前面有同志叫：“我们胜利了！大雪山再见了！”我在连长和王教成的前拉后推下终于到了山顶上。连长看见前面不少战士正滚下山去，便在我背上推了一下，我也一下子滚了100多米远。我站起来，呼吸也好些了，身上也暖和了一些，便烧水洗脚，然后煮干粮糊糊吃。为了让班里的同志们多睡觉，抱了很多干柴，通夜不熄火。

翻过雪山后，部队向天险岷山前进。

9月17日红一、三军团，军委纵队①北上向甘肃岷山腊子口前进。腊子口天险，险在哪里呢？一是山高崖悬路狭，有的地段只一根独木棒棒，稍不小心滚下去必定粉身碎骨。二是敌人有长期准备。渡江口轻重机枪设备早已弄好，“独木棒，江水抖”，真有“一夫当关，万军莫入”之称，还有一个营的兵力驻守，号称红军“插翅难进”。

主攻腊子口险关的红一军团第二师第四团一连，选派在长征路上经过千险考验的英雄干部战士，组织成一支精干的小分队，摸到敌人后面，形成山上山下两面夹击之势，打得敌人惊慌失措，山上的敌人做梦也没有想到红军会一下子打到其老巢来了。敌人的大炮还没有打，便当了红军的俘虏，江边的半个营还没有放枪也当了红军的俘虏。

走进甘肃，情况发生了很大变化，敌人多了，战斗多了。敌人采取前堵后追两翼夹击。我们走路、打仗，打仗、走路，没有睡过一次安静

---

① 1935年9月12日，中共中央俄界会议决定，将红一、红三军和中共中央、中革军委直属部队改编为中国工农红军陕甘支队——编者注。

觉。大多是天明之前边走边睡,休息睡觉都非常危险。有的人站着小便,大便时都睡着了。

为了随时投入战斗，凡到某处休息时，大家总是自觉地首先擦枪上油，接着烧水洗脚，然后才是煮饭吃。例如，部队刚到渭河渡口，河面已冻冰,团长命令不脱鞋跑步过河。四连后尾刚过河,敌骑兵已追上来,团政委杨勇下令三连机枪马上投入战斗，消灭了敌人一个班，缴了五匹战马。我们占领了一座小山，敌人再也不敢来送死了。可是前头红一军团战斗特别激烈。从早上接火，打到天快黑时，敌人才撤走。我们又渴又饿，赶快烧热水烫脚，煮饭。可是追兵又追上来了。团长命令三连跑步占领右山上围子，以防敌人追上来居高临下打我们。双方接火打起来后，团长又命令四连跑步上山增援三连，终于把敌人打退了。我们又继续行军，向陕北前进。

选自中共重庆市委组织部、中共重庆市委宣传部、中共重庆市委老干部局、中共重庆市委党史研究室编:《峥嵘岁月——重庆市老干部回忆录第三集》, 2006年10月, 第128—135页。

田震，1917 年生，四川达县人。1933 年参加中国工农红军。红军长征时任红四方面军第四军十一师三十二团二营副班长。新中国成立后，曾任中国科技情报研究所重庆分所党委副书记。

一生难忘长征路①

王云贵

参加红军

我的老家在四川省剑阁县的汉阳。

1927 年，蒋介石叛变革命后，我们党为了保存和发展革命力量，建立了许多大大小小的革命根据地。当时，我的家乡属川陕革命根据地。1934 年随着革命形势的发展，我的家乡建立了苏维埃政权，父亲就参加了红军，听大人们说他是红军里的一位副团长。父亲难得回家一次，即使回家，也很快就走了。他头戴八角帽，帽上有颗红红的五角星，腰里扎皮带，皮带上挂着手枪，他们的部队在很远的地方。那时我也参加了村里的儿童团，成了一名儿童团员，我们站岗、放哨、保卫苏维埃政权。

1935 年蒋介石的反革命屠刀已经砍到了我们那里，土豪劣绅疯狂屠杀革命群众，苏维埃政权遭到了破坏，到处是反革命的白色恐怖。我父亲是红军干部，我们是红军家属，所以也就成了白匪注意的重点目标。当时在地主家扛活的叔叔被活活打死。我母亲带着我东躲西藏，每天都提心吊胆地提防着白匪军的迫害，真好像在刀尖上过日子。这时红

① 编者对原文略有删改。

军已开始长征。

1935 年 1 月 15 日这天，天很冷，阴沉沉的。我和母亲得知红军大部队都过去了，最后的一批已走出了 100 余里地，白匪军随后就要来血洗村子。母亲打定主意，决心让我去投奔红军。

她含着眼泪给我准备了干粮，狠着心催我上路，当时我虚岁才 15 岁。我眼泪汪汪地告别了母亲，白天、黑夜地往前跑，一路上不知跌了多少跟头，终于在板桥见到了自己的队伍。

我赶上的队伍是红四方面军，我被一个挎大枪的战士领到了一个大高个子说话挺侉的首长面前，他和颜悦色地打量着我，把我看得直发毛。

“你十几岁了？”

我挺了挺腰板，回答说：

“15 岁了。”

“你年龄太小了，当红军要跑路，要打仗，你这点的小鬼能吃得消么？”

我见他好像不大愿收留我，心里急了，大声说：

“我一点也不小了，什么苦也能吃，我爸爸参加了红军，白匪要杀我们，我叔叔让土豪打死了，我要当红军杀白狗子，难道你们就眼看着我被白狗子杀掉吗？”

首长看着我着急的样子，笑了。他在屋地上来回踱着，看他还像犹豫不决的样子，我又哀求了几句。

“好吧，先试试看吧。”

过后他叫进来一位年龄比我大不了几岁，个子比枪高不了多少的小战士，说：“你把他领到你们营去吧，告诉你们营长要好好照顾他，就说我说的。”

部队首长终于同意我留下来，我实现了梦寐以求的愿望。

后来我才知道，我所在的部队是红四方面军第三十一军九十三师二七一团。

长征路上

我成了红军部队里的一名战士，随着长征的红军部队经受了艰苦岁月的考验。

在红军的大家庭里，同志们处处关心照顾我。我们一边行军一边打仗，蒋介石出动大批军队和地方武装对我们围追堵截，我们先后途经碧口、卢河，走过了松潘草地，穿过了丹巴，又折回到阿坝，从阿坝又奔向西康的甘孜，随后转到离成都二百多公里的一个山上（具体地名记不清了）和敌人打了一场遭遇战。那场战斗十分激烈，整整打了一天多，这是我当红军以后参加的第一次战斗。

战斗中同志们处处保护我。我们打退了敌人的一次又一次进攻，虽然我们牺牲了很多人，但敌人始终没能攻上我们的阵地。

长征是非常艰苦的，特别是我们四方面军，跑了很多冤枉路不说，总是处处被动。不知是咋回事，大伙的情绪时好时坏，经常发牢骚，讲怪话。以后我才知道这是张国焘错误路线造成的。

我永远忘不了那段艰苦的岁月。

在一望无际的草地上，到处是陷人的泥潭、沼泽，人们只能不停地走，稍一停留便有陷下去的危险。我们最后的一点粮食吃光了，在苏区时发的衣服穿破了，草鞋穿碎了。沿路到处可以见到倒毙马匹的白骨，我们吃草根，吃皮带，一个个面黄肌瘦，走路摇摇晃晃，有时走着走着忽然有人倒下，就再也起不来了。我趴过同志们的脊背，吃过他们一口口给我省下的粮食，穿过他们为我脱下来的衣服。我的枪和弹药也都背在他们身上,但我还是跟不上队伍。部队接到了命令,要加快行军速度，于是，我留在了后边，准备和收容队一起走。

记得那是 1935 年秋天，草地上一片萧瑟的景象，各种不知名的野草在凉风中抖动着，红军战士们在茫茫的草地上行进。我强忍着饥饿，迈着沉重的双腿和另外两名红军战士走在一起，其中有一位是二七三团的司务员，十分诙谐，说话幽默。我们互相搀扶，互相鼓励，一批批的战士从我们身边走过，我们也超越了许多掉队的战士。

在一片草丛茂盛的地带，我们遇见了一位女兵，她大约十八九岁，身体虚弱，面目苍白，身上满是污泥，看样子摔了很多跟头，头发结成了毡片，蓬蓬乱乱，从她身上背着的那个小小的绣着花朵和红十字的蓝布挎包上，我们猜出她可能是部队卫生员或护士。挎包很瘪，药品已经没有了，一条肠子似的干粮袋瘪着肚子紧紧贴在她的背上。她走得很慢很慢，看样子已经筋疲力尽。我走到了她的身边，掏掏衣兜，摸出一小撮那位司务员给我的炒米，递给了她，她苦笑一下摇了摇头，仍艰难地向前走去……看得出她连说话的力气都没有了。

我愣愣地站在那里，突然从草丛里窜出几个穿藏族服装的人，他们一下子将我抱住，飞快地把我放在马背上，等到其他同志救我时，他们已骑马带我跑了。

我被抓到了一个寨子里，这个寨子很大，房子都是木楼，石头围墙，很坚固，一些穿藏袍的人来来往往。后来我才知道，这是藏民的一个部落，离毛儿盖大约有一百多华里。抢我的是当地土司的人。在这里我生活了 29 天，开始了一段奇特的遭遇。

归　队

这个土司是个五六十岁的老头，权力很大，全部落的人都得朝拜他。在一个两层的木楼里我见到了这个土皇帝。

“你是哪的人？”他用生硬的汉语问我。

我没有回答，狠狠地瞪了他一眼。

“你留在我这，你会有吃、有穿、有福享。”

我又着急，又生气，决心装哑巴，不再搭理他。他又说了几句，只见有来言没去语，便用藏话叫来几个奴婢，名义上照顾我，实际上是监视我，我被软禁起来了。他们先教我念经，第七天开始让我学骑马，这时他们对我看管的不那么严了，但是学骑马时总是前一个人，后一个人把我夹在中间，怕我逃跑。听奴婢们私下说，土司没有儿子，于是就抢来了一个。

藏民都是剽悍的，我年龄小，初学骑马上去摔下来，再上去又摔下来，他们就哈哈大笑，我咬紧牙关下决心一定要学会骑马，这对我逃出去太有好处了。

在草甸上我不知摔了多少跤，三天后我终于能够稳稳地坐在马背上了。我纵马驰骋,恨不得一下子就跑回自己的队伍里,吓得两个“保镖”急忙追上来，我只得把心收回来，马上是跑不掉的，只能慢慢地再想办法。

我假装学会了念经,并且学会了骑马,土司十分高兴,让我去游庙。

我骑在马上，土司的几个奴仆，有的给我拿东西，有的给我牵马，部落的藏民见我都下跪。

土司有三个姑娘,大姑娘28岁,二姑娘18岁,最小的15岁。二姑娘、三姑娘都是土司抓来的,她们的父母都已离开人世,孤苦伶仃,很可怜。她俩其实是大姑娘的奴婢。二姑娘和三姑娘性格温顺，她们很同情我，每天都精心给我做饭，她们看我不喜吃生食生肉，就仿照汉族的习惯给我做熟食。我也很可怜她们，同情她们。

日子一天天过去了，我仔细观察了屋内院外，这里的木楼，楼梯是根粗木头做的，一面砍上了一道道很宽的沟槽，他们就把这个木头放在楼梯口，跳着沟槽来回上下。我偷偷准备了一块木头和一块牛皮。

这天，天很晴朗，星星和月亮高高地挂在天上。我早早地登上了小木楼，盘算着怎样逃走。二姑娘和三姑娘悄悄地说话，我坐在铺位上冥思苦想。看来土司对我不那么防备了，我也装做贪图安逸享受，没有露出丝毫逃跑的迹象。我的身体也壮实了，一切都很顺利，但怎么跑呢？部队在哪？找不到怎么办？被土司追上还得被抓回来。这时忽然一阵嘤嘤细语传进了我的耳朵。

“听说红军快完了，以后再也不会有了。”

“听说红军可好了，说话和气，部落里有人见过。”

“你小声点，让他听见可就糟了，昨晚说梦话还念叨红军呢，多亏土司不知道，今天土司回来晚了，那马就拴在楼下，他要骑着跑了可咋办。”

听到这儿，我的心怦然一动。

大姑娘“踏踏踏”地上了木楼，我假装打起了呼噜，心里却怎么也平静不下来。半夜时分我将身子缩了出来，用牛皮把木头裹好，塞到我的铺位上，小心地走到楼梯口，咬着牙用尽全身力气将独木楼梯翻了过来，光滑面朝外，不管三七二十一，抱着就出溜下来了。我摸到了马棚，悄悄地牵出了土司骑的那匹马，我的心像要跳出来似的，好不容易对付到了寨子口，趁打更人迷糊，我跳上光腚子马，一托马缰绳，撒马就跑，刚跑出不远，就听见后边乱哄哄地追出了一批人。

我以前就侦察好了逃跑的路，我使劲催马，后边的人也拼命追赶，我知道这是关键的时候，要么就跑出去，要么就被他们抓回来。

我冲着毛儿盖方向飞奔，跑啊跑啊，也不知跑了多远，天渐渐亮了，能够看见东西了。我看见了，看到前边有一个队伍正在露营，便不顾一切地跑到了那里。这时土司的人就要追到跟前了，我一个跟头掉下马来，又连忙爬起来跑进了宿营地。我三言两语向首长讲明了情况，同志们把我藏在人群里。土司的人向我们开了枪，一名站岗的同志牺牲了，还有一名挂了花，他们一看无望了，只好垂头丧气地回去了。

我随着红军的收容队走出了草地，后来，我找到了父亲的警卫员，从他那里得知，父亲已经牺牲了。我随着父亲的警卫员去认领遗体，但没有认出来，部队首长便带领战士们将他们掩埋了。

收容队有一百多人，都是红四方面军的人，一天首长通知大家准备糌粑，还要返回草地，我一听如晴天打了个响雷，回草地，那红军战士的尸骨，那土司可怕的面容，都在我眼前晃动起来，于是我趁没人注意的时候，跑了出来，加入了北上的红一方面军。

一路上翻山越岭，边战斗边前进，于 1936 年春终于到达了延安，以后我又随部队到了瓦窑堡。

选自内蒙古自治区党委党史研究室编：《长征中的故事》，2006年10月编印，第281—290页。

王云贵，1920 年生，四川剑阁人。1934 年参加中国工农红军。红军长征时为红四方面军第三十一军九十三师战士。新中国成立后，曾任内蒙古建西县公安队指导员、隆化县武装部副部长、喀喇沁旗农业技术推广站站长等职。2003 年逝世。

回忆长征[①]

马志远

每逢红军长征纪念日，我的思绪不免会回到70年前经历的那段烽火岁月，会想念那些昔日一起的红军战友。

参加红军

1921年，我出生在四川雅安地区一个贫苦农民之家，自幼丧母，全家仅靠父亲给别人种地、当挑夫、打短工艰难生活。记得大约是在1934年11月左右，村后的山林中忽然钻出一支队伍，他们衣着破旧，人马困乏。村里人以为又是那些残兵土匪出来扰民，纷纷四处躲藏，暗中观察。这些人来到村子里，靠在场院中一起休息，并不随便进入老百姓门户，更不乱拿群众财物。他们自己烧火取暖，烧水煮饭。看不到老百姓出来，就喊话："老乡们，我们是红军，是工农的队伍，是老百姓自己的军队啊！"当时的西康，官僚地主、土豪劣绅、恶霸土匪对人民压榨勒索，经常有人被拉出去当挑夫出苦力，吓得老百姓只有四处躲藏，使得村户凋零，田地荒芜。苦难深重的人民早就盼望着有自己的军

① 编者对原文略有修订。

队来解救他们。听说来的是红军，乡亲们纷纷围拢上去，小孩子们好奇地摸着红军腰间的枪问长问短，嬉戏打闹，军民关系是那样的和谐、亲密，像一家人一样。

红军队伍纪律严明，秋毫无犯，说话和气，还帮着村民挑水、扫场院，真的与以往来的队伍不一样啊。我父亲被深深感动，坚决要送我当红军。当时因我年龄小，怕走不动路，但在父亲一再恳求下，红军接收了我。因此，我 13 岁那年，就戴上了八角帽，穿上了灰军衣，成为一名红军长征先头部队独立师的小战士。起先，我在红军队伍中做勤务兵，后来又当通信员。不久，就跟着红军队伍踏上了长征的漫漫征程。

翻越雪山

1935 年五六月份，我随红军长征翻越的第一座大山就是人迹罕至的夹金山。这座雪山海拔 4000 多米，山上终年积雪，非常寒冷。听当地人说，夹金山是座神山，不能打枪放炮，惊动了山神，山神是会发怒的，因此人是过不去的。因为山上经常有雪崩，非常危险，为了抵御山上的严寒，每个战士分到了几个当地产的干海椒，扔掉了一些不必要的东西，尽量轻装上阵，大家束紧皮带开始向雪山前进。

这座大雪山上下有七八十里路，山高缺氧，路又陡，红军战士个个呼吸困难，抬腿如拔千斤，越往上走，空气越稀薄，人人张着嘴直喘气。红军穿的衣服都很单薄，而山顶上大雪飞舞，狂风肆虐，非常寒冷，冻得人直发抖，眼前什么也看不见，只有鹅毛大的雪片重重叠叠下个不停，有的地方积雪达半米来深。通司（带路人）领着我们循着野兽的脚印小心地行走，稍有不慎，一脚踩空，就会连人带马一起翻下悬崖，大块的积雪随之滚落，瞬间将下面全部覆盖，什么也看不见了。有的年纪大体质弱的战士快到山顶了，却一头栽倒，抢救他们时，有的已经停止了呼吸。山顶两旁的冰天雪地中躺着不少牺牲的同志，他们为革命拼尽了最后一口气。我看见有一个女战士坐下起不来，喘着气对走过来的战友说："同志哥，拉我一把。"就这样，红军战士互相搀扶着艰难地往前走。有的人实在走不动了，坐下休息就再也没有起来。我年少无力，行走困难，部队的同志用毛毯把我裹住，我拉着马尾巴一步一步往上爬，摔倒了又被后面的人拉起来继续向前走。就这样，终于翻越了大雪山。

过草地

1935 年中央红军与四方面军会师后，我奉命给红四军第十二师参谋长刘佑海做勤务兵。8 月，红军分为左右两路军继续北上，我随右路军进入大草地。大草地一望无际、荒无人烟，到处是野草丛生的沼泽和散发着腐臭味的黑色淤泥潭。究竟要走几天才能走出草地，当时心里没有数。当地的藏民热情地为我们用柏树皮、干竹子扎起"火照"，用砍来的竹子做成手中的路杖。每个人分到了几斤青稞作干粮。草地上天气变化莫测，正当艳阳高照之时，忽然狂风四起，大雨滂沱，转眼又是漫天飞雪，冰雹倾泻，气温骤降。更可怕的是那隐藏在水草下的"无底深渊"，稍有不慎，踏进泥潭，那就是灭顶之灾，不少红军战士就此长眠在草地下。途中，有的红军战士口渴难耐，忍不住就趴在洼间沟旁喝上两口，头一歪就倒地不起，因为那水是有毒的。记得一天我们有幸打到一只野牦牛，大家兴奋极了，把牛肉切成小块，分送给伤病员和后面的红军，把牦牛皮割成一块一块的，穿上绳子绑在脚上当鞋穿。天上国民党的飞机还不时出现在头顶进行侦察、阻击，一些红军战士被枪弹射中，许多人牺牲在草地中。在这样极端艰难的日子里，红军战士包括伤病员、女战士仍精神饱满，信念坚定，克服了一个又一个难以想象的困难，走了大约八九天后，终于走出了草地。

红军长征，是历史上前所未有的壮举，虽然已经过去70年了，但长征途中的那些往事，如今想起来依然让我难以忘怀。希望后人在建设时期也能发扬百折不挠的精神，永远不要忘记为我们今天幸福生活而牺牲的先烈们。

选自《金秋》2006年第10期。

马志远，1921年生，四川雅安人。1934年参加中国工农红军，红军长征时任红四方面军独立师通信员、第四军十二师勤务兵。

长征途中片断①

杨锡海

一、15岁踏上长征路

和大多数红军战士一样，我小时吃了不少苦：家里地很少，靠租种地主土地的父母难以养活全家，只好到处借债。1932 年底，通江开过来一支部队，这就是从鄂豫皖革命根据地西征转战 2000 里进军川北的红四方面军。这一年，12 岁的我成为红四方面军“工人师”中的一名战士。参军后不到四个月，我就随军开赴前线，成为红军的通信兵，从此开始接受战争的残酷考验。

一次，在通江坚守阵地的间歇，担任通信班副班长的我和七名战友正在战壕里吃饭。突然，敌人的机关枪响起，班长和另外三名战友瞬间就倒在了血泊里。如今虽然过去了 70 多年，我对战友牺牲时的惨状仍难以忘怀，那次敌我双方在阵地上你争我夺来回交锋，双方死去的士兵躺满了方圆半公里的山头。就这样，在战火中经受历练的我逐渐走向成熟，从连部逐级往上调，最后成为师部的通信员。

1935 年 3 月，红四方面军兵分三路，强渡嘉陵江天险向西挺进，拉开了红四方面军长征的序幕。那时我所在的部队是红三十一军九十一师。

---

① 题目为编者所拟。

二、用“汉阳造”打下敌机

一天，长征队伍行进在从松潘到毛儿盖的路上，我们一行 90 多人准备去八十八师报到。到了一个叫卡龙的小村子时，一架敌机突然在空中由远及近地飞过来！当时飞机飞得不高，离草地顶多也就 1000 多米。虽然是 1000 多米，但我们感觉就像是贴着头皮飞过一样。只听“轰”的一声，我们感觉一震，转头一看，炊事班八个战士一下子牺牲了六个！我气得同时也是吓得头皮发麻！这时，我们的司务长举枪连打几发子弹，可惜射程太近，根本打不着飞机。我手中的“汉阳造”步枪却不同，能打 1800 多米，但是，当我正要举枪射击时，一个东西掉在了我的身边……

这时的我近乎绝望了，因为是一颗炸弹落在了离我仅一米多远的地方！那炸弹“嘭”地落在了草地上，瞬间的反应和经验告诉我，紧接着就会是“轰”的一声巨响，然后我就“消失”了。这个距离，跑多快都来不及了，所以我干脆眼睛一闭，心想完了！几秒钟过后，没有动静，我睁眼一看，那颗炸弹居然没爆炸，是颗哑弹！我就这样捡回了一条命。

死里逃生的我怒不可遏，举起“汉阳造”朝敌机连开两枪。这时，又一个意想不到的情况出现了：刚才还不可一世的敌机一头栽到了不远处的草地里！天地间忽然静了下来，只剩下丝丝的燃烧声。我和战友们在观察了一段时间后，决定向敌机靠近。这时一名老兵喊了一嗓子：“不要到跟前去！敌人有枪！”说话间，他用轻机枪向敌机扫了一梭子。我最先摸到了敌机旁，用匕首在敌机的帆布窗户上划出个大口子后，跳进了机舱里。我发现敌机上只有两个人，一个是驾驶员，一个是投弹员，都已经死了。

战士们从敌机上缴获了一麻袋药用的红汞水，还有两个麻袋，至于里面装的是什么，我太年轻，不认识。老兵们告诉我:“都不是能吃的，你就扛这袋子红汞水走吧！”没想到，在回去的路上，走着走着，我发现大家纷纷把另两个麻袋里的东西启开吃了起来，原来是牛肉罐头，刚才是老兵在逗我呢！于是，我们在草地上愉快地分享起胜利果实来！

回到师部后，首长知道了我们遇袭的事，亲自下来调查情况。我记得，首长声如洪钟地喝问我们：“谁打下来的敌机！”我听这口气吓了一跳，想起部队有规定，不能随便朝敌机开枪，以免暴露目标。我想自己这下可犯大错误了！这时，事务长指了指我，对首长小声说:“是‘小鬼’打的。”首长听后向我走过来，我大气儿都不敢喘一下。首长看了看我，重重地拍了拍我的肩膀，露出笑容说：“嗯，这小家伙胆子还真大！”紧张的空气一下子散去了，大家欢呼起来！

三、红军乃“神兵”也!

长征路上，红军之所以能被敌人称为“神兵”，自然是有理由的。记得一次夜行军，伸手不见五指，我和战友们只能靠前后抓住腰间的皮带才能行进。一旦遇到其他队伍，必须马上报出暗号才能分清敌我，而且为了防止敌人钻空子，暗号是一天一变的。队伍走着走着，我发觉后面似乎有一支近一个排的部队一直在跟着我们，分不清是敌是友。战士们悄悄地互通了情况后，决定秘密包抄过去，把他们先围起来再说。待包围之势形成后，战士们举起了枪，我冲他们喊道：“是谁！”这支队伍听到喊声马上停了下来，没有人回答。我又问了一遍，我知道当晚的暗号应该是“萝卜”，但对方却没有回应，很明显是敌人。我马上喊道:“把枪放下,举起手来！”敌人吓得纷纷丢了枪,问道:“你们是谁呀？”战士们回答：“红军！”领头的那个敌人马上举手蹲了下去失声道：“我的妈呀，怎么跟你们走了这么远！红军真是‘神兵’！”原来，这三十几个走散的敌军，错把红军当成了自己的部队，才跟着走了这么远，后来他们有的留在了红军中，有的拿着红军发的遣散费回了家。（李海峰访谈、整理）

中共辽宁省委党史研究室供稿。

杨锡海，1920年生，四川通江人。1932年参加中国工农红军。红军长征时任红四方面军师部通信班班长。新中国成立后，先后在沈阳重型机械公司、沈阳电器局、沈阳电机总公司工作。

红色家庭伴我行（节选）[1]

向英

阻击战中负伤

就在我们回到刘营长部队后的第三天，敌人追了上来，要打仗了。当时部队距离松潘大约有 100 多里路，上级要求我们尽快赶到松潘附近阻击敌人，掩护大部队过草地。饥寒交迫中，我们走了一天一夜，天亮时按时赶到了阻击地点。记得队伍刚停下来，敌人的侦察飞机就到了，在天空盘旋几圈后飞走了。中午时分，阻击战打响了。无论在儿童团还是在红军医院，我都没有摸过枪，第一次打枪居然就在战场上。战斗打响前，我发到了一支小马枪和十发子弹，那枪只能发射一颗子弹后，重新装上一颗子弹，再拉枪栓、瞄准击发，不像现在的枪可以连续击发。当时我被分在了通信班，趴在石头上，班长开始教我拉枪栓、瞄准。就在这时，敌人上来了。班长指着一个冲在前面的敌人，让我瞄准。我一点也不紧张，按照班长讲授的“口诀”，一枪打过去，那个敌人居然真的倒下了，被他身边的同伙抬了下去。我高兴极了，居然第一次射击、第一颗子弹就消灭了一个敌人，班长也很高兴，马上表扬了我。

阻击战打到第二天中午，一颗流弹击中了我的脚踝，我负伤了，不

---

① 由于年代久远，本文所忆事件时间先后不准确——编者注。

能走动，战地救护队把我用担架抬到了红军医院。后来直到 1935 年过草地后，我才遇到了刘学峰营长，从他那里得知，那天的战斗一直持续到了第三天，我们的部队完成了阻击任务，成功拖住了敌人，为大部队通过草地赢得了时间。刘学峰营长在我被抬走后的第二天也负了伤，子弹打穿了他的大腿。

拄着拐棍爬雪山过草地

我被送到医院简单上药后，开始随医院转移。在担架上躺了三天后，我们来到了一座大雪山脚下，向上仰望，山上是白花花一片，这就是夹金山。由于山路陡峭，抬担架的同志和我商量说："小同志，担架上不去了，我们两个轮流背你或扶持你过雪山，好吗？"当时部队的给养已经跟不上了，大家都是又冷又饿，我实在不忍心再增加两位同志的负担，便要求他们给我找个拐棍，我自己坚持着走。那是一个冬天的早晨，大约六七点钟时，我们开始爬山。部队要求大家一个紧跟着一个，排着一字长龙。随着高度的增加，山上的风雪越来越大，大家的呼吸也愈来愈困难，彼此之间都能听到对方喘气声。人人衣衫单薄，冻得瑟瑟发抖，衣服也变得硬邦邦，但是大家之间相互鼓励和搀扶着。因为几天没有吃东西，队伍的行进速度很慢。靠着前后两位同志的帮助和自己的毅力，我忍着脚上的伤痛没有掉队。终于，在走了一天一夜后，我们在第二天的早晨翻过了夹金山。①

部队在雪山脚下稍作休整后又继续前进，因为道路平坦一些了，那两位同志又用担架抬着我走了一天。第二天，由于伤员越来越多，加上后勤给养仍然跟不上来，医院便取消了担架队，把 100 多名伤员编成

① 时间似应在1936年初——编者注。

了几个小队，由几名同志带领，跟在大部队后缓慢前进。我被分在了第三队第五组。由于前面有大部队通过，所以沿途的树叶和野菜几乎被吃光了，我们这些后面部队几乎找不到东西吃，大家都在饥饿中顽强地坚持。在艰难行进的途中，个别伤员因为伤势过重牺牲了。我的脚伤虽然已经开始发炎，疼痛难忍，但是我还是坚持着跟上队伍。在走了百十里路后，我们分到了一些炒面和炒过的干米。部队要求大家要省着吃，但是仍有一些战士抵不住饥饿而把干粮一次吃完。我因为不知道前面还有多少路要走，也不知道再过多久才能再发干粮，总是抵制住饥饿，到实在无法坚持的时候才吃上一口炒面，喝上几口水。

伤员队伍的行进十分缓慢，一天只能走十几里路。由于一直在行军，加上没有药物，我脚上的伤口开始溃烂，流脓。由于在医院时学过一点医疗知识，所以只要路上能找到水，我总是尽量地用清水清洗伤口。也许是因为年轻，我居然挺了过来，伤口渐渐好转起来。行军中，我们每隔一个星期左右能分到一点干粮。为了尽可能地节省干粮，大家一起找野菜，吃树叶。那时唯一的信念就是一定要活下去，一定要坚持着往前走，跟上部队。

穿越草地：父亲和二哥牺牲

1935年的8月左右，我们走到了距离阿坝一两百里的地方，那里有一座大喇嘛庙。就在那儿，我们分到了数量最多的一次干粮，每人发了三到五斤炒面，准备过草地。那是一个让我终生难忘的地方，因为我遇见了已经分别四年的父亲。当时父亲是后勤部队的一位司务长，因为病得很厉害，他的身体十分虚弱。父亲对我说，他不行了，可能不能再往前走了。部队又要向前走，与父亲匆匆一见，我们很快便分别了。这一别，就是永别了，因为从此以后我就再也没有见到过父亲。现在想来，他那虚弱的身体，是根本不可能走出草地的。

十多天后，我们终于到了阿坝，阿坝河前面就是茫茫的草地了。部队一批批地渡河。由于水流湍急，我在水里左右摇晃。就在这时，从我身边经过的一位同志一把将我拉到了他骑着的骡子上，然后他从后面扶着我，我们一起骑着骡子过了河。记忆中那位同志面容亲切，留着不长的胡子，当时我并不知道他是谁。过河后，一位年长的同志对我说："你这个小鬼运气真好，你知道那天扶你过河的是谁吗？是周恩来！"谁知他刚说完，旁边又有老同志说："那是董必武！"为此还引发了一场争论。得知这个情况后我十分激动，因为在我看来，无论是周恩来还是董必武，都属于红军的高级领导，他们能让我一个红小鬼坐在他们的骡子上过河，在我看来该是怎样的荣幸呀！

过河后的路果然越来越难走，荒无人烟的草地让人分不出东南西北，大家都是相互招呼着向着人多的方向走。草地上的天气变化多端，上午阳光灿烂，可是一到下午天就阴了下来，并且还经常下雨。草皮下面满是泥浆，一步踩下去就咕咕地直冒黑水。并且，在草地中还隐藏着看不见、分不清楚的沼泽，人一旦陷下去，生还的希望就很渺茫，我就曾亲眼看见有一匹战马陷了进去而拉不上来。由于天气恶劣，我们每天最多能走 20 里路，即便是这样，同志们还是累得精疲力尽。晚上，大家总是尽量找个地势高点、水浅一点的地方，几个人背靠着背勉强在水里睡一会。今天想来，同志们整晚坐在冰凉的泥水中还能睡着，真是一个奇迹！就这样，我们坚持前进了半个多月，就在所有的干粮已经耗尽，大家的身体到了所能承受的极限的时候，我们走出了草地！这时，后勤供给跟了上来，我们又分到了一些干粮，伙食也得到了改善。

正当我为走出草地而欣喜不已的时候，我遇见了二哥。那时我隶属于红军总医院，而二哥则在红三十军从事医务工作。短暂的相遇让我们兴奋不已，我和二哥争相诉说着别后的情景。我问他，这几年怎么样，能不能跟我走？他摇摇头说，他要跟部队走。这次相遇与我上次见到父亲一样，都是急匆匆的，同样是我与二哥的永别。后来，二哥跟随着张国焘率领的左路军南下，在其后极其残酷的战斗中牺牲了。（缪慧、顾茂富整理）

节选自中共南京市委党史工作办公室、中共南京市鼓楼区委党史工作办公室编:《红旗漫卷——南京部分老红军口述长征史》，中共党史出版社2006年10月第1版，第118—124页。

向英，1922 年生，四川南江人。1933 年参加中国工农红军。红军长征时为红四方面军总医院战士。

我记忆中的长征

戚怀培

1920年我出生在四川阆中。1932年10月，我正在上小学，我的一个同族叔叔在这所小学当教员，他是中国共产党的一名地下党员。当时，川北中共地下党组织从我们学校要三个学生，担任通信、喂马和其他勤务工作，学校当即派我和另外两个同学去了。这时，红四方面军从陕西向四川发展，可能是因为掩护的方便，地下党组织带着我到汉中迎接红军。在汉中南边与红军部队接上头，回到四川安岳场，我们就被送到了红军部队，在红三十一军九十三师当战士。那时，四川军阀混战，到处抓丁派粮，老百姓没得安生日子，参加革命队伍，也有个奔头。

红四方面军入川后，经过两年多奋战，一次又一次打败了四川军阀田颂尧、刘湘、邓锡侯等部队的围攻，开辟了川陕革命根据地，形势对我军非常有利。但在这时，张国焘却错误估计了形势，做出了错误决定，带领四方面军撤出川陕根据地，向川西北部转移。1935年6月，四方面军与北上的毛主席率领的中央红军在夹金山下的懋功会师。两大主力会师后，张国焘又反对北上，主张向南部边陲地区退却。围绕着北上还是南下，党中央在两河口、毛儿盖分别召开会议，对张国焘进行了严肃的批评。张国焘表面接受了北上的方针，但是，时间已耽误了两个来月，胡宗南的部队已堵住了我们原计划经松潘进入甘肃南部的道路，我军不得不改道自然条件非常恶劣的草地北上。由我们三十一军等部队组成的左路军是张国焘带领的，他算是把我们害苦了。

我所在的部队走得很仓促，我们都穿着单衣、草鞋，一出发，就要翻夹金山。从进山口起，上 70 里，下 70 里，山上长年雪不化，老百姓说这里是“五六月下大雪，九十月割大麦”。翻过山需要两天多。白天在冰上走，雪里爬，我都是赤着脚。夜里我和另外两个小红军战士三个人背靠背休息过夜，谁都不敢睡着了，怕冻僵了醒不过来。有一位战友，小腿冻麻木了，捡了些树枝点着烤火。烤得猛了，一会儿用手一摸，耳朵和腿上的肉全掉了，只剩下了骨头，后来就牺牲了。过了雪山向北走，到了草地。川西北这草地，方圆几百里，天气变化无常，一会儿烈日烤人，一会儿寒风袭人，一会儿瓢泼大雨，一会儿冰雹乱砸，一会儿雪花纷飞，地下一蓬一蓬的草团子，一块一块的污水泥潭子，没有人烟没有道路，人马陷进去，就很难出来。我们历尽千辛万苦，千难万险，翻过了雪山，走出了草地，心想再往北可就顺利多了。谁知张国焘坚持分裂，不顾朱德、刘伯承等首长的坚决反对，又命令我们南下，结果 9 月份我们又返回穿过草地到了川康交界。沿途又饿又冷，又要与敌人作战，部队减员很大。四方面军在这里又没有打开局面，张国焘又带着我们往西北的青海与新疆等边陲地区走。1936 年六七月间我们到了西康省甘孜地区，与从黔滇北上的红二、红六军团会师。两大主力会师后，朱德、刘伯承等同志和二方面军的领导坚决主张北上与党中央会合。这时张国焘已很孤立，不得不放弃他的错误主张。我们又第三次翻雪山过草地。但这次因方面军高层已统一了思想，组织比较严密，行动也很迅速顺利，我们很快就到达了四川与青海交界的唐克。这天晚上，朱德总司令到了我们的驻地，我们正准备开饭，就赶快把煮好的野菜盛了，给朱总司令吃。朱总司令因为坚决主张北上，受到了张国焘排斥、打击，经常没吃没喝，行动还受到了监视。我们部队是四方面军的，让总司令吃碗野菜也是悄悄地不敢让人知道。朱总司令担心我们受连累，只吃了几口，对我们说：“走啊，往北走，跟着毛主席走，过了草地就有饭吃了。”记得当时朱总司令骑的马瘦得只剩下了骨头，看上去比大狗大不了多少，那情景，我们实在心疼。在那一段时间里，红军部队行军打仗，受冻挨饿，真是折腾苦了。记得我们曾连续48天没见粮食，每天都是砸点树皮在茶缸里煮一会儿，再放点野菜、树叶混着煮，每人吃一点，就算一顿饭了。

长征时，我年龄小，那时就是听上级指挥跟着走。没有给我发枪，身上带的一块绘图板算是我唯一的武器。红军当时的情况是人比枪多，枪比子弹多。后来才知道，我们四方面军三次过草地是因为张国焘右倾逃跑、分裂中央造成的。知道了这个原因，也好像突然明白了很深刻的革命道理，对于我们四方面军的广大指战员来说，明白跟着党中央和毛主席，才能走向正确的革命道路的道理，长征途中三地的周折实在是个重要的启发，是我们人生重要的转折点，是我们部队的转折点。（胥琰整理）

中共河南省委党史研究室供稿。

戚怀培，1920年生，四川阆中人。1933年参加中国工农红军，1938年加入中国共产党。红军长征时为红四方面军第三十一军九十三师战士。新中国成立后，曾任川西军区骑兵团团长兼政治委员，四川军区后勤部营房处处长，西南军区后勤部马政处处长，工程兵特种工程部后勤部组织计划处处长、供管处处长等职。

我所经历的长征

石仲山

我的家乡在四川、陕西交界处，这里山高水多，沟深坡陡，地形非常险要，1932 年深秋，中国工农红军四方面军在这里建立了川陕革命根据地。1933 年 10 月，我到三十一军军部报名参军。军政治部的同志见我年纪小，便分配我给政治部主任刘子才同志当警卫员，从此我便成了一个光荣的红军战士。

根据地建立以后，国民党部队分六路向根据地“进剿”，虽然红军在粉碎敌人的六路围攻中取得了很大胜利，但因张国焘坚持错误路线，再加上双方兵力悬殊过大，寡不敌众。1935 年四五月间，部队被迫向西撤退，之后，毛主席、周恩来率领一方面军到达四川懋功，两大主力红军会合，我们和红一方面军一起开始筹集粮食，编制草鞋，做部队北上的准备工作。

1935 年 8 月的一天，我们接到命令，要翻越夹金山同一方面军北上。夹金山是川西邛崃山脉的一大支脉，位于小金县达维乡与雅安地区宝兴县之间，海拔 4124 米。这里地势陡险，山岭连绵，重峦叠嶂，危岩耸突，峭壁如削，空气稀薄，天气变化无常，当地流传着的一首民谣：“夹金山，夹金山，鸟儿飞不过，人不攀。要想越过夹金山，除非神仙到人间！”就是对此恶劣环境的真实写照。部队到达山底下后，据当地一些有经验的老人介绍，山上瘴气很大，过山的人必须口衔大蒜或是花椒，上山后不能说话，也不能休息，必须一鼓作气翻过山去，如果坐了下去就休想再爬起来。并说山顶白天气温高，变化大，一会儿狂风大作，一会儿大雪纷飞，只有夜晚天冷下来，山上无风无雾，才好过去。我们也听说先前过去的部队，由于白天过山，损失很大，就决定夜晚过山。

头天下午部队出发，到半山腰就停下来休息，吃饭，天黑以后继续出发往上爬。起先，山坡上还有草有石头，随后就是漫山的冰雪。越往上走天越冷雪越深，刺骨的寒风下，红军战士一个紧跟一个地在没过膝盖的深雪里艰难地行进，越接近山顶，空气越稀薄，喉咙里像塞了团棉花，尽管在大口大口的喘气，还感到气不够用，头也随之发晕。两条腿就像灌了铅似的，沉重得一步也不想挪动。战士杨丙生是刚养好伤补充到我们班的，刚走了一半路程就坚持不住了，想喝口水，我就给他取水壶，可刚一松手他一头就栽了过去，我赶紧蹲下去把他扶在怀中，可水还没送到嘴边，只见他抽搐了几下，再也没说出一句话。终于在天亮以前登上了山顶。山顶很平坦，满天的星斗就好像悬挂在人们的头顶，格外明亮。

部队翻越了雪山，来到了倭巴境内，在这里休整几天后北进到阿坝地区，准备向草地进发。忽又接到命令折回南下，这是为什么？这时有人说，草地不好过，一方面军损失很大，北面敌人又多，不好打，只有南下打成都，建立川康根据地，才是唯一的出路。究竟北上对，还是南下好？谁也说不清楚。我们就怀着这种疑惑不解的心情，随部队返回丹巴往宝兴方向南下了。当我们从草地折回时，敌人已经在宝兴、天全一线堵截我们。打几个硬仗下来，部队蒙受了重大的损失。部队又被迫返回宝兴，经康定撤到道孚、炉霍、甘孜一带。这里是藏民地区，人烟稀少，大部队住下来粮食供应不上，经常要吃野菜，成千上万的伤病员没有医药，部队迅速减员，处境非常困难。直到 1936 年 7 月初，红二、红六军团到达甘孜和四方面军会合，毛主席来电报指示我们要迅速北上和党中央会合，这一消息振奋人心，部队向北走了半个多月再次进入草地。

草地水沟交错，到处是一片沼泽。远处是白茫茫的雾气，分不清哪是天，哪是地。到处都是大大小小的泥潭，深难测底。进入草地的第三天后，不幸的事情接连发生，战士杨志成牵着马匹从一个泥潭边缘经过，马蹄一滑进泥潭，他也被拖进泥潭里，起先还看见马头露在水面，挣扎了几下，人和马在泥潭掀起一阵浊浪，顷刻又恢复平静。战士何彪进入草地后一直发着高烧，没有医药，每天只能喝口开水，吃点炒面，原先走不动还可在马上休息一段。自从马匹掉进泥潭以后，他得不到休息，病情更加严重，时时昏迷不醒，第五天早上他已经永远地卧倒在草地上了，这位勇敢的战士至死也没有叫过一声苦。

我们面临的最大威胁是口粮，原来仅有的一点也被马匹带进了泥潭。进入草地以来我们没吃过一顿饱饭，每天只能沿路找点野菜，等宿营后用茶缸煮点野菜汤喝喝。野菜汤喝下去就拉肚，体力消耗得非常快。一天因为要走十几公里，到最后饥饿使我们连走几步的劲也没有了，“难道我们就这样活活的被饿死不成？”突然有个同志提示道：“咱们脚上穿的皮窝子不能吃吗？”一句话提醒了大家，于是大家解下一对皮窝子洗了洗，放在火里烧了一阵，取出来用刀刮了刮，再切成碎块用水煮，这种皮窝子是用生牛皮做的，虽然经过火里烧，水里煮，还是无法咬烂，只好嚼了嚼就囫囵吞下，再喝上点野菜汤，总算有了点营养，就继续前进，后来皮窝子吃完了，又吃皮带，终于在第八天走出了草地，部队在甘南休整了一个多月，指战员体力都基本恢复。

大家盼望着早日北上和党中央会合，但张国焘坚持要求部队要西渡黄河，向青海、西宁地区深入。8 月的一天，部队在靖远附近的黄河边上渡河，渡船被敌人的飞机轰炸，木船全被打沉。我们无法过河，只好回头来向东行进。这时我们只有向北突围进陕甘宁边区这一条路了。一路上我们多次遇到胡宗南部队的堵击，在一场和敌人的殊死战斗中，一

颗子弹打断了我的右臂，我被送进后方医院，后来随医院到达陕北吴起镇，结束了我的长征历程。（梁哲喜整理）

中共新疆自治区党委党史研究室供稿。

石仲山，1933年参加中国工农红军。红军长征时为红四方面军第三十一军战士。

战士的记忆[①]

吴绍文

1932 年 12 月，中国工农红军四方面军在徐向前总指挥、陈昌浩政委率领下，越秦岭、涉汉水、过巴山，来到川北，开始了创建以通（江）南（江）巴（中）为中心的川陕革命根据地。那一年，我 12 岁。红四方面军在我的老家巴中点燃了红色火焰，使这块山清水秀但又贫穷落后的大地，高高飘扬起了“苏维埃”的革命旗帜……

1933 年 2 月我参加了赤卫军，主要是站岗、放哨和给红军送信。6 月我正式参加了红四方面军，在九军七十三团供给部当兵。同年 10 月，为粉碎国民党和四川军阀的“川陕会剿”，红四方面军开始向西转移，我们撤离了家乡，撤离了通、南、巴地区，撤离了川陕革命根据地。在连续行军经过了广（元）、昭（化）、陕南和强渡嘉陵江战役后，开始了万里长征。

川西地区地形复杂，多高山峡谷。走呀，走呀，翻山越岭，风餐露宿，日夜兼程。我那时人又小，早累得腰酸背疼，两只脚上起满了血泡，一沾地就钻心的疼。当时，真想大哭一场啊！最险的要数过铁索桥。铁索桥都是架在十几丈高的悬崖峭壁之间，有的是几条铁索链，有的是牦牛的皮搓的大粗绳。桥面以木板铺垫，桥板下面就是奔腾咆哮的江水，一

① 编者对原文略有删节。

踏上桥板绳索就晃荡起来，再往下看一眼奔腾的江水，令人感到天旋地转，心惊胆战，害怕极了。

我爬的第一座雪山是位于宝兴县的夹金山，海拔 4000 多米，山上终年白雪皑皑。领导给我们动员说：明天清晨开始爬雪山，中午要爬到山顶，这是对个人意志和体力的考验。那时我也顾不上几天来连续行军的疲劳，积极准备爬雪山的草鞋和绳子。凌晨 3 点钟，我们就打着火把上山了。每个人身上只穿着单衣，头上包块毛巾。雪山气候变化莫测，清晨在山下还是朝霞满天，上午爬到半山腰一阵狂风卷起，鹅毛大雪就迎面扑来，而越是高处山势越是陡峭难走，爬到 3000 米以上雪线时，冰封雪冻，空气稀薄。我爬的气喘吁吁，两条腿沉得抬不动了，我们排长急忙赶上来把我背上的东西抢过去，全部压在自己肩上，这时候再苦再累也要咬牙坚持，如果停下来休息那就再也爬不起来了，我亲眼看到许许多多的战友就这样永远倒在了雪山上。

过了毛儿盖，就是纵横 600 余里荒无人烟的松潘草地，草地阴雨天气多，地面上是一簇簇草丛，浮草下则是污泥黑水，稍有不慎，就会陷入泥潭，而且是越陷越深出不来。

进入草地后，面临第一个难题是没有粮食。为向老百姓购买粮食，我们许多同志被少数民族中的反动分子杀害。牛皮草根成为当时也难以寻求的充饥食物，牛粪则用在宿营时点燃取暖。身上的虱子多极了，把衣服脱下在火上一烤，“噼噼啪啪”直响，就像放鞭炮似的。

靠信念，靠毅力，我们终于到达了甘南地区。1936 年 10 月，红一、二、四方面军实现了大会师。

在纪念红军长征胜利 70 周年之际，写下这些片断回忆，我的心情是想用它来纪念那些在战斗中牺牲的战友，纪念那些与疾病作顽强斗争后不幸逝去的同志，同时与那些当年一同战斗过今天仍然健在的老同志们共勉。让红军的革命精神代代相传。

选自中共重庆市委组织部、中共重庆市委宣传部、中共重庆市委老干部局、中共重庆市委党史研究室编：《峥嵘岁月——重庆市老干部回忆录第三集》，2006年10月第1版，第238—241页。

吴绍文，四川巴中人。1933 年参加中国工农红军。红军长征时为红四方面军第九军战士。新中国成立后，曾任重庆市人民银行营业部副主任。

回忆长征艰苦历程[①]

郭继联

我于 1931 年 1 月，在中国共产党地下工作者的帮助下，几经周折，参加了红军，在鄂豫皖革命根据地给皮定均当通讯员，后划入中国工农红军第四方面军十一师二十八团，1935 年 10 月加入中国共产党。

1932 年 10 月我们离开老河口，经陕西省进入四川。12 月到达四川的通江地区，建立了川陕革命根据地。先后粉碎了国民党军两次大规模的围攻，并与川东游击军会合，红四方面军迅速发展。随后，又取得了广（元）、昭（化）、陕南战役的胜利。1935 年 3 月实施强渡嘉陵江战役，开始长征。6 月在四川西部懋功地区，中国工农红军第四方面军与一方面军会师，这时我在红四方面军总部交通一队当通讯员。同年 8 月初到达四川与西藏边界的夹金山附近。这是红军长征途中翻越的第一座大雪山，地形陡险，主峰海拔 4500 米，没有道路，没有人烟。老百姓说，这是从来没有人走过的“神山”。首长说：“我们比神仙还神，它不能过我们红军能过！”战士们说：“雪山再高也没有我们的志气高。”山上终年积雪，有的地方几丈深。越往上爬越困难，空气越来越稀薄，气候变化无常，时阴时晴，一会儿下冰雹，一会儿是狂风暴雨。身体差的同志经受不住，有的被狂风卷下山崖，有的被雪淹没，我们班的李强、孙志

① 编者对原文略有删改。

刚同志就是在这座山上与我们永别的。

在红军经过少数民族地区时，又遇上许多难以想象的困难。我们下山后就是西藏境内，少数民族语言不通。住牛粪堆起的房子气味使人难以忍受。吃青稞后,拉肚子生病的同志越来越多。刚开始的时候，藏民对我们不了解并进行骚扰。他们的枪法很准，专打我们零散和掉队的战士，使我们行军驻防遇到许多困难，在物质和人员上受到很大的损失。

红军长征过草地，是从毛儿盖出发到达阿坝地区准备过草地。草地漫无边际，我们是日出而行，日落而宿，水草地深一脚浅一脚，稍不注意掉进泥潭就上不来，大家互相搀扶着走。在饥饿面前，战友们到处寻找野菜草根来充饥，若找到一点吃的还要经过党支部讨论研究决定怎么吃，给谁吃，吃多少。在这样的艰苦环境中，我们还时常遇到骚扰。在一次行军中，突然从我们侧面冲来一群马队，向我们射击，他们是西康藏族骑兵队。经过一个小时战斗，骑兵队被我们打跑了。当时战士们开玩笑说："这真是雪中送炭啊，给我们送马肉吃来了！"

在红军长征的路途中，红四方面军遭到张国焘右倾分裂主义的影响，使红四方面军在川西北地区徘徊了一年多。张国焘不服从党中央北上抗日的决定，要右路军南下，企图另立伪中央政府，自封主席。这样，造成我们部队三次过草地。当第三次过草地时，因先前部队把能吃的草根、树皮等吃光，我们进入草地后只能吃剩下的树根和一种泥土来充饥。这次过草地的路更难走，前面走过的，后面不能走，随时都有陷进去的危险。草地里没有地图、没有向导，迷雾满天，有时围着草地推磨子、转圈子，前卫成了后卫。我们坚信跟着党中央毛主席，就一定能走出草地。

选自《沈阳党史》1996年第4期。

郭继联，原名郭继松，1914 年生，河南新县人。1931 年参加中国工农红军，1935 年加入中国共产党。红军长征时为红四方面军军部通讯员。新中国成立后，曾任郑州军分区参谋长，空军机务大队大队长，沈阳飞机制造集团公司副经理、党委副书记等职。

回首长征路①

鲜挺胜

我于1921年农历八月十五，出生在四川省营山县灵鹫乡鲜家坪的一个农家小院里。我家人口较多，有十姊妹，家里世代务农，十几口人守着几亩薄田，家境十分贫寒。

1933年4月，中国工农红军来到了营山，在我们乡镇组建了川陕甘苏维埃营山县灵鹫乡政府组织，我父亲鲜绍成担任了苏维埃乡政府副主席兼粮食委员，我的两个哥哥也参加了赤卫队。我当时年龄较小，只有12岁，担任儿童团长，和大人们一起打土豪，分田地，为红军筹集粮饷，积极投身革命斗争。但是，国民党反动军阀杨森的军队不久就反扑过来。同年10月，红军撤离营山时，我和当地很多青年一起参加了红军，随部队转移，向四川省北部的通（江）、南（江）、巴（中）地区进发，我从此成为革命队伍中的一员。

红军走后，我家被国民党军阀和还乡团反攻倒算，我父亲被他们抓去绑在家乡青羊宫庙的山门上，吊打折磨，不久就去世了。从此，家里就像塌了天，我的母亲哭得死去活来，日夜思念我这个参加了红军的幺儿，把眼睛都哭瞎了。我随部队南征北战，一直到解放大西南，1950年才有机会回家探亲，等到我回到家乡的时候，我的母亲也去

① 编者对原文略有删改。

世了。

在红军撤离营山时，我被编入中国工农红军第九军，属于红四方面军。后来一段时间，部队驻扎在四川省巴中县。我们一有空就操练，有时又行军打仗，生活虽然艰苦，但也感到很愉快。

我们也抽空学习文化知识。我在家曾经读过四年私塾，有一点文化，所以在行军中，领导就叫我提着一个颜料桶，拿着毛笔，一边行军，一边用毛笔蘸着颜料写标语，以鼓励同志们英勇作战，奋勇杀敌。我参加红军后，红四方面军西渡嘉陵江，给敌人以沉重打击，敌人纷纷溃退。四方面军为了贯彻向川西北和甘南发展的既定方针，趁机发动了彰明、中坝战役。

后来，我们被编为红军第三十一军，于1935年八九月份进入草地。我们经过的草地位于四川省西北部，海拔大多在3500米以上。那里是高寒地区，荒无人烟，地理环境极其恶劣。草地有的地方表面上看起来长的是草，可草下面却是几米甚至几十米深的烂泥潭，人畜一旦掉进去，就会越陷越深，如不及时搭救，就会有生命危险。在沼泽地带行军，十分艰难，不仅淤泥污水多，路难走，而且淤泥污水中还含有毒素。在饥渴难忍时，有的同志喝了这种水，肚子便很快胀痛起来，折腾得昼夜不能入睡。有时不小心脚被草根划破，再被这种水浸泡，也会马上红肿起来，很快就化脓、溃烂，以至于久治不愈。草地气候十分恶劣，出太阳时酷热难耐，太阳西下时又异常寒冷，瞬息万变，反复无常。时而狂风呼啸，时而暴雨倾盆，时而冰雹突袭。当时，我们没有防寒、防雨设备，所以在草地里每前进一步都要付出极大的努力。那个时候，我因为年龄太小，被同志们拉着走，有时是拉着马尾巴前进的。当时我想的是，我决不能掉队，一定要跟着红军走出草地，走到胜利。

当然，长征中最困难的还是食物的极度缺乏。我们过草地时，连续行军几十天，而每一个人带的干粮却只有十几斤。在草地里，每天都在泥泞里跋涉，体力消耗相当大，吃的东西又十分有限，饿肚子是经常性的。路途越长，饥饿的威胁就越大，带的干粮吃得十分节省，也很快就吃光了。以后只有靠野菜、树皮充饥，最紧张的时候，我们就用一碗盐水顶一顿饭。由于营养的极度缺乏，加上行军的劳累，有的战士走着走着就栽倒在地，再也没有起来。每当想起战友们倒在草地里的情形，我们这些幸存者，总是感到心酸难忍。

行军如此，宿营休息也不例外。有时宿营甚至比行军还要难受。脚步一停下来，解开了背包，浑身就像散了架一样。当时已近初冬，我们身上穿的仍然只有一两件单衣，天冷风又大，衣服又单薄，加上肚里没有多少食物，那种滋味实在不好受。特别是到了夜里，大家打着哆嗦围在一起，摸一摸脸，脸上冻得脱了皮，嘴巴也裂了口，脚上布满了大大小小的冻伤紫块，实在难受。休息的时间长了，简直动也动不了，所以，休息时间也必须是坚持缓慢的活动。因为只有这样不停地活动，才能既可以御寒，又可以减轻伤痛。

正当我们艰难地北上转移的时候，张国焘却假借党中央的名义，突然发出命令，停止北上，主张南下打成都，攻重庆。我们红四方面军接到命令后，再一次返回草地雪山地区，又进行了一个多月的草地雪山的长途跋涉，最后到了阿坝、马尔康、丹巴地区。在这一个多月的行军途中，我们翻雪山，渡江河，遇到的困难更多。

渡过大金川，又翻夹金山，我们依靠自身的力量，发扬了大无畏的革命精神，才总算熬过来。夹金山位于四川省宝兴县西北、懋功县的东南，海拔 4500 米以上。这是一个“六月雪，七月冰，一年四季都过冬”的高寒山区。山高气压低，空气稀薄，一般人到这里高山反应都很严重，加上强烈的紫外线照射，人人都会感到头昏眼花，胸闷气短，浑身无力，更不用说爬山了。特别是到了山顶，气温骤然下降，寒风卷着雪花，漫天飞舞，云遮雾障，到处白茫茫一片，简直是寸步难行。我们的先头部队在翻越这座雪山时，就吃了大亏。当时由于没能摸清山上气候变化的规律，特别是对山顶的情况不清楚，结果部队好不容易抵达山顶时，突然狂风大作，寒气卷着冰雪劈头盖脸地向人们身上猛击，令人两眼难睁，双脚难动，不一会儿部队竟被狂风卷下山来，造成了很大伤亡。鉴于先头部队的教训，我们在上山前，做了一番调查研究，摸到一点气候变化的规律。知道山峰地带一般在中午以前比较平静，中午以后则风狂雪大，强行通过往往有生命危险。为了争取在中午以前通过山顶，我们部队在头一天就行军集结到了雪山的半山腰，傍晚在积雪线以外的树林中宿营，并且做好了第二天通过山顶的准备。等到第二天天还没亮，我们就开始往山上爬了。一路上同志们互相鼓励，互相帮助，身体强的帮助身体弱的背行李，年龄大的协助年龄小的跨过一个个悬崖峭壁，虽然十分艰险，但精神却十分饱满。同志们边走边喊："加油啊！""咱们比赛吧！"政治部的同志还写出了"猪肉多,白米好,不翻雪山吃不到！"的标语，给大家鼓劲。同志们的情绪很高，虽然大家爬山很吃力，但信心十足。已经是筋疲力尽了，再往上爬，感到上气不接下气，每走一步都要付出艰苦的努力。山势陡峭，越往上走，空气越稀薄，没等到山顶，浑身的衣服就被汗水湿透。但无论如何，大家都横下一条心，非要在中午以前通过山顶不可。经过顽强的攀登，我们的部队终于在中午 11 点左右到达了夹金山的顶峰。聚集在山顶时，高兴劲还没过去，马上就出现了新的困难。这里的环境毕竟十分恶劣，我们虽然心里高兴，但也感到心慌气短，四肢无力，特别是寒风一吹，身上像浇了一层冰水一样，透心凉，全身打颤，牙齿乱磕，难以自制。虽然雪山翻过来了，可我们仍不能有丝毫的松懈。下山的路上，突然发现前面的山谷上空有两架敌机在轮番轰炸，我们立即分散隐蔽起来。等了几十分钟，敌机飞远了，我们又继续下山。到了山脚下的时候，天已经完全黑下来了。我们就马上支起帐篷，拾柴火烧水洗脚，准备宿营。就这样，我们连续行军十多天，终于在 1935 年 11 月经过宝兴，抵达芦山、天全一带。

我们部队住在芦山、天全地区时，这里距成都只有三四百里路，位于成都西南。因此，从天亮到天黑，敌人的飞机几乎每天都来扫射、轰炸。那时气候也不好，阴天、雨天特别多，很少有晴天。到了1936年初春的一天，我们突然接到命令，准备出发。部队撤出芦山、天全地区，开始向西康省东北部转移。走了一周又来到了夹金山下，第二次翻越夹金山。这一次虽然也很艰难，但毕竟走过了一次，有了一些经验，再加上碰到天气晴朗，总算比较顺利地翻过来了。翻过山后继续行军，几天里我们就横跨了懋功地区，通过了大渡河上的铁索桥，最后到了丹巴县。到这里，我们部队才暂时住下来进行休整，同时准备继续行军的物资和干粮，以便完成新的任务。后来，我们向甘孜、芦霍转移，在这一段路程中，我们更是历尽了艰辛。特别是到了丹巴和道孚县，遇上了“党岭山”挡住去路。这座山，其山势之险要，路途之艰难，与夹金山相比，有过之而无不及。山上长年积雪，风大气温低，空气稀薄，无路可走，当地人都很少有人通过此山。怎么办？部队硬是准备要爬上去，无论多么艰险，红军总是要想办法战胜它。翻这座雪山，是对我们毅力和意志的一次考验。

我们四方面军是三进三出雪山、草地，这第三次翻雪山、过草地，与第一、二次大不一样，这一次绕的圈子更大，行程路途更远，遇到的困难更多，部队的伤亡更重。之所以如此，主要是因为张国焘的错误路线干扰破坏的结果，同时也充分暴露了张国焘分裂党的野心。他企图自立为“中央”，打电报给党中央，要求右路军按他的命令全部南下。由于朱德、任弼时、贺龙、关向应等同志坚持维护中央的正确路线，加上四方面军广大干部逐渐认识到南下是错误的道路，纷纷要求北上抗日，与张国焘的分裂阴谋斗争，张国焘的阴谋完全失败了。这时候，他才被迫带领部队北上。

1936年7月，我们部队到了甘孜、炉霍境内，与从湖南桑植县出发的二方面军会合了。会合后，我们共同北上转移，途经川西阿坝的草地、巴西，甘肃南部地区的腊子口、岷县、通渭等地区。同年10月，中国工农红军的一、二、四方面军在甘肃会宁胜利会师了。

选自中共重庆市委组织部、中共重庆市委宣传部、中共重庆市委老干部局、中共重庆市委党史研究室编：《峥嵘岁月——重庆市老干部回忆录第三集》，2006年10月，第110—117页。

鲜挺胜，1921年生，四川营山人。1933年参加中国工农红军。红军长征时为红四方面军第三十一军战士。新中国成立后，曾任重庆市药剂学校校长、党委书记。

激情满怀忆长征

刘承万

红军长征胜利已经70周年，每当回忆起长征，我都心潮澎湃，激情满怀。红军长征时英勇卓绝的斗争，经历的艰难险阻，在我心中留下了难以磨灭的记忆，它激励着我们永不言败、奋勇向前。

我是四川阆中人，阆中地处贫穷的川北，家家户户都很穷，我家里就更穷，生活非常艰苦，一年四季吃的都是高粱、红苕、酸菜，吃不饱、穿不暖。家里没有柴烧，到地主山坡上拾点树叶，还遭地主两次毒打，从此在我心中埋下了仇恨的种子。

红军来到川北以前，我们对红军很不了解，由于国民党反动宣传红军很凶恶，我们心里都很害怕。1934年，红军打到我的家乡后并不像国民党反动宣传那样，相反，红军战士纪律严明，说话和气，向大家宣传红军的政策是打土豪，分田地，为穷人，并建立苏维埃政权。红军还把我们当地一大地主抓起来，把地主仓库的粮食分给穷人，受到贫苦老百姓的拥护。人民群众踊跃报名参加红军，我父亲也送我参加了红军，当时我只有14岁。我们刘家沟有20多个青年参加了红军。1952年我回家探亲才知道，当时参加红军的20多人只剩下我一个人了，其他的人都为中国革命献出了生命。我参加红军离开家后没给家人通过信，大家都认为我死了，我家每年都给我烧纸钱，我说我一个钱都没有收到，说得大家都笑了。

我参加红军编到九军二十七师，在师部司号连学吹军号。部队给我发了一套军装，一顶五角星帽子，一双草鞋，一床被单，一支军号，我非常高兴和自豪。我从此成为一名光荣的红军战士，跟随大部队实行战略转移和开始万里长征。

我在长征路上,先后翻越了三座大雪山（夹金山、洪桥山、党岭山）。

夹金山位于四川的西部，地处宝兴县的西北面、懋功县的南面，是一座海拔 4100 多米的大雪山。山上没有人烟，满山盖着终年不化的积雪，气候寒冷，空气稀薄，每天太阳西下（下午 3 点钟）后到月亮还没有出来以前（晚上 9 点钟），山上都会狂风四起，大雪纷飞。当地人把夹金山称为神仙山，说山上的雪是由山神喷出的气变的，只要山神散发神气，人一上去就会冻死，只有神仙才能上去。

当时正值 6 月，多数战士只穿着一套破旧的单衣，要翻越寒冷的雪山，战士们御寒的物品很不充分，困难重重。川西一带人烟稀少，有的战士找一些破棉絮和干羊皮做成背心穿上防寒，没有鞋子就把少数民族用的皮口袋剪成草鞋样子，捡些烂布包在脚上御寒翻越雪山。

雪山异常寒冷，刚到雪山脚下就感到寒气逼人，山上的白雪放出寒光，像一道白的钢铁墙壁，挡在我们面前，阻挡我们前进。但红军战士并没有被雪山的险恶所吓倒，而是大步向雪山走去。

我爬的另一座山是洪桥山，晚上在森林宿营，山下都是原始森林。雪山是冰雪世界，寒风刺骨，雪花乱舞，越往雪山高处爬，坡越来越陡，雪也就越大。山上空气越来越稀薄，呼吸困难，爬山非常艰难。在这险恶的环境里，红军战士团结互助，强帮弱、大帮小，走得动的，搀扶着走不动的。我们连里一个小同志爬到半山上就体力耗尽牺牲了。晚上在两河口宿营，眼睛直流热泪睁不开，非常难受，后来得知这是受雪的刺激得了雪盲症的反应。两河口是懋功县所管，也是一、四方面军会师后召开会议讨论北上抗日战略方针问题时的所在地。

第九军部队攻占懋功（今小金）歼灭守敌邓锡侯部两个营及反动地

方武装近千人。后又攻占懋功之要镇达维，一、四方面军在达维会师。会师时部队指战员紧紧握手拥抱，欢呼跳跃，激动得热泪盈眶，为庆祝胜利我们举行了会师大会。一、四方面军会师具有重大历史意义，粉碎了蒋介石妄图阻止一、四方面军会师的计划，两支红军会师后总兵力达十余万人，红军战士士气更加高昂。

我翻越的第三座大雪山是党岭山。当时张国焘分裂红军，另立“中央”，四方面军走到草地中间令部队返回南下，打道天全、芦山、雅安、邛崃等地，打了很多大仗歼灭川军 1.5 万多人，但我们伤亡近万人。这时，我从司号连调往部队四十七团三营九连当司号员。翻越党岭山历尽艰险，党岭山海拔 5400 多米，且是终年不化的大雪山。我们的战士没有穿的，就把棉絮剪作背心穿在身上避寒。晚上，我们营就在原始森林烧野火宿营。在险要的环境里红军战士用坚强的革命意志战胜终年不化的（党岭）大雪山，最后胜利到达宿营地道孚。

四方面军三次过草地,草地 600 多公里,杂草丛生。天上没有飞禽,地上没有野兽,到处都是水洼地,一片阴冷和潮湿。当地牧民告诉我们:他们祖祖辈辈放牧，从没有人进过草地。那里的气候变化无常，一会儿晴空万里，阳光灿烂，一会儿狂风大作，暴雨倾盆，过一阵又是雪花纷飞，冰雹骤降。牧民称草地是“死神统治的地方”。过草地确实艰辛，草地杂草过膝，浸在水中，一脚踩下去，草下面的黑水直往上冒，并且水还有毒。我们队文书是江西人，我们俩很要好，他比我大，经常帮助我。行军途中他喝了草地的水后中毒，当时又没医生，又没药，得不到有效的救治，他牺牲在草地，我无限悲痛。早晨埋了他的遗体我们又继续前进。在草地上行走必须小心，青草掩盖的下面是坑坑洼洼的地面，深浅心中无数，随时都有可能出现一大块深不可测的烂泥潭，一旦踩下去，就像踩在海绵上，晃晃悠悠的，必须退回来，不然就会沉陷下去，沉下去就无法搭救。过草地没有吃的，吃牛皮、吃草根，晚上睡觉背靠背地坐在地上，相互取暖御寒。在这片险恶的草地上，红军战士艰难地战胜了困难，用大无畏的精神走出了草地。

红军长征历时两年多，遭到国民党反动派飞机的侦察、轰炸，几十万军队的围追堵截。红军跋涉千山万水，历尽艰难险阻，用两只脚完成了二万五千里长征①，三大主力红军于1936年10月在会宁会师，长征胜利结束。红军主力由长征前的30万人，到了陕北只剩三万多人。人数虽少，但这是中国革命无比宝贵的力量，是党的事业的骨干，是中国革命的火种。经过长征磨炼的革命力量，在中国共产党的领导下，由小到大，由弱变强，经历了土地革命战争、抗日战争、解放战争，终于推翻了三座大山，建立了中华人民共和国。

回顾长征，她是我心中一座永远的丰碑，成为鼓励我在70年革命生涯中不断前进的力量源泉。纪念长征，她已成为全党不断开拓创新、勇往直前的精神财富，成为全国人民不畏艰辛、全面建设小康社会，为建设中国特色社会主义而努力奋斗所应继承和发扬的光荣传统和优良作风。

选自中共重庆市委组织部、中共重庆市委宣传部、中共重庆市委老干部局、中共重庆市委党史研究室编:《峥嵘岁月——重庆市老干部回忆录第三集》，2006年10月版，第122—127页。

刘承万，1920年生，四川阆中人。1934年参加中国工农红军。红军长征时为红四方面军第九军二十七师战士。新中国成立后，曾任重庆市九龙坡区人大常委会主任。

---

① 二万五千里长征是指红一方面军的长征，红二、红四方面军和红二十五军长征里程分别为二万余里、一万余里、近一万里——编者注。

拉着马尾巴走长征

何云峰

1935 年 3 月，四方面军发起强渡嘉陵江战役。这次战役从 3 月 28 日至 4 月 21 日，历时 24 天，歼敌一万余人，取得很大胜利。但这时张国焘错误地认为，由于中央红军西进，蒋介石的主力部队将很快压到四川来，得出了“与其被敌赶走，不如主动撤走”的逃跑主义结论，于是将后方机关和部队全部移至嘉陵江以西，擅自放弃了具有重要战略意义的川陕边革命根据地。这样，四方面军渡过嘉陵江以后不久便开始了长征。

当时，我已调到十一师政治部宣传队工作。长征前夕，部队做准备工作，其中一项就是将部队中年龄太大的和年龄太小的挑选出来送到军部，发给路费，打发他们回家。我是被挑选的对象之一。在军部，我又哭又闹，不肯回家，正好另有一两个比我略大一些的小红军也闹着不回家，后来军部没办法，留下了我们，将我安排给四方面军总部粮食局政治委员张广才当勤务兵。1935 年 5 月初，我就跟着张广才政委踏上了长征的征途。

参加长征时，因为我在粮食局，性质不同于其他部队，没有参加过打仗。但困难却经历不少。感觉最艰苦的是过雪山和草地。过夹金山和党岭山两座大雪山，都是要翻山越岭整整走一天。尤其是党岭山，那是一座从四川松潘到甘孜必须翻越的雪山，最高山峰的海拔有 6000

多米，空气稀薄，气候异常寒冷。翻山时，人不能坐下，要不停地走。我当时亲眼看见一位炊事员，背着大锅，坐下休息后就再也没有站起来。

长征途中，由于张国焘和党中央、毛泽东闹分裂，四方面军多数部队曾三过草地。但我所在的粮食局只过了一次草地。因为粮食局属于后卫部队，行动迟缓，第一次我们准备过草地还没到草地时，大部队就已经回头了，我们是后来跟二方面军一起过草地的。

过草地的困难也很多。水草地，到处是沼泽，干的地方少，四处无人烟。粮食局负责筹粮食，过草地前，我们在甘孜地区的泸州等地待了几个月，用枪支弹药去跟藏民换粮食，但也无法满足所有部队的粮食需要。因近水楼台先得月之便,粮食局过草地时稍多带了一些炒面，但即使这样，走到一半多的路程时，粮食也吃完了，最后一两天吃的是野菜，最困难的时候，张广才政委还杀了一匹马。过草地时，我主要的工作就是烧开水，泡炒面。过草地前，我弄到一个羊皮风箱，就用它烧水。

比较幸运的是，长征途中我没有生病。只是在甘孜时又差点被留在当地。当时部队将女同志、生病的和年纪小的红军留在当地，我还是采取以前那样又哭又闹的方法，张广才政委没办法，只好把我带着走。

参加长征时我才 13 岁，在艰难险阻的征途中，我能幸存下来完全得益于当时张广才政委对我的照顾。张广才政委真是我的大恩人。若没有他的照顾，我在长征中是过不来的。长征路上，作为高级干部的张广才政委，除了自己骑的马外，还有一匹驮东西的马，因此，作为勤务兵的我不但可以不用背那么多的东西，过河的时候常常可以骑在驮东西的马背上，实在走不动的时候还可以拉着马的尾巴走。长征途中，很多时候我都是拉着马尾巴走的。

1936 年 10 月，四方面军到达会宁，与一方面军会师。至此，我也

胜利地走完了我的长征。（纳新整理）

节选自《福建党史月刊》2006年第S1期。

何云峰，1922年生，四川巴中人。1933年参加中国工农红军，1938年加入中国共产党。红军长征时为红四方面军总部粮食局勤务兵。新中国成立后，曾任成都军区副政治委员，福州军区副政治委员、顾问，全国政协委员等职。1964年被授予少将军衔。2013年在福州逝世。

终身难忘的艰苦岁月

——我所亲历的长征①

孟克

1932年，我12岁。那年12月，我参加了工农红军，在红四方面军三十一师二一九团政治处任宣传员。每到一地，我们就宣传党的主张和政策，组织、教育与训练儿童团，提着石灰桶在路边、村庄显眼的墙上写标语、口号。半年后，我奉调至团卫生队学医做卫生员，两个月后调做司药。先是在师医院，1934年八九月份，随一个姓陈的医生到红四军军部做司药。我是跟随红四军参加长征的。说起长征的艰苦，现在的年轻人是根本无法想象的。

长征，顾名思义，就是不停地走路。一天最少要走50到60公里，一般要走70到80公里，最多时一天要走90公里。一边走，一边还要随时与敌人作战，边打边走。走路的时间远远超过宿营的时间。因此，边走边打瞌睡是常有的事。特别是夜行军，天黑沉沉的，走着走着就不知不觉地打起了瞌睡。待到被战友唤醒，前面的部队早走了，于是就只能猛追。不少同志的脚肿得像发酵的馒头一样，脚板与脚趾头上尽是一个个水泡，但是不能休息，还得不停地走。记得是1935年初，我们进入西康藏族区。这是个高山峻岭人烟稀少的地区。生活上，我们首先遇

① 编者对原文略有删节。

到的问题是没有盐吃，就用人工打石头，熬成硝盐水当盐吃。干粮吃完了，就沿途挖野菜充饥。记得有一种野菜叫茴茴菜，吃后很多人都脸发肿。

大约在 1935 年 11 月，我们来到夹金山。夹金山海拔 4000 多米，山顶终年积雪。没过夹金山之前，上级动员部队：第一，每个人准备一壶辣椒水；第二，在过雪山的时候不能停步，不能坐下来，因为山顶气温本来就低，红军衣衫单薄，有的同志身上就披一块羊皮御寒，加上连续行军打仗疲惫不堪，坐下来很可能就再也站不起来了；第三，在雪山行军，一定要一个紧跟一个，千万不可乱走，否则掉进雪坑里那就出不来了；第四，到山顶不能大声说话，因为山顶空气稀薄，声音振动会引起大风把积雪刮得满天飞舞，致使部队迷失方向。我们在没膝的雪山艰难地一步一步地向前挪动，好不容易才走过了约三百多米雪线。下山了，走在前面的部队因为实在太冷，就在山林里捡了些干柴烤火，暴冷暴热，很多红军战士由此脚皮红肿、溃烂。为此，上级命令后续部队绝对不能烤火。

记得过草地前，上级让大家准备十天的干粮。说是十天的干粮，其实也就是一个干粮袋青稞面。由于干粮实在太少,饿了,也不能随便吃。要等到部队行军休息时，由领导把带的干粮倒一把给自己吃，只能吃一把，再把干粮袋系好背在身上。每人还得背上十斤干柴。

草地，是一望无际的沼泽地。你一定得沿着前头部队走过的弯弯曲曲的坚硬的地方，小心翼翼地走，千万不可贪图方便抄近路。因为草地上到处是一滩滩深不可测的淤泥，你一脚踩上去，身体就直往下沉，越挣扎沉得越快，淤泥一下子就会没过头顶。别的同志根本没法拉，也拉不住，弄不好还没救上同志，自己也跟着一起被淤泥没了顶。我就亲眼见过战友与一只驮着东西的战马陷入泥潭，只一会儿便被淤泥淹没，消失得无影无踪。

沼泽地的腐草烂了成千上万年，弥漫着一股毒气，双脚泡在那污水里，只感到一阵阵发痛。好不容易找到一块稍干的地方宿营，第二天清早起来后，发现有些原先很瘦的同志怎么一下子“胖”了起来，大家还笑他们。可是没多久就发现那些“胖”了的同志因为毒气侵入肌体已都牺牲了！此后，再发现“胖”了的同志，大家的心情都很沉重，再也笑不出来了。

干粮吃完了，连野菜也挖不到了，就只能杀部队带着的牛、马。一头牛或者一匹马杀了后，除了牲口的屎，其余全分给大家烧了吃。牛马肉每人一块；每人还分到一小块皮、一根骨头和一段肠子。牛马皮用火烧焦了吃，骨头砸碎了熬汤喝。到后来，能杀的牛马都吃光了，就把自已身上穿的牛皮草鞋和皮带烧焦了吃。

长征时，红军还有个收容队。我也当过收容队员。长征途中经常有红军战士倒下了，他们躺倒在地，再也站不起来。自己身体也已十分虚弱的收容队员根本没法背起他们，甚至也没法架着他们继续前进。实在没办法，就强忍着悲痛的心情，尽可能匀给他们一点干粮，好让他们的生命多支撑一会儿。可是，倒下的同志们不但不要我们递给他们的干粮，还把他们自己仅剩余下来的一丁点儿干粮交给我们收容队员说：“同志，我……我不行了，这一点儿干粮给你们，快走吧！”半个多世纪过去了，我已进入耄耋之年，想起当年的情景，心情仍然十分悲痛。

历尽千辛万苦，1936 年 10 月 22 日，红一方面军、红二方面军和红四方面军终于在甘肃会宁会合。记得三个方面军会合后，我找到一个理发的师傅给我理发。那个理发师傅一手拿着剃刀，一手摸着我的头十分吃惊地说：“看你瘦成什么样子了！你的头上除了头皮就是骨头，我都没法下刀了啊！”

经过十分艰苦的长征，我尽管瘦得脱了形，但我还是挺过来了。比起成千上万在长征途中倒下的同志，我算是幸运的。之后，我在革命队伍里从事无线电报务工作，历经八年抗战与三年解放战争，直到解放全

中国。(周明发整理)

选自《大江南北》2006年第10期。

孟克，1920 年生，四川南江人。1932 年参加中国工农红军，1933 年加入中国共产主义青年团，1937 年转入中国共产党。红军长征时任红四方面军第四军军部卫生员。新中国成立后，曾任炮兵第六十三师政治部主任、第九师政治委员，南京军区工程兵副政治委员，上海警备区副政治委员，第二十军政治委员等职。2012 年在上海逝世。

艰苦的长征，顽强的意志①

向长青

长征时，我在红四方面军。1935 年三四月，我军将士在长途跋涉、饥寒交迫，又相当疲劳的艰苦条件下，同敌人进行了殊死的战斗，取得了著名的强渡嘉陵江战役的胜利。在这次战役中，我的双腿被敌人的子弹打穿，负伤昏倒在战场上。黄昏我醒来的时候，见周围横七竖八的倒着许多尸体，听见不远处敌人在搜索，只要看到还有活着的红军伤员，就开枪打死。我咬牙拼命一挣，顺势滚到了山坡底下，又昏了过去。直到第二天早上，我才被人发现，救了回来。我伤势十分严重，没有麻醉药，就煮些花椒水，借着那股子麻劲儿动手术取出了子弹，没有纱布和消炎药，就撕衣服布条，沾盐水擦洗伤口。我的腿被打穿了一个洞，每天就用沾了盐水的布条穿在洞里拉来拉去，一是消毒，二是清除腐烂的肌肉。就是用这种难以忍受的治疗方法和顽强的毅力，我硬是保住了自己的双腿。

长征途中，翻越高耸入云、人迹罕至的大雪山是异常艰苦的。雪山海拔高，空气稀薄，不要说行军，就是喘气也觉得困难。当地老百姓说，山上寒冷风大，气候多变。翻山要多穿衣服，每人最好拿一根拐杖拄着走，以免滑倒。记得过雪山那天，天蒙蒙亮，我们就出发了。

---

① 题目为编者所拟。

估计走了四五个小时，我们已经来到人迹罕至的雪山区了。走着走着，气温突然下降，太阳晒在身上没有一丝热气，仿佛换了季节。路也冻得邦硬邦硬，棍子拄在地上发出咯咯的响声。我们越爬越高，眼前雪景雄伟壮丽，使人惊叹，但又叫你胆战心惊，稍一大意，就可能掉进雪坑，越陷越深，爬也爬不上来。阳光洒在积雪上，银光闪耀，非常刺眼，简直不敢正视它，我们只能低着头，踏着前卫部队的脚印，小心翼翼一步步艰难地前进。快到山口时，风越来越大，刮得我几乎站不住脚，身子不住地摇晃。山上气候多变，突然狂风卷着雪花漫天飞舞，单薄的军衣抵挡不住风雪的吹打，冻得我们浑身哆嗦，牙齿打颤。加上空气稀薄，呼吸困难，我只觉得头晕腿软，上气不接下气，喘个不停，走一步停一步。经过大半天的爬雪山，我们既没有休息也没有吃一点东西、喝一口水，又冷又饿，真是精疲力竭。有的同志实在走不动了，队伍的间距越拉越大。班排长便帮那些同志背行李和枪支。红军战士们手拉着手，互相搀扶前进，就这样靠着坚定的革命信念和顽强的意志，不停地爬呀爬呀，翻过了一座又一座的大雪山。

尤为艰难困苦的是跋涉渺无人烟的草地，由于张国焘的错误路线，我当时所在的红四方面军，往返过了三次草地。茫茫草地，荒无人烟，战士们缺吃少穿。重过草地时，连可吃的野菜、树皮都所剩无几了，我们只好吃草根、煮皮带来充饥，个个饿得面黄肌瘦、眼冒金星，常常是行军中就有人忽然倒下去了，再也起不来了。宿营时，我们就躺在草地上，到处是水洼，而疲惫的战士们顾不得条件的艰苦，躺下就睡着了，醒来时，浑身上下都湿透了。有的人连路都走不动了，战士们只好搀扶或抬着他行走。最惊险的是踏上沼泽地，有的人不幸陷到沼泽地里，越陷越深，一会儿功夫就陷到腰以上了，大家赶紧连拖带拉的，费尽力气才拉上来，然而有的战友却从此陷入沼泽里，一下子没了顶，再也上不来了。大草地不仅留下过我们红军战士的足迹，也曾经留下了多少不知名的红军战士们长眠在那里，他们为中国革命和人民幸福献出了自己宝贵的生命。

中共天津市委党史研究室供稿。

向长青，1913 年生，四川苍溪人。1933 年参加中国工农红军，1934 年加入中国共产党。红军长征时为红四方面军战士。新中国成立后，曾任天津卷烟厂党委书记。

刻骨铭心的长征记忆

韩彬

我出生于五四运动爆发的1919年，但对于我本人来说，一直到1934年，才算迎来了一个新的世界。那年1月，年仅15岁的我加入红四方面军第三十一军九十三师二七四团二营六连。长征途中，我所在的队伍爬过两座大雪山，过了三次草地。其中，最刻骨铭心的经历是，我曾在大雪山上死里逃生。如果不是那名旗兵，还有那根旗杆，也许我就冻死在雪坑里了……

一、前面的战士突然间消失了

小时我家很穷，我给地主放牛，我母亲给地主干活，只给饭吃，不给工钱。红军来了后，给我家分了地，还分了一头黄牛。当时的我在头脑里认为，共产党好、红军好，打土豪、分田地，让我们穷人有饭吃。后来我就参加了红军，亲历了长征。

我们过的第一座大雪山是四川的夹金山，它海拔5000多米，我们去和回共走了两次。第一次是1935年10月，第二次是1936年3月。夹金山特别陡，山上气候变化无常，气压低，呼吸困难，从来没人走过。山上没有路，只有一条放羊走的小道，山风大得吓人。我们出发时，天还没亮，艰难地爬到山顶后，正要从另一面下山时，发生了一件怪事：前面的战士突然间消失了！原来是山太陡了，根本站不住人，他们都从山顶滑下去了。很多同志都摔坏了腿和胳膊，枪也摔坏不少。有些同志下山以后手脚都冻坏了，发黑，烂了。冻得轻的，等手脚缓过来后直往外冒水。

二、从可怕的雪坑死里逃生

我们当时穿的都是单衣单裤，光脚穿草鞋，山高，风大，雪深，特别冷。我们肚子饿，还喘不上来气，年龄大的、身体弱的、有病的同志好多都牺牲了。更可怕的是，还有很多同志在下滑过程中，掉进了雪坑里。雪坑足有两米多深，别人不知道，自己又爬不出来，就那样生生冻死在里面了。我自己也是掉进雪坑里的一个。当时天还没有大亮，我高速下滑时掉进了一个一人多深的雪坑里。我发现里面已经有了两名冻死的战友。我自己一个人是肯定上不去的，当时我想，我也许就是死在这雪坑里的第三个人，等着第四个人来发现我们。正在绝望的时候，我们营部的旗兵也掉了进来，他是打战斗旗的，个子高，于是我们开始了合作。我蹲下来，他踩在我的肩膀上，费了很大的劲才爬上去。然后他再在上面把旗杆伸下来，把我拽了上去，我们也就这样死里逃生了。

三、用尿洗眼睛

第二座大雪山叫党岭山，我们是 1936 年翻过的它。这座大山海拔也是 5000 多米，又高又陡，长年积雪，气候条件恶劣。当地老百姓都说：“党岭党岭，不到 6 月不能行。”可那时只是 3 月。太阳出来后，把雪山照得眼前白花花一片。这银白色很厉害，把我们的双眼刺得红肿流泪，看不清道路，再加上高山反应，我们个个头晕眼花，到了晚上就什么也看不见了，眼睛疼得好像被灌进了辣椒水一样。当时没有药，上级决定第二天不行军了，命令我们第二天早晨都用自己的尿来洗眼睛，洗完后继续休息，到了下午，眼睛才缓过来。

四、光脚行走在有毒的水草地里

我们四方面军来回走了三次草地。过草地前，我们在山上往下一看，是一片白花花的大平原，全是水草地。到了山下离近一看，是满眼的大大小小茶色的水坑。水有毒，人掉进去就往下陷，即使拉出来，也往往会死掉。茫茫的大草地里，天气更让人捉摸不定，一会儿下大雨，一会儿出太阳，一会儿下雹子，一会儿下雪，一会儿又天黑刮大风，最常出现的是绵绵不断的小雨。我们刚进草地的当晚，就赶上了一夜的大雨，没有雨衣，我们浑身上下都是湿的，在水草地上睡觉，第二天早晨一看，死了不少同志。

我们没有帐篷，开始时每个人都还有一条被单，但大家都把它撕成条用来打草鞋了。我们的草鞋一般十天八天就会坏。我们脚上穿的，一只是自己打的草鞋，一只是用牛皮做的鞋。肚子饿时，牛皮被烧着吃了，就只能光着脚行军了。行走在草地上的感觉就像现在踩在沙发上，脚踩下去，地面就下沉，随后又跟着脚一起浮上来。由于水有毒，好多同志的脚都泡烂了，我自己的右脚心上就烂了一个小洞。

五、最大的困难是饥饿

红军长征时，最大的困难是饥饿。行军走得快，肚子饿得也快，由于饥饿，队伍减员严重。有一天，营长和营政委动员我们说："二七六团在我们前面走，他们已经开始吃草了，我们要向他们学习！"当天下午，我们没有行军，而是集体拔草。领导告诉我们，有毒的断肠草、车长草和大黄叶子不能要。草拔回来后，用刺刀切，然后用水煮，一人能分一小碗，又苦又涩还嚼不烂，一连吃了好几天，连大便都没有了。

一天，我们走着走着，发现前面有一大片大麦地，大家这可乐坏了。在得到领导允许后，我们蜂拥上去把这些大麦都给生吃了。吃法就是抓一把大麦在手里一搓，然后把皮吹掉，就狼吞虎咽地送进嘴里了。这些大麦都是老百姓种的，战乱让他们离开了家园，临走时，连长留下了一张字条，告诉老百姓是红军吃了他们的大麦，并在字条上压了些银圆。

六、生命如此脆弱又如此坚强

过草地时，我们从卓克基出发，经阿坝到包座，后来由于个别领导人的错误路线，我们又返回阿坝南下。所以，红四方面军一共过了三次草地。进草地时，我们连有八九十人，出草地时只剩下了30多人。一天，走出了可怕的水草地，部队就地休息。一个小战士，累得不行了，一屁股就坐了下去，不停地喘气，一会儿就断了气。他仰着头，睁着眼，就这样死在了我的面前。由于长征路上死人的事发生得太多了，所以我还算镇定，叫来了部队领导和队医。但是，当时没有人知道他的死因，现在想来，我认为他很可能是死于心肌梗塞。

生命是如此脆弱，又如此坚强。长征路上，我曾遇见一对让我终生难忘的母子。那是我们刚进草地的第二天上午，天下着雨，每个人都饿极了。我的左边是一位女战士，她背着个竹筐，里面是一个只有四岁的小男孩。孩子哭着，和他的母亲一样被雨淋得浑身都湿透了。我们都很难过，但谁都无法帮助他们。连长对我说：“这孩子太小了，太可怜了，他可能会冻死，出不去这个草地。”但是，走出草地的那一天，我却看见了这对坚强的母子，我觉得他们很伟大，他们面对生命的顽强和执着，让人肃然起敬。

七、边长征，边学习文化

长征路上的党、团生活抓得很紧。每天晚上，组员都要向党小组长汇报一天的情况，包括你今天做了什么事，听到别人讲了什么，以及你自己的思想活动等等。我们营每天行军前都要全营集合，营长和政委要讲话，主要是动员大家不要掉队，要克服困难，党、团员要不怕死，冲锋在前，重伤不哭，轻伤不下火线。同时还要表扬好人好事，鼓励大家发扬阶级友爱的精神，帮助有病的同志背枪。我有一次就被点了名，领导表扬我断了干粮七八天还能帮助战友背枪。每次中午休息时，部队都会组织战士唱歌，军师政治部的宣传队还会表演小话剧。没有吃的，我们肚子饿，但看到战友们表演的节目，我们就感觉不到饿了，大家的精神状态都好了起来。

长征路上，我们仍然不忘学习文化，主要是识字。行军途中，每名战士的后背上都会贴一张纸，上面写着一个大大的汉字给后面的同志看。中午吃饭前，部队领导会考每一个人他学会了什么字，如果回答不上来，就要出列把那个字学会再吃饭。对于很多战士来说，像“中、国、人”等等一些简单的汉字，都是在长征路上学会的。

八、饿着肚子歼灭敌人一个师

长征路上，尽管条件艰苦，我们仍然打了很多胜仗，像 1935 年 4 月的四川剑门关战斗和 1935 年 10 月的四川宝兴战斗等等，我和我的战友们都出生入死、杀敌立功。记得第一次过草地时，在包座的救济寺①附近，我们饿着肚子消灭了胡宗南的四十九师，俘敌 800 余人。1936 年 10 月，红一、二、四方面军三大主力在甘肃会宁胜利会师，在山城堡打了一场大胜仗，歼灭国民党军一个师的兵力，胜利地结束了长征。那场战斗过后，我们的队伍到甘肃庆阳休整，整顿部队，准备再次出发。记得 1936 年 12 月的一天，我们正在训练，突然外面来人喊："蒋介石被抓起来了！"我们都不明白发生了什么，后来才知道，那正是历史上著名的"西安事变"。（李海峰访谈、整理）

中共辽宁省委党史研究室供稿。

韩彬，1919 年生，四川苍溪人。1934 年参加中国工农红军。红军长征时为红四方面军第三十一军第九十三师第二七四团战士。新中国成立后，曾任沈阳市公安局副局长。

---

① 即求吉寺——编者注。

活着就要走下去

邓才文

1933 年 4 月，我参加红军，被分配到红三十一军二七一团。红军战士吃的是玉米秸子，穿的是从敌人尸体上扒下来的衣服，作战负伤后只能用食盐清洗伤口。

中央红军与红四方面军会合后，红军决定爬雪山、过草地，继续北上抗日。夹金山是红军在长征路上翻越的第一座大山，山上终年积雪，空气稀薄。红军战士们大多来自南方，好多人以前从未见过大雪山，更不用说爬了。山上的白雪刺得战士们睁不开眼睛，大家在冰雪上前进，摔倒了，爬起来继续走。我曾眼睁睁地看着一些战友好不容易爬上山顶，却在那里永远闭上了双眼……

由于受张国焘分裂主义的影响，我所在的红三十一军曾三过草地。草地气候变化无常，时而烈日当空，时而风雨交加，时而大雪纷飞，草地上没有路，人和牲畜只能在草皮上行走，走在上面就像踩着弹簧一样，一不小心就会陷进沼泽泥潭，越挣扎就陷得越深，很多红军战士因陷入泥潭或饥寒交迫，长眠在这茫茫的草地上。过草地的最大困难是没有吃的。第一次过草地时，每人只分了几把豌豆。第三次过草地时情况好一点，每人都带了炒面、腊肉、食盐等，有三四十公斤重，但由于行走不便，只得扔掉了。后来为了生存，大家只能吃皮带、树皮、草根。有一天，我和战友在一片灌木丛中发现了一种草，叶子很细，根茎粗壮，形同萝卜，大家放进嘴里一嚼，味道甜丝丝的，不料一会渐渐变辣，辣得嗓子生疼，一个小时内有20多名战士相继中毒身亡。我赶紧跑到水塘边，喝了一肚子凉水，稀释体内毒性。直到下午，我才醒来，从地上爬起来，跌跌撞撞又走了四天，终于走出了那片可怕的沼泽地。（**马殿振、马京生整理**）

选自《解放军报》2006年10月23日。

邓才文，1917年生，四川仪陇人。1933年参加中国工农红军，1937年加入中国共产党。红军长征时任红四方面军第三十一军九十一师班长。新中国成立后，曾任山东省济宁军分区司令员、山东省军区顾问等职。

挑战极限的力量源泉

陈金钰

1935年3月，红四方面军在强渡嘉陵江战役后，控制了嘉陵江和涪江之间的广大地区。在敌人重兵压迫下，四方面军后方机关、部队和地方党政机关，陆续撤到嘉陵江以西。从此，红四方面军便开始了长征。

这年的4月，蒋介石为防止红军在嘉陵江和涪江之间建立根据地，分三路向我进行新的围攻，红四方面军处境十分艰难。5月，红四方面军总部根据中央指示和当前敌情，决定向岷江地区发展，占领松潘、理潘（今理县）、茂县等地，以摆脱不利处境，并策应红一方面军北上，迎接两个方面军会师。当时，我任红四方面军九十三师二七六团三营营长，在攻打茂县的战斗中，我率部冲锋时右臂中弹，负了重伤，但仍随部队进入茫茫草地。

红军过草地困难重重，部队绝粮，无衣，无药，夜间宿营在湿地。大家只能背靠背互相取暖，坐着睡觉。若遇上大雨或下雪天，一夜都睡不好。天一亮，部队就要继续行军。在这样的环境中，许多同志患了疟疾、感冒、肠胃病等。因无药治疗，病情越来越严重。我负伤后，只能用盐水冲洗伤口。后来连盐都没有了，右上臂的伤口严重感染，局部肌肤溃烂生蛆，碎骨不断浮出，伤情日益恶化。为保全性命，我将刀子在火上烧红之后，强忍着剧烈疼痛，让卫生员用刀将伤口上的烂肉挖掉，再用纱布来回抽拉，清除腐烂组织。因无医无药治疗，右手最终残废。

这是我第五次负伤。

那时，红军没有衣服穿，衣服破了只能将衣补衣，上衣改坎肩，长裤改短裤，短裤改裤衩，干部战士都是自己缝补衣服。过草地时因找不到打草鞋的麻和稻草，只好把破皮子割下来，钉上四个带子绑在脚上。皮子单层且潮湿，用水打湿后穿在脚上，走起路来脚板很滑。鞋走坏了，就索性打赤脚走路。

长征路上，常常因为搞不到粮食而断炊。游牧生活的藏民不了解红军，一听到有军队来就跑了，有钱也无处买粮食。我红军部队分批分路前进，第一批和第二批通过时，还能搞到一些野菜野物吃。第三批就只能吃前两批剩下的东西，如将腐烂的牛、羊内脏等，勉强用水洗洗吃。第四批就没东西可吃了，连做饭取暖烧火的牲口粪都烧光了。有人因营养不良而浮肿，有人患了夜盲症，眼睛看不见路，腿无力而不能走路，有的同志走水草地时陷进去牺牲了。虽然如此，但大家都坚信革命一定会胜利。

红军通过的高原雪山，有的海拔5000米以上，常年积雪不化。雪山上时而大风大雪，时而雹雪齐下。路很滑，一不小心就会滑倒跌入深山峡谷中。我们通过雪山时，山沟里已进入夏天，而山上却是寒冷的冬天。过雪山顶时，因衣服单薄，有的同志被冻病了，有的把脚冻坏了，不能行走。雪山很高，通过雪山要行走三四天，要有两晚露营。老百姓说到山顶时不能大声说话，不要停留，否则会被雪埋住。

在长征途中，我军还经历了丹懋、天全、芦山战役和百丈大战等战役战斗。几十万敌军对红军进行围追堵截，但我们凭着对革命事业的坚定信仰，凭着不怕流血牺牲、英勇顽强的战斗精神，一次次地战胜敌人，历经千难万险，胜利到达陕北。（陈松江整理）

选自《解放军报》2006年10月23日。

陈金钰，1914 年生，湖北广济（今武穴）人。1929 年参加中国工农红军，1930 年加入中国共产党。红军长征时任红四方面军第三十一军第九十三师特务营政治委员。新中国成立后，曾任解放军第九步兵学校校长、石家庄步兵学校校长、第六十九军副军长、保定卫戍区副司令员、山西省军区司令员、北京军区司令部副参谋长、全国政协委员等职。1955 年被授予少将军衔。2008 年在北京逝世。

长征路上[①]

程义楼

长征中受表扬的党支部

1935年，部队从毛儿盖出发，跨进了茫茫的大草地。草地一望无际，到处都是沼泽，一不小心就会掉到里面，越挣扎陷得越深，如无人及时救援，很快就会被淹没。草地气候变化无常，风雨冰雹不时袭击着饥寒交迫的红军队伍。

进入草地的第七天，营里召开各连支部书记汇报会。我当时任五连一个班的班长，在党内是连党支部书记。听汇报的有正副营长和教导员。我第二个发言，主要汇报了党员的模范作用，连队俱乐部工作的开展情况和共青团的活动情况。汇报后，营长和教导员表扬了我们党支部的工作，说事迹突出，抓住了重点，效果好。几天后，军政治部（四方面军三十一军）的两位同志下来检查工作，要直接听我的汇报。我简明扼要地向这两位领导又说了一遍，最后谈了“四个没有”，即我们连没有因生病掉队的；没有因艰苦开小差的；没有讲怪话、发牢骚的；没有因吃野菜导致食物中毒的。那时支部建在连上，党团员时时处处发挥着模范带头作用，边行军边层层汇报工作，党员向小组长汇报，小组长向支部书记汇报。支委会边走边开，政治工作边走边做，非常深入活

① 题目为编者所加，文中文字略有删改。

跃，激励着每个红军战士树立克服困难的信心和对革命充满了必胜的信心。听了我的汇报后，两位领导表扬我说：“你们支部工作做得很好，不愧为模范支部。”后来在全团党员活动积极分子大会上，团政治处袁主任又表扬了我们支部，我心里很高兴，从此工作更加积极了。不久我被调到团政治处组织股任干事，后又进入红军大学学习。如不是这次调动，我很可能被编入西路军。

我见到徐向前总指挥

长征路上，张国焘分裂红军，另立中央，致使红四方面军三次过草地，部队受到极大消耗。我当时所在的二七六团是四方面军主力。一天，全团集合听张国焘讲话，张国焘当时是四方面军军委委员会主席，最高首脑。记得他讲的主要内容是：“你们二七六团要打成都，我很高兴，你们要快行军，不掉队；党员要冲锋在前，多打胜仗……”说完部队就出发了。经过两天急行军，赶到夹金山，就是大雪山。一路急行军，实际是一路小跑，党员边走边做思想工作，帮助体弱的同志扛枪、背背包，宣传队也不时地鼓动，使战士们忘记了饥饿和疲劳。在队伍到达天全、芦山县时，我们全团1500余人，无一人掉队。当全团集中在芦山县广场上时，听说徐总指挥要讲话，大家都高兴极了。一会儿，只见徐向前同志健步走上主席台（当时他是四方面军的总指挥），徐总瘦高的个子，戴了一副眼镜，合体的军装打着一副黄绑腿，脚穿草鞋，头戴一顶缀着红五星的八角帽，一见就给人一个高级指挥员的感觉。他说：“同志们！大家走累了吧，你们这个团人多、兵强，还要到前线去，打成都，因此，现在还不能休息，有困难也要克服。要发扬我军的光荣传统，打了胜仗要优待俘虏，不能搜他们的腰包，拿他们的东西，这是纪律。要向他们宣传我们的政策，争取他们当红军，想回家的，一律发给路费。”最后他说：“希望你们注意防空，减少伤亡；希望你们勇敢作战，多打胜仗，迎接三大主力红军会师。”徐总的讲话和音容笑貌，至今仍深深地印在我的脑海里。

节选自程义楼：《当红军的时候……》，载中共天津市委组织部、中共天津市委老干局编：《风展红旗如画》，2001年5月，第120—121页。

程义楼，1911年生，四川苍溪人。1933年参加中国工农红军，1934年加入中国共产党。红军长征时任红四方面军第三十一军九十一师二七六团连党支部书记、团政治处组织股干事等。新中国成立后，曾任天津七六四厂党委副书记。

草地入党

刘寅

每一个人在一生中都有自己最难忘的经历。最使我难忘的是：在长征中过草地的日子里，我光荣地被批准加入了中国共产党。

我是在第一次反“围剿”胜利的欢呼声中，幸运地加入了红军的。1931年1月3日下午，也就是我们刚到红军的第四天，毛总政委和朱总司令就在一个祠堂里，接见了王诤同志和我。毛泽东同志热情地欢迎我们说：“无线电还是门新技术，你们学了这一门很有用……希望你们好好地为红军建立无线电通信努力工作！”朱德同志更是亲切地同我们交谈：“你们先把工作搞起来。无论大小电台和武器装备，只要是白军有的，红军也一定会有；没有的，敌人会给我们送来。不要看现在的苏区还小，将来全中国都是我们的。到那时候，全国的无线电台都要归你们管起来。”毛总政委和朱总司令对我们充满信任和期望的教导，一直牢牢铭刻在我的心里，化为我决心献身红军通信事业的坚定信念。

1935年6月，红一方面军同红四方面军在懋功会师后，我被派到四方面军总部通信学校当教员。所谓通信学校，实际就是流动的无线电训练班。但是，无论条件多么艰苦，我们始终组织学员们克服困难，在长征途中坚持训练收发报技术，教学英文字母。我们教员、学员之间同甘苦、共患难，结下了深厚的战斗情谊。

1936年6月，四方面军到达川西北地区。有一天，指导员特意找来问我："刘教员，你对组织有什么认识？你工作很积极，学员们对你反映很好，你为什么不申请加入党组织？"

指导员的问话，触动了我的心扉。其实，我何尝不想加入党的组织呢！自从参加了红军的队伍后，我亲自感受到共产党是真心实意地为了中华民族的独立、自由、解放而谋利益的。但是，我当时对申请入党还存在着一定的顾虑：因为在苏区"肃反"时，王明推行"残酷斗争"、"无情打击"的"左"倾机会主义路线，在这条路线的影响下，知识分子往往被怀疑成为革命的投机、动摇分子。我是从白军来的无线电报务人员，在红军中大小也是一个知识分子，当然经受党组织考验的时间要比别人长一些。我回答说："我早就有了入党的愿望，但是我觉得自己还不够条件。我想到最艰苦的时候，再申请入党！"

指导员两眼望着我，深情地说："长征以来，我们爬雪山，过草地，尽管条件艰苦，环境恶劣，你思想上积极地靠近组织，和训练班的同志们共同克服了重重困难。既然你已经有了申请入党的愿望，就向党组织提出来吧！"

听了指导员的话，我马上想到了三局政委伍云甫同志。早在一方面时，他就是我的上级；到左路军后，又是我的首长。于是我立即给伍云甫政委写了一封短信："我准备申请加入中国共产党，希望你作为我的入党介绍人。我想征求你的意见，听候你的指示和批评。"

伍云甫同志很快就给我复了一张条子，上面热情地写道："我接到你写的信很高兴，过几天我找你面谈。"果然，过了两三天，伍云甫同志就打电话传我到他那里去。见了面，伍云甫同志格外和蔼热情地对我说："党对你是了解的。你是一个技术人员，你把你的技术无保留地献给了红军，献给了革命。你在思想上一步一步地靠近组织，一步一步地争取入党，我很愿意做你的入党介绍人。"

过了几天，党支部召开了全体党员大会，通过我入党，我坚定地表示："为了中华民族的独立、自由、解放，为了共产主义事业的最后胜利，我要跟着共产党革命到底，绝不回头！”不久，红二、六军团跋涉千山万水，来到川西北，与四方面军会师。这时，我们就开始进入茫茫无际、荒无人烟的草地了。大约过了一个来月，还不见组织上通知我，我思想深处又产生了疑虑：是不是因为我是知识分子，上级党组织不批准我呢？我勉励自己：要经得起党的考验。原来部队进入大草原地以后，许多党委成员都分散了，不容易集中在一起开会。一天，部队正行进在草地中间，指导员正式通知我："刘寅同志，你的入党问题上级党委已经批准了。因为是在过草地的艰苦环境里批准你入党的，党组织根据你的一贯表现，决定免去你的候补期。从支部通过你入党的那一天起，就算你的党龄。"

面对着荒凉无边的大草地，我紧握着指导员的手，泪花簌簌地滚落下来。从党支部大会通过发展我入党，回想到我刚参加红军时毛主席、朱总司令接见我的情景，我深深感到党组织对我们这些技术干部是多么地关怀爱护啊！我暗暗下定决心，要为发展红军的无线电通信事业努力工作！

历史的风云疾卷而去，我们已经跨进了一个崭新的历史时期，每当我回顾草地入党这一段历史的时候，就更加激励我为发展祖国的电子工业，为加快四化建设贡献出我的余年！

选自李立、董建中主编:《光辉历程》第1册，陕西人民出版社2006年11月第1版，第300—303页。

刘寅，1910年生，江西南昌人。1930年参加中国工农红军，1936年加入中国共产党。红军长征时任红一方面军无线电分队队长、红四方面军通信学校教务主任。新中国成立后，曾任中央军委电信总局局长、军委通信部第一副部长，中国电信工会、中国邮电工会主席，中华全国总工会执行委员，全国政协常委等职。1985年在北京逝世。

我掉队以后

杨春林

1935 年 9 月间，进入草地不久，我的粮食就吃完了，脚在污水里一泡，烂了一个大洞。这时候，我在红三十军二六二团七连当通信员，才十五六岁，每天就靠着“六条腿”，一步一步地向前挪动着。同志们都住下两三个钟头了，我才赶到宿营地。身上累，疮口痛，肚子饿，简直一点也不想动了，自己没有送信，也没有照顾连首长，本来觉得过不去，但杨成武连长和赵指导员见我赶到了，总是高高兴兴地把他们的炒米拿来给我吃。炒米吃完了，他们就去找野菜，每顿给我留一碗。草地上找野菜并不是容易的呀！我怎么好吃现成的呢？我就坚决不吃，连长像哄小孩一样对我说："小鬼，吃了吧！明天还要赶路，再过几天就出草地了。"他们又告诉我,后面有敌人,一定要跟上队。说得我简直没法，只好吃着，听着，心里有说不出的感激。

又走了两天，冻坏的脚背肿起老高，脚上烂得像小酒盅大的洞灌满了脏水稀泥，两脚在水里泡得白乎乎的，稀软发臭。走一走就脚痛，头昏，浑身发软。我无论如何也跟不上队了。

我们七八个掉队的病号都知道，后面的敌人随时可能突然出现，只好拼命地往前追赶。野菜被前面的部队早已搞光，我们已经三四天没有吃一点东西了，这天夜里露宿在一块稍干的地方，面前烧起了一堆大火。要是能有一点粮食放在茶缸里，就这么煮着那该多好啊！但是哪里有什么可吃的东西呢？“把这条背带拿来吃了吧！”一个同志发现了宝贝似的说，唯一的一条枪背带，在草灰里烧了一会儿，就急忙分着吃了，大家使劲地嚼着，一股狐臭味冲着鼻子，嚼了半天取出来一看，里面还是生的，有的同志还说它“跟海参一样美”呢！

又走了一天多，身体更加不行了，走一会儿就头昏眼花，四肢无力，一把瘦骨头飘飘忽忽地好像没有长根的草一样，走几步就得拄着棍子停下来喘喘气。有好几次，站也站不住了，就赶忙一屁股坐在水里歇歇。怎么好老让几个同志等自己呢？赶快走吧！忽然，眼前一黑，就昏倒了，等清醒过来，我感到同志们正在用力搀扶自己，我使劲往起爬，一身的劲用光了，还是没有爬起来。茫茫的草地哪里是边！我这样还能拖出去吗？只好再次请求同志们说：“让我死在这里算了，你们走吧！不要误了你们。”同志们恳切地说：“再休息一会儿吧，我们死要死在一块！你不要性急。”休息了半天，喝两口身旁的凉水，我们又继续前进了。到了下午，有一个同志说：“前面的地，好像高一点了，快出草地啦！加油走吧！”新的希望又给我们带来很大的鼓励。

走到了一条小河边了。虽然河水只淹过膝盖，但流得很急。同志们手拉着手小心地慢慢渡河。我走在最后，抓着前一个同志的空米袋子。冰冷的河水冲到腿上，两脚直打颤，好像踏不到河底，我眼睛一花又昏过去了。

当我醒来的时候，模模糊糊看到自己躺在地上，旁边有两个不认识的同志。我奇怪自己怎么在这里呢？旁边两个同志见我醒过来，马上高兴的拉着我的手问：“同志，你好点了吗？”

一面说一面扶我坐起来。我的鼻血不停地淌，头昏，肚痛，全身直打哆嗦，一句话也说不出来。他们连忙脱下自己的一套干衣服给我穿上，又从背包里取出一件羊皮给我包上。我心里想说一些感激他们的话，但怎么也说不出来。不一会儿，冷得轻一点了，嘴唇也不发麻了，我说：“同志！你们赶路吧！不要管我。”一个同志说：“眼看快出草地了，还能丢下你吗？我们一定等你一块走！”另一个同志马上从身边端起一碗炒面叫我吃，里面有炒青稞麦，还有一小块烧的半生半熟的牦牛肉。我鼻子酸酸的，又感动又奇怪地问：“同志！你们……”“几个同志凑给你吃的，快吃吧！”我难受地说：“我不吃！你们吃了赶路吧！”他们一定要我吃，要等我跟他们一块儿走。实在别不过了，我吃了干粮，用劲撑起来想跟他们同路，但身子不听使唤。正在这时，收容队的同志赶到了。他们就把我交给了收容队。

看着两个同志越走越远的背影，我默默地想着：“多亏他们救活了我，要不然我已经革命到头了！”想到这里，我感激地流下了眼泪。

选自杨国夫等：《星火燎原·未刊稿》第4集，解放军出版社2007年8月第1版，第99—100页。

杨春林，1915 年生，四川苍溪人。1933 年参加中国工农红军，1937 年加入中国共产党。红军长征时任红四方面军第三十军八十九师二六二团七连通信员。新中国成立后，曾任四川省日用杂品总公司副经理。2008 年在成都逝世。

盐

徐文礼

1935年9月,我们到了西康的边界。正赶上雨季,每天得洗几次"冷水澡"。身上的衣服湿了又干，干了又湿。再加上气候忽冷忽热，一天几变，不久我就病了。开始头疼，浑身发软，不几天就拉开肚子。行军中拉肚子最恼火，走一会儿拉一次，拉完了就得一边系裤子一边跑步赶队，好容易赶上又要拉了。就这样，别人走一天，我得跑一天。开始还能撑得住，时间一长怎么行呀！有时肚痛的好像肠子绞在一起，但也得紧跟着跑，因为掉队是最可怕的——很可能被当地的坏分子搞掉。我心里只是想："再坚持一下，过几天到个好地方，有房子，有大米，那就好了。"可是抬头一看,顶住鼻子的大山没有个完。每爬一架大山我都想："爬过这座山可能是平川啦！"到山顶一看，山套山，山连山，望不尽的山。那时，我真想哭一顿，但又不敢，因为病的人很多，哭鼻子会影响他们情绪，还是咬牙挺着吧，一定要走完的。

队里的大同志对我都很关心，拉扯我，帮助我，队长还天天安慰、鼓励我，这使我一直坚持着。但是到后来，身体越来越不行了，除了眼睛之外，全身都瘦得皮包骨头，往前走一步都得下个决心。有一天，刚下一阵大雨，我拉完了肚，腿软的一点劲也没有了，两眼直冒金花，怎么也赶不上队伍。距离越拉越长，越长心里越急，越急越赶不上。当我最后赶上部队时，部队已宿营了。

为了照顾我，队长叫我到休养连去休养。其实休养连除没有打仗任务外，其他一切和部队差不多，每天行军也是自己走，粮库就在自己肩上，医院就是百姓家。

在休养连我碰见了一起参军的同乡同学吴应桂。那时天已相当冷了，他只有一条被单子，晚上冻得直发抖。我算是好的，有一条破军毯，可以顶得上一个火炉。我们伙着盖那条军毯，上面再盖上很多草，两人睡成□[①]字形。夜里谁要翻身，必须先招呼一下，两人一齐来，动作协同好，否则毯子就盖不住，上面的草也要滑下来。

休养连也没有什么特效药，只是吃点白面面，也怪，就那样病竟慢慢好了，肚子不痛了。但是没有好粮吃，又没有盐吃，人浑身没劲，软的撑架不住。有一次我因为虚脱掉在泥坑里，多亏吴应桂跑来把我接回去。那时我多想盐吃啊，总希望参加打仗，消灭敌人，搞点盐吃。

病好了，回到队里后，同志们像迎亲人一样把我围起来。大家见我还是这样虚弱，都很担心。这时我们队长邓利亚同志悄悄地把我拉到一边，从口袋里掏出一块东西，“啪”一家伙掰了一半，递给我说：“早几天弄来的，这点给你，这一半给其他病号留着，可不要一下吃掉。”我接过来一看，是盐哪！白花花的四川盐巴，我不敢相信，轻轻用舌头一舔，可不！真是盐，那股盐味香极了。我望望队长，再望望盐巴，很想说点什么，但什么也没说出来。

行军路上，我累了就想到盐巴，饿了也想盐巴，想到盐巴就想到队长的照顾、同志们的关怀，想到这些，我的劲头就大了。

选自中国人民解放军三十年编辑部编:《中国人民解放军三十年初选稿》第一卷第三辑(一)，第68—70页。

① 原文此处缺一个字。

徐文礼，1920 年生，云南宣威人。1935 年参加中国工农红军，同年加入中国共产主义青年团，1936 年转入中国共产党。红军长征时任红一方面军第九军团政治部宣传队宣传员、红四方面军第三十二军战士、红二方面军第三十二军九十四师二八二团政治处青年干事。新中国成立后，曾任解放军第一军军长、政治委员，武汉军区司令部副参谋长等职。1964 年晋升为少将军衔。1977 年在北京逝世。

四穗苞米

曾贵山

金黄色的苞米，我对它有着十分特殊的感情。在我国革命处于最艰苦的年代，我把它看作是一粒粒黄澄澄的金豆子，看作是光闪闪、亮晶晶的珍珠。一想起那最艰苦的年代，过草地时艰苦卓绝的情景，便冲破记忆的闸门，向我眼前涌来……

那是1935年的初夏时节，我所在的红四方面军的那个团，翻过毛儿盖大山，来到一个有60多户人家的小山沟里，由供给部筹备黄豆、苞米、大麦等军粮，准备过草地。当黄豆、苞米、大麦发下来后，在这60多户人家的小山沟里，大家便忙开了：我们班先炒黄豆，继而串苞米。在一户老乡家借了一盘小拐子磨，便用一只手呼呼地磨起来，把苞米磨碎炒好，再忙着装干粮袋。当时，我的两个干粮袋装得圆滚滚鼓溜溜，一个装的是大麦粒和黄豆，一个装炒面，这时我刚好21岁，个儿高，身体也结实。

当时，每个战士必须背的有背包、步枪、子弹带、三颗手榴弹，用软苞米皮和麻绳编的三双草鞋，这些，都是没法增减、不能机动的，加在一起就有30多斤份量。行起军来，一天需要跑七八十里路，有时还要打仗。所以，要背的东西只有干粮一项可以机动和增减，这样，出于体质的强弱有别，每个人所背的干粮数量，也就大不相同了。

我的身体好，决心多背些干粮，咱班的小张，看到我背的干粮太多，劝我少背一些，老班长也说：“副班长，咱们班我背的就不少，你比我背的还多，能行吗？”

我拍了一下胸脯，望着老班长笑了笑说：“行，没有问题。”这时，我正在用麻绳穿着四穗刚刚烤好的散发着热气和香味的苞米，心想:“这四穗苞米，我也得带着，谁知道多少天才能走出水草地呢。”这样，我背的东西，就有50多斤重了。

大部队正式出发时，我把四穗苞米拴到行军背包上，肩扛一杆红旗，随着队伍前进了。红军一路所过，真是风卷红旗如画呀！每个团、营、连各有一杆绣着五角星的红旗。

大部队整整走了五天，便开始进入草地了，最初进入的是干草地，比较好走，当我们刚接近干草地，便嗅到了一股潮湿和青草的清香气息。向远方望去，没人深的蒿草，草连天，天连草，清风过处，风吹草低，绿色的草浪此起彼伏，一直传向碧草与蓝天相接的地方。

我肩扛大旗，随着队伍浩浩荡荡前进，大军所过，回首眺望，没有路的地方出现了路；原来有小路的地方，立刻成了大路——杂草野蒿被踏倒变成白亮亮的一片大路。整个队伍蜿蜒前进，碧草红旗，丽日蓝天，十分壮观。

我们在没人深的干草地里，整整走了三天，到了第三天将近中午，突然从前边传来说“有情况”，团长高义臣立刻命令大家卧倒。随之，枪上膛，刀出鞘，个个屏气静息，两眼凝视前方，我迅速趴在老班长身边。这天，大草地上空笼罩着轻纱般淡淡的薄雾，只隐隐约约看到前边丘陵的漫坡上，有一片黑乎乎的东西，仔细一看，又不像队伍，好像比人矮小，像大鸟；又怀疑鸟没有那么高大，有的还在那里走动。

大家卧倒待命，团长派出一个班，前去侦察，战士们的目光，则跟着侦察员们的身影，一同向前移动。当他们走近丘陵，接近这奇怪的东西时，“叭叭叭”连鸣数枪，只见丘陵坡上腾地飞起一群大雁，嘎嘎嘎鸣叫着飞上天空。大家长出了一口气，紧紧绷着的心弦开始松弛下来，这才走上丘陵，坐下休息吃午饭。我背的炒面多，可我吃的非常节省，只稀稀地冲了小半茶缸；小张带的炒面本来就少，却干干地冲了半茶缸，这时我想：“谁晓得我们几时才能走出大草地呢？炒面可是宝中宝，能节省一点是一点呀！”

进入草地的第四天，开始进入水草地了，这水草地可太难走了，走不好，一脚踩在没有草根处，就会掉进烂泥塘里。

一望无边的水草地，充满了令人欲呕的腐草烂叶的臭气。进入水草地后，只能一个跟一个地单行前进，两脚迈动要步步准确地踩着前边人踩过的地方。

正走着，我看到前边有一个战士一脚踩虚了，掉进了腐烂淤泥里，眼看着越陷越深。紧挨他的两个战士伸手拉他，却怎么用力也拉不上来。当我走到跟前时，看见只剩下一顶军帽浮在淤泥上了。我们的战友牺牲了，大家万分悲痛！

在水草地里，我们艰难地走到第五天头上，有的同志干粮袋已经空了，可是吊在我背包上的四穗苞米，仍然无声地悠荡着。一路上，总是处在饥肠辘辘状态的我，四穗苞米对我该有多大的吸引力呵！

但是，我始终控制着自己。这四穗苞米，在我心目中，每一粒都像光闪闪、亮晶晶的珍珠那样宝贵呀！我曾经设想摘下一穗来，大口大口地啃，啃它整整一穗！是的，整整一穗，有多美呀！不、不、不！半穗、半穗也好，不、不、不！再少一点也可以！那四穗苞米，似乎也在和我说话：“曾贵山，你大口大口地啃吧、吃吧！”

这样想着想着，我突然感到内疚，脸也忽然发起烧来。在水草地里，一把炒面、一粒粮食都十分宝贵的时刻，你竟想一次啃一穗苞米，多么自私，多么可耻！

我望着战友们一张张消瘦的脸庞，我反复下着决心：“别说是一次啃一穗，啃半穗，连一粒也不能吃！”

一天晚间休息吃饭，我估计现在准有人一粒粮食也没有了，我想，我得把这四穗苞米贡献出来，于是，我便观察谁断粮了，我还特意向老班长说：

“班长，请你调查调查，咱们排有谁断粮了，我的四穗苞米可以支援他们。”

老班长向王排长汇报，两个人在排内调查起来。这天晚上，我发现班里的小张，当休息喝炒面的时候，舀了半茶缸开水，便故意离开队伍，走到小丘陵西边背对着大家喝起来，我上前问他：“小张，你没有炒面了吧？”

“有呀，已经冲完喝了！你看我的干粮袋，还背在肩上呢。”说着，他扭过腰来，让我看斜背在他肩上的干粮袋。我一想，不对，他背的干粮不多，吃得又费；我背的干粮多吃得又省，都快没了，他怎么还会有呢？想到这里，我走到小张背后一摸，原来他把一个空干粮袋塞进另一个空干粮袋里，故意斜背在肩上，实际他已经断粮两天了。

经过王排长和老班长仔细检查，全排包括小张在内共有四个人一粒粮食也没有了。我把这四穗苞米摘下来，递给班长，“正好，一个人一穗！”

老班长接过四穗苞米，分给小张等四个战友。他们接过苞米，两眼都湿润了，我也扑簌簌地落下了眼泪……

选自中共鞍山市委组织部、中共鞍山市委老干部局、中共鞍山市委离退休干部会编：《血与火的岁月——鞍山市离休干部革命回忆录》，第90—93页。

曾贵山，1911年生，四川安岳人。1934年参加革命，1935年加入中国共产党。红军长征时任红四方面军某部副班长。新中国成立后，曾任辽宁省鞍山市计划委员会农业处处长、鞍山市物资局机电公司经理等职。1993年逝世。

最后一份“救命粮”

潘平

1935 年春，我在红四方面军三十三军给政治部何主任当马夫。那时，我 14 岁，个子不高，又很瘦弱，何主任特意把我安排给张管理员，和他一起做保障工作。

我们红三十三军从四川苍溪出发后，走中坝，过毛儿盖，踏进了横无际涯的松潘草地。

过草地最大的困难是，地上的野菜被前面的部队采摘后，所剩无几。每到吃饭时，老张总是把煮好的青稞面先分给大家，然后放些野菜在汤里煮，悄悄端到一边吃。我们要把青稞面分给他，他说吃不惯，还是喜欢吃野菜。

有一次，他吃了有毒的野菜，全身都肿起来了，两只大眼睛肿得眯成两条缝。他的腿残留着弹片，原本走路就有点拐，现在更是直打晃。

最困难的时候到了。到处都能看到被饥饿和疾病夺去生命的战友。当时缺医少药，我身体又很瘦弱，没两天我就撑不住了，昏迷过去。

老张和其他人员赶紧围过来，他一边给我喂了几口水，一边沙哑地喊着：“小潘，你醒醒！小潘，你醒醒！”过了好久，我醒过来了。睁开眼，看见老张正招呼大家忙碌着，旁边已生起火，老张正往铁盆里加水。

看到老张，我心头一热，鼻子发酸，眼泪流了出来。我说：“管理员，我不行了。”“小潘，要坚持住，你是饿的，我还备有一小袋青稞面。”

他边说边解开背包，从最里层拿出一个拳头大小的布袋，他很小心地打开袋口。一下、两下、三下，他倒了三次，把小半袋青稞面放进一个瓷碗里，和着开水搅拌几下，端到我面前，一口一口地喂我。就是这份“救命粮”，把我从死神手里夺了回来。

进入草地已是第七天了，最后一只牛皮鞋也在前一天煮得吃掉了。天又下起瓢泼大雨，晚上，大家又饿又冷，只好挤在一棵小树下，摘几把树叶填填肚子，顺便避避雨，相互靠在一起取暖。

天刚放亮，我忽然被吵醒。只听有人大声喊：老张快不行了！我一听，急了，赶紧爬起来去看他。老张干瘦的脸色发黄，眼皮直往下耷拉，豆大的汗珠从脸上滚落，大口大口喘着粗气，手里还剩一小把没吃完的树叶。

老张饿得快不行了。这时，哪怕有一小撮炒面，也许就能使他挺过去。

“谁还有吃的？”我大声喊。一说完，我意识到问话是多余的。我和战友们赶紧给老张喂水，一碗水还没喝完，老张已合上双眼，一句话也没留下。我背起老张的背包，最后再看他一眼，我们还要往前走。

70 多年过去了，老张留下的那个小粮袋，我珍藏至今。（王建明、韩锐整理）

选自《解放军报》2006年10月23日。

潘平，1921 年生，四川万源人。1933 年参加红军。红军长征时为红四方面军第三十三军战士。新中国成立后，曾任南京军区四〇三仓库政治委员。2007 年在徐州逝世。

一杯炒面

吴林友

1935年秋天，我红四方面军几支队伍过草地。当时我在红二十七师八十一团一营三连当排长。

草地里可以吃的东西本来就不多，我们这后卫部队要找吃的东西就更不容易了。我们连一只牲口也没有，只好吃野草、野菜。有一次我们几个人去找野菜，发现了两大块牛骨，这个意外的收获给人们带来了喜悦。回来时，同志们高兴得把我们都围了起来。大家把骨头砸碎，放在野菜里一块煮着吃，那真是一顿丰富的晚餐！我们想，像这样意外的收获，恐怕不会再有了，因此吃得很省，每顿饭里就放几块，同志们吃得可香哩！都打趣地说："这是调味料。"这两块骨头，我们共吃了三天。

行军已有十几天了，再朝北去，就要过水草地了。水草地可不比平常的草地，草是湿漉漉的，草底下就是黑泥巴，脚踏上去，就渗出一股水，走长了粘脚，把鞋和袜子都拔掉了，有的同志鞋袜被泥巴拔掉后就只能赤着脚板走。草地的气候一日三变，说不定什么时候就刮风、下雨、下雪，在那种气候下，赤着脚走路，那滋味可不好受哩！要是遇到树林，那可真叫人高兴！可以借着树挡挡寒气，而且还可以几个人依偎在一起，捡点干草，铺在树根下，就可以睡个香甜的觉了。不过，在草地中，树林是不多见的。

一天傍黑的时候，我们走得实在太疲乏了，肚子也饿了，准备捡点干草宿营，找点能吃的东西。部队停下来后，炊事员照例去找野菜。我们望着他们的背影，多么希望能再发现意外的收获啊！可带回来的野菜、干草并不多，我们也一起去找，总算找到了一些，刚刚够每人一碗，说实话，没有粮食，野菜吃得再多又有什么力气呢？可我们的粮食早就吃光了。我们拿出了煮饭的锅——一个破铜盆，擦了擦泥土。地这么湿，干柴又不多，好不容易才点燃了火。大家都围着烤火，我们几个蹲在地上去择野菜根，洗洗泥巴，准备下锅。突然我看见孙连长独自坐在那里，低着头，像是寻思什么。一会儿，他慢慢站起来，扭过身去，打开了背包，拿出一个少数民族盛水用的木杯，回过头来，用眼睛向大家扫了一下。虽然天快黑了，我仍看得出来，那目光里包含了那么多的疼爱。连长带着沙哑的声音说：

“同志们！”

这时大家的目光都朝向了他。

“我这儿还有点炒面，拌着野菜吃吧！肚里有点粮食才好走路哇！”说着他低下了头，落了几滴眼泪，泪水流到脸上，亮闪闪的，他也不擦。他手里还端着那杯炒面，那哪是炒面，那是连长的一颗发烫的心啊！

我们看着孙连长那虚弱的身体，不禁一阵心酸。这些日子，他老是走在前面，帮这个战士背枪，帮那个战士拿背包，鼓舞着我们前进；有的同志身体不好，跟不上队伍，落在后边，宿营时，他睡不着，翘着身子向远处张望；有时他还往老远的地方接那些掉队的战士，实在走不动的，他就把人背起来，在那种艰苦的行军中，谁肚里也没食呀！背上再背一个怎么走得动？他走一会儿，歇一会儿，常常赶回来时，扑通一下就栽倒了……大伙睡下后，他又总不得睡，一遍遍检查是不是大家都睡得好，找的地方湿不湿，干草铺得厚不厚。连长真是比我们亲娘还亲！我们能叫他肚里没粮食吗？他是我们的连长，要领导我们，是个拿主意的人哪！更何况，这杯炒面本来就属于连长，是他一口一口省下的自己的救命粮啊！

“连长，你身体不好，又带着我们大伙，要操心，你留着吃吧，你比我们重要啊！”一个同志说。

大伙都吵吵起来：

“连长，你留着吃吧！你看，我们不是能坚持吗？”

“向前边走走，也许还能找到吃的东西。连长，你留着这点炒面吧！”

大家眼巴巴地望着连长，谁也不肯动那杯炒面。

连长一看，大家都不肯要，就走到火堆旁。那盆野菜汤正冒着热气，发出一股青涩刺鼻的味儿。连长把那杯炒面整个倒在盆里，用筷子搅了几下。约莫几分钟的工夫，就转回头来，对我们说：

“吃吧，许是熟了。来！同志们盛吧！”

大家仍然不动，眼瞅着那盆野菜炒面。

“吃碗炒面拌野菜还要让吗？我先盛。”他轻轻地盛了半碗。

那天，我们肚里可有点粮食了。第二天，就凭这碗炒面，我们急行军 120 里路。

每当想起过草地时，我就想起了孙连长，想起了那些同生死、共患难的阶级弟兄们。正是那种超越一切感情之上的阶级感情鼓舞着我们前进，而前进就是胜利啊！

选自吴华夺等：《星火燎原全集普及本之十·我跟父亲当红军》，解放军出版社2009年9月第1版，第106—108页。

吴林友，1914 年生，湖北黄安（今红安）人。1929 年参加中国工农红军，1945 年加入中国共产党。红军长征时任红四方面军第九军二十七师八十一团三连排长。新中国成立后，曾任广西公安总队直属大队政治委员，空军第六军后勤部政治委员，济南军区空军后勤部副政治委员、顾问等。2000 年在济南逝世。

救命的“皮鞋”

肖延

长征中，最艰苦的阶段就是爬雪山过草地。由于自然条件极为恶劣，红军每前进一步都要付出血的代价，而且部队缺衣少食，无时无刻不面临着疾病、伤痛与饥饿的考验。而由于张国焘推行分裂主义方针，我所在的红四方面军被迫三过雪山、三过草地。

1935 年 8 月下旬，红四方面军党校开始穿越茫茫无边、异常泥泞的大草地。在部队出发前,我分到了一双“皮鞋”。这是一双特殊的皮鞋，由一整块牛皮构成，只是在四角被剪开几个豁口，再用粗麻线将对边连缀成鞋形。它的鞋面鞋底连一体，鞋里鞋帮一个色，如果不是被套在脚上，谁也不会把它当成一双“鞋”的。

虽然它看起来怪模怪样，但还是把我高兴坏了，因为长这么大，我还从来没穿过皮鞋呢！我马上把鞋套在脚上，左看右瞧，晚上睡觉都没舍得脱下来。不过,第二天行军不久,我就知道它的“厉害”了。原来，这种鞋尽管结实耐用，但质地过于坚硬，抬腿时磨得脚跟脱皮，落地时又把脚趾顶得生疼。结果，刚进入草地不久，我两只脚就打起血泡，走起路来火辣辣的疼得钻心。

草地里没有道路，更没有人烟。地表腐草之下多为沼泽，稍不留神便会深陷其中，许多红军战士因此献出了宝贵的生命。我原以为在这种环境下，脚下的“皮鞋”会有利于行军，但结果又一次让我失望了。原因是草地表面非常松软，脚一旦踩下去，各种污垢、泥沙、冒着气泡的黑水等就会一股脑地钻进鞋里，不仅拔脚困难，还把脚上的伤口蜇得钻心地疼。一气之下，我真想把这双所谓的“皮鞋”扔掉。但沿途到处是杂草荆棘，如果没鞋穿就更走不了路了。没办法，我只好把一些茅草塞进鞋里，才得以深一脚浅一脚地跟上队伍。有时候，陈主任见我实在走不动了，就把我扶上他的骡子载上一程。

就是这双要命的“皮鞋”，在红四方面军二过草地时却救了我和许多战友的命。1935 年 9 月初，张国焘公开反对党中央制定的北上方针，先是命令已行军三天的先头部队返回阿坝，随后又带左路军南下川康边，由此，红四方面军又二过草地。由于此次所经为草地的中心腹地，所以行程最远，耗时最长，我和战友们经历的艰难困苦也最多。

进入草地 20 多天后的一个中午，太阳毒辣辣地当头照着。草地里空气本来就很稀薄，这下就更让人喘不过气来了。我这会儿已经饿得前胸贴了后背，所以，刚听连长喊“休息了”，便一屁股坐倒在一大丛青草上。我习惯性地把手伸进口袋，发现里面空空如也，这才想到青稞炒面早在头一天就吃完了。我看看周围同样粒米未进的战友，又望望一望无际的草地，不由丧气地低下头来。

我的肩膀被人拍了一下：“小鬼，过来。”扭头一看，原来是陈主任。

“干啥子嘛？”我连说话的力气都要没了。

“有吃的！”陈主任手里拎着一只“皮鞋”，一瘸一拐地来到一个地势稍高、相对干燥的草坡上。

一听说有吃的，我立刻来了精神，赶紧跟了过去。

只见陈主任先找来一些干茅草堆在一起，然后从怀里摸出火镰子，“啪”的一声点着了。随后，又用一根木棍把“皮鞋”架着开始在火上烤。时间不长，一股牛皮所特有的香味便伴随着阵阵青烟飘了出来。

陈主任的这一举动让我慢慢睁大了眼，而周围的战友闻到肉香也凑了过来。“大家先别急。”陈主任一边笑着，一边把烤熟的“皮鞋”放下来。

其实，这时用于系鞋的麻绳早被烧断了，“皮鞋”就变成一张平展展的牛皮。陈主任拿出刀子，把牛皮上面的泥巴刮干净后，又分成了好多小份。

“来，同志们，自己动手吧。”说着，陈主任拿起一小块。

见这情形，我和战友们也都分别拿起了一块。我把这块黑褐色的东西放在手里仔细看了看，除了隐约散发出一丝牛皮气味外，已经很难辨认出它的本来面貌了。把它轻轻放在嘴里，感觉有点硬，有点韧，还有点滑，牙齿咬上去咯吱咯吱地响，却不容易咬烂嚼碎。但不管怎么样，比起青草、野菜来，这可要好吃多了。我和战友们一边用力咬着牛皮，一边都啧啧称赞：“嗯，好吃，真好吃！”

随着征程推进，草地的环境越来越恶劣，可吃的野菜也越来越难找。为了渡过最后的难关，在此后的第三天，我也把自己的“皮鞋”脱下来，按照陈主任的法子烤熟了，分给周围的每位战友。两块牛皮，我们共吃了四天。也许正是靠这两块牛皮的营养的支撑，我和战友们以顽强的毅力，最终全部胜利地走出了草地。（刘聚波整理）

节选自肖延：《我的红军岁月》，载《党史纵览》2006年第10期。

肖延，曾用名肖林，1921年生，四川巴中人。1933年参加中国工农红军，1938年加入中国共产党。红军长征时任红四方面军通信员。新中国成立后，曾任解放军总参谋部军训部步训处参谋、副处长，四川省内江军分区副司令员、顾问等职。

小宣传员们

廖兴文

从毛儿盖到上包座是一片方圆几百里没有人烟的水草地带。这一望无边的草海，给我们每个经过长征的同志，留下了永生难忘的印象。

那时候我的年龄按虚岁算，也只有 14 岁，一些大的事情记不清了，可是容易使儿童记忆的一些生活细节，直到现在还记得很清楚。回想起来，怪有意思的。

“娃娃兵”

1935 年的 8 月下旬，红四方面军开始了草地行军。长蛇似的铁流，奔向平坦碧绿的草地。在八十九师二六七团的队伍中，有一支“娃娃兵”，这就是团政治处宣传队的队员们。他们都是些十五六岁的孩子，20 来个人中，数队长最大，年纪也不过 20 岁。我们这个组一共五个人，是进草地前才调整的，组长赵刚比我大两岁，是全组年龄最大的一个。他高高的个儿，长的和成年人一样，说话挺客气，对我们都很好。大家都尊敬他，有事都愿和他商量。最小的是侯登囊，才 12 岁，个子矮矮的，挺结实，跑起路来像个小老虎，就是好跌跤，所以我就管他叫“小皮球”。日子一长，“小皮球”这个绰号在全组传开了，他也好像对这个名儿挺感兴趣，并不加以反驳。

我们人小心不小，进草地的前几天，组长给每个人分了工。他带领着我们四个人，和部队一样到处去筹备过草地的口粮；“小皮球”因为好跌跤，就留在家里看东西。由于敌人的欺骗宣传和几次战火的摧残，驻地一带的藏族同胞都跑光了，压根筹不到粮食。我们这伙人，毕竟还是小孩子，想不出什么别的办法，到出发的时候，全组只剩下十多斤炒焦的青稞和荞麦。我们把它像珍珠一样的装进一条牛皮口袋，带进了草原。

像宝贝一样的皮口袋，由组长亲自背着，不让我们沾手。他说：“没有队长的命令，不准吃一粒！”我们其余四个人，一个扛干柴，准备到草地引火用；一个背着破被单做的帐篷，准备露营用；我背的是一个大鼓和一面锣，“小皮球”提了一个被烟火熏得乌黑而且破裂了的小铜盆——这是煮饭烧水的好家伙。我们每个人的头上都顶了个破“斗笠”，老远望去，像一排排长在草地中的蘑菇头，在太阳光下摇摇晃晃，煞是好看！身上穿的多半是从地主家没收的衣服，由于经过常年的风吹雨打，早已破烂不堪，赤胸露背，甚至有的还露着屁股呢！我穿的是一件地主老爷的黑马褂，还掉了只袖子；组长穿了身极不合体的长布衫；“小皮球”呢？穿了一件红底黄花的女袄，大家都笑他是个大嫂子……长长的行列里有各色各样的服装，像节日游行的队伍一样，点缀着这个荒凉寂静的大草原。

“八宝饭”

进草地不久，就饿着肚子行军。五个人十来斤黑炭似的粮食，怎能熬过漫长的艰苦路程呢？所以每到一个露营地，我们就具体分工:“小皮球”当“伙夫”，负责生火烧水，我们四个人就到处寻找野菜，什么野韭菜呀，大黄叶子呀，野芹菜呀，……都是顶好的吃食。但是，这也不易采到，因为过的部队多，附近的野菜，都叫他们吃光了。我们必须跑很远路才能稀稀零零找一些回来。路上还要特别小心，如稍不当心，就会陷进烂泥坑里爬不出来。为了防止这个危险，我们在腰上横绑一根帐篷竿，就是陷下去也顶多没腰。

野菜采回来后，大家便忙碌起来了，有的洗、有的烫……等到煮的发黄了，组长再拿出皮口袋，像数珍珠似的把青稞、荞麦一粒一粒地放在水皮上。接着大家便蹲着围个圈，一面烤火，一面吃着饭；有的说，有的笑。

“咱们吃的韭菜大黄煮青稞，真是山珍野味，比地主吃的还好哩！”

组长接过话头说：“不对，咱们吃的是八宝饭，没看见吗？青稞是大红枣，荞麦是白果……和过小年一样！”

“对！是八宝饭，和过小年一样！”大家嘻嘻地笑了起来，不知不觉忘了野菜的苦味，狼吞虎咽地填满了饥饿的肚子。

夜半风雨来

草地高原的天气，真也奇怪，虽在 8 月中旬，但每天都像过了春夏秋冬四季。有时太阳晒得人头发晕，忽然一朵乌云，就能带来狂风暴雨。夜里更是叫人讨厌，哪怕满天星星，万里无云，一霎时也会白雪飞舞，或是大雨倾盆，甚至冰雹也会打到头上。

一路上，除了和饥饿作斗争外，还时刻和风雨冰雪进行斗争。单薄、破旧的衣服，饥寒疲倦的身体，严重地考验了每一个红色战士的革命意志。

一天傍晚，火红的太阳慢慢地落下了地平线，草地上升起了一堆堆篝火，是部队露营煮饭的时候了。我们一组人，吃了野菜汤后，肚子暖和了一点，多少提了提精神，接着便去寻找架帐篷的地点。巧得很，在一条弯曲的小水沟旁边，生着一丛丛的水柳条。组长像发现了秘密似的，大声对我们说："同志们，看！今夜不用蹲着睡觉了！咱们把小柳条压倒，铺上个被单，把帐篷架在上面，不是一个很好的大床吗？"我一看："嗯！好办法，再找些青草铺在被单下，不是更舒坦吗？"真是人多出圣人，大家七手八脚的实现了自己的愿望。"小皮球"诙谐地说："咱们今夜睡上钢丝床啦！"就这样五个挤着躺下。不知什么时候睡的像小死猪一样了。

好景不长，半夜里把我冻醒了，坐起来睁眼一看："天哪！暴风雨就要来到了！"草地上空夜雾茫茫，伸手不见五指。远方传来了虎啸般的大风声，一霎那间，连风带雨倾泻下来。这时，甜梦中的四个伙伴，也不约而同的坐了起来。组长埋怨地说："真倒霉，又下起来了！"

一阵狂风，把破帐篷掀走了。在黑夜中无法找回帐篷，我们只好背靠着背地蹲着，借体温来互相取暖。可是无情的风雨，加上枣粒大的冰雹，一齐打在身上。头上的斗笠被冰雹打得嘣嘣响，浑身湿得像落水鸡。过了一会，寒冷难熬，牙齿不住哒哒哒的打架。这时候，唯一的办法就是站起来跺跺脚，提提裤褂，否则就会有永远起不来的危险。

大风雨一直继续到拂晓，才慢慢地停下来了。我们这伙"落水鸡"也活跃起来。找到了帐篷，整理了一下湿淋的衣物，喝了些野菜汤，又继续前进了。

跳个童子舞

虽然饥饿与寒冷日夜威胁着每一个人，但人们并没有消沉。草地中的文娱生活，还是非常活跃。大家拖着疲倦的身体，束紧了腰带，边走边唱顺口溜，家乡小调，杂七杂八，好不热闹。

一天，部队露营在一个漫漫的斜坡上，演出队分组向部队进行了慰问演唱。组长带着我们到了一个连队，战士们都鼓掌欢迎我们这些“娃娃兵”。

会场中升了堆篝火，我们几个人站在中间，被火烤得热乎乎的，战士们坐在四周。

演唱开始了，第一炮是“童子舞”。五个人先兜了几个“8”形，一面跳着一面唱：“牛皮本是好东西，哟啊嗨！吃多了就要胀肚皮，好东西，哟啊嗨！”刚刚唱完，战士们就哈哈地笑起来了，都来和我们握手。一个大个子把“小皮球”拉过去，在自己的衣袋里摸了老半天，掏出一小把青稞来，递给“小皮球”说：“拿着吧，小兄弟！”

此时此地，这是比生命还宝贵的礼物，“小皮球”怎能好意思收下呢？“你吃什么？”

“没关系，还能顶几天！撑得住！……”

最后“小皮球”还是无可奈何的收下了。

这时候，部队情不自禁地高歌起来了，歌声响彻云霄，震动了夜色茫茫的草地。

回来后，“小皮球”把炒米交给了组长，大家煮了一盆米水汤，喝了个痛快。架好帐篷，在草地上，你依着我，我靠着你，像一个巨人似的睡着了。

选自中国人民解放军三十年编辑部编：《中国人民解放军三十年初选稿》第一卷第三辑（一），第55—59页。

廖兴文，1922年生。红军长征时任红四方面军第八十九师二六七团政治处宣传队员。

一个“红小鬼”的追怀

夏云成

60年前，红军会师会宁宣告了长征胜利结束。我是那次会师队伍中的一名战士，那年我不满16岁。老来回首少年事，几分追怀，几分感慨，思绪里往事历历……

松潘恶战驮伤员

1935年8月间，长征中的红四方面军在四川松潘县城外，与守敌胡宗南部队作战。那年我14岁多一点，在四方面军的总经理处（相当现在的后勤部）当通讯员。我没有直接参加那场战斗，但听枪炮声知道前边打得很激烈。不久便接到了命令，组织后方机关力量去前线阵地往下运送伤员。当即去了不少人，有抬担架去的，也有骑马去的，骑马去的就有近30人，我就是其中的一个，立即骑上马朝枪炮声的方向奔去。

接近前线时战斗仍在继续。战地枪炮声震耳欲聋，到处尘飞烟滚，火光闪闪。我从战壕探出身向四处望去，河宽流急的岷江水就横在两军阵地中间，敌人凭借江水顽固阻挡我红军部队攻城。敌人火力很猛，红军阵地上，满目是焦土、弹坑和散落的军用品，战壕内外躺倒着很多红军战士，他们有的已经牺牲，有的身负重伤，能动弹的都在继续顽强战斗着。

受重伤的战士很多。有头部受伤的，鲜血模糊了面容；有身上受伤的，皮肉和衣服被血凝在了一块儿；有个战士血肉模糊，不知哪儿受了伤，他身下的泥土被染红了一大片；……真叫人看了心痛。我不敢怠慢，在战地救护员的帮助下将一名伤员抬上马背，赶紧牵马下了阵地。

战地距后方近30华里，骑马驮伤员来回，一趟至少需要两个多小时。我把马骑得飞快，还一个劲儿挥鞭加速，牵马驮伤员时，也总是大步快走尽量缩短时间。我忘了累忘了饿，一趟又一趟，心中只有一个想法：多救回几个受伤的战友！就这样，仗打了三天，我驮了三天伤员，跑了相当500里路，共驮回来16名受伤的战友。

这一仗红军攻城十几次没有成功，只好撤出战斗，向西开进了。

那时我还小，懂事很少。后来才知道松潘战役本来是毛主席领导下的中央军委为红军计划的一次绝妙战役。当时松潘守敌力量分散，是薄弱环节，若能如期实施战役计划，便能胜利打开进入甘南的通道，使红军顺利北上。然而，由于张国焘分裂党和错误路线的破坏阻挠，松潘战役计划拖了两个月未能正确实施，敌人得以乘隙调兵遣将，变弱为强，致使红军在松潘蒙受重创，不仅使松潘战役计划流产，也使红军长征的路线不得不改为向西，进入纵横百里的茫茫大草地。

我总也忘不了松潘战场上我驮回来的那 16 名流血的红军战士。那鲜血是控诉——张国焘分裂党和红军罪孽深重；那鲜血是警示——毛主席的正确领导才是红军的前途和希望。

用血换来的才是最珍贵的，应该永远记取它。

历史见证河麻草

1935 年下半年我随红四方面军长征进入大草地。方圆百里，野草从生，沼泽遍地，没有人烟，没有道路，真可称之为绝境。长时间的行军打仗，红军部队给养奇缺，口粮严重不足，敌人也认为红军走上了绝路，加紧围追堵截，妄图一举消灭红军。就是在这种情况下，红军毅然进入草地，要在绝境中蹚出一条生路，实现北上抗日。部队每日行军都在六七十里，每到一地大部分人都要四出寻找食物，可是，过往部队太多，再加上敌人封锁破坏，几乎找不到粮食和能吃的东西。为了生存，红军吃过野菜，吃过树皮，吃过皮带，吃过马鞍，也被迫杀过战马，野草更是家常便饭，后来，连能吃的野草也不多见了，只好去吃那些不能吃的野草了，其中就有一种草，叫河麻草。

河麻草，一种生在水边或阴湿处的带毒性的草。它长有尺把高，圆形的叶片，叶片周边长满小刺，叶片正面是绿色的，背面则是一片绒毛状的白色，若折断草茎或叶柄会有青色汁液慢慢渗出。你只要一碰到它，皮肤接触的部位便会感到刺痒，随之泛起一片小水泡，继而肿胀起来，令人痛苦难挨，人们说被它“咬”了。

就是这种草成了当年红军的碗中餐、腹中物。为了不让河麻草“咬”了，红军战士用树枝树杈作辅助工具把草拢住，然后用刀割下；取回后先放入锅内用开水煮烫，再放入凉水中浸泡去毒；最后把草煮熬成烂软状才能拿来食用。开始是大伙打来河麻草，炊事员用锅来做，然后分发给大家吃。后来，环境条件越来越恶劣，不是没了炊具就是炊事员牺牲了（那时炊事员年纪都比较大），红军战士就用各自的缸子装上河麻草，围坐在火堆旁自己煮熬自己充饥。吃这种草味觉苦涩，粗糙难咽，吃后经常是腹部难受却排泄不出，有的人吃后浑身浮肿，严重的还有吃后中毒死亡的。

河麻草是历史的见证：有多少红军战士为寻找河麻草陷进了茫茫草地；又有多少红军战士因河麻草中毒长眠于茫茫草地；更有多少红军战士是吃着河麻草走出了茫茫草地而成为创立和建设新中国的中坚力量。

28个娃娃兵下雪山

红军长征爬雪山时，我担任学兵连的排长，全排28个娃娃兵，小的十二三岁，大的也就十五六岁，正是读书的年龄，正是爱玩的年龄，而我们却要和成年的红军战士一样，去翻越连飞鸟都不敢翻越的雪山。这就是战争年代，它使娃娃们过早地承担起苦难与风险。

那天，部队开到了一个名叫党岭山的山下，抬眼望去漫山皆白。听介绍说，这座山有几千米高，终年积雪不化，山上风雪冰雹变化无常。按上级命令，部队连夜进行翻山准备。

第二天一大早部队开始上山，茫茫雪山上，一支队伍蜿蜒如长龙，红旗在白雪的映衬下格外醒目。同志们相互搀扶、你拉我推，在没膝的雪地上前进着。整整爬了一白天，傍晚我们到了山顶。山上风很大，雪花肆意扑打在脸上、身上，因空气稀薄加上劳累，人人都大口喘着粗气。天黑下来了，什么也看不清，只看到一片白茫茫，看不到地形地物，也看不到路，前面部队蹚出的路很快就被风雪掩埋了。我赶紧把28个娃娃兵召集在一起布置下山的事情。我把大家分成六个组，三五人一个小组，要求大家手拉着手相互呼喊着下山，以免掉队或走散了。当时，我和小王小岳三人一个小组，相互拉紧手后，我喊了一声“下”，三人便顺着山的坡度向下滑去。只觉得翻来滚去，手足无措，自己根本控制不了自己。偶尔坡缓处爬上几步或走上几步，大段的路程是在滑滚中过来的。很快，头部、身体被雪一层一层包了起来，越滚越大像个大雪球。开始还能听到相互的呼喊声，后来就听不到也顾不上了，也不知是山上崩下来的雪球，还是人滚成的雪球，都伴着呼啸的狂风往下滚去。幸好我们三人拉得紧，总算没有滚散，就这样到了山下。

孩子毕竟是孩子。经历了惊恐紧张的“滚雪球”后，我们感到疲惫不堪，浑身无力，昏昏沉沉中只觉得有火光，挺暖和，就慢慢睡去了。醒来才知道，前面的部队下山后宿营在树林里，燃起了一堆堆篝火，迎接后下来的同志。就是他们把我们抱拢在火堆旁，边烘烤衣服边入睡的。

第三天早上，我吹哨集合清点我的娃娃兵，一个叫陈树林和一个叫李少民的小战士不见了。后边收容队的同志也没能找到他们，说可能是撞上石头后冻死了，也可能是掉进雪窝里埋死了。他俩永远地留在了雪山上。部队又要出发了，我和小伙伴们久久地望着昨夜滚过的雪山，默默告别失去的战友，向着新的征途又迈开了前进的步伐。

我是幸运的,因为我“滚”过来了;我是幸运的,因为我走到了今天。

60 年过去了，追怀往事，心有所感：

希望今天的孩子懂得昨天的孩子。

希望今天的孩子记住昨天的孩子。

希望今天的孩子不是昨天的孩子。

希望今天的孩子胜过昨天的孩子。

选自《中华魂》1996年第10期。

夏云成，1921 年生，四川南江人。红军长征时任红四方面军总经理处通讯员、学兵连排长。新中国成立后，曾任《解放军报》发行科科长、秘书处处长，广西玉林军分区副司令员等职。

七、南下转战川康边

抵制张国焘另立中央的阴谋①

欧阳毅

（一）

会理会师前夕，在丹巴的时候，厄运降临到我头上——我患了伤寒病。因为住在老乡的房子里，老乡得了伤寒病，我与慕容楚强都给传染上了。我们被送到军团卫生处治疗，卫生处长对我的病表示悲观，告诉军团长我不行了。我看到卫生处长对我的病没有信心，就提出不要他治了，要求把我送到五军团卫生部医院去。当时，没有什么药，就靠躺着养。我烧得迷迷糊糊的，不过运气还好，病房的屋后有一片山梨树，医生就买来梨子给我吃。因为烧得唇焦舌干，需要水分，我就拼命吃。没想到吃过一段，病慢慢好了，身体也有所恢复。

军团首长对我的病很关心，他们都来看望我，这也起了精神治疗的作用。我终于战胜了病魔的威胁，回到了军团保卫局。

1935 年 6 月，我们五军团翻越夹金山，在懋功地区与四方面军的九军会师了。两军指战员像兄弟重逢一样，流着喜悦的泪水，热烈地握

① 本文节选自《欧阳毅回忆录》第五章中“七、抵制张国焘另立中央的阴谋”、“八、处理所谓‘叛逃’事件”、“九、保护胡底”、“十、派警卫员保护朱总司令”四部分内容，文中标题序号“（一）、（二）、（三）、（四）”为编者所加。

手拥抱，沉浸在浓浓的友情之中。

五军团与九军驻地紧挨着，来往密切，感情融洽。我们经常组织联欢，交流战斗经验，互访互学，还开展文娱联欢和体育比赛。我还作为五军团的代表，跟九军的代表比赛跳高，我一再要求提高横竿，而且都跳了过去。我获得跳高第一名。

五军团经过长期有耗无补的艰苦转战，物资十分缺乏，九军便主动给我们送来食品和服装。我们也回赠一些枪支弹药。兄弟部队那种亲密无间的关系，至今回忆起来都令人感到温暖。

但是，好景不长。别有用心的张国焘破坏了这种难得的战友情谊。

红一、四方面军在达维胜利会师后，中共中央在两河口召开了政治局会议,作出了《关于一、四方面军会合后战略方针的决定》,指出在一、四方面军会合后，红军的战略方针是集中主力向北进攻，首先取得甘肃南部，以创造川、陕、甘苏区根据地。为了实现这一战略目标，在战役上必须首先集中主力消灭与打击胡宗南部队，夺取松潘与控制松潘以北地区，使主力能够顺利地向甘南前进。

两河口会议结束的第二天，中共中央政治局召开了常委会，应张国焘的要求，增补了西北革命军事委员会主席张国焘为中央军委副主席，增补四方面军总指挥徐向前和政治委员陈昌浩为中央军委委员。中央军委制定了松潘战役计划，决定消灭松潘地区的敌人，控制松潘以北及东北各条道路。

但是，张国焘的野心没有得到满足，他盯住了朱德军委主席的职位，讨价还价，迟迟不下达四方面军北上的命令。

党中央没有同意张国焘等人的要求，但为了顾全大局，周恩来与毛泽东商量后，决定把他担任的红军总政委的职务让给张国焘。1935 年 7 月 18 日，中央任命张国焘为红军总政委，朱德仍为总司令。军委又决定成立前敌总指挥部，徐向前兼总指挥，陈昌浩兼政委，叶剑英为参谋长。

这时候，张国焘才率领四方面军主力北上。可已经耽误了两个多月，敌情起了变化，红军腹背受敌，已经丧失了夺取松潘的有利时机。中央军委决定放弃松潘战役计划，制定了《夏洮战役计划》，要求红军主力折而向西，攻占阿坝，再向北进入甘南的夏河、洮河流域。

在中央军委的统一指挥下，把红军分成左右两路军。左路军由一方面军的五军团（后改为五军）、九军团和四方面军的第九军、第三十一军、第三十三军组成，由总司令朱德、总政委张国焘率领，刘伯承总参谋长也随左路军，从卓克基经阿坝北进。右路军由一方面军一军团、三军团和四方面军的四军、三十军组成，由毛泽东、周恩来、徐向前、陈昌浩率领，从毛儿盖出发，向班佑、巴西地区开进。

我这个红一方面军五军团的保卫局长，就这样编进了以四方面军为主的队伍，从此开始了又两爬雪山、两过草地，南下再北上，直至过黄河成为西路军的曲折凶险历程。

我们左路军在朱总司令率领下，过了草地，来到了阿坝地区，再前进到了黄河上游的噶曲河，离已经到达班佑的右路军只有三五天的路程了。张国焘以噶曲河水涨难渡为借口，变了卦，命令已到噶曲河的部队返回阿坝，命令已经前进到墨洼的五军也返回阿坝，要南下，与党中央的北上方针背道而驰。他还企图胁迫右路军南下。为了避免红军内部的冲突，贯彻北上方针，毛泽东、周恩来、张闻天、博古决定连夜率一、三军团和军委纵队迅速北上，脱离险境。

噶曲河涨水过不去，只是张国焘要南下的借口。朱总司令曾让警卫人员骑马下河里试探深浅，证明是可以过河的。为了保险起见，总部还派五军团去齐哈玛这个地方侦察渡河口，以作两手准备。

我怀疑张国焘的用心，便请董振堂等军团首长到保卫局的楼上来，我单独向他们建议：这是个脱离张国焘的机会，我们派部队以侦察为名，秘密与中央取得联系，把五军团拉走。他觉得这是个好主意，赞扬我的立场坚定，但是不敢采用我的建议，怕万一走漏消息，引起张国焘怀疑，会弄得全军覆灭。事后，我又单独跟政治部主任张际春说了这事，他面露喜色，但没有明确表态。

左路军部队集中在阿坝后，主张北上的朱德总司令与主张南下的张国焘之间展开了尖锐激烈的斗争。这种斗争波及到左路军全军上下，演出了许多很不愉快的事件。

9 月中旬的一天，张国焘经过精心策划，在阿坝的一个喇嘛庙召开中共川康省委扩大会议。为了壮声势，省委、省苏维埃、法院、保卫局、妇女和儿童团的负责人都应邀到会了。

我因为处理五军团保卫局的事情，没有参加这次会议。

会后，我问沉着脸回来的军团政委曾日三："开的什么会？"

他忿忿地说："反对所谓毛周张博右倾逃跑主义的会。"

我听了一愣。

他更加气愤地说："张国焘说毛主席他们率领右路军北上是右倾逃跑。还追问你为什么不参加会呢。"

我也气愤地说："他们这是反党、反革命嘛！我不去参加这样的会。"

第二天和第三天又连续通知开会，我就有意回避不去参加。

事后，张国焘的追随者查问："五军团保卫局长为什么不来开会？他是什么态度？"

曾日三打马虎眼说："他有事哩。"

到闭幕的那一天，曾日三要我去一下，免得找我麻烦，于是我就跟他去应付了一下。我远远地坐在会场后面的角落里，没有兴趣听他们胡说八道。

张国焘的政治野心恶性膨胀，分裂行动愈演愈烈，竟扯起了另立中央的旗帜。

1935 年 10 月 5 日，张国焘在理番县卓木碉（今马尔康县足木脚）宣布另立"中央"，私自组成"中央委员会"、"中央政治局"、"中央军事委员会"等组织机构。他狂妄地宣布："毛泽东、周恩来、博古、张闻天应撤销工作，开除出中央委员会及党籍，并下令通缉。杨尚昆、叶剑英应免职查办。”

张国焘还印发了成立“中央委员会”和“中央政治局”的文件，要求向全体人员传达。

我见到这份文件后很气愤，将发到五军团保卫局的文件全部压下，不向下传达。保卫局下面的侦察部、执行部的两个部长，都没有看到这份文件。

紧跟张国焘的人提出责问：五军团保卫局为何不传达成立“中央”的文件？我根本不予理会，只当没有听见。

我之所以敢于抵制张国焘的分裂阴谋，是受朱总司令的教育和熏陶的。张国焘另立中央，开除毛泽东、周恩来、张闻天、博古的党籍，把一直跟他们作斗争的朱德安排为“政治局委员”，以示拉拢。朱总司令不予承认，明确地说：“我是以共产党员的身份在这儿工作的！北上是正确的，北上决议我在政治局会议上是举过手的，我不能出尔反尔。南下是不对的！既然你们一定要南下，我只好跟你们去。”朱总司令跟去是便于做工作，掌握队伍。

他的鲜明态度引起张国焘追随者的不满，有人要赶他走，他又严正地说：“我是党中央派来工作的！我的义务是执行中央的决定。”

朱总司令为了红四方面军的广大指战员，为了说服张国焘执行党中央的北上方针，在严峻的形势下，坚持留在左路军，跟张国焘开展大智大勇、有理有节的斗争，给我们树立了光辉的榜样。

（二）

朱德和刘伯承跟张国焘公然分裂党、分裂红军的罪行进行了坚决的斗争，原红一方面军的不少同志同四方面军的一些同志也程度不同地进行了抵制。这使张国焘及其追随者怀恨在心，不断报复。他免去了刘伯承总参谋长的职务，让他到四方面军红军大学当校长；又想方设法刁难朱德，并唆使追随者在兄弟部队之间制造摩擦，干出一些亲者痛仇者快的事。

一天，五军团的一个营奉命到阿坝西北20多里的地方去执行警戒任务。做贼心虚的张国焘知道后，以这个营不听指挥、要叛变红军为理由，要缴他们的械。并把营长抓起来，又吊又打，逼他承认是叛逃。这位营长很坚强，顶住了打骂，始终只承认是奉命执行警戒任务，坚决驳斥了所谓这支部队在“叛逃”的诬陷。

为了把所谓“叛变”红军的罪名嫁祸于朱德，张国焘逼迫朱德对这件事表态。

朱总司令从五军团了解了事实真相后，很严肃地质问张国焘：“你说这个营不听指挥，要叛逃，罪名大得很呀！你掌握什么根据？有什么事实呢？”

张国焘无言以答，因为他没有从营长那里诈出所谓“叛变”的证据来。

朱德又义正辞严地说：没有事实，没有证据，怎么能乱说这个营不听指挥，要叛变呢？！你们这样做不是有意制造分裂，破坏红军内部的团结吗？

张国焘理屈词穷，只好放了这位营长。

我奉命把受委屈的营长领回军团部。他回到了“家里”，才放声痛哭，把满腹委屈发泄出来。我解开他的衣服一看，被打得遍体鳞伤，鲜血淋漓，惨不忍睹。

他抽抽噎噎地骂道:“这些家伙，又吊又打呀！逼我承认是叛逃……我要跟他们干，出了这口恶气……”

我一方面叫来医生为他治伤，一方面安慰劝导他：分裂红军、制造摩擦的罪魁祸首是张国焘，审讯吊打你的同志是受他唆使的，是受蒙蔽的兄弟，不能跟他们计较。那样，就上张国焘的当了。我又把我知道的朱总司令跟张国焘斗争的原则与艺术，向他介绍了，他的情绪才慢慢平静下来。

出现这个事件不久，张国焘就以“打到成都去吃大米”为号召，率领部队南下了。

南下途中，有一天，总部以朱德、张国焘的名义给五军团发来一封电报，大意是：五军团有一排三十多人有计划有组织的反动武装，骚扰百姓，拒绝缴枪，企图叛逃，要五军团派得力干部去处理。

情况严重，五军团军团长董振堂和代政委曾日三商量，决定派担任保卫局长的我去处理。董振堂和曾日三鉴于当时情势，向我交待了两句话：“坚持原则，这勿须我们交待；但要注意方式，讲求团结。”

我受命之后，分析了情况，认为不可能有一排反动武装，我对自己部队的忠诚心中有数。可能是掉队落伍的同志，与九军的同志发生了什么误会。掉队是常有的事，出发时让伤病员先走，军团随后行动，有时忽然改变了行军路线，来不及通知他们，他们就掉队了。在掉队期间没吃没喝，干出点违犯群众纪律的事也不是不可能的。

我遂下令清查掉队落伍的人，多少人，姓名，背什么枪，有无干粮?统计数字上来了，刚好是30多个人，一个排，与我的想象吻合。

我带着这些统计数字，同张然和骑马来到总部。朱老总正在一间喇嘛庙里剃头，我向他报告：“总司令，五军团首长派我来处理电报上讲的事。”

理着发的朱老总头一句话就说：“欧阳毅同志，你们要注意，不要闯祸啊！”他像慈母一样，关怀叮咛，隐藏着担心。

朱老总的语调里透露出他微妙的处境。堂堂总司令，红军之父，到了左路军后，被张国焘折腾得成了空头司令，不但指挥不了什么兵马，连自己的安全都缺乏保障。望着他消瘦脱形的脸，刚刚剃过的腮帮子和下巴，青灰灰地显出刚毅和苍劲。

我看着安详的总司令，眼睛泛了潮，为总司令的遭遇感到委屈和不平。如今总司令谆谆嘱咐我“不要闯祸”，是为五军团的安全着想，要我小心谨慎，不要给别有用心的人钻了空子。

我将我的调查结果和处理意见报告了朱老总，朱老总很满意：“你分析得有道理，做了很多工作，很好！”

我建议：“总司令，总部是否也派一位同志一起去？”

“好，好！”朱老总同意了，并派总部的秘书长刘少文跟我一起去九军处理这桩纠纷。

我们来到九军，跟军政治部王主任在一座二层楼上洽谈。王主任说要审判这些被关押的“反革命”。我要求先找几个人谈谈，了解一下情况。他答应了，找出了三位，一对姓名，果然是我掌握的掉队落伍的人。

“唉，唉，我们冒（没）反革命，是他们整我们。”一听口音，是位江西老表。

王主任拍桌子了：“我亲眼看到你们抢老百姓！”

“唉，冒抢，冒犯纪律，是你们的同志抢了老百姓！”另一位江西老表委屈地辩白。

王主任又要发火，我一看火药味太浓，劝止了。等叫出的三位带下去之后，我委婉地说：“王主任，我说几句话好不？我经过调查，这些人是掉队的，肯定不是有组织有计划的反动武装，可能有违犯群众纪律的事，我们教育不够。”

王主任一听又憋不住了：“我看到他们抢，不是反革命是什么？哼，还拒绝缴枪！”

正在不可开交时，独木楼梯下沸沸扬扬，吵吵闹闹。王主任下楼去了。我们也跟了下去。只听一个人在哭哭啼啼地告状：“五军团的人打了我，用枪吓唬我！”

王主任骂起来了：“要打就打嘛，怕谁呀！”

我沉住气，小声对他说：“王主任，你别激动，我们调查一下，行吗？”我转身问那位哭鼻子的战士：“同志，哪个打了你？”

战士抽抽噎噎地回答：“五军团无线电台的。”

我问：“他们背的什么枪呀！”

那战士：“几十条驳壳枪。”

我心中有了数，说：“同志，你是不是搞错了？我们电台只有台长、政委才背驳壳枪，其他人没有驳壳枪。你再想想，可能弄错了。”

我又对王主任说：“王主任，你再调查一下，如果是我们的人打了人，绝对不允许，一定严肃处理。我们共同来制止影响团结的事发生，好吧？”

王主任气冲冲的，不予理睬。

我又回到本题：“王主任，那三十多位被关押的同志，是不是让我领回去？他们要是犯了纪律，我们一定处理，进行针对性的教育。”

王主任未置可否。

我们只好告辞，回总部向朱德汇报。

我们跟三位被关押战士的代表接触中，已经了解了事件的全过程。

原来，这个排在执行任务时，突然与一股敌人遭遇，他们毫不犹豫地消灭了这股敌人，缴获了一批梭镖与枪支。因此，他们回队的时间也就晚了。在他们返回阿坝的途中，遇到了张国焘手下的一名连长带的部队。当这位连长得知他们是五军团的人，又有些缴获，便把脸一沉，厉声说：把缴获的战利品都留下！

张国焘组织围攻朱德与刘伯承的事件，引起的愤懑情绪已波及到下层指战员。这个排的同志见这位连长那样蛮横无理，很气愤，一名战士便顶撞了他：战利品是要交公的，凭什么要交给你？不给！

两边争执起来，甚至动了手。连长自恃身后人多，一声令下，把这个排缴获的战利品全部抢了过去，并把这个排的人全部扣留，安上了“叛逃”的罪名。

这是张国焘等人明显的蓄意挑衅事件。

我们回到总部，到处找朱总司令，连影子都没有找见。正在我们焦急时，有人悄悄告诉我们，朱老总正在喇嘛庙挨斗呢！

我快步向喇嘛庙走去。我一脚刚跨进庙门，先到一步的王主任就指着我向副总指挥介绍："这就是那个五军团的保卫局长欧阳毅！"

想必是他告了我的状，副总指挥虎着脸，气冲冲地指着我的鼻子："你欧阳毅，好大胆子！你反革命，假革命，你会说漂亮话，唬谁呀？你五军团不听指挥，我来指挥你！总部不处理你，我们纵队司令部来处理你！"

火气挺大，说着，他就掏出了手枪，还上了子弹。一触即发！

我虽然被骂得莫名其妙，但没有吭声，克制自己，避免交锋，避免酿成流血事件。我抬眼一看，朱老总和刘伯承总参谋长坐在角落里，正挨斗呢！我忍气吞声，尽力不使紧张空气爆炸。

正在这时，朱老总霍地站起来，发话了："你们干什么呢？欧阳毅，你进来吧！"

我撇开了副总指挥，走近朱总司令，庄重地敬了个礼，在他身旁坐下。

不明真相的副总指挥经总司令一声喝问，态度收敛一些，把枪收了起来。

若不是总司令挺身而出保我，我就危险了。特别使我感动的是这事发生在总司令被围斗、被批判的会场上，他完全忘记了个人的安危，而考虑的是他的部下、是曾与他同生死共患难的革命同志。

接着他们继续在斗总司令和刘总长。

不一会儿，那个战士受人唆使，被人用担架抬进会场，哭哭啼啼地向总部告状他挨打了。有些人在外面吵闹：五军团打了我们的人，请朱总司令验伤！

朱德镇定地走到担架旁边，和蔼地对那战士说："小同志，我看看打哪啦？"

张国焘也幸灾乐祸地走过来，脸色阴沉，背着手在大家面前踱来踱去，一声不吭，等着看朱德的笑话。

小战士掀起衣服让朱德看，朱德仔细看了一遍，皱起了眉头："没有伤呀？同志，你可要说实话呀，打了就打了，没打就没打，打了人是要枪毙的。没打你把人家枪毙了，不是冤枉嘛！同志，要讲阶级友爱，不能冤枉好人。"

刘伯承看了看也说："没伤啊，同志哩！"

张国焘慢腾腾地踱过来，装模作样地瞄了几眼，慢条斯理地说："伤嘛是有一点，有一点……"

他把那战士打发走了。

闹剧过后，他们回到庙里，继续围攻总司令和刘总长。

张国焘的秘书长黄超跳了起来，把矛头直指朱总司令，竟破口大骂什么"你是老糊涂"，"你是老右倾"，"你是老而不死"。

黄超一骂开，其余几个人七嘴八舌地对总司令直嚷嚷，他们逼迫朱总司令表态，要他反对毛主席，反对北上抗日。

朱总司令坚定地回答说："毛主席的领导是正确的，中央的北上抗日方针我是举手赞成的，你就是把我劈成两半，也不能割断我和毛泽东的关系！朱毛朱毛，人家外面人都以为朱毛是一个人，哪有朱反对毛的？！"

张国焘一伙恼羞成怒，便气急败坏地又骂他是什么"老糊涂"，"老右倾"。

朱总司令十分镇静地坐在那里，等他们叫嚷得差不多了，才慢慢地站起身来，正要据理驳斥，张国焘却拍桌子，大声吼道："大家不要吵了，不要闹了！"

他这话完全是冲着朱总司令来的，不让总司令讲话，实在太专横霸道！

朱总司令侧过身子，轻蔑地看张国焘一眼，说："不是我吵，是你们在吵嘛！”

张国焘为了掩饰他刚才不让总司令讲话的行为，又假惺惺地指着黄超等人说：“你爱吵，你出去！你爱吵，你也出去，你们统统出去！”

张国焘这样一讲，黄超等人一个个都走了，屋里只留下少数人。朱总司令便叫我们把情况汇报一下。我们把调查的经过说了一遍，最后提出：希望由总部组织一个工作组，把事情彻底搞清楚，这样既对革命同志负责，也有利于兄弟部队之间的团结。

朱总司令连连点头，说：“对，事情应该闹清楚，工作组由总部来组织，你们两家也各派一人参加。”

张国焘毫无表情地坐在那里，一言不发，始终不表明态度。

我便对张国焘说：“刚才他们说我是假革命，反革命，扬言要处理我。我这个‘反革命’，怎么还能当保卫局长？我要求上级必须澄清这个问题！”

张国焘根本不回答我的问题，却为那些人辩解。他阴阳怪气地说：“嗯，这些同志有气，也是有原因的。”接着他就攻击毛主席、周副主席，说他们“制造分裂”、“向北逃跑”，胡说什么“他们走的时候把仓库里的枪支、弹药、粮食，还有一些伤员，统统放火烧了。”

他放了一通厥词后，说：“你们想，这些同志知道了这事，心里能没有气吗？”

我一听就不对味，这不是恶毒造谣吗？煽动对立情绪的罪魁祸首就是张国焘，他还嫁祸于人。我克制着心中怒火，冷静地反驳道：“张主席，是不是闹错了！我们对待俘虏还优待，怎么会烧死自己的伤员呢？我们缺粮到处去筹粮，怎么会烧粮库呢？”

张国焘不满意了：“你这位同志为谁说话呢？这是下面同志亲眼所见，怎么会闹错？”

朱总司令气得脸色铁青，浑身发抖，愤怒地说：“这纯粹是谣言！从井冈山开始，毛泽东同志就主张官兵平等，不准打人骂人，优待俘虏，红军的俘虏政策就是他亲自定的。对俘虏还要优待，怎么会烧死自己的伤兵？过草地干粮不够，他就动员大家吃野菜，怎么会把粮食烧掉？这些无中生有的谣言，是别有用心的人制造出来的。”

张国焘被驳斥得面红耳赤，一句话也说不出来。

朱德向我使眼色，我会意了，马上转到对那桩纠纷的处理上来，我强调说：“总部是否再派人去一下？双方组织一个调查组，一起妥善处理。”

朱德马上表态：“欧阳同志的意见很对，我赞成！”

张国焘气呼呼的，不置可否。

过了一段时间，被关押的一排掉队同志被放回来了，只是枪支弹药没收了。

张国焘对五军团的仇恨却加剧了。不久，张国焘就改组了五军团，派他的秘书长黄超来当军团政委，把原代理军团政委、政治部主任和保卫局长的我都调走了，架空了董振堂军团长。

我也被调到四方面军保卫局任秘书长。本来在这之前，张国焘就把我看作眼中钉，曾几次要调走我，因为董振堂不同意，未能调走。这回黄超来了，把我强行调到四方面军保卫局任秘书长。

张国焘分裂党，分裂红军，诋毁毛主席、党中央，在五军团的干部、战士中引起了强烈不满。有的同志提出要“单独北上，找毛主席和党中央去”，有的提出要和他干！

在这关键时刻，朱总司令从革命的全局出发，耐心教育大家掌握正确的斗争方针和策略。

有一天，他亲自来到五军团，给营以上干部讲话。他说：“毛主席、党中央已经北上抗日了，走出草地后打了大胜仗，这是一条正确的路线。我们将来迟早要走上这条路线的。毛主席早就指出，南下是绝路，无论从敌情、地形、居民、给养等条件来说，都对我们极为不利。我们坚决拥护中央北上抗日的路线。”接着，朱总司令又强调说：“同志们要顾全大局，讲团结。四方面军广大干部战士都是好的，是要革命的，都是我们的阶级兄弟。他们有许多优点，英勇善战，吃苦耐劳，你们应该很好地向他们学习。你们五军团能攻善守，英勇顽强，优点也很多，但你们人少嘛，光有你们也不行。所以，同志们要注意和他们搞好团结，切不要上少数人破坏团结的当。只有加强了全体红军的团结，才能克服一切困难，争取革命事业的胜利！”

（三）

长征路上，胡底同志担任总部的侦察科长。过草地时，因缺粮吃了蘑菇中毒，神志不清时，便把积压在胸的对张国焘不满的话骂了出来，说张国焘是军阀，是法西斯！

张国焘派在他身边的指导员，把他骂的话报告了张国焘。张国焘恼羞成怒，骂他是“反革命”，取消了他的马和勤务员，让他自己背着包袱行军。他大病之后身体虚弱,天天掉队,狼狈不堪。五军团担任后卫，经常收容他。

胡底和我很熟悉，曾在国家政治保卫局时共过事，关系非同一般。一天，他掉队时，我碰见他，一问才知是张国焘整他。我看他很狼狈，面黄肌瘦，有气无力，就决定把他留在我们保卫局同我们一起行走，以便照应和保护他。但是他是总部的人，我要留他，得经总部首长批准。

于是，我就骑马往前面跑，向朱总司令、刘伯承总长汇报。当我叙述了胡底的遭遇和我们的打算后，朱总司令正表示为难时，刘伯承总长发话了：“唉呀，欧阳毅同志！我和总司令都是泥菩萨过河，自身难保啊！我看，这个事情还是你看着办吧！”

总司令接着也说：“对，你看着办吧！”

这样，这个事就不能请总司令、刘总长下命令了。当时，我意识到总司令、刘总长的处境很坏，张国焘在整他们，他们处处得小心谨慎，不能让张国焘抓到任何把柄。

我不能让朱总司令为难，便回到军团部，把留胡底的事报告了军团长董振堂和政委曾日三，他们基本上没有反对，我就当作默许了。这样，我就把胡底秘密留在保卫局同我们一起行动，对他住的帐篷派人保护，对外保密。在草地上，我住的帐篷紧挨着胡底的帐篷，我常去看他，送些东西给他吃。他有了安全感，身体恢复得快，精神也很愉快，常给我们局的年轻同志介绍保卫工作经验。

张国焘命令总部保卫局查找胡底的下落，查来查去查清了胡底住的帐篷，张国焘便下令抓他。

有一天，我去军团部开会，总部保卫局长曾传六派人把胡底抓走了。我们局的同志迅速跑到军团部向我报告。我立即骑马回到保卫局的帐篷，召集会议研究怎么办？有的同志主张追上去抢回来。我感到不妥。我们一追，抓他的人马上会开枪打死胡底，而且会与我们冲突起来，有碍大局。

思虑再三，我立即骑马去总部，报告了朱总司令，希望设法营救。刘总长听了担心地说：“张国焘是要下毒手啊！”

总司令皱着眉头，半天没有吭声。我见他为难，不便采取营救行动，便退了出来。后来，朱总司令去关押胡底的地方看望了他，给他送点东西，安慰了一番，但已无法营救了。

胡底被抓走后，他给我写过一封信，由关押他的人送来的。说他被关在通讯营，张总政委找他谈过话，对他还好。又说他的一床毛毯比我的好，要送给我。读到这里我明白了他的真实处境。他不敢写张国焘虐待他的实情，但已经明白自己的日子不多了，所以要送我毯子。我很难过，给他回了一封信，说毯子他自己最需要，不要送我。还托来人给他捎去一条牦牛腿。

以后听说在行军中，胡底走不动路，总部保卫局报告了张国焘。张国焘便下令总保卫局长“处理”。在张国焘的词汇里，“处理”就是“处决”。保卫局的领导人心领神会，便令总保卫局的秘书长要保卫队的队长趁部队宿营到松岗之前，带几个战士用绳子将胡底勒死①，草草埋于路旁河沟边。事后报告了张国焘。

（四）

由于朱总司令对张国焘的分裂阴谋进行了坚决持久的斗争，张国焘便对朱总司令进行种种迫害和摧残。他指使人在夜间把总司令的马匹偷走，并且当即宰掉；还把总司令的警卫门岗也给撤掉，使总司令的安全得不到保障。

残害胡底事件不久，朱总司令亲自给我写信，要我给他调两个警卫员。我想：总司令提出配警卫员，一定是安全受到很大威胁了。于是，我赶快选了两名，他们是经过保卫局训练已提升为干部的同志。一位是部队里的副指导员，姓张，一位是侦察科的科员，姓范。

我同他们谈话，说：“担任总司令的警卫员，要比你们现在的职务更重要更光荣。所以你们一定要完成这个任务，很好地警卫总司令。”

这两位同志不负所托，在复杂的情况下工作表现很好，保证了总司令的安全。

我就听到这样的故事。在我军沿大金川南下，执行《绥崇丹懋战役计划》，出发时，忽然有几名受唆使的伤员来到总司令住处，闹闹嚷嚷地吵：我们是彩号，我们打仗负了伤，走不动路，我们要骑马！他们边说边动手去拉总司令的马。

总司令的马夫见他们存心不良，便紧紧拉住马缰绳，大声说：“这

① 一说胡底被毒死——编者注。

是总司令的马，为什么要拉走总司令的马？不行！”

伤员蛮横地说：“管它是谁的马，我们走不动路，就要骑！”

一个要拉走，一个不松手，双方争夺着缰绳，争执了起来。有的伤员就要赖躺倒地下，大喊大叫：“打人啦！总司令部的马夫打伤兵啦！”

其他伤员边喊边往医院跑，不一会儿，招来十多名伤员吵吵嚷嚷地闹事，硬要从马栏里把朱德骑的马牵走。

朱德的警卫员跑出来劝阻，保护着马不让牵走。伤员们就围坐在马栏门口不走，双方僵持起来。

警卫员怕事态闹大，跑去向朱德报告。有向伤员让马传统的朱德，不当一回事，笑笑说：“他们要拉，就让他们拉走吧，不要紧。”

警卫员着急了，说：“总司令，这事要紧！他们是有意搞名堂。他们有马，而你只有一匹马，就要出发了，没有马怎么行！”

机灵的警卫员见朱德无所谓，掉头就去找张国焘，向他报告了抢马事件，逼他表态。

张国焘装出惊奇的样子说：“啊，还有这样的事？不会吧？要真有这事，你去告诉他们，要他们不要胡闹，赶紧回去。就说我说的。”

警卫员领到了“尚方宝剑”，回到马栏呵斥了闹事伤员，他们才一声不吭地走了。

一路上，这样的事不少发生，警卫员都处理得很得体。他们很称职，一直警卫朱总司令安全到达延安。范警卫员成了朱总司令的警卫班长。

冤有头债有主，闹分裂的责任在张国焘，制造摩擦的是张国焘，历史早已定论。下面的有些同志都是一时不明真相的，而且早已跟张国焘划清了界限，跟党中央、毛主席干革命，在抗日战争和解放战争中作出了巨大贡献。我在一生的回忆中，记述这些陈年旧事，只是忠实地记述一页历史，并从历史中引出一些教训而已。

选自欧阳毅：《欧阳毅回忆录》，中共党史出版社1998年

7月第1版，第162—185页。

欧阳毅，1910年生，湖南宜章人。1927年加入中国共产主义青年团，1928年转入中国共产党。同年参加湘南起义，随朱德、陈毅部队上井冈山。红军长征时任红一方面军第五军团政治保卫局局长，红四方面军政治保卫局秘书长、方面军总指挥部一局局长等职。新中国成立后，曾任解放军公安部队政治部主任，解放军炮兵副政治委员、炮兵党委纪委书记，全国人大常委会委员等职。1955年被授予中将军衔。2005年在北京逝世。

粉碎张国焘分裂党的阴谋，长征到陕北

王维舟

胜利渡江之后，我军乘胜追上敌人，歼灭刘湘等四川军阀数师之众，接着又在剑门关歼敌一个师。另一路渡江部队进占梓潼、德阳、绵阳等县和成都北面的重镇——中坝。

中坝在成都以北，商业繁华。我军在此缴获和没收官僚资本物资很多，使我军得到物资补充，士气更加高涨。

在剑阁，张国焘只派少数部队到平武，欲打通去松潘的道路。我军刚到平武，胡宗南的一个旅已从甘肃文县赶来，抢先占领了摩天岭，使平武受到威胁。我军不得已放弃平武，经青川县到茂县，然后到了理化县之杂谷脑，开始进入少数民族地区。由于历史上遗留下来的民族隔阂，如果我们没有正确的民族工作政策和纪律，一定会遇到很多麻烦。张国焘完全不接受我们所提的意见，将投降来的民族保安队队长逮捕杀害；继而又将原任西安警察厅长，后跟杂谷脑喇嘛寺活佛学讲经的汉人杨某逮捕杀害，因而引起当地少数民族群众和喇嘛数百人对我军的坚决反抗。我和刘瑞龙、杜义德等同志到喇嘛寺向他们解释，被喇嘛和群众武装包围。我们和随身的三五名警卫奋不顾身地持枪冲了出来，徐向前同志的一位副官被害。这时先头部队已经前进，后续部队还没上来，我们只得组织机关人员抵抗。坚持了两天，大队才赶上来，驻杂谷脑的机关才转危为安。

我们从此进入草地。不久，我奉命同傅钟同志去马塘欢迎中央和毛主席。1935 年 6 月，红四方面军与中央红军在懋功会师，全军无不兴高采烈。

张国焘在一、四方面军会师之前成立了西北联邦政府。会师后仍野心不死，对与中央红军会合采取了不正确的态度。当张国焘、陈昌浩前去懋功两河口开会，与毛主席商议今后的战略方针时，全体干部、战士和群众高兴异常，箪食壶浆，准备迎接中央红军。大家都希望从此在中央和毛主席、朱总司令的领导下，使革命步步走向胜利。但事实令我们非常痛心和失望。张国焘在毛主席和周恩来副主席未到马塘之前，在他去参加两河口会议之前，就表现了对中央红军的歧视、对毛主席的不尊重和许多可疑之处，这是张国焘闹分裂的开始。两河口会议以后，张国焘即在四方面军的干部中说中央不好，说部队精神不振，暴露了对中央的严重不满。继而对中央红军轻视、谩骂，在供给上百般刁难。进一步暴露了张国焘分裂中央、分裂红军的野心。

中央和毛主席坚持正确路线，多次对张国焘进行了耐心的说服教育，帮助他改正错误，但终归无效。当时红四方面军已经同中央红军会合，渡噶曲河北上抗日，将要出草地，朱总司令督促红四方面军前进。在阿坝准备了干粮，走了三日，到噶曲河岸，因河水陡涨而不得过河。张国焘令我率一个团沿岸察探渡河点。我正要出发，张又令停止察探。张国焘借口军粮缺乏，要部队退到阿坝找粮。全军往回走了一天，来到某一宽阔的草原上，张令部队暂停休息。这时候，事变发生，张国焘反中央、阴谋分裂党的野心彻底暴露了。张国焘召集高级干部会议，阴险地提出：我军是前进呢？还是南下呢？朱总司令当即表示应该继续前进，与中央红军一同北上抗日，并指出这是唯一正确的方针。但有的同志竟当着朱总司令的面，谩骂中央红军是逃跑主义，主张红四方面军不该往北逃跑。参加会议的高级干部议论纷纷，秩序大乱。张国焘对错误的意见毫不制止，并以冷嘲热讽的态度批评中央。他不仅要四方面军孤军南下，而且主张红军全部南下。他急令秘书拟电调徐向前、陈昌浩立即率四方面军脱离中央南下。时在 1935 年秋。

电报发出后，陈、徐无奈回电同意南下。次日急返阿坝准备干粮，经马塘、卓斯甲一带草地，进驻卓克基。张国焘令我率领一个团绕噶曲河上游去接陈、徐；令陈、徐部由原路经黑水返卓克基。我接电后急返卓斯甲。此时张国焘和少数几个亲信，公开进行反党活动，拉拢一些干部宣布另立中央，张国焘自己担任主席。朱总司令坚持原则，坚持团结，坚决反对与中央分裂，并耐心向干部进行说服教育。我虽然看得清张国焘分裂党、分裂红军的罪恶阴谋，但因为一直被张国焘歧视，列席旁听，无发言权。如来当时多数人都以正确的态度同张国焘斗争，就有可能使他的分裂阴谋不能得逞。

部队在卓克基编成两个纵队，倪志亮任司令，王树声任副总指挥，我任倪的参谋长。后又调我任抗日总指挥，组织当地青年抗日。部队南下翻过夹金山，进驻成雅公路上的百丈镇，攻四川宝兴。经半月的激战不能取胜，我军伤亡很重，不得不返回草地再翻夹金山，退往西康甘孜过冬。

在甘孜过年时，张国焘任我为伪中央五局局长，兼抗日总指挥（红三十三军在丹巴同一方面军五军团合并，虽未明令取消红三十三军，但实际上红三十三军的番号从此就消失了）。方强同志任五局秘书长，毕占云同志任第一队队长。我们的任务是侦察通过草地的路线。

光阴荏苒，春天已到，气候转暖。自从同中央分裂后，南下走不通，草地又无粮，不得已决定继续北上。出发时，我同许世友同志所率领的骑师担任前卫，逢山开路，遇水架桥，打通前进的道路。我们经冬古、阿坝，过噶曲河，再经上下包座草地，到达甘肃省哈达铺，兵临岷州城下。甘肃敌军鲁大昌、邓宝珊坚守岷州城，我红军四面围攻未下。当时有两个前途在军中争论不休：一是绕道青海到甘北，打通新疆“国际路线”，这是张国焘的主张；另一个是取消自己不合法的伪中央，与中央、毛主席会合，开了几天会仍不能解决，于是决定部队继续经草地拉卜寺到青海。行至洮州（今临潭），因草地无粮，继续走下去，全军有覆灭的危险；想回中央，又无颜见党中央和毛主席的面，事处两难。此时，党中央派陈赓同志率部队来迎接我们，并传达中央和毛主席的指示，要求张国焘与中央红军会合，免使革命力量遭受不应有的损失。再三劝说，张国焘仍固执己见，拒绝与中央会合。当时敌人大军逼近，需迅速越过陕陇公路，靠近陕北中央所在地和中央红军的驻地为上策。敌人逼近，不容张国焘有丝毫犹豫，如果再想逃跑则军心涣散，又无粮食。张国焘在万不得已的情况下，被迫命令部队越过陕陇公路，到达会宁，同毛主席的队伍会合。敌人仍在后面猛烈追击，我军后尾部队在会宁以南花家岭进行阻击，五军团副司令罗南辉同志（原三十三军副军长）英勇牺牲。

我们越过陕陇公路后，胡宗南部尾随跟进。这时，张国焘的野心不死，他不向中央和毛主席请示，急令部队主力由宁夏中卫渡过黄河向甘北开去。结果，因敌人追逼甚紧，部队只渡过大半，渡河点即被敌人切断。四方面军的广大干部逐渐认识到张国焘的错误，坚决要求与中央会合北上抗日。张国焘的反党阴谋破产了，不得已只好走向陕北，与中央红军会师。

当时，四方面军去甘北的西路军中，有三十三军缩编的两个团，这两个团随陈昌浩逃到甘北的酒泉一带，大部分干部损失净尽。原三十三军政委杨克明同志和董振堂司令员亦英勇牺牲，西路军全军处于危急之中。但陈昌浩仍然坚持不与中央会师，采取按兵不动、坐以待毙的政策，使得四方面军西路军数万人被困于甘北地区。毛主席派刘伯承同志组织援西军加以援救。援西军行至甘肃陇东正源、平凉间，西路军已被敌军全歼。这是张国焘错误路线所造成的恶果。

1936 年冬，我们到达陕北之山成铺，敌人仍然跟踪追击。中央红军与四方面军剩余部队会合后，即在山成铺夹击敌军，歼敌一个师和两个旅。我们当即去保安见毛主席。经历了一段艰苦曲折的道路，终于回到党中央、毛主席的身边，全体同志无不欢欣鼓舞，心情激动，从此脱离了张国焘的压迫与羁绊，回到了党中央的怀抱。

节选自王维舟：《我的回忆》，载中共中央党史资料征集委员会、中共中央党史研究室编：《中共党史资料》1982年第1辑，中共党史资料出版社1982年2月第1版，第101—106页。

张国焘反党南下

黄火青

1935 年 6 月中旬，中央红军和红四方面军先头部队在懋功县东达维北面的八角井胜利会师。双方一吹号，知道是红军，非常高兴。两大主力会师，本来是件大喜事，但由于张国焘这个老机会主义者不执行中央正确路线，闹独立性，最终导致分裂，致使红军遭受重大挫折，使无数革命坚决、英勇善战的红军指战员遭受不应有的牺牲。这是中国革命史上一次大的血的教训。

早在 1932 年，张国焘负责鄂豫皖中央分局时，在敌人进攻面前惊惶失措，未经中央同意，即放弃鄂豫皖革命根据地，率四方面军向陕南、川北地区转移。遵义会议后，中央电令四方面军向川西进攻，以策应一方面军渡江北上，张国焘违背中央指示，发动陕南战役，使敌人得以沿川黔边布防，破坏了一方面军的渡江计划。不久，张国焘又借口配合一方面军北上，擅自放弃川陕边革命根据地。两大主力会合以前，他就曾在卓克基东南面的杂谷脑（今为理县）召开会议，一句不提中央批评他的话：只讲自己如何正确，中央错了；说中央红军从苏区出发时有八万人，现在只剩几万人，要和中央算账、斗争。他自称拥有十万人，妄图倚势要挟中央。

6 月下旬，两大主力会合后，中央在懋功两河口召开政治局会议，统一思想，决定集中主力向北进攻，首先取得甘肃南部，创建川陕甘革命根据地。会议否定了张国焘向川康边南下的错误主张，并曾对他过去的错误行动进行批评。张国焘不服，会后故意拖延四方面军的行动，贻误了松潘战役的战机。

8月初，中央政治局在毛儿盖附近的沙窝召开会议，重申两河口会议的战略方针，团结北上。会议期间，由四方面军政治部主任傅钟在一、四方面军之间担任联络。会后委任张国焘为红军总政委，全军分左右两路，过草地同时北上。

右路军由党中央和前敌总指挥部率领，分为第二、第三纵队，下辖一军、三军、四军、军委纵队、红军大学和三十军第三独立师、第七独立师等，从毛儿盖出发，向巴西、班佑、包座前进。左路军由朱总司令和张国焘率领，分为第一、第四两个纵队，下辖第五（原五军团）、第九、第三十一、第三十二（原九军团）和第三十三等五个军，从马塘、卓克基出发，向阿坝地区前进。第四纵队司令为四方面军参谋长倪志亮，政委为四方面军政治部主任周纯全，纵队指挥部有一个警卫营。按行军序列，四纵实际上只有三十二军。

左右两路军经过艰苦行军，跨过荒无人烟的茫茫草地，于8月下旬先后到达阿坝和巴西、包座地区。张国焘到此突然变卦，要挟右路军和党中央南下，并企图危害党中央，把红军队伍向南带走。中央决定迅速离开巴西、包座脱离险境，命令一、三军团以上山打粮草为名，跟随中央北上。

三十二军当时在马尔康、松岗。曾接到中央电报，叫我军跟随北上，一切都准备好了，决定次晨出发。夜里忽然又接到一个电报，叫我们原地不动，积极准备粮草。大家都很纳闷儿，心里好似放了一块大石头。紧接着周纯全把罗炳辉找去，可能要压三十二军跟张国焘走。

罗炳辉将军英勇善战，指挥有方，尤其是机动灵活的游击战术运用得很好，是我军优秀的指挥员，在民主革命战争中立下了不朽功勋。但在对待张国焘反党问题上是犯了错误的。至于何长工，他在遵义会议后接替蔡树藩任九军团政委后，我们合作得不错，对他是尊重的，有事彼此商量。因此，我就和保卫部长卜盛光去找何长工，看他的态度。他正卧病在床，我和卜盛光表示对当前发生的这些意外情况不满意，认为其中有问题，要提防张国焘捣鬼，等等。我们两人讲话直截了当，并明白表示了我们的态度。何长工讲话不多，没有明确表态。但我们两人的态度他是清楚的。罗炳辉从纵队指挥部回来后，就表示坚决拥护张国焘。何长工的态度也发生了变化。在张国焘反党南下过程中，罗、何与三十二军指战员经受了一场复杂、曲折和严峻的考验，军团两个主要领导人政治态度发生了变化，随之而来的就是令广大指战员悲愤的惨痛遭遇。

周纯全紧接着来到三十二军召集连以上干部会，唯独不通知我。从此，对我实行政治封锁，不让参加会议，不抄送电报，我完全靠听小广播过日子。会议据说是罗炳辉主持，周纯全讲话，内容主要是反对党中央，提议开除毛泽东党籍，通缉周恩来、张闻天、博古。散会后，政治部的干部拥到我屋子里来，讲述会议情况，非常气愤。按说军队中凡属政治性质的会议应该由政治部主任召集主持，这次会议竟不通知我，可能打算把我当胡底一样搞掉。胡底原是上海特科负责人之一，历史上有过功绩，因为反对张国焘，被张国焘借故杀害。我听同志们讲了会议情况，心情很沉重，但不便当众表态，只讲听听中央指示再说。因为我对政治部干部心中有数，其中也有个别难以相信的人，我最信任的有朱明（地方工作部长）、卜盛光（保卫部长）和王透（宣传部长）。但王透感情冲动时，讲话往往不注意场合，容易为人所乘，因此我当时对王透也只能讲几句安慰的话，不便深谈。

事后，我和朱明、卜盛光三人一起商议，我讲了自己的种种考虑。当时周纯全住在马尔康。中央纵队和第一、三军团已经到了包座，只有三十二军还在松岗。罗炳辉和何长工已经倒向张国焘一边去了，如果由我出面带起队伍来反对张国焘，我们只有 2000 多人，带走还是有把握的。但考虑到我军所处地势十分不利，向东走有胡宗南30万大军阻击，渡岷江无桥又无船只；向西过大渡河是藏族地区，天寒地冻，孤军深入，死掉一个就少一个；向北进，张国焘的部队堵住了所有去路。此外，最大的困难是周纯全把电台给带走了。我们没有电台，没有办法和中央联系听中央指示，也无法和驻在党坝的第五军（原五军团）取得联系。五军也有2000多人，军长为董振堂，政治部主任为曾日三，只有政委是四方面军干部。两个军合起来有四五千人，走进藏区也不可怕。考虑来考虑去，只有暂时违心地表示赞成南下，心想到了天全、芦山等汉族聚居地区后，如果张国焘投降蒋介石，我们就带起队伍打游击去。

我曾去八、九两个团了解部队情况。先到15里外九团驻地白沙桥，团政委姜启化、团政治处主任刘学孔和团长都在。姜启化告诉我，刘伯承带着红军学校也被迫跟随南下了，路过白沙桥时曾对姜启化说，生是共产党的人，死是共产党的鬼。姜启化对我说：主任，你带着我们走吧！我告诉他我的种种考虑，并说最大困难是没有电台在手，有了电台，队伍全部带走是没有问题的。我后来去八团，见到团长杨梅生和政委辛世修、政治处主任刘生胜。杨梅生原是朱总司令带上井冈山二十八团的兵，作战勇敢，曾负伤11次。他对我说，“别的他不懂，但要说毛主席是反革命，他绝不相信，也听不进去。”当时我只能讲，事情以后总会看清楚的。我没有机会和杨梅生单独谈话，但对两个团的干部思想情况心中有了底。以后司令部的管理科长张令彬跑来找我，我也向他透露了我的想法，并表示目前只有表示赞成南下。

我回到松岗，朱总司令和康克清大姐恰好也来了。他们先去司令部，后来到我住处看我。还没坐上三分钟，罗炳辉就赶来了，看样子是怕我们讲什么话。后来朱总司令的警卫员潘某（兴国县人）告我，张国焘把朱总司令安排在边缘上孤立的房子里，可能有借刀加害总司令之意，伙食方面也没有什么可吃的，只找到几个牛蹄子烧着吃，那时恰好有个土司送我一条奶牛，我就叫警卫员把牛杀掉，烤成牛肉干，叫潘某给朱总司令带去。

10 月初，张国焘南下到松岗，导演了历史上臭名昭著的卓木碉会议（又称松岗会议，卓木碉就是松岗山坡下面半山腰一间房子，山下是大喇嘛庙）。这次会议却通知我参加了。到会四五十人，主要是企图通过会议煽动大家诬蔑中央北进为“逃跑主义”，赞同他南下的错误主张。在这次会议上，我曾经发言说过赞成南下，本意是想用违心的话来迷惑他们，以免把我调离三十二军。因为我和朱明、卜盛光等曾推测过，张国焘还可能用以下几种阴谋诡计来整垮三十二军：一是并入他的一个军，罗炳辉还当军长；二是调一部分部队和三十二军混编一起，加以监视；三是把不顺从他们的干部调开，另派人来控制部队。

张国焘率部南下到天全后，三十二军划归第四军指挥，军长许世友，政治部主任洪学智。何长工上调后，派了一个名叫李干辉的接替了他的工作。随后罗炳辉通知我调动工作，到芦山总政治部去谈话，实际就是撤职。他问我由谁接替我的工作好，我意识到是要把不顺从他们的人调开，就马上回答说，“就是朱明吧！”果然，朱明没当上几天政治部主任，就换成辛世修了。紧接着，张令彬、姜启化、王透、刘学孔和卜盛光等都一个个被调走，整个政治部换了班。上面留个辛世修，下面留个朱潘显。供给部部长赵镕也被调走了。

我离开三十二军，经天全西边的沙洲坝前往芦山，那时已是 1935 年年底。中途经过天全东边的十八道水，红军大学就在那个地方。我去红大看刘伯承校长，他当时处境也很困难，没有约我到他的办公室，而是在收发室接待我。他对外面情况不了解，听到前面在打仗，问我是怎么一回事。我告诉他，四方面军和川军刘湘部在名山打仗，没有打胜。刘伯承还把郭天民、张际春等都找来，和我面谈一阵，那时他们都已调到红军大学了。毛定方也在那里。

当晚，我找个地方住下，半夜突发高烧，便血。次日我赶到芦山总政治部找到李卓然，他叫我去张国焘的伪中央所在地住下等待分配。他们把我安排在何长工住房外的走廊里睡。那时我正害伤寒病，没医生看病，没药吃，也没人过问。病了几天，傅连暲听说了，去看了我一次。他也是一方面军的，因为走不了被迫留下的。他看我那天，正是我病情发展的关键时刻。他给我喝了点什么药水，走时安慰我说：睡一夜，明天看吧！我懂得他的意思是说，好坏就在今天晚上了。我生命力强，居然拖过来了，没有死。

那时刘少文（我记忆中他是张国焘的秘书长）对我倒是很关心的，他有时到门边对我说几句话。头一次就告诉我："那边"（指陕北）有电报来，叫咱们都北上。后来我听说，有人知道他给我通消息，批评过他。部队临出发前他还去看过我，并说走的时候要给我安排一副担架，这话他至少讲过两次。少文是个好同志，在当时情况下对我那么关怀，实在难能可贵。

我离开三十二军时，考虑到我的警卫员张纪南为人过于老实，跟着我怕他受人欺负，就没有把他带走。我另换了一个警卫员，不料后来竟跑掉了。幸而马夫老孙是老伙伴，一直关心我，照顾我。他是甘肃狄道人，是宁都暴动过来的红五军团战士，当过排长。我那时病得爬不起来，满身虱子，一抓就是几个。马夫帮我抓虱子，叹气说："瘦成这样了！"我到山边上挖的粪坑大便，大便完了站不起来，还得有人拉一把。后来烧退了，病慢慢好了，身上脱了一层皮，身体非常虚弱。我因为小时候在家乡山上采过药，长征中遇到中药材总喜欢搞一点背上走。九军团到天全之前，打土豪没收过不少鹿茸，政治部的同志知道我爱好中药材，就送些给我，我保存了四五个长的，两三个短的。芦山大病之后，身体虚弱，心想吃点鹿茸丸药试试看。我就告诉马夫老孙拿了鹿茸去找张令彬，请他找个中药铺给我作成丸药。芦山药铺用醪糟把鹿茸泡软去皮，切成小片，放在瓦片上烘干，然后用蜂蜜调和起来，做成指头大的丸药二三十个。头一次试服时，我把一个大丸子劈成两半，分两次吃下去，没事，第二天又吃了一个，也没流鼻血。听说部队要撤退了。临出发时，我还没力气爬上马背，老孙把我抱上，扶我坐稳。我上去了就下不来，还得他搀扶。

部队向北撤退，又要过夹金山。过小铁索桥那一天，老孙先把我从马上扶下来，再把马鞍上的东西一件件放在肩上背过去，把骡子驮的大米、盐巴也背过去，再回来牵两匹牲口，最后转回来扶着我慢慢过桥，再扶我上马。我因为病后虚弱，过河一趟，全身出汗衣服都湿透了。老孙愤愤不平地说："这就是张国焘对你的待遇！"我那时每天吃两个药丸，到了第四五天上，力气就大增了。那时已是 1936 年春天，我只有 35 岁，正是青壮年时期，体力恢复很快。

部队撤退时，我不属于任何单位，孤家寡人一个。叫我跟党校一起走。党校校长当时是刘西平，从前我在红军学校担任总支书记时，他是宣传委员，我到步兵学校任政委时，他是政治部主任，我去十九路军期间，他接我的工作担任政委。我们是老相识了，因此，这次我倒是愿意和他一起走，谁知他原来是负责监视我的。到懋功后，顺着大渡河南下到了丹巴。一路上坐在石头上休息时，刘西平问我怎么会落到如此地步？九军团是怎么搞的？我老老实实一五一十给他讲了。后来我才知道，刘西平把我的话都向上报告了。

过了丹巴，翻越一座大雪山叫党坝山，山顶上长的是骆驼刺，地上是席拉草，空气稀薄。过雪山严重缺氧，人十分疲倦，走不动，但只要一坐下去就站不起来。我们过雪山有经验的人，就帮助走不动的同志背枪，一翻过雪山，到长着草的地方就都能走了。山那边叫道孚，是康定北面第一个县城，城里有天主教堂，街上还能买到香烟。这时我痔漏化脓、发烧，找个大夫来看，开了一刀，去脓洗净，上个捻子就好了。大夫就是解放后驻外大使陈志方。大夫一走我就睡着了，想不到王透恰好在这个时候来看望我，我们一句话也没说上。他早已调出三十二军。他来时正撞见康克清和刘西平在我屋里闲聊，说一军团一个团政委因为反对张国焘，跑了，自己去找党中央，被张国焘抓住了的事。王透当场表示，有机会他也跑。不料他这话被刘西平上报了，王透就被四方面军保卫局抓了起来。这是 1936 年大约 3 月间发生在道孚的事，我是后来听说的。

那个时期，一方面军的一些干部如曹里怀、郭天民、张宗逊等，常在一起议论，认为中央是对的，四方面军南下是错误的。话传到张国焘耳朵里，他正想刹住这股风，就在天主教堂开了一个所谓道孚会议。我先不知道要开什么会。陈昌浩和何长工、李卓然坐在主席台上。会上把一方面军中几个突出人物即曹里怀、郭天民、张宗逊批判了一通，就是没点我的名。那是春天里一个大晴天，气候暖和，我一去就在门边蹲着，等着点我的名。会议休息期间，何长工走到我身边，说了一句：火青同志，你不是说都是我何长工的错误，你上台讲讲吧。但会上始终也没见点我的名。有一天早晨，我在散步，遇见卜盛光，他已经调到保卫局曾传六那里去了。他小声告诉我："正在布置对右倾机会主义分子的工作。"说完马上走开。我一听就心中有数了。部队从道孚向北，经过一个小山坡叫将军岭，出产黄金，再过去就到了炉霍。当地有个大喇嘛寺，党校就住在寺里，庙宇海拔很高。刚住定，警卫人员（四川人）叫我："看！王部长给捆起来了！"我赶紧往下一看，正是王透被反绑着手，几个拿红缨枪的人押着他走过去。我顿时心里像油煎火燎一样，难过极了。多好的一个同志，竟落得这样一个下场！

部队在炉霍住了一段时间。刘西平被提升为党校校长。曾提议我任总支书未批准。康克清任总支书记，我任总支委。我名义上是校务主任亦即总务处长，实际上当政治教员，负责讲党的建设和中国革命运动史。讲到有关张国焘错误的地方，我就不指名地批判那件事；如讲到苏维埃时期的"左"倾错误，我就批判那个错误，但不举例子。实际上是要让学员们懂得，他们过去就是这么干的。在讲到历史上右倾机会主义错误的时候，我只批判陈独秀，不提张国焘的名字，指桑骂槐。党史课讲完了，刘西平问我，这次南下是不是也应该讲一讲，他是肯定南下正确的，我就让他来讲。有一天，张国焘跑到党校来，是冲着我来的。他在大喇嘛寺阶梯口小礼堂对大家讲话，不指名地批评了一方面军干部，批评我，他说，你们在党校天天老讲思想斗争有什么用，进了西藏要多了解地方的风土人情才对。

节选自黄火青:《一个平凡共产党员的经历》，人民出版社1995年6月第1版，第113—123页。

黄火青，曾用名黄贤佑、黄民孚，1901 年生，湖北枣阳人。1926 年参加革命，同年加入中国共产主义青年团，并转入中国共产党。1927 年被派往苏联学习军事，1930 年回国，1931 年进入中央革命根据地。红军长征时任红一方面军第九军团政治部主任、红三十二军政治部主任、红四方面军党校教员等。新中国成立后，曾任中共天津市委书记、第一书记，天津市市长，中共辽宁省委第一书记、辽宁省军区政治委员，中共中央东北局书记处书记，最高人民检察院检察长、党组书记、中共中央政法小组副组长，中共中央政法委员会委员，中共中央候补委员、委员，中央顾问委员会常委，全国人大常务委员会委员等职。1999 年在北京逝世。

反对张国焘分裂党的斗争[①]

张宗逊

1935 年 9 月 12 日，右路军的红四方面军部队，红四军和红三十军开始南下过草地。就在这一天，我和彭绍辉被调到红军大学红四方面军的学生队（红一方面军的学生队已北上）当教员，学生队有学员一二百人。南下的路线仍是北上时走过的路线，由巴西过草地，经过毛儿盖，上下打鼓、黑水芦花、马塘、卓克基。红军大学学生队在 9 月 30 日到达松岗附近的邓家桥休整。

10 月初，张国焘在卓木碉公然打出反党的旗帜，组成他自己非法的“党中央”、“中央政府”和“中央军委”。10 月 5 日，张国焘找我和彭绍辉两人到卓木碉去谈话。我们到卓木碉时，非法“党中央”正在开什么会，我们一进门，有一位同志就站起来骂彭绍辉同志挑拨红军团结，一边用盒子枪，声言要枪毙彭绍辉。虽然被旁边的同志拉住了，没能用枪打，但他还是伸过手来打了彭绍辉两个耳光。事情的由来是，绍辉同志曾给朱总司令、刘伯承总参谋长写过一封信，反映情况和意见，不料这封信落到张国焘的手里，张把信交给一部分人传阅了，其中就有这位同志。

本来我也给朱总司令、刘总参谋长写了一封信，报告我所知道的“分

① 题目为编者所加。

家”情况和我在红四军工作的情况，信写好后没有发出，但有人向张国焘汇报，说我和彭绍辉一起讲过对南下不满的话，因此张国焘叫我和彭绍辉一起去谈话。那位动手的同志只知道彭绍辉写的信，不知道我的情况，他这样一闹，张国焘也没有再讲什么话。朱总司令以极不满意的脸色坐在那里一言不发，表示抗议。“谈话”就这样结束了。张国焘阴谋以武力迫害毛主席、党中央的事实①和这次同我们的“谈话”过程，充分暴露了他的反党分裂主义路线和军阀主义倾向。在张国焘的错误领导下，部队中发生类似的蛮横行动并不奇怪，如张国焘调红三十一军军长余天云去红军大学学习，余闹着不去，张国焘就派人把他看管起来。余天云还是不服，部队南下到懋功的铁索桥时，他竟从悬崖上跳下去身亡。

1935 年 10 月 6 日晚，张国焘在卓木碉召开排以上活动分子会，我因病未去参加。据参加会议的同志对我说，这次会主要是斗争朱总司令和刘伯承总参谋长，要他们表态反对党中央和毛主席，遭到朱、刘两同志严词拒绝。

1936 年 2 月，敌人大举向天全、芦山进攻，红四方面军陷入前有强敌，后无根据地的困境，不得不撤离天全、芦山，又开始向北行动。这说明张国焘右倾机会主义的退却逃跑路线已经完全破产。但张国焘仍不死心，在部队向北行动时，又任命刘伯承（当时是红军大学校长）为先遣军司令，到金沙江上游去调查，企图经德格、邓柯、玉树去青海西宁。

红四方面军红军大学在 2 月 13 日从天全县红岩坝出发向北行动，途经宝兴、夹金山、达维、懋功、丹巴、道孚，在 4 月 4 日到达炉霍。到炉霍后，部队的行动方向已成为广大指战员关心的问题，特别是留在

① 张国焘曾于1935年9月9日电令陈昌浩率右路军南下。至今未发现电报原文。毛泽东在1937年3月中共中央政治局扩大会议上说，他当时从叶剑英的报告中得知：“这电报上说：‘南下，彻底开展党内斗争’”——编者注。

红四方面军的原红一方面军的大多数同志，都盼望能够早日和毛主席、党中央会合。有一天，李井泉、郭天民、曹里怀等同志来到我的住处闲谈。当时曹里怀是“军委”一局局长，了解部队行动的情况，他同我们谈到先遣军司令刘伯承同志来电说：经格德、邓柯、玉树到西宁，沿途人口稀少，大军不能通过。后来，有人把我们谈话的情况向何畏（红大政委）汇报了。何畏向张国焘报告后，根据张国焘的指示，以非法的“中央军委”名义通知我们：曹里怀同志泄露军情，给予留党察看处分；张宗逊同志不制止谈论军情，给予严重警告处分；李井泉、郭天民同志分别给予警告处分。事后才发觉，我们是张国焘列入“拥护毛泽东、周恩来、张闻天、博古”的名单并加以监视的对象。张国焘的反党行动，一直持续到红二方面军到达甘孜，红二、四方面军会合以后才有所收敛。

1936 年 6 月上旬，红军第二、六军团到达甘孜和红四方面军会师。7 月上旬，红二、六军团和红三十二军（原红九军团）组成红二方面军，贺龙任总指挥，任弼时任政治委员。在毛主席、党中央领导下，贺龙、任弼时、关向应、王震等同志，领导红二方面军坚决反对张国焘分裂党、分裂红军的错误路线。

由于毛主席、党中央的坚决斗争，红二、四方面军广大指战员的坚决反对，以及南下失败在群众中产生了强烈的不满，迫使张国焘不再坚持用非法中央的名义发布命令，勉强同意北上。1936 年 6 月 5 日，张国焘在炉霍心怀鬼胎地向总直属队干部作了一次骗人的讲话，他说：国际和国内的形势都很好，现在党内在路线上和行动上都达到一致了，决心创造西北抗日根据地。7 月上旬，红二方面军和红四方面军（包括红一方面军随张国焘南下的红五军等）经过阿坝，沿红一方面军走过的路线开始北上。9 月下旬，部队到达岷县附近时，张国焘仍不肯和红一方面军会合。后来，由于胡宗南和马步青、马鸿逵两敌从东西两个方面进逼，张国焘才勉强同意和红一方面军会师打击胡宗南。10 月，红二、四方面军到达甘肃会宁地区和红一方面军会师。

选自张宗逊：《张宗逊回忆录》，解放军出版社1990年10月第1版，第139—142页。

南下的斗争[①]

何长工

我们做好了北上的准备工作，直待令下。然而野心勃勃的张国焘，当面说得好听，背后又在捣鬼。自恃人多势大，为实现其反对中央、反对毛主席、分裂红军的阴谋，公开提出南下川康边，与毛儿盖会议决定北上的正确方针相对抗。张国焘利令智昏，不顾四方面军的第四军、第三十军从领导到广大战士的激烈反对，于 6 月 3 日强令已进入噶曲河的左路军先头部队转头南下阿坝，借口河水陡涨，电告中央不能渡河北上。不久中央电示张国焘："目前只有北进才有出路，北上方针绝对不应改变。"这时，毛主席、党中央机关在从班佑到下巴西的途中，得知前方传来包座战役取得完全胜利的喜讯。原来我红军先头部队在到达毛儿盖之前，蒋介石急令其嫡系胡宗南派兵扼阻红军北上，企图掐死我出川入陕的必经之路，阻止与徐海东、刘志丹陕北红军会师。因此，党中央决计要打下包座，特别是要消灭援敌四十九师伍诚仁部。红三十军政委李先念和代理军长程世才接到命令后，急率部出发。当部队经过中央机关驻地毛儿盖时，毛主席亲自接见了三十军的领导同志，全军指战员深受鼓舞，结果打下包座守敌，全歼援敌四十九师约 1.2 万人[②]。毛主席、党中央机关在下巴西停留两日，等待张国焘率左路军北上。就在这

① 题目为编者所加。

② 应为歼敌援军第四十九师大部，是役共歼敌近5000人——编者注。

时，野心家张国焘怀着不可告人的目的，破坏团结，分裂红军，妄图危害党中央领导同志。当时任右路军前敌指挥部参谋长的叶剑英同志获得了这个消息，在这千钧一发之际，立即从前敌指挥部飞马扬鞭赶到下巴西党中央住地，亲自把这一情况报告给了毛主席。当晚，毛主席、周恩来副主席等研究决定在巴西寺院召开中央政治局会议，在会上揭露了张国焘南下逃跑阴谋，并果断决定，率红一方面军的一、三军团及中央直属队近万人，组成了中国工农红军北上抗日支队（陕甘支队），在毛泽东同志率领下，迅速继续北上，避免冲突，脱离险境。这是叶剑英同志对中国人民的革命事业作出的又一杰出贡献，结合以后的功绩，所以后来毛主席给予他“诸葛一生唯谨慎，吕端大事不糊涂”的赞誉。

在这之前，过草地的先头团（红四团）由杨成武等同志率领，将红四方面军的三十三军九十八师的张仁初同志率领的二九四团编入先头团建制，已于1935年8月下旬开进草地。这时，三十二军仍在卓克基、马尔康、松岗之线整训待命。张国焘密令部队从阿坝南下至卓克基、松岗之线，在这里召开了所谓高级干部会议，成立了自任为头子的伪中央，不承认原来的党中央，与六大按党章及共产国际批准的正式中央相对抗。这是张国焘野心的大暴露，是他在中国人民革命史上犯下的不可饶恕的滔天罪行。在松岗，我和黄火青同志商量组织了一个秘密收容所，收容“落伍”、掉队者。因为我们电台已调换，隔绝了与中央的直接联系，在这处境困难之际，我们再三考虑，我们军团不能在大分裂后再来个小分裂，出其无奈，被迫只好违反中央北上抗日的正确方针，饮恨随张国焘南下，向天全、芦山、名山一带进军。在此打了几个胜仗之后，即在泸定、经荣、汉源以及天全、芦山地区休整、筹粮、扩大红军。敌人主力陆续集结对付我军，使我军处于不利的形势。在汉源战斗后，即调换了我的工作，由李干辉同志接替我为三十二军政委。于是我到驻芦山的组织委员会报到，指示我协助供给部筹粮、动员青年参军，并开展部队文化娱乐活动。组织委员会由陈昌浩、周纯全、张琴秋三个组成，直接向张国焘负责。不久调我任粮食总局局长（归总参谋部管辖），张广才为副总局长，王建安为政治部主任，文经武（或文经伟）为参谋长。我们全力担任筹粮，工作是相当艰巨的。要西进翻越海拔7000米的党岭雪山，在六霍、道孚地区整训筹粮，积极准备过冬被装，后来又西进到甘孜地区，并与二、六军团（后改为二方面军）会合。此后又随总部行动。这段工作是非常艰巨的，也是非常可喜的，我们与兵站部（主要管运输）部长吴先恩同志，兵站大站站长秦基伟、张瑞德等同志，尤其是管后方医院的张才千同志，配合得很密切，基本完成了交给的筹粮任务。红四方面军派三十二军由罗炳辉率领南下理化（理塘）迎接二、六军团，阻止李抱冰部南进，六军团王震政委得知这一消息，告知部队指战员时，全军欢腾。部队在向理化进发中受到藏族同胞手捧酥油、糌粑的盛情夹道欢迎，并竖起大拇指口里喊着："耶莫，耶莫（顶呱呱之意）。"二、六军团在甘孜与四方面军会合，时为1936年六七月间根据中央电令，成立二方面军，除下辖二、六军团外，三十二军（原红九军团）经贺龙同志提议划归了第二方面军。原来三十二军张国焘要解散的，我为了保存这个战斗集团，找到周纯全，通过他找张琴秋活动，把三十二军保存了下来。

这时，由于张国焘南下钻牛角尖，四处碰壁，阴谋暴露，人心丧尽，毛主席、周副主席率领的中央红军到达陕北吴起镇的胜利喜讯传来，我们广大指战员无不兴高采烈，纷纷要求北上。在朱德、任弼时、贺龙，刘伯承、关向应等同志的坚决斗争和耐心帮助教育下，尤其是红四方面军的广大指战员的觉悟督促下，同时张国焘又遭到共产国际的指责，在大势所趋，人心所向的情势下，张国焘不得不随二、四方面军继续长征。我二、四方面军自进入甘肃地区，以英勇无畏的战斗，在一个月的短短时间内取得了洮州、漳县、通渭、渭源四个县城，岷州、陇西、武山等地，甘谷、定西、礼县等十多个县已多半被我军占领，并且新区的范围随着红军的胜利开展急剧扩大。这个地区物产丰富，人口多（近百万），是创造抗日根据地的大好地区。为此，中共中央西北局作出了关于建立甘肃省红军新台地区党的组织的决定，建立甘陕川省工委和甘肃省工委。甘肃省工委以岷、洮、漳、陇西、渭源、通渭、武山七县为基本地区，准备向兰州、定西、天水一带发展。省工委委员由 19 人组成，省委常委有傅钟、曾传六、何长工、刘少文、郭潜、华民、邵式平七人，傅钟为书记，我为省革委主席兼政府党团书记。

“更喜岷山千里雪，三军过后尽开颜。”中国工农红军在中国共产党和毛主席的英明领导下，谱写出了长征的壮丽史诗。

回首往事，感慨万千；伟大的长征，实在不平凡。张国焘阴谋南下，违抗党中央北上抗日的既定方针，我们被分到左路军的同志跟随张国焘钻进了死胡同，这里不管经过多少曲折和政治上的压力，但最主要的是我要从主观上认识这些问题，跟随张国焘南下犯了执行张国焘路线的错误。当时，我任军团政治委员，又是军委书记，作为军团的主要领导者，我们军团参加了张国焘分裂红军的南下，为拉拢我们还把我委以所谓“中央委员”，这就影响和损害了九军团广大指战员的政治热情，其责任应由我个人负，红九军团其他领导同志及广大指战员是没有责任的。尽管在南下中撤去我九军团政委的职务。然而，毛主席、周副主席、朱总司令等中央领导同志对红四方面军和原一方面军在长征途中留在红四方面军的广大指战员是非常关心的。我们长征到甘肃会宁三个方面军的红军胜利会师之后，我以悲喜交集的心情即去保安，毛主席把我及我的夫人尹清平安排在他住的隔壁的窑洞里。在这里毛泽东同志曾用两个下午的时间跟我谈话。第一个下午我向毛主席汇报了红四方面军和三十二军（九军团）内部的情况，当时毛主席认为我对红四方面军的看法是客观的，公平的。第二个下午，我作自我批评，执行了张国焘右倾机会主义路线南下的政治路线错误。主席说，不要背包袱。不追究下面哪个人的责任，应由张国焘负责。中央对你是了解的。我想让你负责四局的工作，这个工作是艰苦的工作，你能胜任。我建议毛主席让我到红大去学习，我这辈子还没有系统学习过，通过学习要把这笔流水账认真清算一下，我推荐原红四方面军三十三军军长王维舟同志担任，能负重望。主席说，你当局长还是当学生，我跟恩来商量一下。过了两天周副主席找我谈话，他说，主席跟你谈话的事给我讲了，你作了检查，这就完了，难道张国焘和我们大分裂之后，你还能和他来个小分裂吗？你可以去学习，但作为机动干部，随时可以调出来工作。朱德、任弼时同志向中央汇报工作时说，你有错误，有自我批评，同时指出你做了两件好事：一是你和大家千方百计筹备了可供二、四方面军会合北上所需用的粮食及代食品，竭力克服吃食上的困难；二是组织了秘密收容所，保护了红一方面军“落伍”掉队的干部和战士。他们的汇报内容中央是作了记录的。周恩来同志和我谈话之后，我便去红军大学高级班学习。在西安事变后，张学良将军让出了延安，红大改为抗日军政大学。这期间于 3 月份党中央召开了延安会议，解决张国焘路线是非问题，从而把红四方面军广大指战员团结起来。我参加了这个会议，并在会上作了深刻的检讨。当我参加党的第七次代表大会后，再次要求去党校学习，毛主席在约我谈话中说，新的形势已经到来，一再勉励我继续办好抗大。毛主席说，这是一项战略性的任务，为抗日民族解放战争，以至解放全中国准备干部、培养人才，任务是光荣艰巨的。

节选自何长工：《何长工回忆录》，解放军出版社1987年12月第1版，第353—359页。

何长工，1900 年生，湖南华容人。1922 年在法国加入旅欧中国少年共产党，同年转入中国共产党。1927 年参加湘赣边界秋收起义，跟随部队上井冈山。红军长征时任中革军委第二梯队司令员兼政治委员、干部休养

连连长，红九军团政治委员、党委书记，红三十二军政治委员等。新中国成立后，曾任国家重工业部副部长、代部长，地质部副部长、党组书记，解放军军事学院副院长，全国政协副主席，中共中央顾问委员会常委等职。1987 年在北京逝世。

崎岖的征程

李中权

1935年6月，红四方面军与红一方面军会合以后，党中央根据当时的政治形势和敌我力量的对比，决定了集中主力向北进攻，创建川陕甘根据地的战略方针。遵照这一决定，我们红四方面军广大指战员，士气高昂，信心百倍地开始北上。大家一边行军一边憧憬着未来的胜利。谁都没有想到，在以后的一年多的时间里，摆在我们面前的竟是一条崎岖的征程。由于张国焘搞分裂活动，四方面军北上又掉头南下，在川康边辗转徘徊，历尽千辛万苦，三过草地，二越雪山，付出惨重的牺牲，全军减员一半，直到1936年6月与二方面军会合再度北上，才于10月到达陕北与中央红军会合。

(一)

1935年8月，党中央，中央军委根据当时各部队所在位置，决定以红一方面军的一、三军团和红四方面军的四、三十军组成右路军，由毛泽东、周恩来、张闻天以及中央政治局的大多数成员率领，在毛儿盖地区集结后，向巴西班佑地区开进。以红一方面军的五、九军团和红四方面军的九、三十一、三十三军组成左路军，由朱德、张国焘、刘伯承率领，在马塘、卓克基集结后，向阿坝地区开进，尔后东进班佑，朝右路靠拢，向甘南前进。

那时，我在总政治部任地方工作部长，随左路军一起行动。8 月下旬，正当我们深入草地到达噶曲河一带的时候，张国焘却以“水深流急，无法渡河”为借口，擅自命令左路军停止北上。并打电报给中央，要右路军全部随同南下。中央虽曾几次来电，指出只有北上才是出路，纠正其南下的错误。但张国焘不听劝告，仍坚持错误主张，竟命令我们全军返回草地南下。就这样，我们红四方面军又折回长征途中这段最艰难的路程。

二过草地正值深秋，部队无衣无食，行军的艰苦是令人触目惊心的。一望无际的草地，时常笼罩着阴森迷蒙的浓雾，使你东西难辨。无边的青草中河沟交错，水呈淤黑色，散发着潮湿、腐臭、令人窒息的气味。茫茫的泽国，到处都是草茎和腐草结成的无底泥潭，稍不注意踩上去，就会陷下，你越使劲，就陷得越深。草地的天气也好像在与我们作对，忽而漫天大雪，忽而冰雹骤下。夜晚的严寒更是令人难耐，大家只好挤在一起，背靠着背地取暖。我们携带的粮食已经全部吃完，只靠野菜草根充饥。风雨、泥泞、寒冷的折磨和饥饿的煎熬，使大家的身体越来越弱了。不少同志走着走着就倒了下去，长眠在这荒无人烟的草地上。

二过草地，造成部队思想非常混乱，疑虑很多，为什么同中央红军北上了，又突然南下，不知怎么回事？对张国焘的这个举动大家想不通。

（二）

在阿坝，面对张国焘的错误主张，朱总司令进行了针锋相对的斗争。

一天，当时主持总政治部工作的副主任曾传六同志，要我带工作组到五军团检查工作，了解部队的思想情况。恰巧朱总司令也要到红五军团去。于是，我们工作组和司令部的参谋人员随同朱总司令一道去红五军团。

我们在茫茫无际的草地上走了约 50 华里，到了红五军团。军团部驻在藏族同胞的一个寨子里。在一幢房子的二层楼上，朱总司令同董振堂军团长、曾日三政委[①]见了面，并把我向他俩作了介绍。曾日三政委当时有事，见面后就离开了。接着，朱总司令与董军团长坐下来谈话。朱总司令虽然离开四川多年，但还是一口四川话，他待同志非常和蔼，总是一副慈祥、亲切的面容。董军团长身材魁梧，操北方口音，举止言谈都表现出军人的气质，一看便知道是一位沉着、稳重的军事指挥员。他们谈话先是围绕五军团在长征途中作殿后，阻击敌人的追击，打了很多恶仗等情况，又谈到过草地面临的粮食困难和其他一些问题。大约谈了 40 分钟的样子。朱总司令对我说："中权同志，你到军团政治部了解一下部队的情况，我和董军团长还要谈些作战的具体问题。"董军团长立即找来秘书，带我去军团政治部。

朱总司令和董军团长谈完话以后，就先回总部去了。我和工作组的其他同志两天后回到总政治部。这时，张国焘正在阿坝的大喇嘛寺召开总部、五军团、三十一军连以上干部以及省委部分干部约一千人的大会。张国焘在大会上作了反对中央、反对毛主席的动员报告，诬蔑毛（泽东）、周（恩来）、张（闻天）、博（古），继续长征是向北逃跑，公开分裂红军、分裂党，正式宣布南下。当时五军团政委曾日三上台讲了话，但董振堂军团长没有讲话，朱总司令根本不出席大会。这次会议以后我才意识到，朱总司令到五军团，实际上是去传达党中央的正确主张。

当时我们听说，张国焘逼朱总司令表态，要他反对党中央、反对毛主席，拥护他的南下主张。朱总司令断然表示：北上是党中央的决定，我也是举手赞成的，我不能违背党中央的决定。叫我反毛是不行的。在

① 当时为红五军团政治部主任、代政委——编者注。

这关键时刻，朱总司令坚定地维护了党中央、毛主席的正确方针，坚决抵制了张国焘分裂红军、分裂党的阴谋。所以，毛主席以后称赞朱总司令同张国焘的斗争是：“肚量大似海，意志坚如铁”。

（三）

1935 年 10 月，张国焘公开与中央分裂后，命令左路军和右路军中原属红四方面军的两个军南下，要到天全、芦山地区创立川西根据地。

往南走必须翻越两座大雪山——红桥山和夹金山。这两座山海拔都在几千米以上，山上终年冰雪覆盖。我们来到山脚下时，上一次通过时被摔死的马匹和弃下的鞍具、炊具、脸盆等，还有不少暴露在雪外，被积雪覆盖着的烈士遗体依稀可辨。为了中国人民的解放事业，有多少革命先烈在这里献出了宝贵的生命。

尖尖的山峰直插云霄。我们一个跟着一个，深一脚浅一脚地向山顶爬去，越往上爬，山势就越陡峭，空气也越稀薄，胸口就好像压上了千斤重石，透不过气来，大家一步三喘地艰难爬着，但谁也不敢坐下来休息片刻，因为一坐下来，就再也站不起来了，不少同志连冻带饿，体力耗尽实在支持不住，就倒下去了。张国焘的错误行径，使我们多少阶级兄弟遭到了无谓的牺牲啊！

就在这时，毛主席率领的一、三军团胜利到达陕北吴起镇，与红十五军团会师。而我们翻过夹金山以后，虽经英勇作战，一鼓作气攻下西康的宝兴、天全和芦山，逼近雅安，准备“攻下成都吃大米”。可是，从百丈关一仗以后，虽然敌人的伤亡成倍于我，但已是两军对峙拼消耗的局面，没能扭转我们的困境，不但大米没吃上，反而被迫于 1936 年 3 月翻越终年积雪的党岭山退向西康的甘孜地区。

1936 年春，我调到独立二师工作。这支部队是丹巴一带的藏族头人马骏为了反抗国民党的反动统治拉起的一支队伍，被总部授予大金川红军独立第二师的番号，任命马骏为师长，我是政治委员，金世柏为副师长，另外还从一、四方面军抽调了 100 多名干部到该师部队中担任团政委、副团长、指导员等职。为了便于工作，我们这些汉族同志也和大家一样，穿着藏族服装。当时，独二师编有三个团，共 2000 余人，多数是藏族同志，有一半是骑兵。他们个个强壮剽悍，能骑善射，作战非常勇敢。部队的装备除了五百多支步枪外，主要是长矛大刀。担负的任务是以丹巴为中心，东至绥靖，西至夹金山约 300 公里交通线的警戒任务，常与国民党部队作战。

马骏虽然是少数民族头人，但他思想开通，同国民党和四川军阀有深刻的矛盾。自从投奔红军以来，他战斗勇敢，并利用自己和父亲在当地的影响，协助丹巴县委为主力红军北上，筹集了 100 多万斤粮食。这样一位好同志，却得不到张国焘的信任，被他下令杀害了。

马骏同志被害不久，这支部队一部分被编到主力红军，还有部分同志被送到党校学习。不少同志以后成了我党少数民族的负责干部，天宝同志就是其中的一个。

解放后，党为马骏同志彻底平反昭雪，烈士的亡灵得以告慰。

（四）

一年来的艰苦经历和铁的事实，使四方面军的广大指战员逐步认识到张国焘的南下是条错误的道路，纷纷要求北上，特别是徐向前、李先念、王树声等同志坚决主张北上同党中央会合。这时，张国焘又采用压制和封锁党中央、毛主席在陕北的消息。徐向前同志针锋相对地指出：红军打了胜仗，必须向部队、向群众宣传，鼓舞士气。因此，我们从红四方面军当时发行的《红色战场》刊物上得知，党中央、毛主席到达陕北以后，指挥一方面军和红十五军团打了大胜仗，还积极推进抗日民族统一战线的建立，一致对日作战。这一切都更加鼓舞着红四方面军广大指战员纷纷要求北上，同党中央会合，再加上朱德、刘伯承、任弼时、贺龙、关向应等同志坚决主张北上，张国焘才被迫放弃自己的错误主张。于是，我们红四方面军又踏上了北上的征途。

第三次过草地，我已调到红军大学高级指挥科学习。这一次的准备工作比上次稍微充分一些，多数同志穿上了自己织的羊毛军装，每个同志的米袋也都装满了，有的还带上了帐篷。但是，这还远远不能解决爬雪山过草地时所遇到的困难，其中最大的困难仍是粮食问题。因为通过这一地区，至少得一个多月时间，沿途又没有什么补给，全靠出发前自带的那点粮食。进入草地以后，原先每个同志鼓鼓的米袋越来越短了，直到一粒也倒不出来了。但是，谁也没有被这点困难吓倒，大家向往着陕北，盼望着能早日回到党中央的怀抱，更紧地捏起红军的铁拳，打向日本帝国主义。凭着这样一种信念，我们克服了一个又一个难以想象的困难。后来我们高级指挥科那么多人，只剩下一碗面粉。这点粮食成了大家的一点安慰，每天像宝贝似的轮流背着。尽管一个个饿得肚皮紧贴着脊梁，但宁可吃草根、煮皮带，谁也舍不得吃上一口。

一天，前面突然传来了鼓舞人心的好消息，“快要走出草地了！前面就是甘南汉人区了！”大家听了，都高兴得跳了起来。为了庆幸走出草地，我们烧了一大锅水，把仅存的那碗面粉抖了又抖，全部倒了出来，和着野菜做了一锅稀稀的面糊糊，然后你一碗我一碗地喝了起来。从首长到战士，人人都吃得那么香甜。但我们的心里更甜，因为我们即将走出草地，离陕北，离党中央、毛主席越来越近了……

选自《艰苦的历程：中国工农红军第四方面军革命回忆录选辑》（下），人民出版社1984年12月第1版，第119—125页。

李中权，1915 年生，四川达县人。1928 年加入中国共产主义青年团，1932 年参加中国工农红军，1933 年转入中国共产党。红军长征时任红四方面军政治部地方工作部部长、中共天全县委书记、金川独立第二师政治委员。新中国成立后，曾任解放军空军第三军政治委员，华北军区空军司令部参谋长，北京军区空军副司令员，南京军区空军第一副司令员、第二政治委员等职。1955 年被授予少将军衔。2014 年在北京逝世。

红五军的北上和南下①

饶子健

在翻越夹金山同红四方面军会合后，我们稍事停留，即于 7 月下旬，经懋功到马尔康一带休整。

这时，党中央在两河口、毛儿盖等地举行政治局会议，分析了红一、四方面军会师后的形势，讨论了行动方针，决定共同北上，创建川陕甘苏区根据地；同时，决定张国焘任中国工农红军总政治委员，朱德仍任工农红军总司令员。接着，中革军委为迅速北上，决定：由红四方面军总指挥部兼红军前敌总指挥部，徐向前兼任总指挥，陈昌浩兼任政委；中央红军第一、第二、第五、第九军团的番号依次改为第一、第三、第五、第三十二军；红四方面军第四、第九、第三十、第三十一、第三十三军的番号不变。红五军团改为第五军后，由董振堂任军长，曾日三任代政委，曹里怀任参谋长，部队仍为第三十七、第三十九团。

当年 8 月，为进军甘肃南部，由朱德、张国焘和刘伯承总参谋长率领第五、第九、第三十一、第三十二、第三十三军组成左路军，从卓克基地区出发，向阿坝地区前进；由前敌指挥部率领第一、第三、第四、第三十军组成右路军，从毛儿盖地区出发，向班佑、巴西前进。毛主席、周副主席和党中央其他领导人随右路军行动。

---

① 题目为编者所加。

这时，我们红五军团虽改为第五军，但人们还是习惯于称红五军团，我们军团的指战员更是自豪而又深情地称红五军团。

8 月 15 日，我们红五军团作为左路军的前卫，向北前进。指战员们历尽艰辛，于 20 日到达阿坝地区。

8 月底，我们在阿坝地区休整了四五天，补充了一点粮食，就开始向渺无人烟的大草地进发了。

一踏进草地，我们才知道草地是一个不易征服的怪物。举目一望，无边无际，茂密的草丛犹如一片绿色的海洋，草下水沟、泥潭交错。烂草、淤泥在烈日的曝晒下，散发出臭气直冲入鼻。

开始，我们没有摸清草地的脾气，一不小心就陷进了泥潭，越挣扎越往下陷，怎么也拔不出脚来，甚至连去帮忙的人也一起陷进去。这大大影响了我们行进的速度。后来，我们逐渐知道了草地的秘密，选择草根较密的地方走，一人跟着一人，深一脚，浅一脚，艰难地前进着。

最叫人伤脑筋的是瞬息万变的草地天气。白天烈日晒得人喉咙直冒烟，夜间严寒冻得人直打哆嗦。有时，刚刚还是烈日当头，转眼间却大风骤起，大雪纷飞。一天晚上，我们刚刚露营，老天爷就同我们作对。一眨眼工夫，雷电交加，暴雨瓢泼。雨还没停，又下起鸡蛋般大的冰雹。战士们有的顶着斗笠，有的撑着雨伞，怀中紧紧抱着弹药和为数不多的干粮，生怕被雨淋湿。突然一个很大的冰雹打在我的雨伞上，把雨伞打得稀巴烂。没有雨具的同志，只好在风雨中站立着，双手撑着毛巾挡在头上。

恶劣的天气折磨着我们，严重的饥饿煎熬着我们，大家的体质明显地下降。走到草地中心时，腿都抬不动了，每前进一步，都要使出全身气力。一些平时作战非常勇敢的小伙子，这时也两腿无力，迈不出步子。但大家一想到自己跟随党中央、毛主席北上建立川陕甘革命根据地，便顽强地坚持行军。身体较强的同志扶着身体弱的，一步一步地向前走。一些同志实在无法坚持而倒在草地上，为革命献出了年轻的生命。我记得最清楚的，是四连四班长，他是一个从江西参军的小伙子，打仗非常勇敢，过草地时正患病，被这无情的草地夺去了生命。

一天下午，我们行进到噶曲河边，由于刚下过大雨，河水水位很高，水流急，不能涉渡。我们便在河边宿营，等待河水退下去再渡河。

第二天下午，河水退下去了，我们准备开始渡河。突然，传来命令，要我们担任后卫，立即重过草地，返回阿坝待命。

大家一听，都觉得奇怪，纷纷议论起来："过了噶曲河，再走三四天，就可以到达班佑，与毛主席率领的右路军会合了，为什么又折回草地向南走？"

当时，我们思想上虽然想不通，但军队还得服从命令听指挥，只得按照命令南下。从此，红五军团与中央红军分离了。

在返回草地的路上，部队的体质比以前更差了，一个个情绪低落，没精打采，沿途看到无数战友的遗体被青草覆盖着。我们营经过第二次折磨，又有许多战友献出了生命。

到达阿坝后的第二天，接到营以上干部到阿坝的喇嘛寺开会的通知。我想，这下准是朱总司令、刘伯承总参谋长给我们作指示。可到了会场，才知道是张国焘作"报告"。他拉开嗓门，哼哼哈哈地胡说一通，说什么红军长征失败了，毛泽东主张北上是"右倾逃跑"，毛、朱、张（闻天）是什么"机会主义"。张国焘还污蔑我们干部头上戴的小帽子是"机会主义的帽子"。红一方面军的干部是"机会主义分子"。他鼓吹要继续南下，到川康建立根据地，说什么这是"正确路线"，谁反对就要进行纪律制裁！

张国焘的无耻滥言和辱骂中伤，使我们的心更贴近党中央和毛主席。坐在我身边的罗教导员低声对我说："原来我们返回草地是他的主张呀！"会议结束，我们憋着一肚子气，回来后谁也不传达。

张国焘违抗中央指示，于 9 月中旬，擅自强令左路军以及原属右路军的第四军、第三十军再经草地、雪山南下，由毛儿盖、懋功、宝兴，向川康边境前进。

部队南下到了卓木碉时，张国焘奸心毕露。10 月 5 日，他非法宣布成立伪中央和中央革命军事委员会，并自封为主席。

我们听到这个消息后，火冒三丈，怒不可遏，部队对张国焘反党行为的不满和对抗情绪越来越强烈。有的干部和战士主张，我们红五军团离开张国焘，单独北上；有的说：“如果张国焘不允许，就跟他拼了。”也有人抱怨党中央，北上时不应把我们留下。

正当部队思想很混乱的时候，一天下午，朱总司令到了我们军团，召集营以上干部开会。在一阵热烈的掌声后，朱总司令亲切地向大家问候，接着总司令说：“现在党中央、毛主席已经北上，到达陕北与陕北的红军会师,取得了很大的胜利,这是一条正确的路线。有的主张南下，这是条绝路。现在许多事实已经证明了这一点，但是有人还在坚持错误，对于这个原则问题，我们必须坚持斗争，对有些同志要多做工作，不能太性急。……”朱总司令特别指出：“要相信绝大多数的同志是拥护党中央、拥护毛主席的，坚持错误路线的只是极少数。”他要求我们红五军团指战员，在这个困难时刻，不要扩大矛盾，更不能蛮干，要顾全大局，讲究策略，团结大多数，争取胜利。总司令的一席话，说得我们心里亮堂了，脸上露出了欣慰的笑容。大家决心按总司令的指示去做，战胜眼前的困难。

张国焘自立伪中央后，毛主席和党中央其他领导同志对他采取了正确的党内斗争方针。但是，张国焘一再拒绝党的批评、帮助和挽救，坚持错误，继续率领红四方面军主力南下到天全、芦山一带，去开辟“川康根据地”。部队连续打了败仗，只好退到川康西部地区。那里气候恶劣，人口稀少，非常贫苦，部队无法得到给养，人员一天天减少。

遭到惨败的张国焘贼心不死，继续推行其分裂主义路线。他为了控制红五军团，经过精心策划，对红五军团进行了“组织调整”：派亲信黄超替换军团代政委曾日三的职务；把三十九团与红四方面军的一个团对调；又命令我三十七团远离丹巴，进驻牦牛街，去扼守一座离牦牛街 70 里外荒凉的雪山——大炮山。在那里，我们团度过了三四个月吃糌粑、卧冰雪的生活。

这时，李屏仁团长已调任军参谋长，吴克华任第三十七团团长。为了减少部队消耗和疲劳，吴团长布置团里三个营轮流去担任大炮山的警戒，团里领导也作了分工，吴克华团长负责我们二营。一天，我营正在警戒，六连阵地突然遭到敌李抱冰部一个团兵力的袭击。我立即带领第四、第五连前去增援。在增援途中，一股敌人又从我营背后袭来。在前后受敌的情况下，我当即指挥五连回头反击，死死地压住敌人，四连继续增援六连阵地。经过一番激战，打退了敌人的进攻。

在那段时间里，没有饭吃是最困难的一件事。有几个月时间，我们吃不到粮食，只好靠挖野菜、采野果、剥树皮来充饥，还把老百姓未成熟的梨子买来吃。病号一天天多起来，部队一天天减员。就在这时，我患了重病，整天发高烧，住在医院里。说是住院治疗，但既无药，又无粮，只有靠红军指战员的坚强意志与疾病作斗争。有一天，护士给我送来一碗稀饭，这使我感到非常意外，医院断粮好多天了，哪里来的稀饭呢？我推辞再三不肯吃，最后还是被护士说服了。我吃了以后，顿时觉得手脚有了劲，烧也往下退，没过几天，我就出院回部队了。说来真叫人难以相信，那碗稀饭竟有那么大的作用！

1936 年 1 月，红四方面军第三十三军并入第五军。经过整编，原第五军的部队编为第十三师，原三十三军的部队编为第十五师，各辖两个团，只配师长、政委，但均未建师部，直接归军指挥。

这时，原在滇黔境内围堵红军的国民党军第二纵队周浑元部入川，与四川军阀刘湘配合，疯狂地向我压过来。张国焘无计可施，命令部队在芦山、百丈一带硬拼了一阵之后，便毫无目的地撤退。南下的部队多次遭受损失，付出了很大的代价。在血的事实面前，红四方面军的广大指战员越来越清楚地看到，张国焘的南下路线是没有希望的，只有北上，到党中央、毛主席身边，才是唯一正确的道路。大家纷纷要求北上与中央红军会合，共同抗日。

节选自饶子健：《从战士到将军的征程》，江苏人民出版社1992年2月第1版，第47—53页。

饶子健，1909年生，湖南浏阳人。1926年参加革命，1927年加入中国共产主义青年团，1930年参加中国工农红军，同年转入中国共产党。红军长征时任红一方面军第五军团十三师三十七团营长，红四方面军第五军三十七团营长、三十九团参谋长。新中国成立后，曾任陆军第三十军军长、华东军区海军第六舰队司令员兼政治委员、江苏军区副司令员、上海警备区司令员、南京军区副司令员等职。1955年被授予中将军衔。2000年在南京逝世。

懋功会师后的艰辛历程

曹里怀

1934年10月，中央红军开始长征，那时我在红五军团任参谋长。红五军团奉命担任后卫，掩护红军主力从湘江突围。

后来中央的同志大都分散到红一、红三、红五、红八军团，刘伯承同志到红五军团当参谋长，我改任作战科长。那时的干部确实做到了干工作不讲价钱，能上能下。当时刘少奇、陈云同志也曾在红五军团。到四川后，陈云同志到共产国际去介绍红军情况，离开了红五军团。遵义会议以后，这些负责同志都回中央去了。这中间陈伯钧、周子昆都被任命过参谋长，但都未到职，以后我又当参谋长，同红四方面军会合时我还是红军团参谋长。

1935年6月间，红一、红四方面军在懋功胜利会师。22日晚，中央红军和红四方面军的部队举行联欢，庆祝会师的胜利。中央领导人出席了会议，毛泽东、朱德等在会上讲了话。“讲话”指出，红一方面军和红四方面军会师粉碎了蒋介石各个消灭红军的狂妄计划，打击了国民党军的反动气焰，鼓舞了全党、全军和全国人民的胜利信心；两军会师，壮大了红军的力量，为中国革命和革命战争的胜利发展，创造了十分有利的条件。

6月26日，中共中央在懋功以北的两河口举行政治局扩大会议，出席会议的有张闻天、毛泽东、周恩来，朱德、博古、张国焘、王稼祥、刘少奇、邓发、凯丰以及刘伯承、李富春、林彪、彭德怀、聂荣臻、林伯渠等。一致认为红一方面军、红四方面军会合后，继续北上，创建川陕甘根据地开创新局面是有可能的。这就确定了继续北上的战略方针。

两河口会议是一次重要会议，它正确地分析了中央红军同红四方面军会合后的形势和川陕甘、川康边的实际情况，确定两军共同北上，在川陕甘创建报据地的战略方针，为两个方面军会师的行动指明了正确的方向，这对中国革命和革命战争的发展，具有重大的指导意义。

可是，红四方面军的主要领导人张国焘不赞成北上，主张南下，在阿坝草地建立根据地，成立阿坝苏维埃政府，那里人烟稀少，根本立不住脚跟，成立苏维埃有什么用呢？

中央三令五申催促张国焘率军北上，他故意拖延，迟迟不动。9 月初，张国焘致电中共中央，公开反对党的北上方针，并接连电令部队停止北上，准备南下，毛泽东同志看了电报，识破了他的意图，就决定率领右路军中的一方面军主力先行北上，并发出《中央为执行北上方针告同志书》。同时致电张国焘："中央认为北上方针，绝对不应改变，左路军应迅即北上。"一方面军走后，张国焘率领的左路军中有朱德总司令、刘伯承总参谋长，还有红五军团、红九军团（此时，已分别改为红五、红三十二军）。

当时，我们已到了噶曲河畔，我与军团长董振堂商量，我们也走，北上去。但是走不了，张国焘派了一支主力部队红三十一军跟在我们后面，在噶曲河边上，那时涨大水，说是过不去。一计算粮食，还差一个星期，怎么办呢？我只好带一个班去找牛羊，找粮食，那时少数民族地区很复杂，国民党挑拨少数民族同红军的关系。粮食很不好找，在回来的路上还遭到了敌人的袭击，敌人把我们围在一个小山上，幸好我们部队的同志听到枪声及时赶到，才把敌人打跑，粮食没有搞到，没有办法，只好回去。本来我们已过了雪山草地，后来还得再过一次。

一方面军开始北上后，张国焘擅自率军南下，公开分裂党、分裂红军。中央北上进至俄界地区后，于 9 月 12 日召开政治局会议，严厉谴责了张国焘的错误行径，警告他："南下没有出路！""南下是绝路！"他执意不听，继续顽抗，反诬中央北上方针是"右倾主义的逃跑路线"。并召开了会议，作出了反党决定，颁布了《大举南进政治保障计划》和南下命令。宣布另立"中央"，公开闹独立、闹分裂。由于张国焘的反党罪恶活动，分散了刚刚会合的红一、红四方面军的力量，破坏了党的统一和团结，极大地削弱了党和红军北上创建抗日根据地和推动全国抗日民主运动的力量，给中国革命事业造成了重大损失。

红四方面军南下以来，部队伤亡很大，1936 年 1 月，张国焘把在四川成立的红三十三军并到红五军。除董振堂军长留任外，原红五军团的主要领导人大都调走了。也许是红四方面军缺参谋，就把我调到红四方面军总部任一局（即作战局）局长。

到了作战局，当时斗争的内幕就比较清楚。作战局下面有个机要科，那时总部与党中央及各个军来往电报都要通过机要科。机密的东西我能知道一些。

从阿坝草地南下以来，我心里一直想着北上。有一天，我在一个喇嘛寺里看到了红一方面军留在红四方面军的同志，记得有郭天民、张宗逊。他们知道我当了一局局长，了解情况，于是问我知不知道内情，究竟会不会北上。我告诉他们，你们不要若急，我们总会要北上的，会与毛泽东同志会合的。

喇嘛寺里讲了那么几句，谁知竟有人告了黑状，惹下大祸，差点掉了脑袋。

张国焘、陈昌浩、李特知道我跟一方面军的人谈了一点情况，大为恼火。他们马上召开紧急会议，说曹里怀泄露军事机密，要研究处理我的问题，气氛相当紧张。这我是从机要员那里知道的。原来，有的机要人员跟我很好，他们去送电报给张国焘看，可以进入会议室，听到一些情况，就悄悄告诉我，说正在研究你的问题，情况很严重哩！我就说：

“你们再去送电报打听，”他们不断地送电报，把消息不断地告诉我。张国焘、陈昌浩、朱老总，徐向前总指挥、王树声副总指挥、李特参谋长都参加了这个会。

会上，不少人发言主张要杀我。后来，朱德同志出来说话了。他说，曹里怀就讲了那么几句，够不上反革命；他这小鬼我知道，井冈山时期就跟我们在一块，你有什么理由乱杀人呢？后来，会上作了决议，说曹里怀泄露军事秘密，撤销一局局长职务，开除党籍。还在喇嘛寺开了我一个斗争大会，郭天民、张宗逊也一起挨了斗。参谋长李特这家伙非常坏，他是从莫斯科学习回来的，紧跟张国焘搞分裂的，他找我谈话，说我犯了很大的错误，要撤我的职，开除党籍，还要我自己写通报。以后，朱老总找我谈话，嘱咐我以后不要随便讲了。

撤职后，派我去四方面军“红大”当军事教员，我被撤了职，又开除了党籍，怎么又当起了教员呢？因为我有点资本，在瑞金学习过苏联那个《步兵战斗条令》，这里面有班的动作，排的动作，连的动作。红四方面军农民出身的干部多，打仗勇敢有经验，但文化不高。红军大学办在喇嘛寺里，那个时候的校长是何畏，广东人，后来叛变了。政治部主任是王新亭（解放后任副总参谋长、军事科学院副院长）。我就给学员讲单个动作，到班，排、连的军事要领。我满腔热情地投身到教学工作中，将在瑞金红军大学学到的军事知识和实践中总结出来的作战心得，毫无保留地传授给学员们。广大学员就给我反映到总部，说我教学有方。没多久，上面就决定恢复我的党籍。恢复党籍后又用我了，要我担任上级干部指挥科科长，还给了我马骑。红军大学还有一个科，叫上级干部政治科，科长是彭绍辉同志。我从少共国际师调出时，就是彭绍辉接任师长，以后少共国际师改为红十五军。李井泉同志是政治科的政治委员，我那个科的政治委员是周彪同志，原来是个团政委，建国后当过空军高炮指挥部司令员、空军顾问。1936 年 10 月，我率领全科 100 多人第二次过雪山草地。高厚良同志（原空军政治委员）、何正文同志（中国人民解放军原副总长）都是我们那个队的学员。那个时候粮食控制可严了！要过秤称，谁多吃一点要严厉处分，你多吃了，人家就要饿死呀！当时，我们是后卫部队，没有和敌人正面接触，只打过几次小仗。

我们这个干部队过了腊子口，经过同心城，直抵庆阳县，再到延安。我带的学员送到了中国人民抗日红军大学。我也就调到延安抗大，先后在第四队、第六队任队长。

选自军事科学院编：《英雄史诗丰碑永存》，解放军出版社1997年4月第1版，第513—517页。

曹里怀，原名曹李槐，1912 年生，湖南资兴人。1928 年参加中国工农红军，同年加入中国共产党。参加了湘南起义并随朱德、陈毅上井冈山。红军长征时任红一方面军第五军团作战科科长、红五军团参谋长，红军总司令部一局（作战局）局长，红四方面军红军大学上级干部指挥科科长等。新中国成立后，曾任中国人民志愿军第四十七军军长，中南军区空军司令员，广州军区空军司令员，空军副司令员、空军党委第三书记，中共中央委员，中央顾问委员会委员等职。1955 年被授予中将军衔。1998 年在北京逝世。

在红三十一军任参谋长的日子里[①]

李聚奎

1935年8月中旬，我们红一师进驻毛儿盖。一天，我去参加驻毛儿盖一、四方面军的干部联欢会，见到了党中央秘书长邓小平同志，他对我说："军委决定调你到红四方面军去担任三十一军参谋长，命令已经下来了。"

两天后，军委打来电话催我到职，适军团政委聂荣臻同志要到军委去开会，我也随他一同前往。在总部，我见到了周恩来副主席。那时周恩来同志很忙，但还是抽出时间来同我谈了话。周恩来同志说："两大主力红军会合，这是中国革命的一大胜利，但也出现了一些扯皮的事情，你到四方面军后，不但要把分内工作做好，更重要的是要顾全大局，搞好两军的团结。"当天下午，我就到红四方面军总指挥部报到了，陈昌浩政委当即把我介绍给三十一军的领导同志。

这时，两个方面军已编成左、右两路军，8月下旬开始北上，两路红军战胜了饥饿和沼泽，穿过茫茫水草地，右路军到达班佑、巴西地区，左路军已到噶曲河畔。按预定方案，左路军应向东与右路军靠拢，两路军并进甘南。此时正值秋汛，噶曲河水陡涨，本来就反对北上的张国焘便以噶曲河水涨为由，强令红四方面军部队掉头南下返回阿坝。

① 题目为编者所拟。

9 月中旬，左路军的第五军、第九军、第三十一军、第三十三军和右路军之第四军、第三十军在不明真相的情况下，执行张国焘的命令，分别由阿坝和包座地区南下。不久，南下部队编成左、中、右三路纵队，我们三十一军九十三师和第三十军的八十八师、第九军的二十五师为中纵队，由四方面军副总指挥王树声同志任司令员，三十军政委李先念同志任政治委员。10 月间，部队到达大金川东北的卓克基地区。一天，王树声同志找我谈话，他说："中纵队司令部准备和你们三十一军司令部合并，军长余天云调到红军大学去学习，由我兼三十一军军长，王维舟同志任军参谋长，你当副参谋长。"并通知我去参加当天晚上总直属队召开的全体党员大会。会议地点是在一个大喇嘛庙里，到会人员除方面军总部的负责人外，还有挑夫、马夫、炊事员等勤杂人员。会议由张国焘主持，整个会场乱哄哄的。我进入会场后，就和李井泉同志（我俩在中央苏区时就认识）同坐在一个角落里。会议一开始，四方面军政委陈昌浩讲话，他一开口就说："自从毛周张博率一方面军单独北上一个多月来……"我一听一方面军单独北上了，心头不由一阵紧缩，就和李井泉同志悄悄地议论："党中央北上了，红一方面军北上了，那就说明红四方面军这次南下是有问题的。"不久会场上出现了一阵骚乱，各种叫喊声混成一片。原来是有人要朱总司令站出来发表一个反对毛泽东同志的"声明"。只见朱总司令从容不迫地站了起来，对大家说："毛泽东、周恩来等同志率军北上，这是党中央的决定。至于你们要我发个声明反对毛泽东，这是绝对不可能的。因为从井冈山斗争开始，不但全中国知道朱毛红军，就是全世界也知道朱毛红军……"朱德同志的话音刚落，有一些人就围攻他。刘伯承同志见他们围攻朱总司令，就说："现在不是开党的会议吗？你们怎么能这样对待朱总司令！""火力"就又转到刘伯承同志身上了。会议在张国焘的操纵下，通过了"决议"，污蔑北上红军是"右倾逃跑"、"机会主义"。过后，就听说张国焘自称"主席"，另立"中央"。

那次会议结束时已是深夜，当晚我没有回三十一军军部，而是和李井泉同志在一个喇嘛庙里，睡在地板上，我们两个人合盖着一条毯子，一夜没有合眼，都为党和红军的前途担忧。

1935 年 10 月 20 日前后，南下部队发起绥（靖）崇（化）丹（巴）懋（功）战役，击溃杨森、刘文辉六个旅，俘获人枪各 3000 多，占领懋功、丹巴两城及其他一些地方。接着，又南越夹金山，向宝兴、天全、芦山守敌发起进攻。当时我军虽然在军事上取得了一些胜利，但是所控制的懋功、丹巴、天全、芦山地区多为汉藏族杂居区，人口稀少，物产不丰，粮食、被服补给极为困难。

就在张国焘偏安川康边的时候，蒋介石调集薛岳所部和川军压了过来。我军苦战近月，伤亡甚大，部队陷入了极为被动的境地，特别是百丈一战，我军损失更大。

11 月中旬，我军攻下百丈镇后，继续推进受阻，敌人则以优势兵力向我反扑。一天晚上，副总指挥兼三十一军军长王树声同志令我把三十一军直属队带到百丈后面十几里的一个村庄待命，又令王维舟参谋长在百丈镇负责前送弹药和后送伤员。第二天战斗打响后不久，伤员剧增，王维舟同志给我打来电话说："请你来帮帮忙吧，伤兵太多，我一个人搞不赢啦！"放下电话，我带着通信员骑上骡子就赶到百丈镇。王维舟同志的指挥所设在一家铺子里，我一进去他就对我说："后面山上发现了土匪。"我心想：土匪算个什么，就说："打掉他！"

正在这时，"嗡——"一阵引擎声越来越响，几架飞机呼啸而来。"情况不对，土匪哪里来的飞机！"原来王参谋长说的"土匪"实际上是他对敌人的一种习惯称法。"敌人上来了！"我的通信员在街上大声喊着，我出门一看，只见一股敌军插到了百丈镇街口。这时我们身边没有部队，我急忙跑到隔三四座房子的四军十师政治部，那里也都是机关人员，于是我同王维舟同志仓促地撤了出来。敌人占领了百丈镇，并对我们穷追不舍。

我们出镇约一里多路，我找到了三十一军教导队，把敌人顶了一下，才阻止了敌人的追击。敌人占领了百丈镇，我们来不及转移的枪支弹药丢在那里。为了夺回百丈镇。我们即请后面的红四军军长许世友同志赶快派队伍来，趁进占百丈镇的敌人尚未站稳脚跟，将其消灭。不一会儿，四军的一个团上来了。王维舟同志向我介绍了带队的指挥员说：“这是四军十师的副师长陈锡联同志。”我把敌情向他作了介绍，并建议以一个营从正面反击敌人，两个营从敌人的左侧进行侧击。善于猛打猛冲的陈锡联同志一捋袖子：“冲过去，打！”一团人呼啦啦地向敌人压过去，像赶羊似地把敌人赶跑了。我带教导队的一个班也跟着冲进街巷。

回到原来驻的地方，只见这里已被敌人洗劫一空，枪支弹药已全部丢光，就连王树声同志的两个背篼也被翻得底朝天，文件撒了一地。我叫战士们赶紧清检文件，居然一份不少。在查点文件时，我发现了一份尚未发出的张国焘准备北上过草地的计划。

百丈一仗，虽然给敌人以重大打击，但我军也伤亡近万人，最终还是丢掉了百丈。敌人则集中大批兵力将我军压在天全、芦山、宝兴一带。与此同时，不断传来党中央率领的一、三军团到达陕北，并连续取得重大胜利的消息。广大指战员看到了党中央北上的胜利，逐渐认识到中央北上方针的正确性，要求北上的呼声越来越高。张国焘迫于各方面的压力，不得不承认“长期停留在川康地区是不利的”。

1936 年 3 月，部队重新北上，第三次翻越白雪皑皑的夹金山，经懋功、丹巴，过党岭山，到达道孚、炉霍、甘孜地区。7 月，同红二方面军会师。在二、四方面军举行的甘孜会议上，朱德、刘伯承、任弼时、贺龙、关向应等同志同张国焘进行了坚决斗争，迫使张国焘撤销了伪中央，同意二、四方面军共同北上与中央会合。

1936 年 10 月，红二、四方面军穿过草地，越过天险腊子口，到达甘南的岷州。

部队到达岷州后，陈昌浩政委要我（王维舟同志早已调走，我任军参谋长）带九十三师以急行军抢占位于西安至兰州间道上的通渭县。西安之敌胡宗南率部赶到甘南，企图拦阻我三大主力红军会师陕甘。我九十三师抢占通渭的目的有两个：一是阻击西进之敌，二是与一方面军接应部队取得联系。

我带领九十三师昼夜奔袭，走了两三天赶到了通渭，消灭了敌军鲁大昌部的一个营，占领了通渭，打通了会师之路。

一天，有个便衣通信员骑着毛驴送来了一封信，我拆开一看，原来是红一方面军为迎接红二、四方面军，由庆阳方面派到界石铺的一个先遣支队在 9 月 1 日写给四方面军的联络信，落款写着红一方面军先遣支队，没有署具体人名（全国解放后，我听杨勇同志说，这封联络信是他写的）。

我接读来信，高兴得几乎要跳了起来，当即给红一方面军先遣支队写了回信。回信的内容是这样的：

驻界石铺的红一方面军先遣队负责同志：

你们九月一号来信收到，我们早已闻你们到界石铺并闻有来通渭讯，故悬望数日，至今始接到来信，不胜欢迎！

亲爱的同志们，主力红军大集西北地区，这无疑的是领导和推动全国革命的中心。

目前甘南敌情，王均在天水礼县西和一带。最近我军一部占领了威县续向徽县推进。鲁大昌被我军围困于岷城一月有余，毛炳文在陇西城及其附近。我军也有一部监视中。其余如你们所知。

致以

胜利的敬礼！

廿二日夜于通渭

这封由我起草并署着我和九十三师师长、政委名字的信，是在全国解放后，中国革命历史博物馆的同志把它复印后送给我看的。至于从杨勇同志写信到我回信相隔时间达 21 天之久，其原因大概是送信人在路上耽搁了。

接到红一方面军先遣部队的来信之后，又接徐（向前）陈（昌浩）来电，要我们派一个团到界石铺与一方面军取得联系。我们当即决定由师政委叶成焕同志带二七四团前去。下午召开了全团连以上干部会，大家听说马上就要同一方面军会师了，一个个喜形于色，非常高兴。谁知在二七四团准备出发的当天晚上，突然接到四方面军总部的电令，要九十三师星夜赶回岷州。我们看了电报，不知道刚刚从岷州来，为什么又要我们回去？

我们按照命令，又是几天急行军，赶回岷州。路上遇到下大雨，黄泥路又粘又滑，战士们淋得一身水，滚了一身泥，病号急剧增多，部队情绪也很低落。我们给总部发电报请示：是什么原因要部队返回岷州？我们应当如何向部队进行解释？但一直得不到回答。我们回到岷州和三十一军军部会合，两天后，又接到命令，要九十三师再次抢占通渭，我们又日夜兼程向通渭县进发。过后我才知道，原来是张国焘想把部队拉走，绕道青海，西渡黄河去新疆，后因过不去黄河，才不得已又返回岷州，并又令九十三师再度抢占通渭。

1936 年 10 月，三大主力红军终于在会宁地区胜利会师了。我从离开一方面军后，经常想念首长和战友们，长时间眼巴巴地盼望着会师。可是，我却没有看到会师的热烈场面。

我在第二次到通渭后，由于连续冒雨行军，过度疲劳，一下子病倒了。一连几天高烧，昏迷不醒。医生看后说病得厉害，不迅速诊治会有危险。可是军卫生部药品奇缺，部队还要执行任务，无法保证治疗。萧克军长立即派司令部管理科长陈增连同志，带一个排连夜用担架抬我去四方面军卫生部找苏井观部长治病。我躺在担架上昏昏沉沉，不知过了多长时间。有一天我醒过来问身边的同志:“我们现在到什么地方了?”他们告诉我说:“我们已经过黄河两天了。”原来我们一行在黄河边上赶上了正在渡河的四方面军总直属队，就跟着过了黄河。

节选自李聚奎:《李聚奎回忆录》,解放军出版社1986年9月第1版,第157—165页。

李聚奎，原名李新喜，1904 年生，湖南安化人。1928 年参加中国工农红军，同年加入中国共产党。红军长征时任红一方面军第一军团第一师师长、红四方面军第三十一军参谋长。新中国成立后，曾任解放军第四野战军司令部副参谋长，东北军区后勤部部长，解放军后勤学院院长、政治委员，国家石油工业部部长，解放军总后勤部政治委员，高等军事学院院长，中央军委委员、顾问，全国人大常务委员会委员，中共中央顾问委员会委员等职。1958 年被授予上将军衔。1995 年在北京逝世。

草地惊变

王泉云

1935 年 6 月，红军一、四方面军在四川省西北部雪山深处的懋功地区会师，然后准备过草地北上。8 月，两个方面军的红军又混编组成左路军和右路军，分路准备粮草北进。我当时是红四方面军总部的警卫战士。两个方面军混编后，我仍在张国焘所在的左路军总部，原红一方面军的朱德总司令、刘伯承总参谋长等领导也随红军总司令部编入左路军，与张国焘等人一同指挥左路军行动。我被安排为刘伯承的特别警卫人员，照顾其衣食、起居、安全等。

张国焘分裂中央，两将领沉着应对寻良策

1935 年 10 月初的一天，总部通知刘伯承去开会。还未来到会场，就见四周全副武装的岗哨神情严肃地站了好几层。我预感到可能有啥子重要事情发生，于是问:“总参谋长，今天这样子，有啥重要事情哟？”刘伯承没有回答。

来到当作会场的寺庙前，刘伯承下马径直大步地走了进去，根据规定，首长开重要会议，警卫人员是不能进入会场内的，我只好在外面拴马处等着。在外等候的时候，又有不少首长来了，如朱德总司令、董振

堂军长、徐向前总指挥等等，他们个个神情严肃，匆匆忙忙。

大约过了一个小时左右，就听得会场内闹喳喳的，外面的岗哨听见里面吵闹，都把钢枪握得紧紧的。又过了一会儿，就听见里面有喊口号一样的声音，仿佛是：反对啥子北上逃跑……打倒××××，拥护啥子主席，打倒××吃大米……听到这些，我也紧张起来，同时本能地用右手握住盒子枪手柄，以预防意外事情。一会儿又听到寺庙内鼓掌的声音，我担心会拉几个人出来杀头示众，因为过去在遇到这类事情时，张国焘一般都会拉几个人出去杀头的。

我的担心不是没有道理。大约过了两三个小时，开会的人陆续出来了，我看见有几十个人特别是原红四方面军的高级将领，个个喜笑颜开，好像打了胜仗一样，一边走一边说。在走出寺庙的人员中，我急切地盼望刘总参谋长出现，好一会儿才盼到了一个熟悉的身影，他依然戴着眼镜，背着那个牛皮文件包和驳壳手枪，但神情似乎比早上进去时还要严肃，在他后面的红军总司令朱德以及董振堂、陈伯均、彭绍辉、郭天民等也好像受了批评一样，内心不快。

这样的会开了两天，天天都吵吵闹闹，很不和谐。

在开会的日子里，我们不能同首长接触。会议结束时，各位首长都准备赶回驻地，我见刘总参谋长走出会场，急急起身将马牵了过去，刘总参谋长依然一脸严肃，不说一句话，骑上马就往驻地赶，走得比来时快得多。

后来几天，刘总参谋长始终不快的心情和特别严肃的表情，让我放心不下，于是想是不是与9月中旬发生的事情有关呢？那一天，送总参谋长去一个寺庙开川康省委扩大会议，也叫“阿坝会议”。当时周围岗哨林立，我在外面，但一看会场上的气氛，就知道两个方面军会师以后，由于种种原因扯扯绊绊。果然不出所料，会场内一片“打倒×××、声讨×××”的声音此起彼伏。在此之前，我知道一方面军中有个毛泽东主席、周恩来副主席，张闻天是党中央总负责人。那天，我好像听到会场内在高呼打倒这些人呢，过去曾听说这些人物如何如何好，今天怎么突然变了呢？后来，总参谋长找我谈话，他说：“小王，目前有些事情难以琢磨，现在上面意见发生了分歧，你若听到什么请及时向我报告，我这里的情况向别人透露不得。”“总参谋长，别人向我问到你的情况时，不晓得该咋个说呢？”我问。刘伯承说：“首先不用紧张，天塌不下来的。”然后又说：“平时咋个工作就咋个说。如果五军团、九军团、总司令部的人来，或者我去他们那里你就更不能说了。”我听到总参谋长这么一说，知道他可能处境有些不妙，当即向他保证，决不乱说一个字。

第二天，朱总司令果然来了，我端上奶茶，让他与总参谋长摆谈，自己就在门外站岗警戒，我先在屋前屋后查了查，两位首长在屋里的声音外面根本听不见，于是便在最里面的一道门上站岗警戒，还负责端茶递水。当时，朱总司令对我不太放心，示意我离远点，我知趣，退到了门外。

在门外，虽然两人谈话的声音较小，但我还是听得见，刘总参谋长首先开口了:“这个张总政委太不像话，昨天开会反对毛泽东、周恩来、张闻天北上，又排挤一方面军的同志，总司令，你得想个办法呀！”“对呀，正是为这件事，我今天来找你交换意见。我有一个前提，北上方针不能反对，中央开会时我是举手赞成的，他张国焘也是举手赞成的。但是现在有个问题弄不清楚，毛泽东、周恩来他们北上，人家说是右倾逃跑，分裂红军。”两位首长反对张国焘强加给毛泽东等人头上的罪名，他们相信红军只有在毛泽东主席领导下才有大发展。我清楚地记得总司令说：“要想法获得张国焘的秘密文件，弄清毛、周、张率军北上的真正原因。”但刘伯承说：“这确实是一件难事，张国焘对一方面军的人防了又防，绝密文件是看不到的。”我知道在两军混编后，张国焘收了红军总司令部的电台，使得两位首长无法与毛泽东取得联系。

朱总司令走后，刘总参谋长问我两人的谈话听见没有，我说听见了，他再三向我说，军机大事，走漏不得半点风声，否则有生命危险。我牢牢记住刘伯承的话，不吐半个字实情。

想起这些事情，更加感到事态的严重性。这些天，已有部分原一方面军的同志被抓了起来，罪名是不反对毛、周、张北上。我真为刘总参谋长和朱总司令的安全担心，于是对刘总参谋长说："首长，你要小心哟，部队里发生了那么多抓人杀人的事情。"刘总参谋长连抽了几支烟后说："张国焘虽然过去是你们的老领导，建立川陕苏区立了功，但不能看不起中央，看不起红一方面军。中央红军能打到今天这个局面，中途遇到的艰难是难以尽说的。遵义会议后中央恢复了毛主席的领导地位，革命才转危为安，从一个胜利走向另一个胜利。"接着他说："一、四方面军的矛盾，完全可以坐下来协调解决。何必搞个第二'中央'。那天，我在张国焘召开的川康省委会议上顶了张国焘等人，今天，他宣布成立第二中央开除毛泽东、周恩来、张闻天等人党籍，要我表态，我和朱总司令反对他自封的伪中央。"刘伯承越说越生气。

我越来越感觉到了刘总参谋长处境的艰难，一方面，总部对刘伯承总参谋长的警卫加强了；另一方面，不断有人向我打听刘伯承的情况，除新增的警卫向我打听外，张国焘的秘书黄超，还有李特等人也来打听。事后我把这些情况向刘总参谋长作了汇报，他点头表示满意。

但是，无论怎么说，刘总参谋长几次在高级干部会上顶撞张国焘等人结局不会太好。张国焘是个心眼非常小的人，过去就有曾中生、许继慎、旷继勋等人顶撞他而惨遭杀害的事发生。果然没过几天，刘伯承被张国焘撤去了红军总参谋长的职务，调入红军大学任校长，刘伯承失去军权后，心里憋了一肚子气，他常自言自语地说："不就是不赞成张国焘的南下路线，反对他成立第二'中央'，反对他批判毛泽东、周恩来、张闻天的北上路线嘛。"后来，听说为此事朱总司令还据理力争过，张国焘也让朱德靠边站，让他当个空头司令，不让看文件，不让参与重大事情的决策，不让做事情。张国焘还派人制造事端，然后让总司令来解决，给总司令以难堪。

众将领出谋北上寻找毛泽东，总司令竭力制止绑架张国焘

张国焘成立第二“中央”后，原红一方面军的同志受到的打击更大了。红四方面军经常将红一方面军的将领抓去开批判会，进行所谓的洗脑，让其交代揭发“北上逃跑路线”的错误。还派人在红一方面军中大力宣传张国焘南下的好处，揭发红一方面军干部的“罪行”，弄得人心惶惶。

1935 年冬天，红四方面军在天全、宝兴、百丈关地区同十倍之强的国民党军队作战。当时张国焘提出：攻下百丈关，消灭蒋介石的中央军和川军，打到成都过大年。刘伯承根据敌我力量的对比和百丈关的地形特点，认为红军不宜在平原地带与数十倍于己的敌人展开决战。张国焘很生气，大骂刘伯承：“动摇军心者斩。念你是南昌起义的参谋长，否则我毙了你。”事实如刘伯承所预料，百丈关之战不但未实现到成都过大年的计划，反而损失了约一半的红军将士。张国焘见百丈关一战七天七夜损兵折将这么多人，不得不改变计划向西撤退，部队不得不进入道孚、炉霍、甘孜等地的深山密林和草地。

俗话说，官逼民反。在张国焘的专制下，左路军中的原红一方面军中的将领经常找朱德总司令、刘伯承校长述说苦衷，我记得，李伯钊、董振堂、陈伯均等人都来找刘伯承述说心中的不满与怨愤，纷纷要求朱德总司令和刘伯承拿主意，脱离左路军，北上寻找党中央毛主席。刘伯承认为这件事一定要获得朱总司令的支持，请朱德总司令挂帅才行，因为他是左路军的二号人物，他的话一言九鼎，即使是红四方面军的人也

不敢反对。

一天下午，刘伯承让我骑马去红军总司令部通知朱德交换修改红军游击战的文稿，当朱总司令一路飞奔来到红军大学附近草地的小丘上时，刘伯承校长已等候多时。当时，刘伯承手下没有兵，就由朱德的警卫人员来警戒。朱总司令猜测到刘伯承要“修改文稿”的意思，然而秘密的东西是不能让别人知道的，所以他将警卫战士警戒的范围放得远一些。而刘伯承之所以把和朱总司令交换意见的地点选在空旷的草地上，也是为了防止监视。红军大学的学员大多数是原红四方面军的中高级将领，这些将领多数是张国焘手下的人，他们一方面学习军事，一方面监视刘伯承等人的言行，这些情况，我心里十分清楚的。

朱总司令很快就浏览了一遍文稿，刘伯承抓住时机向朱总司令陈述自己的想法：“目前，我们日子不好过，处处挨整受排挤，原一方面军的中高级将领分别找我谈了他们的想法，准备打到北方去寻找党中央、毛主席。请你作个定夺，作个统率，具体行动我可以想办法。”朱德听罢，两腮微颤：“伯承，告诉队伍，万万不可感情行事。目前，我们原一方面军的人加起来已不足1万人，人家仅正规军就有10万人，还有6万后勤保卫人员，武器比我们强，个个都强悍精壮，打过不少胜仗的，我们怎么斗得过人家？！本来嘛，红军是一家，你们这样做，对谁都没好处，人家肯定不会放你走的，假如你一定要走，肯定会内乱，这样的结果只能让蒋介石高兴……这样的事干不得，干不得。”朱德连连摆手，“现在，无论他张国焘咋个搞，但红军还是共产党的队伍，自己人不打自己人，留得青山在，不怕没柴烧。”接着朱德又说：“五军团和九军团的同志千万走不得，不然后果不堪设想。伯承啊，我们越是艰难的时候，越要冷静，从大局计议，既要团结四方面军的同志，又要设法粘住张国焘，使红军南下过程中尽量减少人员伤亡，为革命保留火种。”总司令再三劝阻不要单独北上，他说，“我的马丢失了，警卫人员被张国焘的秘书黄超全给我换了，安上张国焘的亲信，实际上是接受审查，也就是想通过警卫寻找我的罪证，结果一无所获。我虽然受别人的监视和控制，但我不计较这些，主动找张国焘研究工作，树立我的红军总司令形象与威信，目前红军还需要总司令这面旗帜。”

刘伯承思索片刻，说：“北上与南下的行动已成鲜明的对比，张国焘说中央率一、三军团北上，不会拖死也会冻死、饿死。然而党中央毛主席已顺利率领一、三军团到达陕北，还打了几个大胜仗，张国焘的错误论调不攻自破，所以五军团、九军团的同志纷纷要求北上。我也有这么一种想法，早日北上早打胜仗。”刘伯承还建议，如果带领五、九军团单独北上不行，干脆施个计谋，将张国焘抓起来，强行北上，以拯救红军，消灭敌人，打破蒋介石的“围剿”。朱德更为严肃地说：“作任何事情都不能操之过急。抓张国焘强行北上还不是时机，眼下四方面军中还有不少人听信张国焘的。换句话说，张国焘目前在红四方面军中威信最高，我们要多做他的思想工作，把四方面军将士的思想认识统一到北上路线方面上来，这才是上策。”

紧接着，朱德又询问刘伯承，假如要拉队伍走的办法和抓张国焘的办法，刘伯承一一作了回答，并拿出早就准备好的捉拿张国焘的实施方案。朱总司令接过方案看后笑着说：“不愧为智谋大师，但没到迫不得已时，不得这么做，毕竟我们要对红四方面军负责。红军是党的队伍，革命的军队,不是他张某人的队伍。”然后指示刘伯承立即将方案烧掉，以免张国焘抓住把柄，招致杀害的危险，并再三叮嘱刘伯承，忍得了一口气，等待时机，以图良策。同时，朱德还告诉刘伯承，贺龙、任弼时领导的红二六军团，目前正在翻越雪山向甘孜、阿坝方向前进，等与红二六军团会师后再谋北上寻找党中央、毛主席的计策。最后，刘伯承完全答应了朱总司令的建议先忍为妙，以利团结。他当场烧毁捉拿张国焘的计划方案。

俗话说，没有不透风的墙。这件事后来真的被反映给张国焘了，朱总司令和刘伯承被分别叫去向张国焘汇报。幸好，两位首长早就做了准备，朱德说：这是刘伯承撰写的在深山林区对敌作战的文稿。朱德拿出文稿："我正要找张总政委商量呢！"张国焘接过文稿翻了翻，没说什么，朱德就算过了关。而刘伯承被请进总部谈话时，也同样说两人是在研究修改游击战文稿，张国焘也就不再说什么了。事后，刘伯承让我去通知五、九军团干部到红大学习军事，秘密地传达了朱总司令的指示。劝其不要盲目行动，不要单独北上找党中央、毛主席，更不能绑架张国焘，劝其千万要冷静，顺其自然等待时机北上。朱总司令还利用各种机会去五、九军团安慰将士，劝其取消单独北上行动，取消正在准备中的绑架张国焘计划的实施。由此，再次避免了一场红军打红军的悲剧发生。张国焘也因此避免了一次被绑架捉拿或者被处决的危险，事后看来，终止绑架张国焘的行动是为了红军的团结和最后斗倒张国焘。

1936 年 7 月，任弼时、贺龙率领的红二六军团（即红二方面军）在甘孜与红四方面军会师后，红二方面军将领对张国焘的分裂错误进行了坚决的斗争，加之共产国际中共支部代表张浩从苏联回国到达陕北，支持毛主席的北上路线，张国焘自知理亏，不得不撤销他的第二"中央"，被迫同二四方面军一起北上。北上途中，张国焘的情绪极不稳定，朱德担心他对与他矛盾很深的刘伯承下毒手，便有意将刘伯承安排到红二方面军中由贺龙保护起来，使刘伯承最后安全顺利地到达了陕北。（刘邦琨整理）

选自《四川统一战线》2006年第8期。

王泉云，红军长征时为红四方面军总部警卫战士。

从我的亲身经历看张国焘的反党活动①

刘护平

1935年秋，左路军过草地时，红五军团担负着前卫的艰巨任务，我任军团保卫局侦察部长。走到噶曲河时，只见水深流急，先头部队在河的上下游都没有找到渡口，机关、部队就在河边休息，采野菜充饥。正在此时，突然传来命令“不过河了，要南下”，后来又听说中央、毛主席已率领红一、三军团北上了。部队回到阿坝，张国焘召开中共川康省委及红军中党的活动分子会议，会议在大喇嘛寺举行，由他的秘书黄超主持。张国焘首先讲话，说：“要反对毛、周、张、博的右倾机会主义，他们现在逃跑了，不革命了，想逃到苏联去搞武器。我们现在要按列宁的教导，在帝国主义薄弱的环节建立革命根据地，西康地区适应建立根据地。”当时朱总司令也在台上，我看见他一脸怒气，一言未发。我听了这些反党言论，很气愤，当即退出了会场。

这次会议后，张国焘把红五军团撤下来，夹在大部队中间，怕我们与中央联系，下令取消了红五军团的电台。

10月5日，张国焘在卓木碉（今四川马尔康县脚木足）非法另立“中央”。1936年1月，红五军军长董振堂任命我为红五军保卫局长。

我们到了丹巴县后，我在保卫局系统内拒绝执行张国焘的反党路

① 编者对原文个别地方有修改。

线，宣传党中央北上抗日的正确路线。2月间有一天，刘伯承总参谋长带了十几个警卫人员，由四川天全一带北上，路过丹巴，我在保卫局住房门口看见他，急忙迎上去，因在中央苏区时我们就认识，他见了我很高兴，立即叫他的警卫员从马上拿了一袋大米给我，我问他："有什么消息吗？"他悄悄地对我说："现在四方面军要北上，张国焘的伪中央也要取消了。"我听了后非常高兴，更坚定了我的斗争信心。

1936年3月间，黄超调到红五军任政治委员，他们经常召开反中央的会议，尽管他们一个劲儿地煽动，但红五军绝大多数干部、战士不为其所为，只有少数人动摇了，宣传部的宣传小队长因编了不少反中央红军的小节目，竟越五级提拔为红五军宣传部长。

1936年6月，红五军直属队搬到绥靖时，黄超开始把矛头对准了保卫局，视保卫局为眼中钉。他给我下了一道命令："查红五军保卫局存在着另一个政治路线,反党反'中央',进行小派别活动。为了执行'中央'的政策，特对保卫局长刘护平撤职查办，彻底改造保卫局"。落款是"政治委员黄超"。随后派人到保卫局翻箱倒柜，企图找到我反张国焘的罪证。紧接着，黄超又在绥靖召开连以上干部大会，会前强迫当地群众卖了一些小猪，通知连以上干部自带碗筷会餐，在会场搭了一个台子，并悬挂一横幅："肃清毛、周、张、博在红五军的右倾机会主义残余分子刘护平大会"。大会由五军政治部主任杨克明主持，黄超几次派人叫我去开会，我坚决拒绝参加这个会，说："我有病，不能出席这个会。"他们又改要保卫局执行部长钱益民上台去作检讨，他们认为钱益民检讨不深刻，黄超又亲自上台发表反党中央反中央军委的讲话，红五军没什么人发言,结果钱益民被判了半年徒刑,李杰良（执行部的科员）判了三个月的劳役。

会后，部队准备再过草地北上，我被周纯全派了四个战士押解着过的草地。到哈达铺时，周纯全写了封信，让四个战士把我押到张国焘那里。当时朱总司令也在场，张国焘看了信后，让人把我押到西北保卫局去（国家保卫局取消后改为西北保卫局）。我在西北保卫局休息了两天后，就开始挨斗了。在曾传六的指示下，由西北保卫局红军工作部长谢富治主持，每天纠集二三十人对我进行斗争，根本不讲任何道理，整天就是骂，骂我什么“取消派、改组派、反革命托派、毛周张博的右倾机会主义分子”，是“小脑壳”（当时中央红军戴的帽子比四方面军的帽子小）、“怕死鬼”等等，说我反张主席，要我作检讨，我始终不作检讨，我反问：“临时‘中央’不是取消了吗？！国家保卫局不是也改西北保卫局了吗？！现在不是又北上了吗？！我没有错误！”就这样，斗了我半个月之久，见没有什么结果，曾传六、谢富治到张国焘那里去汇报，说我顽固不化，不检讨，要开除我的党籍，判我死刑。当时朱总司令、刘伯承总参谋长不同意杀我，但说服不了张国焘。这时任弼时同志来了，说：“不能杀，他是农民出身，参加红军多年，他知道什么小派别活动呀？”这样，张国焘才没有坚持要杀我了。这些都是在到延安后，刘伯承总参谋长亲口告诉我的。

1935 年 9 月，张国焘拉部队南下，全军有 45 个团，约八万人。11 月到达天全、芦山、宝兴、名山地区后，因无法建立根据地，战斗频繁，部队饥寒交迫，疲惫不堪，迅速减员，四川军阀刘湘集中了 80 个团的兵力，防守雅安、名山、邛崃一线，两军形成对峙，展开激烈消耗战。在雅安、成都间公路上的百丈关，红军同敌人十多个旅血战七昼夜，歼敌 1.5 万人，自己牺牲上万指战员。1936 年 2 月，敌军六个师配合四川军阀的主力，向天全、芦山疯狂进犯，突破了红军的防线。2 月 11 日至 23 日，红军被迫撤离天全、芦山、宝兴地区，越过党岭山，向西康西北转移。3 月间，先后占领了道孚、炉霍、甘孜、瞻化等地，部队损失过半，只剩下 28 个团，四万多人。张国焘南下建立根据地的计划失败了，被迫北上。

部队在哈达铺休整了近半个月后，向甘肃会宁前进，这时党中央派陈赓带了一个师到会宁来迎接四方面军。我在会宁看到中央派来迎接我们的同志们，非常高兴，了解到了陕甘宁边区的许多情况，我决定到陕北去，不愿再待在四方面军了。我打听到西北局医务所要到陕北去，就向西北局保卫局长曾传六请病假，当时我确实有病，他开始不同意，要我随部队一起走，我坚决要求去治病，曾传六说："你要治病可以，但要取消你的警卫员和马。"当时我一心想去陕北，没有马也要去，这样我便到了医务所，那时的所长傅连暲，他对我还好，我有时坐担架，有时让马佚屈尚林同志扶我走，就这样克服种种困难，终于在 1936 年 12 月到了保安。

1937 年 5 月，在延安召开了中国共产党苏区代表会议。会上，毛泽东作了《中国共产党在抗日时期的任务》和《为争取千百万群众进入抗日民族统一战线而斗争》的报告，为即将到来的抗日战争在政治上、思想上作了重要准备，四方面军一部分"红大"干部列席了会议，我也列席了会议。在会议的最后两天里，开始批判张国焘，我以亲身经历，批判了张国焘的反党活动。

选自《江西党史通讯》1985年第5期。

刘护平，1910 年生，江西吉水人。1928 年加入中国共产主义青年团，1930 年转入中国共产党，同年参加中国工农红军。红军长征时任红五军团政治保卫局侦察部部长、局长。新中国成立后，曾任中共中央新疆分局委员、社会部部长，新疆维吾尔自治区公安厅党组书记、副厅长兼新疆维吾尔自治区检察院检察长，江西省人民检察院检察长、党组书记，江西省政协副主席等职。1985 年逝世。

在川康边

王宏坤

我们在芦花黑水一带住下后，多时不见上面来开拔的命令。当时也不知道是什么原因，把人急得团团转，六七千人要吃的，其中大部分是伤病员，有四方面军的、也有一方面军的。只有自己想办法。我们组织独立团的同志和凡是能动的轻伤员去挖野菜，捡青稞。当时青稞刚成熟，前面的大部队早就已经割了一遍又一遍。我们只得捡那掉在地下的，西南方面有一个反动土司控制的寨子，我们打下了，也搞到了一些粮食。但是，对一支7000多人的大队伍来说，也不过是杯水车薪而已。

除了粮食困难，大家挨饿之外，医药品更缺，加上水土气候不适，伤病员不断增多，一些同志伤势病势也不断加重。四军政治部主任洪学智也因患伤寒，发高烧，没有跟上部队，和我们在一起，他还算不错的，遇到了当地的一个喇嘛，给吃了两副药，慢慢好了。

同时，我们还不断遭到反动藏族土司武装袭击。大部队走了，留下掩护的只有千把人的独立团，以及我的一个警卫连，保卫力量不够。有一回，我七八十名伤员转移不及，被残酷杀害。

情况的确很严重，但上面却老不来前进的命令，急得人透不过气来，我连续三次向总参谋长刘伯承发报，要求赶快前进。还说，现状是既无粮又无药，健康人在转为病号，轻伤病号在转为重伤病号，重伤病号在不断死亡，再不走，伤病号将会死光的。但是一直没得到回复。现在看来，那时他们也没有办法，一切都是张国焘反对北上造成的恶果。

直到9月初，我们才收到上面来的一封电报，内容是说前面已过草地，在包座歼敌胡宗南部一个师。说得很简略。当时，我只粗略地知道这些。别的什么也不知道。

又过了七八天，突然又来了一封电报，要我找向南的向导，我感到很奇怪，心想这是怎么回事？怎么又向南？

找向导真难，附近的藏民由于不了解我们，早躲开了。好不容易找到了个带孩子的妇女，费了好大劲才动员起她找来丈夫。

后来，部队下来了，前面的是三十军。在洪学智那里，我见到了三十军军长程世才，问："怎么又掉过头来了？"程世才说：不知道怎么搞的。现在中央已经北上了。我心想，这是怎么回事？

大部队都下来了，往南开，我们还是走在最后，搞收容。这时，红军指战员已经是两次过草地，体力消耗太大，加上天下大雪，南下一路翻越大山，沿途都有倒下的战士。看到死的人太多。部队又转来转去，加上有的管理方法不当，动不动就训人，吓唬人，一些战士，特别是伤病员不愿走，有的往树林里钻，我们的收容工作很困难，好不容易才到卓克基。卓克基是一个比较大的镇子，还算比较富裕，我们在这里住了几天，补充了一点粮食。

张国焘公然另立"中央"、打出分裂主义的旗帜的消息，我是在离开卓克基时听说的。我听到消息时已比较晚。当时，我心想，怎么又成立了一个中央？中央也应该是全国代表大会选举，怎么能就这样成立了。这是搞什么？两个中央，一个连能有两个支部吗？心里有疑问、脑子里琢磨，但也不敢说。

在小金川流域的一个镇子里住了个把星期。听说前面攻下了天全、宝兴、芦山。我们继续向南跟进。

在那小镇子里，我第一次见到朱德总司令，他给我的印象是宽厚、仁慈、意志坚定，始终是情绪乐观，行军跟我们走在一起。跟着朱总司令的还有罗舜初同志，他当时是作战处长，行军作战安排的是他。

正是在这个小镇子里，我听说余天云被抓起来了。余天云同志原为三十军军长，后调任三十一军军长，不知张国焘怎么搞的，把他撤了，送入党校学习，余天云不满意，有情绪，在党校期间与地方干部闹了一场，张国焘又下令把他抓起来，由保卫局押着。

我对保卫局长曾传六同志说，余天云个性强、好面子，又有情绪，行军时要当心他自杀，要保证他的安全。曾传六说，我们会注意的。

后来，到懋功，那里有两道铁索桥，桥面很窄，不知怎么搞的，余天云掉到桥下河里淹死了。余天云有优点，有战功，他打仗很勇敢，他先后担任过连长、营长、团长，直至后来升任军长，他担任过十二师三十六团团长，对该团的战斗作风和战斗力培养有较大贡献。他有缺点，个性强点，与地方干部吵架不对，但毕竟是人民内部矛盾，而张国焘把他送保卫局关起来不是当作敌我矛盾处理，所以，他的牺牲完全是张国焘害的。

我们到达懋功（今小金）时，前面部队继抢占了天全、宝兴、芦山之后，正以主力东向名山，邛崃地区进击，我们遂继续向南跟进。这时已经是 11 月天气，够寒冷的，我们翻过大雪弥漫的大雪山——夹金山，又连续过了二道河，后来到达宝兴县，继续向芦山城进发，住到了芦山城外西面五六十里处的一个大村庄里。

我们住在这里时，前面正在进行百丈决战，百丈战斗是一场空前剧烈的恶战，打了七天七夜，我军共毙伤敌 1.5 万余人，自伤近万人。此后，我军开始转入防御。

记得我们住在那个村庄的时候，朱德总司令还在村里召开了一次高级干部会议。当时在后方的李卓然、何长工、傅钟等同志都参加了。我也到了会。会上，朱总司令公布了党中央从陕北来的喜讯。朱总司令说，毛主席率一、三军团到了陕北，一路很顺利，并和陕北红军一起，在直罗镇歼敌一个师，取得了重大胜利，朱总司令还传达了党中央的抗日民族统一战线政策，说要争取蒋介石抗日。还说，要张国焘取消他的伪中央，改为西北局。等等。

这时，我们的中心任务是巩固已经夺取的天全、芦山、宝兴、丹巴地区，发动群众，建立根据地，准备过冬。

为了便于发动群众，建立根据地，新成立了川康省委，以傅钟为书记。也成立了川康军事指挥部,任命我为指挥长,参谋长为杨梅生同志。他原是五军团的一位老团长。我带了秘书陈学鹄到职，住在芦山城内。主要任务是发动群众，剿灭土匪，组织发展地方武装，如游击队、独立团等。

我们搞了两个多月，在苏区八个县内均拉起了地方武装，每县有游击队三四百人、七八百人或千余人不等，指挥部直属有三个独立团，共 4000 余人，潘焱、唐凯、袁渊三个同志分别任团长。记得李迎希同志是其中一个团的政委。

由于在百丈决战中失利，雅安也没打下来，我军在天全、宝兴、芦山、丹巴附近一驻下，敌人就逐步围拢来，我们忙得不亦乐乎，经常到下面跑，到各地转，既作防御作战的准备，又作巩固根据地、维护社会秩序的工作。一次到天全,刚好遇到一股敌人散兵,企图袭击四军医院，我的警卫排及时投入战斗，当即歼敌一部，余下的被围在一座大庙里缴了械。为了扩大影响，俘虏一个也不杀，经过教育将他们全部释放，还给了点烟土。当时最讨厌的是被打散的国民党部队和土匪，那里山多、林子密，我们刚去，群众没有发动起来，敌人很容易躲藏，我们也很容易受到袭击。

天全、芦山地区的形势日益紧张，敌人集中了薛岳等部六七个师和川军主力，大举进犯。2 月底，我军计划向西此转移。至此，张国焘的南下方针完全失败了。

在向西北转移前，我被任命为方面军直属纵队司令员，负责组织指挥直属纵队的转移。直属纵队是临时组成的，方面军总部为了便于指挥，带了少数精干的工作人员走在前面，其余的参谋部、政治部、后勤部、卫生部等所辖机关人员，另有医院及七八千伤病员，都编为直属纵队，全纵队万余人，走在后面。

这次转移任务不轻，行进中间要翻越两座大雪山——夹金山和党岭山。而我们直属纵队又不比战斗部队，一般体质比较差，大多数是伤病员，如何保证全纵队安然通过雪山，就要动一番脑筋，并要精心组织准备。

我们进行了深入的动员，要求全体同志以坚强的意志，坚定的信心，战胜困难，经受考验，胜利通过大雪山。要求同志们发扬高度的团结友爱精神，互相帮助、互相照顾，要求各级干部和共产党员以身作则，成为克服困难、帮助他人的先锋模范。

在此基础上，我们又进行了充分的物质准备和组织安排，将所有的牲口集中起来驮伤病员，又准备了一些抬子，将伤病员分别编成连队，以责任心强的同志负具体责任，等等。

我们往夹金山方向行进，上回过夹金山，我们吃了苦头。夹金山高耸入云，山上空气稀薄，气候变化无常，不时有冰雹大雪降临，山风很大很猛。上一次是从北向南，这一次是从南向北，比上一回更艰难，因为风是对着吹，直往身上口中灌。过山顶得在上午 10 点之前，10 点之后，风将更大，体质弱的同志一口气转不过来，就会憋死。为了抢在上午 10 点前通过山顶，我们头一天下午黄昏时进到山下，住了一夜，第二天早晨三四点出发，向雪山山头迈进。由于组织得好，又有上次过雪山的经验，我们通过夹金山比较顺利。

过了夹金山，我们顺小金川，向丹巴、道孚方向前进。前面又是党岭山，党岭山更高、更陡、更险，气候更恶劣，更难通过。我们也是半夜上山，天亮时接近山顶。但因大雪铺天盖地根本找不到路，问向导，向导也没法判断。山下是悬崖，稍有不慎，就会栽进无底的冰雪峡谷中。连牲口也在山头上打颤。突然，一阵狂风过来，背着行军锅的炊事员被卷下去了。这种时候，我无畏的战士们都争着在前开路，朝前摸索。前面的刚走出几步即被滑倒，他们因势利导，顺着朝下滑行，这回也真奇怪，刚好滑在小路口上，直到西面山脚，大家高兴异常。不几个钟头，全纵队通过了党岭山。到了山下，太阳也出来了，身上暖和多了，全军一片欢腾。

我们胜利翻过大雪山后，继续西向道孚，甘孜、炉霍方向前进。

选自王宏坤：《我的红军生涯》，人民出版社1991年7月第1版，第258—263页。

在川康边

王定烈

我们苦战、苦等、苦熬了两个月，掩护着红军主力北上。

9月12日，军部传来命令：部队整装待发，准备次日撤出阵地，向草地开拔。

可是，午夜时分，又传来命令："原地停止，待命行动。"

为什么又停止行动？谁也弄不清是怎么回事。

副军长罗南辉骑马来到团部，说："前面情况不明，方面军总部来电，部队要南下，以后怎样行动再通知你们。现在是加强警戒，加固工事，敌人来攻，决不能后退一步，要掩护主力侧翼安全。"

几天之后，只见友邻部队陆陆续续从草地折回，源源不断南进，一直向天全、芦山方向而去。部队过后，沿途哩哩啦啦有不少因负伤、生病而掉队的同志。我们一直等到10月中旬才撤出阵地，担任"收容队"，沿着马塘、梭磨、卓克基且战且走，向绥靖（现金川）前进。

这时，红四方面军总政治部发下来一个小册子，上面说：毛（泽东）、周（恩来）、张（闻天）、博（古）是什么右倾"逃跑主义"，吹捧张（国焘）如何如何正确……

一场"肃反"让我差点遭杀头。现在，我觉得心里像压上了块石头那样，既沉重又纳闷，一、四方面军会合所带来的喜悦被冲淡得烟消云散。

不久,张国焘就自立“中央”,自封为“中央主席”、“中央军委主席”,要在川康创造根据地,建立“波巴政府”①。

张国焘搞分裂,给敌人以可乘之机。敌人趁红军危难之际,从地面和空中不断发动攻击。

10月初,红二九五团翻越马塘(东)山。那天,远方突然传来沉闷的轰鸣声,接着,只见敌人的四架飞机不速而至,疯狂地俯冲着,轮番投弹、扫射。

我眼望着战友在身边倒下,怒视着敌机,心里燃烧着仇恨的怒火。此时此刻,多么盼望着打下敌机,为死难的战友报仇啊!可是,我们没有高射武器,光秃秃的山梁上除了荒草又无任何遮蔽物,一下伤亡60多人。

10月中旬,我们到达卓克基。

10月20日,经万汉江、赵正贵同志介绍,我加入了中国共产主义青年团。

刚刚调来的一名副团长不知从哪里弄来一串红红的辣椒,高兴极了,说:“‘饿了辣椒,困了床’是最好的享受!王定烈入团了,咱们也好久吃不到这玩意儿了,来,解解馋,表示祝贺!”每人分了半碗,美美地吃了一顿。

其实,我也不知道这个大胡子副团长叫什么,听说是湖北黄安人,是1929年参加黄麻暴动的老同志。在鄂豫皖,在川陕的历次“肃反”中几经关押,几乎被砍了头。

不料,副团长半夜里肚子痛得满地打滚。我使出浑身的气力也按不住他。他时而抽搐成一团,时而发疯似地伸着脖子,用双手捋胸口。猛地,他“哇”地吐出一口鲜血,一头栽倒在地,挣扎了几下,再也没有爬起来……

① 波巴政府:即藏人民民主联合政府。

他去了。他连个名字都没有给我留下。我盼望着加入组织，然而，谁能想到这一天的到来却伴随着这么令人悲痛的事情，让我刻骨铭心。

当时，张国焘的总部以及川陕省府、省委均驻扎在绥靖城内。我们团又进抵绥靖城北 60 里处设防，担任外围警戒。面对着深山老林挖战壕、修地堡，等待敌人来进攻。那些天前方不断有消息传来，占领天全啦，占领芦山啦，确实振奋人心。11 月 19 日，百丈①一战失利之后，又传来了占领甘孜、炉霍、道孚的捷报。可是，从那之后便又无声无息了，再也听不见什么胜利的消息。

一天，朱德总司令来我们团看望部队。他语重心长地说：共产党、红军是一家，团结起来力量大，一、四方面军好比左右手，互相配合打天下。我们大家要像爱护眼珠一样爱护党的团结，爱护军队的团结……

总司令的讲话是地道的四川口音，铿锵有力，言简意深。但是从他讲话时的语调和表情，大家看得出他当时的心情是沉重的。

1936 年 1 月，红二九五团奉张国焘的命令去“开辟新区”，由团长万汉江率第三营（不足 300 人）到绥靖西北之太阳河去宣传群众，组织“波巴政府”。

这里山高路险，到处是原始森林，人烟稀少，居住的都是藏民，语言不通，讲一句话都要通过“通司”（翻译）。藏族劳苦群众对红军很热情，有的还能说上几句半生半熟的“汉话”。如“红军卡楚卡楚（好）”，“蛮家一丝丝没有（很穷）”。他们住的多为三层石墙屋，最上层敬神，中层住人，下层关牛羊，进屋盘腿而坐，晚上席地而卧。吃的是“糌粑”（青稞麦面）、酥油和半生不熟的牛羊肉，喝奶茶。盐巴十分珍贵。他们穿的是牛羊毛织的像麻袋片一样的衣服。可是上层的土司、头人却过着天堂般的生活，吃的、用的皆由成都等大城市运来，非常讲究。红军一来，他们便胁迫群众，带上武器，钻进深山老林，与我们打起了“麻

① 百丈：邛崃县一个小镇。

雀战”（当时我们称其为“蛮子战术”）。

我们边开展宣传、组织工作，边前进，足足走了三天路程才到达太阳河。一路上稀稀落落的只看到了100多户人家，太阳河还算人口比较集中的地方，方圆七八里有60多户人家。到达后的头两天我们忙着把群众从山林中动员回来，开座谈会，把带来的金条、银元拿出来托人去买粮食、布匹。成立“波巴政府”的事还没有头绪哩，第三天就有群众报告：“藏军有两个代本（营）要来打你们了。”我们便把人收回来准备战斗，并以七连星夜抢占来路上的有利山寨。

次日拂晓，藏军及当地土司、头人就带领2000多人将我们团团包围。我们孤立无援，只好突围，边打边撤。藏军都隐蔽在森林里，不时地打着冷枪，防不胜防。我们追进树林，却又不见他们的踪影，真有“草木皆兵”之感。

突围的那天，我们翻过一座大山，不料再次陷入死地。原来两座大山之间有一条河，水流湍急，无法涉水而过，河上原有的四根圆木组成的桥被敌人拆去三根，对岸的桥头上，敌人用凶猛的火力封锁着。后面的追兵从山上压下来，前堵后追，部队危在旦夕。

万汉江额头上渗出豆大的汗珠。九连几次都想打过桥去，始终都未得手。后面的敌人已和后卫七连交上了火。

“团长，我上去！”我只觉得眼睛里像喷火，大声地向团长请战。

“好，带交通排上去支援九连，快！”万汉江命令。

我这是第一次当指挥员，立即把交通排的共产党员、共青团员集中起来，组成奋勇队，每人带十枚手榴弹，向对岸发起猛攻。

敌人疯狂地射击，纷飞的子弹把仅有的一根圆木的树皮纷纷击落。我们从圆木上向前爬行，粗糙坚硬的树皮把胳膊、大腿磨得鲜血直流。子弹在耳边呼啸，一块崩起来的树皮打在我的嘴上，顿时鲜血涌出来。跟在我后面的几个战士已有三人被打下河去。

“王定烈！”我听到团长焦急的呼喊。

增援的机关枪更猛烈地向敌人喷吐着愤怒的火舌。

我抬头看看，还有最后几米。我跃起身来，疾步冲过桥去，将一枚手榴弹奋力扔向敌阵。借着翻滚的硝烟，我直抵近敌人工事，一口气把手榴弹全部甩过去。

路，终于被打通了。

部队且战且走，撤到原防地。我们去太阳河时，留在沿途的工作队员及伤病员悉数被敌人杀害，有的被剜眼，有的被剖腹，有的被割耳，抛尸荒野，叫人惨不忍睹！

敌人依然紧追不舍，一直追到我阵地前，白天围攻，夜间就蒙上皮衣蜷缩在树林里过夜。我们利用黑夜去打击敌人。这样双方互相对峙、拉锯，苦战了一个月。敌人得不到便宜，撤走了。我们到太阳河搞“波巴政府”的计划也流产了。

张国焘指挥的“百丈战役”碰壁，“开展新区”的计划又遭失败，于是便把他的总部由绥靖迁到了丹巴。张国焘的这种“鸵鸟政策”把人马龟缩在那人烟稀少、地瘠民贫之地，兵员得不到补充，物资又极端匮乏，落得人人面黄肌瘦，衣衫褴褛，使红四方面军处于绝境之中，战斗力遭到严重削弱。

1936 年春夏之交，青黄不接，新的饥饿又威胁着部队。真是“斗米升金”啊！老天有情，野地里的苦菜救了我们的命。看到地里长出的野菜苗苗，大家有说不出的欣慰。干粮袋里的“糌粑”只能当“盐巴”用，一大碗野菜像撒胡椒面一样压压苦味。又是几个月不见油盐了，部队患夜盲症、浮肿病的愈来愈多，许多同志一晕倒，就再也爬不起来了。

选自王定烈：《沧海一粟》，知识产权出版社2005年1月第1版，第28—32页。

巧过格达寨

余洪远

1935年10月中旬，红四方面军南下攻克金川后，川陕省委，政府机关即由阿坝搬到这里，方面军总医院、工农医院等后方机构计一万余人仍暂留阿坝。下旬，部队主力继续南下，执行《天（全）芦（山）名（山）雅（安）邛（崃）大（邑）战役计划》。为保证后方安全和便于指挥，总部前线来电，要省委负责，派余洪远带有经验的干部和战斗力强的部队，尽快把留在阿坝的后方机关全部接到金川。我当时正在政府任粮食部长，因财政部长郑义斋同志到前线去了，所以也兼管后方的财政工作。

接到总部命令后，省委立即开会，决定把保卫局的苦工大队、妇女独立团和医院一部分组成两个担架大队，每队1000余人；把红九军团的一部编成一个营，加上政府警卫营，组成战斗掩护部队；总共3000余人，统由我指挥，担负这次转运任务。

要完成这次任务，困难是很大的。据了解，从金川到阿坝400余里，沿途常有国民党军队和他们纠集的藏族上层武装的袭击。在离下阿坝西南五六里的地方，有个险关叫格达寨，是我们此行的必经之路。绰斯甲、松岗、壤塘和四大坝等地的土司都常在此汇集。刘文辉的一个旅曾在这里被藏人缴了械。随后，这个旅的人员和当地土司头人合在一起，组织了一支三四千人的队伍，其出有两个马队，每队100多人，一律装备着高头大马和“汉阳造”、英国花板枪，每人一把腰刀、一把标刀，战斗力相当强。这标刀是用一根绳子吊着锋利的小刀，一甩丈把远，近战威力很大。这伙人在红军大部队南下经过这里时没敢妄动，等大部队一过，便把我后面的零星人员捉去，挖眼睛，割耳朵，残酷杀害，还搞掉了我们驻下阿坝的小分队。我们这次虽有 3000 余人，但战斗部队只有两个营，且对方占据着有利地形。要想从这里顺利过去，再把几千伤员和那么多非战斗人员安全接回来，确非易事。

但是，在英勇的红军战士面前，没有打不破的关隘，也没有战胜不了的困难。转运队的同志们一想到远离省委、政府的伤病员和机关人员，巴不得马上就和他们在一起，一切个人安危早已置之度外。在省委的动员下，大家满怀信心，高度轻装地出发了。

经过五天艰苦行军，在一个下午，我们来到了格达寨南面山下。我命令部队停止前进，隐蔽待命，随即派出几组侦察人员了解情况，自己带着营连干部隐蔽接近观察地形。在望远镜里，只见格达寨喇嘛庙像一头张开血盆大口的猛虎，凶威威地骑在山垭之上，一条石头小路狭得只容一个人通行，像一条蜷曲的长蛇，紧贴着悬崖绝壁，由南向北爬到这里，被虎口吞了进去。庙西怪石嶙峋，直插天际，庙东山势嵯峨，虎视眈眈，真有“一夫当关，万夫莫开”之险。我们刚观察完，派出的侦察员先后回来了，据他们报告，西面大山里隐蔽着两个整装待发的藏人马队，格达寨庙子里及附近山上埋伏着数千步兵。根据情况分析，对方不但企图吞掉我们，还很有可能利用马队同时奔袭阿坝，情况非常严重，必须尽快与阿坝的伤病员和后方人员汇合，可怎么过得去？单靠我们两个营的兵力，在眼前这种情况下硬打过去显然是不适宜的，那样做既可能损失自己，也无法保住阿坝。

正在我们为过关苦心思索、商定对策的时候，突然接到格达寨土司派人送来的一份请帖，要红军负责人去参加他们举行的欢迎晚会。这个情况来得太奇怪了，难道对方真的欢迎我们，显然不是。我们几个负责同志一商量，一致认为，这是对方设下的一个圈套，想趁我们参加晚会之机来个突然袭击。不过，这也暴露了他们虚弱的一面，那就是害怕和红军硬战，经过反复研究，我们决定抓住这个难得的机会，来个“将计就计”，由我和警卫营长带领四个连队赴会，到那里之后见机行事。留下两个连队和担架大队在一块，时刻作好战斗准备。

夜幕降临的时候，我们来到了喇嘛庙附近。三个连队利用夜暗，迅速隐蔽地控制要道口，占领了四周有利地形，一个连队随同我和警卫营长由通司带路去见土司。一进庙门，活佛、土司头人和喇嘛都迎上来躬腰作揖，夹道欢迎。在欢迎的人群中，我一眼就看出有绰斯甲土司，此人我原来就认识，身高体粗，一脸横肉疙瘩，此时腰掖两把青锋亮刃刀，黑眉大嘴间一对青眼溜溜转，显得既福气又奸猾，我不禁暗暗想到，今天这个“欢迎”可非同一般啊！

走进庙堂，我把带去的连队放在院里若无其事地休息，自己和警卫营长以及3个通司在庙里与头人们闲谈。晚饭后，锅庄晚会开始了。五六十个穿着民族服装的藏族姑娘，加上些腰藏短刀的藏族小伙子，与我们手拉手围着一大堆火跳舞。我的左右手也被两个他们认为最漂亮的姑娘拉着。我从来跳不成什么舞，只好跟着她们东一头西一头跑。跑一阵又被领到一个大酒缸前，用两尺多长的竹竿伸进缸里去喝酒。不一会儿，我就大汗欲出了，加上怕露出腰里藏着的“十三太宝”，真有点哭笑不得。后来，好不容易才趁理衣服之机，悄悄把枪插到裤腰带里面去了。又跳了一阵，他们搬出了酥油点心、无核葡萄干以及一盘盘人参果和奶渣来吃。点心都是英国式的，漂亮得很。看来，他们真是煞费苦心啊！不过，此刻双方的心都不在这些上面，各自都似醉非醉，另有打算。我的两个警卫员一直握着20响驳壳枪，高度警惕地站在一旁，细心观察动静。此刻，山风呼啸，月色朦胧，山野静悄悄的，只有庙内刺耳的鼓乐声和嘈杂的欢笑声，一阵阵叫人心烦。然而，为了达到过寨的目的，我们只得耐心坚持，沉着应付。熬到半夜，我提议该休息了，他们说不行，一定要尽欢而散。于是，舞场里又掀起一阵“狂欢”。

少顷，门外突然由远而近传来一阵吵嚷声。我一下警觉起来，立即给警卫营长递了个眼色。他急忙带着一个通司向门外奔去。这时，大家都不约而同地盯着门口，只有绰斯甲土司不慌不忙地端着一盘人参果走来对我说:“没有事，没有事，请吃点人参果吧！”还未等我接盘子，只见门口一群战士押着十来个藏族彪形大汉，气冲冲地走进来。其中一个战士提着一捆英国花板枪和短刀，跑来向我报告：“刚才这帮家伙想冲进来破坏，被我们全部抓住。看，还扬言请我们吃‘人参果’呢！”他一边说，一边把一袋子弹往上一放。“啊，人参果，原来如此，配合得真巧哇！”我提起这袋子弹，有意向绰斯甲土司扫了一眼，只见他脸色刷白，十分尴尬。我抓住这个时机，向主持晚会的土司主动进攻，“你看怎么办？”土司连连躬腰对我说:“本寺管束不严,请别见怪。”说罢，豁地调过身去，在桌上猛击一掌，震得盘子里的人参果撒了一地，气急败坏地朝着大汉们吼道：“熊崽子，统统给我拉下去宰了！”为了给做工作打下基础，我令战士们把抓来的人全部放了，把刀枪都还给土司，并警告说:“下次可不行啦！”土司们都连说:“卡萨、卡萨！”正说着，警卫营长带着通司回来报告，“刚才在山垭口，来了一群马队，要冲进寺院抓什么汉人，被我战士挡住，叫他们退回去，不然就开枪。他们看道路堵死了，马无法过，又听我们一再警告，不得已才退走了。”听完营长的报告，在我身边的几个土司一个个想悄悄溜走。我看时机已到，便大声宣布：“晚会到此结束，大家回去休息，土司头人们请别走，我有事同你们商量。”于是，一场临时决定的谈判就这样开始了。

等大家坐定，我说：“刚才，你们都看到了嘛，希望你们不要搞小动作。红军消灭了那么多敌人，难道还在乎你们这几个人？我看还是坐下来谈谈好。”接着，向他们讲了红军的政策，并提出了以下谈判条件。党坝、松岗、格达寨、四大坝我们要驻部队；要他们保证我过往人员的安全，若丢了一个，要拿在座的是问；如要抵抗，袭击红军，就将其彻底进行消灭；我们此去和回来时共两万人，需要他们帮助筹集十天粮食，回来时伤员要借房子暂住。此外，借马队到阿坝接伤员到绰斯甲。他们除提出马队只到下阿坝外,其他条件都同意了。他们提出的条件是：保存其部队和马队，不损坏他们的寨子房屋；粮食供给由他们出面搞。我想，只要他们不与红军为敌，暂保存其部队和马队也无妨。至于损坏寨子房屋，红军素来是反对的。粮食由他们出面筹集，那就太好了。于是，这几条我们都答应了。经过一天的谈判，终于达成了协议。通司用汉藏两种文字写好，交双方签字，各执一份。签完字后，我同他们一一热情握手，当握到绰斯甲土司时，我笑着说："这下我们才真正该吃人参果罗！"逗得大家都哈哈大笑起来。

第三天早饭后，一轮朝阳早早从东方升起，金色的阳光洒满庙前的石头小路。我们离开了,他们把南面的西北面的1000多步兵收回来，由一个原刘文辉部叫曹顺的团长组织列队欢送，在嘹亮的鼓乐声中，我们胜利地走向阿坝。

几天后，当我们接上后方机关和伤病员回来时，他们已按协议准备好了粮食、蔬菜，收拾好了房屋，又组织了一次盛大欢迎，还给我献了哈达。这次，彼此毫无拘束，他们拿出了镶有金银花边的人头壳碗，盛上马奶叫我喝。这种礼遇，不是最尊贵的客人是不能享受的。我在这里住了五天，直到最后一批人员过完。离开时，出于感谢，我特地送给他们一条哈达。他们又送了30顶帐篷、30多头牦牛和毛驴。带着这些东西，告别了这个难忘的地方，我们高高兴兴地踏上了归途……

选自沈阳军区政治部编研室编:《红军将士忆长征》，白山出版社1996年8月第1版，第475—479页。

保卫金川

余洪远

天气越来越冷，飞飞扬扬的雪花早已裹住了金川周围的山头。吃过早饭，省委、政府和医院的工作人员又扛着背篓，纷纷出门挖野菜、剥树皮、掘草根了。突然，一个血肉模糊的人跌跌撞撞走进了省委和政府的办公室。省委书记邵式平和我都吓了一跳。这不是芳草坪工作队的给养员吗,怎么变成这个样子？“匪徒太残忍了！”给养员愤怒地控诉道：“昨天晚上，1000多国民党军和藏族上层反动武装突然包围了工作队，我们三十来个人大多是女同志,寡不敌众,被他们冲了进来。在搏斗中，我的脖子被砍开一条大口子，肩部、腰部也被砍了几刀，躺在了血泊中。醒来时，看见我们所有的人都被他们剁死了，鼻子、耳朵被割掉。女同志被削掉了乳房，下身被打进木棒。我因躺在尸体最底层，才幸免于死。当时，敌人正在抢东西，我便趁机悄悄爬了出来。首长，一定要为同志们报仇哇！”说着，他痛哭起来。听完给养员的控诉，不由人义愤填膺。前天在卓木碉，敌人刚残酷杀害了我们一个工作队的30多个同志，今天，类似的事件又发生了。

想到这里，我不禁又回忆起南下以来的艰苦日子。张国焘不顾中央多次劝阻，拖着部队南下，真把部队整苦了。我们省委、政府机关带着几千伤员共计两万来人，从阿坝搬至金川。眼下主力部队远去天（全）、芦（山）、名（山）、雅（安）一带，敌人乘我后方空虚，纠集了两万余人围困并企图吃掉我们。在金川东北面茅草坪、梭磨，北边党坝和松岗，以及西边的绰斯甲，都麇集了上千敌人。他们大肆抢掠财物，疯狂破坏革命政权，捕杀红军战士和革命群众，并控制我出入道路。由于敌人的封锁围困，金川很快缺了粮食，尽管机关人员都上山下地挖野菜剥树皮，仍然维持不了两万余人的生活。眼下大雪封山，野菜树皮也难找到，不少同志饿躺下了，伤病员更是一天天增多，部队一天天在减员。为了打破围困，我们曾在茅草坪、梭磨、绰斯甲打了几仗，但由于指挥不当，都没打好。敌人的气焰越来越嚣张，以致发展到如此疯狂残忍的地步。

“不能再让敌人横行了，一定要消灭他们，打破封锁！”这是全体同志的共同心愿。省委经过研究，决定由我接替军事部长。接着，把机关人员、妇女独立团、筹粮工作队和轻伤员统统组织起来，编成班排连，在周围山上和要道构筑工事，拿上武器担任守备任务，敌人来了就依据有利地形还击。同时，把九军团的一部分约两个营，加上政府警卫营，金川独立团（实际上只有一营人），共1000余人，组成战斗队，由我指挥，采用以攻为守的办法，主动出击敌人。

战士们对敌人的罪行早就恨之入骨了，一听说要打出去，都摩拳擦掌，巴不得一下子把敌人扫个精光，为牺牲的同志报仇。

怎么打法？经过分析，我们决定先拿茅草坪开刀。这里离金川只有20里，南控小金，北挟松岗，拔掉这颗钉子，可以减少对我们的很大威胁。一个大雪纷飞的夜晚，我们从金川出发，于午夜时突然对敌人发起了攻击。经过激战，打死了100多敌人，俘虏了100多，因为包围不严，大部分跑掉了，一部分跑到了松岗。

松岗有个很大的喇嘛庙，四周是两丈多高、一丈多厚的寨墙，全用几百斤重的大石头砌成，四角筑有大碉堡，十分坚固。这里，盘踞着好几千相当顽固的敌人。

又是一个风雪交加的夜晚，我们仍然用长途奔袭的办法，将松岗喇嘛庙突然团团围住。我们吸取了打茅草坪的教训，首先在周围布置好封锁火力，连夜赶修工事。为了防止敌人骑马快速突围，我们把凡是牲口能通过的地方都垒上石墙，堆上树杆。敌人当时摸不清我们来了多少人，只躲在碉堡里瞎打枪。到了白天，见我们人并不多，便拼命向外冲锋。战士们见敌人冲来，都忘记了一夜的疲劳和寒冷，以猛烈的机枪和手榴弹火力奋勇还击，打得敌人在我工事前死的死、伤的伤，横七竖八倒了一大片，剩下的只得龟缩回去，凭险顽抗了。我们当时没有攻坚的武器器材，要冲上寨墙和打开寨门要付出极大代价。为了减少伤亡，我们采取白天与敌人对峙，加强政治攻势，宣传红军政策，不断喊话劝降。到了晚上，又加紧构筑工事，把交通壕挖到离寨门 20 米的地方，再搬来许多干柴，一直堆到寨门前。柴下留个洞，然后把七八百斤造手榴弹的炸药从洞里悄悄送上去。在我们一切准备就绪，正要点火爆破开寨门时，敌人慌了手脚，集中一切火力疯狂地扫射，打得火星四溅，寨墙周围的干柴也被他们自己打燃了。火势借着风力蔓延开来，很快接近了炸药，只听“轰隆隆”几声巨响，几个寨门几乎同时都被炸塌了。一眨眼，火苗又卷到了庙宇四周的房顶和庙壁上。这是一座古庙，全是木头壁、木头柱、木板或树皮顶，一着火就燃。刹时间，浓烟滚滚，直冲云天，整个庙宇笼罩在一片火海之中。敌人开始还打枪，后来就只顾奔命了，有的往墙下跳，可跳下来都被摔死了。大火直到第二天下午才熄灭。寨子里数千名敌人咎由自取，一个不剩地烧死了。看见疯狂一时的敌人如此下场，战士们无不拍手称快。但是，看到由劳动人民亲手建造起来的这样一座雄伟壮观的庙宇，也在这场大火中焚毁，又感到实在可惜。

接着我们又打下了绰斯甲后山森林里敌人的一个老巢，瓦解了近万名敌人。

经过这几仗，金川周围的敌人算是消灭殆尽，再不敢对我袭击骚扰了。但我们的吃饭问题仍未解决。经过找当地人调查，我们得知壤塘有个大牛场，东谷、绰斯甲、梭磨、松岗和上、中、下阿坝七八个大土司的 7000 来头牦牛在这里过冬。真是太好了，那么多牦牛足够我们吃一两个月了。省委经过研究，决定仍由我指挥那支1000余人的部队去买牛。

壤塘离金川 400 来里，间隔一座大山。我们在齐腰深的雪里走了五六天到了牛场，买下了 7000 来头牦牛。牛是买过来了，可各个土司的牛赶到一起怎么也不听召唤，这一群打那一群，奔腾咆哮。特别是那些叫作“骚包子”的公牛，见了生人或生牛就鼓起红眼，挺起犄角，扬起四蹄冲过去拼个你死我活。我们 1000 多人东奔西跑地“劝架”，仍然有些牛打得两败俱伤，甚至肝脑涂地。不少战士受了伤，有的还被撞断了肋骨。为了让牛群增加“了解”，“和睦共处”，加上有些战士患了雪盲，我们不得不在这里住了一个星期才往回走。回来的路上，我们把牝牛绑上毯子驮伤病员，对那些实在不听召唤的“骚包子”或者企图逃跑者，就开枪打死，把肉穿在木棒上用火烤着吃，吃不完的驮着走。烧牛肉没有盐，我们一个个吃的满嘴乌黑，有的同志吃下去还解不出大便。这样走了十来天，把牛赶回金川时，除逃跑和“枪毙”的，还剩 5000 多头。这可是宝贝啦，大家把牛肉多半分给伤病员，自己尽量吃野菜树皮。在我们赶牛的同时，省委又派出工作队，四处筹粮，恢复遭敌人破坏的党组织和革命政权。就这样，经过一个多月的斗争，我们度过了这段艰苦的日子，金川仍在红军手中。

选自《艰苦的历程：中国工农红军第四方面军革命回忆录选辑》（下），人民出版社1984年12月第1版，第138—142页。

坚持

傅崇碧

这个时期，在开展地方工作方面，红四方面军和随军行动的川陕省委政府机关，做了很大的努力，在懋功、丹巴、宝光、天全、芦山地区先后建立了一些地方党的组织和工农民主政权，组织了大金独立第一师和第二师及宝兴、芦山两个独立团，发动群众进行支援战争的工作。

这个地区人口稀少，生产落后。数万大军在此辗转作战，更难以满足兵员、粮食和被服补给的要求。部队经常以野菜充饥。这里不产棉花，部队以羊皮等制成衣服来抵御高原隆冬的严寒。当地虽有一些群众参军，但补充不了红军由于战斗和疾病的大量减员，有生力量日渐削减。

傅钟副主任专门讲了处理好民族关系的问题。告诉我宝兴县是我军的后方基地，宝兴西沟川的群众过去曾进行过反对国民党四川军阀的斗争。靠山边的藏族基本都有枪，对共产党友好，不要轻易收缴他们的枪支。因为藏族人爱枪如爱命，过去国民党军队就是因为收缴他们的枪支才迫使他们起来战斗。傅副主任说，周纯全主任已经通知部队搞好群众关系，特别是与藏族的关系，县委机关要同驻地的医院、兵站搞好关系，由他们抽出部分干部帮助宣传党的政策。

这里的群众长期遭受国民党的压迫，对地主和国民党军队有很大怨恨。我们连续开了几次群众大会，宣布分田、分粮，反对苛捐杂税等，群众运动轰轰烈烈开展起来了，区、乡政权和群众组织也很快建立起来。参军的人也多起来，还吸收了一部分中青年优秀干部入党入团。区武装营自动组织起来了，县政府、县委、武装部、保卫局都建立起来，一切工作都按省委的指示进行得很顺利。

大约1936年2月，已兼任省委书记的傅钟副主任和红四方面军政委陈昌浩找我和李维海同志到天全，同我们讲了南下以来的形势。当时我对张国焘分裂中央的活动还不清楚，陈昌浩不讲，我们也不知道，只觉得没跟中央红军北上，心里很纳闷。张国焘和中央闹分裂的事，是傅钟副主任后来告诉我的。军队南下以来，虽然歼灭了很多敌人，但在敌人的跟踪围击下，处境也十分艰难。傅钟书记告诉我们，目前全国政治形势发生了急剧变化。日本帝国主义侵占了冀东22个县和察哈尔省北部，又酝酿着“华北五省自治运动”，侵华野心越来越大，激起全国人民同仇敌忾。全国抗日民族运动的新高潮业已到来。针对这种形势，中共中央于1935年12月25日在瓦窑堡会议上作出了《关于目前政治形势与党的任务决议》，确定了抗日民族统一战线的方针。毛泽东同志根据中央决议作了《论反对日本帝国主义的策略》的报告。傅书记说，现在为了争取更大的胜利，红军主力准备向懋功以北转移。要我和李维海同志留下，组建天宝特委，由李维海任书记，我任副书记兼宝兴独立团团长。九军二十五师留下两个连，作为独立团的战斗骨干。让我们动员一部分青年参军补充二十五师。把行动困难的伤病员约200余人连同医院都交给我们。医院要以转移到宝兴以西靠卡尔古雪山的大川中，那里群众基础好，地形险要，可以作为特委的后方。省委把天全、芦山的粮食油盐等生活物资及天全、宝兴的一部分枪支弹药交给我们，要我们动员最大力量，把这部分枪弹物资运到宝兴西大川。

我和李维海同志表示坚决完成党交给我们的任务。我们回宝兴县前，先在天全用电话通知宝兴县委，动员大批运输力量到天全、芦山撤运物资，越快越好。要独立团停止军训，先搬运前方的物资。我们从天全回宝兴路过灵关时，要区委书记负责动员力量先到芦山、天全，把大部分物资运到宝兴以西的地区，三天内基本把前方的物资运到我们的指定地区。

在宝兴医院的伤病员大部已转到规定地点。第二步，我们分别找天全、宝兴区级主要干部，布置主力部队撤走后如何坚持工作的问题。区以下的干部仍在原地坚持游击斗争，在天全和宝兴之间建立两个秘密联络站，由宝兴负责组建和研究联络的方法。第三步召开特委会，建立集体领导，分工负责。特委常委黄余同志率组织、宣传部门全部力量，负责把西川的群众工作做好，特别是藏族的工作，不收缴他们的枪支，以得到他们拥护，支援独立团的作战。

1936 年 2 月初，天全、芦山地区的形势日益严重。敌集中了薛岳等部六七个师和川军主力，开始同天、芦地区大举进犯。红四方面军处于前有强敌、部队得不到补充的困境，难以在此与敌长期周旋，遂于 2 月上旬制定了《康道炉战役计划》。2 月 21 日至 23 日，红四方面军部队陆续撤离天全、芦山、宝兴地区，经达维、懋功向西北转移。

选自傅崇碧:《傅崇碧回忆录》，中共党史出版社1999年12月第1版，第41—43页。

红军长征在雅安

程世才

1935 年 6 月中旬，中国工农红军一、四方面军会师后，党中央决定，兵分左右两路北上。张国焘拒不执行这一决定，于 1935 年 9 月中旬从阿坝地区擅自率领四方面军（包括一方面军的第五军、第三十二军），回师南下。红三十军打前头，在崇化打了一仗，消灭了敌军一个团。又在懋功、宝兴消灭了敌军一个团。11 月 1 日，占领了宝兴县的灵关镇。以后，我就在灵关作预备队。三十一军占芦山，四军占天全把敌人吓跑了，三十一军一直把敌人追至名山县的百丈镇。后来，三十一军一部住在雅安县飞仙关一带。三十一军是对付敌军薛岳部队的。当时我任红三十军代军长，我们军部和八十八师在天全县的始阳镇住了 20 天时间。

关于百丈战役，徐向前带一个师在那里指挥。打仗的头一天，我们占了百丈。刘文辉率国民党二十四军转守雅安，敌人由进攻转入防御。川军将领刘湘开始调兵准备反攻，并纠集邓锡侯、潘文华、李家钰等率部队参战。他们共拼凑了 80 个团的兵力。于 1935 年 11 月 14 日左右，向红军发起进攻，红军有三十一军的九十三师，三十军的六个团，还有四军的许世友带着打。第一天是四军打的，把敌人打退了。第四天敌人来多了，又攻占了百丈场。红八十八师进行反攻夺回了百丈场。这样，百丈战斗整整打了七天七夜，共消灭敌人万余人。后来，敌人大批地蜂拥而来，敌人在飞机大炮的掩护下，疯狂地进攻红军阵地，敌人的飞机把百丈场炸成两段，我们利用弹坑作掩体。敌人不断地同红军拼消耗战，打对峙。红军也消耗了几千人。红军共出动六七个师，由于敌强我弱，我们就收拾队伍向名山的蒙顶山、棉花山转移，与敌对峙，随后我们撤退到天全、芦山以东、飞仙关一带，掩护兄弟部队三十军、三十一军后撤。敌军薛岳部队尾追红军至天全始阳与红军对峙。

红军有三十二军的两个团，八十八师的三个团，九军的两个团住始阳，敌军的三个军和九个师准备进攻红军。1936 年 2 月，敌军三个旅已渡过始阳河。这时，中央来电报说：陕北形势很好，希望能一起北上，南下是行不通的。我们准备转移，因为南下，我军伤亡一万多人，兵力还未补足。张国焘不得不将部队开往宝兴县的灵关。2 月中旬，总部来电要我到灵关，红八十八师政委郑维山来电话，亦要我到灵关，我走了两天，是晚上到达灵关的。这时，敌薛岳率 20 个团开始进攻始阳，我军八十八师由郑维山率领去始阳阻击敌人，不久始阳失守。郑维山打电话问我怎么办？我说：“我们要北上了，你们就准备撤吧！”我到灵关的当天夜里，朱德、徐向前来动员我北上。朱德说：“世才同志，北上是个喜事嘛！张国焘也要北上了。”当时，我心里有气，就说：“中央不是说北上是机会主义吗？现在我们北上，不也是机会主义吗？”朱德同志说：“世才同志，北上是喜事嘛！你看，把部队拖来拖去，伤亡又这么大。何况张国焘也说要北上了。”要我们八十八师作先头部队，还说：先遣司令是刘伯承，徐向前任总指挥。他们还说，红二方面军要来了，要我们配合好。那天晚上我未吃饭，我摆开地图查看，进行分析研究。

后来，我们攻打甘孜、炉霍、道孚取得胜利，缴了敌军几百支枪，歼敌几十人。贺龙率红二军团开赴甘孜。1936 年 7 月 3 日，我军从甘孜出发北上。部队北上时，我们就吃野菜、吃鱼，把粮食留给二方面军吃，我们还纺毛线、打衣服支援二方面军。我们红三十军八十九师由李先念带着在前面先去筹粮，我带着八十八师走在后面。红二、四方面军在甘孜会合后，团结做得很好，因为有前面的教训。徐向前给我们做了动员工作。我都亲自打了一双毛袜子送给了红二方面军。（廖成志整理）

中共雅安市委党史研究室供稿。

恶战川西百丈关

郑维山

1935 年秋，包座战斗之后，张国焘公然违反党中央毛儿盖会议的决议，公开在四方面军内部进行分裂党、分裂红军的罪恶活动，一时在广大干部中引起极严重的思想混乱。我们想不通，都是党领导的红军，为什么一个朝北走，一个却要朝南走？记得当时朱总司令在杂谷脑向周围的同志说，“现在认识上不一致嘛，将来终会求得一致的！没有认识上的不一致，就没有了革命的艰苦曲折啊！党的合而分，不是三国时期的合而分，现在认识不一致分开来，将来认识一致了，一定会重新会合在一起的！”因为当时我们对张国焘的错误缺乏认识，对他存有盲目的个人崇拜情绪，红四方面军终于在他的命令下，重过草地南返川西，准备在宝兴、天全、芦山、邛崃、大邑一带创造川西苏区。

此时，中央红军已在毛主席领导下北出草地进入甘南。四川军阀得悉我军南下，纠集了 50 个团，北起懋功，层层布防，并将栈道的木架从根部锯断一半，准备随时加以彻底破坏，以阻我向岷江以西邛（崃）大（邑）平原推进。而我四方面军，在强敌面前，以两经草地疲惫之师，一战于懋功，再战于宝兴，约歼敌四个团以上，攻势迅疾，使栈道赖以保存。我军通过栈道时脚下的木架上下呼扇，吱嘎作声，时刻有坠入深渊的危险。现在回想当时的情景，仍心有余悸呢！

我军继续南下，进入敌构有数道碉堡封锁线的雅（安）名（山）地区，与刘湘、杨森、李抱冰、刘文辉等 40 个团，大战于百丈关。

百丈关位于岷山以北四五十里，北倚邛崃山，南临岷江河网地带，周围是一片丘陵起伏地，地形十分险要。我军第一天以主力八十八师的二六三团、二六八团居中，二十五师于左翼，红三十一军于右翼，以排山倒海之势勇猛向敌发起冲击。战斗中，红军战士仅以机枪、步枪、手榴弹等轻武器，身冒激烈的炮火，利用我机枪封锁敌枪眼之短促时机，猛扑敌碉，以手榴弹消灭工事里的敌人。全军一鼓作气连续突破敌三道封锁线，不到半天时间前进十余里，攻占黑竹关，歼敌一个多旅。

我军的迅猛进攻，完全出敌意料。下午 2 点多钟，攻势正以排山倒海之势向前发展，我从敌人仓皇遗留在阵地上的电话中，听到刘湘正在下命令。获知他埋伏了十多个旅在邛崃山前百丈关东北一带山围上，妄图在我主力在前、侧后空虚时，发起全线突击，配合固守名山县城之敌包围消灭我军。政委立刻命令我师停止前进，把二六三团、二六八团刚夺得的阵地移交二十五师。要二六五团迅速作好准备，在夜间把敌人控制的山岗摸下来。

二六五团是有名的“夜老虎”团。这一夜他们从西南方向摸上去，勇猛前进十余里，打垮了敌十多个旅据守的山头阵地，把这条狭而长的起伏高地，变成一把锋利的刺刀，威胁着敌人侧后的安全。如此一来，敌人妄图凭借有利地形，包围我主力的妄想被打破。但是，在邛崃督战的刘湘并不甘心。天亮之后，敌又将我军从阵地上逐下去的十多个旅投入全线反扑，并配合以炮火和飞机，向我展开激烈的进攻。

一场众寡悬殊的恶战，在我军固守的三面受敌狭长环形防卫阵地及其周围展开了。

刘湘当然得知此战斗的胜败，关系着整个战役的结局；而战役的成败，又关系着他是否能安稳地坐在土皇帝的宝位上。因此，他学蒋介石的样子，也连续发出措辞严厉的手令，说什么临阵畏缩不前，排以下人员连长有权就地枪决；营长对连长，团长对营长，一级级往上，直到他这个总指挥有权枪决师长。他企望用死刑驱使他的部属为他卖命！这就难怪敌人在这一整天里，冲得那么凶。但是，敌人凶，我们更凶，战士都像钉子，像砥柱石那样守在阵地上。一开始，我们还计算敌人冲锋次数，计算飞机投了几枚炸弹，但当打到中午以后，机枪、手榴弹、大炮和炸弹响成一个点，敌人已不是整营整连向上冲，而是一团一团的冲。战斗越打越残酷，山上的树林里被弹雨削下的枝叶就有老厚的一层。山下稻田里敌尸累累，血流成河，而我们的伤亡也不断增加着。我跟前有一个班，守在一片树林内，打到下午全班只剩下三个人。当敌人一个整团拼死向他们扑上来时，他们不等敌人接近阵地，便在投出手榴弹那一眨眼工夫杀出去，又一次地打退敌人。我们的战士以一当百地战斗着，和敌人纠缠在一起厮打。尽管两天一夜来，我们攻如猛虎，守如泰山，敌人在我军面前伤亡 1.5 万人，但为了保存有生力量，到傍晚时分，全军开始有计划地撤离既得阵地，退出了这一场拼消耗、拼伤亡的战斗。

百丈关战斗的结局，在事实上使张国焘错误南下的路线遭到无情挫折。后来得知，总指挥部署战斗中，我军虽集中了三十军、九军、四军及三十一军主力，而敌人兵力仍大大超过我们，除正面敌有 40 个团外，而其后续部队尚络绎不绝于成都邛崃公路上。此种情势，我已很难歼敌主力，打开川西新局面，因此，不得不撤至芦山、宝兴山区，但芦、宝地区地少民穷，群众工作基础薄弱，难于支撑长期战争。至此，又决定放弃创造川西苏区的计划。后经头金山北上，西越党岭山，到甘孜去。

造成这种情况的直接原因，第一是我军进入川西为时不久，一切工作均在初创，敌优势力量乘我立足未稳进行决战。敌有巩固的后方，充足的物资补充，而我后方仅宝兴、芦山、天全等几个县，战争补给十分困难。第二是川西邛崃大邑地区紧靠敌政治、军事统治中心——成都，敌统治力量强。第三是敌结成统一战线对我，参加百丈关战斗的敌人几乎包括所有四川地方实力派。特别是赶上10月中旬，在蒋介石亲自干预下划分了势力范围，结束了敌内部连年混战的局面。这和我红四方面军1932年冬进入川北创造川陕苏区时的情况是不相同的。那时，我军进入通（江）南（江）巴（中）地区时，正值四川军阀混战方酣，无暇北顾；且有四川实力派拒绝蒋之嫡系入川之矛盾，川北远离敌政治军事中心，统治力量薄弱；而当其结束混战局面，于1933年3月开始对红军进攻时，我根据地已初具规模，土地革命深入，群众运动得到很大发展，红军不仅获得数月休整，并且在兵员和物资上得到极大补充，由入川时1.6万余人发展为20万余人。两相对照，创造川西苏区的客观形势对红四方面军十分不利。

但是，这些并不是其主要原因。最主要的原因是由于张国焘的错误路线和他的企图篡夺中央领导权的卑鄙的个人野心所造成。由于张国焘分裂党、分裂红军，使四方面军孤军南下，进入川西，处于孤立作战的境地；张国焘所主张的右倾逃跑路线，把红四方面军放在了地瘠民贫、群众工作薄弱的藏民区，使红军脱离了广大基本群众，这种既怕蒋介石，又怕日本帝国主义的右倾逃跑的机会主义路线，幻想偏安一隅，逃避革命斗争，必然遭致失败。现在来看，张国焘当时的用心，是昭然若揭的。当时，由于张国焘的军阀主义统治，对于干部实行愚民政策，以及在红四方面军中曾经存在过脱离政治的单纯军事观点，模糊了广大干部的认识。红四方面军的指战员，在战场上前仆后继，奋不顾身，流血牺牲，对党无限忠心；在战斗中勇往直前，剽悍顽强，有着极其旺盛的攻击精神，渴望以自己的生命，换取革命的胜利。他们的血，他们年轻的生命，将变成今天革命事业的胜利和祖国无限荣耀的光明前景，而其中又有着多么深刻的教训！

百丈关战斗后不久，薛岳乘我苦战方罢，未得休整，又纠集十多个团向天全杀来。总指挥部为保障我军从容向川康边界上转移，命我八十八师主力自芦山驰往天全，配合三十一军之一部防卫敌之进攻。我师一到即与敌激战于天全城下。蒋介石虽然又一次地派来飞机助战，狂轰滥炸，但我军仍在极端不利的条件下，又一次以大刀、手榴弹击溃敌人的进攻。战斗结束不久，我军即大部撤出川西。

选自郑维山:《郑维山作战笔记——从土地革命到抗美援朝》，解放军出版社2006年1月第1版，第33—37页。

百丈决战

盛先传

我们三十军的二六四团在南下时由原来的先锋变为后卫部队。在我们南下返回时，一路上看到非常令人痛心的情况，从包座到班佑，从班佑又经过阿坝，由阿坝又回到懋功，原来北上的后续部队和南下的先头部队不知有多少同志牺牲了。当时我们一路上看到了这几种情况：一是两个同志手挽手，胳膊挽胳膊一块倒在地上牺牲了；二是两个同志牺牲时一个还背着一个；三是有的同志临死时向前还爬着，手里抓着两把土或草，有的地上用手指头抠的深沟沟，这种情况比较多；四是有两位女同志抬着担架上的伤病员，两位女同志跌倒牺牲了，伤病员也牺牲了，死时担架还压着女同志的肩膀。我们返回南下的后卫部队一路看到这些情况，不由得人都哭了，心里感到难过极了，只好掩埋了同志们的遗体，继续前进。

一、四方面军分裂，我们四方面军又从原路返回，我记得我们八十九师减员已达四分之一左右，这并不是打仗牺牲的，而是饿死的，当四军和三十军返师南下时，左路军已从阿坝南下到了毛儿盖，我们返回的部队跟在他们后面，到毛儿盖会合了。

四军和三十军会合后向懋功推进。这时三十军的八十八师由后卫变成先锋了，在三十二军的配合下乘胜追击逃跑的敌人，攻克了崇化县，接着一举攻下了懋功，敌人杨森的八个团兵力，全部被击溃了。我们打过了夹金山，杨森的部队逃到天全、芦山、名山、雅州一带布防，对我们进行阻击。四川军阀刘文辉、邓锡侯的部队也赶到天全一带阻击，大约集中了30个团的兵力固守在这一条线。我们组织了天全、芦山、雅州、名山战役，经过激战，打垮了杨、刘、邓阻击的敌人，我们占领了这一带，又占领了宝兴县，共歼敌1.5万多人。我们八十九师是后卫部队没参加这次战斗。

这次战役后，我们又组织了百丈战役。百丈是个小关口，因敌人被我们打垮后退到这里，与我们准备决战。四川军阀刘湘、杨森、刘文辉、邓锡侯为报复我们，在这里集中了40多个团的兵力，企图把我们阻击在邓崃、大邑一带。同时蒋介石的嫡系部队薛岳带了两个纵队，共六个师（九十、五、九十二、九十九、五十九、九十六）的兵力围攻我们，于是在百丈展开了激烈的浴血奋战。我们三十军阵地在天全、石阳地区。八十九师阵地在八十八师的左翼，阵地的左边是悬崖、大约有四五丈高，右边是个漫坡。与八十八师阵地相接，我们阵地的前沿是个山凹。我们二六四团在靠近悬崖的上面，修了两个两层的地堡，一个地堡布置了三挺重机枪，四挺轻机枪，构成了交叉火力点，既可以打正面，又可以打从漫坡向我们进攻的敌人，还可以用火力策应八十八师。

这次战斗非常残酷，敌人每天用飞机掩护步兵进攻，师长杨秀坤在指挥这次作战中，发挥了他的才干。在飞机炸得不可开交时，眼看阵地没办法保存了，他想了一个办法。他发现敌机的炸弹炸不上左边的悬崖，炸弹不是丢在悬崖下面，就是丢在漫坡上，始终炸不着地堡。他指挥在悬崖半腰挖了两道槽，同时把槽伸到悬崖外面的前沿阵地，这就算是暗道。当敌机炸得厉害时，就把部队从阵地的战壕里通过暗道撤到悬崖的两道槽里隐蔽，这样就可以减少伤亡。如果敌人向我们正面进攻时，都叫我们用火力封锁住。在阻击战中，一次敌步兵乘轰炸厉害，偷偷地快摸到我们跟前了。我们原在十几米处用树枝和树桩设置的障碍，敌人快越过了，但不知道悬崖处有隐蔽的部队，杨秀坤看到敌人近了，叫我到地堡边上吹冲锋号进行反击。正当我吹冲锋号，部队反攻时，我只觉得有人把我撞了一下，我只顾吹号，根本没管。等把敌人打退后，我觉得胸部疼，正低头在看，杨秀坤的警卫员对我说："号长，子弹把你的弹夹打穿了，你还看啥哩！"我才知自己负伤了，就把装弹夹的九龙带解下来，弹夹取下时，打在弹夹的子弹也就出来了。脱开衣服一看，胸上的骨头能看着，原来子弹打在胸前弹夹上，弹夹是合金钢的，子弹穿了二层弹夹皮，一半卡在弹夹上，有一公分弹头插在胸前的肉里，当时战地卫生员过来敷了点药包扎了一下，又继续坚守在阵地上，这是我第二次受轻伤。

敌人反复向我们进攻，都被我们打下去了，战斗后来处在相持阶段。我站在地堡前，把杨师长的望远镜要过来一看，前面平川的敌人一块一块在那里坐着，一块大约有一个团的兵力，看样子像是待命。由于我军被敌人阻击前进不了，蒋介石嫡系部队薛岳率领的六个师的兵力在大量飞机的掩护下猛烈向我阵地进攻。我们四军防守在月来山、野猪池、八寨岭一线，敌军与四军阵地对阵地，四军数次打退了敌人的反攻，在没有办法防守的情况下，最后我们全部撤退到天全、芦山一带。敌薛岳的六个师分别抢渡天全河，向我们北岸的部队进攻。当时我们三十军的任务是掩护主力部队向后转移，等完成掩护北移任务后就撤出了防守阵地，敌人进而占领芦山、天全、名山、宝兴等县城。我们撤出芦山、天全地区后，在懋功地区的夹金山、红桥山设防阻击敌人的进攻，并且准备西进。

选自盛先传：《难忘的岁月——盛先传革命回忆录》，1996年，第61—65页。

虎皮坡战斗①

贾绍华

1935 年 6 月，在红一、四方面军会合后，党中央决定我们的战略方针是向北进攻，但是当时四方面军的主要领导人张国焘自恃兵力雄厚，采取两面态度，拒不执行党中央的决议，反对毛主席北上抗日的主张。

1936 年，红四方面军主力在百丈关与敌人激战②，其余的队伍在懋功附近的甘沟一带整训。那时，我在红四军十一师三十团一营一连当班长。1 月中旬，部队突然接到上级命令，向川康边界的芦山、天全地区开进。

部队自撤离通南巴川陕根据地后，一直就在冰冷严寒的雪山和荒芜泥泞的草地间行进，战士们穿着单衣，用生羊皮包裹着冻得发抖的身体，沿青衣江东岸南进。沿途山峦叠嶂，丘陵连绵，很少见到村镇，偶尔在一座山坡上能看到几户孤零零的山民茅草屋。

部队每天处于急行军状态中，天天走哇走哇，脚底磨出了血泡，肚子饿得“咕咕”直叫。有一天行军中副班长王大个子拍了拍我的肩膀，粗声粗气地说：“哎，饿了，还有吃的吗？”大个子在一般能忍得住的情况下，是不会向别人要吃的，看样子今天是饿坏了。我从干粮袋里掏

① 选入本书时编者略有删除。

② 百丈战斗应在1935年11月中下旬——编者注。

了掏，摸出一把炒米递给他。他用感激的眼光朝我笑了笑，接过炒米三下两下塞进嘴里，一边咽着一边嘀咕："班长，南下时上级说打回老家去，回家能吃大米，咱们咋来到这个鬼地方。"我推了他一把说："别讲怪话,首长说去宝兴、芦山,听上级的保证没错。"王大个子一听"芦山"两个字又来了情绪，"哎，班长，人人都说芦山好，这回咱也瞧瞧去。"

经过七天七夜的急行军，经硗碛、宝兴、芦山，长驱千余里，从天全以东过青衣江的铁索桥，部队在东起老峻岭，西至千佛山之间设防。上级指示我们，在这里准备迎击薛岳匪军从南线向我夹击，保证主力部队在百丈关狠揍刘湘部队，进而拿下邛崃、大邑，进通四川首府——成都。

我们来到了虎皮坡，它南望大相岭，北依邛崃山，东西各临夹金山和四川盆地，横贯峻岭间的青衣江，江岸绝崖峭壁，从东向西形成一条天然屏障。一架铁索桥是南路敌人进攻川中的唯一道路，面对这天堑险途，敌人决意要占领，我们就抢先一步到达。在我军赶到后，敌人也慌忙赶到了。敌我争夺战打响了，由于敌人长途跋涉立足未稳，人马十分疲惫，在地理作战条件上，我方又占据着优势，敌军虽然组织了几次进攻，都被我们击溃了。无奈，敌人只好撤至对面山上，两军处于对峙状态中。

敌人的进攻一停止，我们就赶紧抢修工事。我们营阵地设在虎皮坡上，营部指挥所设在山顶，左面是二连，右面是三连，一连居中。我们一排阵地在连队前沿最凸出的部位上。为了争取时间，上级指示我们必须在十天之内挖好工事。大家信心可足了，班与班、排与排之间展开了构筑工事的竞赛。四川西部多是土石山，那里黄土粘性特别大，风吹日晒硬得简直和石头差不多，每掘进一尺都要使出很大的气力。几百斤重的大石头，我们几个人都抬不动，副班长王大个子凭他个大劲足，一猫腰口里喊"起"，就能给它挪走。他还告诉同志们，这些石头不要扔掉，把它们统统堆在一起，如果子弹打光了，用石头也能抵挡一阵子，我们都很赞成这个主意。王大个子是个性格活跃，话多直爽的人。记得部队刚到川西，粮食十分困难，大家知道他的饭量大，都尽量少吃一点，把碗里的饭拨给他一些，他也不客气，几下就能打扫个精光。修工事，他把全身的劲都使出来了，不管多么累，他总是笑呵呵的。劳动休息时，他天南海北的说个没完，还结结巴巴的给我们讲“三国演义”的故事。经他这么一来，大家还真觉得身上的疲劳减掉了不少。

经过同志们白天黑夜的艰苦奋战，虎皮坡山腰间修起了一条条的环形工事和交通壕。工事前沿是用粘土垒起几尺厚的防护墙，上方设有瞭望孔、射击孔，底部挖有掩身的猫耳洞，交通壕连接着盖沟，盖沟里有二米多高，三米多宽，几十米长，很像北方的储菜窖。顶部用圆木上盖，再堆上一米多厚的粘土，沟里搭有临时便铺，铺上稻草，大家轮换着在这里休息。

在敌我双方相峙的两个月时间里，我们常常用小游击的办法，趁夜深人静，组织小部队摸到对面山上去打击迷惑敌人。大家将武器弹药绑在身上，在袖口脖领系上白布条，规定了口令和联络信号。有时，我们打他一下子就撤，或者就向山上放几枪，敌人听到枪声，以为我们发起攻击，慌忙进入阵地，过一会儿见没什么动静，骂骂咧咧地撤回去了。他们刚走，我们又钻出来再给他一下子，时间一长，敌人就不理我们了。我们这才摸上去，搞掉敌人哨兵，打他个措手不及再迅速撤回来。

敌我阵地距离远的到千米，近的只有几百米。一到夜晚，双方挖战壕的锹镐撞击声都听得很清楚，我们常常用纸糊的话筒对敌喊话宣传，争取瓦解敌军。但在那时候，张国焘违背毛主席的瓦解敌军原则，大肆屠杀俘虏和投诚人员，因此，投诚的敌人很少。

由于盖沟里见不着太阳，加之二三月份雨水又多，洞里十分潮湿，很多同志都病倒了，又没有医药供应。同志们生了病，炊事班只能是想办法做上一点热面汤，里面多放一些辣子，让病号喝下去发汗。同志们蹲在工事里，心情都非常焦急，把枪擦了又擦，刀也不知磨了多少遍。

3 月初的一天，团长郑国栋来到阵地，召集排以上干部开会去了。副班长王大个子凑到我的面前小声说：“班长，有任务了。”我装作心不在焉地问：“你怎么会知道？”他朝我神秘地一乐说：“你这人可真傻，没见团长乐滋滋的吗，团长一笑，准保有任务。”

果然，朱排长开会回来，就向大家传达了战斗命令。他告诉我们，薛岳部乘我军主力在百丈关苦战，未来得及休整，调动了十几个团，三四万敌人，准备从南线向我们发起进攻，配合邛崃、大邑百丈敌人对我们南北夹击，上级指示我们要立即投入消灭这股敌人的战斗。

第二天一早，天刚放亮，我们看到在敌人阵地上空出现了三颗信号弹。紧接着，敌人的飞机大炮开始对我阵地进行轰击，成群结伙的敌人也吵吵嚷嚷地向我们阵地扑来。战士们早就憋足了劲，刚接到还击的命令，手榴弹、子弹便像长眼似的飞向敌人的心窝，打得敌人狼哭鬼叫，敌人的几次进攻都被打退了。可是，由于两次过草地，战斗频繁，弹药消耗很大，加之川西一带地茫人稀，百丈关战斗虽消灭敌人不少，但缴获不多，弹药很少了。我们手里使用的武器也多是缴获敌人的汉阳造、套筒子、四川造等破旧玩意儿，有的枪上有准星没标尺，有的有标尺又没准星，几支枪使用一根通条。为了坚持战斗，节省子弹多消灭敌人。我们尽量将敌人放到阵地前沿，用近战杀伤敌人。敌人虽人多、武器好，但当官的怕死不敢带头冲锋，士兵又多是抓夫来的，前面的一个倒下，后面的调头就跑。这样一连两天，我们打退了敌人无数次的反扑。没有办法，他们就用飞机和大炮对付我们，一阵炮火，阵地被炸得凹凸不整，阵石飞扬，尘土弥漫。到了晚上，敌人在离我们不远的地方，连续打照明弹。我们趁晚间去搜集敌人尸体上的武器弹药，敌人的照明弹把整个大地照得清清楚楚，一见光亮，我们趴在地上一动不动，灯光一熄，我们就赶忙向前移动。

战斗进行到第三天，是打得最艰苦的一天。上级虽然派来了迫击炮连，但炮弹打光又只好撤了下去。阵地前，敌人像蚂蚁一样地涌了上来。战士们打得精疲力尽，步枪、机枪吐出仇恨的火舌，手榴弹在敌群中炸开了花。激烈的战斗，使我军伤亡也很大，到了中午，我们一排阵地上，20 多名同志只剩下朱排长，王大个子和我三个人了，教导员立即派营部的两名通讯员来补充我排，就这样，我们排整个阵地拢共只有五个人。这时二、三排也和我们情况差不多。连长、指导员也都牺牲了。面对这种战斗局势，我们只有一个信念“人在阵地在，誓与敌人血战到底”。

约摸下午两点左右，我们子弹打光了，就连大刀也都砍出豁茬，对山下正在爬的敌人，我们就用事先堆好的石头砸。那会儿，面对眼前的敌人，我只觉得全身的热血直往头上涌，恨得咬牙切齿。敌人嚎叫着扑上了阵地，我们便挥起大刀展开肉搏战，有的敌人被砍掉了脑袋，砍掉了耳朵，有的被劈掉了膀子，鬼哭狼嚎不成声音。那几百斤重的巨石从山坡上滚下去，敌人躲闪不及，重的丧命，轻的骨断筋折，一块大石头能砸倒一大串。垂死挣扎的敌人在反扑中，用同伙的尸体垒叠成掩体，一边疯狂地向山上开枪，一边扯着沙哑的破嗓子乱喊乱叫:“快投降吧，投降给婆娘，缴枪赏烟土！”我们气得牙咬得咯咯直响，拳头都能攥出水来，大石头没有了，就用小石头砸向敌人。

突然，一颗手榴弹落在我的脚旁边，嗤嗤直冒青烟，想拾起来反投回去已经晚了，我猛地一下抬起脚，将手榴弹踢到一旁，身子往旁边一倒，“轰”的一声，手榴弹在离我二三米的地方爆炸了。王大个子见我倒在地上，以为我牺牲了，哭叫着向我扑来，一声声喊着我的名字。我扑拉一下身上的泥土，从地上爬起来，他见我还活着，又转惊为喜，扑闪着那双炯炯有神的大眼睛，咧了咧沾满鲜血和泥土的嘴唇，从地上顺手拾起一把大刀，跃出战壕，又冲向敌群。他一面砍着张牙舞爪的敌人，一面嘴里不住地骂：“狗娘养的，还我战友，还我同志！”又是一阵阵肉搏，阵地前又留下了十几具敌人尸体。

就在回身时，大个子不幸胸部中弹，昏倒在战壕沿上，我急忙赶到他身边，只见他伤口滴着血，已经和土模糊一片了。这时，我发现教导员从营指挥所朝我们招手，因离的远，听不到他说些什么，但我明白是让我们撤出阵地。我和朱排长想把大个子背上山去，可是我俩浑身上下也一点力气没有了，王大个身体又重，我俩使劲也没把他抬起来。教导员望见了这种情形，把身边仅有的一名通讯员派来帮助我们。当我们三人刚想把大个子抬起来时，大个子“哼”了一声睁开了双眼，他看了看我们，一把拉住我的胳膊，大口喘着气说;“班长，我恐怕要革命到底了，不能看到胜利了。你回通南巴一定替我探望我的老母亲。”接着，他又有气无力地喃喃道：“我的枪和刀呢？”我含着眼泪把他的枪和刀送到他的手里，他摸了又摸，看了又看，使劲要坐起来，当他看到虎皮坡满地的敌人尸体时，他突然睁大了眼睛，断断续续地说：“我杀死了这么多敌人，够本了。”话刚说完，我只觉得王大个子的手渐渐地滑了下去，他慢慢地闭上了双眼。望着朝夕相处，日日夜夜在一起战斗的战友牺牲了，我的心悲痛极了，禁不住哭了起来。我们将他的遗体放平，用手捧着阵地上的碎石泥土，把亲爱的战友掩埋了。

我和朱排长撤出阵地后，分头向山上奔去。敌人的子弹呼啸着从我头顶和身旁擦过，我也顾不得这些，以树丛为掩护，绕过一个个山丘，迅速向山顶攀去。等我爬到山顶一看，教导员他们已经牺牲了，山坡上敌人尸体遍布，一股血腥气直往鼻子里扑，朱排长也不知去向。

我顺着山坡向东跑去，跑过了一个山头，是十二师三十五团的阵地。一进山沟，就听见青衣江的流水声，江面虽不算宽，但有几十米深，顺江而下有个铁索桥。铁索桥是九条由南向北扯过的粗铁环，每根铁索有小碗口粗，两侧有两根做为护栏，底下并排五根铺着木板，踩上去就像走弹簧一样颤颤悠悠。

我过了铁索桥，正遇到军部收容队在对岸组织临时阻击队，以掩护大部队过江。我便随大家再次进入江岸阵地，在我们的掩护下，部队冒着枪林弹雨，顺着山坡，迅速撤过了青衣江。我们刚过江，敌人也涌到了江岸边，我们就守在桥头，拼命向敌人射击，待大部队走远了，我们阻击队才撤出了战斗。

撤至天全，我才找到了原部队。往日二三千人的三十一团如今仅剩下 200 多人，剩下的人临时编成一个营。整编时，团长郑国栋一面擦着激动的泪水，一面同大家挨个握手，我们也难以抑制满腹的激动心情，大家都泪流满面，默默的谁也不吱声。

无数革命战士用鲜血和生命换来的教训告诉我们，张国焘进行的是分裂党分裂红军的阴谋活动，推行的是一条断送红军的错误路线，它给我们党和整个红军带来了不可弥补的严重损失。

在朱总司令、贺龙、刘伯承、徐向前等同志的坚决斗争下，迫使张国焘不得不放弃错误主张，部队由川西过大雪山。6 月，我们与红二方面军于甘肃会师，从此走上了北上抗日的正确道路。（赵政权、赵爱华整理）

选自中国人民政治协商会议黑龙江省委员会文史资料研究委员会编:《黑龙江文史资料》第7辑，黑龙江人民出版社1982年11月第1版，第182—189页。

贾绍华，1914 年生，四川渠县人。1933 年参加中国工农红军，1935 年加入中国共产主义青年团，1938 年转入中国共产党。红军长征时任红四方面军第四军十一师三十团一营一连班长。新中国成立后，曾任中国人民志愿军后勤站站长、第五分部副部长，沈阳军区后勤部运输部副部长，辽宁省武警总队副总队长，黑龙江省军区独立二师副师长等职。2002 年在哈尔滨逝世。

撤出玉林山

高明顺

1935年秋，红军战士，在张国焘的欺骗下，迈着疲惫的脚步，踏着日渐枯黄的水草，第二次走过茫茫草地，回到川西，在天全、芦山一带停留下来。红军刚到不久，敌人像一群群闻到腥味的苍蝇，一下子向我们扑来。国民党中央军薛岳等部六七个师和川军主力，向天、芦地区大举进犯，方面军面临前有强敌、后无根据地、部队得不到补充的严重困难处境。在这种形势下，一些老同志都私下议论：为什么我们要离开党中央，孤军南下？为什么要与数倍于我、装备供给情况精良的敌人打阵地战？真是百思不得其解。但是我们红四方面军指战员以对党、对人民革命事业的忠诚和勇敢，投入了这场战斗。

我们红四军十一师三十六团二营在天全县始阳区阳山村金村坝的玉林山、先锋山和老君山一带实施防御。我所在的六连奉命坚守玉林山。

玉林山山高二三千米，一面悬崖陡立，峭壁插天，与先锋山相对而立。两山之间，是一道峡谷，中间是一条大河，水流湍急，惊涛拍岸，声如雷吼，山鸣谷应。一条由东进入川西腹地的古驿道沿河岸蜿蜒蛇行。这里地势险要，真是一夫当关，万夫莫开。我们在玉林山上构筑了一道道壕沟，一座座土碉堡，外壕前设置了鹿砦，有的战壕上还盖上树干、毛竹，堆上厚厚的泥土，筑成盖沟，形成了坚固的防御阵地。我们在这片阵地上，经受了一场严峻的考验，抗击了敌人一次又一次的冲击。

开初，敌人在炮火的掩护下，一小股一小股地向我们阵地上运动。我们凭借险要的地势和工事，阻击敌人。山上的灌木林被炮火烧焦，泥土表层被轰击得松软了，但是，敌人始终无法靠近我们的阵地。随后敌人以整营、整团的兵力向我们的阵地轮番冲击。在督战队的驱赶下，像一群群发了疯的野兽，嚎叫着扑上山来。战士们紧咬着牙，圆睁着发红的眼睛，盯着张牙舞爪的敌人。指挥员“射击”的命令一出口，一阵排子枪便飞向敌人。紧跟着，一枚枚马尾手榴弹就在敌群里开了花，炸得敌人鬼哭狼嚎，爬着滚着往山下溜。有时，我们沉住气，把敌人放到离战壕一二十米处，猛地冲出去，与敌人展开肉搏战。我们的一位麻脸营长，是个安徽人，作战很勇敢，每当敌人冲到眼前的时候，总是最先跃出战壕，左手提着匣子枪，右手擎着一把寒光闪闪的大刀，带领我们冲入敌群。我们手中的大刀就像一道道闪电，手起刀落，敌人血肉飞溅。有时，我们手中武器坏了，就和敌人扭打在一块儿，顺着山坡滚出去几十米远，掐住敌人的脖子，将头在石头上猛撞，等报销了敌人，提上敌人的枪支弹药，又回到自己的阵地。就这样，两个多月过去了，敌人抛下了漫山漫坡的尸体，而阵地依然在我们手中。

在艰苦、激烈的战斗中，部队经常以“不放弃苏区一寸土地”、“守住阵地就是胜利”的口号进行政治鼓动工作。附近的苏维埃政府也时常组织群众送菜送粮上山，到前沿阵地慰问，鼓舞战士们的胜利信心。玉林山附近的一些战士家属还来到战壕里看望自己的亲人，我的父亲也到了前沿来看望鼓励我们英勇杀敌……这一切，使红军指战员始终保持了旺盛的士气。可是，敌人越来越多，战斗越来越激烈。敌人伤亡惨重，我们也付出了很大的代价，部队消耗很大，防御战前几个胜仗缴获的弹药已所剩无几。时令正是寒冬，我们仍穿着薄薄的单衣，坚守在北风凛冽的山梁上。

一天下午，敌人的炮火比往日更密集，在一团团烟尘中，只见漫山漫坡的敌人像黄蚂蚁一样向我们阵地爬来。放眼望去，对面的先锋山上，一群群敌人时隐时现。敌人的飞机也来了，掠过玉林山，不知到哪一处阵地上投弹、扫射，只听见远处传来隆隆的爆炸声，夹杂着密集的枪声。一直拼杀到黄昏，敌人才暂时停止了进攻。我们正在修复、加固被炸坍的工事,通讯员送来了准备撤出阵地的命令。这时,我们才知道，红四方面军的阵地已有多处被敌人突破，我们的处境十分危险。

那天夜里，我伏在战壕冰凉的泥土上，望着夜色笼罩的阵地，想了很多很多。在这片土地上，我们与敌人恶战了整整三个月。三个月，有多少敌人丧命在我们的枪口前和大刀下？三个月，又有多少战友的鲜血，洒在这片山梁间……我们红军战士，是钢打的英雄，铁铸的汉子，我们的浴血苦战，为什么还是挡不住敌人的进攻呢？想来想去，谁也弄不清楚是什么原因。后来才慢慢知道，是张国焘背离了党中央、毛主席北上的正确道路，幻想偏安川西，在敌情、补给都于我十分不利的条件下，推行“单纯防御”的军事路线，搞什么“以堡垒对堡垒”、“处处分兵把口”的阵地消耗战，与数倍于我之敌硬拼造成的恶果。

第二天拂晓，我们背着负伤的战友，撤出阵地，离开了玉林山，汇入匆匆撤退的人流。这时，天已放亮，敌人立即尾追而来，一发发炮弹落在我们撤退路上的一座浮桥附近，激起一股股冲天水柱。我们且战且退，不顾疲乏劳累，直奔始阳区的立阳，部队将在那里从一座铁索桥上跨过岷江。到了江边，敌人的枪弹炮火已经封锁了桥头。在红三十一军一部的掩护下，我们冒着弹雨，缩短距离，跑步通过了铁索桥。这时，又有不少战友牺牲在敌人的枪弹下。部队刚过完河，上级便命令炸断铁索桥。

在震天响的枪炮声中，我们集合起幸存的队伍，日夜兼程，匆匆撤向甘孜、炉霍。

选自谢振华等:《征程曲——我们的战斗回忆录》(上)，
军事科学出版社1987年12月第1版，第77—79页。

高明顺，1921年生，四川天全人。1934年参加中国工农红军，1938年加入中国共产党。红军长征时为红四方面军第四军十一师三十六团战士、通信员。新中国成立后，曾任云南省思茅军分区参谋长、副司令员，昆明军区后勤部第二十二分部副部长、部长，昆明军区后勤部顾问等职。2015年在昆明逝世。

荥经县羊子岭战斗

胡奇才

1935年12月初，国民党中央军薛岳部第一纵队第九十、九十二、五十九师，第二纵队第五、六十一、九十六师，分两路从洪雅取捷径向荥经进犯：一纵队由洪雅的罗坝经雅安的严桥、李坝、孔坪、观化等地翻麂子岗进入荥经的福星场；二纵队由洪雅的丙灵寺经雅安的望鱼、大河、羊子岭进入荥经县境。红四军处于敌众我寡，敌强我弱的劣势，但仍在雅安县（今雨城区）观化，荥经县的麂子岗、羊子岭与敌人激战三天三夜，击溃敌人多次进攻，双方伤亡很大。

我参加了羊子岭战斗，当时，我是红四方面军第四军三十五团政委，团长是张德发（又称土地老汉）同志。我团在羊子岭战斗中打得很激烈，薛岳部队抢山头，我亦占山头，哪个山高就占哪个山头。羊子岭当时山高林密，我团顶住了敌人，并多次打退了比我优势几倍敌人的进攻,保住了荥经县城,从而得到许世友军长（他住在荥经城内）的表扬，说三十五团打得顽强，群众纪律较好。后因敌众我寡，我们主动撤到荥经县城附近，又遇到薛岳部队的攻击。当时我随四军政委王建安正在天全县城开会。听到二十八团阵地失守后，连夜赶回军部住地，这时部队退下来了，情况紧急，军长许世友同志指定收容退下来的三十五团部队，坚守铁索桥，掩护军部转移，我收集了不到100人，守桥时大部分伤亡。无奈，我看军部已转移，任务完成了，我带少数几个同志边打边退，敌机飞得很低，为他们炮兵指目标。晚上我回到师部。从这一仗打下来后，三十一团番号取消了，张贤约同志调任三十五团政委，我提为十一师政委，陈再道同志为师长。尔后转移到道孚县时，部队进行整编，我调任十二师政委，张贤约任师长（大师改为小师）。1936 年 4 月我师奉命南下雅江县执行迎接二、六军团北上，三十二军由王建安政委统一指挥。后来三十二军西去理塘县，我师留在雅江，挡住敌人薛岳部西进。一个月左右后，我师任务完成，又返回道孚，不久即过草地到达甘南会宁，三个方面军在会宁会师。

回顾从 1932 年入川到 1936 年，特别是三次过草地，以及在雅安地区作战，这五年是我人生历史上感到极为艰难的时期。

1987 年 12 月于北京

中共四川省雅安市委党史研究室供稿。

胡奇才，原名胡其才，1914 年生，湖北黄安（今红安）人。1930 年参加中国工农红军，1931 年加入中国共产主义青年团，1932 年转入中国共产党。红军长征时任红四方面军第四军十一师政治委员、十二师政治委员。新中国成立后，曾任辽东军区司令员，东北军区空军副司令员，辽西军区司令员，解放军工程兵副司令员兼参谋长、顾问，全国政协委员等职。1955 年被授予中将军衔。1997 年在北京逝世。

绝路中回生

郑国仲

1935年5月，我们红四方面军在川西江油县打完彰明、中坝战役。当时，我由交通队队长调任四军十师新建的二十九团二营当营长。

9月中旬，正当我们在草地边沿焦急地盼望跟随党中央北上时，张国焘却下了一个要四方面军南下的命令，硬是要把四方面军从草地拖回川西。

我们部队于10月下旬向川康边南下，穿越深山峡谷，涉过湍急河流，强过大金川地区，翻越夹金山。接着参加了打天全县，攻名山县百丈关的战斗，在川康边天全县、芦山县转战了好几个月，这几个月真不好过啊！

部队向川康边南下，无论天时地利，敌情民情，都对我们行动、作战非常不利。我营刚建成西进去迎接中央红军时，部队满员，斗志旺盛。南下时，因为我们在草地边沿迟迟不北上，而且还要经常应付敌人的追击袭扰，打打走走，走走停停。再加上在少数民族聚居区，地穷民穷，部队断盐缺粮，衣单鞋少，生活艰难。同时，又不断遭到受蒙蔽的少数民族的袭击，不少人锐气受挫，思乡心切，所以在南下路上，川西参军来的，有很多开了小差。为了适应战斗行动，部队进行了整编，将二十九团并入二十八团，我在该团二营当副营长。部队在翻越夹金山时，由于天寒地冻，人困马乏，衣单缺食，不少战士经不起大雪山狂风、卷雪和冰雹的袭击，被无情的大自然夺去了宝贵的生命，部队再次遭到很大的减员。部队在攻打天全县、名山县百丈关时，都是在疲惫饥寒、敌强我弱的情况下打拼消耗战。敌人伤亡大，他可以抓壮丁补充，我们虽有少量的人参军入伍，却难以补足有生力量的损耗。敌人以逸待劳，而我们是连续作战，得不到休整。那时的川康边穷山恶水，偏僻，物产不丰，人口稀少。部队虽然克服了兵员不足、被服短缺、给养难筹等重重困难，奋勇杀敌，打了不少胜仗，歼灭不少敌人，但是，这些胜利并没能改变我们愈来愈不利的景况。

在天全县、芦山县打了几仗，部队思想很乱，本来对掉头南下就没有想通，再加上连日作战，吃不饱，穿不暖，部队减员，伤亡很大，更是怨气很重。尽管我们对党中央、毛主席同张国焘的尖锐严肃的斗争，是一无所知，但是眼前的现实和处境，使我们不得不思索南下这条路到底对不对？我和不少干部战士对张国焘南下是不是“正确”开始有所怀疑，但又不敢明说。因为张国焘的军阀主义很厉害，动辄不是“纪律制裁”，就是“关押坐牢”，甚至“枪决处死”。我是吃过这方面苦头的。那是在鄂豫皖的时候，正赶上张国焘搞肃反扩大化，因为说了几句不高兴的话，就把我的连长撤了，降为排长，以后不明不白地把我送到保卫队，像犯人一样关押了几个月，行军时，不是扛大米袋，就是抬担架，罚做种种苦役，而且还用绳子拴着，把革命同志当作敌人看待。要不是那些熟悉、了解我的领导同志放了我，我早就没有命了。联系过去这一段经历，面对张国焘滥用纪律、肆意迫害的情况，对部队中议论南下是非的问题，我也不便多说什么。作为一个基层干部，我更多考虑的是如何带好队伍，打好仗。

在天全、芦山与敌周旋作战几个月，形势不但没有好转，而且愈来愈严重。如果说，南下当初，我们有点进攻姿态的话，那么，这时在敌人重兵压境，大举进犯面前，已完全处于防御苦守的局面。我们营参加天全西南望头崖一线的对敌人阻击苦战，可以说是当时四方面军处于被动挨打的一个缩影，这一仗打得很艰苦，是我参加红军以来打得最惨的一次。

望头崖是四军前哨阵地的一个山头，离天全县城只有几十里路。我打百丈负伤刚回来不久，在二十八团三营当营长。我带八、九两个连在河南面扼守望头崖，七连守在河北岸的一个小山上，我们的任务是阻滞延缓敌人进攻，掩护我军调整部署，准备撤出天全、芦山两县。望头崖北边是一条由西南流向东北的山间小河，东面是悬崖峭壁，隔河相望的北岸几个山头，是我团预备阵地。南面比我们高的一个接一个山头，都是敌占阵地，它的前沿与我阵地只隔着一条不很宽的峡谷地带。我们在望头崖上，挖有战壕工事，有些火力点上面还铺了木头，堆上厚实的泥土,这种“盖沟”既可以防炮,又可以发扬火力。在敌人可能进攻的方向，还筑了几道鹿砦障碍。

当面的敌人，是国民党的薛岳部队，它是追击红一方面军入川的。原先它被中央红军拖得疲惫不堪，可现在，它经过休整和补充，倒又气势汹汹地“追剿”我们来了。薛岳部队有六个师，再加上川军主力，在兵力上敌占优势。向我望头崖攻击的敌人，兵力也比我们多。敌人开始进攻，总是先用炮火摧毁鹿砦，为它扫清进攻道路的障碍。接着又猛烈轰我盖沟工事，以摧垮我火力阵地，然后就是步兵越过峡谷地带向我发起攻击。于是，我们就与敌开展开一场激战，直到把敌人打退为止。等敌人退下去了，我们就抓紧修复工事，准备再战。连续几天，敌人在炮火掩护下，不是正面攻，就是攻侧翼;不是小部队攻攻停停，就是整营、整团连续猛攻。开始几天，敌人就是攻我不动。我们把敌人一次又一次的进攻打退了，打死打伤了很多敌人，可我们的部队也愈打愈少了，伤亡很大。当我们在战斗间隙掩埋牺牲的烈士时，看着从川西参军来的战士一个个倒在血泊之中，看着那些和自己一起在鄂豫皖战斗过来的干部光荣牺牲的情景，我心里总是阵阵悲痛心酸，十分难过。我们的红军战士和干部，是经过多少枪林弹雨锻炼出来的啊！他们是“沙里”淘出来的“真金”，放在哪里都闪闪发光。他们有共产主义理想，他们打仗勇敢不怕死，他们是红军的中坚骨干。可是，他们一个个都长眠在望头崖上，无声无息地牺牲在南下路上。攻打百丈关那一仗，敌人大炮轰，飞机炸，我们营损失够大的了，想不到现在苦战望头崖，损失比打百丈还大。越想越觉得南下这个仗，越打越苦，越打越窝囊。我们牺牲了那么多同志，花了这么大代价，还是打不出一个好结果，看不到一点能打开局面的转机。

薛岳部队见连日攻我不动，就改变战法，用“围剿”过中央苏区的步步为营“碉堡政策”来对付我们。有天拂晓，猛见我阵地南面山上出现一个碉堡，它是用木头预制成的碉堡壳子，外面再用草麻包装满土，把外壳堆得又厚又实。这个碉堡立在比我地势高的山上，更是居高临下，对我威胁极大。从天亮开始，敌一排排炮火，把我们连夜修复的鹿砦和盖沟工事几乎摧毁无存，然后碉堡里的密集火力向我压制，掩护越过峡谷的步兵向我阵地西侧猛攻。我带的八、九两个连这时只剩下几十个人了。尽管仗打得十分艰苦激烈，战友们一个个壮烈牺牲，可是部队的斗志，始终没有减弱，“为牺牲战友报仇！”“人在阵地在！”的口号，不断激励着每个人特别是那些共产党员和干部，一片丹心为革命，攻在前，退在后，轻伤不吭一声，重伤不下火线，有的手臂、腿被炸断了，依然坚持战斗，打击敌人。那天，弹药、饭和水根本送不上来，在敌众我寡，粮断弹缺，又饥又渴的危急艰难的情况下，从早上一直打到黄昏，击退敌人多次进攻，在峡谷里，阵地前躺着数不清的敌尸。

天黑了，敌人还在向我攻击。此时，我们只剩下十多个人了。正当我们奉命转移时，阵地被敌人突破了。我见敌人比我们多，再组织反击也无效，就边打边撤。但是，西面山地为敌所占不能走，北面一条东西向可以迂回的通路已被敌控制，无法通过。只剩下东面难以攀登的悬崖峭壁了。眼下要撤出阵地，就只有爬崖突围出去了。于是，我们把解下的绑腿带一条条接起来，把它一端结实地拴在树上，然后就顺着带子从崖壁上往下滑，有的还抓住葛藤向下滑。正当我们一个个朝下滑的时候，敌人已追到崖边了，幸好天黑看不清，再说敌人也想不到我们会选择悬崖峭壁突围，所以没发现我们。他们在崖上打了一阵乱枪，叽哩哇啦乍呼一番，就搜索到别处去了。

我们十几个人费了很大劲，虽然衣服被荆棘撕得十分破烂，脸、腿和手臂被划破好多口子，但是总算平安落到崖底。有个战士不慎失手，从崖壁上摔下来牺牲了。我们刚落到崖底，忽听得一股敌人从望头崖东南搜索过来，我们立即藏身观察敌动静，大家一个决心，如果敌人进来，就与他决一死战，叫他捞不到便宜。不到一袋烟功夫，敌人就原路返回了。我见敌人走了，就赶紧带着大家贴着崖壁悄悄摸出去，见周围没有什么动静，我们就迅速蹚过小河，到了七连阵地。

大家见我们安全回来，都很高兴，还说了不少安慰和鼓励的话。可是，我心里总觉得很痛心和不安，好端端的两个连战士，在望头崖苦战十来天，几乎全部牺牲了。不错，要革命总会有牺牲，但不能让我们的同志无谓地牺牲。

天全以南望头崖一线的阵地，被敌人突破后，不久，形势就发生了急剧变化。我们的处境愈来愈困难，前有强敌，要战不能战；后无给养、兵员来源，想休整不能休整。张国焘在南下时所鼓吹的那些："消灭川军，建立根据地，打到天全、芦山去吃大米"等动听的口号，一个也没实现，我们的生存条件也快没有了。敌人愈来愈多，仗愈打愈大，我们从南下时的八万人减少到三四万人，兵力愈来愈少，仗愈打愈被动，根据地没建立起来，活动区域越来越小。在天全、芦山转战几个月的结果，使我军无法立足，陷入困境，难以再与敌周旋，于是，被迫在1936年2月撤出天全、芦山、宝兴。"南下是绝路！"红四方面军正被张国焘带上了一条绝路！

天无绝人之路。纵有艰难曲折，还有回生的希望。

希望就在党中央、毛主席！希望就是陕北！希望就是北上！

我们又一次翻越大雪山，向西康北转移，与红二方面军会师，第二次北上。是党中央、毛主席挽救了红四方面军，使红四方面军从绝路中回生，走上抗日民主革命新的战场。

中共四川省雅安市委党史研究室供稿。

郑国仲，1913年生，湖北黄安（今红安）人。1929年参加中国工农红军，同年加入中国共产党。红军长征时任红四方面军第四军第十师政治部交通队队长、第二十九团二营营长、第二十八团团长。新中国成立后，曾任海军青岛基地副司令员、海军东海舰队司令员、海军副司令员、全国政协委员等职。1955年被授予少将军衔。1992年在北京逝世。

红四方面军南下战斗的经过

王崇喜

1935年6月，红四方面军和中央红军胜利会师以后，我们红四方面军前卫两个军：红四军、红三十军过草地到班佑、包座，与号称“天下第一师”的胡宗南部队的第一师接火，并将其全部歼灭。这次战斗，我们红四军三十五团得了八挺机枪。战斗结束后，就让中央红军前进，我们停止待命，几天后，命令我们速返回南下，不北上了。我们回来过草地时，全都是急行军，我们过去时走两天的路程，回来时一天就要走完。经若尔盖、刷金寺、马河坝，翻大山攻打绥靖（金川），然后顺河下到丹巴县过河，翻过一座大山，过去就是泸定桥，背后是上下鱼通，这里驻有刘文辉二十四军的一个营，这个营的任务是红军顺河下到泸定时，就在背后侧击红军。敌人哪知道，红四军十二师三十四团从敌人背后的大山翻过来了，战斗打了一个多小时就结束了。全歼敌人一个整营，缴了300多支枪，我们请藏民给我们运送枪，每人背五支枪，他们不是背，而是用头顶着枪走，一直送到天全县，我们才把枪交给上级。

鱼通战斗结束后，我们又是一天一夜急行军，经泸定翻越二郎山，经南池子、紫石关到达天全县城边上的沙坪。军部命令三十四团，徒步过河上山，到天全背后的大岗山上去，可是河水流得特别急，我们人拉着人过了河，就往山上摸，一直摸到天快明才上了山顶，我们一爬到山顶就发起战斗，从山上面把敌人往天全城里赶，最后赶到天全铁索桥，全部歼灭天全的敌人。俘虏就往芦山县送。打伤了的就送到天全河边的每个村庄，村里都住了国民党的伤兵。我们在铁索桥的两头堵着打敌人，打死不少敌人，歼灭敌2000余人。

打天全的时候，我们部队还编了一首歌，叫做：天全消灭刘文辉，1234要打成都省。

天全战斗结束之后，倪志亮参谋长带纵队三个军在天全县的始阳停止不前，敌人把雅安的铁索桥砍断，我军未能攻进雅安城，撤了倪志亮的职。红四军十师二十八团、三十团，十二师三十四团，属于右纵队，王树声指挥向飞仙关、名山县城，向百丈关进发，我们前进打天全的何家坝、何家山和新场坝，直至攻克荥经县城。1936年2月中旬，国民党中央军薛岳六个师赶到天全，在我们的阵地前面筑起了碉堡防守。敌人投入九个团攻打我红四军三十五团一个团，因天全县新业乡峡口坝战斗失利，全团伤亡三分之二，团长、政委也光荣牺牲了。2月15日，敌军又以20个团的兵力进攻始阳镇，红三十军八十八师进行阻击，给敌人一个大反攻，给敌人很大的杀伤。因全线后撤，我们军已撤到灵关镇、宝兴县。北上后在甘孜地区的道孚县整编为十一师，师长陈再道调走了，由陈锡联接任师长，红四军军长为王宏坤。

中共四川省雅安市委党史研究室供稿。

王崇喜，红军长征时在红四方面军第四军。

二过雪山草地

方子翼

我们第二次过雪山草地，是在红四方面军结束包座战役后，张国焘反对北上，分裂红军，带领部分红军南下期间进行的。

右路军红四方面军总指挥部（右路军前敌指挥部）及其三十军、四军，在北上过程中完成了第一次雪山草地行军，于 1935 年 8 月底在包座战役中消灭了前来拦阻红军北上的胡宗南部伍成仁四十九师后，在包座、巴西地区待命，期待着快点进达甘南，建立新的根据地。

9 月初，中央指示，当前的敌情形势极有利于红军继续北进，要求右路军迅速向甘南的岷县、武都、西固挺进；左路军迅速向右靠拢，趁势尾随右路军北上。

我们认为中央的指示十分正确，红军应当乘胜入甘，占一块好地方建立根据地，再图发展扩大，绝不能让敌人把红军堵在贫瘠的岷山沟里受苦，搞不好还得回头再过雪山草地，那样会把部队拖垮的。

不料，上旬，接二连三地传来一系列令人费解和不愉快的消息：首先，左路军在噶曲河被洪水所阻，不能向右靠拢；其次，左路军返回阿坝，不北上了；接着，张国焘致电中央反对北上，并要右路军回击松潘；后来，张国焘以红军总政委的名义，令右路军南下……

这些消息一个比一个惊人，令人不安。我想：张国焘是不是在发烧？刚戴起纱帽就歪嘴，刚当上军委副主席和红军总政委，马上就敢违抗中央的（而且是自己同意了的）决定。太出人意料了。张国焘胆大妄为，要出大事！

15日，张国焘以红军总政委的名义，命令红军回头南下，到川西建立根据地。于是，右路的中共中央，中央军委，红一方面军总指挥部及其一军团、三军团继续北上；其他的左右两路红军分别从阿坝和包座地区回头沿北上的原路，再过雪山草地，向西康大小金川流域南下。

我们离开包座、巴西地区，经班佑再次进入草地。只见黄草漫漫，寒风瑟瑟，弥漫着秋天的气息，穿着单薄的衣衫，顶风冒雨，忍饥熬寒，再次同“魔毯”搏斗，心情十分沉重。

进入草地第二天就是沼泽地带，一进沼泽心里就发怵，害怕陷进泥潭。第三天，厄运就光顾我了。我的左脚曾在川北冻麻木过，这次可能在冰冷污水中泡得太久，早晨起来就觉得左脚发木，并且踝部以下整个脚掌向内弯曲，正不过来，不能直行，只能侧着身体走路。就这样走了五天，一直走到毛儿盖南面的俄德洛才弄到热水泡脚。一周来，又渴又饿又累，差一点也长眠在草地之中。

对于再次南下，既无物质准备，也无精神准备，没有想到会走回头路。在南下过程中，除了雪山草地外，最严重的困难就是缺粮。北上时准备的干粮早已吃完，包座、巴西地区是半农半牧地方，本来粮食就不充裕，加上数万人马驻扎半个多月，粮食基本告罄。不足三天的干粮，未出草地就已吃完。我们从草地中间的色儿坝、年朵坝到毛儿盖这几天，就是饥饿行军。南下的雪山区域都是红军北上经过的地方，根本无粮接济。所谓红军“吃野菜、吃草根、吃树叶”，就是在这个地带。从毛儿盖向南翻打鼓山、东谷山的过程中，就有人饿死在雪山之中，我也差一点撂在打鼓山里。

到达黑水那天下午，实在饿得不行，我和公务员小言在藏民菜地里捋了一些被霜打蔫了的辣椒叶子，煮了一盆，我们和杨副师长一起饱餐了一顿。

9 月底，我们到达党坝，同先期到达的左路军部队会合了。这里也是红军北上的集结地，如今部队越多越无粮食。我和小言到一块收过土豆的地里寻找剩下的土豆，好不容易挖到了一杯很小的土豆，用瓷缸子煮着吃，先吃了几个真土豆，味道很好，最后接连吃了两个很小的“土豆”，灾难就来了，立刻感到满嘴发麻，又舍不得吐出来，勉强咽了下去。随即感到窒息，呼吸困难。我立即跑到河沟边上用水漱口，足足漱了两个小时才开始缓解，差一点憋死。到底是吃的是什么东西，当时并不知道。

10 月初，我们来到刷经寺。这里野外连菜地都没有，什么食物都找不到，实在饿得发慌，小言冒着违反政策的危险，将喇嘛寺的鼓弄了一个，割下鼓皮，用火烧糊，刮去糊炭，掰成碎块煮了吃。杨副师长问道：“你们将什么皮带拿来煮着吃了？”小言说：“哪里舍得吃皮带，是鼓皮。”杨副师长问：“什么鼓皮？”小言说：“庙里的鼓。”杨副师长嗔着脸说:“你们不怕砍头呀，这是违犯政策的！”小言说:“人都要饿死了，有什么办法？”杨副师长说：“这样吧，吃完饭，写一张纸条，押五块大洋，就说我们需要一个鼓用，用五块银元买下，请原谅”，同时对我们说：“下次不准这样搞了，饿死也不能违反政策！”

10 月上旬，我们移驻卓克基。这里是红军北上时屯兵的中心区域，室内外均无粮食，我们饿得发昏，无法可想。我们住的房子是三层楼，上层供佛，中层住人，下层厩马。我在上楼梯时看到马厩墙角堆着马粪，心想:藏族用青稞喂马，马吃料嚼得不碎，马粪中一定有未消化的青稞，淘出来不是可以吃吗？我把它弄来淘洗干净，果然淘出一些青稞，把它煮了吃。杨副师长不吃，我和小言分着吃了，又解决了一天的饥饿。

在卓克基，听说张国焘 10 月 5 日在卓木碉召开干部会议，宣布另立“中央”，自任“主席”。我们听到这个消息，非常惊讶。大家窃窃私语，说张国焘身为中央政治局委员、中央军委副主席、红军总政委，在大敌当前，党和红军处境极端困难之际，不带头维护团结，克服困难，渡过难关，反而带头违反党章，破坏党纪，分裂红军，分裂党；不经全国党代会选举，擅自个人决定另立“中央”，自封“主席”，真是目无组织。

张国焘为了达到其目的，强行南下，10月24日，发起天(全)芦(山)名(山)雅(安)战役，虽然歼灭了大批敌人有生力量，我军也付出了很大代价，所控制的懋功、丹巴、宝兴、天全、芦山等县，由于地广人稀，粮食筹措非常困难。同时，来自陕北的胜利消息不断传来，让大家更加清楚地意识到所谓“南下”是错误的。广大官兵逐渐觉悟起来，日益感到如此下去不是办法，北上的呼声也日益高涨。至此，二过雪山草地已成为过去，等待我们的是三过雪山草地的征程。（李清扬、贾晓明整理）

选自《纵横》2009年第8期。

翻越夹金山

吴邦文

1935 年 6 月份，红一、四方面军会师后，我们四方面军总供给部和被服厂，随左路军来到阿坝。当地的牛羊毛很多，供给部长郑义斋同志在动员大会上讲："前方部队战士们穿着单衣服打仗，不久就要翻雪山了，我们必须尽快把这些牛羊毛纺成线，织成布，做成衣服，让战士们穿得暖暖的好打胜仗。"我们愉快地接受了这些任务。当时什么工具也没有，就用黄土捏成像鸡蛋那样大的泥球，中间捅上根木棍杆子，就成了捻毛线的工具了。开始每人一天只能捻四五两毛线，这样太慢完不成任务，有的女同志都急哭了。于是我们请来了木匠，给我们做了土纺车。五个锭子的一天能纺四五十斤，十个锭子的一天能纺百十斤线，这样就快多了。又做了一些简易的织布机，织成毛布，做成了衣服。另外，供给部、卫生部、司令部的人员，一律不发衣服，每人发三斤羊毛，自己想办法捻毛线织毛衣，解决穿衣问题。我们工厂里每人也发了三斤羊毛，除完成生产任务外，就挤出时间捻毛线织毛衣。有的同志领回来的羊毛，撕不动拉不开，捻出的毛线粗细不匀，太费劲。大家就想办法拾牛粪，将牛粪烧成灰，滤出带有碱性的水，将羊毛放进大锅内煮，然后洗干净，又在一根棒子上钉几个钉子，将羊毛挂在钉子上撕松理顺了。我捻出的毛线又细又均匀，三斤羊毛捻出来的线能织两件毛衣。有一天政治部张琴秋主任的警卫员看到我捻的毛线好，就说："咱们换吧，你捻毛线，我织毛衣要得吗？”我说：“可以。”我正发愁不会织毛衣哩。我问她叫啥名字，她说你就叫我政警吧。这个同志真讲信誉，第二天就把羊毛送来了，取走了毛线。她织的毛衣又快又好，还没等我把毛线捻完，她就把两件毛衣送来了，又带了几斤羊毛，她说：“请你帮帮忙吧。”我说三斤毛线就够她用了，她说首长还没穿上。我说应该为首长服点务，谈不上帮忙。我们两人合作，用了半个月时间解决了三个人的穿衣问题。

一天，厂里小马正在门口站岗，见一位军人头戴八角帽，身穿粗布衣，打着绑腿，穿着草鞋，迈着矫健的步子，来到小马的面前笑眯眯地问：“小同志，这里是被服厂吗？”小马说：“是呀，你要领衣服吗？请到那边供给部。”他说：“我不是领衣服，是想进去看看工厂。”小马说：“想看工厂，这有啥子看头。”小马把枪一横，拦住了他。他恳求地说：“小同志，你就让我进去看看你们的生产嘛，哪怕看一眼也行嘛。”小马说：“不行就是不行。快走吧。”说着，用手一推，他没有防备，向后一仰，差点摔倒了。他一挺身又站稳了，就哈哈大笑起来，说：“好个小同志，劲头还满大嘛，你可不要生气呀。”这时，供给部的郑部长和厂长走过来，问小马在干啥子，同时看到了这位同志，啪的一个立正，行了个军礼说：“朱总司令，您好。”小马听后一下子就呆了。这就是朱总司令，太突然了。还没有等小马回过神来，只听厂长对总司令说：“都怪我平时教育不够，您就处分我吧。”郑部长接着又对小马说：“还不快认错。”此时小马是又惊又喜，一时控制不住，慌忙对朱总司令跪下了。朱总司令说：“要不得，要不得，这是干啥子，快起来，快起来。”朱总司令把小马扶起来，转身对厂长说：“他有啥子错？厂里有规定嘛。他不认得我，不让我进去是严格执行规定，应该受到表扬才对嘛。”接着朱总司令给小马整了整帽子，拍了拍小马的肩膀说：“小同志，叫啥名字，多大岁数，哪里人呀？”小马持枪站着，心里还咚咚直跳，低着头说：“我叫马忠太，20 岁，是四川通江人。”总司令喜笑颜开：“呀，你是四川小老乡。”听了朱总司令的话，小马感到松快多了，抬起头来说：“朱总司令您也是四川人？”总司令说：“是啊，四川仪陇人，我们是老乡，是兄弟，是红军队伍里的战友，一回生二回熟嘛，今后有啥事情你就来找我。”说到这儿，朱总司令又拍拍小马的肩膀，在郑部长和厂长的陪同下一起进厂。来到我们班，问道：“你们班有多少人？多少机器？”我回答：“我们班有 17 个人，六台机器。”总司令问：“你叫啥子名字？啥地方人，多大了？”我回答：“我叫吴邦文，19 岁，四川巴中县人，我们这个班都是四川人。”朱总司令又问：“你们为什么要来参加红军？”我说：“红军是穷人的队伍，为了打倒军阀，打倒土豪劣绅，解放全四川，我们要当家作主人。”朱总司令说：“你们的志向太小了，应该有打倒帝国主义，打倒军阀头子蒋介石，打倒封建主义，解放全中国，实现共产主义的理想嘛。一个人有了理想就有了奋斗目标，有了奋斗目标，革命的劲头就更大了。”朱总司令看了我们用羊皮做的背心，自己捻的毛线织的毛衣和毛布做成的衣服，高兴地说：“好、好、好。”他转身对厂长说：“你们在这艰苦的环境下，不顾疲劳，用自己的双手捻毛线织毛衣，织毛布做成衣服，千辛万苦为前方战士送温暖，不愧是我们革命部队的先锋战士，希望你们再接再厉，多做衣服支援前方战士，我代表全体指战员向你们问好，向你们致敬！”这时全班同志起立都眼含热泪地说：“我们一定用实际行动来回答总司令对我们表扬鼓励和希望。”朱总司令还对部长和厂长说：“要关心工人同志们的生活，马上就要爬雪山了，准备工作要做得好一些，前面的路更艰苦，更漫长啦。”说完后和大家一一握手到其他班组去了。

不久，我们从阿坝出发继续南下，到懋功休息了几天，搞了些青稞，把它炒了做干粮，然后又来到丹巴，准备翻越大雪山——夹金山。这里有座用竹子和绳子架成的桥，因是风口，只有早晨七八点钟风小的时候才能过桥，8 点以后风大了，刮得桥像打秋千一样的晃动，人就不能过了。在丹巴住了几天，我们又搞了些干粮，就开始翻越夹金山。这座山又高又陡，山上雪又多，头一天才走到半山腰就住下来休息了。我们在上山以前听老乡们说：“夹金山高不见山顶，宽不见边；山上有时会下暴雨并夹着鸡蛋大的雹子。”上山后我们确实遇到过这种暴雨，有的同志腿被雹子砸肿了，有的头被雹子砸破了，幸亏在四川每人发给一顶竹子编的斗笠帮了大忙，不然就不堪设想了。同志们不顾伤痛，把衣服撕破包好再走。走着走着，不少同志头晕。在山下听老乡传说：“过雪山的时候，一不要乱看，二不要说话，三不要回头；一个劲地跑过去，不然山神会摄死你。”当然我们不相信有什么山神，但是，我们越往上爬，空气越稀薄，呼吸越困难，胸口觉得越来越重，一张嘴心脏就好像要跳出来。在这种情况下，要是大声说话，呼吸就会更加困难，甚至一口气上不来就可能憋死。起初我们三五人为一组，以后就十来个人一组，这样人多力量大，有一两个人倒下去，其他同志就可以把他们拖过最危险的地方。虽然这么艰难，同志们都非常乐观，有一个同志不小心掉到雪坑里，一个劲地往下沉，这时部队一个连长和我们用绳子拴上一个拐棍拉他，由于用力猛，连长也滑下去了，两个人的重量往下沉得更快了，他们随时有被大雪吞没的危险。连长不顾个人的危险，使劲向上托那位同志，把他托上一节，连长就下沉一块，大家把他拖上来了，连长却沉得看不见了。此时大家不顾呼吸多么困难，拽好绳子大声地喊，使劲的拉绳子，终于把连长拖了上来。连长上来后脸和手脚都冻紫了，呼吸也困难，他还风趣地说：“要不是大家使劲往上拖，我就去大闹龙宫了，可我要先打蒋介石后去闹龙宫。”有几位同志被雪照坏了眼，下山时看不见，连人带机器滑下山去了，谁知他们却安然无事，大家看后，也纷纷学他们滑下去，使行军速度快了许多。快到山底了，此时大家都很累，就在一个树林里休息，突然来了几架敌机，扔下不少炸弹，有一颗炸弹正好落在我们的人群当中，冒着浓烟，滋滋直响，眼看就要爆炸。在这千钧一发的时刻，共产党员李志光同志奋不顾身地扑过去，抱着炸弹就往山下滚，炸弹响了，我们大家保住了安全，可是李志光同志却献出了宝贵的生命。烈士的英勇献身精神，鼓舞我们胜利地翻过了夹金山。

选自中共天津市委组织部、中共天津市委老干部局编：《踏遍青山人未老——献给共和国的创建者》，1997年12月编印，第107—111页。

吴邦文，1916 年生，四川巴中人。1933 年参加中国工农红军，1939 年加入中国共产党。红军长征时为红四方面军总供给部被服厂战士。新中国成立后，曾任天津市南开区政协副主席。2007 年在天津逝世。

两次翻越夹金山

洪学智

红军翻越终年积雪的夹金山，向宝兴、天全、芦山之敌发起进攻。

我们翻过的磨罗大山，满山都是皑皑的积雪。四军先头部队由许世友带领。头天晚上十师的一个团在那里，冻死了 100 多人，死得极惨。我们是第二天过的，原来想在山脚下住宿，但漫山遍野到处是雪。我们就下决心不停地走，不宿营了。

11 月 7 日，天亮时到了金汤县。金汤是西康金汤设置局所在地。这个县城很小，有百户人家，也是在江边上。许世友他们在那里，给我们准备了许多吃的东西。我们在那休息了三天，又继续前进，绕过了泸定桥。

10 日，下午五六点钟到了天全县城。天全分新、旧两城，新城在西，旧城在东，城南有桥。大岗山位于城西北，三面悬崖绝壁，地形险阻，为入康要隘，经十八道水可通灵关、宝兴。

敌刘湘的师长郭勋祺，曾夸口说："纵有红军数万，也难飞越地险兵多的天全。"他以战斗力较弱的袁治第一旅驻在远离天全 20 公里的灵关附近，向宝兴方面机动防御；以第二旅在天全大岗山占领防御阵地；以第三旅为预备队，置于策应第一、二旅的分水附近。"模范师"的直属部队驻新城，师部在旧城。

唐明昭第二旅（两个团）在大岗山的防御配备，以徐元勋第四团占领大岗山附城一段为主阵地，刘昭斋第六团为预备队，置于通天、芦、宝、雅三岔路的十八道水。唐明昭的旅部驻大岗山东斜面山腹。

那天我们走了100多里，晚上吃了饭，稍稍休息了一下，摸着黑过河。我们绕过敌人的后屁股,通过雅河。雅河水齐腰深。我们就用绑腿、绳子拴着，互相扶着过河。有一个小家伙，河水把他突然冲了老远，大家费了好大劲儿，才把他捞上来。

当日夜，红军以一部由大岗山西南侧攀登崖壁，爬上大岗山。那里正是徐元勋团第二营营部住地，哨兵未发觉，有的还在两间大房子内烤火弄饭,当即被包围缴械,营长被俘。红军占领了官道上的要点和大桥，陆续登上大岗山与敌人激战。

我们迅速占领了大岗山山头，从上往下打。这时敌人的部队乱了，纷纷往城里溃退。唐明昭还想反扑，组织溃兵往山上仰攻。地险山高。我们的手榴弹像下雨一样往下抛，机枪一扫，这个旅长从马上滚下来，跑到城里去了。增援的敌人也被打到天全的一个夹口里面。我们十师二十八团王近山团长带着部队打过去，敌人溃不成军，掉到河里淹死不少。敌师长郭勋祺也落荒而逃。本来王近山部队守在别处，他老兄见这边激战,马上就来支援。我们的部队打进了天全新旧两个城,占领了“模范师”师部。十师部队接着追到石羊镇，缴获了敌人往前线部队送的大批棉衣。

我们的部队过雪山时就没有棉衣，现在缴获了棉衣，大家很高兴，每人穿了一件。

随后，我们四军向东迂回，协同三十军、三十一军包围芦山。这一仗我们打得很英勇，芦山那边的敌人很快溃退，弃城经飞仙关逃命。因我们的部队比较困乏，没有堵截住他们。但我们打了胜仗，俘敌2000余人。

我带着民运部20多人押送这么多俘虏，担心俘虏兵造反。我就想了一个计策,跟干部们说,俘虏们都还没有吃饭,把武器放一边吃饭去,这样把人和枪分开了。

第二天我们又继续前进，到了垭口。敌人守在那里，四面构筑了工事。我们按方面军的命令没有攻，转向了荥经那边去。

25 日，我们四军到荥经。后又转移到天全。

在天全的始阳镇一带跟敌人打了一仗。进攻始阳的是薛岳的周浑元三十六军、谢溥福五师和赵锡光九十六师。第三十六军系赣系军队，是一支比较有战斗力的半地方系的中央军。敌人以两个师的兵力反复冲击红军阵地，我军伤亡了几百人，主力隐蔽撤退。我们部队有一个营被敌人隔断，以后这个营就留在后面打游击，再以后就没有消息了，算是吃了点亏。到了始阳，部队就紧缩了。

我军在陈家坝组织防御。陈家坝河的下游有个铁索桥，在对面山上我们有一个团，防御时间很长。敌人攻了几次，都没有攻下，因此我们没有采取应付敌人大举进攻的措施。敌人发起了进攻，该团主力营开始把敌人打退，后来敌人飞机集中轰炸，又调了四五个团的兵力拼命攻。最后，这个营与阵地共存亡，几乎全部牺牲。

1936 年 2 月上旬，方面军决定发起康定、道孚、炉霍战役。我们撤离天全、荥经北上，时间误了几天，敌人集中了几架飞机来增援，轰炸我们的工事。

许世友对方面军领导有意见，怨上面走又不走，打又不打，困在天全、芦山地区，犹豫不决。他去总部同陈昌浩吵了一架，结果总部把他的军长给撤了，调到骑兵纵队当司令员。王宏坤又回到了四军任军长。这时，大家准备近十天的粮草，还有茶叶、盐、生姜等。后经宝兴、盐井坪、大硗碛、新寨子、夹金山、官寨到懋功，总计 300 多里。

我们红四军回来翻夹金山时，做了充分的政治动员。号召指战员发扬一往无前的革命精神和不怕艰难险阻的英雄气概，坚决翻过天险夹金山，党员干部以身作则，同志之间要团结友爱，一人有难大家帮助，不让一个伤病员留在山上。

夹金山上气温达摄氏零下二三十度，或大雪，或狂风，或冰雹，气候变化莫测。由于空气稀薄，人走在山上，头晕脑涨，腰酸腿软，力不从心。

我们政治部有一个收容队，走在队伍后边，专门收容那些掉队的和冻得不能走的战士。约中午时，我们接近了夹金山主峰，那是一片冰雪世界。突然乌云翻滚，天暗下来，接着一阵大风雪席卷过来。我们有六个战士在风雪中倒下了，停止了呼吸。大家一块同敌人浴血奋战，结下了深厚的阶级友情，不忍心把他们留在山上，就把他们抬下了山。

下山后又走了一程，发现有一个磨房，可避风寒。我们就住在那个磨房里，烧水煮青稞，把冻死的战士也抬到屋里。后半夜，磨房内温度升高，有人发现一个冻死的战士动了。大家很惊讶，都不相信，说你看花了眼吧。他说真的是在动呢。我们走近一看，可不是，呼吸很急促，在动呢。大家喜出望外。这时没有医生，大家就用人工呼吸，还给他灌姜汤，七手八脚把他弄活了。有一个人活了，说明另外五个也有希望。大家就一个一个抢救，结果救活了五个人，有一个年轻一点的没有救过来，他可能是有心脏病。

在懋功我军休整了四五天。以后向道孚西进，又翻越海拔 5000 多米的折多山。这时我们有了经验。在山下，各部队夜里 2 点钟就起来吃饭，用大锅煮了辣椒、牛汤，大家喝了，热热乎乎地上路。路上每人还带一瓶辣椒汤，爬到主峰时喝两口，增加一些热量。要求部队上午 10 点钟以前必须通过主峰。因为到了 10 点钟以后气候变化快，容易有狂风大雪。以前不知道这个规律，通过向藏民调查了解，才掌握了它。部队带了很多防冻防冷的东西，有盐、茶叶膏等，避免了不必要的减员。为此，方面军还表扬了我们。

选自洪学智:《洪学智回忆录》，解放军出版社2002年10月第1版，第113—117页。

两过雪山

吴先洪

1935年10月，张国焘为实现其另立“中央”的野心，擅令左路军和右路军之第四、第三十军分别由阿坝、包座地区南下，企图在川康边少数民族聚居区建立根据地。

一过雪山

10月8日至20日，南下部队向绥靖、崇化、丹巴、懋功（小金）一线的守敌发起进攻。于10月15日左右先后攻占上述各地。击溃和歼灭守敌杨森、刘文辉部六个多旅，毙、俘敌人3000多人，当时我在红三十一军九十三师二七一团二连当指导员，我部于10月22日抵懋功，并继续向夹金山推进。这时，我突然病了，发高烧竟达40摄氏度，只好住进了医院。经几天治疗，高烧虽然退了，但因身体弱，医生不让我出院，要我跟医院一起过雪山。又经几天行军，来到夹金山下的达维镇宿营，作翻越夹金山的准备。当医院到达维镇时，主力部队已经过了夹金山，以迅雷不及掩耳之势向宝兴、天全之敌发起了攻势。

到达维镇住下之后，就听到不少关于雪山的传说：什么有时刮起一阵黑旋风，把人吹得无影无踪；什么在山上不能说不吉利的话，不然就会被黑旋风卷走等等，真是神乎其神，把大雪山描绘得好像谁也过不去似的。

夹金山一上一下几十里，足足一天的行程，过雪山要求带上白酒、辣椒等物，以驱赶寒气，但上哪去搞白酒、辣椒呢，只是每个人手里准备了一根木棍，当做拐杖借力爬山。但我们每个人心中都有一团扑不灭的火，用这革命的烈火去战胜雪山的严寒。

第二天一早，部队就出发了。先是顺着一条小河逆水而上，越走河身越窄，水也越浅，几乎就成了一道小水沟了。在这儿已经看不见大树，在小水沟两侧只主长着一米多高的灌木丛。这一带已经感到气温比清晨出发时还要低得多，虽然这时已经红日高照，有 9 点来钟了，再往上走，小树丛不见了，青草不见了，到处是白皑皑的一片，抬眼望去，那陡峭的冰雪绝壁，令人望而生畏，从山上扑下来的风，吹在脸上好像皮肤要裂开似的疼，真是寒风刺骨呀。越往上走，空气越稀薄，而且冰雪的路，又陡又滑，稍不注意滚下山崖，就得葬身雪海。于是，大家时而手牵着手，大口喘着粗气，艰难地向上攀登。一路上，不时看见一个个雪堆，有人工堆砌的痕迹，我们知道这是先头部队过山时牺牲的战友，他们长眠于此了，越往上，山势更险，路也更陡峭，风更大，路也更滑。本来在山腰时，可以清楚地看见顶峰，但快要到达顶峰时，山头上却云雾滚滚，狂风骤起，紧接着大雪夹着冰雹，铺天盖地而来，前进就更困难了。

一阵冰雹飞雪之后，又是一轮红日当头，雪山上闪着万道金光，但从白雪上反射过来的光是那么强烈，刺得人睁不开眼睛，有的同志就是在这强光的刺激下，眼睛不好用了，以致脚踩不上“正路”而陷进雪坑里，也有的掉进了冰谷。

中午前后，我们终于艰难地登上了山顶，举目四望，一座座雪山尽收眼底，耸立的大小冰峰，都在我们的脚下。我们胜利了，我们把这神奇的千年雪山踩在了脚下，它被我们降服了。

在山顶上走了一段环山曲折的盘山路之后，就开始下山了。下山的路更陡、更滑，我们大家就互相搀扶着往下走，有的地方山虽陡，但在“路”两旁没有悬崖的地方，有些同志就像打滑梯样地连人带雪地滚滑下去。

夹金山一上一下，整整走了一天，傍晚到了山下，回头看看大雪山在落日余晖的照耀下，却又是金光闪闪，像是黄金铸成，也许正是这样，才叫它夹金山吧！

当晚，就在山下露营了。

下了夹金山的第二天，我们向宝兴前进的途中听到一连串的胜利消息，先头部队一举攻克宝兴，又乘胜包围了芦山。另一路正兼程奔袭天全，于11月10日占领，20日芦山县城又为我攻占，先头部队正向雅安、名山一线平原地带推进。

这些胜利消息，使我很受鼓舞，不仅忘记了过雪山的疲劳，而且按捺不住想快出院去参加战斗的心情，于是我向医院领导要求马上出院回部队去。医院领导答应到了芦山就叫我归队，但当医院前进到离芦山只30来里地的一个村庄住下后，我却又病倒了，有十来天都起不了床，直到11月下旬，身体才逐渐恢复。这期间，从前方不断传过来胜利消息，红军打到了名山外围，占领了名山东北重镇——百丈，正向邛崃挺进，已经直接威胁成都。另路红军，南渡青衣江攻占了荥经、汉源。

红军的节节胜利，使敌人大为惊慌。蒋介石的嫡系部队也赶忙进入了四川。敌人越来越多，仗也越打越大，敌人在飞机大炮掩护下，以优势兵力，向百丈一线红军疯狂反扑，战斗异常激烈，连续战斗七个昼夜，毙伤敌人1.5万多人，我军也有较大的伤亡。于是，我军于11月下旬撤离百丈，转移到名山西北的莲花山一线，构筑新的阵地，据险扼守。后来在敌人大举进攻的情况下，不得不向甘孜地区退却。

二过雪山

1936年3月，红四方面军在被迫转移途中，再次越过夹金山，在丹巴地区进行一个多月的休整后，准备越过海拔5000多米的党岭山，向甘孜地区转移。

党岭山的高度、险要和过山的难度都大大超过夹金山。据了解，雪山在中午前后山顶气候好些，风雪也较少，温度稍高一点，便于过山。所以部队必须头天晚上赶到党岭山脚下宿营，第二天早晨上山，争取午间到达和通过山的顶峰。

团首长命我（时任红二七一团特务连连长）率特务连为前卫连，先于部队一小时出发，沿途排除障碍，并在党岭山下选定全团的设营点。天不亮我连就出发了。那天天气非常好，我们沿着一条河谷向上走，河谷那侧是连绵不断的大山，高峰上都覆盖着积雪，有的地方生长着茂密的森林。河谷两岸除了一些高大的桦树、杨树之外，全是杂乱丛生的灌木丛，真是野草齐腰，荆棘遍地。崎岖而荒凉的小路，就沿着这条河谷延伸着。在这条山谷里是看不到人烟的，只是偶尔看到一群群的猴子在树林里跳跃，有时也能看到一些野鹿在河边饮水。顺河谷往上，小路越来越窄也越陡，山势也越加险恶，到后来已经没有路了，只是随着向导踏着碎石向上攀登。

一路做着路标，在午后4点左右到达了党岭山脚下，这里是雪线上的一片原始森林，是部队露营的好地方。我按全团的行军序列和地形，安排了团直机关和三个营的宿营地，并插上了标志。部队在下午5点陆续到达。沉静了几千年的大森林顿时欢腾了起来。一堆堆篝火旁，战士们在忙着生火做饭，烧水烫脚。吃过饭，我们就在这林区边缘的高大树下露营了。在一堆堆篝火旁，同志们互相靠在一起坐着，以抵御寒夜的冷风，由于同志们非常疲劳，尽管天气很冷，也都在篝火旁睡得十分香甜，半夜，我起来查哨，发现乌黑的浓云像一口大锅扣在了我们的头顶上。一时间，大片的雪花纷纷扬扬地飘落下来，气温也随之降低了。我叫值班员多往火堆里添些干柴，以防止火被大雪扑灭冻坏了同志们。我巡视了一圈，又回到连部的火堆旁，虽然感到身上很冷，但行军的疲劳却又把我拖入了梦乡。

第二天拂晓前雪停了，篝火仍蹿着火舌。睡在火堆旁的红军战士，每个人身上都盖了厚厚的一层雪被。在起床号声中，同志们从雪里爬起来，有的同志手脚都冻得麻木了。幸好篝火一夜都烧得很旺，没有被冻坏的，吃完早饭天已经大亮了，部队陆续出发，开始去征服这亘古少有人迹的党岭山。

党岭山是折多山脉的最高峰，山顶终年积雪不化，山上气候瞬息万变，除中午之外，山顶的气温非常低。我们这些身无棉衣的人是抵御不了的，所以，上级强调一定要在中午前后登上顶峰，当天下到山下。我们沿着原始森林，踏着被雪覆盖着的山坡向山顶前进，越往上树越少，再往上，除了地衣之类的青苔，就是一片冰雪世界。我们就是在冰雪上前进，在陡峭的冰板上爬行。由于越往上空气越稀薄，每个人都大口大口地喘着粗气，汗水湿透了衣服，快接近山顶时，忽然狂风大作，冰雪的碎渣刮起打在脸上，不仅使人睁不开眼睛，而且像针扎样的疼，打得同志们身上带的缸子直响。霎时，漫天飘起了大雪，气温一下子又降了许多，被汗水湿透的军衣这时已经冻成了冰甲。就在这时，我连的一个炊事员因为背着行军锅太兜风，被狂风刮倒了，同志们赶紧去拉，可是风骤雪急，一把没抓住，这个同志带着行军锅一块滚下了万丈雪谷。我团一营李营长此时牵着马在艰难地爬行，由于风雪袭击和过度疲劳，这匹马打前失滑倒后，怎么也爬不起来了。为了不影响爬山的进度，又免得让这匹有过功劳的马再受冻受苦，李营长忍痛开枪把马打死了。由于风雪太大，连死马肉都没能割一些带走，午后 1 时左右，我们终于把党岭山顶踩在了脚下。

下了党岭山，在甘孜地区的道孚以东宿营。第二天继续前进。在县城以南 20 余里的地区集结待命。部队在这里进行了一个星期的休整之后，就开始了紧张的军政训练。军事训练以学习打骑兵，夜间战斗和强渡江河等战术动作为主，政治文化教育主要讲抗日民族统一战线，团结各阶层一致对外以及如何争取东北军等课程。不久，我就被调到军教导营学习去了。

选自沈阳军区政治部编研室编:《红军将士忆长征》，白山出版社1996年8月第1版，第447—451页。

翻过巴郎山

袁学凯

在部队由四川向西康进军的途中，我们二七七团一营在石峡子一带担负掩护任务。① 当大部队全部通过以后，邓锡侯的两个旅扑向我们。这正是寒冷的 11 月，已经下了大雪，我们身上还穿着单薄的棉衣。多日的苦战，同志们都已精疲力尽，随身带的青稞麦炒面都吃光了，真是饥寒交迫。至于弹药，每人只剩下三五发。在这种情况下，只好连夜转移。

走了一天一夜，我们在一个山上停下。这时我们身边只有盐巴和辣椒是可以吃的东西。大家便用小洋瓷碗煮辣椒盐水喝。炊事班长坐在一旁，叮叮当当敲着小铁碗说起快板：

同志们，办法多，
每人一口“行军锅”。
雪煮盐巴辣汤粥，
从来没人吃喝过。

他这样一逗，大家都笑起来。孙营长和我，也好像减轻了些负担。因为敌还在后面追赶，我们每人喝了碗“雪煮盐巴辣汤”，又向巴郎山前进。随我们营行动的团部书记潘主任，鼓励着大家说：“只要我们翻过巴郎山，就能找到主力部队。”

① 红二七七团时属红三十一军第九十一师，驻懋功、达维一带——编者注。

巴郎山，是一座终年积雪的大山，从底往上看，像是没有顶。它到底有多高说不清。前些天，我们曾听一位老汉说过："要翻巴郎山，好比上青天，翻得过是神仙，翻不过染黄泉。"现在要翻巴郎山，我们想起这几句话，真有些犯愁。孙营长手一甩说："巴郎山，巴郎山，翻过去要翻，翻不过去也要翻。"潘主任说："不，一定能翻得过。"走到巴郎山下，天已黑了，因为路上涉过一条河，同志们的衣服都结了冰。一走，队列里满是叮叮当当的冰凌声。这时，我们见有两个茅草棚，里边有些枯柴烂草，便决定在此烤烤火，休息一下好爬山。哪知道火刚点着，身上的冰块还没烤化，突然后面响了一阵枪——敌人追上来了。孙营长立刻命令熄灭火堆，赶快上山。我们刚爬上一道小山梁，就听见敌人叫喊："前边是死路一条，快投降吧！""就算你们都长了翅膀，也翻不过巴郎山！"我们知道敌人瞎叫唤，也不理睬，继续往上爬。

突然，一道悬崖把我们拦住。我和副营长摸索了很久，也没找着路。到处陡得像刀切斧砍一样，根本上不去。我们急得转来转去，眼看天快亮了，要是找不着路，天一亮，全营200多人，便完全暴露在光秃秃的山坡上。怎么办？怎么办？正在着急，摸到一条从石壁上吊下来的葛藤，接着又发现几条。一条条像茶杯口那么粗。副营长不管三七二十一，攀着葛藤就往上爬。他爬上去之后，向下边低低叫了几声，部队立刻把枪大背着，一个个沿藤而上。天亮的时候，我们全部爬上了陡崖，为了防备敌人往上爬。派了几个战士用马刀把葛藤都砍断，敌人在山下乱放枪，大概他们还没摸清我们的兵力，不敢跟着屁股往上撵。

太阳已经升起，金光照遍雪山，把我们的眼都照得睁不开。又没有路，尖兵同志们靠着一条拄棍探索前进。寒冷和饥饿无情地摧残着我们，同志们个个手破脚肿，一走一晃，但是，为了革命，为了生存，意志战胜着一切。有的实在走不动了，坐下歇一歇，抓把雪吞下去再走；体强力壮的同志，帮助体弱的扛枪、背东西。阶级友爱的感情，产生无比的力量！

走到下午五点多钟，才爬上了三四十里路，掉队的越来越多，连身体最棒的杨贵荣，也一瘸一拐落在后面了。这时，我们遇见一个山沟，附近有些干枯了的小树，便决定在此住下，大家弄点树枝，生着火用小瓷碗煮辣椒盐火喝，休息了一夜。

第二天，我走在队伍后面负责收容，路上，看见一个同志倒在那里，原来是杨贵荣，他赤着双脚，两只脚肿得发紫，看见我，坐起来，把手里的一双鞋子递给我说：“政委，我的脚肿了，穿不上这双鞋，你把他给别的同志穿吧，我……我不行了！”说着大颗的泪水从眼里滚出来。我正要背他，一个战士跑过来，不容分说，背起杨贵荣就走。

杨贵荣同志是雇工出身。他参加红军后，打仗很勇敢，不怕吃苦，不怕困难，是我们营优秀的战士，共产党员。这些天，侦察、引路、蹚河，他处处走在前头。这样的战士，只要还有一份坚持的力量，是绝对不会叫人背他的。晚上，部队在一个石崖下停住了，我找到了杨贵荣。他发着高烧，一会昏迷，一会清醒，当看见我的时候，又把那双鞋给我，无力地说：“政委，你叫同志们把它穿上吧，我再也不能跟部队走了！”说完急促地喘着，闭上了眼。我急忙叫人烧口热水给他喝，水还没烧热，他就停止了呼吸，大家不由得流出了泪。

这次休息，我们全营一夜牺牲了 30 多个同志。出发前，我们把牺牲同志的尸体抬到石崖底下，用雪水擦净了他们脸上的污泥，用石头叠了个墓，同志们个个含泪别了躺下的战友，又继续往前走。

在风雪中又走了半天，天黑的时候，我们终于翻过了巴郎山，把尾追的敌人甩到山那边。同志们的情绪高涨起来，纷纷向山下跑着去找宿营的地方。忽然侦察员陈至山跑来说：“政委，找到房子了！”这个同志好顽皮，我们不知道他又搞什么鬼，就连忙跟他去看。

原来，在一个石崖下，有几个大冰沟，多年的冰雪结在一块，用炸药都难炸透。我们钻进去用手电照了照。洞顶上吊着许多冰锥，有的垂到地，像一根石头柱子。营长检查了一下很稳固，便命令部队进“房子”。

因为不够住的，战士们都不肯进去，相互让着。最后还是体弱生病的同志进了洞，剩下的人全露营在外边。

我们营部几个人，最后被战士们让进一个小冰洞里，陈至山直向大家叫:“同志们注意，进出‘房门’要弯腰，头别碰了顶上的水银灯！”

这时，我们连盐巴辣椒都没有了，也找不着干柴，大家空着肚皮睡在冰洞里。孙营长脱下鞋，用手电照着那双肿脚，低声骂着:“他妈的，这双脚就好像不是我的，你砸它都不疼。”其实，哪一个战士的脚不这样呢！我问潘主任："首长，你的脚怎么样啊！”他笑着说："我人老骨头硬，再走个十天八天，不成问题。”我明白，这是勉励我们也是鼓励他自己的话!

天一亮，我们又起来前进。令人难受的是又有几个同志长眠在冰洞里了!

傍晚，我们到了山脚下，看到了枯萎的野草和树木，同志们不管是什么草,拔下来就吃。有的同志用刺刀、马刀刮树皮吃。我们见此光景，急忙劝阻，便派人四处找人家。就在这时，发现了一群牛羊。大家急忙跑上去，恨不得一口吞下一头牛。可是，战士们把牛羊抓住，又都愣住了。谁都明白，作为一个红军的战士，饿死也不能违犯纪律的。

经过了一番寻找，找到了一个藏族老汉。他只有一个女儿，知道我们是红军，又听说我们是从巴郎山翻过来的，七天没吃东西，便立刻要我们杀牛羊吃。我们付给他十条牛羊的钱，这才动手杀牛宰羊。

从这位老汉的口中，我们得到一个重要情况：红军的主力部队，两天以前还在日拢关。孙营长回头望望巴郎山，长长地吁了口气，说:“巴郎山，巴郎山，这一回你得承认我们是神仙了吧！”

望着这雪山，我不由得眼里热蒙蒙的，想起了杨贵荣，想起了永眠在高山之上的同志们。

这时旁边传来了阵阵的笑声，有个粗嗓门的战士在叫:“炊事班长，说个快板吧！”没听见回答，大概炊事班长正忙着煮肉了。潘主任忽然向通信员说："快去各连通知一下，要干部们好好掌握，这一顿不能吃得太饱！"通信员正要去传，孙营长又叫住他，补充了一句："要大家设法洗洗脸，不能只顾肚子，明天我们就跟主力会面了！……"

晚风送来了肉香，篝火旁又响起了歌声！这是多么美好的夜啊！

选自中国人民解放军三十年编辑部编：《中国人民解放军三十年初选稿》第一卷第三辑（二），第60—64页。

袁学凯，1911 年生，湖北黄陂人。1929 年加入中国共产主义青年团，1931 年参加中国工农红军（一说 1930 年参加中国工农红军），1932 年转入中国共产党。红军长征时任红四方面军第三十一军九十一师二七七团一营政治教导员。新中国成立后，曾任第六军十七师政治委员、西北军区空军参谋长、兰州军区空军副司令员。1955 年被授予少将军衔。2004 年在西安逝世。

二道河边的苦战

唐明春

1935 年冬，由于形势的极端恶化，敌我力量悬殊过大，红四方面军在川康地区无法坚持了，不得不放弃以血的代价所开辟的川康 30 多县，沿着中央红军的老路，再度北上。

部队拖着疲累不堪的身体，从雅安、芦山、天全一线辗转来到夹金山附近。一天，上级传来命令：要我们三十一军二七一团一营向东北方远征，到巴郎山下二道河担任防务，阻击由成都、灌县方面来的军阀刘湘部队，掩护主力北上。

刚入 10 月，天气就变得很坏，不断地刮西北风，飘雪花。我们翻过夹金山，在大尾仓促进行了准备：每人打了两双草鞋，又找了麻包皮块做了手套和包脚布。因去的地方人烟稀少，又经过我们大部队北上南下往返几次，吃粮一定困难，因此，干部、战士每人都背了 50 到 70 斤粮食，再加上枪弹行装，简直像头小毛驴似的，一个人身上都不下百多斤。

走了一天，没见到一家人家，战士们虽然舍不得吃带的炒米，可是要走路，要爬山，总不能空着肚子。停下休息的时候，大家饱吃了一顿，天黑，就来到巴郎山跟前。这里也没见到人，只有一座破喇嘛庙。在这里，我们又找了些破麻袋，包上脚，准备翻越巴郎山。

巴郎山，好像压在我们的头上，把脖子仰得发疼也看不到顶端。第二天我们向上爬，简直像上高楼爬楼梯。这还不说，爬到山顶时，气候也变了，一会儿狂风骤雨，一会儿冰雹雪块，再稍停一会，又出了太阳，有的同志发恨地骂着："这龟儿子山，真叫人哭笑不得！"这山究竟有多高，当时也没人去测量它，反正爬了多半天，才到山顶。

翻过山岭又走了一天，才见到一处十多户的人家。几间破烂的茅草房，人都穷的连衣服没得穿。我们找了个通司一问，离我们去的地方还有 70 里。我们没停留，在两山之间一条森林边边上，向二道河走去。

二道河边只有两座空空的低矮的破瓦房，对面是一座大山。军阀刘湘的教导旅，沿山筑了碉堡、堑壕，采取"乌龟战术"和我们作战。在我们到来之前，兄弟部队九军的一部分队伍，在这里和敌人对峙很久了。因他们要先行北上，才派我们接他们的防。当晚，我们重新布置了阵地：一连和我们二连守第一、二道防线，三连守第三道防线。

敌人似乎没发现我们换防，自从我们接换上去之后，他们仍按老样子攻击：先打一阵迫击炮，天一拂晓，就发动进攻。进攻失败后，就缩到"乌龟壳"里，第二天再攻。看样，由于兄弟部队的多日苦战，敌人也筋疲力尽了。但因敌人工事坚强，我们反击也困难，两军就这样对峙在二道河边。

每天晚上，营长、政委和我们连的干部一同坐哨。战士们也不解背包，依着堑壕睡觉。我们的阵地，离敌人只有几十公尺，除了枪炮战，还展开了嘴战。晚上，我们派人向对面喊话，向他们的士兵进行宣传，敌人没有政治资本，不是骂我们，就是说他们有白面大米吃。每当敌人乱骂，我们就唱歌。有的士兵听了我们的宣传，在他们长官不在的时候，便和我们答起话来；可是他们的长官一来，又打起来。

数倍于我们的敌人，对我们来说，并不怎么可怕，可怕的是，粮食一天天减少，没处补充；吃水，要到几十里以外去运（河里有水，敌我相互封锁，谁也捞不到吃）。眼看粮食快吃光了，还不到撤走的时候，我们研究了一下。决定派“三员”到百里以外的后方去运粮。

“三员”，是一个同志的外号。他原来是连里的理发员，一打起仗来，他就负责做饭，有时也拿枪上火线，因此，同志们都叫他“三员”——即理发员兼炊事员，又兼战斗员。他拉着一头牦牛，经常一个人翻过巴郎山去搞吃的。每去一趟，牦牛驮、人背，总可以带回来200多斤，除了青稞麦，还有些牛羊肉之类。为了节省粮食，我们把青稞麦炒熟，再切上些小块的牛肉，一块煮稀粥。开饭的时候，我和连长亲自掌勺，每人一勺汤两块牛肉。同志们虽然吃不饱，但战斗情绪还是很高。有时空着肚子打一天，全连没有一个人叫苦。一天，团部的主任从后边赶来了，他问了连队的情况，问战士们：

“怎么样，同志们，还能坚持吗？”

“能！”战士齐声回答。

主任望望每个同志瘦瘦的脸，鼓励同志们说：“我们一定要坚持到最后，粮食困难，咱们想办法找野菜，野菜找不到，就挖树皮。无论如何，要完成上级交给我们的任务！”

主任虽然没带来一粒粮，但他给我们带来了更坚定的意志。同志们吃不饱，每天抽战斗的空隙到林子里找枯野菜，扒树皮充饥。

苦恼的是，最后几天下了大雪。深雪封住了运粮的道路，“三员”同志最后一次去运粮摔坏了腿。枯野菜也没处找了，实在想不出办法，决定把运粮的牦牛杀掉。同志们听说要杀牦牛，个个低头不语。谁都知道，这头牦牛，帮了我们很大的忙，可是不杀它，又有什么办法呢？

连长说：“完成战斗任务要紧，事到如今，只有这一个办法！……”

牦牛杀了，大家舍不得多吃，实在饿得不行了，才撕一块肉放到嘴里。一头牦牛，100多号人，就是再省着吃，又能吃几天呢？最后，只好连牛皮也分着吃了。

在阻击任务接近完成的最后两天，一天拂晓，敌人突然从背后攻进了我们的阵地。我们在包围圈中，跟敌人三个团展开了拼杀。子弹打光了，许多同志用枪托，用牦牛骨头打敌人。就这样，还坚持到第二天中午。这时，团主任向我们说："今天是阻击的最后一天，我们的任务完成了，为了保存革命的力量，马上突围！"

经过一个多月的战斗，我们全营只剩下八十几个人了。剩下一个，也要战斗，我们把全部剩余的子弹集中起来，一面抵抗，一面踏着深雪，杀出了一条血路。

雪，没边没岸。看不到路，找不到向导，团主任和营长走在前头，摸一步，走一步。在大雪中，谁也不敢停留，同志们相互搀扶着，在茫茫的雪原里奔走。没有一点吃的东西，有的人走不动了，抓把雪吞下去，雪不能解饿，有的就吃棉花，吃身上的破衣服。唯一支持我们的，是革命者的一颗心！只要这颗心还跳，就要前进！

我们走了五天，进入了一个有村落的地区，这里住着一群土匪，他们看到我们，就拼命地往上攻来。我们的同志虽然饥饿，但是一听枪响，劲又来了。一个反冲锋，把土匪打散了。进到寨里，一看到处是丢的炒面和酥油。同志们七八天不见一粒粮，坐下就吃起来。因为多天的饥饿，有两个同志吃着吃着，就倒在地上了。我看到他们手抓炒面死在地上，不由得流下了泪。这是一个多月来，我第一次流泪！眼看着有吃的了，他们却倒下了！

想不到的事接着又发生了：许多同志因为烤了火，脸和皮肉都裂开了口。更有很多人的手指、脚趾甲脱落了。有的因乍一吃饱，肚子疼得直不起腰来。怎么办呢！主力都走了，我们不能留在这里，要赶队啊！最后商量了一番，选了几个身体稍好的同志组成一个战斗小组打前锋，其他的同志骑上缴来的牲口，这才又继续前进……

走了几天，一天傍晚，我们终于赶上了部队。团的首长惊喜地望着我们几十个人，团长说："同志们，你们回来了！回来了！"说着挨个和我们握手，这时我们才知道，这十多天来团首长就派人和我们联络，一直没联络上。当首长们得到我们被包围的消息后，便向军部作了这样的报告:"……第一营的同志,在巴郎山下,为革命尽了最后的天职……"

是的,我们这支部队完成了党给的任务,但它不是最后的任务……

选自中国人民解放军三十年编辑部编:《中国人民解放军三十年初选稿》第一卷第三辑(二),第55—59页。

唐明春,1912 年生,河南商城(出生村庄今属安徽金寨)人。1929 年参加中国工农红军,1933 年加入中国共产党。红军长征时任红四方面军第三十一军九十三师二七一团一营二连政治指导员。新中国成立后,曾任四川万县军分区副司令员、第十一军三十三师副师长、第六十军一八〇师政治委员、安徽六安军分区司令员等职。2003 年在合肥逝世。

风雪夹金山

王银山

1935 年 11 月，红四方面军在张国焘的错误路线指挥下，南下攻打天全、芦山、宝兴等地。继而在名山县百丈关与川军激战七昼夜，红军伤亡过大，前进受阻，不得不撤回天、芦、宝一带，背靠夹金山，等候来年冰雪消融之时，再作打算。

1936 年 2 月底的一天下午，营部召开班、排长和支部委员会议，营长、教导员传达了上级关于准备翻雪山西进的指示。会后同志们都按规定积极地准备干粮、草鞋和包脚布。连长逐人进行了检查，要求通过雪山时皮肤尽可能不要外露，任何情况下不准停留，不准鸣枪和高声喧哗，前后不准拉大距离，不准掉队。

出发的时刻来到了！

这天傍晚，全营来到山下。抬头望去，高耸入云的夹金山，像一尊雄狮挡住了部队的去路。山上白雪皑皑，在阳光的照射下，雪光耀眼，活似一座银宫，显得严峻和冷酷。山腰被云层笼罩着，唯有山尖露出峥嵘。夹金山的奇险尽人皆知，但是，它再奇险，也阻挡不住红军战士战胜困难的决心。上山前，营长再次把翻山可能遇到的困难向部队作了交待，并要部队克服困难，勇敢前进。战士们豪迈地说："我们早就做好了吃苦、牺牲的思想准备，只要能顺利北上抗日，再大的困难我们也能克服！""出发！"营长把手一挥，战士们立即踏上翻越雪山的征途。

当时，我在四连二排四班当班长。登山时，同志们一个紧跟一个，一口气爬到半山腰，进入到积雪地带。这时，前面传来口令："按规定着装！"果不其然，一进入雪线，行进就比较困难，走在晶亮滑溜的积雪上，稍不小心，就会滑倒。接近山顶时，犀利的山风像猛兽一样怒吼着，狂风卷着棉花团般的雪花，漫天飞舞，大地茫茫一片，几十米以外什么都看不清楚。战士们身着单薄的军衣，浑身上下像被无数把尖刀扎着一样难受。风越刮越猛，雪越下越大，越往上爬，空气越稀薄，呼吸越困难。战士们头晕腿酸，一步一停，一步一喘。在这个时候，要是谁停步坐下，就会瘫在那里起不来。有的同志稍不留神，就被无情的风抛下山去，有的病号吃力地向前挪动着脚步，倒下去就再也没有爬起来……"不要停留！不要停留！"连长的声音在山间回荡。教导员也大声鼓动着："同志们，在艰难中前进，保存自己，就能胜利！"在困难的时刻鼓动工作是最有效的。战士们双腿来了劲，一个个咬着牙向前迈进。

我们最担心的，是炊事班长老刘的身子骨能否挺得住。老刘 50 多岁了，苦大仇深，他的老伴被国民党军杀害了，他背着三岁的小儿子逃出了家门，后来参加了红军。老刘对战士们特别亲。尽管战斗很频繁，条件十分艰苦，可他总是想方设法让大家吃上热饭，喝上热汤。部队翻越夹金山之前，他用自己的钱买了几十斤盐巴、十斤生姜和五斤红糖，准备在关键时刻用。现在老班长跟上队伍了吗？不少同志不时地回头看着，但始终未见他的身影。

记不清攀登了多少悬崖峭壁，总算是登上了山顶。山顶的风更加猛烈，漫天银花飞舞。山下白皑皑的山涧，缭绕着淡淡的白云，我们简直像在腾云驾雾，愈来愈感到腰疼腿酸，呼吸越发感到困难。

这儿不是停留的地方，营长要求大家赶快下山。下山的路上风雪逐渐平静，也不像上山那样吃力了。这时队伍里传出的歌声，震荡山谷，战士们好像要让高傲的夹金山认识它的征服者的英雄气概。一会儿来到一条沟峪。这时，曙光初露，我排排长情不自禁地喊道：“同志们，天亮了，快走吧！”我们也跟着喊起来，震得山谷轰鸣。

教导员走在队伍前面先下山，他笑着站在路边看着我们通过，他传达了部队休息的时间、地点和继续行进的道路，然后关切地问我连连长：“你们连有多少人没有走过来？”连长声音低沉地说：“不少！”教导员沉默地低下了头，双眉紧蹙着。隔了好一会，又说：“走了14个小时都没有休息，现在就在这河边休息一下，吃顿饭再走。”部队刚坐下，一班长非常兴奋地说：“看，营长来了！”大家望着健步走来的营长，脸上都露出了笑容。尹连海营长只有二十多岁，打起仗来可勇敢啦，所向无敌，大家都很尊敬他。尹营长走过来，急切地问连长：“你们还有多少人没到？”“不少！”连长哽咽着回答。接着，尹营长又问三排长：“你走在后面看见营部的文书和老刘班长了吗？”三排长摇了摇头说：“没看见！”听了这话，尹营长凝望着茫茫的雪山，心里格外沉重，连长的嘴唇在颤抖，教导员用手绢紧紧地捂着嘴，不少同志抑制不住自己的感情，“呜呜”地哭起来。教导员擦了擦眼泪说：“在翻夹金山之前，我们就知道山上严重缺氧，如遇大风雪，倒下去就难以爬起来。为此，营长和我忧虑了几天，虽作了周密布置和严格的规定，但还是有那么多同志倒在雪山上。他们牺牲得光荣啊！”这时，有人惊喜地喊了一声：“老刘班长来了！”大家回头一看，果真是他，身上还背了那口大锅！同志们一窝蜂似地跑上去，“老班长！老班长！”喊个不停。老刘班长捋了捋胡子，笑着说：“我虽然掉了队，当了‘副班长’，但总算挺过来了，下一步还要和你们赛着走呢！”说着，他把背上的锅往地上一放，就动手做起饭来。

这是翻越雪山14个小时才吃上的一顿饭哪！吃过饭后，同志们又踏上了征程。

选自杨国夫等:《星火燎原·未刊稿》第4集，解放军出版社2007年8月第1版，第19—21页。

王银山，1913 年生，四川江油人。1935 年参加中国工农红军，同年加入中国共产党。红军长征时任红四方面军第四军第十师警卫连副政治指导员。新中国成立后，曾任西南军区公安部队政治部副主任，重庆市公安总队总队长，云南省军区兵役局局长兼司令部动员处处长（一说为昆明军区动员部部长兼兵役局局长），云南省军区参谋长、副司令员等职。1964 年被授予少将军衔。1988 年在成都逝世。

抬担架翻越夹金山

王国仁

1936年2月，那时我在红四方面军九十一师二七六团一营，刚下战斗还没休息，上级就来了命令，立刻把整个野战医院的伤病员运送过我们所熟知的雪山——夹金山。

夹金山海拔约5000公尺，覆盖着一尺多厚的积雪，白茫茫的山峦峰嶂与灰溜溜的天际相连，使人难以分出哪儿是山哪儿是天，山上空气稀薄，一个好好的人爬过夹金山都很困难：我亲眼看到一个小卫生员爬山时昏倒在地上，再也没有力气爬起来了，何况现在我们还要抬着那些不能动弹的重伤病员！

我和小刘已经抬了大半天了，腰和肩膀酸痛得要命，可是谁也没有吭一声，又接着去转送第四个伤员，上担架的时候，我清楚地看见这个伤员的伤势太重了，子弹打在右大腿上，又伤了骨头，缠了很厚的绷带，都被血渗透了，他的眼角上撮起了几条皱纹，牙齿紧紧地咬着嘴唇，哼也没哼一声，我心想这小伙子真是好样的，我悄悄对小刘说："这个彩号伤很重，路上更要小心些。"小刘揩了揩额角上的汗水，笑了一声说："没问题，你说我们哪次出过岔子！"说着我们就抬起担架开始了爬山。那是一副什么担架呀，两根竹棒棒，两头系一根横杠子，中间用绑腿、布条子网起来，垫上一床布单，伤员一躺在上面就坠下来，几乎像个网袋一样兜着走。

路上的积雪被前面走过的人踩得光平，溜滑，一不留神就会滑倒，走到狭窄的转弯处和陡崖边，就需要我们更加小心，走稳步子，一步探一步地向前移动，生怕跌倒摔了伤员同志。尤其是翻过夹金山的时候，山岭绵亘相接，蜿蜒向远方，头顶一座悬崖像一座城墙似的，要想翻过夹金山，就必须爬过这座悬崖。

到崖脚边，我俩放下担架，一面歇息，一面整理一下担架，把伤员同志的腰用布条捆在担架杆上，以免爬岭时滑溜下来。伤员同志看见了这险陡的悬崖，担心地问我："这能翻得过去吗？"是的，这样陡的崖壁，伤员的伤势又这样重，我们身体又这样累，能不能翻得过去呢？我看了看崖壁，又看了看崖脚下的山谷，山谷被似云似雾的水汽弥漫着，谁知道有多深呢？谁知道它吞噬了多少红军战士的生命？当这种可怕的念头爬上心头时，我又好笑自已了：王国仁呀？你能爬过三次，就不能爬过第四次吗？亏你还是个管理排长呢？有我们就有伤病员！我看见了伤员同志那期待的眼光，温和地向他解释："能翻过，伤员同志请放心，我们已经翻过三次了，你只要把手抓紧担架就行了。"他安静地躺下去。

我们开始翻岭了，与其说是翻岭，不如说是爬岭，我在前面把横杠子放在颈前，右手紧抓着横杠，左手扒着石壁；小刘在后面，横杠放在后脖子上，右手紧抓住担架杆子，左手扒着石壁，悬崖虽然没有积雪，但是石壁却被冰凌冻得溜滑的，在石壁上凿成的踏脚石窟窿上，也粘满着被踏上去的积雪稀泥，脚放不稳，就会滑下崖去，我爬在前面放稳了右脚，使身子重量落在右脚上，左手支撑着，松起左腿；等小刘跨稳了一步，我才迈出左腿，身子重量又落在左脚，松出右腿；再等小刘跨稳一步，再迈出右脚，就这样十几步，人已经累得满头大汗，喘不过气来。我俩咬紧牙根，屏住气好容易爬上岭，心里才算松了口气。我们在岭上歇了一会儿，搓了搓冻僵的手。岭上空气稀薄风又大，呼吸困难，不敢多歇，就准备下岭。

下岭就更困难了。如果说上岭是十几步难走的路，下岭就是几十步难走的路。一下岭就是一里多长的斜坡，坡上的积雪、山土被前头部队踩得稀烂，天一阴却又冻住，坑坑洼洼的，如果一个人，那倒蛮可以顺着陡坡滑下去，我们抬着担架就不能这样做了，怎么办呢？不敢站起来走，我们就蹲着走，一手紧握住担架，一手扒在地上支撑着，一步一步地往下挪。这样挪了百十步，腰也酸了，腿也麻了，双手冻得发痛。这时我真害怕体力支持不住，跌下去，那就连人带担架都完了。我不敢这样想，我和小刘互相喊着“慢一点儿，慢一点儿”，“好，好”，虽然如此，也没有减轻一点疲劳，挪了两三百步连喊也没有力气了，只能哼哼地呼应着，腰酸痛得像断了似的，突然小刘“啊哟！”一声，我只觉得背部被撞了一下，横杠子也把颈脖子撞得生痛，眼前金星乱冒，浑身冷汗直淌，原来是小刘滑倒了，踉跄了几步，撞得我直往下滑，我连忙一脚在前，一脚在后，卷着脚尖，手直往下撑，想控制住身体，幸亏一脚踏进洼洼里才稳住了担架，没有翻下来。大概是碰到了伤口，伤员不断地呻吟着：“啊，啊，啊呀！”我稳住了担架，像安慰自己又像安慰他俩似地说：“没关系！”我们又挪了百把步就下了坡，放下担架歇息，心里才像石头一样落了地，我深深地吸了一口气，直直腰，搓搓手。这时伤员同志用力伸出双手握着我俩的手直摇晃，感激得流出了眼泪，好久才迸出一句话：“谢谢你们！”我心里热乎乎的，不知道怎样回答才好，只是连声说：“没关系，没关系！”小刘不住地摸着屁股，向我扮了个鬼脸说：“唉，总算没有出大岔子。”说得我们三个人都笑起来了。

当我们抬到一个转移站时，我回头看着那险陡的夹金山退到群山后面了。夜幕渐渐挂下来，不多久，山沟里、斜坡上，都燃起了熊熊的篝火，红军宿营了。（傅强整理）

选自杨国夫等：《星火燎原·未刊稿》第4集，解放军出版社2007年8月第1版，第16—18页。

王国仁，红军长征时为红四方面军第三十一军九十一师二七六团战士。新中国成立后，曾任南京军区第十二军某部物质保证处处长。

我的好姐妹们

刘少华

一个身强力壮的男人，尚且不一定能翻过雪山，有谁能想到，有那么一群年轻的女红军战士，硬是用自己柔弱的肩膀，抬着伤员翻过了大雪山呢？这世界上真的有这样的人，她们就是红四方面军的女战士，我的好姐妹们!

1935 年 9 月，红四方面军野战医院到了夹金山下。夹金山是四川西北边界上的一座大雪山，山下是原始森林，山上和悬崖峭壁间是终年不化的积雪。我是一个重伤员，由四个十七八岁的小女护士——这几个小女护士的名字我已记不清了，只记得班长姓段——轮换着抬着我，穿过半人深的荒草地区，向夹金山上走去。

山渐渐陡起来，光光的石头上附着一层薄冰，一走一滑。她们滑倒又爬起来，起来又滑倒，谁也不说话，只是默默地紧跟在部队后面。我看她们实在太累了，实在不忍心，就要求扶我走一会儿。段班长放下担架，走到我身边，摸了摸我的头，拉了拉滑到一边的被子，温和地说："同志，不行呀！昨天换药的时候，你的伤口还流血呢！"其实何止是流血，我亲眼见吃的饭喝的水都从伤口流出来了，显然是肠子被打穿。可是让几个女孩子为我吃这样的苦，我怎能躺得住呢！段班长转过身对其他三个同志说:"同志们，加把劲，追上去！"段班长不断地喊着"加油！"后来就带头唱起歌来，大家也跟着唱了起来。

再向上爬，路更难走了，左边是峭壁，右边是万丈悬崖，悬崖下挂着巨大的冰溜，像银柱子一样。路只有一尺来宽，很滑，一不小心就会掉下崖去。有个炊事员掉到填满积雪的山谷里，大家接了 36 副裹腿才把他拉上来，这样的路，担架根本不可能走。段班长把我背起来，又怕把我肚子上的伤口压痛了，便叫一个护士在后面抬着我的脚，就这样又背又抬地把我送过了险路。

前面的路比较平坦些了，但也不好走，地上的落叶铺了一尺多深，一踏上去，就没到膝盖。忽然，前面有人喊："加油呀，前面冒烟的地方就是宿营地啦！"大家都高兴地叫起来："加油呀，到家了！"一口气就冲过了这段铺满落叶的路。

到了宿营地，她们把我安放在一个避风的地方，留下一个护士照顾我，其他人都捡柴火去了，好一会儿，她们才捡回来一些半干不湿的柴火，烧开了水，给我换了药，她们才去吃饭、休息。

夜深了，她们铺着树枝围着火堆睡熟了。我睡不着，心疼地望着她们几个，段班长面对着我，红红的火光照着她笑盈盈的年轻的脸庞，使我想起了我的妹妹，她今年已经结婚了，要不是万恶的国民党和日本帝国主义，段班长也许也该结婚了吧！这时，段班长忽然在梦里喊了声"加油呀"，翻了一个身又睡着了。就在她翻身的时候，我突然看到，她的两个肩膀都被担架磨破了，鲜血染红了军衣。我又看了看其他三个护士，她们有的肩膀磨破了，有的膝盖摔伤了。看到这些，我的眼圈一下子湿了，什么也看不见了。

第二天，有好几段路都是从峭壁上绕过来的。前面的路像带子一样在石崖上拐来拐去，而且盖着一层厚冰。她们轮换着背我往上爬，我的伤口剧烈疼痛，而且开始感到呼吸困难，昏死过去两次，每次她们都轻轻把我放下，打了两次强心针。

中午时候，快到山顶时，狂风卷着团团的白雪漫天飞舞，刮得人抬不起头，睁不开眼。前面的人刚走过十几米，后面的人就找不到路了，有些人的帽子和背着的脸盆都被刮跑了。她们始终坚持抬着我，喘着气，踉踉跄跄地往上爬，爬！

忽然听到前面有人在喊，“加油呀！再加把劲就翻过山了……”小护士们欢呼起来，背着我，加快了步子，很快地上了山。

翻过了山顶，段班长她们都累得喘不过气来了，可是在她们苍白的脸上，却泛起了欣喜的笑容，我望着她们，禁不住流出了眼泪，我清楚地知道，我这条生命，是这些红军好姐妹们换来的。

选自吴华夺等:《星火燎原全集普及本之十·我跟父亲当红军》，解放军出版社2009年9月第1版，第100—102页。

刘少华，1915 年生，河南固始人。1931 年加入中国共产党。红军长征时为红四方面军战士。新中国成立后，曾任中国人民志愿军第五工程大队大队长、空军第三供应大队大队长，吉林市农业局局长、民政局局长，吉林市政协副主席等职。1990 年在吉林逝世。

辗转苦斗在雪山草地

柳智先

党的十一届三中全会公报中说："毛泽东同志在长期革命斗争中立下的伟大功勋是不可磨灭的。如果没有他的卓越领导，没有毛泽东思想，中国革命有极大的可能到现在还没有胜利，那样中国人民就还处在帝国主义、封建主义、官僚资本主义的反动统治下，我们的党就还在黑暗中苦斗。"什么是毛主席在长期革命斗争中立下的"伟大功勋"？什么叫"在黑暗中苦斗"？反复阅读公报，仔细咀嚼这段文字，不禁使我回想起40多年前在长征途中所走过的一段用鲜血凝成的难忘的里程。

1935年春，我们红四方面军粉碎了胡宗南和四川军阀的六路进攻，取得了第五次反"围剿"斗争的胜利后①，党中央毛主席指示我们主力西进，策应一方面军北上。我们红三十一军突破嘉陵江，血战剑门关，强渡涪江，经平武、北川、茂县，翻越终年积雪、云雾缭绕的九顶山，沿岷江北上，在毛儿盖一带与一方面军胜利会师了。

一、四方面军会师后，毛主席亲自召开了党中央政治局会议，决定兵分两路，迅速通过草地，北出陇秦，建立抗日根据地，但当时在四方

① 此处表述不准确。红四方面军（包括其前身）在鄂豫皖革命根据地进行了四次反"围剿"斗争。开辟川陕革命根据地后，又先后进行了反四川军阀的"三路围攻"和"六路围攻"作战——编者注。

面军主持工作的机会主义头子张国焘，为了达到他分裂红军分裂党的罪恶目的，背着党中央擅自命令我们从草地折返南下，东出川西。结果遭到国民党军队截击，被迫撤退到川康地区，使我们在雪山草地里辗转苦斗了一年多。

血战锦鸡关

我们三十一军在草地和党中央及中央红军分离南下后，经过一个多月的艰苦行军，带着两经雪山草地的疲劳，来到道孚，稍事休整，又在雪山草地辗转徘徊了半年，经巴丹、懋功，翻越夹金山，出兵川西，占领了天全、芦山。当部队来到川西，同志们望着坝子里平整的水田和栉比的农舍，感到格外亲切。进驻天全后，我们按红军的规矩，立即打土豪，分田地，组织农会，建立了苏维埃政权。春节到了，翻身农民抬着肥猪来慰问。我们连队也请驻地附近的群众会餐、联欢，过了一个欢欢乐乐的新年。

张国焘在天全挂起了伪中央的牌子，自称“主席”，还让我们自称“中央红军”。准备占领成都，打回川陕。

正当我们孤军南下，东出川西的时候，国民党军周浑元部队和四川军阀刘湘、杨森、薛岳、刘文辉、李嘉钰等纠集在一起，以数倍于我的兵力，向川西扑来。刘湘亲自坐镇邛崃，阻止我军向川东北前进，并步步向我逼近。1936 年刚过完春节，就在名山的锦鸡关跟敌人展开了一场激战。

锦鸡关是成（都）雅（安）公路上的一个重要隘口，东依名山，西临青衣江，形势非常险要，敌人设有明碉暗堡，派有重兵据险扼守。

战斗开始，一营担任主攻，我们三连在轻重机枪的掩护下，冒着敌人炮火，发起了一次又一次的冲锋。我是连长的通讯员，和司号员、打旗兵一起紧跟着连长，带领连队向高地强攻。经过一场恶战，我们终于冲上了山顶，把红旗插上了锦鸡关西部山头。但我亲眼看着不少同志牺牲了。跟我朝夕相处的司号员就在攻占西部山头的激战中献出了自己的生命。

我军占领西部山头后，跟占领东部山头的敌人只隔一条成雅公路，形成对峙局面。白天，他们仗着猛烈的炮火，疯狂地反扑。夜间。他们依着坚固的工事进行固守。我们连组织了夜老虎分队，同兄弟连队一起，乘天黑摸上了敌人的阵地，一举攻占了关口的东部山头，全部占领了锦鸡关，切断了成雅公路。

成雅公路北经邛崃、大邑，可直达成都，联结川北，直通陕西；南经川西各县，是通向云南的交通要道。锦鸡关被占领后，敌人组织了数倍于我的兵力。进行疯狂的反扑。他们用密集的炮火向我阵地猛烈地轰击，阵地上被翻起了一层厚厚的浮土，然后用整连、整营的兵力向我发起冲锋。锦鸡关以东都是水田坝子，只要用机枪封锁住田间小路，敌人进攻、撤退都只能在没膝的水田里像鸭子一样蹒跚前进。我们充分利用地形，打退了敌人一次又一次的反攻，山坡上、水田里，到处是敌人的尸体。

经过一个星期的恶战，我们连队虽然在攻占和坚守锦鸡关的战斗中，攻如猛虎，守如泰山，打得非常顽强，消灭了不少敌人，但由于这是一场在敌强我弱的情况下硬拼消耗的战斗，我们自己也伤亡很大，全连三分之二的同志英勇牺牲或身负重伤，离开了战场。最后，为了摆脱敌人，不得不撤离川西，第二次翻越夹金山，向人烟稀少的康藏高原转移。

风雪党岭山

我们经懋功、丹巴，摆脱了四川军阀薛岳部的尾追，来到了党岭山下，为了彻底摆脱敌人，赢得一个休整的机会，必须翻越党岭山，向炉霍、甘孜一带转移。

党岭山，山高雪厚。我们两次翻越夹金山都是只用了一天时间。而翻越党岭山，每天走 70 里，也要用三天时间。血战锦鸡关以来已经有一个月的时间，我们一直是在激烈的战斗和艰苦的行军中度过的，没吃过一顿饱饭，没睡过一夜好觉，部队十分疲劳。同志们两腿踩着没膝的积雪，手里拄着沉重的拐棍，艰难地在山坡上蠕动着。

头天晚上就在半山腰的雪地里宿营。狂风在呼啸，雪花在翻卷，为了抵挡严寒，我们紧紧地挤压在一起。由于过分的疲劳，很快就睡着了，慢慢地白雪覆盖了整个营地。睡到半夜，疲劳稍有消除，上面的冻醒了，底下的压醒了，同志们一个个从雪窝里钻出来，按规定每人吃把炒青稞，准备出发。

队伍集合了，一清查人数，发现事务长不见了。我们立刻分头去找,发现他蜷缩在一个雪窝里,已经冻僵了。就在昨天晚上大家睡觉后，我还看到这个来自鄂豫皖苏区，参加过农民暴动的老长工，冒着风雪给同志们拨旺篝火，掖盖被单哩！但长期的艰苦生活严重地削弱了他的体质，终于没能使他抵挡住党岭山上的风雪，为中国人民的革命事业，悄悄地献出了他宝贵的生命。我们用长年不化的积雪掩埋了他的遗体，大家摘下了缀着红五星的八角帽，告别洁白的雪墓，带着烈士的遗愿，继续向党岭山顶峰前进。

中午，翻过了党岭山顶。晚上又在半山腰宿营。这一夜除了风雪、严寒、饥饿、疲劳外，大雷山又给我们增添了一个意外的困难。连续两天的雪山行军，使全连绝大多数的同志都得了雪盲症。当晚宿营后，我自己的两只眼睛火辣辣的又烧又痛，第二天肿得像核桃一样，映着白雪，迎着山风，泪流不止，满目昏黑，连路都看不见了。集合出发前，连里把大家组织起来，让眼睛能看见的同志在前边带路，同志们有的手牵着手，有的拉着战友的衣角，有的手扶着战友的背篓，走下了党岭山。

又经过几天的行军，经道孚、炉霍到达甘孜。我们九十三师驻在上下扎巴一带，为驻在甘孜的总部担任外线警戒。

甘孜地处康藏高原，当时，是张国焘鼓吹要建立所谓川康根据地的地方。这里，西南是绵延千里的大雪山，东北是茫茫无边的大草地。这里的藏民除在山谷地带种点青稞、蚕豆外，几乎全部是以游牧为生，在我们到来之前，反动的封建土司强迫大部分牧民赶着牛羊钻进了大山，留下的贫苦牧民也被掠夺一空。部队在这里筹不到粮食，买不到牛羊，给养十分困难，只得靠吃野菜、野果度日。我们连队奉命到大山里为部队买回来一批牦牛，分给了各个连队，但吃了几顿牦牛肉搞得大家牙床肿胀，口舌溃烂，很难适应。部队到达甘孜后，张国焘说是已摆脱了敌人，进行休整。还说要建立根据地哩！事实上是把红军带进了人烟稀少，给养匮乏的绝境。广大的指战员都在为我们这支部队的前途担心，都在期望着有一天能绝路逢生。

三进大草地

1936 年 5 月，正当我们在康藏高原雪山草地之间辗转苦斗，进退两难的时候，传来了一个振奋人心的喜讯，由贺龙、任弼时、关向应等同志率领的红二方面军到达甘孜，和我们四方面军胜利会师了。还听说毛主席和周副主席率领的中央红军在陕北打了许多胜仗，建立了陕甘宁根据地。听到这些好消息，面对自己的困境，使同志们明确了许多问题。有的同志说：“要是去年跟一方面军一起北上该有多好！”有的同志说：“建立什么川康苏区，还是早作决定跟二方面军的同志们一起北上吧！”虽然我们连队因驻地关系，一直没有和二方面军的同志见面，但会师的消息使每个同志都感到无比振奋。大家都舒展了愁眉，奔走相告。一年来，由于我们经历了与一方面军分离南下，孤军奋战，身入绝境的痛苦，更深刻地感到了跟二方面军会师才能摆脱困境，带来转机和欢乐。

二、四方面军在甘孜会师后，很快成立了党的西北局委员会，在朱总司令、刘伯承、徐向前、贺龙、任弼时、关向应等同志的坚持下，作出了二、四方面军立即北上，与中央红军会师的决定。一年来四方面军辗转苦斗的严酷现实和全军指战员决心北上的强烈要求，迫使张国焘不得不同意重过草地，北上抗日。

第三次过草地是我们三过草地中路途最远，时间最长，困难最多的一次。要从大草地西南角的甘孜出发，经色达、阿坝，到东北角的包座出草地，在顺利的情况下，也要走一个月的时间。但当我们想到要北上跟党中央、毛主席领导的中央红军会师时，心里充满了希望，浑身充满了力量。当时我已调营部通讯班、我们打草鞋，备干粮，每人搞到了一干粮袋青稞炒面，三斤牛肉，两斤咸盐，向一望无际的大草地进军了。

开始进入草地时，是一片起伏的丘陵，生长着茂密的灌木丛，我们还可以在灌木丛中用被单搭起帐篷遮挡风雨，围着篝火烧开水。然而过色达后，逐渐进入草地中心。遍地是茸密的青草，草下是终年不干的积水，极目远望，天地相连，烟雨苍茫。再向纵深前进，我们整天便在沼泽地里行走，有的地方一走三四百米都是水深过膝；有的地方是深不可测的泥潭，只能拄着拐棍，轻轻地踩着一块块草皮行走。不少同志和驮东西的牲口眼看着掉进泥潭，牺牲了生命。晚上宿营，只能拔点青草垫在屁股底下背靠背地坐在阴冷的湿地上过夜。由于过分疲劳，有时坐在一块儿很快就睡着了。往往在黎明前总是有暴风雨袭来，衣服全湿透了，草地里找不到柴禾，青草又烧不着，潮湿的衣服只有靠自己的体温慢慢暖干它。几个年纪较大、体质较差的同志，就在这雨雪纷飞、寒气逼人的沼泽地里，穿着潮湿的衣服，顶着阴冷的寒风，战栗着闭上双眼，咬紧牙关，渐渐地心脏停止了跳动。

过阿坝以后，同志们的干粮都吃完了，出草地还要走七八天的无人区，我们三十一军担任后卫，有几个军的同志都走在我们前面，沿途能吃的东西都吃光了，连找点野菜都十分困难，每天宿营后，我们营部通讯班的几个同志，只能烧点开水，放点咸盐充饥。晚上背靠背地坐在一起，互相能听到肚子里叽哩咕噜的响声。因为腹内空空，一个星期都没有大便。临出草地前，一个个都饿得皮包骨头，浑身酥软，两条腿困得提不起来，手里的拐杖像有千斤重，从右手换到左手，再从左手换到右手，最后两只手都拄在拐棍上，一步一步向前挪动。我们营不少同志由于饥饿，在临出草地前牺牲了。我们通讯班的班长就在出草地的头一天，一头栽倒在地上再也没能起来。这是跟党中央毛主席分离南下以来，在雪山草地里辗转苦斗中，继事务长、司号员之后倒在我身边的第三个朝夕相处的好战友。

红日照征程

1936 年 8 月，我们胜利地走出了草地，进入甘肃岷州地区。当时正是陇上麦收之后。金黄的麦捆都还堆在地里。经过调查，我们在地主的麦地里搓麦捆吃了几顿饱饭。经过短暂的集结休整，二、四方面军分两路继续北上。二方面军由东路前进，打了不少胜仗，粉碎了敌人的堵截和尾追，在甘肃会宁和毛主席派来的中央红军会师了，胜利地进入陕甘宁边区。但在我们由西路北上的四方面军中，张国焘的机会主义路线，又造成了不可挽回的损失。

二、四方面军在甘孜会师后，张国焘虽然表面上同意北上，但一直不向部队正确地进行北上跟党中央毛主席会师，建立抗日根据地的教育，只讲打通国际路线，依靠苏联建立西北根据地。部队出草地在岷州地区集结后，便西进打岷县，妄图经洮州把部队拉向青海。在岷县跟鲁大昌部队作战失利，又经武山、漳县、通渭，越过西兰公路，张国焘擅自命令四方面荤从靖远北渡黄河，向河西走廊撤退。我们三十一军到河边时，五军、九军、三十军已经渡河。党中央命令我们三十一军和四军停止渡河。我们九十三师奉命离开河岸，钻进一条山沟，向东北走了一整夜，天亮前在中央红军的掩护下，胜利地进入陕甘宁边区。

党中央毛主席非常关心我们这支辗转苦斗、饱经艰辛的部队，让我们在豫旺堡进行休整。吃的是香喷喷的黄米饭，喝的是热乎乎的羊肉汤。不到一个月时间，同志们一个个都养得身强力壮，红光满面。经过一段政治学习和军事训练，又补充了新的装备，部队战斗力有了很大的恢复和提高。

1937 年春，我调军部通讯营通讯连。中央组织援西军，我们三十一军奉命来到镇原待命西进。但被张国焘坑害进入河西走廊的三个军和总部部分单位，在古浪、高台、临泽等地，被国民党军队和马步芳骑兵分割包围，虽经广大指战员英勇战斗，最后仍遭到惨重损失。援西军失去了西进的意义。总部命令我们开赴三原、安阳镇，改编为八路军一二九师，我自己被调到师通讯营通讯连。

1937 年 9 月，我们迎着东方红日，背负着民族的希望，东渡黄河，走向抗日的战场。

之后，我们这支被党中央、毛主席从苦斗中挽救出来的部队，在刘伯承和邓小平同志的指挥下，驰骋敌后，转战南北，在打败日本帝国

主义和解放全中国的斗争中，为中国人民的革命事业，作出了自己的贡献。（丁山整理）

选自中共新疆维吾尔自治区委员会组织部编:《豪情忆征程》, 新疆人民出版社1980年3月第1版, 第203—211页。

柳智先，1917 年生，四川广元人。1933 年参加中国工农红军，1938 年加入中国共产党。红军长征时任红四方面军第三十一军九十三师连通讯员。新中国成立后，曾任新疆玛纳斯县副县长，吉木萨尔县副县长、县长等职。1995 年在新疆逝世。

南下和深入西康

李培南

张国焘公然违抗中央北上抗日的命令，命令左路军和右路军的四方面军部队南下。这次左路军是从阿坝地区沿河南下的。我印象很深的是翻越松岗附近的一座高山。这座山叫做党岭山，它既不像过了泸定桥后那座几乎没有路非常难爬的大山，即二郎山抱相岗，也不像夹金山那样坡度不很大可以慢慢走上去的雪山，它是比较高和比较陡的一座大山，部队从一早就开始往上爬，翻过山顶后不久就天黑了，这样，就只好在下山不远的林木下宿营了，第二天天亮后再继续下山。

这时已决定将我从五军团政治部调出，到四方面军红军大学去工作。可是在经过党坝、绥靖（现名金川）、丹巴各地向懋功前进时，却病了，发了烧，走路很困难，连马也不能骑，实在无法随队前进，只好掉在后面，晚上，有可以住宿的地方就住下来。当时不能随队前进而掉下来的人是不少的。

掉队，拖到天晚，就在一处家屋住下了，可是发烧仍然烧得更厉害。热得实在难忍。这时既无医生看病，又无退热药可服，迫不得已，就喝了大量非常冰冷的溪水。意外的是，睡了一觉，到天亮后高烧却退了，人和未病前一样，可以骑马了，就赶上了队伍。这件事在我的头脑里留下了深刻的记忆。

现在又从达维第二次向南翻越夹金山了。这时已是 11 月天气，夹金山从山脚到山顶都被皑皑的白雪覆盖着。这第二次翻越夹金山，并不感觉很困难，虽然气候更冷了，满山是雪，因由北向南，比上次似乎更容易一些。我也写过一首调寄《忆秦娥》，题为《二过夹金山》的词：

夹金山，
秋去冬来雪满山。
雪满山；
金鸟凌空，
琳琅翩跹。

寒气逼人不觉寒，
三军飞越情难言。
情难言，
雪深风急，
知向谁边？

从这首词也可以看出夹金山这时的景色与六月过山时的情况不同了，而且部队的情绪也不同了，正是“雪深风急，知向谁边？”

张国焘分裂红军，自立“中央”，又把队伍拉到天全、芦山一带妄图在这里打开一个新的局面，但由于当时川军的力量还是比较集中，比我强大，想在天全、芦山、雅安一带打出一个新局面来，还是办不到的，因此，又被迫回头向炉霍、甘孜方向退却，准备退入西康西北地区。

这次是第三次翻越夹金山这座大雪山了。夹金山的景色和第二次翻越时，可以说没有什么两样，虽然季节已由冬入春了。可是这时部队的情绪如何，是可想而知的。下面一首调寄《忆秦娥》《三过夹金山》的词，可以反映出来。

夹金山，
一过三军尽开颜。
尽开颜，

两大主力，
师会金川。

二过夹金心不安，
三过夹金意悬悬。
意悬悬，
分裂逆行，
罪恶滔天。

翻过了夹金山，再经过达维、懋功，在丹巴附近渡过了大渡河（从这里向北称大金川，向南称大渡河），继续向西退却。这时粮食供应更加困难了，又遭到沿途藏民的袭击和抵制，解决吃饭问题，遇到了极大的麻烦。

我们从丹巴到党洞（现称丹东），无法在那里停留，又从党洞转到道孚。道孚是从康定经甘孜至昌都，再西行入拉萨的北大道上的重镇。北大道比南大道，即从康定起经理化、巴安至昌都的一路，地势较平坦，往来的人也较多。当部队到道孚时，大多数居民都逃避了，部队给养依然是个大难题。驻扎在这里的部队不得不派兵到处去寻找。我们红大也不能例外，据传说在道孚以北的渔科寺，可能有土司和喇嘛保存的大量粮食，因此决定派学员一个连队去那里，我也随学员同去。

队伍出发的那一天，天气晴朗，一早就从道孚开始爬山，觉得山也不太难爬，只是有的地方显得陡一点，究竟山有多高，谁也不知道，只是跟着向导老是不停的往上爬。大家都感到很吃力，忽然向上看，似乎快到山顶了，谁知上去以后一看，山头还在上面，当爬上去以后，知道这不是山顶，出现在面前的又像是一个新的山头，如此一段一段地爬上去，直到太阳快落下去了，才真正走到了山顶。山顶不是一个孤立的山头，而是多个山头，在山顶比较平坦的道路上前进，弯来弯去地走着，走了一段时间后，才开始下山，这时候天已经黑了。但出乎意料，下山并不困难，走了短短的一段路后，似乎山已经下完了。尽管两边还是山，但向下走，几乎如履平地了，因为坡度并不高。在道孚一边，海拔约高3000米，而在渔科寺一带，已是川西高原的一部分，地势越显平坦。我们夜间到了渔科，寺庙并不小，里边却一无所有，哪有什么存粮呢？

第二天早上，我们开始往回走，却看到了成群的猴子在山边走动，这是从来没有见过的，但这只能增长我们的一点见识，却不能解决我们需要解决的给养问题。当部队继续前进时，有人忽然看到右面山上有牛羊出现。这是一个好机会，部队就马上向有牛羊的地方前进，当我们赶到牛群羊群附近时，放牧人早已乘马逃走了。这牛羊群当然不会是一般穷苦牧民所有，一定是土司或者喇嘛的财产。因为部队出发回来时，只吃一点点干粮，这时就马上宰羊，把羊肉放在锅子里煮熟以后，再放在火上烧烤一下，虽然没有多少盐，但肉味却是很鲜美的，这样，部队才得以饱餐一顿。

为了使部队有东西吃，不至于挨饿，这样做，是一种不得已的行动。我们临走时，还是把小牛小羊留在那里，并写明赶走牛羊的原因和数量的条子，放在那容易看见又不易丢失的地方，然后赶着牛羊回道孚来了。仅从上面这一点来看，张国焘拒绝北上，向西康西部退却逃跑是没有出路的，在那里总是不得不侵犯藏族人民的利益，在那里，怎么能够长期立足和建设革命根据地呢！在道孚驻扎几天以后，队伍继续向西前进，到炉霍以后，就一直驻扎在那里，直到第二次开始北上。至于战斗队曾西至甘孜一带。

选自李培南：《铁流二万五千里》，上海交通大学关心下一代工作委员会1996年编印，第51—55页。

归　队

绍云

1935年，我在红三十军八十八师师部当司号官。9月打四川崇化县的战斗中，我负了重伤，左脚被机枪打伤。战斗结束后，部队急着去执行新的任务，便匆匆地出发了，伤员都留在崇化。与部队分别的那天，我难过极了，要求跟随部队前进。师长郑维山说："小号官！留下吧！离别是临时的，伤好以后再回部队。你已经是共产党员了，共产党员要经得起任何考验！"就这样，我离开了大部队。

川康边界高原的气候变化无常，我和其他伤员搀扶着赶队。第三天，天气变了，大风呼呼怪叫，顷刻间，冰雹、雪雨劈打过来，我们走散了。我拖着流血的左腿，摸索着来到乐渣镇。这里离红军医院黄金喇嘛寺只隔着一条大渡河。没有筏子和船只，眼瞅着汹涌澎湃的巨浪发愁。我怕连累群众，没直接进村，想在村边先避一避风。我爬向一个草垛，"噌"的一声，从里边钻出一条大花狗，冲着我狂叫起来。里边还有两只小狗，原来它们早在这里安了家。我用石头把大狗撵走，爬到那两只小狗身边。夜里，我和大狗打了好几次"仗"，抱着小狗，靠着小狗的体温度过了夜晚。

天明的时候，我爬到镇上。这天，初升的太阳照在雪地上有点刺眼。一进村，就碰上一位老大娘。她两眼瞪着我，叽里咕噜说了几句，我听不懂。我比比画画，她也不懂。我忽然想起，凡红军走过的地方，老乡都会唱红军小调。于是，我提高了嗓音，唱道："当兵就要当红军，处处有人来欢迎……"唱着唱着，就昏过去了。

我醒来后，发现躺在一间暖和的房子里，身上穿着老大娘的衣服，床边围了一圈老乡。他们没有问我的来历，就把烧饼热汤送到我嘴里，我狠狠地解了一顿馋。吃饱了以后，我才把掉队的经历告诉了一个会汉语的老汉。老乡们听了他的翻译，都伸着大拇指说道："红军，共产党，毛主席！"我看见他们的脸上挂满了笑容。

后来，群众准备送我过河去医院的时候，听说我们的部队又折回来了。我压不住心里的高兴，一清早就到街口上等候。红军一队一队地过去。我像第一次看见红军一样，差不多每个路过的战士，都让我相了一面。我想找背号的小鬼，却一个也不认识。直到黄昏时，八十八师师直的人马才露了头，忽然一个人闪出队伍，用力打了我一拳头，喊了一声："号官！"原来是师部的司务长。他紧紧地握着我的手，还没来得及说话，呼啦啦围上一大群人，又七手八脚地把我抬上担架。刚要走，师长来了，他急忙跳下马来，抚摸着我那半寸长的头发说："小鬼，你又归队了。"我激动得好久没有说出话来，我又回到了母亲的身边……（张学军、周同义、刘松峰整理）

选自《解放军报》2006年5月18日。

绍云，1920年生，四川阆中人。1932年参加中国工农红军。红军长征时任红四方面军第三十军第八十八师师部司号员。新中国成立后，曾任河北省大名县兵役局政治委员、汉沽市武装部政治委员等职。

生死危难之中的帮助

林春芳

记得在哪看过这样一首诗：只有唯一的一种宗教——友谊；只有唯一的一种教堂——前线；这种教堂永远不会毁灭，至今温暖着战士的心房。我常常被这首小诗的意境所激动，情不自禁地想起几十年前的往事。

危险的掉队

1935 年 9 月间，上级命令部队向川西丹巴地区转移。我当时是红四方面军总医院七分院的医务主任，带领一个所 40 多名医护人员，用担架抬着十几名不能走动的重伤员，护理着 140 多名轻伤员，从松岗出发，沿大金川江南下。路经绥靖、崇化地区后，我察觉周围的情况有些不对头，藏民经常向我们打冷枪，又伤了我们几个人。好不容易走到一个叫广清寺（又叫黑金喇嘛寺）的地方驻下，马上派出几名战士前后侦察联络，回来的结果令人失望，前后四五十里内没有部队。怎么办？我们成孤军了！危难是明摆着，近 200 名工休人员，只带了够吃两顿的干粮，武器不多，只有十几条枪，子弹也不多。往哪转移，路线不明。如果碰上小股敌人或少数受蒙骗的藏民还可应付一阵，如果碰到敌人的大部队……我身上一阵冷汗，内心十分焦急，自己牺牲事小，还有工作人员和伤病员呢，这是党的财富啊！

我急忙找到所里的几个负责同志，又从轻伤员中选了一名营长和一名教导员（只记得营长姓白，教导员姓王），开了一个工作人员和伤病人员的联席会。我重点讲了掉队后的困境险情，请大家出主意，想办法。白营长首先打了头炮说："如果我们是战斗队的话，我可带领着大家，继续按指定方位前进；但是，我们大部分同志是伤病员，行动不方便。我的意见是派出精悍人员去找大部队联系，我们固守待援。为防止敌人突然袭击，应该把伤病员手中存的子弹收上来，统一使用，还能够顶一阵子。在喇嘛寺周围再修筑一些简易的工事，准备一些石块、木棒，必要时和敌人拼。"王教导员接着说："这地方的少数民族同胞不了解我们，要尽量注意民族团结。要发挥党团组织的作用，动员党、团员积极采食野菜，省下一些粮食多坚守几天。"其他同志也发表了一些好的意见。经过大家讨论研究，我把最后商定的结果向大家宣布：由白营长和王教导员负责，统一领导指挥，把工作人员和轻伤员混编成三个排，固守待援。我带警卫排战士朱大才和另一名战士，向丹巴方向寻找队伍。

见到了贺诚

我带领两名战士出发了。在行走的路上，我眼前不时出现工休人员期待的目光。大金川两岸迷人的风景，丝毫也打动不了我们。走着走着，就听"叭"的一声枪响，打得我们脚前石头碴子乱飞。敌人？我脑子中迅速闪出一个信号。但仔细观察，200 米开外的几个人穿戴不同，好像是藏民。我对两名战士说："不理他们，咱们拉开一点，快点赶路。"随即，我们三人保持着距离，顾不得藏民的冷枪，冒着炎热，小跑起来。就这样，我们忍受着长途的辛劳，边走边跑。在下午 3 点多钟，到了丹巴县北门外15里处的一个小村镇。我们站在高处向四面瞭望着，发现南面尘土飞扬，有十几个人骑着马过来了，看气派像我们部队的同志。我立即迎着马头跑过去。马群停住了，为首的三个人跳下马，一位个子不高，而双目炯炯有神的同志，带着温和的神色问我："你是哪个单位的,有什么事吗？"我立正敬礼后答道:"我叫林春芳，是红四方面军总医院第七分院的，现在与部队失去联系，工休人员选派我来找部队。"

"你是什么职务？"

"我是医务处主任。"

"你们有多少伤员和工作人员，现在什么地方？"

我赶快准确地回答着："我带着七分院的一个所，有150名轻重伤员和40多名工作人员，十几副担架抬的是重伤员。行动不方便，与前后部队失去了联系，现在黑金喇嘛寺，离此地大约一百多里。我已将工休人员编成3个大组，坚守待援。"

"好吧，你赶快沿着原路返回去，告诉大家一定要坚持住，我马上派部队去接应你们，决不能让伤病员同志再受一次伤！"

我立正回答："是！一定完成任务。"

这时,站在一边的一位同志对我说:"这是总卫生部部长贺诚同志。"

我又高兴又激动，不知说什么才能表达我此刻的心情，如释重负地松了一口气。真巧，总算找到直接上级领导了，当时的心情，用世界上所有的笔墨都形容不上来。

我带着崇敬激动的心情，又给首长敬了军礼，语无伦次地说："我早就知道贺部长……贺部长辛苦了……"

贺部长微笑着说:"没什么，你们辛苦。你们既要护理治疗伤病员，又要组织对敌斗争，任务艰巨。伤病员为革命光荣负伤，他们是党的财富，不能再让他们吃苦了，我一定派部队去，把这些同志接回来。好吧，就这样定了。再见！"

贺部长亲热地握了握我的手，他和另几个人都上马向北走去。我站在路旁目送他们走得很远很远，蓦地，贺部长的指示在耳边响起：“沿原路返回，告诉大家坚守阵地，马上派部队来接你们。”我要马上把这个消息告诉大家。

我和两个战士虽然已经累得浑身酸痛，又饥又渴，但想到我们这些人有救了，又觉得浑身是劲。夜幕慢慢拉开，露出了点点繁星。我们借着微弱的星光赶路，也不知走了多少里，脚上的血泡都已磨破了，走一步火辣辣地疼，速度明显地慢了下来。我想，得找个人家喝点水吃点干粮，但不能轻易到藏民家里去。我心里默念着当地的一首民谣：“兵占平，汉占坡，藏民占着老山窝。”当走到半山坡一独户人家时，我走上前轻轻地敲门，屋里传出一声询问：“你是哪个？”我一听是四川人，赶紧用川语说：“我们是过路的，想喝点水吃点我们带的干粮就走。”老乡同意了。我会说点四川话，就和主人摆起龙门阵来。主人家是从成都讨饭到此地来的，家有五口人，租种了几亩山地，勉强过日子。我说：“我们是红军，是专为穷苦人打天下，帮助穷苦人过好日子的部队。”主人高兴地说：“我还给红军当过向导呢！红军对老百姓真好！”我接着问他：“到广清寺有多少里路？”他说：“有70多里，天这么晚了，住一宿再走吧！”朱大才也说：“主任，休息一会儿吧，我放哨。”我想了想说：“我们轮流休息两个小时，争取在天亮前赶回部队。”

午夜11点钟，我们悄悄离开了房东家。借着北斗星判明方向，终于在黎明之前赶到了广清寺。工休人员还没有起床，只有哨兵在警惕地观察四方。我急不可待地叫起了白营长、王教导员，汇报了我们找部队的经过。他们听说是红军总卫生部贺部长派部队来接我们，都高兴极了。白营长说：“贺部长说话是算数的。你们赶快吃点饭，就放心地睡一觉吧，部队来时再喊醒你们。”我们实在是太疲乏了，也顾不得吃饭，找了个床铺，就呼呼地憨睡过去。

团结万岁

上午 9 点多钟，白营长推醒了我说：“南边，路上来了一支部队，大约有一连人，是不是来接我们的部队？”我说：“不能放松警惕，先让号兵联络一下，其他人准备战斗。”除了十几名重伤员外，其余的工、伤人员都进入了战斗状态。我暗自合计着：如果是我们部队就好了，但他们能来得这么快吗？

清脆的军号声，在山谷回响；向我方走来的队伍里，也响起了嘹亮的回答号声。“啊，我们自己的部队！”不知谁大喊了一声，“我们的队伍来啦！”大家都从不同的角落里拥出来，迎着前来的队伍奔去，互相握手问候，得知他们是红一方面军的部队时，又有人带头喊起了口号：“红一、四方面军团结万岁！红军万岁！中国共产党万岁！”大家发自肺腑的呼声，震撼着山河。

激动之余，我们同连队领导研究出发的时间问题，连队领导说：“丹巴地区没有粮食，我们能否在这个地方筹集一些？”我们一致赞同。全所人员的粮食只够吃一顿的，不筹集不行了。我们几个立即决定，留一个排在驻地警戒，另两个排和部分工作人员，有 100 多人去搞粮食，如果顺利，后天出发。

连队派出了几名侦察员，很快就从当地老乡口中打听到附近 20 里以外，有一个寨子，富户很多。我们临时编在一起的部队立即出发了。当我们赶到那个寨子时，那里的居民都跑光了。队伍分开跑到几个房屋建筑得很好的有钱人家（可能是地主、头人之类），很顺利地把能食用的青稞、大麦、豌豆、猪肉等等都收集起来，每人背着扛着或两人抬着往回返。但是，不知从哪里跑出一些藏民，尾追我们打冷枪。结果，打死医院里一个卫生队长，打伤一名战士。连队的同志怀着悲痛的心情，把那个卫生队长抬回了驻地，埋在了喇嘛寺的后山上。

我们将这些用鲜血和生命换来的粮食均分给连队和工休人员，每人能分得六斤左右。猪肉分给了连队和休养员炊事班改善伙食。同志们听说是牺牲了一名同志换来的东西，都难受的吃不下去了。

第三天早晨，连队分出一个排开路，中间部分一个排保卫医院，后边部分一个排殿后，向丹巴方向前进。这时，我置身于行军的队列中，才感到大金川两岸，水是那样清，山是那么秀。如果不是偶尔出现一两声冷枪响，真像在公园游园一样。

在次日上午 10 点多钟，工作人员、伤病员先后到达目的地附近一个大喇嘛寺里。清查人数，没有一个掉队的。中午饭前，医院的谢金云院长、汪政委及所里先来的领导，来看望了我们这些死里逃生的工休人员。大家激动地说："我们一辈子忘不了这次生死危难中的帮助，只有团结一心，才能战胜困难，取得胜利！"

选自沈阳军区政治部编研室编:《红军将士忆长征》，白山出版社1996年8月第1版，第492—497页。

林春芳，1913 年生，河南新县人。1931 年参加中国工农红军，1934 年加入中国共产主义青年团，翌年转入中国共产党。红军长征时任红四方面军总医院第七分院医务主任。新中国成立后，曾任东北军区第一陆军医院院长，沈阳军区总医院第一副院长、军区卫生部干部保健处处长、军区后勤部卫生部副部长等职。1993 年在沈阳逝世。

“红军依靠的是群众”

林思和

长征时，我是四方面军三十军被服厂的工人。1935年8月间，红军走出了草地，在包座打了一个胜仗之后，进入了川康边境人烟稀少的地区。

自进入川西北以来，我们的给养就一直十分困难。两三个月，没有吃过一顿饱饭，能有一把煮得半生不熟的豌豆，就算得上顶好的饭了。有时一连几天搞不到一点粮食，全靠野菜充饥。没有吃的，还要行军赶路，有时走着走着，实在饿得走不动了，就在路旁扯上一根野蒜，放在嘴里嚼着，在水坑旁边喝上一口凉水，再往前走。

10月初，我们到了绥靖一带。这时前方传来消息，说部队在绥靖附近打了一个胜仗，从敌人手里搞到了一些吃的东西，留在离绥靖不远的一个村子里，要我们派人去取。听到这个消息，我们都高兴得跳了起来。第二天一清早，粮秣科长就带着我们十几个工人，直奔绥靖去了。

我们顺着一条崎岖的山路，艰难地走着。由于长期没有吃到一点正经东西，走起路来腿都发软了。可是，当我们一想到留在后面的伤病员同志们是多么急迫需要粮食的时候，就又提起精神，不由地加快了步子。经过一天一夜不停的行军，天亮时，我们到了目的地。

这是一个不大的村子。部队缴获的东西，就放在村中一个大院落里。我们进去一看，二三百头羊，几十头牛，挤挤攘攘地在一个土墙围子里关着。这时我们心里的那个高兴劲儿，真是无法说。我们中间有个叫陈士仪的老工人，来时在路上拾到一只受了伤的羊，像得了个宝贝似的，扛在脖子上，压得直喘气，都舍不得丢。现在他把扛的这只羊往羊群里一丢，钻到羊群里，抱抱这只，摸摸那只，乐得嘴都合不拢。你想想吧，当你饿了几个月，突然给你送来了这么一大堆吃的东西，你会有什么样的感觉，你能不这样高兴吗？

接着，我们又通过政治部，在政治部指定的属于地主的地里掰了一些苞米。一切都弄好了，就等天一黑，就把这些东西运回去。

吃了点午饭，我坐在院子里编草鞋。忽听谁喊了一声“总司令来了”，我一抬头，可不是，朱总司令，还有徐向前同志、陈昌浩同志，已经走进院子来了。总司令还是穿着那身灰军装，人却比过去瘦多了。他和我们一样，也是几个月没有好好吃过一顿饭了。

首长们直向我们走来，看样子好像有点生气。果然，陈昌浩同志刚把粮秣科长叫到跟前，就狠狠地批评开了：“你们是什么红军？还懂不懂纪律？……”

怎么回事呢？我们掰苞米，是按规定通过政治部，在地主的地里掰的；牛羊是部队从敌人手中缴获的，又不是牵老百姓的！

正说着，一伙老百姓从外面走进来，向总司令他们又是磕头又是作揖。这时我们才明白，原来部队缴获的牛羊，是敌人从老百姓手里抢去的。

总司令一向是很和气的，他招呼老百姓坐下来，做了一些解释，然后叫他们把自己的牛羊认领回去。

老百姓欢欢喜喜地牵着牛羊走了，一只牛羊也没有留下。我们眼睁睁地看着，心里可真不是滋味。我们的伤病员同志，几个月没吃到一点有营养的东西了，瘦得那个样子，叫人一看就心酸。现在好不容易给他们搞了这些东西，却又变成一场空欢喜。

总司令像是看透了我们的心思，他走到我们跟前，满脸带着笑，说：

“怎么？同志们，不大高兴？”他要我们坐下，又接着说：“不错，咱们的给养很困难，是要赶快想法解决。不过，筹粮食要做工作，要作调查，不在群众中做工作，又不做调查研究，只顾满足我们的需要，就侵犯群众利益，这样，表面看来，我们的困难暂时可以解决，而实际上，这只会增加群众对我们的误解。我们红军依靠的是群众，脱离了群众，我们的困难将是不可想象的！”

总司令接着又交代我们：今后筹粮食，一定要先在群众中做工作，不得乱拿群众的任何东西。

总司令他们说了半天，又找到三十军政治部主任李天焕同志，做了详细的交代。这时，太阳已经西沉，天色渐渐昏起来了。该给首长们弄点东西吃了，他们从早上到现在还没吃饭呢！

叫首长们吃什么呢？牛羊一头也没有了，连陈士仪拾的那头羊也叫老百姓领走了。后来，我们拣了点嫩些的苞米，又弄了个南瓜，煮了煮，连点盐也没有，总司令他们就吃起来。我看着这情景，想着总司令刚才说的那些话，感动得鼻子一酸，眼泪差一点就流出来了。

吃完饭，总司令他们又继续向前进发了。可是，总司令要我们红军在任何环境下都必须遵守群众纪律、都要紧紧地依靠人民的亲切教导，和他艰苦朴素的作风，却一直深深地印在我的脑子里。（余军整理）

选自杨国夫等：《星火燎原·未刊稿》第4集，解放军出版社2007年8月第1版，第136—138页。

林思和，1913 年生，四川平昌人。1933 年参加中国工农红军，1936 年加入中国共产党。红军长征时为红四方面军第三十军被服厂工人。新中国成立后，曾任解放军第四野战军后勤部财务处副处长、干训队长、被服和直供处副处长，中南军区后勤部军需给养处处长，第五十五军后勤部副部长等职。1993 年逝世。

艰苦卓绝的万里长征[①]

王邦玉

1933 年 9 月，徐向前同志率领中国工农红军解放了我的家乡，我和成千上万的劳苦大众一样，看到了共产党领导的红军是咱们自己的队伍，是为天下受苦人争取幸福生活的队伍，是劳苦大众的希望和光明。所以，我报名参加了红四方面军，和广大红军指战员一起，参加了举世闻名的长征。当时我年仅 14 岁,在三十一军九十一师政治部当通讯员，全班六名战士，我年龄最小，最大的也才 19 岁。

长征之路是极其艰难的，特别是爬雪山过草地时的艰难情景，更是令人难以想象。草地漫无边际，远看就像一片大海无边无际，遍地是野草丛生的泥浆沼泽地。人走在草地上一定要小心，要是踩了空或是踩破了草皮，就会陷进泥潭再也出不来了。

一天，机炮连的一个战士掉进了泥潭，他知道自己上不来了，急忙摘下背上的步枪用力扔给战友，然后吃力地说："不要管我了，你们快走吧，将来请告诉我妈妈、哥哥、姐姐，叫他们好好活着，革命一定会胜利。"战友们哪能不顾他？一个战士伸手抓住了他的手用力一拉，脚下的草丛哗啦一声塌陷了，也跟着掉进了泥潭。又一个同志赶忙上前去拉，又掉了进去。第四个同志伸出手中的棍子去拉，脚下又塌了下去，几分钟的工夫，一连陷进去四个人。有人想了一个办法，用两根扁担在

① 编者对原文略有删改。

草丛上架成“十”字，站在扁担上拉，才算把最后陷进去的那个同志拖了出来，其他三个人眼看着被泥潭吞没了。

草地平均高度在海拔 2000 米以上，气候变化莫测，时而狂风四起，倾盆大雨，时而热气蒸人，闷得人喘不过气来，时而又漫天大雪，冰雹骤下。晚上又寒气逼人，气候非常恶劣。部队连续长途行军，缺少粮食和盐巴，冻饿交加，身体非常虚弱。许多指战员没有在枪林弹雨中倒下，却被恶劣的气候夺走了宝贵的生命，回想起来实在叫人难过。同志们没有粮食吃，就找野菜充饥，最后连野菜也被先头部队吃光了，就吃草根，把凡是带皮的东西，如皮带，用牛皮编的皮草鞋，皮马夹等都煮着吃，这些东西都吃光了，就拿一点点盐巴冲水喝，有时几天没东西吃，人们都气喘吁吁，浑身发抖，一点力气都没有。天气又冷，衣服单薄，宿营时都是背靠背互相取暖，就这样我也记不清走了多少天，我们红军指战员硬是凭着钢铁般的意志和坚定的共产主义信念，战胜了千难万险，终于走出了草地，胜利地完成了过草地的艰巨任务。

走出草地到达阿坝地区，那里是个少数民族地区，由于群众对红军不了解，都躲了起来，部队找不到一点粮食。后来在一个喇嘛寺内发现了一些盐，寺内又无人，首长就叫通司（翻译）写了一个纸条，放了一些白洋，然后每个战士装了一点盐巴就出发了。这说明工农红军纪律严明，不论在什么情况下，再艰难，再困苦，也要遵守群众纪律，绝不侵害老百姓的利益。随后，我们红四方面军又胜利地翻越了川康地区的阿尼玛雪山、夹金山和岷山三座雪山。夹金山周围有大炮山、折多山等几个山环抱着，是一层比一层高的大雪山，地形十分险要，是西进甘孜，东出懋功的主要通道，海拔 4500 米以上，山上常年积雪。红军脚穿草鞋，身穿单衣，踏着积雪往上爬，越爬冰雪越厚，路越险，山越陡，云层越来越低。我们从云层下爬到云雾中，再走到云层之上，往下看云海茫茫，真如腾云驾雾一般。越接近山顶，越感到吃力。严寒、雪崩、大风、缺氧等困难一起向我们袭来。积雪没到大腿，冰雪灌进裤腿里被体温溶化，又冻成冰把腿脚磨得鲜血直流。刺骨的寒风吹得人直打颤，大家只得把被单裹在身上御寒。经过大风口时，先头部队的许多战友被狂风吹到山坡下，长眠在白雪皑皑的大山中。越往上爬空气越稀薄，呼吸越来越困难，胸口就像压了一块大石头，闷得人脸发肿，头发胀，两眼发黑，每爬一步都要付出很大的代价。有的战友实在走不动了，可一坐下休息就再也起不来了，大家只好互相搀扶着一步一步往前挪着走。

我在过草地时脚上长了一个疮，因被污水感染，不停地流脓血，部队一无药品二无纱布，得不到治疗而开始发烧，疮又疼，肚子又饿，一阵晕眩昏迷过去。不知过了多久我慢慢醒过来，部队已经走出很远，我掉队了。正好收容队赶到，我得救了。赶上部队以后，同志们正在休息，我浑身酸软，一瘸一拐地走到一棵树旁边歪躺在地。师政治部的张指导员发现我脚上的疮正在流脓，便用盐水洗去我脚上的污泥，挤出脓血，然后笑眯眯地问我:“小鬼，饿了吧？”我有气无力地回答:“不饿。”张指导员说：“小鬼，你还能瞒过我的眼睛？！”他拿出干粮袋里仅有的一块干馍馍说：“给，吃了吧。”看到这块干馍，我直流口水，可不知怎的我忽地一下站了起来，“报告指导员，我不饿，保证翻过雪山！”指导员说：“别装蒜了，我命令你吃下去！”我再三坚持各分一半，指导员才同意我们两人一人一半。半块干馍进了肚子我顿时感到浑身轻松多了，身上也觉得热乎乎的，两条腿也有点劲了，就这样，我终于和同志们顺利地翻越了夹金山。紧接着我就参加了天全、卢山、雅安的战斗，在攻打雅安县城时，我的腿受了伤，但我还是坚持战斗，攻破县城后，敌人四处逃窜，我忍着伤痛抓了三个俘虏，缴获了步枪三支，子弹300余发。战斗结束以后，在庆功大会上，我受到了领导的表彰。

现在回想起来，在那自顾不暇的时刻，每个人随时都面临着死亡的威胁，如果没有指导员那双援助的手和那块黄金般的半块干馍，我也早就长眠在雪山之中了。可指导员叫什么名字，至今我也不知道。在那生死存亡的关键时刻，有的同志拽一下马尾巴就能转危为安或者就能继续前进。一口水，一块干粮就能救活一个同志。为了让更多的同志能走出草地，翻越雪山，部队领导干部把马让给伤病员骑，自己忍饥挨饿省出来一点干粮，让给伤病员吃，一口水，一点干粮，它凝聚着多么深厚的革命感情，多么伟大的力量！在毛泽东同志的正确军事思想指导下，在中国共产党的领导下，正是依靠这种力量，我们克服了各种艰难险阻，走完了长征，于1936年胜利到达延安，实现了伟大的具有历史意义的战略大转移，为以后的抗日战争和解放战争打下了胜利的基础。

选自《中国气象报》2006年10月17日。

王邦玉，1920年生，四川万源人。1933年参加中国工农红军，1938年加入中国共产党。红军长征时任红四方面军第三十一军九十一师政治部通讯员。新中国成立后，曾任新疆中共阜康县委书记、中共奇台县委书记、博尔塔拉蒙古自治州副州长、中共博尔塔拉蒙古自治州委书记，新疆自治区气象局党组书记、自治区顾问委员会委员等职。

一袋青稞麦

卢洪海

1935年秋末，红四方面军由草地折返回川南，又开始了第二次艰苦的草地生活。部队由甘肃边境向四川西部天全一带进军。我们四军十师三十团为了完成艰苦的行军任务，当时奉团首长指示由团的运输队及团卫生队的伤病员共百余人，组织了临时后梯队，在团政治处刘主任带领下随军跟进。

在一望无边的草地里，我们也不知道有多长的路程，除了看见前边部队走过的脚印以外，再也看不到什么飞禽走兽了，就连树木也很少见。草地上的水是绿色的，看去好像是没有水，踩下去就有水，有时踩下去尺把深，拔起腿来往前走时，足坑便慢慢的积满了水。

在这样艰难的行军中，我们一天接着一天地前进着，开始时伤病员走得都挺有劲，走了几天之后，就有些走不动了，原来空手走的只好扶着一根棍子走，原来扶着一根棍子走的便不得不扶着两根棍子走。尽管饥饿和疲劳折磨着我们，可是我们红军战士都知道：前进就是胜利和生存，停止就是失败和死亡。所以我们忍受着一切困难，决心坚持通过草地。通信员“小侉子”只有15岁，小腿走得又红又肿，脚也裂出一道道小口子，像地图上的河流一样，还背着一条小马枪、两条干粮袋，一拐一拐地走着。

运输队的小伙子们，每人都背五六支步枪，还有三四条干粮袋，除少数重的伤病员外，其余的病员也都坚持背两三条干粮袋。每个人的干粮袋内全是背稞炒面，每袋都用细牛毛绳子扎成许多节，每人每天只准吃一节，在每天下午露营时，以班为单位，每人从自己袋里倒出一点青稞炒面加上二分之一的野菜和三分之二的水，合在一起用大小不同的脸盆煮熟充饥。

时间一天天地过去了，第 11 天下午，每人的青稞炒面都吃光了，肚子饿，怎么办呢？吃野菜吧，少了不顶事，吃多了肚子胀得痛，大便也拉不出。这时天已到下午 3 时许,就决定在此地露营,在这种情况下，同志们想出了办法，把脚上穿的牛皮和羊皮做成的皮草鞋，脱下来放在火里烤一烤充饥，同志们连吃带说：

“呀！真不坏！可惜太少了。”

这时我们刘主任说：

“把我那匹瘦白马杀掉吧！让同志们吃上一餐饱饭。”

次日部队继续向南前进，在草地上已经是第 12 天了，这时全体同志一点干粮都没有了，因此，每个同志都焦急地互问：

“还有多少时间才能走出草地呢？”

“听首长说快了，还有两三天的路程……”

部队在未出发前，刘主任对大家这样鼓励着：“同志们，再忍受一些吧，坚持就是胜利！”

“一定坚持！”

“就是爬也要爬出草地！”

“只要有草就饿不死我们，我们一定能战胜困难！”

同志们表示了自己的决心。

这天行军走到下午，我走在队列的最前面，突然看到在我们前进的方向好像有个人，但又怀疑是自己的眼花，因为阳光耀眼，我就用手遮着刺眼的阳光，仔细地左瞧右瞧，搓搓看花了的眼再瞧，啊！是人！一定是人！身上还背着什么东西摇晃摇晃的，我又惊又喜地蹲在地下注视着他，这时心里想：若是本军掉队的同志只能往前走，不会往回走的；若是敌人一个人更不敢沿道路迎面而来，那这人究竟是谁呢？越看越像是自己人，为了弄个明白，我立即向前奔去，越走越近，一切都看清楚了，是自己人，走到跟前，再细细一瞧，原来是我们经理处的粮秣员陈纪新同志，他背了一袋青稞麦，足有五六十斤，还挎着一支步枪，我一见是他，就和他热烈地谈起来了。

“谁叫你来的？”

“团首长。”

“首长有什么指示吧？”

“首长叫我带着粮食来接应你们，并叫我向同志们问好。”

啊！粮食！我们终于有吃的了！这话立即激动了我的心，快乐的心情真是难以形容，我高兴地向后面喊道：

“快来呀！前方来人啦！送来粮食了！”同志们听到我这一招呼，听到这意外的喜讯，个个都欢腾起来。一会儿陈纪新同志就被大家围起来了，有的同志从他的头上摸到脚下，从脚下摸到头上，像老妈妈抚摸他，像久别的亲人一样的亲热，同时，大家又七嘴八舌地争着和他说话：

“你背来的救命粮，可救了我们！”

“部队到了什么地方？打了胜仗没有？”

“到有人烟的地方还有多远？”

陈纪新同志特别亲切地回答：“我从毛儿盖来，部队很好，有粮食吃，团首长和全体部队同志都希望你们快些走，赶上部队，与部队一起行动。”

同时陈纪新同志又特别有劲地鼓励大家说：“再有一天就到毛儿盖了。”

小伙子们听说，再有一天就能到有人烟的地方——毛儿盖了，高兴地鼓起掌来，有的还唱起《红军三大任务歌》，响亮的歌声，冲击着寂寞的草原。

选自吴华夺等：《星火燎原全集原普及本之十·我跟父亲当红军》，解放军出版社2009年9月第1版，第96—98页。

卢洪海，1909 年生，安徽金寨人。1930 年参加革命，1931 年参加中国工农红军，1932 年加入中国共产党。红军长征时任红四方面军第四军十师三十团连长。新中国成立后，曾任陆军第十一军后勤部部长，中国人民志愿军中、朝、苏联合空军后勤部副部长，南京军区空军后勤部副部长，福州军区空军后勤部部长兼政治委员等职。1997 年在合肥逝世。

一截马大肠

张焕美

1935 年秋，红四方面军到达西康。

当时，我们刚走出草地，干粮早就吃完，已经有四天汤米没沾牙了，居住在这一带的藏民同胞因为受了国民党反动派的欺骗宣传，在我们到达前，就跑得精光，四处去购粮的同志只好空手而归，唯有靠挖野菜来充饥。可是，由于我们三十团担任后卫，前面走过许多部队，能吃的野菜也都被挖得差不多了。

我们团卫生所除了我这个主任和指导员外，一共有七个看护，六个伤员，20 多个抬担架的战士，从前两天起，大家就饿得有些不支了，只感到浑身无力，头发晕，走起路来东倒西歪，“呼哧呼哧”直喘气。几个看护都是十五六岁的孩子，平常爱说爱笑，现在也只是一个劲皱着眉头紧腰带，负责抬担架的同志就更不用说了，他们迈着瘫软的双腿，艰难地一步步往前挪，有的腿一打闪，就一头栽倒在路旁，再也走不动了。更让人揪心的还是那六个伤员，他们伤势那么重，流了许多血，不吃点东西怎么行呢？

黄昏的时候，我们在一个山沟里宿营，看着饿得有气无力的同志们，我心急如焚，琢磨着去弄点什么吃的来。突然，听到看护长欣喜若狂地大叫：“主任，有了！有了！”只见他三步并作两步跑到我跟前，消瘦的脸上因为兴奋涨得通红。

“报告主任，我在水沟里洗脚时捡到一截马大肠！”说着，就把肠子交给了我。

这截马大肠有三四斤，看起来还蛮新鲜，大家心里顿时乐开了花。可又一想，会不会是老百姓的呢？老乡的东西我们可不能动。

看护长满有把握地说：“我捡到马肠后，曾四处寻找过，没有发现老乡，再说老乡也不可能杀马吃。前面部队今早才走，肯定是首长昨晚把自己骑的马杀了给部队吃，因为天黑洗马肉时把这截肠子漏掉了。”

大家一听觉得有道理，我心里也踏实了。我和所里的指导员夏炳章同志商量了一下，决定用马肠来解决眼前饥饿的问题，于是，我一面将马肠交炊事员，马上去洗净切碎，一面立即派几名看护趁天还没全黑去设法挖点野菜，准备和着肠子一块煮。

过了半晌，几名看护才回来，他们跑了方圆几里地，也没挖到野菜，只找回了一些茅草根和无毒的树皮，洗净后和肠子一起煮了一大盆。虽说马肠子有股难闻的臭腥味，而且既无盐又无油，可是总算有了点荤，煮起来还挺有味道，我们这些饥肠辘辘的人感到特别香。

马肠终于煮熟了。我叫伤员同志先吃，话还没说完，六个伤员就异口同声地说：“担架员同志一路上抬着我们太辛苦了，应让他们先吃。”

“不！看护员同志更辛苦，他们白天行军，上山采药，晚上到宿营地还要给伤员换药，通宵照看伤员，没睡过安稳觉。再说他们都是小娃娃，正在长身子，不吃点东西会把身子搞垮的。”担架员们也像早就商量好了似的，七嘴八舌地摆出了这样和那样的理由，坚持要看护们先吃。

小看护们这时紧紧抓着我的手，直盯着我，几乎是哀求似地说：“不行啊，主任，伤员要紧。他们养伤不能没有一点营养啊！”“对，让伤员同志先吃！”看护们的意见马上得到担架员们的赞同，他们说着就把那一盆马肠端到几个伤员面前。

在明亮的月光下，可以清楚地看到伤员们的眼睛里闪烁着亮晶晶的泪花，他们中间一个老战士挣扎着坐起来，深沉地对大家说：“我们不行了，说不定哪一天就完了。可你们还能打仗，革命还要靠你们去完成……不要让我们把你们的身体拖垮了！”

在场的同志都流了泪。谁都知道，这几个伤员伤势都很重，在长征的艰苦环境下，他们和大家一样吞草根，咽野菜，忍饥挨饿，饱经风霜，从没听他们叹过一口气，没见他们皱过一次眉。多少次，他们为了不拖累部队行军，苦苦哀求把他们扔下，如今，在饥饿造成的生死边缘面前，他们唯一想的还是别人……

正当大家僵持不下的时候，去团部汇报行军和伤员情况的夏指导员回来了，他沉思了一会儿，说：“这盆马肠再放下去，冷了就不好吃了。我看这样吧，把它分成三份，伤病员一份，担架员一份，看护一份，担架员人多就多分一点，你们看行吗？”同志们只好同意了指导员的意见。然而，在分份的时候，大家仍然相让不休，谁都想自己少要一点，让别人多吃一点。在这盆马大肠里，凝聚着革命队伍里多么深厚的战友情谊啊！（刘百粤整理）

选自杨国夫等：《星火燎原·未刊稿》第4集，解放军出版社2007年8月第1版，第80—82页。

张焕美，1917年生，湖北黄安（今红安）人。1931年参加革命，1934年加入中国共产党。红军长征时任红四方面军第四军十师三十团卫生所主任。新中国成立后，曾任广州军区后勤第二十分部正师职顾问。1992年在桂林逝世。

过草地的岁月

张绍德

我，是万里长征的过来人。每当我想起红军征途中爬雪山过草地的那段艰难岁月，心情就无比激动，时间虽然过去近半个世纪，但每次回想起来仍记忆犹新。

是谁叫我们二次过草地

1935 年的六七月间，红四方面军与红一方面军在川西懋功地区胜利会师以后，在党中央和毛主席的直接领导下，走过了渺无人烟、一望无际的草地。这时，只有继续北上到陕北，才是红军的唯一出路。谁知张国焘抱着个人野心与党中央闹分裂，他不听党中央和毛主席的再三劝告，擅自命令红四方面军从草地返回南下。虽然全军指战员经过英勇奋战，以极大的毅力克服了各种难以忍受的困难，再次征服了雪山草地，重新攻占了懋功、宝兴、天全、芦山等十来座城镇，逼近了名山、雅安一带，歼敌两万余人。但是，由于张国焘的错误路线，这些胜利不但没有使红四方面军改变自己的处境，反而陷入了更加被动的困境。名山、雅安是接近成都的大门，相距只有 120 余里，敌人增援了几十个团的兵力，在雅安、名山、邛崃、大邑一带拼命构筑碉堡、工事，堵击我军前进的路线。当时，红四方面军经两次过草地，指战员的体质已经很差，个个精疲力尽，加上又是孤军作战，如果再继续南下，就有全军覆没的危险。在这种进退维谷的情况下，我们只好与敌人对峙起来。然而，这种对峙对我们是不利的，敌人控制着广大的乡村和城市，后方有源源不断的粮草、弹药等物资补给，交通运输便利。而我们面对强敌，背靠雪山草地，兵源、物资补充困难。俗话说：人是铁、饭是钢。不吃饭、不穿衣是不行的。打前卫的部队情况稍好一些，打下一个城镇后，缴获敌人的物品还可以补充一部分。其他的部队在物资补充上就更困难。我们三十一军的九一师二七六团经常担负着全军的掩护和守防任务，记得是1935年的10月间，主力部队打下宝兴、天全、芦山后继续向雅安逼近，为了防止敌人从侧背夹击，上级命令二七六团到名山县河西山上担负守防和阻击敌人的任务，敌人守着县城，有充足的粮草、弹药，而我们守在山上和敌人对峙了一个多月。部队穿不上棉衣，粮食、油盐也没有，只好在山上挖野菜和毛竹笋用白水煮着吃。在这样艰苦的条件、恶劣的环境下，同志们的情绪仍是高涨的，积极修筑工事，饿了就挖野菜充饥，渴了就喝几口山泉水，累了就用歌声来解乏，这歌声震动了名山城，吓得敌人心惊胆寒，敌人只好仗着开枪开炮来壮胆。

我当时是在重机枪连二排五班，一天晚上，连部通讯员跑到各班住的竹棚里轻声把同志们叫醒："快集合、快集合。"同志们一骨碌爬起来，背着行李，扛着机关枪来到集合场，这时正下着毛毛雨，天黑得像锅底，站在队列里谁也看不清谁。二排长用很低的声音问了问人到齐了没有，接着连长讲了几句话：晚上行军任何人不准吸烟，不准咳嗽，不准掉队。一路上大家谁也没吭声，但心里都猜测是去打名山城，因为同志们都盼望着打下名山城，好整休和补充一下。天黑路滑，又是山上往山下走，一不小心就会滑倒，弄得一身泥水，身上青一块紫一块。当时我的个子很小，扛着机枪感到很吃力，好几次连人带枪一起摔倒，腿也被毛竹桩划了一个大口子，流了不少血，天快亮时，腿痛得实在受不了，才用一块毛棕皮当绷带包扎了一下，来到山下，天已经大亮，每个人都像泥猴似的，部队稍微休息了一下，又继续前进。下午两点多钟到了宝兴，部队才停下来休息，大家都去搞柴草，准备烧开水、煮饭，同志们有说有笑地谈论起昨晚行军时的情景，正谈得起劲的时候，东面突然响起了枪声，大家感到莫名其妙，怎么搞的？我们去打敌人，敌人反倒来找我们打。原来，我军主力已经撤出了天全、芦山一带向西转移了，现在正是名山县城的敌人跟着我们的屁股追上来了，部队赶紧集合，作好战斗准备。太阳快落山时，部队又出发了，从宝兴向西走了不远，又进了大山，这时，同志们才把打名山城的念头打消了，部队经过几天几夜的行军，翻山越岭，到了丹巴。在丹巴休息了不到三天，敌人又跟上来了，好像是特意来为我们第二次过草地送行。

后来我们才知道，是罪恶的张国焘不听党中央和毛主席的劝告，硬把红四方面军拖着南下，南下后，遭到敌人重兵堵截，走投无路，才不得不退出川西，又第二次过草地。

一件珍贵的衣着棕坎肩

1935 年的冬天，红四方面军从宝兴、天全、芦山一带向西转移时，供给部门在宝兴地区搞到一批棕树皮，做了一部分棕坎肩发给部队。当时，老百姓都是把棕树皮剥下来扎蓑衣、打绳子，从没听说能做衣服穿。开始同志们都感到这玩艺儿很讨厌，穿在身上又犇又扎肉，很难受，有的同志穿了不久干脆把它丢掉了。我也发了一件，穿在身上很不舒服，想丢掉它，又考虑到这东西是上级发的，不能轻易丢掉。进了草地后，才体会到这件棕坎肩的作用还真不小：天冷时穿在身上御风寒；行军时垫在肩上，扛枪肩膀不痛；休息时当坐垫；下雨时当雨衣；睡觉时铺在身上当褥子。这件棕坎肩从 1935 年冬伴随着我到 1936 年冬，这时我们走出了草地，到了甘南的哈达铺大草滩、临潭一带，同志们的身体都很虚弱，脸色焦黄，浑身一点劲也没有，加上经常遇上敌人，白天要行军打仗，晚上也要走路，为了减轻负担，我只好与那件珍贵的棕坎肩分别了。虽然那件棕坎肩早就没有了，但是那段艰苦的岁月却一直激励着我保持和发扬艰苦奋斗的精神，直至生命的最后一息。

一只伴随度过草地的牛头

1936 年春，红四方面军从道孚、炉霍、甘孜地区准备过草地北上，开始，部队每个人都准备了一部分青稞、糌粑当干粮，由于数量太少，当走到草地的中心卓克基、大小金寺、阿坝、四门坝一带，背的干粮就吃光了，饿得实在没办法，只好在草地里找一种名叫牛耳朵大黄叶的野菜回来用白水煮着吃。有一天，我们到阿坝，实在走不动了，部队就在阿坝休息了几天。可是没有吃的怎么办呢？经过一番努力，我们在喇嘛寺找到一些破烂牛、羊皮，大家如获至宝，拿回来用火把毛烧掉，然后放在铁盒子里煮着吃，吃得津津有味。后来三营不知从哪里买来几头牦牛，分给全团，团里还专门下了一道命令：各单位吃了牛肉后，牛皮、牛骨头不能随便丢掉，要背着在路上吃。我们班里分了一个牛头，大家用火把毛烧掉，行军时一个人背不动，就两个人轮换着抬。每到宿营地，大家就拾一些柴草，把牛头放在火里烧，烧得半生不熟，就用小刀把牛头上的肉割些下来分着吃。日子一天天过去了，牛头上的肉早已吃光，只剩下了头骨，大家又用斧子把骨头砍成一小块一小块的，放在洋铁盆里熬汤喝。有一天大家正在煮牛骨头汤，班里一个叫宋平生的四川籍小战士不知从哪搞来一些硝牛皮的硝，放了一把在汤里当盐，煮好后大家一喝，苦得就像黄连一样。尽管很苦，但不吃东西是不行的，大家还是咬着牙把这汤喝光了。宋平生还风趣地说：“苦点算什么，苦尽甜来呀！”

就这样，这只牛头伴随着我们度过了草地，后来部队到了包座一带，已经快走出草地了，牛头也吃完了，同志们只好去挖野菜充饥，那时藏族兄弟对红军不了解，都躲进森林里，有的还向我们放冷枪，宋平生同志就是在挖野菜时被冷弹穿过胸部，哼了一声倒在地上牺牲了。宋平生同志是在打天全时参军的，虽然他参军时间不长，但他那乐观的性格、满口的天全、芦山土话常给大家带来了乐趣，在大家心里留下了深刻的印象，现在快出草地了，他却牺牲了，大家都为失去这么一个好战友而难过。

1936 年冬，当我们走出了草地，看到了地里的青稞、豌豆、蚕豆、山芋蛋等农作物时，就像久雨幸逢天晴一样，很高兴，要不是怕违犯群众纪律，到地里去拔一把生的也能吃掉。有一天，大家饿得难受，就用班里保存的两块银元拿去和群众换了一筐山芋蛋，洗好后煮熟充饥。不管怎样，出了草地后，条件比过草地时要好多了。大家回想起过草地时的那只牛头，便把它编成歌来唱：

人是铁来饭是钢哟，不会错呀，三天不吃饿得慌呀，是真的。

牛肉本来是个好东西哟，不会错呀，吃了能养人身体呀，是真的。

骨头脑壳牛足蹄哟，不会错呀，一点也不能乱抛弃呀，是真的。

进了草地无粮食哟，不会错呀，骨头也能熬汤喝呀，是真的。（李文棋、宋卫平整理）

选自中国人民政治协商会议江西省玉山县委员会文史资料研究委员会编：《玉山文史资料》第2辑，1986年7月，第6—12页。

张绍德，1916 年生，四川昭化（今并入广元）人。1933 年参加中国工农红军，1936 年加入中国共产党。红军长征时任红四方面军第三十一军九一师二七六团重机枪连副班长。新中国成立后，曾任江西省玉山县人民武装部部长等职。2006 年在玉山县逝世。

棕衣　唱歌　烟棒棒

戴克林

棕　衣

1935年，四方面军反攻到天全地区附近，我生病住医院了。当时医院里的医生全是中医，用的是草药，当归啦，大黄啦，装到驮子上就走。医生每到一个地方，不仅要医病，还要挖药，打完一仗，赶紧派人去搜集药材。医院的设备虽很简陋，但是为伤病员服务的观念很强，威信很高。

那时候，生活条件很差，伤病员的待遇算是最好的了，但是每人每天也只发四两玉米，把这些玉米领回来以后，工作人员还得漫山遍野采野菜回来拌和着煮稀饭吃。已经是秋后，草木枯黄了，只要是青色的草类和可以吃的枯叶都成了我们的食粮。大家的观念都很明确，首先照顾伤病员，然后才分配给一般的工作人员吃。

我的病刚好，身体还很虚弱，医生说，应该多吃些猪肉。但是，当时连野菜稀饭都吃不饱，哪还有猪肉吃呢？后来我听人说，山上荒地里有野猪，我便拿枪到山上去打。头一天没等到，第二天又去，我刚刚隐蔽好，就看到一头大野猪带着一群小的过来了，我瞄准了其中的一只，一枪就打倒了，其余的被吓跑了。我把这一只拉回去，大约有三四十斤，不仅解决了自己的医病问题，而且大家还会了一顿餐。

眼看就要下雪了，西北风呜呜怪叫，但我们都没有棉衣穿。这时，党委要求大家想办法克服困难。这个号召马上得到了全体人员的响应。

这一带，棕树很多，树干上都有棕毛。有的卫生员去把棕毛一块块地剥下来，撕成条条，搓成绳子，铺排在地上，然后削根竹针，穿上棕绳，把铺排好的棕绳编成衣服。几个人一动手，全医院的人都动起手来了。大约十来天的光景，所有的人，首先是伤病员，都穿起了自己编织的棕衣，虽然怪里怪气的，但穿在身上确实很暖和。出发的时候，医院的政委对大家说："一层麻布挡一层风，这比麻布强得多啦！"他还夸奖我们有双万能的手。大家也认为这个困难克服了，可以坚持工作了，都很高兴。行军的行列弯弯曲曲地穿过深山野林，一眼望去，像传说中的原始人一样。

唱　歌

当我们第三次爬雪山的时候，谁都知道愈往北走，困难愈多。但是为了北上抗日，我们还是必须往北走。在前进的道路上，首先要翻越夹金山。

夹金山在西康境内，有四五千公尺高，山上空气稀薄，积雪很厚，温度很低，我们的衣服很少，爬山是很危险的。有的同志体质差，爬到山上就不行了，一倒下，脸面发黑，口流白沫，眼珠一翻，分把钟就没气了。为了翻山，大家准备了很多干姜、辣椒和大蒜头，好在上山的时候吃，刺激血液循环，以便一气冲过山去。

我们出发的时候，军文工团的同志早来到山脚下准备了好几天。他们扎了很多火把，还准备了一部分牛肉，分给每个人一二两牛肉，接着又教大家唱歌。这对部队的鼓舞很大。文工团的同志真热情，所以他们教的歌子，部队不到半点钟都学会了。这个歌子，直到现在我还会唱，歌词是：

“大家同志呀，听我讲一话：我们送你们牛肉和火把，你吃了牛肉呀，你点起那火把，一队队向那夹金山出发。翻夹金山呀，大家不要怕，实际上夹金山并不顶顶大。但是要注意，衣服多穿起，生姜呀，辣椒呀，准备多救急！下山后立刻把部队来整理，到达后烤烤火好好休息。”

一切准备停当后，我们就开始爬山，同志们一个个精神饱满，情绪高涨。一路的火把，映照得深山雪岭，上下通明，我们唱起了刚学会的歌子，雄壮的声音，此落彼起，震得山鸣谷应。我们就在愉快的歌声中，安全地翻过了艰险的夹金山。

烟棒棒

我有一根烟袋，是竹子做的，早在四川通（江）南（江）巴（州）地区就用它了，有小酒杯那么粗，一尺来长，当地的人用的很多，叫做烟棒棒，因为它是用竹子头做的，头上大一点，所以又叫烟槌槌。行军的时候，别在腰上，休息的时候，把它取下来，装上烟叶，你抽几口，我吸两下，大家都乐得笑哈哈的。简直是个好伙伴。

当我们要过草地的时候，吸烟的人就大量准备烟叶，但是到了草地，大家的烟叶都吸光了，没有烟抽，一休息下来就打哈欠，很不自在。这时，我忽然想到我的烟袋已经用了一两年，里面烟油很厚，烟油还可吸，我便用小树枝把烟油挑出来，拌在干树叶上，制成“人造烟叶”，吸起来很解决问题。这个经验，被大家都采纳了，可是，烟油很快又吸完了，我想，烟袋中含的烟碱肯定不少，便切下一段，做成烟末吸，也还有劲。就这样，烟袋一天天地短了，最后只好用木头另做一根，把原来的烟袋全部吸光。

但是，遥远的草地还没有过完，烟，再也没有了，有的同志带的茶叶也当烟吸光了，没有办法，只好把草地上生长的干枯了的大方叶拾回来当烟抽，虽然没有一点烟味，但是让烟子熏一熏肠子，也算解决问题，而草地，终于在脚下走过去了。

选自杨国夫等：《星火燎原·未刊稿》第4集，解放军出版社2007年8月第1版，第58—60页。

戴克林，原名戴道驹，1913 年生，湖北黄安（今红安）人。1928 年加入中国共产主义青年团，1929 年参加中国工农红军，1930 年转入中国共产党。红军长征时任红四方面军第九军二十七师八十团连政治指导员、连长。新中国成立后，曾任陆军第二十七军副军长、安徽省军区参谋长、华东工程纵队司令员、浙江省军区副司令员等职。1964 年晋升为少将军衔。1990 年在杭州逝世。

难忘的草地盛宴

宋国仕

长征中，我在红四方面军三十一军九十一师政治部通信班当“掌旗兵”。自副班长朱则国因多吃了野草籽被活活撑破了胃，在草地中光荣牺牲后，我这个 17 岁的红小鬼便被任命为通信班的副班长。

红四方面军是张国焘分裂主义路线的最直接的受害者，而我们红三十一军九十一师又是张国焘分裂主义路线的“重灾区”。红军的其他几个方面军在毛泽东、周恩来等带领下，爬过雪山、越过草地，于 1935 年 10 月胜利到达陕北根据地的吴起镇，与陕北红军胜利会师，长征的任务就算完成了。而我所在的红九十一师，作为红四方面军和中央红军的后卫，阻挡素有“双枪兵”（一杆汉阳造，一杆鸦片烟枪）之称的川军的追击，于 1935 年 5 月从懋功出发，翻雪山，过草地，到了上包座，刚休息几天，又得到紧急命令，要我们师由全军的后卫变成全军的前锋，原路南下占领懋功县的马塘山口，以保证主力部队去打成都。经过半年多的战斗，红四方面军经受严重创伤，不但没打下成都，连雅安都未能打下，不得不再次北上，红九十一师这前锋又不得不变成后卫，第三次越过终年积雪的梦笔山、打鼓山和荒芜泥泞的草地。

第一次过雪山、草地，由于准备充分，每人磨了 15 公斤糌粑，还烤了一些牦牛肉干，在西康军阀刘文辉部队做地下工作的同志还设法给过雪山草地的部队送来了盐巴，因而虽说遇到了很大的困难，但很快就克服了。

第二次过雪山草地，由于是原路返回，道路比较熟悉，加之第一次过雪山草地时所准备的糌粑及牦牛肉干还多少有点节余，虽说命令来得十分突然，剩余食品加上沿途所采野草籽的调剂，倒也还勉强能糊口。

而第三次过雪山草地，我们根本无法再筹集糌粑，更别想去筹集牦牛肉干和盐巴之类的“奢侈品”了。红军的给养只能到茫茫的大草原中去“自力更生”。经过前两次过草地，千军万马如同梳子梳篦子篦，水中的鱼捞光了，野菜被采光了，草根被挖光了，连地耳都很难再找到一张。我们是 1936 年的 8 月底第三次走进草地的。才进入草地第三天，全师就彻底断了粮。师长徐深吉、师参谋长李聚奎、师政治部主任黄立清的战马全部杀来充了饥。饥饿严重威胁着红九十一师的生存。幸喜此时发现了一种带有苦涩味的不知名的野草籽，全师幸存的 700 多人全靠它充饥。

野草籽虽说能充饥，但毕竟是野草籽，有严重的苦涩味不说，由于缺乏加工条件，不能磨成面，只能炒煮，不易于消化，所以上至师首长，下至我们这些小兵豆子，全都因消化不良而患了胃病，不少人都拉肚子，浑身浮肿，脸色青紫，腿肚子一按一个坑，走路喘气如拉风箱。

红九十一师在凄风苦雨中咬着牙关继续前进。不能停顿，停顿就意味着死亡；也不能后退，后退同样走不出草地，即使退回马塘山口，那里也早被追兵占领，同样是死路一条。只有向北，向着中央红军靠拢，我们才有救。由于饥饿，由于严重的营养不良，由于恶劣的地理环境，不少红军战士倒下了。作为全军的后卫，承担着阻挡追兵，保卫全军安全的任务，本来应该有不少恶仗要打的，可追击我们的川军很狡猾。他们不向草地追击，就在马塘山口一带设置阵地，以逸待劳。他们料定我们过不了草地，他们企图不费一枪一弹，让我们自毙于草地！敌人的“战术”收效很大。我们师在第一次爬雪山过草地时，有将近 5000 余人，而当第三次走出草地时，全师剩下还不到 600 人。

过了一大片沼泽地，我们来到了一个小土丘。丘上还长着几棵白杨树。自第三次进入草地以来，将近一个来月的时间了，我们几乎每天都在沼泽和草丛中探索向前，没见过山，没见过树。当我们来到土丘上，来到白杨树下，极目远望，只见四周数十里内荒草萋萋，起风时，近处荒草掀浪，远处荒草和乌云融为一体，使草地显得愈加浩瀚苍茫。

战友们禁不住欢呼起来，因为师首长早给我们讲过，只要看见了山，看见了树，就说明快到草地的边缘。

“就地宿营，同志们分头去找野菜！”师政治部主任黄立清站在白杨树下大声命令。

我们师政治部通信班除留下两个人“值班”，准备随时为首长传达命令之外，其余的人分成三个小组，四面散开去找野菜。

天很快就黑了，去找野菜的各路人马纷纷回到了小土丘。大都乘兴出发，扫兴归队，“战利品”少得可怜。我们班的三个小组只挖得很少的一点儿草根和拣得一把地耳，连我们第三次过草地的“主粮”——野草籽都未能采得一把。没有办法，只好用那点草根和地耳熬半盆汤，师政治部的首长和我们全班的战友一样，一人分得小半碗野菜汤喝了。用过晚餐，战友们就在小土丘上，围着几棵白杨树安营扎寨。

为了抵御寒冷，我们围着小土丘割草，割出一条“防火隔离带”，用割下的野草燃起篝火。

小土丘相对于草原上的沼泽地来说，宿营的条件强多了，虽然有风有雾，但至少身下无泥泞。我很快睡着了。而且作上了好梦——梦见我们班采了好多好多的野草籽，大家正围着火堆，炒草籽、炖草籽，火堆上的脸盆里似乎还飘出了苦涩的清香味哩。

“副班长醒醒！副班长醒醒！有情况！”正当我美梦正酣时，放哨的战士使劲摇醒了我。

我一骨碌从地上爬起来，顺手操起睡觉时夹在腋下的那支“汉阳造”。

“你看！”放哨的战士伸手朝东北方一指。

顺着那位战士所指的方向，我看见一些动物正蹲坐在我们所开辟的“防火隔离带”上，瞪着眼睛，默默地注视着篝火，默默地注视着正在篝火旁睡觉的战士。那些动物头上有角，毛呈金黄色，有的金黄色中还夹杂着片片黑色。我认识那是野黄羊。我的老家四川省南江县的深山密林中时常有这种野黄羊出没，从六七岁起，我给地主当只管吃饭不给工钱的小长工，天天进山放牛，没少同这种野黄羊打交道。只不过这些野黄羊由于生活在大草原上，没有爬山越岭觅食的艰难，比南江的野黄羊要肥大一些，最大的体重恐怕有200来斤。

“好好盯住。千万别惊动它们。”我附耳低声向哨兵交待后，悄悄转身向政治部主任黄立清宿营的那棵白杨树摸去。

黄立清主任听了我的报告，如同听到敌人钻进了我们预设的口袋一样，顿时精神大振，立即尾随着我，弯着腰，来到哨兵潜伏监视的位置。只见那群野黄羊仍然老老实实地蹲在“防火隔离带”上，聚精会神地“欣赏”着篝火，聚精会神地“欣赏”着正在篝火旁睡觉的战士，静得如同雕像。

“真是送上门来的美味呀。去！调几个枪法好的战士藏在这里，暗中将它们控制起来。但它们不跑不开枪，只要一跑就开枪。等我的命令。”黄主任悄悄向我们班长交待了任务，立即带着我去找其他师首长报告，研究“战略部署”。

“太好啦，太好啦，真是天无绝人之路啊。但不准开枪！要抓活的。”师长徐深吉听了情况介绍，微微浮肿的脸上立即挤满了笑容，两只大眼睛眯成了一条缝。

“咱们要多动用几个连的兵力，形成几层散兵线的包围态势。不准开枪，但可以用枪托砸，用棍子打，用刺刀捅，力争万无一失，不放跑一只！”师参谋长李聚奎又对如何稳妥地将送上门的这块“肥肉”拿到手作了具体交待。同时命令师作战科蒋科长马上调集就近的师直属队

100 多号人，紧急集合，捕捉野黄羊。

不让开枪，是因为红军战士的子弹实在太宝贵了，有的只有三粒，有的只有两粒，有的甚至一粒都没有，只有一支空枪或一把大刀。宝贵的子弹只能用于打击国民党反动派和日本鬼子。

一场没有枪声的战斗在夜色茫茫的草原上展开了。

我们遵照李聚奎参谋长的命令，将 100 多人分成三队，每队组成一道包围圈，悄悄地将野黄羊围了起来。

当一群已被饥饿折磨得死去活来的人，明白得到眼前的食物他们就能活下去，失去眼前的食物就可能失去生命，他们将会如何为得到这些食物而拼命是可想而知的。我们有的人拿着棍子，有的人挺着枪刺，有的人举着鬼头大刀，有的人干脆赤手空拳。这是用钢铁和血肉之躯组成的铜墙铁壁！是野黄羊用锐角和四蹄无论如何也冲不破的“封锁线”！

但是，野黄羊却毫无动静，仍然在原地蹲坐着，仍然那么傻呆呆地看着熊熊燃烧的篝火。它们对死到临头的危险浑然不觉！

或许，在荒无人烟的茫茫大草原上，这些野黄羊从未见过篝火，从未见过人类。它们只知道它们的天敌是豺狼虎豹，不知道人类是它们的比豺狼虎豹更危险的天敌。它们或许正把我们燃起的篝火当稀奇看，把向它们包围过来的人当朋友看呢。

围剿野黄羊的战斗远不如想象的那么惊险艰巨。当战士们的刺刀即将插进它们身体的时候，它们仍傻呆呆地坐着，连动都不动一下；当有的野黄羊被刺刀或鬼头刀杀中，临死前发出绝望的哞叫时，其他同类都不知道撒腿逃跑！

我们设置的三道封锁线，第一道就解决了战斗。所有的野黄羊不是被杀死就是被活捉。当场清点战利品，“斩获”不少——杀死七只，活捉 14 只，21 只野黄羊没有一只漏网。遭受严重饥饿威胁的红九十一师官兵可以饱餐一顿啦！

李聚奎参谋长和黄立清主任背着手在“斩获”面前走来走去，如同打了胜仗后在战场上“欣赏”缴获的辎重和抓获的俘虏。

来来回回走了好几趟。走着走着，李参谋长和黄主任在那活捉的14只野黄羊面前停了下来。原来他们看见，在抓获的野黄羊群中，有一只即将产崽的母羊和一只恐怕不会超过十斤重的小羊。那只母羊腹大如鼓，被两名战士拧住弯弯的犄角，扭歪脖子，趴伏在地，翻着白眼，一副痛苦不堪的样子。那只小羊被一个战士用双手卡住前胯，悬吊在胸前，簌簌直抖。

“把它放了。把它也放了。”李聚奎参谋长指指那只即将产崽的母羊和那位战士悬在胸前的小羊说。

“放了？放了它们会跑的。”抓住母羊、小羊的战士不松手。

“放了。放了。让它们跑吧。”黄立清主任也支持李参谋长的意见。

“放了？不吃它们的肉了？”几位战士吃惊地问。

“这只母羊眼看就要下崽了，杀它就是杀几只、杀它几代呀。我们不能斩尽杀绝啊。”李参谋长边说边摇头，十分伤感。

“快下崽的母黄羊别杀，小的也不能杀。这个小家伙没十斤重，还有奶腥味，全师几百号子人，一人摊一钱肉，塞牙缝都不够。留它一条生路吧。”黄主任说着，从战士胸前接过了小羊，抱在怀里，捋了捋小羊背上那细绒绒的毛，将它放在“防火隔离带”外边的草地上。“快走快走。”黄主任舞动双手，作出驱赶姿势。

两名拧住野母黄羊犄角的战士见黄主任放了小野黄羊，也立即松开了手，轻轻将野母黄羊赶过了“防火隔离带”。

可事情偏偏怪。我们放了那两只野黄羊，它们又跑四来，跑到那些已被杀死和将要被杀死的同伴中来。驱赶几次，都是过一阵又来，似乎非要与它们的同伴死在一起不可。

不知不觉中，天渐渐亮了。师供给部的领导开始分配“战利品”。除去“放生”的两只,共有19只野黄羊。红九十一师的官兵人人有份。野黄羊大小搭配分发，我们政治部分得一只不大不小的。用洗尽的五脏六腑和野羊骨作汤，将带皮的肉就着篝火烧烤。师政治部领导和宣传科、组织科、联络科及我们通讯班的战友共 27 人分享这顿美餐。

盐是世界上最重要的调味品。盐味盐味，无盐没味。这顿连一小撮盐巴都没有的“野黄羊宴”，对于饥饿中的红九十一师官兵来说，却是一次不可多得的盛宴，连皮带骨的野黄羊肉“烧烤”又脆又糯，羊杂碎汤香喷喷。

“要是能抹上一点盐，烤肉吃起会更安逸。”我想起已几十天未沾盐味，感慨地说。

“宋矮子（因我在长征中身高不足 1.5 米，无论是首长还是老乡都不叫我的名字而叫我宋矮子），你别半夜娶媳妇——尽想好事。不饿死你娃儿就不错了，有这野黄羊肉吃就是烧了高香了，还想要盐。”哈哈哈！我的同乡李狗子一边吞着野黄羊肉，一边放肆地嘲笑我。

“有肉吃当然好，有肉吃再加点盐更好。”我这样回答李狗子。这是大实话，解放前，贫穷山区缺盐，不少穷苦百姓都把食盐当作奢侈品，评价当地农村家庭生活水准高低的一个最简单的标准就是：“他家盐没断过顿。”也就是说，谁家每顿的菜中能放点盐，谁家就是日子好过的殷实户。对于长征中的红军，特别是对于第三次爬雪山过草地的红军，食盐当然是比黄金还要贵重的奢侈品。

没有食盐，我们照样吃了野黄羊又脆又糯的烤肉，喝了野黄羊杂碎香喷喷的汤。

只不过有一点：太少了。太少了。我们师政治部的几十号人吃一只不大不小的野黄羊太不过瘾——假如有那么三四只就好了。

因此，有不少人还虎视眈眈地盯着仍然趴在“防火隔离带”上被我们放生的小羊和将要产崽的母羊。

两只有特殊情况的野黄羊虽说已被我们“放生”，但不容否认，在数百名饥饿的红军战士面前，它们仍面临被屠宰的危险。

“宋国仕！”黄立清主任朝我一声吼。

“到！”由于刚吃了野黄羊肉，我应“到”非常有力。

“我命令你把这两个家伙保护起来，谁要吃它们的肉，你把他们扣起来，交警卫连关禁闭。”黄主任斩钉截铁地下命令。

“是！保证完成任务！”

于是，堂堂的红九十一师政治部通讯班副班长宋国仕暂时当了一个警卫员，去警卫两只被我们放生的野生动物。

“警卫”那两只野生动物，真比警卫师首长的安全还难。师首长个个都是身经百战的好汉，他们的自我保护能力很强，战斗中往往不是我们警卫他们，而是他们保护我们。而保护这两只有特殊情况的野黄羊就不同了。它们不但没有任何自我保护能力，而且还笨得万分让人揪心。我怕我完不成黄主任交办的任务，从接到命令的那一刻起，就使劲将它们往草地深处赶。可那两个家伙就是不领我的情，我将它们赶走它们又颠颠地跟着我跑回来，赶走几次回来几次，甩都甩不掉，如同我饲养的家羊，成了我身后的两条“尾巴”。

我真担心那些饿急了眼的战友不顾后果，随时会扑上来将那两个笨得出奇的家伙从我的眼皮底下“抢”跑。要是真出现了这种情况，我怎么办？是睁一只眼闭一只眼，还是真把他们押到警卫连去关禁闭？

但我的担心实在多余。

部队从我身旁快速走过。没有谁来“抢”跟在我身后的两大块“肥肉”。当然，贪婪的目光是少不了的，但革命纪律在艰难困苦的环境中对革命战士的约束同样坚强有力。

部队从我面前过完了。我们师是全军的后卫，我成了后卫中名副其实的“后卫”。当我确信那两只野黄羊再也不会受到伤害，黄主任交给我的特殊任务已经圆满完成时，我离开它们，飞奔去追部队。我跑得很快，它们很快被我甩掉了。因为它们跑不快。它们一个太小，一个又很快要产崽当“母亲”。

不知道我们放生的那两只野黄羊后来的命运如何。重要的是我们在那样一种环境下能够放过它们。当时红军还不知道什么叫生态平衡，更不知道为什么要保护野生动物。在那种几斤野黄羊肉就可能救几条人命的艰苦环境中，红军之所以将到口的“肥肉”主动放弃，纯粹是出自一颗纯朴的善良仁慈之心，宁可自己忍饥挨饿，也不愿加害世上的弱小生命。

我当天下午就回到了师政治部通信班，向黄主任报告了完成任务的情况。黄主任拍了拍我的肩膀，说了一个“好”字。

又过了两天，我们彻底走出了茫茫草地。（刘秀品整理）

选自《红岩春秋》1996年第6期。

宋国仕，四川达县人。红军长征时为红四方面军第三十一军九十一师政治部通信班战士、副班长。新中国成立后，曾任川北荣誉军人学校校长、党委书记，青海师范学院党委副书记，中共达州地委干部。

坎坷长征路

杨光前

八岁父母双亡　青年参加红军

1913年，我出生在四川省茂县一个贫苦羌族农民家里，八岁那年父母因病无钱医治而先后去世。为了生活，我便给有钱人家放牛放羊，挨饿受冻，没吃过一顿饱饭，村里人称“可怜孤儿”。

1935年5月，红四方面军为同中央红军会师并建立川西北苏区，进军来到茂县时，我给红军当担架队员。红军打土门关战斗时，我不怕苦，不怕累，抬着伤员一口气能跑十几里地，到了8月茂县各地相继建立了苏维埃政权，人民当家做了主。在同红军的接触中，我看到他们和蔼可亲，爱护老百姓，很多红军战斗和我一样都是穷苦人出身，于是我萌发了参加红军的念头，并被分配到红三十一军九十三师二七四团当了战士。参军第七天任副班长，后在长征中因作战勇敢被提升为班长。

当年茂县总人口3.4万人，参加红军的就达到了2000多人。全国解放后，除去牺牲、失踪人员外，幸存的红军不到百人，到现在健在的不足十人。

两爬雪山磨筋骨　三过草地炼意志

第一次爬越雪山，是 1935 年 8 月刚参军不久集结到阿坝休整以后。当时，我任副班长。大家精神饱满，斗志旺盛，唱着“向南行动！啦咪嗦反对右倾齐逃跑，南下定叫成都红旗飘……”行进在南下途中。①

这次翻越雪山，仅上山就花了两天时间。很多同志脚穿草鞋，身着单衣，脚冻裂了，真是一步一个血印呀！许多人走着走着就倒地牺牲了，我们忍着悲痛用雪一埋又继续前进。因为再困再累也不能停顿休息，若坐下来那就站不起来了。我们班里有两名战士，一老一小实在累得不行，坐下来休息后老战士永远留在了那里，小战士被我们强行搀起来，拽在马尾巴上继续行进。（这名小战士，名叫王伢子，1963 年在兰州军区某部任副师长时，还专程来民和看望过我，现中断联系多年。）翻越夹金山第二天的行程中，突然乌云密布，风雪交加，为我们增加了更大的困难，很多同志的眼睛已经很疼，我也眼睛红肿，几乎看不清东西，脸冻僵了，嘴冻硬了，狂风却一个劲儿呼啸不止。这时全班仅剩的两只辣椒和两片生姜，大家也无法用牙咀嚼了，只能含在嘴里，充一点热量。我们只有一个念头——翻越夹金山就是胜利。到第三天终于开始下山了。下山也不是轻松的事情，我们小心翼翼，跟着前面的足迹走，稍有不慎，不是掉进雪窟窿，就是滑落数丈深的悬崖。就这样我们用了三天半的时间，第一次胜利地翻越了大雪山——夹金山。

① 此时张国焘违背中央“北上”方针，令红四方面军南下，并称中央率部北上是“右倾逃跑”。一些红军指战员开始不明真相——编者注。

长征路火线秘密入党　芦山战斗第一次负伤

1935年底，我们翻越大雪山不久，便参加了天、芦、名、雅战役。

芦山战斗打得异常惨烈。敌人的飞机轰炸（飞机飞得很低，飞机上的敌人我们看得很清楚），大炮猛攻，地面上不停地向我们反冲锋。经过两次肉搏战，也分不清哪些人是活的，哪些人是死的。仗一直打到黄昏，敌人的又一次反冲锋开始了，我看见一名敌军官一手拿着短枪，一手乱比画，逼着士兵往前冲，冲锋的敌人约有两个排。而我八连伤亡过半，有战斗力的仅仅四十来人，且弹药严重不足。此时，连长黄学成爬到我跟前说："你小子枪打得准，现在派上用场了，能把那个敌军官干掉吗？"我看敌军官在我的射程以内，说道："就剩两发子弹了，如果干不掉，我就用我们自制手榴弹和敌军官同归于尽！"冲锋的敌人嚎叫着离我们越来越近，连长命令全连停火，就等着我这两枪了。我屏住呼吸，瞄准敌军官，瞅着他佝偻着的腰一伸直的瞬间，果断扣动扳机，敌军官即刻仰面倒地。黄连长大喊一声："打！"全连齐开火，冲锋的敌人乱作一团，丢下十几具尸体，仓皇撤退，我们又一次打退了敌人的反击。乘敌人撤退的空隙，我们抓紧时间从敌尸上补充了一点弹药。此时，我们二班长牺牲了，班里剩下六个人了，连里组织了十几个战斗小组，指导员蒋文英和连长黄学成把我叫到一旁说："刚从团部归来的通信员带回一封信，你和两名同志被批准为中国共产党党员，我们俩是你的入党介绍人，不过为防AB团分子，你的党员身份暂时不能公开。"我说："是！只要在我牺牲时，说明我是一名中国共产党党员就行。"同时宣布我接任二班班长，负责两个战斗小组。

就在我们重新组织火力部署时，敌人的又一轮炮轰开始了。一发炮弹在我不远处爆炸，两名同志当场牺牲，两名同志重伤，我爬起来刚走两步，便一头栽倒，我的左小腿被炸得血肉模糊，左胳膊衣袖里流出了鲜血，左耳朵失去听觉，我负重伤了。此时恰巧接到撤出战斗的命令，我被简单包扎后，迅速背着朝西转移了。

第二次翻越两座大雪山，对我来说，虽然有了第一次翻越雪山的考验和经验，但腿伤好得很慢，行走困难。在战友们扶、背、拉的帮助下，我忍着巨大的疼痛，几次晕死过去，又清醒过来，终于以顽强的毅力，活着翻越了党岭山和毛中山。

朱老总声声鼓励暖我心　艰难行茫茫草地何所惧

了解红四方面军历史的人都知道，我们在长征途中经历了两过雪山、三过草地的艰辛磨难。而第三次过草地对我来说，更是一次生与死的考验。负伤的腿化脓生蛆，疼痛难忍，走路十分困难。可战友们的那种真挚感情和无私帮助，在今天我还是用语言无法表达。在沼泽地里，他们先在前面探好路，然后用绑腿绳前后拉着我走，在稍干硬的地方，有时轮流背着我走一段路，大多时间我都坚持独立拄杖行走。没有吃的，宰杀了马匹，没有了马匹，就吃草根、皮带。在这种情况下，我们还要应对敌人不断加剧的追击和堵截。特别是在藏区，敌人挑拨当地不明真相的牧民，向我们打冷枪，杀害我们掉队的同志。有的被挖掉双眼，有的被剖肠挖肚，妇女团掉队的女战士被他们强奸轮奸后，赤裸着身体死在路边，惨不忍睹。我们掩埋了牺牲的兄弟姐妹，义愤填膺，继续前进。由于我们在民族地区很好地执行了铁的纪律和民族政策，受蒙蔽的牧民和上层头人，对我们红军有了正确的认识，觉悟了的他们惩治了伤害红军的坏人，卖给我们牛、羊、炒面，为我们当向导，给我们很大帮助。在上包座地区，一名老藏医给我洗了伤口，上了药，我的伤口竟一天天好起来了。

也就是在这一次过草地，朱德总司令拄着拐杖和我们团指战员共同走出草地。

6 月中旬的一天，天气尚好。为胜利走出草地，全班战友相互帮助，对体弱带伤和新补充进来有文化的同志，帮他们扛枪、背粮袋，有时相互搀扶着走，尤其遇到沼泽地时，班长或副班长就在前面探路，或用当拐杖的棍子探，或跟着马蹄的落点处，即便陷入沼泽也不要乱挣扎，大家会迅速用绑腿绳拉出来。不知走了多长时间，突然有人喊，看！马队过来了。我顺着往后看，确有十几匹马和 30 多人过来了。我们找块稍干的地方，坐下来休息等他们过来。

走近后，发现他们当中有很多警卫员，还有一大部分根本就分不出谁是首长，谁是伙夫和马夫。其中一名老同志拄着拐棍一边向我们走来一边打招呼："同志们怎么不走了啊？"全班起立，我说："要走，跟着你们走。"

老同志走到我面前停下来，看了一下我受伤的腿，拍着我的肩膀用浓重的川东口音说："你是挂了花的，行走费劲不费劲？"

我说："不费劲，前几天刚翻了大雪山，跑也不成问题，就是一瘸一瘸的有点疼。"

老同志微微一笑说："我们红军战士个个都是好样的，是三十一军九十三师的吧？"

我立刻回答："三十一军九十三师二七四团三营八连一排二班班长杨光前！这是我们全班人员！"这时人群中有人说我们二七四团团长的名字："他们是秦基伟（原国防部长）的团。""嗯，同志们要相互帮助。你要带着全班，走出草地就是胜利。"老同志说。"请首长放心，我们有几名伤员走得慢，我们一定能跟上部队。"

"我们在前面再见！"老同志说完继续前进了。

这时我们班里一名姓卢（湖北人）的战士说："杨班长，你知道这位老同志是谁吗？""不知道，反正不是伙夫，也不是马夫，有十几名警卫员来看，最起码是个军长师长吧。”“不对，他是红军总司令朱德！”

哎哟！怪不得跟这么一群人，是朱德总司令。现在想来和朱老总一块走的人群中，应该有刘伯承、张国焘等人。因为他们都随我们三十一军最后一次过的草地。

长征路上执行铁的纪律　司务长违反纪律被枪毙

快要走出草地时，我们行进到若尔盖地区，好多天战士们没有吃到东西了，别说行军打仗，连走路都成问题了。

当时，我们二七四团有一名老司务长，看到大家确实再也找不到吃的东西了，就到附近一个喇嘛寺里去买一点粮食。寺里见不到一个人影（由于反动宣传和对我们的不了解，人都跑了），却发现了一袋 40 来斤的炒面。买，没有人，拿，违反纪律。为了战友不再因没吃的而倒下，他放下几块银元，决然扛起炒面背回下了锅。团部知道这件事后认为：这是一起严重的违纪事件，必须严肃执行铁的纪律，教育全体指战员，才能胜利走出民族地区。于是立即召集全团指战员，对这位司务长执行纪律——枪毙。我当时看到，那位司务长被捆着押到全团列队的前面，押他的三名战士流着泪，几十名战士哭喊着说：“他是川陕根据地打过来的老同志了（约四十八九岁，满脸胡须和皱纹），这次违反纪律是为了大家呀！请给他其他处分吧！”但是，这都无济于事，老司务长却说：“大家不要难过，今后一定要记住，就是死也不能违反群众纪律呀！不要学我呀！”

这位老司务长的事情，对我今后几十年的革命生涯，产生了深远的影响。回忆这件事，中国共产党领导的革命战争正是有了这样铁的纪律，才得以从一个胜利走向另一个胜利。

攻打甜水堡又负重伤　伤愈吴旗镇重新分配

我们三十一军、四军（均为四方面军）与中央红一军团在会宁会合后，我师与胡宗南部队交织作战，日夜苦战甘沟驿、郭城驿，经靖远、打拉池、同心城，在甜水堡参加山城堡战役。

战前，上级首长动员说：这一仗是我们三大主力会师陕甘宁后的第一仗，打完这一仗就到了革命根据地，部队可以好好休整了。

我们八连攻打的碉堡是敌人据守的十几个土围子碉堡。当被指定的最后一座碉堡被我连炸飞后，黄连长让炊事班赶紧就地做饭，饭后马上要转移靠拢陕北，以防东西两侧五十里外增援敌人的包围。大家很快打扫完战场，每人端起一碗糜子饭吃（饭是煮的一锅未磨的糜子）。我端起一碗站在被炸的碉堡前的土围子上面吃，刚吃两口，听到有人惊喊："杨班长！"一转头，听到一声枪响，我头部中弹栽下五六米高的二围子。满头满脸都是泥土和血，头部、口、鼻、耳血流如注。等我苏醒过来，看到黄连长含着泪把我抱在怀里大声喊道："快来包扎呀！杨班长醒过来了。"他告诉我："打你的敌人已被我们消灭了。"后来我被当地老百姓用担架送到战地医院，又辗转数天送到吴旗镇红军的二后方医院治疗。

那次负伤，头部中弹，鼻梁骨折消失，三叉神经损伤，前门牙全部脱落。几个月伤愈后，我要求回部队。上级命令：伤愈后的一百多名伤员，不管哪一方面军，哪个部队担任什么职务，均就地重新分配在就近部队。这样，我被分配到了刘志丹部队八十一师三团六连八班任副班长。（杨青生整理）

选自《金秋》2007年第12期。

杨光前，羌族，1913 年生，四川茂县人。1935 年参加中国工农红军，同年加入中国共产党。红军长征时任红四方面军第三十一军九十三师二七四团战士、班长。新中国成立后，曾任青海省高级人民法院审判员，民和县农业局党组书记等职。

峥嵘岁月[①]

黄春荣

1935 年 3 月底，四方面军在强渡嘉陵江成功后决定西进攻取成都，赤化全川。我们三十军在军政委李先念的指挥下渡江后在剑阁火烧寺与川军邓锡侯部杨选福旅激战，大败杨旅，取得渡江后首战大胜，军心大振。4 月 2 日，在王树声副总指挥领导下，与防守剑门关的敌人刁文俊部展开激战。

刁部以一个师的兵力据险死守，妄图阻挡我们前进的道路。我军先派一个营强攻，但敌人居高临下，占据有利地势，火力十分密集，我一个营的战士伤亡很大，马上又派一个团攻上去，但是还是没有攻下，敌人密集的炮火打得山坡上草木横飞，攻坚团尽管冒死猛冲，依然不奏效，很多战士倒在血泊之中。王副总指挥见此情况，气得眼里冒火，他说无论付出多大代价也要攻下剑门关，在作了简短的动员之后，很快组织了一支以党、团员为主的攻坚队，每人身背大刀，手持马枪，腰别手榴弹，又组织了炮火掩护，勇士们奋不顾身，拼死猛冲，终于占领了剑门天险。部队冲上去了,大家十分痛恨敌人,用马刀砍得敌人尸横遍野。这一仗全歼刁文俊三个团三千余人，打开了西去通道。

攻下剑门关后，我军长驱直入，相继打下剑门、梓潼、前锋到达绵

① 编者对原文作了删改。

阳县的东岳庙、宣化铺、刘家河一带。4至5月先后攻下平武、江油，在江油与北川交界的千佛山与川军邓锡侯的部队激战70多天后，于7月下旬转向阿坝境内。

红四方面军在这次战略转移中，先后于1935年4月初在剑阁，5月初在中坝、北川等地先后召开过几次高级事军会议，决定与中央红军汇合，以图发展。

从江油、北川、平武转战茂县时，我已被调到红三十一军，因为我苦大仇深，身体又好，就作了侦察分队长。在进军阿坝时，我们在茂县汶川县也打了不少恶仗，那日子是非常艰苦的，成天行军打仗，平均每天都要走百多里路，有时人累得倒下去就爬不起来，在阿坝草地，我们无吃的，只有把牛、羊皮放在火上烤烧一下，用刺刀割着吃，渴了没有水喝，路边水函里不管多脏的水捧起来就喝，有时晚上看不见，连牛屎都喝进去了。

我们在川西转战后，由于张国焘闹分裂，使我们两次翻过夹金山，长时期在草地、雪山艰苦跋涉。记得第一次在翻越夹金山后，我们曾打下宝兴、芦山、天全等县。当时杨森的部队驻宝兴，我曾把朱老总劝降杨森的一封信送到杨森总部。朱老总在信中劝说杨森弃暗投明，带他的部队参加红军，仍然由他带。但杨森不干，我们就打掉他一个师，后来在灵官任家坝，我们又打掉来堵截我们的国民党中央军薛岳的一个师，占领川南后，我军曾试图打大邑、邛崃、攻击成都。但都因蒋介石派重兵围堵而没有成功，部队只好退回雪山、再走草地，战士伤亡十分大，不少实在走不了的伤员只好牺牲在艰苦环境里，减员一半以上。

在这种情况下，我们在康定县、甘孜县、炉霍县的大雪山中陷入困境。打成都无望，但张国焘仍不愿与中央合作，又提出“大军北上，打通国际线，联合苏联、外蒙”的口号。其实质是右倾逃跑主义，并派出一支部队远征新疆，过沙漠，穿越几百里无人烟的荒原，结果在甘肃，青海被马匪打散了不少，只有几百人到新疆，又被军阀盛世才收编。

当时中央意见分歧，我们一般同志还不十分清楚，只觉得在荒原，雪山中太危险，当听说部队要远征新疆，再过沙漠、荒原，大家心里是很不愿意的。

最后，我们千辛万苦总算到了陕北。在甘肃，我们消灭了军阀毛炳文、鲁大昌，在天水城外一个大草滩上，与敌人大部队遭遇，我所在的一个营拼死挡住敌人的骑兵追击，打下了环县、肤施、赤罗镇，遇上了徐海东军长带的红二十五军接应我们，在 1936 年冬初，我们终于到了延安。

到延安后，我被编在王维舟的部队，住在洛川。后来被抽到中央警卫教导大队，后又改为中央警卫团，我当上了直接保卫毛主席的警卫战士。从此，跟随中央转战各地。（罗显荣整理）

节选自黄春荣:《峥嵘岁月——一位老红军的回忆》，载《游仙文史资料》，第76—78页。

黄春荣，1914 年生，四川绵阳人。1934 年参加中国工农红军，同年加入中国共产党。红军长征时为红四方面军第三十军战士、第三十一军侦察分队队长。新中国成立后，曾任辽宁鞍山钢铁公司无缝钢管厂、河南中国铝业公司、成都无缝钢管厂等企业负责人，中国第十八冶金公司副经理。

我的战斗岁月

刘大坤

1908 年，我出生在四川省南部县升钟乡黎家坝村的一个贫雇农家庭。九岁给地主放牛，11 岁在缫丝厂当童工，饱受地主、资本家的剥削和压迫。1931 年 2 月，怀着强烈的阶级仇恨，加入何家坝乡农民协会，并于次年 11 月参加了震惊四川的阆南农民暴动，与一个旅八个县民团的反动武装周旋达两个多月。1933 年 2 月在杨家坪秘密加入中国共产党①，担任地下交通员。

1935 年 3 月，长征途中的红四方面军打过嘉陵江。我闻讯后迅速组织建立了黎家坝、河东拐和杜家街三个区乡苏维埃政权，并担任阆南县苏维埃政府动员部长。此时，我更名为刘大坤，并一直沿用至今。这一年的 5 月，在我的鼓动宣传下，1750 多名农民弟兄加入工农红军，跟随着红军大部队进行了艰难的长征，走上了新的革命道路。

1936 年春，红四方面军向西推进川康。这里是人烟稀少的藏族地区，保障部队的给养成了前进道路上的首要任务。我受组织委派担任扎巴县县委书记，积极开展群众工作和部队给养工作。这里十分落后，还保留着氏族社会的生活习惯，初次相见，藏民要先让我们官兵喝下三大杯青稞酒以示友好。我从小到大未饮过酒，但是为了工作能顺利开展，

① 一说，刘大坤于1935年7月加入中国共产党。

我自己作为部队代表连饮三杯，很快地和藏族同胞融洽了关系，确保了两个军的粮食供给。（李豫整理）

中共河南省委党史研究室供稿。

刘大坤，原名黎有坤，1908 年生，四川南部人。1931 年参加革命，1933 年加入中国共产党，1935 年参加中国工农红军。红军长征时任阆南县苏维埃政府动员部部长、中共扎巴县委书记等。新中国成立后，曾任河南许昌军分区司令员、河南省军区副司令员等职。2004 年在洛阳逝世。

崎岖南下路①

何坤

在松岗红军卫校学习

1935年秋，总卫生部从噶曲河返回后，决定为部队培养医务工作人员。总卫生部把四方面军总医院苏井观校长调回卫生部在医政局任局长，他从四方面军调来几十名学员，大都是苏井观局长亲自提名从四方面军来卫校学习的，我也是其中的一员。

在松岗卫生学校学习时，我才见到五军团的战友，他们在长征路上的艰险不用多说就能看得出来，从他们穿的服装来看，要不是头上有红布五星，很难认出他们是军人。穿的并非一色军装，衣装颜色很杂，有的还穿着白碴羊皮背心。他们的挂包上每人都有一个茶筒，除了饮水外,有时还充当“开小灶”的炊具。他们是经历了不知多少次腥风血雨，从战火纷飞极其险恶的环境冲出来的，他们这种勇于战胜一切艰难险阻的精神是十分可贵的，值得我去学习！

当时开办卫生学校是很困难的，除了有几位讲课老师外，其他如教材、纸张等都没有，就连学生用的纸笔都没有。我们几位同学就到喇嘛庙和喇嘛要废经纸，这种废经纸有红黑两种，我们用它印教材。油墨没

① 题目为编者所拟。文字略有删改。

有，我们自己动手上山把松柏树枝砍回来，弄一个煤油桶架在灶上，在灶底下火烧松柏树枝，靠油桶收住烟，然后把烟灰刮下来，再拌上油调起来。这就是我们亲手制的油墨，用它来印我们的教材。我们很高兴用土法子解决了个大问题。

我们学习的地方也很简陋，小桌凳是用石头堆起来的，再加工就是用泥把外壳抹光。在那种环境下我们学员所用的纸笔处处皆有，大地作纸、树枝作笔确很有趣。这样的学习是十分难得的机会，我们都是十分珍惜，全都认认真真的听老师讲课，一字一句地做着笔记。

我们在松岗学习的时间只有一个月，之后就又跟部队出发了。听说要爬大雪山，这座大雪山就是当年红一、四方面军在懋功会师的地方。

爬大雪山

我们要翻越雪山，这项任务无疑又是极为艰险的。大雪山位于四川、西康两省交界处，时间又正值严冬，我们面临的困难更大。出发前，我向当地的老乡打听，他们说："雪山可不是咱这平常地，爬山时再累也不能坐下来休息，一旦坐下来就起不来了。在山上还不能大声喊叫，一旦大声喊叫就会叫来冰雹、大雪，如果弄不好，还会发生雪崩，像山一样的雪块向人压来。"听了这话真有点吓人。

我们出发了！我们走的路是别人没走过的，上山根本就没路可走，全靠我们自己踩出路来。山陡难行我们就爬。第一天我们从清晨出发，沿山路爬行，直到中午还没爬到山顶。人们累了，想休息，我给他们讲老乡的话。他们一听，谁也不敢休息，只好忍着劳累向山顶爬去。我们终于爬到山顶了，向四野一望，漫天全是雪的世界，雪光刺着眼睛，人们都不敢多看。这雪的世界没有边际，让我想象不到走出这雪山的时间和地点。就在我遐想时，在我身旁有一位女同志突然跌倒了，我和其他同志马上去抢救。我把她扶起来，她的身子瘫软下去，她已经没气了。给领导汇报情况后，我们只好把她抬到路边，用洁白的雪把她掩埋起来，让她长眠在这雪山上。我们不敢在她身边多停，只能是招手致哀，行注目礼告别。

再向前走了一段路就要下山了。下山比上山好走多了，轻松了许多。下到半山腰雪少了，有的地方甚至没有雪，因此，我们很快就下到山底。展现在我们眼前的是另一个世界，眼前有条沟，沟的两边全是稻田。见到了有生机的地方，大家心情格外兴奋。我们和干农活的人打招呼，亲切交谈，十分快活。我们约有一年没有吃到大米饭了，在这里我们吃到了大米饭，吃到了香味很浓的猪肉菜，真好啊！

我们在同场驻防，这里离四川的天全芦山不远，偶尔还可以听到前方打仗的枪炮声，国民党的飞机一天好几次来轰炸，我们常常钻在隐蔽的地方防空。

在百丈镇，红军与好几个旅的国民党发生了激烈的战斗，一连打了好几个昼夜。后来听说把国民党反动派全部消灭了，歼敌 1.5 万多人。国民党又派薛岳、毛炳文增援，调来 80 多个团的兵力。红军在敌强我弱的情况下撤出了百丈镇，随后，天全芦山也失守了。

战争形势发生了大转折，红军主动撤退了，我们卫生学校只好跟着部队再次转移。我们第二次翻越大雪山——夹金山，又回到西康省，继续西行，经过五六天的连续行军，我们又碰到了一座大雪山。

爬党岭山

部队决定要再次翻越雪山，横在我们面前的大雪山叫党岭山。我们向当地藏民打听情况，藏民形象地给我们说 ：“党岭山，离天只有三尺三，人过要低头，马过要卸鞍。” 还有的藏民给我们说 ：“党岭山难过，要想过只有在中午时才能过。过午后，高山上会有狂风大作，随时都有雪崩，一旦遇上这种险恶的情况，就有吞噬人生命的危险。”

听了藏民的介绍，我们既做好了思想准备，也做好了物质方面的准备，决心战胜这座大雪山。当我们来到党岭山脚下时，抬头望去，巍巍雪墙不见山顶，云雾在山腰缭绕。领导鼓励我们要勇敢地面对雪山。队伍拉得很长，走在后边的人看排头兵，人很小，就如蚂蚁在爬。整个队形就像一条线，从山脚伸向山腰。雪山的气候变化特别快，刚刚还是万里无云，骄阳高悬，爬山的人个个挥汗如雨，正抱怨炎热呢，忽然，眼前一片昏暗，随即就狂风大作，满山谷涌动着乌云，顷刻间瓢泼大雨浇在人们的头上。大雨中又夹着冰雹劈头盖脸地打在人们的身上，炎热顿时变作寒冷，上下牙齿打的咯咯作响，就像跌进冰窟窿一样。人们的衣服也冻僵硬了，走路时发出沙沙的摩擦声，行动也不便利了。空气稀薄，人们呼吸困难，上气不接下气。我们盼着这鬼天气快快过去，再现艳阳天。

真巧，仅仅是几分钟时间，狂风大雨突然停止了，太阳又红红的，照射在雪山上。天变好了，大队人马必须加快速度翻过雪山，宣传队的战士站在背风处高唱江西小调鼓舞大家。他们唱道：“党岭山来真不高罗嘿，嗡嘿撮罗喂，山高只有 15 里嗨当真，同志们努力跟上去罗哩，嗡嘿撮罗喂，掉队就要背乌龟嗨当真。”

快到山顶了，这座有五个 500 多米高的大雪山使许多战士感到剧烈头痛，眼睛连路也看不见，这是典型的高山反应。不管怎样，得加快下山步伐，我们终于完成了再翻大雪山的任务。党岭山是红军长征以来爬过的最高的一座大雪山。

越过党岭山，来到西康省的道孚县，这里有 200 多名伤员。为了给伤员治伤，领导决定把我们卫校第六期的学员全部留下，大部队向西康的甘孜进发。总卫生部驻防在芦合县一带，红军大学住在灵雀寺喇嘛庙。过了几天，我们第六期学员也赶到芦合县，总卫生部在芦合县成立了休养二所，第六期学员全编在二所。因原卫生学校的教务主任孙仪志有病需有人护理，于是把我调到了总卫生部医务站。

这期间部队的主要领导张国焘曾公然另立“中央”，自任“主席”。朱德总司令、刘伯承参谋长等同志同他进行了坚决斗争，张国焘的反党分裂活动在红四方面军中不得人心，而且在部队南下时伤亡很大，减员过半，只剩下四万多人了。

原在湘鄂川黔革命根据地的红二、六军团在任弼时、贺龙等领导下经历千难万险，渡过金沙江，越过大雪山，在1936年7月同红四方面军会师于甘孜。红二、六两个军团合编为红二方面军，由贺龙任总指挥，任弼时、关向应任政委。

这次会师真令我们高兴，因为我们尝尽了分离之苦。不久，我们接到北上的命令要第三次过草地。

节选自何坤：《艰苦岁月长征路》，载内蒙古自治区党委党史研究室编：《长征中的故事》，2006年10月编印，第237—242页。

南下北上苦拼搏①

陈则进

1935 年 5 月至 6 月，中央红军抢渡大渡河，翻越夹金山，抵达懋功与我军会师。6 月下旬，中央在两河口召开的会议上，出现了两种观点：一是中央根据形势，决定北上建立川陕甘根据地；二是张国焘提出南下西康、四川地区。经过一番争论，会议通过了北上的决定，不久，中央在毛儿盖集会，决定把红军分成左右两路军，经草地北上。我们左路军奉张国焘命令，8 月由卓克基出发，踏上了草地。出发前，我背了 30 斤稞米炒面，带上一点黄油，经过艰苦的行军，跨过荒无人烟的茫茫草地，我们在下旬到达阿坝附近后，事情发生了变化。

张国焘领导的红四方面军当时有几十万人②，战斗力较强，他自恃枪多，没把中央红军放在眼里，虽然在毛儿盖会议上勉强同意北上。心里却想争夺中央领导权。到达阿坝，张国焘立即下令调回右路军中的第四军、三十军，提出南下。离开中央红军后，我们重过草地，朝川康边界的天全、芦山一带出发，10 月初抵达卓木碉后，张国焘在一座喇嘛庙里，召开军以上干部会议，蛊惑人心地提出中央“威信扫地”、“失去了领导全党的资格”，要仿效列宁同第二国际决裂的办法组成临时中央，逼大家表态。尽管朱德做了工作。张仍以多数通过的名义宣布了“临

① 题目为编者所加。文字略有调整。

② 红一、红四方面军会师时，红四方面军共约八万人——编者注。

时中央”名单。接着，部队在四川边境的一个地区与蒋介石军队交战，打得很激烈。对方是骑兵，武器也好，我方长期劳累，尽管英勇抵抗，仍然死了大约一万多人。记得那天雾很大，我们负责后勤物资的民伕队伍，刚走过一道竹索桥，桥就被炸断了，密集的机枪子弹从侧面射来，我身边两个扛木箱的战士当场牺牲。我感到后背粮袋被重重推了一下，顺势滚到一道土坎下边，战斗结束后，才发现粮袋被打穿了。由于敌人围追攻打太紧，又打了两仗，部队被迫放弃天全、芦山和宝兴等地区，在 1936 年 3 月从西康东北部退到西藏的甘孜。

大家在现实面前逐渐清醒了，开始认识到分裂不得人心。许多问号在人们脑子里回旋："这样做符合党章规定吗？""没有民主选举，没有共产国际的批准，原来有中央，这边又另立一个，算什么名堂呢？"过去对张主席盲目崇拜的心理开始动摇，队伍里窃窃私议之风不可遏止。与二方面军会师后，张国焘做贼心虚。在炉霍会议上取消了另立的“中央”，同意共同北上长征，8 月，我们部队第二次踏上了死亡之洲。①

草地一眼望不到边，荒凉冷漠，远看好像都是路，近看却是一簇簇的水草洼，一旦迷了路几个月也走不出去，除了游牧的农民，没有部队从这里走过。我们刚刚走了两天，带路的少数民族通司（向导）就逃走了。我们只好循着牧羊人走过的路径，试探着朝前走。

一马平川的草地，遍地是水，淹过脚面，打好的几双草鞋很快被沤烂，草根划破脚踝和脚趾，经锈水一泡就开始溃烂了。我的任务是架线、探路、铺路，每走一步伤口都疼痛难挨。我们吃的是糌粑粥，在锅里放一小块黄油，加水熬开后，滤出脏东西，撒上炒面，用手抓着吃。我还背了一盘小石磨，走到哪里就在哪里磨炒青稞。黄油很快吃完了，粮食也没有了，最艰难的日子开始了。

红军过草地分了几路，我们民伕队有 50 多人，经常风餐露宿，遭

① 实际应为红四方面军第三次过草地——编者注。

到少数蛮子的冷枪。粮食吃光后，大家就采野菜吃，一次我们吃了一种类似荞麦苗的草，十几个人中了毒，我浑身肿得发亮，胳膊像小桶，眼睛像水铃铛，连路都看不清。几个身体孱弱的红军战士就这样牺牲了，也有的不慎踩到浮动的草坨上陷进泥潭，被吞噬了。行军速度也由原来的每天 100 里，减少到 50 里、30 里。断粮后的第七天，队伍减员达到惊人的程度，有的人晚上还用茶缸煮野菜吃，早上却永远叫不醒了。几乎每天都有因为虚弱和疾病而栽倒在草地上的红军战士。有的人就煮背粮的空羊皮袋子和皮带啃着吃。有的病号掉了队，就拣起前面红军屙下来没消化的青稞，洗净了煮着吃。

草地依然望不到尽头。

我们又走了五天多，到达甘肃南部，才走出了草地。队伍中仅剩下几十名男同志和六位女同志，每个人都衣衫褴褛，骨瘦佝偻。在一个游牧藏人的帐篷里，我买到一些馒头和牛肉面，一顿就吃了 12 个馒头。不久，我们和中央红军在会宁附近会师，结束了长征。

节选自陈则进：《戎马半生苦拼搏》，载中共鞍山市委组织部、中共鞍山市委老干局、中共鞍山市离退休干部工作委员会编：《血与火的岁月——鞍山市离休干部革命回忆录》，第9—11页。

陈则进，1909 年生，湖北麻城人。1928 年参加游击队，同年加入中国共产党，1930 年编入红军独立团。红军长征时为红四方面军战士。新中国成立后，曾任辽宁鞍山市政协副主席、鞍山钢铁公司顾问等职。1999 年逝世。

难忘的长征路

杜国平

1935 年 6 月，我所在的红四方面军第四军在懋功、理县一带与刚从夹金山过来的红一方面军胜利会师。两大主力会师后，中央政治局在两河口召开了会议，作出了《关于一、四方面军会合后战略方针的决定》，制定了集中主力向北进攻，在运动中大量消灭敌人，首先取得甘肃南部，以创造川陕甘苏区的战略方针，7 月初，我团随主力部队披荆斩棘，翻山越岭，来到了毛儿盖进行休整，这时，红四方面军主要领导人张国焘自恃兵力雄厚，拒不执行中央北上的指示，妄图分裂红军，强令红四方面军南下。当时，对这些政治上的分歧，我们并不完全了解，南下后红军屡屡受挫，才越来越清楚地认清了张国焘的本来面目。

千佛山受挫

敌人发现红军一部北上，大部南下，在大小金川地区布阵堵截。这里多深山绝壁和峡谷急流，地形复杂，易守难攻。我们红四军从党坝地区，把牛皮用木棍撑开，做成简易船，强渡大金川成功，与红四方面军主力一起连克天全、芦山、宝兴等地，歼敌 5000 余人。尔后，主力部队在邛崃地区的百丈一带与川军刘湘、刘文辉部队展开决战，这时，我在红四军三十五团三营任政委。上级命令我们团从天全以东过青衣江，进至千佛山，准备阻击国民党薛岳部队的进攻，这里南望大相岭，北依邛崃山，青衣江横贯崇山峻岭，千佛山以东十余里的老峻岭是红三十六团设防，红三十一团在虎皮坡一带防御。百丈决战中，川军下了血本整连整营地轮番向我军进攻，就在敌我双方伤亡惨重，处于精疲力竭的时候，原一直追赶我中央红军的薛岳，调集了约有十几个团的兵力，从南向千佛山和老峻岭地区猛攻，妄图与川军南北夹击，一举消灭我军。

1935 年 11 月中旬的一天，天刚放亮，敌人的飞机大炮向我千佛山阵地轮番进行狂轰滥炸，顷刻一阵地上尘土飞扬，硝烟弥漫。持续半个小时的火力突袭后，敌人以密集的队形，疯狂地向我阵地扑来。干部战士早就急红了眼，当敌人靠近阵地前沿时，一排排手榴弹和呼啸的子弹一齐飞向敌群，敌人的第一次进攻被打了下去。时间不长，敌人又一次组织炮兵向我阵地轰击，由于阵地上没有坚固的防炮火工事，部队伤亡较大，炮火过后，敌人再次向我阵地发动进攻。就这样，连续两天，我们打退了敌人无数次进攻。阵地前沿留下了一具具敌人的尸体。

第三天是战斗最艰苦的一天，敌人突破了老峻岭红三十六团的阵地，迂回到我们的后面，使我团腹背受敌。当时，部队粮草已尽，弹药供应不上。在这种情况下，指战员们发扬轻伤不下火线，重伤坚持战斗的革命英雄主义精神，同突入阵地之敌展开了殊死的搏斗，阵地上，刀光剑影，杀声震天，战士们的子弹打光了，就用刺刀捅，刺刀挑弯了，就用石头砸，有的拉响最后一颗手榴弹与敌人同归于尽。

下午，上级命令我们立即撤出战斗，营里的干部分头去收拢部队，当我把七连的同志带出去后，又找到侦察排，他们只有七八个人了，我们互相掩护边打边退，在青衣江边又与敌人一直打到天黑，最后只剩下一名卫生员、一名战士和我带一挺机枪，趁黑夜撤了出来。第二天中午我们找到部队，全团剩下的同志只够编成一个营了。

翻越党岭山

百丈失利后，十几万敌人向我包围过来。1936 年 2 月下旬，红四方面军兵分三路，撤离天全、芦山、宝兴地区，向道孚、炉霍一带进军，开始了第三次翻越大雪山。

海拔 5000 多米的大雪山中段的党岭山，顶天立地地横亘在从丹巴至道孚的道路上，我们在调查党岭山的情况时，当地群众把党岭山说得神乎其神，在他们的心目中，大雪山就是一道噬人的鬼门关。山上说什么就会来什么，比如天空晴朗时，一说“风”如何如何，立即就会狂风大作，甚至飞沙走石。所以，风不能说风，说成“顺顺”，石头也不能说石头等等。一些藏族群众说，翻越党岭山，必须赶在中午 12 点以前通过，每天中午 12 点以后要起风暴，人到那里就别想活命。

在作翻山准备时，上级通知每人带三天以上的干粮；尽量筹集御寒取暖的衣被、毛皮、辣椒、生姜;每个班或者排备有刨冰攀崖用的铁锹，绳索等，还要求各部队政治机关和政工干部做好思想动员工作，号召发扬不怕艰难困苦和团结友爱的精神，万众一心取得翻山的胜利。

那是 2 月下旬的一天，部队顺着山沟向党岭山前进。傍晚，来到了党岭山下，部队停下来休息做饭。天渐渐黑了，部队点燃火把，向着光秃秃的乱石山前进了。远远望去似一条伏在山坡上的巨龙。开始，大家有说有笑，越过雪峰线，说话的人渐渐少了，山路又陡又滑，稍不小心，就会滑到悬崖下的深壑中，谁也没有办法去救，只能悲痛地注视着战友牺牲的地方，然后再默默前进。越往上走，天气越冷，上山时被汗水浸透的衣服，变成了冰筒，高山缺氧现象也愈加明显，人们呼哧呼哧地喘着粗气，年龄大和体力差的同志实在难以支持，就想蹲下休息一会儿，结果一蹲下来就再也站不起来了。快要接近山顶时，大家都精疲力尽了。但是每一个人只有一个念头，为了胜利向前、向前、再向前！只要坚持到底，曙光就在前头。

第三次过草地

翻过党岭山以后，部队没有来得及休息，就马不停蹄地经炉霍向西南疾进，一举攻占瞻化，俘敌国民党西康宣慰使诺那喇嘛以下百余人。此间，红四方面军在道孚、炉霍地区进行了整编，红四军军长由陈再道同志担任。按照中央指示,红二、四方面军兵分三路纵队陆续开拔北进。我们红四军十二师随中央纵队，在徐向前总指挥的率领下，7 月 2 日出发，经查理寺，毛儿盖向包座前进。我军顶烈日、战饥饿，进行了第三次过草地。

浩渺沉寂的大草原，真使人怵目惊心，脚下溪流纵横交错，黑色的泥沼被丛生的杂草覆盖着，散发着刺鼻的气味，草地上天气变幻无常，中午晴空万里，烈日炎炎，下午就突然黑云密布，雷电交加，雨铺天盖地而来，夜间气温可达零摄氏度以下，冻得人们瑟瑟发抖。

这些困难还好克服，最大的问题是吃和住。在没有沼泽的草原上行军，随时随地可以休息和宿营。可是，在泥水汪汪的沼泽地里行军，分不清哪里是实地，哪里是浮草，人马踏在实地上像踩着大海里的小舢板，晃晃悠悠的，弄不好就陷进泥潭，如果一脚踏进浮草上，淤泥一下子就吞没了你的双脚，再挣扎几下就陷到胸口，很快就没过头顶。为了解决草地上休息的问题，我们采取了“坐觉”，也就是四人或三人一组，把背包放在稍高一点的草墩上，相靠取暖，相背而眠，就这样坐着睡着，睡着坐着，送走了一个又一个黑夜，迎来了一个又一个黎明。解决了休息问题，可又怎么解决吃饭问题呢？开始两三天还有点粮食吃，粮食没有了就派人挖野菜，尝“百草”，只要没毒的就拿来食用，一到休息做饭，锅里煮的全是野菜，把装过炒面的袋子翻过来，用手掰开袋子的夹缝抖一遍又一遍，觉得能有一丁点面放在里面也香啊。后来决定杀坐骑和驮辎重的牲口，肉吃完了，就把骨头砸碎煮汤喝，这些吃光了，就把马皮、牛皮、马鞍子、皮带等用火烧，再放到盆里煮软了吃。一切都吃光了，就靠喝盐水充饥，我和警卫员仅有的一小把盐就吃了一天。这时，我的马杀吃了，以前靠马驮的行李、武器弹药等物品，都得自己背着了。我的马夫是一个十三四岁的“四川伢子”，我们在天全县扩红时，他参加了红军，还不到半年时间。这一天，他跟我说："政委，我饿得难受，走不动了！”我看着他那充满稚气的小脸，顺手接过他肩上的背包:“快走出去了，坚持就是胜利啊！”没走出几里路，只见他一头栽倒了，就再也没有站起来，看着他那瘦弱的身躯，将长眠于这茫茫的草地，我心里难受极了。

尽管那时环境艰苦，我们的政治思想工作却很活跃。途中休息时，各连组织唱歌，谈理想，大家发挥团结友爱的革命乐观主义精神，从绝境中求胜利，依靠广大指战员的高度觉悟和坚强毅力，终于战胜了这凶猛无情的人迹罕至的大草地。

走出草地，我们营作为团的前卫营，进至腊子口，被鲁大昌的大约两个连兵力所阻，我们一连、二连分别从左右两侧迂回过去，居高临下向敌发起猛攻，仅一个多小时激战就占领了这个要道，保证了红二、四方面军顺利通过腊子口，在会宁与红一方面军红一师会合。

回顾这段历史，我深深感到，红军不畏艰难，不怕牺牲，坚韧不拔，百折不挠，对革命理想和革命事业无比坚定和忠诚的崇高精神，既是我党我军的真实写照，又是我党我军的优良传统，我们只要世世代代发扬这种优良传统，我们就能在党所领导的更加波澜壮阔的新长征中建功立业。

选自沈阳军区政治部编研室编:《红军将士忆长征》，白山出版社1996年8月第1版，第385—389页。

杜国平，1904年生，湖北广济（今武穴）人。1929年参加中国工农红军，1931年加入中国共产党。红军长征时任红四方面军第四军十二师三十五团三营政治委员。新中国成立后，曾任公安部队某部师长，黑龙江省军区副司令员、顾问，黑龙江省政协副主席，黑龙江省人大常委会副主任等职。1955年被授予少将军衔。1992年在哈尔滨逝世。

我的长征路

韩培凡

一、投身革命

我的家在四川省天全县新场乡韩家坝，1935 年 11 月 8 日，红四军占领天全。1935 年，红一方面军长征曾经过雅安地区，在红军到来之前，国民党反动派大肆散布谣言，污蔑红军是“红头发绿眼睛，共产共妻杀人如麻的魔鬼”，当地的贫苦群众都很怕红军，纷纷躲进深山老林，留在家里的大多数是老弱病残的人。红四方面军第四军于 11 月进驻天全县新场乡的韩家坝时，十室九空，只有少数几家有人在。红军鲜花队（宣传队）给群众演讲，宣传红军是穷人的队伍，是帮助穷人找吃找穿的，是帮助穷人过好日子的队伍，说服、动员被国民党舆论欺骗的群众回家。战士们热情地为老人背水，劈柴，扫地。一位女红军为我母亲清洗了几乎看不见东西的眼睛，一连几天她都来为我母亲看病治疗，加上鲜花队的宣传讲解，使我知道红军是好人的军队，是穷人的军队，是帮助穷人消灭剥削和压迫的军队，我主动帮助红军打土豪，积极努力地为红军带路去寻找地主、土豪和舵把子们埋藏在土坑、坟墓和岩洞中的粮食、腊肉和布匹等。一位红军军官看到我工作努力，就动员我参加红军，我很激动，没想到红军还要我这个穷得叮当响的人。在没有征得母亲同意的情况下就答应了，红军鲜花队战士就把一朵写有“1935 年参加红军光荣”的丝绸花给我戴上，我就成了一名光荣的红军战士，从此也就改变了我的一生。

参加红军后，我带领红军鲜花队战士到偏岩下、大水井、野猪林、黑桃林等深山老林，通知躲藏在山上的乡亲们回家。乡亲们看到我这个昔日背煤炭卖的穷小子都当上了红军，也就放心了，纷纷跟着红军回了家。沉寂多时的山村又热闹起来了，冒起了炊烟，唱起了山歌，敲起了锣鼓，村民们充分享受到了翻身的喜悦。群众高兴地说：“就是过年都没有这么热闹过。”

一天，叫我参加红军的那个军官（后来才知道他是军长许世友），要我动员村里的青壮年参加红军并发给了我一支枪。我动员了同村的高海林、韩云洪、韩云宪、韩培罗等十多人参加了红军。我们被分在独立的炮兵连，全连只有四门迫击炮，还是打不响的。我们每天都和其他的红军战士一起训练、学习。后来我们全部分散了，我分在第四军军部炮兵连当了班长，同时也加入了共青团组织。在打土豪、分浮财、分田地的运动中，红军把好田好地分给红军家属，在分浮财时红军的家属也要多分一些。我的母亲和其他贫困农民一样分了两个细碗，一斤盐巴和一块小布，她作为红军家属又多分了一块腊肉。对红军家属的优待政策激励了一大批青年人纷纷响应扩大红军的号召，他们积极报名参加了红军，当时天全县参加红军的人就有400余人。

二、参加红军后的第一次战斗

由于红四方面军南下方针的错误，红四方面军在名山县的百丈关战斗失败后，国民党中央军薛岳部队有六个师集结在雅安县、天全县以南的荥经县地界，川军主力集中在芦山县、雅安县以东的名山、邛崃、大邑三县边沿地带。面对敌人的强大军事攻势和红军惨重的损失，红军被迫退守天全、芦山、宝兴三县。红四军在飞仙关到落汉山、玄空山，仙峰山与荥经交界的小垭口一带组成了长达 70 公里的防线，防守阻击薛岳军团。军长许世友紧急部署迅速调遣十师三十团驻防落汉山、老君山；二十八团驻防营盘口；十二师三十六团驻防玄空山；三十五团驻防仙峰山；十一师三十一团驻防望头岩；三十三团驻防垭子口，严防薛岳部队由雅安、荥经向天全进犯。1936 年 1 月底，薛岳部队向天全进犯。正月初一敌人向仙峰山，垭子口进攻的战斗打响了，红军打得英勇顽强，加上气候寒冷，敌人寸步难行。到了正月十五，仗越打越激烈，峡口坝的外围战线仙峰山、垭子口一带非常吃紧。军部派我们迫击炮连从新场乡韩家坝连夜赶到铜厂乡的蓝池子时，大批红三十二军的部队已经从荥经县过垭子口潮水般退了下来，我们炮兵连也被冲散了。好不容易以班排为单位把部队收拢，在敌人猛烈的进攻和飞机的轰炸下，小垭子口的阵地失守了，红三十三团损失过半，到处都是死人，敌人居高临下向我们冲过来，我们边打边撤。部队从铜厂乡的陈家坝一直撤到了前阳乡的后阳村、前阳村。后来，经过乐英乡落坝的高桥过河到多功乡的切山脚再转移到天全县城。

1936 年 2 月，望头岩阵地失陷，薛岳军队突破红军的防线，气势更加嚣张，在飞机的轰炸掩护下，敌人的进攻越来越猛烈。到处都有人在死，有人在哭，一阵机枪声过后就倒下几个。敌军分三路向峡口坝聚集，红军在荥经河南岸的阵地全部失守。红军退守荥经河北岸阵地，用重机枪封锁住天全县新业乡峡口坝铁索桥的桥头。同时及时调玄空山驻防的三十六团增防丁村坝。敌人多次进攻都遭到英勇的红军的阻击而不能过河，在桥头阵地尸横遍野。敌人在飞机、迫击炮和轻重机枪的掩护下，以九个步兵团的强大攻势，于 2 月 13 日攻克峡口坝桥头阵地，红军被迫向新场撤走。这一仗下来，红军三个团都伤亡惨重。这是我参加的第一次战斗，心里很害怕，但与后来打的仗相比，这仗就小得多了。

三、翻越大雪山

新业乡峡口坝战斗的失利，使薛岳的六个师进入天全，加上刘湘、刘文辉、杨森的川军三面向红军逼近，红军难以抵挡占绝对优势之敌的连续突破，不得不边打边退，撤至天全城和紫石关乡紫石关一带。

1936 年 2 月 15 日，红四方面军开始全线撤离天全县。我所在的迫击炮连经过昂州河翻越海拔 3470 米的雪山马鞍山。那时，整个昂州河地区的原始森林中，厚厚的雪把树枝压弯了，树枝上的雪团不时地砸在战士们的头上、肩上。部队刚走出原始森林到了半山腰，只见雪花飞舞，且越下越大，鹅毛大雪轻盈地横飞过来，无声地落在我们的衣衫上，沾在眼睫、眉毛上，消了又聚上来，擦了又沾上来，整个世界都被裹进雪花里。我们年轻，加上士气旺盛，很快爬到山顶。到山顶上时，风住了，雪停了。在阳光的照耀下，雪被照得晶莹闪亮，晃得人睁不开眼睛。下山后，我们到了金汤。第二天从金汤出发经过宝兴县的硗碛，来到海拔 4260 米的夹金山下。部队以班排为单位，搭了临时草棚宿营，第二天拂晓吃过早饭后，开始翻越夹金山。那时，我年轻，身体好，又是班长，身背两根粮袋，一门迫击炮底座，一支长枪。我们刚出发时还有路可走，但路滑人多，只有半步半步地往上爬，攀登着蜿蜒起伏的山峦向前推进。山是光秃秃的，没有树木也没有人迹，分不清哪是白云哪是雪。脚下的路越走越窄，后来根本就没有路，草鞋渐渐地被冰雪裹满了，脚冻得失去了知觉。山谷里吹来一阵阵刺骨的寒风，卷起鹅毛一样大的雪片在山间翻滚，劈头盖面的砸来，像刀割一样摧残着战士们的躯体。越往山上爬，空气越稀薄，人喘不过气来，只好张开嘴喘气，狂风裹着雪粉直往喉咙里扑，头痛得要爆炸，难受极了。我们又冷又饿，脚抬不起来，走一步都十分困难。有时狂风吹来，人不能站立，大家手牵着手伏在雪地上，背上背的饭盒和迫击炮筒被狂风卷起的冰雹打得叮当响。下午，我们终于艰难地登上了山顶，大雪山终于被坚强英勇的红军踩在脚下。可是下山也很难，积雪成冰，滑得站不住脚。前面部队走过的路又被雪埋了。战士们先把炮用绳索拴住往下放，然后，人就干脆坐在雪地上一班一组手牵手往下滑，一滑就是十几丈远。但是，有的班组掉进了几丈深的雪窝子里面永远起不来了。我们班一门迫击炮，两箱炮弹，在翻过了雪山之后，人、枪、炮一样都不少，下山后走了 20 多公里的峡谷就到了懋功（今小金县）。部队在丹巴县进行了短期休整后，我提升为排长，不久，我们又翻越了海拔 5400 多米，被称为“万年雪山”，也是长征中最高的雪山党岭山。山上空气稀薄，积雪终年不化，党岭山虽然没有夹金山的自然条件恶劣，但是要翻过去也是非常困难的，很多体弱的和在天全受伤的战友由于缺医少药，病情恶化，牺牲在雪山上。由于翻越大雪山，不少战友的眼睛患上了雪盲症，肿得看不清东西。天黑后我们才进入道孚县城。

四、走出沼泽地

我们在炉霍县把马、羊杀死，烘成肉干，准备过草地。在长征中最困难的就是过草地，草地是一块纵横数百里，人迹罕至没有牧民，没有牛羊的沼泽地，上面长满了青青的野草和五颜六色的鲜花，鲜花下面，是一丛丛泥潭。过草地，粮食是最大的问题。出发时，每个人只发三天的口粮，到第四天整个部队全部断粮，我用我兄弟韩云洪给的最后一点炒面拌和着野菜维持了全排的一天生活，这时，部队已走到草地中最艰难的地段，草地一片泽国，到处都是水凼和小河。河的两岸尽是些小草，水泊连着水泊，人行走在当中，稍不注意，就可能陷入没顶的泥潭。为保存更多的力量，部队首长命令我们把迫击炮等重武器全部甩在沼泽里，轻装前进，每天下午四五点钟部队就停下来，寻找一切可以吃的东西:树皮、草根、野菜等，在草地行军，饥饿比伤病更加威胁人的生命。在草地宿营也很难，找不到一块干的地方，而且蚂蟥、草虱无孔不入。草地的气候一天几变，刚才还烈日当空，一会儿便是倾盆大雨，雨夹冰雹，身上的衣服干了又湿，湿了又干，经过七天七夜在泥里、水里忍饥受寒的艰苦行军，我们才走出了沼泽地。

四川省中共雅安市委党史研究室供稿。

韩培凡，四川天全人。1935 年参加中国工农红军。红军长征时任红四方面军第四军军部炮兵连班长。

我在宏兴的战斗经历

冯元庭

我是苍溪县东溪乡五家山人。苍溪，是革命老根据地。我在 1933 年 6 月，就到乡苏维埃政府里工作，任少先队队长，全乡有少先队员 400 多人；后不久，又参加了县里的赤卫队、游击队。1933 年 11 月，正式加入中国工农红军，编到三十一军九十三师二七五团，后来转到二七九团工作。53 年前，我在红军长征中，曾两次翻越夹金山，在宝兴、芦山等地参加过战斗。解放后，又被分配到宝兴工作 30 多年，先后在宝兴县任过县长、县委副书记、纪委书记等职。离休后，仍然住在宝兴县城。现在，回顾长征时，我在宝兴的战斗经历，是很有意义的。

翻越夹金山

1935 年上半年，我们红四方面军在剑门关战役之后，先后转战毛儿盖、阿坝、理番，6 月份，我们同中央红军在懋功会师了，大家都非常高兴。可是，张国焘反对中央“北上抗日”的方针，带领四方面军南下，想要建立川康革命根据地。于是，征服夹金山的任务，就摆到我们红军战士的面前了。

1935年10月下旬，我们来到了懋功县达维镇。10月27日，我们所在的二七九团接上级命令，担任翻越夹金山的先头部队。这天早晨，我们团开始向雪山挺进了，这时的夹金山早已白雪皑皑。刚爬山时，坡度不算陡，可越往上爬，就越困难了，积雪也渐渐深起来，路也找不到，只好摸索前进，有时爬一步，退两步，前进的速度十分缓慢，当我们爬上山顶时，已是午后2点多钟了。一上山顶，我们感到呼吸越来越困难，连气都喘不过来，凛冽的狂风吼个不停，我亲眼见到好几个身体虚弱的同志，一坐下去就没有起来了。

说起下山，比上山还要难，我们只能一步一步池试探着朝下溜，这是很危险的，有时脚一踩下去，整个雪团就崩了，抓不住东西时，人也一起滚下去，滚下去就再也起不来了，不是摔死，就是被积雪淹没，像这样的情形是时有发生的。困难和威胁没有吓倒我们，我们红军战士以无畏的革命精神，克服重重困难，征服了大雪山——夹金山。

我们下到十八拐土地庙时，国民党杨森的一支部队守在菩生岗，他们见红军来了，便向我们开了枪；这时，红军居高临下，势如破竹，杨森的这点残军，怎能经得起我们的猛攻呢？短时间的战斗，我们就歼灭了敌军一个营，顺利到达了大硗碛。

接着，我们团又充任攻占宝兴城的先头部队。从硗碛到宝兴，沿途的大、小桥梁都被国民党军队破坏了。给我们先头部队的前进造成了障碍，我们只好翻山越岭登峭壁，钻刺巴林，为了避免敌机的轰炸，我们常常夜间行走，实在看不见时，就坐下休息，抓住茅草就睡觉，遇到不少的困难，100多里路程，就整整走了四天。11月1日，我们先头部队同东、西河方向的主力部队配合作战，打垮了杨森的一、五、六旅，占领了宝兴县城。当我们从北门进城时，在大街小巷都有老百姓在看我们，表面上没有欢迎的举动，可是，人们笑容满面，从心底在欢迎红军的到来。我们先头部队没有在宝兴停留，出城便向灵关进发。

攻占芦山城

1935 年 11 月初，我们在灵关场接到命令，派我们三十一军九十三师攻打芦山城。芦山的守敌是国民党的教导师，师长杨国祯。

当我们赶到芦山的任家坝时，敌人已经防守森严，七里山的大、小山头上工事、碉堡甚多。下午 4 点，我们团（二七九团）二营在任家坝附近的七里山向敌人发起进攻，战斗直到深夜，我们占领了七里山的一大半；打死打伤和俘虏敌人 300 多；敌人又从城里派来增援部队向我发起进攻，我军又增派一营上阵攻打敌人，一夜枪声未停；天亮后，我军又向敌人进攻，这时，敌人派来六架飞机，在七里山进行轰炸、扫射，乱炸一阵到下午又飞走了，我们再次发起猛攻，歼灭了敌军一个旅。

这一仗打得真痛快，下午太阳偏西时，我想去前沿阵地看看，当我路过一个小树林时，听到有人问："你到哪里去？"抬头一看，原来是团政委，我回答说："去前面看看。"政委亲切地说："你的脚痛，行走不便，在此休息，我们去看看就来。"他边说边走了，身后还跟着几个背短枪的战士，当他们到阵地时，阵地上只有三个人了，政委说："我们马上派人来换你们。"三个战士说："不用了，给我们送点弹药来就行了！"政委回来时，向我讲了这段情节后说："你们连有这样英勇顽强的战士，值得我们高兴！"

七里山战斗的胜利，给芦山的守敌以沉重打击，对夺取芦山县城起着决定性的作用，在兄弟部队的配合下，11 月 12 日，红军进占芦山城。我们在芦山县城休息两天后，又向名山方向出发了。

再越夹金山

左路军南下西康后，部队直达名山、汉源等地（当时我在百丈），广大指战员浴血奋战，取得多次胜利；但由于离开了党中央的正确领导和指挥，在屡次战斗中，红军也伤亡惨重。1936 年 2 月，不得不在最冷的季节和历年罕见的大雪中，再越夹金山北上，造成了难以估量的损失。

1936 年 2 月下旬，我们途经灵关、宝兴、硗碛，来到夹金山下时，已是中午 12 点了，2 月的雪山气候，比南下时更为恶劣，我们好容易才爬上山顶，这时已太阳偏西了。下山的困难不堪设想，随时都有伤亡的可能，连气也换不过来，但又不能坐下休息，狂风卷着鹅毛大雪不停地下着，我们手拉手，呼喊着口号，一步一步地向前走着，经过艰苦奋斗，战胜了艰难险阻，终于在当天晚上到达夹金山下。

选自中国人民政治协商会议宝兴县委员会文史组编:《宝兴文史资料　红军长征在宝兴专辑》，1989年9月，第52—55页。

冯元庭，四川苍溪人。1933 年参加中国工农红军。红军长征时任红四方面军第三十一军九十三师二七九团战士。新中国成立后，曾任四川省宝兴县县长，中共宝兴县委副书记、纪委书记等职。

长征中我任宝兴县委书记的回忆①

金世柏

1935年10月左右，由于张国焘与党中央闹分裂，红四方面军南下，执行宝兴、天全、芦山、雅安、名山战役计划，于11月上旬，先后攻克定兴、天全、芦山等县。

1935年过嘉陵江后，在川陕地方的县一级干部大部分都到了红大学习，我当时也在红大，从阿坝经丹巴、懋功，翻夹金山到宝兴县南的灵关，才在红大毕业。当时，省委在天全县，我被分配到宝兴县任县委书记，县委有中共和少共书记，有组织、宣传、妇女部长，有秘书股，有管生活、行政的总务股等。县苏维埃主席是刘大坤（离休前任河南省军区副司令员，现住洛阳干休所）。

县里有指挥部，有保卫局，指挥长和局长的名字记不起来了；还有一个县大队，人数不多，大概是两三个连。我们的主要任务是消灭土匪，建立政权，发动群众，建立地方群众组织，扩军，发展了少数党员，还要为红军筹集物资，如牦牛、盐、大米及玉米做干粮，也组织些羊皮、棕皮做背心，以解决翻山御寒问题。

在宝兴右上方有个少数民族区，有陇东河、灵关镇。当时，陇东河的反动武装很嚣张，我带县大队在那里打过几仗。有一次，敌人在县城

---

① 选入本书时略有删节。

附近离铁索桥不远的地方，把我后路截断，我硬是奋力打回了宝兴。

1936 年初，国民党主力薛岳部队进攻名山、雅安、天全、芦山时，省委撤到宝兴县。当时的省委书记是李维海同志，他要我到丹巴独立师工作，县委由省委兼管。于是，我便离开了宝兴县。

选自中国人民政治协商会议宝兴县委员会文史组编辑：《宝兴文史资料红军长征在宝兴专辑》，1989年9月，第46—47页。

金世柏，1907 年生，湖北黄安（今红安）人。1928 年加入中国共产主义青年团，1931 年参加中国工农红军，1932 年转入中国共产党。红军长征时任中共宝兴县委书记、红四方面军大金川独立师副师长。新中国成立后，曾任西康军区后勤部政治委员、西康军区参谋长、成都军区后勤部政治委员、全国政协委员等职。1955 年被授予少将军衔。2000 年在成都逝世。

忆红军藏民独立师

金世柏

长征途中，我有幸在藏民独立师工作，同藏族战士们一块战斗生活了大半年时间。这是一段令人难忘的、值得永远珍惜的日子。在纪念红军长征胜利 50 周年的时候，我不由得回想起这段往事。现写下来，藉以表达我对藏族人民和藏族战友们的深切怀念。

（一）

红四方面军在长征途中，曾派出大批干部开展地方工作。1935 年 9 月，我被派往宝兴担任县委书记。不久，大金省委①派李维海同志来接替我的工作，并向我传达了省委的指示，要我立即办理县委工作的移交手续，赶到丹巴，与大金省委宣传部长李中权同志一起，负责组建和领导藏民独立师的工作。我从来没有带过藏族部队，这可是个新鲜事。听到这一指示，心里既高兴，又感到紧张。忙问："就我们两个人去？""不"，李维海同志补充说："省委早已考虑好了，为了加强领导和便于工作，除你们两人外，准备再从省委机关和红三十一军抽调 100

① 1935年10月，红四方面军在绥、崇、丹、懋战役后，为了恢复和发展大小金川地区根据地的工作，成立了党的领导机关大金（又叫金川）省委。

多人随同你们一道去。”接着，李维海同志又把丹巴的情况向我作了进一步介绍。他说：“在丹巴县城以北的巴旺村，有个头人叫马骏，其父马老太爷（名字忘了），是个有名的大头人，在当地群众中很有威望。因过去国民党对少数民族实行政治上歧视，经济上掠夺的政策，使他们非常反感，矛盾很深。为了反抗国民党军队，以保住其财产和势力不受侵犯，便拉起了一支队伍。红军进入藏区后，广泛宣传和实行民族平等和民族团结的政策，尊重少数民族的风俗习惯，团结争取爱国上层人士，在当地产生了很好的影响。于是，马骏表示愿意接受共产党和红军的领导。根据这一情况，方面军指挥部和大金省委决定，继续保留和发展马骏这支部队，并把它扩建成一个独立师，任命马骏为师长，李中权为政治委员，你为副师长。省委特别强调，你们去以后，一定要和马骏搞好团结，共同努力把这支民族部队组建好，带领好。”

（二）

接受任务后，我深感自己肩上的担子实在不轻。于是，很快办理了县委工作移交手续，于12月中旬奔赴丹巴县城。不几天，李中权同志和调来的其他干部也先后到达。我们见面后，尽管彼此不熟悉，然而共同的任务却把我们紧紧连在一起，大家都从心里感到无比的喜悦。

为了尽快开展工作，我同李中权同志商量，立即会见马骏和马老太爷。马骏在县城有一幢住房，门口还放有岗哨，显然这是他的指挥部。马骏得到我们要去的通知后，早已迎候在门口。一见面，他非常热情，首先向我们献了“哈达”（这是高贵的礼节），接着领我们到客厅叙谈。我看他大约30来岁，身材高大魁梧，穿一件藏式皮大衣，腰间挂一支盒子枪，显得很精神。经简单谈话后，他带我们去见马老太爷。

老头人盘腿坐在铺上，从他的神态看是个老成持重的人。见面后，他用犀利的眼光打量着我们这两个年轻人（那时我和李中权都才27岁），半晌才说出一句话来："嗯，坐吧！你们都是汉人？"看来，他对我们还不太信任。因老头人过去同国民党军队打交道是吃过不少苦头的。

到底还是李中权同志是搞宣传工作出身的，应付这种场面很有经验。他立刻回答："是的，我们是汉人，可我们是红军！"当他说到"红军"二字时，故意把嗓门提得很高，说得很清晰，仿佛让人一听就能听出红军与国民党汉人是完全不同的。

我们坐定后，李中权同志又把我们党的民族政策、红军的主张和我们来此的目的，向老头人作了一番介绍。最后他郑重宣布："请老头人放心，我们来，决不是想吃掉你们，而恰恰相反，是要帮助你们把部队进一步扩大，建成一个独立师，并任命马骏头人为师长。今后让我们联合起来，共同反对国民党的反动统治。"

我见老头人眼神稍露喜色，忙插上去说："为了改善你们部队的装备，我们还带来了一点枪支弹药，等一会请老头人过目。"

"很好！很好！"经过我们阐明党的政策，又听说有枪，老头人豁然开朗起来，忙起身亲自去为我们端来奶茶，又叫佣人捧来点心，热情地接待我们。

从那以后，又经过多次酝酿协商，终于拟定了一个《独立师的编成和各级干部配备方案》。当时全师共编三个团，无营的建制，每团辖五至六个连（又称队）。各连人数不等，多则百把人，少则六七十。师部有个警卫排，30多人。全师发展到最盛时期将近2000人。除红军调去的同志外，全系藏族。为了便于工作，红军调去的同志也一律穿藏族服装，并要求学藏语，与藏族战士过同样的生活。

（三）

经过紧张的筹备，藏民独立师于 1935 年 12 月底的一天上午，在马师长的指挥部，召开了有师团干部参加的成立大会。这一天，马师长的驻地红旗招展，锣鼓喧天，真是节日一般。他的客厅里特地供奉了菩萨，燃起了酥油灯，给人一种庄严神圣之感。大会开始，首先由我宣读了独立师的编成和各级干部任职名单。记得那时双方商定的原则是：团长、连长和部分副连长，由马骏原有的骨干担任；团政委、副团长、各连指导员和警卫排长由我们调去的干部担任。接着，李中权同志宣讲了红军的政策、独立师今后的任务和部队的纪律。最后特别要求所有人员要坚决服从马师长的领导，搞好军民团结和内部团结。马师长和马老太爷也发表了简短的讲话。马老太爷在讲话时，还捧起酒碗，面对菩萨，按照民族宗教礼仪，为红军祈祷祝福，祝愿独立师吉祥兴盛。会后，马师长还设酒宴招待了大家。

藏民独立师成立以后，根据当时的敌情和师担负的任务，部队作了适当的部署。确定：一团驻丹巴县城以西的一条沟里；二团驻县城以北的小巴旺；三团驻丹巴与金川之间的大巴旺；师部和警卫排，开始驻在县城，后来为了指挥方便，移驻到小巴旺背后半山坡上的一个寨子里，靠近二团。各部队住下后，抓紧时间进行了军政训练，部队的军政素质得到了明显提高。

（四）

藏民独立师在完成各项任务中，发挥了特殊的作用，做出了积极的贡献。

一是配合红军主力作战，开展对敌斗争。部队担负着以丹巴为中心，东至绥靖（今金川），西至夹金山约300公里交通线的警戒任务，并常与国民党军队和当地反动上层武装作战。记得有一次，驻丹巴县城的红军第九十一师围歼丹巴南面后山的敌人，独立师以两个连担任阻击。战斗打响后，敌人向独立师阵地猛扑，企图吃掉我们。参战的藏族战士个个顽强抗敌，而且枪法相当准，打得敌人死伤惨重，狼狈溃逃。最后在红军主力部队的围攻下，全歼了这股敌人。红九十一师首长特地表扬了参战的藏族战士，并将缴获的武器分给了我们一部分，同志们受到很大鼓舞。以后，每次战斗，红九十一师都从独立师抽调少数藏族同志担任带路、翻译，向敌人喊话等任务。

二是维护社会治安，巩固后方安全。红军进入藏区后，少数反动上层人士勾结国民党军队，采取造谣欺骗等手段，煽动和裹胁部分群众外逃，给红军造成很大困难。独立师战士多系本地人，熟悉当地情况，他们通过各种方式，用藏文向群众宣传共产党和红军的政策，不断揭露敌人的谣言，动员外逃群众逐步返回家园。从而恢复了正常的社会秩序。1936年3月以后，红四方面军主力逐步向道孚、炉霍一带转移，金川和丹巴地区成为大后方。这时，国民党军队和当地反动势力经常对我进行袭扰。尤其是丹巴城东南有座铁索桥，是通往外地的咽喉，此桥一旦遭到破坏，将对城内军民的生活供应带来严重威胁。因此，敌人千方百计地企图进行破坏。独立师派出小分队配合红九十一师，日夜警惕地守护这座桥梁，直到红军撤走时，此桥仍安然无损。

三是为红军筹集粮食物资。在这方面，马师长和马老太爷发挥了特殊的作用。他们很讲义气，重感情，一旦同红军交上朋友，就千方百计地为红军办事，日夜辛勤奔忙。在粮食奇缺的情况下，他们利用头人的身份和在当地的影响，用藏文写条子派人送往各村，要求限期将红军所需粮食物资送到指定地点，从而保证了驻丹巴红军的供应。

四是扩大我党我军的政治影响，动员群众参加红军。独立师在当地具有广泛的群众基础，他们通过访亲串友，介绍红军情况，不断扩大红军的影响，使许多青年纷纷报名参加红军。现中央顾问委员会委员天宝同志，就是那时参加独立师的。他虽然年纪很小，但非常精干，又能吃苦，还懂汉话。所以，部队每次执行任务，总要派他带路，当通司（翻译）、搞宣传、向敌人喊话等，真是一个难得的人才。

（五）

在独立师，使我最难忘记的是同马师长和藏族战士们相处的那些日子。广大藏族战士勤劳朴实，能骑善射，喜歌爱舞，而且作战非常勇敢，真是一群可爱的小伙子。他们走到哪里，那里就充满了生气。当然，对他们的教育管理，是要讲究一点方式方法，否则便会遭来麻烦。一次，二团一个干部向我报告，说有两个战士不大听招呼，还张口骂人。以后，我到部队检查工作，见到了这两个战士，他们长得身材剽悍，肩宽背厚，古铜色的脸上嵌着一对机灵的大眼睛，显示出青春的活力。从交谈中才了解到，原来他们曾跟一个头人当“马弁”（即私人保镖），还懂一点汉语。因我们有个别干部工作方法简单，使他们感到别扭。我对二团这个干部交代了工作方法，他主动找这两个战士交心、道歉，并交了朋友。听说以后这两个战士表现特别好，每次战斗争着参加，北上过草地时，生活再苦也不愿离开部队，一直到了陕北。可惜时间久了，我忘记了他们的名字。

在同马师长朝夕相处中，我们彼此尊重，感情十分融洽。马师长为人诚恳朴实，很重感情，深受战士们的拥戴。我曾跟他一道多次下连队检查工作。每到一地，他都给部队讲：要拥护共产党，听红军的话，要遵守纪律。话虽那么几句，但很起作用。一次，我们从小巴旺返回路过他老家时，他特邀我去他家做客。他老家住在半山坡一座藏式平顶土房里。爱人是个年轻纯朴的农家妇女，一见面，便热情地招呼我，给我捧来酥油茶。马师长围着火堆给我烧烤玉米面饼。我们一边吃着，一边叙谈着家常，憧憬着未来。马师长见我嘴上糊了一圈黑炭，止不住大笑起来，抱歉地说："实在对不起，我家没有好吃的来招待你。"我忙说："这就很好！这就很好！"后来我才知道，马师长为了支援红军，把家里仅有的口粮也献出来了。我不禁暗暗称赞："这是个多好的同志啊！"可谁能想到，他因未得到张国焘的"信任"。北上前夕，被张国焘下令杀害了。现在想来，实在可惜。解放后，党和政府特地为他平反昭雪。

藏民独立师于1936年9月初奉命北上，随九十一师之后，向毛儿盖、包座方向前进。因我们担任后卫，粮食得不到补给，过草地时，生活极端艰苦。一部分同志不愿远离家乡，经上级批准，留在当地继续坚持革命斗争。天宝等部分同志坚决要求跟红军北上，被编入其他部队，历尽千辛万苦，终于胜利到达陕北。他们是经过长征洗礼的民族精英，是藏族人民的光荣和骄傲！

1987年4月于成都

选自中国人民解放军历史资料丛书编审委员会编：《红军长征·回忆史料（2）》，解放军出版社1992年9月第1版，第83—88页。

难忘的战斗岁月①

罗家镐

1935年冬，中共四川省委书记李维海同志派我到宝兴任县委副书记兼大池区委书记、区苏维埃政府主席。我到宝兴，县委书记兼宣传部长是宋立泰、县委副书记兼组织部长杨步荣、妇女部长何莲芝、少共妇女部长姓何；县苏维埃政府主席是刘大坤（离休前任河南省军区副司令员）。县苏政府设有保卫局，还在两河口设了接待站，供一般干部来往食宿，部队干部住兵站，宋立泰调离宝兴后，县委书记由李维海兼任。李维海是盐井工人出身，1929年参加中国共产党，四川南部县人，我俩是老乡，自幼相识。

省委分配我到大池区工作的任务是：配合部队积极开展地方工作，组织地方武装，扩红，剿匪，搞好红军接待站，维护宝兴至硗碛这一交通要道的治安，确保长征征途畅通无阻。驻防一个警卫营的兵力，直接由我指挥。

我到宝兴三天后，就去大池沟任职，首先是建立政权。大池区委、区苏政府设在外廊坪包头人家四合院内。除我以外，还有两个区苏副主席，一个是红军干部，另一个是老杜。区政府工作人员少，任务繁重，大家都很忙。区苏政府辖五个乡：一乡——炳羊沟、二乡——大池沟、

① 选入本书时编者略有删节。

三乡——野猫坪、四乡——盐井坪、五乡——邓池沟。时间虽然不长，但工作进展顺利。五个乡都建立了苏维埃政权，组建了百多人的游击队，筹集粮食、运粮，剿匪等工作都开展起来了。任务重的是剿匪，宝兴是大山区，森林又多，土匪在森林里搭了窝棚，白天在山上躲藏，晚上出来捣乱破坏。为了剿匪，我们红军战士也埋伏在深山老林里，用树枝搭起窝棚，度过了几十个昼夜。

区苏副主席老杜，本地人，人地熟悉，负责剿匪、打土豪、分田地任务。他是长工出身，一家四口，住的是千根柱头（墨竹子）落地的茅草棚，生活十分贫苦。我经常到他家，同他一起工作，一起吃住。老杜的年纪比我小几岁，但枪法好，打仗勇敢，不怕死，我三次遇险，都是他解脱了险境。

一天晚上，下着鹅毛大雪，气候很冷，我们六个人埋伏在大池沟到炳羊沟垭口上的一户老百姓家里，准备抓土匪头头王定章。不料被土匪发现，包围了我们，敌人乘深夜和有利地形向我们猛烈开火。当时，互相不了解兵力部署和人数之多少，敌人不敢破门而入，我们也不便轻易追击，但时间越久对我们越不利，情况十分危急。这时，老杜悄悄从房内摸出去，埋伏在房檐下的沟沟里，一个人向东打，往西冲，边打边喊，敌人误认为我们冲杀出来了，很快便向后山溃散。整个战斗进行了两三小时。

另一次，我们几个人从野猫坪到邓池沟，沿途林木葱茏，野草丛生，我们在离乡政府不远的河谷小道上，碰上了土匪十多人，一接触，双方就开了火。敌人占据着山头隘道；我们则利用大树、岩坎作掩护拼命抵抗。但寡不敌众，形势对我们相当不利。这时，老杜一个人顺山爬悬崖峭壁而下，过沟攀缘而上，绕到敌人后面，占据了山头袭击敌人，土匪认为乡政府里的红军已到，弃阵逃跑。

还有一次，我们从区政府出发，经孙家岗到后沟，在岗上遇到了埋伏起来的土匪，双方一接触，我们四人受伤，在此危急之际，老杜勇敢冲锋在前，堵击敌人，掩护我们撤退。

老杜勇猛过人，在艰难困苦的环境中冲锋陷阵，不怕流血牺牲，对红军、对同志很有感情。他为什么又没有跟上红军呢？因我派他到芦山买电讯器材，而我们突然接到撤退命令，离开了宝兴，老杜跟不上我们了。虽然这样，但我同老杜并肩战斗的情谊，怎么也是不会忘记的。

1936年初，县委副书记兼组织部长杨步荣和一个姓何的少共妇女部长到大池区协助我工作。一天下午，杨、何二位同志到一乡检查工作，乡政府设在炳羊沟半坡头的一座四合院内，天气很冷，满山积雪。当晚，他们正同炳羊乡的一位乡干部一面烤火，一面研究工作，敌人突然出现在他们面前，经过一场激烈的肉搏战，敌人用菜刀和斧头把这三位同志当场砍死。当我得到报告，天不亮就赶到了那里，但见这三位同志，有的被砍断了手脚，有的被砍烂了脑袋，墙壁上、地板上都被战友们的鲜血染红了。我带领同志们悲愤地埋葬了三位战友的遗体，又投入了新的战斗。

区委所在地的二乡——大池沟，这里的土豪有王光斗、王保安、王定章，他们一家势力很大。当时，有一个在保卫局工作的、姓赵的女红军，同王保长的儿子好，就叛变了革命。他们带领一伙土匪在区委机关后面的高山上搭起窝棚，与红军对垒。一天晚上，我们一个警卫连上山剿匪、捉叛徒。走在前面的是警卫连副连长张明清同志，在离敌人两米左右的地方，躲在大树下面的敌人首先开了火，老张当场牺牲，还有几个同志负了伤，当我们后续部队赶上时，打落了叛徒的帽子，可是敌人已经逃脱了。

董老（董必武）的爱人何莲芝同志，曾任宝兴县委妇女部长。这个人很勇敢，个子大，也有力气，身上常挎30几排子弹。有一次，在陇东被土匪包围，她们坚持了十几个小时，直到第二天早晨，我们才把她们救出来。

选自中国人民政治协商会议宝兴县委员会文史组编辑：《宝兴文史资料：红军长征在宝兴专辑》，1989年9月，第48—51页。

罗家镐，1911 年生，四川南部人。1933 年参加中国工农红军，同年加入中国共产党。红军长征时任中共宝兴县委副书记兼大池区委书记、区苏维埃政府主席。新中国成立后，曾任四川省商业厅副厅长等职。

我在少先队里工作的 100 天

吴登蛟

1935 年冬天，红军解放了宝兴县。当时，我 17 岁，由县委的刘部长介绍，我参加了少先队。这年的 11 月份，在县苏维埃政府的大会议室里，召开了宝兴县少先队大队部成立大会，参加会议的只有 20 几个队员。会上，刘部长宣布：“齐元方任宝兴县少先队大队部大队长，吴登蛟任副大队长。”他还说：“参加少先队的条件是 17 岁至 20 岁的、有觉悟的劳动青年；少先队是红军的后备兵，要认真搞好支前工作，配合红军搞好群众工作和治安工作。”后来，少先队员发展到 100 多人。

1936 年 1 月 1 日（腊月初七）晚上，刘部长和一个女红军带领我们大队部的 20 多个少先队员，从宝兴县城运送子弹和手榴弹到五龙，我们把武器送到五龙的天主教堂头，就被五龙的匪首彭德轩带上土匪把我们包围了，到鸡叫时，教堂外头就呐喊起来了，刘部长和女红军把土匪抵住，我们就撤退到五龙下场口的一座碉房头；到天快亮的时候，女红军在前面开路，刘部长在后面压阵，带领我们顺利地回到了县城。

1936 年 1 月 6 日（腊月十二），我们少先队部的 20 个队员，又在一个姓张的游击队分队长的带领下，到五龙对门山上去捉土豪田洪兴，虽然没有捉到人，但抄了他的家，抄到了一些武器弹药，也算壮了少先队的声威。

少先队大队部设在县苏维埃政府里。平时，刘部长和其他红军战士经常给我们讲“只有共产党才能救中国、救穷人”、“抗日反蒋”等革命道理，教我们怎样出击敌人，怎样突围等军事知识，还教我们唱革命歌曲。现在，我还记得一首歌，歌词是：“共产党领导真正确，红军打仗真不错，粉碎了国民党的乌龟壳，我们真快乐！真快乐！”

1936 年 1 月 22 日（腊月二十八），刘部长召集我们大队部的队员开会，他说：“就要过大年了，愿意留下的欢迎在这里过年，就像在自己家里一样；要想回家过年的，今天可以回去，初三必须回到大队部。”根据这个精神，我回到野猫坪过了年，初三又回队了。

过年后，刘部长带领我们大队部 20 个队员，同一个排的红军战士一起，到中坝沟头去剐棕皮，用作棕背心，以解决红军御寒的问题。我们到了中坝沟头的大旋，根据群众的揭发，挖开一座假坟，坟内无死人，棺材里有一个木箱，装满了一箱金条，有好几斤金子。当我们在大旋的一个四合院内吃晚饭时，反动派就把我们包围了。这时，刘部长命令我们：“一定要保住木箱，向后山撤退。”我们退到紫云的山上，反动派又在下面包围了我们，还嚣张地喊叫：“把他们全部活捉！”深更半夜，天气寒冷，我们还是坚持下来了。在此危急关头，我们聪明的号兵机智勇敢，他爬到桦溪树上，不断吹冲锋号，既使敌人摸不着虚实，又使当地游击队和驻防灵关一带的红军得到了信号。天不亮，从灵关开来一营红军，反动派闻风而逃，我们便顺利回到了灵关。这次到中坝，虽然没有剐到棕皮，但得到了一箱金条，领导表扬了我们几十个人。

从灵关回到宝兴县城，红军的大队伍不断从名山，雅安方向撤回宝兴。因驻军多，我们少先队大队部便搬到了县城后面的冷木沟，住在马家，我们的任务是做干粮。于是，我们几十个少先队员，在冷木沟的空地里，架了二三十口大铁锅，把大米放在开水锅里略煮一下，便捞起来放在油锅里炸，炸熟冷却后，装进五尺长的布袋里，每袋起码有五斤干粮，然后用滑竿抬到红军那里，每个战士发给一袋。就这样，白日连夜地坚持了七八天，一直搞到 2 月 20 日（正月二十八）。

正月二十八日晚，在宝兴的大堂上集合，领导干部点名后，宣布连夜向西河进发。我们每人背上四支枪，走到五龙就半夜了。我们同红军战士们一起，在五龙教堂里休息。同行的少先队员还有杨忠和、李连清、马洪顺、张炳生。谁知我们娃娃家瞌睡大，一觉睡到大天亮，枕边一摸，武器不见了，睁眼一看，红军已经开走了。我们五人顺河而上追赶红军，到了格达桥，被五龙匪首彭德轩的队伍抓住，后来由亲戚作保人，才在二月初一回到野猫坪。

选自中国人民政治协商会议宝兴县委员会文史组编辑：《宝兴文史资料　红军长征在宝兴专辑》，1989年9月，第59—61页。

吴登蛟，1918年生，四川宝兴人。红军长征时任宝兴县少先队大队部副大队长。

我参加工农红军经过（节选）

戴大珍

我于1918年出生在太平乡大河村黑土溪的深山沟里。七岁那年，家乡闹灾荒。由于灾情严重，父母带着我迁到宝盛乡马牛山，祖地主高德山六亩坡地。每年交租一石二斗，艰难渡日。哥哥嫂嫂带着侄儿仍在太平乡务农为生。我们到宝盛后第三年，哥哥戴大昌病故。嫂嫂把三岁小儿戴有财，抱到马牛山交给我后，改嫁山外。当时我才十岁，就当了戴有财的养父。

14岁那年，父亲送我到玉溪河高家当上门童养婿。每天起早摸黑地种地、捡柴、割草，进屋就喂猪、打杂，半夜要起床打更。整天不歇气，还得不到老丈人的满意，不打就骂。这使我很想离开他这个家。

1935年农历五月间，中央红军路过宝盛。人人称赞：这个军队好，说话和气，买卖公平，喝老百姓一碗开水都要给钱。我听说后，就想跟红军走，但是他们已走远了。

这年冬天，红四方面军来到玉溪村。他们见到我时，总是笑哈哈的同我摆谈。一天，我同高元全到碾房里，见有几个红军在那里碾米。我问他们要不要我当红军？他们听我讲了我家的事后说，你是穷苦人家的青年，我们红军是为穷人打天下的，欢迎你参加。这样，我就帮他们碾米。碾完米，我就跟他们一路到了河边上的红军“漳树”政治部。政治部的白主任住高卓山家。同我谈话后，就把我分到经理部运输连当战士。住了两天，大约是腊月初十左右，调我们到邛崃高兴场马家岩打土豪。十多天后又调回宝盛公议场运大米、玉米到太平场。在太平场我碰上了本村的高福寿，他绰号“生毛子”。我们编在一个班，班长是江西人。

1936年正月初九，我们运输连调往大川改编。部队从太平出发，当天过炒米溪时，生毛子开小差跑了。我到大川后，分到住大川羊坎门红九军八十一团二营五连当战士。连部住杨辉武家。指导员叫王文义，是河南人；连长叫冯有贵，湖南人。连长发给我一支七九步枪，三发子弹。没发军装，我仍然穿我原来的便衣，麻窝子草鞋，棕皮包脚。在连里，我们天天练习瞄准、排队、跑步等。

我们连在羊坎门住了20多天，调往大川场。驻场背后的石碉堡里。正月二十三那天，川军从马桑坝方向冲进大川场，把我们连围在碉堡里，我们只有几十人守碉堡。天没亮，枪就响了。整整进行了一整天的激烈战斗。川军一进场就放火烧了街房，我看见火烧到碉堡前头，心里有点怕，从没见过这阵仗。排长对我说：“别慌张，要沉着，爬下瞄准敌人，一颗子弹要消灭一个敌人。”我们坚守两天后，奉命撤出了碉堡，并于当夜顺大川河北上，翻大瓮顶到宝兴县邓池沟。在这里我们又同堵截我们的民团打了一仗。我们消灭了民团冲进盐井坪，到了硗碛，准备翻夹金山。

我参加红军时，老丈人不知道。离开家乡也来不及向父母侄儿告别。翻过夹金山，过懋功去丹巴。在丹巴又打一仗才进了城。从丹巴翻过党岭山，走道孚。在道孚休整了几天后又向南开，到泰宁打李抱冰。

在这里，我又犯了一次险。那天早晨，班长派我去山头放哨，我一个人，看看山下没动静，又看看手中七九步枪，一时心里好奇，把枪机柄拆卸下来。猛抬头，见山下敌人正往我面前爬上来。已无法开枪，我大喊：“敌人爬上来了！”全班立即跑来，向敌人投了一阵手榴弹，接着冲下山去追击敌人。这时连长跑来问我：“你在哭啥？”我说：“我的枪拆开了，装不起！”连长说：“拿这支去，看见枪就捡上来！”我端着枪冲下山去。看见横七竖八摆满敌人的尸体。我从地上捡起四支枪背起，往回爬。上山后交给连长，连长高兴地说："很好！捡了枪，还要捡回子弹袋。"我刚转身，准备再去捡枪支子弹，连长又喊我"别忙！"连长把步枪子弹推上膛后交给我说："要是哪个尸体在动，你就给他一火。"又给我一把匕首，并交代说："把尸体身上的子弹袋扣子割断，再一拉，子弹袋就到你手里了。尸体动，你就用刀杀他。"我答应一声："好！"就转身冲下山。开始从敌人尸体上拉子弹袋。拉到第四个时，突然这具尸体"哎哟"一声，就要坐起来，吓了我一大跳。我背起三袋子弹，转身就往山上爬。待我爬上山头时，在我身后的同志已把那个没死的"尸体"背上山来了。连长说："送他到后面的卫生队去上药！"这个受伤的俘虏以后要求参加了红军。这次反击战，共捡了几十支枪，子弹无数。

不久，八十一团开庆功会。那天早上，有几个老战士，给我开玩笑说："你放哨，乱喊乱叫，把敌人喊来了，今天要枪毙你。"我听了心里发慌。向班长说："我肚皮痛，不去开会。"班长说："肚皮痛，也要去。"我更慌了。到会场坐在地上，我把头埋在班长的背后听台上讲话。当台上说道："这次戴大珍这个小同志，捡了四支步枪、三袋子弹，立功表扬。"我一下才笑了起来。

在泰宁地区，与敌人对峙一段时间，又回道孚，开往炉霍。从炉霍到查理寺后开始过草地。草地里水草无边。一个通司（藏语翻译）在前面带路。路上的水，踩齐脚杆，路两边是泥潭，无底深。有一匹马受惊乱跑，牵马的饲养员跑去追马，结果，连人带马一齐掉进泥潭，一下子就被泥水淹没。晚上，我们在一块稍微高一点的草地上，用四根棍子，撑起被单作帐篷。大家挤在帐篷下睡，天亮醒来身下是一凼水。身上的羊皮褂子，羊毛线裤子，全泡湿完。但没有换的，只好穿起一身湿透的衣裤继续长征。

在路上，干粮吃完了，将头上戴的牛皮"草帽"、脚上穿的牛皮"草鞋”脱下用瓷盅煮来吃。再就是吃野菜、野葱、灰灰菜等……

走出草地到包座，我因拉肚子住进总医院。出院后，我们几十个伤病员一路，到了三十里铺，编入总司令部通讯营，当通讯员送信。这个司令部的总司令就是朱德同志。所以我只见过朱总司令，没见过毛主席。

接着，部队打甘肃省的洮州、岷县、漳县一直打到天水堡、河泥湾。后来我们连又改编，归属陕甘宁边区保卫局，驻在延安。在这里我遇到了邛崃县高兴场的高国兴、高国清。高国兴在警卫连当指导员，高国清同我在保卫局。

1937年，部队调定边县。我编在县独立团二营五连。我先任班长，后任排长。该团团长周秋保，二营长李兴贵，五连长王福长。

这年，在五连当班长时，同连队的七班长冯有贵介绍我加入了中国共产党。（陈绍琳整理）

节选自中共芦山县委党史办公室、芦山县县志办公室、政协芦山县委员会文史组编：《红军长征在芦山资料选辑》，1988年1月编印，第138—143页。

戴大珍，1918年生，四川芦山人。1935年参加中国工农红军。红军长征时为红四方面军经理部运输连战士、红九军第八十一团二营五连战士。新中国成立后，曾任天水第七军司令部四科科长，中共芦山县宝盛乡党委委员、玉溪村党支部书记等职。

回忆红军在蒙山

施光武

我是在 1935 年的冬天参加红军的，当时 34 岁，参加红军前是个木匠。我们一同参加红军的有廖海轩、廖玉清等人。我参加红军后被分在红三十一军九十三师的二七一团二营，在营部机枪班扛机枪。我们二营共五、六,七、八四个连,五连守营部,其他几个连的驻防情况已记不清。我参军后驻过四处:第一次驻蒙顶，我们当时挖的战壕，至今遗迹尚在；第二次随营部驻大五顶，第三次驻金鸡洞；第四次驻千佛寺。千佛寺是师部驻过的地方，我们去时师部已撤走了。我们师长是个大个子，湖南人，名字已记不清，政委叫叶成焕。我们驻蒙山期间，刘湘所部逼近了我们的前沿阵地，白天黑夜，敌我双方时时发生接触，我们经常晚上到敌营去摸“夜螺蛳”(即敌岗哨)，时至年底都没有发生大的战斗，双方形成了冬眠的对峙状态。到了 1936 年正月初九(即 2 月 1 日)，敌人出动了大批的兵力来进攻我们的阵地，我们才在罗家山与敌打了一仗。当时，我们布防在老道观、金鸡关、罗家山顶一线，工事修得好，宜守难攻。敌军从早晨一开始就用大炮、飞机猛轰我阵地，随后集结许多兵力漫山遍野地向我们阵地扑来，我们沉着应战，打退了敌人多次进攻，直至天黑敌军都未攻上我们阵地，还死了许多人。因当天是大雾，上午敌人的一架飞机不知是低飞看不清还是被我军打中，落到了金鸡关下的山沟里，机上的一飞行员当场死亡，另一飞行员被我军背到太平场就死

了。罗家山战斗一结束，我们就奉命撤到了千佛寺，连夜翻山离开了蒙山。（徐登辅据作者口述记录）

选自中国人民政治协商会议四川省名山县委员会文史资料征集委员会编:《名山县文史资料》第2辑，1986年8月，第70—71页。

施光武，1901 年生，四川名山人。1935 年参加中国工农红军。红军长征时为红四方面军第三十一军九十三师二七一团二营机枪班战士。

几点回忆（节选）

张政和

天全战斗

长征出了草地，部队士气逐渐高涨起来，四军、九军和三十军翻杂谷脑到天全，直攻刘文辉。

前线刚一接火，方面军参谋长倪子亮就命令我们警卫连作好准备，参加战斗。第二天下午，我们到达前线山脚下，先派一年一个排冲上山梁，配合四军的同志往下压，其余部队从下往上冲，把敌人夹在中间打。不到三个时辰，敌人就垮了。冲锋令一下，同志们齐扑扑围上去，一举消死敌人一个师的两个整团。仅我们连就消灭敌人一个营，一个排缴获的枪支弹药装备一个连还有余。

杨村战斗

长征到达宝兴，我们供给部的两个连得到命令，迅速赶到杨村，消灭土匪。因为这股匪是受国民党指挥的，从达江罗翻过来，想切断红军翻夹金山的路，把我们和主力部队拦腰斩断。

当天晚上，我们就开始行动，从宝兴河对门过去，直插杨村。可是敌人已经抢先占了那里。但他们人不多，我们在山梁上接火，打到天亮的时候，敌人就开始撤了。我们连长和指导员都挂了花。

杨村的地形很奇特，四面是大山，当中一个窝槽，住着人家，像是关卡，堵住去路。部队占了这里，就调走一个连去对付另外的敌人，留下我们一个连坚守阵地。第二天，土匪开来3000多人包围了我们，战斗打得相当激烈，连续打退敌人数十次冲锋，抗击了一个星期，后面增援部队还上不来。我们力量单薄，120多人的正规连打到只剩了两个排，就从杨村撤了出来。

正在这时，后援部队赶到了，三十一军派了一个师，分成两路，一路走杨村河对门，一路抄杨村背后的退路，四下一围，又把杨村夺了回来。这个时候，恰巧敌人的增援部队也赶到了两个师，和我们展开了激烈的争夺战。一个团的少数民族兵和我们对拼手榴弹，抢走了我们的军旗，打得我们连队只剩了一个排。但同志们仍然顽强地在战斗，和兄弟部队一起，最后击溃敌人全部，消灭了大半，缴获轻重机枪和迫击炮各数十挺，坚决保住了杨村。（赵德荣1982年2月整理）

节选自中共通江县委党史资料征集组编:《通江现代史资料选》第2辑, 1982年6月, 第117—118页。

张政和，红军长征时为红四方面军警卫连战士。

我在邛崃境内战斗的简忆①

张行忠

我是1932年9月间，从鄂豫皖根据地出发，翻越大巴山，到达四川通江的。我原来是副团长，因在一次战斗中丢失了阵地而被撤职。到南江后，我当指挥长（相当于武装部长）。后来，我又在三十三军二百九十四团（独立团）当团长。1935年10月份，我们的部队翻过夹金山，夺取了宝兴、天全、芦山后，翻南宝山、过木梯垴，到达邛崃县境内。到邛崃境内的时候，我在九军八十一团当营政委，带有200多人。那时我们九军的政委叫陈海松。九军的军长叫什么名字，我现在一下想不起来了。总之他年龄比我大，个子却比我矮，绰号叫土地老汉儿。

四军、三十军，是从大金川那边过来到邛崃县境的。我们九军二十五师、二十七师，在夹金山、木梯垴等处，攻打杨森的六个混成旅。我所在的营当时有200多人。记得我们攻下木梯垴后，一直追到邛崃县城西门外的一座小山上，山下不远处有一座石头拱拱桥。我们在山包上看得见敌人架在拱拱桥上及其附近的机枪。当时我们营跟我一道冲在前面的只有百多人，其余的还在后面。当时我们没有再冲了，如再冲的话，或许要冲进城去。若冲进去，那我们就可能回不来了。今天你们来访问我，那就访问不成了！我在那里向上级报告，上级命令我们撤。我们从

① 编者对原文略有修订。

小路往后撤，撤到油榨沱南边的一片山林内时，有一小股敌人也在我们的后面赶上来了。那天晚上，我们攻打跟踪我们到油榨沱来的敌人，没有攻上去，我们还有少数几人受了轻伤。然后，我们就撤到油榨场上驻扎。后来，上级命令我们撤退时，我们营仍旧返原路经木梯堍，逐步撤回夹金山。记得我们部队往回撤时，敌人的飞机还在木梯堍上空丢过八二炮。我们营在邛崃境内的时间不长，也没有参与开展地方工作。在邛崃开展地方工作的，是其他兄弟部队做的。因此，对建立苏维埃等具体情况，我只晓得有那么一回事，但不清楚。

附注：张行忠，离休后住成都军区绵阳干休所。此文，就是根据在绵阳访问时的笔录整理。

选自中共邛崃市委党史研究室编：《红军过崃山史料选》，《邛崃市党史资料汇编》第6辑，1995年8月，第80—81页。

张行忠，1913年生，安徽金寨人。1929年参加中国工农红军，1930年加入中国共产党。红军长征时任红四方面军第三十三军九十八师二九四团团长、第九军二十七师八十一团营政治委员。新中国成立后，曾任西南军政大学川西分校校长，西南公安部队师长兼政治委员，川西军区茂县军分区司令员、四川省茂县军分区政治委员等职。1964年被授予少将军衔。1998年在绵阳逝世。

茶乡情思

胡宗林

每当我端起一杯清香而醇甜的浓茶时，便想起川西的茶乡——名山、雅安。那是我半个多世纪前战斗过的地方，物产丰富、自然条件优越。当年群众对红军是那样的真诚、纯朴，那样关心和支持。军民团结的情景常常在我心中萦回，至今仍记忆犹新。

1935 年，红四方面军南下，遭到敌军 80 个团、20 余万人的围攻。在强大的敌人面前，我们之所以能在名、雅、邛一带坚守上百天，是因为受到群众的衷心拥护和热情支持。人民群众是红军生存的基础，红军和群众心连心。

我叫胡宗林，今年 71 岁，四川理县人，藏族。1935 年 6 月，红军经过我的家乡时，我参加了红军，在三十一军政治部当通司。红四方面军南下攻克宝兴、芦山、天全后，分数路东进，攻雅安、名山、邛崃。三十一军军部和九十三师师部都设在雅安中里场。军部派赵炳林到九十三师当政委，我当传令兵。这个师的二七四团在名、雅交界的大丫口山上设防，我随赵政委到大丫口西麓的刘家沟住过一段时间。那里物产丰富、主产水稻、玉米，到处修竹竿竿，树木葱茏，大丫口山上遍种茶树，枝繁叶茂，我们到刘家沟时值初冬，阴雨连绵，道路泥泞。红军一到，首先带领群众打富济贫，把大户人家的粮食衣物拿出来分给大家，还搞插标分田，深受劳苦大众的欢迎。群众见红军常常赤脚，行军打仗很不方便，就砍回竹子，教我们扯竹麻，打“麻窝子”草鞋，战士们穿上“麻窝子”，再绑起脚码子，走起路来就方便多了。

为了对付敌人，红军战士在阵地前沿砍倒树木，让树枝树干横七竖八地堆放着，白天也难通过，成为我们的第一道防线。然后再修战壕、盖沟、碉堡，防备敌人突击。还砍了很多竹子，削成锋利的竹尖，将竹尖伸入油锅里一炸，就变得很硬，在阵地前沿插上一大片。有时敌人仗着人多枪好冲入竹尖阵地，就被戳得鬼哭狼嚎，红军趁势反击，把敌人打得七零八落，狼狈逃窜。群众见红军很辛苦，就将粮食、盐巴、咸菜、蔬菜等运到山上，支援红军。

由于群众的热情支持，我们在名、雅、邛一线的防守中，取得了不少的战斗胜利，在名、雅交界处的金鸡关，还击落了敌人的飞机。敌人处处挨打，再不敢贸然进攻，只在红军对面的一线山梁上设防，与红军对峙。

在与敌人对峙期间，1936 年的春节来到了。群众送粮送盐、送酒送肉，兴高采烈地与红军共同度过了一个欢快的春节。

红军战士多是贫苦出身，没有文化。为了提高部队素质，上级规定每人每天认写三个字。但条件差，没笔没纸的，怎么写呢？还是群众有办法。他们又给竹子派上新的用场——削竹笔，形同木匠的墨签，一头扁，一头尖。尖的一头可在地上写字，扁的一头辟几道裂口，就可以蘸水写字。没有墨水就用锅烟、木炭等研细，加点水就成“墨水”，用笔蘸上，可在墙壁、石板、石岩上写字。那时敌人进攻都在白天，有来犯者我们就反击；敌人没大举进攻，我们就学文化、搞宣传、开会、打靶等，或和群众一起活动。一到晚上，就该红军显威风了，有时红军“摸夜螺蛳”，摸到敌人的哨所、营盘，敌人不知虚实，不敢轻举妄动，红军就把敌人的枪支弹药以致做好的饭菜一并缴获。

1936 年 2 月，红军要转移了，群众依依不舍。为使我们离开后还能喝到这儿的茶，群众拿出很多茶叶，教我们熬“茶膏”：把茶叶放入锅里，加适量的水，再加点碱或草木灰，烧上大火熬，直到茶水成糊状，再把粗的渣滓去掉，再熬干一点，搓成羊粪蛋大的茶丸晾干。红军临走时，群众把制成的茶丸全给了我们。为让我们在缺水的地方有茶喝。群众还教我们用尺把长、直径两三寸，两头有节的竹子做水筒。有一端钻一个小洞，将茶水灌满后，用个楔子堵住洞口，携带就方便了，可在行军路上喝。带的茶水喝完了，还有茶丸子呢。到了有水的地方，一碗水泡上一颗茶丸，不一会儿，又喝上名、雅一带的香茶了。

打那以后，往往在我喝茶时，就想起长征路上关心过、疼爱过、帮助过我们的父老兄弟，缕缕思念之情便油然而生。（韩廷相、罗新华根据走访胡宗林同志记录整理）

选自中国人民政治协商会议四川省委员会文史资料和学习委员会编：《国川文史资料选辑——红军长征在四川》第48辑，2006年编印，第143—145页。

两次巧遇[①]

罗光泽

我参加红军时，依靠弟弟罗大位在家从事农业生产，侍奉母亲，照顾小妹妹，就放心地离开了家，哪知道我走后不久，他也参加了红军。1935年初，红四方面军离开四川根据地，我们三十军八十八师二六三团西征路经我的老家时，我向上级请假回家探望母亲。在家里听母亲说，我走后不久，弟弟大位也参加了红军。从他写给家里的信上得知，他在三十军八十九师二六七团一营一连当战士。这时我才知道我们同在一个军，作战、行军、休息、驻扎，往往经常在一起活动，但却没有得到见面的机会。因为队伍很大，分布很广，特别是进入西康一带少数民族地区，地旷人稀，团与团之间的距离，平常总是很远很远的，又不能互相窜营，所以一直没有见面。

大约在1935年九十月间，张国焘拒不执行党中央北上抗日的正确方针，同中央闹分裂，擅自把北上的原红四方面军拉回南下，企图到天全、芦山一带创造根据地，并提出口号：“打到成都去，好吃大米饭。”

队伍刚南下不远，就遇上原来尾追红军的胡宗南等国民党匪军，阻挡了我军南下的去路。上级命令八十九师二六七团的一营一连攻打敌人严密防守的一个制高点，由于我们红军在草地雪山辗转往返，拖了几个

① 编者对原文略有删改。

月的时间，战士们的体力都很弱很弱了，又缺乏弹药物资，而且这次遇敌，事先又没有进行战斗动员，战士们都没有思想准备，仓促应战，虽然红军英勇杀敌，消灭了部分敌人，打退了敌人的阻击，但在攻坚战中，我二六七团也损失很大，一营一连几乎全打光了，伤亡很严重。我当时听到同志们议论的这个消息，心里咯噔一下，非常不安，一营一连损失这么严重，我弟弟大概也难以幸免，不知是死是活，心里特别着急。不久，从火线上下来的伤兵担架，一副副地在我们队伍中间穿来插去，我就一一打听，询问有没有罗大位这个伤员，甚至大声喊叫弟弟的名字，但是一直没有音信。又往前走了一段路，看见前边一块平坦的高地上，放有很多的担架，抬担架的同志正在那儿休息，吃干粮。我请了一会儿假，跑过去一边打听一边大声喊叫弟弟的名字。这时，在西北角的一副担架上有人答应了一声，我急忙上前去，一看果然是弟弟罗大位，就紧紧地握着他的双手，一股热流传遍了全身。这时真是百感交集，悲喜交加，喜的是兄弟终于见面，悲的是看到弟弟脸色苍白，身上的伤势很重，不禁流下了热泪。由于心情激动，半天，我们哥俩谁也没有说出一句话。还是弟弟首先开腔：

“哥哥，不要伤心，我活着这就算很幸运了。”

“是啊，敌人的子弹又不长眼睛，作战总是有伤亡的。”我抑制着感情的冲动，安慰弟弟说，“你也不要着急，抓紧治疗，好好养伤，留得青山在，就是革命的本钱。等你的伤好了，咱们一起去向敌人讨还这笔血债！”

我说着随手从兜里掏出几块藏洋（藏民用的银币）交给弟弟用。弟弟说：“哥，钱你留着吧，我不要。现在最困难的是吃的东西，你把干粮给我一点吧！我好久就没有吃的了，我的干粮袋子负伤时就丢失了，现在吃的全是同志们分给我的。”弟弟用手指了指身边抬担架的同志们，又说，“他们的干粮也很少了。”

的确，在这人烟稀少的草地上，粮食本来就很少，加上千军万马过来过去，能够吃的东西，几乎全吃光了，谁还能有多余的干粮呢！我宁可自己饿着肚子，也不能让身受重伤的弟弟挨饿，不能让弟弟分吃别人仅有的一点干粮。于是便解下干粮袋，倒给了弟弟一多半。临别时，我向抬担架的同志们一一道谢，并希望他们多多照顾，慢起轻放，随时给弟弟弄些水喝。我又给他们撕了一大块新布，请他们及时给大位擦洗伤口的脓血。他们也一再表示，要像照顾自己的亲弟兄一样照顾大位，让我放心。这些真挚朴实的话语，使我心里热乎乎的。因为部队正在急行军，不能久待，只好和弟弟依依惜别，跑步追赶队伍去了。

张国焘命令队伍昼夜兼程，重翻雪山，再过草地，打算到天全、芦山一带创建根据地，实际是搞独立王国，以此与中央分庭抗礼。红军部队在这里又同四川军阀相遇,展开了激战。在攻打天全、芦山的战役中，我也负了伤，住了院。也许和弟弟是同病相怜吧，此时怀念大位的心情更加强烈了。

部队在天全、芦山一带迂回了几个月，损失很大，指战员们都对张国焘的路线很不满意，加之大敌压境，防线被突破，张国焘被迫不得不回师北上。

部队到了懋功一带，把伤员按轻伤重伤分到两个医院：轻伤员调送杨村医院；重伤员调送龙洞医院。我是头部和左臂负伤，不影响走路，算是轻伤员，应去杨村医院。那时所谓的医院，不过是由一个担架队，几名医护人员和伤员组成的临时集体。仅有简单的护理器械、纱布、红汞等一类用品和药物。医院仍然随部队行走，部队宿营它扎寨，部队行军它启程。大约那是在四五月间，整个部队都在调动，进行紧急调整，好像是有什么大的行动。伤员开始调送了，我由护士同志送往杨村医院。在一个狭窄的漫坡道上，我们正往上走，从上边很远的地方走来了几个人，再仔细一看，是两个人搀扶着一个双手捧着肚子的重伤员，趔趔歪歪哼哼呀呀地往下走来。等到靠近了一些的时候，我和那位重伤员的目光相碰了，刹那间我们两人都愣住了，哎呀，那不是弟弟罗大位吗？

弟弟这时也认出了我，又惊又喜地叫了一声“哥！”这一意外的相逢，说不出是悲是喜。我紧走几步，来到弟弟的跟前，看他那被伤痛折磨得痛苦的样子，心里非常难过。

我察看了弟弟的伤势，他是小腹部和左腿根负伤了，还不断地透过绷带往外渗出血水。这是医护人员送他去龙洞医院。我们互相询问了负伤的经过，得知弟弟第一次负伤刚好出院，归队正赶上部队攻打天全、芦山。在这次战斗中，他又第二次负了重伤，因为失血过多，昏了过去，是同志们把他救出送进“医院”的。万万没有想到，我们哥俩同在一个战场上前后负伤。战斗进行得这样紧张，能活着就算是不幸中的幸事了，有多少阶级弟兄献出了他们宝贵的生命啊！我们怒骂着国民党反动派不让我们革命，心里也暗暗地恼恨着张国焘不该把部队拖到这个绝境中来，他可把我们害苦了。因为情况紧迫，没有时间多说话，只能互相安慰几句，嘱咐保重身体，毅然而别。

我们哥俩从此分手后，音信皆无。彼此牵肠挂肚，都祝愿对方尽快康复，重上战场，杀敌立功。我随部队到达延安后，多方打听弟弟的下落，但都毫无结果。直到国共第二次合作，抗日民主统一战线形成，红军改编为八路军，全国邮政通邮以后，我们可以公开与家里通信时，才得知弟弟所住的龙洞医院没有跟队北上。由于伤员负伤过重，行动不便，我军前进时，无奈只好把重伤员转交到当地的博巴政府（藏民地区的红色政权）管理了。当时，博巴政府还没来得及把伤员隐蔽好，国民党匪军就在夜间包围了这个村子。弟弟大位只好一个人摸着黑，拖着受伤的身子，忍着剧烈的疼痛，艰难地向村头河边的草丛里爬去。豆大的汗珠从他的脸上不断地滚落下来，衣服也早被汗水湿透，像暴雨淋过一样。弟弟躲在草丛中，听到村子里一片惨叫声，鸡飞，狗跳和叭叭的枪声，还不时传来匪徒们发出的狂叫怒骂声。这群野兽，对手无寸铁已完全失去战斗力的重伤员，惨无人道地横加屠杀。除了个别人逃走幸免外，龙洞医院的全部重伤员，都惨死在国民党匪徒们的屠刀之下了。

夜长长，路漫漫，奋力挣扎奄奄一息的大位，未等天放亮，在荒凉的野外按照星星的位置辨识着方向，向前爬去。他避开大路走小道，一路上讨吃要饭，历尽辛苦，辗转数月，才逃回家中。在家里由于山村偏僻，无医无药，伤口更加恶化，脓血不止，卧床不起。历经数年。一天，从小腹伤口流出的脓血中滚出了一粒子弹头，以后伤口才慢慢愈合，但已成了残废，在生产中只能算是半劳力。1978年，他被追认为在乡红军，国家每月发给他30元钱的生活补助费，吃供应粮，过年过节还有优待。

每当我回忆起兄弟俩在草地上两次不平凡的巧遇，心里就久久不能平静。（栋宇、韩冬整理）

选自罗光泽:《罗光泽同志回忆录》，1982年8月编印，第49—52页。

生离死别[①]

罗明昌

我的祖籍在芦山县双河场西川村，母亲罗氏，太平场落井溪人。父亲雷祖银，是个篾匠，是罗家的上门女婿。我生于1924年9月，六岁多时，母亲又生了妹妹新翠。妹妹还不到半岁，母亲就离开了人世。从此，我们兄妹二人孤苦伶仃，与父亲相依为命。

1935年冬月，红军来了。父亲摸不清红军是好人还是恶人，赶忙把我们兄妹拖往距落井溪十几里的西川，寄养在地名叫“土木沟”的亲戚家里。然后只身一人回到了太平落井溪村去。

不久，父亲又到了土木沟找到我们。他面带笑容，看样子遇到了好事，他告诉我们，红军已攻下了太平，村里也住上了红军，开始打土豪、分土地。村里的苏维埃干部多次上门，动员穷人去帮红军做事。开初，他被苏维埃干部带到了太平场红军经理部加工厂为红军编晒垫、做斗笠，后又调到了青龙场红军供给部继续编斗笠，并在那里参加了红军。第二天，父亲把我由土木沟接到了青龙场，妹妹仍然留在土木沟。

青龙场有一块开阔的坝子。寒冬腊月，树上、路上、房子上到处都覆盖着厚厚的一层白雪。这里是红四方面军三十军军部驻地。青龙场上和沿河两岸的人家户中，都住有头戴红五星八角帽的红军。父亲在青龙

① 题目为编者所拟。

场编斗笠，我也常为父亲帮忙。春节之前，父亲带信回土木沟，把妹妹也接到了青龙场过年。那时，正是穷人闹翻身的日子，打土豪、分田地，劳动群众扬眉吐气。妹妹在我们身边，我们兄妹玩得也很开心。

但是，这年春节刚过，父亲一下子心情沉重起来。红军马上就要撤退了，这是他没有预料到的。部队离开青龙场这天，父亲胡乱地把衣物丢进了背篼里，背在身上。随后，头缠白帕，身穿长衫，庄稼汉模样的父亲用双手把又脏又瘦的妹妹举起细细地看了一阵，然后放在他的肩头上骑着。上路时父亲一路上都不说话，我也埋着头，默默地跟在父亲身后，沿着弯弯曲曲的小路，向距青龙场西二三十里的双河场走去。

那晚我记得在双河场过夜。第二天天麻麻亮，父亲就把我急忙叫醒，又一起随大队翻山北去。

天亮时，到达天全境内垢灵关镇，这里来来往往，到处是向宝兴撤退的红军部队。早饭一过，红军兵站的人把一大群小妹妹集合在一起，说是前面就是大雪山，小孩子走不动，翻不过去。发给大家银元作为路费，动员大家回家去。我站在队列中，低头不语，我不愿离开父亲。就在这时传来“全安，你过来”的喊声。我抬头一看，父亲正在我招手，我跑了过去站在父亲的背后面，就再没有动员我回去了，这样我们父子一起又继续向前方夹金山走去。路上我问父亲：“怎么没有看见妹妹，她现在在哪里？”父亲只是淡淡地说了一句：“已托人送到双河场你姑婆家里去了。”

到了甘孜，父亲被编入总供给部护理连的炊事班里，担任副班长。两个月后，我们到了藏民聚居的地方阿坝。阿坝那个地方冰天雪地，狂风怒吼，远比芦山寒冷。

有一天，父亲托人把我叫去。我跨进一个四面透风的帐篷里，看见父亲眼窝已深深陷落下去，颧骨隆起，枯瘦的一张脸上胡须蓬长。他躺在担架上，发着高烧，不断咳嗽，似昏似醒。父亲见我来了，睁开了眼睛，伸手拉住我的袖子，喃喃地说：“全安，我可能不行了。你妹妹丢在了双河场后，说不定已经送给人家当童养媳了，我放心不下你，也放心不下她，以后一定要找到你妹妹，她已是没爹没娘只有你这一个哥哥了。不要叫她再过没有亲人的苦日子……”

不几天，父亲终于死在了草地。我同炊事班的叔叔们一起掩埋了父亲。又随大部队一起前进，最后到达了陕北。

几十年来，我虽然转战南北，但父亲临终前的嘱托，却时时刻刻铭记在心中。我一直都在多方打听妹妹的下落，但至今毫无音讯。我这次亲自回到家乡，最大的愿望，就是要找到妹妹。如果她还在世，她是我唯一的骨肉亲人……（董耀启整理）

节选自董耀启所撰访谈记《兄妹相会泪花流》，载中国人民政治协商会议四川省委员会文史资料和学习委员会编：《四川文史资料选辑——红军长征在四川》第48辑，2006年编印，第134—137页。

罗明昌，1924 年生，四川芦山人。1935 年参加中国工农红军。红军长征时为红四方面军战士。新中国成立后，曾任江西省五金交电公司经理。已故。

回忆我在“红大”一年的学习生活

唐荣华

从1935年10月到1936年8月，我在红四方面军的红军大学度过了近一年的学习生活。时间虽不算长，但“红大”艰苦奋斗的作风，理论联系实际的学风，师生员工亲密深厚的革命友情，给我的教育极其深刻，至今还令人深深怀念。

1935年秋，红四方面军第一次过草地后，由于张国焘实行右倾逃跑主义路线，当年秋又由陕入川，经过阿坝、毛儿盖、绰斯甲、牛头山，到达丹巴，然后转移到天全、芦山一带。就在这时，我被选送红大学习。红大的校址在天全红崖坝，校长是刘伯承同志。我所在的初级班二队队长是皮定均同志，教导员姓黄。

入学几天后的一个下午，我们冒雨举行开学典礼。刘伯承校长首先讲话。他在讲了学习内容和教学方法以后，着重号召大家在战争中学习战争，为把工农红军建设成一支攻无不克，战无不胜的革命军队而奋斗。朱总司令也参加了开学典礼，并讲了话。朱总首先讲了九一八以后的抗战形势和党的抗日救国的方针。接着，他提出了刻苦、团结和向实践学习的要求。朱德同志和刘伯承同志的讲话，给了我们极大的教育和鼓舞，后来我们正是像他们要求的那样做的。

一年的“红大”生活，有学习、训练，有行军打仗，还有做群众工作，内容非常丰富。但我对红大的作风和学习印象特别深刻。

张国焘的逃跑主义，给红四方面军造成了极大困难，也给“红大”的学习带来了极大的困难。当时几乎天天打仗，天天走路，我们也只能边打边学，边走边学。但不管环境条件多么艰苦险恶，我们从没有停过一天课。记得是开学的第七天，我们就随部队离开天全红崖坝，经懋功翻夹金山、党岭山。每天出发前学军事，行军路上学文化，宿营后学政治。课程安排得很紧。部队经过道孚，进到炉霍，翻过夹金山，到丹巴，在丹巴休息一天，在准备翻越二千米高的党岭山主峰的同时，我们还坚持学习。刘校长看见了，还表扬了我们队。那时学习条件差。没有笔，没有纸，多数时候还没有灯。我们用树棍当笔，大地当纸。休息和宿营下来，就在地上练写字。有时打地主土豪，弄到一点旧书，就翻过来用。用子弹壳做成笔，找货郎担买点颜色冲成墨水。住在道孚的时候，大家从山上找来石片，再到烂墙下找来石灰块，作为纸、笔用，晚上没有灯就点松脂照明。

学校对学习、训练要求很严格，记得在炉霍，有一次做班进攻，天气突变，大雨夹着冰雹劈头盖脸打下来，大队几次催我们收操。皮队长觉得这正是培养艰苦作风的好机会，他作了简短动员以后，问大家：是坚持训练还是收操？大家齐声答道：“坚持练！”我们在冰雹雨水里一直坚持把课上完。

学习生活虽然艰苦、紧张，但我们都很乐观，很活跃。翻雪山，过草地，我们一路上歌声不断。那时的歌比较简单，但思想健康，教育大，又好唱好记。我记得有一支“吃牛肉歌”是这样唱的：“牛肉真是个好东西，吃了养身体。不会错，是真的，吃了牛肉浑身有力气。爬上雪山，走过草地，练好本领，上前杀敌。”还有一支“打骑兵歌”，记得有几句是：“卧射、坐射、立射、跪射，投掷手榴弹，刺刀杀敌人！”这两支歌都是皮定均同志教唱的。现在回想起当年的情景，还令人精神振奋。

我体会到，红大的学风是在实践中学习，学以致用，从来不讲空洞的理论。学军事，就是总结过去作战的经验和用理论去指导作战。我们每打一仗都要用学过的理论进行分析总结，从中吸取经验和教训。在道孚时，有一次我们两个班不足 20 人，去做群众工作，遇到了国民党特务和反动头人武装的袭击，我们运用学到的作战原则和战术，和敌人周旋，战斗了七个小时，打死敌人 20 多人，而我们只有二人负轻伤。

学政治，主要是学习党的北上抗日救国的路线方针、统一战线思想、民族政策和三大纪律八项注意。我们学了就照着做。住在道孚时，我们大队出去做群众工作和买粮，走了两天一夜，到了黄金喇嘛寺，寺里的喇嘛听了反动派的欺骗宣传，都跑光了，我们就在喇嘛寺附近的树林里露营，找山茅野菜充饥，不进寺里去。我们严格遵守群众纪律，尊重当地民族习惯，宣传党的性质和主张，很快得到了群众的信任。喇嘛寺的喇嘛和周围的群众第二天就回到了寺庙和村寨。

学校师生员工之间十分亲密团结。全校师生员工从上到下打成一片。我们二队的皮队长、黄教导员，学习、生活、劳动、战斗，随时都和大家在一起。他们逢课必到，亲自任教、示范。各级领导关心学员胜过自己。饭少先让学员吃，露营时哪怕有一棵树也要先把学员安排在树下。皮队长有一匹马，但从没见他骑过，不是让给伤病员，就是驮粮食、牛肉干。皮队长最关心大家的政治思想，他每天都要找两三个人谈话，讲革命道理，宣传党的路线方针，教育大家拥护党中央和毛主席的正确领导，抵制张国焘的错误路线。记得皮队长给我就谈过七次话，使我懂得了不少革命道理，政治觉悟提高较快。我就是 1936 年 6 月在红大参加党组织的。

领导爱护学员，学员尊重领导，大家同甘苦，共命运，亲密无间，情同手足。在道孚，皮队长病了，一连几天没吃东西，排长侯正古带着我们几个人跑遍了道孚城，买来三个鸡蛋给皮队长吃。1936 年 8 月，我们毕业了，大家舍不得离开，把平时攒的一点炒面、牛肉干，送给皮队长、黄教导员吃。

一年的“红大”生活，对我教育极大，有着深远的影响，有许多好

的东西现在还记忆犹新。我觉得，在今天建设四化的新长征中，红大的好作风，好学风更应该发扬光大。（司祖铭整理）

选自谢振华等:《征程曲——我们的战斗回忆录》(上)，军事科学出版社1987年12月第1版，第80—83页。

长征路上的红四方面军供给学校

赵镕

为了培养供给干部，加强部队的供给工作，在长征路上，红四方面军开办了一所供给学校，由我筹办并担任校长。1936 年 1 月 9 日我接到军团部的通知，限我次日把第三十二军（原中央红军第九军团）的供给工作移交完毕，到红四方面军供给部报到。我于 12 日经宝兴翻越夹金山，向目的地进发。13 日走下白雪皑皑的山头，到达懋功红四方面军总供给部报到。倪志亮部长高兴地走到门前握住我的手说：你来了，欢迎你，多时就盼望你来。四方面军的供给工作没有走上正轨，方法不科学，制度不健全，标准不切实际，手续更不完善，工作失去灵活性，各级的供给机关不能单独工作，该收该付全赖各级军政首长临时决定，花费了他们很多时间和精力。和一方面军会合后，对四方面军的供给工作，我就感到需要改革，尤其是第四纵队成立，红九军团编到四纵队以来，我发现中央红军的供给工作、供给制度、供给标准、供给方法均已形成，供给工作能配合整个军事行动。我接任总供给部部长以后，认为四方面军的供给工作必须走一方面军的道路。因此，我考虑四方面军要搞好供给工作，必须先从开办供给学校做起。今天请你来就是商量这个问题的，拟定你担任供给学校校长，培养一批具有供给工作头脑的人才，以便使四方面军落后的供给工作迎头赶上。

学校是在艰难的条件下办起来的。校址选在懋功附近白雪皑皑的山脚下，利用一小块太阳能照射的山坡地当课堂。3 月中旬移至道孚，4 月中旬又移到炉霍。我们均住在喇嘛寺里，这里比懋功在雪地里好得多。学校除政治课之外，专业课则根据总供给部门的现实情况，设立对口的课程。教员聘请有关部门的负责人，如聘请财政处肖水刚处长任财政教员，聘请军需处处长任军需教员，聘请制造处处长任制造教员，聘请粮食处处长、并聘请在供给学校学习的李从喜兼任教员等，倪志亮部长还特意指定我兼任主任教员，专教簿记学。簿记是供给工作的主要支柱，一切款项、物资、粮食、被服、枪支弹药以及一切工具等等的收支，都需经记账员的手，科学的清晰登记，得出实数，作出统计，以提供军事首长作为进行战斗战役的考虑依据。

因在长征路上有诸多的困难。由于没有教学大纲和教材，只好根据以往工作的经验和当时行军作战中供给工作的实际情况拟定。

我当时编写了簿记讲义，幸好记在我长征中的日记里，内容主要是簿记的基本定义和理论以及账簿使用原则和方法两大部分。学制暂定为七个月，从 1936 年 1 月到 9 月结业。要求达到的目标是能在供给工作中发挥作用，能以革命手段，将四方面军不适宜的现行供给工作加以求实的改革，对薄弱环节能进一步加强和完善，使四方面军的供给工作逐步走向正规。如果一时难以做到改革，每个学员必须努力使自已成为一名军需供给人才，并且能在当前的困难条件下，使供给工作获得发展；起码也要成为能执行制度，通晓标准，熟练应用簿记的供给干部。

第一期学员共 82 名，其中文盲、半文盲约有 54 人。学员健康状况不好，残废或长期带病的 68 人。年龄 23 岁、25 岁的 19 人，26 岁到 29 岁的 48 人，30、40 岁的 14 人，还有一个年龄最大的 42 岁。学员任职情况是：处长一人，科员四人，排长二人，文书三人，警卫员二人，护士五人，班长十人，战士 55 人。任职时间多的七年，少的也有两年。

82 名学员编为一个队，三个排，九个班，队长、排长、班长全由学员担任。其产生方法，在领导考虑后，由学员酝酿选出。在编班上，文化高的和文化低的搭配，以便互助。做供给工作需要文化，要具有起码的文化水平。所以他们到校后，学校首先从扫盲工作做起，来提高他们的文化水平，要他们在短期内掌握必要的文化知识。

教学方法先从阿拉伯数字入手，再学汉字大、小数字，每课学五至六个字，转入学习专业术语，一个月学完。

这样组织学习，学员很满意，他们的情绪也很好，都各自在小先生面前，用木炭写数字，写术语，背斤求两、两求斤，背诵九九表，讨论什么是科目，什么叫真实科目，什么叫类似科目，怎样算日结、月结……大家学得很认真、很切实，有的根据所学提出问题，你讲我听，我问你答，学习热烈，学得连吃饭、喝水、睡觉的时间都没有。尽管没有桌凳，没有纸张，但都能按每月的进度表以优秀成绩完成。供校还以较好成绩参加了红四方面军总部于1936年5月在炉霍召开的检阅大会，在比赛中，供校以“唯物”二字为报头的墙报中，能够把几个月来所学的科目，从理论上把真实科目和类似科目，加以论述，并用某些具体事实说明，并将九九表和斤求两、两求斤等以表格的形式表现出来。此外还以叙事的形式记述了他们二过草地所遇到的艰难环境，把“宁愿翻十次大雪山，不愿过一次满地泥潭的草地”的心理，写得生动活泼。还展出了能用以充饥的几十种野菜，并注明可吃的野菜中还有不可食用的独特品种，提醒各部队注意，备受与会者的欢迎。

在办供校的过程中，得到刘伯承总参谋长的关注。一天，我正在懋功山脚的向阳坡上上课，刘伯承总参谋长径直向我走来。我急忙叫声口令：“起立！”向他行礼，报告说我们在此上课。刘参谋长幽默地说：干嘛，还起立，哪有这么多的礼？老赵，你在扶持对立面啦。张主席（指张国焘）不是说过，工农是最革命的，知识分子是对立面，你为何还想把革命的知识分子培养成为革命的对立面，你在这里不是对立面，你为何还想把革命的工农制造不革命的知识分子吗？是不是有意和革命的工农闹对立，你怕不怕杀头，怕不怕送军法处？我说：我不怕，干革命做供给工作，没有知识是搞不好的哇！刘伯承同志接着说：这就很对头，不要怕，我也是个知识分子嘛。没有知识分子参加，怎么革命！革命工作是复杂的，革命进程是千变万化的，没有知识，就不能应付万变。朱总司令是我们无产阶级的大知识分子，他在军阀混战的环境中，在同国际反革命的斗争中，在同国民党的方针、路线的原则性的争议中，甚至在党内斗争中，常处不败之地，这是他的大智大勇，是无产阶级知识分子的独特表现。他若不是知识分子，也就不能成为我们的总司令了。况且，知识本身是没有阶级性的，但资产阶级有了它，它就会为资产阶级服务；无产阶级有了它，它就能为无产阶级服务到底。你的认识和做法很对头。你好好干、努力干吧！希望你在工农群众中培养出一批批的知识分子来！我讲多了，耽误你们上课吧？

我说："我们愿意听总参谋长讲话。"我又问："总司令来了没有？"他说："已过去了，可能到八角或抚边了。我有事，就先走一步了。你在供校，总司令已知道了。你们的倪部长，由纵队调总供给部大为不满，尤其对他的撤职处分耿耿于怀，还跑到总司令、徐向前总指挥那里诉说。后来，他表示到供给部后，决心把供给工作整顿一番，想从办供校入手。他在四纵队时，就知道红九军团的供给工作搞得不错，有一套办法，他就提出调你去当校长。总司令很满意，说赵镕可以胜任，能把红一方面军的一套供给工作和供给方法系统地介绍给红四方面军。现在你已经把学校办起来了，好哇。"这番话给了我很大的鼓舞。

1987 年

选自中国人民解放军历史资料丛书编审委员会编：《院校·回忆史料》，解放军出版1995年8月第1版，第172—175页。

赵镕，1899 年生，云南宾川人（祖籍江西南昌）。1923 年参加孙中山创建的革命军。1927 年加入中国共产党，参加南昌起义。1928 年参加湘南起义随朱德、陈毅上井冈山。红军长征时任红一方面军第九军团供给部部长、红四方面军供给学校校长、红二方面军第三十二军供给部部长。新中国成立后，曾任华北军区后勤部副部长、北京军区后勤部副部长、全国政协委员。1955 被授予中将军衔。1992 年在北京逝世。

在红军医院里

寇大怀

1935 年冬天，我们红四方面军经过草地追歼芦山一带的蒋匪军，那时我在总医院当护士。前线战斗打得很激烈，总医院里住着几百名伤病员。由于敌人的封锁，粮食、药品断绝了来源；大部分伤员因流血过多，伤势很重，每天只能喝上两顿稀饭，而工作人员只能以野菜、树叶充饥。后来伤病员渐渐连稀饭汤也喝不上了，看到一个个消瘦的脸孔，我们心里真有说不出的难过。当时，党委提出要想尽一切办法，让伤病员同志们吃到东西。在那种情况下，办法是多难想啊！

在离我们住地不远的地方，有一条冰封的小河，据说河里有鱼。一天，我们四个护士编了个鱼筐，扛上铁镐、铁锹，出去捉鱼。我们费了很大劲，刨开了一个冰窖，果然捉到了一些小鱼。我们如获至宝似的高兴地跳起来，又接二连三地挖了好几个冰窖，到中午大家就捉了 30 多斤。为了赶上能给伤病员们当午餐，我们先派两个同志送鱼回去，我和另一个护士继续刨到下午。早上出来的时候，我们仅吃了两小碗灰灰菜，加上我身体本来很坏，一阵头昏支持不住就昏倒在冰上。我的伙伴把我扶到岸上，歇了一会，就催着回去，那时我们的确饿得肚子贴住脊梁了。紧了紧裤带，我们又盘算着：医院里那么多伤病员哪里够吃一顿？我们还想再刨个窖，一来没有力气，二来天也快黑了。当我们挑着鱼回来时，心里却乐滋滋的，心想这回可给他们吃一顿鲜美的鱼汤啦！

鱼弄回来后，炊事员做了一大锅鱼汤。可是轻伤员却推推让让不肯喝。他们感动地说：“你们吃草根、野菜，黑夜陪伴着我们到天明；白天还刨冰摸鱼，实在是太辛苦了。要活我们一起活，要吃我们一同吃，这才算同甘共苦。我们虽挂了彩，但能走动，以后我们自己找寻野菜充饥，不用你们……”话还没说完，同志们眼眶里却装满了泪水……

没粮吃，有两个多月了。伤病员天天喝野菜汤，个个面黄肌瘦，我们都很着急。有时前方伤员进院时身上存有一点粮，熬成汤，你喝一口我喝一口，大家都感到很稀罕。

有个头部受伤的排长，由于几天没吃上东西，已经爬不起来。洗衣队有个女同志来病房收集衣服，发现这件事，马上回去把她留了几个月舍不得吃的一点大米，熬了一茶缸稀饭，送给那个伤员喝。不久，那个排长伤愈，出院时握住她的手，激动地说：“只有革命大家庭里，才有这样亲如手足的友谊！回队后我要用狠狠打击敌人的实际行动来报答党和你们。”

部队到西康，敌人的封锁一天比一天紧，医药用品有减无增。包扎伤口的纱布没有了，开始院里把仅有的一些被子、被单剪掉代用，后来这些代用品也用完了。

院党委动员大家想办法克服困难，渡过这一难关。一天，我们几个医生护士正在谈论这件事，一个同志提出：“听说喇嘛庙里的经卷是丝织品，可以代用，我们去背它一些回来不就解决问题了吗！”

“是啊，这是个好主意！”

“不行，那样做违反民族政策。”王医生不同意地说。“我们要想别的办法，在红军面前没有克服不了的困难！”

“对，我们还是想想别的办法。”

那天，我躺在床上翻来覆去想了一夜，一直没想出个好办法来。

第二天早晨，我要去给伤员换药，正为没有纱布发愁时，我们的王医生拿了两块旧黄布递给我笑嘻嘻地说：“别发愁了，快拿去换吧！”

我接过黄布一看是两条洗干净了的半截裤腿。我捧在手里发呆了半天才说："王医生，这怎么行呢？你就只有这一条单裤啊！"

"那有什么关系，短裤穿起来行军不更方便吗！"

我还能说什么呢？我含着感激的眼泪，拿着一条裤腿去给伤员换药了。

这以后，医院里的工作人员都把长裤剪成短裤，衣服剪成半截袖子，有的伤员把八角帽子的里子也拆下来当纱布用了。

"在红军面前，没有克服不了的困难！"这是我们每一个红军战士的信念。我们的医院、我们的同志们，就凭着这种信念，战胜了各种想象不到的困难；使一批又一批的伤病员同志们很快恢复了健康，重返前线，跨过了草地，爬过了雪山，胜利地到达了陕北根据地。

选自《难忘的岁月——革命回忆录》，新疆人民出版社1979年10月第1版，第153—155页。

寇大怀，1917年生，四川万源人。1933年参加中国工农红军，1950年加入中国共产党。红军长征时任红四方面军总医院看护员。新中国成立后，曾任新疆生产建设兵团农机厂厂长等职。1991年在伊宁逝世。

长征中的药厂和兵工厂

谢珍全

红二、四方面军会合以后，由于张国焘不听党中央的指示，搞分裂，四方面军南下两次入川，结果以失败告终。后又返回西康甘孜，来回折腾，部队大大减员，物资供应也极其困难。

当时我在红四方面军三十一军九十三师当看护员。我们每天都是走羊肠小道，骡马根本无法通行，辎重运输只有靠人挑肩扛，随身携带的有限物资难以维持部队的需要。就是有钱也买不到东西，尤其是伤病员处于无药物医治的危险境地。

为了解决医药问题，领导上决定成立制药厂来战胜困难。厂内分设挖药组，制药组、纺织组。制药组长是一个二十七八岁姓江的女干部，身强力壮的男同志担任挖药，女同志和年岁小的同志在家制药，纺织组专门织毛布，纺线任务是分给大家来完成的，按规定数字收。

同志们以极大的热情投入了这一项工作。尽管每天只能吃一两碗稀饭和野菜充饥，有些小同志穿的衣服连羞都遮不住，但是同志们都努力工作。我分配在制药组，由于年龄小，我和另一名小同志背着背篓到处拣牛羊骨，然后像烧木炭那样，烧炼成骨炭研成炭末，这种炭末可以配合在药中用来止泻。我们干得很卖力，每天都要搞几背篓。后来，那位小同志拣牛骨回来过独木桥时，被大风刮到河里牺牲了。我已忘记了他的名字，为了纪念他，我把他的洋瓷碗带在身上，一直带到陕北。后来在一次行军时丢了，气得我哭了一场。

第一次下四川不久，又传来了要过草地北上，到陕北同中央和毛主席会合的消息，大家兴奋极了，恨不得长上翅膀一下子飞到陕北才好！出发前，部队发了用我们自己织的布缝制的新军装，尽管只能做到上身旧装破了发上身，下身旧装破了发下身，我们还是格外高兴。当我们向陕北进军的时候，我们用牦牛驮着我们亲手制成的药品——有青果丸、大黄末、黄连丸，还有其他许多种药。我们在极其困难的环境中，发扬了艰苦奋斗的精神，用我们的智慧和劳动，开办了药厂，制成了药品，保障了部队的急需。制药厂的这一段难忘的生活，至今仍铭记在我心头。

我们第二次过草地时，还抬过一个小“兵工厂”。单人匹马过草地、随时都有陷下去的生命危险，抬“工厂”过，其困难可想而知了。

那时反动派到处对红军围追堵截，我们几乎天天打仗，武器弹药的消耗很大。弹药的补给成了严重的问题，除了缴获补充一部分以外，无其他来源。即使有了弹药，由于只能靠马驮人扛，也携带不了多少，远远满足不了作战的需要。为了保障战争的胜利，必须设法搞随军的小兵工厂，自己制造土手榴弹。战士们自制了一套制造手榴弹的简陋工具，虽然这套工具简陋笨重，但它比生命还要珍贵！因为它是我们唯一的制造手榴弹的设备，它制造出一批批手榴弹，源源不断地送到火线，杀伤凶残的反动派。

在这套工具中，有一台化铁用的大风箱，又长又大，有150斤重，行军的时候要十几名身强力壮的战士抬着走。化铁水全靠这台风箱，同志们亲切地叫它“化铁将军”。小兵工厂是随军前进的，转移时就需要把全套工具搬走，到了新地方再“安营扎寨”，开火化铁。炭炉燃起熊熊的火焰，风箱响起欢快的呼声，殷红的铁水流了出来，又一批手榴弹造出来了。但是，每一次转移，为了搬运这套设备，我们付出了极大代价。在过草地的时候，同志们肩上抬着大风箱，脚下踏着烂泥，一不小心就陷进了深深的泥潭，再也爬不起来了。有不少同志为了抬这台大风箱，饿死累死在草地。有一位同志临死之前，还惦挂者这台大风箱，他对同志们说："一定要把风箱抬过草地，走出去就是胜利！"他连一句悲观的话也没讲，只是想着还活着的同志和未来的战斗，含着微笑离开了我们，长眠在草地上。在烈士精神的鼓舞下，我们把这个"兵工厂"搬出了草地，带到陕北去制造手榴弹。

1983 年 1 月

选自中国人民解放军历史资料丛书编审委员会编：《后勤工作·回忆史料（1）》，解放军出版社1994年5月第1版，第768—769页。

谢珍全，1922 年生，四川苍溪人。1933 年参加中国工农红军，1939 年加入中国共产党。红军长征时任红四方面军第三十一军九十三师看护员。新中国成立后，曾任军事医学科学院军队卫生研究所副所长、顾问等职。1988 年逝世。

参加桐子镇全军卫生会议

董洪国

1935年12月间，总医院在桐子镇（属芦山县还是天全县管辖不清楚）召开了一次全军卫生工作会议，这是一、四方面军会合后的一次卫生工作会议。到会的有各军医务领导干部，也有军医院的政治领导干部。我作为三十军医院政委，也出席了这次会议。会议由总医院政委周光坦同志主持召开，主要解决统一全军卫生机构名称的问题。这次会议明确了：总医院改称总卫生部，贺诚同志任总卫生部部长，总医院院长周光坦同志任总卫生部政治委员，苏井观同志任医务主任。各军军医院改称军卫生部，师医院改称师卫生处，团为卫生队。红色医官改称医生或军医，中医仍称医生和中医主任。护士和护理员不变。军的卫生部设部长、政委，增加了特派员，保留党委书记、团委书记。为了加强对军卫生工作的领导，总卫生部派了宋杰同志到三十军卫生部任医务主任。下面设了两个卫生所，分配了一部分医生。会议还强调了要加强业务指导的问题。这次会议主要是听贺诚部长作报告，他在报告中谈到了当时的形势以及卫生工作方面的一些业务问题，如五大卫生（个人卫生、驻军卫生、行军卫生、厨房卫生和医院卫生）、九大传染病（麻疹、伤寒、天花、痢疾、鼠疫、霍乱、白喉、流行性脑膜炎和猩红热病）发生起因、病情状况、如何治疗和预防、死者的处理等，一条条讲得非常详细，对这些业务性问题阐述得很清楚。他的报告虽然很长，几乎讲了一天，也没有讨论，但给我留下了深刻的印象。我在医院做政治工作已数年，可第一次听到像贺诚部长这样的报告，我不会记笔记，但字字句句都印在我的脑子里，使我受益不浅。我认为，这次会议的召开，对全军卫生工作起了极大的推动作用，不仅及时，而且具有一定的历史意义。

节选自董洪国：《红军三十军军医院卫生工作回忆》，载高恩显、高良、陈锦石编：《新中国预防医学历史资料选编（一）》，人民军医出版社1986年版12月第1版，第448—449页。

董洪国，1910 年生，安徽金寨人。1928 年参加苏维埃农民自卫军，同年加入中国共产主义青年团，1930 年参加中国工农红军，1931 年转入中国共产党。红军长征时任红四方面军第三十军军医院政治部主任（后改称军卫生部政治委员）。新中国成立后，曾任河南省军区后勤部部长兼政治委员，武汉军区后勤部财务部部长，武汉军区后勤部副部长、代部长等职。1955 年被授予少将军衔。2001 年在武汉逝世。

红军长征纪实丛书

红四方面军卷

4

中共中央党史研究室 编

中共党史出版社

本册收入第八至第十部分文章 97 篇

八、西进康北

踏上毛泽东思想指引的道路

郑维山

毛泽东思想指引的道路，是中国革命的正确道路。我们的革命离开了它就不能胜利。一支武装部队离开了它就要遭受失败。这是多年的革命实践所证实的真理。

1935 年 6 月，红四方面军与红一方面军会师后，在党中央和毛主席直接领导下，从川西懋功地区开始北上。8 月间，经由毛儿盖一带分兵进入草地。这时，在四方面军中工作的张国焘，由于对中国革命丧失了信心，既怕蒋介石，又怕日本帝国主义，幻想偏安一角逃避斗争，因而不顾党中央、毛主席的再三劝说，擅自将四方面军及一方面军一部分部队从草地拖回川西。

草地行军的艰苦，本来就是史无前例的。我们二次过草地，更是苦不堪言。特别是又值深秋，无衣无食，部队刚刚经过包座、松潘苦战，掉队的人日渐增多，冻死、饿死的同志更是不少。一时部队中思想混乱。许多人想不通：为什么不跟党中央北上呢？为什么又经过草地向南走呢？南下跑向什么地方呢？……

就在这时，一方面军已在毛主席、周副主席率领下北出草地，胜利地通过腊子口，进入了甘南。

四川军阀得悉我孤军南下，纠集了 50 多个团，北起懋功层层布防。

敌人把懋功通往宝兴之间的栈道拆去了木板，并且把栈道的许多横木锯坏了，以此防止我军向岷江以西的邛崃、大邑地区推进。我军在强敌面前，以两经草地疲惫之师攻占懋功后，攀过被破坏了的栈道，翻越夹金山——大雪山，打下了宝兴县城。这次战役，虽然歼敌约四个团，可是当我军顺河而下，进入雅（安）名（山）地区时，又遇到了敌刘湘、杨森、李抱冰、刘文辉等部40多个团。他们固守着有纵深配置的碉堡封锁线，阻击我军向邛崃、大邑迫近。我军遂在百丈关一带，与敌展开了恶战。

百丈关，位于雅安通成都的公路上，是一个重要的隘口。北倚邛崃山，南临岷江河网地带，周围是一片起伏的丘陵和稻田；是敌碉堡封锁纵深配置的中心。战斗的第一天，我军以八十八师居中，二十五师于左翼，三十一军的主力于右翼，分三路向敌发起冲击。同志们冒着激烈的炮火，在轻重机枪封锁敌碉堡枪眼的一刹那，猛扑上去，以手榴弹消灭碉堡里的敌人。我军以极其旺盛的攻击精神，一鼓作气，连续敲垮敌人三道碉堡封锁线，越过百丈关，攻下了黑竹关。

下午2点多钟，部队正继续向前推进，忽然得到情报：刘湘在邛崃山前百丈关西北一带山岗上，埋伏了十多个旅，妄图乘我主力在前，侧后空虚时，发起全线反突击，以配合名山之敌包围歼灭我军。在此情况下，军首长立刻命令我师停止前进，把阵地移交给二十五师，准备夜袭敌人。

当晚，我们以善于夜战的“夜老虎”团——二六五团，出敌不意，摸上了长满松树的狭长的山岗。邹丰明团长、黄英祥政委，肩并肩带着两个营，顺着山岗向前打。战斗中每个指战员都如生龙活虎，挥舞着闪亮的大刀直插敌人纵深。打到天快亮，我们便控制了几处险要阵地，敌人企图包围我们的计划破产了。但是，亲自在邛崃督战的刘湘并不甘心，天亮之后，又组织了好几个旅，从三面反扑上来。一场敌众我寡的殊死恶战，在我们的环形阵地前展开了。

敌人不仅有猛烈的炮火，而且有飞机配合。据俘虏说，刘湘连续发出了数道措辞严厉的手令，说什么临阵畏缩不前者，连长有权枪决排长，营长有权枪决连长……以此类推，直到他这个总司令有权枪决师长。这就难怪敌人这一整天冲得那么凶。他们从整营整连的冲锋，改成了整团整团的集团冲锋。炮火之猛，打得我军阵地上落了老厚的一层松枝。敌人的死伤极为惨重，山坡上，稻田里，尸体累累。我们的伤亡也不断增加。师的指挥所跟前一个班，打到下午只剩下三个人了。但是这三个人，却像钉子钉在那片树林里似的，扼守着阵地。敌人冲来了，他们从三个方向投出集束手榴弹，趁着爆炸的浓烟，呼叫着分头冲下去。把敌人杀退后，三个人又从容地回到原处。战士们就是这样，以一当百地和敌人厮杀。这样的恶战，整整持续了一天一夜。

百丈关战斗的结局，进一步暴露了张国焘的机会主义逃跑路线的错误。歼灭不了敌人的有生力量，打不开局面，最后只好退出了这场拼消耗的恶战。

自南下以来，由于全军指战员的英勇作战，奋身杀敌，曾先后打了一些胜仗；仅在百丈关战斗中，歼灭敌人就有 1.5 万多名，并以极大的毅力忍受和战胜了重重困难。但这些胜利，并没能改善我们的困境。

后来得知，当张国焘坚持错误路线，拖着红军开始从草地南下时，毛主席就已经指出：向南无论就敌情、地形、居民、给养等条件来说，都是对我极端不利的，红军将要遭受空前未有的困难；只有北上，才是出路。事实完全像毛主席预料的那样，我军在懋功、宝兴、天全、芦山等地瘠民贫的县内，兵源、补给都十分困难。在百丈关附近作战的部队稍好些，能吃上粮食。而散布在夹金山南北的后方机关和医院的同志们,则靠野草树叶充饥。有不少的同志,因饥饿,疾病而牺牲。加之邛崃、大邑、名山等县靠近成都，敌人统治力量很强，兵力集中。特别是 10 月中旬，蒋介石亲自给四川军阀划分了势力范围，缓和了他们之间的矛盾，使大小军阀一起来对付我们。当时参加百丈关战斗的几乎包括了四川所有的地方实力派。这样的地区，这样的形势，仅靠我军指战员的英勇顽强是不能打出个结果的！

百丈关战斗后不久，敌薛岳乘我苦战方罢未得休整，又纠集了十多个团向天全杀来。为保障我军从容向川康边界转移，上级命令我八十八师主力自芦山驰往天全，配合红三十三军防御敌人的进攻。我师一到即与敌激战于天全城下，头上有敌人的飞机，地面是国民党的中央军，我军在极端不利的情况下，又一次以大刀、手榴弹击溃敌人的进攻。就在这次战斗结束后不久，我军主力大部撤出了川西。

1936 年 3 月，我军由丹巴西进，翻越终年积雪的党岭山，占领西康的道孚、炉霍、甘孜后，才摆脱了敌人，获得休整的机会。我们三十军到达甘孜后，熊厚发同志率师部及师的主力驻守甘孜，我和二六五团来到了甘孜以西的绒坝岔。

当时，全军最大的困难仍是物资缺乏。百丈关战斗后，时已隆冬，部队的棉衣尚无着落。战士把棕树上的棕毛撕下来，絮在单衣里御寒；过夹金山前后，有的部队只得把未经熟制的牛羊皮做背心穿。由于数月来奔波于雪山草地，复经川西苦战，吃不上喝不上，人人面黄肌瘦，疲惫不堪。想起和中央红军在懋功会师时的情景，觉得半年来的变化太大了。这时虽然获得短期的休整，但是甘孜、炉霍一带地广人稀，是不长粮食光长草的游牧区，全军数万人的口粮更无着落，只得以野菜饱腹。总指挥部也曾派代表前往杂谷脑喇嘛寺，向藏胞买了一些牦牛、酥油，炒面和藏布。但这些物资平均分到每一个红军指战员手里，却少得可怜！

而当地藏民中的贫苦群众，身受封建贵族的层层剥削，早已一贫如洗。我军初到，言语不通，他们过去又受尽国民党大汉族主义的欺侮，对我军心存疑惧。经过我们耐心的宣传和实际行动的影响，他们才开始敢于接近我们。但一般群众穷得糌粑都吃不上，哪能拿出什么来帮助我们呢？

就在这时，我们听到一个令人兴奋的消息：二、六军团老大哥再过些时候，就要来和我们会合了。经历过和中央红军会师的欢乐与分离的痛苦，我们越发觉得和二、六军团同志会合的珍贵。全军自下到上都要求搞好两军之间的团结。我们眼下虽然过着不温不饱的生活，但每个人都在苦苦思索，要拿出点什么款待远道而来的老大哥。我们曾派出许多小部队由当地藏民带路，到草原上寻找牛群，准备买一批回来，但反动土司一听说我们来，早把牛羊赶得远远的了。

一天，德格土司的叶巴（管军事的官员）纠集五个县的藏民骑兵，突然包围了我们。为了避免和藏民发生冲突，争取和平解决，我们只是守在村里。相持很久，总不能解除这一僵局。我和邹丰明、黄英祥同志经过反复斟酌，决定当晚把“夜老虎”撒出去，摸一批俘虏回来，通过他们来进行工作。

俘虏抓回来了，我们连夜和他们谈话，告诉他们：我们是共产党领导的红军，专打国民党反动派的军队；我们主张中国的各民族之间团结，反对民族压迫等等。并告诉他们绒坝岔的藏民和我们处的很好，如果不信可以自己去问。通司把我们的话一句句翻译给他们听。他们乍听时若惊若疑，不多时便叽哩咕噜地低声议论。这时在俘虏中又查出了那个叶巴。经我们耐心向他讲解，把他送到甘孜。不久，李先念政委和他签订了“和约”，我军用银洋买了一批羊毛和一些牛、羊、青稞。

于是部队便卷入打毛衣运动。上级号召每人打一件，作为和二、六军团老大哥会师的礼物。

4 月，四军一部与三十二军由道孚南下，击溃敌主力李抱冰师两个团，占领雅江后，在理化（今理塘）甲洼与红六军团会合。6 月底我们也在绒坝岔与从巴安（今巴塘）北上的红二军团会合。真是尝尽离别苦情的人，愈益懂得欢聚的难得。全军又一次投入激动的欢乐中。

接风宴席不是野菜之类的东西，也不是一般的牛羊肉，而是地地道道的山珍海味——海参、鱼翅等。这些东西还是我们刚进绒坝岔时，全歼国民党保安团时缴来的。席间任弼时、贺龙同志关切地询问和中央红军分家的情况。我们讲述时，他们严峻地沉默着，也不好当面说什么，但看得出他们的心情很沉重。

和二、六军团会合后，在甘孜成立了党的西北局委员会。朱总司令、任弼时、贺龙、关向应等同志积极主张北上与中央会合。当时数万红军散布在人烟稀少物资缺乏的川康高原上，给养又近枯竭，迫使张国焘难于坚持己见。在红四方面军中，尽管当时还未对张国焘的右倾机会主义路线和个人野心所造成的罪恶进行清算，但广大指战员的心始终是向着党中央，向着毛主席的。一年来的经历和铁的事实，使大家开始认识到，张国焘路线是一条罪恶的路线。这样我们两支部队兄弟般团结在一起，并肩携手，再次克服了草地的重重困难，踏上了毛泽东思想指引的道路……

选自中国人民解放军战士出版社编：《星火燎原》选编之三，中国人民解放军战士出版社1980年11月第1版，第380—385页。

第二次北上

徐深吉

1935 年 9 月至 1936 年 7 月，红四方面军在长征中，由于张国焘的分裂主义错误。在川康边转战、徘徊了近一年之久，经历了二次北上、三过草地的艰苦历程。朱德总司令、刘伯承总参谋长和徐向前总指挥，同张国焘分裂党、分裂红军的罪恶活动进行了抵制和斗争，带领广大指战员，英勇奋战，迭摧强敌，为执行中央的北上战略方针，实现一、二、四方面军会宁大会师的伟大胜利，做出了历史性的贡献。

(一)

1935 年 9 月 10 日凌晨，党中央率领红一方面军北上后，张国焘就更积极地推行他的南下错误方针。9 月 15 日，发布《大举南进政治保障计划》，提出了“大举向南进攻，消灭川军残部。在广大地区内建立根据地。首先赤化四川”的战斗口号。9 月 17 日，下达了南下命令，已经过了草地的前敌指挥部和四军、三十军。同左路军的九军、三十一军、五军和三十二军，以及红军大学部分同志，分别从阿坝和巴西、班佑地区出发。再过草地，向川康边的马搪、松冈、党坝、大金川一带集结。这时，我们踏着川西北高原的茫茫草地。生活更艰苦，更难熬。许多战友在敌人的枪林弹雨中没有倒下，而被恶劣的自然环境，夺去了宝贵的生命。为了让更多的阶级兄弟走出草地，各级领导干部的乘马，都让给伤病员骑。同志间互相搀扶，互相勉励，友爱之情，难以言表。有的拽一下马尾巴，就能转危为安；有的被推上一把，就能继续前进。一口水，一把干粮，都能救活一个同志。

10 月 5 日，张国焘在卓木碉（今马尔康县白东莎寨）召开高级干部会议。他不顾朱德总司令、刘伯承参谋长和徐向前总指挥的反对，公然宣布另立中央。打出了分裂主义的旗帜。

在张国焘分裂主义错误方针指导下，我军自 9 月中旬至 11 月底。南下川康边地区。广大指战员历尽千辛万苦、连续作战，先后打了绥（靖）崇（化）丹（巴）懋（功）战役和天（全）芦（山）名（山）雅（安）邛（崃）大（邑）战役，取得了歼敌 2.3 万余人的大胜利，但我军伤亡也很惨重，于是被迫由战略进攻转入战略防御。这是一个转折点，也是张国焘南下错误方针的严重碰壁。

10 月，党中央率领一方面军胜利到达陕北吴起镇，与红二十六军、红二十七军和红二十五军会合，随后又打了著名的直罗镇战役。歼敌一个多师。消息传来，全军指战员感到欢欣鼓舞，对张国焘的南下错误方针，产生了怀疑和不满。

中央北上战略方针的胜利，和张国焘南下错误方针的失败恰成鲜明对比。事实教育了干部，也教育了群众。红四方面军广大指战员要求维护党和红军的团结，要求北上与中央会合的情绪，日益强烈和高涨。

这期间，全国政治形势发生了急剧变化；日本帝国主义侵占东北后，正大举向华北逼进，民族矛盾上升为主要矛盾。12 月，北平爆发了一二九、一二一六声势浩大的抗日救亡运动，标志着全国抗日民主运动新高潮的到来。12 月 25 日，党中央在瓦窑堡会议上作出了《关于目前政治形势与党的任务决议》，规定了抗日民族统一战线的战略方针。12 月 27 日，根据中央决议，毛泽东同志又作了《论反对日本帝国主义的策略》的报告，系统地论证了抗日民族统一战线问题。

1936 年 1 月中旬，收到中央决议的电报后，红军总司令部和四方面军总指挥部领导同志，认真讨论，一致拥护。同时，也收到张浩同志来电，告知国际同意中央的路线。而张国焘仍然坚持分裂主义错误，继续攻击中央，蛮横地压制部队对他的批评。

这一年，我们在天全、芦山地区过的冬，遇到了这里最冷的一个冬季。部队衣服单薄，给养不足。经过整编后的国民党川军，集中了 80 多个团的兵力，向我大举进攻。2 月上旬，蒋介石嫡系部队薛岳部六七个师尾追中央红军，进到川西平原，一步步向我进逼，使我军处在既不可能南进，又不能东进的困难境地。2 月 14 日，张国焘收到林育英（张浩）、张闻天来电，就红四方面军的战略行动方针问题，提出了三个方案供选择：第一个方案是北上陕甘；第二个方案是就地发展；第三个方案是南下转战。就以上三个方案，中央认为执行第一个方案为上策。究竟如何实行，由四方面军视敌情、地形条件而定。红军总司令部和四方面军总指挥部领导同志。认真讨论了中央来电，一致赞同北上陕甘的第一个方案。于是,就制定了《康（定）道（孚）炉（霍）战役补充计划》，决定西进道孚、炉霍、甘孜地区，争取时间进行休整补充，筹集粮秣物资，待机北上。

（二）

2 月 11 日至 23 日，我红军主力陆续撤离天全、芦山、宝兴地区，翻越夹金山，经达维、懋功、丹巴转向西进。

当时，我在三十一军九十一师任师长，率领二七三团、二七六团，受命担任方面军北上的后卫掩护任务。我们的行动，由徐向前总指挥和陈昌浩政委直接指挥。总部拨给我一部无线电台，直接同总司令部、总指挥部联系。师政治委员桂干生同志，率领师直属部队和二七七团，已在夹金山以北的懋功、达维地区。我向部队传达任务时，干部高兴万分，纷纷表决心。二七六团政委张国学说，太好了，一定保证完成上级交给我们的任务。二七三团政委庄振风（庄田）说,我们五军团（二七三团原是五军团的三十九团和九十一师二七三团对调的）从中央苏区出发后，就常担任后卫掩护任务，这次任务虽然艰苦些，但我们有决心、有信心完成。总部规定：部队从天全、芦山出发时，必须尽量多带粮食，所有干部的乘马，一律驮粮食，还要筹备布匹，做帐篷和衣服。大家心里明白，这是为再过草地做准备。

那些日子，每天总有几架敌机在我们头上投弹和扫射，几乎天天要打仗。我记得宝兴一仗打得最激烈。当时我军主力尚未翻越夹金山，敌人突然以两个团的兵力猛攻宝兴城南关。我们师二七六团和九军二十七师一个团，予敌以坚决打击，毙伤敌百余人，将其击退。

我们过夹金山时,已到 3 月初了。夹金山是海拔 4000 多米的雪山。由于高山缺氧，越接近山顶（分水岭），越感到吃力，使人气喘吁吁。上午 12 点钟，我们部队爬上山顶，越过分水岭，迎面吹来的是刺骨的寒风。我冷丁打了一个寒噤，上山时汗湿的衣服变成冰铠甲，紧紧的贴在身上。可是山南狭谷中，山青水秀，春光明媚。这真是一山之隔，两个世界。

我率部到达维、懋功，同桂干生同志会合后，二七七团即随三十一军军部去道孚、炉霍地区。师直属部队和二七三团、二七六团留驻丹巴地区，受红五军董振堂军长指挥。

丹巴，在大渡河上游的大金川河边。周围有夹金山、大炮山、折多山环抱。地形十分险要，是西进甘孜、东出懋功的主要道路。一、四方面军会师后，曾走过这里。丹巴县城无城墙，只有 100 多户居民，坐落在大金川河右岸。县城北边有一条由西北流来的小河。每年春夏季的下午三四点钟，顺两河刮来的风相遇。将河水卷成高高的水柱。然后洒在河岸的一块巨石上，在阳光照射下，像珍珠洒落，色彩绚丽，蔚然壮观。站在很远的地方，都能看到这奇观美景。这里空气湿润，气候温和，山上山下，一片葱绿，到处生长着又鲜又嫩的野韭菜。它已成为我们师直属部队不用播种而食之不尽的美味蔬菜。多吃野菜，也补助了部队粮食的不足。

在丹巴，我们师直属部队驻县城关区。二七六团驻县城西北十里外的绰斯尼。二七三团驻县城以南党岭寨地区，向南警戒，并控制大金川河上通向懋功的铁索桥。

一天，敌邓锡侯部一个营带领1000多名不明真相的藏族群众，夜间偷袭我二七三团第二营阵地。激战两小时，被我二七三团主力击溃，毙伤敌50余人，缴获轻机枪一挺，步枪20余支，刀数十把。第二天，敌人一部，携带迫击炮，进至丹巴县城大金川河东岸的山上。天刚拂晓，乘我部队出早操时，向我开炮20余发。因为山高500余米，又有大金川河阻隔，我军无法反击。约一小时后，敌人退去，我无伤亡。

（三）

红四方面军主力进入道孚、炉霍、甘孜地区后，积极进行第二次北上的准备工作。3月初，我们从电报上看到红军总司令部指定李先念、何长工、李天焕、曾日三等同志，组成了粮食委员会，负责筹集粮食和牛羊肉（制肉干），要求每人平均达到15天的需求量，我们师在丹巴地区，遵照红军总司令部的指示，积极进行物资准备，加强部队训练。在筹粮准备的同时，北上的组织准备工作也在加紧进行。为适应新形势、新任务的要求，方面军总指挥部决定，精简机关，充实连队，进行整编。共编六个军，16个师，28个团。我们三十一军两个师、六个团未变。

全军共计四万余人，与南下时的人数相比，减员过半，这是张国焘分裂党、分裂红军的罪恶活动造成的严重恶果。部队整编后，立即展开了紧张的军事训练。我记得训练内容主要是根据敌情、地形，着重演练打骑兵、打堡垒、隘路、夜战和强渡江河等战术和技术。

4 月 1 日，红军总司令部又发出《关于目前我军行动任务的指示》，明确提出："我们的行动计划与当前任务，为实现西北广大抗日根据地的战略方针。我们最近的行动计划：（1）首先消灭李抱冰，配合二、六军团。（2）首先赤化西康道（孚）、炉（霍）、甘（孜）、瞻（化）等县，完成准备工作，以便将来向北发展。"

6 月 6 日，张国焘在炉霍召开党的活动分子会议，正式宣布取消第二中央，至此，张国焘的分裂主义和南下错误方针彻底破产。6 月 8 日，我们接到关于取消张国焘成立的第二中央的电报。

6 月 25 日，红军总司令部作出了分左、中、右三个纵队分路北上的部署。6 月 26 日，即派三十军政委李先念同志率八十九师组成北上先遣军，由甘孜出发，北出阿坝，为后续部队筹集粮食等物资。6 月 28 日，正式颁发了《四方面军二次北上政治命令》。命令要求："党目前战略方针是在创造、扩大与巩固西北抗日根据地任务之下，主力红军首先向松潘、甘南行动，消灭该地区之敌王均、毛炳文等部；进而与一方面军呼应，横扫而东援，(策）应两广坚决抗日，扩大与加深民族革命战争，争取全中国人民苏维埃的胜利。"

6 月 28 日，收到红军总司令部命令我师集中丹巴北进的电报。要我们逐步将分驻各地的部队全部收回丹巴，"你们直率三团仍住丹巴，准备 7 月 7 日撤收警戒，全集丹巴：8 日向绥出动，直受董、黄指挥（指五军军长董振堂、政委黄超）。但此时须佯言我军要向天、芦进攻以迷惑敌人。"后来，我们就是按总司令部的命令执行的。

（四）

1936年3月底，红二、六军团已转战到川、黔、滇边地区，由于敌人的围追堵截，与党中央失去了联系。朱德同志是中央革命军事委员会主席、中国工农红军总司令，对二、六军团的前途极为关心。鉴于二、六军团已经转战到滇西北地区，正继续北进，准备与四方面军在川西会合。为此，朱总司令提议：四方面军暂在现地补充休整。接应二、六军团北进。刘伯承、徐向前、陈昌浩等同志和张国焘，都同意这个提议。四方面军全体指战员更是兴高采烈，激情满怀，积极准备迎接二、六军团的会合。

4月21日，徐向前总指挥致电朱德总司令和张国焘："与二、六军会合后主要目的是北上。"部队中广泛进行了迎接二、六军团会合的政治动员和物资准备。徐向前总指挥在动员大会上讲话。他说，红军都是一家人，上一次（指张国焘率军南下）我们和一方面军没有搞好关系，要接受教训。兄弟之间闹意见是难免的，吵架归吵架，团结归团结，说什么也不能闹分家。现在，二、六军团又要上来了，再搞不好关系是说不过去的。必须指出，每一个部队都有自己的长处和短处，我们的方针是：互相学习，取长补短，加强团结，一致对敌，这些话，讲得何其好啊！徐总指挥的动员讲话。我们虽然没有当面聆听。但过了些日子就看到了这个讲话材料。深受教育和鼓舞。全师指战员对搞好同二、六军团关系的重要意义，有了进一步的认识，增强了信心，决心按照徐总指挥的讲话精神去做。在甘孜、炉霍地区的部队，更是满腔热忱地投入迎接二、六军团老大哥部队的准备工作。从领导干部到每一个战士，人人动手，打草鞋、织毛衣、缝帐篷、写标语、排节目、赶制慰问品。真是群情振奋，热闹非凡。与此同时，各部队在驻地人民群众中也进行了热烈欢迎二、六军团的宣传活动。我们师虽然相隔很远，不可能送物资慰问，但同样在部队和群众中，进行了欢迎二、六军团的思想动员和宣传活动。

从6月3日至30日，红二、六军团先后在甘孜地区，与红四方面军胜利会师。这是红军主力在长征中的第二次会师，具有重大意义。我们及时向部队传达了会师的喜讯。指战员们欣喜若狂，受到很大鼓舞。

7月2日，红军总司令部和四方面军领导人朱德、陈昌浩等同志和张国焘，同二、六军团领导人任弼时、贺龙等同志，在甘孜亲切会见。会师后，根据中革军委的指示。正式宣布成立了中国工农红军第二方面军，下辖二、六军团及三十二军。二方面军全部集结于甘孜地区，旋即与四方面军共同北上。

（五）

部队从道孚、炉霍、甘孜地区出发，第二次北上，第三次征服草地的伟大行动开始了。

红军总司令部命令方面军部队按原定北上战略部署，分三路先后开始出动。徐向前总指挥率领集结在炉霍地区的九军、四军、十二师和独立师、三十一军九十三师及方面军总部为中央纵队，于7月2日出发。朱德总司令和张国焘率领集结在甘孜地区的四军十师、十一师、三十军八十八师为左纵队，于7月3日出发。二方面军休整后于7月9日出发，在四方面军左纵队后开进。董振堂同志率领集结在绥靖、崇化、丹巴地区的五军、三十一军九十一师为右纵队，于7月7日出发，我们师于7月8日由丹巴出发，当天到八地，9日到马奈，10日到卡卡脚，11日到独松，随五军后跟进，经黑水、芦花、毛儿盖，向草地挺进。

黑水、芦花，是第一次北上红军走过的路。黑水河水清流急，两岸高山岩石嶙峋,树木参天,野花盛开,风景如画。我们赶到时,已近黄昏,虽是7月天气，山风吹来近似深秋。我们想找避风的凹地搭帐篷露营，终于找到一条长十米，宽十余米的平沟，天黑了，走进沟里，脚下踩着柴禾棍一样的东西，打开手电一看，啊！是人的成堆白骨。我们顿觉沉痛心酸，那是第一次北上时阶级兄弟留下的遗骨，被大雨、山洪冲到这里的。从黑水、芦花到毛儿盖，要翻过几个不太高的山梁，但由于海拔很高，上山费力，每过一山，都要付出生命的代价。

第三次过草地，路程最远，是我最难忘的。那里处处是沼泽，遍地是水草，似河非河，似湖非湖，一片片，水汪汪。我们走的每一步都要踏在草墩子上，一步落空，就会陷进污泥不能自拔。进入草地，必须带柴禾、粮食。草地有的草可以吃，但大多数草不能吃。水多，露营难得找到一块干燥的地方，我们就折些灌木的树枝，把树枝上的雨水甩干，垫在地上睡觉。草地的气候，一日多变，一会儿骄阳似火，晒得浑身冒汗;一会儿倾盆大雨，夹带冰雹，衣服淋得透湿;昼夜温差大，露水多，夜晚多风，凉气逼人。由于衣服单薄，腹内少食。长时期缺乏营养，疲劳过度，身体虚弱，加上海拔平均高度在2000米以上，一遇到疾病，就难以支持，能够走出草地，实在不容易啊！

这次过草地，最大的问题是粮食缺乏。虽然经过长时间准备，但是绥靖、丹巴地区，人烟少，粮食本来就不多，加上大部队往来几次，我们师又住了四个月，能带走的粮食很少。一天，部队到达毛儿盖，三十七团筹集到几头牦牛，送了一头给五军军部。我们刚进帐篷，董军长巧借“有要事商量”，通知我和桂干生同志立即赶到军部。当我们骑马赶到军部时，董军长笑嘻嘻地说：“什么要事商量，我请你们吃牦牛肉，改善一下生活，明天好过草地！”董军长对部下、对同志这种深厚的阶级感情和无微不至的关怀，感动得我们说不出话来。

从丹巴出发时，我准备了30多斤炒面。北上途中，由于翻了几座大山梁，一路上不少同志因缺氧、饥饿而倒下。遇到这种情况，我就抓两把炒面给他们吃，再把他们拉起来，有的还被扶上马……就这样，挽救了一些同志的生命。进入草地两天后，我没有干粮了，每到休息吃饭时，就避开同志们到一边去喝开水。这事被桂干生同志发现了，每到吃干粮时，他就让警卫员送给我半碗炒面，这是他忍饥挨饿省出来的。半碗炒面含深情，它凝聚着深厚的无产阶级感情和革命的伟大力量。桂干生同志的深情厚意，我是终生难忘的。

党中央对于二、四方面军并肩北上，表示极大欣慰。在我们第三次过草地的艰难岁月里，不断来电指示和鼓励。7月22日，中央来电指示："我们正动员全部红军并苏区人民粉碎敌人之进攻，迎接你们北上。""待你们进至甘南适当地点时，即令一方面军与你们配合南北夹击，消灭何柱国、毛炳文等部，取得三个方面军的完全会合。开展西北伟大的局面。"7月27日，中央批准成立西北局，张国焘任书记，任弼时任副书记。8月1日，我们刚刚出草地，中央又来电庆贺，并指示："四方面军到包座略作休息，宜迅速北进；二方面军随后跟进到哈达铺后再大休息，以免敌人封锁岷（州）西（固）线，北出发生困难。"党中央的关怀和指示，及时为我们指明了前进方向，成为鼓舞我们克服困难，奋力北进的巨大力量。

从甘孜到甘南期间，任弼时同志随红军总司令部行动。他十分关心全党、全军的团结。他一到甘孜，就分别与朱德、陈昌浩、刘伯承、傅钟等许多同志，以及张国焘交谈，了解张国焘闹分裂的经过情况，积极提出消除隔阂，促进团结的建议。7月10日，他在北进途中致电中央，建议在一、二、四方面军靠拢时，召集中央扩大会议，并请共产国际派代表参加，解决一、四方面军会合后党内的争论问题。任弼时同志对二、四方面军会合后的团结、政治、军事工作的成绩，给予高度评价："二、四方面军部队战斗情绪极高，政治军事工作都有极显著的进步与成绩。”“二、四方面军会合后二、六军情绪亦甚好，四方面军曾以很大动员迎接慰劳二、六军。现在二、四方面军阶级友爱的关系极好，在目前政治形势和党的策略路线决议基础上是团结一致的。”在草地，他第一次见到徐向前同志。便热情、诚恳的谈了加强红军团结问题，并征求了徐向前同志的意见。8 月 9 日，他在给贺龙、关向应、萧克、甘泗淇等同志的信中，再次表达了他对我党我军团结问题的极大关注：“我这次随朱、张等行动，力求了解过去一、四方面军会合时的党内争论问题，并努力促成我党的完全团结一致。我与朱(德)、张(国焘)、刘(伯承)、向前、傅钟、卓然等同志的谈话，大家对党在组织上的统一建立最高集体集权领导是认为迫切重要的问题，陕北同志亦同样是认为迫切需要的。在这一基础上我党团结一致想可能得到顺利的成功。”他建议中央召开党的六中全会，着重讨论“目前形势与战斗任务”，解决团结问题。

任弼时同志的电报和信，现在我们读了，仍然感到十分亲切和中肯。

（六）

按照党中央的战略部署，红四方面军于 8 月下旬，打了岷（州）洮（州）西（固）战役，先后攻占了漳县、临潭、渭源、通渭四座县城及岷县、陇西、临洮、武山等县的广大地区，有力地打击了王均、毛炳文、鲁大昌等敌军，并打乱了其阻止红军北进的计划。

我们进入甘南地区后，一直与中央保持着密切联系，并随时准备北进。8 月 30 日，中央电示：“发展甘南，作为战略根据地之一。”9 月 7 日，我三十一军军部率九十三师攻占并控制通渭。九十一师驻武山西十余里的山丹镇。二七六团进占武山县城西之高地，监视武山之敌，掩护鸳鸯镇渭水河渡口，保证方面军北进的通道安全。二方面军出了哈达铺后，9 月 1 日占领礼县，继续向陕甘边发展，连克成县、徽县、两当、康县等城。西北局根据中央关于陕甘宁根据地地广人稀，土地贫瘠，粮食困难，兵员缺乏，不能供给大军久驻的通报，对红军战略行动方向，提出两个方案：一是北出西北，据黄河以西的甘、宁、青三省地区；二是东出川、陕、豫、鄂。这时中央着眼于夺取宁夏，同意出西北，而不赞成出东南。并电告，已派邓发同志经新疆去莫斯科，正等待共产国际批准。不久，就传来了共产国际已批准红军夺取宁夏和甘西的计划。中央认为，第一步应由一、四方面军合力夺取宁夏；第二步进据甘西。鉴于一方面军兵力有限，需固守现有根据地，抽不出更多兵力与四方面军共同夹击胡敌，故决定派一方面军的红一师向静宁、会宁出动，策应四方面军主力北进，控制以界石铺为中心的有利基点，准备在通渭、庄浪、静宁、会宁地区迎击敌人。

9 月中旬，西北局在驻岷县三十里铺的红军总司令部召开会议，讨论红军战略行动方向问题。会上张国焘与陈昌浩同志的意见发生了分歧，引起争论。陈昌浩同志主张立即北出静宁、会宁地区，在西兰通道地区与胡敌决战；张国焘则认为，既然一方面军主力不能南下，四方面军独立在该地区作战十分不利，坚持西渡黄河，进据古浪、红城子一带，伺机策应一方面军渡河夺取宁夏，实现冬季打通苏联的战略目标。张国焘的意见被会议否决，心里很窝火，他在回忆录《我的回忆》中写道：“这是我与陈昌浩共事以来第一次发生的一件冲突。”

9 月 20 日，张国焘星夜赶到驻漳县的前敌总指挥部，向徐向前、李先念、周纯全、李特等同志陈述自己的意见，并说，我这回“主席”干不了啦，让昌浩干吧！当时，他很激动，还掉了泪。1982 年我听徐向前同志回忆说：当时部队在甘南久停不走，天天打消耗战，我多次催促说，这里既不能建立根据地，就应快点走，避免拼消耗。我警告张国焘说，如果敌人上来，你再让部队去过雪山草地，可没有人干啦。至于往哪里走？从军事上看，我认为北上、西进都可以考虑。因为冬季要打宁夏嘛！所以，大家都同意了张国焘的意见。当场拟定了部队行动部署：准备以两个军从永靖、循化西渡黄河，抢占永登、红城子作立脚点；以一个军暂留黄河渡口附近活动，吸引和牵制青海的马步芳；以两个军继续布于漳县、岷县地区，吸引胡宗南部南下，尔后，这三个军再渡河北进。红军主力出靖远、中卫方向，配合一方面军西渡黄河，共取宁夏，实现中央确定的战略计划。张国焘当即电告朱总司令和陈昌浩同志来漳县会商。

9 月 21 日晨，陈昌浩同志赶到漳县，见大家已同意张国焘提出的方案，就没有再坚持自己原来的意见。这时，部队已回头走到漳县南三十里铺，朱德总司令来到总指挥部驻地盐井镇，因部队正在行动，为顾全大局，维护团结，只好随军西进。张国焘一面起草电报向中央报告，一面催促部队行动，我们师接到朱德总司令和张国焘关于停止北进改为西行、撤出武山附近阵地，向临洮方向跟进的电报，即命令监视武山城之敌的二七六团拂晓撤出，跟师部后西进。这时，部队情绪发生很大波动。各团干部带着不理解的语气问我，为什么停止北进而要西进？据当地老百姓说，西面是大山，那里已大雪封山了，再往西又是草地，天已冷了，我们的指战员穿着破烂的单衣能过得去吗？各营、连的干部也议论纷纷。部队走了 30 余里，到达宿营地。二七六团团长陈武和（陈康）同志报告：拂晓集合部队时，有 18 名老战士开了小差。这说明部队对西进思想反应强烈。我和桂干生同志商量，召开连以上干部会议作些解释工作，解决思想问题。徐向前总指挥带着先头部队向临洮进发。走过临潭，他向老乡调查，了解到：黄河对岸已进入大雪封山的寒冬季节，气候变化无常，雪山草地，小路难行，人稀粮缺，原定渡河计划难以实现。于是，即返回临潭向朱德总司令和张国焘汇报。朱德总司令完全赞同徐向前同志的意见，部队立即停止西进。西北局又在临潭召开会议，讨论行动方向。这时，中央来电明令四方面军立即北上，指出："我一、四方面军合则力厚，分则力薄。合则宁夏、甘西均可占领，完成国际所示任务；分则两处均难占领，有事实上不能达到任务之危险。一、四方面军合力北进，则二方面军可在外翼制敌；一、四两方面军分开，二方面军北上，则外翼无力，将使3个方面军均处于偏狭地区。敌凭黄河封锁线，将来发展困难，且胡敌因西兰路断怕我攻击，又怕东北军不可靠，不敢向隆德、静宁，拟向天水靠近王均。如四方面军西渡，彼将以毛军先行，胡军随后，先堵击青、兰线，尔后敌处中心，我处偏地，会合将不可能，有一着不慎，全局皆非之虞。”“因此，中央认为四方面军仍宜依照朱、张、陈9月18日之部署，迅从通渭、陇西线北上，不过半月左右即可到达靖远、海原地域，从靖远渡河；一方面军跟即渡河或合力先取宁夏，或分途并取宁夏、甘西，二方面军仍在外翼制敌，则万无（一）失。一方面军目前一面确占界石铺，一面立即出四团以上通过隆、静线，直迫秦安、天水，使胡敌不敢动作，以便四方面军十分安全的北上。务请顾及整个局势，采纳此方针。”西北局在临潭会议上讨论的结果，一致决定执行中央的指示，放弃西进计划，立即北上。

9月27日、28日，总指挥部根据中央指示制定了《通（渭）庄（浪）静（宁）会（宁）战役计划》。9月29日，方面军总指挥部下达了北上进军的命令。我们师正要召开连以上干部会议时，译电员陈明发送来总指挥徐陈致徐（深吉）、桂（干生）的电报。电示：奉总司令部命令，立即停止西进，继续北上。三十一军九十三师以最快速度恢复通渭阵地；九十一师尽快恢复武山城西阵地，如果敌人已经占领该阵地，就坚决夺回来，以掩护方面军北上通道鸳鸯镇渡口。接此电报后，我们立即集合部队传达总部电令，宣布停止西进，继续北上和尽快恢复占领武山西阵地，并命令二七六团为前卫，提出了重新恢复原阵地的任务和注意事项。部队情绪立即活跃起来，指战员喜笑颜开。二七六团部队行动迅速，只用了两个多小时，走了30余里路，恢复了原来的阵地。两个命令只相隔一天，部队情绪一低一高，成为鲜明对照。北上是如此得人心，违背中央指示的西进，遭到指战员如此强烈不满和抵制。徐向前同志警告张国焘说的“你再要让部队爬雪山、过草地，可就没有人跟你走啦！”这句话，表达了广大指战员的共同心愿。

从9月30日起，我四方面军部队分五个纵队，先后由岷县、漳县等地出发，向静宁、会宁地区进发。与此同时，中央也指派一方面军一军团一师南出隆德、静宁、界石铺一线；二师出庄浪、渭水与平凉大道之间，纵横游击，威胁胡敌，积极策应四、二方面军共同北上。

1936年10月，红军三大主力一、二、四方面军在甘肃会宁大会师，胜利地结束了红四方面军历尽艰难险阻、曲折复杂的斗争、转战一年另七个月的长征。这是党中央正确的战略方针战胜张国焘分裂主义错误取得的伟大胜利，是红军广大指战员在党的领导下英勇奋斗的重大成就。从此，三大主力红军在党中央和中央军委领导下统一行动。

回顾四方面军第二次北上的战斗历程，我的心情非常激动，深深感到道路艰难曲折，胜利来之不易。第二次北上与第一次北上相比，路程更远，时间更长，部队体力更差、生活更艰难。但是，整个部队行动比较顺利，其经验值得认真总结。我认为，首先是由于张国焘南下错误方针的破产，东进、南进和西进都不可能，在川康边建立根据地已成泡影，只有北上才是出路，这已成为当时的必然趋势；二是党中央对红四方面军无微不至的关怀，对张国焘的分裂主义错误，不断地斗争、劝导并耐心地等待其觉悟；三是朱德总司令对张国焘不失时机地、诚恳地、热情地帮助、批评和必要的斗争；四是徐向前同志积极地支持朱德同志的正确意见和拥护党中央的决议和指示，对张国焘的错误进行了抵制和斗争；五是陈昌浩同志认识到第一次北上支持张国焘的错误，想在第二次北上中转到党中央正确方针上来，从而，对张国焘的西进错误进行了斗争；六是四方面军广大指战员从北上、南下两个方针、两种结果的鲜明对照中，受到深刻的教育，从而，积极拥护中央北上的战略方针，对张国焘的南下错误方针和分裂党、分裂红军的罪恶活动，产生了强烈不满并进行抵制。张国焘的分裂主义错误，再也不能为所欲为。红四方面军第二次北上的胜利，促成了红军三大主力会宁大会师，取得了历史性的伟大胜利。

1986 年 8 月于北京

选自中国人民解放军历史资料丛书编审委员会编：《红军长征·回忆史料（2）》，解放军出版社1992年9月第1版，第212—224页。

徐深吉，1910 年生，湖北黄安（今红安）人。1930 年参加中国工农红军，1931 年加入中国共产党。红军长征时任红四方面军川西北阿坝区警备司令员、红军大学军事主任兼教育长、第三十一军第九十一师师长。新中国成立后，曾任华北军区副参谋长、解放军空军副司令员、北京军区副司令员、顾问，中共中央纪律检查委员会委员等职。1955 年被授予中将军衔。2000 年在北京逝世。

无尽的雪山草地

向守志

两军会师是一件大喜事。然而，在决定下一步的行动计划、确定中国革命的战略方针时，张国焘与党中央的严重分歧出现了。接着，中央红军和红四方面军的部队混合编组，分成左、右两路军，准备踏上北上的征程。左路军由红军总司令朱德、总政委张国焘率领，经阿坝北进；右路军由前敌总指挥徐向前、陈昌浩率领，经班佑北上。当右路军以无比坚韧的毅力穿越松潘大草地时，张国焘带领的左路军却忽生变故，西进阿坝后，迟迟不肯北上。此时张国焘的个人野心已经极度膨胀，公然拒绝执行中央的北上战略，率部南下，并命令右路军立即南下向左路军靠拢。在此危急关头，毛主席和党中央毅然率中央红军第一军团、第三军团北上①。张国焘命令红四方面军掉头南下，再次踏入荒无人烟的大草地。正如党中央所指出的那样，“南下是绝路”。在后来的百丈一战中，红军伤亡近万人，却没有能够打开南下的通路。此时，红四方面军不少人已意识到南下的错误，大家积极响应党中央的号召，在朱德总司令、刘伯承、徐向前的领导下，再次踏上北上的征程。

1936 年 6 月②，我们第三次过夹金山。当地有一首民谣：“正二三，雪封山，鸟儿飞不过，神仙也不攀”。登山那一天，风雪交加，我们每

① 这时红一、红三军团已分别改称红军第一、第三军——编者注。

② 应为2月——编者注。

前进一步都十分艰难。大多数红军战士穿着单衣，尽管气温已是零下，可一会儿汗水就浸湿了衣裤，被寒风一吹，衣裤冻得硬邦邦，走起路来哗哗作响。快到山顶上时，空气越来越稀薄，只听见战友们个个发出艰难的喘息声。越到山顶风力越大，突然一阵狂风吹来，把斗笠、蓑衣、行军锅甚至把人卷起，有的被重重地摔倒在雪地里，有的被吹落到山涧、冰崖下，有的则被刮得无影无踪。一些年龄大、身体弱的红军战士，走着走着就走不动了，突然倒在雪地里。他们倒下的地方，不一会儿就隆起了一个个“雪堆”。整整一天，我们终于翻越了夹金山。可是，前面等着我们的是又一座海拔5000多米的党岭山，它比夹金山更高、更大，上面的风暴也更加猛烈。藏民称党岭山为“神山”，上山100里，下山100里，峰顶气温在零下40摄氏度以下。就是这样一座可怕的雪山，我们英雄的红军却征服了它。

长征途中，我一直是连队收容队的负责人之一。收容队的成员不仅自己要与艰苦恶劣的自然环境做斗争，还肩负着帮助体弱和有病人员继续长征的重任，可以说收容队是长征中走得最辛苦的队伍之一。翻越党岭山时，我们走在最后，沿途所见触目惊心：有的同志的腿被冰雪划破了，正在滴血；有的草鞋陷在雪里找不到，只好光着脚走；路旁到处是拱起的雪堆，一不小心便会被绊个跟头，里面是冻僵了的红军战士的尸体……有一次，我们突然发现从山上滚下一个东西，眼看就要滚下悬崖，却被一块巨石挡住了。等我们冲到悬崖附近才发现，居然是一位掉队的红军战士。我把手中的竹棍伸了下去，那位血肉模糊的战士艰难地摇了摇头说：“不要啊，同志！我会把你带下山崖的。”我坚持着要他抓住竹竿，可是刚一用力拉，就被带下去了一步。说时迟，那时快，紧随其后的连长一把抓住了我的衣服。在三四位收容成员的共同努力下，那位战士得救了。就在把那位战士拉起的一刹那，“轰”地一声巨响，雪崩发生了，从天而降的巨大雪块把那块石头冲到了悬崖底。翻过党岭山，我的嗓子完全哑了，身体也冻僵了。一次，我刚坐下来就失去了知觉，是战友们点起篝火慢慢地把我烤醒过来。许多红军战士还得了雪眩症，再行军走路就更加艰难了。

过了雪山，迎接我们的是草地。红一方面军过草地走的是“一”字路，我们红四方面军走的是“之”字路，多走了两次冤枉路。笼罩在浓雾中的茫茫草地一眼望不到尽头。草丛中河沟交错，积水成洼，遍地是稀泥烂草，一股腐臭的气息四处弥漫。白天还是烈日当空，晒得人皮焦肉灼，而夜间则往往狂风大作，时而卷来冰雹，冻得人嘴唇发紫。由于长期行军，大家没有机会洗澡，更没有换洗衣服，身上都长了虱子，咬得浑身痒痛。于是，晚上有机会点起篝火的时候，许多同志便脱下衣裤放在火上烤，以此来消灭虱子。休息时大家背靠背坐着，半夜冻醒了，就爬起来原地跑步取暖。长征途中，我们过的是军事共产主义生活，干部、战士吃穿一样，无处不洋溢着阶级友爱和同志深情。如果一定要说区别，那就是党员、干部总是冲锋在前，把更多生的希望留给了其他同志。

回忆起前两次过草地的情景，我总觉得饥饿、寒冷还在其次，最痛苦的莫过于目睹着一个又一个朝夕相处的战友深陷泥潭，而自己无能为力。因此，在第三次过草地时，我们红四方面军吸取了教训，脚步迈得轻，脚下走得快，人与人之间拉开距离，并且每个官兵都携带了一根长长的棍子，这样既能完成行军任务，又能保证红军战士的生命安全，顺利地走出草地。我选的是一根长竹棍。行军时，人拄着棍子，相当于多了一条腿，既可以探路，测出沼泽的深浅;又可以在战友们陷入泥潭时，伸出棍子相救。如果说在雪山上救人只要有力气就行，那在草地中就完全不是一回事了。草地救人，不能手拉着手，也千万不能用蛮力，既要把战友从泥沼中拽上来，又要保证自己不会陷下去，要用棍子，要用巧力，否则不但救不了战友，还很有可能把自己也给拉下去。

红军战士个个都能吃苦耐劳，不论当干部的也好，当战士的也好。草地边上是原始森林，低洼的地方是沼泽地，我们在较高的地方宿营，晚上捡一些干的树枝，升起一堆堆篝火，当时没有什么被子，我们背靠着背睡觉，冻得实在没有办法，就在原地跺脚或在原地跑。在草地中走了十多天后，我们本就不多的青稞早已吃完，沿途的野菜也被前面的部队吃光了，用铁钩子钓鱼，鱼很少，也不好钓。一天，饿得筋疲力尽的我正艰难地背着三位伤员的行李往前走，突然，前面不远处传来了“救命”的呼喊声。凭着前面两次过草地的经验，我知道一定是有战友陷入了沼泽地。也不知从哪里来的力气，我突然来了个百米冲刺，全然忘记了陷下去的可能。沼泽中，一位与我年纪相仿的战友正在泥潭中痛苦地挣扎。“别动！”我一边大声呼喊一边用脚试探出一块较硬的草块，然后探出身子,把手上的“救命竹棍”伸向了那位战友。轻轻地,慢慢地，我均匀地把所剩不多的力气输送到竹棍上，然后再缓慢地传递给那位战友。一厘米、二厘米、三厘米……半个小时之后，我终于把这位战友给救了上来。这救命的竹棍，让我有幸挽救了十几位陷入泥潭的战友。

然而，在那片大草地上，还是留下了一群年轻的生命，有的是年仅十几岁的红小鬼。在历尽艰难后的一个早晨，我们终于走出了草地。这一天，我们吃了最痛快的一顿饭。管理员用大洋向当地老百姓购买了一种叫“锅盔”的面饼，饼烙得特别大，赛过锅盖，足有四五斤重。炊事员把大饼切开，每人一块。大家狼吞虎咽地吃起来，这是我有生以来吃得最香的一顿饭。

节选自向守志:《信念就是战斗力》，载中共南京市委党史工作办公室、中共南京市鼓楼区委党史工作办公室编:《红旗漫卷——南京部分老红军口述长征史》，中共党史出版社2006年10月第1版，第23—28页。

翻越夹金山，到达炉霍县

曹明

一、翻越夹金山

1936年2月，我们红四方面军，从四川省的芦山、宝兴一带出发，经过了几天的跋涉，来到了红军长征途中的第一个雪山——邛崃山脉的夹金山。①

夹金山，位于宝兴西北，海拔4000多公尺。仰天望，高高耸立的山峰，如同尖刀一般插向云端，雾气缭绕着云崖，茫茫一片。当地人流传着这样一句歌谣："一山有四季，十里不同天"。真不假，山上白雪皑皑，冰川峭壁；山下百草丰茂，万物碧绿。晚上，我们总部露营于山脚下，首长指示我们：部队要做好爬雪山的准备。明天一早4点出发，要在10点前翻过雪山，因为10点以后雪山的气候容易突变。

其实并没有什么要准备的，只是要把所有的衣服都利用上。当时我们没有棉衣，每人只能多加一件单衣，不过精神准备倒是十足的。第二天4点钟，我们便开始向雪峰挺进。因为部队人多，加上道路崎岖狭窄，队伍拉得很长。这样，前进的速度便慢了下来。快到半山腰时，空气变得稀薄了，越往上走，气压越低，我们的胸口好像塞了一团破棉絮，

① 此时，红四方面军部队是第二次或第三次翻越夹金山——编者注。

爬不了几步就得喘半天，接近雪峰时，已经10点多了，这时天气骤变，刹那间，狂风怒吼，大雪纷飞。不知是下的雪还是狂风卷起的积雪，不定向地围绕着我们旋转起来，扑打在我们的脸上、身上，睁眼睛都困难，我们只好用胳膊挡住眼睛，或者是转过脸来，用身体挡着风雪，一步一步艰难地向前移动着，踏在积雪上的脚冻得早已失去了知觉，唯一能感觉到的只是两个大大的冰坨。大雪还是不停地下着，积雪越来越深，拔一下腿都要使尽全身的力气，我们一个拽着一个，一个推着一个，像一条长长的锁链，互相搀扶，互相鼓励，艰难地向上爬着。

在山顶上的一个风口处，突然一股强烈的旋风把我从山顶上卷了下来，顺着山腰一直往下滑，也不知道滑了多远，我觉得有什么东西把我挡住了。我定神一看，原来我身下躺着两个战士，我使劲地摇动他们，可是他们连动也没动。顿时，一股悲凄的心情油然而生：亲爱的战友，为了革命事业，你们默默地作了铺路的基石，用年轻的生命铺垫了中国革命漫长的道路，没有你们，我也许也要倒在这里。我要踏着你们的足迹，去完成你们未竟的事业。我艰难地站了起来，用两只胳膊捧着雪，掩埋了战友的尸体。安息吧，亲爱的战友，革命的先烈，愿你们的心灵像雪一样纯洁，愿你们的身躯永远安息在这茫茫的白雪中。我摘下了帽子，默默的挥泪向他们告别。

我沿着雪路，找到了队伍，不知是谁带头喊了起来："同志们，冲过去就是胜利！"接着，一片喊声震响山巅，同志们一起向前冲去，一个个峰头都被我们征服了，最终跨过了山顶。

开始下山了，其实下山的路并不容易，与狂风暴雪搏斗了七八个小时，一个个精疲力尽，只是坚定的信念使我们的精神没有倒下来，精神鼓舞着身躯，艰难地向山下走着走着……

正在这时，朱总司令和其他首长出现在我们右侧的小山包上，朱老总身穿粗布灰军装，踏着草鞋，也和我们一样一步一滑地向山下冲去。朱老总的出现和他那身先士卒、以身示范的举动体现了他甘作普通一兵的无产阶级革命家的高贵品格，也给我们带来了巨大的精神鼓舞，整个部队沸腾了，雪山沸腾了。就这样，我们胜利地翻过了雪山。同志们的精神大振，前进的红旗又指向了北方。

二、红军在炉霍

1936年二三月间我们红四方面军总部从四川芦山县北门郊外行军北上翻越雪山（夹金山），经过丹巴县、道孚县，来到了炉霍县。县东门郊外一片绿油油的草原，在水草肥美的地方，有些藏民在放着牛羊，远远望去，肥壮的牛羊像一朵朵鲜花点缀在葱郁的草原上，偶尔传来几声悠扬婉转的藏族牧歌。县西门郊外一条小河沟，有几家藏民住的房屋，当时在家的藏民中，女的多男的少。红军总部警卫营的一个连驻扎在此地，我就是这个连中的一名战士。小河沟往西去的一块平坦的地上有房屋，当年的红四方面军总供给部就驻扎在此地。再往西去是一条大河沟，山上一片较大的原始森林，里面有不少干柴，可以解决当时驻炉霍红军烧柴做饭用。

当年红军红四方面军总部驻扎在炉霍喇嘛寺庙大街东门里。这里快接近草地了，红军总部指示我们，因为草地气候寒冷，每人要准备毛衣和毛裤，做好防寒准备。当时我们连捻毛线都不会，哪里还谈得上织毛衣毛裤？困难压不倒红军同志们，红军会发动群众，依靠藏民，向藏民妇女请教。

当年红军总部和刚来到藏民居住区，大部分藏民已经隐蔽起来了，十室九空，只有寥寥无几的上了年岁的老人待在家里，再加上语言不通，就更增加了互相了解的难度。我们就通过通司向他们宣传党的民族政策，宣传我们党“全民族团结起来抗日救国”的主张。我们分头在广场上写标语，讲演，用各种形式作宣传。这一伟大号召在长征途中唤醒了许多沉睡的角落，也唤醒了这贫穷落后的藏民村庄。红军走到哪里一贯严格遵守群众和民族风俗习惯，不准违反群众纪律。红军进到藏民和炉霍地区，一不准侵犯喇嘛寺庙；二不准侵犯地上的小山包或者小山头上插一堆小蕃旗的地方；三不准调戏藏民妇女。红军用藏民任何东西都按照纪律办，实现现钱交易，买卖公平，终于用实际行动感化了藏民们。

当时正值春暖花开、犁田播种的季节，如果田地因为无人播种而荒芜了那多可惜啊！于是，红军们扛上犁杖和锄头，亲自帮藏民们犁地播种。我们见了无人种的地，我们就播种。这样，感动了地的主人们。藏民妇女送来酥油茶和糌粑，请种地的红军同志吃饭，都被红军同志们婉言谢绝了，到了吃饭的时候红军都是回营地吃饭。五六天的时间我们完成了播种种地的任务，回到驻地准备北上过草地的干粮和物资。

经过以上红军这些联系藏族群众，宣传民族政策的行动，终于感动了在家的少数藏民的老年妇女，叫回他们不在家的亲人。不到一个星期，藏民们便陆续的回村回家了。藏民们用酥油茶和糌粑邀请我们到藏民家做客招待，还有把最好的房屋腾出来让我们住，帮我们安排、照顾病号，就这样我们与藏民们之间打开了友好相处的局面：

我们发现藏民姑娘们非常喜欢绸缎一类的丝织品，特别是旗上、枪上的红穗儿，更是爱不释手。于是我们把丝织品之类小饰品送给姑娘们，我们还热情的请她们到营房开联欢晚会，军民关系越来越密切，感情也越来越融洽了，她们把我们当成了亲人，主动献出大量的青稞麦，我们按价付款。当得知我们筹备毛衣毛裤时，就主动献出了羊毛，又教我们如何捻毛线，怎样织毛衣，我们很快就学会并掌握了这些技术，在藏民同胞们的大力支持下，在不长的时间内，我们便把应该准备的物品全部筹备完了。

不久，传来了党中央的决定：由贺龙同志率领的红二方面军也要北上，很快就要在甘孜地区与我们会师，一同过草地。上级号召我们给兄弟部队准备一份过草地的物资。听到这个消息，我们高兴极了，战士们奔走相告。为兄弟部队准备物资是多么兴奋啊！同志们不顾疲劳，夜以继日的赶织毛衣毛裤，在藏民的积极帮助下，我们很快完成了物资的筹备任务。

望着身上的毛衣毛裤，看着眼前的干粮，我们的眼睛湿润了。就要离开藏民们了，许多重伤员都留下让藏民兄弟们安排治疗。后来，他们都成了当地革命的骨干力量。当时那难舍难分的送别场面至今仍记忆犹新。握手言欢，推心置腹，声声带泪，句句有情。有了各族人民的支持，北上一定能成功，一定能胜利。亲爱的藏民弟兄们，等待着我们胜利的喜讯吧！

中共辽宁省委党史研究室供稿。

曹明，1934 年参加中国工农红军。红军长征时为红四方面军总医院运输队战士、红四方面军总部警卫营战士。

艰难的历程

——回忆长征路上的几件事

王光达

举世闻名的二万五千里长征，距今已经40多年了。当时，我19岁，参军一年多，先后在红四方面军三十一军作战科和九十一师交通队当通讯员。

长征路上的许多事情，至今记忆犹新。

过雪山

1935年6月，我们三十一军来到夹金山下。据当地老乡说，山上积雪终年不化，已有几百年没有人走过。上级动员我们尽快筹集粮食、铁镐、木棍、绳子和扫把，准备过雪山。

一天夜里3点多钟，寂静的山谷，响起了进军号声，我们拄着木棍，摸黑向雪山进发。一路上，到处都有宣传队员在做宣传鼓动工作，他们不时地为前进的队伍加油："同志们，比比看，谁英雄，谁好汉，铁脚踏出胜利路，看谁先过大雪山。"当东方露出鱼白色晨光时，我们已走了十多里山路。我停下脚步，只见翻山的队伍上不见头，下不见尾，像一条长龙，沿着羊肠小道，朝上飞腾。

越过积雪线，刚刚还是晴朗的天空，突然狂风大作，飘起了鹅毛大雪。我们用铁镐、扫把在雪地上清出一条小路，边扫边走。前面的队伍刚刚走过，风雪又将小路掩埋，后面的人又得铲雪清路。由于山上的沟壑都被积雪填满，人马稍有不慎，就会掉进去，陷入雪中。越往上爬，山势越陡峭，空气越稀薄，连我这个生长在四川山区的背煤娃，也感到呼吸困难，喉咙里“呼哧呼哧”像拉风箱一样。我咬紧牙关，暗自叮嘱自己：千万不能停下来啊！那时，我与大多数战士一样，身上穿着用棕树皮制成的御寒“衣服”，一旦停止活动，就会活活冻死。快接近山顶时，每前进一步，都要付出巨大的代价。有些体弱的同志，已无力往上爬了，向上迈出一步，却滑下几步。我同先上去的战士，甩下绳子，让他们拴在身上，扯着绳子往上拖。由于严重缺氧，有些力衰的同志走着走着，突然“扑通”一声倒在地上，就再也没有爬起来。同志们就在雪地上挖个坑，掩埋好牺牲的同志。一路上，留下了不少洁白的雪墓。我们班就有几位战友长眠在雪山上了。

中午，我们终于爬完50多里山路，登上雪山顶。站在山顶举目四望，满眼都是白皑皑的雪峰。战士们个个也成了雪人，连眉毛、胡子上都结了冰珠。大伙互相取笑，还争着为雪山取名，什么“棉花山”、“馒头山”、“白糖山”胜利的笑声飘荡在雪山上。

山顶空气最稀薄，不宜久留，战士们拄着木棍，迅速下山。遇到陡峭处，我们把枪往怀里一抱，干脆在雪上滑，一滑就是四五十米。当夜幕降临时，雪山落在我们身后了。

师长抬担架

翻过雪山到了懋功，我突然得了伤寒病，被送进临时医院。这所医院设在一座无人的喇嘛庙里。说是医院，其实只有一名看护员，两名炊事员，伤病号却有近 200 人。当时，尽管部队粮食困难，却千方百计供应医院的伤病员，我们每餐可以吃到一两小块清水牛肉和一碗稀饭。但是医疗条件差，缺少药物。与我同盖一条麻布毯的两个战友，每天高烧，没有药吃，只好喂开水。一天早上，我醒来后喊他俩起床，左推右摇不见动弹，掀起毯子一看，他们已经停止了呼吸。我们含泪把他俩埋在了喇嘛庙旁。

这时，部队继续北上，我的病却一直未好。望着一批批队伍从庙前经过，我想也许再也没有希望与战友们并肩行军、共同战斗了。一天，医院里突然来了几十副担架，在担架队里，有个高高的身影，我觉得好眼熟。等他转过脸来我一看，原来是我们师长桂干生①。我情不自禁地喊了一声："师长！"我参军后，先后在军部和师部长当通讯员，认得首长。师长听见，朝我走来："小家伙，你在这里？"我点点头。师长说："来，睡我的担架。"我惊呆了，师长为战士抬担架，这哪行？我的头摇得像货郎鼓："不，不！"师长哈哈一笑："啷咯，当官的就不兴抬当兵的？这回是从师政委到团营机关干部一齐出动，组成一支担架队，专抬伤病员，决不能丢下一个战士。"不由我分说，干部们将我抱上了担架。顿时，山谷里响起了四川风味的抬杆号子：月儿弯，边走边圆。意思是到了拐弯的地方了，脚下要注意。我躺在担架上，眼前的情景使我感动得热泪盈眶。就这样，我在担架上躺了十多天。干部担架队抬着伤病员，一天要翻几架大山，走一百多里路。病略好一点，我就坚持自己走，拄着木棍，像刚学步的娃娃，一天只能走五里路。一次走着走着，头重脚轻，跌倒在路边。一位干部忙把牦牛让给我。我骑着走了三天，才赶到部队集结地。

---

① 桂干生应为红九十一师政治委员——编者注。

半杯糌粑面

1935年秋[①]，我们北上到了毛儿盖，准备过草地。我由于患伤寒病才好，上级要求每人背30斤糌粑面、三斤用咸土熬成的“盐”，而我只背了18斤糌粑面，这时已经吃光了。望着茫茫草地，我犯了愁，没有吃的，难过草地啊。

交通队队长知道后，同指导员一商量，召集全队开会。队长指着我说：“这个小同志是个没有爹娘的孤儿，是个苦命的孩子。他的糌粑面吃光了，大家想想办法，发扬阶级友爱精神，一人给他凑一点。”于是，全队100多名战友，每人从自己已经干瘪的干粮袋里，捏出一撮糌粑面，放在我的茶杯里，一共凑了半茶杯。我手捧着茶杯，站在队前，热泪夺眶而出。在那艰苦的岁月，粮食就是生命啊！这半杯糌粑面包含着多么深厚的阶级友情！捧在手上，像大巴山一样的重。

这时，指导员拍拍我的肩膀说：“小同志，你不要担心，只要我们能过去，背也要把你背出草地，决不会丢下你不管。多一个人，革命就多一份力量啊！”我抓住指导员的手，激动地说：“首长放心，我就是爬也决不掉队！”草地是一片无边无际的沼泽，一层层腐烂的水草叠在一起，有几尺厚，草底下是吃人的泥潭，掉进去就休想爬出来。数百里草地，不知吞食了多少红军战士的生命。进草地的第一天，部队只走了30多里，以后由于沿着先头部队的路线走，每天行军80多里。时间一天天过去，而那半杯糌粑面也在一点点减少。行军中，每当我饿得心发慌时，才捏一点送进嘴里。第四天宿营时，拿出干粮袋一看，我惊呆了：糌粑面吃光了。

---

① 应为1936年——编者注。

生 命 的 水

刚进草地四天就断粮了，这使我面临着最严峻的考验。这时，我想起了指导员的话：“多一个人，革命就多一份力量！”革命需要在艰苦的环境中磨炼战士，我必须走出草地，走出去就是胜利。有了坚定的信念，情绪渐渐安定了下来。

天黑了，草地燃起了一堆堆篝火。我将茶杯盛满水，放在火上烧，一会儿水开了，我趁热喝完开水，瞬间咕咕叫唤的肚子不响了，浑身暖烘烘的。嗨！有了！用开水灌肚子充饥。水,可是草地里取之不尽的“粮食”啊！

从进草地的第五天起，到第九天走出草地，我基本上以开水充饥。行军途中，当肚子咕噜咕噜直叫，饿得受不了时，我便坐下来烧水喝。两杯开水下肚，身上添了热气，咬咬牙竟能走 20 里。就这样，走一二十里，再喝两碗开水。一天喝个五六次开水，勉强跟上队伍，行军 80 多里。征途上，队长和战友们不断鼓励我，帮我背枪支弹药，碰到难走的地方，就扶着我走。战友们还教我识别野菜，找草根吃，将草根嚼碎，吞下微甜的汁液，吐出渣子。我还吃了一根皮带。为了不掉队，行军休息时我匆匆将皮带烤焦，吃了半截；晚上宿营时，用小刀刮掉皮带的表皮，在水中炖烂后又吃了剩下的一截。这简直可以说是我在草地上的一次美餐。

进入草地的第八天，我已觉得精疲力尽，瘦得像干柴一样的双腿，再也迈不动了。早上,望着战友们收拾行装,我想,难道就这样完了吗?这时，有两个战友走到我身旁，扶起我，说：“队长和指导员派我俩护送你过草地。”我将双手搭在他俩肩上，一步一步艰难而坚定地朝前走去。

第九天早上出发时，队长对大伙说："同志们，加把劲，草地快要走完了。"这一天，战士们劲头特别足，走了130多里。傍晚，在我们面前出现了用牛粪搭成的房子。这是牧民牧放牛羊的临时住所。"房子！房子！""草地走完了，我们胜利了！"战士们惊喜地叫着，朝房子奔去。

在党中央和毛主席的正确领导下，我们红军战士以气壮山河的英雄气概，发扬阶级友爱精神，互相关心，互相照顾，终于踏碎了千难万险，战胜了饥饿死亡，完成了举世闻名的二万五千里长征。（潘建国整理）

选自《人民铁道报》1981年7月2日。

王光达，四川人。红军长征时任红四方面军第三十一军作战科通讯员、第九十一师交通队通讯员。

长征途中过春节

赵明才

春节临近，我想起了30年前在红军长征途中过的一个春节。当时春节前一天，我们红四方面军到达了雪山底下四川省的党岭山区，晚上露宿在深山野林里。刚放下背包，党员就集中到一个山沟里开会。我以为又有什么战斗任务了，心情十分愉快。党代表在会上说："明天，就是我国民间的传统节日——春节。为了让同志们欢欢乐乐地过春节，党组织决定今晚顺这里宿营，明天上午放假半天，搞些有意义的活动。我们要把春节过得既愉快又要有革命意义。"大家一听，都乐了。要不是党代表告诉我们，我们都忘了明天是春节呢！

会上，大家讨论决定：开个文娱联欢会，举行一次会餐，还开个诉苦大会。

最使我难忘的是节日会餐。那时根本不能同现在相比，没有米饭，没有鱼肉，平时吃的是野菜加青稞麦，当然过节也不会例外。为了筹备会餐，春节那天一早，大家便漫山寻找野菜。花了半天时间，每人都挖回了一大抱野菜。然后，大家把干粮集中起来，准备会餐。中午，雪山底下的深山野林里升起了团团热气。会餐马上就要开始了。同志们以热烈的掌声，欢迎党代表在会餐前讲话。党代表站在一个树桩上，满面笑容地说："同志们，我们会餐开始了！今天会餐，每人可以吃两碗青稞麦野菜糊，比平时多一倍！"说到这里，党代表的讲话被掌声打断了。他只好停了一下，再继续说："今天，我们在雪山底下会餐是艰苦的，但是，我们是干革命的，是打蒋介石的，只要我们努力奋斗，打倒了敌人，全国人民得到翻身，得到解放，再苦一点也可以。大家说对不对？""对！"接着是山洪暴发般的回答声。

会餐开始了，每班围成一圈，军、师、团首长也都和我们一道会餐。大家端着碗，青稞麦野菜糊，津津有味地吃了起来。

生活尽管艰苦，可是大家都很乐观。那次春节文娱晚会是在春节前一天晚上开的，满山遍野篝火通明，篝火边，唱歌，跳舞，热闹极了。我们连的文娱组，演出了活报剧《打倒蒋介石》。扮演蒋介石的，反穿着棉衣，脸上用柴棒烧剩下的炭划了几道，额上贴了张四方的大纸，拄着根现砍来的木棍，把这个卖国求荣的家伙演得既狼狈又丑恶；扮演宋美龄的演员，两耳上倒挂着红辣椒当作耳环，使人看了又厌恶又可笑。这个节目，获得了战士们的一再鼓掌，使同志们在笑声中受到了阶级教育。

春节下午，开了诉苦大会。我们红军战士，都有诉不完的苦处，倒不尽的苦水。四川籍的15岁的战士李家启，第一个起来控诉。他说："今天，我在部队里过春节，真快活。我三岁那年的腊月三十，我的爸爸就被'谢阎王'的狗腿子活活打死了，妈妈被'谢阎王'奸污后跳井自杀了。以后每年过春节我就像过鬼门关一样……"说到这里，他激动地哭起来了。会场上一片沉寂。过了一会，会场上发出了震天的吼声："打倒蒋介石！""打倒国民党反动派！""坚决革命到底！"

诉苦会开过，战士们怀着对阶级敌人的刻骨仇恨，高唱着嘹亮的军歌，浩浩荡荡向雪山进发！

选自《解放日报》1965年2月6日。

赵明才，1917 年生，四川宣汉人。1933 年参加中国工农红军，1935 年加入中国共产党。红军长征时任红四方面军第四军十二师三十团副班长、团青年干事等。新中国成立后，曾任解放军第七兵团卫生部副部长，浙江省军区后勤部副部长、转业干部文化学校副校长、独立第二师副师长等职。2004 年在杭州逝世。

党岭山上

吴先恩

到达党岭山下，指挥部命令我们兵站部，必须在第二天下午 2 点半以前翻过党岭山，为部队筹备粮食。

早晨 3 点钟，我们从平均每人不到六两的粮食中取出三分之二，和着野菜煮一煮，"饱吃"了一顿。3 点半钟，大家借着残月和星光出发了。走在最前面的是前卫营，随后是骑马的轻伤员和抬着重伤员的担架队，一个紧跟着一个，踩着刺透草鞋的菱角石，攀登着蜿蜒起伏的山道向前行进。

山谷里吹来一阵阵的冷风，沙石扑打着人们的脸，预示着一场风暴就要来临。眼前最重要的是和时间赛跑，按上级指定的时间翻过山去。否则，不但要饿着肚子在风雪中多耽搁一个夜晚，而且还将完不成筹粮任务。我不时掏出怀表，计算着时间和行程，发出"往前传：快走！"的口令。可是时间似乎愈过愈快，而行进速度却愈来愈慢了。人们的两条腿都不听使唤了，一双双肿胀的脚像穿了铁鞋，迈一步都要用尽全身的气力。

说来也难怪，一个月以来的艰苦行军中，同志们没有吃过一顿饱饭，不曾得到一夜充足的睡眠。一个个饿得肚皮紧贴脊梁，腰带已经收紧到最后一个洞了。人们边走边打瞌睡，肩上的东西和手中的"拐棍"不知左右调换了多少次，一个茶缸这时也觉得重有千斤。最艰难的要算担架员，他们双肩都被压得红肿，可还得小心翼翼地把握着担架的平衡，眼睛紧盯着前方，不能有半点松懈。这时，谁也不愿说话，唯恐嘴一张开，力气就会被风刮跑似的。“故事专家”老王和爱说爱笑的小通信员孙大刚也沉默了，只听到呼哧呼哧的喘息声。

“孙大刚，怎么不说话了？”走在我后面的张政委突然问了一句。

“我知道孙大刚为什么不说话，”没等孙大刚回答，老王就抢着开口了，“他正在想家呀！”

这倒弄得我莫名其妙了：孙大刚这孩子，自从 13 岁参加红军，从来没说过想家的话呀！孙大刚也愣愣地看着老王。老王不慌不忙地说：“孙大刚看到党岭山，就想起他老家花果山来了。”张政委和我都笑了。

孙大刚也不知哪儿来的一股劲，一边笑一边追打着老王。后面的人也都凑过来听笑话。老王跑着还大声说：“人家孙大刚还要请他大圣爷爷用移山术把党岭山搬走，给后头的部队开路哪！”一时幽静的山谷里充满了愉快的笑声。

我又一次掏出怀表看看。张政委也正在给自己的怀表上弦，他那坚毅的眼睛里含着满意的微笑。是的，翻过山就是胜利！现在每走一步就接近胜利一步了。

忽然前面的人们骚动起来，接着传来使人震惊的消息：山上起了风暴！

霎时，只见从山背后升起巨大的土柱，遮住了太阳，狂风卷着积雪，积雪裹着沙石，像猛兽般吼叫着迎面扑来。人们牵着手伏在地上，背上背的茶缸被风卷起的沙石打得叮当作响，山地的中午变成了黄昏。

前卫营的通信员跑来了，上气不接下气地说：“山上起了狂风，许多同志被卷进山涧！”这个突然的情况，迫使我们发出了就地宿营的命令。

天黑以后，风才慢慢地停了。人们升起篝火，忙着给伤员烧水、换药，也有的烘烤被汗水浸透了的单衣。马等不及饲养员找来树枝和野草，都啃起树皮来。我们宰了两匹牲口，把肉分给伤员，皮和骨头给工作人员分了，所剩无几的粮食一粒也没有动，留着明天早晨吃了好过山。

上山前，听人家说过，山上若起大风，必有大雪。果然，这时大雪纷纷降下。

夜深了，我跟张政委去巡视熟睡的同志。雪愈下愈大，树上挂满了一尺多长的冰柱，篝火被雪压灭了，一些酣睡的同志被埋在雪里。于是我们赶紧抢救伤员，找寻压在雪下的人们……

巡视完毕，我们又回到帐篷里。张政委的身体本来就很坏，这时更是喘得透不过气来，脸和脖子都胀得通红。我走过去轻轻捶他那被27年雇工生活累弯了的脊背，过了好半天才听他喉咙里发出比较匀和的喘息声。

“老吴，”他把一根树枝放在快要熄灭的篝火上，笑了笑说：“我看，世界上的任何名画家也画不出今晚这雪景。”接着，他谈起给地主当雇工时，也是一个大雪纷飞的晚上，他躺在马棚里冻得不能入睡，地主却叫他把一条薄棉被给牲口盖上。讲完，他又说：“扯远了，说眼前的吧，今天汇报，又牺牲了15名担架员，情况相当严重。明天更是关键，山高雪厚，知道哪儿是路，哪儿是崖呢！”

我们正研究明天爬山的事，突然背后传来一个声音：“部长——政委——”我们回头一看，见一个身上缠满了绷带的伤员爬到我们身旁；他那露在帐篷外的半截身子仍被埋在雪里。他吃力地抬起头，仰面看着我们。借着篝火的光亮，我们认出他是张营长。

我们赶快把他搀了进来，用身子顶住他坐在篝火旁边。

“他带着这样重的伤，深夜从雪里爬来干什么呢？”我心里反复地这样想着。

“部长，政委！”他瞪着两只深陷的眼睛，看了看我，又看了看政委，“你们刚才的话，我都听见了……眼前的情况我们都很清楚，我想过了，把我们扔掉吧！”他怕我们打断了他的话，赶忙抢了一句，“这是为了革命着想呀！”

“每个红军战士，都是革命的种子，只要我们活着，决不能把你们丢掉！”政委刚刚把话说完，又不住声地咳嗽起来。

“首长！我想过了，为了好好保存革命的力量，我才……”他的话突然停住了。他咬着牙关，忍着伤口剧烈的疼痛，汗水从两颊流到腮旁。他用手狠狠地抹了抹汗水：“我什么都想过了，从四川把我们抬到这里，一路上，给同志增加了多少负担，累死了多少同志啊！……我不忍心眼看同志们为我倒下去！留着你们……留着同志们革命吧！”他慢慢闭上了眼睛。

“张营长，张营长！”我俩齐声惊叫起来。

……

雪还在成团地落着，篝火只剩下几颗火星在闪烁。

度过了漫长的黑夜，掩埋了同志的尸体，我们又踏上了征途。久病缠身的张政委仍是打起精神走在前面，每到坡滑路陡的地方，他就挥着双手喊：“同志们，走稳点！不要慌！”可是每次都被剧烈的咳嗽打断了。

走到昨天前卫营宿营的山崖下，发现有许多冻僵了的战友的遗体，被埋在雪里。我们发现了露在雪外的一只胳膊，他的拳头紧握着。跑上去掰开手一看，里面是一张党证和一块白洋，党证上写着：

“刘志海，中共正式党员，一九三三年三月入党。”

我取过党证和白洋，默默地低下了头：“志海同志，你的党证和最后一次党费，一定替你转交给党。安息吧，同志！”

张政委站在悬崖峭壁的边缘上，检查由面前走过的每一副担架，伤员们看到虚弱的张政委，站在这样危险的地方，无微不至地关怀他们，有的感激得流出泪来，担架员们也都说：“首长放心，保证完成任务。”

队伍不停地前进，张政委依旧顶着寒风站在高地上。他一边咳嗽，一边喊话，每吐一个字都要用尽全身气力，“同志们！努力！前进，前……进……”

忽然他的沙哑的声音中断了，身子一歪倒在雪地上，警卫员吃惊地叫着："政委，政委，醒一醒！"张政委慢慢睁开眼睛，看看周围的人们，又看看行进的队伍，吃力地站了起来，勉强笑了笑说："你们走吧！我……我不行了！同志们！……全国人民在盼望我们……"他转身把脸紧紧贴在警卫员的脸上，而后又扑在我的身上，紧紧地和我握了一下手，无力地倒了下去。……

我们扒开积雪，含着泪掩埋了张政委，把他留下的那只怀表上紧了发条，迎着北风，踏着战友们没走完的路，继续向山上走去。

选自中国人民解放军战士出版社编:《星火燎原》选编之三，战士出版社1980年11月第1版，第386—390页。

吴先恩，1907年生，湖北黄安（出生村庄今属河南新县）人。1927年11月参加黄麻起义，1929年加入中国共产党，同年参加中国工农红军。红军长征时任红四方面军总兵站部部长。新中国成立后，曾任湖北省军区后勤部部长，湖北省人民政府财经委员会副主任，北京军区后勤部部长、副司令员、顾问，全国政协委员等职。1955年被授予中将军衔。1987年在北京逝世。

我们战胜了党岭山

刘昂

党岭山，是从川康边境到西康道孚县所必须经过的一座高山。我不知道它到底海拔几千公尺，只知道山高雪深，空气稀薄，要翻越它，是十分困难的。1936 年的 3 月，我们到达了党岭山下。

从山脚下看上去，山势还算不怎么陡，但远远望去，却看不清那山的高处，只见它模模糊糊的浸在云海里。

要过这样的高山，按理说应该好好地准备一下，至少应该带上足够的粮食，但是，要找点粮食是多么困难。山下，只是一个小小的村落，居民寥寥无几，而且当时我们九军团是四方面军的后卫，要找点粮食更是困难，真是有钱没处买。山脚下是待不得的，多住一天就多消耗一天粮食。首长决定，只在山下过一夜，明晨一早翻大山。

清晨，天阴沉沉的，很有点寒意。大家吃了仅有的一点干粮，穿上了所有单衣，披上了夹被，开始登山了。那时候，我是九连的连长。出发时，副连长严林雄同志半开玩笑地对我说：“小刘，你在头里走，我个子大，走后面。”我们全连六七十人就这样我前他后一个紧跟一个地沿着那曲曲弯弯的牧羊人走出来的小道向山上走去。

起初，山路还好走，地面是干的，天气也不怎么冷，但慢慢的情况就不同了。

上山只几里路，地面就湿起来了，远远近近的山头上，都闪耀着积雪的光辉。再往上走，就时断时续地飘起了雪花，而且越来越大，快到山腰时，扑面飞来的简直是一团一团的棉花球了。下午两点钟的样子，我们已经越过了山腰，但从那漫天乱舞的雪花中望去，山顶还远着呢。饥饿寒冷煎熬着疲倦的人们，看起来今天要想过山是很难的了。果然，首长来了命令，要我们就在路旁山坪准备宿营。

“人是铁，饭是钢”，不吃点东西怎能抵御这严寒啊！但吃什么呢？背上的米袋子已经只是两层布了。正在为难，军部突然来通知我们去领马肉，原来首长下令把军部的马匹杀了。

有马肉吃了，真叫人高兴！战士们立即七手八脚地把路边小坪上的雪扫掉，把四周用被单围起来，中间生起一堆火，像野人似的，就在那火上烤马肉吃。

马肉味多香啊，真恨不得尽情吃它一顿，但那是不行的，因为还得留一些明天吃好赶路。

吃过马肉，就地宿营了。在这样的雪山上，既没有房子，又没有帐篷，连山洞都没有，只好蒙上个夹被单，大家挤着坐了一夜。

艰苦的第一天算是过去了，但更艰苦的第二天还在等着我们呢，必须使得人人都更加坚强起来，才能真正征服这雪山。于是，就在那风雪吹打的山坡上，全连展开了“要死呢，还是要活”的讨论，讨论很快就热烈地展开了。有的战士充满信心地描绘着翻过大山以后的景象，有的战士坚定地说“翻过大山就是胜利”，部分战士原来是沉浸在埋怨情绪中的，这时也不再紧锁眉头了，表示“我们是红军战士，我们一定能取得胜利”！宿营地活跃起来了，雪山上升起了一片歌声：“本军团成立二周年，大家热烈来纪念，实行政治部号召，大家向前进……”

这一夜是多么的难捱呀，但到底人们还是在半醒半睡之中捱过去了。当东方发亮的时候，早已浑身麻木的人们赶紧站了起来；哈哈手，顿顿脚，掸掉堆满在身上的雪花。这时，只见管理排长张功章和几个炊事员同志正在忙碌着。他们已经挑好了几桶冷水，把战士们的米袋子都泡在桶里，准备作那倒都倒不出来的一点点麦屑煮汤充饥呢！

谁都知道，今天将要迎接比昨天更严重的考验了，大家也就都忙着整顿整顿，想尽可能把自己身上包得暖和些，其实几个月来的打仗行军，越岭翻山，还有什么东西可整顿呢？几件早已磨破了的衣服，上山时已全部穿上了，最需要整顿的是那一双脚，上山时，脚上是包着布块和棕皮的，但是一点儿棕皮怎么能挡住刺骨的寒冷，何况不少同志的草鞋都已磨穿了，就连那一点棕皮也扎它不住。于是，在指导员的同意下，战士们先撕开了包袱皮裹在脚上，再撕开那湿漉漉的米袋子当做带子绑住布块和棕皮，这样，虽然还是太薄，但比起扎不住布块和棕皮的草鞋来，已经是好得多了。战士们一个个都在顿脚，试试那脚上的“新装”牢不牢固。

脚裹好了，标准“稀汤”也煮开了，大家就着热汤吃完那剩下的马肉，趁着一股暖劲儿，向山顶进军了。

皑皑白雪，早已把山野和小路盖得连个缝儿都没有了，好在小路要比两旁稍微低凹些，还可以依稀辨认出来，我们就沿着这雪已深得超过膝盖两三寸的小路，小心翼翼地前进着。

“红色战士，艰苦奋斗，勇敢向前，杀伤敌人……”

“子弹来路极艰难……把自己的子弹当做生命看……”

尽管今天的行程有不少艰难，行列中却此起彼落地响着歌声。通信员刘文全，司号员“土豪婆”（别人给起的外号，真名记不得了）和文书郭文显同志更是活跃。宣传员还弄个小锣敲着，喊着鼓动口号，战士李二虎（“二虎”也是大家给他的绰号）是一个长工出身的战士，已经40岁了，还不断地哼着江西、湖南的小调，鼓舞着他的战友。

山，越上越高了，空气也越来越稀薄了，慢慢地，终于连身体最好的人也越喘越厉害了，“我们是一块儿的人。不能丢下一个！”崇高的阶级友爱鼓舞着每一个人，大家都互相鼓励着：“快走吧！快爬过山顶了！”只要是身体稍好一点的，就都自动地帮别人扛枪，扶那走不动的同志。

中午11点的样子，快到山顶了，四周是云、雾、雪一片，明明是崎岖的山岭，看来却像是广漠的平原。空气实在太稀薄了，大家都大口地喘气，头晕欲倒。有的实在支持不住，真的倒下了，转眼间就被深雪埋得无影无踪。战友的牺牲,并没有吓倒我们,同志们更坚定地前进着。

山顶终于踏在我们的脚下了。为了摆脱这稀薄的空气，一越过山顶，我们就向山下直跑，有些同志走不动了，就坐在雪地上让别人推着走，我们就这样地把风雪笼罩的山顶甩在背后了。

我们勇敢地渡过了险关，征服了雪山。在当天下午6时，走到了这边的山腰，找到了几户牧羊人家，吃了一顿山药蛋，胜利地结束了这最艰苦的第二天。第三天，我们顺利地到达了道孚。

选自杨国夫等:《星火燎原·未刊稿》第4集,解放军出版社2007年8月第1版,第25—28页。

刘昂，1916年生，江西吉安人。1930年参加中国工农红军，同年加入中国共产主义青年团，1931年转入中国共产党。红军长征时任红一方面军第九军团三师九团九连政治指导员、红四方面军第三十二军政治部敌工科科长、红二方面军第三十二军某团政治委员。新中国成立后，曾任第三十二步兵学校校长、南京步兵学校校长、南京军区炮兵副司令员、南京军区司令部战史编辑室主任、浙江省军区副司令员、空军第五军政治委员、南京军区空军顾问等职。1955年被授予少将军衔。2002年在南京逝世。

艰难翻越党岭山

杨学福

1935 年 6 月，毛主席和周副主席、朱总司令率领的红一方面军，冲破蒋介石几十万大军的围追堵截，在川西懋功地区与红四方面军胜利会师。

两军会师后，本应该执行党中央的正确方针，立即北上。但是，由于当时四方面军的主要领导人张国焘坚持右倾逃跑主义路线，以种种借口百般阻挠红军北上，致使红军遭受重大损失。那时，我仅 17 岁，虽对这些政治上的大问题不大懂，但是我走过了那难以想象的艰难路程，亲眼看到了无数个战友倒下，心里总觉得不太顺。当时尽管想不通，也只能跟着走。

一天，部队向党岭山前进。部队到达党岭山脚下，停下来休息时，我们环顾着周围山峰的奇景：北山是一片片、一丛丛的树林；南山的东半部分是悬崖陡壁，长着稀稀疏疏的小树，西半部分是光秃秃的乱石山，很难看出有人从这里通过的痕迹，再往上看是银光四射的冰峰。不一会儿，连里通知让生火做饭，大家放下携带的东西，拣柴的拣柴，找水的找水，即刻燃起了千百堆篝火。有的同志一边做饭，还一边哼着家乡小调。这时，通信员传达上级指示：每人做一个火把，准备出发。

太阳渐渐躲到了山后，山谷里也变得黑乎乎的了。部队点燃火把，向着那光秃秃的乱石山前进。乱石山没有道路。稍不注意踩到浮石上，就有可能与石头一起滚下山去。过了雪峰线，就像进入了另一个世界，皑皑冰雪与漆黑夜空相映。同志们擎着火把一个跟一个地前进，远远望去似一条伏在山坡上的巨大火龙。行进中战友们有说有笑。越往上走，天气越冷，行进速度越慢，说话的人也愈来愈少了。由于空气稀薄，大家的喘息声和摔跤的声音就显得更加清晰了。就在人们拖着沉重的步子艰难地前进时，一阵狂风暴雪，夹杂着碎石，猛兽般向我们扑来。当时，我们眼睛不敢睁，呼吸十分困难，多数火把已熄灭，不少体力差、患疾病的同志难以支持，有的被暴风雪卷进山涧。我听到一个同志低声说："同志们，咱们慢慢走，可不能停呀！"不一会儿，一个沙哑微弱的声音断断续续地说："你们走吧！我怕是过不去了……"我顺着声音看去，只见他话还没说完，就一头栽倒在雪坑里。一路上我看到许多熟悉的面孔，就这样永远长眠在这冰雪世界中。

经过一夜的搏斗，终于踏上了党岭山的脊梁。上山容易下山难。由于山坡陡，冰雪滑，一不小心就有可能摔倒，滚进山涧，或者掉进雪坑。为了减少牺牲，大家你拉着我，我扯住你。遇有陡坡就用背包绳拽着慢慢往下滑。就这样，又有一些同志献出了宝贵的生命。到了山下各单位清点人数，我们连牺牲了好几名战友。

因为张国焘的错误路线，使许许多多战友的尸骨埋在了冰峰上。70年过去了，每当回想起当时的情景，我就感到哀伤、愤恨。（张继、王昌伟整理）

选自《解放军报》2006年10月23日。

杨学福，1918年生，四川巴中人。1933年参加革命，1937年加入中国共产党。红军长征时为红四方面军战士。新中国成立后，曾任黑龙江省某县人民武装部部长、黑龙江省军区哈尔滨第二干休所正师职离休干部。

横跨党岭山

刘树远

我 16 岁那年，在红四方面军总部警卫营二连当战士，警卫朱德总司令和总部首长。8 月间，我们从西康来到川康交界的丹巴县。部队在丹巴县只逗留了两天，准备了一些行军的干粮和草鞋，又沿着大雪山脉，向道孚、炉霍地区前进了。

我们在“整日脚不干”的河谷地带走了好几天，就到了党岭山区。远远望去，只看到天边白茫茫的一片，雪山高插入云霄。山谷里，风也变冷了。盛夏的季节，平原上正热着呢，这里却冷得像冬天。

天快黑的时候，到了山脚下。

党岭山在折多山的北端，海拔 5800 多公尺。山上铺满冰雪，空气稀薄，渺无人烟。山下一片望不到边际的原始森林，树枝树叶层层覆盖，抬头看不见天。除了当地的贫苦藏民偶尔冒着生命危险上山打猎或采集药材外，从来没有人走过。当地藏民们传说：“活的进去，死的出来。”但谁也不知道雪山上的情况到底怎么样。

上级命令部队停止前进，就在山下森林里宿营，准备明天过雪山。

按着上级指定的地方，各连开始宿营。我们小组长是湖北黄陂人，班里同志都喊他黄陂老。他负责找石块垒炉子，烧水煮饭吃。新战士老杨负责拾柴烧火取暖，我就负责搭帐篷。所谓帐篷，就是把一床破旧的布单子往树枝上一挂，就成了；它既不能挡雨，也不能遮风。

天气虽然很冷，我们身上还穿着单衣，大家只好围着火堆烤火，有的吃炒面，有的烤衣服，有的擦拭武器；唱歌的，猜谜的，说说笑笑。整个森林里洋溢着欢笑和歌声。正在这个时候，从树林那边，突然传来一阵喊叫声。我们以为发生了什么事，跑过去一看，原来那里有温泉，水热得烫人。这一下，我们可高兴了，大家舒舒服服、痛痛快快地在温泉里大洗了一番。这简直是意想不到的享受，几天来的疲劳，都被这滚热的泉水洗掉了。

第二天天刚大亮,前进号就嘀嘀哒哒地响了。我们开始向雪山前进。

在一个弯曲的小路旁，朱总司令穿着一身灰色军装，面带笑容地站在那里。跟我们大家一样，总司令手里也带了一根爬雪山用的棍子。他微笑地看着我们说：“今天要吃苦啊！任务很艰难哪！同志们，咱们比赛吧！看谁不掉队。”总司令的每句话，都给了我们莫大的鼓舞。我们走过他面前，胸部格外挺起，脚迈得特别有劲。总司令看着我们一个个精力充沛地走过去，脸上更是堆满了笑容，像是对我们很满意，又像是在鼓励我们勇敢向前。

顺着弯曲的小道，也不知走了多久，我们穿过高大的原始森林，走到雪山上来了。空中纷纷扬扬地飘起雪花来。渐走渐高,雪也愈下愈大。不多久，每个人从头到脚都积满了雪。四外白茫茫一片，也看不清哪是道路，哪是山谷和深坑。前面的部队只好顺着鸟兽的足迹走，后面的部队就踏着前面部队的脚印走。一个紧跟一个，脚印越踩越深，待我们走过时，已经深到膝盖了。山很陡，前头部队踩松了的雪团，成堆成块地滚到我们头上和脖子里。爬了一阵冰雪铺成的山路，再回头往下看看，昨夜我们住过的高大森林，已经小得像一小块苞谷地。我们已觉得爬得很高了，但距离山顶还不知有多远哩！

山愈爬愈高，汗水把衣服都浸透了。衣服上慢慢结成一层薄冰，呼出来的热气，很快就结成冰珠子挂在头发上、眉毛上和嘴唇边。同志们开着玩笑说：“啊哈！咱们穿上玻璃衣，戴上水晶帽子了。”

往前走，困难愈来愈多，深雪和冷风刺得人睁不开眼睛。我们都用手帕扎在额上，阻挡强烈的雪光和冷风对眼睛的刺射。虽然这样，但眼睛还是被刺得生痛。小路上，积雪慢慢踩化了，冻成了冰，滑溜溜的寸步难行。拄着棍子也不顶事。还是不断有人摔跟头。脚上的草鞋愈来愈重，鞋后跟也冻结了一层几公分厚的冰。不知是谁又在开玩笑："咱们红军可不简单，都穿上了高跟鞋啦！"这一来，寒冷、疲劳，又被笑声冲跑了。

行军速度逐渐慢下来，摔倒的人更多了。有人滚到路边的雪岩底下，有人掉进了几人深的雪坑。最苦的要算是马夫同志了，他们常常连人带马一起摔进山沟里，然后还要把马扶起，拉上来赶队伍。在这困难的时刻，干部、党员、团员，都纷纷开展了体力互助。我们的连长、指导员、排长，肩上都扛了几条枪。在牲口不能走的地方，同志们就把牲口身上的东西扛在肩上，一些有病的同志也参加扛东西和抢救牲口。最使我们感动的是，总部首长也和我们一样在吃苦。朱总司令和我们一样，踏着深雪，拄着棍子，很吃力地一步一步往上走。见了我们，他还鼓励说："加油啊！快到山顶了。"谁都不愿让总司令为我们操心，各个班挑起了竞赛，谁也不掉队。我们一边走，一边唱歌，碰球，猜谜语，环境虽苦，情绪仍然很活跃。

在一座雪岩边上，营部一匹牲口滚到雪岩下去了。排长派我们小组去帮助饲养员抢救牲口。费了好大劲，才把牲口和文件抢救上来。但牲口又滑倒在小路上，把路堵住了。路旁就是深不见底的雪坑，后面的部队只好从雪岩边上过去。由于过的人多，岩边上的积雪慢慢踩化了，等到小组长黄陂老同志解下牲口身上的文件，扛着过来时，不幸滑到雪坑里去了。岩边上的雪随着一起往下滚，他被淹没在深雪里。我们的小组长黄陂老同志，就这样为了中国人民的幸福，永远安息在雪山上了。泪水在我们脸上结成了雪花，悲痛沉重地捶击着我们的心。我们在一起共同为胜利而高兴过，在困难的时候互助鼓舞过，而今永别了。我扛起他的小马枪，迎着怒吼的冷风向他默默告别后，和老杨一起，迈着艰难的脚步继续向顶峰前进。

离山顶只几里了。雪下得更大，狂风卷起一团团的雪，向我们凶猛地扑过来，打得人睁不开眼，张不开嘴。空气愈来愈稀薄，呼吸也愈来愈困难。人特别疲倦，全身发软，走一步就得喘几口气，胸口上又压又闷，只想呕吐；四肢冻得几乎失去了知觉，身子摇摇晃晃的，随时随地想躺下。这时候能够躺下来休息一会该多好啊！但是不能。我心里一个劲地鼓动着自己："再坚持一会，再坚持几步，不能坐下，不能坐下！"几乎用尽了全身的力量，才能移动那两条好像锁着铁链似的又软又痛的腿。最顽强的挑夫和电台工作的同志们，现在也不行了。他们被那几十斤重的文件和机器压得喘不过气来，有的累倒在雪地上，再也爬不起来。前面的同志倒下了，后面的人就接过担子，继续前进。渐渐地，被累倒、被冻僵的同志愈来愈多了，有些已被雪花埋住，与我们永别了；有些在停止呼吸以前，把用布包好的抱在怀里的枪交给还能走的同志。从他们眼睛里可以看出，他们还想最后说些什么，但只见嘴唇动，说不出声来，光是大口大口地喘气。我们只好红着眼，默默地接过枪，继续往前走。战友们的死并没有动摇我们的胜利信心和决心，相反，每个人的心里被激起了对国民党反动派的无限仇恨。为了将来的胜利，我们要活下去！为了保存革命力量，我们一定要冲出风雪，翻过党岭山！

下午 4 点钟左右，终于爬到顶峰了。我们熬过来了，我们胜利了。我们心里比打了胜仗还高兴，虽然喊不出来，唱不出来，但大家都能看出彼此心里要说的话。先头部队已经走远了，我们没有停下来休息。山顶上只有我们一些体弱掉队的和后尾部队，四处除了雪，别的什么都看不到。

下山时，我们变得突然有劲了，脚步迈的非常快。走不多久，气候突然起了变化，暴雨和冰雹淋头袭来。我们急忙用洋瓷盆、铁铣盖住头。最舒服最保险的要算炊事员，他们把大铁锅顶在头上，满不在乎地往山下跑，冰雹和豆大的雨点打在瓷盆和铁锅上，叮叮当当地直响，好像旧历年除夕夜的鞭炮一样，连珠不断。又有些虚弱劳累过度的同志，在雨雹袭击中牺牲了。

天快黑了，冰雹逐渐停止了，暴雨还在凶猛地下着。我们远远落在部队后面，心里都很焦急。大家两步并作一步地往前赶。遇有陡峭的地方，我们就裹着布单，夹着枪朝下滚。全身沾满了冰雪，里面的衬衣也湿透了，爬起来，抖掉身上的雪，又拼命往下滚。路平一些，就用最后的几口气跑步。

跑到一丛树林边了，天已黑得看不清路，大家也都精疲力尽了。路边恰好有一座藏民的石板房，房门紧关着。我们决定就在这里住下来，取暖，不去惊动藏民。衣服上的冰雪经火一烤，慢慢化了。全身往外冒热气，雾气腾腾的。我们围坐在火旁，边吃干粮，边谈论着今天爬雪山的事，心里悼念着安息在雪山上的战友们。

大概是我们严格遵守群众纪律的行动感动了藏民，深夜，一位藏族老太太走出来。她看到我们还穿着湿透的单衣和沾满雪的草鞋，很是感动。她一边说着，一边往她的房子比画着。我们不懂她说些什么，但从她的表情和手势上看，是要我们到房子里去住。我们也边说边比画地谢谢她的好意。劝她回去休息。外面虽然那么冷，可我们还是围着火睡了一夜的香甜觉。

第二天一早，我们下了党岭山。中午，在道孚县，我回到了自己的连队，随着队部又向炉霍县前进。

选自中国人民解放军三十年编辑部编:《中国人民解放军三十年初选稿》第一卷第三辑（二），第24—28页。

刘树远，1919 年生。红军长征时为红四方面军总部警卫营二连战士。

夜过党岭山

李布德

1935年，我跟随红四方面军长征，经历了无数艰难困苦的磨炼。最使我难忘的是第三次过草地翻越第一个大雪山——党岭山时的情景。

那是1936年2月，蒋介石又集中薛岳等部六七个师及川军主力，向我军大举进犯。经一周激战，我军被迫撤出天全、芦山。遵照中央的指示，红四方面军决定兵分三路，向道孚、炉霍、甘孜进军。准备在甘孜同红二方面军会师，随即北上陕甘。当时，我在九军二十五师七十三团九连担任文书，年仅16岁，是全连较小的一名红军战士。在去道孚途中，要翻越一座雪山即党岭山。党岭山位于四川甘孜藏族自治州境内，是海拔高达5300多米的大雪山。当地群众曾流传着这样的歌谣：爬上党岭山，如进鬼门关。若无超人胆，休想再生还。这天我们来到党岭山下，只见山势巍峨，悬崖迭峭，风雪弥漫，满山遍野，一片雪白，放眼望去，宛然一条巨大的银蛇在空中舞动。第二天，部队进行了翻山的动员和准备工作。营首长对大家说：先头部队白天翻越党岭山时，由于大风袭来，战士们头上戴的八角帽被吹进了深谷。党岭山白天风力比夜间还猛，所以我们要选择晚上行军。接着又鼓励大家要不畏艰险，战胜困难。发扬互助友爱精神，夺取翻山的胜利。黄昏时分，我们仔细检查了一下行装，背上武器和干粮袋，从驻地向党岭山前进。我们连行进在大部队中间，连长在前，我跟着指导员断后。我们借着雪光，踩着前面蹚出的雪路，一个紧跟一个，深一脚浅一脚摸索行进。走了一段之后，有个和我年龄相仿的小战士，一瘸一拐，慢慢掉下队来。邢指导员赶忙走上前去对他说：“来，我搀着你走，停下来是会冻死的！”然后又从这位小战士身上摘下长枪，背在自己肩上，扶他继续前进。到深夜时，风越刮越紧，雪越下越大，战士们一个个都变成了雪人。走着走着，又有一个战士掉在了后面。邢指导员上前拍了拍他的肩膀说:“坚持一下，咬咬牙，再使把力，坚持就是胜利。”说着又要帮这位战士背枪。我看到指导员身上已经扛着两支长枪。便赶上前去，从那位战士肩上把枪拿了过来，背在自己身上，继续前进。当时，毕竟自己年小体弱，加上又饿又累，就觉得步履沉重，迈步艰难，真想一头躺在地上休息一下。这时，从后面上来一匹驮东西的白马，我便伸手紧紧抓住了马的尾巴，踩着马蹄印，爬了一段，才缓了点劲，没有掉队。

山越爬越陡，路越走越滑，天越来越冷。有病和体弱的战士有的一不小心摔进了深谷，有的滑入了雪坑，还有的冻死在路旁。在部队接近山顶时，我们连有个姓张的战士突然摔倒在雪地里，战士们围了过来，只见他不省人事，摸他身上冻的冰凉。邢指导员急忙把他抱在怀里，有的战士解下自己的被子给他盖在身上。过了一会儿，他才渐渐地苏醒过来，大家又搀扶着他继续前进。部队就是这样，在干部和党团员的模范作用带动下，一个帮一个，一个拉一个，终于翻过风雪弥漫的党岭山。

天亮了，红彤彤的朝阳从东方冉冉升起。战士们个个脸上溢出胜利后的喜悦。此时，我们似乎忘记了一夜行军的寒冷和疲劳，又跟随大部队，继续向目的地前进。

选自《山西日报》1986年10月20日。

李布德，1919 年生，四川营山人。1932 年参加革命，1933 年参加中国工农红军，1935 年加入中国共产主义青年团，1937 年转入中国共产党。

红军长征时任红四方面军第九军二十五师七十三团九连文书、红军总部机要科译电员。新中国成立后，曾任解放军第六十七军一九九师政治委员，中国人民志愿军第六十八军二〇二师政治委员、军政治部主任，解放军内长山要塞区政治委员、第六十八军政治委员，山西省军区政治委员等职。1955 年被授予少将军衔。

雪山坟

傅德胜

1936年，我在红四方面军的红四军十师二十八团任连长。连部有个12岁的勤务员，姓孙：白皙的瓜籽脸，弯弯的眉毛，水灵灵的大眼睛，他常来往于首长之间，消息灵通，全连一百多人都高兴地称他“小连长”。

在过党岭山前夕，小孙拽着炊事班长老康说：“老班长，你得给我们准备好青稞炒面啊？！”

50多岁的老康风趣地说：“你管我叫什么？”

“叫你老班长呗！”他睁大眼睛。

“不！你得管我叫爷爷才行。”老康神秘地笑着，心里甜滋滋的。

他狠狠心说：“叫爷爷就叫爷爷，只要你给我们全连准备好吃的就行！”

党岭山海拔5000多米，山上终年积雪，空气稀薄。当时，我们腹内无食，身着单衣，赤脚穿着草鞋，用破狗皮裹在脚上当袜子，就算最“优越”的了。要翻过这座雪山，困难是可想而知的。我们翻山这一天，正赶上山上飘起了雪花，西北风一吹，格外冷。

我和“小连长”跟着队伍，顶着风雪一步一步艰难地向山上迈进。开始时，他还跑前跑后，帮这个同志拿拿枪，到那个同志面前鼓动一番，后来山越来越高，空气越来越稀薄，他就有些力不能支了，脸开始变得越来越苍白，喘气也越来越急促了。我急忙帮他取下身上背的脸盆和简单的行装，扶着他慢慢地向山上走。快到山顶时，他终于支持不住倒下了，大口喘着气。战士们纷纷围上来，有的要背，有的要抬。他用手向大伙摇晃着，断断续续地说：“我不行了，大家争取过去……我看不见革命胜利了……希望同志们努力……打败蒋介石，让全中国人民过好日子！”我望着这位朝夕相处的小同志，想起前不久一次战役中我头部负伤，苏醒后，护士告诉我说：“若不是这个小同志，你早没命了。你不吃，他也不吃；你昏迷不醒，他一直也未合眼守护着你……”我的眼睛模糊了，泪水伴着雪水流下了脸颊。

“小孙！小孙！”一阵急促的呼唤，把我从遐思中惊醒。我再低头看去，小孙已经闭上了眼睛。我强忍住悲痛，双手捧起一捧积雪，轻轻地撒在他的身上。全连战士也都静静地随我捧起一捧捧洁白的积雪，将他掩埋在高高的雪山之巅，形成了一座洁白的雪坟。

部队又出发了，我们恋恋不舍地最后望一眼那洁白的雪坟，向前走去。我边走边想：是什么力量促使这12岁的孩子参加革命呢？是什么东西鼓舞我们前进呢？是对人民的爱、对敌人的恨，是为了铲除人间的不平，是为了求得全人类的解放！

我们默默地踏上了征途，心情比脚步更沉重。队伍中少了一个“小连长”，却仿佛少了不少人……

那洁白的雪坟，至今还埋在我的心上。（刘文超整理）

选自《沈阳日报》1982年9月7日。

傅德胜，1907年生。红军长征时任红四方面军第四军十师二十八团连长。新中国成立后，曾任沈阳军区后勤部军械部处长。2003年在沈阳逝世。

过雪山[①]

罗光泽

红四方面军在强渡嘉陵江，取得剑门关战斗等胜利之后，张国焘继续率领部队向人烟稀少的西康一带退却逃跑。这一带属于青藏高原，多是终年积雪的高山峻岭和茫茫的草原。我红军战士，在这样的恶劣环境里转来绕去，折腾了一年多时间，损失消耗很大，原来号称十多万人的红四方面军，听说最后只剩下一两万人了。[②]我所在的三十军八十八师二六三团,就三次爬雪山过草地。尤其是我们基层战斗连队,跋山涉水,曲折往返，绕道行军，走的艰难路就更多了。

雪山一座又一座，河水一条又一条，这一切都没使我们感到有什么大困难。如梦笔山、巴郎山、红桥山、大牲牛、二牲牛等都一一踩在了我们的脚下。最使我们感到困难的，一个叫夹金山，一个叫党岭山。这两座山均有 4000 多米高，山势巍峨，河流纵横，红军要翻过这样两座大山，是从未有过的一次严峻考验。

我们在这山高水长的地带行军，不是翻山，就是过河。先说过河。这一带地势高，河床陡，河面窄而河水深，水温低而流速急，看河对岸的人，一举一动都能看得清清楚楚，说话声也能听得见，但要想过去，却就很不容易了。过这里的河，要根据河水的不同情况，采用不同的办

① 编者对原文略有删改。

② 应为只剩下不到一半，即四万人了——编者注。

法。如大渡河、金沙江和大一点河流，都要依靠铁索桥；小一点的河流，就要凭借牛皮船，更小的溪流小川，则靠木桥或独木桥。

这里的山，高而陡峭，站在山根的河边，向上望去，两边陡壁好像就要依偎靠拢了，那蓝色的天空，也变成了窄窄的一条缝。河水汹涌澎湃，撞击着两岸岩石，发出哗啦哗啦的声响，卷起几米高的浪花，一个接一个的旋涡旋转着奔腾而去。到了夏天，高山积雪溶化，河水猛涨，经常给下游的人们造成很大的灾难，因此这里的铁索桥，都架得很高很高。

铁索桥是用数根碗口粗的铁索，在距河面几十米的高处，拉到河的两岸，拴卡在岩石里早已栽好的铁柱子上。在数根横空的铁索上铺上木板，并把木板固定好，桥的两侧，分别拉上铁绳，外用较细铁绳交叉系在桥上，以防止过桥人由于铁索摇晃而跌到河里去，又可在必要时作为过桥人的扶手。虽然如此，但铁索桥毕竟横跨高空，刮起风来，拼命地左右摇摆，使人惊心动魄。在这种桥上走过，脚跟不易站稳，所以通过时，既要大胆，又要有配合铁索摇摆动荡的技能。特别是国民党反动军队退却逃跑时对桥的破坏，桥上的木板一段一段地被毁掉，这就更增加了我们过河的困难。有些体弱胆小的，便在桥上爬行，尤其是女同志，更不敢过了，只好由胆大的男同志伴随着紧扯着，小心翼翼地爬在桥上，一点一点地挪动，同志们费了很大的周折，方才过得桥来。至于骡马牲口，只好把它们从河水里硬轰过去，牲口大概也因河水流急，望而生畏，在河里浮了一段，又返将回来，又得再次把它轰将过去；有的牲口，被急流赶走，顺着河水斜飘过去，很远很远，才能靠岸。真是过一次这样的河，就好似过一次鬼门关！

过一般的中等河流，大多是用牛皮绷的船。好像一个圆球割一半的形状，直径约有两三米。这种牛皮船，一次能坐五六个人。坐的时候，要特别注意对称，找好平衡，而且坐好后就不能乱动，倘若乱动，失去平衡，就会有翻船的危险，一旦把人扣在下面，再想上岸，就很难了。

至于过小溪小川时，则多用木桥。有的用一根大树干横在河上，叫独木桥。这样的桥，过起来也要多加小心。如果是晴天还好些，就怕下雨天。雨天道路泥泞，脚上沾满了稀泥，滑得很，走在独木桥上，稍一疏忽，就会滑到河里去。有的小溪上，连独木桥也没有，那就只好涉水而过了。这时骑马牵马的人神气了，他们可以骑在马上过河，但有时马在岸上不愿意下水，还得其他人帮他把马轰下河去。还有个别的同志，见到浪大急流就发晕，头昏目眩，浑身打战，只好几个人一起，相互搀扶着或紧紧地互相拉住，蹚过河去。这样人多力大，既能抵抗河力的冲力，又能互相壮胆。

在这一带，除了过河，就是翻越数不尽的大小雪山。那高达 4000 多米的党岭山和夹金山，像一堵堵天然屏障，挡住红军的去路。

我记得，巍峨的党岭山，白茫茫一片，寒光闪闪，别说是翻过去，就是望一眼，也令人心惊胆寒。大雪山气候复杂多变，山底、山腰和山顶，气温相差很大，真有春夏秋冬之别。山脚下炎热似春夏，百花盛开，草木丰茂，一片葱茏；走到山腰，则凉风飒飒，摇动着黑黝黝的原始森林，发出哗哗的响声，很像秋天；到达山顶，则白雪皑皑，冷风如刀，寒气袭人，真比三九严冬还冷。虽然在这些雪山脚下一带也有农作物如豆、麦等，其中大宗是青稞麦，但收割季节与川东南地区却有很大差别。我们四川有一句俗话说，“五黄六月下大雪，十冬腊月割大麦”，认为是反语，但在这一带，用它说明雪山里的气候和农作物的收获季节，则是很恰当的，而且是事实。雪山除了气温上下差别很大外，气象也是瞬息万变，忽而阴，忽而晴，忽而狂风大作，乌云翻滚，忽而霹雷闪电，倾盆大雨，而且夹带冰雹，盖地而来，忽而雨过天晴，风和日丽，阳光普照。我们跨越党岭山时，从山脚下出发到山腰这一段路，始终是晴空万里，到山腰以后，忽然狂风骤起，乌云滚滚，接着就是瓢泼大雨，夹带冰雹，一股脑地向我们袭来。幸好山腰一带有一望无际的原始森林。我还是第一次看见这样粗大的树木，有些大树，得好几个人手拉手才能合围过来。正好是我们躲避冰雹的好地方。那核桃般大的冰雹袭来时，红军战士便都纷纷向大树底下钻去。我和我连指导员王乾元同志，把伤病员一个一个地扶到大树下安顿好，也躲了起来。驮东西的骡马，被冰雹打得狂蹦乱叫，也紧往树林里钻。只有炊事班的同志，得意洋洋地把做饭的锣锅倒过来顶在头上，任冰雹在锅上叮当直响。炊事班王班长操着四川口音骂道："他妈的，这是啥鸡娃子天气哟！"逗得人们哈哈大笑。

刹时，雨过天晴，战士们拾起爬山用的木棍，牵着骡马，扶好伤员，又上路了。

我们的衣服全被雨水淋湿了，紧紧地贴在身上，有的同志干脆把衣服脱下来顶在头上，既能遮挡阳光，又能使衣服干得快些，被风一吹，远远望去，就好似河中小船上的帆篷。可是，忽然一阵冷风吹来，天又阴了，接着雪片飞卷而来，我们脚上的草鞋全被雪水浸透，不一会儿十个脚指头就冻得麻木了，深一脚浅一脚的，也不知是踩到什么上去了。

越接近山顶，山越陡峭，天气越冷，空气越稀薄，呼吸越困难，胸前好似压着一块千斤重的石板。我们拖着沉重的双脚，吃力地移动着脚步，一点一点地往上爬，每步只能移动几寸远。我们连部最爱说话的小司号员，这时也听不到他的话声了，听到的只有大家呼哧呼哧的喘气声。我们连的郑玉成和王连生同志，年龄大些，走起来就更困难了。只见他们走得满头大汗，一小步一小步地挣扎着前进，有时甚至依偎着坐下不走了。我和王乾元指导员赶忙走过去，把他们手臂横搭在我们的肩上，扶着他们缓慢地往前走。指导员鼓励他们说："同志呀，这里可不能停留啊，咱们坚持着翻过山去就好了。"指导员像慈祥的老妈妈一样充满感情，使这两位同志深受感动，情不自禁地轻轻地把指导员的手推开说："我自己能走，指导员放心吧！"说着又摇摇晃晃一步一步向前走去。有的同志，走着走着，突然跌倒在地，同志们急忙过去救护，可是任你怎样呼唤，也无法使他们睁开双眼了，他的心脏已经停止了跳动。我们只好忍着悲痛，把烈士的枪支弹药取下来，含着眼泪告别："安息吧，我们的好战友！你没走完的路，我们去走，你没完我的事业，我们一定完成！”还有体弱多病的同志，感到自己不行了，便主动把枪支弹药交给战友，把自己积蓄的钱全部拿出来交了党费，并向搀扶自己的同志说：“我不行了，你不要管我了，赶快向前赶队伍去吧！”说着说着就倒下去再也起不来了。有许多身经百战的优秀红军战士，为了革命事业，就这样长眠在狂风呼啸的冰雪里了。我同王乾元指导员走在队伍的最后面，收容掉队的同志。身上往往背着他们的武器和背包，有时竟得背五六支枪，实在背不动了，就把枪放下，送上去几支，走下来，再取剩下的几支。这样一段路程一段路程地“倒短”，累得我俩直喘粗气。枪是战友们用鲜血和生命换来的，人在枪得在，再累也不能丢掉一支枪。中午十一二点钟将要到山顶时，大家都兴高采烈，喘了几口长气，总算爬上来了。但是，老天爷总是和我们红军战士过不去，忽然刮起了大风，带来滚滚的乌云，瞬间又下起了鹅毛大雪，又一阵冷风把大雪变成小米粒大小的冰粒子，沙沙地打到人们的脸上，像刀子划的那么疼，并且打得我们睁不开眼睛。气温骤然降低，冻得大家像筛糠，上牙碰着下牙，咯咯直响。这时，连长命令大家，赶快把所有的衣物都裹到身上，于是被子、毯子以及包袱皮等等都围到了同志们的身上，抵制了风雪的袭上。这才略略暖和一些。不一会儿功夫，雪粒就把地面全盖上了，连前边战友所踩出来的小道都看不见了。大家互相搀扶着，一步一步艰难地往上爬，终于登上了山顶。大家高兴地说：“要下山了，要下山了！”

这时，风也息了，雪也不下了。有的同志认为，下山该容易了吧，都恨不得一步到达山下。哪知道下山并不比上山好多少，因为下山坡陡路滑，一不小心就得摔跤，脚一“出溜”就会滑出几米远。有的同志走不稳，干脆坐下往下“出溜”或往下轱辘，这样速度是快了，但有的却碰伤了手脚，有的划破了脸，有的把裤子磨破，露出了屁股。

由于红军战士坚韧不拔地奋力挣扎，终于翻过了4000多公尺的党岭山，胜利地到达了目的地。

不幸的是，我在天全县中丰场、始阳镇一带的恶战中，负了伤，住了随军医院，我因是上肢和头部受伤，可以走路，不用拖累别人。

1936 年三四月，随军医院要上前线，就把我们伤病员转到三十一军军医院。轻伤员不仅跟着走路，还要背上自己食用 20 多天的干粮、行李和生活用具等，大约有三五十斤重。为了行动方便，每人自制一个背架，用两根木棍当主柱，安上几个横档，再拴上两条背带，行军时，把东西绑在背架上，往身上一背，拔腿就走，确实方便了不少。我们就是背着这样的背架翻山越岭过河过沟的。

随着医院行动，驻扎休息时，都是集体伙食，吃饭不用操心，但在行进中，则要自己弄着吃。有一次，我到老百姓家找水做饭，刚吃完队伍就集合出发了，我急忙背上背架，出门上路。由于心急，在一个泥泞的小漫坡上，脚底一滑，突然向左侧倒了下去。因为是用三角巾把我负伤的左手挂在脖子上的，这一倒，全身的负荷，全都砸在我负伤的左手臂上了，伤口立时血水直流，疼得我昏了一大阵子。过了一会儿，在同志们的帮助下，才挣扎起来，收拾收拾背架，再背到肩上，又去追赶队伍。时间长了，臂膀叫背带勒得血脉不通，手臂也肿得老高，像碗口那么粗，使我疼痛难忍，不禁落下了眼泪，这是我参加革命以来第一次流泪，心里恨透张国焘，如果他不强令我们南下，跟着毛主席不是早就到达陕北了吗？更辛苦的是女护士同志们，她们既要跟着队伍走路，又要照顾伤病员，休息的时间比任何人都少。我跌倒以后，伤势更严重了，一位女护士同志，不顾个人的疲劳，主动帮我带东西，一路护理我，多亏她的热心帮助和及时换药，我才渡过了这一难关。这位女护士大概叫岳怀明，后来在陕北绥德县抗大学习时，我还见过她一面，以后就不知她的下落了。直到如今，我对她仍然充满着感激和敬意。

我们从宝兴县进入山谷，赶到夹金山脚下宿营。上级指示各单位作好爬山的思想准备和物资准备。除了预备足够的干粮、草鞋外，还要多准备御寒用的烧酒、生姜和辣椒等。由于这一带人烟稀少，加上先头部队大量购买，临到我们买就很少了。医院出动了所有的管理人员，费了很大的劲才买到一点辣椒。因为太少不够分，只好用它熬了两锅辣椒水，每人装一壶(行军的水壶)。什么时间爬山呢？我们通过通司(藏语，翻译)向当地藏民询问，他们说山上有神灵，过山不准大声说话，路上不准停留，必须在中午以前越过山顶，否则就会得罪神灵，不让你过去，神风一刮，还会送命。我们革命战士不信“神灵”，但对耸入天际的高山，难免有些望而生畏，不过，我们已经翻越过许多的大小雪山，相信夹金山也一定能踩在我们的脚下。

领导决定，清晨一点动身，午前越过山顶。因为天黑路滑，要到附近村庄买来干竹子和树皮，用锤子砸烂，捆成火把，每人一个。出发的时间到了，一声令下，火把齐明，发出噼噼叭叭的响声。队伍像一条条火龙在山间崎岖的羊肠小道上蜿蜒蠕动，火把照亮了攀山的道路，映红了同志们的脸庞。队伍将近山腰时，有些伤员就已经走不动了，坐下就不想前进了。政治指导员及时宣传动员，鼓动大家情绪，带领大家前进。宣传队的同志更是跑前跑后，放标语，呼口号，高声鼓动：“同志们，快快走，胜利在前头！”“同志哥，快快行，过了山顶就宿营。”拉拉队的同志们，有时分成两部分，一部分唱上句，一部分唱下句，最后合唱，洪亮的声音，响彻山谷。由于他们的宣传鼓动，使不少同志增强了勇气，振奋了精神，奋力跟上了队伍。

大约10点钟左右，我们穿过了山腰一带的原始森林，再往上去便是冰天雪地了。那万年积雪冻结在一起，有几十米厚，有的地方，冰雪底下还哗哗啦啦地流着水。我们走着走着，时而东山崩下一大片雪，时而西面垮下一大趟冰，不时地发出惊人的巨响，震撼着我们的心。时而一阵瓢泼急雨，山洪和溶化了的雪水推卷着大小冰块，迅猛地向我们冲来。我们急忙登上较高的山岗，才避免了这个不幸。有的同志未来得及躲避，就被山洪和冰块推下山沟去了。那惊险的情况，现在想起来，还有些毛骨悚然。

快到山顶时，山峰更陡，道路更窄，空气更稀薄，手脚也冻得麻木了。虽然胜利在望，但这却是最困难的时刻。同志们张着大嘴，上气不接下气地直倒气。有的同志连累带饿，两腿无力，身子直打晃，被突然而来的狂风刮到山涧里去了。有个炊事员挑着锣锅，也被狂风推进雪窝里去，一下子就没影了。面对牺牲的战友，禁不住心酸落泪，对独夫民贼蒋介石更加恨之入骨。大家气愤地说：蒋该死欠下的笔笔账，我们一定要和他清算！

经过一再坚持奋力挣扎，好不容易才到达了山顶，高耸云天的夹金山，终于乖乖地躺在了我们的脚下。山顶上，积雪成冰，万年不化，一片冰山冰海，简直是一个银色的世界。太阳出来，反射着强烈的亮光，刺激着人们的眼睛，加上风吹雪打，不少人害了眼病，眼睛肿得老高，不敢睁开，还直淌泪。

山顶奇寒，空气也像冻住了一样，呼吸非常困难。我们喘息着在山上走了不远一段路，便开始下山了。山陡路滑，加上个个饥饿疲劳，两腿发软，根本站不住，只好坐在冰雪上往下滑，一“出溜”就是十几米，几十米。有的同志滚到雪坑里，大家把他拉上来，又继续往下滑，直到山腰的原始森林一带，才步行下山。

红军将士为了解放劳苦大众，挽救民族危亡，不辞千辛万苦，以坚韧不拔的毅力和英勇顽强的牺牲精神，战胜了恶劣的自然条件和国民党反动军队的围追堵截。事实证明：红军是铁打钢铸的英雄好汉，是任何力量也不能战胜的。

有的同志翻过夹金山后，写下了这样豪迈的诗句：

夹金山，万丈高，
重重山，如海涛，
红军英雄过雪山，
不怕崎岖路途遥。
爬行入山腰，

风雪袭眉梢，
手脚麻似木，
寒光闪如刀。
英雄只当等闲事，
攀上山顶笑声高。
昂首望天际，
俯视群山小。
健儿迈大步，
前面红旗飘。（栋宇、韩冬整理）

选自罗光泽：《罗光泽同志回忆录》，1982年8月编印，第33—40页。

三过雪山草地

方子翼

红四方面军在二过草地后，进行了绥丹崇懋战役。张国焘为继续贯彻其所谓“南下”方针，于 1935 年 10 月 20 日又发布了《天（全）芦（山）雅（安）邛（崃）大（邑）战役计划》，准备夺取川西平原。

我军从丹巴、懋功地区兵分左右两路向战役地区进击，十天内攻占了大渡河以东、邛崃山以西、青衣江以北地区，毙、伤、俘川军近万人。川军刘湘急调其部 100 余团约十万人，在成都以西之大邑、新津、丹棱、洪雅一线设防，保卫成都。

我军集中 15 个团 1.2 万余人的兵力，于 11 月上旬攻占了天全、芦山两城，接着又于 16 日攻占了邛崃和名山之间的重镇百丈关。川军立即调集五万余人的兵力，从北、东、南三面向百丈关反攻。我们在百丈关与敌人恶战七天七夜，毙伤敌军近万人，并击落敌机一架，但由于张国焘的错误路线，我军付出了惨痛的代价。

1935 年底，摆在我军面前的形势十分严峻：东面有川军的 100 个团堵住去路；南面有国民党中央军薛岳和李韫珩的七个师近十万，从雅安向北逼来。在敌人的包围之下，我军东进不能，南出无望，被迫于 11 月下旬撤出百丈关，结束了“天芦·名雅·邛大战役”的战略进攻，转移到天全、芦山、邛崃、大邑一线进行战略防御。至此，张国焘的南下路线宣告彻底失败，其幻想在川康边界建立根据地的美梦也随之破灭。

1936年初，国民党中央军见有机可乘，便伙同川军，在川西集中了20余个师20余万人的兵力，向天全、芦山、邛崃、大邑一线的我军阵地大举进攻。经过近半个月的激战，我军伤亡很大，多处防线被敌突破，被迫再向后撤到邛崃山下的九顶山、大品山、莲花山一带防御。我们刚刚布置好阵地，敌人已经发起了进攻。

此时，我军的处境十分窘迫：南面和东面有大敌压境，北面和西面是贫瘠的雪山区域，后方无根据地依托，部队减员严重，武器弹药、粮食都是有耗无补，伤病员更是无法得到有效护理。我军除了后撤、再次进行北上以外别无选择。这充分说明张国焘的分裂路线和南下方针的错误性，也充分证明了中央关于“南下是绝路”断言的正确。

张国焘走投无路，在党中央的感召、红四方面军广大指战员的强烈要求下，不得已取消其错误方针，宣布部队北上。1936年2月上旬，红四方面军总指挥部发布了《康（定）道（孚）炉（霍）战役计划》，向西康北端转移，开始第二次北上征程。执行这一计划，红军则需要第三次过雪山草地。这次所翻越的雪山主要有两座：一是大渡河以东、邛崃山脉中的夹金山；二是大渡河以西的大雪山系中的折多山，另外其中还有一些小雪山，但环境恶劣，其难度不亚于两座大山。

行军途中，我看到的是：这次要过的雪山和前两次的基本一样，都是万年积雪，空气稀薄，气候恶劣。夹金山从南向北坡缓路宽，还比较好走，但折多山标高5000多米，环境更加恶劣，积雪没过膝盖，举目四望，全是白色，当地人称折多山为“噬人魔鬼”。一路上强烈的风暴和雪崩接连发生，致使险情不断——不断有战友被暴风卷走和被雪崩埋没。

红三十军八十九师从莲花山向北转移时，我从师司令部调到师政治部任青年股长，随二六六团行动。我身高1.80米，在战友中算是身体比较好的，但在从宝兴到甘孜的一个月中，一路上也感到苦不堪言。

从宝兴出发爬夹金山的过程中，我的右腿开始疼痛，下到大渡河边的丹巴，才发现胫部内侧红肿一片，并肿起一个大疖包。走平路一瘸一拐，还能跛行，翻折多山全靠爬行。从道孚到甘孜，一路上全靠战友前拽后推，一直拖到甘孜。疖包穿孔排脓后，才缓解了疼痛。

我们到达甘孜后，并未准备久驻，只想筹足粮秣物资后立即北上过草地，及早与红一方面军再次会合。但因为当时红二、红六军团正在北上，朱总司令命令红四方面军等候接应，待会合后一同北上。我们遂在甘孜地区整编训练。

6 月下旬，红四方面军将红二、红六军团接到甘孜，实现了红军两大主力会师。按照中央的部署，我们继续北上，以便完成全国红军大会师。

这时，红四方面军和红二、红六军团由红军总司令部领导和指挥。总司令部根据红军现在的位置，对行军序列和行军路线进行了周密的部署，决定将两个方面军的部队，分为先遣和左、中、右四个纵队，经阿坝过草地，向若尔盖包座地区前进。具体的部署是：第一，由红四方面军三十军政治委员会李先念率领三十军的八十九师和骑兵师为先遣纵队，于 6 月底从东谷地区出发，为全军开路，经西倾寺、阿坝过草地，向若尔盖、包座前进。我是八十九师的成员，随先遣纵队过草地。第二，由红四方面军总指挥徐向前率方面军总部及其九军、四军十二师、三十一军九十三师、独立师为中纵队，于 7 月 2 日从炉霍地区出发，经让倘、查理寺、毛儿盖过草地，向若尔盖包座地区前进。第三，由朱德和张国焘率领红二、红六军团和红四方面军第四军十师、十一师，三十军八十八师为左纵队，于 7 月 3 日从甘孜地区出发，经东谷、西倾寺、阿坝过草地，向若尔盖包座地区前进。第四，由红一方面军第五军军长董振堂率领红五军、三十一军第九十一师为右纵队，于 7 月 5 日从绥靖、崇化地区出发，经卓克基、马唐、毛儿盖过草地，向若尔盖包座地区前进。

这次过草地，和前两次大不相同：第一次有准备，但准备不充分。

第二次完全没有准备，既无物质准备，也无思想准备。这次则是在思想和物质两方面都作了长期、全面和周密的准备——我们准备了足够的口粮，人马都没有饿肚子；准备了足够的帐篷，免于露天宿营；准备了大量的骡马、牦牛驮粮、驮兵器、驮帐篷、收容伤病人员，减轻了大批指战员的负担；选择干草地行军，免于沼泽噬人的危险。

因为有了周密的准备，加上夏秋的天气，我们虽然顶烈日、冒风雨，但却很从容、安全地完成了行军，没有像以前那样发生断粮、伤病、掉队、不幸遇难等现象。四路纵队，经过整整一个月的草地行军，于7月底陆续到达若尔盖包座地区，结束了第三次雪山草地的行军。（李清扬、贾晓明整理）

选自《纵横》2009年第9期。

我们怎样过的雪山和草地[①]

——长征片断回忆

潘自力

过雪山草地，是中国红军在长征时一段艰苦的经历。我们一部分红军曾经过了两次雪山和草地。为了便于叙述起见，我现在只写点第二次过雪山草地的片断回忆。

我们怎样过的雪山呢？我们所谓的雪山，是指的四川西北由宝兴到懋功之间的夹金山——这是 1935 年 6 月间红军一、四方面军第一次会合的地方。在夹金山顶，就是在一年中炎阳最热的 6 月间，还是积雪不化或者是飘飞着雪花。因为山顶的空气稀薄，气候太冷，冻死人是常事。我们第二次过雪山，是在 1936 年 3 月初，那时在川西的天全芦山一带，虽然觉得已经很暖和，但是一走到宝兴，就感到气候大不相同了。由宝兴到夹金山的南麓，足足有一天的路程，我们接受了过去红军两次过雪山的经验，在走到南面山脚底下时，就在自己用树枝搭起的棚子里实行宿营。在这时，大家也都开始了自己紧张的过雪山的准备工作。

① 本文选自1949年8月1日《子弟兵》报。原编者说，本文是潘自力1940年写的，曾刊于《抗敌三日刊》，为了纪念“八一”建军节，重新发表。

“把准备工作做好！”

根据我们在当地居民中的调查，过夹金山最好是在夜里两三点钟开始，到正午越过山顶，因为上午 12 时以后，山上常起大风，风吹来时特别冷。“把准备工作做好！”这是过雪山前一个生动有力的动员口号。大家根据自己亲身的体验，都认真地去进行和很好地完成了自己的准备工作。

很顺利地翻过了雪山

在夜 12 点钟后，我们就起床吃早饭了。接着，大家都很紧张的作了过山准备，用棕树皮把脚包起，再穿上草鞋，这样雪不会融化，不至于冻坏脚;为了增高体温，有的还喝了事前准备的辣椒、胡椒、生姜汤；公家还发给每人一小块生姜。在开始上山时，因为天很黑，大家就很有计划有组织的点起事先准备好的千百只火把。当时队伍很多，过山时摆得极长，前头的已经上到很高的山腰，甚至于看不见了，后面的还有一些在山脚下。天亮后，边走边讲故事，说笑话的同志更多了，休息时火家还唱歌子。过山时大家发扬革命友爱，替身体弱的、个别病的以及年龄小的同志背枪、背干粮的很多。到山顶时，空气有点稀薄，感觉呼吸困难，头发晕，可是大家都能不停留地慢慢地走过去，这时不过是上午 10 点钟左右的光景。

从南面的山脚下，到达山北面有几十户人家的达维，约有六七十里，我们就那样集体的，说说笑笑地很顺利地翻过了雪山。

草地又是怎样过的?

我这里所说的草地，是指位置在川、康、青、甘四省交界一大块地区。这个地区不仅是中国少见的落后地区，而且荒凉得几百里内没有人烟，有些地方除了繁茂的青草而外，甚至连树木和蓬蒿一类的东西都没有。草地里有一小段路程很不好走，如不跟着熟悉道路的向导走路，就很容易陷入泥坑里，愈陷愈深，有的牲口陷进去，就无法再弄出来。甚至有的地方，后面人的脚步要跟着前面人的脚步，踏在好像下面安置着弹簧似的小草堆上。居民又是少数民族的番民，语言不通，而中国统治阶级多少年来的大汉族主义，使他们对汉族的民族成见与隔阂极深。几万大军的红军，要由西康东北的甘孜、炉霍等地出发，横贯川西北角的草地而达甘南的岷（岷州）洮（洮州）西（西固)，是有着很大困难需要克服的。现在只从我个人所看到的如何克服困难的事实，略举几点来说明当时红军的艰苦奋斗。

一、吃野菜穿羊毛衣服

我们由川西越过大雪山脉的党岭山后，即到达西康东北的道孚、炉霍与甘孜一带。这个区域的居民,通用的是藏文番话,经济以牧畜为主，只在沿河两岸，种植些“青稞”。在这里说不上粮食丰富，也根本不生产棉花、布匹。而部队的给养，主要的又是吃穿问题。我们的部队在这里住了三四个月，除了增加生产以外，曾发现了20多种可吃的野菜；在生产方面，每天一个伙食单位都要派几十个人出去找野菜回来吃。这里有的是用之不尽的羊毛，我们动员了全体同志用羊毛扯线子，打“木子”衣服（用羊毛制成的）穿。在过草地时，除带有一部分“糍粑”（青稞粉）外，一路上还是尽找野菜吃，以补充粮食的不够。我们拿在西康省下来的一部分“糍粑”和自己用羊毛打成的衣服，基本上解决了过草地时的吃穿问题。

二、“活的干粮”——牦牛（称牦牛）

我们是 1936 年 7 月 2 日由甘孜出发，8 月 10 日左右才翻过甘南的拉子岭到达大草滩一带，差不多在草地走了三四十天，虽然在草地里的阿坝、包座、救济寺等处休息了一两天，补充干粮，但是有时就要一气走一二十天不停，什么东西也没法补充，所以，带够干粮是一个很重要的问题。一般同志因为有第一次过草地的经验，在由甘孜出发以及路上补充粮食时，大家都在尽量的背，但是一个人的体力终究是有限制的，绝不能一下子就背一个多月的粮食，何况自己还有其他需要的行李呢？这个问题的解决，是找了大批的牦牛（大半是喇嘛王公的），听说从甘孜、炉霍一带出发时，事前就集中了两万头，在草地里的路上，还补充了一些。我看到当时的直属纵队，差不多每一个单位，都分配有几头到十多头牦牛。各单位都用牦牛驮粮食和帐棚。在草地里开始行军的时候，大家多吃自己身上带的干粮，以后就吃到牦牛身上带的粮食了，到最后没有了粮食，就杀牦牛吃，因此，大家就把牦牛叫做“活的干粮”。

三、“搬家的房子”——帐篷

在草地里时常走几天碰不到一家人家，而且常下雨；为了克服这种困难，在出发前各单位都准备了帐篷。一到没有房子的地方宿营，大家一起动手来搭帐篷，很快地把它搭起来，按照惯例的次序，把自己的铺盖铺好。到第二天一清早，又是大家合作的拆帐篷，把它折好，送到牦牛身上去驮。在草地里大家都在帐篷里睡觉，帐篷好像自己的房子一样,但一行起军来,就得把它拆掉带走,所以有的人叫它“搬家的房子”。

四、牛粪当柴火烧

在草地里有些地方，不仅没有人家，甚至连树木蓬蒿都没有，这时最感困难的是烧的柴火问题。但是草地里到处都有繁茂的绿草，澄清的流水,所以这些地方,常常有逐水草而居的“牛场”。我们就在这些地方，捡起牛粪当柴火烧。我们在甘孜未出发以前，即调查了过草地要遇到这种情形，所以，对炊事员以至勤务员同志，都曾有过训练。我们在草地行军大休息时，有许多勤务员同志，他们快的时候只需要几分钟即可用牛粪烧好开水。

五、用处真多的洗脸盆

在草地里的洋瓷洗脸盆，它的用处真大：我们不只用它洗脸，而且还要用它洗脚、烧茶、做菜（做野菜、牛、羊、马肉）、煮饭；假使行军中下大雨或者是下雹子的话，勤务员同志还可以把它向头上一戴，当作雨帽用。因此，脸盆底虽然被烟火熏得乌黑，但是大家都很爱护它，行起军来总是把脸盆用绳子背起，没有一个人扔掉它的。

六、最活跃的一群

在草地表现最活跃的，还是那些年轻活泼的剧团与宣传队的青年同志们，他们在队伍休息的时候，有时奏乐或唱歌子给大家听，有时跳舞给大家看。在草地里行军喝冷水，肚子就会疼，为了使部队保持健康，不生疾病，宣传队的青年同志们时常站在流水的地方喊一些口号，反对和劝阻个别同志喝冷水。这些青年同志们，不顾自己的疲劳，处处为战士服务，给战士唱歌子、跳舞、演戏，因而也就处处得到广大群众的欢迎与爱护。

我们胜利地通过了雪山草地

雪山草地本身，是中国红军长征道路上的一种天然阻碍，加上国民党多年来的大汉族主义在少数民族中形成的对汉人的仇视与民族隔阂，以及当时敌人用大兵在后面的追击与在前面的堵截，这些都加重了我们军队当时的困难。在敌人满以为把红军赶到了荒无人烟的草地去，就可以把它消灭。但是，由于我们是中国工农红军——中国共产党领导的人民军队，它是从革命斗争中生长壮大起来的，所以它能在自己的艰苦奋斗中，克服一般军队不能克服的困难，形成一种不可战胜的伟力，像一支铁流似的，胜利地越过了雪山草地，创造了人类历史上的奇迹。

选自中共陕西省委党史研究室编:《潘自力》，陕西人民出版社1990年10月第1版，第225—240页。

潘自力，1904 年生，陕西华县人。1923 年加入中国社会主义青年团，1926 年转入中国共产党，1933 年曾同党组织失掉联系，1936 年重新入党。土地革命战争初期曾任中共陕西省委书记。红军长征时任红四方面军总政治部干事。新中国成立后，曾任中共宁夏省委书记兼宁夏军区政治委员、宁夏省人民政府主席，中共中央西北局委员，西北军政委员会委员、西北行政委员会委员、西北军区政治部副主任，中共陕西省委书记、陕西省人民政府副主席，中国驻朝鲜民主主义人民共和国大使，中国驻印度兼驻尼泊尔大使，中国驻苏联大使，中共中央候补委员等职。1972 年在山西逝世。

大雪山上的足迹

林义贵

红四方面军，经过岷江，往西康边界前进。

越来越难走，先头部队留下的脚印，就是我们唯一的道路。从大雪山上溶下来的雪水，汇成了一条河流，弯弯曲曲地爬在山峰脚下，碧绿的河水，凶猛地翻起浪花。这里的狩猎人把它叫作绿花。群山重绕的绿花，已进入深秋季节，但被太阳曝晒着的山谷，热得叫人穿不住衣衫。

我从山下来到宿营地时，全身酸软，一点也不愿意迈动脚步了。同志们三五成群，一边唠叨一边在打草鞋。

“宣传员，小林！”后面有人叫我。

我回头一看，是二营长。他和一群战士坐在树旁。手里拿着刚编好的一双草鞋。

“来呀，到这里休息一会吧。”他狠狠地抽了一口烟袋里的烟，白烟呛得他口里直嘶哈。我真想在石头上坐一会或是在草地上睡一觉再过去。

“怎么样？小林！这回掉队了。”被他这一激，我可急了。我说：“要不给二连唱歌呀，早到陕北啦。别看我们宣传员人小，可都是飞毛腿！”一个我不认识的人插嘴说：“飞毛腿不能走吗，那得飞呀，我看还是叫首长把你留下吧！”“为什么？”“就是因为你们小呵。”“小，从苏区走出来我可没坐一回车！”“小飞毛腿，别生气，给我们唱一个吧。”二营长认真地说。同志们也哄着喊：“来一个！”走了一天真累，我想扭头跑开。“飞毛腿不怕累，唱吧！”我摸了摸鼻子，答应了他们。我扯着嗓子喝道：

“浪沧如海，穷人越来，

建立苏维埃！

把红旗树起来，

把红旗树起来，

红旗飘……

红呀，红遍了地，

……”

我还没唱完，大家也拉开嗓子合着唱起来，歌声振荡山谷。

唱完，我整理了一下红星八角帽想走，二营长一把拉住我说：“小林，别急，我送给你一双草鞋。”我看了看他手上的草鞋，说：“我不要，我会打。”“不要，哼，看你脚上的不是已成了飞毛鞋啦，我还有呢。”我笑着接了过来。

清早，我们向海拔 4300 公尺高的大雪山挺进，队长向贵元担心我们走不动，一再要减少我们背的东西。六个小宣传员都是十三四岁的孩子，谁也不听队长说，都抢着拿乐器，我抢着挂个小洋鼓就走。我们越过三个高大的山顶，穿过茂密而又古老的森林，来到了大雪山脚下。

银灰色的山顶，高耸在白云间，山顶上有人影摇晃半山脚也有些黑点往上移动。我的家乡是平川。也没有见过雪，这一切，都是新鲜的。山下的草还是绿的，可是走了一会，又变成黄的了，再走，眼前是一片白雪。西北风一个劲的吹，让人不能抬头，单军衣上挂了一层雪珠，冻得人浑身打冷战，我们踏着大人的脚印走，嘴里喘着白气，空气越来越稀薄了，胸脯上好像压了一块木板，特别难受。突然，一块黑云压上头来，接着下了一阵冰雹，衣服被打湿了，衣角冻得硬邦邦的，小手在袖筒里冻得伸不开。遇到深雪，我只得爬过去，正在我猛爬着过那深雪地段时，忽听到背后高声喊叫："二营长！二营长！"随着风吹来一阵呜咽声，我心里抽搭着抽搭着也难过起来，小脸火辣辣地痛。后来，我才知道，送给我草鞋的二营长牺牲了。我的心跳得厉害，他都像亲哥哥一样的笑容，刷的在我面前闪过。我恨这地方。脚也麻木得什么都不知道了。往前走一步，就好像走一天路。我眼发黑，走了两步，就倒下去了。小葛跑过来叫我："小林！再使点劲，就要到了！"军首长牵着马从我身边走过，我猛抓马尾巴不放，马把我拖起来，马走过后，雪地上留下了一条沟。队长把我放到马上，我醒过来时，已经到了山下的草地上。我躺着，两只脚肿得像两个大包袱，好像无数个用火烧红的针刺痛得钻心。我咬着牙没有说声痛，生怕别人说我不是飞毛腿。实在忍不住，就翻过身来，伏在地上，用手抱住头。

上级说，先头部队已经走过了草原。这儿是杳无人烟的边沿地区，没有向导，往前走或是留在这儿都会病死饿死，所以上级决定再过雪山返回绿花。下午，又开始往回走。"走吧，返回去，"小葛对我说，他又给我弄了一根木棍子。走不上七八步，头上冒出了汗珠。"小林，忍着吧，除非是脚掉了，不然，就一定得跟队伍走。"我脚肿得有二寸来高，坏了皮的地方叫草鞋磨出了黄水。小葛和何万元扶着我往前走。实在不能走了，我叫小葛放开我的手，就往下滚……迷迷糊糊地滚下了雪山。

到了有草的地方，天黑得伸手不见五指，这时候，只剩下我们三个人。小葛说："上哪找队伍呀，找不到可坏了。"小何扶着我走了两步说："我害怕找不上。"小葛又调皮地说："害怕！当红军还能害怕！当然不如你坐在妈妈怀里吃奶那样好受呵！"小何抢过去说："谁害怕，小葛，谁再调皮，别怪我给你两拳头。"我听他俩说说笑笑，忘了脚痛。"找不上队伍，我再就没有家了，就不能给爸爸报仇了。"何万元说出了心里话。小葛的嘴像爆豆似的不停地说："你哭吧，没有家，要叫队长听见，又好说咱们想家了。我就是想我的小弟弟。"小葛才 13 岁，入伍时，还是爸爸用担子一头挑锅一头挑他挑到队伍上来的。我比他大一岁，知道的东西真没有他多。

又走了一会，真是啥也看不见了，我们就在森林里头坐下，“何万元，你不是有火吗？咱们烧一堆火烤烤！”小葛说着就去捡干柴。何万元生起了火，从火光下，我看到脚肿得像个大紫茄子，给草刺的和石头碰的地方已经凝成血块。我依着大树，闭上眼睛想睡，刚闭上眼，小葛就摸了我一下鼻子：“不能睡！会冷的！”他又添了一点柴火说。

第二天中午，回到了部队，住在一个老乡家里。住了四天，脚不大痛了，小葛咚咚跑来，喘呼呼地说：“小林，你脚好了没有，明天就出发！”又说:“说是要把伤病员同志都留下来哪！”“我哪？”我忙问他，“我不知道！”他说着说着就跑开了。

留在这！要我离开革命部队，那可不行！我在这吃什么？又做什么？我一定得跟队伍走！又自己安慰自己，上级不是还未决定吗？你急什么。那一宿，翻来覆去睡不着，想起参军的情景，特别是又想起了到部队又后的事情：入伍时，就派我到宣传队，队长成天教我们吹笛子，一遍二遍地学,我学得也并不慢呀。队长常说,咱们穷孩子要好好学习，将来还要向很多同志唱歌、讲话呢！我一翻身，笛子硌了我一下，小笛子叫月光照得溜光光的，两条红绿绸带可吸引人啦，这还是二营长当司号员时候存下来的哪，一时又想起二营长来了。他对我真好，给我洗衣服，讲故事，前天不是还给我打了双草鞋吗，他从不说自己怎样好。再也见不到他了，雪山吞没了他。“不行！我要走！”我大声叫道。身旁的同志被惊醒了，不住地问我：“小家伙！黑天半夜叫什么呀！”

天刚亮，我穿好衣服，下地就穿草鞋，草鞋勒住脚，脓水直淌，头上冒汗。队长来了，来到面前，低声地说:“小林，你脚坏得太厉害了，留在这养好了再走吧！”“队长，我能走，脚已经好了。”我急得跺了两下脚，刷地掉下了眼泪。我挂上小洋鼓忍着痛，走了两步，对队长说：“队长，这不是能行吗？”队长犹豫了一会说：“放下鼓吧，还不到走的时候哪，你的脚都有臭味了，我看还是留下吧！”“脓水怕什么，有味到河边洗洗不就好了吗。不能走，我也能爬呀，就是爬着走，也要跟上你们，我的手不是还好使吗。以后，我坐着吹笛不还是有用吗？”

面对着朝霞，我们终于离开这里，向前走了。（马珩整理）

选自《新观察》1957年第6期。

林义贵，红军长征时为红四方面军宣传员。

长征中的几件事

张政权

过草地

1936 年春，我们从四川毛儿盖，出发进草地，走了七昼夜的急行军，才走到川康交界的保清县①。一路听老人说："再朝前面走，就是蛮子地方，这地方是：五黄六日落大雪，九冬十月割大麦"。又说："山高路窄，恶风暴雨难挡，去的人常常有去无来。" 到了保清，上级叫每人准备 30 斤干粮，一袋盐，我算了一下，连穿的戴的，差不多 40 来斤。我那时才 15 岁，在长途中，要背这样重的行李，怎么背得动呢？简直愁的我没有办法，后来我偷偷的只背了 15 斤干粮，哪晓得走到草地当中，就把干粮吃完了。这时，我才后悔不该欺瞒上级，整整饿了三天，光喝盐水渡日，走到了查理寺，我一步也不能走了。这时上级没有办法，同志更无办法照管。眼看不成了，幸好，李千秋同志，从骑兵连带来了好几口袋炒面，干牛肉，才救了我的命。老李和我很好，到露营时，不是他去拔野菜（牛耳大黄），便是我去劈树，搭棚子，然后两个人垫起洋瓷盆，熬炒面糊糊。在大草原上露营，连一根笔杆粗的棍子都没有，棚不能搭，

① 由于时间久远和地方口音等原因，本文有些地方时间、地点等回忆不确，"保清县"疑为"宝兴县"。其他有些字词已在文中直接作了修订，如"茶岭寺"应为"查理寺"，"当岭山"应为"党岭山"——编者注。

水不能烧，这时就只好喝凉水，凉水喝了肚子疼，也顾不得。还不错，我有把洋伞，两个人背靠背坐着，撑起伞，再用被单子将伞周围围住，就这样睡起来了。

从查理寺出发，要过一条大河，当时叫它“黄河尾巴”。每人背了三斤干柴，走了三天，才到了河岸。大队已经过去了，我们还没有赶得及过，陡然间，雷风火闪，暴雨突来，一会儿，大水就来了，淹没河岸。

这时，已是黄昏，眼看前后没有队伍。团政委不放心，又转来叫我们，最后也顾不得水大，我们便手拉手，像鸭儿凫水一样，凫到河心。我的包袱被冲走了，人倒靠了岸。后面的同志，有的在要靠岸时，又被大浪卷回河心。一个个的黑影，隐隐约约的不见了。

过断桥

保清县西北，有条从夹金山谷下来，通西川的大河，河腰拴了一座铁索桥，几千人要从这里通过。这时我是第一营全营的救护员。所以我能前走或后走，过桥的这天，我因七昼夜没有睡觉，打算在大队没动身以前，先过桥去睡一觉，随着大行李前进，一齐走上铁索桥。刚走到中间，嚓的一声桥断了，我被没有断的两根铁链绞住一只腿，成了个倒挂金钩，我昏昏迷迷的只听得河滩上还没有断气的人在呻吟着。我自己不知怎样扭了一下，不咚一声，掉在水上了，我不自主地漂了二里地才靠岸，被一个放牛娃把我拉起来。后来，我才又随着大队，搭了独树桥，一个一个的爬过去，以后才听说，杨森的队伍，在退却时用钢锯在铁索两端，各锯断了一半，人多了就会断。

牛皮船

渡丹坝河时，因是急行军，没有来得及做木船，就使用蛮子的皮船（皮船是皮子用树条撑起的，像锅一样，能乘两三个人，再不能多了）。摇船手是蛮子，我们一团人，打这儿过河，虽是有铁桥，认为不如皮船保险。这天 8 点钟开始渡河，渡了一天，只渡过一营人，还翻了三船。一个波浪打来，小皮船，就像树叶一样，卷入漩涡，一会连人带船都被冲走了。

河两岸都堆着很多队伍，正午天热，热得每个人汗珠直流，所有的眼睛，都望着皮船。我怕被水冲走了，决心去过那难走的铁桥，到了桥头，又走来走去半个钟头，才下了决心，慢慢往过梭①，梭到中间，出了一身冷汗。这次却没有断。

翻党岭山

我的眼睛，自从翻过党岭山，受了雪光反射，就又红又痛，每天在山岭河滩上走，都要用手遮着眼睛，才看得见。有一天我们通过隘路，白天蛮子在那里堆石头，我们只好夜里行走，一黑夜在半山坡上摸来摸去，把我一双腿趾头都闯②破了，眼痛脚痛，真搅的我没有法子忍受，12 点夜，走出隘口边，只听得河水哗哗的直响。

队伍停住了，原来前面路不好走，团部几匹牲口走到前边一条窄路上，进退不能，把人也堵住了。没有办法，只得将牲口完全推到河里，

① “梭”为方言，意为小心翼翼一点点挪动——编者注。

② “闯”为方言，意为“扎”——编者注。

才过去了。因为马挡路走不开，我就睡着了，前面走了我也不知道，不晓得是啥东西，在我头上打了一下，我才醒了，赶快往前走，后面还有许多人骂我“吊蛋”。我正急忙忙的走，前面喊了一声：“注意！这是一个缺口，谨防掉到河里去！”我已听着掉下去的牲口在吼叫，这时，我冷了半截，想到糟了，还没想完，就像驾云一样，不咚一家伙，我就掉下去了。没有到底，被一棵小树挡住了，这时我上下不能，便大哭起来，忽然听到说：“到 5 点了，天马上就要亮了。”我就大声叫喊起来，团政委正在上面，他叫警卫员，拿几疋布，从岩上吊下来，像扯水桶一样，把我扯上去。

团政委还笑着对我说：“你这小鬼真糟糕，怎么跑到那里去了。”

选自华东新华书店总店编:《红军长征故事》，浙江新华书店1949年6月翻印，第38—40页。

张政权，1921 年生。红军长征时为红四方面军战士。

雪山草地与食衣住行

张云晓

红军过雪山草地，历尽人世艰辛，为古今中外所罕见。

红四方面军过了三次雪山草地，最苦的是第三次。主要原因是张国焘的错误路线造成的。红一、四方面军会合过草地后，张国焘拒绝执行中央 1935 年 5 月所作《关于一、四方面军会合后战略方针的决定》[①]，顽固坚持其南下的错误主张，擅自命令部队南下，分裂红军；成立伪中央，分裂党，回头过了第二次雪山草地。到了四川的天全、芦山、宝兴地区，受到强敌围攻，屡遭挫折，损失严重，减员一半，不得不被迫撤离，又回头第三次过雪山草地。这样，把部队拖得精疲力竭，遇到了极端严重的、非人所能忍受的重重困难。

这里所记，就是第三次过雪山草地，我经历的几个侧面。

食

过雪山草地前，还是准备了一些生粮、熟粮（干粮）和牛羊的。尽管数量很少，开始几天还有吃的，各自用量不限。过了两三天，就规定

① 应为1935年6月，中共中央政治局作出《中共中央政治局决定——关于一、四方面军会合后的战略方针》——编者注。

了严格的限制。早午晚三顿饭的用粮，陆续由每人三、二、一、半两地减少，直到米面全无。

这里所说的“两”，不是称过的，是用普通搪瓷碗量的。松松的一平碗，约三两左右。起初一平碗，后来大半碗，再后半碗、小半碗……粮多时，全队把炒面集中起来做饭，以分队为单位打饭，各人吃多少盛多少，不够再去打。大小人平均，可以或基本可以吃饱。

粮少时，特别到全吃野菜时，就以分队为单位做饭。大家看着锅里煮的全是野菜，真想在里面放点粮食啊！哪怕能闻点粮食气味，也能增加食欲呀。于是，把装过炒面或生面的袋子翻过来，一节一节地抖一遍，十几条袋子可以抖大半碗，用牙刷刷一遍，也可以弄一点面下来；最后用小刀把因雨水、汗水打湿粘在粮袋上的一层嘎儿，一块一块地剔下来,放到碗里用凉水泡开。这些办法都可以使野菜里有点粮食的气味。

吃饭基本上平均分配，适当照顾病号和“大肚汉”。每盆饭分到最后，尽管盆底只剩一点汤了，也要由分队长、值班员或其他公正的同志，用小羹匙一勺半勺地分完。

光吃野菜不行，才决定杀牛羊。有些人开始吃不惯牛羊肉，为了宣传它的好处，专门写了《吃牛肉歌》在部队广泛教唱。歌词是：

牛肉本是个好东西，吃了补养人身体。

骨头可以熬汤喝，牛皮可以做新鞋。

尾巴脑袋并脚蹄，烧起吃了真安逸。

细心教育大师傅，辣子生姜味道齐。

实际上，饿极了，根本不用动员，吃得比什么都香。

牛身上的全部东西都是有用的。除了牛屎留下晒干后给后续部队烧，牛毛捻线搓绳子用，其余的（包括骨头在内）都要全部吃掉。牛蹄看起来不能吃，其实用火烧透，把外面的一层硬壳、里面的一层软壳敲掉，再里面的东西切开煮软就可以吃了。有的人把一根骨头背好几天，先是用它熬汤，煮野菜，然后烧焦，啃着吃。至于牛皮，不仅才剥下来的生皮要吃，就是牛皮制品如腰带、鼓皮、鞋底、褥子、口袋、枪背带等等，也都要吃。吃的方法是：先烧一下，刮去焦层，再用水煮，软即可食。其颜色与红烧肉皮差不多，如放上盐巴，味道更佳。

羊的吃法，大体同牛。

吃完了牛羊，就主要靠吃野菜、草根、树皮、树叶度日子。野菜有野葱、灰灰菜、指甲菜、马苋菜、猪毛菜、大黄叶、地木耳……达几十种，这些是在行军途中和到宿营地后自采自食的。榆树叶、榆树皮、野梨等，在当时属于上品，视其多少由集体（以班为单位）采撷，统一分配。

这些野生食物，有的吃了脸上身上都发肿，肿得眼睛都眯到一起了。见此情景，心境恻然！

一切能吃的都吃光了，就靠喝盐水度日。一天中午，部队在一块靠近河边的草地上休息，队长吴立兴通知："各分队烧火做饭。"大家听了很高兴，一则可以利用这时间多休息一会儿，躺一躺，睡一觉。二则可以做饭吃。但马上又想到，拿什么做饭呢？这虽然是个至关重要的问题，却没有谁把它提出来，只见大家都在忙：修灶、拾柴、架锅、端水……大家在希求，在渴望，在幻想。仿佛有什么神奇的力量，突然会把粮食送到跟前，说："米来了，快下锅。"其实，这是根本不可能有的事，只不过反映了人们当时的一种心理状态。

我们三分队的"锅"，是两个中号搪瓷盆。它的外面早已烧得漆黑，里面也掉了几块瓷。洗脸、洗脚、烧水、做饭，都用它，是全分队 12 个人的宝贵财产。如果谁要是自己有一个搪瓷缸，那就方便多了。到时候，垫三个石头就是灶，一把柴草就能烧开一缸水，做熟一缸饭，可以早吃早休息。但我们分队没有这样的人，全靠两个盆。

水烧开了，拿什么下锅？我看了半天，所有的锅里都没有一粒米，没有一把面，没有一块牛肉或牛皮，也没有一根野菜，都是煮的白开水。这时，不知是哪个干部说了一句，"在开水里放盐，喝盐开水也能经饿。"于是，大家不约而同地掏出自己的小盐口袋，小心翼翼地往开水碗里放盐。没有盐的，就由有盐的同志支援一点。我的盐口袋已经空了。我把它翻过来，掰开线缝往碗里抖了又抖，才勉强有点咸味（因已经抖过好几次了）。第二、三碗开水里的盐是分队长吴志让给的。每次他都是用两个指尖拈一点给我，然后用舌头把指尖舔几下，就把一碗水喝下去，自己的碗里就不放盐了。

大休息的“午饭”就这样吃完了，部队继续出发。由于每人都刚喝了两三碗、三五碗不等的盐开水，肚子的确感到胀鼓鼓的了。但是，解溲的骤然增多，一会儿是这个，一会儿是那个。许多人不愿拉下队伍，干脆在队列里边走边解。因为要到队列外解完溲再追上队伍是很难很难的。

走了一两小时，又开始饿了，而且饿得更厉害。胃像一个装满东西的口袋又突然把东西倒出去那样空得难受。心慌、头晕、腿颤，每走一步，都要全力以赴。

临出草地前的一两天，早午晚饭都主要靠喝盐开水。有的部队几个月吃不上盐，连盐开水也喝不上。在这种特定的情况下，维持人们生存的物质力量是很微薄的。主要依靠的是革命的政治工作给予人们的那种革命觉悟，那种义无反顾、一往无前的超人的精神力量。

衣

部队的被装得不到补充。过雪山草地，许多人还是穿的单衣、夹衣，不得不编草串子当“披肩”以御寒。条件好的是披被子、毯子。有的人用麻袋的粗毛布做裤子穿，扎得胯裆出血，双手提行，也找不到一块布垫。实在难耐，就用重叠的树叶，一层层软草来垫，这虽然要忍受难忍的疼痛，但比赤身露体，挨饿受冻要好。

第一次过草地，我有一个小包袱。里面装着参军后打土豪分的衣服和鞋袜，身上穿的不太冷。第三次过草地，包袱里就只包了一双草鞋。太破的衣服都拆了给自己和别人补衣服用了。我的每一件衣服都补得白一块，黑一块，绿一块，黄一块，成了一件件“花”衣服。那时不穿这种“花”衣服的人，几乎是没有的。因为能找到一块布，已经很不容易，至于是什么颜色，什么质地，不允许有选择的余地。有的衣服上，甚至还补着一张张皮子，一片片麻袋，一块块棉絮。

缝这么多补丁，有那么多线吗？有的。用完棉线用麻线，用完麻线用皮线，用完皮线用藤线。什么线都没有了，就利用衣服上的这一条布绺去拴住那一条布绺。哪怕是绵软的树条，在一定时候都可以起到缝补作用。有的一件补丁衣服，有两三件好衣服那么沉。

补丁摞补丁有个最大的好处，就是增加了衣服的厚度，相对也就增加了保暖的程度。但是也有一个最大的坏处——虱子跳蚤的庇护所。对付这些“吸血鬼”的办法是捉、烤、烫、蒸。捉、烤的优点是简便，缺点是不彻底；烫的优点是彻底，缺点是不易干；最好是蒸，既彻底又干得快。

这样的一身衣服，不分昼夜晴雨地穿在身上，换不能换，洗不能洗。在雨里淋，在泥里滚。或者让风吹干，或者让太阳晒干，或者让体温烘干。日复一日，月复一月，干了又湿，湿了又干。它对人们的健康，对部队的军容，对周围的空气，起什么作用，有什么影响，都是可想而知的。

脚上穿的，同样极为困难。不要说袜子了，就是鞋子也很稀少。一般布鞋，都是底穿帮脱，掌了又坏，坏了又掌，直到底不成底，帮不成帮，才带着留恋的感情把它扔掉。即使这样，有的人见到还拣来想方设法补一补，凑合着穿几天。

没有布鞋，就穿草鞋。布草鞋、稻草鞋穿光了，就做皮草鞋。我有一天弄到一块干牛皮，比着脚画了个样子，再把它剪下来，再割几根皮线，把皮子叠成两层，用锥子扎个眼，穿一下，这样干了半天，总算干完了。开始穿上很高兴，走起来也比较舒服。但是一下雨，一踩水，一打湿，就越走越长，越长越滑。不但容易摔跤，还容易打泡。这时，就真不如不穿的好。不穿是不穿了，但还不能扔，还要把它背上，到天晴，鞋缩，路干，再穿上，还是不错的。

住

进入雪山草地，就是进入了天然的无人区。这些地方，除极个别例外，自古就是人不走，鸟不飞。因此，住的问题，成了部队遇到的又一个严重的问题。

搭草棚。这是解决住的困难的一个好办法。在有树有草（特别是有高草）的地方，宿营时，一放下东西，按砍树、割草、选位、挖坑的分工，七手八脚干起来。一般三五个人搭一个棚。这样位置好选，用料不多，成得快，歇得早。有个一米高两米宽的棚，四五个人挤在一起，也比较暖和。

过海拔 4000 多米的党岭山，就是住的这种棚。头一天，我们走到山的雪线以下宿营。开始住在里面还觉得很新鲜。因为疲劳，入睡很快。雪山半腰的 5 月，夜仍是清冷清冷的。特别是后半夜，北风从没有盖严的缝隙里灌进来，凉气透心。我们被冻醒了，便到背风的篝火堆把火烧旺，烤一阵。再弄些草把漏风的地方堵住，弄些树枝把棚门挡上，两个人的被子（一个被子不过一两斤旧棉花）盖在一起，共一个被窝，才又睡去。

架帐篷。这是解决住的困难的又一个好办法。这里说的“帐篷”，不是那种有门有窗的，可以住十几人、几十人、上百人的，需要一两个牲口驮的那种制式品，而是用被单做的“土帐篷”。在树草皆无的情况下，便利用略微隆起的地方，四周挖一条小排水沟，当中顶一根木棍，把被单的四个角拴在地上的四个橛子上。睡时头朝木棍，脚伸四边。这种方法的好处是睡的人多，缺点是高个伸不开腿。比较好的方法是把两个被单连起来，找略有倾斜度的高处，在低的一头支一个一米多高的横架，在高的一头把单子挨地拴好，两边用东西遮起来，又挡风，又隔雨，又睡的人多。

有时，遇到原始森林，就宿在大树底下，比“土帐篷”好得多。走旱草地的一天下午，明朗的天空突然阴下来，顿时风雨大作，夹着特大的冰雹，打得头疼难忍。大家因陋就简，自我取材，纷纷把背包、包袱、衣被、脸盆顶到头上。冰雹过后，大雨不停，单薄的衣服早已淋透。这时正好走到一个原始森林的边缘，上级决定进林宿营，立时引起一片欢声。不一会儿，部队都跑进了森林。

这真像进到房子一样。到处有三五人合抱的大树，树下有厚厚的干树叶，既能铺，又能盖，干柴也多。为了严防失火，都以班为单位挖一个火坑，同树叶隔开。柴都架起来了，就是没有火。洋火都给雨打湿了。看，这多急人！整个森林的人都在喊：“谁有火哟？”“谁有火哟？”不多时，我看见一个同志从挂包里摸出一个油布包包，又非常细心地打开，取出一个火镰子，一块火石，一星绒棉。多少眼睛都瞧着他，多少人都围着他，多少人都听着他那“锵！锵！锵！”的打火声。过了一会儿，一个尖亮的嗓门喊道：“有火了！”接着是一连串“有火了”、“有火了”的欢呼。于是，柴堆一个接一个地点燃了。雾气缭绕，烟气刺鼻，热气暖人，整个林子变成了欢跃的海洋。

但是，过水草地时，住的问题便成为一个无法解决的问题。

无法解决，还得解决，办法就是“坐觉”。由于水草地是一片沼泽，河沟纵横，积水漫地，根本没有树枝蒿草可以利用，也找不到架帐篷的地方。每次宿营，只能找个稍高的草墩，放下背包，四人一组，相靠取暖，相坐而眠。为了预防露打雨浇，就用一张被单顶在头上。有时真的下雨了，就用手撑起顶的布单，让水顺流而下，尽量减轻打湿衣裳。就这样坐着、睡着，睡着、坐着，通宵达旦。

行

雪山草地无路可走，向导难找。而没有向导，就寸步难行。前卫部队为了找一个向导，要花许多大洋和其他贵重物品，还要让他骑马或坐担架。尽管代价很高，也在所不惜。

走雪山，还有个严重问题是空气稀薄。翻党岭山前动员说：上山不准说话，不准停留，更不准坐下休息。一定要坚持往前走，走不动的就是推着、拉着也要走。否则，一经坐下，就可能永远留在山上。

到雪线以上，越走雪越深。山顶积雪，终年不化，在太阳照射下，发出绿荫荫的光幅，照得眼睛又花又痛。部队严格按规定执行，到山顶约走了三四个小时，走得口干舌燥，心跳气短，腰腿无力。但硬是一步未停，上了山顶，就连滚带滑地往下走，到雪线以下才休息。

走旱草地，有时也要爬山。虽然没有雪山那么高，一般也是几百米上千米。当时我给红三十一军詹才芳政委当勤务员，他那时正在病中，行军坐担架，叫我骑他的马。我只有 14 岁，从来没骑过马，也根本压不住马。饲养员把我抱上去，走不几步就滚下来;又抱上去，又滚下来。这是一匹好走马，压不住就走不好，弄得马也不高兴。这以后，每当走不动又没有别人骑的时候，饲养员就把我抱上马搭子的后边坐着，他再骑到前面来，我抱住他的腰走一段，再下来让马休息。有时上山，如果有病员，就让病员骑在马上，我拽马尾巴。

马尾巴，并不是随便可以拽的，除了走不动的小鬼或轻病员，其他人不准拽。

拽马尾巴也不简单。我第一次上山时刚拽住，马正上一个小坎子，往前一纵,马尾巴就从我手中滑掉了,摔了一跤。我急忙爬起来追上去，重新抓住，并在右手的四个指头上绕了一圈，才没有再摔。

拽马尾巴，能不被马踢吗？一般不。因为马本来就老实，加上它也够累的，又是上坡。这些都是安全的条件。

最少安全感的是水草地。它的下面是深不可测的烂泥，表层是厚薄不均的草皮。草的下半部分泡在像碘酒那样黄黑色的水里。水的深处没膝，浅处淹脚。一眼望去，茫茫无涯。

行军时，人畜分进（前面各有带路的）。后面走的一定要踩在前面走的脚印上，这也是动员时讲的一条严格规定。如有违犯，轻者批评，重者处罚。所以如此严厉，就是为了力求避开“人陷不见头，马陷不见颈”的绝境。

开始没有经验，看到人马被陷，心急火燎，毫无办法。后来总结出了“杆拉绳拖”（即发现有人被陷，陷者不要慌乱，立即趴下，由其他同志伸给一根杆子或扔给一条绳子，迅速将其拉出，便可幸免于难）的经验,陷人的问题就算解决了。惟陷马想不出什么办法,只好听其自然。

在过水草地的三天里，虽事先每人每班都带好了水和干柴，但不能烧火做饭，只能吃凉水拌的炒面糊糊。加上成天在这有毒的水里泡着、走着，那些腿烂的同志，那些体弱病重的同志，真是苦不堪言。其中有些同志，就在这里同我们永别了！

爱

在那含辛茹苦的日月里，阶级友爱显出她特殊的分量，发挥了巨大的威力。试想,那样广大的规模,众多的部队,遥远的路程,长久的时间,如果没有阶级友爱，要征服雪山草地，可能吗？

为了给红一、二方面军筹集粮食，除了到外地有组织地进行，还每个人都从自己所剩无几的干粮袋里，匀出半两一两，三两五两。我们三分队的郭天保，年龄不过 13 岁，身高不过 1.2 米。在松潘给红一方面军匀粮时，他体质弱，背的干粮本来不多，队长不让他拿。但是他说：他们走了那么远的路，比我们苦多了。我们一人多拿一把，他们一人就多吃一顿。他高低打开了干粮袋，从不到两碗的炒面中匀出了半碗。

为了给后面的部队解决吃的，前卫部队除有组织地留送粮食、牛羊，还把不便携带的头蹄下水、皮张骨头埋起来，让他们上来取用。出了水草地又进入旱草地的头一天，刚到宿营地，看到地上到处是新土包、新土坑。人们正在迷惑不解，有的人已经动手扒了，我们也很快扒起来。哎呀，真是意外之福！每个有新土的地方，都有几件牛身上的东西，心、肝、肺、肠、肚、头、腿、蹄、皮、骨，应有尽有。我和另外两个同志扒开一个坑，里面埋了肺、肝、蹄各一件，正好一人一件。

肺，我是最不爱吃的。而这时，却如获至宝。我把它煮熟，切成指头大的小块，装起来作干粮。当夜一块也不舍得吃，只喝了几碗汤。在以后的行军中，实在饿得不行了才吃一块。这一块也不是嚼几口就咽下去，而是一直嚼得连味儿都没有了为止。这样可以多咽几口唾液，使饥饿感减轻一些。

这个肺我吃了两天才吃完。尽管有些变味了，吃起来还是很香的。每吃一块，心里就涌起一次这样的感情：多谢你呀，给我留下这块肺的好同志！

为了把有伤有病的同志带出草地，是上下齐心竭尽全力的。没有吃的，就一把炒面几人吃，一碗野菜几人分；没有西药，就到处找中草药；洗伤口没有蒸馏水，就用盐开水；没有纱布、绷带，就利用自己身上所能找到的最干净的布片、手帕、毛巾、绑带，甚至树叶代替；病人想喝米汤，找不到米，就用炒面冲成糊糊，给一口一口地喂；伤病员的行李、武器，大家分带；走不动了，就扶着、背着、抬着走；跟队极困难的，就到收容队。总之，大家都自觉地强帮弱，大帮小，多帮少，有帮无。大家懂得，多救一个人，就多一分力量。

过水草地的第二天，我得了急性肠炎。肚子剧痛，上吐下泻，一天拉十来次。队长吴立兴和大个子马少武，轮流背着我。下雨了，队长把仅有的一块小油布从背包上解下来披在我身上。宿营时，找了一块能睡四五个人的草墩，把我夹在中间最暖和的地方睡。半夜冻醒了，浑身打哆嗦，他把我抱起来，让我趴在他的身上。天一亮，他就到处去找，终于找到了一点止泻药，救了我一条命！

一天，徒涉一条四五十米宽、一米多深的河流。水很凉，流也急。部队有组织地渡河。两个大人夹一个年岁小的，一排一排地紧挽着手臂往前走。走到河当中，水更深了，我踩不到底，漂了起来，惊喊道："哎呀，我够不着底了！"挽着我左右胳膊的同志都说："不要慌，把我的腕子夹紧。"整整一段深水，都是他们两个把我提过去的。过河后，衣服、行李，全湿透了。大家忙着拣柴、烧火烤衣服。上衣自己提着烤；下衣脱下，拧干，穿上，前后左右转着烤；被子两人牵着烤，有病的，出公差的，互相帮助烤。红红的篝火暖在身上，阶级友爱暖在心上，在这种时候，如果谁要离开了部队，离开了集体，无论如何是生存不下去的。

阶级友爱的深厚感情是哪里来的呢？

它来自一个思想：走出草地才有出路。走出的人越多，出路越大。

它来自一个决心：只有跟着共产党走。党是能够领导我们走出草地，过上好日子的。

它来自一个信念：革命总有一天会胜利。希望的目光总是注视着胜利的明天。相信这个胜利的最高目标——共产主义理想是会实现的。

这一切，就是人们奋勇搏斗，生死与共，情同手足的动力。

这个动力像奔腾的洪流一样推动着人们，像巨大的磁石一样吸引着人们。

这样，如山似海的艰难困苦被战胜了，雪山草地过来了！

选自沈阳军区政治部编研室编：《红军将士忆长征》，白山出版社1996年8月第1版，第419—429页。

张云晓，1922 年生，四川通江人。1933 年参加中国工农红军，1938 年加入中国共产党。红军长征时任红四方面军某部宣传队员。新中国成立后，曾任沈阳军区政治部文化部部长、旅大警备区政治部副主任等职。

四根针

杨天贵

部队由西康丹巴出发，经过几天的行军，到了康定西南百余里的中杂巴。

刚住下，繁重的任务来啦。说是要爬雪山、过草地，要我们每个人在 20 天内完成制作六双草鞋（三双用牛皮做）、三双袜套、一个羊皮坎肩、一双羊皮手套和皮帽耳朵的任务，并且还要把过去发给的已经裁好的单军衣全部缝好。这可抓瞎啦，没有针，用什么缝衣服？向群众借吧，当地的藏民因受反动派的欺骗宣传，早都跑了个一干二净。全连同志把自己的口袋里、小包袱里翻遍了，才凑起来四根针，这四根针就成了我们这 100 多人的宝贝疙瘩了，全连能不能按期完成上级给予的任务，就在于如何好好地分配、使用和爱护这四根针了。

要缝的东西是那样多，针却是这样少。

连里把四根针分给三个排各一根，余下的一根给连部和伙房合用，同时还专门召开了一次军人大会。连长和指导员在会上再三嘱咐大家要好好保管使用，并且宣布了一项纪律：谁要是损坏或是丢掉了针，就要受到严厉的处分。其实不用连长指导员多讲，每个人的心里也是非常清楚的。几天来，无论谁使用针，大家总是互相提醒："千万要小心啊，可别把针给弄坏了。"

说起来也真叫人生气，越是到困难关头，事情越是不顺人意。第五天，五班长高文才同志正缝着羊皮坎肩，因羊皮太厚，一使劲，只听得“咔”的一声，把一根针弄断了。高班长惊叫了一声，手里拿着半扇羊皮坎肩急得满头是汗，不住地跺脚说："这可怎么办？”同志们看着这歪在羊皮上的半根针，心里也凉了半截子，满屋欢乐的气氛陡地变成一片叹气声。

少了一根针，缝衣的速度更加缓慢了。后来连里想了个办法：让我们白天到山上去砍松枝；晚上别人休息了，我们拿过那三根针来，点上松明子，围在一起开夜车。

这回大家更加注意了，连长、指导员也不时到排里来检查，同志们也特别小心，尤其缝到厚些的羊皮，每缝一针都提心吊胆，如果再要弄断一根针，那可真成了全连的罪人了！

就这样不分白天黑夜，人歇针不歇地缝呀缝的，全连终于按时完成了爬雪山、过草地的准备工作。

选自杨国夫等：《星火燎原·未刊稿》第4集，解放军出版社2007年8月第1版，第56—57页。

杨天贵，1920 年生，四川广元人。1934 年参加中国工农红军，1938 年加入中国共产党。红军长征时为红四方面军某连战士。新中国成立后，曾任西南石油学院党委副书记、顾问等职。

难忘的记忆[1]

王世

1935年6月，红四方面军与中央红军会师，总兵十万多人，兵力集中，部队士气高昂，整个形势对我十分有利。然而，张国焘反对红军北上的方针，命令红四方面军向川西进发。面临敌人重兵，我军寡不敌众，几经激战，付出了惨重的代价，人员折损过半，不得不于1936年5月[2]，离开川西，重新北上。在我军迭次失利的形势下，蒋介石调兵遣将，围追堵截，指使胡宗南、薛岳部队从四川的雅州、天全、芦山，一直追到夹金山脚下。当时张国焘一筹莫展，全军士气低落，准备仓促，第三次爬雪山，过草地就更为艰苦了。

一

5月22日夜，借着朦胧的月光，我们沿着蜿蜒的小道向夹金山方向急速前进。23日凌晨，先头部队已经集结在夹金山脚下。为了摆脱敌人的围追，迅速翻过雪山，遵照上级命令，我们马不停蹄，人不歇步，队伍成一路纵队向山峰攀登。我们到达半山腰时，已感到寒气逼人，抬

① 编者对原文略有修订。
② 应为1936年2月——编者注。

头望去，到处被覆盖着。约莫5点钟光景，上级下达了就地宿营的命令。班长李龙金把我们集合到一起，以先见之明的口吻对大家说："今晚在山上宿营，夜间气温肯定要降低。"他把"肯定"二字说得很重。"我们在天黑之前，抓紧时间去拣些柴禾，好生火取暖，要不，这一夜可难熬哟。"说完，班长和我们在一起，三三两两分散在山间寻找着干枯的柴禾。

"哎！你们看，岩石上的冰柱多美啊！"战士张立民好像发现新大陆似的拍着手高兴的喊道，我们寻声望去，石崖上挂着一串串亮晶晶的冰柱，映着太阳的余晖，的确，像到了梦幻中的仙境一般，令人神往。望着眼前这迷人的景色，顿时，兴奋的情绪赶走了一天的饥饿、干渴和疲劳。那天晚上，我们谁也没合眼，围坐在篝火旁，度过了雪山一夜。

这一天，8点钟左右，同志们一个接着一个向山顶爬去。当我们爬到距离山顶大约1000公尺的时候，转眼间，忽然下起了漫天大雪，使我们分辨不清前进的道路。刚才，天气还如同夏日，我们大汗淋漓，目下，又到了寒冬季节，寒风嗖嗖，风夹着雪无情地抽打在我们穿着单衣的身上，雪花，也好像要找个暖和地方，拼命地往脖领和衣服破烂的地方钻。不一会儿，只听见一片咯咯的响声，冻得同志们上牙下牙直打颤，我那双露了大脚指头的鞋子已经冻成了一个冰坨，脚冻麻木了，失去了知觉，深一脚浅一脚踩在铺满积雪的崎岖山道上。有时，走着走着只听扑哧一声，掉进了雪坑，大雪漫过了膝盖，我们犹如在泥潭中跋涉前进。

接近山顶那一段，到处悬崖峭壁，每走一步就像爬梯子一样艰难，我们就抓住小树和山石往上爬。越到山顶，空气越稀薄，呼吸困难，只觉得心跳得很凶，简直要从喉咙里冒出来似的，头也昏沉沉，眼前金花乱转，连站在前面的人也分辨不清。我们一步一喘，一步一停，大家都上气不接下气。不少人出现了呕吐和鼻子出血等高山反应。举目环视，这险峻情景，使人怵目惊心。此刻，我们如不小心，滚下山崖，有可能坠落万丈深谷。生死与共的阶级兄弟一个拽着一个，谁也不肯撒手。班长一边拉住我的手，一边吃力的跟我说："要坚持啊，我们死也要死在一起。”连长站在一个石崖上看着我们，一边气喘吁吁地招呼，要我们强帮弱，大帮小，再加一把劲，坚持一下就到山顶了。班长、连长的话虽不多，但牵动着我们每个人的心。我们咬着牙，竭尽全力向上爬呀，爬呀……

不到千米高的山道，我们足足攀登了两个多小时，终于在中午12点左右，队伍全部到达了顶峰。

从雪山顶上往下俯视，雾气腾腾，云雾相连。此时此地，我们似乎身临云雾之中，互相一看，头发、眉毛，全身上下凝结了一层白霜，有人开玩笑说："嗬！我们成了‘仙人’了。”

“真是成了‘仙人’了，成了天兵天将。”大家快活地说笑着，我们攀到了山顶，像打了一个大胜仗似的兴奋。

下午4时，我们绕过主峰，到了另一侧的半山腰。指导员冯德玉从身上取出刺刀，在山坡的一棵大树上，剥开了树皮，用红铅笔写了“红军抗日北上路过此地”十个醒目的大字，右下角注明1936年6月24日。

二

我们爬过雪山，于1936年6月底①，踏入了一望无际的大草地。草地，是一片草海泽园，没有道路，荒无人烟，连兽类也难见到。部队就在泥潭水草里跋涉前进。草地的气候变化无常，开头几天，适逢阴雨，空中乌云翻滚，大雨倾盆，由于没有帐篷，无法栖身，雨天草湿，很难点火起炊。在这艰难的进程中，有的同志由于长途转战，疲惫不堪，体弱多病，在饥寒的折磨中倒下了。

进入草地一周后，我们经过一段有毒的红水地带，很多同志接触

① 应为1936年7月——编者注。

这种红水就生疮。我的左右脚也生疮感染，溃烂成指盖大小两个洞，流着脓水，行走中，不小心被草叶一拉，鲜血直流，一接触红水像倒进了开锅油似的疼痛难忍。我的腿肿似碗粗，拄着根棍子一拐一瘸地追赶部队。在傍晚时分我掉队了，我暗思忖：今天可能要死在草地，革命到头了。想到这里,不禁一阵心酸,流出了眼泪。排长看我艰难痛苦的样子，把我扶到一边，让我坐在一个草墩子上，亲切地对我说："你的脚怎么样？"然后他仔细看了我的伤口，用坚毅深沉的目光对我说道："我们一定要走出草地啊，到了陕北，找到毛主席就好啦。"说话间，他打开了自己的背包，取出一双崭新的白布袜子，这是一双手工织布做的，袜底很厚实，粗线纳得细密成行，压得板板整整，袜筒有三四寸高。他把袜子递给我。

"不,排长,我不要,留着你自己穿吧！"我指了指他的脚,接着说："你的脚不是也长疮了吗？你还要带领全排走出草地……"我怀着内心的感激，用手推脱着。

"小王,不要拗了,看你脚烂成什么样子了。"排长带有几分愠色，把袜子硬塞到我手里。接着，他慈母般地放低了声音说道："这是我参军那年,离开家乡时,我爱人连夜做好送给我的,我背着它整整二年了,这回送给你，也算是让它真正发挥点作用吧。"

我一听是李排长爱人送给的，说啥也不接，重新把袜子推了过去。"排长，你放心，我能走，就是爬也要爬出草地，爬到陕北。"我含着热泪近乎哀求似的跟排长说了这番话。

排长看我执意不肯接受，拿过袜子不由分说亲自套在我的脚上。顿时，一股暖流传遍了全身，我的两眼湿润了，泪水像断了线的珠子顺着两腮往下流，一头扑到李排长怀里，什么话也没有说出来。

"好！站起来，我们一起赶部队去。"李排长说着又扶着我向前走去了。

36 年弹指而过，李明排长的音容笑貌就像刀刻一样印在我的脑子里。他一米七十的个头，两只炯炯有神的大眼睛，平时，脸上总是挂着和蔼的微笑，好像他一生没一件犯愁的事情。在草地行军中，他一会儿跑到排头，一会儿又到了排尾。发现谁也走不动了，就扶着走，常见他身上背着二三支枪。

我穿着李排长送给的那双袜子，伤口逐渐好转了。走出草地后，那双袜子只剩下两只没有底的袜筒子，部队在甘肃下包座休整时，我把它洗了，房东老大娘帮我又缝补好，我穿着这双具有深情厚意和永远值得纪念的袜子，一直走到陕北，走到毛主席身边。

三

我们走出草地，部队到达懋功一带。①

一天夜里，突然狂风骤起，气温急剧下降，一阵暴雨过后，紧接着下起了冰雹。我们班七名同志围坐在一起，把衣服脱下来顶在头上，冰雹打在呈伞状的衣服上，噼啪作响。

在这阵急风暴雨中，老战士刘忠本来身体就十分虚弱，被冷雨一激，突然发病了。只听他说了声：“小王，我觉得很难受。”班长把顶雨的衣服往他那边拽了拽。通过闪电的光亮，发现刘忠脸上滚动着黄豆大的汗珠，脸色苍白，没一点血色。我觉着有些不对头，正要问他，刘忠用低沉的声音对我说：“小王，我不行了。”说完就晕了过去。“班长，刘忠不行了！”我拼命地摇晃着他的身体喊着。老半天，他才慢慢苏醒过来。我们七名同志自动围成一圈，用自己的衣服和身体为他遮风挡雨，这时，他偎依在我和班长的身旁。此时此刻，我的心中十分难过，泪水随着雨水一起从脸颊淌了下来。在茫茫黑夜中，我仿佛看到刘忠那

① 此处回忆地点有误，懋功在草地以南——编者注。

蜡黄消瘦的面孔和痛苦的表情，和刘忠相处的许多往事涌上了心头。

1933 年，我从参加红军那一天起就和刘忠在一个班。刚参军那阵，我年仅 12 岁，他那时二十六七岁。他待我像亲弟弟一样，说句俗话，就像母鸡亲鸡雏一样护着我。翻过雪山，走出草地，我的干粮袋一直是他帮我背着。有时，我看他饿的、累的那个样子，实在过意不去，说啥也不要他帮我背东西了，可是，他带着生气的样子，嘴里说："给你，给你。"实际上，连抢也抢不下来。他不给，我就磨蹭他，他又笑呵呵地说："我比你力气大，哪有小红军不听老大哥的，放心吧，我累不倒。"说着说着，他大步流星地加快了脚步，把我甩得老远，走了一段，又回过头来，故意逗我说："怎么样？你不行吧！"就这样，刘忠同志帮助我度过了重重难关。当我一想到他那溺爱我的情景，我就止不住掉泪。我多么害怕刘忠同志离开我啊。

风停了，雨住了，天也渐渐放亮。班长李龙金把他背到一块平坦的草地上，这时，连长、指导员和排长都来到了他的跟前，全体同志也闻讯围了过来。只见刘忠睁大眼睛深情地望着大家，嘴唇微微颤动着，好像要说些什么，但没吐出一个字。接着，他缓慢的抬起了右手，班长见他吃力、痛苦的表情，上前抚摸他的手，安慰他说："小刘，你不要动了，休息一会会好的。"可是，刘忠收回了手放在右边的衣兜上凝视着班长，班长不解的问："你的兜里装的……"一句话没说完，刘忠噙着的泪水顿时涌了出来，他异常吃力地断断续续地说："有一块……钢洋。"班长按刘忠的意思摸了摸他的衣兜，果然掏出一块银元，然后慢慢地放到他的手中。刘忠接过银元拉着指导员的手，把银元递过去。发出了微弱而坚定的声音："交党费，……革命……一定胜利。"

说完，他安详地合上了双眼。刘忠同志永远的离开我们了，我悲痛欲绝，连声呼喊："刘忠啊！……刘忠！……"使劲摇晃他的手，可是，刘忠一动不动地仰卧在那里。透过泪眼，猛然间，我看到了指导员手中攥着那块银元。我想到：这不是一块普通的银元啊，而是一个红军战士对党对人民一颗赤诚的心。

那是1935年10月，我们二七九团在芦山与敌作战，全歼匪部，打了大胜仗，上级为表彰红军指战员作战勇敢，奖给我们的。刘忠把它带在身边，保存了一年多，怎么困难也没舍得用。在他离开人世间的最后时刻，作为党费交给了指导员。我那双潮湿的眼睛，从刘忠的脸上追忆着他逝去的年华。刘忠战友啊，你经历了苦难的一生，没吃没穿，披着麻袋入伍，参加红军，你以火一般的热情献身革命，在你的心目中，只有党，这块银元就是你纯正无私和对党无限忠诚的象征。你的生命虽然结束了，但你红心向党的事迹却永远不会被人们忘记。

指导员轻轻地整理了刘忠的衣帽，慢慢地摘下了自己的军帽，全连同志跟指导员一样，眼含悲痛的泪水默默地向烈士告别。我们掩埋了战友的遗体，带着他留给我们的那块价值千金的钢洋，在长征路上继续前进了。（王梓俊、赵景文整理）

选自中国人民政治协商会议黑龙江省委员会文史资料研究委员会编：《黑龙江文史资料》第7辑，黑龙江人民出版社1982年11月第1版，第203—210页。

王世，1921年生。**红军长征时为红四方面军第三十一军九十三师二七九团战士。**

联欢之夜

胡三毅

1935 年夏天，正当红军吃尽千辛万苦冲过草地继续北上的时候，张国焘却突然违反中央决定，率领红四方面军挥戈向南，并要我们当时全军后卫的红一方面军九军团横越党岭山，至西康东部的金堂掩护他们。

8 月的一天[①]，我们接到了朱总司令来自道孚的电报，说四方面军的后方医院已从丹巴出发，两三天就到党岭山了，要我们派人到山上去准备宿营地。军团长罗炳辉同志接到电报，立即命令我带领一个连和一个工兵排出发，并嘱咐多带些粮食和牛羊，准备给伤病员吃。

提起党岭山，我们浑身觉得毛悚悚的，就连我们这些身体很结实的人，爬过这座山都很不容易，何况伤病员们呢？我们不敢怠慢，连夜准备了东西，第二天一早就出发了。

到了山上，在西边靠近山顶的地方，发现了一块一二里长、半里宽的大雪坪。这儿给伤病员们盖棚子再好也没有了。有这样好的地势，我们高兴极了，有的说："我看朱总司令一定是步行路过这儿，看到这个雪坪才叫我们来的。"我心里也很激动，感到总司令细心，体贴战士、想得周到。我们当下分了工，铲雪的铲雪，砍树的砍树，搭棚的搭棚。

---

① 应为1936年三四月间——编者注。

一直忙到第二天下午，可以容纳五六百人的两排树棚终于搭好了。中间留有几丈宽的人行道，真像一条笔直平坦的大街。为了伤病员同志烤火，我们又四处捡了些干柴枯枝，一堆一堆的堆在“街心”，战士们说：“要让伤病员同志们到这里就像到了家一样觉得温暖。”

第三天下午，伤病员的队伍在山腰出现了。炊事员赶忙去烧饭做菜，战士们都涌下山去迎接。看，有许多女同志挑着行李，抬着担架，很吃力地一步一步往上爬。我们真想上去换换，握握手，但有点封建，不大好意思，愣在那里像暖水瓶似的，满肚子热情表示不出来。她们可比我们大方，上来就拉着问长问短。这时我们才一边回答一边忙着过去扶伤员，接担架。虽然她们一再推让，但终于被我们抢过来了。

到宿营地时，天已黑了。四方面军医院的同志看到为他们盖好的两排树棚，便拉着我们说：“谢谢你们，要不，我们今天爬不过去，还不知道要冻饿死多少人哩！”

晚饭是牛羊肉就米饭，好像在家吃年饭一样。大家笑着吃着，吃着说着，把一路上的艰难困苦都忘得一干二净了。

饭后，大家舍不得分开，都自动团在“街心”烤火，摆“龙门阵”。一方面军江西人多，四方面军四川人多，话不通就用手势比画，阵阵爽朗的笑声划破了这荒凉寂静的山谷，人们如久别重逢的亲人一样在炉边欢谈。

我正和院长、政委闲谈着，忽然几个四川口音同时响起来：“欢迎一方面军老大哥唱支歌！”“好”立刻四处都响应着。其实红军战士们哪天不唱歌呢？提起唱歌谁的嗓子都痒痒，但这时却在互相谦让着，谁也不肯先唱。我看这样下去没个头，就站起来说：“一方面军的，咱们是来迎接伤病员同志们的，先唱个歌，好不好？”“好！”接着又是一片笑声和掌声。我们唱：

当兵就要当红军，处处工农来欢迎；
官长士兵都一样，没有人来压迫人。

当兵就要当红军，阶级敌人要认清；

买卖豪绅和地主，坚决打倒不留情。

我们唱过，四方面军同志就接着唱，互相轮换着，一个接一个。原先在棚子里休息的重伤员也吵嚷着把他们抬出来，一起参加这长征途中雪山之夜的大联欢。

各种节目都端了出来。江西的茶花调，湖南的花鼓戏，四川的山歌，广西的齐唱对唱……此起彼伏，各有千秋。擅长说故事、说笑话的也趁机露了一手。最后四方面军的女同志，来了个“压轴戏”，合唱“妇女解放歌”。这首歌在江西苏区经常听到，但长征以来，还是第一次。听着听着，好像回到了中央苏区一样，都情不自禁的含着激动的眼泪，跟着和起来。来自两个苏区的战士们，在这里共唱一支歌，抒发同样的心情，一下子，觉得我们中间没有一发之隔，像一个人一样。

晚会一直进行到深夜。因为第二天还要行军，在几个负责同志一再说服下，我们才依恋不舍地散开，分别进树棚里去休息。

这个不平常的联欢之夜，给我留下不可磨灭的印象。后来到延安，我在抗大学习，听上级说：“当时张国焘反对中央的正确路线，率四方面军南下，企图分裂党和红军。中央派朱总司令随行，从各方面向他进行了许多团结与争取工作。”想不到那天晚上，我们迎接四方面军的伤病员。除了一般的团结友爱之外，还有一层这么重要的意义。

选自中国人民解放军三十年编辑部编:《中国人民解放军三十年初选稿》第一卷第三辑(二)，第33—35页。

胡三毅，红军长征时在红一方面军第九军团、红四方面军第三十二军(后编入红二方面军)。

长征回忆片断

刘公然

一

我是一个贫农的儿子，于1931年12月江西宁都暴动中参加工军，在电台工作。长征期间，1935年6月，在四川，红军第一方面军与第四方面军会合后，因工作需要，我们这部电台和全体工作人员都划归第四方面军指挥。在叛徒张国焘机会主义路线的领导下，使革命事业遭受了巨大的损失和牺牲，使我们经历了更多的艰难和困苦。但广大红军指战员都表现了高度的无产阶级的坚定意志和英雄气概。终于战胜敌人、战胜困难，粉碎了张国焘分裂党的阴谋，团结在党中央和毛主席的旗帜下，到达了陕北，开赴抗日最前线。

1936年我们到达四川大金，不到两个月时间，就没有粮食吃了，原来还比较繁荣的大金县城，现在就只剩下少数的几家人家。我们这些后方单位，每天在饥饿中挣扎。

开始，是三餐稀饭，又后又改为两餐，可是日子越来越艰难，派了几十号人上山买成粮食也买成不着。再过几天，两顿稀饭也维持不住了，稀饭变成了清汤，可以照见人影，一大锅汤里只有可数的几颗米粒或麦粒。在黑水的时候正是秋天，还可以到野外去打野菜、拾菌子聊以充饥，而这时正是隆冬，草木皆无，有什么可寻？唯一的就是我们坚定的革命意志。

俗话说："人是铁，饭是钢"，而现在，我们一天只喝两顿清汤，哪够身体的需要？要是只一天两天有什么要紧，而我们却是长期"抗战"，从1月一直坚持到8月，整整七个月的时间，都是，这样渡。而且越到后来情况越严重，从2月开始，我们几乎就没有见到过粮食。这一段的艰苦情形，真是难以形容。

最初一两天，只是感到肚子饿，但凭着精神的支持，紧紧裤带也就过去了，但时间一长，身体也难以支持了，成天觉着心里发慌，头昏眼花，四肢无力，软搭搭的，走路拖不动腿，工作抬不起手，全身的骨头都好像散了一样，不受自己意志的支配，裤带紧了又紧，还是打不起劲来。有时人们甚至被饿得恍恍惚惚，昏昏沉沉，说话提不起气，甚至，思绪也不由自言了。饥饿，严重地威胁着红军的生命；死亡，无情地在向人们招手。

问题是那样地严重，要不是我们去战胜饥饿，便会被死亡征服。那样，就不仅有负自己的初衷，把从江西到四川几年来艰苦奋斗的成绩毁灭了，尤其重要的是将会无辜地断送革命的力量，使人民失去希望。因此，必须尽一切努力来战胜饥饿。为着革命的胜利，为着人类的未来，我们首要的任务就是必须活下去。

有没有这个可能呢？根据上级的指示，队部和党支部召开会议，对于我们所处的形势和任务，作了详细的分析和充分的估计。会议指出当前的形势是：我军前方部队与周浑元、刘湘部处于对峙状态；后方部队受着饥饿的威胁。但前方部队正在英勇打击敌人，只要粉碎敌人的进攻，川西根据地能得到巩固，后方的情况也会好转。目前的困难是暂时的。我们单位本身的条件也不坏，它曾经粉碎国民党多次围攻、转战万里，战胜过雪山草地，并且有过在黑水与饥饿作斗争的经验，尤其因为有党的坚强领导，它具有远大革命理想、高度自觉的纪律和钢铁般坚强的意志。在它面前，任何困难都是难以克服的。过去如此，现在以至将来也会如此，会议认为：当前的中心问题在于充分发动群众。必须立即动员全军上下，和饥饿展开坚决的斗争，绝不能坐以待毙。等待，就是对革命的犯罪。

为此，会议作出了如下的决议：

（一）杀掉最后的几头牛，让大家稍微缓和一下饥饿的程度。这些牛是刚到大金时向大地主、大牧主没收的，为长期打算预防万一，才留下这几头来，现在即可用来暂时解救饥饿。

（二）发动群众向饥饿作斗争，向荒野要粮。这是最积极也是最根本的办法。现在虽然时值隆冬，草木皆无，还可以剥树皮，挖“观音土”，只要有土地就一定会找到可吃的东西，能吃下去就会产生热能和一定的营养，只要还有一口气，我们就绝不能等待，等待就是机会主义，就将造成罪过。

（三）狠狠打击反动派，摧毁其巢穴，以便彻底消灭后患，同时还可获得粮食。他们都是红军到后畏罪潜逃的当地的封建地主、牧主，这时他们利用我们在政策上的某些错误和暂时的困难，欺骗、裹胁了一部分群众，组成反革命武装，时常在我后方进行骚扰。

根据这一决议，除了告诉管理排准备杀牛，“改善生活”之外，即决定第二天召开军人大会，说明当前的形势和任务，发动群众，号召全党全军向饥饿做斗争。

二

军人大会按时举行了。

人们已经忍受一个星期的饥饿，身子轻飘飘的，似乎微风也可以吹倒，而两条腿却有千斤重，移步也很艰难。但是，大家怀着一种希望：也许大会分给每人若干粮食——哪怕是吃一顿饱饭也好。因而，大家都忍着艰难，踊跃地来到了会场。在过去，每逢召开这样的会议多热闹呀，开会之前大家总是有说有笑或者高声歌唱。而这次，人们既没有力气唱歌，也没有精神说话，只是互相亲昵地望望就蹲下了；领导者脸上常有的笑容今天也消失了，会场分外肃穆、冷静。

大会由队长主持，主要的议程是听取政治委员的政治动员报告。他在说明当前的形势和任务以后，发出了响亮的号召："前方的任务是奋力击溃敌人；我们后方，就是全力战胜饥饿。只要有信心、有决心，我们就必然胜利。"政委也是和全队同志一样饥饿，而且由于他负着全队100多人的忧虑，他的身体甚至比大家更坏，然而，他要领导大家前进，领导大家与饥饿作斗争，无论怎样他也不能倒下去。正是这种力量支持着，尽管一个星期很少吃到粮食，显得面黄肌瘦了，但他几乎和过去一样充满着活力，似乎任何的艰难困苦也折磨不了他一样，讲起话来仍然是那么如铁似钢、激动人心："我们是无产阶级的先锋队，是全国人民的希望，过去，所有的困难没有吓倒我们，蒋介石国民党的几百万大军没有战胜我们，今天的饥饿同样难不住我们。只要我们还有一口气，只要我们还有两只手，就一定要坚决地斗争。我们向严冬要吃的、向荒野要吃的、向反动派要吃的！有粮吃粮，没有粮就吃野菜、野草，没有野草就吃树皮、吃草根……只要我们发挥主观能动性，就能找到可吃的东西，只要能吃下去、我们就一定饿不死，就一定能胜利。总之，必须坚决斗争，斗争是艰苦的，但是斗争必定胜利。要求我们的共产党员、少共团员们，在这场艰巨的斗争中发挥带头作用和模范作用。"他最后振臂高呼：

"全队紧急行动起来，向饥饿展开坚决的斗争！积极发挥主动性！"

"胜利一定属于我们！"

"……"

袁邦光同志的报告吸引着我们每一个饥饿的人，听完他的讲起话，犹如强心剂对于心力衰竭的人那样，顷刻之间，部队复活了，人们立刻振奋起来，热烈响应党的号召。大会开始以前的那种令人心酸的情景，似乎已经成为过去，一点影子也看不见了，紧跟着是一个接着一个的慷慨激昂的发言：

"……要是世界上没有地主、资本家残酷的没有止境的剥削和压迫，就只会饿死懒汉，一个能够劳动、又愿意劳动的人，是绝对饿不死的。"运输员共产党员薛花贵任何时候都是不折不扣地执行党的任务的。在越困难的时候，他就显得坚强，从江西到四川每天扛着笨重的冲电机，他从来没有发过怨言。这时，他第一个打冲锋了："我们不仅能劳动，而且是具有理想的阶级战士，还能坐视饥饿的袭击吗？绝对不能。我完全拥护上级的决议和政委的报告，坚决和饥饿斗争到底，我第一个报名，今天就向荒野进军，打'野粮'，战胜饥饿；打反动派我也算上一个。"

"我十二分的同意。我们都是穷人出身，谁没有过过苦日子，在家时由于地主残酷的剥削，哪年不是糠菜半年粮？那时候，吃树皮吃野菜，还不是家常便饭，而且，由于土地树木都是地主所有，你去剥树皮、拔野菜，他还不答应哩，那时候才真是只好活活饿死啊！"运输员老邱说到这里回忆起往事，眼圈红润了，声音有些颤抖。原来他是江西兴国一户贫农的儿子，父亲被地主逼租上吊死了，母亲和妹妹逃荒在外，又被疾病和饥饿夺去了生命，剩下他一个人孤苦伶仃，给地主打长工也受尽了压迫。在1931年红军到达兴国时，他才参加红军，所以他深深懂得旧社会的痛苦，因而也对革命事业具有坚定的信心。他说："现在，有这样大的地方，有土地、有山林，天上飞的（指飞禽）、地下跑的（指野兽）、土里长的，有的是，还饿死了？只要大家出去找，总会有吃的，吃得不好吧，总饿不死呀！"

"对！对！"管理排长刘二锁说。他一贯工作积极，也善于想办法克服困难。他说："我拥护向荒野进军，除了剥树皮、挖野菜根解决目前的困难以外，还可以把现在全队仅有的熬清汤的几斗麦子拿出一半来种上，长期打算。如打反动派能再搞到麦子，还可以多种。这是我个人的想法，不知对不对？”

“好，我第一个赞成。”这是放牛娃出身的通讯员小李，少共团员。他聪明、活泼、机智、勇敢，他说：“打反动派我算第一名，多搞麦种也不错呀。”

“打反动派，我们监护排包啦，”排长刘兴贵是瓦工出身，共产党员，作战勇敢顽强，在我们队里，只有监护排是全副武装，所以刘兴贵觉着打反动派首先是他们的责任：“我们保证不放走一个反动派。”

“你们包打反动派。我们包打野牲口。”运输班的老赵是井冈山人，他家里世世代代都会打猎，他原来是战斗部队的神枪手，因为年纪大些，有气喘病，后来才被调到电台运输排当班长。他的枪法还是很好，在黑水住的时候，他就一枪放倒过一头大野猪，让大家饱饱吃了两顿。现在又是他显露身手的时候了：“只要有野物，保管叫他跑不掉。”

“你们有保证，我们也来一个保证。只要你们打来东西，我们保证做得好吃。”炊事班老苏也发言了。

“不要好吃，只要有盐味儿就行呀！”这是许多人的声音，紧接着是一阵多少天不曾有过的哄笑。因为人们已经几个月不吃盐了，这时发出了共同的要求。

“我说”，“我拥护”……发言踊跃地继续着。饥饿，仿佛早已不复存在，如果让大家讲下去，讲到天黑也讲不完。

“好吧！”经过一场热烈讨论之后，队长最后发言了：“大家的意见都很好，我们就按照大家的意见办。挖野菜，剥树皮，打野兽，打反动派，种麦子，都要干。但具体分工问题，队部根据工作情况研究以后再决定。现在，给大家报告一个好消息：今天，杀了一头牛，准备让大家吃得饱点，但为长期打算，计划分做四天吃，虽然还是吃不饱，但可能比光喝清汤要好一点。今天可多吃一点，以便‘储蓄力量’，明天行动。”

“好呀！”“打牙祭！”队长的话刚落音，人群中就爆发出热情的欢呼。人们沸腾了，好像水磨电成功那天那样，多少时间听不见了的歌唱声又响起来了：“……胜利是我们的，勇敢前进，红军胜利万岁！”

三

自从开过大会以后的第二天起，除了留下必要的人坚持工作以外，其余的人都向荒野进军了。当时，主要是集中力量剥树皮，挖掘野菜、野草根，解决现实问题。因为打野兽、打反动派还需要了解情况，种麦子吗？冬麦晚了，春麦还差一个节令。

1 月的天气是最冷的季节，这里虽然是属于四川，但这西北山区，比成都平原要冷得多。尤其因为大家已经饿了一个多礼拜，一到野外，真叫人感到饥寒交迫。昨天虽然杀了一头牛，但要吃四天，一天能摊多少，全队 100 多号人，摊到每个人头上，一天不过半斤，每餐不过四两，还不够填牙齿缝的。而且没油没盐，四两也难以下咽。所以今天人们虽然鼓足了气力，也还是感到有气无力，挖野菜举不起锄头，剥树皮·手没劲。尤其因为数九寒天大地茫茫，除了一些枯树腐叶之外，要找一株野草野菜根，好比沙里淘金一样困难，不知要费多少时间。因而费力不少，所得不多，掘上一天，还不够一顿饱食。但是，在当时的情况下，除此之外别无什么好办法的，为了要活下去，为了要把革命进行到底，人们拖着饥饿的身躯，冒着隆冬的严寒，每天在茫茫的大地上进行着艰难的、顽强的战斗。树皮、草根，变成了我们的主要食物，人们的生命，都依靠着它们来维系。

树皮草根，五颜六色，倒也好看，打回之后，大都经过烘焙、磨面，然后才做来吃。这些东西，有的发涩，有的发酸，也有的发辣、发苦，真是酸、涩、苦、辣样样全，唯独没有甜和咸，多难吃呀！然而，为了维持生命和工作，为了赢得革命的胜利，人们忍受着臭气怪味，艰难地咀嚼，痛苦地下咽，有时实在不好受了，就干脆囫囵吞下去，让它和肚皮打官司。

可是，勉强咽下去之后，又发生了新的问题：不是跑肚子，就是拉不出来，甚至还有个别中了毒，呕吐不止。但是，吃下去就是胜利，不吃就会死亡呀！人们坚持着向下吃，又坚持着往外拉，强迫肠胃实行改造，适应这些新的食物。

同时，我们也组织了一个打猎班，猎取野兽。无奈近处没有，远处是深山老林，人少了不敢去，人多了又用不上，而且因为山大雪深，红军衣履单薄，活动非常困难。但即使如此，打猎班的同志仍然不负大家的信托，每天都和大家一样地忍着饥饿，冒着严寒和危险，积极活动，寻不到野兽就打飞鸟，飞禽走兽都打不着的时候，他们也要扒开积雪，挖掘一些蕨根和尚未完全腐烂的菌类回来。要是一无所获的时候，他们便会感到比饥饿更痛楚。有一次，他们跟踪一头野猪，一直到下午才找到，可因为天寒地冻，神枪手老赵的气喘病发了，失去了准头，连放几枪都没打着，可是天色已晚，旁的又不能进行了，只好空手而回。但他是多么难过啊！回来以后，还跑队部向队长、政委哭了一场，说他们没有完成同志们交给的任务，在当时，人们都有这样一种自觉，自己没有尽到责任，就等于对别人劳动的剥削；没有完成大家交给的任务，就好像是一种罪过一样。

对于打反动派，人人都很积极，只要一发现，就跟踪追击去了。但后方部认很多，也是机会难得，半个月来，我们只碰到过一次。那是一个阴天的上午，刚刚吃过早饭，我正在门外闲转，朦朦胧胧见到左边山边有几个人影，怀疑他们是反动派，就叫上监护排排长刘兴贵带领两个班前去追赶，匪徒发觉后就边打边跑，他们身强力壮跑得快，我们已饥饿了很久了，哪跑得过他们，但大家仍然奋力追赶，丝毫也不肯放松这个机会。追到大雪山边，匪徒们一钻山就突然不见了，四处寻找都不见人影，算把大家急坏了，为错过了这个机会惋惜。正在这个时修，第一班在山边搜索到了一个掉队的俘虏。他原是一个贫农，听了反动派的宣传才被裹胁参加反动派的队伍，反动头子天天是大米猪肉，他们每天连吃包谷也吃不饱，而且每天钻山洞，又盖不上被子，得了风湿病，这回就因为腿痛掉队当了俘虏。经我们对他进行说服教育，他才带领我们去搜山。原来，匪徒们藏在一个十分隐蔽的山洞里，里面可以清楚看到外边的动静。外边却不容易发现这个山洞。又至经过一场激烈的战斗，才打垮反动派的顽抗，活捉了十几个匪徒，搜获了 100 多斤粮食，拿回来叫大家饱饱地吃了一顿。而排长刘兴贵却在这场战斗中负了伤。

时间，是永远前进的。人的细胞，每时每刻都在新陈代谢。几个钟头之后肚子又饿啦，需要新的食物，而现在的情况却是：剩下的几头牛已快杀完了，树皮野草越挖越少，更严重的饥饿在等待着人们。但大家仍然乐观地坚持着战斗，希望春天的到来。为记录人们当时的乐观主义精神！我曾写诗一首，以志不忘：

道路本曲折，
革命岂平坦，
草木权当食，
习惯亦自然。

约莫又过了个把月的时间，春天来到了。“一声春雷动，遍地起蛰虫”，大地苏醒了，布谷鸟开始鸣叫；树林发芽，野花开满了山间；麦苗发绿了，野草野菜犹如雨后春笋长满了田间，真是“忽然一夜春风来，千树万树梨花开”。受着饥饿的熬煎，眼看就要断炊的我们，现在获得新的希望。柳树芽、槐花、梨花、苦麻菜、苗苗菜、猪毛菜、蒲公英……统统成了我们的新食物。粮食、牛肉完全绝迹了，野生植物主宰着人们的命运。

这些新食物，比树皮野草容易消化，味道也比较好吃。饥饿的压迫减轻了，冬天的严寒了已消退，春天给我们带来了新的生命。人们又精神焕发起来。我们每天以半天时间打野菜，再以半天时间进行部队工作。山谷间、田野上，到处都是活跃的红军。快乐的歌声，响彻了田野和山谷，每一张饥饿的脸上，又露出了新的微笑。

尽管已经断粮两个月了，尽管饥饿的威胁并未消除，但人们充满着信心和希望。我们想着：只要前方部队粉碎了周浑元、刘湘等反动派的联合进攻，川西根据地获得了巩固，后方的情况就会根本好转，胜利的形势就会迅速到来。眼前的困难只是暂时的。为了迎接新的胜利，人们不倦地继续着艰苦的战斗。

在这期间，我们还自己动手解决了食盐问题。从黑水到大金已经好几个月不吃盐了，没有饭吃肚子饥饿，但即使有饭吃，不吃盐也会全身软弱无力。几个月来，人们的手足发软，全身无力，自然由于饥饿的侵袭，而没有盐吃也是一个重要原因。因此队部就想解决盐的问题。

支部书记龙兴贵同志有经验，他主张自己熬盐，为了寻找盐碱地，我们就一连几天去河滩里察看，但没有找着。以后我们又顺河而下，继续去找，走了一段，远远看到前边的石头有些发白，证明它含有碱的成分，老龙根据他的经验，非常高兴地说："有碱就有盐，有门哪！"走近拿起石头用舌头一舐，果然有咸味。龙兴贵同志更高兴了，满口说："行行。"

于是，部队就在第二天组织一个班，专门熬盐，一天熬十锅水，能熬三四斤盐，放到菜饭里虽略有苦味，但却比没盐寡味要好吃得多。这样，就把盐的问题解决了，大家都吃着高兴说："这是支部书记的创造。"

四

当时，部队之所以进入了新的困难时期，一方面是由于前方的军事失利所引起的；另一面则因为藉以维系红军生命的主要食物——野菜，发生了新的困难。因为后方部队多，地区小，拔得多，长得少，拔得快，野菜的生长供不上人们的需要，不到一月功夫，方圆几十里山间田野的野菜日益稀少，尽管增添了一倍的人力去拔菜，收效还是不多，拔上一天也不够一顿吃的，分做两餐就更少了，饥饿的威胁更严重了。

但是，尽管进入了更艰苦的阶段，部队的士气始终保持了稳定，全队同志同心同德，继续顽强地和饥饿展开了斗争。近处的野菜少了，就往远处走，野菜拔完了，又到山上采野果、拣菌子、拾橡子……为了生存下去，战斗下去，只要是能吃的东西就吃，只要能够搞到就一定要千方百计地去搞，即使再远、再危险也无所畏惧。

这时，因听老百姓说，卓司佳沟里有一片大森林，菌子很多，我们便开始了远征，那里离大金城 70 里，我们天不亮就出发，拖着饥饿无力的身子，尽管奋力前进，也直到午后才赶到。那真是一片原始森林，古木参天，密密蒙蒙，几乎不见天日，树林里阴森森的，一进去就感到有些毛骨悚然，这是从来没有到过人的地方，也不知道会出现什么凶恶的野兽怪物，真有些叫人提心吊胆。所以大家都招呼着不要走散，唯恐一走开就找不着。

这森林里的菌子真够多，几乎遍地都是，不到一个钟头的功夫，就一人拾了一小口袋，真是空手而来满载而归。看看天色将晚，队长命令大家把口袋扎好，准备回去，大家才松了一口气，但是正在这个时候，一个既不大像兽、倒有些像人的动物，忽然“哇”的叫了一声，从一棵大树上跳下来站到我们的面前，它和人的形状差不多，但满身红毛，眼睛发绿，把大家都吓了一身冷汗。

任何人都是这样：当他思想有所准备的时候，无论什么事变，他都可以从容应付，而突然的袭击，却常常会使人手足无措。我们也正是这样，在那一霎那大家都愣住了，等人们的意识恢复正常，发出枪弹，那家伙已跑掉了。真可惜，要不，我们又可以打一顿牙祭了。这究竟是什么东西谁也弄不清楚。虽然受了一次惊险，但我人的这次行动好比哥伦布发现了新大陆，找到了一个新的“粮仓”。以后，军区所属的各个单位和住在大金的机关团体都先后组织人力到那里去采集菌子和野果，充作食物，解决了不小的问题。四五月间，在北方还有些寒意，而在南方却已是多雨的季节。到了 5 月，大金一带阴雨连绵，这虽然给我们造成了某些困难，而更多的却是带来了好处。因为阴雨不断，气候潮湿，最适宜于菌类、苔藓的生长。在这期间，方圆几十里的大山上都长满了菌子，有红的、有白的、有黄的，……有石灰菌、丝毛菌、托托菌、大红菌……野菜稀少了，菌类又成了部队唯一的粮食。

我们每天冒着阴雨，踏着泥泞，去到山间采集菌类、野菜，山上树木茂生，人们成天在深林中穿行，遍山布满青苔或烂泥，滑得像擦了油一样，饥饿，疲乏，又不停地向着人们袭来，因而，稍不小心就摔倒了，要不被茂林拦住，有一直溜进深渊的危险。但是，生命是顽强的，跌倒了，爬起来，再跌倒，再爬起来，又继续前进、继续战斗了。

我们这一部分红军，从黑水到大金，已经陆续半年时间没有吃到粮食了，树皮、草根、野菜、菌类……成了我们主要的食物，甚至，连这也不得饱食，人们经常在饥饿中熬煎，以至个个形容枯槁，面如土色，脸上只剩下两个发绿的大眼睛，身上是皮包骨头，精力衰竭，说话做事都没有气力。尤其重要的是：新的困难又发生了，在进入 6 月以后，被反复拔掉多次的野菜尚未生长起来，菌类又已拣拾殆尽，饥饿进一步对人们展开了袭击，生命再次受到了威胁。在 1 月，虽然问题是严重的，但那时身体还比较健壮，经受得起饥饿的侵袭，而这时，已经拖了半年的时间，再也经受不住任何的侵袭了。要是有一个尽头，即便再困难、再艰险，也无所惧怕，而在我们面前的困难，却是日复一日、月复一月地继续着，从去年 6 月到今年 6 月，已经整整一年过去了！

“难道就这样永远继续下去吗？难道我们就会被埋葬在这山谷之中吗？难道革命就此完结了吗？”……人们怀疑着，忧虑着，叹息着……过去的艰苦和胜利，过去的斗争和荣誉，过去所经历过的惊险和胜利后的快乐……这一切如像长江的滚滚浪涛，一个接着一个地在每个人脑子里翻腾。人们怀念过去，忧虑现在，向往未来。可是，现在的困难如何能过去呢？就在这个严重的时刻，就在这个千钧一发的关头，传来了振奋人心的消息；红军第二方面军已经从湘鄂川黔边转战到甘孜与四方面军会师，不久即将一同北上，回到党中央和毛主席的身边去了。

这是多么令人兴奋的消息啊，就像一声春雷一样，立刻传遍了全军。好比干枯的禾苗获得了时雨，好比在黑暗中前进的人忽然见到了太阳，好比航行在浓雾中的船只判明了方向。对于我们正处在饥饿的深渊的人，真正具有起死回生之力，饥饿、疲乏、忧虑……统统被一扫而光，人人精神振奋，个个笑逐颜开，部队复苏了，准备迎接新的任务。（艾长青记录整理）

选自《新港》1961年第2期。

刘公然，1912 年生，河南民权人。1931 年参加宁都起义后编入中国工农红军，1933 年加入中国共产党。红军长征时任红军总部电台机务员、红四方面军电台政委。新中国成立后，曾任平原省湖西专署副专员，平原省商业厅副厅长、代理厅长，天津市商业局局长、党组书记，中共天津市委委员、市委财贸部副部长等职。1960 年 8 月任中国驻瑞典大使，因病未到任。1961 年在天津逝世。

红军北上散记[①]

宋云鹤

一

1935年夏天，红四方面军决定北上抗日。五黄六月天，阴雨连绵，部队昼夜兼程行进。

夜行军中，每个人都身带火把，脚着脚麻（一种防滑用具），挽着裤腿，点亮火把，一个接着一个走；到处一片火光，火光映在田里，宛如一条火龙在水中移动。

那时节，我才12岁，在红三十一军政治部当宣传员。我人小体弱，光身上背的干粮、火把就有二三十斤，加上路滑又窄，行走更加困难。有一天晚上，我一失脚滚到山下去了，摔伤了腿。心里暗想：夜黑里摔伤了腿，谁知道，走也不能走，怕是完了……于是我索性放声大哭起来。正哭着，一个人打着火把赶下山来；走近一看，原来是吴立兴同志。他背上了我的粮袋，扶着我走。第二天，宿营在当顶山[②]下。

当顶山下，没有人家，只长着一片杂树林，林旁有条小溪。同志们一个个在溪水里洗了脸洗了脚。有的同志拿被子、被单搭成帐篷，有的同志就依托山坡，用树条子搭个窝铺，有的就干脆钻进骤垛子下面睡觉

① 本文回忆有不确之处，含红四方面军南下时情况——编者注。

② 本文所说“当顶山”似应为“党岭山”——编者注。

了。说也奇怪，行了一天军，按理说会疲乏得很，可是到了宿营地却围着篝火，唱起歌来；歌声悠扬愉快，好像在叙述我们战斗的心情似的，听吧！

红军南下行，拉索米索，
要打成都省！
积极进攻敌人，豆来豆拉索豆拉索米索，
首先打垮李保宾（四川军阀）。①
……

大清早，就开始爬顶山，这山又高又陡。山上雾气腾腾，只能听到近处有人说话，却看不清人。山上路少，又都叫冰雪给盖住了，真是“山从人面起，云傍马头生”。风呼呼地吹着，那些留胡子的同志胡子上都结了一层层冰霜。人说：“要过当顶山，两头见黑天！”可是，我们却在两点多钟就爬上了山顶。

山顶上，空气稀薄，走不了几步就得大口喘气。据说，一坐下来，就会很快死去。所以，身体弱的同志，别人就搀扶着他走。

下山路滑，有的同志身体挺不住，就从漠坡上摔下去了。牲口摔下去的更多。走着走着，部队传着明天就能遇人家了。立刻，大家的疲劳消失了，高兴了，步子也加大了。天刚黑，便赶到了山下。

二

红军翻越过夹金山，经甘孜、道孚、露河②，继续北上。走到草地正中，我们身上背的粮食快吃光了，先头部队杀的牛，牛皮、牛头都摔掉了，而这些则成了后续部队难得的食粮。我们拣些牛骨头熬汤，再拔

① 此处应为红四方面军南下时歌曲。“李保宾”应为“李抱冰”——编者注。
② “露河”应为“炉霍”——编者注。

些野菜，放在一起煮着吃。没几天，野菜也叫先头部队拔光了，我们只好光吃牛皮；把牛皮放在火上烧，烧掉毛，浇得起泡像锅巴一样。一小块牛皮，几个人分着吃，这怎能吃饱呢！可是，出了草地，却连牛皮也没有的吃了。一点粮食也没有，于是就在藏民帐篷附近找干牛皮。原来吃的牛皮，是杀过不久的，上面还连着点肉；可是干牛皮啥也没有，一烧非常难吃,只好煮汤喝。后来,就连干牛皮也不容易找到了。有一次，我找到了一块没有巴掌大的，上面满是土的牛头皮，还引起许多同志的羡慕哩。

在这些艰苦的日子里，同志们团结一致，到处充满了阶级友爱的感情。

出发时，我人小背的粮食也少，一到草地正中就吃得干干净净。有时候拔不到野草，就得光喝开水，可是越喝越饿，第二天还得行军呢！

比我年龄大一点的郭仕成同志，背的粮食比我多一些，但是又能多多少呢？这时候，他却把自己省下来的一点粮食分给我；虽然只是一小撮，却使我一直不能忘记这种深厚的情意。

到了腊子口，赶上大雨天，又冷又饿。突然我看见有人在地里刨洋芋，我也就刨了一兜兜。一路上净吃生洋芋，直发呕，眼里冒金花。

三

在丹巴我当了油印员，不管刻写，只管印，因为那时候我还不会写字哩！

我们油印组人不多，但人们总喜欢叫我们“随军印刷厂”。尽管是长途行军，活儿却不少。一到宿营地，我们就赶印通知、小报。部队打了胜仗，还得临时出捷报。那时候说是“随军印刷厂”，实际上除了一架破油印机外，任啥都没有。油墨滚子没有胶皮只有石心；最糟糕的是油墨也用光了，……有困难，但我们没有低头。

我们找了一节光滑的竹筒，套在石心上，把溶化了的牛皮胶灌进竹筒里，稍微干了就印；印不上几十份，又得重溶、重灌。没有油墨，就用锅墨子篦上青油来代替。点的灯是线绳子蘸上牛羊油盘起来，点一节折一节。运输员挑的箱子就是刻写桌子。我们当时就这样坚持着去完成上级交给的任务。部队很分散，不好分发印刷品，收发员郭仕成同志就挑着个布包，在行军中碰见了部队就发一张。当我们看见指战员拿到捷报、歌页而欢欣鼓舞的情景时，真使我们忘记了那些个熬人的不眠的夜晚。

到了腊子口，赶上大雨天，又冷又饿……

选自《人民空军》1956年第164期。

宋云鹤，1921年生，四川旺苍人。1933年参加中国工农红军。红军长征时任红四方面军第三十一军政治部宣传员、油印员。新中国成立后，曾任空军场站党委书记、政治委员，民航上海管理局政治部主任等职。

长征路上的运动会[①]

欧阳毅

部队整编之后，四方面军司令部还协助政治机关大力开展政治、文化教育和文化娱乐活动。四方面军建立了专门领导部队体育文娱活动的组织——红场委员会。

这也是朱总司令倡议和发动的。他见战士们白天劳动，晚上值勤，休息时间太少，身上缺乏御寒的衣物，吃的又多是野菜，一个个面黄肌瘦，体质弱得快要支持不住了，于是便提议趁休整的机会，开个运动会，激励大家锻炼身体，振奋精神。

红军指战员响应总司令的号召，积极开展各项体育活动，准备在运动会上大显身手。场地很简陋，器材基本没有。战士们有办法，他们在草地上挖个沙坑，练习跳高跳远。用草皮堆上跨越障碍。班与班之间用装满羊毛的“篮球”进行对抗赛。条件虽然简陋，指战员精神十足，炉霍周围到处龙腾虎跃。

5 月 1 日，结合纪念国际劳动节，运动会开幕了。

运动场选在炉霍镇西南的一大块平地上。场地一端用树木和石头搭起了一个临时主席台，主席台前面挤满了参加运动会的指战员和观赛的藏族同胞，特别踊跃热闹。

---

① 题目为编者所拟。

运动会像模像样地开了三天。这是一次内容丰富的运动会，既有球、田径赛等传统的运动项目，还有别出心裁的跨越障碍、刺杀、投弹、骑兵表演等军体表演，还有司令部规定的识图、测距、识别和利用地形地物等特设项目。群英荟萃，士气高昂。各军及总直属队选拔出的好手，一竞雌雄。还举行了政治测验，以抗日民族统一战线政策为主要测试内容。还开展了讲演歌咏活动。

进行篮球比赛时，朱老总亲自当裁判。我们司令部组队跟红军大学队打。我是带球手，是主力队员，廖承志打后卫，也是主力队员，刘琦也是主力，还有一个炊事员和另一个同志不会带球，但可以传球。红大队主力队员有曹里怀、张宗逊、李井泉等。

朱总司令当裁判很认真，跟着满场跑，吹哨子，活跃得很，累得大汗淋漓。

比赛结果，我和刘琦各进了一个球。红大队一个球未进。打赢了的队夸朱总司令裁判得好；打输了的队急了，埋怨他不公平。他呵呵一乐，摆手摇头，逗得大家哈哈大笑。

陈昌浩也饶有兴味地观看比赛。他感慨地说："长征以来，还没有这么激烈的比赛哩！"

前所未有的项目，是5月3日举行的烧牛粪比赛。

这是朱总司令特别提议增设的项目。他考虑到，在茫茫草地上不但粮食困难，连烧柴都难找。部队就要开进草地了，牛马粪必然是常用的燃料。可是，用牛马粪烧饭是门学问，不懂门道的会干抓瞎，根本烧不着。

赛前，指战员们向藏民取经，还开动脑筋想了许多办法。比如，把鲜牛粪做成一个个大饼子，贴在墙上晒干。有的人还专门做了能够"推闭拉张"的风匣子，用风力使牛粪燃得更快。

比赛的时候特有意思，可以说蔚为壮观。信号枪一响，数千名战士几乎同时划着了火柴，刹那间，田野上冒起了缕缕青烟，袅袅飘向蓝天。一阵阵欢呼声震撼山谷。

朱总司令、徐总指挥都开心地笑了。他们看重的当然不光是比赛成绩，而是红军指战员掌握了一桩在草地生存的大本领。

选自欧阳毅:《欧阳毅回忆录》,中共党史出版社1998年7月第1版,第194—196页。

长征途中的运动会

贾守仁

震惊中外的二万五千里长征，是一幅动人心魄、光耀天地的伟大史诗。英雄的红军战士，在长征途中，历尽艰辛，和阶级敌人斗，和错误路线斗，和充满了难以想象的艰难险阻的大自然斗。但是，在毛主席的革命路线指引下，“红军不怕远征难，万水千山只等闲！”就在这人间罕见的困难面前，他们唱歌曲，谈理想，绘未来，表现了钢铁战士的革命英雄主义和革命乐观主义精神。1936 年 5 月，由我们敬爱的朱总司令亲自发起，亲自组织，亲自参加的规模盛大的长征路上第一个运动会——炉霍运动会，就是一次生动的写照。

1936 年初春，正是我们红四方面军在朱总司令带领下，战胜了张国焘的错误路线，坚持毛主席继续北上抗日的正确路线的激烈斗争时刻。这时，部队刚刚经历了“二过草地”的艰难困苦后，甩开了敌人，进入西康境内，占领了道孚、炉霍、甘孜等地。就地休整。朱总司令和总部机关等就住在炉霍。此刻，战士们转战奔波、疲惫不堪；加上腹中缺少充饥的野菜，身上没有御寒的棉衣，一个个面黄肌瘦，衣衫单薄。

部队住下后，朱总司令不顾疲劳，到处巡视看望同志们。眼前的情景使他的心情十分沉重。但是他没有悲观和失望，而是想到：这些英雄的同志，是革命的宝贵财富，肩负着革命的重任。他也想到；我们前面要走的路还很长，还有许多困难。气可鼓不可泄。眼下摆脱了敌人，获得了休整的机会，一定要抓住这个有利时机，采取各种措施，振奋同志们的革命精神，把同志们领上毛主席走过的道路。

记得有一天，我们总部机关的同志集合在一起听报告。朱总司令和其他首长也参加了。朱总司令趁报告开始前还有一点时间，便说:“唱个歌吧。”顿时，“会场”上空荡起了嘹亮的歌声：

同志们，我们是中国工农红军，
勇敢前进，
不怕困难和牺牲，
钢铁红军是好汉，
战胜雪山和草地，
向着陕北，向着胜利，
奋勇前进，前进，前进！

朱总司令和我们一起唱。他提醒我们说：“革命战士要活跃，要有生气，死气沉沉是战胜不了困难的。”

一天，吃过午饭，我们几个年龄差不多的“小鬼”到前面山坡上找柴禾，走到一片平地前，看见一群人在那里抢一个球，很热闹。我们凑上前去观看，原来他们正在打篮球。嘿！朱总司令也在里头呢！当时我不爱打篮球，也不懂。只见地上立着一根木杆子，上端绑了个大铁圈，打球的人抢到球就朝铁圈里扔，很有意思。至于那个“篮球”，是用皮子缝了个大圆球，里面塞满羊毛，它弹性很小，打起来很费劲，但同志们玩得很带劲。

时间长了，我见到的事儿就多了：有在地上挖个坑，再填上沙土玩跳高跳远的；有用草皮摞起来玩跨越障碍的；还有做各种游戏的，花样很多，而且各部队、各单位都搞。这些活动开展起来后，同志们都变了，一个个生龙活虎、精神饱满，从川西撤回来时的疲劳被一扫而光了。

这些因地制宜、活泼多样的文体活动，是朱总司令发动大家千方百计搞起来的。朱总司令当时详尽透彻地分析了部队的现状、所处的环境、面临的任务，认为越是在困难的时候，活跃部队的工作越是显得必要，这对整个革命事业的胜利有着特殊的意义。因此，他拿出了很大精力亲自来抓。连日来，他召开会议，向各级领导发号召，作布置；积极想办法，出点子，解决开展文体活动中遇到的许多实际问题；亲自参加多种活动，为同志们做样子。就这样，没用多久，全军的文体活动就轰轰烈烈开展起来了。

这时，朱总司令决定要在这西北高原的长征路上，举行一次别开生面的运动会。接着，他便亲自着手筹备组织，并亲自参加了运动会的评判委员会。

朱总司令的决定一传出，全军上下，群情振奋。尽管当时生活条件十分困难，难以吃上饱饭，但同志们不知哪里来的劲头，从早到晚，抓住空隙，就一个劲地练，练，练！他们要练出最好的成绩，向运动会，向朱总司令汇报。那时，给我印象较深的是总部运输连。连里大部分同志年纪较大，但他们练得特别用功，和小伙子一样蹦蹦跳跳。一些藏族男女青年也来给他们鼓气助兴。这些老同志逗人的动作常常引起藏族姑娘阵阵的笑声。

轻柔的春风，给青藏高原的炉霍带来了勃勃生机。1936年5月1日，运动会正式开幕了。

这天早晨，天边的启明星好像比往常爬得慢了。人们等不得天明，就纷纷起了床，穿上洗得干干净净缝补得整整齐齐的衣服。一些年岁大的同志把胡子剪得光光的，显得年轻了许多。吃过早饭，大家排着整齐的队伍，雄赳赳、气昂昂地走向运动会“会场”。运动会“会场”设在炉霍镇西南方向的一块大平地上，地上长满了密绒绒的“地毯草”。这倒是十分理想的天然运动场。场地北头，临时用树木、石头搭了个主席台。上午八九点钟光景，天空一片湛蓝，没有一丝云彩，金色的太阳洒满了整个运动场。这时，朱总司令和其他总部首长登上了主席台。朱总司令穿一身整齐的旧军装，腰间束一条宽皮带，精神振奋，气宇轩昂。

开幕式简单、庄重。朱总司令讲了话。他说："今天是'五一'国际劳动节,是全世界劳动人民团结战斗的纪念日。在这样一个日子，在长征的路上，我们举行这次运动会，很有意义。"他接着精辟地分析了当前的形势和我们面临的任务，号召大家继续振奋革命精神，勇敢顽强地同各种困难作斗争，把长征的道路走到底。他最后说："我们要团结一致，开好这次运动会，用我们的行动，向全中国、全世界宣告：毛主席亲自创建和领导的中国工农红军，永远充满着生气，任何力量也征服不了。"朱总司令鼓舞人心的讲话，激起了一阵阵热烈的掌声。

开幕式以后，比赛开始了。这次运动会内容丰富多彩，有球赛、赛跑、跳高、跳远、跨越障碍，有刺杀、投弹、骑兵表演，也有识图、测距、识别和利用地形地物，等等。同志们有时像轻燕，腾空而起；有时像雄师，勇猛顽强;有时像姑娘绣花，细致轻巧;有时像猛虎下山，势不可当。整个比赛场上，掌声、笑语、刺杀的吼声，战马的嘶鸣，交织在一起，其势犹如云水翻卷，风雷激荡。这时，朱总司令怀着极其激动的心情，从这儿走到那儿，一会儿参加这儿的评比，一会儿到那儿去指点指点。他不时地点着头，微笑着。

运动会从5月1日开始，到5月3日，还在进行中。5月3日下午，进行了最后一个项目：烧牛粪比赛。这是朱总司令亲自增设的项目之一。部队不久就要进入草地了。根据以往的经验，茫茫草地不但无粮可补，有时连柴禾也难找到，只能用牛马粪作燃料，用来烧水做饭。别小看这烧牛粪，不懂门道还真烧不好。前些天，同志们为了迎接运动会的比赛，在朱总司令的指导下，互相学习，慢慢都学会了。大家把鲜牛粪做成大饼子状，贴在墙上，干了就揭下来堆放好。为了点燃快，火苗旺，有些人想出了一些好办法，先是研究了一种比较巧妙的堆放方法，又自制了一种小风匣子。这小风匣子是用整张羊皮做的，前端绑上一段竹管子，后端开个小口子，口子的两边各绑上一块小木板，然后按照“推闭拉张”的规律，一推一拉，前端的竹管便呼呼生风。这个项目的比赛原则是，看谁先点着升起火苗。现在，马上就要检验这几天的训练成果了，人人怀着激动兴奋的心情等待着点火的号令。

“砰！”点火的信号声响了，数千名红军战士几乎在同一秒钟划着了火柴。一会儿，宽广的平地上到处冒起了缕缕青烟。青烟越拉越长，越滚越大。数千条烟龙汇合在一起，翻动飞腾，直上青天。徐徐南风吹来，烟龙向着北方飘游。无数双眼睛盯着北去的烟龙，无数颗心也飞向了北方。此时，只听得一片“×××起火苗！”“×××起火苗！”报捷之声，不绝于耳。这时，一直在观看比赛的朱总司令不由得发出了爽朗的笑声。

运动会在震撼山谷的欢呼声中胜利结束了。在雷鸣般的掌声中，朱总司令又讲了话。晚霞泻在他身上，使他显得更加英姿勃勃，精神焕发了。他以洪钟般的高亢声音，说：“这次运动会，是对我们的思想、意志、军事、生活等方面的一次大考验、大演习、大检阅，同志们都做得很好。这再一次证明，我们工农红军是钢铁的红军，是永远打不败、压不垮、拖不烂的。”他顿了顿，更加激动地说：“告诉大家一个好消息，二方面军的同志马上要来和我们会合了。我们要和他们团结一心，并肩前进，继续北上，跨过草地，到陕北去和我们日夜想念的毛主席胜利会师……”

“毛主席万岁！”“中国工农红军万岁！”掌声、欢呼声响成一片，似骤起的风暴，像汹涌的浪涛，震荡着西北高原，也震荡着同志们的心房，一股巨大的力量在每一个同志的胸中升腾。

运动会结束后，同志们久久地沉浸在胜利的欢乐之中。有的同志高兴地说：“自从去年在懋功和中央红军会师，我是第二次这样兴奋。太痛快了。”还有的同志说：“朱总司令真了不起，一个运动会，把千军万马给鼓动起来了。跟着他，就不愁没有克服不了的困难。”

青稞麦快上黄的时候，我们这支队伍在朱总司令的率领下，以崭新的面貌，向着草地，向着陕北，阔步前进了。

选自《体育报》1977年8月15日。

贾守仁，1921 年生，四川阆中人。1934 年参加中国工农红军，1935 年加入中国共产主义青年团，1938 年转入中国共产党。红军长征时为红四方面军总部战士。新中国成立后，曾任济南军区司令部通信兵部副主任、第十分部副部长，烟威警备区司令部副参谋长、顾问等职。2009 年在济南逝世。

忆长征时在红四方面军司令部工作①

欧阳毅

一、调到四方面军保卫局任秘书长和作战局长

张国焘为了排挤原五军团的干部，采取“剥笋政策”，先是派黄超到五军团任政委，又派杨克明任政治部主任。后来把我调到四方面军保卫局任秘书长（曾传六任保卫局长）。

我去之前，廖承志、罗世文都被关押在保卫局。我去时，已将他们放了出来，但也只是让他们搞搞油印，刻刻钢版。我建议给他们一些工作，发挥他们的作用。曾传六赞同我的意见，认为很有必要，但他却无力实施，因为他上面还有张国焘、陈昌浩等人。

在这个时期，每到一个宿营地，我都是和四川省委书记罗世文住在一起。我俩很谈得来，经常交流一些对工作的看法和意见。

1936 年夏天，英勇的红二方面军历尽千辛万苦，长征来到甘孜地区，和红四方面军胜利会合了。在朱总司令和刘伯承、徐向前、任弼时、贺龙、萧克、关向应等同志的坚决斗争下，同时在四方面军广大指战员的强烈要求下，更由于南下时在天全芦山一带打了大败仗，部队损失不少，张国焘终于被迫取消伪中央，同意重新北上。

---

① 题目为编者所拟。

一天，朱总司令找我谈话，正式征求我对调任作战局长的意见。

我面带难色地说："朱总啊！我以前搞作战工作太少，缺乏经验，还是让我搞别的工作吧？要不，让我去红大学习吧？"

朱总司令听了我的回答，感到意外，问我为什么不愿去一局（作战局）工作。

我终于说出了我的顾虑："我一直做政治工作，军事工作做得少，更怕张国焘给小鞋穿，也不想和李特这样的参谋长搞在一起。"

总司令耐心地说："你能够担当这一工作，这是我们一起商量的，其中也有我的意见。我希望你去干，而且要把工作干好！"他又说："现在的形势变了，马上要与二方面军会合了，有人再想独断专行，搞分裂，已经办不到，我们很快会重新北上同党中央会合的。"

总司令一再强调这个工作很重要，对我寄予期望。我望着面前这位慈祥的长者，我熟悉敬重的首长，不好再讲价钱了，便痛快地答应下来，立即上任。

总司令很高兴，又指示说："你去了以后，必须抓紧做好三过草地的准备工作。要提高警惕，加强侦察，掌握敌情，防止敌人骑兵的袭击。还要筹集足够的粮食，多带些盐巴、辣子。杀了牦牛，牛血、牛皮都可以吃，牛骨头也不要扔掉，煮汤喝是很有营养的。"

在总司令耐心地劝说下，我愉快地走上总部一局局长的岗位，并遵照总司令的指示，积极部署部队重新北上过草地的各项行军作战事宜。

1935 年 6 月，红一、四方面军在长征途中胜利会师，不仅粉碎了国民党反动派妄图消灭红军的计划，而且壮大了红军的力量，为发展革命战争创造了条件。党中央政治局及时制定了集中主力向北进攻，在运动中大量消灭敌人，以创造川陕甘苏区的战略方针。

同时，为加强干部交流，朱总司令从一方面军选调一批师长到四方面军工作，如郭天民任四军参谋长，张宗逊任九军参谋长①，彭绍辉任卅军参谋长，李聚奎任卅一军参谋长，曹里怀任四方面军司令部作战局局长（后由我接任），还派去了不少参谋。

会师后不久，张国焘闹分裂，不顾同志们的反对，一意孤行坚持南下，于9月中旬，电令红军左路军和右路军之第四、三十军分别由阿坝、包座回师南下，再次通过草地向马塘、松岗、党坝一带集结。此时，茫茫草地已寒风凛冽，部队缺衣少食，许多同志因疲劳冻饿倒毙在荒无人烟的草地上。至10月下旬，红四方面军在天芦名雅邛战役失利后，被迫撤至名山西北地区。

1936年3月上旬，红四方面军在朱德、徐向前的指挥下，占领了四川西部的炉霍。

炉霍，是座以喇嘛庙为主体的古城，坐落在大雪山麓的河谷之中，达曲河与尼柯河两支激流的交汇处。它在群山环抱之中，四周高山耸立，山顶覆盖着皑皑白雪，河谷里绿茵铺地。炉霍是藏族同胞聚居的地方，镇子不大，藏胞们居住的石头房子，像一朵朵蘑菇，稀稀落落地分布在那些喇嘛庙的周围。

红四方面军在这宁静偏僻的地区进行较长时间的休整。

我就是在这个时候调到四方面军司令部工作的。当时，朱总司令和刘伯承总参谋长偕红军总部随四方面军司令部行动，所以，四方面军司令部也是红军总司令部。李特是四方面军司令部参谋长。司令部下设作战局等四个局。

作战局下设作战科、侦察科、机要科和管理科。记得作战科长是原四军十师政委李发义，侦察科长是毕占云。作战科的参谋有周顺华、张怀礼、孙继争。过草地的前几天，陈明义也到了作战科当参谋。

四方面军的通讯条件很差，各军只有一部电台，总部虽有两部电

---

① 郭天民原为红九军团参谋长，红一、红四方面军会师后，红九军团改称红三十二军，郭天民继续任参谋长；红四军参谋长为张宗逊；红九军参谋长为陈伯钧——编者注。

台，但徐总指挥和陈昌浩政委分居两地，徐总在炉霍，陈政委在甘孜，相距数百里，一切联系全靠红色电波传递。政治部、供给部、卫生部与各军联络均要司令部协助办理。

对四方面军司令部的建设，首长们倾注了大量心血。朱总司令、刘伯承总参谋长（兼红军大学校长）和徐总指挥亲自选拔司令部各局各科的人员。刘总长亲自给司令部上课，讲司令部工作的任务、各局各科的职责，参谋应具备的业务知识和政治素质。徐总讲司令部各局各科参谋的战时任务和工作，以及不同业务的参谋的业务技能、完成任务的手段等。

二、繁忙的司令部工作

司令部面临的任务是繁重的：要做好四方面军各军和直属队的整编计划和实施方案；要协助四方面军政治部做好迎接二、六军团的准备工作；要做好四方面军北上过草地的筹备工作，尤其是要解决部队的给养、粮秣等问题；要抓紧休整期间的军事训练；还要拟制四方面军北上的计划，确定北上的行军路线。

整个整编工作是按照司令部拟定的计划顺利进行的，司令部做了大量的协调工作和事务工作。经过整编，调整了干部，充实了连队，改善了部队的武器装备，提高了战斗力。

筹粮工作是司令部抓的头等大事。兵马未动，粮草先行。我非常明白，在当时粮食奇缺的情况下，如果不筹足粮、盐、牛、羊等物资，要想让几万大军爬过层峦叠嶂的雪山和数千里茫茫草地，是绝对不可能的，北上抗日也是一句空话。为此，我带领司令部人员制订了筹粮计划，采取了一系列的筹粮措施，积极配合供给部门到山丛、河谷去用银元买青稞、豌豆和牛羊，并收购羊皮、牛皮赶制御寒背心，用牛皮剪割制鞋。

因为需要量大，时间又紧，干部战士只能克服极度疲劳完成任务。同时还要对付当地土司头人武装的袭击，不知有多少干部战士为筹粮而牺牲在千山万壑之中。司令部也为此煞费尽了心血。

朱总司令付出的心血最多，采取的措施最得力。

我们刚进炉霍时，藏族同胞都跑了。他们听信了反动土司和国民党反动派的造谣煽动，纷纷带着粮食、牛羊跑进深山躲藏。镇子里荒凉冷落，红军没吃没喝没住，境遇非常艰难。面对这种状况，素有经验的朱总司令立即意识到不但要让群众了解红军，更有一个正确贯彻少数民族政策问题。于是，他向全军宣布了四条规定：

一、尊重当地的风俗习惯；

二、爱护藏胞的一草一木：

三、不准进他们的屋子；

四、看管并喂养好藏胞未及带走的牛和羊。

采取这些措施后，藏胞仍然没有回来。朱总司令看见一片片土地还荒着，可春播下种时节已经到了，误一节就要误一年啊！他跟司令部和政治部的同志布置，要我们一方面继续组织人员上山喊话，宣传民族政策，劝说藏族同胞早日回来，一面要求红军组织力量把地种上。

我们司令部的人员迅速行动起来，帮助组织了动员大会，向各支部队发文传达了总部的号召。红军指战员行动起来了，把缴获的粮食背出来，用作种子。没有镢头，就用挖工事的小铁铲翻地，甚至把树棍子削削，凑合着翻地。朱总司令改作夜晚办公，白天也参加翻地播种活动。在他的带动下，寒冷的炉霍周围掀起了春播种地的热潮。

这些行为感动了藏族同胞，他们认识了红军是自己的队伍，纷纷从躲藏处回来了，像对待子弟兵一样对待红军。

为迎接二、六军团的到来，司令部按照四方面军领导人的指示，积极组织部队筹粮、打草鞋、捻毛线织袜子和手套、制作羊皮背心等。我们司令部每周要画一张一览表，将各军和直属单位慰问二、六军团的准备情况，用数字汇总报告徐总，使首长及时了解进展情况。

当二、六军团进入甘孜时，看到四方面军兄弟们为他们筹集的大批粮食、牛羊和食盐，为他们腾出的干净房子，还有一大批由四方面军指战员亲手制成的毛衣、毛袜子，一堆堆烧火用的木柴，他们非常兴奋和激动，紧紧地握着我们的手，不断地说着感谢的话语。我们司令部人员的紧张与劳累都得到了补偿。

司令部还抓紧了部队的军事训练工作，在各部队开展了热烈的军事训练。针对当时部队的情况和敌情、地形特点，根据徐向前总指挥的指示，我们着重组织进行了打敌骑兵、打堡垒和夜间战斗训练。在全军练兵热潮中，上自军长，下到炊事员、饲养员，都毫无例外地卷进了训练之中。除白天训练外，还加强了夜间训练。司令部不时地抽调部队进行夜间爬山、投弹、侦察、联络和射击训练。

鉴于一方面军三军团与敌人骑兵作战的经验教训，司令部尤其抓紧了部队的打骑兵训练，首先是克服部队的恐惧心理，树立敢打必胜的信心。我们通过调查了解到，敌骑兵在草原上作战，纵横驰骋，速度快，声势大，突发性强，往往会给人一种震慑感。为此，我们同政治部一起抓了部队的心理素质训练。同时，在火力配置上作了调整。过去打防御战往往是一字阵式摆开，战士都取卧姿射击，容易被敌人骑兵冲垮。现在改为方阵式队形，根据前后不同位置，战士分别采取卧、跪、立三种姿势射击，形成一个高、中、低三层火力网来对付骑兵。后来证明，这是行之有效的。

选自欧阳毅：《欧阳毅回忆录》，中共党史出版社1998年7月第1版，第186—193页。

长征中的红四方面军司令部工作

欧阳毅　孙继争

红四方面军的长征道路是艰苦曲折的，广大指战员的革命精神是可歌可泣的，作为作战指挥的司令部工作是紧张而艰巨的。我们这些曾在红四方面军司令部工作过的同志，对此感触很深。

红四方面军司令部于1931年11月成立，李昂茨同志任参谋主任，周希汉等同志任参谋，机构精干，指挥灵活。1932年底，方面军进入川北，创建了川陕苏区。此时，舒玉章同志任参谋主任，宋侃夫同志任机电处长，蔡威、王子纲等同志任电台台长。部队由四个师迅速扩大为四个军，加之由川东游击军改编的三十三军，共五个军，野战部队达到八万余人。为适应军事形势发展的需要，在仪南、荣渠、宣达战役前，总部调徐深吉等几位同志担任参谋，进一步加强了司令部工作，协助首长制定战役计划，实施战役指挥，使三大战役取得全胜。1935年1月22日，党中央、中革军委电令红四方面军西渡嘉陵江，迎接党中央和一方面军北渡长江。在实施嘉陵江战役前，调周顺华、张怀礼等同志到方面军司令部作战科任参谋，协助首长组织渡江战役。这期间，红四方面军司令部为壮大我军，争取革命战争的胜利，作出了很大贡献。

1935年6月，红一、四方面军在长征途中胜利会师。会师后，一方面军选调了一批干部到四方面军工作。如张宗逊、陈伯钧先后任四军参谋长，彭绍辉、李天佑先后任三十军参谋长，李聚奎任三十一军参谋长，曹里怀任四方面军司令部作战局局长，还派来了不少参谋同志。他们的到来，加强了红四方面军各级司令部的建设。方面军司令部在战斗、行军的空隙，不定期与军司令部总结和交流参谋工作的经验。方面军司令部亦不定期召开司令部、局和科的会议，及时总结各个时期的参谋工作和进行业务学习。学习的内容，主要是司令部本身工作的经验教训和苏军野战司令部工作条令。当时方面军及军两级首长对司令部参谋人员要求很严格，注重对他们进行政治思想品质和业务技能的培养。对参谋人员的党的生活也较严格，定期召开党支部大会、党小组会，制定了党员向小组长汇报的制度。同时还注重了对党员进行共产主义理想的教育。这些措施，对促进司令部的建设，起了很大作用。

由于张国焘反对党中央的北上方针，红四方面军南下川西南。朱总司令和刘伯承总参谋长偕总部随红四方面军行动。1936 年 3 月转进至西康境内，在道孚、炉霍、甘孜一带整训，准备北上。当时，李特是四方面军司令部参谋长，司令部下设作战局、侦察局、通信局和管理局，简称为一局、二局、三局和四局。原作战局局长曹里怀被调往红军大学工作，局长由朱总司令提议欧阳毅同志担任（当时方面军作战局也是总司令部作战局）。二局局长是蔡威，副局长罗舜初，三局局长是宋侃夫，四局局长是文建武。此外，粮食局局长是何长工。作战局下设作战科、侦察科、机要科和管理科。记得作战科长是原四军十师政委李发义，侦察科长是毕占云，机要科长是曹广化（即曹光华），副科长陈茂生，管理科的科长是谁，记不清了。作战科的参谋有周顺华、张怀礼、孙继争，过草地的前几天陈明义也到了作战科当参谋。孙继争同志是在当年元月由徐总指挥的警卫员改做作战局管文电参谋的。这时，四方面军的通信条件极差，各军只有一部电台，总部虽有两部电台，但徐总指挥和陈昌浩政委分居两地，徐总在炉霍，陈政委在甘孜，相距数百里，一切联系全靠红色电波传递。由于电台数量少，政治部、供给部、卫生部与各军联络均要司令部协助办理。

对四方面军司令部的建设，首长们倾注了大量心血。朱总司令、刘伯承总参谋长（兼红军大学校长）和徐总指挥亲自选拔司令部各局各科的人员。刘总长亲自给司令部的干部上课，讲司令部工作的任务、各局各科的职责，参谋应具备的业务知识和政治素质。徐总讲司令部各局各科参谋的战时任务和工作，以及不同业务的参谋的业务技能、完成任务的手段等。李特参谋长也给大家介绍苏军方面军、军的司令部编制、体制及工作制度，并教参谋们学俄语等。

司令部面临的任务是繁重的：要做好四方面军各军和直属队的整编计划和实施方案；要协助四方面军政治部作好迎接二、六军团的准备工作；要做好四方面军北上过草地的筹备工作，尤其是要解决部队的给养、粮秣等问题；要抓紧休整期间的军事训练工作；还要拟制四方面军北上的行动计划，以确定北上的行军路线。

为了适应新任务的要求，4 月初，四方面军进行整编，司令部拟定了整编计划，抓紧对各军进行整编，并精简机关以充实连队。整编工作开始后，司令部有关人员下到各军协助各军司令部进行具体动员、新单位组建和干部兵员的调配，还协助政治部了解干部情况等。整编工作是复杂的，人们的思想很活跃，不论撤销或组建的单位，都有大量的思想问题和实际问题需要解决。在各部门的密切配合下，经过我们的努力，整编工作进行得很顺利。整编后，四军由三个大师编为四个小师，即十、十一、十二师及独立师，取消原师属团，各师直辖营。五军由五军团的两个团和四方面军三十三军组成，下辖十三、十五两个师共五个团，即三十七、三十九、四十、四十三和四十五团，其中四十团是由三十三军军直通信营的特务连、侦察连及军供给部、卫生部的勤务连、担架队组成。五军的整编工作是先行一步。之后，九军由三个大师编为四个小师，即二十五、二十六、二十七师和模范师。三十军由三个师缩编为两个师，即八十八、八十九师，师下辖三个大团，撤销原九十师。三十一军由三个师缩编为两个师，即九十一、九十三师，撤销原九十二师。三十二军下辖四个团。妇女独立师改编为妇女独立团。同时，组建了方面军骑兵师，下辖三个团。在二、六军团与四方面军会合后，将三十二军拨归二、六军团，组成了红二方面军。当时，三十二军有些营连干部不愿离开四方面军，经过耐心细致的思想工作，使他们都愉快地服从了整编工作的需要。整个整编工作是按照司令部拟定的整编计划顺利进行的。经过整编，调整了干部，充实了连队，改善了部队的武器装备。

兵马未动，粮草先行。在当时粮食奇缺的情况下，如果不筹足粮、盐、牛、羊等物资，要想让几万大军爬过山峦叠嶂的雪山和杳无人烟的水草地是绝对不可能的，北上抗日也就是一句空话。为此，司令部把筹粮工作当做一件大事来抓，除制订计划外，还积极配合方面军供给部门用银元买青稞、豌豆和牛羊，以备食用。同时收购羊皮、牛皮，赶制羊皮背心和牛皮鞋。因为需要量大，时间又紧，干部战士只好克服极度疲劳去完成任务。为对付当地反动土司头人武装的袭击，不少红军战士为北上筹粮而牺牲。

为迎接二、六军团的到来，司令部按照方面军领导的指示，积极组织部队筹粮，打草鞋、捻毛线、织袜子和手套、制作羊皮背心、腾房子、准备木柴等，尽量把准备工作想得细些，干得多些。我们司令部每周要画一张一览表，将各军和直属单位迎接二、六军团的准备情况，用数字汇总报告徐总，使首长及时了解进展情况。几天过后，司令部首长和参谋们熬红了眼。当二、六军团进入甘孜地区时，受到了四方面军的热烈欢迎。看到四方面军为他们筹集的大批粮食、牛羊和食盐，腾出的干净的房子，还有一大批由四方面军指战员亲手制成的毛衣、毛袜子和一堆堆烧火用的木柴时，紧紧地握着我们的手，显得是那样的高兴和激动，这充分体现了两支红军主力兄弟般的团结。

司令部还抓紧了部队的军事训练工作。部队整编后，针对当时部队的情况和敌情、地形的特点，展开了紧张的军事训练，着重进行打骑兵、打堡垒和夜间战斗等方面的训练。全军上下掀起了练兵高潮，上自军长、下到炊事员、饲养员，都毫无例外地卷到了训练之中。司令部不时地检验部队进行投弹、刺杀、侦察、联络、射击和夜间战斗等训练情况。鉴于一方面军三军团与敌人骑兵作战的经验教训，司令部着重抓了部队打骑兵的训练。敌骑兵在草原上作战，速度快，声势大，突发性强，往往会给人一种震慑感。我们同政治部门一道首先抓了部队的心理素质训练，进行了我军英勇作战的光荣传统教育，使全军上下对打骑兵抱有必胜信心。其次是在战术上作了改进。过去打防御战往往是一字阵式摆开，战士都取卧姿射击，这样会被敌人骑兵冲垮。现在改为方阵式队形，按前后不同位置，战士分别采取卧、跪、立三种姿势射击，形成一个高、中、低三层火力网来打击骑兵。后来证明这是行之有效的。侦察人员还抓紧进行藏语训练，并了解藏民的生活习惯等，为搞好侦察工作创造条件。

拟制四方面军北上再过草地的计划，是司令部的一项主要工作。要争取在夏季前通过草地，选择正确的行军路线，是一件十分紧急而又周密的工作。它必须要考虑到所经地区的居民、粮食、牛羊和风土人情等，显然，不能再走去年南下过草地的行军路线。我们都清楚地记得，在那次过草地中，许多久经沙场考验的同志默默地长眠在茫茫草滩之中。这次必须选择新的路线。在对不同的行军路线方案比较之后，决定分为三个纵队前进。四方面军之四军十师、十一师、三十军八十八师为左纵队，由朱总司令率领，从甘孜等地出发，经东谷、西倾寺、阿坝向包座、班佑前进。九军、四军十二师、独立师、三十一军九十三师及四方面军总部为中央纵队，由徐总指挥率领，从炉霍地区出发，经让倘、查理寺，向包座前进，五军及三十一军九十一师为右纵队，由董振堂率领，从绥靖（今大金）、崇化地区出发，经卓克基、马塘向毛儿盖、包座前进。红二方面军随四方面军左纵队开进。

方面军司令部还协助政治机关大力开展政治、文化教育和文化娱乐活动。四方面军还建立了专门领导部队体育文娱活动的组织——“红场委员会”。5 月底，结合纪念五卅惨案，四方面军举行了战术技术表演、体育和文娱竞赛大会，群英荟萃，士气高昂。各军及总直属队选拔出的好手，进行了射击、投弹、越障及田径比赛，还举行了政治测验（以抗日民族统一战线政策为主要内容），讲演、歌咏等活动。竞赛大会上，朱总司令亲自给篮球比赛当裁判，使气氛更加活跃，欢声笑语久久回荡在群山之中。

7 月初，红二、四方面军会师后决定共同北上。司令部拟了各纵队与总部联络的方法与电台的波长、符号等，以及定期向朱总司令和徐总指挥的报告事项，保证通信联络的畅通。为保证大部队的顺利行动，总部派出了由八十八师、骑兵师组成的先遣军，在三十军政治委员李先念的指挥下搜索前进，并为后续部队继续筹粮。

侦察工作对作战指挥的重要性是不言而喻的。方面军首长和司令部对此一向十分重视。早在强渡嘉陵江战役发起前，徐总和司令部请中共四川省委协助侦察敌情。他们派出在敌邓锡侯军混成第六旅二团六连工作的共产党员阮自强、李鹏等同志查清了邓部的江防部署。后来又得到川西北的中共南部、阆中县委派人搞到的敌田颂尧军的江防部署。这些准确的情报，对强渡嘉陵江战役的胜利，起到了很大作用。这次司令部又派了侦察科长毕占云及数名参谋随先遣队行动，主要任务是搜集敌情，了解地形、民情。他们化装成藏民，分为三个行动小组，出腊子口后向天水，武都、武山、陇西、夏河方向进行侦察。一路上，他们大量搜集敌人的报纸，抓俘虏，从中分析判断敌人的兵力布置、动向。比如，当他们侦察到敌鲁大昌师企图抢占腊子口的情报后，使我军先敌行动，抢占了腊子口，为红军北上立了大功。同时，用电台不停地侦听敌台，从敌人来往呼叫的缓急、简繁中，来判断敌军的行动，以便方面军首长审时度势地作出决策。

作战局随徐总指挥在中央纵队行动。7 月 3 日清晨，嘹亮的军号声划破古城炉霍黎明的上空。不大一会儿，总直属纵队司令杜义德同志就把队伍集合在广场上，整整齐齐的，显得威武雄壮。欧阳局长跟着徐总来到队伍前面，徐总向杜司令询问了部队情况，检查了战士身上的干粮袋、草鞋，大斗笠和羊皮背心等，看携带的全不全，扎得结实不结实。检查了几个人后，徐总满意地点了点头。便站到队伍前，大声讲道：“同志们！我们是英雄的部队，没有任何困难能阻挡住我们的前进步伐，……北上抗日，是党中央的指示，是我们的光荣任务。……”

随着一声令下，浩浩荡荡的中央纵队告别了炉霍，顺着弯弯曲曲的小道向壤塘方向前进。两天后，徐总带着欧阳局长、李科长、参谋张怀礼和孙继争，还有警卫员熊家林一起到四军军部参加全军团以上干部会议。检查整编和部队思想等工作。当王建安等军领导同志汇报到因张国焘的南下错误而使部队大量减员时，徐总阴郁的脸上露出愤怒的表情。在这次会上，徐总再次作了过草地的动员。

第二天，作战局的同志跟着徐总一起下连检查工作。来到一个连队驻地，看到战士们都睡在牛羊圈里，徐总用手翻了翻铺在地上的草，嘱咐连长要把草铺得再厚些。当了解到部队吃野菜干引起腹泻时，就要作战局迅速通知总卫生部及各军卫生部下连去解决吃野菜腹泻的问题。回到总指挥部后，徐总又督促司令部到直属队的通信营、侦察队、卫生部检查过草地的准备情况。

部队开始向壤塘进军了。从出发地翻过一座十几华里的大山后，被一条流经西倾寺至松岗的激流拦住了去路。原来的木桥已被敌人破坏掉。在下游的峡谷中有一根溜索悬在半空，行人过河时，需用绳拴住腰，双手抓住溜索的木梭上下拉动，才可以悬空而过。但这对大队人马来说，是无济于事的。作战局根据徐总的指示，派出侦察队去河的上游寻找徒涉场。侦察队的同志扬鞭催马，沿河而上，终于找到一个浅滩处。为证实能否徒涉，参谋们折了一根树枝丢进河里，看着怀表的秒针测量着水的流速，然后，又派侦察员先下水试探水情，认为可以徒涉。徐总和大部队来后，都把下衣脱下来捆在身上，大家手拉手，排成三路纵队一齐过河。这样，既可以挡住水流的冲力，又便于及时抢救。直属队还组成抢救队。过河后，作战局迅速将此经验转告各部。过了河，就沿着盘山小路上山，到了半山腰，有一座大寺院，这就是壤塘了。在我军到来之前，这里的喇嘛、土司头人跑得一干二净。出来迎接我们的农奴，穿的是自己捻的粗毛线织成的破衣烂衫，披着破羊皮袄，饿得骨瘦如柴。我们听不懂他们的话，后来通司（翻译）告诉说，他们是来欢迎我们的。部队在这里休息了几天，补充了干粮，便行进在蜿蜒的群山之间，走了几天后，就来到了查理寺。

查理寺是我们进入草地前的最后一个喇嘛庙。平时这里有上千个喇嘛，寺院的规模也很宏伟，庭院里雕梁画栋，又依山傍水，是个美丽的地方。在我们到来时，已是“此地空余黄鹤楼”了。司令部住在庙里，不要说桌椅板凳，就是连一块大些的木板都没有，只有趴在地上标绘地图。标图用的红蓝铅笔也少得可怜，更没有毛笔、墨汁之类。司令部的领导和参谋们用子弹壳作的钢笔灌些自己用蓝色颜料兑成的墨水，拟制着各种战斗文书，大家都在忙碌地工作着。除司令部的业务工作外，我们还要挖野菜，带入草地，以弥补干粮之不足。

司令部的第二项工作是要各军及直属部队找足向导。我们与藏民的语言不通，加之历代反动政府和兵匪的欺压，造成民族间很深的矛盾。藏民一见军队就躲进深山密林中，要找到藏民当向导是困难的。但我们知道在苍山似海和茫茫无际的草地行军，加上缺少五万分之一或十万分之一的军用地图，没有向导是很危险的。作战局要侦察队做好老向导的工作，向他们再三交代政策，再由老向导去找新向导。那时对向导的待遇很高，如四方面军总部的两个向导除给银元外，还要带上老婆，一人一匹骏马，住的也是好帐篷，酥油糌粑也是首先保证供应他们。

解决了向导问题，司令部还要搞好通信联络工作。长征途中，除电台联络外，还在沿途主要道路上设立联络站，派出得力的干部任站长。撤离川陕苏区时，先后在达县的罗江口、双庙场、土地堡、通江、巴中、南江、木门等地设有有线电话联系站。过江后，在剑阁县、梓潼、北川、关陶、土门、茂县、理县古儿沟，以及后来进入甘南的哈达铺、梅川镇等重要交通要道均设立过通信联络站，由萧永真等同志任站长。再就是骑兵通信，徐、陈首长及张国焘处各有一个骑兵通信队，昼夜奔驰在山谷之中。在百里之内是靠徒步通信。在近距离内的部队，则以司号和旗语联络。在总部与各军驻地之间，还活跃着一支有线电话队，他们也是逢山开路，遇河架桥。总之，司令部利用各种通信手段，保证了四万大军的行动，保证了战役的胜利。这时，三个行军纵队常处于远隔千里的群山之中，各军只有一部电台，所以电台就显得尤为重要。总部有两部电台，这是 1933 年宣达战役中缴获刘存厚部的。徐、陈首长分别在中央纵队和左纵队各带一台，电台上没有手摇马达和干电池，全靠汽油、柴油充电。可是，在这连公路都未见过的山区到哪搞汽油呢？幸好，查理寺有一个河流水磨，这正是入草地前的最后一个宿营地。在这里，我们把电台充足了电。

7 月下旬，四方面军总指挥部进入了草地第一个宿营地阿依根康。这里没有房屋，也没有帐篷，有的只是漫无边际的烂草臭水。污浊的空气加上高原缺氧，闷得人们喘不过气来。休整二三天后，根据草地的特点，司令部决定调整行军队形，由过去在山区行进的一字长蛇阵改为方阵式战斗队形前进。这样做，除便于打敌人骑兵外，还能缩短行军距离，同志之间也好相互照顾，以减少部队减员。这样，一个连或一个营列成方阵式战斗队形行进，在茫茫的草地上，也是颇为壮观的。

在草地上走了整整九天。九天中，我军战胜了饥饿、寒冷、死亡，迈着坚定的步伐前进着。8 月 1 日我红四方面军中央纵队到达了包座。随后三个纵队也到达这里。这时，党中央来电祝贺，并指示：迅速北进以免敌人封锁岷西线。当时敌情紧急，蒋介石和西北军阀派数路重兵昼夜西行，企图先我控制岷西线和天险腊子口，阻止我军北上。5 日，西北局根据党中央指示，决定速出甘南，组织岷（州）洮（州）西（固）

战役，目的在于乘敌人主力尚未集中岷洮以前，由红四方面军夺取岷县、临潭、西固地区，为顺利北上创造条件。徐总指挥在求吉寺召开了紧急军事会议，对岷洮西战役作出具体部署：以四方面军第三十、五、九军为第一纵队，其主力出哈达铺攻岷县，一部取道白骨寺、爪咱，相机夺取西固，并向武都佯动；以第四、三十一军为第二纵队，夺取洮州旧城，尔后主力向临洮方向活动，一部向夏河、临夏发展；以红二方面军为第三纵队，出哈达铺，策应一、二纵队。

会后，司令部明确规定了各纵队之间联络、协同的信号，保证各纵队之间的军、师配合作战，以便圆满完成战役计划。各路纵队先后由包座地区出发向甘南挺进。部队日夜奔驰在山峦叠嶂的羊肠小道上，飞兵直取天险腊子口。“兵贵神速”这句至理名言,在这时显出了它的分量。为了保证首长战役决心的实现，司令部在求吉寺也在紧张地工作着。没有桌子标图,就找几根木棍撑起木板为案。没有纸张,就用番文旧报纸。夜里，没有油灯，也没有蜡烛，只有松明在一根接着一根的燃烧，不停地发出“吱、吱”的响声，浓灰色的烟笼罩着屋子，司令部首长和参谋们被烟熏火烤得不断咳嗽。尽管条件如此之苦，但并不影响工作，经过两夜一天的奋斗，顺利完成了各种战斗文书。大家的眼睛熬红了，脸也熏黑了，虽然极度疲劳，然而大家却笑了。此时，数万大军分为三个纵队，正通过包座河、白龙江的狭窄通道前进。9 日，第一纵队之先头部队三十军八十八师抢占天险腊子口。10 日，八十九师攻占大草滩，哈达铺，歼敌千余人，缴长短枪千余支、轻重机枪六挺，随即包围岷县。第二纵队之四军经野狐桥、新堡向洮州旧城进攻；20 日，十师在妇女独立团一部配合下，歼敌一个营，同时十二师占临潭后向临洮发展。26 日，第一纵队三十军八十九师克渭源；五军与九军一部继续攻岷县。9 月 7 日，第二纵队三十一军九十三师克通渭。至此，四方面军已先后攻占漳县、洮州旧城、渭源、通渭四座县城及岷县、陇西、临洮、武山等县的广大地区，打破了敌人阻止我军北上的计划。

在攻克漳县城后，四方面军总指挥部进驻城西汪家庄。这时，党中央为迎接二、四方面军北上，派出聂荣臻、左权等同志率领一方面军一部进至西兰公路以北地区。二方面军也根据中央指示，迅速向陕甘边界发展。这样一、二、四方面军已形成了南北呼应、夹击敌人的态势，三个方面军的会师指日可待。对此，敌人也是清楚的。蒋介石命他的嫡系部队胡宗南等部日夜兼程向西兰公路蜂拥而来，同时命王均、毛炳文、于学忠等部向我围堵。敌机不停地在四方面军总指挥部驻地上空盘旋，进行侦察、投弹、扫射，地面上隆隆的炮声震撼着甘南大地。为应付瞬息万变的敌情，四方面军司令部向西安、天水、兰州三个方面派出了侦察队，探人敌区搜索，了解敌情，及时报告。同时，我军电台昼夜不停地在侦听敌台，抓紧对敌密码的破译。这时，徐总根据中央指示精神，要司令部制定了通渭、庄浪，静宁、会宁会师的战役计划。李特参谋长时而在由徐总率领的四方面军总指挥部的驻地漳县汪家庄，时而又在由陈昌浩政委率领的指挥部驻地岷县。对制订北上会宁会师的战役计划，主要是由欧阳局长和四名作战参谋来担任。重要的文电徐总亲自动笔。大家抓紧收集整理敌情资料和我军各部队作战的战报及敌我态势变化的情况，还要随时掌握我军的物资筹备情况。尔后日夜伏案起草，抄写各种战斗文书，忙得不可开交。巨幅的军用地图展在几张八仙桌上，徐总亲自指示进军方向，欧阳局长和参谋们在精心标绘着。箭头渐渐地标了出来，那强有力的气势，表示着我军势不可当的进攻方向。几个不眠之夜，作战局顺利完成了北上会宁会师的战役决心部署图和各种战斗文书。大家刚刚舒了一口气，前线就传来了喜电：三十一军九十三师在西兰公路的华家岭地段伏击、歼灭敌人一支运输队，打死打伤敌人近千人,缴获两辆满载着汽油的汽车。同时,该师一部已越过西兰公路北上，与一方面军先遣队会合。听说得到了汽油，大家都很高兴。汽油是我军老爷式电台必不可少的动力。过去没有它时，我们只有到处寻找落差大的河水石磨处给电台充电，这样不仅费时费力，还有耽误军机大事的危险。现在有了汽油，我们怎能不高兴？与一方面军先遣队会合的消息，更使我们欣喜若狂！徐总显得有些激动，要值班参谋速转告四方面军政治部主任李卓然，和后方纵队政治主任周纯全。喜报、很快传遍了机关、集结待命的部队和前沿阵地。四方面军首长拟制的部队北上与中央会合的行动计划也已下发，部队又作了动员，这样，渴望同中央会合的四方面军全体官兵沸腾了！

谁知，张国焘却要推翻岷州会议决定，独自下令红四方面军撤出通渭等地，折向西进青海。消息传开，全军上下无不为之震惊。听说还要再过草地，众人不寒而栗，开小差的增多。当时来往的电报甚多甚急，搞得司令部的人员也摸不清头脑。大家都抱着怨气在紧张的工作着。后来，在党中央、朱总司令、徐总指挥、西北局和红四方面军其他领导的坚决反对下，张国焘被迫同意北上，同红一方面军会合。

虽然临潭大地风卷着雪花破门而入，手脚被冻得生疼，但司令部的同志们精神焕发，聚集在小小的麻油灯下，又在对原定北上会师前的战役、战斗文书进行修订，经过一个昼夜的努力，就将五个纵队的命令、进军路线顺序及相互联系的信号等文件搞好下发，保证我四方面军迅速越过西兰公路，向会宁前进。从 9 月 30 日起，四方面军分为五个纵队，先后由岷县、漳县等地向通渭、庄浪、会宁、静宁前进。第一纵队为四军，经官堡（今会川）、渭源、华家岭占领青江驿、翟家所；第二纵队为三十军，经鸳鸯铺、榆盘镇袭占通渭；第三纵队为九军，经野狐桥、中堡里进至新市镇；第四纵队为三十一军，进至通渭、马营一带；第五纵队为五军，随九军之后向庄浪、威戎镇方向发展。当五军进至西兰公路时，徐总命令该军在华家岭、马家营子一带阻击西兰公路上的北犯之敌。战斗进行得十分激烈。我军优秀高级指挥员罗南辉副军长壮烈牺牲。五军在胜利完成任务后继续北上。

英雄的红四方面军在北上途中，连续突破了胡宗南、毛炳文、王均等部的堵截，尤其是战胜了敌人妄图在西兰公路上将我军拦腰截断的阴险计划，于10月8日，方面军先遣部队的四军十师在会宁与红一方面军一军团一师胜利会师。9日，四方面军总指挥部到达会宁城，受到一方面军的热烈欢迎。10日，会宁城的广场上，红旗招展，歌声震天，举行了庆祝会师的联欢大会。会上，朱总司令、徐总指挥和陈赓师长发表了热情洋溢的讲话。红四方面军司令部的同志们和全军指战员一起沉浸在幸福的欢乐之中。此时，红二方面军也经天水地区渡过渭河、经秦安、通渭进入海原、固原地区。三个方面军的大会师终于实现了。在会师前夕，欧阳毅同志调离了作战局，另有任用，由郭天民同志接任作战局长。

红四方面军司令部的不少同志牺牲在战场上，这个回忆渗透着烈士们的鲜血，也寄托着对他们的怀念之情。

1987年12月于北京

选自中国人民解放军历史资料丛书编审委员会编：《红军长征·回忆史料（2）》，解放军出版社1992年9月第1版，第377—387页。

进军甘孜[1]

盛先传

十五　翻越大雪山

百丈战役大约打了十五六天，部队减员比较多，因此在丹巴时就把三十三军和五军团合编为五军，原来的五军团编为十三师，下设三十七、三十九团；原来的三十三军编为十五师，下设四十三、四十五团。军部有个直属独立团。董振堂任五军的军长，黄超任政委，罗南辉任副军长，杨克明任政治部主任。

我们三十军编制没有变动，完成掩护任务后从天全、芦山撤出也赶到了丹巴。在丹巴，总部司令三十军向甘孜进军，我们八十九师二六四团是先头部队。在向甘孜进军途中要翻过一座大雪山，据我们请的向导（当地老百姓带路的）说："翻越这座大雪山，要在中午以前翻过去，一到中午山顶上的大风刮起来，人根本站不住，无法过山。"

部队走了一天才接近有雪的地方。我们向山上看时，只听见山顶上"呼呼"响个不停，只看见山顶上雾腾腾的。这时部队再不能继续前进了，只好靠近积雪边沿的树林里宿营了。我记得在宿营不远处有一眼温泉，泉水很大，水温温的，战士们大都没见过这样的温泉，大家就洗手

① 题目为编者所加。

洗脚，做饭休息。

休息了一夜，第二天天刚亮，部队开始往雪山那边翻。走到有雪的地方根本不知哪里能走，开路的战士拿着棍子像瞎子一样边走边捣，稍不留神就会掉进雪窟窿里，拉都来不及，我记得在我前头的一个战士就这样掉下去被雪埋了。

由于边走边探路，走得慢。二六四团先头部队刚翻过山，山上的大风就呼啸着刮起来了，后面的一个营上到山顶正好是大风，走得非常困难。我们原在天全一带行军时，在四川为防雨编的斗笠，在雪山上已成了负担，有的刮断绳子，斗笠刮上天空，记得当时有十几个战士被大风刮得带着斗笠顺雪山滚下山去，掉到雪窟窿里。杨秀坤爬在山头上，命令后面一个营赶快翻山。

十六　三走绒坝岔

我们翻过雪山，休息吃了点干粮，即急速向道孚县进军，天刚黑我们就赶到了道孚，道孚的敌人没抵抗就逃跑了。当日除少数部队进城搜索外,大部分在城外宿营。我们在这里休息了两天后,八十八师赶到了，当后续部队陆续来到后，我们先头部队开始向炉霍方向进军。走了三天赶到炉霍，城里的人大部分跑到喇嘛寺里去了。喇嘛寺很大，寺院城墙很坚固，里面有六七千喇嘛、土司的藏兵固守在寺里。开始我们劝说喇嘛寺的喇嘛投降，喇嘛拒绝投降。并坚决抵抗，还开枪打我们。我们几次劝降，在没效果的情况下，我们二六四团开始攻击喇嘛寺。攻打了大约有半月之久没攻下来，我们就采取正面和左右之间围攻，后面留一条让他们逃跑的路，连续几天几夜的围攻，特别在晚上我们在城墙下偷着向里面摔手榴弹，守城的喇嘛活佛恐慌了，一天晚上就从我们留的一条后路跑出来。他们逃跑时我们再没打，等跑完后我们进去搜索，是否有埋伏的土司武装，然后撤出寺院，并把寺院交给八十八师保护起来，在这次攻打炉霍喇嘛寺时，我们二六四团的副团长牺牲了。

攻克了炉霍喇嘛寺，震动了甘孜喇嘛寺。当我们八十九师的先头部队进入平川，准备攻打甘孜喇嘛寺时，甘孜喇嘛寺的活佛派代表表示向我们投降，还带来了一些牦牛、马、羊、酥油、布匹等慰问物资，于是我们八十九师顺利地进驻了甘孜。甘孜是个不小的集镇，大约有几百户藏民，街道上有铁匠铺，还有小商店，甘孜喇嘛寺修在集镇北面的山坡上，比炉霍喇嘛寺大，喇嘛也多。

我们三十军全军陆续到达甘孜镇后，军部及直属单位和我们八十九师都驻在甘孜，八十八师驻在绒坝岔，离甘孜镇六七十里路。部队刚驻定，原来跟李先念同志的司号长李松林同志调到八十八师二六五团三营当政委去了。他临走时向先念同志推荐我担任号长，调我到军部。跟随先念同志，在他身边工作一直到新疆，他见我年龄小特别照顾。

八十八师驻到绒坝岔后，这个地方有个土司叫德格，德格有个专管军队的官叫叶巴，叶巴带着反动武装骑兵隔三间五袭击我们。为了贯彻党的民族政策，我们便宣传争取他们，但这股反动武装偏偏不听。为了解决这个问题，先念同志先后三次去绒坝岔视察八十八师防务，听取汇报，研究制定解决反动武装袭击我们的作战方案。他每次去时都带一个警卫班和随身的警卫员及司号长，因为我是他贴身的号长，当然每次都得跟去。记得我们第一次去绒坝岔时，沿路上，先念同志总是骑着马跑在前头，我和其他同志也骑着马跟他一同跑，他和其他同志都跑到前边去了，我骑的马跑不快，渐渐掉队了。他发现后就在前面等着，待我赶到时，又与其他同志一齐跑，他第一次发现我掉了队没有说什么，第二次又看到我掉队，就问我："你怎么老掉在后面，你不会骑马吗？"我回答说："我会骑，可是我骑的这匹马不跑呀。"他看了看我骑的马说："怎么给你弄了这么一匹马。"说完又都跑开了。从此，我逐渐知道先念同志骑马爱狂跑，并且爱骑烈马。我们一路上仔细观察地形，连跑马带说笑，不觉得就到绒坝岔。原来这个地方是个很大的开阔地带，又是个盆地，三面环山，是藏民聚居地，不但有牧业生产，还有农业生产，群众生活比较富裕。在绒坝岔的北边,有个很大的喇嘛寺废墟,原叫大金寺。据说四川军阀刘文辉攻打这个喇嘛寺整打了三年，打开后，刘把这个寺院和人全毁了。先念同志和我们到了八十八师师部，师领导同志首先陪同先念同志看了防御工事，而后回到师部由参谋长向先念同志汇报反动武装袭击我们的情况：这股反动武装有五六百人，多一半是年轻的老百姓，用的是大腰刀，枪少，大部分是英国造的步枪，是从印度买来的，指挥官叫叶巴；我们部队刚到时，老百姓都跑了。这几天，在我们民族政策的宣传和甘孜形势的影响下，回来了一些人，都是穷苦牧民，有钱的头人一个也没有回来。第二天上午，先念同志召集八十八师团以上的领导同志在师部开会，研究解决反动武装袭击我们的方案。决定多派侦察兵把反动武装队伍的宿营地弄清楚，而后叫八十八师号称“夜老虎”的二六五团夜袭这股反动武装，多捉活的，不要伤害老百姓，由八十八师师长熊厚发同志统一指挥执行这次战斗任务。会后，先念同志带着我们立即返回甘孜。我们回到甘孜后，先念同志还惦记着我骑的马跑不快，便把军供给部部长叫来问，“你能不能搞一匹好一点能跑的马？”那位部长说：“我们的马都是驮东西的马，没有能跑得快的马。”先念同志一听再没吭声。

第二次跟随先念同志到绒坝岔。先念同志接到八十八师夜袭反动武装胜利的报告后，又去绒坝岔视察。先念同志到了八十八师师部，立即听取了师长熊厚发同志汇报他们夜袭反动武装的情况：他们遵照会议决定的方案连续几天晚上派出三个侦察小组各向南、北、西三面丘陵地带进行侦察，发现这股反动武装夜晚在北面山窝里一个牧场宿营，粮草都堆积在那里，大约离绒坝岔有三十多里路。于是他们选择了一个风雨交加的夜晚，以二六五团为主攻，二六三团为预备队，待二六五团摸进敌人宿营地之后合围上去，构成坚固的双层包围圈，攻其无备，一举歼灭这股敌人。战斗打响后，正当二六五团摸进敌人的宿营地用手榴弹轰击敌人时，敌人惊恐万状，乘二六三团尚未合围之际，一股敌人在混乱中冲出包围圈向北逃窜了。战斗结束，他们活捉了300多人，缴了敌人的枪刀等武器，拔掉了这股敌人的据点。先念同志听了熊师长的汇报后，便去看活捉来的战俘和伤兵，都关在一个头人的大院里，我们的医护人员正在为他们治伤。看后，先念同志向熊师长作了三条指示：一要优待战俘，给他们吃好，治好伤；二每天都要向战俘做好政治宣传工作，宣传党的民族政策，宗教信仰自由，对他们讲清楚红军的性质，红军是打军阀保护老百姓的；三在做好战俘的政治宣传工作的基础上，使他们深明大义，把武器交还给战俘，把他们放回去，扩大政治影响。争取德格、叶巴投降，友好共处，并欢迎外逃的老百姓回家生产，安居乐业。同时要八十八师加强防务，严防敌人乘隙袭击，当晚我们就返回了甘孜。

跟随先念同志三去绒坝岔。八十八师报告，他们已经向活捉来的300多人讲明了我们的政策和红军的性质，使他们认清了红军与四川军阀的不同，把受伤的人伤也医好了，缴来的武器都还给他们放回去了。这些人回去后一宣传，德格土司派代表送来了牛、羊、马匹等物资，要求与我们谈判讲和，逃跑的藏民又渐渐回来了。先念同志为了主持与德格土司进行谈判，又带着我们这些随从人员第三次去绒坝岔。我们到了绒坝岔后，在没有举行谈判之前，先念同志叫八十八师搞了一项阅兵式，八十八师领导陪同先念同志骑着马检阅了部队，意思是叫藏族的土司、喇嘛看了向他们显示我们的军威。阅兵后先念同志与八十八师的领导研究决定了谈判原则，由先念同志主持，在土司德格家的大厅里与德格、叶巴进行谈判。通过谈判，最后达成协议：双方互不侵犯，友好共处。德格杀牛、宰羊举行了结盟仪式。德格、叶巴给了我们好多牛、羊、马和布匹、青稞、炒面等物资慰问部队。从此，逃跑出去的藏民都回来了，安居乐业，部队帮助藏民群众种地，搞农业生产，军民关系非常友好；德格也成了民主人士，代表甘孜出席了成立“波斯人民共和国”的第一次代表大会。这次谈判工作结束了。

在回来的半路上，碰见一藏民骑着一匹黄色的马，我们见这匹马跑得很快，快到跟前时，先念一下子拦住，这藏民就停下了。先念问:“你这匹马换不换？”我们身边有翻译经一翻译，这藏民说：“我这匹马换哩，但要两匹换我这一匹，而且两匹都要母的，马还要口青的（岁数小的）。”当时我骑的一匹正好是母马，先念指着我骑的马说：“这一匹给你，你再挑一匹母马。”这藏民同意了，就在警卫班里挑了一匹。换来的这匹马鼻梁上有条白毛，个子不太高，但挺漂亮。我们在往回跑时，发现这是一匹非常好的马，跑起来很快，也很听话，看样子是藏民驯服得很好，我跑在大家前头，大家还笑我哩。

节选自盛先传:《难忘的岁月——盛先传革命回忆录》，1996年，第66—74页。

取瞻化

王宏坤

不久，我们经道孚到达炉霍。当时三十军走前卫，炉霍城是他们攻取的，我们直属纵队随后。占炉霍后，三十军继续向西发展，准备取甘孜，而我们则继续驻在炉霍城内。炉霍城并不大，居民绝大部分是藏民。

我们大约在炉霍城住了三四天时，四军也奉命开到。

这时，陈昌浩政委、张国焘、徐向前总指挥和朱德总司令分别找我谈话，要我回四军当军长。朱老总的话至今还记得很清楚，他语重心长地说：王宏坤同志，你是共产党员，共产党员见困难就上，现在四军有困难，你怎么样?

朱总司令的话，振奋了我，感到了一个共产党员的巨大责任，我当即表示，立即去四军。不过，我也当面提出了两个要求：第一,四军要整编，现在六个团、兵员不足，我想整编为四个团，军直辖团，不搞空架子，取消师部，原师级干部陈再道送“红大”学习，陈锡联、叶道志等留下来。第二，我把部队带出草地后，去“红大”学习。朱总司令高兴地说，那好嘛，表示完全赞同。

这样，我又回到了四军任军长。这时四军政委为王建安，参谋长为陈伯钧，政治部主任为洪学智。我们迅即着手整编部队，将全军编为四个团，对外称师。保留二十八团、三十三团、三十四团和三十六团，将原十师三十一团一部和十二师三十团拆散编入各团。将机关人员精简，充实基层连队，我到四军时还从直属纵队带来了400多名伤愈的同志，分别补进了各团。

改编后的二十八团对外称十师，师长余家寿，政委叶道志（叶道志原为十师政委）；三十四团称十一师，师长张贤约、政委胡奇才；三十六团称十二师，师长周世元，政委陈锡联（陈锡联原为十二师政委）。三十三团称独立师，师长张德发，政委高厚友。

整编中，富余的干部不少，一些送“红大”学习，选择了几个团级干部到司令部任处长，军部还办了一个教导队，训练营、连级干部。

整编后，我们当时的统计人数为：全军6000余人。

这时，红二、六军团已经到了云南西北地区。为了迎接二、六军团北上，红四方面军准备占据这一带停留下来。三十军由炉霍向西取甘孜，我们四军分作两路：一路为十师、十二师，由我和陈伯钧、洪学智率领向西南挺进取瞻化（今新龙），另一路为十一师，独立师由政委王建安率领，经道孚沿鲜水河南下雅江地区，阻击康定敌人向西，保障二、六军团北进通道，并迎接二、六团北上。

分拨已定，我们一路向西南方向的瞻化疾进，走了两天，这里是藏民生活区域，人口很稀，沿途山大沟深、河流多，河水很急，行走很困难。

进攻甘孜的三十军比我们四军早几天行动，那里有敌刘文辉部一个旅。三十军发起猛攻，敌人一部被歼，一部溃逃，三十军胜利攻占了甘孜。

溃逃之敌近千人南下瞻化，刚好我们也到了。瞻化城不大，雅砻江从城东面流过。从东面进瞻化城，只有通过江上的一座铁索桥。

为了防备敌人以炸桥来阻止我军攻城，我们遂决定运用远距离奔袭战术。经过一天的行军后，第二天采取急行军突然接近，以火力队封锁对岸桥头，突击队迅速冲锋过桥的办法行动。那一天，我们将任务交给十二师，他们半夜出发，前卫营下午5点时到达雅砻江东岸，立即以自动步枪将对岸封死，突击队很快从铁索桥上冲过。敌人遭此突袭，惊慌失措，待他们回过神来企图组织反扑时，我军已突入城中，敌人见大势已去，弃城逃跑，刚出城西不远，又遭藏族土司武装堵击，直往后缩，结果，全部被我军包围歼灭，我军生俘敌800余人，缴枪数百余支，电台一部。俘虏中有国民党西康宣慰使诺那喇嘛，我们对他进行了审问。他是西藏人，也是个大知识分子，长期住拉萨，也常跑上海、南京，多次跟蒋介石会面，跟英国政府也有关系。我们要他把情况写出来，后来将他和其他俘虏释放了。

在我们四军打下瞻化前后，红四方面军控制了东起懋功，西至甘孜，南达瞻化、泰宁、北连大草原的大片地区，原来打算在这一带立住脚，筹足必要的粮食物资即刻北上，后来为了策应二、六军团北进，不得不停留下来。

这样，我们在瞻化，一面做群众工作，一面训练部队，筹集粮食物资，准备迎接二六军团。

这里是藏民居住区域，藏民里面又分为一个又一个部落，一个部落霸一方，管辖许多村庄。藏族的土司和喇嘛权力很大，土司设有衙门监狱，也都有武装。这里的喇嘛庙很多，建造得很有气派，很漂亮，一般是喇嘛庙建在村子的中间，周围是老百姓的房子。

这里的丧葬习俗与外地不一样。种类也多。一是火葬，将尸体烧掉，做一个塔；二是水葬，丢入江河水中；三是鸟葬，送到大山上让猛禽吞噬掉。还有一种最流行的，就是眼看人不行了，送到山洞里，也留下点吃的，死了就在里面，如果病好了就靠自己慢慢爬回来。

这里贫富悬殊，普通老百姓家里什么也没有，连老婆也是几个人共一个。而大土司，有钱人富得不得了，土地、粮食、牛羊、酥油、金银什么都有，老婆也有好几个。他们很讲气派，虽然身居内地，但是连家具也是上海造的，子女送到上海、南京读书，而且穿着也是汉人的十分讲究的高级服装。

这里的土司之间积怨很深，矛盾尖锐，相互之间经常打仗，争夺地盘，争夺农奴、争夺草场和牛羊。我们到之前，他们刚刚打了一仗，一边是雅砻江河川上的土司，一边是西山山地上的土司，山地上的土司虽然控制的面积大，但山上比较穷，实力远不如河川上的土司大，河川上的土司很富有，又有国民党刘文辉支持，差不多总是占上风，他们经常去抢山上老百姓的姑娘和牛羊。我们到时，河川上的土司跑了，这家伙很反动。

我们到这里后，明令禁止住寺庙和土司家，禁止打土豪，要求全体指战员尊重当地藏民的风俗和习惯，积极向喇嘛作宣传，争取喇嘛，并派出大批干部，深入农牧区，宣传党和红军的政策，指明少数民族斗争的出路，组织起了群众组织，在当地藏民中造成了良好的影响。

后来，西山上的土司也主动来与我们联系，我们也乘机给他们做了大量统一战线工作。这人比较开明，他请我们上山做客，我们也回请他进城来，他开始到我们这里来心存疑虑，以后消除了，下山时连家眷也带着。通过频繁接触交往，我们对他产生较大影响。他对共产党和红军的政策和主张有了较多的了解，也积极配合我们工作，成立瞻化县“波巴依特瓦政府”（藏族人民政府）时，他被推荐为主席。有他的积极努力和合作，我们在这里的群众工作的开展要顺利得多。

随着群众工作的深入开展，革命影响在藏民中的不断传播，红军与藏民建立了良好的关系。我们在此基础上筹集物资也方便多了。正是由于“波巴”政府的积极动员，广大藏民踊跃捐献，不多久，我们搞到了一大批粮食，粮油、糌粑、盐巴、牛羊和帐篷。

在这个期间，经人介绍，我和冯明英同志结婚了。冯明英是四川通江得胜山人，也是穷苦人家出身，很小就成了孤儿，她1933年参加革命工作，这时也在瞻化，任县妇女部长。

我们到达瞻化之际，军政委王建安率领的四军十一师和独立师同罗炳辉率领的三十二军一起南下雅江地区，先盾攻占了雅江、东俄洛和西俄洛，歼敌李抱冰第五十三师一部。然后，三十二军奉命向西南行进，迎接二、六军团北进，我四军十一师独立师部队就地展开，在雅江西岸布防，坚决阻击康定之敌西犯，他们在这里坚持了一个多月，从而保证了二、六军团安全北上与我们红四方面军会合。

为了迎接二、六军团北上，和为他们准备物资粮食，我们在瞻化命周世元、陈锡联率十二师向南行动，并命司令部处长潘焱率侦察连在前与二、六军团取得联系。他们先后打下了反动土司的两个大牧场，战斗中，十二师作战科长等同志光荣牺牲，与二、六军团胜利会合后，那三四百头牦牛一头不缺地交给了他们。

听说二、六军团的同志们就要到了，大家高兴异常，纷纷捐献出自己早已准备好的毛衣、军衣、鞋袜等礼物。军后勤部还专门送去了一批糌粑、酥油、帐篷等北上所必要的粮食物资。

那一天，六军团刚好从我们驻地经过，我们召开了隆重的欢迎会。当晚还在军部搞了一个“宴会”，招待六军团团以上的干部，军团长萧克，政委王震，参谋长谭家述率同志们准时来到，我们虽然是第一次见面，但大家像久别重逢的亲兄弟一样，热烈欢快异常，充分显示了深厚的革命情谊。

二、六军团接到了，我们要出发北上了。我们有数十名重伤病员，需要安置在当地。留下他们，我们心里难受极了，但前面行军过草地，他们不能行动，也实在没有办法带走他们，为了便于治疗和护理，还留下了十来个医护人员。我们和“波巴”政府主席商置，他满口答应，并妥善地安排在一个农场中，我们还秘密地给这些同志留了点枪支子弹，以防万一。后来，国民党军队和反动土司发起了疯狂反扑，这些同志在与敌斗争中都先后光荣牺牲了。

听红军要离开这里北上的消息，藏族同胞都恋恋不舍，我们离开的时候，他们纷纷涌向河边欢送。我们沿江而行，计划经甘孜北上，而欢送的藏民夹江两岸，直拉到甘孜附近，敲锣打鼓，奏乐吹号，热闹极了。

选自王宏坤:《我的红军生涯》，人民出版社1991年7月第1版，第263—268页。

在瞻化的日子里

洪学智

红四方面军先遣军于 1936 年 3 月 1 日占领了道孚，15 日进占炉霍。然后，方面军以三十军西出，进击西康东北部重镇甘孜。

我们红四军在道孚附近的脚耳住了七八天，由脚耳经道孚进到麻子沟，然后又由麻子沟到热里科。后由热里科翻山到甲子孔。又由甲子孔翻山到腊科。在腊科收集到粮食 3000 余斤，牛、羊、酥油各一部分。甲子孔有土司衙门，还产金子。这一带空气稀薄，走着走着，就觉得气短力微了。

4 月 4 日晚间，我三十团攻占西南部的瞻化县城（即现在的新龙）。

瞻化城外有一座桥，我军要占领瞻化，必须先攻下这座桥。我们红四军白天走了 160 里路，晚上走了 60 里路，原来预定是早上 6 点多钟到达，结果 4 点多钟就提前到达，在师长叶道志①指挥下把瞻化城占领了。扼守桥头堡的是土司的武装，对我们没有防备。

这里的土司武装大约有 2000 人。我们占领了瞻化城以后，俘虏了几百人，但大头人都跑了。俘虏的几百人，经过教育，讲明红军路过这里，是为了北上抗日，与藏族同胞是兄弟，后都放了。当地的藏族人有一个特点，每个人都有件武器，或者土枪，或者钢枪，或者长刀，为了

① 应为师政委——编者注。

防卫和打猎。

红军缴获了大批牛羊，都集中在广场里。群众来到广场，说哪些是他们的。我们为了争取群众，凡是群众的东西，都归还给了群众。有一个头人，叫巴顿多吉，是个万户。群众向巴顿多吉汇报，说红军将我们的枪、牛、羊都归还了，这个队伍不错，俘虏的人也都放了。

到了第三天，巴顿多吉就派人来，要红军去和他谈判。他想乘这个机会，把喇嘛首领诺那交给我们。诺那是国民党的民族委员会委员，是蒋介石任命的西康宣慰使。诺那带着一连多人，还有一些武器和财产，途经瞻化时被巴顿多吉给抢了，诺那也被扣了起来。

事后，巴顿多吉觉得不好办，如果把诺那弄死，不好交待，不弄死又怎么办呢？放回去吧，抢的东西还得归还，到手的枪也就没了。所以，巴顿多吉要求同我们谈，是要把这件事推给我们。

巴顿多吉约我们谈的地方，是在一个山头上。天还没亮，他们就把山头占领，居高临下，布置了很多藏民，都拿着长筒枪，怕我们打他。我们经过研究，决定派民运部长周干民去同他谈。

周干民穿着便衣，戴着眼镜和一顶礼帽，让他们看着像一个大官。

周干民把另外三个人留在山脚下，一个人从从容容上山，在山头上会见了巴顿多吉。他见周干民后面没有一个兵，不是搞阴谋的，又见红军很勇敢，一个人上山，还不拿枪，似乎有些感动。

巴顿多吉说，你们要把牛羊枪支归还我们。

周干民说，归还可以，但我们红军要吃饭对不对？所需粮食，你们帮我们解决。

巴顿多吉提出，红军的部队不要打他们，红军所需要的粮食，由他们去办，这是第一件事；第二件事，是把诺那交给我们，看行不行。

周干民说这两条都可以。

巴顿多吉说：两天后到瞻化城去，见红军最大的头人。两天后，巴顿来了，带了一些人在山上警戒。

我在政治部接见了他们。我同巴顿多吉谈了一些关于红军的少数民族政策问题，谈得还不错。我们那时有个唱片机，放了唱片，他觉得很奇怪，怎么响呢？我就告诉他是怎么回事儿，他很开心。

中午，我请巴顿多吉吃饭，他害怕我们下毒害他，请他喝酒他不喝。我就先喝了一杯，又吃了几口菜，他见我先吃先喝，解除了顾虑，也喝起来，越喝感情越近，然后我们就交杯，喝了公鸡血酒。

我说：诺那我们可以接收，但是我们有两个要求，一个是诺那的徒弟同时交给我们。他说可以，马上就送来。

我说：第二个就是我们的军队要吃饭，需要筹备很多的粮食，你们要帮助解决。以后，他就告诉所管的寺庙，不准反对红军。再后来，寺院也主动捐了许多牛羊和粮食送给红军。

不几天，巴顿多吉就把诺那送来了。诺那有 70 多岁，是黄教的大喇嘛之一。巴顿多吉没有同时把诺那的马送来，因那匹马很好，他想留下。诺那年纪大，没有马不行。我又派人交涉，把诺那的马送来。

后来，我们商量成立瞻化革命委员会，经上级批准，请巴顿多吉出来当了瞻化革命委员会主任。这样，便于在当地开展工作。

瞻化地区还有两个万户。有一个万户已经同我们见过面，被我们争取过来，答应给我们提供粮食。另外一个万户也派来了代表，表示也愿意跟我们合作，愿意提供粮食和牛羊。

在瞻化那几个月，红军需要的粮食、牛羊、帐篷，还有许多物资，都是经过巴顿多吉送到我们手里的。

红二方面军六军团快要到瞻化时，我们接萧克他们的通报，说还有两天就要到达，可连粮食的影子都还没见着。

我就很着急，找到了巴顿多吉。对他说：我们又有红军要来，急需要 28 万斤粮食，还有牛羊等，请你抓紧筹备。巴顿多吉说没问题，到时准时送到。

我说，你老兄说话可得算数呀。

他说，你放心，没有问题。

他用了一天一夜的时间，派人运粮，有拉的有推的，男男女女，热热闹闹，把所有的粮食、牛羊全都送齐了。

我很高兴，觉得巴顿多吉很有办法，对红军友好，也很讲信用，讲义气。

6 月 16 日，六军团到时，我们组织 2000 多少数民族群众在路两旁欢迎。我们给六军团准备了十天粮食，还有鞋子、帐篷。晚上请六军团营以上干部吃饭，牛羊肉四大盆，还有杂碎汤、大饼。六军团的同志说，好久没这样吃过荤了。接着，开了联欢大会。

我们是第一次到瞻化，有很多事情无法与藏民交流。如果不经过头人，争取下面的群众，群众是不敢和我们接触的。必须千方百计做工作，争取上面的头人。我们在瞻化做头人的工作是比较成功的，同藏族群众的关系很好，红军各方面的保障都可以兑现。

四方面军在甘孜成立少数民族革命委员会，我们就把诺那送到了甘孜，让诺那当了革命委员会主任。他年岁太大，一个多月后圆寂，由他的徒弟海正涛按照藏族的宗教仪式办理的丧事。

海正涛（藏名贡布泽仁）是燕京大学学生，后拜诺那为师。红军和诺那交往的全过程他都知道。可是国民党造谣，说诺那被我们杀害。海正涛回到上海，在《东方》杂志发表了一篇文章，说红军待诺那很好，说诺那年岁大了，是他亲手照顾诺那的，最后还说诺那的后事是怎么处理的，遗物和资财哪里分配多少，他都说得很明白。

我在延安抗大学习的时候，看到了这份《东方》杂志。

1936 年 5 月 30 日，红四军在瞻化的一块草地上召开全军运动会。军长王宏坤、参谋长陈伯钧和我都坐在主席台上。

运动会上有体育比赛，也有军事训练项目表演。红四军的战士在杀敌战场上是英雄，在运动会上也是好汉。他们的英勇精神博得大家的不断喝彩。

比赛结束后，又表演文娱节目。大会宣布由供给部和卫生部两个女兵班给大家唱歌。张文（原名张熙泽）带领供给部一班的女兵走到主席台上，唱了一支《打骑兵》和《捉牛歌》。她们都害羞得不行，低着头笑着就跑回队伍中去了。

这时，四方面军总部决定高级干部单身的可以结婚。军长王宏坤和爱人冯明英、参谋长陈伯钧和爱人何克春（也在供给部工作）、供给部政委谢启清都很关心我，要把张文介绍给我。

张文出身很苦，家在四川通江县的红口街。父亲教学，后害眼疾失明。母亲租种地主家三亩薄地，生活贫苦。张文十岁在地主家当佣人，起早贪黑，忍饥受冻，挨打受气。一个哥哥在外扛长工。1932 年 12 月红军解放通江不久，兄妹都参加了红军，在红四军供给部被服厂工作。张文由于吃苦耐劳、心灵手巧，完成任务好，一直作为骨干留下来了。

散会后，女兵们说着笑着往回走，大家都十分兴奋。

政治部的司务长，外号叫王驼子的，跑到前边问："哪个是一班班长？"

"后边走的那个。"政治部宣传队的王新兰（后为萧华的爱人）指着张文回答。

王驼子笑呵呵地走到张文跟前问："你就是一班班长呀？"

张文说："是呀，有什么事吗？"

原来是供应部的谢启清政委找她。

晚上，张文到了谢政委的办公室。屋里点着一盏煤油灯，军长王宏坤和爱人冯明英坐在床板上。

这时，冯明英对她说："张熙泽，今天你们班的歌唱得不错呀。"

张文不好意思地笑着说："不好。"

"你认识政治部的洪主任吗？"

"不认识。我们在基层，与首长没有联系。"

"他称赞你们了，说你们歌唱得好。"

王宏坤和蔼地笑着说:“熙泽同志，我们想介绍你们两个认识一下，你看怎么样？”

张文心里明白是怎么回事了。

谢政委见她不好意思，说 :“这件事，先不定，你回去征求一下你二哥的意见。”

张文的二哥张熙汉也在供给部被服厂工作。前不久，熙汉背着缝纫机架，张文背着线捆、布匹，一块走过一眼望不到边的草地，爬过积雪深厚、空气稀薄的大雪山。

张文到了张熙汉的住处，见到哥哥，说明了情况。哥哥表示，我们都参加革命了，不像在家里，我不干涉你，自己的事，自己拿主意。

后来张文向谢政委表示，相信组织，依靠组织。谢政委就让陈伯钧参谋长的爱人何克春陪张文来见我。

这样，张文到我的屋子同我见了面。

在这种场合，我真不知道说什么。记得我问她最近学习什么？张文说正在学报纸上的一篇文章……

6 月 1 日晚上，大雨哗哗下个不停。

红四军政治部办公室点着油灯，我和张文的婚礼在红军战士的欢闹声中举行。军长王宏坤和爱人冯明英，参谋长陈伯钧和爱人何克春，供给部的领导、政治部工作人员都参加了。仪式完毕，大家围坐在一起，喝了面疙瘩汤，算是结婚宴席。

那时，我只有一条被单、一条旧毛毯。这条毛毯，1950 年在通县驻防时送给老百姓了。

选自洪学智:《洪学智回忆录》，解放军出版社2002年10月第1版，第117—124页。

雅江阻击

张贤约

1936年4月初，我们红四军十二师驻进了道孚南面的黄金喇嘛寺附近的几个寨子里。为适应新的战斗任务，部队展开了整编、训练、筹集物资等项工作，积极准备北上与党中央会合。就在这时，红二、六军团从黔滇边赶来，准备与四方面军会合，共同北上。消息传来，全军上下欢呼雀跃，在“消灭李抱冰”、“迎接二、六军团”、“开展创造西北广大抗日根据地的伟大战斗任务”的口号鼓舞下，部队士气振奋，更加积极地进行迎接二、六军团和北上的准备工作。

红四方面军由于张国焘分裂党、分裂红军的罪恶活动，被迫南下西进，往返雪山草地，由于连续苦战，备遭挫折，部队损失严重。为充实连队，适应新的战斗任务的要求，部队进行了整编，整编后的十二师直辖营，不设团部，全师人员实际上只相当于一个大团。

部队整编以后，根据北上所面临的敌情和地形，立即展开了紧张的军事训练。着重学习打骑兵、打堡垒、夜间战斗和强渡江河等战术。同时进行了政治、文化教育，积极开展文娱、体育活动。与此同时，部队还派出大批干部深入农牧区，宣传党和红军的政策，帮助藏族人民建立政权和群众组织，并积极筹集粮、盐、牛、羊等物资，全军上下人人动手，打草鞋、织毛衣、缝制帐篷，以备北上之需。

4月中旬的一天，军部通知我和政委胡奇才同志去开会，我们立即赶到军部驻地道孚，独立师张德发师长和政委也来了，军长王宏坤和政委王建安向我们传达了总部的命令：红二、六军团已胜利渡过金沙江，正沿玉龙大雪山北进。为了迎接二、六军团北上，实现两支兄弟部队的胜利会师，方面军决定三十二军和四军的十二师、独立师由道孚出动，南下雅江阻止敌人，保证红二、六军团安全到达甘孜、与我红四方面军会合。因为雅江在雅砻江上游，是康定方向敌李抱冰五十三师西进理塘，妄图切断我红二、六军团北上甘孜的必经之路，战略地位十分重要，我们必须先敌攻占雅江，才能保证红二、六军团北上侧翼的安全。

会后，回到驻地，我们马上向部队作了传达，稍作准备，部队就出发了，红三十二军作为前卫已经先走了，红四军由王建安政委率领，以十二师在前，独立师为后的梯次前进。

部队沿鲜水河、雅砻江西岸向南开进。时值初春，满山盛开着桃花，沿途两边是陡峭的高山，中间是汹涌的河水，很少遇到居民，队伍只能沿着崎岖的山道依次前进. 走了两天，我们到了卡巴附近，队伍突然停止前进。我搞不清是怎么回事，正准备派人到前面去了解情况，忽见三十二军罗炳辉军长骑马来了。我忙迎上前去，罗军长说，前卫的“通司”（藏语翻译）昨晚都逃跑了，部队失去了向导无法行进，只好向十二师借“通司”来了。我说:“就这点事怎么还要军长亲自来呢？”罗军长说：“怕别人来讲不清楚，耽误事。”我对他说：“我们在这一带待得长些，对‘通司’的情况熟悉一点。我们的经验，对待‘通司’除了做好宣传、教育、鼓励工作外，还必须让他们吃得要好，再给他配上好马好枪，这样，他们就不会跑了。十二师差不多有一个班的‘通司’，一个也没跑过。”罗军长听了很高兴。我立即调了三个“通司”连马带枪跟罗军长到前面去了。不久，部队又继续前进。

沿鲜水河走，中间还要渡过许多叉河。我们师有一个船工水兵连，集中了许多会水的、会撑船的、会造木船和羊皮筏子的人才。这些人当中有鄂豫皖的干部战士，还有在川陕招来的民工。这一带山上没有竹子，虽然有很多树木，但新砍的木材浮力小，不能造船。我们只有到附近的寨子和喇嘛寺去借木料。这里的河岸坡度都很大,水流急,落差大。而且河水是从雪山上流下来的雪水，冰凉刺骨，在这种情况下架桥是很困难的，只能编成木筏浮在水面搭成简易浮桥。水兵连的同志们干劲很大，沿路遇河搭桥，使部队很快通过。快到雅江了，这时波涛翻滚的雅砻江却横在部队的前面，渡口原有两条破旧的小船，三十二军过江时都是勉强使用的，我们来后已不能再用了。水兵连的同志四处奔忙，找来造船的木料，一夜功夫造了三条可坐十几个人的小船，就靠这三条船，部队顺利地过了江。

从道孚到雅江之前，部队没有遇到大的战斗，部队逼近雅江，向东侦察，抵达东俄洛，消灭了敌人在这一带活动的一支别动队，大约有百十来人。开始我们还以为是地方反动武装。但他们装备精良，清一色的驳壳枪，还有轻机枪，抓到俘虏以后才弄清是康定的敌五十三师派出的别动队。大约 19 日，我军进驻雅江县城。所谓县城实际上就是雅砻江东西两岸各有一个藏民的寨子，江上原有一座外国人修的铁索桥连结两岸，军阀混战时毁掉了，只剩下刻有外国字的石桥墩。我军捉到国民党派驻的县长，他是“光杆司令”，一个人住在一个草棚里，藏民也不理会他，他没啥事可干，就整天打草鞋卖。

三十二军在雅江稍作休息即继续西进西俄洛方向，四军留在雅江作掩护准备阻击康定之敌。我们十二师迅速展开，在雅江西岸布防。江的两岸都是绝壁，只有一些小滩，我们经过察勘打算重点防守一些敌人可能易于偷渡的一些河口。部队就分散在沿岸的小沟内，战士们住在老百姓遗弃的挖金沙的矿洞里。部队一边修筑工事，一边派出连队到附近筹粮。当地的群众在红军到来之前都跑掉了，后来我们找到一个土司的老婆，她是四川人，会说藏语，通过她才把土司和群众陆续动员回来。这样我们才向群众买到了一些盐巴和青稞、豌豆、苞谷等东西。过了几天，敌李抱冰的部队逼进了雅江，我军全部撤到西岸阵地内，占据了有利地形，凭险据守，并不断向他们喊话宣传，敌人不敢强渡，只是隔江连连向我打枪打炮。这样对峙了一个多月，一直将敌李抱冰阻于雅江以东，胜利完成了阻击任务,保证了红二、六军团安全北上与红四方面军会合。

在雅江的一个月里，部队除执行阻击任务外，还进行了射击、投弹、打骑兵等军事训练和政治教育；为做好北上与中央会合的物资准备，我们抽出部分部队筹集粮食、牛、羊、皮张、羊毛等；指战员们自己做皮草鞋、搓毛线、打毛衣、做简易帐篷等。

6 月 3 日，传来三十二军在理塘和二、六军团先头部队胜利会师的消息，部队为之欢欣鼓舞。7 月初，二、四方面军开始并肩北上陕甘，十二师和独立师奉命撤离雅江，从原路返回道孚。我们与军部会合后进到炉霍，这时方面军其他部队已全部出发，红四军就担任第三次过草地的后卫。

选自中国人民解放军历史资料丛书编审委员会编：《红军长征·回忆史料（2）》，解放军出版社1992年9月第1版，第195—197页。

张贤约，1912 年生，河南商城（出生村庄今属安徽金寨）人。1929 年参加六霍起义，1930 年随起义队伍编入中国工农红军，同年加入中国共产党。红军长征时任红四方面军第四军十二师三十四团团长、十二师师长。新中国成立后，曾任西北军区空军副司令员、西北军区后勤部部长兼政治委员、解放军总后勤部副部长、全国人大常委会委员等职。1955 年被授予中将军衔。2002 年在北京逝世。

开路先锋轻骑兵

徐国夫

1935年8月20日我左路军历尽艰辛到达阿坝。阿坝有“藏族成都”之誉，是西部草原的名城，人口较多，工商业也比较发达，在藏民区中是座比较繁华的城市。在这里我们得到了很好的补充，部队也得到休整，过草地的疲劳得到消除。未几日，上级命令我们南下。在卓克基出发时，上级告诉我们是北上开辟川陕甘根据地。现在突然又要南下，当时我们都不知是何缘故。在那个年代，战士和基层指挥员就是讲服从命令，上级怎么指，咱就怎么走，不问为什么，问多了还怕成为“肃反”对象。后来才知道，这是张国焘搞的鬼。张国焘这个人大家常见面，高个子，团圆脸，不爱说话。听说他在高级领导之间很霸道，有些事根本不跟别人商量，定了之后还不解释。张国焘在红一、四方面军会师后的战略方针和行动方案上与中央领导们产生过分歧，后经反复工作，才勉强同意北上。但到了噶曲河，他借故涨水河宽无法通过为由，才将左路军带到阿坝。也就是在我们休整的那几天，中央领导和张国焘都没消停，你来个电报，我回个电报，来来往往，无非是左路军去向问题，以毛泽东同志为首的中央，要求左路军按照毛儿盖军事会议制定的方针北上，张国焘则以北上路线已被敌切断，且部队过冬物资无着为由坚持南下。后来张国焘固执己见，带领左路军离开阿坝，并电令已通过松潘大草地到达班佑、巴西的徐向前、陈昌浩也南下与左路军会合，致使这部分部队重过草地，付出了更大牺牲。

我左路军南下后在绥靖、崇化、丹巴、懋功一带与川军杨森、刘文辉部激战十余日，取得较好战果。10 月底继续南下，越过夹金山，向宝兴、天全、芦山、雅安之敌发起攻击，再败川军刘湘、邓锡侯、杨森各部，两战歼敌 8000 余人。11 月中下旬，我军于百丈关、汉源两地分别与刘湘、薛岳部展开激战，歼敌近 2 万人①，但我军也付出伤亡近万人的沉重代价。敌众我寡，势逼之下，被迫翻越夹金山、大雪山，向西北转移，于 1936 年 3 月 15 日进至西康重镇——甘孜。

甘孜，是我左路军转向正确路线的起点。

甘孜，是我左路军摆脱敌重兵，得以休整的避风港。

甘孜，是我左路军骑兵师的发祥地。在此，我军第一支骑兵师诞生了。

这是一支有着 800 余人马的新编部队，下设五个大连，每连四个排，人员均由各军抽调的优秀指战员组成，许世友同志担任师长。

两个方面军会师后，由一方面军抽调一批干部充实四方面军。此期间，我九军政治部主任调离，一方面军曾日三同志接替该职。随曾日三同志一起来的还有一位同志，曾日三让其接替我所担任的组织部部长职务，我改任副部长。当时陈海松政委找我谈话，嘱咐我正确对待组织分工。我说：

“干什么都一样，都是为党工作嘛，无非是分工不同罢了。”

我的态度使陈政委很高兴。开始他怕我想不通，其实当时有些人事安排他本人也并非情愿，但为了顾全大局，增进两个方面军的团结，我们许多同志还是把党的利益放在了首位。

3 月底的一天，曾日三主任对我说：

“国夫同志，总部成立骑兵师，要从各部队抽调一批优秀干部和战

① 应为1.5万余人——编者注。

士，军首长认为你各方面条件都比较好，准备让你去，有什么意见吗？”

成立骑兵师的事我早已知道。在当时，没有机械化运输工具的情况下，为解决长途、快速奔袭，应付突发性事件，建立骑兵部队是十分必要的。十余年的征战生活，我们既有深受敌人快速运动之害，也有因运动迟缓而丧失战机之感。特别进入草地以来，藏族土司组织的反动武装皆是马队骑兵，对我军进行频繁骚扰，他们打一下就走，来得急，走得快，确实给我们造成了许多烦恼。现在让我去当骑兵，真是高兴极啦。我立即表了态。

报到那天，许世友正好在场。他对我说：

“大眼眉（因为我的眉毛比较重，许世友和许多较熟的人都这么叫我），知道怎么来的吗？”

我说军里让我来的啊。

他说：

“你们军里不放，是我硬把你要来的。你打仗有两下子，总在机关蹲着瞎了材料。到这里当骑兵，大砍大杀，多痛快！”

我心里说知我者许世友也，便赶紧表示：

“谢谢师长夸奖。”

许师长问他身边的一位科长：

“徐国夫怎么安排的？”

那个人告诉他，让我担任一连指导员。

许世友说：

“怎么，还是政工啊！没关系，先干着，以后再调。”

结果我当了两个多月的指导员就改任连长了。

1936 年 3 月底，我左路军骑兵师组建完毕，奉命开至甘孜城西南的大草原。这里西靠雅砻江，东、南、北三面是开阔无际的大草地。

背后的雅砻江的江段中游，江面较宽，延伸几十米均为浅水滩，水流清澈、平缓，是我们人马清洗的绝妙所在。依江展望，宽广辽阔的大草地绿茵如毯，平展豁达，且地质坚实，绝无沼泽泥潭，实是驰马练兵的绝佳之地。骑兵师四个月基础训练在此展开了。

骑兵师司令部下设作战、训练、保障三个科。当年在冯玉祥部队进讲武堂学过骑兵的王振祥同志担任训练科科长兼总教官。这个人中等身材，体瘦脸长，说起话来洪门大嗓，十分有力。

骑兵师里的人和马虽然部分参加过战斗，但都没受过专门训练，所以无论领导和士兵都要从头学起。

我记得王振祥教官给我们讲的第一节课是马的生理功能和骑手与战马的关系。他告诉我们，战马是骑手的伙伴，马虽然没有人一样的语言，但马懂得人的语言，要让马听人的指挥，就必须与马成为好朋友。所以在骑兵时期我们每个人都像爱护自己生命一样爱护自己的战马。

紧张的实地训练开始了。骑兵师每个人都分配了一匹战马。分给我的是一匹铁青马，高头性烈。董俊彦参谋长跟我开玩笑说：

“国夫哇，你这位朋友脾气不太好，看你能不能管得了吧。”

我说：“没问题，他脾气不好，我脾气比他还倔，看谁厉害。”

他们几个人听完都哈哈笑了。

按照教官所要求，开始几天，我们是互相熟悉自己伙伴，用现在的话说，大概就是沟通感情或叫感情投资吧。我给我的铁青马起的名字叫“老黑”。我的“老黑”开始对我不太客气,不是甩脑袋就是踢后腿，后来架不住我以柔克刚，三天就顺顺帖帖，成了我第一位异类好朋友。

提起驯马,我就想起“溜须拍马”这一名词。现在这一名词是贬义，驯马时确是如此，我正是按着这句话去做了，才使一匹匹战马成为我的好朋友。对待异类我可以说驾轻就熟，运用自如，但对待同类我却是个蹩脚的驭手。

七天之后我们开始了实地训练，从上马下马开始，到队列、战术、技术……双脚离蹬，后仰前伏，侧身取物，镫里藏身，跃障碍，钻火圈……教官教得一丝不苟，我们练得严肃认真。

5 月下旬的一天，许师长告诉大家说朱德总司令、张国焘总政委、刘伯承总参谋长要来看一看。听了后我们各连干部立即回连准备。

大约是下午 3 点多，朱总司令一行到来。我们全师 1000 多人马列成十个方队一字排开，庞大阵容整齐壮观，显示了我们两个月来训练的成果。总司令和总政委看了后直说“好”。然而有一个人却没有说话，这就是 1912 年考入重庆将校学堂、1913 年参加讨袁大军、1923 年参加讨伐北洋军阀军、1926 年发动泸顺起义、1927 年参与领导南昌暴动后入苏联高级步兵学校、1932 年担任红军总参谋长、现行红军总司令部总参谋长刘伯承。当时我们都知道刘伯承是军事上的行家，许多出名的战将在他面前都不敢枉谈军事，包括我们的许师长也惧他几分。

刘总长说：

“老许啊，花架子中看不中用，亮亮你们的真本事吧。”

随着许师长一声令下，王振祥教官指挥我们开始了战术、技术表演。马上射击、侧身劈刀、标枪刺杀、单脚挂蹬……一系列的表演之后，刘伯承说：

“不容易、不容易，两个月就达到这个水平，实在不简单哪。”

四个月之后的 1936 年 7 月，在左路军北上出发前，我们骑兵师完成了预定的训练科目，完全能够参加实战了。

节选自徐国夫:《大漠风声疾》，白山出版社1998年10月第1版，第85—90页。

我的长征经历[①]

冯学友

我是四川省巴中县人。1932 年 12 月 25 日，由徐向前总指挥、陈昌浩政委领导的红四方面军入川，从解放通江县城开始，经过无数次大大小小的战斗，继而解放了我的家乡巴中县和南江、达县、宣汉、大竹、平昌、南充、广元、仪陇、阆中等 20 多个县，并在每个县的区、乡、村都建立了“苏维埃政权”，农民都分得了田地、房屋，红军也日益壮大起来，由西征初的二万多人发展到了八万多人。1933 年 2 月，正式成立了川陕省工农民主政府。

红军所到之处，都大力宣传共产党的土地革命政策，穷人要当家作主人，打土豪分田地，号召有志热血青年参加革命。1933 年 3 月，15 岁的我积极响应，自愿参加中国工农红军，编入第四方面军第九军二十七师八十团一营一连，正式成为一名红军战士。

日本帝国主义侵占了我国东北三省，国民政府奉行“攘外必先安内”的消极抵抗政策，疯狂地“围剿”红军，中国工农红军纷纷突破敌人的一个又一个包围圈，摆脱了几十万敌人的围追堵截，实行战略大转移，一路北上抗日。

1935 年 3 月，红四方面军撤离川陕根据地西进。为迎接党中央北上，

① 编者对文中个别之处略有修订。

我所在的红九军二十七师随红三十军政委李先念开往小金川地区。我们第二十七师从汶川向西南的卧龙方向前进，狙击巴郎山方向的敌人。红九军第二十五师和三十军第八十八师则分别从理县、汶川出发，直取懋功。6 月中旬，在四川懋功与红一方面军会师。8 月，红一、红四方面军混合编为左、右两路军共同北上，二十七师作为左路军的右翼前卫从卧龙出发，翻过巴郎山，进入毛儿盖准备过草地。由于领导左路军的张国焘在到达阿坝后，违抗中央北上抗日的决定，擅自率领红四方面军南下，已过草地的红四军和红三十一军从若尔盖再次经过草地返回毛儿盖，我们一路越过红桥山南下，在天全、宝兴地区经过艰苦的作战未能打开局面，红四方面军屡遭挫折，部队损失严重，减员过半。于是部队翻过夹金山，越过党岭山向西撤退，于 1936 年 7 月初，与红二、六军团在甘孜会师。我所在的第四方面军红九军一路经壤塘、阿坝、松潘，过 500 余里的草地，经大小上百次战斗，冲破敌人数十万大军的围追堵截二次北上。

翻越巴郎山时，我在二十七师师部当通讯员。师部住在巴郎山南边的一个小镇上，晚上 9 点多钟，我刚刚睡下，班长急忙把我叫起来，要我到八十团去送一封信，时间紧急马上出发，要尽快送到。八十团是先头部队，追击敌人已经到了八十几里外的牛头山，我赶紧背上枪，带上两颗手榴弹，请了一个可靠的老乡带路。这是一个漆黑的夜晚，伸手不见五指，四面都是大山森林，我们沿着一条小河边走，一路急行，在第二天早上 8 点钟到达八十团团部，出色地完成了任务。

翻越红桥大雪山前，我们与堵截的敌人打了一仗，战斗进行得非常激烈，消灭敌人 500 多人，缴获敌人战马 20 多匹。战马陷在齐腰深的雪里,费了九牛二虎之力才把它们拉出来。翻过红桥山走到下半夜，天下大雨，黑得什么也看不见，队伍停下来在密密的树林里拉起油布避雨，背靠背地坐了三个钟头，天快亮的时候我们红军继续前进追击敌人。

夹金山是我们西撤途中翻越的第一座雪山，海拔4000多米，山上坡陡路险,荆棘丛生,许多地段无路可走。当地老百姓把它称为“神山”，意思是只有神仙才能走过的山。

山脚的气温很低，路冻得邦邦硬，木棍着地发出“咯咯”的响声。我们身上穿的是单衣，脚上穿的是自己打的草鞋，而且大多数战士的衣服都已破烂不堪，把能穿的都穿上了。有的裹上毡子，有的披上油布，还有的扎上稻草，带上仅有的干粮和御寒的辣椒、大蒜、老姜，每人手拿一根木棍，喝一碗辣椒水就上路。红军战士一个紧跟着一个，一队紧接着一队，由采药农民作向导，用大刀斩荆棘开路，向白茫茫的雪山上爬去。山上的气温降到零下二三十度,冻得大家牙齿咯咯直响。一路上，先头的人用刺刀挖出踏脚孔，后面的人手拉着手，踏着前面人的脚印小心地前进。

越往上爬，空气越稀薄，呼吸也越加困难。大家脑袋发晕，呼吸急促，腿部酸疼，只得一步一停，一步一喘。尽管体力不支，行走艰难，但还得不停地行进。因为谁要是停步坐下，就会永远起不来了。

走在我前面的一位炊事班的战士，背着一个大铜锣锅，走着走着一头栽倒在雪地里就再也没有爬起来，战士们把他的遗体掩埋在积雪中继续前进。雪山反射出的太阳的强光把我的眼睛刺伤得了雪盲，战友们拉着我前进，好几天都看不清东西。

到了山顶，劳累了半天的战士们，有的坐下来，有的躺下来，可是上级马上传下话来：“千万别在这里休息呀！这里空气稀薄，躺下就会起不来的。”有不少人实在没有力气了，只好坐着往山下滑……

就这样，我们红军战士一昼夜翻过了这座“只有神仙才能过”的大雪山。

党岭大雪山是我们翻越的最后一座雪山，也是最高的一座雪山，它横亘在丹巴、道孚之间，主峰海拔5470米，山上空气稀薄，积雪终年不化。当地群众中流传着这样一个传说:党岭山离天只有三尺三，人到顶上不能说话，一说话就要被天神治死。当地年长的群众还告诉我们，山上气候变化无常，不时有冰雹，大雪降临，风特别大，人被吹倒就难以爬起来，要避开暴风雪的袭击，必须在每天中午前通过顶峰。

我们是在一天傍晚开始翻越党岭雪山的，山上的气候变化很快，暴风雪说来就来，霎时，天昏地暗，狂风大作，刮得人们站不住脚，睁不开眼。紧接着，鹅毛大雪越下越大，气温骤然下降。由于天黑、风急、雪大，难以继续行进，只好原地休息，待风雪停后再前进。我们选择避风的地方，以连为单位围在一起，以相互的体温取暖休息。好不容易挨到风停雪止，大家互相搀扶着艰难地站立起来，冻得失去了知觉的双脚已不听使唤，走一步跌一跤，爬起来再走，走出二三十步才慢慢恢复了知觉。不少同志的脚冻裂了，鲜血渗透了裹在脚上的破布和草鞋，在雪地上留下了斑斑血印。越往上爬，积雪越厚，天气越冷，空气也越稀薄了。同志们一步一停，一步一喘，每走一步都要用出全身的力气。有的同志晕倒了，大家就互相搀扶着向上攀登。

经过一夜的行军，第二天中午到达山顶，风特别大，只有几个人抱作一团，用冲锋的动作，才可以冲过山顶。我往山顶冲时，眼看着又一个炊事员因用锅顶风，与抱着的人脱了手，被大风吹进雪坑无法施救而牺牲，真令人难过。

1936 年 8 月，我们通过少数民族地区后，来到茫茫无际的草地。整个大草地方圆数百里，举目望去，就像浩瀚的大海，草连天，天连草。茂密的杂草，蒲团似的东一丛西一蓬，草块之间，到处是积满污水的烂泥潭。浓密的草丛下面神秘莫测，黑黑的积水到处泛滥，散发着腐臭的气味。大片大片的沼泽地像一个个无形的深潭，一不小心，踩下去就会越陷越深，甚至会把人吞没。沿途渺无人烟，没有道路，只有先头部队给我们留下的一道时隐时现的脚印。

草地的天就像小孩的脸，说变就变。时而彩霞满天，时而暴雨倾盆，时而冰雹骤下，时而雪花纷飞。上午还是烈日当空，酷暑蒸人，穿一件单衣还热得透不过气来，到了下午却刮起了令人瑟缩抖颤的寒风，鹅毛大雪铺天盖地。我们把仅有的衣服披在身上，也抵挡不住风雪的吹打。过草地一个多月，好比过了春夏秋冬四季。

天黑了，部队要宿营。可是在这渺无人迹的草地上，既无村舍可借住，又无大的场地可露营。部队只能分散在一小块一小块地势稍高的地方，支撑起破烂的毯子挡风遮露，捡来半干半湿的小树枝，燃起忽明忽暗的篝火，驱赶逼人的寒气。在过草地的日子里，我们没有睡过一个囫囵觉。最大的困难还是吃饭问题。草地的积水乌黑发臭，闻到就使人恶心，更难以下咽。至于能填肚子的东西就更少了。进草地前，大军云集在人烟稀少、地瘦民贫的少数民族地区，难以筹集到多少粮食。进草地后，尽管大家都很节省粮食，仍维持不了几天，多以野菜、草根甚至牛皮、皮带充饥。再后来实在找不到吃的东西，有的战士便把书和报纸吞到肚里充饥。不少同志走着走着“咕咚”一声摔倒就再也起不来了。不少同志就是靠一把野菜、一根皮带，坚持下来走出草地的。

就这样，红军战士“风雪浸衣骨更硬，野草充饥志越坚”。经过一个多月的草地行军，终于克服了难以想象的困难，穿过纵向长 500 里的草地中心地带，继续向目的地——陕北革命根据地挺进。

1936 年 10 月，红四方面军历时 19 个月，数过雪山，三过草地，一度南下，两度北进，经千百次大小战斗，冲破数十万敌军的围追堵截，有力策应红一、二方面军北上，在甘肃的会宁县城和静宁县将台堡地区胜利会师，结束了具有伟大历史意义的长征。（王明生整理）

选自中共重庆市委组织部、中共重庆市委宣传部、中共重庆市委老干部局、中共重庆市委党史研究室编：《峥嵘岁月——重庆市老干部回忆录第三集》, 2006年10月, 第103—109页。

冯学友，1918 年生，四川巴中人。1933 年参加中国工农红军，1938 年加入中国共产党。红军长征时任红四方面军第九军二十七师师部通信员。新中国成立后，曾任重庆市第二轻工业局副局长。

一家人的长征

李中权

在庆祝红军长征胜利 70 周年之际，作为一个 91 岁的红军老战士，往事经常浮现在我的面前，尤其是我母亲的身影时常萦绕在眼前。为了革命事业，我家九个亲人先后牺牲了七人。在红四方面军三次过雪山草地的长征中，父亲死在了大巴山麓的通江河谷，母亲死在西康省甘孜的大草原边，双亲的尸骨均无法寻找。每当想起最后一次告别慈母的情景，我总感悲痛万分。

1936 年 6 月的一天，红四方面军要第三次过雪山草地。在长征途中，我任红军独立二师政委，这天率队从西康省丹巴县的边耳西行执行任务。忽然，在红军队伍中遇到了向东去的我多病的母亲和三个幼小的弟妹，他们要翻党岭山、再奔道孚、炉霍过大草地。那时，母亲已是 53 岁的人了，从小裹过的脚，只几寸长，拉拽着三个幼小的弟妹。我赶快在路边与娘和弟妹聚谈起来。当时，憔悴多病的母亲两条腿肿胀得厉害，左小腹还长了毒疮。

前两次，娘见到我总有问不完的问题，说不完的话，这次一反常态，什么也不说了。其实，母亲心里很明白，困难再多，现在能解决什么问题呢！困难再大，也无非是死。所以，她就干脆什么也不提了。她老人家似乎是在最后向儿告别。我同娘都意识到，以后恐怕是很难相见了，但都不愿说出口来。我想了很多：就地安置吗？在这荒无人烟的地方，到何处安置呢？就是有人家，而在少数民族区，因人们对红军的性质不甚了解，也是不能安置的。回家去吗？我们已是没有家可回了……想来想去，唯一的办法，还是让亲人们随红军队伍一起行动，走到哪算哪儿，万一不幸，母亲也是为革命而光荣牺牲的。这是我一生中最感痛苦的时候，但我必须这样定下决心，我将我的马交给了娘和弟妹，供他们使用；并将我的一点粮食也给了他们，然后给前边的部队写了介绍信，指望能对我娘和弟妹加以照顾。这时，警卫员再三催促，说："时间不早了，快走吧！"我便狠下心来，再不敢回头看了，硬是挥泪告别了母亲和弟妹……

果然，两个月后，红军走完草地（这时我已被调往红军大学学习），在甘南的行军途中，我见到了四弟李中柏，他哭着向我诉说母亲病逝的经过。分别后，母亲领着他们过四江（嘉陵江、涪江、渠江和岷江），翻大雪山（夹金山），过草地。1936 年 7 月，队伍走到西康炉霍县冬古喇嘛寺附近时，母亲终于倒下了，她的两条腿就像灌了水，一按一个窝，左小腹长的那个毒疮，已变成黑黄包的水泡状，快碗口大了。她拔下头上的簪子扎破脓包，黑黄的脓水直往外冒。母亲不行了，小妹哭叫着扒开母亲的眼皮："娘——"垂危的母亲用极虚弱的口气说："娃儿们——跟红军——走——"母亲就这样倒在了长征的路上。在一年零三个月里，母亲走了近两万里路。在当时的困难条件下，弟妹们只好用手抠土，在红二方面军后卫部队掩护下，掩埋了母亲。弟妹一步一回头，望着那土包包。他们又继续过草地，翻雪山，从后边赶上来了。柏弟给了我一个纸条，上边写着母亲逝世的日期、时刻（可惜后来纸条也丢失了），我们兄弟俩抱头痛哭！我万分后悔，几个月前在边耳离别娘时，我为什么不回头看几眼亲爱的娘呀！我对不起娘！我悔恨终生！我安慰柏弟说："我们兄妹现已没有亲爹娘了，我们要继续长征，到陕北去找毛主席、党中央，那里还有我们伟大的母亲——伟大的党，我们的前途将会是光明的。"

在纪念红军长征胜利50周年的时候，我同柏弟重走长征路，来到当年母亲逝世的地方。谁料到50年后，地形大变，母亲坟地荡然无存，尸骨也未寻获。每当思念及此，实令儿女万分悲痛。

亲爱的母亲！您生的苦，死的也苦，但您生的光荣死的伟大。您所养育的儿女都光荣参加了革命。当我们伟大的母亲——中国共产党诞生85周年之际，我们高呼：中国共产党万岁！（王钢整理）

选自《解放军报》2006年6月29日。

我的回忆

汪永泰

参加红军

1933 年 6 月，一条消息传到了远在大巴山区的玉山场上，有一支队伍开进来了。果然 6 月 10 日，这支队伍进了我村，我偷偷跑出去，看见他们身穿灰布衣服，头戴八角帽，帽子上还绣着五角星，这些兵不仅对老百姓秋毫无犯，而且一个个还显得和蔼可亲，他们拿着话筒向村民宣传："乡亲们，我们是中国工农红军，是为人民的队伍，专为老百姓打天下。"我听了后，激动地说："红军老爷，我想来当兵行不？"一位个子稍高的战士拉着我的手笑着说："小兄弟，我们是红军，是为穷人打天下的队伍，在我们这里个个都是亲兄弟，不称老爷，你要参军我表示欢迎，不过你年龄太小了，现在不行。"听了这番平易近人的话，我参军的愿望更加迫切了，我不停地与他说好话、"磨嘴皮"，坚决要求参军。

渐渐地，天色暗了下来，那几位战士见我不肯回去，就把我带到连部。一位身材魁梧高大，腰间扎着皮带，操着湖北口音的人接待了我。他见我个子不高，年龄又小，仍不肯收我，可我还是缠着他们不肯离开。最后，那位操湖北口音的人找来几个人商量了一阵，终于将我留了下来，这支部队就是四方面军第九军七十三团一营二连，那个操湖北口音的人是连长。从此，我就成了一名光荣的红军战士。

过雪山草地

参加红军后，我随这支队伍实行战略转移，开始万里长征。在长征路上，先后翻越了三座大雪山（夹金山、洪桥山、党岭山）。

夹金山位于四川的西部，地处宝兴县的西北面，是一座海拔 4000 多米的大雪山。山上没有人烟，满山盖着长年不化的积雪，气候寒冷，空气稀薄，狂风四起，大雪纷飞。当地人把夹金山称为神仙，说山上的雪是由山神喷出来的，人一上去就会冻死，只有山神才能上去。我的无名指就是下夹金山时被冻断了。当时正值 6 月，多数战士只穿着一套破旧的单衣，要翻越寒冷的雪山，是困难重重。川西一带人烟稀少，有的战士找一些干羊皮做成背心穿上防寒。没有鞋子，就把少数民族用过的破羊皮用刺刀剪成草鞋样子，羊毛搓成绳做鞋带。晴天穿脚上羊皮太硬，脚打烂了。下雨天穿上皮子软了，像一只船。到晚上没吃，就把鞋烧来当干粮吃。山上异常寒冷，刚到雪山脚下就感到寒气逼人，白雪放出寒光，像一座银山挡在我们面前，但我们没有被雪山的险情所吓倒，大步向雪山走去。

当我们爬到另一座山洪桥山，晚上在森林宿营。脚下是原始森林，头上是冰雪世界，寒风刺骨，雪花乱舞。越往雪山高处爬，坡越来越陡，雪也越大。山上空气不好，呼吸困难，爬山非常艰难。在这险恶的环境里，我们团结互助。晚上在河口宿营，眼睛直流热泪，睁不开眼，非常难受，后来才知道是因为雪的刺激得了雪盲症。

我们翻越党岭山时，历尽难险。党岭山海拔 5400 多米，积雪终年不化，山上的气候变化很快。暴风雨说来就来，狂风大起，刮得人们站不住脚，睁不开眼。紧接着鹅毛大雪越下越大，气温突然下降。由于天黑，风急，雪大，难以继续前进，只好原地宿营，地是湿的，柴草是湿的，身上几乎没干过。

饥寒、疲劳、疾病考验着每个战士，缺粮是我们的大问题。我们把雪拨开后扯些黄花草、野葱来吃，一会儿过去，只见两位大哥口吐白泡哎呀两声，就永远地离开人间，大概是野葱中毒吧。

草地上 600 多公里，杂草丛生。天上没有飞禽、地上没有野兽，到处都是水洼地，一片阴冷和潮湿。当地牧民告诉我们，他们祖祖辈辈放牧，从来没人进过草地，那里气候变化无常，一会儿晴、一会儿狂风、一会儿暴雨、一会儿冰雹、一会儿大雪等。

过草地确实辛苦，杂草浸在水中，一脚踩下去，草下面黑水直往上冒，水还有毒。草地行走必须小心，青草掩盖下面是坑坑洼洼，深浅心中无数，随时都会掉下烂泥潭，一脚踩下去，就像踩在海绵上，晃晃悠悠的，必须退回，不然就不容易爬起来，别人一拉就会同时陷下去，无法搭救。

中共重庆市委党史研究室、重庆市万州区史志研究编纂办公室供稿。

汪永泰，1918 年生，四川巴中人。1933 年参加中国工农红军。1939 年加入中国共产党。红军长征时为红四方面军第九军二十五师七十三团战士。新中国成立后，曾任西南军政委员会公安部组织科长、四川省地质局处长等职。

回忆博巴政府的日子

王寿才（仁钦多吉）

我们甘孜藏族自治州从建立到现在，已经12个年头了；而从红军长征路过这个地区帮助我们建立博巴政府算起，则是26年了。在这段时间里，由于党和毛主席的正确领导，由于各族人民的共同奋斗，我们甘孜藏族人民不仅实现了梦寐以求的当家作主的权利，并且用我们自己的手管理了民族内部事务，从而使我们在党的民族政策和三面红旗照耀下，走上了光辉灿烂的社会主义道路。现在，当看到我们自治州的发展繁荣，听到我们藏族人民的欢乐歌声，就想起了过去艰苦的年代，就想起了红军长征路过我的家乡和在我们家乡建立博巴政府的日子……

那是在1936年青稞苗盖地的时候。一天，红四方面军王树声同志领导的三十一军，沿希渠河谷来到了我的家乡——乾宁县莫洛镗寨。那时，周围的老乡们听了国民党反动派的“红军杀人吃人”的传言，都吓得跑到山上躲了起来。我在此以前，虽然给罗炳辉同志率领的三十二军带过路，并且知道红军是好人，但是不知道这支队伍怎么样，所以也跟老乡们跑上了山。过了几天，老乡们担心自己的粮食被拿走、房子被烧掉，很想回家去看看，可是又怕红军“杀人”“吃人”。正在犹豫不定，我说：“大家不要怕，我给红军带过路，他们既没有杀我又没有吃我，我老婆的舅舅是个喇嘛也好好地回来了。我看还是下山看看好。”大家一听，就推选我和另一个老乡下山去看看：好，就回去；不好，大家就跑。

于是，我们两个人下了山，向寨子走去。刚走到半路，就遇见几个穿深蓝色衣服、戴着八角帽的红军战士。他们见我们问:“你们是干什么的？”

“我们是老百姓。”我年轻的时候在康定汉人铺子里当过学徒，会说些汉语，就用汉语回答道。

“噢——你懂得汉语！”他们很高兴地说。

我说：“多少懂一点。”

“那好，快请到我们政治部去吧！”一个年轻的红军战士，笑嘻嘻地领我进了原来“百户”家的楼房里，见了另一个中年的红军。这个红军虽然穿的和那些红军一样，但是从他那和蔼可亲的面容、沉着稳重的举止来看，像个当官的，后来我才知道，他就是政治部主任，可惜我忘掉了他的名字。他见了我们很高兴，请我们坐下，问了些话，并且告诉我们说，他们是共产党领导的工农红军，是劳动人民的子弟兵，和国民党不一样，不杀人，不烧房子，是保护劳动人民的，叫我们不要害怕。接着又向我们讲了红军的三大纪律和八项注意。我们看到了他们做的、听到他们讲的和三十二军一样，所以都放心了。最后，政治部主任请我们吃了饭，拿给我们一大卷布告，又给我们一匹马，叫我们去张贴，告诉老乡们回寨子，该做什么就做什么，不要怕，红军绝不扰害老百姓。我们俩很高兴，一面到处张贴布告，一面喊老乡们回来。

没有几天，老乡们都陆续回来了。他们看到自己的房子完好如旧，粮食一点没有动，一切都像在家时一样，非常惊奇，都把红军叫作“菩萨兵”，感动得都主动地送粮送草给红军。政治部召集大家开了个会，主任向大家讲了话。他在讲话中说：“我们是各族人民自己的队伍，是保护老百姓的。我们反对的是压在我们各族人民头上的帝国主义和国民党反动派。我们闹革命是为了各族人民当家作主，过没有压迫、没有剥削的生活……”

他的每一句话都打动了我的心，特别是“当家作主”，更是我过去连想也没有想过的。“难道把天下翻过来，穷人说了算？”我自己心里这么想。可是又觉得："年年被牛羊吃掉的总是坝子上的青草，世世被农主压迫的总是穷人，阴霾的天空里哪能一下子出来太阳！"

但是事实却像梦一样出现了。一天，红军召集我们六个乡的各方面的代表，在我家寨子隔河对岩的巴里秋咔，开会讨论成立博巴政府的事。王树声军长在会上说：红军是共产党领导的劳动人民的队伍，我们不久前还和藏族人民一样是受压迫、受剥削的穷人。我们为了翻身，为了劳动人民当家作主，才组织起来闹革命。老乡们，我们各族人民只有在共产党领导下团结一致，共同奋斗，才能打倒压在我们头上的共同敌人！最后，他号召我们"组织起来，建立藏族人民自己的政权"。他讲完话以后，叫我们大家讨论。

我当时真是说不出来的高兴。我原是孔玉人。我生在一个普通的藏族劳动人民的家庭里，从小父亲就死了，只剩下了母亲和我们弟兄三人，后来由于欠下了农奴主的债，父亲留给我们的一点家产也被他给没收了，并且把我们从孔玉赶到了莫洛鐘。20多年来，为了生活，我学过徒，打过猎，种过地，挖过药材，做过小生意……就是这样，还常常吃不饱、穿不暖，至于受农奴主、大商人的打骂凌辱，更是一言难尽。现在像我这样受压迫、被剥削的人要从万丈深渊中爬出来，当家作主，怎么不感到欢欣鼓舞！我看了看老乡们，老乡们也和我一样，喜笑颜开，额手称庆。可是大家都担心一个问题：红军走了怎么办？后来大家讨论的结果是：有共产党的领导，红军的支持，劳动人民的团结一心，什么也不怕；即或红军走了，我们也要干下去，直到完全胜利。大家一致同意建立藏族人民自己的政府，并推选我当博巴政府的主席，阿巴安杰和凯来扎巴当副主席，还推选出了财粮、宣传、武装、青年、妇女、生产等各个方面的负责人。这些人大多都是劳动人民，其中也包括富裕农民和喇嘛。会后，进行了宣传，并征求了老乡们的意见，大家都很高兴。

经过几天的筹备，我们在巴里秋咔"百户"楼房前，举行了博巴政府成立大会。那天，天气晴朗，灿烂的太阳照着墙上用碎瓷新砌的"苏维埃博巴政府”藏文字，闪闪发光。楼上迎风飘着一面三角红旗，旁边缀着“中华苏维埃共和国博巴政府”12 个汉文白字，耀眼夺目。会场周围插着五朵缤纷的旗帜，中间簇拥着来自各乡的代表和群众 300 来人。人们都欢天喜地，昂首挺胸，又说又笑，歌声不断。这样的盛会在我们家乡是从来没有见过的。

太阳当头，大会正式开始了。首先，王树声军长讲了话，并宣布了博巴政府的成立。顿时，会场上欢呼声和掌声响成了一片，许多老人眼泪花花,不住地说:“囊加尼玛夏(天上出来了太阳)！”“囊加尼玛夏！”接着，我们博巴政府的副主席阿巴安杰和凯来扎巴也讲了话，都热烈庆祝博巴政府的成立，号召群众帮助自己的政府，支援自己的队伍——红军。讲话以后，红军的文工队演出了文娱节目，老百姓也高兴地跳起了锅庄，直到太阳靠山，大会才在群众的载歌载舞中完满地结束了。

在我们博巴政府建立前后，甘孜等地也成立了博巴政权。甘孜博巴政府是在朱总司令亲自参加下成立的，它像现在的甘孜自治州一样领导附近县的博巴政权。

我们博巴政府成立后，当时主要是宣传党的政策，帮助群众解决困难，为红军筹备粮草。那时，在我们博巴政府办公的地方，整天挤满了来自各乡各寨的老乡，他们有的给红军送粮送草，有的来办事情，有的没有什么事却高兴到自己的政府来坐坐。我们参加工作的几个人，虽然整天忙得很,可是都高高兴兴,干劲十足。我们还和红军组织了慰问组，到各乡各寨去访贫问苦，帮助群众解决困难。比如，我们到瓦拉寨慰问时，发现那里有很多老乡患感冒，就告诉了政治部，政治部马上派医生替他们治好了病；对困难户，部队还凑了些粮食送给他们，老乡们感动地称红军为“活菩萨”。另外，对麦里寨的困难户，政府则拨粮进行了救济。群众都说：“真是变了，天睁开眼睛了！”

这年六七月间，二方面军经过贵州、云南到达甘孜地区，与四方面军会师。当时，由于朱德、任弼时、贺龙、关向应等同志坚决维护中央北上抗日的正确路线，粉碎了叛徒张国焘分裂党和企图向青海西宁逃跑的罪恶活动，决定北上。

老乡们知道了红军北上抗日的消息后，纷纷送粮送草，热烈支援红军北上。还有些老乡们把鞋子、酥油、牛肉，甚至把牦牛皮都拿出来，叫红军带上在路上食用。我家寨子里有一个老妈妈，穷得什么也没有，找了半天，只有两杯（杯是量具，每杯约二斤多）糌粑，就拿出一杯，送给住在她家的几个红军战士。战士们知道她生活很困难，只有这些糌粑，说什么也不收。她说："你们这些人，每天帮我扫地、打柴、背水，比自己的儿子都好，你们就不接受我这老婆子的一份心意吗？"便硬塞给了一个战士。排长看见了，批评这个战士不该接老妈妈的东西，老妈妈急了，连接解释说："你不能批评这个好孩子，是我硬塞给他的，要批评就批评我吧！"说着又一再要求说："排长，你们就收下我这分心意吧！"

当时，我虽然已经42岁了，但是我自从见了红军之后，就觉得又年轻了。我决心跟着红军北上。领导同志问我："你的家怎么办？"我说："老婆、孩子他们自己会想办法，还有老乡们的帮助，没有问题。我一定要跟你们一起闹革命，打倒我们各族人民的共同敌人！"领导看我很坚决，就同意了。有些青年人也和我一样，参加了红军，准备随军北上。

红军首长们又和博巴政府的工作人员研究了以后的工作问题，并告诉大家：红军为了北上抗日，暂时离开这里，但是我们一定会回来的，希望大家继续发动群众，保卫自己的政权。

我们很快就出发了。老乡们用本民族祝福的仪式——在山上燃起了松烟，并纷纷出来送行，献哈达，敬茶水，互道平安，依依不舍。老乡们一再叮嘱红军早一点回来，红军也连说："再见啦，老乡们！""我们一定回来！"红军一直走出了很远，老乡们还摇手相送。

后来听说，我随红军走后不久，博巴政府就被阶级敌人摧毁了，工作人员有的被杀了，有的逃到别的地方。我老婆也在敌人血腥镇压下，活活地被吊死了；我的孩子由于藏了起来，才幸免于难。

就这样，博巴政府虽然存在了一个很短的时间，但是党的民族政策，却像一颗金色的种子深深地播在藏族人民的心里。人们一直盼望着红军，坚持着斗争，直到红旗再次插上了甘孜地区。12 年来，这颗金色的种子已经从发芽生长、茁壮开花而本固枝荣、果实累累了。今天，我们尝着这甘美的果实，想想过去艰苦的岁月，心里不禁高呼：共产党万岁！毛主席万岁！

选自《民族团结》1962年第3期。

王寿才（仁钦多吉），曾用名阎德昌、雍中尼马，藏族，1895 年生，西康康定（今属四川）人，后迁乾宁（今四川道孚一带）。1936 年参加中国工农红军，1937 年加入中国共产党。红军长征时任乾宁博巴政府主席，红四方面军通司班长、第三十一军测绘参谋等。新中国成立后，曾任西康省藏族自治区人民政府公安处长、甘孜藏族自治州副州长，中共四川省委监察委员会委员、四川省政协委员会常委等职。1976 年在康定逝世。

藏族妈妈

杨宗毅

本来10月的天气不算太冷，但党岭山上却遍地积雪，比三九天气还要冷得多。

那是1935年的事情。我红四方面军在长征的道路上，历尽了千难万险，饱尝风霜雨雪之苦。我当时才十五六岁，蛮想随部队胜利地到达陕北，没想到过党岭山时，不幸让病魔缠倒了。①

爬山的第一个夜晚是露营在半山坡上，遍地是雪，根本没法睡觉，同志们背靠背坐着，冷风卷起了积雪，盖在我们身上，埋住了两条腿。半夜我被冻醒了，感觉头疼，发烧，病得好狠啊！

好容易坚持到天麻麻亮，部队出发了。我强打精神慢慢地站起来，哎呀！头就像铁锅一样沉重，我心里想：可不能病倒啊！要坚持，坚持住！这一天觉得特别长，越走，头疼得越厉害，浑身发抖。一阵烧，恨不得钻进雪堆里；一阵冷，只想缩成一团。一个同志把他带的一块破羊皮披在我身上，我竟不知道，只觉得眼花缭乱，头痛发昏，一摇晃我就跌倒了，以后的事就不知道了。

当我清醒过来的时候，是在一家房子的楼口旁躺着，这是第二天的下午了。我们来到了西台寨，我恍惚听到于队长由通司翻译着跟谁说话：

① 红四方面军于1936年二三月间翻越党岭山——编者注。

“老妈妈,我们这个小同志有病,请你……”这时我勉强睁开酸痛的眼，模模糊糊地看到在我面前站着一位40多岁的妇女，她头上垂着数条小辫汇成的一条大辫子，紫黑的脸，额上有几条明显的皱纹，斜披一件老羊皮大袄，脱着一条袖，下身是一条花麻布裙子，脚上穿着一双高筒皮靴。她见我睁开了眼，忙蹲下来，一双仁慈的眼睛，仔细地端详着我，一双粗大温暖的手，轻轻地抚着我的头。她皱着眉，噘着嘴，看来很不满意。我心想：糟啦！要是老乡不帮忙，连个发汗的地方也找不到，病就难好了，完啦，到不了陕北啦。我正在胡思乱想，她却生气地说:“看你们，孩子病得这样重，还不赶快抬到屋里去！”从她脸上可以看出这种责怪中包含着母亲般的慈爱。我也不知是高兴还是感激，摇摇晃晃地站起来，老妈妈一面和于队长、通司扶着我往屋里走，一面说：“翻过大雪山谁都要害场病，这么小的孩子哪受得了！看病成什么样子了，这非得好好暖暖才行。”屋子是两层，下边喂着牛马，上边住人，老妈妈把她的小孩子撵起来让我躺在铺上，把一条麻布棉被给我盖上，又叫她那个十四五岁的大孩子抱来一捆木柴，放在铺边点着，渐渐地，我身上暖了，可心里更暖。

天黑了，我身上烧得更厉害，老妈妈为了使我发汗，做了一碗青稞面辣椒汤，她亲手端着，一口一口地喂我，然后把两个孩子盖的羊皮和她穿的羊皮大袄都给我盖上。羊皮被火一烤发出一股浓烈的腥味，迫使我露出头来,可是老妈妈却不让,她一会儿塞塞这边,一会儿掖掖那边，生怕盖得不严。

半夜，我出了一身汗，老妈妈和于队长坐在我身旁守着。他们见我醒来，忙问：“喝水吗？冷吗？”这时我感到身上很轻松，神志完全清醒了。老妈妈和于队长这样地照顾我，不禁鼻子一酸，眼窝里涌出了感激的热泪。

天刚亮,老妈妈看到同志们整理东西又扫地,她知道红军要走了。她把于队长和通司拉到屋里，伸出两个指头比画着，意思是叫我再住两天。

“不行啊！老妈妈。”队长说完，通司就向她翻译了。

“孩子年小，病没好能走吗？”老妈妈有些着急了。

“他好了！”队长摸着我的头继续说，“已经退烧了，蛮可以走啦！已经把你老人家麻烦得不轻了。”

这一句话惹得老妈妈生气了，她像教训孩子似地说：“麻烦？要说麻烦不光你们，前几天过的军队也不少啊，你们为了谁？我都明白。别说你留下一个病人，前几天十几个病人都是我侍候好的，我也没嫌过烦！”

队长被她说得不知说啥才好。我这时再也躺不住了，虽然头有些沉，四肢无力，还是硬支撑着站起来了，刚站起来，就觉得天旋地转，赶紧抓住于队长，对老妈妈说：“谢谢妈妈，我好了，可以走了。”她伸出两手摸着我的头说：“还有烧，病没好怎能走？多住两天吧，孩子，权当我是你的妈妈，等病好了再走。”

部队已经出发了，我们无论怎么说，也不行，队长只好答应，通信员冷振民同志留下和我做伴，老妈妈笑着送走了于队长和通司。

老妈妈细心地照护着我，青稞汤，辣椒汤，还做羊肉掺糌粑面给我们吃，我的病很快地轻了，身上也有了劲。

当我俩穿上她补好的衣服，精神抖擞地站在她面前向她告别的时候，她摸了摸我的头，又仔细看了看我的脸，满意地笑着点了点头。从她的眼神里可以看出，有些不舍，停了一会儿，她把自己的大孩子叫来了，孩子光着两只脚，两手捧着一双鞋子，老妈妈比画着要我穿上，我怎么能穿？她拍着胸口指着鞋，意思好像是说：“这是我的心意。”我怀着感激的心情，把鞋子穿上了，她又给了我一个可以烧水煮饭的小瓦罐，我高兴地接受了。然后老妈妈把我们送到寨子外边，紧握着我的手，眼睛湿润润的，一直走了好远，我回头看见她还在那里站着。

20 来年过去了，我想起来就后悔，没有问清老妈妈的姓名，可是我永远忘不了这位藏族妈妈的恩情。

选自杨国夫等：《星火燎原·未刊稿》第4集，解放军出版社2007年8月第1版，第133—136页。

杨宗毅，1921 年生，四川苍溪人。1933 年参加中国工农红军，1934 年加入中国共产主义青年团，1938 年转入中国共产党。红军长征时为红四方面军第三十一军战士。新中国成立后，曾任河南军区第五十六团团长、河南省军区作训处处长、信阳军分区副司令员、商丘军分区司令员、洛阳军分区司令员、河南省国防工办主任、河南省军区副司令员等职。1991 年在郑州逝世。

住在炉霍县的回忆

杨学福

1936 年 2 月，我们红四方面军保卫局保卫连从道孚县出发，向炉霍县开进。

炉霍县在道孚县西北，大约 150 里，县城东北面是一片平川地，尼柯河和达曲在这里汇流。土壤肥沃、气候适宜、河的两岸盛产青稞。因此，在这一地区，炉霍县算得上是“鱼米之乡”了。行进途中指导员就给我们讲了炉霍县的情况，这里是藏民聚居区，长期受国民党反动派的奴役，对红军不了解，现在前面的部队刚刚打下炉霍县，上级指示我们还要在这里住下来，并且要特别注意群众纪律，搞好与群众的关系。

一开进炉霍县，藏民群众大部分都躲起来了。我们走了十几家都空空的，就只好住进了喇嘛寺。为了扩大红军的影响，赢得藏族群众的信任，部队经常帮助清运垃圾，打扫卫生。他们播种季节，上级又要求各单位积极帮助群众搞好春播。藏族群众的耕种非常简单，用牛把地翻一遍，将青稞种子撒在地里，如果有大的土块，就用榔头打碎，也就等着收割了。他们使用的劳动工具更简便，用一块碗口粗的木头疙瘩，钉上一条长木把，就可以当榔头用。我们自己动手做成劳动工具，每天都自觉帮助藏民群众撒种，打坷垃。我们帮助藏民群众及时种上了青稞、群众非常高兴，跑出去的人慢慢地都回来了。我们不光积极参加劳动，还特别注意遵守三大纪律八项注意，尊重当地的风俗习惯。初到这里一天三顿酥油、糌粑，没有菜吃，炊事班就烧上咸盐水放上酥油，大伙管它叫酥油茶。吃饭时不使用筷子，把手洗干净后，抓上半碗糌粑，掺上酥油茶，用手指头搅匀，捏成块，一块一块地吃。这种吃饭方法，开始我们不习惯，特别是酥油有一股特殊的气味、有时吃起来直恶心。但是，为了尽快缩短汉藏两民族间的距离，我们坚持吃下去，这样，我们同群众的关系也越来越融洽了。因此，我们有什么困难，群众总要热情帮助我们。

我们在这里驻扎时间长了，生活自然也就习惯了。但是，经过几个月的长途跋涉，衣服不够穿的问题，愈来愈突出了。这里不产棉花，到群众那里去买布匹需要量太大，满足不了，去外地购买更是不可能。可是这里绵羊很多，藏族群众把羊毛捻成线，用毛线织成毛布，还会织毛衣、毛袜子、毛手套等。为了解决缺衣服的困难，部队开展学习纺线织布活动，供给部办了个纺织厂，群众听说我们不会纺织，就主动教给我们，每个班派一名代表去学习，我作为我们班的代表，荣幸地参加了这次学习。给我们讲授技术的老师，都是有经验的藏族妇女。学习中师生之间有许多语言不通，有时老师讲了很长时间，我们没听懂，老师们就手把手地教给我们。在老师们的热心培育下，我们很快学会了捻线技术，又把学来的技术带回班里普及。十几天工夫，各单位都变成了手工业作坊，除了上课、出操的时间外，每人手中拿一把羊毛，一个捻线轱辘，同志们手里的轱辘不停他转着，有说有笑，有的还哼着歌曲，充满了革命的乐观主义精神。由于大家积极性很高，整天不休息不觉累。在藏族妇女们的支持下，我们缺衣服的困难逐渐地有所缓解了。

在炉霍县驻扎期间，还有一件事给我留下了深刻的印象。我在这里获得了第一次政治生命，光荣地加入了中国共产主义青年团组织。同时，通过这件事，也使我对红军中的党、团组织有了一定的认识。一次，我们班一位姓黄的同志找我谈话，先唠了一会工作，接着他问我，家里有多少亩地？几口人？父母兄弟都干些什么？我说，我家祖辈都是给地主干活的，现在有四人参加了红军，我把自己家庭情况一一作了陈述。

他听了我的介绍，很郑重地说道："你愿不愿意加入共产主义青年团？"我到部队时曾经听说过这个名称，但是不知道它的含义是什么。

"共产主义青年团是干什么的？"我不解地问道。

他看我不明白，就耐心地给我作了解释："共产主义青年团是红军中的青年组织，是共产党的助手和后备军。"他说到这里，看了看我的脸，又接上去说："必须具有一定的条件才可以参加共产主义青年团呢！"了解到这些以后，我很高兴，立刻表示愿意参加共青团。

小黄找我谈加入团组织的事，我不是没有顾虑的。因为当时为避免搞小组织活动，部队规定不许两个人或几个人一起私谈。当时我年龄小，对执行上级规定达到了虔诚的程度，一次，出操休息时，班里的几个团员互相递了个眼色就都走了。我一看觉得很奇怪，正好看见连长和指导员，我就把看到的事向连首长汇报了。两位首长看着我满脸稚气的样子，不约而同地笑说："你先回去吧！我们查一查。"开班务会时，我还给那几个团员提了意见。以后我才明白，那是他们找地方过组织生活去了。因为当时的党团组织在红军中都不公开，要搞组织活动都得秘密的。事隔两个星期，小黄又一次找我谈话，问我家里情况还有没有需要再说明的，我说我的一切情况都讲完了，没有什么可讲的了。他领我做了入团宣誓，从此我就成为一名正式共青团员了。在共青团的组织里，使我进一步受到了教育，思想觉悟也不断地得到提高。

5 月 30 日，接到上级指示，部队准备开拔。我们怀着留恋的心情，打扫了喇嘛寺和居民区，检查了群众纪律，做好了出发前的准备工作。

选自沈阳军区政治部编研室编：《红军将士忆长征》，白山出版社1996年8月第1版，第480—482页。

长征时的红色卫生学校①

陈文陶

1935 年末，在长征途中我接到上级命令，要我到中国工农红军卫生学校学习。当天,我就到达指定地点——四川马尔康附近的松岗报到。

当时，学校校长是陈志方同志，政治主任是周越华同志，教务主任孙仪之同志。学校在松岗驻了十来天就跟随部队南下,途经金川、丹巴、小金等地，翻越大雪山夹金山后，到达天全、芦山待命。因百丈关战役失利，上级又命令我们沿来路撤回。这样，我们再一次翻越夹金山，途经小金、岳札、巴旺、边耳等地后，又翻越另一座大雪山——党岭山，1936 年 3 月到达道孚、炉霍、甘孜一带。这时，上级向我们传达，说贺龙、关向应同志率领的红二方面军二、六军团再有三个月就要与我们会师了。同志们听到这个消息都感到非常欢欣鼓舞。与此同时，上级决定我们卫生学校在炉霍集中突击学习三个月。

中国工农红军卫生学校，是 1931 年在江西中央苏区成立的。毛主席对这所学校的建立十分重视。建校初期就指示，学校要加强政治教育，要培养红色医生，不要培养白色医生。在江西苏区时，卫生学校设在瑞金。学员最多的时候，有四个班次同时开课，分六、七、八、九期，每期 40 人左右。从 1931 年到 1934 年红军开始长征之前，已经毕业了

① 编者对原文略有修订。

五个班次200多名学员。这些学员分配到各个部队医院工作。

红军长征前，卫生学校设备已初具规模，有十余名大学毕业的教员。除五官科、妇产科、放射线科外，解剖、生理、药理、药物、细菌、细胞、生物、化学、病理、诊断、内科、外科等都有专职教员，还有所附属医院供学生实习用。当时，学员学制为两年。其中，基础课一年，主要是学好解剖，同时也要学好病理、生理、药理、药物、诊断等。再是临床实习一年，临床主要是学好战场救护，如固定止血、包扎搬运，头部伤、胸部伤、腹部伤、四肢伤等救护特点及注意事项，以及外科常见病，如皮肤病、五官科病症等。内科主要是学习掌握各种传染性病症的诊治，如霍乱、伤寒、鼠疫、斑疹、天花、回归热、流行性脑炎、猩红热、白喉等。显微镜、X光机在当时是稀罕的医疗器械。据说，卫生学校的X光机是上海地下党弄到后，装在棺材里才通过国民党封锁线运到中央苏区的。红军长征时，用一个连的同志一直抬到贵州，因为不好携带才埋了起来。

我们这些农村来的放牛娃，在两年内学好医学这门知识，的确是件困难事。校领导根据我们这些学员的实际情况，主要是采取联系实际的方法进行教学。如，在讲解剖学、讲骨骼系统时，不但有详细的挂图，还组织学生到乱坟堆里挖些骨头来，用开水煮过后，再用铁丝串起来，固定在一个木架子上，这就成了一副很好的骨骼标本。讲课的时候，讲到哪块骨头就把实物拿来让大家看个明白；课后，学员还可以把实物拿回宿舍详细研究，以加强记忆，加深理解。讲血液循环、消化、呼吸系统课时，就把狗拿来让学员实际解剖研究。讲肌肉、神经、淋巴、内分泌、泌尿生殖、感觉等系统时，除了通过挂图讲解外，主要靠尸体解剖来加深理解。由于当时我们这些学员的文化程度很低，所以，除了上边讲过那些用实物还能够有些理解的科目以外，也有不少听不懂的东西。如红血球、白血球、血小板，血型为什么分为O型、A型、B型、AB型。还有各种各样的病源体，什么球菌、杆菌、弧状菌、螺旋菌、病毒等等，虽然通过实验，在显微镜上看过，但还是不十分明白。还有些学员必须死记的，如各种疾病的诊断和治疗，各种药物的作用和不同情况的用药量，以及哪些药物在什么情况下可以配合使用，哪些药物禁止配合使用等等。为了便于我们记住这些东西，教员们想了不少办法，编了各种顺口溜，如“阿斯匹林振氐散，又止咳又去痰”。

我们在炉霍学习时，学员有30多人，校领导宣布这一期为中国工农红军卫生学校第六期，学员大部分是江西瑞金卫校的第六、七、八、九期没有结业的学员，也有各单位新选派来的。当时，我们这些学员都是20来岁的青年小伙子，个个身强力壮，生气勃勃，团结奋斗，互帮互学，愉快地在一起学习、生活和工作。

红军长征时期办卫生学校，困难是很多的，没有教室，没有床铺，没有纸张。面对这些困难，我们把一个有100多平方米的牛圈清理了出来，一部分做教室，另外还安置了两个班的卧室。桌子、凳子都是我们自己动手用破旧木头板子钉的，床铺也是我们自己钉的木板，上面再铺些干草，睡起来也很舒服。经过大家努力，教室、卧室很快就搞了起来。

没有纸张，大家就出主意想办法，在附近寺庙里弄些喇嘛们扔掉的废经纸。这种经纸很结实，上面虽有些经文，但墨迹很淡，我们弄来把教学讲义再印上去，还可以看清楚。没有蜡纸，文书同志想出个办法，把酥油化开，把经纸放在化开的酥油里浸泡，再拿出来晾干，就成了蜡纸。油墨也是把酥油化开后，弄些锅巴灰捻成粉末，然后放到酥油里搅匀，这就成了油墨。钢笔、铅笔在当时很少有，削铅笔和使用铅笔都非常注意，剩下的铅笔头都舍不得扔掉，再用线捆在树条上继续使用。没有墨水就用锅巴灰代替。

道孚、炉霍、甘孜一带地广人稀，是不长粮食只长草的游牧区，而且当时正值严寒的冬天。全军数万人没有棉衣，吃粮也极其困难。因为当地藏民群众穿的都很困难，有的连糌粑都吃不上，无力帮助我们。为了解决吃穿问题，总指挥部派代表同藏胞联系，买了些牦牛，还有炒面

（糌粑）、酥油和羊毛喇嘛布等。这些东西分到我们每个人手里就很少了，同志们有的把未经熟制的牛皮割成前后两大块，两边用带子连上当成背心穿，也有的弄些羊毛或喇嘛布絮在单衣里御寒。粮食不够吃就掺些野菜。当时，上级对我们卫生学校的学员很照顾，给我们每人每天发一斤豌豆，伙房的同志把豌豆磨成面做糊糊吃，每天三餐都是稀糊糊，没有油，没有盐，更谈不上吃菜。在极端艰苦的条件下，党和上级这样关心和照顾我们，使我们增强了克服困难、搞好学习的信心和勇气。

1936 年 6 月间，我们日夜盼望的红二方面军二、六军团已经同我们前卫部队会合了。这时，总指挥部号召我们每个同志都给红二方面军老大哥送一件礼物来纪念这个美好的日子。同时发给我们每人两斤羊毛，羊毛刚发下来的时候很脏，里边灰尘很大，还夹有粪土，呛得鼻子难受。为了去掉羊毛里的脏物和怪味，我们就把它放在锅里煮，再用水洗净，然后捻毛线织毛衣、毛袜子。我们不会捻线就拜藏胞为师，捻毛线的家具很简单，垂直的小木棍下边固定一根四寸来长的粗木棍。纺线时，右手向左拨动横在下边的木棍，木棍就旋转起来，拨动时使劲越大，转得就越快。开始时，旋转的速度和捻线的速度总是配合不好，但很快就熟练了。线纺成后，织毛衣、毛袜子又是个难题，怎样起头，如何收口，什么时候加针，什么地方并针等，开始都不懂，因此，织出来的袜子都是直筒筒的，试穿一下不行，只好拆了重新再织。经过反复实践，总算是把毛衣、毛袜织出来了，并送给了红二方面军的同志们。

这个时候，我们的学习计划也基本完成了。为了检查我们的学习成果，学校进行了一次全面考核，考核的成绩都记在毕业证书上，在这次考试中，据说有一道题是贺诚部长出的，这道题的大意是，命令你跟随一个连队执行临时任务，时间一个月，由你自己选定 20 种药品，纱布、棉花、绷带除外，重量不超过 20 市斤，保证一个连一个月医疗卫生上的需要。这道联系实际的题，对学员很有启发，给我留下的印象很深。

通过这次考试，校领导认为我们在炉霍三个月的突击学习收获很大，开了毕业典礼大会，会上给我们颁发了证书。然后，我们就被分配到各部队和医院去工作了。

选自沈阳军区政治部编研室编:《红军将士忆长征》，白山出版社1996年8月第1版，第197—200页。

陈文陶，1915 年生，江西永新人。1932 年参加中国工农红军，1934 年加入中国共产党。红军长征时是陈云的卫生员。新中国成立后，曾任西南公安后勤卫生部副部长、东北军区后勤四分部卫生处处长、辽宁省军区后勤部卫生处处长等职。2006 年在沈阳逝世。

学军医

陈森

现在，每当我看到用土蜡纸和锅烟子、大麻油印的“军医六期毕业证书”的时候，便很自然地追想到当年长征途中学军医的情形。

一、四方面军会合之后，红九军团即随四方面军长征。那时，我被调到总卫生部卫生学校学习。

我们学校是在西康芦山县城外的一个庙里开学的。全校的学员、教员和工作人员总共有100多人，分“军医”、“预科”两期。教员都是从部队中抽调的医务水平较高的军医，我记得有孙仪芝、许德、周泽藻、苏井观等同志；总卫生部部长贺诚同志和校长陈志方同志有时也来兼一些课。课程分内科、外科、药物、诊断、生理解剖等。在那个环境里，不能进行系统的教学，教员只是根据当时最需要的挑着讲。这对我们只有初小文化程度的学生来说，本来已经够困难的了。再加上学校里除了仅有一副人体骨骼外，再没有什么标本、挂图和课外参考书籍，所以，只要一下课，就差不多忘了一半。同学们为这都很着急。后来孙仪芝教员想了个办法，他白天上课，晚上便给我们印讲义。这些讲义给我们的帮助很大，很受同学们欢迎。起初，学习拉丁字母时总感到别扭，也记不住，后来教员就把拉丁字母编成了歌子叫大家唱，唱起来倒觉得蛮顺嘴的。一到课余时间,庙前庙后到处可以看到手捧讲义,念念有词的人，并且还可以听到ABCD……的大合唱。

一个月以后，部队继续北上。每天我们要在海拔 3000 公尺以上的高原上行走六七十里路，但学习却从来没有间断过。孙教员有一头牲口，行军时，他就在马上备课；大休息时，就给我们讲上个把钟头；小休息，就组织我们复习或进行小组讨论。到了晚上，我们在山下、河边用树枝、乱草搭个棚子，生起火堆，一面取暖，一面温习，有时也开学习讨论会。在这段行军当中，我们只有一天没有学习，那是因为在爬党岭山的时候，雪光把眼刺坏了，绝大多数同学都患了急性结膜炎，睁不开眼睛。

到达西康炉霍县，因为冬天过不了草地，学校就在离县城五里地的村落里驻下了。这里都是藏族居民，住的是木房子，一般都有三四层，最底下那层很大，越往上越小。底层是专门用来豢养牲畜的，第二层盛麦草、杂物，第三层住人，最高一层做奉礼用，老远一看，真有些像埃及的“金字塔”。我们就借用底层的牛棚子来做课堂和宿舍。把树桩、木头锯成的板子搭在土墩上，就成了我们的课桌;土墩矮点、板子窄点，就是凳子。至于黑板，那就更简单了：锅烟子拌大麻子油，往较大较平的板子上一涂就成了。粉笔也是用白土子自制的……虽然牛棚子很矮，气味又不大好，但是经过我们这么一拾掇，里面却十分整洁。

在这个比较安静的环境里，我们开始了紧张的学习。每天除了自由活动一个小时外，其余 11 小时几乎全部用在学习上，即使这样，我们还嫌白天过得太短。

学习进度加快，学习用品随之恐慌起来，纸张眼看就要用完了，而且附近也买不到。同学们为了把纸节省下来印讲义，就拿着棍子在沙盘上写字、作业。后来仅有的一些纸也用完了，讲义也印不成了。这时，有人提议到古祠陈庙里去找废书废纸。果然在一个喇嘛庙里发现了很多不用的废经书，便把它拾了来。正面印着像蚯蚓一样的经文。我们用反面印讲义。当时有些喇嘛看到我们拾旧经书，还以为我们也是教徒哩。

纸解决了，蜡纸和油墨又用光了，眼看着油印机要停工。两个小缮写员急坏了，整天噘着嘴巴，东找点西找点对付着印，一天，他俩忽然来了个大“发明”，在过去剩下来的薄毛边纸上，涂上一层洋蜡，制成了土蜡纸。经过试验，还顶用，不过印的时候要轻一点，重了，就刮破啦。用它印出来的讲义一块深一块淡的，刚拿到手里还能看得到。日子一长，再多翻几遍，纸上的字也就一个个地“飞”了。可是，在那个时候，我们已经很满意了。

课程越来越深，困难也越多，但我们明白：当革命形势处在低潮的时候，党还拿出力量来培养我们学习军医，确实不是件容易的事。后来，仅有饭后一小时的自由活动时间，我们也不轻易放过，用它作为互助活动的时间，或轮流着去沙盘里写生字。有时我们睡在床上，还摸着自己的身体部分：这里是阑尾，这里是脾脏……教员和我们也生活在一起，有什么疑难问题，我们就立刻去找他们解答。他们比我们更辛苦，往往在深夜时分，还在那黄豆粒大的灯光下辛勤地工作着。

我们在这艰苦的岁月里，把 14 个月的课程在八个月里学完了。1936 年 6 月底，我们每个人都领到了一张军医六期毕业证书——就是我至今还十分珍惜的那张锅烟子、大麻子油印成的证书。

选自中国人民解放军三十年编辑部编：《中国人民解放军三十年初选稿》第一卷第三辑（二），第36—38页。

陈森，1917 年生，福建上杭人。1932 年参加中国工农红军，1937 年加入中国共产党。红军长征时任红一方面军第九军团战士、红四方面军总卫生部卫生学校学员、红二方面军第二军团六师卫生部医生。新中国成立后，曾任华北军区第二〇九师卫生部部长。

九、与红二、红六军团在甘孜会师

尝过分离苦　更觉会师甜

郑维山

“由贺龙、任弼时等同志率领的红二、六军团快要进到西康，靠近我们啦！”

“我们就要和兄弟部队会师、共同北上啦！”

1936年3月中旬，我们红三十军随方面军总部进驻甘孜地区。不久，就从上面传来了这振奋人心的消息。

在当时那种艰难困苦的环境中和紧张战斗的岁月里，还有什么能比红军两大主力相会合，令人感到兴奋和激动呢？对我们这些曾亲身经历过一、四方面军会师的欢乐和分离之苦的人来说，就更懂得再次和兄弟部队会师的珍贵。

回想一年前，我们离开川陕苏区根据地，西渡嘉陵江，中经江油中坝、北川土门等激战，打通了西进之路，在四川懋功（今小金）地区与中央红军胜利会师。会师后，我们满怀胜利豪情，同兄弟的一方面军并肩北上，通过了茫茫大草地，进至巴西、包座地区。包座之战，歼灭了敌胡宗南派来阻止红军北上的第四十九师，打开了进军甘南的门户。就在这时，风云突变，张国焘闹分裂，强令右路军回头南下，去实现他的南下川康的主张。这样一来，不仅破坏了两支红军主力团结战斗的大好局面和会师后的大好形势，而且也给四方面军带来更加艰苦的历程和灾难。我们二过草地，又翻终年积雪的夹金山，气候严寒，环境险恶，许多同志在饥寒交迫中倒下。孤单南下川西，陷入以疲劳之师同优势敌军决战之中，我军与敌多次恶战，虽歼灭大量敌人，取得一些胜利，但我军亦损伤严重，始终未摆脱被动局面，最后不得不向西康的炉霍、甘孜一带转移。敌薛岳乘我军连续苦战未得休整之机，又纠集近20个团兵力向我猛扑过来，我八十八师奉命由芦山驰往天全，同兄弟部队相配合，又一次以大刀、手榴弹同敌作殊死拼搏，将敌击溃，为我转移西康省境赢得了时间。说实在的，打恶仗和吃苦我们并不怕，流血牺牲也无所畏，问题是这些仗和流血牺牲本来是可以避免的，损失本来是不该有的，只是由于张国焘的错误路线所导致，使部队几次走上险境，战斗力受到极大削弱，带来严重后果。在这种情况下，我们越发思念北上的并取得胜利的红一方面军，盼望着有一天能再同兄弟方面军会合，共同团结战斗。

现在，这一天又快到了，同志们怎能不分外高兴和激动呢！

方面军总部向部队进行了有关会师的政治动员。记得徐总在一次动员会上满怀激情地说：红军是一家人，我们和中央红军与红二、六军团的关系，好比老四与老大、老二之间的兄弟关系。上次我们和老大的关系没搞好，要接受教训。“兄弟阋于墙，外御其侮。”吵架归吵架，团结归团结，不能分家。现在老二就要到来了，再搞不好关系，是说不过去了。每个部队都有自己的长处、短处，方针是相互学习，取长补短，加强团结，一致对外。徐总道出了我们的心里话，反映了他对张国焘南下政策的不满，也向部队提出了热切的希望和更高的要求。各部队按徐总的要求，立即行动，以各种不同方式，满腔热情地进行着迎接二、六军团的各项准备工作。

5月中旬的一天早晨，我和熊厚发师长正准备到各团去，李先念政治委员和程世才军长从总部回来了。

“郑维山同志，根据总部的命令，有一件重要任务交给你们完成。”

李先念政委当时显得格外兴奋，接着说:“红六军团已经进入稻城一带。由你带二六五团进驻西边的绒坝岔地区。你们的任务：一是掩护主力在甘孜地区休整；二是宣传动员群众，筹粮筹款，做好北上的物质准备；三是迎接红二、六军团的到来。”

“什么，迎接红二、六军团？”李政委话音刚落，我又高兴地问了一句。当时那种激动劲儿真是无法形容。一年前，我奉命带二六五、二六八团，跟随李先念政委迎接中央红军，现在又奉命迎接二、六军团，这是总部和军首长的信任啊！同时也感到自豪和光荣。于是便信心百倍地回答:“请首长放心，我们要把这次会师搞得更好，让红军永远团结，永不分离！”

李政委和程军长含着期望的目光，满意地笑了。

熊厚发师长率师部及二六三、二六八团，仍驻守甘孜。我向二六五团进行了简短动员后，大家欢欣鼓舞地开向绒坝岔。

行军途中，指战员们热烈地议论着。“咱们怎样迎接兄弟部队呢？”“他们历经艰辛，远道而来，咱们可不能空着手见面，得想法慰劳慰劳老大哥啊！”

同志们提得有道理，我们是要好好地开展慰问活动，表达我们的无限敬意。可是，当时我们也处在极端困难时期。一年前，占领中坝后筹集的粮食、药材、布匹等物，一部分捐赠给中央红军，留下的早已消耗净尽。百丈关和天全战斗后，时已隆冬，部队的棉衣尚无着落。战士们把棕树上的棕毛撕下来，缝在单衣上御寒。到甘孜后，部队虽然可以获得短期休整，但这里气候寒冷，地广人稀，群众不习惯种粮，是个以牧为主的地方。因而物资缺乏的局面并没有得到好转。方面军总部也把筹粮问题提到重要议事日程，专门成立了筹粮领导小组，曾派代表前往杂谷脑喇嘛寺，向藏胞买了一些牦牛、炒面和藏布等物。但这些东西分到每个红军指战员手里，实在少得可怜。在这种情况下，该用什么去向兄弟部队表达自己的心意？我作为带队的干部感到担负的任务既光荣，又很艰巨。

“咱们到草原上想法买一些牛羊来慰问老大哥部队吧！”团长邹丰明同志向我提议。

“咱们还可以动员大家，一方面节衣缩食；另一方面自己动手，编织衣物，献给兄弟部队。”年轻的团政委黄英祥，皱着眉头，若有所思地接过话头。

“好啊！”我笑着对他们说:“到绒坝岔后发动群众,献计献策。‘车到山前必有路’，在英勇的红军面前没有克服不了的困难！”

那时，我们师团干部都是20岁上下的青年。打起仗来，干部总是冲锋在前，没有攻不克的敌人。无论遇到什么难题，大家一起商量，很快就有解决的办法。和这样的战友在一起，我心里感到慰贴和踏实。

从甘孜出发西行约70里，很快就到达绒坝岔。这里是甘孜管辖的一个重镇,四周地形开阔,是一片茫茫的大草原,夹有一些丘陵起伏地。镇子就坐落在起伏地的低洼处。居民大都是藏族牧民，只有少数汉人，后来都成为红军的“通司”(翻译)。由于长期以来，反动统治者所造成的民族隔阂，加上当地一个国民党反动派保安团的威胁，我们到达后，镇子里已空空如也，一个老乡也看不到。我让部队先住下来。这里藏民的住房一般都很简陋。四周墙壁是用石块或土块垒成的，比较厚，门很窄很小，分为上下两层，下层圈牛羊，上层住人，稍富点的，多了一层，加了佛堂。很少有平房。我和邹丰明团长、黄英祥政委以及通信队住在一个牧主的家里。这一家的住房比较讲究，四周的墙壁整齐、坚固，而且高出房顶，形成一圈用来防护的围子。

部队住下后，我和营、团干部立即研究筹粮等问题。大家认为，只要先把群众找回来，就会有办法。我们决定，首先派出武装宣传队，外出宣传，动员群众回来。宣传队在绒坝岔南面的一个山沟里，发现了那个国民党保安团，他们约有百八十人，都是一些兵痞流氓和烟鬼赌棍，平时打家劫舍，欺压藏胞，无恶不作。红军一到，又把牧民裹胁出去，企图切断我军与群众的联系，伺机对我突袭。得知这一情况后，我们派出两个连的兵力，两路包抄，打得他们措手不及。我们从保安团那里已经缴获不少罐头、好酒及虾皮、木耳、鱿鱼、海参等山珍海味。有些东西，我还从来没有见过。可是，谁也没有私自留下一点，缴获这些东西的连队把它原封不动地交到营里，营里又全部送到团部珍藏起来，都说要留给二、六军团的首长和同志们。我望着这些多日来忍饥受饿、面黄肌瘦，捧着山珍海味不肯吃一口，仍旧以糌粑野菜充饥的部属和战友，眼眶湿润了。人世间，难道还有比战争年代革命战友之间这种感情更纯洁、更珍贵吗？

我们一举歼灭了那股反动民团后，被裹胁去的藏族同胞开始还有些胆怯，不敢接近我们。宣传队的同志通过通司反复喊话，向他们说明，我们是共产党领导的红军，是工人农民及各族人民自己的队伍，这个队伍专门打国民党反动派和欺压人民的反动军阀；红军和藏胞是一家人，不会白拿藏胞的东西。有几位年长的藏民带着试探心情首先回到镇子上。他们回到家，看到一切东西完好无缺，态度和蔼的红军战士给他们端水端饭，顿时感动得流下了眼泪，很快就和我们亲热起来了。他们说：“大家不知道还有你们这么好的队伍。这一看，什么都明白了，人可以叫回来。”他们连夜赶到藏胞躲藏的山沟里，介绍红军的这些实际行动，并作动员解释。第二天藏胞们便三三两两地陆续回来了。

群众回来后，事情好办得多了。我们从镇上的藏胞那里购买了一些牛羊和青稞，解决了部队燃眉之急。但是满足两支红军会合后共同北上的需要，那是远远不够的。我们曾派出筹粮队，由藏民带路到草原上寻找牛羊群，准备购买一些，但反动土司一听我们来买，早就把牛羊赶得远远的了，派出去的小分队还常常受到不了解我军的藏兵的袭击。有一天，绒坝岔西面的德格土司（土司相当专署）的叶巴（土司下面分管军事的官员），纠集了五个县的藏民骑兵，横枪跃马，突然包围了我们住的镇子。怎么办，冲出去厮杀？绝对不能，工农红军怎么能同兄弟民族自相残杀;喊话宣传，一时又起不了作用，真急人哪！好在他们是骑兵，离不开马，我们守在藏民的房里不出动，他们也没有办法。就这样相持了整整一天。

“咱们也来个‘七擒孟获’吧！”黄英祥同志还懂点历史典故。他想起《三国演义》里的“七擒孟获”的故事，倡议学一学诸葛亮，趁夜暗把我们的“夜老虎”撤出去，擒一批“俘虏”来，然后教育释放，请他们帮助红军当宣传员、联络员。

“要得！这个点子想得好！”我高兴地赞成这个提议。黑夜摸营擒俘虏是二六五团的拿手戏。他们在行动中能静得过村庄不惊动鸡犬，夜战时能在敌人鼻子底下穿行自如而不被敌人发现。反六路围攻后，被总部授予“夜老虎”的称号。他们擒几个“俘虏”当然没问题。我吩咐邹丰明和黄英祥同志迅速做好“战斗”准备。

夜半，包围我们的藏兵，有的围着火堆吃着牛羊肉，有的呼呼睡觉。“夜老虎”团一次放出四个连，神不知鬼不觉地摸过岗哨。藏兵哪是对手，一触即溃，捉了一批“俘虏”，其他的都逃散了。我们干部连夜谈话做工作，向他们讲明我们的来意，耐心地解释我党北上抗日的主张，并和他们同吃同住，施以教育，还告诉他们绒坝岔的藏民和我们相处很好，如果不信，你们可以去问。这些藏兵起初半信半疑，经过一天多的观察，感到我们确无伤害他们的意思，渐渐地改变了敌视态度。后来，我们发现那个叫夏格刀登的叶巴，也在“俘虏”中，又耐心做他的工作，把他请到甘孜。李先念政委热情地接见了他。他深受感动，见人就说：“红军，泽冒泽冒的（‘很好’的意思）！”他和我们签订了“和约”，并参加了我党协助成立的波巴依得瓦政府（藏族人民政府）。我们和当地藏胞的关系改善后，物资奇缺的困难，也随之在很大程度上得到解决。在藏胞的支持、协助下，我们很快就筹集购买了一批牛羊和羊毛等物，制作了不少牛肉羊肉干，以备两支红军会师后北上途中之需。有了羊毛，我们就发动大家人人动手捻线，打毛衣、毛袜子。大家积极性很高，从干部到战士每人至少都打了两件毛衣，一件自己穿，另一件作为同二、六军团老大哥时的见面礼。为了抢时间，赶在会师前打好毛衣、毛袜，许多同志一连几个晚上不休息，坐在月光或酥油灯下，剪羊毛，捻毛线，一针一针地编织。许多藏胞也纷纷跑来帮我们织。一边织，一边还哼着歌儿。一件件厚厚实实的毛衣、毛袜，渗透着革命战友和兄弟民族同胞的深情厚意！

在会师喜讯的鼓舞下，干部战士用不着动员，就自觉地开展了工作、学习和练兵的竞赛。那些天，军营内外笑语盈盈。"五一"劳动节那天，部队还在草滩上组织了军事技术表演和文娱体育比赛活动。负责宣传鼓动工作的同志还用白灰在墙壁上书写了"向英勇善战的红二、六军团学习！""迎接兄弟的二、六军团，共同北上抗日！"等大幅标语。各连都把最好的房子腾出来，打扫得干干净净，床上铺着厚厚的青稞草，时刻等待着战友们的到来。

盼呀，望呀，终于迎来了老大哥部队。1936 年 6 月 3 日，红六军团在理化同三十二军会师之后，6 月 30 日，贺龙、任弼时、关向应等同志率领的红二军团，经过长途跋涉，来到了绒坝岔。两支从未见过面的兄弟部队，在艰苦的长征中相逢，谁能抵制住内心的激情，那股亲热劲儿，比懋功会师更为动人。记得那天，风和日丽，草原上充满了欢乐的节日气氛。指战员们远远望见红二军团的队伍，像条"巨龙"朝着绒坝岔飞腾而来时，便飞也似地奔向前去，抢过战友的行装背在自己的身上，再紧紧地握着手，打量着，问候着，叙长道短，显得格外亲切。许多藏族同胞也簇拥路旁，捧着酥油糌粑夹道欢迎。口里还不住赞叹："耶莫！耶莫（顶呱呱的意思）！"到了宿营地，炊事班同志立即打来热气腾腾的开水，让战友洗脚解乏。有的看到二军团战友的衣服已经破烂不堪了，不等我们统一安排，就先拿出亲手打好的毛衣、毛袜，让战友们赶快换上，……往日寂静的绒坝岔，顿时沸腾了，处处洋溢着欢笑声。回响着嘹亮的歌声。大家又唱起了同中央红军会师时学会的《红军两大主力会师歌》：

铁的意志，血的牺牲，

换得伟大的会合。

为着奠定中国革命巩固的基础，

哎！为着奠定中国革命巩固的基础，

高举红旗向前进！

为欢迎远道而来的贺龙、任弼时等首长和二军团的同志们，我们在会师的第二天中午举办了一次会师宴。早晨起床后，我亲自到伙房吩咐："把从保安团那里缴获的好东西，都拿出来，给首长和同志们接风！"那天的午餐，是从来没有过的丰盛。入席后，贺老总首先举杯笑着说："这些东西，你们没舍得吃，拿来招待我们。来，让我们干杯，共庆胜利！"一句话表达了我们红军的心声，说得大家心花怒放。我们随着贺老总、任政委、关向应和甘泗淇等首长频频举杯，开怀畅饮，沉浸在无限幸福之中。

席间，贺老总、任政委等首长关心地询问了四方面军和三十军及八十八师的情况，谈笑风生，态度十分亲切和蔼，平易近人。饭后，首长们向我详细地询问了四方面军与中央红军分裂的情形。我尽自己所知，毫无保留地作了汇报。并且拿出当时所谓"临时中央"（后来才知道是张国焘自立的"中央"）下发的文件，给首长们看，也向首长们谈了自己积在心中的疑虑、不解和希望。谈话中，贺老总、任政委神情专注，只是时而提问，时而沉思，不加评论。当时，屋子里的空气分外严肃和紧张，十多个人，似乎每个人心脏跳动声，都能听得到。看得出，首长们当时的心情是十分沉重的。谈话临结束前，甘泗淇同志向我询问在草地如何筹粮筹款以及民族政策等问题时，大家才又重新活跃起来。我说，四方面军总部对筹粮问题很重视，专门成立了筹粮领导小组，李先念、何长工、李天焕、曾日三等同志都是领导小组的成员。为了取得藏族同胞的信任和支持，总部还组织一部分团以上干部朝拜喇嘛寺。甘泗淇等首长一听很感兴趣，连声说道："这样做很好，这样做很好，我们只有尊重藏胞的风俗习惯，取得他们的信任，和他们打成一片，胜利才有保证！"

分别时，贺老总亲切地对我说："郑维山同志，谢谢你们的盛情招待，你说的情况很好。对的，我们会合了，就要北上了，革命一定要发展到最后胜利！"说完，首长们和我们紧紧地握手，尔后跨上战马，向四方面军总部驻地——甘孜方向驰去。我们伫立在大路旁，眼望战马驰去的方向，直到飞尘消尽。

1986 年 4 月于北京

选自中国人民解放军历史资料丛书编审委员会编：《红军长征·回忆史料（2）》，解放军出版社1992年9月第1版，第198—204页。

甘孜城下的会见

陈永第

1936年“五一”节到了。我们四方面军的同志正满怀热情地准备开庆祝大会，突然传来一个消息：兄弟部队二方面军不久就要来到甘孜了。我们听了非常高兴。可是他们现在哪里？什么时候会到呢，都不知道。大家只是胡参谋乱估计。

庆祝五一节大会上，朱总司令便正式向我们宣布说：“同志们，报告一个好消息，二、六军团的同志就要到了！”听了朱总司令这句话，我们都使劲地鼓掌。总司令接着说：“两支兄弟部队会合起来，力量就更大了；但是，光人多，还不算力量大，最重要的是团结，只有团结一致，才能产生巨大的力量！”总司令详细地报告了二、六军团长征的路线，说他们在长征中打了许多胜仗，见面之后，要多多向他们学习……

当天，我们讨论了总司令的报告，接着就研究怎么样迎接兄弟部队。指导员从营部开会回来说：我们迎接兄弟部队，除了一片赤诚的心，每人还要准备点礼物。有什么礼物好送呢？大家研究了一番，决定打毛衣、毛袜、草鞋和手套作为见面礼。

第二天上级发来了羊毛，我们像开毛线工厂似的，洗羊毛，搓毛线，忙得连饭都不想吃。毛线弄好了，就是缺少工具。我跑到总经理部（即后勤部），找我的堂哥陈永祥想办法，他送给了我一根铁丝，一根二尺多长的竹片，叫我回去做打毛线的针。我像得到宝贝似的，回去做了几根竹针，学着织起毛线来。当时我们的口号是：每人要做五件东西，开展比赛，看谁做得快，做得好。

除此以外，我们还排戏，学歌，准备会合以后开联欢大会。不知是谁编了一个新歌，康克清同志每天抽空教我们唱。在连队里，到处可以听见这样的歌声：

看！战胜了一切！

听！震动了全国！

英雄兄弟们，伟大的会合。

来！欢迎二、六军团！

……

歌声激动着我们，督促着我们，我们的心，日夜盼望着兄弟部队。

一天，消息传来，二、六军团到了甘孜。我们带着自己亲手做的毛衣、毛袜和草鞋。从炉霍赶到了甘孜。

这是5月30号，风和日暖。同志们个个精神饱满，列队在甘孜喇嘛寺前一片草坪上。不多一会，远处出现了一面红旗，一列整齐的部队，在红旗的引导下，走向会场。

“来了，来了，”会场上骚动了，相互低声地说着。接着一阵热烈的掌声、口号声，山摇地动地响起来了：

“欢迎二、六军团！”

“向二、六军团的同志学习！”

“团结一致北上抗日！”

“……”

盼望多天的兄弟军团来了，他们个个精神百倍，穿着一色的列宁服，帽子上的红五星，领头上的红领章，衬着一张张的笑脸。人群里又响起了激动人心的歌声：

看！战胜了一切！

听！震动了全国！

英勇的兄弟们，

伟大的会合！

……

巨大的欢呼声，雄壮的歌声、口号声，响彻在这古老的城堡之下，连在附近吃草的牛羊都惊跑了……

在一阵狂欢之中，无数只手热烈地紧握在一块。同志们相互问好，赠送纪念物品。草地上，三个一堆，五个一群，亲密地交谈着。有些话相互听不懂，就打手势，找“翻译”。甘孜大喇嘛寺的5000多名喇嘛，经过我们多天的宣传和影响，对我们都有了初步的认识，今天，他们也穿了新袈裟，站在四外鼓掌祝贺。在这以前，喇嘛寺还赠送给我们好几百头牦牛、绵羊和数百袋青稞麦；现在，我们把这些礼物也分送给了兄弟部队。

在庆祝会师的大会上，我们四方面军的首长讲了话，二方面军的贺龙同志、任弼时同志都讲了话。

会合不久，我们两支兄弟部队，又亲密地共同前进了！

选自中国人民解放军三十年编辑部编：《中国人民解放军三十年初选稿》第一卷第三辑（二），第73—75页。

陈永第，红军长征时在红四方面军。

甘孜会师

张焕美

1936 年 5 月中旬，我们四方面军北上到过西康的甘孜，听总部来人说，贺龙同志领导的红二方面军也北上了，不久就要与我们会师。这时，上级要求我们每个干部战士想办法做好迎接兄弟部队的准备工作。我们就要和久盼的亲人见面了，怎不叫人高兴呢，但一想又发了愁。我们自己连续两次过草地，除了身上穿的一两件衣服以外，几乎一无所有，还能拿出什么呢？指导员夏炳章说，二方面军的同志远道而来，干粮和御寒的东西一定很困难。同志们说，要是有青稞麦、牛羊皮、羊毛这些东西就好了，可是上哪去弄呢？我们想到的，上级党组织早就想到了。第二天早晨，团部通知医务所，派五个人到团部集合，一同到喇嘛寺去领东西。下午我们果然领回来不少东西：青稞麦、牛羊皮、羊毛，还有酥油等等。这下我们就忙开了，有的洗羊毛，有的裁剪牛羊皮。有的炒青稞。后来就搓毛线，缝皮衣，打皮“草鞋”，织毛衣、毛袜、毛手套等，日夜赶制，第四天就基本完成了。虽然这些东西很粗糙，但在草地却很适用。做完这些事，有的同志提出，兄弟部队没房子住怎么办？把我们住的房子让给他们。我们自己搭棚子吧。说干就干，我们把自己的东西搬到外面，把屋里扫得干干净净的，再铺上新麦草作为床铺。我们在路口还用松枝扎上彩门，以欢迎二方面军的同志到来。

这天下午，久盼的亲人来了，老远就看见黑压压的一长溜。我们四方面军的同志赶紧在路两边站好队，当他们走到几十米远处时，我们开始高呼口号，他们也喊，口号声震动山谷。他们前面几位骑马的首长，老远就下了马，快步向我们跑来，敬礼呀，握手呀，拥抱呀，激动得又是流泪，又是笑，又是互相问候:“同志们辛苦了！”“欢迎你们！”“谢谢同志们！”我们帮他们背枪，背背包，亲热极了。

第二天在甘孜城外的一片草坪上，两个方面军的同志在一块开了联欢大会。开始，一位身穿灰军装，头戴八角帽，背着斗笠，打着绑腿，身材魁梧的军人,走上台来给大家讲话。大家一看,认得是朱德总司令，都热烈鼓掌。原来朱老总是到四方面军做张国焘的工作的,我们见过他。

朱总司令说：“告诉大家一个好消息：毛主席率领的红一方面军已经胜利地过完了草地，到达陕北苏区，与陕北红军会师了！”这时，我们报以长时间的掌声。他说，现在二、四方面军会师，又是一个很大的胜利。我们也要向陕北苏区进发，与一方面军会师。当然，前面还有一段艰苦的路程，就是要再过草地，你们要准备吃苦。现在，二、四方面军要搞好团结，互相帮助，交流经验，克服困难，完成毛主席指示的北上抗日的任务。

我们听了总司令号召，异常激动，回来在医务所的会议上，争先恐后地表示决心，坚决听从总司令的指示。

眨眼46年过去了。每当我回忆起在艰苦的革命战争年代里，同志之间、上下级之间、兄弟部队之间那种亲密无间、团结友爱的战斗情谊，往往激动得不能自已。我们的红军战士，无论在任何条件下，总先把方便让给别人，把困难留给自己；他们想的，首先是党和军队的团结，没有比这更重要的了。

选自《桂林日报》1981年8月1日。

织毛衣

余江

我们三十军经过道孚、炉霍到达甘孜后，总部命令我们军就地休整，准备第三次过草地，去会合中央红军。刚刚安顿下来，军政治部出版的油印小报上就登出一则令人兴奋的消息：不久我们的老大哥二方面军就要到这里与我们会合了。

部队闻讯后，人人欢欣鼓舞，个个精神振奋，长途中跋涉的疲劳为之一扫而光。政治部文工队临时编了个“迎亲人”的歌子，深入各个部队去教唱。太阳一压山，甘孜这个地方便沸腾了，到处响起“迎亲人”的歌声，彼起此伏，一直唱到熄灯号响。

当时我瞎想：要是能有点见面礼物该多好呀，哪怕是一条新毛巾，一双好点的草鞋也可以！可是在那困难的日子里，连块破烂布都找不到。

一天晚饭后，指导员集合司令部的全体人员点名。军政委李先念同志乐呵呵的走到队前，向同志们讲话：“二方面军老大哥跋涉几千里，辛辛苦苦赶到我们这里来了。他们现在没有衣穿，我们当弟弟的要帮助哥哥。怎么个帮法呢？我们纺毛线，织毛衣，全军动手，每人赶织两套。羊毛哪里来？当地政府慰劳我们的，多得很。也许有人说，咱们粗手笨脚的，干不了那细活。这好办，不会就学，请教群众嘛！”这事没有一个不高兴干的，当下领来生羊毛，请来教员，军部的指挥机关一下子变成了小型针织厂。屋里屋外，床上床下，处处堆着银丝般的羊毛。人们嘴里是羊毛，身上是羊毛，眉毛、胡子和头发也变成了白色的，一眨眼仿佛老了几十岁。军政治部李天焕主任卷着毛线风趣地说："嘿！天上的老寿星们都下凡了！"逗得大家哧哧的笑起来。我们那个外号"精灵鬼"的班长最好凑热闹，这时接着喊："喂！谁有木棍赶快献出来，好给咱们寿星主任当龙头拐杖呀！"人们的手里虽未停工，但不约而同地把眼神转向李主任，李主任听了这话，故意做了老迈龙钟的样子，惹得大家又轰的一声笑开了……

一天生，二天熟，我们越干越有经验。起初是说纺大家纺，说织大家织，后来，军长程世才同志想出个流水作业法：善纺者专纺，能织者专织。我们心灵手巧的班长被选为技术指导员，他跑东跑西，指指点点地忙个"不亦乐乎"。

自从掀起织毛衣的热潮以来，我每天深夜起来解手，都看到军首长的房子里灯火通亮。在驻军时期，首长们这样连夜开夜车的情况不多。干什么呢？这样下去身体能受得了吗？我的职责使我特别关心首长们的健康。有一天晚上，我看屋里还亮着，就情不自禁地摸过去，想看个究竟。我顺着门缝一看，嘿！小屋也成了工厂：酥油灯的火苗跳动着，李政委毫无倦意地一针一针织着毛衣；程军长一声不响地缠着线团，李主任弯腰在床头上衡量新成品的肥瘦，还不时地嘀嘀咕咕提意见。哦！原来是这么回事！

我把这个事传出去，大家干得更欢了，有的也和军首长们一样加夜班。不久，我们就完成了任务，净等老大哥来了。

会师的一天终于到了！我们每人都拿着精心织成的毛衣，拦在路上，含着激动的眼泪，亲手交给衣衫褴褛的战友。当他们接过毛衣的时候，眼睛也湿润了，嘴唇动了又动，说不出一个字来。当时双方的友情真可以用"尽在不言中"的字句来形容。

选自中国人民解放军三十年编辑部编:《中国人民解放军三十年初选稿》第一卷第三辑(二),第76—77页。

余江,红军长征时为红四方面军第三十军司令部人员。

六双草鞋

宁位发

这是1936年3月间，我们到达西康甘孜地区，当时我是红四方面军四军十师三十六团一营二连一排的战士。部队准备北上过草地了。

连首长站在队伍面前，开始讲话了："为了通过北草地，北上抗日；为了迎接兄弟部队红二方面军，上级分配我们每个同志完成赶制六双草鞋的任务。""六双草鞋"这四个字首长讲得特别响，同志们也听得更清楚，印象更深刻。大家都感到这一任务光荣重大；但心底里却琢磨起来了：打不来草鞋的同志，可以来个"师傅带徒弟"，制草鞋的材料又从什么地方去找呢？拿川南来说吧，大都用稻草、梭草、竹麻烂布筋等，可是这些东西在西康地区根本就没有，这是一个很艰巨的任务，非完成不可，同志们都懂得，没有草鞋不能行军走路，不能打仗，那就不能消灭敌人。一致感到，"草鞋"这家伙，真是怪重要的。因此，同志们都开动脑筋，找窍门，到处去拾烂毛线衣、毛线、羊毛；同时还要担负起保卫部队安全的任务。我们就做了明确的分工：警戒的警戒，打草鞋的打草鞋。完成六双草鞋的任务，成了同志们的中心话题，谁见谁都是那样信心十足地问："你完成了吧？"答复也是肯定的——"一定能完成！"大家忙着四处搜罗材料，找呀！找呀！打呀！打呀！时间总是好像与咱们作对似的，过得特别快，半个月以后，每人平均还没完成四双草鞋，怎办呢？不能让时间跑在咱们前面呀，这样又努力去找草鞋材料，但也只能拾得一些破毛皮，把它割成小小的皮条编草鞋，故有的同志给它更名为“皮草鞋”。

这天下午接到命令，三十六团全部出发，迎接兄弟部队红二方面军，因他们经过长期的行军，没有休息和准备，为了进一步表达与兄弟部队的团结和友爱，上级动员每个同志拿一至两双草鞋去慰问兄弟部队，说这是我们弟弟慰问哥哥应该的。同志们听到这话，都高兴地把自己打得最好的草鞋写上自己的名字，慰问亲爱的哥哥们，大家都欢天喜地的。这次会师，给了我们最生动、最实际的教育，在交谈中，二方面军的同志们说，经过七八个月的行军没得到休息，不单是行军，经常还要与敌人打仗，尤其是我亲眼看到有的同志打赤脚走路，更增强了我们为战友准备草鞋的信心和决心。

几天以后，上级来人检查，在草鞋方面，一般的不够六双，也还有极个别的只有三双，内有两三双皮条子打的草鞋。检查时我们都很简单，每人只有三大件：头件武器弹药，二件是干粮，三件包袱打开只有几双草鞋，但那时任何人都离不开这三件。突然接到行动任务，这时未完成六双草鞋的也无法子，只有把东西带上，利用行军大休息和宿营的机会来完成。

眼看部队第二天就要出发了，事情却不凑巧，当天晚上我突然把吃饭碗摔掉了。买吧，无钱，有钱也买不到，几天中吃饭喝水都感困难，结果一位老战友知道了这个问题，给了我一个碗，才算解决了我的“根本问题”。

一天下午宿营的时候，上级通知说：“为了安全通过草地，保证同志们吃好喝好，每个同志须在此处捡十斤木柴带上，不然，部队继续向前进，就缺燃料。”同志们听到这话，不惜脚痛与疲劳，便到山坡、河边、水柳树那里去拾柴火，年龄较小的同志也争着要去，老战友们说：“只要你们不掉队，现在好好休息，我们帮你们拾去。”小同志听到这话，好像受了莫大委屈似的，嘴里嘟嘟囔囔地说：“我们保证不掉队，拾柴火可是大家的事呀！”同志们拾得的柴火，都是自己背上，就是打仗，也得背着它，不能扔掉。部队继续向前伸展着，同志们当时只有两种想法：一是想如何克服困难，尽快地通过草地；二是想当天晚上住“洋房子”呢？还是住没有顶的房子。所谓洋房，就是松树林，上面有遮露气的，晚上有火烤，不受冻，无顶房就是指的河边的草坪上，早起河里成冰，晚上冻得要命，又没有盖的，大家只好挤得紧紧的，就是有床破单子还要做帐篷挡霜寒。我有床破线毡能挡八九个人的霜寒，有一晚宿在松树林内烧了一半，把同志们气得不行。

通过一条大河以后，由平地渐渐变成了部分山地，由于路变为了弯曲的石头沙子路，一路的石头，大的有碗和酒杯那样大，小石头也有大手指头那样大，加上下雨的多，离汉人地界还很远，我们所准备的六双草鞋穿得差不多了，多的剩两双，少的一双，还有个别同志没有了，只有脚上穿的一双。这时上级发动大家发扬兄弟般的团结友爱，若有两双草鞋的同志给打赤脚的同志一双，我那时还有多下的两双草鞋就送给打赤脚的同志了。这时大家虽有一至两双，但都是羊皮绳子打的草鞋，不好穿，天晴穿上了脚打泡，下雨时，皮子泡涨了走路滑，站不住脚，光摔跤，过沟过河把鞋掉在水里了。有的八九天穿一双，有的四五天穿一双，还有的一天一双还到不了宿营地，这样，有不少同志打着赤脚走路，那时我也同样打着赤脚走了几天。我们受了不少痛苦，但中途没有一个掉队。

从赞花①到甘肃的岷州，我们部队整整走了四五十天，没有得到休息和物资的补充。行至中途，遇了很多阻碍，尤其是敌人对我们的阻挡，三天两天一天半天的打仗，使我们不能顺利前进，同时没有吃的，走路脚上没有穿的，晚上宿营没有铺的和盖的，但同志们能克服和战胜困难，每次战斗都消灭了敌人取得了胜利。虽然同志们脚上打起了血泡，

① “赞花”似应为“瞻化”口音之误——编者注。

肚子吃不饱，却不时可以听到“一排唱的呱呱叫，再来一个好不好”的声音，响彻了山谷。

经过了四五十天行军，在脱离草地最后一天的下午，我永远忘不了：大约用了三个钟头的时间，我们爬上了著名的山头——腊子口，看见前面很远的地方有民房，一缕缕炊烟徐徐升起，已经快到汉人地带了，朝那边下坡的时候，同志们都说着，笑着，闹着："我们快与汉人兄弟们会合了，这一下我们再也不会永远变成草地里的鬼了。”有的同志说“我的脚好了一大半！”大家高兴极了，走到快到半夜还没把坡下完，大约在睡觉的时候，天又黑又吹风，不多一阵，突然下了一场大雨，大得连眼都睁不开，背上直朝下流水，浑身透湿，又冷又饿，全身寒战，虽在这种情况下，同志们仍然开展团结互助的精神，有的同志把自己剩下的热开水给发冷发抖的同志喝，有的帮发冷发抖的同志扛枪，还有的同志把没有完全被雨淋湿的小羊皮给冻僵的同志捆在胸前，手扣手地扶着前进，就这样度过了这凶恶的一夜。同志们在发冷发抖过后说："今晚上是我们历来最痛苦和最后咬牙的一天。”

我们在长征中，虽然遭遇重重困难，但在党英明的领导下，并没有被吓倒，相反地我们斗争意志锻炼得更加坚定了。在顺利地到达甘肃的岷州以后，接连击败了凶恶的敌军，顺利地完成了长征任务，到达陕北与党中央毛主席胜利地会师了。

选自杨国夫等：《星火燎原·未刊稿》第4集，解放军出版社2007年8月第1版，第46—49页。

宁位发，红军长征时为红四方面军第四军十师三十六团一营二连一排战士。新中国成立后，曾任四川省西充县兵役局局长。

团结互助　夺取胜利

朱志文

军民互助度过严寒

1936 年春，红四方面军进入甘孜、道孚地区后，我所在的部队在道孚休整、训练，筹集粮草，准备迎接二、六军团，一同继续北上。当时，部队经过了长期的行军作战，粮草和服装都面临着很大的困难。

甘孜、道孚是藏族人民聚居区。红军所到之处，严格执行党的民族政策和宗教政策，组织召开了各寨藏民大会，宣传革命道理。经过宣传教育以及给予藏胞热情帮助，红军得到当地藏族人民的一致拥护。藏胞给了红军很大的帮助和支持，纷纷将牦牛、羊、青稞、糌粑、酥油等卖给红军，筹粮任务很快就完成了。此时，部队首长又及时召开了师、团、营、连干部扩大会议，指出粮草充足给部队抗寒过冬和继续前进创造了有利条件。又说道孚是个好地方，羊毛多并且质量好，号召全体指战员学习捻线子，织毛衣、毛裤、毛袜、手套，以度过严寒季节，并为继续北上，再过草地做好准备。

我们大家积极响应号召，掀起了一个织毛衣运动。撕羊毛、捻线子、织毛衣，这些看来一般，但到了男同志的手里就成了难事。有的同志就说，这些都是女人家干的活，我们男人家怎么做呢？部队首长说，讲这种话的人是没本事的，我们革命者是创造世界、改造世界的，世上无难事，以前没有做过的事，我们要做；以前不会做的事，我们要学。同时，部队也采取了很多措施，一方面派出师、团宣传队的女同志下连队去教；一方面动员当地的藏族妇女，请她们来部队当老师，各连队先抽几人去学，学会了再回连队教大家。

当时，我所在师部警卫排请来了一位藏族妇女。她教得很耐心，我们也勤奋努力，很快就学会了。我最先学会，以几天的速度成功地织了一件毛衣，接着又织了一条毛裤。部队首长知道后，表扬了我，推选我为织毛衣能手，当了撕羊毛、捻线子、织毛衣的教员。

作为各族人民的子弟兵，我们也积极主动为藏族人民做好事，经常帮助他们放牛牧羊，打扫清洁，拣牛粪（作燃料），因此，深得藏胞的好感。他们帮助我们撕羊毛、捻线子，还将捻好的毛线团好送给我们，军民关系十分融洽。在藏胞的帮助、支援下，很快我们每个人都有了一件毛衣。

二、四方面军会师

1936年7月2日，红二、四方面军在甘孜举行庆祝胜利会师大会。会师前，我们四方面军全体指战员作了大量的准备工作。部队首长召开会议传达了上级的指示，在住宿、粮草、装备上都作了安排。

我们在各寨腾出了房屋，做好房屋和环境的清洁卫生，在每幢房屋的墙上都贴上了欢迎的标语。我们准备了许多粮食、柴禾及牛、羊肉。领导要求我们织毛衣支持二方面军，准备一同继续北上。我们把这件事作为重要任务，用最快的速度，连续作战，在较短的时间内就织出了大量的毛衣、毛裤、毛袜、手套。织好的东西以连队为单位集中送到了师政治部，准备在会师大会上，作为慰问品送给二方面军。

开会师大会那天，各部队接到通知，早晨7点吃饭后，7点半即整队进入会场。会场主席台上、附近建筑物墙上写有大幅标语：“热烈欢迎二方面军转战到此地会师！”“中国工农红军万岁！”很多藏胞也拥在会场两侧，手捧哈达、酥油、糌粑，载歌载舞，欢庆两支主力红军的胜利会师。热烈的掌声中，朱德、贺龙、萧克、张国焘、王震、任弼时等登上了主席台。朱总司令讲话，向二方面军全体指战员表示热烈欢迎和祝贺，说两军胜利会合加强了革命的战斗力量，号召要加强部队团结、加强民族团结、加强军民团结！要尊重少数民族和他们的风俗习惯，严格执行党的民族政策。朱总司令还说，四方面军全体指战员，每人织了毛衣、毛裤、毛袜、手套、草鞋等送给你们，平均每人都有一二样。这表现了我们部队间兄弟般的关怀。我们今后的任务是经过休整，继续北上，三大主力会师陕北。前进的路上还有很多艰难困苦，但只要我们团结互助，努力奋斗，就一定能克服困难，达到目的。（巩桦整理）

选自《四川党史研究资料》1968年第10期。

朱志文，羌族，1918 年生，四川松潘人。1935 年参加中国工农红军，同年加入中国共产主义青年团，1938 年转入中国共产党。红军长征时任红四方面军第三十一军九十一师二七一团宣传队宣传员、警卫班长、排长。新中国成立后，曾任四川省茂县专区公安处公安科科长、茂县专署侦察科长、马尔康军政委员会公安科科长、阿坝藏族自治州公安处处级调研员等职。1987 年在茂汶县逝世。

捐献物资　支援二方面军

曾朝富

1936 年 5 月，红四方面军在炉霍组建了一个骑兵师，四军军长许世友同志调任司令员。骑兵师下辖两个团，装备了近四百匹战马。这些马是红军用钱或枪向藏民买（换）来的。骑兵师的任务是准备先头过草地，为全军辟通路，弄给养。出发前不久，六军团从湘鄂川黔长征到达炉霍。由于长途跋涉，转战数省，历尽艰辛。特别缺吃少穿，饥饿威胁着指战员。

阶级兄弟的苦难，就是自己的苦难。天下红军是一家。我们骑兵师的同志眼见六军团处此困难，十分关切、同情。在许世友同志的积极倡导下，立即在全师开展捐献活动。首先由许司令员向师机关、部队进行动员（当时,我刚从红四军军部调骑兵师给许世友同志当随身警卫），他说："我们中国工农红军是一个整体，不分哪个方面军，都是革命同志，都是我们的战友，我们的阶级兄弟，都是为了一个共同的目标——北上抗日。现在，六军团遇到严重困难，我们应该全力支持他们。"许世友接着说："我们虽然在吃穿方面也有困难，但他们比我们更困难。我们每个单位、每个同志都要设法挤一点支援六军团的同志们。有敌共歼，有难同当嘛。"司令员动员后，部队进行了简短而热烈的讨论，一致表示要以实际行动支持六军团同志们。接着，每个同志按照师部的规定：干部每人献粮 15 斤，战士每人十斤。此外，许多同志还捐献了自制的毛衣、毛裤、毛袜子及牛皮草鞋等等。物资由师部集中后统一交到六军团。再就是由师供给部门从储备的粮物中抽出一部分赠送。例如：将方面军总供给部的30多头牦牛和100多只羊子，除自己宰杀了三头牦牛和少数羊子外，其余全部都给了六军团。

六军团收到骑兵师捐献的物资后，十分感动。不少同志到骑兵师来，说了很多感激的话，彼此互道衷肠，畅谈战斗情谊，情同手足。当骑兵师奉令先行北上时，六军团同志列队两旁，绵延数里，夹道欢送，高呼："热烈欢送四方面军北上抗日！""感谢四方面军的支持！""祝骑兵师一路平安，早日到达陕北！"就这样，两支红军部队，在互相鼓励、互相祝福声中握别了。（胡奎儒整理）

原载成都军区党史办：《党史资料》1986年第7期。

选自《四川党史研究资料》1986年第12期。

曾朝富，1913年生，四川宣汉人。红军长征时由红四方面军军部调任骑兵师司令员许世友同志警卫员。新中国成立后，曾任解放军通信兵九○五厂、九○一厂副厂长等职。

三军友谊铸丰碑

罗汉章

1934 年 10 月开始，分布于长江流域的红一、四、二方面军，先后进行震惊世界的战略大转移。在辗转万里的长征途中，三支主力红军为了摆脱敌人的围追堵截，开创革命新局面，历尽危难，备尝艰辛。①尽管各支红军都遭遇到极大的困难，但当他们会合时，都发扬了无产阶级的友爱精神，互相关心，急人之难，无私援助，团结战斗，共济艰险。从而赢得了全军会师陕甘的伟大胜利。

迎接红二、六军团

1936 年 6 月，我们红三十一军驻在甘孜炉霍地区，这里是藏族聚居区。这时，内地已快入盛夏，赤日中天，可这地方仿佛还是莺飞草长，山花烂漫的暮春天气。白天阳光明媚，但高原的夜晚，仍然寒气袭人。

这段时间，我们部队根据总部的指示，正积极进行北上的准备工作：指战员走乡串户，发动群众，筹集粮食、羊毛、羊皮等物品。每天奔波，

① 进行长征的红军部队共有四路，除三个方面军主力外，还有原属红四方面军的第二十五军主力——编者注。

相当疲乏。一天中午，忽然传来红三十二军①在理化（今理塘）甲洼与红六军团会师的消息。大家奔走相告，欣喜异常。都说，这下我们红军的力量又增强了。为迎接兄弟部队的到来，首长召集会议，说：贺龙、任弼时领导的红二、六军团，离开湘鄂川黔根据地，经过半年多的长途跋涉，冲破了敌人的层层封锁，战胜了无数的艰难险阻，终于同我们四方面军会合了,这是一件大喜事。不久,我们两支主力红军将并肩携手，共同北上，开展抗日新局面。但现在，他们的处境十分困难。部队渡过金沙江后，翻过一座座大雪山，长期在人烟稀少的地区行军，疲劳、饥饿、寒冷正威胁着他们，病号也不少。首长号召我们本着阶级兄弟的大义，竭尽自己的可能，捐献慰问品，解救他们的困难；以实际行动，迎接兄弟部队的到来。

尽管当时我们的处境也很困难，但为帮助兄弟部队摆脱困境，全军上下，一齐动员，为赶制慰问品而忙碌，气氛十分热烈、感人。有的做牛皮草鞋，有的做羊毛背心；有的献出自己辛勤编织的羊毛衣，有的把保存多年、千里转战舍不得用的珍藏品献出来；普遍捐献了青稞。总之，人人自觉地、愉快地有啥献啥。这些物品虽小、虽旧，数量也不多，看起来微不足道，但在当时什物奇缺的情况下，也算“礼轻情谊重”了。正如同志们说的：物小情深。的确，件件礼品都渗透了我们对二、六军团的真情厚意。

罗军长包座探病

1936 年 8 月，红四方面军总医院在包座求吉寺留下了 700 多名伤病员。这些同志都是在千里转战、几翻雪山、三过草地中，带的彩、生

---

① 1935年7月21日，红一方面军第九军团改称红三十二军，后随红四方面军行动。红二、红四方面军会师后，于1936年7月5日编入二方面军——编者注。

的病。我也因病住进医院。当时，医院严重缺粮、缺药，处境十分困难。俗话讲：人是铁，饭是钢。好人几天不吃饭，尚且成问题，何况是身体虚弱的伤病员。许多同志病情日益严重，有些人危在旦夕。普遍流露悲观情绪，唉声叹气：一年多的长征，千回百折，历尽千辛万苦，好不容易第三次走出了草地，捱到头了；眼看三个方面军就要会师，革命即将出现新局面，自己却躺在病床上等死！病房里没有欢乐，看不见笑容，沉默代替了一切。四处笼罩着凄凉气氛。

一天，忽听传言说，二方面军有部队经过这里，伤病员们又活跃起来，他们怀着一线希望，亟盼从兄弟部队那里得到一点救济。但转念一想，又不免失望：二方面军从湘鄂川黔边境经过长途艰难转战，刚到甘孜还来不及作多少准备，就同四方面军一块北上进入草地，并担任后卫，处境极其困难，自己都弄不到粮食，那有余力支援我们呀？于是，病室又变得像黑夜一样沉寂。

又一天，突然，一个陌生的红军干部来到病房，正在大家稍觉惊诧之时，陪同的医护人员介绍：这位是二方面军的同志。之后，这个“不速之客”自我介绍：我是二方面军三十二军的，是罗炳辉军长派我来的。他说，罗军长到包座后听说你们的情况，非常着急。叫我代表他先来向大家问候。这里，军长还给大家捎来了一部分粮食、一些药品，请你们安心养病。罗军长不久还要亲自来看望大家。虽然是几句话、几袋粮食、几包药，大家听在耳里，看在眼里，暖在心里。深感兄弟部队的关怀，情重如山。三十二军的同志走了好久，病房里还嘁嘁喳喳，说个没完没了。

果然，一天上午，阳光灿烂，晴空如洗，罗炳辉来到了求吉寺。罗军长进入病房，亲切地微笑着，一个铺一个铺地探望伤病员，一次次地俯下身子向伤病员问候，同大家一一握手。之后，他满怀激情地宣布：“同志们！我是来接你们回部队共同北上的！”顿时，一个个伤病员激动得热泪盈眶，有的禁不住啜泣起来，半天说不出一句话。接着，罗军长给大家讲话。他身着藏式毛织披风，话语热情，和蔼可亲。首先，他向大家问好，说:你们为了党的事业，为了中国革命，负了伤，生了病，你们是有功于人民的人。然后，他介绍了当前敌我形势和光明的前景。他鼓励大家要拿出打仗的劲头，和伤病作斗争，边治病边做好长征的各项准备工作。最后，他动员大家：能坚持走的，马上出院随部队走；病情重一时走不了的，留下继续治疗，三十二军派部队保护，以后随医院一起北上。停了一会，罗军长紧握拳头，边打着手势边坚定地说道：我们是长征的最后一批部队了，不管有天大的困难，我们都要把大家照顾好,同我们一同北上。罗军长一席话把大家说得心花怒放,往日的焦虑、愁苦、怨忿，一扫而光。全场响起了热烈的掌声、欢呼声。

接着，医院对伤病员逐一进行了检查、登记。我和许多伤病员，纷纷要求出院。自此，我来到了二方面军三十二军。

曲子会师

红三十二军北上进入甘肃后，在甘东南与敌人经过多次激战，后奉令北上，突破敌人几道封锁线，最后到达甘肃东面的曲子，与前来迎接我们的一方面军老大哥胜利会师。

1936 年 10 月下旬的一个清晨，曲子一带浓雾弥漫，隔十多米远就什么都看不清楚。我们到达曲子镇跟前，才发现一方面军的老大哥和当地乡亲们，早已站在路两旁，列队欢迎我们了。霎时，口号声、欢呼声冲天而起。两军见面，格外亲热。像亲骨肉一样，你拉着我，我拉着你，互相倾吐着盼望之情；介绍各自情况、经历；展望未来，表示今后继续奋斗的决心。到处都呈现出欢天喜地的动人景象。

之前，一方面军老大哥为我们的到来，做了大量的准备工作。他们考虑到我们二方面军远道而来，困难很多，对我们各方面都安排得很周到。部队刚住下来，就送来了热气腾腾的小米饭、白面馒头，端来羊肉炒土豆丝，香气扑鼻，令人垂涎。同志们边吃边说：好香！好香！这是长征以来吃上的第一顿好饭。老大哥部队为了让我们全体人员，包括炊事、饲养人员，全都得到充分的休息，一切事情都由他们包下来了，连饭也不让我们自己做。一连三天的饭菜，都由他们做好，派人一个班一个班地送上门来。由于每餐吃得饱，吃得香，饭后就休息，就睡觉，很快就恢复了疲劳，个个又有了精神。

老大哥知道我们部队多是南方人，不会做北方饭菜，特地建议把我们军的炊事员集中起来，办了个烹调训练班，派出手艺高明的烹调手传艺，从生火、做杂粮、做菜，手把手地教，直到所有人都学会为止。当我们单独起火时，又给每个连队送来粮食和几只羊。这一桩桩、一件件，真是情深似海，义重如山，令人终生难忘。

曲子会师不久，敌人一个旅从甜水铺进逼山城堡，被一方面军拦腰斩断，全部歼灭。他们见我军装备不好，缺乏弹药，就将缴获的全部武器、弹药补充了我们军。

此时，我们三十二军在一方面军老大哥部队的关怀、支援下，不仅指战员们恢复了体力，而且装备也充实了。全军精神抖擞，斗志昂扬，纷纷请缨上第一线杀敌人。果然，不久即奉令，在大水坑集结，向北开进。自此，我军踏上了新的征程。

选自成都军区党史资料征委员会集办公室编：《红军长征回忆与研究》，云南人民出版社1986年12月第1版，第146—150页。

罗汉章，1912年生。四川渠县人。红军长征时先在红四方面军第三十一军、后被编入红二方面军第三十二军。新中国成立后，曾任四川省军区达县军分区副司令员。

十、与红二方面军共同北上

西北局的光荣使命

傅钟

1936 年 7 月，党中央为加强红二、四方面军北上抗日的统一领导，批准成立中共西北局。西北局以朱德、任弼时同志为领导中心，挫败了张国焘的分裂阴谋，保证了红二、四方面军和红一方面军会师陕甘的胜利，为红军三大主力完成长征，把中国革命的大本营建立在大西北，作出了贡献。这段艰难历程一直映在我的记忆里。

一　总司令的英明决策

1936 年刚进 7 月，二、四方面军在甘孜会合了！陕北发来贺电，是林育英、张闻天、毛泽东、周恩来等 68 位同志和一方面军、陕甘宁红军、苏维埃政府、人民团体、赤卫队、少先队等十个单位，以热烈的同志精神联名签署的。贺电说 :“我们以无限的热忱庆祝你们的胜利的会合，欢迎你们继续英勇的进军，北出陕甘与一方面军配合以至会合。在中国的西北建立中国革命的大本营……与全国抗日人民、抗日军队、抗日党派建立抗日救国的统一战线……开展神圣的民族革命战争，挽救中国于危亡，解放中华民族于日本帝国主义的铁蹄之下。”

遵照党中央的指示和两个方面军原已商定的计划，红军总司令部作出了进军陕甘的部署：先以左、中、右三路纵队穿过草地，到松潘、包座一线集结；尔后向甘南的岷县、临潭、西固（今舟曲）地区进攻，打开与一方面军会师的通道。行进序列是：四方面军先机出动。李先念同志率骑兵师和八十九师为先遣军，在前边筹粮；徐向前同志率四方面军总部、九军、四军十二师、独立师和三十一军九十三师为中纵队，2日从炉霍出发；董振堂同志率五军和三十一军九十一师为右纵队，10日由绥靖（即大金）、崇化地区出发；朱德总司令率领四军的十师、十一师和三十军的八十八师为左纵队，3日由甘孜地区出发。贺龙、任弼时同志率领的二方面军（包括罗炳辉同志率领的三十二军），分两个梯队，沿左纵队的路线跟进，7日从甘孜等地出发。我当时是从炉霍率领慰问团到甘孜欢迎二方面军的，随左纵队的四军行动。

对四方面军来说，这是第三次过草地，而且路程最长，要走一个月，其艰难困苦之严重是可想而知的。但部队已经过几个月的休整，战斗情绪很高，由于二方面军的到来，更加坚定了北上的信心。整个部队情绪确如后来任弼时同志向党中央报告的那样："政治军事工作都有极显著的进步与成绩。"然而令人焦虑的是，张国焘仍没有停止反党活动，他向二方面军的领导干部游说，散布对党中央的不满，进行挑拨离间，企图拉拢人同情他，在良好的统一、团结的氛围中制造混乱。

针对张国焘的行为，朱总司令在会见二方面军的主要领导时，让他们了解了张国焘反对党中央、分裂红军的事实真相及其过程，并采取了一项重要措施：要任弼时同志随总司令部行动。无疑这是一个十分英明的决策。

我听到这个消息非常高兴。一年来，总司令为了维护党中央的统一领导和红军全军的团结，使南下红军重新北进抗日，正气凛然地、从容不迫地依照列宁的党内斗争原则，同张国焘进行周旋，费尽了心血，才有了今天的好形势。让任弼时同志留在总司令部，显然会更有力地抵制、驱除张国焘的错误影响，大大加强党的思想和路线的领导。左纵队乃至整个四方面军的广大干部得知这一决定后，无不喜形于色，对前途充满希望。

任弼时同志是经过第一次大革命考验的深孚众望的中央政治局委员。我和他相识始于1926年。那时，他是我党的少共总书记。到莫斯科参加少共国际代表大会，我在中山大学任学生支部局副书记。有天，在共产国际大楼，领我去见他的苏联同志说："这是你们的代表！"后来我们交谈过多次，结下了诚挚的友谊。1930年，我回国在上海中央军委工作，他是长江局委员，开会常在一起。他的原则性和组织纪律性给我以深刻影响。记得张国焘回国不久，提出要到军委看文件。任弼时同志说："他看文件到中央组织部去，不要到军委来。"对于张国焘，他是知道底细的。1931年后，我从鄂豫皖到川陕，对张国焘在掌握政策上的过"左"和不搞党的建设，积了一堆意见，尤其同一方面军会合后，他和党中央搞不拢，好端端的四方面军由八万人被他弄得剩下不到一半……压在我心头的郁闷和痛楚日益沉重，恨不得立刻向弼时同志说个痛快。

二　草地竟夜谈

进入草地的第二天晚上，弼时同志主动找我谈话。他讲了二方面军七个多月的艰难行程，也称赞四方面军的《二次北上政治命令》和《北上抗日政治工作保障计划》搞得不错。他对我信任很深，直截了当地说，你们发的小册子，讲和党中央的分歧，一方面军"不辞而别"，散布不和，损害团结，为什么要发给我们？那是不应该发的。随后，他开门见山问我："去年北上，中央走了，你们为什么不走呀？"我不假思索地说："不知道。"他很惊讶。我说当时确实如此，不知道怎么闹到了那种地步。他仔细地听我说了我的经历和所见、所闻。

毛儿盖会议后，我在右路军前敌指挥部任政治部主任，政治委员是陈昌浩同志，徐向前同志是总指挥。尽管张国焘对我们说过一些挑拨离间的话，诸如，中央对徐向前不信任呀，要让陈赓来改造四方面军呀，等等。但都知道他的为人，并未深究，而且对中央的北上方针是完全同意的。所以王稼祥同志说："看来你们和张国焘是有争论的。"这段时间令人不安的是，陈昌浩同志非常傲气。我看到他在参谋长叶剑英同志面前也是旁若无人，对党中央、一方面军说些令人十分难堪的话。我看不下去，表示了意见，陈就要我离开政治部，到包座前线部队进行战地工作。随后李卓然同志也去了。9 月 11 日清晨，突然来了骑兵通信员，送来陈昌浩的"特急飞传"的信件。里边是张二指宽，四寸长的纸条，写着：傅钟、卓然：赶快回来，中央夜里秘密开走，去向不明。他们丢下我们"开小差"，用意何在？飞速来议。

这突如其来的事变，真是霹雳盖顶，卓然和我都懵了！像被窒息了一样说不出话来，只是默默相顾，不知所措。过了好一会才想到：赶快走，回巴西！于是丢下带来的工作人员，我和卓然快马加鞭，往巴西飞跑。到达巴西已时过中午。见陈昌浩同志在大庙里，庙里坐了好多人，徐向前同志身体不好，斜卧在门板上。我靠近他坐下。陈昌浩同志开始讲话，神情暴躁至极了，说中央"右倾"，"怕死"！丢下我们"逃跑"了！许许多多难听的话都脱口而出。人们听了更觉茫然，心神无主，难过极了！昌浩说完，问谁有话讲？我说没有，卓然也说没有。向前同志难受得很，叹气，无语。天近黄昏，陈昌浩宣布南下，口号是"打回通南巴！"要政治部对部队进行动员。我问昌浩，究竟出了什么事，为什么到了这种地步？昌浩说：傅钟，你不必担心，我们还有几个军，自有出路！你们搞好政治动员。在庙外草场上，我面对部队说不出话来. 心慌意乱，只讲了讲行军注意事项，什么绑腿要打好呀，脚布要包好呀，防止"烂脚病"呀，要发扬阶级友爱呀，东一句西一句，言不由衷，匆匆结束。

第2天，黎明即起，在凄风苦雨中南下，人们的心像被浓厚的乌云紧紧包裹着，部队情绪和北上完全相反。走了十多天才知道，原来不是去通南巴！待到过了板阳，10月初，张国焘、朱总司令从阿坝方向来到卓克基，四方面军和一方面军的五军团、九军团又会合在一起，七八万人，浩浩荡荡！但想到党中央和一方面军已远去北方，不免感到孤单和不安。徐向前同志说过，合而再分为兵家所忌。但张国焘是不懂这个道理也听不进这种意见的。有天晚上，他突然召集会议宣布成立"中央"，自任党的、军委的"主席"，一下子就乱了！胡说的、胡喊的，混乱极了！错误也罢，罪恶也罢，张国焘闹独立，搞分裂，这算坏到了顶！

任弼时同志是敏于事而慎于言的。听过我讲的过程，严肃地问我："北上有决议没有？"

我说："有。"

"有，为什么不执行？"

弼时同志这个提问，一针见血，刺中我的思想深处。尽管草地的凌晨格外寒冷，我身上还是不由得冒出了汗。关于一、四方面军共同北上的战略方针，在两河口会议、沙窝会议、毛儿盖会议上，党中央都作了决议或补充决定，其中有两个会议我也列席在场，但却没为执行和维护它进行坚决斗争。这是我终生难忘的过失。后来我多次为此作过自我批评。但这天晚上，弼时同志没有再说什么，只要我明天到总司令部机要科去看电报，说："凡我看过的你都可以看。"

看过电报才知道，原来在一、四方面军分开前后，不少重要事情我根本不知道，不是弼时同志打破张国焘的封锁，我还是被蒙蔽着。比如：中央率一、三军团到俄界后，不仅停留等待，而且多次来电，规劝张国焘放弃"南下"，跟随北上，而且直到9月18日，彭德怀、聂荣臻同志等还致电张国焘，告知他们已占领甘南的大草滩一线，当地的物资丰富，汉、回民众热烈拥护红军，"请你们立即北进"。显然，中央一直是坚持两河口会议精神，希望、等待并准备接应四方面军共同北上的。

对争取张国焘一起北上真正做到了仁至义尽。所以弼时同志再次和我长谈时语重心长地指出：“看来，不是中央丢下你们走了，是你们不跟上中央走，中央才先走的；责任不在中央，在你们！”这对我启发很深，彻底分清了是非。

关于张国焘自立“中央”问题，弼时同志说已在李卓然同志那里了解过。我说，那个委员名单，全是张国焘和黄超搞的，别人概不知道。那天晚上开会，事先都不摸底，陈昌浩同志也不晓得要干什么。经过十来年艰苦奋斗和无数先烈流血牺牲创造的红军，眼看分裂到这种地步，谁不痛心叹惜呢？所以不管当时一些同志胡说了什么，胡喊了什么，都是张国焘的分裂阴谋所使然，党会理解的，历史会澄清的。弼时同志就是这样，以布尔什维克的实事求是态度对待这个问题，团结了所有同志。我把那次会上的记录给他看过，他明确指出：“责任全在张国焘，事是他干的，人是他定的，你们谁管得了？”后来，弼时同志没有为此批评过哪个同志。对我则非常诚恳地说：“按照列宁的党性原则，我们不是不参加党内斗争。必须考虑到，我们是拿枪的，彼此都带着队伍！意见有分歧不好搞斗争的！我们还在长征当中，艰难困苦，人间罕见，团结一致比什么都重要。”他的这些话贵如金石，在我心里产生了非常强烈的共鸣，不仅使我经久不忘，而且每想到它都会引起新的震动。

有一天，弼时同志当面告诉张国焘已和我谈过话。张国焘满脸不高兴又不好明讲，只是说，可以再多找几个同志谈谈。还指名可以找谁谈谈。弼时同志说，和傅钟同志还没有谈完，以后再找别的同志。他清楚张国焘的用意，是要让听他的话的人来施加影响，混淆是非。弼时同志的明确答复，既是保护我，也击破了张国焘的圈套。

弼时同志继续和我谈的，是维护党中央的统一领导问题。在那些天里，张国焘一直散布：他取消了“中央”，和中央那边是平等的协商关系。说是陕北那边改称西北局，这边是西南局，像上海局、北方局一样，都由驻共产国际的中国代表团统一领导。对此，弼时同志只是静心听进去，没有说过什么。这天晚上他向我了解为什么这样提出问题？自立“中央”，已是我们党历史上从未有过的分裂危机，既然宣布取消了为什么还不服从党中央的统一领导？我向他汇报了问题的由来和变化过程：

张国焘是在 1935 年 11 月中旬，南下红军打下芦山县城之后公开打出“中央”旗号的，党中央严厉批评了他的分裂主义行为，指令他不得再自称“中央”。1936 年元旦，毛泽东同志给朱德同志的新年贺电说，不仅已和上海局发生联系，也同国际发生联系，“这是大胜利”。自然，对于张国焘，这也是个警告。不几天，张闻天给张国焘来电说：“兄之临时中央，望自动取消。否则长此下去，不但全党不以为然，即国际亦不以为然，尚祈三思为幸。”这算是直言相劝了！到 1 月下旬，中央电告“十二月决议”（即瓦窑堡会议决议）要点时，从国际归来的林育英同志来电肯定党中央是正确的，也要他取消自立的“中央”，成立西南局，直属驻国际代表团。朱总司令、刘伯承、徐向前同志等本来就反对他自立“中央”，这时也都劝他接受林育英的“通融”办法，目的是维护党的统一，早日把他那个“中央”撤掉，结束分裂状态。但张国焘坚持反党立场，又要诡计，一面表示愿谋党的统一；一面却提出这里是西南局，陕北（党中央）那边要改为西北局，由国际代表团暂代中央。他还是坚持不承认党中央、反对党中央统一领导的主意。

弼时同志不了解这些情况，说 5 月 20 日中央有过电报谈了与国焘的关系，“暂时采用协商方式”，为求革命胜利，应改变过去一切不适合的观点与关系，“而以和谐团结努力奋斗为目标”。中央没有讲与他是平行的“局”间关系，也不应该是这样的关系，而且我们驻国际的代表团是党中央派出的，怎么能颠倒过来领导党中央呢？

弼时和我都会俄语，这有利于我们把心底深处的话，包括直接批驳张国焘的话都可以无所顾忌地说出来。对于张国焘破坏党的统一，他极为愤慨，说：搞派别活动是张国焘的老毛病，斯大林都知道，想不到会发展的这样严重。他认为最迫切的问题，是维护党中央建立绝对统一集中的最高领导。他用俄语说，列宁是非常重视统一问题的，列宁说过，统一对工人阶级是无限宝贵的，无限重要的，在斗争中是最伟大的武器！而没有统一的领导中心，党的真正统一是不可能的。我们再不能让张国焘破坏党的统一了！弼时同志这种坚定的鲜明的维护党的统一的态度，对我的教育极为深刻。

经过几次和弼时同志的竟夜长谈，使张国焘在四方面军党内制造的政治上的阴霾，思想上的糊涂，组织上的混乱，有力地得到了澄清。按照弼时同志的见解，我和王建安同志、袁克夫同志等四军与四方面军政治部的高级干部作过长谈。他们完全赞成弼时同志的意见，并积极主动地在部队中进行了团结一致和维护党中央统一领导的思想教育。这样，指战员的精神面貌显得更加生机勃勃，对二方面军同志的感情更加亲热。

三 “太阳万岁！”

不远就是噶曲河了。连日阴雨、闷热的天气，被骤起的风吹得清爽起来，霎时乌云也散了，久违的太阳露出火红的圆脸，把灿烂的光洒满草地。走在队伍中的刘伯承总参谋长情不自禁地高呼一声：“太阳万岁！”表明了人们的共同心境。于是长长的行列上空，像有万顷波涛喧嚣一样，连连响起“太阳万岁！”“太阳万岁！”的喊声。接着笑声、歌声也长扬起来。曾经旅欧的、留苏的同志们，有的用法语唱《马赛曲》、《国际歌》，有的用俄语唱起了沙皇时代革命志士的歌：

同志们向太阳向自由，
向着那光明的路。

你看那黑暗已消灭，

万丈光芒在前头！

尽管谁也不是够格的歌手，弼时同志在合唱中还总比别人慢半拍，但年轻的战士们听了，身上显得轻快了好多。

过了噶曲河小休息，廖承志（当时叫何柳华）同志来了，掏出铅笔和纸问：“哪个要画像？”刘伯承同志要他画，还要他把岸边的渡船也画上。许多同志围上去看他运笔，称赞他画得好。接着，给我画了一张侧面的头像，下边签上了时间地点：“11・7，1936，绒玉”。这幅画我一直保存着。当时若不是很快出发，他还可能给人多画几张的。伯承同志和我用以酬劳他的，是倒给他半袋子青稞。他诙谐地喊着：“卖画喽，公平交易！”这期间，他虽然还被看押着，但由于总司令、弼时同志的关照、保护，已有若干“自由”，不仅有“新闻电台”大量的译电、编辑工作，还常常出“队”执行画马克思、列宁的像，布置会场等任务。他在被看押的队列中，规规矩矩，一出“队”工作，就显出幽默、乐观的本色，走到哪里，那里的愁云就被他赶个精光。

5 月间在炉霍，举行有朱德、刘伯承、罗世文、张琴秋等同志主讲的“世界政治经济研究”讲座时，廖承志同志曾是《东方殖民地革命运动》、《关于国民党》、《日本问题》的讲演人。他以丰富的知识和精辟的分析，提高了大家对国内外形势变化的认识。这个讲座，是为迎接全国人民抗日斗争高潮的迅猛发展举办的。人们讲的，听后传播与议论的许多观点、材料，加强了拥护党中央正确路线——开赴大西北抗日前进阵地的思想基础，筑起了抵制张国焘反对党中央、反对北上错误的思想防线。弼时同志对此是肯定的。在这当中，廖承志、罗世文和朱光同志编译并刻印的新闻材料起了很大作用。

队伍天天在广阔的草地上行进，不见人烟，不见村庄。有时我问伯承同志：今天走多远？他总是说：听太阳指挥，它落山，我们宿营。

四 救济寺①会议

7 月 27 日，在阿木柯河（今牙磨河）畔，接到中央来电，批准建立中共西北局。西北局委员有：朱德、张国焘、刘伯承、任弼时、贺龙、关向应、萧克、王震、徐向前、陈昌浩、周纯全、傅钟、李卓然、曾传六、张琴秋、王维舟、董振堂、罗炳辉、何长工、黄火青等 20 位同志。书记，第一张国焘、第二朱德、第三任弼时。西北局只设组织部，确定由我任部长。我当时是没有军事职务的。这主要是弼时同志的意见。后来在西北局下达党务工作的电文中，在张、朱、任后面要签上傅。我提出不要署我的名字。弼时同志说："要这样，为的是便于你在四方面军开展工作。"朱德同志是大力支持我的，凡属党务、党纪和高级干部的工作、学习调动、安排，他都交我负责办理。后来，还让刘少文同志担任了秘书长。西北局算是有了一个非常精干的日常工作机构。

中共西北局的组成，出乎张国焘的意料之外。这显然不是那种直属国际代表团的和党中央平行的组织，而是归中共中央统一领导的下属组织。广大指战员对成立西北局热烈拥护，并寄予深厚希望。西北局的使命和大多数委员的共同意志是：维护党的领导地位，坚持党的组织原则，打破张国焘的个人专权，保证党中央方针的贯彻和北上会师部署的顺利实施。

7 月末 8 月初，左纵队和中纵队、右纵队经过 1500 里的艰苦跋涉，走出草地，先后到达包座一线集结。西北局要在包座河西畔的救济寺开会。任弼时同志同徐向前、陈昌浩同志等四方面军的领导和高级干部多次交谈，了解情况，交换意见。会议前夕，徐向前同志等特意赶到山下

① 即求吉寺，下同——编者注。

的王友钧烈士墓前献了鲜花，表示对去年壮烈牺牲在这里的右路军烈士们的哀悼和怀念。王友钧同志也是我的老战友。他原在蔡申熙同志领导的红十五军。十五军 1931 年初和红一军合编成为红四军，再发展成红四方面军。他一直在这支英雄的部队，从鄂豫皖到川西北，身经百战，功绩卓著，是全军闻名的“夜摸将军”。牺牲前是四军十师师长，年仅 24 岁。他是为全军打开北上抗日通道而以身殉职的。他牺牲后我到了十师，人们传诵着他身先士卒，把机枪架在警卫员肩上猛烈扫射敌人，掩护部队冲锋的英勇事迹。他的牺牲使战友们异常悲痛！但更令人痛惜的是，烈士们的战绩被张国焘断送了！部队没有沿着他们打开的通道径直北上，而是走了这样一段大弯路。在烈士墓前，人人都不由地立下决心：沿着他们用宝贵的生命打开的通道勇往直前，奔向党中央指示的北上会师抗日的伟大目标。

在救济寺会上，朱德同志语重心长地说，一个好的党员应该拥护党中央路线，维护群众利益。日本帝国主义要灭亡中国，一个政党，一个军队，一个人，不站在抗日斗争前线，将不会有他的立身之地。我们要把自己的历史任务担负起来，大家都要加紧学习。他还就西北局要按党的民主集中制原则进行工作说，我们党讲民主，委员要是好党员，书记要是好党员，好委员；在西北局里，书记一样要服从多数委员形成的决议，这才有集中的统一的领导。大家都赞成并支持他的意见。这对张国焘搞个人专断是个有力的扼制。后来，徐向前同志也就应该按组织关系进行工作的问题有个发言，他说，四方面军的干部大家都清楚，优点是不说虚话，缺点是懂得少；过去我们对干部的批评多用个人的办法，没有建立工作的组织关系，因而养成了骄傲。以后应当转变个人的领导方式，多用组织力量去推动工作。为了加强部队基层党的建设，徐向前同志还提出：支部工作是非常重要的，平时工作的讨论，党的发展情形，政治部应当去进行检查。朱、徐同志的这些意见，过去也对张国焘说过，但没起什么作用，现在在西北局的会上正式提出来，对张国焘是个严正的批评，他不能不听下去。这样，有朱德、任弼时和徐向前等同志带头坚持正确原则，党内生活开始有了新鲜空气。

这时，任弼时同志想解决的主要问题是让四方面军的干部真正从思想上以“十二月决议”为基础在党中央领导下团结一致。但在对党中央的态度上，有个思想障碍要克服，这就是：对于遵义会议决议只说以前的军事路线错了，不承认政治路线也错了，想不通。有的是出于一种教条主义的思路，以为军事是服从政治的，军事路线错了，怎么能说政治路线不错呢？这种错误认识带有普遍性，源起于张国焘。一、四方面军会合后，党中央派刘伯承同志等到四方面军传达两河口会议精神，正好是和张国焘同行的。临到四方面军领导机关，张国焘耍了个手腕，他把刘伯承同志等放在一个军部里“休息”，自己先到方面军领导机关给干部们讲了一通，使他颠倒是非、混淆黑白的东西在干部头脑中先入为主，待到刘伯承同志正式传达时，正确的东西就被“抵挡”住了。在救济寺会议上，陈昌浩同志又提到这个问题时，任弼时同志指出：说中央在遵义会议以前是路线错误，我看不对。我不承认中央领导有路线的错误。政治上有关门主义的错误，是事实，但不是路线的错误。我和昌浩同志讲过这个看法，我还要继续进行这种解释工作。遵义会议后，1935年2月,党中央的通报中讲的很明确:军事指挥上单纯防御路线的错误，主要的负责者是博古同志，但这种错误对于博古同志不是整个政治路线的错误，而是部分的严重的政治错误。弼时同志循循善诱地说，我劝同志们把这个问题搞清楚，端正思想立场，紧紧团结在党中央领导下。我们和党中央和一方面军会合之后开会，中心还是讨论迎接抗日民族革命运动新高潮的问题，对以前的问题，思想上弄清楚，有冷静的、客观的自我批评，就不再提了。陈昌浩同志自此以后思想上有了很大变化，所以他后来反对张国焘的西去主张、坚持北上方针，态度非常明确，不仅积极率领前锋部队夺得岷县一线，而且在9月上旬，率先提出了北出通渭、静宁、会宁，与一方面军南北夹击胡宗南西进部队的方案。

7 月底 8 月初的敌情是，蒋介石忙于对付两广事变，胡宗南部已经南调；同时命令他的重庆行营在川、陕、甘、青部署一道防线，“凭借天然险要及原有碉堡线，采取攻势防御”，对我分途追击，多线堵截，阻我三大主力会合。党中央连续来电指示，“宜迅速北进”，“取得三个方面军的完全会合”；“我们已通知全苏区红军，准备一切条件欢迎你们，达到三个方面军的大会合。”显然，党中央的指导思想是非常明确的。但在救济寺会上讨论北进计划时，张国焘却对原拟的北进岷、洮、西的计划，只是在口头上说一说，而不做实际部署。相反，却提出要部队从齐哈玛过黄河，由西面北出青海到新疆。这遭到了多数同志的强烈反对。原来，二方面军到甘孜之前，他曾派人探过去青海的路，因为根本无路可走，也走不出去，就没有再声张。现在看到部队已和党中央愈来愈近，就又提出这种计划来。朱总司令细心分析，判定事关全军的战略方向，不能走西去的路。任弼时同志也说，有三条理由不能西去。一是两广事件的发生，说明国民党内部在全国人民的抗日高潮面前不同派别的矛盾尖锐了，对蒋介石的现行政策是个摇动；第二，我们和一方面军会合，突破张学良的“围剿”，陕甘宁三省会为成我们抗日前进的根据地，结束我们的流动；第三，红军主力配合全国人民抗日高潮有重要作用，若到黄河以西处于偏僻之地就不行了。会上的同志们对任弼时同志的精辟分析，十分佩服。张国焘看势头不对就放弃了从齐哈玛过黄河的企图。

经过充分讨论，西北局通过了立即进行岷、洮、西的战役计划，8 月 5 日下达部队，要求全军以迅雷行动，“先机夺取岷、洮、西地区，主力向天水、兰州方向进展”。命令以三十军、九军、五军为第一纵队，由徐向前、陈昌浩同志率领，5 日当天从救济寺出发；以四军，三十一军组成第二纵队，由王树声、詹才芳同志率领，7 日自包座出动；第三纵队由二方面军组成，因尚在行进中，待到达包座后 12 日出动。

在此期间，西北局还审议了岷、洮、西战役的《政治工作保障计划》。

指出政治工作的中心任务，是送行热烈的战斗鼓动，使部队充分认识这个战役的重大意义,“打大胜仗,会合全国主力红军！”“严守政治纪律，争取西北广大抗日民众！”关于同一方面军会师的动员与准备工作，还强调指出，要以中国革命的最高利益为原则来解决，“在四方面军的指战员中，应特别注意学习与研究过去与一方面军会合中的经验教训，开展必要的自我批评，纠正过去的缺点，消除一切不满和误解现象”，“进一步发扬这次二、四方面军会合中高度的阶级友爱和热情。”由于西北局同志们的共同努力，对部队政治工作尤其是思想教育，抓得很紧。四方面军政治部还主动编写了如何运用统一战线的通俗教材，加强了对各军政治工作的直接领导，同时，注意学习二方面军运动战中的政治工作经验，使各部队的政治工作在许多方面有了明显进步，在北进战斗中发挥了保证作用。

8 月 9 日，前锋部队夺下天险腊子口，直逼岷县城下时，西北局随红军总司令部离开救济寺向俄界前进。六万之众的两大红军主力，以锐不可当之势挺进甘南大地。

五　挫败张国焘

进入甘南地区，确实感到“柳暗花明又一村”了。这里人烟稠密，物产丰富。刚刚走出茫茫草地，皑皑雪山，猛然看到庄稼村舍，听到鸡鸣犬吠,干部战士莫不欢欣雀跃,热泪盈眶。路上跑着驮东西的小毛驴，货摊上摆着火红的柿子、圆溜溜的白兰瓜，南方人见了又新奇又兴奋。去年一方面军由此路过，给人民群众留下了良好影响。他们亲眼所见，红军是亘古以来独一无二的不扰民、不欺民，帮助老百姓担水扫院子的好队伍。听说红军又来了，无论汉民、回民都拥到村头、路旁，笑嘻嘻地欢迎我们。

当时甘南的敌人，只有王均、毛炳文、鲁大昌等部在岷县、临潭、西固分别驻防，构成西固至临潭、天水至兰州两道封锁线，企图阻止我军北上会合一方面军。

部队按计划展开后，连战连捷，为北上会师而战，斗志格外昂扬，纷纷提出杀敌竞赛口号。三十军和三十一军提出“活捉毛炳文，迎接大会师”，九军提出“拿下岷州城，活捉鲁大昌”；四军提出“攻占洮州城，撕开封锁线”。四方面军政治部及时通报各军的杀敌比赛情况，鼓舞部队发扬英勇善战和运动战的特长，提高战术水平，保证战役胜利。在此期间，西北局常务会还就开展地方工作和“扩红”运动发出指示，作了部署，使部队及时补充了新生力量，在群众中扩大了共产党、红军和抗日统一战线的政治影响。

经过十多天的激烈战斗，部队占领了临潭新旧两城和渭源、漳县，截断了西固、岷县大道，除岷县城有鲁大昌部死守待援外，甘南大部地区已被我军占领。这时，西北局随总司令部驻在哈达铺。这是岷县西南的重镇，有五六百户人家。8 月 25 日，陈伯钧、王震同志率领的二方面军先头部队——六军团的十七师和模范师到达哈达铺时，红四方面军的九军一部列队欢迎，军号声、口号声、歌声、掌声响彻云霄，情形十分热烈。第二天中午，十六师、十八师赶到以后，下午 4 时，两军举行联欢大会，演出了文艺节目，隆重庆祝两大红军主力北进会合的胜利。到 9 月 6 日，继三十二军之后，二军团也全部到达哈达铺、礼县一线。至此，西至洮河两岸，东至礼县一线，北至 9 月 7 日三十一军占领的通渭，有 80 万人口的广大地区在二、四方面军手里。而出动接应二、四方面军的一方面军的西征军，在司令员兼政治委员彭德怀同志率领下，自 8 月末从豫旺出发，正向同心、海源以西，固原以南地区迅猛攻击。三十一军和西征军的侦通人员已经拉上了手，开始沟通来往。三大红军主力即将会师的态势已经形成。这巨大的胜利，鼓舞了全党、全军和广大人民，震惊了国民党政府和日本帝国主义。张国焘妄图分裂党、阻挠红军三大主力会师于抗日前进阵地的阴谋，被挫败了！

然而，张国焘是不甘心、不回头的，并且显得非常急躁。他让周纯全同志找任弼时同志说，两个方面军开个干部会，首先求得意见一致。弼时清楚，张国焘是想利用这个会拉出一部分同志同情他，支持他，同党中央继续对抗。弼时同志对周纯全明确表示：不要开这个会！把党内分歧在干部中公开出来，会造成上层对立，使工作更加困难，损害团结。张国焘听不进这种劝导，找到弼时同志坚持要召开两军干部会。弼时同志非常冷静、镇定，义正词严地说："我反对开这个会！如果你坚持要开，我敢肯定，会上争取四方面军的干部是没有问题的。如果二、四方面军干部对你态度尖锐起来，我不负责任。"弼时同志的话，力抵千钧。张国焘害怕自己更加孤立，就不再提开这个会了。

但是，在西北局内部，张国焘同朱德、任弼时同志的争论日益深刻和严重。从 8 月 9 日由救济寺出发以来，党中央对抗日统一战线的发展形势，对红军总的战略任务和冬季作战计划，频频发来指示。而张国焘口头上赞成统一战线策略，实际上是另一回事。他不相信在日寇加速全面进攻和全民抗日运动继续高涨的条件下，国民党及其军队大部或全部有参加抗日的可能。见到《中国共产党致中国国民党书》，他说这像是韩愈的《祭鳄鱼文》，是不着实际的幻想；他还指责党中央提出成立国防政府，是重复法国镇压巴黎公社的资产阶级反革命口号。弼时同志针锋相对地驳斥他的谬论，批评他根本不相信统一战线，不晓得如何估计阶级力量的变动；向他指出，不能看到红军数量比过去少了就以为整个形势都不好，只有向西撤退，这是机械唯物论的错误观点。张国焘本来没有一点理论，更不接受马列主义理论，立刻抢白说："机械唯物论总比唯心论好一些。"他不可救药到这种地步。

本来，朱总司令是主张四方面军不要在甘南停留而径直跨过西兰公路去会合一方面军的。后来陈昌浩也提过，四方面军向陇东北前进。张国焘则相反，总想往西去，甚至不知羞耻地说："打日本不是简单的。

我们现在的力量就是再增加十倍，也不见得一定能打赢它。我们只能将西方变为苏维埃的后方，做前方抗日红军的后备军。”朱总司令嘲笑他胆子太小喽！说：“四川军阀打仗是溜边的，碰上敌人绕弯弯，见到便宜往前抢。国焘同志你莫要溜边边呀！我们长征是要到抗日的前进阵地，红军要成为抗日先锋军、模范军。日本帝国主义加紧向绥远、宁夏进攻，敌情在北面吆，你老想向西去，当然打它不赢，只是跑得赢了！”

接着，张国焘提出两个行动方案报告党中央。一是往西去，到新疆接通苏联，获得武器装备再回来；一是出东南，向川陕豫鄂发展。9 月 8 日党中央电复：往西行动须求苏联协助，要等国际回答，已派邓发去国际申请并报告情况。对于出东南，中央指出是向南京进攻的姿态，只能在与南京谈判决裂后才是可行的与必需的。这样，张国焘才不得不同意按党中央 8 月 30 日电令，发展甘南作为战略根据地之一，使之与陕北、甘北相呼应。于是，西北局原已通过的在甘南建立临时革命政权——人民抗日革命委员会的决定，才得以实施。

在这中间，张国焘主张向西、反对向北的症结在于：害怕同党中央会合。好多同志劝他解除这个顾虑。在任弼时同志就要返回二方面军的前夕举行的西北局会议上，朱德同志、任弼时同志非常诚恳地劝张国焘不要怕和党中央见面。错了认错、作自我批评，回到列宁主义路线上，不再搞派别活动就不会抹煞自己的功绩和光荣吆。语重心长的话大家说了好多。我也就反对并克服不愿和党中央会合的思想问题作了发言：在多数同志的赞同下，写进了西北局会议决定，下达部队。

任弼时同志出发时，刘伯承同志也到二方面军去。由于王树声同志害病，留下二方面军的萧克同志接替他的职务，任三十一军军长。大家分手时，依依惜别之情难用语言表达。尤其是和任弼时同志一起度过的两个月是永远难忘的。

六　甘南风波

三十一军攻克通渭不久，一方面军西征军即占领了界石铺一线。经过侦通人员频频接触，党中央油印的《红色中华》报、《西北斗争》刊物以及其他宣传品，很快转送到西北局。军委总政治部主任杨尚昆同志有篇文章：《全国主力红军大会合》，给我印象很深，其中许多热情洋溢的句子，好多年我都记得。比如：

> 在转移新阵地北上抗日的长征中，3个方面军都创造了历史上空前的奇迹。长追、堵击不能消灭我们。大无畏的精神，征服了一切险恶的环境；铁一般的意志，冲破了无比的艰难。这种用意志和牺牲换来的伟大的会合，暗示给全国爱国的人民看：……红军这种百折不回的行动，是伟大的中华民族无尚的光荣！

《红色中华》报上还登了许多募集各种物资慰劳二、四方面军的报道。这些都使部队感到极大的温暖和宽慰，提高了希望早日会师的觉悟和信心。

9月初，还见到了彭德怀司令员兼政委的《关于西征中统战工作的指示》。里边提到：政治机关应把统一战线工作看作是我们的战斗任务之一，“应与其他政治工作提到一样的高度”。他还指出，组织“停战抗日促进会”，是团结各种各色群众推动统战实际活动的良好方式。后来在西北局会上，黄火青同志就提出在我军接敌地区可以广泛组织这种“停战抗日促进会”。还可以出版对内的刊物《抗战》，对外的刊物《抗战之友》，广泛宣传党的统一战线方针，影响并团结各个阶层，包括国民党军队官兵在内的广大群众，推动抗日运动。

9月8日，党中央来电重申“逼蒋抗日”方针，指出过去抗日、反蒋并提是错误的，中央从 2 月起已改变这一口号。还说中央与南京方面常有书文、人员往来，有达到建立抗日民族统一战线的可能，因此不要提打倒任何国民党军队的口号，而提联合抗日。同时还强调，对张学良部不可采取真正进攻态度。

9 月 9 日，张国焘召集西北局委员开会，除任弼时同志、刘伯承同志随二方面军向天水方向行动，徐向前同志、周纯全同志在漳县的前敌指挥部外，大多数委员都参加了。

朱总司令在会上强调了统一战线工作，要认认真真地把它放在首要位置上，各项工作要围绕这个中心。做统战的上层工作是重要的，基层工作也不容忽视，组织群众抗日武装，部队可以派干部。张国焘也说中央电报重要，但他主要还是强调建立甘南根据地问题，对此兴趣很大，抓得很紧。而对中央提出的建立抗日民族统一战线采取消极态度，并以建立甘南根据地拖延与红一方面军会师。在此以前，成立了甘肃省和甘陕川省两个工作委员会。前者以岷、临、漳、陇西、渭源、通渭、武西为基本工作地区，向四周发展。后者随二方面军向成县、徽县、两当、康县发展。甘肃省工作委员会原由何长工同志负责，在这次会议上他被任命为省革命委员会主席，改由我任书记，又增加几个人。常委七人，除我外有曾传六（兼保卫局长）、刘少文（组织兼少数民族工作）、华民（少共书记）、邵式平（财经部长），下设组织、宣传、白区、妇女、少数民族工作等工作部。委员有熊国炳、王维舟（抗日救国军总指挥）、余洪远（粮食）、陈敬先、杨克明、黄超、王泉媛、邓永耀（秘书长）、邹功凯、吴德峰（白区工作）、吴富莲（妇女工作）等。同时还组织了吴永康同志负责的北路和黄火青同志负责的西路工作委员会，分别以漳县、临潭为中心开展地方工作。张国焘说，甘南已有 11 县我军力量已经达到，有的全县，有的三分之二、二分之一、三分之一，只要我们工作做到，根据地一定能扩大，巩固。最后，他一个个点名，限期限时写好会议文件：税收条例，你，德峰同志写，明天中午 12 点交卷；秋收斗争指示，你，郭潜军写，明天下午 6 点交卷。还点着我的名说：省委工作决议，你傅钟写，明天 12 点交卷，省委工作计划也由你来写，后天交卷，再给总政治部直属队讲讲话，介绍省委的工作方针，西北局加强省委决定，明天 8 点油印下发；北路工委 12 日上路……他对建立甘南根据地十分热心，自有他的用意。

这些决定、指示有的已经执行，取得了良好效果，有的正在执行，有的没有执行。蒋介石解决了两广事件，调胡宗南部由河南开回兰州，想分化东北军，撤换张学良。情况发生了急骤的变化。如果一、二、四方面军不抢在胡宗南部占领兰西公路之前会师，就有被它分割的危险，三个方面军都会陷入不利境地，也会动摇张学良跟我们联合抗日的决心。

蒋介石的行径使我想起明代嘉靖年间诗人冯维讷的一首针砭时政的七绝：

露骨山前月色高，
夜闻胡骑在临洮，
将军未挂平羌印，
独倚长虹看宝刀。

如今，欲抗日寇而不能的张学良将军，岂止“独倚长虹看宝刀”，还要遭蒋介石的暗算。宋代诗人苏轼有诗《获鬼章二十韵》，歌颂当时岷州宋将种谊奉命抵御外侮进行的“熙河之役”，收复夏河、岷州大片疆土。抚今追昔，让人感慨系之！不过共产党人绝不会让蒋介石捆住手脚，天大困难也要排除，结成最广泛的统一战线，实现全民族抗战。

根据敌情的变化，中央 9 月 13 日来电，明确指示：“四方面军宜迅以主力占领以界石铺为中心之隆（德）、静（宁）、会（宁）、定（西）段公路及其附近地区，不让胡（宗南）敌占领该线，此是最重要一着。”电报中还说，已令一方面军的第一师南下静宁接应。很明显，中央的意图是先于胡宗南占领该区，保证三大红军主力会师。

西北局根据新情况，于三十里铺召开会议，9月16、17、18连开三天。参加会议的有张国焘、朱德、陈昌浩、傅钟、曾传六、李卓然、何畏、萧克、刘少文等。张国焘主持会议。他不像前几天研究甘南根据地建设时那样兴致勃勃，滔滔不绝，情绪有了微妙的变化。讲话中，有同意中央来电部署的意思，但又大谈陕北地瘠民贫，人口稀少，难以供应大部队生活之需。显出仍不愿会合一方面军。

胡宗南的动向使原来对“逼蒋抗日”有怀疑的同志信心更加不足。朱总司令说，蒋介石是要置我们共产党于死地而后快，可天下的事情不能随他一厢情愿。国际上法西斯和人民两个阵营的对立越来越尖锐，观望犹疑的越来越少。战争像加足了汽油的飞机随时可以发动起来。英、美不会看着中国被日本独吞，会促蒋介石下决心抵抗日本帝国主义。全国人民不愿当亡国奴，也要逼蒋介石抗日；就是蒋介石军队的内部，像张学良、杨虎城那样的主张抗日的将领也大有人在。现在蒋介石所以还搞他的“攘外必先安内”，是因还没有把他逼到非抗日不可的地步。这就靠我们的工作，宣传我们的主张，动员群众，争取友军。陕北比我们做得好，发表了《告全国人民书》。去年12月提出的口号，2月变了一次，现在又变了，越变策略性越强，团结面越广。他还说，去年开始提出抗日民族统一政策以来，我们做得不够，思想没有把它放在首要位置，想问题做事情只看眼前。以后应有一个转变。

朱总司令的讲话很开脑筋，情况确实如此。共产国际第七次大会提出反法西斯、反帝、反战争的统一战线，在中国就是反对日本帝国主义的统一战线。之后，张国焘也讲过统一战线问题，但实际行动却南辕北辙。干部教育，宣传工作，政权工作，以及对蒋介石军队的态度，还是沿用过去的一套，没有做相应的转变。我在会上提出，要加强学习党的新方针政策，检查过去有哪些不合现在形势需要的，彻底改正过来。朱总司令又插话说，对，要检查过去，改变不合适的；统一战线与一切工作都密切相关，要把视线都集中到统一战线方面来。斗气报仇都不对，要教育干部战士，文化不高，好感情用事。军需也要解决，但注意军民、军政、我友的团结，不能像法国大革命时那样，脱别人身上的裤子。

你一言我一语，讨论很热烈。关于部队的战略方针，大多数同志同意中央9月13日来电的部署，发动静、会战役。

谁知，在做静、会战役具体方案时，张国焘与中央闹独立的故态又恶性发作。他反对北上，要西进，过黄河去青海、新疆，根本推翻了刚才西北局所作的决议。陈昌浩第一次也是最后一次公开跟张国焘唱了反调，主张北上，争论十分激烈。张国焘甚至说经静会北上是“断送红军”。朱总司令耐心地劝张国焘维护民主集中制的原则，不要个人推翻集体决议。我也向张国焘表明，主张向北，并陈说了北进方针的好处。张国焘成了孤家寡人，情绪很坏，说总政委不干了，作战方案也不做了，带上警卫员离开总部，去驻漳县三岔的前敌指挥部。朱总司令很为难，但也无可奈何，说，他不干我们干吧，中央部署不可耽误。他一方面领着参谋们做计划，并下达部队，一方面组织指挥机关向北进发。

9月21日，在总部北进途中，收到张国焘从漳县前敌指挥部发给部队的电报，令进到通渭执行静会战役任务的部队停止北上，转头西进永靖、循化，准备渡过黄河。朱总司令见到电报大吃一惊。原来张国焘没甩手不干，但这样可不行。党的原则，中央的部署，抗日大业都不允许。

我当时也愣住了。觉察到问题的严重，张国焘这样把一切置之脑后，将使全军再次陷入危难险境。

一向从容不迫的朱总，这时眉头紧蹙，面露焦急之色。他想了好一会儿，决定一面电报中央，一面令部队停止前进待命，又用电报通知已返回工作岗位的西北局委员火速去漳县继续开会，还问我有什么想法。朱总的处境太难了，对张国焘要团结，对中央指示要执行，除此之外没有再好的办法。

当即拟好三份电文。一份发给漳县前敌指挥部徐向前总指挥和周纯全同志飞转张国焘的。电文如下：

向、纯转焘：

（甲）国焘同志电悉，不胜诧异。为打通国际路线与全国红军大会合，似宜经静会北进。忽闻兄等不加同意。深为可虑。昌浩今早可到漳，带来陕北来亲译长电，表示国际态度，望详加研究。

（乙）接到指示，已告各方停止一切行动。

（丙）弟等即日赶到漳县，并电告传六、何畏、长工也兼程赴漳，续商大计。

（丁）静会战役各方均表赞同，陕北与二方面军也在全力策应。希勿失良机，党国幸甚。

朱、傅飞复焘（向纯转）

1936年9月22日3时

另一份电报是发给党中央和二方面军首长的。电文如下：

英、洛、毛、周、彭、贺、任、刘：

（甲）西北局通过之静会战役计划正在执行，现又发生少数同志不同意见，拟根本推翻这一原案。

（乙）现将西北局同志集漳县继续讨论，结果再报。

（丙）我坚决遵守这一原案，如将此一原案推翻，我不能负责任。

朱德

1936年9月22日

第三封电报是给在外地筹粮的曾日三同志的，是告诉他速去漳县开会，以及总部的位置——梅川。

不想电稿送到电台，电台拒绝发出，说“张主席有指示，没他签名的电报一律不发。”几次派人做工作，答复还是：“不能发，不能违抗张主席的指示。”

又是一个严重情况。总司令被剥夺了发电报的权力，何以指挥部队？看来人们对张国焘那套顺我者昌、逆我者亡的手段，心有余悸，不敢稍有违背。

朱总司令很急，最后对我说：你是四方面军的，又是西北局的组织部长，你出面吧，给他们讲讲组织原则。这是我义不容辞的。我说话方便，人又熟。正想自己去做工作，朱总这一说，我立刻就去电台。

电台同志也感到问题严重，也许有分歧，可能还争论过。我进门时气氛仍较紧张，个个面无笑容，直盯着我。为了缓和气氛，我先说了几句闲话，然后才转入正题："有人要推翻岷州会议决议，总司令不赞成，要向中央报告，也要召集人继续讨论，这是关系红军前途的大事，也是关系党的原则的大事。总司令有命令应该执行。每一个共产党员都要遵守党的纪律和原则，维护党的决议，下级服从上级。现在我代表西北局组织部问问大家，怎么办？"

沉默了一会儿，电台负责人王子纲同志首先站起来表态："给朱总司令发报！"电台同志一致响应，我才松了口气。

发出三封电报，看了看表已是22日凌晨了。朱总司令带我们连夜出发，乘马直奔漳县。

甘南的初秋，特别后半夜已经是很凉了，但一路心里焦急，策马飞驰，人人汗流浃背，衣服湿透。朱总并未因为电报发出而轻松，看得出在为说服张国焘放弃错误主张而思索，许久才对我说，这次一定要坚持民主集中制的原则，不能书记说了算，书记也要执行集体决议。我理解朱总司令的心情，十分清楚他肩上重任，我表示竭尽全力配合他工作。

作为四方面军的一员，对张国焘的种种破坏党的原则的行为，早有切肤之痛，对这次践踏西北局决议也深感不满，也为四方面军的前途忧心忡忡。刚刚从逆境中走出来，难道又要被他引向深渊吗？好在朱总司令在身旁，总算有依靠，心境稍稍踏实一些。

到了漳县城外的三岔，见到前敌指挥部的徐向前总指挥、周纯全等同志。接到通知的委员们也先后到达了。这时我才知道，张国焘到漳县之后大发陈昌浩一通牢骚，说四方面军就让陈昌浩干吧，我到陕北坐班房，根本不提会议的决议，似乎只是他和陈昌浩之间的个人意见分歧。再加上仅从四方面军这个局部看，可以避开胡宗南这股强敌，西渡黄河也有好处。他争取到前敌指挥部同志的同意，就下达了停止北上，转头西进的命令。部队已经行动，朱总司令“停止一切行动”的命令并没有执行。看来木已成舟，难再挽回了。

这次开会张国焘情绪又很好，气也消了，牢骚也没有了，也不提辞职的事，指着地图讲了很多。因为有人说他擅自改变会议决议，不合组织原则，他首先为自己辩解，说上次讨论不充分，有的委员没有参加，这次详细讨论也不能算错，定出好的方案，减少部队损失，是件好事，等等。更多的还是讲他那个西进方案的“优越”。他说，西进的地区人口稠密，部队供应容易解决。过黄河的困难也不大。青海、甘北的马步芳、马鸿逵总比胡宗南好对付，从那里也可以和一方面军会师。再说，北上静会作战也要充分估计我们的能力。部队刚走出草地不久，到甘南又连续作战，没有休整，相当疲劳，人员弹药都不足，单说五军，炸弹十个有五个打不响。胡宗南呢，近年几乎没有多少战斗消耗，人员装备齐全，供应充足。两下一比，我们不得不作万一之想。上回我说北上会静是断送红军，不是吓唬人的。

他的一番话，抛开他怕见中央不谈，仅从四方面军这个局部看，不能说是杞人忧天，一些同志同意他的看法也是有道理的。部队三过草地，在芦、天、宝地区，特别是在百丈遭受巨大损失，元气大伤，与强敌作战确实困难。但有一点他避而不谈，那就是这个计划是三个方面军协同行动，互相配合，绝不是四方面军孤军作战。

朱总司令作了长篇发言。他语气缓和、详细地、有分析地比较了两个方案，轻轻带过张国焘擅自改变党委决议的错误，也没说张国焘的西进计划反对中央统一部署，只说原来方案比第二个好处更多。朱总司令用心良苦，他在尽量缓和空气，消除对立情绪，以求争取他们执行原来方案。

他说，原来方案最大的好处是三大红军主力早日会师，统一领导、统一指挥，增强红军力量，使蒋介石阻止红军会师的企图破产。这个局面，会增加张学良等主张抗日的国民党军队将领的信心，和我们一起迫使蒋介石放弃内战，进行抗日。共产国际有这个要求，党中央也是这样部署的，目的是早日实现全民族抗日统一战线。从军事上也是可行的，仅从四方面军看困难确实不少，从三个方面军相互配合，协同作战，困难可以克服，如果先胡宗南之前占领会静地区，那形势就更为有利。这个战机万万不可失之交臂。第二个方案，很明显三个红军主力会师不知何年何月，至少要推迟，这就会影响张学良决心，实现抗日统一战线要延误，一、二方面军的侧翼也要暴露，处境艰难。所以我坚持第一方案，从抗日全局看，第一方案优点多。

陈昌浩比我们早到漳县一步，可能已经受到指责了，情绪不好，也表示不想当方面军政委。他在会上只是表露个人感情，对方案本身谈得不多。

我除了表示同意朱总司令的分析，并说向北是对的，往西是不对的。同时还对一些人对岷州会议提出的质疑作了说明。也劝陈昌浩不要辞职。不管怎样，都需要同心努力做好工作。

这次会上，在前敌指挥部的同志谈得较多，表示支持第二方案，而且部队已经行动，让张国焘收回成命是不可能的。再僵持下去更会延误时间。朱总司令无可奈何地说，那就暂照第二方案执行，大家做好工作，减少损失。我建议向中央报告，如中央不同意，就坚决执行第一方案。

于是以朱、张、徐、陈的名义向中央发了一份电报，说明西进理由，还特别解释此举决非“延误统一领导”，最后说：“如兄等以为北进万分必要，请中央明令停止”西去行动。

部队本来准备去打会静战役，会合一方面军，情绪很高。现在掉头西向，“丈二和尚摸不清头脑”，议论很多：“日本鬼子在东面、北面，往西走抗谁去？”“不是又让过草地吧,可不能来第四次！”疑虑不小，人心浮动，部队逃亡现象增多。

所幸中央9月27日又来了电报，当时总司令部已到临潭附近。电报中明确指出：“四方面军应立即北上与一方面军会合”，“合则力厚，分则力薄，合则宁夏、甘西皆可占领，完成国际任务；分则两地均难占领，有事实上达不到任务的危险。”电报再次肯定了岷州会议作出的会静战役计划。与此同时，毛、周、彭也来电称：“万祈决策北进，共图大业，免使再分难合，各陷不利地位，至祷至盼。”我想，这也许是纠正张国焘错误的机会，谁料他看了电报后仍坚持自己的意见。

好在天公不为他作美。带领先头部队的徐向前总指挥从前边回到临潭总部，说，据老乡们介绍，黄河对岸已经进入大雪封山季节，气候寒冷，道路难行，西渡黄河的计划难以实现。

张国焘不想与中央会合的思想是很固执的，西进已经山穷水尽了，他还坚持，说前面不通，可以绕道西进。

朱总司令劝他说，是回头的时候了，不能一错再错。

张国焘还想来一个漳县会议，争取多数支持。于是又有一个临潭会议，是在城里一个天主教堂里召开的。

张国焘说，打到迪化（令乌鲁木齐），打通国际路线，得到装备再打回来，与一方面军会合也不迟。大雪封山，可不可以从南边绕道。

陈昌浩立刻说，从地图上看那又要走一片草地，部队走怕了，再走草地开小差的增多，部队怎么带?

徐向前同志也语重心长地劝说：鄂豫皖出来的同志不想再折腾了。

萧克、李卓然、余洪远、王维舟几位同志会前和我交换过意见。感到中央已有明确命令，不能再犹豫含糊，于是在会上都以各自的方式表示了执行静会战役计划的意愿。

张国焘在会上空前孤立，才被迫放弃西进主张，同意北上静会地区。29日又下达进军静宁命令。

这时部队的种种议论、疑虑全然消失，情绪又高涨起来，按照部署向北日夜兼程。记得在行军途中，方面军政治部下发了一份教育材料，真切表达了当时部队心情：“为着会合红一方面军，我们眼睛都望穿了……听到中央和军委决定要四方面军北上会合一方面军的消息，我们高兴得不得了。不放松一分一秒的准备，准备克服一切困难，准备铲除任何企图阻拦我们的敌人……三只铁拳在一条战线上合起来作战，一定有把握打大胜仗……”

10 月 2 日，红一方面军南下接应部队攻下会宁县城。8 日，四方面军的四军先头部队第十师经会宁的青江驿、界石铺与一方面军一军团第一师胜利会师。这时遇到老相识陈赓同志。在鄂豫皖时我们相处甚好，去年一别，历尽艰辛曲折，这次重逢不胜激动，千言万语不知从何谈起。10 月 9 日，我随总部进入会宁城。10 月 10 日，会宁城万众欢腾，彩旗飘扬，举行庆祝胜利会师大会。一方面军的同志把准备好的礼物——用羊毛捻毛线织成的毛衣、毛袜、毛手套，以及肉、菜之类的慰问品，送到四方面军的手里。那天，中共中央、中央工农民主政府、中革军委联署发来贺电，其中有一段谈到会师的重大意义，至今仍有印象：

> “我们在这一抗日前线阵地会合，证明强盗的侵略快要遭到我们全民族最坚强的抗日先锋队的打击了。证明中国民族抗日统一战线与抗日联军是有了坚强的支柱了。证明处在水深火热之中的全国同胞有了团结的核心了。”

10 月下旬，二方面军在任弼时、贺龙、刘伯承同志率领下，也经天水地区渡过渭河，经秦安、通渭进入会宁地区。三大红军主力会师，胜利地结束了世界瞩目的长征。中国革命历史进入一个新阶段——全中国人民抗日民族战争阶段。中国历史掀开了崭新的一页。

一天，李伯钊同志找到我，问有没有松岗会议记录。她说彭德怀同志来前方表示中央想要一份。恰巧完整的记录由我保存着，其中也记着我当时的错话，但是我有责任把它交给中央存档。伯钊同志拿走那份张国焘另立“中央”的会议记录后，我心里感到轻松了些，似乎给那段不幸的历史画了个句号。

青山遮不住，毕竟东流去。几年来，风风雨雨，曲曲折折，经历了重重艰险，度过了多少困惑苦闷的难眠长夜，终于盼得到了与中央会合这一天。思前想后，感慨万千。

1987 年 12 月于北京

选自中国人民解放军历史资料丛书编审委员会编:《红军长征·回忆史料(2)》, 解放军出版社1992年12月第1版, 第284—307页。

过草地　战甘南　大会师

王宏坤

1936年7月初，会合后的红二、四方面军先后开始北上。早在二方面军与我们会合前，三十军的先头师已经从甘孜出发了。我们四军十师十二师从瞻化出动，其他兄弟部队也先后从驻地出动。四军十一师、独立师单独走另一条路。

我们出动时，四军参谋长陈伯钧同志调离，参谋长职务暂缺。刘志坚同志这时任四方面军政治部宣传部长，也和我们一起行动。

从甘孜往北，不久就进入了草地。我们一天走六七十里路，有时为了找有村落人口的地方也走远一点。沿途人口很稀，经常走上一天还见不到一个村落。宿营只能找到一棵树下歪一歪，而草地上的树也很少。

草地上有时也出现一些山头，这些山头看起来并很高，从南向北看，坡度不大，缓缓而上，也没有夹金山、党岭山那么大的风，但是上起来并不轻松，大约是高原反应，空气稀薄，人在这里行走，总是感到累，感到身上没有劲，路走不动。接近山头的时候，感觉更厉害，弄不好倒下去就再也起不来，我们摸出了经验，接近山头时，先休息一下，恢复一下体力，再快速爬过山头。

我们当时考虑的是，要千方百计避免部队减员，使同志们不掉队，不生病，保证不能断粮。以前的教训很深刻，第一次北上前，红四方面军八万人，到这时四万人，减员一半，其中除了同敌人战斗中牺牲的一部分外，大部分是挨饿受冻、疾病折磨损失的，也有一部分是因管理不当离队的。这一次我们吸取教训，工作很主动，力争把各项工作做到具体、细致、全面。

因为我们有了较充分的准备，吃的问题不大。我们除了每人准备了一些炒青稞、糌粑，酥油、牛肉干等干粮外，还赶着一大群牦牛，过几天杀上一头，炖成汤，加上野菜，大家喝上一碗。因为我不吃羊肉，也怕酥油、糌粑腥膻味，出发的时候，向瞻化的喇嘛换了一斗米带着。刘志坚说，路程这么远，你不吃酥油、糌粑、怎么行，糌粑、酥油好吃，关键看你会不会弄，我来教你弄，保证好吃。他将糌粑面放水一和一揉，将酥油用纱布一过滤，烧掉毛，弄出来果然好吃，以后就按他的方法做。

有一阵子，朱总司令和康克清同志和我们走在一起，一见面问长问短，部队的一切，包括我们个人的情况，他都十分关心，前后四五天，白天在一起行军，一路走一路谈着，讲全国斗争形势和革命道理和理想，住下来他也亲自动手捏糌粑，朱总司令总是保持着普通一兵的本色，总是和蔼可亲的，和我们谈心，笑眯眯的，扯起家常拉起故事来，不慌不忙的。红军北上，总司令很高兴，一路上情致很高。

到了第六天早上，他对我说，王宏坤同志，今天不跟你们走了，我要等着后面的同志，这样我们和总司令就暂时分手了。

我们进到颜喀拉山区，陈昌浩来了，带着藏族“通司”（翻译）和向导，这一带是少数民族生活区，我们地理又不熟，没有“通司”和向导，我们行走很困难，找“通司”和向导得多给钱，走一段换一批，以后到了汉人生活区，他们大多数回去了，有少数受我军影响也当了红军。“通司”向导为我军长征过草地出了力。没有他们，我们难以走出草地。那时也没有比较详细的地图，只有一张旧省图，很简略，再加上一块指南针，靠的就是这些。

我们到了青海和四川交界处，这里山上河水清澈，一股水向北流，一股水向南流，陈昌浩给我们讲解，这里叫颜喀拉山，往北的河水流入黄河，往南的流入长江。

接着，我们又进入了草地，前面的草地真难走，一望无际的地域渺无人烟，一些地方表面上看是草原，人走上去像踩在棉花上，逐渐朝下陷，有的牲口陷下去，怎么也起不来。但是我们发现当地的牲口有一种本事，会陷进去的地方它死也不走，它走的地方必然是陷不下去的地方。我们即以这种马为先导，大家跟在后面。

草地的气候也很讨厌，刚才还是晴空万里，突然就是一阵大雨。晚上宿营时遇到下雨最麻烦，如果找到有树的地方，可以撑一撑帐篷，或者在树下遮一遮。没有树的地方，只能用帐篷或毯子在头上蒙一蒙，度过那难眠的草地之夜。

我们十师、十二师由于有较充裕的时间准备，粮食物资要多一点。情况好多了，王建安他们和十一师、独立师因为没有多少时间准备，又走在最后，最为困难。在我们接近包座的时候，那边来电说独立师迷失方向，又断了粮，要求帮助，我们立即命令十二师派出一个营带上一些粮食物资，赶上 40 多头牦牛前去接应，好不容易找到了他们，并和他们一起平安地走出了草地。

经过了近一个月的长途跋涉，我们到了包座，大家高兴得不得了，我们终于走出了草地，大家也感觉到大大地松了一口气。十二师有一个战士带着的糌粑一路上舍不得多吃，现在看到草地过来了，高兴极了，饱餐一顿，加上喝多了水，结果胀死了。这之前刚出发的时候，也发生过一个战士胀死的事。我听说后，连忙找到十二师首长，我说："怎么搞的，出发时死一个，现在又死一个，要切实加强管理啊。"

我们在包座休息了两天，大家玩得很高兴。洪学智对我说，到我那里去吧，我什么都有。果然，他有糯米、香油，还有"哈达门"香烟，这可是最宝贵的！我也不客气，抽了又要。后来他也"精"了，不直接马上拿出来，只说等一会我找一找看。一会又拿出一包来，前后共抽了他五六包香烟，在当时有这烟抽可真美。

我们还熬鱼汤渴。包座附近有条大河,河水不很深,河里的鱼很多，三五斤的、七八斤的都有，当地人不吃鱼，我们钓鱼很容易，一次，电话兵拉线从河上过，将铁丝头上卷成钩，挂上一片羊肉干，马上拉起一条七八斤重的鱼。

我们在包座休息了两天后，继续向北进发，经腊子口，大草滩到哈达铺。腊子口被称为进入甘南的天险，确实很险要，两面高山下夹着一条小路，路边还有一条小河，河虽不很宽，但弃桥过河不易，道路两边是悬崖，可以直接卡死道路。我们从这里经过时，已经没有敌人，见到的是过去敌人遗留下的工事，大部分是用草渣筑成的，过了腊子口后，沿途也有零星的少数民族武装爬在林子里向我们打冷枪，我们不去理会，绕着道通过。

进到岷州附近，前面的三十军已将岷州之敌围住了，给我们四军的任务是向西取洮州。

我们从岷州附近的驻地出发时，总部来了命令，军政委王建安和政治部主任洪学智调红大学习，由我任政治委员，陈再道任军长，刘志坚任政治部主任。陈再道同志原是在草地中从红大毕业到四军任副军长的。

洮州离岷州百余里，前卫红十师一个突袭，攻占了洮州旧城，接着红十二师也攻下了洮州（今临潭），这里是回民居住区，回民很讲卫生，到处搞得干干净净，我们进去之前，即严格要求部队尊重回民的宗教信仰和风俗习惯，禁止住清真寺，禁止在回民家中吃大肉，禁止打土豪，等等。坚决执行党的民族政策，在回民中造成了良好的影响，回民们热烈地欢迎和拥护我军，我们也乘机积极开展群众工作。

这一带西接青海，盘踞青海的敌马步芳部队来了一个骑兵旅向我十师防守的洮州旧城攻击，我十师在占领洮州旧城后即前伸占据了有利地形，构筑了工事，敌军多次冲击，均被我军击溃，我军毙伤俘敌一部，并缴获了一批战马。

后来，三十军打下了漳县，九军军长孙玉清率两个团攻下了渭源。这时，总部来了命令，要我率十师和十一师到渭源接防，我们赶到渭源，和孙玉清办完了交接手续，孙玉清还盛情地请我吃了一顿饭，孙玉清给我留下了很深刻的印象。我发现他很爱学习，还利用空余时间学外文。

之后，孙玉清带九军一部向岷州开去，我们即在这里驻下来，深入到广大乡村，直至临洮城近郊。开展地方工作，发动群众，扩军建政。四军民运部长周干民同志跟着我，具体工作由他负责，搞了半个月，拉起了一支上千人的地方武装。

这时已到 9 月下旬，上面突然来了一道命令，要我们向西撤，命令一传达，部队情绪大变，纷纷提出疑问，为什么要向西走，又进草地？到青海那里去？心里很不舒服。思想不通也得服从命令。带着十师、十一师撤出渭源城往回走。而那支地方武装却不愿意跟我们走，甚至有人杀害了我们派进去的干部。我们刚到渭源城南面的山岗上，猛然听到后面城内枪声激烈，估计是其中的一部反水了。为了制止他们继续实施暴行，扩大事态，我们忙派回去一个营支援，配合地方武装的另一部，将反水的包围缴械。最后经教育将俘虏释放了。这一回的教训是，队伍发展太快、时间短，没有弄清其成分。

我们从渭源城撤出，向西走了一天，晚上宿营时，上面又来电命令，要我们迅速返回渭源，我们又转身北上。这时，前一段驻洮州的十二师独立师也奉命北上，和我们合兵一处，全军迅速北上，向渭源前进。

这时，渭源已经被敌人占领了，我们要重占渭源，只有攻坚，那天夜晚，我们接近渭源城垣，当即以十师置于城北、十一师置于城南，渭源城多系土石筑成，敌人又立足未稳，便于我军突破。调拨已定，当夜，南面的十一师首先发起攻击，北面的十师借助城外树林掩护，以云梯爬上城墙，我军胜利攻入城中，敌人从南门出城逃窜，遭我十一师阻击，很快被全歼。渭源又一次被我占领。

我军为什么这样拉过来拉过去，原来是张国焘主张向西，朱德、徐向前、陈昌浩等同志不同意，主张北上会师。这时陈昌浩很积极，起了大作用，最后还要北上静宁会宁地区，部队听说北上，大家很高兴。

我们在渭源时，方面军为了贯彻中央军委和共产国际关于红军夺取宁夏和甘西的计划，制订了《通（渭）庄（浪）静（宁）会（宁）战役计划》，经得中央同意，方面军部队开始按计划北进。

就在这时，朱德、张国焘、徐向前、陈昌浩命令我率四军一部作为红四方面军先头部队先期行动，经马营取道康家堡或其他捷径增援会宁。几天前，红一方面军一部已攻占会宁城。

10 月 5 日夜，我率十师、十一师向北兼程急进，经马营、华家岭、向会宁东面运动，8 日到达界石铺，青江驿、翟家所，与红一方面军部队胜利会师，大家高兴异常。当时在这里的一方面军部队是师长陈赓率领的红一师。陈赓同志过去在四方面军，我们很熟悉，他离开鄂豫皖后，我们一直没有见面，现在已经四年了，这次见面，彼此有说不出的高兴，陈赓也热情地招待了我们。红一师说是一个师，实际上兵员也不足，共 15 个连的样子。

第二天，我同陈赓一起进入会宁城。接着，红军总部和方面军总部也先后到达。

第三天，10 月 10 日，会宁城内万众欢腾，晚上，在城内文庙里举行了隆重的会师联欢会，联欢会规模不大，各部派了一些代表参加，因为要防备敌机来轰炸，联欢会选择在晚上开，那几天，一批又一批的敌机像穿梭一样在头上转。朱德，张国焘、徐向前、陈昌浩都到了会，陈赓也到了，还有我们四军和三十一军的一些同志。

这时，红二方面军也向会宁开来，至此，红军三大主力的大会师胜利实现了，会宁大会师，也标志着我们红四方面军胜利结束了一年零七个月长征。

选自王宏坤:《我的红军生涯》, 人民出版社1991年第7月第1版, 第268—274页。

北上征途①

欧阳毅

拟制四方面军北上再过草地的计划，是我主持的司令部作战局的一项主要工作。要争取在夏季前通过草地，选择正确的过草地行军路线，就是一件十分紧急而又周密的工作，它必须要考虑到所经地区的居民、粮食、牛羊和风土人情等。显然，不能再走去年南下过草地的行军路线了。我们都清楚地记得，在那次过草地中，许多久经沙场考验的同志，默默地长眠在茫茫草滩之中。为避免这样的无谓牺牲，这次必须选择新的路线。

在对不同的行军路线方案比较之后，决定分为三个纵队前进。由四方面军之四军十师、十一师，三十军的八十八师和二方面军（由四方面军的三十二军和二、六军团组成）为左纵队，由朱总司令率领，从甘孜等地出发，经东谷、西顺寺、阿坝，向包座、班佑前进。九军、四军十二师和独立师，三十一军九十三师及四方面军总部为中央纵队，由徐总指挥率领，从炉霍地区出发，经壤塘、查理寺，向包座前进。五军及三十一军九十一师为右纵队，由董振堂率领，从绥靖、崇化地区出发，经卓克基、马塘，向毛儿盖、包座前进。

我们作战局随徐向前总指挥行动。

① 题目为编者所拟。

就要出发向草地进军的时候，张国焘又横生枝节。7月2日，红二、四方面军召开甘孜会议。会上，张国焘采取颠倒是非、挑拨离间等恶劣手法，企图欺骗、拉拢二、六军团领导同志，支持他要部队向夏、洮西北发展的主张。当即遭到红二方面军领导者任弼时、贺龙等人的坚决抵制和反对。

朱总司令得到支持，更硬气了，严肃地批判了张国焘的分裂主义错误。朱德、刘伯承、任弼时、贺龙、关向应、萧克、王震等坚决主张北上。徐向前因要带中路纵队先行北上，留在炉霍布置事宜，未能出席这次会议。但是，他的态度很明确，坚决北上与红一方面军会合。已经孤立的张国焘被迫同意北上。

会后，我主持司令部拟定了各纵队与总部联络的方法和电台的波长、呼号，以及定期向朱总司令和徐总指挥的报告事项。这样二、四方面军便分三路纵队向北挺进。为保证大部队的顺利行动，总部派出了由八十八师、骑兵师组成的先遣队，在卅军政委李先念的指挥下，搜索前进，并为后续部队筹粮。

司令部派出侦察科长毕占云及几名参谋随先遣队行动，主要任务是搜集敌情，了解地形、民情，并化装深入敌占区抓俘虏，大量搜集敌人的报纸，从中分析、判断敌人的兵力部署。同时，用电台不停地侦听敌台，从敌人来往呼叫的缓急、简繁中，判断敌军的动向，以便我军审时度势地作出决策。

我率作战局随徐总指挥在中央纵队行动。出发的那天清晨，嘹亮的军号声划破古城炉霍黎明的天空。不大一会儿，直属纵队司令杜义德就把队伍集合在广场上，整整齐齐的，显得威武雄壮。徐总向杜司令询问了部队情况，还检查了战士身上的干粮袋、草鞋、大斗笠和羊皮背心之后，便站到队伍前面，大声讲道："同志们！我们是英雄的部队，没有任何困难能阻挡住我们的前进步伐！北上抗日，是党中央的指示，是我们的光荣任务……"

随着一声令下，浩浩荡荡的中央纵队告别了炉霍，顺着弯弯曲曲的小道向壤塘方向前进。

我根据徐总指挥的指示，派出侦察队去河的上游寻找徒涉场。侦察队的同志扬鞭催马，沿河而上，终于找到一个浅滩处。为保证徐总和同志们的安全，参谋们折了一根树枝丢进河里，看着怀表的秒针测量着水的流速。然后，我又派侦察员先下水试探水情，直至证明可以徒涉。

徐总指挥和大部队到来后，都把下衣脱下来捆在身上，大家手拉手，排成三路纵队一齐过河。这样，既可挡住急流的冲力，又可以及时抢救。直属队还组成了抢救队，随时应急。

过河后，作战局迅速将我们的渡河经验转告后续各部，使各部都安全地过了河。

这时候，指战员们想起了朱总司令在炉霍办的野菜展览会。

朱德总是未雨绸缪，先想到过草地缺粮，向藏胞打听草地上有什么野菜可以吃的。藏胞热情地向他介绍了无毒野菜的形状与名称。朱德马上就拿起铲子和提篓，叫着警卫员、饲养员、炊事员一起到草地去挖野菜。他挖回了十多种奇形怪状的野菜，摆在操场上，让战士们辨认。战士们排着长队，一边看一边议论，加深了对可吃野菜的印象。这等于上了一堂生动的辨认野菜现场课，到现在就管用了。

司令部的第二项工作是要求各军及直属部队找足向导。我们与藏民的语言不通，加上历代反动统治和兵匪的欺压，造成民族间很尖锐的矛盾。藏民一见军队就逃之夭夭，躲进深山密林中，要找到藏民当向导是困难的，但我们知道在苍山似海和茫茫无际的草地行军，我军又缺少五万分之一或十万分之一的军用地图，没有向导更危险。作战局要侦察队做好老向导的工作，向他们再三交代政策，再由老向导去找新向导。

可是，许多藏民还不知道什么叫“北上抗日”，甚至还有的问“东三省”是哪个国家的。一时半会启发他们的觉悟很难，我们只好用银元、珠宝去请他们带路。稍有怠慢，有些人就跑了。那时对向导的待遇很高，四方面军总部的两个向导除给银元外，还允许他们带上老婆，一人一匹骏马，住的也是好帐篷，酥油、糌粑也是首先保证供应他们。侦察队和通信营还要做好保护他们的工作。

解决了向导问题。司令部还要搞好通信联络工作。当时，五个军编成三个行军纵队，常处于相隔千里的群山之中，各军只有一部电台，总部也只有两部电台。电台上没有手摇马达和干电池，全靠汽油充电。可是，在这连公路都未见过的山区，到哪儿搞汽油去？幸好，查理寺有一个河流水磨。这正是进入草地的最后一个宿营地，一定要把电台充足电。不然，到了下一个宿营地，就是草地上的阿依根康了。那里是不会有水磨的。

还有一件趣事，快要离开查理寺时，作战局通知所有部队每人带一捆十来斤重的干柴。开始大家不解其意，多有怨言，后来才知道是为在草地烧水做饭用，直夸作战局想得周到。早在炉霍时，作战局就调查了北上的兵要地域，知道在茫茫的草原上除了到处是纵横的水沟河流外，没有树木可供燃烧，生活在那里的牧民是靠烧干牛粪取暖做饭的。我们虽然开展过烧牛粪训练和比赛，但是，在湿漉漉的草地，没有干柴引燃，还是难以烧着。

三过草地前后，我还遇到一件险事，差点让敌机给报销了。

第一次是部队在丹巴驻下，一天，我正在房子里办公，起草一个紧急文件。天上突然传来飞机的轰鸣声。我太专注了，没有听见。警卫员大叫："首长，敌机来了，快走！"

我仍趴着写东西，没当一回事。警卫员急了，跑进屋说："飞了好几圈啦，该拉屎了！"

我说："没事，我写完这点就走。"

警卫员不管三七二十一，拉起我就朝屋外跑。

我们刚离开房子，一颗炸弹就直冲房屋砸下来，恰好击中我刚才待的地方。好险，又拣了一条命。

7 月中旬，四方面军总指挥部进入了草地第一宿营地阿依根康。这里没有房屋，也没有帐篷，有的只是漫无边际的烂草臭水，污浊的空气加上高原缺氧，憋闷得人们喘不过气来。休整两三天后，司令部决定根据草地的特点调整行军队形，由过去在山区行进的一字长蛇阵改为方阵式战斗队形前进。这样做，除便于打敌人骑兵外，还能缩短行军距离，同志们之间也好相互照顾，以减少部队减员。这样，一个连或一个营列成方阵式战斗队形行进，在茫茫草地上，也是颇为壮观的。

在草地中走了整整九天。九天中，我军战胜了饥饿、寒冷、疾病、死亡，草地缩小着，人们迈着坚定、沉重的步伐前进着。大家心里明白，只要走出草地，就可望到达包座了。

一天下午，大家正为快要走出草地而高兴时，不知谁喊了一句："雪山！"

同志们抬头望去，远远的地方有座白晃晃的山峰插入云霄，分不清哪是雪哪是云，甚至也分不出哪是天哪是地，浑然一片白色世界。

傍晚，部队在雪山脚下宿营。次日，雪山地域向我们露出了狰狞的面目。先是狂风大作，乌云翻滚着，树林呼啸着，一刹那，飞沙走石，天昏地暗。不一会，暴雨夹裹着雪块从天上砸下来，砸在人们的头上，砸在人们的心上。同志们刚走出烂泥滩的草地，又来到这阴森可怖的雪原，心头上像压了一座雪山，阴郁郁沉甸甸的。

徐总指挥注意到了部队情绪的变化，赶紧召开了稳定情绪的重要会议。我也参加了会议。各军的领导人在徐总的帐篷坐下，汇报部队减员增加，情绪不稳，遭遇着雪上加霜的困难。

徐总听完汇报，站起来说道："目前的情况是严重的，但我们并不孤立。我来念一封刚收到的电报！"

电报是党中央发来的，内容是："徐向前及四方面军全体同志，我们正在动员全体红军并苏区人民粉碎敌人进攻，迎接你们北上。"

徐总念完电报坚定地说："我们面前的出路只有一条，就是北上，北上！”

第二天，部队开始爬雪山了。行军队形又由方阵式改为一字长蛇阵式拉开，走在前面的同志边爬边挖下踏足印，为后面的部队开路。越往上走，空气越稀薄，寒气愈烈，对没有棉衣穿的将士们是极大的考验。普遍头晕、腿软，呼吸困难，一步一喘。这时，人们靠的不是物质力量，而是靠精神力量在支撑着。不可一世的雪山，在这种不怕死不要命的精神力量面前，终于低下了头，让红军指战员迈过去了。

8 月 1 日，四方面军中央纵队终于到达包座，庆祝自己的建军节。

包座是个空荡荡的千年古刹，钟声已绝，香火早灭。唯有千奇百怪的塑像静守空门。大队红军的到来，又使它生机盎然，人声鼎沸。

三路纵队到达这里的当天，党中央来电祝贺并指示："迅速北进，以免敌人封锁岷西线。"

8 月 5 日，西北局根据党中央的指示，决定速出甘南，组织岷（州）洮（州）西（固）战役计划，目的在于乘敌人主力尚未集中岷洮以前，以便红四方面军夺取岷州、洮州、西固地区，为顺利北上创造条件。

当时，敌情紧急，蒋介石和西北军派数路重兵昼夜西行，企图先我控制岷西线和天险腊子口，阻止我军北上。

徐总在求吉寺召开了紧急军事会议，对岷洮西战役作化具体部署；以四方面军第三十、五、九军为第一梯队，其主力山哈达铺攻岷州，一部取道白骨寺、爪咱，相机夺取西固，并向武都佯动；以第四、三十一军为第二梯队，夺取洮州旧城，尔后主力向临洮方向活动，一部向夏河、临夏发展；第二方面军为第三梯队，出哈达铺，策应一、二梯队。

会后，司令部明确规定了各梯队之间联络、协同的讯号，保证各梯队之间的军、师配合作战，以便圆满完成战役计划。各路纵队先后由包座地区出发向甘南挺进。部队日夜奔驰在山峦叠嶂的羊场小道上，飞兵直取天险腊子口。我军必须先敌到达腊子口。兵家常说的“兵贵神速”这句至理名言，在这时显出了它的分量。

为了保证首长战役决心的实现，司令部在求吉寺紧张地工作着。夜里，没有油灯，也没有蜡烛，只有松明在一根接着一根地燃烧，不停地发出“吱、吱”的响声。浓灰色的烟雾笼罩着屋子，司令部首长和参谋们被烟熏火烤得不断咳嗽。没有桌子标图，就找几根木棍撑起木板为案。没有纸张,就用藏文旧报纸。尽管条件如此之苦,但并不影响工作。

经过两夜一天的奋斗，顺利完成了各种战斗文书，并及时发出去了。大家的眼睛熬红了,脸也熏黑了,虽然极度疲劳,然而大家都笑了,感到从未有过的兴奋与轻松。

此时，数万大军分为三个纵队，正沿着包座河、白龙江的狭窄通道前进。9 日，第一纵队之先头部队三十军八十八师抢占天险腊子口。10 日，八十九师攻占大草滩、哈达铺，歼敌千余人，缴长短枪千余支、轻重机枪六挺，随即包围岷州。第二纵队之四军经野狐桥、新堡向洮州城进攻；20 日，十师在妇女团一部配合下，歼敌一个营，同时十二师由洮州后向临洮发展。26 日，第一纵队三十军八十九师克渭源；五军与九军一部继续攻岷州。9 月 7 日，第二纵队三十一军九十三师克通渭。至此，四方面军已先后攻占漳县、洮州、渭源、通渭四座县城及岷州、陇西、临洮、武山等县的广大地区，打破了敌人阻我军北上的计划。

节选自欧阳毅:《欧阳毅回忆录》, 中共党史出版社1998年7月第1版, 第196—205页。

北上的曲折历程[①]

黄火青

我在党校住了上百天。7 月间张国焘到甘孜和红二方面军会合去了。我多年后在延安见到王震时，他告诉我关于红二、四方面军在甘孜会合的事，并说，刘伯承见了任弼时就讲：“要把黄火青要出来。”但当年我在炉霍时并不知道这些情况。

那时候因为康克清在党校工作，朱总司令有时去走走。有一天晚上，朱总司令来到党校，情绪很高，康克清、刘西平和我都在座。总司令说，现在好了，意见一致了，要北上和中央会合。并讲第二天要开个干部会，叫我也去，有话可以在会上讲。

次日在喇嘛寺开会，到会的有 20 来个干部。陈昌浩宣布，“那边”愿意和我们一起，我们要北上抗战，并宣称南下还是正确的。朱总司令讲话后，我也讲了几句，我不谈路线，只讲团结，都是共产党，为了党的利益要团结，只有敌人是盼望我们分裂的，等等。后来听曾传六讲，我讲话后，有人奇怪我是从哪儿蹦出来的，因为我平时和那些大人物没有往来，大家不认识我。

张国焘被迫同意北上之前，可能是为了表示要团结，把我从党校调到四方面军政治部当军人工作部长，做敌军工作。听起来官不小，可是

① 题目为编者所加。

没事干，因为草地并没有国民党军队。总政治部主任是李卓然，四方面军政治部主任是周纯全、组织部民王新亭、宣传部长刘瑞龙、地方工作部长吴永康、宣传科长刘学孔、文工团团长徐以新，等等。过草地实际上是王新亭带队，周纯全不和我们一道。我这是第三次过草地了。

在炉霍时张国焘办过一个刊物名叫“干部必读”，是用寺庙里的经纸印的，内容都是反党言论。我选了其中一些有代表性人物和言论的小册子，包起来约有五六寸厚，背上过草地，准备有朝一日批判张国焘时好用。

我的背包里杂七杂八的东西不少，除了“干部必读”，还有熊胆、麝香、一个老虎肾和一本沿途路线调查记录。我一向喜欢调查行军路线，每天把沿途地名、路程、气候和沿途的树木高矮、长不长草、有没有石头，等等情况，一一记录下来。吴永康和我相处较好，他是日本早稻田大学毕业生，是一个老好人。他带了个寒暑表，我就每天把气候温度变化记下来。这也可算是“黄连树下看牡丹”，苦中取乐。这个记录本子后来过祁连山时丢掉了，实在可惜。我没有警卫员，一切靠马夫老孙，临出发前他搞了一包酥油、炒面和茶叶，用个羊皮口袋装了驮上走，长征中特别在我处境非常困难的时候，他对我帮助很大，老孙实在是个难得的好同志。

过草地时，前面的人走着走着，就累得倒下去死了。每到宿营地之前，大家先找干牛粪，发白的才好烧，再找些灰灰菜，要能找到点豌豆苗就算是细粮了。到宿营地，点燃牛粪，先烧一碗水喝，再烧一碗水，抓点盐、抓点炒面和灰灰菜煮在一起吃，就是一顿饭。人们知道我有酥油，都来要，谁要就给谁。部队到了班佑后，陈昌浩吹牛皮，说明天到包座，什么都有得吃，叫大家今天把带的东西吃光。大家真把口袋吃光了。不料第二天我们到了上包座，地里麦子刚出穗，没吃的，连灰灰菜也找不到。我的马夫急了，到处去找，后来在河边发现水里泡了几张牛皮，就拉一张上岸来，先选皮厚的地方割下几块，用火烧烧毛，再用刀拉成半个指头宽的小条条，用开水煮来吃，吃了两顿牛皮，肚子发胀，睡不好。又过一天到了中包座，总政治部宣传部长刘志坚准备大量的酥油糌粑让我们吃个饱。我吃了两碗。我和刘志坚是早就认识的，九军团以前驻扎松岗时，他曾带了宣传队十几个孩子去看过我，像白帝城刘备托孤一样把孩子们托给我们照看，说他们是三军团的一点精华。

从包座进入甘肃，经过腊子口到了哈达铺，这里是汉人地区。到达时正是早晨，我还没有住进房子，就撞见任弼时正在村子路上散步。我和他原来很熟，就上前打招呼。他让我进屋去，问我一路情况如何。我说就是气不顺，戴了顶右倾机会主义帽子。他告诉我，头一天已开会讨论过，调我到第六军团，接替甘泗淇的工作，担任政治部主任。我说只要能调到二方面军，当个伙夫我都干。我满以为事情就这样定下来了。谁知第二天李卓然把我找去，说不去二方面军了，给我一个中央军委办事处主任的名义，叫我带几个干部到洮州去做少数民族统战工作。我一听，好比当头一棒，大失所望，心里明白他们是怕我到了二方面军，对他们不利，因此有意阻挠。但一想我是一方面军的干部，应当处处起模范带头作用，就表示服从分配。分给我的干部中有魏传统、吴建初等，都是四方面军的知识分子,所谓“白脚杆”的。另外还派了一个警卫班。

头天到野狐桥①，离洮州二三十里地，是很大一个村子。我们在店子里住下，找老百姓来调查当地情况，据说村子里有个大地主，于是就派几个战士把他抓来，没收了他的财产和200块大洋，两头大肥猪。接着开了个群众大会斗土豪、分田地、分财物。还给警卫班战士每人发了三块大洋。把猪杀了,带上半头出发。村里老百姓一直把我们送到洮州。

到洮州后作了些社会调查，了解到此地回、汉民族之间矛盾尖锐，民族间的争斗反复发生过不止一两次。当地有个名叫李仲芳的，曾在冯玉祥部当过旅长，了解地方情况。他想和我们拉关系，我们也打算通过

---

① 多写作“殪虎桥”——编者注。

他了解少数民族情况，并建立一支武装，作为搞统战工作的后盾。他的几个儿子（后来才知道都是土匪）带了百八个人来，跟我们要枪，我们给他们一些枪支。卓尼大土司姓杨，那时才几岁，据说家里有电台，和美国人有来往，我们通过李仲芳和他有过信件来往，他还送过我们一匹马。解放后他当了地方人民代表，曾到过北京。新洮州有个麦吾土司，我们也和他联系过。

在洮州还曾遇见五军团干部董振彦的家属。他父亲 70 多岁了，到部队去打听儿子消息。董振彦是参加宁都暴动的红军师长。第二天他把儿媳也带来了，还送我们一些干馍馍。我们招待他们吃饭，把没收地主的东西也送给他们一些。

张国焘同意北上后，朱总司令来了电话，叫我们作出发的准备，又交代我们把李仲芳的队伍带走。那时正是七八月间。我们正准备出发，忽然又接电话，叫我们准备粮食，并说后面还有队伍来。我们一听，心中打鼓，又走不成了。当天陈昌浩、李卓然和傅钟等几个人骑马来到洮州，我们倾部队所有，热情招待了他们。他们知道我是反对张国焘的，当着我的面一边吃饭，一边议论，我听出来是不赞成张国焘西去的行动，要和他斗争。原来张国焘中途变卦，不愿去陕北，想渡河西进，在河西搞出个局面，再来和中央谈判，四方面军几个头头中只有周纯全同意他的意见。上述几个人到来以后，张国焘随后也来了。他们在一间大房子（可能是个教室）里开了一天会，还把李仲芳找去调查过河路线，据说李仲芳告诉他，这一带四面是高山，水流湍急，无处渡河，也没有渡河工具。因此张国焘只好转过头来，前往会宁与中央会合。中央特派陈赓带了骑兵团接他，团政委魏洪亮是我在红军学校时的一个指导员。我们也从洮州来到会宁，我又回到政治部，中央军委办事处的任务算是结束了。李仲芳的队伍随我们只走了一天，就杀了护送他们的两个指导员，把枪拖跑了。

我们一到会宁，就听说中央要组织“宁夏战役”。我在朱总司令处见到陈赓，他当着朱总的面叫我跟他走。我当时心想，一、四方面军已经会合了，又马上要打仗，从顾全大局出发考虑，一方面军的人此时如果都跑回去了，恐怕不利于团结。因此我就没有表态，想等打完仗再说。

会宁会合后王透被释放出来。有一天夜里他跑来找我，问我要衬衣。我两件衬衣分给他一件，五块大洋给他三块，因为他抽烟。随后他就走了。后来在甘州附近，西路军所谓动员闲杂人员离开部队去做群众工作期间，他和廖月华走了。那是一个月夜，卜盛光送他们走的，走了十多里，在一个庙里住下。以后廖月华又跑回来，但王透从此再没有音讯。

回想起来，当他来找我那天夜里，我如果能去找找李卓然，让他把王透分配和我在一起，也就不会被他们借口赶出部队。再说，如果当陈赓要我跟他走时，我不要过多考虑，而是下决心把九军团几个干部，如刘学孔、卜盛光、王透、姜启化和张令彬等都带走，同到陕北，就可以保存一批干部，他们都是会大有作为的。

关于“宁夏战役计划”，由于张国焘消极避战而受到破坏，中央又发电重申今后作战步骤等，我当时都一无所知，否则，那时我走了也就走了。

节选自黄火青:《一个平凡共产党员的经历》，人民出版社1995年6月第1版，第123—129页。

忆往昔，峥嵘岁月稠
——纪念一、二、四方面军长征会师50周年（节选）

谭冰

毛儿盖到腊子口

1935年，红四方面军与一方面军在川西夹金山会师后，由于张国焘不听党中央的指挥北上抗日，擅自指挥四方面军全部南下打成都等地，结果在天全、雅安、芦山等地遭到惨重损失，滞留在金川、崇化、丹巴、道孚、炉霍、甘孜一带。这些地方都是少数民族地区，人烟稀少，吃穿相当困难，加以疾病又多，部队减员相当严重。

1936年，二、四方面军在炉霍、道孚等地会师后，一同北上抗日。当时我在四方面军第五军团的三十五团[①]供给处当打旗兵。我们这个军由崇化县、金川县等地出发北上，走了十几天到达毛儿盖。毛儿盖，不是一个镇店，周围只有四五十家人，都是藏族，我们五军团和四方面军的总直部队都住在这个地方。在这里住了两天，上级命令每一个战士要准备五天吃的、一捆柴、一丈二尺长的杆子（晚上住时搭棚用），各级领导检查督促的也很紧。柴火杆子都好准备，只是吃的实在难找。山上、川道虽种有青稞麦，但都是青的，不熟。同时藏族群众也找不上一个，

① 红五军团此时称红五军，“三十五团”应为“四十五团”。下同——编者注。

上级又再三强调群众纪律，战士们只好在树林里找能吃的灰条草、黄连草、桐树叶、构树叶等。白天把这些吃的弄回来后，晚上用火烤干，再装进自己的干粮袋里。当时自己年幼，不懂事，对上级的命令阳奉阴违，吃的准备得不够，出发的早晨检查时，自己受到批评。第三天一早整个部队集合出发了。开始都是两路纵队，大家走得很整齐，因为路也平，尤其像我们这些年轻人，互相拿着棍子开玩笑的乱戳，走了一天，也觉不出疲劳，晚上我们住在一片牛屎房子里。每一间房子可以住十几个人，中间烧一堆火，人坐在周围，既能烧水喝，又能睡觉休息，大家有趣地说：这就是洋房子。到了第三天，路就不好走了，因为到处都是水滩。同时气候也不好，不是下雨，就是大雾，一眼看不见天边，茫茫一大片，有时路也难找上。过后，成天在水里走，有时候的水快到肚脐眼。由于路不好走，也不是二路纵队了，谁走得快，可以向前头走，形成一群人向同一个方向前进，因为走在头里的人跨水少，后面的人老在水里走（由于地形关系，人在上面踏，它就陷下去了，水就出来了，所以后面的人只好在水里面走）。一到晚上，宿营比较早，大约在四五点就住下了。十个、八个找一点没水的土堆上把自己的被单用棍子顶起来，再拔些野草把四周一堵，用来挡风。这时有的同志就找吃的去，如到水滩里捞鱼，或找一点能吃的草。夜晚，中间烧一堆火，四周连坐带睡就是一晚上，做吃的、烧水喝都可以，但第二天早晨走时，同志们身上的水就像刚下过大雨一样拧后直向下流。有些同志肚痛不能走，有的同志疟疾病发作了，有的鼻子里流血，由于种种原因，草地在无形之中夺走了好多红军战士的生命。由于自己在毛儿盖准备吃的少，一进草地的第四天就没有吃的，看到背枪的同志把枪皮带烧着吃，自己就把穿在脚上一只“皮鞋”也扔到火里烧着吃，这时的脚可受罪了，虽当天晚上和第二天的白天嘴不受屈，肚子不饿，走起路来也比较轻松有劲，接着又把另一只“皮鞋”也吃了（皮鞋的来由是：把牛肉吃了后，把皮子分给四五个同志，每个人用脚踏在皮子上按脚大小画上样板，再用刀子割开四周，锥上洞，用绳子串起来，穿的时候用劲一拉，就可以当鞋穿，比打赤脚好几倍)。由于赤脚行走，有一天脚后掌被钉子刺破，当时出了血有些痛也不在意，总是忍着。可是过一天后，伤口周围的肉都发黑了，同时也痛得更厉害了。因为成天在水里走，毒水浸入伤口，当时情况没有办法可想，尤其没有药，自己又怕掉队，只好忍着痛，拖着腿跟着部队走。有一天行走到中午，天气比较晴朗，看到很远很远的地方黑压压的，有的同志高兴地说，“那就是山呀，”这时包括我在内的每一个红军战士的精神更加焕发了，队伍中不时发出："同志们加油呀，我们快要出草地了,很快就要到达抗日的目的地了。胜利了！”前面真是山，我也看见了。队伍行走的步伐也比较快了，路越走越干了，前面的口令也多了，不时传来，“大家加油吧，宿营地是前面山根下。”顿时，每一个红军战士的情绪又活跃起来了，有的同志开玩笑说："我今后尿尿也不朝这个方向尿。”晚上整个部队赶到山根住到了山底下。由于我自己腿痛，掉了队，晚上十点左右才到达山底下，直到第二天晨才找到自己的单位。山下树也很多,地也比较干,我和同志们一样睡了一晚上好觉。第二天早晨我才看见顺山根有一条小路，听说这是松潘到上包座的路，敌人距离我们只有二十多里。为了等着草地里掉队同志，也为我们五军团和二方面军头一次见面，需要把部队弄整齐些。大约在十点左右才向上包座前进。行走到离上包座四十多里路时，有四五十米长的一座木桥，修得比较好，两旁有栏杆，上面还盖着瓦，二方面军有一个排驻守，我们五军团一过，二方面军把驻守这座桥的任务交给我们三十五团，团里只派了一个连,其余部队继续前进。天黑时,我们全部到达了上包座。这里有一个喇嘛庙，周围有些房子，但都住的是二方面军的部队，我们只好在周围的树底下住。雨下了一夜，很大，同志们都淋得像落汤鸡一样。第二天一早二方面军的部队开走了，同时也送给我们一些牦牛肉和奶油渣，由于很少，每一个人分了一缸子，我很高兴地吃着这奶油渣。二方面军的同志一走我们才住上了房子。大家一进房子，赶快烧水吃东西，同时烘烤全身湿透的衣服和被单。快到中午时，又来命令出发到下包座。我们到达下包座时，天已经黑了，房子少，住满着伤病员，我们仍住在树底下，听说这个地方是出草地的主要咽喉。在下包座，我们只住了一天，在这里我们可以到森林里，地边上找到吃的。当天晚上的半夜,在我们住的树丛里跑出来一头骡子。又高又瘦,走起路来摇摇晃晃，大家估计是红二方面军走时，它走不动被甩掉了。这时我们供给处主任很快叫来八九个同志拿着绳子把骡子的腿绑起来大家一用力一拉倒，再用刀杀死，弄得我们全处二十几个人一晚上没有休息，但是每个人都有吃的了,骡子的全身分光后,还给我分了一个骡子蹄子。白天洗煮不成，晚上洗煮，白天走到路上才吃。

由下包座出发北上，没有什么大的山，顺河下走了一天，到达巴西。这个地方周围人家很多，都是藏族同胞。两条河的汇合口有一个大喇嘛庙，三面靠水，一面靠山。这个喇嘛庙很大，都是木质建筑，比较雄伟。我们部队先和他们的头目作了多次交涉，才允许我们住在正殿周围的偏房，正殿不能住，还要求我们不能住他们的寨子，要多少粮食他们给送来。我们同意了他们的一切要求，我们整个部队便都住进了喇嘛庙。群众把粮食送来后，有锅灶和有炊事员的单位就开始做吃的。没有锅灶的单位就把领来的粮食分给个人，自己做，记得我分了一缸子苞谷豆，到了半夜时刻，喇嘛庙突然着火了，团长命令大家排成队，用盆子、锅、桶等在大约有两里路的河边运水，到天明时，才把火扑灭。这时周围的零星枪声响起来了，河对岸的老百姓开枪打死我们两个担水的同志。我们团的政治处主任姓冯，是江西人，很快跑到河边上一个石头后面，向河对岸的群众喊话说：各位老乡们，我们是红军的队伍，穷人的军队，北上抗日去，路过你们这里，昨晚上着火，我们不是故意的，但我们是不对的，向你们承认错误，对不起，等等。虽然他们在四周向我们开枪，但没来进攻我们。我们平安无事地离开了巴西继续北上，听说再走一天就到腊子口了。行军很急，一天中间也不叫休息，同时不断地听到主任在讲遵守纪律等。天黑时，上级命令原地住下，四周也没有人家，都是在树林里住，叫大家准备明天要翻山通过腊子口到汉民地方了。我们住在的地方刚好有一个没有水的干沟，中间有一个石崖，我和好几个同志跑到崖下弄一点草和树叶就睡下了，可是到了半夜忽然倾盆大雨，山洪汹涌而下，冲走了我们四个同志，把我吃的东西全部冲走了。自己很幸运没有叫洪水冲走。天明时，才看见两个同志的尸体挂在半崖几个树桩上，而那两个“回老家了”（听说这个河流通到嘉陵江，所以另两个同志的尸体未找见，大家才那样说）。走到中午时刻，我们到达腊子口的第一道关卡，两面都是笔直的石头高山，中间非常狭窄的一条羊肠小道，路的两边各有一座碉堡，全是石头垒起来的，藏在树丛里，人走到跟前不注意是发现不了的。到下午时刻，我们已赶到腊子口的最后一道关口，就是一座山，大约有 2500 米高，好像一幢很高很高的屏，直立在路中间，这是进甘肃必经之路。一上山稍休息一下就看见很远很远的地方有村庄和田地了，也看见高山上由花花的雪，像一条白腰带似的：岷山千里雪。政治部文工团有五六个同志站在山头上宣传到汉人地方的纪律。这时每个同志忘记了半个多月行军中的疲劳和苦累，精神更加奋发，一下山个个好像下山的老虎一样跑得很快。离我们宿营地还有二三十里路，比较不好走，要不断地过河，有些同志把这叫七十二道脚不干。晚上住在岷县地境几个村子，这里都是汉人，我们说话他们也听得懂，对我们很客气。

这一段路是我们红军长征最艰苦、最困难的一段路，没有粮吃，吃树皮草根；没衣穿，光脊梁；没鞋穿，打赤脚走路，尤其是各种疾病很多，如浮肿、疟疾、伤寒等病，不知夺去了我们红军战士的多少生命，再加上张国焘的分裂主义错误，使红四方面军的损失就更大了。

从靖远渡黄河西进

1936 年 10 月，红一、二、四方面军第二次在甘肃省会宁、静宁等地会师了。当时我们四方面军五军团的部队驻扎在甘肃省通渭县马营镇的周围。马营镇是个有四五百户人家的镇子，离会宁县城有 200 多里。当我们听到又和中央红军会师的消息时，战士们欢呼雀跃，心情无比激动。“我们红军胜利了！”人人眼里闪动着喜悦的泪花。当时我在五军团军政治部青年学习班，看到管理员和司务长四处奔跑，从老乡那里买来两只羊和一些粮食，炊事班的同志们不辞劳苦地为大家做了一顿丰盛的“牙祭”。晚上我们的部队和镇上的老百姓开了一个联欢晚会，大约有上万人。会场周围和街道的墙壁上,都贴满了“打倒日本帝国主义”、“团结一致，抗日到底”的标语，场上气氛异常热烈。军政治部主任杨克明同志首先在会上讲话，他说：“同志们，父老乡亲们，中国工农红军三大主力又会师了，我们冲破了蒋介石数十万军队的围追堵截，又经过雪山草地，克服和战胜了各种困难险阻，胜利地到达了陕甘地区，同时也到达了北上抗日的目的地，这一切都归功于党中央，没有共产党的正确领导，就没有今天的会师。目前日本帝国主义不仅侵占我东三省，而且又向我华北进攻了，让我们携手团结起来吧，保卫西北，收复失地。”杨主任的话音刚落，会场四周立刻响起了“团结起来，一致抗日”的口号声和抗日救亡的歌声。接着我们五军团政治部文工团的文艺战士们为大家演出节目，我记得其中演唱的一首歌的内容是“八月桂花遍地开，建立政权苏维埃……”这首歌当时很受战士们和群众的欢迎。

我们在马营住了一天，由于当时尾追我们的敌人是蒋介石的主力部队胡宗南、毛炳文的两个师，因此在第二天的下午四五点钟左右，就来了敌人的五六架飞机，在我们上空漫无目标地轰炸了一阵，飞走了。

紧接着远处又传来了大炮声。这时上级命令我们做好准备，天黑出发，目的地是会宁。天渐渐地黑下来了，我们也集合出发了，镇上的群众聚集在村头给我们送行。这一路上，山路较多，又是夜间急行军，但战士们没有一个叫苦，没有一个掉队的。上级要求我们军直部队在天亮前，一定要通过西兰公路的华家岭段，大家都是小跑步前进，由于天黑路难走，天亮时大部队还没有通过华家岭段。突然，由兰州方向来了十几架敌机，它们来回在西兰公路上的华家岭上空轰炸扫射，这样使我们大部队更难前进了。同时，胡、毛的两个师也很快赶到了华家岭段，一场遭遇的阻击战便开始了。在敌众我寡，装备悬殊的情况下，我们五军团的战士打得非常勇猛顽强，打退了敌人上十次进攻。但由于敌我悬殊太大，加上空中敌人的飞机狂轰滥炸，我们部队损失也不小，我们五军团副军长罗南辉同志在这场战斗中牺牲了，下午，我们军直部队到达了会宁城，这时敌人的飞机像一群苍蝇似地又飞来了，它们还是老一套，没有目标的向城内丢下了十几颗炸弹，用机枪乱扫了一阵，飞走了。天快黑时，五军团的部队退到了会宁城，紧接沿远处传来了枪炮声，敌人又赶来了，我们连喝口水的工夫都没有，又继续向西行进。半夜时刻，我们到达了甘沟驿镇，部队在这里稍休息了一会儿，又继续西行。这时，有些同志嘀咕起来：“说是北上抗日吆，为什么总向西走呀……”天亮前，我们到了打那池镇，上级命令找地方住下来，同时叫很快做饭吃，天亮后不许冒烟。山于行走了两天两夜，战士们又打仗，都没有吃什么，大家都很疲乏，吃了一点儿东西就睡了。这时正西方向又传来了枪炮声，有的同志说：这是靖远县城里敌人打出来的（因靖远县城我们没有打开），中午敌人的飞机又来了四架，在我们的住地上空盘旋了几圈，乱扫了一阵飞走了。上级命令，天黑出发，经靖远县城下渡黄河西进。同时宣布了三条纪律：一是不能大声说话，身上携带的东西不能发出任何响声，更不能打火吸烟，发出火光；二是不能掉队，间隔距离不能拉长；三是传口令要快，要准确，违者受罚。虽然有严明的纪律，但有些同志不愿意过黄河，部队未出发前就离队跑了，据说他们跑到中央红军部队里去了。部队一出打那池镇，就开始跑步，大约有 20 多里路，离靖远城不远时，行进的速度稍缓慢了一些，这时从县城里传来枪声更近更密了，我们的口令也多了，不时传递着“快跟上”，速度也加快了。一通过靖远城下，行进的速度又缓慢了，走走停停、停停走走，靖远县城传来的枪声渐渐的远了，我借着月光辨别出枪炮声是从东方向传来的。走了一会儿，我们听到河水声，“呀，黄河！我们到了黄河了。”平时总听人们说：不到黄河心不甘，这下总算到了。浑浊的河水奔腾不息地向东流去，风声夹着波涛的怒吼声，使人们互相说话都听不清了。我们的部队到达河边渡口便停了下来，纪律也更严了，我们的班长三令五申：不准乱动，原地坐下。渡口的路很窄，坡又陡，一不小心就会滑下去。听说这个地方叫虎豹口，地势很险要。派出去交涉船的同志回来说：由于风大浪急，渡过河西去的船，到达对岸总要顺水下流四五里，就是到达岸边下船时，也得走三四十米的水路。于是政治部杨克明主任派了十几个同志沿着河边拉了两只船顺逆流到渡口，这时整个军直部队才开始过渡，因为对岸没有敌人的布防，所以在凌晨四五点钟左右，我们顺利地通过了黄河。

节选自中国人民政治协商会议陕西省西安市委员会文史资料研究委员会编:《西安文史资料》第10辑，1986年12月，第1—8页。

谭冰，原名谭炳文，四川巴中人。1933 年参加中国工农红军。红军长征时任红四方面军第三十三军九十三师连部勤务员、第五军十五师四十五团供给处打旗兵等。新中国成立后，曾为八路军西安办事处纪念馆工作人员。

再度回师北上

李培南

上面已经谈到，张国焘分裂红军，自立中央，并率部南下，继而退入西康西部，现在这里又提到再度回师北上，究竟是怎么一回事呢？

在这里，不能不首先追述一下红二方面军的长征历史。红二方面军是原在湘鄂西洪湖地区活动的由贺龙、关向应同志领导的红二军团和湘赣区转到洪湖地区的由任弼时、王良和、萧克同志领导的红六军团组成。在中央红军撤离中央苏区开始长征并在进入贵州后，1935 年 11 月，二、六军团也撤离了湘鄂西根据地，从桑岭出发，也开始了自已的长征，1936 年 1 月转到了湘黔边界，经过了艰苦斗争也于 1936 年 6 月底，在激烈战斗后，渡过了金沙江、又翻越雪山，到达西康甘孜，和四方面军胜利会师。7 月初根据中央电令，把二、六军团组成为红二方面军，贺龙同志任总指挥。

贺龙同志坚决反对张国焘的分裂阴谋，勇敢地捍卫了以毛泽东同志为首的党中央的正确路线，这是一方面；另一方面，当时徐向前同志指挥的四方面军的广大指战员，也纷纷要求北上与党中央会合。张国焘不得不同意取消了自立的中央，在党中央指示下，包括二、四两个方面军成立了中共中央西北局委员会，领导两个方面军一起北上抗日。并于 1936 年 7 月初，从甘孜出发向甘南进军。

我们四方面军红军大学的全体同志，积极准备了行军途中必备的粮食，兴高采烈地从驻地炉霍出发，溯谢楚河东北上。

谢楚河也和其他高原区河流一样，两边是高山，中间是很深的峡谷，部队总是在高山峡谷中前进，道路很狭窄，大队人马，还要带着在必要时作为食用的牦牛，牦牛身上还驮着军需品和粮食，前进的速度很缓慢。特别是还要防备对付沿途藏民的袭扰。他们藏在山顶上。当部队经过时，在对面山上的藏民，向部队打冷枪，另一面山上的藏民，就把大石块从山顶上推下山来，不注意，就使我们遭到一些损失。当部队再次进入草地时，携带的粮食已经不很多了。

但这次，即第三次过草地，至少需要经过七八天时间。因为地属高原地区，尽管一般海拔在 3000 米以上，但地势还是比较平坦的。在前进道路两边的山头是很低矮的。这次过草地时间是在 8 月初，比第一次过草地提前了大约一个月。气候与以前也不同，雨水比较少些，沿着山边前进，道路是比较干爽的，因此行军的速度也比较快一些，一般每天行程 60 里到 70 里。但在广阔的草原如掉了队是毫无办法的，所以大家互相帮助，队伍还是比较整齐的一个跟着一个前进，并不是像过去有些作品所描写的三五成群，稀稀拉拉，拖着疲惫沉重的脚步，吃力地走着，等等。经过多日的艰苦努力，终于又通过川西北这片大草原和高原峡谷地区，到达了包座。

包座是川西北的一个重要的居民村，在松潘北部，是从阿坝地区进甘南的必经之路。当部队到了包座以后，这一带居民所种的青稞麦，已经快要黄熟了，部队可以在这里略事休息，补充粮食，再继续北上。

红军继续北上要经过四川北部和甘肃南部这一地区，有岷山和秦岭绵亘着，地形很复杂，道路更难走，部队都是沿峡谷中曲折的小路前进，有时在独木桥上来回越过两山之间的急流，有时谷下难通过，必须走一段那里的人们所架设的栈道，这样的栈道并不太长，但只有通过它，行人才可以继续前进。

自古都说蜀道难，走过了川西和川北的不少地方，的的确确是，“蜀道难，难于上青天”。通过回忆，我写了一首《浪淘沙》词，题为《蜀道难》，如下文：

足迹遍西川，
恶水穷山，
千里荒原少人烟。
万年森林广分布，
古木参天。

山势何巉岩，
栈阁相连，
暴流急湍飞渡难。
红军不愧英雄汉，
所向无前。

部队经过了异常曲折和险要难行的道路，向四川和甘肃两省交界处前进。这一条路也就是早一年毛主席和周副主席率领一方面军北上时所走过的道路。甘肃军阀鲁大昌的部队，是无力阻挡我军通过腊子口进入甘南的。腊子口的确是一个非常险要的关口。从南面向腊子口前进，几乎到处是天险，两面是悬崖峭壁、崇山峻岭，中间是白龙江上游的湍急的河流，只能在两山之间的崎岖小道上前进，再无别路可走。但两军相遇，胜负并不完全决定地形条件，鲁大昌堵不住一方面军的北上，同样也堵不住二、四方面军的北上。毛主席的七律《长征》最后两句“更喜岷山千里雪，三军过后尽开颜”，非常确切地表达了二、四方面军广大指战员通过天险腊子口，翻过海拔 4000 米左右的雄伟的岷山山脉，于 1936 年 9 月一日胜利到达哈达铺一带时的喜悦愉快的心情。

选自李培南：《铁流二万五千里》，上海交通大学关心下一代工作委员会1996年编印，第57—60页。

辗转北上历艰险①

袁崑

1935年10月，四方面军打回来了。有一天陈大爷赶场回来说：“红军又打回来了。”“真的吗？”我问。“听别人说已经到了宝兴县城。”他答。我听到红军又来了，从内心感到高兴，正在发愁何去何从，红军回来了我就可以归队了。但是又不知道是真是假，北上抗日怎么又会回到这里来？我决心去看一下。从养伤地去宝兴城有几十华里路，健康人要走大半天，我这残疾人要走多久？不管三七二十一，我一定要去看是真是假，如果是真来了，我要回到红军中干革命。我向陈大爷提出去县城看红军，他老两口不要我去，我一定要去，大爷要同我一起去，我没有同意，以好言说服了他。第二天早晨5点钟开始走，到下午2点才到达县城。我一看什么县城哟！既无城墙，又无像样的街道，只是靠山边的一条小街，有几家商店和饭馆，也有个衙门。这样的县城真少见。我走进小街一看，真有红军在站岗。我走到岗哨前问：“同志，首长在哪里？”他问我是干什么的，我把来意说给他听了，他把另一个同志喊来，带我进去见到首长。首长问：“你来有什么事呀？”我把负伤前后的详情向首长作了汇报，并提出回队的要求。首长是湖北人口音，他听了我的汇报，看了我的伤口和组织给留的证件，其中证明我是中共党员又是

① 题目为编者所加，文字略有调整。

排长，听我说话是江西口音，穿着是一方面军的灰军服，没有说二话同意我回队跟着部队走。从此我又回到红军中继续干革命事业，我心中的乌云全散了。后来得知这是红四方面军三十军的一部分。

我回到红军后，跟上部队走。第二天跟上他们翻5000多米高常年积雪的夹金山，部队爬山又要经过陈大爷门前，我去向陈大爷老两口告别，感谢他二老对我近半年的关照，二老泪流满面不要我离开他们。我对二老说："我是红军战士，要打帝国主义和有钱的地主豪绅，解放穷苦的人民。感谢你们把我的伤口医治好了，我要回到红军中为人民谋解放。好了,别难过,我还要回来看你们二位老人家的。"翻雪山可不容易，特别是爬最困难。雪深齐膝，腿受伤后又不灵巧，还有点疼痛，越往上爬空气越稀薄,喘气越吃力,但还是硬着头皮往上爬。上到山顶不能停，否则会被冻僵，只有分秒必争，立即滑下山，下完山就到达喇嘛寺，在这里住了一夜，天明后又继续行军。经过几天的行军到达丹巴县，由于红五军团在丹巴县城驻防，我又回到了五军团。首长和同志们看到我回来了很高兴，都说:"你的命大，碰到了好人。"首长说:"你的意志坚强，是好样的。"要我继续养伤，我住进了五军团医院。

1936年2月，我的伤势完全好了，身体恢复了健康。当时在丹巴县的藏民独立师向部队要干部，我被派到独立师一团二连当政治指导员。独立师师长姓马，藏族，师政委李中权是四川宣汉县人。独立师的班、排、连、营、团、师职干部都是藏族人，只有政工干部和警卫人员是红军中派去的。在藏民独立师工作相当困难，语言不通，开口闭口都要通过通司翻译，离开通司什么也干不成。生活习惯也和我们不一样，我们不习惯也得习惯。

7月初，二、四方面军要继续长征北上抗日。有一天独立师召开连以上干部会，传达了长征北上抗日的任务。动员大家做好思想和物资准备。因少数民族不愿离开乡土，散会后当天晚上，他们神不知鬼不觉地从师团干部到伙夫、马夫连枪带马跑个精光，只剩下红军派去的政工干部和警卫人员。这些人员由李中权政委带到三十一军安排，我被分派到九十二师二七六团机枪连干我的本行，由连干部又回到排职上。在那战火纷飞的年代，没有想过要当什么级的干部，军人以服从命令为天职，领导上叫干啥就干啥，只要是对党、国家和人民有益的事都干，哪里需要就到哪里，从不讲什么价钱。

1936 年 8 月 5 日，我们部队从丹巴出发，经过小金川，翻过马塘、梦笔两座雪山到达毛儿盖，在此地准备干粮过草地，每人筹足了 15 斤炒熟的青稞。8 月 18 日每个战士背上随身带的武器和干粮进入草地，经过七天多时间，跨越了茫茫千里无人烟的大草原。红军过草地是长征中最艰苦、损伤最大的一段路程。草地虽然听不到枪炮声，闻不着硝烟味，没有飞机响，但是比同敌人枪对枪、炮对炮的拼杀要险恶得多。草地怪得出奇，人们都明白一年有四季，但草地一天就有四季，忽而火红的太阳晒得人要命；忽而满天乌云电闪雷鸣，鸡蛋大的冰雹下来打得人要命；忽而刮起 12 级大风吹得人要命；忽而乘风而来的纷飞大雪冻得人要命。草地没有树木，水草丛生，遍地是深浅莫测的烂泥潭，一不小心脚一踩偏掉进泥潭越陷越深不能自拔难以活命。我连炊事员曾大宝同志就是这样牺牲的。后来我告诉大家：如果脚踏进泥潭就马上睡下不动，也就不会下陷，再让大家用杆子拖，这种办法确实有效，救了一些失足的人。草地的夜晚是最难熬的，因找不到一块干燥的宿营地，只能在稍高一点的地面上，让大家怀抱着枪，背靠着背坐在一起过夜。风吹雨淋冷得刺骨，红军战士衣薄又缺粮，冻饿交加难以度过，特别是第五个晚上以后，每天早上起来，有些身体弱的同志被草地夺去了生命。红军的穿着单薄，每个人把全部衣服穿上也只有四五件单衣，根本不御寒。过草地肚皮饿得特别快，带 15 斤干粮有的人四天就吃完了，最后三天颗粒无有，只好寻草根充饥，凡是尝到不苦的草根就往肚子里填，许多战士把自己心爱的皮带都煮着吃了。红军过草地付出的代价最大，牺牲的人最多，我机枪连进草地 123 人，经过七天走出草地只剩下 76 人，有 47 人被草地夺去了生命，至今我想起还十分怀念他们。我们走出草地在上下包座同敌胡宗南部打了几个胜仗，突破“一夫当关，万夫莫开”的腊子口，进入甘肃省。我二七六团在陇西同敌鲁大昌部打下一个小胜仗后，赶到会宁县城同一方面军会师，完成长征任务。这次过完草地，贺龙司令员写了一首诗：“八月继续向前进，草地行军不怕冷；草地从来无人过，无坚不摧是红军。”这就说明了红军过草地的艰苦。

选自中共重庆市委组织部、中共重庆市委宣传部、中共重庆市委老干部局、中共重庆市委党史研究室编：《峥嵘岁月——重庆市老干部回忆录第三集》2006年10月，第36—41页。

袁崑，1914 年生，江西于都人。红军长征时任红一方面军某部排长，红四方面军藏民独立师连指导员、第三十一军第九十二师第二七六团机枪连排长等。新中国成立后，曾任重庆市大渡口区人大常委会主任。2009 年在重庆逝世。

回忆长征生活片断

徐世钧

迎接红二、六军团

1936 年 3 月初，我从部队调到道孚红四方面军总医院卫校卫生员训练班学习，半个月就结业了，组织考虑我年龄太小，就留到卫校制药厂工作。制药厂十多个人，分成男同志一个组，女同志一个组，只有两个宿舍，因我年龄小就把我分到女同志一个组，大姐们对我非常爱护，我无铺无盖，她们把自己的衣服盖到我的身上，衣服破了帮我缝补。工作是根据医生开的方子，把中药材料整捆整捆地推到锅里，昼夜煎熬，按规定的时间把药渣捞出来，把药水熬成膏子，凉凉搓成药丸，凉干包成包，写上药名，送到前方部队。制药的过程中，抬水、推药入锅、捞药渣、起药膏，这些重活男同志抢着干，搓药丸比赛，女同志总是第一。我们一边制药，一边还要准备迎接红二、六军团的慰问品，男同志捻毛线，女同志织毛衣、袜子和手套。同时，组织要求每个红军战士准备 30 多斤干粮和四五双草鞋，没有布就用牛皮做草鞋，做斗笠。

7 月初，红二、四方面军准备二次北上。总医院十几个新的伤病员不能随部队过草地北上，就寄放到道孚、炉霍一带大山里，留下少数女同志招呼（照顾），国民党反动派回头后，伤病员大部被杀害，有的逃进深山老林，解放后才把她们找回来。各所的工作人员都集中到总医院，卫校的学员毕业后都分配到各部队去，制药厂已停止制药。组织上给成年人分配了武器和子弹，给我只分配了五排子弹和两本书，一本医学教材，一本政治教材。规定每个人应带的干粮量，因缺粮，也没有带够，我只背了 20 多斤干粮，每人还分配了一缸子咸盐。

二次北上再过草地

7 月 2 日总医院从道孚出发，随方面军总部二次北上。走的尽是崇山峻岭，爬不完的雪山，居民极少，直到下午五六点就地宿营，有的在树下，有的在崖畔下，拾些柴，支几个石头就是灶，我背的洗脸盆，既当锅又作洗脚盆，水烧热首先是洗脚，脸可以不洗，洗脚对红军战士来说尤为重要。烧开后，就开水吃各自带的干粮，天天如此。经过半个月的行军，我们才到达阿坝。阿坝是个比较大的居民点，有大喇嘛寺，过去红军也到过这里。说是在阿坝要补充干粮，实际一点也没有给，我只剩下半袋干粮了。总医院在阿坝住了一天，每人准备了一捆灰灰菜，草地里没有烧的，每个人又背了一捆木柴。

7 月中旬，我们从阿坝出发，进入茫茫数百里的水草地，红四方面军的部队有的已经走过三四次草地了，我也是第二次走草地了。但这次草地路程远，时间长，所带干粮不足沿途食用，困难更加严重。我们进入草地，走了两三天，到了一条河边，刚下过雨，一望无际的水面，一无桥，二无船，要等水落下去才能过河，我们只好在河西边住下，等了两天，才过了河。这时大家带的干粮所剩无几，路程还远着呢，掉队的人越来越多，沿途看到病饿而牺牲的红军战士越来越多，有的几个人还互相依偎在一起就鞠躬尽瘁了。牺牲的同志多是 30 岁左右的成年人，女同志和小孩很少。红军在草地行军，为了缩短行军距离，都是两路纵队前进，保持着一定的行进速度，走到中午才能休息，烧些开水喝。跟不上队伍走的，就只好跟在队伍后面走，掉队的什么人都有，干部战士带着自己的武器，也是三五成群结伴而行，有的互相搀着，互相鼓舞着“坚持走出草地就是胜利”、“坚持着走吧！”这是经常听到的一句号召。我每天开始时能跟队伍走上一阵，以后逐渐跟不上也就掉队了。脚上牛皮草鞋，见了水滑得不行，后来索性打赤脚走，我的左脚前掌被草儿刺破了一个洞，走路钻心地疼，但每天仍坚持着赶到大队宿营地。走在前面的同志烧好了热水，女同志用自己的毯子搭好帐篷，同志们拔来野葱和大黄叶子煮着吃。我自己的皮带和牛皮斗笠早就吃掉了，前面部队扔下的牛皮草鞋，也拾来烧着吃了。我们从过了河，已是好几天没有吃一点粮食，全靠野葱、大黄叶子充饥，救红军战士命的还是自己带的那点咸盐，饿得实在不行了，就含几颗咸盐。说红军过草地“吃树皮草根”是不确切的，第一，草地里没有树;第二,七八月草地里遍地青草，何须挖草根，这是概念化的传说。

艰苦跋涉，走了十多天，才走出草地，走上一个小梁，看见了树，还有山下的一条河，我们情不自禁兴奋地大声呼喊：“我们走出草地了！”走出草地是我们红军的胜利。上了山梁就是石头子硬路，小石子钻进我脚上的烂洞里，出了血，走路疼痛更甚，加之整个脚板在水里泡了十几天，走在硬路上是非常难受，但在走出草地的胜利鼓舞下，所有痛苦，所有饥饿，全抛到九霄云外去了，咬着牙，打着赤脚，坚持向包座走去。

参加红二方面军

8 月 1 日，我们到了上下包座，喇嘛寺没有一个喇嘛和藏民群众，都叫反动头人赶走了。地里小麦和豌豆都熟了。树林里到处是火堆，围坐着红军战士，有的在煮吃的，有的在睡觉，有的在闲谈着什么。地里到处都是人，在弄麦子和豌豆。我也到地里拔了几颗豌豆生吃了，又揉了几穗麦子生吃了，又弄了半缸子麦子和豌豆，放到火上煮熟了吃，吃了又到地里去拔豌豆和麦子，不等弄满一缸子，赶快又拿到火上去煮，吃了又到地里去弄，直到肚里感到不饥饿了，才把煮熟的麦子豌豆装进干粮袋里，准备明天继续前进。我们总医院制药厂的同志们住在什么地方，问不出任何消息，只好找个大火堆去睡觉休息。周围的同志在你一言我一语议论去年与中央红军会师后，不一同北上，使红四方面军吃尽了苦头，今年又不到陕北与中央红军会合，还要走北草地，过沙漠。一个火堆传一个火堆，传得人们都知道红四方面军不到陕北去与党中央毛主席会合。这是一个小道消息，以后的事实也确实如此。第二天红四方面军的部队继续走出草地，但在此停留下来的红军战士越来越多，我也留下来在此等候红二方面军的到来。等了三天后，红二方面军二军团的部队走出了草地，来到包座，派出干部战士做了大量耐心细微的思想工作，把红四方面军停留下来的红军战士都动员参加了红二军团，我参加了四师十团三营九连当战士，以后调连部当通信员。他们把牦牛驮运的枪支分发给红四方面军无枪的战士，把牦牛杀了会餐，开了欢迎会，欢迎红四方面军的同志参加红二方面军。红二方面军过草地时损失很大，进草地时一个连队少说也有七八十人，到包座时，一个连队只剩三四十个人，点名站队时四方面军的占一多半。

甘南“成、徽、两、康”战役

9 月 1 日，我们红二方面军到达哈达铺地区休整。这里的条件比较好，汉人地区，吃的白面小米，伙房尽量改善生活，使同志们的身体得到一定的恢复，领导上发下布料和麻，组织打草鞋，每人准备了好几双草鞋，9 月 11 日开始“成、徽、两、康”战役，16 日我们红二军团进到小川镇，准备奔袭成县。指导员动员交多余的子弹，我的五排子弹正适合机枪用。四师十团三营是突击队，九连是尖兵，下午出发拂晓到达成县城西南角，攻城部队隐蔽在苞谷地里，机枪准备就绪，云梯竖起来只到城墙的一半，又把梯子拉下来，把两架云梯接到一起。等把云梯再次竖到城墙上，来回折腾的响声，惊醒了城角上敌人的哨兵，敌人问“干什么的？”我们的向导答:“卖辣子的。”哨兵往城下一看,喊叫“班长，还有梯子呢”，话音未了，我们的枪响了，机枪火力封锁着西南城角，手榴弹在城墙上爆炸，冲锋号吹响了，九连踩着云梯冲上城墙，三营也冲上城墙，分两路攻占了西门和南门城楼，打开了城门。由于攻击西北城角的部队未能配合上，敌人退到了北面小城，接着敌人组织了一次反扑，我们三营进攻受阻。但我们的重机枪封锁着西城门洞，敌人无法关上城门，南城门仍由我们控制着，三营重新组织突击队，把班排干部共产党员共青团员集中组成突击队，在营长率领下从南门冲进城，把敌人打垮，大部敌人被歼，占领了东、西、南三道城门和南面的大城，少数残敌退到北面小城，居高临下，不好攻击。我们准备晚上歼灭残敌，三营撤到东门外休息待命。天刚黑敌人突围向北逃窜，其他部队追到河边抓了几个俘虏，就返回来了。成县歼敌王钧部一营，缴获各种枪械300余支，占领成县。下午四师奉命攻占徽县，拂晓到达徽县城附近，才知道徽县已由六军团十八师攻占，我们就在徽县附近休息待命。

这次战役攻占了成县、徽县、两当、康县四座县城，成立了四县苏维埃政府，半个月扩大红军2000多人，筹集到一批物资，给每个红军战士发了一套棉衣。

9月25日,敌人王钧部三十五旅准备进攻成县,四师奉命返回成县，27日在成县西大船坝配合红三十二军伏击进攻成县之敌，战斗打了一天，打死打伤敌数百人，俘敌300余人。因未达到战斗目的，红军连夜撤离成县，红二军团和红三十二军转移到徽县红川一带，红四师住江洛镇休整待命。

三大主力红军胜利会师

由于张国焘的分裂活动，使红二方面军陷入腹背受敌的危险境地。中央10月2日命令红二方面军迅速北上。10月4日红二方面军离开成、徽、两、康地区，前有敌人堵击，后有追兵，红二方面军昼夜兼程北上，10月10日下午红二方面军赶到甘谷以西乐善镇附近渭水河边，河水猛涨，因情况紧急，部队徒步抢渡。部队过河互相拉着，防止被水冲跑，我因个子小，浅水的地方我还能探到地，到了深水的地方就漂起来，全靠机枪班的两个大个子一个拉着我的一只手，把我拉过渭水河。过了渭水河部队继续北上，经常遭到敌人飞机的轰炸，一天中午我们红四师正走在塬边，几架敌机来扫射轰炸，我和一个新战士荫蔽在地畔一个能钻进两个人的小窑里，一颗炸弹落在我们前面十几米的地方，散片击伤了新战士的脸部，血流不止。这一天供给部运输牲口死伤好几匹，物资只好分配给四师的干部战士背到宿营地。在极为不利的情况下，红二方面军奋勇苦战，夺路前进，于10月22日在会宁东北的将台堡与红一方面军胜利会师。红一方面军给我们准备了小米、烧的柴和鞋子，把住的地方打扫得干干净净。由于情况紧急，只住了一夜，一方面军掩护，我们继续北上。

1936年10月，红一、二、四方面军三大主力红军在会宁胜利会师，红军长征结束了。但是革命斗争并未结束，更艰苦的斗争才开始，新的战斗正等待着我们去迎接。

中国工农红军为了北上抗日，为了挽救国家民族危亡，为了中华民族和劳苦大众的幸福，广大红军指战员在党中央毛主席的领导下，怀着为国为民的赤胆忠心，英勇善战，艰苦奋斗，克服了各种艰难险阻，粉碎了蒋介石的围追堵截，无数革命先烈献出了自己的宝贵生命，使工农红军长征得以胜利实现。今天我们纪念中国工农红军长征胜利 60 周年，永远永远不能忘怀革命先烈为我们开创的基业。我们要牢记革命的历史，开创未来，为国家为民族迎接新的胜利。

选自《陕西档案》1996年第5期。

徐世钧，红军长征时任红四方面军总医院卫生学校制药厂工作人员，红二方面军第二军团四师十团战士、通信员。

长征琐忆[①]

肖永银

那是1936年一个寒冷的夜晚。我们已在长征路上走了十多天，也是第三次走在草地上。那天晚上，我们警卫排跟随红三十军机关、红八十八师和军直属教导队来到四川省今红原县县东北的一个大壕沟里，当晚就在那里宿营。

那天，天寒地冻，一场大雨夹着雪把战士们淋得透湿，大家都冷得直打哆嗦。战士们坐在草地上，你靠着我，我靠着你，既吃不上饭，也睡不着觉，饥饿、寒冷和疲劳，一起向红军战士袭来。我当时也是浑身无力，但还是硬撑着站起来，对大家说："同志们，草地很快就要过去了，胜利就在前头，不能松劲啊！"

我一边说一边想，要是能生起一堆篝火，让大家喝上开水，吃上干粮，驱走寒冷，填饱肚子，该有多好啊！然而当时寒风阵阵，到处是湿湿的，生火谈何容易！怎么办？我就让警卫排战士用马刀从河边砍来一些手腕粗的柳树，又从地上捡来一堆牛骨、马骨、牛粪和马粪。我把一个木制的子弹箱子劈开引火。可由于风刮个不停，点了几次也没点着。于是，我把自己包在包袱外面的一小块油布拿出来，让几个人围成一圈挡住风，先用火柴点着油布，再用油布引燃木块，慢慢地，牛骨头、马

① 题目为编者所拟。

骨头也燃着了，从骨头里面熬出来的油在火中发出“吱吱”的响声。火越烧越旺，接着牛粪、马粪甚至湿柳木都着了，火头蹿起有一丈多高，十几丈外都能感到暖烘烘的。战士们陆续围过来烤火，有的烧水，有的烘衣服。水烧开了，大家一边喝开水，一边吃干粮，寒冷赶走了，疲劳也消除了，同志们的情绪渐渐好了起来，开始有说有笑了。这时，军长程世才、政委李先念和八十八师师长熊厚发，也都走过来烤火。李先念问我：“火是怎么生起来的？”我就向他介绍了生火的过程。李先念听后哈哈大笑，说:“好，你为大家做了一件好事。这说明只要肯动脑筋，肯想办法，没有过不去的难关，没有克服不了的困难！”接着，他向周围的同志招招手，说：“大家都往这边来，一边烤火，一边唱歌。”

宿营地千百号人唱起了《八月桂花遍地开》等革命歌曲，大家越唱越有劲，篝火整整烧了一夜，歌也唱了一夜。那一夜，本来是红军战士在草地上最难熬的夜晚，但由于燃起了很大的一堆篝火，不仅救活了不少同志，更鼓舞了大家的士气，让同志们在困难中看到了希望，在黑暗中看到了光明。

第二天，长征队伍终于走出了草地，随后越过了天险腊子口，到了有汉人居住的地方。

那时，路边长满了绿油油的豌豆苗，虽然大家饿得很厉害，但谁也没有违反群众纪律，严格执行《三大纪律八项注意》，做到秋毫无犯。吃饭的时候大家就在路边上挖一些野菜，用行军锅煮了一大锅汤，又把仅剩的一点青稞面放进锅里，一人喝了一碗。我站在高处向远方瞭望，远远看见来了一辆牛车，就跑上前去问赶车的老乡：“前面有没有国民党的部队？”老乡回答:“有，鲁大昌部队的一个连就住在前面的镇上。”我立即向军首长汇报了这个情况，军首长就把打敌人这个连的任务交给了我们警卫排。

鲁大昌是个甘肃军阀，所部国民党新编第十四师，装备较好。我认真分析后，觉得我军在暗处，敌军在明处，但是敌众我寡，所以只能智取，不能强攻，要出其不意、攻其不备。

当时，正是镇上赶集的日子，警卫排的同志身藏驳壳枪，换上便衣，夹在老百姓中往集镇上走。敌人不知红军已经到来，在通往集镇的路口上盘查不严。我们 50 多个人三三两两，有的推车，有的挑担，很顺利地混到了镇上。这时，已是中午时分，我听到敌人的号声“嘀嘀嗒嗒”在响，原来是敌人集合吃饭了。我心想这真是天赐良机，就趁敌人吃饭的时候打进去。

我们摸到敌人连部的时候，哨兵没在意，我一发信号，二班长李大柱上前用驳壳枪顶住了哨兵的胸膛，迅速夺过他的枪。吃饭的敌人一看情况不对，有几个人站起来想抓武器，二班长挥枪就是一梭子，喊道：“都不许动！”全排战士立即冲了进去，敌人以为是神兵天降，都乖乖地举起了手，我们上前把 70 多个敌人的枪都缴了。这时，敌连长还想摸枪反抗，二班长抬手又是一枪，子弹穿心而过，敌连长当场毙命。其他敌人都吓破了胆，非常顺从地听我们的指挥。不久，后面的大部队过来了，军首长表扬我们这一仗打得干净利索。不久，我们就与中央红军会师了，取得了万里长征的胜利。（韩贺彬整理）

节选自韩贺彬采访记录稿：《老红军长征路上的两则回忆》，载《党史纵览》2007年第2期。

肖永银，1917 年生，湖北黄安（今红安）县箭厂河乡油棒村肖象湾（今属河南新县）人。1930 年参加中国工农红军，同年加入中国共产主义青年团，1935 年转入中国共产党。红军长征时任红四方面军第四军十一师三十三团司号长、第三十军军部交通队排长。新中国成立后，曾任第二野战军十二军副军长，中国人民志愿军第十二军军长，南京军区装甲兵司令员，南京军区副司令员、成都军区副司令员、武汉军区副司令员等职。1955 年被授予少将军衔。2002 年在南京逝世。

从腊子口到会宁[①]

盛先传

部队在甘孜整休了将近半年之久，就准备干粮第三次过草地了。在这半年期间，部队进行了三件事：一是搞军事操练，主要课目是训练打敌骑兵，因我们原在草地里经常遇到的是土司的骑兵袭击，记得刘伯承亲自上军事课，并在草场实地演习；二是整顿党支部，进行思想教育；三是筹备军粮等物资。所以第三次过草地就没像第一、二次那么困难了。每个连基本上都有一个帐篷，粮食准备较充足；四是我们四方面军等待二、六军团与我们会师，会师后战士非常高兴，可以说全军振奋。二、六军团与四方面军会师后，与三十二军合编，成立了红二方面军。这时，四方面军的大多数指战员反对张国焘的主张，同时中央来电劝张国焘北上，二、四方面军的同志也都不愿留在甘孜一带，觉得这里出路不大。张国焘不得已取消了自立的中央，中央并来电批准成立一个中央西北局，张国焘任书记，任弼时任副书记。

大约在 1936 年 7 月，二、四方面军共分左、中、右三个纵队，分别从甘孜、炉霍、绥靖等地出发，向包座、班佑等地前进。

这里我还要说明的一点是，我们在甘孜整休期间，李先念同志做了好多民族政策工作，我亲眼见他多次到喇嘛寺与喇嘛谈话。当时甘孜喇

---

① 选入本书时，编者略有删改。

嘛寺活佛死了不久，小活佛还没找到，他就与寺院的大管家，活佛的经师（教活佛念经的老师），有权威的喇嘛谈话，我们与寺院的关系处理得很好。寺院很大，他们把储藏的部分粮食，帐篷等送给我们，寺院这样一做，一些藏民也愿意送给或买给我们粮食等物资。

我们离开甘孜喇嘛寺时，把一些不能行动的伤病员和留下照顾伤病员的同志交给喇嘛寺了。据说抗日战争开始后，原留喇嘛寺的同志还派代表到延安去，问留下的同志怎么办？中央回答：“你们就原留在甘孜，再不要回来了，做藏民的工作。”中央并送给了一些宣传抗日的文件。

我们左纵队离开甘孜的第三天就过草地了。这一次大约走了一月之多，这次比前两次好走多了，因走的旱草地比较多。我们三十军经过草地进到班佑，然后继续向包座进军。在包座整休了一天等待后续部队，这时由八十九师二六四团为先头部队向甘肃的腊子口进军。

腊子口有敌人重兵把守，称为天险。李先念、程世才察看天险腊子口地形时，李先念察看到对面山上高峰处有一段山坡人能爬上去。于是作了战斗部署，以八十八师二六三团三营夜间绕道偷着从高峰处的一段山坡爬到腊子口上头，居高临下攻打敌人，以一、二营在正面佯攻，当敌人还没注意对付时，三营已从山头上攻打下来，这出乎敌人的意料，很容易地就攻打下了腊子口。

腊子口占领后，先头部队继续向哈达铺前进。哈达铺有一个营的敌人，被先头部队打跑了。我们追到岷县的二郎山，敌人在二郎山有重兵防守，我们二六四团就把二郎山上敌两个团的兵力消灭了，缴获了一千多支长短枪，六挺重机枪。正当二六四团攻打二郎山时，八十八师从岷县插过去打开了渭源，并占领了渭源城。

二郎山的敌人逃进岷县城，怕我们攻城，就把城外的房子烧的烧，拆的拆，老百姓叫苦连天。我们二六四团在占领二郎山时，我们的九军赶到了，九军一部分接替了二六四团，一部分围攻岷县城。

我们三十军将岷县防务移交九军后，就去打临洮。我跟先念同志，先念同志一直指挥着二六四团。我们二六四团去攻打临洮途中，还没到临洮，走到洮河边时正是夜晚，部队就在这里休息。部队向当地老乡买了些麦草烧着取暖，先念同志看见我很冷，因我上身穿着夹衣服（中间没棉花），下身只穿着单裤子。先念就问我：“你还有衣服吗？”我回答：“没有。”他就把他披的一件褐色大衣脱下给我披上，并说：“你把这个穿上。”我问他：“那你怎么办？”他说：“你不要管我，明天我叫供给部再搞一个。”他给我的这件大衣我一直穿到了新疆。

部队在洮河休息时，又决定不打临洮，返回来打漳县，这样就把漳县打下来了。在漳县我们整休了一月多。在这期间，中央西北局也住在漳县，在这里召开了一次重要的会议。会议之后，为执行中央的宁夏战役计划，我们三十军为前锋从漳县起程，经过通渭的马营，从马营上山就是华家岭，然后到达会宁。

10 月，一、二、四方面军三大主力红军长征胜利会师。会师后，张国焘、朱德、刘伯承、贺龙、任弼时等领导人都去了延安。

红军三大主力长征胜利会师是中国革命取得全国胜利的关键。我作为参加过会师的红军战士应邀参加了 1986 年 10 月 20 日在会宁县城举行的红军三大主力胜利会师 50 周年纪念大会，我在缅怀红军长征的座谈会上，无限感慨地说了四句话：

红军远征历艰险，
胜利迄今五十年。
人类壮举颂万代，
迎来四化创新篇。

节选自盛先传：《难忘的岁月》，1996年，第74—79页。

过草地

傅崇碧

国民党军队占领宝兴后，以主要力量防备懋功我军的打击，对西川他们知道地形险要，藏族强悍，只是对我们围堵而不进攻。我独立团组织精干的小部队，不断在宝兴、天全之间给予敌人打击，使敌人疲于防守，我们的斗争争取了宝贵的时间，保证了2000多名伤病员养伤治伤，基本恢复了健康，补充到独立团。独立团遂扩大到7000多人。

我们和邛崃地下党接上了关系。该地区党的地下工作在群众中基础很好。特委研究，根据我们的情况，可以转移到邛蛛地区创建新的根据地。于是请示总部批准。总部指示不能东转，要我们从西川经卡尔古到懋功，由罗炳辉接应我们。

我们经过五天行军到达懋功县，按总部的指示，把独立团和痊愈的伤病员及医生交给红九军。独立团的警卫连、特委的全部人员到金川方面军政治部主任周纯全处接受新的任务。

我们到达金川，周主任找我去询问了我们的情况后，指示由特委全部人员组成观音特委，我任特委书记，跟随五军团到观音河区开展工作，并说已告诉邵式平同志从金川调30多名懂汉语的藏族干部补充给我们。具体情况由邵式平同志向我们交代。

我到邵式平同志处，他指示我们要和五军团搞好关系，多向军团部黄超政委、袁克明①主任请教。我说同黄政委、袁主任很熟。他说那就好，并说观音河地区的藏民对我们不了解，大金川用藏文印了不少宣传我党、我军政策的宣传品，可以多带点。他还嘱咐我，抽调出的藏族干部汉语藏语都很好，对开展工作帮助很大，应大胆使用他们。

到了观音河，五军团对我们帮助的确很大。我们很顺利地把各寨子逃到山里的藏民动员回家。藏民回到寨子里，见到我们军队纪律严明，不侵犯他们利益，而且帮助他们治病、搞生产，和我们的关系更密切了。

我们以寨子为单位，把党的政权和群众组织建立起来。这里的寨子少的几十户，多的几百户，卡巴山口上去就是大草原，牛、羊、马一群都是万只以上。藏民怕我们上卡巴山口，和部队发生两次战斗。后来经过多方联系，举行会商，我们军队保证不去草原，对牛、羊、马群，我们发给保护的旗子。特委和藏族干部到草原给他们发旗，宣传我党政策，关系搞好了。他们主动送来 300 多头牛、羊、马慰劳红军，我们给了他们一些枪弹，他们很高兴。军队北上抗日，少数战士身体不好，行动困难，留在当地由藏族老乡照管，他们很高兴接受，保证给留下的人治病并保证安全，要我们放心。

我们离开观音河时，当地藏民有组织地护送我们通过他们的地区，告别时依依不舍。藏族同胞很重感情，跟我们出来的有七八个藏族干部，有的走到半路又回去了。曾任前四川省副省长、阿坝藏族自治州党委书记的天宝同志即是一个很好的藏族干部。

离开观音河就是二次过草地的开始。茫茫无边的草地，空空荡荡无人烟，气候一天多变，一阵热一阵寒冷。遇到沼泽地更加危险，走不到草墩上就会掉入泥坑中，跳出泥坑很困难。为了安全，干部走在前面，粮食困难，便吃野菜、皮带，吃得有些人浮肿。我记得建国以后在国务院机关事务管理局任副局长的谢邦选同志，那时负了伤，一颗子弹从他

① 应为杨克明，下同——编者注。

左胯打进去，他是坐着担架过的草地，谢邦选同志是仪陇人，读过三年私塾，红军到仪陇的第三天他也参加了红军。我在仪陇县任县委书记时，让他当县委秘书长，以后又让他当保卫科执行科长。我们特委300多名干部编成干部队，跟随部队前进。行军以四路平行前进、防敌骑兵袭击、住下时靠自己警戒保卫自己，完全战斗化。

那一段行军非常艰苦，日夜不停地行走，许多人累得走着路也能睡过去，有一天晚上刚宿营不久、突然又传来紧急行军的命令，大家纷纷爬起来就走。我在后面负责检查，发现罗青长的枪还放在睡觉的地方。罗青长年龄比我小两岁，四川长溪人，1934年参加红军时只有15岁。在红四方面军干部大队我任指导员，他是一班长。连续的行军确实太疲劳了，一吹哨子休息，他往路边一坐就睡着了。听到哨子响急急忙忙爬起来又走，枪丢在了地上他一点也不知道。我帮他捡起枪，随着部队行走了一段路才赶到他身旁。我问他：“罗青长，你的枪呢？”他一听到枪，突然清醒了，伸手一摸背上，哪里还有枪的影子！当时就吓坏了。他扭回头就往后跑，想沿路去找。那时候的枪就是红军战士的生命，因为丢失或损坏枪支被执行纪律枪毙的事常有发生。我给他讲了武器来之不易的道理，讲完把枪往他手里一塞，狠狠地骂了他说：“死也要死个火匣子！你是个军人，怎么能把枪丢掉呢？你要是把命丢了，还能捡回来吗？”罗青长一看他的枪还在，立时浑身发软，感激得一句话也说不出来。他原来以为要受处分,我不过狠狠批评了他,其实是对他的爱护。在艰苦的岁月里我们的确像亲兄弟一般。这件事过了60多年，我早已忘掉了，但罗青长同志依然记得非常清晰。到延安以后，我们同在中央党校学习，以后我到抗大，到晋察冀，他留在中央机关。解放战争时期周恩来回延安任中央军委副主席，罗青长同志即跟随在周恩来身边30多年。北平入城式以后，我们见过一面，以后一直没见过面。但他说，他一直注意我的消息，在我当四纵旅长时，他在报上见到过我的名字。“文化大革命”开始后，造反派要揪斗罗青长同志，他说：“我的情况卫戍区司令傅崇碧知道。”造反派找我调查，我说：“罗青长是老红军，长征时我们就在一起，他会有什么问题？”我当时是卫戍司令，造反派也就不敢做声了，罗青长同志过了关。当然这个情况他并不知道。我被打倒以后，造反派贴出大字报，说罗青长、傅崇碧是一伙，他才知道有过这么一回事。过雪山草地的岁月，在我们这些亲历者的心目中，留下了永生不忘的记忆。1983 年，罗青长同志出任国家安全部部长，1986 年 10 月，在纪念红军长征胜利 50 周年时，回想当年，感慨万千，我们都不约而同地写诗作文。罗青长同志在《人民日报》发表了回忆文章“革命理想高于天”；我也写下了两首“打油诗”来抒发自己的感情，其一名为《长征》：

长征路上真艰险，敌人围截来追赶。
前进道上又堵拦，白天屡战夜间转。
红军战士有困难，群众自动来支援。
遇到艰苦和危险，干部带头走在前。

其二名为《过草地》：

茫茫草原望无边，大地空旷无人烟。
沼泽水沟难通过，干部前面把路探。
草地气候千万变，团结互助不怕难。
勇往直前把敌歼，突破敌人封锁线。
红军主力全会师，打开抗日新局面。

在草地走来走去整整一个多月我们才到达岷州。到哈达铺时已近两个多月的时间。这里都是汉族，语言也通了，我们感到特别高兴。傅钟主任说，岷州敌人被包围，指示到岷州十里铺开展群众工作。大约 9 月过渭河以后，傅钟主任说要和红一方面军会合，准备打仗，决定身体不好的干部和地方干部集中编成干部团，由我任团长。这些人加在一起共 1700 人左右，编成三个营。我的任务是把这些干部安全带到陕甘省委驻地河连湾，交给省委书记李富春同志。

我们走了十多天,到达河连湾。省委的同志早得到通知,我们一到,省委机关和驻地群众热烈欢迎我们。我办完交接手续，李富春书记征求我的意见，是留下还是走。我说回去向傅钟主任报告交接工作的情况。李书记说那好，傅钟主任已经到达中央所在地保安了。

选自傅崇碧:《傅崇碧回忆录》,中共党史出版社1999年12月第1版,第44—48页。

第三次过草地[①]

饶子健

1936年6月底，由任弼时、贺龙、关向应等同志率领的红二、六军团到达今川西北甘孜地区，与红四方面军会合，7月初组成红二方面军，从而大大加强了同张国焘斗争的力量。由于朱总司令、刘伯承、任弼时、贺龙、关向应等领导同志以及广大红军指战员的坚决斗争，张国焘分裂党、分裂红军的阴谋终于失败，被迫取消伪中央。至此，红四方面军及其他南下部队又开始北上。

7月10日，红五军团从绥靖、崇化地区出发，向毛儿盖、包座前进。这是我们第三次过草地了。就在这时，军首长命令我任第三十九团参谋长。

草地仍是那样残酷无情，饥饿更是加倍地煎熬着。但是，我们北上心切，又有了两次过草地的经验，同志们互相团结，互相帮助，部队的情绪完全不同于南下过草地的时候了。

一天，快要宿营的时候，我在路旁草丛里发现前面部队掉的一只米袋，拾起来一看，里面还有五六斤米。这真是救命粮啊！我高兴得几乎跳起来。一到宿营地，就交给炊事班去熬米汤。安排好团机关宿营后，我找来一根针，用火烤红做成一枚鱼钩，打了几只苍蝇，捉了几条小虫，

① 题目为编者所加。

就到沟里去钓鱼。这草地里人烟稀少，更没人钓鱼，沟里的鱼很快就咬钩。不一会儿工夫,就钓上两条一斤来重的鱼,警卫员一见我钓到了鱼，那高兴的劲儿简直无法形容。我对他说：“快送给炊事班，再熬一锅鱼汤，晚上大家美餐一顿吧！”鱼汤熬好了，团部同志们围在两口锅旁，大口大口地喝了起来,虽然鱼汤没有油盐和其他调料,但大家觉得挺鲜。

经过一个多月的艰苦行军，我团走出了草地，度过了长征途中最艰难的一段岁月。这时，红四方面军由于三过草地和在川、康等地辗转苦战，原来的八万精兵，现在只剩下四万多人了；红五军团只剩下 4100 多人了。这是用草根、野菜、树皮、腰带和喇嘛寺里的牛皮鼓救活的红色种子啊!

节选自饶子健:《从战士到将军的征程》,江苏人民出版社1992年2月第1版,第54—55页。

雪山草地

王定烈

3 月，红五军团由邛崃撤回到丹巴以北之崇化，与红三十三军（实际只有九十九师，其他两个师已编入其他军了）合并为红五军[①]，军长董振堂、政委黄超、副军长罗南辉、政治部主任杨克明，取消了红三十三军的番号。红五军下辖十三师三十七、三十九两个团，十五师四十三、四十五两个团。由于战斗伤亡、疾病以及掉队等部队减员很大，每团只有千人左右。我们红二九五团与四十三团合并，团长由十五师师长郭锡山兼任（此人后来叛变）、政委赵正贵（赵调学校学习后，由万汉江接任）、副团长万汉江、参谋长严兴龙。我还在团部当书记。

整编后，我们同原红五军团的同志相处甚好，向他们学习了许多好的东西。他们很讲究政策，文化水平也比较高。我团的李明书记就写得一手好字。从那时起，团一级才建立了司令部，编有参谋长和作战、通信、侦察、管理参谋等人员，才有了司令部的一套工作制度。

3 日[②]，红二方面军在贺龙、关向应同志率领下，在理化（今理塘）地区与红四方面军会合了。喜讯传来，大家非常高兴，部队的政治空气

---

① 实际情况是：1935年7月，红五军团改称红五军。1936年1月，红五军与红三十三军合编，仍称红五军。

② 应为6月3日——编者注。

逐渐有了明显的变化。被张国焘长期封锁不让向部队传达的我党发表的《八一宣言》和《十二月决议》等文件的精神也传达了。部队中又酝酿要北上抗日和与中央红军会合。上级三令五申要求每个人要准备好30斤干粮、五双草鞋。实际上是无法达到这样的“高指标”。但是大家还是千方百计地尽力去准备。所谓的“干粮”并不是什么五谷杂粮，而是采集的各种野菜晒干而成。大家费了九牛二虎之力也未凑够30斤，草鞋嘛也只勉强完成了三双。干粮和草鞋是征途上不可缺少的两件宝物，只要肚子不饿，脚板皮不破，要打能打，要走能走，就什么也不担心了。

7月，红五军为右纵队再次沿着头年走过的路线经卓克基、马塘、黑水、芦花、毛儿盖过草地向包座、腊子口、哈达铺、岷州方向前进。

时值盛夏。但是这里却是一个迟到的春天。明媚的阳光给连绵的雪山带来了勃勃生机。山间溪水潺潺，草地片片翠绿，朵朵小花点缀其间，尤其是野葱、车前草、牛耳大黄一类可供采食的野菜遍地皆是。然而解冻的沼泽地带如同设在征途上的一个个陷阱，在我们前进的道路上增添了新的困难。雪线以上的山峰依然白雪皑皑。

高原气候变化无常，只要有一片乌云飘来，顷刻间就会狂风大作，下起“六月雪”，有时还伴着冰雹铺天盖地砸下来。午间阳光耀眼，晒得人暖烘烘的，早晚间却寒气袭人。茫茫不毛之地，渺无人烟，能碰上几棵树木，就是很大幸运。

我们以日计程，随地露宿，比“日午一食，树下宿”少了一个“树”字。大家背靠背地偎依在一起，相互取暖，坐等天明。天刚蒙蒙亮，就又拖着疲惫的双腿继续行军。

从毛儿盖出发，每人除准备一条拐棍外，还要扛上捆有一二十根手指粗细，四五尺长的小木棒，供前卫部队边探路、边插“路标”之用。前面怎么走，后面怎么跟。在草地上行走，好像走在海绵上一样，脚下发出“噗哧、噗哧”的声音。稍一失足，就有陷入泥潭深渊的危险，有可谓“如临深渊，如履薄冰”啊！

最可叹的是，头年夏秋之交，兄弟部队竟从雪山草地走过去，又走了回来，备受困苦。特别是返回这一程，其艰辛与困厄，即使用倍数复加来形容，也难以反映那悲惨的境况。从绝境中挣扎出来，又要回到绝境中去，对人们是多么严峻的考验啊！高原缺氧，呼吸困难，身体虚弱和饥寒交加之下，不少人倒下后，就长眠于雪山草地了。

路途中，无数的遗骨不时地呈现在眼前，有单个的，有三三两两的，甚至成班的死去，令人痛心疾首。我们一面行军，一面组织“收容队”掩埋烈士们的遗骨。可是，我们的行军队伍中，又不断出现新的牺牲者。此情此景，怎能不令人扼腕心酸！

我们既要“与天斗、与地斗”，还要“与人斗”。敌人不断派遣飞机侦察、轰炸，地面上则布好阵势前堵后追；藏族反动武装的骑兵队也乘机不时地向我们袭击。我们在艰难的行军中得时时准备迎敌，为此付出了巨大的代价。

当时有个《打敌骑兵歌》：

敌人的骑兵不可怕，
沉着应战来打它。
目标又大又好打，
排子枪快放易射杀。
我们瞄准它，
我们打垮它，
我们消灭它……

处境是如此之艰难，自然条件是如此之恶劣，真是入死地，而后生啊。红军所以能绝境逢生，全靠的是队伍中的“人和”，部队上下之间深挚的阶级友爱之情呀！这是用任何美好的语言也难以表达的。为了不使负伤、生病和掉队的同志牺牲在草地上，万汉江、赵正贵挑选一些身体强壮的同志轮流担任收容工作。

我已经18岁了，虽然也同大家一样饿得精疲力竭，面黄肌瘦，但是，身体素质还好，于是也跟上他们帮助体弱的同志扛枪，掩埋同伴的尸体。

前进的路上，充满着死亡和恐怖。每走一步都要付出生命的代价呀！进入草地的第三天，我跟前卫连走，负责设置路标，谁知却突然发起“羊毛疔”（急性胃炎）来了，痛得我浑身大汗。不得已，只好一面捂着肚子，一面拖着沉重的腿前进。每走一步，疼痛犹如万箭穿心。我明白，这样的体质加上这样的急病，要么倒下起不来，要么被藏族反动武装所杀戮。

我想起了母亲给爸爸、哥哥治“羊毛疔”的土法子，便坐在地上，从软帽檐上取下别着的针，学着母亲的办法，把胸口处的皮挑破，把一根线绳一般粗的筋挑出来，让它渗出紫黑色的血。如果有点烟袋杆里的烟油涂抹在渗血处，“羊毛疔”即可止痛。可此时此刻，此景此地哪里来的烟油哟！我只好咬着牙使劲地挤着那紫黑色的血。

天不绝人。我又一次摆脱了死神。

真是祸不单行，屋漏偏遇连阴雨。走到包座的那天，我又患了重感冒，发着高烧，直烧了两天两夜，昏昏沉沉人事不省，粒米滴水未进，我的一袋子“干粮”也不知掉到哪里了。

两天过去了，朝夕相处的师长兼团长郭锡山见我的病情没有好转，借故战斗情况紧，机关责任重大，他亲自动手用刀割断了把我绑在马背上的绳子，把我丢在了荒野之上。幸好万汉江赶来，和郭大吵一顿，几乎动了枪，又把我找了回来。

大约注定我不会尸陈荒野，行军去路的前方河水暴涨，把桥梁冲断了，部队受阻，抢架桥梁，原地滞留了两天，我们赶上了部队，再次救了我的驾。团严参谋长、马夫小马、李支部书记、李明书记和勤务员小李等同志虽然自己已极度疲劳，但仍整天整夜地悉心照料我，把不多的糌粑让给我吃。

他们点起一堆火，架着我逼近旺火。我声嘶力竭地呼喊着，呼呼的火苗子舔着我的身子，燎得生疼生疼。出了一身大汗后，我这才感到了轻松。我拖着马尾巴，又走在茫茫的征途上。

选自王定烈:《沧海一粟》,知识产权出版社2005年1月第1版,第33—36页。

第三次过草地

陈岱明

红四方面军，在草地来回走了三趟，前后费去了一年多的时间。在党中央和毛主席的正确领导下，红四方面军战胜了敌人和雪山草地中的千难万苦，最后完成了北上的任务，到达了陕北苏区。现将我在草地生活中记忆较清的几个片断记述于下。

在峡谷中前进

我们的部队在懋功紧张地进行了政治思想训练和物资准备后，在1938年5月我们要北上抗日了。

出发的那一天早晨，司令部司号排的同志们手握着系了红绿绸子的号筒，庄严地站在懋功城西北的高地上；那号筒在红绿绸子的映衬下，在阳光里闪射着异常璀璨的光辉；雄壮的进军号音响了，响彻了康藏高原，激动着每个战士的心。

我们就要出发了。每个战士除荷负武器外，还背着玉米炒面和几个小包:盐包、辣子包、姜包等，此外还带着一小捆稻草心。城内、城外、山上、山下站满了汉藏人民,欢呼着向红军送别。道路被群众拥塞着了，队伍缓缓地向前移动，走了三四个钟头还没有走出这难舍难分的送别的人群。群众的心和我们的心连接在一起，溶化在一起了！他们异口同声地说：“你们赶走了日本强盗，要快快回来呵！”……就这样，我们怀着激动的心情，告别了天全、芦山、雅安、懋功的父老兄弟姊妹们，告别了我们用鲜血解放了每一个村庄，踏上了北上抗日的途程。

夏天酷热的太阳晒得人发昏，我们沿着波浪汹涌的金沙江前进。每日要走七八十里。那坎坷的道路，铺上了一层光滑的鹅卵石，一走一歪，一不小心就会滑倒。脚痛得要命，有的脚肿了，裂着条条的血缝……

七天、十天、20 天过去了，人烟渐渐稀少，我们进入了无人区。我们不只穿过了多少悬崖和峡谷。在峡谷中，仰起头来，蔚蓝的天空只剩下一条线。羊肠小道也没有了，只得用力、斧砍掉树木，劈倒荆棘，开出了一条崎岖的道路来。部队中落伍掉队和生病的人日渐多了，同志们相互搀扶着，身体强的帮助身体弱的背枪、背行李，不让一个掉队。我们的班长一天总是背着两三支枪。师政委走在最后，也扶着战士走，帮战士背抢。

我们在峡谷中走了 20 多天，来到了海拔 2000 多公尺的康藏高原的边缘。气候渐渐变冷了。

草原上的风暴

我们翻过查尔寺山，就进入了草原。草原，无边无际的一片绿色，使人感到十分清爽。

在向草原前进的第一天，部队把党旗、国旗、军旗、队旗、战旗全部展开。我们的红旗在这广阔的绿色草原上迎风飘扬，显得格外壮丽。我们每一个人都用党旗擦擦自己的眼，再举起斧头，向党表示：我们能战胜雪山、草地；我们能战胜饥饿、寒冷；我们能战胜疾病、死亡；我们在困难面前绝不动摇、畏缩，永远在党的旗帜下奋勇前进！

全军、全师的宣传队、司号员组织成乐队，奏起乐，唱起歌，跳起舞。这时，沉寂的草原沸腾起来了。师长，政委都站在乐队前面向红色战士们讲了话。部队里喊出雄壮的口号："在党旗下前进！""战胜困难就是胜利！""到陕北，见毛主席！"……部队，在闪闪发光的红旗下，在歌声和军号声中前进了。

我们赤着脚，踏在青油油的绿色杂草上，就像踏在棉花包上，软绵绵的。

两天三天过去了，草原的气候起了变化。蓝色的天空渐渐起了灰蒙蒙的、黑压压的云团，狂风发出了呜呜的叫声，雷在空中咆哮，雨和雹子掺和在一起落下。草被鸡蛋大的冰雹打倒了，小柳树的枝叶被打得光秃秃的。我们的头上起了鹅蛋似的青疙瘩，脸上青一块、紫一块。我们的脸盆、盒子顶在头上，有的用草挽一个厚厚的像帽子似的东西戴在头上。

我们不停地向前走，走到淤泥地带。脚踏着浮在淤泥上的草墩，像踩在弹簧上一样。如果一脚踩入淤泥，不动倒还可以浮着，若用劲往上拔，就会越陷越深，一直把全身陷进无底深的淤泥中，许多同志就这样牺牲了。我们交通队的打旗兵，有一次就掉进了泥窝，稀泥陷过了他的腰部，我们用野草铺上，并把枪放成"十"字和"井"字形，费了九牛二虎之力才把他救出来。

部队中掉队的、生病的，死亡的人一天一天的增多了。我们班里的李林同志脚流着脓和血，"摆子"、肚痛、头晕等疾病死死的缠着他。他走不动了，我们便两个人架着他走。他瘦得已是皮包骨头了，头也抬不起来了，蜷曲着腰，两腿软得像面条一样，嘴里不断地叫着："同志们！班长！把我放下吧！"但我们怎能把他放下呢？……就这样，我们在一望无际的草原中，艰难地前进着。

在7月上旬的一日，天气好转了，从乌云缝里射出一股昏黄的阳光。我们在一个小溪边，矮矮的杨柳下宿营了。我们横七竖八地在烂糟糟的杂草丛中。这时李林同志的脸显得又瘦又黑，同志们给他铺上了一些草让他休息，可是他总是坐卧不安翻来覆去的，每动一下，嘴里都发出痛苦的声音。他不时地呻吟着，声音却越来越显得低微了。一会儿，他呼唤着班长和同志们。我和杨山在他身旁安慰他说：“你安心睡吧！”这时班长来了，李林慢慢地仰起了头，用昏暗的眼色望望同志们，颤抖地伸出他那瘦削的手，拉住班长的手吃力地说：“我要咬紧牙度过这一关，就能亲眼看到革命在全中国取得最后胜利！”他停了一停又说：“班长！同志们对我太好了，现在应该把我留在这里，你们再不要管我吧！你们翻过了康青尔斯山就是胜利！班长，同志们，你们前进吧！”他躺在杨山怀里，眼睛慢慢地合上了，手也慢慢地松开了。他不说话了！他离开了我们！

我们三人伏在李林尸体上伤心地哭着。指导员来了，他脱下帽子低着头，半天不说话。最后，指导员用低沉的声音，向我们说：“李林同志没有完成的事业，留给了我们活着的人。我们要将悲痛化为力量！”我们拔了许多花草把李林的尸体包好，把他安葬在海拔4000米的草原上，让他在这全国最高的草原上看着革命胜利的到来吧！

蒲扇大的一块牛皮

经过了两个多月的行军，我们已到查尔寺北面一百多里，距离康青尔斯山不远了。我们交通队由三个排合成了三个班，许多战友被大自然的灾害夺去了生命。然而，这时刺嗓子的粗玉米炒面也快完了。有的还剩拳头大一点，有的连拳头大一点也没有了。我们吃粮由原来一日吃半斤减到四两，由四两减到二两。这一天，我们在夜幕降临了之后才宿营，人们一坐下就横七竖八地躺在湿湿的草丛中。四野是静悄悄的，无数的星星在空中闪烁着……突然间，远远地传来了一阵吆喝声，我们都慢慢地坐起来，静静地听着，想弄清楚发生了什么事情。不大一会儿，队部在叫各班班长集合。这时，吆喝声越来越近了，还有牛羊的叫声嚷成了一片。

班长回来了，对我们说："藏族兄弟送牛羊来慰问我们。听说连牛带羊给我师共分了 200 多只。"大家拍手称谢。杨山说："革命胜利了，我再来亲自给藏族兄弟道谢！"这时，草原上燃烧起无数的篝火，一片欢笑声荡漾在草原的上空。

第二次队部又叫班长集合。一会儿，班长回来了，老远就喊："同志们，看！这是什么？"班长拿着碗口大一块肉和蒲扇大一块牛皮。他说："上级规定：'这一块肉，没有命令谁也不准吃，牛皮今晚可以烧着吃。'"我们问:"肉不吃干啥？"班长严肃地说:"翻康青尔斯山时再吃。明天就要翻山了。这是最后一座山，翻过去就是胜利！"

我们六七个人都围着火烧烤牛皮。那牛皮一见火，就冒血水，越烧越硬，发出一股股的臭味。七烧八烧原来蒲扇大的一张牛皮，卷成了碗口大一小块儿，拉也拉不展了。我们用刺刀一小条一小条地把它割开，放在嘴里却嚼不烂，又从嘴里拿出来再烧。最后用刺刀割成小小的四方块儿，放在嘴里慢慢地嚼，可是仍然嚼不烂。嘴都嚼得发出臭味了，可又舍不得吐出来，最后还是下定狠心，把脖子一伸，硬把它咽了下去。就这样，我们分着把一小块牛皮吃光了。后来我们喝了一些水，肚里就叽里呱啦发响，心里发慌，口水不断地往上涌，我们每个人都咬紧牙忍受着。猛然,班长一抬头说:"你们看,东方发白了！咱们稍稍休息一下，好翻山！"我们便倒在地上睡着了。

大雪山上红旗招展

我们在早晨的阳光照射下，向海拔 5000 多米的终年积雪的康青尔斯山前进。

这一天，我们宿营特别早，在原始丛林中度过了最美的一晚。这里有高大参天的松林给我们遮风挡雨。晚间，我们燃烧起熊熊的大火，唱着，笑着，还凑了几句顺口溜："英雄们立地顶天，踏平千难万险，走遍了祖国的半壁河山，为祖国为人民奔赴抗日最前线。百战百胜红军战士是好汉，越过康青尔斯山，吓破了蒋介石狗胆。"

我们每一个人都背上些柴，找好能够包脚和裹身的野草，并且还将余下的生姜、辣子和采集的野菜连同一小块肉熬成汤，每人装了一水壶。这都是为了战胜这座雪山做的准备。

我们在拂晓时出发了。草原、小丘渐渐地消逝在山脚下。人直钻进云层里边。山呢，还望不到顶。夜，又来了。晚上，我们将水壶里的汤和一人分得的不到一嘴的一块肉一齐咽下肚子。赤脚上捆上了草，身上也捆上了一层树叶和野草，走起来唰唰地响着。人们常被光溜溜的圆石绊倒。寒风刺骨，呼吸困难。

雪山，连着天，没有树，没有草。风在咆哮，旋起巨大的雪柱，轰然一声，像山崩地坼一样。山顶的千年积雪，一层压着一层，一堵推倒一堵，像墙倒屋塌，响声如雷，从山巅直垮下来。这一奇异景象，使人惊奇无比。一块一块的雪打在脸上、身上，像锤打刀割一样使人难受。越往上走雪越厚，发出刺目的强光，耀得睁不开眼，泪水如雨。穿着草鞋的脚麻木了，只是机械地向前移动着，踩在成堆成堆的雪上，发出吱吱的响声，把千年不消的雪山，踏出了一条光滑的冰道，像滑冰场上的跑道。往上爬一步，又往下滑半步，站不稳，用不上劲，好多人都摔了跤，只得艰难地用刺刀挖凹凹儿。挖一下爬一步，爬一步挖一下，一步一步地艰难地往上爬着。有的同志爬着爬着再也起不来了！多嘴的杨山，严寒的气候也冻不住他的嘴，他嘀嘀咕咕地抱怨着："这是什么鬼地方？我要不是为了革命，给我一万两金子也不来这个鬼地方。"

"爬着！同志，翻过去就是胜利，你看就要到山顶了！"班长像慈母般地安慰着我们。随后，他望望雪路两旁，那摔碎了的子弹箱和同志的尸体，沉痛而又严肃地说："这一些身经百战的、党的优秀儿女，为了革命，牺牲在这杳无人烟的雪山里，这是蒋介石又一次欠下人民的血债！"接着，他提高了嗓门，"要咬紧牙关翻过山去，这是最后一道难关了，翻过去就是胜利！……"我们的班长，他不但随时这样地教育和鼓舞我们，而且他一会扶这个，一会扶那个，有时还给别人背东西，他那乐观的精神和坚定的意志，更是不断地鼓舞着同志们。正走着，班长突然大声叫起来了："红旗！顶峰上的红旗！同志们，加油爬吧！快到山顶了，难关快过去了！"是啊！红旗在山顶上飘扬着！这时，我们心里热乎乎的，劲头也大起来了。我和杨山只顾往上爬，越爬山越陡，劲头也越大，我俩渐渐地爬到前边去了，忽然听到副班长疯了似的叫喊着："不好了！班长一脚踏空掉在雪窖里了！""班长！"我和杨山刷地一下转过头惊叫了一声，就踉跄地往雪窖那里跑去。班长成了一个雪人，在洞里翻腾，就像踩在烂泥塘里，一点也用不上劲，渐渐地四肢也不听他使唤啦。我们班的人都来到了，一定要把他救上来。杨山急着往下跳，被副班长拉住了。我们将所有的绳子接起来撂下去，但是一拉就断。后来，指导员和其他班的战友也来到了，费了很大力气才把班长救上来。

班长已成了一个冰棍，眼睛发呆，脸上没有一点生气，半天说不出话来。我们给班长摩擦手、脚，揉搓腿部。杨山把他搂在怀里，用自己的体温去温暖班长的心。大家忙了一阵后，班长的四肢灵活了一些，脸色变过来了，大家才松了一口气。我们搀扶着他走了几步，他那刚毅的脸又放出原有的光彩，他对搀扶他的战友们说："不要扶我，我自己往上爬。"同志们不放手，他生气地说："我命令你们不要管我，往雪山顶峰冲吧！"他喘息得接不上气，但还是不断地说："同志们，你们快快走吧，过去一个人就是党的一点胜利……我们全部都翻过去，就是党的全部胜利。"说着就倒在地下，渐渐地，他的血被寒冷的风雪冻结了，他停止了呼吸，我们又失掉一个最亲爱的战友，我们伤心，泪像泉水似地涌出来……

眼看太阳又下山了。我们已登上了山顶。寒风狂吼，雪尽力打我们的脸，像那被困的野兽，像被我们打败了的蒋介石，恼羞成怒，作垂死挣扎，妄图阻止我们前进。但一切敌人都失败了，都阻挡不住红军胜利前进。我们走到红旗下边，发出胜利的呼声。我们看着红旗，看着这面被无数先烈的血染红的旗，心中充满了感激，充满了自豪感。每一个同志都轻轻地、热烈地吻了它一下，如像得到了新的力量，又继续前进。我们下山了，红旗像巨人似的站在那里迎风招展，在庆贺我们渡过了这最后一道难关。

有功的树叶

翻过了山。寒冻、疾病还在袭击我们，特别是没有粮食，使我们的生命受到威胁！

我们这时都像原始人一样，在山间在草丛在树林中寻找能吃的野生植物。当我们寻找到肥厚嫩绿的叶子、肥嫩的茎秆或者是野果，不管它是苦的、酸的、麻的、涩的、有臭味的，连煮也等不及就往嘴里塞。因为没有选择的乱吃野草、野果，有不少同志中毒而死。

这时上级又下命令：在吃野草、野果时，要加以选择，要选无毒、无臭、不涩、不苦等，煮熟后再吃。煮野草吃也只能把肚子塞满，却不能增加一点力气。可是，拉肚子，打摆子，害胃病的更多了。这时，我们一天走不了 30 里路，就要宿营去找野草来活命。后来我们发现了一种树叶，很肥大，无味，浆汁很多，人吃了心中还较舒适。这就成了我们每天要拼命寻找的对象。我们的指导员编了这几句话来歌颂它：

树叶儿肥又嫩，不知你名来不知你姓；你今为革命出了力，

我们不会忘记你，等到革命成了功，再来把你的功劳封。

我们就这样三天、五天、八天、十天地度过了断粮的困境。

我们来到了刷金寺，寺里的喇嘛，整齐地站在庙门前，吹起唢呐，打起铙钹，还念着红军祝福的经来欢迎我们。这时我们多么快慰啊！

我们这一个师，在这一带作了短暂的休整。为了遵守藏民的风俗习惯，我们还是露宿野林。这给藏族同胞极大的感动。有的藏民硬将病号搬到寨子上去，并给病号吃奶茶、酥油等等。

我们指导员把交通队一清查，原来70余人，现在只有八个人了。指导员说："我们不是八个人，而是八百个，八千个，八万个……全中国到处是红军，红军是永远消灭了的！"杨山躺在草上插嘴说："蒋介石狗日的算盘又落空了！……"一时大家情绪非常活跃，我们感到做一个坚强的革命者，经过了这次严酷的考验，战胜了反动派和自然两大敌人，是值得自豪的。

选自《延河》1959年4月。

陈岱明，1919年生，四川仪陇人。1932年参加中国工农红军，1933年加入中国共产党。红军长征时任红四方面军第九军二十五师七十三团、第四军十师通讯员。新中国成立后，曾任中共古浪县委书记，中共额敏县委书记，中共塔城地委组织部部长、地委副书记，中共石河子地委副书记，中共石河子企市（石河子联合企业、石河子市）委副书记，中共新疆维吾尔自治区顾问委员会委员等职。1987年在石河子逝世。

第三次过草地①

何坤

吸取第一、二次过草地的经验，我们做了很多准备。红军总卫生部贺诚部长特别关心过草地的准备工作，他让同志们多带干粮。我不仅带了半斤牛肉炒面，还将一件白大衣拆了，缝成一条干粮袋，装满了糌粑。糌粑是用青稞、豌豆炒熟而磨成的炒面，很好吃。这次行军我是和总卫生部一起走的。医务所有一匹驮行李的马，我把装好的干粮也驮在马背上。另外，我还找来干牛皮，做了三双牛皮革鞋和一个牛皮斗笠。卫生所从供给部弄回许多羊毛，我学捻毛线，又用这毛线到供给部换了一件羊毛上衣，用它作过草地御寒的衣服。

我们从西康的炉霍出发了，经过几天的行军，来到一条大河的岸边，部队停了下来。一打听才知道这里有藏民设下的哨卡，不让红军通过。太阳西下了，部队沿着河岸往上游走。

夜间行军，伸手不见五指，天又下着小雨，路更难走了。我们继续沿着河边的大山脚下行走，不时听到有人掉下河的呼喊声，山上还不时掉下来大石头砸伤了我们的同志。不知是因为什么情况，当时前面还给我们传来口令说，不准高声呼喊，不准弄出响动，更不准有光。走在前面的部队总是走走停停，一夜也没走出 30 里路。

---

① 题目为编者所拟。

天总算大亮了，终于可以看清这难走的路了。此时有人说，前面有特别险恶的狭路，笨重的东西带不过去，部队只得掩埋掉一些笨重的东西继续前进。不一会儿，一座笔直的高山横在我们的面前，抬头看，看不见山顶，往下瞄，是几十丈的深渊，崖壁笔直，下面是滔滔的江水。路在半山腰上，在山体的石头上钻上眼，眼中栽上桩，桩上固定有不足两尺宽的木板，这就是我们要走的狭路，有30多米长的距离。走这路，比过独木桥还要险恶几十倍，我是怎么走过来的，也搞不明白。直到现在，也想不出这路是怎么建成的。

走完这段十分险恶的狭路，就到了草地的边缘。再往前走就是一望无际的大草原，绿茵茵的草地是那么辽阔，极为壮观，在阳光的照耀下，如同一块硕大的绿色地毯。走在上面软绵绵的，很舒服。远处，可以望到原始森林。走出森林后，又进入草地，这里是死一般的寂静，没有行人，没有房子，天空中不见一只飞鸟，草丛中连一声虫鸣也听不见。饥饿、寒冷、泥沼……横在我们面前。这时候，我们的心情很复杂，虽然这里没有硝烟，没有枪声，不是战场，但这里的寂静和自然条件的险恶危险程度比敌人的大炮和枪弹还要大。草地深处笼罩着阴森森的迷雾，不见太阳，使我们辨不清方向。踏在草上，挤出草底的黑水，散发着腐臭的味道。有许多地方看上去是多年积下的腐草盖在地上，在它的下面也许就是无底的泥潭，人滑到里边，眨眼工夫就埋没了，连喊救命的工夫也不给你。我看见不少红军将士的生命就是被这无底的泥潭吞噬的，我们只有无奈的悲哀，无尽的悲思！

草地的气候非常特殊，刚刚还是丽日当空，转眼间阴霾弥天，狂风中夹着雨雪冰雹劈头盖脸的就打下来了。在你防不胜防的时候，狂风会把你的斗笠刮走。炊事员挑的水桶会被卷上天空发出劈啪的响声。大雨袭来，人们无处躲避，只能穿着湿透的衣服行军。草地上夜间的气温特别低，寒冷难忍。在草地上过夜，全都是三五人挤在一起，背靠背取暖睡觉。等到晨光曦微时，就看到有的战士起不来了，他们长眠在这草地上了。真是壮志未酬身先死呀！草地的海拔高度是3000多米，这里的空气稀薄，自然缺氧，人们呼吸困难，走路更是疲乏。但道路却专跟人过不去，那么多星罗棋布的泥潭需要你绕过去，要走很多冤枉路。

尽管我们准备了许多干粮，但由于费体力，日子长，我们的干粮已吃完了。鉴于这种情况，上级下令：每人每餐只准吃二两。后来我听说这样一件事：红军大学医务所有一位同志生病了，病时不想吃，到病好后想吃了，他就比规定的多吃了一些。领导知道后，竟把他处死了，说这是张国焘下的命令。

后来单位伙食灶全停了，没有了可吃的东西，只能自己开“小灶”。这时候，我的干粮袋几乎空了，抖动了很久，也只剩下一大茶缸炒面了，多想吃呀，可就是舍不得吃，把它收起来。然而，这时我却遇到一位老同学，他是红一方面军的，叫黄文佐。他患了痢疾，瘦得只剩下皮包骨头。见到他这个样子，我真的很可怜他。他已经没有一口吃的了，我就把干粮袋里的一大茶缸炒面全给了他。黄文佐真还有点福气，他遇上了我，由于我把这一大茶缸舍不得吃的炒面送给了他，还真把他的命给救活了！我记得当时，他接过茶缸时很高兴，他说：“谢谢你的救命之恩！”

大家都没干粮了，我也没了，饥饿让人难忍。于是听别人的话，我开始以三双牛皮草鞋和一个牛皮斗笠充饥。实在饿了，我就借着别人的火把牛皮草鞋的一部分烧烤，然后再吃，味道还很好，也真能充饥。最后几天就是靠这牛皮草鞋和牛皮斗笠充饥才维持了生命，让我活着走出了茫茫的草地。

在草地行军最困难的时候，领导提出的口号是：走出草地就是胜利！就是这个口号鼓舞了红军战士的士气，以革命的信心战胜了饥饿和种种险恶环境。但也有不少同志因饥饿、病痛和恶劣的自然条件没有走出草地，为革命献出了宝贵的生命。

草地遭敌人偷袭

第三次过草地，除了险恶的自然环境、忍饥挨饿外，还遇着躲藏在树林里的敌人的偷袭。我们部队走在一条小河边，这里的山上和道路两边全是密密的灌木林，暗藏在树林里的敌人朝我们打冷枪。在我前面是孙仪志主任，他身穿一件黄色大衣骑在马背上，隔河对面树林里的敌人朝他打了一枪，我听到“嗖”的一声，子弹正从我的眼前飞过。孙仪志同志急忙跳下战马。幸好敌人只打了一枪，而这子弹也长眼，它不愿从战士们的头部穿过。总算平安无事！

但接下来，第二次的险情却比头一次险恶多了。

这次，部队是在一座山林的半山腰行军，到下午了，走在我前面的是好几位女同志，她们可能同前面行走的人拉开了距离，所以敌人有了可乘之机，当我正走在还不到十米的一个小弯弯处，走在前面的女同志已拐到弯弯的路上了。我也拉开了几步距离，等我走到弯弯的路上，却见到一个女同志倒在路边，好像头已经没有了，还听到了流血的声响，这位女同志是因为与部队拉开的距离大了，被敌人杀害了。

谁能想到在很长的行军路上，并未见到一户人家，却还会暗藏着吃人的豺狼呢？

走出草地

我们终于走出了草地，可以吃到白面馒头、猪肉菜了。就在走出草地的前两天，孙仪志主任对我说：“在草地没吃的，胃肠已经慢慢收缩了。现在走出草地生活好了，有吃的了，但你千万不能多吃，吃多了胃肠不适应，会胀死人的。”我说：“对，我记住你的话。”这些日子我确实是每餐少吃，不管是多好吃的东西我也都少吃一点，于是，我每餐都只吃一个小馒头，没有感到肚子胀。

卫生部抓住这点时间准备在甘肃省哈达铺开办卫生学校，为部队培训医务人员。一天，孙仪志让我到贺诚部长那里领任务。见了贺诚部长，他给我写了一个条子，让我找卫生部财务处。交了条子，财务处的人给了我五块白洋，让我交给孙仪志主任。往回走时，路过一条小河，我看见有三四个同志坐在河边喝水。有个同志肚子胀得很大，眼珠子都胀得凸了出来。他们太可怜了！

总卫生部到达甘肃省成州哈达铺后红军卫生学校又开办了，我们再次进入卫校学习。后来我又见到黄文佐同学，他见到我感激地说：“小何，你的炒面救活了我的命，我要多为革命做贡献！”我笑着说：“这是革命的友谊、同志的情谊呀！”

1936年红二、四方面军胜利地走出草地。紧接着在甘肃边界上就跟国民党胡宗南部队的20多个团展开战斗，一直把胡宗南部队追到山城堡一带消灭了。刚出草地的红军取得了伟大胜利，国民党蒋介石想把走出草地的红军再逼回草地的企图完全破灭了。

1936年10月红二、四方面军在甘肃省会宁同红一方面军会师，胜利地结束了长征。后来，主力红军回到陕北，在吴起镇召开了各路红军会师庆祝大会。

选自何坤：《艰苦岁月长征路》，载内蒙古自治区党委党史研究室编：《长征中的故事》，2006年10月编印，第243—248页。

草地铁骑

曾朝富

1936 年 5 月，甘孜地区大地返青，冰河解冻，呈现出一派生机。

红四方面军广大指战员情绪高昂地投入到整编、训练、筹粮和发动群众等工作中去，准备迎接从湘鄂川黔根据地过来的红二、六军团，一道北上。

从甘孜地区北上，要经过大草地。这对红四方面军的同志来说并不陌生。几个月前，他们就从草地往返过，对草地凶恶的面目记忆犹新。根据两次过草地的经验，为使部队顺利北上，必须解决好大部队的粮食、行军道路以及对付敌军骑兵的袭击等问题。为此，经总部研究决定，组建红四方面军骑兵师。

组建骑兵师的消息像长了翅膀似的，很快传遍了全军上下。同志们奔走相告，跃跃欲试，想争取成为一名光荣的骑兵战士。总指挥部决定，骑兵师的人员从各军会骑马的同志中抽调，马匹从各部队调配，不足部分向老乡买或用枪换。骑兵师正式建立后，原四军军长许世友担任了骑兵司令。师部设司令部、政治部、供给部三大机关，根据各自担负的任务编有直属队。司令部有侦察队，政治部有宣传队，供给部有卫生队、运输连。全师辖三个团：骑兵一团，随师部驻甘孜，团长由师参谋长胡必才兼任，政委杨旭明；骑兵二团，驻甘孜县与炉霍县之间的朱倭，团长姓杨；骑兵三团驻炉霍，团长张志明。每团辖三个营，每营辖三个连。

每连配备战马30余匹，人员70余名。我也是这次被抽调到骑兵师去的。

这支骑兵部队是四方面军第一支正规化的骑兵武装。它是方面军过草地的开路先锋，主要担负着侦察道路、筹集粮食、对付敌骑兵队的袭击等任务。

5月上旬的一天，在炉霍喇嘛寺前的大草坝上，隆重地召开了骑兵师成立大会。草坝上空阳光灿烂，红旗招展；一队队雄壮的骑兵队伍整齐地排列在草坝中间；远近闻讯赶来的藏族同胞在草坝周围组成了一道道人墙，把部队围了个水泄不通。军民完全沉浸在一片兴奋、欢乐的气氛之中。

总部首长十分关心这支新生的队伍。朱总司令和刘伯承总参谋长亲自参加了大会，并由许世友司令员陪同检阅了部队。

检阅完毕后，朱总司令讲了话。他着重讲了当时的形势和红四方面军面临的任务。他号召部队团结一致，英勇作战，为顺利北上与党中央会合作出贡献！接着，方面军政委陈昌浩讲话，他要求大家团结奋战，注意群众纪律，爱护马匹、武器。会上，干部、战士代表都表了决心。会议在此起彼伏的歌声、口号声中胜利结束。

骑兵师成立后，进行了短期的训练。因侦察路线和筹集粮食的任务紧急，在红六军团刚到甘孜地区不几天，我们便奉命踏上征途。

这支组建不久的铁骑，行军的第一天便显示出它的威力。当天晚上，我们赶到甘孜有名的大粮仓——色曲河。这儿的藏民去年曾见过红军，知道红军是穷苦牧民的队伍，因此，把红军视为自己的亲人。红军到来的消息很快传遍山寨。他们连夜打着火把给部队送来青稞、豌豆、酥油、奶渣等吃的东西。当听说大军要购买牛羊时，第二天便筹集到400多头牛和1000多只羊，还有不少粮食。夜晚，正当大家沉浸在胜利出师后的酣梦中时，后山上骤然响起一阵密集的枪声。待我们集合后才知道是反动土司武装前来袭击。土司武装仗着他们人地两熟，又有良马良刀，根本没把我们放在眼里，从四面八方叫喊着向我们扑来。我骑兵部队刚刚出师，同志们斗志高昂，早就想实践实践了，一听说敌人来了，格外高兴。大家握紧枪，备好马，屏着气，等待着指挥员的命令。当敌人快冲到我阵地前时，山坡上响起了出击的号声，一队队英雄的骑兵队伍一齐向敌人冲去。谁知这些土司武装根本不懂战术，是一群乌合之众，片刻工夫便被我们打得落花流水，四处奔逃。当部队胜利返回宿营地时，天还未亮，大家再也睡不着了，都为骑兵师旗开得胜而兴奋、欢呼……

不久，部队进入阿坝地区。这里的敌情严重，常遇到小股敌人的袭扰。敌人骑兵都经过较长时间的训练，单个技术很强，而且每人配备两匹马，一匹是有鞍的坐骑，一匹是无鞍的光背马。打仗时，两匹马同时出征。若坐骑被打死了，人便立即跳上光背马，继续作战。他们配备的马刀窄而长，系有长绳，能远距离抛击目标后回收。而我们的骑兵师，成立后仅训练了一个月的时间，就匆匆上路，骑术和马背上的射击技术都较差，再加上部队经过艰苦的行军作战，人困马乏，战斗力消耗很大。在此情况下，许司令员指示我们，对付这样的敌骑兵不能一个对一个地硬拼，要避敌所长，弥我所短，利用地形地物，打伏击战、奇袭战。许司令员的指示还真灵，部队照此办理，果然战果辉煌。

一次，骑兵师东进到麦尔康地区时，日已西沉。侦察队报告说，山那边有火光的地方，驻扎着四五千土司武装。师首长分析情况后，认为：敌人屯兵要道，显然是为了阻击我军前进。因此，决定坚决予以消灭！但鉴于敌人比我们人多，而且马壮、枪精、弹足，如硬行强攻，反而会被强敌包围。师部召集三个团长商量后，确定以奇袭战术破敌。

敌人自恃人多、枪多，到晚上放松了戒备。人解甲，马卸鞍，横七竖八地躺在山坡上，马匹零零散散地拴在周围树上。我军乘着敌人不备，在夜色的掩护下，分多路迅速地接近了敌人。此时，师部立即发出攻击信号，指战员们首先向敌人为驱赶野兽而点燃的一堆堆篝火里投进一颗颗手榴弹。随着一阵噼里啪啦的爆炸声，烈火腾空而起，火星飞舞四散。敌坐骑遭到突然的强烈刺激，惊慌地挣断缰绳，嘶叫着，在山谷中乱窜。我们趁敌一片混乱，举起马刀，左冲右杀，不少敌人还来不及上马，就被砍杀在地，余敌像惊马一样，乘着黑夜四散逃命。这次奇袭十分成功，不仅缴获了上百匹马和大批枪支弹药，更重要的是扫清了阿坝经查理寺的通道。

敌军遭到我军打击后，嚣张气焰锐减。尤其是反动土司武装，不仅不敢再猖狂，而且有的对我骑兵部队产生了恐惧心理，一听说红军骑兵师来了，牛羊、粮食来不及全部转移就逃遁了。我们到阿坝镇时，就缴获了本镇反动土司墨桑未转移的600多头牛羊和一万多斤粮食。

渡过噶曲河，部队开始第三次踏入松潘大草地。全师分两路纵队行进，二、三团在左翼，师部和一团在右翼，两路纵队相距约十里。在草地上，仍然常常遇到敌人的袭击。为保护主力部队安全地过草地，我们一般是击溃敌人之后,不作追击。过了草地,在甘肃南部打了几次大仗，但牺牲很大。骑兵师自甘孜出发，一个来月基本上是天天有仗打，前后共经历了几十次战斗，筹集了二三万头牛羊和大批粮食，保证了主力部队顺利通过草地。

骑兵师在艰苦的战斗历程中不仅粉碎了敌人的袭击，而且还克服了许多难以想象的艰难困苦。

由于部队担负开路和护卫任务，骑兵师走的路最多。过草地时，许多时候需要来往接应，前后奔波，左右冲杀，不少同志不知道过了多少次草地!

骑兵虽然配有马，但由于长途行军，饲料不能及时供应，许多马匹逐渐瘦弱。为了保证作战需要，同志们爱马如命，平时行军都不骑马，总是牵着它走。每到宿营地，无论多么疲劳、饥饿，总是先找水草丰茂的地方遛马。让马吃好后，再寻找野菜，生火做饭。

过草地的时候，生活非常艰苦，出发时带的粮食早已吃光，最后几天完全断炊了，可全师战士分团结友爱。一块牛皮分着吃，一碗野菜汤匀着喝。但是，大家仍然公私分明，从不动用筹集的一粒粮食、一块牛羊肉。由于生活艰苦、战斗频繁，大家体质下降，各个连队的伤病员逐渐增多。为了照顾伤病员，哪怕是只采回了一点野菜，同志们也总是把嫩尖掐出来，煮给伤病员吃。草地露宿，寒冷异常，连队里仅有的几床毯子给放马的同志用了，其他同志只好围坐在一起，背靠背坐着，互相用体温取暖，隔一段时间，坐里圈的和外圈的轮换一次。有时冷得实在受不了，干脆起来活动活动，练练许司令教给大家的少林拳。在那些最艰苦的日子里，各级干部都是以身作则，对部属关怀备至，尤其是对伤病员格外体贴。不仅经常嘘寒问暖，还亲自替他们找草药、洗伤口，解决生活上的困难；行军途中带头搀扶、背抬伤病员。我们的许司令员配有一匹马，可他在行军时很少骑，大多让给了伤病员。谁要不依从，他会生气地把你扶上马背。他时刻把伤病员挂在心上，出草地前夕，他命令全师部队以排为单位，组织好驮运组，要求把所有的伤病员驮出草地，不准丢下一人。

同志的关怀，首长的照顾，革命的情谊，温暖着每个同志的心。草地途中，生活那么艰苦，但大家仍充满高度的革命乐观主义精神。部队一停下来，只要条件允许，就立即开展娱乐活动，有说笑话的，有讲故事的，到处呈现出欢乐的气氛。当时，我们最爱唱这样一首歌：

草地青青，学会瞄准打敌兵；
草地黄黄，骑着马儿去筹粮；
草地泥浆浆，齐心打老蒋；
草地明晃晃，北上大道在前方。

同志们唱着这首歌，忘掉了疲乏，赶走了饥饿和寒冷，鼓起了前进的勇气。

全军走出草地后，骑兵师于 9 月中旬赶往甘肃南部，协同九军、三十军与鲁大昌、王均的部队进行了一次激战，打通了全军北上通道。在半格城，骑兵师首先与一方面军会合，胜利完成任务。

9 月底，许司令在甘肃通渭县主持召开了全师团以上干部会议，传达了总部命令。他说，我们骑兵师担负筹集粮食和掩护、保卫总部及主力部队过草地的光荣任务，如今已胜利完成，总部决定撤销骑兵师……

会后不久，同志们都依依告别，分赴新的岗位，投入了新的战斗。

红军骑兵师虽然只经历了五个多月的战斗历程，但却为红军长征的胜利作出了卓越的贡献。三千铁骑健儿的业绩将永彪史册！（**谢诗鉴整理**）

选自成都军区党史资料征集委员会办公室编：《红军长征回忆与研究》，云南人民出版社1986年12月第1版，第107—112页。

长征中的红四十三团

赵杰

1935 年底至 1936 年 8 月，我在红四方面军四十三团任政委期间，率部参加长征，执行后卫任务，为了保证主力部队的行动，在极其艰苦的条件下，在粉碎敌人围追堵截的一次次战斗中，全团指战员发扬了英勇顽强、一往无前的革命英雄主义精神,胜利完成了任务。1936 年 8 月，我被调到红四方面军高级科学习，红四十三团编入西路军，西进期间，在优势敌人面前，全军指战员英勇无畏，浴血奋战，但由于敌众我寡，终于失败于甘肃河西走廊。曾经同我并肩战斗的红四十三团的同志们，生还者寥寥无几。我作为幸存者之一，有责任将全团指战员在长征中的革命业绩如实记录下来，以志对烈士们的深切悼念。

一、南下失败

1935 年 10 月，在红四方面军南下期间，我所在的红三十三军一直担负方面军的后卫任务，活动于马塘、两河口，卓克基和大、小金川一带。年底，由于部队大量减员，红三十三军与原红一方面军第五军团合编为红五军，军长董振堂、政委黄超，副军长罗南辉、万汉江同志和我分任红四军四十三团团长、政委。我团奉命进驻崇化县城（今金川县安宁镇），主要任务是：配合地方党政机关发展小金川地区的地方工作，建立和巩固“波巴依得瓦”政府（即藏族人民政府）；负责剿匪，保障地方党政机关的安全，维护南下交通路线和掩护兵站及后方医院。由于我团帮助当地做了大量工作，曾在1936年4月省委召开的县以上干部会议上（我代表红四十三团参加了会议），受到“波巴依得瓦”政府主席邵式平的表扬。

1936年5月上旬，罗南辉副军长率部南下，经过崇化县时，向我团领导布置南下任务，他说：“先头部队已攻占了好几个地方，你团一营随军部提前出发，其余的担任军的后卫任务，等你们南下到了丹巴，一营再归建。”我问道：“红一方面军北上，红四方面军为什么南下呢？当初不是说红一、四方面军一同北上吗？怎么会师后一起北上一段又各走各的了？”罗副军长给我们念了一遍张国焘反对北上的决定，然后郁郁不快地说：“我们不是说过吗，谁反对南下、提北上，张国焘知道了就杀头！”不久，方面军政治部副主任傅钟路过崇化时，我又向他提出这个问题，傅副主任意味深长地说：“现在不要说，将来到陕北再说。”我们从两位领导同志的语气和神态中隐约感到：张国焘反对北上、坚持南下的主张可能是错误的。

一天，上级通知我团演戏，宣传张国焘南下的“英明决定”，反对和丑化毛泽东等同志北上。我和万团长都感到不是滋味，没有让部队演出。

6月23日，红四十三团出发南下。当部队行至党岭山的山腰时，接军部电令：“停止南下，速返崇化，你团一营归建。”事后才知道，张国焘南下方针已彻底失败，被迫取消另立的中央，同意党中央的方针，第二次北上。

红二、六军团经长途转战，于1936年6月到达甘孜，与红四方面军胜利会师后，两个军团合编为红二方面军。7月初，红二、四方面军组成左、中、右三路纵队，北上同中央会合。左纵队由朱德率领；中央纵队由徐向前率领；右纵队（由红五军及红三十一军九十一师组成）由董振堂率领，红五军为整个北上大军的后卫。红四十三团为右纵队的后卫，暂留崇化地区，负责掩护右纵队经此北上。

二、准备北上

三路纵队随即积极地进行北上的准备工作。一天上午，我们到军部参加团以上干部会议，董振堂军长详细传达了遵义会议和毛儿盖会议精神及方面军的部署，并要求全军加强团结，坚决按照党中央的指示北上抗日。他强调说，一切违背中央精神的行动都是不能允许的。

会议结束后，董军长找我谈话，黄超政委、罗南辉副军长也在座。董军长首先亲切地询问了部队生活情况，还有什么困难？我一一作了回答。在谈到如何完成好当前的任务时，董军长说："要搞好团结，首先要处理好内部的官兵关系，要官兵同甘共苦。还要搞好平民团结，我们干什么也离不开老百姓啊！北上要经过少数民族地区，那里常有国民党、地方反动派造谣、捣乱，这样就更要搞好与当地人民群众的关系。要向群众大力宣传共产党和红军的政策，要教育部队尊重当地群众的风俗习惯。这样才能更好地完成北上任务。"在讲到加强部队纪律时，董军长特别指出："经过村庄和寺庙时，一定要做到三不准：不准打红嘴老鸹（即乌鸦，在当地象征吉祥）；不准动喇嘛寺的幡；不准随便进喇嘛寺。"董军长最后说："这次北上，路程更远，任务更艰巨。过草地没粮食，过腊子口更艰险。草地气候变化无常。会遇到大批敌人的围追堵截，空中有敌人飞机的轰炸、扫射，沿途还会有反动武装的袭扰，困难是会很多的。怎么办？最重要的是坚定北上的信心，一切按党中央的指示办。只要我们官兵团结一致，干部、党员身先士卒，吃苦在前，就一定能带好我们的部队，无论有多少困难也能够克服。"

三、首战告捷

新的征战开始了。我北上大军的左、中两个纵队从甘孜、炉霍等地先后踏上征途。不久,以红五军为主的右纵队也从绥靖、崇化等地出发。与此同时，国民党慌忙调兵遣将，阻止红军北上；当地反动武装，到处袭扰我交通线和后方机关、医院，妄图迟滞我军行动。

根据军部交代的任务，我团暂留崇化，扼守该地区及附近的交通要道，阻敌追击，并掩护总医院及后方机关撤出。

我团驻地以南约 30 华里处的山坡上，矗立一座高大建筑——黄金喇嘛寺。在反动派的欺骗、威胁下，喇嘛寺周围十室九空。我方面军总医院的一个分院和总经理部的兵站就设在这里。分院有干部、医护人员、伤病员 200 余人。当地反动武装常常对他们放冷枪，我团曾几次派部队清剿，因地势复杂，均无战果，在我主力北上后，这股反动武装就更加嚣张起来。

7 月上旬的一个早晨，团里获悉分医院被反动武装包围。我立即带二营南进，并令一营（该营正在归建途中，要路过黄金喇嘛寺）加速北进，以从南北两路合击喇嘛寺之敌，下午 2 时许，一营先我到达。部队摆开后，寺外之敌顿时乱了起来，一些反动会道门亡命徒“吃符”、“念咒”，号叫着“天不怕，地不怕，刀枪不入”之类的鬼话，向一营扑去。一营迅速抢占有利地形，一阵排子枪，把敌人打得蜂拥北窜。喇嘛寺北面，二营的轻重机枪一齐开火，敌人纷纷应声倒下，还活着的都钻进了寺内。

敌人闭门不出，下一步怎么打？一营营长安守田和大家商量后决定，搭人梯爬上去。他们很快选出了 15 名身强力壮、机智勇敢的战士，每人带十枚手榴弹、一支驳壳枪，三名战士首先爬上低墙，向敌猛烈开火，寺内守敌仓皇失措，我后续部队迅速冲进寺内，展开了一场白刃战。前后历时两个小时，共毙敌 50 余人，击伤 150 余人，俘虏 200 多人，缴获步枪 200 余支。我们也付出了较大的代价：200 多名伤病员和医护人员惨遭杀害，有些红军战士被肢解后用铁丝穿起来，挂在树枝上，尤其令人惨不忍睹的是我们的女战士的遗体……

四、痛歼追兵

7 月中旬，右纵队主力已进入草地，纵队之殿后部队及总医院已通过崇化，红四十三团准备撤离崇化北上。

17 日，敌李抱冰之一个团从道孚向我追来，其先头部队已与我一营接火，估计敌企图占领崇化以牵制我北上，为此，我们命令一营勿与敌恋战，要不失时机抢占南山山头，以阻止敌从侧翼增援；一营二连阻止敌通过黄金喇嘛寺与崇化之间的一座铁索桥；三营为预备队。

下午，敌一加强连从西南方向直奔铁索桥，至距桥两三里处，便用迫击炮轰击桥头，我守桥连隐蔽待机。敌未遭还击，便大胆长驱直入。当接近桥头时，我守桥连一齐开火，敌受重创退至远处，再以迫击炮轰击。敌用炮轰，我就隐蔽；敌向前移，我就射击，一阵炮声，一阵枪声，对峙了两昼夜，敌伤亡不小，始终未能接近桥头，最后狼狈撤退。

19 日中午，最先与敌接火的一营一、三连，打退了敌人一次进攻。下午 2 时，敌再次组织进攻，其先头排从西侧上山，企图占领制高点以控制我部北上，形势危急，我团令一营迅速抢占山头，为了抢在敌人前面，营长安守旧带上四五枚手榴弹，同一名号目一名打旗官，率先冲上山头，敌进入我火力控制地带时，安营长连连掷下手榴弹。随着冲锋号响，红旗插上山顶，后续部队一齐朝山下射击、投弹，敌先头排被我们退，其先头连又组织余部连续发起十几次冲锋，都被一营打了下去。在抢占山头的战斗中，共毙伤敌人百余人；我们伤亡 30 多人。

几天连续作战，战士们实在太累了，我与万团长等领导同志研究认为，北上大部队早已过境，我们被敌人拖住，其后续部队赶到，就更不易脱身，遂决定当夜撤下山。

次日拂晓，发现敌后续部队两个多营正向我部接近，我们决定尽最大努力歼灭该敌，至少也要给以重创，否则听其尾追，不仅迟滞我行动，而且部队将遭到更大损失。

针对这股敌人的战术特点，我们决定采取正面吸引、侧面迂回的战术，给敌以两面或三面合击；或穿插、分割，块块围歼敌人。约在上午 8 时，敌前卫部队闯进我一营射界，我们抓住战机，给以突然一击。正当我准备追击时，敌后两个营赶了上来，重新组织集群向我进攻。在我猛烈火力压制下，敌几次进攻均被打退。这时我二营也冲了上来，与一营合力夹击溃散之敌。到了下午，敌已溃不成军，三五一群，盲目乱窜。我们则追着打、夹着打、隐蔽待机打。就这样反复搜索围歼，持续了近三昼夜，直至敌人溃败而去，这次战斗共毙伤敌人 500 余人。我团牺牲了团政治处主任夏中升和一营教导员以下 50 多人，伤 150 余人，其中有一营长安守田。

7 月 23 日晨，军部电令我团：勿与敌恋战，速北上。军部在毛儿盖等待。我们立即向营以上干部作了传达，并决定隐蔽、迅速地撤下来；掩埋好烈士遗体，运走伤病员；将青稞面和 20 头牦牛分到各营；准备牛皮船，架好竹索桥。于当夜 10 时开始，分批溜竹索、乘牛皮船渡小金川河。24 日下午 1 时许，全团渡河完毕，随即踏上北上征程。

五、对空作战

我团昼夜兼程，于7月26日下午到达毛儿盖，我和团长立即赶到军部受命。董振堂军长询问了部队情况后说：部队主力已过腊子口，先头部队已到甘肃，我们要抓紧时间北上，军部马上出发，你们团的行军路线是：过草地、经包座、俄界、腊子口到达哈达铺地区。追击我们的敌人主要是四川军阀和国民党中央军薛岳部，还有沿途的小股反动武装。当军长讲到过草地时，黄超政委、罗南辉副军长先后插话，给我们介绍草地情况，指出可能遇到的种种困难和克服的办法，并发给我团三箱子弹。最后，军长把党中央、毛主席关于红二、四方面军主力过草地情况的通报念给我们听，介绍了前面部队过草地的经验，规定了我团与军部至中央的电台联络方法。

下午回团后，我们召开了营以上干部会。到会的有方汉江团长、我、熊参谋长、团委书记王中和、书记（秘书）李笃斋、吴特派员、组织股长张正月、经理处陈处长，一营营长安守田、政委赵××，二营营长李月东，政委张玉华，三营营长刘××，万团长向到会干部传达了军首长指示，我作了动员。同时调整了行军序列：晋升，调配了干部；组织了担架队；派出了一支50人的先遣队，担任向导，并负责掩埋前面部队留上的遗体，各营也找了向导，准备了设路标的材料。

下午4时许，部队从毛儿盖出发，刚到毛儿盖东山腰，在我左后方上空发现六架敌机。我们的脚下是一座秃山，1000多人的队伍和军部骑兵连的百余战马无处隐蔽，只好组织部队对空战斗。大家把轻重机枪，步枪组成若干射击组，以肩当枪架，将密集的火力射向敌机，敌机轮番俯冲扫射，大家就转来转去地打，忽然一架敌机中弹栽下，其他几架才相继溜了。在这次对空战斗中，我阵亡十余人，伤100余人，其中有连排干部五人。

六、草地行军

7月27日晨，我团进入草地。我们走过一片片齐腰深的水草，踏过一片片沼泽泥潭，泥潭上覆盖着草根结成的“草垫”，一不小心就会陷身烂泥之中。草地的水多呈黑绿色，腐臭，有毒，不能喝，可是有的同志渴得实在难忍，不顾安危也要喝上几口，大家带的干粮越来越少了，最后留下的一点青稞面，也都送给了伤病员，后来伤病员也断粮了，只好忍痛把驮马、驮骡杀掉。遇到雨天，不仅没有遮风挡寒之处，就连一块可供露宿的地方也没有。大家只好挤在一起，支撑起毯子或褴褛的军衣挡雨遮露，或燃起篝火，抵挡长夜的风寒。由于衣、食、住的艰难，病员不断增加，伤病员病情愈来愈恶化，有的同志就在饥寒的折磨下倒下去了。

我团进至包座以南不远，发现一支敌人的骑兵队约300骑向我袭来，但接近我射界时，突然停了下来，我们怕敌人扭头跑掉，立即以火力吸引，战斗只进行了20多分钟，战果却不小：毙伤敌人30多个，毙伤战马20多匹，缴获步枪15支。20多匹死、伤战马分发部队后，草地上一片欢腾。这对挣扎在死亡线上的红军战士来说，无疑是一个最大的喜讯，经过七八天的长途跋涉，我们终于走出了这个被敌人称为绝境的草地，于8月初到达包座地区。

七、胜利会师

我团在包座休整一天即整装向腊子口进发。经过俄界，沿着白龙河，来到了腊子口山下，腊子口宽30多米，两边是悬崖陡壁，周围是崇山峻岭，山下是一条水流湍急、深不见底的小河，河上的一座木桥是通过腊子口的必经之桥，部队刚到山下，附近的密林中就打来了一阵排子枪，打死我三营八连五名战士。三连三排的同志们闻声包抄过去，敌人钻进密林深处，仅被我活捉一个。眼前的形势十分险峻，能否胜利地通过腊子口天险，是能否胜利到达陕北的关键。为鼓舞士气、我给部队作了战斗动员，正准备行动，接到军部急电，命我团速过腊子口，至哈达铺以西地区与主力会合，接受新的任务，敌一个团正向腊子口急进。军部令我团务必抢在敌人前面，为此必须轻装，放下重伤病号，尽量安排在当地，每人发给十元现洋作为生活费。要向全体同志尤其是重伤病号讲清楚，这是革命的需要，是整个胜利的需要。全团上下听了电报精神的传达，既感到胜利在望，心情又十分沉重，不少同志听说要放下重伤病号，忍不住流泪，痛哭，重伤病号的心情更是可想而知。但是，为了千军万马的行动，为了不使部队遭受更大的损失，为了战胜敌人取得整个胜利，我们不得不忍痛把他们留下。后来得知，他们全被当地反动派杀掉，他们是为革命利益而死，死得重于泰山。

在啦啦队的鼓动声中，前卫连一排一鼓作气攀上山顶，红旗插上了顶峰。前卫营一营刚翻过山头，发现腊子口东山中部有近一个排的敌兵正往山上爬。团部命令前卫连继续前进，由二连消灭这股敌人，敌爬过山腰，我二连给以迎头痛击，一举全歼该敌。共毙敌16余人，俘敌20余人，缴获步枪20余支，轻机枪两挺，俘虏交代，他们是被派来腊子口侦察红军动向的武装侦察分队，他们多是被抓丁的穷苦百姓，现在妻离子散，无家可归，要求参加红军。我和团长同意他们的请求，随即补进一营。

解决敌侦察分队后，我团后续部队顺利通过了腊子口隘口，经清点人数，全团无一掉队。接着翻越岷山，穿过大草滩，于 8 月中旬到达甘南哈达铺以西地区，与红五军军部会合，艰苦的长征，至此胜利结束。部队稍事休整，又接受了西渡黄河的任务。红四十三团的战友们随西路军西进，一去不复返。他们用鲜血和生命在红军史上写下了极其悲壮的一页。

选自沈阳军区政治部编研室编:《红军将士忆长征》，白山出版社1996年8月第1版，第483—491页。

赵杰，原名赵正贵，又名赵东斌，1913 年生，河南商城人。1928 年参加中国工农红军，同年加入中国共产主义青年团，1932 年转入中国共产党。红军长征时任红四方面军第五军第四十三团政治委员。新中国成立后，曾任东北军区装甲兵副司令员、沈阳军区装甲兵司令员、装甲兵第一坦克学校校长、解放军装甲兵副司令员、全国政协委员等职。1955 年被授予少将军衔。1996 年在北京逝世。

激战崇化三昼夜

赵杰

二、四方面军在甘孜会师后，我们四十三团来到了崇化一带，在大金川西岸，负责把守丹巴到卓克基的交通要道，掩护主力部队北上。军部指示说："国民党薛岳部可能趁我北上之际，从后面加紧追赶，为了使全军安全转移，你们要在崇化城边拖住敌人。"

在长征的路上，因为后有追兵，战士们都以担任后卫，担负掩护为荣。我记得，任务传达给战士们后，同志们纷纷高兴地说："咱们是北上途中的最后一个团啊！"有个战士，听说这次北上将是全国的红军大会合，还吟了这样几句诗：

万岁！万岁！
全国的红军大会合，
轰动全球，
轰动全中国。
我们是光荣的后卫队，
为了北上抗日不怕流血；
谁敢来咬我们的脚后跟，
要使它葬身金川河！

早晨，我们正帮助政府机关和医院转移，侦察员跑来报告：敌人已进到黄金喇嘛寺。

万汉江团长说：“敌人行动好快啊！”他一面命令侦察部队迎上去扰乱敌人，一面召集各营干部，布置了战斗。

在崇化城边的大金川西岸，有一片起伏的山岭，这是敌人必经之路。我们把二、三营布置在一、二线，一营留作预备队。我军刚进入阵地，敌人便以突然袭击的动作，在四架飞机的掩护下向我第一线三营的阵地发起了猛攻。我军因立脚未稳，激战一阵，只得退出了第一线阵地。

阵地失守以后，我们团的几个同志，在山头上开了个会，分析了敌情，断定敌人的企图是要抢先占领崇化城，以阻止我们渡大金川。因此，我们决定：不再反击夺回失去的阵地，固守第二线，决不让敌人占崇化。我第二线阵地，山势陡险，敌人不易从正面攻击，便采取了迂回的战术，企图从我们后侧爬上来。我们早已有了预备，因此敌人整整忙了一个晚上，也没占到便宜。

天快亮的时候，万团长和我爬上了前沿阵地，战士们一夜没睡，眼都发红了。他们看到我们，纷纷带着埋怨的口气问：“干吗咱们死挨打，不出击？”我理解战士们的心情，便说：“同志们，我们主要的任务是拖延敌人前进，不和他们争山头。”团长马上接着说：“敌人的眼睛都盯着崇化，我们要保存实力，激烈的战斗在后边。”

经过一番解释，战士们都点头，意思是懂了。

天亮以后，敌人的两个团的兵力，向我们突出的两个小山头攻击。激战半日，敌人用巨大的代价，把这两个山头占了。万团长见此情况，便指指两个小山中间稍后的山说：“敌人下一步的行动，一定会攻这个山。”

我们都知道，这个山是不能失去的，它好比我们的咽喉，失去了，等于让敌人卡住了脖子。为了保住这个阵地，我们不能只是死守，要采取积极的行动，先向敌人反击。

激战很久，因敌人兵力太强我们没反击上去。更不利的是，敌人趁我们反击的机会，迂回逼近了中间的山头。经过五个多小时的激战，敌众我寡，被我们视为咽喉的阵地，又被敌人占了大部，情况十分危急。就在这个时候，一营营长安守田同志跑出来，脸憋得通红，猛地说出了一句："我去！"

这个同志，是全团出名的猛将，外号叫"猛虎"，他说话有些口吃，不到万一，是不多讲话的。他指挥灵活，决心果断，于是，我们便把任务交给了他。他召集各连长布置战斗任务后，敌人像羊群似的，从北面又摸上来了。安守田营长猛地跳起，拔出几颗手榴弹，说了一句："一连长，派一个排跟我来！"说罢，他就单人冲了上去。旁边一个司号员见此情景，一边跟着往上冲，一边吹号，战士们听见号声，看到营长带头上去了，谁也没等下命令，呼叫着一冲而上。安营长跑得快，他抢先迎上敌人，一阵手榴弹，把敌人打垮了。

敌人猛扑不成，接着又组织了一个营的冲锋。安守田看战士们子弹不多了，便命令说："用刺刀杀，都把刺刀上好，不准开枪！"当敌人爬至四五十公尺时，安营长喊了一声："打！"手榴弹、步枪一齐开了火。就在这时，我们的迫击炮也响了，一阵猛烈的厮杀，把敌人打乱了阵。突然，一颗子弹穿进了安营长的右腿，他咬紧牙，歪斜着身子，挺立在山头上，继续指挥。敌人最后留下 200 多具死尸，滚下山去。

天已接近黄昏，敌人仍不断地组织冲锋。随着时间的延长，我们的伤员不断增多，但是，战士们都清楚，我们的医院还没撤退完，就是剩下一个人，也要坚守住阵地，完成掩护任务。

激烈的战斗，持续到深夜。

第三天，全团只剩下 800 来人。更严重的是没有粮食和医药了。当时虽然才是七八月，可是在这山区里，已经下雪了，山上连野菜也找不到，山上找不到吃的，炊事员就摸下山，采野菜和野青稞给大家充饥。没有医药，伤员们就把铜元堵在伤口上，再缠上绑腿止住血，继续战斗，冷了就燃起篝火取暖，渴了就用雪化水喝。虽然是很艰苦，但战士们仍然充满着胜利的信心和乐观精神，大家把艰苦的生活编成快板唱道：

住在大山边，
抽着兰花烟，
烤的转转火，
吃的野青稞，
用雪化水喝，
一样止住渴。

这天上午，敌人又组织全部兵力，向我军阵地猛攻。战斗最紧张的时刻，宣传员、炊事员、担架队，所有的人，都拿起武器投入了战斗。有的战士交出自己的党证，脱光了上衣赤着背跟敌人搏斗；有的伤员，倒在地上，还抡着大刀砍敌人的腿。从上午，又厮杀到黄昏。

夕阳西下，晚霞映照在大金川河上，河水奔腾，夜幕慢慢地降落下来。我们得到了通知：大部队、医院和机关都已撤完了。我和万团长都轻松地嘘了口气，犹如卸下千斤重担。为了迷惑敌人，组织撤退，万团长命令战士们在碉堡里点上油灯，又在铁桶里放了一阵鞭炮，趁着漆黑的夜晚，我们悄悄地离开了阵地。

当我们走出很远的时候。还听到背后传来炮声、机枪声，万团长笑着说："敌人大概还在梦里呢！"我们都笑了！

选自杨国夫等:《星火燎原·未刊稿》第4集，解放军出版社2007年8月第1版，第139—142页。

过草地

刘华香

1936年7月初，红二、四方面军会师后，在党中央的敦促下，经过任弼时、朱德、刘伯承、徐向前、贺龙、关向应等同志的共同努力，挫败了张国焘的刁难和阻挠，分别率二、四方面军北上。

7月2日起，红四方面军分左中右三个纵队向北进发。继红四方面军之后，红二方面军组成两个梯队，于7月11日由甘孜出发，在红四方面军左纵队之后跟进。我三十二军担任红二方面军后卫，走在红四、红二方面军的最后面，掩护两大主力顺利北上。

从甘孜北上，就要过草地。在甘孜，我们就对过草地进行了深入的思想动员及物质准备工作。物质准备主要是筹措粮食、衣服和草鞋，当时，最大的问题是粮食奇缺。我三十二军在甘孜积极筹集粮食，虽经多方努力，但也没筹集到预定的数量。我三十二军从甘孜出发后，爬过一座又一座高山，经西倾寺到达阿坝，再往前走，就进入纵横数百里的松潘草地。草地上没有道路，没有村庄和人烟。因居民稀少，粮食有限，所得无几，无奈只得忍着饥饿，踏进生死莫测的草地。

茫茫无际的草地分水草地和旱草地，通过一大段水草地后，会出现一段旱草地，之后又是水草地。由于每一段水草地的距离不等，所以通过一段水草地所需时间也不等，短者一个多小时，长者需要几个小时。有的水草地带，生长着茂密的杂草，蒲团似的东一丛西一块，草块之间，到处积满污水的烂泥潭。有的水草地带，草底下河沟交错，积水泛滥。我们选择水草较密的地方行走，一步一步，拖泥带水，脚踏着的地，软绵绵的，用力过大，就会陷下去，没人搭救，就会愈陷愈深，整个人都会陷入泥水之中。天黑了，不论走多远，也得赶到旱草地上宿营。虽然是 7 月底、8 月初，但草地的夜间很是寒冷，露水又大，我们就把随身带的防雨用帆布（正方形的一小块）撑起来，人们坐在下面，背靠背地睡觉。有时捡来半干半湿的小树枝，燃起忽明忽暗的篝火，驱赶逼人的寒冷。

在过草地过程中，我三十二军走在最后面。其任务一方面是阻击敌人，掩护主力前进；另一方面是收容掉队的体弱人员和伤病员。在长征过程中，我担任团长职务，配有一匹马，还有马夫。但从长征开始以来，除了两次负伤和一次患痢疾外，我是不骑马的。在过草地时，我根本就没骑过马。因为伤病员太多了。过草地和过雪山还不同，过雪山毕竟只爬一个白天就爬过去了，虽然有不少人牺牲。但没有过草地时牺牲的多。过草地时，能看到许多牺牲的红军战士，有的是饥饿和疾病夺去了他们的生命，有的是被敌人骑兵用子弹打死的，有的是掉队之后，被敌人骑兵用马刀劈死的，不少同志在过草地时献出了宝贵的生命。

从甘孜出发之后，敌人就派骑兵一次又一次地骚扰我军，在我们过草地时，也没停止过。敌人对草地很熟悉，不知何时从旱草地段横冲过来，向我们攻击，少者几十人，多者上百人。他们先是射击，后是舞动马刀，喊叫着冲过来。后来，我们打敌人骑兵打出了经验，当敌人骑兵到来之时，立即停止行军，把附近战士集合起来，前面卧着一排，中间跪着一排，后面站着一排，集中火力向敌骑兵射击。先打他们的马，把敌人马射倒后，再射击逃跑的敌人。敌人马匹被我们打死之后，就把马肉胡乱的割下来，每人拿一块，到宿营地后，点燃牛粪用锅煮熟，大家分着吃。

由于粮食少，不得不挖野菜吃，一路上的野菜大都被前面的大部队挖去了……当我们艰难地行军六天之后，走出了草地，看到了田野，看到了村庄，大家仿佛从死亡的世界又回到了人间。

选自刘华香：《伟大长征惊天地》，载内蒙古自治区党委党史研究室编：《长征中的故事》，2006年10月编印，第123—125页。

刘华香，1913 年生，江西庐陵（今吉安）人。1929 年参加中国工农红军，同年加入中国共产党。红军长征时任红一方面军第九军团第三师团长、红三十二军第九十六师团长。新中国成立后，曾任绥远军区萨县军分区司令员、蒙绥军区第二副司令员兼内蒙古军区兵役局局长、内蒙古军区副司令员、内蒙古自治区政协副主席等职。1955 年被授予少将军衔。2007 年在北京逝世。

记第三次过草地的一支红军收容队

唐青山

举世闻名的长征路上，红四方面军三过草地留下的那一行行深深的脚印，一直印在我的心头，并不因年深日久而消失、淡漠。

1936 年 6 月的一天，红九军教导师（原红二十七师）政委易汉文同志，把我叫到他的住处，郑重地对我说：“唐青山同志，刚才的干部会你参加了，情况就是这样，我们又要第三次过草地了。”

他稍停了停，向我交待任务说：“这次准备让你担任咱们师的收容队队长。这个任务非常艰巨，你看怎么样？”他还告诉我，除了师卫生处的看护排和担架队外，再调一个连队配属给我们。

我已是两次从草地上走过来的人，深知收容任务有多么重要。当时，我是师卫生处的政治指导员，领导上这样信任自己，困难再大，也不能讲什么价钱，便愉快地接受了任务。

筹粮草

我们教导师驻扎在川西的乾宁地区。这里与西康省府康定，相距不过百余里。它东临大、小金川，西傍鲜水河、雅砻江。此次北上，从甘孜基地出发，红九军位置靠南，自然成了后卫。教导师又在红九军的最南端，是红四方面军驻扎地区的南部前哨。因此，行程也最远。

常言道，“兵马未动，粮草先行。”为了充分做好过草地的准备，各部队就地开始了紧张地筹集粮草的工作。

按上级要求，收容队除了师里拨给的30匹马外，还要自己准备四五十头牦牛，30副担架；每人还要带20斤干粮，编八双草鞋。一下子筹集这么多东西，困难实在不小呢。

可是，两次过草地的亲身体验，给人的启示是终生难忘的。身为收容队长，我暗暗下了决心，要千方百计多搞一些粮食、牦牛和药品。因为走进了茫茫无边的草地之后，一旦断粮，人员、马匹就会被活活地困死、饿死。

收容队几乎天天全体出动，在驻地方圆百里的范围内，到处想办法，重点是征购粮食和牦牛。我们常常早出晚归，爬山涉水，搞得人困马乏。晚上回到驻地，也顾不上休息，还要连夜编草鞋，或上山砍树做担架。

编草鞋的任务，看起来不起眼，做起来倒很麻烦。每人八双，好多同志都完不成。可这次长途跋涉，要从川西走到陕北，一步也不停地走，也得走上几个月；一个人有十双草鞋，都恐怕未必够穿。所以每人编八双草鞋，一双也不能少。当时的主要困难，一是找不到编草鞋的合适材料；二是有许多同志还不掌握编草鞋的技术。我的家乡四川，有穿草鞋的习惯，自幼我就跟父辈学会了编草鞋。自己的八双完成后，就主动帮助不会的同志。教他们怎样起头，怎样锁口，怎么上鞋耳朵，使不少同志掌握了要领，也学会了编草鞋。大家八仙过海，各显其能。有的拿出了旧绑腿，有的找来麻绳头、破布条，甚至从山上采来棕树叶子，捶巴捶巴也用上了，解决了材料不足的困难。

在各项准备工作中，最叫人伤脑筋的，是筹集粮食。

乾宁地区，地广人稀，当地的藏族老乡多以放牧为生，种点青稞、蚕豆，但也为数不多，生活很贫苦。加上国民党反动派和当地土司、头人的反动宣传，许多群众见到当兵的就跑，这给红军筹粮工作造成很大困难。有时，我们走出驻地百十里，转悠三四天，才搞到几头牦牛，几十斤青稞。

尽管这样，我们还是坚决贯彻党的民族政策，宁愿饿着肚子，挖野菜充饥，也不强征群众的口粮；宁愿挨冷受冻，露宿在野地里，也不占群众的住房。

当地藏族同胞，深受兵荒战乱之苦，从未见过像红军这么好的军队，纪律严明，不祸害老百姓，尊重少数民族风俗习惯。买他们的粮食、牦牛，不仅价钱公道，如数付款，而且使用的一色藏洋。藏洋，是当时在康藏地区流通的一种银币，比普通的银元略小，可以从中间掰开，分成二分之一或四分之一使用。

由于群众逐渐了解了我们，知道红军是“为穷苦人打天下”的军队，情况就有了好转。有的主动为我们提供线索，告诉我们哪里有牛，哪里有粮；有的热情为我们带路，当向导，做通司（翻译）。

我们一面加紧筹集粮食，同时还抽一部分人，把青稞麦、蚕豆、豌豆等原粮，用石磨和碾子碾磨成面粉，加工成糌粑和炒面。可是，一般贫苦牧民家里，存粮都比较少，我们需要的量很大，眼看距出发日期越来越近了，后来不得不在头人、富人身上打主意。我们去登门拜访，做动员工作。他们看到红军所到之处，不逼不抢，买卖公平，同时征粮队又是全副武装，荷枪实弹，对他们有很大压力，也就拿出一部分青稞、牦牛、盐巴，卖给了我们。

就这样，在将近一个月的准备时间里，我们总算完成了上级规定的指标，凑齐了收容队预计要携带的干粮、牲口及其他物资。

盼灯火

7 月上旬，部队开始徐徐北上。在全师的行军序列中，收容队自然是最后的最后。

部队从乾宁出发，收容队紧紧跟在部队后面，日夜兼程，连续行军 20 多天，经道孚、炉霍、壤塘，逐渐靠近了阿坝。起伏的丘陵，险峻的山川，已被我们远远地甩向了背后。凭经验，我知道前方就要进入荒无人烟的草地了。

一踏进草地，眼前的景色全变了。真是天苍苍，野茫茫，四处都看不到边。人们走在撒满点点野花的草地上，踏着绿茵茵的草丛，真像漫步在天然的大地毯上。也可能由于眼界太开阔的缘故吧，部队行进的速度不算慢，却总像在原地踏步，走了半天，也看不出向前移动了多少。

越往草地的腹部深入，情况越是不妙。特别是那可怕的水草地，有的活像大酱缸。污泥、烂草、臭水混为一潭，经烈日一晒，气味呛人，一脚踩下去，“嘟嘟嘟”地直冒泡泡。遇到这样地段，行走要加倍小心，必须顺着前面大部队走过的足迹，看准脚下星罗棋布似的一墩墩塔头草，才敢向前迈步。稍不留神，陷进烂泥潭里，再想爬上来就难了，弄不好还有生命危险。

我们进入草地的第三天，就遇上了“大酱缸”。大家走在里面，深一脚，浅一脚，特别耗费体力。有些水草比较深的地方，根本就辨不出前面部队走过的足迹，我只好拄着根棍子，走在前面，为大家探路。谁知这个鬼地方，气候也变化无常，时阴时晴，时风时雨。从天边飘过来一片乌云，就是一阵雷雨，有时还夹杂着冰雹。同志们体单衣薄，哪经得起这样的天气，一个个冻得嘴唇发青。这时，马背上，担架上，已收容了几十名病号。同志们怕担架上抬着的重病号被大雨浇着、冻着，会加重病情，纷纷把衣服脱下来，给他们盖在身上。由于收容的重病号较多，担架队的同志特别辛苦，加上连日来草地行军的饥渴、疲劳，还没到中午，大家的气力，就差不多全耗尽了。

我抬头看看乌云低垂、雨雾蒙蒙的天空，再回头望望泥水中一步一喘、举步艰难的同志们，心中不禁踌躇起来。继续前进吧，大家实在走不动了；停下休息吧，又找不到一块可供这么多人歇歇脚的干地方。

我们坚持又走了一段路，炊事班长走过来对我说："队长，大家被浇成这个样子，不能再往前走了。无论如何得休息一下，让大家烧点水喝，暖暖身子……"

我接受了他的建议，领着大伙，拐上了就近的一处高坡。

在到处水汪汪的草地上，却找不到一口能供人饮用的干净水。而水草地上的污水，是绝不能喝的。喝了，健康人也会生病。生火，又没有干柴。看来，想烧点热水暖暖身子，也办不到了。

大家只好把水壶里喝剩的水，互相匀开，每人喝上几口，稍事休息，吃了点干粮，又继续赶路。

师首长对收容队很关心，规定我们每天再晚也要赶到宿营地。这样，可以经常与师部保持联系，将一些能够坚持行走的同志，及时送回原单位，减轻收容队的负担。还要求我们，每次出发之前，特别是途中休息时，要仔细清点人数，绝不要丢下一个同志。

这天，当夜幕降临无边的草地时，我们还在泥淖中扑腾。一个个又累又饿，头昏眼花。有的因高原缺氧，感到呼吸困难；有的是带病坚持，走几步就摔一跤。一副担架，开始是两个人抬，后来改成四个人抬，走起路来也像喝醉酒似的，东倒西歪直打晃！

我们拖着沉重的双腿，缓缓地向前挪动着。师部的宿营地在哪里呢？离此还有多远？谁也不清楚。黑灯瞎火，也看不清路径，只能按行军路线的大致方向，一点一点摸索前进。

走着走着，突然有人高喊："看——火光！"

我抬头一看，真是火光！虽然忽隐忽现，光亮不大，它却透过黑沉沉的夜幕，照亮了大家的心头！

“同志们快走哇！先头部队发出信号啦，正等着我们哪！”我兴奋地大声喊，想给大家鼓鼓劲。

这时，大家都看到了那远方的灯火，连躺在担架上的病号，也争相抬头张望。战友们高兴得忘了疲劳，三三两两地互相鼓励着，搀扶着，急切地向那火光奔去。

我们每次摸黑赶路，总盼望能早点看到这灯火。看到了它，就意味着一天的行程即将结束，快要到达目的地了。而走在前面的部队，每当到达宿营地，也总要生起一堆堆篝火。他们有的是在烧水熬汤，有的是为了烤火取暖，而各级领率机关还要高处挂起一盏红灯，作为联络信号，为后续部队照亮引路。

真是“望着高山跑死马”啊！只见火光在前，紧走慢走，眼看着不远，就是不到。大家靠坚韧不拔的革命毅力，又走了小半宿，东方发白了，才赶到师部宿营地。我们刚安顿下来，想休息一会儿，大部队却出发了。我们不敢久停，紧跟在后面，又开始了新的一天的艰苦行程。

枣红马

我们这支收容队，尾随在大队人马之后，终于走出了茫茫草地，来到了川甘两省的交界处，眼前就是高大巍峨的岷山。

时值初秋，天下起了绵绵细雨。大家的衣裳都浇湿了，又冷又饿，还没到中午，就感到吃不住劲了。

此时，全队还有12副担架，每副担架上都抬着生命垂危的重病号。而能抬动担架的人，却越来越少。继续走下去，许多人都会被拖垮。可是，在雨地里又不好停下来休息，特别是在这深山荒野无法弄吃的。因为我们已经断干粮好几天了，进入草地边沿以后，是半草原半山区，偶尔可以碰到几户人家，便向山民老乡买一些还在地里生长着的青蚕豆、水萝卜充饥。而这里，四处见不到人家，天又下着雨，气温这么低，怎么能停留呢。

我和队里几个干部一商量，大家都同意再坚持一会儿，只要能走到岷山脚下，靠近了大部队，就好想办法了。

我们冒雨缓进，直到下午三四点钟，才挨到岷山脚下。幸好，易政委带领几个人还在等候着我们。一见面，政委便问我们，还有多少人？几副担架？吃的问题这些天是怎么解决的？

断粮，是各部队存在的普遍问题，我们收容队更不例外。出发时那几十头牦牛，在进入草地前，就完成了它们的使命。它们身上驮带的东西吃完以后，就被一头头地杀掉吃了。担负收容任务的马匹，由于长途山地行军，没有法子挂掌，马蹄子都磨成了肉疙瘩；加上没有草料喂，摔倒在地上就爬不起来了，因此不断减少，最后也都被杀掉吃了。我们收容队，想在道路两旁找点野菜，都很困难。在我们前面，部队过了一拨又一拨，找了一遍又一遍，等我们经过时，能吃的东西，早就被走在前面的部队吃光了。

我如实地向政委作了汇报，没敢向首长提任何要求。我知道，处在这样极端困难的情况下,整个部队都一样,绝不能再给领导增添负担了。

政委听了我的汇报，心里很难过，好半天没说一句话。他走过去看了看担架上那十几名重病号，抬头望了望笼罩在雨雾中的岷山，心情沉重地对我讲："同志们很辛苦，伤病员更痛苦。眼下，一是得想办法不能让同志们再饿肚子；二是要考虑如何过岷山的问题。翻过岷山，就好办些了。"

他转过脸去，用手指着岷山，接着说："但是，要翻过这座山，可能得付出很大的代价！必须教育我们的战士，树立革命到底的思想，发扬不怕困难、不怕牺牲和团结友爱的精神……"

说罢，政委让警卫员把他们仅剩下的半缸子炒面，留给我们，嘱咐在爬山前，分给重病号吃。我从警卫员手中把炒面接过来，说声："政委！你——"泪水就模糊了双眼。

"今天晚上，你们就在这山下休息，让病号和同志们恢复一下体力，明天再过山。"

政委向我们交代完毕，刚要动身，顺着左边的山脚下，又走过来一拨人马。来到我们跟前，才认出原来是徐向前总指挥及其随行人员。

易政委急忙迎上去，徐总指挥也下马来看望我们。易政委在向首长汇报情况时，还特地讲了我们收容队眼下的困难处境。

徐总指挥对我们十分关切，当即告诉他的警卫员，把一匹枣红马留给我们收容队。

我当时想，徐总指挥身负指挥千军万马北上的重任，他比我们更需要这匹战马。忙向前跨了一步，给首长敬个礼，表示这马还是首长留用吧，我们不要。

徐总亲切地说："把它收下吧！你们现在的处境很困难，任务很艰巨，还要把这么多同志一起带过山哩！"

徐总指挥带着他的随行人员，继续向岷山进发了。易政委他们也走了。我望着首长们匆匆离去的身影，心里充满了无限感激之情！

我们遵照易政委的指示，决定在岷山脚下宿营。

一场秋雨过后，深山里的夜晚，秋风阵阵，寒气袭来，冻得人直发抖。

我们在一片稀疏的小树林里，生起了几堆篝火，烤着湿衣服，解决寒冷问题。可肚子问题怎么办？拿什么给大家吃呢？想来想去，没有别的办法，只有指望枣红马了。

当同志们听说要杀这匹马时，都不忍心，纷纷要求："这马别杀，还是留它驮病号吧！"

我看着战士们心疼的样子，瞅瞅那匹满身征尘的枣红马，心里也有些发酸。不禁想到：在枪林弹雨中，在漫长的征途上，可爱的战马曾对革命作出了多么大的贡献啊！

这时，担架队的罗队长，对我粗声粗气地说："队长，快下决心吧！如不采取紧急措施，解决吃的问题，恐怕有人今晚就熬不过去，明天还怎么过岷山？！"

他的这些话，都是实情。我狠了狠心，还是决定宰马。宰马，没有屠宰用的尖刀。要先用棍棒，将马击毙。可大家你看看我，我看看你，谁也不忍心先下手。我只好带头抓起一根木棒，闭起眼睛朝着马的头部抡了一棒子。大家这才含着眼泪，乱棍齐下，把枣红马打死了。

战士们围在一堆堆篝火旁，用小刀把马肉割成一条条、一片片，用树枝挑着，在火上烤一烤，半生不熟的就吞下肚去。什么盐巴、辣子面，也早没了，加上心情又不好，大家吃到嘴里，也不知道是个啥滋味。有的重病号，咽不下马肉，我们只好把易政委留下来的半缸子炒面，和成稀糊糊，一口一口地给他们喂下去。

大家吃了点东西，互相你偎着我，我靠着他，在岷山脚下，度过了又一个令人难忘的夜晚。

过岷山

在黎明到来之前，山林里静得很。我心中有事，在朦胧了一觉之后，就再也睡不着了。横在面前的这座岷山，虽不像夹金山、梦笔山那样高耸、陡峻，可我们抬着这么多重病号，到底该怎么过啊！我正在盘算着，担心着，护理排长小王突然来到我的跟前，小声说："队长，又有一个病号，现在也不行了。他临终前，什么话也没有留下……"

唉！说起来实在叫人痛心，这一夜之间，先后有六位战友离开了我们，为革命事业献出了年轻的生命。

天刚蒙蒙亮，我和同志们怀着极其悲痛的心情，安葬了烈士的遗体。在当时的特殊情况下，没有棺木，没有锹镐，我们为牺牲的战友，选择一块避风朝阳的山坡，把草丛扒开、踩平，将他们的遗体，并排地安放好，把烈士的衣帽整理好，上面再盖上些野草和树枝，就算是安葬了。

这安葬，既没有举行仪式，也没有树立墓碑。我们向死者默默地致哀之后，便悄然离开了。望着巍巍的岷山，就是这些无名英烈的墓碑；那不成文的碑文，已深深地铭记在我们每个幸存者的心里。

告别了烈士的遗体，我们踏上了征服岷山的行程。

爬山越岭，对每个担架队员来说，都是十分严重的考验。盘山道弯弯曲曲，抬着担架上山，特别难走。在险要地段，稍不留神，还有连人带担架摔下山去的危险。抬担架的同志，走一步，喘一喘，走不几步，就得换人。有的抬着抬着就昏倒了。昏倒时，两手还紧紧地把住不放，怕将担架上的病员摔下山去。

越接近山顶，我们的行动越吃力，一个个汗流浃背，直喘粗气。这时，总共还剩六副担架。大家对担架上生命垂危的战友，都十分关注。医护人员，走前跑后，时刻不忘观察他们的病情。我也鼓励他们，要坚持住，一定要坚持到下山。并对担架队和看护排的同志们说："徐总指挥把战马都送给了我们，无论多困难，我们也要安全地把他们送过岷山。"

可是，眼看距山顶不远了，有一个病号突然要求把他放下。我到担架前去看他时，他呼吸短促，断断续续地对我说："我不行啦，把我留在这儿吧，别再连累战友们啦！"

只要还有一口气，我们绝不会扔下一个同志。我们继续把那个小战士抬了一段，他的心脏就停止了跳动！

我们忍悲含痛，又把这位年轻的战友，在半山的一块巨石旁"安葬"了。

翻越岷山，是我们收容路上最后的一道难关。过这座山，尽管全队同志作了最大的努力，担架上的六名重病号，还是离开了我们，全部牺牲在岷山上了。

在岷县城下，我们见到了师首长。当时，部队正在攻打岷县县城。县城里驻守着国民党的鲁大昌部队。当师首长看到收容队也赶上来时，非常高兴，详细地询问了我们人员及损失等情况。

我汇报了收容队从乾宁出发，直至到达岷县的简要情况。一路上，我们共收容了上千名病号，包括友邻部队掉队的同志。其中，虽然大部分都归队了，还有 100 多名战友不幸牺牲在路上……

师首长听到这里，怀着沉痛的心情，感慨地说："干革命总是要付出代价的，可我们付出的代价，实在是太大了！"

青山处处埋忠骨，
征途万里荡英魂。

仅仅过一次草地，我们一个师就有这么多好同志牺牲，真是让人痛心啊！

历时几个月的艰苦奔波，使我们这支收容队经受了极其严峻的考验。在干部大会上，师首长表扬我们很好地完成了任务。可我每当回忆起这段往事时，草地上倒下的那些战友，和战友们留下的那深深的足迹……就会像电影画面一样，重新浮现上我的心头。

选自沈阳军区政治部编研室编:《红军将士忆长征》，白山出版社1996年8月第1版，第459—468页。

唐青山，1912 年生，四川蓬安人。1932 年参加中国工农红军。红军长征时任红四方面军第九军教导师（原第二十七师）卫生处政治指导员、收容队队长等。新中国成立后，曾任第三十九军副军长、沈阳军区装甲兵副司令员、沈阳军区司令部顾问等职。1955 年被授予少将军衔。2000 年在沈阳逝世。

噶曲草原设兵站

杨以山

一

1936 年初秋，我们经过多日的行军，来到了黄河上游的草地——噶曲河（今白河）。部队在泥沼地带稍稍休息一下，又继续向陕北方向前进。

这一天，约莫四更时分，部队就收起了“帐篷”，静静地集合在噶曲河的草原上。同志们为了振作精神，都用冰凉的河水洗了脸。几只累坏了的牦牛，在同志们的大声吆喝下，才勉强地站了起来。我们饮了牛，煞好了驮子，等候着出发。

这时间，忽然从队列前面传来了一阵急促的脚步声。我抬头一看，原来是一个小鬼飞也似地迎面跑来，嘴里不住地喊着什么。起初，我还以为他和别人打招呼，谁知道他指着的却是我。

“同志，你是杨以山同志吗？”

我说：“是呀！”

“快去吧。朱总司令叫你呢！”他指着前面说。

我朝他所指的方向走去，只见一个很壮实的人，背向着滚滚的河水立着，他的牛皮斗笠，被风刮得一起一落。是他，是我们敬爱的朱总司令。我急忙跑上去。总司令听到我的脚步声，转过身来向我招招手；我跑得更快了。

“同志，你是四局做供给工作的吗？”总司令问。

我答：“是的。”

“是四局指定你驻在这里设兵站，给部队分发牛羊吗？”

“是。”

“好！同志，这个任务很重要。我们后卫还有几万红军，总指挥部决定将四方面军直属队所有驮帐篷、驮行李的牦牛留下来，供应后卫部队。从这里走出草地还得六天，咱们每人每天发的牛羊肉，连皮带肉不能超过一斤，其余的都留下。否则，后卫部队就过不了草地。”总司令又特别指示说：“羊子杀了用开水烫，牛皮用火烧，肠肚也要吃掉。”

总司令交代完了，就走到队伍前面的一个小土坡上，对着队伍举了举手，说：

“同志们，谁都知道，草地是北上最艰苦的一段路，红二方面军的同志们在后卫，那就更苦了，沿路的野菜都被前边部队吃光了，他们连野菜都吃不上。所以，总指挥部决定：各单位所有驮东西的牦牛全部留下来，必须带的东西自己背上。把昨天缴获的羊和牦牛，也全给二方面军留下……”

不等总司令说完，大家就激动地欢呼起来。各单位的同志都愿意援助兄弟部队，纷纷从牦牛身上卸下驮子，将牦牛交给我们。

部队出发了。总司令在临走时对我说：

“同志，你看，交给你的任务就是这个。记住，告诉部队负责同志，牛皮羊皮、肠肚可不能丢掉，要珍惜每一块牛皮！”

二

接受了朱总司令的指示后，我们和红三十军一个营共300余人，便在噶曲河一带驻扎下来。在草地的中央支起“帐篷”，就算做了我们的临时兵站。把牛羊藏在一人多高的荒草中，由一个团政委带着部队看守着。

红四方面军过去，红二方面军的先头部队就要到了。我们的心情是激动的，准备工作也更紧张起来。但谁知意外的事情发生了。一天拂晓前，敌人的骑兵突然来偷袭，抢走了不少牦牛。

这个不幸的事情发生后，大约过了五天，贺龙总指挥带领着红二方面军总指挥部来到了。

我们还没有看见部队的影子，远远地就听见一片热烈的欢呼声。大概红二方面军的同志已望到我们兵站的牛羊群，或者已知道这是兄弟部队留给他们的。本来，红二方面军同志的到达，是我们最期待的、最感兴奋的事。但是想到丢失的牦牛，听着他们满怀希望的欢呼，我们感到万分惭愧。

贺龙总指挥一到就问：

“谁在这儿分发牛羊？”

我跑步向前说：“报告总指挥，是我。”接着，他详细地问我关于分发牛羊的事。我就将分发的情形和遭到敌人抢劫的事，向他作了报告。

贺龙总指挥听说敌人抢走了牦牛，看着我们惭愧的样子，将一只手向下一捶，说：“算了，天大的困难也不能阻止我们前进。”接着把我们召集在一起，重新研究供应问题。

他仔细地计算了现存的牛羊数，和后面部队的人数，最后决定：把原来打算发给每人六天食用的六斤牛羊肉，又减少了些，动员部队多想办法，多钓鱼，少吃牛羊肉。

我们当即遵照执行了。将肉重新分过后，也给贺龙总指挥分出一份。我拿着这份肉，正准备交给警卫员同志去煮，却被贺总指挥看到了。他说：“拿回去！”

我想：这么远的路，他不吃东西怎么能成呢！说什么也不肯把肉拿回去。贺总指挥这时从我手里把肉拿过去，亲自送回了原处，对我说：“同志，别替我发愁，我的伙食我自己处理，留着那份肉发给后面的同志吧！”我问他有什么办法，他仰头笑了，用手比画了一下钓鱼的姿势说：“看吧，我们还要改善生活呢！”

从那以后，听说贺龙总指挥每天在行军休息时，就跑到水塘去钓鱼。

三

红二方面军最后一批部队过去了，我们结束了兵站工作，和守卫部队一道，沿着前面同志们的足迹，继续前进。

大约走了三天，来到一个山高林密的地方。地上泥糊糊的，梅花似的野兽足印遍地都是。我们的向导此刻也迷失了方向。

“怎么办？路又看不见了！”前头的同志跑来问我们。这是早料到的事，但不走怎么办？和部队离得越远困难会越多，因此决定还是走！

沿着树林走了一刻，忽然遇见咱们的一支小部队。起初，还以为是追上大队了，大家都高兴得什么似的。但跑过去一问，才知道是红六军团的一个连。他们是奉命在途中执行警戒任务的，任务完成后，因为没有粮食吃被困在这里。

同志们大都瘫软地躺在地上，有的已饿得昏了过去。

看到这种情形，我们马上拥上去，将同志们抱在怀里。这时连的指导员吃力地向我们说：

“同志，你们走吧，赶快走吧，路还远得很！我们是不能走了，不能拖累同志们在这儿和我们一块牺牲。”他停了一会，又说：“在牺牲前，能见同志们一面，就是很大的安慰了！你们赶上部队以后，请替我们全体同志向党汇报，说我们已经完成了党交给我们的任务。”

我们怎么能忍心丢下同志们不管呢！还有一条牦牛，是驮枪支的，几次都没舍得杀，便把这条牛送给了他们。

出草地不久，我们和这个连又遇见了。相见之下，真是说不出的高兴。我们拥抱着，喊着，跳着，彼此为胜利通过草地而庆幸。大家几乎是同声说："我们终于从草地走过来了！"

选自中国人民解放军历史资料丛书编审委员会编：《红军长征·回忆史料（2）》，解放军出版社1992年9月第1版，第247—250页。

杨以山，1915 年生，安徽六安人。1931 年参加中国工农红军并加入中国共产主义青年团，1933 年转入中国共产党。红军长征时任红四方面军总部供给处军需股股长。新中国成立后，曾任西南军区后勤部财务部代理部长、昆明军区后勤部副部长、西藏军区后勤部部长、成都军区后勤部部长、成都军区顾问等职。1964 年被授予少将军衔。1995 年在成都逝世。

红色电波飞向陕北

解大怀

进入草地20多天了。我和班长马群芳用一根杠子抬着一部手摇马达，步履艰难地向前走着，眼看着许多同志被饥饿夺去了生命，一股无法抑制的悲痛从心中涌起。

从宿营地出发不一会儿，我就累得呼哧呼哧喘粗气，汗珠顺着两颊滚到腮边。说实在的，行军途中，班长就嘱咐我干粮要省着点吃，可我饿得忍不住就多吃了点，早几天炒面袋就底朝天了。现在肚子空空，百十来公斤的家伙压在肩头，人怎么会有劲呢？

但最辛苦的，还数班长了。从西康炉霍一带进入草地后，班长总是奔前跑后，招呼每个同志不要掉队，还轮换着抬马达。他得知我们几个断粮，宁愿自己挨饿，却把省下来的干粮让我们吃。他面容渐渐消瘦，眼窝也凹陷进去，我不忍心再吃他的了。宿营时，班长又叫我去吃干粮，我借口去解溲，跑到小河边喝了一肚子水，没吃东西。

这会儿，我饿得已是肚皮贴着后脊梁了，一双被淤泥臭水泡得胀肿的脚，像穿了铁鞋，每迈出一步，都要使出全身力气。但我还是强打精神，小心翼翼地向前挪动着双脚，生怕摔了马达；可没走几步远，一不留神，右脚陷进泥沼，身子失去平衡，连人带马达翻倒在地。班长在后面，连忙抢先一步，使劲扶起马达，用袖子擦去马达上的泥水，又用责备的口吻说：

“你是怎么搞的？马达要摔坏了，怎么得了！”后面的同志上前，把我拉起。

班长伏下身子，两手摸弄着马达的各个部位，把马达仔细查了一遍，幸亏没摔坏。我的心也像一块吊悬着的石头一下落了地。班长又转向我，平时那副和蔼的笑脸，一下变得阴沉沉的：

“解大怀，你下去。徐明碧，跟我抬。”他们抬起马达继续走了；我红着脸低下头来。

这也不怪班长脾气大。大家都知道，班长和马达有一种不同寻常的感情。

这部电台和马达，是红四方面军1934年在川陕交界的宁羌州同国民党蒗军战斗中缴获的。红四方面军第一次有了无线电通讯器材①。总部添了这“宝贝”，可真稀罕了，那大铁疙瘩似的马达，还是德国造的洋货。后来，总部从各部队抽调了一批战士来抬电台；我们摇机班的同志也是为摆弄这台马达才从四面八方调集到一块的。班长爱惜马达胜过爱惜生命，这是人所共知的。一次执行任务中，我们电台同一股数倍于我的尾追之敌遭遇了。我们且战且退，拼命护卫着马达。班长头部负了伤，他硬是强忍伤痛，坚决不让人替换，抬起马达，穿插崎岖小路，急走几公里，甩掉了敌人。等到达安全地方后，他也昏倒了。

这部马达随同部队转战南北，成了班长和战士们绝不可少的“亲密伙伴”。由于我们精心使用和保养，它从没有“抛过锚”，总是勤勤恳恳、始终不渝的工作着。为了它，有的同志流了血，甚至付出了生命。现在它又同我们一起踏上了茫茫的水草地。

升到头顶的太阳，火辣辣地，炙烤着行进在草地上的弯弯曲曲的人

① 回忆有误，红四方面军在鄂豫皖斗争时期就有电台了——编者注。

流。我迷离恍惚，昏昏沉沉向前走着。忽然，同班战士徐明碧拉住我的胳膊，我才被惊醒，无力地睁开了眼睛，他惊讶地说：

“哎呀，你脸色真难看！班长料你是饿极了，让把他匀出来的一点炒面拿来给你吃，快吃吧。”不由分说，他把搪瓷缸里的一点炒面倒进了我的缸子里。我眼睛湿润了，几滴泪水滴到了炒面上。

黄昏时分，我们在一块坡地上安营扎寨了。放好马达，装好天线杆，电台开始向陕北党中央呼号联系。摇机班该我和班长值班，我们坐在马达两侧，一人一个摇把，使劲地摇起来，约莫十几分钟过去了，马达电表指针由刻度“1”上升到“7”，就好歹再不往上升了（指针指到“8”，对方才能听清我们电台的呼号）我急了，拼命摇着，但指针像被磁铁吸住了，仍指在“7”上。草地晚风徐徐，凉飕飕地，我却心急火燎，汗水浸透了衣服。班长还一再催促我“加把劲！”纵然我想使出千钧力，但手却酸软得没有一点力气。这时，电表指针又不断向“6”、“5”……下降。报务员在一旁也发火了：

“摇不起来不行，万万火急，谁也不能耽搁！”

这时，电台台长王子刚同志也赶来了，他摆摆手要我们休息一下再摇。

班长把我拉到一旁，解开干粮袋，倒出最后一点炒面，定让我吃。他说：

“你几天没吃啥东西了，吃一点才有劲。”

我不肯吃，他又劝我，还说他已吃了一点。无奈，我只好吃了一半，剩下的让班长吃，他没有吃，却又倒进了空干粮袋。

垫垫饥，好多了，手上也有劲了。我们一鼓作气，马达“呜呜、呜呜”地声音越来越大，电表指针终于指到了刻度“8”。陕北叫出来了，党中央叫通了。四方面军北上征战的情况——1000 余字的“万万火急”发出了。班长的脸上露出了幸福的笑容。我们的心随着红色电波飞向了陕北！

选自中共新疆维吾尔自治区委员会组织部编:《豪情忆征程》,新疆人民出版社1980年3月第1版,第212—215页。

解大怀,1919 年生,四川万源人。1932 年参加中国工农红军,1936 年加入中国共产党。红军长征时任红四方面军第四军十师二十八团特务连战士,红军总政治部供给部保管员,中革军委通讯部通信员、管理员、供给员等。新中国成立后,曾任新疆中共和布克赛尔蒙古自治县二区区委书记、自治县监委副书记,塔城地区云母矿矿长、农场指导员、物资局副局长等职。1986 年在廊坊逝世。

草地纪行

安正福

1936年6月，我奉红四方面军三十军医院之命，带领部分伤病员，跟随部队通过草地。我们共有21人，除一个炊事员之外，包括我自己都是伤病员。在出发之前，我们聆听了朱总司令在全军（二、四方面军）大会上的讲话，他说："在我们前进的路上……还有人烟稀少的草地，我们要有充分的准备，克服一切困难；我们必须团结一致，不搞好团结是不行的……"朱总这段讲话，是鼓舞我们战胜困难，胜利地通过草地的精神食粮。

团结、互助、前进!

顾名思义，看看我们这支伤病员的队列；有的脖子上挎条绷带吊只胳膊，有的拐条腿，有的扭动腰板，有的跛着腿……总之各种形象都有，看起来不像个样子。虽然医院命令我们："随队前进"，但我们并不是跟随在大部队后面。在我们这一路，二、四方面军的都有。我们这个小而又小的队伍，是插在中间的。可以想象，我们的行军速度当然不能与部队相比。一队队，一批批人马不断从我们身边走过去，后续的人马不断地又赶上来，络绎不绝。我们走得很慢，最快每天只能行走20来里，因而与先头部队的距离越拉越大，间隔愈来愈远了。

别看我们速度不快，但大家是卖力的。我们走走歇歇，歇歇走走，却信心百倍，勇往直前。就拿重伤员赖国忠同志来说吧。他大腿部受伤较重，医院原决定就地安置，但他坚决要求随队。他流着眼泪说：“我决不离队，死也得跟上走，决不连累同志们，我自己能照顾自己。”因而领导上才批准了他的请求。在行军中，他确也很自觉，和别人一样地背自己的行装，走一样的路。但是同志们见他行动艰难的样子，都主动地去帮助他，特别是他们的班长瞿德清同志，帮这帮那，询长问短，专注地照护他，而这样的照护，却使老赖过意不去，总是谦意地谢绝说：“班长，我能，我能，不劳同志们……”老瞿一面不停地依旧帮助他，一面嘴里不断唠叨着：“都一样嘛，要是我像你一样，你不同样会照护我。”老瞿长工出身，是三十军八十八师“夜老虎”团的排长，勇敢、寡言、善帮助人。正是如此，我将老赖安排在他的班里。老瞿的帮助，多次使老赖感激涕零。

“你太好了，同志们太好了，要是我能过得去草地，我要加倍地工作，报答党和同志们。”老赖含着泪说。

“朱老总不是说‘团结一致’嘛，‘克服困难’嘛。咱们这是阶级兄弟啊！”老瞿总是用这样的话慰勉他。卫生员（兼做我的通信员）小马，牵着配给我的矮小的枣骝马，走在队伍的最后面。我常常不骑马，它背上经常驮一些体力不好的同志的干粮和背包，有时让一些伤病号骑。牲口背上还驮一些盐巴，供我们食用和伤员洗伤口。小马走着，还不时地观察着队伍里每个同志，发现那个行动困难，他就赶忙上去减轻他的负担，加在马背上。

小马才 16 岁。他患疟疾已经几个月了，不发病的时候，看起来还像个样儿，可一发病，就不同了。一会儿瞌打着牙齿浑身颤抖，一会儿面红耳赤气喘吁吁，呻吟不已，大家都很关心这小鬼，在他发病的时候都很焦急，但都束手无策。只有炊事员老侯有点办法，他扶他坐下，扶正他的头，用两个拇指给他搓额头，捏脖梗儿，掐两只手的虎口，以减轻小马的病痛。那时由于敌人对根据地的封锁，我军缺医少药，小马得不到有效的治疗，显得瘦骨嶙峋，面色蜡黄。

每到宿营地，小马都要和我一道检查各班的伤病员情况，他要给一些无法自己动手的同志洗伤口，还敷一种民间配制的消炎生肌药粉。除此之外，还要选水草丰茂的地方喂马、饮马，还要帮助炊事员老侯做我们三人的饭，搭盖我们三人夜晚休息的帐篷。

搪瓷脸盆和木棍，在草地是很宝贵的。脸盆，无论新旧一个样，可一物三用——洗脸、洗脚、煮饭。棍子的用处就更大啦，它可以到宿营地搭帐篷，可以作拐杖在水草中探虚实，当战友陷进泥沼之后，可以递过去把他营救上来。我们每个人都有好几根棍子，而脸盆每个班只有一个。因此，每个同志都非常爱护这两件东西，脸盆有专人保管，棍子不能随便丢弃。

饭是野菜和青稞炒面煮的稀糊糊，这是过草地时的唯一上等饭，当看到同志们狼吞虎咽的样子时，你会觉得他们吃的仿佛比富人的美餐佳菜还要香。真的，野葱花虽有腥臭，大黄叶虽有苦涩，但吃起来比赴宴席还强呐。记得毛主席在一次干部会上说过：富人吃山珍海味，有什么可夸耀的,一点意义都没有。可是我们在艰苦中吃草根树皮,吃糠咽菜，是为了革命，给中国历史做出伟大事业，做出伟大贡献的时候，这才真正值得夸耀，值得人们去羡慕、敬仰呢！

夜晚，钻进用被单和棍子搭盖的帐篷里，革命的战斗之情、阶级友爱把我们联系在一起，我们背靠背地偎依着，各人尽量把自己的羊皮背心、衣物盖在胸前和膝盖上，不知不觉呼呼地睡着了。这样的睡眠虽然不是舒适的，但却也是很香很甜的。大家借着紧贴的身体，互相取暖，战友的体温像一股奔腾的暖流，流过各自的心田。看他们这睡眠的模样感到多么温暖，多么香甜啊！

在草地，每一个白昼，红军战士都是在互助中前进；每一个夜晚，又在互相偎依中睡眠；当着第二个黎明到来的时候，大家又在互助中前进了。

老赖——鼓动家、“诗人”

草地行军，干柴是不易搞到的。一则由于部队过多，大家都得烧水煮饭；二则草地本来树木就极少。特别是到达宿营地之后，烧柴就更难解决，如果不在沿途发动大家来拣的话，就无法点灶生火，不仅吃不上饭，甚至开水也喝不上。野菜也同样，宿营地是不易采到的。

一天，我们正在途中行军，见到路旁一簇簇一簇簇矮小的树丛，一片片一片片杂乱的干柴，顶端开着圆网形白花的野葱，高高的枝干指向天空，有的像人一样高。躺在地面上的大黄草，躲在草丛里，像怕人瞧见似的，伸着长长的巴掌一样的叶子。稀稀疏疏的苦苦菜、茴茴菜，趴在地面上抖动着小身子，绿茵茵的一大片。水沟中还有泥鳅游来游去，这是多么地引诱人呵！大家不约而同地喊着：

“教导员，看！……”

其实，我早就看到了，还没来得及开口的时候，大伙却在催促我了。

“好！各班班长带领：一、三班拣柴，二、四班搞菜，各班再去一人捞泥鳅，搞完回原地休息。……”还没等我把话讲完，大家就放下行装，朝四野奔去。重伤员赖国忠拖着腿走出了好几步。

“老赖，不急，坐下看行李。”我说，

“教导员我……可以……”老赖不服地争辩着，仍在向前走。

“不行，这是命令。”我严厉地制止了他。老赖无奈地走回来，不悦地坐在背包上，他的嘴嗫嚅着还想说些什么，但见我严肃的样子，欲言又止了，眼巴巴地望着远去的人群，无力地垂下了头。枣骝马在一旁吃着路边的草，不停地甩着尾巴。

当我们正在各务其劳的时候，突然听到老赖在引喉高诵：

一根根柴火，
一把把野菜，
一条条泥鳅，
同志们，
加把油来，
快！快！快！

老赖这样一遍一遍地喊着。同志们抬起头，但见他撑着拐杖，挺立得笔直笔直，不断地挥动着拳头，高声地反复地吆喝。四周的人群爆发出一阵噼啪的掌声，他像一个领头的啦啦队长，在他的呐喊声中，鼓舞我们迅速地完成了各自的任务，欢欣地来到了集合地点。当大家正在收拾行装的时候，老赖的声音又响了：

你拾一捆柴，
他掐一兜菜，
渠沟里的泥鳅捞上来，
拾来的柴火烧饭菜，
掐来的野菜把粮代，
捞来的泥鳅人人爱，
啊，哈哈！
红军战士乐开怀！

老赖从来没有像今天这样高兴，这不仅因为宿营后大家又有了一顿美味的晚餐，而且因为他第一次发挥了他的才干。打这之后，同志们更加了解老赖，大家都叫他“鼓动家”、“诗人”。

我们的“诗人”并不是读书人，也没有高超的文学素养，他是一个给地主放牛的娃儿，年岁大了又给地主当长工。参加红军后，他勤奋努力，行军作战之余，识了不少字，他喜欢唱歌，爱说顺口溜，因此不久，就调他当宣传员了。从此他有了学习锻炼的好机会，就更积极地发挥他的特长了。

他的那首《放牛娃歌》,也常常激发我们一行人对地主富豪的愤慨。听着他的歌,就记忆起我们每个人的那些受苦、受剥削、受压迫的往事。我们就更热爱共产党，热爱工农革命政权了。看！我们的“诗人”今天多么高兴啊，他乐陶陶地唱起他那有名的《放牛娃歌》了：

放牛娃儿好伤心，家中无米去帮人哪，父母们也不忍心！
年纪不过七八岁，又去帮人拉牛绳哪，不分下雨和天晴！
清早每来天将明，双手掀起牛圈门哪，将老牛赶进山林！
阴天下雨都上山，浑身衣衫都湿完哪，转回来又无衣换！
牛放坝里我转来，又挑水来又抱柴哪，尿桶子还要我抬！
富人子弟多快乐，年纪七八就上学哪，以文学压迫于我！
我们的救星是何人？就是红军共产党哪，就是恩人毛泽东！

他歌唱时，挥动着臂膀和拳头，时而绕空旋转，时而有力地朝下一压；他的脸上，一会儿双眉紧锁凄凄惨惨，一会儿面色沉沉怒目圆睁，一会儿春风拂面喜笑颜开；他的音调，有时铿锵高昂，有时袅袅低沉。他的这些面形和音调上的变化，反映了他内在的感情的变化，也反映了他内心世界爱和憎的立场。他的形象逼真，感情动人，引人入迷。他的歌声，使得同志们眷恋不已，久久不忘。

歌声不仅唤起我们对敌人的愤恨；更重要的是增强了我们克服困难的决心，更坚定地向这广袤的草地进军。

宰马救战友

老赖被扶上枣骝马，骑着没走多远，便上了一个坎子，一眼望去，但见绿油油的大草原天地相连，他兴冲冲地用手指着前方，满面含笑地高诵道：

跨上枣骝马鞍，
叫声同志，你来看；
绿茸茸的地毯炉天边，
天连地，地连天；
一派风貌赛江南。
啊，同志们：
战胜困苦和艰难，
快到陕北去见毛主席！

顿时人们精神振奋、拍手、欢呼、跳跃，以为草地已到尽头，即将和毛主席领导的中央红军在陕北会师了。但是这种情绪，很快就平静下来了，随之而来的则是更为艰苦的草地行军。

原来我们所看到的这个绿色草地,并不是个“赛江南”的鱼米之乡，而是一片水草丛生的泱泱泽国。我们行进在这片水草地上仿佛到了浩瀚的海洋里或者戈壁上一样，见不到飞鸟，找不到饮水。那无边无际的水草滩，到处是一墩墩的马兰似的野草，茎根密密地长在一起。草丛下环绕着千年万载积留下的浊水污泥，间杂着腐根败草。这泥潭，谁知它有多深，一不小心就把人陷下去，会有灭顶之灾，这里散发的瘴气极厉害，即使陷不进泥沼里，只要人一跌倒，得不到及时抢救，也会窒息而死。

这样的行军环境，特别对老赖和小马非常不利；老赖伤口严重发炎，小马病情严重。所带土制药粉已经用完，洗伤的盐巴也将告罄，同志们的伤势病情都有增无减，干粮越来越少，体力愈来愈弱，人们普遍明显地消瘦了，这水草地不比旱草地，野菜和干柴极少。本来野葱秆、大黄根味道苦涩，没有人吃，可现在不仅要吃，而且还要学古代的神农氏尝百草，只要挖出又白又嫩的草根，尝尝不苦就拿回来烧上吃。结果不少人中毒，上吐下泻。柴火也不易拣。用炊事员老侯的话说：“拣干柴比海底捞针还难呢”，一个班拣的柴不够用，就两个班合伙烧饭，有时饭做不熟，就柴尽火灭了，只好半生不熟地吃。

由于长时间的饥饿，营养缺乏，人们由消瘦逐渐浮肿起来。有些同志脸色苍白，难以支撑自己的身体，走路摇摇晃晃。就是在这样的时候，同志们仍然是乐呵呵的。

虽然我们伤病员的精神状态很好，但是作为一个领队；我却不能不考虑同志们的健康。不，这不是健康问题，而是这些同饥饿作斗争的革命战士的生命问题，我绝不能让一个同志在这艰苦环境里倒下去，我一定要把他们全部带出草地，把他们交给党和毛主席。我长时间地忖度：只有牺牲枣骝马，才能挽救同志们，此外，再没别的好办法。决心定了，我就召集各班长商议这件事，然后又拿到全体同志中去讨论这问题。结果是少数通过，多数同志有不同意见，而最不同意的是炊事员老侯和二班长老瞿。老赖和小马跟枣红马的感情最深，但他俩是重伤病员，牵涉着切身问题，因而不好表示自己的意见。

理所当然，我也不忍心宰掉马，因为它是一匹为我们出了力的马。从甘孜起，它一直给我们驮着几百斤重的干粮，有时还得骑上重伤员，人、粮二三百斤，一匹四川产的小矮马，负载够沉重的了，它对革命是有功劳的，怎能不让它跟我们一起走过草地呢？我愿意宰它吗？我们这21人，没有一人不喜爱这匹马的，每逢途中休息，无论谁从它身边走过，都要拔把草递给它，它一边伸嘴嚓嚓地嚼着，一边亲昵地甩着黑色的长尾巴。

然而，为了革命的长远利益，为了这21人的革命集体，我不得不牺牲这匹马。我挨着个给每个人做工作，最后大家终于默许了我的做法。但是，当着把马放倒的时候，我看到同志们都在流泪。

当夜，直到天亮我都没有睡踏实，恍恍惚惚的，不时地听到小马在梦中喊：“马……马……马……”第二天行军中，同志们都在纷纷议论着昨天宰马的事儿。

安息吧，同志！

几天后的一个黄昏，朔风卷着雪片满天飞舞，天空黑沉沉，大地雾蒙蒙，在几十尺距离以内，什么也看不见，人们仿佛蹲在一个大的容器里。几座有床单搭成的帐篷，被风吹得鼓鼓的像蘑菇似的膨胀着，篷布扑啦扑啦直响。气候骤寒，冻得人直抖，虽然都加上了羊皮坎肩，但仍然抵抗不住草地的奇寒，风透过单薄的帐篷，飕飕地穿堂而过。帐篷外面空无一人。

在一间帐篷里，老赖正躺在地铺上，直直的难得移动，眼和嘴闭合着，我、老瞿和几个战友围坐在他身旁，不时地呼唤着“老赖、老赖……”半晌，他才微微睁开那无神的眼睛，翕动着双唇，无力而又断续地说：“我……我不行啦，……不……不能和……你们一起……出草地啦……”眼里闪动着泪花。

“老赖，你能，你一定能和我们一起出去，我们抬也得把你抬过草地，你放心！”我和老瞿各紧握着他的一只手同声说。他摇摇头，继续间断地讲：“伤……难好啦，……我……不能……去打日本……鬼子啦……”说完他又紧闭上了眼睛。

近些天来，老赖的伤情急趋恶化，他那条伤腿不仅肿胀不消，而且完全变黑，僵直，失去了知觉。形成鲜明的对照是他身体其他部位，却又瘦骨嶙峋，模样怕人。更使人诧异的是，他遍体青一块紫一块，斑斑点点。从心底说，看他的样子，确实令人担忧。听老年人说，这种症状就叫“霉串心”，即医生说的，病毒经血管危及了心脏，我深知病症到这种时候，没有特效治疗是凶多吉少的，而在草地的艰苦环境里又能有什么办法呢？明知这样，我还要安慰他，即使是无望的，还是要最大限度的来免除他的精神负担。虽然看到他那满含泪痕的眼睛，我们心酸、难过，但每个人仍然尽量地控制着自己，含住泪水，以免影响到伤员的情绪。

“教导员！小马……他……”老侯急急走进来，看着篷内的气氛，欲说又止。见到他惊慌的神色，我脑子嗡的一声，觉得头像箩筐一般大，几乎昏倒，我竭力支撑住身子，预感到另一场不幸将向我袭来……我向老瞿交代了一声之后，赶忙往回走，甚至连老侯也没来得及细问，就三步并两步地走进帐篷。

小马直挺挺地躺在地铺上，我把手伸到他的鼻口前，已经没有了气息，揭开被子摸摸他的前胸，还体有余温；再贴他的心窝听了听，听不到任何音响，他的心脏完全停止跳动了！

“小马啊小马，你怎么不看我一眼就离开了！”我热泪盈眶，大声地呼唤，可再也听不见他的回答。

我长时间地凝望着小马的遗体在沉思，我感到这孩子太可惜了，小马今年才16岁。他没有兄弟姐妹，没有近戚和远亲，他爹妈是从外省逃到四川来的。他7岁时，父母先后被地主逼死，从此他宁愿乞讨生活，也不肯给有钱人家干活。他12岁那年，红军解放了他的家乡，由于他的苦求，又因他是个孤儿，红军才收留了他。他的原名叫根柱，因为是春天参加红军的，部队首长给他起了个新名叫马红春，一个深受地主迫害的孤苦伶仃的孩子，一个革命的好苗子，一个正在成长的革命少年，在革命大路上朝夕相处，共同战斗的亲兄弟小马和我们永别了，叫我怎能不悲痛万分呢！

猛然一阵呼啸的风暴，把我从沉思中惊醒。我倏地蹲下来，很快地拉起小马那单薄的夹被，从头至脚蒙盖住他的遗体，并且坚实地将被边掖在他的身子下。

风刮得更猛更烈了，帐篷被风吹得鼓鼓的，似乎要飞了。老侯急速地拽着我一同出去，费劲地加固篷竿和捆绑缆绳。帐篷四周，人声嘈杂，风雪交旋，我迎着风反复高喊：“同……志……们！保……护……帐……

篷！”我听见老瞿也在呐喊，要人们去和暴风雪搏斗。

入夜，狂风怒吼，雪片漫卷，寒气浸入骨髓。就在这个时刻，我们喜爱的另一个战友——“鼓动家”、“诗人”——老赖同志也与世长辞了。

翌晨，风止雪停，太阳在飘散着白云的蓝天慢慢上升。我们在一块较高的草地上选择了一个地点，同志们用手和木棍挖了两个墓穴，草草掩埋了两位烈士的遗体。我们十九个伤员，分成两排肃立在墓前，怀着无限悲痛的心情向烈士告别。这时阳光普照草地，积雪逐渐消融，大地斑斑点点，绿白相间。然后，我们回到住地，背起各自的行装，又一次来到烈士陵前肃立悼念，作最后的诀别。悼念毕，我们转过身子，向更深的草地走去。

十天以后，我们看到了树木溪流。但这次大家并没有激动，因为有了“赛江南”的教训。又过了几天，我们看到更多的树木，还有清澈的流水，天空出现了盘旋的老鹰，见到了活泼跳跃的麻雀……一天，我们忽然看从远方的树丛深处，隐隐约约地看到了藏族同胞的阁楼，周围好像还有一块一块的青稞地，再仔细瞭望，还看到了一面飘动的红旗，也隐约听到了练习军号的声音。

这时，人们容光焕发，神采奕奕地向前走着。从来不爱讲话的老瞿忽然开口了：

“战胜困苦和艰难，

快到陕北去见毛主席！”（黎天整理）

选自中共新疆维吾尔自治区委员会组织部编：《豪情忆征程》，新疆人民出版社1980年3月第1版，第183—195页。

安正福，1909 年生，四川阆中人。1933 年参加中国工农红军，1934 年加入中国共产党。红军长征时任红四方面军第三十军某部教导员。新中

国成立后，曾任新疆阿勒泰军分区政治委员、焉耆军分区司令员、乌鲁木齐军分区司令员、新疆自治区国防工业办公室主任等职。1990 年在乌鲁木齐逝世。

草地里的共青团员

宋世永

红四方面军第二次过草地是在 1936 年 7 月间。[①] 当我们翻过巍峨险峻的岷山，接近草地的时候，我的已经残废了的右腿，越来越支撑不住了。虽然我们特务营通信班都是十七八岁的小伙子，不用我多操心，但我自己能不能胜利地通过草地，心里实在是没底。

"红星"和"手册"

那时，每一个红军头上都戴着一个鲜红的五星，每一个共青团员都发有一本《共青团员手册》。五星虽然是用红布做的，但却表现了红军的阶级意识和伟大的气魄，从川陕根据地到川西时，有多少人民在欢迎着它，又有多少人民在盼望着我们这些戴"红星"的人；"手册"是我们共青团员的光荣，头一页就印着几个鲜明的大字："为无产阶级事业革命到底！"这几个字深深地嵌在每个人的心里。

这两件看来很平常的东西，我们却把它视为珍宝，一戴上"红星"或看到"手册"，就感到骄傲。红布星在我们眼里不是一块红布，而是

① 一般称红四方面军在这时是第三次过草地——编者注。

耀眼的星光，永远照亮着我们的心……因此，谁也不愿让它染上一点污泥。如果谁的五星变了色，上面沾了泥或者“手册”弄得不像样，都感到是自己最大的耻辱。

记得有一天，我们走到岷山山脉脚下，突然遇着风暴，这真和去过草地的川民说的一样：“五黄六月下大雪”，大家都不约而同地把斗笠往前拉了拉。衣服淋湿了可以烤干，可不能把“五星”浇变了色呀！我一边走，一边这样想着。

风刮得更厉害了，吹在树枝上发出嗤嗤的怪叫，黑压压的云层，就像在头顶一样，一层一层翻过来卷过去，有时像要把你一口吞掉似的。翻了一个山，雨还未停，从山顶上溶化的冰雪和雨水融汇在一起，一股股流到山涧里，水声时时从山谷里传来阵阵回声。在一条小河边，我看到小李光着脑袋蹲在河边洗东西，头发上直滴雨水，浑身都湿了。我惊奇地问他：“小李，斗笠呢，为什么不戴？”“被妖风吹掉了……”他懊丧地说了一句，又低着头不做声了，我忍不住好奇地问：“小李，干什么？你们班长呢？”“班长在前面，你先走吧，我洗洗手就来。”走不多远，我回头一看，他正从裤袋里掏出八角帽在擦五星……原来如此，我恍然明白他刚才为什么不高兴地骂“妖风”，是“妖风”把他的“五星”给弄脏了……

因为我是共青团员

一天一天地往前走，困难也就一天一天地增多，我的右腿一落地，伤口就钻心地疼痛，我只好踮起脚尖，坚持走在队列里。同志们问我为什么踮起脚，我说：“脚有些发麻……”中午休息时，我总是找个隐蔽的地方，偷偷地按摩伤口，揉揉脚趾，不让同志们发觉，我不愿在这种情况下让首长和同志们为我操心。

一天，我把烧好的一盆水端到篝火外去洗脚，副班长跑来，悄悄地问我说："班长，你为什么一个人跑到这里来？"我扯了个谎："今天走累了，想洗个澡。"他听我这么一说，干脆坐在地上，笑着说："班长，你不用瞒我了，我知道你在根据地负过重伤进过残废医院，这样吧，明天你把背架给我！"我急忙说："我的伤早就好了，你要不信，明天你带班里两个小鬼跟营长走，我和其余的同志在前面走，保险落不下。"我看他还想说什么，便叫他去煮野菜，才把他打发走了。

第二天清晨，胡乱地吃点野菜，我就带着几个同志在前面走了。一夜没睡好，两腿聚了血，向前进一步，就像把心扯下一块肉似的痛，我只好咬着牙，跟着同志们慢慢向前挪。

同志们边走边说笑，说走路有一条经验：要是边走边讲故事就一点也不累，所以大家都要我讲故事，在往日我也和同志们一样爱说爱闹，可今天总提不起精神来。走着走着，忽然，脚下踩着一块光秃秃的石头，正好又是负伤的腿，疼得"哎哟"叫了一声。同志们忙问："什么事？"我装着要解手的样子说："没有什么！你们先走，我解完手就来。"看着他们走远了，我才坐下来，挽起裤子一看，腿上的伤口，肿得有碗口那么大，亮晶晶的发光，青筋凸得老高，臀部也肿了。我喘息了一会儿，就撕开背架里的一件破衣，把腿绑上，这时营长骑马过来了，我连忙穿上草鞋站起来，背起背架准备走。

"小宋，怎么啦？你们班里的人呢？"营长关心地问。

"他们在前面，我解手了。"

"解手？我老远就见你坐在地上，怎么样，伤口还痛吗？"

"没有。刚才脚被石子给碰了一下。"我尽量掩饰疼痛，装着毫不在乎的样子。

营长在马上弯着腰，用怀疑的眼光望着我的腿："没有？把裤子搂起来我看看。"

我还想解释，营长翻身下马，拉起裤子一看："哎呀，小宋，这怎么能走路，快骑上我的马。”

我不肯骑，营长有些不高兴了，又关切又责备地说：“你们这些小鬼呀，就是好强，人拖垮了用什么来革命？”我感激首长对我的关怀，可是，我是个共青团员，又是个班长，怎能因为腿疼就骑首长的马呢？我说：“首长，我不能骑，你的身体也不好。再说，我们班里还有比我小的呢，他们都能坚持，我还不能吗？”营长严肃地说：“小宋，你知道你的责任吗？你要把一个班带到抗日前线去，这样一颠一颠的能坚持多久？我也是负过伤的，知道这个滋味。”说完他要来亲自扶我上马，我一时真不知如何才好，最后我还是固执地说：“营长，我爬也要爬过草地，岷山都翻过来了，草地有啥了不起的？”营长愣愣地望着我，最后只好无可奈何地说：“好吧，可不能掉队啊！”

营长的马

沿着先遣部队踏过的足迹，我们翻过了无数的山峦，越过了一道道的河流、山涧，穿过了一片片的森林。上山扯得伤口生疼，下山又坠得心要掉，我一直在坚持着。

三天过去了，人更加消瘦，拿着枪就像拿着根千斤棍那么沉，两条腿，一条像枯柴，一条像水桶。在清水里一照，我简直不敢相信这就是我自己。

这天，部队在藏民的一座牛屎房里宿营了。等我一拐一拐走到时，同志们早已把铺铺好了，水也烧好了，他们一见我就呼地一下围过来抢着接枪，放背架。小梁一把抱住我：“班长，你变成什……什么样子了，刚才我们研究过了，从明天起把你的东西分给大家，一个人背一点……”他的嘶哑的声音，使我听了很难受，班里最小的两个同志也都争着要给我背那支小马枪。当天晚上他们就把我的东西分好了，谁背什么，谁背什么。

第二天，临出发时，副班长牵着营长的那匹红马对我说：“班长，营长说今天山路多，过两天就到草地了，叫你骑着。”

“营长呢？”

“他在前面走了，把马留下了。”

我知道营长是怕我今天坚持不了，又怕我不骑，才把马留下的，我忍不住要掉下眼泪。同志们一个个背着沉重的背架，艰难地走着，可他们还是昂着头，像故意要显示他们头上那颗红星似地唱着歌，我骑在马上，真感到羞惭。

真的，走了一会儿，就进了山区。高不可攀的古树，遮住了阳光，仰着头能看见远处的山峰之巅积着雪。山路被乱草盘着，左一弯、右一弯，有时右边是大山涧，有时，悬崖又在你的左边。走着走着就没路了，忽然一转，才又看见两山之间出来一条小路。

马慢腾腾地在乱草上走着，一颠一颠地喘息得很厉害，不时发出一阵“突—突—”的鼻息声，坐在马上，两条腿一弹一弹的并不比行走好受，腿酸了，我就下来走，让马也休息休息。

下午，一座岩山横挡去路，必须翻山。等我把马去饮饱水以后，同志们早已上山了。

山路又窄又陡，我只好把枪大背在背上，一袋炒面挂在脖子上，牵着马一步一步的往上走。马在这种山路上行走是很困难的，才到半山坡，它已累得比我还厉害，浑身湿漉漉的，张大着嘴，头一点一点地往上爬。

快到山顶时，忽然，马蹄没踩实，马一下子摔下了山岩旁的深沟，幸亏我放了缰绳，不然连我也会被它拽下去。马在深沟里嘶嘶乱叫，我难过地看着这条黑洞洞的深谷发愁。这是营长心爱的一匹马，全营只剩这一匹马了，营长还要靠它过草地哩，说什么也得弄上来，我本想多找几个同志下去想办法弄上来，可近处一个人也没有了。我只好把枪和炒面挂在树枝上，一步一步地朝马叫的地方溜下去，等我走下去一看，马挂在一株树上，已经死了，一条腿被撕得快断了，血染红了树上的叶子。我心里难过极了，呆呆地看着，深谷阴森森的，我不能久留，遇着野兽，没法抵抗，枪还在上面。我赶紧用力拽下那条马腿，准备拉回去给大家吃。

等我慢慢地爬上原来的地方时，已是精疲力尽了，突然，发现挂在树上的炒面没有了，心里一惊，仔细察看，原来口袋的扎绳松了，树下撒满了黄黄的一层面粉，口袋也掉在地上，这使我伤心透了，坐在地上痛哭起来。这是我们的命根子，全靠它我们才能过草地，而我的粮食没有了，将来拿什么塞肚子啊……越想越伤心，越伤心越想哭，眼泪就顺着脸皮滴。哭了一会儿，我从树上摘下一片叶子，小心地把炒面一下一下的往口袋里撮，撮了半天，还没有一小把，其余的全撒在地上了，天渐渐黑下来，我只好含着眼泪走了……

到了宿营地，我把摔马的事向营长检讨了，我以为是要受批评的，营长不但没责怪，反而安慰我说:“马摔了不要紧呀，人回来了就好！”他把“人”字说得又长又响，我深深地感动了。我把那条马腿交给他，他不要，叫我分给大家吃，给他和政委留一碗就行。

晚上，班里忙欢了，这个切马肉，那个生火，像过年三十一样，这没油没盐的肉，煮起来可真香，半年多都没闻到这种香味了。同志们吃着煮好的马肉，像会餐一样，我一块也吃不下，一直想着撒在地上的那袋黄黄的炒面……

鼓皮和草根汤

进入草地后，很快就没有东西吃了。我们班带的炒面只剩下最后几把，就连又苦又涩的野菜也指靠不上了。

草地是一望无边的草海，很少有人烟，连个飞鸟也看不见，除了草，还是草，寒风一吹，草浪起伏，无边无际。脚下是软绵绵的黑土，有的地方像弹簧一样，在这种松软的泥水里，哪能生长出野菜？大家只好勒紧裤带，每天吃一小把炒面，最困难的时候，有的同志吃皮带……以后我们发现有一种草根可以吃，并且还有些甜味，于是，挖草根就成了我们一项很重要的工作。行军的时候，两眼四下搜索，一看见这种草，马上放下背架去挖，挖好了，又跑步跟上队伍。等到了宿营地，两个口袋已塞得鼓鼓的。

这样走了半个月我们才看见一座喇嘛寺。当天，我们就在寺里过夜。寺里一个喇嘛也没有，陈腐的墙壁布满裂痕，佛像、撞钟、大鼓上面落着厚厚的一层灰尘。大家对大鼓鼓皮发生了兴趣，都说这家伙够我们整个班吃一顿的。我知道这是同志们说着玩的，谁也不会动它，因为首长早讲过，这里是藏民居住的地方，我们要遵守党的民族政策，所以第二天走时我们把喇嘛寺收拾得干干净净，记得还有一个同志在墙上写下了：“中国工农红军 1936 年 8 月从此北上……”

第二天晚上，我掉队走在后边，等赶到宿营地时，见副班长和一个小同志在争着什么，大家也围在旁边。

“我们得到陕北去呀，不能看着饿死……”这小鬼理直气壮的。

我一了解，原来是小鬼把那块鼓皮给挖来了，副班长提出了批评，他有些不同意，就争了起来。班里同志有的拥护他的意见。理由是：人要紧，革命就得靠人。如果不是为了革命，打敌人，宁愿饿死也不会吃鼓皮的。有的说得更干脆，“将来革命成功了，赔他十张鼓皮还不行？”

我一听，似乎有些道理，可是，红军的纪律明明白白规定：不拿群众一针一线，于是就说：“拿鼓皮吃还是错误的。”有的同志接着说：“我们吃了鼓皮，不是给脸上涂块污泥吗？这永远也洗不干净了……”“再说，革命还要靠广大人民……”你一言，我一语，把小鬼说哭了，低着头直抹眼泪。我一看，心里直发酸，同志们不是到了迫不得已，怎么能去吃鼓皮呢？

副班长端来一盆草根汤递给我："班长，这是给你留的……"我端着那碗，看着大家一张张饥饿的面孔，眼泪差点流到碗里。我说："同志们，把鼓皮吃掉吧，明天我向政委检讨去，以后我们不再挖了就行，倒了也挺可惜。"可说完后，谁也没动，我又重复了一句，仍然没有人动。大家都惊奇地望着我，几乎同时对我说："不，困难是能想办法的，草地有的是草根……"

埋　枪

因为吃的是草根汤，睡的是潮湿的草地，所以伤口越来越坏。我每天都靠副班长的帮助，早上他扶我提前出发，晚上他先到宿营地搭好帐篷，烧好水，又回来接我，但我还是掉队。凭心讲，谁也不愿意掉队，有时，一听同志们喊："同志们加把力，前面就是宿营地。"心里就难受。但这条腿就是不给你"争气"！有时听同志们唱：

啥子一出来满山红，啥子叫人不哎受穷？
啥子人走来闹革命，啥子事要靠老百姓？
太阳一出满山红，革命使人不受穷。
红军走来闹革命，革命要靠老百姓……

我也想唱，但不能动，干瘪的嘴唇，却没有声音。歌声每天从我身后慢慢传来，又从身旁飘过，渐渐远去……

有一天，副班长挽住我又提前走了。脚踏在软土上，虽然比山路好些，但死费力气，走一段歇一段。副班长也累得够受，我见他脸上的汗直往下淌，副班长说："班长，还是把你的枪给我扛吧，我身体比你强！"

我看到他汗水淋漓的脸上，一双鼻翼呼哧呼哧地扇着，心里又感激又难过。他的身体怎么能算强哩？个子和我差不多，论年龄，还小我两月，刚满 18 岁。自从我伤口发炎以后，全班重担都压在他身上，而且整天还照顾我，已经给他增加了不少负担，怎能再把枪交给他扛呢。我说：“枪没多重，还扛得了，只是你别累坏了。”口里虽然这么说，实际上我的双肩已红肿了。

好容易到了大休息地点，同志们已吃完饭又要准备走了。营长一见我就说：“小宋，我刚才和政委研究过了，决定把你的枪扔掉。”我吃了一惊，几乎不相信我的耳朵，营长说什么？把枪扔掉？

营长点点头说：“是呀！现在大家的身体都够受的，每人都有一支枪，再不能把你这支枪分给别人了。你背着枪走起来更困难，一天一天地拖下去，你就走不到陕北了！所以，我们决定把它扔掉。”他说话时声音很沉重。我恳求地说：“营长，我又没提出困难，枪不能扔掉，革命全靠它呀！”营长像纠正错误一样对我说：“不，人比枪值钱，枪是能弄到的。”说着，营长取下我的马枪换给班里一个小鬼扛，把小鬼的一支“汉阳筒”接过来就要扔。我连忙抢上一步：“营长，给我……我……扔吧！”我的喉咙哽咽了……

营长是知道我的心情的，把枪交给了我，嘱咐道：“枪一定要扔的，这是为了保存人，保存革命力量。这也是纪律！”

我接过枪直愣愣地看着它，它跟我们打过多少仗，立过多少功！在根据地打游击的时候，弄一条枪多不容易啊，而现在我不能把它带过草地，要扔掉它了！一个红军战士把枪扔掉，那不等于放弃革命了？我怎么也舍不得，细细地看了又看。同志们又出发了，只剩下副班长和我。他看我很难过，就说：“班长，扔掉吧，首长说的是对的。”

我只好把枪拆卸开来，捧在手上，走几步，往草丛里扔一个零件，也就是扔掉我心上一块肉。最后只剩下一个木枪罩了。

我和副班长深深地挖了一个坑，把枪放在里面。我们含着一圈一圈的眼泪，慢慢地在枪上盖了一层土……

我终于走出了草地。一转眼，20 年过去了！在这 20 年中，我时常怀念那些过草地的战友们，怀念着小鬼们和副班长，营长……不是他们，我过不了草地，也不会有今天！可惜的是，我连一个人的名字也记不起了，你们现在在哪里？我相信，你们都还活着，和我一起在我们用血汗换来的土地上劳动着！你们永远活在我的心上！（陈剑虹整理）

选自杨国夫等：《星火燎原·未刊稿》第4集，解放军出版社2007年8月第1版，第104—111页。

宋世永，1916 年生，四川苍溪人。1933 年参加中国工农红军，1935 年加入中国共产党。红军长征时任红四方面军特务营通信班班长。新中国成立后，曾任中国人民志愿军五十四军一三五师政治部主任、副政治委员、政治委员，重庆市政协常委，中共西南局工交政治部副主任，中共万县地委第一书记，四川省水利局党委书记，四川省人大常委会委员、副秘书长等职。2002 年在成都逝世。

风雨关山战友情

吴立兴

战友，这是一个多么亲切而又崇高的称呼啊！从严冬中走过来的人最知道太阳的温暖,在困难中患难与共的人最珍视战友的情谊。“战友、战友，亲爱的兄弟……”每当我听到这首亲切激越的歌曲时，我的心情就像大海的波涛那样，久久不能平静。长征途中战友之间同甘苦、共患难的情景，就像电影一样一幕一幕地浮现在我的眼前……

一

长征时，我在红三十一军担任宣传队长。1936年夏天，我们三十一军接到上级命令：抓紧时间准备干粮，穿过草地，北上抗日。听到这个消息，我们的心情是多么高兴啊！马上开始准备干粮。然而，要在这贫穷落后的西康藏族地区，一下子筹集到几万大军的粮食，谈何容易！虽然当地群众支援了一部分，但远远不够长途行军之需。唯一的希望,只有靠途中采集野菜补充了。出发前,不少同志带着一些野菜标本,以备辨别。

正准备从炉霍出发，担负后卫阻击任务的一支兄弟部队，马上要和大部队一起北上，没有时间准备干粮，怎么办？能让战友们饿着肚子长途行军吗？不能！所以，不等上级动员，同志们就主动地将自己的干粮匀一部分给他们。当时，我也从准备的炒面中匀出了五斤。剩下的十几斤，可真说得上是“救命粮”，从炉霍到走出草地将近一个来月，我就靠这十几斤炒面充饥。每次“吃饭”时，我总是用三个手指从干粮袋里挟出一撮再加些野菜，掺和着咽下肚去。

草地一望无际，沼泽遍地，连一块石头也难找到。天空时常密布着黑压压的乌云，大地显得灰暗而阴森。正像史沫特莱说的那样：“那里是两脚老是浸湿的地方，是马掌足印立即消失的地方，是人和马跃进大草堆泥潭中，即使被侥幸拉扯出来，也要在寒风中颤栗的地方。”①但是，困难再大，没有红军战士北上抗日的决心大！进入草地不久，干粮就剩下不多了。有些地方就连野菜也难采到。有时偶然从地上捡到一块破牛皮、羊皮，甚至蒙鼓面用的鼓皮，也被我们拿来，放在锅里炒几下，一次拿出一小块和着野菜吃，算是打“牙祭”②。一天，我们正在行进着，突然一个素不相识的战友饿昏倒在我的身旁，双眼紧闭着，嘴唇颤动着说不出话来。我摸了一下身上的干粮袋，还有一小点发了霉的炒面。虽然这是我的“救命粮”，但救人胜救火，容不得丝毫犹豫，我抓出一撮炒面，抽出几根野菜，和着水塞进他的嘴里。“同志，同志，咽下去！”我半跪在这位战友身旁，急切地呼喊。过了一会儿，他紧闭的双眼睁开了，慢慢咽下了口中的食物。不久，他苏醒过来了，望着我和其他陌生的战友，一颗颗热泪滚落下来。一撮炒面，一把野菜，竟能救活一个人的生命，现在似乎有些不可思议。然而，在当时则是千真万确的！

---

① 见史沫特莱：《伟大的道路》。

② “牙祭”是四川的土语，意即吃肉改善生活。

二

在那段艰难的日子里，不仅饥饿寒冷折磨着我们，而且疾病也时时威胁着我们的生命。草地上有一种可怕的病毒，人一旦染上它，轻者双腿奇痒、红肿，重者丧生。不少战友就因此长眠在草地上。进入草地不久，我也中了病毒。开始，两腿红肿，奇痒难忍，小腿肿得鼓鼓的，脚趾肿得直直的。我坚持着行军，尽量不让战友们知道。因为在当时，谁的身上没有点伤痛？后来，我的腿越肿越厉害了，又破了皮，流出了黄水。我终于坚持不住了，走着走着，一头栽倒在地上。战友们见状，纷纷急切地呼喊着我："队长！队长！"我慢慢地睁开了眼睛，见到陈亨大、杨显太、万兴德、杨义、袁朝金几个小队员焦急地望着我。"我怎么躺在这里了？我不是很好吗？"说着，我挣扎着爬起来，小队员们忙把我按在地上，说："队长，你病得太厉害啦，躺下休息一下再走！"我说啥也不肯，硬是支撑着身体从地上站了起来。小队员们见拗不过我，连忙搀着我朝前挪动着脚步。看着面前这群满脸稚气的小战友，我的眼睛潮湿了。这都是些才十多岁的娃娃呀！在和平年月里，他们也许还在父母面前撒娇呢！可是生长在这人"吃"人的年代里，他们从小就受尽了苦。是红军救了他们，走上了革命的道路。别看他们人小，可执行任务从不示弱。战场上，他们冒着危险抢救伤员；行军路上，到处能听到他们稚嫩的鼓动声："加油！加油！""红军战士加油干，走到岷州莫畏难！"他们对光明前途充满信心。我为他们感到骄傲、自豪。平时，我害怕他们饿着、凉着，谁要有点头痛脑热，我总是忙上忙下。在我的眼里，他们似乎还是没有出窝的"小鸟"呢！现在让这些与步枪差不多高的小伙伴们搀着我前进，忍心吗？想到这，我挣脱他们，自己硬挺着走。但终于力不从心，只好服从了。

小队员们的力气毕竟有限。他们搀着我走出五里地之后，一个个就没有劲了。我对他们说："你们走吧，我在后面慢慢赶路，不然大家都要掉队的！"他们恳切地说："不！咱们是一个队的，就是死也要死在一起，说啥也不能丢下你。"还有什么比这更能体现战友情谊呢！热泪从我眼里涌出来，一滴滴地洒落在草地上，我的眼睛被泪水模糊了。

这时，后面传来一阵马蹄声，大家回头一看，是宣传部的黄部长。他见我病了，连忙跳下马，关切地问："脚咋会肿成这个样子？来，骑上我的马。""不！不！你有重要的工作，我慢慢走，能坚持！"我说什么也不上马。黄部长生气了："这是命令！快坐上！我身体结实，走走路有啥关系！"说着，他和几个人一起将我扶上马背，并嘱咐小队员们细心照料，然后，他自己迈开双腿走开了。

不久，我们来到一处有藏胞的地方，部队也停下来休整两天，等候掉队的同志。队员们帮我找到了一个会看病的藏胞，他告诉我，用茶叶水洗可治愈。队员们立即烧水，找来茶叶。一天几次给我洗脚。这个土方也真灵，到了第二天我的腿就开始消肿了，队员们围在我的身边，不住地摸我的腿，那个高兴劲就甭提啦！第三天，大队又开始出发。我的腿也完全消肿，跟随大家踏上了北上的征程。

三

一次，部队过黄河苗子（黄河发源区的一条小支流），河宽200来米，水深没胸，冰冷刺骨的河水咆哮着。当时找不到船只，要过河，只能靠泅渡。宣传队里只有我和刘世忠懂点水性，队员们安全渡河的担子自然落在我俩肩上。当时，天已黑了。为了抓紧时间渡过河去，我俩每次都背上一个，两手再各扶一个。冰冷的河水像钢针刺骨，痛得钻心，我们全然不顾。我俩来回蹚了几趟，只剩下六个队员没有过河了。突然，河心传来急促的呼救声。我们循声望去，朦朦胧胧看见上游渡河的同志不小心被激流冲了下来。救人要紧，我拔腿就跑，却被刘世忠拽住："队长，我比你水性好，你招呼大家过河，我去救人！"说着，他"扑通"一声跳进水里。我当时也确实没有力气了，肚子饿得"咕咕"直叫，但一想到肩负的重任，就来了劲。我抖擞精神，又连续两次把六个队员送到了河对岸。这时，我浑身像散了架一样，一头栽倒在地上，就什么也不知道了。当我苏醒过来时，发觉躺在一堆干草上，队员们见我睁开了眼，一个个高兴得活蹦乱跳。

50 年过去了，我也成了"古稀老人"。但岁月的流逝并没有带走我的回忆，当年红军战士同甘苦、共患难的往事，时时萦绕在我的脑际，这是经受战火考验的团结，是用鲜血和生命凝成的情谊啊！愿它世世代代永远激励着后人前进。

选自成都军区党史资料征集委员会办公室编：《红军长征回忆与研究》，云南人民出版社1986年12月第1版，第102—106页。

吴立兴，1909 年生，河南商城（出生村庄现属金寨县）人。1929 年参加中国工农红军，1935 年加入中国共产党。红军长征时任红四方面军第三十一军宣传队队长。新中国成立后，曾任四川省遂宁军分区副政委、剑阁军分区副司令员，四川省南充军分区司令员、政委。1983 年在成都逝世。

草地战友情

李大清

人生最宝贵，最使人怀念的莫过于同志间等革命友谊了，而我真正感受到它的分量，懂得它的价值，却是在革命最艰苦的 1936 年的长征途中。

那时，我在红四方面军总部护卫连当连长。5 月间，上级调我到“红大”学习，我便从甘孜来到炉霍县城。校长是红军总参谋长刘伯承同志兼任、我们是第一批学员，共 1000 多人。我分到了政治科，科长是彭绍辉同志，教导员是李井泉同志。我开始在八班，后来到七班当班长。七班有陈学凯，王海山、詹洪海、张怀仁、叶坤、江士应和我共七个同志。

到校不久，我们就接到北上抗日，二过草地的指示。大家听说要到陕北毛主席那里，和中央红军会合，都非常高兴。7 月初，我们由四川的炉霍出发，向草地挺进。

一

7 月下旬，我们来到了草地边上，开始做过草地前的准备工作。根据上次过草地的经验，部队要通过荒无人烟的草地，必须解决吃饭和御寒问题，领导上要求大家尽可能地多带些粮食、咸盐、生牛粪、草鞋、衣服等。王海山同志是河南人，别看他平时不爱言语，却是打草鞋的能手，他编的草鞋既结实又不硌脚，一连几天，他废寝忘食地给大家打草鞋，自己连个羊毛坎肩也没有顾上做。同志们凡是会打毛袜子、手套的，都大显身手，不会打的也得学着撕羊毛、捻毛线。这时敬爱的朱总司令和军委（总部）的其他领导人也到了阿坝，并专门来看望我们“红大”的学员。为了使大家对草地的艰苦条件有充分的思想准备，坚定革命意志，总司令在动员大会上讲了话。他说：“……为了和中央红军会合，北上抗日，我们必须克服各种困难，越过草地。……大家有没有信心啊？”“有！”全场一片震天动地的呼声。

草地是一眼望不到边的荒凉地带，遍地都是野草，有一尺多高。有些水洼地带，野草腐烂了，人踩在又黑又臭的烂泥上，忽闪忽闪地直晃荡，一不小心，就有陷进一人多深的烂泥浆里的危险。大家十分小心地互相提醒，哪儿有危险，哪儿可以走，尽量前面尖兵走过有大片草根的地方。

高原上的气候极不正常，一会儿热得人张着口喘不过气来，一会儿又风雨交加，有时遇到鸡蛋大小的冰雹打下来，冷得人一个劲地起鸡皮疙瘩。虽然是七八月，但草地上的夜晚非常寒冷。遇上下雨天，我们浑身淋得透湿，人们连饿加冻，其中甘苦不言而喻。幸好同志们彼此挤在一起，互相用身体的余热温暖着对方，才得以休息。

这样走了几天，大家都瘦了，就是身体强壮的同志，也感到一天比一天差。但是大家一心想早日到达陕北，情绪还是蛮高的。

进入草地以来，我的身体一直不错，路上帮班里的同志背背枪支、脸盆、竹竿等。合肥入伍的詹洪海同志身体结实，性情开朗，又最肯帮助人，是大家公认的活跃分子。路上大家都愿跟他在一块儿，一休息就凑过去让他讲故事，说笑话开心。有他在有愁也不觉愁，再累也不觉累了。学校政治部的行动快报每周都登载同志们的好人好事，鼓舞部队士气。

有一天，我们好容易蹚完一道水沟子，前面又出现了一大片稀泥滩，这时，从不得病的詹洪海同志却患了感冒，有点撑不住了，走一步晃荡几下，我正急得不知道该怎么办，一位同志忽然从队伍里走出来。“叭哒、叭哒”地赶到詹洪海后面，伸手就去夺背包，我一看，原来是我们班的张怀仁同志。詹洪海同志虽然显得非常疲惫，但却双手紧紧地抓住自己的背包不放。在这样艰苦的环境中，大家同样的劳累，谁愿意将自己的背包交给别人背呢？正在你抢我夺的时候，张怀仁同志不小心，一只脚踏进了烂泥巴里。詹洪海同志赶忙上前拉住张怀仁的手，张怀仁想靠詹洪海的力量把陷在泥巴里的脚拔出来，没想到一使劲另一只脚又陷进去了。詹洪海已经没多大力气了，被张怀仁这一拉，踉踉跄跄地向前迈了两步，也踏进泥浆里了。他俩不但拔不出脚来，而且越拔身子越往下沉，急得两手乱抓。同志们也紧张起来，大家围在旁边急得手忙脚乱，有的抛过斗笠，想叫他们垫着爬过来；有的慌忙解绑带，准备用绑带拉他们。我赶到前面，一看便叫：“快躺下，往外滚！”这原是兄弟部队的经验，可是在慌乱中把它忘记了。听我这么一喊，他俩就躺下来，使劲往外滚，滚出了泥滩，同志们赶忙上前将他俩扶起来，他俩成了泥人，衣服和背包全给泥巴糊住了。大家急忙帮他俩抹去脸上的泥浆，弄掉身上的稀泥，背着加重了的背包，又“叭哒、叭哒”地向前走开了。

二

我们来到草地的中央，路还是一样的难走，粮食却一天比一天减少了。草地才走了一半，每人带的粮食却快吃光了。怎么办呢？校党委决定，学校从上到下每人每天的口粮统一由四小两改为二小两，不够就挖野菜。

开始，炊事班还给我们集体做饭，后来没有粮食就干脆不做了，由各班自己筹饭，由于没吃的，连续行军体力消耗又大，生病的同志也多起来。这样，每天傍晚到宿营地，几个同志负责打柴，几个同志就负责挖野菜。我们常常为了摘些灰灰菜、野韭菜，要跑出去很远的路。因为是第二次过草地，一路上野菜也是极不容易摘到的。后来我们发现皮带、皮斗笠都可以吃，就试着把皮子先用火烤一烤，洗净后入水狠煮，然后再切成一小条一小条的炖烂，这样吃起来味道不错。

一天，部队在一个大草坪上露宿。值班员照例把水烧开，等候着同志们去烫炒面或野菜吃。老实说，我们的肚子饿得确实很难受，有的同志支持不住，就用咸盐泡一碗汤喝。俗话说：“人是铁，饭是钢，一顿不吃心就慌。”何况我们每天只吃一把炒面，喝点野菜汤，而又要走七八十里路呢！

虽然这样，但谁也没有把自己所剩不多的干粮多吃一点，同志们自觉执行支部的决议，每天吃饭，都要坚持称干粮。

我们政治科的方副科长虽然也才二十四五岁，一路上却像兄长一样安排大家的衣、食、住、行，细心地照顾我们。一到宿营地，他不顾疲劳，先到各班去转转，看看同志们有没有掉队的，有没有生病的，饭吃上了没有。脚烫了没有，他比我们都辛苦。这天，方副科长给我们称完干粮，就坐在我们中间谈起来了。他环顾了一下，看见大家都起劲地吃着、感到很满意，又为同志们这种革命精神所感动，便亲切地说：“同志们，我知道你们都是很饿的，每天只吃那么一点点，连小孩子也不够呀！可在荒无人烟的地方没办法筹粮，我们只能这样，如果我们一天吃了三天的粮，第二天、第三天没粮吃，就会饿死在草地上，革命任务就完不成，老百姓就会永远被反动派踩在脚下抬不起头来。”这些话，给我们增加了克服困难的信心和力量。

一天傍晚，我们在一个山谷里露宿，忽然从我们露营的山谷右边传来一声呼喊：“喂，快来啊！山羊！”同志们一听到羊，就好像在沙漠上发现了水，顿时活跃起来。原来是詹洪海同志在山谷里紧紧地追捕一只黄羊，他不顾一天行军的劳累，拼命地奔跑着。要知道，有了这只羊，许多同志补充上点吃的，就可以活着走出草地。羊受了惊，正往我们这边跑来。我们就像见到宝贝一样，围成一堵人墙，摆成簸箕队形，合围上去。羊吓懵了，又往回跑。别看詹洪海往常嗓门大、性子直，可到关键时刻挺有心眼。他早在一块大石头后埋伏好，羊一跑来，他立刻跳出来猛扑过去，一下子把羊抓住了。羊拼命地挣扎，詹洪海死死地抱住不放，大家高兴极了，一齐拥上来，把黄羊抬回了。

经首长批准，这只羊由炊事班负责做，司务长拿一把刀，三下五下就把羊皮剥下来，把肉放在大锅里煮，不一会就飘出了诱人的香味。方副科长高声喊道："同志们，来喝鲜羊肉汤啊！"大家欢天喜地像过年似地围上来。每人只给了一点点肉，半碗多汤。轮到一排的几个病号时，方副科长给他们每人舀了半汤半肉的一碗，第二天，羊皮、羊骨头也让我们炖烂，掺上野菜吃了。

最后那段艰苦的路程，粮食、野菜都吃光了，我想到还有脚上穿的牛皮草鞋，就让大家把它煮烂，掺和着无毒的树皮、树叶当粮食吃。这时詹洪海打趣地说："前些天咱们把天上的（皮斗笠）吃了，现在对脚下的也不客气了。"其实，如果不是崇高的革命信仰和革命友谊支持着我们，对这样恶劣的环境，是无法想象能战胜它的。

三

这天，我们行军来到了葛曲河畔。这条河由雪山上的积雪融化而成，齐腰的河水流得很急，水温又低。一下去直冻得上牙碰下牙，浑身打战。由于 20 多天的连续行军，我的身体已经够虚弱了，加上蹚水时一冻、我的右腿膝盖就得了关节炎。

刚过了河时，我还能坚持着跟上队伍，但往后腿痛得越来越厉害了，走起路来一瘸一拐的，脚一沾地，便觉得腿关节针刺般地疼痛，全身直冒虚汗，只好每天拄着棍子慢慢走，总是比其他同志晚一两小时到宿营地。我心里十分着急：在这个节骨眼上，腿不行了，怎么能走出草地呢？几天来我愁眉不展，情绪大不如前，行军时也感到愈加吃力了。

同志们知道我得了关节炎后，都非常关心我，处处给我方便。张怀仁同志说："大家都是同甘苦共患难的战友，我们能过去，就一定帮你过去。"副排长胥光易同志指定班里身体比较棒的詹洪海、王海山同志照顾我。王海山同志在我们中年龄最大，23 岁，人老实厚道。从此，每逢过河，都是他们背我蹚水；遇到泥潭多的地方，他们就小心翼翼地搀着我走。晚上到了宿营地，詹洪海同志顾不上休息，就忙着点篝火，烧热水，帮我脱下草鞋，用热水给我烫脚，轻轻地把脚上的血泡挑开，然后又把自己的口粮匀给我吃，而他却用采集的草根、野菜充饥。同志们的关心和安慰，深深地感动了我，特别是他们那种把生的希望让给战友，把死的危险留给自己的崇高精神，使我鼓起了勇气。我暗暗下决心：实在不能走就爬，只要还有一口气，爬也要爬出草地。

眼看就要到包座，部队就要走出草地了，我的关节炎却一天比一天加重了。虽然我咬紧牙关，拄着棍子奋力坚持着，但是身不由已，力不从心，渐渐地，渐渐地，与部队距离越拉越远。连日来，周围的同志背我、搀我，科长彭绍辉同志、教导员李井泉同志自己不骑马，把马给我们病号骑。我已经把大家拖累得十分辛苦了，心里一直不安，再继续连累别人实在于心不忍。

路边横七竖八牺牲的同志到处可见，有的是没有粮食吃，饿死在路边的；有的是连冻加饿倒在火堆旁再也没有起来的；更惨的是在一大堆篝火旁，周围一圈同志全都停止了呼吸，他们看上去都是 20 岁左右的青年人。看到这些，有一种难以忍受的痛苦在折磨着我。我心里很明白，只要一离开同志们，一脱离这个战斗集体，掉队就意味着牺牲。我对照顾我的詹洪海、王海山同志说："我革命'到底'了，不行了，你们先走吧！"正在这时，学校政委何畏（此人对下级一贯粗暴，后叛变革命）骑着马从后面赶上来了，看见我这副样子，就对他俩说："不要管他了，你们快些赶部队去！"他俩并没有走，谁也没吭声，以沉默代替了对何畏的不满，何畏走后，他俩把身上仅有的干粮让给我吃。王海山说："你快吃吧，吃饱了身上就有劲了。"詹洪海接着说："班长，你放心，我们绝不会丢下你不管，就是抬，也要把你抬出草地。"看着眼前这么好的同志，听着他们发自肺腑的话语，我能说什么呢！眼泪不由自主地夺眶而出。

草地走过来了，革命胜利了，这些年来，我一直深深地怀念着班里的同志们，并把我们在草地结下的革命情谊，视为世界上最珍贵、最高尚、最纯洁的友谊。

选自沈阳军区政治部编研室编：《红军将士忆长征》，白山出版社1996年8月第1版，第452—458页。

李大清，1916 年生，湖北黄陂人。1931 年参加中国工农红军，1932 年加入中国共产主义青年团，1933 年转入中国共产党。红军长征时任红四方面军第三十三军交通队队长。新中国成立后，曾任第四野战军兼中南军区高射炮第一师政治委员、第二十一兵团五十三军二一九师政治委员、海南军区榆林指挥部政治委员、广州军区工程兵副政治委员、济南军区工程兵副政治委员、济南军区装甲兵顾问等职。1964 年被授予少将军衔。2006 年在济南逝世。

生　命

邓仕俊

我的伤口还没好，忽然又害起伤寒病。

部队又要出发了，师长杨朝礼同志见我病情严重，决定留四个同志抬我走。他摸摸我的头，安慰说："小鬼，在后边慢慢走吧！"在我身边的司号长这时也嘱咐我："快点跟上来呀，可别掉得太远了。"我正在发烧，没说什么，只是含着泪水点点头，看着他们走远了。

我躺在担架上，每天烧得不省人事。十几天之后，我清醒过来，只见四个担架员剩下了三个——有一个同志因为饥饿牺牲了。三个担架员轮换抬着我，在茫茫无边的草地上行走。

这天，来到马塘山。爬到半山腰，大家都累了，便停下来休息。刚坐下，有个同志忽然眼睛翻了两翻，说："同志，我不行啦，对不起，我不能送……"话没说完就倒在地上了。

"对不起"这话，是应该我向他说的，可他……我一阵心痛，说不出心里是什么滋味。那两个同志掩埋了牺牲的战友，对我说：

"不要难过，放心吧，我们两个人，也一定要把你抬过去。"

我能说什么呢，只有紧紧地握着他俩的手，表示千言万语表达不出来的感激。

我们继续爬山。越往上雾越浓，整个山岭陷入阴沉的迷雾中。我感到像有块石头压在胸上，闷得厉害；也听到他俩急促的喘气声，担架不住地左摇右晃。看样子,他俩是坚持不住了,我说:“咱们休息一会吧!”他们同意了，把担架放在一棵大树下。这时，我的伤口疼痛难忍，打开绷带一看，左腿溃烂一大片。要是有点药，不，哪怕有点开水洗洗也好呀！一个同志可能看透了我的心意，强挺着站起身来说：“找点柴火，烧点开水洗洗吧！”

他在附近这转那转地拾干柴，每次哈下腰，都是咬着牙才挺起身。我实在不忍再看他那吃力的样子，几次劝阻，他都笑笑拒绝了。我后悔不该让他们看到伤口。

他怀里的柴火足够烧一盆开水了，可是就在这时，他一头栽倒，一动不动了。我情不自禁地惊叫一声，也不知从哪儿来的劲，撑起身子爬过去。摸摸他的鼻子，我心凉了半截：又一个同志为我牺牲了。

我们弄些石头和树枝,给这位战友筑了个“坟墓”。我心里实在难过:几个同志为我倒下了，可是我连他们姓什么都不知道。我不由得扭过头来，对身旁仅有的一个同志说：“同志，把你的名字告诉我吧！”

这突如其来的问话，把那个同志弄迷惘了。愣了一小会，他似有所悟地说：“我叫刘宏，巴中人。”说着，他用手拍拍胸脯，“不要紧，可结实啦,还能顶一阵子。”这分明是为了安慰我。其实呢,他瘦得皮包骨,面色铁青，两眼深陷，嘴唇干裂得挂着血丝，30来岁的人简直像个老头子了。

“刘宏同志，趁你还有点力气，你先走吧！”

“走？丢下伤病员一个人走？那算什么红军！”他摇摇头,“同志，我会把你带出草地的。”

山下传来枪声，我俩大吃一惊。怎么办呢，如今我俩手无寸铁，抵抗是不行的；走吧，别说我有伤有病，就是刘宏也没有这个力气啊。刘宏同志想了一会，像下了决心似地说:“就在大树里过夜吧！”说罢，他把我抱进大树窟窿里，然后也爬进来，用石块和树枝把洞口堵严。

夜风吹得树枝飒飒作响，寒冷刺骨，肚子也饿得咕噜直叫。我俩挤在一起，熬着这难熬的夜晚。

第二天早晨，听听外边没有动静，我们便爬出树洞。我从地上抓起一根木棒，撑起身子，试着迈出脚步。脚刚一着地，就像踏在刀刃上一样，疼痛钻心，头上滚下豆粒大的汗珠，双腿一软又倒在地上。刘宏同志急忙过来，又关切又埋怨地说："不要逞强啦，现在还不行，我来背你吧！"

他背起我向山下走去。山陡路小，东倒西歪地跌倒了好几次。每次跌倒，他都负疚似地投过抱歉的眼光。他有什么错呢，是我连累了他呀！

一天只能走十几里，有时宿石洞，有时住树林，什么也找不到时，就只好睡在露天地里。至于吃的，是全凭老刘找些野菜什么的充饥。有一次他空手回来，坐在地上闷头不语，半天才自语地说："吃了吧！"我问："什么？"他指指自己的脚："我这双牛皮草鞋。"满山都是荆棘棱石，没鞋怎能走路，我阻止他。他说："脚好说，肚子要紧。"

以后，他就光着脚扶我，有时甚至背我走路。步步咬牙，脚脚皱眉，除非是木头人，谁也不会再安心趴在他的背上。我想：这样拖下去，不但我走不出去，老刘也够呛。于是我说：

"刘宏同志，休息一下吧，咱们谈谈。"

"好，休息吧，有啥子谈的？"

"半个月过去了，我的伤寒病也好了，你可越来越瘦。我看这样下去，咱俩谁也出不了草地。"

"看你又来了，我们都是阶级弟兄，生，生在一起，死，死在一堆，我怎能把你丢下呢？"

"不，听我说完。我的伤一时半晌也好不了，我想你先快点去赶部队，然后派人来接我，这样，咱俩也许都能得救。"

这话可能打动了他的心。他默想很久，又摸摸我的腿，说：

"你说的也是个办法，可是人多的时候你怎不说呢，现在把你一个人丢下……"

我又劝说了一阵，他才含着眼泪，在身上乱摸一阵，看样子是想找出点有用的东西留给我。但他什么也没摸着，无可奈何地嘱咐一句：

“顺着这条道走，我们好来接你。”

他走了，低着头不住擦眼睛，脚步是那样迟缓。

只剩我一个人了，整天忍着疼痛和饥饿往前爬，每前进一尺都要下一番决心。我几次想到死，可是我没有这个权利。我的生命是几个同志的宝贵生命换来的，我要坚持，坚持，为了回答死去的同志也要坚持！……

一天黄昏，我小心地摸到一个村子附近，伤口疼痛难忍，浑身无力，实在走不动了。恰巧在这时候遇上了一位老乡，他也是四川人，是从刘文辉部队里逃出来的，在藏民区安了家。当他知道了我是红军的战士后，好心好意地把我扶到他家里，作了周密的掩护，给我换上藏族服装。

在这位老乡和群众的帮助下，我的伤口渐渐地好了。一天，我忽然打听到丹巴有红军。我兴奋得立刻辞别了老乡们，赶向丹巴。

又经过不少饥饿的日子，我终于找到了我们师部。可我也实在累坏了，饿坏了，坐在石阶上一步不能动了。记不清那天是什么节日，人们出出进进，十分热闹。一个人从里边走出来，问我：

“小家伙，哪个单位的？”

我模模糊糊认得他是我们的指导员，可能因为我瘦得变了样，又换了衣服，他认不得我了。

我刚想回答，指导员又向身旁一个同志说：

“快给他搞点吃的，看样他是饿坏了。”

正说着，师长杨朝礼同志走出门来。司号长也跟在师长后边，他仔细端详了一会，对师长说：

“好像是咱们那个小书记。”

师长啊了一声，扳起我的头，望了好一会，连声说：“邓士俊！真是你！真是你！怎么瘦成这样子？”说着连忙叫人扶我进房去。

晚上，我向杨师长倾诉了分离后的经历，像游子回到母亲的怀抱，心里舒畅极了。可是，我又想起在我身旁倒下去的不知姓名的战友，还有刘宏同志，他怎么样了，为什么没看到他？一想到这，我就越发感到我的生命不是属于我自己的。

选自中国人民解放军战士出版社编：《星火燎原》选编之三，中国人民解放军战士出版社1980年11月第1版，第406—410页。

邓仕俊，原名邓仕金，1918 年生，四川通江人。1932 年参加中国工农红军，1933 年加入中国共产主义青年团，1936 年转入中国共产党。红军长征时任红四方面军总部作战参谋、机要参谋。新中国成立后，曾任川西军区绵阳军分区司令员、解放军第六十军第一副军长兼参谋长，南京军区司令部副参谋长、顾问等职。1955 年被授予少将军衔。1993 年在南京逝世。

渡过了最艰苦的一刻

何华章

草地的 9 月天，冷风飒飒，大雨滂沱。

我们红二七七团[①]进入草地半个多月了，青稞炒面早吃完了，马匹杀光了，连可吃的野菜，也不容易找到啊！

几天来，风吹雨打，我的肚子已经空了两天，特别是夜晚，在这到处是泥泞、水坑的泥沼地带，连找一块干点的地方躺一躺都没有，一身湿淋淋的破单衣，怎能挡住这草地秋夜的寒冷呢？左腕上本来还没有痊愈的伤口，现在化脓了，两只已经被泡硬了的棕绳草鞋打烂了的脚，中了水毒，得了脚腐烂，又患着摆子病，疼痛、寒冷、无力，像千百条毒蛇，一齐向我这健壮的身体袭来，这时，每当我脚动一步，不知要付出多大的力量。我开始掉队了。

“你觉得怎样？能走得动吗？”我们团政治主任潘守才同志走过来，亲切地注视着我。

“能！”我忍着痛，咬着牙向前走去，痛呀，痛入骨髓……

“不，你解下裹布我看一看。”我迟疑了一下，解下了我用仅有的一条被单撕成的裹布，露出了一双又肿、又烂的脚来。

“看你这双脚烂成这样子，你不能走了。这里离查理寺只有一两里

① 属红三十一军第九十一师——编者注。

路了，我们到了那里，便派人来接你，我把林贵平同志留下来照顾你”，主任痛惜的用沙哑的声音亲切地对我说。接着，就向站在他身后的林贵平同志吩咐：“我把何华章同志交给你，你必须负责把他带回来。”潘主任吩咐完，凝视了我们很久，才拖着沉重的步子向前走去。他那瘦弱的身影越来越远，越远越小……我长久地盯着这亲切的身影，不由得一包眼泪刷刷地夺眶而出。多亲切的首长啊，前几天他看见我走不动，还几次的硬要我骑他的马；早两天他为了大家活下去，又杀掉了他骑的马给大家吃，现在他是拄着一个木棍，一步一颠地在趟过泥泞，踏着水坑……

“我替你背着枪，慢慢地走吧！”一只瘦弱而又颤抖的手，从我肩上取下步枪，把我从沉思中惊醒过来。

“对！”我抬起头来望着林贵平同志，呀！这一贯活泼的、热情的、才 18 岁的青年，几天来竟拖成这个样子；瘦得连眼睛都凹下去了，脸上寡白寡白的，连一丝儿血色都没有了。不过在这瘦削的面孔上，热情还依然留在那里。我们两个同岁的宣传员，吃力地、缓缓地向前一步一步地走去。这一晚，林贵平紧紧地偎在我的身旁，我这快不属于自己的身体，不知怎样度过了这漫长的寒夜！

天亮了，我无力地睁开眼睛，望着横在我们面前的一个慢山坡，它披着一身苍绿色的短茅草。虽然不过五六里路的光景，可它就像一头张牙舞爪的妖魔一样，令人惧悚。我开始意识到会死在这山坡下，往事如穿梭一样掠过我的脑子……“不，我们要活下去！坚持到底，就是胜利。”脑子里响起了首长们经常鼓励我们的话，我似乎有了力量，一下子站起来，可是腰还未伸直，就倒下去了。林贵平赶紧问我怎么样，跌了哪里没有，我挣扎着想站起来，他按着我，让我躺一会再走。

我用仅有的一条完整的右臂，托住全身，向山坡上爬去，爬一下，停一下，每爬一下，都要付去我全部的力量，汗珠像雨点一样地涌出来，涌出来……我才爬了没几步，就没有力量了，躺在地上微弱地、短促地喘着气。林贵平同志这时急速地向上爬了几步，把两支步枪放下，又爬下来，叫我伏在他身上，他往上爬一步，就把我带上去一步，这样爬了几步之后，我自己感到全身的伤口痛得像要绞碎心脏似的，比我强不了多少的他，也没有一点力气了，只是凭着同志的爱，咬紧牙关，想快些把我带回去，我感动得流下了眼泪，我不能连累他，我挣脱了他的身子。

“你先走吧，反正我快完。”

“不，我不能丢了你，要死我们死在一块！”他要我继续伏在他身上爬行。爱，还有比这种爱更伟大、更崇高的吗？我又鼓起了全身的力量，自己向上爬去，左腕上的伤口，因挣扎裂开了口子，淌着血，脚上的伤口也一样淌着血，血从裹布里渗出来，抹在茅草上，把山坡染成了一条乌黑色的迹印；还不知是冷，还是摆子作怪，全身哆嗦得变成一团，不行啦！这只完整的但又无力的右臂，再也托不住全身的重量了。可是只有一条路——前进。我伸出右手，抓住上面的短茅草，借手腕的力量把身体拉上去，这样又挣扎爬了几步，手腕也没力了，指头一松，身不由己的向下滑去，幸好是慢山坡，没滑下多远。往事如泉涌：我想起了小时候受尽地主恶霸的气，想起了打土豪、分田地时的热烈情况，想起了在家中被白狗打伤了我的左腕，想起了我入团时的誓言……我定了一定神，又挣扎着向上爬去，爬去……

快中午了，可是望上去还是一个一个的慢山坡，好像爬不完似的。突然，左面山上响起了枪声，该不是藏民的反动武装来袭击我们吧，一想到这里，一股令人惊悚的寒流通过了我的全身，我忘记了一切：凭着求生的本能急速地向上爬去，但当我意识到没有人来袭击我们时，一下就松弛得没力了，本来已经快干枯了的血又不断从裹布里渗出来，淌到山坡上。林贵平又背着我爬，这怎么行呢？我又下来自己爬，虽然手腕没力了，但还是抓住茅草，牵引着全身向上挪去，挪去！

夜幕笼罩着大地，四周静寂寂的，只听见喘声和衣服摩擦着茅草的声音。

“看！山上有火光。”林贵平高兴地喊着。是呀！是一堆火光！是不是潘主任派人来接我们呀！不，他们不会回来得这么快呢！可是有火光一定有人，有了希望了，我们使尽了最后一点本能力量，一步一步地终于爬上了山头。

火堆上烧着一铜瓢开水，两个同志靠着树干坐着，一个同志盖着一条单子躺在火堆旁休息，我们挪近了火堆，顿时感到肚子饥得比什么都难受，想从他们这里找点什么吃的。

“同志！开水让我们喝一点，好吗？”林贵平开口了。

“嗯，嗯……”坐着的那两个同志有出气、没进气地应声着。

我们喝了一点开水，烤了一下火，暖和些了。

“同志！我搭在你单子里躺一下，行吗？”我问躺着的同志。

“……”

我推了一下，也没动静，我以为他睡着了，便把单子拉过来一点躺下了，我不觉伸手一摸，硬邦邦、冰凉凉的，他牺牲了，他为了革命献出了光荣的生命。

这时，不知从哪里又传来了枪声，林贵平赶紧用水扑灭了火，怕被坏人发觉。秋夜的寒风特别刺骨，伤口、烂腿、空肚子一起痛起来，呼吸越来越微弱了，死的阴影突然又掠过我的眼前。

“林贵平同志，你还有一点力气，你赶快走吧！我是不成的了。”

“不，要活下去，潘主任很快就会派人来接我们的。”

主任，多么好的人啊！……这时我是那样强烈地想看一看主任，哪怕只见他一面也好！……

下半夜了。忽然从前面山下传来了清晰的哨声：

“上面有人没有啊！我们带来了炒面啦！我们是来接你们的呀！”

我们都高兴极了，可是都没力气去回答这亲切动人的问话。不久，几个人点着火把，背着口袋走近了我们，借着火光，我看见了我们团政治处的宣传干事，潘主任真派人来接我们啦！我一阵激动，可是还未撑起腰就倒下晕过去了……

不知过了多久，我苏醒过来，发现我躺在一间木头房子的麦草堆里。这是怎么回事？我明明躺在山头上，躺在一个牺牲了的同志身旁，怎么跑到这里来了呢？

“林贵平，林贵平！”我不住地喊他。

“你到底活过来了！”这时躺在我身旁的一个伤员惊异地对我说：“你在这儿已经晕过去三天了，当担架把你抬来的时候，你发着高烧，尽说胡话，后来你又猛啃麦草，不知你吃了多少麦草啊！以后你就不动弹了，医生给你打针、换绷带，你连一点反应都没有，我们都以为你没有一点希望了，前天，一个护士同志看你没气了，便报告医生把你抬出去埋葬，幸亏医生同志很细心，详细地检查了一下，发现你胸口上还有一点热气，便把你留下了……”

啊啊！不错呀！我好像记得我们胜利地通过了草地，队伍在一个热闹的地方开庆祝会会餐，我们都兴高采烈地吃着喷香的大米饭和鱼呀、肉呀！味道多好啊！这时大概正是我啃麦草的时候吧！

我苏醒过来的消息，顿时传遍了整个医院，医生护士们都为我高兴，加倍地给我诊治、护理，不久，我又恢复了健康，愉快地重新踏上了征途。（田野整理）

选自通俗文艺出版社编辑部编：《钢铁子弟兵》第一集，
通俗文艺出版社1958年1月第1版，第116—120页。

何华章，1916 年生，四川旺苍人。1933 年参加中国工农红军，1934 年加入中国共产主义青年团，同年转入中国共产党。红军长征时任红四方面军第三十一军第九十三师战士、班长。新中国成立后，曾任南疆军区后勤部政治委员、部长，新疆军区后勤部副部长，乌鲁木齐军区后勤部顾问等职。1989 年在乌鲁木齐逝世。

永久的感念

符必玖

长征是难忘的，长征中的同志之间的爱更是难忘的。

我愿意说说我亲身经历的一个故事。

那是 1936 年夏，我们红军第四方面军从甘孜一带出发，开始了第三次草地行军。我当时在十二师三十五团机枪连里当文书。

草地，这高原上的一望无边的平原，平视出去只见绿油油的一片汪洋草海，没有人家，没有炊烟。经过一个多月的行程，能吃的东西都已吃完了。一路上，没有补给，我们再节省，肩膀上的粮袋子还是渐渐地瘪了下来。在这一段行军中把连部里原有三头大牦牛也吃了；牛蹄烧着吃了，牛皮也烤着吃了。

红军面临着饥饿，高原上稀薄的空气，威胁着人们的生命。落在队伍后面的同志愈来愈多了。有些人因为吃野菜中了毒，开始感到胀肚，以后就拉肚子，最后牺牲在行军的路上。我们一个年轻的通信员，走着走着，一下坐在路上，就再也没能站起来。眼看着许多同志倒在荒凉的草地上。人们的心只盼望能见到人烟，只盼望快到上下包座；而指导员在点名时讲过，到上下包座大约还有七天的路程！

七天呵！谁能知道这七天中又会发生什么预料不到的事呢？

一天傍晚，我们到达了噶曲河，当晚就在河边的沙港子宿营。这里地势较高，比草地干燥得多，而且有几棵一人高的小树。四周仍是一望无际的草原，只是东边有一片森林。按说在草地中行军遇到森林是再幸运也没有了，干燥、温暖、没有露水，睡在里面非常舒适。可惜天色已晚，赶不到那里去宿营，目前，能找到沙港子这样的地方，也就好极了。

宿营以后，我照例去拣了些树枝，用它支起被单搭了个“帐篷”；然后又找些净水，洗一洗我和卫生员共用的那只磁壶，开始烧水做饭。这时沿河这一带，燃起了无数堆篝火，把这空旷漆黑的大草原点缀得很有生气。

但我心里的愁云并没有因此而消散，我被粮食问题困扰着。我年小体弱，背的东西比别人少，所带的干粮都已吃光，现在手里仅有的一茶缸苞谷炒面，是连长自己饿着肚子省给我的。全连的情况都差不多：有的早已没有粮食；有粮食的，也剩下不多了。这时候，谁都把粮食看成自己的生命，看作自己的希望。谁都会不安地想到：前面还有七天的路程。

连长、指导员，在离我不远的地方，小声地谈论着全连的粮食问题。火光照在他们焦虑的脸上，他们默默地看着火光，半天才能说出一句话。从他们少有的几句谈话中，我听到：补给粮食根本没有希望，唯一的办法是在同志之间匀着吃。我的心里感到一阵凉。同志们又有多少可以匀呢？难道可以吃掉别人背的粮食，叫别人空着肚子走吗？

夜间，我躺在帐篷里，尽管疲劳，却怎样也不能入睡。想起一路上倒下的同志们，想到一下坐在地上的通信员……渐渐害怕起来了。我怕自己也会倒在那湿得冒水的草地上；我怕看不到陕北；我怕离开亲爱的同志们！路不多了，快要到达目的地了，而自己却要……这些17岁娃娃的幼稚念头，把自己逼出了眼泪。

忽然，躺在我旁边的卫生员冉瑞云坐了起来。他也没有睡着，大约是发觉我哭了，所以在黑暗中尽量挨近我的脸，想看个明白。长征以来，我和卫生员总在一起，我俩共用一个做饭的磁壶，共用一个洗脸的磁盆，共睡一个“帐篷”。他平时并不是太心细的人，但这时却像姑娘似的温和：

“文书，你哭了吗？”

我没有说出话来。这时，他像看透了我的心思，安慰我：

“不要难过，干什么哭呢？”

我掩饰说：“我没有哭，我在想……”

他抢着说：“我知道你在想什么，告诉你，我……我还有些干粮，咱们俩吃吧。”

“我不，你的干粮，我不吃！”

冉瑞云一下把我的身子扳过来，在黑暗中我可以看到他圆圆的脸上，两只大眼闪闪发着光，责怪地瞪着我。

“你不吃，怎么行军呢？”

“我想，我是过不去了……”说着，又流下泪来。

“看你说的！你能过去，我也能过去，我们都能过去。放心吧，有我就有你。我们再坚持几天就行了，你不想北上和一方面军大会合吗？”

“我怎么不想！”

“就是嘛！好，就这样，从明天起粮食我背，磁壶我提，到地方你先写报告，我做好饭就叫你来吃。别胡想八想了，我们俩永远在一块儿，就是饿死也死在一块，好不好？”

“不，你……”

“什么不！就这样，睡吧！”

我躺在帐篷里，浑身发热，仍旧睡不着。在这样的时候，听到这一番话，不知像得到了什么。冉瑞云同志给予我的不仅是粮食，是活下去的力量啊！

从那天起，在行军前，他总是把粮袋背在自己的肩上，把磁壶提在自己的手里，什么也不要我拿，就是抢也抢不过来。那时行军，文书总是随着连长走在队伍的前面，卫生员随着指导员在后面。每当大休息的时候，我不好意思去找他，因为他剩那点粮食，少得实在可怜。可是每次总是老远看见他提着那个烧黑了的白磁壶，跑到我这里来，嘴里嚷着："文书，我们煮饭吃吧！"说着就忙着洗壶烧水，我就只好满怀感激地拣树枝去。我的心里很难过，常不敢多吃，我怕他会因为我过不了草地。可是，冉瑞云每次总是叫我多吃些，并且叨叨地说："吃吧，吃吧！你别胡想八想的！"

他的干粮眼看着一天天减少了。但当我们到达牛屎房子的时候，仍然没有找到粮食。在这样危急的时候，冉瑞云同志仍然和我平分他所剩余的最后一点干小麦。这些粮食，我是含着眼泪咽下去的啊！

不到一周的时间，我们终于到了望眼欲穿的包座。包座也不像我们想象得那么好，虽然也有人家，但是，因为胡宗南匪部四十九师曾在这里大肆烧杀，粮食都给弄光了。好在我们在地里找到了一些茴菜，不会再饿死人了。

第一次找到茴菜的时候，我俩抱在一起，笑着嚷了起来："有东西吃了，我们不怕了！"

事情已经过去几十年了。在这漫长的日子里，每当想起过去的情景，我总是以感激的心情怀念着冉瑞云同志，往往使我一个人陷入了长时间的沉思中。

自从陕北整编以后，我们只见过两次面，每次我们都亲切而激动地回忆着长征生活，每次也都是依恋不舍地分手。以后，我到延安，他到东北，一直没有再见到我这个情谊深厚的战友。

冉瑞云同志，你能告诉我，你如今在哪？你好吗？

选自中国人民解放军战士出版社编：《星火燎原》选编之三，中国人民解放军战士出版社1980年11月第1版，第401—406页。

符必玖，1919年生，四川宣汉人。1933年参加中国工农红军，1936年加入中国共产党。红军长征时任红四方面军第四军第十二师第三十五团机枪连文书。新中国成立后，曾任吉林省军区政治委员。1988年在沈阳逝世。

一碗炒面

胡三毅

过了川北包座以后，最会精打细算的单位，每人也只剩下一二斤炒面了。可什么时候能走出草地谁心里也没有底。就在这个严重的情况下，一天傍晚，二方面军派来了几位同志，说是来借粮的。我一听真有点犯愁，怎么办呢？去找首长吧！

我带着他们去见罗炳辉军长。① 罗军长想了一会儿，又翻开了地图仔细地看了看，说："你们放心，粮食虽然困难，可咱们总要过去，明天我叫部队给你们凑一些……"

第二天早饭后，部队正要出发，军长站在一块较高的地方跟部队讲话：

"同志们！再有三天，就可以出草地了。"

"三天，这么快？"我一怔，战士们也在那里嘀咕，有的捏着炒面袋露出了笑容。罗军长接着严肃地说：

"但是我们的困难还没有完，二方面军的同志们又没有吃的了。……当然，我们也不多了，但能看着他们饿着肚子走路吗？不能。我提议：我们有炒面的，都拿出一碗来帮助他们。我们可以再吃稀一点。

---

① 罗炳辉时为红三十二军军长。红三十二军原为红一方面军第九军团，于1935年7月21日改称红三十二军，1936年7月5日编入红二方面军。文中所说"二方面军的同志"，是指原红二方面军的同志——编者注。

熬过这最后三天，我们就可以一起到达陕北，见到毛主席。”他停了一下，看着战士们发亮的眼睛继续说下去：

“现在，我带头，你们每人一碗，我拿两碗。”

说着，他要警卫员拿几块白被单铺在地上，亲自从自己的米袋里挖出了满满的两碗炒面倒在被单上。这时战士们一个个迅速地解下自己的米袋,用瓷碗向里面挖着。只有我一个人站在军长的后面,拿不出面来，发炒面时我不在，没领到，只觉得脸上热辣辣的。

部队开始行军了，白被单就摊在必须经过的路旁，有炒面的红军战士，经过被单面前，就倒上一碗；长长的队伍，就像玩龙灯一样，做着倒炒面的动作。

“喂！你还不多拿一些出来，省得背不动！”

“当然，还能像你这么小气。”

一阵阵爽朗的嬉笑声，从战士们口中发出来。

罗军长帮助二方面军的同志，收拾好炒面。二方面军的同志临走时，紧紧握住罗军长的大手，舍不得放。罗军长对他们说：

“去吧！我们是无产阶级的军队，有苦同当，有福同享……”

这句最寻常的话，却永远记在我的心里。

三天以后，我们真的走出了草地。

选自中国人民解放军三十年编辑部编:《中国人民解放军三十年初选稿》第一卷第三辑(一)，第81—82页。

在草地上

朱聚奎

进入草地的第一天，我的同伴油印员——余世启同志病了，发冷，发热。我找了一根竹竿给他，可他还是走不动，迷迷糊糊的，一走一晃荡。我看他实在走不动，低头钻在他的腋下架着他的胳膊走。要是平地还满可以前进，可这草地泥浆飞溅，我们两个简直变成了泥人。还有这架油印机子，如果不是把两张睡觉用的老羊皮垫在背上，早就把我的腰杆给磨烂了。我们一步一颠地向前走着，一步大意，小余把竹竿捣在我的右脚上。开始还不觉得疼，到四灵寺宿营时坐下一看，肿的连草鞋襻子都解不开了。

四灵寺是藏族住地，喇嘛寺的殿角上挂着钢铃，像布达拉宫那样雄伟。我们没有进去，就住在附近一家藏胞的二层楼上，收发郭士成同志烧了一桶盐开水。他帮我洗去脚上的泥，哎呀！蜇得像针扎一样疼痛，我低头一看，可把我吓住了，伤口倒不大，脚面上紫亮紫亮的，肿得活像一个黑茄子。在草地里，去哪里弄药呢！我想休息一夜也许会好的，谁知道肿得更大了。

第二天一早，我们“红光报社”（是红四方面军三十一军党委机关报）的编辑袁洪华和郭士成同志，扶我爬下一条独木做的楼梯。每走一步，疼得心直跳，刚离开四灵寺，就累得我一头大汗。有一双磨出来的脚板，就是忍饥挨冻我都不怕，这时，看见一望无边的草地，我真担心自己是不是能走出去。

袁洪华同志问我："疼得厉害吗。"我摇摇头说："没关系，走吧！"在草地里我们的"红光报"仍然是三天出一期。当时坚持出报是很不容易的，特别是"刻印"这一套困难很多，什么东西都没有，全靠我们自己解决。草地是买不到蜡纸的，我们用四川出产的无边纸，抹上黄蜡，放在火炭上化匀，来代替蜡纸用。油墨是牛油和锅底灰熬成的。牛油容易凝固，印的时候，还要把"调油板"放在牛粪火上烤着才管用。现在呢？我和小余又不能刻印了，这些工作都得他们去做，怎能加重他们的负担呢！我下决心咬紧牙关自己走，但他们坚持着，把我的干粮袋、油印机和老羊皮抢了去，左右两边地扶着我，艰难地向前走着。

黄昏，我们宿营在河边一块干草地里。袁洪华一边看稿子，郭士成忙着点火烧水，半温不干的野草燃着浓烟，熏得他直流眼泪。

我靠在一块石头上，看着同志们这两天更加瘦了，心中很难过，"何时才能走过草地呢？还不如死了好，免得把同志们拖坏了。"

"你们走吧！不要老照顾我。"第二天出发时，我对扶着我的袁洪华和郭士成同志说，"让我一个人慢慢走吧！实在不行，就算了！"

"你为什么这样想，小朱？"袁洪华不大爱说话，可是对同志很关心。他说，"艰难的路程我们已经走了几个月了，咬咬牙就把草地过去了。上级说过，过了草地，就会很快到陕北的。只要我和郭士成同志能走过草地，你也能走过草地。"他拍着我的肩，忠厚而宽大的脸上，露出了温和的微笑。

"脚慢慢会好的！"郭士成同志摆出老大哥的样子说，"小朱，袁洪华说的对，草地不会有多远了。"他用手摸了摸胡子，"你看，我 30 多岁的人了，都还有决心活到共产主义，你年轻轻的，为什么要想到死呢！"

这些话句句打动了我的心，我被这种阶级友爱感动得流出了眼泪。是的，今年我才 18 岁啊！党培养教育我好几年了，难道我就没有这股子革命劲了吗？我一定要坚持到陕北。我紧紧地挽着他俩的胳膊。

记不清这是哪一天了，我们掉了队，白茫茫的雾气笼罩着草海，叫人分不清东南西北。我们顺着踩倒的乱草向前摸。天黑时，摸进一个原始森林，抬头一看，落叶松和油松的枝叶交叉在一起，好像一把把大雨伞，地下是一尺多厚的树叶，发出霉烂的气味，袁洪华同志伸了个懒腰，幽默地说："咳！今天晚上该睡钢丝床啦！"那一片阴森森的气氛，使我感到恐惧，我想:"要是遇到敌人和豺狼虎豹怎么办！我们没有武器，拼不够本啊！"我虽然没有说出口来，但心里却这样想："我死了还没有什么，要是他们有个三长两短，都是我拖累了他们。"我这双不争气的脚啊！偏偏它又化了脓。

郭士成同志踏着枯树叶子，从森林中走来，喜笑满面地说："发现了一个好地方，同志们！跟我来！"走过去一看，这是一棵三丈多长，直径两尺多的大树，这棵树不知是哪年倒在这里的，树心早已空了。说起来好笑，活像一口棺材，垫上树叶，铺上老羊皮，躺在里边，还可以伸腿缩腿呢！他俩说我年纪小有病，硬是让我钻在中间。一天行军的疲劳，我很快就睡着了。

天亮醒来，郭士成同志给我送来一碗热腾腾的炒面，吃完炒面，我们又继续前进。路上，他对我和袁洪华说："昨夜有'敌人'（指少数民族武装,受反动宣传欺骗,当时仇恨汉人）到森林里来,没敢叫醒你们。"我这才知道,为了我们的安全,他一夜没有睡觉。就是这种同志的力量，鼓舞着我越走越坚强。袁洪华和郭士成同志为我耽误了一些工作，后来听说还受了批评，我感到很难受。

选自杨国夫等:《星火燎原·未刊稿》第4集，解放军出版社2007年8月第1版，第121—123页。

朱聚奎，红军长征时为红四方面军第三十一军党委机关报战士。新中国成立后，曾任武汉军区第十五军四十四师政治委员。

草地余生①

李继清

1936年6月，我所在的部队又再一次来到了草地边缘。虽然走的是曾经走过的老路，然而面对无边无际的大草地，每个人的心里都像压着磨盘一样沉重。我身边的战友早已换了一茬又一茬，许多我熟悉的同志都牺牲在了南下时的残酷战斗中。放眼望去，茫茫草地里连一个山包、一棵树都没有，到处是弥漫着腐臭气味的积水泥潭。在这广袤无边的大沼泽地里，遍地是野葱、野蒜等，它们开着不知名的小野花。然而，就在这人烟稀少、草皮很薄的大地上，却没有一条好走的路，可怕的沼泽几乎无处不在，让人防不胜防。前进中的队伍如果稍不留神，就会有人掉入齐胸深的污泥中去，并且越是动弹就下沉得越快。很多战士就是在这艰难的行军途中，突然遭到了灭顶之灾，并且身边的战友也只能眼睁睁看着，无法施以援手。

几万人的部队绵延在草地之中，数十里内都可以见到人们在蠕动着前进。过草地时最要命的是"冻、累、饿"，它们时刻在威胁着每个人的生命。先说"冻"，草地的昼夜温差很大，白天太阳一出，晒得身上冒汗，热得脚下臭水呛人，然而夜晚却又冷得透心凉，让人难以忍受。因为连续的行军与战斗，每一个红军战士都早已是衣衫褴褛，每当夜幕

① 题目为编者所拟，文字略有调整。

降临，寒风吹过，大家都冻得瑟瑟发抖。草地里没有可以生火的木材，大家唯一的取暖方式就是爬起来跑步、跺脚，或者几个同志相互依偎着打个盹。再说“累”，行军途中，我们无论站着、坐着，脚边都会渗出一大片水。所以白天休息时，大家都尽量不坐下来，只是三五成群地背靠背站着，以此来休息一会儿。由于体力消耗太大加上空气稀薄，不少年纪较大或体弱的同志在晚上休息后，就再也没有能爬起来。即使是在白天的行军途中，我也能经常看见几个战士背靠背地坐着，一动不动，等走近了才发现，他们早已死去。从他们身边经过，大家会忍不住回头望望，那些牺牲的同志犹如一座座群雕，用一种无声却又极其悲壮的方式留在了草地里。最后说“饿”，这也是行军途中造成大量牺牲的根本原因。尽管进入草地时，我们都背着少量的口粮，年轻些的同志背个十多斤，年纪大些的同志背个五六斤，然而这些粮食对于茫茫草地来说，无异于杯水车薪。那时，部队实行的是战时共产主义，大家背的口粮每天统一分配，一天只吃一顿，一顿只发一两口粮，其他的就靠野菜补充。即便这样，粮食离熬到走出草地尽头还差得太远、太远。到后来，部队里所有的皮带、皮鞋底，沿途所有的树皮、草根，凡是能进嘴的东西都被大家填下了肚子。我记得那时因为分辨不出有毒的野菜，不少同志因为误食毒草或吃了草地水塘里有毒的鱼而牺牲。

现在回忆那些艰苦的岁月，我常常觉得“冻、累、饿”倒在其次，最痛苦的莫过于亲眼目睹朝夕相处的战友牺牲在自己面前。当时，我所在的团部每天晚上都要清点人数，因为几乎每一天都有同志牺牲，所以每晚点名的时候就成了大家最难过的时候。虽然每一位红军战士面临的都是生与死的考验,然而,红军部队仍然在大量减员之中顽强地前进着。

当时因为我年龄小，所以身边的战友们都尽自己最大的能力来帮助我，那种同志之间的深情让我终生难以忘怀。进入草地的最初几天里，大家轮流帮我减轻身上的负重，身强力壮的同志搀扶着我往前走。可是后来，随着条件的日益艰苦，我的身体越来越虚弱，我开始出现伤寒的症状。身体发起了高烧，口鼻出血，浑身上下没劲，最后连走路的力气都没有了。在同志们都疲惫不堪的情况下，部队首长毅然将一匹大白马牵来让我骑。然而，这匹负重最多的牲畜没几天就走不动了，因为没有吃的，最后也趴下死掉了。于是，大家只好忍痛望着再也走不动的我，依依不舍地继续前进。当时，我无奈地望着渐渐远去的部队和战友，残存的意识让我感觉到，也许我就将这样永远留在这泥泞而混有腐草恶臭的莽莽草地中了，我将无声无息地与天地融为一体。记得到最后，我连一丝抬头的力气都耗尽了，脑中一片空白，毫无知觉地昏死过去。

不知过了多久，我再醒来时，已经躺在担架上了。后来才知道，是后继部队的收容分队发现了我。因为看我一息尚存，便救护了我。之后的日子里，收容队的同志们开始将他们少得可怜的口粮匀出一些给我，就是这些微薄的粮食，维持着我的生命。求生的意念让我天天采集植物野草充饥，乱吃一气。不知道是草地里哪一味有治病功能的野菜或草根，或是其中神奇的药物相配，我的病竟然慢慢好了起来，身体也逐渐恢复。靠着同志们的舍命相救、部队大家庭给予的温暖和自己的顽强意志,我终于逃过了死神的魔爪。恰巧此时部队暂缓前进,原地休整待命，这就给了我迅速跟上大部队的机会，最终顺利地走出了草地。（缪慧、安丽整理）

选自李继清:《14岁踏上长征路》, 载中共南京市委党史工作办公室、中共南京市鼓楼区委党史工作办公室编:《红旗漫卷——南京部分老红军口述长征史》, 中共党史出版社2006年10月第1版, 第140—144页。

李继清，1921 年生，四川苍溪人。1933 年参加中国工农红军。红军长征时任红四方面军第三十军某团团部勤务员。新中国成立后，曾任南京金陵石化公司干部。

六个小红军

冯玉乔

与二方面军会师后不久，部队便继续北上，准备与一方面军会合。

这是第三次过草地了。一天，我正在收拾药包，指导员把我喊去，对我说："小卫生员，团卫生队调你去，药包子丢下，别的东西全带着，以后可能还回来。"

指导员的话我记在心里。回去把药包交给文书，背起包，就往卫生队走去。一到卫生队，看到别连的两个小卫生员也在那，一个是张黑子，一个叫不上名字。

"黑子，你在这干啥？"我问。

"队里调我来的，你呢？"

"和你一样！"

我正和黑子说着，队长来了：

"队里决定你们三个到甘孜喇嘛寺工作，马上就走。"

我们看看队长，都以为喇嘛寺有伤病员等着急救，就很高兴的去了。

到了喇嘛寺一看，尽是些妇女、小孩和老头，根本没什么伤病员。八团的两个司号员和通信员小胖也在这里。怎么回事呀，我心里憋不住想问一声。黑子比我还要急，转身对我说：

"冯玉乔，你俩不要乱窜，我去打听打听。"说罢，就一溜烟地跑了。

不一会，黑子回来了，脸红气喘地说："冯玉乔，糟了！你知道叫咱们来干啥？”

“来工作呀！”

“嗯！”他不满意地说:“刚才听一些大人说，这里叫什么留守处。还说这次过草地比头两次路远，怕咱们人小掉队，把咱们留在这里，等情况好转了，再来接我们。”黑子的话，给我们头上泼了盆冷水，都鼓起小嘴，呆呆地站着，像受了好大委屈一样。

“头两次过草地，咱们就没掉过队，这回凭啥给留下！”

“队长还说调这里工作呢！净撒谎！”我不满意地添了一句。

我们嘟囔了一阵子，也没法子，只好住下来。

留守处的人我们一个也不熟，很别扭。心里老是惦着连队，想着连长、指导员。班里的同志，都像亲兄弟一样，行军累了，他们就帮拿东西；走不动了，大个子同志就背着走，该多好呵，可偏把我们留下来。

第二天，听说部队是到簸箕口去，已经出发两天了。这回我们可沉不住气了，就找个僻静地方一起商量赶队的事。大家你一言我一语地叽咕半天，也想不出个好主意。正在发愁，营里司号员来了。司号员比我们大，板眼就比我们多些，但瘦得好像个“老螳螂”。他听了我们的话后，摆着个大人样子说：“怕啥！草地我们又不是没走过，就算队伍走了两天，后卫部队顶多离这只有一天的路，咱们走快些，两天多准能赶上他们。”

“咱们不认得路怎么办？”小黑子着急地问。

“你就知道抹红药水。队伍走过的地方，草一定是这样的。”司号员用脚踏了一下地上的草，接着说：“咱们就顺着被踏倒的草跑，保险没错。”

司号员人大见识多，无形中就当上了我们“领队的”。他怎么说，我们就怎么做。他叫我们一起去看看路，我们二话没说跟着就走。

我们决定赶队去，出发的集合点是在附近一个小山包下。

这一夜我总是睡不着，提心吊胆的，很怕掉了队。

鸡叫头一遍我们就起来了，因为怕被大人发觉走不成，就悄悄地把干粮袋缠到身上，再披上单子，装着要解小便的样子，一个个溜了出来。

到了小山包下，司号员他俩已经在那里等着了。不巧得很，我们正要走的时候，就听有人在吆喝：

“喂！你们干啥去！”

这一喊，可把我们吓了一跳，拉着司号员不住的问：“怎么办？”眼看一个黑影越来越近，溜不成了。

“别慌！等他到跟前来再说。”司号员倒蛮沉着。等黑影走近了才看清楚，原来是通信员小胖，大家才松了一口气。我不知别人怎样，我的心里可真想踢小胖两脚。

“你们干啥去？”小胖气呼呼地又重复地问了一声。

“到这里来玩哪！”

“别瞒我啦！来玩干嘛还背背包？”

“是赶队伍去，怎么样？”司号员生气地顶了他一下。小胖没有生气，好像得了什么宝贝似地说：“真的？好！等我一下，回去拿上干粮袋和背包，咱们一块走！”说罢，回头就跑了。

我们担心小胖是“密探”。

“你们几个先走，我在这里等他。万一小胖漏了风也不怕，你们走远了，我腿快，就他那个样，累死也赶不上。”司号员总是比我们高明。

我们边走边回头望望，担心司号员来不了。没走上一里地，黑子又突然叫了一声：“瞧，赶来了！”我当大人来了，吓了一跳，回头一看是司号员和小胖，我们高兴得跳了起来。

草地一眼看不到边。我们呼呼闪闪的，只顾走啊！跑啊！累了就停下来缓口气。饿了就抓把青稞面往嘴里一塞，渴了草地上有现成的冷水。草地天大，我们谁也不怕，一个劲地往前赶。

日头下山的时候，我们宿营了。在一块稍干的地方，盖上单子互相偎依着，呼呼地睡去。

我们六个人年纪上下差不多，最大的司号员才十五六岁，最小的只14岁。我们老担心路上出了事，所以第二天天还没大亮，司号员、小胖和我三个共青团员就起来了，围坐在一起，研究第一天的行军情况。我和小胖都同意司号员的意见："共青团员起带头作用，要像连队行军那样，路上不能丢下一个同志。"

天亮了，吃了炒面，我们又继续赶路。这天我们三个共青团员都争着给小司号员和卫生员背背包，有时还扶着他们走过烂泥地。一到天黑，几个年纪小些的同志就有点害怕，要不是司号员给大家壮着胆，真不知该怎么好！

第三天中午，发现前面有人了。"在这大草原上，不是咱们的部队还能有谁？"我们高兴极啦！就像久别的孩子快要见到爹娘一样，两只小腿更加有劲了。突然，脑子里又一闪着一个念头，我说："到了连队，连首长'熊'咱们怎办？"

"'熊'就让他'熊'呗！只要让咱们跟上队伍走，什么都可以。"

"要是赶咱们回来，那就和他讲道理！"

黑子和小胖给大家拿定了主意，又拼命向前赶。

乘部队在大休息的时候，我们赶上了。我们各回各的连队去。当我回到连里时，同志们可热乎拉，大家你喊我叫："小卫生员回来了！""小卫生员……"我没有顾得这些，只是兜着心走到连长跟前，一看，连长还不怎的，就指导员板着个脸。

"冯玉乔，怎么你回来了，哪个叫你回来的呀？回去！"指导员严厉地对我说。

我真有点发火，老远跑回家来，还要赶我走。可是心里着实有些慌，要是真叫回去怎么办？我用乞求的眼光瞧了一下连长，他正扭着头哧哧地笑哩。我一琢磨，大概不要紧，心里也就平静了下来。回头再看指导员，脸也不像刚才那样了。

"好吧。你把药包拿着到团卫生队领些药来。"我也不管他还有什么话要说，没顾得敬礼，转身就跑了。没走几步，就听见后面传来一阵笑声。

选自中国人民解放军三十年编辑部编:《中国人民解放军三十年初选稿》第一卷第三辑(二)，第78—82页。

冯玉乔，1911年生，四川达县人。1933年参加中国工农红军，1942年加入中国共产党。红军长征时为红四方面军某连卫生员。新中国成立后，曾任重庆钢铁公司卫生处副处长、安全处副处长等职。1971年逝世。

草地夺牛

吴秉章

长征是难忘的，过草地更是难忘的。

1936年夏天，四方面军与红二军会合了。在朱总司令和刘伯承、徐向前、任弼时、贺龙、关向应等同志的坚决斗争和四方面军广大指战员的强烈要求下，张国焘被迫取消了伪中央，同意北上。但是经过前两次过草地和天全、芦山的战斗，部队损失严重，我们四方面军第四军十一师三个面仅剩下不足一团人。经过休整后，我被编入一营一连任一排长。

从道孚出发后，一路上人烟稀少。由于筹集不到粮食，大部分指战员因食灰菜中毒浮肿、腹泻，病号越来越多。为了走过草地，胜利到达上包座，上级决定发动全团战士参加筹粮。于是，我们一边向草地进发，一边寻找藏民聚居的地方。可是，由于国民党的反动宣传和藏族反动头入的欺骗，藏胞被迫外逃，我们在草地附近的藏民区转了三天，没有找到一个人影儿，看不见一头牦牛。青稞麦等农作物已被反动土司间壁，企图将我们饿死在草地。事实上我们的一些同志已经被饥饿和病魔夺走了生命，枯瘦之躯永远地被留在了草地。面对死亡的威胁，我们决定“打牛场”，截获反动土司的牛羊，与死神争夺生命，以便能胜利通过草地，早日回到党中央身边。

茫茫无际的草原，没膝高的草丛上笼罩着阴森迷蒙的浓雾，使人辨不出东西南北。狂风在阴沉沉的天空旋转，发出瘆人的嘶鸣。草丛里积水泛滥，散发着腐臭的气息。在这广袤无垠的泽国里，找不到一条道路可走。脚下是一片腐草铺盖着的泥潭，软绵绵、颤悠悠，用力过猛就会陷下去，越是挣扎，就越是深陷。因此，我们行进时就三五个人一组，互相拉扯着，小心翼翼地向前挪步。草原的气候一天数变，有时像是一个偌大的蒸笼，闷的人们透不过气来；有时则风雨大作，冰雹骤下。宿营时找不到一块干地，同志们只好把随身携带的一块煎饼大的羊皮垫在地上，几个人围在一起，把头靠拢，上面顶一块破毯子，抱着枪支瞌睡，在饥饿和寒冷中盼望着黎明。

进入草地的第五天傍晚，我们拖着虚弱的身子，爬上了一个高坡草地，站在那里仔细地看，用心地听，希望看到一点灯光，听到一声牦牛的号叫。恨不得立刻找到反动土司的牛群，杀几头牛羊来充填我们那辘辘肠胃。这时，不知是谁喊了一声："树林！"我们不约而同地向前望去，果然在山岭下发现了一片黝黑的树林。于是我们跌跌撞撞地向树林冲去。

这是一片原始松林。地上的败叶足有一尺多厚，踩上去软乎乎的，像是地毯。树上的野雀被我们惊得扑棱乱飞，松鼠到处乱窜。由于我们的到来，使这古老的森林顿时充满了生机。

我们在这里采到了一些野菜和蘑菇，用仅有的一只瓷盆，煮了一盆又一盆，狼吞虎咽地吃了一顿"丰盛的美餐"。天黑了，大家又分头去抱来一些干树枝，点起了一堆堆篝火，通红的火苗像绸子似地飘动，火星子被烈焰送到很高的夜空。同志们围着篝火，彼此依靠着，心中惦念着被饥饿夺走了生命的战友，很多人的眼睛都湿了。是啊，在这个时候谁不想起我们那些倒在草地上，永远不能站起来了的阶级兄弟呢？

我站起身来，用茶缸从饭盆里舀了一缸野菜，倒在篝火旁的草地上，为战友的亡灵祷祝。

那夜，我找了棵空心大树，在树洞里填满了树叶和干草，一头钻进那“洋房”，美美地睡到天亮。

第二天，我们走出树林，顺着这低洼的沟壑向前行进。凭着我们的经验，这低洼的沟壑向前行进。凭着我们的经验，这低洼地带往往是藏民居住的地方。不出所料，在第二天下午，我们果然找到了零零星星的 30 几个帐篷，但却找不到一个藏民，他们早就被土司赶跑了。帐篷内狼藉不堪，像是被劫掠过一样。我们在帐篷前后找到了一些撒落的青稞麦和豌豆，炒热后，装入粮袋，便又艰难播开始了跋涉。都想凭着身上的一点气力，多赶些路，尽快走出这吃人的大草地。

身上，水湿淋淋；脚下，积水没膝。同志们互相搀扶着，依偎着，拉扯着，艰难地向前挪动着步子。我们想到党中央就在前头，想到过了草地就是胜利，谁也不发牢骚，都用最大的毅力支撑着，不愿意再给集体增添一点儿麻烦。

到次日黄昏，我们在土泥水中整整跋涉了一天一宿，两条腿都肿了，泥浆一直糊到大腿根儿。被荆棘划破了的伤口流溢着鲜红的血，血与泥水混合在一起，结成了厚厚的痂。

突然，从远处传来一声牦牛叫。这叫声像是我们听惯了的冲锋号，顿时我们都精神起来。看着前面，是荒草丛生的高原草地。正在我们举目四顾的时候，又传来几声鞭响，我们断定：前面一定有牛场。

这时谁都顾不得腿疼了，个个抖擞精神，准备投入夺牛的战斗。

太阳西堕，墨绿的大草地被罩上了一层橘红色的霞光，草丛上的水珠被夕阳照得晶亮。这是进入草地以来最美的一个黄昏了。

我们爬上了高地，太阳已被草原吞没。在朦胧的夜色中，我们俯身下望，只见足有千余头牛、马、羊在草场上蠕动。那些身穿白色和黑色氆氇的土司头人发觉了我们后，便举枪向我们射击。这枪声激怒了我们的战士，他们忘记了饥饿、疲劳和伤痛，猛虎一般地向这股反动武装扑去。

“突突突”，愤怒的子弹从枪膛射出，在敌群中飞窜。牛嘶、马叫、羊咩、人喊，草场上乱作一团。不到三五分钟光景，匪徒们就狼狈而逃了。

正当我们全力吆集牛羊，拣拾糌粑时，不料这股匪徒又返转了回来。他们凭借着有利的地形，“呜呼”地喊叫着向我们反扑。

我们匍匐在一个低洼地带，排好轻重机枪，拉开手榴弹的保险盖，等待着他们接近。敌人见我们不还击，就一个劲儿地向下冲。等他们冲到距我们只有三五十米的时候，我们的手榴弹便飞入敌群，所有的轻重机枪也一齐吼叫起来。顷刻间，敌人就像暴风中的乱草，东一片西一片地倒下。就在这时，有一个班已经迂回到敌人的左侧，他们的机枪像雨点一样地朝着敌人扫射。最后，这反动土司武装不得不丢下几十具尸体败逃了。

战斗胜利了，草场上一片欢腾。有的战士蹦着高喊“饿不死，饿不死啦！”战士不顾伤痛，趴在地上打滚。有的则钻进冒着烟的帐篷中去，抓起烧得糊焦的糌粑，大口地吞嚼。这是我们忍着饥饿同敌人厮杀得来的胜利啊！

面对上千的牛羊和马匹，我们高兴极了。一个湖北大个子竟然抱起一只羊，扛在肩膀上又蹦又跳。有一个腿上受了伤的四川籍战士，看到一匹马跑出了草场，竟一瘸一拐地去撵了回来，嘴里还不住地呼喊：“妈的，一个也休想跑掉！”

当夜我们在土司的帐篷里，用干牛粪烤火取暖，用他们丢弃的炊具煮羊肉吃。虽然没有油盐，可我们的战士嘴里还不停地喊：“过年啦，过年啦！”

为了使整个部队能渡过难关，师部决定：牛羊平均分配到各部队。我们排按分配带了两头牛和两只羊。在后来的日子里，我们把牛皮和羊皮都烤着吃了。

长征已经过去 50 年了，但是这场草地夺牛的战斗却永远印在我的

心底，从未淡忘。因为是那些牛和羊帮助我们渡过了难关，走出了草地，回到了党中央的怀抱。（王瑞起整理）

选自《四川党史研究资料》1986年第9期。

吴秉章，1913 年生，四川达县人。1933 年参加中国工农红军，1936 年加入中国共产党。红军长征时任红四方面军第四军十一师排长。新中国成立后，曾任沈阳军区后勤部营建总队政治委员。1987 年在沈阳逝世。

草地上的一夜

胡华居

我们一些伤病员实在走不动了，慢慢掉下队来，几个年轻的护士陪着我们。在茫茫的草地里，灰黑的天空中，看不到一只鸟儿飞过，也听不到一个虫儿的叫声。充饥的野葱、青稞、茴茴菜早被先头的部队挖光了，剩下来的，只有些味道极苦而且为数不多的麻菜和大黄叶，我们一边采这些野菜充饥，一边顺着前面部队留下的脚印前进，身体稍好的赶上前去，身体稍差的因气候变化太大和无食充饥而牺牲了。

一天，太阳偏西的时候，我们走在一起的三人又饿又累，实在走不动，就住了下来，生起一堆火，三人坐在火旁边，眼睛呆望着火苗，不时默默地添上几根干枝，谁也不说一句话。煮了几缸热水喝下去以后，稍稍有了点精神，可是，空肚子给热水一冲，马上叽里咕噜的叫个不停，反而更饿得难过，我们不得不躺下来。我不自觉地摸了摸口袋，突然触到一个硬东西，“嘿，老李！小马！做饭吃吧，快起来！”我精神百倍地喊道。

“唉，不要开玩笑啦！”老李眼皮都没睁，有气无力地说了一句，小马干脆没动。

“你们看这是什么！”我从袋里掏出两条细皮带，在他们眼前晃了晃。

“啊，真的呀？”小马到底年轻几岁，一骨碌爬起来，高兴地说：

“老李，起来吧，做饭啦！”

老李确实给疾病和饥饿折磨坏了，他撑着棍子，才慢吞吞地站起来。我们把皮带浸在开水里，洗了洗，刮了刮，又切成小碎块，放在茶缸里，炖在火上。三人围坐在火边，不转眼地望着沸滚的小缸子，心里真有说不出的高兴。

“小胡哇，你见过炖肉没有？那声音就和这一样咕嘟咕嘟的啊！”小马高兴地对我说，紧接着，他又凑到我面前悄悄问道：“哎，你哪来的皮带呀？”

小马不问来处倒也罢了，这一问，不由我一阵心酸。那是两天前发生的事了。大前天刮大风，大个子老杨和一个病号死在草丛中，我拔了一堆野草把他们掩盖起来，从他们的身上找到的这两根皮带。两天来，我一直舍不得吃，现在，不得不拿它们充饥了……这本是烈士的遗物啊！想到这里我的眼睛潮湿了，可是又怎能对小马说这些呢？我擦擦眼睛，假装不在意地回答说：“我拾的，不一样吃吗？”

“是一样。不过今天吃饱了，明天你把眼睛放亮些，再拾几根呀！”小马那天真的话，说得我苦笑了一下。我在草丛中采了一把苦菜，和着切碎的皮带炖在一起。这顿饭一直吃到日落。以往吃皮带难嚼难咽，苦菜更没法进口，今天却吃得津津有味，我和小马很快合吃了半缸，那半缸给老李吃了。喝了两小缸水，我们就蜷伏在火旁睡下了。半夜，天空里突然一声霹雷，我惊得坐了起来，刚想站起，铜钱大的雨点劈头打来，呼呼的暴风刮得树摇叶落，不一会儿，山上的洪水像冲破闸门一样往下冲，天黑得伸手不见掌，我急忙叫起小马扶起老李，借着阵阵的闪电，摸到一棵倒下的大树旁。三个人紧靠着坐下来，把被单张开顶在头上，度过了这狂风暴雨之夜。

第二天，我们又前进了。

选自杨国夫等：《星火燎原·未刊稿》第4集，解放军出版社2007年8月第1版，第86—87页。

胡华居，1914 年生，四川达县人。1933 年参加中国工农红军，1934 年加入中国共产主义青年团，1936 年转入中国共产党。红军长征时任红四方面军第三十一军九十一师二七六团排长。新中国成立后，曾任贵州省军区镇远军分区司令员兼政治委员、解放军第八步兵学校政治委员、济南军区装甲兵副政治委员、新疆军区副政治委员、济南军区顾问、全国政协委员等职。1955 年被授予少将军衔。1979 年在济南逝世。

钓　鱼

邱阜

在草地上忽忽闪闪地已经走了十几天啦，人饿得焦黄消瘦，肚子像贴到脊梁骨上去了；有的同志走着走着有气无力地说了一声“炒面……”下面的话还没出口，就倒下去咽气了；有的同志吃野菜中毒，倒在地上淌几口清水就死了。同志们见着多难过啊！只想加快脚步快些出草地。有的说：“我把裤带勒紧些，死也要走出草地再死！”有的说：“我死在草地上都不闭眼睛！”

那时候我给红四军王宏坤军长当警卫员。军长虽然精神格外振作，心里却比谁都着急。本来，他是个沉静平和、不爱说笑的首长，这时却变得好说、好笑、好管“小事”了，不论见着谁，总是笑嘻嘻地问：“怎么样？累不累？还有多少干粮？”我们的干粮快吃完了，他一动碗总要先问我们吃了没有，并且说：“没有干粮了吧？吃我的！”

军长由于日夜操心，劳累得脸颊塌下去两个大坑，眼窝也凹进去好深，颧骨突起老高，脸显得更加瘦长了，我们看着暗暗担心：万一军长病了怎么得了！总想找点东西让他吃饱。军部的炊事员老郭，是个实心眼的人，最爱做这做那，整天闲不住，这时他总觉得过意不去，直是叨咕：“好长时间没有给首长做过什么吃的了！”一到宿营地，他就去找野菜，可是经常空着两手回来，蹲在那里一声不吭地发愁。

过了噶曲河的第二天，差不多到了草地的中间，在行军小休息的时候，我突然看到小河沟里有东西来回窜蹦，急忙向前走了两步，定睛一看，哎呀！是小鱼！心里乐得差一点大喊起来，但又怕把鱼吓跑了，只好憋着满肚子的高兴，从挎包里找出入草地前用大针制成的鱼钩，穿上粗线……真糟糕，还没搞完，部队就继续前进了。

一面随着部队走，一面想着那些小鱼，好像有什么东西拖住了我的脚似的，越走心里越不是味道。“看见了还没捞到手。”我偷偷给胡少山说了一声，拔腿就跑回刚才休息的地方。

找了根小柳条做鱼竿，弄了片草当鱼饵，我把鱼钩轻轻丢到水里，一丝水纹刚刚散开，一串小鱼张大着嘴就来抢“食”吃。我急忙把柳条往后一带，“哎呀！”我惊喜地叫了一声，简直高兴得想蹦起来。钓上来一条鱼！原来草地上的小鱼不管啥都吃。

一钓一条，一钓一条，把什么都忘掉了。我直起身子来，腰有些酸，腿直打哆嗦，眼前冒着金星。停了停，看部队走得不见影子，天也快黑了，大概他们快住下了吧？军长一住下就要四处查看，搜集汇报，看地图……他要是叫我怎么办呢？我急急忙忙从放地图的挎包里拿出毛巾包好小鱼，快步追赶部队。

见到老郭，我一边擦掉满头大汗，一边打开毛巾，这回他该高兴了！“哎呀！”小鱼怎么就剩这点了？我直想放声大哭，嚷着说：“不止这些！不止这些！我的小鱼丢了一半！”原来毛巾下面有个小洞，一条小鱼还卡着洞呢！老郭可没嫌少，两眼笑成一条线，问声是哪里弄来的，就乐呵呵地忙去刮洗，把脸盆放在两块石头上煮起鱼来了。扑鼻的鱼香一股股地冒出来，周围的许多同志都跑来看。

无油少盐的小鱼煮好啦，老郭连汤带水全给军长盛去了。军长一看是鱼，惊奇地问道：“哪里来的？”胡少山嘴快，回答说：“邱阜在小河沟钓的！”军长呵呵地笑了起来，问我们说：“小河沟里还有鱼吗？钓了多少？你们吃了没有？”胡少山接着说:“盆里还有，明天还钓呢！”军长才坐在一块石头上端起碗来。

军长嘴里的鱼还没有咽下去，就喊了起来："警卫员！你们都来吃吧！这鱼好香呀！"我们站在帐篷外面假装没有听见，可是肚子咕咕叫得更加厉害了。军长又叫了，我赶紧答腔："还有呢！"军长这才放心地吃起来。这时，刚才看我们煮鱼的一个交通队的同志来到帐篷边，见鱼没有了，便小声问："你们吃了？"胡少山连连摆手，要他别问，他伸伸舌头，缩着脖子，蹑手蹑足地走了。

收碗的时候，我看小鱼还剩一半多，就努着嘴问军长："怎么首长不吃了呢？"他两眼不离地图，一边说："今天可吃了不少，怪香的，你们拿去吃吧！叫老郭也吃点。"军长就是这样，什么时候也忘不了我们。

老郭一看还剩下了鱼，就不自在，好像吃不完是他有什么过错似的。他瞧了瞧我们，故意嘟哝:"我看明天早晨军长吃什么？"我说:"都给他留着吧！"老郭高兴起来,随后他倒出鱼汤来,又拨了一点点小鱼，叫我们分着吃。胡少山刚一沾着鱼汤，就小声地叫着说:"人参，燕窝，宝贝！"我们都嗤嗤地笑了。

剩下的鱼，老郭小心地放在一个碗里，用煮鱼的脸盆扣住，放在他装东西的背篓旁边……

选自杨国夫等:《星火燎原·未刊稿》第4集, 解放军出版社2007年8月第1版, 第90—92页。

邱皋，1915 年生，湖北麻城人。1932 年参加中国工农红军，1934 年加入中国共产党。红军长征时任红四方面军第四军军长王宏坤的警卫员。新中国成立后，曾任湖南省湘潭军分区政治委员。2007 年在长沙逝世。

牛蹄飘香

高明顺

离出草地还有四五天路程呢，可身上三尺来长的粗布干粮袋也和我一样，早就饿得肚皮贴脊梁了。

刚进草地那阵子，每人带了15斤青稞炒面。开饭的时候，往野菜、草根汤里撒上一小把，还能勉强充饥。昨天，将最后一条干粮袋翻过来抖了又抖，拍了又拍，才喝了一顿面味都没有的“炒面汤”。眼下，是一点炒面也没有了。

在这茫茫的草原上，断粮意味着什么，大家心里都很明白。我望着在晨风中摇曳的水草，直发愣。

这时，庞班副蹒跚着走过来，轻轻拍着我的肩头，笑道：“嗬，小高还在观赏风景啊！哪个不埋锅造饭？”听了他的话，我心里想，咳！这人也真宽心，别人愁得没法子，可他还有心思说笑话。我没好气地瞅了他一眼。

庞班副没在意，眯笑着说：“断粮啦？来，再打开粮袋，把它打急了，兴许能给点东西呢！”说着，伸手从我挎包里拽出干粮袋来，只见他解开口袋，轻轻一抖，像变戏法似的。嘿！真是奇怪，“空”粮袋里，居然扑簌簌地滚出一颗颗深黄色的青稞麦粒。足有小半捧！庞班副喜滋滋地轻声道：“嗬！小高的粮袋还会下儿呢！”我疑心是自己眼睛出了岔，眨巴眨巴眼，看了又看，没错，真是麦粒，一颗一颗的，像珍珠似的，混杂着一些泥沙，有的还冒着淡绿色的小芽。但我心里又感到纳闷，我清楚的记得，昨天晚上检查口袋，明明是条空口袋，这麦粒是从哪儿来的呢？

愣了半晌，我突然想起来了：这麦粒，还是十多天前庞班副在一条小路旁打扫起来的呢！没想到他饿着肚皮把它留到现在，怪不得昨天晚上睡觉时，我隐隐约约觉得有人动了我的挎包，原来是他悄悄地把这点麦粒放进了我的粮袋。

我急急忙忙把麦粒往他手里塞。他躲闪着连声说："别弄撒了，别弄撒了！今天我们一起消灭它！"

半小捧麦粒，在清清的野菜汤里分外惹眼，我抬头望望庞班副黄瘦的面容，凹陷的脸颊，两眼不由得被泪花模糊了。庞班副啊庞班副，打从离开川西北上，你一路上替这个战友背枪，为那个战友鼓劲，像对待自己亲兄弟一般。如今，在饥饿威胁着大家的时刻，你变着戏法儿献给我们的，不是一小捧麦粒，而是一颗滚烫的心啊！

想到这里，我的眼泪止不住地落在自己的手背上。

庞班副看了看我，然后指着锅里的麦粒野菜汤说："大家快喝汤吧！我们现在咬咬牙，走出草地就好啦……"可是，当天傍晚宿营时，我们真是一点粮食星子都没有了。前面部队走过的小道近旁，已经找不到野菜了。大家又累又饿，只好随便刨了些黄茅草根，填在嘴里嚼嚼，依偎在一块儿过了一夜。天刚亮，我们又踏上了征途。掉队的人越来越多，但是谁也没有停步，大伙儿互相搀扶着，一步一步向前挪动，不知是谁，还低声唱起了山歌……

我拄着木棍，高一脚低一步地走着，突然，木棍在干草丛中碰到一团硬邦邦的东西，我蹲下来仔细一看，嗬！是个烂牛皮鼓。我连忙把鼓面撕下来。这天，全班六七个人把这点牛皮烧了烧，割成小块小块的，煮成了一锅美味的牛皮汤。庞班副边喝边美滋滋地咂着嘴说："真安逸！这味道比起家乡的烟熏肉也差不了多少！"大家一下子被逗乐了，忘记了饥饿和疲劳。

离草地边沿越来越近。饥饿也越来越厉害地啃啮着我们的肚肠。人人脚上都像绑了个大铅块似的，每迈一步都感到吃力。同志们互相搀扶着往前行进。但为了寻找吃的东西，有时又不得不分散开来。当我正睁大眼睛细心地寻找可食的野菜时，手中木棍戳着的那草丛上，突然，呼地一声，一团苍蝇飞了起来。我下意识地忙蹲下扒开乱草，“啊！”我高兴得差点叫了起来。我眼前，竟有两支牦牛蹄。这两支牦牛蹄虽然已被啃得只剩下骨头上的一些肉星子和一些丝丝筋筋，但此时在我眼里，却是何等的金贵啊。我甩开木棍，捧着这两只牛蹄，也不知那来的这么大的力量，呼喊着向庞班副奔去，气喘吁吁地把牛蹄递给他。他接过牛蹄，半天说不出话来，深陷的眼顿时放出光彩，激动地对大家说：“同志们，快走啊，今晚我们打‘牙祭’。”大家看到是牛蹄，差点欢呼起来。

暮色给草地披上了一层轻纱。草地上这里一团，那里一堆燃起了红彤彤的牛粪火。我趴在火堆前，看着庞班副把牛蹄架在火上烧烤。不一会儿，响起一阵丝丝声，一股扑鼻的烤肉香味儿随着轻轻的夜风在草地上飘散开来。庞班副手拿一双竹筷，在一支牛蹄上敲着，并跟着节拍，轻声地哼起了当时四方面军中流行的一支歌：

牛肉本是好东西，

哟嘿！辣子生姜避腥气，

哟嗬嘿！

我们沉浸在即将走出草地的欢欣里，就着一锅白开水，一点一点撕啃着烤得焦黄的牛蹄。这牛蹄真香啊！直到现在，那股香味有时似乎还在我的鼻前飘散，飘散……（赵嘉琪、徐庆华整理）

选自成都军区党史资料征集委员会办公室编：《红军长征回忆与研究》，云南人民出版社1986年12月第1版，第113—115页。

鼓　皮

赵洪进

有一天行军途中，部队停在一座不大的山神庙旁边休息。我找了个荫凉地方刚坐下，忽然看见墙角那里放着一张破鼓皮，有斗笠那么大，上面落满了灰尘。看样子是没人要了，于是我就把它捡了起来。

出发时，班长看见了，问我："你拿这个干什么？"我把鼓皮顶在头上笑着说："当斗笠啊！"全班同志听了都笑我自找麻烦，长途行军带这个累赘干什么？他们笑并不奇怪，就连我当时也没想到它后来会帮了我们那么大的忙。

日子一天一天的过去，环境越来越艰难。我们终日走在大山深谷里，一天就要过着几个季节的气候：山下火辣辣的太阳，晒得人们身上像着了火似的，干张嘴喘不上气来；可山顶上却是积雪数尺的银色世界，一阵凛冽的寒风吹来，栗子般的冰雹就没头没脑地砸下来，人们抱着脑袋不知往哪儿躲好。在这些日子里，多亏了那张鼓皮：在山下，我用它遮太阳；到山顶，我用它挡冰雹。

进入草地之后，部队成天都在泥水里噗喳噗喳地走着，这烦人的"道路"没边没沿，似乎永远也走不完。两只脚整天在水里泡着，草鞋胀得像一只船，越胀越紧，慢慢地把脚挤出许多大大小小的血泡，血泡被污水一浸，就化了脓。拖着这样的脚行军，滋味可真不好受，所以每当休息的时候，谁都想好好歇一下，可是草地上净是泥水，怎么往下坐呀？

又用上那张鼓皮了，把它往地上一铺，坐在上面，即不透水，下面又软乎乎的，像沙发椅一样。

鞋子被水泡烂了，穿坏了，许多人只好光着脚行走。荆棘、尖石划破了许多同志的脚，淌着脓血，走一步就像千百颗钢针一齐扎在心上，同志们都咬着牙，皱着眉，忍着钻心的疼痛，挪动着脚步。这样下去能支持多久呢？晚上宿营，班长拿出他的也是全班仅有的一床夹被，撕开分给大家包脚，布少人多，分到我和一个湖北的同志面前，布就没了。这时，我又想到了那张鼓皮，就对那个湖北同志说："来，我们做皮鞋！"说罢，两个人锥眼的锥眼，穿绳的穿绳，不大工夫，两双"皮鞋"做好了，那个湖北同志穿上以后，跳起来嚷着说："看，我穿上皮鞋啦！"

日子一天天地过去，吃的越来越少了，粮食吃光了吃马，马吃光了就吃野菜，后来，野菜也找不到了，就吃皮带，皮带吃光了，只好空着肚子。

有一天，我们来到一座非常险峻的观音岭底下宿营。这山真高，抬头望不见顶。凭我们这份体力，再不吃一点东西，怎么过得去呢？光愁也解决不了问题呀，还是睡吧！在躺下之前，我习惯地脱下"皮鞋"当枕头。一触到那双皮鞋，窍门又开了：皮带能吃，难道鼓皮不能吃吗？可是看着这双随我走了几千里，帮助我克服了许多困难的鼓皮做的皮鞋，心里真有点舍不得。可话又说回来了，无论如何，山得过，我站起来，找了一抱干树枝，点起了火，毅然地把"皮鞋"放在火上，它在火里吱吱乱叫，把班里的同志都引过来了。班长看着我开心地笑着，眼睛里好像在说："咱有办法啦！"那个湖北同志这时也光着脚挤上前来，把他那双"皮鞋"也扔到熊熊的火堆里。烧了一会儿，把鞋拿出来用水洗了洗，拿刀刮了刮，然后，又放到脸盆里去煮。咕嘟了好一会儿，皮鞋变得又黄又软，不断地散发着糊香气，闻到这个味，真想一下子把它吞下去，别看这些平时连想一下都要恶心的"食物"，那时可真宝贵！待"皮鞋"煮好后，班长用小刀把它切成许多小块，分给班里的同志，留着到第二天爬山时再吃。

夜已经很深了，同志们也都入睡了，我却翻来覆去睡不着，谁能想象得到，一张被人扔掉的鼓皮，会有这么大的价值呢？

选自杨国夫等:《星火燎原·未刊稿》第4集，解放军出版社2007年8月第1版，第88—89页。

赵洪进，1918年生，四川阆中人。1933年参加中同工农红军，1935年加入中国共产党。红军长征时为红四方面军战士。新中国成立后，曾任四川省水电厅行政科科长、招待所所长等职。1972年逝世。

棍　子

李明

红三十一军九十三师二七九团经过连续行军，由芦花地区到达了草地边沿的马河坝。一来是部队十分疲劳，需要休息；二来也需要为下一步草地行军做好准备。因此，在这里住了三天。

出发前夕，师部的骑兵通信员送来了准备行军的命令，命令中有这样一条要求：每人准备一根一丈长的棍子，战士们当然都照令执行了。

第四天一早，天还不大亮，部队就集合出发。在集合队伍里，竖立着一排排的棍子，像一片刚栽好还未生长枝叶的小树林。各连的啦啦队热烈地拉喊着唱歌，团长周绍成同志来到了队列前面，特地把我们每个人准备的棍子检查了一番。

关于棍子的用途问题，虽然在师部的行军命令和团首长的讲话中都有说明，但是并没引起人们足够的重视，这是因为前面道路上的困难和草地上的自然特点，谁也不摸底。而有关这方面的种种介绍，初听来也似乎神奇得很，使人难以全部相信。因此在第一天行军中，棍子就损坏了不少。爬邛崃山脉的大山时，身体弱的同志，有的把长棍子弄短当了拐杖，有的当作扁担挑了东西，还有的因为背了步枪、行李、干粮，觉得再带这样长的棍子实在是个累赘，干脆把它扔掉了。

我们第一眼接触到草地的情景，是令人难忘的。爬上了一座大山，一片绿茫茫的无边无际的草原展现在面前，有的战士竟兴奋地叫了起来：“到平地啦！到平地啦！”还有的说：“山上还有这样大的平原，多好啊，这里一定有人家，还许出大米呢！”可是哪里知道，正是这片表面上看来开阔美丽的草原，却蕴藏着无数奇诡的灾难！这里不仅没有人家，不长粮食，而且连鸟兽也很少见到。

那天上午天气还很好，爬山时的太阳烤得人们燥热发昏，不料一到中午，突然下起了暴雨，气温骤然下降，战士们的衣服背包全被打湿，并且在一条迂回湍急的小河里往来涉水 30 多次，河虽不宽，水却很深，六月天也像冬天一样冷得刺骨，有些瘦弱的同志当时就冻病冻坏了，有的甚至牺牲了生命。

暴雨过后，太阳又慢慢露出了头，天还不黑，团部就发出宿营的命令。这是第一次在草地上露营，团首长亲自给各营划分了露营地点，又派参谋传达命令：要部队赶快选择地势高、不易浸水的地方，用自己的被单和带来的棍子搭好帐篷，以防御每夜必下的大雨和冰雹。这一下，可把扔掉棍子的人难住了，用什么来搭帐篷呢？四面都是光秃秃的，没有一根树枝。就是没有扔掉棍子的人，也没有搭帐篷的经验呀，七长八短的被单怎么能连到一起呢？因此，这天不少的人都没有搭帐篷，在大雨和冰雹下熬过了一夜，衣服和全部东西都湿透了。

一天天的行军过去了，我们的衣服被雨打湿了靠体温暖干，暖干了又被打湿。部队首长和党支部动员大家想尽一切办法克服困难，保证胜利地走出草地，到达抗日前线。战士们也从艰苦生活中亲身体验到棍子的好处，再也不敢随意丢棍子，并摸索出许多棍子的用法。

棍子，我们用它搭帐篷。各班根据所有棍子的长短，被单的大小，固定以三五人为一小组，每到宿营地，就迅速搭好帐篷，挖好排水沟，然后搞些草枝铺好地铺。对于帐篷，我们创造了各式各样的搭法：有用三根棍子一个被单搭成三角形的；有用四根棍子做架，一根做梁，再用一个大被单搭成长棱形的；也有把一根棍子直埋在土里，用另一根作为横架，将被单一边系在上面，另一边系在地面草丛上的，这叫作条形帐篷。为了把帐篷搭得大些好些，同志们都拿出自己最大最好的被单，甚至有人把缴获敌人的花被单、线毯子也拿出来了。每次宿营后，只见五颜六色各式各样的帐篷，点缀着绿色的草地，远远望去，像是一片盛开的野花。

棍子，也被用来制做雨伞。夏天的草地，有云就有雨，我们当时除了极少数同志有斗笠，大部分同志没有雨具。为了防雨，我们在一根棍子上绑上两根小棍子扎成十字架，再用一块方包袱皮扎在十字架上，这就成了一把“雨伞”。

棍子，也是帮助我们走路的拐杖。在草地上，几乎到处都是水草不分，有些水沟水潭被绿草覆盖着，看起来很窄，似乎一大步就可以跨过去，其实却很宽，水也很深，一掉进去就会被冲走。这时候，棍子就可以用来试探道路的虚实和水的深浅，既避免了危险，也减少了疲劳。

在草地上，到处都有像橡皮一样的泥沼地，行军中一不小心，人就陷进烂泥里，越陷越深，拔不出脚来。如果别人用手去拉，就会遭到同样的灾难。怎么办呢？只有站在较坚固的地方，远远地把棍子递给失足的同志，然后大家一齐使劲把他拉出来。在这种时候，棍子简直成为我们救生的好工具了。

当棍子成为我们行军生活中不可缺少的东西时，再也没有人扔掉它了，已经扔掉的补充起来了，弄短了的也换长了，有些班里还指定专人保管搭帐篷的棍子。大部分同志都自制了雨伞，插在背包上，下雨时挡雨，不下雨就遮太阳。至于拐杖，更被大家视为珍品，有些同志一直带到陕北还不愿丢掉，因为它曾经伴着我们走过了这段艰苦的路程，曾经帮助我们战胜了无数困难，就如同一个患难与共的老战友，确实有点难舍难分呢！

选自杨国夫等：《星火燎原·未刊稿》第4集，解放军出版社2007年8月第1版，第96—98页。

李明，原名李万明，又名李万翔，1918 年生，四川苍溪人。1933 年参加中国工农红军，同年加入中国共产主义青年团，1937 年转入中国共产党。红军长征时任红四方面军第三十一军九十三师二七九团文书、书记。新中国成立后，曾任云南省军区副政治委员、贵州省军区副政治委员、昆明军区炮兵政治委员等职。1964 年被授予少将军衔。1986 年在昆明逝世。

难忘那匹救命的马

詹习扬

1932 年 2 月，只有 17 岁的我在大别山脚下参加了红军。1934 年至 1936 年，我亲历长征，并在一次战役中负伤，落下了右脚的残疾。我就这样拖着残脚，跟随队伍完成了长征。

一、一颗子弹打中了我的右脚跟

我现在还清楚地记得，我所在的队伍是红四方面军第四军十师二十八团二营四连。那天，我们的领导张琴秋同志把我叫到办公室谈话，她是位干练的女革命者，她问我识不识字，我说我曾经读过私塾，会写几个字。所以，从那以后，我就在连里做起了文书的工作。

那是在四川发生的一次小战役，和敌人打得正激烈时，我突然感觉右脚一疼，当时也没当回事，就继续战斗了。过后我才发现，是一颗子弹打中了我的右脚跟，疼痛钻心，赶快到战地医院进行了简单的处理。部队前进时，我们这些伤兵跟在队伍后面走，战友轮流用担架抬着我，偶尔也骑在马上走。

到了四川的一个县时，我的脚越来越疼，渐渐跟不上队伍了。形势越来越严峻，条件越来越艰苦，没有了担架和马匹，我只能自己拖着伤脚走路。更糟糕的是，由于吃了不干净的东西，我又闹了肚子，和大部队越落越远。

二、一匹受伤的瘦马救了我的命

我不想掉队，但又不得不掉队，一个人拼命地往前赶，路上时不时地就会碰上和我一样掉了队的伤兵。就在我几乎走不动了，陷入绝望的时候，前方跑过来一匹马，我欣喜若狂，心想终于有牲口可以骑了。走近了才发现，这是一匹背部被子弹打坏了的瘦马，估计是前方部队丢下的。于是我将带着的衣服垫在马背上，骑了上去。虽然有些不忍心，但实在是没有办法。就这样，我们这一对伤兵残马上了路。

一天一宿之后，我终于跟上了队伍。可怜的马儿累得或者是疼得浑身是汗。走着走着，前方现出一条大河，河面上悬荡着一条铁索桥。人能过去，但马就过不去了。我想我应该和这匹马道别了。没想到，看到我上桥了，它竟然在桥下蹚着河水继续跟我走，我真是既惊讶又感激。过了河，歇了一阵儿，我准备再次骑上它，没想到，它已经累得站不起来了，不一会儿就没了气。

三、干粮用尽把皮带煮着吃

我们的队伍一共过了三次草地。在荒无人烟的大草地里行军，我的脚伤变得更加严重了。还没走到草地中央，事先准备的干粮就已经吃光了。于是，树皮、草根都成了我们的口粮。后来，树皮和草根也没有了，我们就只有吃皮带了。

我记得吃皮带的过程是这样的：先把皮带用水煮，一直煮到皮带冒泡，再把它拿山来用刀刮，把泡刮掉。这时的皮带应该是黄色的，可以直接吃，也可以再煮一煮，然后撒一些盐，吃起来就更香了。我知道现在的人听起来有些不能理解，但当时的我们没有办法，不吃就要饿死。一般情况下，我们四五天才会大便一次。

终于，走出草地，队伍抵达了甘肃，我们的生活质量才好了起来。部队把老、弱、病、残的战士组织到一起，组成了一支叫作“后方独立团”的队伍，在残疾院休养、治疗。（李海峰整理）

中共辽宁省委党史研究室供稿。

詹习扬，1915 年生，安徽六安人。1932 年参加中国工农红军，1936 年加入中国共产党。红军长征时任红四方面军第四军十师二十八团二营四连文书。新中国成立后，曾任江西省抚州专区财委会副主任，湖南省湘潭电线厂厂长，沈阳市电线厂副厂长，沈阳市灯泡厂厂长、党委书记，沈阳市轻工业局顾问等职。

忘不了的长征路

瞿道文

长征初期，张国焘是四方面军的头。他反对北上抗日，不同意中央的战略闹分裂，要南下赤化全四川，跟中央搞对立。结果我们四方面军爬雪山过草地之后，接到他的命令要求南下，又不知道是怎么回事，就又回来了。这样一去一回，就是两次。

回来后，红四方面军在张国焘的带领下南下，结果打了个败仗。当时朱德、任弼时这些老同志都在四方面军，他们一方面和中央取得联系，另外一方面做张国焘的工作，和红二军会合。在这样的情况下，张国焘才不得不撤销伪中央，再度北上。于是，我就有了三次过草地爬雪山的经历。

雪山草地可不是容易过的。我爬过两个雪山，一个叫棒里山（音），山上几乎没有树没有草。爬到了一个有树的地方，休息一下，就看到路上横七竖八都是红军战士们的尸体，有的坐着，有的躺着，有的抱着枪靠在树上，他们都是一歇下来就再也没有醒来。山很难爬，越向上空气越稀薄，缺氧。有个同志好不容易爬到山顶，很兴奋，高呼一声“胜利万岁！”可叹的是他话还没说完，因氧气接不上来人就倒下去牺牲了。山上天气变化很快，刚看到一点云彩，一会冰雹就下来了，把战士们的脸都打肿了。下山也很难，一步一步不能快。

过草地也相当艰难。茫茫草地，一望无涯，没有人烟，也没有吃的。我们一共走了42天才穿越整个草地。饥饿难忍，有的同志看到青草，就摘来拿开水烫了吃。可是有些草是有毒的，人吃了很快就中毒死了。草地上根本就没有路，后面的人得踩着前面的人脚印，一步步向前。一不小心掉进泥潭，人就慢慢陷下去了，越动越是陷得快，有的同志也就这样牺牲了；有的同志在陷入泥潭后把手撑开等待救援，其他同志把绳子扔过去，然后慢慢拉出来。

草地上气候无常，下雨下雪，还有毒气。记得有一次，我们晚上在草地上过夜，找了个略微高起的土丘上扎了帐篷，有的同志就睡在里面。第二天早上，大家都准备出发了，却发现少了一些人，于是吹号集合，唯独那个帐篷没有动静。派人前去一看，那些同志都睡在里面，原来都已经中毒牺牲了。还有一次，在一条河边，同志们途中休息。集合的时候又发现少人了，过去一看，很多同志都坐着牺牲了。草地里环境很恶劣，有些地方上千年都人迹罕至，植物长了枯、枯了长，层层叠叠，瘴气弥漫，置身其中极易中毒。

这样一路走来，冻死的、饿死的、毒死的……非战斗的死亡太厉害了。很多同志不明不白就牺牲了。今天革命胜利了，我们永远不应忘记这些在长征途中牺牲的同志。

节选自《大江南北》2006年第10期。

瞿道文，1919 年生，四川达县人。1932 年参加中国工农红军，同年加入中国共产主义青年团，1935 年转入中国共产党。红军长征时任红四方面军第三十一军政治部科员。新中国成立后，曾任华东军区防空部队政治部主任，南京军区空军政治部主任、空军第四军副政治委员等职。1964 年被授予少将军衔。2015 年在上海逝世。

草地生活的片断回忆

许昌

1936年7月，长征的红军继续北上，我当时在红四军供给部任出纳科长，跟随军政委王建安同志和三十五团，从西康的雅江县出发了。路过道孚、炉霍，到达了四川省西北部的阿坝，这时因前面的部队尚未开拔，所以我们在此暂住了两天。在一个落着小雨的早晨，我们告别了阿坝，向着草地前进了。

离开阿坝约莫走了20多里路，出了一个山口，就进入了一望无际的大草地。风吹着草浪一个赶着一个地向前荡漾着，真像是一个波浪起伏的草海。向前迈去，脚下如同踩在海绵上一样，每一落脚，四周颤动，吱吱直响地冒着水泡和泥浆。走着走着，雨越下越大了，泥水湿了脚面，路突然难走了，有些地方稍一不留神，没有踩到草丛上，立刻就会陷下去半截身子，这时如果无人搭救，就越陷越深，很难脱身了。即便在同志们的帮助下，好容易爬出来，两脚却粘满了泥浆，更增加了行动的困难。有的同志因饥寒交迫，再加上草原上空气稀薄，呼吸困难，在此就被折磨死了。我们怀着沉痛的心情，掩埋了牺牲的同志，在瓢泼似的大雨下小心翼翼地沿着前面的脚印走，丝毫不敢有任何越轨的行动。部队不停地向前走着，云越压越低，雨也越下越大了。一眼看去，四周白茫茫的，真是天地相连，把人浇得头昏脑涨，都成了“落汤鸡”了，穿的背的也越加沉重了。虽然这时已是五六月的炎热夏季，但是草地上还冻得人像发疟疾病似的哆嗦难忍。炊事员同志把行军锅翻扣在头上，雨打得锅叮咚作响，水顺着四周流下，他们还算是幸运的。我们就这样艰难地走了几天，到了一个藏民夏季牧畜的场地，这里有稀稀落落的几所牛屎房子，但所谓房子也和露天差不多，上面漏雨，地下水漫，我们只得在里面龟缩了一夜。可是再向前走，就连这样的住处也没有了。每天行军的宿营地，只能选择在一些地势起伏不平长着灌木和有些小溪的地方。所以一到宿营地，一班一组的就分头忙着把小树用绳子或树枝互相攀扯到一起，上面盖上被单，充作临时住宿的帐篷，它虽不能遮蔽多大风雨，但总比直接被风雨吹打着好些。也有的同志去搞些可吃的野菜，拾柴生火，但有时费了九牛二虎之力，拾到一点柴，又因柴湿，天又下着大雨，还是生不着火，没奈何，只好吃一点凉水拌炒面了，然后几个人依偎着取暖，疲劳促使人很快就进入了梦乡。由于过度疲劳的缘故，草原上夜里的严寒，也无力敲醒我们甜蜜的睡眠。我们就是这样每天和严寒艰难搏斗着。

在未到阿坝以前，上级就已规定，每人一天只许吃四两炒面，因此同志们就沿路寻找一些可吃的野草野菜来充饥，以便节省一点干粮好过草地。人们虽饿得头晕口吐清水，但谁也不愿意多吃一口炒面，同志们都像执行战斗命令一样去执行上级的这一严格的规定，谁都懂得，如不这样做，就有出不了草地的危险。我和出纳老田等四个人经常在一起合伙使一只“三用脸盆”（洗脸、洗脚、煮饭）煮饭，所谓“饭”也不过是一种习惯的叫法而已，其实就是找一些野菜一煮，再撒上一把炒面，煮成菜糊糊。说来也怪，就是这种五味俱缺的野菜糊糊，三四个人也经常要吃满满的两脸盆，觉得比什么都好吃。我清楚的记得有一次，找不到其他野菜，吃了一顿牛耳大黄叶，虽经洗涤，水煮，再把水都挤净，几乎变成一把干草渣了，但吃起来依然酸得不得了。在草地上前进四五天后，干粮几乎没有了，野菜也不好找了。一天，宿营于二道黄河，有人发现水中有鱼，消息传开了，有针的忙着弯鱼钩，再忍心舍去一点炒面，用水和起作鱼饵，但因炒面酥松，下水后就散落了，我就是遭此不幸的一个：“偷鸡不成，反蚀了一把米。”有的同志用仅有的一点牛肉作鱼饵，居然钓到三四两重的鱼，让他们开心地美餐了一顿。大概是在第七天的下午五六点钟时，部队行走到一片原始森林里宿营了。千年的古树参天，树下层积着腐树烂叶，有一股股扑鼻的霉腐气味，但这算是在草地里的“天堂”了，既有大树可避风雨，又没有泥水，还可找到少许的蘑菇。可惜人太多，蘑菇太少，只有一顿的口福。在树林里，常有猴子出没，但不怕人，好像头一次开眼界，滑稽的在人近处待着，它们也恐是因为终日饥饿，想寻找一些东西吃吧！天亮后，果然有一两个同志发现自己保命的干粮袋里的炒面被猴子撕破偷吃了。这时同志们发扬了阶级友爱，凑点干粮给他们，又继续前进了。

在这茫茫的水草地上，每日遭受着饥饿、寒冷、疲劳的袭击，两只脚终日浸在水中，被泡得苍白发麻，皱缩得像核桃皮似的，可是每个同志的情绪都是高涨的，活泼愉快的。跨过蜿蜒纵横的溪流，看碧草随风摆动，粮秣科长阚其时同志打趣地说：“老许你看，要不是咱们参加革命，当了红军，你能够到这个地方，看到这个无边无际的大草地吗？”老张接着说“是呀！倘若有一天谈起咱们的‘西游记’来，该是多么引人入胜啊！”虽然同志们处在饥寒交迫的情况里，但人人都充满着革命的乐观主义情绪，行军中各种文娱活动花样翻新，常常唱着这样的歌子：“帝国主义居心何残忍，夺我土地杀我人，五卅的惨案含恨到如今……”“这次北上行呀，要杀日本兵哪！”每天歌声随着人流在草原上荡漾，我们虽处在寂静的草地，但如果你走在地势稍高的地方，前后环顾一下，就可看到这一伟大的、无尽头的草原巨流和无数的红旗招展，使人感到自豪和兴奋，生活在这革命的集体行列中，使人感到温暖。同志们勇往直前地高唱着：“曙光在前，同志们奋斗，用我们的头颅和热血，开自己的路……”

经过了十多天的艰苦行军，终于走出了草地，在一个阳光普照的下午到达了四川西北部的包座，使我们更高兴的是数日前从道孚分手、由我们红四军军长王宏坤同志率领到瞻化的那一路人马（军直，十师、十一师、十二师）早已聚集在包座了。经受过千辛万苦的两路人马便在此地会合了，每一个人与话别了数日的老战友重逢，互相倾诉着关怀和问候，真使人有说不出的高兴。在包座休息了两天以后，我们又开始了北上的征途。

选自杨国夫等:《星火燎原·未刊稿》第4集，解放军出版社2007年8月第1版，第83—85页。

长征片断

易绍成

1936 年 8 月，我们第二次过草地。① 当时的艰苦生活斗争考验了我们每一个红军战士，也给我留下了难忘的印象。

山珍海味

古话说："兵马未动，粮草先行。"可是，那时红军的"粮草"却是自己先长在那里的。从四川西边到康藏少数民族地区，沿途都是抬头掉帽子还望不见山顶的大山。住在大山上的少数民族不了解红军的政策，看到是军队来了，都把粮食和牛羊藏起来了。开始几天，我们都是找点野菜对点炒面充饥，日子还算过得去。当进入草地第四天时，连野菜也难以找到了，附近的野菜都被先头部队吃光了，我们是最后头的部队，就得跑很远的地方才能找到。有些战士不知道哪些野菜才能吃，不管三七二十一都摘来，叫认识野菜的同志挑，有时采了一大堆，能吃的只有一点点，就是这一点点还得留一点点到第二天吃。我们都是三五个人合组来煮的，谁先煮熟了，谁就先吃。菜里没盐，更没油。我开始吃

① 一般称红四方面军在此时第三次过草地——编者注。

野菜时，搁到嘴里一咬，又苦又涩的那股味呀，就甭说了。经过了几天的“锻炼”，才觉得习惯了。有一天晚上，一排的同志们意外地采到了一些山韭菜和蘑菇回来，一到宿营地就大声喊：“二、三排的同志们，我们一排今天晚上请客，会餐。”我们每个人虽然只能吃到一点点，但同志们却说：“平常我们只是喝酒吃菜（指喝开水吃野菜），今天却是吃山珍海味了！”

绫罗绸缎

部队还在四川西部的时候，每天都得和国民党的军队打上几仗，边打边走。白天黑夜翻山越岭，渡河涉水，日晒雨淋，身上穿的衣服撕扯得又脏又烂，有的衣服破得东一个窟窿，西一条缺口，天热倒觉得蛮凉快呢！有的烂得不像话，就把裤脚或衣袖剪下一块来补上，为此有的同志的衣服都变成短袖短裤了。那时我们没有衣服工厂，也就没有补给了,一套衣服起码穿好几年。国民党见了,都把我们叫作“叫花子”兵，红军战士们说：“我们穿的既是绫罗又是绸缎，用钱也买不到这样的东西！‘叫花子’兵照样打败你中央军！”这衣服好是好，可是到冬天就遭殃了，经过高原时，气候相当寒冷，不是雨就是雪，有时还刮大风，大家都用刚剥下来的羊皮、狗皮披上，羊狗皮不够，有的就剥树皮捆在身上。白天还勉强可以，一到夜晚和早晨就不行了，同志们的脸冻得像熟透了的桃子一样紫，身上皮肤冻得像苦瓜皮似的，满身鸡皮疙瘩，手脚也不好使用。

通天大楼

在草地高原行军时，我们每天都走它五六十里，有时走百把里。走到哪儿天黑，哪里就是我们的宿营地，在这些荒凉的高山、草地里，根本没有房子。在树林里，找块平坦的地方，头上有浓密的树叶挡露水，就是最好不过的天然房子了,同志们美其名曰“通天大楼”。在草地里，我们就用树枝搭个小棚，这棚只能管住露水，四面还是透风的，战士们也给起个名：“有钢骨无水泥的玻璃大楼。”有时候找到崖石洞，不管它平不平，脏不脏，总是挤得满当当的，要是下雨，挤的人就更多了，不但挤得出不来气，还得冒一身大汗。有的同志说：“谁要是感冒了，来这里睡一宿，比服阿斯匹林还有效！”可是在草地里就找不到石洞了，每晚上都是睡在草上，不下雨，睡在上面还挺舒服，一下雨，遍地是水，只好站着“睡觉”，有些同志不知不觉地就坐在湿淋淋的地上睡。草地上的天气是变化无常的，看着好好的晴天，一下子就会下一场大雨，同志们说:“老天爷也跟我们作对！”“下吧！没关系,我们跟敌人打仗时，上有飞机扔炸弹，下有机枪和炮弹，比这雨点密多了，我们都不怕，你还能吓倒我吗！”有的战士笑着说：“这雨下得才好呢，洗澡不用找水还是自动化的呢！”

调皮草鞋

红军战士脚上穿的鞋很特别，它是用生牛皮做的，我们就是穿着这样的鞋走完了长征路，它的功劳可不小哩，可是它却是很“调皮”的。在一片水草地里走时，牛皮见了水就膨大，软绵绵的，就像是走在冰上似的，一不小心就有滑倒的可能，有的同志滑倒了，其他人就哈哈大笑，滑倒的同志就说："请同志们不要笑，这是我滑冰技术不高！"有时鞋子就陷在泥坑里，拉也不好拉，一用劲就拉脱了，只好光着一只脚走；有时它又跑到脚面上来了，把它翻到脚底下去，走几步又跑到脚面上来了，它可真调皮呢！要走上干路时，皮子经太阳一晒就干硬得像穿铁皮似的，特别是那四对皮耳，就像锋利的刀子似的，走一步割一下脚，很多同志的脚都被它割破了，可是脱掉它光脚走路，脚板踏在草刺上更不好受，只好还穿着它。长征穿过牛皮草鞋的同志们，脚上都留下了一道道的大小不一的伤疤，我也有好几处疤，这也算是牛皮草鞋给我留下的"纪念"吧！

选自杨国夫等：《星火燎原·未刊稿》第4集，解放军出版社2007年8月第1版，第219—221页。

易绍成，1905年生，河南商城人。1928年参加游击队，1929年加入中国共产党。红军长征时为红四方面军某部战士。新中国成立后，曾任武汉军区第六十七医院政治委员。1995年在信阳逝世。

回顾岷洮西战役

杜义德

1936 年 8 月上旬，红二、四方面军走出草地，到达川西北的班佑、包座地区之时，全国形势发生了很大变化。抗日救亡运动兴起新的高潮，党的抗日民族统一战线政策成效显著，陕北红军与一部分东北军、西北军已经处于停战状态，红一方面军一部进行西征，为红军三大主力会师创造了有利条件。在此期间，党中央对红二、四方面军极为关怀，不断指示行动方针，通报甘南敌情。电示二、四方面军“迅速出至甘南为有利。待你们进至甘南适当地点时，即令一方面军与你们配合南北夹击，消灭何柱国、毛炳文等部，取得三方面军的完全会合，开展西北的伟大局面。”“四方面军到包座略作休息，宜迅速北进；二方面军随后跟进到哈达铺后再大休息，以免敌人封锁岷西线，北出发生困难。”“以一部速占腊子口天险”。党中央还电示红二、四方面军北出草地后应迅速攻占岷县，使红军在“战略上大占优胜”，电告二、四方面军：“我们……准备一切条件欢迎你们，达到三个方面军的大会合。”

蒋介石为阻止红军三大主力会合，一面急调其嫡系胡宗南部第一军由湖南兼程北上，抢占陕甘大道上的静宁、会宁、定西一线，以割断我三个方面军会合的通路；一面在甘南仓促布防；令王均第三军之第七师、第十二师，总兵力 2.3 万人左右由陕南向甘南前进，固守文县、武都、天水、西固（今舟曲）地区；毛炳文第三十七军第八师、第二十四师，总兵力约 1.7 万多人，西移陇西、定西地区设防；鲁大昌新编第十四师（辖三个旅、一个特务团、一个骑兵团及机炮营）共 1.5 万余人，固守岷县、临潭、西固地区。企图构成西固至临潭、天水至兰州两道封锁线，阻止我红二、四方面军北进。在青海方面，则由新编第二军马步芳部扼守循北至贵德和新城至湟源一线，防止红军西进。但敌人点多线长，兵力分散，部署尚未就绪，加之“两广事件”尚未解决，胡宗南部羁留长沙，一时不可能赶到。故甘南地区敌人兵力比较薄弱。

在这种有利于我二、四方面军北上的情况下，中共西北局根据党中央关于速出甘南、抢占腊子口、攻占岷县的指示，于8月5日在求吉寺召开会议，研究分析了甘南敌情，决定乘敌主力尚未集中岷、临之前，先机夺取岷县、临潭、西固地区，以利继续北进，与党中央和红一方面军会合。会上，制订并发布了《岷洮西战役计划》，集中主力于岷临方向，采取钳形攻势、东西夹击，在运动中各个歼灭敌人，实现战役的胜利，战役部署是：以四方面军之三十军、九军和五军为第一纵队，其主力由包座经俄界、旺藏寺出哈达铺攻岷县，一部取道白骨寺、爪咱之线，相机夺取西固并向武都方向佯动，以威胁武都之敌；以四军、三十一军为第二纵队，首先夺取洮州旧城，得手后主力向临洮方向活动，一部向夏河、临夏发展，以保障我左翼安全；以红二方面军为第三纵队，出哈达铺，策应一、二纵队的行动。由于红二、四方面军的广大指战员急切盼望早日与党中央会合，实现党和军队的统一，走上抗日前线，因此对中央西北局北进之战役行动非常拥护，个个信心百倍，以极大的革命热忱和英勇献身精神执行这一战役计划。

8 月 5 日至 12 日，各纵队按计划先后由包座地区出发，向甘南挺进。当时，我任红四方面军直属纵队司令员兼四局局长，率领所属部队随方面军指挥部行动。广大指战员沿着崎岖的山路攀悬崖、过栈道、涉山涧、跨急流，风餐露宿，疾速前进。8 月 9 日，一纵队先头部队三十军八十八师抢占天险腊子口，全歼守敌一个营，为后续部队开辟了前进通道。10日，八十九师一举攻占岷县漩窝、大草滩、哈达铺，击溃守敌，歼敌千余人，缴获各种枪千余支。随后，八十八师、八十九师分路向岷县方向攻击前进，当晚扫除了岷县敌外围据点大沟寨、西川和南川，击溃鲁大昌部约三个团，毙敌400余人，包围了岷县城。

此时，红军前敌总指挥徐向前派我去二纵队四军了解战斗准备情况。并指示我协助十师师长余家寿、政委叶道志指挥攻打洮州旧城。我非常高兴。心想，自离开三十一军九十一师政委的工作岗位后，已经很长一段时间没有指挥大部队作战了。这是一次难得的机会，决心以战斗的胜利回答徐总的信任。在稍事准备后，连夜赶到四军指挥部。

那时候，虽然食不能果腹，衣不能御寒，装备也很低劣，但英勇善战的四军指战员求战心切，情绪非常高昂。

部队展开了紧张而有秩序的战前准备工作。指挥部召开作战会议，具体区分了各团的战斗任务、行动路线及完成任务的时限。8月14日，第四军在军长王宏坤率领下，从岷县野狐桥兵分两路向临潭进军。十一师沿洮河西行至羊北桥过河，由新堡向临洮方向挺进；十师、十二师及妇女独立团顺三岔沟而进，击溃守敌一个营后，十二师一举攻占临潭新城，并以一部向渭源、临洮方向发展，十师和妇女独立团乘胜沿山梁大道向洮州旧城疾进，8月20日拂晓前，逼近了洮州旧城。

洮州旧城是座很古老的县城。坐落在巴童河与无名小河的汇合处。四面环山，西与西峰山相依，山势陡峻，是这座城的依托；东南有东陇山，西北为石零山，与城成犄角之势；北面属“挂地”小山，地势较缓。卓洛滩紧接城北。巴童河由北向南从城的东侧流过。城池方圆九里。城墙高约十米，厚约八米。城分东、西、南、北门，东曰武定门，西曰怀远门，南曰镇南门，北曰仁和门。另有水西门一座。东、西、南门有瓮城。守敌在瓮城上各建碉楼三座。护城河深约五米。

守敌约一个团。见我军大兵压境，惧怕被歼，即以一个营的兵力据城顽抗，掩护团部及团的主力向临洮方向撤退。我获知情报后，即令部队从行进间发起攻击。英勇的十师指战员们忘却了连日急行军的疲劳和饥饿，以迅雷不及掩耳之势扑向旧城。霎时间，枪声、爆炸声、喊杀声响成一片。在妇女独立团一部配合下，一举攻占该城，全歼守敌一个营，缴获各种枪 300 余支，俘敌数十名。此次战斗，战士们都像小老虎一样，猛冲猛打，丈余宽的壕沟一跃而过，数米高的城墙以人梯攀越。妇女独立团的战士也个个动作神速，打得英勇顽强。战斗结束后，部队举行了入城式。

部队进城后，师指挥部及时组织营以上干部勘察地形，布设阵地，防敌反扑。同时，部署部队广泛开展群众工作，积极宣传党和红军的政策，扩大红军影响。

23 日清晨，警戒小组发现西北方向尘烟飞扬，嘈杂声从远处向县城传来,即向指挥部报告:“可能是敌骑兵袭击。”我即令部队撤出城外，分别埋伏在西峰山、东陇山及城北的有利地形上，准备兜击敌人。

敌人排成人字队形，个个像煞神一样，举刀驱马顺着北坡奔将而来，足有七八百人马。我军沉着待敌。当敌钻进我伏击圈后，师长余家寿举起手枪，“啪！啪！”两声枪响，接着，所有的机枪、步枪、驳壳枪一齐开火，子弹像雨点一样射向敌群。顿时，敌人人仰马翻，乱作一团。我见战机有利，即向余师长建议：“迅速出击，围歼敌人！”

冲锋号吹响了。我十师部队如猛虎下山，锐不可当。敌人官兵各不相顾，纷纷夺路逃命，有的跪在地上缴械投降。这一仗，共打死打伤敌 200 余人，俘敌 34 人，缴获战马近百匹，各种枪支、马刀 300 余件。经审俘得知，来犯之敌为马步芳所属海南警备第一骑兵旅马彪部的一个加强营。该敌企图夺回洮州旧城，恢复敌之防线。

敌人第一次进攻失败后，接连数日，轮番向我石岭山、西峰山阵地攻击，尤其是西峰山阵地，成为敌我双方争夺的要点。战斗在这里打得非常激烈。敌人在屡遭失利后，抬出银元、烟土，驱使亡命徒挥刀上阵。我十师和妇女独立团的指战员们，发扬了连续作战、不怕牺牲、誓与阵地共存亡的革命精神，奋勇拼杀，抗击敌人。子弹打光了，刺刀捅弯了，石块也成了与敌相搏的武器。25日中午时分，敌旅长马彪亲自提刀督战，一连突破我数道阵地。我随即使用师预备队（约一个团的兵力），配合一线部队对敌实施反冲击。有些战士英勇地抱起点燃的炸药包，拉响捆绑在一起的手榴弹群，冲入敌阵……经过两个多小时的激烈争夺，终于把敌人压下山去，夺回了失去的阵地。

为了更有效的保存自己，消灭敌人，在以后的几天里，我们采取了灵活多变的战术手段。有时利用既设阵地抗击敌人，有时设伏兜击敌人，有时把敌人放进城来，展开巷战。战士们打巷战很有一些发明创造。有的在巷内设置绊马索，待敌马接近时，突然拉起，在马绊索的同时，拉响吊在房下的手榴弹群，顿时，手榴弹在敌人头顶上开了花，炸得敌人血肉横飞。有的在敌必经之巷挖好陷马坑，当领先的敌马陷进去后，瞄准后尾的敌人猛打，同时，手榴弹群在敌群中间开花。战士们风趣地说，这叫“堵蛇头、截蛇尾、斩蛇腰”战术。敌骑兵在狭长的巷道内，犹如“老牛掉井，有劲使不上”。还有的同志有意制造出近似枪炮声的音响筒来迷惑敌人，乘敌惊慌之际，突然开火，打敌措手不及。由于我军采取灵活多变的战术，经过一周艰苦鏖战，重创了敌军，残敌溃至黑措（今合作）地区。我十师攻打洮州旧城的任务遂告胜利结束。这一仗先后共歼敌2500余名，俘敌700余名，缴获各种武器2000余件。指战员们沉浸在胜利的欢乐之中。

在我四军攻占临潭和激战洮州旧城的同时，一纵队三十军已在攻打岷县县城。

岷县为陇南重镇。这里北通漳县、陇西，南至西固、武都，东去礼县、西和，西连卓尼、临潭，既是甘川交通要道，也是陇南政治、经济中心，在战略上占有十分重要的地位。岷城于明朝洪武年间重建。东临迭藏河，西接子城后所，北俯洮河，南仰二郎山。滚滚东去的洮河与滔滔北流的迭藏河，似张开的双臂环抱着岷城，海拔 3000 多米的二郎山，峭壁峥嵘，山根与城相连，如一扇天门翼护城区。这种两面临水，南面面山的险要地形，形成了易守难攻的局势。守敌鲁大昌自重岷县，拥兵自保。为了占据这块地盘，多年来苦心经营，除筑有坚固的城防工事外，还顺着二郎山山势的三个台阶，各修筑一个巨型碉堡和数道环形堑壕，同时以交通壕将三个巨型碉堡及二郎山主峰与城连为一体，构成了山、城互为依托的较为完备的防御体系。当红军抵达包座一带时，蒋介石就急电鲁大昌凭险据守，“远侦严防”。鲁大昌也感到形势不妙，只得弃窝保巢，一面令驻武都、漳县、临潭、陇西之部队火速回防岷县，一面带领部下到大小卧龙沟、梁家湾、白土梁、二郎山等地察看地形，增设阵地，在南川、小沟山，王家山、申家山、大沟寨、三十里铺等地占领前哨阵地。同时加固城门城堡，急筹粮草弹药。还搜罗一大帮便衣侦探四处活动，窥测我军行动。因此，攻打岷城是摆在我一纵队面前一项十分艰巨的任务。

8 月 10 日凌晨，清扫岷城外围据点的战斗打响。第八十九师在吴家大山与敌特务团第一营激战，歼敌 300 余名，残敌退守白土梁和二郎山。尔后又攻打城西麻布台、大沟寨等敌前哨阵地。经一天战斗，扫清了岷城外围的据点，占领了南川、白土梁、南小路、王家山、麻布台、大沟寨等十多个阵地，从东、西、南三面包围了岷县城。当晚 11 时许，我军向守敌最后一个外围据点二郎山发起攻击。曾四次突破敌阵地和三号碉堡，击毁敌轻、重机枪 11 挺，追击炮 5 门，重创敌机炮营。因敌骑兵增援，夺回了已失阵地。11 日凌晨，我军再次攻击二郎山，战斗十分激烈。敌人死伤枕藉，枪弹告罄。敌特务团长王咸一急向鲁大昌求援。鲁派第二旅旅长蒋汉城率两个营又一个连的兵力来增援。我军毙敌少校团副杨肇林，伤敌旅长蒋汉城、团长王咸一等。鲁大昌慌忙收缩防线，决定以二郎山和岷城为防守重点，并在南城门和二郎山之间部署一营兵力，以保持山、城之间的联系。

当夜8时许，三十军一部攻占岷城西之子城后所后，便开始了直接攻打岷城的战斗。在火力掩护下，数百名红军战士抬着50余架云梯，攻击城西南部。与此同时，第三十军另一部涉过迭藏河，架云梯强攻东城。守敌惊恐万状，一面点燃木柴抛下城墙，一面拼命投掷手榴弹。敌炮兵也向我攻城部队猛烈射击。一时火光冲天。红军战士毫无所惧，冒着弹雨，登着云梯，冲上城头，同敌人展开了激烈搏斗。经三个多小时的殊死争夺，歼敌1400多名。但终因敌居高临下，城防工事坚固，地形对我不利，我军猛攻数次均未破城，遂暂停攻击。

8月12日中午时分，三十军主力从三个方向向二郎山守敌发起攻击，三次突入敌阵，攻占敌第三、第二号碉堡。守敌凭借两个一号碉堡的猛烈火力及有利地形，进行反冲击，夺回了阵地。此后四天内，三十军曾集中全力向岷城和二郎山守敌发起进攻，虽未克城，但打乱了敌人部署，歼灭了大量敌人。我军亦伤亡严重。鲁大昌一面急电蒋介石、张学良、朱绍良等，要求增援，一面调整部署，加修工事，死守岷城。

8月17日，敌毛炳文部由陇西驰援岷城。三十军决以八十八师奔漳县方向阻敌增援，八十九师继续围攻岷城。同日，朱绍良电告鲁大昌，称："十日之内，各方援兵不来。"鲁大昌得知援军无望，只好放弃城外阵地，集中残部死守二郎山及岷城。为防止红军沿城外民宅接近城垣，鲁大昌下令强行拆除距城墙十米以内的房屋。当晚，又将城南接近二郎山的民房，以及东关、南寺、洪家桥等处民房纵火烧毁。随后焚烧了城北洮河渡口的船只，企图孤注一掷。

8月18日，一纵队第九军到达岷县，接替三十军围攻岷城之任务。八十九师开漳县一带。19日我占漳县。九军为攻打岷城，一面认真察看地形，组织火力，研究打法，一面赶制云梯，进行爬城攻坚演练。经充分准备后，采取多层次、多方向爬云梯勇猛作战和沿城墙下水道进击敌人等战法，给敌以重大杀伤。23日，一纵队五军赶到岷县参加攻城战斗。九军一部去临潭，一部同五军共同围攻岷城。由于红军刚出草地，指战员们体力还未恢复，武器装备低劣，弹药不足，因而久攻未下。

在我九军、五军围攻岷县十多天后的一天，红四方面军一局侦察参谋（名字记不清了）领着两个人来到陈昌浩的住址。这两个人见陈昌浩后，恭敬地递上一封书信，并讲明来意。原来，我军围攻岷县虽未破城，但已毙伤敌3000余人，给敌以沉重打击。鲁大昌困守城池，孤立无援，已经到了山穷水尽的地步。为保全自身，便连夜起草书信，请求停战谈判。来人说，井水不犯河水，只要我军不再攻城，不占他们的地盘，红军愿走那条路就走那条路，鲁大昌决不放一枪。谈话后，陈昌浩当即写了一封信让来人带交鲁大昌，信的具体内容不清楚。此后，我军即以部分兵力围困、监视敌人，大部兵力在岷城周围进行休整，发动群众，扩大红军，建设政权。嗣后，26日，第八十九师克渭源。9月7日，第三十一军九十三师攻占通渭县城。第三纵队红二方面军9月1日到达哈达铺，先头进抵礼县。

至此，岷洮西战役遂告结束。此役我攻占了临潭、漳县、渭源、通渭四座县城及岷县、陇西、临洮、武山等县的广大地区，总计歼敌7000余人，缴获了大批武器、弹药、物资及马匹，粉碎了敌人阻止红军北进的企图，造成了红二、四方面军与党中央和红一方面军会师的有利态势。

在岷洮西战役中，我军同时进行了扩大红军和建设政权的工作。在一个多月时间里，岷临西地区就有3000多名青年参加红军。许多被俘蒋军官兵，也在我优待俘虏政策影响下，在红军致力于拯救中华民族的革命精神感召下，纷纷弃暗投明，加入了革命队伍的行列。我军还先后建立了岷县、临潭、渭源、陇西、通渭和武山等县苏维埃政府，还帮助当地群众建立了区、乡基层苏维埃政权和抗日义勇队等组织，领导并武装群众打击恶霸地主、官僚封建势力，开展抗日宣传，教育群众树立救国救民的革命信念和理想，扩大了红军的影响，播下了革命火种。

经过此次战役，我红二、四方面军实现了北进甘南的计划，打开了一个新战略区域，获得了休整补充，为三大主力红军会师西北创造了有利条件。

1987 年 10 月于北京

选自中国人民解放军历史资料丛书编审委员会编：《红军长征·回忆史料（2）》，解放军出版社1992年9月第1版，第269—275页。

杜义德，1912 年生，湖北黄陂人。1928 年加入中国共产主义青年团，1929 年参加中国工农红军，1930 年转入中国共产党。红军长征时任红四方面军第三十军第八十九师政治委员、第三十一军第九十一师政治委员、红四方面军直属纵队司令员等职。新中国成立后，曾任川南军区司令员，陆军第十军军长兼政治委员，中国人民志愿军第三兵团副政治委员，旅大警备区政治委员，沈阳军区副政治委员，海军副政治委员、第二政治委员，兰州军区司令员，中共中央委员，中共中央军委委员，中共中央顾问委员会委员等职。1955 年被授予中将军衔。2009 年在北京逝世。

旧城七日

李长林

打开甘肃省的地图，在西南角上有一个小圆点，旁边写着“旧城”两个字。这个地方现在看起来那样偏僻、遥远，但在当年红军路过此地时，它却和我们1000多人的命运连在一起。我们在那里度过了难忘的七天七夜。

出了草地，我们在岷州和马匪打了一仗后，便来到了旧城。① 这是个很小的古老的城池，有四座城门，四周还有两丈多高、一尺多厚的城墙。城的东西面是比城高的两座小山脉，南北较开阔，有平坦的大路通城里。

我们的部队来这里以前，马匪在这一带散布谣言，说红军杀人放火。所以我们到城里的时候，不但老财跑了，就是老乡们也都吓跑了，城内外只有很少数老百姓还在。当时我们虽然是一个师（十师）② 的编制，但经过艰苦的草地行军战斗，部队减员很大，实际上只有一个团的兵力，连师部共1000多人。师部驻在城内，部队分驻城外，一部分连队驻在山上碉堡里担任警戒。

一天下午，山顶岗楼传来消息，说远处发现敌人。这一带的马匪都是骑兵，来得很快，不一会就听到枪声。我们连当时在城北关，只看到

① 指临潭县（古洮州）旧城——编者注。

② 红十师师长为余家寿，政治委员为叶道志——编者注。

敌人的骑兵，卷起漫天尘土像一阵大风，登上东山，一刹时满山遍野都是敌人的骑兵。敌人上山以后就驱马奔驰，一会工夫就把旧城包围起来了。

城外各个部队立刻投入了战斗，和敌人展开了激战。我们经过长期转战弹药本来就不多，打了半天好多部队子弹都打光了，纷纷退入城内，碉堡也一个个落入敌人手里。到最后，部队全撤进城里，只有六连防守的那个三层大碉堡还在继续和敌人作战。在六连指挥作战的师长负了伤，刚抬入城内，敌人就加紧了对那里的进攻。

我们二十八团第六连的同志和敌人打得十分艰苦，因为是最后一个碉堡，敌人就集中了兵力猛烈攻击。刚开始，敌人靠不拢边，碉堡里还不断往外打枪，但渐渐子弹打光，敌人越打越近，到碉堡跟前了，碉堡上没了枪声。敌人成堆地围在底下喊叫，搬来了梯子往碉堡上爬。但刚爬上去，就被碉堡上的同志用枪托、洋锹砍了下来。搏斗越来越激烈，越来越残酷。敌人的指挥官在底下嘶声叫喊，逼着匪军一个接一个一连串往上爬。碉堡上的同志东挥西砍，打到后来枪托打烂了，洋锹砍断了，这时，他们只好抓起碉堡上的砖头，一块一块的往敌人头上砸，上去的敌人被砸了下来，但底下的又不断往上涌。敌人越涌越多，砖头却越来越少，不一会儿，碉堡的顶上一层完全拆光，成了一个平台。上面的同志失去了掩护，身子都暴露在外面。最后这些同志全部牺牲在上面了。碉堡下面两层，还有我们的伤员。敌人爬上了碉堡，开始了狠毒的报复，把里面的同志拉出来，面对着城里，一刀一个把他们砍死。我们在城墙上看见这种情形，心肺都要气炸了，但外面几千敌人把我们团团围住，只好眼看着自己的同志被敌人残酷的杀害，没办法援救。

战斗持续了一天一夜。天将亮的时候，我们守城的同志听到城下有人哼叫，向下一看，一个全身精光的人躺在城下。一问是六连的打旗兵赵大元同志。我们开了城门把他招进来，已是奄奄一息了。原来他在同敌人搏斗时负了伤，躺在碉堡的下层闭住呼吸装死。到后来，匪军下来发现了他，把他的衣裳剥了个精光，扔在墙边。他就躺在那浸骨寒冷的地下，一直挨到第二天天黑。夜里他趁敌人都不注意的时候，爬了一段路，从山上滚到城底下。他是六连唯一生还的一个同志。

从那天起城外就再没有我们的人了。几次组织突围都没突出去，敌人兵力多，弹药多，骑兵集中快，部队一出去就被挡了回来。敌人还在围城的当天下午就把我们通往军部的长途电话线割断了，部队完全处于孤立状态，而且我们还看见敌人很大一部分兵力驰向我们后方前往新城进攻军部去了。

当天晚上，师政委亲自巡视全城，到各连各排作了动员。情况很清楚；敌人包围了我们，想把我们围到弹尽粮绝，然后全部消灭在这里；我们要活，就只有坚持斗争！师部想尽一切办法派人到后面去和军部联系，调援兵赶走敌人。可是，多次出城的人，都没完成任务。

这时，所有的战斗连队，全部分散在城墙上，每一个人要守几个城垛。我们的弹药本来就不多，又打了两天，现在每一颗子弹都变成了宝贝。守城墙的同志每个人身边，除了自己的一点子弹，还堆了一大堆大大小小的石头、砖块，和整根整根的大木头。敌人爬城就用这些东西对付。大木头是不轻易动用的，要十来个敌人连着往上爬，才舍得用。机关和勤杂人员，除了几支手枪，拿的都是从老乡们家里搜集来的长矛、大刀、菜刀、扁担、木棍……一切能“打仗”的东西都找来了。

我们重机枪连守在城北关，那里是个很重要的地方。城墙塌了一大段。敌人骑着马都可以直接跑上来。我们的几挺机枪都架在那里，把仅有的少数子弹都集中起来，不到紧要关头不开枪。敌人的零星人员走近了只要不攻城也不打，一颗子弹就要敌人的一条命。

我们居高临下,敌人又没炮,只能爬梯子。一爬上来我们就用砖头、石块、滚木往下砸。敌人一连攻了几次都没攻上来，最后想从塌墙的地方攻。但一上来，就一堆堆地被我们打下去。

敌人攻城无望，就想用“困”的方式来拖我们。他们在城外，铺下摊子，驻扎下来，马也放开了。

从守城的第一天起，每天炊事员只送两次“饭”，每次只有几个土豆。这个城只是那么大一点，存粮不多，也不知道援兵多久能来，不省一点吃，粮食一光要坚守就更困难了。

敌人一般在白天都不进攻，我们就靠在城垛边上睡觉，只留一两个同志轮流监视着。但一到晚上，敌人到处吆喝，这里爬梯子，那里攻城，活动很频繁。起先没照明器具，城墙防线又长，有几次敌人爬上城才给我们打下去。以后我们提高了警惕，在城内搜集了很多竹子、干草、干木棍、破棉花，沾上些油搞成火把，每隔几分钟就往城墙下丢一把，借着火光我们就消灭靠近城边的敌人。敌人也很狡猾，看见哪里举火就往哪里打枪。我们针对这个情况也改变了办法，火把一点燃就往城下丢，丢火把的人注意隐蔽，周围四五个城垛就借着火把的光监视敌人。还专门组织优秀射手打敌人。这样轮流丢火，一到夜里就到处火光闪闪，敌人想钻空子也没办法钻了。

西北的气候很冷，一到夜里寒风刺骨，我们每个城垛边上都生了一堆小火，烤一烤暖暖身子。

师长政委晚上也不睡觉，到城上各处巡视，和同志们聊天，谈情况，遇见敌人攻城也投入战斗一起打仗。师政委已经有几个白天黑夜没睡觉了，两个眼睛肿得像核桃那样大，但他还坚持不休息，同志们见了都很受感动，也更增强了信心。情况平静的时候，党团小组也开开小会，大家互相鼓励，谈谈思想，作长期守城和敌人拼到底的准备。因此处境虽然恶劣，大家的情绪仍然很高。为了气敌人，我们还组织起来唱歌。敌人看攻城不下，也异想天开想用“政治攻势”来瓦解我们。在城底下叫：“缴枪不杀！”“你们的援兵来不成了！”我们听了也在上面叫：“缴枪哪！缴枪哪！你们上来拿吧！”一叫完大家哈哈大笑。红军经历了雪山草地的艰苦行军，打了无数次仗，革命意志十分坚定，敌人的这些行动，除了引起我们一阵嘲笑外，别无所得。

一天晚上，师政委告诉了我们一个好消息，师部侦察参谋曾绍山同志已带几个侦察员突围出去了。这个消息使大家非常振奋，更增加了守城的信心。只是盼援兵的心情却更急切了。

……已经是被围的第四天了，援兵还不见来。城里粮食越来越困难，土豆也快吃完了。到第四天，每天只送一次饭，每次只有一两个土豆。我们连里大师傅（炊事员）王查佩同志，年纪相当大了，过草地到甘孜时，大腿上挨了马匪一枪，但行军时他还背着那口大锅。这时他的伤还没有完全好，每天给我们送饭，像对小弟弟一样，一上城就鼓励我们说："守住城援兵来了就有好吃的了！"到第五天，就没粮食吃了，他到处去挖野菜，好容易找到一点点，自己饿肚子不吃，给我们送来。感动得我们都要哭了。

第六天，城里完全没吃的了。能挖能找的地方都找了个遍，再也寻不出一点能充饥的东西。保存了好久的一头小奶猪，弄来给重伤员煮了一锅汤，每个人吃到了几口；其他的同志一点东西也没吃，整整饿了一天。情况越来越严重，再等下去，饿也要饿死了。师首长召集了干部会议，决定再坚守一天，援兵不来，就突围！大家开始整理行装，擦拭武器，准备和敌人决一死战。

第七天，就是我们准备和敌人拼命的那天。上午，大家做好了一切准备。虽然两天来一点东西都没吃，但士气很高昂，因为这是个决定命运的时刻。

可就在这样紧急的时候，突然，城外枪声响了！

"援兵！援兵来了！"同志们在城墙上欢呼起来。

枪声起先很远，很稀疏，但越来越近，越来越密。城外的敌人开始骚乱，有的在收拾鞍具想逃命了。我们一听枪声，精神百倍，疲劳、饥饿，什么都忘光了。每个人都觉得浑身是劲，只想立刻冲出去。但我们的弹药太少，为了尽量减少伤亡，上级下令不到时机不准出城。大家早已不再蹲在城垛边，都已伏在城墙上观察了。连部小通信员是有名的瞌睡虫，一天到晚光睡觉，这时也跑到我身旁和我大声的说起笑话来了。

我们正在喧闹的时候，突然看见东边山头上窜出一队骑兵，剽悍、矫健，挥舞着亮光闪闪的长马刀，高声呼喊着，满山奔驰，一刹那就把山头的大大小小碉堡都围起来了。我们的骑兵师来了！一围上，他们就跳下马冲入碉堡。原来碉堡上的敌人以为我们的援兵只是步兵，没想到我们的骑兵师也来了。因此起先看见骑兵上山，还以为是他们自已的，一直冲到跟前，才发现情况不对，才惊慌失措，四散奔逃，但已经迟了。我们的骑兵，听说过敌人把我们的同志提到碉堡上砍头，他们满胸怒火要为牺牲的同志们报仇，一阵砍杀，到处人头乱滚，断胳膊、缺大腿的敌人狂呼乱叫滚下山来。

城外的敌人纷纷上马逃跑。这时，我们城内的火器一起开了火，每个射手都想要一两分钟内把所有想逃跑的敌人打死。城门也打开了，拿着各种各样武器的人都在向敌人追杀，跑得慢的敌人就被我们用大刀、矛子砍死、戳死。这一仗杀得敌人人翻马仰，四处横尸。一直打到下午，敌人大部被歼，剩下一小部分溜得快的骑马逃跑了。这股2000多敌人，前几天做梦也没想到，围困的结果竟是如此的下场！

战斗结束后，寂静了七八天的旧城又热闹起来了。城内城外，到处燃着熊熊的篝火，到处响着笑声、歌声。兄弟部队给我们带来了大批粮食，走到哪里都能闻到饭香、菜香。夜里，我们放开肚子，吃了一顿最香甜、最丰盛的晚餐。经过整整七八个与死亡、饥寒作斗争的日夜，现在一举眼，到处都望着自己亲密的战友，到处都是满脸尘土开朗欢笑的面孔，真想每个人都拥抱一次。整整一夜，我兴奋得没有睡着。

第二天早饭后，我们几千人马，浩浩荡荡又出发了。

选自中国人民解放军三十年编辑部编：《中国人民解放军三十年初选稿》第一卷第三辑（二），第93—99页。

李长林，1917年生，四川渠县人。1933年参加中国工农红军，1934年加入中国共产主义青年团，1936年转入中国共产党。红军长征时为红四方面军第四军第十师第二十八团机枪连打旗手。新中国成立后，曾任陆军第十二军副军长、新疆军区副司令员、乌鲁木齐军区副司令员、新疆维吾尔自治区政协副主席、乌鲁木齐军区顾问等职。1999年在南京逝世。

血战旧城

王银山

张国焘闹分裂，拒不执行中央指示，为了西进渡河，1930 年 8 月中旬，命令红四军二十八团保障方面军主力左侧的安全。我团于是令二营至洮河以西的旧城①，防止马步芳部的袭扰。

部队一到旧城，营连领导立即上城墙察看地形。旧城，位于甘南洮河以西，长宽约六七百公尺，是一座坚固的小土城。城墙基本完好，城门有孔无门。城内有近百户回民，城北角有几十户彝族居民。城外西南角高地上,有一个排的集团工事,是全城重要的火力支撑点。经过研究，大家一致认为要阻止敌人袭扰，保障主力安全通过，必须守住旧城；要守住旧城,又必须守住城西南角的高地。因此,决定把四连放在城西南，一排配置在城外西南角的高地上。

我们到达的第三天，马步芳派出了号称三个旅九个团约七八千人的兵力，将我们团团围住，妄图把二营一口吞掉。

敌人要堵住我军西进，必先占旧城；要占旧城，又必先拿下城外西南角高地。因此，敌人进攻的第一天，高地就成了争夺的焦点。先是大队骑兵从正面压来，跟着是步兵，黑压压一大片，成多路纵队向我发起集团冲锋。我一排却一枪不发，等敌人离阵地只一二百米，轻机枪、步

① 指临潭县（古洮州）旧城——编者注。

枪和手榴弹才一齐开火，打得敌人人仰马翻。趁敌人抱头乱窜，又挥动大刀出击，使敌人像潮水般退了下去。

敌人攻不下我们的阵地，第二天继续用骑兵打头阵，向我发起轮番冲锋。由于战斗猛烈，后方送不上饭和菜，战士们已有一天没吃上饭、喝上水。但即使这样，一排的同志们仍越战越勇。傍晚，一排长刘志成见反击时机已到，手一挥，大喊："同志们！冲呵！"一个反击把进攻的敌人打得稀里哗啦，连死带伤一大片。还从敌人手中夺回两挺轻机枪，搞回来很多子弹，而我们只一人负伤。

鉴于四连一排在连续两天战斗中打得很苦，营领导决定从各连抽一些子弹、水壶和干粮给他们，再给他们增加一挺重机枪。要求他们再坚持两天，等候援兵到来。晚上，四连进行了支援一排的动员，号召大家自愿报名。动员后，全连所有的人几乎都报了名，经批准去 15 人，由三排长带队。他们到了一排阵地，一排长很受感动，说："谢谢首长对一排的关心。他们也够辛苦。送来的干粮和水，我们全部留下。人和枪弹，城里比我们更需要，我们从敌人手中夺来了两挺轻机枪，搞来很多子弹，够用了。请三排长回去，转告营连首长放心，一排是能够经受住一切考验的。"

第四天清晨，敌人集中了几十倍于我的兵力，向一排阵地采取三面轮番进攻。一排仍沉着应战，敌人进到二三百公尺，三挺轻机枪和城墙上的重机枪同时猛烈射击。进至百米以内，就甩手榴弹。手榴弹群一爆炸，立即一齐跃出战墙，手持大刀冲出去，杀得敌人丢盔弃械，狼狈而逃。就这样，一次又一次连续打退了敌人几十次进攻。到了下午，部队伤亡很大，手持大刀能杀出去的只有七八个人了。排长刘志成把这七八个同志找到一起，说："我们坚守这个阵地已经三天两夜了，同志们打得很英勇、很艰苦，但敌人还会依仗人多的优势来争夺这个高地。同志们，现在考验我们的时刻到了！我们要用实际行动来捍卫红军的尊严！"排长的话还没说完，大家异口同声地说："排长，请你放心，人在阵地在，就是战斗到最后一个人，我们也要坚持下去！”排长斩钉截铁地说：“对，人在阵地在，敌人很快又要发动新的进攻了，你们赶快回去作好准备，迎接新的战斗。”

傍晚，敌人组织了一次更大规模的进攻。他们不仅从正面加强了兵力火力，轮番冲锋，而且用大部队包围我们整个阵地的侧翼。一排阵地的一角已被敌人突破，敌后续部队一窝蜂似的向高地涌来。在这最危急的时刻，一排长大喊一声：“同志们，杀呵！”像一头凶猛的雄狮，一跃而起，用大刀连砍倒几个敌人。敌人一下被他神勇的行动吓呆了，惊慌失措后退了好几步。敌我双方拼搏了一会儿，阵地上虽然堆满了敌人的尸体，但因敌众我寡，一排战士，终于全部壮烈牺牲。

敌人围攻旧城已经是第五天了。为了守住旧城，迎接新的更大的战斗，炊事员、饲养员，以及所有的勤杂人员都自动武装起来。一有时间大家就加固工事，把全城的石头、砖瓦、废铁和木头等收集起来，堆积在城墙上，作为杀敌的武器。此外，还安排了预备队，进行了火力调整等工作。

敌人占领高地后，第二天天刚亮，就开始攻城，可连攻三次未逞。

到了下午，敌人把兵力主要集中在城南，对其他地域进行佯攻。在主攻方向上，敌人有四五架登城的梯子已经靠上了城墙，守城的战士们忙把石头、滚木打下去，又用洋叉叉翻梯子。结果，敌人连续进攻了三次，每次仍以失败告终。

由于敌人进攻时队形异常密集，这天我们给敌人的杀伤特别大，因此，敌人个个胆战心惊，十分害怕。最后一次，离城还有200公尺，便一齐卧下，同死尸躺在一起，不敢前进一步。我们于是喊话：“白军弟兄们，不要再替反动长官卖命了，快回家吧，继续干下去决没有好下场！”喊话果真灵验，很快就听不到敌人的枪声和狂叫声了。

就在这天晚上，营部命令一个班派两个战士出去，到一百公尺以内的敌人尸体中收集枪弹。收集后打成捆，吊上城墙。有一个战士，在敌尸中发现一个活人，问他为什么躺在死人堆里？他说："我前进会被你们的枪弹打死，后退会被长官打死，只有在这里最安全。"逗得这个战士哈哈大笑。

由于我们接二连三给了敌人很大杀伤，敌人的士气大大下降，不得不由连续进攻改为围而不攻。

第六天，整个战地比较平静。营部决定派出二人化装出城进行侦察，一来了解敌人有多大的包围圈，多少兵力；二来与团取得联系。被派出侦察的同志天明前摸出了敌人包围圈，来到一块稻田边，发现敌人的两个电话兵，沿着大路由西向东而来，便猛扑上去干掉敌人。背起电话机，扛着备复线，沿电线杆走。看看四下无人，马上搭线接机。很快，他们与团里取得了联系，团里要他们直接到团部去，并派骑兵通信员前来接应。来到团部，两人这才明白，敌人包围我们的第五天晚上，团里曾派出增援部队，到旧城附近，听群众说打了五天五夜，再也听不到枪声，误认为守城的二营全部牺牲了，加之整个部队急待西进，就返回去了。

听了两名侦察员报告城里的情况，团首长非常高兴，立即决定，除全团部队前去增援旧城外，还要求师里也派出部队前去增援。

敌人围困旧城九昼夜，兵力大于我们30倍，但没有一兵一卒踏上城墙，反而损兵折将，赔了几千人。当我们的增援部队一到，敌人就丧魂落魄，溃不成军地跑了。随后，我们也跟随大部队西进了。

选自谢振华等：《征程曲——我们的战斗回忆录》（上），
军事科学出版社1987年12月第1版，第84—87页。

坚　守

何贤保

1936 年 1 月①，我们红四方面军从西康进入了甘肃省。当时红四方面军的先头部队是第四军军部，率领着我们第十师和第十一师共 6000 余人。我们到了甘肃的新城和旧城②，就驻扎了下来，等待后面的大部队。当时后面的大部队另有新的任务，离我们约有 500 多里的路程。

那个时候，军部和第十一师驻扎在新城，而我们第十师驻扎在旧城。我们主要担负的是警卫任务。这个县城有着古老的城墙，但因为年久失修，城墙上的缺口多达十余处。当时，我们虽然没有预料到敌人大的兵力会向旧城进攻，但是我们已经有了准备，我们在城的周围山顶上都修筑了碉堡和防御工事。

一天拂晓，城外各处碉堡内的前哨红军战士，发现了马步芳的骑兵向我们防地进攻。不大一会儿，敌人就向我们开炮，那炮火震天，就像闪电似的。接着敌人就向我军发起数次攻击，但都被我们英勇的红军战士们击退了。当晚，陈锡联师长来到碉堡上③，嘱咐山上碉堡里的红军

① 应为1936年8月——编者注。

② 指临潭县（古洮州）新城和旧城——编者注。

③ 此处回忆疑有误。陈锡联时为红十一师政治委员，红十师师长为余家寿——编者注。

战士们要节省子弹，敌人不到跟前不开枪。陈师长之所以要这样嘱咐，主要是因为长征途中弹药只有消耗，没有什么补充来源。陈师长说："等敌人靠近碉堡，叫他们一个一个的活着来死着去。"红军战士们接受了师长的命令，经过一天一夜的激烈战斗，沉重地打击了敌人的锐气。从俘虏嘴里得知，敌人死伤达六百余人；同时也了解到马步芳的骑兵共有1.5万余人，足足是我军兵力的两倍还多。

在战斗的第二天晚上，陈锡联师长命令碉堡里的红军战士们，把修成的炮楼全部炸毁以免敌人利用。由于敌人的兵力超过我们几倍，为了集中我们的力量，上级领导决定把城外的军队全部撤到城内，坚守旧城。在营团级干部会议上，陈锡联师长告诉大家说："如果我们要转移的话，那就会遭受严重的损失，因为我们是步兵，敌人是骑兵。你们想一想，那步兵能赛过骑兵吗？那是不可能的！"最后，他果断命令："今天晚上任何一个工作人员都要参加修工事和坚守城墙的任务。"当天晚上，在师长亲自指挥下，干部及党员以身作则，积极动手；在他们的影响下，红军战士们发挥了高度的热情，一夜的时间就把城墙上的缺口和工事修好了。

凭借着这些工事，我们在这个旧城里又坚守了四天四夜。在这四天四夜中，敌人每天晚上都要向我们守城的红军发起三四次进攻，但总是被我们打退。我们的师长每夜都要到城墙上来查哨很多次。有一晚他来查哨，嘱咐我们说："你们不要睡觉啊，时刻都要注意敌人的动作。"我们回答说："请师长放心，不要说敌人，就是城墙地下有一条狗在走，我们都能看见它。"敌人攻了四五天，仍然没有攻破我们坚守的城墙。有一天晚上，敌人采用卑鄙的手段，企图用政治来瓦解我们红军战士。他们在城外工事里使用喇叭筒子，向战士们宣传，说什么"投降不杀，还要受到优待"、"如果不投降的话，我们攻进来了，给你们一个不留，全部杀掉……"红军战士们正在回击敌人的喊话，恰巧师长查哨来到跟前，他用丰富而深刻的道理，给敌人上了一堂生动的政治课。从那以后，敌人就再也不喊话宣传了。

战斗进行了五天之后，师长又召集营团级干部会议，讨论缺乏弹药的问题。我们战士的子弹，每人只剩下三四发了，采用什么方法来代替子弹杀伤敌人，阻止他们的进攻呢？会议上，大家提出了两个方法来解决：一个是收集石头，搬运到城墙上的每个工事里；另一个方法是收买城内老百姓的粗大木料，把它锯成三四尺长，上面再钉上铁钉，等敌人到了城墙根，我们用石头和木料一起往下扔，这样就可以把敌人打得一个个落花流水。会后，大家分头准备，在半天的时间内，所有的准备工作都做好了，天黑以后，石头和木料都搬到城墙上各自的工事里面。

战斗的第六天夜里，敌人又不声不响的像乌龟一样向城墙根儿爬来了。我们红军勇士们心想：你们狗日的爬来以为老子不知道？老子们在这上面等了你们好久了，准叫你们只能爬来不能爬回。于是，我们一直按兵不动，等着敌人慢慢爬过来。不大一会儿的工夫，敌人就爬到城墙根儿了，这个时候，我们一起用石头和木料往下扔，砸得敌人直叫爹娘，忙不停的往回撤。

在战斗的第七天早晨，我们在城内突然听到了新城方向30余里远的地方，机枪声、小炮声轰隆隆的直响，而且越响越近。就在这个时候，陈锡联师长告诉各团红军指战员们：“准备好哇！我们的增援部队快到了！”果然，我们的援兵冰雹似的枪弹朝着敌人射击，敌人的骑兵就像吃了惊的野兔一样，四处逃窜了。

在陈锡联师长正确英明的领导下，我们固守县城，取得了最后的胜利。战斗结束后，我们清理战场，敌人死伤2000余人，我军缴获战马达500余匹，各种枪支1000余支。

选自中共重庆市委组织部、中共重庆市委宣传部、中共重庆市委老干部局、中共重庆市委党史研究室编：《峥嵘岁月——重庆市老干部回忆录第三集》，2006年，第118—121页。

何贤保，红军长征时为红四方面军第四军第十师战士。新中国成立后，曾任重庆市广播电视局副局长。

红军长征在岷县

张明远

1935年8月①，毛主席率领的一、三军团经草地到达腊子口，打了一个胜仗，消灭了驻守腊子口堵截红军的鲁大昌一部，顺利到了哈达铺。过了整整一年，1936年，四方面军两个军也经草地走出腊子口。到达岷县后，主要有以下活动：

第一，决定部队到这里休整。因为部队长时间地艰苦行军战斗，干部战士的体质很弱，需要休整恢复体质。

第二，攻打二郎山、围攻岷县城。参战部队有三十军（军长程世才，政委李先念，政治部主任李天焕指挥战斗）。二郎山是岷县城的一制高点，被鲁大昌的一个机枪营控制着。如果占领了他，就可以居高临下，攻克县城。但是由于敌人工事坚固，武器装备好，红军没有攻坚武器（一些大炮都在长征路上丢弃，埋藏或寄存了），部队伤亡很大，县城没有攻克，二郎山也没有完全占领。为了保存实力，保证部队的休整，决定放弃岷县城。为什么要围攻岷县城呢，一是因为部队要休整，攻克县城后，想给部队筹集一些物资；二是因为鲁大昌在岷县民愤极大，血债累累。不消灭他，群众就发动不起来。

第三，发动群众，组织苏维埃政府。毛主席说，红军是战斗队，

① 应为1935年9月——编者注。

宣传队，工作队。红军驻在哪里，就在哪里派出工作队，发动群众，斗争恶霸地主为红军筹粮筹款，并吸收群众中的积极分子加入苏维埃。同时，向群众宣传红军的抗日主张；宣传党的方针政策，使群众对红军有了比较明确的认识，揭穿了国民党的反动宣传，还成立了岷县苏维埃政府（其实并没有真正形成政权,只不过这样称呼罢了）,下设组织、宣传，妇女三个部，任命我为县长（为了合乎群众习惯）当时我还没有出草地（我是跟二方面军出草地的），不知道这事。一出草地我就回到单位，组织上给我谈，要我搞地方工作，当岷县县长。那时县政府的布告已经贴出去了，我的名字都写上了，要我快点去。于是我带了一个骑兵班，沿大西路前进，首先到三十里铺，当地群众由于受国民党的反动宣传影响都跑光了，我找到我舅舅家，通过我的表兄找回了群众，我们在这里斗了两家地主：一个是葛家，外号叫葛麻子；一个是杜家，把他们的粮食打下给部队吃。接着就到野狐桥，首先抓了张树岩（人称张先生），这个家伙是个很厉害的恶霸地主，因为他的几个姑娘都嫁给鲁大昌的军官做老婆，他仗着鲁大昌这个后台，横行霸道。我们附近的森林都被他勾结土匪鲁大昌砍光，给鲁大昌开工厂做火柴原料了。我们把他抓起来后，关在我们村的一座庙里，后因看守不严跑掉了。再没有找到。于是我们又抓了他的老婆和一个姑娘，想让他派人带款来赎（在长征路上行之有效的办法）。但一直带到大草滩也没有人来赎便放回了。在放时并警告他们：“回去告诉张树岩，再不准欺压人民，如果欺压人民，我们回来还要砍你张树岩的脑袋。”

第四，扩充部队。红军长征途中减员很多，需要补充。在岷县动员了 3000 多人，编为一个独立团，我兼任团长。红军撤离岷县时，一直带到会宁，和一、三军团及红二十五军会合后，上级决定把这个新兵团补充到红五军团（后来五军团到河西走廊，在高台被马步芳部包围，不幸全军覆没）。

在此期间，中共中央西北局在岷县三十里铺召开会议。参加会议的有朱德、张国焘、徐向前、陈昌浩、李特、贺龙，关向应，五、九军团军团长董振堂，罗炳辉等。主要内容是解决红军的行动路线，会上斗争很激烈，朱德总司令坚决主张北上与中央红军会合（这时支持朱德总司令的人很多，张国焘私设的中央已在甘孜就取消了）。张国焘竭力主张西进，准备到甘肃西部沿青海插入河西走廊，进而通到新疆。这个主张遭到维护中央北上抗日方针的同志的强烈反对。斗争的结果，朱总司令胜利了。张国焘被迫同意北上的方针。这次会议使张国焘很生气，因为过去支持他的人都不同意他的意见。他从司令部搬出来，住到供给部，并派人向朱总司令要军用地图。朱总司令说：地图不能给你，你不要部队了，我还要指挥部队打仗呢！地图不能拿。当时张国焘已把部队开到河州（今临夏）。会议决定北上，后就撤回北上了。

最后，我讲一下岷县人民对革命的贡献。

一、几万红军在岷县休整 40 多天（实际是 57 天），岷县人民给予了大力支援，保障了红军的给养，使红军恢复了体质。

二、扩大了红军。岷县有几千人参加红军，这不容易，岷县人民把自己的亲生骨肉送去当红军，壮大了红军队伍，对革命是有很大贡献的。

三、当红军撤离岷县后，岷县人民凡是参加过红军工作队，斗争了恶霸地主的，送自己的儿子、亲属参加了红军的，都遭到了反动派的迫害。

1953 年我回到岷县，听家乡的人说，三十里铺有个人叫张老五，红军撤离岷县后，反动地主和鲁大昌匪帮把他抓起来要杀害，在走向刑场的时候，他高呼：“我为红军当主席（即苏维埃主席——编者）豁出人头手里提”。很朴实的语言，说明群众的觉悟程度。我们住了 40 多天，群众就可以认识红军，就可以为革命而不惜自己的生命，像这些人，是值得好好赞扬的。

以上三点说明：岷县人民不仅在物质上支援了红军，而且把自己的亲骨肉送去当红军，在精神上给予红军极大的鼓励，为支援革命付出了血的代价。我希望我们岷县人民在县委政府的领导下，继续发扬这种革命精神，为伟大的社会主义“四化”建设作出新的贡献。

选自政协岷县文史委员会编:《红军长征在岷县》(《岷县文史资料》第8辑),2006年12月,第92—95页。

张明远，1909 年生，甘肃岷县人。1931 年参加宁都起义后编入中国工农红军，同年加入中国共产党。红军长征时先在中革军委军事侦察队，后任红四方面军政治保卫局侦察科科长、甘肃岷县苏维埃政府主席兼独立团团长等。新中国成立后，曾任东北军区后勤部副部长，中国驻朝鲜民主主义人民共和国大使馆武官，中国人民志愿军后方勤务司令部副司令员、后勤部部长，解放军总后勤部副部长等职。1955 年被授予少将军衔。1996 年在北京逝世。

当岷县县长

张明远

1936年7月，红二方面军在甘孜与红四方面军会合，经党中央批准成立了以张国焘为书记、任弼时为副书记，以朱德、关向应、贺龙、徐向前、王震、陈昌浩等为委员的中共中央西北局，并按党中央“速出甘南，抢占腊子口，攻占岷县”的指示，决定二、四方面军共同发动“岷（州）洮（州）西（固）战役”。8月8日在程世才、李先念率领下，第三十军与骑兵师一部突破川、甘门户天险腊子口，进入甘肃岷县；9日晨，第八十九师击溃城南大草滩、麻子川、哈达铺一线守敌，与第八十八师分路向岷县城急进；10日，第八十八师、第八十九师占领南川、小西路、西川、城郊大部分村庄，从东、南、西三面包围了岷县城。与此同时，第五军、第九军及红军总部相继到达，第五军驻小西路、城郊，第九军驻哈达铺，后移驻岷县城西十里铺；总司令部驻三十里铺；朱德总司令、刘伯承总参谋长随总司令部驻。

在第三次过草地中，我奉朱老总、刘总长之命到二方面军帮助侦察搞粮食，还是带领军委徒步侦察队走在部队最前面，当时心情格外激动。因为红军正向甘南进发，就要路过我的家乡岷县了，不知道能否有机会见到分别多年、音信不通的家中亲人、乡亲朋友，能否喝上家乡的水。我想，乡亲们只知我当了兵，但还不知我参加“宁都暴动”已成了中国工农红军的一员，并成了一名共产党员，一旦相见，一定会惊喜交加、高兴万分。当红军先头部队 8 月到达甘肃岷县哈达铺后，党中央、毛主席命令部队就地休整，同时派出工作组，在当地发动群众，建立革命政权，宣传中国共产党的抗日救国主张，为红军筹办粮草，并扩大红军。当时，我从二方面军回到总司令部向刘伯承总长汇报，还不知道红军已在甘肃省建立了以何长工同志为主席的苏维埃政府，并要我在岷县任县苏维埃政府主席。

刘伯承总参谋长一见到我就说："你马上到何长工省主席那里分配工作。"

我说："总长，要我转业、复员，我不干。"

刘总长说："不是要你复转，我也不会同意你复转。问题是，你知道，部队在草地吃了很多苦头，现在出草地后要在岷县休整，要搞点粮食吃，但群众都跑了，找不到粮食。你是岷县人，他们（指何长工同志和省苏维埃政府）已把布告贴出去了，要你当岷县苏维埃政府主席，发动群众回来，建立苏维埃政权，筹办粮食和搞点干粮，扩大红军，还要继续北上呢！"

我说："总长，你了解我，地方工作我没有做过，不一定搞得好。"

刘总长勉励说："去吧，你是本地人，一定会搞好的。"

我体会到，领导上的决定，显然是考虑到我是本地人，有乡亲情和语言通的有利条件，并且长时间作侦察工作，有点联系群众的活动经验。所以，我怀着兴奋的心情，表示服从组织分配，并感谢组织的信任。我还建议说："叫苏维埃政府主席，群众不明白是什么，要给群众解释才清楚，不如按习惯叫县长好，群众一听就知道是干什么的。"刘总长同意，并转告何长工同志，就这样办了。

于是，我按领导意图召集从部队机关抽调的干部开会，建立岷县苏维埃政府，下设组织、宣传、妇女三个部，要他们立即下乡发动群众，开展工作。我则亲自带一个骑兵班下乡，首先到三十里铺舅舅家，找表兄张季农去联系。

但由于我当兵离家已久，又穿着红军军装，表兄一听我叫他的名字就吓坏了。

当我见到表兄说：“你叫张季农吧？”

“你怎么知道我叫张季农？”他惊恐地望着我说。

我说：“你看我是谁？”他呆视一会摇头表示不认识。

我说出了自己在家时的小名，“我是云存啊！”他猛然醒悟认出，就抱住我大哭起来。

我劝慰说：“别难过，我这不是回来了吗！”并问他：“老百姓都到哪里去了，怎么村子里人都找不到？”

他指了指村后的大山说：“都跑到山里去了。”这显然是受国民党军队和豪绅地主造谣污蔑红军是“红眼睛绿鼻子、杀人放火、共产共妻”等欺骗宣传的结果。

我说：“红军是穷人的队伍，是保护穷人、为工农劳苦大众解放打天下的，是抗日救国的。我现在是红军的一员，还来岷县当穷人的县长了。你到山里去，就说我回来了，还是咱们县的县长，叫老乡们都回来。”

他马上跑到山里，把老乡们叫了回来。乡亲们一看见我当兵走了，又当了红军，还回来当了穷人的县长，都格外欣喜，奔走相告，传得很快。我随即以家乡话向乡亲们揭露国民党和土豪劣绅地主的造谣欺骗，宣传红军的本质和党的抗日救国主张，启发教育他们拥护苏维埃政府、热爱和帮助红军、积极参军参战。我还到自己家的坎堡塔村，利用探望家人的机会，向群众做宣传、发动工作，远近相传，影响很大。

就是这样，经过我和“工作组”深入农村宣传、发动，很短时间就在岷县包家族成立了岷县苏维埃政府，随后又迅速在岷县三十里铺、哈达铺等区、乡、村成立了 80 多个苏维埃政府，各级苏维埃干部都是从具有初步革命觉悟、在反对国民党和恶霸地主豪绅的斗争中表现较积极和拥护共产党、拥护红军的骨干中选定。依靠这些初建苏维埃政府的干部和为红军工作的积极分子，我们不失时机地开展了轰轰烈烈的“打土豪、分浮财”的群众斗争，首先打开远近闻名的大地主豪绅的粮库供红军机关、部队吃，把没收的多余粮食、财物分给贫苦农民，同时发动群众积极协助红军筹集、购买、捐献粮食和看护伤病员，积极协助红军宣传共产党抗日救国的主张，并动员青年参加红军。据后来调查，红军在岷县休整期间，岷县人民在县、区、乡、村苏维埃政府领导下，主要贡献有六个方面：

一、筹集粮草解决红军吃饭问题。在麻子川乡，当时住有1700多名由于长期饥饿身体很弱的红军，乡政府每天要运送七八担（每担400斤）粮食才够食用；粮食碾不出来，就摘青豆角、挖鲜洋芋供红军吃。一般农民有粮食出售的，红军用现钱买。地主老财恶商的粮食，则没收供应红军。有些开明商户同情红军，也主动捐献粮食等支援红军。如寺沟乡立珠村的寇三娃捐支红军粮食1500多斤、羊100只；扎地村周文廉捐支红军粮食1200多斤；西川乡甘寨村冯守安兄弟捐支红军粮食二担一斗、肥猪一头。在茶埠乡，每天有八九辆牛车给打岷县城的红军运送粮食，每车拉400斤左右。在红军休整56天中，岷县人民每天供应红军粮食近五万斤，再加上供红一方面军、二方面军过路部队用的粮食，总筹集供应红军粮食400多万斤。而为红军筹集供应的柴、草、猪、羊和钱、物，更是无法计算的。

二、各乡、村群众积极看护红军伤病员。许多老人在回忆中都提到此事，说每个村都有伤病员，身体很弱，穿的破烂。许多群众腾出热炕给伤病员住，寻找好的食物、打野鸡给伤病员补养身体，还找药、找看病先生给他们治疗。有的伤病员大体痊愈，就随红军开赴前线；有的伤病重治不好牺牲后，都协助部队很好掩埋了。这表现了岷县人民对共产党和红军的热爱，与红军指战员建立了血肉般的感情，意义深远。

三、各级苏维埃政府干部和积极分子协助宣传共产党和红军的本色及其抗日救国的主张。这样，就很快使岷县广大人民认识到中国共产党领导的工农红军“不打人、不骂人，不抢人民群众的财物、不欺侮妇女，是为中华民族和工农劳苦大众的解放、为穷人打江山的军队，是工农子弟兵”。懂得“抗日救国人人有责”的道理，并识了国民党和地主豪绅的一切反动欺骗宣传。因此，人民群众热情拥戴共产党和工农红军，积极为红军指战员做军鞋、缝补衣裳、打碾粮食、揭发坏人等，掀起了支援红军的热潮。

四、组建了一支新的革命武装补充红军。组织上决定开展扩兵工作，我通过区、乡、村苏维埃政府作宣传动员，很快掀起了热潮。那时，我不论走到哪里，都有许多小青年跟在后面闹着要参加红军，情景非常感人。许多老人回忆，在岷县的县、区、乡、村苏维埃政府干部深入宣传动员下，人民群众听说“当红军，长官不打骂，是给穷人打天下”的，很快有许多青年报了名，各乡都编了新兵连。于是，在很短的时间内，即组建了一个3000多人的新兵团，后称岷县独立团，由我任团长兼政委。下设三个营，每营三个连，营、连干部均由当地有一定军事知识、革命意志较坚决的人担任。我带这个新兵团随红军总部离开岷县到会宁后，向朱总司令建议说：“我带的这个独立团，既来不及训练，又无武器，这样下去不行，还是补充给主力部队好。”朱总司令说：“你看补充给哪个主力部队好？”我说：“红五军团的干部陕、甘的人多，补充给他们好带。”朱总司令说：“这样好。”随即通知红五军团派人来带走，补充给红五军团了。

五、协助红军锄奸反霸。镇压了一批罪大恶极的恶霸地主豪绅、伪保长、恶商和横行乡里的恶棍，打击了国民党武装和地主豪绅势力的气焰，伸张了正义，平了民愤。

六、掩护红军留下的伤病员和掉队人员。据1953年岷县人民政府统计，还活着的红军老战士有70多人，其中有红军重伤病员和掉队人员。他们就是在岷县人民冒着被杀头的危险，千方百计掩护下来的幸存者，未遭国民党军队和恶霸地主豪绅杀害。有位幸存的红军女战士说：“解放前不是乡亲们的掩护，哪还有我们这些人的活命；解放后不是政府的照顾，哪还有今天的幸福！”

红军长征到甘肃岷县休整和继续北上，从1936年8月至10月，一共有56天时间。而我这个当了56天的岷县县长，自然也要带新兵团随红军总部北上。

临行前，刘伯承总参谋长找我说：“张明远啊，你这次可不能像在长征路上一样，说走马上就走了。你现在出了名，走时要把家属亲人安排好。不然，你今天走，明天敌人就会把他们杀光。”

我说：“是啊，但我个人怎么办？”

刘总长说：“哎，你个人没有什么办法，有组织嘛，要靠组织去办。”

党和领导的关怀，我深受感动！于是，在刘总长关注下，公家给了我两匹马，我一个姐姐家也给了我一匹好马，才使我有可能把母亲、二哥夫妇俩、一个堂兄和三个侄儿、一个侄女、一个外甥一起带了出来。后来，我几个侄子和侄女，都参加了红军。

虽然，在当时当地艰难复杂的情况下，短时间建立的岷县各级苏维埃政权在红军走后是难以存在下去的，各级苏维埃政府的干部和支援红军的积极分子差不多都遭到了国民党军队和恶霸地主豪绅的残酷杀害，这是岷县人民为中国革命付出的巨大牺牲。但是，岷县毕竟起到了红军长征“加油站”的光辉作用，在岷县人民中播下了革命的种子，为后来岷县人民参加解放斗争打下了一定的基础。尤其值得一提的是，岷县的革命干部和积极分子惨遭敌人杀害时都非常英勇顽强，有的在壮烈牺牲前还向穷凶极恶的敌人说：“你今天杀了我的头，明天就会有人来提你的头。”这都充分表现了坚信共产党、毛泽东和中国革命胜利的信念和面对敌人屠刀“宁死不屈”的英雄气概，为人民留下了可贵的精神财富，一定会永记青史。

选自政协岷县文史委员会编：《红军长征在岷县》（《岷县文史资料》第8辑），2006年12月，第96—101页。

红军长征纪实丛书

红四方面军卷

5

中共中央党史研究室 编

中共党史出版社

本册收入第十至第十二部分文章84篇

参加长征的片断回忆[①]

张明远

我原系甘肃岷县人，1928 年和 1929 年，甘肃连续大旱，再加上兵连祸接，我家几乎没有收成，生活陷于绝境，我就去岷县吃粮当兵，参加了甘肃的地方部队。后来冯玉祥到了甘肃，这支地方部队编入国民军。在冯、阎反蒋失败后，我们又被蒋介石被编为第二十六路军，于 1931 年 3 月开赴江西“剿共”。到江西宁都后，给养不济，士气低落，人无斗志。此时，在我党中央工作的原冯部军政部主任刘伯坚同志向孙连仲部驻宁都参谋长赵博生、旅长季振同、董振堂等同志进行工作，于 1931 年 12 月 14 日，终于促成了国民党第二十六路军一个师、两个旅的“宁都起义”。

宁都起义后，我们改编为红五军团，休整了半年，就开到南雄县水口镇和国民党军队作战。在这次战斗中我负了伤，适逢一方面军保卫局在战士中选侦察人员，我被选中了，经过一段集训后，被提升为一方面军保卫局侦察科长，便离开了五军团。红军长征前夕，一方面军调回瑞金，我被调到国家保卫局，旋由国家保卫局分派到三军团任保卫局侦察科长。

1934 年冬，红军开始长征，我在彭老总的第三军团任侦察科长。

---

① 选入本书时，编者略有修改。

1935 年 6 月，一、四方面军会合，党中央开会确定北上抗日。红军过草地时，总部决定分左右两路；一方面军一、三军团和四方面军的两个军组成右路军，由毛泽东率领北上；一方面军五、九军团和四方面军两个军组成左路军，由朱德和张国焘率领北上。红军长征到云南扎西时，部队曾进行整编，成立侦察队，我被调到司令部当徒步侦察队长。侦察队跟司令部行动，任务是侦察敌情，绘出行军路线图，找向导等三项，这对部队行进和指挥作战十分重要。因此，我们侦察队经常走在部队的前头。

1936 年 8 月，我们部队出腊子口到了岷县，决定在这里休整、补充给养并做群众工作。岷县城当时为甘肃军阀鲁大昌的新十四师驻守，红军包围了县城。中央指派何长工同志为甘肃省主席。我当时为岷县人民革命委员会主席，命我在县里筹集军粮给养。接到任务后，我立即回老家三十里铺，先找到我的表兄季农。他在地方上还有点声望，于是我请他告诉周围群众，就说我在红军里工作，现在回家来了，当时我父亲已经去世，母亲还在，我是 16 岁出门的，因此，邻居、亲戚听见我回来了，都跑来看我，又听说我是“县长”（农民习惯把管理一县之事的都叫县长），十分高兴，我就向群众宣传党的政策，告诉大家红军是穷人的队伍，我们将要开往抗日前线，去打日本鬼子。

经过充分发动，把群众组织起来了，就开始进行打土豪的斗争。当时岷县站里恶霸地主张树岩，大寨地主刘十一，砍堡塔地主秦太林、马七一，平日压榨农民，无恶不作，便分别组织群众召开了斗争大会，控诉揭发了他们的罪状，为民平了愤除了害。

我家乡有一个姓张的大地主，他的几个姑娘都嫁给鲁大昌的部下做老婆，他就仗势在地方上横行霸道，还把庄子附近和山上的树木全部砍去作烧柴，收租时用大斗坑人。我们就派人把这个地主抓来，严加管教后放其回家。

我军围攻岷县 40 多天没有攻开，我在家乡一带做群众工作也待了

40 多天。这期间除打土豪征购粮草外，还进行了扩兵工作。我的家乡土地瘠薄，人民生活困难，又都对红军有了比较正确的认识，因而扩兵工作一开展，立即有近 3000 人从四面八方跑来当红军。我就成立了一个独立团，自己兼任团长，到会宁后，便把这个团交给了五军团。后来这部分人随五军团到达河西高台，不幸竟全军覆没了。

岷县县城没有打开，我们的部队撤下来向会宁前进，我也随部队离开了。到会宁后，我们和一方面军迎接我们的部队会了师在这里休息了五六天，保卫局又给我们配备了一百名战士，命我到西兰公路沿定西一带去打游击。我们在西起车道岭，东到华家岭一线，阻击国民党的小股部队，扣截过往的国民党军车及军用物资。

在西兰公路兜圈子打游击约三四天，从敌人飞机的来去方向判断，估计我们部队已过会宁了，便率队追赶部队，一直到海原和靖远之间，才遇到四军一位领导同志，他告诉五军团已全部过了黄河，向河西走廊前进，总部已有命令，没有过河的再不要过了，一律随总部到陕北去。不久，我们见到了朱德同志，他也命令我们和他一起走；我就跟随朱总司令到了陕北延安，仍旧回到中央保卫局工作。

选自中国人民政治协商会议甘肃省委员会文史资料研究委员会编：《甘肃文史资料选辑》第15辑，甘肃人民出版社1983年4月第1版，第86—88页。

长征经过岷县的回忆

董邦

我们保卫局走在后边，我们到岷县时，岷县已经被红军包围了。保卫局住在三十里铺。保卫局长曾传六派我在哈达铺、宕昌一带打游击20多天，我带了一个排，张明远当了岷县的县长。

我们住在河对面山上一个土司的家里。一个地方反动武装要抢我们一个战士的枪，被我们抓住毙了。清真寺的阿訇带领几十个人还慰问我们。打游击回来后就到三十里铺。临走时我和张明远同志到他家一次；撤走时我们走到洮州新城，过了两天又回来了。

到会宁以后，我和张明远又打游击，山城堡战役后，我去了中央党校，张明远去了红军大学。

红军包围了岷县二郎山，有一次夺回了敌人的一个碉堡，后来又被敌人夺去了。我们还给敌人送饭,用桶担到他们的阵前,我们就离开了，他们吃过后，把桶送了出来，还托我们买东西，我们买好后，第二次送饭时就一块给他们。

李和义原来跟我们走，走到新寺镇一个堡子（漳县新寺镇）。我们没有打开，李不知怎么进了堡子，就没有出来。

长征时张明远是军委侦察队长，由刘伯承带领。你们有必要把张明远的出身经历写一下，现在不写，将来就不好写了。

选自政协岷县文史委员会编:《红军长征在岷县》(《岷县文史资料》第8辑),2006年12月,第102页。

董邦,1914年生,甘肃天水人。1931年参加宁都起义后编入中国工农红军,1932年加入中国共产党。红军长征时任红四方面军保卫局侦察科侦察员。新中国成立后,曾任甘肃省甘谷县人民政府县长,中共甘谷县委书记、天水地委统战部部长、天水地委副书记等职。1995年在天水逝世。

二郎山战斗回顾①

岳仲连

我是1933年2月在家乡四川省南江县高桥乡参加红军的，当时还不足14岁，在中国工农红军第四方面军三十军八十八师二六三团三营九连当战士，出草地后，部队在岷县整编时调警卫排任二班班长，参加了攻打二郎山的战斗。现将红军走出草地，在岷县二郎山战斗的经历回忆整理出来。

1935年6月，中国工农红军四方面军由于受张国焘错误路线的危害，和一方面军在四川懋功会师又分手南下后由于受国民党军薛岳、刘湘等的疯狂“围剿”，虽经英勇奋战，但伤亡严重，二、四方面军在川西甘孜会师后，在朱德、任弼时、贺龙、徐向前等同志的坚持下，张国焘不得不放弃南下的主张，二、四方面军终于踏上北上的征程。1936年8月初走出草地到过腊子口。腊子口有敌军大约一个连守防，我们到达后在晚上偷袭成功，没有打恶仗，敌人就四散逃走，这是因为头年攻腊子口被一方面军打怕了，知道了红军的厉害。腊子口附近悬崖峭壁，真有一夫当关，万夫莫开之势，那么险要的地形，而且敌人重兵把守，也被一方面军兄弟部队攻克了，我们感到无比的敬佩。当时我四方面军的干部战士爬雪山、过草地，还要和敌人战斗，再加上长时间断粮，

① 编者对原文个别地方略有修订。

以野菜、草根、树皮或杀牦牛、战马充饥，同时受严寒之苦，战士们脸带菜色，衣服褴褛，虚弱消瘦，疲乏不堪。那时候，腊子口附近山上树木很多，我们发现一些枯树上长满了蘑菇及其他菌类植物，便采来熬汤喝，树下草丛中还有很多草莓，色红味酸甜，十分好吃，有了这些食物充饥，红军的生活比雪山、草地和藏区有了较好的改善。

部队到达三十里铺后进行了整编休整，当地群众对红军很友好，也没有外逃的，还帮助我们买来蚕豆面及其他杂粮、土豆、盐巴等食物，这是断粮很多天后第一次吃的五谷，蚕豆面糊糊那香味真是难忘啊！部队规定每人只能喝一碗，不能多吃，怕过分饥饿的肠胃被撑坏，等适应后再吃。这一带有“三怪”,我们甚感稀奇:一是牛车轱辘特大而车厢小；二是妇女穿的绣花船形鞋前头尖又弯且朝上翘；三是妇女发髻不在后面向上高高耸立还罩着金属。我们在三十里铺休息了几天，换了草肚子，吃到粮食和盐巴的红军战士体力恢复了许多，部队首长做了战前动员，讲了攻打二郎山，解放岷县城，为北上会师扫平障碍的意义，我们高呼“拿下二郎山，解放岷县城，消灭鲁大昌”的口号，向岷县进军，并唱起了红军歌曲，一些歌曲至今记得很清楚。

把红旗插遍全中国

共产党领导真正确，
工农群众拥护真正多，
红军打仗真不错，
粉碎了国民党的乌龟壳，
我们真快乐，
我们真快乐。
敬爱英勇的红军哥，
我们的胜利有把握，
向前杀敌莫错过，
把红旗插遍全中国。

我们真快乐，
我们真快乐，
我们真快乐。

战斗歌

鼓声咚咚，红旗飘扬，
战士们好英勇，
我们在此立正敬礼唱歌来欢送，
祝你们前方去消灭敌人大显威风，
祝你们前方去消灭敌人大举进攻，
瞄准了再放——放，放，放，
勇敢地冲锋——冲，冲，冲，
狠狠地杀——杀，杀，杀，
革命胜利——乐融融。

二郎山在岷县城南，山高坡陡，地形险要，光秃秃没有树木，易守难攻，居高临下，能将县城一切尽收眼底，攻下二郎山对攻入县城有着重要的作用，国民党鲁大昌为阻击红军北上，防止县城攻破，在二郎山及附近山上修了13个碉堡，碉堡大小不一，互相接应，并挖有数条战壕，派重兵把守，攻打二郎山的任务军首长交给我们八十八师，三十军是四方面军的主务部队，长征途中一直作为先头部队逢敌战斗，逢河架桥，逢山开路，而八十八师又是主力师，师长熊厚发是20多岁的年龄人，指挥果断，打仗勇敢，主攻任务交给了二六五团，由二六三、二六八团任预备队，二六五团是红四方面军数得着的有很强战斗力的几个强团之一，以近战、夜战、能打硬仗闻名全军，曾被总部授予“夜老虎团”的光荣称号。记得攻打二郎山是在8月10日晚上发起总攻的，后半夜还下起了雨。我们从附近山上包抄迂回上去，一部分正面做佯攻，敌人做梦也没想到红军晚上实施突袭，战士发扬夜战、近战的“夜老虎”作风，冒雨摸上山腰，并发起了攻击，红军健儿个个如猛虎向山上冲，包围并炸毁碉堡，国民党敌军依靠乌龟壳（碉堡），坚持抵抗，攻破碉堡后，有相当多的敌人放下武器当了俘虏。到天亮，我们攻下了九座碉堡，消灭了许多敌人，我红军战士也伤亡不少。当准备向主峰和附近山头火力最凶猛的最后四座碉堡发起攻击时，军首长考虑到地形不利，易守难攻，为了减少伤亡，同时红军没有在岷县长驻的打算，主要任务是北上会师，于是命令停止攻击，撤离战斗。我们卸下枪栓，让俘虏背上缴获的食品和枪支弹药下了山，经宣传红军“八要、十不准”的纪律及北上抗日的意义，很多俘虏兵主动要求加入红军，不愿意的遣送回家。作为先头部队，再未攻打岷县城，继续北上，到三岔时兵分两路。一部分去了洮州，大部分向漳县方面进军。

二郎山战斗虽未获得全胜，但沉重地打击了敌人，震慑了敌胆，使盘踞在甘肃南部的鲁大昌部队又一次领略了红军的威力，为二、四方面军顺利过境，北上会师起到了十分重要的作用。（彭明整理）

选自政协岷县文史委员会编：《红军长征在岷县》（《岷县文史资料》第8辑），2006年12月，第146—149页。

红四方面军 1936 年长征途经甘肃省漳县一带的活动情况

程世才

1936 年 7 月初，二、四方面军在甘孜会师后，按原定计划，党中央指示方面军北上。当时三十军政委是李先念，军长是我（程世才），政治部主任李天焕，参谋长黄鹄显，下辖八十八师、八十九师。八十八师师长熊厚发，政委郑维山，参谋长尧志坚，政治部主任徐太先；八十九师师长邵烈坤，政委张文德，参谋长刘雄武，政治部主任裴寿月。每个师辖三个团。

决定全军北上后，我和李先念各率一个师。李率八十九师，较我先出发7天，我率八十八师于1936年7月23日从甘孜出发，经包座到阿坝，一路顺风，向甘南挺进。8 月 9 日抢占了天险腊子口，和国民党岷州地区守敌鲁大昌接火打了一仗，出腊子口，到哈达铺，而后向岷州进攻，歼敌千余人。继而在哈达铺北视察敌情，察得鲁大昌正规军一个师，后又补了两个团，共计五个团兵力，布防碉堡 40 多座，守卫森严。根据敌情，经我部署了整个兵力后，我军一夜攻破了碉堡 40 多座，占领了整个敌阵地，歼灭敌人一个团，缴获机枪十一挺以及军火辎重。此时，鲁大昌节节吃败仗，由失腊子口、丢哈达铺，逼得退进岷州城，严防城池。

正当此时，朱德总司令、徐向前总指挥随我先遣部队到了岷州城下，看了军情，听了汇报。经研究，重新部署了战略，将攻岷州城的事交给了由陈昌浩指挥的五军、九军；命四军打临洮，三十一军进武山，我三十军仍为先遣部队，和徐向前一起攻克漳县城，占领陇西。

我军接受新的战斗任务后，很快包围了陇西城，占领了陇西全境乡、镇和农村，毛炳文、许克祥军力全部龟缩在陇西城内，不敢出入。同期八十九师攻克了漳县城，消灭了毛炳文部一个营，打散了三个民团。我三十军八十八师、八十九师战果显著。攻克漳县城后，为指挥方便，四方面军前敌总指挥部驻漳县。

我军在漳县驻防40多天，部队一边侦察敌情向四周打游击，扩大地盘，一边宣传红军纪律和党的政策，发动群众，扩红建红。在漳县共扩大红军二三百人。当时，红军一边打富济贫，组织人民政权，并在漳县城组建了县委、县政府，少共宣传部、妇女部，在乡镇还建立了农会。苏维埃政府和工农民主政府。

在此期间，二方面军经西和、礼县，连克徽县、成县、康县、两当，占领了甘南一带，红四方面经腊子口占领了岷县、临洮、临潭、渭源、通渭、陇西、漳县、武山等甘南和甘中一带。这时，中央又令聂荣臻、陈赓、左权组成西征军。当时中央指示，在甘南一带由二、四方面军建立临时革命根据地。于是，二、四方面军组成的西北局在岷州三十里铺召开会议，会上张国焘提出“西进青海，到永登、红城子一带去”的主张。朱德、陈昌浩等同志反对西行，主张北上会师，因此张的意见被否定。会后，张国焘跑到漳县，一边给方面军总指挥部的同志说明西进的好处，北上的不利，一边命令部队西进。这时，在朱德的努力下，促成了“西北局漳县会议”的召开。会上朱德、陈昌浩为顾全大局，再未坚持他们原来的意见。

当时，我驻在陇西二十里铺，由于布置驻防事宜，没有参加会议，我军李先念政委参加了会议，会期他回部队一次，给我说参加的人员有朱德、徐向前、陈昌浩、张国焘、李先念、李特等，各军都有人到了会。会上，张国焘先来了硬的一套，说：“四方面军北上，面临西兰通道，与敌决战不利，陕北地瘠民穷，大部队粮食问题也难解决，如转到兰州河西一带，情况会好得多。”同时又来了软的一套，哭了。与会同志为顾全大局和团结，暂时同意了西进。西进刚一天，徐向前调查得知越往西天气越冷，战士衣单被薄，困难很大，故反对西进，回到洮州，向朱德、张国焘等作了汇报。朱德、陈昌浩、张国焘在洮州会议上研究以后，部队由西进转为北上。10 月上旬，一、二、四方面军在甘东北会师。（汪国柱、张军 1986 年 5 月 15 日走访整理）

选自漳县政协文史资料委员会编:《漳县文史资料（第四辑）:红军长征在漳县》，2005年，第74—76页。

红四方面军1936年长征经过漳县所召开的“西北局紧急会议”的情况

徐深吉

红四方面军1936年8月第二次北上，到达甘南地区，红军总部驻岷州三十里铺，前敌总指挥部设在漳县盐井镇。9月中旬，中央电示全军北上，促成一、二、四方面军三大主力在甘东北、陕北会师，执行夺取宁夏的战役计划。为此,西北局委员会议在岷州三十里铺召开,会上，张国焘力主全军西渡黄河，经循化、乐都到青海，然后东进至古浪、红城子一带，策应一方面军夺取宁夏，实现冬季打通苏联的战略目标，得到国际援助。而陈昌浩则主张，服从中央北上，在甘北会师。他认为，1935年一、四方面军会合后，中央指示要北上，张国焘要南下，他听了张国焘的话南下了，结果南下没出路，还犯了战略上的错误。这次，他要坚决服从中央的命令，将功补过，因而坚决主张北上。朱总司令等西北局其他同志都同意北上，张国焘的意见被否定了。

西进的意见被否定后，张国焘很恼火，他急切地跑到设在漳县的前敌指挥部，对徐向前、李先念、周纯全、李特等人说：“我这个主席干不了啦，让昌浩干吧！”“陈昌浩企图把我搞下来，取而代之”。“我是不行了，到陕北准备坐监狱、开除党籍，四方面军的事情中央会交给昌浩搞的。”（根据我和徐向前、李先念一起在1983年回忆，张国焘当时还哭了）张国焘在他的回忆中也曾写道：“这是我和陈昌浩共事以来第一次发生的冲突”。当时，张国焘 1935 年南下，搞得走投无路，又有另立“中央”的包袱背在身上，所以情绪是很激动的。

在这种情况下，在场的同志你一语，他一句地说：“关于军事行动的方针问题，我们可以继续商量。”这样，以张国焘为主拟定了行动部署：四方面军以两个军从永靖、循化西渡黄河，抢占永登、兰州以西和红城子一带作为立脚点，一个军暂留黄河渡口附近活动，吸引和牵制驻青海的马步芳匪军，两个军仍布防漳县、岷州地区，吸引胡宗南部队南下。时机一成熟，这三个军再北渡黄河，进往靖远、中卫、和一方面军共夺宁夏。

部署拟定后，张国焘一面电告朱总司令和陈昌浩同志，叫他们来漳县前敌指挥部开会，再次商量行动路线，一面下令各军开始西进。

9 月 21 日，朱总司令、陈昌浩赶到漳县，在前敌指挥部开会一二天。会上，张国焘讲了西进的好处。朱总司令看到部队已经行动，因此为了顾全大局，维护团结，再没讲啥，也就随军行动了。陈昌浩看到大家已同意了张国焘的意见，也再没有坚持原来在岷州会议上的主张，只得也随军行动。

当时，四方面军的指挥员都不想西进，部队情绪不高。如我们三十一军九十一师，从武山山丹出发，一天一夜才走了 30 里路，还跑掉了十八名战士。这些人都是爬雪山、草地过来的，那时受苦很大，都跟过来了。这次西进，他们却跑了。

徐向前带先头部队到洮州，经调查，甘西、青海已气候寒冷，部队衣被单薄，难实现西进任务，因此返回洮州，给随军行动的朱德、张国焘、陈昌浩汇报了调查所得，并提出:“不能西进，应北上会师”。于是，西北局又在洮州召开会议。会上，朱德、陈昌浩、徐向前等大多数同志同意北上会师，与一方面军合夺宁夏，但张国焘仍然坚持西进计划，并在十小时内给中央打了四次电报，说明西进理由。党中央复电批评了张国焘，明确指出：若去青海，只限青海一角，同时以后行动困难，也碍夺取宁夏的战役计划。接着中央电示，照令北上，张国焘才勉强同意。这样，总指挥部发出改西进为北上的命令。全军分五个纵队，向北挺进了。

改西进为北上后，全军振奋，精神焕发，我师两个钟头就走了 30 多华里。（汪国柱、张军 1985 年 5 月 20 日走访整理）

选自漳县政协文史资料委员会编：《漳县文史资料（第四辑）：红军长征在漳县》，2005年，第77—79页。

关于红四方面军长征途经甘肃省漳县的经过情况

陈明义

1936 年秋，为了决定红四方面军长征行动方针问题，分别在甘肃省的岷县三十里铺，漳县、洮州三个地方召开过三次会议。

1. 岷县三十里铺会议为西北局会议。张国焘为决定红四方面军行动方针问题，在甘肃省岷县三十里铺召开了西北局会议。参加这次会议的人员有张国焘、朱德、陈昌浩、李卓然，可能还有傅钟、周纯全等同志。因为张国焘是西北局的书记，所以便主持了这次会议。在会上形成了两种意见：①以朱总司令、陈昌浩等多数同志同意的红四方面军继续北上到甘肃北部的靖（宁）、会（宁）、庄（浪）和毛主席领导的中央红军会合。②张国焘等少数人却主张红四方面军由甘肃的通渭、陇西、渭源、岷县、漳县通过洮州向西进，从永靖过黄河到青海乐都。这两种意见在会上争论很激烈。因朱老总坚决主张北上，陈昌浩支持朱老总的意见，多数人也同意这种意见，而张国焘孤立了。在两种意见相持不下的情况下，张国焘宣布休会，去睡大觉（实际睡不着，也不可能睡）。于是张国焘趁休会便骑着马，身带二三十个警卫人员急驰漳县。

2. 漳州会议：张国焘驰奔漳县后，召开了会议。会议由张国焘主持，参加人员在四方面军总指挥徐向前，参谋长李特，三十军代军长程世才、政委李先念同志。这次会议上张国焘又部署了四方面军从永靖过黄河西进青海乐都的行动，并讲述了北上会合的不利条件：如北上会合后，北靠黄河，背水作战乃兵家所忌，甘北的陇东、陕西的陕北，吃粮困难，喝水困难，一切供养都困难；根据当时打通国际路线的意图，先过黄河到河西。这次会议通过了张国焘的西进意见。这样子部队就开始调动，会后下命令把陇西所驻三十军和通渭所驻部队调动西进。我们指挥部直属部队，从漳县出发过了洮河到洮州。

3. 洮州会议：我们总指挥部到洮州后又召开了西北局会议，这次会议仍是张国焘主持召开了这次会议，参加会议的有朱德、陈昌浩、徐向前、周纯全、李卓然同志，在这次会议上展开了争论，是继续按漳县会议西进？还是按岷州会议北上？张国焘仍坚持先过黄河、尔后与中央会合的主张；而朱德、陈昌浩、徐向前等多数同志都同意要北上在靖宁、会宁和中央红军会合。由于多数人同意会合，在此情况下张国焘被迫才同意北上会合。

这样，我们又过洮河，复占通渭城，大战华家岭，在会宁与中央红军陈赓会合。（华家岭大战中牺牲了副军长罗南辉南志）

上述就是岷县三十里铺、漳县、洮州的三次简要会议的情况。

另外，红四方面军在漳县搞了一般的打土豪、分田地、开仓分粮和宣传发动群众工作。

最后，我再说上几句：因为我们红四方面军长征经过雪山草地，生活很苦，没饭吃，而到了甘肃的岷县、漳县、陇西等地，人民爱护红军，把我们的肚子吃饱了，身体恢复了，我们很感激，请你们代我感谢人民群众。

选自漳县政协文史资料委员会编：《漳县文史资料（第四辑）：红军长征在漳县》，2005年6月，第80—82页。

陈明义，1917 年生，河南商城人。1930 年加入中国共产主义青年团，1931 年参加中国工农红军，1933 年转入中国共产党。红军长征时任红四方面军总指挥部作战参谋。新中国成立后，曾任西藏军区副司令员兼参谋长、副司令员、司令员，成都军区副司令员兼西藏军区司令员，成都军区副司令员兼参谋长等职。1955 年被授予少将军衔。2002 年在成都逝世。

夜取渭源

孙继争

1936年8月，红四方面军二次北上、出草地、占包座，抢夺天险腊子口之后，立即发起了岷洮西战役。从8月10日到9月10日，历时一个月，先后攻占了漳县、临潭、通渭、渭源等县，并在岷县大草滩歼灭了敌暂编十四师主力。其余残敌如惊弓之鸟窜回岷县、陇西，固守待援。恶霸土豪、富商劣绅也纷纷钻进渭源县城。一时间，渭源县城里粮食、布匹、棉花等物资囤积不少。

其实，把渭源放在最后攻克是徐向前总指挥特意安排的，目的就是让那些富商大贾们将掠夺的财富集中在一个地方，暂代我们“保管”起来，以便红军去一举攻克渭源后一次缴获。

那时，方面军总指挥部设在漳县城西漳河边的汪家庄。一天下午，徐总把地图仔细看了几遍，然后叫侦察科长毕占云来汇报渭源县城的敌情，当即用红蓝铅笔画出了进攻标号。作战计划定下后，叫谁去执行呢？徐总向作战局长欧阳毅同志说，决定派原八十九师政委当时任方面军总直属队指挥的杜义德同志去执行这个任务。徐总说，义德同志是夜战英雄，是英勇善战的指挥员，他去指挥有把握。

徐总当即把杜义德同志叫来交代任务，面对着地图，详细讲解敌情，渭源守敌为毛炳文三十七军第八师一个团，加上民团共2000余人。当时敌人正在抢修防御工事，我们必须抢在敌人的工事筑好之前将其全歼，完成筹集过冬物资的任务。徐总决定用夜袭的战斗手段一举拿下渭源，并配给了杜义德同志有名的“夜老虎”部队之一的二六四团和三十一军的两个团。杜义德边听边仔细地看地图，又把毕占云科长介绍的敌布防情况及活动规律一一记在小日记本上，还要了一份五万分之一的作战地图收卷起来。最后，杜义德同志向徐总汇报他执行任务的计划说：“我立即连夜赶到参战部队待机位置，徐总有意将参加部队集结在菜子河、官亭村，摆出要强攻陇西城的态势而声东击西；我先召开干部会议布置传达任务，而后亲自带领团营干部化装为民到渭源县城进行侦察，详细了解敌情地形，选择主攻方向和突破口。实行夜袭之前，要部队在待机地域作战斗准备，制作登城云梯。”徐总听了以后非常满意，握着杜义德的手说：“我了解你，相信你，等着你的胜利消息！”天将黄昏，徐总把杜义德同志送到村边，看着他向渭源方向飞马而去。

当徐总向杜义德同志下达命令的时候，我就向欧阳局长要求跟随杜义德去参战，经过一番“蘑菇”，欧阳局长同意了我的要求。我高兴极了，告别徐总之后，就跟着杜政委直往参战部队待机地域菜子河、官亭村飞驰而去。翻越包家山时，杜义德同志想起徐总的嘱咐，将20响的快慢机驳壳枪推上子弹，关上保险机往腰间一插，并告诉警卫员和我们做好防小股土匪的准备。我们加倍警惕地在黑夜茫茫的山间小道上急驰。这时正值深秋，层层梯田里的谷子、高粱、黄豆、莜麦都发出阵阵芳香。天上明朗的群星照出杜义德年轻的身影。一会儿爬高山，一会儿跨深谷，80多里山路，很快就从我们脚下闪过。清晨五时许，我们赶到官亭庄。

到目的地以后，杜义德同志立即召集连以上干部开会，进行战斗动员，并在地图和沙盘上同大家一起分析敌情，研究如何攻克渭源。与会同志一个接一个踊跃发言，大多数同志都赞成采用夜间远距离袭击，夜摸登城的战法。杜义德同志特别强调夜战一要肃静，没有音响，路过村庄时人不二声，狗不惊吠，神不知鬼不觉地突然登城与敌展开白刃格斗；二要搞好夜间战斗的指挥联络，牢记各种联络信号；三要各级指挥员尤其是政治干部要带头冲锋在第一线，指挥要灵活，不失时机地抓住战机，哪里危险，干部就要出现在哪里；四要深入连队进行战斗动员，在战斗发起之后要加强战场的宣传鼓动工作。

会议之后，杜义德同志就带领团营干部化装为民，在地方党组织同志的帮助下，直奔渭源城下观察敌情，选择突破口。夜间还带着干部到各预定的突击点摸地形，把种种敌情、地形了如指掌方肯罢休。回到部队，又立即将所有情况向全体干部战士作了详细介绍，大家坚决表示：我们一定要拿下渭源城，全歼守敌，完成徐总指挥交给我们的光荣任务。

9月9日下午，战士们抬着长长的云梯，背着擦得乌黑发亮的机枪和锋刃闪光的刺刀、马刀，严肃而紧张地向渭源城行进。部队刚出发不久，突然乌云翻滚，狂风呼啸，不一会儿，倾盆大雨漫天而降。这正是夜战的好机会，真是天助我也。只是黄土高原一下雨，道路就像泼上了一层油，异常地滑，可是任何困难也挡不住我们这支雄狮猛虎般的队伍。到10日凌晨时，队伍已全部在渭源城下展开，两个方向的突击队都悄悄地运动到城下把云梯轻轻地靠上了城墙。杜义德同志亲自带主要方向的突击营来到城根，他把驳壳枪一挥，一声命令“上！”刹时，突击营长带着突击连如猿攀登，嗖嗖嗖地爬上城墙，真是飞将军从天而降。敌人哨兵刚刚发觉就被我突击连长一刀把脑壳砍掉了，吓得其余敌哨兵缩进工事胡乱放起枪来。守敌不知所措，像热锅上的蚂蚁乱成一团，接着分四路向我登上城墙的部队反扑。这时，杜义德紧跟突击营长上了城墙，指挥部队勇猛迅速向东向南沿城墙占领西北城门楼。机枪步枪响成一片，英雄战士们把手榴弹掷在敌群中爆炸，反击的敌人一片一片地应声而倒，战士们的大刀寒光闪闪，向反扑的敌人杀去。跟着，助攻方向的部队也登上城墙，分两路夹击，守敌沿着四条街道反扑数次都被我打退，敌人纷纷溃退。守城的毛炳文三十七军第八师一个团长眼看大势已去，想趁拂晓混乱之际逃跑被我击毙。东方的晨曦照着渭源城头，杜义德同志站在东门城楼上用望远镜观察陇西方向的敌情，命令各团火速肃清残敌，清查战果，并向陇西、临洮方向派出了侦察警戒部队，一会儿，各团先后报来战果，共击毙敌团长以下300余人，俘敌（包括伪政府人员）1600余人，缴获轻重机枪30余挺，迫击炮六门，步枪千余支，电台一部。战士们挥舞着缴获的步枪和轻机枪欢笑歌唱。

杜义德同志立即召集干部和方面军供给部的同志开会，布置筹集布匹物资的工作。经过两天的努力，终于筹集了万余匹土粗布和洋布以及一部分棉花、羊毛、羊皮。9月10日，徐总收到杜义德同志关于攻克渭源和筹集物资的电报报告后，高兴得连声说："好，好！"

攻克渭源，全歼守敌的胜利消息迅速传遍陇南的山山水水，渭源县城周围的群众纷纷牵着骡马、赶着毛驴去城内帮助红军搬运战利品和过冬物资，一时间，骡马、毛驴挤满了渭源城的大街小巷。过冬物资由方面军供给部指挥分路送到各军及总指挥部，长长的运输队拉开十几里路，蔚为壮观。

选自《甘肃日报》1981年9月1日。

途　中

刘仁松

我们红四方面军第四军，长征来到了甘肃的渭源。这天晚上，部队刚刚驻下，上级传达情况说：胡宗南的部队倾巢出动，追上来了；鲁大昌、毛炳文的两个师，也从兰州赶来，企图围歼我军于渭源，阻止我们北上与一方面军会师。

为了迅速摆脱敌人，实现北上会师的计划，部队立刻集合出发。出发前，师的叶政委集合部队讲话。他说："同志们，敌人梦想阻止我们北上会师的行动，这办不到。我们今天要拿山爬雪山过草地的劲头，冲破敌人的包围，去和一方面军老大哥会师……"

同志们听说就要和一方面军会师了，个个精神百倍，顶着月光迅速地前进。

经过一天一夜230里的急行军，终于甩脱了敌人。可是，一天一夜没吃东西，肚里叽叽咕咕叫起来。这儿尽是重重叠叠的黄土山坡，稀稀落落生长着杂草和苦蒿，村庄一个也看不见。幸好落了一阵骤雨，我们一边走，一边接了些雨水，和着炒燕麦吃了一顿"饭"。

第二天、第三天又是滴水没见，渴得实在走不动了。行军的速度，渐渐地缓慢下来。

"同志们，快走啊！"不知是谁在队列里喊道，"就要和兄弟部队会师，他们已经给我们准备了许多好东西！"

虽然谁都知道，会师还要走好几天，可是一提起和兄弟部队会师的事，一种无形的力量，又促使着每个人加快了脚步。

又走了几里路，前面出现了一个小镇，同志们霎时活跃起来。哪知这里住着敌人一个营，砰砰啪啪打了一阵才走过去。当然，找水解渴的希望又落空了。大家只好舔着干裂的嘴唇，继续前进。

爬上一道斜坡，前面发现了一间茅屋，部队老远停下了。连首长叫我带两个通讯员跑去看看，是不是住家的，有没有水。我们听了，直奔小茅屋跑去。

小茅屋里，住着个老婆婆。看见我们跑来，她吓得发抖。我们立刻对她解释说：我们是北上抗日的红军，已经四天四夜没见水了，想找点水喝，叫她不要怕。

老婆婆显然了解红军是什么人，她把我们从上到下打量了一番，说：“唉！好人哪，你们可真够苦的了。我们这周围20里，不下雨是没水的。我这桶里还有一点水，你们抬去吧！”说着把一半桶水提给我们。

本来渴得嗓门冒烟，但此刻望着那桶里的水，却都发愣了。同我去的一个小通讯员向老人说：

“老奶奶，这水给了我们，那你……”

“不要紧，你们抬去吧。”老人说，“这旁边有一个小泉眼，每天能接半桶水，对付着够我们一家三口人用的。”

老人又找出一小罐蜂蜜，递给我说：“这个也拿去吧，和在水里喝。”

我们怀着感激的心情，收下了她的礼物，掏了两块银洋送给她。经再三解释，她才收下。

我们把那小罐蜂蜜和半桶水摆在全营同志面前。教导员李定学同志先舀了半小碗送给伤员，然后自己舀了一点，端起来像劝酒似地说：“同志们，让我们每人都喝上两口润润嗓子。现在，最困难的路程已经走过来了。用不了几天，就要和中央红军会师了！”听了教导员的话，队伍更加活跃起来。

全营同志喝完了那半桶水，拉开行列，迈开步伐，又前进了。

又经过五天五夜的行军，我们终于和中央红军会师了。此时，我们的心情和那天喝蜜水一样甜蜜！

选自《难忘的岁月——革命回忆录》，新疆人民出版社1979年10月第1版，第128—130页。

刘仁松，1911 年生，四川营山金甲乡（今属蓬安）人。1933 年参加中国工农红军，1936 年加入中国共产党。红军长征时在红四方面军第四军十师。新中国成立后，曾任云南省军区后勤部营房处副处长等职。1979 年逝世。

激战羊毛山

杨新友

红军走出草地以后，继续北上，离甘肃省武山县西南五六十里的羊毛山，在这里我们和敌人进行了一场激战。

羊毛山地势险要，是红军北上到陕北的必经之路。它有 3000 多米高的峰顶，密密层层的树木遮天蔽日，主峰左边是一片光秃山。敌人为了阻挡我们前进，用一个营的兵力抢先占领了羊毛山。上级命令我们：必须夺回羊毛山，为大部队顺利北上扫除障碍。我们连负责主攻，敌人凭借有利地形和较强的火力，我们经过两天两夜的战斗，还没有攻下山头。我们不少同志牺牲或负了伤。怎么办？眼望着羊毛山的高峰，好像向我们示威一样，硬是挡住了我们的去路。打不下羊毛山，真叫人又生气又难受！指导员看出大家积压在心头的怒火，满有信心地说：

“同志们，难道我们能被这座山难倒吗？在长征路上，想想我们曾经遇上过多少个羊毛山，不管是多少个，有党和毛主席的领导，再大的困难我们也不怕！为了大部队通过，为了全军的胜利，我们要不惜任何代价拿下这座山！”

指导员一番话，极大地激励了大家的斗志。全连同志纷纷表示决心，为了红军北上抗日的胜利，为了打赢眼前这一仗，我们要不怕牺牲去进行战斗！

连长决定夜袭。夜幕降临了，巍巍的羊毛山渐渐隐没在黑暗里，只听到唧唧的虫鸣声和红军战士的脚步声。我们到达山下时，队伍列成扇面形。每个战士捆扎好手榴弹和子弹袋，紧握住手中步枪，静悄悄地一步一步向山头行进。逼近山头，雄壮的冲锋号声打破了深夜的寂静，密集的弹雨一齐射向敌人的壕垒。敌人没有防备我们突如其来的袭击，乱作一团，仓促应战。在机枪火力掩护下，战士们迅速冲到敌人的前沿，像怒狮一般扑入敌阵，打得敌人横七竖八，血肉横飞，残敌四散溃逃。这时连长从我的左侧冲了上去，从刚牺牲的一个同志手里取上两颗手榴弹，扯出引线，直投敌人堆里，两声巨响，几个敌人躺下了。我们又上来一个排，迅速占领了山头，架起轻机枪猛烈扫射，敌人一片片地倒下去。经过三个小时的浴血战斗，鲜艳的红军军旗终于迎风招展在羊毛山。这时东方渐渐放白，我们的大部队胜利地在山下通过，向陕北挺进了。

选自杨新友：《浴血奋战的岁月》，载中共鞍山市委组织部、中共鞍山市委老干部局、中共鞍山市离退休干部工作委员会编：《血与火的岁月——鞍山市离休干部革命回忆录》，第88—89页。

红四方面军长征在武山

鲁瑞林

我们师活动的地区主要在武山的鸳鸯、山丹、颉家门、车家川、滩歌等地。在筹粮筹款中，我们曾搞开两个土围子（当地称堡子）和一个红洞子（一个山洞的名字），得到很多东西，解决了不少问题。在山丹镇成立了区政府、区农会，插了一面镰刀锤子的红旗，公开进行工作，区长是马鸿九，是个党员。区农会主席记不清楚。党员还有车家川一个姓车的（我把名字忘了），有些积极分子填了表，发展为党员。当时发展的党组织（即山丹区委）是秘密的。他们的组织关系，由我们师政治部转到军政治部，再转到四方面军政治部，最后转给甘肃省地下党组织。我们部队北上离开时，公开了身份的三个党员（其中一个是区长马鸿九，其他两个名字忘了）跟上红军走了，两个未公开身份的党员（名字忘了）留下隐蔽起来，党员有多少记不清楚。当时，山丹区政府的成员，我认得的有马鸿九、马世成、马正川、马绪元、马往功等人。

……

根据谈话记录整理，1984年6月9日于北京。

选自中共天水市委党史资料征集办公室编：《天水党史资料（新民主主义革命时期）》上册，1990年编印，第164页。

鲁瑞林，1911年生，甘肃临夏人。1931年参加宁都起义后编入中国工农红军，1932年加入中国共产党。红军长征时任红一方面军第五军团十三师三十八团营长、红四方面军第三十一军九十一师政治部民运科科长等。新中国成立后，曾任西康军区副政治委员兼西康省（今分属四川和西藏）人民政府副主席，西南军区公安部队司令员，西南军区司令部副参谋长，昆明军区副司令员兼参谋长，中共贵州省委第一书记，广州军区副司令员、顾问，中共中央委员等职。1955年被授予少将军衔。1999年在广州逝世。

一块红绸布

余光明

随着岁月的流逝，对于一个历经沧桑、年过花甲的老同志来说，会常常思忖：今天的幸福生活来之不易，是无数革命先烈用生命和鲜血换来的。是的，先烈们的遗愿，就是把新中国建设得更美好，让劳苦大众过上好日子。许多老同志在谈论间常说起，我们老一辈究竟给后代留下点什么？孩子们也常问及：您给我们留下了什么传家宝？前不久，我找出了在艰苦战争年代保留下来的一块被鲜血染红的红绸布，郑重地告诉他们：这就是我留给你们的传家宝。

我保留这块红绸布，已经几十年，但每当我看到这块褪了色的红绸布，胸中便涌出一般辛酸，勾起我对牺牲的战友之无限怀念。

那是1936年，张国焘分裂红军，妄图另立中央的阴谋败露后，引起了红四方面军广大指战员的强烈愤慨，他们坚决拥护党中央继续北上的正确路线。为了保存革命的力量，摆脱错误路线造成的严重局面，在人员伤亡损耗大、没有充足供给的条件下，红四方面军被迫再次过雪山、草地。

10月，我所在的红三十一军二七一团由四川进入甘肃大娄子地区，我在三营七连当排长。不分昼夜地连续急行军，拖得部队疲惫不堪。这时，蒋介石嫡系胡宗南匪军紧追不放，不少同志脚上打起了血泡，部队药品奇缺，病号一天比一天增多。在这种情况下，如果让敌人穷追猛赶，势必造成部队更大地伤亡。因此，上级决定就在这里堵截尾追的胡宗南一部，进行一次反击战。

次日晚 8 点多钟，一场激烈的战斗打响了。面对多我几倍的凶恶敌人，我们利用有利地形勇猛反击，打退了敌人几次反扑。为了战斗取得胜利，在激战中，许多伤病员不顾自己伤势严重，主动到战壕内来回运送弹药。敌人经过休整后，在炮火掩护下，又一次向我阵地发动了比前几次更加疯狂的进攻。连长陈道山同志坚定沉着地指挥全连坚守在山头上，几棵苍翠的松柏，被炮弹点燃烧焦，阵地上的工事被轰炸得弹坑累累，足足削去了一尺多厚的暄土。枪声停止时，还隐约传来山下敌人的“劝告”声。

战士们早已怒火满胸，面对这伙穷凶极恶的顽敌，新仇旧恨变成了无敌的力量，仇恨的子弹，像长了眼睛似的飞向得意忘形的敌群之中，把敌人打得横尸遍地。活着的匪军鬼哭狼嚎，丢下武器仓皇逃窜。陈连长高兴地大喊:“司号员，快吹冲锋号！”小号兵，这位年仅 15 岁的“四川伢子”，早已做好了准备，就等连长这一声命令呢。他拎着军号敏捷地向最高处跑去，当他刚刚举起军号，还没来得及吹响时，迎面飞来一颗子弹穿透了他的身躯。他强忍着剧痛，坚毅地支撑着站立起来，用尽全力，终于吹响了使敌人丧胆的冲锋号。军号声、冲杀声响彻了整个山谷……

战斗胜利结束了，同志们扛着抬着从敌人手中缴获来的战利品，兴高采烈地向山上走来，不知是谁喊了一声 :“那不是小号兵吗？”大家的目光不约而同地凝视远望，只见我们的小号兵像一棵挺拔的松柏，偎依在一棵松树旁，高高屹立在山头上。到跟前一看，他手里仍然紧攥着军号，嘴角露出了胜利的微笑。鲜血从他的身上流淌了下来，脚下的小草被染红了。同志们慢慢地把小号兵的遗体轻轻地平放在松软的土地上，然后，给他合上了双眼。我走上前，从他紧握的军号上把被鲜血染红的红绸布解了下来，紧紧地捂在胸前。在全连同志建议下，小号兵的遗体被掩埋在山头上，让他永远看到胜利，永远能听到回荡在山谷的号角声。

这时，全连同志摘下了军帽，默默哀悼着这位年轻的战友。我凝视着新栽种在小号兵墓旁的小松树，心痛欲碎，双眼扑簌簌地涌出了泪水。一个满脸稚气的孩子身影，仿佛在我的眼前。不由想起刚入川的一段往事。有一天，我们部队在一个村庄休息，一个打着赤脚，衣服褴褛的孩子来到连部，正在这里开会的连、排长都感到非常惊异，目光一齐瞅着他，但他并不害怕，操着一口浓厚的四川土话说："哥老子，我要杀白匪，替父母报仇，我要参加红军。"说完他低着头，两只手在摆弄着自己的衣角，然后，投向我们近乎哀求的目光。我听了这个穷孩子的请求，打内心同情他，一见他招人喜欢的模样和倔犟脾气，心想：我们都是同一根藤上的苦瓜。我们几个排长几乎同时跟连长说："把他留下吧！"就这样，连长点了头，这个小苦孩子参加了红军，当上了战士。我们看他年纪小，都亲切地叫他"小伢子"。每次战斗，他都表现得非常勇敢。战斗一结束，他就在自己的布袋上画上一杠，记载着他打死敌人的数字。因为他年小又很机灵，不久，组织上叫他去当司号员。开始听说让他当司号员，他想不通，一心想拿枪打敌人，还闹了一段思想情绪呢，小嘴噘得老高。后来，在领导和老同志的帮助下，他愉快地服从了。当上小号兵后，他早也练晚也练，很快就成了一名出色的小号手。一有空，他像爱护武器一样，擦呀擦呀，把小军号擦得锃光瓦亮。战斗中，总是站在最高处，把冲锋号吹得嘹亮震天。我们在一起，他还调皮地笑呵呵地对我们学着连长的话：干革命，就要站得高、看得远，将来革命胜利了，还要继续去吹建设新中国的进军号哩！万万没想到，我们的小号兵还没有看到革命的最后胜利，就被万恶的敌人夺去了年轻的生命，为革命流尽了最后一滴血，长眠在长征途中。

为了永远怀念这位小战友，我把这块红绸布保存了起来，带着它踏上了新的战斗征程。无论是在炮火连天的战场、艰苦斗争的岁月，还是在社会主义建设时期，我始终把它带在身边。每当看到它，我便想到革命胜利来之不易，它凝结着无数烈士的鲜血。我把这块红绸布留给后代，使他们“远不忘记过去，将革命进行到底”。

选自中国人民政治协商会议黑龙江省委员会文史资料研究委员会编:《黑龙江文史资料》第9辑，黑龙江人民出版社1983年3月第1版，第85—88页。

余光明，1910 年生，河南商城人。1930 年参加中国工农红军，1934 年加入中国共产党。红军长征时任红四方面军第三十一军九十三师二七一团排长。新中国成立后，曾任黑龙江省公安厅武警总队支队长、后勤部副部长等职。1994 年在哈尔滨逝世。

迎接会师①

董邦

1936年8月，红二、红四方面军走出了草地，夺取了天险腊子口。进入甘肃的岷县境内，先头部队包围了岷县城，我们驻扎在县城以西的三十里铺。这时我的伤虽然没有痊愈，但已能下地行走了。

我在懋功剿匪的表现，给曾传六局长留下了深刻的印象。他认为我较有胆识能打仗，所以凡是游击任务，他总把重担子交给我。这次宿营后，曾局长便派我带领了80多人到宕昌、哈达铺一带去开展游击活动，主要任务是打击反动地主武装和钳制武都方面的敌人。我们到那里后，在当地群众的帮助下，工作开展得比较顺利。每一次打了土豪，我们马上就召开群众大会，把粮食、衣服等分给了当地的贫苦农民，将多余的骡马送回部队。就这样，我们在当地群众的帮助和配合下，积极地开展游击活动，牵制了敌人几个团的兵力。

我们在哈达铺打游击的时候，有一个当地姓王的穷人（名字已回忆不起），有30多岁，他给我们游击队帮了很多忙，我们走到哪里，他跟到哪里，一直跟到宕昌。后来红军离开的时候，他感到思想包袱很重，给我说："红军一走，我就待不住了，国民党和地主恶霸回来，就要报复，到那时候我就活不成了，怎么办呢？"我听后充分理解他的心情，便给

① 原题为《胜利会师》，选入本书时编者改为现题。

他说："你的话很有道理，如果你愿意的话，干脆跟上红军走吧！"他经过考虑，同意跟我们一块走。当时，正好我们从敌人那里缴来了几十匹马，便给了他一匹马，他跟着我们离开岷县，到甘南临潭的新城、旧城和卓尼转了一大圈，直到第二次我们离开岷县，走到华家岭的时候，他又偷偷地对我说："老董，我不想再走了，我家里还有老婆和娃娃，我一走丢下他们没有办法呀！"我当时说："你不想走的话，你就回去吧！这匹马送给你骑着回去好了。"结果他怀着复杂而又惜别的心情，骑着马告别我们回家乡去了。

我记得，在岷县的时候，还建立了人民自己的政权机构——岷县苏维埃政府。县政府设在岷县城南的漩涡村。我们总保卫局的侦察科长张明远（现任中国人民解放军总后勤部副部长）被派任岷县苏维埃政府的主席，当地人称他为县长。因为岷县就是张明远的故乡，他任职的时间虽短，但有许多有利的工作条件，所以在扩大红军、筹资、筹粮等项工作中做得很出色。记得在几十天内，他就动员了当地的贫苦农民3000多人参加工农红军。

张国焘在甘孜会议上，虽然被迫宣布取消了他的伪中央，承认了党中央和毛主席的领导，但在思想上并没有放弃他的错误路线。当二、四方面军到达岷县之后，他又提出什么"通过青海草地，进入新疆，打通国际路线"的错误主张，因而又将部队拉向临潭地区。由于党中央对张国焘再三争取教育，广大干部对他的错误主张也坚决抵制，才不得不又折回岷县。

记得由临潭返回岷县途中，我带着四五个人，沿途进行游击侦察。在从临潭的旧城到卓尼对面的洮河南岸时，路上经过一家牧主的庄园，人跑光了，我们拉了这家的两峰骆驼驮东西。这两峰骆驼经过野狐桥、岷县等地，后来一直带到武山，送给了鸳鸯镇的一家农民。

在红军包围岷县城时，有个叫李和义的来找朱总司令（据说他曾在鲁大昌部下当过旅长），说他联络了许多人马，要求跟红军一块走。朱总司令给了他个“游击司令”的头衔，让他自己招兵买马，组织队伍。

红军由临潭返回岷县，我们在哈达铺稍事休整后，经过理川、红崖等地，向漳县的新寺镇开拔。在行军的那天下午，前面的部队已越过新寺镇堡子到达新寺镇，我们总保卫局与大队脱了节。当我们快到新寺镇的堡子时，曾传六局长命令他的警卫员施悦和秘书两人骑马到堡子去号房了,准备宿营。他俩飞身上马奔驰而去。不久我们隐隐约约听见枪声，随后秘书回来报告说，当他和施悦两人行进到离堡子十几米时，堡子里忽然向他们开枪了，施悦同志不幸中弹牺牲了。当时，曾局长派我带一班特务队，去往回搬施悦的遗体。开始堡子里枪打得很厉害，我们到不了跟前。直等到黄昏时分，留下几个人对敌人射击掩护，我带其他同志趁黑摸上了山坡，将施悦的遗体背了回来，从他身上取下装有重要文件的皮包。我触摸着他硬挺挺的尸体，心情沉重极了。他就是赛马会上为千万人注目称赞生龙活虎的精干小伙子，我简直不敢相信这是真正的事实。的确，施悦同志风华正茂，是个年轻精干的红军战士。他在鄂豫皖根据地参加红军时，还是一个十几岁的青少年，牺牲时也才二十出头。他积极向上，对人热情，跟随红军跋涉了万水千山，想不到在走出雪山越过草地，胜利已经在望的时候，献出了生命。首长和战友们都万分悲痛，许多同志伤心得连晚饭也没吃。第二天我们将他的遗体抬到武山县的马力镇，找了一口棺材安葬了。青山埋忠骨，英名万古存。

部队离开新寺镇来到了武山县的鸳鸯镇，休息了一天。在鸳鸯镇上我碰见了一位关子镇孙家坡的老乡。他姓孙，有 30 多岁，是个很老实的农民，因生活无法维持，流落在外。他家距离我家十华里。我们认识之后，向他打听了我家里的情况，然后问他：“你愿当红军吗？”他点头同意，于是，我介绍他当了红军。第二天，我们突破渭河封锁线，通过通渭县的榜罗镇继续前进。当部队翻越华家岭时听见前边炮火连天，战斗打得非常激烈，我们便绕开公路从右边向会宁方面前进。

1936 年 10 月，我二、四方面军总部到达会宁县城时，红一方面军的接应部队也由陕北到达了会宁。于是，红军三大主力胜利会师了。党中央毛主席还特意发来贺电。当广大指战员见面时，就像久别重逢的亲人一样，互相握手、拥抱、问好祝安，心里有说不出的高兴，有的竟激动地流下了热泪。当天晚上，总司令部和总政治部召开了一个盛大的欢迎和祝捷大会，热烈庆祝红军三大主力的胜利会师。

选自中共天水市委研究室编：《红军长征在天水》，甘肃人民出版社2006年6月第1版，第170—173页。

从长征起步的人生

张彩云

1936年8月，红二、四方面军突破了天险腊子口，进入岷县，在小西路的包家族建立了岷县苏维埃政府，由我的堂叔张明远任主席。

红军在岷县期间，广泛宣传革命道理，扩大抗日影响，发展壮大队伍。在大西川、小西路的许多乡、村都建立了苏维埃政权，许多村都组建了游击队。在我的家乡坎卜塔，由于受张明远将军的影响，青年人参加红军的热情特别高。当时在不大的坎卜塔村里，就有40多名青年参加了游击队，我也是其中的一员。游击队员每天进行军事训练，提高军事素质。有位搞宣传工作的张干事还给我们编了一首队歌。记得有一段歌词是这样："爬雪山，过草地，红军处处得胜利；如今来到坎卜塔，定把敌人要打垮。哆啸咪，哆啸咪，哆—啸—咪"。我们唱着这首队歌进行操练，士气高涨。

经过一个多月的训练后，我们和其他乡、村的游击队员都参加了红军，不久，我们遵从领导的指挥，告别了亲人离开了故乡，踏上了长征之路。

长征的路途很艰辛。为了躲避国民党飞机的轰炸，我们多在夜间行军。就是这样，也时常会与敌人遭遇。为了避开国民党军队的阻挠，早日奔赴抗日前线，我们行军的路线往往是人迹罕至的沟沟岔岔。在通往会宁的途中，经过一条名叫"七十二道脚不干"的山沟，那是一条没有路的山沟，沟里流淌着连驴都不肯去舔的苦水。长途行军，加上脚底泥泞，疲劳的战士中不时有人滑倒，或是因打盹儿被脚下的石头绊倒，但勇敢的红军战士爬起来又接着往前走……

会宁大会师后，大部分战友都随主力赴河西去了。我被分配在叔父张明远领导的侦察队里，在华家岭等地打游击。后接中央指示赴延安总部接受新的任务。

1936 年 12 月中旬到达延安以后，我们幸存的几个岷县籍战士中，张文忠、曹学彦、张树才因年纪小，被送往保育院学习文化。“西安事变”之后，部队整编为八路军，我和张冀德同志到贺龙将军领导的一二〇师当了通讯兵。当时我们这些通讯兵正值青春年少，都有满腔的抗日热情，工作起来干劲十足，个个勇猛向前。所以，那时有种说法，就是“十个普通兵换不得一个通讯兵”。在共产党领导的这支队伍里，我得到了锻炼，迅速地成长，入伍的第二年（1937）6 月我便光荣地加入了中国共产党。之后在凉水岸——平头关、沙码头——罗峪口等地工作战斗了一个时期，在这里为邓小平、刘伯承等首长传递党中央、毛主席的指示；为部队接送、交流干部。在抗日战争艰苦的 1939 年，我又到了山西交城县抗日兵站工作，担任兵站党支部书兼通讯班长。那时的日本侵略者十分猖狂，他们时常对占领区进行“扫荡”，兵站也不得不经常转移地方。记得 1941 年除夕这一天，兵站的 30 来人正在交城县的一个名叫磨沟的小山村里准备过年，可是日本鬼子的一个连又来这里“扫荡”了，我们只得丢下已做好的年饭突围。在这次战斗中，我们凭着顽强冲杀的精神，不仅突破了敌人的重围，也给了敌人有力的惩罚。在突围中，副官王海珍同志（四川巴州人）却光荣牺牲了。凶恶的敌人在枪杀他之后，还残忍地用汽油烧焦了他的尸体。面对这位优秀的共产党员,年轻的军官（时年 19 岁）被日本鬼子残酷地杀害，兵站全体战友怒火满腔，悲痛不已。

1942 年 10 月，我被调往延安总兵站工作，担任通讯排长。不久，又被选派到抗大学习。在“抗大”，我们一面学习军事和文化知识，一面响应毛主席“自己动手,丰衣足食”的号召,积极开展“大生产运动”。

1945 年 8 月，抗战胜利后，蒋介石发动了全面内战。我所在的抗大第七分校全体将士又奔赴绥远、包头一带，投入了推翻蒋家王朝的战斗。这时我担任警卫连长。1946 年 1 月，绥包战役中的桥头战斗打得异常激烈,我们警卫连也投入了战斗。在这次战斗中,我不幸身负重伤，后转入军区的民众医院治疗。住院期间，党和部队给了我很高荣誉，让我担任医院的休养连长，并享受中灶待遇（团级）。也正因这场战斗使我成了二等乙级的重残人，使我从此告别了难以舍离的前线部队生活。

1949 年建国前夕，军区医院的全体将士怀着人民共和国即将诞生的喜悦心情，踏着国民党军队布满地雷的险途，在秦岭路上艰难跋涉，徒步奔赴成都。虽然一路上不时有战友踏雷倒下，但建立新中国的渴望之光指引着我们勇往直前。

1949 年底，我从成都军队政治部转业到地方工作，组织上安排我担任了成都市盐务局局长。从此便步入了建设新中国的伟大事业。

我出生在岷县，不到两岁时父亲就病逝了，是母亲一人含辛茹苦把我们兄弟姐妹四人拉扯大。当年红军长征到岷县时，母亲就鼓励我和哥哥一起参加红军，为穷人打天下。后因家中缺乏劳力，哥哥留了下来，我便踏上了长征路,谁知此一去竟是整整 15 年。15 年与家里音信全无!原因不仅仅是当年通信难，更难的是怕家人遭国民党迫害。然而，当我们用鲜血和生命终于换来了人民自己的天下之后，我就再也难以抑制自己思亲、恋乡之情。于是，在 1950 年，我怀着建设家乡的愿望，告别了大成都，来到了小山村，急切地想见到老母，倾诉我在长征路上的经历，却未想到可敬的老母已成故人，留下的只有亲友们的回忆：母亲在我回乡前一年就已病逝。在她老人家弥留之际，一直呼唤着我的名字，大姐将自己的手伸给她，并称这是小弟我长征胜利归来了，老人家才安然地闭上了双眼……不知是为了安慰老母的在天之灵，还是为了缅怀血洒河西的众多战友，抑或是因为家乡比大城市更需要建设，我就这样留在岷县工作了。而且一干就是一辈子！在工作期间，历任岷县公安局侦察股股长，白龙区（现哈达铺）区委书记，县工商科长、县贫协主席等职（自任白龙区区委书记时起，一直任县委委员）。

今年是红军长征胜利 60 周年，随着时光的流逝，我也由当年的一个小青年变成了耄耋老人。当年带领我们岷县子弟走上革命长征路的张明远将军也与世长辞了。昔日的战友张冀德、曹学彦等同志都离我们而去。往事如烟,难以回首。今天,祖国的社会主义建设取得了巨大成就，故乡大地的面貌也焕然一新。在此，我要告慰与我同上长征路而光荣牺牲的战友的忠魂：我们曾用鲜血和生命为之奋斗的目标变为现实，我们应当自豪，因为我们曾参加过长征，我们的人生是从长征开始的。还有与我同上长征路至今仍健在的战友，更应发扬长征精神，一如既往，永葆青春，因为建设现代化祖国的长征之路并未走到尽头，历史的责任需要我们奋斗到生命的最后时刻！

选自政协岷县文史委员会编：《红军长征在岷县》，（《岷县文史资料》第8辑），2006年12月，第150—153页。

张彩云，甘肃岷县人。1936 年参加中国工农红军，1937 年加入中国共产党。新中国成立后，曾任四川省成都市盐务局局长、甘肃省岷县公安局侦察股股长、中共岷县县委委员等职。

十一、会宁会师

胜利会师

向守志

为了打开西北革命斗争新局面，红军刚刚走出草地便拉开了争夺甘南诸城的战幕，战役的中心任务是夺取岷（州）洮（州）西（固）地区。我随部队由包座地区出发，向北包围甘肃的岷县。刚走出草地的红军将士斗志昂扬，口号声惊天动地："活捉毛炳文，迎接大会师！""拿下岷州城，活捉鲁大昌！""攻占洮州城，撕开封锁线！"

各路大军喊着杀敌竞赛的口号兼程北上，每个人都决心打一个大胜仗，来迎接红一方面军、红二方面军、红四方面军三大主力红军胜利会师。

我们红军前锋部队即将进抵岷州（今岷县）的消息，使守城敌军一片混乱，国民党军新编第十四师师长鲁大昌急令全城警戒，同时调兵遣将增援二郎山一线阵地。

围攻岷州城的是红五军、红三十军和红九军。当时我所在的二十七师也参加了战斗。我们连队负责攻打城东南关。鲁大昌的部队每人手中有两件武器：一支快枪和一把大刀。战斗的第一天，一股敌人手拿大刀突然从城内杀出来偷袭红军，人数很多，个个手举大刀，来势凶猛。我当时任副排长，首先发现这一敌情后，一面大声呼喊："敌人来了！"一面端着上了刺刀的步枪同敌人拼杀，连续打死了几个敌人。后面的战友闻声而来，一起同敌人展开肉搏战。经过大家拼死搏杀，终于将敌人打退。但我们连队也伤亡十几个人。我因为及时发现敌情，受到了上级的表彰。

经过三天激战，鲁大昌部伤亡上千人，城下红军越来越多，正在赶造云梯准备攻城。鲁大昌有点沉不住气了，想弃城而逃。这时红军封锁了东、西、南三面，城北的洮河上有一铁索桥，这是与城外联络的唯一通道。就在这唯一通道旁红军也埋下了伏兵。

鲁大昌见突围无望，便决定死守岷州城。他下令将二郎山与城南之间的民房全部焚毁，以扫清射界；逼迫百姓往城墙上输送滚木礌石，沿城挖了一道宽八尺、深五尺的壕沟，并埋设了地雷。

红军连续三个昼夜攻城。战况异常激烈，双方伤亡较大。由于红军刚走出草地体力尚未恢复，装备低劣，弹药又缺乏，虽歼敌逾 3000 人，但是始终未能破城。

此后，红军改变战法，包围着岷州城而不急于攻打，同时，组织工作队深入岷州各地乡村发动群众，建立红色政权。就在红四方面军领导指挥围困岷州城的同时，其他各路红军按战役计划进展顺利。红四军主力夺占洮州新城后，分兵三路直扑渭源、临洮和洮州旧城。

与此同时，徐向前率红三十军一部夺取了漳县，第八十九师攻克了渭源，第九十三师攻克了通渭。至此，岷洮西战役降下了帷幕。此战红四方面军连克漳县、洮州、渭源、通渭四座县城，并包围了岷州，夺取了甘南的广大地区。

1936 年 10 月 9 日和 10 月 22 日，经过千辛万苦，红一、红二、红四方面军分别在会宁、将台堡胜利会师。朱总司令等总部首长带领我们入城时，这个小小的县城沸腾了。我们个个热泪盈眶，向欢腾的人群挥手致意，用哽咽的声音喊着："中国共产党万岁！红军胜利会师万岁！"周恩来副主席代表党中央和毛主席专程到会宁参加胜利会师大会。在欢迎大会上，周副主席首先欢迎红四、二方面军北上，祝贺三大红军主力胜利会师，并作了当前形势和任务的报告。我和战友们听了周副主席的讲话，很受教育和鼓舞。看见这热闹非凡的会师场面，回想起长征的日日夜夜，我真正懂得了什么叫长征，什么叫革命军人，什么叫革命英雄主义。望着红军战友们喜庆胜利的一张张神采飞扬的笑脸，我的心情无比激动。真可谓三军会师喜空前，山山水水尽开颜。至此，长征胜利结束，我也被团队选送进红军大学庆阳步兵学校学习，开始了全新的学习和战斗生活。

节选自向守志：《信念就是战斗力》，载中共南京市委党史工作办公室、中共南京市鼓楼区委党史工作办公室编：《红旗漫卷——南京部分老红军口述长征史》，中共党史出版社2006年10月第1版，第28—31页。

三军会师尽开颜

向守志

1935 年 3 月 28 日夜，徐向前指挥我所在的红九军与红三十军、红三十一军主力，兵分三路，强渡嘉陵江天险，继续向西挺进。拉开了红四方面军长征的序幕。

为了早日与中央红军会合，我们几乎是天天在行军，天天在打仗。长时间的行军打仗，指战员们的脚都磨烂了，无论谁脱下草鞋，露出的都是一双血迹斑斑、溃烂流脓的脚。我的双脚也不例外，一路走来，肿痛难忍。最后只能把双脚用一层层布或稻草包裹着，没有多久，那裹脚布或稻草上就渗出了斑斑血迹。可我的负荷还要比别人重，因为肩上扛的是一挺重机枪。

有一次，队列中的一个战士在我前面摔倒了，枪托碰上了我的脚，我也跌了一跤。我赶紧站起来，先扶起那个战友。等他走了，我再起步时，才发现刚才那个战士的枪托把我的脚背砸得鲜血淋淋，每走一步如万箭钻心般的疼痛。我咬着牙，坚持跟上了队伍。

1935 年 6 月 18 日，红四方面军部队终于迎来了历尽艰辛的中央红军。小金川岸边，我们红九军全体官兵穿戴整齐，像参加阅兵式一样站在道路两边。当毛泽东、张闻天、周恩来、朱德等领导同志率中央机关人员出现时，我们一边喊口号："欢迎中央红军老大哥！""庆祝两大主力红军胜利会师！"一边鼓掌高唱着"万岁！万岁！我们来会合！……”的欢庆会师歌曲。

过去，我们在基层部从，虽然知道中央红军和朱（德）、毛（泽东）的美名，但从没有亲眼见过他们。这是我第一次见到毛主席。他穿着灰色棉大衣，身材高大，满头黑发被微风吹动，面带着微笑不停地向我们挥手致意，给我留下了难忘的印象。

中央红军的队伍走近了，我们却惊奇地发现中央红军队伍并不像我们想象的那样威风凛凛，兵强马壮。他们由于长途跋涉和艰苦转战，衣衫破旧，服式不一，不少人穿的还是缴获国民党军的灰军装，只是帽子上没有青天白日徽，许多人还拄着树枝当拐杖。队伍里有几顶红军的八角帽，比四方面军的军帽要小一些。武器装备与我们四方面军也相差悬殊。回到宿营地，我们知道其他部队所迎接到的中央红军部队也和我们所见到的情况相似。原来，中央红军在没有后勤保障的艰难的长征中，历经漫漫征途上的一场场血战，战斗伤亡和减员很多，有的指战员尽管衣衫破烂，但依然充满战斗激情。

两军会师是一件大喜事。那一段时间，我们基层官兵都沉浸在会师的喜悦中。然而，在决定下一步的行动计划，确定中国革命的战略方针时，张国焘与党中央严重的分歧出现了……为了顾全大局，中共中央 7 月 21 日任命张国焘为红军总政委。接着，中央红军和红四方面军的部队混合编组，分成左右两路军，准备踏上北上的征程。当右路军以无比坚韧的毅力穿越松潘大草地时，张国焘带领的左路军却忽生变故，西进阿坝后，迟迟不肯北上。此时，张国焘的个人野心已经极度膨胀，公然拒绝执行中央的北上战略率部南下，并命令右路军立即南下向左路军靠拢。

在此危急关头，毛主席和党中央毅然率中央红军第一军团、第三军团北上。张国焘命令红四方面军掉头南下，再次踏入荒无人烟的大草地。正如党中央所指出的那样，“南下是绝路”。在后来的百丈一战中，红军伤亡近万人，却没有能够打开南下的通路。

敌军大兵压境，再加上漫天大雪，像一个磨盘重重地压在红军将士的心头。此时，红四方面军不少人已意识到南下的错误，大家积极响应党中央的号召，在朱德总司令、刘伯承、徐向前的领导下，再次踏上北上的征程。

1936 年 6 月，我们第三次过夹金山。登山那一天，风雪交加，我们每前进一步都十分艰难。大多数红军战士穿着单衣，尽管气温已是零下，可一会儿汗水就浸湿了衣裤，被寒风一吹，衣裤冻得硬邦邦，走起路来哗哗作响。快到山顶上时，空气越来越稀薄，只听见战友们个个发出艰难的喘息声。越到山顶风力越大，突然一阵狂风吹来，把斗笠、蓑衣、行军锅甚至是人卷起、重重地摔倒在雪地里。有的被吹进山涧、冰崖下，有的则被刮得无影无踪。一些年龄大、身体弱的红军战士，走着走着就走不动了，突然倒在雪地里，再也起不来了。他们倒下的地方，不一会儿就隆起一个个“雪堆”。

整整一天，我们终于翻越了夹金山，可前面又有一座海拔 5000 多米的党岭山，这里的风暴比夹金山更猛烈，不少战友被卷进了万丈深渊；行军路上，那一个个绵延不断隆起的“雪堆”就是一个个倒下的红军战士。过了雪山后，我的嗓子完全哑了，身体冻僵了。一次，我刚坐下来就失去了知觉，是战友们点起篝火慢慢地把我烤醒过来的。

过了雪山是草地。“红一方面军过草地走的是‘一’字路，我们红四方面军走的是‘之’字路,多走了两次冤枉路。”在第三次过草地时，我们红四方面军吸取了教训，每个官兵都携带一根长长的棍子，我选的是一根长竹棍。行军时，人拄着棍子，相当于多了一条腿，既可以探路，测出沼泽的深浅；又可以在战友们陷入泥潭时，伸出棍子相救。草地救人，要用巧力，千万不能用蛮力，既要把战友从泥沼中拽上来，又要保证自己不会陷下去。否则不但救不了战友，还很有可能把自己也给拉下去。我用手中的这根竹棍，救了十几位陷入泥潭的战友。但就在那片大草地上，一群年轻的生命，有的是年仅十几岁的红小鬼，却永远倒在了那里。

几天后的一个早晨，我们终于走出了草地。这一天，我记得最痛快的一顿饭是“锅盔”，这是当地的一种面饼，烙得特别大，赛过锅盖，足有四五斤重。管理员用大洋向当地老百姓购买后，炊事员再把大饼切开，每人一块。大家狼吞虎咽地吃起来，这是我有生以来吃得最香的一顿饭。

为了打开西北革命斗争新局面，红军刚刚走出草地便拉开了争夺甘南诸城的战幕。围攻岷州城的红五军、三十军和九军。当时我所在的二十七师也参加了战斗。我们连队负责攻打城东南关。守城的鲁大昌部队每人手中有两件武器；一支快枪和一把大刀。战斗的第一天，一股敌人手拿大刀突然从城内杀出来偷袭红军，人数很多，个个手举大刀，来势凶猛……我当时任副排长，发现这一敌情后，我一面大声呼喊：“敌人来了！”一面端着上了刺刀的步枪同敌人拼杀，连续刺死了几个敌人，后面的战友闻声而来，终于将敌人打退。我因为及时发现敌情，受到了上级的表扬。

1936 年 10 月 9 日和 10 月 22 日，经过千辛万苦，红一、红二、红四方面军分别在会宁、将台堡胜利会师。朱总司令等总部首长带领我们入城时，这个小小的县城沸腾了。我们个个热泪盈眶，向欢腾的人群挥手致意，用哽咽的声音喊着：“中国共产党万岁！红军胜利会师万岁！”周恩来副主席代表党中央和毛主席专程到会宁参加胜利会师大会。在欢迎大会上，周副主席首先欢迎红四、二方面军北上，祝贺三大红军主力胜利会师，并作了当前形势和任务的报告。我和战友们听了周副主席的讲话，很受教育和鼓舞。

看见这热闹非凡的会师场面，回想起长征的日日夜夜，我真正懂得了什么叫长征，什么叫革命军人，什么叫革命英雄主义。望着红军战友们喜庆胜利的一张张神采飞扬的笑脸，我的心情无比激动。真可谓三军会师喜空前，山山水水尽开颜。至此，长征画上了圆满的句号，我被团队选送进红军大学庆阳步兵学校学习，开始了全新的学习和战斗生活。

选自《解放军报》2006年4月6日。

三军胜利会师①

欧阳毅

在攻克漳县城后，四方面军总指挥部进驻城西汪家庄。眼看三个方面军就要会师了。国民党军队加紧了追袭拦堵，敌机不停地在四方面军总指挥部上空盘旋，进行侦察、投弹、扫射；地面上隆隆的炮声震撼着甘南大地。

为了应付瞬息万变的敌情，四方面军司令部向西安、天水、兰州三个方向派出了侦察队。他们潜入敌区搜索、监听敌情，掌握敌军的部署与调动情况，及时报告。同时，电台昼夜不停地在侦听敌台，抓紧对敌台密码的破译。

在这紧急关头，张国焘又制造麻烦，拒不执行中央制订的静会战役计划，坚持要四方面军由洮州经黑错、夏河、循化，越过祁连山，进入甘肃北部。这当然由不得他了。西北局于 9 月中旬在岷州三十里铺召开会议，朱德、任弼时、徐向前等人再次同张国焘进行了斗争，重新肯定了北上方针。

徐总指挥根据中央指示和这次会议精神，要求司令部制订通渭、庄浪、静宁、会宁会师的战役计划。主要是由我和四名作战参谋来担任。重要的文电徐总亲自动笔。大家抓紧收集整理敌情资料，我军各部队作

① 编者对原著内容略有调整。

战的战报及敌我态势变化的情况，还要随时掌握我军的物资筹备情况。

巨幅的军用地图摊展在几张八仙桌上，徐总亲自指示进军方向，我和参谋们在精心标绘着。箭头渐渐地标了出来，那强有力的气势，表示着我军势不可当的进攻方向。几个不眠之夜，作战局顺利完成了北上会宁会师的战役决心部署图和各种战斗文书。

大家刚刚舒了一口气，前线就传来了喜电：卅一军九十三师在西兰公路的华家岭地段伏击、歼灭了敌人一支运输队，打死打伤敌人近千人，缴获两辆满载着汽油的汽车。同时，该师一部已超过西兰公路北上，与一方面军先遣队会师。

听说得到了汽油，大家都很高兴。汽油是我军老爷式电台必不可少的动力。过去没有它时，我们只有到处寻找落差大的河水石磨处给电台充电。这样不仅费时费力，还有耽误军机大事的危险。现在有了汽油，我们怎能不格外高兴？与一方面军先遣队会师的消息，更使我们欣喜若狂！徐总显得有些激动，要值班参谋速转告四方面军总政治部主任周纯全和副主任李卓然，立即印发喜报。喜报很快传遍了机关、集结待命的部队和前沿阵地。四方面军首长拟制的部队北上与中央会合的行动计划也已下发，部队又作了动员。这样，渴望同中央会合的四方面军全体官兵沸腾了！

可是，张国焘仍然要推翻岷州会议决定。20日晨，他带着警卫员涂希道等人到达漳县汪家庄的徐总指挥部，独自下令红四方面军撤出通渭等地，折向西进青海，并电告中央“四方面军已照西渡（黄河计划）行动”。消息传开，全军上下无不为之震惊。听说还要再过草地，众人不寒而栗，开小差的增多。

9月22日，朱总司令和西北局组织部长傅钟星夜赶到漳县后，朱总立即电致中央揭露张国焘破坏岷州会议决定的行为，并通知西北局委员日夜兼程赶赴漳县再次召开西北局会议。会上，朱德、徐向前和部分军首长同张国焘进行了尖锐的斗争。连续几天的会议后，张国焘仍然一意孤行，于 26 日下令红四方面军“由兰州西渡黄河，先占领甘北。”并于当日电报中央。毛泽东、周恩来、彭德怀于 27 日致电张国焘，坚决否定了他的主张，明令：“通渭部队仍回占通渭，其余跟即北上。”

在党中央、朱总司令、徐总指挥、西北局和红四方面军其他领导人的坚决反对下，张国焘不得不放弃西进主张，于 29 日致电中央，表示：“决仍照原计划东出会宁，会合一方面军为目的，部队即出动。……决不再改变。”

当徐向前发出重新北上的进军命令时，我和科长、参谋们心里的一块石头，才算落了地。

虽然，洮州大地上风卷着雪花破门而入，手脚被冻得生疼，但司令部的同志仍精神焕发，聚集在小小的麻油灯下，又在对原定北上会师前的战役、战斗文书进行修订。经过一个昼夜的加工，就将五个纵队的电令、命令、进军路线顺序及相互联系的信号等文件，搞好下发，保证我四方面军迅速地越过西兰公路，向会宁前进。

从 9 月 30 日起，四方面军分为五个纵队，先后由岷州、漳县等地向通渭、庄浪、会宁、静宁前进。第一纵队为四军，经官堡、渭源、华家岭，占领青江驿、翟家所；第二纵队为卅军，经鸳鸯铺、榆盘镇袭占通渭；第三纵队为九军，经野狐桥、中堡里进至新市镇；第四纵队为卅一军，进至通渭、马营一带；第五纵队为五军，继九军之后向庄浪、威戎镇方向发展。当五军进至西兰公路时，徐总命令该军在华家岭、马家营子一带阻击西兰公路上的北犯之敌。战斗进行的十分激烈，我军优秀高级指挥员罗南辉副军长壮烈牺牲。五军在胜利完成阻击任务后继续北上。

英雄的红四方面军在北上途中，连续突破了敌胡宗南、毛炳文、王均等部的堵截，尤其是战胜了敌人妄图在西兰公路上将我军拦腰截断的阴险计划，于 10 月 8 日，红四方面军先遣部队的四军十师在会宁与红一方面军一军团一师会师。9 日，四方面军总指挥部到达会宁，受到一方面军部队的热烈欢迎。10 日，会宁城的广场上，红旗招展，歌声动天，举行了庆祝会师的联欢大会。红四方面军司令部的同志们和全军指战员一起沉浸在幸福的欢乐之中。

此时，红二方面军也经天水地区渡过渭河，经秦安、通渭进入海原、固原地区。三个方面军的大会师终于实现了。

节选自欧阳毅：《欧阳毅回忆录》，中共党史出版社1998年7月第1版，第205—209页。

会宁大会师[1]

陈再道

1936 年 9 月 29 日，方面军总部为执行通渭、庄浪、静宁、会宁战役计划，下达了北进静宁、会宁的命令。这次北进的主要任务，一是阻击西兰通道以北的胡宗南部，以保障陕甘苏区的安全；二是与红一方面军会合，从靖远西渡黄河夺取宁夏。

根据方面军总部的命令，从 9 月 30 日开始，我军分为五个纵队，向通渭、庄浪、静宁、会宁前进。我们四军为第一纵队，经官堡、渭源、华家岭，攻占青江驿、翟家所；三十军为第二纵队，经鸳鸯铺、盘榆镇，袭占通渭；九军为第三纵队，经噎虎桥、中堡里，进至新市镇；三十一军为第四纵队，进至通渭、马营一带；五军为第五纵队，随九军之后向庄浪、威戎镇方向发展。

徐向前和陈昌浩同志，带领我们第一纵队。

这时候，我们四军的部队，分别驻守在洮州旧城、渭源等地。军里一接到北进的命令，立即通知部队到集合地点，以第十师为先头部队，于 9 月 30 日开始北进。

我们行军经过的甘南地区，是一眼望不到头的黄土高原，到处是起伏的丘陵，很少看到一块平地，在那一片片丘陵坡地上，别说庄稼长得

① 题目为编者所拟。

不好，就连杂草也是稀稀落落。

听沿途的老乡们说，这一带十年九旱，水源很少，要是遇到干旱季节，泉枯井干，人畜饮水都很困难。我们一下拥来这么多人，喝水成了最大的问题。

各部队在出发之前，谁也没想到这一点，虽然带足了粮食，因为那时没有带水工具，因此很少有人带水。有时行军休息，战士们渴得口干唇裂，跑遍全村找不到水；有时宿营要做饭，一切都准备好了，却要耐心地等水下锅。

人们常说，饥肠辘辘难受，可干得嗓子冒烟更难受。有的战士一天没喝一滴水，连队的干部很着急，就派人到沿途村庄找水。等跑了一大圈回来，好不容易提来半桶水，也不能解决问题，因为人多水少，只好每人喝一两口，润一润干得冒烟的嗓子。

在我们北进的路上，多亏上天发了慈悲，给我们下了一场雨。战士们干渴得要命，就用双手、缸子接水喝，找低洼之处的积水喝。经过五天的干渴行军，我们四军的部队先后到达了青江驿、界石铺以东地区。

10 月 8 日，天高气爽，秋阳灿烂，是个令人高兴的日子。

我们正奔往遥遥在望的界石铺，忽然从十师先头部队中，跑来一个年轻的战士。他气喘吁吁地来到我们面前，脸上挂着喜悦的神色，上气不接下气地告诉我们，一方面军红一师的同志，已经到了先头部队前面。

听了这令人兴奋的消息，我立即策马赶到了部队前面。我和他们一一握手后，仔细地定睛一看，来迎接我们的不是别人，正是红一师师长陈赓同志。他在鄂豫皖当十二师师长的时候，我就曾经多次见过他。当陈赓同志听说是我时，又一次使劲地握了握我的手。

我们从他的谈话中得知，党中央对四方面军十分关怀，在发出同意四方面军北进静宁、会宁的电报后，并命令一军团的部队奔向会宁，于 10 月 2 日攻占了会宁，为我军北进扫清了道路。

现在，陈赓同志带领随行人员，特意来欢迎我们进入会宁城。

指战员们听说这一消息，人人眉开眼笑，个个喜出望外，兴冲冲地加快了脚步，恨不得一步迈进会宁城，见到兄弟部队的同志们，道出上次的离别之情，说出这次的重逢之喜。

我回头扫一眼后面的行进队伍，想让他们做好进城的准备，谁知队伍已经整理好了。只见打旗兵举起了红旗，司号员握起了军号，战士们精神焕发，仪表威严，迈着整齐的步伐，雄赳赳地向前走着。

经过界石铺、青江驿，离会宁城愈来愈近了。

城门口上，红旗招展，锣鼓喧天。在欢迎的人群中，除了兄弟部队的同志们，还有当地的人民群众。望着这热烈的场面，大家连忙挥动手臂,表示由衷的感激之情。在欢迎人流的簇拥下,我们走进了会宁县城。

各部队来到住宿的地方，一切都安排停当了。兄弟部队和当地群众,送来了大批的慰问品,有袜子、手套、衣服,也有肉类、食油、蔬菜,真是又有穿的用的，又有吃的喝的。同志们望着送来的慰问品，激动之情表不尽,感谢话儿说不完,不由得想起了懋功会师、甘孜会师的情景,想起了南北转战的艰苦历程。

就在这个时候，又传来了喜讯!

与我们共同北上的二方面军，在包座地区分手之后，也从天水方向渡过渭河，经过秦安、通渭等地区，顺利地来到了会宁境内，三个方面军胜利会师的时刻，终于在大家的盼望中到来了。

10 月 10 日，在会宁城内西门古楼前，召开了三个方面军胜利会师庆祝大会。我们跟随方面军的首长，出席了这次具有历史意义的大会。在会上，各方面军的领导同志讲了话，党中央、苏维埃中央政府和中央军委发来了贺电，向三个方面军的全体指战员，致以热烈的祝贺、亲切的慰问！贺电指出，正当日本帝国主义向我国发起进攻，中华民族处在危急存亡的时候，我们在这一抗日前进阵地会合，标志着抗日民族革命战争的新阶段。并提出争取一切国民党军队加入抗日民族统一战线，联合工农商学兵，联合各派各界各军，要我们为保卫西北而战，保卫华北而战，保卫全国而战，为收复失地而战！

我仔细地听着贺电的内容，想到了我军面临的新的战斗任务。

节选自陈再道：《陈再道回忆录》（上），解放军出版社1988年8月第1版，第312—316页。

欢庆会师

杜义德

1936年10月10日，是我革命生涯中最难忘怀的一天。

这一天，中国工农红军在甘肃会宁城召开会师联欢大会，热烈庆祝红一、二、四方面军全部结束了极端艰险的长征，终于胜利地在抗日的前进阵地，祖国的大西北，汇聚在一起了。这是一个具有伟大历史意义的日子！在震惊世界的万里长征中，写下了光彩夺目的一页。

时光虽已过去半个世纪，但每当我回忆起会师时那激动人心的场面，催人奋进的气势，就使我感到特别振奋。会师前后的许多情景，至今仍历历在目，时常萦绕脑际。

岷洮西战役的胜利，冲破了国民党反动派妄图阻止红军二、四方面军北进的封锁线，为三大主力红军会师创造了有利的条件。战役结束后，我从红四军十师回到红四方面军总部，继续担任直属纵队司令兼四局局长的职务。9月30日，率领所属部队，随方面军指挥部沿通渭、马营、华家岭、中川、阳坡湾之路线，日夜兼程，向会宁挺进。

深秋的陇东黄土高原，到处是裸露的荒山野岭和干旱的原野。山像是倒长着的，远远看去一马平川，但走着走着，就遇上了上下十多里的深沟。站在沟边，可以与沟对面的人互相谈天，但要跨过沟去却得半天工夫。这个地方是“陇中苦甲天下”。部队得不到粮食补充，几天的急行军，大家又饥又累，行进的速度也就渐渐地缓慢下来。我翻身下马，停在路边查看了一下地图，提高嗓门说："同志们！还有百十里路就到会宁了，我们就要和党中央、和一方面军会合了。同志们，加油呐！"队伍里马上沸腾起来。同志们听到日日夜夜盼望的会师就要实现了，谁不高兴呢！便把一切疲劳和困苦全部丢到九霄云外，个个像脱弓的箭，甩开大步，飞奔向前。

10 月 8 日夜晚。天空闪烁着数不清的星星，大地沉睡着，夜寒阵阵袭来。衣衫单薄的红军战士全然不觉寒冷，每个人的心都随着飞快的脚步兴奋地跳动着。路一段一段地放抛在后面，夜暗渐渐消逝，东方渐渐放白。

"哎呀哩，毛主席领导好主张，打得敌人叫爹娘，哎呀哩……"正走着，前面传来一阵歌声。

"兴国歌！兴国歌！"不知是谁在欢叫。这是中央苏区流行极广的民歌。如今，忽然听到它，感到十分亲切。接着有人情不自禁地学着江西老表的腔调大声呼喊："哎！同志哥哟——"我驱马赶向队伍前面。

不远处的山包上，有 20 几个人，边走边唱着。听到我们欢叫声，一齐迎着我们边跑边喊："同志们，你们是四方面军的同志吧。"

"是啊！是啊！你们是一方面军的同志吗？"

"是啊！你们辛苦了！"两边激动地问答着，对跑着。

我们有的同志放下挑子，有的把枪往身后一背，就扑了上去。阶级兄弟的手紧紧地握在一起，革命同志的心紧紧地贴在一起，激情地拥抱，表达着长久的思念，倾诉着漫长艰辛的历程。

一方面军的同志兴奋地对我们说："是党中央、毛主席命令我们打下会宁城来迎接你们的。"多么亲切的声音，多么深挚的感情！同志们再也按捺不住自己快要跳出胸膛的心，说啊，笑啊，跳啊，有的竟手拉手地转起圈来。后边的同志也都赶了上来，整个山包一片欢腾。一方面军同志争抢着挑挑子、扛枪、背背包。我完全被这种热烈的气氛感动了。当时那个心里头就甭提有多高兴啦！我伸手把他们中间一个小战士抱起来转了几个圈，然后把他扛在我的马背上，让他骑骑马。他不好意思地从马背上滑了下来，很有礼貌地说:“首长，还是您骑马。我年轻，走得快！”看到同志们那个高兴的样子，我激动地说了声：“我们快去与一方面军会合吧！”部队就像决了口的洪水，浩浩荡荡地奔向会宁城。

会宁县城位于祖厉河畔，东北依山，西南临河，地势自东南向西北倾斜，形如凤凰，故有“凤凰单展翅”之说。

10 月 9 日上午，碧空万里，阳光和煦。会宁城门楼前扎起了彩门，红旗招展，锣鼓喧天。夹道欢迎的人群，有部队，有群众，气氛非常热烈。我们由南门进入会宁城。会宁城内，万象更新，标语，人群，欢声笑语，使这座偏僻的小山城空前的热闹起来。与一方面军的部队会合了。多么激动人心的会师啊！同志们悲喜交集地拥抱起来，手挽手地走来走去，兴高采烈地互赠礼品，互相倾吐盼望之情，互相谈论一路来的艰辛，互相询问其他同志的下落……都为能够再次重逢而庆幸。这时，陈赓同志快步走向前来，抱住我热情地说:“辛苦了，欢迎你们！”我连声说:“谢谢！谢谢！”顿时，尝尽离别苦，备觉会合甜的心情油然而起。我们红四方面军自 1935 年 3 月西渡嘉陵江开始长征，到会宁会师的 19 个月中，曾经遭受张国焘南下错误方针和搞分裂活动的严重危害，两次爬雪山，三次过草地，吞雪团，吃草根，啃皮带，历尽千辛万苦，蒙受重大损失。今天，终于会合了。谁能不激动万分、不欣喜若狂呢。我当时只觉得，好像长期飘零在外的孩子又回到了父母的身边，有党中央领导了，有靠头了，有自由了，感到非常温暖。同日，一直随四方面军行动的朱总司令率红军总司令部也抵达会宁城。同时到达的还有红四方面军红军大学和步校 3000 多名学生，以及第四军、三十一军等部队。方面军指挥部设在会宁城内焦家坑西北角的旧油房窑里。

不久，红二方面军也经天水地区渡过渭河，经秦安、通渭和会宁东南部到达静宁以北的将台堡，同红一方面军一军团会师。

至此，全体红军战士渴望已久的三个方面军的大会师终于实现了！

起伏的山峦为之欢呼跳跃，纵横的沟壑为之咧嘴欢笑，伸展的山麓为之张臂拥抱。人们高呼着：

“中国工农红军万岁！”

“红军大会师万岁！”

一方面军的同志早为我们准备好了干净的房子，可口的饭菜，还有大批的粮食、肉、菜以及柴草等。接着送来了崭新的冬装，还送来了他们亲手制作的许多慰问品——毛衣、毛袜、手套、鞋子等。有的毛衣、手套上还绣有“欢迎阶级兄弟”、“会师留念”等字样。陈赓同志一直在接待我们。“男儿有泪不轻弹”。然而，看到这一切，我这从来不落泪的男子汉，也流下了感激的热泪。我紧紧地握着陈赓同志的手说：“好同志，太感谢你们了！”他笑着说：“不用谢，这是我们的一点心意！”这些礼物，真叫我们捧在手上，暖在心里，许多同志都舍不得穿戴，把它留作纪念。我也珍藏了一件毛背心，上面绣有“会师留念”四个字，可惜在后来的战斗中丢失了。

晚上，我怀着崇敬的心情去看望与我们同甘共苦的朱总司令。总司令住在会宁城枝阳巷一位姓邢的老乡家里。是个三合院子，门朝西开，门前有两根一米多高的四方石柱，石柱上各有一个拴牲口用的石眼。警卫员把我领进屋时，看到朱总司令正伏在案上写着什么。见我进来，他站起身来抓住我的手说：“义德同志，辛苦了！你身体可好？”我心头一热，眼眶盈满了泪水。我说：“总司令，您比我们更辛苦，看到您身体很健康，我真高兴。这是我们全军的幸福！”接着，朱总司令详细询问了部队的吃住、衣着、伤病员安置等情况，并亲切地对我说：“义德同志，你是四方面军直属纵队领导，又是四局的局长，四局不是负责后勤保障的吗？在这艰苦的岁月里，我们当干部的，可要关心战士的疾苦，尽可能的为他们解决一些困难啊！”朱总司令那一连串问寒问暖、爱兵如子的深挚感情，使我备受教育。回想起他老人家为了党和革命事业，不计个人安危，坚持同张国焘错误路线斗争的大无畏英雄气概，和关心爱护部队、待人宽厚的长者风度，更增加了我对他的敬佩。总司令还告诉我，三个方面军主力会师了，党中央发来了贺电，要开个联欢会，好好地庆祝一下这个具有伟大历史意义的大会师。他正在写的就是联欢会上的讲话稿。

这天夜里，我思绪万千，翻来覆去睡不着。想到南下的痛苦，想到会师的欢乐和革命将要获得飞跃的发展，进一步认识到：在任何时候、任何情况下，只有跟着党中央、跟着毛泽东同志的正确路线走，革命才有希望，才能胜利。正如徐向前总指挥所讲的，“革命和革命战争要获得发展和胜利，必须依靠党正确路线的指导。正确路线会使我们充分发挥有利因素，克服不利因素，从而获得胜利；机会主义的路线，不但不能克服不利因素，而且会把有利因素变为不利因素，使群众的英勇斗争不能获得应有的结果，使已经获得的胜利遭到破坏。”

10 日傍晚，夕阳嫣红，霞云如火，给会宁城染上了一层绚丽夺目的光彩。部队穿着整齐的服装，扛着锃亮的武器，雄赳赳气昂昂地来到会宁城文庙前，参加庆祝会师联欢会。

参加联欢会的有：红一方面军一军团一师、二师，十五军团七十三师和红四方面军各部队的代表，700 人左右。群众也来了不少。

开会前，先在文庙前照了一张会师合影像。记得最前面整齐的摆着一排从敌人手里缴获的“勃朗宁”机关枪。第一排的人坐在地上，第二排蹲着，朱总司令、徐向前等领导同志坐在第三排的凳子上，我在靠近边边的凳子就坐。后面还排了好多排。

照完相后，我随部队步入文庙会场。文庙的面积不很大，大约只能容纳四五百人。因为人多会场小，所以外面也坐了不少人。由于受当时条件限制，会场布置得简单朴素。用门板临时搭起的主席台上，并排摆着两张桌子，上方挂着“庆祝红军三大主力会师联欢大会”的红布横幅，两旁吊着几只大油灯。会场周围贴着“热烈庆祝红军三大主力胜利会师！”“中国共产党万岁！”“中国工农红军万岁！”“打日本救中国！”“打土豪救穷人！”等标语。天黑后，油灯一齐点起来，把整个会场照得通明透亮。坐在主席台上的是朱德、张国焘、徐向前、陈昌浩、王树声、李先念、李特、李卓然、陈赓等领导同志。每个人都面带笑容。整个会场充满着团结、胜利、欢乐的气氛。

大会由红四方面军政治部主任李卓然主持。徐向前总指挥首先讲话。他说："同志们！今天，我们一、二、四方面军经过千难万险，终于胜利会师了！"顿时全场报以热烈的掌声。是啊！我们终于会合了，终于胜利了。这是多么来之不易的会合啊！徐总指挥讲道，"今天的会合，不论在任何人眼里看起来。都是一个惊人的胜利，它是我军历史上一个伟大转折点。参加今天这个大会的同志们一定很高兴，可是敌人却在那里难过，那么就让敌人难过去吧，我们不能照顾他们的情绪，我们将来还要彻底的消灭他们呢！我军经过二万五千里长征，现有人数是较过去少了，但个个都经过了千锤百锻，人人都是中国革命的精粹。从这个意义上讲,我们的战斗力不是削弱了,而是更强了。历史雄辩地证明，中国共产党领导的革命军队，是不可战胜的！同志们知道，目前我们还存在着许多困难，但长征那样的困难都统统被我们克服了，这点困难算不了什么！我们的力量团聚了，我们的军事政治经验结合起来了，任何力量都阻挡不了我们前进！阻挡不了我们去抗日！同志们，努力吧！为着民族的利益，为着中国人民不做亡国奴，奋勇向前。"徐总指挥那气势磅礴、鼓舞人心的讲话，深深地打动着每个人的心。讲话结束时，全场响起了雷鸣般的掌声。

陈昌浩、陈赓同志也作了热情洋溢的讲话。

最后，敬爱的朱总司令在热烈的掌声中作了亲切的讲话。他操着浓重的四川口音，挥动有力的手臂说："同志们！我代表党中央，代表中央军委，代表各方面军总部，向同志们问好！"我当时激动得脱口而出："总司令好！"同志们也都按捺不住内心的激动，一齐欢呼起来。掌声、欢呼声如雷鸣般，把欢庆会师的气氛推向高潮。朱总司令微笑着环顾一下会场，双手抬起来，又朝下按一按，人们立刻安静了下来。朱总司令阐述了长征胜利的伟大历史意义，最后提高嗓门说："同志们！团结是至关重要的，团结就是力量。只有加强全体红军的团结，才能克服一切困难，才能取得革命事业的胜利！今天，我们红军三大主力胜利会师了，就更要团结一心，互相尊重，并肩作战，战胜我们共同的敌人。"经历过分裂造成的损失和挫折之后，听到总司令的这些话，倍感亲切。

会上，宣读了中共中央、中华苏维埃中央政府、中革军委为庆祝一、二、四方面军大会合的贺电，贺电首先向红军的领导人和全体指战员致以热烈的慰问和祝贺。并且指出："我们的这一抗日前进阵地的会合，证明日本帝国主义的强盗侵略是快要受到我们全民族最坚强的抗日先锋队的打击了；证明中国民族抗日统一战线与抗日联军是有了坚强的支柱了；证明处在水深火热之中的全国同胞是有了团结御侮的核心了……我们即刻就要进入一个新阶段了，这就是抗日民族革命战争的阶段。……我们要在这个新阶段中树立全国人民的模范，树立抗日战线的模范，争取一切国民党军队加入抗日民族统一战线，开辟抗日前进道路，扩大抗日根据地，巩固抗日根据地，为保卫西北而战，为保卫华北而战，为保卫全国而战，为收复失地而战，为联合工、农、商、学、兵，为联合各党各派各界各军驱逐日本帝国主义出中国而战。"这份贺电，真如大旱之云霓，鼓励着我们去夺取更大的胜利。

这次联欢会开了两个多钟头。会场上始终充满着热情洋溢、亲密团结的气氛，笑声、掌声、欢呼声经久不息。

大会结束了，但人们依旧沉浸在喜庆欢乐之中。不少同志感慨地说，我们红四方面军从开始长征到会宁会师的过程，是经过艰难曲折而达到胜利的过程。我们从艰苦的斗争中走过来了，我们终于胜利了，终于会师了。

事实正是如此。会宁会师的伟大壮举，胜利地结束了红四方面军历尽艰难险阻，经过曲折复杂斗争的坎坷历程。它标志着中国工农红军长征胜利结束，标志着帝国主义和蒋介石集团围追堵截的彻底破产，也标志着抗日民族革命战争新阶段的到来。它给全国人民展示了新的希望，有力地推进了我国人民的抗日运动。中国人民抗日救亡的新阶段，就在这巨大的风暴中来临了。

1987年10月于北京

选自中国人民解放军历史资料丛书编审委员会编：《红军长征·回忆史料（2）》，解放军出版社1992年9月第1版，第329—335页。

难忘的会宁大会师

肖全夫　陈福初

打开红四方面军长征路线图，几支鲜红的箭头，越过雪山草地，跨过条条江河，经过艰险曲折的道路，最后聚为一支，直插甘肃的会宁。大箭头旁用同样鲜血的颜色标明的到达时间是：1936 年 10 月 9 日。

好啊，1936 年 10 月 9 日！这是我们红四方面军历经艰难险阻，经过曲折复杂的斗争，完成转战一年零七个月的长征后，与一、二方面军胜利大会师的日子！

如果说，一个人在一生中有许多难忘的日子的话，那么，1936 年 10 月 9 日就是我们的革命生涯中最难忘的日子了。

渴望会师

当时，我们在红四方面军总指挥部二局的二科和三科工作，任务是破译敌人的电文（有时也翻译我们的电报）。由于工作关系，对敌人情况和我军情况，比别的同志要知道的略早一些。

本来，早在 1935 年 6 月，一、四方面军在懋功（达维）胜利会师后，党中央和毛主席就根据当时的形势，确定了一、四方面军应集中力量向东向北发展，建立川陕甘革命根据地的战略方针。当时正值抗日民主运动新高潮的前夜。会合后的一、四方面军，士气很高。四方面军主力正进驻于岷江两岸的镇江关、片口、北川、茂县等地，可以随时向东向北出动。形势对我们很有利。但是，张国焘却基于他对形势的错误估计，坚持要部队向川西南“大举进攻”。当会合后的一、四方面军分左、右两路北上，左路军已进至中阿坝，右路军已到毛儿盖时，张国焘竟分裂红军，擅自确定要四方面军南下。

9 月初，左路军先头部队第五军已抵墨洼附近。这时，张国焘竟借口噶曲河涨水和草地不易通过，于9月8日强令部队返回阿坝准备南下。这样，北上和南下之争，就成了党中央和张国焘斗争的焦点。在右路军的前敌总指挥徐向前、政治委员陈昌浩，同意中央的北上战略方针，一再电催在左路军的红军总政委张国焘速出草地，并拟派右路军的四军一部带上粮食前往接应，但张国焘仍坚持要南下。

9 月 8 日，张国焘电令徐、陈率右路军南下。徐、陈当即向中央报告。当天晚上，毛泽东、周恩来、张闻天、博古、徐向前、陈昌浩、王稼祥等七位同志，联名致电在左路军的朱德、张国焘、刘伯承，万望张国焘当机立断。但张国焘于 9 月 9 日复电徐、陈并党中央，仍坚持南下。

9 月 9 日和 11 日，中央连电张国焘，指令其“立刻率左路军向班佑、巴西开进，不得违误”。但张国焘无视党纪军纪，竟然违抗中央命令，执意电令右路军的四方面军南下。

在此情况下，中央决定迅速北进甘南，于 9 月 10 日夜，毅然率领第一、第三两军单独北上。

不仅如此，张国焘还在红军正过草地，革命正处于紧急关头的情况下，于 10 月 5 日在卓木碉（现马尔康县白莎村白莎寨）召开党的活动分子会议，公然宣布成立伪中央。至此，他分裂红军分裂党的错误，发展到了登峰造极的地步。

对张国焘的这一严重反党行为，朱德同志和徐向前、刘伯承同志曾表示坚决反对，坚持全党只有一个中央，即毛泽东同志所领导的中共中央，不能有两个中央。他们的这种坚持原则的态度，在方面军许多干部中产生了很大影响。

张国焘分裂红军分裂党的严重罪过，使红四方面军走了不该走的弯路，两次过雪山草地，吃尽了人间罕见的苦头，成千上万的红军战士白白地牺牲了宝贵的生命。

与张国焘的分裂破坏行径相反，红四方面军总指挥徐向前同志，从革命全局出发，以实际行动拥护党中央的正确路线和维护全军的团结，同张国焘不断进行斗争。还在一、四方面军会师以前，徐向前就率领九军、三十军主力，于 1935 年 5 月 12 日由北川西进，经过激烈战斗，胜利攻占了墩上和土门，为继续西进迎接党中央和一方面军创造了条件。

6 月 12 日，在中央红军到达达维镇前夕，徐总指挥就代表四方面军，在理番（今理县）致电中央，报告了敌情、民情和方面军各部队的位置，请中央决定会合后部队行动方针。最后表示红四方面军及川西北数千万工农群众，以十二万分的热忱，欢迎我百战百胜的中央红军！

尽管对张国焘的错误方针和分裂活动所造成的恶果还未公开进行清算，但他的所作所为，并不能改变红四方面军广大指战员渴望北上与中央会合的热切心愿。我们广大干部战士的心，始终是向着党中央、向着毛主席的。一年来的艰苦经历和铁的事实，使大家越来越感到张国焘的战略方针不对头。尤其是中央红军在党中央、毛主席领导下，到陕北后在政治上军事上不断取得的一系列重大胜利，和四方面军南下转战所遭受的惨重失败，形成了鲜明的对照。四方面军自 1935 年 9 月中旬从草地南返以来，广大指战员连续行军作战，虽然以英勇顽强的精神，取得了许多成绩，但终未能取得决定性的胜利。特别是当“天（全）芦（山）名（山）雅（安）邛（崃）大（邑）战役”发起之后，张国焘无视敌人主力业已集中的现实，仍强令红军向川西平原发展，企图与敌决战，结果使红军被迫在百丈关地区进行了南下以来一场空前惨烈的苦战，伤亡近万人。这是张国焘率兵南下从进攻作战转入防御退却的一个转折点，也是他南下错误方针的严重碰壁。所以，大家纷纷从内心里对张国焘表示不满，渴望早日北上与中央会合。

就在这时，我们听到一个令人振奋的消息，红二方面军的老大哥，再过些时候就要和我们会合了！

尝过离别痛苦的人，愈益懂得欢聚的难得。经历过和中央红军会师的欢乐与分离的痛苦，我们越发觉得和红二方面军同志会合的珍贵。这一消息，就像暗夜中见到了光明，使我们心中又燃起了新的希望。

7 月 2 日，二方面军的部队全部集结于甘孜地区，我们这两支红军主力的会师胜利实现了。这更加激发了我们红四方面军广大指战员渴望北上与中央会合的迫切心情。

二次北上

自懋功会师北上以来，由于张国焘的分裂活动，方面军被迫南下。南下以后，不仅到处碰壁，打不开局面，站不住脚，而且经过连续的激烈战斗和爬雪山过草地，部队减员很大。这时，连同原一方面军的五军团、三十二军在内，共约四万余人，与南下时约十万人相比，减员一半以上。红军在半年多的时间内竟遭到如此严重的削弱，是张国焘分裂红军分裂党的罪恶活动所造成的重大恶果之一。

记得 1936 年 2 月底到 3 月初，我们第二次北上离开天全、芦山，到达道孚、炉霍、甘孜地区后，就全面展开了北上的动员和各项准备工作。

在这段时间里，主要干了这样几件影响较大的事情：

——为了充实连队，适应新任务的要求，方面军对部队进行了整编。

——部队整编之后，立即展开了紧张的军事训练。根据即将北上的敌情和地形，着重学习打骑兵、打堡垒，夜间战斗和强渡江河等战术，尤其注重打敌人骑兵的战斗训练。在刘伯承总参谋长和徐向前总指挥主持下，组织红军大学和方面军部队进行打骑兵演习，训练搞得生龙活虎。部队中当时还流传着陆定一、黄镇同志合编的《打骑兵歌》，有力地配合了打骑兵训练任务的完成。这歌儿到现在还不断在我们耳边回响。记得歌词是这样的：

敌人的骑兵不须怕，沉着敏捷来打它。
目标又大又好打，排子枪快放易射杀。
我们瞄准它！我们打垮它！我们消灭它！
我们是无敌的红军，打垮蒋贼百万兵；
努力再学打骑兵，我们百战要百胜！

——同时，部队还大力开展政治、文化教育和文化娱乐、体育活动。5 月 1 日，结合纪念国际劳动节，全方面军在炉霍县城举行了战术表演和体育、文娱竞赛大会。

——部队在作战、训练的间隙，大力开展了群众工作。方面军派出大批干部组成工作队，深入农牧区，宣传党和红军的政策，指明少数民族的斗争出路。组织“百姓联合会”、“青年队”、“姊妹团”等群众组织。帮助藏民生产劳动、医治疾病、开展群众性的清洁卫生工作。发动群众为红军筹集粮食。帮助甘孜、道孚、丹巴等县藏族人民成立了“波巴依得瓦”政府（藏族人民政府）。与甘孜西面的德格土司订立了互不侵犯协定等。这些工作，使红军与藏族人民基本上保持了良好的关系。

——这期间，干部战士还抓紧时间，积极筹集粮、盐、牛、羊等物资，并且人人动手，打草鞋、织毛衣、缝制帐篷，以备北上之需。我们各打了一双袜子、一双手套，毛袜送给了二方面军的同志，手套留下自己北上时用。

总之，二次北上的准备工作，在方面军中搞得热火朝天。

1936 年 6 月 25 日，方面军作出分左、中、右三个纵队和二方面军共同北上，向松潘、包座一线前进的部署。26 日，方面军命三十军政委李先念，率领八十九师和骑兵师组成的先遣军，经西倾寺先出阿坝，在草地为后续部队筹集粮食和牛羊。28日，方面军颁发了第二次北上的政治命令，接着，部队分别召开了支委会、干部会、军人大会及各类后勤工作人员等会议，进一步深入动员和加强各种安全越过草地的保障工作，并组织了各级的收容队和收容组。

7月初，会合后的二、四方面军组成左、中、右三路纵队，分别从甘孜、炉霍、绥靖（今大金）地区出发，开始北上。四方面军总部和九军、四军十二师、独立师、三十一军九十三师为中路纵队，由总指挥徐向前率领，7月2日从炉霍地区出动，经壤塘、查理寺、毛儿盖向包座前进。

党中央和毛主席对二、四方面军并肩北上，表示极大欣慰。在部队通过草地的艰苦日子里，不断给予重要指示和深切关怀。7月13日，党中央和毛主席来电，指示二、四方面军北出草地后应迅速攻占岷州，并指出此举将使红军在“战略上大占优胜”。

方面军部队，第三次穿行在茫茫数百里的草地上。

草地，这高原上一望无际的平原，平视出去只见绿油油的汪洋草海，没有炊烟，没有人家。尽管这次准备比较充分，但比以往两次路程远、时间长。经过20多天的行程，能吃的东西都已吃完了。一路上，没有补给，我们再节省，肩上的粮袋子还是渐渐地瘪了下来。在这段行军中，同志们再次以野菜、草根以至牛皮、皮带来充饥。饥饿威胁着红军战士，掉队的同志越来越多了。有的人因为吃野菜中了毒，开始感到肚子胀，以后就拉肚子，最后牺牲在行军的路上。有的同志走着走着，一坐下来休息，就再也起不来了……眼看着许多同志就这样倒在荒无人烟的草地上，人们只盼望能见到炊烟，只盼望快到包座。

同志们由于渴望早日与中央会合，早日走上抗日前线，所以，尽管一路上困难重重，但大家的情绪始终是高涨，行动也比较迅速。经过将近一个月的长途跋涉，我们终于走出草地，8月1日到达包座地区，迈出了北上与中央会合的关键性一步。

放弃西进

方面军胜利到达包座时，党中央即来电祝贺，并指示“四方面军到包座略作休息，宜迅速北进”。

遵照党中央的指示，各路纵队先后于 8 月 5 日至 12 日，由包座地区出发，向甘南挺进。到 9 月 7 日，方面军各部队已先后攻占漳县、洮州（今临潭）、渭源、通渭四座县城及岷州（今岷县）、陇西、临洮、武山等县的广大地区，与一、二方面军形成了南北呼应、夹击敌人的有利形势，有力地打击了敌人阻止红军北上的计划，三个方面军的会师已指日可待。

8 月 25 日，党中央致电共产国际中共代表团，报告了红军进军河西的计划。电报中说：“为着靠近苏联反对日本截断中苏关系的企图，为着保全现有根据地，红军主力必须占领甘肃西部、宁夏、绥远一带。”“无论如何困难，我们决心乘结冰时节，以主力西渡接近新疆与外蒙”。并提出以四方面军 12 月从兰州以南渡河。首先占领青海一部分地区为根据地，待明年春暖向甘西前进……

不久，共产国际批准了红军夺取宁夏和甘西的计划。中央认为，第一步应由一、四方面军合力夺取宁夏；第二步占据甘西。并决定派一方面军的红一师向静宁、会宁一带出动，策应四方面军主力北进，控制以界石铺为中心的有利地点，在通渭、庄浪、静宁、会宁地区还击敌人。这也就是我们过去常说的通庄静会战役计划。

9 月 18 日，朱德、张国焘、陈昌浩发布了战役纲领，部队开始行动。

9 月中旬，中共西北局在驻岷州三十里铺的红军总司令部召开会议，讨论红军行动方向问题。会上，张国焘和陈昌浩的意见不一致。分歧的焦点是：陈昌浩主张立即北上静宁、会宁地区，会同一方面军，与胡宗南的部队决战；张国焘则认为，既然一方面军主力不能南下，四方面军独立在西（安）兰（州）通道地区作战十分不利，坚持西渡黄河，进据古浪、红城子一带，伺机策应一方面军渡河夺取宁夏，实现冬季打通苏联的计划。这是张国焘与陈昌浩共事以来，第一次发生这样尖锐的争论。朱德等与会多数同志，都支持陈昌浩的意见，张国焘的意见被否决。

9月20日，张国焘连夜赶到驻漳县的前敌指挥部，向徐向前、李先念、周纯全、李特等同志陈述自己的意见，心情沉痛面色激动，说话的声音都和平常不一样。大家认为,军事行动方针问题可以商量。于是，根据张国焘的意见，当场拟定了部队的行动部署。

张国焘当即电告朱德、陈昌浩来漳县会商。

21日晨，陈昌浩赶到漳县，见大家都同意张国焘的方案，就不再坚持自己原来的意见。

朱德同志到漳县后，为顾全大局，团结张国焘和四方面军部队，也同意了大家的决定。

张国焘一面起草电报向中央报告，一面命令部队开始行动。

徐向前带先头部队向临洮进发，在黄河岸边发现对岸已进入大雪封山的寒冬季节，经调查河西气候寒冷，道路难行，人稀粮缺，原定渡河计划难以实现，便返回洮州向朱德、张国焘汇报。

9月27日，中央来电明令禁止四方面军西进。方面军即在洮州开会，一致决定执行中央指示，放弃西进计划。

9月29日，方面军总部下达了北进静宁、会宁地区的命令。从9月30日起,方面军分作五个纵队,先后由岷州、漳县等地向通渭、庄浪、会宁、静宁前进。

到了会宁

10月2日，先期到达陕北的中央红军——红一方面军的部队，为迎接与二、四方面军的会合，首先攻占会宁县城，为实现大会师打下了基地。

10月8日，四方面军四军的先头部队第十师，在会宁的青江驿、界石铺与一方面军一军的第一师胜利会师。

记得这天拂晓，东方刚泛起玫瑰红，启明星还在眨巴着眼睛，我们就出发了。因为大家早就知道今天要到达会宁，与一方面军的同志胜利会师，所以巴不得早一点到达目的地。尽管部队经过连日的行军，没有休整，加上衣单鞋缺，供给不足，体力消耗很大，但大家仍按捺不住内心的喜悦，情绪十分饱满，行军的速度似乎也比往常快得多。记得途中没有做饭吃，只来了个大休息，吃了点干粮。同志们不知不觉，就走了好几十里地。

可是过了中午，大家感到又渴又饿，有些疲乏了，行军的速度也不像清早刚出发时那样快了。忽然，只听队伍里有一位四川口音的同志喊道："同志们，加油啊！会宁城就在眼前，今天就要在这里宿营，一方面军的同志正在等着和我们大会师哩！"

一提起和一方面军的同志会师，一种无形的力量，顿时使大家忘记了疲劳，队伍空前地活跃起来，人人都加快了步伐。有的同志还兴致勃勃地带头喊起口号："红军大会师万岁！""中国工农红军万岁！"

队伍前面迎风招展的红旗，像个引路的向导，引导着我们这股铁流，浩浩荡荡地向会宁城奔去。

此刻，会宁城门口也出现了许多红旗。这是一方面军的同志们，正在那里期待着我们的到来。只见他们中有的首长和同志们，竟迫不及待地向我们迎了上来，紧紧地和我们握手，热烈地和我们拥抱，给我们送水送茶，替我们扛枪、背背包。

面对此情此景，我们再也抑制不住自己那百感交集的心情，都激动得热泪盈眶。

是啊，怎么能不激动呢！这种与亲人欢聚的动人场面，好久好久没有见到了。

只见夹道欢迎的人群里，有部队，有群众，气氛非常热烈。城内沿街的墙壁上，写了不少“欢迎英勇善战的红四方面军！”“欢迎英勇善战的红二方面军！”“庆祝红军三大主力胜利会师！”“同志们辛苦了！”等标语。

我们一到宿营地，一方面军的同志早就给我们筹集好了大批的粮食和肉、菜，准备了柴火和开水，并把房子打扫得干干净净的。他们还给我们送来了自己亲手织成的毛衣、毛袜、毛手套等慰问品。有的毛衣上，还有用驼毛线绣成的“欢迎阶级兄弟”等字样。这些礼物，真叫我们捧在手上，暖在心上。大家纷纷感激一方面军的同志说：“好同志，太感谢了，你们关照得真周到！”而一方面军的同志总是说:“好同志，你们辛苦了，这是我们的一点心意！”

就这样，大家就像多年没见面的亲兄弟那样，手拉着手，肩挨着肩，有说有笑，问寒问暖，叙这道那，亲热极了。不少干部还用大碗当杯，以水代酒，纷纷互相痛饮起来……

这时，红二方面军也经天水地区渡过渭河，经秦安、通渭进入会宁地区。

从而，红军三大主力——三个方面军的大会师，胜利实现了！

新的一页

1936年10月10日，会宁城内万象更新，军民举行了盛大的庆祝大会。

这一天，天空万里无云，地上风和气爽，人们喜气洋洋。大会组织得很严密，集合的时间掌握得很准确。各方面军参加大会的部队，大约2点来钟就都到齐了。大家兴高采烈地会聚在会宁城东的一个广场上(像是所学校)，唱歌子，呼口号，欢庆红军三大主力胜利大会师。

当中央代表，军委首长和各方面军的首长来到时，人们掌声雷动，“热烈庆祝红军三大主力胜利会师！”“感谢党中央的亲切关怀！”等口号，响彻会场内外。

敬爱的朱总司令在热烈的掌声中，作了亲切的讲话。他操着浓重的四川口音，不时挥动着有力的手臂，代表党中央，代表中央军委，代表各方面军总部，向大家招手致意，亲切问候。他以红军三大主力会师的胜利，深刻说明了红军是不可战胜的。他指出，红军的长征，不仅沉重地打击了敌人，锻炼了自己，而且扩大了党的影响，沿途撒下了革命种子。

总司令在讲话中，特别强调了团结。他提高嗓门说：同志们，团结就是力量，只有加强了全体红军的团结，才能克服一切困难，争取革命事业的胜利！今天我们红军三大主力胜利会师了，就更要团结一心，并肩作战，战胜我们共同的敌人。同志们要顾全大局，要讲革命，要讲团结。一、二、四方面军的同志，都是一家人，都是党的军队，都是党中央和军委统一领导下的工农红军。各部队都经过了万里长征，都克服了重重困难，很不容易。今天大家在这里会师，这是我们的伟大胜利。各个方面军的部队都是英勇善战的，都很能吃苦，都有很多的长处。大家要亲如兄弟，互相帮助，取长补短。

总司令号召一、二、四方面军的全体同志，在党中央和毛泽东同志的领导下，互相学习、互相团结，完成党赋予的一切任务。

总司令的讲话，使全体指战员受到很大的鼓舞。

接着，红军宣传队的同志，在大会上演出了生动活泼的文艺节目。这些节目，都是红军战士在作战行军过程中随编随演的，真实地反映了红军的现实生活，歌颂了我们艰苦卓绝的长征。那简朴、生动的合唱、独唱、花鼓戏、秧歌剧，使我们感到亲切，很受鼓舞，今天还想看到它。

这次联欢大会的时间不长，大约开了两个多钟头。会场上，大家始终热情洋溢，歌声、掌声、欢呼声此起彼伏，亲密团结和亲如兄弟的气氛，使整个会场为之沸腾。

庆祝大会结束后，人们还沉浸在喜庆的欢乐之中。不少同志感慨地说：我们红四方面军从开始长征到胜利会师的过程，是胜利的，也是曲折的，是在艰苦的斗争中走过来的。但是，我们终于胜利了，终于会师了！

事实正是如此。会宁大会师，胜利地结束了红四方面军历尽艰难险阻、经过曲折复杂的斗争、转战一年零七个月的长征。这是以毛泽东同志为代表的党的正确路线、战胜张国焘的错误路线所取得的伟大胜利；是朱德、徐向前、刘伯承等同志在中央的领导下，同张国焘不断进行斗争的结果；是以徐向前同志为代表的红四方面军广大指战员英勇奋斗的重大成就。

伟大的会宁胜利会师，揭开了中国革命史的新的一页！

选自《新疆日报》1986年10月18日第2版。

肖全夫，1916 年生，安徽金寨人。1929 年加入中国共产主义青年团，1930 年参加中国工农红军，1933 年转入中国共产党。红军长征时任红四

方面军总部三局参谋、中革军委二局科员。新中国成立后，曾任陆军第四十六军军长，沈阳军区副司令员兼参谋长、军区党委副书记，乌鲁木齐军区司令员、军区党委副书记兼军区纪律检查委员会书记，中共新疆维吾尔自治区委常委，中共中央委员，中共中央顾问委员会委员等职。1955 年被授予少将军衔。2005 年在北京逝世。

陈福初，1913 年生，湖北黄陂人。1930 年加入中国共产主义青年团，1931 年参加中国工农红军，同年转入中国共产党。红军长征时任红四方面军无线电台警卫排排长，红四方面军总部第二局科员、代理科长等。新中国成立后，曾任中南军区二局局长、解放军总参谋部三部副政治委员兼政治部主任、第二政治委员、政治委员等职。1955 年被授予少将军衔。2006 年在北京逝世。

三军会师在甘北

徐国夫

1936 年 10 月，甘肃与宁夏交界处的会宁、将台堡一带发生了一起震惊中外的事件：中国工农红军第一方面军、第二方面军、第四方面军，在历尽艰辛，战胜重重天灾人祸之后，在此胜利会师，终于结束了艰苦卓绝的万里长征。从此在人类历史上留下了一篇可歌可泣的壮丽诗篇。

在我所能查到的资料中没有找到关于蒋介石听到这个消息后是什么表现的文字记载。不过我们可以想象：他一边嘴里骂着“娘希匹”，一边让侍从把收音机“关掉！关掉！”然后摔了水杯子。换了个水杯后，一连气喝了几杯矿泉水，又把胡宗南、薛岳、刘湘、马步芳点名道姓狠骂了一番，吓得近臣战战兢兢，气不大出。直到宋氏三小姐亲自熬了一碗燕窝粥，又“达理，达理”哄了半宿，才掉了两滴青泪，和衣睡去。睡没睡着就不好说啦，我想是睡不踏实的。气得六神出窍，七孔冒烟，然后倒头又能睡着，那需要什么样的肚量啊！

蒋公介石气得够呛，甘北的毛泽东、朱德、林彪、彭德怀、徐向前、陈昌浩、贺龙、任弼时、包括张国焘，这一伙人倒是乐得够呛。有人乐岔了气，有人乐蹦了高。毛泽东说：“今晚我请客，杀它两只羊、一头猪，小鸡子整个地炖，多放辣椒少放醋，咱们大碗喝酒大块吃肉，闹腾它一宿，谁都别睡。”

这一段又是我瞎想的，当时的文字记载史料我还是没找到，也许根本就没记，或者记得太原则太概括，只好让后人按自己喜好任其想象了。

说来也难怪，蒋先生围追堵截十余年，调兵逾百万，遣将超百员，并且还常常御驾亲征，生生就把这十几万人给跑了，不仅跑了，还损兵折将无数，这件事搁到谁身上都得生气。我想，蒋先生还算不错的，若是一般人，不撞柱上吊跳楼，也得投江吃安眠药割血管。再说毛泽东他们，那么大灾大难都过来了，怎么能不让人乐他个山呼海啸地覆天翻。

记得我那天是乐得找不到北啦，连我的铁青马“老黑”也跟着乐，乐得咴咴咴乱叫，我一连气给它加了三大瓢黑豆，吃得它大肚子咕噜噜直响，第二天它一张嘴我还嗅着有豆腥味。

1936 年 6 月 3 日，红一方面军的先头部队与我红四方面军的接应部队在川西理塘会师。21 日，红二方面军的先头部队与我红四方面军的接应部队在川西白玉会师。23 日，三个方面军的领导机关在甘孜会合。①

会师后的三个方面军部队分左、中、右三路纵队三条路线②，穿过最大的松潘草地，翻越岷山，于巴西、包座会合北上，朱德率左路纵队,徐向前率中路纵队,董振堂率右路纵队。三路纵队分别于 7 月 2 日、3 日从各集结地点出发。

我骑兵师是此次行动的开路先锋，于 6 月 27 日奉总部指令于甘孜出发。我们的行军路线是左路朱德总司令率领的纵队，除原四方面军的三个师外，新会合的二、一方面军全部也一路同行。出发前朱总司令对

①②此处回忆有误。实际应为：1936年6月3日，红六军团先头部队与红四方面军接应部队在理化以南的甲洼会师。6月底，红二军团也与红四方面军在甘孜附近会师。7月初，红二、红六军团齐集甘孜，同红四方面军胜利会师，而后两大主力红军分三路北上——编者注。

许世友说：

“你们的任务就是先行开路，侦察路线，设定路标，筹集粮食，适时打击沿途反动武装。”

我们就是带着这四项任务提前上路的。几百匹经过严格训练的战马一路排开，红旗猎猎、人欢马嘶，其场面壮观宏大，气势凛凛，开红军之先河，壮红军之声威，是我红军组建以来前所没有过的。其势其声极大地振奋了后续部队的指战员们。在巴西、包座会合后，赶上来的部队同志围着我们骑兵大加褒誉：“嘿，你们在前边一走哇，我们浑身就添了劲。什么草地呀、雪山呀，想到你们，啥难事都没觉得难。”

听到这些，我们一个个心里美滋滋的，只顾嘿嘿笑。

先锋官意味着什么？逢山开路，遇水搭桥！古书上是这么说的，其实我们也是这么干的。我们行军的次序是按编制次序排列的，我一连走在最前头，成了先锋的先锋，尖刀的刀尖。许师长对我说：

“大眼眉你要仔细，可别把路走歪了，出了毛病我马鞭子可不认人。”

我说：“师长您一百个放心吧，我徐国夫你也不是不了解，出毛病你咋收拾都行。”

大话说出去，对我的连队我也放心，但这草地我们却不熟悉，万一出点差错，马鞭子倒无所谓，给红军带来损失这责任可担不起，所以我丝毫没敢马虎。

首先我找了一位向导，又找了一位通司（翻译）。我对他们俩说：“领好路，保证不亏待你们。”两个人都要先付点报酬。我跟师保障科的同志一商量，每人先给了 15 块大洋。

从甘孜到阿坝，距离虽然不近，但路程比较好走。所过村屯，我们派出工作组宣传红军的方针政策，千方百计筹集粮食牲畜。接近阿坝地区，群众的经济状况相对比较好，但开始时部分群众由于受国民党特务和反动土司喇嘛的反面宣传，对我红军存在恐惧和抵触。反动头目在群众中散布说红军吃人肉喝人血，红鼻子红眼红嘴巴，烧帐篷，抢牛羊……为了让藏族群众真正了解红军，我们一方面进行耐心地说服解释，一方面用实际行动来证实红军的实际情况。筹集粮食时，我们坚持公平交易，对特别贫困的藏民，我们还拿出少量的粮食给予救济。在西倾寺附近的一个小村子里，我发现一位藏族大娘生了病，便立即让卫生员前来给予简单的治疗。当时我们的药品极缺，卫生员手里也仅有一点人丹、万金油、草药之类。经过卫生员的处置，那位大娘的病果然轻了些。这件事在藏民中起到了很大作用，他们合掌称我们是“菩萨军”，有的还主动拿出糌粑青稞，赶出牛羊。

同时，我们对那些顽固的土司、头人进行镇压，没收他们的财产财物。十余天仅我们连筹集到的粮食达 3000 多斤，牛羊千余头。但这与上级要求的数目仍差得很大。

7 月 15 日这天，我们正在安排宿营，突然发现很远处的东南方向有几堆若明若暗的篝火，侦察人员回来报告，是几股反动土司武装，约 3000 余人，并且有很多马匹、牛羊和粮食。许师长一听来了精神，“打他伙王八蛋”，并很快下达了命令。为了达到突然袭击的效果，我们各连抽出精干人员组成小分队徒步夜摸，其他人员牵马绝声跟进。

进入川西青海的草原后，我们完全甩掉了蒋介石的围追堵截部队，除了与大自然这个敌人斗争外，再就是这些由反动土司头人组织的小股武装。骑兵师刚刚组建，人马还不齐备时的一天拂晓，一股三四百人的反动武装呜呜呀呀地围住了我们的驻地，企图抢夺我们的马匹和物品。许师长带领我们一阵猛烈射击，很快把敌人击溃，并抓获了 20 多个俘虏，30 多匹战马，还有大刀、长矛、步枪、土筒 100 多件。从甘孜出发以来，约 20 余次打击了骚扰我军行动的小股敌人。

出发后的第三天，我带领一排正在前头行进，忽觉背后一阵混乱。回头再看，见一股百十余人的反动武装马队从我行军左侧冲过来。我当时就来了气，“大白天还敢与我正规骑兵师较量，真是不知软硬。”我拨转马头就冲了回来。当时三四排已经和敌人打在一起。我端着枪几个点射先放倒三个敌人。待到近前，我抡起马刀嘁哩喀嚓一阵砍，一连气又砍死两个敌人，砍伤三个敌人。

训练时我们学了很多战术，什么劈刀、斜刀、侧身刀、回手刀，这是第一次实践，全用上了。有个敌人倒在地上正准备砍我的马腿，我一个单腿挂镫，一刀就把他的手砍断了。这时另一个敌人从斜刺里向我冲来，我一看举刀招架来不及了，就使了个镫里藏身，待敌人刚错过身，我回手一刀砍在他的马屁股上。那一仗打得特别痛快，全连杀死敌人 70 多。等后续连队赶到时，敌人早就落荒逃跑了。后来有的连找许师长提意见，说好仗都让我们打了，应该轮换着当前锋。我就说，别着急，以后再有敌人来，留着让你们打。

这一次敌人分散在三个川地。师长命令集中先打中间川地的敌人，所以我们就向中间川地接近。待到近前，敌人也没发觉我们，他们有的酗酒猜拳，有的大吃大嚼，有的横七竖八躺在地上睡觉，马匹零零散散拴在周围。

我们突然发起攻击，长枪短枪轻机枪一起开火，敌人顿时乱作一团，四散溃逃，我们很快控制了制高点，立即派人将敌人的马匹牛羊看管起来，其他人员全部投入战斗，第一个冲锋，俘毙伤敌约千余。听见枪声，东西两侧的敌人又向我们扑来。敌人仗着人多，呼呼喊喊很是嚣张，但这些人从冲击的队形、人力分配看，根本没有受过正规训练，杂乱无章，自行搅成一团。我们把敌人放到 20 多米处，机枪、手榴弹一起开火，同时向两侧迂回的两个连也同时发起攻击，顿时打得敌人呼爹喊娘，哇哇怪叫，拼命逃窜。见状，许师长发出上马的口令，我们各连又同时发起反冲击，一直把敌人追出十余里。

这一仗我们歼敌千余，缴获牦牛 400 多头，羊 3000 多只，战马 160 多匹，还有一大批粮食、物资等。看到这么多战利品，朱老总、张政委、刘总参谋长乐得眉开眼笑。朱老总说："好哇，好哇，你们打得不错，这回吃的问题短时间内不用愁啦。”

刘总参谋长说：“贺龙、董振堂他们后边的部队来电告知断粮五六天了，皮带、枪背带、马鞍子吃了不少，现在只能吃草根、喝盐水，许多驮马乘马都杀着吃啦，立即派人送一部分过去。”

“对，对，再带上些乘马，任弼时、董振堂他们几个身体都不太好，另外伤病员不断增加，没马骑咋行呢！”朱老总附和着说。

“嗯，先发个电报，把好消息告诉他们，给他们鼓鼓劲。”停了停，张国焘政委又说：“看起来让许‘和尚’当先锋官，这个人算选对啦。都说程咬金是员福将，当先锋官有两下子，我看咱们‘和尚’比他程‘老虎’不差，有机会你们比两下子。”

“他要是活着，你以为我不敢比呀！”

“我说老许，你知道程咬金活到今天多大岁数吗？”刘伯承问。

“多大？”

“1300 多岁喽，莫说打，你大和尚吹口气他受得了受不了都难说啦。”

几个人都哈哈大笑起来。

离开甘孜上路以来，这大概是左路军的将帅们头一回这么开心。无边的草地、魔鬼般的泥潭，纵横交错的河川，变化无常的天气，神出鬼没的藏匪，还有嗷嗷待哺的几万张嘴，哪一样不够让人愁眉不展的，此时此刻能开怀大笑一番，实在是难得啊。

“哎，我说三位老总，光顾说笑了，我还给你们带点好东西呐。”

“什么东西，拿出来让咱们瞧瞧吧！”张国焘说。

许世友一摆手，我和几名战士把马上驮着的东西抬下来。

香肠、火腿、香烟、罐头、面包、奶油、洋酒……嗬，全是英国货。

许世友说：“看看，藏匪比我们伙食强多啦。他们都是从哪弄的这些洋玩艺儿？”

朱老总说：“你让参谋长告诉你吧，这可都是远道来的。”

“对，这都是从英国、经印度运到川藏的。”

“美味不可独食。给向前、昌浩、贺胡子他们留点也尝尝。”张国焘说。

“你还有吗？”刘伯承问许世友。

“哪敢留，都拿来啦！”

“酒还是不错的，你留几瓶。”

“我尝过了，没意思，给我几盒烟吧。”

几个人又哈哈大笑起来，“你这个和尚，都尝过了，还说没敢留。”

许师长顺手塞给我一盒烟，我看了看，铁盒子，大概 50 支吧，盒面上都是洋文，还画了个熊猫。这是我最早吸的一次洋烟。

雪皑皑，夜茫茫，
高山寒，炊断粮，
红军都是钢铁汉，
千锤百炼不怕难，
雪山低头迎远客，
草潭泥毡扎营盘。
风雨浸衣骨更硬，
野菜充饥志越坚，
官兵意志同甘苦，
革命理想高于天。

在《长征组歌》中，这是我最喜欢的一首，它不仅旋律浑厚，起伏跌宕有气魄，词也写得有情感，字字句句都反映了我们当时的真实生活和思想情绪。

有一天晚饭之后一家人坐在一起闲谈，从现在的生活谈到当年红军时的苦难，小儿媳妇陈红对我说：“爸，你们当时缺吃少穿，稍不留神命都搭上，图啥呀？要搁在今天，谁去干这傻事呀。”

我知道孩子们是在故意逗我开心，我还知道让我说“为了劳苦大众的解放，为了共产主义……”让他们不冷不热一阵笑。是的，现在有些年轻人不爱听这些话，甚至拿这类话当笑料；有些干部说起这些话也总是软绵绵的没底气。但我们当时的绝大多数确实就是这么想的。什么当官啊、发财啊、车子啊、房子啊……想都想不到啊。那时候能吃顿纯粮食的饱饭，美美地睡个足觉，攒足精神早点把敌人打败，大家都消消停停太太平平过安稳日子就知足啦。这是从小处讲。大处讲，就是共产党当家作主，大家齐心合力建设共产主义。现在有的人不爱听，有的人顾不上听，但我们这些过来的人还得要说，都不说就糟啦。

我说：“没有你老爸我们这些人干那些‘傻事’，你们还能在这太平盛世中和和美美地吃喝玩乐呀（我的老亲家也是在战争年代生生死死滚过来的）。”

前文中我已经说过，讲起红军长征时的苦难，实在是难以用文字表达的，起码我做不到，看了许多反映这段生活的电影、电视、书刊等，我觉得也远没有表达出来。

过草地，一脚没迈好，陷进泥潭地，越挣扎越深；伸手去拉，不仅没拉上来，拉的人也掉下去，眼睁睁的人就没影了。

过雪山，风雪刮得人睁不开眼，女炊事员背着行军锅前跌后仰，一阵旋风就卷下山崖，这个人就再也见不着了。

一个大活人，走着走着，扑腾就倒下去啦，上前一试，没气啦。

宿营时，头上支起一块破布，几个人背靠背睡了。一觉醒来，后背冰凉。捅捅后面的人没动，用手一摸，僵啦。

吃野菜脸肿得像馒头，雪盲症两眼什么都看不见。

最担心的还是路！

茫茫草地，皑皑雪山，路在哪里呀。冤枉路，走着走着，又回来了，瞪着眼看一圈，傻了，抱着头蹲在地上哭；绝路，往前一看，万丈深渊，断壁高崖，长翅膀的鸟也没见从这里飞，心里这个急呀，用手啪啪啪直拍脑袋。

先锋前卫一个很重要的责任就是探路，后续部队几万人，能不能过去，就看我们的啦。

许世友说：

“你们一连可要注意呀，几万人在后面，不是儿戏，一定要找出条能走的路来。”

路，

路，

路在哪呀？

“敢问路在何方？路在脚下！”

可这脚不敢轻易迈哟！

茫茫大草地，放眼望去，一样的绿，一样的平，谁知何处是吞人的泥潭呢。

我把向导和通司叫过来，每人给了他们一块大洋，我说：“这是额外的，原来说好的该咋给还咋给。”这两位藏民兄弟也挺实在，“巴扎嗨，巴扎嗨！”提起棍子就上路了。

我们骑兵每人有三件武器：步枪（部分人员携轻机枪）、马刀、长矛。除此之外，我连走在最前面的一个班，每人还准备了一根一丈多长的木杆子，不为别样，只为探路。

向导通司用手一指，“这一边可能行。”

持长杆的一个班人横向展开，用杆子一点点向前探着走。没问题，做个简单标记，后边的班排再把标记做明显，有树在树上刻记号，有石头用石头垒路标，什么都没有，插根木棍……

路就出现了！

从甘孜出来，穿过松潘大草地，越过千里岷山，跨过白龙江、洮河、渭河，一直通到会宁。

啊！我这个先锋的先锋连长已经不知道苦得什么叫苦了。到了会宁的青江驿那天，饱饱地“造”了一顿，一方面军的一位领导问我，“还想干啥？”我说我想睡觉，说完我就睡上了，直到一天之后，许世友师长薅着我的长眼眉把我薅醒。

选自徐国夫：《大漠风声疾》，白山出版社1998年10月第1版，第92—99页。

胜利会师①

彭寿生

1936年8月初，毛主席得知红四方面军和红二方面军到达包座地区，当即打来电报，指示北上地点与敌军情况。

我们经过在包座的休整，精神抖擞地前进到白龙河上游。这里河水湍急，唯一的通路就是依傍岸边悬崖峭壁架起的栈道。我们到达河边时，铺在栈道上的很多木板都被敌人抽掉。部队只好停下来，派人到山上砍伐树木，购买木板。栈道修好以后，下面河水咆哮，栈道又窄，不少骡子走上去惊恐不堪，掉进河里。我们便把骡马的眼睛用布条蒙住，牵着它慢慢行走，足足用了四天时间才走完这段路。

走完白龙河边那段路后，几乎天天翻山越岭。山上茂密老林遮蔽得不见天日，我们靠指北针判别方向，往往翻不了一两座大山，天就黑了。这样行进了大概一百七八十里，就到了腊子口。

腊子口有一连敌人把守。罗军团长命令侦察连和红九团十一连充当前卫，攻克腊子口。腊子口周围崇山峻岭，中间一条小河，是白龙河的主源，水深流急。河上横架一座小桥，要进入腊子口，必须通过这座桥，别无他路。敌人在桥头筑了一座碉堡，驻有一个排的兵力。黄昏时分，钟连长率领侦察连分两路从左右两侧顺着河岸的陡壁，摸到桥下，攀着

① 编者对原文内容有删改。

桥柱运动到对岸。等靠近敌人的碉堡后，打出一串手榴弹。敌人弄不清红军是怎么摸来的，不知红军来了多少，纷纷向设在隘口处的敌连部逃去。十一连当即冲过小桥，追击敌人，乘势攻下隘口。山上据点里的敌人听见山下弹炸枪响，赶快“砰砰啪啪”开枪。正往山上逃命的敌人大声喊：“别打枪，自己人。”据点里的敌人怕红军跟上去，反倒架起机枪扫个不停，打得上到半山腰的敌人一个个掉下悬崖峭壁。

侦察连炸毁桥头的敌碉堡后，派三个战士从右侧爬崖上到山顶，丢下绳子，让别的同志攀绳而上，十一连的十多名战士杀进隘口，迂回到敌人据点后面，一阵手榴弹，把敌人打得晕头转向，并与已经上到山顶的侦察连前后夹攻，把敌人团团围住，消灭 100 多，俘虏几十个，缴获各种枪支 200 多件、子弹 70 多箱、军衣 200 套。

部队通过天险腊子口，途经哈达铺，包围了成县。不到一个小时，我们就歼灭守城的一营敌人，又缴获一批弹药。

与此同时，红二、四方面军先后攻占了甘肃南部的西和、礼县，徽县、两当等县。

我们红九军团在成县休息了几天，经西和、礼县，到达陇西地区。

不久，传来毛主席派聂荣臻、左权同志率领红一方面军主力到达静宁、会宁地区，迎接红二、四方面军的消息，我们立即从陇西赶往会宁。

1936 年 10 月，红一、二、四方面军三大主力云集会宁、静宁等地，胜利会师了。

在欢庆红军三大主力大会师的晚会上，各军宣传队演出了精彩的文艺节目。我们红九军团一位姓钟的老表唱了首家乡的山歌：

十月里来好风光，
心中歌儿尽情唱。
欢呼三军大会师哟，
歌唱毛主席好领导。
红军长征二万五，

急得老蒋瞪眼珠。
日本强盗休猖狂哎，
中华民族不可侮！哟嗬——
……

节选自甘肃省军区党史资料征集办公室编：《三军大会师》（上册），甘肃人民出版社1987年2月第1版，第432—436页。

彭寿生，1915年生，江西信丰人。1930年参加中国工农红军，1931年加入中国共产党。红军长征时任红九军团司令部政治指导员。新中国成立后，曾任天津警备司令部参谋长、副军长，山西省军区副司令员等职。1955年被授予少将军衔。1993年在赣州逝世。

进入甘南和会宁会师

李培南

这里所说的甘南，也就是地理书上所称的甘南山地，或称陇南山地、陇蜀山地，它大致位于渭水的南面，岷山和秦岭绵亘其间，而山脉的高又多在 4000 米以上，气势十分雄伟。

当部队每一个指战员走上腊子口的时候，向前展望，山势已较平缓，不再像南面那样悬崖峭壁异常险要，向北看距腊子口不远就有村庄，而且越向北越多，更不像南面那种看不到人烟，如此情景，莫不令人喜笑颜开，心里十分高兴。

从腊子口下山到达宿营地时，心情舒畅，几乎忘却了行军的疲劳，因为这里已经和群众在一起，他们都欢迎我们到自己家里休息，再不像在川西、西康那样，见不到多少群众，虽然有时也和一些藏族群众在一起，但语言不通，风俗习惯又完全不一样，互相接近和了解是很困难的。甘南的群众是汉族和回族，而甘肃的回族在语言文字方面和汉族一样，只是宗教信仰和风俗习惯与汉人不一样。只要我们尊重他们的风俗习惯和宗教信仰，不经他们的同意，不进回民村庄宿营，不擅入清真寺和损坏回民的经典，不借用他们的器皿用具，在回民地区不吃猪油猪肉，严格遵守群众纪律，他们和汉族基本群众一样，都很高兴地欢迎红军的到来。特别是向他们宣传我军北上抗日的主张，他们和我们更显得亲热了。而回汉族的妇女更欢迎我军的女同志，在初见时，她们以怀疑的眼光看待这些女同志，看上去像是女的，但从来没有见过穿着军装的女兵。当她们从说话和一举一动确实明白是一些女兵时，相互之间，就倍觉亲热。在她们看来，女的能当红军，是一件多么新鲜又令人惊奇赞叹的事情啊！

部队到了甘南，另一件使大家非常高兴的事，就是搞给养比在川西北不知容易多少倍。甘南是产麦子的地方，又是养牛养羊的地方，在部队经过较长时期爬雪山过草地的艰苦生活后，面食和肉食都比较容易地得到满足，部队又得到一个休整恢复体力的机会。这时每个伙食单位都很注意改善全体指战员的生活。同时还注意邀请附近一些基本群众来部队做客，军民团结，共庆胜利。

部队在甘南地区得到休整和补充之后，本应争取时间，迅速北上与一方面军会合，可是队伍却在岷县一带转来转去，有时向西北前进，有西去洮州之势。为什么这样呢？据以后听说，张国焘被迫同意北上到达甘南之后，仍然坚持其右倾逃跑的错误路线，想把部队向西经洮州拉到青海去。但他这一阴谋，遭到反对，没有得逞。

部队 9 月初到甘南，这时已经快到 10 月了，才开始向东北方向前进，在渭源和陇西之间渡过了渭水。那里是渭水上源，水很浅，部队徒步过了河，没有遇到多大困难。

二、四两个方面军和红五军团的部队，在穿过西（安）兰（州）公路后，在会宁与一方面军会师。当早晨出发时，同志们听到要在会宁与一方面军会师，心里都感到十分高兴，这一天我们要经过会宁城里然后在城北的农村宿营。在进城前，又做了动员，队伍要整齐前进，遇到在街道两旁欢迎的兄弟部队，要热烈鼓掌高呼口号，以示庆贺三大主力伟大胜利的会师。

当我们通过会宁街道时，街道两旁有群众和一方面军的同志们在欢迎我们，鼓掌欢呼之声，不绝于耳，情绪十分热烈。到达宿营地后，一方面军，已派人动员群众把住房、开水和饭食都准备好了。部队之间，军民之间，是多么团结和亲热啊。

一、二、四三个方面军会师，这是多么好的形势啊！三大红军主力团结一致，一定能够在西北、在华北，以至在全中国创造出一个崭新的大好革命局面。可是张国焘的野心不死，依然死抱着他的右倾逃跑主义错误路线不放，竟擅自命令四方面军向西撤走，西渡黄河。结果，四方面军的九军、三十军和一方面军的五军团在甘肃靖远附近渡过了黄河。只是由于国民党胡宗南部赶到了黄河边，控制了渡口，截断了我军继续渡河西去的道路，四方面军总部和其他部队才被迫留在黄河东岸而没有向西撤去。我因为早就调离五军团在四方面军红大工作，这样才未过黄河，得在会宁会师后，继续向陕北前进。

节选自李培南：《铁流二万五千里》，上海交通大学关心下一代工作委员会1996年编印，第60—62页。

回到党中央的怀抱

袁光

1936年初夏，是我终生难忘的日子。我们无线电队在历经曲折和迷惘之后，终于看到了希望的曙光：我们接到了重新北上的命令，跟随四方面军三十一军政委詹才芳从绥靖出发，重返卓克基，再次通过大雪山和川北草地，向甘肃会宁进发，与早已拿下会宁的一方面军会师，这是一个多么振奋人心的转机啊！

自从张国焘背离党中央一意孤行南下以来，四方面军被他拖到天全、芦山一带腹背受敌，屡遭挫败，红军伤亡逾万，加之川藏边区条件恶劣，部队饥荒威胁日甚一日。广大指战员对张国焘的错误及其恶果逐渐有了认识，不满情绪强烈。与此同时。红二、六军团在任弼时、贺龙、关向应等同志率领下，在湘鄂川黔根据地突围后，此时也进入甘孜，与张国焘进行了面对面的斗争。在这种情况下，他被迫同意四方面军执行党中央关于北上的决策。

9月初，我们无线电队随北上大军到达岷县三十里铺休整。9月19日，全军分两路向会宁、静宁进军。至此，敌人的封锁线已经彻底被冲破，北上胜利会师指日可待。在部队就要出发的前一天，我接到通知，总政治部组织部长张琴秋同志找我谈话，组织上决定把我调离无线电队，参加干部训练班学习。从此，我就永远地离开电台、离开了红军的通信事业，走上了新的工作岗位。

干部训练班由四方面军政治部领导，共20余人，在岷县停留几天后，随总部北上临潭。一路上，同志们归心似箭，越往北走，离党中央越近，我们的心早就飞向陕北了。当时，廖承志也跟我们训练班一起行动。他被张国焘关了一阵子刚刚恢复自由，比平时更显得乐观风趣，一路上大家全是听他讲笑话，逗得忘记了行军的疲劳。

10月9日，我们随四方面军到达了会宁，与红一方面军在这里会师了。随后在22日红二方面军与红一方面军在将台堡也会师了。中央发来了贺电，三军沉浸在欣喜之中。没想到，过了几天，四方面军又要西渡黄河。主力部队刚渡过一部分，即被胡宗南堵军切断。已过黄河的部队组成西路军，在红军史上写下了悲壮的一页。被截未能西渡的四军，三十一军以及我们红大干训班，经过同张国焘激烈的斗争和有效地抵制，终于又向陕北前进了。

当我们到达甘肃山城堡时，终于再次同一方面军主力会合了。我看到久别的战友和首长，激动的泪水模糊了双眼……直到我们进入了党中央所在地保安，受到了成千上万军民的夹道欢迎，红旗遍地，锣鼓喧天，面对此情此景，我在心里喊道：党啊，母亲！我终于又回到了你的身边！红军胜利了！革命的高潮就要到来了。

节选自袁光：《历尽曲折到陕北》，载中共中央党史研究室《中共党史资料》编辑部、中国延安精神研究会《中华魂》编辑部、中国炎黄文化研究会《炎黄春秋》编辑部编：《红军不怕远征难——纪念红军长征胜利60周年征文集》，中共党史出版社1996年10月第1版，第303—304页。

长征胜利结束

刘华香

通过草地到达包座，9 月初开往哈达铺地区。9 月 7 日，红二军团第五师改编为红三十二军第九十六师。我到第九十六师任参谋长。

红二、四方面军渡过草地，红军三大主力即将会师，蒋介石迅速调动胡宗南部，敌第三十七军毛炳文部和第三军王均部，阻击红军会合。为了实现红军三大主力会师，为打击与消灭胡宗南部，巩固与扩大西北革命根据地，红二方面军总部于 9 月 7 日，在哈达铺制订了成（县）徽（县）两（当县）康（县）战役计划。根据这一计划，我三十二军与红二军团四师东进，直奔成县。9 月 17 日，发起攻取成县县城的战斗，歼敌王均部一个营，占领了成县县城。9 月 27 日，我三十二军与红二军团在成县以西伏击敌王均部第三十五旅，毙伤敌数百人，俘敌 300 余人。

红二方面军东进，完成成徽两康战役之后，胡宗南部抢占了西兰公路的静（宁）会（宁）定（西）段,隔断了红军三大主力会合的道路。为了实现三个方面军会合，红二、四方面军向北挺进，红一方面军向南挺进，分左右两个纵队先后占领了静宁县以北的将台堡及会宁城等地。

10 月 4 日，红二方面军放弃成县、徽县、两当县、康县地区，以红六军为右纵队，以我三十二军和红二军为左纵队开始北上。前面有胡宗南、毛炳文部的堵截，后有王均部的追击，红二方面军在北上行动中又缺乏必要的掩护，所以在向北进军的过程中，仗打得很艰苦，损失也不小。10 月 10 日，抢渡渭水之后，继续遭到敌人堵击，我军奋勇苦战，夺路前进。于 10 月 22 日，在会宁东北的将台堡同一方面军会师。红四方面军已于 10 月 9 日在会宁与一方面军会师。三大主力的大会师，宣告了历时两年，途经 11 省，行程两万五千里的中国工农红军伟大长征的胜利结束。

1936 年 11 月初，我三十二军进行了整编。由两个师六个团缩编成三个团，即二八〇团、二八二团、二八六团，撤销师部。我被调到二八六团任团长。

红军三大主力会师之后，蒋介石急忙调集 260 个团的优势兵力，企图乘红军十分疲劳，尚未来得及休息之际，一举将红军消灭。当时，仅在静宁、会宁地区，敌人就集中了第一、三、三十七、七十七和新一军，共五个军的兵力。当红军主力向海原、打拉池地区转移时，敌人从固原，静宁、冯家堡、会宁等地，分四路展开追击。红军主力到达打拉池、海原地区稍事休整后，继续向东转移。11 月 19 日先后隐蔽于环县以北的山城堡南北地区。山城堡地区地形复杂，便于我军隐蔽，红军决定在这个地区伏击敌军。

此时，胡宗南部第一军孤军深入，11 月 20 日，敌七十八师侵占了山城堡。11 月 21 日，当敌七十八师由山城堡继续向东进发时，进入红军的埋伏地带。我军突然向敌展开猛烈攻击，罗军长率二八〇团、二八二团和我二八六团投入战斗。敌人向我三十二军阵地进行猛烈攻击，企图向西突围，都被我三十二军打退。接着，我军向敌人展开攻势，经一昼夜激战，将敌七十八师二三二旅及二三四旅的两个团全部歼灭，仅我三十二军就消灭敌人 1000 余人。山城堡战役是第二次国内革命战争的最后一仗，经过这一仗，敌人遭到沉重打击，敌主力即向西撤退，整个进攻被红军粉碎。

节选自刘华香:《伟大长征惊天地》,载内蒙古自治区党委党史研究室编:《长征中的故事》,2006年10月编印,第125—128页。

三大主力会师

王定烈

作为右路军后卫的红四十三团从包座经腊子口越过岷山到达哈达铺。正如毛主席那首长征诗中所描写的那样："更喜岷山千里雪，三军过后尽开颜"。大家高兴得手舞足蹈。路旁的村落渐渐多了起来，粮食也可以买到了，前卫部队把粮食留给我们，我们尽量少用，又留给左路红二方面军的同志。

哈达铺是一个小镇，有几个小商贩乘人之危抬高物价，一斤重的"锅盔"（大饼）竟要一块现大洋一个，能买得起的寥寥无几。当时，我身上还带有历年来分伙食尾子积攒下的一块光洋。

小马从我的手里抢过去，说："大难不死不吃等啥子？哪天一命呜呼，想吃也吃不到喽！"便买了一个，四个人分开吃。我把香喷喷的饼放在鼻子上闻着那香甜的滋味，真舍不得吃下去。

小商贩见我们几个人高兴地忘乎所以，大概没有想到他的"锅盔"会让我们这样兴奋喜悦，又见我们这些穿着破衣烂衫的兵不夺不抢，如此规矩，又递给了我们一个大饼。我们没有钱，不能白吃，摇摇头，走了。

不久，红五军抵达礼县城郊，突然奉命西折，接替红九军防务，围攻岷州城守敌。红四方面军主力按照中央部署进行岷（州）、洮（州）、西（固）战役，创造甘南根据地。可是张国焘却令部队向夏河、洮河西北行动，企图在青海、甘肃、新疆边远地区建立根据地，继续与中央对抗。后因河水暴涨，无法行动，又退回来继续北进。

岷县（州）三面环水，只有西南方向地势高，是一片山岗。敌人在山上筑碉堡、挖堑壕、扎鹿砦、埋地雷，吹嘘为“铜钱铁壁”。守敌鲁大昌（新编十四师）头年在腊子口堵我红一方面军北上的是他，这次堵我红二、四方面军北进的还是他。这家伙很刁顽，当二、四方面军突破腊子口之后，他怕端了他的老窝，便慌忙将残部龟缩到岷县城死守。红十五师四十三团、四十五团继续将其包围，暂不做攻击，利用时间养精蓄锐。

围困了近一个月，红二方面军贺龙、关向应带来的两门山炮只用了三发炮弹，打掉了敌人的一座碉堡，敌人顿时慌了手脚，连夜泅渡洮河逃窜。淹死者不计其数。

10 月 2 日，我主动撤离。

10 月 7 日，红四方面军先头部队十师与红一方面军七十三师在会宁地区胜利会师。消息传来，无不欢欣鼓舞。至此，全国三大主力红军胜利地结束了长征，它宣告了帝国主义和国民党反动派围追堵截聚歼红军的企图彻底破产，给全国人民带来了新的希望，极大地推动了正在蓬勃发展的抗日救亡运动，对于促进抗日民族统一战线的建立和全面开展抗日战争，有着非常重大的意义。

我们红五军为后卫，昼夜兼程，在陇西城东徒涉齐胸的急流，突破渭河敌人封锁，且战且走，向会宁方向急进。我们兴高采烈地唱着“万岁、万岁，伟大的会合”，心中有说不出的畅快！

10 月 21 日晚，部队通过了西（安）兰（州）公路，宿营于定西县华家岭。22 日，天刚蒙蒙亮，敌毛炳文之三十七军和王均之第三军就气势汹汹地逼近了。敌人凭借其兵力、火力优势，并在飞机的空中支援下，向我发动了猛烈进攻。

为了阻止敌人前进，掩护主力转移，副军长罗南辉亲率全军在华家岭北面的山岗上奋力死战，打退了敌人的十多次进攻。不幸的是，罗南辉被敌人的炮弹击中，壮烈牺牲。

罗南辉（又名罗敏），四川成都市人，工人出身，曾在四川军阀邓锡侯的二十八军第七混成旅当兵，军阀队伍里，官兵矛盾尖锐，当官的层层克扣军饷，打骂侮辱士兵，枪杀逃兵，欺压掠夺百姓，使他大失所望。1927 年他在彭县加入了中国共产党，做兵运工作，团结教育青年士兵，人称他为“罗大爷”，其实当年他还不到 20 岁。他参加过遂宁、广汉南部的三次起义，历任川东特委军委书记、红三十三军、红五军副军长等，是一名优秀的军事指挥员，作战勇敢，指挥沉着，身先士卒。他生活上非常俭朴，同战士们一样吃野菜、草根。眼看随着长征胜利的脚步就要踏入烽火连天的抗日战场，他却离开了我们，大家的心中万分悲痛！

10 月 23 日，敌人集中了更大兵力，攻势更加猛烈。上级命令我们节节掩护退出战斗。黄土高原上，光秃秃的山岭，无一树木遮蔽，地面敌人以猛烈炮火轰击，天上黄颜色双翼飞机以超低空贴着山顶转悠，轮番对地轰炸扫射，企图阻止我转移。我军且战且走，直到天黑才退到会宁城内。清点结果，四十三团当天伤亡 300 余人。为了摆脱追兵，稍事休息即向靖远县虎豹口方向前进。

我奉命随团第一梯队撤退。出发不久，我远远地看见了司令部驮行李的那匹马，站在路旁一动不动，只是仰天嘶啸，声音凄凉悲哀。怎么回事？团直属队的非战斗人员和各连营炊事人员拂晓前不是已向会宁撤退了吗？我想着走近一看，只见五六十位同志被敌人的飞机炸得血肉模糊，白马的主人小马牺牲了。

我扑上去抱起小马，禁不住失声地痛哭起来。那匹白马看到我来到了它的主人身边，顿时停止了嘶叫，驯服地立在我的身旁，眼睛直瞪瞪的，似乎也在为主人的死而悲痛。

漫漫荒原，苍苍黄土，活着的只有我和白马了。好在小马牺牲前吃到了那份“四分之一”的“锅盔”，这使我的心里感到一丝欣慰。

我牵上白马继续前进。白马已瘦骨嶙峋，疲惫无力，走起路来一拐一跛。红军的马也是这样的忠诚，爬过雪山草地累成这个样子，还尽职地驮着文件箱和全员的唯一生活款子——30多个元宝，两方金条，400块银元，朝北，一直朝北走着。

我把文件箱背在自己身上，与马慢慢地走着。离部队越拉越远，敌机投下的炸弹不断地在身边爆炸，弹片在耳边呼啸。白马的体力越来越差，浑身汗水淋淋。终于，它再也挪不动腿了，晃动几下身子，一头栽倒在黄土地上，嘴里吐着白泡沫，静静地偎着黄土地不动了。我把钱袋从马身上卸下来，含着眼泪同白马默默告别，向着远方走去。

然而，谁也不曾想到，面前等待我的会是一场九死一生的考验。

选自王定烈:《沧海一粟》，知识产权出版社2005年1月第1版，第36—39页。

大会师前后的红五军①

饶子健

1936 年 9 月底 10 月初，我们团到达甘肃南部岷县城郊，接替红九军部队包围驻守岷县的国民党新编第十四师鲁大昌部，掩护红一、二、四方面军在静宁、会宁地区会师。

这一天，党中央派聂荣臻同志率领红一方面军的部队西进，专程来迎接红二、四方面军一道北上抗日。10 月 10 日前后，红一方面军在甘肃静宁、会宁地区，同红二、四方面军胜利会师。广大指战员盼望已久的愿望终于胜利实现了！

当我们与红一方面军的战友重逢时，如同绝路逢亲人，异乡遇故知，握手、拥抱，欢呼跳跃，欣喜若狂，尽管大家几乎在同一瞬间都得到了同样的消息，但同志们仍压抑不住内心的激动，像一群天真的孩子，互相传告喜讯："三方面军胜利会师啦！"一年多来，笼罩在指战员脸上的愁云愁雾，荡然无存，扑面而来的是胜利的欢乐。

对于我们原属红一方面军、后属红四方面军的第五军指战员来说，这次会师更有着特殊的、深刻的感受。从 1934 年 10 月 20 日自江西兴国出动算起，整整走了两年时间，历尽艰辛，三过草地，转战川、康、甘等省，打破优势敌人的围、追、堵、截，终于胜利地到达了甘肃会宁

① 题目为编者所加。

地区。

红军三个方面军的会师，胜利地结束了长征，是中国革命历史上的一个重大事件，意义是重大而深远的。

1936 年 10 月，红军三个方面军会师时，形势发生了很大变化。日本帝国主义对中国的侵略更加疯狂，正在绥远东部发动军事进攻，企图完全占领华北。全国人民的抗日救亡运动迅速发展，中国共产党的抗日民族统一战线政策获得了社会各阶层的拥护。但蒋介石仍坚持其“先安内后攘外”的反动政策，继续向西北调兵，全力“剿共”。局势仍然很严峻。

10 月 16 日，蒋介石下达了“进剿”令，组织所谓“通渭会战”，妄图趁进至静宁、会宁地区的红军立足未稳，加以消灭，防止红军西渡黄河。21 日，在西北“剿匪”军第一路军总司令朱绍良的指挥下，国民党军第一、第三、第三十七军及第二十五师等部，向我们发动了大规模的进攻。蒋介石于 22 日飞抵西安坐镇，并逼令东北军、西北军参战。我红五军奉命在定西县华家岭一线组织防御，阻击从陇西方向逼近会宁的国民党军第三十七军毛炳文部九个团的进攻。我们团到达华家岭的第二天上午，敌前卫团向我阵地发动攻击，指战员们英勇顽强，不怕牺牲，与敌展开肉搏，战斗非常激烈。我们团在打退敌人三次冲锋后，机智地转移了阵地。23 日，我们团奉命撤出会宁城，转移到城外二十里铺建立了新的阵地。敌人在这次进攻中，经常有三到六架飞机在空中盘旋，轰炸扫射，使我军增大了伤亡，也说明敌人这次进攻是下了本钱的。

在华家岭战斗中，我红五军副军长罗南辉同志不幸牺牲。他是四川成都市人，1908 年生，原是红三十三军副军长，在 1936 年 1 月红三十三军合并到红五军时，来任副军长的。他作战勇敢，关心干部战士的疾苦，深得指战员的拥护。罗副军长不幸牺牲的消息传来，指战员们非常悲痛。大家默默地下决心：“狠狠地打击敌人，为罗副军长报仇，为牺牲的战友们报仇！”

根据当时敌情的变化，党中央和中央军委决定将原定的宁夏战役计划提前执行。这个计划的要旨是：以三个方面军合力，西渡黄河，攻占宁夏，打通与苏联的联系，开展西北的抗日新局面。因为苏联是社会主义国家，与中国西北部为邻，打通了与苏联的联系，就解决了红军的战略靠背问题，能使红军有巩固的战略后方。这个设想，无疑是符合当时革命大局利益的。10 月 11 日，当红军三个方面军刚会师时，党中央和军委在《十月份作战纲领》中明确规定：四方面军以一个军秘密造船；三个方面军主要是休整；进攻宁夏的部队以一、四方面军主力担任，并于 11 月 10 日前完成作战准备。当时，由红四方面军已进至黄河边上靖远的第三十军负责秘密造船，侦察渡河点，并由三十军政委李先念同志负责造船事宜。

按照我们当时的情况，经过三过草地的折腾，指战员们个个面黄肌瘦，人人疲惫不堪，弹药、物资短缺，急需加以休整补充。然而当时敌情不允许我们休整，局势进一步恶化，通渭、静宁、界石铺等地为敌所占，使红一、二、四方面与敌周旋的余地越来越小，我们不得不提前西渡黄河。

10 月 24 日夜，按照中央军委的部署，为准备执行宁夏战役计划，红四方面军第三十军在靖远以北虎豹口（今河抱口）强渡黄河，在一条山击溃了马步青的骑兵第五师、马其禄的河防部队，控制了若干渡口；至 28 日，第九军和红四方面军总部亦西渡黄河；我们红五军原来负责监视靖远守敌和看守渡口的，因黄河东岸敌情紧急，也奉红军总部命令，于 30 日全部撤至西岸三角城地区。

至此，西渡黄河的部队，包括第三十军辖第八十八、第八十九两个师共六个团，第九军辖第二十五、第二十七两个师共六个团，第五军辖第十三、第十五两个师共四个团，红四方面军总指挥部机关及直属骑兵师、特务团、教导团、妇女独立团等，共二万一千八百余人。

这时，敌情突变。当红四方面军第四、第三十一军准备西渡黄河时，尾追而来的国民党军第一军胡宗南部赶到了，占领了黄河东岸，把河西、河东两岸的红军割断了。这两个军奉命留在河东作战。想不到他们却因祸得福，避免了大的损失。

渡过黄河的部队指战员，在“打通国际路线”、“配合红一方面军夺取宁夏”的口号鼓舞下，仍不顾疲劳，英勇进击。11 月上旬，红三十军、红九军在一条山、打拉牌、镇虏堡一带，同反扑的敌人骑兵、步兵激战数日，予敌以重大打击，毙、伤、俘敌 2000 余人。然而，这些军事上的胜利是暂时的、局部性的，在总体上看确是凶多吉少，并且碰到许多想象不到的困难。

11 月 8 日，党中央和军委鉴于敌情的变化和河东红军未能击败胡宗南等部的情况，决定放弃宁夏战役计划，河东红军将组成南路军、北路军东渡黄河入晋作战，要求河西红军组成西路军，在河西创立根据地，独立从新疆方向接通与苏联的联系。11 日，党中央和中央军委命令，四方面军河西部队称西路军，成立西路军军政委员会，任命陈昌浩为主席，徐向前为副主席；四方面军总指挥部改为西路军总指挥部，仍以徐向前为总指挥，陈昌浩为政委，王树声为副总指挥，李特为参谋长，李卓然为政治部主任。

节选自饶子健:《从战士到将军的征程》，江苏人民出版社1992年2月第1版，第55—59页。

华家岭阻击战

张力雄

1936年10月中旬，我们红五军到达甘肃省会宁县境内，驻在离会宁城约30公里的华家岭一带。

10月19日早晨，太阳刚从地平线上升起，我听到一阵急促的马蹄声。循声望去，发现军部通讯员小王来了，我意识到可能有战斗任务了。果然，通讯员通知我和团长叶崇本到军部去受领战斗任务。我顾不上吃早饭就和团长快马加鞭直奔军部。

来到军部，军长董振堂兴奋地握住我俩的手大声说："先告诉你们一个特大喜讯：我一、二、四方面军已经在会宁城胜利会师了！"我和团长不约而同地叫起来："太好了！终于盼到这一天了！"团长问："是不是要叫我们进城去会一、二方面军的老大哥呀？"军长笑了。

这时，其他军首长和各团领导都进来了。董军长把大家引到桌前，用铅笔指着桌上一张军用地图说："我红军三大主力的会师是我党我军的伟大胜利，是党中央、毛主席正确路线指引的结果。虽然这次会师只是各方面军的部分队伍，但三大主力都已冲破敌人的重重包围和追击，走到一块儿来了。它标志着我党我军到了一个新的转折点，我们的力量更强大、前途更光明了。"说到这里，军长停顿了一下，接着说："国民党反动派亡我之心不死，胡宗南、王均、于学忠等部共数十万人马，采取前堵后追、两侧夹击战术，妄图阻止我红军三大主力会师，并伺机在静（宁）会（宁）地区围歼我军。为了保证长途跋涉的二、四方面军在会师后能得到短暂休整，确保三个方面军在一起举行长征胜利庆祝活动，上级命令我们在华家岭一线组织防御。”

军长的铅笔指着图上会宁城以南华家岭至马营一带说：“这一带的地形特点是南低北高，地势平缓开阔，易于敌人炮火发挥威力，不利于我军隐蔽和运动，不利于实施阻击。但不管有多大困难，我们要不惜一切代价，三天内决不能让敌人越过华家岭一步。我军的战斗部署是：三十七团在马营一线组织防御，抗击敌人的进攻，杀伤、消耗敌人的有生力量；四十五团在华家岭主峰组织防御，待三十七团完成任务后撤时，接替其阻击敌人；四十三团为军预备队；军指挥所设在华家岭北侧的高地。回去后，各团迅速进入各自位置，抓紧时间构筑工事、设置障碍。”军长还详细地分析了敌我态势，明确了坚守时限和撤出战斗的时机。其他几位军首长也作了补充指示，特别强调了华家岭一战是长征胜利结束的最后一仗，意义非凡，必须打好。

领受任务后，我们迅速返回团部。得知三大主力已胜利会师的消息，全团沸腾了，欢呼声与掌声一片。我和团长立即召开排以上干部大会，并在全团进行战斗动员。要求大家继续发扬我红五军团长征以来一直担负“殿后”任务、从无怨言的精神，坚决完成光荣的阻击任务。全团指战员摩拳擦掌、斗志昂扬。接着,我们又召集连以上干部分析敌情，研究打法，进行现场勘察，调整火力配置等，一直忙到第二天凌晨才基本就绪。我军严阵以待。

10 月 20 日拂晓，战斗打响了。敌人猛攻我三十七团马营一线的防御阵地，密集的枪炮声响了一天。战斗中，敌机也在我阵地上空盘旋，扔炸弹，战斗打得异常艰苦激烈，直到黄昏时分枪炮声才暂时沉寂下来。三十七团从马营往后转移时，我得知罗南辉副军长在战斗中不幸牺牲的消息，心情无比悲痛！当战士们抬着罗副军长的担架从我身边经过时，我含泪默默地向遗体致敬告别。

10月21日，晨曦初露。敌人又用重炮猛轰我团前沿阵地，霎时间阵地上火光冲天，硝烟弥漫。面对敌人的猖狂，我团指战员毫不畏惧，沉着应战。当敌炮火向我阵地纵深延伸时，全团迅速进入各自阵地。只见敌人在机枪大炮掩护下像蚂蚁似的一步步向我阵地蠕动。待敌人进入我火力网后，指挥员一声令下，机枪、步枪、手榴弹齐发，阵地前敌人倒下一片，活着的连滚带爬抱头鼠窜……

在整整一天的战斗中，我团击退了十倍于我之敌一次比一次猛烈的进攻，毙伤敌数百人，俘敌30余人，还缴获了部分枪支弹药。我团阵地始终固若金汤。激战中，我团伤亡90余人，一营副营长在敌机轰炸时牺牲。另外，有近一半的伙食担子被敌机和炮弹击毁。

10月22日，敌人在正面进攻多次受阻后，突然改变战术，一方面仍在正面对我猛攻，另有一个加强营的兵力企图从我三营阵地侧翼迂回突破。我和叶团长当机立断，命令二、三营仍固守原有阵地，我和团长则分别率特务连和一营跃出掩体，朝迂回之敌猛扑过去。战士们个个像小老虎一样怒吼着向敌人展开猛烈地反击。团长手执一把寒光闪闪的大刀冲在最前面，奋不顾身地杀向敌人，我从特务连战士手中接过一挺轻机枪向敌猛射。刹那间，整个阵地像山崩地裂一样，“冲啊！杀啊！”“为罗副军长报仇呀！”的喊声和炒豆般的枪声震耳欲聋。敌人被我军锐不可当的气势吓得纷纷掉头就跑，跑不了的就跪在地上直喊饶命，双手将枪举过头顶投降。我正抱着机枪扫射时，敌人一梭子弹从我胸前掠过，我只觉得右胸像被什么东西撕了一下似的，手一摸才发现右胸口袋里一本厚厚的土造笔记本被子弹打得粉碎，所幸没有伤着我，但站在我右侧的旗语员小王却被打断了左腿。

战斗至下午3时许，接到军部撤出战斗的命令，我团且战且退，迅速地撤出战斗，向会宁方向转移。在向会宁城转移过程中，我们不断遭到敌机的轰炸扫射，十多位同志不幸中弹牺牲。印象最深的是团部司号员吴士元，他是一位年轻活泼的四川籍战士。当我们通过一片麦地时，他不幸被敌机扔下的一颗炸弹炸得血肉模糊，面目全非。我们怀着悲痛的心情掩埋好战友们的尸体，边防空边行军，直到黄昏时分全团才整队进入了会宁城。

华家岭阻击战是长征诸多战斗中的最后一仗。这一仗虽然伤亡较大，但我红五军按照上级要求完成了艰巨的阻击任务，确保了三大主力胜利会师后的欢庆和必要的休整。我四十五团受到了上级的表扬。

节选自张力雄：《不辞万难渡重关》，载《福建党史月刊》2006年第8期。

华家岭阻击战

谢良

1936年10月11日，我团在西（安）兰（州）公路上的马家营子执行警戒任务。当天晚上电话里传来了军团长董振堂同志激动的声音：“告诉你们一件大喜事，咱们一、二、四三个方面军已经在会宁县城胜利会师了！我们一定要打好仗，多消灭敌人，用实际行动来庆祝三大主力红军的会师！”同时，他又通知我们：“毛炳文的整编师美式装备①的九个团已经紧紧跟上来了，明天早上可能进到你部驻地。你们团的任务是在马家营子至华家岭之间，用运动防御的方法，坚决阻击敌人一天，以掩护主力部队的会合和休整”。

马家营子到华家岭有二三十公里，公路两边都是光秃秃的荒山，几乎没有什么树木。在这里阻击数量比我们多九倍的敌人，任务是相当艰巨的。但是，大会师的胜利消息鼓舞着每个同志。在“打好会师后第一仗”的响亮口号下，部队斗志昂扬，意气风发，连夜构筑野战工事，做好了充分的战斗准备。

翌日清晨，我们团二营的部队埋伏在马家营子两侧的山上，盯着南面的公路。不一会儿，公路尽头尘土飞扬，敌人的先头部队来了。他自恃人多，气焰十分嚣张，成四路纵队沿公路开进，似乎没怎么戒备。

① 应为德式装备——编者注。

我们等敌人进到马家营子附近，两侧山上突然开火，枪弹像旋风似地扫去。敌人当即躺倒一片，其他的赶忙散开，伏在马路两边，盲目地射杀。这时，我们的冲锋号响彻长空，随着惊天动地的喊杀声，战士们潮水般地冲下山，扑向敌人。敌人乱了阵脚，慌慌忙忙顺公路向南逃去。来不及逃跑的都举手缴枪，乖乖地当了俘虏。不到30分钟，一场漂亮的伏击战干净利落地结束了。

二营押着30多个俘虏，撤到北面公路右侧的山上隐蔽起来。一营和三营成了第一梯队，在马家营子以北公路两侧的阵地上，等候敌人。时间一分一秒地过去，等了好久，还不见敌人的影子。公路上空空荡荡，四周一片沉寂。

忽然，远方传来了隆隆的马达声，一架、两架、三架……五架敌机由兰州方向贴着公路从南面飞来，一到马家营子上空就疯狂地扫射、投弹。接着，空中又响起了尖细刺耳的炮弹啸音，地面一阵巨响，镇子附近腾起了团团浓烟。霎时，马家营子被淹没在熊熊的烈火之中。敌人的飞机、大炮轰击一阵以后，步兵沿着公路上来，很快组成战斗队形发起了攻击。他们冲进镇子，没有遇到抵抗，便气势汹汹地继续北进，来到我们团一、三营的阵地前面。敌人越来越近了。一、三营的机枪、步枪和手榴弹突然一齐开火，打得敌人像蛆虫似地乱作一团，死的死，伤的伤，剩下的纷纷卧倒，胡乱地射击。接着我们又是一阵狠揍，敌人再也招架不住，爬起来掉头就逃，退回马家营子去了。

愚蠢的敌人碰了两次钉子以后，才弄清我们阵地的位置。这回，他们的飞机、大炮，像发了疯似的对我们狂轰滥炸起来。在没有一点遮挡的光山上，这对我们的威胁很大。特别是敌人的飞机，欺负我们没有高射武器，飞得很低。战士们急了，就站起身子，用机枪、步枪对敌机开火。我站在团指挥所，见到一架敌机朝着我们俯冲过来，扔下两颗炸弹。我刚喊了声“卧倒”，炸弹就在指挥所一前一后发出了震耳欲聋的巨响，冲天的砂石尘土掉下来，几乎把我们埋住。我从土里爬起来，见团长李连祥同志满身满脸都是泥，便问道："怎么样，伤着没有？"

他一边抹脸上的灰土，一边怒视远去的敌机，骂道："他妈的，掘土翻地倒挺有能耐！"

"糟糕！通三营的电话线被炸断了。"团参谋长报告说。

"通信排，赶快查线！"李连祥同志的话音刚落，一个电话员就跳出工事，跑下山接线去了。

团参谋长是个刚从四方面军调来的同志，瘦高的个子，长长的脸，二十三四岁，平时说话不多，打仗却很勇敢。此刻，他主动提出：让他到公路那边的三营阵地去，如果联络中断，他就指挥三营作战。我们同意了。他到三营以后，正赶上敌人发起新的攻击。没多久，他打来电话说："敌人被我们压制住了，我们准备出击一下。"

"好！"团长回答说。

不一会儿，三营的阵地传来了冲杀的声音，从望远镜里看去，见战士们跳出战壕，追着敌人射击。山坡上火光闪闪，硝烟滚滚，敌人支持不住，垮了下去。

但是，在这次反冲击中，团参谋长却中弹牺牲了。他为长征的最后胜利献出了自己年轻的生命！

几乎在这同时，从后面军团指挥部传来了一个不幸消息：副军长罗南辉同志在指挥作战时，敌机扔下一颗炸弹，他躲避不及，光荣牺牲了！

不幸的消息像一团团烈火，烧灼着干部、战士的心。大家十分悲痛，对敌人也更加仇恨。在战斗中，同志们愤怒地高呼道："狠狠打，为牺牲的烈士报仇！""向敌人讨还血债！"一颗颗子弹、凝聚着同志们满腔的仇恨，雨点般地射向了敌人。

敌人的多次攻击，都没有能够得逞。中午，敌人调整了部署，集中大量兵力向公路左侧的一营阵地进行轮番的集团冲锋。一营的同志们打得十分顽强，每次都等敌人前进到离前沿只几十公尺的地方，才猛烈地开火。后来，敌人又投入了更多的兵力，由当官的在后面督战，整营整连地向我们冲击。这时，李连祥同志几次在电话里问：

“要不要让二营上来？”

“我们能顶住！”他们每次都是这样坚定地回答。

突然，一股敌人迂回过来，从侧后方向他们进行攻击，一营面临着三面受敌的严重局面。在这危急时刻，李连祥同志抓起电话，对着话筒果断地下达命令：“二营出击！消灭一营侧后的敌人！”二营的同志们一听到出击的命令，便旋风般地冲杀过去，很快把侧面的敌人打退了。与此同时，一营也再次击退了从正面进攻的敌人……

下午敌人在飞机、大炮的掩护下，大约有一个团的兵力，组织了一次进攻，战士们在“庆祝三大主力会合”、“为烈士报仇”的口号下，士气高涨，当敌人开始进攻时，营、连长都同时下达命令，准备手榴弹和刺刀，待敌人临近时，先用手榴弹，尔后用刺刀搏斗。敌人来了，待掷出的手榴弹一阵爆炸后，战士们个个像小老虎一样冲出战壕同敌人拼刺刀。大约十几分钟敌人就倒下了一批，其余的就败退回去了。半小时后又一次向我们进攻，他们用同样办法把敌人的进攻，又打退了。这次战斗敌人伤亡很大,我们也伤亡了一百多同志。从此,阻止了敌人进攻。在离华家岭五六公里的地方，双方对峙着。

就这样，在马家营子到华家岭的公路两侧，我们顽强地抗击敌人，激战了整整一天，给敌人以重大伤亡，胜利地完成了上级交给我们的阻击任务。

入夜，三十九团接防以后，我们离开阵地，经华家岭，在后面一个村子休息整顿组织。

华家岭是西（安）兰（州）公路的一个高地,山上有一个破土围子，但没有人住，只在山上有一家中国旅行社的旅馆能住一二百客人。第二天，敌人又组织进攻。我们有三十九团、四十三团、四十五团三个团的兵力，但地形小展不开。没有树木掩护，兵力又密集，在敌人的飞机大炮进攻下我军伤亡很大。虽组织了几次反冲锋，仍打不退敌人的进攻。

上午12点左右，敌人攻占了山上的旅馆，我们就把部队撤下来了。这时，军团首长命令我团上华家岭投入战斗，经过一两个小时的激烈战斗，阻止了敌人的进攻。黄昏时，我团奉命撤出阵地向会宁县前进。

月色朦胧，秋风阵阵，黄土高原的深秋之夜特别凉爽。走了20多里，见前边路旁停着一支部队。很快传来了军团长董振堂同志的声音：“是三十七团吗？”

“是！是三十七团。”李连祥同志和我快步上前，向军团长作了报告。

“部队都撤下来了吗？”军团长关切地问道。

“都撤下来了。”李连祥同志回答说。

“伤亡大不大？”

“伤亡一百多人，我们参谋长牺牲了！”李连祥同志说。

我们虽已电话里向军团长报告过，但他听了仍很难过，沉默了一阵说：“他是一个很好的同志！不过，他的血没有白流，你们的仗打得很好。咱们三十七团，从长征开始就一直担任后卫，打到长征结束，保持了英勇顽强的战斗作风。”

军团长的表扬，是对我们很大的鼓励。我说：“据那些俘虏说，敌人原来以为我们这些才从草地出来的红军，早已精疲力竭，像一只刚过冬的乏军，是不堪一击的……”

“可是，他们没有想到红军出了草地仍然是只猛虎啊！”军团长笑着接过话题，大声地说，“敌人总是错误地估计形势。他们怎么知道，红军重新北上，踏上了毛主席指引的道路，就像猛虎添翼了呢？事实说明，敌人才是红军虎口下的羊群呢？”

军团长说到这里，我们都笑了。是啊，以毛主席为首的中央领导，在我们通过草地的艰苦日子里，在红二、四方面军走出草地后同张国焘新的分裂阴谋作斗争中，都不断地给予了重要的指示和深切的关怀。1936年8月1日，四方面军胜利到达包座时，中央就来电祝贺，并指示：

四方面军到包座略作休息，宜迅速北进；二方面军随后跟进到哈达铺后再大休息，以免敌人封锁岷（州）西（固）线，北进发生困难。遵照毛主席、党中央的指示，朱总司令和任弼时等同志当天就联名复电，说明等兵力稍集结后就继续前进，大约在8月中旬，主力就可向天水—兰州大道出击。毛主席、党中央接到这一复电后，很快又回了一封热情洋溢的电报：接8月1日电，为之欣慰。……我们已将你们的来电通报全根据地红军，并号召他们以热烈的同志精神，准备一切条件欢迎你们，达到三个方面军的大会合。毛主席、党中央的这些亲切指示，对指引我们沿着正确的道路北上，对提高广大指战员的胜利信心，起了多么巨大的作用啊！毛主席、党中央为了迎接二、四方面军北上，还及时派出一方面军一部，在聂荣臻、左权等同志的率领下，向西挺进至西兰公路以北地区，1936年10月2日，攻占了会宁县城。10月10日，一、二、四方面军这三大主力红军经过了历时两年的万里长征，终于在会宁胜利大会师了！……想起这些，联想到我们后卫部队今天取得的胜利，这都是由于毛主席的方针、路线的正确指引才取得的啊！

第二天拂晓，我们进入会宁城。会宁到处洋溢着大会师的胜利气氛。大街小巷的墙壁上，贴着“庆祝三大主力红军胜利会师”、“中国工农红军万岁”、“大会师胜利万岁”的标语。我和李连祥同志特意走到市中心的一座二层楼房跟前，参观了一番。据说三个方面军就是在这里会合的。现在这座楼房人们称它为“红军楼”。我们两个在街道上走着，心头充满着胜利的喜悦，耳畔似乎还萦回着会师时的胜利欢呼呢！

部队在会宁驻下以后，接到一份军团政治部的通知。通知说：一、二、四方面军在这里会合后，主力已经北上，你部明天行军，可能会遇到友军的后卫部队，到那时应主动让路，热情迎送，要有礼貌，讲究军容……我们把通知向部队作了传达，同志们更是欢欣鼓舞，有的忙着打草鞋，补衣服，有的赶紧理发、洗脸。大家说：“我们要和兄弟部队并肩前进，去见毛主席，去见党中央！”

秋高气爽，晴空万里，太阳从东方升起，会宁的城楼披上了金色的霞光。我们的队伍迈着整齐的步伐，浩浩荡荡地走出了会宁城。

出城不多远，我们就遇到一支兄弟部队。他们打着一面鲜艳的红旗，从另一条大路上走过来，战士们全都穿上了新的灰布军衣，整齐而威武。我们站在路边问道：“你们是哪个部队？”他们回答说：“我们是二方面军。”顿时，战士们热烈欢呼起来。二方面军老大哥，我们终于在这里见面了！记得在艰难的草地行军途中，我们就盼望和你们会合，这个愿望今天终于实现了。如果不是行军赶路，我们真想和你们坐在一起，谈上几天几夜，谈个痛快啊！二方面军的战友们一边前进，一边向我们挥手致意。我们振臂高呼：“向二方面军战友们学习！向二方面军战友们致敬！”他们也喊着向五军团学习、致敬的口号,大步向前走去。

走了十多里，又遇到一支兄弟部队，有一千多人，装备特别好，每个连有五六挺机枪，战士们身上的子弹带都撑得鼓鼓的。原来他们是一方面军的，也是高举着红旗，昂首阔步前进。

“是江西老表吧？”有的战士笑着问道。

“是啊！你们是哪个部队？”对方笑着说。

“我们是五军团的。”

“好啊！老表，你们五军团辛苦啦！”

老友重逢，备感亲切。战士们互相问候，热烈鼓掌。有的同志情不自禁地拥上前去，紧紧地握手拥抱，流出了喜悦的泪水……是啊！过去咱们在一起行军、作战，是同生死、共患难的战友。自从草地分开后，一年过去了，这一年时间，我们在荒凉的雪山上，在泥泞的草地里，朝思暮想，有时做梦也梦见你们啊！现在，沿着毛主席指引的方向，我们又走到一起来了，怎不叫人高兴呢。

多么幸运啊！在不到半天的时间里，我们接连遇到两支兄弟部队，三个方面军胜利会师，并肩前进，共同战斗的生动景象，如此鲜明地展现在我们的面前。同志们兴奋，激动的心情，是难以描述的。

我们跟随着兄弟部队的坚强铁流，作为三大主力红军大会合的光荣后卫，迈着矫健的步伐，继续前进了。毛主席、党中央关于建立抗日民族统一战线，打倒日本帝国主义的伟大号召，召唤着我们向新的胜利进军。没过多久，我们就见到了中共中央、中央工农民主政府和中央革命军事委员会联合发出的贺电。中央向全体红军指战员致以热烈的慰问和祝贺，并且指出：

我们这一抗日前进阵地之会合，证明强盗的侵略是快要受到我们全民族最坚强的抗日先锋队的打击了。证明中国民族抗日统一战线与抗日联军有了坚强的支柱了。证明处于水深火热中的全国同胞是有了团结御敌的信心了。……我们即刻就要进入新阶段了，也就是抗日民族革命战争的新阶段。……我们要在这个新阶段中，树立全国人民的模范，树立抗日战争的模范，争取一切国民党军队加入抗日民族统一战线，开辟抗日前进道路，扩大抗日根据地，巩固抗日根据地。为保卫西北而战！为保卫华北而战！为保卫全中国而战！为收复失地而战！为联合工农商学兵，联合各派各界各军，驱逐日本帝国主义出中国而战！

我们一遍又一遍地读着中央的贺电，眼前似乎展现了一幅波澜壮阔的革命前景：旭日东升，霞光万道，红军亲密地团结在以毛主席为首的党中央的周围，为实现党的抗日民族统一战线，为把日本帝国主义侵略者驱逐出中国，正跃马横刀，奋勇争先，杀上了烽火连天的战场！

选自谢良：《独脚将军传奇》，华夏出版社1987年6月第1版，第114—122页。

陇东“牵牛”

高明顺

时令刚交初冬，陇东高原却已是寒气袭人了。我们红四军的一队人马，急匆匆地行进在黄沙弥漫的马道上。呼呼的北风像一把尖刀，透过单薄褴褛的军衣，直往骨头缝里钻，冻得人们上下牙“咯咯”打架。黄土高原，滴水贵如油，足足几天没美美地喝一次水，人们嘴唇开裂，布满了一条条乌黑的血丝，眼睛都昏花了。这对于刚刚第三次走出草地的红四方面军，是多大的艰难困苦啊！但是，在钢打铁铸的红军战士眼里，这些困难是家常便饭了，算不得什么。此时，大家窝火的是不能放开手脚狠狠教训咬着我们屁股穷追的国民党胡宗南匪军。打从我们跨出草地的时候起，这伙龟儿子就和我们黏上了，大家多想停下来痛痛快快地把敌人收拾一顿呵，可我们总是走走打打，打打走走，真不解馋。战士们一有机会就缠着指挥员嚷嚷：

“这窝囊气受够了！让我们放开手脚教训教训这伙乌龟王八吧！”

可是任你嚷任你叫，指挥员总是抿嘴笑笑：

“急啥哩？心急吃不下热稀饭，往后的日子长着呢！”

有时候，指挥员眨眨眼睛，轻声说：

“不是不报，时候未到。放心，便宜不了这伙龟儿子的。”

大伙儿细细品味着这些话，觉着其中别有味道，心里也就踏实了。

就这样，我们总是每天在土丘上构筑简单的工事，和胡匪军打上一阵子，打得正来劲儿的时候，一道命令下来，大伙儿撤退就走，把敌人拉下一截子路程，就宿营休息。第二天敌人追上来，打上一阵子，然后又走。走走打打，打打走走，敌人以为红军不堪一击，更加骄横，追得更急，一直跟在我们后面，向北走去。

越往北走，环境越是艰苦。特别是喝水，简直成了大问题。开初，山沟里还偶尔见得到一点点水流，虽然那水又苦又涩，喝多了还会拉肚子，但毕竟还能润润喉咙。到后来，就连这么一点点苦水都见不到了。人们嘴里像噙着一把粗糙的木屑，难受极了。渴得没法的时候，有的同志就抱着早已空无一滴的水葫芦，仰着脖子空饮一阵，骗骗干得冒烟的嗓子。有时，路上马蹄窝里积着一洼洼马尿，渴急了的同志伏下身子去一口气就喝干了。一天，我们路过一个村子，村子里有一眼甜水井，大家可高兴了，满以为可以好好喝上几口，可是人多水少，水井一会儿就见了底。我舔舔干裂的嘴唇，刨了几棵茅草根放进嘴嚼着，到一户财主家找水。进屋后，发现屋角有一口大水缸，揭开盖子一看，嗨，底上还有浅浅一层酸醋一样的东西。我把大缸掂起来，把那点酸醋一样的东西倒在葫芦瓢里，不管三七二十一，一仰脖子就喝了个干净。那东西略带一点酸甜味儿，喝下去凉丝丝的直沁心肺，真惬意！我心满意足地咂咂嘴，脚步也似乎不像先前那样无力了。可是过了不一会儿，我浑身烧得烫手，昏昏沉沉的，口干得像要着火。一问别人，才知道喝的是陈年的酒醋。直到第二天早晨，身子骨才轻松了一些。

我们克服着难以忍受的干渴，且战且走，来到环县以北的山城堡地区。这时候，大伙儿才知道，在山城堡地区，红一方面军的一、三军团，陕北红军的十五军团，红二方面军的六军团和我们红四方面军的四军、三十一军，已经形成了口袋式的阵势，胡宗南匪军的第一军七十八师已经被我们装入袋内。收拾这些龟儿子的时候到了！嘿！这时节，浑身的疲乏不知跑到哪儿去了。大伙儿按照上级的命令，摸黑在野地里筑起了工事。翌日，昏聩的敌人大摇大摆地向我们发起了进攻。待敌人靠近我们的阵地时，四面八方突然响起了嘹亮的冲锋号声。红军战士跃出战壕，向敌人压去，敌人一下子被冲乱了阵脚，向左跑，左边红军的刺刀寒光闪闪;向右退,右边红军的手榴弹在开花。敌人像乱了窝的老鼠，在野地东逃西窜，二三十人一群，分散在一些土丘后面顽抗。我们积压在胸中多时的怒火爆发了，端着枪边追边打，挥着刀大砍大杀。送饭上来的炊事员丢下饭筐扁担，拣起敌人丢下的枪弹，跟上连队就往前冲。三十一军九十一师的一位师长一手提着马刀，一手挥舞着驳壳枪吼叫着，带领战士左冲右杀，衣服上溅染着一片片敌人的污血。突然，这位师长中弹倒下了，卫生员扑上去为他包扎，我们从他身边跑过时，还听得他在吼叫：

“冲上去！消灭敌人！多缴武器！”

数十里荒野，杀声震天，烟尘蔽日。顽抗的敌人陈尸荒丘，吓破了胆的，浑身抖得如同筛糠一般，跪在地上举手求饶。方才还不可一世的胡匪军七十八师二三二旅全部及二三四旅的两个团全部被红军歼灭。

战斗结束后，大伙儿乐哈哈地打扫着战场。指挥员大步走来，问大伙儿：

“嗨！这下子打得过瘾了吧？”

战士们嘿嘿地笑着：

“扎起袋口敲打，真带劲！”

指挥员说：

“这叫逐次转移，诱敌深入。咱们牵着敌人的牛鼻子，让他乖乖跟着走，条件成熟的时候，一刀就叫他一命归西！”

这次战斗，打击了蒋介石嫡系部队的嚣张气焰，进一步教育了有民族正义感的东北军、西北军官兵，对国内和平和全民抗日的实现起到了重要的促进作用。这次战斗结束不久，“西安事变”爆发，我们甩掉伪装，在老百姓和东北军、西北军的欢迎声中，向西安、潼关一

线开进，准备迎击国民党亲日派的进攻，迎接抗日高潮的到来！（赵嘉琦、徐庆华整理）

选自谢振华等：《征程曲——我们的战斗回忆录》（上），军事科学出版社1987年12月第1版，第92—95页。

十二、女红军忆长征

从南下到北上

康克清

一、四方面军会合

翻过夹金山后，我的体力渐渐恢复了。路上遇到几个服装整齐，头戴红五星军帽的四方面军同志，他们非常热情地向我们行举手礼，指给我们行军宿营的路线。

过雪山以前，总政治部有通知，为准备同四方面军的会合，要求每人理发，男同志刮胡子，尽量穿得整齐一点，人人准备一份礼物送给四方面军的同志。我们的军服，经过九个月的长途跋涉，全都破烂不堪，说整齐也只是尽量洗干净，把破烂的地方缝补一下。尽管如此，比起四方面军的服装就差多了。他们倒没有人注意这些，见了面个个都像一家人一样亲热。

第二天，我们到了达维镇，红四方面军的师长韩东山看见了陈赓，敬了一个礼就喊：

“老首长，还记得我吗？”

“哎呀！原来是小韩啊！”

陈赓大叫一声，伸开双臂紧紧把他抱住。陈赓在鄂豫皖苏区任红军十二师师长时，韩东山曾是他的下属三十六团副团长。陈赓马上把他介绍给毛泽东、朱德、周恩来和几位中央领导同志。

1935 年 6 月 18 日，我们到达懋功，这里是红四方面军控制区的中心。总政治部在一座漂亮的天主教堂里召开了盛大的庆祝一、四方面军胜利会师大会。会上，四方面军代表八十八师政委郑维山对一方面军表示欢迎。毛泽东、朱德讲话，会场不断爆出震天的口号声和暴风雨般的掌声。一方面军战士纷纷把珍藏的苏维埃银行钞票、红军印的课本、小画片……拿出来送给四方面军的同志；还有的送手帕、小刀……等等。接着是总政治部组织会餐，八个人一桌，每桌四盆热气腾腾的菜，还有烧酒。然后是战士剧团的文艺演出。他们先唱陆定一和李伯钊在宝兴共同创作的《两大主力会合歌》：

两大主力军邛崃山脉胜利会师了，
欢迎四方面军百战百胜英勇兄弟！
团结中华苏维埃运动中的力量，嗳！
坚决赤化全四川！

万余里长征经历八省险阻与山河，
铁的意志血的牺牲换来伟大的会合！
为着要赤化全国巩固的基础，嗳！
高举红旗向前进！

从宝兴出发，一路上我们不停地学唱这首歌。听到台上的歌声，台下的人不约而同地都唱起来。四方面军的同志虽然不会唱，在热烈气氛的感染下，也都跟着点头或是挥手按着节拍鼓掌。许多人热泪盈眶，热烈生动的团结气氛充满了全场。接着，李伯钊表演舞蹈，大家不断地为她鼓掌，要她“再来一个”！

战士剧社演出话剧《一只烂草鞋》，这是黄镇创作的，表现国民党几十万大军对长征的红军队伍围追堵截，最后追到金沙江边；他们满怀希望要把红军消灭在这里，红军却早已机智巧妙地渡过了金沙江。他们追到江边，只拣到一只红军扔掉的破草鞋。这个戏充满喜剧情节，不断引起阵阵笑声。

联欢会开得很好，可我心里有点纳闷：毛主席、朱老总都在大会上讲了话，为什么不见张国焘、陈昌浩这些四方面军的领导人，而只派个师长作代表？我把这个感觉告诉朱老总。老总笑笑说：

“他们现在还在杂谷脑，离这里有一百里路哪！”

“他们是不是不知道我们到了这里？”

“不会的，也许有什么事耽搁了。”过了一会，又自言自语地说：“难哪！”

在懋功住了两天，经过抚边，在 6 月 24 日到达两河口。第二天，听说张国焘要来，总政治部在两河口镇外布置了欢迎会场。我们都去参加，很想见识这位四方面军领导人。

天空浓云密布，空气潮湿发闷，是大雨前的征兆。我们带上斗笠和雨布，几千人和中央领导同志聚集在会场上。这时下起了瓢泼大雨，大家全都一动不动地等着。主席台上的毛主席、朱老总、周副主席、张闻天、博古也都在滂沱大雨中静候。

忽然一匹快马溅着泥水跑进会场，直奔主席台。会场入口处响起了鞭炮锣鼓声。只见 30 几匹马小跑进入会场，那带头的无疑就是张国焘。他身体高大，四方脸，很有几分威严。他们到主席台边下马，随着他有四五个人走上主席台。这时全场唱起《两大主力军会合歌》。

歌声一停，欢迎大会开始。朱老总先讲话，庆祝两大主力会合，热烈欢迎四方面军的同志，指出这是中国工农红军的空前胜利，使我们北上抗日有了可靠的基础。

张国焘讲话声音洪亮，有几处讲得十分生动，引起一些笑声。有一句话他讲了两遍，就是“我们要在这里创造川康的新局面”。他这样讲，岂不是同党中央确定北上抗日的方针有矛盾吗？

雨渐渐下小了，大会在歌声和口号声中结束。

7月初，红军为了执行北上任务，从两河口出发，经过大板村、黄竹坪到达木城，来到又一座雪山脚下。这座山叫梦笔山，上下山要走90里。有了过夹金山的经验，我们都早早做好准备。上山时，我一直紧跟老总的那匹骡子，累了就拽住骡子的尾巴。有马夫在旁边照料，顺利地同大家一起翻过了长征路上的第二座雪山。

这时最大的困难是语言不通，藏民受反动派的欺骗宣传，逃跑时把粮食带走藏起来，还不断袭击我们的掉队人员和单独外出的人员。一军团直属队几天里，就有20多人被杀。红二师参谋长在行军路上被藏民放冷枪打中牺牲了。红军先头部队一路上不断遇到藏族反动头人的阻拦。到达卓克基时，反动土司索观瀛据守土司宫阻拦红军前进。为了执行团结藏民的政策，红军放枪威吓他们让路，他们据险顽抗，不予理会。派人去同他们谈判，竟被他们杀害。无奈，只好硬攻了。傍晚，红军进攻前，先打两发照明弹，土司头人从未见过，被那红的、绿的火球吓得东躲西藏，急忙丢下给养、弹药，逃进了深山。这样，红军就顺利地占领了卓克基。我们住在土司宫里。这个土司宫有九栋楼房，最高的一栋有七层，十几丈高。楼梯是一根斜放的圆木，两边砍出能放下脚的阶梯，下楼时不小心就会摔下去。土司住在上面几层，布置得富丽堂皇，室内陈设许多汉人的古玩字画，还有海味山珍。据说这个土司在四川上过大学，母亲是个汉人，七层楼上设有佛堂。卓克基是个比较大的镇子，藏民大多住在石头砌的房子里。

我们在卓克基住了几天，逃跑的藏民有不少陆续回来了。经过通司翻译，我们对他们进行宣传，筹集到一批粮食，然后继续行军。经过梭磨河、马塘、刷金寺，又翻过一座叫长坂山的雪山，到达黑水县的芦花。这时缺少粮食又成了主要问题。芦花在那一带算是产粮区。藏民种的青稞麦已经快成熟了，有的已经开始见黄，要完全成熟还要十天半月。我们不能再等，同藏民商议，按当地的青稞价付给他们现款，家里没有人的，也付钱请他们代转。麦子全由我们自已动手割。

早晨，喝了稀薄的饭汤，大家再集合下地割麦。很久没有干这个活了，大家都特别高兴，许多人一边割一边唱歌。虚岁已经50的朱老总，也跟我们一块下地，他割得快，割得好，跑到许多人的前头。割完麦子，他又打头挑，挑的两捆又大又沉。

在芦花住了一周多，又到了瓦布梁子，这里有十几个村庄，几百户藏民，产大麦、小麦、荞麦，还有洋芋、萝卜，许多人家喂有猪、牛、羊；还产盐，是藏区的富庶地方。我们刚到时，藏民全部逃走，经过工作，又陆续回来了。我们在这里筹集许多粮食，还熬了一些盐。我们到藏民中发动群众，召开藏民大会，组织了六个乡的人民政府。然后开人民政府代表会，成立了瓦布梁子区人民革命政府。我们离开以前，又把当地区乡衙门的粮食发给藏民群众。

离开瓦布梁子，又翻过两座雪山，一座叫仓德山，比前几座山都高，也最难爬，从山下到山顶就有60里路。我还是爬过去了。后一座叫打鼓山，山下有三个村子，因为地势高，麦子还不能收割。粮食不够吃，只好摘野菜、吃嫩豌豆荚。朱老总大概是四川人的缘故，对于这一带的野菜十分熟悉，带着潘开文几个人去挖野菜。他叫我们把挖到的野菜都交给他，由他经过选择分类，组织部队轮流来看，讲解每种野菜的名称、特点和吃法。在那一带我们找到了七八十种可吃的野菜，帮助我们渡过了缺粮的难关。后来过草地时，许多人就是靠吃野菜得以活命的。

反对分裂

翻过打鼓山，到了毛儿盖。毛儿盖是松潘县西部藏民聚集区，有三四百户人家，也是藏区富庶地方，据说收一年，就够吃三年。这里的青稞已全部黄熟，藏民们都逃跑了。为解决吃粮，我们就动手割麦子，把钱交给附近回来的藏民。

中央政治局在这里开会，部队在这里休整。原定攻打松潘消灭胡宗南军队的计划，因为张国焘行动迟缓，失去战机，中央决定改行“夏洮战役计划”，分兵两路北上，左路军由朱总司令和总政委张国焘指挥，右路军由红军前敌指挥部徐向前、陈昌浩指挥，彭德怀率三军和四军一部分作总预备队，掩护中央机关。方针确定，任务明确，但部队迟迟不能行动。

一天，朱老总回来对我说：

“还是毛泽东的眼力看人看得准。”

我一时弄不清他指的是谁。

“除了这位总政治委员还有谁。”

老总指的是张国焘对许多事避不出面。毛主席、朱老总有事找他，他不来，只派四方面军秘书长黄超，或是参谋长应付一下。让他办的事，当面答应，可是什么也不办，许多紧要的事都被他耽误了。

我们总司令部大部分人员随朱老总和刘伯承总参谋长到了左路军。朱老总和刘伯承一再催促张国焘北上。他找不到别的借口，只好在8月下旬同朱老总率领左路军到达阿坝。到了阿坝，他提出向西去青海，而不愿向东北过草地北上。经中央一再催促，朱老总、刘伯承不断地劝说，才进入草地。

一望无际的大草原，竟然也像过雪山一样难以通过。四野水气弥漫，不见飞鸟，没有树木，一脚踩下去软绵绵，水和草一起往下陷，冒出枯草烂叶的气味。茫茫一片，看不出路在哪里，若没有藏民带路，真不知该往哪里走。有些地方看着同别处一样，却是很深的泥潭，人马走在上面，就逐渐陷下去，眼看着也无法相救，直到被泥沼吞没。草原的夏天，一会阴，一会晴，一会暴雨夹着冰雹，一会又是细雨霏霏，不久又露出蓝天和骄阳。草地中间不时出现一小块或一小长条干硬土地。我们就在这上面休息、宿营。

过了几天，来到噶曲河边。董振堂带着红五军正准备涉水渡河，张国焘却说河水看涨，谁也不准过河。老总问带路的藏民，藏民说：这河虽宽，但是不深，只要不涨大水，可以徒步过去。河面有近百米宽，水流不急，不像涨水的样子。但张国焘一口咬定河水正在上涨，不能过。老总说：

“空谈无益，还是派人下去试试。”

张国焘不肯派人，潘开文站出来说：“我去！”老总叫他骑上自己的马。他问明了藏民过河的路线，拿了一根棍子，同红五军的一个战士一起骑马下到河里，不大工夫，到了河中心，用棍子试了试河水深度。到了对岸，听见他高声地说：

“水不深，最深的地方才到马肚子。大家快过来吧！”

部队立即准备下水，张国焘吼叫：

“谁也不准过！叫他们两人给我回来。”然后又对老总说，

“河水分明在上涨，我不能拿几万人的生命当儿戏。”

老总说河水并没有涨，即使涨，也涨得很慢，现在正是大队人马过河的好时机。刘伯承也过来说，两个人都过去了，证明河水不深，应当抓紧时机赶快过河。董振堂过来请示：

“总司令，我们前卫队先过去吧！”

张国焘竟然不等老总说话，大声吼叫：

“不行！现在谁也不准过河，要等河水不涨了，才能决定。”

他的蛮横，使左路军只好在噶曲河边宿营。

第二天早晨，天空密云不雨，河水明显地退下许多。朱老总正在组织部队过河，作战局向他报告说，四方面军的部队已按张国焘的命令返回阿坝去了。这时红五军长董振堂来见朱老总，气愤地说，他因为坚持要过河，不等总司令的命令决不后撤。遭到张国焘的训斥，还被张国焘打了一记耳光。他说：

“我当兵打仗这么多年，还从来没受过这样的侮辱。若不是为了团结，我会当场给他好看。现在他已带四方面军部队回阿坝，我决定带红

五军北上同右路军会合。”

我听了只觉得气往上涌，心里同情他，赞成他的意见。老总却摇摇头，说：

“要顾全大局，向远看，不能凭一时感情办事。你如果带走红五军，就要承担分裂左路军的责任。我们还应当对张国焘做团结争取的工作。”

董振堂被老总的一番话说服了。

为了争取张国焘北上，朱老总和刘伯承率领红五军和红九军一起赶回阿坝。这时张国焘竟以总司令部的名义给党中央发电报，谎称因噶曲河水暴涨，无法过河，决定返回阿坝；同时要求右路军也改变北上计划，南下回击松潘敌人。

回到阿坝时，得到消息说，中央、军委几位领导毛泽东、周恩来、张闻天、博古只带着一、三军团北上了。因为张国焘严密封锁消息，一时也搞不清是怎么一回事。我问朱老总，他说：

“情况一时弄不清楚，我们只有一条，坚信毛泽东和党中央。如果不是出于必要，他们是不会这样做的。”

这时，张国焘活跃起来，迫不及待地在阿坝召开了“四川省委扩大会议”，把北上建立川陕甘根据地说成退却逃跑，公然提出南下建立川康革命根据地。朱老总开会回来，说：

“会议开得一团糟，糟透了。”

原来，张国焘在会上要求朱老总明确表态，老总严正地回答：

“中央决定北上抗日是正确的，在川陕甘建立革命根据地是经过反复研究决定的。对中央的决定，我举过手表示拥护，现在依然是这个态度。”

张国焘和他的追随者在会上攻击毛泽东、周恩来，要朱老总同毛泽东划清界线。

朱老总说：“国内外都知道朱毛，朱毛是不可分的。你们可以把我朱德劈成两半，但是不能把朱毛分开，更不可能要朱来反毛。”

“你说北上好，你就一个人走吧！我们决不留你！”

老总一字一句地回答他们：

“我是红军总司令，党中央和军委派我带领左路军北上。现在你们不执行中央、军委的命令，硬要南下，我只有跟着你们。你们到哪里，我也到哪里，我一定要执行党中央、军委交给我的任务，带领左路军北上。”

有些疯狂追随张国焘的人，故意歪曲老总的话，哄闹起来：

“你说北上，又要南下，是个两面派！”

“你既然要跟毛泽东退却逃跑，趁早滚蛋！”

“撤掉他的总司令！”

坐在一边的刘伯承总参谋长再也看不下去了，气愤地站起来说：

“你们是开党的会议，还是审案子，怎么能这样对待总司令？”

这些人的气焰不得不有所收敛。随即又把矛头指向刘伯承，要他表明态度。刘伯承明确表示：拥护毛儿盖会议的决议，赞成北上。他以红军面临的形势说明，北上的必要和有利，指出南下不会有出路，最后还得北上。

老总忧心忡忡地对我说：

“张国焘把中央、军委北上说成是‘制造分裂’，看来他是要搞分裂了。”

老总又对刘伯承和我说：

“不管他们怎么做，怎么斗我们，我们还是要跟毛泽东干革命、北上抗日，是非总有一天会清楚的。”

张国焘从此加强了对朱老总和刘伯承的打击迫害，并封锁消息。

这个时期，朱老总和刘伯承，因为无事可做，常在一起。听说张国焘派他的亲信黄超到红五军任政治委员，又派李特到九军团煽动大家反对毛泽东和党中央。朱老总和刘伯承不放心，叫我到这两个部队去看看，了解一下干部的思想情况。

我先到红五军找到吴仲廉，她是我的好朋友，从井冈山上下来长期在一起，先在宣传队，后来又共同领导女子义勇队。她说，还在阿坝时，张国焘就鼓动大家南下。红五军从军长董振堂起，都不赞成张国焘的主张。最初许多人都不愿在左路军受张国焘的气，要求脱离左路军，跟中央红军北上抗日。后来听董振堂传达了朱老总的意见，又听说朱总司令和刘伯承总参谋长都留下了，情绪才慢慢稳住。自从黄超来担任政治委员，情况一天比一天复杂，大家都不知道怎么办好。

我按照老总的意思，对她说：

“不管遇到什么情况和困难，都要相信党中央和毛泽东。要讲团结，按组织原则办事。要坚信，事情总会搞清楚的。”我特别说，这是总司令对红五军的最大希望。她把这几句话重述了一遍，然后说：

“我一定把总司令的希望转告大家。请你告诉总司令和刘总长放心。”

我又找了几个干部谈话，他们都同吴仲廉说的差不多，没有人赞成张国焘的主张。

第二天，我又到九军，九军团这时已改为红三十二军。我遇到一个在长征路上认识的姜团长，他像见到老朋友一样热情，把我让到屋里坐，十分关切地问朱总司令的情况。听我说了，他长长地嘘了一口气说：

“这我就放心啦！”

然后又愁容满面地告诉我，这几天李特一伙人不断到红九军煽动和拉拢一些人。他十分担心有的领导干部可能要上当。我又把总司令的希望对他讲了一遍。他表示一定把总司令的话告诉大家。

随后我又找了几个干部，他们的态度也很明确，表示和姜团长一样的担心。

回来后，我把这些情况向老总和刘伯承总长作了汇报。两人听了相对笑笑，说今后要继续稳定一方面军的同志，要多做四方面军的团结争取工作。

张国焘的卑劣伎俩

张国焘经常披着一件雨衣，走到哪里都是神气十足地把头抬得老高。他身材高大，总是以一种居高临下的神态看人。我一见他来，就躲开。有一回他把我喊住，问我对红军干部的婚姻有什么看法。没有等我回答，他就讲出他的见解：

“现在革命工作那么忙，哪有时间自由恋爱、自由结婚？红四方面军虽说吸收了不少女同志，还是男多女少。男同志够上结婚条件的，碰上哪个女同志，就可以同她结婚，不管女的愿意不愿意，用不着讲什么美不美、丑不丑，有没有文化，性格如何。谈恋爱耽误时间。全靠碰运气。这就没有不公平的问题了。”

这是我从未听说过的怪论，同旧社会的包办婚姻一样。我不赞成他的办法，又不想同他争论，就捺了捺性子说：

“不管怎么讲，在我们革命部队里结婚，起码要做到双方自愿。‘捆绑不成夫妻’。”

他坚持那套谬论，还举了两个不伦不类的例子，我转身走开了。

有一天，我从外边回来。朱老总正在同刘伯承说话。刘伯承见我进来就问：

“你这个指导员还当不当？”

弄得我丈二金刚摸不到头，忙问什么意思。

“有人向张国焘告你啦！”

原来，前不久从四方面军给老总派来个公务员。他看不惯供给部奉承张国焘，冷淡总司令，遇到总司令和总政委生活待遇不一样时，他就去争，好几次同张国焘的公务员闹矛盾。这天上午为一件事，两人几乎打起来，告状的人说：“这都是康指导员不负责任。”

刘总长好心地劝我：

“最好去向张国焘声明一下，免除不必要的误会。”

我一听就有点火。说：“没有必要去声明，矛盾不是我引起的，事情也不是我叫他们干的，没有我这个指导员的事。”

“你不去，万一出了事，就怕你这个指导员下不了台。”他带着开玩笑的语气，却又十分认真地劝我。

“那就由他。反正我不去声明。”

张国焘这个人蛮不讲理，仗势压人，想叫我向他低头，没有门。

他把红军总司令部和四方面军总司令部合并，把不赞成他的人一个一个调离。刘伯承自然是他的眼中钉，他不同老总商量，更不请示党中央，就擅自宣布撤销刘伯承总参谋长的职务，让他到红军大学任校长。刘伯承征求老总的意见,我才知道。当时两位老总都有点激动。刘伯承说：

“他这样做，一点组织原则也不讲。如果同他闹，反而给他找到借口，看来我只好去了。今天特来向你二位告别。”

朱老总点点头，紧紧握住他的手：

“顾全大局，我们还是从大局出发，从长远着想。不论到哪里，都坚持原则，坚持北上抗日的路线，坚持党的统一，坚持做宣传、争取工作，直到把四方面军带到北方，同党中央汇合。”

刘伯承深情地看着朱老总和我，然后激动地说：

“我们彼此都多加保重吧！”

两人激动得久久地握着双手。

刘伯承走后，跟随朱总司令的人，包括参谋、警卫、公务、运输、饲养人员，连我还有十几人。张国焘一时不好再对我们采取组织手段，就在伙食上来卡我们。

一天，我们跟着红三十军的部队过大金川上的一座铁索桥，不知哪个单位的一头骡子，失蹄掉在铁索链子的孔隙里，上不来下不去。骡子四蹄悬空，在嘶叫中挣扎。潘开文带两个人过去帮它，它体躯重大，铁索不住摇晃，几个人差一点掉下去，我连忙制止他们。大家小心翼翼地从骡子身边过去，那骡子仿佛通点人性，一动不动，看着我们过。我们没有别的办法，只好忍痛丢下那可怜的牲口。

过大金川时，已是饥肠辘辘。到了驻地，就准备碗筷，等着通知打饭。可是左等右等，无人通知。小公务员说，他看见许多人到伙房那边去了，他想去看看。我想每次开饭都有通知，没有叫他去。老总坐在靠窗的桌子边看书。这时，小公务员气冲冲地回来说：

“他们吃过饭，一个个都从伙房溜走了，好像怕我们知道似的。伙房里饭菜全吃完了,什么也没有剩下。大师傅说,他们只管按规定做饭，谁吃，他们不管。”

我忙问他：“总政委那边呢？”

他生气地把脚一跺，

“总政委根本没有来，我们上当了。”

听了他的话，大家都沉不住气了，有人发牢骚：

“革命革得连饭都没得吃了！”

“我现在就去找他们，凭什么他们自已吃饭，不给总司令吃饭？”贾守仁说着就往外走。

老总连忙把他拉住：

“大家暂且忍耐一下，我们一顿半顿吃不上饭，还不是常事吗？饿一顿怕什么？”

没有吃上饭，心里又憋气，看看老总，想到他也一样挨饿，大家都不说什么了。

到了晚上，他们搞得更加神秘，等公务员去看时，伙房里不但锅干瓢净，连人也不见一个。老总只好叫潘开文拿出纸笔，给九军团长罗炳辉（他现在是三十二军军长）写了一封信，叫他骑马送去。很快，他带回罗炳辉给的一袋白面。没有锅灶，支起几块石头，用洗脸盆当锅，分几次煮面疙瘩，总算填饱了十几个人的肚子。

老总对我说：

“今后我们要自己起伙。还是你去九军团想想办法，以后就请他们解决我们的粮食吧！”

我到九军团去找姜团长。他听说总司令跟前的人吃不上饭，马上说：

“他们不给总司令饭吃，我们给。宁肯我们不吃，也不能让总司令挨饿。你们十几个人粮食我们包了。从今天起，你只管到我们团来领粮食吧！”

从此，我隔几天就带着饲养员和骡子从他那里驮回粮食来。虽说我们缺油少盐，总算不再挨饿。

张国焘为了对老总实行封锁，不准机要员给他送电报。一连十来天不看电报，老总是无法忍受的。他天一亮就到张国焘那里要电报看。机要员要去请示张国焘。

“不必了，我自己去找他。”

老总说着，就去推张国焘的房门。

“请你告诉机要员，我来看电报。”

张国焘急忙爬起来，装作惊讶地说：

“怎么？总司令看电报，还要来问我？”随即假惺惺地斥责跟在老总身后的机要员：“你们干什么吃的？连这点规矩都不懂，凡是给我看的电报，总司令一样看。真岂有此理！”

机要员委屈地想要辩解，话到嘴边又缩了回去，只答应了声“是！”朱老总就势坐在张国焘办公桌旁边看起来。电报没看完，早饭摆上来，张国焘只好皱着眉头说：“总司令一块吃饭吧！”老总毫不客气地吃起来。

以后，老总每天一早到张国焘那里看电报，遇到电报多，一时看不完，就同张国焘一起吃他那单开的小灶。没有几天，张国焘的随从看着张国焘不愉快的神色，就对朱老总冷言冷语地讥讽起来，甚至说他是个“吃白食的司令”。老总为人宽厚，对于这些只是笑笑，当作没有听见，照常去看电报，碰上开饭就吃。

有一天，小公务员跑来告诉我，有个伤兵要牵走我骑的骡子。我急忙跑去，只见一个身材高大的伤员，头上缠着绷带，一只膀子用纱布吊着，另一只手抓住骡子缰绳，正在同潘开文、贾守仁几个人争吵。

“老子为革命打仗负伤,你们总司令老婆的骡子,还不能让我骑骑？”

说着就要牵走骡子，贾守仁迎头拦住了他。潘开文看见我：

“好啦！指导员来啦！看指导员怎么说。”

见我三步两步跑过来，那个伤员问：

“你是哪个？”

“我就是你说的总司令的老婆康克清。”

他看着我的装束，听我一说就愣住了。

“你为革命负伤是光荣的。这骡子是组织上分配给我的。你负了伤，我可以让你骑，但是你要把它牵走可不行，因为别的伤员和生病的同志还要骑它。”

他把我又上下打量了一番，知道我说的句句是实，才慢慢地松开手，把缰绳递到我的手里，带着几分歉意地小声说：

“对不起，是我不了解实情。”

一波未平，一波又起。

朱老总的马和张国焘的马同拴在一个马厩里。张国焘为自己行动方便，总叫把他的马拴在马厩靠近门口的地方，把朱老总的马拴在里面。这几天，他们放出风声，说“粮食不够吃，要杀马吃”，还说“总部首长的马多，要首先杀首长的马。办法是不管谁的，先从外往里杀，一匹一匹来”。老总的马夫怕他们杀老总的马，天天轮流看着。这天他们发现朱老总的马和骡子全给调换到门口，张国焘的马都拴到里面去了。他们立即回来喊人，潘开文、贾守仁闻声跑去，牵马的人正在同总司令的马夫争吵。

“那是总司令的马，你们怎么能随便拉去杀！”潘开文过去斥责他们。

那几个人根本不买账。看来他们早有准备。

“供给部通知，粮食不够吃，就得先杀首长的马。已经报告过总政委，管你总司令还是总政委的马都得杀。先杀外面的，后杀里面的，遇到哪匹杀哪匹！”

“这样的事你们报告总政委，为什么不报告总司令？杀总司令的马怎能不让总司令知道？”

潘开文严正地质问，使他们答不上话来。潘开文立即回来向老总报告，老总平静地说：

“马最好不要杀，因为行军打仗离不开骑马。他们一定要杀我的马，也只好由他。今天不让他杀，明天还会杀的。没有马，我还可以自己走路嘛。不过，那匹骡子是从井冈山上下来，到现在一直跟着我的，请他们不要杀。”

“要杀，就得公平合理，张国焘的马比你的多，怎能光杀你的马？”

“这分明是张国焘的主意，就是真的缺粮，也不至于杀首长的马。他们把你的马全换到外面，分明是想把你的马全部杀掉，我去找他讲理！”我忍不住地说。

老总一把拉住我：

“不能去！我们还是要顾全大局。”

老总最好的一匹马，终于被牵走了。

第二天，他们仍然牵总司令的马。第三天他们又来牵马，警卫员贾守仁闻讯跑去制止，他们根本不听。贾守仁一气，冲进张国焘的房里。

“他们前天昨天一连杀了总司令的两匹马，今天又要杀。总政委管不管？”

张国焘装作不知情的样子，哼哼哈哈地说：

“嗯？真有这样的事吗？杀总司令的马，那怎么行？”

他盘算一阵，转身对身边的人说：

“去！告诉他们，不准再胡闹了。要杀总司令的马，我的马也得杀！”

那人跟着贾守仁出来，站在离马厩远远的地方，把手一摆，来牵马的人再不说什么，一个个乖乖地溜走了。

不久，他们又不声不语地撤走了总司令门前的卫兵，而张国焘门前的岗位却未动。我去找他们，回答说："村口有岗哨警戒，总司令和总政委这边有一处卫兵就够了。"可是我们同张国焘的住处相距百米开外，还要拐几个弯。

我向老总汇报了这个情况，他不以为然地说：

"没有卫兵不会影响我们干革命。我们刚参加革命那会，不是也没有卫兵吗？还是毛泽东说的对，依靠群众，我们就什么也不怕。他们撤去卫兵，我的行动岂不更自由了吗？"

他的乐观情绪感染了我。我说：

"那我们就要自己加强警戒。我看张国焘还会使出别的坏点子来。"

老总没再说话。

搭救廖承志

张国焘把凡是同他意见不一致的知识分子，都看作靠不住的人。他说，知识分子比工农分子危险，因为他们知识多、办法多。平时，他见谁上衣口袋里别着一支钢笔或者戴着眼镜，就会皱起眉头，认为这是不可靠的标志。凡是他感到不顺眼的知识分子，总要找个借口整你。

红五军团参谋长曹里怀，因为拥护北上，反对南下，张国焘就怀恨在心，借故免去了他的职务，调到总部任作战局长。有一次他把中央红军攻占腊子口，过了六盘山，到达陕北吴起镇的消息，告诉了张宗逊、郭天民："你们放心，我们迟早要北上同党中央、毛泽东会合的。"张国焘得知后，马上把他关押起来，要严加惩办。在这危急关头，朱老总得知，忙对张国焘说："曹里怀从井冈山就跟我们在一起，只说了那么几句话，你就要杀了他，以后谁还敢讲话？"张国焘无言以对。曹里怀虽免遭毒手，但张国焘还是开除了他的党籍。直到四方面军北上，才恢复了曹里怀的党籍。总卫生部部长贺诚，随总司令部一起到了左路军。他反对张国焘分裂党的行为，被张国焘视为眼中钉。张国焘派人搜查他的住处，未能抓到什么把柄，又骗他说："朱老总有病，要你赶快去。"所幸贺诚对他一直抱有警惕，坚持要有朱老总的亲笔信，才能行动，没有上当。

张国焘对工农出身的干部同样残暴。彭绍辉在一、四方面军会合后，调任红三十军参谋长。他拥护北上，反对南下，他写了一封信，派人送给总司令。信在半路给张国焘的亲信截去。张国焘通知他来谈话，刚一进门就挨了一个耳光，接着张的亲信用驳壳枪顶住他的胸口，大声呵斥：

"你为什么反对南下？……"朱老总正在那里开会，见此情景，气愤地上前夺过驳壳枪，严厉地说：

"这是党的会议，是说理的地方，怎么可以随便打人？用枪口逼人还叫什么谈话？"

然后转身对彭绍辉说：

"你回去吧！"

彭绍辉转身就走，张国焘和他的亲信们在总司令面前，无话可说，只能眼睁睁地看着彭绍辉离去。

解放后，见到彭绍辉同志和他的家属，谈起长征途中与张国焘的斗争，他还念念不忘朱老总救了他一命。

朱老总听说，廖承志到四方面军后，被张国焘扣押，同他在一起的还有几个知识分子党员。朱老总叫我设法打听打听，最好能找到他们。他说：

"这些人都是党和红军需要的人才。廖承志将来能发挥很好的作用，一定要设法保护他们。"

我考虑，不能公开去打听，还是用过去收容掉队人员的办法，放慢脚步，从队头到队尾慢慢察看。被扣押的人一般总是随在方面军司令部的后边。

我走得很慢，一直落到部队的最后面。一天当中，也没有看见被扣押的人员。廖承志他们我都不认识，只能从迹象上判断。第二天我继续观察。不料第三天就引起张国焘亲信的怀疑，厉声问我：

“为什么老是向后面跑？”

“走不动，还不许走慢一点？”

“看你每天晚上向前面赶队，可一点不像走不动的样子。”

因为一时粗心，我被他们怀疑了。这天刚到宿营地，他们就通知我到四方面军保卫局听讯。老总不放心，叫潘开文远远地跟着，看清楚地方,准备我万一回不来,好向张国焘去交涉。他们带我走进一座喇嘛庙，叫我坐在那里等着。这晚月光分外明亮，屋里屋外都能看清楚。只见有个戴眼镜的人在那边踱步，看样子是个知识分子，可能就是老总叫我找的人。可是我无法接近他。正在这时，听见楼梯响，我急忙跑回原处坐好。带我来的那个人对我说：

“保卫局现在正忙，没有时间同你谈话，你先回去，随时等候传讯！”

路上潘开文接着我，问我怎样了，我说：“没有事，他们说以后还要找我。”

后来，在行军途中，听到有人在悄悄议论，软禁的人员中有廖承志、朱光、罗世文等。我赶紧将这一情况向朱老总汇报。没有多久，朱老总就正式向张国焘提出这一问题，开始张国焘矢口否认，说根本没有这事。经朱老总再三追问，他才说：

“有些事下面不报告，我就常常不知道，待我查了再说。”

“这是有根有据的事。廖承志等人确实扣押在你那个保卫局，有人亲眼见到的。这几个人的安全你一定得负责。”

朱老总斩钉截铁的话，使他无法推卸责任。最后只能表示：一定认真去查，若有此事，一定保证这几个人的安全。

又过了一段时间，确定北上陕甘后，廖承志等人才被陆续释放出来。我第一次见到廖承志是在道孚,那次张琴秋组织文娱晚会,李伯钊、廖承志、朱光等都参加了演出。虽然是初次见面，但丝毫没有陌生感。特别是廖承志开朗、幽默的性格，那时就给我留下了极深的印象。

连我也不放过

我的几次行动，虽然没有被他们抓住，但是张国焘对我产生了怀疑。他开始对我下手了。

我为了弄粮食，每隔三五天就要到九军团去找姜团长。每一次他都热情接待帮助。可是这一次我到那里情况就不同了。见到的人都是一副冷冰冰的面孔，问姜团长在哪里？都说不知道。最后，团部通讯员对我说：

“团长不知道哪里去了，已经有两天见不到他。”

我担心他被张国焘抓起来。他不在，粮食找谁去弄？团里的副团长，我不认识，我每次来，他从不露面，现在去找他，恐怕也无用。

我只好空着手回来。老总听了我的述说，劝慰说：

“这才是斗争哪！看来我们得另找地方打食了。”

这时传出了一股风，说康克清是朱德的情报员，她同朱德在一起起不了好作用，应当趁早把他们二人分开……等等。

不几天下来调令，调我到四方面军妇女运动委员会去工作，还派一个女同志“陪伴”，实际是为了监视我的行动，幸好我和那位同志团结得很好。四方面军党校离总司令相距 20 来里。

我拿着调令，气愤地对老总说：

“我打算一个人北上，向党中央报告张国焘分裂党的活动。”

“这么远的路，你一个人怎么去？”

“顺着咱们走过的路，往回走，一路打听，没有找不到的。”

我想到了路上的种种困难，但也充满信心。因为当时听说，九军团无线电台的刘排长留在贵州养病，病好后，顺着红军走过的路，单身一人化装成老百姓，沿途给人打零工，艰苦跋涉 2000 多里，闯过敌人无数道岗哨盘查，终于在川西天全县追上红军，回到原部队。

老总不以为然地摇摇头：

“现在情况和那时的中央红军大不相同，你在这里有群众在一起，有我在，他们不能对你如何。你若单独一人行动，正好给他们借口，把分裂的罪名加到你头上。这些你还没有想到吧？”

他的话使我认识到自己的想法过于幼稚简单。到四方面军妇委后，虽说同老总分开了，却可以接触到更多的人，了解更多的情况，向他们进行工作，使更多的人认识北上的正确，认识张国焘的错误。我接受了老总的意见，把解决粮食问题的责任交给了潘开文。总部指导员的工作，他们早已不让我干了，也没有什么可交待的，就单身一人到四方面军妇委报到了。

我到了四方面军妇委首先见到张琴秋，她很热情，使我感到温暖。北上、南下之争，大家都避而不谈。我除了行军、做群众工作，就是看书学习。同大家渐渐熟悉了，彼此犹如一家人，无话不谈。专来“陪伴”我的肖朝英，同我的关系越来越好，她悄悄对我说，她是上级派来专门监视我的；还叫她见机行事，缴下我的短枪。她听人说我带过兵，打过仗，枪法又好，一直不敢动手。经过这一段接触，感到我根本不是他们说的那种人，更不该缴我的枪，她决心不那么做了。她问我：

“假如当初我动手缴你的枪，你会怎么办？”

我立即严肃地说：

“我是个革命军人，枪是上级交给我防身自卫，同敌人作战用的，是我的第二生命。没有上级的命令，谁也休想从我这里把枪拿走。”

“如果我一定要缴你的枪呢？”

我把腰里的短枪一拍，认真地说：

“那这支枪可就不客气了。”

她听了我的话，悄声说：

“幸亏我多了个心眼，没那么做。要是傻里傻气地听了他们的话，说不定会挨你一枪哩！”

我在四方面军妇委接触的人多了，渐渐发现四方面军许多人都不赞成张国焘南下这种分裂党的做法，又都惧怕张国焘的残暴，不敢轻易表露心里话。由此，我感到老总所讲，“积极努力，耐心等待”的方针是很有眼光的。

妇委的同志们都对我很关心，每到星期六，总是催我早些回去。我把所了解的情况告诉老总，老总也不断告诉我一些令人高兴的消息：中央红军又打了胜仗，二、六军团到了什么地方等等。每次回去，我总要了解一下老总的饮食起居和健康状况，嘱咐潘开文、贾守仁几个人注意警卫安全，防止可能出现的事。

1935 年秋，四方面军南下到绥靖、懋功一带，四川军阀调集重兵堵截。面对严重的军事形势，朱老总积极负起了红军总司令的责任，同徐向前一起研究对付措施。我问他：

“我们反对南下，这样做，岂不是支持他（张国焘）的错误吗？”

“为了实现党中央北上的方针，我必须带领左路军和整个四方面军北上。这只有跟他们在一起，才能做到。现在整个部队已经南下到这里，就必须打开局面，求得一块暂时立足的地方，然后才好去做四方面军和张国焘的工作，争取和团结他们北上，同党中央会合。”

我明白了老总的意思。可是要打仗，却没有饭吃。早晨起床，没有粮食做饭。潘开文赶紧外出告急，搞来了一些粮食。老总上前方指挥打仗，我仍然回到妇委。

这年 10 月间，朱老总和徐向前共同指挥了懋功和天全、芦山地区的两次战役，共毙伤俘敌军 1.3 万余人，其中俘虏 5000 多人，还打落敌机一架，控制了一大片地区。

就在这时，张国焘发现我每周到老总那里去，他下命令：

“康克清是有错误的人，调她到妇女运动委员会，就是要把她同朱德分开。以后再不准她到朱德那里去。”

为了顾全大局，我们只好听从。我不能回去，老总就派潘开文或是贾守仁每星期来看我，给我带点东西。

两个战役的胜利，使张国焘的头脑无限地膨胀了，认为是他南下正确的最好证明,认为四川军阀加上蒋介石的中央军都不是他的对手。“打到成都吃大米！”眼看就能实现。他武断地坚持一直打到成都。结果，在以重大伤亡的代价，攻下名山东北的百丈镇后，敌人援军已到。他们在飞机、大炮掩护下，从北、东、南三方面一次又一次地反扑。红军英勇顽强，前赴后继，打了七天七夜，伤亡近万人，最后被迫撤出了百丈镇。不久，又在南线峡口，遭到国民党中央军薛岳的重兵攻击，受到惨重损失。

两次战斗的严重损失，加上南下行军作战的减员，使四方面军从阿坝南下时的八万多人减少到四万多人。敌人又以优于红军数倍的兵力，步步紧逼。四方面军到了生死存亡的关键时刻。

这时，党中央率领中央红军已胜利到达陕北，在瓦窑堡开会，确定了抗日民族统一战线政策。四方面军的许多领导同志知道这一情况后，很受鼓舞，大家都认为全党、全军应当在党的新策略路线基础上团结起来，一致对敌。共产国际派到党中央的代表张浩（林育英）给四方面军发来电报。表示“国际完全同意中央政治路线”，批判张国焘分裂党和红军的错误，要求四方面军北上同中央红军会合。朱老总、徐向前乘机做张国焘的工作，劝他取消伪“中央”。为便于他下台阶，大家提出一个过渡办法：取消伪中央后，先成立西南局，暂归共产国际的中共代表团领导，同党中央发生横的关系。这样就为张国焘留了一点面子。他表示接受，同意北上。这时已经是 1936 年 2 月初了。

战胜死亡

在百丈镇苦战前后，我感到不舒服。浑身无力，不久就发高烧，几天不退。医生诊断说是得了副伤寒，是十分危险的疾病。红军长征途中，不少人被它夺去了生命。

从张国焘命令不准我再到朱老总那里去以后，他们就对我严格管制起来，只准肖朝英一个人来照看我。四方面军副秘书长刘少文见我病重，打算在行军途中把我一个人安置在当地老百姓家里。我发高烧到摄氏 40 度，处于半昏迷状态。肖朝英见我病成这样，怕出意外，不顾上面给她的禁令，牵出一匹马，骑上就跑，一口气跑到总司令的驻地。老总知道了我的病情，立即带着医生和警卫员飞奔前来。老总等医生给我看过病，打完仅有的一支退烧针后，十分严厉地对刘少文说：

"她辛辛苦苦干了那么多工作，生了病，你们就要把她留下不要了。还瞒住我这个总司令，是对待革命同志的态度吗？"

刘少文无言可答。

老总接着说：

"她病得这样重，决不能留在老百姓家里。不能留下！谁还能不生病？生病不能走，用担架抬起走。"

肖朝英看刘少文不说话，赌气说：

"我们女同志抬，拼着性命也要把她抬走。"

老总决定把潘开文留下专门照看我，并把他们骑来的马留下一匹，以防不测。肖朝英找来几个女同志一起照料我，并准备由她们来抬担架。在行军之前，刘少文派来一副担架。第二天行军，我退了烧，身上轻松多了，不愿让人抬，一定要下来自己走，争执一番，还是按潘开文的意思改为骑马。开始还觉得很好，后来走来转去，不知什么缘故，一看见水，不论是河水，还是山里的小溪，就浑身打战，得赶紧闭上眼睛。晚上，在离夹金山不远的地方宿营，又发起高烧来，因为没有退烧针，医生想了好一阵才说，可以试试用冷敷退烧。肖朝英她们找来许多毛巾，浸过冷水，轮流给我做周身冷敷。直到天亮，果然烧退了。第二天继续行军，大家不让我再骑马，只好睡在担架上。正走在山道上，敌人飞机来了，大家找低洼的山沟躲避，担架下不去。潘开文要扶我躲到沟里，我坚持不去，说：

“我下去了也难以上来，一个人躲在这里，敌人不容易发现。你快把牲口牵到沟里去，免得被敌机发现。”

他见我态度坚决，只好把马牵走。我仰面躺在担架上，听着敌机俯冲、扫射、轰炸的声音，土地不停地震动。敌机好几次在头顶飞过，大概我们是在山的阴影里，未被敌机发现。等敌机飞走，我们继续赶路，不久就开始翻越夹金山。

过夹金山，这已经是第三次了。进入雪山区域，山势渐渐陡起来，担架抬不上去，按照前几次的经验，我走下担架，由潘开文帮忙拽住那匹马的尾巴，用一条绑腿把我的手和马尾巴紧紧地拴在一起。我这时身体虚弱，只觉得头重脚轻，昏昏沉沉，跌跌撞撞，高一脚，浅一脚，全靠马在前面拽，他们在后面推。不知走了多久，才爬到山顶。他们几个人为了照顾我，走得很慢。下山后，我们掉队了。有人告诉老总，老总说：

“她不是一个人，有那么多人照顾她。大家翻雪山，都很累，由他们自己走吧！”

到了懋功，我的病好了一些，高山反应也消失了。李伯钊来看我。我这时瘦得只剩下一把骨头，她哭着跑上来把我抱住，我也紧紧地抱住她，两人都很激动。在张国焘的淫威迫害下，我们各自都有艰难的处境。

四方面军的情况不断向好的方面发展，张国焘已不敢再肆无忌惮地对待老总。为了照顾我的病，老总叫我回去同他住在一起。肖朝英几个人一直把我送到总司令部，才依依不舍地分手。

接着，要过党岭山，它又高又大，远远就看见它那雪白的山峰衬托在蓝天之中。因为一定要在中午前翻过山顶，所以爬山分作两天。头一天下午出发，到半山腰过夜，那里是冰雪世界，大家分别住在一个个不大的牛皮帐篷里，每个帐篷里都挤得满满的。我和老总同潘开文、贾守仁、公务员七八个人挤在一起，虽说拥挤，却能抵挡寒冷。夜里狂风夹着大雪，滴水成冰。老总几次提醒，叫把帐篷再加固一点。外面伸手不见五指，全靠白雪的映照，才能看出物体的轮廓。我提着马灯，他们几个冒着风雪把帐篷再一次加固。然后弄掉帐篷上和周围的积雪。弄完这些，每人仿佛都成冰人了，钻进低矮而暖和的牛皮帐篷里，真像进了天堂一样舒服。第二天继续爬山。这时雪停了。阳光下的白雪闪光刺目，叫人不敢睁大眼睛。许多地方雪深没膝，人马走出一条雪的壕沟，沿着壕沟走倒也省力，但是高山空气稀薄，每走一步，都觉气喘。好在是盘山道，不像夹金山那么陡峭。我的身体已进入康复期，拽着马尾巴走，也不像以前那么吃力，在周围同志们的帮助下，终于翻过了长征路上最高的党岭山。

到道孚后，我的病已完全好了。我被分配到四方面军党校任总支部书记。党校校长刘希文、教育长黄火青都对我表示欢迎。黄火青原是九军团政治委员，因为反对张国焘，被调到党校工作。

我在重病之后，眼窝下陷，身体瘦弱，许多熟人看见，都认不出我了。大家劝我多吃营养品。藏族地区主副食就是牛羊肉和糌粑，糌粑也是牛油做的。我从小不吃牛羊肉，闻见膻味就犯恶心。黄火青劝我：

“你不吃这些怎么成？在这藏民区不吃这些就等于自杀，因为很难找到别的东西吃，你的身体难以复原，也难以支撑下去。就是勉强维持，北上几千里路，雪山草地，也难过去。所以你一定要学着吃，把它当成革命任务，不但能吃，而且要多吃，有了强健的身体，才能北上和中央红军会合。”

他的话打动了我，使我感到非吃不可了。不吃，怎么能北上，怎么继续干革命？别人能吃，为什么我就不能吃？于是我强迫自己吃，从开始只吃一点到逐渐多吃，终于在不到一个月的时间里，我能和大家一样地吃羊肉、牛肉，吃酥油糌粑，也不再觉得膻味恶心了。我的身体也很快好转，几个月后，已恢复到和长征初期差不多了。

党校随总部到炉霍，我叫潘开文仍回到老总身边。刘希文见我身边没有人，叫我到红九军二十九师司号连挑选一个照料我的“小鬼”。我很久没有到连队去了，这次见到许多生龙活虎的小伙子，感到非常兴奋，像回到家里一样高兴。在司号连逗留了半天，我挑选了聪明能干的小赵科。

迎接二、六军团

位于湘鄂川黔边的二、六军团，从 1935 年 11 月突围后，沿着中央红军经过贵州、云南的路线，开始了长征。他们在贺龙、任弼时、关向应、萧克的率领下，一路上不断打破蒋介石军队的堵截追击，正在向甘孜地区前进，准备同四方面军会师。

朱老总告诉我这个消息，令人振奋。当大家都听到这个消息后，一致想到我们拿什么来欢迎二、六军团的兄弟呢？战士们仅有的一点称得上纪念品的东西，都先后送给了贵州的干人和四方面军的兄弟，可说什么也没有了。

第二天朱老总把这件事布置下去，叫大家献计献策。人多智慧多，很快就提出了几十种办法，经过朱老总和几位领导研究，决定用本地特产的羊毛纺成线，每人织成一件羊毛衣、裤……送给二、六军团每人一件。这样既表现了兄弟间的革命情谊，也是北上时的御寒衣服。

领到供给部从藏民购来的羊毛，又脏又黑，粘成一团。夹着羊粪、草叶、树枝、泥块，散发出腥膻气味，用手一扯，灰尘腾起。我出去找人请教，到了老总那里，看见潘开文、贾守仁几个人正在晾晒雪白的羊毛。经过询问，原来他们先用水煮掉羊毛的油腻，再用柴草灰滤过的清水反复搓洗，杂物灰土没有了，腥臭味去掉了，再把羊毛抖开，放在阳光下晒，雪白松软的羊毛就出来了。我回来告诉大家照样做，不到两天工夫，肮脏的羊毛疙瘩全变成了洁白如雪的羊毛。

又遇到纺毛线的问题，就去请教藏族房东家的小姑娘。她拿来一个用羊骨头做的捻锤和一根树条，先把羊毛均匀地摊开，把树条放在中间，卷成一个个大小均匀的羊毛条子。在条子一头搓出线头，系在捻锤上，再一捻，捻锤转起来，就从羊毛条子上抽出细细的白毛线。这同我们在家里捻棉线的办法差不多，只是一根毛线抵上十几根棉线那么粗。大家立即动手制造捻锤，有用木头削的，有用羊骨头、牛骨头做的，也有用小石头块刻磨的……真是五花八门，什么样的都有。

捻毛线也是个技术，因为毛线不能捻得像棉线那样细，要掌握粗细均匀很不容易。妇女排许多人捻了半天，都是粗细不匀；有些急性子的就把毛线拽断重捻，结果废线头堆了一堆，还是不行。正巧，朱老总来检查进展情况，就把如何掌握捻毛线的要领讲给大家听。他从肖朝英手里接过毛条和捻锤，当场表演。他的动作轻巧熟练，捻出的毛线粗细均匀。大家想不到总司令竟是个捻线能手。

“快来看，总司令的线捻得多好啊！”

是谁一声吆喝，马上围来许多人。总司令放下捻锤，取下毛线交给大家传看，大家都赞不绝口。有人咂着嘴说:“这线，说是机器纺的线，也会叫人相信。”我后来问他，才知道他从小在家里就捻过毛线。

半个月时间，松软的羊毛变成了一团团缠绕整齐的洁白毛线球。下一步要编织了。妇女排里不少人会打毛线衣，就成了大家的老师。不分男女同志，每人都抱着毛线球，用竹针一针一线地编织，夜深人静还能听见竹针打毛线的声音。那个藏族小姑娘跟着我们也学会了织毛衣。

不久，一件件洁白的毛衣、毛裤、毛手套、毛袜子……都打好了。每人至少有了一件礼品。

5 月，红军总部移驻甘孜，准备在这里迎接二、六军团。口号是：

“迎接二、六军团！”“北上创造西北广大抗日根据地！”

1936 年 6 月 30 日，二、六军团的主力到达甘孜。7 月 1 日，在甘孜附近的一个大草滩上，举行“欢迎二、六军团，庆祝四方面军同二、六军团胜利会师”大会。我们每人都带着早已准备好的礼物，高唱着欢迎二、六军团的歌曲，迈着整齐的步伐走进会场。当二、六军团的同志来到时，会场上响起了欢呼的口号声。大会开始，朱老总讲话，他特别强调：

“我们庆祝会师，但是这里不是目的地。我们的目的是北上到陕北党中央那里。我们要团结一致，艰苦奋斗，战胜一切困难，到达陕北。”

接着贺龙讲话，他表示完全拥护朱总司令的讲话，号召二、六军团搞好同四方面军的团结，克服一切困难，同四方面军共同完成到达陕北，同一方面军胜利会合的光荣任务。

张国焘沉默不语，他显然对两人的讲话不满意。但是今非昔比，他不敢公开表示不同的意见。

在一片欢呼声中，开始赠送礼物。先把队伍分行作了插花调整，我们每人都面对一位二、六军团的同志，然后一声号令，大家都掏出早已织好的毛衣、毛裤、毛手套、毛袜子……送给二、六军团的同志。他们接过礼品，激动万分，连连地说：

“太好了，太谢谢了，你们怎么想得这么周到？”

有的人翻过来调过去地看，有的当场穿上，高兴地叫别人看：

“真合适，就像专门为我打的。”穿上又脱下来，怕弄脏了。

他们也有不少人拿出珍藏的小礼品，送给我们。有的手里没有东西，有些不好意思，我对他们说：

“这没有什么，今天是四方面军的同志欢迎二、六军团，不是交换礼品。”

在我们将要动身北上前，7 月 2 日在甘孜举行了二、四方面军的领导干部会。这是一次为北上统一思想的重要会议。事后听说，会上对张国焘开展了严厉的批评。老总说：

“任弼时有思想水平，敢说敢干，一下就打中了张国焘的要害，使张国焘难以反驳。张国焘主持会议，神色很不自然。看到大家都同意任弼时和我的意见，只好宣布会后立即北上。”

老总高兴，我也感到高兴。经过近一年的斗争，终于扭转了千军万马跳进深渊的危险局面。这是多么不容易呀！又牺牲了那么多同志，代价真是太大了。

到达陕北

就要开始北上了，老总征求我的意见，是不是跟他一块走。

“我的工作岗位在四方面军党校，当然应当随四方面军党校行动。过去我跟着总部行动，因为那时我是总部的指导员。”

他同意我的意见。

7 月 3 日，朱总带着左路纵队出发。我们党校也随着后卫支队出发了。经过一年之久的曲折，终于实现了北上，整个队伍精神抖擞，服装整齐。大家高兴地唱起歌来。

红二、四方面军好英勇，
北上抗日下决心，
胜利向前进。
……

这次行军，有了前两次过雪山草地的经验，又经过一番准备，开头几天比较顺利。最困难的还是没有粮食。出发时每人发六七斤青稞，自已设法磨成面。从甘孜到走出草地至少要个把月，六七斤炒面，省着吃最多也只能顶半个月。许多人未到草地，粮袋已空了。挖野菜吃，走在前边的还可以，后面的就越来越困难。

大家忍饥挨饿，依然充满革命的乐观情绪，依然彼此关怀。途中我们也遇到过前面部队留下来供后面部队食用的牛羊，想到后面还有一万多人的二方面军，除以一小部分供给伤病员食用外，其余大部分都留给了后面的部队。

在卓克基、毛儿盖一带，遇到了藏民骑兵，我们叫他们蛮子骑兵，是藏族反动头人的武装，专门袭击红军。有一座小山，我们正要从那里通过，突然从山后窜出300来个蛮子骑兵，狂叫着冲过来，见我们举刀就砍。正在危急时刻，红军部队上来了。赶跑了蛮子骑兵。这一次敌人丢下被打死打伤的战马二三十匹，我们立即全部宰了，大家饱餐了一顿马肉，又把剩下的带在路上吃，解决了眼前困难。但是马肉有限，很快就吃完了。

吃粮越来越少，我们在草地上行进越来越慢。有一天在一块高坎的干地上宿营，夜里，狂风裹着雨雪，吹开了挡雨的油布，吹翻了牛皮帐篷，每人浑身上下淋得透湿，冷得发抖。天亮雨雪过去，找来柴草烘火取暖，换下湿衣，又向前赶路。这时我感到头重脚轻，担心再次病倒，忽然发现平时紧跟我的小赵科不见了。问身边的人，都说不知道。有人说，他好像不舒服，掉队了。我急忙带两个身体强壮的同志往回找。走了好几里路，才发现赵科趴在一块离昨夜宿营地不远的草地上。喊他不答应，摸摸他的头，热得烫手。几个人把他抬到一块干地上，把仅有的一点酥油炒面和水给他喝下去。他是饿昏了。几个人轮流背他，一直到他醒过来，原来他已经三天没吃什么东西了，他一直在咬牙坚持。

回想长征二万五千里，无数艰难险阻，最严酷的还是过草地。饥饿和疾病是红军遇到的最大困难和威胁，许多英勇的红军战士在那里倒了下去，长眠在那里。

我带领的这一部分女同志人数不多，大家紧密团结，互相帮助，终于战胜困难，走出了草地。当我们回头看看想想那段艰辛的经历，许多人在惊叹之余，止不住流下了眼泪。

我们党校到达洮州时，听说李伯钊生了重病，高烧不退，还大口大口吐血。我急忙跑去看她。她过草地时就觉得不舒服，一到甘南就再也支持不住，躺倒了。她已好几天不吃饭，两眼深陷，简直叫我不敢认。她一见我，泪如泉涌，用那瘦骨嶙峋的手紧紧抓住我的手说：

“克清！我活是共产党的人，死是共产党的鬼。若是不行了，请把我抬到陕北，我一定要回到陕北党中央去！”

她的话使我激动得流下热泪，两人又一次紧紧地抱在一起。我边哭边对她说：

“你一定能活着回到党中央去！”

她在张国焘的强大压力下，曾写过几支歌颂南下的歌。后来认清了张国焘的真实面目，明确表示坚决拥护北上方针。她要用自己的行动表明这个决心，我明白她的心迹。在长征路上，她像亲姐妹一样帮助过我，是我永远不会忘记的。

这时站在一旁的傅连暲医生，也被我们两人的话感动了。他说：

“你们放心，我一定尽一切努力挽救伯钊的生命。这是我保留的一支退烧针，现在就给她打上，只要能退烧，就有希望……”

我激动得再三向他表示感谢。看着他打完针，等伯钊渐渐睡着了，才轻轻掰开她攥着我的手。几个小时以后，傅医生高兴地告诉我。

“伯钊烧退啦！有希望啦！”

到甘南后，不断地移动行军，时间紧迫，没有机会见到老总。到了9月，行军的方向突然改为向南、向西走，整整走了一天，大家起了疑心。第二天还是向西、向南，许多人忍不住议论开了：

“说是北上，怎么又朝南去？是不是要走回头路，爬雪山、过草地？”

“要是那样，我可不去了。”

“南下分明是死路，要去找死吗？”

……

行军的劲头迅速消失。前面的不想走，后面的不愿走，走不多远就停下休息，坐的坐，躺的躺。行军号响了半天，再三催促，一个个才懒洋洋地站起来，走不到一里路，又坐下休息。这样走了一天，还没走几里路。有人大声喊叫：

“要是再过草地，我死也不去！”

正在这里时接到命令，不再西行，回师北上同一方面军会合。全军上下一片欢呼。原来先头部队到达黄河边后，发现河对岸高原上已经大雪封山，气候寒冷，河宽流急，渡河极其困难，只有北上，才是唯一的出路。

一方面军和四方面军，一方面军和二方面军终于先后会师了。接着打了一个胜仗，在山城堡消灭了胡宗南一个旅又两个团。

朱老总完成了在四方面军的任务后，率领红军总司令部回到陕北保安同党中央会合。毛泽东亲自带领许多领导同志出来迎接朱老总。他对朱老总在四方面军的功绩给了很高评价：“临大节而不辱”；“度量大如海，意志坚如钢”。

当我带着赵科向保安行进途中，遇见陈赓。他认出是我，老远就叫起来：

“康克清同志，一年没见你，真把我们都想坏啦。你怎么一个人先回来？总司令被你丢到哪里去啦？”

说着，来到面前，跳下马紧紧握住我的手。他是个最爱说笑的人。我笑着问他党中央的几位领导人可好，告诉他总司令已经到了保安，我因在四方面军党校，晚走几天，现在也要到保安去。他听了笑着说：

“欢迎！现在你来到我的防地，就要听我的安排。先跟我去吃一顿饭，请你吃香喷喷的羊肉，然后我派人派牲口送你到保安。”

他的盛情难却，又赶上吃饭的时间，就到他那里吃一顿午餐。

几天后，我们来到保安——当时中国革命的心脏。进城后，首先看到周恩来，他在长征路上生了一场大病，病已好了，人显得清瘦。接着又看到蔡畅、李富春。久别重逢，都觉得格外亲热。他们把我带到老总住的地方，那是在岩石上开凿、里面用石板分作里外间的两孔窑洞。第一次住进窑洞，使我感到新鲜，同时感到到了这里，才是真正回到了自己的家，回到了党中央。这是我们为之百般奋斗、梦寐以求要达到的目的地，现在终于到达了。

这时已是 1936 年 11 月底。

选自康克清:《康克清回忆录》,解放军出版社1993年8月第1版,第161—206页。

康克清，原名康桂秀，女，1911 年生，江西万安人。1926 年加入中国共产主义青年团，1931 年转为中国共产党党员，1928 年参加中国工农红军。红军长征时任红军总司令部直属队政治指导员、红四方面军党校总支部书记。新中国成立后，曾任中国人民保卫儿童全国委员会主席，中共中央妇委常委，全国人大常委会委员，政协全国委员会副主席，全国妇联主席、名誉主席，宋庆龄基金会主席，中共中央委员等职。1992 年在北京逝世。

难忘的记忆

——长征途中的二三事①

康克清

中国人民的亲密朋友埃德加·斯诺，曾把长征称之为“当今时代无与伦比的一次史诗般远征。”现在，整整半个世纪过去了，长征的深远意义，长征精神的难能可贵，正随着时间的推移，被越来越多的人们所理解、所钦佩，并从中得到与历史共进的启迪和力量。

我作为长征的参加者、幸存者，今天再次回忆起这段难以忘怀的往事，在倍感亲切的同时，更加感到革命的胜利来之不易，更加怀念在长征中英勇牺牲的革命先烈——他们光照千秋的伟大精神，必将永驻人间。

我愿写下长征途中的二三事，以志纪念。

1934年10月间，我们踏上征途。一路之上，前有不断出现的险阻，后有穷追不舍的敌人，空中还有敌机的经常骚扰和轰炸，经历的艰辛，真是难以言喻。当我们到达西康安顺场（现属四川）时，已是1935年的5月了。面对奔腾汹涌的大渡河，背靠巍峨险峻的营盘山，有人说起

① 此文是康克清为纪念长征胜利50周年于1986年10月20日撰写的文章。中华全国妇女联合会编《康克清文集》（中国妇女出版社1997年4月第1版）收录此文时题目为《难忘的记忆——长征途中二三事》。曾志主编《长征女战士》第二卷收录此文时删去了个别语句——编者注。

太平天国石达开在此处全军覆灭的史实，再看看渡口仅有的几条小船，人人心里在思考：几万红军队伍，怎样才能迅速过河？当时，尾随我们的国民党军队，已经迫近我们了。在此千钧一发之际，队伍中传来了中央军委的决定：要迅速渡过大渡河，首先必须拿下泸定桥。廖大珠率领22位同志组成突击队前仆后继，勇往直前。红军战士用鲜血和生命抢占和保护了泸定桥。

当我们这支队伍到达泸定桥时，战斗刚刚结束，悲壮的场面依稀可见。大渡河两岸上空硝烟弥漫，远处的断墙残壁在冒着余烟，零星的枪声仍然隐约可闻。举目一看，只见铁索桥凌空高架，大渡河恶浪滔滔。一匹战马踩空在铁索桥中央，躯干在上，四腿悬空，欲拔不能，拼命挣扎，铁索随着上下左右摆动。大家看着这匹和红军共过患难的棕色战马，正在陷入绝境，可是谁都一筹莫展。那时天色渐暗，战马也已奄奄一息。我们怀着怜惜的心情，迅速踏上铁索桥，直奔对岸。

1986年2月，在电视荧屏上，我看到铁索桥依旧凌空高悬于大渡河上，至今雄姿尚在，安然无恙。大渡河滔滔的浪声，仿佛也在永恒地为我们的长征唱着赞歌。建国后，大渡河上游又建了一座新的钢桥，朱德同志生前曾题词述怀："万里征途，犹忆泸定险；三军远戍，严防帝国侵。"

爬雪山、过草地，是长征途中红军同大自然进行的一场艰苦搏斗。红军没有其他的选择，必须接受大自然的这一挑战。

白茫茫的雪山，根本没有路径可走。路是靠先头部队蹚出来的，我们就循着足迹径直往上爬去。浓雾笼罩周围，山风像刀子那样刺着全身。爬到半山时，天又下雨了，空气越来越稀薄，连气都难得喘过来。我因高山反应，举步都很困难。当时，李伯钊同志看到这种情况，赶紧接过我的背包。我如释重负，咬紧牙关终于登上了夹金山顶。下山时，我坐在积雪上滑行，赶上了大部队，一起前进。先头部队又走了两天，才找到了四方面军总部，大家流着眼泪，高兴得放声歌唱。共同的目标，同志的情谊，鼓舞着我们去经受考验，战胜困难。

过草地更是一次严峻的考验。大草原茫茫无际。平时，只有少数游牧的藏民在那里出没。草地里看不到任何东西，沼泽连绵不断，上面覆盖着一簇簇的野草，走路时稍不小心，就有可能踩进沼泽，愈陷愈深，遭到灭顶之灾。我们的不少同志，就在草地里默默地献出了自己的生命。在行军途中，要找到一块容身的干地都不容易。每到夜晚，只能稍事休息，大家背靠背坐下，互相取暖，免得冻僵。我还清楚地记得，就在这种艰难困苦的时刻，任弼时同志的夫人陈琮英分娩了，是个女孩，取名叫远征。当时缺衣少食，要照顾产妇和婴儿，真是难上加难。朱德同志和任弼时同志一起为陈琮英母女钓鱼，物质上虽然聊胜于无，但精神上的温暖和鼓舞却无法估量。陈琮英同志后来每每谈起此事，对朱老总的感激之情，总是溢于言表。

第二次过草地时，我不幸得了伤寒，高烧不退。好不容易找来一支退烧针，注射后顿时见效，退烧了。可是很快就又开始行军，一吹风，体温又高了起来。我实在不能动弹，只得坐上担架。没有退烧针，同志们就用冷水毛巾往我额头上敷。我迷迷糊糊地躺在担架上，后来奇迹般地退烧了。当时我毕竟年轻,我觉得再也不能坐担架了,要求自己行走。开始仍四肢无力，真是寸步难行。然而，我还是拉着马的尾巴，紧随部队前进。我的意志,我的毅力,在疾病中又一次得到了磨炼。我更明白，如果不是同志们千方百计地照顾我，我就难以战胜疾病。在懋功，李伯钊同志来看我，见我大病初愈，骨瘦如柴，就一把抱住我，失声痛哭起来。如今伯钊同志已经作古，每忆及此，怀念之情，总是不能自已。

长征途中,我和一、四方面军的部分同志曾经三过草地,一靠理想，二靠纪律。我们经历千难万险，最后，胜利到达陕北。曾有位外国记者问我：“当你到达陕北后，你是怎么想的？”我不假思索地回答：“总算到家了,我得好好休息休息,然后再从头干起。”当时的思想就这么单纯。

回忆长征，很难忘却和张国焘分裂主义的斗争。当时党中央多次致电张国焘，敦促他北上抗日，可是他拒不受命。在阿坝，他召开中共四川省委扩大会议，公开策划反对党中央北上的方针，妄图将另立中央、带领部队南下的阴谋强加于人。他一再逼迫朱老总发表反对党中央北上的宣言。朱老总斩钉截铁地说："我赞成中央北上的方针，手只能举一次。""中国工农红军在党中央统一领导下,是个整体。我们这个'朱毛'，全国、全世界都知道。要我这个'朱'去反'毛'，我可办不到……"张国焘恼羞成怒，后来就组织人斗争朱老总，还诡计多端地搞小动作，进行挑衅。

有次五军团断了炊，几位同志不知从哪里赶来了几只羊。张国焘部下借口把他们痛打了一顿，羊却被他们自己杀掉吃了。五军团的同志气不过，就找到朱老总。朱老总反复讲：官兵都是好的，是革命的，要多做工作，不能为此打内仗。张国焘当时有七匹马，可偏偏朱老总的那匹马找不到了，有人知道是被张国焘的警卫牵去杀了。有天晚上，他们竟撤了朱老总的卫兵。他们就是这样无事生端，企图逼迫朱老总上圈套。朱老总胸有成竹，一概不予理睬，以不变应万变。他们一计未成，又生一计，唆使一名伤员来抢我的骡子。我耐心地对他说："你为革命负伤，很光荣。你走不动，我一定把骡子让你骑；但是不能自己牵走，这是违反纪律的。"那位伤员听后，无言对答，表示他是受人指使的，为难地走了。张国焘的爪牙还妄图缴我的枪，只是派出的人未敢动手。事隔很久，我们都熟了，她问我："如果当时缴你的枪，你给不给？"我严肃地回答："军人服从命令是天职，假使组织决定要我缴枪，我只有服从。要是你个人要缴我的枪，那就难说了。"她感到侥幸："多亏当时我没有缴你的枪，不然，我很可能挨你一枪呢。"更有甚者，有人不怀好意地向我掷纸团，上面写着："康克清，老子要揍你。"令人啼笑皆非。

张国焘派人监视我，给我另行分配工作，显然是为了限制我和朱老总的接触。我实在憋气，要去找党中央。朱老总说："不行，如果你单独地行动，他们就会借刀杀人。现在你生活在群众中，他们不敢随便动手。”我觉得朱老总的话言之有理，就接受了他的劝告。这样就使我们和张国焘的斗争,始终处于有理、有节的主动地位。张国焘的所作所为，完全违背了军心民意，也暴露了他反党篡权的阴谋野心，最后只能以失败告终。

举世闻名的长征，已经成为中国现代史画卷中的光辉一页，不畏艰难、不怕牺牲、敢于斗争、敢于胜利、艰苦朴素、密切联系群众的长征精神更是我们宝贵的精神财富。当前，在中共十二届六中全会精神的鼓舞下，我们广大妇女一定要以实际行动提高素质，发扬“四自”精神，努力做“四有”公民，在各自的工作岗位上，为两个文明建设不断做出新贡献。

选自曾志主编:《长征女战士》第二卷, 北方妇女儿童出版社1987年8月第1版, 第8—12页。

征途漫忆（节选）

汪荣华

1935 年 3 月下旬，红四方面军胜利的渡过嘉陵江。经过 20 多天的苦战，歼敌 12 多个团。控制了东起嘉陵江，西至北川，南起梓潼，北至川甘边纵横二三百里的广大地区。这时，张国焘擅自决定放弃川陕根据地。在撤离时，他提出要“坚壁清野”，不顾红军指战员的反对强令部队将沿途的房屋、资财付之一炬。在红军撤离川陕根据地时，我也随部队踏上了万里长征的征途，向西转移。5 月，红一方面军在党中央、毛泽东同志的率领下，胜利地渡过金沙江，准备经西康北上，同我们四方面军会合。这时，四方面军也决定向岷江地区发展，策应一方面军北上。经过艰苦的转战，于 6 月中旬一、四方面军在懋功胜利会师，准备按中央的方针继续北上，以建立新的根据地，促进抗日高潮的到来。

可是，两军会师带来的欢乐气氛，不久就被张国焘的反党行径所冲淡了。由于张国焘极力阻挠北上，我们在懋功地区停留了两个月之久。后经中央同张国焘的多次斗争，北上的方针才得以实施。根据党中央的决定，将一、四方面军分成左、右两路，向阿坝和班佑地区开进。

这时正是初秋。在我们前进的道路上，是纵横数百里的茫茫草地。在准备过草地的前夕，省委组织了一个随军行动的地方工作队，省委少共书记高作风同志任队长，我也参加了这个队的工作。我们进入草地后，不仅没有道路可走，连水也喝不上，沼泽地里的水大都有毒，再加上粮食短缺，病号日增。经过五天的行军，我们左路军于 8 月下旬到达阿坝地区。到达这里以后，我们地方工作队的同志马上开展工作，向藏胞宣传共产党的主张和红军的政策。就在这时，张国焘在阿坝召开了一个会议，公开分裂党和红军，诬蔑、反对中央的北上方针，打击朱德、刘伯承等坚持正确路线的同志。有一天，我们突然接到命令，要部队往回开，南下川康。这样，我们左路军又不得不第二次过草地。

深秋来临，秋风凛冽，草地无垠，天气变化多端。我们身着单衣，在沼泽地里行军，两脚泡在又臭又凉的水里，其艰苦程度是可以想象得到的。草地不仅气候多变，有些地方还有不容易被人识别的泥潭，一不小心就会掉进,遭到灭顶之灾。有一天,我亲眼看见一匹马掉到泥潭里，不一会就只剩下一个马头了。进入草地之后，粮食越来越少。不几天，我们就把刚进草地携带的一袋用青稞做成的炒面和一块鸡蛋大的盐巴吃光了。在这渺无人烟的沼泽地里，到哪里去找粮食呀，没办法就吃野菜，有的同志把脸都吃肿了。最后连野菜也不好找到，只好找来一些牛皮，把牛皮上的毛烧掉，用水煮着吃。在草地里，由于粮食奇缺，不少同志倒下去了。在以后的岁月里，每当我想起第二次过草地的情景，使我越发痛恨张国焘的反党行径，他害了我们多少革命同志啊！

第二次过草地时，省委机关解散了，我和另外四位女同志被调到总参谋部四局工作，开始接触刘伯承同志。但这不是初次看到他。那是在 6 月中旬一、四方面军于懋功会师后，我们驻在川康边界的杂古脑。一天早晨，我们刚刚吃饭就接到通知，要机关工作人员整装列队，欢迎中央代表团。

这天，阳光灿烂，碧空如洗。在杂古脑这个山寨的街头，站满了欢迎的人群,等待着中央代表团的到来。上午 9 时左右,中央代表团来了。顿时，人群里爆发出一阵阵响亮的口号声和掌声，整个山寨沸腾了。中央代表团有十几位同志，其中有两位尤其引人注目：一位是头发斑白、有学者风度的林伯渠同志；另一位是戴着眼镜、有军人气质的同志。我向站在身边的陈明义同志问："那个戴眼镜的是谁呀？"他说："他是刘伯承总参谋长。"这次会见，刘伯承同志给我留下了深刻印象。

我调到总参谋部四局工作后，和刘伯承同志见面的机会多了，经常在一起行军，从第二次过草地到过雪山，有时我掉队，他鼓励我前进。在军务繁忙的情况下，他还抽空教我学政治、学文化，给我讲历史。他诚恳朴素，平易近人，办事严谨，知识渊博，使我十分敬重他。尽管当时他正遭受张国焘的排挤，可是一点也看不出他有情绪，他对革命前途充满信心。在行军时，我经常听到指战员们赞扬他能征善战，道德品质好。由于彼此接触较多，由熟悉而产生了感情。当他向我提出婚姻问题时，我有些顾虑，觉得我们之间的经历、学识等相差较大，不太合适。后经他从政治上诚恳地解释"我们的结合是自由恋爱，我们都是无产阶级革命者，为了共同目标走到一起来的。志同道合，有共同的思想基础。"听后，我毅然地答应下来。但是，这时伯承同志因反对张国焘的分裂主义而被撤销了总参谋长职务，让他到红大当校长，实际上是军事教员，因而我们也无法结婚。

秋去冬来，天气渐渐地冷了。红四方面军南下后，由于张国焘的错误主张，军事上屡遭失利，无法在川西立足。这时，张国焘见南下碰壁，不得不同意北上。这样，我们又从川西出发，经达维、懋功向西北转移。西进途中，我们不仅要同沿途敌人作战，还要翻越雪山。1936 年 6 月，在甘孜地区二、四方面军会合了。随后两个方面军共同北上，我们第三次穿行茫茫草地，再尝沼泽之苦。在快过完草地时，伯承同志提出去二方面军工作，张国焘勉强同意。走出了草地，我随伯承同志来到甘肃成县曲子镇。

1936 年秋天，是个秋风送爽，大地铺金的好季节。中秋前后，当全军沉浸在三大主力即将会师的欢乐之际，在曲子镇这个靠近清源河的甘南小镇，我和伯承同志结成了终身伴侣。婚礼极为俭朴，没有鲜花和丰盛的酒宴，只有战友们的衷心祝愿；没有崭新的被褥，只有跟着我们爬雪山过草地的简单行李；更没有红烛新房，真是天作罗帐地作床，而天上那轮月亮，仿佛象征着我们爱情是那样纯洁、光明。在我们相识的这段时间里，从杂古脑相见，到共同走过雪山草地，经历了人间罕见的艰难困苦。在这样的环境里结婚，我们感到是那样的幸福，那样的富有意义！

节选自《艰苦的历程：中国工农红军第四方面军革命回忆录选辑》（下），人民出版社1984年12月第1版，第212—215页。

汪荣华，女，1917 年生，安徽六安人。1931 年参加中国工农红军，同年加入中国共产主义青年团，1936 年转入中国共产党。红军长征时先后为中共川陕省委地方工作队队员、红军总司令部四局妇女队队员。新中国成立后，曾任高等军事学院秘书、刘伯承同志处秘书、中央军委办公厅顾问、全国政协委员等职。2008 年在北京逝世。

巴山妇女在战斗中成长

——回忆川陕革命根据地妇女斗争情况

吴朝祥

苦难的深渊

我的家乡在大巴山区，幅员辽阔，山清水秀，利农利林利牧，是个物产富饶的好地方。但是，在那万恶的旧社会，由于反动军阀、豪绅地主残酷的政治压迫和经济剥削，这里却贫穷落后，民不聊生，是一座苦难深重的人间地狱。“尖尖山，二斗坪，苞谷红苕胀死人。弯弯路，密密林，茅草棚棚笆笆门，要想吃干饭万不能。”这是流传在大巴山区的一首民谣。它是川北广大劳动人民悲惨生活的真实写照。

悲惨的生活啊，悲惨的人！最悲惨的要数我们巴山的妇女。人说黄连苦，我们巴山妇女比黄连苦百倍。我们家乡有句俗话:“要吃巴山饭，婆娘打前站。”那时，军阀地主为了聚敛财富，多收捐税，不管人民的健康死活，强迫庄稼人种植罂粟花，生产鸦片烟。因此，大巴山区的许多男人吸毒成瘾，身体虚弱，不能胜任重体力劳动，成年待在家里引娃儿。耕田耖地，栽秧打谷，挑水煮饭，喂猪养牛，里里外外的重活累活，大都落在了妇女的肩上。她们承担着繁重的劳动，创造了家庭的主要财产。但是，由于封建礼教和旧风俗的束缚，在家里，她们仍然当不了家，做不了主，处于受奴役的地位。“马有笼头猪有圈，婆娘有个男子汉。”

男人是一家之主，大小事情，男人不点头，女的说了不算数。她们起早摸黑，终年劳动，累弯了腰，流干了汗，到头来还是吃不饱，穿不暖。十七八岁的大姑娘，穷得穿不起裤子，十冬腊月天，围块棕片片，出不了门，见不得人。

在婚姻上，妇女没有一点自由，全听父母之命，媒妁之言。十一二岁的女娃娃，还没有成人，就卖给人家做童养媳。童养媳的日子实在可怜，先当奴隶，后作人妻，嫁鸡随鸡，嫁狗随狗，睡的是草窝窝，吃的是残汤剩水，一天到晚累死累活不说，动辄还要挨打受气，不少女孩子忍受不了这种非人的生活待遇，逼得跳河投井，悬梁自尽，结束了她们年轻轻的生命。

在社会上，妇女是遭不完的殃，受不尽的难，连人身也没有保障。田烟灰（国民党军阀田颂尧）、王棒老二（土匪头子王三春）凶得很，地主恶棍、兵痞流氓横行无阻，任意作践妇女。女人家一两个人在大白天也不敢上山下地，如果碰上那些挨刀的坏家伙，不是被抢走，就是被糟踏。苦难深重的巴山妇女啊，喊天天不应，叫地地不灵，上天无路，入地无门，挣扎在社会的最底层，盼望着解放，盼望着翻身。

飞出牢笼

1933 年底，红军来到我们家乡，驱散了笼罩在巴山顶上的乌云，推翻了压在我们头上的大山，巴山的穷人解放了，巴山的妇女解放了。当大家知道红军是专门打地主打军阀，为穷人打天下的队伍时，大巴山区的男女老少无不欢喜。尤其是受尽苦难的巴山妇女，个个像飞出笼子的鸟儿，奔走相告，喜上眉梢，不少妇女逃出家门，跑去找红军，主动为部队当向导，送情报，通消息，积极要求参军参战。我也是那时参加红军的。为什么要参加红军呢？当时我也说不清楚，因为刚解放，懂得的道理不多，只是有一种朴素的阶级感情，那就是恨国民党军阀，恨恶霸地主，恨他们把穷人弄得无吃无穿，家破人亡，把我们妇女不当人看。而红军呢，恰恰是打他们，为我们穷人谋利益，求解放，主张男女平等，婚姻自由，把我们妇女当亲姊妹看待。我们爱红军啦！

那时妇女出来参加红军，参加工作，也不是一件容易的事情。红军刚到，群众不太了解，坏人乘机造谣诬蔑，说共产党共产共妻，红军红头发红眼睛，专整女人。许多人对红军存在惧怕心理，不敢接近。再加上封建礼教作怪，社会上认为女人出门参加工作、参加红军，同男人、大兵混在一起，是伤风败俗、不成体统的事。所以，当时的妇女要走出家门，没有革命的勇气和决心，是不行的。有的妇女白天出去做了工作，晚上回到家里挨打受骂，第二天照样跑出去找红军。我记得，江口有一位妇女，名叫苏大芳，幼年死去亲人，很小就成了孤儿。她 12 岁那年，给别人做了童养媳，两年以后，红军解放了她的家乡。当牛做马的苏大芳看到红军里有女兵，待人像亲姊妹一样亲热，宣传妇女解放的道理，每一句话都温暖着她的心。因此，她瞒着家里人，跑到元沱乡参加了革命工作。她的老公公知道后，邀约一些人把她抓回家去，叫来她娘家的一位叔父，说苏大芳丢了他家的脸，把苏大芳捆在柱头上，打得死去活来。还说要用菜刀切开她的腿肚子放上盐巴，免得她再跑。14 岁的苏大芳，在毒打和恫吓面前，没有眼泪，没有悲伤，没有动摇，没有悔恨，相反，更加坚定了“生为红军人，死做红军鬼”的决心。她趁家里的人离开的时候，挣断了绳索，忍受着浑身伤痕的疼痛，再次逃跑出来，到大寨乡参加了红军。当时，像苏大芳这样的妇女，何止她一人啊！她的斗争经历，只是巴山千千万万妇女反封建、求解放的缩影。

红军到巴山，巴山大变样。广大群众在苏维埃政府的领导下，打土豪，分田地，当了家，做了主。在苏区，各种各样的妇女组织相继建立：省、县委有中共妇女部，少共妇女部；乡、区有群众性的妇女生活改善委员会，又叫妇女工农协会。各级地方组织和脱产武装组织，都有妇女参加，女同志和男同志享受着同样的权利，其中不少干部是女同志。例如，姚明善就是川陕苏区开天辟地的中共妇女部长，还有副部长陈英明；少共妇女部长先是我，后来是肖成英、刘万寿；在县一级，雷明珍是宣汉县的副县长；方面军政治部主任张琴秋，总供给部女工营营长林月琴，赤卫军连长何莲芝，更是受人尊重的女同志。在军队中各级宣传队、新剧团、医院、被服厂工作的，大多数也是女同志。在初期的地方武装中，妇女没有单独的组织，但她们参加的人数不少，分担了大量的工作，就我知道的万源县的赤卫军（类似于现在的民兵）、模范连（类似于现在的基干民兵），妇女一般都占总人数的百分之四十。有的地区因男人抽鸦片烟的多，妇女参加赤卫军的比例达到百分之五十以上。后来，长赤（今南江县长赤公社一带）、红江（今通江县涪阳公社一带）、万源、巴中和南江等县，都先后组建了不脱产的妇女独立连、独立营，由各县赤卫军指挥部直接指挥，肩负着各种任务。在少先队、儿童团中，女孩子和男孩子一样，扛着红缨枪，戴着红袖章站岗放哨。

根据地刚刚建立，任务十分艰巨。解放了的巴山妇女，为了保卫、发展和建设革命的根据地，英勇顽强地战斗在不同的岗位上，发挥了巨大的威力。那个时候，男同志大多数参加红军到了前线，或者参加政府工作。因此，无论是平时的生产建设，拥军扩红，站岗放哨，防奸除霸，还是战时抬担架，搞救护，运粮食，送弹药，都离不开妇女。

为了保证战争的胜利，妇女们积极开展大生产运动，努力生产，多打粮食，支援前线。红军的冷暖，时时刻刻都挂在她们的心间。当前方急需物资时，村村寨寨的妇女组织起支前队，把自己生产出来的、节省下来的东西送给红军。她们白天下地劳动，晚上回到家里赶做支前物品。每当夜晚，她们邀邀约约，三三两两，坐在院坝头、堂屋里，趁着月色，向着火堆，照着油灯，有的打草鞋，有的缝袜子。巴山的妇女很能干，心灵手巧，粗活细活都会做。她们用蓑草、稻草、麻线、布片编出一双又一双精致的草鞋，用自己织出的白布做出一双又一双结实的袜子。有的妇女没有新布，把自己的衣服剪掉，一针针，一线线缝成袜子送红军。那真是，每双草鞋每双袜子，都是妇女们热爱红军的一颗心啊！

为了动员广大群众参军参战，保卫苏维埃，妇女们组织起宣传队。当时的宣传形式，主要是唱山歌。歌词是新编的，我现在还记得几首：

要吃米，把秧栽，要过河，把船摆，
穷哥要想得自在，人人拥护苏维埃。

从前女儿受熬煎，好似掉在井里边，
红军来了世道变，砸烂封建铁锁链，
脚不缠，发不盘，剪个毛盖搞宣传，
当上女兵翻大山，跟上队伍打江山。

要当红军天下走，妻子送郎出山沟。
流水滚滚向大海，切莫半路回了头。

这些词儿大体反映的是妇女解放，拥护苏维埃，送郎参军等内容。根据不同的村庄和方言，套上当地流行的歌调调，晚上在家反复练习。背熟了，唱会了，第二天做活时宣传演唱。形式非常活泼，就像电影《刘三姐》对山歌一样，这山唱来那山和。有的女娃娃，嗓子甜又脆，唱起歌儿来，歌声像长了翅膀，飞过几匹坡，应山应水，好听得很。这些歌儿不但好听，而且由于它的内容实在，教育作用可大啦。经过妇女们的宣传，老年人封建脑瓜开了窍，再不反对女儿们出门开会和工作。女人家好多动了心，摘下耳环子，扯掉裹脚布，投身到了革命的行列。不少抽鸦片烟的男人也发了狠，砸了烟灯和烟枪，拿起矛子和梭镖，参加了保卫苏维埃的斗争。妇女们在宣传群众的同时，还带头动员自己的亲人参军参战。整个解放区，到处都可以看到母亲送儿当红军，妻子送郎上战场的动人情景。

在频繁的战争中，广大妇女承担了运送弹药粮食和救护伤员的主要任务。无论是两次反“围剿”，还是我军主动发动的几次战役，无论是寒冷的冬季，还是炎热的夏天，一支支妇女运输队，都日夜奔忙在千里运输线上。哪里的战斗最紧张，她们就把粮食和弹药送到哪里。那时，大巴山区没有公路，全是荆棘丛中踩出来的山间小道，坡陡路窄，莫说过汽车，连鸡公车也无法通行。一袋袋粮食，一箱箱弹药，全像“背二哥”①那样，用背架子一背一背地背上前线。妇女们一步一把汗，但没人叫苦，没人喊累，一个个豪放乐观，志比山高，每到歇憩的时候，总会听到她们豪迈的歌声：

大巴山高白云翻，山高坡险行路难。
妇女组成支前队，人人有副铁脚板。
背炸药，背子弹，背粮食，背伤员，
来来去去像条龙，枪林弹雨打不断。
军民齐心打白匪，前方后方一线连，
背去一片拥军情，背回捷报处处传。

她们把弹药和粮食运到前线，又把伤员送往后方。运输队变成了担架队。她们就地取材，从山坡上砍下青冈树棒作杠杠，割来葛藤编网子，做成一副副担架，把伤员抬下火线，送进后方医院。有的伤员伤势很重，沿途还要及时救护。在医院里，医生、护士和工作人员，大部分也是女同志。为了伤员，她们夜以继日地工作，付出了艰辛的劳动。

英雄的巴山，英雄的巴山妇女。红军解放了巴山的妇女，巴山的妇女同红军并肩战斗，根据地的山山岭岭都深印着她们光辉的足迹，记录着她们不灭的功勋。

---

① 背二哥：指川北山区从事体力背运的人。他们用的工具多系背架子和背篼。

红色女武装

川陕革命根据地的建立，引起了国民党反动派和四川军阀的仇恨和恐慌。他们调兵遣将,对根据地发动了连续不断的军事“围剿”。因此，进行战争，粉碎敌人的“围剿”，成了根据地军民的中心任务。为了适应这种形势，巴山妇女组织了革命的武装，同敌人进行了英勇的斗争。

1933 年 2 月，长赤和万源分别成立了不脱产的妇女独立营。3 月下旬，为了加强后方警卫和有利于集中主力，中共川陕省委抽调机关妇女干部百余人和妇女群众积极分子 200 余人，在通江县城成立了妇女独立营。这是川陕革命根据地和红四方面军第一支正规化的妇女武装队伍，它直属军委领导，下编三个连队。从营长到马伕全是女同志。营长陶万荣、政治委员曾广澜，是从鄂豫皖过来的老同志。其他干部和 300 多名战士差不多都是大巴山区的妇女。年龄都在 20 岁左右，身材高大，体格健壮。干部战士不蓄头发，穿着打扮和男同志一样：头戴八角帽，身着灰军装，腰扎皮带，腿缠绑带，赤脚穿草鞋，肩挎小马枪或大刀。一个个英姿飒爽。独立营成立后，马上投入了紧张严格的军事训练。白天练投弹、练射击，晚上进行夜行军、进攻防御、夜间偷袭等科目的演习。初步掌握一些战术技术之后，便担负了保卫后方，歼灭残敌和土匪的重任。在鹰龙山的战斗中，干部战士机智勇敢，未损一兵一卒，轻而易举地解决了田颂尧的一个团，缴获了大批武器弹药。这一仗，旗开得胜，妇女独立营声威大震。

此后，这支妇女武装，虽然几经扩大、缩小和改编，但它在四方面军的领导下，一直转战于大巴山区、嘉陵江畔和雪山草地的各个战场，担负着繁重的警卫、运输和打击敌人的任务，在保卫苏区和西进途中的多次战斗中，英勇杀敌，流血牺牲，创造了许多可歌可泣的英雄事迹。

1934 年 3 月，刘湘向我根据地发起“六路围攻”的“第二期总攻”，敌人逼近旺苍坝。旺苍坝是我军的供给站，方面军总医院住地。为了不让物资和伤员同志落入敌人手中，总部命令妇女独立二团紧急抢运物资和转送伤员。那时我在二团。时间紧迫，任务重大。接受任务后，全团上下，马上投入了战斗。在往返两百多里的山路上，战士们不分白天黑夜，奔跑不息。全团只有几匹牲口，大量的粮食和军需物资，全由女战士们肩挑背扛。不少同志肩头磨破了皮，脚板打满了泡，血浸了出来也一点不顾。她们的心里只想着粮食，全忘了疼痛。

在完成这次的任务中，最困难的是转送伤员同志。把伤员同志从旺苍坝送到永宁铺，中间要翻一座山。山高坡陡，下雨路滑，稍不留神就有滑下山崖的危险。同志们抬着担架，为了保证伤员的安全，减轻他们的痛苦，前面的跪在地上，手指像钩子一样抓住石头，抓住路面，后面的双臂伸直，把担架高高举起。腿打着颤颤，臂也打着颤颤，一步一步地向上攀登，衣裤磨破了，膝盖磨破了，臂肘磨破了。殷红的鲜血流了出来，洒在路旁的小草上，浸进路面的泥泞中，比电影《小花》中的赵小花抬她的哥哥还要艰难，还要壮烈。有的战士出血过多，又在泥水中泡了许久，把伤员抬到安全地以后，她们自己的伤口却感染了，无法医治，献出了宝贵的生命。同志们花了大半天工夫，才爬到半山腰。有几位年纪轻的战士，望着高耸入云的山顶，急得哭了起来。有的同志放下了担架，背着伤员，咬紧牙关，一步一步地前进。伤员们把这一切看在眼里，记在心上，女战士们为了他们而舍生忘死的精神，深深地感动了他们。有的热泪盈眶，说不出话来。有的命令放下担架，宁愿自己死去，也不愿叫女战士们再抬。我一辈子也不能忘记的是：有两位重伤员，实在不忍心自己的阶级姊妹为他们付出那样大的代价，偷偷地割断了自己的动脉血管，说着“不能让同志为我牺牲……”然后闭上了眼睛。

两天两夜的时间过去了。全团同志团结一致，连续苦战，以惊人的毅力克服了种种困难，终于胜利地完成了任务。

红军西渡嘉陵江以后，妇女独立团随大队前进。在剑阁，配合八十九师阻击敌人援兵，激战两天，击溃了田颂尧部一个旅的进攻。在杂谷脑，妇女独立团在攻打喇嘛寺的战斗中，指挥员沉着果断，战士们机智勇敢，经过激烈的战斗，攻克了喇嘛寺，消灭了盘踞寺内的作恶多端的匪徒，替当地藏汉群众除了害，报了仇。同志们把缴获的粮食、酥油、盐巴、布匹等物，分给穷苦老百姓，深受群众欢迎，藏族同胞称赞我们是救苦救难的“女菩萨兵”。

最使我难忘的是在马尔康、大藏寺一带战斗的日子。那时，红四方面军和一方面军已经会师，党中央确定了北上建立川陕甘根据地，促进抗日民主运动新高潮继续发展的方针。本来革命形势应该很好，但是由于张国焘一再对抗党中央，几个月时间过去了，部队仍然还在雪山草地苦斗。9 月里，我带领一个妇女营，接受了总供给部的命令：两个连负责筹粮，一个连负责搭修从卓克基到卡几古一路的木棚子（供伤员住宿），一个连负责修路架桥，一个连负责护送伤员。

几个连队的任务都很艰巨，其中最苦最难的是筹粮。这一带地方的老百姓全是藏族，过着半牧半农的生活。时令已是秋末，主要粮作物青稞已经收割殆尽。国民党反动派和当地反动的土司头人互相勾结，利用民族隔阂，煽动藏族群众同红军作对。所以，在我们到来之前，农牧民早已收藏了粮食，赶上牛羊逃离了寨子。我们到了马尔康的时候，除了河谷两旁山坡上一些地里的青稞，由于山高气温低成熟得迟未收割外，其他是一无所有。我们到山坡上收青稞，敌人藏在暗处放冷枪，杀害我们的战士。夜间还组织人出山抢割青稞。所以，我们的筹粮，实际上是同敌人武装争夺粮食。我们每个同志心里都很明白，粮食就是红军的生命，筹粮就是战斗。为了粉碎敌人要把红军饿死在草地的阴谋，为了保障红军的生存，筹粮连的同志规定了每人每天收割 45 斤到 50 斤青稞的任务。那真是不同寻常的战斗啊！每天早晨天刚麻麻亮，战士们就出发上地里找粮食。工具只有几把剪刀，绝大多数同志只能用手拔。为了防止敌人的袭击，有的战士化装成藏族妇女，站在远处站岗放哨。同时还派出小分队，隐蔽在附近，随时准备对付来犯的匪徒。晚上，累了一天的同志回到宿营地，还要把青稞搓下来，用锅炒干，揉掉外壳，装入袋子。有时一直干到天亮，一刻也不能休息。不停地拔呀，搓呀，几天功夫，干部、战士的手都成了血手，针尖似的稞芒扎在血肉模糊的手上，十指连心，疼痛难忍。但是，困难并没有吓倒这些女战士。手破了，她们用盖的夹被，用身上的衣服，把青稞穗包起来揉，一粒粒，一把把，坚持再坚持，终于完成了任务。

担负架桥、修路的连队，任务也完成得很出色。从马尔康到大藏寺的要道，被一条弯弯曲曲的河流分割成了几段。河水虽不很深，但流速很快，部队无法通过。女兵们接受了架桥的任务，经过几天几夜的连续战斗，战胜了激流，把路接了起来。大部队要通过的头天晚上，连里又作了一次认真的检查，一座座桥稳当可靠。可是万万没有想到，后半夜桥被土匪破坏了。第二天，当部队和伤员正要过桥的时候，发现桥桩被砍断了，桥面摇摇欲坠。一队队人马不断地向着木桥拥去，桥头的人越集越多。“敌机！”突然有人喊了一声。果然,山那边传来了“嗡嗡”的飞机声音。河边一片开阔地，无法隐蔽，咋办！？一连连长、共产党员王学农同志高喊一声“跟我来！”带领一排人扛着木板跳进河里，用肩膀架起一道桥，部队和担架队跑步前进。雪山上流下来的河水寒冷刺骨，汹涌奔腾。同志们忘记了寒冷，承受着重压，抗击着冲击，像铁柱似的挺立在河里，一动也不动，直到部队和伤员全部过了河，安全地转移到对面的丛林里，女战士们的脸上才露出了微笑。可是不久，她们中有的因为过度冻累而昏过去了。

负责护送伤员的同志，也十分艰苦。红军在草地里转战，没有固定的救护站，运送伤员不光是抬担架，同时还要为伤员找粮食做饭，为伤员包扎伤口和换药。所以，部队称女兵们是三大员：担架员、卫生员、给养员。每到休息的时候，战士们一放下担架，马上就去找粮食、挖野菜，拾柴打水，垒灶生火。有的重伤员咽不下去野菜，同志们就先放在自己嘴里嚼碎，再喂给他们，让他们慢慢地吞下去。为了伤员的安全，同志们更是舍得一切。一次，担架队走到马塘山半坡，突然遇上敌人的空袭，在敌机的狂轰滥炸中，一颗炸弹落到了战士苟贵英同志的身旁。贵英发现后，飞快地扑在担架上，用身体保护了伤员，她自己英勇地牺牲了。被抢救的伤员是一位指导员，他紧紧抓住小苟的手，热泪滚滚，泣不成声。

妇女营胜利完成任务后，来到了大藏寺。不久，我被调到大金的省委工作，离开了生死与共的可敬可爱的姊妹们。后来，这支诞生于大巴山区，转战千里，功勋卓著的妇女武装，由于张国焘机会主义路线的影响，几过草地，奉命西征，走过了极其悲壮的历程。她们中的许多人，为了中国人民的解放事业，战斗到最后一口气，流尽了最后一滴血，她们的英名永存！

1980 年 11 月于武汉

选自成都部队川陕革命根据地军事斗争史编委会编:《巴山烽火:川陕革命根据地回忆录》,四川人民出版社1981年6月第1版,第177—189页。

吴朝祥，女，1918 年生，四川通江人。1932 年加入中国共产主义青年团，同年参加中国工农红军，1933 年由共青团转入中国共产党。红军长征时红四方面军妇女独立团营长、中共大金省委妇女部长、红四方面军党校女生连指导员等。新中国成立后，曾任武汉军区总医院副政治委员、湖北省军区后勤部副政治委员等职。1998 年在武汉逝世。

革命理想高于天

——回忆战友和长征

王定国

杨克明是我革命的领路人

1913年除夕，我出生在四川省营山县安化乡一个四面透风的破屋里。父亲是一个贫苦的雇农，终年靠租种地主的土地和打短工养活全家。我六七岁时就开始帮大人干活，一家人忙活一年也混不上一顿饱饭。

1928年，经卖盐的舅舅介绍，家里经常来一些经营布匹的商客，其中一个叫杨克明的“布客”很会讲些四面八方的新鲜故事。他逢集就在我家用门板摆布摊，平时就背着货筐，走村串乡地摇着货郎鼓卖东西，结交农民朋友。后来我才知道，这些人都是川东游击队的地下党员。党派他们到营山，以卖布为幌子宣传革命，发动群众。

有一次，本村的一个姓陈的姑娘违反了族规，跑到镇上去看灯会，被族长发现后就揪着辫子拖回祠堂当众就打。我看了痛恨至极，回家后告诉了“布客”。他听了后说：“这是封建社会对妇女的压迫，我们应该团结起来同封建乡绅进行斗争，争取男女平等，号召妇女们剪头发、放脚、参加农会。”这是我生平第一次接受革命教育。

后来，杨克明在营山秘密成立了农会，我家也成了农会的秘密联络站。他们把油印机藏在我家地窖里印刷传单、布告，组织了四乡百姓

5000多人参加农会，抗捐抗税，还端掉了丰豆铺的反动团防局。我常为他们做秘密交通员传递情报。营山的革命火种在杨克明的领导下越烧越旺。

1932年，杨克明离开营山回川东根据地，走时一再告诉我，要经得起磨难，坚定革命必胜的理想信念。他还告诉我不久红军就会打过来，穷人翻身出头的日子不远了。1933年8月，红军解放了营山，并成立了苏维埃政府。我也加入了共产党，并成长为县政府的内务委员会主席兼县妇女独立营营长。1934年，我随红军大队来到通江，在那里见到了分别两年的“布客”杨克明，他此时的身份已是红三十三军政委了。他对我说：“我知道你已入了党，并且还是红军营长，我们现在是同志了。”说完他郑重地和我握手，并一再鼓励我跟着红军，跟着党，革命到底不回头。

杨克明后调任红五军团政治部主任，参加长征北上。1936年10月在甘肃省高台县，率部与敌激战七昼夜，不幸英勇牺牲。

红军大姐张琴秋

红四方面军政治部组织部长张琴秋，是我心目中的女英雄。她1924年入党，年底赴莫斯科中山大学学习，1930年回国后，历任苏维埃学校校长、县委书记、红四方面军及西路军组织部长等职，参加过鄂豫皖、川陕根据地的历次战役。

1934年春，我在川陕省干部学校学习期间，被派到通江县开展农村工作，当时接待我们的就是县委书记张琴秋。能得到一个女县委书记的接待，对我们这些山里走出的目不识丁的穷苦妹子来说，是件了不得的事。初次相识，只见一位二十七八岁的女青年，身着灰布列宁装，腿上打绑腿、腰间扎皮带、头顶红星帽、皮带上还挎着小手枪，漂亮威武，英姿飒爽，一看就是位精明能干、文武双全的红军女干部。在张琴秋身边工作期间，她逐渐成为我们心中的偶像和靠山，她既是我们的好领导，也是我们最亲近的大姐。我们这些女孩子，有困难、闹分歧、想家了、受委屈都要找大姐倾诉衷肠，她成了我们大家的主心骨。有一次，我生病发烧，几乎无药可治，是大姐找来麻醉药放到热鸡蛋里，贴在我的肚脐眼上，治好了我的病。跟她在一起的几个月里，我受的教育最深，进步最快。

川陕省干部学习班结束后，我被分配到省委剧团工作。有一次，在旺苍坝附近的河边，老远看见两匹马跑来，原来是张琴秋大姐和她的警卫员。她是专程跑来看我们的，看得出她一直惦记着我们这些女孩子。我像见了亲人一样，心里暖融融的，滔滔不绝地向她汇报近期的工作和生活。她也告诉我，她接到了总部的命令去组建一支妇女独立团。她说：“妇女自己解放自己，不光放脚、剪头发，还要学习文化、学政治和军事，妇女也能拿起枪来参加战斗。”后来，她组建的这支“红色娘子军”，在保卫仓库、运送弹药、转运伤员和对敌战斗中成为红四方面军的一支生力军。全国解放后，她曾任纺织工业部副部长，1968年4月在北京逝世。

在前进剧团的战斗生活

长征开始时，我在红四方面军保卫局工作。后经赵明珍推荐，我被调到了政治部前进剧团当了一名文艺兵。剧团负责人叫易勇君，她让我担任道具股的股长。我们剧团简约精干，全团只有20几个人。下部队演出，因陋就简，我们道具组负责服装和搭台，经常向老乡借些门板、衣物等。化妆也是用些墨汁红纸当颜色，往脸上涂抹，画成啥样是啥样。演出的节目多为快板、诗歌、活报剧等。我们有个导演叫于实甫，很有艺术才干，他编排的红绸舞《八月桂花》和《红军长征歌》很受红军指战员欢迎。

在长征途中，为了给部队演出，我们必须先跑到前面等部队上来休息时演出，演完后又要往后跑，给后面的部队再演。行军时在各部队中来回穿梭，每天要多跑许多路，一天下来累得精疲力尽，但休息一夜，第二天又精神饱满地走在行军队伍中。我们的演出很受红军战士的欢迎。许多战士看完演出时，常常感动地流下眼泪。

参加红军，虽然有时会遇到难以想象的艰难困苦与危险，但大家革命理想坚定，精神饱满乐观。有一次，部队在行军途中，易团长让我们每人背后写一个字挂在背包上，一边走一边教大家认字、学文化。看会一个，就换到下一个人的身后再学，走着走着无意中我成了“排头兵”。易团长发现后故意对我说：“卯妹，看来这些字你都认过了，休息时我要考考你。”听了这话，吓得我赶紧往队尾跑，大家看到我“慌张”的样子，哈哈地笑个不停，行军的疲劳一下子解除了。

二、四方面军会师时，我们常到二方面军去慰问演出。一次演出结束后，我们几个女兵相约去看大名鼎鼎的“两把菜刀闹革命”——南昌起义的总指挥贺龙军长。在一条小河边，见有个人骑在马上钓鱼。大家觉得稀奇，就悄悄走过去。一个警卫员告诉我们，那是贺龙军长在钓鱼，不要惊动他。当我们快走近时，只见贺军长在马上一甩钓竿，一条一斤重的银色大鱼，甩到了我们眼前，女兵们吓得惊叫起来，然后就七手八脚地叫喊着在地上捉那条活蹦乱跳的鱼。贺军长在马上握着钓鱼竿，看着我们满地乱扑的样子，哈哈大笑起来。

爬雪山、过草地

长征途中，最危险也是最艰难的岁月莫过于爬雪山、过草地。我记得仓德山是我们长征时翻过的第四座雪山。由于山势太高，空气稀薄，气候变幻无常，我们几乎是穿着草鞋单衣，嘴里嚼着辣椒往山上爬。上山时还是阳光灿烂，爬到半山腰就云涌雾罩，寒气袭人，雨雪交加。爬到山顶时，浑身大汗被冷风一吹，冻得手脚僵直，几乎抓不住手里的木棍。

我们剧团有个做饭的蒲班长，长征路上一直背着口大行军锅。由于个小锅大，行军时从后面看他根本看不见人，只看到两只脚在锅底下划动。过雪山时，许多同志劝他扔掉大锅，他就是不肯。为了安全，他用一根绳子系在腰上拖着大锅上了雪山。下山时我们都是坐着“土飞机”连滚带爬地滑了下去，他却躺在大锅里往山下滑，滑到半中间，大锅把他扣翻在地，滚得满身满脸都是雪，引得大家阵阵的欢笑。

蒲班长背着这口大锅，爬雪山，过草地，红军西征时牺牲在甘肃的河西走廊，死后没有留下墓碑。

过草地更加令人永生难忘。茫茫泥沼纵横 600 余里。白天行军，忽风忽雨忽冰雹，弄得人满身泥水。夜里气温骤降零度以下，冻得人难以入睡。草地到处是陷阱，人们只能踩着草墩子前进，一不小心就会陷入泥潭，越挣扎沉得越快，直到被泥水淹没。沿途到处是有毒的黑水，喝下去又吐又泻。四野茫茫，找不到粮食。饥饿、伤病夺去了许多红军战士的生命。而我们红四方面军，20 余天的草地行军，已经是第三次经历了，其艰难困苦的情景，令人终生难忘。

长征感想

回忆长征走过的艰难历程，我深深体会到：在那样的困苦绝境中，我们的红军，以严明的纪律，以坚韧不拔的毅力，以百折不挠的精神，以大无畏的英雄气概战胜了凶残的敌人和险恶的环境，创造了人类战争史上的奇迹。而由此开创和传承下来的长征精神，这种气吞山河、勇往直前的革命英雄主义和革命乐观主义精神；这种把人民的根本利益看得高于一切的大无畏的牺牲精神；这种顾全大局、紧密团结的集体主义精神；这种官兵一致、患难与共、艰苦奋斗的忘我无私精神，不仅仅是中华民族不屈不挠、自强不息的伟大民族精神的体现，更是保证我们革命事业不断走向胜利的无比强大的精神力量。

长征精神万代永存！

选自国务院机关老干部活动中心编辑:《永远珍藏的记忆》, 2007年, 第28—32页。

王定国，女，1913 年生，四川营山人。1931 年参加中国工农红军，1933 年加入中国共产党。红军长征时任红四方面军保卫局工作人员、方面军政治部前进剧团道具股股长。新中国成立后，曾任最高人民法院党委办公室副主任、全国政协委员等职。

长征中的红军剧团[①]

孟瑜

隔江宣传

1935年初，我红四方面军粉碎军阀田颂尧、刘湘、杨森等白匪军六路围攻之后，开始向西进发。同志们按捺不住心头的喜悦，纷纷议论："这回要打过嘉陵江去，与毛主席、中央红军会师，开到北方打日本鬼子去啦！"提起毛主席这个光辉的名字，我心里热乎乎的，有说不出的高兴。因为在妇女独立营时，营政委就向我们讲过许多关于毛主席的革命故事：他领导湖南农民举行秋收起义，领导工农红军上井冈山，粉碎白匪多次围攻，创立了广大的中央苏区，这些动人的事迹深深留在我的记忆里。不久就能见到伟大的领袖毛主席，多么幸福啊！

2月中旬，我们剧团随着三十一军军部到达嘉陵江边。江对岸驻扎着大批白匪军队，他们劫走江上的船只，修筑无数碉堡，妄想阻挡我军西进。我们就在江东的苍溪、阆中一带住下。

不久，抢渡嘉陵江的备战工作开始了。一批批红军战士和青壮年民工，背着干粮，带着斧头和锯子，到大巴山去砍伐树木，准备架桥造

① 本文由孟瑜回忆长征的三篇文章《长征中的红军剧团》、《藏胞鱼水情》、《走过苍鹰飞不过的地方》合并而成，文中删去了后两篇文章的总标题，统一命名为《长征中的红军剧团》——编者注。

船。总部交给我们剧团的任务是：向白匪军开展政治攻势，动摇和瓦解敌人，配合我们的军事行动。

我们剧团来到前沿之前，部队已对白军进行了好几天的宣传活动。一天下午，李队长带着我们来到嘉陵江边。这儿江面很窄，对岸敌人的碉堡、工事看得清清楚楚，白军的说话声、口令声也能听见，只是不见人影，都龟缩在碉堡和工事里。我们对着敌人唱起歌来：

白军士兵你请听，
青哩哎子哟，
我们是工农的红军，
北上抗战打日本，
青哩哎子哟……

我们唱了一首又一首，越唱越有劲，越唱越响亮。对岸的敌人没有动静，大概是被我们的歌声吸引了。

当兵就要当红军，
处处工农来欢迎，
长官士兵都一样，
没有人来压迫人。
……

我们正唱着，突然一个白匪军粗声粗气叫道："喂，你们干啥子呀？"

"来和你们摆龙门阵！"李队长回道。

"有啥子好摆嘛，你们抓住格老子，要枪毙杀头、抽筋剥皮呀！"

说着，便"乒乒乓乓"向我们打起枪来。不用说，他们是受了军阀的欺骗宣传，不了解我们红军的政策。我们没有泄气，针对白军这种情况，便把各项政策编成歌子，唱给他们听；另外还动员许多白军士兵家属到江边喊话，将他们家乡打土豪、分田地，穷人翻身作主的情况，一一告诉白军士兵。

几天后，我们的宣传活动收到很大效果，白军士兵不再朝我们放枪了，我们的宣传活动搞得更加活跃，不仅喊话、唱歌，还演戏、跳舞给白军士兵看。

一天夜里，明月当空，江上银波闪闪。李队长拿起喊话筒，朝对岸喊道：

“白军兄弟们，快出来吧，你们的长官早去抽大烟、押宝了，还怕个啥子？”

果然，几个黑幢幢的人影，从地堡里爬了出来。

李队长说：“听说你们长官有八个小老婆，是真的么？”

江对岸响起一阵笑声。一个白军答道：“真的，一个也不少。你们问这个做啥子啊？”

“白军士兵们，你们想想，为什么你们的长官陪着小老婆在抽大烟，你们却丢下自己的老婆孩子，吃不饱，穿不暖，还拼死拼活替人家卖命？这样的差事有啥子干头！”

“我们命苦，有啥法子？”

“法子是有，到我们这边来吧！”

白军士兵听了，没有再吭声。看来我们的宣传已经打动他们的心了。我们趁机又喊道：“白军弟兄们，过来吧，不要替军阀地主卖命啦！红军是穷人的军队，你们也是穷苦人，天下穷人是一家，穷人不打穷人！”

经过反复宣传，白军士兵开始和我们交上了朋友。看我们隔江演戏时，不住声地喝彩：“好呵，么妹子，再来一个吧！”如果遇到他们长官来查哨，就先用手电亮几下，暗示我们赶快隐蔽，然后才朝天乱放枪。一天晚上，我们燃着篝火在江边演戏，突然江上响起“哗啦哗啦”的水声，一个黑黑的东西从对岸游了过来，我们上前一看，原来是泅水来投诚的白军士兵。李队长紧紧握着他的手说：“欢迎！欢迎！”并把他带回营房，拿衣服给他穿，端出热饭热菜给他吃。他感动得流着泪说：“你们太好了！弟兄们听你们唱歌、喊话，心里越来越明白，我们是被长官骗了，有的想到你们这边来，有的想丢下枪开小差。”我听了真高兴，暗想："党的政策真是无价宝，比机枪大炮还顶事呢！"

经过一个多月紧张的备战工作，我们修造了大批船只和木筏。3 月 19 日，总部发出了强渡嘉陵江的命令。仅仅经过一夜的战斗，白匪军便全线溃败，我们顺利地渡过了嘉陵江。

盐

强渡嘉陵江之后，我们红四方面军接着在剑阁、梓潼、彰明、中坝等地打了一连串的胜仗，继续浩浩荡荡向西进发。愈往西走，四周愈荒凉，遇到的困难就愈多。很长时间，我们不仅吃不到粮食，而且也吃不到盐。从中坝出发时，我们带了好些盐，但沿途群众生活十分困苦，长期吃不到一粒盐花，我们便把自己的食盐分送给他们，因此，没过多久，我们也就没有盐吃了。我们走过的地方尽是人烟稀少的大山区，筹不到粮，也买不到盐，三餐都是白水煮野菜，又苦又涩，十分难吃。但是我们知道，今天的艰苦，是为了子孙万代的幸福，同志们还是高高兴兴地吃着。

一些天下来，同志们都瘦了，走路时头昏眼花，两腿有千斤重。但是，困难吓不倒我们，大家情绪依然很高涨。行军途中，我们唱着山歌小调，有说有笑，有人还敲着竹板念顺口溜，热闹得很。

6 月中旬的一天，部队到达茂州。这时地里长的青稞和苞米快要熟了，沿路桃树枝上挂满又红又大的蜜桃。我们已经一整天没吃东西，但谁也没伸手去动一只桃子或一根苞米。

部队住下后，上级立即派我们到各村去筹粮。这里是汉藏杂居的地方，群众十分贫苦，而且受了白匪的欺骗，很怕我们。我们筹粮小组走了大半个村子，一个人影也没见到。原来老乡把东西藏得干干净净，躲到深山去了。一直走到村尾，才看见一间破屋里射出淡淡的灯光。我们走进屋时，一个藏族老人正慌慌张张收拾桌上的小瓦钵。“盐！”一位同志惊喜地叫起来。

果真，小瓦钵里盛着半钵白盐！我们的组长用商量的语气对老人说：“老大爷，我们是红军，路过这里。我们部队好久没有吃盐了，请卖给我们一些吧！”

藏族老人紧紧抱着瓦钵，一声不吭。

组长掏出几块大洋，指着老人手中的盐，又比比划划说了一阵，但老人仍不说话，抱着瓦钵匆匆走出门去。这时，一个同志突然发现桌上还留下一小撮盐花，那是刚才老人不小心撒落下来的，他连忙收拾起来，打算装进口袋去。我们的组长顿时厉声制止他：“放下！”随即把盐花用纸包好，端端正正放回桌上，领着我们回队去了。

一会儿,其他筹粮小组也回来了,但都没有筹到盐粮。这天的晚饭，我们吃的仍旧是白水煮野菜。

夜里,有的同志蹲在老乡的屋檐下,有的同志打着雨伞、撑起雨布，背靠背地坐在大树下，安静地睡着了。迷迷糊糊中，我看见一个白胡子老大爷，捧着一大钵雪白的细盐送给我们，炊事员老张乐得跳起来，马上煮了一锅咸苞米粥给大家吃，那滋味才美哩！我正想盛第二碗时，突然集合的哨音响了……我一惊，睁开眼，太阳光正照着我的脸孔。我把梦见的事情讲给我们团里年纪最小、绰号叫“小铁牛”的同志听，她十分高兴，大声说：“翠芝，这是吉兆啊！”

有几个老乡回村来发现红军不但没有拿他们一针一线，还把街道打扫得干干净净，渐渐消除了误解，便上山把老乡们陆续叫回来。于是我们就挨家挨户宣传，进一步向他们解释党和红军的政策。这儿居住的大都是贫苦农民,受尽军阀、地主的压迫,听了我们讲解许多革命道理后，便积极支援红军。依靠贫苦农民,我们摸清了村里的情况:哪些户贫穷?哪些户富有？土豪地主逃到哪儿去了？群众还告诉我们，在不远的高山顶上，有一种白石头，敲下来，放在锅里煮，能够熬出盐来。上级研究了这些情况后，决定部队在茂州休整一段时间，开展筹粮和熬盐活动，为进入藏族地区做好物质准备。

我们登上大山，找到了那种白石头，用小铁锤敲下一块，放到嘴里舐了舐，啊，真有点咸味哩！这可好了，我们再不愁没盐吃啦！大家兴奋地抡起铁锤，顿时，高山上响起一片“钦丁钦丁”的声音。起初，同志们敲得很有劲，时间久了，胳膊震得发麻，手掌裂开一道道伤痕，再也不听使唤，“钦丁钦丁”的声音渐渐稀落下来。李队长见了，笑着鼓励说：“同志们，加一把劲，多熬一把盐，进入藏族地区就少一分困难！”同志们立即振作起来，齐声应道：“对，加一把劲！”于是，“钦丁钦丁”的声音重新响彻山谷。

太阳落山时，我们每人背了满满一箩筐小石块回到营房。当晚，便升火熬盐，足足熬了一整夜，果真熬出两大碗雪白雪白的细盐。

我们在筹粮熬盐的同时，还抽出时间发动和组织贫苦农民，开诉苦会，没收军阀、土豪的财产。接着，许多贫苦青壮年自动参加了我们红军。我们离开茂州的前一天晚上，举行了盛大的军民联欢会。第二天一早，全村群众敲打着锣鼓，挑来大批鸡蛋、糌粑和布鞋，一直把我们送了十多里路，还舍不得分手，一再叮嘱我们早些回来。

扑不灭的火

不久，我们挺进到懋功。一天，剧团里传来一个消息：我们红四方面军跟中央红军会师了。这个消息多么激动人心啊！同志们听到后一跳老高，人人心花都开了，尽管我那时年纪小，懂得的事情不多，但是，我们知道跟着毛主席、中央红军走，一定能胜利。听说两支兄弟部队会师的时候，是多么热火呀，同志们一下子拥抱在一起，“中国共产党万岁！”“毛主席万岁！”的口号响彻云霄，连雄伟的高山和苍翠的森林，仿佛也为这次的会师欢呼起来！

懋功，周围都是高山，村庄分散，路途险峻。我们剧团经常活跃在大山丛中，从这个村走到那个村，一边宣传，一边组织农救会、妇救会、儿童团。不久，地方政府成立了，党的组织也建立了。老乡们老远看见我们就打招呼，端凳泡茶。有一次，我问一位老大娘："大娘，你现在看见我们，怎么不躲开啦？"大娘笑着骂我："看你这丫头说的，原先大娘不知道红军是啥样子，如今懂得是自己人。还怕啥啊！"说得大家都哈哈大笑。说实话，这里的老乡和其他白区的老乡一样，起初受了反动派的欺骗宣传，看见我们就害怕，老远老远便躲开了。如今见了面，有说有笑，亲热得像一家人。是啊，党和红军的影响已经在群众心里扎下了根，革命烈火已经在这块土地上燃烧起来了。

一个月后，部队开始北上。出发的那一天清早，队伍集合在空坪上，我们照例拿着锣鼓，带着浆糊、粉刷，站在最前头，准备沿途进行宣传鼓动。这时，忽然我身后传来一个熟悉的声音："小鬼，要走啦？"我回头一看，原来是伤员王排长。他伸手拍了拍我的肩膀："小鬼，再见了。"

我怔了一下，不解地问："你不走吗？"

他笑道："对，要留下来。我的伤口还没好，上级叫我们在这里坚持斗争。"

王排长是个好同志。虽然我是不久前到医院慰问演出时才认识他的，但早就听说他打仗很勇敢，在强渡嘉陵江时，左腿负伤，同志们把他抬走，他还大声喊着："我还可以打枪，我不能下火线！"如今他要离开我们了，我们心里有些难过，可是他还一再鼓励我们："小鬼，你们要好好干呀，跟着共产党、跟着毛主席走，革命一定胜利！"

离开懋功，每个人身上都背着药包、枪支和十多斤干粮，途中还不断进行宣传鼓动工作。

"请一排唱个歌好不好？"

"好！"

接着响起了嘹亮、雄壮的歌声。大家唱了一首又一首，越唱兴致越高，步伐越整齐，特别是想到我们正跟随着毛主席和中央红军一道前进，更觉得浑身有一股使不完的劲头。

但是，走到河坝附近，队伍忽然掉转头往南开，这可把我们弄糊涂了：为什么不跟着毛主席、中央红军北上抗日，反而往回撤呢？大家议论纷纷，可是，谁也不知究竟是什么原因。只是后来我们到了延安后，经过学习，才弄明白。

当我们再次经过懋功时，只见一片荒凉景象，无数村庄被敌人烧毁了，无数革命群众被敌人杀害了，但是，革命的烈火是扑不灭的，我们的队伍一到，群众便重新起来，支援红军，许多青年掩埋被敌人杀害的父兄，擦干眼泪，参加到我们红军中来了。

当时，参加我们红军的，有一个和我年纪相近的姑娘，名叫邓玉兰。她的爹娘就是被白匪杀害的。那是我们上次离开懋功北上以后，敌人知道这里留下了一部分红军伤病员，便强迫群众交出红军，但是谁也不说，敌人恨得咬牙切齿，把全村三岁以下的小孩全部抓来，一个个扔到火堆里，活活烧死。抓到成年人，屠杀就更残酷，穿耳朵、割鼻子、挖眼睛，甚至挖心肝。敌人的疯狂屠杀，并没有把受过革命影响的群众吓倒。邓玉兰的爹是在红军路过懋功时发展的党员，是苏维埃代表，当地群众叫他“红代表”，她娘是妇女代表。他们带领群众把伤病员转移到安全的大山后，就被敌人抓住了。玉兰的娘那时怀孕在身，敌人用枪托把她打晕，又从楼上踢到楼下，然后活活踩死。玉兰爹被打得皮开肉绽，拖到白匪团部去。他临走时悄悄告诉躲在床下的玉兰说：“我的党证放在屋后山缝里，你好好保管，将来交给红军。”

敌人把他抓去，威胁他交出红军伤病员，招出地下党组织名单。玉兰的爹冷笑了几声，说：“要打要杀由你们，要我说出一个名字、交出一个伤员，那是做梦！”敌人气得两眼瞪圆，跳了起来，拔出一把明晃晃的匕首，对着玉兰爹的胸口，吼叫着：“你到底说不说？”玉兰的爹朝白匪脸上狠狠啐了一口，厉声骂道："要杀就杀，共产党员是杀不绝的！"敌人把他杀害时，他还高呼："共产党万岁！""红军万岁！"后来，敌人又把玉兰的舅舅和村里 30 多个青壮年，统统杀害了。

留在这里坚持斗争的王排长和几个伤病员，听见敌人疯狂屠杀群众的消息，为了保护群众和留下来的其他同志，便挺身而出。他们在敌人的刑场上高呼："老乡们，军阀地主的日子不长了，红军一定会回来，革命一定会胜利！"

的确，共产党员是杀不绝的，红军一定会回来，革命一定会胜利！我们红军走过的每一个地方，都有千千万万的群众跟着站起来，坚持革命斗争。我们点燃的革命火种，一定会变成熊熊的燎原烈火。在懋功，和邓玉兰同志一起参军的，就有好几十个同志。

进入藏族区之前

部队一天天靠近藏族地区了。为了团结藏族同胞，开展工作，部队到达理番（理县）后，便着手进行各项准备工作。过去我们沿途经过的地方，也有不少是汉、藏杂居地区，这对我们学习民族政策，了解藏胞的风俗习惯，学会一些必要的藏语，起了很大的作用。我们剧团经常开会学习民族政策。队长告诉我们："我们是多民族的国家，藏族同胞因受汉族军阀反动派的压迫，造成了藏族同胞对我们的误解，不知道我们红军也是受军阀反动派压迫的穷苦人。所以，我们在进入藏族地区后，要特别遵守民族政策，使他们知道红军不但是汉族穷人的军队，也是他们自己的军队。这样，我们进到藏族地区后，虽然还会遇到许多困难。但是有了藏族同胞的支援，困难是能克服的。"

为了跟藏族同胞联系，上级找来许多通司（翻译），组成通司组，配合我们工作。我们从通司那里学到一些藏话，譬如"好"叫"耶莫耶莫”啦，“不好”叫“西拉西拉”啦，“长官”叫“大各旦”啦，等等。初学时虽然很不顺口，但这是上级交给我们的光荣任务，大家都下决心好好学习。那时候，同志们一见面就学着用藏语打招呼，到处都是“耶莫耶莫”“西拉西拉”的声音。有一次我们看见队长来了，老远就喊:“大各旦来了。”队长听了，笑着说:“我们这里没有‘大各旦’，把我也叫‘大各旦’，可不行呀！”说得同志们哈哈大笑。

我们一边学习，一边行军。一天，队伍来到一个汉藏杂居的村庄，我们刚走到一家藏胞的门口，忽然闻到一阵奶油香味，我们好些日子来没有吃过一顿饱饭，不由得被这香味吸引了。有几个同志好奇地进屋去，发现屋里没有人，看来这家藏胞对我们红军不了解，躲进大山去了。屋子的右角上有一桶香喷喷的酥油，我们互相看了看，谁也没上前一步，我们知道，这是藏族同胞的食物，决不能动。于是，同志们都不约而同地退了出来。刚走到门外，“小铁牛”猛想起什么，转身三步并两步抢进屋去，找到一块木板，把酥油桶严严紧紧地盖好，朝我们做了个鬼脸，说：“藏胞回来，肯定很高兴啦！”

这天晚上，我们回到宿营地，便把这件事情编了一出小歌剧，并且请通司译成藏语教我们唱，准备将来对藏族同胞宣传。

一个多月后，我们便进入了藏族地区。

二次进入藏族区

1935 年年底，在中央红军继续北上之后，我们红四方面军突然转过身子，挥师南下，翻过了长年积雪的夹金山。我们心里都结了个疙瘩：为什么不跟中央红军一起北上呢？为什么进了草地又调头向南呢？我们解不开这个疙瘩，也没有说出口来。

不久，部队经宝兴向芦山、天全一带进发。一路上，尽碰上四川军阀的部队，走一路打一路。敌机天天紧紧地盯住我们。有一天天刚亮，我们正翻越一座山头，两架敌机俯冲下来，嗒嗒地打起机枪，向我们扫射。我们剧团里大多是小鬼，听着凄厉的枪声，心里确实有些发慌，但附近都是荒秃的山岭，连一棵可以隐蔽的小树都没有。队长沉着地指挥我们跑到岩石旁边躺下，才避过了敌机的扫射。

后来，我们只好改成晚上行军，每人拿着一束白皮火把照路。远远望去，像一条巨大的火龙绕着高山盘旋而上。这一来，就没有遇到敌人飞机了。

我们在天全住了些时候，1936 年初，又翻山越岭，向西进入了藏族区。记得一年前的 6 月，我们由茂州北上，曾经通过藏族区，受到藏族同胞的热烈欢迎。现在，我们又来到藏族同胞居住的地方了。

常言道，山多水也多。当我们进入藏族区后，就感到这里的小川小河特别多。当地的封建反动头领，在我们未到之前，把架在河川上的独木桥都拆掉了，这给我们行军带来一些困难。特别是我们年纪小的同志，遇到水深的河流，就没有办法渡过，站在河边干瞪眼。每逢这时，大同志总是两三个人架着我们一个，一步一步蹚过河去。由于连续过河，我们的衣服湿了又干，干了又湿，一天到晚冷冰冰地贴在身上，当时又值寒冬，凉风吹来，好像跌到冰窖里一样，冻得嘴唇发紫，直打哆嗦。脚上的草鞋，也经不起三泡两泡，没多久，都烂得不行，许多同志只好光着脚板走路。脚板怎么能磨得过坚硬的沙石呢？不几天，脚底的水泡一层叠一层，每走一步，像有千万根针往里扎一样；后来水泡磨烂了，直流黄水，腿肿得像水桶一样，疼得同志们咬牙拧眉，直冒冷汗。晚上休息时，脚上火辣辣的，痛得不能睡觉。但睡着了，也不感到痛了，第二天又照样行军。

队长看到这般情况，心里也很难受。有一天，他不知从哪里弄来一张牛皮，高兴地对我们说：“来吧，每人做一双鞋子。”牛皮不大，队长叫大家把脚放到牛皮上比量，脚有多长，就给划多大，我也分了一块。

当天晚上就把牛皮戳了几个孔，穿上带子，一双鞋子就成功了。穿在脚上试试，哈，大小合适，又轻又软，比什么鞋子都好。从此，我们剧团里的同志都穿上了“皮鞋”。行军走路就好得多了，再也不怕沙石磨脚了，原先磨烂的脚板也慢慢好起来。不过，从此我的脚板上就留下了几个铜钱大的疤痕。

藏胞的深情厚谊

不久，我们剧团又随部队往西到了杂谷脑喇嘛寺。这是藏族区里比较大的一个寺庙。有一天，我们刚走到一座山下，前面传来消息说，当地的大喇嘛不准我们前进，我们已派出通司组交涉去了，部队原地休息，没有得到命令，不许随便行动。当天我们没有进寨子，就在寨外岩边树下宿营。下午，又在山下开了个会，队长对我们说：“同志们，我们又回到藏族区了。我们学过民族政策，上次进入藏族区时，留给藏胞很好的印象，希望同志们这次更好地执行政策，严守纪律。”他还吩咐我们把服装整理整齐，待会儿要进行宣传，要拿出最好的戏，演给藏胞们看。

队长讲完，我们就讨论开了。同志们纷纷订计划，提保证，一定要遵守纪律，执行政策。有的同志还说一定拿出最大的力量，做好宣传工作。到吃晚饭时，会还没有开完，炊事员老王一连来了几趟，不住地催我们说：“饭都凉了，吃完后再开会吧。”我心想：“老王这样三催四请，一定有什么好吃的东西。”到吃饭时，我约着小地牛跑到灶旁，猛地把锅盖一揭，啊！里面煮着满满一大锅豌豆叶，隐隐约约还有几颗青稞。原来炊事员同志知道我们要给藏胞演戏，想尽办法弄来了一些豌豆叶，而且例外地加进了点青稞，好让我们吃得饱，演得好。虽然只是些豌豆叶，在当时可算丰美的饭食了。那天晚上，我们饱饱地吃了一顿。

说实在话，打从离开中央红军南下以后，整整几个月没有吃过这样饱的一餐。肚子饱了，精力也充足了，晚上就开始了紧张的排练。

第二天下午，演出开始了。参加这次演出的，不仅有我们剧团，还有宣传组和部队等许多单位，这样节目就更多了。有大合唱，藏民舞，糌粑舞……我们剧团编的一个反映藏族同胞受苦的活报剧，这次也演出了。节目演完，我们剧团的李班长就扮成藏族妇女，走上台去诉苦，说她的丈夫被头领抓去当“乌拉”（民夫），以后又给头领杀死，现在她们生活没有依靠，日子过不下去了。她刚诉完，一个男同志又扮成藏族老大爷，也出来诉苦。李班长他们扮演得很逼真，诉苦也很真切，我们听了，都被感动了。开始，很少藏胞来看我们演戏，以后越来越多，男的女的，老的少的都来了，周围的山坡上，站满了人。他们一边看，一边举着手“呵，呵！”大叫，显得非常激愤，很多妇女和老人还不时地用手揩着眼泪。

我们演完戏回到宿营地，后面跟着许多藏胞，他们用一种惊奇的但又是和气的眼光望着我们，咿咿呀呀地不知道说些什么。正好，通司过来了，于是就和他们谈起来。这时，过去学的藏语“耶莫耶莫”（好）就起作用了。我们都跷起大拇指，指着他们连声地说：“藏胞耶莫耶莫。”他们听了都高兴地笑起来，也跟着说我们是“耶莫耶莫”。有几个藏胞还向通司说，要我们住到寨子上去，住到他们家里去。听着这些真挚热情的话语，我们深受感动，同时，也知道通过这次演出，我们与藏胞之间的关系更加亲密了。虽然我们演的戏他们不一定懂，但是，有一点他们却清楚地知道：我们跟他们一样，都是受苦受难的穷弟兄；我们是穷人的军队。穷人与穷人，心和心是连在一起的啊！

傍晚，上山交涉的通司回来了，他说，大喇嘛已经答应我们到山上寨子去住。我们知道这是党的民族政策的胜利。临上山前，队长宣布了几条纪律：喇嘛寺和经堂不准进去；群众的东西不能随便乱用，损坏了要照价赔偿，注意卫生，不能随地大小便等等。说完我们就整队出发，同志们个个昂首挺胸，精神饱满，走得非常整齐。

住进寨子后，用水，我们自己到山沟里去抬；烧柴，自己到林子里去捡。烧饭也不用藏胞的锅灶，在房外用大石头搭个灶洞，把锅子支在上面，就烧起饭来。藏胞见了非常感动，一再争着要我们用他们瓦罐里的水，烧他们檐下的干柴，还要我们和他们在一个锅里煮饭，我们都一一谢绝了。但是，藏胞又给我们送来许多棒子面，并且说再不收下他们就要生气了。

我们和藏胞的关系一天比一天亲密了，当时除了演戏和宣传外，每人还分工负责做一两户藏胞的工作。我负责的那一家有两口人，一个是老大娘，另一个是她的女儿。老大娘有四五十岁了，长年苦难，把她折磨得非常瘦弱，干削的面庞上满是皱纹，显得非常苍老。小女孩跟我差不多，身材不高，也很瘦弱，黑红的脸膛上，闪动着两颗乌亮的眼珠，一看就知道是个聪明、伶俐的姑娘。我天天到她家里，帮着扫地、背水，有时也帮着她们到寨子外边的山坡上去烧生荒。开始，她们对我还有一些生疏，日子久了，就混熟了，跟自家人差不多。每天，我都要跟那个小女孩学一些藏语，她也跟我学一会汉语。有时，我同她用半汉半藏的语言说起话来，说着说着，我们抱在一起笑开了，老大娘也高兴得呵呵笑起来。

由于粮食困难，部队在这里挖了很多野菜，晒干后储存起来。阿妈和阿姑听说后都跑来帮我们挖野菜。阿妈真会挖，一会儿就挖了一箩，并且叫阿姑帮着我们将绑带结成一根长绳，把野菜晒干。我跟阿姑讲，叫阿妈歇歇，阿姑说："阿妈劳动惯了。"后来，从大娘的嘴里我才知道她们家里的身世。这一家原先有四口人，老大娘的丈夫不久前病死了，还有一个儿子，在喇嘛寺里当小喇嘛。我还从她们那里知道，有钱有势的是大喇嘛，他们吃得好穿得好，可以随便派乌拉，抽捐税。谁家的"阿姑"（姑娘）要是长的好看一些，在一个规定的节日里，大喇嘛还可以随便叫她去服侍 30 天到 70 天。去的人，都被糟蹋了，有的就永远不能回来。她们还说，这里的男人，都要当一个时期的喇嘛。穷人当喇嘛同样是受苦受罪，在喇嘛寺里成天打水、扫地、干杂工，还要服侍大喇嘛。听了这些话，我又难过又气愤。我们苦，她们也苦，天下穷人一样苦，特别是妇女们，更是受着双重的压迫。

有一天晚上，老大娘忽然问我："你的阿爸阿妈在哪里？"我心里一阵难过，就把家庭受地主压迫，爹爹躲债出走没有音讯，妈妈被逼上吊，落得家破人亡的情况讲给她们听。老大娘和阿姑听了直流泪，跟我一起哭出声来。此后，老大娘待我更好了，跟对待自己的亲女儿一样，我也把老大娘叫作阿妈。有时我去迟了，阿妈就站在门口焦急地等待着。虽然她们每天只有少得可怜的一点糌粑和酥油糊口，但每天总会留一份给我，一定要我吃。我知道这是她们母女俩从自己口粮中挤出来的，因此，起初不管她们怎么说，我也不吃。后来，阿妈生气了，她说："你不把我们当成一家人，以后你就别来了。"我给吓住了，赶紧向她解释，说我们红军的纪律是不拿群众一针一线，而且阿妈家里生活又很困难。阿妈不等我说完，就摇头说："你是我的娃子呀，怎么不能吃呢？"我没有办法说服阿妈，跑回去向队长讲了。队长说："老大娘既然要你吃，那你就吃吧，以后还是要算钱给她。"以后，阿妈叫我吃时，我就吃了。阿妈一边看着我吃，一边慈祥地笑着，阿姑也乐得直拍手。

在藏区，每一个同志都交了一些藏胞好朋友，连喇嘛寺的小喇嘛都非常亲热地跟我们接近了。他们常常偷偷跑到我们这里来玩，有时不愿意回去，闹着要参加红军。每到夜晚，我们驻地简直成了寨子里最热闹的地方。阿爸、阿妈、阿外（大嫂）、阿姑都到这里来，团团围在一起，有说有笑，像一个快乐的大家庭。

党的民族政策不仅团结了群众，也影响了这里的大喇嘛。起初他们不准我们进入喇嘛寺，以后就自动地取消了这个禁令，允许我们到寺里去玩。同志们听到这个消息，非常高兴。寺里的小喇嘛，也都乐于充当我们的向导。

这里的喇嘛寺又大又漂亮，金黄色的屋顶，碧绿的墙牒，一层一层像是披着霞光的小山似的。里面有几百个房间，住了几千个喇嘛也不觉得拥挤。寺内大经堂、小经堂不知有多少，每个经堂都整整齐齐地排着许多蒲团，据说喇嘛们每天都在这里念经。经堂里大大小小的金菩萨数也数不清，神态各异，非常好看。寺内还有一座很高很高的塔，每一层都是经堂，大幅的红布从上面直挂下来。

3 月份，上级来了命令，要我们继续向西，进到道孚、炉霍一带。队长交代，为了不惊动群众，不要把消息告诉群众。但是，群众到底还是知道了。藏胞们跑到我们驻地来，个个哭得眼睛红肿，特别是一些年轻妇女哭得最厉害，坚决叫我们不要走。

临走前的晚上，我跑到阿妈家里，阿妈和阿姑立即端出早准备好的酥油和奶茶，要我全部吃下去。当我笑着端起奶茶正想喝的时候，瞥见她们两人的脸色突然变了，坐在地上一句话也不说，呆呆地望着我出神，一串串的眼泪滚落下来。我心里霎时像压上了一块石头，异常沉重，香喷喷的奶茶，说什么也喝不下去。过了一会儿，只听得阿妈深深地叹了口气说：“你们明天真的要走？”

我克制住盈眶的眼泪，强打着笑脸说：“是，明天就要走了。阿妈，你不是常常说要是穷人都翻了身，都有饭吃，那就好了。我们就是为了解救那边受苦受难的人民啦！”

“这个，阿妈当然高兴。”说着她伸手摸着我的头发，爱怜地说：“你这样小的年纪，走那么远，还要打仗，阿妈实在不放心。”

我不愿再使阿妈难过，就说：“阿妈，你放心。我年纪虽小，队长和同志们都会照顾我。我不是已经走了这么远的路了吗？”

时间不早了，我就向阿妈、阿姑辞别。阿妈赶忙从衣兜里拿出一个荷包来，说：“你拿去吧！”又拿出一包糌粑来，塞在我的衣袋里，说：“这个，你就留着路上吃！以后打了胜仗回来时，一定要到阿妈这里来，阿妈做最好的酥油给你吃！”这时，我克制不住了，眼泪终于扑簌簌地滚了下来。

回到驻地，许多同志都回来了，屋里却静得出奇，连最会吵闹的小地牛这时也特别安静，低着头坐在那里，一句话也不说。我把阿妈给我的荷包默默地打开来，里面装着指甲和一双骨雕的筷子，我再看看其他同志的手里，几乎每人都有一个荷包，里面放着菩萨的指甲，骨雕的玩具和红色的小花，还有火石、火刀……这里面，藏着多少藏族同胞的深情厚谊。

翻越党岭山

向西连续走了几天，有天下午，队长对我们说："同志们，我们又要过雪山了。前面这座大雪山叫作党岭山，比夹金山还要高一些，大家要做好思想准备。"当晚，部队就地休息，开始过雪山前的各种准备工作。

自从我们离开杂谷脑喇嘛寺以来，带的粮食和野菜已经吃得差不多了，我们的牦牛也一一杀掉吃了。当时最大的困难，仍是物资缺乏，不仅没有吃的，也没有穿的。这几天我们走的都是大山密林，没有见到一个大的村落，只是一些零散的村落，住着几户藏民，要想弄到大批粮食，是不可能的。我们只好沿途挖些野菜吃，有时也能找到一些牛皮，偶然幸运地弄到一些青稞，那就像得了宝贝一样，把它放到火上一烤，搓掉皮芒，装进裤管做成的米袋里，小心翼翼地背着走。虽然这样忙了几天，还是没有弄到什么粮食。为了御寒，我们每人分到半斤羊毛和几片生姜。为了行动方便，上级还叫大家轻装，除粮食外，能不带的东西就尽量不带。事实上当时我们也没有什么行装可带，除了随身的两套衣服外，连毛巾、牙刷都没有，一个班只有一个脸盆，洗脸、烧水、打饭都用它。行军的组织也做了调整，剧团分成两个女生排，一个排在前面当啦啦队，一个排插到队伍里面，负责唱歌、表演。

一切都准备得差不多了，我们就开始向党岭山进发。党岭山，当地藏胞把它叫作“神山”，意思是说除了“神仙”外，就连高原上最矫健的苍鹰也飞不过去，更不用说人了。有的说这是“万年雪山”，意思是说山上的雪是万年积成的，人走上去，如同陷入无底深坑。党岭山，确实巍峨巨大,山峰重叠,直插云端,烟雾缭绕,不见山巅。山上盖满白雪，皑皑闪光,像是无数明晃晃的利剑,刺入蓝天。我们虽然爬了两天山路，可还只是在党岭山的山脚呢！我们知道，要翻过这座大雪山，确实有不少困难。

晚上，在山下住宿。这里不用说没有房子，连个人迹都没有。只有一些几人搂粗的大树，树上挂着又长又大的冰柱子，树下倒是干燥，可是谁也不敢睡在那里，怕冰柱子突然落下来，打破脑袋。我们在石崖上坐下，把衣服往身上一盖就睡觉了。刚坐下时，真像坐在冰块上，一阵阵冷气直刺骨髓，仿佛整个身子都要给冻僵了。可是第二天醒来时，却感到身下暖暖的，像坐在鸭绒毯上，真舍不得站起来。站起来后，地下还冒着一股股热气呢。原来是我们用自己身上的热气把冰冷的土地烘暖和了。

天，灰蒙蒙的。我们把所有的衣服都穿到身上，就动身了，要争取在中午前翻过山顶，因为一到下午，山上气候就会起变化，狂风怒号，雨雪纷飞，不能过山了。出发前，队长宣布两条纪律：一不准坐下，二不准掉队，并且发给我们小鬼每人一根木棒。

翻越大雪山的艰苦行军开始了。

起先，不感到怎样困难，还能沿着弯弯曲曲的羊肠小道一步一步地往上爬。队伍里也热闹得很，前面啦啦队在叫喊:“同志们，加油啊！”我们后面的同志就唱起歌来。一时歌声四起,有川北小调,有江西评书，真是八仙过海，各显神通。

越往上爬，山越高，路越陡。有时左边是高高的雪崖，右边是无底的深渊，路陡得我们要笔直着身子往上爬，后边的人可以看到前面人的脚底。体弱的同志脚跟稍微踩得不稳，摔下了雪岩，立刻就有上百个同志涌来，用木棒、绑腿帮他从雪岩下爬上来。再往上，积雪也更厚了，一脚踩下去，就没到腿膝，要拔出来，就要花千斤的力气似的。有许多同志的鞋子，掩埋在雪坑里，只好光着脚，在大雪山上一步一步地行进。

爬了几个钟头，同志们都累得不行，双眼被雪光刺得异常疼痛，睁不开来。山上的空气越来越稀薄，呼吸都困难，大家张大嘴，直喘粗气。突然，大风呼啸而来，刮得我们摇摇晃晃，站不住脚。我用力拄着木棒，艰难地向上爬。在山下就听说：山上若起大风，必有大雪。果真，不一刻，大雪铺天盖地飘落下来. 我们只穿着单薄的军衣，冻得浑身哆嗦，牙齿打战，仿佛连血液都停止流动了。这时，队伍里静静的，只听见木棒着地发出“咯咯”的响声和同志们大口喘气的声音。掉队的同志越来越多，他们扶着一根木棒，艰难地走着，距离我们越来越远。

中午，眼看就要到山顶了，但我们已无力爬上去了。同志们确实累得很，肚子也饿得不行，身子摇摇晃晃，半天也跨不出一步。这时，只听见队长和部队的一些负责同志在山顶大声高喊：“同志们，有个好消息！党中央和毛主席派了红二方面军来和我们会合，他们在山那边等我们了！大家再坚持一下，爬到山顶，就是胜利！”听到要跟二方面军老大哥会师的消息，大家突然感到胸中有股烈火在燃烧，疲劳和饥饿都消失了，精神又重新振奋起来，个个飞快前进，一口气爬到了山顶。

下午，我们就下山了。下山比上山轻快得多，我们顺着山路滑下去。傍晚，就到了山下。回头看了一下来路，在这白茫茫的万年雪山上，还躺着我们许多亲爱的战友，为革命事业献出了宝贵的生命，我们永远不会忘记他们的。我们怀着这种悲喜交集的心情，大步向炉霍走去，准备与红二方面军老大哥会师。

筹 粮

二、四方面军会师后，我们在炉霍休整了一段时间，开始进行过草地的准备工作。

炉霍是个大平地，有一片肥美的草原。几个月来，我们翻山越岭，渡河涉川，现在能够见到这样一片平原，真有说不出的高兴。翻越党岭山时红肿的两眼和双腿，经过一段时间休息后，也好起来了；再加上这样的好草原，好天气，我们的心情格外舒畅。

有一天，我正同小地牛在野地里采野果，李班长跑来喊我们回去，说要开会。我们赶到驻地时，大家已经在广场上集合好了。队长高声说："我们很快要过草地，过了草地就可以和中央红军会师，就可以见到党中央和毛主席！"

大家听了，都兴奋得心扑扑跳个不停。

队长乐呵呵地说："现在上级叫我们马上筹粮，做好过草地的准备工作。"接着他又说炉霍是个牧区，产粮很少，要完成筹粮任务不是件容易的事情。只有发动群众，依靠群众，才能解决。

于是，我们剧团又开始唱歌、演戏等宣传活动。

一天上午，我和排长跟着通司去村里筹粮。一位藏族老大爷看见我们，立即笑着拉我们坐下，对我们说:"同志，你们上次唱的牧羊歌，句句唱到我心里去了！"接着老大爷通过通司向我们讲述了一件往事。

原来老大爷家从前有三个人，后来他妻子死了，留下一个儿子和他相依为命。谁知他儿子 13 岁时就被头人抓去放羊。在头人家里，孩子受尽百般虐待，穿不暖，吃不饱，天不亮就得出去放牧。有一天，他儿子实在饿得受不了，偷喝了头人的一杯奶茶，被头人发现了，拉回去吊在屋梁上，用皮鞭毒打了一顿。晚上，他儿子偷跑回家，跪在他面前大哭一场。就在这时，头人又派人来抓他儿子，他儿子急急忙忙逃了出去，至今仍不知下落。没抓到孩子,头人就把老大爷剥光身子,用皮鞭猛抽,还砍了几刀。如今，老大爷的左臂上还留着几条深深的刀疤。

老大爷拉着排长的手说："同志，要替我们报仇啊！"他说着便从屋角里提出一袋青稞，放在我们面前，恳切地说："你们收下吧！"我们知道他家里很穷，这袋青稞也许是他仅有的口粮，就对他说："你的情意我们领受了，青稞还是留给您自己吃吧！"谁知老大爷却生气了，我们执拗不过，只好收下了。

这里的藏族同胞不仅把自己吃的粮食送给我们，还要我们去地里收割未熟的青稞和玉米。这怎么成呢，我们只好解释说："地里的青稞无论如何不能割，你们要靠它过日子啊！"他们说:"这不用你们操心，我们采野菜，摘野果，也能过得去，有了你们，我们就有指望了！"他们见我们执意不肯，就自己跑到地里去割。后来我们只得和他们一起收割，并按市价付给他们银圆。

临走时，他们又送了好几头健壮的大牦牛和许多羊毛给我们。那些羊毛都是刚从绵羊身上剪下的。队长说："天下穷人一条心。有这样的群众，革命一定成功！"

草地行军

一切准备就绪后，我们就开始过草地。当时，除了行李，我们还背着一些青稞、野菜和干木柴，沿着崎岖的山路走了三四天后，我们就进入草地了。举目望去，只见茫茫的草地无边无际，分不清哪儿是天，哪儿是地，哪边是东，哪边是西。踏上草地，只觉得脚下软绵绵的。我奇怪地问队长："这是啥子路儿！怎么这个样子？"李队长看着我惊奇的脸色，笑着说："草地上有啥子路吆！你没看见草长在泥水上吗？"我低头看看，只见一股股淤水从脚下涌上来。啊，这跟我们家乡的池沼不是一样吗？队长再三交代说：“脚步要轻些、快些，万一陷了进去，越陷越深，爬都爬不起来啊。”

部队全部进入草地后，红彤彤的旗子迎风招展，绿色的草地变得更加壮丽了。中午，队长又把我们召集在一起开了个会，他用洪亮的声音说：“同志们，草地再大也有边，我们党中央和毛主席带领中央红军已经通过了草地，跟着党中央，跟着毛主席，一定能战胜困难，一定能胜利！”队长的话给我们极大的鼓舞，我们举起拳头，对着红旗，向党宣誓：“不管多大困难，我们一定要通过草地！”

晌午时分，灰蒙蒙的天空卷起一片乌云，狂风尖厉地吼叫，劈雷在草地上轰隆隆滚动。队长提醒大家说：“当心噢，老天爷要翻脸了！”

小地牛咧开嘴巴笑道：“翻脸就翻脸，怕个啥子？还吓得倒我们红军吗？”

果然，不到一袋烟工夫，哗啦啦地下起大雨来了。天气骤然变得十分寒冷，人说川西北的气候是：“早穿棉，午穿纱，抱着火炉吃西瓜。”这里的气候变化得还真快呢！一眨眼工夫草地变得一片黑漆，几十步就看不清人影，万一不小心掉了队，连方向也辨认不出来。想到这，我急忙加快步子，紧紧地跟着队伍朝前走。

下午，乌云渐渐升高了，倾盆的暴雨也停了，但是，片刻功夫，又下起鹅毛般的雪花，还夹杂着栗子般大的冰雹。下雪并不算啥，冰雹劈头盖脸打来，却十分厉害，眼看着一尺来高的野草，唰唰地倒伏下去，我们的头上也被打起许多疙瘩。

雨雪之后，草地更加不好走了，腐烂的杂草上面，淤积着污黑的泥水，脚长时间泡在污水里，又痛又肿，但谁也不敢乱跑一步或休息一下，害怕迷失方向掉进泥潭里。

经过一阵雨淋雪打，同志们的衣服都湿透了，呼呼的狂风又直往衣服里钻，一个个冻得浑身打颤。加上走了一天，什么也没有吃，于是部队行进的速度愈来愈慢了。上级看到这种情况，就命令提早宿营。在这茫茫草地上，不要说一间房子，就连一块比较干燥的地方也找不到。我们只好选了一个地势较高的塄坎，戽干积水，把一床被单撑起来，这就算搭起帐篷安下“家”了。

小地牛准备架柴起火，把湿透的衣服烤干，但携带的柴杆很少，沿途连一根可以生火的树枝也拾不到，把柴杆烧掉了，往后怎么办呢？衣烤不成，饭也做不成，我们只好倒出两把被雨淋湿了的青稞，放在手掌上揉了几下，胡乱吞了，就准备睡觉。

我们这个“帐篷”只有桌面那么大，要躺十来个人是够挤的，我们只好屈起腿，背靠背地坐着睡觉。这时，风仍然很大，李班长就叫我们年纪小的同志坐到帐篷中间，她们年纪大些的同志围在外边给我们挡风。哪知到半夜时，突然又哗哗地下起大雨，雨水集中到被单中心，朝我的头上直灌下来，冷得我像是掉进了冰窟一样，但是我怕把同志们惊醒了，仍然一声不吭地坐着。

李班长也被大雨淋醒了，她见到我淋成那个样子，赶紧把我拉出来，紧紧地抱在她的怀里，用她的身体暖和着我。这时我的手脚虽然冻得冰冷，心窝里却像燃起一炉旺火，感到无比的温暖。

雨愈下愈大，风愈刮愈猛，同志们全都惊醒了，不知什么时候，队长也来了。小地牛紧紧地抓住“帐篷”，防止被风刮走，一边气得噘着嘴巴说：“这个鬼天气，真要和我们作对啦！”同志们听了，忍不住都笑起来。李班长想了想说:“同志们，昨天队长讲的故事还没有讲完，请他继续讲下去好吗？”“好！”大家齐声叫道。队长笑笑说：“好，那我再来讲讲毛主席带领红军上井冈山的故事……”

草地的雨夜，除了凄厉的风声雨声，什么也听不见；除了无边无际的黑暗，什么也看不见。但是在我们的小“篷帐”里，大家都在静静地听着队长讲毛主席的故事，每个人的心中都像挂起了明灯，充满着希望、力量和光明！

一块牛皮

我们原来预计一个星期就能走过草地，可是一个星期过去了，还没有走完三分之二的路程呢！经过这一星期的行军，尽管我们如何节省，干粮还是吃光了。特别是我们这班小鬼，背的干粮少，前三天就断了粮。队长把自己的口粮一次又一次分给我们，我们看着他那日渐干瘪的粮袋，也不愿意再吃他的口粮了。我就和小地牛商议着采摘野菜充饥。可是，草地里的野菜大多有毒，一些能吃的苦麦菜、野芹菜都给先过草地的同志们采去了。有些同志饿得实在难受，误吃了有毒的野菜，结果全身浮肿，肚痛腹泻，中毒牺牲了。

有一天，我们只走了 20 多公里路就累得不行了。长期的行军，风吹雨淋，水泡冰冻，再加上饥饿的折磨，许多同志都生起病来。我们剧团里一个绰号“荞麦秆”的同志，本来身体就很虚弱，长得又高又瘦，这会瘦得更加厉害了，只剩下一把骨头。看看同志们确实走不动了，队长就下令宿营，大家把生病的同志安顿好，便分头去采野菜。我和小地牛被留下来照顾生病的同志。好大一会，同志们回来了，一个个都苦笑着朝我们摆一摆手，表示什么也没有找到。看到这种情景，我们的心也凉了半截，莫非我们真的要饿死在这里？

队长紧锁着双眉，蹲在地上，过了一会，站起来对大家说道：“同志们，先生起火来，烤一烤衣服，暖一暖身子，再想办法弄点好吃的。”于是，我们把剩下不多的木柴架起来，燃起几堆篝火，又把生病的同志扶到火堆旁边。这时，队长把两个党小组长叫到一边开会去了。

突然，从不远的地方传来一声微弱的呼声：“李——队——长！”大家抬起头来，朝着那声音的方向望去，只见黑暗中一个模糊的人影跌跌撞撞地走来了。队长急忙奔过去，惊异地叫道：“啊！小胡，你来干嘛？”

“军部派我给你们送粮食来！”小胡断断续续地吃力地说着。话音很低，但却十分亲切，仿佛一股暖流钻进了我们的心窝。大家全都惊喜地叫了起来：“啊！粮食！”说着，马上围了上去。

小胡从干粮袋里掏出一块巴掌大的牛皮，说:“军部弄到一些牛皮，首长叫分给全军同志，拏，这是分给你们的！”

李队长接过那块牛皮，双手捧在胸前，感动得声音发抖地说：“首长太关心我们啦！”他见小胡那副有气没力的样子，就说：“小胡呀，你也饿坏了，等我们烧了牛皮一起吃吧！”

小胡摇摇头，强笑着说：“不，我的份儿在通讯连，我还有任务没完成哩！”

送走小胡，我们就动手烧牛皮了。发时，我们剧团有 12 个同志，队长就把牛皮切成 12 块，其中大的有两个指头那么大，小的只有半个手指头大小。队长把大块的分给生病的同志和我们小鬼，自己和几个大些的同志就吃小块的。

小地牛一看，走到李队长身边，轻轻地说：“队长，这不公平！照顾生病的同志，我完全同意，我们没有生病的，不应该分大块的！”

李队长却笑着说：“这怎么不公平呢，大人力气大，少吃点也顶得住，小孩力气小，吃饱了才能行军哩！”

这时，我忽然想起了脚上穿的那双“皮鞋”，不也是牛皮做的吗？我大声叫了起来：“队长！我这里还有牛皮呢，一齐分了吧！”

队长迟疑地看着我。我蹲下去，把“皮鞋”脱了下来。队长这才恍然大悟，温和地对我说：“小鬼！没有鞋子过不了草地呀！”

我摇摇头说：“队长，我保证不掉队！”争论了半天，队长才无可奈何地叹口气，同意吃我的“皮鞋”了。

牛皮被火一烤，变成焦黄色，冒出一股股香味。有的同志等不及熟透，就往嘴里塞，恨不得一口吞下去。队长阻止说:“慢点，先唱个‘牛皮歌’，再吃！”

我们快活地唱起“牛皮歌”来了：

牛皮本是好东西，
哟嗨！好东西，
要细细地嚼，慢慢地咽呀，
哟嗨！
吃多吃快了要胀肚皮，
哟嗬嗨！

这是我们根据过去吃牛皮的经验编的歌，每当吃牛皮的时候，我们总要唱起来。

“三菜一汤”

我们继续行进着。一天晚上宿营后，正要起火时，队长跑过来，笑嘻嘻地说：“小鬼，你们准备做什么好吃的？”

小地牛说：“白水煮野菜，又甜又香！”

队长把眉毛一扫，像是责备，又像是逗乐似地说：

“嗯，老是野菜，得换个花样才行，要出草地啦！今晚应该打打牙祭，好好地庆祝这个胜利！”

听了这话，大家都快乐地笑着、跳着。小地牛问：“队长，拿什么会餐呢？”

李队长故意咳嗽一声，扮成大师傅模样，一拍双手道：“你们生火，我当大师傅，炒几个菜给你们尝尝，保管比重庆大菜馆的还要好吃！”

我和小地牛似信非信地生起了火。队长高高地挽起袖子，从他背着的那捆木柴里抽出几根发青的苞米秆，分成三份：一份切成细粒，说是炖猪蹄；一份切成细丝，说是炒肉丝；一份切成薄薄的小片，说是炒鱼片。此外，还煮了一脸盆野菜汤，他说这是“海带汤”。同志们都被他说得笑痛了肚子。

我们高高兴兴地忙了一阵，便做出“三菜一汤”来了，真是山珍海味，样样俱全哩！于是就开始了草地上的“大会餐”。

小地牛用手掂起两块“炒鱼片”放进嘴里，队长眯着眼睛笑着说：“味道如何？小鬼！”

小地牛歪着个脑袋，故意装出一副品尝的样子，慢慢地说：“嗯！味道么不坏，就是少了点油！”

我们被小地牛那副神态逗乐了。当时连盐都没有一粒，她还想吃油哩！

“荞麦秆”打趣地说：“哈，还想吃油啦，怕你没有那份嘴福！”

小地牛霍地站了起来，冲着“荞麦秆”说：“怎么没有这份福？现在是过草地嘛，将来革命成功了，不但吃油，还有肉吃！”“荞麦秆”和我们都笑了。

这时，队长讲话了。他那和蔼的脸色变得认真起来，说：“小地牛讲得对！同志们，我们现在爬雪山，过草地，挨饿受冻，这是一件了不起的革命大事，全世界人民都在注意着我们啊。我们是红军战士，为了革命，为了打倒军阀、土豪、反动派，今天吃点苦，就是为了大家将来过好日子嘛！”

经队长这么一说，我们再吃“三菜一汤”，确实有味多了，一会工夫，就吃得盆底朝天了。

“会餐”之后，我们生起一堆篝火，开了个小型晚会，小地牛递给我一副竹板，叫我敲打起来，她一字一板地说了段快板：

打竹板，竹板响，
听我来把草地唱一唱；
草地宽，草地长，
草地一片好风光；
绿油油的草儿织成毯，

无边无际接天上。
红军今天过草地，
好比走上鸭绒床；
淋头大雨好洗澡，
暴风刮来当风扇；
鹅毛大雪当衣穿，
捡来冰雹当弹丸；
谁说草地生活苦？
苞米秆子能会餐！
肉丝、鱼片、炖猪蹄，
还有一盆海带汤。
工农红军英雄汉，
北上抗日保家乡，
打倒国民党反动派，
建立自己的新中国，新中国！

这晚，草地上真是热闹，到处燃烧着篝火，烈焰凌空升起，好像无数鲜艳的红旗招展。

“荞麦秆”牺牲

自从断粮之后，我们一天只能吃到一两餐野菜汤，要是碰得不巧，就整天吃不上一点东西。在这种严重的饥饿、寒冷和疾病的折磨下，不少同志献出了宝贵的生命。在许多光荣牺牲的同志中间，给我印象最深的是我亲密的战友“荞麦秆”。

“荞麦秆”比我大五六岁，在我们队里，她也算得上大姐了。她对我们这班小鬼可真好，比亲姐还亲，平日我们就喊她大姐，有时也叫她绰号“荞麦秆”，她总是笑呵呵地答应着。

“荞麦秆”家庭十分贫苦，她从小就卖给地主家当丫头，受苦受难十多年，直到红军打到她的家乡，才逃出了地主家的大门，参加了红军。她身体很弱，过了嘉陵江后就一直生病；但在行军途中，仍然有说有笑，常常饿着肚子把口袋里的干粮送到我们嘴里。翻大雪山时，她病得厉害，也没见她叹过气，皱过眉头，还帮着我们这班小鬼爬山。从进入草地那天起，她就患上伤寒病，天天发高烧，脸孔瘦得尖尖的。看她病成那个样子，我常常伤心地背着她流泪，真怕她什么时候会突然地倒下来。但是，不知一种什么力量在支持着她，不仅能在草地上坚持了这么多天，而且还常和人说笑打趣。不过，这阵子她走得比过去更慢了，在没有人看到她的时候，她简直是在用手爬着前进。

快走出草地的前一天，她真是寸步难行了，但精神看来还好。李队长叫我和另外一个同志搀扶着她。她和我们一边走，一边给我们讲了许多革命道理。她还亲切地问我：“翠芝呀，共产主义社会是啥样子的，你知道吗？”

我愣了一会，接着笑道：“共产主义社会么，就是大家都有饭吃，有衣穿，有田种，有工做嘛！”

她听了，眼睛一亮，兴奋地说：“对！对！到那时候，再没有军阀、地主和资本家了，也没有人压迫人，人剥削人了；那时候，所有的工厂、土地、森林和矿山，都是我们劳动大众的。我们可以造许多机器，盖许多房屋，生产出许多粮食，把我们的国家建设得比天堂还美……”说着，她的声音就渐渐低微，缓慢起来了；但是她那富有感情的双眼却闪耀着晶晶的光亮。我深受感动，笑着说：“哈，要是能活到共产主义社会，该多好啊！”

她也笑了，点着头说：“当然，能活到共产主义最好，万一为共产主义牺牲了，也是幸福的！我常常这样想：军阀、地主、资本家吃得好，穿得好，可那算什么生活呀，跟猪躺在阴沟里没有两样。我们今天吃苦、流血，甚至牺牲，是为了全国工农大众的解放，为了子孙万代的幸福，为了共产主义，这是多么光荣啊！”

听着她的话，想起她许许多多感动人的事迹，我这才明白，她为什么会有那么惊人的毅力，原来有一个崇高的共产主义理想在鼓舞着她啊！

这天，她似乎有满肚子的话要对我说，她还对我谈起走出草地，到达陕北后的打算：她要和我一起去见毛主席，一起到连队去，请求上前方去杀日本鬼子……

说着说着，她突然栽倒在地上了。我慌得大叫李队长。队长急匆匆地跑来，把“荞麦秆”扶着坐了起来。只见她脸如白蜡，嘴里大口地喘着粗气，眼珠子直往上翻。我急得哭着大叫：“大姐！大姐！”李队长和别的同志也一个劲地呼叫她。一会儿，她又慢慢地清醒过来，嘴唇颤抖着说:“翠芝，别怕，我会好起来的！”队长也亲切地对她说:“别急，我们抬着你，一定把你抬出草地！”

“荞麦秆”仰起头来对李队长和同志们欣慰地笑了笑，又摇摇头，轻轻地说：“不用了。我可以走出草地……”说着就要站起来，李队长和我们制止着她。就在这个时候，她又晕了过去。我抱着摇了半天，她才把眼睛睁开一条细缝，呆呆地瞅着我，半晌，才用尽最后的力气，断断续续地说：“我为革命做得太少，但我的心……等革命胜利后……请给我妈捎个信说……她没有白养一个女儿……”说着就合上了双眼。

我痛苦地一头栽在她的身上，抱着她痛哭了一阵。

队长拉着我的手，擦干了我的眼泪，悲愤地说：“翠芝，我们应当记住她的话，继续前进！”

同志们在“荞麦秆”的遗体跟前默默地站了一会，然后把她的衣服拉直，头发理好，用被单裹起，一把一把地挖着泥土，给她筑起了一座小坟包。我和小地牛还采了些野花野草，插在她的坟头上。

毛主席派人来接我们

有一天，我们走着走着，突然看见远处出现小山包，山包上长着稀疏的树木，渐渐可以看清山包后面有一座小村庄，它的上空飘绕着缕缕蓝灰色的炊烟。李队长兴奋地喊道：“同志们，加油吧，草地快被我们甩到背后去了，前面就是班佑啦！”同志们听说出了草地，顿时欢腾起来，个个精神抖擞，忘了长期行军的疲劳，大步朝前赶去。

班佑地方不大，有几十幢房，却只住着七八户人家。这草地边缘上的小村庄，虽然十分荒凉，却给我们极大的鼓舞，因为那被称为“苍鹰也飞不过”的草地，终于被我们战胜了！

走出草地时，太阳将近落山。同志们看看比过去疏落得多的队伍，再回头望望被夕阳染得血红的草地，禁不住流下了悲痛的眼泪。多少亲爱的同志的鲜血洒在这绿色的草地上啊！

我们在班佑住了一宿，第二天继续前进。当我们翻过岷山，到达哈达铺时，突然接到紧急情报：马回子和胡宗南匪军集中大批兵力堵住了我们的去路，妄想将我们一举消灭。于是，部队又匆匆开到前面去打仗，党校、剧团、工厂等后方机关跟在后面。那时日寇正侵略东北，万恶的国民党反动派不仅不抗日救国，却派兵大举进攻北上抗日的红军，怎不叫人气愤万分！

我们四方面军已两过雪山，三过草地，精疲力竭，现在又遇到数倍于我的敌人的围攻堵击，情况异常危急。但就在这时，突然传来了喜讯：“党中央、毛主席派人来接我们啦！”振奋人心的消息，霎时传遍了漫长的队列，前前后后响起沸腾的欢呼声：“加油啊！中央红军在前面等我们哩！”“快跟上，别掉队，就要和中央红军会师啦！”队伍前进的速度大大加快了。同志们都恨不得长上翅膀，一下子飞到中央红军那里去。

原来党中央和毛主席得知我们快出草地的消息后，估计敌人一定会派兵阻击，于是，决定由聂荣臻、左权带领西征部队前来接应。事情发展确如主席的英明预见那样，我们一出草地，便遭到国民党匪军的堵击，这时聂、左部队正好赶到，把白匪打得落花流水，解救了我们的危急，我们得以顺利到达会宁。

临近会宁城，老远就望见城下飘着无数红旗，锣鼓声和歌声响彻云霄。还没来得及看清中央红军的模样，他们就像潮水般涌了过来，把我们紧紧抱住，连声说："同志们，辛苦了！""好兄弟，累坏了！"接着就端来茶水，又把我们的背包接去背在肩上，热情地问寒问暖，真比亲兄弟还亲。

到了驻地，中央红军把吃的住的都安排得妥妥帖帖了。他们打来热水，叫我们洗脸，接着搬出许多棉衣，每人发了一套。他们说："这是党中央和毛主席特地给你们准备的。"穿上新棉衣，心里热乎乎，我们像是回到亲爹娘身边一样温暖啊！同志们感动得不知说什么好，停了一会，突然，有人叫一声："毛主席万岁！"紧跟着，大家都欢呼起来："毛主席万岁！""党中央万岁！"

1936 年 10 月中旬，我们终于结束了长征。

选自《福建党史月刊》2006年第8、9、10期。

孟瑜，原名李翠芝，女，1920 年生，四川阆中人。1933 年参加中国工农红军，1935 年加入中国共产党。红军长征时任红四方面军剧团团员。新中国成立后，曾任福州军区后勤部司令部直属政治处副主任、福州军区后勤部政治部直属政治科副科长等职。2009 年在福州逝世。

我的红军之路（节选）

张文

（三）踏上万里长征路

1. 长征"第一渡"

走呀，走呀，翻山越岭，风餐露宿，有时还日夜兼程，越走离我的家乡——通江洪口镇越远。一天，终于来到了嘉陵江边。沿着前方部队开辟的通路，我们迅速渡过江去。站在西岸，仰望大巴山，俯视嘉陵江，大家思潮起伏，感慨万千。战友们情不自禁地捧起江水喝上几口，然后继续西进，一步一回头地说：再见，大巴山！再见，嘉陵江！我们还会回来的！没想到，这一走，就是几万里！这一别，就是几十年！

1935 年 3 月下旬，红四方面军为迎接党中央和红一方面军，在连续进行了广（元）昭（化）、陕南和强渡嘉陵江战役后，就开始了万里长征。

岷江，是长江上游的支流之一，发源于川西北的雪宝顶和若尔盖县的班佑地区，流经松潘地区的高山峡谷。水流湍急，不能徒涉，也不便架浮桥，只有坐小木船或牛皮船才能渡过。我们行军赶到了岷江岸边。

国民党军为了阻止红军渡江，把所有的小木船都封锁了。红四军派出部队到处寻找，才找到三条牛皮船，一条船一次只能载渡四五个人。

为了抢占对岸有利地形，战斗部队趁敌不备迅速渡过江去。我们被服厂的军工等了四五天后，才随供给部过江。

春夜，风大浪急，牛皮船里灌进了江水。我们的衣服被浪花溅得湿淋淋的，冻得全身直发抖。大家紧紧依偎在一起，协力经受风浪的考验。经过一番颠簸，总算安全地到达了彼岸。

穿越大森林，对我们红军女战士来说，也是令人心惊胆战、永难忘怀的事。川西北人烟稀少，植被茂密。许多原始森林，从来没有人走过。穿越其间，山高林密，大树参天，加上高原气候，雾气森森，冷风飕飕，使人不寒而栗。遇上雨天行军，踩着青苔，一步一滑，感觉十分吃力。

夜晚露营，大森林中漆黑一团，更是阴森恐怖。我们选择一块空地，堆起枯树枝点燃篝火。听说森林中有野兽和土匪，大家谁也不敢大声说话。排长还通知我们，每个人身边准备一根木棒，用以防备土匪和野兽的袭击。

长夜难熬，时眠时醒。第二天，走出大森林，迎着初升的朝阳，同志们照样有说有笑，继续行军赶路了。

2. 铁桶救了我的命

征途漫漫。由于连续长途行军，饥寒交迫，我积劳成疾，患上了肺病，身体极度虚弱，但行军脚步还是不能停止。

背着沉重的行李和线团，我随部队走呀，走呀！我的脚肿得穿不上鞋子，每迈出一步都疼痛难忍。但是我心里明白，此时此刻，对于我和每一位红军战友，掉队意味着什么。我要勇敢，我要坚强，拼死拼活也要跟着队伍。要知道，在漫漫征途中，对于生命构成威胁的，除了来自敌军和土匪的袭击外，还有来自大自然的严峻考验。

行军中，战友们争相为我背背包、背线团，我肩上只剩下一只盛水用的铁桶。我想，战友们负担已经够重的，说啥我也要为集体分担一点呀。

一次行军，走近一个山坡，我发现远处几间草房，好像不见有人住，一片凄凉景象。谁也没有想到，这几间破草房里，竟隐蔽着一股国民党军的散兵。我们远望着房子，正在迟疑间，突然“啪！啪！”枪声大作，国民党军从两边冲了下来，狂叫着：“抓红军娘子呀！”“投降吧，你们跑不了啦！”

敌人从两面包抄，想截断我们女兵的去路。

战友们不顾自身几十斤、上百斤的负重，大声喊着：“快！快！赶快冲过去！”“冲过去就是胜利！”

我们被服厂的红军女战士，手中没有武器，不能与敌人对打。唯一避开伤亡的办法，就是利用地形地物，拼命快跑，冲出敌军子弹的射程范围。

跑呀跑，跑得我两眼直冒金星，跑得我感到天旋地转！就在我将要昏倒的一瞬间，“宁死也不能当俘虏！”这个念头像雷电在脑中闪过，此刻，我全身爆发出常人难以想象的力量，飞步猛跑，竟奇迹般地跟上了行军队伍。这时，敌人的子弹“嗖！嗖！”地从我身后穿过。

一到宿营地，我就彻底瘫倒了，趴在地上大口大口地喘粗气。战友们急忙围上来，帮我卸下了还在背上的铁桶。

“啊！”大家惊叫起来，我背的那只铁桶，被敌人的子弹打穿了五个窟窿。这时，我禁不住心中暗暗庆幸：如果没有铁桶的掩护，我肯定就没命了，真得好好感谢这只铁桶呀！

3. 激动人心的会师

1935 年 6 月中旬，红四方面军在懋功（今小金）与党中央和红一方面军会师。这是激动人心的一刻。虽然 70 年过去了，斗转星移，岁尽如梭，许多往事都淡忘了，但那一刻的情景却使我记忆犹新，回想起来就激动不已。

懋功，位于四川西部夹金山下，是一座交通便利、风光秀丽、物产丰富的小山城，城中有一条小金川河流过，有藏、汉、回、羌等八个民族的同胞聚居一起。这座偏远的小山城，自从红军第一、第四方面军在这里会师后，就成了闻名遐迩的历史名城。

会师前，红四方面军各部队都进行了深入的思想动员。广大指战员决心以英勇战斗、加强工作、努办学习的实际行动，并积极展开了捐献衣物、鞋袜和准备慰问品的活动，迎接与党中央和红一方面军会师。据不完全统计，仅我们红四军自发捐赠的慰问品，就有2800余件。

6月12日，红四方面军红九军第二十七师第八十团和红一方面军第二师第四团，在夹金山北麓胜利会师。6月18日，党中央率领中央机关到达懋功，受到红四方面部队的热烈欢迎。

懋功会师，彻底粉碎了蒋介石妄图阻止红一、四方面军会师的企图，为在党中央和中央军委领导下开创中国革命新局面创造了有利条件，是一个具有重大历史意义的伟大胜利。陆定一同志为红军会师编写的《两大主力会合歌》在部队中广为传唱。当时，我激动地学唱了无数遍，至今还能把歌词背诵下来：

两大主力红军，
邛崃山下胜利会合了，
欢迎红四方面军百战百胜弟兄，
团结中国革命运动中心的力量，
哎！团结中国革命运动中心的力量，
坚决争取大胜利！
万余里长，
经历八省险阻与山河，
铁的意志，血的牺牲，
换得伟大的会合，
为着奠定中国革命巩固的基础，

哎！为着奠定中国革命巩固的基础，

高举红旗向前进。

这首歌传遍全军，人人会唱，充分表现了红军指战员胜利会师的欢乐心情和团结友爱的兄弟情谊，也反映了红军指战员在党中央和中央军委领导下争取更大胜利的决心和信心。

4. 第一次翻越大雪山

江流滚滚铁索寒。长征中，我们被服厂的女战士，最怕的是过铁索桥。

川西地区地形复杂，多高山峡谷。铁索桥都是架在十几丈高的悬崖峭壁之间，有的是几条铁索链，有的是几条用牦牛皮搓的大粗绳。桥面以木板或竹板铺垫，垫板与垫板之间的距离不等，有的一脚宽，有的两脚宽。桥板下面，就是奔流咆哮的江水。我们背着机器、线捆，一踏上桥板，绳索就晃悠起来，桥板还不停地颤动。不要说过桥，就是站在桥头往下看一眼哗哗奔流的江水，都会令人感到天旋地转、心惊胆战。

第一次过铁索桥，我心里确实挺害怕。过的桥多了，也摸索出了经验：眼睛不能往下看，手要抓紧铁索或拦绳，脚要踩准木垫板，一步一步向前移动身体。这样就会越走越稳，也不会头晕眼花了。

我爬的第一座雪山，是位于四川宝兴县的夹金山，海拔 4000 多米，山上终年白雪皑皑，高高的山峰被云雾笼罩着。当地人传说，除了神仙以外，连鸟也难飞过去。

一天傍晚，我们行军来到夹金山下，仰头看去，被冰雪覆盖着的山峰，在夕阳照射下银光闪闪，整个天空都被晚霞染红，煞是好看。但谁也没有想到，翻过它会遇到那么多的困难。

领导给我们动员说，明天清晨开始爬雪山，中午要爬到山顶，这是对每一个人意志和体力的考验。那时，我也顾不上几天来连续行军的疲劳,积极准备爬雪山必备的草鞋和绳子、生姜和辣椒。还按照统一规定，准备了三个用柏树皮做的火把。

凌晨 3 点钟，我们就打着火把上山了。那时真是年轻火力旺，我们每个人都身穿单衣，头上包块毛巾就出发了。

山脚下，要蹚过雪水融化的泥泞小路；山坡上，只能沿着一尺多宽的险路向上爬；越是高处，山势越是陡峭难走。爬呀，爬呀，爬到 3000 米以上的雪线时，冰封雪冻，空气稀薄。我感到胸口好像压了块大石头，气喘吁吁，两条腿沉得抬不动了。

雪山气候变化莫测。清晨，在山下还是朝霞满天；上午，爬到半山腰,一阵狂风卷起,鹅毛大雪就迎面扑来。大家一步一滑地向高峰攀登。我们排长刘方芝，见我爬得气喘吁吁，几乎迈不动脚了，急忙赶上来，把我背的东西抢过去，全部压在自己肩上，她又喊来管理科长，两人架着我爬。这时候再苦再累也要咬牙坚持，如果停下来休息，那就再也爬不起来了。我亲眼看到，许多战友就这样永远倒在了雪山上。

午后，我们终于爬到了夹金山顶峰。这时，峰顶狂风大作，先是下起了冰雹，一会儿又下起了鹅毛大雪。我们穿的单衣已经结了冰，在雪山顶更是不能停留，接着赶紧下山。我踏着厚厚的积雪，几乎是连滚带爬下的山。

滚呀，滑呀，衣服被灌木剐破了，手脚和脸上划出了一道道血口子……我和战友们终于下到山底下，一个个累得疲惫不堪。

（四）征战途中结良缘

1. 运动会上亮歌喉

1936 年 3 月，为迎接红二、六军团，红四军经历了千辛万苦，翻越了两座大雪山——夹金山和党岭山，来到了川西甘孜地区的瞻化（今新龙)县。瞻化县城,是一座只有百十户藏民的小城镇。小城镇的后山,是郁郁葱葱的茂密大森林;小城镇的南面,是波涛滚滚、奔流不息的雅砻江。这里山清水秀,风光如画。

我们被服厂的女兵和男兵一样,每天除了加工生产服装,就是练兵出操。那时,我们女兵班驻地离军首长很近,见面的机会很多,但我们很少与首长们打招呼。

我与红四军的首长哪一位都不熟悉,但当时直接领导我们的红四军供给部谢启清政委,却给我留下了深刻的印象。那是不久前在一次日夜兼程的长途行军中,我和几位女战友实在坚持不住了,想到路边的草棚里打个盹儿再走。没想到我们醒来时,部队已经走远了,我们拼命地紧赶快赶,总算赶上了队伍。一到宿营地,谢政委就把我们找去,进行了严厉的训斥和批评。当时,我心里也明白,谢政委批评我们,正是对我们的关怀和爱护。可是,我也不知为什么,以后见到谢政委总是感到有点怕。正是这位我有点怕的首长,后来促成了我同洪学智同志的美满姻缘。

5月30日那天,春风和煦,阳光灿烂。雅砻江畔的原野上,绿草茵茵,野花盛开,红四军的运动会就在这里召开。军长王宏坤、政委王建安、参谋长陈伯钧、政治部主任洪学智等领导同志,端坐在主席台上,一面观看,一面评说。

运动场上,红旗猎猎,龙腾虎跃,欢声雷动。运动会有篮球、排球、田径等体育比赛,也有射击、投弹、刺杀等军事训练项目比武,还有武术表演。我的二哥张熙汉就参加了武术表演。

红军战士在战场上是杀敌英雄,在运动场上也是钢铁硬汉。比赛场上,我们女兵的喝彩声格外引人注目。

各项比赛项目结束后,又表演了文艺节目。大会司仪突然宣布:欢迎供给部和卫生部两个女兵班给大家唱歌。

平时,我们女兵确实爱说爱笑、爱唱爱跳,走到哪里都把欢声笑语带到哪里。如今要登台演出，有人却怯场了，她们悄声对我说:“班长，咱们别上了。”

又是一阵热烈的掌声：“欢迎女兵唱歌！”我环视一下会场，紧握双拳一挥：“上！”就这样，我们供给部的女兵班排着整齐的队列，登上了主席台。我们先唱了《打骑兵歌》：

敌人的骑兵不须怕，
沉着敏捷来打它。
目标又大又好打，
排子枪快放易射杀。
我们瞄准它，
我们打垮它，
我们消灭它。
我们是无敌的红军，
打垮蒋贼百万兵。
努力再学打骑兵，
我们百战要百胜。

“唱得好！”“欢迎再来一个！”欢呼声中,我们又唱了《捉活牛歌》:

二月桃花满山坡，
红军来去如抛梭。
红旗插到山角上，
土豪劣绅无处躲。
……

我们越唱越有劲。后来才听说，在我领唱时，主席台上领导同志的目光中，有一双眼睛特别注视着我。他就是洪学智同志。

那天散会后，在回驻地的路上，政治部的王司务长就通知我：“晚上，谢政委让你去一趟。”我心里挺纳闷：谢政委又找我干什么？行军掉队的事，不是已经批评过了吗？

2. 首长牵线搭鹊桥

晚上，红四军参谋长陈伯钧的爱人何克春来找我，把我领到了谢政委的办公室。屋里点着煤油灯，一只小方桌，一条长木凳，一张木板床，这就是全部摆设。这时我才看见，军长王宏坤和他爱人冯明英正坐在床板上。我为之一惊，心里想：怎么军首长都来了？我难道犯了什么错误吗？是不是让我们女兵班执行特殊任务？越思越想越不安，心里好像有 15 个吊桶打水——七上八下的。很明显，军首长和大姐们都是冲着我来的。

我规规矩矩地站在屋子中央，低着头，一时不知说什么好。

还是女同志心细会体贴人，“来，”冯明英大姐一把把我拉到她的身边坐下，亲切地说：“熙泽同志，今天你们班的歌唱得不错呀！”

我说：“不好，不好。”

谢政委接着问道：“你认识军政治部的洪学智主任吗？”我摇摇头回答：“不认识，不认识、我在被服厂工作，跟首长们都没有联系。”

其实，我说不认识洪主任只是应付搪塞。自从我参加红军到被服厂工作后，曾见到过洪主任，听过他讲翻身解放革命道理的报告，在长征途中还经常看到他把自己的军马让给伤病员骑。他身材高大魁梧，说话嗓音洪亮；他打仗勇敢，平易近人等等，都给我留下了难忘的印象。

“今天洪主任称赞你了，说你们的歌唱得很好。”冯明英大姐把“你”字说得加重了语气。

我说：“谢谢首长的鼓励！”

接着，谢政委又介绍了洪主任的家庭出身、个人经历，讲了他的许多优点。

从谢政委的介绍中，我开始隐隐约约地感悟到了什么，我的脸立刻涨红到了脖颈，我的心也在怦怦地跳……

“熙泽同志，”军长王宏坤笑容可掬地对我说：“我和明英同志想介绍你和洪主任认识一下，你看怎么样呀？”

在我们四川老家，女孩子的婚姻大事，全凭父母做主，个人是丝毫不能选择的。现在，我是红军战士，又远离父母，婚姻大事，靠谁给做主？我支支吾吾一时不知说啥才好。

谢政委像是猜透了我的心事，十分亲切关爱地说：“这件事先不定，你自己考虑一下，再征求一下你二哥的意见。”

对，这事得和二哥商量商量再表态。谢政委的话给我提了个醒儿。

我的二哥张熙汉，和我同年参加红军，又同在被服厂工作，一起随红四军长征。当晚回到驻地，我就去找二哥。

二哥是个直爽人，还没听我说完，就表态说：“这是你自己的事情，你自己要拿主意，咱们虽然是同胞兄妹，但也是革命战友和同志，这件事只要你愿意，我绝不会说半个‘不’字。”

听了二哥的意见，我心里有了主心骨。那时红军中的人际关系，单纯真诚，每个人的经历，组织上都十分清楚。仅“同志”二字，就感到异常亲切，并省去了许多麻烦。

夜深了，风轻云淡，月明星稀。战友们都已进入梦乡，我却思前想后，难以入睡……

洪学智主任的身影，又在我的脑海中浮现。他是在鄂豫皖地区参加商南起义，从战斗中打出来的红军高级将领，21 岁就任红四军政治部主任……我把零散的印象一点点汇聚起来，逐渐形成了完整的看法。

第二天一大早，我就去见谢政委。“小鬼，考虑得怎样了？”谢政委急着问。

我红着脸，慢声细语地对谢政委说：“洪主任，他……他比我大 6 岁呀！”

谢政委威严的脸上露出了笑容：“好吧，让何克春同志领你去见见洪主任，你们先谈谈。”

3. 简单热烈的婚礼

红四军政治部就在瞻化城外山坡上的一座庙里。庙外的高山上，是郁郁葱葱的茂密大森林。

我按照何克春大姐指的路，沿着用青石板铺成的台阶，一级一级地走进了政治部驻地的大门。一进大门，右侧厢房第一间房子，就是洪主任的办公室。他见我来了，微笑着站起来给我让座。我觉得怪不好意思的，就顺势坐在一条长凳上。

此后就开始了他一句我一句的对话：

洪主任走到我面前，亲切地问："你们最近都学习些什么？"

"每天都读政治部编印的小报。"

"谢政委、王军长找你谈话了？"

"谈过了。"

"你有什么意见吗？"

"我听组织上的意见。"

洪主任哈哈笑了，幽默风趣地说："那是我个人的意见，几位领导都同意，所以，咱们个人的事，就变成了组织意见。"

"你还有什么要求吗？"他接着问。

我一时不知如何回答好，先是摇了摇头，紧接着又频频点头。

就这样，我和洪学智同志的第一次谈话，就达成了"婚姻协议"。

1936 年 6 月 1 日晚上，我们的婚礼在红四军政治部办公室里举行。红四军军长王宏坤和爱人冯明英、军政委王建安、参谋长陈伯钧和爱人何克春、供给部长秦辉灿、供给部政委谢启清等领导同志，都到场祝贺。

在红军长征的路上，条件极其恶劣，生活极其艰难，但我们的婚宴办得简单而又热烈。管理处的同志们搞了点牦牛肉，烙了些青稞面饼，烧了锅面疙瘩汤。大家围坐在一起，以水代酒，祝贺我们白头偕老，革命到底！

6 月 2 日，新婚后的第一个早晨，起床号刚吹过，我就扎好腰带跑回班里。战友们惊奇地欢叫着："班长，你怎么回来了？"

"我怎么就不回来？"大家问得我有点奇怪，"我是你们的班长呀！"

战友们异口同声回答："你，你是——新——娘——子！"大家一阵哄笑之后，跟随我跑步出早操。

我们的结婚用品也很简单，只有一条夹被单、一条旧毛毯。1949 年东野六纵在北京通县驻防时，我把那条旧毛毯送给老百姓了。学智同志知道后，很惋惜地说："那是我们结婚的纪念品呀，怎么随便送人？送其他东西不好吗？"

一句话，道出了我们革命夫妻间的深切关怀和笃厚爱心。

（五）长途跋涉到陕北

1. 再次穿越松潘草地

1936 年 6 月 3 日，红三十二军在理化以南之甲洼与红六军团先头部队第十六师会师。6 月 30 日，红三十军第八十八师在甘孜以西的绒坝岔与红二军团会合。红二、六军团部队全部集结甘孜地区时，受到红四方面军全体指战员的热烈欢迎。沿途的山山岭岭、村村寨寨写满了"欢迎横扫湘鄂川黔滇康的红二、六军团！""欢迎善打运动战的红二、六军团！"等巨幅标语。红二、六军团所到之地，当地藏族群众载歌载舞，夹道欢迎。在红二、六军团的宿营地，红四方面军部队为他们筹集了大批粮食、牛羊和食盐，腾出了打扫干净的房子，准备了木柴和开水。由红四方面军指战员亲手织成的毛衣、毛袜等慰问品，一批批送到红二、六军团战友们手中。为庆祝与红二、六军团胜利会师，晚上还召开了盛大联欢晚会。真是人人欢欣鼓舞，个个心情激动，充分显示了两支主力红军兄弟般的亲密团结。

6 月底，红四方面军在甘孜地区迎接红二、六军团后，开始第二次北上，与先期到达陕北的红一方面军会合。

出发那天，天上下着大雨。我们浑身被淋得湿透、身上背的线捆越背越重。我的鞋帮与鞋底被泥粘脱了，就用绳子把它捆在脚上，坚持行军。过河时，又遇到洪水暴涨，水不深但冲力却很大，被服厂的一位男兵就被洪水冲走了。我们女兵班在男同志的保护下，才渡过了急流险滩。

过了毛儿盖，就是纵横 600 余里荒无人烟的松潘草地。松潘草地位于阿坝藏族自治州、羌族自治州的红原和若尔盖县境内，这里海拔 3000 多米，是我国最典型的沼泽地。放眼望去，只见绿茫茫的一片汪洋草海。

在进入草地之前，领导要求我们做好准备，部队派人四处寻找粮食。我们这些女兵，也带着剪子到老百姓已收割的地里寻找青稞穗。当时规定每人每天交三斤，剩下的自己留下做干粮。老百姓地里剩下的都是些瘪青稞，根本就没有粒，一天下来还捡不够三斤。

经过几天准备，部队开始第三次过草地。我们扔下了沉重的机器，除了背着布匹和线捆外，每人还背了 15 斤青稞，背包下面加了一捆干柴。

茫茫草地，气候变化莫测，一会儿晴朗，一会儿刮风，一会儿下雨。地面上是一簇簇草丛，浮草下是污泥黑水。稍有不慎，就会陷入泥潭，而且是越陷越深。我们凭借着第一次、第二次过草地的经验，又一次艰难地穿越松潘草地。

在一望无垠的草地上，食盐奇缺。我的同乡战友张德英有一块盐巴，像石块一样坚硬。每次吃饭时，她就拿出来，大家用筷子在盐块上蘸蘸，再把筷子含到嘴里。这情景真是令人难以忘怀！

草地宿营，难得找到一块干爽地方。在湿漉漉的草地过夜，牛粪是宝贝，大家用被单包着拾来的牛粪，宿营时点燃取暖。

患难时刻见真情。从吃的、用的到烧的，战友之间都是互相关心，彼此谦让，一起享用。当时，我们班里十个人只有一个铁脸盆、烧水、洗脸、洗脚都用它，吃饭时还用来打菜、盛粥。战友之间、同志之间，真是同命运、共呼吸，患难与共！

带的粮食很快吃完，后面几天部队吃不上也喝不上，战友们人人面黄肌瘦，个个疲惫不堪，许多同志积劳成疾。我有一天从草丛中捡了一个生牛蹄子，因为饿得厉害，根本顾不了那么多，用茶缸子煮了一天就吃了。可能是因为没有煮熟，也可能是牛蹄子已腐烂变质，吃后发烧、拉肚子，我的两条腿像绑了铅块一样沉重，差一点倒在草地里走不出来。

靠信念，靠毅力，经过八天八夜的顽强跋涉，我们终于走出了神秘莫测的草地，进入半农半牧的川西地区，踏上了北进甘南的征程。

2. 欢呼，会宁大会师

一进入甘南地区，我们就遇到国民党军胡宗南部的围追堵截。有时敌机在空中盘旋，炸弹就落在我们身边。

宿营休息命令一到，我们立即向老百姓借来床板、门板、桌凳，搭起工作台就生产被服，保证随时供应前线。行军命令一下，我们背上线捆、布匹就走。

1936 年 8 月中旬，在洮州（今临潭），学智同志从红四军政治部调红军大学学习，我仍留在供给部被服厂工作。我与学智同志结婚不到三个月，我们就分开了。

行军、打仗，整训、生产！我们红四军在甘南地区，同国民党军胡宗南、王均、毛炳文、鲁大昌等部，周旋了一个多月，进行了岷（州）洮（州）西（固）战役和开展西北新局面的斗争。

北上，与红一方面军会合！按照党中央和中革军委的战略部署，红四军作为红四方面军的第一纵队从洮州出发，经官堡（今会川）、渭源、华家岭，攻占青江驿、翟家所，于 10 月 8 日在会宁的青江驿、界石铺，与红一方面军第一师胜利会师。

10 月 9 日，红四方面军总指挥部到达会宁县城，受到红一方面军部队的热烈欢迎。他们给我们送来了毛衣、毛袜、毛手套和肉类、蔬菜等大批慰问品。那些日子，我们天天改善伙食，天天像过年一样热闹。

10 月 10 日那天，会宁县城红旗招展，锣鼓喧天，万众欢腾。红军在这里举行了庆祝会师联欢大会。这时，红二方面军也经过天水地区渡过渭河，经秦安、通渭，到达会宁地区。红军三大主力——红一、二、四方面军实现了大会师。

从领导和同志们那里，我还知道，那一天，中共中央、中华苏维埃中央政府、中央革命军事委员会联署发出了庆祝会宁大会师的贺电。向三个方面军的领导人及全体指战员致以热烈的慰问和祝贺。

贺电指出：我们就要进入抗日战争的新阶段了，“我们要在这个新阶段中，树立全国人民的模范，树立抗日战线的模范，争取一切国民党军队加入抗日民族统一战线，开辟抗日前进道路，扩大抗日根据地，巩固抗日根据地。”

贺电号召：“为保卫西北而战！为保卫华北而战！为保卫全国而战！为收复失地而战！为联合工农商学兵、联合各派各界各军驱逐日本帝国主义出中国而战！”

会宁大会师，胜利地结束了红四方面军历尽艰难险阻转战一年零七个月的长征。

会宁大会师，大家欢呼，大家歌唱！

在会宁，我住在一个回族老乡家里，女主人待我十分热情，每天都给我烧水烫脚，我内心觉得很过意不去。因为这里是吃水如油的黄土高原，水源极为缺乏，人畜用水全靠水窖储存的雨水。

一天夜里，我们突然接到上级命令，要把红四军两个女兵班调到方面军妇女独立团去，准备西渡黄河，执行宁夏战役计划。我很高兴有机会到前线去直接参加战斗。因为我也早就听说妇女独立团是张琴秋大姐领导的，能征善战，是全军闻名的。但是，我内心深处又很忧虑，这件事不能与爱人打招呼。此时，我更加思念学智同志。自从洮州分手以后，几个月来没有他的任何音讯。他在延安学习，我西渡黄河，不是越走离得越远了吗？想呀，想呀，使我思绪万千，寝食难安。

正当我们整装待发时，又接到就地待命的命令。我和我的战友们默默无声地服从了命令。后来知道，胡宗南获知红军西渡黄河的消息后，派部队封锁了黄河，没有过河的红军部队只能留在东岸。

选自张文：《我的红军之路》，解放军出版社2005年7月第1版，第22—45页。

张文，女，1919 年生，四川通江人。1933 年参加中国工农红军，1936 年加入中国共产党。红军长征时任红四方面军第四军供给部被服厂战士、班长。新中国成立后，曾任中央广播事业局机要秘书、解放军三〇四医院顾问、解放军总后勤部管理局顾问、中国少年儿童基金会理事等职。

跟随李先念政委长征①

张廷福

1932年12月，红军解放了通江县城，我当时只有十四五岁，红军来了之后听说是救苦救难的，我听到了就想参加红军。家里不许我去，说我是个女娃儿，什么都不知道。我背着父母悄悄地到了通江县城，参加了妇女独立营，营就扎在通江大操场坝里。开始是做军鞋，站岗放哨，后来我表现好，组织就派我去通江永安学打靶，喊"1、2、3"就把枪扛到肩膀上，下枪时喊"1、2"就停下来了。由于我靶子打得好，打得准，大多数都打到中心。家里人说我这个女娃胆大，不害怕。独立营全是十七八岁的女孩子，主要任务是：保卫机关，清剿土匪，配合主力部队作战，抢运武器弹药和伤病员。妇女独立营营长叫陶万荣，政委是曾广澜，后来发展成了两个妇女独立团，共2000名女战友。红军撤离川陕苏区时，合编为妇女独立师，直属红四方面军总部管。

1933年12月，我到了王坪总医院，总医院的政治部主任叫张琴秋（开始她是红四方面军政治部主任），她发动妇女作鞋袜募集粮食布匹等到前方支援红军打刘湘的军阀，鼓励女同志组成宣传队到王坪总医院慰问"彩病号"，王坪总医院有很多"重彩号"（重伤员），我边护理边给彩号唱歌："一抬伤兵同志们哟！田里的土地有人耕哟，打哟，杀哟！革

① 题目为编者所拟，原题为《女红军张廷福的回忆》。

命的红旗遍地插哟！”总医院撤离时，两个妇女独立团将总医院 2000 多名伤病员送到了旺苍庙儿湾，后来又到了广元一带。红军要走啦！部队转移时我转过头一看，能走的就跟着走，不能走的，听见红军要走了，“重彩号”们在地上爬呀爬，说什么也不愿意被留下。后来我们到了四川江油，在那里我学到了许多革命知识和斗争经验，组织穷人打土匪，分田地，宣传红军政策，建立了许多苏维埃政权。

1935 年 4 月，红军撤离川陕苏区开始长征，我被编到了红三十军，政委李先念就在我们的部队里。当时，到了不知道是什么地方，我看见一碗水端起来就喝，结果就喝醉了，原来是酒，听说我睡了一天一夜。醒来时，一个老红军说：小鬼你喝醉了。我说我没有喝醉。从那以后我就不喝酒了。部队到了少数民族地区，上级要求我们每人要准备三双草鞋迎接中央红军，我不会打，战友们就教我打。那个地方复杂，藏族人以为我们是坏人，不知道我们是红军。我一路喊：“我们是红军，我们爱穷人，你们没有土地，我们就给你分土地，你家没有吃的，我就给你家拿吃的，你们不能给敌人当兵啊！”“砰”、“砰”几枪就打过来了，我会躲枪，我要是不会躲早就被打死了。那时候我不害怕，记得我们过一条河时，不注意被人绊倒了，滚在水里被水冲到了队伍的前面，遇到一个藏族女娃子想跟我们走，她还教了我们学了几句藏语。

过雪山时，李先念政委讲：“你们要好好的走路！”还有战友也给我们讲:准备好，要是人滚下来，不能拉，你要拉他也就会把你带下去。雪山一个梁梁又一个梁梁，长的树很矮，我们就在那里过夜，这里雪化了又转另一个地方。

过草地时，李先念给我们讲话：“同志们，过草地，要留心，警惕陷到泥里面去！”过水草地时，里面有水塘，一群群乌鸦。在里面啪啪啪啪……有人朝天上打枪，喊：你们不能喝这里的水。战友们太渴，趴在地上就喝。我听话，不能喝我就不喝。李先念就在我们一路，他说什么我都听。过旱草地时，又饿又饥，带的干粮吃完了，我赤着脚，就扯草草，扯了自己舍不得吃，你一小把，我一小把，分给战友们吃。那苦啊，我才晓得，过雪山草地的人才晓得。吃草根、树皮也罢，我不后悔。为革命打天下，我更不后悔，因为有李先念政委和我们在一起！（蒋兴权、夏溱整理）

选自中国人民政治协商会议四川省委员会文史资料和学习委员会编：《四川文史资料选辑——红军长征在四川》第48辑，2006年编印，第15—17页。

张廷福，原名张庭福，女，1917年生，四川通江人。1933年参加中国工农红军，随后加入中国共产党。红军长征时为红四方面军第三十军战士。新中国成立后，曾任甘肃省高台县天城乡党委书记。已故。

艰难的行程

周起义

万恶的旧社会，给我留下一双小脚，可是，在党的培养下，我成为一名光荣的革命战士，参加了长征。革命的实践，使我深深地体会到，无穷的力量来源于坚定的信念。

金鸡独立

1935 年 1 月，我在川北王坪四方面军总医院养伤时，听说部队要转移，心里急得火烧火燎的。我偷偷掀开纱布，两条小腿肿得瓦罐粗，大小水泡一个挨一个，烂得成了马蜂窝。这是从鄂豫皖根据地往川陕根据地转移时，翻越巴山留下的伤，当时我只穿着单衣，山上风大雪紧，手、脚、耳朵、小腿……全冻伤了，住了四个多月的院，还是没有痊愈。为了能按时随部队出发，我决定采取“快速疗法”：趁没人时，我把水泡一个一个地掐破，放出里边的脓血；我又用稻草做了个小“枕头”，休息时把它夹在大腿和小腿之间，不让小腿向后弯。过了几天，我的腿不那么疼了，就去找医院的领导，要求出院。院领导看了看我，不放心地说：“小鬼，你这种精神是好的，可你的伤好了吗？”

“好了，好了！首长不相信，请看！”说着，我把早已准备好的动作，演习了一遍，原地跳了跳，又用一条腿换着站立。

“噢，还能‘金鸡’独立啊！”在场的领导全被逗乐了。领导同意我出了院。

出院后，组织上派我到妇宣队当队长。时间不长，由于“快速疗法”起了“拔苗助长”的作用，我的小腿又溃烂化脓，水泡连成片，因而住进了工农兵医院。

说是住院，实际上和在连队没多大区别，每天照样行军，天上有飞机跟，后边有敌兵追，每天百十里行军不算，有时还得打仗。我个子生得瘦小，脚又小，别人大步走，我就得一路小跑，脚上很快又打起了新的血泡，大泡套小泡，泡连着泡，一着地像踩上针尖似的，再加上腿上的疾患，每迈出一步，我都要忍受巨大的痛苦。在那种情况下，光靠药物的作用减少疼痛，是不现实的，因为红军的物质条件差，药品更是缺乏，一般伤员用盐水擦擦伤口，就算是最好的消毒法了，为此，我更多地依靠“精神疗法”：一边走，一边和同志们说说笑笑，唱唱歌，转移自己的注意力。一到宿营地，帮着医护人员照顾重伤员，有几个同志伤口化脓生蛆，我就用手一个一个地给他们挑蛆，用破布蘸盐水给他们洗伤口。这一忙，我就不觉得疼了，干完活，往地上一躺，很快就能进入梦乡。

同志们见我挺勤快，就把我留在了工农兵医院。医院里的工作人员，除院长赵开国过去当过医生外，其他人大都是半路出家，临时从各单位抽来的，不用说没给人治过病，有的自己有病穷得连药也没吃过。幸亏医院的设备简单，只不过有几把剪刀和镊子，四五个药包，至于药品只有“红降丹”、“白降丹”、“膏药”等三四种，其他药全靠自己采，自己熬。不过这样，倒是好学，时间不长，就能应付下来。为了更好地掌握医疗本领，我们一边行军，一边学习，前边的人背块小黑板，写着“盐水”、“红降丹”、“消毒”等常用词，后边的人边走边看。这方法虽然简单，可对我这个扁担躺下都不认得是个“一”字的文盲，却很起作用。我就靠这种方法学文化、学技术，当时，我找了本中药书，边走边背，不懂就问，走到陕北时，已全背下来了。

小脚上山

一晃在路上走了一年多。

1936年春，上级派我去“中央政府”女子警卫连当指导员（所谓中央政府，实际上是张国焘分裂党中央的产物，时间不长就垮了）。不久，我们来到党岭山下。上级要求我们准备烧酒、辣椒，作为爬雪山时御寒的物品。可当地老百姓很穷，根本找不到这些东西，群众见我们穿的都是单衣，就苦苦相劝说，党岭山的冰雪都顶着天了，你们穿得这么单薄，上去非冻死不可。我们回答说我们红军能克服困难。第二天，鸡还没叫头遍，我们就开始上山了。

这山路成“之”字形，开始觉得没事，一边上，还一边说笑。太阳爬过了山头，我们还未到半山腰，衣服全被汗水湿透了。越往上，由于空气稀薄，越觉得心慌气短，头痛恶心，好像天也转，地也转。这时，部队安静下来了，为了节省体力，大家尽量不说话。不久邵式平同志过来了，他经常到警卫连来，我们和他挺随便。他见我累得满头汗水，笑呵呵地说：“小鬼，累吧？来拉马尾巴吧？”

要是拉马尾巴上山，那可真享福了，比骑马还舒服呢。我故意把嘴一噘，嗔怪地说：“首长，你门缝里瞧人，为啥偏让我拉马尾巴呢？”

“哈哈，你是小脚，特殊情况特殊对待嘛！”

“小脚？！你能上去，我也能上去！”说完，我把头一扬，故意不理他，大步向前走着。

他把马甩了一鞭，大声说：“同志们，加油啊，可不能落在她的后边呀！”逗得大伙哈哈笑起来，前进的步子加快了。

太阳刚偏西，我们接近了顶峰。这里山风刮得人站不稳，到处是没膝深的积雪，雪下边是一二尺厚的冰层，稍不小心，就会坐滑梯，滑进深不见底的山涧。人们根本站不起来，只能手脚着地向上爬，这样倒有好处，即减少了风的阻力，又防止了在冰雪上滑动。实在爬不动了，就前边拉，后边推。这里的气候一天三变，正当我们累得气喘吁吁的时候，突然西北方出现一股粗大昏暗的烟柱，直冲云霄，旋转着向我们扑过来。不一会儿，黑云压顶，大雨倾盆，暴雨过后，核桃大的冰雹，又劈头盖脸地砸来。顷刻间，被汗水湿透的衣服变成了冰甲，手、脸、耳朵……冻得麻木了。在这种情况下，是绝对不能停下来歇的，因为一坐下就起不来，会活活冻死在山顶上的。我连一个女战士冻得脸色铁青，牙咬得“咯咯”响，往石头上靠了靠就不能动了。我走过去拉她，她摇摇头说：“指导员，别……别费劲了。”说着，她大口大口地喘着气，用颤抖的手，解下干粮袋，要我拿走。

我含着热泪急忙制止说：“不行！你赶紧吃几口，肚里有饭，身子就发暖，我们好一块儿翻过雪山！”

“指导员，我……我不行了，留……留给同志们……吃吧！”说完就闭上了眼睛。

我们告别了战友的遗体，勒紧腰带，咬紧牙关向上爬着，黄昏前，终于爬到了山顶。大家脚不停步，立即向山下走去，天黑后，我们在半山腰上扫扫雪，就地宿营了。

翻过雪山后，我就开始发高烧。腿、脚烂得血肉模糊，但还是勉强跟着走。一天，邵式平同志找到我说：“小周，病好点了吗？我想和你谈个事。现在，部队天天行军打仗，你病成这样子，我看不如找个可靠的群众家先住下，等形势好了，我们再来接你！”

我一听，立刻急得大哭起来说：“我不！我不！就是死也要和红军死在一块！不能走，就是爬，也要跟着部队！”不等他开口，我又连珠炮似的说，“入党时，我已宣了誓，誓死不脱离革命，誓死不离开红军，难道这话就不算数了吗？”

“可眼下你病成这样子，尤其是你的脚……”

一提到脚，我哭得更伤心了，不等他说完，我就急着说：“首长，要不是这双脚，我还不参加革命呢。”

这双脚的悲惨遭遇，又呈现在我的眼前，我沉痛地哭诉着：我的家在安徽省金寨县小河村，虽不算富裕，可家里有田，粮食够吃，为什么参军呢？还得从这双脚说起。我六岁时，婆家送来了只有三寸长的鞋样，要我照样子裹脚，说如果穿不进这双鞋，就不能做他家的媳妇。那时我不懂事，可家里着急呀，于是开始给我裹脚。起初慢慢缠，当我七岁时就缠得狠了。妈妈把我的脚趾一点一点地捏，捏一下，用裹脚布缠一下，然后用针线把布缝起来，就这样，一寸半宽、五尺长的裹脚布一直缠到头。到了八九岁，缠得更狠了，还要外加“鸡肠带”，一边缠，一边喷烧酒，我疼得直哭。一双脚，整天折磨得火烧火燎的。白天，我偷偷放在凉水里泡，晚上，不敢放进被窝里，而是蹬着墙，凉快点，好减少点痛苦。有几次，我偷偷拆开裹脚布，妈妈发现了，总是说，女孩家蒲扇脚，妨人败家没人要，数骂一通后，缠得更狠。随着年龄的增长，我越来越觉得生活中的不平，家里对我和弟兄们大不一样：我整天被圈在家里，烧火、做饭、练针线，连娶媳妇的花轿从门前过，也不让我看热闹，说我属虎的命硬，怕冲了人家喜气。而兄弟们是那样随便，串亲访友，上集赶庙，美事都是他们的。女孩好美，可家里从不让我打扮，连穿的衣服，也是拣哥哥们的破烂，而兄弟们逢年过节都换新衣，我闹虫子时，肚子疼得满地滚，家里只用烧煳的锅巴、黄连根给我治病，而兄弟们有病，就去找医生……没参加革命前，我弄不明白，只是恨父母偏心。参加革命后，我懂得了道理，才知道是封建礼教害了我，也害了我父母。

1931 年 8 月，我满 16 岁时，家里准备让我出嫁。我一听，急得大哭起来，因为我见过那男的，是个傻子，他爸是放债的，拖着长辫子到处要账，乡亲们恨他，都叫他“狗尾巴”，我怎能嫁给这样的人家呢？我哭着说：“妈，这是往火坑里推我，就是死，我也不去！”那一夜，我再三地劝说妈妈，妈妈还是不依，非让我出嫁不可，劝说无望，气得我一夜没合眼，我想了许多，想到自己十几年的痛苦；想到我所认识的一些姐妹们的悲惨遭遇；想到红军来后的可喜变化……最后认准了一个理：只有红军，才能帮妇女获得新生，跟着红军走，才是我唯一的生路。第二天我偷偷跑了70多里路，到麻埠镇参加了红军。

我抹了把泪对邵式平同志说：“首长，让我离开部队，不是再把我推回火坑去吗？”

邵式平同志也受感动了，同意让我继续留在部队。他走后，我心里像揣着个小兔子，怕被部队留下，一夜也没敢睡。

第二天，邵式平同志派来副担架，要人抬着我行军。坐在担架上我心里很不是滋味，同志们都很累，肚子又填不饱，我怎忍心增加别人的负担呢？只坐了一天，我就说什么也不上担架了，还是跟着部队走。

改　名

部队走过炉霍时，康克清同志对我说：“小周，准备调你去总部卫生所，有意见吗？”

“没有！”

“可不能当官啦，是当卫生员呀！”

“行！只要是干革命，做什么都一样！”

当时的谈话，就这么简单。因为我们已经养成了习惯，从不计较职务的高低，无条件地服从组织安排。莫说指导员，就是师长、团长，也可能一下当战士。就这样，我来到了总部卫生所。

卫生所刚成立，我去时只有傅医生一个人，他过去曾是外国一个教会医院的院长，因为向往革命，带了些贵重的医疗器械和药品，投奔了红军，他曾救过许多中央领导同志和红军指战员的命。后来，又来了林英芹、陈金人、李克芬、张天南、王玉春等八个姐妹，卫生所也就热闹起来了。

这年7月，我们开始做进入草地的准备，大家忙着筹措粮食、绳子和竹竿。我还做了点额外准备，因为这一带以畜牧为主，到处有牲畜脱落的散毛，我拣了些牛毛、羊毛、骆驼毛，捻成线，做了双五颜六色的毛线鞋。一天，傅医生带我去给任弼时的爱人陈琮英同志接生，在一间四面透风的土屋里，一个红军后代降生了。傅医生严肃地叮嘱说："小周，这个任务就交给你啦！这是长征路上诞生的革命后代，你无论付出多大代价，也要保证她们的安全！"后来，又派来汪荣华同志，我们怀着深厚的阶级感情，接受了这项任务。由于生活条件太差，陈琮英同志身体很虚弱，整天躺在担架上。我们忙着洗洗涮涮、送汤喂饭、端屎端尿，照料她生活。不久，我们来到毛儿盖，从那往北走40里，就进入了草地。

在草地宿营时，找不到巴掌大的一块干地方，几个人靠在一起，把年龄小身体弱的同志放在当中，互相挤着取暖，冷得受不了，就站起来搓搓手，跺跺脚。坐一阵后，地下水渗上来，还得挪窝。不仅这些，连大小便都不方便，人们不敢远离部队，只好三个人拉着床单围起来，其他同志轮换着在里边排便。

草地里虽然到处是水、草，但是大多数不能喝、不能吃，因为有毒，吃下去肚胀、腹泻，很容易中毒死亡。我们进草地时，每人只带了三四斤炒大豆、青稞和炒面，就是按粒数着吃，也维持不到走出草地。要是在别处，能出去买，或靠战利品补给，这里到哪儿去弄呢？唯一的出路，就是找没有毒的野菜度日，一路上，见到能吃的就拔，什么野韭菜、苦苦菜、灰灰菜、野蒜……都往兜里装。到了宿营地，在黑水里洗一洗，就吃。有时煮一锅野菜没有油、盐，放上一把炒面，就是全所最丰盛的

“美餐”了。卫生所常走在部队后边，能吃的东西被前边指战员拔光了，所以挖点野菜也很不容易。一次，我们捡了个烂牛头皮，在火上一烧，就连毛带血地割着吃，一边吃，还一边高兴地说：“会餐啦，过年啦！”“快来吃红烧牛肉呀！”

虽然环境十分艰苦，但我们还是很乐观。一路上，宣传队的快板声，同志们的歌声，啦啦队的欢呼声，此伏彼起。宿营时，同志们好像忘了一天的疲劳，说笑话、讲故事、唱歌，可热闹了。傅医生年岁大，懂的知识也多，我们老爱缠着他讲故事。一天晚上，他刚讲了个开头，突然停住了。我们催他快讲，他故意咂咂舌头，摇摇头说：“我就是个万宝囊，也让你们倒尽了，哪有那么多故事？今天换个样。”他沉思了一会儿，胸有成竹地说，“我给你们改改名字吧？”

在我们眼里，傅医生既是威望很高的领导，又是学识渊博的大学者，要是他给改名字，保准没错。我们异口同声地说：“好，好！”“傅医生，先给我改！先给我改！”

“好，咱们一个一个地来，就说陈金人吧，这名字太俗，想发财，抱个金娃娃。我看不如改成‘陈真仁’，愿你成为真正的仁人志士！”

“周其玉，不如叫‘周起义’，既红火，又好听！”

“林英芹，叫起来咬口，不如改成‘林月琴’，顺嘴好听！”

从此，我们三个有了新名字，一直沿用到现在。

进入草地十几天时，粮食已经很少了，有些同志吃野菜中毒、浮肿，再加上每天遭受雨、雪、冰雹的侵袭，身体已经很虚弱了，走着走着，身子一栽，就再也爬不起来了。一天，给陈琮英抬担架的一个同志晕倒了。我看着他苍白的脸，铁青的嘴唇，知道是饿晕了，我赶紧摸了摸自己的干粮袋，干瘪瘪的，我把它翻过来，真是喜出望外，袋角里还残存着一小把青稞面，要知道，就是这么一点点，说不定就能救活战友的生命啊！我把炒面用水泡软，捏成个小条条，塞到那个同志嘴里，不一会儿，他醒过来了，看到嘴里的面条条，急忙拿出来说：“小周，你，你……

你也是几天没吃粮食了。”

他把面条条推给我，我又递给他，一直推让了三四个来回。最后，我假装生气地说：“你这样子，怎么能抬担架？担架没人抬，红军的后代还要不要！”

他被逼得没办法，只好接受了面条条，含着泪花吃下去。

就这样，我们用了整20天时间，走出了草地。过了草地，进入一个村子，我们在那儿休息。我望着泡肿的双脚，情不自禁地说：“这一会儿，你也该解放了。”可是怎么也脱不下鞋来，只得找三四个人硬拽，我的毛线鞋到此也就完成了历史使命。（徐中立整理）

选自杨国夫等:《星火燎原·未刊稿》第4集，解放军出版社2007年8月第1版，第61—67页。

周起义，原名周其玉，女，1914年生，安徽金寨人。1931年参加中国工农红军，1936年加入中国共产党。红军长征时任红四方面军警卫连指导员、红四方面军总部卫生所卫生员等。新中国成立后，曾任河北省军区后勤部卫生科助理员。2002年在石家庄逝世。

女红军运粮跨越剑门关

叶冰

1935 年 4 月，我们妇女粮秣队随红四方面军强渡嘉陵江后，向川北剑门关方向行军。我们粮秣队是个特殊群体，除队长外，都是女同志，担负着粮秣运送任务。

那时，一路行军一路打仗。战场在哪里，我们就要把粮食运送到哪里，保障任务越来越重，加之连日来的强行军，我们每个人都累得直不起腰来。

距剑门关还有七八里地，刚刚爬上一座山峰，我们还没来得及喘口气，忽然间，看见一座山峰直插云霄，矗立面前。队长说："这就是剑门关！"

常言道，打破剑门关，好比得四川。这可是一道天险啊！

"有多高？"有人在问。

"嘿，从山顶上丢下一块石头，抽完一袋烟，才能落地呢！"

大家你一言、我一语地议论着剑门关的险峻气势。

靠近些，只见剑门关峰如剑削，壁如斧劈，峭壁高耸入云，山峰间峡沟深不可测。沿山由北往南，只有一条羊肠小道，曲曲折折盘绕在几十米深的悬崖峭壁间。

我们粮秣队在前卫队的掩护下，贴着石崖一步一步地向上挪动。俯视山谷，心都提到了嗓子眼，稍不留心，就会坠落山崖，有几名女队员就是这样牺牲的。当时大家身上背的物资足有60多斤，每个人的肩头压得又红又肿，火辣辣的痛。尤其是我们有不少队员过去缠过小脚，刚刚解缚不久，脚踝全都走得红肿，还要负重爬上这样的高山，困难可想而知。

为了激励斗志，战胜困难，我们自编了一些顺口溜和号子，有几句至今还记忆犹新。比如，攀行拐弯的时候，前边有人喊：慢转十字拐，后边的就回应:前摆后不摆;登陡岭时，前呼:陡上加陡，后边的就回应:越陡越好走；走平路时，前面喊：平阳大坝，后面应：扯起两下（快走的意思）。这些看似不起眼的顺口溜和号子,却给了我们无穷无尽的力量。

行至剑门关的支脉马塘山时，我们突然遭遇到一股敌人。顷刻间，子弹雨点般向我们袭来。粮秣队的胡桂英大姐正背着一口大铜锅，走在队伍的最前面，有几发炮弹呼啸着朝我们这里飞过来，我们边隐蔽边喊她快卧倒。她把大铜锅一放，自己却趴在上面，用身体护着它。炮弹落地，溅得胡大姐满身泥土。看她那蓬头垢面的样子，大家都嗔怪地说："胡大姐，你真'傻'，不藏在锅下面，却趴在上面，你的皮肉能硬过钢铁吗？"胡大姐拍打着身上的泥土，带着浓浓的家乡口音笑着说:"小鬼，全队就这一口锅，要是被打破了，我们啥都没得吃啰。"逗得我们忍不住哈哈大笑起来。

接下来，我们又经历了几次不小规模的战斗，在前卫部队掩护下，胜利突破了敌人的封锁,把粮食成功运过了山,跨越了被敌人自诩为"插翅难渡"的剑门关。（周秀钢、饶开东、吴卫华整理）

选自《解放军报》2006年10月10日。

叶冰，女，1917年生，四川通江人。1934年参加中国工农红军。红军长征时任红四方面军妇女粮秣队队员。新中国成立后，曾任南疆军区政治部干事。2009年在南昌逝世。

熬盐迎亲人

孟瑜

1935 年 3 月，我们红四方面军强渡嘉陵江以后，经剑阁、中坝、北川等地，向懋功进发。当时部队遇到的困难愈来愈多，路难走极了，粮食吃光了，连盐巴也成了问题。一连半个多月，天天是白水煮野菜，野菜煮白水。由于缺粮缺盐，同志们日益消瘦，有的还患了浮肿病。我们红军总医院宣传队里年龄最小，外号叫“小地牛”的姑娘杨秀春说：“现在能给我吃一粒盐花，该有多痛快呀！”

6 月上旬，部队到达茂州。上级指示，要做好与中央红军会师的准备工作。听领导讲：中央红军已转战快一年了，部队很苦。上级要求我们多筹些粮、盐，准备会合时送给中央红军老大哥，解决他们的困难。

我们一到宿营地，立即分组去筹粮筹盐。这里是藏、汉人民杂居的地方。由于长期受军阀、土司头人的反动宣传，在红军未来之前，群众都跑到山上去了。我们转了大半个村子，连个人影都没见到。看得出，这里老百姓的日子也是苦的不能再苦了。我们帮助群众整理家园，一家一户地挑水扫地，直忙到天黑。当我们来到村尾，发现从一间破屋里射出一丝昏黄的灯光。“有群众”，我们高兴地跑进屋去，只见一位藏族老人正慌慌张张地收拾桌上的一个小瓦罐。

“盐！”走在最前头的“小地牛”惊喜地叫道。

大伙凑上去，只见瓦罐里果然盛着半罐雪白的盐。

李队长用商量的口气对老人说:“老大爷，我们是红军，路过这里，已经好久没吃盐了，请卖给我们一些吧。”

藏族老人紧紧抱着瓦罐，一声不吭，用慌张而带愤怒的眼光盯着我们。

李队长掏出几块银圆，指着老人手中的盐，比比划划又说了一阵，老人仍不开口，忽然，他一转身，抱着瓦罐出了房门，走了。

我感到很扫兴。这时，“小地牛”咦地一声，原来她看到桌上有一小撮盐花，那是老人刚才不小心撒落的，“小地牛”小心翼翼地把盐花收拾起来，用纸包好，准备带走。

“放下！”李队长严厉制止她，并把包盐的纸包放回桌上。随即领着我们打扫老大爷的房子。房子破烂不堪，四面透风，西墙快倒塌了。我们找来木料和草，七手八脚地帮助修了起来。

这天，其他小组也没筹到粮和盐，我们照旧吃白水煮野菜不要紧，可为中央红军老大哥筹不到粮和盐怎么办，同志们个个心急火燎。

天，淅淅沥沥下起雨来。夜里，同志们有的蹲在老乡的屋檐下，有的背靠背坐在大树下睡觉。我和“小地牛”紧紧依靠在一起，很快就进入了梦乡。在朦胧中，我看见一个白胡子老爷爷，捧着一钵白花花的细盐送给我们，大家高兴的喊着：“迎接中央红军有盐了！”炊事员老张用商量的眼光看着李队长，悄悄地在钵子里抓了一小把盐，给大家煮了大锅苞米粥，规定每人至少要喝三碗。我吃着，那滋味真香啊！突然，集合的哨声响了，打断了我的美梦。

我把梦见的事情告诉“小地牛”，她忽闪着大眼睛说：“这是吉兆，懂吗？就是说，我们真的会有很多盐的！”

第二天，有几个老乡悄悄回村来探虚实。他们发现红军不但没有拿他们的一针一线，还把村子打扫得干干净净，便消除了怀疑，把山上的群众陆续叫了回来。那位藏族老大爷带着一位通司（翻译），找到宣传队，硬要把半瓦罐盐送给我们，说：“红军‘耶莫耶莫（好）’！”李队长执意不肯收。老大爷还告诉队长，离这不远的白云山有一种白石头，缺盐的年月当地百姓用它熬过盐，只是味道有点苦涩。队长一听乐了，又详细地了解有关熬盐的方法。上级听了李队长汇报后，决定部队在茂州休整，就地开展筹粮熬盐活动。

我们向群众借来铁锤、筐子，藏族老大爷等几位乡亲主动跑来当向导。白云山，白云缭绕，高入苍穹。登上白云山，好像来到飘飘忽忽的仙境。在藏族老大爷的指导下，我找到了那种石头。“小地牛”举起铁锤敲下一块，放在嘴上舔了舔，大叫起来：“啊，真有咸味！”又见她皱着眉头认真地品尝一会儿，肯定地说:“啧，一点不错，和盐一样！”

大家很高兴，纷纷挥锤敲打“宝石”。顿时，高山上响起一片“叮叮当当”的声音。

起初，大家很有劲，“叮叮当当”的锤声连续不绝。时间一久，同志们体弱腹空,渐渐支持不住了,敲击声慢慢稀落下来。我的胳膊发酸。“小地牛”见我没有力气，调皮地说：“到底是女孩子，这点能耐都没有。我告诉你一个法……”说着，她拿起一块石头舔了舔:“这么一想，保险你就有劲了。”

这时，李队长也鼓励大家说：“同志们，中央红军老大哥已挺进到夹金山，快要和我们会师了。我们多加一把劲，多熬一些盐，送给中央红军！”

真的，当我们想到缺盐的情景，想到即将要和盼望已久的中央红军会师，劲头就上来了，那“叮叮当当”的敲击声，回响在整个山谷。

太阳落山时，我们每人背了满满一筐小石块回到宿营地。当晚，大家不顾一天的劳累，便以班为单位，升火熬盐。我和“小地牛”轮流烧火，那红红的火光映得脸上生彩。藏族老大爷这边看看，那儿转转，忠实于“技师”的职责。约莫熬了一个多钟头，锅边上起了白色的盐花，“小地牛”拍手高喊：“快看哪，我们的盐熬出来了！”李队长闻声说道:“别放马后炮了,我们的盐比你们熬出来的早！”“小地牛”不服气，跑去一看，伸伸舌头:“哟，真的呢！不过，你们的石头肯定是我敲的，这才出的快！”说得大伙儿都笑了起来。

宿营地沸腾了！同志们像打了胜仗一样，围着锅灶，议论着，说笑着，有的还唱起了《妹送阿哥当红军》的苏区歌曲。这一晚，我们通宵未睡，全队熬出了好多雪白雪白的盐。

接连几天，我们白天上山敲石头，夜晚生火熬盐。一钵钵的白盐，全部集中起来，准备送给中央红军。我和“小地牛”也悄悄地用荷包装了两包最细最白的盐，准备与中央红军会合时，作为送给亲人的见面礼！

选自《艰苦的历程：中国工农红军第四方面军革命回忆录选辑》(下)，人民出版社1984年12月第1版，第38—41页。

雪山草地逞英豪

王定国

1935年6月中旬，红一、四两个方面军的先头部队在夹金山麓胜利会师。那时，组织上刚把我调到剧团工作，剧团就安排我们十几个人去送慰问品。在庆祝胜利会师的联欢大会上，我第一次见到了毛泽东、周恩来、朱德、王稼祥、刘伯承等中央领导。我们和中央军委文工团联合演出了精彩的节目，李伯钊跳了优美的舞蹈，陆定一写的《红军两大主力会合歌》，表达了广大红军指战员的欢乐心情，深受大家欢迎。

在大会师的大好形势下，中央领导日夜开会，准备共同北上抗日。我们剧团经过两河口来到卓克基，大家都在为过雪山做准备。一天，我正和几个剧团同志在山坡下聊天，见一位老同志手拿衣物走过来，他面带笑容走到我面前说："小同志，要过雪山了，请帮我把这两件单衣合起来装上羊毛，缝成一件羊毛衣。"我当即接过来说："行，我今天就缝好，明天给你送去。"老同志连忙说："那就谢谢你了。我叫谢觉哉，就住在山坡上，是一方面军干部休养连的。"第二天我将缝好的羊毛衣送去，谢觉哉见了远远地招呼我，他接过羊毛衣说："谢谢你，缝得很好"，并将身旁的董老（必武）、徐老（特立）给我作了介绍。在我向他们告别时，谢老特地嘱咐我：小王同志，你们过雪山的准备工作做得怎么样了？回去告诉同志们多准备一点辣椒，可以御寒。谁曾料到，这次与谢老的偶然相遇，竟使我们后来成了终身伴侣。

红军长征最艰难的岁月要算爬雪山过草地了。一座比一座更高大的山岭白雪皑皑，寒风怒吼，毫无大自然的温柔，更无生命的痕迹。我们翻越了夹金山、梦笔山、长板山，来到仓德山。黑水县委为我们准备了干粮，藏族同胞作向导，我们便开始了爬山。由于山势高大，空气稀薄，气候变幻无常，我们上山时还是阳光灿烂，爬到半山就云涌雾罩、冷风袭人、细雨绵绵；爬到山顶时本是浑身大汗，但被冷风一吹，双手僵直，几乎抓不住木棍，耳朵痛如刀割。这一天，虽未降雪，但下山时却遇到了暴雨雷电。雪山上只有稀疏的矮草，无处躲避狂风骤雨，道路又无法辨认，只好朝一个方向向前走。然而坡陡路滑，我们几乎是连滚带爬下山的。

我记得下长板山时，我们也是滚下来的。炊事员把随身带的锅都摔碎了，只好捡块大的碎锅片儿，用石头垒起，烤麦子充饥。我们到了山脚的打鼓寨时，已浑身泥浆，只留得两眼还能认认路，人也累得东倒西歪，疲惫不堪。寨子在高高的山坡上，十分贫困，红军经过时青稞尚未成熟，只好用野菜充饥。山高天寒，道路陡险，而且正值夏季，身上只穿着单衣，许多指战员大都是南方人，从未受过严寒，面对这样的气候，只能靠辣椒、开水御寒，一步一喘、一步一停地向前艰难行走。

1936 年 7 月底，我们刚刚翻越了雪山，抵达松潘、毛儿盖，又开始了另一个新的征程。

草地一望无际，气候也跟雪山一样变幻莫测。中午晴空万里，太阳高照，烤得人汗流浃背喘不过气；下午突然黑云密布，雷声隆隆，暴风雨夹杂着一阵阵冰雹铺天盖地而来。黑夜来临，气温骤降，达零度以下。草地上到处是草墩子和泥沼，人只能踩着墩子行进，一不小心掉进泥沼，越挣扎便陷得越快越深，直至被黑水完全吞没。沿途的水大都有毒，喝下去又吐又泻。四野茫茫，找不到粮食，野韭菜、野芹菜、草根、皮带都成了红军充饥的食物，饥饿夺去了许多指战员的宝贵生命。经过 40 多天的艰苦跋涉，我们终于走出了草地……

现在回想起来，我们的红军，曾经历了怎样一段生活、怎样的艰难处境啊！我们剧团，女孩子多，又年轻，几乎天天都长途行军，又累又困，行军时经常碰在前面同志的背包上。在队伍暂时停止前进的片刻，站着也会睡着，一叫开步走，往往就跌倒。有时夜行军途中，忽然命令原地休息，一坐下就睡死过去，醒来一看队伍已无影无踪，这一下急了，拼命地追赶几个钟头才跟上队伍，这时就又哭又笑。长征这一路真是千辛万苦、万般险恶，好在我们挺过来了，终于到了甘肃会宁，实现了红一、二、四方面军的大会师。

选自《求是》2006年第22期。

跟上了队伍

叶冰

我原是四方面军妇女独立团团长潘子贞①的通信员，后来调到该团八连八班当战士。那时我才 11 岁②，是我们团里最小的一个，因此，谁都管我叫“小鬼”。

一进入草地，生活一天比一天艰苦。还未到上宝洲③以前，同志们就没有粮了。团长把她的一匹马杀了，给每个战士分了三两肉，烤成肉干，当作三天的口粮。到上宝洲的路上，我不知怎么搞的，竟把口粮丢了。我为它哭了好半天，又不好意思告诉别人，就悄悄地挨着。

肚子里空空的，行军时两腿打颤，两眼发花。实在饿得不行了，我就趴在路边喝点凉水，一天总要喝八九次，就这样挨过了三天。有个叫张子明的男同志，看见这情形就问我：

“小鬼！你怎么老喝凉水？这泥糊水不能喝呀！”

我说：“叔叔，肚子饿得不得了啊！”

他又问：“你的粮食完了？”

我点点头。

他埋怨地说：“你这小鬼为什么不早说，快把你的干粮袋张开。”

---

① 此处回忆疑有误，曾任妇女独立团团长的为曾广澜、张琴秋等人——编者注。

② 此处回忆疑有误，作者叶冰为1917年生——编者注。

③ 上宝洲，疑为“上包座”口音之误——编者注。

他的干粮袋里也只有两碗多炒麦，可是他却分给我一碗。

我感动地问他：“叔叔！给我这么多，以后你吃什么呢？”

“看！我还有不少呢！”他举起拳头大的干粮袋给我看。

这一碗炒麦，我把它看作金豆子一样珍贵。一顿只吃一小撮，再多一点也舍不得吃。我靠它又维持了三天的生活。

炒麦子吃完的那一天，宿营时，班长让我拣些骨干来烧着吃，我找了老半天也没有找到。这时，我看到有个男同志正在附近煮皮带。他腰里还有根拴洋瓷碗的小皮带没有煮，于是，我就跑了过去，跟他说：

“叔叔！你这根皮带送给我好吗？”

“小鬼！你要它干啥？”

“我吃。”我有些不好意思地说，“你要拴碗，我给你一根布带子。”

他很快把皮带解了下来，递给我。

“拿去吧，再把这个给你一些。”说着又割给我一节煮好的皮带。

“不，叔叔！我有这个就够了。”我一看他煮的皮带也不长，就急忙推开他的手，“你还要打仗，你得吃饱些。”说完拿着那条小皮带，跑回班里。班长一见，还当我是偷来的，盘问了老半天，直到完全相信了是要来的，这才帮我煮好。我把它分成了四段，把一段送给班长，一段的一半我当时就吃了，其余两段作为以后的干粮。

皮带，那是多么难吃啊！放在嘴里，好像是嚼一块橡皮，牙都嚼痛了也嚼不烂。往喉咙里咽时，好像鸡吃蚕豆，脖子要伸得长长的，等到咽下去，眼泪也哽出来了。

生活虽然这样苦，但我们都很愉快。姐姐们抬着伤病员，还哼呀哈的唱呢！我抬不动，就给伤病员背包袱。当时大家都有一个共同的信念：“快出草地了，出了草地就好啦！”

进草地不久，我的草鞋就烂了。重新打一双又没有材料，于是我就干脆打赤脚走。

那时候虽是三四月天气[①],但草地还跟冬天一样,有时还飘着雪花,因此打赤脚很不好受。尤其是蹚那些纵横交错的碱水溪,脚一放进去,就像针刺的一样;从溪里出来,再被风一吹,腿上脚上顿时就裂开许多小口子,渗出鲜血。有时还要走布满荆棘的山路和利刃般的石头路,那像上刀山一样难受。

不久,我的两只腿和脚全坏了,脚上的口子大的差不多能放进个小拇指头,腿也肿得鼓鼓的,脓、血、黄水流个不止。走一步,就像锥子钻一样,直痛到心。

虽然我尽力咬着牙坚持着,可是每次宿营,总是别人早已到了两三个小时,我才披星戴月地赶到宿营地。

到了窝坝[②],听说前面有敌人。因为拖这么多伤病员,打仗行军都不方便,因此领导上决定把较重的伤病员都寄留在窝坝,等将来养好了伤、病再走。

班长告诉我,组织上已决定把我留下。听到这消息我难过极了,先是蒙着头哭,后来干脆放声大哭起来。我哀求着班长:

"我死也不留,我要走!"

哭一会,我睁开眼看看班长在不在。要是在,我就又哭,又哀求;要是班长不答应,我还是继续哭。

这样哭哭停停,从晚上一直闹到拂晓。部队要出发了,外面有人在喊叫留下来的人集合。我装作没听见,还是准备跟着队伍走。班长又安慰我:"你实在不能走了,勉强要走,对你、对部队都没有好处。再说,留下的也不是你一个人,等把伤养好以后,再和她们一起走,不好吗?"我哭着说:"不!到路上死了我也愿意,我决不连累你们。"

队伍集合了,班长也没有站队去,陪我坐着。

班长说:"你等着,我给你搞点粮食来。"

① 红军过草地时为夏季——编者注。

② 窝坝,疑为"阿坝"口音之误——编者注。

我就抱着她的腿说：“我要走，我不要粮食！”

队伍开始出发了，我大声地哭号着。走在后卫的团长听见了就走过来问：

“小鬼又哭什么？”

我一见是团长哭的更厉害了。一面哭着一面说：“我能走动，她们偏要把我留下。你们到哪，我就到哪，我绝不连累你们。”

团长一看我要起赖来，考虑了一会说：

“好吧，那就跟部队一起走吧！”

班长一听首长答应了，也很高兴。说实在的，我们都跟亲姐妹一样，深厚的感情牵连着我们，莫说把我寄在窝坝，就是一天不见，也会难过的。这次要不是组织上统一的决定，她无论如何也舍不得离开我的。

她把她的粮食分给我一大半，还给我想了个办法：每次出发时，让我提前走两个小时。这样，部队宿营时，我掉队也就掉不远了。

每次，当我到宿营地时，姐姐们总是烧好水等着我。我一到，大家就帮我洗脚洗腿，班长还把她那仅有的一件单衣的大襟撕成了条条替我包脚。

就这样，在同志们的亲切照顾下，我的脚和腿慢慢地好了。十几天后，我已经能和同志们一起出发、一起宿营了。最后终于和同志们一起到达了陕北。

选自中国人民解放军三十年编辑部编：《中国人民解放军三十年初选稿》第一卷第三辑（一），第88—91页。

在草地，我看到了亲人
——回忆长征几个生活片断

苟秀英

我在锣坪兵工厂一枪房。1935年春，红四方面军向西转移，一枪房改三中队，从苦草坝起程经通江城、清江渡、巴中城、长池、甑子坝到木门。过了木门生活就苦了，不过还能吃上包谷臻臻煮的稀饭。往后，包谷臻臻也少了。尤其是过藏族地区生活更苦，患病的人多，敌人很残毒，抓到就杀，没活的。割鼻子、挖眼睹、宰手、砸脚，一切恶毒手段用尽。经过的地方，处处是同志的尸体。

在四川园坝子，我就生了病，到毛儿盖病得更厉害了。尽管有医院的同志照顾，但人多了，也管不了。不但服药、吃饭有困难，睡觉的地方也难。我在一个茅草堆里迷迷糊糊睡了十多天，身体越来越拖不动，幸好爱人的姐姐胡秀兰从通江带了一点猪油，舍不得吃，送来了，又找了一些包谷臻臻。用猪油煮稀饭，养了几天，身体好一些，又往前走。现在谈起包谷臻臻煮稀饭，是没人吃的，在那时就是最好的食物了。

进入草地的第二天，我就掉队了。三中队的工人都是修枪的，没有上过火线。这一天敌人从中间冲来，队伍冲断了，一部分往前跑，一部分往后跑。我们30几个人往后跑。走了大约五华里的样子，又来了好几百敌人，看倒看倒拢了跟前①。枪多，没子弹。30多支枪只有五颗子弹，怎么能对付这样多的敌人！一个个急得心子要从口中跳出。一个同志说：“只有集中火力硬拼，才有活路，不然只有死。”大家同意这个同志的意见，把五颗子弹集中在几个枪法好的同志手里，等敌人到了面前，就放排子抢，五颗子弹响了两颗，打死了敌人一个头头。头头一死，敌人乱套了。趁敌人混乱时机，30多人一齐冲去，夺过敌人手中的刀就砍，夺过敌人身上的子弹就打，抱着敌人就咬，一阵猛砍猛打，杀得敌人喊爹叫娘，一片混乱。原以为我们这些打散了的人，没有战斗力，走拢只是砍头、捆绑、搜腰包②。没想到有这样顽强。我们硬，敌人就软，纷纷后退，乘此机会又一个猛追，打死敌人100多。我们的人也死得不少，30多人，只剩六人。过了一会儿，敌人又追来了，五个同志前去了，身体有病的我留下来了。走不动，就从山坡滚到河里，躲到一丛茂密的树下，身子泡在水里，敌人未发现，暂时度过了一场险境。不久，有人向前跑，可能是另外一些掉队的，我也跟着跑，哪知衣服裤子全湿，跑不动，只好又回来躲在树下。从下午两点直到天黑，才从水里出来。

草地那个地方怪得出奇，说风就是风，说雨就是雨，时阴时晴，说变就变。从水里出来不久，落起雨来了，过一阵雨停了，朦朦胧胧，像有月亮。天一黑，就冷起来了，穿在身上的湿衣像冰块，冷得一身打颤。肚子又饿，身体又乏，不知怎么办。矮子走路过围，从河里上来，一步步向前移。不多远，地上躺了一个人，头部盖一床毯子。掉了队的人就像失群的雁，多想找到自己的同志啊！看到他特别高兴。“同志，你睡着了！”我走上前去，轻声呼喊，不见回声，用手推，不动，大声喊，不应，揭开毯子，还以为这个同志睡得很沉。用手拉起来，让他坐在地上，绕到后面看，背心里掉下几块东西，仔细看，血，已经凝固了，才知道这个同志已经死了，除了这个同志外，地上还倒了好几个。看了更

① 口语，即眼看着敌人渐渐聚拢到跟前，形容敌情危急状——编者注。

② 原文如此。疑为口语方言，即“最终只能被砍头、捆绑、搜腰包”——编者注。

难过。“叔叔，安息吧，我离开你了。”我自言自语地说，仍把尸体放在地上，用毯子盖头。我的母亲死了，身上也盖了一床毯子，不知什么意思，以为毯子盖在身上，才便于安心长眠。同志们一个个长眠了，哪里去找旅伴，心有难言之苦。在那样的环境，过于悲伤是没有出路的，只有挺起身子前进，才有活路。

草地较平坦,没有大的高坡。踏着同志的血迹前进。走了不多几步，小山坡上,一个黑影子,怕是敌人。“哪一个？”我高声地问,不见回话。接连问了几声都没动静。以为又是牺牲的同志，几个大步跨上去，用手摸，不出气，再一摸，窸窸窣窣地响，原来是敌人玩弄欺骗手段，用木条扎的草人，手握一把刀，故意吓唬人。我将这把刀拿在手里，胆子就大一些了。心想，即使遇到敌人，可以与他拼，也能抓个本钱。在那样的环境，死是不怕的，只怕白白死掉，不能消灭敌人。

在这茫茫无边的草地,掉队的我,找不到亲人,就想起了死去的娘。如果有娘在这里，多好啊！没有娘，亲人又被敌人打死，越想心里越难过，眼泪就唰唰地流了下来。快天亮了，一旦又来了敌人，怎么办呀！正在这样想时，山下黑压压一片，向我这里走来，至少是十几人。横下一条心，如果是敌人，就与他们拼。手里的刀握得紧紧的。决心为烈士报仇与敌人拼命。黑压压的人群渐渐近了，走前头的是一个高个子。对方先开腔，问：“哪里的？”弄不清是敌人还是自己人，没有回答。一双眼睛死死盯着，让他们走近一点，便于看个明白。

高个子背了一个女娃娃，十三四岁的样儿。那不是与我一起掉队的邓全斗吗？敌人不会背自己同志。“邓全斗,你来了！”我这样一喊，邓全斗高兴得几乎要从背上掉下来。哎呀,自己的队伍来了,咚的一声，心头的一块石头落下来了。手舞足蹈，表达不出欢喜心情。邓全斗被敌人砍了好几刀,一刀凿到下颚,掉了四颗牙齿,下嘴皮破了,正在流血。背邓全斗的是排长。知道我也是掉队的，就关切地问：“吃粮没有？”在过草地时，饭是吃不到的。能够吃点干粮就是天大的福分了。问话不是吃饭，而是吃粮，是过草地的习惯语。部队的生活也苦，战斗任务那样紧张，一天只有一二两干粮，谁也不忍心吃他们的粮。本来没有吃，我说："吃了。"长征中有这样的风格，宁愿自己不吃，让别人吃。如果我说:"没有吃。"排长就会把很少的干粮让给我吃。邓全斗听了我的话，哧哧笑。排长说："这个小鬼才怪呢，刚才还在喊伤口痛，嘤嘤地哭，现在又笑，难道伤口不痛了吗？"邓全斗说："我们都是掉队的吃啥粮啊！"排长取出炒面要我吃,看到他们那面黄肌瘦的样儿,哪能吃得下！又把炒面交与了他。

我们三十几人被敌人打散，现在只有我与邓全斗了，那些同志为中国革命献出自己的青春。想到这里不禁哭起来了。我哭，邓全斗也哭，两人都哭了。排长说："两个小鬼，一会笑，一会哭，真是丈八金刚摸不着头脑。"谈起牺牲的同志，排长也暗暗流泪。部队 18 人，加上我与邓全斗恰恰 20 人。路上横七竖八到处是尸体，少数为自己的同志，而多数是敌人的尸体。昨天赶到前面的五个同志，在粮尽弹绝时，用最后的力气与敌人拼，杀了不少敌人。倒在地上的尸体，记载了他们留下的战果，就是死也要消灭敌人，战士们这种英勇杀敌的精神，像一道彩虹悬挂在长征路上，即使时光流逝也永久不会消失。

随部队继续前进。走不多远，路上躺了一个 30 多岁的妇女。一看是兵工厂背东西的，我们叫她李娘娘，对人最好。过去一起行军时，我们背不起的，她帮我们背;拿不起的，帮我们拿;带的干粮，自己不吃，让我们吃；晚上睡觉，自己睡当风的地方，让我们睡闭风处，简直把我们当成亲姊妹。听说是园坝子人，身上伤势很重，左臂被敌人用马刀背打断了的。排长说："同志，你带伤了！"嘴巴微微动了几下，想说，说不出来。同志们围着她听她说话，好一阵才慢慢吐出:"我……想……喝……水。"四个字,费了很大力气。听清了这四个字,我到山沟舀来水，让她喝，刚入肚，又漏出来了，腹部受伤，肠子打断了。排长把炒面用水调着，让她吃，还未进口就不动了。

李娘娘死了。我与邓全斗躺在她身上哭，排长叫不要哭，命令部队集合，在烈士遗体前宣誓：“完成烈士未竟之志，决心北上抗日，打倒日本帝国主义……”宣誓完毕，用马刀在地上挖一个土坑，放李娘娘于土坑内，盖上毯子，掩上土，垒了一个小小的坟。

在李娘娘死的地方，扔下了很多粮食，前面部队拼刺刀，慌忙逃窜的敌人为了活命不得不扔下。拾到粮食，有了吃的，就不急了。

那时，我人虽小，胆子却大。离开李娘娘不久，过一道水流湍急的河，前面的战士被水冲走了。我一手拄棍子，一手拉邓全斗还想踩水过去，走了不多几步，就滚到水里了。邓全斗急了，“救命啊，救命啊！”一个劲地叫喊。我还满不在乎，说：“急呱呱的，闹啥嘛，拉着你的，没有滚！”已经被水冲走好几尺了，还说没有滚，过后想起感到好笑，年轻娃娃真是初生之犊不畏虎。前面有匹马正在过河，马背上的那位同志，好像向我们投来援助的目光，距马大约还有五六尺远，我一下冲上前去，抓往马尾。马发觉尾巴被抓，用力往前跑，几个箭步冲过了危险恶区。我过去了，邓全斗也过去了。骑在马背上的那位同志说：“小鬼，抓了马尾吧。”我说：“没有。”他说：“哼，还不老实嘞！接二连三的喊救命，我打算下水来拉，看到抓住马尾才未下来……还说未抓呢。”那时随马的要营、团长，连长都不行。这个同志不是营长，就是团长。领导同志对我们这些小鬼处处关心，如果没有他们，也是不能战胜困难的。

在草地，最使我不能忘记的是一个身材高大的同志，过河不久，就看到一个下颚有颗痣，面黄肌瘦，就像大病后没有恢复健康的人，对人挺和蔼，看到我与邓全斗就问：“小鬼，你们掉队了！”那时最不喜欢是说掉队。听到这两个字，心里就难过。我说：“没有。”想支吾过去，那个身材高大的人说：“牙齿都打落了，恐怕是掉队的吧？”眼光好敏锐啊，千军万马纷至沓来，一下就看到了打伤了下颚，掉了牙齿的邓全斗，我们不得不说老实话，承认是掉了队的。与他同路的，都有马，只是未骑。对我们这些小鬼特别关心，说：“注意啊，山上就是敌人，再掉队就危险了。”说罢用手指着一个山头。我朝着指的山头看去，全是树，不见人影，说：“绿森森的，除了荒山还是荒山，有什么人呀！”身材高大的人手中拿了一个什么东西，黑咕隆咚的，我从未见过。他说：“不是我有什么了不起的地方，是它的本事大。”我说：“拿我看一下嘛！”他在上面拨动几下，交给我对着这个东西看，山一下到了眼前，树木、石头，看得清清楚楚。敌人正藏在林子内吃饭，枪放树脚下，背在身上的子弹袋胀鼓鼓的。看来，武器弹药还不少。肉眼看不见，有了这个东西就看得见了。有人说它叫望远镜，我这一生第一次使用望远镜是从那个身材高大的人手中接过来的。他像慈爱的母亲，说话一脸笑。

在血与火的年代，看到亲人就不愿离开。他们前面走，我们后面跟，他们走我也走，他们休息，我也休息，这十六七人工作很忙，一边走路一边还在研究什么，不是找人谈话，就是在写什么东西。身材高大的人更是忙得不可开交。晚上宿营要自己搭棚子。我用柳条搭棚子，叫邓全斗去看那些骑马的人，便于明天再同路。哪晓得邓全斗嘴巴痛，到河里用水洗伤口，没有去。搭好棚子，我问：“那些人呢？”她说：“不晓得。”我蹲在柳树下大吵大闹，说：“咱个不看嘛，人走了还不晓得，干啥啊！”她也大吵大闹说：“人家工作那样忙，我们再连累着，就难办了，应该让他们前去。”过了好几天，一个同志问我：“你晓得那个身材高大的人是谁？”我说：“不晓得。”那个同志说：“他就是毛泽东，工农红军统帅呀！”听说是毛主席激动得热泪盈眶。在艰苦年代，他关心的不是自己，而是全军战士，他把全部精力都用于革命事业上，自己身体那样瘦，还时时处处对同志们问寒问暖。想到这里，认为邓全斗做对了。毛主席工作那样忙，我们两人不应拖累他们，应该让他们前走，指挥千军万马战胜困难。

我慈爱的母亲在三座大山的重压下，过早的与世长辞了。在草地我看到了比母亲还要亲切百倍的亲人，再也不感到孤单了。党和毛主席给了我战胜困难的无穷力量。在长征中，任何艰难险阻，也挡不了我前进的脚步。1936年10月，红军三大主力胜利会师，在陕北瓦窑堡，又看到了毛主席，想起在草地时，看到毛主席的亲切面影，对打倒日本帝国主义充满了必胜信心。事隔50年了，回忆长征的艰苦历程，回忆在长征中看到伟大领袖毛主席的慈祥面容，我又回到了童年，仿佛又年轻了好多倍。现在虽然已是70多岁的人，还要为四化建设贡献余热，做力所能及的工作，为社会主义添砖加瓦。（李瑞明记录整理）

选自中国人民政治协商会议四川省通江县政协文史资料研究会编：《通江文史资料》第2辑，1987年10月第1版，第22—29页。

苟秀英，女，1920年生，四川通江人。1933年参加革命，1939年加入中国共产党。红军长征时为红四方面军兵工厂战士。新中国成立后，曾任重庆造纸厂工会主席。2014年在重庆逝世。

过草地

赵瑛

1933 年，我在家乡四川参加了红四方面军。我那时还是个孩子，只有 14 岁。刚到部队，在一个分队做护理员。1935 年嘉陵江战役后，红四方面军开始长征，我也随部队一起行军。在整个长征过程中，我认为最艰难的是过草地。

荒凉的草地,万里无人烟。草地上表面是积水,草墩子下面是稀泥,脚一踩上去,黑水直冒泡,没来得及拔出脚来便漫过了脚面,稍不小心,就有陷入泥潭的危险。

在草地边缘时，部队还有粮食吃，但也只是两袋炒面和一点儿肉干。进入了草地深处,带来的粮食都吃光了,再加上国民党的前堵后追,这给行军带来了极大的困难。刚开始断粮时，首长把战马杀了给同志们吃，皮带和子弹袋也煮着吃了。最后，草地上的野菜、野草也成了红军战士的佳肴。但能找到野菜也成是极不易的，有的战士误吃了有毒的野菜，牺牲了。我那时很小，而且是女孩，处处得到了同志们的帮助，老同志们都亲切地叫我小鬼，找到一点野菜总是先给我吃，我感动得直掉泪，直到今天想起来，我的心还难以平静。

在一个风雨交加的夜晚，部队在一片草滩上宿营了。我们几个女同志挤在一起，浑身湿透了，冷得直打颤儿，只能互相用体温取暖，我们都睡不着，我想着进入草地后所受的苦，眼泪不知什么时候和着雨水从脸上淌下来。红军为什么这么苦？红军为什么不怕苦？我对这还说不大清楚，只知道红军是穷人的队伍，是天底下最好的人。我想，我是从地主的皮鞭下面逼出来的，跟定了红军，穷人就有饭吃。

又走了一段路程，部队进入了藏民居住区，这又给部队增加了新的困难。

由于四川军阀经常到藏民区抢掠，藏民对他们非常痛恨，因此，一见到汉人的队伍，他们就恨之入骨。红军与川军有什么不同，一时间他们很难了解，再加上反动派的欺骗、胁迫，藏民都跑光了，把粮食都藏了起来。沿途土司头人的反动武装，经常躲在树林里打冷枪、袭击、捕捉我们掉队和执行任务的零星人员，给部队行军造成了很大困难。但是，红军战士还是千方百计地向藏民宣传党的民族政策，一些被反动头人利用蒙骗的藏民向我们袭击，战士们也不还击，沿途动用了他们没来得及藏的青稞、肉干，也一定留下钱或借条，说明胜利后归还。这样，藏民们逐渐对红军的政策有了了解，一些开明的老百姓主动给部队当通司、做向导，红军终于团结了藏民。但是，由于张国焘机会主义路线的罪过，红四方面军没有能按中央北上的方针一直走下去，又返回了毛儿盖。这第二次过草地，我们又牺牲了那么多的阶级兄弟。

战士们被艰苦的生活折磨得疲惫不堪，但是，在红军战士面前，没有克服不了的困难，没有忍受不了的艰苦，没有战胜不了的敌人。

荒凉无边的草地，终于被坚强的红军甩在了后边，走出草地那一天，我不知流了多少眼泪，那高兴的心情真没法说。

1936 年 7 月，红四方面军又一次通过草地，我跟着部队北上，终于到达陕甘和其他红军主力会合。从那以后我又奔赴延安，开始了新的革命历程。

选自沈阳军区政治部编研室编：《红军将士忆长征》，白山出版社1996年8月第1版，第445—446页。

赵瑛，女，1919 年生，四川通江人。1933 年参加中国工农红军，1936 年加入中国共产党。红军长征时任红四方面军总医院卫生员。新中国成立后，曾任辽宁省公安总队临江边防团指导员、吉林省四平联合化工厂党委书记等职。

艰难的历程 不灭的记忆

——记四方面军一部过草地①

刘汉润

我叫刘汉润，是四川省通江县人，女，现年80岁，于1933年2月参加中国工农红军，在第四方面军供给部工作，长征途中在郑义斋部下任过连长。1950年重新参加革命工作，现已离休居住景泰县一条山镇。

1935年党中央在两河口、毛儿盖召开政治局会议，确定了四方面军北上的方针，由于张国焘拒不执行中央的命令，贻误了战机，致使原定的松潘战役计划因敌情变化不能实现，红军不得不改道经自然条件极恶劣的草地北上。

要经过的草地，迷迷茫茫，渺无人烟，气候变化无常，一时碧空如洗，一时暴雨如注，一时大雪纷飞，一时狂风大作，一时冰雹骤降。一日四季，真是名副其实；而地势又十分险恶，积水四布，泥溪连片，杂草过膝，随时都有陷进去的危险。

红军重返草地时，已时值深秋，因我们中途拖延了时间，穿得仍是单衣，吃得粮食也不多了。很明显，摆在我们面前的困难是巨大的。

① 编者对原文略有删改。

一、一袋野果与一个女战士

红军一进入草地，最大的困难就是严重缺粮，为了生存，我们连派女战士王小荣等同志去找食物，附近山上，有野菜、野菜、树皮、树根，车前草都可充饥。王小荣同志从清早出去到天黑未归，这时瓢泼大雨正下个不停，天色漆黑伸手不见五指，同志们心急如焚，连长当机立断说：“就是天下刀子，也要把小荣同志找回来。”

大雨把路冲断了，我们上了山再进沟，岭陡路滑，战士们跌跌撞撞，一声声呼喊着：“小荣，你在哪里？”一遍又一遍在山洞中、草丛里寻找，就是没有小荣同志的身影。

到午夜时分，寻找王小荣的队伍又集中在一起，大家商定在长有雪莉子（野果）的山里去找。一直找到次日午时，雨也停了，风也住了，突然在一条山谷里发现了小荣同志，然而她再也听不到同志们的呼唤声了。看样子她是在打摘雪莉子时从悬崖上掉下来牺牲的。头部被撞得稀烂，脸面被雨水冲刷得只留下一些雪白的斑点，身上地上斑斑血迹依稀可辨。双手还紧紧抱着装满野雪莉子的小布袋。小荣同志为革命，为同志们的生存流尽了最后一滴血。我们的心情十分悲痛，用草和树枝把她的尸体掩埋起来，又找了一些野花放在静静的坟头上，大家默默地对着王小荣墓地，悲痛地说：“小荣同志你安息吧，我们一定要化悲痛为力量，克服重重困难走出草地，实现你没实现的理想，完成你未完成的任务。”战士们回到营地，领导把小荣同志用生命换来的这袋雪莉子分发给大家，但谁也未吃一口，还说这不是雪莉子，这是小荣同志的一颗心。大家默默地把它藏在衣袋里，作为怀念小荣同志永久的记忆。

二、不要管我，救粮要紧

草地上到处都是浊水泥潭，走在上面就像走在棉花上一样，软软晃晃的，一脚踩出去随时都有生命危险。

有一天，饲养员阎平牵着一匹驮有干粮袋子的马在草地上走，走着走着，突然连人带马一下子陷进了烂泥潭。饲养员一想干粮是红军战士过草地的命根子，一旦陷下去后果将不堪设想，他忙把干粮袋放在了自己的背上，由于重量增加，身体下陷的速度更快了，他一边吃力地拖着干粮袋，一边大声喊道："不要管我，救粮要紧！"当战士们把腿上的绑带解下来递给他时，他只顾把干粮袋往带子上绑，将自己的生命安全却置之度外。这时连长命令道："丢掉干粮，快抓绑带，否则开除党籍！"在连长严厉命令下，饲养员紧抱干粮袋的手吃力地抓住了绑带，战士们往上拖他时，他抱着干粮袋随着绳子的拉力从泥潭里爬了出来。

饲养员成了泥人，干粮袋成了泥棒，而那匹可怜的马还在泥潭里挣扎着，头抬得高高的，眼睛睁得圆圆的望着战士们，眼泪一串串往下流，好像在说着我们共苦多年的份上来救救我吧！但大家只有心里难过，谁也没有办法。不一会儿只剩下一个马头，晃了几晃，就变成了一个小点，泥潭里冒出了几个泡泡就什么也看不见了，饲养员阎平伤心地抽泣着，战士们默默地告别了驮干粮的瘦马，又踏上了新的征途。

三、炊事员和司号员的风波

有一天中午没有什么下锅的粮食了，领导风趣地鼓励大家说："把面袋子翻过来抖一抖，搞点野葱、黄花叶、树叶，再把皮带煮上还有个红烧肉味儿呢，也可以改善改善。”大家一齐动手，一会儿就煮了一大锅夹杂着乱七八糟东西的饭，在舀饭时，偏偏少了两碗，炊事员和号兵都没有，号兵由于过度饥饿，忍不住就骂起了炊事员:“你早上洗了脸，晚上不得干，有什么了不起。”炊事员正好是个麻脸，俗话说：“打人不能打脸，骂人不能揭短。”炊事员受不住也开始对骂起来。正好号兵头上出过疮，头发少，是个秃子，炊事员顺口骂道:“我宁看桃花夹杏花，不看那猪毛夹豆渣。”这一下子都骂到痛处，两人便打了起来。

干部们把两人拉开后就开始做思想政治工作。我对炊事员说：“以后要让每个人都吃上饭，这样才能保证每个人走出草地。”指导员对号兵说，我们的困难是暂时的，在这最困难的时候要团结一心共渡难关，这是共产党人的风骨。在草地上，冻死，饿死，又被淤泥淹死了我们多少战友，你们这样做能对得起他们吗？号兵叫周德强，听后十分难受，他表示：“今天的错全怪我，以后就是三天不吃饭，也要当个卖米的汉。”做完工作后我和指导员就把自己的一份饭分别给了炊事员和号兵。号兵吹号出力，炊事员背着锅行军很苦很累，但他们二人死活不吃，最后命令他们吃，他们才接受命令，但又背着领导把饭送给了伤病员。

在我们的部队里，越是困难的时候，我们的党员干部越能克制自己把饭食节省下来，让给伤病员吃，这种感人情景，随时都可以看到。

四、马毛牛毛织冬衣，树叶充当卫生纸

在康藏高原，就是夏天也弥漫着寒气，冷雾。特别是入夜。草地上狂风大作，雨雪纷飞，更何况这时已进入雪海银山、冷风刺骨的隆冬季节了。当时，我们的衣服已破烂不堪，难以蔽体。大多数又是南方人，

不适宜高原这种恶劣的气候环境，寒冷的威胁不亚于饥饿。

为了渡过这道难关，领导命令大家一齐动手，在藏民的垃圾堆里拣毛，不管是马毛、牛毛、羊毛、狗毛，只要是毛，都拣来用。战士们白天在垃圾堆里拣毛，夜里捻线。拣来的毛又粗又硬，又没有工具加工，红军战士连天连夜的用双手搓，手搓肿了，搓烂了，但困难是压不倒红军战士的。开始捻成的线像指头一样粗，无法织毛衣，不行，又松开了再用棒捶，用手搓。搓了又捶，捶了又搓，捻了再拆，拆了再捻，终于捻成了细细的毛线，织成了一件件毛衣，毛裤，战士们兴奋地穿上自己亲手制成的衣物别提有多高兴了。可是没有衬衫和衬裤，那又粗又硬的毛衣毛裤穿在身上，毛毛刺刺的，满身像爬满了虱子一样，不动弹也痒得难受。走起路来就把两腿扎得火辣辣地痛。

特别是女同志，面临的困难不仅是吃不上穿不暖，连卫生纸也没有。于是就把大些的树叶当卫生纸。树叶又硬又潮又冰，有个女战士叫张爱莲，她不会用这东西，在行军途中，一走就掉下来了。同志们开玩笑说："马掉下来了！马掉下来了！"由于在这茫无人烟的草地上，天天过着饥寒交迫的日子，就连女同志的特殊情况也只能用树叶将就，看样子张爱莲又在想家，不想坚持下去了，就大哭了起来。

为了红军战士不掉队，我和指导员以及大家都给爱莲做工作，日本人占领了东三省，我们一定要坚持住，走出草地，北上抗日。说完后指导员把穿得一条夹裤脱下来分成两条单裤，一条穿在腿上，一条拆成片片，给那些闹特殊情况的女战士。我也把仅有的一件夹衣拿出来支援了她们。张爱莲感动地说："红军姐妹就是好，比亲生姐妹还关心……"说着说着战士们都流下了眼泪。连长一看今天大家的情绪都很低落，就带头唱起："今年苦，明年甜，红军抗日上前线，打得日本鬼子没处窜。"大家受到鼓舞，接着战士们齐声跟唱，慢慢地情绪又回升起来，继续长征……

五、过河

红军战士在征服草地的艰难征途中，遇到了无数条溪水河流，但今天所遇到的是过草地以来最大的一条河，领导观察了地形后说："同志们！今天要过草地上最宽的一条河，准备工作一定要做好，特别是要照顾好伤病员和体弱年少的同志，大家有没有决心过这条河？"红军战士齐声表示，我们都是英雄汉，决不怕艰险，千种苦，万种难，我们一定能过草地关。

天空晴朗,阳光灿烂。战士们开始过河了,她们拿起搭帐篷的绳子，拴在河两岸的草地上，然后把伤病员背起来，大的拉小的，排成一条长龙，顺着绳子往过走。战士们还没有走到河中间，突然天变了，下起了瓢泼大雨，接着冰雹也劈头盖脑地砸了下来，大雾笼罩着河面，什么也看不清楚，战士们用手抓着绳子摸着往前走，这时河边上的土被雨水淋得松软，两岸拴绳子的小树被连根拔了下来，连人带绳子全掉在河里，战士们与水搏斗了两个多小时才都上了岸。但有些同志的腿受伤了，营长命令在干一点的地方赶快搭帐篷宿营休息。

草地上处处潮湿，战士们屁股底下垫着枪支或背靠着背很快进入了梦乡。天亮时，每个战士的嘴、鼻子、眼睛上都冻上了冰棒，大家没有经验，有位战士抓住就拔，一拔把脸和鼻子上的肉都拔了下来，营长一看急了，大声命令；"不要拔——不要拔——快弄来草烧着烤吧！"当天战士们烤消了嘴和鼻子上的冰棒时，有几位战友已经经不住连冻带饿加水泡的煎熬，陆续牺牲了。

四方面军在雪山草地八个月，其中四个月没有粮食吃，四个月没有盐吃，多半吃的是野果、野葱、树根树皮、草根、皮带、马肚带，甚至到垃圾堆里去拣些藏民丢掉的破皮鞋充饥。有位四川籍战士不知从哪弄来一小块盐巴，吃饭时给每一个人用舌尖舔一下就装起来，再吃饭时再拿出来让大家舔一次。

由于长时间不吃盐，红军战士行军时浑身发抖，加上长期处在风霜雨雪的淤泥积水之中，又吃这些乱七八糟既没有营养又不卫生的东西，战士们不断中毒发肿，病号大量增加，又没有较好的药物治疗，在过草地时牺牲了好多战友——我将永远怀念他们！（董克诚整理）

选自杨悦春主编:《景泰古今》第2辑, 2002年2月第1版, 第209—214页。

刘汉润，女，1917年生，四川通江人。1933年参加中国工农红军，1936年加入中国共产党。红军长征时任红四方面军妇女工兵营战士、排长、连长。新中国成立后，曾在甘肃省景泰县妇联工作。

攀登党岭山

郭长春

1935 年 3 月上旬①，我们妇女警卫连，撤出天全，经达维向甘孜一带转移，翻过了被称为“万年雪山”的党岭山，又一次经受了极其艰苦的磨炼。

党岭山，横亘在丹巴、道孚之间，主峰海拔 5400 多米，山上空气稀薄，积雪终年不化。

同志们边走边谈论这座“万年雪山”：

“连长，你听说了吗？老百姓讲，这座山离天只有三尺三，人到顶上不能说话，一开腔就被山神吃掉了。”

“党岭山终年积雪，从晚上到早晨更是冰雪封山，别说人过去，就连飞鸟也被冻在那里。”

“我们红军是钢铁铸成的战士，冻不死、打不垮、拖不烂，这么一座雪山就能挡住我们吗？”

战友们纷纷要求尽快翻过党岭山，恨不得插翅到那边。根据大家的要求，这天拂晓开始登山。

虽是阳春三月，但雪山还是滴水成冰。姑娘们没有棉衣，就把棕皮缠在身上，每人背着一捆稻草就出发了。

---

① 应为1936年——编者注。

刚开始攀登，还爬得上去。越往山上雪越深、空气也就越稀。我和一排长张秀英拄着木棍在前边探路，用刺刀在冰雪上挖着脚窝，后面的同志踏着我们的脚窝往上爬。

天冷得哈气成霜。张秀英拍着我的后背说："从后边看，你走路像个大姑娘，从前边瞧，你那白霜的两颊，却像个上年纪的老阿婆！"

我说:"你别拿手电筒找人，光看别人不看自己！你那满头的银发，有 98 岁！"

头上的白霜擦掉一层，一会又结上了。战士们不畏严寒冰雪，情绪高昂地向上攀登着，不时从队伍后飞出一串笑声。

10 点多钟，我们进入了白雾缭绕半山坡。突然，西北方向涌起一片黑云，擦着山顶压了过来，这预示着一场暴风雪的来临。为了争取在暴风雪之前翻过山顶，大家都不约而同地加快了步伐。

雪山的气候变化很快，不一会儿，暴风雪就铺天盖地而来，鹅毛般的大雪，在山上飞卷，搅得山中迷迷茫茫，十步以外都看不清人。那最可恨的暴风雪刮得我们站不住脚，睁不开眼。

刚下的雪又结成了冰，一落脚就像脚踩西瓜皮一样，想往前走十分困难。我们试着把稻草垫在脚下，但稻草不是被风卷走，就是踩过之后被冻在雪中。因而，后边的人依然是跌跌滑滑。起初当你滑倒了，还有人笑，后来谁也有摔倒的时候，也就顾不上笑别人了。

王风莲的脚摔坏了，站不起来，我和一排长就架着她走，走一步停一步，一步一喘，每走几步就累的喘不过气来，只好换两个人再架一会，全连几十个人都架过她。

一排长看看身后白茫茫的山峦，估计走了不到一半，"看来要在中午翻不过山顶了"。

我说:"是啊，我看也很危险，越往上走越艰难，咱们鼓动一下吧！"

"好！鼓动一下！"

"同志们！半山腰不能停，一不活动就会冻僵的，同志们加把劲，翻过雪山就是胜利！”

“是英雄，是好汉，山顶上边比比看！”

山越爬越陡，几乎给竖起来一样，狂风山呼海啸地卷着风雪旋转着，有时像山坡升起的白雾，直钻太空；有时又如银蛇腾飞。像是要把天鼓破，把山削平，刮得人们寸步难行。

为了继续前进，一位首长把马让出来，让我拽住马尾巴，后边的战士依次拽着另一人的腰带，组成了一条很长的人链，一个拽着一个缓慢向上爬行。

经过艰难的攀登，总算看到山顶了。向下一望，一群白的雪峰，缭绕着淡淡的白云，我们简直在腾云驾雾。

爬上山顶，气候更加恶劣，雪花夹着核桃般的冰雹，劈头盖脑向我们打来，不少同志被砸得青一块紫一块，姑娘们只好用手捂住脸，把脸盆顶在头上，四手四脚地爬行着。

翻过山顶，天快黑了，我们选在一个山坡上宿营。姑娘们拿出炒面，拌上取之不尽的白雪，夹着寒风，一口一口往下吞，越吃越冷，手麻了，用气哈，气是凉的，揣在衣襟里暖暖，衣服也是凉的，早已冻成了冰筒。

宿营没有营具，只好在积雪中挖个雪坑，步枪一支就是柱子，再拉上一条绳子，便是房梁，把被单盖在上边，就造成了“雪房子”，把稻草往雪地上一铺，成为床铺。战友们围在一起，用被子盖上就睡了，一会儿又冻醒了。

午夜，一阵狂风吹来，把被单卷走了，枪架被吹倒了，雪块、冰雪一齐压在身上。有个女战士风趣地说：“咱们盖着这么厚的棉被，也不觉得暖和，原来这棉絮是凉的，要是夏天盖上才舒服呢！”

次日凌晨，这洁白无垠的雪山里，死气沉沉的没有声息。我让通讯员李兰吹声口哨，霎时，姑娘们从周围大大小小的雪堆里钻出来，跺着脚搓着手叫喊：

“昨天晚上我梦到了北冰洋，差点把我冻到冰窟里，等几万年以后，要是有人把我救出来，我就给他们讲讲咱们红军女战士爬雪山的故事！”

下山时，已不像爬山那样吃力，但稍不留神，一滑就是几丈远，万一不小心，就会滑到雪沟里。姑娘们你拉着我，我拽着你，一点一点往下走，真可谓“上山难下山更难”，但战士情绪很高，欢声、笑声此起彼伏，荡漾在雪谷里，好像专门唱给山神听的。

张秀英打趣地说：“孙悟空大闹天宫，蟠桃、仙丹，吃的、穿的样样都有，我们在缺吃少穿的情况下‘大闹天宫’呀，看来孙悟空在我们女红军面前也要甘拜下风了！”

翻过党岭山，连队进行整编，采集粮食，准备继续北上。（志文、金晖整理）

节选自《红军女连长郭长春》，载曾志主编：《长征女战士》第二卷，北方妇女儿童出版社1987年8月第1版，第386—389页。

郭长春，女，1920 年生，四川阆中人。1933 年参加中国工农红军，1936 年加入中国共产党。红军长征时任红四方面军第三十三军军部女子警卫连连长。新中国成立后，曾任石家庄军分区政工科政治协理员。1991 年在石家庄逝世。

红军女护士

宋林

1936 年 7 月[1]，离开道孚该有三四天了，我们医院一直都在山林小道间行军。这天，我和廖正方医官紧跟在轻伤员的最后面，他甩动那支老小不离手的笛子，慢悠悠地走着，我的小马枪的枪托，一路都在碰打着我的脚颈子。正走着，突然听见前面山谷里响起了枪声，有时密，有时稀。是前头攻打炉霍寨子了。

半下午，我们赶到山谷边。两旁坡上，尽是密层层的大树林。当我跟着进入林子时，就碰见我们班的陈金兰和李秀英，抱着一大堆血污绷带朝河边跑。我跑上坡对伤员们说："快坐下，我先替你们换洗绷带好不好？"

"这倒使得，就是先要跳个舞，唱个歌才行咧。"像往常宿营一样，伤员们又拍着手掌，向我提出这个条件。

我只好卸下枪和刀。廖医官把笛子一横，我就提起缎子旗袍，随着悠扬的笛声，跳了个"乌克兰舞"。笛子拖长尾巴还没断气，大家又拍手叫我唱歌，我正唱着，一个小传令兵冲进林子，一把扯下廖医官嘴上的笛子急急地说："医官，寨子都打开喽，喊你们快去背伤员！"

立刻围拢来许多人。两位医官一琢磨就决定："小妹妹都留下来，

---

① 应为1936年3月——编者注。

其余……”

“哎，为啥子不喊我去？”我一急，冲着廖医官喊。

他用笛子敲我一下：“人小，就不准去。”

张天蓝班长晓得我的脾气，她拍哄着我：“李桂春[1]，你就留在林子里。听话嘛，啊！”

我把身子一摆，赌气地说：“这么远的路，人家都跟来喽——今年14啦，还说小！”

“你晓不晓得，这是命令？”廖医官有些冒火了。

我的泪花快滚出来了，背转身咕噜着：“我怕啥！你们前脚走，我会后脚跟……”

“好啦，好啦！叽叽喳喳又要翻半天。”罗医官在背后扶着我的肩膀说，“前面多危险啊，出了事谁负责！”

“只要喊我去，我自己会负责。”

周围的人都笑了起来。廖医官又好气又好笑，他只好对张天蓝说：“就带上她吧——准备出发！”

山里面的枪声还在响。我们沿着小道跑去。前面高山顶的积雪还没化，山腰间，一个红屋顶高耸耸的冒出围墙，张天蓝告诉我，那就是炉霍。我们一抵近山脚就往上爬，两个医官带着二班直接跑进寨子；我们一班和担架队，就绕过寨子，钻进后面的大丛林里。

一进林子，马上就投入紧张的抢救工作。子弹，嗖嗖地擦着树叶在头上飞，我在老粗的树底下穿来穿去，连续包扎了几个伤员，交给大姐姐们送进寨子。我正想上前再去搜寻，就见班长在那边对我招手，我赶忙过去，她说：“我先背伤员下去，你就在这里包扎。”说完驮起一个伤员就朝坡下冲。

我一看，四周躺着好几个同志，我一摸救护包，才晓得绷带和碘酒

① 李桂春，原姓宋，抱给姓李的，后改回原姓。

都用完了，担架也没见来，又看见侯任秀和李秀英都在背。我跑过去扶起一个右臂受伤的同志，他看着我说 :“小妹妹，你背不起我呀！”

我见他痛得脸上的肉都在跳，一只袖子都染红了。不管他答不答应，我就用背顶住他的胸口，托着他的大腿，歪歪倒倒就驮起来了。他的身子几乎把我全遮住了，我颠着腿一步一步朝下跨。他手上的血，一点一点地在我眼前滴……

我晓得 : 血流多了是会死人的，就焦急起来，只想快些背下去。忽然，我的腿一软，朝前栽，我赶忙抓住他受伤的手，扑倒在树根下 ；看看坡下的密林，吓得我捏了一把汗。我翻坐起来想了想，就撕下一块旗袍角，把他的伤口缠好，又鼓起勇气驮着他。这一回我是双手撑在地上，倒着往下退的。我爬一步，他就在我背上呻吟一声，我对他说:“快到寨子啦，你莫心焦，我保险不栽跟头。”我明白:倒着退还是不轻巧，就是稳当些。我一直把他驮到寨门口，便交给了二班的姐姐。

我这样来回背了好几趟，八角帽子早就挂掉了，头发被汗水打得浇湿，又粘上了许多泥沙。天快断黑的时候，山顶上的敌人，冷一枪热一枪地还在向我们射击，我又冲进林子里。越朝里头走，树林就越稀，前面不远就是乱石堆和光山坡，再上去就有敌人。这时，我看见林子边上躺着一个人，跑拢一看，是大腿受伤了，摇摇他，他不出声，我侧起耳朵听他的心口,幸好还在跳动。我急忙摸强心针,手还没有伸进救护包，尖啸的子弹碰得树皮哧哧溅。我爬在他身旁，眼睁睁地望着被血浸透了的灰色单裤。我想 : 我是护士嘛，我不能让他死，也不能再让他负第二次伤。

我把主意拿定，不管子弹在我身边跳，一扑就压在他的胸口上，我紧紧压着，一心想等天快些黑下来，就算子弹打准了，最多也死我一个人。可是我一想，他的大腿还露在外头，急忙又朝下滑，可是又把他的胸口亮出来了。我看上下都遮不过来，就支起身子，又爬上他的胸口，死死捂住他的头。

这时，听见旁边林子里有人喊："小妹妹，沉住气，不要慌。"

我没出声，摸出强心针，就往他的膀子上注射。不一会儿，左边林子里就向敌人开枪了，敌人的子弹也转了方向。于是，我才松了口气，急忙抓出一叠布钞票（红军处置伤员伤口的钞票是用布印的，大小不一，最大的是五元），挑了几张五元的贴在他伤口上，又哧啦撕下一条黑缎子给他包好。我扶着他的腰杆刚刚站起来，眼前黑昏昏的，好像树林在打转转，我不敢再耽搁，支持着昏沉的身子，拼命地朝坡下拖，高一脚低一脚的走了一节，才躬起背把他驮起，又倒退着朝坡下慢慢爬。走到半路，来了一副担架，我把伤员交给担架，感到骨头架子像要散了一样，坐在树下大口大口喘气。

深夜，战斗结束了，我们才进寨子。我冲进屋里，只见满地躺着伤员，阴暗的油灯下，二班几个大姐姐蹲在一旁拆旧棉絮；廖医官拿着剪刀，正沿着旧报纸的白边剪，地上还丢着许多旧书，他面前的红药水和碘酒也仅剩下小半瓶了。我晓得：又是没搞到药，就连药棉、纱布也没有，廖医官见我木呆呆的不出声，就说："泄气是不对的，要战胜困难嘛。"说罢，就给伤员的伤口抹一点点碘酒，又十分仔细地把白纸条贴上。我看见血立刻把纸浸透了，再贴上几层，又染得红糊糊的。

因为要治疗负伤的同志，我们医院就暂时住在炉霍寨子里。医官分配我护理 50 个伤员，其中，就有我用身子掩护过的李指导员。

第二天，李指导员醒来了，我给他端去半茶缸青稞麦，他用深陷的微弱的眼光望着我，许久才出声："谢谢你——"他把茶缸接过去，放在稻草上:"多大啦,哪儿人呀？"我告诉了他。他望着屋顶像在想啥子，隔了一阵，他从枕头边摸出一件小花旗袍递给我："这是在四川打土豪时分的，换一换吧，你看。"是的，这几天，我还是穿着这件撕成一片片的黑缎子旗袍。他摸着我的头，轻声说："我们穷人闹革命，哪有不吃苦的。只要坚强，不怕困难，不怕流血，我们都能够走到陕北去……"我捧着小花旗袍，睁大眼睛望着他那苍白而坚强的脸，心里热烘烘的，好像陕北就在我的眼前。

就在第三天清晨，窗外才微微发白，伤员的呻吟声把我们护士闹醒了。大家急忙跑进去，当我走到李指导员的身旁，用油灯一照，只见他额上淌着大颗大颗的汗珠，一张瘦长的脸绷得紧紧的——他在忍受着多么剧烈的痛苦啊！

“伤口化脓啦，医官！”侯任秀守在一个伤员身边，对走来的廖医官喊。

我一听，就蹲下把李指导员腿上的绷带、棉花也取下来。贴肉的几层纸已变得乌黑了，我用镊子轻轻拨开，伤口就散发出一股臭味，又看见一些小蛆在里面蠕动，我不知怎么办好，目瞪口呆地望着廖医官。他低下身来看，就沉默了。

“白袋换得不勤，袋里又有石灰，那还不感染？”张天蓝在我背后悄悄地说。

廖医官回头见我在偷偷地擦眼泪，狠狠地盯了我一眼。我把头发一甩，就扑在指导员腿边，用镊子把蛆一条条地朝外挑。不知怎的，这一次我看见那一小块一小块红里发白的烂肉，镊子就直打颤。我晓得化脓就是疼，就拿我八岁那年说吧：养母把我打伤了，我不敢回家，就躲在野地里睡，没两天，肩膀上的伤口就烂了，疼得我全身打颤，幸好皂桷桠①上有野草，我就摘草叶贴过……是的，是草叶……我猛地转头对廖医官说：“草叶！我就贴过草叶，我们乡下都贴草叶！”

我这一叫，把廖医官从沉思中惊醒了，他打量我许久没说话。张天蓝在旁边添了一句：“对头，我们四川就用草叶贴疮口。”

廖医官看看张天蓝，又望望我：“草叶是凉性，可以退烧，可惜咱们这里没有中医。”

“我认得，我认得！医官，你们去搞，让我来认。”屋角里那个平

① 皂桷桠，四川地名——编者注。

常爱唱金钱板的轻伤员抢着说。

最后，大家都同意试试，我和陈金兰、侯任秀跑出寨子：田边的豌豆已放小白花了，遍地都是青油油的粘满露水的野草。我弯腰找着宽叶子摘，不多会儿，胀鼓鼓的装满了几包。回来把叶子倒在地上，罗医官也从外边进来了。

“我那边的伤员也化脓啦，老廖！”他拾起一片叶又说，“才听说你们想找草药，多快啊，就采回这一大堆——这不是薄荷叶？这东西呀，我们湖北蛮多蛮多！”

屋角那个轻伤员也坐起来，指手画脚地说：“那个长条条的就是车前草嘛，你鞋子踩着的不是蛤蟆叶是啥子！”

于是，你一句我一语，就拣出了不少草药。还是廖医官细心，他对罗医官说：“先消消毒，那就更好了。”

这个任务就交给了我。我把叶子洗干净，一片片用针线穿成串，然后吊在筷子上，挂在锅里蒸。一个上午，陈金兰、侯任秀她们就把伤员的伤口洗净了，医官、班长和我，便把阴干的草叶，一张张地给伤员贴上。

叶子贴上后，病房里的呻吟声还是没有减少，是不是伤口又感染了呢？整个下午，我的心都是沉甸甸的。黄昏，我一直守候在李指导员的身边，呆呆地望着他的脸。大概伤员们睡着了，房里的声音也慢慢地低弱下来。指导员忽然从迷糊中清醒过来，我急忙扶着他，他微笑着说：“昨夜呀，就像过关一样，我真怕把大家吵醒了……”

“现在还疼不？”

“小妹妹，我觉得伤口凉幽幽的，好多了。”

一听伤口不太疼了，我站起来手掌一拍，就连跑带跳地去报告廖医官。

炉霍的田野成了我们的药品供应库了。在半个多月中，除了重伤员向后转运外，轻伤员都能拄着树枝走动了。后来，医院接到出发的命令。我们长长的行列开路了，廖医官还是甩动他那支笛子慢悠悠地走着，李指导员一高一低地比别人走得并不慢。我心里热腾腾的紧跟在伤员们后面，小马枪的枪托，还是一路碰打着我的脚颈子。（叶代良整理）

选自杨国夫等：《星火燎原·未刊稿》第4集，解放军出版社2007年8月第1版，第115—120页。

宋林，女，1922年生，四川人。红军长征时为红四方面军总医院护士。

穿过草泥滩

郭长春

这天晚上，部队刚吃过晚饭，我正准备找一排长张秀英，了解一下战士的思想情况，忽然通讯员李兰跑来转告我，说军首长让我和赵指导员马上去参加一个会。

我和赵指导员快步来到开会地点——一家藏民的房子里，发现开会的人员都到齐了。他们有的坐在炕上，有的坐在凳子上，有的不知从哪找了根圆木头垫着坐在地上。我看两间房子坐得满满的，没有一个空位置，便到院子里找了两块石头，和赵指导员一起坐在了屋门口。

会议开始由王维舟军长讲话，他讲话的主要内容是作过草地的思想动员。他要求各级干部身先士卒，带头吃苦，做服从命令、遵守纪律的模范。最后，王军长意味深长地说:“同志们，我们面前会遇到更多，甚至更严重的困难。除了敌人随时进攻我们外，最主要的是草地会给我们带来麻烦。道路是艰难的，但前途是光明的，只要我们牢记党中央的指示，团结一致，英勇奋斗，就没有攻不破的难关，胜利一定属于北上抗日的红军健儿！”

王军长的最后几句话，说得特别响亮、有力，到会的同志都深受教育和鼓舞。我和赵指导员交换了一下眼色，发出了内心的欢笑。我们仿佛看到了革命高潮的到来，似乎我们已走出草地，就要横刀跃马，杀上抗日的前线了。

王军长讲完后，供给部长又讲了过草地的准备工作，他特别强调要做好物质准备，要求部队尽快筹集粮食。

散会时，王军长还特意对我和赵指导员说：“你们女子警卫连可更不能麻痹大意，一定要有吃苦的思想准备！”赵指导员表示说：“大家现在情绪可高啦，整天唱着‘我们笑哈哈，我们笑哈哈’的歌子，请军首长放心，我们有信心，一定经受住这次考验。”

王军长听了，露出满意的微笑。

第二天，我们全连组织了五六个小组，分头到驻地附近筹集粮食。虽然正是收获季节，可因为部队多，又加上群众受了国民党部队的反动宣传,开始筹粮时遇到不少困难。有的群众把粮食藏起来,不卖给我们，有的躲到深山里面去。后来，由于我们严格按政策办事，买粮价格公平合理，感动了一些群众，他们才主动把粮食卖给我们。粮食有各种各样，有大麦、青稞、豌豆等。战士们当宝贝似的，每人缝了个简形布袋，把粮食装在里面，走路背着它，睡觉枕着它。有人用线在袋子上绣上个“红”字,还有的绣上自己的名字。大家心里都清楚,小布袋里的粮食，虽然只有几斤，可它是自己的生命啊！没有它，就不能走出草地，上不了抗日的战场。

草地，真像是汪洋大海，灰蒙蒙，白茫茫，雾气腾腾，一望无边，要不是在很远的地方有一线起伏的山峦，真无法辨认出草地和天相接的地方。草地没有人烟，没有树木，到处是黑油油的野草，有的草长得老高，能没过人顶，有的草浸泡在水地里。在绿草间还夹着一些五彩缤纷的小花，小花的花瓣上沾满了露水，在微风中婀娜多姿，极为好看，像是在欢迎我们这些来自远方的观赏者。

“啊！这草地多美呀，又平又大，可惜没有人来开荒种地！”

“等着我们来哩，革命成功后，在这儿办些大农场，拖拉机轰隆隆一响，遍地都是粮食，美滋滋地过舒坦日子，多来劲！”

“再盖上些大戏院，说不定我们还要登台演戏呢！”

“到那时，咱们不死也变成了老太婆，说不定都抱上小孙孙喽！”

俗话说，三个姑娘一台戏，百十个姑娘汇集一块呀，简直成了个大戏园。

大家说得正起劲，突然一排战士王小英脚下一软，只听“噗哧”一声，半截腿陷入泥里去了，她赶紧往外拔，可是越拔越陷。旁边的人赶紧伸手去拉，刚一用力，拉的人也陷了进去，两个人一块在泥里挣扎着。赵指导员一看不妙，急中生智，忙让周围同志解下绑腿，接在一起，把一头扔给她俩，然后，大家像拉纤似的往上拽，才把她俩拽了上来。尝到了苦头，大家开始警惕了，再遇到泥水多的地段，专拣那些硬的地方走，绕着弯儿一蹦一跳地前进。

草地不光是道路难走，而且气候变化无常。中午太阳直射下来，晒的人满头大汗；到了下午，突然刮起冷风。一会儿又下起了大雨，还夹着一些雹子，冷得人直打寒噤。姑娘们的头发本来被风吹得很乱，经雨水一淋，像落汤鸡似的，变成了一绺一绺的。

为了避雨御寒，大家背对背围坐着。头上顶着一块被单，为不使弹药和粮食淋湿，还要把弹药和粮食紧紧地抱在自己的怀里。

雨过之后，草地上到处哗哗流水，和我一起避雨的通信员李兰，不知从哪里坐了一屁股牛屎。她用手一摸，弄了一手，还放在鼻子上闻了闻，不慎沾在鼻子尖一点，赵指导员笑着说:“小李啊，你真爱漂亮，还往脸上擦香粉哪！”说得李兰哭笑不得。

进入草地第四天，意外的事发生了。个人带的粮食逐渐吃光，沿途得不到补充。战士们只好勒紧裤带，忍着饥饿行军。一些同志身体本来就很弱，加上在淤泥里深一脚、浅一脚地行军，连饿带累，渐渐地支持不住了。有的同志走路东倒西歪，呼哧呼哧直喘气，走着走着就倒下了。有的一倒下就再也起不来了。这些倒下去的女战士和我一样，都是苦苗苗，她们经历过千辛万苦，没倒在地主、土豪的皮鞭下，却倒在了这漫无边际的草地上。有的同志牺牲后眼睛都不闭。看到这些死不瞑目的心爱的战友，我心里似刀割一样难受。她们还都是十七八岁的姑娘啊！我身为连长，没能把她们带出草地，深感对不住党，对不住牺牲的战友。为了表示对她们的怀念，我们在每一个牺牲同志的坟前，都插上一根小木棍，在小木棍上刻上她们的名字作为标记，还采些野花放在坟上。

为了同饥饿作斗争，我们开始采野菜充饥。吃野菜对我们这些苦孩子来说，是很平常的事，小的时候，我们多数就是靠着各种野菜活命，所以现在吃些野菜算不了什么。可是谁知后来，因为各部队普遍缺粮，野菜也采光了，大家只好饿着肚皮过夜。

这天晚上，行军一天的女战士们围在几堆篝火旁宿营了。有的坐着，有的斜歪着，有的互相偎依着，来回摆动着的火光，映照在她们一张张脸上，显得那样苍白、瘦弱。看到这种情况，我心里非常着急、难过，眼泪不由自主地流了出来。在一堆篝火旁，我看见通信员李兰和文书刘文英正互相枕着胳膊和腿躺着。我走到她们身边坐下来，伸手抓过李兰那干柴似的手。李兰睁开眼看了看我，挣扎着要起来，我摆了摆手，示意她继续躺着。这时我的眼皮也有些发重，头昏沉沉的，便就地躺了下来，可我心里却很清楚，同志们挣扎了一天时间，还没吃上一口东西，能有什么办法给她们肚里填点食物呢？

正在我焦急万分的时候，鼻子里忽然闻到一种肉香味，这准是哪位同志在煮皮带吃。我翻了一个身，猛然手掌碰在了膝盖上，“啊，护膝，我的羊皮护膝！”

这对护膝跟随我已有四年时间，还是在家逃难时，妈妈怕我腿冷，跟一位张大爷说了很多好话，才要了一张绵羊皮，专门为我做了这对护膝。从那时起，不管白天黑夜，我一直把它套在膝盖上，用来防潮御寒，如今皮子上的毛都快磨没了。眼下，能吃的东西都吃光了，只有这对护膝还能充饥。想到这里，我赶忙坐起来，从膝盖上脱下护膝，拔下上面的毛，开始用小刀割成小条条。割完后，又放进洗脸盆里煮。不一会儿的工夫，开水上面就飘浮了一层油沫，散发出诱人的香味。我望着咕嘟咕嘟冒着热气的脸盆，心想再过一会，羊皮熟了，每人分上一小块儿，垫垫肚子，充充饥肠，明天就能继续前进。

这时，连部的几名战士听见动静，也都起来了。通信员李兰一看就知道了是怎么回事，她着急地说："连长，你怎么把护膝煮了？""为了填肚子，现在只有这样。"我不假思索地说。文书刘文英凑过来，用手撕一小块放在嘴里，嚼了嚼，连连称赞说："真香，真香。"我看着她那得意的样子，也贪馋地咽了一口唾沫。我们的说话声惊动了周围几堆篝火旁的女战士，她们也可能闻到了一点气味，都不约而同地围拢来。

我对大家说："我们女子警卫连自从进入草地，大家踩泥蹚水，风餐露宿，忍饥挨饿，克服了重重困难。现在我们虽然断粮了，但这是短暂的困难，大家再咬咬牙，坚持最后一两天，形势很快就会好的。今天晚上，咱们先来个小型会餐——红烧羊肉！"说完，我从脸盆里提起一小块羊皮放在嘴里，咀嚼起来。

大家学着我的样子，也都把一小块羊皮塞进嘴里，慢慢地嚼着品尝滋味。有几个活泼的女战士互相开着玩笑，说："这种高级的美味，南京的高级餐馆都买不到,只有我们女红军才有资格吃哩。"大家听了，一张张憔悴的脸上，立即现出了喜悦、兴奋的光彩。就这样，我们又度过了一个漫长的夜晚。

可巧第二天，军首长派人给我们送来了一些野牛肉，并转告我们：再坚持一天时间，就可走出草地，部队就有粮食吃了。同志们听到这个消息，精神顿时振奋了，我们让来人转告军首长：女子警卫连保证能闯过难关，坚持到最后胜利！大家美餐了军首长送来的牛肉，迈开大步，又经过一天的艰难行军，终于走出了大草地。

我们这个在战斗中成长起来的红军女子连队，同千百个红军连队一样，爬雪山、过草地，飞关夺卡，历尽千辛万苦，终于于 1936 年 10 月间，胜利到达陕北，结束了具有历史意义的长征。（志文、金晖整理）

节选自菡子主编:《女兵列传》第3集，上海文艺出版社1987年10月第1版，第180—185页。

迎着困难前进（节选）

彭素

1936年夏，正当我们积极准备二过草地的时候①，我不幸得了斑疹伤寒，病情十分严重，连续高烧。我的皮肤和口腔出血，大便带血，一连几天昏迷不醒，汤水不进。部队没有特效的药物治疗，不得不把我送到附近的一户老百姓家里。房东老大娘热爱红军，像照顾自己的女儿一样护理我，不时用盐水给我漱口，用米汤喂我，七八天后，高烧竟然渐渐退了。

一天，我正昏昏沉沉地半睡在草铺上，隐隐约约听到有人在身边喊我，我以为是大娘又来喂我米汤，便强睁眼睛一看，出现在我眼前的不是大娘，而是两位我们在入川时俘虏过来的邓医官和杨医官。

记得他们被俘虏过来不久，经过短期教育，就让他们为部队伤员治病了。不料，他们工作没几天，就在我们面前摆起架子。有一天，杨医官给一位伤员开了一张处方，上面用的一种西药是当时国内无法生产的，不要说我们这样的红军医院没有，就是国民党的大医院也不一定经常有。他把这种明知我们没有的药开到处方上，而且用外文把药名写得十分潦草，显然是想要难一难我这个司药主任。我一见这张处方，当即拿到他的面前，一五一十地说出了这种药物的特点，说明我们这里没有

① 一般称红四方面军此时是第三次过草地——编者注。

这种药。从此，他们再不小看我们了。

今天，他们在我病中来到这里干什么呢？只听他们轻轻地对我说：“廖主任，部队马上要二过草地，这可是死多活少啊！你年龄还小，还是个女的，并且正在病中，还是暂时跟我们留下来另找出路吧。”我一听要我留下，离开红军，就挣扎着坐起来，两眼直瞪着他们说：“你们这是什么意思？”这两个家伙经不住我的追问，连说：“随便问问，随便问问。”说后就溜走了。

这时，我在草铺上再也睡不着了，便硬撑着走下地来，不觉天旋地转，我扶着墙慢慢地往前挪步。房东老大娘听到我下床的声音，慌忙进来，说:“孩子，你病成这样子，要往哪去呀！”我说:“部队要开拔了，我要随队伍出发，不能留在这里。”老大娘扶我坐到床上，轻轻地捋捋我的头发，不想头发一捋就掉下来一大把，这是高烧造成的。我再看看皮肤，皮肤也是东一块、西一块地往下脱落。这半个多月来，我病得可真不轻啊！但是，战士离不开队伍，这正如孩子离不开娘一样。我不能留下，我又强挣着站起来。大娘忙说：“这样吧，你先歇着，我去问问你们医院领导。”我这才重新躺到了床上，心里却翻腾得厉害。

正在这时，我找到红军时遇到的那位大姐姐对我说的话又在我的耳边回响：“当红军，干革命，要准备吃苦啊！”现在，要二过草地，困难之大是显而易见的。但是，这正是对一个革命战士的考验，是百炼成钢的大好机会，我怎么能当逃兵呢？！

这时，我又想起1932年春天，我们红军采用围点打援的战术，发动了苏家埠战役，把6000多敌人团团围困在苏家埠镇上。敌人企图从六安、合肥方向救援，战斗在韩摆渡一带打得很激烈。一天，我正在战场上抢救伤员，只见抬过来一副担架，上面躺着一位面孔俏丽而无血色的女赤卫队员，一位民工对我说：“这位女赤卫队员姓黄，刚才正抬着担架往我们这里送伤员，突然一颗炮弹落在她的脚边，她为了掩护伤员，自己却被炸成这样！”目睹悲壮场面的民工，说着说着就流下了眼泪，并恳切地说；“同志，你可一定要把她救活呀！”我们赶紧打开她的衣服，只见她腹部正往外冒血，右大腿被炸去一截。因为牵动衣服，引起疼痛，她才慢慢地睁开眼睛。我们赶紧问她名字，她却轻轻地说：“伤员怎么样……”话没有说完，就又昏迷过去。现在，黄大姐俊俏的面容又出现在我的面前。这样一位平凡而伟大的女子，不顾自己的生命，只想到别人，我怎么能因为疾病而掉队，离开胜似母亲的党和红军呢？！

想到这里，我似乎产生了力量，四肢也仿佛有了劲一般。这时，老大娘和医院领导一起走了进来，领导首先告诉我，根据形势，摆在我们面前有两条路：一是排除万难，再过草地，北上抗日；另一是不过草地，但这样会被国民党军队消灭。在这种情况下，确有少数思想不坚定的分子不愿再过草地，准备开小差。领导了解了我的病情后决定，让我跟部队一起出发。

第二天早晨，天刚放亮，就传来了嘹亮的集合号声。我赶紧起床，穿好军装，告别了半个多月来日夜护理我的大娘，拄着拐棍，来到了总医院集合地点。一点人数，邓、杨两个医官果然跟另外几个人开了小差，投奔国民党军队去了。

朝霞映红了天空，我随着大队伍一步一步地向前走去。虽然征途上充满着艰难险阻，但是，“当红军，干革命，要准备吃苦”的话我一刻也没有忘记，我暗暗告诫自己，决不能掉队，一定要坚持下来，迎着困难前进，直到最后胜利。（周善贤整理）

节选自中共六安地委党史办公室编：《红军女战士》，安徽人民出版社1986年8月第1版，第15—23页。

彭素，女，1916 年生，河南商城丁家焊区南溪乡（今属安徽金寨）人。1929 年参加中国工农红军，同年加入中国共产主义青年团，1931 年转入中

国共产党。红军长征时任红四方面军总医院司药主任等。新中国成立后，曾任北京协和医院女宾部支部书记和协理员，解放军总后勤部保育院院长、总参谋部三部直属医院（后改为总后勤部三〇二医院）副院长等职。1992年在北京逝世。

女孩子的脚印

张萍

说来你也许不会相信，但这是真的。当我在红四方面军医院担任一排排长时，只有 14 岁;张仙修是二排排长，和我一样大。我个子不高，她也很矮，人家都叫我们“小排长”。其实，小什么呢？除了二排的高个子刘文素有 19 岁外，其他人都和我们不差上下，而有两颗小麻子的毛秀英还只有 13 岁呢！

别看我们是小女孩子，可那股劲头却着实像大人。刚进入草地时，我们都悄悄地互相保证过：“不管怎样，谁也不兴哭！”张仙修还打趣地说:“谁哭,我们就叫她‘淌猫尿’,好吗？”“对,看谁‘淌猫尿’吧！”我们都笑了，笑得前仰后合的。奇怪，只有张仙修没笑，蛮镇静地皱着眉毛，像在考虑什么重大问题。

我可了解张仙修，并打心眼里承认，虽然我们都是“小排长”，但她比我懂事得多。

过了苦瓜寨，就到了一个鬼地方。这地方呀，尽是一片片的黑水，根本找不到路。满天弥漫着大雾，莫说看到炊烟和听到人声，就是死鸟也找不到一只。

这天，天快黑了。我们都一拐一拐的，互相拉着走。脚下的牛皮草鞋本来就光，这下更滑了，把脚底板上的血泡，磨得痛的要命。我看见毛秀英紧咬着牙根，走一步脸色一变，嘴唇咬得都快出血了。显然，饿、冷、累把她折磨苦了。但是，我知道，这个刚刚活了 13 个年头的孩子，是在苦难中长大的，再苦也不会倒下！我叫大家把牛皮草鞋脱下来，索性打光脚走。

我刚站住脚正要脱草鞋，突然扑地一下，小毛把头伏在我的肩上，抽搐着哭了。声音是那样微弱，仿佛一点力气都没有了。她这一靠，差一点把我撞倒在地上，说真的，有些站不住了。

这时，张仙修从前面赶回来。她的脸色难看极了。她看看我，又看看小毛，低下头，干枯的眼角滚出了一滴泪珠。可是，她忽然又笑了，打趣着唱道：

羞羞羞！羞羞羞！
小毛小毛好宝宝，
为啥"淌猫尿"？

张仙修是我们这伙女兵中最爱说笑的一个。她一边唱还一边带着眼泪做鬼脸，直逗得小毛破涕为笑。张仙修见了又接着唱道：

哭笑哭笑，
黄狗撒尿。
张家打锣，
李家抬轿。
……

听着这在自己故乡家喻户晓的童谣，小毛嘴角挂起一丝羞涩的微笑："去你的吧，谁哭了？哭才不是人呢？"

"好好，没哭就好！小毛，来！就在这里休息吧！"说着，她在近处找了一块比较干燥的地方，扶着小毛坐下。就在弯腰的时候，张文秀忽然往前一栽，倒了下去。我赶紧跑过去扶她，只觉得全身轻飘飘的，头特别重，忽悠一下失去了知觉……

不知过了多久，朦胧中感到有人在轻轻地抚我的头，还有人在我耳边哼着小调：

牛皮本是好东西，

吃了补养人身体……

我慢慢睁开眼睛，向四处探望。

“好，醒了！”听得清楚，这是张仙修的声音。再一看，毛秀英正坐在我旁边。她面前燃着一堆篝火，破脸盆里已经煮好了野菜。

张仙修呢？怎么光听说话不见人？

“休息一会，吃点东西就好了！”又是张仙修的声音。

顺着声音回头一看，原来我躺在张仙修的怀里。她紧紧地抱着我，那双无力的眼睛里，饱含着崇高的爱！虽然她和我一样大，但这时，我却觉得像躺在妈妈怀里一样温暖，眼眶里不断滚出泪珠，滴在她那补丁叠补丁，沾满了泥土、牛粪、油污的衣服上……

夜来临了，篝火燃烧的更旺了，可是，今天我们掉队了。我心里涌上一股负疚的沉痛。走，说啥子也得赶上去！要是战士们知道了她们的两个排长掉队了，该多难过呵！我挣扎着站起来，抓住张仙修冰凉的手说：“小张，走！”

“对，一定要赶上去！但是，野菜已经煮好了，还是先吃了吧！”

饿得这样子，很难赶得上的！于是，我们围成一堆，大口分吃着苦涩的野菜。快吃完了，我才发觉张仙修没和我们围在一起。她独自坐在一旁嚼着什么。我抓过来一看，不禁痛苦地低下了头，原来她把野菜煮好了，自己不吃，却一个人在那里默默地吃着草鞋……毛秀英手快，一把抢了下来：“排长！草鞋给我吃吧。”张仙修难为情地笑了笑：“小毛，我还能坚持！”谁也没相信她的话。我和毛秀英定要她放下草鞋。最后，在我们的苦苦哀求下，她才胡乱地吃了几把野菜。

肚子塞饱了，身上好像也添了点力气。张仙修看我们情绪好转，也更高兴了。她一边拨着篝火，一边又轻声的唱起来。可惜我记不得那饶有风趣的原词了，只记得大意是：

红军的脸盆作用大，

它能炒“菜”能做“饭”

也是长征的宝贝蛋……

我们都笑了，笑得特别痛快。

一提起洗脸盆，我就想起一件小事。出发的那天，我们女同志占了便宜，每人只背了25斤青稞。战士们把一切都准备好了，可是张仙修一个人还在那里弯着腰搞什么。我蹑手蹑脚走到她背后，故意学着首长的声音，大声喝道：“张仙修，你在干啥子！”我这一装模作样，大家都笑了，一股劲喊开了：“干啥子，干啥子？”原来张仙修是在用铁丝拴洗脸盆。这是她排里唯一的一个脸盆，同志们都没有想到要背它。她悄悄地对我说：“调皮鬼，搞啥子吗？用处可大哩！莫说别的，做饭、炒菜、洗脚、洗脸，哪样少得了它？难道我们这些穷女孩子在草地中就不打扮了吗？”她刚说完自己却笑起来了，她也知道，我们将要踏进的草地，等着我们的将不是什么青山绿水、酒肉米饭，而是不能想象的疲劳、饥饿、艰难……哪有饭菜好做？哪有梳洗打扮的心思？

张仙修，就是这样的人：年龄不大，心眼不少；虽然当了排长，还是像只小麻雀，叽叽喳喳的，能说会道，又能唱得一口我们“天府之国”的好山歌；谁看她一眼，都会高兴，谁要和她在一块，保险不会寂寞。但是现在，她瘦了，两只黑黑的大眼睛也失去了光彩。可我们却觉得她更可爱了，不愿离开她一步；离开她，仿佛不能走出这茫茫的草地似的。

今天，在这难忘的夜里，在这寂寞的篝火旁，她忘记了极度的疲劳，忘了这是空旷的草地，好像坐在故乡的稻田旁，有趣地唱起了顺口编成的“洗脸盆”歌。这给大家带来了多大的宽慰呵！看着她那黑乎乎的、沾满点点斑斑泥污的脸蛋，毛秀英快活地叫起来：

“呀，排长，看你的脸又黑又花，怎么不梳洗一下呢？”

“小丫头，还说我呢，看你满脸泪痕，快用牛蹄坑里的水洗洗吧？”

我们不约而同的噗嗤一声，捧着半饱的肚子都笑了。她俩这笑声给我们增加了勇气和力量。

小毛忽地站起来，活像一只将要展翅高飞的瘦鸟，在地上跳了几跳。好多天来没见她这样笑过了。她拉着张仙修的手说：

“排长，走！去赶队伍！”

“脚不疼了？”

“疼。我不怕。我要走出草地！”小毛答应，嘴角又挂起一丝羞涩的微笑。

……夜，过去了。在笑声中，我们手拉着手，沿着前面同志的脚印，在仍然望不到边的草地上，又出发了……

选自中国人民解放军三十年编辑部编：《中国人民解放军三十年初选稿》第一卷第三辑（一），第83—87页。

张萍，又名张先秀，女，1920 年生，四川阆中人。1933 年参加中国工农红军，1937 年加入中国共产党。红军长征时任红四方面军总医院警卫一排排长。新中国成立后，曾任南京中医学院针灸医院副院长。1996 年在南京逝世。

长征路上姐妹情

孟青

1935 年 6 月，中国工农红军一、四方面军在达维、懋功胜利会师。8 月两大主力编成左、右两路军，北上抗日。全军从四川西北之阿坝地区进入没有人烟的大草地。经过十多天的艰苦行军，来到草地中的噶曲河边，这时机会主义者张国焘背离党中央北上抗日的决定，分裂红军部队，强令部队南下。企图在汉人少、藏民多的四川懋功县等地另建他领导的苏维埃政府。同时还要继续南下，准备攻打大城市，夺取当时敌人实力较强的成都城。但部队沿途屡遭国民党军的攻击。一边走，一边打，在敌众我寡的情况下，部队伤亡很大，损失惨重，许许多多的年轻战友倒下去了。我们的女同志也编成连排，同男同志一道去执行战斗任务。

记得一次战斗结束后，部队集合在丹巴场上休息。就在这时，有个战士看见一个约十五六岁的姑娘，从一座大山的山洞口处向部队走来，她身体弱瘦，面色苍白，衣服破烂不堪，一双有神的大眼充满悲哀的泪水。她对我们讲道："红军先生，你们来了，救救我吧！我要求当红军！我父亲被还乡团杀头了、母亲也被国民党打死了，我要报仇！"说完就大声痛哭起来。见此情景，我们女同志都忙着围上去看她，问她家在哪里，叫什么名字，家里都有什么人；当红军要打仗，很艰苦，走路很多，你怕不怕等等。她眼泪花花地说："我叫邓宇蓝，我父母生前都在区苏维埃政府工作，红军开走后，还乡团回来把我父母抓走了，当着乡亲们的面杀头示众，把头悬吊在大树上，叫大家去看。多亏好心的乡亲们的掩护，把我和弟弟连夜藏进了附近的山洞中，才免遭毒害。我们俩在山洞里躲藏了很长时间,天天盼望红军回来,给父母和穷人们报仇。今天，总算把红军盼回来了，你们一定要收我当红军！”经过上级的许可，我们部队接收了这个藏族小姑娘。

当时我在红四方面军三十一军供给部女工排二班当班长，邓宇蓝就分在我们班。由于条件很艰苦，缺衣少食，刚来到部队的宇蓝患了斑疹伤寒。部队当时的医疗条件极差，缺医少药，许多伤病员都无法医治，而且部队又要行军作战，只好把伤病员留下，就地分散到乡亲们家中调养治疗，宇蓝也只好留下了。部队出发之前，我去看她时，她很坚强地对我说:“班长，你带我走吧！我刚参上军，就要把我留下，我就是爬，也决不掉队！”讲完，她紧紧地抓住我的手，又昏迷过去了。我面对这个苦大仇深一心要干革命的苦孩子，毅然下决心，就是背也要把她背出雪山、草地，决不让她掉队。我把宇蓝背上背，咬紧牙关，一口气赶上了部队。班里的战士们，也纷纷地跑来，轮流背她行军，谁也不愿让这个失去亲人的苦孩子离开部队。

白茫茫的大雪山，许多战士因不小心失足滑倒跌下去，就连影子也看不见了。一片片一望无际的大草地,多少战士一陷下去,就越陷越深，不能自拔，最后连头都看不见了。同志们迈着艰难的步伐，一步一步地向前进，许多同志为了人民的解放，献出了年轻的生命，长眠在雪山、草地上。条件越来越艰苦，困难越来越大，没有粮食了，只好找野菜挖草根吃。这时，同志们自己走路都觉得非常吃力。再也背不动宇蓝了，宇蓝也哭着不肯让大家背她走。但是同志们表示要坚决背她走。正在这时我们军供给部的政委来了，看到这种情景，就将他自己的马让给宇蓝同志骑，政委和大家一块徒步行军。经过千辛万苦，浴血奋战，我们终于走出了雪山和草地。

班里的同志们，虽然不是亲姐妹，但是革命的感情胜似亲姐妹。大家同甘共苦，赤诚相见，同志们的关怀，温暖着宇蓝同志的心，她终于又找到了亲人，她把我当作她的亲姐姐，她的病在大家的精心照料下，也渐渐地好了。她会做许多藏族的活，会把青菜、麦子烧成香喷喷的饭；会把羊皮、羊毛做成能御寒的冬服。她的汉语说得很好，还会做群众工作，组织群众给部队做供需品。她工作积极、肯干，同志们都夸奖她“是一个能干的好姑娘”，她总是笑着回答说：“要不是大家舍命救我、我哪能有今天啊！”

时光荏苒，此事已过去几十年，邓宇蓝同志也病逝了，但这段长征途中的姐妹深情却使我不能忘怀，记忆犹新。

选自沈阳军区政治部编研室编：《红军将士忆长征》，白山出版社1996年8月第1版，第502—504页。

孟青，女，1918年生，四川苍溪人。1933年参加中国工农红军，同年加入中国共产主义青年团，1936年转入中国共产党。红军长征时任红四方面军第三十一军供给部女工排班长。新中国成立后，曾任南京军区后勤部干部、南京师范大学农场场长等职。

血中盐巴 ①

秦仪华

那是 1936 年夏，我在红四方面军第五分医院当卫生员。部队从甘孜出发，第三次向草地行军。

草地，这令人望而生畏的死亡之路。到处是危险的陷阱，走不完泥泞的路，看不见炊烟和人迹。阴森森的乌云在茫茫草海上滚来滚去，雷雨和冰雹冲击得人牙齿打战。雨停后，烈日又把皮肤晒得火辣作痛。凶残的土匪时常来骚扰、袭击。草地，已经夺去了我们多少同志的生命！

更严峻的威胁是饥饿。

这次过草地，比前两次更困难。出发时，大家的米袋就没装满，发的几斤青稞很快就吃完了。沿路的野菜早被剔了许多遍。有的同志发现：前面部队遗留下来的粪便中有未消化的青稞，于是惊喜地将这粪便捧到河边，把那可怜的残渣仔细淘洗出来。能喝到这种粥，大家也非常高兴。

夜晚，到处燃起篝火。火，给人们带来温暖，也勾起对食物的渴望与回忆。在草地上，粮食就意味着生命啊！

一天，我们正在篝火旁休息，前面押下来一个人，就在我们面前执行了枪决。有人认识他，是四川通江人，在万源保卫战还立过功。他的罪行是抢了别人的一把青稞。

---

① 原题为《基石》，本文节选有关长征内容，并加现题。

人们不得不尝试那些从未见过的野草。有些同志误食了有毒的草，呕吐、腹胀，最后痛苦地死去，尸体的颜色和草一样青。有的，死后手里还攥着那害人的毒草。他们用死的代价，为别人进行了求生的探索！

我终生难忘草地上发生的一件事：

那年我 15 岁，我们班里大都是我这样的女孩子。唯有指导员像个成熟的长辈。其实，她也就是 20 岁吧。她像母亲般心细、手巧。过草地前，上级发下来许多羊毛，说是御寒用的。可是没有任何纺织工具，连根针也没有。指导员教我们用手捻线，像编席子那样编织成纯粹的“手工毛衣”。毛衣有手掌那么厚，非常暖和。但一离开指导员，我们总是不知如何是好。

我与指导员有特殊的感情。过绥靖时，我曾经掉过队。那天夜里，我睡得太死，一觉醒来，四周已经空无一人，部队开走了。我又急又怕，估摸了一下大致方向，赶紧去追，可是一个多月都没有找到部队的踪影。为了生活，我帮人背梨到街上去卖。一天，一个买梨的人突然惊奇地说：“你不是开小差的小鬼叫？”原来，他就是我们医院的上士。开小差，是红军最憎恶的行为。对逃兵的惩罚是无情的。我好不容易找到了部队，却面临杀头的危险。但是即使杀头，我也要回去。我提心吊胆地回到医院，指导员对我没有一句责备，反而像久别的亲人，把我紧紧搂在怀里。

渡过噶曲河后，我们一点粮食都没有了。眼看大伙儿在饥饿中煎熬，指导员的眼窝陷的更深了。一天夜里，我从梦中醒来，看到指导员坐在篝火旁，火光映红了她瘦削的脸。我听到她喃喃地说：“一会儿，我先到前面去看看，看能不能找到吃的东西。”

清晨，指导员果然不见了。直到天大亮还不见她回来。我们惶惶不安地等了许久，有人提议，咱们一边走，一边去找她。于是，我们出发了。走了大约三四里路，天啊！路旁躺着一个血淋淋的人，她不就是指导员吗？

她已经不能说话了。她的舌头、耳朵、乳房全都被人割去，伤口还在冒血。原来，她天不亮就去探路，刚离开宿营地，就遇到一伙土匪，于是，遭到了残害。

她知道我们没有担架，就是有也抬不动她。她怎么也不肯和我们一起走。她坐起来，把仅有的东西都交给我们，看着我们哭着离去。

我分到一块土灰色的盐巴。不,那不是盐,是力量、信念,也是任务。靠舔它，我走出了草地。

我不知道指导员后来的命运，但永远忘不了她那血淋淋的身影……（郭春生整理）

节选自曾志主编:《长征女战士》第二卷, 北方妇女儿童出版社1987年8月第1版, 第172—178页。

秦仪华，女，1919 年生，四川平昌人。1933 年参加中国工农红军，1936 年加入中国共产党。红军长征时任红四方面军总医院第五分院卫生员。新中国成立后，曾任海军后勤卫生部干部处处长，解放军总后勤部卫生部儿童保育处处长，中国医学科学院科技处处长、管理处处长、对外联络处主任，解放军第三〇一医院护士学校校长等职。2009 年在北京逝世。

巴掌大的羊皮

昝林

已经好几天没吃到一点东西了，我们饿得眼前直冒金花，两腿不听使唤，走着走着就跌跟头。一听到前面传来休息的命令，也不管脚下是泥是水，马上就坐下来。想起开始长征那几天，只要一休息，我们妇女排马上就叽叽嘎嘎笑一阵，尖着嗓子唱一阵，可是现在谁也不说一句话，动也懒得动，身子一着地就闭上眼睛睡熟了。

事务长从那边摇晃着过来了，手里捧着像铜钱般大的一块块的小羊皮，分给伤病员们每人一块，我们瞪大了眼看着事务长的手，盼望着能发给自己一块，可等事务长走到我们跟前他的两手已经空了。

“排长啊！我们把‘帽子’吃掉吧！”在我后边一组的小妹妹想起了我们的“帽子”。因为这里成天下雨，医院领导为了照顾女同志，前些日子发给我们每人一块比巴掌大一点的羊皮当帽子，现在经她一提，大家像发现了宝贝一样，七嘴八舌地对排长说：“这是个好主意！”

“要帽子干啥，快吃了吧！”

“别吵，别吵，听我说！”排长笑着挥挥手，“这事我也同意，可是得去请示院长，你们等着，我就去！”排长说着就站起来走了。

我们忘记了疲劳，一边说着话，一边伸直脖子向院长那边看，盼排长快些回来。有的同志更积极，竟拾柴搭灶的准备起来了。

不大一会儿，排长笑嘻嘻地回来了，离老远就打着手势：“煮吧，同志们，批准啦！”这句话比什么都灵，大家立时精神了许多，几乎是同时站起来忙着去煮羊皮，久已听不到的说笑声又恢复了，只是没有从前那样响亮。

“同志们！院长说啦，不准一顿吃光，因为道还远着呢！得往长远想想，再要是能给伤员留点，那就更好了。”

巴掌大的一块羊皮要吃好几顿，还要给伤员留点，可大家还是很高兴，因为这一天我们总算吃了一点东西啊！

选自杨国夫等：《星火燎原·未刊稿》第4集，解放军出版社2007年8月第1版，第93页。

咎林，女，红军长征时为红四方面军某部医院妇女排战士。

长征途中一盆腐肉

徐秀英

我叫徐秀英，四川雅安人。当我还是孩子的时候，就听说有了红军。关于红军的传说很多，有的人说红军要“共产共妻”，有人说红军是杀富济贫。

我家很穷，家中有一个义母、一个哥哥、两个弟弟。生活实在困苦，我受不了，就跟着别人离开了家乡。走了三个多月的路，到了川北，在那里参加了红军。那是 1933 年 11 月，我才 16 岁哩。参军后不久，我们就开始了长征。

1936 年 6 月①，我们的部队第二次进入草地。开始的时候，我们带了些粮食，像青稞啦、麦面啦、牛肉干啦等杂七杂八的东西。我年龄小，又是女孩子，只让我背了九斤。我们还赶着一群羊子行军。起初，每天还能吃上三顿饭，每顿二两粮。两个月后，粮食没有了，羊也杀光了，大家只能找野菜充饥。草地里，草不少，但能吃的野菜却不多，即使找到一些苦苦菜、野苋菜或者灰灰菜，洗干净后和水煮煮就吃，没有盐很难吃，就这样哄哄肚子。有时宿营在草地里，野菜挖到了，却找不到柴禾来煮，只好吃生的。有时宿营在树林里，到处是柴，却又挖不到野菜，大家就剥树皮来煮着吃，那味道比野菜差得远。出发的时候，我穿的是

① 应为1936年7月——编者注。

一双用牦牛皮做成的鞋，后来饿得无法，把这双皮鞋割开煮来吃了。就在这万分困难的时刻，一件想象不到的奇迹般的事情出现了。

一天，我们宿营后，大家都忙着去找野菜。我们班六个人，都是女同志，最大的叫陈天游，是班长，还有蒋秀英、杨正宣、张炳全、王玉珍和我。因我年纪小，就留下管开水。我端着搪瓷盆子去找水，走了好久，才隐约听到远处有水声。循着水声走去，看见前面有一条小河沟。但河边生满了大刺丛，使我无法靠近河边，河对岸也是些乱七八糟的刺丛，还不知那后面是否藏着敌人。我绕过好长一段刺丛，才走到水边。当我刚弯下腰舀水时，突然看见水边的石头缝里，夹着一具牲口的骨架。当时，心里有说不出的高兴，来不及看清是牛还是马，我立即把那骨架拉到身边，只见上面生满了筷子尖那么大的蛆，肉已经腐烂了，但奇怪的是并没有臭味。我大把大把地把肉从骨架上扯下来，蛆直往我手上爬,我也不管它,结果装了满满一盆肉。扯野菜的同志们陆续回来了，她们出去了近两个钟头。因为当地多是长的参天大树，野菜很少，又因找野菜的人太多，所以每人只找回来一小把，根本不够吃。同志们问我烧好洗脚水没有（当时每天都要用热水烫脚，否则第二天就走不动），我笑着说："没有。"她们都说准是小鬼在闹情绪吧！我笑着说："野菜不够吃就吃肉吧！"她们都说:"能吃上野菜就不错了，哪来的肉吃？"我把那盆肉端出来，同志们高兴极了，都夸我有办法。我们围着火堆，搪瓷盆里咕噜咕噜煮着肉块，每人喝了两碗汤，将肉捞起来，分成若干份，各自装在口袋里，留着路上吃。第二天，我们又上路了。

这以后的好多天，我们一直靠这点肉维持生命。我看见有几个男同志饿得实在不能支持了，就将自己那份肉分了一点给他们，使他们能坚持着走出草地。

以后，到了延安，一些同志还经常提起这盆腐肉的事情。王玉珍看见我就说："过草地时，如果不是你找来那盆肉，我恐怕早没命了。"我至今也不敢想象，这几块腐肉竟能起到这样大的作用。我们红军就是

这样忍饥挨饿，不怕艰苦，团结互助，战胜困难，走出草地的。回想当年的生活，更感今天生活的美满和幸福。（黄良、张文京整理）

选自中国人民政治协商会议重庆市沙坪坝委员会编:《文史资料选辑》第2辑, 1983年, 第21—23页。

徐秀英，女，四川雅安人。1933 年参加中国工农红军。长征时为红四方面军战士。

鲜鱼宴

莱玲

过草地是长征中最艰苦的岁月，部队除了行军还要频频打仗。不过，这还难不倒红军战士，最大的困难是吃的问题。长征时，我在红四方面军卫生营工作。第三次过草地不久，战士身上带的青稞麦都吃光了，部队相继断了炊，饥饿严重威胁着战士的生命，大军过后很难找到一棵野菜，一片树叶，不少战士因饥饿倒在了草地上。

一天，我们卫生营经过长途跋涉后决定安营扎寨休息。我们在寻觅野菜时发现附近有两处亮晶晶的大水塘，塘里的水不深，鱼儿却又多又肥又大，这可乐坏了与鱼久违的战友们。在我的带领下，女战士们纷纷献出了身上的缝衣针，烧制成了一枚枚钓鱼钩，捕来一些蝗虫做饵料投钩钓鱼。神奇的是，草地上的鱼可能长期与世隔绝，竟然丝毫不惧怕人，游到战士跟前浮出水面，张着嘴吧嗒吧嗒地索要食物，鱼钩投到水里，鱼儿争先恐后疯抢，各种肥鱼不时被我们钓上岸。一些没有鱼钩的战士跳进流淌的河水里抓鱼抓蟹。第一次垂钓，我一人就钓上了九条大鱼，主要有白鲢、青鱼、鲤鱼及一些叫不上名的无鳞鱼。

回到营地，可忙坏了卫生营的女战士们。她们挽起袖子洗净鱼体，开膛破肚去脏。草地上点燃起了缕缕烟火，战士们有的烧，有的烤，有的煮，有的做起了美味鲜鱼汤，大伙席地而坐，品尝着鲜鱼宴的美味，虽然没有油盐酱醋和其他佐料，但大家风卷残云般很快把鱼吃得精光。

我们还把钓到的一些大鱼送给了红四方面军徐向前等首长，受到他们的表扬。后来，我们在草地行军时，只要条件许可，便钓鱼抓蟹，补养身体，最终胜利地走出了荒无人烟的草地。（丁金栋整理）

选自《党史文苑》2006年第19期。

莱玲，女，1920 年生，四川万源人。1933 年参加中国工农红军，1936 年加入中国共产党。红军长征时任红四方面军第九军二十五师医院护士。新中国成立后，曾任沈阳军区旅大警备区后勤部直工科副科长。2007 年在大连逝世。

同心城里结伴侣

陈真仁

1936年6月，二、四方面军在甘孜会师后，我调到了粮食总局。粮食总局有两个运输连，一连连长是林月琴，二连连长是王泽南，我那时在二连当文书。当时部队正流行眼病。一天，粮食总局局长何长工叫二连的女战士搞搞卫生，说明天有人来检查身体。我听说来的是个副连长，就不以为然地说:“一个副连长有什么了不起，还兴师动众搞卫生？”

第二天，果然有人提着药箱到运输连来了。然而，来的不是“副连长”，而是红军中大名鼎鼎的医生傅连暲。我错把傅连暲当成了副连长，后来一直被大家当作笑谈。傅连暲原来是跟党中央和一方面军长征的。一、四方面军会师后，他分到朱德、刘伯承等同志领导的红军总司令部，随以四方面军为主的左路军行动。那时候，我们女战士分别住在当地藏族群众的土楼上，傅连暲给大家逐个检查身体。我想起昨天的误会，很不好意思。他仔细地询问了我的病史，作了些简单的检查就走了。第二天，何长工同志把林月琴和我等四个女战士找去谈话。他说：“傅连暲领导的中央卫生所需要医务人员，你们有文化，派你们去，有没有意见？”那时我的好朋友孙国英调到李伯钊同志领导的剧团去了，所以我也想到剧团去。何长工同志劝导我说：“小鬼，学医多好啊，就到卫生所去吧！”我听了就高兴地答应下来了。

过了几天，我们四个人就到卫生所报到。当天下午，二、四方面军就离开甘孜共同北上。我们卫生所随红军总司令部行动。当时医疗条件很差，除傅连暲外，只有两个医生。有一个战士挑着四个药箱，那就是卫生所的全部家当。这时药箱基本上空了，沿途靠向藏民要点藏药和采草药治疗。当时部队里流行伤寒病，红四方面军副总指挥王树声病得很重，由担架抬着过草地。我当时负责照顾他。行军中，我守护在他的担架旁。宿营时，我安排他的住处，嘱咐炊事员做病号饭。走过草地后，他终于恢复了健康，回到了领导岗位。

我在傅连暲身边工作，逐渐加深了对他的了解。他从外国教会办的一所医学院毕业后，一直从事医疗工作，医术很高明。他在福建汀州开了一个医院，红军到汀州后，他毅然参加革命，并把整个医院交给红军。毛泽东、周恩来等中央领导同志都在他的医院治过病。1934 年，红军主力撤离中央根据地时，他坚决要求参加长征。傅连暲同志对工作非常负责，对同志十分关心。他负责红军领导人的医疗保健，定期给朱德、任弼时、刘伯承等同志检查身体，每天还给卫生所里的一般伤病员治疗。无论是高级干部，还是一般同志，他都一视同仁，普通干部、战士得了重病，他也尽量安排在担架上治疗，不让伤病员掉队，傅连暲同志这种全心全意为伤病员服务的精神，使我深受感动。在艰苦的长征中，他对新来的我们几个女同志很关心，并热心地进行培养。过草地时，他办了一个医疗培训班。一到宿营地，他就给我们上卫生常识课。他用实物教学，拿出一种补药品，从药名、功能，一直讲到用法和用量，一次讲一种药，或讲一种病。我那时对医务工作很有兴趣，就认真地听课，有不懂的地方，就大胆地问。

在共同战斗的岁月里，我与傅连暲同志由熟悉以至逐渐产生了感情。我觉得像他这样的名医，放弃优越的生活，毅然参加长征，确实是难能可贵的。他对我的工作、学习也挺喜欢。日久天长，卫生所的同志也看出来了。有的女战友和我开玩笑说：“傅连暲对你特别好。”我当时听了又高兴又不好意思。

1936 年 10 月，红军三大主力在甘肃会宁地区会师。11 月，红军总部来到了宁夏的同心城。这时，傅连暲写了一个我们结婚的报告，朱总司令批准了，说:“同心城这个名字好，你们就在同心城举行婚礼吧！”

举行婚礼那天，朱总司令特地买了两只羊送来。晚上，总部的大师傅准备了十多种菜，虽然没有什么名贵菜，但在那时候，在长征路上那样的条件下，就算是十分隆重和丰盛了。朱总司令等领导同志都来参加了婚礼。马海德医生因事路过同心城，听说了这件事，也前来祝贺。婚礼上，朱总司令和几位领导同志都讲了话。在红军长征胜利会师之后，举行的这个简单而热闹的婚礼，充满了喜庆的气氛。婚礼当时是在一个回民家里举行的，房东对我们非常友好热情。来到同心城后，我们经常给当地群众治病，彼此比较熟悉。婚礼刚刚结束，突然接到行军命令，部队就连夜紧急出发，因为胡宗南的部队从南面追上来了。这真是一个特殊的婚礼。我们随部队接连几天几夜急行军，直到红军在山城堡打了一个大胜仗，才住了下来。

1936 年底，我们到达党中央所在地保安县。傅连暲自从在毛儿盖与毛主席分别后，一直惦记着毛主席的健康，一到保安，他就赶紧去看望毛主席，我从小就听说朱毛闹革命的事，现在到了党中央所在地，自然很想见见毛主席。当晚，毛主席派人把我接到他家里，这使我非常激动。

毛主席准备了简单的晚饭，招待我们。那时候，生活条件很差。中央机关食堂每人每餐只准买四个小馒头。毛主席为了招待我们，就把警卫员吴吉清同志叫来:“你告诉杨主任，我今天有客人，多买几个馒头。”那天吃饭的时候，朱总司令和康克清同志、周副主席和邓颖超同志，还有博古同志都来了。大家一边吃饭，一边谈笑风生。邓颖超大姐风趣地对我说:“朱毛可不是猪身上的毛，”邓大姐指着毛主席和朱总司令，“朱毛就是他俩。”说得大家开怀大笑。这天晚上，毛主席留我们住在他们那里，毛主席和傅连暲一直谈到深夜，我和刚生孩子不久的贺子珍同住一孔窑洞。

第二天，我们被安排住在中央政府。毛主席看到我们没有穿棉衣，就吩咐总务科科长黄祖炎同志赶做。四五天以后，两套灰布大衣和两套棉衣送到了我们的住处。

党中央迁到延安后，成立了陕甘宁边区医院，傅连暲任院长。我在药房当司药。他那时仍然负责中央领导同志的医疗保健，我作为助手经常随他到中央领导同志的家里巡诊。有一段时间，毛主席眼睛有病，我根据傅连暲的嘱咐，每天早上给毛主席点眼药，毛主席工作很忙，常常熬夜，眼病不容易好。在我们精心治理下，终于把毛主席的眼病治好了。

选自中共宁夏回族自治区党史资料征集委员会、中国人民解放军宁夏军区政治部编:《红旗漫卷——红军长征西征在宁夏》，宁夏人民出版社1989年8月第1版，第88—91页。

陈真仁，女，原名陈锦云，1919 年生，陕西宁羌（今宁强）人。1934 年参加中国工农红军，1939 年加入中国共产党。红军长征时先后为红军总司令部四局、粮食总局二连、中央卫生所工作人员。新中国成立后，曾任解放军总后勤部卫生部药材处副处长、总后勤部卫生部顾问等职。2006 年在北京逝世。

征途漫忆话巾帼

刘坚

红四方面军的妇女队伍是一支人数众多，素质良好，革命热情很高的巾帼劲旅。她的成员大部分是来自四川北部通（江）、南（江）、巴（中）一带的贫苦劳动妇女。参加革命前，她们挣扎在生活的最底层，不仅要忍受军阀混战、地主剥削带来的痛苦，还要承受公婆、男人的欺凌和虐待。非人的待遇，养成了她们吃苦耐劳、不避险阻的性格，更使她们具有强烈的翻身愿望和革命要求。1932 年底，当红四方面军入川开辟川陕革命根据地，广泛开展扩大红军运动时，这一带的许多贫苦妇女，纷纷冲破封建樊笼，踊跃报名参军参政，使四方面军的妇女队伍不断扩大，成为一支支持川陕革命根据地红色政权的重要力量。

1935 年，我在川陕省委任妇女部长。当时，红四方面军拥有妇女 2000 多人。主要集中在妇女工兵营（1933 年成立，营长林月琴，政委王泽南）、红四方面军总医院（1933 年成立）、新剧团、妇女独立团（1934 年成立）、省委妇女部和妇女学校（1934 年成立，校长刘桂兰）等部门中，担负着保卫机关，制作被服，运输物资弹药，医治伤病员，发动群众，建立地方政权，培养妇女干部等多项工作。因为处于战争时期，一切工作都是为着巩固和扩大红军，为着夺取革命战争的胜利而展开。参加红军的妇女，既是参与军事斗争的女战士，又要担负起大量的地方工作，一身数任。这是特殊的历史环境赋予我们革命妇女的一种殊荣。

1935 年 3 月下旬，为了策应中央红军北上，红四方面军发起了强渡嘉陵江战役。妇女独立团、省委妇女部及妇女学校等单位的大部分女同志，跟随省委机关在苍溪渡过嘉陵江，踏上了艰难而漫长的长征路途。

长征开始后，由于脱离了川陕根据地，一切工作都必须从头开始。妇女们肩上的担子也随着新的形势和任务而加重了。我们几乎每天都在行军赶路，起初是为了和中央红军会师，尔后是南下，失利后又再次北上。在行军途中，妇女所担负的主要任务是抬担架、背枪支弹药和沿途进行宣传鼓动工作。

抬着担架长途行军真是件苦差事，尤其是遇到路不好走的时候，更是如此。长征中所走的路，多半是崎岖险峻的小路，有时甚至无路可走。百丈关一仗失利后，我们被迫北撤，伤员增多，天降雨雪，在天全、芦山泥泞的田埂小道上，抬伤员的妇女经常滑倒在水田里，弄得满身泥水。接着从宝兴到夹金山的路，更是难行。这里，一面是陡峭的悬崖峭壁，一面是山谷中急湍的川流，脚下所谓的路，其实是打柴人走的羊肠小径，途中不时还有半人高的沟坎和巨石拦路。在这样崎岖险峻的地形上抬着担架行进，一不小心，就可能摔下山谷，被急流卷走。在这种情况下，我们每次行军都派出几名女同志到前面探路，遇到沟坎或巨石阻挡时，就站在旁边提醒，接应后面抬伤员的同志。抬伤员的同志们上坡、下坎、拐弯时，叫着号子，协调动作。每副担架配备四至六人，轮流替换，以保持体力，行军不减速。大家一路上互相照应，互相鼓励，硬是冒着风雪，把一截截空手尚且难行的山路远远甩在身后，第二次征服了夹金山。由于我们组织工作做得细，团结互助精神强，因此我们这一路的女同志（指省委妇女部、妇女学校、妇女独立团等）在二过夹金山，重返懋功、丹巴的这段路上，没有一个掉队，也没有丢掉一个伤病员。当时有不少男同志都被妇女们的顽强作风感动了，说：“四川的女娃子硬是厉害哟！”

从丹巴出发开始过党岭山，它比爬夹金山还要艰难。山虽不算陡，但平均海拔却很高，一路都是上坡，走起来很是累人。加之山上常年积雪，气候恶劣，更给运送伤员带来意想不到的困难。越往上走，空气越稀薄，每向前迈一步都要付出极大的努力，有时走不到 100 步就要换人抬。这时，我们就分配十几个人轮流抬一副担架。有的同志走着走着就累倒了。碰上这种情况，旁边的同志得赶快抓一把雪塞进她的嘴里，再在脸上打几巴掌，架起来就走。要是任她躺在地上，就没命了。就这样一步一步地挪着,好容易才挨到山顶。下山的时候,我们把绑腿解下来，绑在担架的两头，前拉后拽，旁边再安排两个人保护，顺着坡向下滑，比上山时轻松多了。到了山脚下，有的伤病员看见我们女同志的肩膀渗血肿起老高，脚板底打满了血泡，感动地说："把我们丢下吧同志姐，我们再也不能拖累你们了。"女同志听了，掉着泪回答道："你们为革命挂了花，我们怎能扔下你们不管呢？只要有我们在，就决不会丢下一个伤员。"我们是这么说的，也是这么做的。在从天全、芦山到道孚、炉霍的路上，确实遇到了不少艰难险阻，但大家首先想到的是保护伤员。我们克服了一个又一个困难，始终没有丢失一个伤病员。这充分体现了四方面军妇女干部战士们高度的革命责任心和崇高的人道主义精神。朱老总曾经表扬我们："四川的女娃子，是一支坚强的队伍。"

如果说抬担架仅是力气活的话，那么，在长征中进行宣传鼓动工作就可称之为"艺术"了。而从事这门"艺术"活动的大都是女同志。四川女孩子嘴巴利索，嗓门大，作风泼辣，天生是做宣传鼓动工作的好手。每次部队行军前，我们通常派出一两支妇女宣传队先期出发，赶到部队即将经过的大路旁或山腰上，作一些简单的准备，待部队路过的时候，就起劲地唱莲花落，数快板，当啦啦队，想方设法地活跃气氛，给部队战士鼓劲。这么做效果很好。行军的战士们每逢遇到有宣传队鼓劲的时候，情绪总是比较高昂，有时还跟着学唱起来，消除了不少疲劳。在过党岭山的时候，宣传队员们站在半山坡上唱道："党岭山，三百三；路难走，山难翻，山高，高不过我们的脚背；路难走，难不倒我们两条腿。

大家加油赶快翻，翻过山去有温泉，……”等到大部队过去后，她们又成了收容队，帮助掉队的同志背枪背粮，鼓励他们加把劲赶上部队。长征途中，在最难走的路段上，总是能听到女宣传队员们充满鼓舞性的歌声。她们的乐观精神，感染着前进的队伍，使漫长而艰险的长征路途变得富有生气。

筹粮筹款，做群众工作，建立各级苏维埃政权和成立各种群众组织，是妇女干部战士们在长征中肩负的另一项重任。

在长途行军中途驻扎的短暂期间出外筹粮筹款，是一件困难而危险的任务。记得长征刚开始不久，我带着妇女部和儿童团、少先队的70几名女同志，跟随前方省委书记谢富治从杂谷脑前往黑水、芦花为三军团筹粮。待我们把粮食背回来时，三军团已经开拔，谢富治也走了，只留下张条子，叫我们跟着一支部队赶到毛儿盖去会合。我们匆忙上路，在途中经过一个山沟时，前面传下口令，要我们一个挨着一个走，不要分散，不要掉队。因为两边的大山上藏着受国民党谣言蒙蔽的藏民，经常向我们打冷枪。见到人少，就冲出来用马刀乱砍，前面已有不少同志被杀害了。我们70几名同志遵照口令，沉着而警惕地紧步跟上，冲过了这个危险区。但还是有一个同志受了伤，后来因伤口发炎，不治而牺牲。

部队越往西走，筹粮就越发困难，尤其是进入少数民族地区之后，更是如此。在进茂县（今茂汶羌族自治县）之前，我们和敌人打了一仗。敌人撤走之前进行了许多破坏。我们进城时，老百姓几乎跑光了，家家户户紧闭着门，偶尔碰到几个人，也是见到我们就躲，工作很难展开。针对这种局面，我们将妇女分成七至八人一组，带上通司，分头到深山里去喊话，宣传红军的政策，请他们放心回家。有时一天做不通，就接连做几天。搞不到粮食时，两三天吃不上一口饭。饿急了就喝口冷水，工作还得照样做。后来有的老百姓被我们感动了，就偷偷跑来告诉我们有钱人在哪个山洞里藏了钱粮。为了不使他们受到牵连，我们通常要绕道而行，有时为了背回一点粮食，要绕上大半天的路程。在往卓木碉去的路上，再也搞不到粮食了，我们只好趁队伍中途休息时，去路旁收割过的青稞地里拣点粮食。在天全，有一个叫吴顺英的女同志单独外出筹粮，被地主家的狗腿子绑了起来，准备杀害，幸亏那家的长工跑来报信，我们及时赶去才把她救了出来。类似这种情况，在筹粮过程中时有发生。但是不论怎样困难和危险，妇女们从来不叫苦，不畏难，总是满腔热情地去完成上级交给的任务。大家心里想的是，只要能完成党交给的工作，牺牲生命也在所不惜，吃点苦，受点累算得了什么。

发动群众，宣传红军的政策，帮助地方建立各级苏维埃政权和成立各种群众组织的工作，是随着长征的开始就展开了的。当时的情形是，部队打到哪里，我们的群众工作就做到那里，政权建设就跟随到那里。真是走一路撒播一路革命的火种。

我们每到一地驻扎下来之后，妇女干部都要下去帮助地方成立各级苏维埃政府。通常是成立乡、区、县三级政权。其中，乡苏维埃设内务委员兼管妇女工作，区委则配妇女部长和妇女巡视员，县委有妇女部长，负责全县的妇女工作（县、区的妇女部长一般由省委妇女部或妇女学校派出），上下形成一条线。妇女干部在地方政权的建设当中，还是起到了半边天的作用的。此外，妇女们还要负责成立各种群众组织，如：妇女会、儿童团、赤卫军等。地方政权和各群众组织建立之后，我们还要向下面的干部交代各项政策，帮助、带领他们开展工作。

在少数民族集中的川西地区，我们带着通司，深入少数民族群众，宣传党和红军的民族政策，消除他们的疑惧心理，帮助成立“波巴依得瓦”（藏族人民政府）。我们在丹巴、道孚、炉霍、甘孜，都成立了这种政权。

在新区和少数民族地区开展群众工作，情况十分复杂，要因地而异，为适应新情况的需要，这就需要我们女同志不断地学习，提高自己的工作能力。记得在许庆一带，民风恶劣，男人大都好抽大烟和嗜赌。有的人家很穷，因为吸大烟和赌博把家产甚至老婆卖掉了，但还是要抽，要赌。我们到了之后，就分头下乡、上街，宣传抽烟、赌钱的害处，广泛开展戒烟、禁赌运动，把那些沾染了坏习气而又难以自拔的人集中起来，强迫他们改邪归正。结果，很受群众，尤其是妇女们的欢迎。在我们严厉的强迫措施下，不少人戒了烟，改掉了赌博的坏习气，有的后来还参加了革命工作，成了地方干部。这样一来，红军在群众中的威信更加高了。

当时，我们外出做群众工作条件很艰苦，什么东西都没有，靠的就是两条腿，两只手和一张嘴，长途行军下来，没有休息多久，一接到任务，马上就挎上马刀，有的还带上两个马尾手榴弹（当时大多数女同志的武器装备就是如此），就出发了。遇到部队行动出发，就要赶快派人通知她们赶到指定地点，跟上部队继续长征。有的因为工作地点偏远，通知得不及时，赶不上部队，就被敌人捉去杀害了。在那样艰苦恶劣的环境下，我们妇女干部战士就是这样，尽自己最大的努力，甚至献出年轻的生命，把党的主张，红军的影响，一点一滴地渗透到群众中去。为扩大中国革命的民众基础，立下了不朽的功绩。

长征，对女同志来说，是一种超负荷的艰难跋涉。它使我们付出了青春、健康，甚至鲜血和生命。但是，另一方面，长征又使我们受到一次前所未有的教育和严峻考验。在这场教育和考验中，我们深深感受到红军这支革命队伍，充满了温暖和阶级友爱，从而更加自觉地将自己的命运同红军和革命紧紧结合在一起。前面说过，红四方面军的女同志大多是来自川北农村的贫苦劳动妇女，其中许多人出身童养媳。过去在家里过的是牛马不如的日子，稍有反抗或逃跑，捉住了不仅要挨顿毒打，还要遭受小腿肚子被割开塞进盐巴的野蛮酷刑。参加红军后，她们摆脱了悲惨的命运，走上了一条解放自己又解放他人的崭新的人生道路。在长征途上，这些贫苦出身的妇女干部、战士，上上下下，打成一片，发挥出巨大的革命热忱，靠官兵一致、团结友爱、领导带头和严密的组织纪律性，战胜了无数个困难。在我们的队伍中，无论是工作还是生活，凡是要求战士们做到的，我们妇女干部都必须首先做到。

林月琴同志是鄂豫皖过来的老同志，曾担任过妇女工兵营营长。长征中，她不计个人得失，样样工作带头干。她的脚小，但在背粮时总是背得最多。战士们见了对她说：“营长，你的脚小，路又不好走，少背点吧。”她笑着回答：“我多背点，年小体弱的就可以少背点，大家走得也好快点。”有些身体好的女同志先到达宿营地，转回去要替她背一段路，她总是和蔼地叫她们去帮助别的同志。她对待同志像亲姊妹一样，做起工作来又细致又深入，有的战士说：“我们营长真是比我母亲还要好！”

刘桂兰同志，在长征中是妇女学校校长。她带领妇女学校的学员、干部下乡筹粮筹款，发动群众，成立地方政权，为部队运送枪支弹药，打扫战场，抬担架，负责省委机关的警戒……样样工作都以身作则，布置得有条有理，不仅充分发挥了妇女干部的积极性，而且使她们的工作能力受到很大的锻炼。张琴秋同志夸奖她：“把妇女学校办得真好！这些人将来出去都能单独担负一定的领导工作。”

王昌德同志，长征时任省委妇女部巡视员，整个队伍中数她最活跃。在行军中她从来不知疲倦，一会跑到前边做宣传员，一会跑到后面当收容队员，她会唱莲花落，遇上掉队的同志走不动了，她就一边上去帮她们背枪背粮，一边顺口唱着自编的小调：“上山脚杆子软，下山脚杆子短，平路道好走，弯弯也难转。”一边唱一边表演，把大家逗得哈哈大笑，忘记了疲劳，路也走得快了。她为人热情，对待同志好像一盆火。无论什么东西，只要有，随时都可以拿出来送给人家。身上有两件衣服她会脱下一件给衣服单薄的同志穿；袋中有一口炒面也要拿出来和大伙分着吃。同志们都说：“昌德心中只有别人，没有自己。”

像她们这样的妇女干部，在四方面军中还有许许多多，她们的感人事迹几天几夜也说不完。虽然这些妇女干部没有做出什么惊天动地的业绩，但她们用自己的模范行动影响着我们队伍中的每一个同志，使这支队伍成为一个充满团结友爱气氛的温暖的大家庭。有了这样一个可爱的集体，长征中最难克服的困难被我们战胜了，最难走的路被我们踩在了脚下。

长征是艰苦的。但这并不等于说我们在长征中的生活是单调乏味的，恰恰相反，那时，即便在长途行军中，我们的生活既丰富多彩，又充满革命意义。除了工作和开会外，晚上有空时，妇女干部都要集中到妇女学校上课，学习马列主义理论或者文化知识。当时何柳华同志（即廖承志）给我们讲“列宁主义概论”、“苏维埃政权建设”，张琴秋同志讲“国际妇女运动”、“三八节的来历”，何长工同志讲“法国妇女运动”。记得还有罗世文、朱光、傅钟等同志也给我们讲过课。到了少数民族地区，我们还要学习少数民族的语言和风俗习惯，党的民族政策。此外，还要上卫生课。行军虽然艰苦，妇女们学习文化的劲头却很大。有时认了几个字怕忘记，行军时就在前面走的同志的背上挂一小块布，上面写着刚学会的字，一路走一路记；到休息时，就拣个树枝在地下默写。不少人用这种方法认了不少字。

四方面军的女同志大都比较年轻，活泼乐观，身体也比较好。在行军路上，大家走在一起，不是你唱段家乡小调，就是她讲段笑话，气氛搞得很活跃。队伍休息时，我们也不甘寂寞，要么大家一起学歌，要么就拉那些会表演的同志给大家出节目。张琴秋同志就曾经给大家跳过俄罗斯舞。在少数民族地区，有的人还向藏民学会了一种藏族舞蹈“糌粑粒粒亚西亚”。1936 年春，方面军越过党岭山，方面军总部和省委机关驻扎炉霍一个多月，进行休整，在这里开了一个“五一”运动会。会上，妇女们踊跃争先，夺得了不少好名次。记得女同志唱歌得了集体第一，陶万荣同志在男女混合赛马比赛中获得冠军，我在女子跳高、跳远中拿了第一名。

1936 年 7 月，我们第三次越过茫茫草地，向甘南挺进。经过两个多月的艰苦跋涉，终于在 10 月到达会宁，与红一方面军胜利会师。长征胜利结束了。

到达会宁时，四方面军大约有女同志1000余人。据我了解，方面军女同志在长征中的减员，除了伤亡，病故和掉队迷失的以外，在川西一带我们还留下了几百名妇女在当地照看伤病员。参加红军三大主力会师的这部分历经千辛万苦而保存下来的优秀妇女干部、战士，后来在西征军中被打散了。

半个多世纪过去了，每当我回首当年红四方面军的妇女所走过的漫长征程，眼前就会浮现出红军女战士在雪山、草地上艰难跋涉的身影，心里自然深深地怀念起那些长眠在长征路上的阶级姐妹。我常常想，无论对死者或是对我们这些幸存者而言，当年的那段光辉历程已经成为历史而永久地载入了史册。能够使我们感到安慰的是，我们没有虚度自己的青春，我们曾经用自己的鲜血和生命为中国人民和中国妇女的解放，谱写过一曲悲壮的凯歌。就这点而言，我们无愧于后代。

仅以此文献给红军长征胜利50周年。

1987年4月于广州

选自中国人民解放军历史资料丛书编审委员会编：《红军长征·回忆史料（2）》，解放军出版社1992年9月第1版，第251—258页。

刘坚，女，1919年生，四川通江人。1932年参加中国工农红军，1933年由中国共产主义青年团转入中国共产党。红军长征时任中共川陕省委常委、妇女部部长。新中国成立后，曾任湖南省军区后勤部副政委、湖南省政协常委、广州军区直属政治部副主任（副军职）、广东省政协常委等职。2005年在广州逝世。

长征中的红四方面军妇女独立团

华全双

在中国工农红军第四方面军的行列里，有一支英勇顽强的妇女武装——妇女独立团。她同当时其他革命根据地的妇女一样，有着光荣的斗争历史。长征中，她们同男同志一道，凭着坚定的革命意志，惊人的毅力，爬雪山，过草地，行军、作战，完成各种战勤任务，历尽艰辛。我曾经在这支妇女武装部队里担任政治部主任的工作。每当回顾这段经历，战友们那种坚韧不拔、勇往直前、团结友爱和高度革命乐观主义精神的形象，就浮现在眼前，使我仿佛又回到了这光荣集体的怀抱。

1934 年五六月份，川敌刘湘等部对我川陕革命根据地发起“六路围攻”。方面军采取“收紧阵地、诱敌深入”方针，待机破敌。这时，根据地边沿区大批妇女干部撤回中心区来。为适应形势需要和广大妇女群众武装的要求，方面军总部决定将原妇女独立营扩编为妇女独立团。团下辖三个营，1200 余人，张琴秋（后曾广澜）任团长①，直接受方面军总部领导。妇女独立团成立后，立即担负起艰苦的战勤工作和警卫后方机关、清剿土匪的任务。

妇女独立团从领导到勤务员、炊事员、司号员，都是身强力壮的女

① 关于妇女独立团成立初期的领导，还有曾广澜任政治委员，另有一男同志负责指挥军事；或曾广澜任团长兼政治委员等说法——编者注。

青年，大部分是党、团员。少数同志是鄂豫皖来的，多数是四川人。军事生活，沿袭妇女独立营的做法，和男同志一样，剃光头，穿军装，戴八角帽，打裹腿，穿草鞋，背子弹袋，每人一杆马枪、两个手榴弹；天天操练，如队列、射击、刺杀、投弹、夜行军、进攻防御战术、夜袭等。崭新而紧张的生活，使得女战士们处得十分亲密，尤其大家围在一起擦枪时，谈笑风生，歌声不断。在党的教育与关怀下，女战士们的政治觉悟也迅速提高。

1935 年 2 月，在旺苍坝将妇女独立团扩编为妇女独立师①，辖妇女第一团，第二团，张琴秋任师长。全师 2500 余人，直属总部领导。妇女第一团团长王传野②，第二团团长刘伯新、政治委员曾广澜。

这一年的 3 月 28 日，红四方面军西渡嘉陵江，揭开了长征的帷幕。29 日，总部命令妇女独立师第一团随中路（红三十军和红九军一部）行动。31 日，中路纵队攻占剑阁。妇女第一团配合三十军八十九师守剑阁城，阻击敌援兵。经两昼夜激战，击溃敌田颂尧一个旅，敌旅长及其小老婆被妇女团俘虏，同时缴获了不少枪支弹药和其他战利品。

方面军强渡嘉陵江前，后方医院有 1000 余名伤病员，其中 500 余名需要用担架转运渡江。妇女独立师接受了这一任务，由二团和一团的一部分负责抬担架，转运伤病员。

嘉陵江战役胜利结束后，红军控制了北川、梓潼、青川间纵横二三百里地区。这里是新解放区。部队就地休整，发动群众，筹粮，扩大红军。妇女第一团在方面军政治部副主任傅钟和川陕苏维埃副主席余洪远率领下进驻中坝，参加宣传队和工作队工作。开始，老百姓不许我们进妇女的屋子，以为我们是男人，后来知道我们是女兵，妇女们又惊奇又羡慕，都欢迎我们去住。我们的工作很快打开了局面。江油等地人

---

① 傅钟等人曾回忆，妇女独立师并未正式成立——编者注。

② 一说团长由张琴秋兼任——编者注。

民群众对红军长征、对革命，作出了巨大的贡献。这是应该永远记怀的。

5 月中旬，方面军为打破蒋介石围堵、夹击的企图和策应红一方面军北上，部队先后撤出彰明、中坝、青川、平武等地，西向岷江地区。

妇女第二团的战士们转运伤病员，从旺苍到剑阁、又到川西北的茂县（今茂汶羌族自治县），路程千余里。一路攀山过川，道路艰难，有时几乎没有路。在这种地形上莫说抬伤病员，就是空手行走也是非常艰难的。女战士们虽不是富有人家的千金，可抬担架还是第一次。一天要走八九十里路，人不能丢，粮食不能缺。开始感到很吃力，肩头压得又红又肿，火辣辣的难受。但大家为了阶级兄弟，拧成一股劲，时间长了，也就锻炼出来了，当时没有现成的担架，就用竹子，后来用青杠树干做杠，葛藤作网。伤病员铺着我们的被子，盖着我们的衣服。路上没有护士护理，洗伤口、涤血衣、饮水、喂饭，都由我们承担。为了不让伤病员饿肚子，就用裤子装满粮食，挂在脖子上，扛着粮食，抬着伤病员走。休息时，给伤病员演唱自编的小节目，解除他们的痛苦。川西北的山路崎岖险陡，坡崖重重，一不小心就会掉下悬崖。有的同志就是这样牺牲的。为了安全，我们效仿四川抬滑竿报路的方法，前呼后应，步调一致。比如上坡，前头人唱“坡上又加坡”，后面人应“小心慢慢梭”。遇到泥坑，前呼“路头一泡泥”，后应“脚下要仔细”。拐弯，前呼“前面大转变哪”，后应“两手扶紧担架杆哪”。若是急转弯，前呼“慢转十字拐”，后应“前摆后不摆”。于是，后面的同志立即站稳，等前面的同志转好了，后面的同志再转。平路时，前唱“天上一朵云”，后应“走路崭崭平”。有时也呼“平阳大坝”，“扯起两下”（快走的意思）。这样行进，既安全又精神，疲倦也就都忘了。后来，主力部队行军时也学唱起来，气氛活跃，精神抖擞。遇到敌人，我们一面警戒一面绕行，从荆棘丛中钻来穿去，许多同志身上被荆棘刺出了血。伤病员感动的说：“小妹妹们，快把我们放下吧，不要为我们叫你们受这样的折磨了！”女战士们说：“我们都是阶级兄妹，受这点累算什么，救得你们能打敌人！”

一次遇到敌人空袭，一颗炸弹看着落了下来，战士苟贵英同志扑在伤员身上。她英勇牺牲了。被救活的伤员是一位指导员，哭得泣不成声。周围的伤病员眼里也都涌出感激和复仇的泪水。

6 月，方面军驻镇江关、茂县、理县、威州一带。这里是汉、藏、羌、回等民族杂居地区。妇女独立师在执行后方警卫、维护交通治安、为部队筹集粮食任务中，严格执行党的民族政策，尊重藏、回等民族的宗教信仰和风俗习惯，纪律严明，秋毫无犯。为了更好地开展群众工作，女战士们冒着生命危险访问贫苦群众，帮助群众劳动生产，做家务活，深入宣传党的民族政策。她们还刻苦学习藏族语言。女战士们的实际行动教育了少数民族群众，解除了他们对红军的疑虑。

但是当地也有少数藏族反动头人，与国民党特务勾结，纠集匪徒扰民作歹。在杂谷脑以北四五里大山上的一座喇嘛庙里，窃踞一股匪徒，杀人放火，抢掠牛羊财物，骚扰当地群众。红军到来后，散布谣言，欺骗群众，袭击红军和我地方政府机关，严重妨碍我开展地方工作。红军多次对其说服教育，做争取工作。但这股顽匪依仗地势险峻、易守难攻，负隅顽抗，继续作恶。群众的痛苦，同志的牺牲，激起了红军女战士的怒火，请求上级批准消灭这股匪徒。方面军总部批准了女战士们的请求，并派来总部机关少数兵力和妇女党校、省委妇女部保卫队协助。

妇女独立第二团的干部去看地形。庞大的寺院坐落在半山腰上，绿瓦灰墙，狮、豹、虎、象等雕刻，虽然离得远看不清，但那个模样可以想象得出，敌人居高临下，我们从山下仰攻是要吃亏的。团长说，咱们兵分三路，两路由正面佯攻，一路爬到寺庙后面，从山上往下压，怎么样？大家都同意。作战方案就这样定下来了。

天一黑，主攻部队攀藤条登峭壁，向寺庙后面迂回。正面佯攻的部队开始挖工事，一条条堑壕像蜘蛛网似地伸向寺院。天漆黑，静悄悄的，只有沙沙的挖土声。平素爱说爱笑的小鬼们，此时都收起了笑容。第二天拂晓，战士们伏在堑壕里观察匪徒们的部署和动静。

庙门紧闭，里面鸦雀无声。很明显，敌人企图凭借墙高壁厚、粮弹充足，守在庙里同我们对峙。

入夜，正面两路先以小部分兵力发起攻击。匪徒们见我们攻击力不强，毫不在乎，不紧不慢地还击。后来看我们不像真进攻的样子，就打开寺院大门冲了出来。我们依托堑壕,远的用机枪打,近的用手榴弹炸。敌人第一次反击被打退了。接着又一次反击。我们机枪、步枪、手榴弹、石头，一起向敌人打去。这时寺院后山上响起了枪声，我们的主攻部队从山上压了下来。敌人腹背受攻击，顿时惊慌失措，连忙退进庙里，关上庙门,三路红军战士把寺院团团围住,敌人向外突围几次,均未得逞,只好龟缩寺院内。妇女二团二营奉命突击寺院大门。六连连长刘国英抱着炸药包，在敌人火网下，冲向寺门。敌人见势不好，便放火烧寺内的粮食、物资。刘国英同志半路中弹，身负重伤，但她以顽强的毅力终于炸开了寺院大门。女战士们跃出堑壕，高呼着冲进寺院，将寺院内的残敌或击毙或俘虏,扑灭了大火、缴获了大批粮食、盐巴、酥油、牛羊肉、藏布、枪支弹药及其他物资。战后，妇女独立师受到了总部的嘉奖。

在方面军积极进行欢迎党中央和红一方面军准备工作的日子里。女战士们个个大显身手,精心绣制、缝制各种慰问品,如针线包、烟荷包、袜子、衣服等。物品虽小，但渗透着对党中央的崇敬，对红一方面军的兄弟姐妹情谊。两军在懋功会师后，妇女独立师对红一方面军进行了慰问演出等活动。

由于张国焘分裂红军的错误，红四方面军二次过草地南下。部队所到之处，都留下了女战士们的足迹。

天（全）、芦（山）、名（山）、雅（安）战役中，妇女独立师配合主力部队在宝兴灵官镇和芦山县作战，接连取胜。我军十天连克宝兴、天全、芦山，控制了川康边广大地区，造成了东下川西平原，直掠成都的态势。敌人急调 80 余团兵力阻击红军。百丈一战，七天七夜，由于敌我兵力悬殊，我军伤亡近万人，妇女独立师损失也很大。

战后，部队在天、芦、宝、丹（巴）一带与敌对峙。妇女独立师以第一团的一个营，随总部兵站部，为前方作战部队筹集粮食和过冬物资，其余部队投入赶制全军冬装的任务。筹粮分队深入藏族山寨，联络土司、头人，把筹集到的粮食、物资身背肩挑到前线，又从前线把伤病员抬到后方，然后再深入山寨去筹粮。在运粮的路上，经常遇到武装匪徒截击抢粮，女战士们立刻放下粮食，端起枪，投入歼灭土匪的战斗。赶制冬装的战士们，纺线、织布、染色、缝制，虽制出大批军服，但仍不能满足部队的需要。于是，派出一部分同志深入山林，寻找棕树，割棕做棕衣御寒。割棕，要先砍荆棘开路，棕树有的又高又大，要爬到树顶，一不小心，就从树上摔下来，或划破了皮肉，或摔坏了腿脚。有的同志被毒蛇咬伤，因无医药抢救而牺牲了。割棕回来，分到各连队进行编织。没有钢针，就用竹针代替。为了完成任务，大家日以继夜。晚上灯少，就十几个人围着一盏油灯。许多同志不顾疲劳，忍饥耐寒，熬红了眼，累弯了腰，为了前方战士早日穿上棕衣，辛勤劳累，没有一句怨言。

1936 年 2 月，部队西进道孚、炉霍、甘孜，要翻越党岭山。总部抽调妇女独立师一部,随前卫部队清除冰雪,疏通道路。漫山皑皑积雪，使人睁不开眼，站不稳脚。高原地带，空气稀薄，呼吸十分困难。冰冻的山地犹如钢板一样坚硬，一镐刨下去，只能崩出一小撮冰碴。遇到陡崖峭壁，就用绳索把人吊到半山腰铲凿。白天开路，夜晚搭个简单棚子御风寒。尽管任务极为艰难，女战士们还是按时完成了开路任务。

到达炉霍后，方面军休整训练，接应二、六军团北上。这期间，部队进行了整编。妇女独立师因南下转战减员，只剩下千余人。总部命令妇女独立师整编为妇女独立团。团长张琴秋，后王泉媛，政治委员吴富莲，特派员曾广澜，参谋长彭玉和，政治部主任华全双。

红二、六军团北上消息传来后，妇女独立团投入了迎接红二、六军团的热潮中。女战士们设法收集羊毛、羊皮，精心编织毛衣、毛袜、草鞋，赶制皮衣和各种慰问品，以便献给远征而来的战友。两军会师后，我们还为二方面军运送粮食，照顾伤病员，并热情地组织慰问演出。

7 月初，二、四方面军共同北上。中旬到达阿坝、毛儿盖一带。这里已是红军几次进出的地方，粮食极端缺乏，靠摘挖大黄叶、灰灰菜等野菜充饥。草地行军，又经受了那恶劣气候和沼泽泥潭之苦。妇女独立团的同志们把分给自己的微乎其微的一点粮食拿出来给伤病员吃，自己吃野菜、树皮、皮带。面对这样的艰难困苦，没有一个人喊苦叫饿。

走出草地，挺进甘南。甘南敌人企图阻止红军北上。方面军发起了岷（州）、洮（州）、西（固）战役，以先机取得岷洮西地区，会合一方面军。红三十军八十八师抢占天险腊子口。妇女独立团第一、二营担任抢救伤病员和通信联络任务，第三营担任警戒任务。突破腊子口后，急驰旧洮州城。妇女独立团第二营配合红四军十师攻旧洮州城。副营长姜菊昆率 15 人的突击队，乘守城敌人警戒疏忽，运动到城下，搭起云梯，飞速登上城墙，杀死敌哨兵，打开了城门。十师一部也突入城内，主力迅速入城，歼守敌一个营。

9 月 30 日，方面军以五个纵队向通渭、庄浪、会宁、静宁前进。与一方面军会合指日可待了。

会宁会师，结束了红四方面军一年零七个月的艰难曲折的长征。妇女独立团同全体红军一起，分享了这一伟大的胜利。

长征是难忘的，妇女独立团在长征中的历程也是令人难忘的。长征中曾为中国革命流尽最后一滴血的姐妹们，永远值得人们怀念。

1987 年 10 月于北京

选自中国人民解放军历史资料丛书编审委员会编：《红军长征·回忆史料（2）》，解放军出版社1992年9月第1版，第388—393页。

华全双，女，1920 年生，四川巴中人。1933 年参加中国工农红军，同年加入中国共产党。红军长征时任懋功、保宁、道孚等县妇女部长，红四方面军妇女独立团政治处主任。新中国成立后，曾任国家重工业部干部招待所政治指导员、第五机械工业部政治保卫处副处长等职。

关于妇女独立师的片断回忆

岳克

我是南江县人，六岁父母就死了。后来我给地主当放牛娃，生活很苦，一天吃一顿饭，红苕锅巴掺冷水。我后来参加了红军，不然也会饿死。所以我作战很勇敢，根本不怕死。就是牺牲了也是痛快的。我是1933年4月参加红军的，那时才13岁，一天，地主叫我背柴去卖，我把柴背到南江县的县衙门口，当时红军三十一军的军部驻在这里，一位首长问我柴卖多少钱，我说我不卖柴，我要参加红军。他问我多大岁数了，我怕年龄太小了不要我，便多报了两岁，说15岁了。他又问我舍不舍得剪头发，我说舍得（因当时的红军战士要把头发剪光）。这样，我便被吸收加入了红军，被分到三十一军政治部作宣传工作。头一天，发给我一件打土豪得来的男人穿的白布褂，第二天发给我一把马刀，第三天就出去作宣传，宣传打土豪分田地，建立苏维埃政权。一年过后，即1934年，旺苍成立妇女独立团，我也被编入该团。

在通江的时候，只有一个妇女运输营，由吴朝祥（平昌人，川陕苏区妇女部部长）同志领导，主要是搞后勤运输工作，如抬担架、运送粮食给养等。1934年4月①，在旺苍长池扩大发展为妇女独立团。1935年春打过嘉陵江，从广元、昭化、梓潼到江油重华。为了长征中便于行军，

① 应为1934年3月——编者注。

把后勤及地方机关的女同志全部集中起来，编成妇女独立师①。师长是张琴秋，政委是曾广澜②。独立师辖三团③，在原妇女独立营基础上发展起来的老团是战斗团，其余两个团主要搞宣传、运输工作。妇女独立营最早只有300多人，后来在供给部、运输部、卫生部陆续抽调了一些年轻女同志扩大组成。我一直是在老团里，在一营三连当副连长。攻打腊子口时我挨了三刺刀，后住三十一军医院，以后就没有到西路军去了。

妇女独立师的女战士作战很勇敢，头发是剃光了的，穿草鞋、打绑腿，行军作战都看不出我们是女的。我们很少住老百姓家里，一般都是住庙子。如果不是打了胜仗通报表扬，就连我们自己的部队也不知我们是女兵。记得一次，我们捉住了敌人的一个师长，他很不老实，想自杀，我们把他绑在马背上带走，他一直没有发现我们是女兵，后来看见我们耳垂上穿的耳环眼，才感慨地说："想不到我堂堂皇皇的国民党将领，今日竟败在你们这些女兵手里。"当时我们的女战士都很年轻，大的不超过25岁，就连我们的师长张琴秋也才24岁，绝大多数战士都在15岁至20岁之间。记得后勤的同志曾经编顺口溜赞扬我们："妇女独立团是真光荣，头上是秃光光，浑身上下是泥浆，身上背了个戳火棒……"

在中坝一带打了一些仗，但具体情况记不清楚了。究竟是和敌人的什么部队打，打死打伤多少人，都记不清楚了。我的头部在战争中受过几次伤，记忆力受到很大的影响。加之过去仗打得多，走的地方也多，往往是边走边打，不断地变换地方，不断地作战，情况不大容易记得清楚。从梓潼过来后，先在重华打了一仗，我们老团的人都有枪和大刀，子弹打光了就用大刀干。重华这个地方我印象很深，当时是一个县，后来围江油城，记得我们守在通往平武的小道上（白石铺）。圌山打过一仗，被我们攻下了，攻下后我们还搞过竹绳桥。苦竹沟又

① 傅钟等人曾回忆，妇女独立师并未正式成立——编者注。

② 一说妇女独立师政委为张琴秋——编者注。

③ 一说独立师辖两个团——编者注。

叫苦竹坝，这里也打过一仗，打得比较激烈，记得曾把敌人的尸体五六具地垒起来作工事。后来我们打下了中坝。中坝比较富裕，素有“小成都”之称，资本家比较多。打下中坝后，我们在鲁班庙（应当是火焚山上的哪吒庙）休整了一天，由于战斗中有些牺牲，在这里补充了一些人。这个庙比较大，能住几百人，离中坝大概有十多里路，离武都远一些。在这里给我们每人发了五尺布做被面（这以前我们还没有被子），还发了些绸缎衣服，让我们自己改了穿。一人还发了两个手榴弹、五板子弹。后来我们由江油到北川，千佛山战斗后到了茂汶。

中共绵阳市委党史研究室供稿。

岳克，女，1920 年生，四川南江人。1933 年参加中国工农红军，1936 年加入中国共产党。红军长征时任红四方面军妇女独立团一营三连副连长。新中国成立后，曾任四川省公安厅劳改局干部科科长。2015 年在成都逝世。

妇女独立团战斗生活散记

徐美莲

1918年，我出生在四川北部山区一户贫农家中。两个哥哥都给地主当长工，大哥因饥饿过度吃了地主家给的发馊了的剩饭，得急病死了。二哥给东家抬石头时被砸死了。我九岁就被送到婆家当童养媳。我丈夫比我小六岁，我到婆家时他才有三岁。我每天除要干完那些繁重的家务活外，还要领着我那小丈夫玩。他一哭，婆婆就要打我，我被打得满头疙瘩，很多头发都被揪掉了。我实在忍受不了这种折磨，几次寻死都没死成，逃回娘家去，没有饭吃，还是死路一条。

1932年四五月①，徐向前同志率领红四方面军解放了我们的家乡，建立了川陕革命根据地。一天，我听说女的也可以当红军。就瞒着家里，一个人跑到乡苏维埃政府，报名参加了红军。

红军时代的生活是艰苦的，长征更艰苦，长征中最艰苦的时日又是爬雪山，过草地。由于张国焘推行错误路线，使我们红四方面军多次往返雪山，经过草地，吃了更多的苦头。

大雪山是由十几座高低不等的雪山组成，其中比较大的是夹金山和党岭山。我们是上午到达山脚下的，听说夜间山里气候稍好一些，部队就停下作准备。我们预备好干粮，每人扎了五六个火把，有些同志还从

① 应为1932年12月至1933年2月——编者注。

老百姓那里买了一些花椒、辣面子，作为御寒物品。开始进山，还有一条羊肠小道可走，越往上爬，雪越深，风越大，气候越冷。在山下，太阳是火烧火燎般地烫人，现在又浑身开始打颤了。爬到半山腰，天就黑了，路也没了。山越上越高，坡越爬越陡，气候越来越冷，前面的人好像踏着后面人的头顶走路。我们把毯子、床单都拿出来披在身上，还是只管打颤，凛冽的山风刮在脸上，真如刀割针扎一样。为了防冻，大家把毛巾围在嘴上，一出气，眉毛、头发和毛巾上都结了一层厚厚的霜花。快到山顶时，空气更稀薄了。头疼、口渴，呼吸困难，浑身无力，走一两步就要停下来喘一阵子气，虽然张开嘴呼吸，也好像没有吸进去空气一样。为了中国革命的胜利，为了和毛主席率领的红一方面军会师，我们使出了最后一点力气，冲上了顶峰。翻过了夹金山，又翻党岭山。经过好多天的生死搏斗，我们这支红色娘子军，终于把民谣中形容的“离天三尺三，人过要低头，马过要下鞍”的大雪山踩在自己的脚下。

翻过了雪山，面对的是自然条件极其恶劣的草地。草地在四川、西康、青海交界的地区，草地上到处都是水，但是有毒，人不能喝，那种水是死水，含有大量的腐殖质，又涩又咸，颜色就和酱油差不多。人喝了恶心呕吐，肚子疼痛，甚至有生命危险。草地周围人烟稀少，粮食困难。长征的部队很多，大家为了过草地，都要筹粮，所以准备的粮食都不多。过草地的头几天还有点炒面掺着野菜吃，走了半月之后，就一点粮食也没有了，只好光吃野菜。人光吃野菜身上一点劲也没有，走起路来摇摇晃晃，老跌跤。听说牛皮烤一下就能吃，我们就把所有的皮鞋、皮带和用皮子作的枪背带都吃了。牛皮吃完了，最后几天只能喝点盐水当饭吃。

草地的水腐蚀性很强，草地的气候和雪山上一样恶劣。我们这些女红军，一连几天在水里行军，有的脚泡烂了，有的因为受凉，很多人得了妇科病。天气也像有意考验我们，一会儿晴空万里，一会儿狂风暴雨，白天闷热难忍，晚上又冷的发抖。疲劳、疾病、饥饿、干渴一齐向我们进攻，但丝毫没有影响我们的革命热情，动摇我们的意志。大家一路上又说又笑，每天都坚持走七八十里路。经过近一个月的艰苦奋斗，我们妇女独立团征服了草地，闯过了又一道前进道路上的难关。

妇女独立团是一支英勇善战的红色娘子军。在保卫川陕苏区，粉碎敌人六路围攻中，在长征途中，参加过无数次大大小小的战斗，其中最为难忘的是我随妇女独立团在长征途中打的最后一仗。

那是 1935 年 10 月，当时蒋介石集中大批兵力，拦截围追我们，天上有飞机侦察，扫射，地上有军阀、土匪武装乘机袭扰，处境十分危机。我们妇女独立团在芦山、雅安地区，有好几架敌机低空轰炸。由于部队非常密集，又无工事掩护，炸弹就在我们头顶上爆炸。勇敢红军女战士毫无惧色，打得非常英勇顽强。当时我是二营营长，代理团长。经过多次血战，终于突出包围圈，甩掉追击之敌。在战斗中，我被敌人的弹片炸伤多处，昏死过去。当我苏醒过来时，部队已经转移。我摸摸头上、脸上都是血，看看周围，许多同志牺牲了。我强撑着身子，咬紧牙关，忍痛坐起来，解下绑腿，包住头上的伤口，然后一边爬一边吆喊着周围的同志，看有没有和我一样受伤昏死过去而还活着的战友。结果，竟然发现了四个同志活着，但伤势都很重，有个女同志被打断了一只胳膊，她被我摇醒后，非常坚强，以惊人的毅力，自己撕下半块衣襟，把那只断臂包好，然后同我一起，忍着剧烈的疼痛，互相搀扶着，追赶部队，我们找到部队后，才派人把那几个伤员抬了回去。（梁哲喜整理）

中共新疆自治区委党史研究室供稿。

徐美莲，女，1918 年生，四川南江人。1933 年参加中国工农红军，1936 年加入中国共产党。红军长征时任红四方面军妇女独立团二营营长、代理团长等。新中国成立后，曾任新疆自治区总工会副主席。

回忆妇女独立团

何子友

在第二次国内革命战争时期，中国工农红军第四方面军曾经有过三个妇女独立团。

妇女独立团的前身是通江妇女游击队，属中共四川省委妇女部领导,大约只有四五十个人。这些人都是在红军入川后参加革命的。当时，川北通（江）南（江）巴（中）地区在军阀田颂尧、刘存厚统治下，人民生活非常困苦、吃不饱，穿不暖。军阀们除了滥收苛捐杂税外，还强迫农民种鸦片，因此，川北地区的男人大多染上了抽鸦片的恶习，丧失了劳动能力，劳动的重担都压在妇女肩上，我们许多人从小就被卖为童养媳，有的靠要饭生活，红军入川后的宣传和模范言行，使妇女们认识到参加红军闹革命是唯一的出路。

我是 1933 年 11 月离开家乡苍溪县去省委所在地——巴州参军的。妇女独立团驻在省委的妇女学校里，校长是刘桂兰，第二天，指挥部把我们新入伍的编成一个排，加上原来的一些人，共是两个连，学校的门口插着“中国工农红军妇女独立团”的大旗，直接属指挥部领导。我当时被编在一连三班，后来，妇女参军的更多了，各县几乎天天送人来，接着又成立了两个连，共是四个连。不到三个月的时间，妇女独立团就编齐了，总共有千把人，团长兼政委是曾广澜①是鄂豫皖苏区来的老同志，一连连长是廖正英，指导员是杨桂兰。

我们的武器是指挥部发的，每个排只有两三支枪，基本是从国民党手中缴获的单管马拐，汉阳造，其他武器是梭镖、大刀，每个排几十颗手榴弹，子弹每人最多五颗，有的人一颗也没有，只好用纸卷起来撑在子弹袋里。

我们从来不发津贴。那时规定女同志不许留长发，以戴上帽子后看不见头发为标准，个别留齐耳短发的是为了搞侦察工作，但必须经指挥部批准，为此，老百姓常误把我们当成男同志，闹出笑话来。军装自己做，布自己染，上衣是黑色对襟式，下面两个口袋，下穿黑色西装短裤，绑腿是灰色的，草鞋上总是扎一朵红绒球。独立团集合行动时，分外显眼，常常引来战友和乡亲们赞叹的目光。

我们妇女独立团有四大任务。第一是训练。指挥部专门派了一个军事教官来教练，训练内容大致和男同志一样，其中有武器的使用与保养，有队列、刺杀、通信、侦察、爬障碍、跳高、跳远、翻单双扛、过独木桥、打飞机、班排连的进攻和防御等。第二是担任省委及下属机关的警卫任务。银行、合作社、工厂、医院等单位都是由我们派人警卫，还要在警卫地点做工事、挖战壕。第三是担任运输任务。如搬迁、送粮、运武器弹药，有时部队打下一个地方，往回运战利品，作战行军时还要背光洋、钞票等，至于临时性的公差勤务就更多了。第四是到山里打土匪。记得有一次到离巴州三四十里处的南地丫剿匪，我们独立团抽调了一些精干的人临时组成了两个排，事先潜伏在土匪必经的路口，在山谷的四周设下了包围哨，晚上 7 点多钟土匪又出来作恶，等土匪进了包围圈，排长一声令下，我们冲上去，打死打伤 30 几个土匪，缴获了十几

① 关于妇女独立团成立初期的领导，还有曾广澜任政治委员，另有一男同志负责指挥军事；或张琴秋（后曾广澜）任团长等说法——编者注。

支枪和八九十发子弹，还有两斗多大米，活捉了两名俘虏。还有一次是1934年年初，红军离开巴州开始西行，根据指挥部命令，我们妇女独立团去打长池、木门一带的土匪。这时，指挥部把曾广澜调回巴州省委，去成立第二个妇女独立团，任命红四方面军总政治部主任张琴秋当我们第一团的团长。在木门打的土匪是国民党的一个团总兼大地主，庄园里驻有两个连的匪兵，我们击毙了敌团总，缴获了几十支枪、100多发子弹、几十颗手榴弹、一挺小型机关枪及许多大米和猪肉，还活捉了几十个俘虏。

木门剿匪后，根据上级命令，我们原地休整，一个多月后，曾广澜带来了妇女独立第二团，我们两个团在永林铺会合了。不久，部队准备进藏过草地。为了加强战斗部队，精减机关和非战斗人员，同时因为二团成立时间不长，作战经验不多，指挥部命令两个团合并为一个团，曾广澜调到省委任妇女部长，团长仍是张琴秋，其他各级干部不动，合并后，妇女独立团有2000人左右。随后，妇女独立团进行了调整，一部分精干的继续留在独立团，一部分到供给部的总工厂，林月琴任营长，名义上是总工厂，实际上是运输队；还有一部分到后勤医院搞护理工作，部队调整后，我们就开始长征了。

长征过了嘉陵江，部队进入蒙贡少数民族地区，为了便于开展工作，我们妇女独立团的番号取消了，改为省委妇女学校，校长仍是刘桂兰，张琴秋调到省委妇女部工作去了，还调了一些人到总工厂和医院，我们妇女学校的任务除了过去的四项外，还增加了群众工作、建立地方政权一项。在长征路上，我们抬担架、运伤员、背钞票、运物质，样样工作不亚于男同志。

进藏后驻的第一个寨子是扎过洛。这时，我们的训练内容有所改变，主要是学习藏族的日常用语、风俗习惯和党的民族政策，还学习骑马、打骑兵、驯牦牛。一天下午，我们驻地四周的山庙里都响起了号声，原来，国民党勾结民族反动分子打我们红军。根据指挥部命令，第二天，我们妇女学校和其他几个团绕到山头，居高临下打下了喇嘛庙。这次收获很大，缴获了很多武器、弹药、粮食、猪肉，补充了部队。

在长征路上，由于生理条件不同，女同志遇到的困难要比男同志更大。途中一张卫生纸也找不到，走到后来，因为累、饿、冻，绝大部分同志得了妇女病。但是，没有一个同志叫苦怕死，大家对革命充满必胜的信心，互相鼓励，互相帮助，克服重重困难，坚持行军打仗。

部队快到六河时，为了行军方便，我们妇女学校又取消了，人员都分到各单位，我被分到保卫局，后来又被分到何长工领导的四局（管理部门）。以后，我就没有再回妇女独立团。

第三次过草地后，红一、红四方面军会合。这时，女同志又多起来了。周子昆同志在会宁地区主持成立了第三个妇女独立团，团长仍是张琴秋，参谋长是彭真（女），其编制和第一次妇女独立团一样。后来，妇女独立团参加了西路军，和三十一军一起过了黄河。以后，我陆续听到独立团一些姐妹们的消息，了解了这一段血和泪的历史。随着西路军的失败，我们许多同志牺牲了；有的宁死不当俘虏，自杀殉难；有的被马匪侮辱杀害；有的被迫改嫁或嘴上答应给敌人当小老婆，后打死敌人跑了出来；有的虽然当了俘虏，又想尽一切办法逃了出来，团长张琴秋被马匪抓去后，装成哑巴给敌人烧饭，以后偷偷跑出来，经过千辛万苦回到了党的怀抱。妇女独立团的许多人回到了延安，以后又在离延安三四十里的永林镇成立过一个妇女营。

妇女独立团的历程是光荣悲壮的，她的大部分成员都英勇地牺牲了。尽管她们在无数革命先烈中只占极少数，但是，她们的革命精神和献身精神，她们在艰苦卓绝的征途中显示出的中国劳动妇女的英雄气概是永垂史册的，我们永远不会忘记这些可亲可敬的姐妹、战友！

选自星火燎原编辑部编：《星火燎原丛书之五》，解放军出版社1987年8月第1版，第201—204页。

何子友，女，1913 年生，四川苍溪人。1933 年参加中国工农红军，1936 年加入中国共产党。红军长征时任红四方面军妇女独立团战士、保卫局工作人员。新中国成立后，曾任南京军区司令部干部。2016 年在南京逝世。

妇女团生活片断

赵兰

扛起枪

红四方面军离开川陕边根据地西进，行至阆中王昌坝时，领导上决定将随军的全体女同志1000余人，集中成立妇女独立团（共三个营）。听到这消息，我心里非常高兴。

以前我是一个雇农的女儿，给人家当丫头，红军来后，才翻了身参加革命，在地方政府做妇女工作。部队西进时，我们被敌人包围，好多同志牺牲了，只有我和另一个同志冲出来，绕过敌人的封锁，找到部队。当时我想：这回该拿起枪报仇了，不料，上级却叫我到随军女子学校去学习。为了这个，我心里别扭了一阵子，可是现在，我们真的要当上红军了。

春天的太阳暖洋洋的。我们集合在一家地主的大院子里，听一个二十七八岁的女同志讲话。有人在台下悄声地议论：

“她是我们团长，你听，讲的多好啊！”

“看你说的，人家晚上不用灯就能写字，讲话还能错得了！”

“叽叽喳喳做什么，没有一点纪律性！”有人大声干涉了。

这句话真顶用，大家马上静下来。

讲话结束，我被编到二营。每人发了一套新军装，和一个上面画有五个红星的大斗笠。我们穿戴起来，你看看我，我看看你，个个都成了神气十足的女兵。不久，枪也运来了，大家又吵嚷起来：

“我要小马枪！”

“我要长枪！”

七嘴八舌，把发武器的同志吵得不知怎么好。副团长叫大家站好队，高的发长枪，矮的发短枪，身体棒的发机枪，此外还给每人 20 发子弹和两颗手榴弹。

回到营房里，理发员来了。这时，我又想起团长说的一段话：“我们是名副其实的红军。红军就得像个红军样，不能像个大小姐，耳朵上戴耳环，腕子上戴镯子，头上留着长发……”现在，理发员执行命令来了。可是有些人思想上还没弄通，她们反对这一着：

“剪掉头发，是当尼姑，还是当和尚？”

“留着一绺头发不一样扛枪吗？真是的！”

事情弄得很僵，来给我们理发的那个小姑娘急得干跺脚。僵着还有个头呀，我说：“咱应该向男同志学习呀！当红军嘛，头发剪短了，既卫生，又方便，省得没有时间洗头。来，我先剪！”这一来，僵局打开了。人们拿起剪子，嚓嚓嚓地往下剪头发。

不多一会，大家的头发都剪短了。我们帽子后面再没有“尾巴”了，再加穿上了新军服，打着过膝的绑腿，穿上带绒耳的草鞋，背上斗笠，肩扛步枪，俨然和男同志一模一样了。

训　练

我们投入了紧张的训练。

第一天，真是又兴奋又热闹。脚步声像下饺子似的，而且还有人叽叽嘎嘎谈笑。我们的教员是个男同志，他当然看不惯这个作风，可是并没有发脾气,只是用湖北土腔对大家说:“不要笑,把嘴眯(闭)起来!”大家听了他的话，笑的更凶了。这一下不要紧，操后总评时，教员严厉地批评了我们，说：“上操不是上花轿，有什么可笑的？这是第一次，以后可要严肃些！”

这事很快就传出去了。有人见了我们老远就喊“样子兵”。真气人!

我们开了个会，批评了自由散漫的作风。以后，在操场上再没人说笑了，步伐也逐渐整齐，队伍行进时有条不紊。

军事生活逐步纳入了正轨。早晨，我们很早起床，在浓浓的雾气中上早操。早饭后，就练习投弹、瞄准、拼刺，有时还到野外去演习。野外演习最有意思，我们分成两队，互相攻击，谁的帽子被抓去，谁就算输。因此，有些人为了保住帽子，两手抱着脑袋什么也不顾。在体育方面，跳高、跳远、单杠等样样都练。我们特别喜欢的是赛跑，有一次我们比赛长跑，眼看着跑到终点的红旗跟前，前头的同志猛地向前一扑，死死抓住旗杆不放。她就这样得到了胜利，逗得大家肚子都笑痛了。

这种崭新的生活，使我们班里的十几个姑娘处得十分亲密，整天姐呀妹呀的像一家人一样。精神也挺愉快，歌儿不离嘴，什么“活捉毛炳文”啦，“打刘湘”啦，家乡小调啦，唱起来没个完。尤其是围在一起擦枪的时候，要是不唱歌，嗓子就痒得不行。

我们是很知道爱护武器的，常常到处询问保护武器的方法。有一次，我们看到男同志的枪口上都有个布做的小帽，一打听，原来是防灰尘的。回来大家一商量，东拼西凑，搞了些五颜六色的丝绒，用梳子通一通，做出不少色彩鲜艳的小绒球。这些小绒球塞在枪口上，又防尘土又漂亮，男同志看了非常羡慕，不断夸我们：“妇女们真是心灵手巧。”

一天，我们正在屋里打草鞋，做脚码子，团长和军事教员检查内务来了。宿舍里很整齐，挂在墙上的米袋子、挎包，一条线似的溜直。团长各处看了看，顺手拿起一支枪，咔地拉开枪栓，闭上一只眼睛，从枪口仔细察看枪膛，然后满意地点点头，转过身来问我：“瞄准练的怎么样了？”

“很好，她还可以得奖呢！”教员在旁边说了一句，弄得我有些局促不安。

过了一个月,领导上让我当二连连长。说实在的,心里着实有些慌。最大的困难是没有文化，点名呀，写口令呀，看报告呀，不识字真是干瞪眼。

于是我就去找营长吴朝祥同志。她是四川人,个子很高,待人和气,安慰我说:“不要紧,人又不是生下来就识字的,慢慢学,我教你。”以后,每天晚上她都抽时间教我。先教口令，后教人名，慢慢地我能点名了，也能看口令了。

在从山深谷中

胡宗南和刘湘的军队又跟上来了，我们继续向西行动。

妇女独立团是刚刚武装起来的，一般情况下，领导上不让我们打仗，要求几次也没有批准。我们只负担抬担架，运干粮，背茶砖，挑担子等战勤工作，整天在崇山峻岭中转来转去。

我们虽不是富豪之家出身的千金，可抬担架还是头一次，肩头压得又红又肿，火辣辣的难受。不过时间久了，也就不觉得什么了。最苦的是在后边抬的同志，根本看不见路，山陡路弯，一不小心，就掉下悬崖，有的就这样牺牲了。这可怎么好呢？这时，李排长出了个主意：学老百姓抬滑竿儿报路的办法，走到险路上前后打个招呼。比如拐弯的时候，前边的人喊；“慢转十字拐”，后边的应：“前摆后不摆”；下慢坡时，前呼“洋洋坡”，后呼“慢慢跋”；登陡岭时，前呼“陡上又加陡”，后呼“越陡越好走”；要是走到阳关大道，同志们更高兴了，就喊：“平阳大坝”，“扯起两下（快走的意思）”。这样行军，又热闹又精神，疲倦都忘记了。

那时，已是初夏时节，走在光秃秃的山上，太阳晒得皮肤发焦。慢慢地，有些人吃不消了，尤其那些缠足刚放脚的同志，脚踝走红肿了，需要人扶着才能走。

马圹山，这真是深山老林。山上有四五个人合抱不过来的古树，黑黝黝的森林，时时传出狼嗥虎啸声，十分怕人。我们不得不点起火来助威。山道两旁，猴子成群结队。听说少数人路过，它们还向你要东西，不给，就跳上来捉弄你，撕衣服，抢东西；要不就爬上树向你丢石头。我们是大队人马，它们没奈何，只有躲在树上叫。有个顽皮的小鬼还抓了一只猴带着，直到拖得要死啦，才把它放了。

最讨厌的是敌机常来找麻烦。开头我们没有经验，敌机一来，就心慌意乱，四处乱跑。后来，摸准了敌机的活动规律，不等它来到头上，早隐蔽好了。敌机飞临上空找不到目标，只好在头上瞎转几圈，败兴地飞走了。

旗开得胜

我们到了川康交界的理县。这里是汉藏两族杂居的地方。我们到那里就向人民宣传红军的政策，处处遵守当地人民的风俗习惯，还学藏语。起初，人们对我们这批女兵感到奇怪，后来混熟了，就常和我们谈心里话，告诉我们许多有用的情况。他们说，离市镇四五里的大山中，有一个喇嘛寺，里面没有喇嘛，被官家霸占，成了“官府衙门”。人民不分汉藏，要按时送粮缴捐，出“乌拉”（民伕）。给“官府”送贡品的人，在三里外就得跪下，膝行至喇嘛寺。人们晒着火热的太阳，身上压着重重的粮食和盐巴，常有人累死在路上的。……人们讲着讲着，落下伤心的眼泪，纷纷要求我们替他们除害。

原来是这样，难怪我们有些同志去拾柴、买东西，常常有人打冷枪呢。仔细一打听，确是这帮家伙搞的鬼。他们与军阀刘湘串通一气，想阻止我们前进。人民的痛苦，同志的牺牲，激起我们的复仇怒火，我们向上级要求亲手消灭这股敌人。

上级批准后，我们先去看地形。威严的大寺院屹立在半山腰，绿瓦灰墙，檐上尽是些狮、豹、虎、象等雕塑。正看着，二营副营长说话了："敌人居高临下，从山下仰攻要吃亏。咱分三路，两路在正面佯攻，一路从后面爬上去，从山上往下压。"大家一想，这个主意很好。

晚上，我们挖工事，一条条的战壕向寺院伸展。天漆黑，树林中对面不见人，静悄悄的，只听得沙沙的挖土声。平素最爱吵的小鬼，也不再嬉皮笑脸了。第二天清晨，我们伏在战壕里观察敌人的动静。

庙门紧闭，里面鸦雀无声。很明显，敌人想依靠墙高壁厚，粮食充足，躲在庙里和我们死拖，等他们主力到来。

晚上，正面两路发起佯攻。怕敌人听出我们是女兵，一不喊杀，二不大声说话，只用机枪、手榴弹猛打。敌人起初很沉着，不紧不慢地还击，稀落的子弹从我们头上飞过。后来敌人可能是看我们不像真正进攻的样子，就从庙里冲出来了。这时有人主张迎上去，来个反冲锋。我想这样会暴露我们是女兵，于是告诉大家，坚守战壕，远的用机枪打，近的用手榴弹炸。

敌人冲了一次，被打退了，接着又来一次猛烈的冲锋。这时山顶上响起了枪声，我们的迂回部队从山上压下来了。敌人顿时乱了营，连忙退进庙内，关上庙门。我们把敌人团团包围起来，一直打到第二天中午，才接近庙门。这时敌人沉不住气了，放火把仓库点着了。我们趁机找个大木桩，把扣得紧紧的大门撞开，冲了进去，扑灭了火。这些狗东西见势不好，想把粮食和盐巴一齐烧掉，不留给人民食用。真是，死到临头还造孽呢！我们把从火里抢出来的粮食、盐巴分给老百姓，俘虏的藏兵也每人分给一份。他们都高高兴兴地走了。

第一次的战斗，就旗开得胜，并且受到了军部的奖励。

此后，我们的番号改了几次，也打了几次仗。到了大藏寺，主力南下迎接一方面军，我们就成了保卫后方机关的警卫力量。

选自中国人民解放军战士出版社编:《星火燎原》选编之三，中国人民解放军战士出版社1980年11月第1版，第359—365页。

赵兰，女，1908 年生，四川万源人。红军长征时任红四方面军妇女独立团二营二连连长等。新中国成立后，曾任杭州市儿童福利院院长、杭州市政协委员等职。2002 年在杭州逝世。

参加妇女独立团

伍兰英

我是川北昭化人，祖祖辈辈给人当牛做马，缺吃少穿。我从七岁起就给地主家放牛，做小活，受尽了奴役和欺凌。我哥哥在昭化城里兵工厂（军阀邓锡侯办的）当工人。他是中国共产党党员。我十三四岁时，从地主家跑出来，到城里跟着哥嫂生活。因为，经常和到我家来的地下党员接触，耳濡目染，渐渐懂得了一些革命道理，并参加一些革命活动，比如在地下组织之间传送秘密信件等。15 岁时，我加入了共产主义青年团。1932 年初，国民党军阀加紧镇压革命运动，到处捉人杀人，白色恐怖日益猖獗。由于叛徒的出卖，党的地下组织遭到破坏。我哥哥被杀害了。我和几个同志一道，被迫辗转逃到通江县的苦草坝，才重新找到了党的组织，暂时安下身来。

1932 年 12 月，巴山霹雳一声春雷响，红军开进四川来。从此，我正式参加了工作。红军在川北时期，我先后担任过红三十一军九十一师宣传队长，苍溪县苏维埃政府内务部长。1934 年初，为了粉碎刘湘“六路围攻”的需要，红军逐渐收缩阵地，我随部队返回通江，在川陕省工农民主政府财委会当司务长，搞起后勤工作来了。

1935 年初，蒋介石加紧部署对红军的新的反革命围攻——“川陕会剿”。此后，我军战略重点逐渐西移。红军总部相继组织了陕南战役、广昭战役和强渡嘉陵江战役。当时，我们几个在省财委会工作的女同志，眼看敌人一天天逼近，就一心想转到部队去，到第一线去，直接参加打反动派。一天，一队队的女红军，背着枪，胸前挂着两排闪闪发光的子弹，腰后挂着三个乌黑的手榴弹，雄赳赳、气昂昂地从我们前面走过，一问，原来是红四方面军的妇女独立营。她们正掩护兵工厂、银行到旺苍坝去。我用羡慕的眼光看着她们，心想：自己也能当个女战士多带劲啊！晚上，我们几个女同志睡在一起，谈论了半宿。最后，大家一致的意见：要求回到部队去。过了几天，我们省财委会也随着部队转移到旺苍坝。刚好，妇女独立营到旺苍坝后正在进行扩编，准备成立妇女独立团。扩编的对象是随军西撤的地方女干部。我们再次参军的要求被批准了，大家高兴的心花怒放。

1935 年大年初一，我和李保珍、吴英、宋学珍、孙桂英等五个女同志，分配到妇女独立团第一连，我当七班班长，不久任二排排长。到妇女独立团后，我们都把头发剃得光光的，穿起新军装，打起绑腿，戴上斗笠，背上步枪，同男战士一模一样。记得我们到村子里去宿营时，老乡们还真认为我们是男人，不让走进妇女的房里去，也不让和妇女接近；妇女见了我们也躲躲闪闪。我们向他们说明了情况后，有的还不相信，我们就将耳朵给她看，她看到耳朵上有戴耳环的眼，才相信我们真是女红军。

为了迎接新的战斗任务，紧张的军事训练开始了。天不明，我们就起床出操、爬山。早饭后作队列教练，练习瞄准、射击、投弹、刺杀，有时还到野外去演习。这种崭新的生活，很紧张、很严格，开始不大习惯，但大家心里非常高兴，劲头十足，一空下来就唱家乡小调，到处洋溢着歌声，充满着欢乐、活跃、朝气勃勃的情绪。

1935 年 3 月，一天我们正在太阳下擦枪，张琴秋团长来了。她向我们传达了总部的命令：妇女独立团担任转运伤员的任务。自从妇女独立团成立后，我们几次要求到前线去，但领导上考虑到我们刚武装起来，没有批准。眼看国民党反动派和刘湘的部队一天天逼近，同志们都憋着一股子劲，憋着一股对敌人的怒火。命令传达下来后，大家可高兴啦！有的说："男同志在前方同敌人拼命，牺牲流血；我们女同志不能去参战，现在执行这个任务，也算是直接为前线服务。"有的说："我们不能到前方去打仗，抬伤员也是很光荣的。"思想统一了，大家心齐、劲足，砍竹子的砍竹子，搓绳的搓绳，很快就把担架准备好了。

为了迎接妇女独立团成立后的第一个任务，晚上，我们兴奋得睡不着觉。第二天蒙蒙亮，就到医院抬上伤员向王家坝进发。春天的早晨，山谷里朝阳染翠，露珠晶莹，花香四溢。我们抬着伤员，迎着旭日，高兴地唱起歌来：

说一说伤员同志们，你们在前方杀敌人。

为劳苦大众求解放，流血负伤多么光荣！

清脆的歌声响彻山谷。山越爬越高，路越走越小，走了几十里路，来到庙儿湾五里高的大山，路更陡了。我们虽然都是劳动妇女出身，但抬担架还是头一遭，肩上压得又红又肿，火辣辣地疼痛，汗水已经湿透了衣衫。但是，当我们看到伤员们，为了党的事业，为了全人类的解放，忍受着肉体上的巨大痛苦时，心想：他们为革命流血，我们流点汗算得什么？肩上的疼痛便觉得顿时消失了，浑身是劲。走到半山腰，忽然听到前面一阵阵的喊声："同志们，加油，加油，前面就是山顶！"原来是啦啦队的同志们给我们鼓劲来了。我们的劲头更大了，一口气快步抬上山顶。在山顶休息时，抹一抹汗，大家又唱起红军歌来：

八月桂花遍地开，鲜红的旗帜竖呀竖起来。

唱一个国际歌，出现了苏维埃！

伤员们听得笑容满面。他们向我们提出："姐妹同志们，你们累了，我们走一段你们再抬吧！"这些同志大部是鄂豫皖苏区来的老同志，我们看他们伤口那样重，无论如何不让他们自己走。可是，有的伤员说什么也不坐担架了，拿起棍子，一拐一拐地跟我们说说笑笑向前走去。这种坚强的革命意志，对我们是一个极大的教育和鼓舞。

当晚，我们在磨子湾宿营。第二天天不明出发，把伤员送到了王家坝总医院。当我们返回旺苍坝后，又接受了运盐的任务。两个人抬一包盐，送到离旺苍坝 120 里路的永宁铺兵站。接着，西渡嘉陵江，随部队进驻到江油。

在江油住了半个多月。我们一面宣传党的政策，组织赤卫队，建立苏维埃政权，打土豪分田地；一面上江油后山上去打土匪，捉地主。用缴获的枪支弹药装备自己；把缴获的粮食和衣服分给穷苦农民。我们妇女独立团与老百姓的关系搞得很好。他们见我们妇女也能当兵，又惊奇又羡慕，都欢迎我们去住。在我们离开江油时，个个都依依不舍。

刘湘和胡宗南的部队紧紧跟上来了。1935 年 4 月，我们离开江油，经沙溪河到中坝抬伤员。这时已接近火线了，这部分伤员是从火线上下来的红九军的同志。我们将伤员从中坝抬到沙溪河总医院后，就跟着红九军向北川、茂州前进，在茂州打了不到三小时，敌人就跑了。我们妇女独立团驻进城里进行了整编；选出二个连，成立川陕妇女团员学校，每个连 140 人左右，都是挑的党团员；其余人员分配到兵站、医院和后方机关工作。我被分配到妇女团员学校第一连。每天大部分时间都是上军事课，学射击，练战术，抢山头，也上政治课。团员学校的校长是刘桂兰同志（她后来在延安病逝）。张琴秋同志调到四川省委当妇女部长了。

五月上旬，总部命令我们一连掩护银行从茂州出发去理番。我们一面背着银行的物资，一面随时准备与敌人作战。但是，敌人没有赶来，我们在傍晚安全地到达理番县。银行主席赵炳瑞同志热情地欢迎我们。他说：“同志们，你们辛苦了，我们杀了口猪，给你们打个牙祭，表示慰劳。”并准许我们休息一天再返回学校去。我们吃了晚饭，刚睡下不久，忽然听得外边嗒嗒的马蹄声，接着有人问话：“妇女一连到了吗？”“有什么紧急任务？”这是赵主席的声音。来人回答道：“有命令，要一连明天赶到杂谷脑，去执行紧急任务。”

第二天一早，我们就来一个急行军赶到了杂谷脑。原来杂谷脑西北面高山上有一座喇嘛寺，被反动喇嘛霸占了。他们和刘湘勾结，企图阻止我们前进。这些反动喇嘛，听说有部队开到了，暂时不敢轻举妄动，我们也就在杂谷脑驻下来，积极准备攻打喇嘛寺。

一天，我们正在擦枪，妇女部长张琴秋同志和红三十三军王维舟军长来了。部队集合好后，王军长向我们讲话。他说：“同志们，你们虽然是女同志，但都是党的好儿女，红军的好战士，我相信你们一定能够拿下喇嘛寺，完成党交给你们的任务。”接着，他具体交待了作战意图。任务传达后，大家都非常兴奋，纷纷表示：一定要打好这一仗，完成党交给我们的第一次单独执行的战斗任务。

第二天拂晓，我们向喇嘛寺逼近，只见黄瓦灰墙的喇嘛寺，威威严严屹立在半山腰。就在那里盘踞着一批披着宗教外衣，一贯残害人民，企图阻止我们前进的反动派。我们刚刚运动上去，敌人发觉了，就向我们打枪开炮。敌人用的是土炮，一炮打来就是一大片。他们凭借着高墙厚壁，企图负隅顽抗。战斗打得很激烈，但是，凭着我们的机智勇敢，最后仍然把喇嘛寺拿了下来。

打下喇嘛寺后，我们一连一、三排接受了运粮和后方警戒任务，第二排留下来担任保卫省委、银行等机关，看守保卫局关押的犯人和警戒桥梁的任务。担任向前方运粮的同志，每个人背七八十斤重的干粮和牛肉干，从杂谷脑运往马尔康，每天走七八十里路，任务完成得很出色。

6 月下旬，我们又返回杂谷脑，掩护省委、银行等机关向卓克基、马尔康、查理寺等地前进。从杂谷脑到查理寺约有 500 多华里，翻山越岭，道路崎岖，特别是卓克基到马尔康的一段，不是过河，就是上山，一上一下都擦着山边走，下面是悬崖深涧，一不小心滑下去连骨头都找不到了；加之当时正逢雨季，天气变化无常，一会下雨，一会下冰雹，道路泥泞更难行走。途中常常遇反动派向我们打冷枪，或将大石头从山顶推下来。在这样的条件下，我们白天掩护省委、银行等机关，晚上经常在大树下宿营，经过七八天的长途行军，终于到达了查理寺。当晚我们就在开阔的草地上宿营。住下来后，找野菜的找野菜，拾柴的拾柴，生火的生火，草地上出现了一堆堆的篝火。大家围着篝火，发出阵阵欢笑，响起清脆的歌声。这次掩护省委、银行等机关的任务胜利完成了，大家感到格外愉快。

就在到达查理寺后的第三天，组织上又调我回财委会去工作，我离开了妇女团员学校的第一连，踏上新的征程。

选自成都部队川陕革命根据地军事斗争史编委会编：《巴山烽火：川陕革命根据地回忆录》，四川人民出版社1981年6月第1版，第190—196页。

伍兰英，女，1916年生，四川昭化人。1932年加入中国共产主义青年团，同年参加中国工农红军，1937年转入中国共产党。红军长征时任红四方面军妇女独立团一连二排排长、川陕妇女团员学校一连二排排长、川陕省苏维埃政府财政委员会干部。新中国成立后，曾任南京军事学院军需处管理员、高等军事学院院务部协理员等职。1982年在北京逝世。

回忆妇女工兵营①

林月琴

红四方面军的长征就这样开始了。当时上级动员说：这次行动是为了策应即将北上的中央红军。可是，张国焘却以此为借口，来了个大搬家，把经营了两年多易守难攻的川陕根据地无端放弃。这一搬家，可苦了我们妇女工兵营了。我们除了要背个人的行李外，还要背营里的物资，有些干部还得帮供给部背贵重物资。

我们每人平均背着四五十斤东西，渡过了嘉陵江。经阆中到剑阁，这一带到处都是崇山峻岭、陡壁悬崖，真是“蜀道之难，难于上青天”哪！当我们通过一段险路时，正好赶上阴雨连绵。那路是贴着石崖凿出来的,一面是望不到顶的峭壁,一面是深不见底的山谷。雨后路滑如油，稍不小心掉下去就是粉身碎骨。我们只好贴着石崖，手拉着手一步一步向前挪。要是赶上好天，敌机又来轰炸、扫射，比下雨天更加难走。

一天，我们顺着一条羊肠小道进入原始森林，那几抱粗的大树遮天蔽日。飞机失去了目标，天又没有下雨，大家都松了一口气。顿时，姑娘们又说又笑，闹翻了天。一连的班长李中兰生性活泼，像只喜鹊，这时又尖着嗓子嚷起来:“连长，这块地方要得！下不着地，上不见天，天没有落雨，鸡（飞机）又没有下蛋，硬是安逸哟！”

① 收入本书时有删节——编者。

其实，每人身上都背了四五十斤东西，哪里谈得上安逸！而全营最辛苦的要算伙夫班长贾德福了。她是全营岁数最大的一位，虽然也只不过二十七八岁，可在大家眼里，却感到她要老得多。她参军前已经是个寡妇，没有孩子。参军后，她把部队当成了家，把我们当作小妹妹看待。大家既同情她，又敬重她，送给她一个绰号叫“贾老婆”。她是伙房的顶梁柱。平时言语不多，可手脚从来不闲着。我们住在得汉城时，经常没日没夜加班赶缝军衣。什么时候到伙房去，什么时候她都准备了热饭热菜。长征出发后，她自告奋勇背着一口大铁锅，外加一把锅铲。敌机来轰炸时，她不是就地趴下，用锅来掩护人；而是将锅卸下，铺开身子趴在锅上，用身体去保护锅。有一次，郑部长看到这种情况，用浓重的河南口音感慨地说：“贾老婆啊贾老婆，你真是好样的！人家是顾头不顾腚，可你是顾锅不顾命！”贾德福的回答是：“全营几百号人，没有了锅，咋个做饭呢？”在长征途中，两翻雪山，三过草地，她一直背着这口大锅。

我们到达江油、中坝，正是罂粟开花的时候，漫山遍野，有红有白，煞是好看。中坝这个地方比较富，除了出鸦片外，还生产糖、烟叶。粮食很多,鸭子也很多。有很大的皮蛋(即松花蛋)厂。我们在这里休整，一面筹粮，一面赶做军衣。

三天以后，部队向北川转移。途中，不少人拉肚子。可营里除了一点急救水，没有旁的药。许多同志病得走不动路，慢慢掉了队。

在快到北川的一个下午，杨文局、二连指导员熊朝喜、李开英、号兵，还有十几位掉队的战士，和前面队伍已经拉开了很长的距离。当她们穿过一个山沟时，突然发现右面山坡上有一二百敌人，有的点了篝火烧东西吃，有的躺在树下休息。看来，这是一股被我们部队打垮了的散兵游勇。他们虽然是败兵，但人多势众，而我们的十几位女同志都是病号，又窝在山沟里，形势十分不利。可是撤退已经来不及了。因为敌人已经发现了，纷纷站起身来，一面嚷嚷着“抓活的”，一面向山下冲来。

这时，同志们也顾不得肚子疼了，拼命抢占右面的山头。熊朝喜端起枪来，头一枪就撂倒了跑在最前面的一个敌人。李开英等也纷纷开枪。敌人停下来了。熊朝喜、李开英都知道杨文局是“文人”，便叫她先走。杨文局摇摇头说：“我还有一支驳壳枪，还可以打一阵。你们不要管我，快指挥同志们冲出去吧。”

这时，子弹不断地打来，嗖嗖直响，土石崩飞。这么僵持下去显然不利。李开英情急智生，命令号兵吹调一、二、三连的号谱。

号兵姓何，名字已经记不清了。她人很利索，就是脸上有几粒麻子。她听到李开英的命令，立即拔出系了红绸、金光闪闪的马号，左手一叉便吹了起来。阵地周围都是山，又拢音又有回声。那号声显得特别嘹亮。与此同时，熊朝喜、李开英等打一枪换一个地方，东一枪、西一枪，一下把敌人打蒙了。他们以为红军有了援兵，有的卧倒，有的往后爬……

熊朝喜乘机下令：“冲过去！”大家随着她一阵猛跑。待到甩脱了敌人，一个个都气喘吁吁、汗流浃背了。李中兰一屁股坐在地上，扇着衣襟说：“啊呀！把肠子都跑断了。”

突然，杨文局惊奇地问道：“李开英，你怎么啦？”

大家掉头一看，只见李开英靠在一棵树上，脸色苍白，满脸冷汗。她一面喘息一面说：“你们，不要……管我。带着大家……快走吧！敌人……来了，我……顶着！”

同志们七嘴八舌地说：“快到北川了。我们一起走。”

杨文局叫大家稍事休息，然后让轻病号轮流背着李开英，又上路了。天抹黑的时候，十几个同志才赶回部队。

1935 年 6 月，我们随四方面军总部经茂县、理番到达懋功，与中央红军会师。接着，随左路军北上，到达阿坝。这是第一次过草地。

当时，因为我们刚从富庶地区出来，还有点粮食。可菜、油、盐却越来越少了。为了搞好全营的伙食，贾德福同志简直操碎了心。她在自己的干粮袋子上缝了许多小口袋，里面装了姜、蒜、盐和辣椒等调味品。

她还组织伙夫们去采摘花椒叶、杏叶、豌豆苗、灰灰菜、茭子等，煮上一锅，像放味精一样放一点异常金贵的盐，给同志们当菜吃。

张国焘违背毛儿盖会议决议，擅自率领左路军南下。我们调过头来，第二次过草地，粮食越来越少了。南下时，张国焘提出的口号是“到天全、芦山吃大米”，可我们哪里见得着大米？即便搞到点粮食也只是囫囵个的青稞麦。吃了以后胀肚，拉不出大便来。当时大家都想，如果能将青稞麦磨成面粉就好了。而在这茫茫草地，又到哪里去找磨呢？

当我们到达水磨沟时，却意外地发现在一个山沟的喇嘛庙里有一座水磨。于是，我立即带了李敏所在的二连，将全营的青稞麦都搬去磨面。到了那里，有的磨，有的筛，有的装口袋。干了一天，太阳已经偏西了，还没有干完。这时，突然从山上下来几十个喇嘛。他们骑着马、戴着高帽子、穿着袈裟，一面敲锣一面喊叫，朝我们冲来。我们手头只有站哨用的两支小马枪，显然挡不住他们。再说也不能随便开枪。而如果他们冲进来，发现我们都是些十几岁的女孩子，那就糟了。大家的心情都有点紧张，可仍然是磨的磨、筛的筛、铲的铲、装的装，谁也没有惊慌失措。战士们都有着高度的组织纪律性，不下命令谁也不会乱动。我跑到楼上一看，喇嘛们正好堵住了唯一的出路。怎么办？我忽然急中生智，命令小何吹冲锋号。小何从楼下开始吹，一面吹一面往楼上爬，这样就造成了部队由远到近的效果。喇嘛们听到号声，吓得退走了。我赶紧带领大家背起面粉就跑。到了宿营地一看，大家满头满脸的面粉被汗水冲成一道一道的，成了“花脸”。同志们你瞅瞅我，我瞅瞅你，忍不住哈哈大笑起来，都说对方唱戏不用化妆了。闹得最凶的是李中兰。她虽然有病，可一直坚持背背篓，经常爱说个笑话，这回可抓住好材料了，大家一说一乐，也就不觉得苦和累了。

再往后，连青稞麦也找不到了。我们只能吃一点灰灰菜。前面的部队将嫩叶摘光了，我们只好连梗子一起煮了吃。梗子上尽是筋，直拉嗓子，实在难以下咽。勉强咽下去，有时又从胃里翻上来……不少同志肚里无食，连冻带病，头一天躺下，第二天就起不来了。李中兰同志就是其中的一个。她虽然仍然像喜鹊一样，断不了经常说个笑话，可声音越来越小，步履也越来越艰难。一个阴雨天，她拄着棍子一步步往前挣扎，在一块沼泽地里，她摔了一跤，就再也没有爬起来。她已经耗尽了自己的精力，在这茫茫草地里安息了。

我们抑制着悲痛，继续南下。沉闷，难以言状的沉闷，就像乌云一样压在我们心头。

部队开到天全、芦山后，虽然搞到一点粮食，可那里四面都有敌人的重兵。站不住脚，只好再度北上。

1936 年 3 月，我们从丹巴向西转移。途中，我病倒了。

当时，最作难的要数炊事班长贾德福。眼看着部队一天天减员，贾德福的眉头成天打着结。俗话说："巧妇难为无米之炊"。她最苦恼的是尽管有一口大锅，可没有啥子好煮的，一路上，只能让大家吃野菜、树叶和带梗的豌豆秧。谁病了，她就精心采摘一捧嫩豌豆苗，煮好后再放一点盐，权当"病号饭"。病号如果不吃，她便像哄小妹妹一样，硬要哄着你吃完了才走。她见我病了，也做了一碗嫩豆苗汤端到我铺前。

我侧过身，看了看碗里的菜汤，又看了看贾德福那张又黄又瘦、布满皱纹的脸，摆摆手低声说："我不吃"。别看这是一碗豌豆苗做的菜汤，在当时真比什么美味佳肴都要香，都要金贵。身为营长，我怎么能咽得下呢。

贾德福说什么也不端走，反复固执地说："你是病号，不吃不行！"她说到后来，语气已近似于哀求了。

我宽慰她说："我的病自己有数，挺一挺就过去了。你还是端回去。"并交代说："马上要过党岭山了。上山前做饭时多放一点炒面，再煮一锅辣椒汤，让大家多吃多喝一点，暖暖和和的好爬雪山。"

我们来到党岭山下时，已是 1936 年春天，可这里还是风雪弥漫。

过党岭山的前一天刮起了狂风，天空一片昏黄，山谷里呜呜怪叫，到处飞沙走石，人顶着风便走不动路。大家都担心第二天风暴不止，那高耸入云的雪山实在难爬。谁知第二天晴了。太阳在湛蓝的天空高高地照着，漫山白雪银光闪烁，刺得人都睁不开眼。爬山之前，贾德福将自己珍藏着的辣椒和生姜都倒进锅里，煮了一大锅辣椒汤。开饭时，她拿着勺子站在锅前，边盛边吆喝：“快爬雪山啦！大家多喝一点，驱赶驱赶风寒。”喝过辣汤，同志们背着沉重的背篓，弯着腰，拄着棍子一步一步向上攀登。王泽南及时做开了宣传鼓动工作，她发动各连展开竞赛，看谁爬得最快。李敏真不愧是个“小飞机”，很快她就和大家拉开了距离。她爬到山顶，转过身来向大家呼唤：“哦……哦……快爬呀！不要背乌龟啊！”她的喊声顺风从山上传来，同志们受到鼓舞，都加快了步伐。王泽南虽然是“解放脚”，但也紧跟着队伍上了山。

下山了。有几个小鬼将背篓抱在胸前，蹲下身子顺着山坡就往下梭。王泽南连忙打招呼：“慢慢往下走，不要梭。当心摔坏了！”可有些小鬼不听招呼，仍然像滑滑梯一样往下梭，碰到破坎就腾空一跌。到了山下，王泽南关切地问她们摔坏了没有。那些小鬼嘻嘻哈哈地说:“不疼，不疼！”“好耍，好耍！”可走起路来一瘸一拐，看样子摔得不轻。总的说来，这次过雪山还算比较顺利。

可是，过完雪山倒发生问题了，全营大部分同志得了雪盲症，有一些小鬼急得哭了。第二天行军，大家只好一手拄棍，一手搭着前面同志的背篓或是肩膀，缓缓向前移动，一步一步向藏民区行进。几天以后，同志们才逐渐恢复了视力。

在长征路上，爬雪山过草地，我们女同志由于生理条件的原因，碰到的困难比男同志更大。一张卫生纸也找不到且不说，走到后来，由于累、饿、冻加上风吹雨淋，绝大部分同志得了妇女病。这时，我们的队伍看起来，同在得汉城时相比，简直是一个天上，一个地下。那时，一个个脸红得像苹果，英姿飒爽，这时变得像是风干了的桔子皮，又黄又瘦。那时，大家身穿崭新的军装，脚登镶嵌了红绒球的布草鞋；这时衣服扯成一条条破布，草鞋早变成了泥疙瘩。不过，大家的精神仍然非常饱满，一个扶着一个坚韧不拔地向前进。

翻过党岭山后，我们工兵营随方面军总部行动，经道孚、炉霍，向甘孜转移。

就在快到甘孜时，我们营里发生了一件事。一天夜里，当我们在一个喇嘛寺宿营时，张国焘的贴身交通队有少数人伙同几个彩号，竟然闯进我们妇女住所耍流氓。我当时住在楼上，听到情况报告，当即下令："把他们轰出去！"于是，战士们奋起自卫。结果，耍流氓的人被打跑，有几支枪也被我们下了。

谁知这件事触犯了张国焘，他大发雷霆说："这还得了"，不问青红皂白，便下令撤销我的营长职务。为这事，我又是委屈又是义愤，气得哭了。郑义斋部长也深感不平地说："你们做得对，妇女解放了，为什么还要受欺负！"转而又安慰我说："不要难过，革命工作很需要女同志，今后还得靠你们做骨干。要好好工作。"部队转移到甘孜时，我被调到粮食局（何长工同志当时任局长）任妇女运输连连长，临走时带了一个班。就这样，我怀着留恋不舍的心情离开了妇女工兵营。

选自《艰苦的历程：中国工农红军第四方面军革命回忆录选辑》（下），人民出版社1984年12月第1版，第226—232页。

林月琴，女，1914 年生，安徽金寨人。1929 年加入中国共产主义青年团，1930 年（一说 1931 年）参加中国工农红军，1936 年转为中国共产党党员。红军长征时任红四方面军总供给部妇女工兵营营长，兼妇女运输一连连长。新中国成立后，曾任解放军总政治部主任办公室副主任兼罗荣桓同志办公室主任、解放军总政治部干部部顾问（副兵团职待遇）、全国妇联执行委员、全国政协委员、全国人大常务委员会委员等职。2003 年在北京逝世。

长征中的红军妇女营

赖清林

“雪皑皑，野茫茫。高原寒，炊断粮。红军都是钢铁汉，千锤百炼不怕难……”我特别喜欢这首长征歌，因为歌里唱的的确是当年红军长征的真实写照。一般人都知道红军长征非常艰苦，却很少有人知道，红四方面军更艰苦；红一、二方面军雪山草地过了一趟，而红四方面军雪山爬了两遍，草地过了三次，真是受尽了千难万苦。

(一)

红军长征时，我在红四方面军总供给部妇女营二连当战士。妇女营也叫后方工厂，说是工厂，其实总共只有十几台旧缝纫机，仅能给战士们扎些子弹袋。至于衣裤等都是女战士们用手缝制的。平时有布料时，我们就给部队做衣服；当前方部队需要供给时，我们又是运输队。有时候有了羊毛、羊皮，就用手把羊毛捻成线，给战士们织成毛合子，把羊皮则做成坎肩，送给部队。当运输队时，不仅要把给养送给各部队、各兵站，还要把缴获敌军的战利品运回总供给部，把损坏的武器送到后方修械所，有时候还要帮后方搞生产，支援前线。因此，女战士往往比男战士更劳累、更辛苦!

长征途中，我和战友们的任务非常繁重。运输时，每人负重四五十斤，背枪时，身扛四支，来回路程往往每天上百里。山区的路很难走，有时候根本就没有路。有的羊肠小道上面是石崖，下面是河流，看一眼头就发晕，有些地方林木密布，荆棘丛生，寸步难行。到了西康，我们的困难就更大了，国民党反动派和当地上层的一些反动分子，对藏民进行反动宣传，使他们非常敌视红军，把红军当成怪物。听说“共匪”来了，就打冷枪或从山上往下滚石头，加之妇女营都是女战士，敌人就更加猖狂。

我们临时住在洪口时，往朱裕关兵站送一批武器、弹药和粮食，往返 120 里，山势陡峭，遍地林木，非常难走。由于部队急需，我们走得很快，好多女战士的脚都被野草和竹签扎破，血流不止。当时我只有十六七岁，个子又小，特别吃力，一阵子直流泪。后来，我想到父亲被反动派活埋了，自己又从小当童养媳，受尽了苦难。现在这些苦算不了啥。一想到这些，我就坚持又往前走了。返回时，天渐渐黑了。为了不暴露目标，不能打火把，我们就摸黑走在山路上。等回到营地，已经下半夜了。

有一次，我们在西康藏民区，沿着山路给兵站送武器。我们连里最小的战士王明文和赵淑敏，还只是十五六岁的女孩子。路上，她俩比赛看谁走得快，翻过一座小山后，就和后面的人拉开了距离。等我们翻过山后，已看不到她俩的人影了。大家估计她俩是被早就埋伏在山路旁的土匪抓去了。战友们又气又恨，心如刀绞。由于任务紧急，地形不熟，也不好找她们，大家只得继续赶路。下午，我们原路返回，在出事的地方，大家看到了她俩的尸体。为了威吓红军，土匪知道我们要从这里经过，就将她俩杀害后，把头挂在树上，身体被剖腹后扔在路边，内脏流露在外，下肢用木桩钉在地上，惨不忍睹。女战友们流着眼泪，怀着万分悲痛的心情，把两位小妹妹埋在了山上。最后，连长激动地说：“我们要永远记住她们，永远怀念她们！敌人妄想吓倒我们红军女战士，这办不到！”大家怀着满腔的悲愤，又默默地上路了。参加革命50多年了，这是最让我伤痛的一件事。

（二）

1935年秋，我所在的妇女营经茂县到了毛尔盖，开始过松潘草地。之前，每人发了一些青稞做成的干粮，数量很少，每人每天只能吃一两把，还发了从敌人那里缴来的皮底鞋。这次过草地，我的任务是背缝纫机和十斤干粮。出发前，连长给大家讲了草地的情况，并说：“大家要准备克服最大的困难，要经得起考验，坚决完成任务，再苦再累也要把部队的机器背过草地去！”在党小组会上，我和其他三个党员都表了决心，过草地时一定要争先锋，当模范，爬也要爬出草地，决不给妇女营丢脸。

刚进草地，大家的心情还比较好。夜间的营地里，篝火点点，星罗棋布，还有人轻轻地唱起了在苏区时学的歌。女战士们坐在一起，望着远方的篝火，数着天上的星星，议论说：“过草地有啥可怕的？他们男战士能过，我们也能过！”

进入草地不久，一条小河挡住了去路，河面不宽，但水流很急，上面有一根大木头供人行走。一个叫吴志强的女战士走过时有些紧张，重心不稳，掉了下去，立即被河水冲走了。跟在后面的我一下子害怕起来，不敢过。连长带着难过的心情鼓励大家：“心里不要怕，脚下要走稳，眼睛不要往下看，路上那么多难关都闯过来了，还能叫这条小河把我们挡住！”连长说完，自己先带头走了过去，大家跟在后面也一个一个的过去了。

草地里野草丛生，遍地水洼，一望无垠。一天，我一不小心，陷进了泥沼，腿就像被什么东西紧紧抓住往下拉似的，怎么用劲也拔不出来，反而越陷越深，周围的三个女战友忙卸下我背上的机器，用手扒开我身子周围的烂泥，才帮我把腿从泥里拔出来，可是有一只鞋底却掉在里面了。连长对我喊着，叫我尽量把鞋底找出来。我知道，吃的东西越来越少，这皮底太宝贵了，到时候把它煮一煮就能充饥。我终于把皮鞋底扒出来带上了。刚进草地，有时还能看到树。如果能在树下睡上一晚上，就算享福了，因为树下有一小块地方比较干，潮气小一些。后来连树的影子也没有了，我们就把破布单撑起来，挤到一起睡觉。早上出发时，衣服潮得能拧下水来。我们就这样忍着寒冷和饥饿，经过七天七夜，终于背着军工厂的机器，走出了人迹罕至的茫茫草地。

8 月下旬，红四方面军战胜种种困难，全部走出草地。但这时，张国焘不顾党中央的命令和警告，不顾刘伯承等同志的反对，竟欺骗、命令四方面军返回去重过草地。并另立伪中央，自己担任主席，公开进行分裂党和红军的活动。

（三）

1935 年 9 月中旬，红四方面军自阿坝和包座地区沿原来北上的路线返回去，开始第二次过草地。

这次过草地，妇女营的困难比上次更大。我和战友们每人只分到一块一尺见方，从敌人那里缴来的牛皮，煮熟后作为口粮。休息时还要经常拿出来晾一晾，不然就会因天阴潮湿而发霉。另外班里其余的十个人还分到二斤青稞面，分给每个人只有二两。吃饭时，口里嚼一块牛皮，再烧点水，撒些青稞面一起喝下去；有时采一点野菜，放点盐煮一下，就算是一顿饭了。我们四个党员把仅有的干粮都分给了有病和体弱的同志，自己只好挖草根充饥，有时连能吃的草根也找不到。第一次过草地和这次走在前面的部队，把能吃的植物几乎全都吃完了。许多同志由于饥饿和伤病走不动，倒下就再也没有起来。大家都精疲力竭，走上一会儿就要休息一下。晚上，淋湿的衣服经冷风一吹，人就像掉进了冰窟窿，饥寒交迫，无法入眠。

和我们走在一起的还有红四方面军的后方医院，全是女同志。她们既要背东西，还要抬伤员；还要为自己和伤员们找吃的。好多女护士抬着担架，走着走着就一下子倒下没气了。有的护士连累带饿没有力气站起来，就跪在地上给伤员喂水、打针、换药。

又经过七天七夜泥里行水里走，我和战友们忍饥受寒，凭着坚强的革命毅力，终于第二次走出了草地。那时候，我和大家紧紧拥抱在一起，流下激动的泪水。我们班十名战友，最后只剩下五个人。残酷无情的草地，夺去了多少年轻战友的生命啊。她们没有牺牲在和敌人拼杀的战场上，却成了张国焘分裂活动的牺牲品。

（四）

第二次过草地后，上级说部队要到成都过新年。接着部队就南下到懋功，休整了三天，开始过雪山。雪山海拔 4000 多米，早晚大雪纷飞，寒气袭人，只能在中午 12 时以前通过山顶。天不亮，我就和大家出发了。越往上走越困难，汗水浸透的衣服冻成了冰块。脚冻得没有一点知觉，浑身直打颤。有一阵突然下起了冰雹，打在麻木的脸上特别难受。山顶上空气稀薄，呼吸困难，胸口像塞了一团棉花，喘不过气来。有个女战士想站住换口气，就倒在地上，再没有起来。被前面部队踩平的雪，使脚下直打滑，我们背上的东西也显得越来越重。好不容易到了山下，部队休息吃了饭。过了一会儿，忽然传来命令，今晚又要过雪山回到懋功去。这一下大家心里都不是滋味，怨声载道。有人说：“不是说要打到成都去，好好过新年吗，怎么屁股还没坐热，又要翻雪山回去，这到底是咋回事呀！”后来才知道，四川苏区早已被敌人占领了。由于朱德、刘伯承、任弼时、贺龙、关向应及四方面军的其他领导同志，坚决拥护党中央的正确路线，反对张国焘的错误主张，使张国焘不得不带领部队与二方面军共同北上。如果继续待在这里，就可能遭受重大损失。

第二次过雪山，上级要求妇女营多背些粮食，支援部队。由于背的粮多，加上体质虚弱，我下山后得了病，三天三夜昏迷不醒。有一阵子醒过来想，两次过草地、爬雪山都挺过来了，难道现在却跟不上部队了？还没有看到革命胜利，我就这样……后来喝了几次辣椒水，才慢慢好起来。

接着我们又第三次过草地北上，历尽千辛万苦，终于到了延安。到了延安后，我们妇女营的战士们有的进了边区党校，有的分到其他部队，都投入到抗日斗争的大潮中，开始了新的革命征程。（高天娥整理）

中共宁夏省委党史研究室供稿。

赖清林，女，1916 年生，四川万源人。1933 年参加中国工农红军，1934 年加入中国共产党。红军长征时为红四方面军总供给部妇女工兵营二连战士。新中国成立后，曾任公安十三团后勤处政治指导员。2011 年在银川逝世。

妇女运输连

王泽南

1934 年，我在红四方面军总供给部妇女工兵管任政委。当时，在川陕根据地的红四方面军正同国民党的四川军阀展开激战。前方战斗异常激烈，后勤供给工作也十分紧张。为了保障前方的供应，上级决定临时将妇女工兵营的三个连合并为两个连队，第一连由营长林月琴同志带领继续承担被服任务，我带领第二连到兵站部执行运输任务。

我们运输连有 200 来人，除了管理员和炊事员是男同志外，其余都是穷苦人家出身的女同志，大的不过 30 来岁，小的才十几岁，组成了一支红军女运输连。运输的物资主要是粮食，还运送布匹、军衣、枪支和弹药。我们唯一的工具就是一块布单。平时，这块布单既当铺的褥子，也当盖的被子。运粮时，把布单卷成个筒子，两头用绳子一扎，就是背粮的口袋。

开始，我们女运输连住在四川通江的洪口场。一次，我们接到兵站部向竹峪关红军送粮食的命令。第二天天刚蒙蒙亮，我带领几十名同志，每人背五六十斤大米出发了。由于不认得路，只是估摸着朝部队所在的方向走去。翻了几道坡，过了一条大沟，又上了一座大山，天就渐渐黑了下来。在这荒山野岭上，四周漆黑一片，看不到一户人家，既不知道部队在哪里，也不清楚敌人在哪个方向，于是决定在山坡上的一片小树林里露宿。同志们从肩上卸下大米，堆放在一起。为了给前方战士多送些粮食，也防止暴露目标，我们没有做饭吃，大家忍着饥饿，除留两名同志担任警戒外，其他同志互相依偎着就地休息。夜深了，周围野地里不时地传来野兽骇人的号叫声。但一天的山路行军，同志们实在是疲惫不堪，很快就进入了梦乡。忽然，在我们身后传来了喳喳地响声，慢慢地向我们靠近。“敌人”来了，我立即叫醒大家做好战斗准备。只见一个黑影一闪，就从我们面前滚过去了。借着微弱的月光，才看清是一只特大的刺猬。一场虚惊就像一副清凉剂，驱散了全身的疲劳，同志们都开心地笑了。

天刚破晓，从山沟里上来一位老大爷，当我们向他问路时，老大爷吃惊地说：“你们这些女人家在山里干什么？白匪军吃完饭就要搜山呀，还不快走。”我们谢过大爷，背上大米，沿着老大爷指的方向急速前进。又翻了几座山，近晌午时终于我到了自己的部队，前方的战士见我们送来了大米，非常感动。有的说：向女同志们学习；有的说：一粒米就是一份力量，我们一定要多消灭敌人。临走，部队的战士非要留我们吃饭。我们运输队的同志们尽管一天半颗米未进，饿得肚皮贴脊梁，但谁也不肯吃一口，都说:只要你们吃饱多消灭敌人，我们再饿也高兴。我们当即告别了前线的战友，打起精神，连夜赶回驻地，才美美地吃了一顿面疙瘩。

一次，供给部制造处指示我连向 70 里外的一个转运站运送一批棉纱。一大早我和 80 多名同志每人背着一大捆棉纱急行军，直到后晌赶到了目的地。这时有消息报告在来的路上发现了敌人，转运站派了几名战士护送我们回去。在回去的路上，天色已晚，躲在黑暗中的敌人向我们放冷枪，三名年轻的战友应声倒在血泊中。护送的战士立刻还击，打跑了敌人。要革命就会有牺牲，面对牺牲的战友，同志们怀着复仇的怒火发誓：血债要用血来还，革命到底不回头。我们就地掩埋了烈士的遗体，擦干了眼泪，又继续前进。

1935 年初夏，红四方面军渡过嘉陵江，开始了长征。当时，我们女运输连日夜转运枪支、炮弹，或向前方的部队运送粮食。川北是山区，出门就翻山。有时我们每个女同志背上四五支长枪，在蜿蜒起伏的山道上攀登；有时背着粮食，冒着枪林弹雨送到前线；有时长途行军，几天几夜吃不上一顿饱饭。

有一次，我们连经过一片少数民族地区，走了三天没见一户人家，沿途只找到一些“毛大麦”（青稞）来充饥。这“毛大麦”煮上三四个小时才裂开个小口，但去不掉毛和皮。为了胜利完成运输任务，同志们总是边说边笑，就连毛带皮地把“饭”咽了下去，大家还自编了几句顺口溜到处流传：“一把青稞半把面，没有开水凉水拌，黄花野菜加小蒜，和在饭里味道鲜。”在执行运输任务中，每当我们饥困交加，红肿的双肩像火烧一样生疼，肿胀的双腿已麻木的失去知觉的时候，连里的共产党员就唱着歌走在队伍的前头。顿时，你哼一段四川小调，她说一段顺口溜，大家说说笑笑，互相鼓励，几十里的山路转眼就甩在后面。在长征的日子里，我们就是靠共产党员的骨干和模范带头作用，靠革命的英雄主义和乐观主义，战胜了千难万险，完成了上级下达的各项任务。

长征路上，我们来到一个叫中窝坝①小喇嘛寺的地方，这里羊毛很多。总供给部郑义斋部长召集我们开会说：部队的战士还穿着单衣同敌人打仗，不久又要北上过雪山草地，我们必须尽快把这些羊毛做成羊毛衣，让战士们穿的暖暖和和打胜仗。于是，我们女运输连又同被服连合在一起，接受了纺毛线织布的生产任务。开始，我们把黏土揉成鸡蛋大的泥球，插上树枝，泥球干了后就成了搓羊毛线的工具。用这种工具一个人一天才搓三四两毛线，同志们急的都直哭。后来，一位木工师傅制造出手摇纺车，一个人摇，五个人拉毛卷，一天就可纺出四五十斤毛线，相当于100多人干的活。就这样，我们白天纺毛线，晚上睡在羊毛堆里，吃的是青稞面和野菜，牛羊肉汤，一直干了两个来月，终于把羊毛全部

① 中窝坝，疑为“中阿坝”口音之误——编者注。

做成了羊毛衣服。这种衣服看着像麻袋片，但穿在身上还挺暖和，有不少红军战士就是穿这样的羊毛衣翻过了雪山，走过了草地。

1935 年 6 月，红一方面军和红四方面军在川西北的懋功会合以后，张国焘耍阴谋，搞分裂，反对党中央的北上抗日决定，胡说北上要饿死，南下去吃大米，欺骗和强迫红四方面军的干部战士南下。

我们女运输连也随着部队南下，经天全、芦山之后到十八道水镇，一直承担运送粮食的任务。一次，我带领 100 多名同志背着粮食翻越党岭山。山上白雪皑皑，山高路滑，气候变化无常。上山时还是风和日丽，当走到半山腰时，突然狂风大作，积雪裹着沙石打得人睁不开眼睛，站不住脚。同志们都紧紧抱着粮食爬伏在地上，不一会儿，大雪纷飞，接着鸡蛋大小的冰雹像利箭一样向我们射来，满山的冰雹横飞四溅，砸在山石上咚咚作响。顿时，同志们的头上砸起了大包，脸被打肿，身上也青一块紫一块，但谁也没有丢掉粮食后退一步。冰雹过后又是一阵大雨，把我们浑身上下浇了个精湿，很快我们又披上了一副冰铠甲。就是在这样恶劣的自然条件下，我们女运输连同志们没有人叫苦，没有人哭鼻子。大家咬紧牙关，背上粮食，沿着崎岖山道，一步一滑、三步一摔地翻过了雪山。

在运粮途中，我们时常与四川军阀的军队和反动地方民团发生遭遇，有时敌人在山上向我们打枪或推石头砸我们，有的战友光荣地献出了自己的生命，有的负了伤，但我们这些红军女战士对革命一定会胜利的信念始终坚定不移。一次，一位排长右脚被敌人打伤，鲜血直流，当同志们要扶她时，她坚决不让；要卸她的粮食时，她也坚决不肯。硬是凭着惊人的革命毅力，拐着腿跟上队伍，摆脱了敌人，直到目的地才包扎了伤口。

南下失败后，红四方面军不得不二次北上。我们再翻夹金山，又来到了草地。当时，部队的给养十分困难，每人带的一点粮食都吃光了，马匹吃得也所剩无几，只能靠挖野菜、采蘑菇、煮牛皮充饥。在这样极端困难的条件下，部队首长十分关心我们，亲自调查水有没有毒菌，哪些野菜、蘑菇有毒不能吃，并要求我们各级指挥员必须仔细检查，不得出差错。当时，这种全军上下患难与共的优良作风，更加激发和坚定了大家生命不息、革命到底的信念。

我们女运输连从 1934 年到 1936 年，前后两年时间，两次翻越雪山，三次走过草地，战胜了重重艰难险阻。胜利地完成了组织上交给的各项运输任务。1936 年 10 月，我们终于到达会宁，红一、二、四方面军大会师，胜利地结束了举世闻名的长征。

选自《艰苦的历程：中国工农红军第四方面军革命回忆录选辑》上册，人民出版社1984年12月第1版，第506—510页。

王泽南，女，1907 年生，河南商城人。1929 年参加革命，1930 年加入中国共产党，后参加中国工农红军。红军长征时任红四方面军总供给部妇女工兵营政治委员，兼妇女运输二连连长。新中国成立后，曾任国家地质部地矿司训练班副主任，内蒙古地质局实验室副主任、地质局实验室党委委员等职。

长征途中的女兵连[①]

廖正芳

我参加红军的第二年，就随队伍参加了举世闻名的长征。长征初期，我在三十一军二七六团宣传队工作。丹巴整编后，我调到女兵连。由于张国焘的罪恶路线，使胡宗南把我们和主力部队从中切断，我们历尽了千辛万苦，才与第一方面军会合。后来，在西渡黄河几次战役中，我们被胡马匪军辗转包围，虽经英勇抗击，仍遭失败，我军伤亡甚大，几乎陷于绝境。当时那种艰苦生活，真是用笔墨所难以形容的。这里所记述的，只不过是我记得最清楚、终生难忘的几件事情。

回忆一下过去的艰苦战斗生活，使我更深地感到，离开了党中央和毛主席的正确领导，决不会取得任何胜利的。

在雁门坝

1934 年 2 月，我在三十一军二七六团宣传队当宣传员。团部驻扎在雁门坝。这是四川山区的一个小集镇，三面靠山，南面是一条几十米宽的干河，这个小小的集镇，总共也不过 200 来户人家。敌人用两个团

① 编者对原文个别地方略有修订。

的兵力，几乎从三面把我们包围住。

一天下午，我去离镇十多里的一个村子里组织群众担架运输队回来，一到村口，使我感到奇怪的是，插在屋顶上的那些迎风招展的红旗不见了，往日离镇几里路远都能听到儿童团娃娃们清脆嘹亮的歌声，今天为什么听不见了呢？“是不是……”我正想着，突然从工事里发出了一声刺耳的尖叫：

“干什么的？不许动！”两个匪兵扛着枪向我走来。

“我是从张村来走亲戚的。”

两个匪兵看我年纪不大，又是普通老百姓的打扮，在我身上乱摸了一阵，没捞到什么油水，把我提篮里买回来给伤员同志吃的几十个鸡蛋拿去，就放我过来了。这时我反而犹豫起来了：“我们部队为什么突然撤出村子呢？到哪里去了？”不管怎样，我得进去看个明白，找到自己的人，因为明天还有几十个老乡的担架队要来，同时我也深信上级会派人留在镇子里等着我或叫人和我联系。

一进镇，一切和往常都不一样了，家家关门闭户，街上到处是倒背枪歪戴帽子的匪军。我走到我们住的一家老乡门口，几十个匪军围着一堆火，脱了衣服在那里捉虱子。我故意高声地喊：“大娘，在家吗？”房东杨老大娘听见我叫，马上迎出来，满面堆笑地说：

“好孩子，你怎么今天才来哟，把你大娘给盼坏了，快进屋子暖和暖和。”她边说边把我拉进房子，把门一关，低声地说：“廖同志，队伍昨夜就撤进后山去了，临走时叫我等你回来告诉你，天黑以前赶上山，这儿留不得，待会快走吧。”我望着杨老大娘那慈母般布满皱纹的脸，真有说不出的感激，我紧紧握住大娘的双手激动地说：

“大娘，你等着吧，我们的队伍很快就要回来。”

大娘把我送出大门，故意高声地对我说：“孩子，告诉你婶婶，叫她明天和你一块到我这儿来啊！”

我绕出镇子，已日落西山了。离土围约莫半里路的光景，被敌人发现。“当当”从我身后响起了枪声，两个匪兵追上来，这时我顾不得死活拼命地跑，匪兵一边追，一边喊：“站住，再跑我就揍死你！”地上积雪刚刚融化，道路泥泞，跑着跑着不觉摔了一跤，当我爬起来再跑时，离我约 200 米远的两个匪兵，边跑边嚷:“抓活的！”我一听这话，估计敌人不会开枪了，更加猛跑，敌人跟后死追，又跑了几分钟，突然从我右前方山上响起了枪声，我回头一看，一个匪兵倒下了，另一个“当当”向我开了几枪，像兔子似的狼狈地往回窜逃。我停下喘了口气，便往山上爬，走到半山腰，两个同志向我迎来。见到自己的同志，真比见到亲娘还亲。

回到部队后，我才知道部队撤上山来是为了避免和敌人打消耗仗，把敌人引进镇来，集中歼灭。

当晚我们利用居高临下的地势，从三面集中火力向雁门坝发起了反攻，敌人借着我们挖的工事碉堡作掩护，拼命地反击，战斗很激烈，我们宣传队的女同志和老乡，主要的任务是在战场上抢救、护送伤员，没有伤员我们就送弹药或向敌人喊话。

腊月的夜，呼啸的寒风，卷着雪花四处飞旋；手榴弹爆炸声，枪声震撼着山谷，同志们借着爆炸的火光向前冲击着。

我和镇上的一位老大爷，抱着一个重伤员，离开火线不到 200 米，一颗炮弹，在我们附近爆炸了。当我从地上爬起来时，只见老大爷伏在伤员的身上，我从伤员身上把老大爷扶起，一股热血从老大爷的胸口淌进了我的袖管。我不禁失声地叫了起来：“老大爷，老大爷……”

他从昏迷中清醒过来时，断断续续地对我说：

“同志，我……不行了，快把伤员同志送……下去吧……我儿子杨……小虎……也在队伍上……告诉他……为……我报……仇……”老大爷话没说完就牺牲了。因为是夜间，我没有看清杨老大爷的面貌，但他那双在黑夜中间闪耀着愤怒火光的眼睛，至今想来还历历在目。我轻轻地把他放下，顾不得死者，背起伤员，当我迈步要走时，两只脚，像被块沉重的铅石压着似的，抬不起来，我吃力地迈开步子，走了几步就摔倒了；我马上爬起来背着伤员又走。豆大的汗珠从额上滚滚淌下。直到通过危险区，我放下伤员，坐下来休息时，一摸右脚，鞋里灌满了黏糊糊的血块，这时我才觉察到自己负伤了，当我包扎好伤口再度背起伤员，一步一拐地走到转运站时，前面的队伍已占领雁门坝了。

一块马肉

到了西康甘孜附近，我们连一粒粮食都没有了，开始同志们到处采蘑菇，挖野菜充饥，不久野地里能吃的东西都吃完了，同志们实在饿得慌，只好将皮带、皮鞋煮着吃。

离开甘孜的第三天，我们走到了一座大雪山跟前，从山下向山顶上望去，皑皑的白雪，在夕阳的余辉里，闪烁着刺目的光芒。上山没有路，我们只好暂时在山下休息，待命出发。

皮带、皮鞋都吃完了，我们饿着肚子行了几天军，虽然途中有时能挖到一点野菜、草根，因为不多，大家总是让给体弱的小同志和病号吃。尽管有时一两天吃不到一片野菜叶，一条草根，同志们仍是情绪饱满，斗志昂扬。

一天，我们连一条草根都没有吃上，迈着艰难的步伐，在草甸子上面默默无声地一步一步地向前走着。突然，从队伍中响起了清脆嘹亮的四川山歌：

一杆红旗噢飘晴空咯，
情哥要去哎当红军噢，
小妹送到噢大路口哎，
祝哥杀敌噢立大功咯……

歌声未落，走在我前面的小杨就喊开了：

“好不好？”

“好！”

“妙不妙？”

“妙！”

“再来一个要不要？”

“要！”

她这一拉大家的情绪马上高涨了，饥饿和疲劳仿佛忘到九霄云外。

饿得甚至连路都走不动的小兰，走到田桂英身旁，双手拉着她的膀子说：

“桂英姐，再给咱们唱一个吧！”

“你不饿了吗？”

小兰听了把头一低羞涩地说：“不知怎的，一听你唱山歌，我就忘记饿了。”

“好吧，我教你唱一个，以后要感到饿就唱好不好？”

小兰天真地点了点头。田桂英边走边教小兰唱，很快大家就跟着唱起来了。

很久，愉快的歌声，还在无边的草原上空回荡着……

说起田桂英，在我们60多个女娃娃当中，没有一个不伸大拇指的。她待人和蔼可亲，热情乐观，因为年龄大（当时24岁）、参军早，我们都管她叫大姐，不论在行军还是打仗中，她是最能吃苦耐劳的一个。行军中，一会帮这个背武器，一会帮那个背行李；每到一个休息地点，她总是闲不住：打柴、弄水、挖野菜，直到把一切安顿好了以后，同志们吃完休息了，她才匆匆忙忙地熬点野菜叶或草根儿吃，便又来给大伙讲故事，说笑话……

来到雪山底下，我们把柴禾抬回来，刚把火点着，军部通讯员拿着一块马肉，笑嘻嘻地对我们说：

“同志们，白司令员说大家这几天太辛苦了，他把自己的马杀掉，分给同志们吃；这块马肉是司令员特意叫我送给你们的，快煮给大家吃了吧，侦察好了道路还要继续行军呢。”

我怀着感激的心情接过马肉，问通讯员：

“司令员自己留下没有？”

通讯员一听这话，那高兴的神气马上变了，愣了半天才慢腾腾地说：

“这是我给他留下的一块大腿上的肉，他知道后，把我还批评了一顿，大家说了好半天，他才答应让我把一条马尾巴留给他，叫我把这块给你们送来。”听到这里，我看了看拿在手上的马肉，一股感激的泪水，流出了眼眶。

田桂英腾地站了起来，高声地说：

“同志们，我们再苦、再饿，也不能把首长的这块马肉吃掉，咱们不要这块，给……”话未落音，大家齐声喊出了一个声音：

“我们不要，给首长送回去！”

“不行啊！”通讯员无可奈何地说：“要是再拿回去，首长就要不高兴了，你们还是留下吧！”他没等大家回答转身就走了。

我拿着马肉，望着通讯员渐渐远去的身影，沉默了片刻，对大家说：

“马肉我们收下了，大家分开用缸子煮着吃吧！”

马肉分成十多块煮好了，大家你推我让，都不愿吃；早已喊饿了的小兰，端着煮好的马肉挨一挨嘴唇，就送到田桂英跟前，亲热地说：“桂英姐，你吃吧！我还不太饿。”田桂英接过马肉，一把将小兰抱在怀里，像对自己亲妹妹一样地说：

“小妹妹，你的心意我领了，姐姐比你年纪大，从苦水里熬出来的，再饿几天也掉不了一两肉，还是你吃吧！”这时，小兰一头倒在田桂英的怀里哭起来了。田桂英一手端着碗，一手擦着小兰的眼泪说：

“小兰别哭了，一个革命战士要有坚强的意志，光哭还算是一个革命战士吗？”

小兰不哭了，她接过马肉，吃了两块又送给另一个同志去。

田大姐

罪恶的张国焘的错误路线，使我们四方面军的同志在远征途中，历尽了千辛万苦，几乎陷于绝境。

由于脱离了党中央和毛主席的领导，在山丹草原上，我们被马家匪军追击着、包围着，没有充足的弹药，没有粮食吃;我们在敌人的截击、包围中一次又一次地反击、突围。在敌强我弱的情况下，我们总是和敌人打消耗仗。

我们女兵连在离山丹不远的一个土围子里，坚守了三天三夜，打退了敌人的多次反击。那时我们真是“内无粮草，外无援兵”，战斗确实打得很残酷，土围子外面到处横七竖八地躺着马匪的尸体，我们也牺牲了不少的同志。在敌人发起第五次攻击时，14 岁的小兰，子弹打完了，当她扔出最后一个手榴弹、抱起一块石头向敌人砸去时，一颗子弹穿进了她的胸膛。她,一个未成年的孩子,就这样为革命事业英勇地牺牲了。

为了保存有生力量，当时支部召开了紧急会议，研究决定由我带领同志们突出重围，向二十里铺方向撤退。田桂英、小杨等四个同志，主动提出掩护我们。

黄昏时分，我们开始突围。为了牵制敌人的注意力，首先我们集中火力向敌人的主力方面，发射了一阵激烈的枪声，这突如其来的袭击，使敌人摸不清头脑，也集中部队和火力向我发射点还击。乘此机会，我们30 来个同志冲出了土围。当愚蠢的敌人发现我们突围自知中计之后，几百人向土围子发起了冲锋。这时，我们已离开土围子很远了。然而，田桂英他们却被敌人包围着。

我们与增援部队会合后,又打了回来,在土围子内外,搜寻了很久,也没有找到田桂英等四个同志的遗体。

失去了田桂英同志，女兵连的同志们，都像失去了自己的亲姐姐一样难过。好多同志连饭都吃不下，特别是几个小鬼偷偷地哭了几个晚上。大家纷纷地议论着："田桂英她们要是突围出来了倒还好，要是被敌人俘虏去，还不如在战场上牺牲的好，在敌人那里，还不知要受到什么样的折磨呢！"但当大家一想到她那魁梧的身躯，两只粗壮的胳膊和铁锤似的拳头，和那两颗珍珠般的显得机灵而威严的闪闪发光的大眼睛，就会坚信，即使是被俘了，敌人也奈何她不得！

记得我们刚由四川出发不久的一次战斗里，她机智地躲在一个土墙背后，趁敌人不注意便一枪刺去，把敌人刺了个脸朝天。当另一个敌人慌张地拉开枪栓，还没有转过身来的时候，她把刺刀从敌人的尸体上拔了出来，大吼一声地向这个敌人的后心刺了进去，敌人"啊"的一声，随着她拔出鲜红的刺刀倒下了……

想到这里，大家脑子里出现了这样一个念头：我们的桂英姐一定会回来的。

然而，田桂英究竟是突围了，牺牲了，还是被俘了？这还是一个谜。

我们到延安后，碰见了从马匪集中营里，经过九死一生返回部队的王月英同志，当时她和田桂英关在一个监牢里。她十分感慨地讲述了田桂英同志英勇就义的经过。

我们从山丹附近的一个土围子撤出以后，田桂英和另外三个同志以一挺机枪、两支步枪英勇地和敌人战斗，等我们撤出敌人包围圈后，她们子弹打完了，敌人逼近土围。当她们扔出最后一排手榴弹时，敌人的一个手榴弹在她们身边爆炸了，两个同志牺牲了，田桂英和小杨同志身受重伤，昏厥过去，当她们苏醒过来时，已成了敌人的俘虏。

当天晚上，敌人就分别对她俩进行了审讯。敌人看见小杨年纪小，首先对她进行欺骗和引诱。一个匪军官假惺惺地对小杨说："看你这么小小的年纪，就受了共匪的骗，出来当红军，你叫什么名字？家在哪里？"小杨知道这是敌人的花招，打断了匪军官的话：

“这些你别管了，有什么你就直说！”

“告诉我，你是哪个部队的，你们有多少人？现在到哪儿去了？那个年纪比你大的女人是干什么的？只要照实说了，我们就可以放你回家。”

“不知道！”敌人一连串的审讯，小杨总是这么一句话。

身负重伤的小杨遭敌人一顿毒打之后，昏过去了。当敌人把她扔进牢房，田桂英还未来得及给她擦擦脸上的血迹，便被带走了。

敌人也知道，欺骗、引诱对一个15岁的小姑娘都起不到作用，对田桂英这样一个在他们看来是个重要的人物，更无济于事了。所以一开始便对田桂英采取了威胁的手段。敌人指着摆在她面前的一盆熊熊烈火中烧得通红的烙铁和一桌丰盛的酒菜说：

“两条道路任你选择。”

田桂英面对着这群无耻的匪徒，抑制不住内心愤怒的火焰，她走向前一脚踢翻那桌酒菜，愤怒地说：

“共产党领导的红军就是不怕死的，你们要砍就砍，要杀就杀，想从老娘口里问出一句话来，那是白日做梦。”

敌人狂怒了，对她施行了残酷的肉刑，逼迫她叛变自首。然而，这对于一个无限忠于党的坚强战士来说，等于徒劳。

当敌人把她推进牢房时，她昏过去了，等她再度醒过来，便又破口大骂敌人……

“桂大姐！”

这亲切而微弱的声音，使她停止了对敌人的辱骂，她吃力地爬到小杨的身边，用手摸着小杨滚烫的脸说：

“小妹妹，你怎样了，挺得住吗？”

“桂英姐，我……不……行了……”

“怎能这么说呢？坚强一些，我们要活下去啊，有一口气也要和敌人斗争。”这时她身上的新旧伤痕疼得钻心，她一手摸着小杨的头发，望着从小窗口钻进来的清冷的月光，轻轻地对小杨说："小妹妹，你看今晚月亮多好，我们的队伍，也不知在哪里行军打仗呢！你现在想她们吗？"

"桂英姐，你再给我唱支歌吧……"小杨的声音微弱到几乎听不见的程度。

田桂英看到她亲爱的战友，被敌人折磨成这样样子，心里刀割一般，她紧紧地握住小杨的手，含着眼泪唱起了国际歌：

起来，饥寒交迫的奴隶

起来，全世界受苦的人

她的歌声是那样激昂、坚强有力，当她唱到"作一次最后的斗争"时，小杨那滚烫的手，从她的手里脱下来了，她不禁失声叫起来："小杨、小杨……"

小杨牺牲几天后的一个早晨，敌人把她和其他十几个被俘的红军战士，带到一片荒芜的草原上。一个人发给一把镢头，叫他们挖坑，这是敌人对他们的最后一招了。他们忍着伤痛把坑挖好后，敌人把他们带到一块，并排地站着。一个匪军官洋洋得意地问："你们怕不怕死？"

"怕死不当红军！"十几个同志异口同声地说。

"给我一个个活埋！"匪军官狂叫着。

在田桂英前面的几个红军战士，一个个挺胸昂首，在"打倒国民党反动派"、"共产党万岁"、"工农红军万岁"的口号声中，毫不犹豫地跳进了自己挖的土坑中。

当田桂英也像同志们一样地喊着口号将要跳进土坑时，一个披狐皮大敞、穿草黄色呢子服的军官走来，对田桂英贼头贼脑看了几眼，喊道："给我拉上来！"接着他向一个匪军官使了个眼色，把头一歪，几个匪兵又把田桂英带走了。

敌人把田桂英单独关在一间房子里，每天几次派人去劝她当匪师长的姨太太，开始她总是破口大骂，把敌人碰了回去，后来她想老这样下去，迟早还是死，只不过这样白白地死掉太划不来了，所以，她一面借口养伤，一面暗暗地计划逃出虎口。

一天晚上，匪师长喝得醺醺大醉，一摇一晃地闯进田桂英房中，她抑制不住满腔的怒火，她想，时机到了。转身就从匪师长的腰中掏出手枪，对准他的胸口当地一枪，结束了匪师长的性命。

几个匪军闻枪声赶到，田桂英立即拿出早已准备好的手榴弹，拉开导火线，顷刻，轰隆一声，和几个匪军同归于尽。

田桂英光荣牺牲的事迹，当时不仅在我们同志之间传诵着，就是在敌兵中也经常谈起这件事。

选自《难忘的岁月——革命回忆录》，新疆人民出版社1979年10月第1版，第139—152页。

廖正芳，女，1915 年生，四川阆中人。1933 年参加中国工农红军，1937 年加入中国共产党。红军长征时任红四方面军第三十一军二七六团宣传队宣传员、妇女独立团排长。新中国成立后，曾任新疆生产建设兵团农业建设第四师子女学校副校长、党委副书记，伊犁哈萨克自治州妇联主任，新疆军区伊犁军分区后勤部副政治委员等职。2009 年在洛阳逝世。

妇女担架队

潘家珍

一

1935年春季。红四方面军主力在陕南作战时，我们妇女独立第二团驻在川北的旺苍坝一带，担任后方警戒和肃清反动武装的任务，同时抓紧时间学瞄准、练刺杀和打草鞋、缝补衣服，准备迎接新的战斗。由于红军的节节胜利，引起了国民党反动派极大的恐慌和不安，他们又纠集了一切可以纠集的力量，向我川陕边苏区扑来。形势又紧张起来了。

一天早上，我们连的排以上干部和共产党员赶到方面军总政治部参加会议。这是一次部署转移伤病员任务的会议，由总部一位姓陈的首长主持。会上，首长首先说明这次部队撤退是主动的和暂时性的，是为了保存革命力量。在谈到转移伤病员问题时，他说："光是部队转移是很容易的，背上背包扛起枪杆就走了。困难的是总医院有1000多名伤病员，其中需用担架转运的达五六百人。这些同志为了无产阶级的革命事业负了伤，流了血，在任何情况下，绝不允许丢掉一个。"最后，他勉励我们在执行任务中，要充分发动群众，依靠大家的智慧和力量去克服困难。

我和指导员刘世英[①]同志回到连里后，立即召集班长以上的干部开

① 据刘照林在《巾帼抬子》一文中回忆，妇女独立二团一连连长为刘照林，指导员为潘家珍。待考——编者注。

会，传达了上级的指示精神，并具体地分配了任务。末了，组织大家进行讨论。各班、排长异口同声地表示："就是有天大的困难，也要圆满完成党交给的任务。"根据总部首长的指示，每副担架配四个人，在途中换着抬，可以减轻同志们的劳累，使任务能更安全地完成。照四个人一副担架来计算，我们连只有 30 副担架的任务。可是在会议中，好些同志表示，为了全部伤病员能及时得到转移，提议采用两人一副担架，不要预备数。看到大家完成任务的决心大，劲头足，指导员和我从心底里感到高兴。

下午，各班都紧张地做开了准备工作，修补鞋子啦，送还老乡的用具啦……抬过担架的同志，在一遍又一遍的做示范动作，指指点点，比比划划，告诉那些没有抬过担架的同志如何走步子，如何转弯，怎样上岭，怎样下坡……真是师傅热情，徒弟好学。晚上，我和指导员再次检查了各班的准备工作。

第二天，天刚麻麻亮，我们就起床吃饭了。饭后，队伍迅速地集合在一块宽阔的地坪里。这正是暮春三月的时节，川北的早晨还相当冷，一阵风吹来，树梢儿飒飒作响，我不由得接连打了两个寒噤。

指导员向站在面前的战士们讲了话，队伍开始向总医院开去。在总医院，我们按照医护人员的分配，抬着 50 名伤病员，迎着金色的朝阳向永宁铺进发了。

二

旺苍坝到永宁铺有 100 多里，其间山峦重叠，地势险要。道路就像带子似的缠绕在崇山峻岭之中，很难走，正如唐朝诗人李白写的："蜀道之难难于上青天。"为了安全和抄近道，我们选择了一条很少有人来往的山路。路旁边荆棘丛生，路面铺满了尖利的小石子，行走时稍一不慎，就有滑倒的危险。在往常，由这条路到永宁铺，就是打空手也得走整整一天，如果途中耽搁一会儿，准要摸一段黑路。而这天，我们抬着担架，要在一天内走到永宁铺，的确是一件艰巨的任务啊！

我们连的同志，大多是 18 岁到 25 岁的姑娘，年轻力壮，执行任务都有一股虎劲。一出发，我们就以最快的速度赶路。可是抬担架不比干别的，光凭热情和蛮力气还不行，它不仅需要耐久的体力，更重要的是要掌握技术。出发前，虽然组织大家讨论过抬担架的一般常识和注意事项,但一实践起来,就遇到了许许多多意想不到的困难。由旺苍坝出发，走了不到 30 里路，我们就已经累得满面通红，上气不接下气；豆大的汗珠从额上冒出来，流过面颊，顺着下巴滴在地上；肩头火辣辣的，一阵比一阵感到疼痛。虽然如此，但同志们谁也没有叫苦。当时，大家只有一个共同的想法，那就是如何又快又安全地把伤员转移到目的地。

共产党员李秀英参加革命前在地主家干活，经常给地主太太抬轿，有一套抬轿子的经验。她是一个饶有风趣的同志，成天有说有笑，乐呵呵的。干起工作来总是走在前面，好像她身上有使不完的劲。在我们连里，数她力气大，平时遇到什么劳动活儿，她总是一马当先，不是扛，就是挑，因此大家送她一个外号，叫“运输队”。她和“胖罗汉”史忠富抬着一副担架走在最前面，不时向后面发出“同志们加油呀”的喊声。一遇到转弯的地方，她俩就像老把式那样一唱一和“前面大转弯啦！”“两手扶紧担架杆啦！”“前面一字拐呀！”“前摆后不摆啦！”……这样不仅给后面的同志报了路，而且逗得我们许多同志扑哧扑哧地笑了起来，肩上一时也觉得轻了许多。

走呀走呀！已经快中午时分了,我们走了还不到 40 里路程。这时，太阳散发出强烈的光芒，我们身上热得更厉害。当担架队伍进入到一块林荫地带时，我发出了“休息 20 分钟”的命令，并吩咐司务长郑玉香同志分发干粮，弄一点冷水给同志们解渴。

战士们把担架停放在林荫深处，也不管地上是不是潮湿和有虫子，一屁股坐下去，将衣襟撩起来，不住地往胸前扑打扇风。

郑玉香同志分完干粮后，带着两名炊事员到附近山沟里转了一阵返回来了。一看她们手中提的铁皮小桶仍是那么轻飘飘的，就知道没有弄到水。

“连长！没有弄到水呀！”郑玉香走近我的身旁，无精打采地说。

“怎么这里会没有水呢？高山有好水嘛！”我自言自语地说。

“水是有一点，就是太脏了，有许多小虫子，不能喝。”

听着小郑的回答，我没有再说什么。我向周围的同志们看了一眼，她们都睁着疲倦的眼睛，在“吧嗒”着嘴唇。水！多么需要水啊！哪怕是少到一人一口也好。可是在这前不挨村，后不着店的山腰里，到哪儿去弄水呢？再说，时间也不允许我们在这里多耽搁啊！这时，指导员首先抓了一把炒面送到嘴里，勉勉强强咽了下去，接着，周围的同志也都吃开了。

听说我们没有弄到水，躺在担架上的伤病员同志，纷纷将自己的水壶往战士们手里塞，但战士们都没有接。她们懂得：水，对于一个伤病员来说是最需要的了，自己再渴，也不能喝伤病员的水。何况水又是那么少，三个伤病员还摊不到一小壶。在我身边的伤病员小吴，艰难地支撑起身子，用颤抖的双手捧着水壶，一定要我和指导员喝上几口，我俩都婉言谢绝了。他转过身子，坚持要把水壶递给李秀英和史忠富。她俩费了好一番劲，说好说歹，才说服了他，小吴睁着因感动而充满泪花的双眼，向我们这些渴得嘴唇发干的担架队员说：“想起我过去在老财家里当长工的时候，病了不但没人管，反而逼着我出工，现在你们用肩膀抬着我们走，一点点水也要留给我们喝，啊！真太关心我们了。”

小吴的话，感动了其他伤病员，一时谁也没有说话，空气变得十分寂静。

“同志们，唱个歌吧！”李秀英同志喊了一声，便领头唱了起来：

红军都是工农子弟，

受了豪绅多少气。

掠夺我政治，

剥夺我经济，

屠杀我人民。

我们团结起来一条心，

打倒豪绅地主不留情。

歌声在树林里飞扬，在山谷里飘荡。它赶走了我们身上的疲劳，使我们忘记了干渴。在一片雄壮的歌声中，我们抬着担架又起程了。

三

前进，不停止地前进。不知翻过了多少架山，也不知下了多少面坡。我们的行动愈来愈困难了，两条腿软绵绵的，而且有些不听使唤，每迈出一步都要付出很大的力量，忍受着疲劳和饥渴的折磨。肩膀被磨得红肿，担架愈来愈觉得沉重。由于路旁小树枝和荆棘的挂绊，许多同志的腿被划破了，流出了鲜红的血。尽管如此，但同志们的情绪始终是饱满的。连里年纪最轻，个子瘦小的王小华和于明凤两人抬一副担架，走起路来摇摇摆摆。后面的担架，一副、两副、三副……相继超到了她们的前面，但她俩并不气馁，尽量往前撵。我和指导员紧走了一阵，将担架停下，折回去接替她俩，可是说啥她俩也不要我们替换。真没办法，只得鼓励她俩一番。当我们回到自己的担架旁边时，担架上空空的，我们所抬的那位党员书记（即党支部书记）刘林和同志不见了。我俩赶到前面，只见他拄着一根棍子，正一拐一拐地走着啊！他见到我俩走近了，带有歉意地说："把你们急坏了吧？没有啥，我活动活动身子骨儿。"他哪里是活动身子骨儿啊！无非是让我和指导员休息一会啦！没有容他多说，我和指导员把他按倒在担架上抬起就走。这时他还在央求着：

“唉，让我下来走一节吧，你们也太辛苦了。”这样的事沿途常有发生，有时有些重彩号也硬要求自己下来走。这种深厚的阶级感情鼓舞着我们更加勇敢顽强地前进。

太阳偏西了，看样子约莫下午三四点钟光景，我们来到一座山脚下。这座山真高，仰脸望去，山峰上白云缭绕，看不到顶。据向导说，这座山上七下八，一共 15 里，笔陡的山路，一直伸向山顶。我们在山脚下喝了一点凉水，休息一会儿就开始登攀。我们小心翼翼地迈着步子，极力防止滑倒。抬前头的用劲往前拉，抬后面的用劲往前送，就这样一步一步地往上登。有时候遇到一个特别陡的地方，抬后面的人还得用双手将担架举起来，借以保持平稳。离山顶大概还有半里路，大家都已经累得精疲力尽了，身上的衣服汗得透湿，好像在水里泡过一样。许多同志的鞋子坏得鞋帮和鞋底分了家，露在外面的脚丫子被石头擦出了血，脚板上磨起了蚕豆大的血泡。我叫大家停下来休息，并和指导员拿出两件上衣撕成布条子，分给那些没有鞋子或者鞋子坏了的同志，叫她们把脚包扎起来。这时，人群中又出现了“运输队”李秀英的笑声，把平时爱哭的王小华也逗笑了，人群中的话匣子又打开了。

在最疲乏的时候，短暂的休息是莫大的享受，也为我们继续前进积蓄了力量。这座高山最后被我们征服了。

时间在前进，道路也一里一里的被我们踩过去。在一片夕阳的辉映下，我们翻过最后一道障碍物——一座光滑得只能爬行的小石山，踏上了一条平坦宽阔的乡村大道。当夜幕刚刚垂下的时候，永宁铺——我们盼了一天的小镇，终于出现在我们面前了。

“到了！”“我们胜利完成任务了！”同志们精神振作地喊了起来。月光下，我看到许多伤病员的眼里，涌出了激动的泪花……

1962 年

选自成都部队川陕革命根据地军事斗争史编委会编:《巴山烽火:川陕革命根据地回忆录》,四川人民出版社1981年6月第1版,第205—211页。

潘家珍，女，1915年生，四川通江人。1932年参加中国工农红军，1933年加入中国共产主义青年团，同年转入中国共产党。红军长征时任红四方面军妇女独立第二团一连连长(一说任指导员)、红军总部保卫局特派员等。新中国成立后，曾任武汉六十一陆军医院政治协理员、南京染织厂党委书记、湖南省军区政治部直工处副处长等职。1975年在广州逝世。

巾帼抬子

刘照林

两根竹竿，用绳子编织、连结起来，便成了一副简易担架。红四方面军妇女独立二团的川北籍战士，给这种原始的运输工具取了个带乡土气息的名字——抬子。二团的抬子队，曾经活跃在川陕革命根据地。女战士们以顽强的意志、惊人的毅力，胜利完成了抢运伤病员的重任。她们用血汗在红军战史上写下了光辉的篇章。

妇女独立二团是根据红四方面军总部的决定，于 1935 年 2 月，在四川广元旺苍坝(今旺苍县)组建的。人员来自根据地的青年妇女干部、积极分子，以及在兵工厂、医院、宣传队工作的部分红军女战士。团的领导干部，记得起的有刘伯信。全团共 1000 多人。我任一连连长，潘家珍任连指导员。①

调进二团的妇女，要办的第一件事是剪头发。这是姑娘们很难接受的事情。为了不让敌人认出我们是女人，负伤后便于治疗，也免得头发长了生虱子，上级规定，女战士一律剪成短发。我们讲清这些道理后，这件棘手的事情总算解决了。第二件事是发放武器装备。每人领一支步枪，五六板子弹，两颗手榴弹，一个木碗和一副绑腿。经过剪头、配发武器装备和基本的军事训练，一支新型的妇女武装便组建起来了。

---

① 据潘家珍在《妇女担架队》一文中回忆，一连指导员为刘世英，连长为潘家珍。待考——编者注。

二团的营团干部，都是从鄂豫皖根据地来的老同志，连以下干部、战士，大都是川北农村姑娘。她们来自旧社会的最底层，丫头、童养媳、贫雇农的女儿，是其中的主要成分。尽管她们还年轻，却历尽了人世沧桑，饱经忧患。而今堂堂正正地当了红军，人身自由了，人的尊严得到了社会承认。她们勤劳勇敢的精神，特别能吃苦的本色，可以克服前进道路上的千难万险。

24 岁的潘指导员，是全连的“长者”，参军前在地主家干活时，分娩才三天，就被迫干重活，从此留下了难以治愈的妇科病。她的体格，远不如我这个身高一米七，结实健壮的大丫头。我六岁给人当童养媳，苦熬到 17 岁，参加了红军。经过两年多部队生活的锻炼，现在当了红军连长、100 多号人的领导，责任重，压力大。我随时提醒自己，要勇挑重担，要事事带头。

抬子队快要上路了。团的领导给连以上干部布置任务时说：大部队很快就要转移，我们的主要任务是运送伤病员。上级把这些为革命出生入死、身负重伤、积劳成疾的重伤病员交给我们，这是对妇女的信任。我们一定要克服一切困难，不惜一切代价，把他们全部运走，绝不能留弃一个。

一连的几十副抬子，由旺苍坝出发，浩浩荡荡，像一条巨龙，蜿蜒在川北的崇山峻岭之中。那里山势陡峭，树大林深，羊肠小道坎坷不平，道路两旁荆棘丛生。有时不得不“逢山开路，遇水搭桥”。抬子队缓慢而又吃力地向西转移。中途，上级传下命令：担架要跟上大部队，大部队走到哪里，务必把伤病员送到哪里。为了尽快赶上大部队，我们根据体力强弱，调整了抬子：体力强的三人一副，体力弱的四人一副。我打头阵，除参加抬一副抬子外，还负责掌握行进速度，应付突然事故。指导员断后。新的阵容一拉开，战士们提高了信心，经永宁铺向中坝方向加速前进。

许多同志从来没有抬过抬子，抬前边的，一个劲往前赶；抬后边的，看不清路，扯扯绊绊，想快也快不起来。大家想起了李秀英。她在地主家干活时，抬过轿子，有一套经验。现在她同史忠富抬一副抬子，她们学着老把式报路，前面报，后面应，走得又快又稳。比如：

转弯时，前面报：“前面一个拐！”后面应：“前摆后不摆！”

上坡时，前面报：“坡上又加坡！”后面应：“小心慢慢梭！”

遇到泥坑，前面报：“路上一泡泥！”后面应：“脚下要仔细！”

走上平路，前面报：“天上一朵云！”后面应：“地下展展平！”

李秀英的经验传开了，行进速度加快了。姑娘们清脆的报路声此起彼伏，有板有眼，像号子，像山歌，增添了欢乐，驱散了倦意。

最伤脑筋的是雨后行军。川北的黄土路，“天晴一把刀，下雨一泡糟”。雨过之后，脚下又黏又滑，空手步行，也难免跌跌撞撞。为了不摔抬子，姑娘们从实践中总结出一套走泥路的经验，“平地蹲着走，下坡梭着走，上坡爬着走”。最艰难的是上坡，抬前面的，得猫着腰，一手扶抬竿，一手抓地，有的磨掉了指甲，指头淌着血，也不敢松手；抬后面的，得把抬子高高举起，使伤病员身体平稳。此情此景，谁看了也心酸。

意志坚强的姑娘，也有畏难的时候。一天，通讯员小王气喘吁吁地跑来，两颊绯红，一手捻着衣角，一手指着后面的抬子，羞答答地说：“连长，你看……”我莫名其妙，抬头一看，原来是一个头部、腰部负伤，不能说话，不能动弹的重伤员，焦急地指着自己的下腹。我明白他的意思，但我同样是个大姑娘，一时手足无措。稍一迟疑，我鼓起勇气，上去帮他排了小便，一连的战士们都是年不满 20 的姑娘，在接触异性时，感到羞怯，这是可以理解的。那么，又该怎么办呢？我拿不定主意。还是潘大姐有水平，几句话就把问题点拨得一清二楚：看护工作是抬子队应尽的职责，是革命工作的一部分；接触男伤病员是工作的需要，绝不是下流举动。我们做了工作以后，无论是给伤病员更衣、换药，还是擦身子、排大小便，姑娘们再也不羞怯退缩了。

那时，前边还在打仗。大部队边走边打，我们边走边接收新伤员，增加新抬子，还得随时提防敌人的袭扰破坏。

我们到达嘉陵江畔时，大地一片漆黑，寂静得令人毛骨悚然。渡江的时刻到了，战士们一手持火把，一手扶抬竿，胸前挂着上膛的步枪，依次过江。我照例走在最前面。翻腾的波涛，拍打着脚下晃晃悠悠的浮桥，我的心都快提到嗓子眼儿上了。我尽力稳住身子，把紧抬竿，心里说：要沉着、镇静，惊慌失措会影响战士们的情结。我一步一步，小心翼翼地走到了彼岸。我把抬子安置在转运站后，回到浮桥上，照应部队过江。刚到江心，枪声大作，我急令部队掩护伤病员，准备战斗。姑娘们应声放下抬子，扑倒在伤病员身上。这时，通讯员传来了团部命令："几个毛毛土匪捣乱，大家不要惊慌，要全力保护伤病员。"约莫十几分钟，枪声停了，我们继续向对岸移动。过江后，大家先照顾伤病员吃饭，然后换药、排便。战士们刚吃完饭，正在打点行装，出发号响了。这时，我和指导员才感到饥肠辘辘，我们赶紧跑进伙房，一人揣了一块锅巴，又匆匆地上路了。

过江后，又走了几天，快到中坝地区了。我们的大部队同川军的战斗正在进行。团首长命令我们，要保护伤病员的安全，并立即投入火线救护。我和指导员分工，她带二、三排抬着伤病员转移，我带一排上前沿阵地，救护伤病员。敌人依仗陆空武器优势，特别是空军的优势，拼命堵击我大部队。敌机频繁出动，时而轰炸，时而扫射，给我军造成了不少伤亡。一连的姑娘们，为前线战士视死如归的精神所感染，舍生忘死，冒着枪林弹雨，把一批批伤病员从火线上抢运下来。

"卧倒！"我的话音刚落，一颗炸弹在通江籍姑娘小李身旁爆炸了。鲜血染红了她破碎的衣襟，渗进了中坝的沃土。昏迷中，她还死死地抱住伤病员的头——这是她抢运下来的第五个伤员。小李是全连最逗人喜爱的姑娘，目不识丁的姐妹们，想不出文雅的词来形容她的俊俏，给她取了个外号叫"红花碗"。在那最艰苦的战争岁月里，她那爽朗的笑声，甜甜的笑脸，给战友们送去了多少欢乐，赶走了多少烦恼。而今她躺在血泊里，同志们都情不自禁地洒下了热泪。幸而她没有离开我们。她苏醒过来后，吃力地对我说：“连——长，伤员——抢下——”话犹未竟，又昏过去了。

在抢运伤员中，不少同志负了伤，我也被弹片削去了几块皮。我的头一阵阵发昏，心一阵阵绞痛。我一面咬住牙，抬着抬子；一面不时回头张望，掌握全连情况。“哎呀！小明！”我忍不住惊叫起来。

张小明，这个 19 岁的巴州姑娘，和我一般高的个头，以她健壮的体格，博得了“大力士”的美称。她经常帮助别人扛枪、背行李。现在，她的左下臂已受重伤，却若无其事，抬着伤员，一个劲地奔跑。我跑上去搂住她：“小明！你……”我两眼模糊，喉咙发哽，再也说不下去了。当她看见血流如注的臂膀时，倏地昏倒在我的怀里。

躺在抬子上的伤病员，心头也并不好受。这些铁血男儿、战场上的勇士，比我们想得更多。

我们的衣肩磨破了，补了又补，以后干脆不再补了。肩头上，打了一团团血泡，脱了一层层粗皮，青一块、紫一块，最后磨成了老茧。我不止一次看见伤病员望着战士们的肩头，偷偷地掉泪。“男儿有泪不轻弹”，他们坚强的心，被深深地感动了。

一天中午休息，指导员叫郑玉香带人去找点水，大家吃点干粮。她们到山里走了一大圈，提着空桶回来了。嗓子正在冒烟，大家多么需要水啊。战士们盯着手中的干粮，吧嗒着嘴唇，无法下咽。这时，我抓了一把塞进嘴里，硬往下咽，大家才皱着眉头，勉强地吃了起来。伤病员见了，纷纷把自己的水壶往战士们手里塞。她们哪里肯接。我身边的病员小吴，艰难地支撑起身体，捧着水壶，一定要我和指导员喝，也被我们谢绝了。小吴满眼泪花，说：“我给老财当长工时，病了没人管，还逼着出工。现在你们……”小吴语不成声，气氛骤然沉寂起来。

“同志们，唱个歌吧！”李秀英的提议，立刻得到大家的响应：

我们红军都是工农起，受了豪绅多少气；

掠夺我政治，剥夺我经济，屠杀我人民，

我们团结起来一条心，打倒豪绅地主不留情！

在中坝没停多久，我们继续向川西北少数民族地区转移。在艰苦的长途跋涉中，同志们的身体一天天消瘦下去，不少的姑娘还有这样那样的伤痛，大家苦撑着，抬着沉重的抬子，步履蹒跚地向前迈进。伤病员看在眼里，心都碎了。有的趁休息时，悄悄地爬起来，一瘸一跛地往前走，能让阶级姐妹少吃一点苦，他们也感到宽慰；有的“命令”我们放下抬子，宁愿自己死在途中。有两位重伤员，悄悄割断自己的动脉，闭上眼睛前的最后一句话是：“不能让同志们为我牺牲。”

旺苍坝至中坝一线，团部设有转运站，十多里一小站，小憩、进水；四五十里一大站，吃饭、宿营。中坝以西，转运站没有了，自带的干粮也快光了。一次，连续两天没有吃上热菜热饭，有的战士昏了几次，差点摔了抬子。我和指导员商量，这样拖下去不是办法，伤病员也受不了，总得想法搞点吃的。我们带上人，一路到老乡家里搞吃的，一路上山采野菜。分头行动后，收获还不小，基本上解决了伤病员的吃喝。至于战士们，只要能有野菜、草根、嫩树叶填饱肚子，也就心满意足了。

长期营养不良，加上过度疲劳，在遭到一场暴雨袭击之后，全连绝大多数同志患了流感。我这样壮实的身体也发着高烧，昏迷不醒。本来就有慢性病的指导员，自然也不例外，但她忍着痛苦，支撑起全连的领导工作。她安排我到老乡家调养，还派一个患轻感冒的战士小龚陪伴、照顾。我恳切地请求留在连里，她哪里肯依，架起我就走。后来，小龚向老乡要来生姜、辣椒熬水，一口一口地喂我，守护在我身边，寸步不离。不久，我渐渐地清醒了，小龚也基本恢复健康，我们迫不及待地回到温暖的一连，继续同姐妹们一齐战斗。

司务长小罗，是个巴州姑娘，她看到同志们几个月来缺肉少盐，身体一天天垮下来，心里不是滋味。一天，她准备给大家改善改善生活，翻山越岭，跑了几十里路，上集镇买肉。同志们等啊，盼啊，直到太阳落坡，还没见她回来。我们派人去镇上探听，才知道她被国民党军抓去杀害了。这个才满 18 岁的漂亮而又精明能干的姑娘，为了集体，为了革命事业，就这样过早地离开了我们。

为了早日到达目的地，让伤病员安定下来，我们加紧赶路。姑娘们困得哟，坐着睡，站着睡，甚至边走边迷糊。经过几个月奔波，终于到达了红四方面军总医院。姑娘们依依不舍地告别伤病员。一声声珍重，一次次握手道别，大家沉浸在胜利的喜悦之中。（胡奎儒、刘方整理）

选自成都军区党史资料征集委员会办公室编：《红军长征回忆与研究》，云南人民出版社1986年12月第1版，第61—67页。

刘照林，女，1912 年生，四川通江人。1933 年参加中国工农红军，后加入中国共产党。红军长征时任红四方面军妇女独立二团一营一连连长、川陕省委干部连排长、红四方面军总部粮食局排长等。新中国成立后，曾参加中国人民志愿军，后任中共达州地委干部。1991 年逝世。

夹金山上的女战士

侯前进

长征途中，我们这些女战士，除了妇女独立团以外，一般都是不带枪的。但是，在翻越有名的大雪山——夹金山的时候，我们背的枪却比战斗部队的男同志背的还要多。

那时我在红四方面军三十一军供给部的缝衣工厂担任女工排排长，全排一共36个女同志，年龄都差不多，最小的十五六岁，最大的不过二十二三，同志们有的来自川北，有的来自川西，但大家相处得都很好，白天缝衣服，有说有笑；夜晚行军，山歌不断，就像一家子亲姊妹，亲亲热热，男同志们开玩笑，说我们是“娘子军”。

一、四方面军会合后不久的一天，我忽然接到通知，要我到部里接受任务去。到那里一看，直属队的干部、运输连、男工排的排长们都已经来了，静静地坐着，听林政委讲话。任务是这样的：部队很快要翻过夹金山，但前方刚缴到了很多枪，没有办法运输，因此要求每个人带上几支，运过山去。讲完了，林政委问我们：“能不能完成任务？”

“能！”我们一齐回答。谁都知道夹金山的厉害，山高，终年积雪，空着手翻山都很吃力，现在要带上枪支走，自然更困难；但谁也明白，枪是革命的武器，是前方同志们用血换来的……当时我略微想了想，脑门子一热，就站起来说：“我代表女工排表示，向男工排比赛！”接着讲了比赛条件：第一，给多少，运过山多少，保证不丢一支；第二，不叫苦，不讲怪话；第三，不掉队。所以这样做，一来是因为习惯了——那时不管执行什么任务，都是兴提出比赛的；二来，也真想和男同志比一比，让他们认识认识“娘子军”。说真的，我们还真有点不服气呢！

散了会，再三争执，才给了我们排 140 支枪。回来，我和三个班长谈了谈，四班长黄玉莲第一个拥护，她跳起来说：“行，我要七支。我们一定能把男同志比下去！”接着我们又把数量配备了一下，每人背四支到五支，让一些年龄小的同志背水袋、饭盆和零碎缝衣用具。分配完了，遇到了一个困难：这些枪七长八短的，怎么背法！大家商量了半天，还是一个年龄最小的于秀英同志想出了办法，我们的粮食早已吃完了，空粮袋子刚好可以用来捆枪。

一切都准备好了，下午 4 点钟，我们开始向夹金山前进。我背着五支枪，走在头里；四班长黄玉莲背着七支枪紧跟着我，后面是全排的同志们。

越往前走，山的模样看得越清楚，越看这山，越觉得任务的艰巨。那山，下半截黑乎乎的，上半截满盖着白茫茫的雪；山顶被云彩遮住了，再往上究竟有多高？望不到，也想不出。山上没有路，全靠踩着前面部队的脚印走，两旁是笔陡的大山沟，要是一失脚摔下去，别说活，恐怕连成块的骨头也难剩下。当时的确有点害怕，担心上了山要是谁不小心摔下去，那就糟了，但怕也没用，反正上级说得明白，从下午 4 点钟爬到明天上午 11 点就可以翻过去了，天一黑，我就把手伸给四班长，传下了口令：“一个拉一个，把手连起来！”很快，手都拉起来了。在黑暗里，我仿佛看见 30 多个人拧成一根绳子在前进。半夜时分，约莫来到半山腰，就觉得累了。这五支枪加在一起，差不多有 40 斤重，平地上背它都够呛，现在还要爬山，只觉得皮带直往肉里压。山上特别冷，不知是衣服上有了霜还是结了冰，硬邦邦冷飕飕的，贴到身上实在难受。这时我想起黄玉莲比我多背两支枪，一定更够呛了。我回头望望她，天黑看不清，只听得她呼呼直喘，拉着我的那只手也是冷冰冰的。忽然，后面传过来：“告诉排长，唐宗蕙的鞋坏了，不能走啦。”我急忙从腰里摘下用布条打的草鞋，随手递给四班长传下去。

东方慢慢放亮，我们快接近山顶。这里空气非常稀薄，呼吸十分困难，再加上肚子饿得直叫，我们的两腿像面条似的，迈一步晃三晃。

“告诉排长，小陈肚子疼，走不动了！”后面又传来令人头疼的消息。长征以来，日子艰苦，女同志特有的生理条件，更给我们增加许多困难，但大家都咬牙坚持。今天是太冷、太累、太饿了，要不，小陈这刚强的孩子，不会让别人看出她有病的。怎么办呢，目前能办到的只有减轻一些她的负担。我随口传下去问道：

“她背几支枪？”

“五支！”不久，传回话来了。

这时，黑暗中谁塞我手里一小袋炒面，我把它和命令一齐往下传：

“把炒面吃了，五支枪全传上来！”

枪传上来了，黄玉莲又背了一支，其他的我们分了。这就更加受不住了，我们咬住牙，相互鼓励着往山上爬。

爬上山顶，天已大亮。东边，太阳像个大火球，红彤彤地滚上来。山顶上的白雪和一道道的冰川，被太阳一照，光亮得刺眼。队伍像一条细细的黑线，挂在雪山上，后尾隐没在云彩下面。

我正看着这幅奇景呢，忽听身后唰的一声，许多同志惊叫起来，原来谢荪元摔倒了，大半个身子闪到崖下，我们赶紧拉住她背着的枪费了九牛二虎之力才把她拖上来。她脸吓得像张白纸，我们也出了一身冷汗，要是再晚两秒钟，那就……

我们这一排女战士，就这样翻过这座险峻的大雪山，人枪无损地到达了目的地。总结行军时，我们还受到了林政委的表扬呢。

选自杨国夫等：《星火燎原·未刊稿》第4集，解放军出版社2007年8月第1版，第19—21页。

侯前进，女，红军长征时为红四方面军第三十一军供给部缝衣工厂女工排排长。

长征中的女红军班

梁金玉

红四方面军由于受张国焘错误路线的干扰破坏、经历了两次严重挫折后，来到四川省的懋功、丹巴地区休整，准备北上。

当时我在红四方面军第四军军部电台运输排工作。我们排编两个男班，一个女班。女班编 12 人，我任女班副班长。全排担任军部电台和机关的部分保障工作。

部队在经过严重挫折后，任务紧迫，生活艰苦，环境恶劣不堪。但是，我们这些苦水里泡大的姐妹，却藐视困难，以苦为乐，一天到晚还是笑呵呵的。大家担心的只有一条：大部队行动带不带我们走？因为谁也不愿离开红军，离开战斗集体。

在一次动员会上，指导员首先叫大家做好一切思想准备，接着讲这次翻党岭山和过草地的困难。指导员在说这些话时，还不时地打量着我们女班，目光中流出疑虑和担心。但是，不论指导员如何表示，我们的决心是坚定的，男的能过，我们也能过。即使是刀山火海，我们跨不过去，爬也要爬过去。

指导员确实怕我们吃不了苦，过不了雪山草地，当时没有直接讲出来，这是我们后来知道。这时通信员进来，把一封信交给他，指导员看信后，再一次把目光转向我们。与此同时，男班的同志也看着我们女班，一时把我们搞的莫名其妙。指导员沉默一会后，宣布：“两个男班散会，女班留下。”

信的内容是：“女班不参加长征。”这也是我们后来知道的。两个男班走后，指导员讲:“这次你们敢不敢翻党岭山？”我们的回答;“敢！”接着指导员又问：“三大纪律的第一条是什么？”“一切行动听指挥。”我们不假思索地答道。指导员接着我们的话音说；“好！现在给你们一个任务能不能完成？”我们异口同声地回答：“一定完成！”但是，不知道这是叫我们到后方去，还认为这是指导员在关键的时刻，对我们的考验，愉快地接受了任务。于是每人携带一部单机和一些零件，高高兴兴地走出宿营地，向许晴兵站进发。

临行前，指导员讲：“祝你们一路平安，以后再见。”指导员的话引起部分同志的怀疑。心想，马上就回来和你们一道行动，怎么讲以后再见呢？当时忙于抓紧时间赶路，早点完成任务，没有来得及多想多问，就出发了。经过一天半加一夜的急行军，第二天到达许晴兵站。把东西交给兵站后，饭没吃，水没喝，调回头就跑。又急行了半天带一夜，来到许晴与丹巴之间的虫华镇。几天几夜的长途急行军，脚上打了很多泡，又渴又饿，四肢无力，每走一步不但脚疼，身上也很难受，准备在虫华休息一下再走。兵站的同志得知我们去前方，便叫我们带一部分子弹到丹巴。班长问我们怎么办？当时同志们归队心切，希望轻装快行，抓紧一切时间返回部队，参加大部队的长征。但是，我们是搞运输的，顺便捎带子弹是义不容辞，于是同志们答道：坚决完成任务！

从虫华到丹巴要跋山涉水，很不方便。虫华有条小河，河里只有牛皮做的小船一只，每趟能装四人，而我们都有子弹，渡河就更加困难，到丹巴还必过此河，大家都很着急。全班用了很长时间，你帮我，我帮你，总算渡过了河。又跑了一天，傍晚赶到丹巴。虽说累的很，但是大家却很高兴，总算赶了回来。于是大家忘记一切疲劳，把子弹往兵站一交，便向驻地奔去。

到了驻地一看，茫茫旷野，杳无一人，同志们的心立刻凉了半截。

大家哭着问班长：这下可怎么办呀？班长比我们大几岁，比较老练，她叫我们先洗脚休息，自己去问老乡。

原来在我们走后，大部队也就向党岭山进发了。听到这个消息后，大家来不及吃饭，按老乡指点的方向追赶部队。

夜间的山道本来就很难走，加上下雨就更难走了，道路又窄又滑，两边的树枝，不时地划破手脚和衣服，虎豹的叫声时远时近，土匪的吆喝声和枪声也不时地传来，确实给我们带来了几分恐怖。为了克服这些困难，给自己壮胆，12 个手无寸铁的姑娘攀枝摸藤艰难地行进着，“同志们跟上”的口令，在我们 12 个女同志中一遍又一遍地反复传着，声音虽说不大，但是在寂静的山谷回荡不绝。

经过一夜艰难的行军，于次日凌晨接近了党岭山，我们准备休息一下再走。突然在我们前面不远的地方，响起了熟悉的号声，全班忘记了一切，向前奔去。跑着跑着，看见前面有个人站在那里，好像是指导员，我们十几个女同志一齐喊：指——导——员！指——导——员！……可巧大部队就在前边休息，准备翻党岭山。指导员因惦念着女班，清晨独自一个走走，当他听到我们的喊声时，还不敢相信，当我们跑到他的身边时，他才又惊又喜的问：“你们怎么回来了，见到通信员没有？”我们讲没有。原来在我们走后，指导员就派通信员送我们到后方去。因我们日夜兼程，通信员没有赶上。听我们说没有见到通信员，指导员犯愁了，他想：这些毫无准备的女孩子，要过雪山草地，那是困难的，虽说她们从不叫苦叫累，但是，她们毕竟是女同志，又没有准备干粮，这可怎么办？但是，不论指导员如何愁眉不展，我们还是像孩子见到了娘，围着问这问那，心中有说不出的高兴。

过了一会，指导员说：“现在给你们一个任务，伙房烧有辣椒汤，你们每个人吃几碗。”话音刚落，我们 12 个女同志立即跑向伙房。吃完了辣椒汤，没有来得及休息，大部队就出发了。

约莫走了二三十里地，指导员问：“你们没有干粮打算怎么过呀？”

还没等我们回答，男班的同志把干粮硬往我们手里送，我们说：“同志们，你们吃吧。”他们说：“我们是阶级姐妹，有我们吃的，就有你们吃的。”眨眼工夫，我们的干粮比他们还多。男班的同志真好，大家一路议论着来到党岭山。

党岭山，上入云霄，下连草地，到处是皑皑的白雪，山上的空气稀薄。开始走一阵子还可以，但越往上爬越困难，你走快，空气不足，喘不过来气，慢走吧，又要受风、雨雪和冰雹的袭击，每走一步都得花很大的力气。

10 点钟左右，我们真是走不动了。为了不掉队，大家你拉我的手，我推你的屁股，身体好的帮助身体差的，继续坚持着走。由于几天几夜的行军，个个累得筋疲力尽，我们班的万国珍同志已经迈不开步子了。但在我们大家的帮助下，仍然坚持着走。快中午的时候，她终于不行了，躺在地上，用很微小的声音说，“班长，我不行了，你们不要管我了，走吧。”看样子她还想说什么，但已经说不出了。我们含着眼泪用班长的一张羊皮和几块雪砖，安葬了她。又你推我拉地前进了。

在风雪交加终年积雪的大山上行军，前面的同志走后，足迹也就消失了，下山时，我们只好蹲在地上往下滑，手脚和衣服都被划破了，大家仍坚持着。饿了吃点炒面，渴了吃几口雪，你扶我，我拽你，经过一天与大自然的搏斗，晚饭前翻过了党岭山。当时我们虽然为翻山没掉队而高兴，但是，我们的万国珍同志却永远留在雪山上，心里非常难受。

部队翻过党岭山后，来到四川道孚地区进行休整，准备继续北上。当时我们准备青稞面，用毛牛皮自制草鞋和皮腰带，另外还有宿营用的棍子和防雨防冰雹的斗篷。经过四五天的学习动员和准备后，大部队便继续出发了。

当时我们军去接二方面军的第六军团。途经中扎巴、下瞻化、理化来到四川省甘孜与炉霍之间的朱倭，与六军团会合进入草地。

草地上的气候变化无常，有时下雨，有时下雪，有时刮风，有时还有冰雹。地上到处是茸密的草，淤泥污水遍地。有的水还有毒，地质面硬内软。走在上面就像走在豆腐上似的。每一步都必须小心，拣青草茸密的地方走，万一不留神，踏破了草根结成的地皮，就会陷入泥坑，很难挣脱。我们大家非常小心地前进。有时绕道走了半天，还在原来的地方。脚和腿被污水泡的又白又臭。从朱倭进入草地的头几天，每人每天还有四两青稞面,后来每人每天只有二两,因此只好找野菜野草来补充。

后来青稞面吃完了，就吃野菜和脚上的皮草鞋，由于我们是后续部队，野菜被先头部队吃的差不多了，剩下的既少又难找，我们只好找些可以吃的野草吃。草地上的野草有的能吃，有的不能吃，有的吃了就吐。但是，因为肚子饿，吐了后还要吃。为了避免中毒，指导员叫大家把采来的野菜送去加工。所谓加工，不过是青水煮野菜，外加难以看见的青稞面。就这样的饭，没有指导员的命令，谁也不愿第一个去吃，吃了第一碗也没有再要第二碗的，最后只好把剩下的硬分给大家。这样的饭,九天只能吃上三顿。面对苦不堪言的生活,11个同志没有一句怨言，个个坚定乐观，大家互相照顾，亲如姐妹。班长常玉勤同志像姐姐爱护妹妹一样的关心全班每一个同志。她身高体胖，留着短发。行军时她给大家背东西，跑前跑后的鼓励大家："坚持走出草地，就是胜利。"全班在她的带动下,身体好的帮身体差的,紧紧的和大部队在一起。宿营时，班长帮助别人洗脚解绑腿，给大家搭棚，劝大家好好休息。每次吃饭，她总是想方设法，把自己的留给身体不好行动不便的同志吃。我们经常劝班长要吃点，时间长了身体受不了，可班长却笑着说，"只要同志们不掉队，我就是苦一点也没有什么。"

由于长时间的操劳，班长的身体渐渐地不行了。人也瘦了，走路也不像往常了。记得一天宿营时，天下着雨，我和班长坐在棚子的两根棍子前,由于白天的劳累,我迷迷糊糊地睡着了。在朦胧中听到班长叫我："副班长……我怕是不行了。"她的声音微弱得几乎难以听见，我立即扑到班长的身边，连声地喊："班长、班长！"睡着的同志被我的喊声惊醒的马上围拢到班长的身边，见班长睁着双眼，抖动着嘴唇，少气无力地说："你们走吧，我不行了，我不能带你们走出草地了。你们以后要听副班长的话，互相帮助，和大部队一道走出草地，只要走出草地就是胜利。"班长说完就闭上了眼睛。大家极为悲痛，就像失去了自己最亲的亲人。十个人用悲哀的泪水告别了自己的战友，在前进的路上，大家五步一回头，十步一徘徊，依依惜别的深情萦绕在每个人的心头。

指导员见此情景怀着沉痛的心情对大家说："常玉勤同志是个好同志，我们要继承她的事业，化悲痛为力量，走出草地，把革命进行到底。"听了指导员的话，大家才抑制住自己的感情，迈开大步前进了。

40 多天的雪山草地生活，我们 12 个女同志，由于生理原因和疾病的折磨，年纪较大的同志都相继牺牲了，到达甘肃的氓州时①，我们女班只剩下年纪最小的三个人。"为有牺牲多壮志"，我们的革命胜利来之多么不易啊！（张从昌整理）

选自安徽省军区党史资料征集办公室编：《革命回忆录选编》，1983年编印，第142—148页。

梁金玉，女，1918 年生，四川通江人。1934 年参加中国工农红军，1936 年加入中国共产党。红军长征时任红四方面军第四军军部电台运输排副班长。新中国成立后，曾任江苏省盐城军分区政治部组织干事等职。

① 应为岷县——编者注。

要吃通江饭　妇女打前战

李玉南

1932年冬，红军入川，我参加童子团，在沙溪市苏，加入共产主义青年团。第二年3月，调赤江县委少共妇女部工作，那时赤江县设毛浴。同年6月，反“三路围剿”取得巨大胜利，在新场坝召开党团员代表大会，选举中共川陕省委成员、少共川陕省委成员。我参加了这次大会，被选为少共川陕省委的成员，任少共川陕省委妇女部长兼少年先锋队总指挥长（副总指挥长昝绍陶、指导员朱玉三、秘书李正荣）。

旧社会封建迷信思想严重。小时，八字先生算命，说我命犯凶星，不禳星拜斗，就要死掉。父母信以为真，就请端公先生在家里“过关”，并找了十多个干爹。干爹中有背时的，也有发财的，有“滚刀皮”，也有绅良。有个干爹叫张国树，是红帮大爷，被红军处决。在张国焘推行的那条“左”倾路线下，就出了大问题。说我历史不清，撤销了在少共川陕省委的职务，开除了团籍，并送川陕省苏维埃罚苦工。1934年3月，调巴中刘华工厂（缝纫厂）当连长，主要任务是做子弹袋子、鞋子、袜底、军帽、腰带、绑腿、衣服，供应前方战士用，编制属于部队。空余时间进行军事训练，打野操，这山与那山，这儿与那儿，跑得大汗长流。从坡里回来，汗水一揩，就做工。

刘华工厂的工人还要学文化。劳动过后，不打野操，就学习。现在我能看报、读书，能写简单的信，很多字都是在那里学的。川陕省工会委员长李维海，到厂里来检查工作，看到我工作还积极，并不因受处分就消极起来。认为以前对我的处分过重，恢复了我的团籍。不久调川陕省委新剧团。长征路上，调中央剧社，任第三队副队长，兼中央剧社团支部书记。

回忆过去，在川陕省委领导下，真正做到了一条龙，不管哪个部门，哪方面的工作，只要一声令下，就齐头并进，大家动手，大家同心协力，再苦再累也没有怨言，困难再大，也要完成。保证了党的领导，党在群众中威信很高。不像现在，分工多，各管各，各自为政，互相排斥，互相扯皮，一件小事也要拖很久。

在川陕省委领导下，通江妇女真了不起，很多地方担负了男同志所担负的工作。"要吃通江饭，妇女打前战"。在工作中，真是这样。红军来了，宣传男女平等；妇女解放了。听到这些话巴心巴肠的，叫干啥就干啥。我们通江妇女很勇敢，男人干什么，我们干什么，说妇女能顶"半边天"，通江妇女可以当之无愧。那时男人烧大烟，瘦得皮包骨，走路怕踩死蚂蚁，做事拖拖拉拉的。在农村，妇女担负了主要劳动。耕田、犁地、栽秧、打谷，哪样不干；背水、碾米、砍柴、烧炭，哪样不会。有些妇女耕田比男人还凶，一天要耕八九背谷子的田面积。一些封建思想严重的人说："妇女耕田，要耕断龙脉"，就是说会耕田妇女不能生小孩，就断后。可是那些能干的妇女生了小孩一个又一个，断什么"龙脉"啊！活生生的事实教育了那些轻视妇女的人。他们也说："这些灶神菩萨了不起。"

我们通江妇女受封建势力的压迫很深。正如毛主席在《湖南农民运动考察报告》中所说，中国的男子，普通要受政权、族权、神权的支配，至于女子，除了受这三权的支配外，还要受夫权的支配。妇女在四种权力的支配下，过着悲惨的生活；尤其是劳动妇女受的苦更深。她们坡里做了，回家又要做繁重的家庭事务，一年苦得像头牛，到头来吃没吃，穿没穿，有时还要遭受男人的打骂。她们无路可走，有的悬梁，有的跳河，有的吞食大烟，悲惨的死去；有的逃往他方，从虎口里出来，又投入到狼的怀抱。在旧社会，妇女自杀成了家常便饭，每个村庄一年都要出现好几个。

红四方面军入川，铲除了封建势力，掀掉了压在妇女头上的四块大石头。政治上翻身了，思想解放了，妇女的革命积极性，像通江涨大水，轰轰隆隆，稀里哗啦，浩浩荡荡，滚滚滔滔地倾泻出来，真有排山倒海之势，雷霆万钧之力，什么力量也不能阻挡。

从全国来看，红四方面军过嘉陵江，总数约 14 万人①，妇女在一万人以上，通江妇女要算最多。在红四方面军中，那个部门没有妇女！妇女独立团就不用说了，全部是妇女;兵工厂、新剧团、被服厂、担架队、运输队、总医院、洗衣队、经济公社等部门妇女可能在一半以上。还有村一级、乡一级，区一级、县一级、省一级的政府，哪里没有妇女？哪里不是妇女与男同志一起工作，一起战斗？哪里不是半边天？村苏维埃妇女组织叫“生活改善委员会”，乡区苏维埃叫“内务”，县苏维埃叫“妇女部”，省苏维埃叫“内务部”，虽然名称不同，都是妇女的组织机构，都是做妇女工作的。这些组织机构充分调动了妇女的积极性，在革命中涌现了很多英雄人物。这里讲一个有趣的故事：

1934 年 10 月，在红江县建立彭杨学校，专门培养军事干部，校长李特系留苏学生，这个学校相当于现在的军大，招收学生大部分从部队里抽调，也有从农村里来的积极分子。一次训练号兵，全是男的。有个十三四岁的少年虽然说话、走路、做事，都与男同志一样，但有两件事引起了大家的注意：一是耳朵上穿过眼。在旧社会妇女要戴耳环，只有妇女的耳朵才穿眼，男同志是不会有这样的标志的；二是解小便总是背着男同志，而且蹲着。这两事一传开，就议论起来了，有的说他是阴阳人；有的说他是别有用心混进来的。要弄个水落石出，组织上决定：动员他

① 应为约十万人——编者注。

暗地检查。他一再说好话,不让检查。文说不行,就来了一个武辣行动,几个女同志按着检查。原来果真是个女的。家里穷，受尽了地主的剥削和压迫，一心要当红军，消灭敌人，怕不收，就女扮男装。秘密揭穿了，说起这些，她就哭起来了。再三请求留在彭杨学校，继续学吹号。了解了这些，组织上同意她留下，并为她保密。她在彭杨学校对自己要求严格,处处模范遵守纪律,进步快,学到了很高的吹号技术。她作风正派，从不和男同志来往，从没有过不轨行为。毕业后，分到部队，号吹得待别好，打仗勇敢。在中国历史上有女扮男装的花木兰，当了12年兵，还没有人知道她是个女的。这个勇敢的号兵不是新民主主义历史时期的花木兰吗？这样的英雄人物，就出现在我们通江，难道不值得骄傲？难道不是通江人的光荣？可惜不知道她叫什么名字，是通江哪里人。通江妇女干了惊天动地的事，为革命做出了很大的贡献，连名字都没有留下。那些沽名钓誉，官迷心窍，一心向上爬，一味吹壳子的人，那些自以为是，处处标榜自己，高高在上的人，在这个无名英雄人物的面前，显得多么渺小啊！

妇女同志由于生理上的特点，在行军中遇到的困难，是男同志没有的。在行军中感到伤脑筋的是月经。一来了，就不好办。没有月经带，就是最好的毯子，也要撕来用。自己没得，就找“没收委员会”要。那时叫“给”为“把”,比如“你把这毯子把与我”,就是“给与我”的意思。毯子很稀缺，在行军中，既要盖，又要垫。要撕掉一床毯子，心里多难过呀！但有什么办法？难过也得撕。撕了的毯子，有的做月经带，有的就用来打草鞋，这叫作废物利用吧！光着脚走路是不行的，尤其是过草地，蚂蟥好多啊，爬到脚杆上扯都扯不脱，穿上草鞋还是一个接一个地来，不穿，就不用说了。在行军中，学会了打草鞋，我们穿的草鞋都是自己打的。

红军的纪律很严，过草地不准到藏族的喇嘛寺搜寻东西，不准损坏“经辊”。所谓“经辊”就是从印度运来的佛经，写在白布上，捆成的筒子竖放着的。在没有毯子可撕的情况下，有些女同志就在“经辊”上撕一块布来做月经带。领导知道了，就不得了：是党团员，就要开除，是一般战士就要关禁闭。这样的风险，男同志是不担的。

月经期过河，更有说不出的困难，衣服被水打湿很难受。不少同志都得了妇女病。这些病就是在那样的恶劣环境里造成的。

集体主义是战胜困难的精神力量。在长征路上，充分发挥了集体主义的精神。你没有毯子她有，就你撕一块，我撕一块，共同使用。晚上宿营，女同志要到僻静地方换衣服，另外的同志就放哨。长征中，死了不少人，就是藏族中的坏人用暗枪打死了的。明枪易躲，暗箭难防。敌人在暗处，我们在明处，稍不留心，就被打死了。在僻静处换衣服，不放哨是很危险的。所以女同志都我帮你，你帮我地放哨。

至今记忆犹新时，是翻夹金山那段艰苦的历程，这是第三次过草地。张国焘闹分裂，背离党中央南下打雅安，遭受严重挫折，才第三次过草地。部队伤亡大，人员骤减。每个妇女都要背长枪。吃的一天天困难，身体逐渐衰弱，人困马乏，就没有第一、二次过草地那样朝气蓬勃了。病员越多，能背枪的越少。妇女中有背三支的，有背四支的，也有背五支的。翻夹金山比上天还难。在困难的时候，李特同志带领一群新剧团的小娃儿；打洋鼓、吹笛子、喊口号，鼓励我们前进。说；“某某女同志多勇敢呀！”，“某某女同志多行呀！”，“我们要向某某女同志学习呀！”“看啊,某某女同志走得多快呀！”他们还唱着“鼓声咚咚，红旗飘扬,妇女们好英勇,我们在此唱歌,敬礼,向你们来学习。”的歌，本来有很多的妇女同志早就精疲力尽，想一下倒在地上睡觉，不打算前进了。听到这激励人心的口号声，热情洋溢的歌声，优美的音乐声，又振奋起来了,勇敢起来了。她们忘记了困倦，忘记了脚痛，忘记了饥饿，忘记了一身的劳累，甚至忘记了揩汗水;带着胜利的喜悦，登上了山顶。我想，如果没有党的坚强领导，没有共产主义的远大理想，没有革命的乐观主义精神，是不能战胜这些困难的。

在长征中，所表现出来的阶级友爱精神，给我留下了很深的印象。行军中，提出了尊重妇女的口号。女同志拿不起的，男同志帮忙拿，背不起的，帮忙背；没吃的，男同志主动支援。领导同志在行军中起了带头作用。如果看见某女同志没吃的，就把自已吃的东西送与这个同志，如果看到某女同志不能行走了，就把自己的牲口让出来，给这个同志骑。这些动人的事迹，像春天的鲜花，开遍长征路上。在这种精神感动下，再累也不叫累，再饿也不叫饿，再走不动也一步挨一步向前。

晚上宿营，男女同志在一起，互相尊重，从不说下流话，从不乱来，没有出过纰漏，没有犯过两性错误。在红四方面军里结婚的很少，那样多的妇女，与男同志在一起，没有听说那个女同志出过丑（生过娃娃）。不仅未婚的是这样，就是已婚的，也是这样。因为，天天打仗，夫妻没有在一起。我们经常讲发扬党的光荣传统，红四方面军在长征中所表现出的阶级友爱，及男女之间那种纯真的感情，那种互相尊重的行为，就是党的光荣传统啊！

张琴秋是女中的一位很有才能的人物，曾经留学苏联，既能文，又能武，在川陕苏区，有很高的威信。红军入川，妇女能迅速地摆脱封建思想的束缚，很快地走上了革命道路；在革命中能经受各种困难的考验，都与她有很大的关系。都直接或间接受了她的影响。今天回忆通江妇女所走的革命途程，就不得不记起她。

长征路上，张琴秋与陈昌浩结婚。到延安后，陈昌浩到了苏联，陈的前妻带着几个小孩从白区到革命圣地。张琴秋对陈的前妻及小孩关怀备至，受到了干部及群众的赞扬。她不仅在革命工作中是妇女学习的榜样，在处理家庭事务方面也是值得学习的。不幸得很，这样的英雄却被“四人帮”害死了，想起她，心里多难过啊！（李瑞明整理）

选自中共通江县委党史资料征集组编:《通江现代史资料选》第2辑，1982年6月印刷，第75—82页。

李玉南，女，1916 年生，四川通江人。1932 年参加中国工农红军并加入中国共产主义青年团，1936 年转入中国共产党。红军长征时红四方面军新剧团团支部书记兼第三队副队长、第四军政治部宣传队指导员等。新中国成立后，曾任川北行署农民协会巡视员，通江县农民协会主席、县妇联主任、县民政科科长，川陕区划特派员等职。2010 年在通江逝世。

童养媳、丫头、女兵[1]

刘坚

人老了，总喜欢缅怀那艰苦的战斗岁月。我从 1932 年参加革命，到现在 52 年了，算得上一个老兵。我是怎样投奔革命的呢？先得从我那苦难的家庭说起——

我的老家在四川省通江县大黄坝肖家湾，这是一个偏远的大山区。我爹叫肖长春，是个务庄稼的老实人，小时候跟草药郎中学过几天医，会看一般的病。随喊随去，看完病，出得起米的，给个一合两合；出不起的，分文不取。因此，山里人都敬佩他，喜欢他。我家只有两间千脚落地的茅屋，一分地，吃不饱，穿不暖，父母常为锅里没米发愁。加之天灾人祸，穷苦人家的日子真是度日如年哇！

说起来真寒心。我母亲生了七胎，头胎是个姐姐，刚满月就送给人家；第二胎是个哥哥，才一岁多点，害天花死了；第三胎是双胞胎，一男一女，不满月双双死亡；第四胎是个女的，刚一生下，母亲就把脚盆倒扣下来断了气；第五胎流产；第六胎生下我，也差点被弄死；第七胎是个弟弟。母亲生下八个孩子，最后剩下我们三个。我很小就被卖做童养媳、后又被卖给贺团总家做丫头。

1932 年 12 月 20 日那天，下着大雪，刮着大风，山岗上，田垅里，

① 编者对内容略有删节。

小溪边都被雪花遮住了。我给贺团总捶完背回到下房，只见周表叔挑着一担木炭进来，见四面无人，悄声说："竹娃，今晚上你爹来接你。"

我高兴极了，问："到哪里接？"

周表叔神秘地一笑："在我家。"

周表叔走后，我只盼望天黑下来。是啊，爹要来接我了，我要跳出火坑了，我忍不住要笑。五姨太太痴痴地望着我问："哟，竹娃，平常你的脸老是阴沉沉的，啥子今天开笑脸了？"我赶忙搪塞道："五太太，快过年啦，心里当然乐哩！"

天黑了，因下着雪，外面还是白白的。我吹熄了煤油灯，装着睡了。天气冷，贺团总和五姨太太也睡得早。我一想到爹，哪会睡得着？而隔壁的贺团总，打着猪婆鼾，睡得好死哩！我轻手轻脚，拎着个小包，打开大院的后门，跑了！

我一口气跑到天崖山下周表叔的屋，流着眼泪喊了声："爹！"便哭了。爹把我抱在怀里，用他那双粗糙的手摸摸我的头发，我的面颊，嘶哑着喉咙说："竹娃，我的好闺女，你受苦啦！"我问："爹，你接我回家吗？"爹说："傻闺女，你是贺团总家的丫头，我敢把你接回家？"我问："那上哪里去？"爹说："到一个最好最好的地方去，你再也不会受苦遭难了。"

爹和周表叔又说了一阵话。当天晚上，为了防止贺团总找人，我和爹便走了。

风在吼，雪在飘，好冷哇！但我并不感到寒冷，因为我跑出了虎口，按爹的话说，到一个最好最好的地方去。冷也罢，冻也罢，我全无所谓了。

那一夜，爹拉着我不知翻了多少高山。饿狼在山上成群嗥叫，真是怕人极了。天亮了，我们来到一个小村，找到一个穷人家里歇了歇脚，烤烤火，吃了几个红薯，又赶路，走了一天，又走了一个晚上。我的脚打起泡，走不动，有时爹背我走一阵。过了通江，过了烟溪，到了二河口，已是第三天上午了。

哟！这地方好稀奇。只见场上住着很多戴八角帽缀红布五星穿青布衣褂的人，一个个背着枪，笑眉笑眼的，很是和气。我问：“爹，他们是啥子人？”爹笑道：“傻闺女，他们就是红军呀！”

红军！啊，我天天想夜夜盼的红军就是这个样子呀！我说：“爹，我也要当红军！”爹说：“傻闺女，爹就是特意带你来投红军的呀！”

爹把我带到一支红军部队里，后来我才知道是红四方面军三十三团。因我年纪太小，长得又瘦弱，谁又愿意收呢？最后找到了团部，团政委是安徽人，他看了我几眼，问道：

“小鬼，你叫啥名字？”

“竹娃。”

“多大啦？”

“十三岁。”

“你为啥子要投红军呢？”

“我只图个没人打我骂我。”

团政委笑了。爹说：“我闺女是贺团总的丫头，半夜跑出来的，走了两个晚上一个白日，好造孽哩。你们就收下吧！”

团政委看我委实可怜，便点了点头。这时，我乐得不知说啥子好了。

团政委说：“竹娃，你从今天起，便是一个光荣的红军战士了，竹娃这个名字不好，我给你取个新名吧。”

我自然高兴，团政委想了想说：“你姓肖，就叫肖成英吧！意思是希望你将来成为英雄，懂吗？”

从参加红军那天起，我便改名叫肖成英了。

爹在二河口住了两天，临别的时候，他对我说了很多鼓励的话，要我在红军队伍里好好干，莫牵挂家里。

从寒冬走过来的人，最知春天的温暖。我七岁当童养媳，八岁当丫头，成天挨打受骂，还不如一头猪一条狗。现在是女红军战士了，真正是个人了，能不好好干吗？拼命干吗？ 1933 年三八节，川陕省委在通江县召开妇女代表会，我被选为代表，并任命为省委妇女部巡视员；同年5月，组织上又叫我担任少共妇女部部长；同年9月，团转党，我又被任命为省委妇女部部长。当时才14岁，年纪太小，又没有什么工作经验，连我自己也感到惊奇，我会担此重任，竟当省委的妇女部长。如果以现在的眼光来看，真是难以理解的，在艰苦的战争年代，最能培养人，锻炼人，也能使幼小的年龄趋于成熟。

参军50多年来，我在延安的抗大学习过，中央党校学习过。参军前，我没进过学堂门，一字不识，是党把我拉扯大的，把我培养成人的。部队就是我的家，党就是我的母亲，这一点，我是体会得很深的。

50多年来，在党的领导下，在同志们的帮助下，金戈铁马，浴血苦战，我历经艰苦的二万五千里长征，参加过八年抗战和三年解放战争。在民族危亡的抗日战争中，我曾经荣获过二级勋章；在消灭蒋家王朝的三年解放战争中，我曾经荣获过三级勋章。我不想把这些战斗的往事诉诸文字，我倒是想把在难以忘怀的二万五千里长征中，我这个13岁参军，14岁入党的黄毛丫头，怎样胆敢和当时的“大人物”——右倾机会主义分子张国焘作斗争的事讲讲。尽管这种斗争只是一个小小的侧面，但对我们认识当时党内尖锐的路线斗争是有好处的。

川陕革命根据地的红四方面军曾取得了粉碎敌人多路围攻的胜利，但张国焘坚持右倾逃跑主义路线，放弃川陕革命根据地，带着全部人马向西撤退逃跑。1935年夏天，部队在理番的杂谷脑打了一仗以后，我和其他几位妇女干部带领妇女部、少先队的人，帮助三军团扩军、筹粮，在离杂谷脑100多里路一个叫黑水的地方，见到了毛主席、朱老总和周副主席，红四方面军和红一方面军会师了。两大红军主力会师，极大地鼓舞着广大干部和战士北上抗日的决心。我们在黑水筹粮四五天后，接到通知，要我们赶到毛儿盖。我们克服饥饿与疾病等等困难，过了黄河尾子，在离马尔康约十多里的一片小森林里宿营。第三天上午赶到了四门坝，刚刚住下，谢富治通知我们不要走远，下午要开重要会谈，还说张主席（指张国焘，他当时任红四方面军军委主席）要回来。下午3点多钟在四门坝一个草坪开会，说什么“毛泽东、周恩来、张闻天、博古搞右倾，逃跑了。”我感到好奇怪，为什么有的人公开反毛、周、张、博呢？会上，还有人讲朱老总的坏话，在四门坝住了两天，我们便奉命赶往卓木碉。途中，有个女同志指挥大家唱这样的歌，歌词是：“红军南下行，啦索咪索，要打成都城，反对右倾逃跑，拥护正确领导。”但一方面军来的康克清（朱老总夫人）、吴仲廉、王泉媛等几位同志闭口不唱。我问康大姐：“你们咋不唱？”康大姐严肃地说：“我们学不会。”

到了卓木碉，大家心情很紧张。第二天，即1935年10月5日傍晚，我被通知参加会议。记得这次会是在一个教堂里开的，有张国焘、陈昌浩、朱德、刘伯承、董振堂、李卓然、罗炳辉、何长工、蔡树藩、郭天民、傅锺、谢富治等等。张国焘、陈昌浩（红四方面军政委）坐在台子上，下面是用树条和木板搭起来的临时座位。朱老总、刘伯承等同志坐在第一排，我坐在第三排朱老总后面。朱老总和刘伯承都是四川人，我特别注意这两位老乡。会议由陈昌浩主持，张国焘讲话。白白胖胖，高高大大的张国焘沉着个大脸，皱着眉梢，像很有气的样子。他一开口就说：为什么要成立中央？因为毛、周、张、博等人已经右倾逃跑了，现在为了加强领导，必须成立中央。我们的口号是坚决反对右倾逃跑……张国焘接着问大家：成立中央你们同不同意？同意的举手！这时会场里很多人举了手，但朱老总和刘伯承等同志没有举手。

张国焘横了一眼朱老总，要他上台讲话，为的是想斗他。这朱老总不慌不忙地走上讲台，严肃地对大家说：“我一个拳头不能选两个中央，因为原先那个中央我举了手的，现在我还没有接到撤销那个中央的通知，所以我不能举手。”张国焘说：“你是死心塌地跟着毛泽东那个右倾机会主义跑呀？”朱老总义正词严地用双关语说：“朱不能反毛，朱反毛就是光巴子，朱（猪）没毛就会死的。”

朱老总在关键、危难的时候，以大无畏的精神维护了党的团结和统一，使我们深受教育。会后，我说："想不到共产党斗共产党，要搞两个中央了。"这话传到张国焘耳朵里，他把我找去了，问我说没有说这样的话，我说："说了。"张国焘瞪了我一眼说："你小小年纪，懂得什么？"我拿起一本党章，这党章是用一种很粗糙的毛边纸印的，我指着党章中的一条说："你看，党章上写得清清楚楚，人家举不举手，有他的自由嘛！"张国焘火了："你敢反对我张国焘？"我一看他发火了，也就不敢再说什么了。

在卓木碉开完会的当天晚上，张国焘就派人把朱老总的一匹大枣红马偷走了，急得朱老总的警卫员团团转。这是安的啥子心肠啊？我和刘桂兰几个女同志很气愤，觉也顾不得睡了，打着火把四处寻找，但没有找到。后来，是部队又送给朱老总一匹马，据说，是董振堂送给老总的。

1936年5月，部队翻过了大雪山，到达甘孜的芦河。这是藏族人民聚居的地方，在一个喇嘛庙里，张国焘主持开了个会议，说要开除郭天民（红一方面军司令部局长）、张宗逊（红四方面军师长）、曹里怀（红四方面军干部队队长）的党籍。原因是他们三人宣传了毛主席指挥一方面军在陕北打了胜仗，这本来是件好事，应该大宣传特宣传，怎么要开除他们党籍呢？我在会上发了言，反对张国焘这种排除异己的恶霸作风。

张国焘质问道："谁指使你发言的？"

我说："我自己。"

张国焘问："你相信张宗逊他们的话？"

我说："相信。"

由于多数人反对张国焘搞独立王国，封锁红一方面军消息，结果，他的阴谋失败了，张宗逊、郭天民、曹里怀等三同志没有开除党籍。[①]说起来，我敢在这样的会议上顶撞张国焘，是受到了朱老总和康大姐的

① 回忆有误，曹里怀被错误地开除了党籍，张宗逊等遭受严重警告等处分——编者注。

支持，康大姐动员我发言，宣传毛主席指挥红一方面军在陕北作战的胜利，张国焘开除张宗逊他们的党籍是完全错误的。我年纪小，敢讲敢说，又是川陕省委的妇女部长，是四方面军的人，也就好讲话了。当然，这次和张国焘的斗争，是正确路线的指引，集体的力量，我个人是微不足道的。

1936年9月，部队到达桃溪（即甘肃省的临洮县）。部队历尽艰辛，付出了鲜血，吃尽了苦头，好不容易才取得三过草地的胜利。为什么三次过草地？都是张国焘反对党中央闹独立王国的结果，整个部队差点被他葬送。从实践斗争中，大家逐步认识到继续跟着张国焘走，只有死路一条，部队到达桃溪，本应北上抗日，与一方面军会师，可是张国焘不这样做，掉转头，命令部队西进。战士们气愤地说；“再西进，敌人不消灭我们，自己也要把自己拖死，冻死，饿死。”

那时，我担任四方面军党校团总支书记，康大姐是党总支书记，她对我很关心，我们的关系也很好。她问我：“你同意张国焘西进吗？”我说：“不同意。”康大姐说：“对，西进只有死路一条。张国焘的目的，就是要和党中央唱对台戏呢！我们要立场坚定，旗帜鲜明，勇敢地和张国焘的错误路线作斗争。”

在一次80多人参加的会议上，我按康大姐的话说了。张国焘很不高兴，说：“肖成英，你哪来这么多意见？”我说：“不是我有意见，大家都反对西进，要求北上与毛主席会合，与一方面军会合，齐心协力打日本鬼子！”

由于朱老总、刘伯承、康大姐等人的坚决反对，也由于广大红军战士意志坚定，最后，张国焘终于以彻底失败而告终，红四方面军几经挫折，付出了惨痛的代价，终于到达陕北与一、四方面军胜利会师了，新的战斗开始了！

往事如烟。时间过去了半个世纪，好多事情被岁月的洪流冲刷干净，有的淡忘了，有的模糊不清了，但在艰苦的长征路上，我作为一个

未成年的女娃，敢与张国焘作对，则深深地留在我的记忆之中。（谭士珍整理）

节选自刘坚：《童养媳、丫头、女兵》，载菡子主编：《女兵列传》第2集，上海文艺出版社1986年11月第1版，第73—80页。

从童养媳到红军战士（节选）

蒲云

我是背着养父养母偷偷参加红军的。那年，我 16 岁，已经过了七年的童养媳生活。旧社会，妇女的地位最低贱，被压在社会最底层的童养媳，受着封建宗法和男人的歧视，日子苦似黄连，没法活呀。我曾想往家跑过，可无家可归。父亲在我 11 岁时病死了，母亲改了嫁，唯一活下来的小妹妹，和我的命运一样，也做了人家的童养媳。母亲改嫁后不久，继父也死了，苦命的母亲无依无靠，饿死在逃荒路上。断了往家跑的念头，往哪里去呢？报名当红军。那时，红军在县城，村镇闹革命可欢了，组织穷人建立红色政权，打土豪，分田地，斗争恶霸地主。多年受军阀地主土豪劣绅欺压的老百姓，从来也没见过这样的好军队，一传十，十传百，人们夸赞红军，纷纷报名当红军，其中有不少女同志。养父养母见我经常念叨红军，哼唱红军歌曲，怕我被赤化飞了，不让我出门干活，限制的很厉害。其实，我早就不想在这个家待了，看是看不住的。有一天，是个赶集的日子，我趁养父养母不在家，和一个姓张的姑娘偷偷跑出家门，先在区委少共妇女部长吴大姐家待了七天，随后，跟一位姓张的女同志跑到通江县城。那里是红四方面军机关所在地。几位红军大姐听了我的身世和当红军闹革命的强烈愿望，流出了同情的眼泪。他们把我收下了，换了军装，打开了我的裹脚布。我解放了，再也不当童养媳了。

养母听说我当了红军，急得直哭，多次求人捎信让我回去。那是做梦。我被分到红四方面军政治部宣传队当宣传队员。唱歌，印传单，贴标语，内容有："打倒军阀！打倒土豪劣绅！""平分土地！""废除一切高利贷债务和地主契约！""取消一切苛捐杂税"等等，还拿着《中国革命十大纲领》、《怎样分配土地》的小册子，到处作宣传。打当上红军那天起，我就把自己交给党了。那时，也不知哪来的那么大的精神头，演节目，搞宣传，爬山涉水，早出晚归，有时吃不上饭，一点也不觉得苦和累。有一天，我们外出搞"扩红"宣传，雨下得很大，会场周围，人山人海。没等宣传完，就有一些人报名当红军。大家浑身上下淋得透湿。我感冒发烧了，几天几夜不见好，领导怕病情恶化，派三位同伴把我送到总医院，经过及时治疗，我的病好了，却没想到改行当了护士。那是我要出院的时候，总医院政治部主任张琴秋对我："你就别回去了，医院缺人，留下吧。"我想可也是，都是干革命，在哪儿都一样，我被留在医院。开始做些针线活，洗衣服，纳鞋底，有时还去背粮食。半个月后，医务主任让我当护士，和杨磊同志在一起，照顾护理伤员，剪纱布，把换下来的纱布洗干净、晒干，经过消毒再叠起来。那时，条件十分艰苦，伤员住的也分散，我们的工作量很大，轻伤员还好护理，有的重伤员要及时为他们换药、翻身，白天黑夜守护在身边。遇上个别伤员发火，骂人甚至动手打人，我也不生气。他们是为革命负伤流血的，心情急躁可以理解，我就用火一样的心感化他们，鼓励他们，耐心讲道理，做思想工作。发脾气的伤员见我这样任劳任怨，也就不发火了，还向我道歉。记得有一次，领导让我和看护长林春芳，还有另外一位同志，我们三个人抬一副担架，转移一位伤员。从杂谷脑到二道桥，有八九十里路，中间要翻越好几座大山，没有路，遍地石头，还要过好几条河，别说抬着伤员走，空着手走也够费劲的。我们是早晨 4 点钟出发的，轮流抬担架，特别小心，生怕跌跤，摔了伤员不好交待。走到下午。只剩下半壶水了，四个人干渴得要命，但最需要水的是伤员，他出汗，流血过多，这时候喝点水比药还管用。可那伤员见我们又渴又累，怎么也不肯喝，四个人你推我让，那种互相关心、团结友爱的精神真感人啊！到了晚上，伤员平安到了目的地，我也累倒了，浑身像散了架子，可是，任务紧急，不能多休息，第二天一大早，我们就急忙往回赶。

在长征中，部队是边走边打仗。总医院随部队走，爬雪山，过草地，过铁索桥，那个艰苦哟。我还是当护士，背个药箱子，照顾伤员们吃饭、穿衣、休息、为伤员们换药，人手不够时，还得抬担架，不分白天晚上、刮风下雨也走，谁也不叫苦，不掉队。这一天，我们来到大金川，领导作了过河的动员，组织得非常周到、严密。我从来也没有见过这样的大河，河上面架着铁索桥，河两岸是陡峭的大山，河岸比河面高三四十丈，河面宽，水流急，波涛滚滚，好吓人哪。过河时，敌人又追来了。那天风刮的很大，铁索桥摇晃得厉害。有的男同志走在桥上都胆怯，何况女同志了。我小心地走在铁索桥上，见桥离水面好高，像在半天云里，脑子发胀，眼冒金花。我索性蹲下来，再也不敢迈步了。这时，过来一位男同志，他鼓励我说："别怕，抬起头，过桥往前看，把脚步放平稳。"说着，他把我拉起来，扶着我走。按他说的办法过桥，真灵。我真感激那位同志，直到现在也没忘记他。我亲眼看见，有的同志由于长途行军、打仗、很疲劳，又有病，走在铁索桥上，脚一踩偏，掉到河里，无法抢救。想到牺牲的战友，心里难过极了，没有他们的牺牲，不可能有后来的胜利。

不久，红二、红四方面军在甘孜地区会合，又一次北上，过草地，这是我们第三次过草地，过草地前，要爬越几座山，有的是山连山的雪山，有的没有雪，长满了树和杂草，根本没有路。有一天，我们来到一座大山下，这山峭壁像刀切的一样，山下有条河。翻越这座山很费劲，先是几名能爬山的同志带上铁丝和绳子，爬到山上，把铁丝拴牢，再放下来，山下的人弄些树木、条子，搭成梯子，一个一个顺着梯子往上爬，稍不小心，掉下去就没命。翻过像这样几座山，进入了漫无边际的草地。这时，我已经是班长了。过草地的人都知道，草浸泡在水里，到处是泥淖，软得像棉花，陷进去很难出来。有一天下午，天下着蒙蒙细雨。行军中，我突然听到，“班长，快救命呀！”回头一看，原来是我们班的战士光锋不小心陷进泥淖里，越陷越深。她一边挣扎一边呼救。我急忙跑过去，不顾一切救她，不管怎么使劲，也拉不上来，我差点也陷进去。怎么办呢？我急忙叫来一位男同志，互相配合，费好大劲才把她救出来。全国解放后，我们在北京见面了，她是特意来看望我的。一见面就紧紧拉着我的手说：“老班长，多亏你在草地时拉我一把，不然，我是活不到今天的。”草地的天气很怪，说变就变，一会儿阴，一会晴，有时风雨冰雹一起袭来。晚上没有睡觉的地方，几个人挤在一起，互相倚靠着，对付一夜，还没有解过乏来，天亮了，又出发上路。吃的相当困难，粮食吃光了，没地方去找，就吃草根、野菜。有一天，什么吃的也没有了，院长见大家饿得迈不动步，没有办法，下令把马杀了，分给大家，有了马肉，又没东西煮，大家分头找来干树枝、干柴，点起火，围坐一起烤马肉，生一块，糊一块，对对付付吃了。马肉吃完了，还是没有粮食，只好干挺着。有的同志身体本来很壮实，就是没有吃的，饿倒了，再也没有起来；有的伤员因为缺医少药，加上断顿没吃的，牺牲了。最后那几天过草地，我是靠仅有的一壶水过来的，饿得厉害，就喝点水，不敢多喝，就一两口。那时，我只有一个念头：只要有口气，就是爬也要爬过去。大家也都是这样想的。在最艰苦的时候，医护人员和伤员，情同手足，互相关心，争挑重担，关键时刻，把生的希望留给别人，把危险留给自己。大家同心同德，克服一个个意想不到的困难。走出草地，进入巴西，条件好多了。那里有住房和吃的。经过简短的休整，按照预定的计划，我们又出发了。（任永发整理）

节选自曾志主编：《长征女战士》第二卷，北方妇女儿童出版社1987年8月第1版，第111—119页。

蒲云，女，1917 年生，四川平昌人。1933 年参加中国工农红军，1934 年加入中国共产主义青年团，1935 年转入中国共产党。红军长征时任红四方面军总医院护士。新中国成立后，曾任中共湖北省委秘书、中共中央组织部老干部局离休支部副书记等职。2015 年在北京逝世。

红小鬼生活片断

曲飞

童养媳参加儿童团

1933年秋天，红军像秋风扫落叶一样，打垮了军阀田颂尧的军队，解放了我的家乡——四川苍溪县的东河镇。

当时，我刚十岁。因为家里穷，半年多以前卖给镇上的刘寡妇家当童养媳。平时，干着繁重的家务活，吃不饱穿不暖不说，还经常挨骂受气。刘寡妇就像买了一头牲口一样使唤我，动不动就用指头粗的荆条抽得我身上红一道紫一道的。这一回，红军来了她也跑了，硬叫我留下给她守家。我呢，心里真有些害怕。战斗激烈的时候，我就躲进水缸里，上面用簸箕盖住。

不知过了多久，枪声、爆炸声渐渐地稀疏了，停了。我刚准备从水缸里钻出来，谁知又传来脚步声和说话声。我赶紧又蹲到缸里，心里嘣嘣直跳。

忽然，盖缸的簸箕被挪开了。我被惊呆了，差点“啊”地叫出声来。揭缸盖的原来是个年轻战士，穿着土布军装，帽子上还缀着一个红五星，显得很精神。他用同样惊异的眼光瞅着我：“咦，这小姑娘蹲到缸里干么事？”很快，他似乎明白了，伸手把我抱了出来。

我出了水缸才发现，旁边放着一挑子水，还围着三四个穿着同样服装的战士，有的背着枪，有的拿着扫帚、筐子，全是笑呵呵的。原来，他们是在帮我家挑水扫院子。他们见我惊疑未定，就和颜悦色地跟我拉开了家常。一个胖乎乎的战士说：“小妹妹，不要害怕，我们是红军，来帮助穷人打土豪，斗地主，闹翻身的。”没说完，另一个又插上来了：“我们红军是穷人的部队，在家也跟你们一样，受欺压、受剥削……”说着说着，我不害怕了。红军待人是那样的亲热、和蔼，尽管他们讲的那些革命道理我一时不全懂，但是，我已经开始明白：红军是好人，是同我一样的穷人。他们讲的正是我心里想说的话。他们问我：“小妹妹，镇上的人都到哪儿去了？”“跑到山里躲起来了。”“怎么不回家？”“害怕呗。你们还没来，坏蛋造了好多谣，说红军杀人放火，还专爱喝小孩血呢……”我自知说的不对，赶忙辩白：“不，不，这都是坏蛋的话。”

我心想，当着面说人家的坏话，肯定会招人恨。谁知，红军战士听了竟发出了一阵笑声，不知是看我紧张的样子好笑，还是觉得反动派造的谣愚蠢可笑。笑过之后又问我：“小妹妹，你能去把人们找回来吗？”我虽然没有把握，但还是高兴地接受了这个任务：“行，我去！”

第二天，我提着一面铜锣就上了山，一边走一边敲，见到乡亲们就宣传：红军是好人队伍，专打地主恶霸，保护穷人，还给穷人分粮食，分房子，分土地。我又把一些小伙伴串通好，做他们家长的工作。这样一传十、十传百，大家听说是我讲的，都信。小孩说实话嘛。一些上了年纪的见面问我：“腊香子，可是你亲眼看到的红军？”我说：“对，没错。”有些胆子大的，当天就回镇子了。接着，其他群众也三三两两地下了山。

红军打开了地主的仓库，把粮食和衣物分给穷人。大伙儿背着粮食，捧着衣物，高兴得奔走相告，都说共产党领导的菩萨兵来了，穷人真的要翻身得解放了。

那些日子，我高兴极了，整天跟在红军叔叔后面，有说有笑，又蹦又跳，帮助搞宣传。可是，一回到家里就变成了另一个人。我一看到刘寡妇那张冷冰阴沉的脸，想到她那副吝啬刻薄的心肠，就不寒而栗。在这种家里实在呆不下去，我拿定主意要求当红军。

但是，红军嫌我年纪小，不要。我这个人是个犟性子，向来“开弓没有回头箭”。不要，我就磨。可嘴皮子都快磨破了，还是不行，负责登记报名的那个大个子红军就是不松口。不过他脾气蛮好，总是拿那句话安慰我：“小妹妹，别着急，再过几年保险收你。保险！”

一连好几天，我吃不好饭，睡不着觉。有一天上山砍柴，肚子饿的疼痛难忍，想当红军人家又不要，就越想越伤心，坐在山头上大哭起来。恰好这个时候，被路过的乡苏维埃委员长何光秀看见了。她把我拉到怀里，帮我抹去眼泪，问我为什么这样伤心。我一五一十地说了。她见我要求当红军的决心这么大，高兴地夸奖了我，最后说：“你现在年纪小，当不了红军，可以先参加儿童团嘛，儿童团是红军的预备队呀。”我不好意思地点了点头。就这样，我随何委员长到乡政府报名参加了儿童团。从这时候起，我开始用自己的名字——罗坤。

查路条

儿童团的生活是紧张而又愉快的。我们跟部队一样，每天早早起床出操，还上课，学军事，学政治，学文化。参加儿童团的，差不多都是穷孩子，过去想读书读不了，一听说学文化，劲头足得很。白天学认字，晚上就背，摸着黑用指头在被子上默写，连行军走路也不放松。我们每个人的背包上贴着一张小纸条，上面写着“打土豪，分田地”、“穷人要翻身，人民要平等”、“红军必胜”、“共产党万岁”等，小伙伴们一边走一边念，既学了文化又学了政治，进步很快。

同部队不一样的是，儿童团的主要任务是站岗放哨。当时，苏维埃政权刚刚建立，防奸锄奸工作很重要，任务也繁重。我们这些儿童团员，便成了把守苏维埃与敌占区之间交通要道上的小卫士和小耳目。

有一天傍晚，我和秋香两人手持红缨枪，守在路口。忽然发现匆匆走来一男一女，屁股后头还跟着个八九岁的小孩。两人看上去都在40开外，衣服褴褛，像个叫花子。等他们走近了，我俩吆喝一声，盘问他们是干什么的。那一男一女忙点头哈腰地说："我们是来看望女儿的，有人捎信说她病得厉害,都快咽气了。""有路条吗？""有,有。"说着，那男的就从怀里掏出路条递上来。我仔细查看，发现路条上的图章模糊不清，当下引起了我的怀疑。我收起路条，对他们说："麻烦你们跟我走一趟。""到哪儿去？""到我们苏维埃去核对章子。"

那对男女一听说上苏维埃政府，脸色顿时有些慌张。很快，那男的又故作镇静，先给我们戴上一顶"高帽子"，说什么"你们儿童团真是好样的，认真负责，不愧是个好哨兵"啦，什么"你们一天站到晚，也真够辛苦的"啦。接着又解释说，因为怕见不到女儿的面，走得急，盖章没干就揣起来弄模糊了，保证今后注意。还说赶了一天路，实在饿得不行了。

不管他怎么花言巧语，我们仍然坚持到政府弄清楚了再说。

那对男女一看光说好听的不行，又换了新招。只见那男的向女人挤了挤眼，女的会意地赶紧从贴身衣兜里摸出两块大洋，嬉皮笑脸地凑上来说："我们也是穷人，这钱是刚打土豪分来的，来，小姑娘，送给你俩买件把花衣服穿吧。"

一见他们使出这一招，我俩特别反感，一撇嘴，异口同声地说："谁要你的钱，我们要的是合格的通行证。"

两人见我们执意不肯放行，便来硬的了。那男的向女的一个暗示，说了声："家里都要死人了，没工夫和你们啰唆。"用手把秋香往旁边一拨拉，拽起小孩就要闯过去。

我一见这情景，越发认定不是好人，就把红缨枪一横，大喝一声："不许走！"

那男的凶相毕露，扑过来就要夺我的枪。我早有防备，一闪身，端起枪便往这家伙头上扎去。虽说我才十来岁，但长得五大三粗，有股男孩子的虎劲。一枪扎在那家伙脑袋上，他一个趔趄就倒下去了。那女人活像个夜叉婆，“哇”地一声，扑上来就要同我们拼命。那男的也爬起来，狗急跳墙地就要对我们下毒手。

正在危急时刻，一个收工回家的翻身贫农赶来，帮我们抓住了这两个坏蛋。押到区苏维埃一审问，这两个家伙果然是奸细。男的是国民党保安团的一个分团长，化装到苏区刺探情报，妄图乘傍晚蒙混出境。我们从那个女的头发里搜查出送给敌人的情报，裤裆里还夹藏着金镏子。

别看那时儿童团年纪小，办事却特别认真，对领导交给的任务说一不二。不过，有时候也出点洋相。有一次，我们就把方面军的副总指挥王树声同志给“抓”住了。

那时，正是红军逐步收紧阵地、积极进行反“六路围攻”决战准备的日子里。这天，我和一个小伙伴在巴中至通江中间的清江渡附近的路口放哨。忽听“得得”的马蹄声由远而近，几匹战马从巴中方向疾驰而来，跑在最前面的马背上，是一位30多岁、宽脸庞、高个子的红军指挥员。看看跑到我们跟前，只见他一勒缰绳，战马前蹄扬起，嘶鸣一声，站住了。高个子红军首先下马，后面的红军战士也跟着跳了下来。

出于职责，我习惯地把手一伸，说：“红军同志，请您把路条拿出来。”

听说要看路条，那大高个红军“嘿嘿”一笑，和气地对我俩说：“哎呀，小鬼，我们今天走得急了，没来得及到苏维埃开路条。下次补上行不？”

“补？”这人说话真有意思，路条还兴赊账的？我嘴快心直，一口就回绝了：“那哪儿行。你们是干什么的？从哪儿来？上哪儿去？”这平日里问顺口了的几句话，就像热锅炒豆一样，从嘴里没歇气地蹦了出来。

大高个红军笑着点点头，接着正儿八经地回答说：“我们从前线来，到那边去。”说着，用嘴巴往通江方向撇了撇。“干什么的嘛……打仗的。”他说着还做了个端枪射击的动作。说完又是一笑。

问题是回答了，可……路条呢？

一见我俩还不肯放行，跟在后面的警卫员有些着急了，只好亮出了“牌子”：“这是王副总指挥，要赶去开紧急会议的。”

“副总指挥，王树声同志？”我差点没叫出声来。这个名字多熟悉呀。想不到，他就是站在面前的这位和气的长者。我俩顿时觉得有些不好意思起来。

看到这种情况，王树声同志马上打断了警卫员的话，说：“她们对工作认真负责，革命警惕性高，你们也应该向人家小鬼学习。”接着，转过身来又跟我俩商量：“你们有你们的职责，我们有我们的任务，都不能误了。小鬼，这么办行不行：我们留下一个同志在这里，你们派一个人跟我去。要是假的，你还可以拽着后衣襟把我拖回来么。”说着，自己先哈哈笑起来了。我俩也跟着笑了起来。

这个办法两全其美，我俩赞同地点了点头。当下决定我跟着去。王树声同志先把我抱上马背坐好，自己再一蹴骑了上来。一路上，他亲切地问这问那，不知不觉就到了红军的前线指挥部。

一下马，许多同志都向王树声同志围了过来，这个向他敬礼报告，那个跟他打招呼问好，人群里，还有我认识的民运部长呢。我一想，这下肯定没错了，拔腿就要往回跑。

刚跑出没两步，就被王树声同志发现了。他连忙招呼我：“小鬼，别跑，回来，回来！”我很不好意思，红着脸，低着头走了过来。看到我这个样子，王树声同志又是“嘿嘿”一笑，说：“我们的红色小哨兵怎么啦,刚才那样威风凛凛,怎么一下子变得这么羞羞答答了。来来来，我跟大家介绍介绍。”说着，就把我介绍给大伙儿，又把在场的一些首长向我作介绍。当时，我又羞又窘，连头也不敢抬。

最后，首长们提出要通报表扬我们儿童团，还奖给我们每人一支铅笔、一个练习本。听到这个消息，我高兴极了。我告别了首长们，就像得到什么宝贝似的，一蹦三跳地跑回去了。

赶 队

1935年春天，红四方面军不断地打胜仗，连续取得了广昭战役、陕南战役和强渡嘉陵江战役的胜利。我们当时年纪小，对战局的全貌和进展不清楚，只是从上级不断地给我们传达的捷报中，知道我们的红军打的胜仗越来越多，根据地越来越大，形势越来越好。我们这些在后方的红小鬼们，高兴得不得了，成天打着小红旗，敲锣打鼓，到处宣传前方的胜利。

有一次，我们到乡下搞宣传，去了半个多月。等到返回原驻地时，谁知道部队已经开走了，地方政府机关也跟着一起撤离了。我们一下子就像成了没娘的孩子，全傻眼了。这可怎么办呢？有的急得直跺脚，有的蹲到地上“哇”地哭了起来。

当时，我们聚集在一起的一共是12个儿童团员，最大的13岁，最小的才10岁。看到这种情景，有的提出来各回各的家算啦。这种意见马上遭到大伙儿的谴责。这个说：“想散伙，就是革命不坚定。”那个说：“要回家你自己回，我们说什么也不回去了。”提出回家的两个孩子也赶紧改口：“好，好，不回家就不回家。那也得想个法子呀。”

可是，想啥法子呢？十几张小嘴，你一言，我一语，七嘴八舌地拿不定主意。后来，还是年纪稍大点的何连英提出了一个想法：“咱们沿着红军走的路，赶大部队去。”

“好——！”大家异口同声地响应。于是，推选有主见的何连英担任我们这个“特别行动小组”的组长。随后，我们打听清楚红军走的道路和方向，尾随着向西赶去。为了防止碰上敌人惹麻烦，12个人分作好几拨，装成逃荒要饭的叫花子，假装互不相识，各走各的路。

4 月的川北，暖风煦煦，春意盎然。路边地里，油菜花散发着芬香，豌豆秧已长得老高，可以掐尖吃了。若在平日，我们这群稚气未消的孩子，一定会陶醉在这美丽的大自然景色中，尽情地奔跑、嬉闹，去捕捉那花丛中飞来飞去的蝴蝶，摘那甜滋滋的豌豆尖吃。今日可不，谁也没心思多观赏这春天的美景，一个个心急如火，只顾攒足劲往前赶路。

一路上，我们晓行夜宿，吃了不少的苦头。晴天一身汗，雨天一身泥，渴了喝口山泉水，饿了沿途讨点吃的。晚上，从没盖过被子睡过床，几个人背靠背，一坐就是一晚上。屋檐下，禾场上，草堆里，到处都是我们的栖身之地。

有一次，我们光顾着往前赶路，错过了村庄。天渐渐黑下来。我们又累又饿，实在走不动了。这时，不知谁嚷了一声："前面有住家！"大伙儿抬头一看，果然看见前面路边隐隐约约有幢大房子，就是没有灯亮，待赶近再一看：咳，原来是座大庙。

有庙住也比蹲在荒山野地里好。于是，我们壮着胆子往里走。神庙，平日就很瘆人，这时候愈发显得阴森恐怖。黑影里，耸立着一尊尊龇牙咧嘴的神像，什么四大天王，八大金刚，观音菩萨……把几个胆小的伙伴吓得够呛，不敢环顾四周。我们就像和尚打禅一样，靠着墙根，整整坐了一夜。

第二天天微亮，肚子饿的不行，我们就一个个都醒了，这荒山孤庙，到哪儿找吃的去呢？说来也巧，我忽然发现当中神龛上。供着五个馒头，我像抢宝似的"呼"地跑过去，双手把馒头抓在手里。馒头已经干得裂了口子，大概放了好多天了，昨晚进庙，因为天黑没看到。同伴们听说找到了吃的，一下子围了上来，都高兴得合不拢嘴。

大家一边嚼着干馒头，话匣子又打开了。这个说："我们吃了人家善男信女上的供品，菩萨怪罪下来怎么办啦？"说完，调皮地一吐舌头。那个马上接过话茬："不会的。这是菩萨看我们打了一夜禅坐，心诚志坚，特意给我们的奖赏。"另一个又说："看来，菩萨也支持我们的行动，给我们安排下这么宽绰的客店，还送干粮，好让我们吃饱睡足以后加油赶上部队呢！”话音落地，伙伴们立刻爆发出一阵清脆的笑声。寂静的古庙里，顿时充满了生气。

再往前走，离苏区越来越远，困难也越来越大。川西的农民，在地主盘剥之下，负债欠租，一贫如洗，自己尚且不得一饱，哪有米粮施舍我们呢？俗话说："车到山前必有路"。现实，逼着我们想出了另一个法子——吃大户。

我们假装愿意给那些有钱的大户人家干活，只管饭，不拿工钱，或者过继当儿做女，等到我们吃饱喝足之后，再带上些干粮，瞅个机会便悄悄溜走了。

就这样，我们12个红小鬼跋山涉水，餐风宿露，途经剑阁、江油、中坝、北川、茂县等地。一路上，我们还巧妙地摆脱了人贩子的拐骗，机警地躲过了豺狼、野牛的袭击，战胜了病痛的折磨，历时三个多月，行程一二千里，终于在快进草地的边沿地区赶上了红军。

这又是一个难忘的日子。那天晌午，我们就赶到了草地边沿，往里边走了一截，发现越走越荒凉，而且泥沼遍布，转来转去，黄昏又来到了。当太阳从远处的地边溜下去以后，也分不清东西南北了。我们只好就地宿营，背靠背地坐在那潮乎乎的草地上。

突然，我们发现前面远远的地方燃起了篝火，一堆，又一堆……几个小伙伴不约而同地跳起来，困劲顿时没有了。为了稳妥，先派马香云和李秀英两个大点的孩子前往打探虚实。当两个姑娘"噔噔"地跑转来时，老远就嚷开了："找到了！找到了！是红军，是咱们的部队！"这一下，可把大家乐坏了。红小鬼们又蹦又跳，又唱又笑，激动的眼泪止也止不住。

我们顾不得疲劳，一溜小跑赶到了前面部队的宿营地。正巧，省直机关的同志们也在这里，大伙儿立刻围了上来，问寒问暖，问长问短，显得格外亲热。正说着，少共妇女部长何连芝同志闻讯赶来了。我们一下子涌到她的跟前。她伸开双臂，看样子恨不得把 12 个小鬼全搂在怀里。她一边挨个抚摸着我们的头，一边问这问那，亲切地安慰着我们，就像慈爱的母亲见到了失散的儿女们一样。当何连芝同志听到我们叽叽喳喳地讲述了赶部队的经过后，眼睛湿润了。最后，她满怀喜悦地对我们说："好，能赶上部队就是胜利。你们从小就这么有志气、有毅力，不愧是革命的好后代，是党教育出来的英雄少年！"

后来，我们这些红小鬼便一直随大部队行动。三过草地，两翻雪山，走上了更加艰苦漫长的历程。但每当我们想到上有党组织，周围有同志，就觉得心里踏实，浑身有力量。

选自《艰苦的历程：中国工农红军第四方面军革命回忆录选辑》（下），人民出版社1984年12月第1版，第92—102页。

曲飞，曾用名罗坤、罗正坤，女，1923 年生，四川苍溪人。1933 年参加革命，1935 年参加中国工农红军，1937 年加入中国共产党。红军长征时任康克清同志警卫员、妇女独立团一连二排排长等。新中国成立后，曾任中央财经委员会秘书，中国人民银行总行商业信贷局副处长、参事室副处长，湖北省人民政府驻北京办事处主任等职。2004 年逝世。

长征是一种信念是一种精神[①]

蒲文清

1933 年 9 月，我参加红军，后随部队开始长征。

当时我在红四方面军总医院四分院当护士。在长征出发前我得了眼病，两只眼睛红肿几乎看不到东西。部队劝我留下来，我坚决不肯。从小失去了爹妈，七岁时就被卖给地主当丫头的我，是从地主家逃跑出来后被红军解救的，我坚决要跟着红军走！就是死，也要死在革命的路上。部队看我坚决，就同意了，我是拄着棍子随着部队出发的。

西藏懋功的党岭山，海拔 3000 多米，终年积雪不化，一会儿狂风怒吼，一会儿冰雪盖地。我的眼睛被强烈的雪光刺的不停地流泪，什么都看不见，眼皮被寒风吹得没有了知觉，心里真急死呀，怕自己过不了党岭山，更怕给经过长途跋涉已经疲惫不堪的战友增添负担，我就咬紧牙关坚持着。我们六人负责抬受了重伤的红军营长宋益民同志，只要担架一上肩，不管多重也不吱声。宋益民营长因大腿中了敌人机关枪的扫射，皮肉撕碎，露出了长长的白骨，一直是半昏迷着，他个子比较大，我抬担架时被压得直不起腰，只得慢慢地向前抬。记得爬到了半山腰时，突然一阵冰雹从天上下来，风吼雪飘。我们立即放下担架扑在宋益民身上，用自己的身体为宋营长遮挡冰雹。宋营长意识到我们在保护

① 编者对原文略有修订。

他，就用微弱的声音安慰大家 :“不要管我！你们已经完成了任务。全国解放就好了，我是赶不上趟了……”宋营长就在那场大冰雹大雪中牺牲了。宋营长牺牲后，我们没有马上掩埋，几位担架队的同志一直还扑在他的身上，等冰雹过后，我们几位战士用冻僵的双手捧着雪，把烈士掩埋。大家含着泪继续翻越雪山。

夜里，大家就在雪山上宿营。没有挡风寒的东西，我们抬担架的战士和受伤较轻的战士就把伤员围在中间，互相搓着手脚，搓着身体。度过了这一生中最寒冷艰难的黑夜。

快翻过雪山时，我们把仅有的一点青稞和几粒豌豆给伤员吃，而自己大口大口地吞着冰雪。战友们互相说着笑着，把冰雪当成美味佳肴。

就这样，英勇的红四方面战士在坚定的革命信念鼓舞下，只用了两天时间就翻过了党岭山，和毛主席领导的一方面军在毛儿盖胜利会师。我为自己没有因为眼病退却，也没有因为眼病掉队而感到无比高兴。

正当红军在毛主席带领下取得一个个胜利的时候，张国焘假借中央名义，提出一条向四川、西藏边界少数民族地区进军的错误路线。结果使我们红四方面军的指战员受够了罪，吃尽了苦，付出了巨大的牺牲，致使很多红军战士在两过草地三过雪山时献出了年轻的生命。我们八十八师医院出发时有 1000 多名伤员，经过这一年的苦斗，竟有 800 多革命战友倒在了长征路上。

草地并不是我们想象中的草地，它没有边际，没有太阳的出现，你连东南西北都找不见。最危险的是草地里的沼泽地。有的地方有一人多深，只要陷进去就会牺牲，所以过沼泽地时，大家都要一点点爬着往前进，试探着，当走到窝巴附近时，前面传来命令，发现敌人骑兵。听说要战斗，什么饥饿与疲劳都没了。战士们衣不蔽体，肚内无食，一边要保护伤员，一边要准备战斗，相互拉的拉，抬的抬，很快就筑起了一个半人多高的半圆形作战工事。就连重伤员也加入到战斗行列。

战士们只有一个念头，就是要把他们对敌人的仇恨，对先烈的缅怀，都装满枪膛，与敌人拼了！当近 200 多名敌人的残匪骑兵和土匪一露头，机关枪、手榴弹就一齐开火，打得他们人仰马翻，抱头鼠窜。因为在他们眼里，红军已经没有战斗力，不值得一打了，妄想把我们消灭掉，哪里知道红军伤员的火力还那么猛，在过草地之前，红军战士什么都可以不带，但战友不能丢，武器不能丢，当大家看到敌人狼狈逃窜的情景，还高兴地唱起《打骑兵歌》：

敌人的骑兵不可怕，沉着勇敢去打他。

目标又大又好打，排子枪快放一声杀。

打败骑兵唱赞歌，把红旗插遍全中国。

嘹亮的歌声响彻草地，鼓舞着在草地上的红军伤员与战士。大家奋力争取早日北上抗日。

在草地行军一天比一天困难，越往深处走，连飞鸟都难看见了。六七天后，就连可以充饥的皮带都吃光了，怎么办？人人都在想主意。有人突然发现草地水沟沟里有小鱼，怎么钓上来呢？总不能为了小鱼掉到沼泽地里送命。女护士就把风纪钩拆下来，把在草地水洼里钓上来的小鱼装在袖筒，给伤员们煮汤喝。可伤员们开始不肯先喝。这不是因为泥水太浑，鱼儿少，个儿又小，没有盐味，而是这些伤员们在想，要早有这么点鱼汤，又能解救好多战士的命呀！所以大家推着让着，都不肯自已先喝一口。

经过九天艰苦行军，我们终于走出了草地。童养媳出身的我，在艰苦与斗争中懂得了革命，体会了艰苦，学会了乐观，经历了奋斗与拼搏。所以我和其他幸运完成长征的红军战士们一样，知道了长征是一种信念，是一种精神！当队伍走到陕北附近时，传来了振奋人心的喜讯：毛主席派人给我们送军装来了！真高兴啊！我这个穷娃娃跟着队伍，爬过三次雪山，走过两次草地，再苦、再险、再难都没流一滴眼泪，可是，那时见到自己队伍的人，再也忍不住了！泪水哗哗地往下流。我们终于到达了陕北！

选自《中国监察》2005年第13期。

蒲文清，女，1918 年生，四川巴中人。1933 年加入中国工农红军，1934 年加入中国共产主义青年团，1937 年转入中国共产党。红军长征时任红四方面军总医院第四分院护士。新中国成立后，曾任北京市东城区交道口街道居委会主任和居委会党支部书记、国家交通部政治部组织部四处体干管理组支部书记等职。2011 在北京逝世。

信念的力量[1]

李玉兰

我家在四川营山县，家里是佃农。旧社会，由于反动军阀，豪绅，地主残酷的政治压迫和经济剥削，我们四川营山县的老百姓贫穷落后，民不聊生，过着悲惨的生活。我们妇女，就更不用说了！人说黄连苦，我们妇女比黄连苦百倍，要耕田耕地，插秧打谷，喂猪养羊，里里外外的重活累活，大都落在妇女的肩头，尽管这样，由于封建礼教和旧的习俗束缚，在家里仍然当不了家，做不了主，处于被奴役的地位。男人是一家之主，就是芝麻大的一点事，男人不点头，女人说了也不算数。每天起早摸黑，终年劳动，还是食不饱腹，衣不遮体，甚至十七八岁的大姑娘，还没裤子穿。

在婚姻问题上，妇女没有一点自由，全是由父母做主。十一二岁的女孩子，就卖给人家作童养媳。要说童养媳，那日子真难熬，要先作奴隶，然后给人作妻子，当时只能是嫁鸡随鸡，嫁狗随狗。我们妇女，睡的是草窝窝，吃的是残汤剩水，稍有不对，不是挨打，就是受骂。没有一点自主权。

在社会上，妇女更是有遭不完的殃，受不尽的难。

1933 年 10 月，红军来到营山县，推翻了压在我们头上的三座大山，

① 编者对原文略有删节。

我们头顶上的乌云被驱散了，穷人解放了，妇女翻身了。当时我更是喜上眉梢。我们一些小孩子个个像飞出笼子的小鸟,奔走相告,敲锣打鼓，庆祝这大喜的日子。我们跑去找红军，主动为部队当向导，送情报，那时红军刚到，群众不太了解，敌人也乘机造谣，说红军红头发，红眼睛，共产党，共产共妻。有的坏人还说:女人同男人混在一起，是伤风败俗，不成体统。就在这种情况下，我找到红军的同志，要求参加红军。要问我为什么要参加红军呢？当时我懂的道理不多，只有一种朴素的阶级感情，那就是国民党反动派，恶霸地主，欺压我们穷人，弄得我们家破人亡。我恨死他们。而红军是我们的救命恩人，处处为穷人谋利益，把我们当姊妹看，我热爱他们。就这样，我在 10 月 8 号参加了红军，分配在红四方面军九军医院当看护。那年，我只有 13 岁。

我到九军不久，就打了一仗。这场战斗就是万源保卫战。那是在 1934 年 7 月。以刘湘为首的四川军阀，组织了对川陕根据地的“六路围攻”。我军为了集中兵力作战，步步后撤，最后退到巴山南麓万源一线。

当时，我们九军坚守万源城正面的大面山，抗击刘湘的主力。这个山是万源的主要屏障，它高 1000 多米，山势十分险峻。山上原始森林密布，山下有白沙河流过。刘湘摆在大面山 30 华里正面的兵力，先后共有 90 个团。刘湘在川军中，自认为是实力最强的“王牌”，开始进攻时，摆出一副“王牌”的架势，天上派飞出机炸，地下万门大炮轰，集中大量的兵力，轮番向我们攻击，好像要一口把我们吃掉。然而我军指战员英勇顽强，打得敌人尸横遍野，步枪、机枪、烟枪……丢得满山都是，大多数不是当了俘虏，就是见了阎王。就这样，我们和敌人磨了一个多月，敌人损兵折将，而我们的阵地坚如磐石。那时，我做救护工作。我们救护人员一共有 20 个人，女同志只有两个，除了我还有一位同志叫李华明，她当时是看护排长（现在的护士长）。仗打得激烈，伤员也比较多。当时，药品极缺，只有硼酸、碘酒等，绷带都是洗了好多次，然后反复蒸几次。有一位同志的气管被打坏了，我们没办法，就用碘酒消毒，用纱布包好。然后再送往后方医院。我记不清了，当时从前线运下来一位副师长（或副团长），让敌人的炸弹炸的脖子后面的一块肉都没有了，当时我们也没有什么好办法，也只是用碘酒消毒，处理完了，再送到后方医院。

一个多月的艰苦战斗，虽然我们英勇顽强，打退了敌人一次又一次的进攻，但摆在我们面前的困难却越来越多。首先，最大困难是没有粮食吃。当时，大家饿得实在没有办法，只好摘些野果子充饥，因为粮食极少，只好给伤员熬点稀饭。

战争很激烈，但是人民群众对我们很好，没有人民群众支援，我们是打不胜这一仗的。举个例子，在万源保卫战中，我住在一个老百姓家里，老大娘对我很好。我长了疮，行动不方便、老大娘每天给我做好饭，然后把饭端到我跟前。几十年过去了，这件事我一直记在脑子里。

红军深得人心，加上指战员们英勇杀敌，我军以摧枯拉朽之势，横扫四川六路军阀，使敌人发动的“六路围攻”，遭到了彻底的失败。刘湘在一败涂地以后，不得不向蒋介石“请罪”下台。我军最后取得了反围攻作战的完全胜利。

但是我们取得了反“六路围攻”的胜利以后，张国焘却要放弃川陕根据地。这时，蒋介石与四川军阀联合，集中重兵，部署发起“川陕会剿”，企图把我们红军置于死地。

1935 年 1 月，我们红四方面军主力从苍溪、阆中，旺苍坝出发，向陕西的沔县、宁羌、汉中一带进军，准备发动陕南战役。这时，盘踞在嘉陵江东岸的罗泽洲匪部，趁机进犯我根据地边缘地区。匪兵们奸淫烧杀，无所不为。人民群众离乡背井，妻离子散。敌人部署了 200 个团，层层筑着碉堡，对我们进行严密的封锁。

冬末春初，寒风呼啸，雨雪纷飞。部队行进在崎岖、泥泞的小道上。同志们虽然满身泥水，但精神抖擞，谈笑风生，记得有一次，我们连续行军，这时大雪纷扬，走起路来十分困难，当时我正发高烧，晚上就和其他战士一样，睡在雪地上。早上照样和同志们一起行军。我只有一个想法，就是再困再累，也不能掉队！

1935 年 5 月以后，部队从北川西进，翻山越岭，经过千辛万苦，到达四川西北边境的小镇阿坝。阿坝，位于茫茫草地的中心地带，这里是藏族居住的地方。这里的藏族群众多从事农牧业生产。但是由于长期受汉族的官僚、军阀的压迫和掠夺，对我们汉人积恨很深，再加上红军来到以前，军阀邓锡侯的队伍大肆进行反宣传，造谣说红军“青面獠牙”、“头长八角”，“来吃人脑花和小娃娃”等，更加深了藏族群众的恐惧心理。藏民朴实、剽悍，信仰喇嘛教，崇拜活佛、喇嘛。他们说，活佛就是“活神仙”，他们经常烧香念佛，祈求神灵保佑。通过藏民聚居的地区前，部队就做了充分的准备，备好干粮，还准备好救护伤员的东西。我们到了藏族居住的地方以后，敌人的反动宣传就不攻自破。藏族群众看到我们部队和平常人长得一模一样，不烧不杀，也不抢老百姓的东西，更不糟踏妇女，反倒帮助群众打柴，治病，宣传宗教自由，尊重他们的风俗习惯，取消一切苛捐杂税，强调兄弟民族的团结。我们所做的这些事，群众看在眼里，记在心上，不几天，许多人就打消了原来的恐惧心理。红军还打倒汉官、反动土司，分田地给穷苦藏民，许多藏民分得了土地，十分高兴，他们把分到的土地证当神物供奉起来，烧香念佛，祈求神灵保佑土地，保佑红军。我们队伍临走的时候，他们送来了粮食、羊毛、牛羊、盐巴等，还给我们带路。有的地方，还有一些藏民参加了红军。这证明我们党的民族政策好，只要严格执行它，群众就欢迎，就拥护我们。

1936 年 2 月，我们部队撤出天全、芦山、宝兴地区，经达维、懋功、向甘孜一带转移，我们翻过了被人称为“万年雪山”的党岭山。这山的主峰海拔 5400 多米，山上空气稀薄，终年积雪不化。当地群众中流传着这样一种传说：“这座山高天三尺三，人到山顶就不会说话”。这里气候变化无常，不时有冰雹，大雪降临，要想避开暴风雪的袭击，必须每天中午前通过山顶。我们在雪山脚下，吃了点土豆和青稞加上野菜煮成的饭，就开始爬山。同志们拄着木棍，踏着弯弯曲曲的山路向上攀登。

雪山上的气候变化很快，不一会儿，暴风雪就来了。顿时天昏地暗，狂风怒号，越刮越猛，刮得我们站也站不住，连眼睛也睁不开。紧接着，就下起了鹅毛大雪，纷纷扬扬下个不停。气温低，天气十分寒冷。我们的衣服冻成了冰筒，眉毛上都结了冰。

好不容易盼到风停雪止，大家互相搀扶着艰难地站起来，双脚也不听使唤，滑倒了爬起来再走，每走一步都要付出很大的力气。越往上爬，积雪越厚，天气越冷，空气越稀薄。有的同志晕倒了，大家就互相搀扶着向上攀登。快到山顶时，我实在喘不过气来，就想坐下来，指导员怎么也不让我坐下，因为坐下就再也起不来了。我们爬呀、爬呀，终于爬上了主峰，只见冰峰皑皑，晶莹如玉。但是在空气稀薄的山顶，我们顾不上欣赏这景致了，赶紧加快步伐向山下走。这时，我脚上穿的草鞋烂了，就光着脚走。为了快，我就沿着雪坡往下滑，有时滑到死人身上，我也不怕。我们终于翻过了党岭山。（张树文整理）

节选自曾志主编：《长征女战士》第二卷，北方妇女儿童出版社1987年8月第1版，第304—310页。

李玉兰，1920 年生，四川营山人。1933 年参加中国工农红军，1936 年加入中国共产党。红军长征时任红四方面军第九军医院看护。新中国成立后，曾任解放军总后勤部政治部直工部家属工作科副科长、总后勤部管理局政治处副主任等职。2015 年在北京逝世。

理想和信念（节选）

罗林

红军不怕远征难，

万水千山只等闲。

……

毛泽东同志这一不朽的伟大诗篇，和中国工农红军二万五千里长征的伟大壮举，永远载入中国革命的光辉史册，留芳万古。

长征，是理想和信念的象征，也是艰苦奋斗，一往无前的代名词。虽然时隔51个春秋，但往事始终不能忘怀。是她，使我跳出了苦海，从一个受苦受难的黄毛丫头成为一名红军战士，走上为天下劳苦大众谋解放的戎马生涯。

1933年冬，红军来到了我的家乡——四川凉山彝族地区。当时我这个彝族孩子才13岁，家里穷得上无一片瓦，下无一垄地。狗地主三天两头上门催租逼债，凶神恶煞。我那可怜的父母亲终年辛勤劳累，不能温饱；兄妹几个衣不蔽体，饿得皮包骨头。一天我正在地里挖野菜，忽然看见红军的队伍浩浩荡荡地开进了村。接连几天，红军宣传队写标语、分粮食、演节目、开会、唱歌，方圆几十里热闹非常，人们都说，“救星来了，日子有盼头！”不少小伙子扛上一支梭镖、一把大刀就参加了红军，我发现红军宣传队有女同志，有的个头和我差不多，我想，她们能当红军，一天乐乐呵呵的，又是唱又是跳，我怎么不能？省得在家饿死！于是，在队伍离村这天，我装着去挖野菜的样子，尾随队伍走了一天。就这样，我悄悄地离开了家乡和父母，参加了红四方面军十二师政治部的宣传队，我们宣传队除了队长、指导员是成年人外，都是黄毛丫头，大多只有十三四岁。因为个头小，军装落到膝盖，再加上头戴画有红五星的大斗笠，老同志都风趣地管我们叫“大蘑菇头”。尽管我年纪小，参军时间短，革命的理想和信念已在我心中点燃了一团火。

我和同志们一样，一面行军一面做宣传鼓动工作。每到宿营地，便忙着写标语，为部队演出自编的节目。打仗时，卧在战壕里喊话，瓦解敌军，送干粮、弹药、帮救护队抬担架、照顾伤员，为伤员喂饭、洗血衣。虽然很艰苦,但大家总是很乐观,歌儿不离嘴。尤其是为伤员喂饭，洗衣服时,要是不唱,嗓子就“痒”得不行,伤员们也很喜欢听我们唱，他们说：一听到歌声，伤口就不痛了。所以，我不管多累，只要来到伤员身边，就放开嗓门唱。当我看到我的歌声能给伤员同志增添战胜伤痛的勇气和信心，我心里也感到无比的快乐。

长征，对我们红军女战士来说，那更是严峻的考验。进入川西，我们面临数不清的冰川雪山，其中最有名的是夹金山和党岭山。现在，翻越夹金山的情景仍然历历在目。那是一个什么样的雪山啊！从山脚往上望去，巍峨险峻，莽莽苍苍，一片白色世界，闪着刺目的光芒。当地老乡都管这山叫“神山”，说上山后不能大声说话，更不能吹号，打枪，不然就会被妖怪一口吞掉。但我们从来不信什么妖怪。这天，我领了两个干辣椒，喝了一碗辣椒水，就跟着队伍开始爬山。山路崎岖陡峭，先头部队用刺刀在冰雪上挖出一个一个踏脚坑，为后续部队开路。但人踏多了，坑变得溜滑，一不小心就滑到百丈雪谷。有的地方是没膝深的积雪，我们穿着草鞋，深一脚，浅一脚地前进。山上的气候坏极了，乌云压在头上，狂风怒吼，雪团被卷得漫天翻滚，我们身上穿的是单衣，全湿透了，结了一层薄冰，冻得浑身哆嗦，血液好像都快凝结了。时而又下起鸡蛋大的冰雹，劈头盖脸地打来，把我们打得浑身生痛，头上起了疙瘩。最要命的还是空气越来越稀薄，胸口上好像压着一块大石头，逼得人喘不过气来，大家都张着大嘴呼哧呼哧地大口呼吸，每走一步都要使出很大的力气。有个叫张传玉的女战士，体质比较弱，腿一软跌坐下去就再也起不来了。我使劲拉她，她的嘴唇没有一点血色，想说什么没说出来，就闭上了眼睛……我忍着悲痛和她告别，咬着牙紧紧跟上队伍，终于爬上了山顶。这时我发现队伍里又少了几个女战友，她们都是和我一样，从社会的最底层冲出来投身革命的姑娘，但是为了革命的理想，阶级的解放，民族的独立，为了美好的明天，不幸永远安息在这冰天雪地里了！我情不自禁淌下了热泪，暗暗发誓："安息吧，同志们！纵有千山万水，火海金汤，我也要把你们没走完的路走完！"

长征到川、康、藏交界，进入草地以后，困难更是难以想象。举目远望，茫茫无边，到处是草茎和腐草积成的泥潭，走在上边，仿佛踏在泥桥上，一步一颤悠，稍不小心就会陷进去，越陷越深，顷刻就被泥浆埋没。草地的水淤黑一片，散发出阵阵腐臭腥浊气味，水质含毒，喝下去肚子立即胀痛、泄泻；脚被草根刺破，毒水一泡，也会红肿，痒痛。这种神秘恐怖的沼泽国，像一具张着大口的硕大无边的魔窟，随时要将我们一口吞噬下去。但是，在红军面前，没有什么困难能阻挡我们前进。大家仿佛走在地毯上，欢声笑语、山歌小调不断，把这沉睡千年的草地搅得热闹非凡。到了晚上，地上全是水，我们挤在一起，顶着刺骨的寒风，背靠背坐等天亮。

进入草地以后，部队严重缺粮，能吃的野菜都吃光了，也不知是谁"发明"了吃牛皮这个主意，凡是牛皮制品如皮鞋、皮带、皮包等，都成了充饥的珍宝。由于饥饿和寒冷，部队非战斗减员越来越多，我们宣传队在后边，成了收容队。我们身体已经十分虚弱，但仍然顽强地坚持着，怀着深厚的感情，扛着奄奄一息的伤病员。遇到敌机轰炸，就卧在伤病员身上掩护他们。

在快走出草地的一天，我见到了敬仰已久的巾帼英雄康克清同志。

康克清同志是在懋功一、四方面军会师后，随同朱总司令到四方面军工作的。她常把自己的马让给伤病员骑，自己背着毯子、皮包和手枪，飒爽英姿地走在队伍中间,边走边做鼓动工作。有一次,她走到我们跟前，亲切的问道："小鬼，你们饿不饿，累不累？"没等我们答话，她就接着说:"现在饿一点，累一点要挺住。干革命就不要怕苦。再坚持一下，就可以走出草地了。坚持就是胜利！"她还问我们，"你们怕不怕国民党飞机呀？"我们异口同声地回答:"不怕！"她笑着点了点头，说:"好勇敢的小鬼,像个红军战士！"康大姐的话,像一股暖流,注入我们心田。

红军终于历尽了无数的艰难险阻，胜利到达了陕北。长征一结束，中国革命就开始了新的局面。（雪峰整理）

节选自菡子主编:《女兵列传》第2集，上海文艺出版社1986年11月第1版，第126—129页。

罗林，女，彝族，1919 年生，四川宣汉人。1934 年参加中国工农红军。红军长征时任红四方面军第四军十二师政治部宣传队宣传员。新中国成立后，曾任东北人民政府农林部国营农场秘书处处长、沈阳红旗柴油机农具厂副厂长等职。

八月桂花遍地开（节选）

史群英

一

我很喜欢《八月桂花遍地开》这支歌。每当有人唱起它时，总使我想起少年时代在川陕苏区的火热战斗生活。1933年初夏，红军唱着“八月桂花遍地开……”开进了我的家乡四川旺苍史家坝。当时，我是一个不满11岁的女孩子。在红军到来前几天，被红四方面军打败的国民党军阀部队，狼狈逃到村子里，大肆散布谣言，并胁迫全村男女老少上山躲避。

三天三夜，我们一直躲藏在深山老林里不敢出来，不少老人、孩子都染上了病，身边带的干粮、咸菜也吃光了。正当大家万分焦急时，一个留在村里没有走的老大爷上山来劝我们回去。他说：红军让给大家捎个信，他们是穷人的队伍，纪律严明，秋毫无犯，不要听信国民党反动派的谣言，叫乡亲们下山去安居乐业。乡亲们将信将疑，悄悄地下到半山腰，隐藏在小树林里，观察村里的动静。晌午，我和妈妈、弟妹同乡亲们一道，陆续回村了。

傍晚，锣鼓声把人们吸引到村口的场院上，乡亲们围了个大圆圈，中间有红军女战士表演节目。一个十三四岁的小女兵头上扎着一朵红绸花，腰间系着一条长长的绿绸带，两手各握绸带的一端，一边扭着秧歌，一边唱着："八月桂花遍地开，鲜红的旗帜竖呀竖起来，张灯又结彩啊，张灯又结彩啊，光辉灿烂闪出新世界。……一杆红旗飘在空中，红军队伍要呀要扩充，亲爱的工友们啊，亲爱的农友们啊，拿起刀枪都来当红军。"我头一回听到这么好听的歌，一边看着，一边轻声跟着哼唱。红军表演四五个节目后，一位中年同志站出来向乡亲们讲话，说红军是共产党领导的，共产党是为穷人谋幸福的，工农群众只有团结在共产党周围，拧成一股绳，消灭军阀田颂尧，打倒土豪劣绅，穷人才能过上好日子，并号召乡亲们积极报名参加红军。村里两个有名的穷光棍，当场报名参加了红军。晚上，我兴奋得久久不能入睡，红军小女宣传员的英武形象，"八月桂花遍地开"的优美歌声，在脑海中翻来覆去地出现。

二

11 月 7 日，是我一生最难忘的日子。这一天，在旺苍坝召开军民大会，纪念苏联十月革命第 16 周年和苏维埃中央政府成立两周年。我换了件雪青色的小旗袍，举着一面用红纸做的三角小旗，也参加了庆祝大会。会场上人山人海，非常热闹，红军宣传队在台上表演了很多精彩的节目。接着红军首长讲话，讲十月革命的意义，讲红军的任务，号召大家踊跃报名参军。散会时，许多青年农民挤上台去报名，我也想报名，但怕自己穿的衣服突出，别人可能以为我是有钱人家的。于是，我钻出人群，找到正顶着盘子卖糖的三伯父的女儿，我说；"姐姐，把你的衣服跟我换换吧！"堂姐说；"这哪行，我的衣服跟你的换了，你妈不打你？！"正在这时，一个女红军走近来说："小鬼，为什么新衣服换旧衣服，是不是想当红军啊？"后来我才知道，这个女红军叫严秀华，是扩红宣传队的女兵班长。我跟着她走，她把我带到一座庙里，这里是红三十一军的政治部，女红军为我剪了发，替我领了一套棉衣，棉衣太长了，帮着剪去一段。要报名填表了，可我一直没有名字，家里都管我叫“小端午”，急中生智，我突然想起一个参加苏维埃工作的堂姐叫史成英，于是我给自己起了个名字叫史群英。

接着，女红军领我去见政治部张主任，张主任不慌不忙地打量了我一下，然后慢条斯理地说：“小同志，你这么小的个子，连枪都背不动，到部队来能干啥子呀？”“我可以当宣传队员。”我连忙答道。“你会唱歌跳舞吗？”“我会。”张主任爽朗地笑着说：“那你给我们表演一个节目吧！”于是我鼓起勇气，唱起了“八月桂花遍地开”来了，不知是唱得不准还是别的缘故，没等我唱完就被大家的笑声打断了。张主任朝我点了点头，刚要说什么，就被叫去开会了。中午，开饭了，红军们拿起碗筷去吃饭。这时，我也觉得肚子很饿了，环视四周，忽然发现窗台上放着一副碗筷，不管三七二十一，拿起来就往食堂跑去。刚吃饱喝足，张主任也开完会来到食堂，他见我用他的碗筷，随即“数落”我一顿，干脆把碗筷送给了我。下午，张主任派警卫员把我送到了政治部扩红宣传队。

三

宣传队有 300 多人，大都是女同志，年岁都不大。队下面又分几个班，我的班长恰好是严秀华。队长是个男同志，30 多岁，高高的个子，南方口音，言语不多，脸上好像还有几颗麻子。听说他原先是师政治部主任，在肃清“改组派”运动中受到牵连，张国焘把他撤了职，临时调来当队长。他工作兢兢业业，任劳任怨，为人忠厚，对我们宣传队员如同兄长一般，大家都亲切地称他为“高个子队长”。

当时，正值刘湘统率四川各路军阀部队，向我川陕苏区发起“六路围攻”，我们宣传队的主要任务是宣传群众，武装群众，扩大红军。我们常常分散到各村各户去做扩红宣传工作，宣传的主要方法是：先敲锣打鼓，表演节目，把群众吸引过来，等人来多以后，就发表讲演，宣传革命道理；然后号召青少年自愿报名当红军，遇有报名参军的，就派人送政治部审查后编入部队。我们也到国民党地方军那儿去宣传，那些地方军很腐败，常常横七竖八地躺在地上抽大烟，宣传队就爬到附近的高树上，砍掉一些枝丫，搭一个简易台子，站在台上喊话，如果对方愿意投诚，为了防止意外，我们就要他们背着枪在地上爬过来。

我们表演的节目，有自编自演的，也有根据传统剧目、民间小调、山歌重新改编的，有小歌舞，也有顺口溜、快板书，形式多种多样。我记得当时经常表演的节目除了《八月桂花遍地开》以外，还有歌颂党的自编歌曲：

共产党领导真正确，工农群众拥护真正多。

红军打仗真不错，粉碎了国民党的乌龟壳。

我们真快乐！真快乐！

有动员群众参军参战的顺口溜《问老五》：

王老五，苦不苦？黄连加上苦瓜煮。

今天你上哪里去？投奔红军打官府。

官府衙门兵刀多，革命哪怕丢脑壳。

打倒官府干什么？夺得江山人民坐。

还有歌颂徐向前司令员的春节小调《划龙船》。

这些通俗易懂、为群众喜闻乐见的宣传，收到了极好的效果。父母送儿女参军，妻子送丈夫参军的事层出不穷。我们红三十一军由原先的几千人扩充到了近两万人。宣传队开展比赛活动，定期进行总结评比，对工作积极、思想进步、扩红成绩显著的同志，给予奖励。有一段时间，我差不多每天都要扩大两三个新战士，队上奖给我很多笔记本、小手帕、毛巾、茶缸子等。

四

1934年春天，川陕红军根据“收紧阵地，诱敌深入”的作战方针，在给敌人大量杀伤以后，主动撤出旺苍坝、巴中和木门等地。从此，宣传队常常是白天跟随部队行军，晚上宿营后又开展宣传活动。这些日子，在我们扩红宣传队，最忙碌、最辛苦的要算高个子队长。行军中，他总是跑前跑后，帮这个扛枪，替那个背背包。部队宿营后，他又督促我们打热水洗脚，并嘱咐用缝衣针挑脚上血泡时，一定要把针尖用火烧红，防止感染发炎。在所有女宣传队员中，数我年纪最小，每天行军，刚上路时，我连蹦带跑地可以跟大部队走上二三十里，再往后就不行了，开始是腿肚子疼，最后两腿完全麻木，一点儿不听使唤，我就一屁股坐在地上不走了。班长严秀华像个大姐一样跑到跟前来，又是安慰，又是鼓励，可是说什么我也走不动了。高个子队长见到这情况，就请了个30多岁的女老乡用四川的竹篓背我。在从南江到通江的路上，老乡背着我过一条河，她叮嘱我在竹篓里不能乱动，否则失去平衡就会掉到河里，听了她的话，反而增强了我的好奇心，我左顾右盼地看着湍急的河水，结果真的失去平衡，扑通一声：老乡连我一起摔到河里去了。我们被人扶起后，老乡赶紧把我扛在肩上控水，当天晚上；我生病发了高烧。高个子队长忙个不停，又是派人去请医生，又是给我弄好吃的。以后，我得了疟疾病，没有好药治，有人出了个点子，要许多人突然围追我，说这样一吓，病就吓掉了，在众人的围追下，我急得没了主意，一下子跳到了水坑里，结果病得更重了。

病好后，我身体还很弱，高个子队长亲自背着我走。他一面背着我，一面跑前跑后，做巩固部队的工作，号召女队员们不怕疲劳，一个也不掉队。一次，一个红军战士看见高个子队长背我，就信口说道：“要背，就背个大的！”这句话激怒了他，他把我撂在地上，一个人跑远了，后来就藏在树林里观察动静，看见我还一个人坐在地上，高个子队长又返回来背我前进。

长征到达陕北以后，我曾经在延安见过高个子队长一面，当时我已经成了十七八岁的大姑娘，刚见到他时，感到非常高兴，但一想起过去趴在他肩膀上行军的情景时，一股少女的羞怯之情油然升起，脸刷地一下红了，我连一句客气话都没说，急忙掉头跑了。之后，我十分懊悔，十分内疚，我想朴实憨厚的高个子队长对我一定是生气了。打那以后，我再也没有见到高个子队长。解放后，我多方托人打听他的下落，也想登报启事寻找,但因为不清楚他的姓名,都未能如愿。很多老战友都讲，想必是高个子队长在以后的战争中牺牲了。现在，每逢我漫步天安门广场时，总要去瞻仰人民英雄纪念碑，仔细端详碑基上栩栩如生的英烈群像，仿佛能从中找到我们扩红宣传队的高个子队长。

五

1935 年初,红三十一军奉命西进,准备发起广（元)、昭（化）战役，队长决定把我送到后方根据地去，不让我上前线，气得我哭了好几天。从此以后，我就离开了扩红宣传队，当上了护士。起初被留在军医院，后来，军医院也撤走了，我又被送到四方面军总后方医院桑树坪医院。

我负责护理四名重伤员，有的重伤员的大腿被子弹打穿了，天气热,伤口长满了蛆。我就耐心地把蛆一条一条地拣出来,一拣就是一碗，然后用盐水洗净伤口,把浸了药水的纱布塞进去,包扎起来。医院规定，伤病员吃大米饭，工作人员只能吃麦麸。经过一段时间的治疗和调养，他们慢慢恢复了健康，一天吃饭时，四个人都往我碗里拨饭菜，非要我吃不可,我不肯吃,他们就一个人把我抱在腿上,一个人往我嘴里塞饭，一个人用拐棍顶门，不让别人进来，因为吞得太猛，嗓子都噎住了。于是，又有一个人赶紧给我捶背，搞我得哭笑不得。

张国焘在四方面军搞极左的那一套，凡认识字的想参军，他一个也不要。一天晚上，训练班下课后，我到屋外散步，月光下，看到墙上写着一条标语："中国共产党万岁！"，因为我父亲叫史运中，所以我认识这个"中"字，于是便连猜带蒙地读了起来："中——国——共——产——党——万——岁！"没想到被人听见后报告了上级。认字，就读过书，读过书，家里就有钱，家里有钱，就出身不好，出身不好，就是打进来的"AB 团"，按照这个荒谬的逻辑，我蒙受了不白之冤。我被关押起来，给我送饭的战友告诉我："你将被处死。"当时我也不知道害怕，只希望一刀砍死算数。有一天，红三十一军政治部张主任路过我们医院，在与医院院长谈话时，院长说要杀掉三个"改组派"，当张主任得知其中有一个是我时，他简直要跳起来，愤怒地说："简直是胡闹！史群英是我们三十一军政治部宣传队的，表现一直很好！"于是我捡了一条命。张主任临走时嘱咐我以后要小心从事，他还送给我一条毛巾、一把牙刷。

六

1935 年 3 月，红四方面军撤出根据地，开始长征。一路上，常跟敌人交火，红军伤亡很大，总医院挤满了伤员，我一个人护理 100 多个伤员，白天黑夜都几乎没有睡觉的时间，头昏昏沉沉的。这天，我们来到少数民族地区宿营。那里藏族老乡住的是竹楼，上下两层，下面饲养牲口，上面住人，我们红军的伤员就住在楼上。晚上，我给伤员们换完了药，从梯子上走下来，忽然感到头晕，一脚踩空，人就摔到地上，膝盖被尖利的竹桩戳了一个大洞，顿时血流如注，我赶紧抓起地上的泥土来堵，如今我膝盖上还留着疤痕。因为情况紧急，同志们顾不上我，给我留下一点吃的东西就开拔了。快天亮时，我听到附近传来一个妇女的呻吟，原来她也是一个因病掉队的红军战士，我因为腿坏了，不能过去，就由她主动向我靠拢，虽然都是伤病员，但毕竟是两个人，胆壮多了。过了不一会，有大批人马的响动，起先以为是敌人的部队，后来一辨认，是一方面军的五军团从这里经过。几个战士发现了我们，问明情由后，立即解下长长的绑腿布，系成两副担架，抬着我们追赶前面的部队，第二天，终于找到了四方面军总医院。

七

我们又一次通过渺无人烟的草地。红四方面军总医院机关，经过十多天的行军，在一天下午 4 点左右，来到天险腊子口。这里是山高路窄的峡谷，战士们攀着乱石陡坡行进在羊肠小道上。当时正是伏天，我们闷热得喘不过气来，衣服都湿透了。

刚刚通过山洞，意外地与国民党一股流窜部队遭遇了，敌人占据了有利的山顶地形，山下是奔腾咆哮的急流，我们只有迅速突围才是生路。敌人在山上早就摆满了石块，瞬间，无数巨大的石块滚滚而下，许多战士被石块击中，伤亡严重。但是，我们的同志很坚强，有的被巨石压住，为不暴露目标，竟一声不吭，有的被石块砸到河里，急流卷走时还和我们挥手告别。就在这时，河对岸又出现了一股敌人，他们光膀子端着机枪向我们疯狂扫射，为了保存有生力量，我们强忍为烈士报仇的怒火，冒着枪林弹雨，在二方面军一门重机枪掩护下，一面奋力抢救伤员，一面迂回前进，终于穿过一片树林，来到河滩上。天渐渐地亮了，部队吹集合号清点人数，发现光我们总医院二所就少了十几名战士。

同志们默默地包扎好伤口，抖去满身的泥土，抑制着失去战友的沉痛心情，朝着又一座峭壁攀去。峭壁如刀削一般，我踩着横挂在石壁上窄窄的“木桥”，双手紧紧抠住峭壁的石缝，小心翼翼地、一步一步地向前移动。在同悬崖搏斗中，有人不慎失足而跌下万丈深渊。我们记取这个教训，走“木桥”时，必须挺直身子，胸脯贴紧石壁，眼睛不能往下看，否则心一慌，腿一软，就会酿成大祸。部队刚刚到达一个山洼，战士们发现远处尘土飞扬，一群敌骑兵挥舞着几尺长的大刀，像恶狼般向我们扑来。这时，红四方面军总医院贺诚部长、周光坦政委等首长骑马冲到路口，望着凶猛冲来的敌人，沉着指挥我们冲出敌人的包围。伤病员也忘记了疼痛，同我们一道边战斗边突围。这时一个伤员在同敌人搏斗中倒下，总医院的“红医官”（红军中管军医叫“红医官”）、我们二所唯一的技术骨干，奋不顾身地跑去抢救。忽然，我发现“红医官”的衣服下面，鲜血连同白花花的肠子拖到地下，于是“啊！”地惊叫了一声，“红医官”以为我受了伤，猛地回过头来，就在这时，他的脚被肠子绊倒了，一个踉跄摔在地上，光荣牺牲了。至今每忆起“红医官”英勇牺牲的情景，我心里就像刀绞一样难受，我悔恨为什么当时那样惊慌的叫喊，而不赶快脱下衣服去包扎他的伤口，或许能够把他抢救过来。

跑了20多里，敌骑兵把我们追到悬崖上，“山穷水尽”，谁也不肯当俘虏，谁也没有犹豫，一个个往崖下跳，许多同志摔死了，我跳崖后侥幸地挂在树枝上。后来，我们的战斗部队赶上来，把这股骑兵消灭了，我也得救了。（谢耕发整理）

节选自曾志主编：《长征女战士》第二卷，北方妇女儿童出版社1987年8月第1版，第321—335页。

史群英，女，1922 年生，四川旺苍人。1933 年参加中国工农红军，1935 年加入中国共产主义青年团，1937 年转入中国共产党。红军长征时任红四方面军总医院护士。新中国成立后，曾任海军青岛保育院院长，海军四一一医院副院长，海军直属政治部干部处处长、海军司令部直属政治部秘书处处长等职。2014 年在北京逝世。

征程漫忆（节选）①

权卫华

我家住在川北阆中县一个名叫护山梁的荒芜山冲，世代贫穷，我记事时就知道只有山坡上能打一斗粮的那一小块坟地算是我家的。家中人口多，两个弟弟，两个妹妹，父母亲租了姓罗的几亩田，起早贪黑，整年劳累，也填不饱肚子。我看见有钱人家的孩子到山下教会办的学堂上学，非常羡慕。有啥子办法呢？穷得叮当响，哪有钱念书？况且我虽是小女孩，却是老大，天天砍柴、担水，还要照顾弟弟、妹妹。有一年背上生了疮，上山背红薯，把疮压破了，出了许多血，痛得受不了，现在背上还留个疤哩。在旧社会，重男轻女，穷人家女孩子想念书是不可想象的事情。

日子穷得过不下去，我才 12 岁半，父母亲就含着眼泪把我送到离家 20 里的深山沟里当童养媳。婆家也是穷人，丈夫比我还小，又矮又瘦，真是个小女婿，啥也不懂。这家要我去其实为了添个劳动力，因为婆婆的眼睛不好使，没人干活。深山沟里吃水很困难，得从山崖下深涧里挑，到了婆家后，我的日子更苦了。我参加革命后，听说那家又找来一个童养媳妇，就是因挑水坠崖摔死的，她成了我的替死鬼。

阴雨连绵有晴时，1933 年秋天，山区沸腾啦。穷人们到处传说，

---

① 编者对原文有删改。

红军来了，要打土豪，分田地，穷人翻身解放了。我多想去看红军啊，可是婆婆不让，说闹翻身太危险，会杀头的。有一天来了红军宣传队，穿的灰军装，戴的红五星帽，都是男女青年，精神得很。说是要扩红，号召穷人拿起枪杆子闹革命，武装夺取政权，推翻地主老财的压迫剥削，为劳苦大众争解放。还说红军是共产党领导的、朱毛指挥的人民军队。这道理我听了既新鲜又高兴，白天晚上尽是想的参加红军了。没过几天，得知村里有些青年男女走了，连我的一个叔伯哥也当红军啦，我再也沉不住气，就到观音场区苏维埃报名。一个很俊秀的女红军，就是现在任昆明市政协副主席的刘文泉同志接待了我，她非常亲切热情，俺们越说越对劲，她拿起剪刀就把我头上盘的辫子剪了，我就这样参军啦。婆婆不见我回家，找到区里来，又哭又闹，拉住我的手不放，她说："你可不能走啊，你娘家问我要人怎么办？"我说：你就讲丢了，俺爹妈都是懂事人，能给你过不去吗？婆婆还是缠个不休，刘文泉同志把我拉到里边，藏了起来，给我婆婆讲道理，还弄来三升米给她，连说带劝，把婆婆送走了，我心里可轻松啦。娘家没人来找，我也不敢回去，怕他们以后受连累。

在区政府，组织上分配我做群众工作，一个没出过门的十三四岁的女孩子，什么是群众工作，怎样发动群众，我是一无所知，而且在公共场合也讲不出几句话。但我有个坚决干革命的信念，领导上叫干啥就干啥，不会就向老同志请教。他们怎么讲，我也怎么讲，反正家乡穷人的生活情况我熟悉，把革命的道理和俺川北的情形合起来说，群众喜欢听。有次我在观音场的群众大会上讲话，开始心里像打鼓一样，两条腿直打颤，可是讲几句后，胆子就大了，演戏时我到戏台上也敢讲了。过不久，刘文泉同志介绍我入了共青团，学了土地法和怎样区分阶级等，革命道理懂得多些了，就到处宣传什么样的是贫农，什么样的是地主，为什么要打土豪、分田地，为什么要扩红……工作开展得相当顺利，扩红形成高潮后，连我姑姑的儿子、媳妇也都随着参军了。我被调到县少共妇女部,后来又到妇宣队工作。一天,正在没收委员会给群众分东西,有个眼睛不大好的同志走过来夸我们几个女孩子，同志们说他就是周纯全政委。解放后，在北京周政委见到我说，我在阆中见过你啦。他在总后时，还几次和我回忆当时川北人民生活和斗争的情况。后来我还认识了程世才副司令员，听说我们县城就是他率领部队打开的。那时候政权是部队帮助建立的，军政也很难分开，红军和政府的同志在群众中威信都很高，确实是舍生忘死为人民求解放的。

在川北搞了一段群众工作后，红四方面军开始长征，我们县机关也就随部队向川西转移了，那时红军战斗频繁。在西进的途中，我被编入野战医院当连长，管理伤病员，谭政同志的爱人王常德同志是我们的营首长。在丹巴又调我做群众工作，军委工程兵副司令员曾旭清同志当时就是丹巴县委书记。丹巴临近大雪山，是藏民区，生活习俗不同，语言也不通，加上地主、军阀多年制造的汉藏隔阂，群众不易发动，特别是妇女工作更难开展。出门要带通司（即会汉藏两种民族语言的翻译），下乡多有性命危险。但是我们那些红小鬼真有天不怕地不怕的劲头。妇女部长何桂英，还有一个叫谢秀春的，我们三个女同志常一起活动。有次我们正在村里做宣传，部队同敌人打起仗来，我们就去抬担架抢救伤员，人小力弱，我和小谢两个人抬一头，还给伤员做饭、洗衣、端屎端尿。我们住在群众家里，积极学习藏语，现在都忘了，只记得吃饭叫西蒙，女人叫司蒙阿。藏民习惯坐在地下吃饭，我们也坐地下吃，他们吃青稞、吃半生不熟的烤牛肉，我们也学会了。藏胞多信奉活佛，见了土司，头人得跪下，头也不能抬，见了我们的干部也这样，遇到这种情况，我们就赶忙上前把他们扶起来，这就是对他们极大的尊敬，这样他们和我们也就亲热了。

藏民多住石头砌的房子，一般有三层，下层是牛羊舍，中层住人，屋当间个大火塘，一个吊锅，没有桌凳，都是在火塘边吃睡。上面一层是供佛爷和放置贵重东西的。我们注意不动他们的经书，不干涉他们信仰自由，藏胞就伸出拇指说："娅姆，娅姆。"夸奖红军好。那里交通非常不便，有次过丹巴的铁索桥，晃得厉害，桥下急流滚滚，我吓得哭鼻子，过了桥我们唱起红军歌曲《十把扇儿歌》，又破涕为笑啦。我们和藏族群众逐渐熟识，尽力帮他们干活，关系也逐渐亲密了，有个妇女还给我做了两双布鞋哩。我们广泛发动妇女做军鞋、送军粮，不少藏族青少年也参加了红军。

1935年夏初，中央红军和四方面军在懋功会师，张国焘却闹分裂主义，拒不北上抗日，鼓吹什么南下到天全芦山吃大米啦，带着部分红军往西跑了。到1936年初，我们红四方面军重新北上，那真是艰辛的历程啊。当时我在党校，康克清大姐是我们的党总支书记。在行军途中，我们女同志和男同志一样，同甘共苦，互相照料，有时背药箱子，有时替炊事员背锅，有了走不动的伤病员，我们就用担架抬。一宿营就忙着打柴、挖野菜，常常是十天半月吃不上一顿有粮食的饭，没有盐巴，就摘些花椒子当盐吃，麻得人张不开嘴。翻越大雪山(党岭山),空气稀薄，风雪交加，雪厚路滑，我还穿着短裤，打上绑带，腿冻硬了，多亏何莲芝大姐、赖清云、何锐等几个同志给我用手搓，我才挣扎着又跟上了部队。过草地时，水草连根，烂泥无底，泥潭深深浅浅，每前进一步都不容易啊，抬腿都十分困难，跋涉一天也不知走了多远。有的同志坐下来就再也起不来了，许多同志被冻死饿死了。我那时一点粮食也没有啦，饿得皮包骨，灰灰菜、野荞麦苗、大黄川子草、车前草，啥都吃，苦苦菜可真是苦，不吃也不行。记得走到金川省委住的地方，因为前面部队把粮食牛羊肉都吃完了，我们只好把未成熟的小梨和梨叶子都摘下煮着吃了。那时和我们在一起走的还有罗青长、李金元等同志。我可永远不会忘记董老的爱人何莲芝同志和吴朝祥同志，他俩为我们红小鬼操尽了心,在过草地时,何大姐不知从哪里给我弄来一条棍子。我因为身体弱，有时实在走不动了，他们就挽上我的臂膀往前走，还帮我背枪，甚至拿出他们仅有的一点干粮给我们小同志吃。革命战友情谊深，长征路上更感人，还记得有一次部队在敌人火力压制下强渡一条河流，水深浪急，枪林弹雨，有的同志中弹牺牲，有的体弱又不会水，到河心就被水冲走了，我是拉着何长工同志的马尾巴才闯过激流的。前些年我去看何老，他还笑着说，可别忘了你是拉着我的马尾巴过来的呀。

经过千难万险，草地雪山，我们到了甘肃境内。有天晚上，我们宿营在哈达铺，出发前部队集合在广场上，说是请朱总司令讲话，夜里虽然看不清，但朱老总的话我还是听清楚了，他的声音至今难忘，他说毛主席已率领红军胜利到达陕北了，我们要团结起来，坚决跟毛主席北上抗日，不要怕困难，度过困难就是光明。朱总司令的话，鼓舞了我们的信心和勇气，当晚我们就整装北上了，直到会宁会师休整。因为我身体有病，让我进河连湾第二后方医院治病。

后来我们沿着毛主席指引的路，日夜兼程，终于到达了陕北，我们心情无比高兴。到了延安，发给我一大块新布，让我做了衣服。我这时就想，参加红军之前，自己是一个目不识丁的童养媳，参军后不久就开始长征，无论是在川康开展群众工作，还是行军作战当中，都吃够了没有文化知识的苦处。到延安了，我要是能住学校读点书就好了。党组织好像非常了解和体贴我们青年人的心愿，虽然那时陕北的条件很差，仍想方设法积极开办了许多学校，给我们创造了学习条件。我先后曾经住进五个学校，接受党的培养教育。

选自菡子主编：《女兵列传》第2集，上海文艺出版社1986年11月第1版，第107—112页。

权卫华，原名权克英，女，1919 年生，四川阆中人。1933 年参加中国工农红军，同年加入中国共产主义青年团，1936 年转入中国共产党。红

军长征时任红四方面军野战医院伤病员连连长、中共丹巴县委妇女部干事等。新中国成立后，曾任中南军区后勤部文工团政治教导员，湖南省军区后勤部干部科政治委员兼科长，北京人民大会堂管理处副处长，解放军总参谋部工程兵司令部管理处代处长、总参谋部工程兵部直属政治处副主任、总参谋部工程兵部政治部研究室研究员等职。2002 年在北京逝世。

我当娘子军

刘照林

一、逃出牢笼

我是通江大石桥刘家梁的人。六岁时，父亲被国民党拉去当壮丁，妈妈又是个小脚,没法生活,就把我给了人家当童养媳。妹妹只有两岁，也给了人家。我那一家的人很多，地很少，全凭种白耳子，一年排几十板凳棒。白耳子出来，就卖了买粮食。也有一点田，都种了大烟，我公公是个吃大烟的。我在那家里，天天挨打，也不给我吃的，骂我长不大哟，瘦哟，什么都骂得出来。

红军来时，我有十七八岁。我把打土豪分得的粮食等等什么都往家里背，背回去他们仍然什么都不给我吃。那时正是腊月间，我到马家坪去卖柴，回去多大一夜了，都不给我留晚饭。有时给我留一碗饭，我端着碗直哭。一天到黑，早晨吃的稀饭，又不准在路上花一个钱，一碗饭怎么够?

有一次打大土豪、团正刘光珍，我看到他家有个夹墙。我原先曾经给他家打过猪草、捡过耳子，看见过这个夹墙，估计里面可能藏得有东西。晚上就跟婆母一路去背了两大背鸦片烟回来。背了好多哟，洗脸盆那么大一饼一饼的，都是干的，摔到地上起面面。我准备给娘屋里的娘拿两饼去。我想，这是我从土豪家里背来的，又不是公婆家里的，该没啥关系吧。我便丢了三饼在干猪草背篼里，想等我空了就给娘背去。哪知那一天我刚从外面回家，看到公公准备了好多青杠树棒棒，说我偷了他家里的，把我绑到柱子上打。我说我不是偷你家里的，是外边拿回来的。我一说，他打得更凶了，把我牙巴都打松了，嘴巴里直流血。那一天又不给我饭吃，晚上我饿得慌，想吃根生红苕都不得行，因为苕窖在公公那屋里，我住在牛圈棚棚底下。我想来想去，决心第二天跑去找红军。

第二天起来，我把水担起，说我要到哪里哪里去割背牛草，说完我就走了。走到竹林里，我把背篼、镰刀给他甩在竹林里就跑了。我不敢走大路，就往袁家坝走小路。走小路又找不到路，只有乱跑。跑到袁家坝，过不了河，渡船还没来。一个老头子要踩水过河，我说："伯伯，你把我拉过河吧！"他问我是哪里的，我便扯个谎，说我是橙子坪的。他问是橙子坪谁家的，我说是橙子坪任家。他又问我这里是哪家，我说这里是阎家。为什么我要这样说呢？因为这里阎家有橙子坪的干女子。我跑出来之前，公公怕我去找红军，把衣服都给我藏起来了，我只穿了件烂巾巾，打我时又把我打狠了，屎尿都屙在裤裆里，周身稀脏。这个老大爷看我实在可怜，就把我拉过河去了。

过河后，我顺直就往通江跑。跑到黑窝子，看到插了两杆大旗，我估计是苏维埃，就去了。出来一个女的，大概也是参加了红军的，她问我干啥子，我说我要参军。她说："你这讨口子哪个要你参军哟，我们这里不收讨口子！"我说："我不是讨口子，我是童养媳，你看嘛，把我打成这个样子，手脚都肿了。"以后出来一个30多岁的男子，他把我看了看，对那个女的说："你不要骂人家嘛，人家不是讨口子，你看她也不像个讨口子嘛！婆婆妈妈把衣服给她剥了，没衣服穿嘛！"这已经是腊月二十几里了，很冷。这个男的，是苏维埃主席，他赶快给我提了一条裤子和一件衣服来，都是打土豪打来的，崭新，只洗过一两水。他叫我换，我到背角角里去换了，把烂巾巾衣裳放在田坎上。那主席又给我找了条裤子，看我一件单衣裳穿起很冷，又给我找了件小棉袄，面子是绸子的，里子是红布的，还找了件外衣套起。吃了饭后，他说："你现在到通江走不拢了，就在这里住着嘛。"我也不知道他叫啥名字，他叫住，我就住了一晚上，第二天爬起来又往通江走。

二、在被服厂里

到了通江，看到很多人在操坝里下操，我就跟到那些人慢慢走。走着走着就往县政府走，我也跟起去。走到县政府，就叫开饭。那队伍里也有两个女的，是做宣传工作的，我就同她们一起吃饭。吃了饭，她们就叫我跟她们一块儿做宣传工作。我不干，我说："我离家近，被弄回去我就不得活了，要给我找个不能出来的地方。"她们笑我，说："你看你，当兵嘛，哪里有不能出来的地方呢？"我把衣服撩起给她们看，说："你们看嘛，打得我周身没有一点好地方，要是把我抓回去，我就没得命了！"她们商量后，说南岭上要办工厂，叫我到南岭上工厂里去。

我到南岭上工厂里是1933年正月间。开始成立被服厂时，只有我和张茶清、何福祥三个女同志，她们两个是鄂豫皖过来的。到了阴历二月间，被服厂与兵工厂分开，单独住在蹇家山。这时，又调来了林月琴（安徽人，以后为罗荣桓的爱人，现住北京）、赵珍富（大竹人，现住大竹干休所）。收阵地时，又来了刘伯兴、郑克明、邓廷郁、李志民等几十个人。人多了，编成一个连，林月琴任连长，王泽南任指导员。下面分三个排，每个排又分三个班，我当一班班长。人越来越多了，编到18个班，每个班20多人。我从一班班长当到十八班班长，又叫我当排长。1933年9月，我在蹇家山经王泽南介绍入了党。

开始我们是住在厕所上头，就是老百姓喂猪那个粪坑房子里面。把门板放下来叫我们学做衣服、做帽子。我从小就给人家当童养媳妇，做的笨重活路，刚到工厂时，做不来针线活，张茶清、林月琴她们就教我做。以后我做来做去就做得挺好了。我一天能够做三件，不论是衣裳或是裤子，反正一天是三件。

做的衣服，要求针脚均匀，如做孬了，就要拆了重做。做裤子，裤裆前面不能有包挺起，如穿起前面有个包，也要拆了重做。全部是手工做。一般一天缝一套，慢的缝一件。完成任务好的还可以得奖，奖衣裳和裤子。战士们都想早点完成任务，星期天都不休息。做衣服的布是从街上买来的窄口面土布，由男工染成草灰色，裁好后送到我们那里缝。缝好了，就十套一捆地捆好送到经理部去，再分发给前线的战士。夏天做单衣，冬天做棉衣。没有布的时候，就把碎布拿来扎鞋子。

第一次收紧阵地时，被服厂搬到得汉城。第二次收阵地，住苦草坝街上。以后又搬下来，搬到瓦室铺，在瓦室铺住了很长一段时间。被服厂以后分成了两个厂，一厂在通江，二厂在巴中恩阳河。

1935 年春，被服厂跟随部队经流二沟到新场，开始撤离通南巴。

我们走路，什么东西都叫背上。休息时就做衣服，走路又背起来。到了苍溪，我们住在烂泥沟。不久，把巴中恩阳河那个厂也搬到苍溪来了，他们住在山那边，我们住山这边。在那里，我去县里参加过“党的活动分子会”，听了张国焘的报告。他那个浙江人讲话昂昂昂的，也听不懂讲些什么。

三、妇女独立团

听了张国焘的报告回去不久，把女同志集中起来成立了个妇女独立团，这是第二团。妇女独立团是两个团。第一团是张琴秋负责。我们第二团有个男的当副团长，记不清叫什么名字了。团长叫刘伯信，她是湖北人，能干得很。个子有我这么高，也没啥文化，打仗是最凶的了。她是军长余天云的爱人。打杀牛坪时打了败仗，说她是“AB 团”，把她整到后方来的。余天云在雅安打仗说是犯什么错误，张国焘派人把他绑起来，过丹巴那条河，他听说他爱人被张国焘杀了，他很生气，就跳河淹死了。

当时我在独立团二团一营一连当连长，代理指导员。以后指导员来了，我就只当连长。指导员叫潘家珍，巴中人，也是女的。我们两个一直在连里工作，天天抬担架。大个子两三个人抬一个抬子，小个儿四个人抬一个抬子。抬一个抬子，还要抬自己的东西。虽说自己没啥东西，也有两双草鞋嘛，还有一套换洗衣服，每人一支枪，几板子弹，两个手榴弹，也够拿的嘛。抬抬子不能背枪，不能背手榴弹，怕出危险。我们当连长、指导员的要抬得少一些，因为拿的东西多一些。连长走前面，要招呼抬子，多背几条枪，问伤病员喝水不呀，安排在什么地方吃饭呀。指导员走在后面，像个收容队样。哪些得了病呀，伤口疼呀，指导员在后面经管。

抬到中坝，确定部队要钻山了。我们把伤病员一站一站地搬，到理番、茂县，一直搬到杂谷脑。搬到杂谷脑，我们又回到中坝。那时已经是 5 月间了，记得葫豆在干角角了，开始栽秧了。这时叫我们独立团解散，年轻的女娃儿编两个连，一个营，叫我带到医院去。当时，医院在杂谷脑有一部分，在中坝崇化院有一部分。

四、从医院到干部连

我那时有二十一二岁，到医院里一看，乱七八糟的，看不惯。我们在工厂里多正规呀，该做什么，哨子一吹，规规矩矩坐在那里，不跟哪个说一句闲话。工厂里又都是女的，只有大师傅是个男的。这一次到医院，我把那些女娃儿交了，不让我走，叫我在医院当指导员。我在那里住了一个星期，说啥我也不干了。记得院长是个大麻子。我跟他说，这个工作我做不了，他问为什么，我说：“这个工作多难做哟，那些伤病员动不动就打人。[①]我是过去在家里挨打挨怕了的，一见打人我身上的肉都直麻。”这样我就跑了。崇化院到中坝很近,我跑到中坝去找傅钟。傅钟是政治部主任，他说:“医院里就那么糟糕呀？”我说:“你不相信，你去看嘛！”第二天，傅钟的秘书就交了封信给我，叫我去把介绍信拿回来。我把介绍信拿回来后，就把我编到省委干部连，当排长。

这个干部连干啥呢？那时女同志都集中了，天天看守杂谷脑那个桥，也整粮食。上山去整粮食，整不到粮食就把灰灰菜哟、苦麻菜哟扯一背回来。没有口袋，就把晚上露营遮露气的单子拴住当口袋。野菜弄回来,在河里洗干净摊起,弄来搅苞谷糊糊。晚上我们大个子就去看桥。那时看桥的笑话也多得很。当时保卫局在河那边住，开了个馆子卖牛肉、羊肉。我们几个看桥的女娃儿刚弄个盆子去买了盆牛肉回来，还没吃，指导员检查来了。怎么办呢？陈再禄（万源白沙河人）等几个人叫我装病，装肚子疼，用大衣把盆子盖上叫我坐在上面，他们几个把我按倒使劲揪，说我发了痧，我也使劲叫唤。等指导员一走，我们几个哟；又没有筷子，折了几根棍棍，你一坨我一坨拿起啃。她们说：“你多吃几坨嘛，今天把你揪痛了！”

五、被罚苦工

到了马塘，我当了两三个月大师傅。以后到了阿坝，又叫我背药箱子。有天晚上，走到阿坝前去又往回走。我说:“怎么又往转走哟！”我说话的声音很小，哪知就是这么一句话惹了大祸。不知是哪个听到去

① 疑为作者夸大情况的托词——编者注。

告了我。回到大彰寺后，说我说了反动话。我怎么也想不起来我说了啥子反动话。用皮鞭子打我，我还是说我没有说反动话。后来他们说:“你过河的时候说的啥？”我说：“我过河的时候也没说啥呀，让我想一想看。”他们说：“你想！你想！”我想了很久才想起我说了那么一句话。我说：“我这句话也不是反动话呀！”他们说：“这还不是反动话吗？你这还不是反动派吗！”他们给我扣了一大堆帽子,说我是“AB 团”哟，又是这个党、那个党哟，这样就罚我做苦工了。

当时罚苦工的多的是。在张国焘手下，这也不对头，那也不对头。独立师的师政委马炳均，通江马家坪的人，在雅安跟李井泉在一块。我们有时候背粮，上级叫带信给他，这样我就认识他了。他们住在天全，到我们那里来负责。我们当时在割麦子。部队上需要帽子，马炳均政委就弄了些布来,叫我在家里做几天帽子。我没做几天,外头闲话就多了。“那个罚苦工的才自在哟，我们在坡里割麦子，她在家里多凉快哟！”给我造了一脑袋的谣，说我和马政委有什么事情了。以后又斗我。我说我没有那些事，他是师政委，叫我做帽子，我就做，不要我做呢，我就不做。马政委也在会上说：“她过去在工厂里做过帽子，我们也需要做些帽子。你们要有意见，再派几个人来叫她教你们都可以，不要这样子来说。这样说，她受不了，我也受不了。我是在这儿负责的，一天又没在家里，你们这样说，怎么对头？”马政委这样说了后，才没有人闹意见了。

六、过草地，到保安

从此，我也没做帽子了。以后又到天全、雅安、丹巴，翻党岭山、夹金山。到了炉霍地界，碰到何长工。他找了个通讯员给我们送了些糌粑面来。我生了病，在那里住了 20 多天，慢慢地可以走了。何长工说，隔几天要打炉霍城，叫我们准备青杠棒。进了炉霍城，我被编到粮食局，何长工是中委，不知是犯啥错误弄去当粮食局长。我们在那里做衣服，我当二排排长，何长工的爱人尹青萍当一排排长。

要过草地了，我又生了眼病。住了两天，要出发，叫把病号留下。林月琴悄悄派人用牲口把我驮到她那里，她说，用尿洗眼睛可以治这种眼病。她把我引到房子背后，用尿给我洗了眼睛，第二天果然松活些了。她又给我装一包包体积大、重量轻的行李叫我背上，背了不到半里，就驮在牲口上。还给一匹白马给我骑，我没骑，咬着牙各自走。就这样终于过了大草地。

以后又经过一些曲折，到了保安，跟博古当了一段时间的保姆。刘承祥还教我认字。两个来月后，博古回来对他爱人说："人家已经在说我们对四方面军的同志不公平，你怎么让四方面军的干部给我们当保姆？"这样，博古又叫我到工厂里去。那是给中央政府几个领导做衣服的厂，只有三个人，三台机子。到了三七年，这个厂撤了，我又到了延川被服厂。（郭际富、赵德荣整理）

选自中共通江县委党史资料征集组编：《通江现代史资料选》第2辑，1982年6月，第66—74页。

黄毛丫头从军记

苏风

革命烈火熏陶

我的原名叫陶万荣。1916 年 5 月出生在湖北省麻城县乘马区得胜寨老灌冲一个贫苦的农民家庭。我的家乡是一个有着光荣传统的革命老根据地，早在 1924 年，中国共产党就在这里播下了革命的火种；1926 年 9 月，党派王树声同志在乘马岗东岳庙建起了全县第一个农民协会，从此，土地革命便在这里蓬蓬勃勃地开展起来了。

我父亲陶绪福，母亲董孝贵，一生辛勤耕种，受尽了土豪劣绅的压迫和剥削，土地革命一起来，他们便分别参加了农民协会和妇女会，哥哥和姐姐也分别参加了农民自卫军和妇女会。

正当革命运动迅猛向前发展的时候，蒋介石、汪精卫先后于 1927 年 4 月 12 日和 7 月 15 日发动了反革命政变，疯狂地屠杀共产党人和革命群众。霎时间，革命根据地的上空乌云翻滚，腥风四起。敌人窜到我的家乡，到处搜捕共产党人和革命群众。他们杀人放火，奸淫掳掠，无恶不作。我的父亲和姑夫当时都是受到敌人通缉的共产党员。一天，我姑父正在我们村召集秘密会议，突然被敌人包围，姑夫不幸被敌人抓走，押到武汉杀害了。一些来不及逃走的农会干部、妇女会干部等，分别被剖腹、挖心、分尸，一一杀害。我父亲当时刚好不在村里，幸免于难。

我当时虽然年幼，但看到敌人的倒行逆施，心里也埋下了仇恨的种子。

屠刀斩不断长江水，乌云压不垮大别山，英勇的家乡人民，并没有被敌人的大屠杀吓倒，他们发出了坚定的战斗誓言："哪朵葵花不向太阳？哪个穷人不向共产党！任凭你白匪再猖狂，烧我房屋抢我粮，一颗红心永向党，头断血流不投降！"

1927年秋天，党的八七会议精神传达到我们家乡，震惊全国的"黄麻秋收暴动"开始了！黄麻起义胜利以后，黄安、麻城两县的大部分地区先后建立了革命政权，革命声势空前高涨。我父亲和姐姐分别担任了乡苏维埃和县妇女会的领导，哥哥参加了红军。

1929年，我13岁了，由于从小就受到革命的烈火熏陶，也被卷入这汹涌澎湃的土地革命洪流。这一年，我光荣地加入了共青团，并担任乘马区的童子团团长。我经常领着小伙伴们打土豪、斗地主、站岗放哨、捉拿敌探、传递信件，帮助有困难的红军家属拾柴、担水。1930年春，我又被调到少共麻城县委工作。

临走的那天晚上，母亲一边给我缝补衣服，一边向我诉说苦难的家史。说着说着，天快放亮了，母亲去厨房准备早饭。为了免得告别时引起母亲悲伤，我悄悄地跳窗子走了。没想到，这次不辞而别，竟成了和亲人们的永别。后来，我随红四方面军撤离了鄂豫皖革命根据地，父亲和姐姐留下坚持工作，他们惨遭敌人杀害。哥哥在一次战斗中伤重身亡，母亲被敌人折磨死。

实现多年的夙愿

1932年末，红四方面军开创了川陕革命根据地。当时，我担任四方面军总政治部妇宣队的队长。

有一天，总政治部主任张琴秋同志告诉我，川陕省委和四方面军总部决定成立一个正规的妇女独立营，调我去任营长，曾广澜同志（红四方面军创始人之一蔡申熙同志的夫人）去任政委。听到这消息，我真是又高兴又担心。高兴的是，我多年的夙愿就要实现了——可以像男同志一样，真枪实弹地杀敌人了；担心的是，我这个年仅17的黄毛丫头，能挑起营长这副重担吗？

我带着这种心情到总部去报到。不大一会儿，徐向前总指挥从里屋笑眯眯地走来，他亲切地坐在我身旁，热情地鼓励我："组织上经过认真考虑，决定派你去担任妇女独立营的营长。你虽然比较年轻，但身体条件好，又经过战火的考验，不少同志都认为你打仗勇敢，说你是我们这里有名的'假小子'呢？"一席话，说得屋子里的人都哈哈大笑起来，弄得我满脸通红，很不好意思，陈昌浩政委听见笑声，也从里屋走出来说："这个地区的妇女由于过去受的苦难深重，所以革命热情特别高，也很能干，建设这支妇女正规武装意义很大，省委和总部都非常重视。你们这个妇女独立营将直属总部领导，营的各级干部和大部分战士，将从军直、省直各机关中抽调，不足的话，还可从地方妇女干部和妇女武装中选调一些，等会曾广澜同志来到之后，你们研究一下，提出一个具体方案，就放手干吧。"

1933年3月的一天，在通江县城的一个学校广场上，举行了中国历史上第一支红色妇女正规武装——红四方面军妇女独立营的成立大会。400余名身着军服，头戴红五星八角帽，身佩长短枪支和大刀的红军女战士，英姿飒爽，神采飞扬，整齐地排列在广场上。四方面军总部和省委的很多首长都出席了成立大会。整个通江城几乎都被轰动了！广场被干部、战士和周围群众围得水泄不通。人们都用惊喜的目光看着，一个农村妇女赞叹地说："没想到妇女也能扛枪打仗，啧啧，共产党和红军真了不起！"

我们这个营编为四个连。为了帮助我们尽快掌握和提高军事本领，上级特派秦基伟同志来我营担任军事教官。秦基伟来了以后，除了做些必要的课堂讲解外，大部分时间是把队伍一分为二，由我和他各带一队，到野外进行实战演习。主要是演练怎样进攻和防守，怎样打扫战场、押解俘虏，怎样抢救伤员和运送弹药等等。女战士们学习的劲头很足，有的练投弹把胳膊都练肿了；因为枪少，有的人就等战友睡觉了，对着天上的星星练瞄准，练射击。由于全营指战员共同努力，我们的军事素质有了很大的提高。

鹰龙山遭遇战

经过一段紧张的训练，我营开始独立承担任务了。我们的任务主要是警卫、通讯联络、运送物资、配合清剿散匪和押看俘虏等战勤任务，但有时也有例外。

那是在川军对我根据地发起“三路围攻”的日子里。一天晚上，我们运粮经过通江县的鹰龙山。正休息时，突然发现山下黑压压的一片敌人向我们爬来。战士们立即抢占有利地形隐蔽，密切注意敌人的动向。

来敌是川军田颂尧左纵队一个团的残部，因天黑迷了路，稀里糊涂地到处乱闯。那时川军不少都是“双枪将”，他们窜到这里之后，大烟瘾上来了，踉踉跄跄地爬到一块草地上，把枪支弹药往旁边一扔，捧起大烟枪就过开烟瘾。我们一看这是一个绝好的机会，决定打他一个冷不防，消灭这股匪徒，让我们的战士每个人都能换上一支钢枪。我命令二连从东，三连从西，一连从正面悄悄迅速地向敌人接近。在前面开路的一排长陈秀芝和班长何文秀摸到敌人的哨兵前，干净利落地把哨兵干掉了。我一看战机已到，就发出进攻信号，指战员们一跃而起，枪刀对准敌人，厉声高喊：“缴枪不杀！”正在过大烟瘾的“双枪将”们，被这突如其来的喊杀声吓呆了，大部举手投降，个别几个还想负隅顽抗，我们毫不含糊地将他们收拾了。在闻声赶来的兄弟部队协助下，我们很快清点了战俘以及战利品，凯旋而归。

这一仗，旗开得胜，大长了妇女独立营的志气。总部首长为了鼓励我们，决定把这次战斗缴获的武器大部发给妇女独立营。

叫“黄毛丫头”好

1935 年 3 月，红四方面军撤离了川陕根据地，开始长征。这之前我已调到川陕省委妇女部工作。长征开始时，我担任了省委机关干部临时组织的工作队的队长。

1935 年 6 月上旬，红四方面军到达四川西部懋功一带，准备迎接从中央根据地转战而来的中央红军。6 月 13 日，红三十军在夹金山下与一方面军胜利会师。消息传来，全军为之振奋！由于我们工作队是由不少能歌善舞的青年同志组成的，所以总部首长给我们下达了一个紧急任务：赶排一组文艺节目，在庆祝胜利会师的大会上演出。我们立即行动起来，投入紧张的排练。

6 月中旬的一天，毛主席、周副主席，朱总司令、张闻天等党中央领导同志来到了懋功的达维镇，受到红四方面军指战员热烈地夹道欢迎。然后，隆重地举行了庆祝胜利会师的大会。在四方面军首长致了欢迎词之后，毛主席在一片雷鸣般的掌声中登台讲了话，他指出，红军的长征不仅沉重地打击了敌人，锻炼了自己，而且扩大了党的影响，沿途撒下了革命的种子。他号召一、四方面军全体指战员在党中央的统一领导下，团结起来，形成一个拳头，更好地回击敌人。讲话结束以后，我们登台演出了庆祝会师的文艺节目。那一天，由于大家的心里都洋溢着会师的喜悦，演出特别卖力。那天，我也登台演唱了一首为庆祝会师而赶排歌曲。记得歌词大意是：

万岁！万岁！我们的会合，

轰动全球、全中国。

粉碎日本狗强盗的侵略，

高唱抗日的战歌……

万岁！万岁！我们伟大雄壮的会合！

演出结束以后，毛泽东、周恩来、朱德、张闻天等中央领导同志在四方面军首长陪同下，来后台看望我们参加演出的全体同志，并和我们逐个握手，当走到我跟前的时候，毛主席握着我的手说："小同志，你的歌子唱得不错嘛。"我有些不好意思地说："唱得不好，首长。"毛主席接着又问："你打过仗吗？"还没等我回答，徐向前总指挥已经接上话说:"她是我们这里有名的'黄毛丫头'，不但会唱歌，打仗也挺勇敢，曾经担任过妇女独立营的营长。"徐总指挥这么一说，我更不好意思。因为我这个绰号，平时只是总部和省委领导同志偶尔开玩笑时叫叫，没想到今天当着中央首长叫开了。毛主席仿佛看出了我的心情，他风趣地说，叫"'黄毛丫头'好嘛！你年纪轻，会唱歌，又能打仗，这多好哇。今后我就叫你'黄毛丫头'啰！"

血战临泽城

1936年10月，英勇的一、二、四方面军三大主力红军在甘肃省会宁地区胜利会师，长征结束了。可是没想到，我们红四方面军的指战员还没来得及休整，就立即受命组成西路军，渡过黄河，进行西征。此时，我已被红四方面军总供给部部长郑义斋同志调到总供给部工作，亦参加了悲壮的西征。

我西路军广大指战员在极其艰苦的条件下，英勇奋战，杀伤了大量敌人，但终因敌我力量相差悬殊和孤军奋战，陷入困境。1937年1月，西路军总部直属队被敌人包围在临泽城内。这里有驮全军给养的辎重队，有制造子弹和手榴弹的小兵工厂，有医院和被服厂等，然而战斗部队却很少。郑部长临时担任了守卫临泽城的总指挥。在敌人向我们发动进攻第一天的夜里，郑部长命令我将城内各单位的几百名女同志组织起来，参加守城战斗。第二天一早，我们全体女同志就和男同志一道，站到了守城的第一线。敌人的攻势很猛，随着一阵猛烈地炮轰，城墙被轰开了几个缺口，匪徒们疯狂地从缺口处向上爬。守在城墙上的指战员们，有武器的用排子枪、手榴弹回击敌人；没有武器的女同志，就用砖头和石块狠狠地向敌人砸去。在我们英勇的还击下，敌人血肉横飞，连滚带爬地退了回去。这一天，我们打退了敌人数次进攻。到了晚上，除了留一部分男同志密切监视敌人，其余的就和我们女同志一道，往城墙上运送石块、砖头和装满沙土的瓦罐等。1 月的甘北，滴水成冰。我们把装满泥土的袋子填补在炸豁的城墙上，上面再浇上水，等冻实以后，城墙又变得坚固了。

战至第三天，我们的弹药越来越少，伤亡越来越大，尽管城外堆满了敌人的尸体，但城头上也洒满我军指战员的鲜血。敌人的增援部队不断开来，攻势越来越猛。他们凭借猛烈的炮火，把城墙轰开了很多豁口。紧接着，数不清的敌人就从四面八方蜂拥而上。敌人的督战队无耻地狂喊着:“弟兄们，冲啊！上啊！打进城去，一个人赏一个共产婆！”敌人用梯子和吊绳从四面八方往城头上爬。战士们怒火万丈，奋不顾身地和敌人展开了激烈的搏斗。几个身强体壮的女战士把住一截露出城墙的梯子，大喝一声：“掀”，梯子猛地被掀翻在地，梯子上的敌人被摔得死的死，伤的伤。与此同时，其他梯子和吊绳上的敌人，也纷纷被打翻在地，敌人的进攻又一次被我们打退了。

显然，形势对我们越来越不利了，再守下去，就有全军覆没的危险。这天晚上，我们按照总指挥部“寻机突围”的指示，在郑义斋同志的率领下，奋力拼杀出城，冲出了敌人的包围圈。天明时，赶到了倪家营子，与总指挥部和三十军会合。

石窝山上临危受命

1937年3月一天的午后，阴云笼罩着祁连山脉石窝山头，九死一生幸存的一千几百名西路军指战员集中到了这里。山下，躺着一片片被匪徒们杀害的红军烈士，其中就有我们敬爱的总供给部长郑义斋同志。山上，身穿凝满血污衣衫的红军战士，正在争取时间休息。

此时，师以上的高级干部正在开会，研究下一步的行动方案。傍晚，会议结束了。这次会议决定：为了保存剩下的这部分革命力量，立即组成左、右两个支队，分散突围。左支队由李先念、程世才等同志率领三十军剩下来的千余人向左冀突围；右支队由王树声、朱良才等同志率领五军和九军剩下的几百人向右翼突围。等天黑，左、右两个支队就开始撤离石窝山。

这时，总部的两位参谋急匆匆地找到我说："总部首长决定让你负责把山上的300余名女同志组织起来，番号仍叫妇女独立团，由你当团长，由我们两个人协助你工作。"我们的任务主要是带领全体女同志想办法突出敌人的包围圈，然后就地打游击，等待援军。此刻，大部队已经撤离石窝山，我们也必须赶在天明前撤走，否则，将成为众矢之的。

我们选择了后山的一条险路。由于天黑坡陡，开始时不少同志滚下了山崖。我急中生智，命令大家把绑腿都解下来连在一起，拴在悬崖边的树干上，然后大家一个接一个地拉着带子往下溜，这样果然既快又较安全。溜下这道悬崖，对面又是一座陡峭的山崖。望着这又高又滑的山峰，精疲力竭的女战士们简直迈不开步，但为了跳出敌人的包围圈，大家还是咬紧牙关，奋力地爬呀爬，有些受伤和体弱的同志，半路不知什么时候就掉队或摔进山谷中去了。

天亮时，我们终于撤到了一个比较安全的山洼里。清点一下人数，只剩下不到 200 人了，就连两位协助我们突围的参谋也不见了。

包围石窝山的敌人发现一夜之间红军不翼而飞，恼羞成怒，疯狂地向四下里拉大网搜山。我们的处境仍很危险！我一面命令大家注意隐蔽，不得暴露目标；一面鼓励大家发扬红军英勇顽强的战斗作风，坚决同敌人血战到底。为了决定下一步的去向，我召集了一个党团员骨干会。大家经过研究决定：不能在这冰冷的峡谷里等死，要想办法找到我们的大部队。

不幸落入魔掌

一天晚上，我们开始向山口方向突围。同志们被新的希望所鼓舞，走得飞快。天黑得伸手不见五指,我们分不清东西南北,只好靠碰运气，摸索着前进。走了一个晚上，还没有走出山去。天亮以后，我们怕被敌人发现，赶紧找了一个山洼隐蔽起来。等到天黑，我们又摸索着向山口方向前进。走着走着，突然前面出现了一座寺庙，近前一看，原来是进山时经过的康隆寺。大家松了一口气，总算找到来路了。这时，天又要亮了，我一边让女战士们原地休息，一边召集了一个临时干部会议，研究新的行动方案。突然，哨兵跑来报告：“庙前大路发现敌人骑兵！”

我命令大家立即向寺庙对面的牛毛山撤退。牛毛山是一片原始森林，那里不但骑兵不便活动，就是人跑几步也要跌跟头。如果能够抢在敌人骑兵前面冲进这片原始森林，我们还有可能脱离危险。然而，敌人是“四条腿”，我们是两条腿，敌人的骑兵在森林边缘追上了我们。女战士们被敌人冲得七零八落，跑得快一点的冲进了森林，跑得慢的就被匪徒们抓走了。我们且战且走，天黑时才好不容易甩开了敌人。此时，我们只剩下几十个同志了，遍体鳞伤的女同志们你看着我，我看着你，禁不住为不幸遇难的战友们流下了滚滚热泪。

我们决定在这深山密林里隐蔽几天，躲开敌人的搜捕，可是，老天爷又来和我们做对了，入夜，气温下降到零下三四十度，寒冷折磨着我们这些衣衫破烂的红军女战士，饥饿、寒冷和伤病又夺去了几个同志的生命。为了不致冻死在这里，我们决定冒险生火暖暖冻僵了的身体。没想到这却惹出了大祸，仍在围剿我们的敌人循着烟火将我们团团包围。当敌人突然出现在我们身旁的时候，跑已经来不及了，我和妇女独立团仅存的一些人同时被俘了。至此，红四方面军妇女独立团的番号不复存在。

这支妇女正规武装，从 1933 年 3 月在川陕革命根据地正式创建，到 1937 年 3 月在祁连山上因张国焘的错误路线而断送，共历四年之久，最多时，曾发展到 2000 多人。在保卫川陕苏区的斗争中，她们参政参战，流血流汗，作出了贡献；在长征中，她们三过草地，两越雪山，历尽千难万险；在西征中，她们浴血奋战，可歌可泣；其人数之众，时间之长，斗争之艰，牺牲之大，在红军史上都是仅有的。

党营救归来

被俘后，敌人押着我们下了山，经甘州送往西宁。由于我被俘人员中叛徒告密，国民党青海省党部背着马步芳，秘密将我同张琴秋、吴仲濂三个人押往南京，打算向蒋介石报功请赏。

1937 年 7 月间，我们三人被关进伪南京反省院。押至 8 月里一天的早饭后，“放风”的时间还没到，可狱里所有的牢门却同时打开了。那些平日里十分凶恶的狱卒突然变得和气起来，还让我们这些“政治犯”梳洗整理后去礼堂听训话。对敌人的假慈悲，我们十分冷漠。

当我们走近礼堂时，突然听到里面有人喊：“共产党万岁！”我们三步并作两步，挤进了礼堂的大门。没想到，敬爱的周恩来副主席和叶剑英同志竟出现在我们的眼前，他们正微笑着向大家招手。我一时不敢相信自己的眼睛，忙拉着吴仲濂的手低声问："濂姐，这不是在做梦吧？"还没等吴仲濂同志回答，整个礼堂已经湮没在一片热烈地欢呼声中。周副主席和叶剑英同志神采奕奕地站在讲台上。周副主席的大胡子已经刮去，显得更加干练潇洒，英姿焕发。尽管他衣着朴素，但他那超人的政治家风度和气魄，却使站在他身旁衣着华丽的国民党官员们黯然失色。我们仿佛见到了失散多年的爹娘，全都激动得热泪盈眶。大家热烈地鼓掌，尽情地欢呼。周副主席和叶剑英同志一再招手致意，欢呼浪潮才慢慢地平息下来。周副主席开始讲话了。他首先告诉我们，抗日战争已经全面爆发，国共两党开始第二次合作，当前共同的敌人就是日本帝国主义。他说，我党正在和国民党进行交涉，要求他们立即无条件地释放全部政治犯。他还说，他和叶剑英同志此次来，就是受党中央和毛主席的委托，来这里看望大家的。听到这里，人们再也控制不住自己的感情了，大家再次同声高呼："中国共产党万岁！""毛主席万岁！"

周副主席讲完话以后，就走下讲台，一排排地看望了大家。随后，他们又视察了牢房。当走到我们住的牢房时，周副主席身边的一个同志悄悄地塞给我一个小纸条。上面写着："终于找到你们了，请不要着急，很快就派人来接你们出去。"读了这张纸条，我和吴仲濂紧紧地拥抱在一起，感激的热泪禁不住夺眶而出。我的心在深情的呼唤着："党啊，伟大的母亲，您这样关心您的儿女，只要一息尚存，我就一定要为您战斗下去！"

第三天中午，八路军驻南京办事处派来一辆小轿车，将我们三人从伪反省院接到办事处。周副主席、叶剑英同志和办事处负责人李克农同志亲自在办事处门口迎接我们。周副主席热情地握住我们的手说："同志们，你们吃苦了。"随后，就让我们好好休息一下。吃过晚饭以后，周副主席又来看望我们。他先关切地问我们休息好了没有？接着又问我们还有什么要求没有？我们齐声回答："希望尽快送我们回延安。"周副主席说，这好办。但他让我们多在南京休息几天。张琴秋同志是浙江人，吴仲濂同志是湖南人，我是湖北人，周副主席可能都知道了。他关切地问我们：“这儿交通方便，想不想回家看一看？”我们的心早就飞到了延安，所以我们异口同声地说：“不回家了。”周副主席最后说，他明天要离开南京，让我们安心在这里休息几天，然后李克农同志会安排我们回延安的。

由于当时南京经常遭到日本飞机轰炸，不太安全，李克农同志便派人送我们去西安办事处休息了一段时间。1937 年 10 月份我们终于回到了朝思暮想的革命圣地延安。到延安后，中央组织部的李富春和蔡畅同志热情地接待了我们，我们汇报了西路军失败以后被俘的有关情况。之后，张琴秋和吴仲濂同志被安排去中央党校学习，我被分配到陕北公学担任女生队的队长，1938 年初，我又被调去担任抗大女生队的队长。

1984 年 6 月 15 日于大连

选自菡子主编：《女兵列传》第1集，上海文艺出版社1985年6月第1版，第134—147页。

苏风，原名陶万荣，女，1916 年生，湖北麻城人。1929 年参加革命并加入中国共产主义青年团，后参加中国工农红军，1935 年由共青团转入中国共产党。红军长征时任中共川陕省委机关临时工作队队长。新中国成立后，曾任辽宁省高级人民法院副院长、大连市人民检察院副检察长、大连市政协副主席等职。1995 年在大连逝世。

一个女红军的经历

李三珍

我是壬子年生的。由于家里很穷，13 岁就被送到马世杰家当童养媳。后来与马世杰正式结了婚。我记得大概是 1933 年 7 月间的样子，红军到了我们那个地方，马世杰就去参加了红军，他一去就至今无音信。他参军走后不久，我的孩子又病死了，我心里实在难过！就在这年的 10 月间，我参加了乡苏维埃政府的工作。当时的乡苏主席是红军，名叫李子荣。他安排我在乡苏维埃里边搞接待和调查工作。当然，有时也到各村去参加发动群众、打土豪等工作。打土豪中没收来的地主豪绅的财产，就分给穷苦群众。同时，也做动员群众参加红军队伍的工作。

我在乡苏维埃政府工作不到两个月，又调我到区苏维埃政府工作。那时的区苏维埃主席是宋功连，周家湾的人。过了农历年后，我又被调到县上工作。我记得当时的县委书记叫陈子骞，也是苍溪县的人；妇女部长是冯学兰，她是通江县的人;团委委员田玉兰，是苍溪雅凤楼的人;少共书记是孔同志，听说他是俄国人；县苏维埃副主席陈天柱，是苍溪凤凰山的人；县苏维埃主席的名字，我现在一下想不起来了，在县上，我和老关场的刘秀贞负责内务工作。如像搞接待、管婚姻工作、不准当童养媳等，工作还是不少的。当时县上的主要工作，仍然是发动群众、打击土豪劣绅和动员群众参加红军。

在县苏维埃政府工作不久，我又被调到通江。那时前来“围剿”

我们红军的敌军已过嘉陵江了。当时我所在的部队是八十九师的二六六团。我们在那里打了一个胜仗。记得就我们那个班就缴了敌人六七十支长枪和三四十支短枪。我参加工作时，背的是一把大马刀。这次给我换成枪，还配了五板子弹，我好欢喜啊！从此以后，我们在县上工作的就都随部队走了。

我原是二六六团二营三连二排三班，到了剑阁过去的火烧庙时，部队进行整编。把我编到妇女独立团。团长张琴秋，是通江人；营长简香桃，也是通江人；连长宋学珍，具体是哪个县的人，现已记不起来了，反正是通南巴的人;连的指导员,就是我李三珍。我们整个团都是女的。我记得整编时，身体好的就到独立团，弱点的就到卫生院或宣传队。

整编后，我们的部队又从剑阁出发，经梓橦、江油、中坝、威州、茂州、理县、杂谷脑、古耳沟、马塘、大丈寺、马尔康等地。到绥靖时，我的脚被“雪冒”了(冻坏的意思),不能继续前进。就留在绥靖住医院，以后又送我到工农医院、区医院六分院等处治疗。住了几个月的医院出院后，脚才稍微好一点。但我所在的部队到哪里去了却不知道。组织上分配我到经理处工作，主要是搞宣传、调查，有时也参加抬担架。到甘孜时,我的脚伤又复发了。因为脚刚好,又穿起草鞋天天在雪地里踏(走的意思),新皮肤被草鞋一磨又破了。不能走路,同志们对我抬也抬过、让我骑马也骑过，实在不行了又住进医院。队伍要开时，我仍不能走。医生就把我安排到寨子上去，同少数民族一起生活。当时，我们被安到寨子里去的，一共是80多人。但红军大部队走后不两天，少数民族就不给我们吃喝了，还要赶我们走。我们只得打起包袱走。当时，我把我的衣服、钱、党证等东西都弄在包袱里一起背起。记得从寨子上走时，我还买了一筒筒炒面来提起，边走边吃，但要到炉霍前的一个大坝子头时，有几十个少数民族骑马追来了，将我们80多人的东西全抢完。我的党证也就这样被抢走了。到了炉霍时，我实在饿得慌，就在人家的地头摘些麦吊子揉来吃。到丹巴过来一点时，碰到国民党二十四军的收容队。把我们全部收容下来，并逐个进行审讯。审讯中，大家都说是被拉去运粮的就算了。审讯完后，又向我们宣布说，你们是哪里人，就送你们回哪里去。从懋功经达维、硗碛，说是到灵关，但路实在不好走。我的脚本来走不得，加上草鞋再摩擦，脚硬是痛得我心慌。到双石时，实在走不得，又掉了队。掉队后，我一个人不知走哪个方向，我只晓得有一个邛州。正在没办法时，一个老大爷走了过来。我问他到邛州走哪个方向。他见我拄一根棍子，就问我是怎么一回事。我把原因告诉他后，他又问我多大岁数了，我说 22 岁。他说，你去把你的脚洗干净，我给你看一下。他看后说，我给你医，半个月就可以好。医好以后，我把你送回去。原来这个大爷是个医生，名字叫刘洪富。我想了一下，反正没有办法，于是我就同意了这个大爷的话，就在这个大爷的家里住下。刘大爷花了好大的功夫才把脚给我医好。我的脚好后就帮他家干活，他又给了我一些衣服穿。我在他家的几年中，好多人都来说过亲事，但刘大爷都没答应。后来说给他的佃户孙怀顺时，刘大爷答应了。孙怀顺常在他家打短工，刘大爷认为孙怀顺的人不错，问我的想法如何，我也没有多的意见，也就答应了。

我和孙怀顺结婚，是刘大爷一手操办的。当时，他给我们买了一口锅、一个水缸、一把水瓢、五个碗和切刀、铲子等物。还出钱为我们请了十多桌客。这是 1936 年的事。从那时起，到 1975 年，我都生活在双石。后来，由于孙怀顺病死，我的大儿子孙月云（中共党员）又结婚去了天全县的新华乡；大女儿孙月清，结婚到芦山梅冬去了。家里就剩下我和幺女了，后来，我的幺女到邛崃高何，同杨中林结婚。所以，我就来到了高何落足至今。（根据访问李三珍笔录和有关史料整理）

选自中共邛崃市委党史研究室编：《红军过峡山史料选》（《邛崃市党史资料汇编》第6辑），1995年8月第1版，第104—107页。

李三珍，女，1912 年生，四川苍溪人。1933 年参加革命，后参加中国工农红军。红军长征时任红四方面军第三十军八十九师二六六团战士、妇女独立团连指导员。后因伤留在川西，在当地群众帮助下落户邛崃。

由孤儿到红军战士

林江

苦难的童年

1919 年 12 月我出生在四川省阆中县一个回族贫苦农民的家里。妈妈生下我的前几天，本族的族长阿訇要抢我的五姐给他做小老婆，我爸爸因反对族长的无耻行径而被他活活钉死在门板上。我出生三天后，妈妈又被族长抢去当奶妈，她不甘蒙受凌辱，被逼上了吊。我成了一个无依无靠的孤儿。姑姑看我实在可怜，就把我抱回去，抚养到两岁。她因贫困，再也无力养活我了，这时同湾的一位汉族姐姐收养了我。这位姐姐是苍溪人，也因家中贫困，把她送给人家当了童养媳，经常挨打挨骂，她就跑到了阆中。一天几乎冻死在山上，我妈妈将她带回家中，后来她就在我的家乡住了下来。我以前用的名字向光莲，就是用她的姓。姐姐将我带回苍溪，她对我很好，可是“姐夫”对我很不好。在旧社会，妇女不论是在社会还是在家庭都没有一点地位。我从六岁起先后被卖过三次，姐姐每次反对“姐夫”这样做，遭到的只是一顿毒打。第一次，我被以八担米、八块光洋的身价卖给了一家姓左的富人当童养媳。

旧社会给人家当童养媳真是受折磨。特别是卖给富人家，哪里是当童养媳，在富人眼里，我们穷人的孩子连条狗都不如。这家人家买我时说是让我去当童养媳，这样我的身价就便宜。那户姓左的人家三代都是官僚，在清朝时还当过武官，在当地很有势力。我去了以后，每天割草喂猪。婆婆很厉害，管得也很严，每次我割草回来她都要亲自看看，如果割得少了，不但吃不到饭，还要挨打。那时我才六岁，哪有力气去割那么多的草呢？因此，挨打、饿肚子是经常的事。挨了打又找不到亲人去诉说，只好偷偷地流泪。在我八岁那年冬天，有一天我出去割草，到了天黑也没把筐子割满，只好背着半筐草回去了。老太婆一看，顺手拿起一根木棍朝我就打，打得我疼痛难忍，满地乱滚。她的大媳妇正好过来，我就赶紧抱住她的腿。她媳妇怕把我打坏了不能再干活，就拉了婆婆一下，我趁这个机会赶忙从地上爬起来，跑出她家。从此再也没回去，在外面过了一段四处流浪的乞讨生活，我又回到了姐姐家。谁想“姐夫”见了我，把我骂了一顿，又用十块光洋、十担米的身价把我卖到陈家大坝一户姓陈的人家当丫头。

旧社会给有钱人家当丫头，每天打水扫地端尿盆。干的牛马活，吃的猪狗食。在陈家大坝过的一年多的丫头生活，我至今还记忆犹新。就拿吃饭来说吧，先让老爷、小姐那些“上等人”吃，再叫管家、打手这些“二等人”吃，剩下的给陈家的“三等人”——富人养的狗吃饱，最后剩下的一点放上水搅搅才让我们这些丫头、佣人吃，吃不饱也就算了。就是这样的生活过了几个月。有一次管家叫我去收鸡蛋，我不小心把鸡蛋打破了，这下可闯了大祸。管家知道后拿了一根木棒就朝我头上腿上乱打，直打得我躺在地上不能动方才罢休。打后我被扔到了一棵树下的一个破草窝窝里。我整天在那里躺着。开始两条腿一点也不能动，拉屎打尿都在棚子里，夏天臭得都不能进人，吃的东西全靠好心的丫头姐姐们偷偷留下点锅巴、菜团子，用树叶包起来，路过草棚子时丢进来。我腿上的伤，全靠一位叫唐玉春的穷苦老大爷每天夜里摸黑来给我敷点草药。整整六个月的时间，我的腿才慢慢好起来。刚能走路，我就赶快逃离了陈家。可回去后，“姐夫”又用20块光洋，15担米把我卖给了龙家坪一户姓李的人家当丫头。

我在李家除了干完丫头应干的端水、扫地等活外，还要给他们烧大烟泡。每天给李家的大老婆烧完后去给二老婆烧。还要给大管家、二管家烧。有一次，天刚下过雨，路很滑，当我给大老婆、二老婆烧完，去给管家烧时，在路上滑倒了，把大烟盘子摔在了地下。他们就非要把我活埋了。是一位老妈妈帮助我逃出了虎口。他们到处找我，我设法跑到一个乱坟堆中,在一口棺材里躲了两天。跑出去后怕“姐夫”再卖掉我，就不敢回家，只好在外过着流浪乞讨的生活。

投奔红军

1932 年我的家乡一带开始出现了红军。当时传说不一，有的说红军是“红胡子”、“共产共妻”，也有的说红军是为穷人的。我当时受苦受罪受够了，心想只要红军是为穷人的，不管怎样，我也要去找红军。从那开始我就到处打听红军的消息。到了 1932 年，有个姓唐的先生告诉我，红军在石马场一带，并讲了许多红军的故事，我听后就下定决心要去投奔红军。临走前，我去和姐姐告别，对她讲了我要去找红军。姐姐听后说：“幺妹子，你年纪小，也不知道这支队伍到底怎么样，还是不去为好。”我对姐姐说：“我听说红军是为穷人的。我现在无家可归，只有去找红军才是唯一的出路。”就这样，我说服了姐姐，离开了家，到处打听询问红军的消息，后来在苍溪找到了红军。这样，我于 1933 年 2 月 1 日正式参加了红军。

到了部队，每人发一个挎包、一个米袋、四个假手榴弹、一支木枪、120 发子弹。到连队的第一关是考试，由连长提问进行口试。“为什么要当红军？”这是连长问每个新战士的第一句话。

“如果遇到突围，需要轻装，你丢掉什么？”连长又问。

“丢枪！”一个因反抗包办婚姻而出走参加红军的富门女儿回答说。

“不，不能丢枪，只能丢挎包、米袋。”我急忙纠正她的回答。

连长满意地对我点了点头，接着她在地上画了个“一”字。连长这是什么意思呢？我一时搞不清楚，急得直搓衣角。猛然我想起地下的“一”字和手中的枪差不多，就举起手中的枪比划起来，逗得姐妹们转过身子偷偷地笑。

口试结束后，连长又找到我，夸我刚才回答得好。然后又问了我的家庭情况，问我为啥要当红军？我回答说：“要为我爹妈报仇。”“别的还有什么呢？”连长又问。我望着连长回答不上来。连长态度十分和蔼地给我讲了许多革命道理，最后说，“小鬼啊！干革命不能光是为了报个人的私仇，而是为了穷苦大众翻身解放。共产党、红军就是专门替穷人报仇的，你的仇咱们大家都来替你报。你来干革命也同样可以替穷人报仇，同时也是替你自己的父母报了仇。你现在年纪还小，不要胡思乱想，要好好学习，练好本领；消灭了国民党反动派，你的仇也就报了。”我听后非常高兴，盼望已久的不受欺辱的日子终于来到了。

1933年，在军阀田颂尧、刘湘统治下的川北苍溪一带，穷苦百姓受尽了煎熬，翻身求解放的要求十分迫切。为了扩大革命队伍，2月底，我们分散到石马场附近的村子里，一面帮助穷人耕种庄稼，挑水打柴，一面宣传穷人要想翻身，不当牛马，不做奴隶，就必须拿起枪来和反动势力斗的革命道理，群众很快发动起来了。姐妹们又采取人带人的办法进行扩军，时间不长，我们就带回了穷人的女儿100多人。3月，我们与驻扎在通江地区的妇女连会合在一起，组建了红四方面军妇女独立营。我被分到一连，连长叫潘家珍，是我们的大姐。

妇女营组建后的第一项任务是剪发、放脚。半封建、半殖民地的旧中国，人们的封建意识特别浓。阆中、苍溪一带，女孩子没有不裹脚的。女孩子们痛苦得要死，大人们却觉得缠成“三寸金莲”好看，长大了也好找婆家。现在连长让剪发、放脚，本来是件大好事，可是姑娘们却想不通，接受不了，有的人甚至躲了起来。我是个孤儿，从小也没有裹脚，不像别的人怕放了脚今后嫁不出去。可叫我剪发，说啥也不让，心想剪了辫子就不像个姑娘样了，倒像个出家的尼姑，多难看啊！为了完成剪发、放脚的任务，连长把全连的同志集合起来，她手中拿着一把剪子朝我们走过来。我心中想：连长真要一个个把我们的头发剪掉吗？“听天由命吧。”我闭上了眼睛。只听“咔嚓”一声,我赶紧摸了摸自己的头，辫子还在。睁眼一瞧，原来连长剪掉了自己的辫子。连长拿着自己的辫子对大家说：“我们都是红军战士了，应该有个红军战士的样子，留着长发，缠着小脚，怎么能行军、打仗，又如何能为穷人报仇？大家常说反封建，今天剪发、放脚就是反封建。”说罢，她翘起自己的“解字派大脚”，逗得大家都笑了。在连长的教育和带动下，全连同志都剪了发，放了脚。几天之后，我们连接到上级的指示，为了适应当时战争的需要，全连一律理成了光头。那天晚上我怎么也睡不着觉，还抱着门前的皂角树哭了一场呢！

紧张的训练开始了。训练项目有队列、投弹、刺杀、射击和单兵战术。就说投弹，那可真是个硬功夫。一个八卦弹两斤多重，掂在手里死沉死沉的。我人小力单，用尽全身力气也投不到 15 米。练了几天我的胳膊就像发了酵的面团，肿胀起来，疼得吃饭都不敢抬。当时我心里想的是打仗、消灭敌人，报仇雪恨，硬是咬着牙坚持下来。训练结束时连队进行考核，我竟把手榴弹投到了 35 米以外。其他几项我也取得了好成绩。在整个训练中，我先后受到四次表扬，被评为“敢冲敢打、吃苦耐劳”先进，并得到了奖品。

运送和护理伤病员

训练结束后，我们立即投入了紧张的战斗。我们妇女连活动在通江地区的深山老林里。那里山高路险，荆棘丛生。我们的任务是为前方兵站送粮、送弹药，往后方医院运送伤病员。在崎岖不平的山路上抬担架可是一项很艰巨的任务。只要担架一上肩，就很难找到一块合适的地方放下来。路程再远，道路再难走也得坚持。有时就像电影《小花》里的情形一样，上坡下坡为了保持担架平稳就得双膝跪在地上走。有一次，我和王桂华、赵新娥、司建玲，我们四个年龄最小的战士往后方医院抬送一名重伤员，穿过森林时下了雨，老林里的烂泥腐叶没住脚背，肩上重，脚下沉，累得我们直喘气，肩头也磨破了。雨水把肩头上的鲜血冲下来，染得前胸后背都是红的。我们忍着痛硬是把伤员送到了后方医院。到了目的地，肩头上已经血肉模糊，鲜血粘住了衣服，脱衣服时揪心般疼痛。通江地区山高路陡，多悬崖峭壁，有的同志不留神掉到山沟里就牺牲了。后来，我们为了防止非战斗伤亡，在抬担架的过程中摸索了一些经验，学着四川老乡抬滑竿呼号子的办法，遇到险路时，前后打着招呼。转弯时，前边的同志喊："弯弯拐喽！"后面的同志应："两面摆喽！"过坑洼地时，前面喊道："汪洋大坝！"后面答道："甩起两胯（大步跨的意思）。"我们自己创造的这些抬担架的号子，直到现在我还记得。

1933 年 5 月，妇女独立营整编，我被调到二连担任了班长。连长是个四川姑娘，叫李成英。我们奉命调往彭加岩医院，任务是刷洗衣物，护理伤病员。彭加岩医院是红四方面军的一个中等医院，有伤病员 1200 多人，我们妇女连三个排轮班去医院，每人每天要洗七八十件衣服，还要给伤病员搓背、洗澡、送饭，工作量比较大。一天下来累得腰酸胳膊疼。但一看到伤病员那痛苦的样子，一想到他们养好伤就能重返连队消灭敌人，自己的劳累全都忘了。

那时，由于国民党反动派的封锁，红军医院药品奇缺。为了解决困难，医护人员自己动手采集草药，自制药丸，用盐水代替酒精消毒，但仍然满足不了需要。有时，我们只好采取一些现在看来是难以想象的办法。

我记得有个伤员叫杨国华，他腿部多处中弹，子弹取出后因得不到必要的药物处理，伤口化脓生了蛆。白生生的骨头露在外面，疼得他昼夜呻吟。看到小杨痛苦的样子，我们都十分着急，后来我想起了一位医生在上业务课时教过的土方法，唾液能起消炎作用，伤口用舌头舔愈合得快。我就找来一根小树枝，包上一层纱布，把他伤口的蛆拨掉，用盐水清洗后就半蹲着用舌头一点一点地舔去他伤口上的脓，腥臭味熏得人发晕，我就用棉花塞住鼻子，强忍着恶心隔一天为他做一次“治疗”。小杨的伤竟慢慢地好起来，再也听不到他那痛苦的呻吟了。

1933 年 6 月，我担任了二排长，同年七月中旬，由李成英同志介绍，我光荣地加入了中国共产主义青年团。

长征路上

1934 年 4 月我所在的二连奉命调回妇女独立营。我被抽到红四方面军总医院学习了二个月以后，分到了五分院，随部队进行长征。

长征路上医院的工作是十分艰苦的。国民党军队对我们前堵后追，天上飞机轰炸，几乎天天都要和国民党反动军队交火，伤员不断增加，工作量越来越大，而且随时都有献出生命的可能。遇到敌人还要拿枪和敌人作战。碰到敌人飞机扫射轰炸，有不少同志干脆趴在伤病员身上，宁愿自己被打死也不能叫自己的同志负二次伤。在医院当护士主要是抬担架，大点的同志两个人抬一副担架，小点的同志四个人抬一副担架，还要负责护理伤病员的工作。同时还要洗衣服，洗绷带，洗纱布。那时医疗器械缺乏，纱布、药棉用完后用水洗干净后再用。要想增加一点医疗器材全靠从敌人手中缴获。

战争年代，条件虽然艰苦，但军队的群众纪律却十分严明。我当时担任团支部书记，负责群众纪律检查工作。部队走到哪里都要做大量的群众工作，帮助穷人挑水，扫地，只要能干，我们都帮助干。老乡有了病，我们就赶快派人去治疗。每天医院一出发，我就带领几个同志检查群众纪律执行的情况。那时，根本没有床，都是借老百姓的门板给伤员睡。我们自己在地上放点稻草，就睡在上面。等部队一走，再把门板还给老乡。我就检查门板还了没有，卫生打扫干净了没有，一旦发现有违反群众纪律的现象就立即纠正，发现有损坏的东西就照价赔偿。

在通过少数民族地区时，我们严格按照总部规定的政策执行。当时有些藏民对红军不了解，我们就反复宣传共产党的主张和政策。有些反动地方武装开始十分猖狂，到处放冷枪，扔石头。他们捉住了我们的同志后，把男同志活埋，把女同志用刺刀杀死，身上还插个木块，写上“共匪”二字。我们红军就狠狠打击这些反动武装，并采取瓦解下层，打击首领的办法来分化瓦解他们。由于我们严格地执行党的政策和群众纪律，我们的事业就取得了胜利。

我们是在王坪一带准备过草地的。过草地前领导作了动员，我们党团组织还分别召开了会议，大家都表示要跟党走到底。部队踏进草地，生活更加艰苦。当时大家编了一个顺口溜：“高坡是我们的床，树下是我们的房，野草野果是我们的粮，共产主义是我们的理想，共产党是我们的亲爹娘。”

长征期间，官兵同甘苦，共命运，互相关心，互相体贴，亲密无间。朱德同志当时是我们的总司令，也和我们战士一样天天泡在一尺多深的水里，手里拿根棍子艰难地向前走着。有一次，我们看见朱总司令的鞋子也没了，光着脚行军。我们几个人在一起商量，怎样给朱总司令搞双鞋。贺之同志想了个好办法。我们几个同志年纪比较小，个子比较矮，发的裤子长，我们就把裤腿剪下来一截，两个裤腿正好够做一只鞋面。我们就把剪下来的凑在一起，又把马鞍子上的毡垫取下来做鞋底，就这样给总司令做了一双鞋。当时我记得朱总司令的脚都肿了，他穿上我们做的鞋后十分高兴。

朱总司令平易近人，和蔼可亲，处处关心着我们。一次行军宿营后，我到连部去，看到朱总司令和刘伯承参谋长一起坐在一棵垂柳旁，正在谈论着什么。当我从他身边走过时，朱总司令叫住了我，向我询问了医院的一些情况，最后他说："回去告诉你们连长，要把兵带好。晚上睡觉前要想办法烧些热水让战士洗洗脚，这样才能解乏。打泡的要用针把泡挑掉，才能继续行军。干部夜间要查铺查哨，防止敌人偷袭。"我赶快回去把总司令的指示向连长谢朝明作了汇报。

红军到达岷州后，我已经担任了红四方面军总医院五分院的材料股长，组织上抽我去中央党校学习。当时的党校是办在长征路上的，就是一面行军打仗，一面学习。我们医院那次一共抽了 18 人参加学习。我们的支部书记是康克清同志，学习的课本主要是《土地法大纲》和党中央的一些指示。红军到达保安后，中央党校分成了党校和团校两部分。我当时年纪小，还是个团员，就和团校一起随党中央在 1936 年 12 月到达了延安。

我从一个孤儿成长为一个红军战士，学到了文化，懂得了革命道理，这都是党的培养和教育，老一辈的关怀和帮助的结果。

选自菡子主编:《女兵列传》第3集,上海文艺出版社1987年10月第1版,第223—233页。

林江，原名向光莲，女，1919 年生，四川阆中人。1933 年参加中国工农红军，同年加入中国共产主义青年团，1937 年转入中国共产党。红军长征时任红四方面军总医院第五分院护士、团支部书记、材料股股长等。新中国成立后，曾任湖北省军区高干疗养院院长、湖北省军区政治部直政部组织科副科长等职。

红军长征纪实丛书

红四方面军卷

6

中共中央党史研究室 编

中共党史出版社

本册收入第十二至第十三部分文章75篇

长征路上的女兵
——长征生活回忆片断

林江

提到长征，很自然地会使人想起爬雪山过草地的惊心动魄的奇迹，而对当时的红军女战士来说，要完成这一艰巨的斗争任务，更有特殊的困难。但是，女红军们在万难中有一个共同信念：相信革命必然要获得胜利，因此，在党中央和毛主席的正确领导下，她们和男同志一样，用丹心碧血，用无穷的智慧和勇气，排除万难，完成了伟大的历史使命。她们在令人难以想象的极端艰苦的环境中，充满了坚强的革命意志和乐观主义精神，有的女战士由于长途跋涉两脚红肿了，溃烂了，仍然斗志昂扬地前进。“英勇坚定，排难创新；团结奋斗，不胜不休！”这是当时的红军女战士在长征途中最爱唱的一支歌子，也是我终生难忘的一支歌子。

在长征途中，不仅要征服雪山草地，还要和敌人打仗。蒋介石和地方军阀的反动军队前面堵、后面追，天上炸、地下轰。因此，红军女战士们除洗衣、做饭、护理伤员、作宣传工作、组织群众武装、帮助人民群众建立自己的政权外，也和男同志一样要冲锋陷阵，和反动军队战，她们英勇顽强，宁死不屈，出现了许许多多可歌可泣的英雄事迹。记得

1934年“五一”前夕①，我们妇女团有13个女同志（九个护士、三个炊事员、一个洗衣员），护送100多名伤员到懋功三十一军医院。结果因医院转移未寻到，却碰上了一个营的残余敌人。遭遇战开始了。敌人见我们都是些伤员和女兵，于是得意忘形地包围我们，并疯狂地向我们扑来。从早上到下午3点钟左右，我们打退了敌人四次冲锋，消灭了不少敌人，但我们的阵地也缩小了，敌人又增加了兵力，情况十分严重。为了伤员的安全，班长马志海同志主持召开了全体军人大会，在我们13个工作人员的要求下，决定重伤员由轻伤员扶助，一起突围。我们13个女同志打掩护。这天晚上星月无光，我们13个女同志由一个外号叫“红鸟”的同志（可惜我忘记了她的姓名，因为她的双手枪打得好，大家送了她这个外号），以党支部组织委员的身份，组织大家宣誓，“我们一定要保住伤员，完成党交给我们的任务！”

当伤员撤退后走了20多里远的时候，我们已经又打退了敌人数次冲锋，山下一片火光，敌人疯狂地烧着民房。为了保存实力，减少伤亡，“红鸟”同志再三要求我们突围，她一人打掩护。可是在这样的紧急关头，谁能贪生怕死让自己的同志单身担险呢！我们说，“要死死在一起，决不让敌人讨一点便宜！”可“红鸟”同志却严肃地说，“这样作正是给敌人的便宜，牺牲要有价值，我们要保存党的有生力量”。

当我们冲出敌人的包围圈时，只见我们那一小块阵地上燃起了一片烈火，响起了密集的枪声，手榴弹的爆炸声和敌人的嚎叫声。“红鸟”同志再也不能和我们12人见面了，她英勇的、亲爱的形象，永远鲜明地留在我们心里。（江沛整理）

选自《湖北日报》1961年4月27日。

① 此处回忆时间不准确，应为1935年初夏——编者注。

长征后，父母才知道我参加了红军

侯敏

换盐巴　跟上红军就走

1933年6月,我的家乡川北旺苍县白水乡来了红军。那天正逢赶集，父亲叫我去换些盐巴。只见街上到处是人，有几个剪着齐耳短发、穿灰衣服、打着绑腿的女红军在人群中讲着什么。我挤过去一看,原来是“扩红”报名处。一个高个子女红军说：红军是穷人自己的队伍……我鼓起勇气问：“女人也能当兵吗？”她说：“当然行。”我问：“那你们要不要我呀？”招兵的人打量着我问:“你几岁了？”我把年龄多报了两岁:“15岁。”招兵的人说：“当红军可是要走路的哟，你走得动吗？”我挺起胸膛回答：“怕什么？别说走路，让我干什么都行。”就这样，我成了红四方面军三十一军的一名女战士。由于走得匆促，来不及跟家里人说，父母还以为我出了意外，到处找了一个星期。四年后，我到延安时给家里去信，父母才知道我参加了红军。

长征开始，我从宣传队转入后勤队，负责运送伤病员和部队给养。我的肩膀因为抬担架，常常压得又红又肿，晚上痛得睡不着觉。

有一天，在松潘地区，后勤队在运粮途中遭遇国民党部队。前边的战士冲出去了，我们十几个人被包围了。附近无险可守，大家上了藏民的平顶房。枪少，子弹也少，我们等敌人靠近才开枪，接连打退敌人几次进攻。敌人把平房团团围住。我的子弹打光了，右小腿一麻，中了子弹。我想，要是敌人上来，我就是用牙咬，也要和他们拼尽最后一滴血。在夜幕中，我们静静地等待着最后时刻的到来。就在这时，枪声、手榴弹爆炸声大作，救援部队赶到，我们才脱离了险境。

过草地　泥沼吞没战友

过草地前，粮食短缺。上级要求部队筹粮，强调“群众的粮食要用钱买或茶叶换，无钱要给购粮证明，说明将来还钱。对喇嘛寺严禁私自筹粮，除没收反动头目的粮食外，其他应照价收买”。然而，藏民都跑了，饥肠辘辘的部队望着满山的青稞麦，却没人去折下哪怕一根麦穗。

有一天，我们在当地打了反动土司，打开了“密窖”粮仓，每人扛 50 斤青稞麦回驻地。先把青稞麦送到医院分给伤病员，剩下的每人分五斤，个子大的男同志分八斤。每人还打了两双草鞋。

草地是一望无际的沼泽地，踩在软绵绵的草墩上，一不小心就会陷入泥潭。进入草地的第二天，同班战友王玉香掉进泥潭。我连忙伸出树枝做的拐棍拉她，她过于紧张，几次都没抓牢，越挣扎陷得越快，才几分钟黑泥水就淹到脖子。她说：“小侯，别拉我了，不然你们也会陷进来。”就这样，大家眼睁睁地看她被泥沼吞没了。我们只能流着泪，默默地哀悼战友。她是四川巴州人，牺牲时才 21 岁。

我们每“餐”只吃一小把青稞麦，可粮袋还是很快见了底。班长胡立秀是湖南人，认得很多野菜，大家就跟着她挖。每回“开饭”，都能煮上一锅野菜汤，每人喝一碗充饥。有时实在饿了，我就在路边拔点野菜，边走边嚼。

草地气候多变。太阳出来能晒死人，可转眼间又是大雨裹着冰雹往下砸。夜里温度竟降到零度以下。晚上宿营，大家只能找块比较干的地方，燃起篝火；几个人背靠背坐着取暖。每天早起，宿营地都要留下许多长眠的英灵。有一天早上，部队要出发了，路边一床被单下还睡着几个人。大家喊他们一块走，可被单下一动不动。揭开被单一看，几位战友的躯体已经冰凉了。由于张国焘错误路线的危害，我们红四方面军来回过了三次草地。每次过草地，总有一批战友永远留在了草地深处。

过雪山　与死神擦身而过

1936 年春初，我们翻越了党岭雪山。此山主峰海拔 5000 米，山顶终年积雪，雪崩不断。当地藏民说，山上下午起风暴，翻越主峰必须赶在中午 12 点前。下午，我们开始翻越党岭雪山，山道一边是松软的雪岩，一边是陡峭的雪壁，路中是晶亮的积雪，一不小心就会滑入山谷。战士们穿着单衣，冻得浑身哆嗦，许多同志的脚被冰碴划得鲜血直流。我们班的女同志一手撑木棍，一手拉着前面战友的衣襟往上爬。晚上，我们在一个稍微避风的山崖下宿营，大家抱着取暖，过了一夜。第二天天亮后，我们发现了许多战友冻硬的遗体。

越往高处走，山越陡，积雪越深，空气越加稀薄。大家胸口像压上了巨石，透不过气来。走着走着，身后哗啦一声，我回头一看，同班张大姐和一位战友一脚踩空，落进了深深的雪坑。我捅捅前面的班长，哆嗦着嘴报告："他们掉下山了。"班长回头看了看，两位同志已踪影全无，只能含泪轻轻对我说："别说话，快跟上部队。"

下山时，大家一个个坐着往下滑。到了山脚下，我感到十个指头钻心地疼，一看，满手是泥和血，十个指甲盖不知什么时候被掀掉了。

到了甘肃会宁，红军三大主力会师，我们班上的 11 名女兵，只剩下五名。（鲁军、成林整理）

选自《福建党史月刊》2006年第10期。

侯敏，原名侯正芳，女，1920 年生，四川旺苍人。1933 年参加中国工农红军，1937 年加入中国共产党。红军长征时任红四方面军某部宣传队员、后勤队员。新中国成立后，曾为福建省军区正师级干部。2008 年在福州逝世。

和哥哥一起当红军

万曼琳

哥哥名叫万兴煜，小名癸娃子。他高高的个儿，圆圆红红的脸庞，一双沉静的大眼睛，明亮有神，模样儿很像母亲，正当母亲和我们兄弟姐妹在饥寒交迫的死亡线上挣扎的年月里，哥哥长大成人了。他已经是一个16岁的大小伙子了。哥哥只念过两年小学,但是很聪明,很讲道理，很听母亲的话，这使母亲得到很大的安慰和帮助。

哥哥心灵手巧，他会打铁器，会做木工活儿，会编竹器，还会给牛治病。

我最喜欢跟哥哥去地里劳动。我们家的地是老林边上一片叫大地坡的陡地。从家门到地里要走二里多路，在上山的路上，哥哥就像变戏法耍魔术那样，迅速神奇地做很多玩具给我玩，或从小树上摘一片叶子丢到嘴里，就能吹出悦耳动听的歌儿，他还能吹出各种鸟儿的叫声。到了地里，哥哥辛勤地劳动，如果是锄地，我就拔草，是收甘蓝，我就把能抱得动的甘蓝抱在一堆儿。

哥哥最喜欢植树，我们家的房子周围长满了高大的核桃树、板栗和竹子。长得最好的，是哥哥亲手种的两株姜朴树，他经常给这两棵树浇水施肥，精心培植。待到三四月里，姜朴树开花，满树雪白，像玉石一样洁净,其景象壮美极了。前两年我回到故乡,看到树的姿容富丽堂皇，壮美仍不减当年，见树如见人，若哥哥今日还在世，那么，他也一定像这姜朴树一样刚劲而健美。

“红军来了！红军来了！”听有人说，红军前几天打开了南江城，昨天打开鬼门关镇，今天到了黄柏垭，很快就要来到我们蟒洞坝。因为国民党军队造谣说：“红军杀人放火！”所以，大家就都跑到老林里藏起来。红军到了蟒洞坝，亲自进老林叫我们回家。我们回到家里一看哪！院子扫得干干净净，屋里的家具什物放得整整齐齐，东西一样没少，红军待人很亲热和气，对老年人有礼貌地称呼，而且特别喜欢集合起青少年，教大家唱革命的歌儿。哥哥最爱红军。他形影不离地整天跟着红军到处跑，帮助红军做事情。

红军在蟒洞坝开大会，给大家讲打土豪分田地，打倒土豪劣绅国民党反动军阀等等这些革命的道理，蟒洞坝成立了平分土地委员会，哥哥被推选为委员。他身上装着一个笔记本和一支铅笔，整天忙着平分土地的事情。由于哥哥努力工作，进步很快，不久又被提拔担任秘书工作。

秋天里一个早晨，哥哥从区上回来了，他告诉母亲说，白军要来“围剿”苏区，苏维埃和红军要转移。领导决定：在苏维埃工作的年轻干部随红军撤退。母亲要同哥哥一起随红军走，开始哥哥不同意，因为情况紧急，不能拖延，于是，哥哥就同意了母亲的意见。哥哥背了几件衣裳和干粮，嫂嫂背着侄娃子，母亲拖着我，我们一家人就这样离开了家……

自从离家以后，昼夜不停地在崇山峻岭异乡陌生的路上行走。走啊！走……也不知走了多久，走了多少路，干粮吃完了，红军也不知到了何方？找不着红军，哥哥心里非常焦急。一天，我们来到了一条大河岸上。这时河里正发大水，河边聚集了很多人，大家都抢着涉水过河，哥哥挽着母亲背着我，嫂嫂背着小孩，我们一同过河，忽然一个浪头把嫂嫂打倒卷走了。当时，母亲几次跌倒在水里，哥哥腾不出手来抢救她们母子俩……

过了河，母亲不离开河岸，她望着奔腾的激流，痛哭不止。哥哥苦劝很久，我们才离开河岸，随着慌乱的人群继续往前走。晚上，就在崖下露宿，哥哥拾来柴火和稻草生火给母亲烘干衣服，挨到天明，继续向前走。母亲因为悲伤、饥饿，耳朵里灌了水，得了重病，实在走不动了，哥哥向一家农民哀求借一间草棚住下来，又向房主要了一些干草铺在地上，让母亲睡在上面，母亲身上发烧，一夜不停地呻吟，没有睡觉。

早晨，哥哥领我出去讨饭回来给妈妈吃，母亲说，她不想吃，这一天晚上，妈妈身上烧得滚烫！呻吟得很凄惨。黎明时分，妈妈稍微安静一些。哥哥端水来给她喝，妈妈说，她不想喝。天明了，哥哥又和我出去讨饭，中午回来，我们看到草棚外面站着很多人，他们都悲切地望着哥哥和我，走进草棚，我连叫了几声妈妈，都没有听见妈妈应声。哥哥惊慌地走到母亲身旁，看见妈妈静静地睡着。哥哥跪下去要扶妈妈坐起来，然而，这已经是不可能了，妈妈的身体冰冷僵直，屈不回来了。

啊！妈妈死了！哥哥伏倒在母亲身上大哭起来，我也跟着哭了。房主人可怜我母亲，给了一个旧席卷了母亲的遗体，掩埋了。

哥哥正在悲苦难言之际，房主人又叫给他请法师送鬼！我们哪有钱请法师？这时同乡中有人给哥哥出主意：偷跑！于是哥哥半夜里领我到母亲坟上哭了一场，就离开了。

哥哥领着我茫然走去。一路上不住地饮泣流泪，不知如何是好，后来，哥哥定住神，一边讨饭，一边暗暗打听红军的消息。我兄妹俩白天讨饭，主要是沿着红军走过的路线赶路，晚上，就在人家屋檐下或是堆放柴草的茅屋里睡一觉，天明了继续向前走。哥看见我身上的衣服实在烂得穿不成了，他把那些烂成絮絮串串的破布条儿仔细地打量，边往一块拼对边流泪思索：能不能把它们缀到一块儿？对了半天，因为没有针线和布，只好放下。

有一天上午，我们来到了一条大河边。哥哥领我到河边洗脸后回到岸上歇一歇，他呆望着滚滚激流，暗自伤心流泪，忽然，一条棍子打在哥哥的肩膀上！回头一看，原来是灰棒佬儿①！灰棒佬儿强迫哥哥给他们当挑夫，不由分说，就把一担乱七八糟的东西往哥哥肩上一搁，用棍子打着哥哥的光腿杆，强迫他挑起沉重的担子跟他们走，没办法，哥哥忍着愤怒，饿着肚子给这群灰棒佬儿挑行李。他肩上挑着沉重的担子，手里还要拖着我。肩膀给担子压得肿起老高，腿杆被打得到处是伤。白军看守很严，哥哥无法逃脱。这一天晚上，哥哥听到同房被关的民夫们说，红军就在前头不远的山里跟白军打仗，半夜里，哥哥乘灰棒佬儿打盹儿的机会，背上我偷偷地跑了。

一口气跑了两天，一条大河拦住了去路，哥哥领我到河边僻静处准备背我游过河去，正在张望之际，忽然看到斜对岸河湾里有一只小船，船上有位老人，哥哥背我飞跑到与那老人相对岸处，压低声音，隔河喊道：

"大爷！行行好，大爷！"老人早已看出我们的意思了。老人送我们过了河，哥哥把身上仅有的几个铜圆掏出来给他的时候，他却一个也没有要。并且，指给哥哥远处山坡上那个小庙说：

"到了那里躲避一时，等到天黑才能上山。到了那个山上就是……噢！"老人的话，我们听明白了。

按照老人的指点，我们果真找到了红军，见到了帽子上有红星的战士。

"同志哎！我可找到你们了。"两位红军战士已走到了哥哥面前，他们紧紧握住哥哥的手，当发现我正在哥哥的背上望着他们的时候，便惊奇地指着我说："这个娃儿？"

"她是我的妹妹嘛！我一家五口人逃出来，死的死，散的散！现在就只剩下我兄妹两人了哇！"这时，泪水塞住了声音，哥哥泣不成声了。

红军战士们带我和哥哥去见了连长，连长让人给我们打来热水，哥

---

① 灰棒佬儿：四川土话，"佬儿"指土匪，因国民党军军衣为灰色，故老乡称他们为"灰棒佬儿"。

哥和我洗完脸，一位背着挎包的红军战士来到棚子，他笑嘻嘻地从挎包里取出药瓶、药棉和镊子，细心而熟练地给哥哥和我的伤口擦了碘酒。

“哪个有多余的衣服，先拿出来给他们换一换。”连长一边说着一边在自己的小背包里搜寻着。立刻有许多人争相拿出自己的衣服并亲手给我和哥哥穿到身上，哥哥穿起军衣戴上军帽很匀称得体，显得很英武。可是没有我能穿的衣服，连长就亲自拿着针线把衣袖和裤腿长出的部分卷起来缝住，然后给我穿。

衣服刚收拾好，饭就端来了。连长接过饭，递给哥哥和我连声喊道：

“快吃饭！快吃饭！”

哥哥和我接住饭，坐在草铺上急忙吃起来。连长把同样两碗肉菜端来放到我们面前，看着我们吃饭。这雪白的大米干饭，肥美的肉菜，热腾腾，香喷喷！使我兄妹饥饿已久的肚肠顿时饱享洪福，使我兄妹如同回到了慈母的怀抱！

饭后，哥哥和我被招呼到另外一个小一点的棚子里休息。地上铺了厚厚的干草，干草上面已经铺好了毯子。一会儿又拿来了一条灰色军毯。这时棚子里挤满了人，哥哥让我先盖上毯子睡了，他和大家坐在草铺上说话。大家亲热地问哥哥一路上所受的艰难困苦，对我们一家人的悲惨遭遇，都深表同情，说了很多安慰的话，当知道哥哥曾在苏维埃担任过工作时，大家对他愈加敬重，热情地谈论着，久久不肯散去。

我们参加红军后不久部队就转移到另外一个山头。我们连队仍驻守在前沿阵地，同白军对峙。哥哥和连长把我送到后面山坡连队的炊事班。从此，我只有跟着年长的同志去前面送饭才能看到哥哥。分给我的工作是我最熟悉的，如拾柴、捡菜、拾蘑菇。后来，快到送饭的时候，总要分配点儿工作要我做，不等我做完事情，他们就背起饭走了。后来我才知道，这是因为大人们担心我往前面送饭有危险。那几天，我非常想念哥哥。有一天，我看见饭菜都准备好了正要走，赶紧扛起饭铲前面先跑了。我走在两位炊事员中间，前面一位是背饭的，后面一位挑的是菜和开水。走到离阵地不远处，前面传来了“注意隐蔽！”的警告声。话音未落，忽然响起一阵枪声，只听见走在我后面的那位同志“哎哟”了一声，我猛回头看见他身子向后一闪，扁担从肩上滑下来，盛开水的那只桶正往交通沟里滚。在这一瞬间，他猛推我一把，我也跌进了交通沟。他抱着一桶菜滑溜下来，右腿肚子被打穿，右脚上的那只鞋灌满了鲜血，穿不住，滑掉了。大家都跑过来看我们，帮助负伤的同志包扎伤口。哥哥急忙把我拉到他的身边埋怨道：

“哪个叫你跑到这里来的嘛！”

见到了哥哥，我什么也不怕了。高兴地又是跳又是蹦！可哥哥生气地批评了我一通，说我违反了红军的纪律，还给大人添了很多麻烦。连长也帮哥哥说：“红军是有铁的纪律的，每一个人都得遵守。”

从这天起，我安心我的工作，拾柴生火、捡菜、搬木耳，还有其他许多事情，渐渐地我习惯了这炮火连天的战斗生活。这以后，我很少见到哥哥,只听人说哥哥作战很勇敢,这其间负了两次伤,有一次还住了院。

过了不久，部队出发了。

由于年龄小的原因，当时对于时间、方向、人名、地名的记忆是很模糊的，只听见年长的同志说：今天是向东，向西或是向北；现在经过哪儿，今天宿营地是哪儿，要过什么节日了，我只是跟着部队行进在青山碧水之间。这其间和哥哥在行军途中偶尔相遇，只够说上几句话，又分别了！

有一天宿营早，哥哥来看我了，他笑着把我抱起来，我埋怨哥哥老是躲起来不见我，哥哥笑着对我解释说，他不是躲着我，也没有受伤，而是工作有变动，他被调到另外一个连队去工作了。我提出跟哥哥到新连队去。他劝我说，还是在原来连队好，人熟好招呼，比较方便，即使我俩在一起，因为工作忙，他也照管不了我。我想：哥哥说的话是很对的。他虽然没有明说，然而从他的谈话中我听出来他是调到新的连队担任领导工作了。我已经长大了，我是红军战士，难道还要人专门来照管吗？哥哥看出我听懂了他的话，非常高兴，很放心地走了。

春夏之间，部队打了一路恶仗，过了许多江河，来到了藏族地区。在这里，部队进行休整，准备过雪山。哥哥有时来看我，给我带来他亲手为我编的小草鞋，再三叮咛要我爱护身体，要经常洗脚，他保证经常来看我。

部队走过了天全、芦山，和二方面军胜利会师，这其间哥哥来看过我。有一次，哥哥又提到要改名字的事。这件事，母亲去世后，他曾经说过。他说，母亲一生很可怜，又死得那样凄惨，为了纪念母亲，我们就随母亲姓。母亲娘家是兴马坎胡家人，他改名叫胡少南，给我改叫胡秀英，后来我一直到延安都是叫这名字。

会师的一天来到了！这一天，甘孜草原万里无云，红旗似火，人流如海，二、四方面军战友相逢，情绪热烈至极，大家互相热烈握手，拥抱，掷帽子！人们尽情地狂欢跳跃，开大会，领导讲话，表演文艺节目，杀牛宰羊大会餐。

会师后，部队进行了整编。有一天，哥哥来看我，他领我在草原里走了一会儿，然后，坐在草地上帮助我补衣服和修理草鞋。哥哥肤色黑里透红，一双眼睛炯炯有神，显得更大更沉静了。他比原来消瘦多了，然而，越发显得干练和充满青春的活力。哥哥一边给我补衣服缀纽扣，一边问我的生活情况。他仔细地看着我笑一笑，好像要说什么，但是，又什么也没说。就这样，他给我穿好衣服，扣好纽扣，扎好皮带，端正了帽子，送我回到连队宿营地，他走了。紧接这次会面不久，哥哥又来看我，当时我想不到，这是兄妹最后的一次会面。同哥哥一起来的是一位政治委员。政委说话很和气，看上去很慈祥，他的年龄比哥哥大得多，因为作战负伤，门牙被子弹打掉了一颗，所以，同志们都亲切地叫他“豁牙政委”，我也这么称呼他，他一点都不见怪。

政委和哥哥领我在草原里走了很久。他们边走边说着话，我跟着他们跑前跑后采野花玩，有时也仰起头望一望高深莫测的天空，我们南江、巴山、蟒洞坝就在那望不见尽头的天边呢！什么时候，我和哥哥还能都回到美丽可爱的大巴山？到那时，我们就和亲人团圆了，也许嫂嫂和小孩早已回到家里了，我还想：妈妈也许也回家去了，她并没有死，而是因为年高体衰，不能参加红军，回家了……在我正想得入神的时候，哥哥和政委回头招呼我一声，我就跑步跟上去，继续在草原上漫步。

我们回到了宿营地附近，在一片干净的草坪坐下来。哥哥像往常一样，又叮嘱了我许多事情。他要我把准备的干粮，过雪山要用的姜面、辣椒面保存好；他给我编的几双小草鞋，要我不敢丢掉；不要喝生水，不要吃脏东西，行军过后晚上要洗脚，遵守纪律，不要自由行动，千万不能掉队。最后，他告诉我，他要调到新的部队去工作，我也要调到另外一个新单位去，但是，不是哥哥要去的单位。他用手指着前面不远处几个正在洗衣服的同志说：

"以后你就跟他们行动。有事情就找张排长。你认识他，原来也是我们连里的，因为负重伤才调到这里来的。"

我请求跟哥哥到新部队去，这使他很为难。政委帮哥哥说话：

"那可不行啊！你哥哥要率领部队打仗，要亲自指挥战斗啊！又是骑兵部队，怎么能够招呼得了你哟！"政委说话的口气是够肯定的，然而，他的态度却是温和的，我想：也许并非像他所的那样严重，再犟一犟，说不定哥哥会答应的。

"怎么不行？他指挥，我听他指挥，不就行了！骑兵又怎么样？你们以为我不会骑马？再说，我是红军战士，用不着谁来招呼。"他俩对看了一眼，不约而同地捂嘴笑起来。他们这一笑，更增强了我的信心。

"如果嫌我参加战斗还差一点儿，做饭该行了吧？这些工作我早就会做了。"

"哎呀！月娃子……"哥哥自知着急失口，正想改口弥补，但是已经迟了，给我造成了有利机会。

"哪个是月娃子？我是胡秀英同志！"哥哥看到我倔强的样子，就像往常一样，转怒为喜地蹲下来，把我拉到他的面前，握着我的手温存地轻轻摆动了几下。

“妹妹，妹妹你听我说呀！这一回你一定要听我的话，暂时留下来随后方部队行动，你在这里有熟人照护，我也好放心。你说好吗？”说着，他从口袋里掏出一个用红绒线拴着的小铜佛像给我戴在脖颈上。

“这是一位乡亲要我带给你的，你戴上玩吧。”听到这里，我意识到再犟也没有用了。眼看着哥哥立刻就要和我分别了！忍不住泪水涌流，我哭了……

政委和哥哥劝我不要哭。他们都沉默下来等着我。

“要是不能跟哥哥在一起，我就哪儿也不去，还留在连里……”

“那好吧，如果你觉得原来连队好，就哪儿也不去了。”

“到了那边，早点调我到你们部队去哟。”

哥哥和政委齐声满口答应着我这最后的请求。四年以后，即 1940 年春天，在延安为从新疆归来的干部举办的欢迎大会上，我们剧团为大会演出。事先我们已经知道；今晚欢迎的是当年西路军失败、千辛万苦到了新疆，又被老军阀政客盛世才关进监牢、在监狱里进行了英勇斗争的英雄们。我心里想：也许这下能见到哥哥了。

大会开始，中央领导同志讲话以后，演出文艺节目。

我参加跳舞。忽然，我看见豁牙政委坐在观众席前排离中央领导同志不远的位置上。看到政委就一定能看到我哥哥。这么想着，我的心要从口里跳出来了！差点儿乱了舞步，等到我的节目演完，我就跳下舞台，跑到政委面前。他还认得我，记得第一句话是他先开口说的，确切地说：是喊叫。

“噫！是你呀！小妹……胡秀英同志。”

“啊！我哥哥，我哥哥他坐在哪儿？”

政委迟疑了一下，没有立刻正面回答我的问话，而是热情地招呼我坐边上，从他面前茶桌上的盘子里抓了两把从新疆带回来的方块白糖，给我装到衣兜里，问了我的工作和学习情况，然后说："你哥哥他因为工作忙没有来……"

我打断了政委的话，一股劲儿在问；"他在哪里工作？现在他在哪儿？"

当时，我感觉到有一块巨大的石头压在我的胸膛上，使我喘不过气来，头脑里像是雷鸣一般震响着，看政委的神色和吞吞吐吐的言语，哥哥十有八九是牺牲了。

"你不要哭，不要哭……你能参加文艺宣传工作这很了不起哟！我们要去中央党校学习，以后星期天常来玩，有什么困难找我。"

这一天出席欢迎会的还有毛主席和中央其他领导同志，毛主席讲了话。豁牙政委就坐在离毛主席不远的位子上。政委和我说话的时候，毛主席转过脸来朝我点头微笑，并示意要我坐在他身旁的空位子上。因为我经常去看望康妈妈和朱总司令，有时也能看到毛主席，没有一点拘束的感觉，我就坐在毛主席身旁，政委看到毛主席招呼我坐下了，走过来向毛主席报告：

"她是我的同事胡少南同志的妹妹胡秀英。甘孜会师后，她哥哥和我一同调到骑兵部队去工作，她留在原来她哥哥工作过的连队，到现在我们有四年没有见面了。"

毛主席听了，关切地点点头，警卫员又给我拿了许多方块白糖。

后来，我经常去党校看望政委。有一次我去党校玩，看见他正在收拾行李，说是要上前线，明天就出发。听他明天就上前线，而我哥哥仍无下落，我心如刀绞，我就请他到了前线首先帮我把哥哥找着。政委早看透了我的心思，不等我说他先开口了：

"胡秀英同志，关于你哥哥的情况，我不能再继续瞒着你了……你不要伤心，不要哭，要像你哥哥那样勇敢坚强。自从我们一同调到骑兵部队工作，一路行军作战都在一起。出了草地渡河西征以后，和敌人骑兵作战。当时我们人困马乏，经过多天连续作战，直打到弹尽粮绝！我们的同志英勇奋战，大部分光荣牺牲了。你哥哥最后牺牲的情况我虽然没有亲眼看见，但是，在战斗中他指挥作战机智勇敢。我们失散以后，有同志看见他身负重伤，仍浴血奋战！坚持战斗到最后……”他劝我不要哭，可是自己却流泪了。

这么多年了，终于知道了哥哥的消息，我还是忍不住哭了，豁牙政委又说了些什么我都听不见了，那以后没有一天我不想念哥哥，直到今天我依然认为，哥哥还活着，一切在长征路上英勇牺牲的烈士们都活着，一切为中国人民的幸福而奋斗过的英雄们都活着，英雄是不死的！

选自吴华夺等:《星火燎原普及本之十·我跟父亲当红军》，解放军出版社2009年9月第1版，第37—47页。

万曼琳，曾用名胡秀英，女，1926 年生，四川南江人。1933 年参加中国工农红军，1941 年加入中国共产党。红军长征时任红四方面军炊事班战士、红军总部康克清和蹇先佛同志勤务兵。新中国成立后，曾任西安市地方工业局人事科长等职。

我和我的姐姐们

莱玲

1935年正月[1]，我的父亲被地主逼死了，不久，母亲也得病了。只剩下我和一个九岁的小弟弟，家里穷得干干净净，没法再活下去了。幸亏城里来了红军，都说红军好，打土豪，分田地，于是我决心去当红军。红军不收我，说我年纪小，怕吃不了苦。晚间红军出发了，我偷偷跟在红军后面，走了80里。天亮到宿营地后，部队发现我竟跟着来了。因为我当红军的心切，部队把我收下了。一位首长拍着我的脑袋说：“好吧！小鬼，从今天起，你就是红军了。”

不久，部队就北上了。

我的单位是红二十五师医院，我的工作是照顾伤员，做饭洗衣服等。医院里有几百个女同志，大的20多岁，小的才12岁，我们小的都管大的叫姐姐。大姐们抬担架，背锅，扛药箱子，我们几个小同志背几斤粮食，每天同样走百80里地。半年后，走进了人烟稀少的地区，粮食吃光了，药也用光了，大家身上除了一两件衣服外，再没有别的东西了，连一块多余的布条也没有。有些不能穿的衣服，也像宝贝一样被同志们打草鞋用了。

有一天，我们宿营在一个大山旁边，在太阳能照到的地方，长着几

① 回忆疑有误，似应为1933年12月——编者注。

棵一人来高的野麻，叶子宽大，像小扇子一样在风中摇摆。大姐们发现后，都出去采摘去了，不一会儿野麻只剩下光溜溜的几根杆子。我很奇怪,她们弄那叶子干啥？那叶子也不能吃呀,便问她们。她们笑着说:“傻孩子不许问,你慢慢就知道了。”姐姐们连说带笑地把我弄得更糊涂了。一位姓杨的大姐看我不高兴了，就坐下来和我说：“昨天在路上，不是有几个大姐昏倒了吗？你知道为什么？”我说:“饿的呗？”她摇摇头说：“不是。”接着她就告诉了我关于女子月经的常识和野麻叶子的用途。从那以后，走路也好，宿营也好，我总是注意哪里有野麻叶子，但很少碰上，有时一两个月也看不见一棵青苗，一旦找到几个大叶子，就高兴地送给大姐们，她们说：“小妹妹，你记住，长征中我们用野麻叶子做过最好的月经布。”

快到草地时，由于长期的过度劳累，病员越来越多，可是粮食却越来越少了。正常的人只能吃野菜，病号除了野菜外，再加点豆面也就不错了。那时上级有时分点豆子，医院里专门分配几个人为病号磨豆面，我就是其中的一个。有一天,碰上几户人家,上级决定住下,休息几天，准备过草地。这几户人家的西头有一间小磨房，磨盘有豆饼那么大，很轻快。我们就在这里磨豆子，我们一共六个人，大部分身体都不好，有的害胃病，有的贫血，只有我没什么大病，虽也瘦弱，但精神很好。开始姐姐们总照顾我年纪小，让我休息。过几天，她们身体渐渐坚持不住了，磨两圈就要蹲下来休息一会儿，有的甚至昏倒在磨房。这时，任务主要就落在我和另外一个同志身上了，她白天干，我晚上干，晚上没有灯油，就烧一堆炭火，一来防冷，二来当灯。磨房里风呼呼的，吹得火花木灰四溅。当时我自己想：我第一次单独执行任务，一定要好好干。可是磨到后半夜,实在困得不行了,开始打起盹来,甚至有时边推边睡，猛地醒来，手还扶着磨杆，腿还在照常走着，可是后腰像针刺一样痛，我一看，衣服被烧了个大洞，把肉皮都烧红了。第二天，老百姓知道了我被烧的情况，都说：“那磨房里不安静，常闹鬼闹神的，你大概犯了火星，烧烧就好了。”我听了虽然不信，但因为他们说得有声有色，好像真的一样，所以也有些害怕。

虽然烧了衣服，但是完成了任务，因此我心里十分高兴，就弄了些野菜加了些豆面，煮了一碗，给一个原来和我一起拉磨现在病倒了的姐姐端去，并且把“鬼烧衣服”的故事也告诉了她。她用手抚摸着我的头发，用疼爱的眼光注视着我说:“好孩子，哪里来的鬼！那是你太困了，睡着了，风把火星吹到你身上烧的呀……”

1937年初，我们终于到达了陕北延长县，上级说：“我们走了两万五千里，吃了无数苦，取得了惊天动地的伟大胜利，但是我们的任务还没有完成，同志们还要准备上前线打日本，准备迎接更大的艰苦，更大的胜利……”

不久，每个人发了一套布军装，大家高兴极了，多漂亮啊！是新布的！有的同志三番五次地穿在身上比试，有的舍不得穿，就珍贵地保存起来了。女同志们总是喜欢漂亮的，大家说：“两三年没有穿过新衣服了，这回可该好好打扮打扮啦！”根据家乡的习惯，上衣纽扣多才好看，一般都是九个，可是发的军装上只有五个，于是同志们就另外加上四个，变成密密的一排纽子，穿起来很精神，配着那顶帽子和露出帽檐来的短发，委实漂亮得很呢！

我那时已经16岁了，革命部队已经使我懂得了一些事情。穿上新衣服心里当然很高兴，但是不知为什么，总是常常会想起那些在长征路上牺牲了的姐姐们，她们再也穿不上新衣服了。（董俊整理）

选自杨国夫等:《星火燎原·未刊稿》第4集，解放军出版社2007年8月第1版，第68—70页。

永远难忘的记忆（节选）

杨文局

1929 年 8 月，在一些思想进步同志的帮助下，我从地主家逃跑出来，进入达县女子师范学校读书。同年腊月，由尹文全、尹文德同志介绍光荣地加入了中国共产党。1933 年党派我到宣汉清溪场小学当老师，并担任中共达县特别支部委员。在那里待了一段时间，我便又回到达县女师校继续从事党的地下工作，直到红军解放达县。

1934 年，我被调到红四方面军后勤部担任保管科长。1935 年开始长征时，后勤部规模比较大，有一两万人，女同志约有 3000 人。

记得行军时，大家都很守纪律。有一次，才下过雨，地很滑，一脚下去，泥巴粘住鞋，一使劲脚是拔出来了，可草鞋却陷在泥巴里。这样，一个晚上行军要换两三次草鞋。晚上行军听不到别的声音，只听到同志们跌倒的“扑通”声。同志们怕把东西摔坏，有的就用自己的衣服把枪支、弹药等包起来。

四川军阀都集中起来打红军。胡宗南的飞机紧追着我们乱轰乱炸。因此，每到一地，先得挖战壕、挖防空洞。天刚亮，敌人飞机就追上来了，我们头上都戴着树枝编的防空圈。炊事班的女同志，一听到飞机响，就趴到行军锅上，后勤部长郑义斋同志风趣地表扬她：“别人是顾头不顾尾，你是顾锅不顾头。”

长征进入“蜀道”，这就是唐诗中讲的“难于上青天”的地方，崖面高得很，只好在石头上打眼，钉上铁环子，抓住一个，挪一步。要是头晕了可就了不得,非掉到山涧里不可。过了“蜀道”,就进入深山老林。树林里蛇多得很，地上、树上到处都是，许多同志被蛇咬了。晚上，我们几个人挤在一起，盖上薄单子，有的同志还唱“桂花香”的歌曲。走了两天，才走出了那高山密林，到中坝休息了三天。郑部长来动员：往后的路不好走，我们后勤是全军的生命线，东西要尽量带，伤号也要带上。大家要勇敢、要团结、要友爱。后来我们才知道这是过草地前的动员。快到别川时，被当地土匪发现了，我们就从山上往下冲。开始由李开英同志指挥,后来她负伤了,我便大声喊:“快抢占山头,二连上去！”敌人一听给蒙住了，就这样我们便冲出去了。

在别川我们休整了一个星期。郑部长总结了长征以来的情况，又作了过草地前的动员：再往后，我们要走前人没有走过的路。我们是铁打的红军，要走出中国革命胜利的道路！这誓言般地动员，给红军战士极大的鼓舞和力量。在那里我们用皮子做了1000多件皮背心，还打了1000多双草鞋，把一些牛肉搞成牛肉干，以备过草地用。

我们总共走过三次草地。记得那草地一望无际，远远地看去，一片片的亮光，这是水的反光。脚往地上一踩，就冒出一股黑水，一下子就溅到身上、脸上。草地的气候变化无常，一会儿太阳出来了，一会儿刮起大风，下起冰雹来。有一个晚上，大冰雹好厉害，把斗笠都打烂了，有的同志头上打起了大包。有个小战士说，她的干粮吃完了，同志们便别有情趣地讲：“你头上那个大馍馍为什么不吃啊？”就在这样艰苦的条件下，大家还在开玩笑，充分体现了女红军战士的革命乐观主义精神。

在懋功和中央红军胜利会师后，没过多久，我们就被编为左路军。那时朱德同志和张国焘是我们的领导人。当时的口号为一致北上抗日。右路军先走了,打了两个胜仗,消灭了胡宗南两个团。毛主席打来电话，要左路军跟上。张国焘在阿坝（今四川境内）开会，问大家：“你们是愿意北上？还是愿意南下吃大米？”有的同志明白张国焘的意图，但大多数同志不了解情况。有的提出愿意北上，这些同志后来被杀害了。朱德同志坚持北上抗日，和张国焘进行了坚决的斗争。其实，毛主席早就说过，南下不行，敌人的势力大，我们站不住脚。可是张国焘不听，非要南下。

不到一星期，紧急命令来了。我们刚刚要走，敌人飞机来了 17 架。那次轰炸，我们伤亡很大，大路上血流了一地，大家一边哭，一边掩埋战友的尸体，连验尸的工夫都没有，就又从原路返回，第二次翻越大雪山——夹金山、党岭山。大雪山的海拔很高，空气稀薄，上山时，浑身软得像棉花一样，一点劲也没有。一边走，一边大口地喘着气，有的同志能站起来就硬撑着走，有的同志倒下去就永远也站不起来了。就这样，有许多同志被埋在雪山里。我们过来的同志，总算征服了这一座又一座的大雪山！

翻过雪山，就到了喇嘛寺。在那儿，我们第一次吃到糌粑。藏族妇女帮助我们把羊毛纺成线，织成很多毛裤、毛衣、毛袜子。

我们又要和二方面军会合了，由于某些原因，妇女工兵营长林月琴同志调离岗位，我便接替了她的工作。在“三八”节的庆祝会上，我见到了康克清和张琴秋大姐。康大姐当时在党校工作，我提出要求，想去党校学习，她同意了。

当我们行军到甘肃哈达铺，部队在那儿休整了一个月。这时，组织上又把我调回总供给部。那时部队要继续北上，说是要到宁夏、新疆，打通国际路线。（孟冰、刘爱华记录整理）

选自宁夏回族自治区妇联妇运史小组编:《女红军》，第1—7页。

杨文局,曾用名杨冰如,女,1913 年生,四川达县人。1929 年参加革命,1930 年加入中国共产党,1933 年参加中国工农红军。红军长征时任红四方面军总供给部川陕省工农银行保管科科长、妇女工兵营营长兼政治委员等。新中国成立后,曾任甘肃省武威地委妇联组织干事,永昌县妇联主任,全国妇联儿童福利部干事,甘肃省劳改局酒泉新生被服厂党支部书记、厂长等职。1999 年在西安逝世。

难忘的岁月（节选）

龚家淑

我叫龚家淑，是四川省阆中县水观音区念黄坡人。1906 年在原籍出生，现年 79 岁。

1933 年，红军路过阆中县时，我已经结婚，以后男人因患心口痛病死去，我与婆婆务农为生。日子过得很苦。红军“扩红”时，我和三哥龚家忠一起参加了红军。

刚参加红军时，我被分配在县保卫局当战士。煮过饭，也曾在运输队背过粮食。工农红军大会师后，保卫局撤销，我在红军家属队当小组长。红军家属队当时的主要任务就是收留、照顾随军或过往红军的家属。

长征开始时，我们从四川通江出发，经王唐坝，到泸河喇嘛寺，在这和国民党胡宗南部队打了一仗。经西茂地区时，红军家属队因打仗而解散。我当时因病，一直未分配正式单位，跟总供给部的队伍一块行军。我记得翻越第一座大雪山夹金山时，上下山 70 里的路程，气压低，空气稀薄，呼吸非常困难。山上天气变化无常，非风即雪，冻的人直发抖。下山后，经两河口、卓克基，就到了毛儿盖。这里是大草地的边缘，是藏族地区。胡宗南的部队挑拨藏民与红军为敌，见了红军就打，一路上遇到了不少麻烦。从毛儿盖出发，我们遇到了一个大原始森林，茂密

的树木遮住了阳光。出森林便进入草地。大约过了二次草地。后来在甘肃靖远县渡过了黄河。（申立琦记录整理）

节选自宁夏回族自治区妇联妇运史小组编:《女红军》，第32—33页。

龚家淑，女，1906 年生，四川阆中人。1933 年参加中国工农红军。红军长征时任红四方面军战士、红军家属队小组长等。

忆艰苦的岁月（节选）

王海会

我小的时候，家里很穷，既没有房子住，也无土地耕种。家中五口人，有父亲、继母，姑母，妹妹和我，经常住在牛棚及有钱人停放死人的房子里，靠父亲打短工、姑母纺线维持生活，经常吃的是萝卜饭。1932年9月，红军解放了我的家乡，进行了土地改革，建立了乡、村苏维埃政府。

1932年12月，我15岁那年，在家乡达县参加了红军，当时分配在红四方面军三十军八十八师政治部搞宣传工作。我经常深入到区、乡、村宣传土地改革政策，帮助建立苏维埃政府，运送伤病员等。第二年，我又调到三十军政治部宣传队工作。经妇先队谭永贵、傅大春二位同志介绍加入了中国共产主义青年团。1934年，红四方面军将三十军、四军、九军、三十一军的宣传队抽调部分同志到通江培训了一个月，就分配到总医院工作，我也由三十军政治部调到总医院做护士工作。当时，总医院院长是周光坦、政治部主任张琴秋、护士学校校长是苏井观，医务主任周吉安，看护长林成芬，我的班长是徐明秀。

1935年3月，部队离开王坪，开始北上长征。记得曾经过剑阁、江油、付元坝、庙儿弯、茂州、崇化县等地。这时红军决定在崇化县留下一个红四方面军第二后方医院。我当时就留在这所医院担任护士长工作。这时由张成达、王正才二位同志介绍我加入了中国共产党。在这期间，红四方面军大部队已翻越长征途中第一座大雪山——夹金山。我们在崇化县待了约半年之久，9 月份，就随返回来的红四方面军第二次过草地，爬雪山。经毛儿盖、懋功等地向川康边界的天全、芦山一带进军。在这里曾遭到四川军阀刘湘军队的阻截。1936 年 2 月份，我们又向西北方向转移，翻越了终年积雪的党岭山，退到西康的甘孜、大金寺一带。7 月份，在甘孜与二方面军会合。8 月份又第三次翻越了茫茫千里草地，到达包座地区。

1936 年 10 月份，我们在甘肃靖远县随大军西渡黄河。后经一条山、武威、山丹时，先后遭到国民党军阀胡宗南、马步芳反动军队的围追和堵截，虽经全体指战员浴血奋战，还是不免遭到了失败。后来才知道，在高台、祁连山战役中，我们的队伍伤亡非常大。我们从里壤沟突围出来进入常年积雪的祁连山，坚持斗争近一年之久。（刘爱华记录整理）

节选自宁夏回族自治区妇联妇运史小组编：《女红军》，第 11—13页。

王海会，女，1917 年生，四川达县人。1932 年参加中国工农红军，1933 年加入中国共产主义青年团，1935 年转入中国共产党。红军长征时任红四方面军总医院护士、红四方面军第二后方医院护士长。新中国成立后，曾在青海省军管会、西宁市街道办工作。

艰难的路程（节选）

罗秀英

我的家乡在四川苍溪县马桑垭崖大坪崖村。因为家里穷，生活没着落，我 14 岁那年，妈妈就把我给本村一个姓王的裁缝家做了童养媳。在王家待了一个多月，这时正是 1933 年 4 月份，家乡来了红军，并建立了乡苏维埃政府。红军宣传打土豪、分田地，穷人当家做主等很多革命道理，我怀着翻身求解放的心情，从王家偷偷地跑出来参加了红军。我被编在红军四方面军供给部被服厂当工人。我的班长叫谭相公，排长是戴启玉。

1935 年夏季离开家乡，随部队北上长征。我们两次爬雪山，三次过草地，我的很多战友都长眠在那里了，这是我永远不能忘怀的。在长征的路上，我们被服厂的同志走在大部队的后边，除了行军外，只要一停下，就不分昼夜地为部队赶做衣服、做鞋。因为部队要边行军，边打仗，所以我们还要背上枪支、弹药、粮食等给前边打仗的部队送去。回来时，就把伤员抬回医院。我们每解放一个小城镇，就首先打开土豪的粮库，除了一部分分给当地穷苦的百姓外，大部分都背回去供应部队。

1936 年秋天，我们在甘肃会宁和红一、二方面军胜利会师，在这里召开了庆祝大会，还进行阅兵。接着，就在靖远县渡过黄河。记得是夜里 3 点多钟，我们四五个同志乘坐在一个小木船上，大概有十多分钟就渡了过去。供给部的同志大部分都渡过去了，后边还有很多同志尚未

过河，党中央下命令停止渡河。听说那些同志往陕北方向去了。（刘爱华记录整理）

节选自宁夏回族自治区妇联妇运史小组编：《女红军》，第19—20页。

罗秀英，女，1919年生，四川苍溪人。1933年参加中国工农红军。红军长征时任红四方面军供给部被服厂战士。新中国成立后，曾在兰州、银川等地工作。

艰难坎坷的长征岁月[①]

牟炳珍

跟着红军闹革命

1922 年 12 月，我生于四川省达县（现宣汉县大成乡大村），我兄妹十人，七男三女。我的七哥、六哥、三嫂、四嫂都先后参加了红军。六哥先后参加了解放兰州、新疆等战役。

达县地处川北山区，由于山大沟深，土地贫瘠，又遭连年战争，人民生活十分艰苦。

1933 年 10 月的川北，天高气爽，云淡风轻，在连绵不断的山冈上，彤红的枫叶、金黄的野菊构成了一幅绚丽多彩的景象。就在这美丽的季节，以徐向前领导的红四方面军一举攻下了仪南、营渠、宣汉、达县。人民群众欢天喜地地敲锣打鼓，红军所到之处，群众热烈欢迎。杀猪送匾来欢迎自己的队伍。新兵报名处牌一挂上就有大批青壮年报名参加红军。此时我也报名参加了红军。

达县战役胜利后，红军发动群众，打土豪、分土地，建立红色政权的革命群众运动如火如荼，到处是丰收的喜悦，胜利的笑声。我家也分了地和瓦房。我被分配在红四军总医院第二卫生所当护士。1934 年 6

① 题目为编者所拟。编者节选牟炳珍《红军来到我家乡》文中有关内容，并作了修订。

月经当时的护士长介绍我加入了共产主义青年团。红四方面军的英勇奋战，在不到一年的时间内，已经在达县周围20余个县建立了苏维埃政权，也发展了十倍以上的红军队伍，并建立了苏维埃革命新的强有力的根据地。

1933年11月至1934年10月，我红四方面军在川陕革命根据地取得反四川军阀刘湘六路围攻作战的胜利。经过这次战斗，我们新兵战斗力有了很大的提高。

渡江进藏翻雪山

强渡嘉陵江是红四方面军在反“六路围攻”作战后进行的一次重大战役，也是红四方面军战史上规模最大的一次渡江作战。这次战役开始于1935年3月28日，结束于4月21日，歼敌一万余人，为向川西和甘南扩大革命根据地创造了有利条件。但是由于张国焘擅自决定放弃川陕根据地，这次战役的胜利成果未能得到巩固和发展。

1935年1月22日，我军先后攻占了广元、昭化等地，并占领了嘉陵江东岸。嘉陵江水深流急，对于我军缺少渡河工具来说，确实是一道不可逾越的天险。敌人为了阻止我军西渡布了许多防线。经多方面反复勘察地形，最后集中兵力在苍溪的鸳溪口至阆中川北段实施多路重点突破渡江。但江上没有桥，所有船只都被敌人劫持到西岸。我们请来当地能工巧匠造船，他们从人力物力上给予大力支持，经过一个多月的辛勤劳动，造成了可以同时载三个团的船只，还用毛竹扎了三座浮桥。凌晨3点钟开始渡江，我军渡江被敌人发现，密集的火力构成了道道火网，映红了嘉陵江上空。在我军强大的火力掩护下，我们强渡冲上了对岸。我们走在竹扎的浮桥上，由于江水冲击，时起时落，人走在上面摇摇晃晃，一不小心就会摔下去。

我军强渡嘉陵江战役胜利，形势有利于我军继续向甘南地区发展。就在这时，张国焘擅自决定放弃川陕根据地，给中国革命事业造成了严重损失，使红四方面军再次陷于无根据地依托的困境，被迫长征，向西转移。红四方面军长征走过的道路是非常坎坷的。由于张国焘进行了分裂党和红军的阴谋活动，致使红四方面军从 1935 年至 1936 年 10 月，先后三次往返于雁不落脚的草地，数次翻越终年积雪的高山，进行了 19 个月的长征，经历了极为艰难曲折的过程。1935 年 5 月中旬，红四方面军进入川西北茂县境内，同年 6 月中旬，党中央率领红一方面军翻过夹金山进入懋功（今小金县）和红四方面军会师，至 1936 年 8 月下旬，四方面军同二方面军走出草地，红军在阿坝转战共历时一年多时间。跟随主力红军长征的数千名女战士,同男同志一样,参加军事行动，行军打仗，爬雪山过草地，搞运输;抬担架，护理伤病员，她们在雪山、草地留下了光辉足迹，有不少女战士献出了年轻而宝贵的生命。

1936 年初，我们来到雪山脚下。那座在数日前就看到的大雪山，此时就像一座大铁塔一样，压在我们的头顶上。

党岭山是雪山的顶峰，道路十分险峻。我们艰难地爬了一夜，天亮时才到达半山腰，越往上走，山上的积雪越厚，有的地方到大腿，有的地方可以把人埋住。再往上爬，空气越来越稀薄了，呼吸困难心跳得很快，恨不得从嗓子眼蹦出来。一会又乌云密布，下起雨雪，我身上的单衣被打湿，冷风一吹冻得浑身打颤，风雪打到脸上，就像刀子割一样，有时是冰雹劈头盖脸砸下，我们就用随身带的脸盆顶在头上。我露着脚趾头的鞋泡在雪水里，冻得又木又麻。这样时风时雨时冷时热，许多同志支持不住，有的倒下就再也爬不起来。在行军中我们相互鼓励大声呼唤："同志们加紧走，翻过雪山就是胜利！"我们还组织啦啦队鼓励战友们战胜雪山。

雪终于住了，我们跨过山顶，开始下山。我想这下山总比上山要省劲吧，谁知，我的"半解放脚"带着身子直往前栽，根本站不稳。这样走走摔摔，来到山下时，我的浑身上下已是跌得青一块，紫一块，衣服更是挂成破布条，然而大雪山并没有挡住我们前进的路。

走出草地会宁会师

由于张国焘公开分裂党和红军，诬蔑反对北上抗日的方针，致使我们的四方面军屡遭险境，迭历危难。许多好同志没有死在同敌人搏斗的战场上，却被张国焘的错误路线断送了生命。深秋时节，我们走到茫茫草地。草地数百里荒无人烟，到处都是可怕的沼泽和泥潭。草地一望无际如茫茫大海，茂密的杂草，蒲团似的东一丛西一蓬。草块之间，到处是积满的烂泥潭。沿途渺无人烟，没有道路，只有先头部队给我们部队留下的一道时隐时现的脚印。草地的天像小孩的脸，说变就变。时而彩霞满天，时而暴雨倾盆，时而冰雹骤下，时而雪花纷飞。上午还是烈日当空，酷暑蒸人，穿一件单衣还热得透不过气来，到了下午却刮起了令人瑟缩抖颤的寒风，鹅毛大雪铺天盖地。把所有的衣服都披在身上，也挡不住风雪的吹打。过草地不到一个星期，好像过了春夏秋冬四季。天黑了，部队要宿营，可是在这渺无人烟的草地，既无村舍可借住，又无大的场地可露营。部队只能分散在一小块一小块地势稍高的地方，支撑起破烂的毯子挡风遮露，捡些半干半湿的树枝，燃起忽明忽暗的篝火驱赶逼人的寒气。在过草地的日子里，我们没有睡过一个囫囵觉。

最大的困难还是吃饭问题。草地的积水发臭，闻到就使人恶心，更难以下咽。至于能填肚子的东西就更少了。我的粮袋里只剩下很少一点野梨磨成的粉子，这种“粮食”怎能够走得出茫茫草地？我心里直发紧。尽管大家都很节省粮食，仍维持不了几天，多吃野菜草根甚至牛皮、皮带充饥，前面的部队把野菜吃了，我们就吃菜梗梗，有时找到一点牛蹄和马皮就如同打了牙祭一样高兴。由于连续吃野菜，又没有盐，许多人发生了浮肿，病号日益增多。这些东西现在想来是难以想象的，在那时却能燃起一个人的生命之火，很多同志就是靠一把野菜、一根皮带，坚持下来走出草地的。

在那艰苦岁月，战友之间关系很好，大家亲密无间。一把干粮分着吃，一杯清水匀着喝，一件衣服让着穿，一床毯子合着盖。有的同志走不动了，大家抢着给他背东西，或扶着他走。有的同志病倒了大家轮着抬。我们卫生队经常抬着伤病员行军，大一点的两个人抬，我们小一点的就四个人抬。有时跪着抬，步步艰难向前移动。

经过一个星期的艰苦跋涉后，张国焘这时却公开反对北上抗日的方针，决定南下，他一意孤行，拉起红四方面军受骗的同志和部分支持与拥护北上而暂时无法与之有效抵制和斗争的同志，经大小金川、雅安、夹金山过天全至荥经，又经荥经返回天全，一直到达芦山。南下的道路才算结束。在这段道路上，同志们吃尽了苦头，队伍损失严重，号称九万之众的红四方面军，剩下只有四万余人。

南下的道路是不平坦的，南下也证明了红军是打不烂、摧不垮的钢铁队伍。

在南下碰壁的事实面前，张国焘被迫承认："红军如果长期留在川康区是不利的，"不得不重新北上。但他所谓的北上，并不是去和党中央会合，而是想去甘肃、青海、新疆等边远地区。

1936 年 2 月，红四方面军陆续撤出天全等地区，向甘孜一带转移。途中再次翻越夹金山，还翻过了被称为"万年岭"的党岭山，又一次经受了极度恶劣的自然环境磨炼。

张国焘在四处碰壁、极端孤立的情况下，被迫宣布取消他另立的"中央"，同意北上与党中央会合。

至此张国焘持续近一年分裂党和红军的阴谋活动，终告失败。红二、红四方面军在甘孜会师后，两个方面军走出草地向甘南进军，连续突破了敌人在甘南设置的两道防线，于1936年10月胜利到达甘肃会宁、将台堡等地，实现了三个方面军的大会师。

会师之日，会宁城内万众欢腾，个个喜笑颜开，脸上挂满了激动的泪花。

三军大会师，标志着我们红军结束了历尽千难万险的长征，也标志着张国焘分裂红军的阴谋彻底破产。这是毛泽东思想指引下取得的伟大的胜利。

节选自牟炳珍:《红军来到我家乡》，载张建昌主编《岁月如歌》，甘肃人民出版社2004年12月第1版，第205—210页。

牟炳珍，女，1922年生，四川达县（今属宣汉县大成乡）人。1933年参加中国工农红军，后加入中国共产党。红军长征时为红四方面军第四军总医院护士。新中国成立后，曾任兰州市永登县百货公司干部。

忆在当红军的日子里（节选）

何光明

我的老家在四川省通江县，家里靠父亲给人家打短工维持生活。九岁时，父亲病故，妈妈就把我给本镇姓唐的一家做了童养媳。13 岁那年，家乡解放了，村上来了红军，还有许多女红军。当时有个女红军干部叫陶万荣，她到我家里宣传当红军的好处，我的思想通了，我又扩大了一个本镇的叫钱家华的女孩子，我们一起参加了红军。三四天后，队伍要出发，妈妈舍不得离开我，便把我藏了起来。又过了几天，我就偷偷地跑出来，找到了红军。我很快分配到红四方面军总医院三分院当护士。每天除了给伤病员洗伤口、换药外，我还参加了新剧团唱歌队。我们经常在晚上去慰问重伤员。每次开大会之前，我们就登台表演打花鼓、唱歌。

1935 年春天，我随部队开始长征。6 月间，一、四方面军在懋功胜利会师后，在松岗成立了卫生学校，我当时从三分院抽出来进卫生学校学习了七个月。学习结束后，仍回到三分院做护士工作。我们两次翻越大雪山，又两次进出草地。到甘孜（今四川境内）后，上级又把我调到红四方面军总部卫生所工作。在这里，我和红四方面军总政治部政委李金同①同志结了婚。行军到岷县，在那里待了两个多月，帮助群众收麦

① 原文如此。回忆有误，疑为红四方面军政治部某干部。时政治部主任为李卓然——编者注。

子，也给自己准备口粮。从岷县出发，在过洮河的时候，因为河水很深，后边又有反动军阀胡宗南、刘湘军队的围追堵截，有一部分女红军战士被大水吞没了。我们为失去患难与共的战友而感到万分悲痛。

1936 年秋天，红军一、二、四方面军在甘肃会宁会师。当时上级命令我们每个战士设法在老乡家找一块门板，用来做了很多木船。接着就在甘肃靖远县开始渡河。渡了三个晚上后，上边来了命令，剩下的部队停止渡河，改路向宁夏、陕北方向进军。我爱人李金同同志未能过河，从此我们再未见面。（刘爱华记录整理）

节选自宁夏回族自治区妇联妇运史小组编：《女红军》，第27—29页。

何光明，女，1918 年生，四川通江人。1931 年参加中国工农红军。红军长征时任红四方面军总医院第三分院护士、红四方面军总部卫生所护士。新中国成立后，曾在甘肃武威、新疆乌鲁木齐、宁夏吴忠等地工作。

忆随红军长征

李玉珍

我的老家在四川省通江县毛浴乡。我家世代受穷，家中靠父亲背盐、打短工维持生活。三兄和二叔都先后参加过红军。1932 年腊月，家乡解放了，第二天，红军在我的家门上贴了大标语：共产党打富救贫。晚上又听了共产党打天下救穷人的宣传，我当即参加了儿童团，第二年春天，就在本乡参加了红军。

刚入伍，我分配在红四方面军总医院一分院洗衣组。三天后，调政治部药房管药品。当时和我一起工作的还有股长贾秀芝。两年后，我随红军开始长征。从毛浴出发到王坪，我便调到王坪总医院三所做护士工作。记得护士长是宁春芳同志，医药排长是廖国清同志。和我一起工作的战友有王海会、冯玉莲、李惜明、王淑红等同志。当年由贾秀芝和王淑红两位同志介绍我加入共产主义青年团。我们的任务除了给伤病员换药外，还要到山里拾干柴，到乡里背粮食，运送伤员等。在王坪待了一段时间，开始行军，随大部队转战到中坝，后经卓克基到阿坝。翻越大雪山之前，在天全、芦山时，上级给我们每人发三两牛肉干，三两辣子面，吃辣子面的目的是为了暖身子。记得我们曾翻过夹金山、党岭山、冰雹山等几座大雪山。在翻越冰雹山时，我们的头上让冰雹打起好多大疙瘩。从党岭山顶上往下走时，医院里 20 多人都滑进了雪坑里，因为前面的部队已走远，大家迷失了方向，只好在雪坑里待了一个晚上。同志们的脚都冻紫了，我的手背冻得流黄水，至今还留着一个大伤疤。天亮了，前面的部队找到了我们，于是又随大部队继续行军。

记得第二次过草地的时候，比第一次时间短了些，每天只能走15里路。敌人的飞机经常追着打我们，有时敌机多得简直遮满了天。我们为了隐蔽，只好用树叶、烂草把衣服煮成黑色，我们的红旗也只好用黑布暂时包着行军。就那样，有时因为没有隐蔽好，暴露了目标，就遭到敌人飞机的轰炸，不少同志被炸死了。

走出草地后，翻过一座山。可恨的敌人把山上的树木和草全烧光了，山坡陡得很，同志们只好用树棍拽着慢慢走，一不小心就会滑到深山沟里。

走过那座山，继续北上，经过腊子口，哈达铺到岷县，那已经是1936年的秋天了。当时我因患重伤寒病，不能继续行军，上级把我安排在当地老乡王成同志家里养病。一个多月后，伪政府逼着王成老大爷将我交给马匪军队。王大爷不忍心我入虎口，就偷偷地把我介绍和一个在当地放马的李发荣结了婚。婚后，我们很快离开那里，到宁夏永宁县安家落户。他原来还曾是个鞋匠，这样，我们就靠做鞋、碾米、磨面维持生活，一直到宁夏解放。1949年冬天，我在银川市三区二街做群众工作，并担任治保主任。后来还担任宣传站长、二街妇联主任、指导员等职务。1963年精减回家，靠做临时工过日子。（刘爱华记录整理）

选自宁夏回族自治区妇联妇运史小组编:《女红军》，第41—44页。

李玉珍，女，四川通江人。1933年参加中国工农红军，1935年加入中国共产主义青年团。红军长征时任红四方面军总医院护士。新中国成立后，曾任宁夏银川市街道治保主任、街道妇联主任等职。

忆随红军长征的艰苦历程（节选）

杨银本

记得我很小的时候，家里很穷。兄妹八个，大哥参加红军不久就牺牲了，二哥给别人顶了门子。因为生活所迫，我 13 岁那年，父母忍痛把我卖给了离家乡较远姓阮的地主家当丫头（佣人）。因为经常挨打受气，1932 年，我偷偷地从阮家逃出来，在青峪口乡苏维埃政府参加工作。1933 年腊月，上级安排我到红四方面军总院一分院洗衣队工作，后来曾担任洗衣队队长。那时一分院设在新长坝。在那里工作了一段时间，组织上调我到红四方面军总医院做护士工作。

1935 年，我随红四方面军开始长征。从中坝开始，往西北方向走。翻过夹金山后，就进入了杳无人烟的茫茫草地。当时每个战士身上背着一长袋麦子，这是 40 多天的口粮。还背着一杆枪、子弹、两双草鞋和一条毯子。记得过草地时，只能晚上走，一般都在晚上六七点钟开始行军，到第二天 5 点多钟就停止，便进入山洞、树林等地隐蔽起来，等到第二天天黑再开始走。背的粮食吃完了，就烧牛皮、挖野菜煮着吃，如果能有一点粮食放在里头，那吃起来可香了。草地走起来可真困难，脚一踏下去，软塌塌、水渍渍，稍不注意，就会陷到泥潭里拔不出来，一直会把你陷下去，不能自拔。气候也恶劣极了，不是刮风就是下雨，身上经常都是湿漉漉的。我们虽然挺过来了，但有很多战友却倒在稀泥潭里与世长辞。

过了草地，经过一条河，河水很深，拦到脖子下边，水流也很急，我当时是拽着一匹马的尾巴过了河。我前后有十多位女战友让河水吞没了。

过了河后，经过腊子口，在那里遇到马匪队伍的堵截，连续打了几仗，来到泾原地区。我当时因为腿上长了个疮正在化脓，走路很困难，于是领导上决定让我暂时到一个姓李的老乡家里养伤，并给我四块银元。结果部队刚走，马鸿逵的匪兵和国民党二十五骑兵师追了上来，仗打得很激烈，我们的部队一部分被打散了，很多人被俘，我也被马匪兵搜捕。和我一起被俘的女战友有八九个，在泾原县关押了一个多月后，又转送到中卫县，最后押送到宁夏银川马匪的监狱。在狱中，我们不仅忍饥受冻，还忍受了不堪忍受的凌辱，过着非人的生活。（刘爱华记录整理）

节选自宁夏回族自治区妇联妇运史小组编：《女红军》，第44—47页。

杨银本，女，四川人。1932 年参加革命，1933 年参加中国工农红军。红军长征时任红四方面军总医院护士。新中国成立后，曾在宁夏银川市街道做群众工作。

我成为红色军医的前后

何曼秋

我的家庭

1919年12月，我出生于四川省江油县中坝镇一个破落地主的家庭，在祖母抚育下长大，祖孙间的感情很深。我小时候，父亲在城里做小生意，他的思想比较激进，曾参与宣传妇女放足活动，很少有男尊女卑的观念，所以对我很喜爱。待我到了上学的年龄，就让我进学校读书，并允诺我长大以后可以上大学，自由择婿。当时中国社会上正是新旧两种思潮进行激烈斗争、交替的年代，不断出现的新事物，对幼小的我产生了潜移默化的影响，我从小就好奇、好动、好胜，家里人都呼我为“男娃子”。

自民国以来，地方军阀田颂尧、刘湘、邓锡侯等，为争夺“天府之国”的统治权，连年混战，闹得四川民不聊生；还有不计其数的“棒老二”（土匪），打家劫舍，鱼肉乡里，以致百业凋零，人民纷纷外逃。为了躲避这种战乱，当我14岁的时候，我父亲把全家移居到川陕交界处的一个小镇——张坝。

1935年旧历正月的一个清晨，比我起得早的祖母伏在我的耳边，喊着我的小名叫我快起来：“不知咋个那么多喜鹊落在树上，不晓得来报啥子喜哟！”我赶忙起床随祖母出去看。嗬，真的，我家门口的那棵高大、挺拔、枝叶繁茂的大树上，总有好几十只喜鹊，时而飞起绕树盘旋,时而又落下唧唧喳喳地叫个不停。“难道它们真的来报什么喜吗？”我幼小的心灵，被这种讨人喜欢的叫声陶醉了。我认定将有一个好命运降落在我的头上。从此，我不甘心做家庭妇女，想出去见见世面。

旧历正月下旬，张坝小镇上的地保、甲长们突然慌乱起来，逢人就说“共产党要来了”，“共产共妻”、“见人就杀”等坏话。这种谣言，很快传开，富户人家吓得鸡飞狗跳，男人们背着细软，妇女们抱着手饰盒，举止失措，哭号不休。没过两天，共产党没有来，国民党的败兵却来了。国民党的败兵，每人荷着两杆枪——步枪和大烟枪，狼狈地从张坝过境。这群溃兵，奸淫妇女，抢掠财物，比“棒老二”还凶狠。家里的亲人，特别是祖母，对我的安全心急如焚。一些好心的人也络绎不绝地来到我家劝说：“你家小女儿也不小啦，应该出去躲躲呀！”但哪里是世外桃源呢？我家没有随着大批逃难的人远走，只是暂时躲到附近的一个叫黑风山的山沟里去。遭此劫灾后，由喜鹊报喜使我产生的美好幻想破灭了。这对我的打击，远远超过我家衣物被抢劫而带来的痛苦。

旧历三月初的川北，已是大地回春、处处芳草的季节。兵祸已成为过去，张坝镇又显露出一些生机。一天，我随父亲去镇上办事，刚跨进街口，就听到人声鼎沸，锣鼓喧天，鞭炮齐鸣。这种突如其来的喧闹声，把我父亲惊呆了。他怕出什么意外，把我紧紧地搂在怀里，想用他那瘦长的身子把我遮掩起来，而我却被这种热闹的气氛吸引过去，不能接受父亲的这种好意保护。我挣脱了父亲的双手，兴高采烈地往前跑去，想看个究竟。前边是一道人墙，而且聚拢来的人还不断把这道人墙加厚展宽。我费了好大劲，才从人缝中挤到里边去，正好挨着我家邻居、父亲的好友王小川。我轻轻地扯了下他的衣襟，细声地同他打招呼。他冷冷地瞟了我一眼，好像不认识我的样子，又扭转过头去张望起来。我于是动了武的，推搡着他，大声喊：“今天是啥子喜事呀？”确实，我长到15岁，跟随父亲走过不少地方，从来还未见过像今天这样热闹的场面。

小川叔这才回过头来：“你不晓得啷格？这些天你躲到哪个嗒嗒嘛？”他见我的好奇没有得到满足，这才加重语气回答我的问题，“欢迎红军！红军打前站的昨天就过了，今天是大部队过路。”我问：“是否刹阁（最后的意思）？”小川叔不耐烦地说：“啥子刹阁，你看嘛！”我终于明白了，是欢迎地保、甲长们骂过的红军。我怕和父亲走失，又挤出人群找到了父亲。这时，我父亲的恐惧心情已经消失，我们父女俩又挤进人群。我们刚刚站定，一队头戴缀着红五星的灰色军帽，身穿灰色制服，左肩挎着醒目的白色干粮袋，右肩背着冲锋枪，腿上缠着人字形的绑腿，足蹬偏耳绒花草鞋的队伍走过来了。这支队伍，英姿飒爽，雄赳赳，气昂昂，步伐整齐，含着微笑，高高地挥着手，频频地向站在街道两旁的人群致意。看起来他们的年纪都很轻，比我大不了几岁。人群中有的在呼欢迎口号，有的在交头接耳地议论：“白军那些龟儿子，说啥子红军‘杀人放火’‘共产共妻’，他们给老子放屁。”“他们没有好死！”这种气氛也感染了我，我也踮起脚跟着到人喊欢迎口号，正当我陶醉于红军的穿戴，羡慕红军威武，兴奋得高呼口号的时候，我父亲突然连声大喊：“炳秀弟！炳秀弟！”随着喊声，他挤到队伍里，紧紧地抱着一名红军的双肩，激动得说不出话来。我也认出了那位红军不是别人，正是我父亲背地里常向我叨念的叔叔。

我这位叔叔是两年前离家出走的，祖母不知道他的去向，天天默默地求神佛保佑他平安。可是我父亲对叔叔的出走却泰然处之，虽然他们的手足感情甚笃。今天，我亲眼见到已当了红军的叔叔，才领悟道他们之间是有着默契的。他们俩都读过书，在家乡一带算是有文化的人。父亲的一些激进思想，肯定是受了叔叔影响的缘故。他们亲热地谈着。这一情景，顿时使我产生了要走叔叔这条路的愿望，我一头扑到叔叔的怀里，直截了当地问道：“红军里有女兵吗？我要随你当红军去！”叔叔没有立即回答我，先看了看父亲的脸色，见他没有表情，这才抚摸着我的头说：“以后再说吧！”这时父亲才开了腔，责怪我不晓得事理：“啥子还不问叔父在外的起居安好？”叔叔说：“幺女正当的问话和要求，有啥子不好，还值得你吵她。”

父亲对我的要求不表态，倒不是他不想解放我，而是考虑到祖母这一关通不过，在没有征得祖母的同意之前，他不敢贸然对我的命运做出决定。叔叔也知道我的性格和我在家庭中的处境，除了祖母外，包括我父母在内没人想把我培养成一个大门不出、二门不迈、三从四德的封建附庸。叔叔的不表态，是另有考虑的。

来到张坝的这一队红军，属于四方面军。四方面军的主要负责人是张国焘。他当时是西北革命军事委员会主席①，是王明“左”倾冒险主义的忠实代理人，在红军内部实行极左政策，搞“肃反”扩大化，错杀了很多党和红军的好同志，尤其仇视读过书的知识分子。由于战斗频繁，部队不断转移，“肃反”运动有所放松，但并没有从根本上得到纠正。叔叔担心我是读过书的女孩子，又不是纯劳动人民家庭出身，到部队中来，很可能成为“肃反”的对象。红军还没有根据地，各地转战不定，异常艰苦，万一发生什么意外，不仅对不起我，也不好向我的祖母和父母交代，所以他的态度既不明朗，也不积极。当时我对这一切一无所知，只是想当红军。我也想到了祖母这一关，我决心用唯一的过关办法——不辞而别。

旧历三月中旬的一个傍晚，我正在听村里妇女们议论有关红军的事。祖母找到我，高兴地对我说：“刚才你到啥子嗒嗒？”用手指着我家堂屋，“你快回去看看谁回来了！不晓得他们说些啥子，我也听不懂。”她显得那么高兴、欣慰，笑得两眼眯成了一条线。我猜想肯定是叔叔回来了，扭身就往家里跑。一进门，我就尖声叫着叔叔，扑到他的怀里。叔叔拉着我的双手站起来，走到对面一位身材适中、文质彬彬的青年面前，指着我介绍说：“这就是我曾对你说起的何恋湘，我的侄女。”

---

① 红四方面军进军川陕地区后，于1932年12月成立西北革命军事委员会——编者注。

我这才发现屋中还有一位陌生人，心脏急剧地跳动起来，木然不知所措了。过了好大一会儿，我才镇定下来，知道这位陌生人是三十一军政治部宣传科李科长，是特意随叔叔来看望军属的。父亲叫我给李科长行礼问安，我恭恭敬敬地向他行了个鞠躬礼。李科长忙说："不能这样，不能这样！我们红军里可是男女平等，官兵一致，打拱作揖是封建。"从他的话里，我知道了红军中是有女兵的，我乘机提出了当红军的请求。他表示欢迎，并说军政治部里有，医院里有，女红军多得很。我兴奋地大声问："你看我够资格吗？"父亲忙向我使眼色，要我把声音放低，怕祖母听见。因为在祖母的心目中，是"好男不当兵，好铁不打钉"的，一个女孩子去当兵，更是天大的笑话，是绝对不会允许的。经过和李科长的这次见面，我参加红军的幻想竟要变成现实，真是心花怒放，偷偷地背着祖母准备行装。

当红军去

旧历四月初，我在李科长的领导下，成了红三十一军政治部宣传队的一名队员。和我同时入伍的，还有我的好朋友李香玲。老队员连夜为我缝制了缀着红五星的黑布斜纹大檐军帽。第二天点名的时候，有人看着我发笑。我意识到她们笑我的绑腿没有打成均匀的人字形，感到十分尴尬，额头上直冒冷汗，唯恐因军容不能自理而当不长红军。但李科长却不在意，他在讲话时说："我们宣传队要去江油前线，除了对敌人进行宣传外，还要协助医务人员作战地救护工作。"解散后，老队员们议论起红军打仗的事，说四川军阀刘湘比田颂尧顽固等等。我对她们的议论似懂非懂，插不上嘴，但我对李科长的讲话特感兴趣，因为女人也能上前线，干男人干的工作，男女真的平等了。

我们宣传队是随特务营一起出发的。途中休息时，我才发觉这个特务营原来就是我印象最深、最敬慕，从我家门口路过的那支队伍。我跟他们在一起，就像跟家里亲人们在一起一样，一点也没有拘束。况且这次出发去的前线，距我生活过多年，一草一木都比较熟悉的老家不远，心里更感到踏实。在行军途中，李科长和特务营的杨队长以及宣传队的老队员们，对我和李香玲两个新兵体贴入微，关怀备至，告诉我们一些军事知识。沿途地势平坦，物产丰富，人烟稠密。中坝素有“小成都”的美称，而现在这里成了前线、战场。一走到中坝，就听见了枪声、炮声，到处弥漫着硝烟。我随老队员们成天奔跑在战壕当中，向敌人喊话作宣传，抢救负伤的战士，一点也不感到害怕和疲劳。我为自己一当上红军就能经受战火的洗礼而感到光荣与自豪。

这一天，轮到我和李香玲作宣传队的后勤。我手捧宣传品，她手拎浆糊桶，无所畏惧地向前沿跑去时，流弹在我俩的头上嗖嗖地飞过，我们根本不予理会。突然，李香玲“噢”了一声倒在地上，我以为她绊跌了，待一细看，鲜红的血液从她右肩透过单薄的内衣和外衣往外流。她负伤了。我紧忙喊：“香玲挂彩啦！香玲挂彩啦！”找来了卫生员。他敏捷地剪开袖管，在纱布上撒点当时被视为外用药珍品的海碘镃粉末敷在伤口上，用粗布撕成的绷带扎好，匆匆将她抬下阵地，送到陈家坪总医院去了。我目睹了卫生员救活李香玲的全过程。从死神手中把她的生命又抢救回来，这是多么了不起的事业呀！我对医务工作者的崇敬心情油然而生，萌发了想成为一名红色军医的愿望。

四方面军在攻打江油之前，一直遭受四川敌军的围追堵截，从没有一个较长时间的休整机会；加之张国焘极左路线给红军造成的危害与损失，使部队的士气和战斗力均受到相当大的削弱。这次挥师南下攻打江油，也是张国焘作出的错误决定。由于敌众我寡，江油久攻不下，而敌军又不断集结兵力反攻，我军只好撤出战斗，三十一军奉命移师西进。正当这个时候，我发高烧，体力不支，被送进了陈家坪总医院的中医分院。入院不几天，我就碰见了情谊深厚的好友李香玲。原来她伤愈后又染上了疟疾，转院到这里来了。我们在病中相逢，倍感亲切。入院不久，专治疟疾的奎宁在我身上显出了它的效用，症状全部消失，只是虚弱的身体还需要一段时间恢复。我是个好动的人，就主动学着看护们给伤员端水、送饭、倒便盆、洗敷料。医院的医官都是男的，在给女病人诊病时，医生和病人都感到十分不方便。特别是一些年轻未婚的女同志，常常拒绝医生的触摸，不能配合医生诊断，这就影响了确诊和治疗效果。男医官的医术都比较高明，对创伤外科都有经验，但对妇女病恐怕不是内行，动不动就给女病人下“干血痨”（月经不调）的结论，常闹出笑话来。由于误诊，有的女病人失掉了救治的时机，以致不该残的残了，不该死的死了。我在住院期间，就多次见到过这类医疗事故。我心想：假如有一位女医生，那该多好呀！女病人们也经常在议论：为什么不培养一名红色女军医呀！当时四方面军的女兵占多数的单位很多，如妇女独立团、妇女工兵营、医院、工厂、运输队、洗衣队等等，是应该有女军医的。不用说，女军医要有相当高的文化水平和精湛的医学技能，“我行吗？”我常这样默问自己。对女军医，我既充满了深情的向往，又感到自己不具备条件而自我否定。

一天，我又匆匆地走过田间小路，去重病人居住的村子看望好友李香玲。一见到她，我大吃一惊。她那红黑圆胖的脸蛋，变成了黄白瘦削的尖长脸，清秀有神的双眼凹陷下去了。她躺在一张用木板搭成的床上（非特重病人都睡在用草垫起的通铺上），不停地在呻吟着。她一见到我来，忙伸过颤抖的、骨瘦如柴的双臂，想把我抱住，但又立即把手缩回，喃喃地说她患了不治之症——关节炎和肺结核，让我离她远一点，免得传染给我。看她吃力的样子和痛苦的表情，我惊呆了。她就是不久以前我还见过的、有说有笑的李香玲吗？她见我发呆，反倒安慰起我来：“这么多的人得病，都会死吗？我才不相信呢！这里的医官治不好，还有能治好的医官，你不要为我难过！”我也不相信她会死，只是为不能消除、减轻、分担她的病痛而难过。这时，曾被我自己否定过多次的想当女军医的愿望，又来向我冲击，千里之行，始于足下，我现在就当一名女看护，守候在她的身边。

既然想当女看护，就要做有心人。从此以后，每当总医院医务主任周吉安带领医官查病房时，我就悄悄地跟随在左右，仔细观察如何询问病人、看舌头、翻眼皮、叩胸部、扪肚子、处置伤口等手法和程序，暗自记在心里。每当看护们对伤病员进行处置时，我就主动打下手，向他们请教。由于我干这些事主动、勤快，渐渐地他们把我当成了他们中的一员。我在伤病员的心目中，也成了一名颇受欢迎的“女看护”。

白衣战士

旧历五月，接连阴雨，好动的伤病员也只能躲在屋里聊天。一天清晨，外边的雨还在下着，我和看护们忙着消毒、煎药，都说今天总医院不会有人来查房了。话音刚落，总医院看护学校女连长谢朝明，由总看护长林春方陪同，来到我们面前。这位谢连长拉开男人似的粗哑嗓子说：“大家注意，现在由总看护长来宣点病愈出院人员名单，被点到名字的人，宣点后做好出院准备，天一晴就归队去！”大家都静下来听着。在宣点的名单中居然也有我，这既是我盼望听到的，也是我害怕听到的。说盼望，因为这就证明我已经是个健康人了；说害怕，因为很快就要离开我已经熟悉并热爱着的看护工作，想当一名女军医的理想将要成为泡影了。自从我上次探望病重的好友李香玲之后，曾多次打算向领导提出留在医院学医，但一直犹豫着，怕被误解为不愿回前线，视我为贪生怕死的胆小鬼而难于启口。现在，到了关键时刻了，再不提，就错过了机会。说真的，这时我没有考虑什么影响，毫不忸怩地向这两位领导人表明了我的态度：“请求你们把我留下，学军医、学护士、当看护都行。”谢连长见我一本正经的表情，只是看着林看护长发笑，意思是要她表态。林总看护长上下打量着我，用她那湖北口音说："这个小同志，可不简单，有点志气！"然后拍着我的肩头，问我年龄，问我识不识字。问到识字，我不太好回答。参加红军时，叔父一再嘱咐我，不能暴露自己有文化，否则是会挨整的；说不识字吧，可我在这一段帮助工作中已有所暴露，别人也不会相信。于是我回答说："我在军宣传队里学过识字，会写自己的名字。"同病房的病友罗经武见我要留下，也提出了想当看护的请求。谢、林两人交换了意见后，很爽快地答应下来，因为医院里看护很缺，正在设法谋求补充呢。第二天上午，谢连长把我俩领去见护校校长苏井观同志，因为最后得由他审查批准。

苏校长很魁梧，我开始见到他时还有点胆怯，但一经接触，我的不安也就消除了。他热情地招呼我们坐下，问了我们各自的简历，为什么要学医，怕不怕苦，怕不怕脏，让我们写出自己的名字。罗经武的名字是她让我代写的。苏校长对我们的回答感到很满意。他对谢连长说："给你们增加两个女娃兵。"这使我们得到了意想不到的满足，因为这话意味着他不仅同意把我们留下，而且还让我们进护士学校学习。我在向苏校长告辞的时候，暗下决心，一定要努力学习，决不辜负他的接收之情。

这个看护学校是由总医院领导的。总医院的政委周光坦是护校的最高领导人。当时护校有200来名学生，分编三个连队。我被编入第三连三排一班。班长金秀琳指定两名老学员与我交朋友，对我进行具体帮助和指导，使我感受到革命大家庭的温暖。一天，我被召到总医院去，周光坦找我谈话。他特别严肃，对我详加询问。我感到他是在审查我，随着他的盘问我也逐步提高了警惕，我按照叔父告诉我的注意事项，矢口否认自己读过书，也不多说一句话。周政委没有问什么问题，表情和说话的声调才有所缓和："回去吧！好好学习啰！"回到班里，金班长忙走过来，关心地说："我为你吓出一身冷汗。你们新同志不知道，在南（口）通（江）巴（中）杀'AB团'时才凶呢！"她说的"AB团"就是极左路线臆造出来的特务组织。我自己也暗自庆幸，多亏我牢记了叔父的提醒，不然，后果真不堪设想。

部队政变了攻打江油的作战计划，以风驰电掣的速度强渡岷江，占领松潘、理番。6月中旬，先头部队进入懋功达维地区，与中央红军胜利会师了。会师后，一、四两个方面军混合编成左路军和右路军，决定进军甘南。但张国焘个人野心发作，不顾党中央的决定与指示，擅自强令左路军转头西进南下。我们护校也跟着随左路军行动的总卫生部到达了西康境地的重镇马尔康。在行军途中，我们护校的课停下来了，所有学员都参加了医院的护理工作。我边工作边抓紧时间自学。到马尔康后，我第一次见到由中央红军派来的医生游德胜、朱经模等同志。他们给我的印象非常好，有文化，有知识，态度可亲，平易近人，谈吐不俗。我为了探询几种不治之症向他们请教时，他们总是耐心、细致地向我讲解各种病的病因、症状，治疗等要点，我十分敬佩。他们还热情地领我去看病人，使我增加感性知识。我想起了好友李香玲，想让这些高明医生把她从病痛中解救出来。我到处寻找，逢人就打听，终于知道她已死于这次西进的行军途中。她自已和我都不相信她会死，但她毕竟死了，这一噩耗，使我万分悲痛。

马尔康一带是汉藏两族杂居的地区，生活习惯不同于内地。部队由吃大米，改吃青稞炒粉、玉米豌豆粥，许多人发生腹胀、腹泻，影响了工作和行动，有的竟因之卧床不起。医院的工作人员也不例外，病倒的也很多。没有病倒的人的任务就加重了，除了风雨无阻的军训、早操和护理伤病员外，还要帮炊事员搓青稞，碾豌豆，晚上还要上课，我算是个“健康人”，所以整天忙得四脚朝天。此地对我太陌生了，我只有一个希望，就是顺着马尔康大河南下，也许会把我们带回原来的驻地——王坪。

一天早操刚做完，护校政委戴富阶从远处走来，老远就大声喊：“不要解散队伍，有要事向你们讲！”我们互相交换着眼色，有的说可能又要出发，有的盼望他给我们带来打牙祭的好消息。戴政委一瘸一拐地走到我们跟前，以兄长自居的口吻，笑盈盈地说："同志弟妹们，告诉你们个好消息，中央红军卫生学校到我们护校招生来了，谁都可以报名，从今天起就报，后天要去总卫生部考试。"这真是个好消息，队里顿时活跃起来。我更是激动，因为我听说卫生学校是红军的一个高等学府，是培养军医的，假如我能考取，一直神往当一名军医的理想，不就变成现实了吗？可是，我还不知道要具备什么条件，一想到周光坦政委找我的那次谈话，就更加心中没底。我若继续装作目不识丁，做个不诚实的"文盲"，能考上吗？若是暴露了自己读过书，那后果又会是什么呢？我想不出好办法，也拿不出主意，转身悄悄地问身边的罗经武："你报名吗？"她无所顾忌地大声说:"为啥子不试一试！"说着抓起我的手，一齐举起来。在我俩的带动下，很多同学也举起了手。

考试的那一天，由护校的任文秀连长把我们带到总卫生部所在地松岗镇，总卫生部贺诚部长、我们护校的苏井观校长、卫生学校政治部的周越华主任热情地接见了我们这群考生。看到他们这些有化的人，能当上红军的负责干部，解开了我思想上的疙瘩——"读过书的人没有罪！"我决心在这次考试中"暴露"自己,盼望能交上好运。第二天一早，我们被带进考场。考场是一座喇嘛庙。庙很大，显得空荡荡、阴森森，壁上的彩绘已剥落得模糊不清，地上用木板搭起桌凳作为主考人和考生的座位。我们坐定之后，监考人苏井观和周越华分别向我们介绍主考人和考试科目。主考人都是卫校教员；考试科目共四门：专业、政治、语文和算术，考试方法是面问口答。考题都很容易。政治考试的内容是：你为什么要当红军？共产党领导的红军的任务是什么？语文考试，是让每个考生把事先写在门板上的短文朗诵一遍，然后解释文意，最后写上自己的名字。专业考试：说出自己知道的人体骨骼名称和内脏名称，疟疾和痢疾的主要症状，内外常用药的名称。算术是三位数的加减乘除。考试的结果，只录取了十几个人，我是其中的一个，据说我的成绩最好。我自己心里明白，在考试中我还是有保留的，故意答错了几个问题，生怕太冒尖了惹人注意。

长征中的卫校生活

我被编入卫生军校军医班第六期。卫校举行了极其简单的开学仪式，先由贺诚部长讲话。接着卫校教务主任孙仪之和政治部主任周越华分别向学生们介绍卫校的教员和他们所担任的课程。课程有生理、解剖、病理、微生物、政治和文化课。没有任何教学设备，连起码的桌凳纸笔都没有。我心想，这可是名副其实的无产阶级，教员和学生除了一双手和一张嘴外，别无所有。听老学员讲，从江西出发时还有一架完整的人体骨骼标本和一本解剖学图谱，后来在行军作战中被当作负担扔掉了，老学员们也化整为零地分散到各部队、医院去工作，直到遵义休整时，他们才又返回学校复课。老学员们在行止不定、环境条件恶劣的情况下尚且能坚持下来，我们新学员还有什么可挑剔的呢？俗话说："师傅领进门，修行在个人。"摆在我们面前的，只有一条路——克服困难，自力更生。

学解剖，没有人体实物是很难理解肌肉、骨骼、血管、神经和脏器的走向与部位的。但是，在藏族居住地区想找到一具尸体，比登天还难，因为藏族的习惯是天葬与水葬。凡是死了的人，不是割成一块一块地喂乌鸦，就是放进河里去让急流冲走，一天，教务主任孙仪之和教员谭锦荣想碰碰运气，提出去野外搜寻弃尸。几个男同学和胆大的我从日出一直到傍晚，踏遍了松岗附近的大小山谷，连一只鸟兽的尸体也没有发现。大家都有些气馁了。老天不负有心人，当我们无精打采地往回走的时候，终于发现了一具暴野不久、无人认领的男尸。我们七手八脚用野草树枝把尸体捆扎好，抬回教室。谭教员连夜以其熟练的技巧把尸体肢解开来，我们围观的同学都看得出神，对这位年轻、有才华的教员无不表示钦佩。他又吩咐把刚剥光的骨架用草木灰煮泡起来，这个任务恰巧落在了娇小文静、胆子很小的黄玉书身上。她死活不肯接受，经过反复动员，她才勉强接受。谁知，骨架放到大锅里一加热，韧带受热收缩，头骨挺出了水面，她被吓得连声尖叫着跑开了。从此，她精神不振，神态失常，无法继续学习，终于退了学。男同学出于好心的这场恶作剧，毁了这位女青年学医的前途，我感到十分惋惜。

很多课程是齐头并进的，虽然教员讲得很清楚，听时也明白，但要想记住可不容易，非下大功夫不可。学习中感到最困难的，是没有纸和笔。教员全凭口授，学生只凭耳听，还要死记硬背下来，这该多难啊！教务主任孙仪之对我们说："大地作纸，用之不尽，树枝作笔，取之不完。"我第一次听他这样说时，以为是在开玩笑，但见到老学员们都是用这种办法学习，我们新学员也跟着这样做了，的确颇能解决问题。我们还进一步把松枝烧焦，用它把难记的词写在手掌上，胳膊上，随时随地复习，效果很好。当然在教与学中存在的困难远不止于此，但作为红军战士对所有困难的回答只有一个：想办法克服前进！

松岗，是西康北部两条峡谷中的一个小镇，人烟稀少，我们刚到时，这里没有一点生机，满目都是凄凉景象。自一方面军的九军团和总卫生部驻扎在这里后，这个小镇才改换了萧索死寂的气氛，变得热闹红火起来。生活起居的军号声，出操点名的口令声，军事训练的喊杀声，再加上我们卫校学生们的读书声、笑声、歌声，成天在这个峡谷里回荡。川北的一首民歌，也在这个小镇的居民中流传开来："高高的山哟，陡陡的坪，人民苦哟，人民穷，想吃干饭万不能。弯弯的路哟，密密的林，茅草棚棚篱笆门。太阳出来哟，满山红，红军来了大不同，打倒土豪与劣绅哟，人民永远不受穷。"所有这些声音，在松岗镇的上空，汇成了明快的乐章。

时间过得很快，夏去秋来又到冬。一天晚上，我们刚复习完功课，躺在仅能翻身的草铺上，听廖由洁同学讲罗炳辉军长"惩处叛逆者大青猴”的故事。正当她讲到精彩处，紧急集合的哨音响了，说是由周主任传达紧急通知。我们说起就起，很快穿好衣服站好队。从讲话的声音听来，今天周主任不像往日那么愉快。她用平淡低沉的语调说：张国焘主席命令红军南下，很快就要出发，今晚做好一切准备。说完就宣布解散。解散后，老学员们悄悄地议论开来：“青稞粥也不让多喝几天！”“毛主席北上，张主席南下，搞什么名堂！”……这种气氛，使我这个新学员也有一种压抑感，不理解南下北上有什么不同，但在老大哥们面前又不便插嘴细问。第二天，上边派来宣传科的人教新编的《南下行军歌》。歌词我还记得几句：“红军啊，南下行呀，我们要打成都城啦；要赤化啊，全四川啦，大米白面吃不赢啊！”张国焘命令必须在出发前把这首歌学会，想以此作为他分裂红军，反对党中央的借口与诱饵。我生就缺乏音乐细胞，怎么也唱不成调，不是高就是低，节拍也掌握不准，逗得大家直笑。教歌的人生气了，把我从队列里叫出来进行单兵训练，实际上是对我进行惩罚。

西康的 10 月，已是一派“西风烈，长空雁叫霜晨月”的季节。我们惜别了亲手建立起来的校园和亲切的松岗镇，轮流背着那副唯一的人体骨骼标本出发了。晓行夜宿，途经金川、丹巴，进抵夹金山脚下的达维场才稍事停留，筹措向南翻越夹金山的物品。卫校陈志方校长向我们传达了总卫生部贺诚部长和政治部徐立清主任的指示，要我们自行补足翻越雪山的干粮和其他东西。为此，我们卫校的学生编成小组，分头去民间收买粮食，了解当地气候以及民间爬山的经验等。当地民间有这样一句顺口溜：“要翻山，吃胀肚子，心热口辣脚板尖。”因为我是四川人，便把顺口溜前意思向从未见过雪的南方同志们解释，说“吃胀肚子”是吃饱的意思；姜蒜辣椒等物是健胃生热的佳品，可以驱寒防冻；“脚板尖”是在脚上套上一副防滑的铁齿圈。听说中央红军翻夹金山缺乏这些准备，造成了很大损失，为了吸取教训，我把了解到的注意事项向卫校领导做了汇报。这里的居民很少也很穷，稍微富一点的，都躲到深山密林里去了，我们的筹粮任务很难完成。为了使居民们消除对红军的疑惧心理，我鼓起勇气，唱起在松岗时学会的川北民歌。我唱得虽然不好，但我这一唱可真灵，很快吸引过来一群人。他们对我这个女红军的“露天演出”感到很新奇，有的还说:“她唱得对哟！穷人红军是一家嘛！”当地居民积极热情地协助我们完成了购粮、购物任务，甚至不要我们付钱。为了付钱，不知花费了我们多少口舌。

行军的过程中，无论途中休息或到达宿营地之后，卫校始终坚持上课，只是上课的方式不同于过去。最常用的办法，是宿营时教员讲一节新课，然后用毛笔大字把要点写在一张大纸上。行军时，把纸贴在一块木板上由排头扛着，后边的人轮流走到前边去看着复习，中途休息的时候，同学们围坐在一起交换学习心得，或由教员来辅导、解答问题。这种办法，当然效率不高，进度也慢，但总比不学好得多，在漫长的行军途上我们就这样完成了自己的学业。

过雪山

东方刚出现晨曦，我们向碧绿如海的夹金山出发了。我们三班殿后，总教务主任孙仪之同志跟我们在一起，他是负责照顾我们的后卫。他从江西出发时带出来的三件宝——瘦马、旧伞、破棉袄，成为我们谈笑的资料。这三件宝的所有权属于他，但使用权都是体弱病残者。同学们对他这种高尚风格，都很崇敬感激。随着海拔的提高，映入眼帘的景色也不断变化。当我们到达雪线时，举目仰望，夹金山再也看不到什么绿色，而是高入云天的冰雪奇观。山势陡峭，无路可寻，鸟兽几乎绝迹。我们踏着前边同志的足印，吃力地一步一步往上爬，稍不留神，就有滑进雪井冰洞里去的危险。中午时分，到达山巅。原本晴朗的天空，一下子变得乌云蔽日，风雨交加。由于空气稀薄，呼吸困难，我还未来得及一览山光雪色，就两眼发黑，晕倒在地上，经过身边同学的急救，才慢慢地苏醒过来。我这一停顿，和队伍拉开了距离，好在由此转入下山，我和廖由洁同学采取了抱着头往下滑滚的办法，赶上了队伍，傍晚到达了宝兴县城，夹金山被我们抛在后边。我们解下行装，想吃口炒面、喝口凉水，照例的行军讲评提前开始了。周越华主任为我在山顶上晕倒的事，既批评了我，更批评了作为政治战士的廖由洁同学，责怪她没有把我照顾好。我感到很委屈，更为廖由洁因为我而受批评感到不安。

前边的战事可能很顺利，我们在宝兴县城只休息了一会儿，就又日夜兼程赶到天全、芦山两县之间的铜头场。这里倒有点南国风光，处处一片葱绿，我们的精神为之一振。但我们卫校住的地方仍是一座四面透风，破旧而又高大的寺庙。男同学们打趣地说："我们命里注定要当一辈子和尚！"徐根竹同学接着道："我们还有尼姑陪着呢！"他这句话是冲着我说的。我马上搭腔把他们奚落了一顿，我还要拉徐根竹同学去见周主任，直到他们向我认错才算了事。从此以后，他们呼我为"刺梅"、"祸麻（一种带刺的草）"。

川西的冬季多雨，气温低，湿度大，我们的衣着又单薄，风一吹来，全身都起鸡皮疙瘩。为了御寒，我仅有的一条被单，夜里盖，白天披，有时还当作筒裙围在腰上，成了个四不像的民族，惹得见到我的人都发笑。铜头场是个比较富庶的地方，我们的学习条件有了改善，每人发了两支铅笔和一本黄裱纸的笔记本。生活也起了点变化，每天三顿的青稞粥变成了三餐糙米饭。为了照顾我们女同学，把我们安排在庙的一角。因为漏雨透风，角落里更加阴冷潮湿。漫漫长夜，我们蜷缩在薄薄一层稻草窝里，连一个好梦也做不成。这里离前线不远，沉闷的炮声和敌机的轰鸣声不时传来，同学们议论着我们又要"脚底抹油"了。一天晚上，我躺在自己的小天地里，翻来覆去怎么也睡不着，默默地背着今天刚学过的拉丁文药名。可能是精神不集中的缘故，老是记不住。我捅了一下睡在我身边的同学："正元姐，说不定我又要背时（倒霉）啦！"我的话音刚落，她连忙捂着我的嘴，示意不要乱发议论，我想说的话只好咽了下去。几天来我一直有一种预感，说不定谁要出事，因为卫校的几位领导人都消失了笑容，而且谁也不想讲话。事隔几天，果然发生了一件不寻常的事：我们敬爱的谭锦荣教员失踪了。在他失踪前的一天晚上，我们正围着一堆用竹叶和稻根点燃的篝火，进行政治课讨论，他也走过来和我们席地坐在一起。当谈论到成都为什么打不开时，他发了言，说："成都是刘湘的老营盘，势必死守，我们要打下来，少说也要数月、半年。"他的这番话有什么错呢？真是言者无意，听者有心（别有用心）。不久他就在我们中间消失了，在人世间消失了。据说，加给他的罪名是"反张主席（张国焘）"。这件事对同学们的震动太大了，我更是痛惜失去了一位良师，我们谁都不再多说一句话。

漫长的冬天到了尽头，自然界显露出来了春的气息。但这个春天给我们带来的，不是令人心神舒展的胜利，而是继续走。向何处走呢？绝大多数人都不知道，也不敢问。在这次新的行军过程中，往日的笑声和歌声，像受制于一道无形的命令而不复出现。经过十多天的急行军，我们到达了可与夹金山媲美的党岭山下，我们卫校露营在一条清澈碧透的小河岸边。这里风光十分秀丽，有挺拔的松树，有低垂的紫藤，鸟语花香，别有洞天。由于急行军的过度疲劳，我无心欣赏这里的风光。走到河边，把两只磨起了血泡的脚伸进冒着白烟、温温的河水里。我真想跳下去洗个痛快澡，但全身发冷，就是站不起来。不知周主任从什么地方来到了我的面前，我想站起来表示礼貌，试了几试，仍然站不起来。她用手压在我的肩头上，叫我不要动。我仰望着她那张大姐般的友好的面孔，顺口问道："我们卫校还能办下去吗？"因为从翻越夹金山起，我们卫校就停了课，现在又要翻另一座雪山，复课将遥遥无期，这样下去，新知识学不到，学过的也会忘光的。我为行止不定，又没有明确的去向，感到心烦意乱。周主任对我这个问话表示惊讶："怎么，你这个伢儿不想学啦？"我垂下头来不语。说真的，我学医的愿望始终是强烈的，是她误解了我的意思。她见我低着头，摸了摸我的前额，转身走开了。她一走，我悔恨自己刚才的问话，心想，这次该轮到我倒霉了。听天由命吧！我的两只脚仍泡在水里，两眼呆呆地向远方望去，忽然间产生了幻觉，看见了不久前消失的谭教员站在对岸向我招手，我想向他扑去，有一双手把我拉住了。我从幻觉中转来，见是周主任，她把一件白色小棉袄塞到我的怀里，叫我穿上，关切地说："快点洗，抓紧时间休息，明天还要爬山呢！"她的神情和口吻，不像是我要倒霉的样子，我感到身上涌过一股暖流，说什么也不接受这件棉衣。但周主任说啥也要我穿上，几乎是向我下命令，我这才察觉到周主任虽然严肃，但内心里却充满着大姐般的温情，在这个时候对我来说，是多么的需要呀！

再次行军不是南下，而是掉头西北。由于有了爬夹金山的经验，加上党岭山不如夹金山奇险，我们这些爬山"冠军"很快越过了雪线，沿途啦啦队使劲地为我们打气，好像没费多大力气就到达了山顶。这一天，丽日当空，银光耀眼，我们都贪婪地欣赏这白雪公主似的山景地貌。待下了山到达道孚之后，每个人的双眼都像熟透了的桃子似的红肿起来——得了雪盲症。眼痛流泪看不见东西，没有办法，只好在道孚休息了几天。这是从铜头场出发以来休息时间最长的一次。雪盲症消失之后，我们继续向西北开拔，3 月中旬，到达了全是藏民居住的炉霍。

3 月的炉霍，春天尚未来临，凛冽的西北风，不停地摇曳着一望无际的衰草枯枝。这里的藏民都身穿浸透酥油的明光锃亮的羊皮袍子，风俗民情和生活习惯与汉民居住区迥异。我们这一群人来到这里，都变成了语盲加文盲，大有置身异乡之感。卫校领导看出我们的不安情绪，所以到了炉霍之后立即召开了全校大会。会场是借用藏民拦牛的低矮棚子，但气氛比在松岗时的开学典礼还隆重。贺诚部长、徐立清主任、组织科长刘兴元、宣传科长徐世凯等同志都到会讲了话。贺部长说：我们要在这里做较长时间的整训，要求同学们安心学习，努力建校。周越华主任就卫校的工作做了说明：为了加强卫校的行政管理和物资保证，增设了校务处；增开了部队卫生课，并把拉丁文也列入正式科目；补充了江一真同志接任谭教员前课程；学制明确为一年。我们一直盼望的复课终于实现了，同学们高兴得互相拥抱起来。但使我们感到奇怪的，在今天这样隆重的大会上，我们的校长陈志方怎么没有出席？是病了，还是调离了？事后我们才知道，他在道孚时被张国焘扣押了，罪名仍然是“反对张主席”。

我们在炉霍停留的时间不长，但却是有意义的，使我难以忘怀的。为了办好卫校，解决教学中的困难，大家几乎跑遍了炉霍、朱倭、甘孜一带的山山水水。我们用烧焦的松枝掺上酥油自制油墨，将高价购买的废旧藏经翻过来作讲义用纸，由同学们自行刻字油印，终于解决了教学中的最大困难——讲义。第一次拿到一本讲义时，我兴奋得情不自禁地朗读起来。我这一朗读，使教员和同学们都感到十分惊讶！有的教员说：“你这个女娃兵真能装傻！”我之所以敢于做这次“冒尖”表演，不是出于冲动，而是从较长时期的观察中明白过来，学校领导对有文化的学生不是歧视，更不是仇视，相反地是赞赏与信任，我不能再自作聪明，自讨苦吃。本来我的文化程度虽不高，但能恢复我本来的面貌，这对我的学习进步是有着决定性影响的，是我加深对革命理解的结果，是我参加红军后的一次自我解放。

我们的伙食仍然很差，主食是青稞、豌豆炒面；副食是灰灰菜、荠菜，有时是大黄叶。就是这种东西也要限量，常常吃不饱。周主任自告奋勇地参加伙食管理，订出了每天的食谱：一天三顿炒面加野菜糊糊，平均三小碗，每周打一次牙祭——半碗干炒面外加指头大的一块酥油。每餐周主任必到，坐视分饭，听她的口令“喝”饭。因为都是稀的，动作又十分整齐，所以喝起来有一种特有的节拍声响。一向爱说笑的廖由洁边喝边说：“哈，我碗里有块很大的面疙瘩。”我好奇地问：“我碗里怎么没有？她一本正经地说每个人碗里都有，你仔细找吧！”她指着我的鼻子又补充道，“这不是吗？”这虽然是开玩笑，其实也正说明了粥稀倒可以映照出面容来。我们都盼望着周六打牙祭的那餐饭。那么丁点炒面和酥油是多么地勾人胃口！

学校为保证学生们的体质，对体育活动很重视，除了球类之外，经常进行赛跑、跳远、跳高、拔河等比赛。“五一”节时，在炉霍的红军三大学校——红军大学、党校和我们的卫生学校举行了联合运动会。我是个体育运动的积极分子，取得了女子跳高、跳远、赛跑的三个第一名，为我们卫校争了光。

转瞬间到了 8 月，是我们第六期一年学习时间届满的时候了。当我即将毕业离校之际，深深感到自己获得的医学知识是多么地来之不易！这是全校同志，特别是教员辛勤耕耘的结果。我对学校的每一位领导、教员都由衷地感激。我对自己的分配去向，既憧憬，又有点迷惑。“担负起为伤病员解除痛苦的光荣使命，我能行吗？”我这样暗暗地自问，心中没底。到了宣布分配方案的那一天，男同学都分到战斗部队去，我被分配到总卫生部新成立医务所，成为红军自己培养出来的女军医。

要保证直属队指战员的健康，这副担子的分量我意识到了，不仅没有兴奋得手舞足蹈，反倒有点不安。

我们医务所随总卫生部北上，越过草地，突破天险腊子口，于 10 月初到达甘肃南部的岷州地区，到明堡暂休数日。恰巧红三十二军（九军团改称）从甘南徽、成二县转战到此，要继续挥师西进，军长罗炳辉同志总卫生部提出支援医生的要求，贺诚部长立即答应抽调卫校许德教员和医务所的一名男医生给他。这一消息很快传开，很多人纷纷要求去前线，也激起了我返回部队的心情。因为我是从三十一军出来学医的，天真地想三十二军和三十一军是紧挨着的，到了三十二军再回三十一军也就容易了。于是下了决心，一口气跑到贺部长住处，开门见山地向他说明了我的来意，并把我当兵以来的简短经历讲给他听。他考虑了一下，说：“去战斗部队是要跟着打仗哟！”我说：“晓得。”他见我的态度坚决，很爽快地答应了我的要求，当晚我就准备好了行装，第二天一早就随许德教员顶着西北风去三十二军卫生部报到。卫生部政委姜胜接见了我们。他对我端详了好一会，看得出来他对我这个“女军医”不感兴趣。我感到一种莫名的屈辱，冷冷地对他说：“若是不欢迎的话，我就回去。”他见我动了气，态度缓和下来，忙说：“我们军供给部、卫生部有不少女同志，很需要，很需要。”我想，话是这么说，我留给他的印象肯定不会好。

三十二军是作为一、三军团的预备队使用的。11 月 22 日山城堡战役结束后，三十二军军直分为前后两部分。我和几名男医生随姜政委到后方的铁角城组织收容伤病员的休养所。我以为这个铁角城一定是个“一夫把关，万夫莫开”的钢铁城池。谁知一看竟是黄土高原深谷中的一个小村落，不满 30 户人家。连日风雪，这里通向外界的羊肠小道都被大雪封死了，更显得僻静冷落。我们好不容易找好了安置伤病员的地方，忙着接收陆续到来的伤病员，照顾吃饭，进行治疗，克尽自己作为医生的职责。大雪封阻，部队供应的物资运不进来，当地居民又很穷，所以伙食很不好。伤病员吃的尽是荞麦面掺土豆的稀粥，很少见到油花，更不用说肉了。这种缺乏营养的饮食，影响着治疗效果。我与看护班长商量，想打一条野狗给伤病员改善一下伙食，在征得负责人同意之后，当晚就套了一条狗。我学过的解剖知识派上了用场，第二天早餐，伤病员就吃上了香味扑鼻的狗肉。过了些天，狗的主人找上门来，我才意识到自己做了一件错事。这里的群众是很重视养狗的，用它看守门户，保护家畜。为了挽回影响，我把组织发给我的技术津贴全部拿出来做赔偿。但老乡说什么也不收。他说：“杀条狗算不了啥，国民党队伍来还要宰牛呢！”群众对红军的感情，即使我感动，更使我惭愧！几天后，军部和卫生部派巡视团来检查工作，把杀狗的事作为违反群众纪律进行处理，我主动承担了责任，做了深刻检查，再次向狗的主人赔礼道歉。

1937 年 2 月，部队移驻崇信休整，要在这里扩大红军，建立根据地。军政治部提出每人扩大一个连的要求，军卫生部长、政委、休养所的所长都去外地扩军。我也多次提出要参加他们的扩军工作，但领导对我另有考虑，留下我在城内为居民们看病，借以联系群众，扩大红军的影响。这里的居民有病，是很难求得医生诊治的。现在，我主动热情地送医上门，群众被感动得不知说啥才好。原来这一带是东北军、西北军的防地，自西安事变后，红军同这两部分军队的关系很融洽，他们已代红军做了不少义务宣传，所以居民对红军都很友好。特别在居民的一些轻伤、小病被我治好之后，群众中掀起了一股拥军、参军热潮。我这才意识到，我所做的不仅仅是治病救人，实际上是更有效地在做扩军工作。春节时，崇信县县长请军领导赴宴时，也给我发了请帖，使我感到格外荣幸。

传统的春节刚过，姜政委匆匆地从外地返回，召开党员紧急大会。我们这位姜政委，可称得上说话干脆的典范，他讲话时从没有开场白，更没有废话。他直截了当地传达了党中央、毛主席组织援西军的命令，并简要地叙述张国焘公然与党中央分庭抗礼，在西渡黄河之后，遭到胡宗南和马家军的前后堵截，损失惨重，处境异常危急，要火速前去救援等情况。我听到后，为我自己要求到三十二军来，才得以避免张国焘错误行动的危害而感到后怕和万幸。散会后，部队连夜出发，进抵甘西镇源以西的石家沟口待命，一直待命到百草萌动的季节来临。总卫生部及时地派戴正华巡视员送来预防疫苗，军卫生部和休养所的医生统统集中起来，分到各团去指导部队进行预防工作。我被分到二八六团。在给团领导打预防注射时，为了表示重视，由我亲自操针。由于缺乏经验，加上年轻气盛，没有仔细检查，把剂量看错了，结果出了一个不小的事故，幸喜及时察觉，处置得当，才转危为安。我从这件事上吸取的教训是终生难忘的啊！

同年7月7日，抗日战争爆发了，三十二军奉命撤销了军的番号，编入一二〇师。这是开赴抗日前线前的一次大整编，非战斗人员大大缩减。这时，我脑子里不停地翻腾着我做医生以来的这段经历。我掌握的医学知识和医疗技术，同保障部队健康所要求的差距太大。我既然下了决心做一名军医，就应该对自己高标准、严要求，做一名称职的医生，趁我年轻，我还想继续深造，这时，卫生学校已在党中央驻地改称中国医科大学，正在招收新学员。我把我的想法和愿望向三十二军卫生部领导提了出来。组织上同意了我的请求，我又重新回到了母校，被编入11 期,开始了与过去不同的,比较正规的学习生活。这一年我刚 18 岁。

1984 年 11 月 12 日

选自菡子主编:《女兵列传》第2集，上海文艺出版社1986年11月第1版，第81—105页。

何曼秋，女，1919 年生，四川江油人。1935 年参加中国工农红军，同年加入中国共产主义青年团，1937 年转入中国共产党。红军长征时任红四方面军第三十一军政治部宣传队宣传员，红军总卫生部卫生学校学员、总卫生部医务所医生，红二方面军第三十二军卫生部医生。新中国成立后，曾任中南军区卫生部训练处长，总后勤部卫生部妇幼卫生保健处处长，军事医学科学院情报资料处处长、情报研究所副所长、科技部部长、院党委委员、院顾问等职。2014 年在北京逝世。

红军卫校在长征中

何曼秋

1935 年 8 月初，西康马尔康地区即将成熟的青稞、豌豆已经一片金黄。这里是藏族聚居区，我们一、四方面军到达此地，没有通司（翻译），部队从吃大米到吃青稞炒面，加上水土不服，许多人产生腹胀等症状，工作、行动都不方便，有的只得卧床休息。我们护士学校的学员的任务重，除了护理伤病员外，晚上要协助炊事班搓青稞、碾豌豆，还得抽空背诵功课。真是忙得什么也顾不得想，只有一个盼望，能早日离开这个地方。一个晴朗的早晨，我们早操刚罢，队列尚未解散，绰号叫“闵娃儿”的一连连长（男生）和女三连连长谢朝明，老远地、大声地喊着身挂红色值日背带的余明秀排长：“不要解散，有要紧话对你们讲。”我们相互交换了一下眼色，猜测着一定是要出发了，顺水而下，朝南去，或许又要打牙祭了？每个人都怀着喜悦的心情等待着她（他）的好消息。谢连长直奔我们队前，满面堆着笑容，拉开她那“男子汉”般的嗓门：“告诉你们一个最好的消息，中央红军卫生学校第六期要来我们护士学校招生，谁都可以报考，从今天起就开始报名，后天要去总卫生部考试。”队列里顿时雀跃起来，而我感到格外高兴。自己在家虽读了几天书，由于张国焘的愚民政策，还不敢暴露，总是压抑着，装作一字不识。护校毕竟是半工半读，内容粗浅。于是，我鼓动身旁的罗经武同志，在队列里就举起双手报告：“我们愿意。”

风雨无阻，按原定时间，由红色医官彭永华、女四连连长任文香带领我们男女同学数十人来到松岗总卫生部卫生学校。贺诚部长、苏井观、孙仪之、周越华（女）等领导同志热情地接待了我们。第二天一早，我们就被领入空荡荡的很大的喇嘛庙内，里面只架设着几张马杈式的桌子，作为主考、被考者暂时的座位，考场非常简陋。它也是我们后来的教室。监考人苏井观、周越华；专业主考有孙仪之、谭锦荣、许德；政治主考有钟周，考场服务是红军卫生学校六期未毕业的老生王正芳、徐根竹、张金等。考的题目很简单，政治、专业共四门：一是政治，你为什么要当红军，共产党领导的红军任务是什么？等等；二是文化，让每个考生将事先写在黑板上的短文诵读并解释内容，签下自己的名字；三是说出你知道的人体骨头数和内脏名称，并讲讲痢疾、疟疾的主要症状，你知道的内外科药物名字；四是算术，加减乘除。考试的方法是面试、口述。虽是这样简易的试题，也仅被录取了 20 多人。女生只有路正之（现名路芝兰）、黄玉书和我三人，男生有廖由洁、何家柱、王家仁（王仪之）、陈金榜、肖邦宁、陈浩平、洪显奎（现名洪影），与原有学生共计 50 来人（当我们毕业时只剩 40 人）。

8 月 20 日左右举行开学典礼。贺诚部长在会上讲了话，叙述了卫校办学宗旨，对教学人员的要求；宣布了学校校长为陈志方、教务主任为孙仪之、政治处主任为周越华。接着教务主任将教员姓名及所担任课程向学员作了较详细的介绍：

外语（德语）由陈志方校长兼，内科、药物由孙教务主任兼，生理解剖、外科由谭锦荣教员担任，病理、微生物教务员是许德，政治教员钟周兼算术及文化课。开学后，一切因陋就简。虽说中央红军卫生学校第六期是在江西招生的，但未毕业就开始长征。途中因整编化整为零把学员分到部队帮助工作，到了松岗才又重新集中起来。于是全校师生与其他工作人员忙于一边上课，一边筹建。有一件事让我终身难忘：孙教务主任和谭教员为寻找一副完整的人体骨架，带领我们踏遍了松岗附近大大小小的山坡和沟渠，终于找到一具露野不久无人认领的男尸。两位教员如获至宝似的高兴。他们与同学们一齐动手扯茅草找树棒把那具尸体捆绑起来抬回学校。当晚谭教员以熟练的手法剖解了尸体，并嘱咐值日班长和我们三班班长张金：“今晚一定要用草灰水煮泡起来。”恰巧派了黄玉书、陈金榜和我。黄玉书生就不是干这行的人，她死活不接受，为了让她锻炼，经动员勉强跟我们点上火，水刚开就听到锅里咕咚咚地响，她大叫一声：“看！头起来啦！”撒腿跑出门外，许久精神不振。后来，在她坚决要求下退了学。功课开了许多门，没有纸笔、讲义，全凭教员口授，让学生死背硬记。尤其是外语、算术，手不比划是记不牢靠的，年龄偏大，记忆力较差的更加困难。教员为同学们想了许多弥补办法，如加强辅导、组织互助组；没有纸、笔，教务主任提倡“大地是纸，取之不尽；树枝当笔，用之不完。”同学们很快就在实践中，创造出学习方法，用粗松枝烧焦作笔，写在手上。从此，用它把难记词汇、名称写在手掌、手背、胳膊上，以便随时随地可以诵记，大大提高了同学们的学习效果。教员为此亦感到欣慰。

松岗是山地，在两河之间的丘陵上，有三四十户人家。一方面军九军团驻扎在这里，不时对我们学校给予支援。学校在全校人员共同努力下，逐渐转入正常，同学们有这样较稳定的环境学习，已经很满意了。一个晴朗的傍晚，聪明而风趣的“消息灵通人士”——廖由洁同学，正在给我们讲一出别开生面的故事：“罗军长惩处叛逆者大青猴。”他绘声绘色地讲，我们认真地痴呆呆地听。突然，政治教员钟周匆匆来到我们之中，要值日班长吹哨集合，说：“周主任要传达要紧事。”学生早已过惯了紧张多变的生活，所以，对突如其来的任何事情都能安之若素。周越华主任忧郁而淡漠地说：“张国焘主席命令南下，从今晚起，开始作行动准备，可能很快要出发。”同学们听她讲这么简短的话，是很少见的。解散后，我们的老大哥（称呼一方面军的同学）悄悄议论：“青稞稀粥也不让我们安心地多喝几天，脚板的水泡也应让它消消嘛！”他们还谈及毛主席北上了，我们为什么要南下？当时学生中的工作网组织（保卫委员）成员林权政提醒说："注意些，最好不要谈它。"他也无可奈何地摇摇头走开了。四方面军的同学对时局发展盲无所知，加之水平低，在老大哥面前不敢逞能，只晓得埋头背书。尔后才知道张国焘的南下举动，是违背中央和毛主席的，想与中央分庭抗礼。第二天，总卫生部宣传科就派人来校教我们唱《南下行》，歌词我尚记得几句"红军呀，南下行呀！我们要打成都城啦，积极进攻敌人。红军呀，要赤化啦！全四川啦！大米白面吃不赢。"命令学员出发前一定要学会，以此作为战斗员们的精神诱饵，"激励"人们南下。

西康的10月底，已是寒风瑟瑟。我们惜别了小小的松岗镇，夜宿晓行，经过金川、丹巴直抵夹金山脚下的达维城，休息两天就筹集过山物品。校领导传达贺诚、徐立清（总卫生部政治部主任）的指示：为保证总卫生部全体人员安全跨过夹金山，各单位自行补足干粮、药品以及必备物资。校里派林权政、何家柱和我到达维城周围群众中调查了解翻山的注意事项，群众说："要翻山，吃胀肚子，心热，口辣，脚板尖。"一方面军来时曾越过此山，由于缺乏准备，吃了一些苦。接受上次的经验教训，同学们分头去买生姜、辣椒、脚码①。这一带是汉族居住区，老乡对红军很热情，从筹备物品到越山向导都给了很大的支援。

天刚蒙蒙亮，我们像腾蛇般地离开达维城，很快踏进了夹金山下漫山遍野的绿海之中。

夹金山山顶白雪皑皑，终年不化，山势陡险，道路崎岖，一到大雪封山，更是迈步艰难得很。我们到达雪线，再往上走，只能踏着前边人的足迹，一步一步挪动，稍不小心，掉入雪阱，就有生命危险。正午时分，爬到离顶巅只有200多米时，好胜的廖由洁和另一个同学一使劲爬了上去，由于跑得过猛，山上空气稀薄，还没来得及展眼四望，便倒在

① 脚码，套在鞋上防滑的东西，多用草绳、麻绳等做成——编者注。

地上。看到这一情景，林权政、彭永华同学和前边的啦啦队队员，立即从队列里冲出急忙将他俩抱起，进行救治。夹金山南坡既陡且直，已被前边人马踩出一条宛若碧色玉带般的滑道，我们连走带滑，傍晚时分到了山脚下的宝兴城。城中百姓的财物早被国民党军队抢劫一空，炊事班长何桂芝（女）照例来收走我们应交的一两炒面煮粥。同学们对她们的辛劳早已看在眼里，牢记心上，于是，经常主动去帮助采野菜，打柴禾。她们很快做好晚饭，大家吃罢，都想早点休息，以恢复一天的疲劳。可周越华主任也不放弃她每天的早点名、晚训话的工作惯例。刚讲评完同学们的一天的言行时，廖由洁就高高地举起手，并深沉地说："我向校领导和全体同学作队前检讨、认错，保证以后不再犯。"第二天准时出发。经过一天半的急行军，顺山沟而下，抵达天全、芦山之间的铜头场。这里虽然举首全是满目的大小山峦，但是一片茵绿。我们仍驻扎在一个破庙里，因为我们一路上不是住破喇嘛庙就是住在藏民用牛屎糊的棚子里，有的同学幽默地说："到了成都附近都没住上真正的房子，说明我们命里注定要当一辈子'和尚'。"

冬爷爷并不怜悯我们这些艰苦的战士，凛冽的寒风紧紧地侵袭着我们。在学习和生活上，除了每人能得到两支铅笔，一个用黄表纸订成的本子，还有三餐糙米饭外加南瓜汤。居住条件比松岗还差，没有干燥的二层楼而是睡在铺着稻草的潮湿的土地上。白天不时听到敌机的轰鸣声和沉闷的大炮声。虽然如此，因陋就简地又正式开学了。教员们认真地授课，学员们专心地学习。同学们三三两两的又开始议论着"北上和南下"问题，"我们在此已快两个多月了，连一顿干饭、饱饭都没吃上，吃不赢的大米白面到哪儿去了，谁吃了呢？"路正元夜间偷偷地叫醒我，"你看！说不定要背时。"有天晚上，同学们披上用被单、毯子临时做成的"披风"、"筒裙"，围着篝火进行政治课讨论。青年气息较浓的谭教员来了，并与我们席地而坐，参与讨论。他几乎已做到和我们三同，言谈随便，于是同学们不在意地说："怎么成都老打不开？"谭无顾忌地插话："成都是刘湘的地盘，没那么容易就打开。"说者无意，听者有心，不几天谭教员就在教室里消失了。事隔很久才知道，他说话无意中反对了张国焘要打开成都的旨意。同学们很敏感，由于谭教员的失踪，南下北上的话题立时无人再敢吭声了，但谭教员的为人处事，在同学们心中长时间难以忘怀。

1936 年的年关，天气阴霾，令人不爽。这时，我在四方面军护校时的班长、好友贾能清，手提着玉米花糖团来看望我和正元，真是数月不见如隔三秋，我们高兴得跳得老高地奔向前去迎接她，她说："我有几张中央票子，请你们去铜头场吃碗儿糕和油杓。"她还请了廖明亮、詹世必、廖由洁。镇里有钱的早已逃之夭夭，我们只买了点米粑，四足蒸馍，正元赞美地说："比吃龙肉还香。"这一天能清还手把手地教会我编织草鞋的要领和为我缝补衣物，如此这般的阶级姊妹情感使我终身难忘。假日刹那间过去，迎来的不是在新的一年里如何建设好学校，改善学生生活，提高教学质量，而是走！在战火年代，"走"字对我们并不反感，同学们近两月来频繁地接触伤员，意味着成都攻不下，只有北上再进藏区。果然不出意料，命令重翻大雪山。这对体弱、残疾人来说确是艰难的。好开玩笑的同学风趣地说："教务主任的马尾巴应梳成三个辫子，"意思是徐、王、路三人各拉一条，王正芳、徐根竹正色道："从此，我们绝不再扯马尾巴。"他们真是男子汉，途中不仅不再骑马，还要为人携物背枪。我们沿原路十天左右到达雄伟、壮丽，可与夹金山媲美的党岭山脚下。当晚，我们就在一条清澈透底、潺潺涓流的小溪旁的大松树下宿营，真是鸟语花香别有天地。但我们无暇去欣赏大自然的美景，因与往常一样，要背记、温习一天的课程。周主任照例地来到学员队里。我衣服单薄，有些瑟瑟缩缩的，心想，学校的学习、生活更艰难了，前几天李朝选同学和何家柱同学回到战斗部队去了，还不如暂时统统分出去工作。于是我就脱口而出："驮在马上的学校何时了。"周主任突然一愣，叫着我的名字："你这个伢，怎么讲起怪话？你是否很冷呀？”她转身就走了。也许她生气而走了，我忐忑不安地责备自己不知深浅。不一会儿，周主任拿着一团白晃晃的东西，过来往我怀里一掷：“赶快穿上，快！”细看是一件白府绸的小棉袄，前些天教务主任也曾从身上脱下那件灰棉服要我穿，甚至发出命令：“你一定要穿上！”我执意不肯接受。今天还是不能要，寻思：“你的年龄比我大，难道青春的火力比我旺？”周主任猜透了我的心思，赶忙解释：“我穿着厚棉衣还感到冷呢！”这件棉袄，我一直穿到1938年，至今我仍记忆犹新。次日，天刚麻麻亮，便整队出发。到了雪线以上，阳光与白雪相映发出强烈的光芒，像绣花针似的刺向我们的眼睛，加之大雪封山，道路难找，所以下山赶到宿营地道孚时已经很晚，大家都感到眼睛不舒服。第二天，同学们的眼睑肿得似6月的鲜桃，得了雪盲症。说也奇怪，炊事班的女同志都没有得雪盲症病。事后，同学瞎分析：“是由于她们长期受光照刺激惯了。”

早春二月，总卫生部和卫生学校在总司令部驻地炉霍附近的一个不小的村落住下。这全属藏族聚居区，衣食住行与汉族浑然两样，地理天时、人情更不如前，但我们有句格言“长住怎么都好说”。

时间是赢得一切的保证。半年多的流动式学习生活结束了，经过全校师生加倍努力，到炉霍不几天我们的学校就再次开了学。这次较在松岗的开学典礼还隆重，贺诚部长、徐立清主任、刘兴之和徐世凯科长都到了会。贺诚部长讲话，对学生提出了严格要求。接着周主任代表学校重新宣布了组织体制，如增设了管行政的校务部（主任姓王）；加强了教师力量，如调了医院的医务科长江前进（现名江一真）授外科、解剖二门课；黄教员授内科、药物二门课；周泽藻授病理、生理二门课；许德讲授细菌及微生物；孙教务主任讲授拉丁文；张新民（部队卫生长）讲授部队卫生。教员的加强，课程的调整，真正体现出了学校气氛。同学们高兴得手舞足蹈相互祝贺，然而感到诧异的是，陈志方校长为何没有到场？以后方知我们学校途行道孚时，他由于反了张国焘而被扣押。

从此，学校没有专任校长。

在炉霍不算长的七个月，是值得铭记的日月。这段时期学生的生活是非常有意义的，紧张而有秩序的生活，使我们获得了较多的知识。教务主任为解决我们学习教具奇缺，学员长篇背诵之苦，他煞费苦心，千方百计去找纸、寻墨，带人走遍炉霍附近的寺庙，求得喇嘛庙的红色旧经文纸，以松烟灰和酥油代替油墨，印成讲义，尽量让同学们作笔记，免除口试，以铅笔（原发了不准用）代替树杆，以纸张（经文纸）代替了大地。教员不仅是教授同学的老师，还是同学的学友。这样，大大激发了学生的积极性和潜在力。学生学习很紧张，为使基本生活能得以保障，校务主任与邱司务长（女）日夜奔波于炉霍、朱倭之间。在伙食上采用了定量分食制，每天是三餐野菜加青稞粉煮成的稀得可照见鼻子的粥。周末打一次牙祭，牙祭也很单调，每人分发半碗炒面，拇指大的一块酥油，加上野菜汤一勺。周周如此，月月如斯。同学们在饮食上发挥互助友爱精神，个头大、好动的同学三碗、两碗半的稀粥是吃不饱的，女生、体弱者常常给予支援，相互勉励共渡难关。

学校的体育也活跃起来，主要是开展田径运动。在七个月的稳定的学习期间，三大学校（红军大学、党校、卫校）隆重举行“五一”运动会，我和王正芳为卫校还曾争得了荣誉。文娱方面比红大、党校逊色，由于我们要赶进度，课程多，不便与他们争短竞长。

时光流逝，一瞬间接近毕业，同学们刚刚度过了一年的学生生活，深深体会到真知得来不易，教师的艰辛，校务人员的重要，忙活，起了保证作用。转眼间，就要与他们话别了，不免产生了恋校之情，想要求延长学制。我们借搓羊毛备寒衣的机会，求政治战士廖由洁去试问贺诚部长，得到的答复是“部队任务不允许”。同学们只得充分发挥青春的活力：坚韧顽强地，分秒必争地将老师传授的知识加以消化、吸收，争取毕业考试取得良好的成绩，来答谢全校工作人员对我们的辛勤耕耘。8 月中旬，第六期 40 多名同学没有辜负校领导和教职人员的期望，完满地结束了全部学业，毕业了。绝大多数男同学回到战斗部队，我们两个女生和有严重的残疾的徐根竹被分配到总卫生部医务所工作。

选自曾志主编:《长征女战士》第二卷，北方妇女儿童出版社1987年8月第1版，第92—101页。

路，在脚下延伸[①]

路子南

一

新年刚过，天气日渐暖和起来；岭上、川里，依稀透出一片新绿。

这天早晨，树上的喜鹊和房檐下的家雀，叽叽喳喳地叫个不停，像是有什么喜事。我连忙穿衣起床：心里忐忑不安：糟，起晚了！起床晚了是要挨老太太骂的。

老太太80来岁，眼睛虽然看不见，耳朵也背，但能活动，生活又好，所以长得蛮富态。我家住在路家岭，离这儿30多里路。自从我12岁那年父亲病故后，母亲拉扯我们姐弟三人，艰难地打发日子。我家的叔伯婶子看我长成了大姑娘，又能干，便和我娘商量，让我到她娘家去照顾她的老娘。她说："让南子去吧，我家不会亏待她的！"就这样我离开了母亲，撇下了弟弟，来到了婶子的娘家——小镇。整天掰着指头数呀，算呀，好容易才熬过了两年。这是一家富户。老太太脾气很大，我一点照顾不周全，就要挨骂……然而今天，老太太却没有骂我。连我都感到诧异。我给她梳洗完毕，把她扶到堂房的椅子上坐下，就听见街上人声嘈杂，像有什么大事。我轻轻地走过去，倚在门边朝外一看：哟，来了

① 编者对原文略有删改。

许多许多带枪的人！

“我们是工农红军！”“红军是为穷人翻身解放的！”队伍在街上宣传。啊，红军！这些日子，人们的话题总离不开红军。有的说红军长着红头发，青面獠牙;有的说红军专杀坏蛋，打富济贫。听说红军要来，小镇上一些有钱的人，一些不明真相的穷苦人都跑了。可是我见这些红军，一个个都是普普通通的人呀！他们头戴八角帽，身穿灰布衣服，打着绑腿，脚穿草鞋，英武，精神，和蔼。

小镇从此沸腾起来了！红军经常召集人们开会，给大家讲革命道理，讲穷人为什么穷，富人为什么富；讲红军的政策，打倒土豪劣绅，把土地分给穷人……那些逃跑外出并不富裕的人，打听到红军的政策，看到红军不动私人财产，便纷纷回来了。

最活跃的是小镇上的年轻人。长工们不干活了，去听红军讲革命道理；放牛娃扔下鞭杆，去听红军叔叔讲革命故事；姑娘们见队伍里也有“女红军”，感到特别新奇，经常找她们拉家常，倒苦水。

我和红军接触的多，东家很不满意。老太太一面劝我莫到外面疯跑，一面急着给我找婆家。我看这个家实在不能继续待下去，便和镇上的几个年轻人一合计，在女红军的指导下，组成了一个宣传队。宣传队的任务就是配合红军宣传革命道理，多接触和发动老百姓。一天，宣传队在镇子的坪上搭个台子，召集附近几个村的人来开大会。首先是红军干部讲话。他讲了许多革命道理，把人们心中的火焰扇得旺旺的。他讲话之后，说欢迎我讲话。这时我的心哟，怦怦地快跳出来了，脸上火烧火燎的。讲什么呢？我站在台上想了想，就把这些日子我在红军那儿学到的那些道理，来了个“竹筒倒豆”……

开完会后，接着是报名参加红军。于是，我第一个报了名，正式参加了红军！这，便是我一生中的一个重要的转折点。

二

参加红军后，新兵们离开本村本镇，到茅玉镇集合。茅玉镇已经建立了苏维埃政权，革命形势十分蓬勃。那儿有一片瓦蓝蓝的天，有一块明朗朗的地。等新兵们集合后我才知道，这次参加红军的姑娘真不少，足有一个排！

负责女兵工作的红军干部，帮大家分好班，接着是让大家选班长。姑娘们见我年岁大些，又参加过宣传队，便一致推选我当班长。我们班一共八人，年岁小的十四五岁，最大的 19 岁。这些穷人家的姑娘，不怕吃苦不怕累，叫干什么就干什么。帮厨呀，扫院子呀，贴标语呀，有时也帮助老百姓下地干活。最愉快的是到河里洗绷带。那时物资奇缺，绷带总是反复用,直到实在不能再用时才扔掉。我们将绷带洗净,晾干，再用蒸笼蒸。蒸好了的绷带才能给伤员用。我们在河滩上一边洗绷带，一边唱歌，有时还互相撩水玩。每次洗绷带，总是一河歌声一河笑。

我们学唱的第一首歌是《三大纪律八项注意》。刚开始有的姑娘不好意思，声音小小的，像蚊子哼，后来看到大家都放开嗓子唱，也大胆唱出声来了。接着是教员给大家讲解歌词内容。她讲为什么要一切行动听指挥,为什么一切缴获要归公,为什么说话要和气,买卖公平……通过学唱这首歌，大家懂得了许多道理，好像一下子成为一个真正的红军了。

最有趣的是操练。姑娘们从没有摸过枪，也没和许多人一块儿走过路。刚开始练习走齐步竟是那么难。不是快了就是慢了，不是步子大了就是小了。后面的踩了前面的脚后跟，前面的人惊叫“娘吔！”踢踢踏踏地一边跑一边提鞋。有的人走不好，急得傻笑，有的急得傻哭。教员只好连哄带吆喝地给大家讲要领。

不久，部队在洪口镇打了一仗，俘虏了许多敌人。我们的伤员和部队俘虏伤员陆续转到了茅玉镇。这时我才知道，茅玉镇是红四方面军总医院所在地，难怪这儿有那么多的伤员！

那天下了操，吃过早饭，排长让我带着班上的人去护理伤员。伤员安置在老百姓家里。我把班上的人分到各户，让每人看护一个伤员。我走进一户人家，见伤员头上、身上全都缠着绷带，躺在门板上奄奄一息。我不觉一愣，头皮发紧，心咚咚地跳。我壮着胆，上前问他喝不喝水，他不吭声。我给他打了饭菜，便一小口一小口地喂着他吃。吃了饭，又喂了几口水。

一会儿医生来了。他小心地把伤员头上的绷带解开，洗伤口，换药，很顺利。可身上的绷带全粘着了，硬邦邦的，怎么也解不开。医生便用剪子把绷带剪开。当他把绷带拿下来时，我差点被吓得昏过去：伤口腐烂了，一团团的蛆翻搅着，滚落到地上；伤口散发出一股恶臭。我感到一阵恶心，浑身起了层鸡皮疙瘩。一连几天，每次端碗吃饭的时候，我就想起了给那位伤员换药的情景。

后来听同志们说，那位伤员在洪口镇战斗中很英勇，他凭着一支套筒，一把大刀，两颗手榴弹，只身闯入敌人阵地，打得敌人乱了阵脚；这时后续部队才攻了上来。他的头上、身上被炸伤，腿上中了两颗子弹……

打那以后，我再接触伤员时，就不害怕了。我特别精心护理这位伤员，给他喂水喂饭，端屎端尿，全不在乎了。几个月以后，这位同志伤愈归队时，紧紧地握着我的手，说了许多感激的话。这时我才感到我的工作是这样有意义，虽然苦，累，却无上光荣。

三

一天，我们护理伤员回来，正在打扫院子；指导员领来一名女战士，站在我的面前说："路子南，这是新来的傅明云，补充到你们班。"

我打量眼前的这位姑娘：年龄大约十六七岁，一张秀气的脸，身子很单薄。当指导员介绍她时，她的脸一红，现出两个浅浅的酒窝。大约是刚剪掉辫子，八角帽下飞起一溜儿头发。她穿的衣服比我们的好。我们出来时带的那几件粗布衣服都快穿破了，上面给我们每人发了件上衣，肥肥大大的，要不是腰间束根皮带，怕是下摆要捂住膝盖。傅明云虽然外面套了件粗布衣裳，但从领口处看得出来：里面是一件青色金丝绒坎肩。脚上是双平跟绣花布鞋。腰间没有皮带。要不是那顶八角帽，一看就知道是一位大家闺秀。

大家闺秀，自愿出来当红军，找苦吃？对于她分到我们班，我并不那么高兴。指导员看出了我的心思，冲我笑笑，说："把小傅补充到你们班，说不定便宜了你们！"

果然，小傅聪明能干，不管交给她什么任务，她答应得都很痛快，从没有犯难的时候。她的接受能力强，许多事情你教一遍她就会了。护理伤员是个苦活、细活、脏活。如给伤员洗脸洗脚擦身子，每次她都是一身汗,然而脸上总是笑盈盈的。伤员都愿意让她护理。她的性格开朗，在她的影响下，我们班有个性格较孤僻的女孩子，也逐渐变得活跃起来。逢上谁有想不开的事，我给做些工作，末了，总要说：要不，你去问傅明云，傅明云成了我的好助手；我已经非常喜欢她了。

她是我们班唯一识字的。本来，我的父亲是个教书先生，由于他去世早，他曾教我读的《三字经》、《女儿经》，如今早已忘得干净了。傅明云到班里后，非常热心地教大伙识字。她把字写在纸条上，每人发一张。人们照着纸条上的字，没事时念呀，在地上写呀，大伙很认真。不管环境多么恶劣，生活多么艰苦，大家学文化的劲头不减。起初每天学四五个字，以后增加到六七个字。随着学习文化的深入，大家更深刻地懂得了许多革命道理。不久，大家能认识墙上写的那些标语；又过了些日子，有的人能读苏维埃的土地法了。

其他班的人都羡慕我们，都想跟傅明云学识字，小傅也同样热心地教她们……

一天早晨起来，我发现傅明云不见了。全班的人，甚至全排的人都在找她。村前村后找遍了，也没见她的人影。大家议论着，猜测着，后来似乎醒悟过来：呵，准是上级派她执行任务去了。不过我很纳闷，心里有个疙瘩解不开……

不知过了多长时间，排长悄悄地告诉我：傅明云死了！我心里一怔，忙问："她是朗咯死的？"① 排长说，那天夜里，保卫局来人把她拉出去枪毙了，说她是地主出身，是"改组派"。

"改组派"究竟是什么玩意儿？我不知道。但我知道傅明云是个好姑娘，好战士。她那年轻的生命，本该在革命队伍里散发出青春的光和热，然而却这样无辜地死在了自己人的枪口下。每每想到傅明云的死，我的心头不寒而栗。看得出来，当时的部队里笼罩着一层神秘的恐怖气氛。

四

在频繁的战斗中，在伤员不断增加的情况下，红军十分重视人才的培养。

一天下午，指导员找到我，说："路子南，告诉你一件大喜事，领导派你去总部卫生学校学习。"我不敢相信自己的耳朵，愣愣地望着指导员。他笑了笑说，"去吧，到那儿要好好学习。卫校的校长是贺诚同志，那可是个老革命哟。你明天上午报到，今天就准备一下吧。"

有什么可准备的？我仍然和同志们一起去护理伤员。听说我要去

① 朗咯，原文如此，应为口语，即"怎么"——编者注。

学习，班里的姐妹们又羡慕，又难舍难分。第二天早晨，当我上路的时候，她们拉着我的手，说了许多美好的祝愿，有的还掉了泪，送了很远才回去。

想起姐妹们对我的嘱咐，我决心刻苦学习，不辜负她们的期望。我背起背包，正了正八角帽，坚定地向前走去。

我报到时，卫校在一个不太大的村子里。不等安顿下来，部队又转移了。听说蒋介石对中央红军实行了大“围剿”，湘军也不停地在后面追我们，形势非常紧张。卫校只好跟着部队走，在哪儿住下就在哪儿上课；上了课再走。如果部队小憩，我们便三五人一组，坐下来温习老师讲的课。如果遇到村里有小学，我们就坐在课堂里上课。这算是最高级的了。可大多数时间都找不到学校，只好借老百姓的门板，用砖头搁起来当课桌。有时干脆坐在地上，把背包搁在膝盖上看书、写字。

我们不仅学习医学卫生知识，还学习政治。那时周越华同志为政治主任。贺诚、周越华都给我们讲过课。

一天，部队在一个小村住下。我们找不到学校，就去向老百姓借门板，找木头。我搬着一块木板，吃力地往前拖着，走着。这时觉得有人把木板给我抬了起来。俩人抬一块木板，自然省力得多。我们来到上课的地方，放下木板一看：原来，帮我抬木板的竟是何曼秋同学。

何曼秋比我小两岁。人长得蛮精神，又聪明又能干。从此我俩成了好朋友。白天我俩一起行军，一起温习功课；晚上一起铺床睡觉，互相照顾，从没有闹过意见。班上的人都说：她俩真像一对亲姐妹。

那时环境恶劣，生活不稳定，吃不好睡不好；还要一边行军一边学习。因此同学们闹病的不少。大家发扬互助友爱精神，没病的帮助有病的，轻病人照顾重病人，班里有副担架，谁病重谁睡担架，全班同学轮流抬。

一天，何曼秋发起高烧来，烧得脸通红，身上热得烫手；又过了一会，竟怕冷得要命，浑身瑟瑟发抖，穿多少衣服都不暖和。大家知道，这是得了疟疾；当地人叫“脾寒”。但部队没有药，只好硬扛着。大伙让何曼秋睡担架，可她说什么也不肯坐上去。她拽着我的手，一个劲儿往前奔。我只好夺过她的背包，搀着她走。

像这样三天两头发作，她又不好好吃饭，身体明显地消瘦了，精神也不如从前。我感到很心疼。我想起在老家时，村里人谁得了脾寒，就说谁被“脾寒鬼”附着了。家里人便用一根麻秆，将病人的名字写在麻秆上，再用根稻草绳把麻秆捆在树上。这表示，让：“脾寒鬼”只能附着写了名字的麻秆，而不能附着病人本身。

于是，我按照当地的迷信风俗，真的这样做了。当我们走出很远，回头看那根被捆在树上的麻秆时，我俩都咯咯地笑了……

五

部队经过艰苦的征战，暂时甩掉了敌人的“追剿”；下一步将面临着最艰巨的任务：爬雪山，过草地。

这时部队停下来休整，请当地人介绍雪山、草地的情况，一边进行政治动员，一边做物资准备。首先是准备鞋。每人要打六七双草鞋；也有人用牛皮缝制鞋。红军难得有双布鞋，一年四季只好穿草鞋。干粮的准备怕是最重要的了。把麦子、青稞炒熟后磨成面，每人装一干粮袋。此外，每人发一捆毛绒（即羊毛、牦牛毛掺和在一起的），自己捻线，自己织毛衣。同时各班还把棉花捻成绳，用油浸泡，以便在路上点火把。

那天，我们刚吃过晚饭，就接到上级命令；北上！从此，部队经历了长征中最艰苦的一段历程，前后都是大部队，总医院和卫生学校走在中间。我们从卫校毕业后，何曼秋和我都被分到卫校下属的卫生所，她当医助，我当司药。我俩互相照应着，随着部队上了路。

经过一些日子的休整，大家的精神和情绪都很好。但是越往前走山越大，越走山越高。再往前走，便是雪飞龙搅，一片银白。呵，这就是我们要过的大雪山——党岭山。

这时，人们渐渐觉得气不够用，渐渐觉得心慌脚软。人们大口地喘着气，懒得说一句话。似乎谁也走不动了，都想坐下来歇会儿。可是不能呵，首长没有下休息的命令，部队仍然在前进，谁停下就意味着死亡。人们艰难地一步一步往前走。走一步，喘一口气。走在我后面的一位女同志实在累极了，便不由自主地瘫坐在地上。当后面的同志拉她时，她却永远地留在了雪山上。

雪山上风大雪大，雪团打得人抬不起头来。风雪停后，却是金灿灿的阳光照着皑皑白雪，刺得人睁不开眼。人们的眼红肿着，流着泪水。当部队走下雪山时，人们的眼睛什么也看不见了。这叫雪盲，可是没法医治。直到两三天后，人们的视力才逐渐恢复过来。

下了雪山便过草地。草地比雪山更艰苦。

草地，实际上是一个硕大的长着草的烂泥坑，人呀马呀，随时都有陷进去的危险。偶尔遇到土包包，就算是一块干地了，你可以就地歇会儿，吃口干粮。不过干粮可不是随便吃的，限制得很严格，要不干粮吃完了，出不了草地，只有饿死！有个战士多吃了干粮，部队便开大会严厉批评他，所以人们再饿也不能多吃一口，只好揪些水葫芦、灰灰菜充饥。

草地上也有比较大的山。土匪躲在山上，常常袭击红军。一天晚上，我们靠近山边宿营。土匪们骑着马，从山上冲下来，袭击红军的后勤部队。战斗部队听到枪声后，飞快赶来，打退了敌人。这给了我们一个教训，以后宿营离大山要远些。

由于污水和烂泥的浸泡，我的腿肿得像只小木桶，脚也不能穿草鞋；腿上脚上流着黄水，疼痛难忍。我只好光着脚丫，咬着牙，在同志们的搀扶下往前走。领导见我这个样子，觉得很难走出草地。首长们商议着，想在附近找一户人家，让我暂时留下。我不同意，坚决要求随部队走。

何曼秋和同志们也替我说情:“让路子南走吧,我们一定帮她走出草地。”

这时，收容队上来了，首长让我骑收容队的毛驴。两天以后，我的腿消肿了许多，脚也不那么疼了。于是我请求离开收容队，赶上了我所在的卫生学校。

六

1936 年 10 月，红军三大主力会师会宁。我们红四方面军走了那么多弯路，吃了那么多苦，总算盼到了这一天。每个人的心里那样舒坦、欢畅。

刚到陕北，面对麦子、高粱、棒子、小米，从南方来的炊事员却不知道怎样加工做饭，以为还像南方的大米那样蒸饭、熬粥。后来请教当地群众，才知道这些粮食，除了小米之外，需要加工才好吃。

到陕北不久，领导上派我去延安医科大学学习。校长依然是贺诚。几天后他见了我说 :“路子南，从花名册上就看到了你。嘿，咱们成了老校友了！”说完，他和几位学校领导都哈哈笑起来。我也笑了，却不好意思地低下了头。

医大设在柳树店，离杨家岭和枣园不远，只隔一条延河。我们那时非常想见到毛主席。有时吃过晚饭，同学们在河边散步、聊天，温习功课,眺望远处的窑洞。我们想,毛主席这个时候会不会到河边来散步呢?晚上，看到远处的灯光，我们想，毛主席这个时候是在看文件，还是在开会?

一天早晨，我们出操回来，学校领导通知我们饭前赶快整理内务。那时纪律严，谁也没有多想多问。我们把内务搞得整齐、干净，村里村外都扫得光溜溜的。

上午，我们正在上课。就见一行人从窗前走过。这时谁说了声 :毛主席来了！大家都巴望出去看个究竟。好容易耐忍到下课，不等同学们涌出教室，领导就通知全校人员在操场开大会。顿时，大家欢欣雀跃，歌声和笑声飞遍校园，荡漾在人们的心头。

果然，毛主席和中央领导同志在贺诚的陪同下，走到主席台前，向大家鼓掌致意。接着，毛主席讲话。他讲了目前的抗战形势，并鼓励我们努力学习，要准备奔赴抗日前线，为民族的解放事业贡献青春年华。他那饶有风趣的话语，那有力的手势，不时激起同学们的阵阵欢笑……

光阴似流水，弹指一挥间，往事历历，尽在目前。通往共产主义的路是很远很长的，需要几代人的接力长征。昨日走过的路不要忘记，但每个人都应该清醒：怎样走好今天和明天的路？（张秋华、周玉春整理）

节选自曾志主编：《长征女战士》第二卷，北方妇女儿童出版社1987年8月第1版，第359—371页。

路子南，女，1914年生，四川通江人。1933年参加中国工农红军，红军长征时任红四方面军总部卫生所司药。新中国成立后，曾在天津仓库药材库任职。

长征文艺兵

王定国

我当上了文艺兵

1935年1月，我由刘华被服厂调到川陕省委领导的新剧团工作。当时有四个分团，我在第四分团。3月份，红四方面军要强渡嘉陵江，迎接一方面军，共同北上抗日。我们剧团由省委副书记余红远同志带队，投入红四方面军为强渡嘉陵江战役运送军械、粮食，动员和组织民工参战，做好鼓动宣传、扩大红军工作，并担负阵前喊话："中国人不打中国人"、"团结抗日！"唱"劝郎回头"、"当兵要当红军兵"等歌曲，大力进行政治宣传。那时红军在300里沿江线上，以苍溪城与阆中之间的塔子山下为主要突破口，以苍溪城上游50里的鸳溪口及下游40里的涧溪口为配合突破点，成一字形冲向对岸，使渡江一举成功。对此，我们文艺兵起了很大作用。过江以后，我军乘胜攻克了阆中、南部、梓潼、平武、彰明、剑阁、昭化、青川、北川等九座县城，又向西进军，经大小金川、丹巴等，在懋功与红一方面军胜利会师。此后，我们剧团随三十、三十一军行动，参加了举世闻名的二万五千里长征。

长征的特点是走路。激流不息般的进军中，指导员要求我们每天都要演奏、唱歌、朗诵。我们在道路两旁进行鼓动宣传，吹拉弹唱，场面经常是热火朝天，把充满疲劳以致血汗交流的指战员，逗得喜笑颜开。60年过去了，许多往事，历历在目。

旧瓶装新酒，进军兴奋剂

在长征路上，我们演奏的乐曲，全是当时的流传曲和民歌、民谣。而在演奏中又不受原曲的限制，利用旧瓶装进新酒，作我们进军中的一种兴奋剂。

音乐，特别是唱歌在长征路上起到很大的鼓动作用。我们没有固定的歌手，歌手就是全体指战员，歌词是用血写成的，在战斗中产生、成长，永远放射着万丈光芒！没有缠绵悱恻的儿女之情，也没有垂头丧气的悲伤情调，只有代表中国人民对敌人的无比仇恨，对解放的迫切要求和对革命的坚强意志。如《上前线去》:“炮火连天响，战号频吹，决战在今朝。我们少年先锋队，英勇地武装上前线。用我们的刺刀、枪炮、头颅和热血，嘿！用我们的刺刀、枪炮、头颅和热血，坚决与敌决死战！”这是多么壮烈的歌声！

美术，为红军指战员所喜爱。在第二次过夹金山时，因标语上没有配画，队伍中就有人喊:“为什么不在标语上画个红军登上了山顶呀！”这就提醒我们标语要为谁服务、怎样服务的问题，不能只是干巴巴的写几行字！此后，每到一宿营地，不管天多晚，大家进入了梦乡，我们还在写标语，作画，准备第二天在队伍出发前沿路张贴。标语上哪怕画两个喜笑颜开的红军头像，几朵怒放的山花，也给标语增加了观看的吸引力。可惜，美术作品没能留下来，只能留在我们的心里。

戏剧，在长征中的作用也是巨大的。《送郎当红军》的四场话剧，每到一地都少不了它，为“扩红”起了极大的作用。《北上抗日》、《打到南京去》、《活捉蒋介石》、《打倒帝国主义》、《保卫祖国》、《誓死不当亡国奴》等剧目，每打开一个城镇，都要组织演出，把文化生活与长征融为一体，成为二万五千里征程的一大精神支柱。

雪山草地，苦乐同心

我们红四方面军的同志，在过雪山草地中，虽然天上无飞机，地上无追兵，但自然界这一劲敌，也夺去了不少红军战士的生命。爬过夹金山、梦笔山、党岭山、红桥山等大雪山所经历的非凡天地，比起那日夜炮火连天的征途还要险恶得多，又丰富得多。而红军蔑视困难、所向无敌的精神，更显出英雄本色。在爬越第二座大雪山梦笔山时，我们编了一首山歌：

梦笔山，高又大，蓝天挟在腋窝下，在此站了万千年，谁敢前来碰碰它；

梦笔山，不可怕，红旗直往顶上插，龙公龙母真听话，好好睡在红军的脚下；

梦笔山，再见吧！恕不在此作久留，待到革命胜利后，再来陪你扯闲话。

大家一鼓作气，登上梦笔山，把一面红旗插在山顶上，留作纪念。下山时，大家坐在雪地上，向下一滑，好像如今高速公路上的小汽车，一落千百米。过了五座大雪山，正是党的生日（7 月 1 日）。那天，二方面军同我们在甘孜会师。第三天，根据贺老总、任弼时、甘泗淇主任研究决定，把红二方面军的“战斗剧社”与红四方面军的“工农剧社”合并为一个总剧团，总团长李伯钊，副总团长易维钧，原方面军的剧团分为两个分团。刚把建制搞好，严酷的现实是要马上过草地。

草地有敌人的骑兵。红军过去打仗多在山地，敌人的骑兵发挥不了作用。这回为了对付骑兵，领导作报告，上政治课，说明敌人的骑兵不可怕，我们还专门编了一首《打骑兵歌》教大家唱：

敌人的骑兵不可怕，沉着应战来打他。

目标又大又好打，排子枪快放齐射杀。

我们瞄准他，我们打垮他，我们消灭他。

无故红军是我们，打垮了敌人百万兵。

努力再学打骑兵，我们百战要百胜。

7月中旬的一个早上，大家进入了草地。茫无边际的草原，看不到人烟，看不到树木，甚至连飞鸟也难看到。正如我们编写的一首山歌中描绘的：“川、康、青边大草原，千里茫茫无人烟，风霜雨雪日夜下，沼泽泥泞漫天边，天上没有鸟儿飞，地上不见虫儿爬……”草地行军，有神秘莫测之感。我们组成若干小组到部队中去做鼓动宣传，边走边教战士们唱歌，说笑话讲故事，搞“飞行演出”，到了宿营地，一面找野菜，一面编山歌、小调等。在这段征程上，虽已开始吃牧民们丢在路边的羊皮、牛皮、皮带或皮草鞋底了，但身上还有点粮食，可以配合着吃，还显不出大困难。有这样一首山歌：“皮草鞋底六寸长，草地当中好干粮；开水煮来别有味，野火烧来分外香；两寸拿来熬野菜，两寸拿来煮清汤；一菜一汤好花样，留下两寸战友尝。”这种生活过了20多天，就到达阿坝，这是草原中间站。由于气候的变化莫测，雨、大风、雪雹、冰霜随时都可见到，因而对已经疲惫不堪的战士来说，是难于对付的，以致夺去了许多红军战士的生命。

在阿坝停留了两天，补充了一点粮食和防寒物，又继续前进。两个方面军并肩携手北上，经过两个月的艰苦奋斗，把皑皑雪山，无边草地，扔在了脑后，终于赢得了巨大的胜利！后来我曾写过一首《长征文艺兵》的五言古诗，录以作本文的结束语：

长征文艺兵，大家有才能，唱歌又军训，编导技更精。

三军会师后，各奔新征程。难忘易政委，革命意志坚。

主任李伯钊，能力确实高。奋力新长征，挥笔忆当年。

长征精神好，历史往下传，继承老传统，四化谱新篇。

选自《人民论坛》1996年第9期。

曲折的征程

赵明珍

1933年，四方面军就成立了新剧团。在艰苦的战争环境中，剧团随军转战，宣传党的纲领、方针和政策，进行极为简单的演出。1934年，我调到剧团为指导员的时候，剧社已有近百人的规模，成员大多为十二三岁的孩子。他们有的是放牛娃，有的为童养媳，出身贫苦，是一些把自己的命运托付给红军的少年。他们不会编歌，不会写戏。个别孩子在牛背上学会了唱山歌，吹笛子。但他们单纯、好学，视红军部队为自己的生命，稍经训练，即可当众宣传，登台演戏，成为部队中最受欢迎的一部分人。最初，我们没有自己的创作，演出的节目为社会上流行的《四季歌》等。在小学校里唱的儿童歌曲，跳的儿童舞蹈如《小朋友》、《葡萄仙子》等都是经常演出的节目。演出的场地，或者在行军的路上，或者在部队驻地的广场上，都是流动性的。剧团全部的家当，就是一只大鼓，两只小鼓，十多只笛子。在巴中曾缴获了一架风琴，一直由一个30多岁的老战士背着它，在长征路上翻过一架架大山，涉过一片片草地，跳舞的时候，由它伴奏；作了曲，由它试演。这位忠诚的背夫，在最饥饿难忍的时候，喝了自己的尿，闯过了生死大关，把风琴一直背上了西路军的征途。

稍过一个阶段，我们就有了自己的创作，所编节目现实性很强，和生活的距离很近，大都是红军的中心任务在舞台的反映。当时，扩大红军是十分重要的任务，我们就编了《送郎当红军》、《扩红谣》、《十劝夫》、《打柴调》等剧目。一时到处在唱："送我郎当红军啰哟咳……"曲调优美，歌词抒情，唱起来让人陶醉。唱着唱着，成千上万的青年就涌进了红军的队伍。那时的歌并不干巴、概念。编词的同志和人民群众共忧患，同欢乐，又借民谣的朴素和真挚，歌词是很动人的。《送郎当红军》还有这样几段词，就感到情真意切："……送郎送到大石岩，勇敢杀敌莫懈怠，小郎哥儿吔，夺取政权来。送郎送到大河坝，骑马挎枪打天下，小郎哥儿吔，建立新国家。"这不是写出来的，而是苏区妇女的理想和愿望的真实再现。这些歌不仅在扩军中发挥了它的作用，而且对部队广大战士也是激励和鼓舞。

1935年，剧团告别川陕根据地，随军西渡嘉陵江，踏上了长征的途程。行军路上，剧团一路唱歌，一路喊啦啦词，打金钱板，鼓励部队战胜困难，奋勇前进。队伍第一次翻夹金山的时候，我们在山上设了鼓动棚，站在风暴中，顶着大雪，向滚滚行进的队伍高喊："加油啊，不能停步啊，一停就要冻死啊！""下山就是宿营地啊，下山可不要烤火啊，烤火就要掉鼻子掉耳朵啊！"雪山上很冷，浑身冻得僵硬，有的同志下山后急忙烤火，有的就烤掉了手脚、耳鼻。那时我们年龄小，不知冷，不知累，我们的声音在风暴中搅动，经过行进的队伍，向远方传送，一直喊到队伍全部翻过夹金山，我们才最后下来。到了山下，我们又分散到各个连队去演出。跳舞、唱歌，演活报剧，以文艺的形式宣传长征途中怎样遵守纪律，怎样做少数民族的群众工作，怎样行军、休息。

翻过夹金山，一、四方面军举行了会师联欢大会，两支部队的剧团在会上演出了精彩的节目，一首庆祝两军会师的歌曲以高昂的曲调唱道："万岁，万岁，我们的会合……"充分传达了一、四方面军全体指战员的心声，我们听着都流下了热泪。谁知，正当左两路大军携手并肩走到草地中坝的时候，传来了张国焘掉头南下的命令，全军上下都摸不着头脑。据说在一个晚上，情况十分紧急，毛主席当机立断带着队伍北上了，张国焘曾派人去追。多年以后，我爱人王盛荣同志回忆说，当他发现毛主席已经带队伍走了，就连夜赶队，刚跨过了一座桥，炸药就燃爆了。当张国焘的骑兵赶来，桥已经炸断，毛主席带的队伍已经走远，于是避免了一场两军厮杀的悲剧。这是我军历史上惊心动魄的事件。不久，我们作为部队的一个成员，只好听从上级的命令，跟着张国焘掉头南行了。这便是第一次过草地。

在南下的路上，大家还唱过一首歌："红军南下行呀，去打成都城呀，积极进攻敌人呀，首先赤化四川省呀。"我们日夜兼程，向四川的天全、芦山进军。这年的 11 月，我们在天全杨家湾成立了红四方面军的"中央前进剧社"，社长由没有来得及北上的李伯钊同志担任，易维钧担任政委，下设三个分团，组织机构十分健全，力量也得到了壮大，并有了当时红军中的专门家的领导，剧社的业务水平有了很大提高。记得在行军紧张、战事繁忙的征程中，整编后的中央前进剧社，还在芦山进行了短期的业务整训。李伯钊同志向我们传授了从中央苏区带来的节目，教我们如何扮演角色，如何发声唱歌，如何踢腿弯腰。使我们这些土生土长的穷人家的子女大开了眼界，增长了见识。经过训练，我们懂得了化妆，不但会化年轻人的妆，老人、孩子、地主豪绅、军阀反动派，各种类型人物的妆都可化得惟妙惟肖，增强了戏剧演出的效果。从此，校园中那种简单的儿童舞，再不作演出的主要节目了。而经常演出的是苏联的《高加索舞》、《乌克兰舞》，李伯钊同志自编的《农民舞》、《海军舞》等。由于这次整训，四方面军的文艺出现了长足的进展，而两个地区，两个方面军的文艺也得到了会合和交流，李伯钊同志把中央苏区的文艺节目带给了我们，也从我们这里汲取了鄂豫皖、川陕优秀的文艺。在红军文艺运动史上，她是一个贯穿于三支红军部队的重要人物，对我军文艺的发展作出了重大贡献。在四方面军中央前进剧社工作时期，李伯钊同志一面传授原有的节目，一面创作新的节目。方面军政治部下发的歌曲大多出自她的笔下。那个有名的《打骑兵歌》、《打骑兵舞》都是她的创作。她文思敏捷，热情开朗，在行军途中常以膝为桌，写歌编戏，在行军休息时，她随时起舞歌唱，使沉寂的草地笑声朗朗，她给长征路仿佛输送了一种活力。今年二三月份，她和杨尚昆同志经过武汉，我到招待所看望她时，她正伏案写作，她要抓紧剩下不多的时间，写出三过草地的经历。谁知数月之后，她竟辍笔而去世了呢！

芦山短训之后，剧社继续随军南进。这时，我们的劲敌是四川的军阀刘湘、刘文辉、杨森等，我们每前进一步，都要遇到他们的迎击，开展激烈的争夺战。整天，我们头上有飞机轰炸，面前有敌人的堵截，环境十分险恶。而我们这支队伍，大都是少年，年纪最小的才九岁，走不动时要大家轮流背一背，找首长的马骑一骑。那时，配给李伯钊同志一匹马，她常让年小体弱的同志去骑，自己步行。有一次杨万才同志病了，很难再跟上队，伯钊同志把他扶到自己的马上，涉过了可怕的藏区。杨万才每忆起此事，总是感叹唏嘘："危机时刻，李伯钊同志救了我。"

每到夜行军，大家一个牵一个，唯恐掉队。队伍稍停下来，都打起瞌睡；敌人追来，又通宵急行军，生活十分艰苦。为了配合这次军事行动，主要宣传打土豪分田地，以及扩大红军。我们演出了一些临时编写的节目。在欢送被俘人员的大会上，还演出了《劝郎回头》《抽丁拉夫》等戏。在两军对垒的前线，我们喊话，唱歌，那种描写白军心理和生活的哀怨曲调，深深打动了白军的感情，使得双方交战的阵地寂静无声，只有二胡伴着女声的独唱，在阵地上飘荡。

1935 年底，红军打到成都城下。在攻打百丈关的时候，经过七天七夜的鏖战，仍然不能取胜。这一仗虽然消灭了敌人 1.5 万多人，而红军的伤亡也有一万人之多。至此，红军再没有力量南进，而张国焘南下计划也遭到破产。

1936 年 1 月，正是隆冬季节。北风呼啸，大雪纷飞，剧社随着北上的部队，第三次翻过夹金山。这一次是转战后的失败退却。由于没有根据地的支持，没有相对稳定时的休整，物资给养缺乏，部队极为疲劳。

大家穿着单衣，披着床单，身上没有一粒粮食，真是又饿又冻，不少年大体弱的同志再没有翻过这座大雪山。有的因缺氧而死，有的被风暴裹进峡谷，有的冻僵后再没有醒来。而我们剧社，在北上的路上又唱起了一支歌："红军向北进哪，要去打日本哪……振作精神服从党中央的命令，向北行动一定要胜利哪。我们的红旗插到川北去哪，抗日红军万万岁！"在夹金山上，同志们迎着风雪，向队伍高唱："毛毛雨下个不停，呼呼风吹个不停,我们的队伍滚滚向前永不停。"大家在山上又唱又跳，下了山即刻分散到部队驻地进行演出。对部队鼓舞很大。

第三次进入草地之前，我们每个人筹备了十四五斤粮食，打了四五双草鞋，用生羊毛线织了一件十分粗糙的毛衣，可谓准备得十分充足了。但是一年多连续行军作战，体力消耗很大，第三次进入草地之后，许多同志得了伤寒病，有个女孩子一头倒在草地上再也没有起来，我们用荒草掩埋了她年轻的躯体。不久，我也害了疟疾病，每天发热发冷，生命奄奄一息。傅钟同志把马送给我骑，战士们杀了一只狗，送给我吃，慢慢养好了我的病。我们带的粮食很快就吃完了，接着就吃野菜，煮自己的皮带头充饥，李伯钊同志也把马献出来杀了，救了许多同志的生命。草地的艰苦以及同志们的牺牲自不必说，最惨不忍睹的是张国焘对自己人的残害。一位炊事员多吃了一些自带的粮食，就被扒光了上衣在草地上批斗而后砍头。剧作家胡底①被裹胁到四方面军来，因他是知识分子而被害。他在草地上一直被捆绑着行军，米袋子垂在胸前，步子迈得很大，看去一身凛然正气。第二天他已躺在草地上，身首分离了。廖承志同志一直没有人身自由，往返草地，一直被捆绑着。只因他特殊

① 胡底（1905—1935），曾奉命入国民党情报机关，任南京民智通讯社编辑，后赴天津成立长城通讯社，任社长，以作从事党的秘密工作的掩护。后到中央苏区任国家政治保卫局侦察部长、红军工作部执行部部长，中革军委特派员等。期间曾多次参加编导、演出革命文艺戏剧节目。长征途中红一、红四方面军懋功会师后，任红军总司令侦察科科长，被留于红四方面军——编者注。

的身世才免遭杀身之祸。他在红军队伍中，既是画家又是剧作家，他编的话剧《黑暗里的红光》，反映了地下工作者的英勇斗争，可算为优秀剧目，我曾经扮演其中一个角色。过夹金山时，他仍然没有松绑，由两个战士押着过山。爬到山上他昏厥倒下，经抢救才得以脱险。那时，李伯钊同志也有人监视，经常派人收集她的情况。我们依照自己当时的觉悟，保护了她，从来不说她一句坏话。而李伯钊同志也以自己的行动赢得了大家的爱戴。

红四方面军中央剧社在长征中所走过的路，格外曲折，格外悲壮，直至西路军在甘肃全部覆灭，留下了一部可歌可泣的历史。现在，四方面军中央剧社所剩下的同志已经不多了，我们有责任把它的昨天，从记忆中挖掘出来，以与今日的读者见面。

选自中国人民解放军文艺史料编辑部编:《中国人民解放军文艺史料选编·红军时期》下册，解放军出版社1986年12月第1版，第430—435页。

赵明珍，女，1916 年生，四川达县人。1932 年参加革命，1936 年加入中国共产党。红军长征时任红四方面军新剧团指导员、“中央前进剧社”第三团队长等。新中国成立后，曾任湖北省供销合作社副主任、顾问等职。2005 年在武昌逝世。

从工农剧社到战斗剧社

刘文泉

我原在红四方面军的一个剧团里做文艺宣传工作，1935年6月，一、四方面军在川西的懋功会师，本来这一下能在党中央、毛主席直接领导下，两路大军会合在一起，兵强马壮，肩并肩、手拉手，共同北上去巩固和发展大西北抗日根据地，推动全民族的对日作战，这是有关中华民族生死存亡的大好事啊！谁料张国焘竟反对党中央北上抗日的政治路线，蓄意分裂红军，令左路军和右路军中的红四方面军部队掉头南下，并且把随左路军行动的朱德、刘伯承等领导同志，以及红三军团的由李伯钊同志率领的一个剧团也一并裹胁南下。

李伯钊同志是去苏联留过学的多才多艺的艺术家。她到四方面军以后，把原有的几个剧团合并成立了一个“工农剧社”①，剧社有200多人，她亲自担任社长，易维钧同志为副社长。他们都能编能写、能导能演，很快为剧社编演了许多新节目；还带着我们向藏族同胞学习藏歌、藏舞、藏戏。李伯钊同志还把她从苏联和中央红军里学来的精彩节目传授给我们。记得当时排练和演出过的节目有：《打倒刘湘》、《波巴依德瓦》、《一只草鞋》、《雅西雅舞》、《工人舞》、《农民舞》、《水兵舞》、《扩大红军一百万歌》、《打骑兵歌》、《妇女总动员歌》……

① 正式名称为“中央前进剧社”——编者注。

在这期间，我们剧社虽然在宣传演出工作上学习了许多新东西，在业务建设上有了许多进步，但因张国焘的错误，北上抗日的美好前景被破坏了，南下到川西的天全、芦山一带，又被原来追赶中央红军的国民党数路大军围截堵击，部队只得退缩到西康境内的甘孜地区。这地方气候高寒、人烟稀少，又是藏族同胞聚居区，语言不通，行动困难，致使部队广大指战员对当前时局感到失望和担心，士气非常沉闷低落。在这种沉闷的政治气氛之下，张国焘的军阀主义作风更加恶性发展，动不动就残酷无情地捕人杀人，搞得部队里人人自危。

就在这种乌云压顶的时候，突然喜讯传来——红二方面军要到甘孜了。这消息像一阵温和的东风，一下子吹遍我们全军，大家无不喜笑颜开、心花怒放。会师后的第三天，我们工农剧社举行专场晚会，对二方面军进行欢迎和慰问。二方面军的贺龙、任弼时、关向应、甘泗淇等首长都到场观看了。特别是总指挥贺龙同志，他看得非常认真、非常兴奋，一边看一边为我们热烈鼓掌。看得出，他是特别喜爱文艺工作的。他看了我们演出之后，马上决定从二方面军部队中抽调一批青年文娱骨干，扩充到宣传队中去，并宣布把宣传队改名为“战斗剧社”。剧社的人员还没有调齐，贺总指挥就当面向李伯钊同志说：“你是咱们红军里有名的艺术家，现在把我们新成立起来的这个摊摊交给你，你一定要负责把它训练成像你们工农剧社那个样子才行！”

“坚决完成任务！”李伯钊社长向贺总指挥立即作了保证。

李伯钊社长接受任务后，下去就找我谈话说：“刘文泉同志，贺龙总指挥给我们任务，要我们帮助把二方面军的战斗剧社训练成‘歌舞剧全面’的文艺团体。现在派你去负责这一个光荣而艰巨的工作，带几个人去住在战斗剧社，和他们一起工作、一起生活，先教他们一些歌舞，等条件成熟，我们还要派人去帮助他们进一步提高。”李社长交待了任务，最后还恳切地嘱咐我说：“这是个重要的政治任务，工作只能搞好，不能搞坏！”

当时我虽然考虑到这个任务的艰巨和困难，但我想可以到一个新的环境里去工作，于是愉快地接受任务，背起行李来到战斗剧社，当了一名“临时教员”。我一到战斗剧社，首先敏感到二方面军领导上爱护部队、和士兵共甘苦的作风很得人心，部队里团结互助、阶级友爱的气氛也很浓厚。来到这样温暖和睦的大家庭里，当然使我心情舒畅、信心倍增，我决心尽自己的一切努力，把自己所担负的工作做得好上加好。

然而，在我来到战斗剧社不久还不熟悉的时候，部队就要出发过草地了。看来，部队这样急迫行动无疑是必要的、正确的，可是对我的工作却带来重重困难。大部队过草地的味道我已经尝过两次了，那是一些无边的荒漠草原，地上无人烟，天上无飞鸟，气候一日数变，时晴时雨、时雪时雹，地势高，气压低，空气稀薄，呼吸困难，白天饥饿疲累难熬，夜间风霜雨露侵袭，如果陷入毒水瘴气地带，则更时时有丧命之危。在这种环境中坚持行军，我有什么办法完成歌舞剧教员的任务呢？好在李伯钊和易维钧两位正副社长，深知我此行任务的艰难困苦，他两人带着工农剧社一部分人来二方面军和战斗剧社同行，这样，我思想上就有了坚实的依靠。

离开甘孜开始的几天行军，剧社的工作也和我们过去所做的一样：写标语、贴传单，设鼓动棚，搞临时小演唱、小演奏等等。这些工作战斗剧社的同志们搞得灵活多样，有声有色，比我们真是有过之无不及，他们反而成为我的教员了。

部队深入草地之后，首先粮食一天比一天紧张，开始还能分配到少量粮食，接着就只能个人分散挖野菜草根来充饥了。这样连续行军、长期断粮，部队体力日渐削弱，行动日益困难。这时，李伯钊社长就向我嘱咐说：“你现在的工作，已经不是教他们跳舞排戏，而是以你几次过草地的经验，来带领他们安全走出草地，能这样就算你圆满地胜利地完成任务了。”

这一下我的任务比当“临时教员”更加重要得多，每天得想尽一切办法，保证大家吃好、睡好、走好。要做到这“三好”可实在不容易啊！特别是吃好的问题越来越无法解决。因为二方面军走在全军的最后，我们在后面渐渐连野菜草根也挖不到了，只得煮皮带、烧牛羊骨头来填肚子。冻饿的折磨，加上恶劣气候的侵袭，天天都看见有伤员或病号横死路旁，惨不忍睹，掩埋烈士的任务，有很多也都落在剧社同志们的身上。我们走到噶曲河附近时，肚子饿得实在受不了，就去喝一肚子凉水，走一阵出一身汗、肚子空了再去喝一顿水。又走了七八天，到了阿西，这里有少数牧民居住，地里也长着零零星星的庄稼，部队准备买一些还没有成熟的弯胡豆焙干作干粮。战斗剧社有几个小同志，见了生豆子就抓起来猛吃一顿，结果由于弯胡豆的芽苞中含有毒质，加之吃得过多，几个小同志竟因此腹部胀痛不治而牺牲，这也是自己工作疏忽而造成的严重后果，至今想起来尚万分痛心。

二方面军部队走到包座地区时，虽然走出草地还有一段艰苦路程，但总算距离甘肃地界已不很远了。趁此时机，李伯钊同志和几个人决定要回中央红军去，易维钧同志也要带着工农剧社的同志们回四方面军去。为了互相送别，甘泗淇主任把两个剧社全体集合在一起，作了热情亲切的讲话，李伯钊同志也向大家作了依依惜别的赠言。这时，易维钧同志拉着我的手当场交给甘泗淇主任，算是把我正式调往战斗剧社去工作了。

选自中国人民解放军文艺史料编辑部编:《中国人民解放军文艺史料选编·红军时期》下册，解放军社1986年12月第1版，第420—423页。

刘文泉，女，1919 年生，四川阆中人。1933 年参加中国工农红军，同年加入中国共产主义青年团，1937 年转入中国共产党。红军长征时任红

四方面军新剧团成员、“中央前进剧社”成员，红二方面军战斗剧社教员、负责人。新中国成立后，曾任中共云南省昆明市政府机关党委副书记、昆明市委党校副校长、昆明市妇联副主任、昆明市总工会副主席、政协昆明市委员会副主席等职。

十三、回忆长征人物

“临大节而不辱”

潘开文

毛泽东同志在和陈毅同志谈到长征途中同张国焘右倾机会主义路线作斗争时，曾深情地说：总司令当时是“临大节而不辱”。这是对朱总司令崇高而真切的评价！

一

在长征途中，我一直是军委总部的警卫班长，在朱总司令身边负责警卫工作。1935 年 6 月，中央红军飞渡大渡河后，路经天全、芦山、宝兴时，就听说四方面军离我们不远了。同志们心情振奋，士气高昂，不顾体弱和疲劳，翻越了长征途中第一座大雪山——夹金山，来到了川西的一个山区小镇懋功。在懋功我们同红四方面军的先头部队会合了，大家不知有多么高兴。周恩来副主席和朱总司令亲切地接见了红四方面军先头部队的同志，朱总司令对我们说：“去告诉管理排长，会个餐吧。”当天晚上在离镇子不远的一个小瓦房里，中央领导同志和红四方面军先头部队的同志一起会餐，欢庆一、四方面军胜利会师。

在中央红军长征期间，四方面军曾在川陕根据地取得粉碎敌人六路围攻的胜利。可是，张国焘却放弃了川陕根据地，带着全部人马，来到了懋功一带同一方面军会师。这时，中央红军只有三万多人，张国焘仗着他有七八万人，看不起中央红军，继续坚持错误路线，主张向青海、西藏地区退却，并狂妄要求改组中央，企图篡夺党和红军的领导权。针对这种情况，毛泽东同志在两河口亲自主持召开了中央政治局会议。会上，毛泽东同志对张国焘的错误，采取了正确的党内斗争方法，经过坚决斗争和耐心的工作，张国焘表面上同意北上抗日，但实际上并没有放弃分裂党中央、篡夺红军领导权的阴谋活动。会后，毛泽东同志率领部队又出发，翻越了梦笔山、打鼓山、马唐山等大雪山，走了好多天，到达了松潘附近的毛儿盖。这时，一、四方面军的主力部队都已会合了。

在毛儿盖停留七八天，中央政治局又接着开会，就一、四方面军会合的政治形势与任务作出了决议，并决定把一、四方面军混合编成左右两路，继续北上。右路军由党中央、毛泽东同志率领，包括一方面军的一、三军团①及四方面军的四军、三十军。前敌指挥部在右路。左路军由朱总司令、张国焘率领，包括四方面军的九军、三十一军及一方面军的五、九军团②。总司令部、红军大学、四川省委撤出机构都在左路，决定两路军在班佑会合。7 月底，左路军从卓克基出发，翻过一座座大山，跨越茫茫的草地，走了 20 几天，到达阿坝。在阿坝休息了一下，又走了三四天，来到黄河上游的噶曲河。这时，听说党中央、毛泽东同志已到班佑四五天了，正在等待左路军前去会合。

噶曲河离班佑较近，只要走三五天的路程就可以与党中央、毛泽东同志会合。但是，张国焘却借口河水上涨，说部队过不去，在噶曲河停止不前。朱总司令站在河边看了看，便叫我去试一试河水的深浅。虽然当天下了一点雨，河水涨了点，但是，我骑马过了河又返回来，最深的地方也不过齐马肚子，队伍是完全可以通过的。朱总司令看到这种情况

① 1935年7月21日，红一、红三军团分别改称红一、红三军——编者注。

② 1935年7月21日，红五、红九军团分别改称红五、红九军——编者注。

后，多次提出要部队过河北上。可是，张国焘就是按兵不动。中央一再来电报催促，并指出只有北上才有出路。张国焘却连发电报给中央，谎说河水上涨，部队过不去。许多同志气愤地说：我们连乌江天险都过去了，为什么这么条小河就过不去？

到了第三天，张国焘突然提出要部队南下，并给中央发了电报。党中央、毛泽东同志立刻来电拒绝了他南下的错误主张，严词责令他迅速北上。但是，张国焘却悍然不顾中央指示，公开和中央闹分裂。夜晚，他擅自给前敌指挥部发了密电，说中央不同意南下，就用武力解决，企图加害于毛泽东同志和党中央。电文译出后，由参谋直接交给了叶剑英参谋长。叶剑英同志看到这份关系到党和红军命运的电报，立即冒着极大的危险，只身去见毛泽东同志。毛泽东同志看过电报，连夜把政治局的同志找来开会，研究了这个紧急情况，并断然决定率领部队北上，致使张国焘的阴谋未能得逞。

中央北上了，张国焘便引左路军从噶曲河折回阿坝，在阿坝驻了约半个月。这时，张国焘公开进行反党活动，提出了反对党中央，反对毛泽东、周恩来等中央领导同志的口号，攻击中央北上抗日的方针是“机会主义”、“退却逃跑”。张国焘对坚定地站在毛泽东同志一边的朱总司令和刘伯承总参谋长，进行了残酷的斗争和迫害：不让朱总司令参加会议，不给朱总司令看电报。在张国焘的策划下，召开了四川省委扩大会议，实际上是斗争朱总司令的会议。

这次会议是在离司令部半里路远的一个正方形屋子里开的。我跟着朱总司令来到会场，一进门看到屋内气氛很紧张。朱总司令和刘总参谋长紧挨着坐了下来。会议主持人宣布开会后，就大喊大叫地说，中央丢了根据地，损失了红军，执行的是退却逃跑路线。接着有的人就斗起朱总司令来了。但是，我们敬爱的朱总司令坦然自若，他当时带了一本书去，不管怎么斗他，他一言不发，总是埋头看他的书。当主持会议的人硬要朱总司令表态，承认中央的路线是错误的，并逼着他写文章，发表声明反对毛泽东同志和党中央北上抗日的决定时，朱总司令开始讲话了，他庄重地说："中央北上抗日的决定，我是赞成的，拥护的，我是举了手的，我不能写文章反对我亲自参加作出的决定。如果硬要我发表声明，那我就再声明一下，我是坚决拥护党中央、毛主席作出北上抗日的英明决定的！"总司令刚一说完，会议室里吵闹得更凶了，斗争更加激烈。刘总参谋长实在看不下去了，说了一句："你们不是开党的会议吗，又不是审案子，怎么能这样对待朱总司令！"这下又引起一阵狂叫："好！你把我们党的会议说成是审案子！"斗争矛头又转向刘伯承同志。后来，有人冲着朱总司令高声嚷着："既然你拥护北上，那你现在就走，快走！"很明显，张国焘他们是想逼走朱总司令，以便更加随心所欲地推行他们的错误路线。朱总司令看穿了他们的阴谋，一方面耐心宣传中央的正确主张，一方面采取灵活的斗争策略，等待时机，争取和教育更多的同志。他说："我是赞成中央的北上抗日决定的，但你们坚持南下，那我就只好跟你们去。"朱总司令这一番话，像一把利剑戳到张国焘他们的痛处，有的便暴跳起来说："你既赞成北上，现在又说跟我们南下，你是两面派，骑墙派！"有的说："不让他当总司令了！"

在回驻地的路上，朱总司令跟刘总参谋长边走边说："不管怎么斗，我们还是要跟毛主席革命嘛，事情总会搞清楚的。"这充分表现了朱总司令崇高的革命气节。

二

张国焘公开反对党中央、毛主席，操纵会议围攻朱总司令以后，我们在阿坝的十几天中，张国焘还使用了许多险恶、卑鄙的手段，接二连三地制造事端，分裂中央红军，迫害朱总司令。

就在那次围攻朱总司令的会后不久，一方面军五军团的一个排，在执行任务时，碰上了敌人，打了一仗，缴获了一批梭镖和物资。在回阿坝的路上，下了一场大雨，当同志们要越过一条小河沟时，碰上了张国焘手下的一个连长，他蛮不讲理地要夺五军团那个排缴获的梭镖。本来，当时大家对张国焘反对毛主席、斗朱总司令就憋了一肚子气，那连长又那样无理，战士们当然不答应，有的同志说："缴获的梭镖和物资，是要交公的，为什么要给你！"问得那个连长哑口无言，但他为了挑起事端，立即下令叫他的部下一哄而上，把缴获的武器和物资抢了过去。同志们回到阿坝后，十分生气，向朱总司令报告了这件事。总司令听了汇报后，沉思了片刻，他向汇报的同志说："尽管张国焘搞分裂，而且又斗争了我，毛主席、党中央会正确处理这些问题的，但是，我们对下面的同志，仍然要讲团结，要顾大局，不然的话，就会上张国焘的当。"

没有想到，第二天一早，在张国焘的布置下，他们用担架抬上昨天抢梭镖和物资的那个连长，把他摆在朱总司令和张国焘的两间房子中间，张国焘的许多人就大声嚷道："五军团的人打了我们的干部，请朱总司令出来验伤！"这时，张国焘便气势汹汹地从屋里走了出来，面色阴森，双手背在后面走来走去。本来是张国焘指使他的部下，抢了梭镖和物资，反而诬告别人打了他，还要朱总司令出来验伤、处理，这明明是在给朱总司令出难题。然而，我们敬爱的朱总司令，面对这一突如其来的事件，沉着冷静，他慢慢地走到担架旁边，亲切而关心地问那位连长："同志，我们是革命队伍，都是党的干部，你被人打了，你就说打了，没有打，你就说没打，你现在讲一讲嘛。"这样一来，那个躺在担架上的连长，用被子蒙上头，一句话没讲，很可能他的内心受到了责备。张国焘一看他整朱总司令的阴谋未能得逞，便哭丧着脸，垂着头，非常尴尬地走进了自己的屋子。

一次，五军团一个营，在阿坝西北约 20 多里的地方执行警戒任务，张国焘硬是无中生有地说，这个营不听指挥，甚至诬蔑这个营要叛变。张国焘就逼着朱总司令表态，派人去缴这个营的械，妄图把叛变的罪名嫁祸于朱总司令。朱总司令对张国焘严肃地说:“你说这个营不听指挥，要叛变，有什么根据，有什么事实？”张国焘和他的部下被问得无言对答，面面相觑。朱总司令见他们这样，便更为严厉地对张国焘说：“没有事实，没有根据，怎么能说这个营不听指挥，要叛变呢？你们这样搞，不是有意在制造分裂，破坏团结吗！”朱总司令在和张国焘的斗争中，总是这样有理有利有节，以浩然的正气，挫败张国焘的阴谋活动。

张国焘的这一阴谋被戳穿以后，哪会甘心，他继续唆使一些人寻衅，为他搞分裂找借口。一天清晨，太阳刚刚出来，突然来了几个伤员，硬要把朱总司令的牲口拉走。这几个伤员嘴里不断地唠叨着：“我们是彩号，我们负了伤，我们要骑马。”总司令的饲养员当然不干，就对那几个伤员说：“这是总司令的马，你们不是不知道，为什么要牵走！”一个伤员说：“管它是谁的马，我挂了彩，走不动，我就要骑。”于是，双方都拉着缰绳，像拔河似的，你来我往。不知咋的，几个伤员一下倒在地上，大声喊叫起来：“总司令的马夫打伤兵啊！”边喊边往医院跑。不一会儿，就叫来十几个伤员。这时，朱总司令的警卫员也来了。几个伤员又要去马栏拉马，被警卫员阻止了。于是，这十几人便坐在马栏门口，一直坐到太阳快下山了还不走。大家看到这种情况，只好去报告朱总。朱总听后便说：“他们要拉，就让他们拉走吧，把那匹骡子给我留下就行了。”我们一听，很想不通，于是，就想了一个办法：去找张国焘！一个警卫员走到张国焘的门口大声说道，“报告张总政委，有几个伤员硬要把总司令的牲口牵走，劝了一天了，他们还是不走，怎么办？”张国焘听后装模作样地说：“啊，有这等事！”接着无可奈何地对他的警卫员说:“你去告诉他们，就说我说的，叫他们不要胡闹，要他们回去！”那个警卫员来到马栏，传了张国焘的话，十几个伤员二话没说，便走了。

三

在阿坝，张国焘公开反对毛泽东同志、迫害朱德总司令，闹了十几天后，继续带着队伍过草地南下。这时，毛泽东同志率领的中央红军和红十五军团在陕北会师。并取得直罗镇战役的胜利，为建立西北革命根据地，奠定了基础。朱德总司令看完党中央发来的电报，十分高兴，对张国焘说，这个好消息应当向部队全体同志传达，张国焘不干。朱德总司令只好自己向部队的同志宣传这个重大喜讯。这个好消息一传开，大家欢欣鼓舞，多么想赶到陕北去见毛主席！可是，张国焘见到这情景，惊慌失措，怀恨在心，暗地里继续采取阴谋手段，对朱总司令进行迫害。

从阿坝到松岗的路上，张国焘把朱总司令和刘总参谋长调离司令部分开行军，把朱总安排到前线部队，跟着军部行军、宿营，这实际上是撤了朱总司令、刘总参谋长的职。有一天早晨，朱总司令在看书，军部领导都到伙房吃饭去了，待勤务员去给朱总打饭时，他们说没有饭了。到吃中午饭时又说没有饭了。太阳快下山了，朱总仍在看书，可是警卫等人员都饿得忍耐不住了，才去请示总司令怎么办。朱总马上给罗炳辉军团长写了一封信，我们立即派人去取来一袋面粉，才用洗脸盆给朱总煮了一碗面疙瘩吃。一到松岗，张国焘就迫不及待地召开会议，公然宣布成立伪中央，自己担任主席。朱总司令在这样的境遇下，坚持了正确的党内斗争方法，一方面向张国焘闹分裂、搞独立的错误行为进行坚决斗争，一方面向红军干部们宣传党的正确路线。要大家团结起来，服从毛泽东同志的领导。

过完草地，顺大金川南下，攻克绥靖县后，朱总司令到了前敌指挥部，在生活上才得到了总指挥徐向前等同志的关照。接着，第二次过夹金山雪山，经宝兴、天全到达芦山，驻扎在陈家窝。当时正是隆冬腊月，国民党的中央军和地方军向我们几路围攻，张国焘极力动员部队“打到成都吃大米”，与敌军在飞仙关对峙，仗打得很激烈。由于张国焘的路线错误，又不执行毛泽东同志的俘虏政策，部队消耗得不到补充，使红军遭受很大损失。这时张国焘才被迫引军重翻夹金山，再经懋功、小金川、大金川，翻越党岭大雪山，撤向道孚、炉霍、甘孜一带，但他仍不改弦易辙，而是企图向青海、西藏方向逃跑。

我们在甘孜驻了近半年。在这期间，二方面军由湘鄂川黔边界根据地出发，经贵州、云南，长途转战，历尽艰辛，也来到甘孜。朱总司令听到二方面军来了，很高兴，骑着马到60里外去迎接贺龙、任弼时、关向应等同志。会合后，大家都拥护毛泽东同志、党中央北上抗日的决定，同意朱总司令的意见。这时，四方面军广大干部也逐渐认识到南下是错误的道路，纷纷要求北上抗日。因此，张国焘的错误路线行不通了，他的分裂阴谋被戳穿了，不得已才宣布取消伪中央，同意北上。

部队由甘孜出发，走了20多天草地到了阿坝。在离阿坝后的第一天宿营时，朱总司令和其他领导同志的十几匹马，都拴在一个马棚里，第二天早上要出发了，却发现马棚的墙上打了个大洞，别的马都在，唯独朱总司令的马被偷走了。后来军部领导给朱总司令一匹马，走了几天又来到噶曲河。这次部队一到就过河，晚上在河北宿营。次日天还未见亮，前卫部队走了，张国焘又不赶上来，当晚军部领导说，部队明天拂晓前出发，留下一个营给总司令担任警戒。第二天一早，我们派人去找部队联系，寻找半天，部队的影子也没看见。四周是茫茫草原，我们感到情况很危险。下午，朱总司令把身边三四十人都组织起来，研究和部署碰到敌情时的对付办法。夜幕降临，下起小雨，外面伸手不见五指，大家挤在一个帐篷里，十几匹马都拴在外面拉帐篷绳子的钉子上。凌晨三四点钟，大家正在睡觉，敌人来了，割断缰绳，放跑了四五匹马。当哨兵开了枪，大家才惊醒过来，马上离开帐篷，团团地把朱总司令掩护起来，持枪准备战斗。一直等到天蒙蒙亮，看见远处有四五匹马在游动，派骑兵去追击，才把马找了回来。这时，后面的部队还未来。一路上发生的这几桩事，都是与张国焘迫害朱总司令的阴谋有关的。可是，我们的朱总司令无所畏惧，仍然坚持在部队里做团结工作，坚持等后面部队到来后一起北上。当时，没有粮食，部队从草原上弄来许多野牛羊，管理员想杀几头给大家改善一下生活，但朱总司令不同意，他说后头大部队更困难，要留给后面来的同志吃。后来，死了几头羊，管理员又提出煮给大家吃，朱总还是不同意。他要大家把肉割成一块块挂在一些小柳树枝上晾干，留给后面的部队吃，我们只好熬骨头汤喝了。等到第三天晚上，张国焘才带队伍来到噶曲河南岸。在黑夜中，虽然可以隔河相望，但他不过河来，自己在河南扎了营。

四

张国焘过噶曲河后的第二天，我们又出发了，走了四五天草地到了班佑，接着，又出腊子口到了岷江边上的一个小镇，叫哈达铺。司令部和直属机关在这里休整了十几天，而部队仍继续往前走。就在这十几天中，朱总司令对张国焘的反党分裂活动，又进行了坚决的斗争。

当时，党中央和毛泽东同志从陕北给朱总司令和张国焘发来了电报，并派一支部队来接应。大家知道这个消息后，想到一、二、四方面军快会师了，都感到非常高兴。朱总司令就找张国焘研究行军路线和如何与派来接应的部队会合等问题，整整商议了两天两夜。陈昌浩同志也从前敌指挥部赶来参加商谈。张国焘对敌人的力量估计过高，极力宣扬逃跑主义，主张入青海。朱总司令就坚决地与他进行斗争，指出张国焘的主张是违背党中央、毛主席关于北上抗日的方针的，是错误的，要他丢掉自己的主张，跟毛主席、党中央北上。朱总司令十分严肃地说：“现在的形势是，敌人正集结在我们和党中央、毛主席之间这块地区，如果我们迅速北上，与来接应的中央红军会合在一起，力量就会增大，就能更快地消灭敌人；要是我们不去，就会使来接应我们的兄弟部队遭到危险。因此，我们必须迅速行动，只有继续北上，与中央红军会师，才是唯一正确的出路。”接着又谈了一个晚上，仍然没有结果。

第三天一大早，张国焘突然宣布辞职，带着他的警卫和骑兵等渡过岷江，住在对岸的供给部里。朱总司令回到自己的屋里坚定地说：“张国焘说他辞职了，他不干，我干！”于是，找来作战参谋，挂起地图，向前线部队发出了继续向北行动的命令，而且决定总司令部第二天一早就出发北上。当时，司令部的每一个同志，心情都十分激动，兴高采烈地收拾东西，做好出发前的准备。

可是，就在这天黄昏的时候，张国焘从岷江对岸叫人送来了通知，说他要立即召开西北局会议，这就是大家常说的岷州会议。这次会议，整整开了一夜，斗争十分激烈。开始时，张国焘仍然端出他那一套反对北上，向西北逃跑的错误主张。朱总司令当场对张国焘进行批驳。参加会议的多数同志都拥护党中央、毛主席北上抗日的英明决定，支持朱总司令的主张，北上与党中央、毛主席会合。张国焘一见形势不妙，又耍了一个手腕，在会议结束时，他一本正经地说：“啊，这是党的会议，党的组织原则是民主集中制，是少数服从多数，既然你们大家都赞成北上，那我就放弃我的意见嘛。”一夜的紧张斗争暂时结束了，当朱总司令等领导同志来到岷江边时，东方已开始发白。

朱总司令回到哈达铺后正准备出发，张国焘这个两面派，却带着他的警卫部队和骑兵，直奔前敌指挥部的所在地漳县。张国焘一到，就急急忙忙召开干部会议。当时，在前敌指挥部的同志，都不知道开过岷州会议，更不知道这次会议的决议是北上。张国焘就利用这个机会，欺骗前方部队的干部，煽动部队西进，企图推翻岷州会议的决议。接着，张国焘即向所有北上的部队发了电报，要部队立即停止北上，回头西进。

这时，朱总司令已带司令部出发北上，走了一天，宿营时，收到张国焘要队伍停止北上而南下西进的电报。朱总司令十分着急，马上又向前方的部队发了急电，要部队就地停止一切行动待命。但是，机要通讯员拿到这电稿去电台发报时，电台不发，说是张国焘总政委已有命令，没有他签字的电报一律无效，不准发出。当时，傅钟同志向朱德同志说他去送。傅回来后向朱总报告说：我对电台政委说，朱总司令是中央军委的主席，总司令部是在军委的领导之下，总政委也要执行军委主席的命令。我是西北局组织部长，如果你不把这份电报发出去，就是违抗军令，我可以立即枪毙你。后来经过多次做工作，才发出了这份电报。

电报发出后，我们又继续前进，一天走了一百四五十里地。到了前敌指挥部后，朱总司令立即发电报向党中央和毛泽东同志报告了张国焘的反党活动，并连夜在前敌指挥部召开会议。这次会议又整整开了一夜，朱总司令再次同张国焘进行了面对面的斗争，向参加会议的全体同志，揭露了他的两面派丑恶嘴脸，清算了张国焘的反党罪恶阴谋。到会同志都一致拥护党中央和毛泽东同志的决定，支持朱总司令的意见，坚决表示要迅速北上。第二天早上，左路各部，在我们敬爱的朱德总司令的率领下，迎着灿烂的朝阳向北挺进，终于在 1936 年 10 月 10 日，与党中央、毛泽东同志派来迎接的部队在甘肃的会宁会师。

对张国焘右倾机会主义路线斗争的胜利具有伟大的历史意义。它加强了全党全军在毛主席伟大旗帜下的团结，在极端困难的条件下，保存了党和红军的优秀骨干，为胜利地进行抗日战争创造了有利条件。我们敬爱的朱总司令在与张国焘的斗争中，表现了威武不屈的伟大革命精神，既坚持了高度的无产阶级党性原则，又采取了灵活的斗争艺术，一再挫败了张国焘对党的猖狂进攻，维护了党中央、毛主席的统一领导，维护了党和红军的团结。他在这场惊心动魄的路线斗争中的杰出贡献，将永远载入我党我军的史册。

选自中央文献研究室二部编：《朱德自述》，解放军文艺出版社2003年1月第1版，第169—181页。本文是其中的附录。

潘开文，1910 年生，江西兴国人。1930 年参加中国共产主义青年团，1931 年参加中国工农红军，1934 年转入中国共产党。红军长征时任朱德总司令特务员兼中央军委总司令部警卫班班长。新中国成立后，曾任中共中央办公厅机要室副主任兼朱德机要秘书，第一机械工业部汽车工业管理局副局长，第八机械工业部修配局局长、部党委（党组）成员，中国拖拉机内燃机总公司党委副书记兼政治部主任，第一机械工业部政治部副主任，农机部军工局局长、人事局局长等职。2012 年在北京逝世。

见到“老乡”朱老总

鲁世贵

1935 年 5 月间，我们红九军驻扎在川西北达维镇，上级命令我们在地势险要的夹金山、牛头山等地域担任警戒任务，迎接中央红军的到来。

6 月中旬，红一方面军来到达维镇附近。首先发现他们的是我们放在夹金山附近的排哨。因为阴雨天气，云雾缭绕，双方都看不清对方，排哨误以为对方是敌人，便开枪报警，与他们的尖兵营交火。一个哨兵被红一方面军“俘虏”了，一问才知道我们是红四方面军的。对方赶紧吹号联络，可当时没有统一的信号，我们听不懂他们号声是什么意思，双方就这样僵持着。后来，红一方面军干脆把有镰刀斧头的红旗举起来，这下我们才知道是中央红军到了！

哨兵赶紧大声喊道：不要开枪了，中央红军到了！中央红军到了！

红一方面军到达达维镇时，天已经黑了，我们燃起篝火，敲锣打鼓，夹道欢迎，还有 100 多个司号员吹起军号，大家振臂高呼：“欢迎中央红军！”锣声、鼓声、号声、喊声响彻云霄。

晚饭后，部队在喇嘛寺召开联欢会。演出前，师领导说，朱总司令要参加会师部队的联欢会，一听到这个消息，大家欢呼雀跃。我们早就听说过，朱总司令足智多谋，指挥红军一路打了很多胜仗，令敌人闻风丧胆，大家早就盼望能一睹总司令的风采。

朱总司令长的是什么样？

“一定很威严、很威风！”大家相互议论着。

正当我们议论纷纷时，朱总司令来了！他一身戎装，双目炯炯有神，面带温和笑容，不时与在场的官兵握手。看到总司令那么和蔼，那么平易近人，很多站在后排的战士都争着往前挤，向他敬礼。

总司令走到我们演出队跟前。

平生第一次见到这么大的首长，我的心咚咚跳个不停。

“小鬼，你多大了？”

“小鬼，你啥子时候参加革命的？”

总司令逐个关切地问，大家逐一回答。

“小鬼，你是哪里人？”总司令问我。

“首长，我是四川达县的。”我回答。

“你也是四川的，我们可是老乡啰！”总司令用略带四川味的家乡话对我说。我一紧张，竟然忘了怎么回答。

看到总司令那么随和，现场的氛围更加热烈起来，军领导示意大家安静，请朱总司令给大家讲话。

朱总司令的讲话简短有力，不时被掌声湮没。

演出开始。我们宣传队第一个上场，表演歌舞“八月桂花遍地开”。我是跳舞组组长，20多个组员都是男的，女演员都是男扮女装。我们边跳边唱：“八月桂花遍地开，鲜红的旗帜树呀树起来，亲爱的工友们哪，亲爱的农友们哪，唱一首国际歌，庆祝苏维埃……”中央红军宣传队也表演了精彩的节目。联欢会洋溢着会师后的喜悦气氛，台上台下十分热闹，总司令和其他领导也走到官兵中来，和大家一起唱歌跳舞，欢快的歌舞一直持续到半夜。（陈战峰整理）

选自《解放军报》2006年10月12日。

鲁世贵，1918年生，四川达县人。1933年参加中国工农红军，1937年加入中国共产党。红军长征时任红四方面军第九军第二十五师宣传队宣传员。新中国成立后，曾任浙江省绍兴军分区副政治委员。2014年在杭州逝世。

朱总司令来到红四方面军

吴先恩

岁月的流逝，留下美好的回忆，历史的长河，激起奔腾的浪花。我永远不会忘记，在二万五千里长征的征途中，朱德总司令来到红四方面军的情景：那平凡而伟大的崇高形象，那可亲可敬的欢声笑语……

第一次见面

1935 年 7 月初，红四方面军的兵站部进驻了四川西北部的杂谷脑。总部给我们的任务是：筹粮、筹物，迎接中央红军。

7 月中旬的一天下午，我们正忙着清点从藏族同胞那里筹集来的物资。突然，来了一位陌生的红军战士，向我敬了个礼，问道："同志，这是红四方面军的兵站部吗？""是！"我们兵站部的一个干部回答。"你找谁？""我们是红一方面军的"。来人一面自我介绍，一面又说，"有几位首长想见见你们的部长。""好，好，请首长们快进来。"说着，我急忙回到兵站部的房子里，准备迎接红一方面军首长的到来。

我们住的是民房，我刚进到屋里简单布置了一下，并向有关同志作了交待。这时，门外有一个浓重四川口音的人在发问：

"同志哎，这里是兵站部吗？"

“是的。”我抬头一看，来的是三位四五十岁的老同志，他们一人拄着一个干巴树枝当拐棍，问话的人走在前头，浓眉大眼，满脸络腮胡子，方方的脸盘，清瘦而健壮。

“来，来，请屋里坐。”我一边答话，一边问道：“你们是一方面军来的首长吧？”

“对头。”又是胡子老人答了腔：“我姓朱，名字叫朱德。”

“朱德，朱总司令？！”我和在场的同志惊讶地站了起来，首长们的突然驾临，使我们不知该怎么办好，都呆痴痴地站在那里。

“哪一位是部长同志？”还是朱总司令打破了这短暂的沉寂。

“是我。”

“你叫什么名字呀？”朱总司令走到我面前，亲切地问着。

“姓吴，叫吴先恩。”

“好嘛！”朱总司令边说边招呼：“哎，哎！为什么都站着？吴先恩同志，还有其他同志，都坐下，都坐下谈嘛。”说着，朱总司令自己动手拉了个板凳，首先坐了下来。然后，他看着大家一个个都坐下了，才转身指着那位高个子、满头白发的老同志，介绍说：“这是林伯渠同志，我们的财神爷，中央政府的财政部长。”又指着另一位老同志说:“这位是罗迈（即李维汉）同志。”

“朱总司令来了！”“朱总司令来了！”这消息像长了翅膀，飞快地传遍了杂谷脑。兵站部的同志们和当地汉族、藏族同胞们，从四面八方来到兵站部的院子里，把门口、窗户挤得水泄不通。朱总司令微笑着向大家招手致意。看到这情景，我理解群众的心情，走到门口对大家说：“首长们跑了很远的路，需要休息，我建议同志们先回去，以做好工作的实际行动，欢迎朱总司令，欢迎中央红军，你们说好不好？”

“好！”大家异口同声地响亮回答，哗——，又是一阵热烈地掌声，人们才一个一个恋恋不舍地走开了。

围观的群众散了。朱总司令兴致勃勃地问我的年龄、籍贯、参加革命的时间以及其他干部的情况。看着总司令这样和蔼可亲，初次见面时的紧张心情松弛下来。接着，朱总司令又询问了兵站部的工作和任务，我都一一作了回答。

“先恩同志，有什么吃的没有？我们上一顿饭还是昨天早晨吃的呢。”总司令这么一说，才提醒了我。我暗暗埋怨自己：真糟糕，怎么忘了问首长们吃饭了没有呢？越忙越出岔，说了半天话，连杯水都还未倒哩。我连忙回答：“有，有，我马上就派人去做。”我刚起身往外走，被总司令拦住了：“有什么现成的，让我们先打个‘牙祭’吧！”

“牛肉、酥油、糌粑都有，可都得现做。”我忽然想起还有些黄梨，就说：“我们还有在金川江搞的梨，请首长们尝尝。”

“有梨，好哇，又解渴、又抗饿，这可是难得的好东西喽。”

梨端上来了。朱总司令先拿了一个，对送梨的战士说：“谢谢你啰，同志！”

首长们在吃梨，我才瞅空儿仔细地看了看总司令。他，中等个子，一顶旧军帽压着长长的头发，帽箍湿漉漉的，帽子顶端让汗水渍出了一道道的白圈，帽檐儿几乎快要贴在前额上，炯炯有神的大眼睛，布满了红红的血丝，灰布军装上补着几个补丁，有的地方还绽开了线……尽管如此，风纪扣却还是扣得牢牢的，皮腰带扎得紧紧的，绑腿打得工工整整。腰带的左边，挂着一支左轮手枪，腰带的右边，系着一个大号搪瓷茶缸，可能是做饭、吃饭、烧水、喝水都靠它，茶缸底被烟火熏得黑亮黑亮的。脚上的草鞋磨得快透了底。看得出，他们一路上是风尘仆仆，吃了不少苦头。

热腾腾、香喷喷的饭菜送来了。朱总司令十分亲切地对炊事员说，“谢谢你啰，同志！”

朱总司令看了看饭菜，有牛肉、酥油和糌粑，笑着说：“嚯，蛮丰盛嘛！”

“首长，你们先吃饭吧。”我站起来说。

朱总司令见我们要告辞，立即阻拦说:“你们是主人，我们是客人，哪有主人不陪客人吃饭的道理？再说，咱们一、四方面军的同志都在这里，应当吃个团圆饭嘛！”林伯渠、罗迈同志也上前劝阻，我们只好又坐了下来，陪首长们一起吃饭。吃着，谈着，朱总司令问我 :“这些东西是打土豪分来的呢，还是花钱买来的？”

“都是花钱买来的。”我回答:“来杂谷脑前,徐向前总指挥交待过，川西北地区是藏、汉等少数民族杂居地区，要尊重当地少数民族的风俗习惯，要严格执行党的民族政策和三大纪律八项注意，不准随便进喇嘛寺。”

“这很好，徐总指挥讲得对。”朱总司令赞许地说。他还说，现在我们红军遇到了一些困难，主要是没有根据地，物资不充足，但这些困难都是暂时的。怎样克服眼前的这些困难呢？他说 :

“只要搞好团结，搞好红军内部的团结，搞好民族团结，我们的力量就大了，困难就拿我们没得办法，蒋介石拿我们没得办法，日本帝国主义也会拿我们没得办法。”

朱总司令越讲越有劲。他继续说 :

“不要光看到我们有困难，也要看到蒋介石的困难比我们大得多，他们的困难不是物质方面的,他投降卖国,打内战,全国人民都反对他，这种困难是不能克服的。”

朱总司令一席话，像一丛火把，把我们每一个人的心都照亮了。我想，首长真是站得高，看得远。

吃完了饭,朱总司令接着给我们谈形势,谈北上抗日的前途,谈一、四方面军会师的意义……一直谈到深夜。我说 :“首长们太累了，早点休息吧。”

“累确实有点累，今天第一次与同志们见面，我一高兴，疲劳就跑光了。”

“还是请首长们早点休息，明天还要赶路呢。”

“休息？我还有个问题没得解决呢？”

“有啥问题，请首长尽管提。”

“呶！”朱总司令一手摸了摸头发，一手又捋了捋胡子。我会意了，立刻找来理发员，给首长们理了发，又找来了衣服换上。然后，让首长们休息，我们又去忙着准备牲口和干粮……

夜深了，我躺在草铺上，辗转反侧，久久不能入睡。朱总司令的名字和他传奇般的故事，早在鄂豫皖苏区时，就广泛流传着，我们做梦都想着见见总司令，今天终于见面了，真想不到他是这么平易近人，和蔼可亲。

第二天，首长们要赶路去开会，迎着红火的朝霞上路了。朱总司令紧紧地握着我的手，叮嘱说：一定要把兵站的工作搞好！

要人不要枪

1936 年 6 月，贺龙、任弼时同志率领红二方面军，在甘孜地区与红四方面军会合。张国焘分裂党、分裂红军的活动，遭到广大指战员的强烈反对，被迫宣布撤销自立的中央，并同意北上与党中央会合。7 月 2 日，兵分三路：四方面军的四军十师、十一师，三十军八十八师和二方面军为左纵队，由朱总司令率领；九军、四军十二师、独立师，三十一军九十三师及四方面军总部为中央纵队，由徐向前同志率领；五军、三十一军九十一师为右纵队，由董振堂同志率领，分别从甘孜、炉霍、绥靖（今大金）丹巴地区开始北上。我们兵站部随朱总司令指挥的左纵队行动。

经过十几天行军，部队到达了阿坝地区，等待过草地，继续北上，我们从思想到物资都准备迎接更艰苦的考验。出发前的一天晚上，朱总司令派人把我找去。

一见面，朱总司令就开门见山地问：

“吴先恩同志，你们兵站还有多少伤病员？”

“600 多。”

“有几副担架？”

“100 多。”

“有多少骡马？”

“200 多匹。”

“有没有能坚持走的伤病员？”

“绝大多数都不能走了。”

“你们打算怎么办？”

“……”我沉默了，一时不知怎么回答好。爬雪山、过草地，人烟越来越稀少，道路越来越难走，怎样把这批伤病员安全带过去？正是我们兵站部发愁的大问题。

朱总司令蹙着眉，倒背着双手，在屋里来回踱步，忽然停住脚，抬起头来问我：

“200 匹牲口驮的都是什么？”

“全部是枪支。”

“能不能把驮枪支的牲口腾出来驮伤病员？”

“当然可以，但这么多枪支又怎么办？”

“把枪支统统毁掉！”

“这……”我犹豫了一下，又把心里话说了出来：

“按照我们红四方面军的规定，枪是用生命和鲜血换来的，是战士的第二生命，毁枪要受处分。”

“嗯，这个规定好。”朱总司令站在我面前，用手拍着我的肩膀，说：“同志，情况不同了，过去是人多枪少，随时都有兵员补充。现在是人少枪多，人是最宝贵的，多一个人，革命就多一份力量。有了人，不愁将来没有枪。”说到这里，朱总司令以拳击掌，坚定地说：“好，就这么办：

要人不要枪。把枪统统毁掉，如果受处分，由我替你顶着！”我心里算计着：把驮枪支的牲口全部驮伤病员，还有100多伤病员带不走。我把这个情况如实地向总司令作了汇报。只见朱总司令沉思了一下，就亲自打电话:“喂，我是朱德，有个困难要请大家帮忙啰，兵站部伤病员多，担架少，各单位都要算算账，把能抽的骡马和牦牛抽出来，领导同志有两匹牲口的抽一匹，有的同志年轻力壮的，可以两个人轮流骑一匹，也抽出一匹来，总之，要想尽一切办法，把伤病员全部带走。”

听着总司令这番话，我心里热乎乎的，我想：总司令真是和战士心连心啊！我是又高兴，又担心。高兴的是，总司令在关键时刻，给我们解决实际困难。担心的是,马上过雪山草地,牲口是最宝贵的交通工具，怕下面执行命令打折扣。

出乎我的预料，朱总司令的一个电话，八方响应，他让我准备接收各部队调来的牲口。紧接着总司令对我说：“我这里有三匹牲口，也牵一匹去。”“不，不。”我又着急，又激动，前言不搭后语地说：“首长岁数大了，文件又多，这匹牲口不能抽。”

“怎么，我刚刚下达的命令，自己就不执行了？你不收，回头我派人给你送来。”说着又把话题一转，极为亲切、关怀地说：“先恩同志，这批伤病员同志一定要照顾好，明天拂晓部队就要出发，你快回去检查落实情况，有什么困难再来找我。记住，我也对你下个命令：一个伤员不准丢下，丢了，就是你没有阶级感情，我要处分你！”

“请首长放心，我保证把伤病员全部带走！”

从总司令那里回来，天已经很晚了。我向兵站部同志们传达了朱总司令的指示，大家都很高兴。我们分头行动，有的处理枪支，有的到各部队领牲口，一直忙到深夜，人们才陆续回来，工作很顺利。从汇报中我知道，开始个别同志听说调牲口有意见，但听说是朱总司令的命令，并且带头抽马给伤员，就二话没说，把牲口调出来了。经过清点，骡马加牦牛，共有150匹。我刚想在草铺上休息一下，天亮了，我急忙朝伤病员集结地奔去。

出征的骡马、担架已经排好了队。我赶到现场，遇到朱总司令派来的两位参谋同志，已经前前后后的忙开了。他们一见我就说:“吴部长，总司令放心不下,派我们来看看你这里还有什么困难？”我乐呵呵地说：“没啦，没啦，最大的困难首长给我们解决了。”

谁骑骡马，谁坐担架，我们一个一个落实定位，等伤病员同志们都上了路，我和两位参谋同志一起去向总司令报告。

朱总司令高兴地说 :“好，一个伤员没有丢，你们的任务完成得很好嘛。不过,这才刚刚上路,路上还会遇到新的困难,你们还要继续努力。”

草地话未来

1936 年 7 月，我们跟随朱总司令指挥的左纵队，离开了阿坝，过了噶曲河，沿着广漠的草地继续北进。这里名为草地，实为高原，空气稀薄，走四五里路，就气喘吁吁，需要休息。气候变化无常，眼看着晴空万里，刹那间，一阵狂风过后，暴雨夹着冰雹倾盆而下。遇到这种情况，同志们不管三七二十一，把脸盆、菜盆、铁桶、背包举在头上，抵御着冰雹的袭击。平日最辛苦的炊事员，这时成了最值得慕羡的人，他们把锅顶在头上，任凭冰雹砸得叮当作响，却若无其事。一会儿，风停雨止，又是骄阳似火。

一天上午，这是个难得的好晴天。湛蓝湛蓝的天幕上，飘荡着朵朵白云，低得好像伸手就能够着，强烈的阳光，照得人们睁不开眼。休息号响了，我们在一个长有小树的山包前停了下来，有的捡树枝，有的拾牛粪，有的挖野菜，准备做午饭。

一个身影出现在小山包的最高处。他双手举着望远镜，看看天，又看看地,东西南北看了一圈,好像在探寻什么秘密。我眨了眨眼才看清，他是我们敬爱的朱总司令。看了一会儿，总司令把望远镜交给了参谋，喃喃自语说：

“可惜喽，这么大的地方，没人放牧，没人耕种，真是太可惜了。”

听了这没头没尾的话，我还没弄懂是什么意思，站在总司令身旁的刘伯承总参谋长问道：

“总司令，何事如此感慨啊？”

“你们不是都看到了吗。”朱总司令边讲边打手势。我们放眼看去，草原风光尽收眼底：一望无际的草地，高高低低地鼓起许多浑圆的山包；弯弯曲曲的河流，如同一条条白色的带子，束在山腰间；星罗棋布的湖泊，宛如一颗颗宝石镶嵌在绿绒毯上，在阳光照射下熠熠闪光。

“草地，有人说这是不毛之地。我看哪，它比苏联的粮仓——乌克兰，还要广阔、还要肥沃啊。

“如果不打仗，在这里养上千百万头牛、羊、马、骡，一年就能收获多少皮、毛、奶、肉哟。

“将来革命胜利了，在这里修上铁路、公路，发展工业、农业、畜牧业，都是大有作为的。”

“啊唷唷”，刘伯承总参谋长说：“还是总司令站得高，看得远。”

“这不光是我看得远，咱们一起走了好几天，还是在它的边边角角上转哩。”

“那么，请问总司令，我们能不能赶上参加草地的开发和建设？”

“这……这很难说”，朱总司令停顿了一下，缓缓地说：“这有两个可能：一个可能是我们能赶上参加这个建设，但不可能完全成功；一个可能是我们赶不上，由我们的下一代来完成。这两种可能，第二种可能是肯定的。第一种可能，也并非完全没有，而是要看我们共同的努力，争取革命成功，早日建设！”

“好哇，总司令。”刘总参谋长也受到总司令的感染，无比兴奋地说：“将来开发建设草地，您当总指挥，我还当您的助手——参谋长。”

“行啊，老战友，但愿我们都能赶上这一天！”

总司令的这番谈话，成了午间休息的中心议题。同志们仨一群、俩一伙地围着火堆，一边喝着青稞野菜汤，一边热烈的讨论着。有的同志掰着手指数呀算的：总司令今年 50 岁，如果十年革命成功，再搞十年建设，那就 70 岁了，保准没问题。不知是谁一拍大腿，大声说：“20 年就 20 年，老子已经干了十几年，再干 20 年有啥子了不起，为子孙后代开发草地，咱还要冲锋陷阵！”

我身边有两个战士争论起来：

“这个地方真不错。”一个说：“要是我们湖北老家的土地也这么肥，这么多就好了。”

“好个啥？”另一个战士反驳说:“再肥的地，还不是地主老财的，不打倒帝国主义、反动派，咱们到再好的地方，也都是个穷光蛋。”

说得好啊，有党中央的正确领导，革命一定要胜利，革命一定能成功!

出发的军号响了，前面还有高高的雪山、茫茫的水草地，一句话，还有更艰难困苦的路。可是,我们的信念更坚定了:红军战士千军万马，一条心，一股劲，向着北方，向着一个伟大的目标，前进!

选自《中国工农第四方面军革命回忆录选辑：艰苦的历程》(下)，人民出版社1984年12月第1版，第71—81页。

长征路上的朱德同志

张显扬

第二次国内革命战争时期，我在红四方面军总部警卫连当战士。1935 年 4 月，一、四方面军会合时，朱德总司令便离开了一方面军和我们留在一起了。① 警卫连担负着保卫总部首长的任务，因此我们能够荣幸地轮流担任总司令的警卫员。长征时我们跟着总司令。当时有几件小事，至今还感动着我，使我永远不忘。

带领全军挖野菜

1936 年四五月间，总司令率红四方面军继毛主席的长征先遣队之后，二次过草地。行军至甘孜炉霍县境，部队停下来短期休整。根据上次过草地的经验，部队要通过漫长的草地，必须携带足够的粮食和御寒装备。不然，就过不去草地，全军就会困死在草地上。因此，休整的中心任务就是全军动员，准备粮食。总部要求每人带干粮 30 至 40 斤，咸盐二斤；另外还要准备毛线衣、毛皮衣、草鞋、帐篷……可是，这一带

① 红一、红四方面军于1935年6月会师。8月，两个方面军混编为左、右两路军，朱德、张国焘率左路军。后由于张国焘反对中央北上方针，朱德等被迫随红四方面军行动——编者注。

人烟稀少，生活极端贫困，连部队的眼前供应都很困难，哪里去筹备这么多粮食呢？困难当前，总司令是怎样领导大家克服的呢？

有一天，总司令请来了通司和几个老百姓，笑嘻嘻地询问他们这一带有什么可吃的野菜。开始，他们愣怔地盯着总司令，闹不清总司令问这干什么。经过解释，他们笑了，并比比划划介绍了许多野菜的形状和名称。总司令很满意，立即组织了一个由三大员——炊事员、饲养员、警卫员共十余人组成的野菜调查小组，委派警卫班长胡光隋同志当组长。大家分头借来了铲刀、提篓和口袋，总司令亲自率领我们出发了。

这一日，天气极好，西北草原上的春天，遍地是香花异草。总司令满面春风，笑眯眯地走在这一支小队伍的最前面，他身穿一套粗布灰军装，脚穿一双旧布鞋，八角帽上的红五星一闪一闪地放光。几位打扮得很好看的少数民族的群众，操着方言土语，跳跃在总司令的周围，他们极认真地指手画脚介绍着。总司令不时地弯下腰去，识别和挖出一些野菜；他一会儿把野菜用指甲掐掐，一会儿送到鼻子下嗅嗅，兴奋地又说又笑。几个少数民族的群众不理解总司令为什么会这样愉快，也跟着总司令呵呵地憨笑着。

这一天，我们识别了十几种野菜，大家不顾满面汗流，兴奋地挖着，铲着，刨着，直到装满了提篓和口袋，才像扛肥猪似的胜利地奔下山来。

回家后，大家一齐动手分类将野菜择净。接下去轮到炊事班大显身手了。他们将野菜先煮好，浸洗过，然后加酥油烹炒了几种，分别盛在菜盆里。绿油油的炒菜，喷香扑鼻，实在馋人。我们端送给总部首长和总司令。首长们吃了，齐声叫好，说这是自长征以来第一次吃到的新鲜蔬菜。

第二天，总司令就在直属队和附近的部队推广起来。各单位派来了“代表”，组成一支 40 余人的采野菜大队，我们原先的野菜调查小组的同志，还荣幸地分别作了大队的“推广介绍员”呢！总司令仍然亲自率领。队伍浩浩荡荡，犹如一支开赴战场的大军。这一次，“战绩”更加辉煌啦，我们发现了更多的不知名的野菜，有一些虽然当地群众没吃过，但是同志们曾在家乡吃过。我们统统挖回来；还有一些野菜，看样子很好吃,但谁也没吃过它,我们也将它挖回来请医生化验。提起化验，那时根本没有化验器械，唯一的办法是靠眼睛来分辨野菜煮过后的色泽，或靠舌头品评它的味道。就这样，我们采择了 60 多种可吃的野菜。

但总司令认为这还不行，他又出了个新点子。他吩咐我们将野菜一棵棵分类整理好，用水滋生起来。干什么呢？原来是举办展览会。

在一个风和日暖的日子，展览会隆重地开幕了。60 几种奇形怪状的野菜，开天辟地第一次如此神气地成了展览品！它们整齐地排列在红军大学的操场上，一队队，一行行，其中有野韭菜、野蒜、野芹菜、臭蒿子、牛耳大黄……红军战士们排着长长的队伍，兴高采烈地参观着这古今中外从未有过的展览会。牛耳大黄怪模怪样地伸着牛耳——菜子，最引人注意。一个红军战士就像相媳妇似地从头看到脚，后来，他瞪大了眼睛惊讶地叫道:这不是中药材嘛！当时，总司令正在旁边，笑着说：是呀！药材也来参加革命了，应当管它叫“革命菜”！引得大家都笑起来了。

末了，队伍集合在操场上听了总司令的讲话。他说：同志们！野菜也是宝，有了它就饿不死人了！我们要纪念红 5 月。我号召大家都上山去挖野菜。说到这里，哗哗哗一阵掌声。红军战士们热爱总司令，自然都热烈响应了号召。红军大学的许多首长也纷纷上山挖野菜。这一来可真解决了问题，野菜加上油盐顶蔬菜，把它掺在饭里就顶粮食吃，为过草地的吃饭问题，提供了一个解决办法。

让 马

总司令对战士的关怀，真是无微不至，就拿行军来说吧，当通过崎岖狭小的山路时，他总是命饲养员把马停在路旁让部队先过，自己站在一边，像慈祥的父亲般叮咛再叮咛：同志们，当心一点，别滑下山崖去！到了宿营地，他就又不顾自己疲倦，东走走西瞧瞧，检查部队住下了没有，帐篷搭得牢不牢，会不会被风吹跑，警戒放了没有，脚洗了没有……他常常教导我们说：我们红军部队是革命的大家庭，同志间要发扬阶级友爱，团结互助，我们长征的每一个同志都是将来的干部，多带出一个同志，就给革命增添一分力量！他自己正是这样以身作则的好榜样！长征途中，他的马常常是让给走不动的伤病员骑的。

那时候，我们是骑兵警卫班。途中，班长胡光隋同志的马在一次战斗中被打死，从此他只好步行。有一次行军，他的脚碰伤了，走路一瘸一拐的，眼看就要掉队了。这事被总司令发现了，他忙亲切地问：小胡，脚怎么了？骑上我的马吧！没等胡班长答话，他已跳下马来，并吩咐饲养员扶胡班长上马。胡班长为难了半天，不骑吧，眼看就要掉队了，骑吧，总司令这么大年纪给自己让马，心里实在不忍……他正犹豫不决，一抬头，见总司令早跑着赶队伍去了。饲养员同志说：你就骑上吧！胡班长无奈何，这才流着热泪爬上马背。到了宿营地，胡班长把事情经过告诉我们。大家听了，都非常感动，胡班长更是感激。他以后悔的心情像做结论似地说：在总司令面前，有病要撑着，千万别让他看见，要不他就非让马给你骑。他这么大年纪了，我们骑马，让他走路，心里怎么过意得去呀！说着眼圈又湿润了。从此，我们警卫班有马的同志也很少骑马了，路上见了伤病号，都争先恐后地让马。记得过草地时我们班就曾带着五军团机枪连的两个伤员。

草地钓鱼

总司令很关心部队的文娱生活。长征时没有娱乐器材和娱乐场所，他就号召大家学唱歌，特别强调唱《三大纪律·八项注意》歌，并要求我们扛起枪，走起步子唱。这是最好的娱乐活动，部队走到哪里歌声就到哪里。听到战士们嘹亮的歌声，他满意地说：红军战士就要这样，要活泼，要有生气，死气沉沉的人是过不去草地的！他自己不仅会唱歌，还很喜欢打球。记得在炉霍休整时，他常常在红军大学的操场上打球。那是什么样的球呀？是红大同学自己用皮子做的：圆溜溜的一个大家伙，里面填满了草；因为没有充气，弹性小，打起来非常吃力。球架子呢，是用几根木柱歪歪斜斜绑成的。总司令打得可起劲哩，常常打得气喘吁吁，满身大汗。可是草地上连这样蹩脚的"篮球"和"篮球架"都没有，不能打球怎么办呢？总司令有办法，他钓鱼。这真是名副其实的因地制宜。草地上到处是川流不息的小溪，潮湿的泥土上蠕动着小蚯蚓，正好捉来做鱼饵。行军休息的几十分钟，如果总司令没有别的事，他便慢悠悠地拿出钓竿来，挂上小蚯蚓。他常幽默地对我们说：大家都来钓鱼呀！鱼肉也可以饱肚子！

谁都知道，红军过草地是何等艰苦：吃枪皮带，吃皮草鞋……但总司令却那样蔑视困难！他豪迈、乐观的气魄，感染着每一个人，同志们常常说：见了总司令，一身疲倦就无影无踪了！跟着总司令就觉得有依靠，有信心，有希望！

节选自《战争时代的朱德同志》，人民出版社1977年6月第1版，第66—71页。

张显扬，1915 年生，四川通江人。1933 年参加中国工农红军，同年加入中国共产党。红军长征时任红四方面军总部警卫连战士等。新中国成立后，曾任云南省军区昭通军分区司令员、中国人民志愿军第十五军四十三师师长、解放军第十五军副军长，武汉军区副参谋长、副司令员，福州军区副司令员等职。1961 年被授予少将军衔。2005 年在福州逝世。

跟随朱德总司令[①]

沈先夫

1935年七八月份，在毛儿盖中央政治局会议以后，张国焘蓄意分裂党，分裂红军。毛主席劝说、督促他北上抗日。他口是心非，不听从毛主席的命令。这时候，四方面军有位领导同志没有执行他的命令。毛主席率领红一方面军北上了。张国焘违背毛儿盖中央政治局会议决定。当时，他在口头上赞成北上抗日，而且举了手，赞成中央的决定。中央的决定是首先夺取四川的松潘，智取甘肃的明州，北上抗日。会后，他拒不执行毛主席的命令，毛主席催他北上，催了多少次，他就在毛儿盖住着不动。这个时候，毛主席还是采取说服的态度，你不执行，我先率领一方面军北上抗日。他在阿坝开了会议，作出所谓阿坝会议决定，反诬毛主席、党中央北上抗日的路线是机会主义，右倾逃跑，大骂毛泽东同志和周恩来同志，在党内外大造舆论，攻击毛主席、党中央。

毛主席率领红一方面军北上以后，张国焘下令红四方面军——当时叫左路军，公开打着反对党中央和毛主席的旗帜，在卓木碉召开所谓中央政治局扩大会议。在这个会议上，他气急败坏地辱骂毛主席、周恩来同志，说他们是右倾机会主义路线，向北逃跑，他厚颜无耻地宣布成立伪中央，自命为中央主席，赤裸裸地暴露了他篡党夺权的野心。当时，

① 编者对原文略有修订。

我是红四方面军总指挥部的警卫排长。那时候，警卫排有三个班，每班十几个人，每个人一匹马，一支长枪，一把匣子枪，五颗手榴弹，一把大刀。我带一个班专门负责保卫朱总司令。从此开始了跟随朱总司令长征。张国焘组织伪中央时，朱总司令、刘伯承同志坚决地反对，他们以高度的原则性回击了张国焘的猖狂气焰，义正辞严地反复地说明毛主席的北上方针、路线是正确的，当面痛斥了张国焘卑鄙的行径，为毛主席、党中央的正确路线作了辩护。朱总司令说，我坚持只有一个党中央，就是以毛泽东同志为首的党中央，根本不存在两个党中央的问题。我只承认毛泽东同志为首的党中央，不承认你张国焘另立的伪中央。当时，张国焘气势汹汹地说，你不承认我这个中央可以，四方面军指战员承认。当时，四方面军的高级干部受张国焘路线毒害很深，在会议上起哄，围攻朱总司令。在这种情况下，朱总司令依然精神愉快，信心百倍地宣传毛主席的正确路线和方针，说服四方面军的高级干部要坚信毛主席的路线是正确的。尽管朱总司令是少数，没有阻止住张国焘的错误路线，但是，他的原则立场和斗争精神在四方面军中产生了深刻的巨大的影响。朱总司令经常同四方面军的下级干部战士在一起，了解他们的思想和生活情况，特别关心战士的生活。张国焘虽然对朱总司令恨之入骨，他又企图利用朱总司令的威望，打着朱总司令的旗号，欺骗四方面军的干部战士。这个问题，当时我看得很清楚。那时，我给朱总司令当警卫排长，非常同情朱总司令。那时候，上级给我两个任务，一个是公开的任务，保卫朱总司令的安全；另一个任务是不公开的，防止朱总司令出意外。实际上，张国焘是软禁朱总司令。那次会议我亲眼看到，四方面军高级干部受张国焘蒙蔽，在会上起哄，当面骂朱总司令，甚至用手指点着他的头骂他是老糊涂，是毛泽东错误线路的代表和忠实执行者。当时，我看到这种情况，很害怕，不敢说话，我没有权力说话，那个时候也不可能说话。我很为难，既不敢说话，又不敢公开保护朱总司令。在会上，我听到有的人讲，还是不要动手吧。确实有一些比较好一点的干部。我听了他们的话，心里的石头就去掉了一半。朱总司令不怕打击和辱骂，顾全大局，宽大为怀，从党的利益出发，从革命利益出发，不计较个人得失和安危，始终不渝地为维护毛主席路线而斗争。在这样艰苦的环境里，他仍然精神十分愉快，充满革命乐观主义精神，他经常和我们警卫排的战士开玩笑。有一次，他问我：“小沈，你拥护不拥护毛主席呀？”我当时，虽然心里明白毛主席的路线是正确的，但是，由于张国焘在红军中搞白色恐怖，我心里很害怕，说毛主席路线正确就不行，那就当面把你搞起来，到了晚上把你干掉。因此，我只能默默地点点头，没敢直接了当地回答。那个时候不但我不敢说，谁也不敢说。后来，朱总司令耐心地教育我，要忠于毛主席路线。他语重心长地说，谁正确，谁不正确,将来看。历史会作出结论,而且不要很久就会看清楚。他还对我说，我（指朱德本人）留下来，是毛主席决定的，不是张国焘把我留下来的。毛主席的路线一定会指引红军取得胜利。张国焘一意孤行，不听党中央、毛主席的路线一定会指引红军取得胜利。张国焘一意孤行，不听党中央、毛主席的指示和劝告，他命令红四方面军沿着原来的路，再次爬雪山过草地，又返回四川。这是第二次过草地，到了天全、芦山、名山、雅安一带，在这一带，住的时间很长。南下不可能，四川军阀在堵击，北上他又坚决不干。所以在这个地方住的时间就比较长。这四个县是比较贫穷的，缺粮食，几万人在那里吃饭很困难。那时，朱总司令身体很好，头脑清醒，指挥作战很英明、很勇敢，很有魄力。他的脾气很好，爱兵如子。在受到张国焘那种打击和摧残下，他始终精神愉快，他下到连队，向干部战士宣传毛主席的方针路线。他一点官架子也没有，和群众关系很好，和大家打成一片，群众都很拥护他。他每次吃饭都是同战士一样。所以，干部和战士都很爱护朱总司令，把自己背的干粮拿出来给朱总司令吃。他说：“我吃了，你们吃什么？”战士们回答：“我们多吃一点草吗，也要给你吃，你如果不吃，我们的心放不下。”当时，朱总司令说：“你们背的干粮也不多，给我吃了，你们少吃也不好办哪。

你们年轻，肚子饿的快呀，我不能吃你的，我也可以多吃草嘛！”他经常跟我们开玩笑。有一次朱总司令来了我还没起来。他把我盖的被单掀开，拍拍我的屁股，说：“小沈，小沈，太阳快晒着屁股了，还不起床啊？”他经常问警卫排的战士有没有什么东西吃，我们说，现在吃的是皮带。他笑着说：“吃皮带是上等席。”那个时候，在草地中间一个没地名的地方，大家都走得非常疲倦，警卫营站岗的睡着了。我们警卫排站岗的也睡着了，朱总司令骑的马被三十一军政治部偷去杀吃了。第二天早晨派人到处找马找不到。当时我心里想，总司令的马丢了怎么得了呢？总司令没有马骑怎么办呢？正在发愁的时候，他派他的警卫员来找我。我到他那里去，还没等我走到跟前，他就笑起来了，并问：“马找到了没有？”我说：“已经派人去找，还没有找到。”我随后说：“把我骑的马给你骑吧，我另外找匹马骑。”他不但没有发脾气，还安慰我不要害怕。他说：“这件事不能怪你们，因为大家都疲乏嘛。我还是骑马走路，也很疲乏嘛。”

朱总司令脾气很好，为人忠厚，平易近人。他很喜欢到战士中间去，深入下层，了解情况。他很好运动，喜欢打篮球。那时在甘孜地区，有一次休息，他想打篮球，上哪去找篮球呢？我们感到很为难，没有别的办法，就用羊皮包着棉花做了一个球，当篮球打。这个球不能拍，拍不起来，就是抱着跑。我同朱总司令定了一个协议，凡是他出去打球，事先要他的警卫员通知我一声，因为我要负责保卫他呀！当时，他也同意。他说：“我经常出去，走一走，看一看，玩一玩，有时你不知道。”后来，他出去的时候，就通知他的警卫员告诉我，我好去保护他。他经常跟我讲，保卫工作应当注意些什么问题。他说：“我的警卫员年龄小，不懂得做保卫工作。这方面知识很少。你比他大两岁，懂得的事比他多。”我当时回答说：“我懂的事很少，希望总司令今后多多批评帮助。”

他是四川人，很喜欢吃酸东西，爱喝酸汤。草地哪里去找酸汤呢？他告诉警卫员，每天到了宿营地，找一些有酸味的草，煮一缸子汤喝。他的警卫员外号叫“小公鸡”。有一次，找不到那种开小黄花、弯叶子的带酸味的草，愁得哭了。怕朱总司令骂他。其实朱总司令从来不骂人。我劝他说："总司令不会骂你，不要害怕。"真正找不到，朱总司令也不会发脾气。我告诉他，以后要每次多找一点准备着。说到吃野草，大家议论那些草能吃，那些草不能吃，朱总司令听到了。他说："不要随便叫指战员什么草都吃。哪些草能吃，哪些草不能吃，了解的情况还不多，没有经验。拿一点来，我先亲自尝一尝，看看有没有问题。如果没什么问题，再发通知，拿个草样子发到下面去。照着样子去找，就不会出问题了。"

二、四方面军会师后，在甘孜地区休息了半个月。贺龙、关向应、任弼时、朱德等同志开始动员、说服、批评张国焘，要他取消伪中央。这次会议上，斗争得最激烈。当时，张国焘顽固地坚持成立伪中央是正确的。这时，朱总司令腰杆子也硬了。这个时候同情朱总司令的人多了，张国焘也不像在卓木碉成立伪中央时那么强硬了，他的理论站不住脚，没人听。真理在朱总司令、贺龙、关向应、任弼时同志手里。当时张国焘成了少数。结果，张国焘被迫同意取消伪中央。二、四方面军一同北上抗日。

朱总司令的警卫员年龄很小，照顾朱总司令的事都是靠我。我帮他背望远镜，每次上马的时候，我总是扶他一把，因为马很大，很不好上。骑马走路他不喜欢快跑，他总是告诉我，慢慢跑。每到一个地方，一下马，他把手往后一背，不说话，意思是要望远镜，我当时明白，知道了，马上把望远镜递到他的手里，看看地形，看看有没有敌人的骑兵。朱总司令平时言语很少，若是同战士、下级干部谈起来，话就没个完，宣传毛主席的路线没个完。他经常同我们警卫排的战士讲故事，一讲就是小半天。用他切身的经验，讲过去在南昌起义他干什么，一直讲到现在。并且每天晚上吃了饭以后就到我们警卫排里来，和大家一起玩。在甘孜休息条件比较好一点。朱总司令有个习惯，晚上过了 12 点之后，要吃一点东西。当时，只有干牛肉片，酥油现在叫奶油，糌粑现在叫炒面。

每次吃完之后，剩下点东西警卫排的人去吃。开始时，我们都不敢吃。后来知道了他的脾气，就很随便地去吃了。每次我们吃的时候，他在跟前看着我们吃，告诉大家 ："不要抢，慢慢吃。"

节选自杨子忱编著、郑晓亮主编：《沈先夫传》，1996年，第161—166页。

和朱总司令一起行军

王夫同

1935 年冬，红军进入西康的时候，我在红四军三五团卫生队当看护员，那时还不满 15 岁，个子很小，行军爬山总感到很吃力，有时还要别人牵着手走。有一天，我们在芦山与宝兴之间翻越一座大山，天下着蒙蒙雨，路又陡又滑，从拂晓出发，走了好几个钟头，山还是那么高，真不知什么时候才能翻过去。我走得全身都没有力气了，别人牵着我的手走，还感到很吃力，真想一头倒在路上睡一大觉。这时候，从我们后面挤上来一个同志，和我们的老炊事班长走在一起，这个同志穿了一身灰布军服，军服很旧，还有几块发亮的油污，赤着脚，穿了一双草鞋，大家都不认识他，看到他插入我们的行列，就干涉他说：“同志，不要乱插队伍，看走掉队了。”他笑嘻嘻地回答说:“不要紧，掉不了。”他好像不觉得疲累，走路很有精神，当他走到炊事班长身边，看见班长肩上沉甸甸的担子，就要接过来担，炊事班长回头看见这个前来互助的同志比自己年纪还大，哪里肯把担子让给他，便使劲地往前跑了两步，拒绝了他的帮助。但是经过这样的争夺，他们成了很熟悉的好朋友，起劲地摆开了“龙门阵”。他们一面走一面谈，谈得十分投机，从部队打仗谈起，谈到四川的农村生活，还谈到怎样种庄稼，一直到前面传来了原地休息的口令才把话收住，这个老同志才离开我们往前走去。大家都不知道这个同志是干什么工作的，看他身上穿的衣服和大家一样，听他说的话又像是个干部，我看他和炊事班长谈得那样起劲，还以为他们是一起参军的老战友呢。正在这样猜想的时候，前面传下来一个消息，说刚才过去的那个穿灰布军服的同志就是朱总司令。听到这话，我们几乎都惊讶地喊了起来："哎呀，他就是我们的朱总司令呀！"于是朱总司令就成了我们行军中谈论的中心了。有的说："朱总司令跟我们一样艰苦。"有的说："他那草鞋还没有我这双好呢。"……部队顿时活跃了起来，前前后后不停地谈论着。我们的老炊事班长挑着那副软溜溜的担子，迈着轻快的步子，一闪一闪地往前跑着，看得出心里有多么兴奋。从前我总以为朱总司令是骑马坐轿八面威风的，没有想到他却是这样地和战士同甘共苦、平易近人。想到这些，什么疲劳都忘记了。我迈开大步，雄赳赳地往前走去，在不知不觉之中就把这座大山翻越过去了。（余力整理）

选自《安徽文艺》1977年第7期。

回忆朱总司令

赵德仁

长征的时候，我给总司令当警卫员。

那时，总司令身上穿着一件粗布黑夹袄，腰里束着一根小皮带，下身是灰色的裤子，打着一副粗布帮腿，脚上是一双单边草鞋。

经过一段草地行军，他的脸变得又黑又瘦，颧骨高高突出，额上的皱纹越深了，头发也长了，他那顶八角帽，原来戴着还打转转，现在都顶在顶上了。人们只能从他那粗粗的眉毛、宽大的下颚和嘴边长长的深深的毅力纹上才能认出他来。

在党岭山腰里宿营的时候，我们几个警卫员正坐在沙松树下休息，老远看见一个人扛着一大捆树枝向驻地走来，我以为是炊事员，直到眼前才看清了是总司令，他头发上和胡子上都结了很多冰珠珠，就像一位白胡子老人，向我们微笑着。我们班长李文方同志忙喊了个“立正”，向总司令敬礼，他因为过于激动，猛一晃荡，不留神帽子给山风刮跑了。总司令笑了笑，就和蔼地告诉我们不要光坐着，要活动活动，就会暖和些。他又指着那捆树枝说：“拿去给你们搭个哨棚吧，小心晚上会冻坏的。”

由于很长时间没有换洗过衣服，我们身上长了很多虱子，总司令身上的虱子也并不比我们少，每到一处有点遮蔽的地方，总司令就让我们架上火烤，一边烤虱子，一边给我们讲故事。虱子少了，但是浑身上下叫虱子咬得斑斑点点，非常痒，抓得满身都是条条白印，最后成了伤疤。总司令调查好党岭山附近有天然温泉，就让我们去洗澡，洗了几次，抓破的伤疤就好了。

过了山，大家的草鞋磨透了，衣服也破了，总司令的黑夹袄到处都露着被油汗浸黑了的白里子，吃饭时袖子上的布穗穗常掉进碗里，总司令的爱人本想给他缝一缝，可惜没有针线，就只好照就穿着它过冬。

快到古儿沟的时候，我们带的大豆也吃完了，只好捡野菜，野菜捡光了，就吃树皮、草根……有一天，我忽然发现总司令的皮带没有了，我问总司令：

“总司令，你的皮带怎么掉了？”

他说：“给别个拿去吃了。”

我马上想起来，前天晚上，班里分给我一小块皮带吃，啊呀！原来这……就是他的。我张着大嘴，在那里愣了好半天。①

等到了古儿沟时，吃的更加难找了，甚至连牛马骨头都成了难得的食物。总司令便下命令杀他的战马。这可是一件大事，这消息很快就传开了，我们都很激动。心想：总司令身上负担着是什么样的重担？他需要骑马，他绝不能没有马骑，我们一致通过：“不杀。”另外杀了一匹拐腿老马，用白水煮了一下，每人分了一块。不知怎的，总司令却没有吃，我猜他准是又背着我们把自己的那份给哪个伤病员了。

第二天部队又出发了。我看见总司令站在路边，老远地就看见他那散着的破夹袄被寒风刮得忽闪忽闪地乱摆，我不由得打了一个寒颤，心里一阵难过，他该有多冷啊！但他却像久经风霜的百年古松一样站在那里，那么坚定，那么庄严。他微笑着向前进中的部队招手。我把他的马拉到他腿前说：“总司令上马吧！”

---

① 赵德仁在2004年回忆，朱德的皮带是他自己偷出来和其他几个警卫员一起分吃的。见《我的长征——寻访健在老红军》，解放军文艺出版社2005年5月第1版，第396页——编者注。

他转过身来一看到马，立刻严肃地问我：

“谁叫你把这匹马留下？”

“是同志们为了总司令……”

“为了我，让战士们空着肚皮过草地吗？”

他好像是自语,又像是对我说的。我一时说不出话来,呆呆地站着。过了一会，他命令我：

“把这匹马送给收容队，让掉队的同志骑。”

说罢，就走到队伍前面去了。

有一次在宿营地，轮我站内卫哨，短枪在木套里忘了取出来，还挂在肩上。总司令进来了，我看清了是他就没有问口令。下哨后，他对我说，内卫哨是保证首长的安全工作和休息，不应该马虎，以后放哨时，枪里要装子弹，提在手里，对来往的人一定要问口令。我惭愧得一句话也没说出来。

第二天继续前进了，天气很冷，休息时，同志们生了一堆火，我挤到跟前一烤，手脚马上起了泡，一摸还流出了黄水。到晚上，泡一个个都破了，痛得连觉都睡不着，我没有吭声。总司令晚上查哨回来，凑到我跟前，就问我：“疼吗？”

“不。”我一面说着，一面不禁奇怪他怎么知道了。

总司令笑了笑，又说：

“喝些开水暖和暖和吧！”说着就叫人给我端开水，又叫人去请医生。并安慰我说：“不要紧，会治好的。”

20几年过去了，现在回想起他那亲切的样子，好像总司令仍在我身边似的。

选自《中国青年》1957年第4期。

赵德仁，1920 年生，四川苍溪人。1933 年参加中国工农红军，1937 年加入中国共产党。红军长征时任红四方面军供给部通信员、总部警卫连战士。新中国成立后，曾任新疆冶金地质勘探局管理干部。2005 年在苍溪逝世。

一堂战术课

查玉昇

1935年秋天，四方面军在张国焘的错误领导下，由阿坝又折而南下，经过一段艰苦的行军之后，部队在西康的道孚住下来休息。

这天，忽然上边来通知，要连以上的干部集合，说朱总司令要给我们作关于战术问题的报告。

我第一次见总司令，是在阿坝的行军道上。那时他戴个半旧的斗篷，肩上披个毡子，骑着一匹秃尾巴黄马，和我原来想象中的“总司令”大不相同，可是他那种朴实近人的风度已经给我留下了深刻的印象。部队到达道孚以后，由于在草地上的往返跋涉，大家都已疲惫不堪，可是一听说是朱总司令作报告，都兴致勃勃的去了。

总司令的报告是在道孚的一座喇嘛庙里进行的，几百个人挤在庙里的一所大楼里，会场上没有桌子，没有坐凳，没有任何的布置，大家都席地坐在楼板上，中间留出两公尺见方的一块空地，总司令就站在当中讲话。

总司令讲的是关于“隘路战斗”的战术问题。“隘路”，是指狭窄的山道。那时，我们在四川、西康地区经常遇到这种地形：一边是高不可攀的悬崖峭壁，一边是其深莫测的陡峭的山涧，当中一线弯弯曲曲的羊肠栈道，结合山势，形成一重重险要的关隘，敌人凭险固守，我们部队无法展开，很难攻打，有时攻打上去，也要付出很大的伤亡代价。总司令就是根据这一实际情况，向我们具体地指出了“隘路战”的打法。

当时，我们打仗是不大讲究战术的，只是猛打猛冲，一次攻不下两次，两次攻不上三次，往往一个小的战斗也要有很大的伤亡。因此，总司令这次战术报告给我的印象特别深刻。关于这次报告的内容已经记不清了，但是有两条战术要点的大意还依稀记得。一条是在向敌人进攻时，不要只取正面，要更多地采用侧后迂回，特别是形势险要的阵地，敌人依恃地形好，往往只注意正面的防御，我们若能从他的侧后突然出现，则不仅可以迅速取胜，而且可以大大减少伤亡。另一条是在“隘路战”的情况下，突破一点之后，要对敌人紧追不舍，不要停留，不要恋战利品，不要给敌人以喘息时间和回头还击的机会。

听过这次报告之后不久，我们就向东出发，直取成都。

行至宝兴，我们就被敌人阻住了，四川反动军阀刘湘的一个教导师，沿宝兴至灵关场一线，依托重重山卡设下了层层防御阵地。

要打宝兴，必须要过一条江。这条江，由北而南，紧紧贴着宝兴城的西头。江并不宽，但很深，就像两面悬崖夹了一条深沟。在通宝兴西门的大道上，架有一座吊索桥，敌人在桥头上设有工事和防哨。

部队赶到了江边，若是按照往常的习惯打法，就是立刻发起攻击，抢占吊索桥，径直向宝兴西门冲击；可是这次却没有这样，上级命令我们交通队要夜间从上游先行过江，绕道去攻打宝兴。

我们趁着夜色，沿着江岸山崖上的崎岖小道摸索前进，终于找到了一处最窄的地方，先砍倒了一棵高树，搭了个独木桥，派几个战士缘木而过。过了江的战士们在对岸搜集了些材料，很快就搭成了一座小便桥。这样，全队就顺利的过江了。

我们在黑夜中摸过江之后，才发现江这岸几乎完全是陡峭的山崖，根本没有道路。我们只好把枪大背起来，四肢伸开，像壁虎一样贴在石壁似的岩石上，手和脚搜索着可以攀登踩的岩缝和树藤。可是岩石上的草苔极滑，一不小心，就会坠下崖去。我们每前进一步，都要费力很大。秋风虽凉，但我觉得身上的衣服已经被汗水湿透了。

“娘卖皮，这是什么道？”黑暗中一个同志骂起来，听声音，是二排长陈光林。平日他从来不恼火，可是今天晚上却憋不住劲了。只听得他嘴里继续嘟噜着：“……放着吊桥不过，叫老子受这个洋罪……”

战士们对这一次放着吊桥不走，偏偏要在这无路可通的山崖上爬行是不满意的，我虽然也讨厌这个鬼地方，但是，想到朱总司令那次讲的战术问题，不由得暗暗猜想：一定是我们师长在按照总司令的话指挥的。因此，听见一些同志牢骚不满，就低声说：“不要嘟噜，有意见回去提！”

艰苦地爬了一夜，天明以后，我们终于找到了一条小道，小道仍然险阻重重，但对爬行了半夜的我们来说，算是平坦大道了。

走不多远，就听得前面枪声大作，估计是我们发起攻击了。我带着全队加快步子，一直向南奔去。

拐过一个山麓，宝兴城突然展现在我们眼前的山脚下。我们居高临下，城里敌人的往来活动都历历在目。麻痹的敌人，对这一带山头制高点竟没设一点戒备，一定是认为江深崖陡，红军插翅也飞不过来吧！

这时，宝兴城西江岸上，正响着密集的枪声。原来从正面攻击的二七四团，刚刚冲上吊索桥，敌人就把绳索斩断了。已经冲到桥上的战士纷纷落水，剩下的几个还抓住铁索，悬空挂在那里，前进不得，后退不能。下面是滚滚江水，而桥头工事里的敌人又在疯狂的射击，眼看又有几个同志跌下江去了。

在这时候，我才意识到这一夜爬山的重要意义。我们立刻从山上冲下去。敌人正集中力量对付吊索桥上的进攻，万想不到我们会突然出现在他们的侧背，阵脚立刻乱了，连刚刚做熟的早饭都顾不得吃了，纷纷出城向南逃去。我们的大部队胜利的占领了宝兴城。

部队几天都没吃餐饱饭，大家都饿的不行，进城来一见满锅满桶都是白花花香喷喷的大米饭，就狼吞虎咽的大吃起来，谁也顾不上再去追赶敌人了。

我们爬了一夜险路，当然也饿的慌。我正想叫战士们搜集些饭吃，忽然想起了朱总司令报告中说的“突破一点之后，不要给敌人喘息的机会”，于是就顾不得吃饭了，带着交通队就向南追下去。

我们紧紧尾随着溃败的敌人，一步不舍，每过一重山卡，敌人刚刚打算回头抵抗，我们就扑到了，他们只好掉回头去再跑。

由于我们追的猛，很快就形成这样一种局面：我们背后是掉了队的敌人，在敌人后边又是我们的人，而我们后面同志的后面，还有才从宝兴脱身逃出的敌人。就这样和敌人混在一起，一路追，一路打。

正追杀着，一颗子弹打中了我的左肩。我没来得及包扎，仍继续追赶。跑不远，右膀子又中了一枪，流血过多，再也跑不动了，只好闪在一块石缝里。这时战士们仍不放松，溃散死命地往前追击。

陈师长上来了，他一见我受了伤，批评我说：“做指挥员的，在抓住战机。可是不要忘了，要掌握部队，你一个人，是条龙，又能怎么样呢！”说完便命令他的警卫员找担架把我抬起来。

这次战斗，敌人在我们紧追不舍的情况下，根本没捞着还手。我们一直追到了灵关场才停下来。虽然我负伤了，可是总的说来，我们的部队伤亡是不大的。

我躺在担架上，又想起了战前总司令的战术报告，这是难忘的一课。从此，我才真正领略了一个极为平易的，但却是极为重要的道理：“打仗不仅要凭勇敢，还要讲求战术。”

选自中国人民解放军三十年编辑部编：《中国人民解放军三十年初选稿》第一卷第三辑（二），第51—54页。

查玉昇，1914 年生，安徽六安人。1931 年参加中国工农红军，同年加入中国共产主义青年团，并转入中国共产党。红军长征时任红四方面军第三十一军第九十三师师部通信队队长、交通队指导员。新中国成立后，曾任解放军某军军长、昆明军区副司令员、全国政协委员等职。1998 年在昆明逝世。

朱总司令上“课”

何华章

1936 年 3 月，四方面军翻过党岭山，在西康的炉霍停下来，进行短暂的休整。当时，我在通信训练班学习。

没到这儿以前，大家都以为炉霍是个大城镇，可以弄点粮食了！不料这地方空有城市之名，其实和西康的其他地方一样，人口稀少，土地贫瘠，根本买不到多少粮食；就是买到一点点，我们自己也舍不得吃，要留着给即将到来的二方面军同志。

怎么办呢？好在当时正是春天，山坡、旷野长满了野生植物，绿油油的一望无边。我们只好按过去的老办法，采野菜吃。这东西，虽然嚼在嘴里又苦又涩，可皱着眉头下狠心咽到肚子里，却也顶点事。

不久又出问题了：有不少同志头晕脑胀，上吐下泻，病倒在床上，光我们班就有四个，而且有一个病情非常严重，不得不送到医院去。病人的数字一天天增多，不论干部和战士都急得直发愁：看来是野菜有毒！继续吃野菜吧，不知哪种有毒；不吃吧，那是干等着饿死。正在这个时候，上级来了通知：明天在喇嘛寺集合，听朱总司令讲课。什么重大的问题呢，需要总司令亲自来讲课？夜里倒下来想了好久也没想出个究竟来。

第二天早晨，我怀着迷惘的心情走进了喇嘛寺。院子很大，黑压压的挤满了人群。前面有个稍稍高出地面的土台，朱总司令穿着补了补丁的军装站在台子上，两只穿着草鞋的脚不停地来回移动，精神还是那样饱满，只是脸比以前更加黄瘦了。他面前放着一张长桌子，上面摆着一簇簇的野菜和杂草。这是讲什么课呢？我一时更莫名其妙了。

这时，朱总司令说话了：

“同志们！今天我不讲军事，也不讲政治，谈点生物常识吧！”他慈祥地笑了笑，“目前的处境很艰苦，还得有段时间用野菜来维持生活。可是野菜不能乱吃，吃错了会中毒的，现在不是有许多同志中毒了嘛！吃野菜是为了生存下去，坚持革命，所以就得学会怎样吃……”

原来总司令在教我们怎样识别野菜！我又兴奋又激动地听着。在座的同志们也像在沙漠上遇到一眼清泉那样喜形于色，专注地倾听。

大院里，总司令的声调显得特别洪亮，他首先拿起几束能吃的野菜来一件件的向我们讲解：这叫冬苋菜，这叫耳屎苋，这是苦菜，这叫灰条草……然后又拿起另外几束粗看起来有点像冬苋菜和灰条草的野菜告诉我们：这些都是毒草，都不能吃。他每讲到一种的时候，总把手里拿着的标本举得高高的，唯恐后边的同志看不清，同时讲得也很仔细，有些不常见的植物，他都一一指出它的特征，反复地讲解。

从早晨一直讲到太阳当头，总司令才结束了他的讲话，最后他还再三叮咛：“记住，千万不要搞错了。只要大家不出错，那么，我们就能度过这艰苦的日子。”

前几天为了吃的问题，同志们都是眉头紧锁，但现在舒展开了，有说有笑地鱼贯走出喇嘛寺。在这紧要关头，总司令的讲解是多么及时呀，他鼓起我们的斗志，增加了我们战胜困难的信心。

选自杨国夫等：《星火燎原·未刊稿》第4集，解放军出版社2007年8月第1版，第1—2页。

朱总司令和我们在一起

陈树明

1936 年 5 月，红四方面军在四川炉霍喇嘛寺内办起一所党校，我被调到这里学习。朱总司令常来党校看望学员。下面记述的就是总司令和我们在一起的几个故事。

“北上抗日是完全正确的”

炉霍这所党校编有两个班，一个是党员班，一个是团员班，共有 80 来人。我在党员班。校长姓刘，康克清担任总支书记。当时，朱总司令工作很忙，但是他仍抽出时间给大家上课。他上的课，有四个方面的内容：一是党的发展历史；二是红军的游击战术；三是中国的社会发展史；四是中国民主革命时期的统一战线。总司令讲课主题鲜明，重点突出，生动具体，深入浅出。同志们很爱听。头年南下时，担任红军总政委的张国焘，自恃人多枪多，实力雄厚，不听党中央、毛主席的指挥，反对中央北上抗日的正确方针；攻击党中央、毛主席北上抗日是什么“逃跑主义”，南下建立川康根据地才是什么“正确路线”。张国焘的这些话，我们听了都觉得不对头。一天上午，总司令又来给我们上课了，他讲的是党的历史发展问题，正好学员们请他解答“北上抗日是不是‘右倾逃跑’”。听了学员们的提问，总司令一下变得严肃起来，略微停了一下，大声地说：“这是不真实的。党中央，毛主席决定北上抗日，是完全正确的。不能说成是右倾逃跑。”接着，他喝了一口水，继续说道：“南下是与中央指示精神相违背的，是错误的。”总司令话音刚落，学员们便报以热烈的掌声。后来我们才知道，去年秋天，张国焘一再逼迫总司令表态，要他反对毛主席，反对北上抗日，但是总司令坚定地回答说，党中央、毛主席的领导是正确的，中央的北上抗日方针我是举手赞成的。我们的总司令就是这样深明大义，坚持原则。

“要想取得革命的胜利，朱就离不开毛”

课外活动时，总司令只要能腾出时间就和我们一道做游戏，有说有笑，情同手足。一天晚饭后，总司令又来到我们中间。这天的游戏是丢手帕，谁要是输了就唱支歌。游戏场设在学校外面的一个院坝里，大家围成一个圈，心情格外高兴。当时大家都想请总司令唱歌。于是，想办法将手帕往他背后丢。谁知总司令的“警惕”性高，我们每次作“弊”，都被总司令发觉。最后，大家“咬”了一阵耳朵，采取“转移”总司令视线的办法，让紧靠总司令身边的学员，事先悄悄地将手帕放在总司令身后，然后起身跑上一圈，再回到原地。这办法也真灵！总司令总算“输”了一次，场上顿时响起“请总司令唱歌！请总司令唱歌”的欢腾声。总司令乐呵呵地从地上站起来，说：“这次算我‘输’了，应该唱歌。但我出个题目请大家解答，大家能答上来，我连唱两支歌好不好！”“好！”学员们齐声回答。只见总司令低头略略思考了一下，说：“大家以我的姓和毛主席的姓为题，说说朱毛能否分离？朱离开了毛会怎么样？”这一问可把大家给“噎”住了，你看我，我看你，一时谁也不知怎样回答为好。停了几分钟，总司令见大家答不上来，就说：“看来这两支歌我是不唱了！现在我来解答这个问题。”总司令两眼炯炯有神，严肃地说道:“要想取得革命的胜利，朱就离不开毛。假若朱离开了毛，红军就要走错路，中国革命就要失败。这就是说，朱毛不能分离！”听了总司令的话，同志们心里顿觉热乎乎的，深深感到朱总司令对毛主席的感情是多么深厚，是多么尊重毛主席啊！

这以后，我们经常利用总司令参加课外活动的机会，聆听他的教导，每次都受益不浅。

“应该首先想到伤病员”

在那艰苦的岁月里，总司令和大家一样，吃的是青稞面做成的糌粑馍，喝的是酥油茶，晚上就睡在楼板上。看着总司令消瘦的面孔，大家像揪心一样难受。于是，学员们不时在一起“碰头”，想办法搞点好吃的，给总司令补补身体。一天，我们几个学员到伙房找水喝，发现灶芯坏了，就动手修起来。突然在灶底下发现有 50 多包大米和 20 多包叶子烟。当时，那个高兴劲就甭提了。大家当即在一块商议，让炊事班给总司令做几顿大米饭吃。谁知第二天大米不见了。这是咋回事？大家都感到纳闷。晚饭后，总司令来到游戏场。我们急于想从总司令那里了解到大米的去向，于是装着口渴找水喝都往伙房跑。总司令见状把大家拦住，问是怎么回事？我们几乎同时说：“总司令，这糌粑馍吃了老是口渴，你肯定也口渴。”大家跟总司令搭上话。于是，有的同志就乘机提出：“昨天不是挖到一些大米吗！做几顿大米饭吃，补补你的身子，我们也想吃大米呀！”“哦！原来是这样。”总司令让大家坐回原处，语重心长地摆谈起来：“同志们的生活很苦，这是事实，我心里很不好受哇！目前，党和红军都面临着这样的困难，我们应该首先想到伤病员。我已让总部把大米分送给各医院的伤病员啦！”我们一下子明白了，总司令首先想到的是伤病员，唯独没有他自己。这是一种多么高尚的品格啊！就这样，总司令仍和大家一样，吃的是糌粑馍，喝的是酥油茶。

“自己动手，才能丰衣足食”

那时，我们穿的衣服既单薄又破烂，冬天连件破棉衣都没有。困难纵有九十九，难不倒红军战士一双手。总司令常对大家说：“没有枪，没有炮，不要紧，有敌人给我们造，蒋介石是我们的‘运输大队长’。没有穿，可就得我们自己干了。自己动手，才能丰衣足食嘛！”为了解决冬天御寒问题，总司令和大家一起捻羊毛线、打背心。白天，他处理完繁重的工作任务后，晚上就和大家一起捻到深夜。在总司令的带领下，大家捻毛线、打背心积极性很高。有的同志不会捻，他就手把手地教，并让技术好的同志传经。油灯闪闪，学员们围坐在总司令身旁，一根一根地捻着毛线，心头顿觉无限甘甜。经过一番努力，每个学员都打了一件羊毛背心穿在身上，初步解决了御寒问题。总司令把这一经验推广到整个方面军，要求部队都这样做。当红二方面军到达甘孜地区前，朱总司令考虑到他们长途转战，跋山涉水，必定衣着单薄，便动员红四方面军的同志为他们赶制羊毛用品。以后，当一件件见面礼送到二方面军同志手里时，他们一个个感动地流下了热泪。

总司令和我们在一起的事，已经过去几十年了，他那种讲党性、讲原则，讲团结、顾大局、关心同志、艰苦奋斗的精神，将永远激励我们在新长征中奋勇进击。（余建华整理）

选自成都军区党史资料征集委员会办公室编：《红军长征回忆与研究》，云南人民出版社1986年12月第1版，第94—97页。

陈树明，1910 年生，四川仪陇人。1933 年参加中国工农红军，1934 年加入中国共产党。红军长征时任红四方面军党校学员等。新中国成立后，曾任解放军陆军第五十一医院政治委员。1955 被授予中校军衔。1989 年逝世。

总司令种菜

侯正果

1936 年 5 月，我从红军大学政治连毕业后，分配到红四方面军总部警通营任政治委员。正赶上部队在炉霍短期休整，部队缺少粮食，生活困难，很多同志因长期吃不到蔬菜，患了夜盲症。有的人把一群群的乌鸦看成是敌人的骑兵，错报了敌情；也有的人把敌人的骑兵当作乌鸦，贻误了战机。我们虽然也想方设法用一些偏方来医治这种病，但效果都不大。如何解决部队吃上饭、吃上菜，使同志们不得这种病的问题，成了当务之急。

6 月初的一天，朱总司令叫警卫员小胡买来了菜籽，又从老乡那里借来了一张木犁，套上一头骡子，在驻地墙外的一块空地亲自扶犁耕了起来。正在耕的时候，警卫二连连长丁先德来了，丁连长想，朱总司令为全军的大事日夜操劳，还亲自扶犁耕地，心里过意不去，就再三对朱总司令恳求说：“总司令，我替你犁吧！”总司令说：“我自己会犁。”当丁连长继续恳求时，朱总司令微微地笑着说：“小丁呀，你不晓得吧，耕地种菜，我都是内行哟！”说完，朱总司令坚持把地犁完才收工。

第二天，总司令又叫警卫员借来了几把锄，他和大家一起把地整好，撒下菜籽，又用脚踩了一阵子，浇了头遍水才回去休息。此后，总司令每天都早起晚睡，细心查看菜地情况。小苗出土后，总司令亲自浇水，细心进行管理。

当时，我还搞不清楚，朱总司令为全军大事日夜操劳够辛苦了，为什么还要亲自种菜呢？我去问小胡，小胡告诉我说：总司令说，同志们得了夜盲症，主要是因为吃不到青菜，缺乏一种维生素，蔬菜里含有这种东西，要治好这种病，就得多吃一些蔬菜，有了蔬菜，也能以菜代粮。要解决吃菜问题，就得自己种。干什么事，领导要带头，领导一带头，大家就会跟着做。

总司令亲自带头种菜的道理，使我深受启发，回到营部，我和营长商量后，就发动全营的同志都动手种菜。不久，我们种的菜长起来了，绿油油的，十分好看。

一天，朱总司令对警卫员小胡说："过几天我们要出发到甘孜去与二方面军会合了，明天咱们把菜地施一些肥，浇一次透水。"小胡听说又要出发，对总司令亲自种的菜有些惋惜，就说："我们把青菜拔点吃吧！"总司令说："不，不能拔！菜苗还小，拔了太可惜了。"

第二天，小胡又仰起他那稚气的脸对总司令说："好容易种了点菜，马上又要出发，还是拔几棵尝尝吧！"总司令和颜悦色地对小胡说"不能拔，我们走了，还有后续部队来这里驻，留给他们吃吧！"停了一会儿，又接着说："就是我们的部队不来这里驻，还可以留给老乡们吃嘛！"小胡听了，思想并没有全搞通，仍然站在一旁动也不动。总司令走上前去，轻轻地拍了拍小胡的肩膀，亲切地说："小胡同志，我们共产党人做事，要有前人栽树、后人歇凉的精神，我们种菜是为部队所需，为人民所想，留给后续部队吃，不是很好吗？"

朱总司令这番感人肺腑的话，对我们教育很大。我对全营同志讲了朱总司令的意见后，大家都自觉地像总司令那样细心地把菜地管理得好好的，准备向后续部队移交。

24日，二连丁先德连长按照朱总司令的吩咐，把总司令种的菜地移交给前来的三十一军九十一师二七一团二营的李文凯同志。李指导员看着这片管理得很好的菜地，激动地紧紧地握住丁连长的手，十分感慨地说:“好，我们接收后，一定要好好管理，像总司令那样，想部队所想，急全军所急。”

选自杨国夫等:《星火燎原·未刊稿》第4集，解放军出版社2007年8月第1版，第31—32页。

侯正果，1910 年生，四川达县人。1933 年参加中国工农红军，1934 年加入中国共产党。红军长征时任红四方面军红军大学政治队一区队队长、红军总部警通营政治委员。新中国成立后，曾任唐山军分区司令员、华北军政干校校长、第六十五军副军长、第二十四军副军长、石家庄高级步校校长、国防部第十研究院副院长、第四机械工业部第十研究院顾问等职。1960 年被授予少将军衔。2002 年在北京逝世。

朱总司令过草地二、三事

郭德昌

1936 年间，我是总司令警卫班的一个战士。

那时候，红军正在西康草地上艰难地行军。草地尽是稀泥，插进一条腿，拔出一腿泥，稀泥粘在腿上像给穿上长筒皮靴一样，走不到十来步，脸上就落汗粒。总司令和警卫班的战士都骑着马，稀泥触着马肚皮，又加上马没有料喂没有力气，常常陷进稀泥里去起不来，我们只好下马步行。我们都想前去扶着总司令，他却笑嘻嘻地拒绝了我们，并且用开玩笑的口吻说：

“还是照顾你们自己吧！你们年轻人骨头嫩，我的骨头硬！——哈哈！……”我们被他说得都笑了起来。

在稀泥中行军，我们确实也真不如他走得快，老拉下丈把长的距离。

队伍到达了甘孜，进行短期休整。大家天天忙着缝补破鞋、破军衣，修整马鞍，筹备粮秣，准备继续北上！总司令每天起五更睡半夜地把眼睛都熬得通红，可是他一有半天闲空，就借老乡的铁锨刨地种菜（是从四川带来的油菜籽）。看到他劳动，警卫班的战士也就乐呵呵地跟着刨起地来。

七天过去了，地里长出了嫩绿的菜芽，早晨，露水凝在菜芽上像玻璃珠一样，怪惹人喜欢的。可是，我们又要出发了。班里每个人都看着菜苗心疼得了不得，有的人主张把它拔出来煮汤喝，好孬享受一下劳动成果。

这话被总司令听见了，他像慈母一样和和气气地对我们说：

“我们走了，这里的老百姓还可浇它，长大了老百姓可以吃！不要忘记我们是老百姓的队伍呵！……”

我们听总司令这么一说，脸都臊红了。

队伍从甘孜向北行走，个把月看不到一家老百姓，尽是些一眼望不到头的泥泞草地和水地。我们的粮食吃得光光的，只好吃自己的皮带和鞋底，到后来，有的单位连驮马都杀来吃了。

一天，我们走在路上，看见一堆马骨头，骨头上的肉已被同志们刮得干干净净。总司令翻身跳下马来，仔细地看了又看，只见四个蹄子和一个马头还未剥皮。他把一个战士叫过来，叫他把他的指导员叫来。

指导员来了。总司令指着马骨头说：

“这些马骨头还有肉，也还新鲜，你们搞回去刮刮煮了吃；马骨头也有很多营养，可以熬汤喝！”末了，他又说：“要从小处去爱护战士的健康呵！”……

20 年来，总司令那种精神，非常鲜明地记在我的脑子里，时时刻刻鼓励我：爱人民、爱同志。

选自《解放军文艺》1957年2月号。

郭德昌，1914 生，湖北黄陂人。1931 参加革命，1933 年加入中国共产党。红军长征时为红军总部总司令警卫班战士。新中国成立后，曾任济南军区连云港守备旅工兵器材处处长。1977 年在黄陂逝世。

朱总司令率四方面军过草地

董邦

1935 年秋①，一、四方面军在夹金山下会师后，朱总司令留在了四方面军。那时，四方面军的张国焘一直向中央闹独立，当面一套，背后一套，顽固坚持他的右倾机会主义路线，不听中央劝阻，回师南下。但在中央再三责令和总司令等同志的斗争下，四方面军广大指战员逐渐认清了张国焘右倾机会主义路线，于是部队又重新北上。

部队行至炉霍、甘孜期间，我在保卫局当侦察科员，有较多机会见到总司令。在那极端困难的情况下，总司令崇高的革命精神，给我很深的教育，其中有些事，至今还深深地留在我的记忆里。

（一）

1936 年春，四方面军从天全、芦山等地再次北上，部队越过终年积雪的夹金山、党岭山，经道孚到炉霍休整。一天我执行任务回来，看见总部、政治部、后勤部、保卫局和红军大学的同志坐在草坪上听总司令讲话。

① 应为1935年夏——编者注。

那天天气晴朗，蓝湛湛的天空没一丝浮云。总司令穿一身打了补丁的粗布灰军装，脚穿一双旧布鞋，八角帽上的五角红星闪闪发光，他正精神抖擞、声音洪亮地向大家作关于北上抗日的报告。听讲的同志们显得格外兴奋。我一下被吸引住了。

总司令激动地说：陕北红军打了不少胜仗，特别是毛主席率右路军到陕北后，红军东渡黄河，出师山西取得了重大胜利，扩大了红军的影响，中央北上方针已取得伟大胜利。

刹时，草坪上卷起一阵欢呼的声浪：

“坚决执行北上方针！”

“拥护中央，团结北上！”

发自肺腑的口号声连成一片，打断了总司令的讲话。总司令始终信赖毛主席，坚决贯彻执行中央北上方针，深受广大红军指战员的爱戴。

总司令等同志们静下来后，接着讲到我党抗日民族统一战线政策越来越深入人心，得到全国各阶层人民的一致拥护，并争取了国民党集团中一些爱国将领的同情，如张学良、杨虎城等。还说，我党通过各种方式，向东北军下级官兵宣传团结抗日的政策，宣传“中国人不打中国人”的道理，终于使他们觉醒起来，纷纷要求打回老家去，为父老乡亲报仇。……

总司令纯朴而热情的讲话，使红军指战员从迅速发展的形势中，更深刻地认识到中央北上方针的伟大意义。

在长征途中，总司令还经常用历代农民起义的历史故事，启发教育红军战士。有一次，总司令来到战士中间，问罢学习情况后，兴致勃勃地和战士们谈起历史上农民起义和当前面临的困难。不知谁提起太平天国起义将领石达开，总司令把石达开如何率太平军与清兵作战，以及又是怎样失败的历史讲了一遍，最后乐观地说道：“蒋介石不是说我们工农红军是第二个石达开吗？他哪里晓得我们工农红军比石达开强多啦！我们不但胜利地渡过了大渡河，翻过了大雪山，还要穿过草地，到抗日最前线去哩！”总司令富有风趣的话语，给战士们增添了前进的信心和力量。

最有趣的是，总司令号召红军战士画地图。要求每个战士画一幅全国地图，在地图上标出红军从江西苏区出发长征，经过了哪些省？哪些地方？现在何处？将要经过什么地方到达目的地？战士们对画地图热情很高，没有纸就拿着竹棍棍在地上练习着画，经过反复练习，最后才正式画在发给的纸上，统一交总部。

战士们从自己画出来的弯弯曲曲的线条中，重温了长征以来的革命历程，尤其是遵义会议后，我军重占遵义消灭敌人 12 个团，缴获大批枪支弹药，红军四渡赤水又调动和疲劳了敌人的部队，巧妙地甩掉敌人插入云南，从昆明城边穿过，飞越金沙江，通过彝族区，强渡大渡河，翻越终年积雪的夹金山，等等。这一切生动地告诉每个战士，自遵义会议后，党中央、毛主席为革命开辟了胜利的局面。坚持北上方针，团结在党中央、毛主席周围，革命就会从胜利走向胜利。

（二）

部队在炉霍、甘孜一带休整的中心任务，是为红军穿过草地筹备粮食和御寒衣物。但这里人烟稀少，群众生活非常贫困，要筹集到足够的粮食和御寒装备是极其困难的。

那时红军战士穿的都很单薄，哪里谈得上别的什么装备哩！可是草地气候变化异常，有时炎热难耐，有时又出奇的寒冷，没有必要的装备是走不出草地的。在这地广人稀的炉霍、甘孜一带，除购买牛羊毛捻线编织毛线衣外，再没别的御寒物品。

总司令号召红军战士发扬艰苦奋斗精神，自己动手捻线，编织毛线衣。于是干部、战士们，普遍展开了捻毛线的活动。谁能想到总司令却捻得一手好线呢！他一手拿着毛杈，一手转动拨砣，捻出的线又细又匀，见到的同志没有不称赞的。有时候总司令一边捻线，一边和找他的同志谈工作，或回答请示的问题。总司令的这种模范行动深深地感动着大家。红军战士们互教互学，积极行动起来捻线编织毛线衣。

那时，我虽然经常外出执行任务，一想起总司令拿着毛杈转动拨砣捻线的动人情景，不管有多么累，也要捻一阵线。在部队从炉霍出发前，我终于编织了一件毛线衣和一条毛线裤。

休整期间，条件虽然很困难，但在总司令的指示下，部队利用一切可能利用的条件，进行军事训练和开展内容丰富的体育活动，如举行赛马、骑马跨越障碍、篮球运动等。

至今我还记得红军战士赛马时的热烈场面。举行赛马那天像过节一样，附近的藏民群众，特别是小伙子和姑娘们，三五成群地来观看。参加赛马的战士骑在马上，纵马飞奔，你追我赶，草滩上响起一阵又一阵欢呼声。回想起来，那热烈的情景还历历在目哩！

总司令很喜欢打篮球，许多休息时间，他见战士们打球，总是热情地来参加。总司令一来，场上格外活跃，战士们分组进行比赛，都争着把总司令要在自己组里。在篮球场上，他和战士们一样奔来跑去，汗流满面。总司令只要投中一球，场地四周就爆发出一阵热烈掌声。总司令有时即使不打球，也要站在场边观看，给赛球的运动员鼓劲助威。

总司令为鼓励战士们开展体育活动，增强体质，还指示保卫局克服困难，设法买些当地老乡织的氆氇，给运动员做裤衩。有一天，我买了几卷氆氇，正抱着往回走，迎面碰着了总司令。他拿起氆氇细细看了看，问我一卷值多少钱，好买不好买，我一一回答后，总司令微笑着点了点头，并指示我给运动员做裤衩时，在裤衩的两侧夹上一条红布条，说这样既耐用又美观。

部队在总司令巨大关怀下，充满着革命乐观主义精神，保持着旺盛的战斗力。总司令在炉霍，还检阅过一次部队哩！这一切为红军穿过草地，胜利到达陕北，起了极大作用。

（三）

炉霍、甘孜一带，是藏民聚居地区。

广大贫苦藏民，在国民党反动派和牧主、头人的残酷剥削压榨下，过着地狱一般的生活。我们红军到达后，藏民群众看到红军纪律严明，不拿群众一针一线，态度和蔼，买卖公平，逐渐消除了由于反动派的宣传造成的恐惧心理，一些躲避到草原上的藏民群众，也陆续回到自己的家园。

在这期间，总司令经常深入到贫苦藏民中，了解他们的生活，关心他们的疾苦，向他们宣传红军北上抗日的意义、党的民族政策以及革命道理。深受压迫的贫苦藏民，像驱散了头上的乌云，见到了太阳。他们热爱共产党，热爱解放穷苦人民的工农红军，在红军干部和战士的协助下，贫苦藏民在甘孜建立了第一个藏族人民的政权机构——波巴义德瓦人民政府，与此同时，藏民民兵队伍也诞生了。

我记得总司令在甘孜检阅过一次藏民民兵。检阅那天，灿烂的阳光照耀着大草原，接受检阅的藏民民兵，一个个体魄健壮，骑着高大的骏马，有的背着步枪，有的背着叉子枪，雄赳赳地列队通过检阅台。欢乐的藏民群众载歌载舞，在这个难得的好日子里，尽情表达他们对共产党和工农红军的深厚感情。

总司令还指示红军干部，对藏族上层人士进行工作，尽可能争取他们站在革命一边。那时我在波巴义德瓦人民政府藏民司法部长的协助下，对藏族上层人士做过几次工作。我记忆最深的一次，是我代表总司令去争取一位活佛支持红军走出草地。据了解那位活佛还比较开明，我和藏民司法部长带着准备送给活佛的贵重礼物——一座缴获来的镀金马鞍,到离甘孜不到十里的喇嘛寺去。到喇嘛寺后,我们受到隆重接待。当我们以总司令的名义,把镀金马鞍赠送给活佛时,活佛一再表示感谢。随后,我根据总司令的指示,将工农红军北上抗日的方针、我党的民族政策,对活佛一一作了讲解,并说明为我军顺利走出草地,早日到达抗日前线,请活佛给我军作价让些马匹和牦牛。最初,活佛以种种困难为理由不答应,经过耐心说服,反复解释,活佛最后提出在十天之内答复我们的要求。这位活佛还讲信用,果然不到十天,便送来了60匹马,160多头牦牛。另外一位活佛,为我军送来30多顶帐篷,解决了过草地的部分装备问题。

(四)

1936年七八月间,四方面军与二方面军胜利会合后,部队便由甘孜向阿坝前进。部队越向前走越艰难。一眼望不到边的草地,除一丛丛野草和开放着一些叫不上名的野花外,许多地段就是绿得发黑的泥潭。行进中稍不注意,就有陷入泥潭被湮没的危险。

部队虽然经过休整,但恶劣的环境,变化异常的气候,粮食的缺乏,仍威胁着战士们的生命。为着人民的利益时刻准备牺牲自己一切的红军战士,顽强地前进。有的战士拄着棍,喘着气,艰难地一步一步走着;有的战士相互搀扶着,把前进的脚印,留在草地上;也有不少好同志、好战士,没能够走出草地,为革命献出了他们宝贵的生命。

在艰难的草地行军中,战士们常常看到总司令把自己的马,让给走不动的伤病员骑,而他自己却和战士一样,穿着草鞋,拄着棍,一步一步往前走。总司令为革命事业日夜操劳,再加上艰苦的行军,显得比过去黑瘦多了,额上又增添了皱纹。

每当总司令把马让给伤病员骑时，伤病员实在不愿让总司令受更多的劳累，坚决不骑他的马。这时，总司令总是慈祥地说："工农红军是个革命的大家庭，同志间要互相关心，互相爱护。你为革命受了伤、生了病，应该受到同志们的照顾。"要是伤病员再不骑他的马，他就命令伤病员骑上。总司令深厚的阶级情感，使伤病员和战士们感动得流下热泪。

在行军途中，我执行收容任务时，遭到反动头人武装的意外伏击，身负重伤，同志们就轮流抬着我向前走，这给首长和同志们增添了多少困难啊！尤其是总司令亲切地安慰我，鼓励我走出草地就是胜利的情景永远铭刻在我心里。为给我治疗伤口，总司令和首长想了不少办法。那时药品极其匮乏，任何一种普通药，都极不容易寻到。在总司令和首长们的关怀下，终于从二方面军寻来一小包云南白药。小纸包里有两粒丸药和一点白色药面，大夫叮嘱两粒丸药一次服用，药面撒在伤口上。我有六个伤口，那一点药面咋能撒得到呢？多亏卫生员同志手巧，药面都用到了伤口上。寻来的那包云南白药虽然很少，但它的分量是难以估量的，它凝聚着革命队伍里深厚的阶级情谊。

总司令在荒无人烟的草地上，为解决粮食缺乏问题，还常常带着医务人员和藏民向导，沿途寻找各种能吃的野菜。草地上能吃的野菜不多，但只要总司令一发现，如像牛耳大黄、野芹菜、野葱、灰灰菜、车前草等，就高兴地告诉跟随他的同志，在路边插个小木牌，或在石头上写上附近有种什么野菜可以吃，为便于寻找，还在旁边画上野菜的形状。战士们一发现这样的标记，真是欣喜异常，立即分头到周围寻找。有的战士寻来一把野芹菜，有的寻来一把牛耳大黄，把寻来的野菜集中在一起，淘洗干净，架起火就煮。不一阵野菜煮熟了，有盐的加点盐，有的连盐也没有，一人舀一茶缸，津津有味地吃着。

在那艰难的岁月里，总司令不顾自己一天天显得消瘦的身体，不顾行军劳累，为部队日夜操劳。他赤胆忠心为革命的精神，鼓舞着红军战士克服困难，走出草地，朝着阳光灿烂的陕北胜利前进！（傅世伦整理）

选自甘肃人民出版社编:《陇原星火革命回忆录》,甘肃人民出版社1981年5月第1版,第99—105页。

永不泯灭的记忆

——回忆朱总司令过草地的几件事

杨以山

敬爱的朱总司令永远离开我们了。但他老人家在红军二万五千里长征途中亲切指导我们做后勤供应工作的情景，却永远铭刻在心间，经常浮现在我的脑海里。

当时，我在红四方面军总部四局供给处做供给工作。听说朱总司令跟随红四方面军行动①，大家非常高兴。可是，当时担任红四方面军主要领导的张国焘推行退却、逃跑的错误路线，反对党中央北上抗日的正确路线，公开打出分裂党、分裂红军的旗号，另立“中央”，自封“主席”。在这严重时刻，朱总司令表现了一个共产党员坚定的党性原则，坚决维护党的团结和统一。他始终坚持党中央的正确路线、方针，旗帜鲜明地揭露了张国焘分裂党、分裂红军的罪恶行径，耐心地向红四方面军的广大指战员宣传党中央的正确主张，多次到干部战士中讲：只有工农红军北上抗日，才能争取和团结全国各族人民，取得抗日战争的胜利，中国人才不会当“亡国奴”，中国才真正有希望。他的话，句句都说在我们的心窝里，感到非常亲切，使我们明确了革命方向，更加坚定了跟随朱总司令北上抗日的信念。

---

① 红一、红四方面军在长征途中会师后，于1935年8月分左、右两路北进，红军总部随左路军行动——编者注。

北上的道路是艰难的。我们又要翻越人迹罕至的雪山，要重过茫茫的水草地。粮食和御寒装备都极为困难。为了保存红军的有生力量，完成北上抗日的历史任务，朱总司令呕心沥血做了大量艰苦细致的工作。他既鼓励我们要有克服困难的勇气和信心，又嘱咐我们搞供给工作的同志要千方百计做好物资准备。记得1935年冬刚到甘孜、炉霍县时①，高原上已是白雪皑皑，满山遍野覆盖着厚厚的冰雪，人们穿着棉衣也难以抵御刺骨的寒风。而红军战士不少人还穿着单衣，又缺少粮食，病号不断增加。总司令对我们说：不仅要学会同拿枪的敌人作斗争，还要学会同雪山草地这个自然界的敌人作斗争，革命才能胜利。他号召我们自己动手买羊毛，捻毛线，织毛线衣、毛背心、毛袜子、毛手套，缝皮背心，解决部队长征御寒问题。他每次参加总部机关开会，总要谈捻毛线、织毛衣；并推荐一些织得好的毛织品，让大家传看学习；表扬那些织得快、织得好的同志。他每次到我们供给部门来，手里总是捻着毛线，一边捻，一边亲切地给我们说：我们不仅要做好自己过雪山草地的准备工作，还要发扬阶级友爱，为很快到来的二方面军②的同志们多准备些御寒衣物。在朱总司令的号召和带动下，我们红四方面军的广大指战员一齐动手，白天黑夜地干。经过几个月的努力，我们不仅解决了自己需要的大部分御寒装备，还给二方面军的战友们每人织了一件毛线衣或毛背心、毛线袜。

为了筹措过雪山草地食用的青稞和牛羊，我们要经常和当地的土司头人打交道。朱总司令多次说：我们是共产党领导的工农红军，要模范地执行党中央的民族政策，严格执行三大纪律八项注意，千万不能侵犯藏族同胞的利益。他还教导我们：红军和人民是鱼水关系。做筹粮工作，要向藏汉族群众宣传共产党领导的工农红军是为了救中国、救穷人的道理。我们遵照朱总司令的教导去办，果然得到了当地藏、汉族同胞的大

① 应为1936年春——编者注。

② 红二方面军在与红四方面军会师前，番号为红二、红六军团——编者注。

力支持，筹集了不少青稞和牛羊。但是，当时甘孜、炉霍县周围的藏汉族群众都很穷，我们从土司头人和喇嘛寺那里征集来的粮食仍然远远满足不了数万红军的需要。部队翻过雪山进入草地时，就面临着断粮的危险。这时，朱总司令又及时要求我们注意研究和试验草地上有什么东西、什么野菜能吃，指示我们发动大家多吃野菜，留些粮食和干粮到最困难的时候吃。同志们在朱总司令的号召和带动下，一边走路、一边采摘野菜充饥，尽量把粮食省下来。可是，在临出草地的最后几天，沿途能吃的野菜都被前面的部队采摘光了，担任后卫的红二方面军连野菜都吃不上。朱总司令听到这个消息，心里非常着急。当总部到达噶曲河时，总司令决定将直属队驮东西的牦牛和打仗缴获的牛羊，全部留给红二方面军的同志食用；并决定由我带领100多名红军战士留在噶曲河草原开设兵站，一面放牧，一面给后续部队分发牛羊。记得那天约莫四更时分，我们吆喝着牛羊饮了水，部队正整装待发，朱总司令把我叫去，当面交待了任务。他说：你是四局派来的。好！同志，这个任务很重要……从这里强行军走出草地还得五六天，咱们每人每天发的牛羊肉连皮带肉不能超过一斤，其余的都留给后卫部队，保证他们走出草地。说完，他转身大步走到队伍前面的一个小土坡上，给红四方面军总部机关和直属队的一部分干部战士作动员讲话。他说：总指挥部决定，把所有驮东西的牦牛都留下来交给兵站，供应担任后卫的红二方面军。总司令的话音刚落，部队发出一片欢呼声。大家立即行动起来，从牦牛背上卸下驮子，将牦牛交给兵站。这时，朱总司令也把自己驮帐篷、行李的牦牛牵来交给兵站。我当时望着年过半百的总司令，看着他那虚弱的身子，心想：怎能收下他的牦牛呢！一股热流涌向心头，热泪夺眶而出，半天才说出一句话:“总司令，您……”不等我说完，总司令一把抓住我的手说:“同志，这是总部决定，我们不带头行吗？收下吧！”说着硬把牦牛绳子塞在我的手里，并对我说：“同志，交给你的任务就是这个。记住，告诉部队负责同志，牛皮、羊皮和肠、肚都不能丢掉，要珍惜每一块牛皮，不能浪费。这关系到红四方面军后卫和红二方面军共几万名①同志们的生命啊！”总司令带着队伍远去了，但我心里仍然久久不能平静，多好多亲切的总司令啊！

我们按照朱总司令的指示，精心看管着这批宝贵的牛羊，把它分给一批又一批路过的红二方面军的同志们。为了能给兄弟部队多分一点牛羊，我们兵站的100多个同志响应党支部的号召，决定自己动手在草地里挖野菜、钓鱼充饥，基本上没有吃兵站的牛羊，直到后卫部队全部通过之后，我们还剩下一头牦牛。当我们快走出草地的时候，得知红六军团一个执行警戒任务的加强连，因断了粮被困在草地里，有的同志饿得昏过去了。我们立即将这头牦牛杀掉给他们送去。他们激动地说:“谢谢同志们！”我们说：“这是朱总司令要红四方面军的同志们把牦牛、羊群留下的，是总司令教育我们这样做的。”他们听了，热泪盈眶，衷心感激总司令对红军战士的关怀。

走出草地不久，我们又和这个连队见面了，大家都高兴得喊着，跳着，异口同声地说:“我们终于从草地走过来了，我们胜利了！”是啊！数万红军在党中央和毛主席、朱总司令等老一辈无产阶级革命家的领导和关怀下，终于从雪山草地走过来了，胜利到达了陕北，以后开赴山西、河北等烽火连天的抗日战场。（贺洪才整理）

选自成都军区党史资料征集委员会办公室编:《红军长征回忆与研究》，云南人民出版社1986年12月第1版，第98—101页。

① 此时红二方面军共一万余人——编者注。

“空城计”

李忠正

梦公镇在四川和西康两省边境上。1936 年春天，四方面军总部和总医院就驻在这里。这个镇子，四面群山环绕，尤其是北山，又高又陡，秀丽雄伟。

一个晴朗的日子，上午 11 点钟的时候，医院里的病员都在野外散步或学习。南面球场上，有一场篮球比赛。我们院长说：“没有工作的同志可以去看球赛，今天朱总司令要亲自上场呢！”大家听说朱总司令要来打球，几乎是能去的都去了。球打得很激烈。朱总司令在球场上非常活跃敏捷。转眼间只见总司令从中线的右角向前一跳，把球接在手里，三大步跨到篮下，顺手一投，就听裁判员喊道：“两分。”全场立刻响起了雷鸣般的掌声。

正在大家兴高采烈的时候，突然从北面山上传来一阵紧密的枪声。总司令穿好军装，从警卫员手中接过望远镜，向北山望了一阵，然后回过头来向大家说：“同志们！篮球的战斗暂时结束吧！消灭反动派的战斗马上就开始！”

敌人足有 1000 多人，黑压压地向我们扑来，看样子气势蛮凶。同志们不免有些着急，因为主力部队都出外作战去了，留下的除了一个警卫连以外，不是缺乏战斗力的机关工作人员，就是不能打仗的伤病员，怎么能对付这么多的敌人呢？但总司令非常沉着。他迅速地走到一个离球场百多米的土坎下，把各单位的负责干部和警卫连集合在一起下达着命令：“有武器的同志到东面大墙底下站队，听命令动作；剩下的同志每人找一根木棒，到河边那个大场里集合；司号排分散开，听到我的命令，四面八方一齐吹冲锋号。”

命令很快传到了每一角落，大家都准备好了。敌人越来越近，一声枪响，战斗便开始了。

为了便于掌握战斗进展的情况，总司令不顾危险，带着几个参谋人员在离敌人一里多地的几棵松树下，设了个临时指挥所。他瞅准了战机，命令部队采取钳击之势，分两路向敌人反击。然后，他又跑到一个小土堆上高声喊道：“无产阶级的红军战士们！消灭敌人的时候到了，冲啊！”这洪亮的声音鼓舞了冲锋的战士们，四处响起了激奋人心的冲锋号声和喊杀声。这一下，敌人惊慌了，队形马上也乱了。不少敌人应着我们的枪声倒下，有的乖乖地举起了双手，有的慌忙向后山逃命去了。不到半小时，我们胜利地结束了战斗，计算一下，打死打伤敌人300多名，俘虏100多名，缴获长、短枪300多支和许多其他战利品。

原来这股匪徒是一群反动地主、恶霸和国民党散兵组成的，趁我们主力部队在百里外的成都附近和国民党匪军作战的时候，企图来袭击我后方指挥机关。可是我们后方机关并不软，在总司令的英明指挥下，把这股敌人打败了。

在审问俘虏时，有一个家伙说：“我们长官说你们后方没有武装部队，哪知你们这么多队伍，听冲锋号就足有五个团，河边还有那么多队伍没动呢！我们真是找死来了。”

我们听了几乎笑出声来，他们哪里知道这是总司令摆的“空城计”呢！

选自杨国夫等：《星火燎原·未刊稿》第4集，解放军出版社2007年8月第1版，第29—30页。

李忠正，红军长征时为红四方面军总医院人员。新中国成立后，曾任解放军第一〇七疗养院副院长。

跟随朱总司令过草地

牟正荣

每当我想起跟随朱德总司令过草地的经历，就想起朱总司令那和蔼慈祥的面容，想起朱总司令我终生难忘的感人的事情。

（一）

1936 年夏，红二方面军突破了敌人的围追堵截，到了川藏边界的甘孜地区，与我们红四方面军胜利会师。在朱总司令和刘伯承、徐向前、贺龙、任弼时等领导同志的坚决斗争下，张国焘在表面上停止了分裂中央、分裂红军的阴谋活动，被迫同意北上抗日。我就在这个时候，从号兵集训队调到总部，给朱总司令当勤务兵。

我记得，那是我们的号兵集训队即将结束的一天，号兵集训队的临时负责人把我叫了去，这位负责人就是一直在朱总司令身边工作的军号长。他是陕西人，高个子，有 40 多岁的年纪，长着一脸又粗又硬的络腮胡子；他平时待人诚恳，说话和气，我们大家都很尊敬他。

这位军号长把我叫到跟前，不住地用眼睛上上下下地打量我。

我问："你找我有事吗？号官。"号官是他的职称，也是我们对他的尊称，至于他的名字叫什么，至今我也不清楚。

军号长没有直接问答我的话，他用一双有力的大手，使劲地按了按我的肩头：

“小鬼，你挺机灵又勤快，在集训队表现得不错，是个好样的。现在组织上交给你一个新任务。”

“什么任务？”我直望着军号长。

“派你去给朱总司令当勤务兵。”

我的心“噔”地震了一下，怎么也没有想到，领导上会选中我做朱总司令的勤务兵！

我从参加红军以来，就一直做勤务兵这项工作。开始是给连长当勤务兵，后来是给营长当勤务兵，稍后又给团长当勤务兵，再后来就是给师长当勤务兵，直到我参加号兵集训队之前，还在军政治部里当勤务兵。对勤务兵的工作我是熟悉的，可是能不能当好朱总司令的勤务兵，我心里没有底。朱总司令的脾气怎么样？对待士兵的态度好不好？一个个的问号，不时地在我的脑子里出现。

军号长猜透了我的心思，他拍了拍我身边的一块大石头，示意我坐下。他说：“你是红四方面军的小鬼，和朱总司令没有接触，可能对他的脾气还不很了解。我在朱总司令身边工作已经多年了，朱总司令对我们从来没有耍过态度。比方说，他的那匹枣红马吧，行军中，多数都是让给病号骑，他自己倒很少骑。有一次，一位小战士生了病，朱总司令来到了他的跟前，说：‘你也病了吧？’他强打着精神说：‘没事。’朱总司令用手摸了摸他的前额，说：‘你瞒不过的，你的额头还烫手呢，前边的路更难走了，快上马吧！’说着，他就把他的那匹枣红马的缰绳递了过去。那位小战士说什么也不肯骑，朱总司令瞪圆了眼睛，对站在他身边的另外两名战士说：‘把他扶上马！’说完了这句话，转身就向长长的行军队列里走去，头也没有回一下。像这样的事情，多着呢。往后，等你见了朱总司令就更清楚了。”

朱总司令住在一所藏民用木头架起来的普通房子里。房子分上下两层，底层关牲口，楼上住人，中间有一个用独木做的梯子，是走人的楼梯。在朱总司令的住房旁边，支着一顶帐篷，帐篷里放着电台和手摇发电机。附近的草地上卧着十几头健壮的牦牛，是专门为总部驮帐篷和物品的。不远处的小树林里，还有几个背着马枪的警卫战士，正在给来总部开会的首长们遛马。朱总司令的房门口，人们不停地进进出出，一片紧张严肃的气氛。

军号长把我带到总部的门口，指着眼前一匹枣红马说 :“这一匹就是朱总司令的马。”这的确是匹好马，高大的身躯，枣红色的皮毛，既强健又驯良。

因为朱总司令正在开会，军号长便先帮着我安置了住处。稍许，散会了，首长们一个接一个地从楼梯上走下来，军号长才带着我去见朱总司令。

我跟着号长踏着独木梯，上到二层楼上，军号长把我的情况，向朱总司令作了简单的介绍。朱总司令听说我是来给他当勤务兵的小鬼，脸上立即露出和蔼的笑容。早在一年前，红四方面军和中央红军胜利会师的时候，我就在大会上听过朱总司令的讲话。不过，那时候离得太远，看得不清楚，现在我细细地把朱总司令端详了一番。他的体格很结实，方脸盘，厚嘴唇，长着一对又粗又黑的浓眉，50 岁上下的年纪，胡须很长，大概是好长时间没刮了。上身穿着一件土制的褐色毛布军装，脚下是一双牦牛皮做底的草鞋。

我上前一步，端端正正地敬了军礼，心里既高兴又有些紧张。

朱总司令问我 :“你叫什么名字？是哪里人啦？”

我忙立正回答 :“报告总司令，我叫牟正荣，是四川苍溪县五龙场人。”

朱总司令笑了，显得很慈祥。他用手轻轻地摸了摸我的头 :“你是五龙场人哪，五龙场那地方，我们行军时到过呢。”

朱总司令随和的态度，平易近人的作风，使我刚进门时的紧张心情顿时消失了。我说：“有什么任务您就交给我吧，我一定完成好。”

朱总司令诙谐地指了指门口的两把大铜壶说：“你的任务多得很呢，这两把大铜壶就是你的武器，去烧些开水吧。”

自此，我作为朱总司令的勤务兵，天天生活在他的身边。我的任务是烧水，打饭，整理文件，帮着朱总司令洗衣服，照顾好他的日常生活。

朱总司令生活简朴，行李十分简单。我记得他只有一条灰色的军毯和两套打着补丁的土布军装。他的衣物和文件分别装在两只洗净了的美孚牌油桶里，那是我们的发电机用完了汽油后剩下的空油桶。朱总司令让人找了两只来，在洋铁皮上开了一道口，加了锁，改做成两只铁皮箱子。说实在的，这种铁皮箱子，既可以防雨防潮，又结实轻巧。行军时，我就背在身上；宿营时，它就变成了朱总司令的饭桌，很是方便。

朱总司令的工作十分繁忙，除了指挥部队行军、作战外，还要组织部队筹粮，检查群众纪律，每天都要工作到深夜。张国焘又在不断地制造分裂，使兄弟部队之间时有磨擦。有一次，我提水壶去给朱总司令送开水，看到朱总司令背着手转来转去，脸色很难看，旁边有几位面生的干部神情很尴尬，显然是挨了批评。我送完水，就悄悄地退了出来。

后来，我才听说这几位干部对张国焘很愤慨，说了一些不利于团结的话。朱总司令很恼火，严厉批评了他们不顾大局的言行。对此，我很不理解。张国焘这个家伙，自从与红一方面军会师以来，就不断地在红军内部制造磨擦。当时我还清楚地记得，去年 6 月份，红一、四方面军在两河口，举行会师大会的时候，张国焘骑着马，带领着 30 名骑兵卫队，活像演员在舞台上亮相。毛主席和朱总司令奔上前去接他，他却停住脚步等他们走过来，连一步都不肯向前去迎。朱总司令在讲话中，说了许多赞扬张国焘的话，而张国焘在讲话中说到朱总司令时，只说了一句“他和我们一起斗争了八年”。我们对张国焘的狂妄，都十分气愤。在以后的日子里，他又逼迫朱总司令反对毛主席，分裂党中央。因为朱总司令坚决抵制他的分裂活动，他甚至扬言要枪毙朱总司令。对张国焘这样一个人，朱总司令为什么还不准干部们在背后讲他的坏话呢？过了若干年后，我才逐渐明白了，朱总司令当时这样做，防止了矛盾的进一步激化，有利于红军内部的团结，有利于完成北上抗日的任务，也有利于教育和挽救张国焘，这是朱总司令一切从革命大局出发，不计个人恩怨的伟大胸怀的表现。

（二）

部队就要进入荒无人迹的草地了，筹粮是当时的主要任务，部队要顺利通过数百里的水草地，每个红军战士必须备足十天的粮食。

十天的粮食，在今天来说，是个微不足道的数字，可是当时要完成这个任务是多么艰巨呵。部队在几天前就已经断了粮，主要靠野菜充饥。朱总司令也和我们战士一样，饭碗里总是盛着掺和着几粒青稞麦的豌豆苗。青稞不易消化，常常是整粒地吞进肚里，又整粒地便了出来。朱总司令的双颊明显地塌了下来，我心里很难过，想给他改善一下伙食，可确实没有办法可想。

这一带本来就是地广人稀的藏族同胞居住的地区，由于历史的原因，藏汉族之间的矛盾很深；再加上汉族军阀和藏族上层反动派的欺骗宣传，因此，在我们到来之前，藏族同胞们已经跑光了。除了地里尚未来得及收割的青稞麦外，其他一切生活物品都藏起来了，甚至连水井也封了起来。要筹粮，只有收割地里的青稞麦。可是，没有当地藏胞的指点，又弄不清哪片地是反动头人封建恶霸家的，哪片地是贫苦藏民家的，无法开割。

接近藏民的工作是很困难的。散布在山谷里的那些茅草屋和用牦牛皮做帐篷的人家，已经跑得一空。稍大一点的村寨，都有用石块砌成的高大围墙，藏胞们躲在里面，不肯露面。红军一接近，村寨里便吹起了

"呜——呜——"的号角声和"当——当——"的手锣声。藏民们用土枪和弓箭抵抗，不让我们接近。有的还三五成群地爬到大树上，向我们放冷枪。有一个村寨的头人，为了阻止我们前进，割断了吊桥上的绳索，还在桥桩上披了几张从汉人身上剥下来的人皮恫吓我们。

在这种形势下，我听到朱总司令多次对筹粮的同志讲："筹粮重要，让藏胞了解我们的政策更重要。"每当部队驻到一个新地方，朱总司令总要抽出空来，骑着马，亲自去给部队讲话，要求部队尊重藏族同胞的风俗，多做好事。离开时，他还要亲自去检查执行的情况。

我们勤务班的几个小鬼，都是在老根据地参军的。离开根据地之前，看到的都是人民群众热烈欢迎的笑脸，现在突然遇到了这种情况，心里很不是滋味。特别是遇有藏民向我们开枪时，心里的火气就压不住了。每逢这种场合，朱总司令总是先要我们平下气来，然后再耐心地做解释工作。经过朱总司令的解释，我们了解到，这里的国民党军阀和当地的反动派，曾给藏民规定了严格的"惩治条例"，如帮助红军带路，给红军当通司（即翻译）或卖给红军粮食者，均处死刑；不执行坚壁清野者，所有的牛、羊、粮食、帐篷、衣物等财产，一律没收；不同红军作战，也按"叛逆"、"通匪"收监治罪。原来这些困难都是国民党反动派给我们制造的，同志们的气才消了。

我们勤务班的几名小鬼都激动地表示："一定按着朱总司令的要求去做，要通过筹粮工作，让广大藏胞了解红军，了解共产党的政策，在他们中间播下革命的火种。"

朱总司令自己身体力行。他亲自给会讲藏话的同志布置任务，让他们向藏民聚居的村寨喊话。每当部队找到藏族通司或者向导，他都要亲自接见，并陪着他们一起吃饭。一次，先头部队找来了一位会讲汉话的藏族青年，给总部做通司。他来到总部，一听说朱总司令要见他，心里很紧张。一见面，朱总司令先要我给他端茶倒水，这位青年大弯着腰，吐着长长的舌头，向朱总司令表示感谢。接着朱总司令又亲切地问起了他的家庭情况，使这位藏族青年渐渐地解除了顾虑。

吃饭的时候，朱总司令特意告诉炊事员，把他的酥油和炒面拿出来，招待这位藏族青年。

炊事员面有难色，有些舍不得，因为这一点酥油和炒面，是特意给朱总司令留下来的，朱总司令自己还没舍得吃一口呢。

朱总司令生气地说："对藏族通司应当尽我们的最大能力，给以照顾。"炊事员只好把仅有的酥油和炒面拿了出来。

这位藏族青年，不了解这些酥油和炒面，都是朱总司令用野菜蘸着盐水充饥，一口口地节省下来的。他从炊事员的手中接过来，大口地吃了起来。过后，当他知道我们已经断粮，朱总司令和大家一样，吃的都是野菜时，感动得哭了。

朱总司令对待藏胞的态度，使大家深受教育。当时，许多领导同志，也都把自己的马让给藏族通司骑。有的单位还出了保护藏民的布告，规定不经藏族同胞的同意，不进民房；过喇嘛寺不进经堂；不借用藏族同胞的炊事用具；不私自启封藏族同胞的水井。

这些做法，得到藏民的拥护。他们晓得了红军和白军不同，许多躲进山里的藏胞，都陆续搬回来。一些村寨的土司也感动地说："从来没见过对藏民这么好的军队。守着青稞，吃着野菜；自己饿着肚子，还为我们做好事，真是仁义之师啊。"

筹粮工作很快有了进展。按着藏族同胞的指点，我们一面发动藏胞割那些穷人痛恨的反动头人封建恶霸的青稞麦，由红军和藏胞各分一半；另一方面，用现洋按市价收购贫苦藏胞的青稞麦。田坝上、山腰里，一队一队的红军战士，扛着扁担，拿着镰刀，带着绳索，和藏胞一起收割。朱总司令兴致很好，也和大家一样参加筹粮劳动。

我担心朱总司令过于疲劳，多次想劝阻他，都没有敢开口。我听说去年 7 月，在黑水、芦花一带，部队参加收割麦子劳动时，朱总司令也是挑着五六十斤重的担子，一走就是 20 多里路。他的模范行动，对大家影响很大。有的干部怕累，只挑回了四五十斤，对比之下，都感到不好意思。现在要劝阻他，简直是不可能的。

有了粮食，部队的情绪更加高涨了。入夜，条条山沟里都燃着一堆一堆的篝火，战士们围着火，忙着做炒面。许多藏胞也跑来帮着磨麦、装面。

向草地出发的那天，我们勤务班的几名同志，先把朱总司令的帐篷折叠起来，放在牦牛背上。又把每个人的口粮收拾妥当。我考虑到草地上的水脏，人喝了容易生病，还特意找了一些干净的洋铁桶来，为朱总司令装几桶饮用水，放到另一牦牛背上。

一切准备工作就绪了，朱总司令走了过来，逐个检查了我们的行装，拍了拍牦牛背上的粮食和水桶，脸上带着满意的笑容。我们请示朱总司令，部队过草地要轻装，多余的牦牛怎么处理？朱总司令说："全部带着。宁可别的东西少带一些，牦牛可不能丢。"

当时，我不理解朱总司令为什么一定要我们把那些多余的牦牛带着过草地，直到进入草地之后，部队吃光了粮食，挖尽了野菜，在饥饿中挣扎时，我才懂得了这些牦牛的作用。可以肯定地说，要不是有这些牦牛，还会有更多的同志被饥饿夺去生命。

（三）

进行了过草地的政治动员后，我们便排着六路纵队，浩浩荡荡地向草地出发了。那时候，红四方面军连有连旗，营有营旗，团有团旗，总部飘扬着一面鲜红的军旗。各种不同建制的旗帜，在长长的行列中猎猎摆动，显得十分威武。

我知道，过草地是向神秘的大自然挑战，需要强壮的体魄和顽强的意志。可是，我们现在的情况是，由于长途跋涉和疲劳的折磨，身体的素质已经大大地削弱，走起路来身虚腿重，要把连野兽都越不过的沼泽征服，要继续同风雨、饥饿搏斗，要胜利地粉碎敌人骑兵的袭击，困难是可以想象的。但是，当我抬起头来看见走在我前面的朱总司令时，听到他那不时发出的爽朗的笑声，身上就增添了无穷的勇气和力量。有朱总司令和我们在一起，我们一定能战胜茫茫的草地，走到陕北去！

进入草地的第一天，我们还能看见隐隐约约的岷山山脉。脚下的草地上，还有几条平行的浅沟，说明牧羊人或是藏民的骑兵，曾经到过这里。第一天我们走路不多，只走十个小时就宿营了。我们找了一片较高的地方，帮助朱总司令支起了帐篷，又在附近拣来一些干树枝点起了篝火，我还为朱总司令烧开了水。其他同志，有的把床单支起来当帐篷，有的干脆把身体两旁的长草连起来，算是帐篷，钻进去，躺下就睡了。

第二天，岷山的山影不见了，再往前走，越发深入草地了。环顾四周，都是无边无际的草地，眼前的青草多数浸在水中。举目一望，茫茫无边的草丛上边，笼罩着阴沉迷蒙的浓雾，不辨东南西北。草地下河沟纵横，水呈淤黑色，散发着腐臭的气味。人马踏到上边软绵绵的，一不小心就会陷下去。

我们勤务班的三名同志，都争先恐后地在朱总司令的前边探路。朱总司令对我们这些愣小伙子很是关心。一会儿告诉我们要沿着前头部队踏出的路走；一会儿又嘱咐我们要小心，要踏在草根密的地方。并告诉我们，有些地方表面上看起来水沟不宽，人马要是陷下去，就会越陷越深，一直陷到淹没了头顶，遇到这样的地方要绕开走。

接近草地的中心地带，环境更加恶劣，本来是一天到晚阴沉沉的天空，却忽儿刮风，忽儿下雨。大雨过后，又是刺骨的寒风，刮得人们身上直起鸡皮疙瘩。有时大雨中还夹杂着雪花和酒盅大的冰雹，打得人们无处藏身。

大部分同志都患了病。我也浑身发烧，肚子疼痛，走一步都要付出很大的力气。每天宿营后，都有一些体弱同志，一躺下休息，就再也没有起来。我担心自己走不出草地。想起参军前，我在家乡的苏区根据地里，参加童子军、少先队，打土豪、斗地主的火红场面，再看看眼前疲惫不堪的队伍和望不见尽头的草地，心里有一种说不出的滋味，鼻子一酸，流出了两行泪水。

恰在这时，朱总司令走了过来，我知道朱总司令担负着率领全军过草地的重担，不愿让他发现我的情绪低落。我赶忙用衣袖擦净了脸上的泪珠，故意地挺起了胸膛，装出了笑容。

细心的朱总司令还是发现了我的情绪变化。这天晚上宿营后，他坐在一堆熊熊的篝火旁，把我叫了过去，和蔼地说："小牟，我看你这两天的情绪不高，想家了么？"

我回答："没有的事。"

朱总司令用一根木棍拨了拨眼前的火堆，火烧得更旺了，熊熊的火苗映在朱总司令的脸上。火驱除了我身上的寒冷和饥饿，烤得我全身热乎乎的。

我望着朱总司令那慈祥的被火映红了的面孔，忽然想起了我那早已去世的父亲，一股暖流涌进我的心房。这时候，朱总司令又接着方才的话说："小鬼，你不要再瞒我了。看，你的脸还有没擦净的泪痕呢。"

我再也控制不住自己的感情了，扭过头来"哇——"地一声哭了起来。哭了一会儿，我觉得心里痛快多了，抬头一看，朱总司令面对着眼前的篝火，两道浓眉紧紧地锁在一起，心情显得十分沉重。我后悔自己打扰了朱总司令，心里很不安，赶忙作了自我检讨。朱总司令叹了一口气："不要说了，你真是个娃娃。"

过了一会儿，朱总司令看我的情绪安定下来了，又用长辈的语气说："小鬼，你已经是个红军战士了，不要被眼前的困难吓倒，告诉你一个好消息，毛主席带领的红一方面军和陕北红军最近又打了一个大胜仗，根据地扩大了，红军扩大了。不久他们就要派出主力西征来迎接我们啦。我们是工农红军，没有什么克服不了的困难。小牟，你要鼓起劲头来，给其他同志做做思想工作。大帮小，强帮弱，走不动的扶着走，不能扶的抬着走。为了北上抗日，我们一定要走出草地。”朱总司令的语气里充满着必胜的信心，眼神里闪动着坚毅的光芒。听了朱总司令的话，我顿时觉得前途一片光明，全身充满了力量。

第二天，我又振奋起精神，跟随朱总司令在水草地中继续前进。但是，由于我的体力弱，刚走出去不一会儿，两条腿就像灌了铅似的，越来越沉重，每走一步都觉得两腿打颤，渐渐地又落到了后面。我真恨自己那两条不争气的腿，又急得哭了起来。真不凑巧，又被朱总司令看见了。

他站在一旁，等着我走了过来说：“小牟，你不要逞强了。身上没劲，你就跟着走，你身上的东西让他们帮你背。”说着就把另外几个身体强壮的同志叫了过来。我心想，这几个同志此时也都累得疲惫不堪，何况他们还都有自己的任务，我怎么能给他们再增加负担呢。我本来是组织上派来照顾朱总司令，反而给朱总司令添麻烦。

我坚持说：“朱总司令，你放心吧。我不需要别人帮助，跟得上队伍。”说罢，我就迈开大步向前赶去。我的确觉得自己的肩上增添了力量，脚下也轻松了许多。

这一天的傍晚，水草地的远处隐隐约约露出了一座房屋的土包。越往前走看得越清楚，那的确是一座房子。在这无边无际的水草地上看到了房屋，就像在沙漠上行走的人发现了绿洲一样，我们顿时欢腾起来，步伐不由得加快了。

就在我们挨近那座土屋的时候，天气突然乌云滚滚，狂风大作，下起了瓢泼大雨来。我们紧走慢跑，跑到了这座土屋跟前。一看，这是一座很别致的房屋，四壁和房顶都是用牛粪搭起来的。可能是牧民们为了避雨而设置的。虽然是用牛粪搭起来的，经过日晒雨淋，“牛粪房”里却没有臭味。这里面不透风雨，空荡荡的，足能容纳百八十人。

正好，这时候传下话来，要在此宿营。我感到这里的地势比较高，又有一座“牛粪房”。朱总司令可以安安稳稳地睡一宿了，心里很高兴。

不一会儿，军号长走来向我们传达朱总司令的话，要我们勤务班和警卫连的同志搬进去住。

我们都愣了，这怎么行呢！朱总司令应该搬进这座房子里住嘛。自从进入草地以来，每天他都和我们一样行军。到了宿营地，我们都围着篝火休息了，他还要到这里转转，那里看看，掂掂这个的背包沉不沉，摸摸那个的衣服干不干。不管时间多晚，身体多乏，他都不忘这例行的巡查。何况他的年岁比我们每个人都大呢，我们坚持不肯在“牛粪房”里宿营，一定要让朱总司令搬进去。

风雨越来越大了，同志们冷得不得了，便背靠背，挤在一起取暖。军号长见我们不肯进去，只好又去请朱总司令。

朱总司令火了。他操着浓重的四川口音说：“你们嚷什么！让你们进去就进去住嘛，我自己还有帐篷嘛。”

大家见朱总司令真的发火了，只好一声不响地住了进去。这一夜，同志们睡得真舒服呀。屋地上点着熊熊的牛粪火，屋里暖煦煦的。外面雨雪冰雹一阵紧一阵，全淋不到我们身上。但是我却一直未能入睡。看着屋外朱总司令那座在风雨中摇晃的帐篷，那是一座单薄的不禁风雨的帐篷啊，不知道朱总司令这一夜是怎样度过的……

（四）

虽然我们在进入草地之前做了充分的准备，但是每个人所能筹的粮食和所能背走的口粮，毕竟是有限的。草地广袤无垠，上不见飞禽，下不见炊烟。恶劣的环境，加上同志们的体质衰弱，行进速度已经大大减缓，穿越草地的时间也超出了我们的预料之外。

口粮越来越紧张了。开始我们还能做一些稀饭，吃个半饱。后来没有了烧柴，就只能吞吃几口炒面。朱总司令也跟我们大家一样，让炒面粘得满脸都是白胡子。愈往后，日子愈艰难了。许多人背的炒面和炒熟了的青稞麦粒，都被雨水淋湿了，炒面变成了硬疙瘩。炊事班因柴禾不够不能烧开水，同志们只好用凉水把炒面疙瘩冲成糊糊吃。炒麦粒就更不好办了，有点像橡皮胶，嘎吱嘎吱地不好咬，吃一会儿就弄得牙齿疲惫不堪。如果谁不小心走路跌了跤，把炒面掉进了脏水里，就没法再吃，只好由大家另行分给一些。

同志们的干粮袋一天天地瘪了下去。许多同志即使有人随时帮助，也终究熬不过饥饿的折磨，走着走着就倒下了。为了节约粮食，很多人边走边在路旁挖野菜充饥。有的不幸中毒，全身浮肿，又吐又泻，脸色变得又青又紫。朱总司令告诉我们说，野菜有的能吃，有的不能吃，你们先采集一些来，证明无毒，再让部队按着样子采。像这样胡乱地吃，是有危险的。

我们早就听说，朱总司令最善于找野菜。去年红一方面军在打鼓住的时候，地里的青稞麦没成熟，部队就靠吃野菜过日。朱总司令就组织了一个“野菜调查小组”，亲自带领小组去找野菜，挖出一些可以吃的野菜来，分类洗净煮着吃，然后，他又带领大家照着这些野菜的样子到山上挖，竟然找到了几十种可以吃的野菜，解决了不少困难。

现在我们就照着朱总司令的办法组织起来，在行军路上，边走，边找，边采。幸好，我们这些红军战士，都是穷苦人家出身，从小吃惯了野菜，很快就找出了几十种可吃的野菜。到了宿营地，把挖回来的野菜煮熟，放上一点儿炒面拌着吃。

每天开饭的时候，朱总司令总是笑呵呵地说：“先给我盛一碗。”其实就我们总部来说，此刻保证朱总司令的口粮还是办得到的。但朱总司令不让我们多给他一口粮食，总是跟我们一起吃野菜。每吃完新挖到的一种野菜时，他就高兴地说：“这种野菜很好吃么，你们把菜样找出来，赶快分头送到部队去。”我们几个小鬼立即拿着菜样，分头送到附近的部队去。部队的同志，接到朱总司令派我们送去的菜样，都很高兴，他们立即分头去采。

在部队通过的主要道路上，路两旁的野菜都被挖尽，连能充饥的草根也不易找到。草地还是漫漫无边，不见尽头。许多人在死亡线上挣扎着，只要有一口粮食，就能救活一个人的命。

在几乎没有任何可以充饥的东西的时候，我们才懂得了牦牛的珍贵，朱总司令指示我们，把带来的牦牛杀了吃。杀了牦牛，各班都分了牛肉,同志们架起了篝火,把牛肉放在脸盆里煮。虽说没有盐巴和辣子，牛肉的味道虽不很好，但对我们当时来说，真是赛过世界上最好的美味佳肴了。同志们围着篝火，看着盆里的牛肉，闻着蒸气散发的肉味，一张张又黑又瘦的脸上都露出了笑容。

朱总司令也乐呵呵地从这个班转到那个班，对围在篝火旁边的战士打趣地说:“牛肉可是个好东西。吃了肉,骨头不要丢,还可以熬骨头汤。骨头汤也是很有营养的东西。牛肠子、牛血都要留下来，以后再吃，牦牛皮，烧一烧也可以用来充饥嘛。”几句话，说得大家都笑了起来。

当时，在我们红军中流传着一首《吃牛肉歌》，是什么人编的已经记不清了，其中有几段歌词是这样的：

牛肉本是好东西，
哟罗喂不会错哟喃，
吃了补人身体哪咳当真。

骨头可以熬汤喝，
哟罗喂不会错哟喃，
牛皮可以做新鞋咳当真。

尾巴脑袋并脚蹄，
哟罗喂不会错哟喃，
烧起来吃了真安逸哪咳当真。

细心教育大师傅，
哟罗喂不会错哟嗬，
辣子生姜味道美哪咳当真。

辣子生姜美味道，
哟罗喂不会错哟嗬，
吃了可以防寒哪咳当真。

歌词中写的内容，和我们当时的情景很相似。同志们触景生情，吃着牛肉，情不自禁地唱了起来。朱总司令听见同志们在唱《吃牛肉歌》，也高兴地凑了过来，同大家一起唱。我们看到朱总司令也一起唱歌，都很高兴，唱得更起劲啦。大家唱了一遍又一遍，朱总司令的歌声和我们的歌声融在一起，在草地的上空回荡。

牛肉只给我们解决了暂时的困难。因为牦牛的数量太少，开始是三头留两头，往后两头留一头，再往后除了留作驮帐篷、发电机及供病号骑的几头外，所有的牦牛都杀掉吃了。

没有别的东西可吃了，我们就把整张的牦牛皮拿来，在篝火上烧焦了，用小刀割成小块分着吃。

牦牛皮吃光了，我们又把身上的皮带解下来烧着吃。朱总司令也把自己身上的皮带解了下来，牛皮带不像牦牛皮那么好烧，得先在水里泡软，泡软了再拿来在火上烧。皮带在火上烧得滋滋地响着，散发出一股烂牛皮的味道。

牛皮带烧好了，我先用小刀从上面割下二指宽、二寸来长的一块，递给了朱总司令。

朱总司令把它放在手里，仔细一看，焦黄焦黄。他用牙咬下一点点，放进嘴里，说："像油炸糕似的，一点也不难吃。"

除了这种吃法外，我们还试验把烧好的皮带放在开水里煮着吃，也很有味道。

朱总司令又对我们说：“以前我们路过那些大喇嘛寺时，寺里有些鼓是用牦牛皮做的，烧一烧也可以吃；我们脚上穿的草鞋底，有许多也是用牦牛皮做的，我这双就是，烧熟了也可以吃。”我知道，朱总司令的草鞋是勤务班的老同志帮助打的，和我的草鞋一样，都是牦牛皮做的底，我决定先把自己鞋上的这块牦牛皮拆下来应急。

倒下的同志一天比一天多了。有些同志感到自己已经走不出草地了，便拒绝吃东西，临牺牲时，口袋里还保存一小把炒面，留给活着的同志。有一天，我们听说，部分同志在先头部队搭的草棚子里，发现打前站的 15 名战士。他们围成一圈,盘着腿席地而坐。进去的人叫他们，他们没有回答。他们低着头,像是一尊尊雕像。同志们以为他们睡着了，上前搀扶，发现他们已经断了气。但每个人的身边都有一小堆炒熟的青稞炒面。他们自己饿死在草棚子里，把救命的粮留给了后边的部队。他们围坐的篝火早已熄灭，变成了一堆灰烬……

每次听说了这样的事情，我们都感动得哭了。有一次，朱总司令在给我们讲话时，也激动地流了泪。他说：“我们当前遇到了困难，但我们红军表现出的这种大无畏的精神，是没有任何困难能够使我们屈服的。”

这一天，听说先头部队遇到了一群张皇失措的野牛，战士们立即端起枪来射击，但由于身上没有力气，端不稳枪，只射中了不几头。晚上宿营后，这个部队给朱总司令送来了一块带着骨头的野牛肉。我和炊事员把牛肉煮熟后，朱总司令只吃了一点点，便要军号长把我们和警卫连的同志招呼过来，一起吃。同志们都知道，这一点牛肉是多么宝贵，谁也不肯过来吃，朱总司令摆着手，对大家说：“过来，快过来吧，每人吃一点点，牛肉不够分，还可以喝一口汤么。”在朱总司令的再三催促下，同志们只好慢慢地围了过来，我也被朱总司令逼着喝了几口肉汤。这是充满总司令对普通战士深情厚谊的肉汤，是我一生中永远忘怀不了的。

这是我们在草地行军中，最艰难的时刻了。朱总司令要我们杀掉他的那匹枣红马。朱总司令的这匹马，我们许多战士都骑过，在行军的时候，朱总司令多是让给生病或体弱的同志骑，只是到了驻地后，他要到较远的部队检查工作时才骑着它去。这匹枣红马出现在哪里，哪里的干部战士就知道朱总司令看望大家来了，便欢笑着迎上去。

这匹枣红马和我们每个战士的感情是那么深，何况我们还有几头驮着病号和帐篷的牲口呢，怎么能把枣红马杀掉呢！

朱总司令说：“那几匹牲口，留下来驮病号、驮帐篷，都有重要的用处，我的体格好，用不着骑马。没有马骑，给我找一根树棍拄着走就行了。”

我们勤务班的同志听了，都激动地表示：帐篷、机器我们可以抬着走，一样也丢不下。骑着牦牛的病号也哭着说:“总司令的马不要杀，我们用不着牲口驮，可以互相扶着走。”

朱总司令对大家的心情是理解的。他又安慰同志们说：“杀了枣红马，以后你们打了马鸿逵的骑兵，再给我缴获一匹更好的马嘛。”在朱总司令的坚持下,终于杀掉了这匹枣红马。杀马的时候,我们都躲开了,谁也不忍心去看。

杀了马，我们每个班都分了一块肉，但是怎么能咽得下去呢！我捧着那碗马肉，眼中的热泪止不住地往外流。

（五）

回顾艰苦的草地行军生活，它不仅是锻炼我的革命意志，提高我的政治觉悟的课堂,也是我学习文化的课堂。朱总司令就是我的启蒙老师。

在即将进入草地的前夕，有一天傍晚，朱总司令去部队检查筹粮工作回来，有点余暇。他握着那只大烟斗来到我的面前，问我：

“小鬼，你认识字么？”

我正把炒好的青稞面往布袋子里装，听了朱总司令的问话，停下手里的活，不好意思地摇了摇头。

朱总司令又问我：“你没上过学吗？”

我说：“没有。”

我从小死了父亲，母亲又改嫁了，一个孤苦伶仃的孤儿，吃没吃，穿没穿，连活命都顾不过来，要不是红军解放了我的家乡，说不定我的骨头早就被扔在山沟里了，还谈得上什么上学呢。

朱总司令望着我，亲切地拍了拍我的脑袋，说：“穷人不仅在政治上受压迫，经济上受剥削，在文化上还受奴役呵。小鬼，从现在开始，我给你当老师，一天教你学两个字，好好地学习文化吧。”

我说：“好。”我当时对朱总司令的话并没理解，只是把这当做一个任务接受下来。心想，一天学两个字有什么难的。

朱总司令见我答应得很干脆，又提醒我说：“学文化，也是一项很艰巨的任务。”

我点了点头，心里却不以为然。

朱总司令顺手捡起来一根树枝，蹲下身子，在泥土地上给我写了“勤务”两个字。写完了，他指着这两个字说:“从今天开始学，先学‘勤务’这两个字。”说罢，他又一遍一遍地教我念这两个字的读音，给我解释说：“勤务是勤务兵的勤务，你的工作就是当好勤务兵。”

朱总司令教过之后，我就捡起放下的那支树棍，在地上练习，没想到，写字还真是不容易。这小小的树枝拿在我手里，比马枪还要重。心里越着急，越写不成形。勤务班的老同志看我着急的样子，都过来帮助我学，并给我介绍他们自己学文化的经验。原来这些老同志也都没念过书，有的虽然认识几个字，整天行军打仗也都忘记了，只是来到朱总司令身边之后，在朱总司令的督促下，开始学文化的。他们告诉我，朱总司令严格得很，今天教你一个字，几天之后就要考你的。你要是忘了，可要吃批评哩。

那时候纸张非常紧张，朱总司令的一些电报、命令都写在行军地图的背面。那是已经作废了的地图，朱总司令把它用小刀割成方块，翻过来用。或者搜集一些老百姓过年使用的五颜六色的纸来用。我们学文化，是将桦树皮当纸用，把烧过的木炭条当笔使。

进入草地之后，连续的行军，饥饿和疲劳接踵而来，我把学习文化的事渐渐地忘了。一天，朱总司令突然问我："小牟，我教你的字你都记住了吗？"说罢，他就像老师考学生那样，绷着脸问我："'勤务'的勤怎么写？你给我写写看。"

我搔了搔头皮，眨巴着眼睛，想了一会，顺手拿起根草棍，在地上歪歪扭扭地写了个"勤"字。这个字我原来觉得很熟悉，朱总司令一考，我的心里很紧张。写完了，我左看右看总觉得不像。

朱总司令端量着我写的这个"勤"字说："字写得还不错，就是少了一笔，勤务兵少了一条腿还能走路么？"说着，就在我写的那个字上添了一笔。

我不好意思地涨红了脸。心里想，现在环境这么艰苦，哪里有心思学文化呢？

朱总司令语重心长地教育我说："你的眼睛看得远一些嘛，走出草地就有希望，打完了日本还有解放全中国，没有文化怎么能行呢？我今天再教你七个字，'将革命进行到底'，是你三天的课程，记住，我是要考你的。"

我知道，朱总司令让我学这几个字的含义是很深的。是呵，我们是要将革命进行到底。为了记住这几个字，我就把字写在桦树皮上，行军时把桦树皮插到走在我前面的那个同志的背包上，边走边念，想着这句话的意义。其他同志也有这样做的。行军时，好几个人的背包后面都插着一块桦树皮做的识字板。大家你考我，我考你，学习情绪很高涨。

临要走出草地的时候，我的身体比以前更虚弱了，又患了重感冒。朱总司令几次问我是不是病了，说：“要是病了，就不要硬坚持了。到后面的收容队去，让收容队的同志抬着走。”每次我都坚决地回答：“我没有病，可以坚持。”

我看到朱总司令拄着一根木棍，披着破羊皮袄，迎着风雪走在队伍中，我就咬着牙，在心里念叨着“将革命进行到底”这句话，紧紧地跟在朱总司令的后面，一直坚持着。眼看着就要胜利地通过草地了，我突然觉得眼前一黑，便倒在地上，昏了过去。

也不知过了多少时候，当我醒过来时，发现自己正骑在一匹马的背上，眼前看不见朱总司令，周围都是一些不熟悉的面孔。这是怎么回事呢？经同志们的解释，我才知道，我已经昏迷不醒几天了，是朱总司令把我留下来，转给了后面的收容队。

收容队的同志看我身体太弱，骑在马上直不起腰来，就把我用绳子绑在马鞍子上，驮着走，他们还把自己省下来的口粮给我吃。经过收容队的同志们几天几夜的照料，我才活了下来，胜利地到达陕北。

选自沈阳军区政治部编研室编：《红军将士忆长征》，白山出版社1996年8月第1版，第393—411页。

牟正荣，四川苍溪人。红军长征时任红四方面军勤务兵、号兵，红军总部总司令勤务兵。

草地晚餐

刘坚

1936年7月，我们红四方面军第三次过草地。经过半个月的长途跋涉，走过了第一段旱草地和第二段水草地，来到了水旱相连的边缘地带。

在一个晴朗的下午，我们红四方面军总部和党校的几百个同志所组成的队伍，在一个草坡上刚做完宿营准备工作，朱总司令来到了。

总司令身穿打了不少补丁的灰色粗布军服，脚穿一双草鞋，背上背着一个军笠和一个公文皮包，手中拄着一根棍子，棍子的两头，已磨得溜光圆滑。为了党的事业日夜操劳，加上长征途中的艰苦生活，总司令比过去显得黑瘦，额上的皱纹也比过去深了，密了。

总司令站在一个草坡上，边喊边招手：同志们快来呀，告诉你们几个好消息。

喊声像一块巨大的磁铁，一霎时，就把大家吸引到草坡的四周来了。总司令看了看面前的人群，兴奋地说：第一个好消息，毛主席领导的北上红军和陕北的红军打了大胜仗啦！总司令把“大胜仗”三个字拉得长长的，而且加重了语气。这时，草地上的人群就像开了锅一样沸腾起来，暴风雨般的掌声和欢呼声经久不息。战士们完全让这振奋人心的消息带到欢乐的海洋中去了。总司令也激动得和大家一道使劲地鼓掌。接着，总司令又报告了两个好消息：我们已经度过了最艰难的水草地，而且有了一条牦牛。

“牦牛！”很多人惊喜得叫起来。在这个渺无人烟、连飞鸟都不愿意来的茫茫草地上，哪来的牦牛呢？经过总司令的解释，才知这条牦牛是先头部队送给我们的。最近一个星期以来，我们每天两餐，每餐只有二两左右的炒面泡水充饥，再过几天，二两炒面也会发生困难，现在居然有了一条牦牛，怎么不叫人高兴呢！“把牦牛杀了，美美地吃一顿。”我们都这样想。但是仅仅一条牦牛，怎么够好几百口人吃呢？

总司令见我们一时不作声，便笑着问：你们是不是想吃牛肉，还嫌一条牛少了啊？总司令可真会猜，一下就把我们的心思猜中了。经他这一问，我们个个都咧开嘴笑了。

总司令自言自语地说：不能一顿吃了啊，最困难的时刻还没到来哩！停了一会，总司令提高嗓门对我们说：同志们，过日子要有个长远打算，不能光看到鼻子尖上。宁愿顿顿缺，不愿一顿无啊！我们四川有句俗话：“有了一顿充，没有了敲米桶。”我们可不能那样啊！

听着总司令的话，我们一时觉得脸上有些发烧，内心感到很惭愧，大家纷纷议论着，都表示应把这条牦牛留下，留到最困难的时候。

总司令说：我的意见是把牦牛杀了，留下牛皮牛肉做干粮。牛骨头炖野菜，营养好得很，是我们今天最好的晚餐。等一会，大家去扯点野菜吧。他说罢，用征求意见的眼光，向四周看了看。

“好！”“同意！”大家喊了起来。喊声震动着草地。接着，成班成排的战士向四面八方奔去。

挖野菜的活动开始了，我们几个女同志走在一块。这时，总司令又忽然出现在我们身旁，他给我们介绍草地上各种野菜的名称：什么牛耳大黄、灰灰菜、野葱、车前草……以及它们的形状和特征。总司令的见识是那么广阔，他还能说出各种野菜的生长期和味道。我一面按照他的指点挖野菜，一面在想：总司令对野菜这样熟悉，他一定没有少吃，为了中国人民的解放事业，他和全体红军战士一道，历尽了千辛万苦……

想到这里，我不由得看了总司令几眼，看着他那显得有些苍老而却十分刚毅的面容，看着他那露着一道道青筋、正在拉扯野菜的有力的手，我的心无法平静下来。

总司令一面细心地寻野菜，一面问周围同志们的工作，思想情况和家庭情况，并且还分析当前的国内形势，教导我们一个共产党员应该如何对待困难，和忍受生活的严峻考验。他说：只要我们同心同德，团结一致，就定能壮大自己的力量，打败日本鬼子和国民党反动派；革命就一定能胜利。听着总司令的话，我像服了一服兴奋剂，浑身上下增添了很大的力量，连肚子也不像刚才那么饿了，两手拔起野菜来也格外轻快了；一发觉附近有野菜，我就飞快地跑上去，深怕落在别人后面。

草地上的野菜并不多，我们寻了个把钟头，每个人才弄到一小把。我们把野菜洗干净，送到炊事班去。

临时伙房设立在露天的草地上，几口行军锅成一字形排列着，蓝色的火苗舔着锅底，锅内热气腾腾，巴掌大一块块的牛骨头，让沸腾的水卷起来又按下去。一阵微风吹来，香喷喷的牛肉气味直钻鼻孔。大家谈笑着，赞美着，都说今天的晚餐是一顿丰盛的“牙祭”。

我们在帐篷里休息了片刻，开饭的哨音就响了，大家端着茶缸向炊事班走去。当我到达那里时，四周已围满了就餐的人们，蹲着的、坐着的、站着的都有。草地，真是一个又大又好的露天餐厅。我盛了一碗野菜，找个空地方坐下来，一眼就瞥见总司令也端着一碗野菜，同总部三四个警卫员蹲在一起，正津津有味地吃着哩！他边吃边向身旁的战士们称赞野菜的味道。战士们见首长和自己在一块吃野菜，又是那么平易近人，一点也不感到拘束，都争着与总司令拉话。

我们边吃边谈，边谈边吃，晚餐的气氛异常活跃。这时，一个年轻的警卫员端着个大碗走到总司令身边，说：首长，您吃这个吧！野菜留给大家吃。警卫员说着，把碗递上去。我站起来看了一眼，原来是一碗大米粥。那粥可真稀，人影子都照得出来啦。总司令瞧了瞧瓷碗，皱着眉头问：这是哪里来的？警卫员回答说：先头部队送牦牛来时，顺便捎来一点点大米给您熬粥喝。总司令温和地说：给那边几个病号送去吧，我吃牛骨头煮野菜，营养好得很。说罢，夹把野菜往嘴里送。他吃得那么香甜，看不出有丝毫难咽的样子。说实在的，牛骨头炖野菜，闻起来香喷喷的,可一吃起来就不是滋味。就说那个野葱吧,香气和家葱一样，味道却和刚结出的李子一样，苦涩得使人难受。

警卫员知道总司令的脾性是说一不二的，尽管心里有些舍不得将稀粥让给别人，但还是挪动着两条腿，向病号那边走去。

病号中，有一个是党校二连连长，发高烧已经两天了。两天来，除了喝一些开水以外，一点食物也没沾牙。现在，面前的稀饭对他说来，是最需要的了。可是他宁愿自己多忍受点艰苦，也不愿吃掉自己敬爱的首长的稀粥。当警卫员把稀粥递给他时，他不肯接，说自己不想吃，婉言谢绝了。其他几个病号也和这个连长一样，不肯接受。警卫员没法，只得仍旧端回去，可是总司令又叫他送过来。这样来回好几趟，互相间都强调对方该吃稀粥的理由，弄得警卫员不知听谁的好。大家瞧着这种情景，心里头既激动，又着急，纷纷上前劝总司令吃稀粥。可是总司令还是不答应。怎么办呢？稀粥已经凉了。大家知道总司令和我比较熟悉，便推我去劝说总司令吃稀粥。

我走近总司令，摆出自己想好的理由，说：总司令，我看这稀粥还是该您吃。论职务，您是首长；论年纪，您比我们大；论身体，您不比我们青年人。我边说边扳指头，一口气把想好的这些理由都说出来。总司令见我说的仍是那些现成话，禁不住呵呵地笑了起来，然后侧着头问我：你的理由说完了没有？

我补充说：还有，您平时经常教导我们，遇事要讲民主，要少数服从多数，但您今天却不民主啦，大家要您吃稀粥，您为什么不吃呢？我心想这下“将”了总司令一“军”，他该吃稀粥了吧。谁知总司令一点也不慌忙，他慈祥地笑了笑，说：少数服从多数也得看甚么情况呀！说罢，总司令踱到人群中间，用平稳清晰的语调说：同志们，稀粥还是应该病号吃，他们有病啊！总司令说到这里停了下来，慈祥地望着大家。这时，四周鸦雀无声，每个人的眼睛都瞪得大大的，望着总司令，心里充满了幸福和感激。

我昂头直望，只见金色的阳光，把草原映得更加光辉灿烂。总司令那稳健的身躯，有如一株青松，在阳光照耀下，显得更加巍然高大。

我的“理由”不能说服总司令吃稀粥，只得恳求他：总司令，您就尝一点点吧。总司令依然温和地说：尝什么，我又不是没有吃过稀粥。你这年轻女孩子呀！

警卫员见总司令不吃，病号也不吃，小脸蛋涨得通红，几乎要哭起来。正在这时，康克清同志来了。当她明白面前所发生的事情时，从警卫员手中接过装有稀粥的碗，对总司令说：老总，你就尝尝吧。你不吃，他们是不会吃的。说罢，用勺子盛了两三口粥倒在总司令碗中，把其余的稀粥分给四个病号。总司令喝完碗里的粥，将碗举起来向着病号说：我已经吃了，同志们快吃吧！

那个连长噙着眼泪，向其他病号说：吃吧，不吃会辜负总司令的心意的。病号都被感动得哭了。同志们的眼睛里，也充满了激动的泪花。我们望着敬爱的总司令，心里感到无限的温暖和幸福……

选自《战争年代的朱德同志》，人民出版社1997年6月第1版，第75—81页。

让房子

赵基全

长期草地行军，我们被饥饿、疾病无情地侵袭着，身体一天天地消瘦。听说毛儿盖快要到了，同志们都欢乐起来，深深地舒了一口气。这时，总部派了一个参谋和几个战士先到前面去找房子，选择宿营地。他好容易找到了一栋用牛粪糊起来的房子，是藏民放牧住宿的地方。参谋决定把这所房子给朱总司令住。总司令和同志们一样，从来没有好好休息过，该给他找个地方，舒舒服服躺一下啦！

总司令随着队伍一块来到这里。参谋同志就兴致冲冲带总司令来到房子跟前。总司令没有进去，站在外边向四周打量一下，见荒漠的草原上，躺着 20 多个重伤病员，旁边还站着好几个医务人员，抬着头好像在等待什么，他马上吩咐参谋，叫伤病员搬进房子里，自己回头就走了。参谋看了看总司令的背影，踌躇了一下，可他知道总司令总是事事先关心别人的，于是便只好叫医务人员把伤病员抬了进去，长期在草地上露宿的伤病员同志们，今天能住上房子，心中非常高兴，医务人员更是乐的不得了。

进了房子，伤病员有的坐着，有的躺着，敲敲牛粪墙，摸摸木柱子，高声谈论着，忘记了病痛。忽然，找房子的那位参谋长进来了。他看看正在谈笑着的伤病员，好意地说："同志们！你们知道吗？这房子是总司令让给你们的。总司令见你们在外露宿，就心疼了，一定要把这房子让给你们住。”伤病员听了参谋的话，心里很不安，都嚷嚷着:“那不行！那不行！怎么也不能让他老人家在外面露营呀。我们不要紧，如果总司令的身体熬坏了，对革命是个多大的损失呀……”说着说着，伤病员一个个支起了身子，互相搀扶着，相继走出了房子。参谋见这情况，后悔起来，一个劲地劝伤病员回去，但怎么也劝阻不住。没办法，只好向总部反映。

总司令知道了以后，马上和参谋一同来见伤病员。他亲切地对伤病员说：“你们为什么要出来呀！嗯？同志们，你们是为革命流了血，负了伤，得了病的人哪！你们住吧！我身体还好，在外头歇歇没关系。”

总司令劝了好一阵，讲来讲去伤病员还是不愿意进去住。于是总司令又接着说:“那好吧！我们就在一块住吧！”这时，伤病员又嚷开了：“不行！你工作很忙，夜里还要办公，住在一块会妨碍你的！”总司令知道再劝也不行了，就像哄顽皮孩子似地假装赌气说：“那好吧！我们都到外面露宿去！让房子空着，谁也不住。”这一来，伤病员同志都怔了，你看看我，我望着你，最后只好答应进去。

伤病员同志进了房子，总司令这才笑着走进房子。和敬爱的首长在一起，伤病员感到多么温暖啊！他们想给总司令多让一点地方出来，大伙儿尽量往一起挤。但总司令却只占了一小块地方，再三叫伤病员睡得宽一些。

这时，炊事员端着一盆稀饭进来，送到总司令面前。总司令一看，很是惊疑：部队早就断粮了，连皮带、马皮都吃了，哪来的米呢？他不禁问炊事员。炊事员说：“你两天没有吃饭了，这是我留下的一点米。”总司令听了严肃地说：“前两天任何人的米都拿出来大家吃了，你为什么还留着？这是违犯纪律的。”总司令批评完了，又看了看沉着脸的炊事员，和气地问：“还有吗？”“还有点。”炊事员慢慢地回答。总司令指着用小盆子盛着的稀饭说：“你把它端回去，把留着的那点米一齐煮了再端来！”

炊事员无可奈何，端着小盆子走了出去。伤病员见总司令没吃，万分焦急。

炊事员把煮好的稀饭连锅都端了来，盛了一碗摆在总司令跟前，站在一边看着。他是多么希望看到总司令吃下他亲手煮的稀饭呀！但总司令没有吃，却看着他温和地说："你辛苦了，回去休息吧！"

炊事员被吩咐走了，总司令亲自给每个伤病员盛稀饭。一边盛，一边说："来，大家都来吃！"伤病员们不知怎样是好，心里热乎乎地看着总司令瘦得突出的颧骨，长长的胡子，像父亲般哄着自己，谁还记得自己的伤痛和饥饿呢！这是总司令几天没吃饭省下来的，谁能咽得下去呢？在伤病员的心目中，吃了总司令一口稀饭，比割自己的肉还难受，他们说："总司令！你吃吧！我们等会再吃！"总司令十分为难，劝道："同志们不吃，我一个人是吃不下去的！"伤病员眼看稀饭快凉了，都盼望总司令吃点东西，便先后端起摆在自己跟前的稀饭，又送给总司令，想让他多吃点。总司令却端起锅子说："我这里还有，你们快点吃吧！"

伤病员慢慢吃开了，朱总司令也吃着剩下的一点稀饭，非常满意地笑了。

选自中国人民解放军三十年编辑部编：《中国人民解放军三十年初选稿》第一卷第三辑（二），第43—46页。

赵基全，1914 年生，湖北黄安（今红安）人。1928 年参加革命，1930 年加入中国共产党。参加了红四方面军长征。新中国成立后，曾任工程兵学院政治部组织部长。2000 年在红安逝世。

宝贵的牛肉干

李平

长征那年我才 12 岁，是红三十一军歌剧团里的小团员。过了夹金山以后，供给困难，我们就分散到机关或部队去。我跟总部走，经常能看到总司令。

朱总司令爱护同志是无微不至的。记不清是哪一个部队的同志，他们知道朱总司令经常吃不到东西，就把他们弄来的青稞麦送了一把给总司令的炊事员。炊事员把青稞麦捣碎，做了一碗面糊，端给总司令吃。总司令没接碗，却问哪里来的面糊，炊事员只好照实告诉他。他看了看碗里的面糊，对炊事员说：“把这些面糊再掺上些水煮煮，分给部队的病员吃，剩下来的青稞派人送到医院去。”说完，他转身就走了。

在草地，大家都已经没有东西吃了，我的口袋里还有一小块别人送我的牛肉干，几次掏出来想吃却没舍得吃，心想：到实在坚持不下去的时候再动它吧。这天，我跟在总司令后面走，发现他背后背着一只皮鞋底。我想，奇怪，总司令经常穿草鞋，哪里来的皮鞋底？我猜一定是拣来的。我眼巴巴地瞅着那只皮鞋底，肚子咕咕叫，心里想想有了这块皮鞋底，就够几个人吃一顿了。到了宿营地，总司令果真叫人把这块皮鞋底送给了医院的伤病员。后来听说，伤病员同志接到那只可贵的皮鞋底，都感激得流眼泪，并且表示决心克服一切困难，争取长征的胜利！

长征途中，很少看到总司令骑牲口，他的牲口经常驮着伤病员，而他自己却在前面牵着走。

不断的行军，大家十分疲劳，许多同志都拄着树枝走。炊事员老陈挑着担子一步一晃，行起军来就更困难了。有一次，被总司令看见了，他上前一把夺过老陈的担子说："我替你担担。"

老陈并不认识总司令，看了看他，想想自己也的确是累极了，就把担子交给他，半开玩笑地说："同志哥，你不要把担子挑跑了。"

我上前对老陈说："你放心吧！他不会把你的担子挑跑的。"

这时，总司令早挑着担子走在前面了。我和老陈走在一起，走了一会儿，老陈擦着脸上的汗，边喘气，边问我："这是谁？"

"你不认识他吗？他是朱总司令呀！"我说。

"啊？……"老陈立刻愣住了，嘴唇动了两下，可什么也没说出来，一串串的眼泪扑簌簌地落在衣襟上。过了一会儿，他才像刚苏醒的样子，拔腿往前猛跑，追上总司令，一把抓住担子说："总司令，给我吧，我能……"

他抢过担子放在肩上，不知哪来的一股劲，向前快走，再也不左摇右摆了。

走到一个河滩上，停下来休息。我饿极了，这时又想起了那块牛肉干。牛肉干虽然只有手指那么大，可我几次饿得发晕都没舍得吃，这时我想，总司令担着担子走了这么久，一定是饿坏了，于是，我就把牛肉干掏出来给了总司令，他接在手里，慈祥地笑着说："小鬼，你倒很会节约，把牛肉干保存到现在，真不容易呀。"

他一边说，一边把牛肉干掰成小丝，分给了周围的七八个同志。我那时实在年纪小，不通情理，眼看着总司令把这块宝贝似的牛肉干分给了别人，气得流起眼泪来。总司令看见了，当下把我拉到怀里，抚着我的头说："小李平，别哭了，有东西应该大家吃。革命是靠大家干的，只有大家都能把这段艰苦的路程走过去，革命才会成功。"

我抬头看看他，他眼睛里好像也闪着泪花，怎么能让总司令难过呢？我老实了，停止了哭声，紧紧地偎在他的怀里……

选自杨国夫等：《星火燎原·未刊稿》第4集，解放军出版社2007年8月第1版，第3—4页。

李平，女，1923 年生，四川人。1934 年参加中国工农红军，1938 年加入中国共产党。红军长征时为红四方面军第三十一军歌剧团团员。新中国成立后，曾为济南军区干部。

朱总司令和我们在一起

罗光泽

在雪山草地那艰难困苦的时间里，上级领导干部，既要率领部队前进操劳，又要和我们同甘苦共患难，因之比我们更苦。我们尊敬的朱总司令，更是我们的楷模。他一方面忍受着张国焘的排斥和屈辱，又要与张国焘作坚决的说理斗争，另一方面又和我们一起忍饥受寒，克服缺粮的困难。我们采野菜，搓麦子，朱总司令也同我们一起去采野菜，搓麦子。他还把我们新找出来的野菜样品，送到各连去展览推广，号召大量采集。我们同朱总司令一起割麦子，背麦子，总是感到无限温暖和幸福。看到他老人家那样辛勤，不顾疲劳的精神，给我们全体指战员以很大的教育和鼓舞。

他面容慈祥，语言谦逊，平易近人，穿着草鞋和补了又补的衣服。和他在一起，就像在家和父辈长者在一起，一点拘束也没有。现在回忆起当时的那些情景，心里还热乎乎的。

他和我们一起搓麦子，到了中午时分，大家各自用茶缸或洗脸盆就地炒麦粒做饭吃，朱总司令也和我们一起炒。吃饭时，大家围坐在总司令的身旁，有的互相依偎着，有的躺着，一边吃着麦粒，一边聆听朱总司令讲述革命的故事。他老人家一边讲，一边一把一把地吃着炒麦粒子。我们看到敬爱的首长年纪那么大，操心事那么多，瘦得眼窝已经塌陷下去，还和我们一样地吃麦粒子，心里都感到很难过。然而他却吃得津津有味。他操着四川口音，讲井冈山的斗争生活，讲得绘声绘色，使我听得时而忘掉了吃麦粒，时而开怀地哈哈大笑。他说，井冈山上的艰苦，不比现在好多少，敌人紧紧地包围着，我们没有吃的，没有穿的，个别同志发牢骚说：“打倒资本家，天天吃南瓜。”可是为了革命，为了劳苦大众的翻身解放，不吃南瓜怎么行呢！大家懂得了吃南瓜的意义，再大的困难也不怕了，有时野菜当粮食，稻草当棉花，也都坚持过来了。后来红军发展了，根据地扩大了，条件渐渐好了，南瓜也就吃得少了。现在我们又遇到了困难，大家得行军打仗，还得自己下地搓麦子，只要我们团结一致，坚持斗争，革命到底，草地一定会走出去，困难也一定能克服。他老人家又语重心长地说：“眼前的困难只是暂时的，走出草地，我们到陕北去，那里有党中央，有毛主席，有根据地，到了那里就好了。”

朱总司令讲得是那样充满感情，感染了我们每一个人，使我们看到了前途，看到了光明，从而增加了克服困难的信心，犹如一团烈火在胸中燃烧起来。

我原随三十一军医院行军，后来伤势渐愈，出院后，到总司令部朱总司令的警卫排，在防空二班当战士。看到总司令日益消瘦，心中非常不安。我记得每到宿营地驻扎时，朱总司令一个晚上总要搬好几个地方睡觉，我上岗时看见朱总司令在一个群众家里过夜，下岗时却又迁到另一个群众家里；晚间查哨的同志回来也说，朱老总为什么睡觉老搬家呢？大家都很纳闷，后来才明白，张国焘手段毒辣，朱总不得不提防。

由于没有粮，杀马吃肉，朱总司令最后只剩一匹驮行李的马，晚间却不知被谁偷去杀吃了。马夫同志气的不得了，要去找偷马的人，朱总司令说：“算了，算了，人家肚子饿，还是先救人要紧嘛！”至今我还记忆犹新。

长征中，朱总司令还养了一条大黑狗，晚上专咬生人，而且很厉害，偶有生人到来，是不敢靠前的。这条大黑狗，从草地一直跟到陕北。它在保卫朱总司令方面，也是做出了一份贡献的。

后来，红二方面军到来与红四方面军会合后，由于朱总司令、刘伯承、任弼时、贺龙、关向应等同志的坚持斗争，加上红四方面军广大指战员的不满情绪，张国焘被迫不得不同意北上。我们在朱总司令的率领下，终于结束了一年多雪山草地的艰苦生活，于 1936 年 10 月胜利地到达了陕北,完成了中国革命史上具有重大历史意义的长征。(栋宇、韩冬整理)

选自罗光泽:《罗光泽同志回忆录》,1982年8月编印。

和朱总司令一起过草地

闵耀庭

东方拂晓，吃完干粮又往前走。进入水草地，大家小心翼翼地走在无边无际的草丛里。草丛浸泡在水里，水呈黑灰色，散发着腥臭味。蒙蒙的浓雾弥漫着，辨不出东西南北，人马踩上去，稍一不慎就陷下去，没法救助。

朱总司令让警卫员在前边探路，他告诉大伙往草根密实发硬的地方走，千万别走软地方。大家心里热乎乎的，觉着有了主心骨，格外踏实。我们都叫朱总司令为“老总队长”，因为无论大小事，他都想得那么细致周全，对战士们的关心无微不至。一会儿他在队伍的前面，一会儿他又在队伍的后面，哪里有困难、有问题，他就出现在哪里。不是我们照顾他，而是他照顾我们。

经过五天的跋涉，我们接近了草地的中心地带，眼前的环境更加恶劣。狂风大作，乌云翻滚，天阴得像锅底一样漆黑一片，倾盆大雨夹着雪花和冰雹，铺天盖地地吹打着每一个人，大家全身冷得发抖。朱总司令要我们咬紧牙关，坚持前进。大家一步一步地走，鞋都磨破了，只好赤着脚走；脚也磨破了，被腐水一泡，全烂了，鲜血、黄脓不时地流。

枪支弹药找马驮着，想减轻点负担，谁料这马没走过水草地，不知是怕还是负荷太重，两条前腿刚踩在软泥上一尥蹶子，两条后腿就陷下去了。大家一着急就去拉它，越拉越扑腾，越扑腾越下陷，最后大家赶紧卸东西，没等卸完，马就陷下去只剩个头了，在水草里晃荡。最终是一点办法也没有，我们眼看着它沉下去了。大家止不住哭了。在这关键时刻，马是多么重要！病号谁驮？东西谁背？怎么办？正在大家发愁时，朱总司令叫警卫员把他的马送来了，用来往返驮病号和枪支弹药，最终把人和东西都一一送到营地。

这天是在水草地里宿营，水没腿肚深，没地方坐，我们只好背靠背地站着。北风呼呼地吹，冷得打颤，大家挤在一块儿。正挤得起劲时，觉得腿上疼得要命，像锥子扎似的，往下一看，好几条大蚂蝗趴在腿上，又疼又怕又恶心，有的人惊叫起来。朱总司令听见了，叫警卫员把自己的帐篷撕了，给每人一块，把腿脚包起来，免得被咬化脓、溃烂，可总司令却和警卫员都站在水里搭条毯子过夜。当大家接到这块布时，都感动得哭了，觉得总司令把每个战士都放在心上，唯独没有他自己。

粮食越来越少了，特派员训练班的王振江说："我就不信偌大草地找不着吃的东西，说不定有的不仅解饿，还可以治病呢！"他高兴地在路上边走边找，最后找着一种绿色植物，它的根茎又甜又脆又好吃。他饿得没法，就饱餐了一顿。不饿了，他走得就快了，走了一会儿就连晕带吐，在水地里翻滚。原来他是中毒了，可是没有医生，也没药品，我们只能眼看着他折腾，束手无策。最后大家悲痛地看着他毫不情愿地闭目而逝，长眠于草地，没有一句豪言壮语。

掩埋了战友的尸体，大家含泪和他告别，又继续前进。朱总司令特别重视这件事，立即组织了野菜调查小组，对采集来的菜样进行鉴别、试验，把能吃的菜样送各单位照样采集，回来洗净煮熟吃。总司令还把他的干粮都拿出来给病号吃了，他说这时一口粮可能救活一个人。（李海峰访谈整理）

中共辽宁省委党史研究室供稿。

闵耀庭，1909 年生，湖北英山人。1928 年参加农民赤卫队，后编入中国工农红军，1931 年加入中国共产党。红军长征时曾任郎南县、理番县、懋功县、丹巴县保卫局局长，川陕省保卫局特务队，红四方面军后卫队副指挥等。新中国成立后，曾任辽宁省水利电力局局长（电力厅厅长）、党组书记，抚顺市副市长，辽宁省人民政府农业办公室顾问等职。2004 年在沈阳逝世。

难忘长征路上战友情（节选）

方震

康克清助我毛毯、衣物过草地

1935 年 6 月红一方面军在四川懋功地区与红四方面军会合后，为了迅速北上，党中央、毛主席决定红军兵分左右两路北进。我们运输队也随之一分为二，我和一排排长李胜堂带领三个班的运输员，与朱德总司令、刘伯承总参谋长和时任红军总政委的张国焘以及总部机关几个局一起随左路军行动。

红军长征中每个人随身携带的衣物和生活用品是很少的，爬雪山、过草地，全军上下除了个人自己携带少得可怜的衣物、干粮外，要得到公家的补充是很困难的。

部队在川西北地区一个叫查理寺的地方宿营时，我的行李和干粮，全被当地一个坏分子偷走了。在少数民族地区丢了随身携带行李和干粮是个大事情。正当我为此犯愁的时候，一局管理科政治协理员康克清闻讯后，她把她自己的一件上衣和一条灰布夹裤送给我，并想方设法给我补充一些干粮，解决了一些困难，我很感谢她。从此，每当夜晚宿营时，我只能与运输员挤在一起取暖过夜或者围着火堆打盹。

后来总部四局局长刘景庭在炉霍病逝，康克清将刘景庭遗物中一条很厚的毛毯和毛衣给了我，我接过这条毛毯和毛衣，既为刘景庭的病逝而难过，又为康克清对我的关怀而感动。

在长征途中，这条毛毯可帮我解决了大问题，在零下 30 度夜行军的日子里，我把它披在身上、围在颈上抵挡风寒，夜晚宿营时垫一半、盖一半，既隔潮又御寒。这条毛毯伴随我翻过了皑皑的雪山，走过了茫茫的草地，直到在西路军失败后，它才离开我。

几十年来，每当我回忆起这条毛毯和毛衣时，就想起康克清关怀帮助我战胜过草地的困难的情景。

刘伯承总参谋长助我干粮度饥饿

长征路上，许多红军指战员，受饥寒的磨难，耗尽了最后一分热，被无情的雪山、草地夺去了宝贵的生命。我们运输队，由中央苏区出发时 80 多人，由于长途跋涉、伤病、牺牲和掉队等，到第一次过草地时只剩下 40 多人（包括在长征途中扩大的队员）。

一天，部队由阿坝地区出发北进，挑着一局作战科两个地图箱的刘德法因病掉了队，我跟随他一路行进，在掉队的第一天我们还能尾随后尾部队行进，第二天脱离了部队越掉越远，一直拉下了三天的路程。当时，我也有病，身体虚弱无力。但我俩深知这两箱地图，关系到部队北上抗日作战的军事行动，决心用生命来保护它。我和刘德法互相交换着挑，踉踉跄跄，十分艰难地行进在荒芜的老林、草地中。

刘德法是江西瑞金的乡干部，共产党员，在长征中表现很好，他在困难重重的行军中，从不畏缩和灰心。在这次掉队的路上，他坚毅地对我说："方指导员，我在思想上、政治上可以说像块钢铁，但我的身体实在不争气，如果我不能挑上这两箱地图跟上总部，怎么对得起党呢？！我是共产党员，只要我活着有一口气，就是爬也要带着地图爬到总部去……"

我鼓励他说："你是个好同志，在长征路上遇到许多困难，都能克服，从不叫苦。现在，我们只要有克服困难的毅力，有同地图共存亡的决心，就一定能跟上部队，总部首长和同志们，正在想着我们……"我们就这样互相鼓励着，挪步行进，天黑了，我们就在老林里烧起篝火过夜，天亮了又沿着部队留下的踪迹，交换着挑箱继续赶路；干粮吃完了，就采些野菜野果充饥。在这种情况下，没有食盐的野菜也是好食物。

在高原空气稀薄、缺氧，我们连病带饿挑着60多斤重的文件箱，每前进一步都要付出全身的力气，忍受着极大的痛苦。

部队进行到草地嘎曲河边时，张国焘以河水较深为借口，部队停止北进，在原地停留了三天，这时，我俩终于跟上了总部。跟上总部的第一件事，是将地图箱交到一局作战科，参谋们见到我俩后，都围上来，热情地问寒问暖，刘伯承总参谋长闻讯后，前来看我们，并关怀地说："见到你们来，我就放心了，这两箱地图是总部的重要文件，你们带病，在十分艰苦的情况下，保护了它，是由于你们有向困难作斗争的坚强毅力的结果。你们这种高度负责的精神，应受到表扬，是值得大家学习的。"接着刘总参谋长叫警卫员，把他的炒面匀给我和刘德法各两碗。我和刘德法接过这炒面和听了刘总参谋长这席活，顿时感到温暖，增添了无穷的力量。

这两碗炒面帮助了我们过草地度饥饿。这是长征路上，难以忘怀的往事之一。

杨立三在长征路上还送我一双胶鞋和一个大茶缸，这两件东西，在长征路上也给我解决了大问题。这双胶鞋穿在我脚上很舒服，走起路来很轻快。它使我日夜行军，翻山越岭，走了很长的路程。这个大茶缸在长征路上，用处多，它既在宿营时能烧水做饭，在行军时装满一缸饭，可以度过一天。它是过草地做"小锅饭"的好器具。同志们见到都很羡慕它，它一直跟随我度过雪山、草地。

长征路上，这一件件往事，凝结的浓厚战友情谊，使我终身难忘。

节选自中共中央党史研究室《中共党史资料》编辑部、中国延安精神研究室《中华魂》编辑部编、中国炎黄文化研究会《炎黄春秋》编辑部编：《红军不怕远征难——纪念红军长征胜利60周年征文集》，中共党史出版社1996年10月第1版，第236—238页。

方震，1911 年生，江西弋阳人。1930 年参加中国工农红军，1931 年加入中国共产主义青年团，同年转入中国共产党。红军长征时首任中革军委总部四局运输队政治委员，后在红军总部随红四方面军行动，1935 年 9 月留红四方面军，后任红三十一军第九十三师司令部参谋等。新中国成立后，曾任解放军总后勤部检查局副局长，总后勤部华东物资供应局政治委员，第二军医大学副政治委员、顾问等职。1964 年被授予少将军衔。

忆刘帅和汪荣华同志在长征中

陈明义

如果把人的记忆比作录音磁带，红军艰难而壮丽的二万五千里长征，在我的心目中录下了多少可歌可泣的动人乐章呵！其中印象较深的就是，我们敬爱的刘伯承同志和汪荣华同志在那艰苦的长征岁月中，在和张国焘分裂主义的斗争中的一段往事。

一

那是1935年6月的一天，高原上金色的阳光，映着蓝天，映着亮晶晶的雪山，映着开满野花的草地，映着杂谷脑小镇欢腾的街道。怎能不欢喜呢？从春天我们红四方面军打过嘉陵江，就看到墙上贴着的宣传画：两个形象高大的红军热烈地握手，象征着红四方面军打过嘉陵江配合中央红军北上。广大指战员盼着与中央红军会师，就像盼星星盼月亮似的。如今，我们不仅在懋功胜利会师了，而且党中央还派中央代表团来慰问我们。当我们接到通知，兴奋和激动得几乎一夜没睡着觉。清早，我们机关和部队的同志们便排着整齐的队伍走出街头，来到杂谷脑河边，夹道迎候着中央代表团的到来。

来了，来了！中央代表团的十几位同志在人们的欢呼声中走来了！

其中，最引人注目的是头发花白、具有学者风度的林伯渠同志和戴着眼镜、英姿勃勃的刘伯承将军。特别是刘伯承同志，他那“川中名将”的声誉和传奇般的故事，早已广为流传，令人崇敬。如今，我亲眼见到了他，而且距离这么近，看得这么真切，我怎不感到兴奋和荣幸！欢迎的人们高呼着“热烈欢迎中央代表团”的口号，鼓掌呀，跳跃呀，就像杂谷脑河中欢腾的浪花。

“那位戴眼镜的代表是谁？”

欢迎队伍中，一个女同志低声地问我。我回头一看，原来是川陕省邮政局副局长汪荣华同志。

我竖起大拇指回答她说：“不认识吗？他就是赫赫有名的刘伯承总参谋长！”

汪荣华注目看着刘伯承同志从她面前走过。她和我们大家一样，眼里充满了战士对一个很有威望的首长的尊敬和爱戴。

这是汪荣华同志在那欢腾的人群中第一次见到刘伯承同志；而这位杰出的红军领袖，就这样给她留下了印象。那时候，谁都没想到，这位大别山的茶山姑娘，后来会成为刘伯承同志的忠诚伴侣。

二

1935年初秋，根据党中央毛儿盖会议的决定，红军一、四方面军分成左、右两路军，向阿坝和班佑地区开进。朱德总司令和刘伯承总参谋长率总司令部随左路军行动，我们心中十分高兴。我想，自己是个参谋，能在朱总司令和刘总参谋长直接领导下工作，一定会学到很多新东西。我们左路军也将会出现崭新的面貌。

正当我们兴高采烈地进入阿坝东北地区的时候，张国焘以噶曲河水涨为借口，公然提出反对红军的北上方针，命令红军南下，分裂党，分裂红军，非法成立伪中央，这就完全暴露了张国焘反党反中央的罪恶行径。两军会师后团结一致北上抗日的欢乐气氛冲散了，形势突然紧张起来！

在一次南下的会议上，张国焘明目张胆地对朱德、刘伯承同志说：“你们要明白！只要你们反对毛泽东、周恩来的北上右倾机会主义，拥护南下路线，你们就可以进党中央做领导工作。”

刘伯承同志扶了一下眼镜，斩钉截铁地说：“北上是党中央的决定，我刘伯承是个共产党员，理所当然地执行党中央的决定。我们党是要团结的，红军是要团结的，违反团结的事我不能做！”

朱总司令会心地看了刘伯承同志一眼，转身对张国焘说：“红军两大主力的会师，是一个强大的力量。这样，国民党就很害怕。再说，朱毛，朱毛！朱德和毛泽东联在一起，全国有名，全世界有名！你今天想叫我这朱来反对毛，那是不行的，除非太阳从西边出！”

听了他们的激烈争论，我对张国焘的反党行为感到吃惊、愤慨！对党和军队的分裂感到忧虑！朱、刘二位首长坚持真理与张国焘严肃地进行斗争，使我从内心里对他们更加敬爱了。我深深感到，他俩不仅有将帅之才，而且在风云变幻的斗争中，坚持党性原则，有着高尚的情操和政治家的风度。这种对张国焘的义愤和对朱、刘首长们的崇敬之心，我不敢流露出来，只是和我亲密的战友——刘伯承总参谋长的警卫员黄兴正同志悄悄地议论。

由于张国焘分裂主义的错误，造成了红军在南下四川的战斗中多次失利。张国焘在南下错误碰壁的情况下，经过朱德、刘伯承、徐向前等首长和广大指战员的斗争，终于迫使张国焘解散了伪中央，在红四方面军与红二方面军会师后，于 1936 年夏，又继续北上执行抗日救国的正确路线。

1935 年 8 月，汪荣华同志因工作需要，从川陕省委工作队调到总参谋部四局工作，与刘伯承同志接触机会多了。记得有一天，四局的同志们搞到两只毛茸茸的兽蹄，送到一局来。我们都不认识是什么东西，当即送给刘总参谋长。他提起兽蹄高兴地说："呵！这是一对熊掌！是很名贵的东西，有很高的营养价值咧！"于是他亲自动手，把熊掌先用火烤，刮去皮毛，然后洗净砸碎，用脸盆当锅，熬了一锅熊掌汤，叫我们大家都来吃，尝尝味道，虽然我们这一群青年男女都只吃了点掌肉，喝了几口汤，但在这茫茫草地，生活极为困难的情况下，和总参谋长一起吃熊掌，真是一次珍美的会餐，我们的心情激动不已。刘总参谋长和战士们同甘苦共患难的阶级友爱精神，使大家的心里都暖烘烘的。

1936 年夏天，第二次过草地的时候，行军途中，刘伯承同志看到一些病号走不动路，他总是把自己的马让给病号同志骑。有一天，汪荣华同志掉队了。伯承同志看到她行走艰难，便让她骑自己的马。荣华同志怀着感激的心情辞谢了，首长的关怀却鼓舞着她加快步伐赶上了前进队伍的行列。

最令人难忘的，是草地露营的一个月明之夜。草尖上，露珠儿亮晶晶的。我和黄兴正同志以天作被，以草作毯，背靠背地躺着。突然，他激动地转过身来，悄悄地对我说："今天，我送了一封特殊的信。"什么特殊的信呢？我让他详细地讲一讲。于是他高兴地告诉我："宿营后，刘总参谋长处理完公事，就磨了一盘浓墨，提起笔，工工整整地写起蝇头小楷来。我以为他又在抓紧时间练书法哩。他一连写了好几篇，叠起来，装进信封里。然后嘱咐我一定要当面交给汪荣华同志。我感到这是一封不寻常的信，立即跑步送去。汪荣华同志拆开信一看，脸就红了！"小黄说到这里停下来，我连忙问道："她回信没有？""没有。"小黄说完，一转身就呼呼入睡了。

我可没有睡着。我觉得，咱们的刘伯承总参谋长的确很有眼力。他不仅在战场上知己知彼，百战不殆。而且，在选择爱人时，也有独特见解。他到过国内外的许多地方，见过多少城市的姑娘和女学生。然而他却偏偏选中了这位来自大别山农村的姑娘。他是把志同道合当作男女结合的基础啊！

对汪荣华同志，我是比较了解的。早在 1932 年春天，在鄂豫皖苏区皖西北道委召开的共青团代表大会上，我就认识了她。这位纯朴、美丽而又聪明的少女，那时虽然才 15 岁，却已当上了英山县共青团的代表。以后，在鄂豫皖的行军作战中，在 1932 年反四次“围剿”转移的西进中，在创建川陕革命根据地的斗争中，在长征中，她都给我留下了深刻的印象：忠诚老实，吃苦耐劳；工作负责，作战勇敢。打仗的时候，她是红军战士；发动群众的时候，她是宣传员。她在枪林弹雨中抢救过伤员，也在川陕苏维埃省政府当过邮政局副局长。只要是革命的需要，她都愉快地去干，从不计较个人的名位得失。伯承同志与荣华同志通过一年来同甘共苦的革命斗争和工作接触，对荣华同志有了深刻的了解。所以才提出了这个问题。

我多么希望汪荣华同志尽快地给刘伯承同志一个满意的答复。因为，尽管红四方面军又北上了，但张国焘却仍然想方设法排斥和打击刘伯承同志，一个人在艰难的岁月中，多么需要同志、知己、亲人的支持、鼓励和安慰啊！我热切地等待着他俩的喜信，默默地为他们祝福。

三

雪山再高总有顶，草原再宽也有边。1936 年 8 月，我们终于走出了茫茫草地，来到了山明水秀的甘南。在这金色的收获季节里，军中不时传来喜讯。有从保安传来的喜讯，有从兄弟部队传来的喜讯，还有我们自己的战斗捷报。在这喜报纷飞的时候，我所盼望的那一个喜信终于飞来了。那报信的喜鹊，当然是和我无话不谈的小黄。

那是一个霞光灿烂的傍晚，我正在清源河边洗衣服。突然，黄兴正同志来到我的身边，兴奋地对我说：“她同意了，同意了！瞧，他俩正在河边散步谈心哩！”

我抬起头来，透过霞光看去，在那五彩缤纷的晚霞里，在那波光粼粼的清源河旁，正走着伯承和荣华同志。那金色的田野，欢腾的清源河，也仿佛在为他俩祝贺。他俩走着，谈着。他俩到底谈了些什么呢？直到10多年以后，我写这篇回忆录，去找汪荣华同志补充材料时，她才透露了当时的一些情况。

原来，正像年轻姑娘们接到求爱信那样，19岁的汪荣华，也是又激动，又有点害羞。过去，她也曾听人讲，刘伯承同志精通兵法，能征善战，才华横溢，学识渊博。特别是她调到总参谋部四局以后，通过一年来的亲自接触，她感到伯承同志平易近人，诚实朴质，办事严谨，品德高尚。在万里征途中，能遇上这么一位知己，她从心里欢喜。然而，她也有些顾虑。自己是一个普通农家的女儿，只读了一年私塾，两年洋学堂，14岁就当了红军。参加革命以后，经过实际工作和斗争的锻炼，虽然有所提高，但比起刘伯承同志来，不论资历和学识都相差得很远，和他结成伴侣合适吗？因此，他俩第一次相约在河边散步时，她就把心里的话掏了出来。刘伯承同志听了以后，爽朗地笑了。他说：“这有啥子关系嘛！我家也是穷苦农民，祖父还当过吹鼓手。为此，我考秀才被县官赶出了考场。正因为我们穷，活不下去，才起来革命，才走到一起来了。只要我们有共同的理想，志同道合，就能结成革命伴侣，永远战斗在一起，白头到老！至于文化知识水平低一点，可以学习嘛。你自己努力，我尽力帮助你。”

听到这样推心置腹的话，荣华同志心中的顾虑烟消云散了。

在这次散步中，他俩还谈到了和张国焘的斗争。刘伯承同志愤慨地说：“张国焘这个人，为了征服我，要我拥护他的反党罪行，对我采取软硬兼施的手法。软的时候，他可以流着眼泪给你说好话。其实，这是猫儿哭耗子，假慈悲。硬的时候，他威胁要挟，咄咄逼人，甚至狂言：‘我要不看你是南昌起义的参谋长，就把你杀了！’我不理睬他这一套，他就要撤我总参谋长的职，叫我到红军大学当校长，实际上是当个教员。我是带兵打仗的人，敌人的千军万马都不怕，还怕什么排斥、打击、撤职、杀头么？！”

刘伯承同志在党内斗争中的原则性和高尚品格，深深感动了汪荣华同志。能和这样的人结成伴侣，她从心里感到幸福。在同张国焘的错误作斗争的艰难岁月中，特别是当刘伯承同志被撤掉总参谋长职务以后，她紧紧和他站在一起，真心实意地支持他，鼓舞他。

当他俩从河边回来时，汪荣华同志对刘伯承同志说：“你眼睛不好，给我写信还用毛笔写那么工整的小楷，多费眼睛呀！”

刘伯承同志诚恳地说：“生平第一次写这样的信，当然要严肃认真啰！”汪荣华同志回忆起这段情节时，她笑了。

四

自从在清源河边谈心以后，他俩的关系更亲密了。在艰难的长征路上，在繁忙的军旅生涯中，刘伯承同志一有空隙，就抓紧时间读书、看地图；同时，还帮助汪荣华同志学军事、学政治、学文化。对我们这些参谋学文化，也抓得很紧。

有一次部队行军大休息时，同志们都在休息、喝水、吃干粮，可伯承同志却从自己随身携带的皮包里拿出一本外文书，坐到路旁的石头上，认真地阅读起来。

我说：“参谋长，您还是休息一会儿吧！您除了行军打仗，就是工作、学习，难道就没有什么其他嗜好吗？”

刘伯承同志闪着他那明亮的眼睛，风趣地回答说：“我的嗜好就是读书！”

我吃惊了，把读书当成一种嗜好，我还是第一次听说。

刘伯承同志看着我吃惊的表情，不禁笑了。他耐心地说："读书，开卷有益嘛！我们是红军，要打胜仗，要讲究谋略，讲战略、战术，就得多读书，多研究。《孙子兵法》、《三国演义》、《史记》、《汉书》，我们都要读，要研究；苏联的、欧洲的、美洲的军事著作，我们要读，要研究；马克思、列宁的书，我们要读，要研究；科学、外语、文化书，我们也要读，也要研究；甚至反动派的书，我们也要研究咧！你不研究敌人，怎么战胜敌人呀？"说到这里，他看了看我和汪荣华，又语重心长地说："特别是咱们这些放牛娃儿、采茶女儿出身的人，不是嫌自己没有文化吗？要加油学呀！不然，将来革命成功了，叫你建设社会主义、共产主义，你不懂科学文化，拿什么去建设呀？"

从那以后，我们开始注意学文化了。我发现，刘伯承同志对汪荣华同志的学习要求很严，抓得很紧；汪荣华同志学习的劲头也比过去更大了。比如：刘伯承同志要她学习语文，注意"广看、精读、多写"，学习书法注意"间架笔姿""临帖认真，持之以恒"。汪荣华同志在这些方面均有显著提高。

40多年过去了，在全军向着国防现代化进军，大力开展学习科学文化的今天，想起刘伯承同志当年的话来，还觉得那么新鲜，那么亲切。

五

1936年中秋前后，全军沉浸在三大主力军即将会师的欢乐之中。在甘南成县曲子镇的一个月明之夜，刘伯承同志和汪荣华同志结婚了。他俩的爱情，就像天上那圆圆的月亮，穿过长征路上万里风云，闪射出皎洁的光辉。

结婚后不到一周，党中央就来电要刘伯承同志去保安。我们的刘伯承将军和汪荣华同志并肩踏上了新的征途，去陕北保安接受党中央新的战斗任务。

拂晓，部队沿着山沟疾速行进。刘伯承在部队的前面。走着走着，前面突然传来一阵枪声。有情况！先头部队和敌人接火了！刘伯承同志立即指挥部队投入战斗。汪荣华同志和小黄紧跟在他身边。突然，一架飞机从他们头上呼啸而过，紧接着一声轰响，炸弹在他们身旁爆炸了！浓烟滚滚，烈火腾空，弹片横飞！刘伯承和汪荣华这一对从艰苦征途和严酷的政治斗争中走出来的患难夫妻，如今又在这危急万分的战场上生死与共。

汪荣华从浓烈的战火硝烟中抬起头来，拍掉头上的尘土，睁大眼睛一看，啊！伯承负伤了！身边一摊血！立即含泪为他包扎伤口，并叫小黄去找担架和马匹。

“不要紧，打仗挂彩，乃兵家常事！”刘伯承同志镇定自若地摘下眼镜，擦着镜片上的尘土，安慰着她。

汪荣华同志点了点头，为他包好了伤口，低下头来，才发现自己的腿部也负了伤，她悄悄转过身去，为自己包扎。

刘伯承同志微微抬起身来，抚着荣华的伤口，深情地说：“革命，没有不流血的。现在我们俩都负伤了，还得忍着伤痛，坚持前进！不能停下来，我们还面临着敌情。”

刘伯承同志临危不惧、勇敢沉着的精神，和那闪着智慧和哲理的语言，鼓舞着汪荣华同志。尽管伤痛，他俩却互相搀扶着，一步一步向前迈进。刘伯承同志坚持着一面走，一面指挥部队。他俩艰难地向前走了几十米，前面出现了一个陡峭的山坡。汪荣华同志咬着牙往上爬，可是她那负伤的腿，怎么也使不上劲。就在这时候，一双有力的手伸过来了。这是刘伯承同志的一双大手。他忍着臀部的伤痛，用双手把她托了上去。她在坡上站稳了脚，立即回转身，伸手使劲地把他拉了上来！就这样，他俩互相搀扶着，一步一步，终于爬上了陡峭的山坡，来到了山岗上的林子里。

这时，警卫员黄兴正带着担架队员和马来了，部队也赶上来了。汪荣华同志扶刘伯承同志上了担架，自己才骑上马，跟在担架后面，缓缓行进。满山火红摇曳的枫叶，似乎在向这一对经过生与死、血与火洗礼的革命伴侣欢呼致敬，又像在为英勇的红军翩翩起舞。

六

史诗般的二万五千里长征，以我们的胜利和敌人的失败而告结束了。然而，新的长征，仍在继续。在抗日战争的青纱帐里，在炮火连天的解放战场上，在宏伟而又曲折的社会主义革命和建设的历程中，我们的刘伯承元帅和汪荣华同志，为了共同的理想，始终并肩战斗在一起。他俩同患难，共欢乐。特别是刘帅晚年，汪荣华同志十几年如一日，无微不至地体贴照顾和精心护理，更是令人感动！

记得，有一年我到北京开会，抽空去看望老首长和荣华同志。我在客厅里等了许久，没见荣华同志出来。刘帅身边的工作人员对我说，她正在照料首长服药。工作同志还告诉我说，刘帅这多年，除了组织上派来的医生护士外，就靠汪荣华同志照料。

当我听到首长身体好转时，心里非常高兴。同时，我也深深地感到，只有经过血与火的战斗洗礼培育起来的夫妻感情，才能做到像汪荣华同志这样。元帅健康时，她勤奋学习，积极工作，生活俭朴，和元帅互相关心。元帅生病时，她又怀着更深厚的革命伴侣之情，熬汤喂药，洗漱换衣，任劳任怨，年复一年地精心照料。今年春节，我们能从报纸上看到刘帅的近照，得知老首长身体康健，这除了党中央的亲切关怀和医护人员的治疗外，它还浸透了汪荣华同志的多少汗水和心血啊！

在刘帅身边工作的同志还告诉我说，首长夫妇对孩子们的要求可严了。凡是有工作的，平时一般都不让他们在家里住，而叫他们住机关宿舍，到大食堂吃饭。只有星期天、节假日，才让他们回来团聚，然后又回到自己的工作单位去。刘帅还经常嘱咐汪荣华同志：“不能让孩子搞特殊化，也不要给他们很多钱。钱这个东西，少了，影响生活；太多了，也会腐蚀人。被金钱腐蚀的伤口，一般药物是医不好的咧！”

多么精辟的见解，多么动人的语言！刘帅就是这样教育和要求孩子，使他们在党的培育下不断成长进步的。特别是当社会上流行着“向钱看”的时候，我恨不能尽快把刘帅的这段话，这些事，告诉天下的父母和孩子们。

选自《刘伯承回忆录》第2集，上海文艺出版社1985年2月第1版，第163—175页。

在红军大学

侯正果

刘伯承同志不仅是老一辈的无产阶级革命家、军事家、政治家，也是位卓越的教育家。举世闻名的二万五千里长征途中，他领导的“红大”就为我党、我军培养了一批批的优秀干部。“红大”的教育方针，教学思想，教学方法及成果，不仅为执行毛主席的正确路线起到重要的保证作用，也为后来的“抗大”思想、“抗大”校风奠定了深刻的理论基础。回忆那时自己在“红大”所受到教育，回想到刘校长对我们谆谆教诲，就好像是昨天的事情，记忆犹新。

1935 年 11 月张国焘搞分裂，蒙蔽、欺骗数万红四方面军干部战士南下后，朱总司令、刘伯承总参谋长等坚持毛主席团结一致、北上抗日的正确路线。为培养教育干部、战士，引导他们执行毛主席路线，总部决定建立红军大学。校长由刘伯承同志兼任。陈伯均、彭绍辉、郭天明等同志负责教育、训练的具体领导工作。第一期学员约 500 人，我是其中之一。换句话说，就是把马列主义的原理，特别是军事方面的理论与当时的斗争实际，即爬雪山，过草地，坚持北上抗日，反对张国焘右倾逃跑主义这个实际结合起来进行教学。刘校长常说：遵义会议确立了毛主席领导地位。以毛主席为首的党中央制定的团结一致、北上抗日的政治路线确立之后，干部决定一切。我们“红大”教学目的，就是要干部培养成有政治觉悟、有作战本领、有管理能力、有艰苦奋斗不怕牺牲精神的人。

刘校长亲自主持制定的教学计划，在政治方面提出四项主要内容：（一）红军的性质、任务和目的。中心讲团结一致，北上抗日。（二）统一战线政策。（三）民族自治、民族平等、民族联合，国家统一。保护寺庙和信教自由等政策。为此，要求每人必须学会一些常用的藏语。（四）三大纪律八项注意。特别强调反对军阀主义，不准打人、骂人。实行官兵平等，军民团结。刘校长亲自给我们讲过红军为什么要做到就军民一致、官兵一致的道理。并且提出了“拳头不能打在工农阶级兄弟身上，我们的拳头只能打在敌人身上”的响亮口号。

在军事教育方面，根据当时斗争的实际，提出了必须学会的六点战术内容。（一）打骑兵，（二）平地战，（三）河川战，（四）隘路战，（五）山地战，（六）麻雀战。像如何打骑兵，如何用麻雀战对付敌人等许多课目，都经常由刘校长亲自上课。同时还包括要学习在爬雪山过草地时行军、宿营和警戒等方面的经验。

管理教育方面，主要学习怎样带兵，练兵，用兵。要把兵带成能艰苦奋斗，热爱集体，团结互助，勇敢作战的兵。提出用兵要有针对性。各兵种要明确在什么条件下，针对什么样的敌人，练什么样的课目。通过练兵，要保证在实战时能取得以少胜多，消灭敌人，保存自己的目的。此外还要学习有关雪山、草地等自然环境条件的知识和当地少数民族的社会知识。学会在这样的环境和社会条件下进行战斗应注意事项，还包括如何保证后勤供应等各项内容。

刘伯承同志作为校长，对于教学中的每个环节、细节都了如指掌，像草鞋怎么打，帐篷如何搭，野菜如何识别等都要讲给学员们。记得在一次如何烧牛粪（用牛粪烧水煮饭）的试验中，有些同志提出要七分钟烧开一壶水，刘校长说：七分钟不行，九分钟才好。并讲清道理，使许多同志听了非常佩服。

总之，“红大”的教育计划是从当时实际情况出发的，从理论到实践，再从实践上升到理论，如此循环往复而提出制定并进行教学的。许多受过张国焘蒙蔽和欺骗的红军干部，一进入“红大”，就像将要枯黄的禾苗久旱逢甘雨。经过学习提高军政素质，心明眼亮，精神振奋，毕业后在部队开花结果。

选自《刘伯承回忆录》第2集，上海文艺出版社1985年2月第1版，第109—111页。

在校部党支部

沈润生

1936年春天，我被调到第四方面军红军大学校部工作，担任过校部党支部书记。我们这个支部，近20名党员，有校首长、书记、参谋、司务长、警卫员、勤务员、炊事员、挑夫等。红军大学校长刘伯承同志也编在我们这个支部，他不仅经常以普通党员的身份参加党组织生活，还积极帮助支部了解思想情况，做好思想工作。记得，他身材魁梧，头戴红星闪耀的八角帽，帽檐下架着一副黑边眼镜，身上穿的是旧得发白补了又补的灰布军装，腿上裹着绑带，脚上穿着草鞋，显得既威武，又朴实。他讲话风趣，带着四川口音，善于深入浅出地讲解革命道理，拨动同志们的心弦。

四五月间，红军大学的同志们重新翻过终年积雪的夹金山南下，在道孚休整了十天，尔后进入炉霍，住在一座大喇嘛庙里。这座喇嘛庙原来有七八百个喇嘛，因为他们不了解红军的政策，所以红军一到，他们纷纷四处逃散，只剩下少数喇嘛看庙。喇嘛庙里的房子很多，都是金色屋顶，有的分上下两层，楼上是喇嘛的住室，楼下放杂物。当时，红军大学有七八百名学员，分为高干队、军事队、政治队、参谋队、测绘队等，全校学员和工作人员都住在这座喇嘛庙里。我和校部几位警卫员住在一个房间里，对门那间屋是刘伯承校长的住所。夜里，我们经常看到刘校长的窗口，亮着灯光，直到夜阑更深。

记得，红军大学刚进入炉霍，在一次支部会上，刘伯承同志提出，党员要带头做群众工作。他说：“你们看，这个喇嘛庙的喇嘛们不了解红军的政策，大多数都跑走了。大家都要做群众工作，这是一项政治任务。”我们看到，刘伯承同志经常带上“通司”（即翻译），找未逃走的喇嘛谈话，向他们解释红军的政策，说明中国工农红军与国民党军队有本质区别，不打人，不骂人，红军是穷人的队伍。并请他们把上山的群众和喇嘛找回来。经过多次耐心细致地做宣传工作，不久，跑上山的群众和喇嘛纷纷返回，他们还聚会欢迎红军的到来呢。在刘伯承同志的影响下，我们校部的工作人员，经常到驻地的村庄贴标语，向群众宣传革命道理，把革命的火种播在群众的心田。

一天，刘们承同志对我说：“小沈，贺龙、任弼时同志领导的二方面军和肖克同志的第六军团，与红四方面军在甘孜会师啦，准备一起过草地，北上抗日。校部警卫班的同志们对再次过草地，思想都通了没有？”

“有的同志还没想通。”我回答说。

“我建议开个支部会，我也参加，大家一起讨论一下红军为啥再次过草地北上，如何做好过草地的准备工作，怎样以实际行动搞好同二、六军团同志的团结，小沈，你看咋样？”刘伯承同志用商量的口吻对我说。

我说：“我也有这个想法，咱们一会儿开个党团员大会，请你参加，我去通知。”说完，我就去通知校部的党团员们开会。

党团员们聚集在喇嘛庙的一间房子里。我宣布开会，并动员大家就红军北上和加强与兄弟部队的团结问题发表意见。同志们争先恐后发言，虽然说不出多少道理来，但大家情绪热烈，七嘴八舌地议论着，像油锅里撒了一把盐，噼里啪啦地爆响起来。

一位警卫员说：“红军为什么不继续南下，偏要到西康这少数民族地区来？这个鬼地方，见不到一粒大米，整天吃青稞炒面，你们听，我的肚子咕噜咕噜直叫唤。”他的话，逗得大家哄堂大笑。

刘伯承同志也噗哧笑了。他虽然是校首长，但和我们同吃一锅饭。从四川带来的大米吃完后，他和我们一样吃青稞炒面。炊事员有时给校首长弄点肉吃，刘校长还再三问“是从哪里弄来的，大家都有吧？”当炊事员肯定地回答大家都有时，他才肯吃。刘校长在生活上不仅不特殊，而且首先想到群众，同群众同甘共苦。顷刻，刘校长收敛了笑容，他用慈祥的目光巡视着同志们一张张消瘦的脸，沉吟了片刻，说：“是呵，青稞没有大米好吃，但是，红军南下后，敌强我弱，孤军作战，敌人封锁很严，我军攻不进去，后退吧，又有雪山挡着，红军只好折回西康。二、六军团也要北上，我们同他们会合后一起北上同全国红军大会师，力量就更大了。我们进西康这里，敌人力量薄弱，不敢轻举妄动，我军能够集中时间进行思想准备和筹衣筹粮的准备，以减少过草地的困难。”

又有一个警卫员说：“咱们已经两次过草地了，那个苦滋味已经尝够了。”

刘伯承同志继续解释说：“我们这次过草地，是遵照党中央、毛主席北上抗日路线行动的。毛主席带领的红一方面军，与陕北红军胜利会师后，打了好多胜仗。只要全体指战员齐心协力，有充分的思想和物质的准备，过草地的困难是一定可以克服的……”

大家津津有味地听着刘校长的发言，一张张憔悴的脸，浮现出激动、喜悦的神采。

刘伯承同志接着说：“我们快要过草地了。同志们都晓得，草地上苦得很，我们必须有充分准备。要尽可能多带一些干粮，每个人至少要带十至十五斤炒面。”讲到这里，大伙的情绪一下子高涨起来。

有的问：“过草地的时候，咱们能不能见到二、六军团的领导同志？”

刘伯承同志说：“有可能见到，也可能见不到，因为红军分梯队出发。”

有的问：“草地上很冷，不知道二、六军团的同志们带的衣服鞋袜够不够穿？”

刘伯承同志说：“我提议，每一位同志做一件好事，用实际行动迎接二方面军，搞好同二、六军团的团结。”

“做一件什么好事呢？”大家异口同声地问。

刘伯承同志笑了笑，说：“每个同志给二、六军团的同志们赠送一件纪念品，好不好？织一件毛衣、毛裤、毛袜等都行。从我做起，我们大家赶紧动手。现在，全军指战员都行动起来了。”

听到这个消息，同志们都坐不住了，这个说织件毛衣送战友，那个说我还有一双鞋子送给他们。

炉霍是牧民集居的地区，羊毛较丰富。红军大学进驻炉霍后，积蓄了好多的羊毛，分到了各队各班。织毛衣、毛袜，不愁没有羊毛。会上，有的同志说：“咱有的是羊毛，可就是粗手笨脚的，不会织毛衣。”

“不会就学嘛！”刘伯承同志说：“驻地的藏民们，都是织毛衣的能手。可以派几位同志去学习，回来教大家。”

同志们一致赞成这个意见，会后，立即行动起来，一面派人去学习，一面筹备羊毛，捻毛线，打毛衣。

那天夜里，我和几位警卫员、勤务员正在小油灯下织毛衣，刘伯承校长和他的警卫员走了进来。刘校长对我们说：“夜深了，该休息啦，明天再织吧。”

我说：“二、六军团的同志们等着穿呢，我们得赶紧织，让他们早穿上暖融融的新毛衣新毛袜过草地呀！”

刘伯承同志关切地说：“瞧你们一个个的，眼睛都熬红了，快熄灯睡觉。”

我们对刘校长说：“其实，哪一天夜里，你都比我们睡得晚。半夜里，我们醒了，看见你屋里的灯还亮着。”

“我已经习惯了，比你们能熬夜。”刘伯承同志微笑着说。

“我们也能熬夜。”一位勤务员说，“为了让二、六军团的战友们过草地时穿上毛衣毛袜，咱七天七夜不合眼，也顶得住。”

警卫员插话说："我们也教会了刘校长织毛衣，校长刚放下毛线就到你们这里来了。"

原来刘校长同我们一起织毛衣，迎接二、六军团的同志呵！

刘伯承同志看了看手表，说："哦，十二点多了，大家快休息。过些天，还要过草地，翻雪山，现在把身体累垮了，怎么北上抗日？"

我们吹了小油灯，躺下睡觉。这当儿，皎洁的月光透过窗棂，射进屋里来。我和几位警卫员怎么也睡不着，一个个都爬起来，借着月光织毛衣。我们发现，刘伯承同志屋里的灯还亮着，他是在灯下看书学习，还是在考虑全校的工作，制定红军北上的路线？

经过七天的辛勤劳动，校部的党员们包括刘伯承同志在内，每人织成了一件毛衣、毛裤或毛袜。我织成了一件毛背心。我们将这些凝结着革命情谊的礼品，奉献给了二、六军团的同志。这已经是40多年前的往事了，每当我回忆起这件往事的时候，脑海里就浮现出刘伯承同志那魁梧的身躯和慈祥的笑容，想起他和我们在喇嘛庙里一起过组织生活、给我们做思想工作的情景。

选自《刘伯承回忆录》第2集，上海文艺出版社1985年第11版，第112—117页。

沈润生，1915年生，湖北黄安（今红安）人。1929年加入中国共产主义青年团，1931年参加中国工农红军，1935年转入中国共产党。红军长征时任红四方面军红军大学校部党支部书记。新中国成立后，曾任中南军区后勤部政治部干部部部长，军需生产部副政治委员、副局长，第一汽车拖拉机管理学校政治委员，解放军总后勤部白城办事处政治委员、营房部政治委员、政治部顾问等职。1992年在北京逝世。

和刘伯承同志过组织生活

沈润生

1936年春天，我被调到第四方面军红军大学校部工作，担任校部党支部书记。我们这个支部有近20名党员，有校首长、参谋、司务长，警卫员、勤务员、炊事员、挑夫等。红军大学校长刘伯承同志也编在我们这个支部。

四五月间，红军大学的同志们翻过终年积雪的夹金山，尔后进入炉霍，住在一座大喇嘛庙里。这座喇嘛庙原来有七八百个喇嘛，因为不了解红军的政策，红军一到，他们纷纷四处逃散，只剩下少数穿着红袍的喇嘛看庙。

记得刚进炉霍，在一次支部会上，刘伯承同志便提出，党员要带头做群众工作。他说:“你们看，这个喇嘛庙的喇嘛们不了解红军的政策，大多数都跑走了。大家都要做喇嘛们的工作，这是一项政治任务。”我们看到，刘伯承同志经常带上通司，找未逃走的喇嘛谈话，向他们耐心解释红军的政策，说明红军与国民党军队有本质区别，不打人，不骂人，是穷人的队伍，并请他们把上山的群众和喇嘛找回来。经过多次耐心细致的宣传工作，不久，跑上山的群众和喇嘛纷纷返回家园，还聚会欢迎红军的到来呢。

一天，刘伯承同志对我说：“小沈，贺龙、任弼时同志领导的二、六军团与红四方面军在甘孜会师啦，准备一起过草地，北上抗日。校部警卫班的同志们对再次过草地，思想都通了没有？”

“有的同志还没想通。”我回答说。

刘伯承同志建议召开一个支部会，做大家的思想工作，很快，我就把党团员召集齐了。

党团员们聚集在喇嘛庙的一间房子里。我宣布开会，并动员大家就红军北上和加强与兄弟部队的团结问题发表意见。同志们争先恐后发言，虽然说不出多少道理来，但大家情绪热烈，七嘴八舌地议论着。

一位警卫员说：“红军为什么不继续南下，偏要到西康这少数民族地区来，这个鬼地方，见不到一粒大米，整天吃青稞炒面，你们听，我的肚子咕噜咕噜直叫唤。”他的话，逗得大家都笑了。

刘伯承同志也笑了。一会儿，刘校长收敛了笑容，用慈祥的目光巡视了一下同志们瘦削的脸，说：“是啊，青稞没有大米好吃，但是，红军南下后，敌强我弱，孤军作战，不利于我军的发展。现在二、六军团也北上了，我们同他们会合后一起北上同全国红军大会师，力量就大了！”

又有一个警卫员说：“咱们已经两次过草地了，那个苦滋味已经尝够了，为什么还要过草地？”

刘伯承同志继续解释说：“我们这次过草地，是遵照党中央、毛主席北上抗日路线行动的，只要全体指战员齐心协力，有充分的思想和物质准备，过草地的困难是一定可以克服的……”

有的问：“草地上很冷，不知道二、六军团的同志们带的衣服鞋袜够不够穿？”

刘伯承同志说：“我提议，每一位同志做一件事，用实际行动迎接二、六军团的同志。”

“做一件什么事呢？”大家异口同声地问。

刘伯承同志笑了笑，说：“每个同志给二、六军团的同志们赠送一件纪念品，好不好？织一件毛衣、毛裤、毛袜都行。从我做起，我们大家赶紧动手。现在，全军指战员都行动起来了。”

听到这个消息，同志们都坐不住了，这个说织件毛衣送战友，那个说送一双鞋子给他们。

炉霍是牧民集居的地区，羊毛很多。红军大学进驻炉霍后，积蓄了很多的羊毛，分到了各队、各班。有的同志说：“咱有的是羊毛，可就是粗手笨脚的，不会织毛衣。”

“不会就学嘛！”刘伯承同志说，“驻地的藏民们，都是织毛衣的能手。可以派几位同志去学习，回来教大家。”

同志们一致赞成这个意见，会后，立即行动起来，一面派人去学习，一面筹备羊毛，捻毛线，打毛衣。

那天夜里，我和几位警卫员、勤务员正在小油灯下织毛衣，刘伯承校长和他的警卫员走了进来，刘校长对我们说:“夜深了，该休息啦，明天再织吧。”

我说：“二、六军团的同志们等着穿呢，我们得赶紧织，让他们早一点上暖融融的新毛衣、毛袜过草地！”

刘伯承同志关切地说:“瞧你们一个个的，眼睛都熬红了，快睡觉。”

我们对刘校长说:“其实，哪一天夜里，你都比我们睡得晚。半夜里，我们醒了，看见你屋里的灯还亮着。”

“我已经习惯了，比你们能熬夜。”刘伯承同志微笑着说。

“我们也能熬夜。”一位勤务员说，“为了让二、六军团的战友们过草地时穿上毛衣毛袜，咱七天七夜不合眼，也没问题。”

刘校长的警卫员插话说：“我们也教会了刘校长织毛衣，校长刚放下毛线就到你们这里来了。”

刘伯承同志看了看手表，说：“哦，十二点多了，大家快休息。过些天，还要翻雪山，过草地，现在把身体累垮了，怎么北上抗日？”

我们吹了小油灯，躺下睡觉。这当儿，皎洁的月光射进屋里来，我和几位警卫员怎么也睡不着，一个个都爬起来，借着月光织毛衣。我们发现，刘伯承同志屋里的灯也亮着。

经过七天的辛勤劳动，校部的党员们包括刘伯承同志在内，每人织成了一件毛衣或毛裤、毛袜。我织成了一件毛背心。我们将这些凝结着革命情谊的礼品，送给了二、六军团的同志们。

选自杨国夫等:《星火燎原·未刊稿》第4集，解放军出版社2007年8月第1版，第187—190页。

记刘伯承参谋长的一件小事（节选）

董邦

1936年夏，红军长征途中，二、四方面军在甘孜胜利会师。当时，二方面军尚有部分伤病员还没赶到，我在执行总部收容伤病员任务的归途中，意外遭到敌人伏击，身负重伤。在艰苦的草地行军，药品极其缺乏，但在首长和同志们的亲切关怀下，终于寻来一小包珍贵的云南白药，得到了医治。出于我伤势过重，部队临出发时我还不能走动，整天睡在担架上，直到阿坝我的伤才逐渐好起来，但行动仍不方便。

一天，一个警卫员同志找到我，对我说："刘参谋长给你的信。"说着从衣袋里掏出封信来递给我。

我猛地愣住了，心想刘伯承参谋长怎么会给我写信呢？恐怕搞错了吧？警卫员同志把信递到我手里，我的目光落在信封上，瞅了瞅那苍劲有力的笔迹又确是写给我的。我急忙拆开来看，信上写道：

振国同志：

近来我眼不好，一见风雪就流泪，听说你处有副墨镜，可否借我一用。

顺祝安好

刘伯承即日

那时我叫董振国，因为信上的话不多，所以我至今还记得。我看罢信，心里很不平静。长征以来，特别是遵义会议后，刘伯承参谋长为贯彻执行毛泽东同志的军事思想，改变红军的被动局面，往往不辞劳苦，走在最前头，亲临第一线指挥部队。

红军强渡金沙江的情景，还鲜明地留在我的记忆里。那时，红军后面有敌人的追兵，江对面有设防的敌军，天上有敌人侦察轰炸的飞机，只有出其不意地飞越金沙江，才能打破敌人的合围。而在群峰之中蜿蜒奔流的金沙江，两岸陡峭，浪大流急，确是难以逾越的天险。英勇无畏的红军战士控制绞车渡的江面后，刘伯承参谋长伫立江岸，亲自指挥红军利用仅有的几条船，开始了著名的强渡金沙江战斗，陆续到达江岸的红军部队，在刘伯承参谋长精心部署和指挥下，昼夜不息地分批、定时、定船、定员越险强渡。

当时，我五军团担负着掩护部队阻击敌人的任务，我们与尾追的敌人边打边走，就这样抗击敌人七八天，为部队渡江争取了时间。当我们完成阻击任务，奉命赶到江边时，刘伯承参谋长还伫立在江边。

在强渡金沙江的日日夜夜，刘参谋长始终坚持在第一线，过度的劳累使他的面颊显得消瘦了许多，但他仍精神抖擞地指挥最后的部队过江。在江边，我凝望着他那坚毅顽强的身躯，不由从心底里产生敬意。

直到我们五军团全部过江后，刘伯承参谋长才过江。布置好警戒部队后，他不顾劳累又骑上骡子，匆匆赶到部队前头，奔赴彝族聚居的大凉山。他向彝族兄弟宣传我军北上抗日的方针和党的民族政策，还按兄弟民族的习俗，与彝族头人歃血盟誓，为红军顺利通过彝族区铺平了道路。随后，他又带领第一师的红军战士，日夜兼程地从安顺场过了大渡河，沿右岸翻山越岭向泸定桥前进，有力地阻击和牵制了敌军，配合了我军主力夺取泸定桥的胜利。

翻过夹金山，一、四方面军会师，到懋功后不久，军分两路过草地。朱总司令和刘伯承参谋长，还有原属一方面军的五军团，留在了称为左路军的四方面军。阳奉阴违的张国焘，与党中央分庭抗礼，不听党中央的劝阻，回师南下，使快走出草地的部队，再次过雪山草地，损失了不少忠于党忠于革命的好同志、好战士。但在党中央一再责令下，在朱总司令、刘伯承参谋长和其他领导同志的坚决斗争下，才使四方面军再次北上。

部队三次翻越终年积雪的夹金山，越过白雪皑皑的党灵山，便进入了一眼望不到边的茫茫草地。那时部队给养缺乏，装备简陋，要穿过气候恶劣，人烟稀少的草地，困难非亲身经历者是难以想象的。刘伯承参谋长和普通红军战士一样，在行军中饿了吃口炒面，渴了喝口凉水。他不顾行军劳累，还随时向红军战士宣传党中央北上方针的重大意义，并以革命乐观主义精神鼓励红军战士们克服前进路上的困难，胜利走出草地。

部队在炉霍休整期间，除集中力量筹备粮食和装备外，还根据当时当地的具体条件，开展形式多样、内容丰富的军事训练。刘伯承参谋长为提高部队的战斗力，经常指导军事训练活动的开展。记得朱总司令在炉霍检阅过一次部队，刘伯承参谋长在那样艰难的条件下，做了大量准备工作。检阅那天，刘伯承参谋长骑在马上，在草坪上来回指挥着参加检阅的部队。尽管条件差，但红军战士个个精神饱满，步伐整齐地从临时设置的检阅台前走过，接受朱总司令的检阅。

草地的气候说变就变。检阅快结束时，突然起了风，不一会儿乌云布满了天空，接着撕棉扯絮般地下起雪来。在雪花漫天飞舞中，刘伯承参谋长端坐在马背上，继续指挥检阅部队，直至圆满结束。检阅活动中的这个小小插曲，给红军战士战胜前进中的困难增强了信心。

二、四方面军在甘孜会合后，向阿坝前进。红军已进入草地的腹地，气候更加恶劣，时而阴，时而晴，时而风雨大作，时而漫天飞雪，更严重的威胁是缺乏粮食。在那样忍饥受寒的行军中，刘伯承参谋长还时刻惦记着伤病员。不少伤病员，在朱总司令、刘伯承参谋长的关怀下，在同志们的照顾下，才走出了草地，我便是其中的一个。革命队伍里的阶级友爱，使我终生难忘。

部队到达阿坝，刘伯承参谋长终因昼夜操劳，而使眼睛受到损害，但仍坚持着繁重的工作。我保存的那副墨镜，还是过贵州打土豪时没收的，现在真正派上用场了。我看到刘伯承同志的信后，赶紧取出那副墨镜递给警卫员，请他代我问候参谋长，并请首长多多保重身体。

1936 年 10 月，一、二、四方面军三大主力，终于在会宁会师。山城堡战斗一结束，我被派到中央党校学习去了。不久发生了震惊中外的西安事变，我又被派往西安办事处搞保卫工作。周副主席去南京谈判前一天，组织上便分配我到三原联络站当站长。

三原，地方虽不大，地理位置可重要啦，是咱们进出延安的通道之一。那时三原还是国民党统治区，离西安 90 华里。我们的红军总部在三原西边 15 里的云阳镇，安吴青训班在三原北边相距 15 里地，红二方面军则驻在三原的东边。设置在这里的联络站，主要担负接待我党派往边区的党员，以及转运文件、印刷品等任务。

1937 年夏秋之交的一天，刘伯承参谋长由延安去云阳红军总部，路过三原来到联络站。我安排好参谋长一行住下后，才知道他们从延安出发，乘坐的那辆车本来破旧，再加上土公路坑坑洼洼，开到半路上就坏了。他们原想把车推到三原来，又推又拉了半天，结果还是放在了半路上，所以推迟了几个小时才到联络站。

刘伯承参谋长见着我感到有些意外，笑着说："嗬，没想到在这里碰上你！"我把经过情况告诉他后，他又笑吟吟地问我："安心吗？"我点点头。他满意地说："这就好，守着延安的门户，担子不轻呵！"在谈话过程中，刘伯承参谋长及时提醒我，既要看到有利方面，同时也要充分看到不利方面，工作才能立于主动地位。参谋长的话像一副清凉剂，使我对西安事变后的形势有了更加清醒的认识。

平时冷冷清清的联络站，由于刘伯承参谋长的到来，充满了生气。坐在一块吃饭时，刘伯承参谋长仿佛一下年轻了许多似的，和大伙又说又笑。我记得他说起乘飞机去参加西安事变谈判的途中，把一支随身携带多年的钢笔丢失了的事情，他说：你们不知道，那是一支多么好用的钢笔哟！加上他说话的表情和腔调，惹得大伙笑个不停。没想到严肃的参谋长，还是这样有风趣的人，使人感到格外亲切。

在联络站停留的时间里，刘伯承参谋长还谈起过草地给我写信的事。他说：那副眼镜给我帮了大忙哩！那是一副老石头的镜子，很好。后来左权同志需要拿去了。我这副是新石头的，没那副好。他还恳切地说：我一直要谢谢你，就是没得机会。

刘伯承参谋长工作千头万绪，对革命事业作出了巨大贡献，而这点小事还挂记在心。我听了他那饱含着真挚情感的话很受感动。这虽是一件微不足道的事，可一个人高尚纯洁的品质，兢兢业业、一丝不苟的精神，往往就是从这些小事中显露出来的呵！（傅世伦整理）

节选自甘肃人民出版社编：《浩气佳千秋：革命回忆录》，1982年8月第1版，第33—39页。

徐向前同志在红四方面军

徐深吉

每当第二次国内革命战争的宏伟画卷展现在面前，我的脑海就浮现出一个无产阶级革命家、军事家的形象，他就是红四方面军的徐向前总指挥。

1927年黄麻起义后，由农民自卫军改编工农革命军起，继后商南起义、六霍起义的部队，以及蕲（春）黄（梅）广（济）的红十五军组成中国工农红军第四方面军，到1937年8月改编为国民革命军第八路军、新四军，红四方面军在党中央领导下，沿着毛泽东同志开创的农村包围城市的道路，走过了十年的艰苦历程。

红四方面军在鄂豫皖革命根据地，在西征路上，在川陕革命根据地，在长征途中，在河西走廊，高擎革命红旗，依靠人民的支援和兄弟部队的策应，团结一致，浴血奋战，共歼敌四十余万人。这支英雄部队，从开始的几百人的队伍，发展成为拥有八万余人的强大红军，先后创建了鄂豫皖和川陕共有850万人口、总面积达8200余平方公里的两块革命根据地，培育了一大批战将，徐向前总指挥作出了杰出贡献，在中国革命史上写下了光辉篇章。

（一）

我第一次见到徐向前同志，就留下了难忘的印象。随后，接触的时间越长，他那崇高的品德在我的心目中愈来愈深刻，他的形象也更加高大。

1930 年 9 月，我在红一军军部交通队当传令兵时就听说，副军长兼第一师师长徐向前同志，是党中央派来的军事领导人，胆识过人，能打仗，人人都称赞他。这位赫赫有名的人物，我真是做梦也想见见他啊！

10 月的一天上午，在罗山县潘新店，我看到三个人骑马来到军部门前，交通队老兵告诉我："副军长来了！"他下了白马，只见他头戴八角帽，身穿灰布军装，在胸前的衣袋里，别着一支大号红杆派克金笔，腰间束着半旧而红亮的牛皮腰带，挂着一支小手枪，两腿缠着线绑腿，从脚腕一排"人"字花缠到膝盖下，脚上穿着黄安农民慰劳的黑布鞋。衣着整洁朴素，身材颀长，越发显得精神焕发。跟随徐副军长来的一个是骑枣红马的交通排长余天云，一个是骑黑马的传令兵。徐副军长下马后，我们站在一旁向他敬了礼，他微笑着朝我们点了点头，就匆匆走进了军长的住房。这次见面，我们虽然没有谈话，但他那严肃而又质朴谦逊的风度，在我的心里，留下了深刻的印象。

徐向前同志是 1929 年 6 月，受党中央委派，从上海经武汉来到鄂豫边，担任红三十一师副师长的（师长吴光洁同志已牺牲）。红三十一师只有五个大队 300 来人，干部战士绝大多数是青年农民，他们纯朴，勇敢，能吃苦耐劳，但也存在着狭隘、散漫等弱点。领导这样一支游击队伍，他很注意发挥当地土生土长的"大老粗"们的长处，从行军打仗、日常生活，到军民关系和同志感情，处处都以身作则起带头作用，和群众打成一片。他工作脚踏实地，平时说话不多，开会讲话心平气和，简洁、易懂，毫无学生腔和八股味；打起仗来身先士卒，哪里最危险、最吃紧，他就出现在哪里；战斗结束总结经验时，他总是表扬那些打得好的单位和同志们，从不居功自恃，而对战斗中的缺点和失误，则勇于承担责任，决不诿过于人，深受指战员的爱戴和信任。

徐向前同志常说，红军打仗主要不是靠武器装备，而是靠有生力量，我们的有生力量是人，是有高度政治觉悟的红军战士。环境越是艰难困苦，他越强调各级指挥员关心战士，要求带好兵、养好兵。他非常关心连队的伙食，一到连队就问："伙食怎么样呀，吃得好不好呀？"从敌人那里缴获来的大米、白面、罐头等食品，他都让战斗部队和伤病员优先享用。

1930 年 12 月，部队行军路过商城的挥旗山，天下大雪，寒风刺骨，他看到三团一营战士肖大盛腿上有伤，没穿棉衣，立即脱下自己的棉衣给肖大盛穿上。1931 年春，我在红四军军部交通队当班长时，经常担负给军首长传达命令的任务，那个时候战场情况紧急，变化很快，来不及写信和书面命令，常常派传令兵口头传达战斗命令。他怕我们文化低，听不懂、记不准，每一次交待任务，都亲切地问："听清楚没有？记住了没有？"并要我们"复诵"，直到完全熟记，才放心地让我们去执行任务。一天夜晚，他派我和传令兵陈家柱到红十一师给许继慎师长送作战命令，因要通过敌军防区，他便悉心关照说，穿过敌人驻地有危险，你们要特别小心，班长把信装好，人在信要在，人不在，信也不能让敌人得到。班长装好信走在后面，传令兵走在前头观察动静，遇到意外情况，要沉着机智，互相掩护。他的亲切关怀，使我们心里热乎乎的，浑身充满了力量。我记得那天夜晚很黑，为避免同敌人遭遇，我们离开大路沿着丘陵野地悄悄行进，有三次碰上敌人的游动哨打手电、问口令，我们都灵活隐蔽地走过去了，顺利地完成了任务。

1933 年夏，在川陕根据地，部队连续作战，已很疲劳。天气又多变，山上冷要穿棉衣，山腰凉爽，山下闷热，雨水多，苍蝇、蚊子多，部队不习惯，一度发生很多病员。他亲自起草对部队卫生工作的指示，教育部队防病治病。经过一段努力，疟疾、痢疾、日射、烂脚等疾病很快控制住了，部队健康情况恢复，战士们一个个生龙活虎，取得了仪南、营渠、宣达三次进攻战役的重大胜利。

徐向前同志从当师长、军长到总指挥，始终和干部战士同艰苦、共患难，战士吃南瓜、红苕，他也吃南瓜、红苕；战士睡铺草，他也睡铺草。衣服破了，自己缝补。有一次，警卫员张培真同志看到他的裤子破了一条口子，让他换下来找老乡补一补，他说："你把针拿来，我自己补。"只见他穿针引线，一会儿就补好了。小张好奇地问他："你为什么一定要自己补呢？"他笑笑说："小鬼，你要记住，我们是红军，自己能做的都要自己动手，尽量不让群众侍候我们。"行军中，把战马让给伤病员和女同志骑是常事，他自己走累了才骑马，常常在马背上哼一段京戏。他爱拉京胡、吹箫，到了宿营地或战斗间隙，有时就拉拉京胡、吹吹箫，还挺悠扬悦耳的。

徐向前同志十分重视培养爱护干部，正确使用干部。对待工农干部，注意通过办学校、教导队提高他们的军事、政治素质；对待知识分子干部，主要看他们的优点、长处；干部有缺点和错误，给以批评教育，根据才能使用。

1930 年 4 月，红一军改编时，他与许继慎、曹大骏等同志决定，抽出一个大队的建制机构，开办干部学校（也叫随营学校）。1931 年 1 月，改编红四军后，他又积极提议成立后方干部学校，当时称中央军政干部学校第四分校，后为改为彭杨学校；到了川陕根据地后，恢复了彭杨学校；粉碎六路围攻后，改为红军大学；在全军大练兵时总指挥部成立了随营学校（称教导队）。总之，他对训练培养干部非常重视，无论战斗多么频繁，都要抽调干部入学，进行军事、政治和文化培训，提高干部的管理教育和指挥能力。1932 年 10 月，部队转移到京汉铁路以西作战时，他指示各级领导同志说，部队到白色区域活动，要十分爱护干部，特别是对负伤、生病的干部，一定要千方百计地带走，实在带不走的，要妥当安置在老百姓家里，给些钱托老乡照顾。因此，引起各级领导同志的重视。三十四团许世友团长亲自给营长抬担架；二一八团在击溃敌人第十师一个团的追击的战斗中，三营政治委员何柱成腿负重伤，我们一直把他抬到了川陕根据地。他对战场上俘虏过来的中、下级军官和士兵，发现他们思想进步、军事上有一定才能的，也敢大胆使用。如红四军干部学校胡景明大队长和一个姓刘的副大队长都是俘虏来的，工作得很好；九十一师作战科长范景香同志，也是潢光战役俘虏过来的，打仗很勇敢，在甜水堡战斗中英勇牺牲了。

徐向前同志自己爱学习，也要求各级领导干部和身边的参谋人员学文化、学军事、学政治。许多干部受了他的熏陶，养成了学习习惯，有空就找书报看，不懂就问，学会了看地图，画要图、略图，能看懂军事、政治理论书籍。可是，张国焘为了实行他的愚民政策，最怕干部有文化知识，肃反扩大化，把知识分子几乎杀光了。反六路围攻的时候，总指挥部驻在宣汉县胡家场北面叫红岩子的山上，张国焘来总部开会，会后与徐总指挥、陈昌浩政委等同志闲谈。我在一旁插话说："牛顿这个人很了不起呀，他懂得天文，还有个什么定律？"张国焘惊奇地说："啊！徐深吉你怎么知道牛顿？你要考考我们这些大知识分子呀？"这下把我吓了一跳。心想，糟了，搞不好张国焘要把我当知识分子杀掉。我说："为了给教导队的学员讲清利用星球判断方位，我在《世界一舆图》天文学里看到有个牛顿。"当时徐总指挥说："徐参谋天天找我问生字，看书看不懂常来问我。"听了徐总指挥的解释，我才松了一口气。

他对干部的要求，是很严格的，对干部中违反纪律的现象，丁是丁，卯是卯，从不姑息迁就。

1930 年 12 月，红军主力到商城亲区，那里的民团很反动，民团头子顾敬之统治得很厉害。红军一到群众都跑光了，民团以游击战对付我们，有少数干部战士认为这是"反动区"。一天，有个部队把地主水塘里的水放掉捉鱼吃，徐向前同志发现了，他狠狠地批评领导干部说："你们这个团打仗很好，纪律不好，光顾吃鱼，把水塘里的水放掉，明年春天老百姓怎么种稻子？这是严重的违犯群众纪律！”部队立即将塘埂修复了。这以后，那个部队接受了教训，遵守群众纪律就自觉了。有一次，有位团长因副官买菜迟到，影响部队吃饭出发的时间，动手打了那个副官，徐向前同志知道后很生气，立即把团长找来批评道：“你是领导干部，你知道打人骂人是什么作风？”那位团长自知理亏，连连认错，诚恳接受批评。徐向前同志接着又说：“我们是党领导的革命军队，打骂不能代替思想教育，在红军内部上级和下级是兄弟关系、同志关系，绝不允许军阀残余作风在我们这里发生。你要亲自去找副官谈话，向人家赔个不是。”后来，团长真的找副官赔了礼，副官十分感动地说：“徐副军长这样认真地抓纪律和作风，我们心情舒畅，今后一定注意遵守时间，搞好工作，一心一意干革命！”

顾全大局，珍视部队团结。为维护我党我军内部的团结，徐向前同志花费了许多心血，作出了重大贡献。

1929 年在红三十一师，他对党代表戴克敏、参谋长曹学楷等同志很尊重，经常虚心求教，工作主动配合。他与戴克敏等同志共同总结的游击战的七条原则，就是他们相互尊重、真诚合作的产物。这样，他就赢得了指战员的高度信任，迅速打开了工作局面。后来，与他共事过的一些鄂豫皖根据地的领导人戴克敏、曹学楷、曾中生、许继慎、旷继勋、曹大骏等同志，有的是他的上级或同级，有时，又成了他的下级。尤其是当他任红四方面军总指挥以后，这些同志的职务都不如他高。他在当下级或助手时，从不恃才傲上；在当上级和主官时，仍然尊重老同志，团结他们一道工作。他以革命利益为重，与来自四面八方的同志，融洽相处，密切合作，在部队中留下了深刻的印象。

1930 年 4 月，红十一军的三个师改编为红一军。徐向前同志领导的三十一师，是参加黄麻起义的老部队，骨干力量强，武器装备好，编为红一师，800 余人；三十二师是商南起义后组建的，改编为红二师，

600余人；三十二师另一部300余人改编独立旅；皖西六霍起义组建的三十三师，改编为红三师，300余人。三个师会合后为加强部队团结，全面提高战斗力，他主动提出，从第一师抽调干部、武器装备，分别加强第二师和第三师，并抽调部队的建制单位，互相交流，取长补短，使红一军的三个师统一了作风，统一了纪律，统一了制度，统一了指挥。许继慎同志刚来鄂豫皖任红一军军长，人生地疏。徐向前同志任副军长兼第一师师长，他这种顾全大局的做法，对许继慎同志是有力的支持。他后来说过，鄂豫皖的红军第一次捏合在一起，许继慎同志有很大的功劳。实际上，这与他的积极支持和努力是分不开的。这之前几个月，发生了由鄂东特委派去加强商南部队领导的徐子清、徐其虚被杀事件。当许继慎军长和曹大骏政委，离开红一师去商南、皖西，改编红三十二师、三十三师时，他将红一师的手枪队调给军部，以保护军长、政委的安全。从这件事也可以看到他处处以大局为重的高尚品德。

1935年6月，一、四方面军在懋功地区会合前夕，徐向前同志派军政委李先念同志亲自去迎接中央红军。在这之前，他就亲自动员和组织部队做好迎接“老大哥”部队的准备工作，通知经理（后勤）部筹款、筹粮、筹布、筹羊毛，要求各机关、部队、学校，组织干部战士打草鞋，织毛衣、毛袜，从物质上支援一方面军。我当时在红军大学工作，为贯彻和落实徐总指挥的指示，我们全力以赴地投入这项工作，掀起了迎接兄弟部队的热潮。我们500来人的学校，打草鞋2000多双，织毛袜1000多双，慰劳一方面军。会合以后，他看到一方面军部队兵员少、干部多，又考虑到四方面军的参谋工作比较薄弱，因而提出建议，请一方面军抽调几名得力干部，到四方面军各军任参谋长；由四方面军抽调三个建制团，补充一方面军。张国焘开始不同意，徐向前同志做了工作，报经中央批准，这一建议才得以实现。我回忆，一方面军派来任参谋长的有陈伯钧、李聚奎、郭天民等同志，四方面军的司令部工作得到了加强。四方面军抽调三十军九十师的二七〇团和八十九师直属队，共

2600余人给三军团；抽调四军十一师的三十二团1100余人，和三十三军九十八师的二九四团1000余人给一军团。

1935年9月至1936年8月，红四方面军南下期间，朱德总司令坚持党的原则立场，反对张国焘的分裂主义，经常与张国焘进行原则性的争论。徐向前同志对朱德总司令很敬重，当时的物质条件非常缺乏，环境十分恶劣，他经常向经理部的郑义斋、吴先恩同志交待，要想尽一切办法照顾好总司令的生活和健康。每次重要战役、战斗，他都直接向总司令请示汇报。朱德同志也深知他的处境，曾对他作过这样的评价，徐向前同志是好的，他对张国焘不满意，但当时不能说话。在那种困难环境中，他和朱总司令，互相依赖，互相支持，建立了深厚的革命友谊。在他的带动和影响下，红四方面军广大指战员对朱德同志非常尊重。第二次北上过草地时，八十九师师长汪乃贵同志，看到总司令的马不够好，立即选调了四匹好马送到朱总司令那里。

徐向前同志的崇高品质和优良作风，一直深刻地印记在我的心中，是鞭策我和许多同志不断前进的动力。

（二）

在第二次国内革命战争时期，徐向前同志指挥红四方面军打了许多硬仗、恶仗和胜仗，在军事上做出了光辉贡献。

他重视从实际出发，根据不同时期、不同地域、不同作战对象的具体情况，规定正确的战略战术，表现了卓越的军事才能。

1929年6月，徐向前同志来到三十一师的时候，只有五个大队300来人，他根据当时情况，进行游击战争，多采取夜间袭击，有机会白天打伏击，消灭小股分散敌人，打了就走，每战必须有缴获。在敌人大举向我进行“会剿”时，就采取“敌进我退，敌驻我扰，敌退我追，避强击弱”的战术，和敌人兜圈子。敌人进到我根据地，就绕到敌后去，断其交通运输，打击小股分散的敌人，消灭地方反动民团，使敌顾此失彼，日夜不得安宁，从而挫败了敌人多次“会剿”。

1930年4月，红十一军改编为红一军，有三个师2000余人。他任副军长兼第一师师长。6月，他率领红一师800余人出击京汉铁路，奔袭杨家寨车站，伏击杨平口两仗，共歼敌千余人。7月28日，夜行40余里，奔袭孝感花园车站，全部歼灭敌钱大钧部一个加强团，俘敌团长以下官兵1400余人，缴长短枪800余支，重机枪八挺，迫击炮五门。经过杨家寨、杨平口、花园三次战斗，不仅使红一师扩编，由原来的七个大队800余人，发展为两个步兵团，一个机炮混成团，共3000余人。而且使红军的作战形式从游击战开始向运动战发展，由原来的夜间袭击、消灭小股分散的敌人，发展到夜间运动，远距离奔袭，拂晓攻击，天亮后解决战斗。一次战斗，能消灭敌人整营、整团乃至一个旅。

1931年1月，红一军和红十五军合编为红四军，有1.2万余人，力量更大了。徐向前同志适时提出：围点打援，诱敌伏击，在运动中大量歼灭敌人的作战指导思想。1月下旬，在磨角楼，采取“围点打援”战术，击强敌四个团的增援，歼敌1000余人。3月，出击京汉铁路南段，袭战李家寨车站，歼敌一部；伏击敌兵车一列，全歼敌新编第十二师第一旅，毙敌旅长侯镇华；诱敌三十四师北援，由花园至双桥镇，我乘敌立足未稳，于9日拂晓予以猛攻，经七小时的激战，将敌全部歼灭，活捉敌师长岳维峻以下官兵5000余人。这些战斗，在规模和战术上都有了新的发展。

11月7日，红四方面军成立，下辖红四军和红二十五军，共两万余人，徐向前同志任总指挥。作战的形式又有了进一步的发展，由游击战、运动战发展到游击战和阵地战相配合的运动战，广泛地运用“围点打援”的战术，大规模歼灭敌人。1931年11月10日至1932年6月下旬，先后对敌发起了黄安（今红安）、商潢、苏家埠，潢光等四大战役。

我以 13 个主力团二万余人的兵力，在地方武装的积极配合和当地群众的大力支援下，在短短七个月的时间里，取得了歼敌 40 个团六万余人，击溃约 40 个团，缴获各种枪四万余支的空前大胜利。创造了“围点打援”、以少胜多的奇迹。四大战役，打出了红军的威风，在作战规模、战役的组织指挥和战术的运用上都是一次大飞跃，充分显示了徐向前同志卓越的军事指挥才能。

在川陕根据地，他的作战指导思想，又有新的发展。主要是根据川北山高河深，悬崖峭壁，路少隘险、易守难攻等地形特点，采取“收紧阵地，诱敌深入”的积极防御战略方针。即在敌人大举进攻时，选择有利地形，构筑坚固工事，据险扼守，大量消耗敌人；逐步收紧阵地，诱敌深入，在防御中改变敌强我弱的态势；时机成熟，集中兵力，实施战略反攻。采用这种战术，1933 年 2 月至 6 月，粉碎了军阀田颂尧 38 个团的三路围攻，歼敌 2.4 万余人。1933 年 12 月至 1934 年 10 月，又粉碎了刘湘纠集四川大小军阀 140 多个团的六路围攻，毙伤敌六万余人，俘敌二万余人。红军发展到五个军八万余人。川陕根据地发展到 500 万人口，4.2 万平方公里。

在组织指挥战斗时，徐向前同志总是努力做到知己知彼，充分发挥我军特长，克敌制胜。

不弄清情况不休息，及时掌握战场情况变化，是他长期指挥作战养成的习惯。行军到了宿营地，他马上就展开地图，看呀、画呀、想呀，放下地图又打电话、看报告，还抓紧时间找当地老乡谈一谈，了解风土人情和敌人的情况等。1931 年 2 月 8 日在双桥镇，打岳维峻的三十四师，他亲自带领干部勘察地形后，就守在地图旁，边查问、边研究敌人的兵力部署，直到把敌情弄得一清二楚，制定好作战计划，才稍事休息。反四次“围剿”时，我在七十三师二一七团当副团长，带一个营在七里坪东南的悟仙山上控制制高点。他打电话问我：“深吉同志，你那里有没有好一点的望远镜？”我回答：“有一个。”他说：“那好，你负责观察倒水河西岸敌人的动静，30 分钟向我报告一次情况。”这一天从上午到下午部队全线出击之前，我们始终保持着电话联系。

指挥靠前，当机立断。为了及时、全面了解战场发展变化情况，实施果断、正确地指挥，不论行军、作战，他的指挥位置都尽量靠前。开始带领小部队作战，他既是指挥员，又是战斗员，哪里枪声紧，他就出现在哪里，火线冲锋，跑在最前面。敌人的子弹“嗖！嗖！”地穿过身边，他若无其事，把个人安危置之度外。有一次，他拿着望远镜观察敌情时，敌人的子弹打穿了衣服袖子，他挥挥手说：“讨嫌！讨嫌！”照样站在那里观察敌情，指挥战斗。参谋，警卫人员都提心吊胆，为他捏着一把汗，劝他、拉他隐蔽，也无济于事。担任方面军总指挥以后，他把指挥所总是尽量靠前，设在有利于掌握全面情况的地点。黄安战役最激烈时，他亲自指挥总部交通队，手枪营出击，自己右肩负了伤也不顾，一直坚持指挥将敌人击溃；苏家埠战役，他把指挥所设在离苏家埠只有一里多路的村庄里；西征途中过汉水，前面的指挥员没有完成查明汉水情况的任务，他不顾风雪严寒，亲自下水探渡口，使方面军顺利渡过汉水。反六路围攻，他直接指挥东线部队抗击刘湘主力的第五路和第六路 70 多个团，打得敌人精疲力竭时，又亲自选择突破口，亲自动员、组织二七四团夜袭敌主阵地青龙观，打得敌人全线溃败，然后率部到西线指挥反攻，大举歼灭敌人，粉碎了敌人的六路围攻。

他平时说话不多，可是打起仗来很果断，说了就算数，不完成战斗任务是不行的。凡是经过他仔细考虑后下的决心，除非情况有重大变化外，是不轻易动摇的。作战中，他特别强调“咬紧牙关”、“硬着头皮打”、“坚持最后五分钟”。他常说：“你觉得自己最艰苦，上不去，顶不住的时候，往往也是敌人最困难的时候，谁能硬着头皮打，坚持到最后，谁就能胜利。”1932 年 5 月，苏家埠战役，敌厉式鼎指挥 13 个团来增援，妄图解苏家埠、韩摆渡之围，而我军围困苏家埠，韩摆渡之敌外，只能抽出七个主力团和一个地方团打增援，张国焘叫撤退。徐向前同志说，这时候湑河涨水，没有桥过不去，如果撤围我军即遭敌东西夹击，不能撤退，只能“硬着头皮打”。结果消灭了厉式鼎的增援部队，迫使苏家埠、韩摆渡之敌缴械投降，取得了战役全胜。翻越大巴山时，王树声同志任七十三师师长，我是二一八团团长，我们一路行军，边走边聊天。王师长说：徐总指挥真厉害，他不像别人能讲一套，打起仗来过不了硬。他的话虽不多，讲的道理很实际，打起仗来过硬。不管敌人火力多么凶，情况多么紧急，他总是不慌不忙，指挥若定，拿出主意就能解决问题。

发挥我军夜战、近战特长，出奇制胜。我军夜战都是近战，每个指战员都是有高度政治觉悟的孤胆英雄，都能各自为战，又练会夜间指挥、通信联络的本领，常常利用黑夜静悄悄地摸到敌人后面或山顶上，然后居高临下，以手榴弹或刺刀、大刀歼灭敌人，敌人措手不及就当了俘虏，使敌人惊恐万状。一个被俘的营长说：“我们川军最害怕你们红军的夜战，常常是刺刀顶在肚皮上、手榴弹投到脚尖上才知道，每到夜晚就提心吊胆，不敢睡觉啊！”

内战时期，敌人的兵力、装备都处于优势，我们不能与远敌拼消耗，而要充分发挥我军夜战、近战的特长，出其不意地打击敌人，才能以少胜多，以弱胜强。从鄂豫皖根据地到川陕根据地，都充分发挥了夜战近战的威力。坚守防御时，在反六路围攻中，多次展开全线夜袭运动，常以班排小分队摸到敌人阵地里面，消灭小股敌人，造成敌人“风声鹤唳”，彻夜打枪。有一次，三十一军二七一团团长王友钧同志带领30余人的手枪队，冒倾盆大雨，渡过急流翻滚的小通江河，爬上几丈高的悬崖绝壁，摸到敌人的团指挥所，砍死敌团长，消灭团指挥所敌人，然后换上敌人的服装，带着俘虏、战利品安全返回阵地。敌人发觉后，打了一夜枪，天明了才知道是自己打自己。在进攻中，遇到敌人占据险要阵地防守时，我军就采取夜间袭击突破敌人防御阵地，为主力进攻开辟道路歼灭敌人。马鞍山反击战，歼敌约六个团；夜袭青龙观，打开了战略反攻的突破口，粉碎了敌人的六路围攻。后来陕南战役，歼灭“王老虎旅";强渡嘉陵江后,多次突破敌阵地歼灭敌人,都是夜战、近战为先导,为主力开辟道路,歼灭敌人取得胜利。

善于集中使用兵力,把钢用在刀刃上。在鄂豫皖根据地,反三次"会剿"和反三次"围剿"时,每次作战都是集中兵力,选择有利地形和敌人分散孤立的一路,绕到其侧后,迂回包围,突然袭击,歼灭一路,再及其余,各个击破。鄂豫皖根据地南北宽百余里,东西长300余里,每次进攻敌人时,在主要方向上他总要集中总兵力的四分之三以上;在次要方向上,则只用四分之一以下的兵力。他还十分注意发挥各个部队的特长,善于进攻的,用于进攻,善于坚守的,用于坚守;善于夜袭的,担任夜袭。真是把钢用在刀刃上。他十分注重控制强大的预备队,以便在紧急情况下,投入战斗,克敌制胜,做到万无一失。在围攻新集战斗时,坑道爆破的巨雷一响,他令军部交通队和手枪队组成的突击队,立即冲进城内,协助三十团歼灭守敌;双桥镇战斗处于胶着状态时,他把总预备队二十八团和三十三团投进去,解决了战斗。

重要的问题在善于学习。徐向前同志非常重视向实际学习,总结实践经验。1929年11月,在中共鄂豫边第一次党代表大会上通过的《军事问题决议案》,就是他与党代表戴克敏等同志认真总结反三次"会剿"游击战争经验的成果。明确提出红军的任务是:"(1)发动和帮助白色区域内民众的各种斗争;(2)坚决实行土地革命;(3)夺取反动武装;(4)保障和扩大革命根据地。"这四大任务,体现了红军的根本宗旨。坚持游击战争的七条原则是:"(1)集中作战,分散游击;(2)红军作战尽量号召群众参加;(3)敌情不明,不与作战;(4)敌进我退,敌退我进;(5)对改采取跑圈的形式;(6)对远距离的敌人,先动员群众扰乱敌人,次采取突击的方式;(7)敌人如有坚固防御工事,不与作战。"这七条原则,渗透着军事辩证法:既讲打,又讲走;既讲攻,又讲防;既讲集中,又讲分散;军事与政治相结合,红军主力与地方武装和人民群众相结合。总的指导思想,是在敌强我弱的情况下,坚持斗争，发展自己，消灭敌人。并指出："游击战争如果不发动群众，就失去了游击战争的意义。"这是在党的领导下，红军与人民群众长期坚持游击战争、粉碎敌人三次"会剿"作战经验的总结。它有力地指导了鄂豫皖根据地的游击战争、红军建设和根据地的巩固与发展。

1933 年 6 月，在木门会议上，总结了反三路围攻的作战经验。根据部队入川以来的新情况、敌情、地形等特点提出：部队技术训练强调射击、劈刺，投弹和土工作业；战术训练强调山地战、河川战、夜战；政治教育强调红军的历史、任务、纪律、光明前途和共产党的政治主张、如何做群众工作；强调养成长期斗争、吃苦耐劳、英勇顽强的战斗作风；抓紧针对敌人特点的战前训练，"战后检讨会"、"军事研究会"等。出版了《干部必读》、《连、排、班长须知》、《与"剿赤"军作战要诀》，政治机关颁发了《党员须知》、《支部组织及其工作》、《连指导员须知》。方面军和各军政治部出版了报纸。号召各级干部一面战斗，一面学习，总结经验教训，学习军事理论，创造新的战术，提高干部的指挥能力。

1934 年 11 月，在巴中县清江渡召开军事工作会议，又总结了反六路围攻的作战经验。徐向前同志在报告中指出敌人对付红军的方法是："防御时采取碉堡政策，经济封锁，反动游击；进攻时实行步步为营，稳扎稳打，分进合击。"针对敌人的方法，红军的策略应当是大力发动赤区和白区的群众斗争，积极进行瓦解敌军的工作，不断提高红军的战斗力，以战胜敌人。对付敌人围攻的战略方针是"决战防御"，即收紧阵地，诱敌深入。在战术上，即用各个击破来对付敌之分进合击；发挥夜袭作战特长，来对付敌之据险扼守；以广泛的群众游击战争，来打破敌之封锁围困和配合主力红军运动作战。并制定了《军事教育计划大纲》，对推动当时红军的训练、作战和军事建设，以及巩固发展革命根据地，都起了积极的作用。

徐向前同志不仅重视向实际学习和总结实践经验，而且特别喜爱读书、看报。那个时候订不到报纸，买不到书，想方设法弄到一本马列主义著作，他都当珍品保存着，读了又读。每打下一个城镇，他总是让我们找时事、科学方面的报刊杂志，特别是军事方面的典、范、令。如《步兵操典》、《射击教范》和《野外勤务令》等。像《孙子兵法》、《三国演义》、《水浒传》、《史记》等，他读得很熟，还经常讲给我们听。他不是为读书而读书，而是结合战争和工作实践创造性地运用。一切从实际情况出发，坚持理论和实践的统一，这就是他作为一个高级指挥员，能够在革命战争的汪洋大海中游泳自如的原因所在。

（三）

尽人皆知，红四方面军的历史上有个张国焘的问题。

1931 年 4 月 11 日，党中央派张国焘来到鄂豫皖根据地时，根据地建设和红军的发展，都已具相当规模。张国焘任鄂豫皖院中央分局书记兼军委主席。徐向前同志的组织观念很强，对张国焘很尊重。但是，时间不久，就发现张国焘的一些做法不大对头，特别是在作战方面，张国焘不了解根据地和红军的情况，常常硬性命令红军行动，对不同意见随便扣以“立三路线”帽子。这就不可避免地产生了分歧和斗争。

7 月上旬，鄂豫皖军委在商城余家集召开会议，解决红四军南下作战方向和兵力使用问题。张国焘认为要援助中央根据地，必须威胁或攻占敌人的大城市，提出了占英山，出潜山、太湖，进攻安庆，威胁南京的冒险计划，并限期一个月内完成。红四军领导同志主张：援助中央革命根据地的手段，主要的不在于攻击敌人的重要城市，而在于消灭敌人的有生力量，巩固扩大根据地，以牵制敌人兵力。坚持打下英山后出蕲（春）黄（梅）广（济）地区，相机出击武穴，威胁武汉，牵制敌人。很显然，张国焘的意见是孤军深入的冒险方针，会上经过激烈争论，张国焘仍坚持个人意见，作了错误决定。

8 月 1 日，红四军以十一师两个团，在十二师一个多团的配合下，攻占英山县城,全歼守敌,俘敌团长张汉全以下官兵1800余人。徐向前、曾中生等同志，详细研究情况后认为：向东，进攻安庆，要通过 400 里的白色区域，地形开阔，沿途敌军防守严密，如远距离冒进，则难以取胜。向南，蕲黄广地区原为红十五军的根据地，有地方党的组织和良好的群众基础，从英山至武穴只有 240 里路，敌人兵力比较薄弱，红军乘虚而入能争得主动，可以调动敌人加以歼灭，配合中央红军反"围剿"斗争，也能立见成效。于是，改变了原来张国焘定的东进计划，决定留十二师守英山，掩护后方开辟工作；军部率十师、十一师四个团向南出击。同时，将这一决定及时向分局作了报告。

8 月 3 日，红军主力向南出击。8 月，占浠水、克罗田。18 日，红四军以两个团冒着盛夏酷暑，急行军 120 里，奔袭蕲春的漕河镇，全歼守敌新编第八旅，活捉旅长王光宗以下 1600 余人，并乘胜进占广济县城。准备打黄梅时，长江涨水，国民党第十军军长徐源泉率两个旅赶到洗马畈，妄图断我后路。我军立即回师北返，将敌包围在洗马畈，歼灭其大部，残敌逃向叶家湾。

红四军南下，由于坚持了正确的作战方针，指挥上灵活机动，指战员英勇奋战，把战斗队和工作队的任务紧密结合，一个月内，以五个多团的兵力，取得了重大胜利：连克英山，浠水，罗田、广济四座县城，歼敌七个多团，俘敌 5000 余人。牵制了武汉敌人原拟派往江西的部分兵力，有效地配合了中央根据地的反"围剿"斗争。

正当部队围歼叶家湾之敌时，接到张国焘 8 月 17 日致曾中生、徐向前的信，信中指责红四军"违抗中央分局的命令"，"执行的是'立三路线'"，严令立即撤回部队。

在此之前，鉴于和张国焘的斗争不可避免，徐向前、曾中生在 8 月 20 日给中央写了报告。详细申明红四军南下作战行动的正确理由，并对张国焘个人专断的"家长式"领导作风和错误的军事行动方计，提出了批评。9 月，红四军奉命撤回麻埠。张国焘撤了曾中生同志政治委员职务，由陈昌浩同志接任。接着，部队又拉到光山县白雀园搞肃反。

在鄂豫皖院根据地和红军中进行的肃反扩大化，是张国焘执行王明“左”倾冒险主义的产物，也是张国焘借以打击党内不同意见，把党内不同意见当作敌我矛盾处理的结果。在肃反中许多鄂豫皖根据地和红军的创始人被错杀，如曹学楷、徐朋人、陈定侯和红十师师长周维炯、政治委员姜镜堂、副师长肖方以及中央派来的红十二师师长许继慎、十师政委陈奇等一大批革命同志。徐向前同志的爱人程训宣同志，是农民暴动的积极分子、共产党员、地方干部，也被关押起来，遭到严刑拷打，最后惨遭杀害。后来在延安，他问当年在保卫局工作的周纯全同志：“为什么杀害程训宣？”周纯全同志回答说：“还不是为了搞你的材料。”

在这种情况下，徐向前同志还是尽力保护了一批干部。1934 年 11 月，在毛浴镇党政工作会议上，他提出纠正肃反中的“左”的倾向，会议决定把保卫局看管的 1000 多名干部放回部队，充实营团领导，并将关押的俘虏组成补充师。

在军事上，张国焘一窍不通，但却喜欢装成“行家”的样子，干预前方军事行动，搞瞎指挥。主管作战指挥的徐向前同志，对张国焘的错误进行抵制和斗争，避免了许多不应有的损失，使红四方面军不断地发展和取得胜利。

1932 年冬到 1933 年夏，鄂豫皖红军连续取得了黄安、商潢、苏家埠、潢光四大战役的性利。6 月，潢光战役结束时，徐向前即提出：红军连续作战七个月，十分疲劳，应该停止进攻，休整部队，准备反四次“围剿”。张国焘根本不理，命令部队出击京汉路。7 月初，中央分局在夏店召开会议，讨论红军军事行动方针。徐向前同志再次提出，停止进攻准备对付敌人新的“围剿”。张国焘被胜利冲昏了头脑，坚持“不停顿地进攻”，再次拒绝徐向前同志的正确建议，继续命令红军围攻麻城。这时，蒋介石调集 30 万大军对鄂豫皖根据地的第四次“围剿”已经开始，蒋介石亲自兼总司令，坐镇武汉。张国焘在强敌压境下，违背避实击虚、避强击弱的原则，而采取正面硬顶，过早投入主力与敌精锐部队决战。虽在冯寿二、七里坪、胡山寨、河口等战斗中歼敌万余人，但未能予敌以决定性打击。从而，使我军主力过早受到消耗，陷于被动局面。

10 月 8 日，在河口地区与敌胡宗南第一师四个团，八十八师一个旅激战，毙伤敌 2000 余人，将敌击退。9 日，敌第二师又赶到激战整日，白刃战击退敌七八次猛扑。我红二十五军军长蔡申熙、十一师政委甘继时等同志牺牲。当面之敌据地固守，敌马鸿逵纵队则由北向南逼近。

10 月 10 日夜，中央分局在黄柴畈召开紧急会议，张国焘提出红军主力向外线转移。在敌重兵围攻下，主力红军内线作战已十分困难，因此，会议决定留鄂豫皖省委沈泽民、吴焕先、王平章、刘士奇、徐海东等同志领导七十五师、二十七师和地方独立团等部队二万人，在根据地里坚持斗争；张国焘和徐向前、陈昌浩同志率领四方面军主力四军三个师、二十五军之七十三师和少共国际师共计 13 个团二万余人越过京汉铁路，转到外线作战。徐向前同志同意在外线歼灭敌人后，待机打回鄂豫皖根据地。10 月 12 日晚，我军一过京汉铁路，敌人立即调集六十五、六十七、一、五十一、八十三、四十四、十师等七个师进行追击和堵截，几次被优势敌人包围，经过激烈战斗才冲杀出来，被迫向西转移。

漫川关突围，是红四方面军生死存亡的关键一仗。敌人胡宗南、萧之楚等五个师重兵追堵，将我军挤在山谷里，处境十分危险。张国焘看到情况危急，主张让部队分散突围，徐向前同志坚决反对，他说：集中突围好比一块整肉，敌人想吃也吞不下去；如果分散突围，把整肉切开，正好让敌人一口一口地吃掉。因此，必须集中主力，突出重围。陈昌浩同志赞成徐向前同志的意见，在徐总直接指挥下，以许世友同志指挥的三十四团为主，韩金诚同志指挥的二七九团配合突围冲出了漫川关，我军才转危为安。韩金诚同志英勇牺牲。

在川陕根据地，张国焘是中央全权代表、西北革命军事委员会主席，徐向前、陈昌浩同志是副主席，分别兼任红四方面军总指挥和政治委员。张国焘在军事上的错误，暴露得越来越明显。

1933 年秋，我军取得了仪南、营渠、宣达三次进攻战役的胜利，徐向前就提出建议：部队要休整，准备迎击敌人新的围攻。张国焘不同意，他主张趁敌人的围攻尚未组织起来就打破它，于是决定立即调红军主力十余个团向开江、开县方向进攻。这时敌人的六路围攻已经开始，我军进攻遇上敌主力第五路打了个消耗战，不得不由进攻转入防御。

1934 年 9 月，徐向前同志提出组织战略反攻。张国焘同意反攻，但主张要在东线刘湘主力第五路的防线上选择突破口。徐向前同志认为，东线山高谷深，不便于大兵团集结和运动，又是敌人防御的强点，不易突破，应该把突破口选在敌人防守较薄弱的地方。他亲临前线，反复勘察、比较，选择第六路原刘存厚残部防守的东线中部的青龙观为反攻突破口，既便于集中兵力和隐蔽开进，又易于一举突破。这个意见把张国焘的意见扭转过来了。

徐向前同志亲自组织指挥这次战略反攻。我二七四团以第二营为尖刀营，乘黑夜摸过敌人两道鹿砦、一道铁丝网、三道工事，爬到青龙观敌人主阵地——“天鹅抱蛋”的地方，突然袭击歼敌一个营，打垮敌人一个旅的反扑，巩固住突破口，掩护我主力展开猛攻，使敌人陷于全线崩溃。

这次战略反攻，如果继续向东追击，刘湘的主力第一师、二师、三师就能全部歼灭。张国焘在后方顽固地坚持向西追击，而西面是刘湘的第四师，实际上是跟着敌人的屁股追。为此，徐向前同志与张国焘在电话里展开了一场激烈的争辩。

张国焘在通江的洪口场，徐向前、陈昌浩同志还有各军的领导同志，在宣汉的马渡关，前后相距 200 多里，电话听不清，让我在州河岸边的罗文坝传电话。我记得清清楚楚，那是大雨后的一天下午，天气很闷热，从下午 2 点多钟开始，一直讲到晚上 7 点多才结束。五个小时的长电话，几乎说破了嘴，张国焘还是死硬坚持他的错误主张，别人的正确意见半句也听不进。

在电话里，徐向前、陈昌浩、李先念等同志，先后讲了关于追击方向的利弊关系。

徐向前同志说：“东面是刘湘的主力第一师、第二师，第三师，擒贼要擒王，战略反攻打敌人要打要害，消灭敌人的主力，这是难得的好机会……”

张国焘讲:“东面都是高山,对我大部队运动不利。”他还反唇相讥：“这是选择反攻突破口时你们说的，现在又要向东追，我的意见是要你们下决心向西追。”

徐向前说：“那一回是把突破口选择在敌人防守的强点上，对我不利。现在情况不同了，主动权在我们手里，可以抄到敌人后面打，使敌人处于被动挨打地位。如果向西追，不但消灭不了敌人主力，还可能把敌人第四师也放跑了。”

张国焘讲：“消灭了第四师再向东打就没有后顾之忧，还是先向西追击。”

徐向前同志说：“现在敌人都是只顾向后逃跑，我们向东追击没有后顾之忧，如果不抓住这个千载难逢的战机，就会放跑了敌人的主力。”

张国焘讲：“消灭了第四师再向东打，刘湘的一、二、三师几万人短时间一下还跑不掉。”

徐向前同志说：“现在敌人拼命后退，跑得快，时间不抓紧，敌人是会跑掉的。从长远看，向东追击消灭刘湘主力，对我今后作战更为有利。即使第四师跑掉了，也是划得来的。”

张国焘讲：“向西追击，首先消灭范绍曾的第四师，范绍曾是土匪出身，很狡猾，搞慢了他会跑掉，先消灭他，然后再向东歼灭敌人第一、二、三师还是来得及的。”

徐向前同志和陈昌浩同志，反复说明向东追击的理由，并且让李先念同志也讲了向东追的好处，证明各军在前线的领导同志意见一致：向东追击为上策。

张国焘反反复复强调向西追的“好处”，顽固坚持向西追击！

……他们讲一句，我就传一句。张国焘就是听不进别人的半点意见。

后来，张国焘有些不耐烦地喝问：“你们听不听我的意见？”停了停，亮着大嗓门喊：“告诉他们，听，就按我的意见办；不听就算了！”

这次追击，按张国焘的命令向西追击，敌人是由东向西跑，我军是由东向西追，形成了追着敌人的屁股打，不但没有消灭敌人的第四师，而且把刘湘的主力放跑到州河以南重新占领了阵地，再也不好打了。

徐向前总指挥提出把主力转到西线反攻。张国焘指令部队迂回到木门、长池地区。如果照这样打，又要把敌人放跑。这一次，徐向前同志豁出去了，说：“再也不能听他的了，错了我负责。”李先念同志说：“对！‘将在外，君命有所不受’嘛！”徐向前同志和李先念同志商量后，率领三十军和三十一军之九十三师，果断地采取了远距离大纵深迂回，在黄木垭地区包围住敌人第二路的十个团，狠狠一打，从黄木垭一直打到旺苍坝。这一仗，毙敌旅长以下4000余人，俘敌旅长以下官兵万余人，缴枪7000余支，迫击炮40余门。这是反攻以来歼敌最多的一个歼灭战。

根据地的建设，是关系到革命战争成败，具有战略意义的大问题。徐向前同志历来重视根据地建设，并从战略意义上统盘考虑。围绕着扩大川陕根据地还是放弃川陕根据地，他与张国焘进行了原则性的斗争。

粉碎敌人的六路围攻以后，徐向前、李先念同志曾考虑以一个师乘胜渡过嘉陵江到西岸去，那里敌人的兵力很少，防御薄弱，群众革命积极性高，可以建立新的根据地，红军在嘉陵江西岸占一块地方，回旋余地就大了。但张国焘不同意，部队已经上了船，准备过江，最后只好撤回。

由于张国焘继续坚持“左”的错误政策，富农分坏田，地主不分田，不给出路；凡是当过保长的人就杀掉，把川陕根据地搞得民穷财尽，红军处境越来越困难。

1934 年 11 月，清江渡会议期间，张国焘认为反六路围攻根据地消耗很大，难以继续坚持长期斗争，因而提出向甘肃南部发展，并准备将方面军的后方向甘南转移。很明显，这个意见，实质是要放弃川陕根据地。徐向前同志认为川甘边界是比较有利的发展方向，根据地也需要向外发展，但不同意转移后方放弃老根据地，而主张依托老区发展新区。当时，张国焘虽然没有公开坚持错误意见，但其后来的行动证明，并未放弃他的错误主张。

1935 年 1 月 22 日，中央电示红四方面军主力向嘉陵江以西发展，配合中央红军北上。为了吸引敌人胡宗南的注意力向东和迎接红二十五军，方面军以部分兵力向陕南行动，同时命令三十一军进行渡江作战准备。经过两个多月的准备，3 月 28 日至 4 月 3 日，红四方面军以四个军的兵力强渡嘉陵江，先后攻克南部、阆中、昭化、剑阁、梓潼、中坝等城镇，正在集中兵力准备打碧口，消灭胡宗南部，张国焘率领后面部队迟迟不上来。徐向前同志天天打电报催，张国焘却在后面磨蹭了 40 多天，贻误战机，使胡宗南有了准备，失去了歼敌的良好机会。张国焘除留少数部队外，将军委、省直属机关和部队大搬家撤到嘉陵江以西，放弃了川陕根据地，也破坏了开创川陕甘根据地的战略计划。

后来回忆这段历史，徐向前同志深有感慨地说：川陕甘计划未能实现，非常失策，它是关系整个革命的重大问题。如果当时实现了这个计划，中央红军北上后就有了立脚点，革命的形势就会大不一样。

长征途中，在张国焘分裂党，分裂红军的严重时刻，徐向前同志坚持原则，坚持团结，对张国焘的错误，进行了艰苦的斗争。

1935 年 8 月 4 日，党中央政治局在毛儿盖附近的沙窝召开会议，通过了《关于一、四方面军会合后的政治形势与任务的决定》，决定一、四方面军分左、右两路，分别由毛儿盖和马塘、卓克基出发，过草地北上。经过艰苦跋涉，党中央、军委和毛泽东、周恩来同志直接率领的右路军，于8月25日到达班佑、巴西地区；朱德总司令和张国焘率领的左路军，于8月21日到达阿坝地区。因连日下雨，噶曲河水位上涨了。张国焘借口左路军不能过河，强令右路军返回松潘地区击敌，南下川康建立根据地。并说中央和一、三军团不南下，四军、三十军也要南下。徐向前、陈昌浩同志拿着张国焘的电报，向党中央毛主席汇报。毛主席指出:“北上方针,绝对不能改变”。指令“张国焘立即率左路军向班佑、巴西开进，不得违误。”毛主席为此还亲自征求徐向前同志的意见，他完全赞同与中央红军一路北上，并多次给张国焘回电，劝其北上，但张国焘有野心坚持南下，要其北上已不可能。

9月12日晨，党中央根据毛儿盖会议决定的北上方针，率一、三军团北上。由于张国焘错误的影响，部队的思想一度出现混乱，有人不明真相企图追击中央红军。有个干部打电话报告说：“他们走了，还筑了工事，放了警戒，打不打？”陈昌浩一面接电话，一面问徐向前同志：“这事怎么办？”徐向前同志斩钉截铁地回答：“天下哪有红军打红军的道理？怎么说也不能打。”避免了极端危险的错误行动。这时，陈昌浩同志南下的决心已定，徐向前同志内心很矛盾，曾经考虑过：究竟怎么办好？是离开四方面军部队跟中央北上，还是带部队一起南下？他想到，这支部队从鄂豫皖一直打过来，现在我离开部队个人随中央北上，中央要问部队呢？我无法回答。于是就决定先带部队南下，找机会再说服张国焘北上。徐向前同志严于责己，多年来经常作自我批评，说在南下问题上跟张国焘走犯了错误。

10月初，张国焘在卓木碉召开会议，另立“中央”。朱总司令、刘伯承参谋长在会上反对也无效。徐向前同志不赞成张国焘的做法，就用沉默不语来抵制。后来，他只管在前方打仗，总部晚上找他开会，他往往借口“疲劳”不出席会议，抵制张国焘错误的那一套。

11月，红一、三军团到达陕甘边区，与红二十五军、陕北红军会合后,在直罗镇打了一个大胜仗。这一仗,对党中央到达陕北站稳脚跟,和打开与东北军张学良的统一战线局面，有重大意义，毛主席称赞:“给党中央把全国革命大本营放在西北的任务，举行了一个奠基礼。”张国焘为了缩小党中央的影响，不让宣传直罗镇战斗的重大胜利。徐向前同志指出：红军打了胜仗，不仅要向部队宣传，还要向人民群众宣传。胜利的喜讯传开以后，在红四方面军指战员心目中进一步提高了党中央的威信,扩大了胜利的影响。事实教育了干部和群众,党中央领导的红军，在陕北打了大胜仗，张国焘南下碰了壁，损兵折将，减员过半。谁对谁错，不是泾渭分明了吗！

张国焘南下碰壁后，情况十分严重。徐向前同志提出：到甘孜、炉霍地区休整部队，准备北上与党中央会合。这一主张得到朱德同志的大力支持，张国焘也不得不表示同意。部队到达甘孜、炉霍地区，徐向前同志又提出，西康少数民族地区，地广人稀，部队兵员、粮食、衣物无法补充，要赶快北上与中央会合。在中央一再指示、张浩同志来电（代表共产国际）和朱德同志督促下，还有红四方面军广大指战员的抵制和斗争，张国焘被迫取消另立的“第二中央”，不久，就与二方面军会合了，成立了中央西北局。在西北局会议上，决定二、四方面军过草地北上。部队进至甘南地区后，胡宗南、毛炳文、王均、关麟征等部陆续到达陕甘地区，妄图阻我军北上会合。10 月中旬，西北局岷州会议决定：继续北上越过西兰公路与中央会合。9 月 19 日，方面军指挥部发布了向静宁、会宁进军的命令。9 月 20 日，张国焘又跑到漳县煽动反对北上，独自命令部队搬出通渭、武山等地回师西进。9 月 22 日，朱德同志电中央反映张国焘破坏岷州会议北上同中央会合决议，并通知西北局委员兼程赶赴漳县。接着，西北局召开会议，对张国焘破坏岷州会议行为进行斗争。9 月 27 日，党中央来电制止西进，力促北上，同时，四方面军的广大指战员对张国焘企图驱使部队西进，再次穿过荒无人烟的北草地，也表现出极大的愤慨与抵制。徐向前同志警告张国焘：“你再要让部队翻雪山过草地，是没有人跟你走的。”因此，张国焘不得不放弃西进计划。9 月 29 日，方面军指挥部下达命令，三十一军恢复通渭、武山阵地掩护全军北上。这样才迫使张国焘不得不北进。在这段对张国焘的斗争中，朱德同志和徐向前同志互相支持，密切配合，有时用总司令部命令有困难，就用方面军指挥部的命令部队行动。终于抵制了张国焘的西进错误，于 1936 年 10 月 10 日，一、二、四方面军在西兰公路上的会宁胜利会师了。至此，中国工农红军三大主力已在党中央和中央军委的直接领导下，统一行动。

1931 年 4 月至 1936 年 10 月，徐向前同志对张国焘的错误不断地进行多方面的斗争，注意坚持原则又有一定的灵活性。主要掌握三条：一是在会议上，公开阐明自己的意见和观点，光明磊落，不背后议论；二是讨论工作任务时，积极提出建议，严格按党的组织原则办事；三是在作战或危及革命事业的紧要关头，就在自己的职权范围内采取当机立断、先办了再说明道理的方式，尽量防止，避免和减少不必要的损失。这样做，张国焘虽然有感觉，但也抓不住辫子。然而，有斗争就要担风险。为了党和革命的利益，徐向前同志从来不顾个人安危，采取多种方式对张国焘的错误进行抵制和斗争，表现了共产党人百折不回的坚强党性。

红四方面军在第二次国内革命战争时期，历尽千难万险，经受了严峻的历史考验。实践证明，这是一支忠于党、忠于人民的革命军队。站在这支部队最前列的光荣代表，首先就是总指挥徐向前同志。他的历史地位和作用，将永载史册。

选自《艰苦的历程：中国工农红军第四方面军革命回忆录选辑》上册，人民出版社1984年12月第1版，第19—47页。

在跟随徐总北上的日子里

孙继争

1936 年初春的川西原野，披着郁郁葱葱的绿装。村舍周围的苍松翠竹随风摇曳，像是同远征红军挥手告别，送别红军的乡亲们依依不舍地说："盼望红军早点打回来。"是的，我们一定要打回来！

四方面军总部机关和直属队的指战员们，排着长长的队伍，于 2 月中旬的一天早晨，分别从芦山县的胡家坪、卫家山、禾林坝整装出发了。我们终于迈出了再次北上的第一步，但这是多么艰难的一步啊！自去年 9 月，张国焘擅自率红四方面军南下川西以来，与敌重兵相峙，陷入被动局面，使部队遭到损失。特别是后来，川军及蒋介石的嫡系薛岳、周浑元、吴奇伟、李抱冰部从东南和东北方向围攻上来，激烈的战斗不停，伤亡不断扩大，兵员得不到补充，局势一天比一天严重。在这段时间里，我们这些在徐总身边工作的参谋、警卫员，都看到一向指挥若定的徐总，显露出焦虑不安的神色。常常通宵达旦地翻阅侦察局每天送来的敌情资料，研究分析敌情，或是伫立在悬挂着的大幅作战地图前，沉思默想。由于日夜操劳和精神上的焦虑，他的身体明显消瘦了。我们还看到，在这些日子里，徐总不断地向朱总司令汇报敌情及我军的情况，并提出建议：红军不能再继续与敌人长期对峙拼消耗了，而应迅速撤离川西，到夹金山以西休整，然后北上与一方面军会师。朱总司令完全同意和支持徐总的正确意见。由于朱总司令和徐总既坚持原则，又采取了灵活的方法对张国焘做了工作后，张国焘才被迫同意四方面军转移到党岭山以西地区筹粮休整，准备过草地北上。1936 年 2 月初，在纪念二七大罢工大会上，徐总对北上的准备工作提出了明确而具体的要求，就连干粮怎么带、着装怎么整理都讲到了。开完会，徐总的警卫员熊家林，跑过来笑眯眯地对我说：“你是参谋应知道，我正在为上路的准备工作发愁呢，徐总指挥这样一讲，我照着一件件做，不就行了吗？”

在徐总指挥的计划下，北上的准备工作紧张而有秩序地进行着。先是搞干粮，四川的天全、芦山一带是鱼米之乡，虽然一时住了那么多部队，但粮食还不算很缺。我们向群众购来大米后，先放在锅里煮熟，然后再炒一炒装进米袋。每个人连生带熟都带了 40 余斤米，准备走千多里路程的干粮。至于个人的行装，那简单的很，就是三大件：一个斗笠、一副脚码（铁打的，有四个码钉）、两条干粮袋。至于军衣，有的是把缴获土豪的长袍，拦腰剪断，胸前开个口，缀上几个布扣子，就穿起来；有的是用稻草灰染的灰布衣服。多数战士没有棉衣，更谈不上被褥了。当时徐总穿的还是在川陕苏区发的一套棉衣，已穿得补丁摞补丁了。徐总除多一个望远镜外，其他和干部战士没有什么两样。

出发的军号吹响了。我们这支服装不一、而思想一致步伐整齐的红军队伍，雄赳赳、气昂昂地向夹金山挺进。紧跟在方面军总指挥部直属队后面的是“红大”。“红大”政治连连长是皮定均。皮连长身材不高，但结实有劲。他身上斜挎着一支盒子枪，肩上还挑着粮食和行李，一副担子一直走在队伍的最前头。徐总站在路旁观察部队行军情况，看到了满头冒汗的皮连长，向他赞许地点了点头。这时，“红大”行军纵队吹起休息的号声，徐总便让我招呼皮定均同志过来，要他谈谈全连同志的思想、学习情况，军、政课目的训练进度，以及这次北上每个学员携带的粮食等情况，皮连长一一向徐总作了汇报。还未讲完，行军的号又吹响了。皮定均刚站起时，徐总笑笑说：“讲完吧，你给我讲了这么多，我还没有给你讲呢。”他要皮连长让指导员带着连队先走，并把自己的乘骑牵过来让皮连长驮行李，这样好和皮连长边走边谈，皮定均手里拿着扁担，徐总那睿智的目光朝皮连长看了一眼，然后语气柔和地说:“定均同志，你在军里通信营当营政委时，管理严格，打仗勇敢，但好训人，有时还骂人，现在改了没有？”皮定均同志羞赧而直率地说：“有时一看到有的同志捅了点娄子后，就好发火、训人，还没有全改。”徐总亲切地说：“发火训人是不好的，你把人训跑了，不敢接近你，你怎么了解战士的心呢？你是政治连连长，培养的干部主要是指导员和教导员。首先你就要会做政治工作。作为一个政工干部，在寒冷的冬天是连队的一团火，全连战士围着感到温暖；在炎热的夏天是一把扇，人家靠近你感到凉爽！”皮定均听了徐总语重心长的话，不断会心地点点头。他们并肩走着谈着，徐总时而挥动着手势，不知不觉来到了夹金山山脚的宿营地。徐总让皮连长骑上他的马追赶连队。

一天清早，东方刚现鱼肚白，清脆的军号声就把战士们从“金丝被”（稻草铺）的酣睡中唤醒了。今天就要翻越夹金山了，大家心情激动，连队干部仔细地检查了翻山的准备工作。徐总要作战科在头几天就通知部队，各连要准备些生姜、辣椒，以便到了冰封雪冻的山顶，每人嚼点生姜、吃些炒面拌辣椒，可以发热御寒。

夹金山上下有百十里路。部队必须在中午 12 点前翻过山顶，以免遇上凶恶的暴风雪。因此，部队凌晨 3 点就出发了，浩浩荡荡地向山上攀登。徐总和大家一起步行，脚踩着冻得硬邦邦的“水晶路”，一步一滑地向上爬。他虽然日夜操劳，休息比谁都少，是够累的。可是爬起山来还能把年轻小伙甩在后头呢。在将近到达山顶转弯的路旁，徐总停下脚步，回过头来俯视下面，只见队伍像一条巨龙，沿着雪山崎岖的道路盘旋而上，望着这支百折不挠的部队和眼前壮丽的情景，徐总那饱经风霜的脸上舒开了笑纹。

徐总沉思着踱了几步，大有感慨地说：“去年 6 月初，一、四方面军就是在这里会师的，这是座不平凡的雪山，它永远铭记在人们的心中。”站在旁边的识些字的参谋，触景生情，脱口而出，“夹金山呀，夹金山，高耸云霄戳破天，我站在你头上歇歇脚，凑着太阳抽袋烟。”徐总称赞地说：“不错，谁再来一首。”参谋杨文先沉思片刻，吟诵着：“夹金山，有人说离天只有三尺三，人过要弯腰，马过要卸鞍。红军战士多豪迈，不弯腰，不卸鞍，要拨开乌云见青天。”

已经中午了，我们爬上山顶，身上的汗水润湿了单薄的衣服，觉得冰凉。一片乌云遮住了太阳，这时云雾翻滚，狂风大作，山风卷着雪花，发出刺耳的呼啸声。我们冻得浑身哆嗦，大家咬牙坚持着，加快步伐向山下走去，顺着溜滑的冰雪道，有的同志如坐滑梯嗤溜嗤溜的滑了下来。约莫走了 30 多里路，到了一个名叫夹金水的地方，这是只有 40 来户人家的小村子，村里设有一个小兵站，原是红军南出川西时，后方人员及通信人员翻越夹金山的中转站。到兵站时天快黑了。我给徐总端来一杯开水，徐总却说：“走吧，把这里留给后面的部队，咱们到前面达维去。”在夜幕下，马蹄铁掌碰在石头上迸出的火星与天上的繁星交相辉映，在嗒嗒嗒的马蹄声中，我们又向前方驰去。

过了懋功以后，一天，赶了百余里的路程，跨过两座悬挂河床上空的铁索桥。人走在铁索桥上，桥身摇摇晃晃，如同走浪木。桥下波涛汹涌，吼声如雷，令人眼花心惊。过了铁索桥，便来到五军军部驻地丹巴。

董振堂军长远远地来丹巴铁索桥头迎接徐总，徐总询问了部队的情况，在五军军部只休息了一天，给董军长、罗南辉副军长、杨克明主任作了有关北上的指示，又率部队沿着奔腾咆哮的大渡河支流格石扎河，向西北继续前进。

湍急的河水咆哮声震耳欲聋，傍山临河的羊肠小径，曲折险峻，上看是悬崖，下望是深渊。沿河两岸的大山里黑压压的原始森林遮天蔽日，时而太阳从树枝缝隙里透过灿烂多彩的光柱；时而天昏地暗，云罩雾绕，仿佛人在云里来雾里去。相隔十几里，才偶尔有几户稀疏的小山寨。山寨都坐落在半山腰，要到这些山寨宿营，需爬一二个小时的山。

战士们爬山涉水太疲劳了，为了使战士多休息些时间，徐总指示就在河岸边上就地露宿。总部露营点设在一段河水比较平缓的岸边一块平地上。我们砍些树枝，搭起棚子，顶上盖些茅草、细松树枝；里面铺上厚厚一层枯草、干树叶，就是我们夜晚的“绿色旅店”。徐总走进棚子，往地铺上一坐，学着四川腔风趣地说：“小娃子哎，你们整得硬是把这地铺搭得很安逸哩，都赶上沙发床啰！”我问:“沙发床是啥玩意呀？”徐总说：“等将来革命胜利了，人人都睡上了沙发床，你就知道了。反正就跟这一样，软和、舒服！”我们和徐总躺在“沙发”上，仰望银灰色的天空，憧憬着美好的未来！

夜幕垂落下来了。河沿岸到处燃起了通红的篝火。部队有的用铁锅、有的用瓷缸烧水、煮饭。没有油，也没有盐，白开水拌点炒面，便是一顿美餐。饭后休息的滋味也不好受，由于连日来战士们负重50多斤，爬山涉水日行七八十里，大家脚上穿的是草鞋，走在冰天雪地里，风吹、冰凌刮，脚上裂出了一道道血口，行军时，注意力集中在赶路上，有时还不觉怎么痛，可是在这夜凉如水的寒夜里一歇下，那张着的血口，像猫抓似的疼。徐总脚上裂的口子也不比别人少，但他的吃苦精神和忍耐力是惊人的，一脸轻松愉快的表情，口里哼着鄂豫皖苏区时的红军歌曲：“高山岩洞是我房，青枝绿叶是我床，哪怕白匪来‘围剿’，海枯石烂心向共产党！”歌声伴着哗哗的流水声和松涛声，久久地，久久地飘荡在我们心中……

这一带原始森林有许多珍禽异兽，成群结队的猴子聚在一起，吱吱哇哇乱叫，逗得战士们发笑。部队顺着格石扎河接连走了两天，越过一座终年积雪、上下百余里的雪山，接着又翻过比夹金山还高的党岭山，继续走了几十里，便来到当地土司衙门的一座庙宇。土司、头人听说红军来了，早已跑光了。阴森森的庙堂里坐、卧、站着各种奇形怪状的神像。徐总尊重藏族“喇嘛庙里不住兵”的风俗习惯，让部队避开庙堂住下。第二天，就直奔鲜水河边的道孚县城。道孚、炉霍、甘孜是康藏大道上的重镇。为了正确执行少数民族政策，部队一进藏民区，徐总就派人通过各种途径了解这里的社情民情。这里的藏民半牧半农，以牧为主。藏民都信奉喇嘛教，喇嘛教的势力很大，其中黄教派的势力最强。道孚县城有一个很大的黄教喇嘛庙。小小的道孚县，有喇嘛800多。在狭窄的街道上到处可以看到穿红袍子的喇嘛。喇嘛庙里有维持教规的铁棒喇嘛。喇嘛庙建筑得比较精美。喇嘛在当地居民中，文化水平比较高。藏民群众医病、建筑、畜牧生产都得依靠喇嘛。大喇嘛如活佛呼图克图则是道孚县政教合一的首脑。这里的经济落后，一般群众一年四季不分冷暖总是穿着一件油渍的羊皮统子，一件皮统子往往重达20来斤；文化水平也低，结绳记事的方法在群众中还很普遍。藏族人民群众受着宗教和封建农奴主的奴役和压榨，过着人间地狱般的悲惨生活。由于封建军阀多年来对藏族人民的残酷剥削压迫，他们对汉人充满仇恨，对红军是不理解的，经过我们耐心的宣传，略为好些。道孚、炉霍、甘孜，是四方面军准备过草地北上的出发地，是休息备粮的中转站。因此徐总特别强调部队要注意群众纪律，搞好同群众的关系。方面军总部3月初到达道孚时，除坚决执行“三大纪律、八项注意”外，针对具体情况又提出了“一遵四不准”的要求，认真宣传我党提出的各民族一律平等、抗日反蒋、反对帝国主义瓜分中国，只有共产党才能救中国等，扩大我党我军的政治影响。徐总经常对我们这些身边的工作人员说：“宣传是重要的，但更重要的是做。”3月的道孚，仍是寒风凛冽，雪花飞卷。我见徐总穿的单薄，房子又左右透风，便找了一个破瓷盆，到伙房的炉灶里夹了些大块炭火，端进他的房间。徐总见盆中有大块木炭，就对我说：“告诉作战科，通知所有的部队不能乱砍藏民成材的树木烧火，要爱护群众的利益。”少数民族的大部分群众见我军纪律严明，说话和气，买卖公平，尊重风俗习惯，逐渐同我们亲近起来，并给我们许多帮助。部队吃粮困难基本得到解决，也能买到牛羊肉，生活上稍有改善。

徐总的住处，是个喇嘛寺旁边的一座厢房。壁上挂满了地图。徐总每天都要听取作战局欧阳毅局长搜集的敌情汇报，并根据敌我情况的变化，用红蓝铅笔在地图上标出敌我态势。

这天，天气特别冷。但是因房子里生了盆炭火，便显得暖和多了。当四方面军副总指挥兼三十一军军长王树声推门进来时，徐总立即从凳子上站了起来，走上前去，高兴地拉着他的手，把他迎进内屋。王副总指挥是来参加团以上干部会议的。这位在黄麻起义中冲杀出来的、叱咤风云的战将，一向对徐总很敬佩，军事政治上遇到什么难题，总是愿意向徐总请教。徐总也很喜欢王树声同志性格耿直、英勇善战。徐总平时虽然少言寡语，但今天和王副总指挥在一起时，仿佛有说不尽的话。他们从全国抗日浪潮的高潮说到一方面军与陕北红军胜利会师；从南下指战员英勇作战、打了许多胜仗说到南下我军兵力消耗过半的教训。王副总指挥说南下虽然打了绥（靖）崇（化）丹（巴）懋（功）战役，击溃杨森、刘文辉六个旅，俘敌 3000 余人。天（全）芦（山）名（山）雅（安）邛（崃）大（邑）战役，虽毙敌一万余人，但我伤亡很大。徐总叹了一声说："军事上的努力挽救不了政治错误带来的损失，这血的教训是深刻的。"两人谈了很长时间，对一些重大问题都有一致的看法，对张国焘明显地流露出不满。

3 月中旬至 4 月 1 日，张国焘在道孚召开的四方面军团以上干部会议和活动分子会议上，他一方面被迫承认"红军如果长期停留在川康地域是不利的"，"不能适应目前全国抗日反蒋的形势"；另一方面仍坚持认为南下是正确的，为他的错误辩解。会上，徐总讲了南下几个战役特别是百丈关一仗的经验教训。正在这时候，党中央、毛主席不断地给四方面军来电，热烈期望四方面军迅速挥师北上。3 月 26 日来电指示四方面军："第一步向川陕甘及陕南行动为宜。"徐总随即将原电向到会的各军领导干部宣读了，并提出了北上出甘南的各项准备工作的具体意见，要求各军抓紧筹备过草地的物资。他说："要动员部队，多带些干粮，多打草鞋，做一些帐篷，用生羊皮做一些背心，多搜集一些药材。

要练习用牛粪烧火做饭，尽量减少再次过草地中的非战斗减员。”会后，徐总深入各军检查执行情况。

5 月 26 日，党中央来电询问红四方面军行动计划。徐总及时把四方面军行动计划电报中央。在党中央的批评及中共驻共产国际代表张浩（林育英）电告张国焘，共产国际完全同意中央路线，令其取消“第二中央”的情况下，张国焘于 6 月 10 日复电中央，同意 6 月底出动北上，准备向夏河、洮州西北行动，仍不愿与中央会合。在朱总司令、徐向前总指挥及红四方面军其他首长与张国焘坚决而灵活的斗争，特别是徐总经常对张国焘微言大义，终于使张国焘勉强接受。于 6 月 25 日徐总制定了红四方面军准备北上，分左、中、右三个纵队北上向松潘、包座进军的部署。6 月 26 日徐总命四方面军三十军李先念政委率领先遣军经西倾寺出阿坝，为后续部队筹粮。27 日左纵队五军一部攻占崇化。6 月 29 日徐总向四方面军发布了二次北上的政治命令。四方面军政治部亦下达了北上抗日的政治保障计划。于 7 月 2 日开始踏上向陕甘的征程。徐总为四方面军北上与一方面军会合，日夜操劳，殚精竭虑，做出了巨大的贡献。

选自《艰苦的历程：中国工农红军第四方面军革命回忆录》（下），人民出版社1984年12月第1版，第143—151页。

徐总指挥教我吹箫

康先海

红四方面军在川陕苏区和长征期间，我一直担任徐向前总指挥的警卫员。

在那艰苦的战争年代里，部队的生活极为紧张。可是，我们的徐总却始终保持着革命的乐观主义。他经常同战士们一块打球、游泳、唱歌子、做游戏。他还喜欢吹箫。他有一支箫，不论行军打仗，都叫我背着。一有空闲时间，他就吹上几曲，借以消除疲劳，调剂一下精神生活。徐总能吹许多曲子。他吹的一些红军歌曲雄壮有力，气势高昂；他吹的《苏武牧羊》等小调，娓娓动听，曲调悠扬。战士们经常围在徐总身边，静静地聆听他吹箫。

一次，徐总见我听得入迷，就问我："你知道苏武是个什么人吗？"我茫然地摇了摇头。徐总便向我讲了一段"苏武牧羊"的故事。末了，还说："苏武可是个勤奋好学的人啦，以后你也要好好地学习，学政治，学军事，学文化，空了也可以练练吹箫。"说着，他把手里的箫递给我说："试试吧！"

我这握惯了钢枪的手，突然拿起箫来，十个指头真不知怎么使唤，吹了几下也没有吹响，我不好意思地笑了。徐总笑着说："不，要这样，这样……"他手把手地教起我来。接着，他还向我讲了怎样练发音，怎样练指法，怎样合拍子等。从那以后，我便慢慢练习起来，开始，只学会了吹《苏武牧羊》。因每次都吹它，徐总听了便说："你怎么光吹这个老调子呢？应学点新的有意义的东西嘛！"

后来，徐深吉同志（曾任九十一师师长）根据当时的斗争形势，编了一首抗日救亡歌曲《满江红》小调，很快在部队里传唱开来，我也跟着学会了吹唱。以后日子一长，我还学会了吹许多曲子。

这件事尽管过了50多年，但至今却难以忘怀，徐总教我吹箫的情景，犹如在眼前一样，每想起这件事，我的心情就十分激动。（何中太整理）

原载成都军区《党史资料》总82期。
选自《四川党史研究资料》1986年第9期。

康先海，1932年参加革命。红军长征时任红四方面军总指挥、红军前敌总指挥部总指挥徐向前同志警卫员。新中国成立后，曾任四川省革命残废军人学校总校第二校长、四川省民政厅处长等职。1997年逝世。

叶剑英参谋长和我换军帽

谢景恩

1935年6月,我们红四方面军和红一方面军在懋功会师,经过改编,我被分配到中央红军一军团司令部，给叶剑英参谋长当警卫员。

1935年7月，毛儿盖会议后，毛主席率领中央红军继续北上抗日救国，而张国焘却背信弃义，逃跑南下，分裂中央，搞“独立王国”，并要把改编到中央红军的红四方面军的干部和战士一个一个都抓回去，我下定决心跟毛主席北上，决不南下。

一天上午，吵吵闹闹，朝我们驻地来了几十个奉命抓人的红四方面军的战士。当时，我在喂马，叶参谋长正在外边散步。发现情况后，我慌慌张张地跑到叶参谋长面前说：“首长，不好了，抓我来了！”“你不要慌，不要讲话，我来保护你。”他嘱咐我，一手把我的军帽摘下，戴在他的头上，顺手又把他的宽大的军帽给我戴上。叶参谋长被当做红四方面军的人带走了，我急得满头大汗，正发愁，忽然又看到一群战士簇拥着叶参谋长有说有笑地回来了。我们转忧为喜，老远就迎上去说：“首长可回来了，受委屈了吧！”他爽朗地大笑说：“没受委屈，倒是我用广东话训了他们一顿，我说，我是中央红军，毛主席的战士。他们问我，你怎么戴红四方面军的军帽？我说，那是拾来的。他们只得放了我，我就太平无事地回来了。”

长征到达陕北后，我一直在中央警卫团当战士。到1937年叶参谋长去西安赴任时，我们才离开。

有一次，我奉命随车去西安装运军需品，叶参谋长知道后，特意留我住了一天。当谈起长征换军帽这件事的时候，我说："要不是首长帮助我，也许现在还来不到延安呢！"他笑笑，紧紧地握住我的手说："还是你当时跟随毛主席北上抗日的决心大。"（赵保安整理）

选自《中国教育报》1996年9月14日。

谢景恩，红军长征时为红四方面军战士、红军前敌总指挥部参谋长叶剑英同志警卫员。

长征途中我所认识的叶剑英

罗碧星

1935 年 6 月，中央红军与红四方面军在四川达维、懋功会师以后，党中央确定了北上建立川陕甘根据地的战略方针，不久中革军委又决定，以红四方面军总指挥部为基础，组成中国工农红军前敌指挥部，任命徐向前为总指挥，陈昌浩为政治委员，叶剑英为参谋长，李特为副参谋长。部队经过调整后，我留在前敌指挥部地图科任油印员，并负责保管行军作战的军用地图。由于工作关系，我在长征途中时常可以见到叶剑英参谋长。

那是 1935 年 7 月，叶剑英接到担任前敌指挥部参谋长的命令后，立即同李特等人从黑水出发，翻过冰封雪裹的大鼓山，向毛儿盖前进。

一天下午，我刚走到指挥部地图科门口，屋里传出测绘员赖光勋的说话声："你们知道吗？中央调来的叶剑英参谋长来了！"听到这个消息，人们纷纷朝前敌指挥部跑去，顿时把小小的院子挤得水泄不通。当我明白怎么一回事后，也跟在大家后面跑。叶参谋长被人群围在中间，我一个劲儿往里边挤，靠近叶参谋长后，我瞅空仔细打量起他来，中等个子，头上一顶旧军帽压着长长的头发，身上的灰布军装补着几个补丁，尽管破旧，风纪扣却扣得牢牢的，腰带扎得紧紧的，绑腿也打得工工整整。腰带的左边，挂着一支左轮手枪，右边系着一只搪瓷茶缸。脚上的草鞋磨得快透底了。清瘦的面孔略显苍白，深沉的眼睛带着几根血丝。看得出，这一路征程，他也吃了不少苦。

面对拥挤的人群，叶参谋长微笑着不时向大家招手致意，并提高声音说:“同志们辛苦啦，党中央、毛主席要我代问大家好！从今以后，我们就要生活在一起，工作在一起，战斗在一起，会经常见面的。”叶参谋长简短的两句话，就像一股春风在雪山草地荡漾，大家都感到浑身暖烘烘的。初次见面，叶参谋长竟是那样和蔼可亲，平易近人。我这个原在总指挥部工作较久的油印员，平时见惯张国焘的军阀般的作风，以及他带给部队个别领导人的专横习气，听了叶参谋长这几句话，言谈举止两相比较，觉得天壤之别。我和测绘员赖光勋等几个人凑在一起，私底下赞道：“叶参谋长这人真好，和他在一起一点也不感到拘束。”

从那以后，叶参谋长就住在一户藏族同胞家里，每天到指挥部与徐向前、陈昌浩等首长一起工作。每当我印好文件、图表或号码等，给叶参谋长送去时，他总是微笑着点头说：“好，放下吧，辛苦你了。”叶参谋长越是这样宽厚待人，和气待人，我越到他可亲可敬，每次都想在他身边多停留一会儿。可是，草地行军，步步艰险，首长要考虑行军作战的大事，我们当战士的怎好意思待在他身边影响他的工作呢？

8 月上旬，党中央在毛儿盖附近的沙窝寨子召开政治局会议，重申北上抗日的方针和创建川陕甘根据地的历史任务，强调党对军队的统一领导和一、四方面军团结的重要性。张国焘在会上为自己的错误多方辩解，坚持说，放弃川陕根据地和在少数民族地区建立联邦政府的作法是正确的。由于张国焘的干扰，红军迟迟未能北上，使部队失去了占领松潘东出四川的机会。为了摆脱敌人的围追堵截，党中央决定出其不意，改变行军路线，穿越自然条件极其恶劣的草地，向甘南的夏河流域前进，并决定将部队混合编为左、右两路军，同时并进。我所在的右路军由前敌总指挥徐向前、政委陈昌浩、参谋长叶剑英直接指挥，中共中央、中革军委随右路军行动，从毛儿盖穿过草地，到班佑与左路军会合。

沙窝会议后，叶剑英参谋长召开前敌指挥部直属单位会议，传达党中央的决议，具体布置过草地的思想动员和物资准备工作。接着他率领先遣队，为右路军开路。

茫茫草地，没有路，没有人烟，到处是积水，到处是淤泥，部队踏着一窝一窝草根前进。叶参谋长带领先遣队行进在一望无际的泥泞草地里，既要考虑脚下的路，还要考虑大部队的行军路线，掌握敌情动态和制定作战计划。对于如何行军、如何休息、如何对付敌人的突然出现，都要仔细研究，日夜操劳。

经过艰苦的跋涉，叶参谋长带领先头部队终于穿过大草地，到达少数民族游牧集居的班佑。

部队稍事停留，又继续向前开进。9 月上旬到了巴西停驻下来。一天黄昏，我在地图科为政委陈昌浩印制他亲手绘成的川康边境地形平面图和我国西部平面图（包括四川西部、西康、青海、甘肃北部、新疆等）。印着印着，觉得不对劲：怎么搞的？党中央不是要我们北上建立川陕甘根据地吗？为啥要印南下的地图呢？正当我百思不解的时候，叶参谋长手里卷着一个纸筒来到地图科，走到我面前后，将纸筒一伸，轻声而又焦急地说："你们赶快刻版付印，12 点钟以后我派人来取。"我接过纸筒打开一看，是一张北上行军路线草图。"啊，要北上啦！"我兴奋得几乎喊出声来，赶忙放下手中工作，找到缮写员刘兴才交待了任务。

刘兴才刻版时，见底图有些地方有涂改，字迹又潦草，弄不清楚。因他当时还不是党员，感到不好直接去请示叶参谋长，于是便约我同去请教。叶参谋长见到我们，和颜悦色地逐一解答后，还不放心，又跟我俩到工作间，反复加以说明，直到我俩回答"首长，全明白了"，叶参谋长这才离去。版刻好后，已是晚上 11 点了，刘兴才疲倦地向睡铺走去。

我马上从油印机上卸下陈昌浩的南下平面图底版，装上叶参谋长送来的北上行军路线图，着手赶印。当作战科的吕继熙奉命来取地图时，其他工作人员均已入睡了。吕继熙小声而又急切地说："参谋长令我来，一是要领走油印地图，二是还要查一查现有的地图。"我把几箱地图全搬出来。他找到四川、甘肃、陕西、宁夏等省的一些地名后，仔细看了起来。我收拾好赶印的北上行军路线图后，也陪他查起图来。查完地图，吕继熙选出几张，连同赶印的北上行军路线图，一并带走了。吕继熙走后，我忙将陈昌浩所要的南下行军路线图重新装上油印机，在油灯下继续印。印完后，我已感到筋疲力尽。

9月10日晨，大多数同志还在睡梦中，我迷迷糊糊听到外面有人嚷嚷，睁开眼睛仔细一听，是李特和陈昌浩的声音。只听他们嚷道："什么，走了？""逃跑了！""不是说去安排打粮准备南下的事吗？"这一嚷，把大家都吵醒了。我们爬起来一看，天已渐亮。只见陈昌浩和李特两人脸红筋胀，一副又气又急的样子，不停地来回走动。徐向前当时也在场，他踱着方步沉思，始终一言不发。

事后我才知道，张国焘拒绝执行中央北上方针，竟于9月8日发出密电，擅自命令右路军南下，分裂并企图以武力危害党中央。密电到巴西，正巧让叶剑英参谋长看到了。我赶印地图的那天晚上，叶参谋长不仅将那封密电密报告了党中央和毛主席，连我交给吕继熙的地图也一并带走了。当党中央果断地率右路军中一、三军迅速离开巴西脱离险境后，叶参谋长又机智地利用张国焘"上山打粮，准备南下"的名义，安排军委纵队各单位出外"打粮"。"打粮"队伍离开营地后，他连警卫员也没有带，只身一人追上"打粮"队伍，与他们一道朝党中央、毛主席北上的路线走去。（冯永学整理）

选自《党史文苑》1982年第2期。

罗碧星，四川阆中人。红军长征时为红四方面军总部战士、中国工农红军前敌指挥部地图科油印员。

怀念曾中生同志

陈明义

回忆第二次国内革命战争的峥嵘岁月，我深切怀念为党的事业奋斗不息、死而后已的坚强战士，优秀共产党员、我军早期卓越的指挥员曾中生同志。

曾中生同志是湖南资兴县人，1900年出生于一个破落的地主家庭。1922年中学毕业后，他毅然离开家庭，准备为打倒列强，振兴中华流血牺牲。1924年，忧国忧民的曾中生艰苦跋涉来到当时的革命中心广州，次年考入黄埔军校，见到了周恩来，从此，揭开了他政治生涯的新篇章。他认真钻研科学的社会主义，政治经济学，中国农民运动的理论，聆听了周恩来和恽代英、肖楚女、张太雷等同志演讲授课，还到广州中央农民运动讲习所听毛泽东同志的报告。马克思列宁主义的新思想，像及时雨洒在他久旱的心上。他如饥似渴地学习，联系实际地思考，思想发生了重大转变。由于他立场坚定，爱憎分明，积极为党工作，入校当年即1925年就光荣加入了中国共产党。

1926年10月间，北伐军进驻武汉，曾中生同志任汉口《民国日报》主笔，他以报纸作为阵地，经常撰文宣传北伐革命的胜利，报道农民运动的斗争，传播革命思想。1927年9月，党派曾中生同志到苏联莫斯科中山大学学习。1928年冬天，他由莫斯科回到上海，在周恩来同志领导下的中央军委工作，受到周恩来同志的高度评价。1930年，党派曾中生到南京，担任中共南京市委书记，他反对举行南京暴动的冒险计划，同“立三路线”作了坚决的斗争。

1930 年 10 月，党中央派曾中生同志到鄂豫皖苏区工作，担任鄂豫皖党的特委书记兼军委主席。他和徐向前、许继慎、旷继勋、蔡申熙等同志一起，领导鄂豫皖的武装斗争。曾中生在中央军委工作期间，对毛泽东同志领导的中央革命根据地的斗争情况和经验得以了解并深受影响。在和敌人的军事斗争中，他善于把毛泽东同志关于武装斗争、创建农村根据地、实行“工农武装割据”的主张同自己的革命实践结合起来，打击敌人，壮大自己。

当时，蒋介石坐镇南昌指挥对江西中央根据地的“围剿”，同时又以八个师、三个旅近十万人的兵力，对鄂豫皖根据地实行第一次大规模“围剿”。根据地内，由于立三的错误，曾命令红军配合友邻地区去夺取武汉，因而一度合并党团组织，成立行动委员会，地方武装大量并入主力红军，以致造成一些根据地不巩固，游击战争受到影响和削弱。

曾中生同志来到鄂豫皖后，随即召开了有县委负责同志参加的紧急会议。解决眼前迫切的组织领导和反“围剿”斗争方针问题。会上，撤销了党团合并的“行动委员会”，加强了党对反“围剿”的领导。规定了反“围剿”的战斗方针，决定一方面以地方武装结合广大群众，发动广泛的游击战争，迫敌不敢冒进和分散敌人的“围剿”；另一方面则集中红军主力，“突攻敌人的弱点，以转变根据地武装斗争的战局”。主力红军采取了“围点打援”、“飘忽战术”、“袭扰牵制”和“诱敌出阵以消灭之”等战术，狠狠地打击敌人。各路游击队、赤卫军和广大群众，又多利用高山密林，时隐时现，割电线、摸岗哨、截夺敌人的马匹辎重，扰乱敌心。在我根据地军民沉重打击下，敌人不得不狼狈退出根据地，第一次“围剿”遂被粉碎。

1930 年 11 月到 1931 年 4 月，曾中生主持鄂豫皖特委和军委工作期间，红军和苏区均有很大的发展。红军发展到四个师，近两万人。苏区扩展到东西长约300多里，南北宽约150里，全区人口近250万人。这简括的数字，浸透了曾中生同志多少心血啊！

1931年4月,张国焘来到鄂豫皖苏区。推行王明“左”倾错误政策，排斥和打击原来的领导同志，撤销了曾中生同志鄂豫皖特委书记和军委主席的职务，调任为红四军政治委员。曾中生和徐向前等同志，对张国焘的错误进行了斗争。当时,蒋介石对中央革命根据地发动了第三次“围剿”，对鄂豫皖根据地暂取守势，这正是红四军积极向外进攻与发展的良好时机。因此，曾中生、徐向前等同志建议以主力南下英山，出击蕲春、黄梅、广济，恢复原红十五军活动的游击根据地，配合中央根据地反三次“围剿”的斗争。张国焘错误地认为这个建议是“立三路线的残余”，“将会招致敌人再来进攻根据地的危险”。曾中生、徐向前同志从实际出发，坚持原则，毫不让步。经过激烈争论，由于多数领导一再坚持和援助中央根据地的任务所迫，张国焘才不得不同意向外发展的正确意见。但在讨论兵力使用和进攻方向时，张国焘却一变而为冒险主义，竟限令红四军在一个月内攻下英山，出潜山、太湖，进攻安庆，威胁南京，以配合中央苏区反“围剿”斗争。曾中生、徐向前等同志则当即批驳了这个错误方针，提出：红军要有巩固阵地再向外发展；援助中央苏区的任务，主要的不在于攻击敌人的重要城市，而在于消灭敌人的有生力量，牵制敌人。但是张国焘不顾大家的反对，仍按个人意见作决定。红四军以五个团的兵力南下，8月1日攻克英山县城。占领英山后，曾中生和徐向前等同志对潜山、太湖、安庆地区和蕲春、黄梅、广济地区作了调查研究和比较，认为蕲、黄、广地区敌人兵力薄弱，红军乘虚而入争取主动，可以调动敌人加以歼灭，对配合中央苏区反“围剿”斗争也易见效；而东出安庆，要通过400余里的白区，沿途有两个旅以上敌军，突出东进，毫无把握。因此，曾中生、徐向前同志决定改变原来张国焘的东进计划，一面报告分局，一面举兵出蕲、黄、广地区。一月内，连克浠水、黄梅、罗田、广济等四个县城。歼灭敌人七个多团，俘敌旅长王光宗以下5000余人，威震九江、武汉，有效地配合了中央根据地的反“围剿”斗争。而张国焘无视红四军南下取得胜利的事实，从新集派人送信给曾中生同志，指责改变东进计划是“违抗分局命令”，是“放弃援助中央根据地的任务”，是“重复立三路线”等等，并严令部队立即北返。曾中生和徐向前等同志被迫带领红四军返回根据地。为弄清是非曲直，他们向中央写了报告，详细申述了和张国焘的争论，明确了反对张国焘错误的军事方针。

张国焘早处心积虑阴谋改造红四军领导，他挖空心思地炮制出红四军中有一个“反革命的中心组织”的假案，诬蔑曾中生主张南下是受“反革命分子的怂恿”。说曾中生在鸡鸣河召开会议是“动摇党在红军中的威信”，是“反对中央分局的暗流”，“是最危险，最有利于敌人的行动”。并以此为借口又撤销了曾中生同志四军的政治委员职务。10月间，张国焘在河南光山泼皮河，召开团以上干部会议，对曾中生同志进行了围攻和斗争，并加上莫须有的罪名，调离部队进行“考察”。后又降为黄安独立师师长。

1932年秋，由于张国焘的错误指导方针，敌人的第四次“围剿”未能粉碎，红四方面军被迫西越京汉铁路，转移到外线作战。在红四方面军主力撤离鄂豫皖与长途西进转移的行动中，张国焘却以保密为由，既不在领导干部中商讨，又不作任何解释工作。广大指战员对张国焘的家长式作风表示了极大的不满。1932年12月9日，当部队到达陕西南部城固县小河口时，曾中生冒着生命危险同旷继勋、余笃三、张琴秋、刘杞、王振华等同志商议，拟派人去中央反映张国焘的错误和军阀主义的领导作风，请求中央迅速采取措施纠正张国焘的错误挽回危局。后改由曾中生以书面形式向张国焘陈述大家对他错误领导的意见。张国焘见自己处境孤立，便耍两面派手法。为应付同志们对他的批评，缓和红军中广大指战员的不满情绪，便于次日在小河口召开了师以上干部会议。就在这个会上，曾中生同志以红军撤离鄂豫皖根据地以来活生生的事实，尖锐地批评了张国焘在退却转移中的错误和毫无民主家长式领导作风，表现了一个共产党员敢于同错误领导进行斗争的浩然正气。张国焘为了蒙混过关，表面上接受曾中生同志的批评意见。还宣布成立前敌委员会，以示加强集体领导，又委任曾中生同志为西北革命军事委员会参谋长（也是红四方面军参谋长），但暗中却在伺机打击报复。

12 月中旬，方面军在陕南西乡县钟家沟召开了团以上干部会议。会议决定红四方面军翻越大巴山，挥戈川北，创建新的革命根据地。时值寒冬，大巴山雨雪交加，冷风刺骨。山上积雪很厚，山路崎岖险峻，200 里路途没有人烟。部队物质匮乏，没有过冬棉衣，同志们有的披着棕皮编的蓑衣；有的把棕皮缠在腿上和腰中，扎根草绳子；有的用烂布麻绳裹着脚。每人带上一捆稻草，既可防寒又可防滑和休息，全军咬紧牙关，攀越风雪大巴山，不少同志被冻伤、冻坏，有的同志就长眠于雪岭峡谷之中。曾中生在鄂豫皖作战时，左臂曾负过伤，在第四次反“围剿”战斗中，他腿部又负了重伤，行动很困难。徐向前总指挥很尊敬和关心曾中生同志，早在方面军大转移时，他就亲自安排张仁初和其他同志用担架抬着曾中生同志。部队要冲破敌人围追堵截，白天夜晚都在行军，大家都很疲劳，张仁初等同志昼夜抬着曾中生随队前进，曾中生感动得流着泪，恨不得自己的伤一下好转，以减轻同志们的负担。翻越大巴山时，曾中生说，我下去爬一步，也能减轻你们一点负担，说话间他真的自个翻下了担架。张仁初他们一齐扑了过去，含着眼泪扶上担架，对他表示，就是累死，也要把首长抬过大巴山。

在徐向前的指挥下，英雄的红四方面军战胜了“蜀道难”，以出敌不意的行动，迅速解放了通江、南江、巴中，开辟建立了川陕革命根据地。在那难忘的日日夜夜，曾中生拄着拐杖，不辞辛苦地为前方取得反三路围攻的胜利做了很多工作。敌人三路围攻的破产，使红四方面军在川陕边境地区站稳了脚跟，根据地得到了迅速扩大。解放了的劳苦大众扬眉吐气，拍手称快，青壮年踊跃参军，红军迅速发展壮大。这时，张国焘认为取得了粉碎三路围攻胜利后，红军已在川陕边站稳脚跟，时机成熟，便有计划地对曾在小河口会议上向他提出批评和坚持正确意见的同志进行报复陷害。他以“托陈取消派”，“右派领袖”等罪名，逮捕关押了曾中生同志。在曾中生同志被关押期间，张国焘强令他写所谓“自首书”，交代小河口会议和鄂豫皖时期的所谓“错误”。曾中生同志坚贞不屈，据理驳斥，严正拒绝加给他的种种罪名，并以大量事实，陈述了他从鄂豫皖以来的主张是正确的。表现了一个共产党员坚持真理不屈不挠的高贵品质。

曾中生同志在战场上曾身负重伤，又遭到张国焘的折磨、迫害，身体受到很大摧残。但这些都动摇不了一个真正的共产党员的斗争信念。曾中生同志在被关押中，仍洋溢着革命的乐观主义精神，保持旺盛的革命斗志。在一盏小小的桐油灯下，他不知疲倦、夜以继日地坚持学习，撰文著书。他以惊人的毅力，在短短的时间里，即写出了总结鄂豫皖以来的武装斗争的著名军事著作《与“剿赤军”作战要诀》。他在这一著作中，运用马列主义的立场、观点、方法，较系统地总结了红四方面军在鄂豫皖苏区反“围剿”和入川后军事斗争的经验教训，并根据形势的发展，提出了灵活机动的战术原则和作战方法。可以说，这一难得的军事著作，是曾中生同志和红四方面军广大指战员战斗经验的宝贵结晶，是我们今后研究党所领导的武装斗争历史和革命战争理论的很有价值的遗产。

1935 年 6 月，中央红军与红四方面军在川西北懋功胜利会师的喜讯，很快传到了正被关押在杂谷脑狱中的曾中生同志的耳边。日夜盼望的一天终于来到了！他心潮起伏，热泪盈眶，立即奋笔疾书，给党中央写信。他深信，党是了解他的，要求中央对他的问题作出正确结论，以便重新为党工作。夜很深了，但狱中的那盏小油灯却还通亮。做贼心虚的张国焘知道这一情况后，感到十分恐惧，更害怕曾中生同志被释放后，向党中央揭露其错误和迫害曾中生等同志的事实真相。于是，便采取杀人灭口的狠毒手段，于1935年8月在川西北卓克基将曾中生同志秘密杀害。这时，曾中生年仅35岁。党中央对曾中生同志十分关心，曾于1936年2月电令张国焘，要他保证曾中生的安全。谁知，曾中生同志已被杀害半年了。党的优秀战士，卓越的红军指挥员曾中生同志，正当年富力强的时候惨遭杀害，是党和革命事业的一个多么巨大的损失啊！

我最早认识曾中生同志是在1931年的秋天。当时我在河南商城县家乡做青年工作。曾中生同志率领红四军主力南下英山、蕲水打了大胜仗回师途中，住在我们村里，经其他同志介绍，我才知道他就是英勇善战的红四军的政治委员。他一来到村里，很快和群众打成一片，串门走访，向村干部和群众了解情况，宣传革命道理。他给我讲述红军南下打垮国民党军徐源泉部队的胜利情景，并鼓励我们与白区反动民团头子顾敬之作坚决的斗争，教育我们要树立革命的必胜信念。他那平易近人，和蔼可亲的音容，那深入实际，密切联系群众的优良作风，给我留下了深刻的印象。使我这个刚刚踏上革命道路的青年，受到很大启发和鼓舞。

更令我难忘的，是曾中生同志在被张国焘关押期间的一些事。我当时在川陕省保卫局工作，有机会经常接触他。他经常给我讲述我们党早期的革命活动，讲他在黄埔军校学习期间，聆听周恩来等同志讲课和在农讲所听毛泽东同志关于开展农民运动的报告，讲北伐战争叶挺同志领导的北伐军独立团攻打汀泗桥的战斗故事。他讲得绘声绘色，我简直听得着了迷。我深深地为他坚贞无畏，把个人安危置之度外，时刻惦念革命事业的高尚情操所感动。在曾中生同志的教育下，我知道了我党早期的一些革命历史，懂得了红军发展壮大的来之不易。我看到了他在昏暗的桐油灯下刻苦学习，写作《与“剿赤军”作战要诀》的时候，心中更是升起了敬佩之情。我劝他注意休息，保重身体，他对我笑了笑，谢绝了我的劝告，继续写起来，直至深夜。有时，他把所写的内容念给我听，当我听不懂时，他又耐心给我讲解。记得有一次他问我红军的“三大任务”是什么？“打倒帝国主义，铲除封建势力，实行土地革命。”我作了回答。“你知道这三大任务的意思吗？”当我表示还说不清楚的时候，他又向我详细讲解了“三大任务”的具体内容和相互关系。当时我还不识字，曾中生同志就经常利用时间，教我学文化。我清楚地记得，他第一次教我的是红军“三大任务”这几个字。他还在纸上画出简要的地图，给我讲中国有多少省，各省的省会和简称；讲我国的河流、山脉等地理知识。经过他手把手地教育、启发和引导，不仅使我认得了字、学习了文化，更使我热爱我们地大物博的祖国，坚定了革命的立场。在和曾中生同志的频繁接触中，我深切感觉到，他是一个多好的革命前辈和良师啊！

四方面军胜利会师后，党中央派刘伯承、李富春、李维汉等同志组成中央代表团，到杂谷脑四方面军总部机关所在地，慰问红四方面军的同志。同志们敲锣打鼓，鸣放鞭炮，热烈欢迎中央代表团。我很快把喜讯告诉了还在关押中的曾中生同志，他高兴得流下了热泪。不久以后，我随红四方面军总部到了阿坝。一个多月后，曾中生同志被秘密杀害的噩耗传来了，当时我真是悲痛欲绝。我在心底里不断告诫自己：不管怎么样，做红色战斗员，就要像他那样，一生为中国革命和党的事业奋斗不息。

曾中生同志，用他毕生的革命实践，为我们树立了一个对党赤胆忠心，刻苦工作，敢于同违背党的方针、政策的错误进行严肃批评和斗争的爱憎分明的共产党人的光辉形象。他的高尚情操和品质是我们在今天建设强大的社会主义物质文明和精神文明、端正党风中学习的榜样。

选自《艰苦的历程：中国工农红军第四方面军革命回忆录选辑》（下），人民出版社1984年12月第1版，第82—91页。

董军长教我带兵打仗

赵杰

我在董振堂同志直接领导下工作只有短短的几个月，但他坚持党的原则，关心爱护同志，平易近人的作风和卓越的军事指挥才能，却给我留下了永远难忘的印象。

1936 年 3 月，我所在的红四方面军三十三军和红一方面军第五军团合编为第五军，军长就是董振堂同志。

我以前没见过董军长，合编以后，非常想亲眼见见这位宁都暴动的领导人，见见这位威震敌胆、大名鼎鼎的红军将领。当时我任四十三团政委，我团的任务是负责方面军后卫和保卫川康苏维埃政府。部队驻地距军部较远，很少有机会见到军部领导人。1936 年 6 月，军部召开团以上干部会，传达中央指示，布置北上与中央红军会师的任务。会议中，我终于见到了敬爱的董振堂同志。他身材结实魁伟，方圆的脸上总挂着笑容，使人感到亲切、和蔼。会上，董军长详细地传达了党中央、毛主席关于团结北上抗日的英明决定！要求全军坚决按照党中央的指示北上抗日。董军长说，一切违背中央精神的行动都是不能允许的。由于当时张国焘还在红军的主要领导岗位上，董军长的一些话没有深讲，我们也没有完全理解这些话的含义。直到后来长征到达陕北，公开批判张国焘分裂党、分裂红军的罪行后，我们才知道董军长为坚决执行中央决定，坚持北上，反对分裂，曾与张国焘作了坚决斗争，为教育部队做了大量的工作。

这次会议结束后，军部工作人员通知我，军长要找我单独谈话。当时我怀着兴奋而又紧张的心情来到董军长的住处，董军长、黄超政委、罗南辉副军长都在那里。董军长和我亲切地握过手后，首先关切地询问部队生活情况，如能不能吃上饭、病号多不多？我说：“病号不算多。”军长说：“那好，主要是把伤员同志都安置好。还有什么困难？”我一一地回答了他的问话。不知不觉中，我那拘谨的心情松弛了，话也渐渐多了起来。

“你是什么地方人？今年多大了？”董军长问我。

“河南商城县的，今年23岁。军长是……”

“我是河北新河县的。”军长没等我问完就回答说。接着，军长又说：你在河南，我在河北。参加红军后，我在江西，你们在鄂豫院，是革命把我们团结在一起的。那时，虽然我们相隔很远，但也是在共产党统一领导下的。今天由于革命形势和任务的需要把我们会合在一起，我们的力量就更大了。我们几个方面军的同志要团结，只有团结一致，才有力量，你说对吗？

“对。”我回答说。

搞好团结，首先要处理好军队内部的官兵关系，还要加强军民团结，我们北上路途要经过少数民族地区，要教育部队尊重他们的风俗习惯，和少数民族搞好关系非常重要。接着他加重语气地说，北上任务是艰巨的，困难是很大的。过草地、没有粮食，这样就更要做好部队的政治思想工作，才能克服更大的困难取得北上的胜利。他特别强调了要加强纪律性，要做到“三不准”：一是不准打红嘴老鸹（乌鸦）；二是不准进喇嘛寺；三是不准拿喇嘛寺旗杆上的幡。董军长说到这里问我：“我写过一本《加强部队的管理教育》的小册子，你看过吗？”

“看过了。”我回答说。董军长写的这本小册子，当时我们部队干部手头都有一本，是用32开纸油印的，有三四十页厚，有些内容同现在的管理教育条令相似。这本书对当时部队建设起了很大作用。可惜后来由于战争环境和到处游动作战，我的那本书未能保存下来。

董军长接着对我说：我是旧军队过来的，国民党的军队把士兵当成扛枪的工具，动不动就打骂、枪毙，而且把枪口对准人民，这样的士兵是不会真心实意卖力气打仗的。我们是共产党领导的红军，干部要爱护战士，不能打骂战士和下级干部，但管理教育要严格，还要讲究方法，要克服军阀残余。只有这样，我们的军队才能官兵一致，同甘共苦。当然，搞好团结，最重要的是一切按照党的指示办，要团结在党中央的统一领导下，坚决执行党的北上抗日的决定。北上途中要经过草地，要通过腊子口，那里气候恶劣变化无常。地上有敌人围追堵截，空中有敌机的轰炸、扫射，沿途还有反动武装的袭扰，困难是很多的。你们团是军的后卫，要掩护伤病号行进，困难会更多，任务会更重，你们要尽一切努力完成这个光荣而艰巨的任务。

谈着谈着，吃饭的时间到了，军长热情地留我和他一起吃饭。在当时粮食奇缺的情况下，他把平时节约下来的糌粑面、牛肉干和酥油拿出来给我吃。我那时年轻、胃口又好，加上军长那样的热情，所以，就不客气地吃了起来。吃饭中间，我问军长：“据说军部附近这条河拐弯处的深水里有大鱼，怎么不打鱼吃呢？”军长认真地说：“不能打呀！听老百姓说那是神鱼，我们要遵守当地风俗、规矩。”然后我有意无意地说了一句：“你们军部手枪队的枪真好。”“那好，就送你一支。”军长爽快地回答，使我喜出望外。刚吃完晚饭，一支崭新的德国造枪就送到我手里，这是一种长枪管快慢机驳壳枪。在那个年代，作为一个一般指挥员、一个战士，能得到一支得心应手的杀敌武器是最值得高兴的事。然而使我感动的是军长对下级的关心、体谅。这枪，后来伴随我经历了无数次战斗，翻越了万水千山，直到到达陕北后，我被调到红大学习时才恋恋不舍地上交了。

1936 年 8 月，我四方面军主力胜利通过草地，大部分部队已过腊子口进入甘肃。这时红五军在方面军的右纵队，我所在的四十三团是军的后卫，当时还在崇化地区，董军长命令我团兼程北上，并说亲自在毛儿盖等候我们的到达。

我到达毛儿盖后，立即到军部受领新的战斗任务，在这里，我又一次见到了董军长。

一进军部，军长立即迎上来紧紧握住我的手问道："你们辛苦了……部队怎么样？伤亡大吗？"

我回答说："请军长放心，部队虽然有伤亡，但战士们情绪很高，部队还有三个营的建制，没有问题，请首长给我们新的任务。"

军长叫我坐了下来，说道："你们打得很好，要抓紧时间休整，随军主力北上，你们团仍然担任后卫，边走边打，途中还要过草地，任务是艰巨的，你们要想尽办法克服一切困难掩护主力北上，并把全团顺利带过草地去。"

接着，董军长具体地告诉我在途中遇到各种情况时应如何处置，怎样处理与少数民族的关系。还向我详细介绍了先头部队通过草地的经验，甚至把草地中可以食用的十几种野菜名称、形状都一一说明。

最后，他特别仔细地给我介绍了长征途中的最后一关——腊子口的情况。董军长说："腊子口是一个'一夫当关，万夫莫开'的天险，我们先头部队通过时都曾经过一番苦战，你们团通过那里要准备打仗，同时要把一切不必要的辎重物资丢掉，对重伤号做好妥善安排。"

军长的指示详细、具体，每个细节都考虑的十分周到，这使我对下一步行动心中有了数，并提前采取了各种措施。由于做好了充分的思想准备和物质准备，顺利地通过了长征路上的最后一道天险——腊子口，与军主力胜利会合！

1936 年 10 月，红军一、二、四方面军在会宁胜利会师后，我就与董军长分别了。当时我调红大学习，董军长率领五军随红四方面军总部与九军、三十军一起奉命西渡黄河，后改称西路军。他们一路苦战，董军长壮烈牺牲在高台。后来听从西路军回来的同志讲才知道董军长率领五军苦战高台，壮烈牺牲的情景。那是1937年元旦拂晓，董军长率三十九、四十五两团和总部特务团四个连及两连骑兵共3000余人，一举攻克高台，守敌保安队、民团共1400余人全部投降，其中部分接受红军改编，1月12日，敌以四个旅另三个团和民团一部，配以飞机大炮，开始围攻高台，五军依托城外工事予以抗击。激战数日后，在敌优势兵力压迫下全部退入城内坚守。

面对敌人的重围，董军长指挥部队堵死城门，只在北城墙下挖几个洞，准备在紧急情况下突围。他带领干部检查每个防御工事、每一个射孔。鼓舞大家坚定信心，克服困难，誓与敌人血战到底。为解决子弹不足，他又组织部队集中砖头、石头、木棒搬到城墙上作武器，以备与敌搏斗。

1月20日，敌倾全力攻城，城墙在敌猛烈炮火轰击下，倒的倒，塌的塌，已残破不堪，部队也遭到严重伤亡。但全体指战员依然前仆后继，浴血奋战，敌人每次冲上城头，都被红军用大刀刺刀砍戳下去，不少伤员扭住敌人跳下城墙，与敌同归于尽。后因收编的民团叛变，打开城门，敌人突入城内。董军长当即组织部队与敌逐屋逐街展开争夺，战斗中子弹、手榴弹打光，便以刺刀、大刀、石头与敌拼搏，刀刃卷缺、石头打尽，便用拳打、口咬。这样苦战十余小时，因未能与主力取得联系，五军处于力竭援绝的境地。最后董军长带领部队与敌人冲杀中壮烈牺牲在高台城墙下。

董振堂同志牺牲已经40多年了，但这位人民军队杰出将领的革命精神一直鼓舞着我英勇战斗，永远前进！

选自《艰苦的历程：中国工农红军第四方面军革命回忆录选辑》下册，人民出版社1984年12月第1版，第237—242页。

忠心耿耿　为党为国

——回忆王维舟同志（节选）

贺长清

我与王维舟同志交往前后整整40年，至今还保存着毛泽东同志1945年在党的七大期间给他亲笔题词的影印件，上面写着：“忠心耿耿，为党为国。”每当我看到这份珍贵的革命文物，王老那亲切的音容笑貌就出现在我的脑际，几十年前的一些往事仍然历历在目，不禁使人心潮起伏，百感交集。

（一）

王老和我都是四川宣汉县人。在我少年时，就听过老人们私下讨论有关共产党和王维舟游击队的神奇般的传说。那是1931年夏天，一个40来岁名叫周克西的先生来到我家，说是来教书的。后来，每天晚上总有二三十人前来“读书”，父亲总是让我跟着他或爷爷到山口路边去放哨。时间久了，我发现来人越来越多，不少人带有短枪或长枪。开会时，屋里坐不下，就干脆到树林里去。我常常听到他们喊着：“打倒军阀！打倒地主！为穷人闹翻身！”的口号，看到他们在月光下练打枪。这时，父亲才告诉我：“这些人就是游击队，周克西先生就是王维舟。他是共产党派来的，是游击队的总指挥，总指挥部就在咱家。”从此，我跟大人学打枪，王老有空就教我识字，讲革命道理给我听。随后，我当了游击队指挥部的通讯员，渐渐地从他和周围同志们的口中，得知了他传奇般的身世。

王老生于 1887 年，少年时期家境贫寒，十多岁就种地，曾当过店员和工人。早年参加过讨袁斗争，成为四川讨袁护国军的一个团长。后来，他看到军阀割据，连年混战不休，想到自己救民于水火之中的理想成为泡影时，心情十分苦闷。当旧部要委他以某旅之要职时，他毅然挂冠离蜀，奔赴上海，追求真理。1920 年，他参加了共产国际朝鲜共产党上海支部，不久赴苏联学习。在苏联期间，曾应邀参加了十月革命四周年庆祝大会，见到了革命导师列宁，聆听了列宁的讲演。1922 年，从苏联回国后，王老参加了吴玉章同志组织的“赤心社”，先后在北平和上海宣传十月革命和共产主义。1926 年，他曾在毛泽东主办的武汉农民运动讲习所学习。1927 年正式加入中国共产党。从此，他忠实地遵循毛泽东同志的教导，深入农村，发动群众，坚持武装斗争，在川东一带农村建立革命根据地。

（二）

王老出生入死、忘我奋战的历史表明，他是一位对党无限忠诚的战士。1927 年至 1932 年，他在川东组织武装斗争期间，一方面发动贫苦农民拿起枪杆，起来斗争，建立革命政权；另一方面特别注意分化瓦解敌人，建立统一战线。如对各地保甲长和土豪劣绅一类地方势力，实行正确的政策。他善于区分不同情况，对一般能利用的，尽量做工作，争取大多数，扩大政治影响；对于顽固反共的反动分子，则给予打击以至坚决镇压。当时，他所领导的川东游击队发展很快，声威四震，反动军阀对他又恨又怕，多次通缉他。川陕督办、军阀刘湘，唆使其部属一个师长利用与王维舟同志的旧关系，以厚金和什么“司令”头衔想收买他，王维舟同志对此嗤之以鼻，不为高官厚禄所动摇。刘湘恼羞成怒，在各城镇贴满告示，“悬赏十万大洋捉拿王维舟”。面对险恶，王维舟毫不畏惧，多次机智地摆脱了追捕他的敌人。1931 年夏天，维舟同志接受省委指示后，由成都化装秘密返回川东，路过万县时，因叛徒告密，敌人全城戒严，到处设卡捕捉他。在两位昔日好友的帮助下，他化装成妇女，怀抱婴儿，坐于轿内，前面打着钱庄商号的灯笼，轿上插着一根香，好像为孩子烧香拜佛的样子，终于逃出了敌人的魔爪。在党的领导下，维舟同志在川东组织农会，建立农民武装，奋斗了五六年之久，使川东游击队不断发展壮大。这期间，游击队曾受立三“左”倾路线的干扰，遭到很大损失。对此，维舟同志不灰心，不气馁，重整旗鼓，继续开展游击活动，后来武装斗争扩大到川东十多个县。1932 年 9 月，游击队与红四方面军会合时，已发展到两万人左右。

维舟同志对党忠贞不渝，坚信不疑，尤其在长征途中受到张国焘的排斥和打击时，更显示出他的耿耿丹心和铮铮铁骨。长征前后，我一直担任他的警卫工作，亲眼看到张国焘对王维舟同志和他率领的红三十三军的打击。当时，张国焘先是刁难、歧视三十三军，无理克扣部队的供应和补充，在战斗上不予配合、支援，使我们几次孤军作战，付出了很大的代价才突出重围。继而以莫须有的罪名对我军各级干部进行“清洗”。300 余名干部惨遭无辜杀害。我记得，有一次张国焘在宣汉清溪场冉家凹口部队点验时，以所谓“企图投敌”的罪名，当场枪杀了两个团级干部。后来，张国焘实际上撤掉了维舟同志的军长职务。对于张国焘的倒行逆施，维舟同志深为不满。想念起被杀害的同志，他是那样的痛心疾首。他对我说：“咱们一些好同志没有被反动派杀掉，却在内部被无辜杀害，是非曲直总有一天会弄清的！”他没有因此悲观失望，灰心丧气。即使在被取消军长职务以后，他仍然顾全大局，看地形，查渡口，总是忙个不停。1935 年 6 月，当他得知毛主席率领的中央红军北上要路过马塘的消息后，非常高兴。他和傅钟同志领着我们筹备粮食，打扫房屋，以喜悦的心情迎送毛主席北上。在长征途中，维舟同志竭诚拥护党中央关于北上抗日的方针。我至今还记得阿坝会议上的情景（当时，我们警卫人员可以出入会场），会议起先在帐篷里开，太阳出来后，首长们一人坐一个背包在外面开会。会议发生了很激烈的争论，争论的焦点是继续北上，还是南下。记得朱总司令总是强调两句话："还是跟毛主席走好，毛主席、党中央的路线是正确的！"维舟同志当时受张国焘的歧视，只能列席会议，没有发言权，但他总是全力支持朱总司令的意见。此后，经过一段艰难曲折的斗争，维舟同志终于脱离了张国焘的压迫和羁绊，回到了党中央的怀抱。到陕北保安的第二天，维舟同志与刘伯承同志一起去见毛泽东同志，并报告了张国焘的罪行，受到毛泽东同志的亲切慰勉。对于维舟同志这段经历及其坚强的党性，朱德同志 1942 年曾写文章赞扬道："维舟同志是我党的先辈"，"对党的无限的忠诚"。吴玉章同志在给王老的祝寿词中谈到与张国焘路线斗争时写道："维舟同志沉着不乱，坚定不移，毅然坚持其原则立场和原则态度。于此足见维舟同志之党性坚强。"

节选自兰州部队党史资料征集办公室编:《戎马春秋: 革命回忆录》, 甘肃人民出版社1983年12月第1版, 第54—57页。

贺长清，1918 年生，四川宣汉人。1931 年参加中国工农红军，1935 年加入中国共产党。红军长征时任红四方面军第三十三军军部警卫员、排长。新中国成立后，曾任解放军政治学院院务部副部长、解放军艺术学院副院长、兰州军区后勤部部长等职。2000 年在南京逝世。

“红大”良师

——回忆张际春同志长征中的业绩

胥光义

一年一度秋风劲，枫不经霜色不红。时值金秋季节，漫山遍野的枫叶又吐着炽热的红焰，点缀这块美丽富饶的神州大地，21年前的今天，我党优秀党员、无产阶级革命家、我党我军杰出的政治工作领导者张际春同志，惨遭林彪和江青反党集团的残酷迫害，含冤离开了人世。我怀着无比沉痛的心情，深深缅怀我尊敬的领导和良师……

一

1935年9月，张国焘背离中央政治局两河口会议决定，公开分裂党和红军，蒙蔽、欺骗数万红军干部、战士南下，朱德、刘伯承等同志坚持党中央和毛主席“团结一致，北上抗日”的正确方针，为培养教育干部，引导他们执行以毛主席为首的党中央的正确路线，在红四方面军总部所在地川西松岗（今金川县以北）成立了红军大学，由中国工农红军总参谋长刘伯承任校长兼政治委员。9月下旬，我被选送到“红大”上级政治科学习。“红大”在松岗成立后不几天，就沿大金川南下至金川县以北的沙尔泥地区；在这里，充实和健全了校领导机构，张际春也调到“红大”担任政治教员，后任“红大”政治部主任和政治主任教员。我有幸聆听际春同志讲课，后来曾在他的直接领导下工作，他的高贵品德、卓越才能及其在我军政治工作方面的重大建树，给我留下了异常深刻的印象。

张际春同志调到“红大”工作时，正值红四方面军在张国焘独断专行的指挥下，开始南下。10 月 5 日，部队到达卓木碉地区，张国焘公然成立了所谓“临时中央”和“中央军委”等非法组织，自封为“主席”，其分裂主义活动发展到了登峰造极的地步。际春同志坚持与朱德、刘伯承等同志站在一起，从整个党和红军生死存亡的大局出发，置个人荣辱于度外，积极维护南下部队中一、四方面军指战员之间的团结，使部队在南下失利的情况下，尽可能减少损失。他刚到“红大”就向有关同志了解情况。他从不隐瞒自己的政治观点，按照党的组织原则，恰当地提出自己的意见，与张国焘的分裂行为展开了不懈的斗争。

在翻越夹金山之前，有不明真相的同志受张国焘的蒙蔽，编了一首将党中央和毛泽东、周恩来等领导红一方面军主力北上抗日的正确行动，污蔑为“向北逃跑”的所谓《红军南下行》的歌子，刘伯承校长听到“红大”有的同志教唱这首歌时，便立即进行了严肃的批评，不准大家唱这种分裂党和红军的歌，并制止其传播。与此同时，际春同志又耐心地向大家摆事实、讲道理，教育同志们正确理解党中央和毛泽东、周恩来等同志率领一部分红军北上抗日是党中央政治局会议的决定，是张国焘事先同意的，也是历史赋予红军的光荣使命。我们要做维护党和红军团结的模范，齐心协力保护人民、打击敌人。

虽经朱德总司令、刘伯承总参谋长的规劝和部分同志的抵制，但张国焘出尔反尔、一意孤行，并裹胁红军部队南下至岷山、天全一带，企图打成都，结果遭强敌所阻，在攻打百丈关的时候，经过七天七夜的鏖战，终不能取胜。这一仗虽然消灭敌人 1.5 万多人，但红军也伤亡了一万多人。广大指战员在严酷的斗争现实面前，逐步提高了认识，对张国焘南下决策表示不满；特别是党中央一再严肃地批评张国焘南下的错误行为，并敦促他悬崖勒马、改弦更张，致迫使他不得不放弃南下，再度北上。到 1936 年 6 月，他才认错，撤销了伪中央。

当部队在隆冬时节，北风呼啸、大雪纷飞的恶劣环境中，再次翻越夹金山时，同志们唱起了一支歌："红军向北进呀，要去打日本哪，振作精神服从党中央的命令，向北行动一定要胜利哪。"际春同志听到后，高兴地说："我们就是需要这样的革命歌子来鼓励大家。"他也与同志们一起高唱起来，并带头将自己的乘马让给有病的同志骑，把分给他的干粮，送给体弱、缺粮的同志吃，乐观地迈着坚定的步伐翻雪山、过草地，去迎接北上抗日的伟大胜利。

在与张国焘分裂主义活动的斗争中，张际春同志胸怀坦荡，光明磊落，刚直不阿，坚持真理，甚至忍辱负重，不计较个人的安危，坚决维护党和红军的团结统一，表现了高度的政治原则性和斗争策略的灵活性。

二

张际春同志一心为革命，一心为人民，勤勤恳恳，谦虚谨慎，朴实细致，埋头苦干，理论联系实际，坚持实事求是，深入群众，调查研究，发扬民主，善于根据实际情况和群众情绪确定工作方针和方法，不愧为发扬党的三大作风的模范。

他在红军大学的政治课的教学中，把马列主义的原理与当时的斗争实际，即爬雪山，过草地，坚持北上抗日，反对张国焘右倾逃跑主义这个实际结合起来，教学的目的，就是要把在红军大学学习的干部培养成有政治觉悟、有组织指挥作战本领、有教育和管理能力、有艰苦奋斗不怕牺牲精神的带头人。际春同志根据刘伯承校长的旨意，和政治部的同志一起共同研究制定政治课教学计划和实施方案；除坚持马列主义基本原理和中国革命十大纲领教育外，还结合当时实际情况，提出教学内容。

在组织实施教学过程中，际春同志以他渊博的学识和高深的政治理论基础，把政治课内容讲得深入浅出、生动活泼。他从来不搞空洞的说教，而是针对学员的思想情况和文化程度，循循善诱，通情达理，态度耐心诚恳，语言形象丰富，不时引用一些诙谐幽默的比喻和故事，把道理讲得很透彻。他还结合社会发展史和党的建设两条路线的斗争史（即列宁与马尔托夫关于党的建设问题的论战）等内容，谈古论今，使大家逐步打开了思路、开阔了眼界，思想觉悟不断提高，在艰苦的环境下，通过对实际斗争的认识，进一步认清了张国焘分裂党和红军的严重错误实质，更加坚定不移地维护党中央的正确路线，并增强了一、四方面军指战员之间的团结。

际春同志与刘伯承校长一样，不仅亲自抓教学计划的组织实施，还经常深入学员中了解教学情况，和同学们一起参加听课、讨论，对学员提出的疑难问题，他都耐心细致地一一回答。他还动员同学们利用业余时间办墙报，如《战火》墙报，坚持每星期出版一次，共出了九期。墙报的内容都是大家学习、生活与思想情况的反映，同学们纷纷写稿，墙报办得生动活泼，很有意义。在红岩坝时，际春同志还创办了"红大"校刊《红炉》，刘伯承校长亲自书写刊头并题词。题词写道："我们学校就是一个红炉，我们学习军事、政治、文化，以及向一切恶劣的自然环境作斗争，克服一切困难，就要在这个'红炉'中锻炼。坚强的革命意志就是在通红的炉火中锻炼出来的。"《红炉》校刊一共办了 17 期，开始为四开张，用油印，以后改为小册子。

三

1936年1月，“红大”在天全成立了中级干部队，调陈伯迟任队长，下属军事连、政治连。甘延林任军事连连长，我任指导员；皮定均任政治连连长，黄志勇任指导员。“红大”进驻炉霍后，又继续招收了军、师两级干部400余人组织了第二期高级指挥科、上级指挥科和上级政治科。同时还扩大了步兵学校。当时，连队同校部领导机构共约1500多人，与总部同住炉霍寺庙内。

1936年6月，贺龙、任弼时、关向应、肖克等同志率领红二、六军团长征到达甘孜，与红四方面军会师后继续北上。7月，中干队学员毕业后，我即被调任“红大”政治部地方工作科任副科长。8月，“红大”随红四方面军总部由炉霍出发，经壤塘喇嘛寺、嘎曲河、堡座等地北上。

“红大”在炉霍住了五个多月，存粮很少，因此，部队准备过草地的干粮人均每天仅有二两炒面，除边行军边筹粮外，主要靠野菜充饥；我们地方工作科则全力负责群众工作和筹粮的组织与实施。

在少数民族地区开展群众工作和筹集粮草是一项政策性很强的工作，际春同志多次召集我们学习党的民族政策和宗教政策，认真研究开展群众工作方法和制定筹集粮草的实施方案及注意事项，特别强调尊重少数民族的风俗和生活习惯，并挑选政策观念强的同志组成筹粮队，随部队行军的先头分队行动。筹粮队的指战员克服种种困难，冲破敌人的重重封锁，在人烟稀少的雪山、草地及少数民族地区筹集了一些粮食，补充了部队的部分粮食供给，取得了较大的成绩。

双十二事变后，中央红大随党中央领导机关迁到延安，并改为中国人民抗日军政大学。

张际春同志作为红军大学的组织者和领导者之一，坚决执行党的教育方针，维护党和红军的团结统一，旗帜鲜明地和朱德总司令、刘伯承总参谋长一起，与张国焘右倾机会主义作斗争，为培养造就大批优秀的红军干部，付出了大量的心血，建立了不朽的功勋。际春同志革命一生的光辉业绩，永远载入我党我军的光荣史册，他的革命精神，正激励着后人为祖国的“四化”建设而努力奋斗！

选自《人民日报》1989年10月12日。

胥光义，原名胥光翊，1916 年生，四川平昌人。1929 年加入中国共产主义青年团，1932 年参加中国工农红军，1933 年转入中国共产党。红军长征时任红四方面军保卫队政治指导员，红军大学分队长、中级干部队军事连政治指导员兼教员，红军大学政治部地方工作科副科长。新中国成立后，曾任西南军区后勤部副部长、总后勤部参谋长，国防科学技术委员会副主任、总后勤部副部长、全国政协常委等职。1955 年被授予少将军衔。2009 年在北京逝世。

碧血千秋思无尽[①]

陈宜贵

红军的老战士们凑在一起，免不了要议论一番难忘的烽火岁月，缅怀那些为革命事业献出宝贵生命的战友。当谈到红九军政委陈海松时，大家对他的工作作风、政治水平、多谋善战、年轻有才，无不交口称赞，亲切地称他为“年轻的军政委”，“我们的小政委”。

陈海松是我的老首长，也是我的良师益友。每当回想起他，我便百感交集，总想把对他的怀念倾吐出来。

一

我和陈海松是1936年初相识的，组织上派我到九军当保卫局长。临行前，总保卫局长曾传六叮嘱我说：“工作中有什么困难，可以多向陈海松政委请示。”

曾局长是九军的老政委，他对陈海松很熟悉，也很佩服。在保卫干部训练班里，我们经常听他讲及陈海松的事迹。他说，别看陈政委年纪小，威信可高。当二十五师政委时才19岁，打万源保卫战，二十五师

① 本文后面涉及西路军的内容，考虑到文章的完整性，收入本书时予以保留——编者。

奉命坚守大面山阵地。数十倍于我的敌人眼看就要占领阵地，陈海松把袖子一捋，提起大刀就和敢死队员一起杀出去，边冲边鼓动："誓死保卫大面山！""让敌人在阵地前血流成河！"战士一看师政委如此英勇，便不再惊慌。个个精神抖擞，猛冲猛杀，顶住了敌人，为红军全线反击创造了有利条件。

去九军报到的路上，我边走边想，陈政委究竟是个啥模样？他一定是个高个子，大脑袋，粗胳膊，威武得不得了。想到以后能和他在一起工作，心里格外高兴，步子也轻快起来。

我到九军军部后，被领进一间比较宽敞的屋子。里面几位同志在玩"斗牛"牌玩得正起劲，连我们进来都没有察觉。领我来的政治部主任曾日三笑着对其中的一个说："陈政委，别耍了，陈宜贵来报到了。"他们这才抬起头，发现了我们。那个被称为政委的年轻人，不好意思地站起来，朝我歉意地笑了笑。喔？我不由地愣住了，原来是他！结实的中等身材，圆乎乎的脸盘，一双笑眯眯的眼睛，一口整齐洁白的牙齿。我迅速地打量着他，竟高兴得忘了敬礼，上前一把抓住他的手："首长，你还认识我吗？"陈海松仔细瞧了瞧我，眼睛陡然一亮："哎呀，原来是你呀！怎么，你的伤好利索了？"

"早好了！"我连忙回答说。

周围的人看我们一见如故，都有点莫名其妙。殊不知我和陈海松还是老相识呢！记得是1935年2月，我还在红三十军八十八师二六五团当参谋的时候，一次战斗中，我头部负伤被送到九军医院。因伤势过重，一直昏迷不醒。后经抢救，我才渐渐苏醒过来。一天，我正睡觉，就听到有人在耳旁说："快醒醒，九军首长看你来了！"我睁开眼睛，只见一位年轻英俊的同志站在床前。他用手轻轻地抚摸着我的额头，笑模悠悠地说："前些日子你还昏迷不醒，这阵子好多了吧？"旁边的护士插嘴对我说："你昏迷不醒时，这位首长，再三嘱咐医生一定要把你救活！"

原来在我昏迷的几天里，他来看过我几次。我感激得不知如何是好。他却亲热地坐在我床边，慢声细语地询问我的姓名、部队、家庭等情况。当他听说我是“夜老虎”团的，立刻表彰说：“你们‘夜老虎’团这次打得不错，消灭了不少敌人，这也有你一份功劳呀！”说着，从口袋里掏出一份战报，又向我滔滔不绝地谈起鸡山梁大捷。我越听越兴奋，感到伤势也轻了许多。

临走时，他安慰我说：“莫着急，要安心养伤，伤好了就把你送回部队去！”

尽管我们那次见面是短暂的，但他的音容笑貌和对同志火一般的热情，却深深地刻印在我心里，遗憾的是当时忘了打听他的姓名，只知道他是九军的一位首长，万万没想到，此刻站在我面前的他竟是九军政委陈海松。

二

以后我们的接触就多了，从他身上学到不少东西。我文化低，字写得歪歪扭扭，他就有意识让我写材料。我写得不好，他就手把手地教我。不仅如此，还经常为我创造条件来锻炼我的工作能力。我平时话少，更怕在人多的场合讲话，他就有意让我在全军团以上干部会上作“报告”，他则在一边助阵。一回，当我念完了他帮我写的讲话提纲，再没有词儿可讲时，他就在一旁小声地提醒我该讲什么内容，使我终于提高了宣传能力。每次打仗，他常常把我和政治部其他几位部长带上，让我们在战争中学习战争，锻炼组织指挥能力。他常对我们说：“政工干部一定要学会打仗，不会打仗的政工干部，是无法做思想政治工作的。”在陈政委的教育引导下，九军的师、团、营政委、连指导员都同军事干部一样，带领部队冲锋陷阵，执行各种艰巨的军事任务。

其实陈政委也跟许多工农干部一样，过去没读几天书。他是湖北省大悟县李陈洼人，出身贫农家庭，从小乖觉伶俐，家里人省吃俭用，供他念了五六年私塾；他天资聪明，加上勤奋好学，成绩总是名列前茅；从小也立志“干大事”。向往革命，曾任土地革命童子团长。16 岁参加红军，19 岁当师政委，21 岁就当了军政委。但他所以具备如此精明强干的军事才干和组织能力，都是他参军后刻苦学习来的。他随身携带的蓝布包里，除几件洗换的衣服外，其他全部是政治、历史、自然常识等书籍和笔记本。

陈政委对犯了错误的干部总是热情帮助，从不搞一捋到底的惩罚主义；对降职处分的干部，也总是给他们创造将功补过的机会。二十七师交通队队长是一个能打仗的年轻指挥员，因犯错误被撤下来当炊事员，情绪有些低落。部队打炉霍时，陈政委有意让他率领一支由马夫、伙夫等组成的“特别突击队”。经过激烈的战斗，他胜利地完成了突击任务，陈政委又让他重新回到了领导岗位。

三

1936 年 7 月，张国焘在中央再三督促下，不得不采纳朱德和徐向前坚决北上的正确方针。

在爬雪山过草地的艰苦行军中，陈政委常常跑前跑后，要求各级领导：“无论行军多么艰苦，就是抬，也要把伤病员抬出草地。”走出炉霍没几天，由于连续行军，过度疲劳，我的肚痛病又复发了，汗水直冒，浑身发颤，疼得实在没办法，就叫警卫员找来一根针，在胸口上乱挑，用这办法来压疼。血流了不少，肚疼仍没止住。我绝望了，感到已经不可能走出草地，会合中央红军了，暗暗流了不少泪，思想上准备牺牲了。陈政委不知怎么听到消息，跑来看我，从口袋里掏出一个小布包，说：“这是从洋鬼子教堂里找来的藏红花，这东西可以活血，可以化痰止痛，你冲着喝点试试。”

接过藏红花，我泪水一下子涌出眼眶。我们的政委啊，别看他年纪轻，可他的心比针尖还细！周围的同志哪怕是哼一声，咳一下，他都看在眼里，记挂在心头。我按照他说的方法用开水冲了一碗藏红花，一口气喝了下去。一会儿，肚子真的不疼了。后来，只要一闹肚子疼，我就冲那包藏红花喝,减轻了不少痛苦,终于胜利地走出了草地。直到现在，只要一提起那一丝丝深红色的藏红花，我就不由得想起陈政委，心里充满了感激之情。

陈政委关心体贴下级的优良作风是一贯的。听同志们讲，西渡嘉陵江的时候，九军向驻守在嘉陵江沿岸的川军罗泽洲部展开进攻。在仪陇县风宜场的一次激战中，七十五团二营六连连长罗应怀身负重伤，躺倒在阵地上不能动弹，阵地失陷，眼看罗连长就要落到敌人手里。就在这千钧一发、生死攸关之时，陈政委从远处发现了，立即命令交通队:“不惜一切代价，把罗连长给我抢回来！”直到现在，罗应怀每谈到这件往事，依然感慨激动不已。

对战士伤员也是这样。红四方面军南下时，我们曾一举占领了通往成都的隘口险道——百丈关，对成都形成威逼之势。敌急忙调遣十多个旅的重兵进行反扑。那时，二十五师在陈政委率领下，坚守百丈关东侧桥头，给敌以很大杀伤。撤退时，他从望远镜里忽然发现桥头上还躺着20多个红军伤员，便生气地把一个团长叫来，严肃地批评说 :“丢弃伤员是可耻的行为！你们赶快组织突击队，把伤员全部抢救回来，完不成任务，小心你自己的脑袋！”这时，敌人火力已完全控制了桥头，抢救伤员要付出很大代价，但大家心里明白，在战场上“活不缴枪，死不留尸”，是四方面军历来的传统。于是，部队再一次向桥头发起攻击，在几十挺机枪的掩护下，20多名伤员终于被救了下来。陈政委亲自赶去给伤员包扎伤口，他握住一个伤员的手说 :“同志，真对不起，让你们受苦了！”一句话，感动得在场的指战员唰唰地流下了眼泪。后来这件事被战士们当成美谈，在九军广为传颂。

陈政委没有架子，和战士们玩在一起，说笑在一起。我记得在草地中艰苦行军时，他总哼一支歌："行，行，行！草地中走起劲，不怕困难，奋勇向前进！誓要北上打日本，最要紧，要收回那丧失地，奋勇地向前进！"

我们红九军，从军长到战士都是20几岁的年轻人。平时，大家在一起说笑逗闹，"扯乱谈"，关系很融洽。别看陈政委在战场上那样威严，下来和战士们在一起，生人谁也不会认为他是军政委。年轻人喜欢和他在一起，不光因为他对下级关心体贴，平易近人，而且还因为他朝气蓬勃，活泼幽默。他走到哪里，就给哪里带来欢笑，带来歌声，带来革命的乐观主义。长征途中，在荒无人烟的草地上行军，战士们一个个筋疲力尽，苦不堪言。一到宿营地，大家只想找个地方歇一歇，恢复一下体力，连话都懒得说。每当这时，陈政委总是出现在战士中间。

"嗨，别那么死气沉沉的，来，咱们娱乐娱乐！"

"政委，你给我们唱支歌吧！"不知是谁这样提议。陈海松曾当过宣传队长，唱歌对他来说算不上什么。他大大方方地站起来，笑着说："眼下正好是8月，咱就唱个《八月桂花遍地开》，怎么样？"

"好！"大家"劈哩啪啦"地拍巴掌，气氛顿时活跃起来。

只见他整了整军帽，润了润嗓子，挺着胸脯唱了起来。他唱歌的模样，似乎还没有脱掉孩提时代的稚气呢。有一次，他唱《把红旗插遍全中国》，有一段歌词，我至今还能依稀记得：

共产党领导真正确，工农群众拥护实在多；
红军打仗真不错，粉碎了国民党的乌龟壳；
我们真快乐！我们真快乐！我们真快乐！

在静谧的夜晚，嘹亮的歌声传得很远、很远。不一会儿，伴随着清脆悠扬的笛子声，唱起了四川山歌、黄麻小调，沉睡的草地苏醒了，沸腾了。战士们又度过了一个艰苦但又欢快的夜晚。

四

“好一个年轻的军政委！”一、四方面军会师之后不久，朱德总司令就这样称赞陈海松。

1935 年 6 月的一天清晨，陈政委兴冲冲地来到队前，两只手高高地扬起，大声地说：“同志们！报告大家一个好消息，咱们九军二十五师七十四团已经在懋功和达维，同一方面军的先头部队胜利会师了！”

鸦雀无声的队伍里顿时爆发出一片暴风雨般的欢呼声，指战员们高举着手中的枪，就像是一排肃穆苍劲的树林。

陈政委摆了摆手，极力想使欢喜若狂的部队安静下来，他接着说：“中央红军走了那么远的路，吃了那么多的苦，大家可不能小气唷，有什么好东西统统拿出来，好好款待款待一方面军的同志们！大家说，要得不？”

“要得！”队伍里又是一片欢腾。

为了庆祝一、四方面军的胜利会师，陈政委连夜召集开会，研究如何搞好同兄弟部队的团结。军政治部编印的红军战士报《不胜不休》也报道了红一、四方面军胜利会师的喜讯和军首长的号召，还发表了努力搞好兄弟部队之间的团结，坚决拥护党中央北上抗日的社论。别小看这一期快报，当时在整个四方面军还是很有影响的，因为它鲜明地表明了我们九军全体指战员的态度。

九军驻茂县时，和一方面军红五军团的驻地紧挨着，陈政委和其他领导经常去看望五军团的首长，征求他们的意见。五军团的首长也时常回访。两支部队亲密无间，经常在一起组织联欢，共同交流战斗经验，开展各种体育竞赛。

五军团从江西出发时，每人只发过两套衣服。经过万里长征，身上的衣服早就破得像渔网了。陈政委在自己部队物资也很缺乏的情况下，仍然凑出几百套灰军衣、一部分酥油和炒面，给五军团送去。那时，两支部队之间的战斗情谊真是又感人，又鼓舞人，叫人心里热乎乎的。

在两河口，张国焘策动红四方面军一些高级干部，要挟中央改组军委和总司令部。张的秘书长黄超要陈海松在会上带头发言。陈海松一听心里不是滋味，十分为难，赶忙推脱说："一方面军来的干部都是大知识分子，我这个土包子不行。"黄超见陈海松不答应，就威胁说："这是张主席的意思！"张国焘的为人他是知道的。陈海松没有办法，只好在会上应付了一下。事后他十分后悔，责怪自己不该违心。

两河口会议后，一、四方面军的友谊蒙上了一层阴影，九军和兄弟部队之间的关系也渐渐疏远。伴随而来的，是部队之间接二连三的摩擦、争吵……大家心里都感到很痛惜。陈政委见到这种情况更是忧虑万分，但对张国焘又无可奈何，只有批评自己的部队。他常说："我们都是红军，要维护兄弟部队之间的团结，有什么事可以商量，决不能感情用事！"

在一、四方面军会师以后，为了加强四方面军各级司令部和政治部的工作，中央军委从一方面军抽调了部分干部到四方面军来工作。我们九军政治部主任曾日三、宣传部长方强、组织部长朱潘显等，就是从一方面军先后调来的。这些同志工作积极，待人热情，有丰富的政治工作经验，陈政委对他们很信任，也很尊重，注意向他们学习。宣传部长方强从一方面军带来一本油印小册子《党的建设》,陈政委见后视为珍宝，连称"好书",借去一连看了好几遍。还请方强给九军的干部上政治课，讲党的理论和一方面军政治工作的经验。在张国焘把持下的四方面军，陈政委能这样做，应该说是很有魄力和胆识的了。

陈政委年轻有为，能文善武，在四方面军的高级指挥员里可以说是出类拔萃的人物。南下时，总部曾举办过一期师以上干部训练班，由朱总司令亲自上课，讲国内外形势，讲军事战术、地理知识图、用图等知识。当时，四方面军的大部分干部都不大会识图，朱总司令就指着地图告诉大家，当前国内外形势怎么样？红军为什么要北上抗日？抗日的最前线在什么地方？我们现在在哪里？党中央和红一方面军在哪里？陈政委耳聪目明，在政治上又很敏感，很快掌握了识图知识，朱总司令的谆谆教诲他也能点点记在心里，又特别注意两个方面军的团结。为此，朱总司令非常欣赏，常点着头称赞说：

“好一个年轻的军政委，将来一定会大有作为！”

五

1936 年 10 月，五军、九军和三十军奉命从甘肃靖远的虎豹口突破黄河天险，向西前进。不久，过河部队改为“西路军”，向甘西方向行动，建立永（昌）凉（州）革命根据地。永昌、凉州、山丹一线正是“河西走廊”的蜂腰地带，北邻大沙漠，南靠祁连山，中间是一条只有几十里宽的狭长“弄堂”，既不便大部队回旋，也不便小部队游击，无论从地形、经济、民情、敌情各方面来看，要在这建立根据地是很困难的。

11 月份的河西走廊已是滴水成冰的季节。同志们身穿单薄的衣衫，冒着砭人肌骨的寒风，在荒漠里艰难地行走着。没吃没喝，群众基础很差，特别是每打一仗，兵员和装备得不到任何补充。那些日子，陈海松情绪很不好，整天紧皱着眉头，仿佛在思考着什么。

11 月 25 日，作为西路军左路支队的九军，经过干柴洼激烈战斗，摆脱了敌人的追击，于拂晓前赶到河西走廊东部的古浪。古浪守敌兵力薄弱，只有三个团，被我军轻而易举地攻占了。古浪为凉州的门户，又是凉州和西宁、兰州间的一个重镇，地当要冲，势在必争。为了重新夺回古浪，马步芳又增援了大量兵力，不惜一切代价向古浪发起猛攻。

一时间，枪炮声震耳欲聋，杀声四起；敌人的轰炸机狂轰滥炸，整个古浪变成了一片火海。12 月 18 日，战斗更为激烈。敌人重新调整兵力发起第三次猛攻。这次敌人主攻的方向是城南山头的制高点，那里由二十五师的一个团在守着。不久，山头阵地被敌人攻陷，这个团的指战员几乎全部壮烈牺牲。

城南的制高点失守以后，敌人越发疯狂。大约在中午 12 时左右，敌人用山炮轰开城墙一角，步骑兵乘机突入，整个古浪城陷入混乱的巷战。同志们个个英勇顽强，给敌人以很大的杀伤，但终因敌众我寡，越来越多的敌人向军指挥所拥来。在这个千钧一发之际，陈海松左手带伤，右手高举着驳壳枪出现在门口，大声喊道："同志们！我们要与敌人血战到底！坚决杀退敌人！"大家看到自己敬爱的陈政委，身上顿时增添了杀敌的力量。

敌人见陈海松在门口高喊口号，断定他不是一般人物，十几个家伙手提马刀猛扑过来。就在这时，交通队一排长乔国军一个箭步窜到陈政委面前，怒对敌人大喝一声："来来来，听老子给你们点名！"随着他手提式冲锋枪的一阵剧烈抖动，十几个敌人横七竖八地倒下了。可是乔国军也被敌人的一颗子弹击中，他晃了晃身子，栽倒在地上牺牲了。

陈政委来不及顾乔排长，拣起他的冲锋枪，大喊一声："同志们，冲啊！"率领交通队和机关的同志们乘乱向敌人反击过去。这时，东北面二十七师一部击溃了敌人的分割，杀开一条血路向这边接应过来。敌人腹背受敌，像斗败了的野狗，夹着尾巴逃出古浪城。

经过三天苦战，九军毙伤敌 2000 余人，但自己也伤亡过半，军参谋长陈伯稚，二十五师师长王海清，二十七师政委易汉文都牺牲了。在这种情况下，九军领导召开紧急会议，决定连夜突围转移，向在永昌的三十军靠拢。

对九军在古浪战斗中的失利，西路军政委陈昌浩十分恼火，下令调查失利原因。他把全部责任推到军长、政委及政治部主任头上，在永昌召开营以上干部会，狠批了九军的三位主要领导同志，撤了他们的职。

在会上，陈海松心情很颓丧，让敌人闻声丧胆的赫赫有名的红九军，现在成了残军败将，他痛苦地流下眼泪，痛心疾首地就自己的责任，作了诚恳的检讨。他历数九军的损失和大批战友的牺牲，声泪俱下，感情悲切，使会场上的许多人都低下了头。

据方强后来讲，古浪战斗失利以后，陈政委曾向他流露对党对军队前途的担心，对张国焘等人的不满，抱怨不该将西路军停滞在永（昌）凉（州）一线，既不向西又不向东，贻误战机，一味地和敌人在那里拼消耗，表示要设法到延安去向党中央、毛主席汇报。可是，在西路军的生死关头，他又怎么能舍得丢下所剩无几、曾是同生死共患难的九军指战员呢？

后来，徐向前总指挥说陈海松是九军的核心首长，九军少不了他，陈昌浩才不得不同意让陈海松回九军复职。

六

1937 年，经过古浪、高台、倪家营子等苦战后，已经不满 3000 人的西路军，个个衣衫褴褛，疲惫不堪，只凭着顽强的意志，拼命地连夜赶路，用自己的两条腿和敌人的“四条腿”争时间，准备抢占梨园口，控制进入祁连山的要隘。

3 月 20 日凌晨，担任后卫的九军刚刚赶到距梨园口还有八九里的小村子梨园营，就听见由远而近传来一阵令人不安的马蹄声。在朦胧的晨曦中，只见东北方向尘土飞扬，刀光闪亮，数不清的敌人骑兵分两路追来。情况十分紧迫，敌人已经占领东面山头，眼看就要对九军形成包围。在这危急时刻，陈政委紧握驳壳枪，镇静地对我说：“陈宜贵同志，你和几位部长赶快带领机关向梨园口撤退。这里由我留下来掩护！”

当时我心里很明白，留下来就很难再活着出去。急忙说：“不，政委，还是我和你一起留下，你忘了？我是‘夜老虎’团的呀！”

没想到陈政委脸色骤然一变，把脚一跺，厉声喝道：“叫你撤，你就撤，怎么这么婆婆妈妈的！”

我这还是第一次见他发火。我知道，在这种时候是拗不过他的。可是一想到这也许是最后的离别，心如刀绞，鼻子一酸，眼泪便簌簌流了下来。陈政委见我哭了，也难过地把头扭了过去，用拳头擦了一下眼睛，然后转过脸来，深情地对我说：“好啦，赶快走吧！再晚一点，就谁也出不去了。能活着出去一个算一个，总比大家都留下来等死强！”

就这样，我含着眼泪，依依不舍地告别了敬爱的陈政委，领着机关的同志们撤进了梨园口。

身后不断传来隆隆的炮声和阵阵的枪声。我的心就像被撕裂一样，为陈政委和战友们的安危担忧。很快，这股突出来的敌人从后面扑上来。我们只好凭借着嶙峋山石，边打边退。激战一天以后，晚上开始向深山里转移。祁连山遍地冰雪，寒气袭人，夜间气温在零下 40℃。好在我们冻惯了，心中又埋有一颗仇恨的火种，反倒不觉得怎么冷了。

隔了两天，晚上七八点钟左右，总部首长把全体干部召集在一起，悲痛地告诉大家：在梨园口战斗中，为了掩护总部撤退和三十军展开，九军政委陈海松和掩护部队全部壮烈牺牲。听到这个噩耗，我虽然思想上有预感，但仍觉得头轰的一声，泪水顿时模糊了眼睛。同志们也难过地低下头，为红四方面军失去这样一位年轻有为的军政委而感到痛惜！许多同志甚至失声痛哭，人们怎么也不相信，敬爱的陈海松政委已经永远离开了我们。

陈政委的牺牲是我党我军的一大损失，令人痛惜不已！早在抗日战争时期，朱德总司令就说：

“陈海松同志是四方面军最年轻有为的军级指挥员，可惜他牺牲得太早了。如果他现在还活着,一定能发挥更大的作用！”（杨建平整理）

选自黄涛、常正、史立成选编:《红军长征珍记》，长征出版社1996年7月第1版，第403—414页。

以身许国　为党捐躯
——忆罗南辉同志

孙继争

罗南辉同志是红军时期一位年轻的高级指挥员。我与他在硝烟中相识，在战火中永别。他在会宁大会师的前夕，牺牲于甘肃华家岭。他为党献身的时候才 28 岁。罗南辉同志的一生是短暂的,但却是壮烈的、英勇奋斗的一生。他那高大的英雄形象，一直留在我永恒的记忆里。

罗南辉同志是四川人，1908 年生于成都市郊的一个贫农家庭，自幼勤奋好学，后在重庆一家兵工厂当工人，参加了中国共产党。不久党组织分配他在国民党军队里做兵运工作。此间敌人怀疑他是共产党，将他送进重庆“反省院”，因查无实据，只得无罪释放。罗南辉同志回到川军后，继续进行地下活动，到 1932 年，他带领一部分士兵举行起义，加入川东红游击军。

罗南辉同志中等身材，满口四川腔，讲话善用手势，语言生动幽默，常逗得战士们捧腹大笑。他平易近人，性格十分刚强，战场上是一员猛将，常在枪林弹雨里冲锋陷阵。他治军很严，赏罚分明，战斗中谁要没有完成任务，毫不客气，发起火来很厉害；谁要打了胜仗，立了功，他又会笑容满面地向你祝贺、敬礼。在我们心目中，他确实是一位可敬可畏的好首长。

罗南辉同志很能打仗，1933 年他被任命为红三十三军副军长，同时兼任九十七师师长。红三十三军的前身是川东红游击军。川东红游击军，是在南昌起义和秋收暴动的红旗指引下，由万源之固军坝、白洋庙，及宣汉之厂溪、官渡、铁矿坝等农民自卫军结集起来的一支武装力量，一直在农村坚持游击战争。1933 年，曾配合红四方面军进行了宣、达等战役，消灭了老牌军阀、川陕剿共督办刘存厚的部队，端了他的老巢绥定府，对支持与开拓川东地区的斗争局面，对四川革命斗争的发展，对川陕根据地和主力红军的迅速发展和壮大，都做出了重大贡献。1933 年 10 月间，红四方面军解放宣汉与游击军胜利会师。10 月底，在宣汉城西门外操场，召开了有四万多人参加的军民庆祝大会。会上奉命宣布川东游击军改编为中国工农红军第三十三军，下辖九十七、九十八、九十九三个师，约有两万余人。方面军任命游击军总指挥王维舟为军长，梁达中心县委书记杨克明为政治委员。王军长就职宣誓讲话后，群众欢声雷动。当红三十三军整队开回原驻地时，沿途群众热烈欢迎，锣鼓喧天，鞭炮齐鸣。中国工农红军第三十三军的军旗，在南坝场川东游击军总指挥部的门前迎风飘扬。当时，我在王军长身边当公务员，被这热烈的场面所鼓舞，说不完心中胜利的喜悦。

战绩卓著

红三十三军成立不久，方面军又任命罗南辉为副军长，兼九十七师师长，军部领导力量得到加强。但是，欢庆红三十三军成立的余音未落，蒋介石就组织四川及陕西的军阀部队，共计 140 余个团，有二三十万人，配有 20 余架飞机，兵分六路围攻我四川苏区。三十三军担任万源县正南三河场至城口县方面的防御，罗南辉有力地协助王维舟军长的指挥，多次打破敌第六路中刘邦俊的二十三军及王三春的六个团共计 18 个团猖狂的轮番进攻，并歼敌一部。

1934 年 1 月，方面军总部命令三十三军进剿万源县后河地区的反革命武装——“神兵”，打通长坝至万源的道路。罗南辉副军长又率领 17 个连的兵力，亲临前线指挥作战。

这个地区的“神兵”，是当地反动封建势力，利用封建迷信、反动会道门，组成的反革命武装，有数千人，他们自称“天兵天将”，头裹红巾，鬓贴黄纸钱，身穿红衣红短裤，手执木刀梭标，个个凶神恶煞，恰似妖魔鬼怪。这帮反动家伙，聚则为匪，散则为民，烧杀抢掠，无恶不作，专与红军为敌。当时我兄弟部队一个营曾奉命清剿，由于敌情、地形不熟，在窝窝店遭数千“神兵”伏击，损失很大，带队的团政委阵亡，所有武器被敌夺走。攻打“神兵”确是一项艰巨的战斗任务。

为了打好这一仗，罗副军长与九十九师师长王波分析研究了敌情，制订了行动计划；准备首先消灭长坝以东鹰嘴寨之“神兵”，然后顺后河而上，清剿两岸的敌人。作战方案定下以后，部队进行了战前动员。

1 月中旬的一天，我军于拂晓前突然包围了鹰嘴寨的佛堂，但“神兵”早已逃之夭夭，结果扑了个空。敌人去向不明，罗副军长决定仍按原计划向长坝地区推进。第二天上午，侦察员报告：在长坝东北方向十几里的三青庙佛堂，驻有“神兵”千余。部队直插三青庙，以迅雷不及掩耳之势，把近千名“神兵”围困在庙中。我军发动政治攻势，冥顽不灵的匪徒负隅顽抗，拒不投降，战士们一怒之下，一阵猛打，一把火把佛堂烧着，这群“天兵天将”在鬼哭狼嚎的惨叫声中上了“西天”。罗副军长决定：部队暂不撤离三青庙，一面派出小分队在附近搜索残敌，一面布置警戒火场，等待大火熄灭后，把“神兵”从红军手中夺回去的武器，再捡回来。

三青庙“神兵”被歼，敌人闻风丧胆，但不甘心失败。第二天下午，一股近千人的“神兵”，从帽子城方向向我扑来，高喊咒语，杀声连天，向我阵地推进。罗副军长沉着镇定，等到敌人离我十几米处，才一声令下“打！”机枪、步枪、手榴弹一齐开火，一群乌合之众，被打得屁滚尿流，狼狈逃窜。为了节省弹药，罗副军长提出了用青㭎棒对付敌人的办法。从副军长到战士，每人砍了一根三五尺长的青㭎棒，这“玩艺”真像打狗棍，用来对付“神兵”很见效。部队返回长坝时，途中又遇上五六百“神兵”，战士们抡起青㭎棒横打竖扫，大显威风，“神兵神将”被打得腰断腿折，真像王八搬西瓜，滚的滚，爬的爬。第四天晚上，侦察员又侦察到在百仗坝、穿心庙有股数目不清的“神兵”。罗副军长又与王波师长制定了新的作战方案。下夜 2 点钟，罗副军长巡视了参战部队，紧紧握住王师长的手说：“中午 12 点，我在这个地方欢迎你们凯旋归来。祝你们成功！”王师长率领一个团的兵力，以秋风扫落叶之势，彻底干净地歼灭了敌人。中午 12 时，罗副军长如约在长坝北街口迎接胜利归来的部队。王师长满怀胜利激情向副军长报告：“二九七团完成任务归来，窝窝店一带‘神兵’全部肃清，敌死伤千余，我军无一伤亡。”罗副军长听了很高兴，亲切地与王师长握手，然后肩并肩而行，走过街道，径回指挥部。为了表示对部队的祝贺和慰问，罗副军长在后方专门买了几口猪，给部队安排了一顿丰盛的午餐，为消灭“神兵”节节胜利干杯。从接受打“神兵”的任务仅五天时间，五战五捷，歼敌近 3000。

同年 6 月，三十三军一部向城口县出击并歼敌 2000，保证方面军总指挥部在万源县北花乐山一带的稳定指挥。

在大反击开始时，三十三军又歼敌 3000 人。

经过十个月的激战，全方面军粉碎了敌人 140 余个团，共计二三十万人的“围剿”，毙伤敌旅长郝耀庭以下六万余人，生俘官兵两万。当时年轻的三十三军已拨一部充实到兄弟部队，仅以四个团的主力打出了威风。这与罗南辉同志协助王军长坚决执行徐向前总指挥的作战意图是分不开的。

粉碎六路围攻不久，三十三军正胜利向前发展，张国焘却说王维舟同志抵制他的路线，而将其调离三十三军。因而全军的军事工作重任就落到了罗南辉同志的肩上。这时，张国焘违背中央政治局及军事委员会为红军主力入川，给四方面军关于“你们应以群众武装与独立团向东积极活动，钳制敌人，应集中红军主力向西进攻”电文指示，命令三十三军退出四川苏区。罗副军长率领三十三军全体指战员，恋恋不舍地离开了多年苦战建立起来的根据地。部队不停脚地由州河向宣汉、绥定府（达县）的最前线西行，日夜行军，掩护着方面军大搬家。在南江县的北山，在木门，在阆中县西岸罗副军长又指挥九十九师连续打了三仗，歼敌数千人。再一次杀得敌人胆战心惊，不敢尾追，后来又派飞机不断投弹扫射。

威州显身手

当我们胜利渡过涪江，穿越中坝川西平原后，又从关陶进山，直到岷江东岸威州时，接到徐向前总指挥的电令，徐总命令三十三军遵照中央军委指示,巩固“茂县、北川、威州在我手中”。这时军部已到威州了，徐总要三十三军沿岷江西岸南出至汶川县西南、灌县西北歼邓锡侯之一个旅，配合友邻固守威州至汶川的大山在我手中。

罗副军长看了电令，伏在地图上察看地形，这里高山深谷，河流湍急，地形十分复杂。威州城内是汉人，高山深谷住的是羌、藏族，语言不通，敌情严重。邓锡侯之一个旅企图由灌县的岷江西岸沿江而上，妄图占据桐花岭东西峡，向我威州反扑，夺威州过江的索桥。不过，这只是敌人的如意算盘，算盘珠还得靠我们来拨拉。罗副军长令王波师长率九十九师在高山上临空而下，和军部一起在黑夜里踏着晃晃悠悠的竹索桥跨过岷江，尔后沿江飞驰南进。岷江不宽，仅十几米，但两岸陡峭，水流湍急，若无索桥相接，休想过去一兵一马。部队在这样险要的地形条件下沿江而下，对岸的敌人看得一清二楚。夜晚，东岸的敌人不停地放枪，子弹“嗖嗖”地飞过头顶，弹头不时地落在脚前脚后。军直属队几位女战士不幸负伤，罗副军长用蒙了黑布的手电微光照看伤员，急救包扎，送往桐花岭北的战时医院。

军部和师团部队拼命往前走，去抢夺岷江西岸沟口北江至三江口之间的北山。罗副军长率二九五团走在尖兵连面前，连续翻过五座大山，在沟口镇河北面山上与敌一个团相遇。“狭路相逢勇者胜”。罗副军长带头在前冲，机枪、手榴弹打成一片火海。我军从半山腰一个冲锋，就占领了制高点。敌人兵败如山倒，纷纷扔下武器投降，一下俘敌 400 余人。

罗副军长站在山梁上，用望远镜观察河南岸的敌人正在慌忙地破坏索桥。他果断地把手一挥，命令九十九师火速抢夺索桥。王波师长带着二九四团如猛虎下山，直扑索桥头，刚到达，敌人就放火烧了索桥，罗副军长叹了口气，然后又命令九十九师迅速隐蔽绕道向西，沿河而上，到渡口偷渡，去打邓锡侯旅的背后，以便全歼。

王波率全师分路沿河而上，一昼夜间，从沟口河的上游，渡过全师，抢占了北江口的北山，斩断了敌旅的退路，用一个营的兵力坚守山梁，其余八个营居高临下，如猛虎扑羊，直冲敌阵。顿时，枪炮齐鸣，杀声震天，杀得敌人血肉横飞。两小时激战，将敌一个旅全歼，击毙旅长以下 400 余人，俘敌 1500 余人，只剩少数敌人狼狈逃窜。

罗南辉同志在沟口河北岸，用望远镜观察战场，并令二九四团破竹破篾拧索绳，火速搭索桥。这时，接到总指挥部的敌情通报：敌邓锡侯、王陵基以三个旅猛扑上来，妄想与我九十九师背水决战。罗副军长决心要该师立即撤出战斗。可九十九师没有电台，旗语联络看不见，吹号联络又听不清，骑兵送信绕至渡口又来不及。隔河如隔万重山。罗副军长心急如火，在河上刚刚架上五根竹篾索的情况下，他把手一招，要军部交通队和学生连集合起来，把二十响快慢机枪往腰里一插，大喊一声：“敢从这五根索上爬过河的，跟我来！平时不要冲壳子，说大话，现在要看硬功夫……”这时，军政治部主任杨克明（受张国焘打击，由原政委降为主任）一把抓住罗南辉说：“南辉同志，党是让你当副军长，不是叫你当通讯员啰！”罗副军长这才急忙抽出钢笔，在一个日记本上撕下一张纸写道：“王波同志，敌王、邓部以三个旅的兵力猛扑上来，想与你师背水决战，你火速将全师绕渡口，撤回河北岸。”他又连续照样写了两张，大声喊：“你们谁敢爬的。报名！”第一个报名的是学生连15岁的孙细五，再是交通队的黄光保，张显宽，接着报名的还有五六个。罗副军长说：“够了。”他把三封同样命令的信，分别交给孙细五等三人。他们把信装好，便扑上索子，匍匐在五根竹索上，使劲往河对岸爬去。不料正接近河南岸时，一个传令兵坚持不住，掉入水中，被急流吞没了；又一个传令兵，爬到岸边还未踏上岩崖，又从索上掉下去，跌在一块石头上，摔得不能动弹。孙细五咬紧牙根，双臂被磨得鲜血直流，竹索上留下鲜红的血痕，他终于爬了过去，把命令交给王波师长，王师长立刻集合部队，押着俘虏，带着胜利品，顺利地渡过河，到达北岸。

妄想与我背水作战之敌也到河南，见红军已经撤走，一个旅长抽足了大烟，大摇大摆地拿着望远镜站在对岸观察河北岸的红军动静，一群群国民党的官兵也站在岸边看稀奇。

罗副军长已料到敌人追不到红军，会麻痹轻敌。于是他早就告诉战士们：“他龟儿子来了，一定要好好地打牙祭”。正在敌人松懈之际，埋伏在河北岸密林丛中的红军，枪上的准星早已瞄准了对岸敌人的脑袋。罗副军长一声令下：“打！”机枪、步枪一齐开火，密集的子弹向敌人扫去，河对岸的敌人被扫倒一大群，那位旅长也吃了一粒“花生米”（子弹）倒地而死。罗副军长巧妙地安排的这一阵火力杀伤，又叫二三百敌人上了“西天”。其余敌人像炸了群的羊，四处乱窜。罗副军长瞧着敌人那副狼狈相，诙谐地说：“行了，留点‘花生米’，让他们以后吃吧。”

采菇当粮

战役任务胜利地完成了。徐总命令三十三军到理番，经古儿沟、杂谷脑、马塘，过草地，归左路军，长征北上。

岷江东岸的守敌，为堵截我军通过，用火力封锁了那条悬在半空中的山间小径。这是红军必走的一条路，为了减少部队的伤亡，全是夜行军。红军指战员步履艰难，攀石援藤，缓缓而行。罗副军长的饲养员牵着一匹善走山路的四川枣红马，擦崖边而过时，山崖将马肚子一挤，连人带马都滚入岷江，被巨浪吞没，罗副军长不断地向前后行进的部队传达命令:“不准打手电，注意用手抓牢。”“站稳脚跟，快步前进。”“不要掉队失去联络。”罗副军长只顾部队的安全,却把自己安危置之度外。不料,他一脚踩空,摔了下去,幸亏他手快,一下扒住身下一块大石头。警卫员急忙解下绑带,把他拉了上来。他拍了拍身上的泥土,二话没说,又快步前进了。

部队到了桐花岭，罗副军长马未卸鞍，又迅速赶到方面军总指挥部的驻地——理番，找徐总去汇报战役情况。谁知到了理番，徐总已到杂谷脑去迎接党中央、毛主席、朱总司令、周副主席去了。罗副军长没能赶上向徐总汇报，很觉懊悔，正在叹气，军部骑兵通讯员扬鞭飞马送来一份急电，方面军要三十三军沿理番、古儿沟、杂谷脑向马塘前进，赶到查理寺，并在沿途准备 20 天过草地的干粮，随方面军左纵队过草地，出包座。

时间紧，任务急，部队已进入高山峡谷、人烟稀少的藏民地区。马塘河像脱缰的野马，奔腾咆哮，弯弯曲曲地向东南方向伸去；沿河两岸海拔三五千公尺的高山，直插云端；崎岖的羊肠小道留下红军踩满的脚印；山坡上偶尔看到几块炕席大小的耕地，长着刚吐穗的包谷。举目群山，重峦叠嶂，密密的原始森林里，草丛高过丈余，虎啸狼嚎，群猴出没其间。这里根本看不见村寨，瞧不到炊烟，要找粮食真比登天还难。

沿河没有一道索桥，每隔百十里才排一根溜索。要过河，只能一根索绑在腰上，双手扒着木壳槽，使劲地拉，才能过去。罗副军长急着为部队搞粮食，亲自去爬溜索，真像杂技演员一般悬在半空中，索下急流奔腾，战士们都为他捏了一把汗，初次过，没经验，拉了好半天才过去。随后，警卫员、传令兵，军供给部长徐正昌也一个接一个悬空而过。

过河后，爬上3000多米的高山，找到了一个有十来户人家的山寨，好不容易用白银买了几斗苞谷。真是粒粒包米贵似金。罗副军长拍着徐部长的肩膀说："老徐，你要想尽一切办法，筹集部队过草地的干粮。到了草地，粮食就是生命，就是战斗力。"正说着，反动上层的武装冲他们"啪！啪！"地打了几枪，罗副军长往一块大石头后面一闪，子弹把身边的石头打得冒火，真玄乎啊。

一连多日，罗副军长在他住的棚子里摊开地图，仔细察看总部指定的前进路线，心里还在盘算着粮食。他从军用地图上看清了需要长途跋涉的山山水水；过草地前的沿途只有古儿沟、杂谷脑、马塘散居着十来户藏民的村寨，此外一片荒野。何况前面大部队已走过几趟了，哪还会有粮食留给我们后卫部队呢？罗副军长深知征途多艰难，他一再向干部战士说明前进的困难和克服困难的办法。当部队走到古儿沟时，那个十来户人家的小村寨，不要说粮食，就连蚕豆茎、青稞、麦草都没有了。可天无绝人之路，罗副军长晓得当时正是蘑菇收获季节，他带着军直属队的干部战士，钻进深山密林里去采蘑菇。果然，森林中的蘑菇长得一片一片，老远就散发出一股股芳香。不多时，每个人都采了一堆。没有东西装，怎么办？干脆把裤子一脱，扎住裤带，装得满满的扛了回来。有些蘑菇不能吃，弄不好会中毒。罗副军长说：用水多煮些时候，可以去掉一些毒性。他把采来的蘑菇煮了一脸盆，煮好后，先亲自吃了一碗，试试是否有毒，结果无事。于是，他便发动大家多多地采来，蘑菇晒干，代替粮食。部队都上山去采蘑菇，并找回一些老的苗苗菜，煮一煮，晒干。时间不等人，部队在密林中住了几天，采集了不少蘑菇、野菜，就向马塘进发了。

挺进途中

马塘大山海拔5000多公尺，终年积雪，异常险峻。那天，当军部爬上山顶时，二九七团一营前卫连也上了山顶。军部就和二九七、二九五团一起向前行进。

天空一派晴朗，阳光照在雪地上，刺得人睁不开眼。部队在莽莽雪山上行进，像一条巨龙滚动。突然，国民党的飞机出现在头顶，又是投弹、又是扫射。罗副军长命令司号员吹防空号，嘹亮的防空号声响成一片。部队疏散卧倒在雪地上，可十几里长的行军纵队在白茫茫的雪地上，怎么隐蔽得了。敌机很快发现目标，朝二九七团的部队俯冲下来。一营长刚站起来指挥部队隐蔽和组织对空射击，不幸中弹，倒进了一个深不见底的雪坑里；一连有三个去抢救营长的战士，也陷了进去，营长的马负了伤，在路边嘶鸣，一会儿也掉进雪窝里，不见踪影。罗副军长看到这一切，急得直跳。敌人又发现了军直属队猛扑过来。罗副军长劈手夺下特务连的一挺机枪，对准敌机，“哒哒”地扫射过去，一架敌机当即中弹起火，拖着一股浓烟扎进了山崖；另一架见势不妙，溜之大吉。罗副军长还用机枪追击扫射了一阵，方才罢休。他随后命令部队做好对空射击的准备，扔下机枪，跑去营救一营长。罗副军长赶到后，让战士们把绑带接成一根绳，拴在一个战士腰上，放下雪窝里去摸。太阳已经偏西，下去的战士摸了两个多小时，最后报告说，营长和另外三个战士已经牺牲了。罗副军长默默地立正，站在雪地里脱下帽子向烈士致哀，他心情沉重地说：烈士们在北上途中献出了生命，死得比马塘山还重，他们安息在马塘山，永远守卫着祖国的高山大河。

当天深夜，部队到了马塘，稍稍休整后，又向查理寺前进了，准备执行党中央的指示：过草地。

这时，张国焘却强令已经过了草地的部队折回草地，南下川西平原，进行绥、崇、丹、懋战役和天、芦、名、雅战役。罗南辉同志任右侧纵队司令员，指挥三十三军一部严守马塘山，堵击由杂谷垴方向来攻击我方的敌军。指战员们长期过着铺玉盖银的严寒生活，忍饥挨饿，枕戈待旦，坚守阵地，巩固了卓木碉、梭磨、卓克基、马尔康一带后方，保证了主力胜利向前。罗南辉同志指挥右侧纵队主力三十三军三个团及兄弟部队两个团，除在丹巴地区外，积极向康定之敌李抱冰五十三师攻击。罗副军长亲率主力二九七团冲锋陷阵，歼敌李师一部，打破了敌五十三师企图迂回进攻我后方丹巴一带的狂妄计划。罗南辉同志在冰山峡谷中长期转战，在雪山中餐风饮雪，直到方面军主力全部撤回夹金西北，进至道孚、炉霍、甘孜。而后，罗南辉同志率部苦战在丹巴、绥靖、崇化人烟稀少的群山之中，准备北过草地。

当时，红五军团从中央苏区转战万里，减员很大，只剩下两个战斗团。徐向前总指挥为了照顾五军团，除早把红三十三军的另三个团拨给一方面军外，又将军部及九十九师的三个主力团与五军团合并，改成红五军。当时，红三十三军的干部战士思想不通。三十三军与川东北人民血肉相连，是土生土长的部队，有八年的战斗历史，战争中屡建战功，突然取消番号，干部战士的心情很不平静，有的同志抱着三十三军的军旗痛哭失声。罗南辉同志在三十三军享有崇高威望，他召开干部大会、党员大会、支部大会、军人大会，反复动员，告诉大家，我们是党的军队，要顾全大局。三十三军是一支卓有战功的党的光荣部队，改为五军仍然是党的光荣部队。号召全体党员、干部、战士要坚决执行党的决定和命令。并不断找干部，党员谈心，说明合并，减少机关充实连队，加强部队战斗力是革命的需要。教育大家，与五军团改编为五军后，要加强团结，并肩作战，亲如手足。经罗南辉、杨克明、魏传统同志耐心细致地做思想工作，全体干部战士愉快地执行了合并的指示，挑起了更艰苦的重担。

1935 年 11 月，三十三军与五军团在丹巴正式合编为红五军。合并后的八个月，红五军在夹金、邛崃大雪山之间的高山峡谷中，辗转奋战，物资供应十分艰难，指战员们穿的棉衣，都还是从四川苏区带来的，棉絮都掉光了，成了单衣和百衲衣。为了御寒，大家把生羊皮作成坎肩穿上，拦腰捆两根绳子。粮食更是奇缺。徐总了解到这些情况后，就要方面军供给部给红五军一部分银元，用以筹集过草地的粮食。五军供给部部长徐正昌带部队步行数百里，去方面军供给部领银元。之后，徐部长便时常带一个班或一个连的武装，坐着小小的牛皮船渡过大渡河，翻山越岭，到村村寨寨去向藏民买苞谷和蚕豆。可惜年景不好，收成甚微。藏民说："红军扬摸扬摸的（很好的意思），粮食稀拉稀拉的（不好）"。尽管是这样，藏族同胞们还是东家一碗、西家一缸地凑。罗副军长和徐部长及供给部的科长们，分散沿大渡河西岸翻山越岭去各村寨找粮。当徐总发电报问五军的粮秣情况时，董振堂军长报告说："罗南辉副军长亲自坐小牛皮船，带部队来回横渡在波涛汹涌的大渡河上，到高耸入云的山顶和深不见底的峡谷各村寨去筹买粮食。但由于粮食奇缺，有白银也买不到，我们要部队派人去绥靖产梨地区，捡去年未长成熟而落地的小干梨，要部队挖草根，剥树皮，炒干后轧成面。还买一些牛皮，用火烧去毛，再煮烂晒干，压成小块做干粮。我们一定战胜困难，争取胜利过草地北上抗日。"徐总见了董军长的报告后，在电报纸上写下一行大字：多么好的部队，多么好的战士，南辉同志样样都是带头起模范作用。

二次北上，三过草地爬雪山，重踏一年前留下的脚印，沿途瞻仰战友遗骨，吃树皮、草根，在那海拔 4000 余米的高原上，开始了艰难的行军。草皮底下是沼泽泥潭，我们亲眼看到一头头毛驴被草地泥潭吞噬。当地人把牦牛和马赶在前面，让它们凭本能去寻找比较安全的路径。灰色的云层挂在天际，几乎一直贴在地皮上，就连矮矮的灌木丛也很少。我们日夜跋涉，一步一步地向前移动。夜里寒风袭来，战士们又冷又饿，只好坐在高出泥沼的小丘上背靠背地睡觉，只有靠少量薄薄的旧毯子、大草编的席子和缴获的油纸伞以及无袖雨衣来御寒。一夜过去，有不少同志在寒冷、饥饿、疾病、高山缺氧的围困中，静静地长眠不醒了。罗南辉和战士们一起，历经雪山草地的折磨，迈着艰难的步伐，终于在1936年8月10日出了腊子口，望见陇南丘陵地带。这里人烟稠密，麦浪滚滚。有了粮食，饱经风霜的红军如虎添翼，紧接着就打响了岷洮战役。

攻打岷县的县城，由五军和九军担任主攻，统一由九军政委陈海松指挥。罗南辉同志率五军原三十三军中改编充实的三十七、三十九团组成突击队。战斗打响后，罗副军长紧跟突击营，在火力掩护下，把云梯靠上城墙。正在这时，敌人从城墙上扔下一颗手榴弹，落在罗副军长的身边“嗤嗤”地冒着烟，他飞起一脚，把手榴弹踢到远处爆炸了。敌人仍然“叭叭”地打着枪，子弹“嗖嗖”地在头顶上飞过。云梯虽然靠上了城墙，但因长度不够，未能登上城墙。陈海松政委见登城无把握，便命令部队撤下。九军立即转入运动中歼灭敌人。岷县城里驻敌鲁大昌的四个团，被红五军围困得水泄不通。罗副军长在最前线指挥，一直围困了近两个月，敌人弹尽粮绝，杀马饱腹，以待外援，一部分敌人开始动摇了。在胜利在望之际，混蛋的张国焘却要方面军西渡黄河夺取西宁，要五军撤离围城的战斗而往西开进。罗南辉看到这个命令，气得攥紧拳头砸在墙上说：“龟儿子张国焘尽帮敌人的忙，老子有气，等到陕北见了毛主席、朱总司令再给他算账！”

张国焘的错误遭到朱总司令、徐向前总指挥等同志的坚决反对。经过四天激烈的斗争，终于否定了张国焘的西进计划。全方面军遵照朱总司令的指示，由徐总指挥具体部署，分五个纵队，兼程越过西兰公路，北上会宁。五军为第五纵队随九军向庄浪、威戎镇方向发展，迅速与一方面军会师。当罗副军长接到北上进军的命令后，便随九军后卫，担任南侧后卫，掩护主力部队向会宁开进。他向董军长提出担任掩护任务的预定方案，董军长与罗副军长的决心一致。罗南辉同志要董军长随部队前走，自己在后卫指挥，担任阻击敌人的任务。董军长深知罗副军长是个能征善战的好指挥员，便放心地同意了。

以身殉职

1936 年 10 月中旬，蒋介石发现我方面军北上会宁的行动部署，急令嫡系王均第三军全部和西北军一部及毛炳文三十七军全部，南北夹击我军。南路王均第三军全部和西北军一部配合，沿西兰公路蜂拥而来。此时我五军遵照徐总指挥的命令，速向西兰公路抢占险要地形华家岭。第一线阻击敌人的阵地，选择在华家岭南侧马家营子一带，拦腰截断西兰公路。罗南辉同志的指挥所就设在马家营子的后面山梁上，便于观察全面情况。把第一梯队的两个团，沿西兰公路两侧部署成一袋形阵地，尽管让敌人往里钻。

西北黄土高原缺木少草，山上光秃秃的。部队的隐蔽全靠战壕和巧妙地利用自然地形，这可要靠指挥员的指挥艺术。善于隐蔽部队，出敌不意，是以少胜多，完成战斗任务的重要手段。罗南辉同志正擅长这种作战手法，他把阻击部队部署就绪，急令挖战壕、构工事，做好一切战斗准备。他还多次检查部队隐蔽得好不好，战斗任务的区分是否明确，就连部队隐蔽出击的道路，他都选择、分配得十分具体得当。他号召部队打好大会师的第一仗，给党中央、毛主席、朱总司令、周副主席送一个见面礼。这个响亮的口号激励了全体指战员。各团、营、连斗志高昂，连夜鏖战构筑工事，进行伪装，一切都准备停当。罗副军长把这一切都向董军长作了汇报。

第二天（10 月 22 日）清晨，罗副军长又一次检查了伏击部队的隐蔽情况，回到指挥所用望远镜紧紧盯着西兰公路南端的两侧。敌人来了，王均的先头部队走在最前面。罗南辉同志微笑着说：“龟儿子来得好快呀，老子等了你一夜，也该让老子吃一顿‘早饭’了。”说完，就给各部队下达了出击的预令。

敌人自恃人多、枪好、弹药足，气焰十分嚣张，分作四路纵队沿公路窜来。走在中间的一个肥胖的家伙骑着一匹高头大马，头上戴顶皮帽，两只帽耳被风一吹，忽闪忽闪地像两只猪耳朵在晃动。他手拿望远镜勒马瞭望，没有发现我军，他便催着一群喽啰抢占华家岭的有利地形。敌人钻进我军的口袋，罗副军长高兴得直拍巴掌。等敌人完全进了我预定开火的地点时，他一声令下，刹那间，轻重机枪吐着长长的火舌吼叫起来，手榴弹在敌群中“轰轰”地爆炸。随着惊天动地的喊杀声，红军如潮水般冲向敌群。敌人乱了套，丢下一片横七竖八的尸体，四下乱跑。出击部队带着一串串穿着灰色棉衣的俘虏，扛着缴获的机枪、步枪胜利归来。那个骑着高头大马的胖子是个团长，也被击毙了。罗副军长了解到各团的缴获情况后诙谐地说：“不错嘛，王均这个运输队长当得不错，我们欢迎他再来。”

这时，战场上似乎平静了，战士们正在抚摸着刚缴来的各种武器，谈论着罗副军长料敌如神的出色指挥。罗副军长来到战士中间，笑着向大家打招呼：“小伙子们，你们打得好哇！”战士们一齐回答：“还是副军长指挥得好。”罗副军长把手一摆说：“好了。赶快准备吧。敌人是死猪不怕开水烫，一定还会来的，让我们迎接新的战斗任务吧。”

罗副军长检查完部队的准备情况，回到指挥所，便听到空中马达轰鸣，几架敌机由南而北飞来，一阵狂轰滥炸后，敌人的大炮也向我前沿阵地开火，一群群炮弹呼啸而来。马家营子及华家岭南侧的山头，即刻腾起浓烟烈火，罗副军长的指挥所也被炮火湮没了。敌人的步兵成群地冲上来。罗副军长站在战壕里命令部队反击，机枪、步枪、手榴弹大显威风，把敌人集团式的冲锋打得落花流水。正当罗副军长站在高高的土坎上观察敌情时，敌人一群炮弹和敌机扔下的一排炸弹，同时落在他的四周，夺去了他年轻而伟大的生命。

当徐向前总指挥接到罗南辉同志壮烈牺牲的电报和战报时，哀伤得久久说不出话来。徐总默默地脱下五星帽向罗南辉同志致哀，流着眼泪沉痛地说："罗南辉同志是红军中一位优秀指挥员，他的牺牲，是我军的一大损失。南辉同志为党献身的精神比华家岭高，南辉同志的英名将与华家岭共存。"

罗副军长在华家岭为保卫红一、二、四方面军胜利大会师而献出他那宝贵的生命，至今已整整 45 年了。45 年来，他以身许国，为党捐躯的崇高精神，一直激励着我前进。

选自甘肃省军区党史资料征集办公室：《三军大会师》上册，甘肃人民出版社1987年2月第1版，第274—289页。

怀念红三十三军副军长罗南辉同志

王波

罗南辉同志是我的老战友，1932 年我在成都做党的地下工作时，我们就结识了。1933 年至 1936 年他是我们的副军长，是我的直接领导，我们朝夕相聚，共同战斗，虽是短短的三年，却使我终身难忘，永远怀念。

一

1933 年 10 月，宣汉、达县地区农民在共产党领导下，举行武装暴动，成立了红三十三军。11 月中旬，我红三十三军在东线，即宣汉双河场、清溪场、三河场（铁溪河）、南坝场、五宝场、华景坝、土黄坝，至樊哙店、峰城场、还山子、桃花坪一带担任 300 多里战线防务，严阵以待，准备迎击军阀刘湘对我川陕苏区新的进攻。正在这时，新上任的副军长罗南辉同志，随带一个警卫排来到峰城场我九十九师师部及二九七团所在地，以加强我师指挥能力。我们是多么的高兴啊！全师指战员，听说来了一位副军长亲临前线指挥，心坎里暗自欢喜，我们更有把握，更有信心对付敌人了。

在那战火纷飞的年代，对新上任的副军长的到来，我们没有在战场上举行什么欢迎仪式。见面以后，只有握握手，倒一碗白开水表示心意而已。副军长把王维舟军长、杨克明军政委的亲笔介绍信给我以后，我们随即坐下来，我在看信，他就从荷包里掏出一支小旱烟袋，卷起叶子烟吸起来。我看完信后，谈了几句在成都握别后的见面话，一面派人为副军长及其随行人员找房子，准备食宿；一面就向副军长汇报部队情况及我头一天率领一个营刚由华景坝出征归来，在敌后右侧背袭击敌人的情况，以及我师当前的敌情和我们对敌部署等问题。

紧接着，副军长谈了目前整个川陕苏区战局及我方面军收紧阵地，选择有利条件消灭敌人的战略方针。他说："我三十三军当前的战斗任务，是配合四军十二师在东线牵制敌人，节节抵抗，选择有利条件给敌以大量杀伤性打击，逐步转移、收紧阵地。在战术上，不是对敌进攻、硬拼、死打，而是保存自己，消灭敌人；不断扩大红军以壮大自己的队伍，配合主力在西线狠狠打击敌人和消灭敌人。"在此，副军长特别着重谈一句："我们的转移，不是逃跑，而是为了消灭敌人！"

因为副军长和我是老战友，互相了解，互相信任，一见如故，谈得十分融洽。在讲到二九七团部队的情况时，我说："我们的部队是经过多年党的地下工作，由农民协会组织发展起来的。是经过挑选的贫苦农名青壮年、少先队员、儿童团员，是经过无数次对敌斗争组成的部队，士气高昂，斗志坚强、可靠。只是战斗经验差，包括我这个师长在内，还不会打仗。"副军长微微地点点头笑了笑说："不要紧，边打边学，不断总结经验，只要坚决勇敢，士气高昂就行了。"

同时，我很直爽地谈到二九七团由总部新派来的那位团政委的问题，他来到部队，不调查研究，不了解情况，不同我商量，乘我奉命率领一个营离开峰城，深入敌后到华景坝去执行任务之机，在峰城后方，以"肃反"为名，几天中误杀、活埋二九七团独立营营长、1929 年入党的共产党员任俊卿同志及一些连排干部、战士百多人，将该营番号撤销，部队拆散编入其他各营，使我很难理解，非常沉痛！请副军长转报军长、政委，严肃处理，以安军心。副军长见我这时双泪直流，安慰我说：

“这种做法是不对的，现大敌当前，不忙提出，暂时压在心头，待我转告军长、政委，听候处理。要顾全大局。”

午饭后，副军长在师部所在地召开二九七团连以上干部会议，与该团干部见面。我先作了介绍，副军长接着讲话，他说：“我们的部队是新成立的，是农民武装暴动成立起来的。打了一些仗，作战很勇敢，缴获了敌人的一些枪，武装了自己，好得很。不会打仗就学，好好总结每次战斗经验，打几回就会了。只要沉着、勇敢、听指挥，特别是干部首先要做到这个要求。当干部的要好好爱护战士，关心战士的生活。”会后又与总部新派来的团政委在一起个别谈话时说：“王波同志是师长兼二九七团团长，以后有什么事情多与他商量，有不能解决的问题，就找我谈。”副军长这次谈话没有提及错杀任俊卿等同志的事，因为他才来师部，对部队情况还不熟悉，正集中精力调查研究了解情况，并要我顾全大局，这是对的。从这件事情的处理说明，副军长做事是很冷静，是很策略的。

苦难深重的四川人民，尤其是巴山一带的穷苦人民，受尽四川军阀几十年来连年混战的痛苦，多么期望改变这种生活的困境，在红四方面军入川以后，进行武装暴动，从军阀刘存厚手中夺回了压迫人民的武器，武装了自己的队伍，红军战士紧握手中枪，在极恶劣条件下和敌人英勇战斗。下面是战士们自己编写的一首军歌，反映了红军战士的革命英雄主义气概：

凛冽寒风袭战场，
红军战士薄衣裳。
衣裳吹破志不破，
消灭军阀打刘湘。

在紧张频繁的战斗情况下，副军长经常出入连队和战士、干部交谈。第三天即按王维舟军长、杨克明政委来信通知：我三十三军军部已奉命由清溪场、三湾岩撤退到普光寺、黄金口。东线宣汉县城及南坝场、华景坝之敌刘湘部队开始向我峰城、桃花、清溪、双河场推进，命我部队争取时间，迟滞敌人前进，利用有利条件给敌以杀伤性的打击，而后逐步向峰城西北黄金口转移。据此，副军长立即同我商量，研究敌情、地形、道路，以及我军情况。因我军在此一个团担负战线太长，分散防守不利，乃决定：主动撤离峰城，经小峰城至桃花坪占领阵地，予南坝场方向来的敌人以杀伤性打击后，经水梯子转入峰城以西、老君场以东地区，观察敌情，再转入峰城以北。乘敌进入峰城立足未稳之际，给敌以突然袭击，杀一个回马枪，再经老君场向普光、黄金转移。

我三十三军是刚由农民武装暴动成立起来的红军，我们自己叫自己是“土红军”，因为装备、衣着都不如入川的老红军。我们当时情况是边行军，边作战，边整编，组织机构很不健全，许多干部尚未配备起来，好多连队还没有指导员，没有营政委；在装备方面大都是揭竿而起的鸟枪、大刀、梭标，第一次世界大战时代的俄国造水连珠、法国的套筒枪、九子枪，缴获刘存厚的汉阳造七九步枪，北洋军阀吴佩孚垮台后给刘存厚的意大利步枪，六粒子弹一夹，就算顶好的步枪了。其他的步枪来复线都打光了，除七九枪外子弹很少，意大利造步枪很新，枪身比三八式还长，口径很紧，射程较远，但不多，只有 300 多条，子弹也少；没有军装，都是长袍，战士们把长袍一剪，下半截拿来做短裤或军帽；没有经过上面军事训练，战斗经验很少，有的战士连枪都不会使用，更谈不上瞄准射击。但是，我们这支部队，在共产党的领导下，有远大的为人民、为自己求解放的政治理想，听指挥，很勇敢，拖不垮，打不烂，战斗意志很坚强。我们在华景坝一次战斗中，一个营全部一下子冲出去，把敌人两个旅冲了十几里路远，但由于指挥不力，没有掌握预备队，敌人看我们就是那么多人，武器及射击技术不好，一下反攻转来，把我们的队伍打散了。我只带了一个班的警卫部队，一个光杆连长和光杆营长互相交换掩护退回山上。到半夜，战士们又全部回到部队开始集结的出发营地，到天亮一检查，不但一个人也未失散和伤亡，反而还扩大了20几个新红军，缴获了敌人两支步枪。像我们这样的新红军，由农民游击队改编过来的队伍，同正正规规有训练的，有战斗经验的、装备比我们好的敌人摆开打仗，是不行的。我们只能是选择有利时机，有利条件，以游击战的办法，袭击敌人，打了就走，突然的杀伤和打击敌人，配合主力红军牵制敌人，完成整个红军的战略任务。

我军在这次对峰城之敌的袭击战斗中，因事先对鹅项颈地形道路未作好侦察，白天对敌袭击，于我不利。当我们摆开队伍向敌进攻时，敌人以轻、重机枪封锁我军前进的道路，打了半天我方伤亡十数人，无法取胜，见此情况，副军长果断决定，命令部队立即撤出战斗，经老君场向黄金口转移。

二

当我们部队各连队政治指导员还未配备齐全，营政委还没有，各连队党的支部还没有建设起来的时候，而团政委又整天忙于“肃反”、“清洗”工作。副军长虽然是军事指挥员，但他对部队的政治思想建设工作也非常关心。见此情况，他就利用一切时间，亲自找党员干部（连长、排长、指导员）及党员战士个别谈话，亲自参加干部会议，或是利用部队集合机会讲话，不断鼓舞部队士气。

罗南辉同志作政治思想工作，不是停止在只喊口号上，说一些与实际不沾边的好听的话，而是讲求实际。他非常关心和爱护战士，我二九七团在袭击峰城战斗中他亲自到负伤的战士身边作亲切的交谈和慰问，鼓励战士说，为革命负伤是光荣的，到后方医院去好好治疗，好后重返前线，继续杀敌。并告诉抬担架的同志们，在转运伤病员过程中，在路上要好好照顾伤员同志的生活，既是担架员，又是护理员，一再嘱咐，好好小心护送到医院再返前线。

在战场上，副军长看到我们的战士不会瞄准射击，也不会利用地形地物，他就亲自教战士瞄准射击，如何利用地形地物前进以减少部队伤亡，不断教育战士提高战术能力。这些都是一般指战员班、排、连干部的事情，可是部队是新部队，战士是初入伍的农民，我们的副军长没有一点副军长的架子,平易近人,和战士打成一片。在战斗激烈的火线上，他指挥部队作战，细心的关心爱护部队，对战士体贴入微，这是一般军级干部办不到的事。罗南辉同志出生在一个城市贫民家庭，又在国民党军队中当过兵，他在国民党军队当兵过程中加入中国共产党，在地下党工作年代，他是专事兵运的干部，所以，他对战士生活体会很深，对我军指战员阶级感情很深。我们的罗南辉副军长对部队的行军、作战、休息、站岗、放哨、学习等都非常注意，深入细致了解情况，发现问题及时处理。对部属不轻易批评，总是设身处地的，轻言细语的说服教育。在那样战斗频繁的岁月，从 1933 年到 1936 年大部分时间他与我朝夕相处，很少看到他对部属发过什么脾气。

1934 年 1 月初，我军在宣汉以北万源以南后河流域打“神兵”的战役中，罗副军长第二次来到九十九师，亲自率领指挥作战，一连五六天连续战斗，共歼“神兵”近 3000 人。在战役最后打窝窝店时（长坝以北、清花溪以南），我率二九七团全团轻装出发执行彻底消灭这股“神兵”的任务，而副军长率二九五团一个营及军部交通队一个连位于长坝，与后方军部及总指挥部联系，担负巩固后方任务，因部队连续五天战斗，非常疲劳。副军长在后方想尽一切办法买了几条大肥猪，交二九七团各连队炊事员在长坝做好饭食等待部队胜利归来。当我部完成消灭“神兵”1300 余人的战斗任务后，当天 12 时我们准时回到长坝，副军长早在长坝以北街头等候我们了。这一天，前、后方整个部队 17 个连队都吃到了猪肉。干部战士都说：“副军长对我们太关心了。”副军长多次告诉我要注意改善部队的生活。

1934 年 6 月 9 日我三十三军奉命由万源转入大竹河打下城口县后，

九十九师二九五团进驻陕南镇巴、二九六团进驻平坝、二九七团驻防岔溪河歪头山，在我军到达前，当地的豪绅、地主早就把粮食运往高山、深沟的洞、寨收藏起来，使我部队食粮非常困难。为了适应作战需要，我曾命令部队把筹到的苞谷米储存起来，打仗才吃，平时只吃瓜菜、野菜、红苕、洋芋、萝卜等。副军长在歪头山随我师师部一起生活，与战士同甘共苦，毫无特殊例外。在此情况下，他对我说："当部队有了病号时，还是可以用点苞谷米面为病人做点稀饭吃。"副军长想得多周到，他时刻都关心着部队战士的生活，这是我没有想到的事，我马上按副军长的意见修改了我的命令。当我军打入城口县时，缴获了敌人几个肉食罐头，战士们自己舍不得吃，通过连长转送给副军长以及师长尝尝，我们也不忍吃，并告诉连长，我们领谢战士同志们的心意。最后根据副军长的意见把罐头转送给后方二九七团医务处伤病员同志吃。

1935 年 1 月底张国焘命令红四方面军全部撤离川陕革命根据地时，我三十三军为整个方面军的掩护部队。于 1 月 31 日撤离城口、万源、镇巴向西转移后，我师 4 月初进到南部以南地区接替红九军防务。在抗击敌二十九军的一次战斗中，军部交通队队长李长甫同志率领军部交通队一个连为掩护二九七团一个营的后撤任务中光荣牺牲，副军长得知消息，顿时痛哭失声，晕倒在地。正好这时我刚由前线归来到达军部指挥所，马上将副军长扶起，他倒在我怀里半个钟头说不出话来。我们都为失去这样一位同志而悲伤，虽然我还在不断安慰副军长，但我同样双泪直流，周围的警卫员们都痛哭不止，直到黄昏时候，副军长才清醒过来。我们将李长甫同志的遗体抬到一个由他选择的地方埋葬。副军长再次和大家带领送葬同志痛哭肃立，致哀而别。

1935 年 6 月上旬，副军长率领我师撤离武都灯笼桥经北川、茂汶、威州（今汶川）西渡岷江以后，沿岷江以西经草坡至天台山接替三十一军九十三师的防务。这时，我患伤寒症，副军长得知后马上命令派一个警卫排连夜护送，把我抬到后方理番（今理县的薛城区）杂谷脑河中游古尔沟三十三军野战医院。住院期间，副军长亲往医院看我，在谈到我师政治委员王德安同志在理番战斗牺牲时，我要求立即上前线去指挥部队，副军长说:“你现在病中，不能去前线，多住几天，待病好后再去，部队由我与赵正贵同志（现装甲兵副司令员）指挥。”并一再安慰我:“病了，应以养病为主。病好了有的是仗打。现在我给你的任务就是养病。要有耐心，不要性急。”这些恳切的话，深深感动着我。

9 月初，部队进入米亚罗胆干粱子设防时，在海拔 3203 公尺高的荒凉的森林地带藏族区设防，条件非常困难，根本见不到一个居民，偶然碰上一个藏族人，语言不通，无法交谈。首先是粮食特别困难，但那里野猪很多，开始我们打野猪为食，以后野猪也不是那么好打了，一个星期只打得上一两头，必须与各连分食，远远不能满足需要，只能靠后方马塘、卓克基地区运些粮食来吃，再发动部队猎取野猪，找野菜来补充粮食之不足。副军长在马塘与胆干之间搭棚露营，军供给处给副军长由卓克基送了五斤叶子烟来，他时刻不忘在前方的部队，马上派警卫员送来三斤，我接到后立即分配到各连队去给大家吸。有一次副军长在后方同警卫员同志打了一些乌鸦，烘烤后派警卫员给我送了四只和一瓶酒来，副军长时刻没有忘记部队在前方的艰苦生活，这些事情至今回忆起来仍然十分感人。

记得在万源县塔子山设防时，由方面军总部新调来的一位副政委同志，他的军阀主义作风很厉害，一上任就到九十九师二九七团前线阵地上，错怪团政治处主任对部队的住房设营未能作出安排（住房本来不是团政治处主任管的事情），特别是未事先给军副政委找好房子。他把这位主任叫到面前立正站着，连打带骂，辱骂不堪。罗南辉同志在万源城内听说这件事情，非常气愤，立即写信请这位军副政委到万源城内去开会，狠狠地批评了一顿。罗副军长对这件事情的处理，说明他坚决反对打人骂人的军阀土匪作风，很爱护干部，注意上下级关系及官兵关系。同时对张国焘的军阀主义及封建的家长作风和他对红三十三军的政策是很不满意的。

三

1935 年 1 月底，我师奉命随军部撤离城、万地区，转移到万源县以西锣鼓崖时，长期没有配备师政治委员，也没有师政治部主任，全师的军事政治工作都是我一个人抓。这时二九七团政委刘思福同志打仗怕死被撤职，我又兼这个团的团长，党的工作只好落到我的身上了。副军长说："我们的军队是共产党领导的，必须要抓党的工作，注意发展党的组织，抓党的支部工作。我们是军事指挥员，除指挥打仗外，还要抓党的工作。我们是共产党员，没有党的工作，没有支部工作，部队就没有灵魂了，就没有力量打仗，对军事指挥员来说，就无法指挥打好仗。"副军长虽是军事指挥员，但他很注意部队党的建设，他经常参加党的支部生活，亲自培养在他身边的警卫人员入党，发展和壮大党的组织。在副军长的关心下，半年内，全师各连队党的支部都建设起来了。我师一直到过涪江以后，在江油县灯笼桥（今江油县武都区）才正式成立师部，配备了师政治部主任赵正贵同志（现改名赵杰）。到岷江以西草坡时，才派来了师政治委员王德安同志。可是，不到半个月，师政治委员在理番（今理县薛城区）战斗中牺牲了，师政治委员的工作仍落在我肩上。幸运的是，副军长大部分时间都在直接指挥我师，随我师行动，对师内党的工作，对我的指导和帮助很大。副军长亲切地告诉我："我们过去搞地下工作，完全是通过党的领导、党的组织去进行工作的，今天搞军事工作也是一样的，要抓党的工作去完成军事任务。"这些话对我的教益是很大的。

红军的武器、枪支、弹药，完全是靠英雄的战士在战斗中从敌人手里夺取来的。我们没有兵工厂，也没有外国人对我们的援助，在整个战争过程中，红军装备的来源是全靠蒋介石这个运输大队长给我们运送来。我师成立不久，打仗不多，缴获的武器也不多，就是几支破枪，连子弹也特别少。而张国焘对我三十三军采取怀疑和不信任态度，实行打击和削弱政策。派来的政治干部，包括军的副政委，军政治部主任，及各团的政治委员，不是来搞部队党的建设，也不是来抓什么政治思想工作，而是来搞“清洗”、“肃反”，以什么成分不好，是学生、知识分子，或者是什么“AB 团”、“改组派”，四川的“清风派”、“扇子会”……等等不三不四的政治帽子，使成批的优秀干部和战士或公开的或秘密的惨遭杀害与活埋。在军事装备方面，每一个月给三十三军只发五箱子弹，平均五个人不到一粒。另外的弹药补充是方面军后方自造的一些手榴弹。根据以上情况，部队的军事教育主要内容是，狠抓步枪子弹的节约，步枪的瞄准射击以及投弹、刺杀、拼大刀等教育。我们对部队提出的战斗口号是：打一粒子弹出去，必须命中目标，或者是缴获一些子弹回来。要做赚钱生意，不做赔钱买卖。投手榴弹要远要准。一到宿营地，连队干部一边布置警戒，一边马上布置简易的瞄准、投弹的场地及设施。我师在岔溪河歪头山驻防几个月，副军长的军部前线指挥所与我们师部驻在一起，他天天亲自带头参加瞄准、投弹学习，与战士们进行比赛，很快地我部就掀起了学习军事的热潮。此外，就研究作战时如何利用地形地物，攻防战术的一些基本常识。多数时间是副军长亲自给我们班、排、连、营干部上课，并附以小型的实战演习。每次战斗后，又领导和帮助我们总结战斗经验。

1934 年 11 月 1 日方面军在通江毛裕镇党政工作会议上，表彰了反六路围攻作战有功的部队，我三十三军二九六团获得了“百发百中”当场实弹射击表演的奖旗。这是与罗南辉副军长对部队严格的军事教育分不开的。

我们的副军长罗南辉同志，对部队的政治、军事、生活管理、样样都抓，抓得很紧，工作有布置，有检查，细致入微，在部队威信很高，全体指战员都对他非常敬爱，他是我们党的优秀干部，是我们的好领导，他对我军的建设，对三十三军的贡献，在我军的历史上会永远发光。

1935年1月31日，我三十三军奉命撤离城口、万源及镇巴时，实际上就是整个红四方面军放弃整个川陕苏区长征的开始。三十三军是整个方面军撤离川陕苏区向西转移的最后一支掩护部队。在锣鼓崖战斗以后，张国焘命令红三十三军以“坚壁清野”为理由，由万源以西开始，一路行军沿途放火烧毁民房，是我亲自命令部队执行这个错误政策的。开始，我们动员老百姓，帮助老百姓把粮食、财物、家具搬出来再烧，我们对老百姓说：“这是为了消灭敌人，给敌人以困难，将来我们打回来再给你们修好房子。”以后搬东西也来不及了，点火就烧，天天烧，一连几天的烧，房子一点着火，老百姓就哭起来了，这般惨景，我们目睹耳闻。民房烧毁很多，引起了老百姓的极大不满，部队干部战士也有不好的议论，怀疑张国焘的政策，认为它是错误的，影响很不好。于是我将各方面情况和意见向罗副军长反映汇报，并提出质问：“我们坚壁清野，为什么一定要大肆烧毁老百姓的房子呢？这是什么政策？”副军长说：“这是方面军总部的命令啊！为了推迟敌人的前进，给敌人以各方面的困难，有利于我军安全撤退。”我回答说：“我不同意这种做法，烧毁的大多数是贫苦农民的房子，豪绅地主的房子不多，也不顺路，我们烧了，走了，穷人怎么办？敌人还会以此为借口，大肆宣传我们共产党杀人放火，在政治上只能是有利敌人，不利我军。”副军长连连点头说，“对，你说得对！怎么办？”我即建议：“以后我们只烧一些草堆堆，掩人耳目，能向上交差就行。”副军长完全同意我的意见，以后就此照办了。这说明副军长不仅能接受下级的意见和建议，其实他也是坚决反对张国焘的杀人放火政策的，只不过当时不敢公开向上顶撞。以后罗副军长同我个别谈话说：“张（国焘）对三十三军是有偏见的，对我的压力也很大，烧房子这件事情我不同意，但这是军令，没有办法。”这说明副军长内心很矛盾。两天后他对我说：“烧房命令干脆不执行了，一切责任由我承担。”还有一件事情也令人难以忘记，我们在 1937 年延安抗大学习，第二期学习中批判张国焘时，王维舟军长揭发了张国焘对三十三军的错误干部政策，我才知道有这么一件事：1933 年 12 月底，当我部队在罗文坝、毛坝地区时，军政治部主任说我是四川“清风派”的领袖，想争取罗南辉副军长的同意，然后逮捕杀害我，罗南辉同志坚决反对，他深知我在成都地下工作时反对“清风派”的斗争事迹。不同意这个错误决定，与军政治部主任大吵大闹起来，最后打电话请示总政治委员陈昌浩同志，陈在电话中把军政治部主任批评一通，说：“我们知道。不准伤害王波同志。”这才罢休。我与副军长并肩战斗两三年，在他的直接领导和指挥下，行军作战，生活在一起，出生入死，算是最知己的战友了，平时我们无话不说。而在这个问题上，副军长守口如瓶，他知道告诉我后会产生怎样的后果。这说明罗南辉同志的组织性、纪律性很强，又十分爱护干部和战士。王维舟同志也从未向我谈过此问题，也怕影响我的情绪，不利于党的革命事业。

四

1935 年 11 月，我奉命由师部驻地理番（今理县）米亚罗区胆干梁子调四方面军红军大学（刘伯承同志任校长）第一期高级指挥科学习。一到军部，罗副军长说：“你的运气好，昨天军后勤部刚由卓克基为我送了点大米，一只鸡，一点酒，今天美餐一顿，为你送行。”在部队生活非常困难的条件下，我们好久没有吃过这些东西了。回顾罗副军长这样热情的款待我已是第二次了。第一次是同年的 1 月份，军部驻在大竹河油房街，我师部在离军部很远的城口庙坝，副军长命令我到军部接受任务：全军奉总部命令撤离城口、万源一带向西转移。到达后，副军长早已准备了虎骨酒及下酒菜，热情的款待我。这是第二次盛情款待了。

副军长问我："调你到红军大学学习，有什么意见？"我回答："一切服从组织决定。我还没有读过大学呢！当然很好，我很高兴去学习，感谢组织对我的培养，保证很好地完成学习任务。"副军长说："好！祝你像打'神兵'一样取得胜利。"午餐后，副军长亲自送我到马塘三十军军部驻地，副军长将我介绍给李先念政委后，李先念同志非常热情地接待我，并陪同罗副军长和我共进晚餐。是夜，与副军长同宿马塘，心情愉快。当我正要睡觉时，罗副军长又特来看我，作了一次亲切交谈，祝我到红大去好好学习。第二天告别李先念政委、罗副军长，由马塘出发，经过卓克基到松岗方面军总部所在地报到。

我调离三十三军到红军大学学习后，不久，三十三军的部队即调大、小金川与红五军团合编改为红五军。董振堂任军长，黄超任政委，罗南辉同志任副军长，杨克明同志任军政治部主任。1939 年 1 月 10 日，红军大学随军南下天全、芦山，路过丹巴休息时，恰好红五军军部驻在城内路边一幢房子里，我又见到了原三十三军副军长罗南辉同志及军政治委员杨克明同志，相互问好以后，副军长很客气的给我端来了白开水。我们亲切地交谈着，这次见面是在紧急的行军路上，半个多钟头以后，我们红军大学的部队由丹巴过河经夹金山南下了。当我们南下又北上，第二次经过丹巴五军军部驻地时，副军长在外执行任务，未能会见，谁知上次的丹巴见面竟成最后的永别了！

1936 年秋，我在红军大学任军事教员时，由炉霍出发经过草地继续北上，红大随方面军总部为右路纵队，朱总司令率领二方面军为左路纵队由甘孜向北进发，红五军又是走在全军的最后，担任掩护任务。过完草地以后，我们红大在洪德城得到消息，我们的副军长罗南辉同志于 10 月 22 日在甘南会宁以南华家岭随部队正在行军休息时，被敌人飞机炸弹片击中壮烈牺牲！同时死难的烈士有 400 多人。当得知噩耗后，好像一颗炸弹落在我的身上，炸开了我的心房。回忆我同副军长罗南辉同志三年来朝夕相处，并肩战斗的情景，回忆起我们之间亲如手足般的阶级友谊，一下牺牲这么多战友……一连好几天我都吃不下饭，睡不好觉，心里非常难过，只有一人暗自哭泣。有谁知道我们在丹巴一见就是最后的一次呢？在丹巴的告别成为最后的永别，为什么我们不在丹巴见面时叙说个痛快，而要那样忙忙慌慌地离去，至今回忆起来，都感到心里难受！

我们怀念罗副军长，他的革命精神将永远鼓舞着我们前进。为了表叙我们战斗的友谊，缅怀罗南辉同志对红三十三军建设的贡献，赋诗一首，衷心悼念：

悼忠魂

战火纷飞迎亲人，
巴山红旗荫万民。
天安门前祝胜利，
华家岭下悼忠魂。

1980 年 11 月 11 日于成都

选自中国人民政治协商会议四川省委员会文史资料研究委员会编:《四川文史资料选辑》第28辑，四川人民出版社1983年第1版，第180—195页。

王波，1908 年生，四川宣汉人。1925 年加入中国共产主义青年团，1928 年转入中国共产党，1929 年参加川东游击军。红军长征时任红四方面军第三十三军第九十九师师长、红军大学教员等。新中国成立后，曾任解放军第四十六军司令部参谋处处长、云南省冶金工业局办公室主任、四川省政协常委等职。1998 年在成都逝世。

忆红四方面军卫生工作主要奠基人苏井观

——我与苏部长接触的点滴回忆(节选)

王恩厚

长征路上言传身教

1936 年春，我们红四方面军移驻道浮、卢霍、甘孜和大小金川一带休整，同时准备迎接二、六军团共同通过草地，北上抗日。这时恢复了四方面军卫生部，苏井观任部长没几天，就派王有德同志带工作组来到甘孜我们八十八师检查工作。一见面，王有德同志对我说："恩厚部长，苏部长对部队情况很关心。就要北上过草地了，他要求抓紧伤病员的治疗、恢复和归队工作，妥善安置好重伤员。还有部队通过草地时的卫生保障、收容和疾病治疗、药品器材、干粮帐篷等方面的准备。"在苏部长的指导和督促下，我们做了充分的准备。北上行动开始后，作为左路纵队前卫的我们八十八师经过一个月的艰苦行军，胜利通过草地，8 月初进至包座，一举抢占天险腊子口，飞兵直出甘南。

我们刚刚进甘南的漳县，苏部长亲自来到了我们师部，随卫生部一起行动，熊厚发师长对我说:"你们要很好的照顾苏部长的安全和生活，今晚我们要对敌人发起反击，你们随队前进。"苏部长一行随我到卫生部，也是师里的伤员救护所，当时只有几个上肢负伤的干部伤员，苏部长看望了他们，并一一检查了伤口，还向我询问了火线伤亡和救护工作的情况。当天白昼，我军以少数部队坚守在居高临下的碉堡和战壕工事里击退了敌人的多次进攻，而师主力部队都在阵地后休息待命，因此伤亡不大。我师的担架队大部分分配到各团加强战地救护，并对阵亡烈士妥善安埋。这天，天黑后，传来了断断续续的枪声，我们卫生部同师直集合后随部队出发，苏部长和我们走在一起，进到阵地前沿的后面，传令原地休息。三个团的部队在向敌人阵地运动前进，不一会儿，在宁静的夜暗中二六五团的尖刀连摸到敌人阵地后面，手榴弹爆炸声、轻重机枪鸣叫声和冲锋号声一起齐鸣，战士们很快占领了敌人的阵地，敌人丢下大小行李和枪支弹药溃退了，我军连夜追击直抵陇西城下，我们随后跟进救护伤员，掩埋烈士，打扫战场，收拾战利品。这次缴获了好几箱医药器材。几天里，苏部长亲自参加了医治伤员掩埋烈士工作，还亲临火线，机智勇敢地抢救伤员。休息期间，苏部长叫我把医生护士担架队长集合起来，给我们讲话。他说，这些天同你们一起行军作战，看到你们这些年轻活泼机智勇敢的同志很好地完成了战救任务，你们的工作很出色，我很高兴，希望你们继续努力工作，努力学习文化，学习技术。苏部长平易近人，关心同志，生活艰苦朴素。这对我们是很大的教育和鼓舞。

我们从战利品中拨出雷夫奴尔一瓶、崭新小手枪一支、子弹两盒、炮台香烟两桶，送给他作为他首次来八十八师的纪念品。最后我们带着伤病员随部队越过西兰公路向会宁前进，并于 10 月 10 日与一方面军会师。这时，苏部长与我们分别返回总部，临走时又语重心长地对我说，现在好了，有了陕甘宁根据地，可以把伤员送到后方去治疗休养，你们也可以好好休息几天，恢复疲劳，准备迎接新的战斗。

节选自王恩厚编著：《难忘的岁月》，中医古籍出版社1998年11月第1版，第177—179页。

怀念我的亲密战友蔡威同志

宋侃夫

我是1931年上半年在上海党中央特科无线电训练班认识蔡威同志的。训练班里，大家都在学无线电报务技术，我比他们学得早一点，所以组织上就叫我去教他们。所谓的教，就是我按无线电报务机的键，打出字码信号，让他们听收。收得好的，每分钟可以收120到140个英文字母。蔡威学习很努力，进步很快。我去教过十几次，也就是与蔡威同志见了十几次面。

在上海学习期间，训练班的学员是分散住的，蔡威同志跟杨兰时同志住在一起。因为没有工作关系，平常是互不来往也是不准来往的，所以我和蔡威同志在工作上除了见十多次面之外，别的接触就很少，各自的经历、学历、家庭情况都没有谈。他也没有问我，我也没有问他。总之，在上海期间，就是互相认识了，但各自的情况却是互不了解的。

1931年11月，我同徐以新同志一起从上海出发，到鄂豫皖苏区去。临走前，组织上与我们谈过，还有两位同志从另一路到鄂豫皖苏区去，具体什么人，没有告知。到达鄂豫皖苏区的中心——新集镇的当晚，我们才见到另两位同志，原来就是蔡威和王子纲同志。正好，我和蔡威同志住在一个院子，同一个宿舍。到新集的第二天，我们两人谈的就比较多了，才得知他和王纲比我和徐以新早到一个月，他把苏区的一些观感详细地告诉了我。他的情绪很激动、很热烈，谈话中流露出他对苏区一草一木及对苏区的那种紧张而又愉快的生活的热爱之情。这在当时，我也有同感。从白色恐怖的国民党统治区来到阳光明媚的苏区，整个环境完全变样了。他还谈到了无线电通信工作，准备办一个学校、筹建电台等等，但由于当时器材不足、人手很少，办校、建台的条件尚未成熟。

我和蔡威同志都是学生出身，没有在艰苦的地方生活过，更没有打过仗。为了能尽快地，真正地适应紧张的战斗环境，蔡威同志提出要学习打枪、骑马。在这以前，我们都没有用过枪。他设法搞到了一支手枪，自己学习拆洗、装配、瞄准、射击等。这样，也引起了我的兴趣，我也开始学习使用手枪。尔后，我们又学习使用步枪，后来，我们又进一步学习骑马。起初，我们都不敢爬上马背，骑在上面摇摇晃晃的唯恐摔下来，但我们俩有信心学好它。他摔了几跤，我也摔了几跤，摔了跤，爬起来再骑上去，一段时间后，我们终于学会了。

蔡威同志作为一个普通的知识分子，参加红军，投身革命，他是有着坚定的革命信念的。从上海这样一个繁华的大都市，来到河南新集这样一个穷乡僻壤的小山村，艰苦的生活条件对他来说更是一种严峻的考验。但是，为了适应革命斗争的需要，就必须刻苦学习武装自己。练习骑马，还要用时事政治书籍充实自己。

无线电电台建立之前，组织上临时分配我和蔡威同志到鄂豫皖革命军委会的参谋部协助工作。蔡威同志负责参谋部的日常事务，王子纲在通信训练队，蔡威也经常到训练队去上课。

不久，我们弄到一台收音机，蔡威同志一有空就摆弄收音机。为了探索对敌电台的侦听方法，他还经常收听一些国民党中央社的新闻。黄安战斗，缴获了国民党六十九师的一部电台，但还缺一些零件，电台尚无法建立起来。商潢战役，我军歼灭了敌张钫部的一个骑兵旅，又缴获一部电台，这样无线电台的器材就齐全了。我们把新镇窗门外钟家坂的一所房子修了一下，把电台搬到那里，我和蔡威、王子纲、徐以新四个人搬进去，架设电台。于是，鄂豫皖苏区的第一部红色电台诞生了。

我和徐以新早在上海出发时就带了四个密码本，即与江西中央红军、湘鄂西、湘鄂赣电台沟通了联络，但与上海党中央的电台一直没有联络上，后通过中央苏区中转与上海的党中央取得联系。当时，我们没有明确分工。电台里的报务工作，蔡威与王子纲搞得多一点，我主要是搞译报。蔡威同志对机务很感兴趣，肯钻研，勤学苦练，精益求精，还十分善于发明创造，以他的聪明才智，解决了电台机务方面的许多困难,保证了电台持续不断地工作。一有闲暇,他就对机器进行潜心琢磨，坏了就修,修好再用,用坏了再修。当时电台除发电机外,还有充电机，充的是直流电。蔡威同志带了耿锡祥等人，也是拆了装，装好了用，用坏了又拆，几乎钻到这里头去了。

有一次，在行军中我们充电机用的汽油用完了，一时买不到。充电机没有汽油就不能发动，无法给电池充电，这样整个电台的工作就要停下来。为了解决这一困难，蔡威同志绞尽脑汁想办法。原来充电机是靠汽油燃烧后带动小飞轮运转来发动的。四川一带小河比较多，当地的农民就利用水位的落差搞水磨机。蔡威同志得到启发后，就仿照水磨机，自制了木水轮机，到了有河流的地方，也是利用水位落差来带动木轮子转，然后由皮带带动电动机的小飞轮运转。用这种方法，把有限的汽油节省下来，待行军到没有河流的地方再用。还有一些别的困难，他都想办法逐一解决。一天到晚，他都在思考、摸索、尝试……直到成功为止。

电台成立时，没有分谁是台长，谁是报务，谁是机务、译电等等，我、蔡威、王子纲三人，都很自愿地承担起工作。王子纲报务学得很好，他就偏重于报务；蔡威机务好，就侧重于机务维修；我多是搞译电。蔡威有时报务、译电也搞一搞。这期间，我们在皖西的苏家埠打了一个大胜仗，缴获国民党陈调元部的三四部电台。我们的电台器材增加了，队伍也扩大了。总之，从电台建立到鄂豫皖苏区第四次反“围剿”前，我们的主要工作是建立电台，与其他苏区取得联络。

第四次反“围剿”时，我们的电台分为两个台，二台由蔡威同志负责，他带领马文波等人跟红四方面军的副总指挥兼二十五军军长蔡申熙上前方去了。我和王子纲在一台。这时，蔡威同志实际上就是二台台长，但上级也没有正式下文任命。1933 年上半年成立电务处时，鄂豫皖革命军事委员会正式任命他为二台台长。王子纲是一台台长，我是电务处长兼三台台长，三部电台统归电务处管辖。后来又成立了两部电台，四台台长游正刚，五台台长徐明德。

反“围剿”突围过京汉铁路时，蔡威同志带领的二台遭到敌人袭击和包围，电台的同志也被冲散了，还是徐深吉同志带了一个团打退了敌人，才把电台弄回来，器材损失不多。经过这次袭击后，蔡威同志的电台一时不能用了，又和我们那个台合在一块。这样，我和蔡威同志又在一起了。这次一起工作的时间较长，一直随西征队伍到达四川。

西征行军中，时刻都有生命危险，蔡威同志很能吃苦。部队行军到了宿营地，他不顾颠簸疲惫，马上就架线，往往工作到下半夜，第二天早早就要起来收拾东西，赶着行军；有时躺下还没睡着又要出发了，他只好骑在马上打瞌睡。行军途中也常常出现意外情况，敌人搞突然袭击，在山头上打冷枪，等等。但蔡威同志为了确保通信联络畅通无阻，他全然不顾这些。在红军队伍里，像他这样出身于比较富裕家庭的，又是知识分子，参加革命后能吃苦耐劳，不怕牺牲，确是十分难得的。

到了四川通江县一带，我和蔡威同志又分开了。他带的二台在前方，我和王子纲的一台在后方，我们这两台也常常联系不上，这与当时机器落后、设备不完善、队伍庞大是有关系的。电台的机器设备很笨重，主要是靠运输队，特别是充电机，要三四个人抬；电池也是很重的，一个电台就用七八个电池，另外还有备用机器也要带上。运输队的人员有的是刚被俘虏过来的，也有的是红军干部中犯了错误受处分的，整个电台人员不少。

四川军阀田颂尧“三路围攻”时，我们的技侦研究工作发挥了意想不到的作用，对我军指挥作战有很大的帮助。直至后来刘湘的“六路围攻”，技侦研究工作又起了很大的作用。如敌人要进攻我们前沿阵地的一个山头，通过电台分析，我们就对他们具体的进攻时间、兵力配属等情况了如指掌。这样，我军就掌握了战斗的主动权。我们都部署好了，让敌军攻到半山腰时，我山下潜伏部队分两路，消其锋芒，三下五除二就全歼了敌军。刘湘的“六路围攻”时,他的一个前敌总指挥叫王陵基。我们在电报中掌握了王陵基的小老婆叫他回家过年，我军把握住敌人群龙无首的有利战机，发动了年关攻势，干净利索地打垮了王陵基部，取得了辉煌的胜利。

1934 年以后，毛主席带领红军一方面军长征到了云、贵、川一带，因天天行军打仗，没有更多的时间去侦收敌人的电报，所以对周围的敌情就不大了解。正好我们也住在那个地方，环境相对稳定，有时间。我们收到敌人的情报后，每天都发一份给中央红军，使得中央红军行动时顾及前后左右敌人的运动情况，做到知己知彼。红二方面军没有同我们会合以前，没有电台，会合后我们给了他们一部分电台器材、密码，以后分开行军时，我们每天发报给他们，这对红二方面军的行军也是有帮助的。所以蔡威同志作为红四方面军无线电通信及技术研究工作的创始人之一，他的贡献不仅仅在于红四方面军，对红一方面军、红二方面军也是有贡献的。

蔡威同志在长征途中不怕困难，十分勇敢，十分坚定。在最困难、最危险的时刻，他从来没有退却过。在红十二师的一次战斗中，电台没有找到房子架线,就在山窝里露天工作。天已擦黑,战斗打得异常激烈，敌人离电台很近，只见子弹“嗖嗖”地从他耳旁、脚边飞掠而过，有的已经打到电台上了。周围的同志说，这太危险了，劝他收线隐蔽，但蔡威同志还是坚持到发完报。长征途中，敌人前堵后追，可谓险象丛生，蔡威同志每次都是坚持到把任务完成了才放心，自己的生死安危早已置之度外。

1936 年 9 月，红四方面军第三次过草地行至甘肃岷州附近时，电台有人来信告诉我，说蔡威同志病得很重，要我马上去看一看。我们相隔几十华里，不到个把钟头我就赶到了。当时他患伤寒病十分严重了，躺在担架上已经不会讲话，只是用眼睛望了我几眼，看来治疗已有困难，我在担架边上心如刀剜，一句话也说不出来。我就问医生怎么个治法，医生说药吃了没效果。当时伤寒病是不大好治的，我是含着眼泪离开蔡威同志的。我去看他回来后，总想再看他第二眼。但在长征途中，由于工作关系，不好离开岗位，一直脱不开身，直到后来我都十分惦记着这件事。

我同蔡威、王子纲三人亲如兄弟一般，吃饭在一块，工作在一块，行军在一块。经常在一起讨论问题，心里有什么话，都是当面地谈。蔡威同志对我有什么意见，对我讲了，我就听；我对他有什么意见，也当面讲，他也听。蔡威同志是比较虚心的，只要别人意见中肯，他都会虚心接受，而且马上改，我们互相帮励、学习，恐怕连兄弟之间也没我们这般亲密过。我们是兄弟之情加革命情谊，情深谊长啊！

蔡威同志有着坚定的共产主义信念，这“信念”伴随着他走过了短暂又闪光的一生。由此而付诸行动的最大特点可概括为“钻劲”二字，他在工作上的独特建树正基于此。蔡威同志的一句口头禅：“为了明天，我们要干啊！”这是极为普通的一句话，却是他对崇高理想刻意追求的心声。他的一生是短暂的，但对党的事业的贡献却是巨大的。

这样好的一位同志，这样好的一位兄弟，离开我们了，一想到这些往事，我就很难受。我总感到有一块石头压在心上，所以我总在想办法看能够做点什么事纪念他。现在终于把蔡威同志的籍贯及后代查证清楚了，作为他的一位老战友、亲兄弟，我感到无限的欣慰，几十年来悬挂在心头的一块石头终于落下来了，几十年来的心愿终于了却了。

蔡威同志的一生是忠于党的事业的一生。他为党为人民无私地奉献了自己的一切。他不愧是我党的一位优秀的党员，他的事迹、精神是值得我们学习的。

选自叶明祥、陈国秋编著:《无名英雄蔡威》，福建人民出版社2006年7月第1版，第45—51页。

宋侃夫，1909 年生，江西萍乡人。1925 年加入中国共产主义青年团，1926 年转入中国共产党。红军长征时任红四方面军总指挥部电务处处长、电台台长，红军总司令部第三局局长等。新中国成立后，曾任武汉市市长，中共武汉市委第一书记，中共湖北省委书记，中共中央中南局委员，中华全国总工会副主席、书记处书记，中共中央顾问委员会委员等职。1991 年在武汉逝世。

与蔡威相处的日子里

王子纲

1931 年 9 月，在上海党中央特科无线电培训班，我第一次见到蔡威同志。当时，无线电培训班的地点设在东西华德路。那时组织上调我到上海,协助特科无线电培调班的工作,任务是当个“小先生”。9 月初，我与蔡威等同志接上了头，认识了他们。那时的环境不允许过多来往，因此，我对蔡威的情况了解得不多，只是彼此认识而已。

当年 10 月下旬的一天，组织上找我和蔡威谈话，决定派我俩到鄂豫皖革命根据地去创建无线电通讯工作。谈话的时间不超过十分钟，并当即给了我们每人 50 块大洋的经费，这 50 块大洋包括来回的路费，并交代，倘若进不了苏区就返回上海。组织上给我们准备的时间只有两个小时。下午 4 点跟我们谈话，接受任务后要立即化装成商人。因在上海我们是学生装束，于是我们赶忙从东西华德路赶到上海最繁华的南京路闹区，购买衣服等物品。化装后，当晚由我到上海的一家旅馆与鄂豫皖根据地派来的交通员接上了关系。第二天早晨，我和蔡威就启程了，走得很仓促。

出发时，我和蔡威与交通员是分开走的，彼此相互知道就是了。我们得先从上海乘火车到南京。在上海火车站，国民党警察的盘查很严，敌人对蔡威好像有点注意似的，我没有受检查就顺利进站了，但蔡威却被单独留下，从头搜到脚，没有发现什么；又一件一件地搜查行李，连夹袄的夹层都仔细摸过。此时，蔡威同志十分镇静，若无其事地站在一旁悠闲地等着。敌人搜不出什么东西，也没发现什么可疑的迹象，只好放行了。我在场真为他捏了一把冷汗。途中，因蔡威同志的福建口音特别浓重，说话十分引人注目，因而，我们很少谈话。于是经南京、蚌埠，我们顺利到达正阳关镇。到了这里，第一个交通员的使命就完成了，由他找到了第一个联系人。据第一个交通员介绍，这是一位共产党的同情者。

正阳关镇还是国统区，也就是白区。再往前走，沿路关卡密布，哨岗林立，国民党军警的盘查就更难对付了。为了更好地迷惑敌人，首先我们化装就要惟妙惟肖，不能漏过一丝一毫的细节。这样，我们就在正阳关休整了几天，模仿当时商人的样子，将学生头理成了光头。这一下问题就来了，因刚理的光头，头皮白生生的，与原来就留光头的商人大相径庭，怎么办？我们当即让交通员带到附近的乡村，吃完饭就一直坐在老乡的柴垛上晒太阳。这可是件苦差事，初秋的太阳还是灼灼逼人的，刚晒一阵子还不觉得怎样，可整整一天晒下来，真是苦不堪言哪。可以说我们两人都是咬着牙挺下来的。就这样连续晒了三四天，头皮都晒脱了，我们两人这才大变了样。特别是蔡威，从一个清秀的白面书生一下子变成了一个模样十足的“商人”了。

从正阳关镇要进入苏区，霍邱县城是必经之地。这个县，实际上已经到了苏区的边缘了，因此，封锁得特别严。县城里不仅戒备森严，而且国民党不惜派重兵把守，这对我们的威胁是可想而知的。如何才能顺利闯过最后一道难关呢？摆在我们面前的第一个问题是怎样进霍邱城，我们通过交通员临时找到了关系，这个关系就是该县县长的卫队长。我们花了好些大洋，请卫队长喝酒、抽大烟，又送了礼物。卫队长见我们是商人，而且还是通过关系介绍，又喝了酒，收了礼，所以也就不大怀疑我们了。于是拍着胸脯满口答应带我们进城。城门处四个荷枪实弹的哨兵分两侧站立着，卫队长带着我和蔡威同志到了城门处，对哨兵说了声："这是我带来做生意的人。"就这样，我们顺利进了城。

进了霍邱城，通过第二个联系人（也是共产党的同情者）与守城的一个国民党正规军的团副接上了头。一完成使命，这个联系人就悄然离开了。我和蔡威都感到很奇怪，这个联系人的身份我们不清楚，团副的真实身份我们更不知道。按纪律，这些都不能随便打听的。这个团副到了我们住的客栈显得十分健谈，他大讲共产党，并说你们在这没问题。我和蔡威都没有回答什么。他还说他是做生意的，当时苏区十分缺盐，他往苏区里运盐，高价出售，然后用低价从苏区贩运茶叶，又可以卖大价钱，这样两头赚，他说他就是专门搞这个买卖的。团副究竟是不是共产党员，我们不晓得，当时的情况就是这样，真实身份都很少暴露。

那么我们是怎样出霍邱城的呢？离霍邱城20里地的榆林店子，就是国民党的防务线。团副派了一位参谋送我们，沿路我们看到国民党的警戒非常之严。防务线附近挖了壕沟，土往里翻，筑起了一人多高的土墙，而且壕沟积满了水。这在作战中是易守难攻的要塞。即便如此，敌人在这里依然防备甚严，隔不到100米就有一个篷，驻着一个班的兵力。防务线的出口处直立着四名全副武装的哨兵，他们的枪刺是打开的。参谋将我们带出仅够容纳一辆独轮板车通过的防务线出口。防务线外是丘陵地带，只走了几百米，参谋就坐在一处稍高的坡地上，看我们俩继续往前走，直到看不见我们了，他才返回。出防务线路口时他就告诉我们，只能送一程，而且他还不能从原路返回，要绕道，以免哨兵问起刚才送的两个是什么人，怎么没有一起回来。我们也只知道他是个参谋，什么身份，我们一无所知。沿路我们都是以商人的身份出现，只问他一些大米、茶叶等物品的价格。除外很少交谈。

出榆林庙子后，我们还要经过一个民团管辖的防区，这些民团比国民党正规军还要啰唆。因为霍邱县县长被我苏区俘虏了，组织上交代过我们，通过民团管辖区时，就说你们是县长的代表，到苏区去进行交涉的。这些底细我们听了介绍，都心中有数。幸好，这段路还算顺利，没有遇到什么麻烦事。

出国民党防务线20多里地，就到了赤白交界的地方。在这里，我们遇到几位老乡，他们指着交界线的对面对我们这两个“商人”说，对面有红旗的地方就是共产党活动的苏区了，那儿有赤卫队，你们不要过去了。我们说，我们是霍邱县县长的代表。他们说，那好，你们就过去吧。过去后，我们很快与赤卫队接上联系。从霍邱城出来后，我们身上的东西没剩多少了，每人口袋里只有一块大洋。因为带的50块大洋，在路上为了能顺利通过关卡，都花在请客上了。赤卫队问我们是哪来的，这时我们就公开身份了，说是上海党组织派来的。起初，赤卫队不相信，将我们“押送”到乡苏维埃政府，在那里住了一个晚上。第二天，又把我们从乡政府“押送”到皖西北特委的所在地——麻埠。这时，我们就把上海党中央的介绍信交给了特委领导。

我们是10月下旬从上海出发的，到麻埠的时间正是11月7日，这一天，恰好是俄国十月革命纪念日。这十多天来，我们可谓历尽艰辛。

从此，蔡威同志和我开始了苏区根据地的艰苦、紧张而又愉快的生活。

从麻埠，我们经过金家寨、淌家汇、余家集，才到达目的地——鄂豫皖苏区的政治、军事中心新集，一路上比较顺利，从淌家汇到余家集要通过一段白区，为了安全起见，淌家汇苏区根据地特地派了一个连的武装力量专程护送余笃三和我们一批同志通过敌封锁线。

从麻埠到金家寨是90里山路，特别难走，我们计划一天赶到。刚到苏区，走山路很成问题，我们在上海时都是穿皮鞋，从上海出发时，因为工作关系还是穿皮鞋，可出了霍邱县城，一路上走的都是羊肠小道，还不时蹚水，皮鞋都穿烂了。到了乡政府，乡里的同志问我们要不要布鞋或草鞋，我们当时没有经验，没有要。大家都有这感觉，一走长路，脚就发胀，脚一胀，鞋就显得又小又紧。当时，我的脚都让皮鞋勒出血了。蔡威同志就更不行了，脚走痛了，皮鞋也丢了，不得不用布把脚裹起来再走。这里的路是沿着小河绕来转去的，独木桥很多，但桥下的水不大，因为山里的桥是用两根圆木搭着，老乡们走惯了，倒不觉得怎样，我还勉强可以走得过去，蔡威同志就不行了。在上海时他很少步行，经常坐黄包车，再加上眼睛高度近视，所以一遇上河就干脆涉水而过。蹚过了水，裹脚布湿淋淋的，他也就这么继续赶路了。当我们走到离金家寨还有20里路时，天已经黑了，没办法，只好住店。所谓的客店，实是窝棚，棚里没有铺盖，就睡在稻草上。吃饭很便宜，饭钱是一个铜板，配点豆腐是两个铜板。到了兵站，吃饭就不用付钱，睡的地方照样没有铺盖。夜间，房屋中间生一堆炭火，周围铺上稻草，我们就和归队的战士、伤员等围睡在一起，其中当然也有其他过路人。

一路上，乡、县苏维埃政府基本上没有派人送我们，但都给我们开好了“路条”，我们就凭着路条通行。当时，苏区的儿童、妇女都严密地组织起来，站岗放哨。有“路条”就可以自由通行，没有路条寸步难行。

就这样，我和蔡威同志全凭两条腿，走了七八天的时间，于11月中旬终于到达了目的地——新集。当时，中共中央鄂豫皖分局、中央军委鄂豫皖分委会就设在这里。

当我们到新集后，发现宋侃夫、徐以新两位同志比我们先到一步。问了一下，才知道他们也是由上海党组织派到鄂豫皖苏区创建电台的。他们从上海出发的时间比我和蔡威迟，但路上走得比较顺利。他们的路线是从上海到南京、徐州，再到郑州、信阳，然后绕道进入苏区的，路上没有耽误多少时间，我和蔡威这一路就走得艰难些，时间长些。我们四人到达鄂豫皖苏区时，根据地还没有无线电台，于是，宋侃夫和蔡威两人就暂时分配在中央军委鄂豫皖分委会当参谋，我就分配在军分区电信处当了一段时间的秘书长。

1931年11月7日，中国工农红军第四方面军正式成立，红四方面军的总指挥是徐向前同志。四方面军成立才三天，就进行了黄安战役，首战告捷，全歼敌赵冠英的六十九师，缴获了一部完整的电台。

在这之前，鄂豫皖苏区只缴获到一些被敌人毁坏的，已经破烂不堪的收报机零件。后来，好不容易搞到一架勉强可以用的收报机。从此，开始抄、收国民党中央社发布的新闻，借以了解时局。

当电台从前方运回新集时，我们真是如获至宝。但我们在上海学习时，三个人都没有系统地组装过军用电台。因为，我们在上海时都是秘密躲在被称为“亭子间”的窄小的阁楼上学习的。当时处于特殊的斗争环境，简陋的条件不可能让我们接触整套机器，也不可能有组装整部电台或者上机操作的机会。怎么办呢？我们就将敌台的俘虏叫来，问他：“这部电台是不是好的？”他忙说：“是好的，是好的！”国民党打败战时，破坏电台是常有的事，我们说：“既然是好的，你就将机器架设起来试试看。”于是，我们就在一旁仔细看他怎么操作，从中得到启发，把我们学的知识融会贯通，从而学会了对整套机器的使用。

1932 年 2 月，红四方面军苏区的第一部电台在新集南门外的钟家坂诞生了。宋侃夫、蔡威和我三人都回到电台工作。当时组织上没有宣布谁是台长，谁是负责人，但我们三人都各自担负起了工作，宋侃夫多搞译电，蔡威多搞机务，我就多搞报务。大家事事一起商量，配合得十分默契。电台创建后，我们开始了通讯联络工作，首先与湘鄂西根据地取得联络，接着又与中央苏区联络上。上海党中央的情况是这样的，我们可以收到他们方面的无线电讯号，但上海方面听不到我们的讯号，因而始终未能与他们直接取得联络，红四方面军的情报是通过中央苏区转到上海方面的，最后与湘鄂赣根据地联络上。由于先后与三个苏区根据地及上海党中央沟通了联络，从而能及时地得到党中央的指示，了解各革命根据地的情况，这就从根本上改变了红四方面军及鄂豫皖苏区过去那种长期信息闭塞的状况。

电台成立后，主要是以通讯工作为主。这期间，红四方面军接连打了许多胜战，缴获不少敌人的电台。因而电台的机器设备大大增加了。当国民党对苏区发动第四次“围剿”时，红四方面军已经成立了第二部电台，当时我们习惯上将二台称为前方台，由蔡威同志负责。这样，徐以新同志与蔡威同志在二台工作，我与宋侃夫同志在一台工作。此时的一台也称后方台。徐以新同志曾在苏联学习过无线电技术，但实际上他在电台工作的时间很少，后离开电台了。

1932 年 6 月，为了扩大无线电台的队伍，加强技术人员的培训，红四方面军举办了第二期无线电训练班。蔡威同志常到训练班上课，宋侃夫同志有时也去训练班上课。我留在电台里，在通讯工作方面担负得多一点。当时训练班的学员，文化水平普遍较低，要接受无线电这门较为深奥的知识，困难的确不少。但蔡威同志工作一丝不苟，他总是从不同角度去引导启发他们，并认真解答每一位学员提出的问题，直到学员弄懂了，理解清楚了为止，这些都给大家留下了深刻的印象。第二期训练班的学员，后来大都成了红四方面军无线电台工作的骨干力量。

在第四次反“围剿”中，蔡威同志领导的电台，工作条件十分恶劣而又任务十分繁重。我军撤离鄂豫皖根据地时，二台除了携带本电台的器材外，还要带上红四方面军缴获的器材，所以二台仅运输队就有 300 多人。那时，我们没有经验，不知道该带哪些东西，不懂得轻装，所以统统都带上了。沿途几乎天天打仗，处境更加险恶。这其中，蔡威同志的担子更重了，但他从不喊一声苦，从不向组织伸手要什么，表现了一位共产党员勇于战胜困难的坚强革命意志。

1932 年 10 月，红四方面军主力部队黎明时分突破敌人对鄂豫皖根据地第四次空前大规模的“围剿”，由广水、王家店车站之间穿越京汉铁路，开始了战略大转移。因为过铁路之前战斗频繁，又是急行军，大家都疲惫不堪，所以过铁路之后，不少战士都想喘口气。蔡威同志带领的二台人员与总部后勤人员都坐在路边不远的沙滩上休息，不料遭到敌人的偷袭，情况十分危急。我们的战斗部队在前头，总部的后勤人员和蔡威的二台，战斗力不强，敌人已经包围上来了。在这紧急关头，蔡威同志沉着地指挥二台转移。由于电台的机器笨重，行动不便，时间也来不及了，蔡威同志就下命令，将机器就地埋了一部分，有的机器只好放弃了。蔡威同志是最后一个撤退的，当时敌人已经逼近，子弹在他身边飞掠而过，他的处境是十分危险的。就在这千钧一发之际，徐向前总指挥派了徐深吉的那个团从前头飞奔而回，打了一个反击，顶住了敌人，蔡威同志的二台才得以脱险，并将被敌人抢去的器材夺了回来。蔡威同志在这次遇险中，考虑的是电台和同志们的安全，而将自己的生死置之度外了。

红四方面军过京汉铁路时，原还想转回鄂豫皖苏区，但实际情况已不允许这样做了,部队行军中常处在敌人的包围之中,险象环生。这样，不得不一直西征，经枣阳、新野、邓县、丹江，于 11 月初到达鄂豫陕交接的南化塘。

到了南化塘，敌人的追击有所松懈，而且这地方地势很好，部队在此休整了几天。这对电台工作来说是个极好的机会，蔡威同志马上检查电台，清点器材，忙得不亦乐乎。原来，红四方面军打算在这里开辟新的根据地,但工作尚未展开,敌人即尾追而来了。于是,部队立即开拔，决定西出漫川关。

谁知等待我们的是一场恶战，敌人尾追的是五个师，前面把守关口的是三个团，前堵后追，欲置我军于死地。尾追之敌分别从东南、东北以及北、东四个方向蜂拥而至。我军在徐向前总指挥的率领下，依靠红军指战员的英勇奋战，从漫川关以东突围。过漫川关后，部队折路西北，于 11 月中旬抵达商县西的杨家斜。按原计划，南下经柞水、镇南，再入汉中。因道路被顽敌胡宗南部队堵上了,只好改辙易道,折向西北，后又分左、右两纵队，经库峪、汤峪，于 11 月下旬进入关中平原，我们的电台才到了子午镇，这个地方离西安只有 25 公里。此时是一台、二台联合行动了。

在关中平原，我军打了几次胜仗，消灭了不少敌人，打击了敌人的嚣张气焰,缴获了一定数量的皮、棉大衣,部分解决了红军的御寒困难，释放了大批经过教育的俘虏，扩大了红军的政治影响。战后，部队从西转南而行；12 月初，抵马石镇的新口子。

接着，部队开始翻越以险峻名扬天下的八百里秦岭。我们的一台和蔡威的二台经过七天的艰苦行军，一连翻过九座海拔 2000 米至 4000 米的山峰，于 12 月 9 日到达秦岭南麓的小河口。刚到秦岭出口处，又遇到敌人两个团的堵截，我军英勇奋战，敌当即被击溃。12 月中旬，全军进驻上元观地区。

至此，红四方面军历时两个多月，行程 3000 里，实际上绕道的路程更多，终于摆脱了战略大转移以来遭敌前堵后追的被动局面，进入了一个新的境地。在这千辛万苦的西征过程中，蔡威同志在各个方面都表现得十分突出。原来，他是不会走山路的，单就这一点对他的考验就相当大了，他坚持过来了，而且还一路上能照顾别的同志。

1932 年 12 月，我们翻越大巴山。时值四川军阀田颂尧正出动 30 个团的主力参加成都军阀的混战，他站在刘湘一边，同刘文辉部队打得难解难分，以致他的地盘川北防务极为空虚，因而红四方面军决定在此开辟新苏区。红四方面军入川仅一个月,就全歼敌三个团,击溃八个团，接连攻下南江、通江、巴中三个县城及周围大部分地区。从此，以通南巴为中心的川陕革命根据地开始形成。这时期，一台和二台就合并在一起工作了。我们驻扎在毛裕镇，还在那里度过了一个春节。两个电台合在一起时，只有一个台在工作，主要是保持同中央苏区的联络。除联络外，晚上就抄收国民党中央电台的新闻，从中收集情报。

红四方面军到了四川以后，紧紧抓住有利时机，以通江、南江、巴中为中心，发动群众开仓分粮，平分土地；发展党员，建立地方党组织，建立地方红色政权；戒禁鸦片烟；肃清反动分子，打击和瓦解土匪队伍；开展陕南游击战争；扩大红军队伍和建立地方武装。革命斗争如火如荼，革命形势迅猛发展。这对电台的工作来说，就有了一个相对稳定的环境。我们紧紧抓住这个大好时机，于 1933 年 2 月开始了无线电技术侦察工作。以后，一台、二台又分开，二台到前线，主要负担技术侦察工作，有时也担负一些通讯工作，一台在后方，也有技侦这个任务。搞无线电技术侦察工作是一件十分艰苦的事，而且我们是白手起家，一切都在摸索中前进。蔡威同志在这方面花费了大量的心血，建立了卓越的功勋。

从 2 月开始至 6 月，四川军阀田颂尧投入 38 个团的兵力发动了“三路围攻”这时，蔡威同志的无线电技术侦察工作有了很大的突破。一、二台在技侦工作方面随时交流，沟通信息，从而使得工作进展更快了。记得是在反田颂尧“三路围攻”的一次战斗中，敌人在左路以 13 个团的兵力进攻我们，由于我们的电台侦知了敌军的部署情报，事先做了周密的战斗准备，结果我军以少胜多，打垮了敌人的猖狂进攻，同时吃掉了敌人六个团的兵力。在这次战斗中，我军的兵力才 12 个团，而且武器装备等远比敌人差。最终，历时四个月的反“三路围攻”以敌人损兵折将 24000 余人而胜利告终。这其中，蔡威同志致力研究的技侦工作发挥了很大的作用。

反“三路围攻”后，蔡威同志的二台大部分的时间都花在搞无线电技术侦破的研究工作上，蔡威同志更是废寝忘食，埋头工作。

1933 年 12 月中旬，也就是蒋介石调集百万大军，对江西中央革命根据地发动规模最大的第五次“围剿”的同时，以刘湘为首的敌军对川陕根据地的新围攻也开始了。这次“围剿”比田颂尧的“三路围攻”更加凶狠。敌兵力分为六路，达 120 余团，20 多万人，还有 18 架飞机助战。这就是通常所说的“六路围攻”。敌人分东、西两线，分进合击，步步为营，稳扎稳打，来势汹汹，并且大肆扬言：“三个月内全部肃清川陕地区苏匪！”反刘湘的“六路围攻”时，前方是徐向前总指挥领导，我军也分东、西两线迎击敌人。徐向前总指挥率领东线红军，王树声副总指挥率领西线红军。蔡威同志的二台在徐向前总指挥率领的东线，我和宋侃夫同志的一台在后方工作。这时，无论是前方的二台，还是后方的一台，主要工作是围绕着技术侦察工作展开的，通讯联络工作是次要的，蔡威同志的前方台，连通讯任务都没有了。

在反田颂尧“三路围攻”后，我们电台的技术侦破日臻成熟、完善。在反刘湘的“六路围攻”中，我们的电台对敌情了如指掌，已能及时、准确地向总指挥报告敌人的行动计划、战斗部署，工作做得十分出色。经过十个月的奋战，红四方面军愈战愈强，那疯狂叫嚣“三个月内消灭川陕边赤匪”的刘湘，最后以“官损五千，兵折八万”，“耗资一千九百万元”的凄惨下场向蒋介石请罪而告终。反“六路围攻”取得巨大胜利，红四方面军打出一个比原先更广阔的川陕苏区。全国解放后，李先念、王树声同志对红四方面军的电台都有过很高的评价，他们说，在十倍于我军的敌人的围攻下，如果没有你们的工作，那么我们的仗是很难打的。你们的工作是有功的。

1935 年，红四方面军强渡嘉陵江前，一台完全担负起了通讯工作。李永悌同志就在这时离开一台到二台去了。过了嘉陵江后，二台全部担负起了技侦工作，而不再担任通讯工作。6 月 14 日，党中央率领的红一方面军，在懋功与红四方面军接应部队胜利会师，两军会合后北上。到了 8 月，由于张国焘的分裂行为，致使红一、四方面军分手，蔡威同志的二台随军重新南下。何时成立总部二局呢？就是第一次北上又南下，到了卓木碉这个地方时成立了二局。大概是与总部三局成立的同时也成立了二局。二局是专门负责搞无线电侦破研究工作的，蔡威任局长。三局是专门搞通讯工作的，宋侃夫任局长。

蔡威同志三次走过被称为“人间绝境”的草地。第一次过草地时，一、二台都在右路军，右路军包括了党中央的一方面军和四方面军的一部分；另外还有一个左路军，分两路前进的。后张国焘搞分裂，又南下，第二次过了草地。南下到了天全、芦山一带失利，又北上。这样，红四方面军经过西康、道孚、炉霍、甘孜，然后第三次踏上了草地。这次与往常不同的是，穿行的草地路线更长，比前两次过草地更艰难。虽然没有出发前，红四方面军在吃穿等方面做了充分的准备，但路程遥远，时间漫长，到了最后又不得不再次以野菜、草根，甚至皮鞋、皮带等来充饥。这次走了 20 多天，蔡威同志在即将过完草地的岷县附近牺牲了。我们的驻地离他不太远，在他生病时，我去看过他，当时他正发着高烧。他临终前，我因工作离不开，没有去。他是得重伤寒而牺牲的。我在过草地时也害了伤寒病，但我熬过来了，这种病只要能熬过两个星期就可以生存下来。可他过早地离开了我们。

在长征途中，蔡威同志的工作十分繁重，他既要主持二局工作，又要亲自从事技侦工作的研究，几乎没有休息时间，一天能睡上两小时就已经很不错了。当时我们都一样，工作性质就是这样。生活那就更艰苦了，天天行军打仗，即使在根据地时，生活也是非常困难的。我们在后方，也常以蚕豆当饭吃，这种蚕豆，只能磨烂后煮得稀稀的才能吃。实在没东西吃的时候，就跑二三百里路去搞一点土豆充饥。后方都如此困难，前方的困难就更可想而知了。而且当时工作条件十分差，特别是到了少数民族地区，连张纸都没有，怎么办呢？我们就发动大家动脑筋，出点子，千方百计搞到一些东西代替纸张。就是在那种艰苦的条件下，蔡威同志毫无怨言，只是默默无闻地埋头苦干，把自己的全部心血都献给电台的技侦事业了。

蔡威同志是一个知识分子。当时大家的文化程度都很低，在苏区，在红军队伍里，连高小毕业的人都很少，所以要培养一批无线电技侦人员是十分不易的，蔡威同志在这方面的贡献也不小。他悉心教导，对电台人员手把手地教，培养出了一批技侦、报务、机务、译电人员，这对红四方面军无线电工作的建设起了重大作用。蔡威同志是一位无名英雄，是红四方面军和鄂豫皖苏区无线电通信及技术侦察工作的创始人之一，尤其是对技侦工作有独特建树。蔡威同志出生在福建省宁德县的一个富裕家庭，家有妻室，可他为了革命，毅然抛弃家庭，别离妻子，远离家乡，甚至连名字都改了，这是十分难得的；而且他善于同工农群众打成一片，是知识分子同工农相结合的典范。在革命道路上，他一步一个脚印地艰苦跋涉，直至为党的事业流尽了最后一滴血。他在生命短暂的 29 个春秋里，谱写了一曲可歌可泣、催人奋发的青春之歌！

选自叶明祥、陈国秋编著：《无名英雄蔡威》，福建人民出版社2006年7月第1版，第52—64页。

王子纲，原名杨炳玉，1909 年生，河北定县（今定州）人。1929 年加入中国共产党，1931 年参加中国工农红军。红军长征时任红四方面军第一电台台长、红军总司令部第三局第一电台台长。新中国成立后，曾任第四机械工业部副部长、邮电部部长、全国政协常委、中共中央顾问委员会委员等职。1994 年在北京病逝。

浩气常在　英灵永存
——怀念红四方面军无线电通信及技术侦察的创始人蔡威同志

陈福初

蔡威同志，1931 年 10 月间到鄂豫皖根据地的时候，我就见到他了。但当时并不熟悉。蔡威同志是与王子纲同志一起由上海党中央派到鄂豫皖根据地来的。同来的还有另外一路宋侃夫、徐以新两位同志，他们也是上海党中央派来的。当时，蔡威同志被分配在军委会，大家都叫他蔡参谋。

1932 年 7 月间，我调到蔡威同志领导的电台工作，直至 1936 年 9 月底蔡威同志不幸病故，我一直与他在一块，没有分别过。

蔡威同志从筹建红四方面军的无线电通信工作开始，到以后从事对敌军情报的研究，被任命为红四方面军总部的二局局长，直至 1936 年 9 月底因劳累病故，都给我留下很深的印象。

关于蔡威同志的事迹，我想分几个问题来谈：

第一，他严格要求自己，善于团结同志。

蔡威同志是一个知识分子。在当时的红军队伍里，知识分子还是不多的。他是早期受党的影响和教育的大学毕业生，但我丝毫没有感觉到他有半点知识分子的架子。他能和工人、农民打成一片，能虚心地向工人、农民、干部学习；善于帮助人、团结人。他对自己的要求是严格的，刚到鄂豫皖根据地的时候，他不习惯走农村的那些小田埂，再加上高度近视，走路经常摔跤。特别是夜间行军，都要两个人扶着他才能走，前面还要一位同志提着马灯，或打着手电筒引路。当时红四方面军的领导对蔡威同志很重视，也很照顾，派人专门照顾他。但他每次都要求自己走，他说老是这样扶着走怎么能行呢？锻炼是很艰苦的，一不留神就摔倒了，但他一直坚持着。经过一段时间的锻炼，他也逐渐可以夜间独自行军了。1932 年 8 月，在国民党进行第四次“围剿”的时候，部队天天行军打仗，红四方面军总部特地分配一匹牲口给蔡威同志，但他自己从来不骑，坚持徒步行军。从鄂豫皖苏区的中心——河南新集出发，过安徽、湖北、河南、陕西、四川，行程是 3000 多里路，而且走的都是偏僻的山路。蔡威同志一直没有骑马，而一直坚持步行。他的马背着行李和一些电台的用件。凡是无线电电台的哪一个人病了，病号掉队了，他都把马让给病员骑。这一点给所有认识他的同志留下很深刻的印象。

第二，他的工作很细致刻苦，生活也很简朴。

蔡威同志到鄂豫皖根据地时还没有电台。我们在战斗中缴获了许多敌人的机器，大的小的都有，堆了一大房间，一缴来就往里头堆，乱七八糟的，也没人去动它。蔡威同志来了不久，我们就带他去看，他一看到这些东西，显得非常高兴，连声说：“这很好，这很好。没想到根据地还有这么多‘宝贝’。”虽然拿起来一看，都是一些破烂的东西，没有一件是完整的。但蔡威同志如获至宝，很快就钻到这里头去了，一件一件地清，一个一个地选。他学过无线电通信技术，了解机器的原理。以他和王子纲等同志为主，还有几位助手，擦啊，洗啊，把许多的机器、零件都一一擦洗得干干净净的，然后进行安装。特别是那些柴油发电机、汽油充电机，很快都搞好了。蔡威同志本来是一位很清秀的“白面书生”，可这一来，每天都满身的油迹，脸上都是油污，黑一块、白一块的。他一头扎进了在别人眼里看起来是破铜烂铁的这堆机器中去了，常常连吃饭的时间都顾不上。经过两三个月的努力，大部分的机器都搞好了但只有一个不行，发报机怎么修也修不好，当时鄂豫皖苏区当务之急是要和中央取得直接的联系。

正好在 1931 年 12 月底，红四方面军打下了黄安县，缴获了敌一部完整的无线电台。蔡威等同志得知这个消息非常高兴，很快就把这部电台运到了鄂豫皖苏区的中心集镇新集，马上动手检修，大约在 1932 年的 2 月和中央联系上了。当时正值鄂豫皖苏区召开第一次党代会，蔡威同志就是通过这部电台收到了党中央发来的贺电。当这个贺电在大会上宣读时，全体代表都站起来欢呼，高兴得不得了，那个场面真叫人激动。这是鄂豫皖苏区电台的初创时期，蔡威、宋侃夫、王子纲等同志都为此做出了巨大的努力。电台不仅沟通了鄂豫皖苏区与党中央的联系，而且也和湘鄂赣、湘鄂西苏区取得联系，沟通了信息，这样就改变了原来红四方面军的那种孤立无援的状况。从其中我们可以看到蔡威同志的工作态度。

当红四方面军撤出鄂豫皖苏区以后，我们部队到了河南、陕西、湖北三省交界的地方，即陕西秦岭的东麓、湖北阮县以北、河南淅川的西北一个叫南化塘的镇子。部队准备在那里建立一个根据地，急着跟党中央取得联系。可是南化塘这个地方怪得很，报收不进来，也发不出去，搞了好几个小时，一直不行，究竟是什么原因搞不清楚。镇边上有座山，蔡威同志为了能够及时发报，尽快与中央取得联系，他决定带电台上山。蔡威同志原来不习惯走山路，是他来到苏区后锻炼出来的。那座山很高，山上没有路，原来还有羊肠小道，后来好长时间没人走了，连小路都找不到了。我们从下午 4 点钟上山，一直爬了两个多小时，到天擦黑才到山顶，那时已是 11 月，凛冽的秋风迎面吹来，像刀割一般。我们看蔡威同志全然不顾这些，二话没说，把机器摆在箱子上面，自己开始了紧张的工作。这里由于山高，目力可及几十里外之遥，当时充电机就在山顶上开动，充电机上的指示灯一直亮着，离山老远的地方都可以看到。蔡威同志坐在电台前，一动也不动，一直在紧张地发报，但始终没法与上级电台联络上。检查了好几遍，没有发现异常，他急得满头大汗，但仍在那儿耐心地尝试着，忙了个通宵，直到第二天的凌晨三四点钟，红四方面军副总指挥王树声派通信员上山，说王子纲同志的那一台在另一个地区已经与中央联系上了（那时，电台已经分开了，王子纲同志是负责一台的，蔡威同志是二台的），这时，蔡威同志才带着电台下山。下来之后，很快就去找王树声副总指挥汇报情况。当时，我们不知道是什么原因，现在我们才得知南化塘那个地方原来是个矿区，有铁矿、铜矿等，可能因为这个原因，报发不出去，也收不进来。这件事，说明蔡威同志的工作责任心很强。

1932 年底，红四方面军进入四川，占领通江、南江、巴中等县城。1933 年 2 月，四川的国民党军阀，主要是田颂尧的二十九军纠集了 48 个团的兵力，分左、中、右三路向我川陕根据地实行围攻，红四方面军进四川有多少部队呢？真正的才 12 个团，一万多人，七八千支枪，而面对的却是数倍于我们的强敌，在敌强我弱的情况下，要战胜敌人，只有想办法了解敌人，掌握敌情，出其不意，以少胜多。蔡威同志自从到了四川以后就开始了无线电侦听、破译工作，在这一段时间里，蔡威同志每天坐在桌子上，戴着耳机，聚精会神地侦听敌人电台的动态。开始主要是从敌人的电台报务员之间的谈话中捕获了很多情报，如敌军的行进路线、宿营地点等，蔡威同志一个人坐在那里夜以继日地边听边抄边研究，电台其他工作人员都帮不上他的忙。王树声副总指挥还向他提出，能了解到这些情况很好，但这个还不够，能不能搞到敌人作战的军事机密。蔡威同志有个特点，你讲什么，他只是笑了笑。听了王树声副总指挥这样讲后，他也只是笑了笑，没正面回答。诚然，摆在他面前的是常人意想不到的困难，但是他有信心、有毅力，更加刻苦地探索无线电侦破工作。

那时候的工作确实是很辛苦的，他一天守在机器旁的时间是难以用钟点准确地来计算的，反正睡得很少。我们大家轮流着给他送饭。那时他是二台台长，送饭时，我们把饭放在桌上说："蔡台长，饭给您送来了，趁热吃了吧！"他只是"嗯"了一声，仍在聚精会神地工作。过了一会儿，我们再来的时候，饭还是好好地放在那里，没有动。待会儿，我们又提醒道："蔡台长，饭怎么没有吃？都凉了。"他才发觉，说："噢，饭什么时候送来的？"或者他就简单的一句话："这一点搞完了再吃。"就这样，一顿饭常常是热了凉，凉了再热，送好几趟。蔡威同志就这样忘我地工作，真正称得上是废寝忘食了。后来，我们电台里的同志慢慢地摸到了他的规律，就是最好什么时候送饭给蔡威同志呢？往往是在他一个人在工作时突然笑了起来，这个时候，我们就知道他的研究工作有眉目了，或者是有什么新发现了，这个时候很高兴，他很快就把饭吃完了。不然，他还不马上休息。他的刻苦钻研精神，高度的责任感，的确是令人敬佩的。

冬天来临了，我们在火盆里烧着木炭，给他取暖。蔡威同志全神贯注地工作，鞋子烧坏了，他不晓得；连裤子也烧着了，他还是全然不知，结果把他心爱的西装裤也烧坏了。还有一件事，给我的印象很深：一次工作间隙，他去解手，回来走在路上，一只脚穿着鞋子，另一只脚却光着，边走边还在思考问题。我们见了，真是哭笑不得，就问他："你怎么只穿一只鞋子啊！还有一只鞋子到哪里去了？"他猛然醒悟过来，一看，才察觉到，笑着说："还在屋里，还在屋里。"诸如此类的事情很多。为了侦破敌电，他倾注了全部的心血。

经过三个多月的努力，蔡威同志的破译工作终于有了很大的突破。在 1933 年 5 月上旬，我们在反田颂尧"三路围攻"时，他已能够准确地掌握敌人的动态，最后连敌人的军事机密、作战计划都掌握得一清二楚，这在当时是起了不可估量的作用。它不仅保证了红四方面军在敌强我弱、重兵进犯的情况下，求得主力生存，而且还接连打胜仗，沉重打击了敌人。

四川的空山坝一仗，我们才 12 个团的兵力，竟歼灭了敌人 13 个团。

在这次战斗之前，面对着占明显优势的敌军，当时的战斗气氛是很紧张的。徐向前总指挥已经带了一些部队到东线去阻击由东线进攻我们的敌人，这边只是王树声副总指挥在。敌人进攻很猖狂，情况十分危急。王树声副总指挥几次对蔡威同志讲:“你准备好，随时准备撤。敌人很凶，进攻得很厉害。”然而在那种天天都在打仗的情况下，蔡威同志始终没有停止过工作，而是时时刻刻坚守在电台前，仔细地侦听、破获敌电台的情报，一连好几天没合眼，一直坚持到最后把敌人打下去，蔡威同志这才感到松了一口气，休息了一下。这样，经历四个多月的艰辛鏖战，我军终于粉碎了四川军阀田颂尧的“三路围攻”。

由于我红四方面军取得反敌“三路围攻”的胜利，后又接连打了几次胜仗，巩固和扩大了川陕革命根据地。红四方面军由进入四川时的一万多兵员迅速发展到了八万，根据地面积也大大扩展了，这使蒋介石和四川军阀大为震惊。于是仗恃强大的军队发动了对我川陕边区红军的“六路围攻”。敌人几乎把全四川的军队都纠集起来了，他们狂妄地叫嚣：“在三个月内摧毁川陕根据地和红四方面军。”在这期间，蔡威同志的电台更是不分昼夜地严密监视敌人的一举一动。我讲一个例子：我军在一次战役的前夕,方面军指挥下令说,敌人次日凌晨 5 点钟开始进攻，我们部队于 4 点半进入阵地待命。果然，敌人第二天凌晨 5 点钟准时开始进攻了，地点、兵力都准确无误，可想而知，敌人是一败涂地的。蔡威同志在对敌台破译方面的特殊贡献，对红四方面军战胜敌人，粉碎敌人“六路围攻”起到了很大的作用。

蔡威同志取得了很大的成绩，但他从不居功自恃，居功自傲。他总是把成绩归功于集体，归功于二台的所有同志。一次，陈昌浩政委因为蔡威同志在工作上的成绩突出，就嘉奖给他 300 块大洋，蔡威同志是怎样处理这笔钱的呢？他把 300 块大洋全部分给了二台同志，包括马夫、伙夫在内。他说：“电台取得成绩，这是大家努力的结果，不是我一个人做的。”

他品德高尚，对群众十分关心，电台里的同志生病了，不管工作有多么繁忙，他都要亲自去看一看，问问好。部队打了胜仗，徐向前总指挥等总部领导总是把缴获的战利品分配给蔡威同志，以此支持他的工作，但他自己常常把这些东西留给生病的同志。他最痛恨红军队伍里个别干部的军阀主义作风，如果看到哪一位干部打骂战士，他是会声色俱厉阻止他的。他很有涵养，话不多，也很少高声说话。尽管他是一个知识分子，留西洋头、穿西装，但他很有威信，总部领导很重视他，干部战士也十分钦佩、尊重他。

第三，蔡威同志的工作创造性很强。

那时，因为战斗频繁，部队经常行军转移。在这种情况下，我们电台的同志，在撤离鄂豫皖后的行军途中，为了行动轻便，把多余的笨重机器分散埋了。当时，带在身边的机器零件很少。不用说电台坏了一个零件，整台的机器就不能使用，就连一个小小的火花塞坏了也要及时动手搞。蔡威同志是一个大能人，他很会想办法，能充分发挥自己的聪明才智。电台使用的充电机不多，电瓶的铅板坏了，他就把电瓶拆开，把三个拼成两个，经过充电，使这个电瓶用起来与新的一样；收报机使用的大号电池用完了，他就用几十个小电池焊接起来代替。有些小零件坏了，一时没有地方买，他就亲自动手制作模坯，搞翻砂，翻出来的零件用手工慢慢磨；有时没有条件搞翻砂，就直接用钢管磨，一个零件要磨好几天才能使用。机器用的汽油，一时买不到，他就先用过滤了几遍的煤油来代替。发动机没有润滑油，蔡威同志就想办法，用猪油提炼过滤后再用，同样可以起到润滑机器的作用，而且效果很好。到了藏民地区，没有猪，猪油也没有了，蔡威同志就用牛油实验，用牛油多过滤几遍，最后牛油也可代替润滑油，使机器能够得到保养，确保电台不停地工作。到了少数民族地区的时候，煤油紧缺，他就和其他同志一起想办法，利用水磨的水轮机来发电。蔡威同志很有创造精神，他用自己的聪明、实干，克服了一个又一个困难。当时哪一个问题解决不了，我们就要停止工作。可以说，在当时，又是在那种环境里，他的创造是了不起的。就这样，我们二台在蔡威同志的领导下，保证了工作的连续性，保证了我们电台的红色电波永不消失。这对我们的行军、打胜仗，都是有着极大的意义。

第四，他的组织观念很强。

蔡威同志是电台台长，后来又是红四方面军总部二局局长，但是党支部书记、党总支书记不是他。在长征时，我担任党支部书记期间，他从不因为自己是电台台长、局长，是领导人，就忽视了组织生活。他在党的组织生活会上与其他党员一样，经常把自己的思想、工作情况向党小组汇报，向党支部汇报，经常还写出书面汇报材料。他态度诚恳，汇报是掏心的，从不隐瞒自己的思想，这的确是十分难得的，给我留下的印象也是极深刻的。不像有的人，认为我是负责人，我向你汇报什么？当时，甚至有些党小组的组长，都是蔡威同志培养出来的学生、下级，他也是同样尊重他们。蔡威同志刚到鄂豫皖根据地时，我是军委会直属机关团的党总支书记，组织上派我到电台参加他们的支部大会。开头我很担心，他们多是大知识分子，我是工农分子，害怕他们为难我，但他们对我非常尊重，没有摆知识分子的架子。这一点，我的感受很深。在开党支部生活会时，同志们对蔡威提出什么意见、看法，他总是虚心接受，作一番自我批评。同时，他也对电台工作的不足之处诚恳地提出批评。这一点即使在今天，也是值得我们很好地学习的，对我个人来说，是永远不会忘怀的。

第五，蔡威同志忠诚于党的事业。

1932 年 10 月初，红四方面军粉碎了敌人的第四次反革命“围剿”后，撤离鄂豫皖苏区。我们的电台跟着七十三师冲破了敌人的封锁，一路行军，穿过京汉铁路。同志们两天一夜没合眼，只靠一点干粮充饥，终于到达了离铁路 30 多里的一个小镇子,部队才在那进行了短期休整，但很快就开拔了，只留下一个营在我们后面两三里地的小山上打掩护。

我们二台工作人员自反“围剿”斗争以来，已经几个月没有很好地休息过，这时更是疲惫不堪，就在镇上休息。可万万没有想到，敌第十师在李默庵的指挥下悄悄包围了我们。此时战斗队伍刚刚走完，机关、医院还在后头走。敌人的先头侦察部队就打出了信号弹，从三面包围我们，当时情况万分危急，我们突围的那条路是梯田上高低不平的小田埂，只见敌人离我们越来越近，只有几十米远了，子弹“嗖嗖”地在蔡威同志的身旁呼啸而过。此时，蔡威同志急中生智，从口袋里掏出一些银圆抛在路上。贪财而又愚蠢的敌人果然上当，三五成群，拼抢大洋，追击速度明显减缓。我见他这样，也跟着把身上的铜板撒在路上。因为蔡威同志是电台台长，身上带着密码本，他在这危急时刻，一面跑，一面还毫不犹豫地把密码本嚼烂吞下肚子里。我们在电影里有看到我们同志把密信吞到肚子里，而这一次我可亲眼看他一口一口嚼着密码纸咽下去的，没有吐出来。最后，由于我们前面的部队又打回来，一直将顽敌击退到铁路线上，并歼敌一个团。我们在突围中约莫跑了十四五里路，没有顽强的毅力和坚定的信念是不行的。蔡威同志在那千钧一发的危难时刻，早已把个人生死安危置之度外。为了保守党的机密，他是做了牺牲个人的准备的。蔡威同志对党的事业的赤胆忠诚，赢得了领导和干部的高度评价。

此外，蔡威同志与宋侃夫、王子纲等，在四川通江等地，培训了好几批无线电通信人员，如游正刚、冯志陆、徐明德、刘忠生等，为鄂豫皖苏区及红四方面军的通信事业做出了巨大贡献。

1935 年 10 月间，蔡威同志被任命为红四方面军总部二局局长。这时，他的工作更忙了。原来是一个电台的台长，下面只有 100 多人。后来是一个局，几百人。他既是领导，又要亲自工作。由于长期劳累，他身体渐渐不行了。他的肠胃原来就不好，在过草地的时候又不幸染上了伤寒病，但这时，他白天行军，晚上到宿营地还坚持工作。1936 年 9 月底，红军长征到甘肃省岷州北面 30 华里的地方，蔡威同志的病情日渐严重，这才停止了工作几天。要是现在，蔡威同志的病是完全可以治好的，当时确实是困难的。蔡威同志病重期间，中央和红四方面军总指挥部，都十分重视，中央派来了最好的军医傅连暲同志给蔡威同志治疗，但是缺乏有效的药物，而且天天还要行军。这时蔡威同志已经不能走路，马也不能骑了，只能用担架抬着走。他好多天滴水不进、粒米不沾，身体十分虚弱，再加上行军跋涉，担架颠簸得很厉害，最后他肠子都被震断了，由于当时当地没有条件动手术，蔡威同志就这样离开了我们。在岷州（即岷县）的朱尔坪镇，徐向前总指挥、朱老总以及王子纲等许多领导都赶来向蔡威同志遗体告别。当晚我们就在当地地主家找了一口棺材。棺材很好，是地主为自己准备的，油漆了好几道，上面还有花。当时我们就把蔡威同志遗体葬在朱尔坪过小河靠山的一个山坳里。此时没办法立碑，只用木板写了名字插在土堆上。那时，还有两位干部得了伤寒病，仅一个救活了，另一个也因此罹难，他的庐墓和蔡威同志并排在一起。

蔡威同志十分严格要求自己，从不向组织提出什么特殊要求，直至生命的最后一刻。他临终时只是说，大家要好好工作，为党多做工作。这一些，我终身难忘。

选自叶明祥、陈国秋编著：《无名英雄蔡威》，福建人民出版社2006年7月第1版，第71—80页。

破译敌码获情报

——忆蔡威烈士

徐深吉

作为艰苦岁月中幸存下来的一个老战士，我经常忆念那些为党为人民勤勤恳恳工作的老战友，他们都是些“鞠躬尽瘁、死而后已”的无名英雄。蔡威同志就是其中的一个。

我第一次见到蔡威，是在遇到敌人袭击的行军路上。

1932 年 10 月，蒋介石对鄂豫皖苏区发动的第四次“围剿”没有被打破，鄂豫皖中央分局在黄柴畈召开紧急会议，决定红军主力跳出敌人的合击圈，到平汉铁路以西调动敌人，然后杀回马枪。谁料部队一过铁路，就遭到敌人重兵的堵截和追击。那时，我在红七十三师二一八团任副团长，在我们团的后面，紧跟着红四方面军总指挥部的电台和全军行李队伍。

一天早晨，我们正走着，忽然听到一阵枪声。我扭头一看，发现敌人占领了我们右侧 100 多米远的小高地，向我们射击。糟了，弄不好，不但我们团有被截断的危险，而且后面的无线电台和行李队也会遭到敌追击部队的袭击。于是我命令重机枪掩护，带着部队夺取了小高地，保证了部队的安全。但尾随的敌人还是紧紧咬住电台队和行李队不放。可能敌人看出他们不是战斗部队，气焰很嚣张，一边追，一边喊:“抓活的！抓活的！”情况十分危险。这时，我带着部队迎上去，只见一位中等身材、白皙面孔的干部模样的人，他操着带有浓重福建口音的普通话对周围的同志说："莫慌，身上有钱的用钱'打'敌人。"似乎怕人不懂，他边跑边将随身带的几十块银元，哗啦啦地抛在梯田里。敌人见钱眼红，一个个大抢出手。电台其他同志也仿效那人的做法，纷纷掏出铜板撒在田埂小路上。这样，大大减缓了敌人追击的速度。那人又掏出像是译电密码本的东西，一页页撕成碎片塞进嘴里，狠嚼几下吞咽到肚子里……看到这种情景，我心里赞叹这位同志的机智沉着，临危不惧，应付自如。银元虽然迟滞了敌人，但不能消灭敌人，我当即指挥部队击退敌人，把电台和行李队伍接应过来。那位同志上来和我握手，并自我介绍说;"我叫蔡威，电台的，谢谢你们的支援，要不，我们可能革命到底了。"说完，他满面笑容，非常和蔼可亲，丝毫看不出刚刚经历过一场风险。

"蔡台长，听说过。"我赶忙抓住他的手，上下打量着。看来是位知识分子，一身文气，虽然是战斗环境，虽然是穿着和我们一样的布军装，但身上却是那样整整洁洁。再加上那双大而有神、闪耀着智慧的眼睛，显得非常秀气、精神、有修养。

由于敌人不断围追堵截，红四方面军被迫转移西征。漫漫征途，巍巍高山。我们走陕南、过秦岭、涉汉水、翻巴山，不论是行军、宿营还是打仗，我经常看到蔡威风餐露宿、勤奋工作的身影，虽然没有上前说话，可内心里，却激起了对他崇敬、爱戴的无限深情。

也是在行军途中。一天拂晓，天色微明，山路崎岖，蔡威由一个战士搀扶着往山坡下走，一步，一步，走得十分吃力。我急忙上前招呼:"蔡台长，慢慢走呀！"他停下来看了看我，笑着说:"啊，徐团长，是你呀。"我们边走边谈，我才知道蔡威眼睛深度近视，走稻田田埂和山坡小路非常不便。遇到夜间行军，前面得有人打着手电筒照路，后面还得有人搀扶着，就这样，还不断掉进水田和山沟里。

按编制，蔡威配有一匹乘马，可他宁肯自己费力地跋山涉水，也要把马让给伤病员骑，自己坚持走路，锻炼意志。他说："革命要靠两只脚板走天下，我不会走路，处处都要同志们照顾怎么行！我这个知识分子呀，不向战士学习不得了！”蔡威说得诚恳，做得认真，反映了一个知识分子出身的共产党员，严格要求，自觉追求革命化、工农化的急迫心情。

后来，我从红七十三师二一八团调到红四方面军总部当参谋，我们见面机会更多了，或是工作联系，或是促膝聊天，更加深了我们的相互了解和战友情谊。电台时刻离不开他这个台长兼报务员，常常是我跑到电台去看望他。从亲切的交谈中，我了解了蔡威同志的出身和家世。

蔡威原名蔡泽常，1907 年 3 月出生在福建省宁德县城关镇蔡家。父亲蔡祖熙，清末举人，民国初年曾任福建省参议员，后任宁德县商会会长。蔡祖熙为人正直，办事公道，是个有爱国之心的开明士绅，在当地各界群众中颇有名望。母亲林莺，善于教子理家。蔡威有二姐、二妹、一弟，在家庭里深受父母钟爱，同时也受到严格家教的规范，这对他勤奋好学、立志成才，有着深刻的影响。

蔡威告诉我，他在童年时期十分崇敬陆游、戚继光等英雄人物。爱国诗人陆游，曾在蔡威的故乡宁德县任过“主簿”（一种官职），推行善政，扶持正直之士，受到人民爱戴。民族英雄戚继光，于嘉靖四十一年（公元 1562 年），率 8000“戚家军”，收复了被倭寇盘踞三年多的宁德县横屿岛。蔡威熟记家乡的历史故事，他经常在学校里，在儿时嬉闹的地方，绘声绘色地讲给小伙伴们听。他说：“做人要像陆游、戚继光那样，做正直的人，做有作为的人！”

蔡威还给我讲过他青年时期的经历。

1922 年以后，蔡威先后在福州、宁波、上海等地读书，开始接触宣传新文化运动与传播马克思主义的《新青年》、《新潮》、《星期评论》等进步书刊。1926 年在上海加入中国共产党，从事党的地下工作。

战友谈心分外亲。交往中，我发现他很健谈。他常谈革命理想，也常谈他到鄂豫皖革命根据地的经历。从他的谈话中，我感到那种忧国忧民、追求真理、献身革命的优良品德，在他身上体现得十分鲜明。

1931 年 11 月下旬，蔡威受党中央委派，抛弃了舒适的大城市生活，从上海来到鄂豫皖苏区，过着艰苦但十分有意义的革命生活。那时中央分局和军委正为没有电台和党中央联系发愁，于是蔡威与宋侃夫、王子纲、徐以新等同志一起，在新集城南的钟家畈，开始筹建无线电台。白手起家，谈何容易！蔡威废寝忘食，不分昼夜，一头扎进历次战斗缴获的乱糟糟、零零碎碎的器材堆里，东拣西挑。这是大海捞针、沙里淘金的辛苦事，可他却高兴地说："太好了，太好了，真没想到根据地还有这么多的'宝贝'呀！"他把挑选出来的有点用的破旧机器拆开，一个零件、一个零件地擦拭干净，再装配起来。经过一个多月的努力，电台的家当越来越多。接着在黄安战役、商潢战役中，又缴获了敌人两部完好的无线电收发报机，电台就更像个样了。

大别山，春来早，兰花送幽香，电波传喜讯。1932 年 2 月，鄂豫皖中央分局和红四方面军的第一部无线电台，在新集架设起来。同志们欢呼雀跃，奔走相告。电台首先与中央革命根据地沟通了联络，尔后又与赣东北、湘鄂西革命根据地取得了联系。电台拍发的第一份电报，是向党中央报告红四方面军的建制情况和黄安战役、商潢战役的胜利。那时鄂豫皖革命根据地正在召开第一次党代表大会，会上宣读由电台抄收的中央贺电时，全体代表齐声欢呼，掌声雷动，也向蔡威表示祝贺和感谢。每逢人们谈到他对建立电台的贡献时，他总是笑笑，然后认真地反驳："一个人能干得了吗？大家干的嘛。"

此后，电台不断收到党中央的通报和指示，打通了鄂豫皖革命根据地和党中央的联系。

我们转移到川陕革命根据地以后，有一次我到电台看蔡威。他刚刚修理完机器，匆匆洗净手上的油污，冲好两杯可可，乐呵呵地说："徐参谋，今天我请你喝可可，这是徐总指挥从前方派人送来的！徐总指挥常把部队的战利品送给我，我感到太过意不去了。"

我说:“你确实太辛苦了，徐总指挥关心你，是怕你把身体累垮了。我听徐总指挥多次说过，一定要设法抽调一些年轻人，让你培训培训，既可为你减轻点负担，又能进一步把红军的无线电工作开展得更好。”

我一提培训骨干，蔡威又打开了话匣子。他说，在鄂豫皖革命根据地办的第一期无线电训练班，就是在徐向前总指挥关怀下举办的。那时，电台刚开设不久，报务、机务和译电，大都集于蔡威一身，忙得他一天只能睡四五个小时。

为了适应无线电发展的需要，经有关领导批准，蔡威从各部队抽调了 20 多名青年战士,开办集训班。首先遇到的困难就是文化水平低，大多数青年战士没有读过书,有关无线电的专业名词,什么电阻、电容、变压器呀,更是擀面杖吹火——一窍不通。他面对现实,来个因人施教，形象教学。他不讲抽象理论，而是把机器拆开，对照实物，把每个元器件的名称、作用和原理结合起来讲，让大家看得清，记得牢，学了就会用。他一面讲技术，还一面教文化，使学员们通过短期培训，就能掌握电台操作的基本技能，独立工作。学员们亲切地称他蔡老师，他总是谦逊地说 :“我也要向你们学习，学习说普通话，学习行军打仗，咱们要互教互学。”

我当参谋有深切体会，无线电破译敌人电报，是一场特殊的、重要的战斗，关系到一个战斗甚至一次战役的成败。蔡威同志呕心沥血，在这方面有突出建树。

1932 年底,红四方面军转战到川北的通(江)南(江)巴(中)地区，对四川敌情很不熟悉。蔡威出于高度的政治责任感，自告奋勇，挑起了侦听敌台，破译电报的重担。他和宋侃夫、王子纲等一起，从收听敌台新闻到搜集敌部队番号、兵力、装备、驻地、行动、官长姓名等情况，前后对照，综合分析，找出规律，破译敌人电报的密码。他刻苦钻研，废寝忘食，终于掌握了敌人电报的密码，截获敌人的情报，为反“三路围攻”、反“六路围攻”的重大战役、战斗，提供了及时准确的情报。

指挥员情况明，决心大，取得了以少胜多的辉煌胜利。

1933 年 10 月，宣（汉）达（县）战役时，就是蔡威破译了敌人的电报，获悉四川军阀刘存厚调集兵力单线配置的情报。红四方面军总部决定集中兵力，实行中央突破。据宋侃夫回忆，当时张国焘对破译敌人情报表示怀疑，而徐向前总指挥却坚信不疑，并据此周密部署，果断指挥。红军先敌一步,占领了蒲家场、宣汉,然后直插达县城,歼敌六个团，俘敌旅长以下 4000 余人，缴枪 8000 余支及大批军用物资。

1934 年春，反“六路围攻”时，蔡威同志又破译敌人电报，获得川敌第五路王陵基部企图强攻笔架山的情报，于是红军迂回包围敌人，打了一个漂亮的歼灭战。徐向前总指挥高兴地说：“这次战斗的胜利，也有电台的一份功劳！”蔡威受到总指挥的表扬和奖励,仍然谦虚地说：“我一个人干得了吗？大家干的，这才是事物的本来面目。”

我这个参谋，深感他给战斗创造了胜利机会，不无敬佩之意地对他说：“你手中有雄兵十万啊！”

蔡威笑笑说：“我只有一副耳机，两只手，哪里有什么雄兵？敌人吃败仗，是他们太愚蠢，过分相信了密电码。还有徐总指挥决心果断，指挥得当，全体指战员的英勇奋斗，不怕牺牲。”

1935 年春，党中央率领红一方面军长征进入云、贵、川地区。由于敌人的围追堵截，红军每天都在紧张地战斗、行军。蔡威和电台的其他同志，侦听到敌台的情报后，及时破译、鉴别，然后改拟电稿，再拍发给党中央。由于党中央白天行动，晚上宿营后才能通报，他每天下午六七点钟就戴上耳机，等待呼号，常常等到深夜，有时等到第二天凌晨三四点钟，才能将电报发出去。

后来，宋侃夫告诉我：“毛主席在延安说过：红四方面军电台同志有功劳，在我们离开了根据地，得不到情报的时候，特别是在四渡赤水和云、贵、川、湘一带处境困难时，是他们及时提供了敌人的情报，使我们比较顺利地克服了困难。”

老同志们都知道，在那战火纷飞的年代，无线电器材、汽油极端缺乏，电台工作的困难更多、更大。蔡威从不叫苦，从不畏难，埋头机房，开动脑筋，解决了一个又一个难题。发电机的“胀圈”坏了，他做模型，搞翻砂，制代用品；电瓶的铅板坏了，他用废铅重新制作；大电池用完了，他把 30 节小电池串联焊接起来，没有润滑油，他以猪油、牛油熬炼过滤使用；汽油匮乏，他用煤油代替；发电机火花塞坏了，他用白银焊接再用。

1935 年 7 月初的一天，在川西杂谷堖附近的电台驻地，我去看望蔡威时，发现河边有一架水磨发电机，哗哗地流水，冲着涡轮飞快转动，蔡威工作的机房里，电灯照得通明闪亮。他发完一份电报，摘下耳机对我说：“看，怎么样，电灯亮吧，收发报机也灵光吧！这里的藏族老乡帮了我们的大忙了。这个水磨发电机，就是我们根据群众利用河水落差产生的动力磨面、碾米的原理，改装制造的，挺管用。汽油节省下来，将来行军、打仗用。”

我对他说：“这是你们的创造，值得我们学习。”

蔡威笑笑说：“敌人逼出来的，可见压力就是动力。”

我也笑笑说：“照你这么说，这功劳也有敌人一份啰？”

他想了想，说：“从某种意义上，这样说也可以。”

蔡威同志有了成绩总是强调客观原因，有了问题又总强调主观原因，他严于责己、宽以待人的高尚品德是很感人的。下级和部属在工作中出了差错，他总是说:“这是我的责任！”同志们在生活上有了困难，他主动地伸出友谊的手，满腔热情地去帮助，并检讨自己关心不够。长征过草地时，他见到有的战士的鞋子陷进泥沼，光着脚行军，就将自己的衣服拿出来撕成片，让同志们包脚御寒，嘴里还叨咕：“应该早就想到。”他看到同志饥渴劳累的表情，就鼓励大家：“同志们，我们要克服暂时的困难。现在咱们吃点苦，算不了什么，只要我们能顺利通过草地，就一定能取得胜利！”行军中，他发现掉队的战士，就把马让给战士骑。

第二次过草地时，电台的一个同志脚上伤口感染化脓，行动十分困难，过毛儿盖上打鼓山掉了队，孤身一人正在绝望之际，蔡威派饲养员牵着马找到那位战士，让他骑着马，一直走到卓克基。在草地，蔡威把领导照顾他的大米、炒面，送给伤病员和体弱的战士吃，推都推不掉。他自己却和大家一起吃野菜、草根和皮带。同志们看着他日益消瘦的面容，呼吸短促的样子，暗暗掉下眼泪。

“他心中像有一团火，只知道发光、发热，却不顾把自己烧焦。”这既是同志们对蔡威的赞誉，也是他忘我工作的真实写照。长征途中，白天，他和部队一起行军、作战；晚上，撑起一块布篷，架起电台就工作，经常是彻夜不眠。为了工作，顾不上吃饭是常有的事，通信员送饭来，凉了再热，热了又顾不上吃；冬季，为他生了一盆木炭火取暖，他专心工作，把鞋子和裤子都烧着了还不知道。有一次，他上厕所，脚上只穿了一只鞋子，同志们惊奇地问：“蔡台长，你怎么只穿一只鞋子呀？”

“哈！”这时他才恍然大悟，笑笑说：“那一只在屋里，在屋里。”

就这样，蔡威同志以自己忘我的模范行动，赢得了大家的爱戴。领导和同志们关心他的健康，劝他注意休息，保重身体，他总是满怀深情地说：“不行啊，那么多工作等着我们，为了胜利，为了明天，我们要干啊！”

艰苦的战争环境，恶劣的自然气候，长期的忘我工作，严重地损害了蔡威的健康。特别是在长征途中，几次翻越巍巍雪山，三过茫茫草地，使他的体质更加虚弱了。1936年8月，红四方面军第二次北上刚出草地，他积劳成疾，患了胃病、肠炎，后又染上伤寒病。领导对他的病情十分重视，在医药极端缺乏的情况下，千方百计进行治疗和抢救。他病重期间，朱德总司令、徐向前总指挥、陈昌浩政委亲自看望，并派当时在红军中屈指可数的好医生傅连暲同志为他诊治，然而无济于事了。蔡威同志在生命垂危之际，仍念念不忘他的无线电工作，他让身边的同志拿来小镜子，照着自己的憔悴的病容说：

“你们看，我的病好多了，再过几天就能工作了。”

实际上，他的病情正在不断恶化。同志们听了内心难受，却不得不眼含热泪，点着头安慰他。

松柏常青，杜鹃花红。1936 年 9 月 22 日，在甘肃岷县的朱尔坪镇，无情的病魔夺去了蔡威的生命。正在前方指挥作战的徐向前总指挥闻讯后，专程赶回来向蔡威的遗体告别，并高度赞扬他为党为人民的革命事业鞠躬尽瘁的一生，称赞他是“无名英雄”。当晚，蔡威被安葬在朱尔坪镇小河边的山坡上。

那时，我又调到红三十一军九十一师工作，住在离岷县 100 多里的渭源地区，事后才得知蔡威病逝的消息。我悲痛很长时间，他的音容笑貌常常在我脑海浮现，或是促膝说笑，或是头戴耳机收发报。我甚至怀疑他不会去世，总觉得说不定哪一天会在我面前突然出现。多好的人啊，默默地去了。他生前有一句话，深深地印记在我心中：

“为了明天，我们要干啊！”

烈士遗愿化宏图。昨天，我们为了明天，干革命，南征北战；今天，我们为了明天，干四化，振兴中华。

选自黄涛、常正、史立成选编：《红军长征珍记》，长征出版社1996年7月第1版，第243—251页。

回忆长征中的蔡威[1]

肖全夫

蔡威同志牺牲快50年了。他是中国工农红军第四方面军电信工作的创始人之一，为我军初创时期的电台建设和无线电通讯工作，建立了卓越的功绩。我们尊敬的老师、当年红四方面军的总指挥徐向前同志，称誉他是一位“无名英雄”。

他的确是一位“无名英雄”。他活着，把自己一生的全部心血，默默无闻地倾注给了中国人民的革命事业；他死了，静悄悄地躺在两万五千里长征的胜利终点地带——甘肃岷县的朱尔坪。他是“鞠躬尽瘁，死而后已”。

中央红军即红一方面军，于1934年10月开始长征以后，我们电台的工作就更加繁重了，既要和中央红军及时取得联系，又要向他们提供有关敌军的情报。由于中央红军天天行军打仗，没有固定的位置，电信联系十分困难。蔡威同志每夜都要守候在电台上，等待讯号，寻机呼唤，每每彻夜不眠。当中央红军与红四方面军在懋功会师后，全军上下欢欣鼓舞，蔡威同志也异常兴奋，逢人就讲：“这就好了，今后我们在党中央、毛主席直接领导下工作，太好了！”他将自己亲手修复的一台充电机送给了中央红军，和中央红军的电台工作同志亲密合作，关系十分融洽。

---

① 题目为编者所拟。本文有调整。

两军会师以后不久，成立了二局，蔡威同志担任局长，由中央红军派来的罗舜初同志任副局长。我在二局二科工作，和蔡威同志相处更密切了。正当两军战友欢庆会师，协力北上之时，张国焘却大搞分裂党、分裂红军的阴谋活动，致使红一、四方面军合后又分，造成红四方面军第二次翻越雪山、退走西康少数民族地区的艰苦历程。直至任弼时、贺龙等同志领导的红二方面军在甘孜与红四方面军会师后，才再度北上。于是，红四方面军开始了第三次涉越草地的战斗生活。

茫茫无际的水草沼泽地，连连绵绵的风雨交加天！我们的电台，白天和部队一起行军作战，夜晚就撑起一块布篷子，任风吹雨打也要坚持工作。饥饿、寒冷、疲劳、疾病，无情地摧残着红军战士的肌体。有多少战友倒了下去，就再也站立不起；有多少年轻生命，无声无息地留在了草地。我们的局长蔡威同志，身负重任，过度疲累，又患了胃病、肠炎、伤寒，多种疾病折磨得他吃不下饭，睡不着觉。但他仍然坚持着，坚持不坐担架，和大家一起行军，坚持夜晚电台操作不下岗位。他心中像有一团火，只知道发光、发热，却不顾把自己烧焦。有一天夜晚，部队在风雨中行进，秩序紊乱，行动缓慢，致使电台人员无法前进，蔡威同志十分焦急。正在这时，徐向前总指挥带领骑兵排前来察看，天黑看不见，冲乱了电台的行列。蔡威同志非常恼怒，飞身跃起，一把抓住一匹马头，大声吼道，“你什么人？敢冲我的电台，我要向总指挥告你！”徐向前总指挥听到后，急忙命令部队让出一条路，叫电台先通过，并通知有关人员，给蔡威准备一副担架，跟着他走。这一天，赶到宿营地，已是午夜时分了，蔡威同志和往日一样，和我们一起撑起布篷，坚持工作。

1936 年秋，红二、四方面军先后通过草地，进军到甘肃南部的岷州地区，举世闻名的二万五千里长征，至此即将结束。这时，蔡威同志已被病魔纠缠得全无气力了，躺在担架上，许久不能说话。领导上虽然多方设法营救，由于缺医少药，终于治疗无效，于 1936 年 10 月，在一个叫作朱尔坪的小镇上，和我们永别了，年仅 29 岁。他死的时候，好多领导同志和电台、运输队的全体同志，都肃立在他的身旁，没有话语，一片啜泣。我含着热泪，耳际轰鸣，似乎漫山遍野都回响着蔡威同志常说的那句话，“为了明天，我们要干啊！”他就是为了这个美好的明天，而倾尽心血累死在战斗岗位上的。徐向前同志称誉蔡威是一位无名英雄，他是当之无愧的。

选自肖全夫：《忆无名英雄蔡威同志》，载《艰苦的历程：中国工农红军第四方面军革命回忆录选辑》（下），人民出版社1984年12月第1版，第157—164页。

忆蔡威烈士二三事

李永悌

蔡威同志离开我们迄今已经近50个年头了，可漫长的岁月并未能磨灭人们心目中他那崇高的形象，相反，随着时间的流逝，他的形象却愈加清晰、高大。是的，他的青春壮丽，他的功勋卓著，他的为人正直，他的品德高尚。在他这样一位共产党员的身上分明蕴藏着一座巨大的富矿，有待我们开发，为党的群英谱增添闪光的一笔。在这里，我愿以采撷到的几颗晶莹的宝石奉献于读者面前，以彰蔡威烈士英德，并寄托我——一个老战友的深沉哀思。

1935年3月，过嘉陵江之前，在朱老总的家乡——四川仪陇县，我从王子纲同志领导的第一电台，调到蔡威同志领导的第二电台，当时我才18岁。从此直到1936年9月蔡威同志不幸病逝，我一直跟在他的身边工作。刚接触蔡威同志时，我觉得他这个人很“特殊”。所谓的“特殊”是什么呢？就是他的衣着，穿一套西装，还留了个西洋头。在当时的红军队伍里，他那样的装束是不多见的，所以首先给人的印象是很特别的。凡跟他接触过，和他一块工作过的同志，无论是指战员，还是炊事员，没有一个对他不尊重，对他不钦佩的。一是因为他的工作精神十分感人。他当时是我们的领导，但每天做具体工作的时间却比我们多得多，除行军外，他总是昼夜不分、废寝忘食地工作着。更为感人的是他总是以自己的实际行动来带动大家、领导大家。他平时不苟言笑，但却很平易近人。二是他十分爱护干部战士，而且越是在困难的情况下，越是如此。

我与蔡威同志在一起工作、生活的时间虽只有短短的19个月，但他却给我留下了许多难忘的、拨动心弦的回忆。1956年，我在天津解放军五十速成中学学文化时，老师要求我们回忆过去印象深刻的一些人和事，然后自拟题目写一篇作文。那时我就写了一篇回忆蔡威同志的文章，记叙了几个小回忆片断。老师说写得不错，还打了个五分。可现在找不着那篇作文了，如果能找到，改一改，还是很有意义的。当时我为什么要写蔡威同志呢？因为他给我留下的印象最深，而且这些事情发生在红军二万五千里长征最辛苦、最困难的日子里，是我亲眼所见或亲身经历的，因而虽然几十年过去了，但我始终难以忘怀。

1935年4月，红军长征出苏区过嘉陵江后继续西进。一天，我们电台工作人员遇上正在急行军的红九军二十五师，南方雨后的路真是又湿又滑，队伍就在泥泞中跋涉。这时，有一个病号实在坚持不住了，累得跌坐在泥泞地里，只见他浑身上下没有一处是干的，也分不出哪儿是泥水哪儿是汗水，那张因缺乏营养而显得憔悴的脸无法掩饰他过度劳累焦急无助的痛苦。一个专门照管病号的副班长怕赶不上部队，急了，发了一通脾气，用脚踢了那个战士两下。这时正好遇到蔡威、肖大来和我好几个同志从那里经过。蔡威同志见此情况非常恼火，他骑在马上大声吆喝道：“肖大来，你把他捆起来！”这时，我和肖大来都跳下乘骑，把那个副班长捆了起来，蔡威同志一面狠狠地批评那个副班长的军阀作风，还叫他背上那个病号的枪；一面又让那个生病的战士骑上肖大来同志的马。没走多远，正巧二十五师的部队就在前面一个小山坡上集合，这时蔡威又叫：“肖大来同志，你去把他们的负责人找来。”负责人来了，蔡威同志把病号和副班长交给了他，并叫他好好教育一下那个副班长，这才完事。当时大家都穿着红军军装，蔡威同志却穿着西装，好几个人跟着他的战士都骑马，挂短枪，因此，人家也不知道蔡威同志是什么人，干什么事的，只得恭恭敬敬地听他讲，还显得挺紧张的样子呢。其实，蔡威同志是从爱护战士这一点出发的，有什么好紧张呢？不管是本单位的还是外单位的，无论你的职务高低，只要你做的不对，他都敢说敢管。

另一件事是，在毛儿盖的时候，国民党胡宗南的部队在岷州松潘、包座一带的草地边缘想阻击我军，想把红军困死在草地，形势对我军十分不利。电台工作也异常繁忙紧张，那时不像现在昼夜值班时总有几个人转换着，可那时是没有人换班的。工作时，经常连饭都顾不上吃，甚至饭凉了又热，热了又凉，好几次还是顾不上。消灭胡宗南的四十九师伍成仁部一次战役，激战方酣，战场形势瞬息万变，电讯联络截获敌报的工作繁重，电台一直处于紧张的工作状态，正好轮到我当班，连续好几天没睡好觉，太疲倦了，结果我不知不觉地伏在机台上睡着了，机器还开着。等我醒来时，机器不见动静，我以为机器烧坏了，十分紧张。后来别的同志告诉我，原来是蔡威同志见我太疲劳了，把机器关了，让我好好地休息休息，而他自己却用另一个电台接替了我的工作。蔡威同志就是这样关心爱护着每一位同志，而心中唯独没有他自己。

还有一件事是：我们第二次过草地南下时，我的右脚指头被划破了，感染化脓，走路十分困难。从毛儿盖过去上打鼓山时，脚痛得实在走不动了。部队向前开进了，剩下最后的收容队也快过去了，这时，我掉在队伍的后头，内心的焦急苦楚使我不能自已，眼泪不知不觉涌出了眼帘。就在我极为难过的时刻，我没想到蔡威同志把他的马留给了我，并叫运输员同志拉着马等着我。我就这样骑着他的马，一直走到卓口基。他自己却坚持走路，一连走了好几天。当时，如果不是蔡威同志在危难中向我伸出无私救助的双手我就完了。

尽管蔡威同志出生在那样一个富裕的家庭，是在那样优越的生活环境中长大的，又是一位知识分子，但由于他认识了当时黑暗的旧中国，早年接受了马列主义的熏陶，加入了中国共产党，走上了革命的道路。他忠诚于党的事业，兢兢业业，为革命忘我地工作，直到生命的最后一息；他对同志的温暖，对工作的精益求精，这一切使他赢得了我们干部战士的爱戴和钦佩。

蔡威烈士就是这样一位好党员、好领导，他的感人事迹是令人难以忘怀的，是很值得写出来的，这是进行革命传统教育的好教材。

选自叶明祥、陈国秋编著:《无名英雄蔡威》，福建人民出版社2006年7月第1版，第81—84页。

永远忘不了那座藏民小楼
——忆长征途中遇害的胡底

雷钦

胡底离开我们已经70多年了，然而，他的博学多才、敏锐机智，他与张国焘斗争的不屈不挠精神和坚持真理的高尚品格，他认真负责、扎实精细、忘我勤奋的工作态度，经常在我脑海中涌现。

在胡底领导下工作

胡底是安徽人，青年时代在北京中国大学读书。1927年参加了中国共产党。入党后，他把毕生精力献给共产主义事业。我第一次见到胡底，是在1934年初。那年1月，在江西瑞金召开第二次全国苏维埃代表大会，我以江西军区代表的身份出席了大会。会议期间观看的文艺演出中有一出文明戏，一位身材魁梧、面貌威严的中年人演得很好，给了我很深的印象。后来我得知，他是几年前从上海党中央回来的，现担任国家保卫局预审科长，名叫胡底。他长期深藏在敌人的心脏里，在国民党白色恐怖下，为保卫党中央的安全，同阴险奸诈的敌特进行过惊险的斗争，并获得许多重要的情报，为革命事业作出过重大的贡献，是一位多才多艺的人才。

1935年1月，红军夺取遵义以后，中央红军部队继续北进到了威信扎西一带，当时红军正处于十几万敌人围追堵截的困境之中。危难之中，中央军委决定，夺取蓝田坝、大渡口、安江三线各渡江点，在川南相机北渡长江，转入新的地区争取四川赤化。在敌情紧迫的情况下，总部为了加强对敌行动侦察，从各方面搜集、整理有关材料，摸清敌情动态，调富有经验的胡底为总部（红军总司令部）侦察科长，毕占云为副科长，下辖侦察队。侦察队员由国家保卫局和各军团选调来的几十人组成，由从三军团调来的张明远担任队长，我任指导员，负责侦察科和侦察队的政工工作。这样，我就有幸在胡底的领导下工作了。

胡底身负重任，遇事冷静、善于分析，思维敏捷、办事果断，同时，又很尊重同事、下级和政治工作人员的意见。布置工作，交代任务，总是以商量的口气。大概因为他曾在周恩来领导下长期从事白区地下秘密工作，锻炼成临变不惊，乐观豁达的性格。大家很敬佩他，我在他身上学到很多东西，他是我的良师益友。

我到侦察科不久，四渡赤水期间，患了疟疾。那时缺医无药，伤病员跟随部队走十分困难。见此情况，胡底把他的马匹让给我骑着，他自己拄着竹竿走山路、夜路。以他魁梧的身材，行走在陡峭的山路上是困难的，而我骑在马背上，心里很不是滋味，心想：我病得真不是时候，侦察科刚成立，工作正在繁忙之际，我不能工作，还让科长受拖累。我坚持从马背上下来自己走。他见我病重难以坚持，又派人找担架，请民夫，还特别嘱咐："千万不能掉队，掉队是很危险的！"真是体贴入微。

四渡赤水之后，部队日夜兼程百余里南渡乌江，沿途不断遭敌机袭扰。总部渡江后，遇到敌机一次大轰炸，损失很大。据说总部三局局长钱壮飞在这次敌机轰炸中失踪了（没有找到他的尸体）。胡底得知后，心情非常难过，自言自语地说："不会吧？不会！我相信他不会出事的……”很长时间他都不愿相信这会是真的。后来听说，周恩来副主席对钱壮飞失踪一事十分关心，曾派人前往出事地点寻找，但未获得钱壮飞的下落。胡底因此很长时间心情一直很沉重。胡底与钱壮飞、李克农并称我党对敌情报工作的三杰士，在长期地下工作中建立了深厚的战友情义。后来，在行军途中，胡底给我们讲了他与钱壮飞在敌人心脏做地下工作的一些故事。他说：钱壮飞是经过白色恐怖严峻考验的坚定优秀的共产党员，是一位才智横溢、胆略过人、我党不可多得的杰出战士。我很敬佩他深入虎穴，机智勇敢地同敌特面对面进行斗争，作出卓越贡献的革命精神。他遭不幸，真是我党的一大损失呀！

胡底对工作非常认真，对上级的指示坚决执行。总部侦察科每到一地，他都尽最大的努力搜寻各种情报资料，及时分析整理，送交总部，供研究敌情参考。每接受一项重要侦察任务，他都缜密思考，精心安排，布置工作交代任务非常具体，再三嘱咐侦察员要有几手准备以防万一。

中央纵队穿过湘滇公路，越过乌蒙山，挺进到昆明附近后，胡底立即派遣侦察员四处展开侦察活动。一次，派遣书记员刘奇和几名侦察员乔装成国民党中央军，潜入到昆明近郊的杨林大板桥附近敌占区内，阻获了一辆汽车，并捕捉了车上由龙云派遣给国民党中央军薛岳纵队送信的少校参谋副官。不仅从该被俘“舌头”口供中了解到昆明附近敌情动态，缴获了红军总部急需的军用地图，掌握了金沙江江岸渡口的情况，还意外地缴获了一部分重要的药品等急需物资。胡底立刻将侦察科捕获的敌少校副官和重要资料、军用地图等一并送交周恩来，为总部决策提供了重要根据。几天后，中央军委、毛主席就发出《关于我军迅速渡过金沙江在川西建立根据地的指示》。

1935 年 6 月，一、四方面军在懋功胜利会师。从未见过面的兄弟方面军汇集在一块，大大地增强了红军的力量，威震川、陕、甘地区。后来听说要在川陕甘一带创建新的根据地，我们都很高兴，以为形势会很快地好转，没想到张国焘却挑起了一场关系红军生死存亡的路线斗争。

党中央关于一、四方面军会合后战略方针的决定是创立川陕甘根据地。张国焘口头上表示服从中央的决议，在行动上却与中央唱反调。他在一、四方面军会师欢迎会上说:“要创造川、康（西康）新的大局面。”后来又让他手下的人造舆论 :“谁的人多枪多，谁就应该当领导。”企图阴谋改组中央，篡夺领导权。

胡底对这些言行很反感，凭借他丰富的革命斗争经验，已看出张国焘的意图，暗地和我说 :“张国焘有野心！”但他很注意影响和斗争策略，在工作中经常告诫我们注意搞好两个方面军干部战士之间的团结。

红军总部进到黑水、芦花一带后，张国焘为干预总司令部的工作，亲自委派他的心腹警卫员（四方面军国家保卫局的人）袁成义到我们总部侦察科任指导员。胡底说:“来头不小呀！”张国焘不仅要改组中央，连小小的侦察科也不放过。胡底已经察觉到我党又要经历一次严峻的考验了。原来，侦察科及侦察队只有我一人是负责政治工作的干部，现在又来了一个。胡底专门找我去嘱咐说 :“袁成义是科里的指导员，你是侦察队的指导员，要尊重他，有事多请示他，向他汇报工作，要注意搞好团结。但我们的工作应当怎样干还是得去干,而且要干好……”可是，袁成义一来到侦察科就仗着“来头不小”，摆非常之大的架子，一个指导员，配有一匹大骡子、一个马夫、一个公务员，还配有一个大个子挑夫专门给他背吃的用的东西，比起胡底科长和毕副科长神气多了。有的同志称他是“大指导员”,有人议论说:“侦察科来了一位大首长啦？！”他的军阀作风非常严重，经常是对服侍他的马夫、公务员等人稍微不满意,不是打就是骂,影响很不好。我们侦察队的干部战士对他非常反感，议论不少。胡底告诫我们说 :“不要只看生活作风上一些小问题，要看工作上。”胡底科长心明眼亮，他说话也变得非常谨慎小心，我觉得他常常在思考什么。

蘑菇中毒事件

1935年8月中旬，总司令朱德、总政委张国焘、总参谋长刘伯承等率领左路军从刷经寺向阿坝前进途中，因连日暴雨，河水猛涨，部队不能前进，耽搁了数天，而我们准备过草地的干粮所剩不多了。三天后返回刷经寺，部队十分疲劳，休整了几天，再次向阿坝进发。

后来，部队到达琅口附近，这里是开始进入草地的边缘，仍有大片的森林。藏族牧民的村子里只有棚屋，一种用木材搭建、牛粪和泥抹成的，供人畜过冬用的房屋，空房子里没有一粒粮食。附近满山遍野生长着茂密的青草野菜，点缀着五颜六色的野花。一望无际的绿色草地风光，如同绿色的海洋，神秘而令人神往。

为了保证胜利走过草地，大家自觉少吃所剩不多的干粮，采集野菜野果等充饥。胡底科长的警卫员罗洪山和侦察员宋德功在树林边缘发现了许多肥大的蘑菇，采摘了不少。罗洪山心想：鲜美的蘑菇加上点牛肉干炒麦什么的，可以给科长饱餐一顿。当时谁也没有想到这会是毒蘑菇。胡底科长、科员刘奇、钟宁静等人可能吃得多些，造成严重中毒，四肢抽搐，口吐白沫，神志不清。胡底还时而呻吟，时而控制不住闷在心头的愤怒，大骂张国焘有野心，用枪杆子要挟中央，企图篡夺党和军队的领导权。“难道中央会这样怯懦，被这个土匪的枪杆子威胁住了吗？不会的……”张明远一面捂住胡底的嘴一面劝他安静休息。我记得，第二天出发前，卫生部长贺诚和五军团保卫局长欧阳毅来看望了胡底，听说这种情况，也劝胡底说：“中央的问题由中央去解决，我们在底下的骂他也不能解决问题，会影响团结，出差错的。部队还要行动，你要注意身体。”

几天后，那个“大指导员”袁成义把胡底神志不清时骂张国焘的事上报给张国焘，还恶狠狠地叫嚣："总部侦察科，胡底是反张总政委的，骂总政委就是反党行为……"给胡底扣上了"反党"的大帽子。胡底从昏迷中清醒过来，知道自己所说的话后，预感到问题严重，沉重地对我说："这下难办了，他们是不会放过我的。"

部队在草地行军了两三天，到达查理寺。胡底因中毒大病一场，身体虚弱，面色苍白，精神状态很不好。离开查理寺后，张国焘撤了胡底的侦察科长职务，连他骑的马也取消了，只留下马夫给他背行李。由于他的身体虚弱还没有恢复，行动困难掉了队，被五军团担任后卫的部队接收。五军团保卫局长欧阳毅知道胡底的情况后，派人把他接到五军团保卫局跟随行动。当时，五军团没有多余的马给胡底骑，就给了他一头牦牛驮行李。欧阳毅担心：张国焘等人可能会继续迫害胡底，曾请示过五军团军团长董振堂，想留胡底在五军团保卫局工作，但董振堂考虑到胡底是总部的科长，五军团不能随便留下，还要请示总部才能决定。就这样，胡底随五军团行军到阿坝。到阿坝后，被张国焘控制的四方面军保卫局的人知道了胡底的下落，又派人把胡底从五军团押走了。当时，欧阳毅到军团部开会去了，回来后，五军团保卫局侦察部长慕容楚强十分气愤地报告说："他们随便捉人。"执意要派人去把胡底抢回来。欧阳毅劝说道："派人去抢回来不行的，那样容易发生两军冲突，还不能解决问题。"胡底被押走后，曾给欧阳毅写过一封简信，告诉他现在被押在警通营，一切还好，请欧阳放心。还提出有一床俄国毛毯要送给欧阳毅用。欧阳毅当即回信给胡底，嘱咐他说："注意保重身体，俄国毛毯留下自己用，你现在更需要。"但是我们都不知道胡底有没有收到欧阳毅的信和退回的毛毯。

9 月底，左路军从阿坝出发。数日后，红军来到噶曲河边，因河水猛涨，当时未能涉过河而停了两天，可是如果坚决执行北进路线渡过河去，再走三五日，即可到达班佑与右路的红军会合。但张国焘借口不能过河，命令部队回师阿坝。左路军从噶曲河回返，二过泥泞危险的湿草地，沿大金川南下。

开始几天，在行军路上，我们还能看见胡底被两个人押着行走。他身体虚弱，营养不良，身上穿着一件油腻的旧衣服，脚下穿了一双藏民的长筒靴，肩上背着两只小羊皮口袋，浑身都是泥水，行走十分困难。见他如此情形，我们的心里真难受。而他见到侦察科的同志，为避免引起麻烦，也不说话，只是对我们笑一笑，用眼神相互问候。

最后的见面

10 月初,我们行军走到一处名叫四大坝的藏民村子。藏民已逃走，村子里除了一些家什外，也是没有一粒粮食。地里能吃的东西没有了，只剩下些不成熟的小南瓜和小蔓根菜。我想：我们已受断粮之苦，吃野菜充饥，胡底连采摘野菜的自由都被剥夺，就更加饥饿难受了。我走出村子来到田头地角，勉强从南瓜藤里找到几个未成熟的小南瓜和一点小蔓根疙瘩，大约有二三斤左右，双手捧着，直奔村头监禁胡底的房屋前。负责看守的两个卫兵，一个正在烧开水，见我手里捧的是一些吃的瓜菜，就让我上楼了。胡底听见我说话的声音，从房间里出来站在楼梯边招呼我：“指导员，你来了。”我点点头立即走上楼，说：“科长，我们一点粮食都没有找到，只摘了这点东西送你。”他说：“这就很好了！”我走进房间一看，除供奉神佛的神龛和放了些打青稞麦子的杖子等木制工具外，屋角一边仅铺了一层薄薄的麦草，几乎什么都没有，没有被褥，也没有那床俄国毛毯，只有胡底身上穿的那件油腻的藏族皮袍和已无干粮的空口袋。见此情景，我情不自禁地流下了眼泪。胡底安慰我说：“你不要难过嘛！没有什么了不起，也许是暂时的受点儿委屈罢了。”我握着他的手，最后只说了一句：“请科长一定要注意保重身体！”我离开他的屋子时，他站在楼梯口招了招手，会意地点了点头，不便再说什么了。

第二天部队继续南下，不知是怎么回事，我心里有个结，总是放心不下。我放慢脚步，留意地来回巡视，接连几天都如此，就是没有再看见他，我的心沉了下来。从此以后再也没有看到我们敬重的胡科长了。啊！四大坝，胡底遭受毒害的地方！这地方深深地印刻在我的心里，几十年一直在我脑海中翻腾回荡着，不能忘却。那孤独的藏民小楼，那空荡荡的屋子，那薄薄的麦草铺和空空的小羊皮口袋……还有，胡底微微的招手，心怀坦荡的微笑，“没有什么了不起”……我们当时只考虑问题复杂，张国焘不会轻易放过他，没有想到张国焘竟然在这个地方就下了毒手，胡底，这位堪称保卫党中央的“三杰士”之一的机智斗士，勇敢捍卫党中央正确路线的优秀共产党员，坚定的共产主义战士，却被张国焘杀害了。

胡底离开我们几十年了。许多老一辈的革命家，他的战友和知道他的同志，仍十分怀念他，敬佩他。许多回忆文章中都念念不忘记述了他革命奋斗的一生，唯独对胡底长征中最后的日子甚少记述。李克农在延安时就曾建议追认胡底为烈士。廖承志在周恩来诞辰80周年纪念文章中写道:“张国焘把中央派到四方面军的干部杀了不少，包括和李克农、钱壮飞同志一起对保卫上海党中央的安全作出决定性贡献的胡底，也被张国焘秘密杀害了。”

为了汲取这沉痛的历史教训，我将自己知道的、所能回忆起来的胡底在长征中的这些情况，简要追忆成文字，以缅怀我的领导、师长、战友胡底，以先烈的精神和事迹激励我们，在党的正确路线指引下，为实现四化，振兴中华，奔向共产主义而奋斗。

选自《福建党史月刊》2008年第5期。

雷钦，1915 年生，福建上杭人。1930 年加入中国共产主义青年团，1931 年参加中国工农红军，1932 年由共青团转入中国共产党。红军长征时任红一方面军总部警卫营政治委员，中革军委直属侦察科侦察队队长、侦察科支部书记等。新中国成立后，曾任第二野战军驻武汉办事处主任、解放军总后勤部军械部代副政治委员、铁道公安部队第二十一师政治委员、第六十四军一九○师政治委员等职。1961 年被授予少将军衔。2014 年在大连逝世。

她——指导员兼演员
——缅怀廖赤健同志

王定国

打开历史之窗，透过雄风激浪，在中华儿女扬帆远征，搏击奋进的行列里，巾帼骁将廖赤健同志，至今使我难忘。

廖赤健同志是安徽省金寨县汤家汇人，贫农家庭出身。1930 年年仅 16 岁就离开了家乡，参加了革命的队伍——中国工农红军。参军初期她在中国工农红军第四军政治部当宣传员，以她的立场坚定和善于组织领导的才干赢得了领导和群众的信任及爱戴。1932 年冬，她随红军到达川陕苏维埃革命根据地的首府巴州（今四川省巴中县），担任了川陕共产主义青年团省委妇女部长。在发动群众、打土豪、分田地、巩固苏维埃政权、扩大红军等项工作中，成绩出色，成为川陕苏区人民所瞩目的女同志之一。1934 年，川陕苏区成立工农剧团，赤健同志调剧团工作。1935 年，川陕红军在毛泽东同志为首的党中央领导下，决定北上抗日。北上前夕，成立了"新剧团"，下辖四个剧团。赤健同志任二团的指导员兼党的支部书记。这时，我从保卫局调新剧团道具股任股长。从此，我和赤健同志，朝夕相处，并肩战斗，直到她在永昌战斗中英勇杀敌，光荣牺牲。

廖赤健同志是我们剧团的指导员、党支部书记，又是我们的编剧、导演和演员。在长征途中，她一直领导我们行军、打仗和演出。行进中，我们剧团总是走在队伍的前边，唱歌，当啦啦队，进行宣传、鼓动。部队过完了，我们又迅速赶到部队的前头，迎接新的任务。长征途中，部队的前边，敌人构筑了碉堡，配备了机枪、步枪，设置了几道封锁线，对我们进行火力封锁；后边，敌人的大部队紧紧追逼；天上，敌机不断俯冲，狂轰滥炸。整天头上像夏天的蚊子一样嗡嗡叫。在这种险恶形势下，赤健同志临危不惧，临战不乱。她的大无畏的气概，鼓舞着全团战士们。我们剧团经常唱着："鼓声咚咚，红旗飘呀，战士们好英勇，我们这里立正敬礼唱歌来欢送，祝你们到前方去，勇敢杀敌人……""炮火连天响，战号频吹，决战在今朝。我们少年先锋队，英勇武装上前线，用我们的刺刀、枪炮、头颅和热血，坚决与敌决死战"等歌曲，鼓舞战士们，增强信心，克服困难，勇敢前进。每到驻地，赤健同志就组织我们根据行军、战斗的情况和当地人民群众的情况，编演小型文娱节目。一方面慰问战士们，一方面做人民群众的工作和瓦解敌军的工作。我们演出的节目都是赤健同志和大家一起编排的。有以阶级教育为内容，启发穷人起来闹革命的《吊打穷人》，有宣传苏维埃政府组织代耕队支持烈军属的《耕田歌》，有瓦解白军，讽刺土豪劣绅的《兵变歌》《狗钻洞》等等。内容丰富，形式新颖。在剧团的配合下，使我们的红军战士，以对革命前途的百倍信心，战胜了物质生活的艰难困苦。在党的领导下，我们终于粉碎了敌人一次又一次的围攻堵截，用鲜血和生命为胜利铺平了道路。同时，为燃起全国大革命的熊熊烈火，播下了星星火种。

我们剧团一半是女同志，有的甚至是小娃娃，但也和正规军一样，按班、排、连编制。我们的演出道具、乐器、服装等都由自己带着。每天早晨、晚上都要搞军事训练，赤健同志对我们要求很严格，出操、列阵、拼刺刀样样都学，一扫妇女同志的那种害羞、腼腆，真正和男同志一样。现在想起赤健同志带领我们练歌习武时的音容笑貌，仍历历在目。

长征途中，赤健同志不但领导我们作好宣传鼓动工作，遇到敌人还能镇定自若地指挥我们同敌人勇敢拼杀。同时对战斗中负伤的姐妹给以阶级的友爱和无微不至的关怀。

1936 年 10 月上旬，红军一、二、四三个方面军经过长征，胜利会师于甘肃的会宁。之后，红四方面军中有三个军于 10 月下旬组成西路军，我们剧团随西路军从虎极口和靖远等地渡过黄河西征。

西路军渡过黄河后，连克数城，取得了很大胜利。但是，敌人调集了马步青、马步芳数万匪军，对我西路军进行残酷的围追堵截。我红军将士，不畏强敌，同敌人进行了浴血奋战。我们行至“一条山”，遇上了围追而来的马步青匪军，廖赤健同志指挥我们剧团，配合部队，同马匪的一个步兵团作战。当时我们全团只有十几条枪。主要武器是大刀、长矛。虽然平时有所训练，要组织这支队伍打大仗仍然困难重重。但是，廖赤健同志胸怀大局、英勇果敢、机智灵活，使我们全团战士深受鼓舞。在强敌面前，我们毫不畏缩，同敌人激战四个小时，重创敌军。敌人伤亡 90 余人，我团只伤亡十余人。战后，赤健同志边做政治工作和救护工作，边带领我们急行军百余里。自早晨 5 时到晚上 10 时多，上有敌人飞机骚扰，后有敌人部队追赶，我们忍饥忍渴，边打边退，直到红九军来接应我们，全团才顺利到达赵家水，得以养息。战斗中，我的腿部负了伤，行走困难，赤健对我无微不至的关怀，使我倍受鼓舞，仍劲头十足。经过这场战斗，我团全体战士，经受了刀枪的锻炼和生死的考验。我们必胜，敌人必败的信念更坚定了，战斗力也更加强了。这场战斗，真正体现了赤健同志不失为女中豪杰的英雄本色。

一条山战斗后，我们剧团随五军、三十军绕道锁寒堡、土门等地，折回永昌进行休整。到了土门，已经是万家灯火，马步青的骑兵又追了上来。在此危急情况下，全团必须急行军，以摆脱敌人。摆在我们面前的一个重要问题就是伤员怎么办？当时，我、陈淑贞和余仁同志都伤得不轻，行动很困难，如果影响全团的行军速度，必将给全团带来极大的危险。当时有人提出，将我们放在老乡家。赤健同志坚决不肯，她果断地说：“再困难，也不能把阶级姐妹放下。”说着，她背起我，由其他同志背起另两名伤员，继续向前行进。我们转山沟、攀峻岭，终于翻过了高山，找到了自己的部队摆脱了敌人。试想，当时真的把我们放在老乡家里,势必被马匪部队搜杀。是赤健的阶级友爱,使我们三人死里逃生。到了永昌，尽管长时间地随军作战，使我们筋疲力乏，但在赤健的带领下，我们仍然一边休整，一边参加修工事，同时对各部队的伤病员进行慰问。我们根据一条山战斗中把敌人打得狼狈不堪的壮烈事迹，编写成活报剧，为战士们演出，鼓舞士气，坚定信心。赤健同志整天从早忙到晚，像个老大姐那样，爱护和关心着每一个小弟弟、小妹妹，她要当指导员做政治思想工作，要当编剧、演员，亲自参加排练并演出节目。她像一支蜡烛，点烧着自己，照亮了别人。

1936 年 12 月底，我们剧团奉命前往河西永昌的二十里铺为红九军军部做慰问演出。这一天，九军军部派了一个武装班来接我们，走到离二十里铺尚有几里路的时候，只见二十里铺方向人喊马嘶、尘土飞扬。大家感到情况不好，前面可能有敌人。于是我们加快速度，争取和九军军部会合一起对付敌人。我们边赶路边做好准备，随时参加战斗。当剧团赶到二十里铺的赵家上磨村时，九军军部已经转移。此时，敌人已将我们三面包围，把我们当成军部攻打。我们团当机立断，迅速占据了一座地主的碉楼。当时，地主已经逃跑，楼内空无一人。我们进去后，将包有铁皮的大门牢牢关死，立即和敌人接上了火。碉楼共分三层，第一层是个大院子，四周是石砌围墙。第二层是住人的房间，第三层是四个碉堡。我们团不足 100 人，剧团和武装班共有 17 条枪，弹药也不多。在此危急情势下，赤健等几位剧团的领导同志召开紧急会议。经研究认为,敌人用了这么多兵力进行围攻,很可能认为我们是军部。我们人少、枪少、战斗力弱，不能和他们硬拼。我们要利用占据的有利地形地物，做好隐蔽，不让敌人发现我们是剧团，坚决死守，等待援兵。这样，也可以吸引敌军主力，掩护九军军部顺利突围。当即派了九军武装班的一个同志回永昌城报信，同时召开全团动员大会，要求大家做好充分的思想准备，坚决与敌人战斗到底。并对现有兵力，做了分工；碉楼的第一层由身强力壮的同志把守。第二层由连排干部据守。第三层由政委一面指挥战斗，一面带领女同志和小孩们做后勤供应。同志们抓紧时间抢修临时工事，把砖头、瓦块、木棍等都运往楼顶，准备在断绝弹药后用做武器，同敌人拼杀。我们全体战士，摩拳擦掌，同仇敌忾，决心和敌人拼到底。

敌军从四面八方向碉楼涌来。敌总指挥马元海很狡猾。他曾在古浪一带和我红军打过几仗，吃了苦头，得到了点教训。他误认为我们是军部，不敢贸然进攻。他指挥着步兵缓缓围过来，骑兵在后面远远地跟着，不断派飞机俯冲侦察，但没有发现我们。这样双方相持了好一段时间。敌人又派兵爬上院外大树进行侦察。我们为着节省弹药，不乱开枪，等敌人靠近一枪消灭一个。敌人开始攻打碉楼了，战斗打得十分激烈，残酷。

下午，我军总部派来骑兵援助剧团，和敌人展开了战斗，由于我军骑兵的马有很多是在一条山战斗中缴获的，敌人眼熟，一声吆喝，俘马便奔向敌人阵地跑去，红军战士猝不及防，被甩下马，有的受伤，有的牺牲，为减少牺牲，保存有生力量，我们的骑兵只得退了回去。

时近黄昏，残酷的战斗仍在继续，全团伤亡不小，弹药也不多了，碉楼上反击敌人的火力逐渐减弱。在猛烈的炮火攻击下，赤健同志毫无惧色，用手枪同敌人激战，不幸中弹。她和剧团的几位领导同志，先后壮烈牺牲。我们悲愤极了,高叫着“为死难烈士报仇！”化悲痛为力量，继续与敌人顽强战斗着，坚守着。最后，敌人用汽油把大门点燃，在围墙上掏洞,趁着夜色,从大门涌入。我们在周队长和一位导演的指挥下，用大刀、长矛同敌人搏斗，把住楼道、路口，进来一个砍一个，使敌人暂退院子里。我们剩下的同志坚决、勇猛，拿着大刀、长矛、砖、瓦、棍棒，决心与碉楼共存亡。敌兵再次蜂拥而入，四五个敌兵围住我们一个战士，这时，敌人才发现我们是剧团，不是军部，而大叫“上当了”。

经过一天的战斗，敌人被我们打得损失惨重，我们虽然牺牲了不少好同志，但我们保存了重要的革命力量。

廖赤健同志和我们永别了。当时年仅22岁。她领导我们行军、打仗、演出中所表现的豪杰气概，她在永昌战斗中英勇牺牲的壮烈情景，我们是永远不会忘记的，她永远活在我心中。

在此，让我以诗志怀。

高歌一曲风烟起，战士乐看万草鲜。
岭上练兵观剑舞，寒宵列阵碎金钿。
永昌战斗震顽敌，雏凤腾飞岂偶然。
往事悲壮留记忆，难忘血染河西边。

选自中国人民解放军文艺史料编辑部编：《中国人民解放军文艺史料选编·红军时期》下册，解放军出版社1986年12月第1版，第424—429页。

我长征中的战友贾德福

吴邦文

我 1933 年参加中国工农红军，在红四方面军总经理部当战士。总经理部（现在的后勤部）当时分为被服厂、兵工厂、子弹厂、炸弹厂、造币厂和工兵营。我分配在被服厂，和我们在一起的工兵营有一位大姐，叫贾德福，是工兵营的炊事班长，也是全营年岁最大的一位女同志，其实也不过二十七八岁。她参军前是一个寡妇，没有孩子。平时少言寡语，总是吃苦在前埋头苦干，手脚特别勤快。同志们经常没日没夜地赶缝军装，不管什么时候到伙房，她都准备好了热饭热菜，不断受到营部、经理部的表扬和嘉奖。大家对她的工作都十分赞扬，她总是说："这是我应该做的，参加革命就是为了穷人翻身得解放，不好好干，那革命多会儿才能成功呀。"

长征出发时，她自告奋勇背着炊事班的一口大锅，行军遇上敌机扔炸弹，她不是就地趴下，用锅来掩护自己，而是将锅放下，趴在锅上，用身子去掩护锅。有一次郑部长看见了感慨地说："贾德福呀，贾德福，你真行呀，有的人是顾头不顾腚，你是顾锅不顾命。"她笑着说："全营几百号人，没有锅怎么做饭呢！"就这样，她一直背着那口大锅。

红一、四方面军会师后，我们随军北上。过草地时，贾德福一不小心连锅带人都陷进泥潭。因她身背大锅，没有沉到底，后面的同志赶到才把她救了上来，她还风趣地说："上次是我救了大锅，这次是大锅救了我，要不是大家拉得快，我就到马克思那里报到去了。”以后她就更加爱护这口大锅了。这时，刚从川东过来，粮食还有一点，但是油、盐、菜都很少了。为了全营的伙食，贾德福在她自己的干粮袋上缝上许多小口袋，分别装上盐、姜、辣椒等，她还经常组织伙夫们去采摘花椒叶、榆树叶、杏树叶、灰灰菜等，煮上一锅，像放味精似地放点盐，给同志们当菜吃。自张国焘私立中央后，擅自领兵南下，第二次过草地时，粮食就越来越少了，即便是搞到一点粮食，也做不成饭，只能是囫囵吞下去。青稞麦生吃了以后胀肚子，贾德福就把青稞麦磨成面粉。在行军途中，到哪里找磨呢？于是她就用石头把青稞碾碎。给病号做饭吃。一天在一个山沟里，意外地发现了两盘水磨，贾德福当即组织炊事班的同志去磨面，营长怕炊事班磨不完，就亲自带了一个连去帮忙。傍晚时，突然从山上下来几十个对红军怀有敌意的喇嘛，骑着马，戴着高帽子，穿着袈裟，敲锣叫喊着朝红军冲了过来，一时大家都有些紧张。而贾德福带领战士们仍然磨的磨，筛的筛，谁也没有表现出来惊慌失措的样子。营长爬到磨房顶上一看，喇嘛已经堵住了唯一的出路，营长急中生智，马上命令司号员吹号，从楼下开始吹，一面吹一面向楼上爬，造成部队由远而近的效果。喇嘛们不知道底细，被吓得退走了，这时大家背起面粉就跑，回到住地互相一看都大笑起来，大家都成了花脸小鬼了。又走了一天到了阿坝，是少数民族居住的地方。这里的牛羊毛很多，郑部长在动员会上讲，要把这些毛变成能穿的衣服。但这里什么工具都没有，大家只好用泥土捏成鸡蛋大小的泥球，插上一根木棍，干了就成了捻线的工具,贾大姐又成了纺线能手。大家学着贾大姐捻线织毛衣、织毛袜。也有把毛线织成布做成衣服的，虽然像麻袋片一样，但穿上很暖和，保证了以后同志们穿上它，翻雪山过草地。

张国焘私立中央后，命令我们的部队南下川康，到夹金山下时，这里风雪迷漫看不见山顶。当地的老百姓说这山高不见顶，宽不见边，自古以来，很少有人走过，就是男人也难过去，你们女人就更难过去了。

爬山之前，贾德福将自己珍藏的辣椒和生姜都倒进锅里煮了一大锅汤，开饭时，她拿着勺子站在锅前，边盛边说:“大家都来喝呀，爬雪山了，多喝一点汤好驱赶风寒。”同志们背着沉重的背包，弯着腰拄着棍子一步一步吃力地往上攀登，为了让大家早点爬过雪山，政委王泽兰叫各连开展竞赛,同志们都受到了很大的鼓舞。大家鼓足了勇气,加快了步伐，很快就爬到了山顶。山顶上一望无际白雪皑皑，气候变化无常，时而狂风大作，积雪夹着沙石打得人睁不开眼，站不住脚。五六个人用绳子连在一起，趴在地上，刚躲过沙石，鸡蛋大的冰雹，又像利箭一样地向大家射来，打得大家鼻青脸肿。冰雹过后又是一阵大雨，把大家身上淋了个精湿,很快身上就披上了一副冰雪大铠甲,真是寸步难行呀。下山时，大家把背包和背篓抱在胸前，坐在地上像滑梯一样往下滑，碰到了坡坎便是腾空一跃，就到了山下。有的同志摔得不轻，离开拐杖就走不了路。在这样艰苦的条件下，贾德福还是背着那口大锅，同志们劝她把锅扔掉，她说：“只要有一口气，不打倒反动派我决不扔掉这口大锅。”下了雪山，大部分同志得了雪盲病，眼睛红肿，什么都看不见了，第二天行军只好一手拄着棍子，一手搭在前面同志的背包上，排成一路纵队，迎着漫天的风雪，慢慢地向前移动。由于生理条件不同，女同志遇到的困难更大，加上行军途中又饿又冻，风雪吹打，绝大部分女同志都得了妇女病。在艰苦的条件下，同志们都下定了决心，不打倒反动派我们革命决不停止，为了共产主义奋斗，死也是光荣的。

我们南下川康后开始还比较顺利，半个月就攻下了宝兴、金汤、天全、芦山等。后来又打下了名山、雅安等十来个县城，击毙敌人一万余人，击落飞机一架，成了进可攻退可守的态势。后来敌人越集越多，红军退守百丈关一带，构筑工事，准备对付敌人的反击。

这时徐向前亲临前线指挥，与敌展开血战，在敌人飞机大炮的攻击下，百丈关附近的房屋村庄成了一片火海。红军战士一次又一次与敌军搏斗,鲜血染红了稻田的泥土。苦战了七天七夜,毙伤敌人 1.5 万余人。

贾德福在这次战斗中勇敢地抢救了20多个伤员。徐向前总指挥、陈昌浩总政委，考虑继续战斗下去十分不利，下令向北转移，到了人烟稀少的山区。贾德福等同志又投入了为部队买粮的工作，她们每天走好几十里路，开始还能买到点粮食，后来连洋芋头也买不到了。这时部队又返回，第二次过夹金山，接着又要攀登比夹金山还高的党岭大雪山。到甘孜与红二方面军会师后，我们与贾德福她们就不在一起行军了，以后再也没有看见她们。后来听说她们跟西路军过了黄河整编成妇女先锋团，再后来又听说，妇女先锋团被敌人包围在临泽城内，战斗持续了三天三夜，城外堆满了敌人的尸体，第四天突围时，400多名女战士壮烈牺牲，以后的战斗敌人越来越多，我军是越来越少，终于寡不敌众，打得弹尽粮绝，绝大部分同志英勇牺牲了。打这以后，贾德福同志的音信就再也没有听说了，至今不知道她是牺牲了，还是活了下来。

如今我已是80多岁的人了，1983年离休后，我担任了18所学校的校外辅导员，我常用自己的亲身经历和贾德福等红军战士的革命斗争事迹教育青少年，同时也时常勉励自己继续保持革命晚节，保持和发扬红军艰苦奋斗的优良传统。

中共天津市委党史研究室供稿。

选自中共天津市委组织部、中共天津市委老干部局编：《踏遍青山人未老——献给共和国的创建者》，1997年12月编印，第10—13页。

无名的战士

许昌

1935 年 4 月，我们来到了岷江附近的平定关。这里是由成都到松潘的必经要道，部队正筹备物质，准备过草地。

一天下午，我到二十八团去检查熬硝盐的工作，走进供给处住的一个大院里，只见供给处的王主任，正指手划脚跟一个战士谈话。那个战士约有 20 多岁，中等个，很结实，红红的方脸庞。他看见王主任和我握手，也跑过来“啊，啊”地叫了几声，用一只有力的手握住我的手。他面带笑容，十分亲切。我和他说了几句话，只听他“啊啊”的，不知道说的什么。

王主任向我说：“这个同志不会说话。”

我听了有些愕然，便问道:“怎么，他是个哑巴？”王主任点点头，随后向他比划了一番，像是交待给他一项重要的任务。哑巴同志明白了，向我们挥挥手，向外走去。

王主任把我引到屋里，不等我开口，便十分称赞地说：“你别看这位同志不能说话，他可是我们这儿优秀的运输员啊！”他接着告诉我：这个同志，原先是战士连队的一个排长，共产党员，作战非常勇敢。不幸的是，不久以前害了一场重病，失去了说话能力。病好以后，组织上曾劝他回家休养，他坚决不肯离开部队。来到这里以后，一天到晚，总是面带笑容，默默地工作。筹粮、打柴、往前方运送给养，样样争先，事事跑在前头。这时，他们团有一个连在雪宝岭放警戒，山上没吃的，没烧的，哑巴同志每天跟几个人往山上送东西。因为粮食困难，他们出发前，每人只能分点洋芋吃。路上，有的同志饿的不行，就想吃点给山上送的包谷花，哑巴同志一面指手划脚劝别人，一面把自己舍不得吃的洋芋拿出来。在这种情况下，他虽然不能说话，但是，他的行动，他的手势，比任何语言都有说服力。……

听了王主任这番话，我对这位失去了语言能力的同志，从内心里充满着敬意。从此，这个平凡的红军战士，在我们的记忆中，种下了深深的印象。

我在平定住了几天,便到镇江关去了。半个月后,又转回了平定关。但这次回来，却再也没看见哑巴同志。开头两天，我以为他上山送粮去了，也没问。可是过了几天，不见回来，我就问王主任："那位哑巴同志呢？"

王主任先是低头不语，停了好大一会儿，才说："他牺牲了！"

"怎么？"我不由得一愣，这位满面含笑，生命里充满着朝气的战士形象，出现在我面前。

"事情是这样的"，王主任沉痛地叙说道，"那是你从这儿走后不几天，山上断了粮食，运输员都不在家，他一个人拍拍胸口，指指雪宝山，背着 100 多斤包谷，出发了。他走后，好几天不见回转，我心里十分着急，便派人上山去找。当去的人走到雪宝岭半山腰后，发现有人爬的印子；再往前找，便看见哑巴同志静静地躺在那里，他身上依旧背着一篓子粮食，右手向前伸着，呈现着爬行的姿势，手掌和膝盖都爬出了血"，王主任讲到这里，终于抑制不住，流出了泪。停了一会儿，他又说："当同志们整理他的衣物时，发现他包袱里，还保留着一把炒包谷花，两块洋芋。……"

这时，也许我过于激动的原因，竟忘了打听这位同志的姓名，但我却永远记得，他是一个共产党员。

选自中国人民解放军三十年编辑部编:《中国人民解放军三十年初选稿》第一卷第三辑(一)，第71—72页。

难忘的红军战士

张福勋

举目茫茫，一片荒野。

1935年7月，我们红四方面军第三十一军九十三师卫生部正行进在这旷无人烟的草地上。

没有粮食，战士一天天消瘦下来，眼窝深陷。每到一地，师卫生部政委陈月昌都催促大伙:“弄到吃的没有啊，你们要抓紧弄点吃的呀！”茫茫草地。野菜也是屈指可数的，除了野葱、大黄叶子外，再没有什么可吃的。牦牛粪当柴烧,脸盆当饭锅,煮点野菜,放上盐巴,就很不错了。

两条小白鱼

一天我们正忍受着难耐的饥饿蹒跚地走着，战士小王欣喜地对我说：“张医生，那面有条小河，不知有鱼没有？我去看看，捉它几条，咱们尝尝鲜吧！”这个四川籍小战士行军再累、肚子再饿，从来没有说过一个苦字。眼下，他又要到一里多远的河边去弄鱼，说不定要空跑一趟。我正在犹豫。可是，看到几位负伤的战士忍受饥饿艰难地跟着部队行进的情景，心里十分难受，只好点头同意了。过了很久，他乐滋滋地拎回两条约一拃长的小白鱼，大家非常高兴。鱼煮好了，散发出一股香气，真叫人流口水。给伤员，伤员哪个也不吃，小王自己又舍不得吃，十分为难地说:“张医生,这鱼到底该给谁吃呀？”我拍拍他的肩膀,说：“你跑了很远的路，费劲弄来的鱼，要把它让给最需要的人吃。”

当时，卫生队有 40 来人，让给谁吃呢？小张身体瘦弱，小刘腿部负了伤脸色蜡黄，炊事员小赵饿得已经昏迷了两次，……他们多么需要充填一下叫得叽哩骨碌的肚子啊！尽管小王讲了各种理由，他们推来推去，谁也不肯吃一口。

对了，小王猛然想起队长桂绍忠来。行军途中，他跑前跑后，搀着这个,照顾那个,一到宿营地,他就组织大家采野菜。然后,挖了个土坑，支起小盆，烧上水，给伤员采野菜去了，回来煮好后，自己舍不得吃一口。条件非常艰苦，全团的伤员都需要他照顾，万一他垮了，我们……

队长看到小王端来了鱼，问明了情况，严肃地说 :“越是在艰难困苦的时候，我们的干部越要想到战士，关心战士。”并命令似地说 :“快送给伤员去，让他们消灭掉。”

傍晚,大家把采回的野菜集中起来,正要熬汤,通信员急匆匆地喊：“张医生，小王饿昏了！你快去看看。”我慌忙地跑过去，见他煞白的脸，手中紧握菜筐，想起了两条小白鱼……

小王醒来发现了鱼摆在面前，又偷偷把鱼和汤倒进了野菜锅里，拖着沉重的身子，向我恭恭敬敬地行了个军礼 :“报告，张医生，我完成了任务。”我真以为他吃掉了，感到一阵高兴。

开饭了，每个人两勺野菜汤，大家都尝到鲜美的鱼味，这时，我才恍然大悟……

“飞毛腿”

那时我在师卫生部做看护长工作，医疗条件十分困难。上级发来的一点碘酒、纱布、绷带，很快就用光了。负伤的要包扎，伤员要换药，怎么办呢？我们正在为这件事发愁。

这时，有个高个子的湖北兵大腿负了重伤，渐渐向上溃烂，眼看就有生命危险，必须做截肢手术，不能再向他隐瞒了。他听到这个消息，硬是不同意，一连几天不吃饭，眼睛都哭肿了。他为什么不愿做手术呢？是害怕疼吗？那时没有麻醉剂，连镊子、碘酒都没有，手术刀、手术锯都是从敌人手里缴获的，用的很钝了。这样简陋的条件，会给伤员带来巨大的痛苦，可是，再困难，也要治疗啊！我和指导员商量，先摸摸他的情况。

我一了解，他还有个外号呢，叫“飞毛腿”。他是劳苦人家出身。地主逼债抢走了他的姐姐，妈妈悬梁自尽。一气之下，他给地主家放了一把大火，和父亲一起逃出来，参加了红军，前一年，他的父亲在战斗中牺牲了。听说，他没有流一滴泪，把满腔的仇恨深深地埋在心底。他是个很刚强的战士，平时少言寡语，走起路来，却像一阵风似的，大伙儿说：“飞毛腿，有三多，走的路多，身上背的东西多，出的汗多，可他好像从来不知累。”他参加过多次战斗，打仗很勇敢，对那血肉横飞，断肢断腿的景象，对那嗖嗖的枪声，隆隆的炮声，习以为常了，没有惧怕过。在一次阻击敌人的战斗中，一条腿挂了花，他咬着牙，“哧”地一声撕下了一块布，自己包上了汩汩流血的伤口，继续作战。

战友发现后惊讶地说:“啊，你的腿……”“没什么，没伤着骨头。”而现在，他的这条腿再次负重伤，真的要截掉，他的思想负担该多重啊！

一天，他拉着我的手，含着眼泪说：“看护长，我不能没有腿呀！我要跟你们一起到延安，去见毛主席，一起打日本鬼子。我求求你，给我留下这条腿吧！”我尽力安慰着他：“如果不截肢，命都保不住了，截掉一条腿，生命还在，还能为革命做点事情，如果生命都没了，你还能干革命吗？”那天晚上，他的思想斗争很激烈。

第二天上午，他又找上我们，腼腆地说:“我想通了。我是共产党员，没有什么特殊要求，要求你们给我锯掉这条腿，能留下一条命，看到革命胜利就行。”主任接着说:“没有麻药,能挺得住吗？”他淡淡地一笑，说：“有什么了不起，枪林弹雨，我都没怕过，疼点算得了什么。国民党没把我打死,难道没有麻药能把我疼死？！”说着,他扑哧一声笑了。我和主任被他这种乐观情绪所感染，一时不知说什么好。

手术在一个简陋的小房里开始了。我一边给他擦药，一面说：“实在没办法呀，同志，你忍耐着点吧！”锯大腿时，他疼痛难忍，牙咬得咯咯响，脸上流出了一串串豆粒大的汗珠。我们在紧张地忙碌着，心里想，早一分钟，就能为他减少一分痛苦。手术做完了，我们好像结束了一场紧张的战斗。他没有流一滴泪，只是下唇留下了两道深深的紫红色的牙印。

部队要过草地，组织上确定他留在敌占区。临走的那一天，他被人抬着赶来送行。天下着小雨，又夹着冰粒，他的眼里滚动着泪花。队伍走远了，我看见他高擎的手臂，还在徐徐摆动。

我一边走一边叨念:“飞毛腿，飞毛腿……”他像一颗红色的种子，撒播在乡间的沃土；他像一颗明亮的星，在漆黑的夜里闪闪耀动……

选自《吉林日报》1986年10月22日。

张福勋，1917年生，安徽六安人。1931年参加中国工农红军，1936年加入中国共产党。红军长征时任红四方面军第三十一军九十三师卫生部医生。新中国成立后，曾任西南军区三十二医院院长、沈阳军区二〇七医院院长等职。

老王同志

赵本原

1935 年七八月，红四方面军三十一军一部，在川西北理县附近，阻击白匪军薛岳部的侧击，我红二七三团担负掩护主力安全北上任务。以后，随主力进入草地，向查理寺、阿坝方向进发。

这是第一次过草地，对草地的情况摸不清楚，事前没有做充分的准备，每个人带的粮食有限，而且，在打仗的几天中，差不多都吃光了，所以，一开始进入海拔两三千公尺高的大草地，一个突出的问题就是没有吃的。

那时候，我在特务连当战士，正当部队上山打仗的时候，我病了，因为发高烧，人软得像没有骨架子一样，只想喝水，不想吃东西。团首长把我送到卫生队，我说什么也不愿意。我请求团长让我到前方去，不能打仗，给同志们送送弹药也好。团长不答应，他说："革命不是一天一日的事，反动派的力量还强大，今后有的是仗打，看你站都站不稳，怎么能上前方呢？好好休息，等我们完成任务，回来接你。"

说实在话，我真是舍不得离开部队。可是现在，有什么办法呢？自己病了，真是支持不住啦，不照着团长的话去做又怎么办呢？

当时部队的物资是非常缺乏的，每天吃饭都成问题，不要说什么治病的特效药了。到了卫生队以后，卫生员们到野外去找了些毛柴杂草，熬了些水给我喝，除此以外，就没有更多的治疗了，所以，我的病并未减轻，一天到晚迷迷糊糊地躺在病床上，东想西想，老挂念着部队，生怕部队走了。每次卫生员来送药，一听见脚步声，我就满怀欣喜地勉强坐起来，以为是团长来了，当我发现是卫生员，又失望地睡下。

第四天部队终于完成任务下山来，团长来到卫生队看我们，我的心才像一块石头落了地。

出发那天，我还是烧得很厉害，加之几天病魔的摧残，又没吃一点东西，人瘦了，眼圈大了，头上开始掉头发，全身好像瘫痪了，真是迈动一步比跨海还难。但这时，我心里还是很清醒，我想，不管怎样，总算跟上部队走了。

在不情愿下，我被卫生员扶着上了担架。我感觉到担架员同志非常吃力地才把担架搁到肩上。我听卫生员说过，卫生队已经闹了一两天粮荒，担架员怕也有一两天没有填饱肚子了。在路上，我感到并不平稳，担架东摇西晃。我心里实在感动，也很难受，越想心里越觉不安，我感觉他们迈出的每一步，不是落在地上，而是落在我的心上。到达宿营地后，我立即向卫生员提出要求，无论如何不能让担架员抬我了。

第二天天一亮，部队出发了，忽然老王同志来到我跟前，二话没说，就把一双粗大而结实的手放到我的额头上，焦虑地自言自语地说："还没退烧呢！"我睁开眼，惊奇地望着他。他没有什么大变化，只是颧骨高耸起来了，头发长了，额头上的皱纹好像多了、深了，除此以外，他还是和从前一样，方圆的脸黑黑的，嘴唇上蓄的胡须还是那么刚劲。他是我们供给处一个挺老实的饲养员，这时候，工作正紧张呢！他怎么到我这儿来了呢？我问道："老王，你怎么还没走呢？"老王笑了，格外爽朗地回答说："小赵，起来吧，我是来跟你一块过草地的。"说着他又用手往门外指了一指："团长叫我把牲口也牵来了呢！"

我没立即搭腔，心里是有顾虑的。一来我能不能骑牲口还是问题，就是能骑，供给处少了一匹牲口，东西怎么办？老王像看出了我的心事，立即说："我们的东西已经越来越少，有好些牲口都空出来了。咱们走吧，不要东想西想的，部队已走了一阵了。”

我和老王出得门来，已不见部队的踪影，心里慌慌的，怨恨自己不该久留。还算好，这一段路还不是荒无人烟的地区，不时有些人家，所以，到了晚上我们就赶上部队了。

这天晚上，部队一点粮也没有了，团里几十匹牲口，大部分杀了做饭吃了。病号得到同志们的额外照顾，还可以喝到一碗包谷糊糊汤。

天亮出发，老王扶着我上了牲口，顺着杂谷河走。这两天，可能是因为赶部队心切，怕自己落下来，病似乎好了些，虽然烧还是没有减退，但勉强吃了一点东西，所以依靠着这匹牲口，走了几十里地，还能跟上部队。

一天中午，来到杂谷河边的野地附近，有一座悬崖挡着我们的去路。悬崖的旁边就是杂谷河，河水很急，依傍着悬崖，架有一个独木桥，老王扶着我从牲口上下来，然后一步一步地走过了独木桥，当老王牵着牲口过来的时候，牲口不愿过桥，活蹦乱跳，一下碰在悬崖上，就撞到河里，被无情的河水卷走了。我望着那河水感叹地说：“这下完蛋了，不知要什么时候才能赶上部队。”但是老王还和往常一样，对任何事情都充满信心，他挨近我的身边坐下来说：“小赵，不要紧，牲口冲走了，还有我在，有我就有你，咱们一定能够赶上部队。”说着老王把我扶了起来，我靠在老王身上，有气无力地走它三两百步，就停下来歇歇，歇歇又走，好容易到达草地边缘上的康猫寺。

过了康猫寺，我们继续前进。这时候，我们和部队失掉了联系，部队不知走到哪儿去了，走了几天，连点踪影也没有发现。沿途见不到百姓，也见不到一家人，就是飞鸟也少见。每天太阳出来，我们就走，太阳下山，我们就在路边寻个比较干一点的地方休息。我是什么也不能干了，多亏老王，他天天如此，一休息下来，就去找干柴，回来烧一小堆火，我两个向着火背靠背过夜。又没吃又没喝，这样的日子不知过了几天。

有一天，我们登上一个土山，从山顶往下望去，简直是一马平川，遍地都是绿油油的青草，草丛中还可以发现像镜子一样明亮的地方，有的像一根腰带子，有的像残缺不全的镜子。我真高兴极了。在我的印象里，川西平原就是这个样，我想，我们准是来到了一个富庶的地区，在这里找一点东西吃，不会困难了。我们在山顶上站了片刻，忽然有一架敌机从我们头上掠过，我们惊叫起来！部队准是从这块地区走过的。这时候，我简直忘掉了我还害病，拉着老王一气儿就下了山，很快就进入了那片绿油油的大平川。青草一尺来深，方向也找不到了，我们把脚一踏下去尽是水，拔出来一看半腿都是泥，这时我才意识到自己判断不对，我问老王："这是什么地方？"老王说："我也不知道，你看这里没有人家，没有老百姓，遍地都是草，大概是草地吧！"听说是草地，想到刚才在山顶看到那么一大片，无边无沿的，心想，这下子成问题了，不能走了，再走走到哪里去呢？说着，天就黑下来，老王找了一个高一点的地方，把毯子铺在上面，叫我坐下来，他又出去拾柴火，回来烧火，和我坐在一块儿。这时候，我心里真是慌得要命，火光把我的影子照在水里，我发现我的头发都快掉完了，脸上手上皮包骨头，不成个人样了，一下就昏了过去。醒来后，我躺在老王的怀里，他口里一个劲地在叫："小赵，小赵……"我上气不接下气地跟老王说："老王，我不行了，明天早上，把我留下，你走吧，见了首长，说我坚持到最后……"老王眼睛一下就红了，眼泪像断线的珍珠，滴在我的胸前，滴在我的头上。我从来没有见过老王掉泪啊！我心里非常难过，但我的眼泪已经流不出来了。老王紧紧抱住我说："小赵，你不要胡想了，首长走时说过，我们是去和一方面军会合，去见毛主席呢！你放心，无论怎样艰苦，就是过刀山，我绝不把你丢下。我们一定要一起过草地，有我就有你。这是党交给我的任务，也是我应尽的责任。"这一夜，因为我的病忽然加剧，我又昏过去几次，后来老王告诉我，他还去烧水来给我喝过。

第二天一早，当我醒来的时候，我发现我在老王的背上，一步一拐地往前走。我怎么忍心呢？除了没病以外，老王也和我一样吃苦啊！我一再挣扎，老王才把我放了下来，扶着我往前走。

这一天我们走得很慢，从早晨到中午，才走了几里地。到了一个草墩跟前，真是又饿又累，连老王也走不动了。老王说："咱们休息休息吧！休息一会儿再走。"我就在草墩上坐了下来，肚子真是饿得很，就是找点草果吃也是很困难啊！原来我们走的这一段路，实际上正是我们部队走过的，那么多人，要吃多少东西，所以路两旁的草果几乎吃光了。休息了一会儿，老王挣扎起来到一两里地以外去找草果。草地里地势也很怪，有时远远看去，那边明明长着一树红艳艳的草果，可走近一看，中间却隔一条河，过不去，干着急，所以老王大体上只能采前面部队摘后残存的一些，一棵树上只有那么三五个。这一次出去，还算顺利，找到了一大包，真是如获珍宝。老王吃了很少一点，把大部分给我带了回来。草果的甜味滋润着我的心，我对老王说："老王，你对我真是太好了，我真不知该怎样来感激你才好。"老王说："别说这些，只要你病好些，我们能跟上队，就是我累一点也没有啥。"

吃完草果，老王扶着我继续往前走，草铺满地，连个足印也难发现了，我问老王："这下怎么定方向啊？"老王是有经验的，他说："人从草上走过，朝哪个方向走，草就朝哪个方向顺，我们顺草顺的方向走，没有错，准能找到部队。"又走了一阵，天快黑下来，忽然在我们前面出现一个好像是用树枝搭成的小棚子。我和老王都很高兴，以为是部队在那儿住下了，于是我们加快脚步，朝着那个棚子走去，走呀，走，走了好半天，天已黑下来，那棚子还是隔那么远，老走不到。我们只好在路边休息下来。这晚上，虽然还饿，还是病，但是心里很愉快，我们马上就要赶上队伍了。

第二天我们比哪天动身都要早，棚子还是那么远，好像还能看见缕缕炊烟在上升，我们走得更快了，但是走到中午，还是没有走到，我又困乏了。老王说："好，休息休息再走吧！"

离棚子的地方大约两三里地，有一条小河，这条小河并不深，但是我过不了，我又不愿劳累老王，眼看天又快黑了。老王说：“快一点，不要不好意思了，来，我背你。”说着，他一把拉我在背上就蹚过河去。

走到棚子跟前，我们一个人也没看见，只发现棚子周围到处是被人挖过的窟窿，凭经验，我们知道红军在这儿住过，我们好些战士都带瓷盆，一住下就挖洞，把瓷盆搁上就烧水煮饭，洗脸洗脚，这已经成了红军的习惯。虽然没有见着人，但我们知道了红军的踪迹，知道红军走过去不远，我们还是高兴的。这天晚上，就在这里住下。晚上老王出去到处寻吃的，乐呵呵地捧回来一大堆牲口蹄子和牛皮，老王说：“这下，我们可以不挨饿了。”他又指着蹄子说：“你看，这一堆，还不够吃它个三五天？”这晚我们用火烧着蹄子，饱饱地吃了一顿。

第二天，我们出发不久，就把前面一个平川走完了。又翻了一座小山，进入第二个长满着绿草的大平川，还是那么难走，还是那么无边无沿的，不过这回我们有了一些吃的，我的病似乎也好了一些，加上赶上部队很有希望，所以走起来不感觉那么难受了。

一天下午，老王发现前面有个松树林，指给我看，他说：“好像还有帐篷呢？”我顺着他手指的方向看过去，果然是这样，我的眼力比他好些，我还发现松树林下，帐篷边好像还有人在来回走动呢！我们可高兴了，三步并作两步往前赶，快到帐篷时，帐篷里出来了一个人，还带着枪，辨不出是什么人，我们赶紧停下来，躲进草里，那个人好像也发现了我们，一直朝我们这儿走，等我们瞧见了他头上的八角帽，帽子上缀的五角星，我们赶快站起来。那个战士把枪对准我：“把手举起来，你们是什么人？”我说：“我们是红军，掉队的。”他又问：“你们是哪个单位的。”我说：“二七三团特务连的。”我又把我们如何掉队的事全说了一遍。那个战士上前来，扶着我很快进了他们的帐篷。原来他们是军卫生部的，已经到了查理寺，又回过头来在这里专门收容掉队病号。他们说：“从这里往北再有三天，就可到查理寺了。”

我和老王终于找到了部队，回到了红军的怀抱。

回想起来，老王是一个多好的同志啊！在那艰苦的环境里，他始终和我在一起，一刻也没有离开过我，若没有老王同志的帮助，我是过不了草地的。任何时候，只要想起老王对我的战友情谊，我就要感动得落泪。可惜，我们的老王同志，在二次北上过草地时，牺牲在党岭山上了。

（王嘉禾整理）

选自杨国夫等：《星火燎原·未刊稿》第4集，解放军出版社2007年8月第1版，第33—38页。

赵本原，红军长征时为红四方面军第三十一军第二七三团特务连战士。

咱班的“王政委”

赵连成

1936年初，我被调到三十一军医院当看护员。到医院后，同志们听说我去的是二班，都以羡慕的口气对我说：“你真走运，跟王政委在一个班里，啥也不用犯愁了。”我很奇怪，怎么班里还有政委呢？可他们又不明白地告诉我。这时，一位个子跟我差不离的同志跑了进来，就像早已认识了我似的，亲亲热热拉住我的手，指导员对他说：“你来得正巧，小赵同志调到你们班，你引他去吧！”“我就是来迎接他哩！”这人高兴地说。我跟着他出来，队长在背后叮咛了一句：“王才生同志，你可要好好照顾他。”我听说他姓王，就想起同志们说的“王政委”，会不会就是他？不觉好奇地又打量他一眼。看样子，他的年纪也不过十六七，比我大不了多少，哪有这样的小政委？

到了住处，他一边帮助我安放东西，一边跟我攀谈起来，问我：“什么时候参加的红军？在家干啥的？”我告诉他后，他点头说：“我是放牛的出身，咱们都是穷人。穷人只有参加红军，打土豪分田地，将来才能过好日子。”他又指着空着的地铺说：“这是你的床位，缺少啥尽管说，反正咱们的东西大伙用。”

他又和我说了很多，而且谈到了工作。他说：“当红军的看护员是光荣的。我们应该把工作做快些，做好些，使伤病员很快地出院，这样革命成功也就会快一些。”

他真会说话，懂得的事情也比我多。后来，我才知道他果真是同志们所说的“王政委”——我的班长。当然，这个“政委”是同志们送给他的称呼，因为他人虽小，道理却懂得多，又处处关心别人，带头吃苦，所以大家叫他“政委”。

6月，我们从西康炉霍一带进入了草地。一望无边的大草原，到处都是稀泥烂草，可真难走，王才生同志总是不离我的身旁。到了宿营地，我累得像堆泥巴，倒下去就不想动了。他呢，又烧水，又做饭，还跑来劝我说：“洗脚要过膝，行军脚不痛，走路腿和顺。”督促我洗完脚，他又督促别人去了。

行军途中，我一饿就想吃干粮，而他总是和蔼地劝我说：“记住指导员的话，不到最困难的时候不准吃。”可是有时饿得忍不住，我还是偷吃了些。后来，我的干粮吃光了，他宁愿自己挨饿却把干粮省下来给我吃。

又走了些日子，大家的粮食全吃光了，只好采些野菜和牛皮一起煮着吃。有些野菜有毒，吃下去，浑身虚肿。

有一天，从不掉队的王才生也落到我的后面了。他一定是病了。我等着他，走近一细看，真把我吓了一大跳。他的脸色跟土墙一样，眼窝深陷，身子微微发抖。我又心痛又埋怨地说：“你病成这样怎么不早说呀？”他强打精神说：“放心吧，我没病。你先走，到前边等我。”我伸手去扶他，被他推开了。

快到班佑时，部队进入了一个原始山林，这片森林大得一眼望不到边，从山脚到山顶，密密层层长满了几抱粗的大树，好多已经腐朽了，倒在地上，生满了灰白色的菌子。这里到处是污浊的积水，厚厚的落叶覆盖在上面，踩一脚“扑哧哧”地乱响。还是下午三四点钟的时候，树林里就暗得和黄昏一样了，阴森森的吓人。

那天，我们就在半山密林中宿营。王才生病成这样还不肯闲着，硬挺着去找野菜，捡干柴，生火烧水。我见他脸色难看，心里过意不去，

劝他说 :“你躺一下吧！别老是只顾别人，不顾自己！”

他笑了笑，有气没力地说 :“干点活就能把病治好。”

菜是煮好了，可我俩只剩最后一块牛皮，能吃它吗？真叫人犯愁，这无边的草地，不见庄稼不见人，何年何月能走得出？我对他说 :

“我看……反正也走不出去了，把那块牛皮吃了吧！”

他吃力地抬起头来，对我说 :“悲观啦？不，把牛皮留着，小赵，你拍拍干粮袋，也许有些碎屑，放在汤里煮煮也好。”

其实干粮袋不知拍打过多少次了，但现在有什么办法呢？我只好把两只口袋翻过来，使劲拍打一阵，居然又弄到一撮碎屑。

这时，忽然刮起了大风，把树枝都吹断了，天霎时变成一片墨黑，雷雨闪电在这大山中引起巨大的回声。我紧紧护住锅子，生怕被风掀掉。不一会儿，天又下起鸡蛋大的冰雹来，雹子砸到树上、石头上乱滚。我担心班长被砸着，就顾不得锅了，忙去拉他，他挣扎着推开我的手，用尽力气喊道 :“你快隐蔽，我自己会走。”

我没头没脑跑起来，正碰着炊事员老李，他把锅丢在地上，缩着脖子往深林中钻。我一看这锅子挺大，就拾起顶在头上，雹子打在锅子上，像敲锣一般，我忙喊 :“伙计，快回来，这里挺保险。”

老李扭头一看说 :“你这家伙倒挺会利用。”说着连忙跑回来，和我一块藏在锅底下。他松了口气，听着当当的响声，开心地说 :“这个节目多热闹！”

我没搭腔，心想着王才生，后悔不该离开他。雹子稍停，我连忙回到那棵大树下，只见他在那里弯腰收拾东西，一见我就关心地问:“打痛了没有？”他又指指地下笑了笑:“你看完啦！”我一看，锅打翻了，火也熄了，野菜汤倒在灰堆里。我呆呆地站了半天没有吭声。老李看这般光景，就慷慨地说 :“不怕，我还有半小碗青稞麦，咱们煮了吃。”

“这怎么能行，留着吧，路还长呢！”王才生阻止他。

可老李却不听他的话。他说 :“看你病成啥样子了，你能弄来牛皮给大家吃，我这碗青稞怎能一个人吃？”说着就从背上解下一条细长的口袋往外倒，但怎么也倒不出来，撕开一看，青稞已经长芽了。

“好坏总是粮食，这也行。”老李无可奈何，很抱歉地说。

我一面煮着青稞麦芽饭，一面想着老李刚才提起的弄牛皮的事。才进入草地的时候，有一天部队刚宿营，王才生就出去了。一会儿，他很高兴地跑回来，拉着我看，原来是先头部队丢下的一堆牛皮。我俩把牛皮拉回来，交给队长，指导员，分给每人两块。小块的用棕绳穿住绑在脚上，当鞋子；大块的缝成一个带尖的皮帽，上边还画上个五角星……可现在，皮鞋、皮帽都吃到肚子里去了。

我煮着老李的青稞芽，肚子早饿得咕咕叫了，就等着开锅，这时王才生背靠着湿漉漉的树枝，一声接一声地喘着粗气，脸色又黄又青，两眼死盯着火苗，一动也不动。我走上去摸摸他的前额，像火炭一样热。这可怎么办？我急得满地乱转。他打起精神说：“别担心，小赵，我一会儿就好啦！”

我盛出一些煮熟了的麦粥，要喂他吃，他摇摇头，低沉地说：“我不饿。”

“你强吃些吧，肚里有了饭食，总会好些的。”老李也劝慰他。

“你再不吃，我们也不吃了。”我拉着他的臂膀，急得直想哭。

他忽然抖擞一下说：“我吃。”用发颤的双手把碗接过去。他把碗放到膝盖上，自已吃着，麦芽根噎得他半天透不过气来。要能弄来点面汤多好呀！但是现在……

天黑了，就在这棵大树下，我们平了一块地方，铺了些树叶子，准备睡觉。王才生在黑暗中端详着我，好像第一次见面似的。我心里难受极了，叫他休息，可是他仍不动，好一会儿，才说：“明天我起来做饭，路难走，你多休息一会儿吧。”

半夜又刷刷地下起雨来。他悄悄地把被单子给我盖上。我一摸他只盖了半边身子。往常宿营遇雨，他总是自已淋着，把被单子让给我盖，今番他病了还是这样。班长啊！我心里感动地想。

森林里到处燃起篝火，把我照醒了。我知道天快亮了，就悄悄地爬起来，想给班长煮点牛皮汤喝。

汤煮好后，盛在碗里，我端着去喊他。一连几声，他都没有答应。我心跳起来，掀开被单一看，他眼睁得大大的，全身都僵硬了。汤碗从我手里掉到枯黄的落叶上，我扑在他身上痛心地哭起来。

指导员、队长、老李和同志们都跑过来，把我拉起。大家默默地站了一会儿，然后将他的身子扶正，用被单裹好，盖上树枝，一把一把挖着泥土，给他筑坟墓……

我们的“王政委”就这样长眠在长征途中，但他爱同志的精神却一直在鼓舞着我，完成后来的艰难的行程。

选自杨国夫等:《星火燎原·未刊稿》第4集，解放军出版社2007年8月第1版，第71—74页。

赵连成，红军长征时任红四方面军第三十一军军医院看护员。新中国成立后，曾任解放军总后勤部财务部干部处处长。

红军营长

刘辉儒

我永远忘不了一位同志。我不知道他的姓名，只知道他是一位红军营长……

1936 年秋天，我们从甘孜往北出发，第三次进入水草地。

放眼望去，天连草，草连天，茫茫一片。就在这片绿绒毯一般的草原上，等待着我们的，是狂风、暴雨，是稀泥、烂草。……由于张国焘坚持逃跑主义路线，在第一次过草地途中，又拖着我们左路军再次过草地南下。部队给养困难，人疲马惫，饥饿、疾病严重地威胁着人们，不少同志掉队了。我们临时收容队扛着担架，搀扶着伤员病号，沿着大部队踏出的泥泞的道路，一步一步地前进。

突然，有几个晃动的人影在我们眼前时隐时现，又有同志掉队了。只见一匹白马，艰难地在泥泞里挪动。骑马的人腰板挺得笔直，很精神，不时勾着头和身边的战士小声谈笑。虽然他身体精瘦，像树棍撑着一件衣服，肩胛骨高高地耸起，但是，乍看上去，他仍然不失英武的战士风度。只有在马身忽高忽低晃动剧烈的时候，他才不得不把腰弯得像弓一样，一只手紧紧地揪住马鬃，另一只手死死地按压着右胸。马的一侧，一个战士抓着他的衣服，防止他从马背上滚落下来。这时，我才发觉，他是个伤员。

我拽拽肩头上的药包，急忙赶上去。听到蹚水的声音，他回过头来，望着我的红十字药包，脸上露出爽朗的笑容，风趣地说：

“嗬！小鬼医官上门来了，这么说，是非得让你给看看喽。”

我问：“首长，你怎么啦？”

他满不在乎地说：“小事一桩，被龟孙们用枪子在身上钻了个洞洞。”

我让他躺在半截子棉毯上，轻轻解开他灰军装的衣扣。他的身上，裹着一层染遍了暗红色血迹的绸带，绷带上浸出一滩滩黄水，撕开粘连在一块儿的纱布，瘦得露出一根根肋骨的右胸上，有一个银元大小的伤口，背上也留下一个拳头般大小的创伤。脓、血仍未停止沁流。看着他那么重的伤，再看看他那分明是为了安慰其他同志和振作自己而强打精神的微笑，我心里又是钦敬，又是难过。在这漫长的路途上，仅有的一瓶碘酒早就见了底。药包里除了两把锈斑斑的镊子以外，啥药也没有。我眼里噙着泪花儿，难过地低下了头。营长看出了我的难处，安慰道：

“噢，你那药包也饿肚皮了。嗨，让它也和我们一起艰苦艰苦，将来再塞满它。不要紧，这点伤用不着啥子药，只要倒倒脓水就行了。小鬼，大胆干吧！”

我思量，营长的话也有道理，把脓排出来，也许会好些。于是，我们几个人狠狠心，把营长抱起来，下半身抬高，上半身放低，立时，脓、血从伤口里汩汩地涌出来，流了一大滩。营长长长地舒了一口气，说：

“好！舒服多了……”

大伙儿你看看我，我看看你，脸上露出了舒心的微笑。正在这当儿，只见营长额头上渗出一颗颗黄豆大的汗珠儿，喘息一阵比一阵急促，脸色由白变紫，由紫变青，突然，脑袋沉沉地耷拉在我的手臂上。两个战士大声哭叫：

“营长！营——长——”

营长不吱声，我一下子慌了神，不知道怎么办才好。突然，我想起药包里还有几张铜钱厚的草纸，那是我准备用来学文化的，听别人说这东西能止血。我忙把草纸折成方块，堵在营长的伤口上。想不到几张草纸竟有这样的神效，不一会儿，营长慢慢睁开了眼睛，呼吸也渐渐均匀了。他轻轻摇晃着我的肩头，说：

“你这小鬼还真有办法。来，扶我一把，走！”他爬上马背，刚走了几步，又回过头来说，“对了！你把这草纸留下几张，革命成功后，让大医生检查检查，看看里头有啥子灵丹妙药。”

每天早晨，我们还没动身，营长就骑上马，提前走了。临走前，他总要逗乐几句：“小鬼医官，今天我们比一比，不过，你得让我先走一步哟！”

当然，不一会儿，他又落到了我们队伍中。他虽然伤得那么严重，可是，却像没那回事一样。遇到掉队的同志，他常常亲切地安慰几句，提高嗓门鼓动道：“同志们，快走出草地了！甩开大步往前赶，好打大胜仗哟！”遇到十分危险的路途，他总要嘱咐大家：“喂！脚上多长两只眼睛，别往泥潭潭里闯！”谁要是断了粮，他总要解下自己的干粮袋，笑呵呵地招呼道：“来！这里还有点青稞，我们二一添作五，拿去！打个牙祭，走出草地！”

营长的伤势一天比一天恶化，身体一天比一天虚弱。我们要用很大的劲儿，才能让他在马上坐稳。我想，要是有点儿盐就好了，弄点盐水给他洗洗溃烂的伤口，既能消毒，又能长肉。我问了很多人，都说十几天没尝到咸味了。盐比金子还贵啊。一天，我终于从一个事务长那里弄到一小撮盐，在篝火旁给他洗伤口时，他像要告诉我什么秘密一样，把身子朝我挪挪，充满感情地说：

“哎，方才我刚合上眼皮，就看见我们走出了草地，和一方面军会师了！我还见到了，见到了毛主席……”

一阵咳嗽，打断了他的话。喘息了一会儿，他静静地躺着，眼睛睁得大大的，像在想什么问题一样。突然，他问我：“喂！小鬼医官，明天，你准备干什么？”

我不理解他的意思：“明天？继续行军呗！”

他笑了：“嘿！傻小伙！我是说的将来，革命胜利以后。”

“哦！那时呀，那时，我，我就把药包塞满药，各种各样的药，好好为同志们治病。哎，营长，你想干什么？”

营长说：“我呀，早盘算好啦！我要回到草地上来。”他随手从身边抓起一把泥土，捏成一团，凑近鼻尖，深深地吸了一口气，“嗨，多香！肥得能攥出油来。那个时候呵，我们穷苦人坐了江山。这些土地，不！全中国的土地都是中华苏维埃的了。”营长越说越兴奋，“那个时候呵，我就和同志们在这儿闹个大农庄，用那种什么机器，对，叫拖拉机，用拖拉机耕地，每年收几百石、几千石黄谷，让天下的穷苦人吃得饱饱的，住上崭新崭新的大瓦房……”

红彤彤的火光映照在他的脸上，我看见他的眼睛闪闪发亮。他完全沉浸在自己的理想之中了。

一天，营长再也提不起沉重的腿，躺倒在草丛上。他的眼眶深深地凹陷下去，像两个酒杯一样！汗水在蜡黄的脸上淌成了一条条小沟。这时，几个人牵着一匹马走过来。一个首长模样的人在营长身边半跪下来，细细地端详他，轻轻地呼唤他。营长慢慢睁开了眼睛。那人亲切地说：“好同志！眼下，伤势不容许你再往前走……离这里不远，有兄弟民族居住的地方。给你一匹马，带上点儿粮食和银元，派个人送你去那里。你安心养伤，伤好了再来追部队。如果不行，那，革命胜利后，我们来接你。”

倏地，营长一下子坐起来，翕动着嘴唇，一字一板地说：

“我感谢组织的关心。但是，钱、粮，我不需要，留着它，用在革命最需要的地方；马，让它驮着枪炮……前进！”

他急促地喘了几口气，拍拍一个战士的肩头，又替另一个战士整理着破烂的衣襟：“同志，红军战士只能流血，不能流泪！困难，是暂时的，前途无限光明。只要跟着共产党，革命——就一定能胜——利——！”

营长由别人搀扶着，“噗哧噗哧”地走去了。

我们终于走出了草地。

救济寺①的金顶，在太阳照射下熠熠闪光，飘拂的红旗，辉映着蓝蓝的天空。“小鬼医官！小鬼医官！”一个熟悉的声音，把我从沉思中唤醒。啊！是营长呀！我不住地摇晃着他枯瘦的手，含着泪花说：“营长！我们胜利了！”

营长忘了伤痛，大声说：“胜利啰！”他又转过身来问我，“喂，还记得你说的话吗？”

我睁大眼睛望着他。他用手指点点我的额头：“嗬！忘了？‘明天，继续行军呗！’哈哈……”他意味深长地说：“小鬼医官，要向前走啊……”

营长到留守处医院治伤去了，以后，我再也没见到他。

我不知道他的姓名，可是，我永远记得他瘦弱而高大的身姿，永远记得他经常唱起的那几句歌子：

“……团结起来到明天，英特纳雄耐尔就一定要实现”。（方荣、赵嘉琦整理）

选自《解放军报》1980年11月2日。

刘辉儒，1919年生，四川万源人。1933年参加中国工农红军，1936年加入中国共产党。红军长征时任红四方面军第四军卫生部医生。新中国成立后，曾任昆明军区后勤部卫生部长，昆明军区后勤部副部长、顾问等职。2004年在昆明逝世。

① 即求吉寺——编者注。

草地上最难忘的一个人

罗玉棋

每个人都有他珍贵的童年，童年的回忆总是最真挚感人的。在我的童年回忆中，最难忘的是红军长征，长征中最难忘的是过草地，草地上最难忘的一个人，是李副连长，虽然我不知道他的名字。

那是在1935年秋天，我才13岁，随着红四方面军四军十师新剧团二次过草地①。走了27天了,前面仍是茫茫一片。我的脚在黑水里泡烂了，又被草尖划破了口，沾上黑色泥浆立即发红发肿，起初还能一瘸一拐地跟着部队，但好几天没吃饭，禁不住头晕、肚饿、脚伤的上下夹攻，支持不住，因为小便离开队伍，距离便越拉越远了。

“我掉队了！”一个可怕的念头袭扰着我，这意味着我离开了首长和同志们的抚爱，离开了革命大家庭的温暖。不能想象一个人离开了集体还能怎样生存……我越想越怕!

一路上,掉队的人越来越多了。两个,六个,十几个,有二十八团的,有二十九团的，有这个连那个连的，可就没一个我认识的！他们的情况都和我差不多，有的伤势病情比我还重，我本想赶上去招呼几句，可是现在我们只能互相投以亲热而又无可奈何的眼光。在撑持着蹚过一条小河后，大家索性都躺下了，伤痛的呻吟随之而起。数数看，先后陆续赶

① 根据文中所述内容，此时应为1936年第三次过草地——编者注。

到的，连我在内共有56个人。

56个人，现在像56个断了线的风筝，不知将坠向何地？

太阳已经偏西了，接下去将是黄昏，黑夜；黑夜，黄昏……多变的草地将会发生什么事情呢？56条生命，也许会被一阵大风刮得无影无踪。我自己对着自己说:“革命到这里算完了，不完怎办？粮食没有，伤口又疼，什么时候能出草地也不知道。万一遇上国民党的骑兵队，或藏人中的反动家伙，也是一样没命……”一个人想呀想的，忍不住噙满了泪水，伤口越发痛得刺心。

正在这时，一个二十七八岁的瘦个儿向他身旁的“小鬼”厉声说：“不行！这儿怎能躺下……不走也得走……”

后来才知道，他原来是二十八团三连的副连长，姓李，安徽人，鄂豫皖边区的老红军，那小鬼是他的通信员。他掉队的原因，虽是有点轻伤，主要还是为了寻找掉了队的通信员，结果两人都掉下来。这时他催着小通信员赶快上路，同时把声音故意放大，好像是说给我们这些掉队的战士们听：

“快走！到那边小山去，挨过今晚再说！”

由于我在新剧团工作时间较长，对于首长向来是又尊敬又害怕。我生怕人家说我是胆小鬼，吃不起苦故意掉队，听见他这一号召，也强打起精神，顺着他指的小山丘前进。其余掉队的人员也陆续跟上来了。

我走得很慢，神情也很沮丧。李副连长好像看透我心底似的，故意从其他人身边向我一瘸一拐地走来，劈头问:“小鬼，你是哪个单位的？为什么掉队？”然后，两只眼睛紧盯着我，“走快点！当心，再掉队，我用棍子敲你！”我吓得缩了缩颈，身上冒出一股冷汗，他那对大眼真怕人，简直像黑夜中突然出现的黑猫眼睛一样。

我们顺着小河向上走，走了三里多路，好不容易进了山，山上一片松林，阴森森的。有一棵四五人合抱不住的大树，中间都空了，大树周围有一块较干燥的地方，我们就在那儿休息，一个两个斜倚着枪，伛着腰，蜷着腿，闷声不响地坐了下来。听不见往日的歌声，看不见黄昏的营火，心里沉甸甸的……

看见我们这一副浑浑噩噩的样子，李副连长发火地冲着我们说："干吗这个模样！红军战士英雄汉，就是死也要死得痛快，怎能垂头丧气！我们要活，一定要想办法活下去！"接着他好像是回到了自己的连队，大声地命令着：还能动的到溪沟旁找软草，用树棍砸碎来当粮食；一步不能走的，他也分配了任务：捡拾周围的干柴，聚拢来烧水、洗脚……

我们拖着疲惫的身子，执行着命令。到底人多好办事，一会儿就拔来一大堆草，拾来一大堆柴火，不由得一阵高兴。可是，水烧滚了，草烧热了，天正打麻子眼（黄昏）了，却不见了副连长，连他通信员的影子也不见了，大家又焦躁起来，嘀嘀咕咕地乱估计，正在这时，在黑乎乎的天光中，看见他们两人回来了，身上斜挂着枪，还拖着一只死山羊。大家一下乐开了，真是好多天来没尝过油腥味了。于是又忙得不亦乐乎，七手八脚地剥开皮就烧来吃。

当大家兴高采烈地吃着山羊肉的时候，李副连长却一声不响地躲在一边光吃草，被我们一个同志发觉了，大家一定要他也来吃，他说："让伤重的同志多吃点吧，我还能动呢！"这下，更弄得大家也不吃了，后来还是通信员给他分了一块羊肝，他接受了，我们才像如释重负似的，狼吞虎咽地吃了下去。肚子饱了，精神也振作了，原来累得不能走的，也可走动走动了。

看见大家情绪有了恢复，李副连长又提议成立支部，我们共青团员也和党员编在一起，我们都一致选举他为支部书记，并决定号召党团员在艰苦时期要起模范作用，不动摇，不气馁，不悲观，坚持干革命！李副连长还说："我们虽然掉队了，但有了党就有了力量！现在我们56个人，像一根拧不断的铜绳，这就是我们克服困难的力量！实在跟不上队伍，仍可以打游击……"接着他又具体分配了任务：拾草的拾草，烧火的烧火，用洋瓷盆把明天早晨的食物储存起来……经过一连串工作，我们又鼓起了勇气，重新下定战胜困难的决心。但，仍有 23 个同志伤势太重，一点不能行动。

当天晚上，我们围聚在一起睡了。四周静静的，没有风，我睡得也挺熟。到半夜时候，不知谁忽然叫了起来“打”“打”，接着又有人喊“杀！”一阵哄闹声，把我从梦中惊醒。有人说是老虎来了，也有人说是熊来了……我突然想到老百姓关于草地里有妖魔的传说，吓得汗毛凛凛，连忙向人多的地方钻。人群也是乱哄哄的，互相找地方躲。最后，我钻进了大树窟窿身上还直打哆嗦，忽然听到树上清朗的安徽口音：“老虎怕火，我们把火烧起来就不怕了。”说着从树上抛下很多干树枝。原来树上是副连长，他这句话提醒了大家，连忙七手八脚地把树枝在我们周围围成一个圈，点燃了火，人群也慢慢安静了下来。

这一晚上，我老是睡不着，一会儿听见远处呼呼的松涛，心里也像浪潮一样翻腾起伏。这时，一阵脚步声来到身边，我睁开眼睛一看，原来是李副连长。他低声地问：“小鬼，怕吗？”声音是意外的柔和。

我壮了壮胆，本来想硬撑一句：怕，还能来当红军？但最后还是只好承认：“嗯……有点！”

“怕什么呢？”

“草地这样大，哪一天走得尽呢？”

“总有一天会走尽！”他笑了笑，摸着我的手，顺势坐下：“你是共青团员吧！你知道战胜困难就是胜利这句话吗？我们的革命才开始呢！你们小青年是有远大前途的！”接着他告诉我到陕北会师后的光明前景，他说，到了陕北，就再也不会过草地了。他又讲故事给我听，说什么古时候有个飞毛腿，本事很大，一天能跑好多里，在草地上疾步如飞，身上负了伤还和敌人作战，终于打退了敌人……

我想得入神，两眼凝凝地望着他。熊熊的火光照得更亮，我才看清他的眼睛并不像猫眼那么可怕，却是和蔼可亲，他的头显得特别大是因为两颊凹陷进去的缘故，说他瘦得像猴子是一点也不过分，在和我们共同生活的半天中，他也是吃草、走路，但精神却如此饱满。为了照顾同志们安心入睡，他一个晚上就这样踱来踱去。

第二天早上，几个支委同志带着我们轻伤员分头去拔草，溪沟边的青草几乎全给拔光了，又拔山上的灰灰菜，聚起来有两大堆，昨天留下的山羊肉也堆在旁边。副连长又叫我们把身上带的用具像洋瓷盆、锅瓢等也都取了下来，留下 23 支步枪，身边带的子弹除每人还留一板（五发）外，其余也都留下……然后，李副连长带着沉重的声音，对实在不能行动的 23 个重伤病员同志说：

“为了北上抗日，我们要先走一步了，希望你们好好养伤，这一堆粮食和山羊肉，给你们养伤时食用，也算是同志们的礼品。这一些武器和子弹留着自卫或猎食用，伤好后，希望能早点回来，只要一心向着陕北，有决心……”他停了一下，又拿出一块羊肝（就是昨晚通信员分给他的）和自己包袱中保存的三双牛皮草鞋送了过去，又补充说完他那句话，“只要有决心，就一定能见面！”

留下的 23 个同志强忍不住，哇地一声都哭了起来，我们也满眼噙着泪水。好一会儿，只听见一个粗哑的声音说：“我们不行了，不能拖累你们，希望你们能早日安全回到部队，武器食物还是你们带去，遇上白匪多替我们消灭几个……现在，你们先给我一枪吧！”

听了他的话，大家哭得更厉害了，五十几个人哭作一团，天好像也阴暗了半边。

“不能这样想！”李副连长突然抬起了头，“这是党的决定，你们无论如何要想法活下去，养好伤找着人家就好办了。”

大家心里都明白：走的一路是否能生？留下的一路是否能坚持？谁也没有把握。但都有一个信念：要坚持下去！一天来的同甘共苦，使我们彼此的友爱更加深了，实在是难舍难分，结果还是由副连长狠心地下了命令：“轻伤员集合，开步走！”我们只好慢慢走下山坡。边走边回头，好远好远，还看见他们在坡上向我们挥手……

我们找着大部队的足迹，向着茫茫无边的草地边沿继续前进。

由于大家都是伤员，又有30多个人，也不急于赶上大部队，加上有些东西留在山上，行动起来也轻松多了，在队伍前面是副连长和几个支委，他们寻找着部队的足迹，在悬浮的草堆中试探着安全通行的道路。我们大多在后面跟着，每人拄着一根棍子，互相呼应着，拉扯着。

走了一里多路，肚子又饿了，我看见副连长不时紧拧自己肚子，他又认真又开玩笑地告诉我们防饿的“办法”:第一,把裤带勒紧些;第二,吃些野草;第三,用棍子将肚子顶一顶。他还故意夸张地给我们讲故事：“三国时，有个曹操带领军队夏天行军，口渴了，他说前面有梅子，嘴里口水就来了，也不渴了。我一想到过了草地就会有牛羊肉等着我，哎呀呀，真香……”说得大家都笑了起来。

又走了五六里，看见左侧山头上有一只野兽，像牛不是牛，像野猪不是野猪，大家高兴极了，都说打来吃了再走。我们去了个神枪手，果然给他打中，拖回来一看又是一只山羊，虽然没有野猪那样大，可也够满足了。大家欢天喜地就想动手。正在这时，李副连长制止了大家：

“同志们！现在我们还能行动，想想我们后面那23个同志，他们哪个腿不烂个大窟窿？行动不方便，找吃的东西更困难。现在我的意见，把这只山羊给他们送去！同意吗？”

大家你看看我，我看看你，视线都集中在死山羊身上。终于，咽下了流到口边的馋涎，高声地喊出：“同意！”

这种吃草的生活又过了三天，我们终于在李副连长率领下走出了草地。更令人高兴的是，部队正好也在就地休整，也许是专门等待我们掉队人员回来吧！我们很快找到各自的单位，患难相逢的33个人又各自分手了。我们都舍不得离开李副连长，五天的工夫，他成了我们最亲密的同志，他引导我们离开了死亡的陷阱，五天的时间，他在我幼小的心里刻下了终生难忘的印象。找到新剧团之后我站在他面前，又是感激，又是依恋，好像有很多话要说，可又无从说起，甚至连他的名字都忘了问问。我们就这样拉着手，他摸着我的头，很久很久……

选自杨国夫等：《星火燎原·未刊稿》第4集，解放军出版社2007年8月第1版，第39—45页。

罗玉棋，1922 年生，四川阆中人。1933 年参加中国工农红军，1934 年加入中国共产主义青年团，1936 年转入中国共产党。红军长征时任红四方面军第四军十师新剧团战士。新中国成立后，曾任南京军区上海警备区后勤部部长、上海警备区顾问等职。

指导员的米

王友全

我们到达阿坝后，孙指导员谆谆地向大家说：“前面还是荒无人烟的草地，要做好充分的准备才能过去。”但是，阿坝并不像我们想象的那样富有，每人仅分得一点有限的粮食，又继续前进了。

晚上到宿营地了，我和小战友曹大明在茶缸子里盛上水，放在火上煮饭，因为头两天采集的野菜毒性大，掺得又多，结果吃了泻肚，今天我们把野菜放得很少，粮食放得很多，饭做好了，我俩快活地吃着。指导员也凑到我们一起来了，他的缸子里满登登的净是野菜，他见到我们的缸子里是米饭，笑吟吟地说：“要仔细吃啊！粮食吃光了，过草地就更艰难啦！”他边说边吃，吃得那么香甜。我和小曹羞得脸儿通红，尽管指导员是笑着说，但我们都听得出他是在批评我们。我要送些饭给指导员吃，他说：“你们吃吧！以后节省些就行了！”我索性把饭倒在他的缸子里，他却把饭拨在一边，舍不得吃，仍在大口地吃那发黄的野菜叶子。

打那以后，我们虽然很珍惜粮食，但因粮食原来就少，开头几顿又吃得太多，所以，不论怎样节约，口袋还是渐渐瘪下去了。这天，我和小曹把口袋底剩下的粮食集中起来，也只有一把的样子。我看看他，他看看我，虽然谁也没有说话，但彼此的心情都十分沉重，眉宇间都深藏着忧愁，心里都默默地想：草原还没有尽头，可是粮食没有了，我们都很清楚：没有粮食意味着什么。我们只有一个粒一个粒地吃着仅有的一点点粮食。

走啊走，我渐渐地感到浑身软弱无力，两腿像坠着千斤石似的，我逐渐掉在后面了，指导员拍拍我的肩膀问：“怎么样，小鬼？”我人虽小，可非常要强，坚定地回答：“指导员，你走到哪里，我跟你走到哪里！”

“好样的，应当这样！”他亲切地说。

休息的时候，他坐在我身边，摸摸我的肚子问：“小鬼，几天没有吃饭了？”然后又用眼睛盯着我的脸，说：“你瘦得多了，还能支持吗？”他的眼光，像冬天的太阳，使我的心里感到温暖，他的话刚说完，我只觉得鼻子一酸，忍住泪，咬着牙说：“我能，我能支持到底！”看着我的神情，他默默地解开了自己的粮袋，袋子里也只剩两碗多米了，他把它分成两份，说：“来，给你一半，节省些，我们就要过去了。”说着就解我的袋子。米，香喷喷、黄灿灿的米，指导员一路上吞草咽菜节省下来的米，从他的袋子里倒进我的袋子里了。我久久地看着他那瘦削蜡黄的脸和深深陷下去的眼窝，感动得心都发抖了，眼泪忍不住扑簌簌地掉下来，我蓦地紧紧握住指导员的手说：“我不要！还是留着你自己吃吧，你不能不顾自己啊！”

他连忙用瘦骨嶙峋的手指，抹去我的眼泪严肃地说：“拿去吧！别哭啦！坚强些！”他那坚决的口气，使我再也不好意思推辞了。我深深地谴责自己，为什么当初不珍惜自己的粮食呢？

红军行列继续在前进，很多同志都没有粮食了，艰难困苦和死亡威胁着每个人，原来身体很棒的同志，都病倒了，原来身体弱的同志许多已经牺牲了，我也饿得不行了。在低洼的草地上，铺起那块破羊皮，一倒下就不想起来了，眼前无数个小金花儿在打圈圈，嘴里干渴得像塞了一把沙子，浑身软绵绵的没有一点气力，心里不断想：我还能起来吗，也许永远……这时小曹来了，他见我躺在那里，便倚在我身旁小声道：“小王，不要紧吧？还能坚持下去吗？”我定睛看着他，他那红扑扑的脸蛋，现在瘦得黄蜡蜡的，只有一双眼睛是胖的，可是，眼光却是那么坚毅，草原与饥饿没有征服了他，他变得更坚强了，而我呢，只能倒在这里了。

“也许……躺一会儿就好了。”我用尽力气说，但是声音仍是很低微的。忽然，指导员来了，他一见我，便像明白了一切似的，急忙把我抱在怀里，拧开水壶一匙一匙给我喂水，又叫小曹把他拿来的那块马骨头砸碎，把骨头里那管长长的指头粗的骨髓放在我的嘴边，让我吮吸，真是“饥不过三口”，我的眼睛忽然亮堂了，我看看指导员，又看看小曹，喉头像塞了块什么东西一样，热辣辣地说不出话来，我深深地感到，出生入死的战友之间、革命部队上下之间的友谊，是人世间最伟大的友谊，再也没有比这更珍贵的东西了！

只听见指导员说：“站起来吧，小王，我们不能倒在这里，我们要走过去！”

水，一点点骨髓，还有指导员和小曹兄弟般的关怀与巨大的鼓励，带给我力量，我扶靠着他俩，慢慢地站起来了，又继续前进了。

草地终于过来了，但那草地上的艰难、那些草地上倒下去的战友以及草地上生死关头之间的阶级友爱，永远深深地留在我的心里。

选自吴华夺等：《星火燎原普及本之十·我跟父亲当红军》，解放军出版社2009年9月第1版，第120—122页。

王友全，红军长征时为红四方面军某部战士。新中国成立后，曾任解放军某部上校军官。

“胡大个”的干粮袋

田万银

在草地行军，胡文中走在我前面，他绰号叫大个，长得高大魁梧，像座小山似的挡在我面前，特别是他背的那个干粮袋，总是在我眼前晃动着。这袋子很特别，上细下粗，像个葫芦，而且半透明。有一次我好奇地摸了一下，他赶紧转过头来说：“别摸，摸坏了你赔不起。”我说：“什么好玩意，摸一下都不行？”他开玩笑地眨眨眼：“这是宝贝，又防潮来又防水，装上干粮不发霉。”这两句顺口溜，逗得大家哈哈笑。

有一天，我们蹚过一条河流，河水很急，河底都是长满青苔的石头。我走在河中间，一不小心被石头滑倒了，顺水滚了几丈远，我心里急得要命，暗想：这下可交待了！正在这时，胡文中跑来，一把将我从水里提起。上了岸一看，装糌粑的干粮袋被水冲跑了。在草地上，粮食就是命根子，没它就过不去，正因为如此，一路上我宁肯一再紧腰带，也舍不得动它，可现在它白白被河水冲跑了，唉！越想越恼火！

到了宿营地，大家都忙着烧水吃干粮，我怕同志们知道我丢了干粮，给他们增加负担，就走到一个没人的地方坐下来，独自发愁。忽然有人在我耳旁喊了一声：“小田！”抬头一看，原来是胡文中。他手里端着一个洋瓷缸子，里面盛着冲好的糌粑粉子，正冒着热气。他见我愣着没理他，又说：“发什么呆呀，快趁热乎吃了！”我说：“你先吃吧，我还有，一会儿吃！”他笑了笑：“小家伙，还撒谎，你当我不知道你的干粮被水冲走了，嘿嘿！”别看大个粗手粗脚的，还真细心。现在我只好说真心话了：“一个人就一份粮食，两个人吃怎么够呢？你自己留着吧，免得咱俩都走不出草地。”他说：“看你说的悲观劲儿，算啦，把这碗吃了吧！”说着,他又解下背上的干粮袋,叫我替他背着它。这时，我才仔细看了看这奇怪的干粮袋，原来是个猪尿泡。

此后，我就帮大个保管那个猪尿泡。白天行军，我把它拴在脖子上，晚上睡觉，我把它枕在头下，唯恐再弄丢了。吃的时候就更仔细，就是吃完了，粘在缸子上的渣子也要用舌头舔干净，尽管这样，那条猪尿泡袋子还是越来越轻。每当我摸着瘪了的干粮袋，就想到老胡在为我挨饿，心里真难过。胡文中倒挺沉着，常常安慰我:“别怕，只要想办法，活人就不会饿死的。”

有天到了宿营地，同志们把干粮袋全都翻了过来，有的只是抖出了点粉屑，有的失望地倒在地上干叹气，胡文中这时也拍拍我的肩膀：“小田，把咱们那个也拿出来看看！”他接过袋子伸手一摸，嘴里直嘀咕:“这回可彻底完了。”他愣了一会儿,忽然大叫起来:“有办法了！”我困惑地望着他。他举起猪尿泡袋子在我眼前一晃，兴奋地说：“皮带都能吃，猪尿泡不能吃吗？来，咱们试试看。”说着，他把那袋子丢在篝火里烧起来，袋子哔剥叫了一阵，一股肉香直冲鼻子，好长时间没有闻到这么香的气味了，我高兴极了，赶忙站起身，打一盆水回来，将烧焦了的猪尿泡放在水里煮，我们俩坐在旁边，看它在水里翻滚，心里美滋滋的。这家伙挺经煮，直到半夜才煮软。老胡把它捞出来，用刀切成碎块，又从身上翻出点盐巴拌上，说：“好啦，尝尝这个新鲜玩意吧！”我填在嘴里一块，嘿，油乎乎的蛮有滋味，还真有点舍不得往下咽呢！

肚里有了食，心不像以往那样闹得慌了。睡了一夜香甜觉！

选自杨国夫等：《星火燎原·未刊稿》第4册，解放军出版社2007年版。

田万银，红军长征时为红四方面军某部战士。

红军长征纪实丛书

红四方面军卷

7

中共中央党史研究室 编

中共党史出版社

本册收入第十四部分文章54篇

十四、其他

红军长征过藏区

天宝

中国共产党领导的震惊世界的红军长征已过去50多年了。长征的胜利，是我国各族人民为了中华民族的解放事业共同奋斗、英勇献身的历史丰碑，也是党领导的人民军队模范执行党的民族、宗教、统战政策的光辉范例。在永垂史册的壮举中，作为一名少数民族的红军战士，我愿把自己亲身感受和所见所闻写出来，以唤起过来人们的战斗热情，激励后来者的奋进脚步，也为研究历史，为长征树碑立传的人们作参考。

挣扎在死亡线上的藏族人民日夜盼望光明和解放

1917年，我出生在四川省“四土”藏区（“四土”就是梭磨、卓克基、松岗、党坝四个藏族土司管辖的地方，在今阿坝藏族自治州境内）党坝的一个贫苦藏族农民家里，父母早亡，我和两个弟弟生活无着，受尽了人间的折磨，大弟流落他乡，乞讨为生，二弟被人拐卖到草地。为了生活，我只好到本乡一个喇嘛寺当扎巴——供人驱使的未取得喇嘛称号的苦役。那时，我们藏族人民多么盼望脱离苦海。可黑暗的日子哪里是尽头啊？那时，四川藏区以及滇、甘、青藏区，都处于帝国主义、国民党军阀和土司头人的严酷统治之下。以蒋介石为代表的国民党集团，集历史上反动统治手段之大成，对国内各少数民族，说“民族平等，五族共和”，实则实行大汉族主义，摧残镇压，无所不至。他们一方面采取“怀柔羁縻”、“以夷治夷”和宗教麻痹的政策，利用高官厚禄收买、扶植藏族的土司、头人、活佛，帮助政府统治、剥削劳动人民；一方面又实行血腥镇压，武力封锁，并且严禁藏汉各族人民间的经济文化交流，制造民族间的壁垒，破坏民族团结。尤其毒辣的是，他们还加紧推行其强迫同化政策，把民族问题简单地称之为“边政问题”，不断地制造民族纠纷，挑起民族内部的冤家械斗和血亲仇杀，以削弱直至消灭藏族和其他少数民族。

军阀和官僚对藏区的经济掠夺亦十分猖獗。他们相互勾结，毁我们的神庙，占我们的田地，挖我们的金矿，掠夺我们的财产。苛捐杂税、无偿劳役名目之多，难以计数。1914 年甘孜藏区上交税收总数为 20 万元，1927 年即增至 33 万元，到 20 世纪 30 年代中期便激增至 50 万元以上。在我的家乡阿坝藏区，四川军阀设置茂县、汶川恳务局，霸占群众的土地。对当地出产之药材山货和进口之边茶、布匹、铜铁器、杂货等，实行垄断专卖，牟取暴利。他们还致力于保持藏区落后的封建农奴制经济并使之永久化，让藏族民众永远沦于半开化的地位。这就更加重了藏族人民的苦难。英帝国主义也在甘孜藏区加紧侵略。他们增设据点、领事，以外交官身份进行种种阴谋活动，同时设立教堂，蛊惑人心，仅康定教区就有大批外国传教士频繁活动。一些外国银行、洋行、商号，也在藏区设立派遣机构，操纵金融，垄断土特产收购，倾销洋货，大肆进行经济掠夺。

正当我们藏族人民陷于求生不能、求死不得的苦难深渊的时候，毛主席、朱总司令和徐向前、贺龙等同志率领的一、四、二方面军三大主力红军先后来到了我的家乡阿坝、甘孜藏区，解放了川边和阿坝各族人民。

红军长征在藏区的革命实践活动

我们这些在苦难中挣扎的藏族人民虽然盼望解放和光明，但是红军到来之前，对共产党和红军并不了解。我们只是风闻红军是穷人的队伍，是为穷苦百姓打天下的。领袖是朱毛。我当时还认为朱毛是一个人，后来才知道是朱德和毛泽东两个人。在此以前，我们藏语中也找不到共产党、红军等词汇。何况，当红军来到我们“四土”藏区前，国民党反动派一方面勾结土司头人妄图进行武装阻击；另一方面散布谣言恐吓群众，说什么“红军是红头发，来了要开红山、杀人”等，并大肆挑拨民族关系，驱逼群众离寨上山，不准在村里留下粮食和牲畜，不准给红军带路、当通司（翻译），妄图置红军于绝境。因此，群众心里对红军还存在着疑惧。

但是，谣言和迷雾很快就被事实驱散了。红军所到之处，军纪严明，秋毫无犯，特别是宣传党的民族平等团结、自治政策，打土豪（汉官军阀、地主、反动土司），分田地，遵守宗教信仰自由等等，深得藏族人民的欢迎和爱戴。人们奔走相告：“救苦救难的活菩萨降临了！”一些躲避到山林里的群众在红军模范行动的感召下，都逐步返回了家园。就我亲身的见闻，红军在藏区主要进行了以下的革命实践活动：

1. 主张并实践民族平等、团结

由于历代反动统治阶级推行大汉族主义政策，在旧中国各民族之间是不平等的。处于西南、西北边陲的广大藏族人民，横遭摧残和镇压，受到百般歧视和侮辱，藏汉民族之间的隔阂也较深。中国共产党则以解放全人类为己任，主张民族平等、团结。红二、四方面军进入云南、西康藏区后，也曾宣布：境内藏、汉、回各民族一律享有平等权利，禁止民族压迫和民族歧视，任何人不准称呼藏族同胞为“蛮子”；号召各族人民像兄弟姐妹一样团结友爱，共同反抗国民党军阀的统治，打倒英、日帝国主义；建立回番民族自己的政府，管理回番民族的事。

红军不仅大力宣传民族平等、团结的主张，而且积极实践。贺龙在滇、康藏区，曾以中华苏维埃人民共和国中央革命军事委员会湘鄂川黔滇康分会主席名义庄严声明：“本军以扶助番民，解放番民的痛苦，兴番灭蒋，为番民谋利益之目的，将取道稻城、理化进康川。军行所至，纪律严明，秋毫无犯，幸望沿途番民群众以及喇嘛僧侣，其安居乐道，勿惊惶逃散，……”同时，他还亲临云南省中甸喇嘛寺，向藏族僧侣宣传党的抗日主张和民族平等、团结政策，并题赠一副红布横匾，上书：“兴盛番族”四个大字。红四方面军在川西北绥（靖）、崇（化）藏区也帮助当地少数民族建立了格勒得沙政府（格勒得沙是嘉绒藏语，“格勒”，藏民的自称，“得沙”是民众之意。“格勒得沙政府”就是藏族人民政府之意）。在康北藏区建立了中华苏维埃波巴（藏族自称）自治政府及其所辖各县、区、乡波巴政府，使藏族人民破天荒第一次实践了管理本民族事务的权利。

2. 认真执行党的宗教信仰自由政策

党和红军深知宗教的产生、存在有其深刻的社会历史根源，而西藏佛教在藏族人民中又有特别深远的影响。宗教问题实际上已和民族问题有着密切的联系，成为其中的重要部分。因此，红军一到我们家乡立即郑重宣告：“回番民族宗教信仰自由。”“念经敬佛当喇嘛听其自愿。”准许人们信菩萨，不愿当喇嘛的准许还俗，反对伤害回番民族的宗教感情等。

红军进入藏区后，规定部队不得进入喇嘛寺，不准撕毁藏民贴在门上的封门“神符”和红布条。贺龙、关向应都十分尊重喇嘛，叮嘱部队尊重藏民的信教自由。李先念率领的红四方面军第三十军在甘孜特颁发布告说:“此系合则觉母寺院，凡一切人不得侵扰，此告！”署名为:“中国抗日红军先遣军政治部李”。

红二、六军团进驻西康省乡城县，王震、萧克同志亦非常尊重藏族人民的信仰自由，他们还向桑披喇嘛寺的纳瓜活佛赠送了一面锦旗，上书“扶助藏族解放”。

波巴自治政府不仅在革命政纲中规定：“信教自由，还俗自由，喇嘛庙的土地财产不没收。”而且张贴出保护寺庙的布告，颁发了我国最早最完整的宗教法规——道孚县波巴政府关于喇嘛寺暂行条例。

3. 尊重藏族人民的风俗习惯、语言文字，保护群众利益

民族的习俗反映了该民族的传统和心理素质，这和民族的语言文字一样，都是民族特征的重要组成部分。因此，尊重藏族的习俗和语言文字就是尊重藏族人民。为此，红军总政治部发出通知，要求各部队绝对遵从少数民族群众的宗教、风俗、习惯，并将这些习惯向战士说明。各部队每到一个地方，立即派出人员深入调查少数民族的社会经济，风土人情。红四方面军在甘孜藏区就曾把调查到的藏族性格与习惯、历史沿革、社会制度、土质气候、耕种收获、家庭、宗教、婚丧、忌讳、买卖借贷以及挖药、打猎与工艺等情况编印成《情况通报》，供干部执行政策时参考。

红军十分尊重藏语藏文，提倡汉族指战员认真“学习番民语言”。请喇嘛教授藏语、藏文和藏族的歌谣、优待通司。发布的通告有的同时用藏汉文对照。红军还把尊重少数民族语言文字的政策编成通俗的歌谣来唱。这与国民党政府歧视藏语藏文的态度形成鲜明的对照。

党和红军严格遵守“三大纪律，八项注意”，尤其注意保护藏族人民的利益。一、四方面军在川西北草地，二、六军团进入滇、康藏区时，缺粮问题都相当严重。为了不侵犯少数民族人民的“一丝一粟”利益，红军颁发了保护藏民利益的布告，在藏民青稞地里插上保护牌，责令一

切部队不得侵犯。红军总政治部在我家乡发布的《关于割番民麦子问题的通令》中规定得尤为详尽具体：

“（甲）各部队只有在其他办法不能得到粮食的时候，才许派人到番人田中去收割已熟的麦子。

（乙）收割麦子时，首先收割土司头人等的，只有在迫不得已时，才去收割普通番人的麦子。

（丙）收割普通番人的麦子，必须将所收数量，为什么收麦子的原因等，用墨笔写在木牌上，插在田中，番人回来可拿这木牌向红军部队领回价钱。

（丁）只收割已成熟的麦子及粮食，严格禁止去收割未熟的麦子及洋芋等。

（戊）收麦子时应连根拔起或用镰刀去割，应将全丘麦田割干净，严禁零星拔麦头、践踏田中麦子。”

4. 坚持争取团结民族宗教上层人士的统战政策

长征时期的民族统战工作也做得十分出色，在党和红军颁发的文告，如 1935 年 8 月，中共中央在《关于一、四方面军会合后的政治形势与任务的决议》中都有明文规定。

根据党的统战政策，红军的各级领导人特别是高级干部，如毛泽东、朱德、贺龙、刘伯承、徐向前、曾传六等，都亲自做少数民族上层人士的工作，有的还与藏族的公属领袖订立了各种政治的或军事的联盟。李先念率领的红三十军，在康北就与藏族大头人夏克刀登达成了互不侵犯的协议，并吸收夏参加了中华苏维埃波巴政府的领导。红四方面军政治部主任曾传六多次与四川黑水藏族头人苏永和进行谈判，依靠党的民族政策借路北上，并互赠礼物以示友好和亲善。在党的政策感召下，甘南藏族卓尼土司杨积庆在红二、四方面军到达时，主动撤出迭部辖区的防务，将鹦歌花园的两个粮仓贮存的 40 万斤小麦用来接济过境红军，红军总政治部在仓板上写下“此仓内粮是杨土司庄稼粮，希望各单位节约用粮”。同时留下苏维埃纸币两捆以作粮款。国民党政府西康宣慰使诺那呼图克图受命赴康，曾率部阻击红军，被俘后送红四方面军总部，态度顽劣，红军考虑到他是一位年迈的藏族宗教上层人士，王维舟等领导亲自向其宣传党的宗教统战政策，以除疑惧。诺那态度转变，与红军亲善友好。后来诺那染疾病故于甘孜县，红军又尊重其遗言，按藏族习俗和宗教规矩，停尸、念经、火化，并派代表前往致哀。

此外，红军在协助藏族人民建立各级自治政府时，也都注意了吸收当地的土司头人、喇嘛活佛中的爱国人士参加。党的争取团结民族宗教上层人士的政策，团结了一切可以团结的人，最大限度地孤立了最顽固的敌人，保证了红军顺利地越过藏区并播下了革命火种。

5. 帮助藏族人民建立第一批红色政权

党和红军十分重视帮助藏族人民建立民族自治政权。在红军的帮助下，藏族地区破天荒第一次建立起一批民族自治政权，其中比较著名的有：

1935 年夏天，在川西北懋功、瓦钵梁子等地建立的藏族苏维埃；

1935 年秋，在卓斯甲周伞地区建立的藏族苏维埃，主席甲着喇嘛，军事部长瓦士匹；

1935 年秋，在丹巴县建立时县、区、乡各级苏维埃，县苏维埃主席曾广才；

1935 年底，在绥（靖）崇（化）地区（今金川县境）建立了格勒得沙政府。该政府辖绥靖、崇化、懋功、马尔康、丹巴、阿坝等藏族聚居区。政府的领导成员，主要由当地民族的进步青年、与民众有联系的上层人士以及红军中熟知地方工作的代表组成。政府主席是克基，副主席是杨海山等，内务部长阿木参，我当时任青年部长。

1936 年春，在泰宁（乾宁）巴里秋卡等六个乡建立的波巴自治政府，主席仁钦多吉（王寿才）。

1936 年夏，在川边藏区的甘孜建立的中华苏维埃波巴政府及其所辖的甘孜、炉霍、道孚等县、区、乡各级波巴政府。该政府有明确的施政纲领：推翻军阀官僚统治，打倒英、日帝国主义，没收他们的金厂、矿山、土地分给波巴人民；实行民族平等、自主，成立波巴自卫军，波巴坐自己的江山；实行政教分离，废除一切苛捐杂税，解放奴隶，保护妇女儿童；与抗日红军订立永远的盟好，无条件的为红军筹军粮、马料，调派向导，救护伤病员等。波巴政府还有一套较完整的有效率的组织系统，中央政府设主席（多德）、副主席（达吉、孔撤），尚有总务厅、农业部、畜牧部、民族部、宗教部、军事部（部长夏克刀登）等。

各自治政权的负责人多数由各族人民民主协商选举产生，其民族成分和阶级成分，以藏族的农奴为主体，并注意吸收各阶层的代表人物参加，因而具有鲜明的革命性和广泛的代表性，受到群众的衷心爱戴，被称为“自己的政府”或“郎加尼玛夏”（天上出来的太阳）。

跟随红军北上抗日

正是在党的民族宗教政策感召下，在红军的教育启发下，我们这些原来什么也不懂的藏族青年，第一次懂得了革命的道理，知道世界上还有共产党和红军这样的好人。因此,我们都把红军看作是“菩萨兵”，自觉地为他们送粮草，当向导，报告敌情，救护伤病员，协同红军作战，并踊跃参加红军。仅丹巴县巴底乡参军的就有 270 人，我家党坝乡参军的少先队员就有 72 人。从此，红军里有了第一批藏族战士。

我就是在“相信红军是真正为穷人办事的，可以信得过”的信念下，首批参加了红五军团。与我同时参加红军的还有原青海省顾问委员会副主任扎喜旺徐、已故国家民委副主任杨东生和已故甘孜藏族自治州州长沙纳等同志。少先队、革命军有自己的军纪和礼节，头戴没有帽沿的五星八角帽，行拳头军礼。在一年多的时间里，少先队、革命军不仅协同红军作战，而且经常主动出击，独立作战。记得在打几毛山土司武装的战斗中，为了掩护友军撤出阵地，我和吴瑞林率队绕到敌人右侧面袭击，给敌人以很大杀伤。吴瑞林在战斗中负了伤。再如，有一次我们侦察获知，土司头人在金川与卓斯甲交界处藏有牲畜、粮食，于是我们主动出击，很快打垮了敌人，缴获了几十驮粮食、300 多匹牛马，受到了金川省委军事部的通令嘉奖。

1936 年秋①，红四方面军总部集中大金、党坝、卓克基、卓斯甲、梭磨等地的革命军和少先队，组编成立了“藏民独立师”。马骏任师长，李中权任政治委员，金世柏任副师长。独立师与红军一道长征，其行动根据任务需要灵活多变，时而在前，时而断后，并精选出政治思想可靠、身强力壮、熟悉地形的同志为各路红军当翻译，作向导。独立师在协同红军爬雪山、过草地的征途中，作出了积极贡献，有的同志还献出了宝贵的生命。红军到达甘肃岷县时，独立师完成了北出藏区的使命，撤销了原来建制，干部、战士有的编入其他部队继续北上，有的自愿回乡坚持斗争。我随红军到达陕北。

党中央十分重视培养民族干部。在陕北定边县，中央党校成立了少数民族班，廖志高同志任班主任，我任班长。1937 年初，中央党校迁至延安，党又专门为少数民族干部组织了第七班，我任班长兼学员支部书记。1941 年，党又在延安创办了我国第一所民族学院，我担任过学院的学生会主席。

在延安窑洞里，党的阳光雨露，温暖、培养着我们这些来自藏、彝、苗、回、蒙等各民族的干部战士，加上我们自己的努力，进步很快。过去一字不识的我们，不仅学会了读汉语，写汉字，而且受到了马列主义

① 另一说法，藏民独立师成立于1935年冬。

的启蒙教育，懂得了一些革命道理，坚定了革命到底的信念。一批批党培养的民族干部，后来在艰苦的战争年代和社会主义建设中发挥了重要作用。

回顾红军长征过藏区这段光辉难忘的历程，使我更加坚信，只有伟大的中国共产党及其领导的人民军队，才是全心全意为各民族利益奋斗到底的政党和武装。我也从自己切身的感受中理解了一个真理：只有马列主义武装起来的中国共产党，才能正确地解决我国复杂的民族问题，才能消除民族间的对立和隔阂，实现各民族真正的平等和团结。毫无疑问，这一点在建设社会主义物质文明和精神文明的今天，同样具有重大的现实意义。

红军长征在藏区的历史功绩永存！

1987 年 7 月于成都

选自中国人民解放军历史资料丛书编审委员会编：《红军长征·回忆史料（2）》，解放军出版社1992年9月第1版，第89—96页。

天宝，又名桑吉悦希，藏族，1917 年生，四川马尔康人。1935 年参加中国工农红军，同年加入中国共产党。红军长征时任红五军团党坝特区少年队副队长、骑兵连指导员，金川博巴苏维埃政府青年部部长，博巴藏族独立师党代表等职。新中国成立后，曾任西南军政委员会委员、西南民委副主任、西康省藏族自治区主席、四川省副省长、国家民族事务委员会委员、中共西藏自治区区委书记、西藏自治区人民政府主席、中共四川省委书记、中共中央委员、中共中央顾问委员会委员、第一届全国人大民族委员会副主任委员等职。2008 年在成都逝世。

21 担银元送陕北①

吴光华

收缴“川陕边防军”银元100万元

1932 年 12 月 21 日，红四方面军十一、十二师，通过上、中、下都是 70 里的“巴山天险”，似神兵天降，直趋通江城、鹦歌嘴、得胜山，在许世友、程世才的指挥下，解放了我的家乡平昌县驷马乡，仅一个月就解放了通江、南江、巴中、平昌四县。我参加了红军，在三十一军九十一师二七团四连当战士、班长、排长等职。红军解放江口（即平昌城），不到两个月，蒋介石电令四川军阀，立即停战，一致对付红军，委任田颂尧为川陕“剿匪”督办，纛集 70 个团向川陕革命根据地扑来，妄图将新生的川陕革命根据地扼杀于摇篮中。川陕根据地军民在徐向前、王树声指挥下，1933 年 8 月至 10 月，发动了仪（陇）南（部）、营（山）渠（县）、宣（汉）达（县）三次进攻战役，解放了南至仪陇、蓬安、营山、渠县，西至广元、阆中、苍溪、嘉陵江东岸，北至陕南镇巴、西乡，东至达县、万源、与川东根据地联成一片，人口 400 多万，面积三万平方公里。红四方面军发展到五个军、15 个师、八万人，创建 22 个县一个市的革命政权，川陕革命根据地成为中华苏维埃第二大区

① 编者为原文略有修订。

域。达宣战役中，我军歼刘存厚的“川陕边防军”六个团，俘敌 4000 余人，缴枪 8000 支、银元百余万元、机床 138 台、布匹粮食无数，江口地区各乡村参加背运人数达 3000 余人次。与陈锡联指挥我红二六三团突袭达县城东制高点凤凰山时，刘存厚得知他的部队垮了，浑身发抖，面色苍白，被侍从扶上马，狼狈逃窜，边跑边喝令“砍断浮桥”，溺死百姓不计其数；他又令“砍破麻袋”，马背上驮的银元撒落满地垫路，士兵谁也不敢拾银元，只顾逃命。这一仗，刘存厚“崇威将军”的招牌被打得稀巴烂，田颂尧被迫辞去“川陕边区剿匪督办”之职，刘存厚被“革职查办”。1933 年 10 月，蒋介石任命刘湘为“四川剿匪司令”，率领 140 个团，25 万人对川陕苏区进行“六路围攻”，狂叫“三个月内肃清赤匪”。在徐向前、王树声、李先念、许世友等指挥下，历时十多个月的反围攻，取得了著名的“镇龙之役”、“红云台保卫战”、“万源保卫战”（即万源竹峪关反击战）等的重大胜利，毙伤敌旅长以下官兵六万余人，俘敌旅长以下官兵二万余人，刘湘电告蒋介石：“官损五千，兵折八万”，“难复为续”，请辞“四川剿匪总司令”之职。我红四方面军扩大到十万余人。在王明“左”倾机会主义路线指导下，中央苏区的第五次反“围剿”失败，1934 年 10 月红一方面军被迫长征，1935 年 1 月党中央在贵州召开了具有伟大历史意义的遵义会议。1935 年 1 月 22 日党中央电令红四方面军，配合中央红军入川，协同作战，向西线进攻，牵制川敌。红四方面军发动了广（元）昭（化）战役、陕南战役。蒋介石加紧策划川陕鄂三省督剿，张国焘害怕川陕苏区成为蒋介石“围剿”重点，惊慌失措，在后方根据地大搞“收摊子”政策，叫嚷“与其被敌人赶走，不如主动撤走”，违反中央指示、擅自放弃川陕革命根据地。历时两年多的川陕革命根据地全部落入敌人手中，红四方面军开始了长征。遵照王树声副总指挥的命令，将红四方面军从达宣战役和其他战役缴获的百万元以上的银元和部分金条，除去川陕省造币厂（在通江城郊、德汉城，后移旺苍坝），军师首长命令铸造银币及向白区购买物资用掉的银元外，余下的 21 担银元和部分金条，由我带领挑夫排担运，跟随部队开始了长征。1935 年 3 月 28 日，红四方面军发动了强渡嘉陵江战役，在渡江战斗中，我们平昌县籍的一名红军战士，将平时节省的零花钱凑起的一块银元，装在胸部的兜袋中，抢渡嘉陵江桥头时被田颂尧部队的子弹，射中了胸部，恰巧这块银元挡住了这颗子弹，保护了这位老红军的性命，后来我们把这块银元叫“救命银元”。

彭德怀拒收张国焘银元200块

1935 年 3 月 29 日红四方面军渡江成功，历时七天，歼敌七个团，攻占了阆中、南部、剑阁、昭化四座县城，连克江油、北川、茂县，占领了理番。5 月 18 日张国焘擅自成立了“中华苏维埃共和国西北联邦政府”，自封“主席”。6 月 14 日在川西懋功（今小金）达维镇，中央红军与红四方面军胜利会师，召开了庆祝大会，毛主席、周副主席、朱总司令在会上讲了话，在毛儿盖进行了休整。休整中周恩来同志登门看望了张国焘，意在团结他北上抗日。但张国焘的权力欲、领袖欲日益毕露。为了争得中革军委副主席、红军总政委之职，张去芦花镇，一会儿给周副主席送白糖木耳，一会儿特邀彭德怀、聂荣臻，一会儿会见林彪、杨尚昆，还专门让黄超（三十一军政治部主任、后任红四方面军总政治部秘书长）叫警卫员拿银元 200 多块，向彭德怀表示慰问。黄超带警卫员送去了礼物，彭军团长只收了几斤牛肉和大米，200 多块银元叫黄超退了回来。据张国焘叛逃后揭露，张还特意交待：“可以从四方面军调三个师归彭指挥”。彭德怀对张国焘又是送礼，又是拨兵的举动，感到张国焘来意非善、居心叵测。

21担银元送陕北

1935 年 6 月 26 日党中央两河口会议决定，在一、四方面军会师后，分左、右两路军北进，创造川陕甘革命根据地，右路军由毛主席、周副主席、徐向前等率领，从毛儿盖直接北上班佑；左路军由朱总司令、刘伯承总参谋长和张国焘率领，绕道黑水、阿坝、渡过噶曲河前往班佑与右路军会合。我们左路军 7 月下旬来到黑水芦花附近，朱总司令和总部机关单位驻黑水城，我军告别黑水芦花后，向北挺进，队伍经过卓克基进入茫茫无际的草原，8 月间来到草原中心地带阿坝。张国焘以噶曲河水涨不能过为借口，擅令左路军停止前进，改道南下。党中央、毛主席再三电令张国焘继续北上，可他置若罔闻。张国焘竟密令右路军前线指挥部政委陈昌浩（原四方面军政委）胁迫党中央和一方面军全部南下。毛主席、周副主席当机立断，率领中央红军一、三军团北上了，张国焘的反动本性难改，继续坚持南下的错误主张。1935 年 9 月 17 日，张国焘发布《大军南下命令》，提出“打到成都吃大米”的错误口号，9 月 21 日张国焘带领原四方面军编入左、右路军全部人马和原一方面军编入左路军的五、九军团及军委纵队一部，共六个军，八万多人分别从阿坝、包座、班佑等地回头第二次过草地南下，向大金川流域的马塘、松冈、党坝、卓克基一带集结。部队在川西天全、芦山一带与刘湘、周浑元等强敌对峙达三个月之久，仅在雅安和成都间公路的百丈关，同敌十多个旅苦战七昼夜，虽然歼敌 1.5 万人，但牺牲了我上万名红军战士，他们含着对敌人的仇恨和对错误路线的遗恨，永久地长眠在那里。1935 年 10 月 5 日张国焘在卓克基的卓木碉召开军以上干部会议，宣布组成“中共中央”、“中央政府”、“中央军委”，张国焘自封“主席”、“总书记”，他的奸心毕露，公开进行叛党、叛军活动。张国焘的行为遭到朱总司令、刘伯承总参谋长和左、右路军绝大多数指战员的强烈不满和反对。张国焘滥施淫威，无耻威逼、围攻朱总司令，而朱总司令寸步不让，针锋相对，严词表示 :“北上抗日是中央的决议，中央的路线是正确的。我是举过手的，我的一只拳头，只能举一次，中央的决议，我决不能反对，就是把我劈成两半，我和毛主席也不分开！红军永远离不开毛主席”。张国焘把刘伯承总参谋长的职免去，让他当红军大学校长。朱总司令忍辱负重，顾全大局，1936 年春，队伍在他的带领下，组织了绥靖、丹巴崇化、懋功战役，击溃敌人七个旅，俘获敌人缴枪各 3000 余，南下的左、右路军翻过了夹金山、党岭山等雪山，占领了西康境内的道孚、炉霍、甘孜等地，甩开了敌人，摆脱了困境，我们的部队在炉霍、道孚、甘孜一带休整了两个多月。

1936 年 6 月，我们一、四方面军南下的队伍与二方面军在甘孜会师了，进一步增强了同叛徒张国焘作斗争的力量。由于朱总司令、任弼时、贺龙、刘伯承、关向应等同志坚决维护毛主席党中央北上抗日的正确路线，张国焘的分裂阴谋遭到可耻的失败。我们和二方面军的战友跟随朱总司令踏上北上的道路，进入草地，这是第三次过草地了。草地的夏秋，不仅是又黑又臭的烂草泥潭，老天爷也常捉弄我们一会儿刮风，一会儿下雨，六七月份的天气忽而漫天大雪，忽而冰雹骤下。更严重的是饥饿、病魔、恶劣的环境，摧残着我们每一个红军战士。我领着 20 余名挑夫，担着 21 担银元艰难地前进。我们体质相当虚弱，从川陕苏区出来的衣服磨烂得不像样子，肩头的皮肤磨成茧疤，茧疤又磨破了，伤口渗出的血与衣服粘在一起，凝固成一坨坨暗红色的血垢，皮肤破裂真痛得钻心！大饥饿威胁着我们，队伍减员厉害，每天都有人倒下，从炉霍出来携带的青稞吃完了，开始挖野菜充饥，找不到野菜吞嚼自己的皮带、枪带、马鞍的缰绳，捡先头部队扔下的牛骨头、马骨头，能捡到马蹄子、牛蹄子也算是幸运“美餐”。饥饿的情况日益严重，掉队减员逐日增加，有一个战友走着走着突然倒下去，我们赶快跑过去扶，他还低声念着 :“我是通南巴江口人，告诉我的妈妈，我死了”，就这样离开了我们。在第三次过草地时，遇上胡宗南军队的阻击，为了掩护挑夫和银元，我受伤了。饥饿、疾病、寒冷、打仗和张国焘的迫害，四方面军八万红军战士减少到四万人左右。部队向北移动，噶曲河越来越近，走出草地，越过腊子口，岷山便遥遥在望了。翻过岷山，进入甘肃境内，我们的队伍士气越来越高涨。虽然白天行军还遭到国民党胡宗南、鲁大昌部队的堵截、敌机的轰炸骚扰，但我们根本不把他们放在眼里，1936年秋末时节，到了甘南渭河河边。天水战役后，10 月 9 日、22 日，经过二万五千里长征的红一、二、四方面军三大主力，在甘肃会宁城和将台堡会师了。我们的心快跳出来了，真有说不出的高兴！会师后过了六盘山到陇东，在渡河战斗中，我的腿部再次受伤，在铁岭住院，伤初愈，十五军团长徐海东部队来接运我们。王树声见到徐海东，叫我们把 21 担银元交给他们，由他们再接运到延安，向毛主席党中央汇报，我在草地和渡河战斗中受伤的伤口发炎剧痛，首长命令我去延安住院治疗。党中央对这批银元十分重视，尤其对护送中张国焘动用情况还派人找我做了调查。伤愈后我被调到红军总部当通讯员、警卫员、警卫排长，警卫毛主席、朱总司令、任弼时、王稼祥等中央领导同志的安全。（**谢先汉、谢光大整理**）

选自中共中央党史研究室《中共党史资料》编辑部、中国延安精神研究会《中华魂》编辑部、中国炎黄文化研究会《炎黄春秋》编辑部编：《红军不怕远征难——纪念红军长征胜利60周年征文集》，中共党史出版社1996年10月第1版，第274—279页。

吴光华，四川巴中人。红军长征时任红四方面军第三十一军挑夫排排长。

长征途中的悲情与亲情

李中权

一、我在长征途中与启蒙老师张爱萍相见的前后经历

1935年3月底，红四方面军渡过嘉陵江后，接着又横扫了北至广元、昭化、平武，南至梓潼、盐亭、江油、彰明、北川等十余县城在内的川西北地区，歼灭国民党军12个团，锋芒所向，威逼成都，对策应中央红军胜利地渡过金沙江、大渡河起了积极的配合作用。5月，中共川西道委成立，道委书记是何柱臣同志，我任道委组织部部长。6月中旬，红四方面军与中央红军在四川懋功的达维胜利会师，全军指战员为此欢欣鼓舞。庆祝大会开得简朴、热烈，首长和代表们讲话后，指战员表演了精彩的文艺节目。会后，两个方面军的战友亲切交谈，气氛热烈而融洽。

就在这时，我听说引导我走上革命道路的启蒙老师张爱萍在红三军团工作，心中非常高兴。6月底的一天，我专程来到红三军团驻地，见到了久别的张爱萍老师。在漫漫的长征途中，能够见到久别的老师，那种激动兴奋的心情是难以用语言来表达的。张爱萍老师同样异常激动，他紧紧地拉着我的手久久没有松开，嘴里不停地问这问那。从我家的亲人问到学校的同学，从我参军后的工作一直问到西渡嘉陵江后的情况，那种深情和厚爱溢于言表。每念及此，都令我感佩在心，永

远难忘。

我在川西道委任组织部长时的主要工作是筹集粮食，为大军的继续北上做准备工作。当时，我听张爱萍老师说，红一方面军劳师远征，粮食奇缺。因此，我主动协调川西道委的领导，将先期筹到的一部分粮食送给了红一方面军，以解劳师远征之需。

8 月 6 日，党中央和中央军委根据北上的战略方针和当时红军各部队所在的位置，决定以红一方面军的第一、第三军团和红四方面军的第四、第三十军组成右路军，由前敌总指挥徐向前、政治委员陈昌浩率领，在毛儿盖地区集合后，向巴西、班佑开进，毛泽东、周恩来和中央纵队随右路军行动；以红一方面军第五、第九军和红四方面军第九、第三十一、第三十三军组成左路军，由红军总司令朱德、总政委张国焘、总参谋长刘伯承等率领，在马塘、卓克基集结后，向阿坝地区开进，尔后东进班佑，向右路军靠拢，再向甘南前进。

8 月 20 日，右路军从毛儿盖出发，踏上茫茫草地，历尽艰辛，于当月下旬到达班佑。与此同时，我们左路军也踏上草地，开始了艰苦的跋涉。这时，我调到红四方面军总政治部任地方工作部部长，在红四方面军总政治部副主任曾传六同志领导下工作。当我们走过草地，到达噶曲河时，坚持逃跑主义的张国焘却借口无法过河，拒不执行中央的北上方针，擅自命令左路军停止北上，借口要南下作战，公开分裂党，分裂红军。

由于张国焘制造分裂，左路军不得不第二次过雪山草地南下。那时，我亲眼看到张国焘的马背上驮着两干粮袋鼓鼓的大米，从大家身边走过的时候，不少人对他投以不满的目光，说明大家是不赞成分裂，愿意跟着党中央北上的。

1935 年 10 月 20 日，张国焘以红军总部的名义发布了《天（全）、芦（山）、名（山）、雅（安）、邛（崃）、大（邑）战役计划》，红四方面军随即将兵力分为左、中、右三个纵队，由阿坝突然回师南下，进逼懋功，向刘湘、邓锡侯、杨森等部发起了进攻。10 月 24 日，红四方面军从懋功出发，追击杨森残部，于 11 月 1 日解放了宝兴城，11 月 10 日占领了天全，12 日解放了芦山县城。我当时率领地方工作队随第四军行动。军长许世友、政委王建安、政治部主任洪学智等风华正茂，指挥有方，部队很有战斗力。

红军取得这些胜利后，又继续向名山、邛崃推进，直接威胁着刘湘的政治心脏——成都。刘湘赶紧调兵遣将，集中其主力王赞绪、唐式遵、范绍增等部共 80 多个团的兵力，在百丈关一带阻击红四方面军。百丈关位于名山至邛崃的公路上，是一个重要的隘口，路两边是丘陵，敌我双方在此激战七天七夜。这是红四方面军南下以来最激烈的一次战斗，伤亡近万人，但未能取得胜利，只好于 11 月下旬撤出百丈关一带，转移到名山西北附近的连花山一线据险防守。

二、我任天全县委书记时与张国焘的一次谈话

红军攻占宝兴、天全、芦山等县城后，临时成立了大金川和四川两个省委。为了加强对宝兴、天全、芦山这几个中心县委的领导，组织上决定调原川陕省苏维埃保卫局长李维海同志任宝兴县委书记，调第三十一军政治部主任张承台任芦山县委书记，把我从地方工作部调出，担任天全县委书记。天全县当时共有 60 多万人口，物产也比较丰富，成为前方作战的供应基地。

不久，红四方面军总政治部搬到了天全县城旁边的一个大四合院里，这里距前线只有不到百里的路程。1936 年 1 月的一天，总政治部副主任兼四川省委书记傅钟同志找到我说："中权同志，你准备一下，张主席要找你谈话。"

当时我很紧张，因为我过去从来没有和张国焘单独谈过话，但听

说他很难接近，稍有不慎，就要挨整，甚至被杀。张国焘当时 40 多岁，个子比较高，胖乎乎的。他召见我时一见面就问道 ：“天全有多少万人口、多少个区、多少个党员啊？”我赶紧回答说 ：“大约 60 万人，有六个区，×××× 名党员。”

他听了我的回答之后，接着又问 ：“县城边的是哪个区？这个区有多少人？这个区有几个乡？这几个乡有没有党支部？”我听到他这样问，心里有些慌了，因为有些数字平时也没有统计啊，但是我又不能在这个问题上卡壳，便沉着地回答说 ：“县城边的是城关区，有 ××××× 人，下边有 × 个乡，每个乡都有党支部。”

他听过我的回答后，好像还满意，便笑着看了看站在他身边的傅钟，接着又问 ：“支部书记都叫什么名字？每个支部有几个委员？委员都是怎么分工的？”

我平时对支部书记习惯称呼老张、老李什么的，对具体人的名字只记得两个，但必须说出五个，只好现编了三个人的名字。对于每个支部几个委员，都是怎么分工的，我只好应付着回答 ：“每个支部有五个委员，分别是组织、宣传、保卫、妇女和经济委员。”

这时，张国焘停顿了一下，没有再问。难道发现了什么问题？我心跳得厉害。没想到他这时突然又问 ：“党支部的委员都是什么成分啊？”我听到他这样问我，心里很反感。心想 ：党支部的委员是什么成分也要问，这算什么问题啊！但是我又不能不回答，便胡乱应付说：“所有的支部委员都是好成分，要求是三名雇农，两名贫农，贫雇农占绝对优势。”

他听了我的回答后头也不抬地说:“哦，是这么一个样子，好得了，好得了。”似乎对我的回答还满意。这时，傅钟同志在旁边悄悄向我使了一个眼色，意思是说要继续应付好他的提问。

“天全的物产怎么样啊？粮食的价格贵不贵啊？”张国焘又问开了。这时我的心里已经不感觉紧张了，便沉着地回答说 ：“天全的物产很丰富，有大米、有药材、有木材……就是我们来了以后粮食又贵起来了，米面的价格涨了，是过去的一倍。”

“为什么说是我们来了以后粮食又贵起来了？具体有多贵啊？比如一升米是多少钱？一碗面是多少钱？”我知道张国焘对我说“我们来了以后粮食又贵起来了”的回答不满，便决定回避这个问题不做回答。但对于一升米是多少，真不知道怎样回答，是说体积好还是说重量好，也没有做太多的思考，便回答说：“一升米是十斗。一碗面是多少钱我不知道，因为我没有到街上吃过，听说要 × 个铜板。”

张国焘听后很生气：“一碗面也就是二三两面条，卖这么贵太不像话了。这要影响县里各项工作的开展，你们县政府要用命令制止涨价，规定出一升米和一碗面的统一价钱来。你说这样搞行不行？”我很想快点结束这些没什么意义的谈话，也害怕答错了问题，便赶忙说：“行！一准儿能行！”

这时，张国焘转过头对傅钟说：“你抽时间给中权同志讲讲政治经济学中的价值规律和价格的关系问题。”说完便让我和傅钟离开了他的屋子。

走出张国焘的住处后，傅钟拉起我的手说：“你今天回答得很聪明啊！不少人被他问住了，不是罢官就是处罚，你今天表现得很好！”

可是我的心里却感觉有些羞愧，明明说了些编造的谎话，怎么还能如此褒奖我呢？傅钟看出了我的心思便安慰说：“他这个人就是这样，你有什么办法呢？当然，我们为老百姓办起事情来，可万万不能胡编呀！”他这么一说，我们都笑了。后来，傅钟还真的专门给我讲了两个小时的政治经济学。他说：“在政治经济学里，价格是随着价值波动的，张主席想死死地规定价格也是不行的呀！”

现在回想起来，虽然张国焘和我的这次谈话有些无聊，但对我后来做领导工作还是有一些用处的，因为他问过的那几个问题，我在以后的工作调查中还真的都注意到了。

三、我任独立第二师政委时目睹马骏师长之死

1936 年 4 月，我们跟随四川省委直属机关的同志一起北上，到达丹巴县城。这时，原来的四川省委书记傅钟同志又调回总政治部任副主任，他当时就住在第三十一军的军部里。一天，傅钟同志把我叫到第三十一军军部，先是介绍我同该军军长王树声、政委詹才芳、政治部主任朱良才见了面，然后对我说：“中权同志，组织上决定叫你去大金川的独立第二师任政委。”傅钟同志接着把独立第二师的情况向我简单说了一下。

1935 年夏，在中央红军和红四方面军会师的影响下，散居在川西的少数民族先进分子纷纷响应红军的号召，武装起来反抗国民党的军阀统治。在地方党的领导和主力红军的帮助下，川西大金川丹巴一带的藏族头人马骏（藏名叫麻孜阿布）于 1936 年春拉起了一支队伍，被红四方面军总部授予大金川红军独立第二师的番号（也称藏民独立师），并任命马骏为该师师长，金仕柏为副师长（金为红军干部）。为了巩固、提高这支武装力量，又从主力红军中抽调了 100 多名干部到该师任职。为了便于开展工作，我们派去的汉族同志也都一律着藏族服装。这个师共编制两个团，有 2000 多人，多数同志是藏族同胞，一半是骑兵，能骑善射，作战非常勇敢。

4 月初的一天，我在一个警卫班的护送下沿大金川北上，到达了独立第二师师部所在地——巴旺。前来迎接我的是一位非常英俊的藏族汉子，他穿着一领半旧的青缎袍，腰间系着藏蓝色的绸带，袍边和袖口上都镶着宽宽的滚条锦边，在阳光下闪闪耀人，身材魁梧，体格匀称，英姿勃勃地站在我面前。看上去，他不过 30 岁，脸膛微黑而细润，淡蓝色的大眼睛透出和蔼诚恳的目光。他看完军部的介绍信后腰身一躬，深

深地给我行了一个藏族礼。我赶紧照他的样子还了一个藏族礼。

“欢迎政委同志，我是师长马骏。”他显然受过良好的教育，操一口熟练的汉语，一面迎我进屋，一面吩咐备置酒宴。我们相互介绍了各自的情况。马师长说：“民族有别，但不是冤家；敌我之间，才是对头。我父亲是头人，也是一个郎中，今年60多岁了，现在正忙着为大军筹粮。”他那直爽的性格、开阔的胸怀，深深地打动了我。我为能和这样的一个藏族师长共事而高兴。

我临行之前，就听王树声军长说过，马师长的父亲性格开朗，向往革命，已经为红军筹集了十多万斤粮食，便赶紧对马师长说：“请马师长向令尊转达我的问候，祝他老人家长寿安康。”马师长又以藏礼相谢，并叫人送来一套崭新的藏族服，亲自帮我穿戴好。

酒宴过后，马师长叫来几个藏族骑手，给我做骑马表演。有的骑手带两匹马，坐骑不用鞍子，可以从这匹马上跳到另一匹马上，枪也打得很准，令我惊叹不已。当晚，马师长还给我讲起了藏人的习俗和藏民族历史。他开玩笑地告诉我：“如果藏族姑娘骑马在前，可不能与姑娘赛马啊，否则就是求爱了。政委同志，你可要小心哟。”我们会心地笑了。他又说：“我们少数民族只有投身革命，跟共产党走才有光明的前途。”可以听得出，他的这番话是经过长久思考的。

当我问他：“你是投身革命了，但你对令尊大人当头人怎么看呢？”他笑笑说：“眼下他当头人也是革命的需要啊，他老人家要是不当头人了，怎么能筹集到那么多粮食呢？红军的事业需要他这么做。不过，老人家绝对相信我们的事业是神圣的，只要革命胜利了，他就不做头人了，情愿去做郎中。”我听着他的回答心里甜甜的，这是多么好的父与子呀！我深感肩负的责任重大，决心不辜负组织的信任，带好这支少数民族武装。

第二天，马师长陪我下部队，每到一处，他都对部下做一次简短的讲话，先说一段藏语，再用汉语重复一遍。他讲话的时候，部队指战员精力非常集中，一双双神采飞扬的眼睛，不时的跟着马师长的手势转动。看得出，他在部队中有很高的威望。独立第二师就是在这样一位有知识、有气魄、有能力的师长带领下，完成了一次又一次重要任务。我和马骏也相处得非常好，像亲兄弟一样。

4 月中旬，我的左腿在一次剿匪战斗中中弹负伤，被送到第九十一师的医院治疗。马骏同志赶来看我，并送来了治伤的藏药，给我很多安慰，使我对这支部队、对马骏同志进一步产生了深厚的感情。可是，这种深厚的感情不久便被张国焘一纸密杀令断送了。

6 月中旬，红二方面军到达甘孜地区同红四方面军会师后，由于朱德、刘伯承、任弼时、贺龙、关向应、徐向前等同志对张国焘分裂党和红军的错误主张进行了严肃的斗争，张国焘被迫放弃南下的错误主张，同意红四方面军和红二方面军共同北上。但是，他的错误路线统治并没有结束，一些悲剧依然在上演。

在 7 月上旬的一天，我在八旺镇独立师部接到来自丹巴县城第九十一师骑兵班送给我个人亲启的绝密件，内称有要事请我去第九十一师师部面谈。当我赶到丹巴与徐深吉师长、桂干生政委见面时，他们拿出“大金川省委书记周纯全”签名的密电给我看，并要我签字。电文的大意是：“奉张主席命令，部队即将第三次过雪山草地，继续北上长征，考虑到马骏可能不愿带部队远走，令你们将其秘密处决……”云云。

我看完电报后内心为之一震，但极力控制住自己的情绪问徐、桂：“你们意见如何？”他俩问我：“马有何具体表现？”我真实地回答：“马的表现很好，一切照常。”他俩对此也感到无可奈何，便对我说：“这是张主席的指示，不执行不行，你说怎么办？”此时，我建议可否请上级重新考虑不杀为好。

徐、桂两同志都是很有经验的红军师级领导，他们考虑了一下说：“现在我们的部队已经准备行动，再请示已经来不及了，再说这是张主席的决定，我们建议也无济于事。”于是，决定以开会为名，将马骏骗到第九十一师师部，由第九十一师出面伺机处决。我对此非常痛心，但又爱莫能助，便匆匆赶回师部，一方面通知马骏和我一起去第九十一师师部开一个重要军事会议；另一方面将真实情况告知金仕柏副师长，要他好好掌握部队。金副师长听后也很惊讶，但在张国焘的命令下，也只好表示一定掌握好部队，保证不出意外。随后我和马骏带上一个骑兵警卫班奔赴丹巴。在到达丹巴第九十一师师部后，马骏师长便被杀害了。

在马骏被害以后的多年里，我一想起此事，心中便隐隐作痛。1986年，在马骏被害50周年的时候，我在南京军区向中央纪委写信反映了这一历史冤案，并同时将信寄给在北京的徐深吉等人，建议为马骏平反昭雪得到了徐深吉等人的一致赞同。为此，我写了题为《征途一曲悲愤歌》的文章,发表在《星火燎原》纪念红军长征胜利50周年的专辑上，公开了这一尘封的历史冤案。另外，我又给中共四川省委、中共四川省丹巴县委去信，说明历史真相，要求为马骏平反昭雪，落实政策。四川省和丹巴县党组织对此非常重视，派专人找我进行了详细的调查，为马骏平反昭雪，并落实了对其子女的政策。后来，马骏的子女专门来信感谢我，并献给我一条洁白的哈达，说他们已经享受到烈士子女的待遇，妥善地安置了工作。此时，我才放下了一笔沉重的历史心债。

四、我在长征途中与母亲的两次相见和最后永别

1932年2月中旬，国民党军集中十个师的兵力在川军主力的配合下，开始向天全、芦山、雅安、名山地区大举进犯。红四方面军此时前临强敌，后无根据地，部队得不到补充，离开川陕苏区时的八万多人，只剩下四万多人了。面对日益严峻的形势，许多同志纷纷议论，再这样拖下去，非把部队拖垮不可，要求北上的呼声越来越高。张国焘迫于上下内外的压力，在2月下旬，被迫同意红四方面军陆续撤离天全、芦山、

雅安、名山地区，向懋功西北移动。

红四方面军撤离天全北上后，撤销天全县委，我和傅崇碧同志一起带领四川省委机关干部组成四个干部工作队，傅崇碧同志任大队长，我任政委。我们一路向北走着，在路过宝兴县城宿营时，没想到意外地与跟随红军大部队长征的母亲相遇了。此前，我虽然知道母亲带着弟弟、妹妹一家人随军长征了，但总也没有得到他们的确切消息，这次遇到朝思暮想的母亲和弟弟妹妹，我很高兴，便把母亲和中柏、中衡弟弟及中秋妹妹接到自己的临时住地，一家人沉浸在意外相逢的幸福之中。

我紧紧抓住母亲的手，心情激动地向母亲问候着，欣喜的热泪禁不住往下流淌。母亲早已泪水纵横，高兴得顾不上回答我的问话，只是深情地望着我。母亲虽然才 40 多岁，但头上已添了许多白发，额头上嵌着深深的皱纹，由于腿上有病，行动十分不便。她坐在一个木床上，目不转睛地瞧着我，好像永远看不够似的。这时，中柏弟弟对我说："娘带着我们一直跟随红军大部队已经走了两年了，娘现在得了寒腿病，走路越来越困难。你今晚就请个医生给娘看看病吧！"弟弟的话提醒了我。我赶忙找来通信员，叫他通知炊事员做点大米饭，并准备请傅连暲医生来给母亲看病。傅医生的医术很高明，在中央红军时经常给中央首长看病。中央红军和红四方面军会师后，他随红军总部机关的部分人员留在红四方面军，我在地方工作部任部长时经常与他见面。对于这次请他为母亲看病，他非常热情地答应了。

在等待傅连暲给母亲看病的空闲时间里，我们相互介绍了另外几个家庭成员生离死别的情况。中柏弟弟向我介绍了二哥李中池在理番战斗中牺牲和我的妹妹李中珍及她的丈夫石映昌在长征途中牺牲的情况后，双手蒙脸哭了起来。亲人牺牲的噩耗使我的心像被刀扎似的难受，泪水止不住地往外流。这时，母亲在床上问道："找到你大哥了吗？"

提起大哥李中泮，我破碎的心一下像被人掏光了似的。其实，他作为红军的团政委，早在长征前就被张国焘的错误肃反杀掉了。由于怕母亲伤心，我一直没有告诉她，但此次相见，我知道瞒不过去了，于是把大哥含冤被害的经过告诉了母亲和弟妹们。听了我的讲述，一家人痛哭失声。这时，通信员跑来告诉我，说傅医生已经请来了。我急忙抹干了眼泪，把傅医生迎进屋来。傅医生热情而细心地给母亲作了检查，最后诊断说：“你母亲的寒腿病主要是长途行军、疲劳过度造成的。目前也没有更好的办法。有可能的话，多吃些有营养的东西就会好的。”听了傅医生的话，我感到很无奈，在这极端困难的长征途中，到哪儿去弄营养品呢？

第二天清晨，队伍就要出发了。在阵阵军号声中，母亲将我紧紧地搂在怀里，目光中燃烧着炽热的母爱，用朴实的话对我说：“孩子，你放心地走吧！不要惦记我们，你要爱惜自己，好好活着。”就这样，我匆匆离别了母亲，踏上了继续行军的征途。

大约过了两个多月后的一天，我率部在由丹巴到了巴旺的行军路上，再次遇到亲爱的母亲，这时母亲的面容极度憔悴，神情忧郁，只是呆呆地望着我，似乎累得已经不能开口了。中柏弟弟向我述说了母亲带领他们兄妹三人，先后两次翻越夹金山和跋涉丹巴河的经过。弟弟的话一字一句都像重锤砸在我的心坎上，母亲这时已经重病缠身，还要带着三个年幼的孩子，跟随大部队长途跋涉，翻山越岭，这是多么的不容易啊！看着坐在眼前的母亲，我真不忍心再让她这样走下去了！可眼下部队都已分批北上，我无法把母亲妥善安置下来，也无法为母亲提供更多的帮助。但我知道，再往前走就是人迹罕至的茫茫草地，身患重病的母亲还能走过去吗？想到这些，我的心简直要碎了。我望着母亲，心里暗想：这可能是我与母亲的最后相见了，一定要好好地看看我的母亲……当时我曾经想把母亲和弟弟、妹妹留在当地，因为这样总比死在雪山草地要好些。可转念又一想，他们在这里人生地不熟，一旦叫土匪知道了怎么办？真是左右为难。这时，通信员提醒我说：“政委，我们的队伍已经走远了。”我看着已经远去的队伍，想到就要与母亲分手了，心如刀绞。这时我对母亲说：“娘，你还是在这里养养身子再走吧。”母亲听后无力地摇摇头，什么也没说。这时，通信员看看我，说：“政委，要不就把我留下来照顾伯母吧！”通信员的话真让我有些动心了。

没想到母亲却坚定的说：“不成，队伍上的红军一个也不能少！我两年都坚持走过来了，还愁走不到陕北？”母亲说着把中衡弟弟和中秋妹妹拉到身边说：“我们也要走到陕北，去找毛主席好不好？”中衡、中秋异口同声地回答说：“好”。母亲听后对我露出了一丝微笑。但母亲的微笑丝毫解除不了我内心的忧虑，我还在犹豫着。这时，战马长长地嘶叫了两声，通信员再次提醒我说：“政委，队伍都走远了。”母亲也用颤抖的声音催促我说：“孩子，你们快走吧，别误了队伍上的大事呀。”我很想为母亲再留点什么，但摸摸口袋，盐巴、银元都没有了，便在无奈之中取出公文纸，给后续部队的一个团政委写了张便条，请帮助照顾一下我的母亲，然后把这张便条交给了母亲。我向母亲辞行时，母亲双眼满含泪水凝望着我，什么话也没有说。我望着远去的队伍，牵过战马，把它交给了中柏弟弟，留给母亲乘坐。我预感到这会是我与母亲的永别，心里非常地难过，便拍着中柏弟弟的肩头，流着眼泪对他说：“你要多照顾好娘和小妹，我走了！”说完这句话后，我和警卫员又踏上了北上的征途。

9 月的一天，我在向甘南进军的征途中，再次遇到弟弟中柏、中衡和小妹中秋，他们大哭地说：“娘在西康省炉霍县大草地边缘的东谷喇嘛寺因病重去世了……”中柏弟还递给我一张小纸条，上面写着母亲逝世的日子，可惜这一珍贵的纸条后来丢失了。母亲逝世的时间为公历 1936 年 8 月的某日，我们兄弟都为母亲的逝世而万分悲痛。由于母亲的去世，他们见到我之后哭得如同泪人一般。我安慰弟妹们：“我们现在已是无爹无娘的孩子了，但在陕北那边有我们的党中央和毛主席，他们会更关心我们的。我们要继续长征，将来革命胜利后，把我们父母亲的革命事迹写出来……”说罢，我又向弟妹们匆匆告别继续行军了。

离休以后，我怀着依依怀念的深情，写下了一本《母亲万岁》的小书，1986 年由解放军出版社出版发行，讲的就是这段真实的历史故事。

五、我在第三次翻越雪山草地时与朱总司令一路同行

1936 年 7 月初，我被调离独立第二师，进入红军大学学习。这时，红四方面军从甘孜、炉霍、绥靖地区再次出发北上，向甘南前进。我们在西进卓克基、毛儿盖、马尔康等少数民族区域时，第三次翻越了虹桥山、鹧鸪山等大雪山及数百里茫茫草地。在我们第三次翻越雪山草地的路上，经常发现前两次过雪山草地时牺牲同志的尸骨，还有一些遗物，这些都引起我们无限的伤感。

在第三次过雪山草地的路上，因为红军大学与红军总部在一个序列里行军，我在艰苦的行军途中多次见到了敬爱的朱总司令。有一次，朱总司令在茫茫的草地上与我们一路同行，他用那浓郁四川话鼓励我们：“我们要努力赶路，千万别掉队啊！”看到朱总司令与我们一起行军，我们倍感亲切和鼓舞，簇拥在他的身边，再苦再累的行军也不觉得了。经过一个多月的艰难行军，我们第三次爬过雪山、走过草地，终于到达了甘南哈达铺地区。在到达哈达铺的那天晚上，大家非常高兴，因为可怕的雪山草地终于被我们第三次征服了。我和红军大学的几个人将装过麦面的干粮袋抖了再抖熬成一小锅面汤，每人喝了一碗，觉得有点粮食味道，真是香极了。

1936 年 10 月，红二、红四方面军分东西两路北上，与红一方面军在甘肃会宁和将台堡胜利会师。三大主力红军会师于西北，使中国革命迎来了新的曙光，我也由此结束了难忘的长征。

选自《军事历史》2007年第1期。

“万水千山只等闲”

——我参加长征的回忆①

李国策

我于1917年9月4日（农历丁巳年七月十八日）出生于四川省苍溪县东南约20里的五里乡李家坪村。我们兄弟姊妹共五人，我为老二。父亲名叫李凌云，1971年去世。母亲任安碧，1939年去世，当时年仅40多岁。

中国工农红军第四方面军，原在安徽、湖北、河南一带，即鄂、豫、皖苏区，于1931年进入陕南、川北一带，建立了川陕苏区，离我们家乡不远。这时传说很多，有说红军好的，也有说红军很坏的。说红军好，是说红军打富济贫，打土豪，分田地，穷人能分到土地。说红军很坏，是说红军都长着很长的红头发，青面獠牙，光吃人。还有人说红军的一个头目红头发特别长，一对獠牙很长，张开血盆大口，每天要吃一个小娃娃。还有说什么红军“共产共妻”，“大姑娘都得去给红军当老婆”等等。说红军很坏，这当然是国民党的宣传，是制造谣言，欺骗群众。在这期间，国民党为了“要消灭红军”，调集大批国民党军队去“围剿”红军。国民党的军队从成都、重庆方面开来，经过我们家乡一带，北上到川北去打红军，妄图阻止红军继续南下。国民党的军队沿嘉陵江两岸

① 编者对原文略有删节。

源源不断地日夜北开，人多得很。我是第一次看见这么多的军队。军队从我们家乡通过，当地把过队伍叫作过“良子”。国民党军队到处抢劫，奸淫掳掠，无恶不作，老百姓四散逃命。他们还强行抓丁，拉夫，捉鸭，拿包袱，弄得鸡飞狗叫，怨声载道，民不聊生。过了不久，国民党军队被红军打败了，又连夜兼程南逃。溃散的队伍，三五成群，争相逃命。这时，这些家伙更坏，烧、杀、抢、奸，坏事干尽。老百姓谁也不敢下田干活，都是藏在山里。我记得，我们家就在山里住了半个多月。以上是1933年春天的情形。

当儿童团长

后来，红四方面军取得了反“三路围攻”的胜利，打到了我们家乡，扩大苏区，也扩大了红军队伍。红四方面军打到我们家乡以南十多里远就停止前进了。我们家在嘉陵江东岸，红军也没有西渡过嘉陵江，在江这边就停止前进了，敌我以嘉陵江为界，从广元、苍溪到阆中县的江东是红军防线，江西是国民党军队防守，所以我们家乡一带就成了红、白两军对峙的地方，即白区和苏区的交界地方。在我们李家坪村两边的山头上，就可以居高临下清楚地看见江对面河坝里的国民党军队在修工事，我们老提心，怕国民党军队再打过来。

红军到了我们家乡之后，共产党地下组织公开了，一些地下党员公开活动，进行革命工作。比如李忠新、石玉真等，他们立即当上干部，给红军筹集粮草，建立基层地方政权，宣传共产党的好处，扩大红军。我们五里乡苏维埃政府成立之后，我父亲任乡苏维埃政府秘书。可见我父亲的思想进步和与共产党地下组织的关系了。各级苏维埃政权建立之后，就开始进行斗地主，打土豪，分田地。划阶级成分，宣传群众，动员群众，组织群众等活动。将群众组织起来，先后成立有贫农协会、妇女组织（又叫内务部，主任叫内务）、不脱离生产的赤卫军（等于现在的民兵）等，儿童也被组织起来，叫儿童团，我当上了我们村儿童团的团长，心里有说不出来的高兴。嘉陵江东岸是红军的警戒线，这一带的各个山头上是前线阵地，每个山头都修有工事，用席子和树枝搭成许多哨棚。多数哨棚是我们儿童团担任放哨，只有少数极重要的山头上的哨棚有红军防守，也有一些哨所是由赤卫军站岗放哨。我们想办法迷惑敌人，拾些柴草，把它点燃之后，人就走了。哨棚那儿成天冒烟，敌人以为有人，其实没有人，敌人还认为是红军在防守，不敢轻举妄动。我们儿童团除了担任前线警戒放哨之外，还在内地重要路口站岗放哨、查路条，防止敌特及地主等坏人的破坏活动。苏维埃政府规定：苏区的人民外出，都得到村政府开路条，凡有路条的人才能放行。我们儿童团查路条，很认真，很严格，即便是自己的父母兄弟，也得要看有否路条，没有就不准通过，对任何人都不随意放行。

苏维埃政府和红军宣传队，随时随地宣传扩大红军，动员苏区男女青壮年去参加红军，红军队伍扩大很快，每个县、区、乡都成立了独立团、营、连，我们五里乡就成立了一个独立营。青壮年多数都参加了红军。我们乡独立营的营长、教导员，是从住我们家乡一带的红军一个团的政治处派来的干部担任，其余干部是从当地参军的人中选的。教员石玉真参军到正规部队，当了师部的书记；教员李忠新任我们乡独立营第一连的政治指导员。苏区的男女青少年甚至三四十岁的男子汉，参加红军的很多，有的地方多数人都参加红军走了，在家的多是小孩、妇女和老人，当然也有一些虽然年轻但确实不能参军和不愿参军的。我们这个乡就参加红军走了 200 多人。可想而知，参军的人很多，红军在川陕苏区就扩大到数万人。我们家乡一些和我小时就在一起的少年也参军了，背着的大刀上系有一块红布，戴着八角帽，上面有一颗用红布做的红色五角星。他们都开展宣传扩大红军，批斗地主等工作。我看到他们那么威武，心里很羡慕，也跟他们一块儿到处跑，肚子饿了就到村或乡苏维埃政府去吃饭。我高兴极了，觉得当红军就是不错。

红四方面军各级政治部，都下属有一个新剧团，等于现在部队政治部门的文艺宣传队，是负责口头宣传、书写标语、文艺演出的。师以下的宣传队中没有女同志。有两次，我到五里场去，正好遇上宣传队来这里演出，音乐是那么好听，节目是那么好看，我过去从来没有见过，真开眼界。我心里想：如果我能够参加宣传队，该多好呀！

1933 年 8 月的一天，两位已参加了红军的同学（我记得可能是李国连、任文金）来到我的家中。当时我父亲不在家，他在乡苏维埃政府工作，只有母亲在家。这两位同学是出来宣传扩大红军的。他俩与我聊天，谈参加红军如何如何好，谈得很热闹，我也很高兴。我母亲不愿让我离开她，对我看管得很严。这时两位红军来家了，母亲总不让我和他们俩在一起谈话，老叫我出去干这干那的，设法使我离开他们。其实，我早想参加红军，两位同学与我暗中已商量好，叫我现在就偷偷地走，如果偷走不成就硬走，老给我使眼色。我当时想偷偷走，但母亲寸步不离。我只得当面向母亲说出我现在去参加红军并和他俩一起走。母亲不同意，劝我。我根本听不进去。没有别的办法，我就和这两位同学一起出门走了。我们走得很快，母亲在后边追赶，想把我拉回去。可是我们年轻人跑得快，母亲根本追不上。母亲看见我们三人已爬上村后的高山只好回去了。我们三人上山之后，到了李国连的家里，他看了他父母亲，我们喝了水，坐了一会儿就去乡苏维埃政府报到。我一到五里乡苏维埃政府，就去找父亲，见到父亲时，我的母亲已在那里向我父亲哭诉着了。我愣然了半天说不出话。我母亲还是叫我回家去，我直说好话。父亲不吭声。最后，父亲才劝母亲说：“去就去吧！不要伤心了，他以后会回来看你的。”这一下我可高兴了。父亲和母亲商量着：他到哪儿去当红军为好呢？他想了想又说：“就到李忠新指导员他们那儿去吧！儿子和他熟，好照管，我们也放心。”母亲同意了，点点头，落下几滴眼泪，抬头看了看我。这一天是赶集日，街上人很拥挤，李指导员也来赶集了。

他到乡苏维埃政府来，我们正好碰见了他。他问我们：“怎么，你们全家都来了？”我说：“我来参加红军。”他说：“那好呀，就到我那儿去吧！”这正合我们的心意，我父母满口答应了，我也点了点头。父亲说：“到你那儿去，我就放心了。”母亲说：“他还小，请你多照管他。”我们又和李忠新指导员一起到饭馆去吃了一顿饭。母亲还给我买了一些吃的东西带上，下午我就和父母分别了，跟随李指导员到部队，分配我任他那个连队（独立营第一连）的书记。从此，我就光荣地参加了红军。那时是 1933 年 8 月份，我年仅 16 岁。以后，我就在革命行列里不断成长，由少年到青年，到壮年，到老年，经过土地革命战争（即第二次国内革命战争）、抗日战争（即民族解放战争）、解放战争（即第三次国内革命战争）、社会主义革命与建设等四个革命时期，亦即由新民主主义革命到社会主义革命两个大的历史阶段，到写回忆录的今天（1985 年），已是 52 个年头了。

我在参加革命以后，不论在任何情况下，即便是土地革命战争时期，经常处于极其艰险的环境之中，我对革命事业也是忠心耿耿，没有丝毫动摇过，对革命事业的最终胜利坚定不移，坚信不疑。这主要是认识到中国共产党是为劳动人民谋利益的，是为大多数人谋利益的，是无产阶级的先锋队组织，是伟大的进步力量，新的革命力量必然会战胜反动的、腐朽没落的统治阶级，人民终将得到解放，因此它所领导的人民军队是无敌的。中国革命的历史事实，证明了这一真理。我有了以上这种认识和信念，所以对革命从不悲观与动摇，在那十分艰难的日子里，行军没有掉过队，打仗不怕死。对于历次政治运动（“文化大革命”除外）也没有躲避过。我在几十年的革命工作中没有犯过大的错误，在党内外也没有受过任何处分。虽然我对革命事业忠心耿耿，对工作认真负责、积极努力。为党为人民做了一些有益的工作，然而我个人的进步是不够快的，对革命事业的贡献是很小的。所以说，不是党欠了我们的账，而是我们欠了党的账。我只是千千万万参加革命队伍的人们中的一员，我对革命事业贡献不够，盼望儿女们和第三代去努力弥补吧！

在川陕苏区

我参加红军，到了独立营第一连，当天就到连里任该连连部的书记（即文书，那时都把连队的文书叫书记）。这个连当时驻在五里场以南20多里地的娘娘庙前边的山上，担任第一线防御警戒任务，主要的地方是红军主力第三十军八十九师二六七团第一营的部队防守，营部就驻在娘娘庙。我们连受这个营的指挥。当时，我并不知道“书记”要干些什么工作，连长和指导员叫我造全连人员的花名册，每日向营部写敌情和执行防守任务的情况等报告，向下送通知，领发口令。刚成立的独立营，尽是当地的新战士，枪支很少，我们连只有几支步枪，有的还打不响，100多人的连队，绝大多数人是拿的大刀、长矛。深沟对面的盘龙山上，就是国民党军队的防线，离得很近，肉眼就可以看见敌人的一些活动。国民党军不时来偷袭我们，几乎是每天夜里都打仗。有时敌人白天也出来抢粮，抓鸡，我们一见敌人就开枪打。我们连的连长、指导员忙得到处去检查与指挥各班、排防御工作。有时指导员将他那支步枪交给我，我和大家一起射击敌人。晚上我睡不着，老怕敌人来袭击，把我偷偷地抓走就坏了。我们营部是每三天发一次“口令”，所以我每三天得去营部一次领“口令”。营部在我们连东边的粉壁垭，距离约有20里地远。我去营部得翻一座大山，再过两道深沟才能到达那里。山很高，沟也很深，尽是密林。因为敌人常偷偷地到沟里的村庄来抢老百姓的东西，我当时年岁小，没有打过仗，老怕路过深沟时遇见国民党兵把我抓走。我一下到沟里，就像兔子似的飞跑，鸟从树上飞起，把我吓得心里扑咚扑咚直跳。到了营部领上“口令”就忙往回跑，怕天黑了出事。因为我经常去营部，和营部的人混得很熟悉，在当年的冬天，我被调到营部任书记。我在营部工作，大约只有四五个月时间，在 1934 年的春天，我又被选调到第三十军八十九师二六七团政治处新剧团去工作了。因为我们这个独立营是二六七团领导与指挥的，营长、教导员等领导干部也是这个团派来的人担任的，当然独立营的人员就归由这个团调动。这个团的部队就驻守在我们家乡一带地区。1934 年秋天，独立营被取消了编入二六七团的其他营。

我被调到新剧团当宣传员（演员），心里很高兴，只不过离家远了一些——驻在烟峰楼（大镇子），这里离前线有 40 多里，一八九师师部就驻在这儿。我到了新剧团之后的具体工作，先是在音乐班学敲打小鼓。所谓音乐班，实只四个小鼓、一个大鼓、八副小铜钗和八支笛子组成，曲调也不多，就是那么十多个曲牌，很简单。那时谁见到过现在这些现代化的乐器呢？可是就是这么落后的乐器，在当时的红军中也是不简单的了。这些音乐器材，最大的好处是携带方便，便于在行进中吹打。我们新剧团都是挑选 18 岁以下，人长得漂亮，也很聪明活泼，还有点文化的男子。各级领导最喜爱自己的新剧团，当成宝贝似的爱护。他们经常逗我们这一伙“小白脸”。我们中有的只有 12 岁。在红军队伍中，唯有新剧团的同志穿着最整齐、最漂亮、最好看。其他红军战士穿的是粗布旧军装，各色各式，而我们新剧团的“小鬼”，总是穿着专门制作的很好看的细洋布的、很合身的军装，人人看了都羡慕，我们自己也觉得很神气。我很快就学会了敲鼓的各种曲牌。有一次我们新剧团到五里场去给部队和群众演出，快近这条街时，我们就吹打起来，剧团整齐的行列中，响起了那悦耳动听的音乐。街上人挤满了，我父亲也在里面看热闹，他一眼就看见了我在打小鼓。高兴得眉开眼笑，合不拢嘴。以后我又学吹笛子。因为我在小时候就爱吹笛子，有些基础，再学时当然不那么费劲了，我很快又成为吹笛子的能手。在这之后，上级又调我到演出班去工作了，我就学习演节目，不过我不爱学跳舞。剧团有一个舞蹈班，他们都比我小，他们跳舞时，都是化装成小姑娘，手拿彩带，翩翩起舞，倒也好看。我是比较活泼也有些调皮的人，最喜爱当反面人物的角色，我就学演反面人物，上台演出时便出洋相。比如，演《田颂尧吸大烟》这个节目时，我是田颂尧的护兵，站在一旁出洋相，活像“刁小三”，台下的观众哈哈大笑；在演《刘湘自叹》时，我当他的副官，显得当狗腿子那么百般殷勤，点头哈腰，舔上欺下，笑里藏刀，纯粹是一个两面派的形象。我们第二次又去五里场公演时，我充当这些反面人物。在演出结束之后，一些熟识的乡友都来围着我，夸奖我，说我有才能，羡慕得很。我父亲在场，他比以前更高兴。我们新剧团还到最前线向敌人宣传，在前沿阵地上离敌人很近，我们面向敌方奏音乐、唱歌、喊口号，瓦解敌军。敌人在工事里静静地听着，并不放枪打我们。由于敌人对苏区的长期封锁，苏区军民的生活很困难，连食盐都没有吃的。有一次，我母亲病了，姐姐来叫我回家去看看。我请准假回去时，团政治处主任江求浩叫司务长给我两斤食盐带回去，家里如获至宝，喜出望外，父母见了盐，用手摸了又摸，热泪长流。因为家家户户都没有盐吃，我母亲叫给我家周围的乡亲各送去一酒杯咸盐，乡亲们感谢万分。

1934 年秋天，国民党又开始对苏区和红军“围剿”，四川的刘湘、田颂尧、刘文辉调集了 100 个团的兵力，向川陕苏区大举进攻，亦即“六路围攻”。我党我军在历次粉碎敌人的“围剿”进攻时，为了避免敌人的分割与包围，不是采取分兵把口、硬打死拼的消极防御战略，而是采取积极防御战略，紧缩兵力，主动丢掉一些地方，集中主力进行机动作战，避实击虚。红军主力在苏区来回运动，以逸待劳，等待时机，看准之后再突然反击打出去，既歼灭敌人主力粉碎敌人进攻，又扩大了苏区。这一次也不例外。强大的敌人来了，我苏区就紧急动员群众向后方转移，实行坚壁清野，十家九空，使敌人进来一无所获，人粮均找不到，陷敌于困境之中；同时红军主力主动撤退，进行集结，转移到机动位置，待命视机。白军开始大举进攻了，我们全家老小向苏区后方撤退。这一天下着大雨，全家人淋得像落汤鸡，他们来到了我们驻地烟峰楼，新剧团的同志们招呼他们吃了饭。这时我们也进行后撤，形势很紧张。但是不幸得很，恰在这时我病得很重，发高烧，寸步难行，同志们派群众的担架往后方送我。我父母等全家人先离开我们驻地，在大雨中艰难地行走着。他们走了好久，我才被抬走，走了十多里路，就又遇上了他们。只见父亲背着粮食，母亲背着被子和小弟弟，姐姐一手拉着个弟弟，一手拉着妹妹。我们都停下说几句话，我拉着母亲的手光流泪，姐姐也哭了。母亲说："不要哭，好好养病。你知道是抬你到哪儿去呀？"我说："不知道。"这时父亲说："唉！我们分别的时候你病了，多么难过呀！不知道以后我们何时能相见？"小弟弟、小妹妹光喊"哥哥"。我发高烧，被大雨淋着，倒也觉得清醒了一点，赶快说："你们快走吧！敌人在后边追，离我们不远了。"我们就这样含泪分别了。谁知这竟然是我最后一次见到母亲啊！全国解放以后，才知道就在那离别的第二天，父母亲们就被国民党军队赶回去了，他们回到家中一看，家中什么东西也没有了，只好自己动手，重建家园。我在分别后的第二天，被送到了老观场我们师的师医院。我住院十天病好就出院了。出院归队时，我们团的部队已经转移到东边的仪陇县（朱德总司令是该县人）方面去担任防御任务了。敌人每天进攻，我虽然未拿枪打仗，但也是直接参加，和剧团的其他同志一起，往阵地上送饭、送弹药，在枪林弹雨之中抢运伤员，在火线上向敌人喊话，与连队战士在同一个战壕里战斗着。

开始长征

到了 1935 年春天，我们粉碎了敌人的"六路围攻"。为配合中央红军长征，进行强渡嘉陵江战役。红军部队在苏区由东向西、日夜兼程向嘉陵江边开进。在渡江的头天晚上（3 月 27 日），我们这个团又进到了离西边嘉陵江只有 20 里的烟峰楼。下半夜我们开始在黑暗中用绳索抬船、扛竹竿，偷偷地接近江边，来到了苍溪县城南塔子山脚下江边的一个沟口（我们家在塔子山以南20里），红四方面军的主力在这里渡江。当然在南边和北边很远的地方，也选有渡口，红军部队分头从那些地方渡江。我们第三十军是四方面军的主力，战斗力很强，下辖三个师，即八十八师、八十九师、九十师，尤其是八十八师战斗力最强。一个团善于夜摸，一个团善于坚守，一个团善于进攻，有名的“夜老虎团”，就出自这个师。我军作战时，三十军总是冲在最前头，是开路先锋，可以说是战无不胜，攻无不克，军长是程世才，先为军政治部主任以后任军政委的是李先念同志。我们二六七团是先头团之一，与其他主力部队实行偷渡嘉陵江，上百只木船一齐进发，每只船上可载一个班，一次即可渡过去一个营的兵力。我们偷渡过去的一个营占领滩头阵地时，敌人才发觉，这一下就打起来了，打得可热闹啰！战前我军所属军、师、团的重火器（重机枪、迫击炮）全部集中，配备在塔子山上下，这时以密集的火力掩护我红军先头部队进行强渡，天亮时全师都渡过河去了，占领了江对面的高山，战役向敌人纵深发展。我们每个单位在头天晚上就做好了第二天的早饭，出发时带上饭菜，我们团部刚过完江，就在河坝里开早饭。红军后续部队因怕用船渡太慢，就抢架浮桥，部队从浮桥上通过。这时国民党的战斗飞机一批又一批地来轰炸扫射，妄图阻止红军继续渡江。飞机鬼叫似的在我们头上俯冲，我们红军顾不得理睬它，急速追击敌人，以乘胜扩大战果，歼灭败敌。山坡上敌人的尸体很多，真是尸横遍野。敌人的大沿帽滚得到处皆是，还有几个被打死的敌军的官太太，光着身子躺在那里，真难看。看来她们是在睡梦中惊醒，来不及穿衣裤就跑，被打死了。我来到了山顶，因为下了山再也看不见我的家乡了，我就站在那儿回过身去，最后向我的家乡前面那座山看了一会儿，然后才把心一狠回身下山去。我们马不停蹄地追赶逃跑的敌人，一直追到天险剑门关，打死和俘虏了许多敌人。我们红军在追击敌人与攻打剑门关时，正日夜不停地下着太雨，被我军打死打伤的敌人的血和泥水混在一起，在道路上流着，真是血流成河，我们就在这血泥浆中跑步通过。剑门关十分险要，在好几里长的又深又窄的狭谷中，两边的山是那么高，抬头仰望上去，天是那么小，只有一条长长的小缝能看见天。剑门关是川陕公路必经之地，是川北通向成都的咽喉要地。如果剑门关一失，敌人就无险可守。我军全歼了剑门关守敌两个旅。我们在沿公路追敌前进和打扫战场中，看到公路旁的石崖里和山上的石头缝里，有一些未死的敌人伤兵，在那倾盆大雨下，躺在那里直哼哼。他们一见我们，有的要求“饶命”，有的说：“老总，求你再补我一枪吧！”我们顾不上理睬他们，穿着草鞋在雨水中跑步前进，去攻打剑阁县城。夜漆黑一般，我走着走着，被一个东西绊倒了，用手一摸，“嘿，是死人”，吓得我头发竖起来。有时我倒下去时，正好是和死人顺体躺在一起，还脸挨着脸，差一点就和他吻了嘴，我赶快起来就跑，因为夜间行军不准乱说话，我不敢吭声。我们团参加攻打剑阁县城，攻打了一天一夜才拿下来，我们进到剑阁县城，大街上和公路上，到处都是零散的纸烟、棉烟（水烟袋上用的烟，烟丝像线那么细，扁形的四方块）和红糖。在棉烟上面走路，就像踩着地毯似的那么舒适。我们过了剑门关和剑阁县之后，顺山势而下，又打到了江油、中坝，进入了成都平原。这里地势平坦，物产丰富，我是第一次见到这么好的地方。我们在这儿休息了两天，准备干粮。这里不愧为“天府之国”的鱼米之乡，我们每顿饭都是鸡、鸭、鱼和腊肉，我爱吃花生米炒红糖，因为没有经验，吃的太多了，倒了胃口，胃也膨胀得很，见了好饭菜，一点也不想吃。我的干粮袋里，装满了腊肉棵子、花生米加红糖炒的干粮，再也不敢多吃了。我们又返回北进，打开了青川县、北川县等县城，进到了靠近甘肃武都、天水的壁口要隘。这时，蒋介石的嫡系部队胡宗南等部赶来了，我们又转向西进，相继打开了汶川县、茂县等地。这里的枇杷很多，正是成熟的时候，像鸡蛋那么大，黄黄的，真好吃。自从离开川陕苏区以来，所到之处，看得见各地物产丰富，各种好吃的，好穿的，好用的东西无所不有，有的是堆积如山，好水果落满了地，不由得想起了四川是“天府之国”，名不虚传。其实，好生活也就过到这里，以后就没有了，越往后越是艰苦，越是困难。从强渡嘉陵江起，我参加大的战斗，共有六七次，一直打到灌县以北，离灌县县城只40多里。我想去看看世界有名的都江堰，但是部队又突然向西渡河。这里河宽流急，无船无桥，我们过河只有在河的东、西两岸各栽上两三个大树桩，拴一条粗大的竹绳，每个人过河时爬在绳上，用两手拉着和用腿夹着粗绳，仰面朝天吊在绳下边，一下又一下的往前移动身体而过。真危险，我亲眼看见掉下激流的河里，就不见人影了的有好几个人，我被吓呆了。但在轮到我时，也只得这样去过河，我没有掉下去，真幸运得很。河西不远的地方，就是汉人和藏族杂居的地区。我们打到了理番县，又转向北去，攻打平武县。这里东、西、北三面都是大雪山，终年积雪。我们在平武县城西边的大山上，居高临下看平武县城，近在眼底。我们红军围攻平武县城半月有余，没有打开。在这里，我生下来第一次吃羊肉，腥臊味很大，吃了就吐。还有两件事情我记忆犹新。一是：和我一起参加红军的我家邻村的一个青年名叫李国相，他在我们剧团工作。行军时他负责挑一对汽灯（剧团夜间演出时挂在舞台两侧用以照明的灯），在来这里的头一天晚上的行军途中，因为山高路窄，又遇下大雨，路很滑，坡很陡，尽管他十分小心的担着行军走路，可还是出了事，连人带挑子摔倒，滑得很远，把汽灯摔坏了。他是富农出身，领导上硬说他是有意破坏，将他捆绑起来了。第四天后，开公审大会，把他砍头了。张国焘就是这样军阀主义治军。我们在红四方面军干革命，由于张国焘的军阀统治，终年提心吊胆，总担心干着什么事就把你杀掉。二是：如果有一个开小差的被抓住了，就别想活命。前面我忘记了说另外一件事：1934年冬天，我们在仪陇县时（大概是在观音场），因为我们团政治处那名书记开小差跑了，团政治处主任江求浩派人到他家去捉他，没有抓到本人，就把他的妻子抓来进行审问，要她交出她的丈夫，交代她丈夫现在何处，她什么也没有招认。午饭以后，就把她拉到野外杀掉了。一个团政治处主任就可以决定杀人，这不是土匪政策又是什么？我所见所闻的还有：张国焘的政策，根本违背党中央的政策，在苏区搞土地革命，定成分扩大化，把中农定成富农，把富农定成为地主成分的不少,乱抄乱杀。有时不仅仅将老富农、地主本人抓来，而且把他们的老婆孩子也抓来，不仅杀掉本人，还杀掉他们的老婆或孩子，完全是肉体消灭政策。以后我们阅读了毛主席直接领导下的红一方面军在江西苏区执行政策情况的材料，对比之下，乃是天地之别。张国焘的土匪政策和军阀主义行为，激起了苏区广大人民和红军指战员的强烈不满。

第一次过雪山草地

从理番县、平武县往西，进入少数民族地区，也就是进入了大雪山区域，一座座大雪山中，人烟稀少，耕地罕见，尽是大森林。在这里因为国民党军队少了，我们打大仗也少了，但是少数民族地区的喇嘛反动武装也不少。国民党的主力军在雪山、草地周围包围着我们红军，当然也有一些深入到这里面来的国民党部队，扼守着要地。我们辗转南下又北上，东挡又西杀，边打边走，翻越那一座又一座大山，一上一下就是几十里行程，一天翻一两座大山就很不容易。山势那么雄伟，峡谷那么深窄，坡那么陡峭，雨那么大，路那么小而滑。深谷之中，河水野马似的倾泻而下，房子那么大的石头挡住了河水的去路。河水雷鸣般地怒吼着，翻腾起高大的白浪，万丈波涛在近百公尺深的悬崖之下咆哮着，看了使人头晕，不敢多看。我们不时行走在壁立的山腰石崖栈道之中，路只有一尺来宽。有不少地方是用一根树搭起的独木桥，两头放在石崖上，人们必须从这里通过，望上去如像壁立的怪石高山，往下看似 90 度的深谷，河水翻滚咆哮。猴子在远处看着我们乱叫，可能是第一次看见我们这些高大动物——人。我第一次经过这么危险的地方，实在害怕。有个别红军战士通过时，头发晕，掉下山涧中去了，有的军马也掉下去了，在波涛之中很快就看不见了。再往西去，便是四川省与西康省（国民党统治时期，有西康省，省会是康定，全国解放后，取消了这个省，大部划归四川省）的交界地区。这一带有原始森林，还有很多猴子及其他野兽。有的同志捉到小猴子喂养，在行军时站在人的肩头一动也不动，人一逗它，就吱吱乱叫，向你扑来，吓唬人们。我们站在高山远望，辽阔的林海看不到尽头，雾气腾腾，阳光反射出细长的道道银丝、金光。但见几百里方圆的林海中，大片大片的被火烧了的没有树枝与树皮的高大树木，像巨人白骨般挺立在大地之上。

我们红军战士，每个人除了枪支弹药之外，还有“三件宝”：即斗笠、脚码、干粮袋。斗笠，形似草帽，是用两层篾条编织的，中间夹着一层油纸，外面用桐油漆过，用红油漆画一个红五角星。斗笠主要用以遮雨，也可蔽强烈的阳光。行军时随时把斗笠背在背后。脚码是铁制的，椭圆形，下有四个铁爪和四个孔，要用细麻绳从中间穿过，捆绑在脚心的鞋底下。这样走路时不易滑倒。我们虽有斗笠，但遇特大雨雪时，它也不那么顶事，还是淋得像个“落汤鸡”。吹大风时，如不小心，风就将斗笠吹到山崖下去了。脚码虽然防滑，但在这些地带的泥泞中行走，似乎也显得不那么管用了，大家还是时常摔跤子。有好几次，我把脚和腿都摔肿了，有的人还把枪摔断了，个别同志甚至摔到山涧下去了。这里地势高，天气变化快，昼夜温差大，常是阴雨天，气候寒冷。还是司务长想得周到，他带有生姜、辣椒，遇到天冷时，一到宿营地，就叫炊事员给我们烧姜汤或辣椒汤喝。这一段时间，在行军打仗中，我患疟疾了。这种病先是高烧，后是发冷，每天发一次。烧起来迷迷糊糊；冷起来时，身上就像筛糠一样抖个不停，下牙和上牙磕得直响。当时哪有能治这种病的好药呢？我患此病半月未好，面黄肌瘦。在大雪山区，在高寒地区，有风雨的侵袭时，每天发病我还是要坚持行军打仗，没有停息，没有掉队，掉队就意味着死亡。在这以后，我们经过松岗、马塘、两河口等地南下。到了崇化县就停止前进了。这是 1935 年夏天的事情。

这时，党中央和所率领的红一方面军，从 1934 年冬天反“围剿”突围之后，经过数省，在贵州遵义党中央召开政治局会议，纠正王明的错误路线，确立了以毛主席为代表的党中央和军委的领导之后，来到了川西南（靠西康边境）的懋功县（大雪山夹金山以北）。我们红军第一、四两个方面军，在这里胜利会师了。红军指战员欢喜若狂，热烈欢迎党中央和红一方面军的到来。会师之后，两大主力红军挥师北上（红一方面军继续北上，红四方面军返回北上），红四方面军有些部队是后卫变前卫，前卫变后卫。我们二六七团原是前卫团，当然也变成后卫了，又沿来路北上。这条路线，四方面军走过一遍，再次经过这条路线时，部队更多。这一带没有什么粮食。我们的干粮不多，上级又号召多留些衣服与粮食，照顾一方面军用，所以我们处处节衣缩食，省吃俭用。这一段行程，走了 20 多天，干粮很少了，我的米袋里只剩下一点点干粮，再过两天就吃光了。我们连续两天昼夜兼程行军，目的是给后边红一方军让出路线。我们四方面军要迅速通过缺粮地区，这时我没有干粮了，一天连续翻越几座大山，肚子饿极了，走不动，正好司务长看见我不能动了，就给我半洋瓷碗炒米。我边吃边走，当天走了 200 里地，好不容易到达了有名的毛儿盖附近。毛儿盖在松潘县以西，离草地只需一天多行程。毛儿盖驻有国民党胡宗南部队一个营防守，我们在围攻毛儿盖的战斗中，这个营在黑夜偷偷地跑了，我们追到草地边沿，将其歼灭。胡宗南部队的装备很好，他是蒋介石的王牌，战斗力强。这个部队当官的，都有德国造的二十响快慢机——卜壳枪（按：其他卜壳枪，只能装十发子弹，单射，不能连射），一个营有五个连（三个步兵连、一个重机枪连、一个迫击炮连）。每个步兵班有一挺轻机枪（按：其他名牌部队每连才有一至二挺轻机关枪），兵满、枪好、弹足，是其特点。轻机枪是捷克造，重机枪是马克沁式的，步枪是中正式的（中正是蒋介石的名），非嫡系部队（即杂牌）是没有这些好装备的。我军消灭了胡宗南这个营，改善了一下部队的装备。我们红军总是想找蒋介石的主力部队——他的嫡系打仗，不愿和那些地方军阀杂牌军打，就是想搞到好装备。

打开毛儿盖以后，我们继续前进，到松潘县的西边去围攻松潘县城。国民党几十万军队，前堵后追，怕我们红军再向东、向北去，硬要把我们红军往西边草地赶，妄图在草地饿死我们而后快。所以国民党的主力军布防在这以东、以北广大防线上，松潘县就驻有敌人两个旅。县城四周都是大山（北边是雪山），敌人易守，我不易攻。在来围打松潘县之前，我军在黑水、芦花等地打了两仗，消灭了一些敌人。敌军在松潘高山上坚固设防，把一些山头削得像城墙那样笔直，还修上碉堡，掘上外壕，确实难攻。我们在围攻松潘县的战斗中，白天修工事，夜间睡在用树枝搭起的棚子里。这时我们剧团的人，每人有两枚马尾手榴弹，即一个香瓜形的铁东西，后尾拴一条如妇女的头发辫子那么长的麻辫子，一尺多长；铁头前有击针，平时有保险杆横穿在钢丝圈之间，使用时取下保险杆、然后手拿辫子用力扔向敌人，它飞到最高度时，就头朝下，落在地面上，击针猛击管火装置，手榴弹就爆炸了。这种手榴弹，便于携带，将两枚手榴弹的麻辫拴在一起，从脑后套过来，在胸前两边各吊一枚，使用时，能扔得更远些。缺点是：如果马尾辫挂在树枝上，那就无用了。松潘县的敌人。多次反扑，扩大防区地带，但没有得逞，均被我红军打下去了。敌人反扑时，我们剧团的同志也参加战斗，敌人离得很近了，我们就扔手榴弹。在松潘县城有一个军用小机场，敌人的战斗飞机每天在天亮时就来了，进行侦察、轰炸和扫射。我们没有高射武器，就用机枪打它。有一天打下一架敌机，掉在我们阵地后方的山坡上，驾驶员被烧死了。我第一次亲眼看见了飞机。很多人跑去看飞机，机身上的材料都被拆卸拿光了，我也拿了一样铝制薄片回来玩。我们这些“土包子”，并不认识这就是铝，但它那么轻，又不是铁质的，不知道是什么材料，只觉得又轻又薄。明光闪亮，很好玩。有一天中午，我奉命到阵地后边的山沟里去看饭熟了没有，刚走不远，敌人的小飞机又来了，我闻声急忙躲在路旁树下，飞机在头顶上来回飞，在后边很近的地方扔了炸弹。它飞到我们正前方时，只见它猛的头朝下飞，似乎快接近地面了，我不知道这是飞机投弹时的俯冲，以为它是要掉在地上了，我高声喊：“飞机掉下来了。”这句话还没说完，只见它又猛然头向上爬过了那个山头，这时才听见沟里一堆小树丛中炸弹响。啊！原来是这么回事。飞机走了，我到后边沟里去看做饭的地方，飞机扔的炸弹，把我们单位的锅灶都炸飞了，有一名炊事员也牺牲了，哪还有饭吃呢，只好饿肚子！以后部队换防，我们二六七团从前线换到第二线，团部住在毛儿盖和松潘之间的山上——拉子丛梁，我们都是住在大树下用松树枝搭起的棚子里，守卫着这个从毛儿盖通向松潘县城的必经公路上的要地，保卫驻在毛儿盖的党中央和毛主席。我们每日修筑工事，挖战壕，备粮草，一防松潘之敌反扑，二防敌增援部队插入，三作过草地的准备。从松潘来的敌机，成天不断地进行侦察、扫射与轰炸，企图阻止与破坏我军从后方向前线运送物品与部队，在这条长长的公路上，到处乱扔炸弹，公路上尽是一个个炸弹坑。因为我们不论住在哪里，都要生火做饭烧开水，敌人的飞机见到哪儿在冒烟，就往哪儿扔炸弹。看见我们的棚子也扔炸弹，弄得我们整日不安宁。以后，我们有了经验，白天不生火做饭。在夜间把饭做好，把开水准备好，免遭敌机袭击。我在这个山上，有两次很危险，差一点就被敌机扔的炸弹炸死了。一次是敌人的飞机扔下大炸弹，就落在我隐蔽的大树旁边，树皮都被擦掉了大块，树枝也被撞断了不少，但是炸弹没有响，因为地面上的松叶很厚，土也很松软，像海绵似的，所以没有爆炸。炸弹的上半部露在外面，像个铁人般的立在我面前。一次是一枚炸弹扔在我等住的树棚跟前，棚子被炸塌了，剧团的大鼓、小鼓等乐器也炸飞了。当时躲飞机，已来不及远跑，只好就地躺在树棚子里的地上，我和另外两名剧团小团员躺在一起。他们两个在我的左右边各躺一个，我躺在中间。炸弹响后，我叫他们俩，叫不应声，我一看，他们都牺牲了，流着鲜血；唯有我没有事，真是命大。这时，党中央在毛儿盖开会，商讨红军行动大计。张国焘反党闹独立，不同意过草地北上。经过毛主席等中央领导同志耐心说服、教育与斗争，张国焘才同意红四方面军与一方面军一起过草地北上。

毛儿盖会议结束后不久，红军即开始过草地。红一、四两个方面军，分左右两路前进。我们第三十军是右路军，走了一天，就到了草地边。这天行军时，我们逆沟而进，越走地势越高，沟越来越窄小，我以为前面又是一座高山，估计上去之后，又要翻山而下。可是上去之后，只见一望无际的大草原，一个山包也没有，一棵树也没有，才知道这就是草地了，才知道草地的地势这么高，它竟然是在周围都是大雪山的中间，是许许多多大山共同捧起的一个大得无比的平盘，才知道我国有一些大的河流发源于此。是谁把祖国的地形安排得这么巧妙，把它打扮得这么漂亮？伟大祖国的大地，它铺着这么大而美丽的地毯，迎接着有史以来第一次从这里经过的很多人。草地中没有路，因为看不到有一条人走过的足迹，但它到处又都是路，因为到处都可以走。草地中没有树，只能偶尔在小溪边见到只有一公尺那么高、筷子那么粗的小树丛。草地遍野开着五颜六色的草花，野韭菜、野葱子都很多，微风吹得它们摇摇摆摆，好像是在跳舞，欢迎我们的到来。宽叶草长得有桌子那么高，相互挤着争高，点头；叶子上珍珠般的小水珠，在阳光下美丽极了，点缀得草地分外妖娆。部队过草地时,敌人的飞机来不了,我们倒放心许多。部队过草地时不是一个个人成一路纵队跟进，而是像通过检阅台时分列式队形，一个方队又一个方队前进。是一个团成一个方队，一个团十几个连队，每一个连队成一路纵队，各连并列行进。红军各级有军旗，军、师、团、营、连的军旗都展开，一个团近 20 面红旗并列在部队前头，真是红旗招展，奋勇向前。不过每一个方队，不是像受阅那样相距很近，而是相距数里或数十里远，当然也有时相距很近的。因为是在平坦的草地中，人们可以看得很远，一旦在先头团或后卫团行进时，你可以看到后边或前边许多个方队在行进。因为红军露营后要生火做饭，就有火和烟，所以每当你住下后，如果还未天黑，可以看见后边的部队到达了我们今天早上动身时的那个地方，因为那儿在冒烟，也可以看见前面那个冒烟的地方，就是我们明天要到达的宿营地；我们在夜间清楚的瞭望到前后这两个地方星火点点一大片，其实，前后这两个地方，离我们各有 100 多里远，真是罕见的奇妙美景。世界上只有我们红军，才能享受到这种奇特的美景。因为我们红军队伍是大方队行进，而且又是朝着一个方向前进的，所以那高大的草，被人们踩成顺着前进的方向，整整齐齐地躺在地面上。草地里有水，人们踩踏上去时，草和脚被淹没在泥水里，你一抬脚，草又露浮在水面之上。这样，因为草上有了水，阳光之下耀眼夺目。远看这一条被红军队伍踩出来的路线，是一条 100 多米宽的银色带子嵌着红边而看不到头尾般地躺在那里，又像是很长的彩虹，好看至极。部队在行进中歌声嘹亮，似乎一切疲劳都忘记了。偶尔看见远处有缓缓而上的山包，可是他离你很远，如果你要到那个山包上去，得走一天半天才能到达。这里有牛群，是牧民放养的牦牛，长得黑黑的，毛很长，快接近地面了。一群牛少者几百只，多则千多头。也有野牛群，一见人就跑，跑得很快。人追不上它。我们要吃牛肉，只有开枪打。红军队伍很多，半个月还没有过完草地。过草地时，走在前边的部队生活就好一些；走在后边的部队，生活就困难得很。前边的部队能弄到牛，只要四肢和肚子上的好肉，其余的东西都不要；后边来的部队弄不到牛，就吃牛头、五脏等；再后边来的部队，就只有捡牛皮吃啃骨头;最后来的部队,就只好再煮别人已经煮过的牛骨了。我们在草地中，时有藏族反动武装骑兵来冲袭。开始我们没有打敌人骑兵的经验，骑兵冲来，一下子就把我们冲散了，吃了不少亏。我们总结经验教训，想法子治他。一发现敌人骑兵，就立即以立、跪、卧三层人，组成密集队形，用排子枪集中火力（齐放）打他。我们红军唱《打骑兵》歌,不时唱着：“敌人骑兵不用怕，坚决勇敢战胜他；密集队形对付他，排子枪决放一齐杀；我们打垮他，我们消灭他……”等。敌人骑兵跑了之后，我们把打死的马拖回来吃。后来每当十分困难，没有粮吃时，我们是多么想着敌人骑兵送上门来呀！

草地上，多是阴雨天气，还不时下着鹅毛大雪，刮着大风。我们每个人衣服都单薄，十分寒冷，也不知道是零下多少度！我们带的只是一条夹被，晚上冻得睡不着，遇着夜间下大雨就更糟糕，上面盖天，下面铺地，睡在泥水里。在这种情况下，人们因为疲劳极了，还是睡着了。第二天早上，我因为身体被冻僵了，怎么也起不来。别人将我扶起，拉着我缓缓转圈，一寸一寸地移着脚步，这样走一会儿才好些，能够走路了，又开始踏上征途。这种情况，有好几次，差一点被冻死又活过来了。在草地宿营，每到一地，都要派出警戒小分队，防敌夜袭。有时派到附近高地上担任警戒站岗放哨的人，夜间被冻死在那里，上级还不知道，天亮时去收回这个小组或班时，才发现他们全都被冻死了，真惨！

草地中，很多地方的地皮下面是泥浆，表面是一层软不软硬不硬的皮，长满了小青草，像钢丝弹簧床似的，人走在上面，哪怕是一个团，也是闪闪动动的，但不致裂开缝，把人掉进地皮下的泥浆中去，真是奇妙得很。我们有时行走在宽阔的沼泽地带，那里有很深的泥浆，人一掉进去就没命了。沼泽地中，有如银河系中的星球那样星罗棋布的泥疙瘩，小如碗大，大如盆大，露在泥浆之上。在泥浆之间，泥疙瘩上有一丛草，我们通过时，先得瞧准一个疙瘩，一步跨上去，另一只脚又去踩着前面的另一个疙瘩，两脚交替前行。如果有谁踏不准或站不稳，就会一下子掉进泥潭里。千军万马，人那么多，先过的人，因为那些疙瘩上有草，也没有沾泥，是不怎么滑的，还好过一些；后面通过的人，就很难了。因为泥疙瘩已被踩得光溜溜的，上面不仅没草了，还沾有泥水，真是滑得很，最容易掉进泥浆中。又因为每一步都要踩准一个泥疙瘩，要是前面的人走得很慢，在后边的人用一只脚踩着一个疙瘩，另一只脚提在空中等着，真像“金鸡独立”，好难受啊！这就难免有人掉进泥塘里，急速下沉，很快就看不见人头了，被淹没在泥潭之中。一旦有人陷进去时，如果有人用手去拉他，就会被掉下的人抓住不放，两个人都会掉下泥潭去同归于尽。这种事情多次发生过。有了教训，以后万一有人掉进泥潭时，就赶快把两臂伸平，两脚尽量分开向上，这样人可以仰卧在泥潭上，不会迅速下沉；别人去救他时也不用手，而用一根木棍或用枪托，万一拉不上来，就丢开木棍或枪，以免两人都牺牲。用这种办法，救起了不少战友。我也掉进泥潭过，把我救起来的是一位姓朱的剧团同志，他是用笛子拉救我的。以后过雪山时，他掉下雪崖，被雪埋没了！

张国焘的军阀主义治军到了极点。部队组织的收容队，不是对掉队的战士进行鼓励、说服与帮助，而是打骂威胁，甚至于开枪打死。这么对待忠于革命事业而走不动的可怜的革命同志，真是凄惨得很。我就亲眼看见我们团的团政委带领的收容队，在部队后尾跟进中，发现有的战士走不动了，藏在路旁小荆棘丛中，开口就骂，动手就打。战士还不起来走时，他就对空鸣枪，吓得人们赶快起来跑，当时有一个掉队的战士怎么也起不来，拉也拉不起来，这时团政委就开枪把他打死了。他们不是扶他或背他走，而把掉队战士看成是包袱是累赘，就开枪把他打死，我真害怕，不由得暗中流泪。

经过十天草地行军之后，我们来到了草地北边边沿的班佑。这里有用牛粪抹的墙壁房子，从这里沿沟出去，缓缓下坡去，又进入雪山地带之中，这第一次过草地，走的只是大草地东南一边，所以走了十天就过来了。那么，不知草地中间是多么大又大啊？红军第一方面军，是在南方转战数省后北来的，部队已很疲劳了，而他们在长征途中与红军第四方面军会合之后，未能休整，就马上和我们第四方面军一起继续北上，过雪山草地。他们从南方来，衣服单薄，干粮更比我们少，部队又十分疲劳，困难比我们更大，红四方面军理应处处照顾他们，以利团结。我们红军第四方面军大多数指战员当然对他们很友好，可是竟有个别人对一方面军的指战员歧视，看不起他们，说他们是“稀稀拉拉，军不军，民不民的样子”。这是什么话，是屁话。红一方面军有的指战员，在草地行军途中，没有干粮，肚子饿极了，走不动。这时我们四方面军中有的人，看到一方面军的人中，一个人背有两三支卜壳枪，就乘机“发洋财”，用自己的一碗炒面，去换取别人的一支卜壳枪，这像什么话。我只怒目以视，恨他们的做法，不是无产阶级革命战士的友爱风格，而是投机商人的贪婪。

第二次过雪山草地

我们在过了第一次雪山草地之后，行军数日即到达上包座、下包座一带。红军在这里打了两仗之后，休整了一个多月时间。这期间，党中央驻在巴西，在这里召开了重要会议，即《毛泽东选集》中所指的“巴西会议”。会议再一次讨论了红军的行动问题。这是一、四方面军会合的第三次会议了。第一次是两河口会议，第二次是毛儿盖会议，第三次就是这次巴西会议了。毛主席、周副主席、朱总司令等中央领导同志，坚决主张继续北上，到抗日前线去，并与陕北红军会合。而张国焘反党闹独立，他反对党中央的正确路线和英明决策，野心勃勃，又右倾怕死，坚持逃跑路线，说什么：北边的腊子口过不去；甘肃的敌人是骑兵部队，我们打不赢他们。他仍然坚持红军返回南下，到川康边区去。毛主席、党中央再三劝说与教育他，不能达成一致。这时，张国焘的官职已经不少了，在红一军会合后的两河口会议上，中央就任命他为红军总政委了。巴西会议开的时间很长，因为他不听劝告，命令红四方面军返回南下，造成红军分裂。这时毛主席、党中央只好率领红一方面军继续北上，于 1935 年秋天，胜利到达陕北苏区，与陕北红军刘志丹部和直接从鄂豫皖北上到达陕北的红二十五军会合。这个时候，我们并不知道张国焘在反党闹分裂。红四方面军在未行动前，上级只是命令我们准备一个月的干粮，谁知道要向哪里走呢？有一天夜间，突然奉命紧急集合出发，我们以为是敌人来了，或者是马上去打什么地方。部队集合起就走，沿来路返回向南走。上级规定在途中不准说话，不准掉队。天上有月亮，对道路是看得见的，我们静静地行进着，脚步声也很小。突然遇见红一方面军的部队迎面而来向北走，在这同一条道路上和他们各走一边，相互擦身而过，都走得很快，谁也不说话。我心中在想：怎么了？他们向北，我们向南，这是怎么回事？我们连续昼夜行军，走了两三天，在一天早上，我们又来到草地边的班佑。这时才停下来，上级集合起部队讲话。他们在部队中公开宣传反党中央、反中共领导同志，说什么“红一方面军右倾怕死，北上逃跑；我们红四方面军，要从原来过草地的路线返回南下，打回川陕苏区去，打回你们的老家去吃大米白面……”我们看见集合场周围张贴有标语口号，上面写着反对党中央、反对中央领导同志的话，如“反对毛、周、张、博右倾逃跑”等。这完全是公开反党、反中央，进行反动宣传，欺骗我们革命战士。我们听到“打回老家去”的话，当然心里很高兴，谁不想回到自己的家乡去吃大米而又能见到自己的父母亲呢？心想这下可好啦！赶快离开这雪山草地吧！于是人们都面带笑容，有了精神，劲头也起来了。这种“打回川陕苏区，打回老家去”的反党宣传，完全是出于反革命的需要，完全是迎合战士们家乡观念的心理。好让每一个革命战士拼命走，拼命打仗。这时红四方面军的部队沿来时的路线返回，又成了后卫变前卫，前卫变成后卫的行军。

我们沿来路返回第二次过雪山草地，吃的本来就困难，我们团又是前卫变后卫尾随过草地，困难就更大了，困难程度真是不可想像，难以形容。在第二次过草地中，我们新剧团解散了，演员被分配下连当兵，以充实连队兵员，补充连队战斗人员。我被分配到团部传令排当传令兵（即通信员）。因为第一次过草地时，红军已把草地中的野菜等采光了，没有什么可采食的东西了，即使偶尔能找到一点野菜野草，也已变成黄色的了，为了充饥也只好采回来吃。野韭菜只剩下一个个直立着的杆子，没有别的办法，也只得煮吃。一寸多长的杆子，在嘴里通嗓子眼，流着眼泪往下咽。因为吃的极度困难，没有办法，我们就把皮鞋底、枪皮带都煮着吃了，用绳子拴在枪上作背带。我本来带有不少干粮，在很困难的情况下，保卫自己的干粮十分重要。谁有干粮，就能过草地；谁没有干粮就会被饿死。所以，干粮就是生命。为了保住干粮，我们晚上睡觉时，谁也不敢从身上卸下干粮袋子。总是背在身上，和衣而睡。当然有偷干粮的人。有一次，我睡醒后，才发现被人用刀子把我的干粮袋割了一条口子，把干粮大部分盗走了，我急得哭了。这时，我只剩下两小碗干粮了，怎么办呢？这一点干粮，我总是舍不得吃，一天只吃一点点，以防万一，而尽量找野菜、野草吃。有一天，在草地中间，到了宿营地之后，命令集合，检查每个人还有多少干粮，是团长亲自来逐个人的进行检查。团长检查了我的干粮，严肃地问我：“你为什么没有干粮了？”我当即报告了干粮被人偷盗的事，这才没有训我，但也没有说别的话。张团长对我很好，因为我在剧团工作时，他就认识我，喜爱我们这些“红小鬼”。在草地中，有一天他看见我背的是一支长步枪，枪比我还高，就问我：“能背得动吗？”我说：“太长，太重，背不动。”他当面告诉我们的传令排长：“给他换一支小马枪。”马枪比步枪短约一尺，轻多了。团长摸了摸我的头，就又去检查别人的行装了。

我们在草地行军中，不知天老爷哪儿来的那么多雨，成天下大雨，没完没了，人们身上一点干处都没有，连如宝的火柴也是湿的，甚至早已没有红头了。我们没有火柴生火，就学古人“燧木取火”，拿点湿棉花，放在腋下，等它干了，放在枪托上，两个枪托木搓来搓去，就冒出火星，引着了棉花作火种。我们在草地中。不是由炊事班用大锅烧开水、做饭，都是各自为炊，用自己的搪瓷缸或小盆，自己去拾柴草，生火烧水与做饭。这草地里，哪有一个干柴棍呢？草是黄的，又是湿的。人们到很远的地方去（因为近处早已没有了）找野菜、野草和只有筷子那么粗的活树枝回来用，野草和树枝是湿的，根本燃不着火苗，直冒黑烟。我爬在地上用嘴吹火，吹得头昏眼花，光咳嗽，直流眼泪，要用很大的气力与很长的时间，才能烧开一点水，才能吃上一碗“饭”。草地还没有过完，全团就没有什么干粮了，就杀军马吃。最后只剩下团长和政委的两头骡子了。怎么办呢？这天下午团长到宿营地叫别人把他骑用的那匹黑骡子牵过来。大家知道他要干什么了。有的同志说：不能把它杀死吃了，你是团长得有牲口骑才行呀！团长难过得很，有些舍不得骡子，可是他很难过，更舍不得让红军战士被饿死。团长一狠心，猛的跑到黑骡子跟前，用手摸了它，然后用卜壳枪“砰、砰、砰”连开三枪，把骡子打死了。他令司务长给各营送些骡子肉去，也给团部留一些。我们团部只留下骡子的头和内脏及骡子皮，分到我手里的是骡子的一段生殖器。我用三个大土块支起瓷缸子，用火煮它，刚烧开水，就没有柴了。我出去拾柴了，回来后，只见一个土块因受热后散垮了。缸子倒了，火被水冲熄了，肉也倒在泥土里，没有办法再煮了，肚子饿极了，只好吃生的。咬也咬不动，咽也咽不下，嘴里光流白水。真是，食之不下，弃之可惜。我费了牛大的劲，总算硬吞下肚子，累得喘不过气来。

我们第二次过完草地，又来到毛儿盖，部队还是没有一点儿粮吃。因为我们第一次过完草地时，草地南边毛儿盖这一带是红军的后方，驻有机关部队，这里已是多少次被人们把粮草弄得干干净净，一切能吃的东西都早已被人们吃光了。我们虽然到了这有人烟的地方，但仍是困难得很。没有办法，团政委又把他与团长共同用的那头骡子打死，给我们大家吃。这一次，我分到一小块骡子皮。这里木柴多的是，我用火烧骡子皮吃。我们在这以前和以后的一年时间里，在雪山草地的漫长生活中，因为牛多，不时能吃到牛皮。我可会烧牛皮呢！烧起大火，把一块块牛皮扔进火里。一下子就被火烧成一个卷，收缩成一团。牛皮上油液光冒小泡，吱吱地响着。不能烧过火了，否则烧焦了吃不成。把牛皮烧好之后，拿出来用刀子把一层黑皮等脏东西刮去，就用嘴咬着吃。如果可能，只把烧好的牛皮用水洗净，然后切皮条，用火煮着吃，那就好吃了。因为牛皮有胶质，很好吃。如果不用水煮着吃，牛皮硬而不脆，很难咬断，腮帮子都疼。我们在毛儿盖休息了一两天，出去找吃的。哪里有呢？天晓得。青稞地里。光是黄黄的青稞杆子光秃秃的立着，找不到稞穗。肚子饿得咕噜响，一点也走不动，就躺下晒太阳。我自己还是不甘心，走不动，就坐在地里，两脚蹬着地皮，一点一点地往前移动，用手在青稞杆中仔细搜索着，看有无青稞穗。偶尔在倒伏的杂乱青稞草中，发现了几穗青稞，如获至宝，等不得再多找几稞才吃，而就马上将这几个稞穗放在自己点着的火里烧一下，把外壳烧焦了，稞粒半生不熟，用手捧着，搓去黑壳，就将稞粒吞食下去，一口就吃完了，真香呀！又因为是晒太阳，头上冒汗，手擦脸上的汗水，弄得满脸都是黑，瘦黄的脸，成了大花脸。黑手、黑脸、白牙，穿的又是破破烂烂的，活像个鬼。别人如果看见了，一定会认为是“熊猫”跑到地里来了。这样去找粮，连肚子都填不饱，哪里还能存一点粮食作干粮用。在返回第二次过草地途中，以及在以前和以后的许多日子里，我曾经多少次地把人们已熬了又熬的那些白牛骨，又拾起来，拿去用水再煮熬，看是否还能再熬出一点油水来，喝这样一点汤也好。有时我偶尔在土里挖出一两根被人们埋了的又没有人熬过的牛骨头，就高兴得跳起来，熬汤食用后，舍不得丢弃，行军时把它背上走，到一地再拿去煮熬，总要煮熬它好几次。这样背它几天，熬得它一滴油也没有了，才最后把它扔掉。其实，像我这样背“白骨”的人,又何止我一个呢？总要背它好几天,煮他好几次，最后砸碎牛骨煮了又煮，这才甘心。我看见饿死了的同志，他死了，身上还是背着白骨，可怜得很。孩子们可能看过老前辈写的革命回忆录，有篇题目叫《背白骨》，他就是描述我们红军战士当时这种艰难困苦生活情景的呀！

我们团从毛儿盖出发，前进到拉子梁山上，担任警戒任务，掩护南下的红军部队顺利通过毛儿盖这一带，保证其左翼的安全。这是我们第二次来到拉子梁，旧地重游，不由得心中想起许多往事。第二次驻拉子梁，生活比第一次差多了，似乎拉子梁也变样了。我们在拉子梁山上驻守了七八天，又沿路返回经毛儿盖，沿第一次北上的路线，继续南下，向懋功方向前进。又翻越那已走过一次的高山峻岭、原始森林，行军近两个月时间。我们团又赶到红军部队的前面去了，还是打头阵。在这期间，翻越那一座又一座的大雪山，总是依然不时受到雨雪的侵袭，我连鞋也没穿的了，有时是赤脚走路，真受罪。我早就学会了编织草鞋，这些地方哪有稻草呢？所以编不成草鞋我没有鞋穿，就想找点破布编草鞋，可是也找不到破布，只好将自己的一件旧衣（裤）撕成布条，用以编草鞋。本来穿的衣服就很单薄，但是又不得不下这样的决心。在那下着雨雪的高山上，不知道摔过多少次跤。我有一次滑倒摔下去，滚了一截路，真巧得很，被一棵树挡住，没有滚下山去，拾了这条命。有一天，因为一点干粮也没有了，肚子饿，走不动，坐下来休息，正好团长上来看见了我，他令我起来走，我说走不动了，没有干粮，肚子饿。团长给我抓了两把炒面，我起来边吃边走。这一天行军，接连翻过五座大山。共走了 220 多里地，天快黑了，才到达绥清县。我一进屋子，就倒在一堆草里，一点也不知道是死了还是活着，苏醒过来时，还是夕阳西下那个时辰，我问："天怎么还未黑？"旁边一个同志告诉我说："这已是第二天的下午了，你现在才醒过来。"这个同志真好，他给我一碗水喝，还给我吃一点玉米花，我不一会又睡着了。幸亏部队在此休息几天，准备干粮，我才得稍事休息，恢复一下精神。遗憾得很，我现在怎么也想不起这位救我的同志的姓名了。

我们那位班长是湖北省人，人们叫他"胯子"，他对我不好。以前那支长步枪，就是他给我背的。团长令其给我换一条短马枪，可是这条枪的枪机上没有抓子钩，射击时退不出弹壳，还得用通条从枪口进去捅弹壳，真误事。有一天行军中，大家都口渴得很，本班别人扳地里的玉米杆子吃他不管，我看无事，也弯下腰去扳玉米杆，他在我背后用玉米秆子狠狠地打我的头部，痛得厉害，我回过身去一看，原来是他打我，我用手摸了摸痛处，肿起一个大包，我暗暗流泪。还有一次，有一天早上部队集合起来，大家都坐下，等待出发。我一眼就看见坐在我身旁的那位本班传令员的脚上所穿那双新鞋，是我包袱里那双一直舍不得穿的鞋，我打开自己的包袱，果然自己的鞋没有了，不知他是什么时候偷走我鞋的，我当即报告班长，说那双鞋是我的。那人当面不吭声，看了我一眼，把头低下去。班长问他时，他说：“就是他的，我没有鞋穿，拿来穿了。他有鞋穿。”班长说：“算了，算了，穿就穿了吧！以后还他一双就是了。”我不满意，就报告了排长。排长叫班长令其脱下来还给我了，由此班长和那个人对我大为不满。我心里在想：我的干粮曾被人偷了，班长一点也不关心。我的干粮是谁偷走的呢？对他两个总有点怀疑。因为这时又想起一个情况：我的干粮是很好吃的。是青稞面炒牛肉干，还有半袋子油炸的奶油渣（少数民族炼牛奶时，剩下的奶渣，像蚕豆大的颗粒，用油一炸，就发大了，胀泡泡的，松软可口。我们以后也常能找到奶渣。冶炼牛奶后的油，就是酥油，亦即黄油）。途中，有一次大家吃干粮时，班长等人尝了我的干粮后，说：“很好吃，你真行。”我又想起，我们常常又是睡在一起的，他敢于偷你的鞋，难道就不敢偷你的干粮？内贼难防嘛！我想起这些，又在自问：你偷走鞋，问题倒也不太大；而偷走我的干粮，这无疑是要置我于死地。我当时幼稚得很，哪里会想到红军战士中会出这种事呢？想来想去，认为自己以后得时时提高警惕，“害人之心不可有，防人之心不可无”。于是在以后的日子里，在同一条战壕打仗时，我总是想法子离他远一点，防止他在我身后放冷枪打死我。打仗时，敌我双方互相射击，枪声就像炒豆子似的热闹，如果后边有人这时乘机给你一枪，那你还以为是敌方的飞弹打中你的，可要留心啊！我们又来到了崇化县，在这里准备干粮。到哪儿去找粮呢？想出了一个办法，到敌人那儿去抢粮。于是我们团出发，来到了几十里远的河坝里，河对岸就是敌人。河坝里的地中长有大片成熟的玉米等。部队一部分在山上，用火力掩护另一部分到河坝里去抢收玉米棒子，我们弄回很多。

有了干粮，又出发继续南下，来到了丹巴镇，要从这里过河。这里是大铁索桥，我们虽然过过许多铁索桥，但它都没有这桥那么长。这里河很宽，水深流急，白浪滚滚。因为这一带别的地方无桥，过不去大河，只能到丹巴来过桥。所以，为此绕行了一天才到此处（如果从在当天早上出发的地方过河，则少走两天路程）。我们从丹巴过桥后，沿西岸走了一天，又看见前天的出发地——河东岸那个地方。丹巴铁索桥和其他铁索桥建法一样，是用粗大的几条铁链子，拴在两岸巨石之中的铁桩上。一座平常完备的铁索桥，它下有十多条铁链子并排平躺着，上面铺有固定好的木板，两侧有铁链为栏杆，作扶手用，以防行人掉下河去，这样就安全一些。可是这是战时，敌人已把铁索桥破坏了。我们红军为了抢占丹巴桥，防敌彻底破坏，先头部队神速般抢占了丹巴桥。即便是这样，桥上的铁链子也不多了，木板也稀少了，桥两侧作扶手用的铁链也没有了，很难走过，但又非过不可。桥下几十米深处，波涛汹涌澎湃，人们看了头昏目眩。因为铁链要弹跳，人在上面走时弹得很高，人站不稳，又无扶手铁链，有些人被弹下河去了。为了安全一些，过桥的人把距离拉开，一个人过去之后，等桥不大弹动时，第二人才开始过桥。这样过桥很慢，一个团得一天时间才能过完。先头部队已到达宿营地，后边的连队还在那儿过桥。我在过这个铁索桥时，走在桥中间就头昏得很，差一点掉下河里喂鱼。当时我很快躺在桥上，双手紧抱着铁链子，等它不大弹跳了，才起来走，过去之后，出了一身冷汗。过这种桥，第一要两眼平视正前方，不能向下看；第二，要一步一步地慢慢走，不能跑，因为你慢走它小动，你大跑它大动；第三，站不稳时，迅速躺下，抱住铁链，这是总结出来的经验。军马怎么过桥呢？开始时马不过，打它也不走。后边的人用力把它推上去，前面的人用力拉，后边的人打它走。军马是大部分过桥了，但有少数的马掉下河里冲走了。以后军马过这种桥，它也不那么怕了，人一拉它就上桥走了。军马过桥时，事先把它驮的东西卸下来，由人扛着过桥，以防万一。红军中的骡马，在雪山之中锻炼出好本领，以后过悬崖绝壁中的独木桥时，四肢走的是一条直线，看来牲畜也通人性。有时人过这些地方都很难，而军马都能过去。军马，它们在革命队伍中，和我们红军战士一样，不怕流血牺牲，为革命事业作出了可贵的贡献。

我们来到红一、四方面军以前会合处懋功县后，再往南行，就翻越夹金山。这是记载在我们党史、军史上的大雪山。在这一带我们看见了红一方面军以前通过时的遗物，甚至还有个别死去的红军尸体僵硬着。我们过这个大雪山,整整走了一天。下山之后两天行程。即到了宝兴县。这一地区是个千里辽阔的竹山。这种竹山上，竹子很矮小，只有人这么高，笔杆那么粗细，小竹子长得十分稠密，一棵靠一棵相互挤着，一个人站上去着不了地。我们祖国的珍兽大熊猫，就生长在这一带地方。我们团在这里打在前面，在宝兴县战斗中，消灭了敌人一个旅。我是传令兵，在枪林弹雨中送信，跑来跑去，传达命令。在这里，道路旁的石崖下放着缴获的敌人的很多枪支，堆成一堆又一堆。我们有的红军战士，想在此换上一条好枪，可上级不准动。这里，敌人尸体很多，光着身子，军装已被缺少衣服的红军战士扒走了。我们急速前进，连续攻占了名山、芦山、天全、荥经、邛崃等十多个县城。我们团又往西，打到了雅安县附近，包围了雅安城。这里再往西去，离西康省会康定不远，东边不远就是成都，南边已离峨眉山很近。这一带地区，地形平坦，公路纵横，田地如蛛网，人口稠密，气候温和，雨水适宜，物产丰富，生活条件很好。由于敌人失去了宝兴、名山等县，在这丘陵地带，地形平坦，不利敌人防守，节节溃退；我军势如破竹，连克这些县城，这时我军控制了成都以西、康定以东的广大地区。我们团打到雅安县时，包围了雅安城，但未能攻下城池。北边的大山挡住了北来的大风雪，山南之下气候好，常有云雾，适宜茶树生长，有名的四川“云雾茶”，就出产在这一地区。我们团在雅安城东江边围攻敌人时，一天中午正在做鸭子米粉肉，接到上级紧急命令，部队立即出发，我们做的那鸭子米粉肉尚未熟，吃不成，只好分给大家，我们包起来就跑，急行军，去增援攻打芦山县。

我们团参加打开芦山县之后，沿公路继续南进，追到了几乎是平原地形的灵官场。我们团部住在灵官场街上。这天早上，我们正准备吃早饭，我在休息中看见东边的山头上，有人一个接一个地由南面上山，进入碉堡，我认定这是敌人来了，在抢占山头。于是我立即报告了团长。团长拿望远镜一看，他说："果真是敌人来了。传令排通知各营，立即出发，抢占东边的几个山头。"我们团部也立即出发，跑步前进与部队一起抢占山头。我们部队一出街，就和敌人接火打起来，部队连打带冲，奋勇冲击，连续拿下了两三个山头。当时敌人从灵官场镇外两翼包围上来，幸亏被我们早发现了，才转危为安。可是拿下了两三个山头之后，就攻不动了，敌我对峙起来。这里，敌人在各个山头修筑了很多碉堡工事（战壕），妄图阻止我军前进。我们团在抢占山头时，占有了好几个碉堡。在敌我对峙下，双方用密集的火力互相射击，敌人不断地组织攻击，被我军一次又一次反冲击，把它打下去。就这样坚守阵地好几天。敌人在对面只有几十米远的山头上下，我军在这边山上的碉堡里和山坡下，中间只隔一条小沟。我团指挥所就在最前边的碉堡里。对峙之下。时间长了，当然也就不是密集的火力打了。只是在攻击时才猛打一阵子。这时我们专门组织有特等射手参加的射击组，任务是打冷枪，专打零星露头敌人，特别是打他的指挥官。我也参加了射击组，在碉堡里的枪眼（射击孔）那儿仔细观察着，看见一个敌人，就瞄准了打。有一次，在田坎下爬着一个敌人，他伸出头来，我很快就是一枪，他爬在那儿不动了，可能是死了。我们团政委枪打得准，一枪一个，他看见一个当官的在对面碉堡里拿着望远镜观察我们，一枪就把这个家伙打倒了，碉堡内的敌人乱成一团。团政委高声喊："哈哈，又是一个。你来吧！老子给你吃花生米（指弹头）。"我红军战士的子弹很少，打一个胜仗，每人也不过只有几发子弹。人缺粮，枪也缺"粮"是常事。一天夜间，天漆黑，班长命令我下山去给一营传达口头命令，天黑得什么也看不见，生疏的地方，不知道路在哪儿？更不知一营首长在什么地方？我怕找不到路，找不见人，完不成任务，但“命令如山倒”，不得不去。我一个人在黑夜摸着找。管他有路没路。一直朝山下走去，走几步就摔一跤，还怕走到敌人那里去，那时我能听到自己的心脏跳动的声音。前边不远的地方，是敌人的阵地。敌人怕我们红军夜间去攻击，为了给自己壮胆，不停地打重机关枪，我借着机枪冒出的火光，观察地形与道路往前走。可能是我慌慌张张走得太快，“扑通”一声一下子掉进水沟里了，有人轻声说：“敌人来了！”拉枪机上子弹的声音，都能听见，我以为碰上了敌人，这一下完了，我刚爬上水沟，就被人抓住了，问我是干什么的？把我的枪也夺走了。我一句话也说不出来。他叫我跟他走。我只好跟他走。他把我交给了一个人，并说：“抓住了一个。”那个人问我：“你是干什么的？”用手电照我头部。这时他说：“啊，是自己人。”因为他看清了我头上戴的红五星军帽。我当即向他传达了口头命令，就往回走。他低声告诉我说：“前面十几米远就是敌人，你要注意。不要说话。”这是一营一连连长在叮嘱着我。在阵地上，白天敌人的飞机轮流来侦察、扫射、轰炸，飞机飞得很低，比这个山头还低。围着山头转，我亲眼看见飞机里坐着两名穿黄色军装的敌人，飞机从我们眼前水平线高度飞来飞去，在我们身边怪声嘶叫而过，我们几乎可以一把抓住它。飞机不时俯冲下来，就像老鹰要抓小鸡似的往下扑，好像要把我们一口吞掉，它欺负我们太狠，我就给它两枪。一天中午，我们在有树的山坡下，隐蔽着吃大米饭和肉丸子，飞机又来了，炸弹在我们上方土坎上巨响，炸得土疙瘩横飞，落在我们饭碗和菜盆里，分不清哪是肉丸子，哪是土疙瘩。不管三七二十一，我们照样吃。我们还打趣地说：“飞机真不错呀，它还来给我们添丸子吃。”参加打仗次数多了，大家有了经验，在敌我相互打得很激烈时，并不一定会死，若在两军对峙时，敌人打冷枪，反会出问题，所以这时要特别隐蔽，不可大意；打了胜仗后，打扫战场时，要提高警惕，防止暗藏的或装死的敌人用枪偷偷袭击。人们吃过这种亏。这是革命烈士用鲜血换来的经验教训。

还有一条经验：在对峙下，很静就是要开火了。双方对峙下不会大打，而是在进行新的战斗布置。果然，一天上午，敌人开始大的进攻了，上面是飞机轰炸，下面是炮轰，敌人在陆空火力掩护下，冲上山来。不光是我们团这里，两翼我军也同时受到攻击，敌人在整个战线向我军大举进攻。敌军集中了约 100 个团的兵力向红军进攻。后据批判张国焘错误的文件记载，那次我军损失很大。当时，我们这个传令班都爬在碉堡外的战壕里打。敌人冲到了跟前，端着上刺刀的枪从三面冲上来，我们团部带领部队猛烈地冲向敌人，展开肉搏战斗，把敌人打下去了。一会儿，敌人又冲上来了，我看见敌人离我很近了。这时，敌人的迫击炮弹像下冰雹似的落在我们周围爆炸，碉堡炸塌了，团政委也负伤了。一颗炮弹在我的工事口爆炸了，战壕里的人都倒下了，石头和土扑压在我身上和头上，我不省人事了。不久我即苏醒过来，发现压在我身上的那个战友牺牲了。我想起来，费力把他推开。这时，只觉得腿上像挨了重棍似的难受，站不起来。我一看两条大腿流着鲜血，这才知道自己负伤了，疼痛得很。冲上来的敌人，就在前面几十米的地方，我站不起来，怎么办？心里想这一下完了。就在万分危急的时刻，我们班里一个同志冲来将我背上就往后跑，一直跑下山，才停下来喘了一口气。这时，我顾不得去想腿疼不疼，急切问道：把敌人打下去了吗？又看见我们的增援部队，从我身旁跑过，向山上爬去。他继续背着我往后方走，我两腿吊着疼得厉害，咬紧牙关地哭。他背着我喘不过气，累得一句话也说不出。我们过了桥，来到一八九师师部所在地灵官场。在这里，我参加红军后第一次看见以前的教员石玉真。他在大门外扫地，我一看就认识，赶快喊了一声“石教员”。他上前问我“哪里受伤了？”我用手指了指大腿。他说：“师医院就在旁边那个庙里，赶快送去。”到了师医院，医务人员给我上药包扎后说：“战斗紧急，赶快送后方医院去。”立即派群众用担架送我往后方。在途中，因为抬着走得快，担架闪动很厉害，我的伤处痛得很，要求群众走慢点。可是他俩不理睬。因为疼得受不了，我又对他们说：“老乡，实在疼得厉害，走慢一点好吗？我求求你们。”他俩生气地说：“你再叫，就把你扔到河里去。”吓得我哪怕疼死人，也不敢吭声，忍受着，只“哼哼”。这时，我又想起一件事：我们在宝兴县时，排长命令我出去找一名向导来。我到一个村去找群众、见不到人，找不到向导，就回来了。排长说不行，又命令出去再找。我好不容易见到一名藏在猪圈里的中年汉子。我对他说：“请你去给我们红军带一下路。”我再三劝说，他都不去，和我争执。他很凶，拿起个大棒，恶狠狠地向我走来，他看我只是一个“小鬼”，想打死我夺走我的枪。我端起枪说：“打死你。”他说：“你打吧，看谁打死谁。”我怎敢打死群众呢？在这紧急时刻，一营营部的两个人，也因找向导进屋来了。那人看见又进来两名持枪红军，把棒子收回去了。我向二位战士说：“叫他去带路，他不但不去，还要打死我。”这两位战士把枪一端，说:“你要打我们的人？去不去？不去就打死你。”这个人只好乖乖地随我走，给我们带了一天多路。我们团部给了他三块“白洋”，他高兴地回去了。我想到找群众去带路时，他们就凶狠地对待我，现在又说要把我扔进河里，我心里真害怕。群众抬着我走到芦山县城附近时，敌人的飞机又来了，这两个抬担架的人，把担架往路边一扔就跑了，摔得我周身直冒汗。敌机发觉了我们，俯冲下来向我机枪扫射，子弹在我身旁“嗖嗖”响，上天保佑，没有打中我。飞机走了，两个群众未来，我想可能是逃跑了，得在路边过夜，怎么办？又过了一会儿，他俩回来了。我这才放心，认为他们两个不是坏人；如果是坏人，早把我扔进河里了，那还能回来呢！我感激地说：“你俩如同我的父母，一路上受累，辛苦了，谢谢叔叔们。”他俩听了极高兴，抬着我走路也轻了、慢了，我觉得伤处不那么疼了。在行进中，他俩还问我:“你父母亲都在世吗？你很小，打仗害怕吗？……”我们边说边走着。天黑了，在一个村子住了一夜，第二天我们到达第四军医院所在地同头场。第四军医院里，伤员很多，都是睡在铺着稻草的地上。我到后，医院黑夜里没有油灯，医生马上点燃火把照明给我上药。红军所有的医院里，上药用的棉花，都是从旧衣棉被中取出来的旧棉花，经过洗煮后拿来用；没有专用纱布，用各色各样的布条；没有专用绷带，用那不知已用过多少次的旧布代替；没有专用消毒水，改用食盐水，刺得伤处如火烧一般。在这种条件下，一些伤员的伤口化脓。过了几天，第四军医院要前进到另一地方去，由四方面军卫生部附属医院来此接收我们这批伤员了。这里离西边雅安县城不太远，生活条件较好。尽吃大米饭，也能吃上猪肉和鱼。我这次负伤，是重伤，两条大腿都被炮弹片打穿，有四个窟窿，医学上叫“两股骨贯通”。我在草铺里躺了两个多月才能坐起来，以后一块伤处化脓，伤口裂开了，反复一个多月才好。伤慢慢好了,能弯着腰走动。我有半年时间,走路时总是躬着腰，撅起屁股，身子不能挺直走路。天气变化时，伤处就酸痛。在 1937 年，全国抗日战争开始后，红军中评定残疾等级，我被定了“三等甲级”残废。发给我的残废证书，每十年换一次新的。

当时，附属医院院部需要一名书记，院部派人在我们伤病员中物色有点文化的人去担任。试选了我和另一名青年战士，测验我们俩的文化程度，看我俩谁的文化水平更好一些。当场给出了题目，叫我们同时开始写答，看来我比他写得快，字比他又写得好一些，最后选中了我。其实，我的文化也低，算不了什么。但在红四方面军中，有相当文化水平的人很少，因为不要初中以上文化程度的人参加革命，一旦发现这样的人“混入”，就认为他出身不好，就可能被杀掉，只有个别高级领导人和地下党员例外。我当了院部书记，算是干部了。因为我年纪小，个头也较低，人们把我叫“小书记”。我们医院的政委对我很好，他不识字，出去开会时，总是带上我去作记录。有一次我跟随政委去总部参加全军师以上干部会议，参加会议的总部首长、军长、政委、师长等高级干部那么多，这是我第一次见大的场面，第一次看见朱德总司令、徐向前总指挥等，也看见了张国焘其人。在1935年12月份，我光荣地加入了中国共产主义青年团。

因为我是在总部机关附属单位工作，从这时起常常见到女红军战士。总指挥部、政治部、后勤部（供给部）、卫生部及其所属单位，如剧团、医院、军工厂、运输队等单位中，女红军战士很多，甚至一些单位大多数工作人员是女红军。她们在后方机关和直属单位里工作，倒也适合一些。我们附属医院里，大多数是女同志，并且大多数是四川人，是在川陕苏区时参加红军的。她们的具体职务是：医生、看护（护士）、卫生兵、演员、炊事员、运输队员。她们大多数是未婚青少年，身强力壮，在劳动方面比我们许多男同志还能干，吃苦耐劳，艰苦奋斗，勇敢顽强，是生力军。她们很活泼，爱说、爱笑、爱唱、爱跳，她们那儿总是那么热闹，人还未见，声音已到。在雪山草地中，她们好像什么困难也没有似的，还是那样生气蓬勃，一片笑声，逗得我们男同志也精神起来了。她们之中当炊事员的，行军时身背一口大铁锅，当时没有特制的轻型行军锅，一般是民用大铁锅，又厚又大，那么沉重。她们用木架捆着大锅，锅里放着自己的全部行李和干粮背着走。女医生、护士、卫生员，行军时不是用担架抬伤病员，便是背着一个木质大药箱，里面装满了药品，箱盖上放着自己的行李和干粮，用绳子捆好背着走。女运输队员们每到一地，就很快出去，到很远的地方背粮食回来，供机关部队食用；行军时她们每个人肩上扛一袋粮食（就像我们现在粮店中的面袋那么大），有几十斤重。对她们来说，大锅、药箱、粮袋就是她们的武器，也是她们的第一生命，和枪支同样重要。谁也知道，如果没有了锅，没有了药，没有了粮，是绝对不行的。上级还给她们规定了一条纪律：在任何艰险时刻，都要保住这些东西，哪怕是牺牲了自己，人在东西在。她们这些女红军的负荷量，比我们男红军战士大得多。但是，她们在雪山草地中那么艰险的情况之下，哪怕快要冻死和饿死，也从不掉队，从不扔弃这些东西，也不私自动用粮袋里的一点粮食，要留给机关部队用。我曾记得:在以后过草地时，有一名女红军战士，要生孩子了，肚子痛得她直冒汗，还在坚持走着，只是实在不行时，她才跑到路旁一个避人之处生下孩子，像鸡生蛋那么快，生下了孩子就赶快起来，去追赶自己的队列，遗弃的婴儿在草丛哇哇地哭着。在那大雪山上，有的女战士劳累过度，坐下休息一下，可是刚坐下就被冻死了，死了还身背着大锅，是坐在那儿死去的呀！在那像油一样滑的雪坡、冰坡上，有的女同志为了要抢救自己所背的大锅或药箱，自己和物件一起滚到人也看不见的深沟去了。这样牺牲的并不只是个别的女红军战士啊！当然，不少的女战士还是终于战胜了这种想象不到的艰险，活着走过了万水千山。无论是牺牲了的和走过来的女红军，她们是多么伟大的女性啊！她们和整个长征的红军，是世界上史无前例的人，是有史以来最为独特的人。

第三次过雪山草地

好了，现在我还是返回来说起吧。张国焘反党，他令我们红四方面军返回川西南，并没有打出个名堂。虽然在那里消灭了一些敌人，补充了人马，但是我军的损失很大。当时敌人数十万大军包围着我红四方面军，红军再往东打、往南打，是不行的了，只好往西到西康省去，那里国民党军队少。于是红四方面军于1936年的春末夏初开始后撤，又从南下的来路北上，经过宝兴县等地，走了一些天，我们来到了夹金山南麓宿营，准备第二天翻过夹金山。在一天半夜我们出发了，因为雪山高得很，不能在山上过夜，得在一天之内翻过去，到达山北脚下宿营。从山脚出发前，每个人都准备两个长长的柏树皮火把，半夜行动时都点燃一个，照着道路上山。我们院部在前头，我在高坡上往回看，只见后边部队的火炬亮点像一条不见头尾的长龙，在黑夜里腾跃飞舞。是一条长蛇阵吗？不。这是一条庞大的活龙，一个奇妙的美景。除了我们这红军之外，谁能享受到如此美景呢？世界上其他地方是没有这种美景的。当然，这种美景并不只是我们今天夜里这一个，在以前和以后，我们还多少次地造出这种美景。谈到此时，我要专门谈一下雪山究竟像个什么样。当然，这里并不只指此夹金山，而是包括我们所经过的其他大雪山，都是一样，只是大同小异而已。大雪山。你可能会认为人们在山下就可以一下看到山顶的，不，绝不可能。我们爬这大雪山时，爬了很长时间，看见上边的山头了。就认为这是山顶了，可是当我们爬到这里时，它只是一个平台，又可看见更高处的山头。可是一旦爬上去之后，见它还是一个平台，再往上爬，还是如此，直到最后才是山顶。大雪山的半山之下。有树木和土，雪也少些。越往上越厚，山顶雪厚达几米，十几米甚至几十米厚不等，雪下边是冰层、化一层雪，增厚一层冰；半山才有冰坡，山顶上没有冰坡，因为山顶上气候冷，雪不融化，所以终年是雪；半坡上阳光照射，雪化了又变成冰，形成半山上冰坡；大雪山上的大小沟是很深的雪，是从山上垮塌下去的雪，雪山不时产生雪崩，把山沟都填平了，所以人们走在这里并不知道哪是实地，哪是沟，如果走在虚处就掉进雪沟之中被淹没。冰坡的冰也不知有多厚，它日积月累，年年增厚。一个个大冰坡，长而又宽，宽得见不到边，想绕行不走冰坡是不可能的。一片片大冰坡，亮得像玻璃板似的，上边光得没有能够踩脚之处。我们爬冰坡时，用十字镐头钻出一个个小坑，每上一步得钻出两个坑，稍不注意，就滑滚下山，多么艰难呀！上了冰坡爬雪坡，人们是选雪最少最薄之处行走。雪深两三尺就算最薄处，在没膝的雪地，走一步要用很大的劲，前边的人们踩出一条小路了，后边的人费劲小些。可是人通过多了，雪融化了又很滑。山顶上阳光少而弱，雪化不了，下一次雪，雪增厚一层。所以大雪山上，冰和雪越来越厚，山越来越高，堆成大雪山。我们在雪山顶上，如果遇着晴天，站在那儿远望四周，尽是大大小小的雪山，所谓小，也并不小，只是比大雪山矮小一些罢了。那大得无比的雪海，白色的雪，照射得眼睛受不了，睁不开，想避开它。看一看没有雪的地方是不可能的，非看这刺眼的雪不可，除非你把两眼紧闭。啊！这雪山区是一个又一个多么好看的奇妙的美景呀！祖国奇妙的美景这么多，这么好。世界上所有的画家，他们谁能够画出这雪山、草地的真实美景呢？画不出来，谁也画不出来。我也看过不少画家绘画出来的祖国山河、雪山、草地和红军通过这里的形象，可是我看不见画出有如此真情实景的画。只有大地它才会画出这样的宝画来。我也看过一些诗人和剧作家们创作和演出的描绘我们红军长征的诗歌、话剧、电影和舞蹈等节目，就连那《东方红史诗》、《万水千山》、《中国革命之歌》等，也是表达不出我们中国工农红军队伍的英勇和艰苦情形的，总觉得它在真实感上差得很多，这只怪人的思想、语言、文字和动作有限，而且他们又不是曾经身临其境的人，还受艺术规律的制约，节目与实际情况差之万里。只有我们这些世界上最聪明、最勇敢、最能干而又最不怕死的用特殊材料造就的红军，才能在这最高最大的舞台上，演出这么威武雄壮的真戏来。除此之外，谁也不能够真正地表达出来。难道不是吗？

在这里，我实在想先说说以上这一段话。因为我的内心里实在按捺不住这种心情。好吧！现在还是从过雪山继续说。说到这里，对于过雪山草地的事只说了一半，因为过雪山草地也才只有一半。爬雪坡，每前进一步是很艰难的，因为山陡、雪厚，是向上爬，人的鼻子快触到雪了，如果你想吃一口雪解解渴，那你用不着手去抓，也用不着弯下腰，你把头伸长，就可以吞它一口了。前进一步时，要尽力将腿提高，然后踩下去，不然的话，脚抬得低了，深雪挡住腿，这只脚是难以前踏的。所以我们每走一步要费很大的劲。又因为雪下是冰，或者是因雪松滑，你踏上去后，又滑下来了，这才真正是“进一步，退两步”。爬雪山时能过去的“路”，并不是原来就是路，而是红军看到那儿可以上去，就走那儿，所以说是红军造出来的路。路在险峻的地方是那么窄，有时不到一尺宽，这要十分小心地走那已被前面的人们踩过的地方，不能离此半点去踩旁边，否则是很危险的。如果踩到虚处，人就滚下山去，掉进雪崖。

有的同志就是这么不小心而丧命的。我记得，有一次，在我前边那个人，就是这么一下子滑下山去了，掉入不知多么深的雪坑去了，不见人影。大雪山上，空气稀少，人们心里烦闷，又累得很，喘不过气来，总想马上坐下休息一下，没有经验的同志就坐下去，只一两分钟就死了。这是因为空气少，寒冷、肚饿且累，血液不流通了，心脏停止跳动，很快就僵硬了，所以人死了还是坐着的。这么死的何止一个两个人哟！在以后，人们有了经验教训，即便是十分累，喘不过气，一点也不能走了，也千万不能坐下，只能站着休息一下，原地踏步，而且一定要原地踏步活动着，即便是慢慢地蠕动也好，才不致于血不流动而死去。我就是这么咬紧牙关坚持而未能死去。有一次很危险，我坐下去了，又被别人很快拉起来，扶我站着，原地踏步活动。人们常说，“上山容易，下山难”，真是这个道理。坡是那么陡，路是那么滑，下坡时停不住脚，你走一步，它滑你老远一截子，光摔跤，有的人被滑下雪崖。下冰坡更难了，根本不能用脚走，要在正面宽的冰坡上，争先恐后地坐着往下滑，一滑就是十几米，几十米远，很多人是连滑带滚地下去。到了这时，我没有别的法子，横下一条心，不下去也是死，眼睛一闭就开始滑，还是滑下去了。滑冰坡的次数多了，胆子也就大了，不那么害怕了，反而觉得比走路省事。在另外两次滑冰坡时，滑到中间身体倒了，是滚下去的，真有些后怕。

翻夹金山，走了一整天，到山北脚下的小沟里宿营。第二天休息，作头一天过雪山的善后工作，整顿一下队伍。第三天出发还是再经过懋功县沿沟北出，到达丹巴。从这儿出发，不是再沿以前的旧路走了，不是北去了，而是向西前进。我们这一下明白了，是要进西康了，这更糟糕。人们这时都在议论着：我们红四方面军这支队伍的前途更加渺茫了，原来上级给我们动员讲话时，说“打回老家去吃大米、白面”，是在欺骗我们，现在向西到西康去，以后还可能进西藏吧？红军战士的情绪不那么高了，又在私下议论着：红一方面军已经到达陕北苏区，我们还在这鬼地方受罪。

我们从丹巴向西走了好几天，都是沿丹巴河逆沟而上，来到了这条河的尽头——西边党岭山这个大雪山脚下。准备翻党岭山。这时传说党岭山比夹金山更高，更难过去。说是人们在山上不能说话，更不能高声喊叫与打枪，否则，因空气受到震动，马上就会狂风大作，或者下大冰雹。大风会吹起碗大的石头，不是把人砸死，就是把人吹下山去。还说：必须在中午12时以前通过山顶，不然的话，下午刮大风，就过不了此山。因此，头一天来到山脚之下，以便于第二天中午12时以前能过去，免受损失。这天夜里，我们出发得很早，比翻夹金山时还早，当然又是那长长的“火龙”在黑夜中飞舞，天亮时来到山的下半部。我们附属医院行进时，总是有部队在前后掩护。医院里本来伤病员就很多，能走的走，不能走的抬着走；这时还要负责收容途中走不动的伤病员等和埋葬以前通过的部队在此死去了的红军战士，这比部队过雪山时的任务重，艰难得多。部队光是自己走路，没有这些任务。我们院部走在后尾，一面带着担架队进行收容工作，一面见了死尸就掩埋，找石片盖在死者的脸上，哪怕只能在他的脸部盖上一个石片，也算尽了我们的心。途中实在走不了的战士，我们派人抬着走，我也同样参加了埋死人、抬担架的工作。我和医院政委一起抬，既抬伤病员，又埋尸体，简直忙得很，累得很，最后我自己也是走不动了，同志们这时只能互相扶着走。以前，人们在批评一个人的无止欲望时，总是说“你是看见那山更比这山高”。其实不然，这里是“这山更比那山高”。党岭山是四川与西康的分水岭，这座雪山显得格外得高。我们在这山上不断地听到震耳的轰鸣声，这是雪崖崩塌。朝着声音方向看去，只见雪崖有如山崩地裂之势，实在吓人，就怕这时我们这里也发生。这一天的天气很好，在阳光之下，眼睛被白雪刺得睁不开，光流泪，不能多看，难受极了。我们在山顶上，看见了散落在雪地上红军战士的斗笠、衣服、尸体和不知是从哪吹来的一些大大小小的石块。以后我们才知道：在我们过此山前一两天，红军过这里时，有一个师长不听劝告，他说：“我就不相信不能高喊与打枪。”于是他要试一试，叫司号员吹号，他自己还打了两枪。不一会儿，果然大风来了，把小石片也吹得很高，石落下砸死了人，风把有的红军战士吹到雪崖之下。雪地上的那些遗物，就是他们的。这种神话般的奇迹，如果不是我们亲眼看见，有谁能相信这是真的呢？到了山顶不能停留，急速下山。我们下山之后，人们的情绪又高涨起来，行军队列有序，女战士们又唱起歌来了。不知她们安的什么心，老追我，要我和他们一起唱，我不唱，她们就这个拉我一下，那个推我一下，把我推来推去，我面红耳赤，她们却哈哈大笑。如果我不是书记这个“官”，也可能她们不会这么着。不，这是革命队伍中同志之间的阶级情谊，这是革命的乐观主义，不仅仅是在这儿，还是在以后更艰难的日子里，我们总是如同兄弟姐妹般的友谊，互帮互救。回想起来，如果没有她们的帮助与照顾。也可能早已没有我这个人了。这些情景，我在后边还要谈到的。

我们所有过党岭山的红军战士，在下山之后，眼珠都是很红而又突出来的，眼肿得很厉害，不能见阳光，什么也看不清楚。这时我们到达了西康省的道孚县城，在此进行休整。驻下之后，首先是休养眼睛。这时所有的人眼红肿得吓人，好像是个怪物要吃人似的。藏民们见了吓得直往后退。我们每个人的眼都用热水敷后，缠上绷带睡下休息，过了五六天，才恢复正常。有个别人眼睛却因此失明。张国焘反党，分裂红军南下后，即成立了伪中央，他自任“中央主席”，还成立了一系列“中央机构”和红军“总部”机关，其下，又有四方面军一级的总部机关。张国焘对抗党中央，猴子在这里当大王。这时，张国焘的伪中央机构和四方面军总部领导机关，驻在道孚县以西的炉霍县城。我们住道孚县，不久我被选派到炉霍县“国家”保卫局所办的训练班去不离职地学习了两个月。保卫局前面还加上了“国家”二个字，张国焘的野心可想而知了。我在炉霍县学习期间，除了上课之外，早上出早操时，每个人都有一把木质大刀，学习劈刀动作三套;晚饭后去大操场作游戏，学习唱歌，是著名女作家李伯钊教我们唱歌。在那炉霍县城的大草坪里，参加早操与做游戏的机关单位很多，人山人海，热闹非凡。

下面集中地谈一下我在藏族地区的见闻。藏族居于大山之中，人烟稀少，但非常集中。这里尽是大森林，我们在行军途中见到的村庄很稀少，只有可耕地的地方和坡度不太大的地方才有人家。我们行军一天甚至两三天才能见到一个村落。所谓村庄，都是很大的起码是几百户人住的大寨子。寨子在很高的山坡上，周围有大片耕地。我们行军有了经验，如果看见远方有稀少的耕地，就知道快到宿营地了，总要尽力赶到这个地方去宿营，才便于找到吃的和住房。到达山坡上的寨子，得攀登好几里路山坡才能到达。行军一天疲劳之极，要到营地，还得再爬这么高的坡，实在艰难。有许多寨子大得像一座县城，梯形的寨房高高矗立，显得美丽而雄伟。寨房都是三层，第一层住牛羊，第二层是人住，第三层供奉着喇嘛神像，是念经的地方。寨楼第一层的墙用石头砌成，第二、三层的墙是木板的。房上是用石片铺盖的平顶，可作“打场”晒场，收割的柴草都堆集在房顶上。每一户房屋周围，都用锯得一样长的树木短节，堆成很高的围墙。每一户都有不少牛羊，主要是供人食用。粮食并不多，主产青稞和土豆，很少见到别的什么粮食。你说这些地方落后，可是他们的生活方式有些却比我们汉族农村先进。比如，他们用水碾、水磨加工粮食，比起汉族人用牛、驴拉着水碾、水磨转来，算是自动化的加工方法。

藏族信奉喇嘛教，大的寨子和县城都修建有喇嘛寺，有许多专职喇嘛。他们各户因为都供放有神像，每天早、中、晚三次去念经。这些地区，没有牛车、马车、人推车等运输工具，一切都是人背、牛驮。藏民取水，不是担而是背，用一长绳，横套在木桶外，再套进人的两肩和胸前，背着行走，走得很快，但水溢不出来；我们红军也只能用这个办法取水，但是不会背水，背上即使走得很慢，水也会溢出，淋一头水，弄得你哭笑不得，所以，我们在那里还要学会背水。藏民们不仅仅在室内供奉着神像、经书，而且在野外安装水碾、水磨的水渠上，专门盖有一个个小房子，里面安装的转盘上，有粗大如缸的圆柱形筒子，是用经敷成的，外表染成红色，并用画有花纹的漂亮牛皮包着，水冲着下边的转盘，日夜不断地转着，这是借水力念经，我们叫它为“转转经”。从这一件事，可以看出藏民聪明得很。

藏族穿的都是毛朝里、长到脚面的皮袍，腰间系一根带子。男子头戴漂亮的毡帽或兽皮帽子。男女脚穿高筒皮靴，男子的皮靴是黑色，妇女的皮靴是红色的。妇女穿得比男子漂亮，皮袍染成淡红色或淡黄色，镶有花边；头上和手腕上都有一串串各种颜色的珠子，盘在头上的也是一串串珠子。青年妇女的长发分成许多股，用珠子穿得长长的，吊在头后边，行走时珠子相互碰着，发出细小的“啮啷”声来，悦耳动听。藏族男女在平时，一般只是左臂穿进皮袖里，右皮袖压在身前腰带子里，以便右手干活，只是在很冷又不干活时，才把右臂也穿进皮袖里。藏族男子都经常佩带一长刀作武器，腰间还有一把小短刀；妇女也有一把短刀，短刀是割肉吃的餐具。刀壳很漂亮，刀十分锋利，刀壳用铜或白银嵌成花边。据说:虽然这里气候寒冷，但是男女都不穿裤子，大小便时，身子猛的转个圈，风把长袍张开后，人往下一蹲，长袍散开成圆形，就不冷。人们称这是跳“孔雀舞”。

现在谈谈藏族人的吃饭问题。藏族房子的第二、三层楼，是用木板铺的地面。在二层楼上做饭吃，屋中央有一块方桌那么大的地方是石头地面，在这块地方生火；没有灶，是一个三角锅架，上面放铜锅，下面放木柴燃烧做饭。这些地区盛产铜，几乎所有的生活用具都是铜质的，而且多是红铜,人们叫它为“鸡血铜”。铜器精致美丽,有很好看的花纹，我们汉族人恐怕很难制造这样精美的铜器。铜锅、铜碗、铜盆、铜勺、铜瓢、钢壶、铜桶等真是好看，说明藏族人的铸造工艺技术很高。当然我们也见到一些地方用木碗，但也包着铜边，甚至有的是金边，是用钢叶或金叶环绕碗外包着的，这样既好看，又不裂口子。藏族人没有床，夜间睡觉全家人围在熊熊燃烧的火堆四周，和衣而眠，白天是衣服，夜里为“被子”。我们红军队伍多是另住房间，但有时也和藏民睡在一间屋内。围着火堆睡觉，就不那么冷了。

藏族群众吃饭，我们从没见过吃蒸馍或面条，而是吃用青稞制成的炒面粉子或饼；土豆多是放进火灰里烧熟了吃。我们从来没有见过藏族人做饭时把面粉放进锅里煮，而是把炒熟了的青稞拿到水磨上，磨成面粉之后，装在皮口袋，先烧一锅他们那儿才有的特制茶水。这种茶叶很大，叶杆有筷子般粗，放进锅里熬。一大包茶叶，有几十斤重，是用树条编成的包，打成捆的。把青稞面放进碗里，加入茶水，边加边用木棍子搅匀，再用手捏成一个面棒，用手拿着它，一口一口地边咬着吃，边喝茶水，没有喝白水的。据说是非喝这种茶水不可，不然就会胀肚子。我们从来没有见到有人拿筷子吃饭，都是用手抓吃，饭前也不洗手。藏族见我们吃饭用筷子，就觉得奇怪。我们开始见他们用手抓吃，也觉得稀罕，时间一长，什么也就习以为常了。我们红军战士以后也是用手抓吃，因为过草地找不到能作筷子的东西；有时用筷子，也是临时找两根树棍用，用了就扔掉，又用时再找，倒也方便现成，免得人们还要保存它怕被遗失。藏民如果要离开村寨外出，简单得很，背着装有炒面的皮口袋，赶着牛羊就走了。我们初到这里时，他们不了解红军好，怕得要命，躲藏到深山去了，空室无人。藏民男子出远门，在宽大皮袍腰间，装上许多面饼，再拿上一个一尺多长的铜筒（如竹筒般粗）就走了，在途中烧茶水，吃炒面。

现在，还是回到我们在道孚县这个地方谈起。这里和其他地方一样，你在很远的地方，就可以看见这里的大喇嘛寺尖顶上镀金的大圆球，金光闪闪。大喇嘛寺中的大殿，一个比一个雄伟，有成千名的喇嘛专门从事念经等活动，他们还有武器。喇嘛寺内供喇嘛吃饭用的大钢锅真够大，它有两公尺高，两公尺的直径，在锅外壁搭有上人的梯子，烧锅的火孔大如巨缸（人能进入），一次就放进去好几根干树烧火。往锅里加水、搅锅、取饭，都要从梯子上去操作。一个人站立在锅里，没有锅高，外边看不见头顶。一口大锅，做一次饭，够好几百人吃用。据说：曾有人从梯子上去之后不慎掉进沸腾的大锅里，别人不知道，饭里吃出了人骨头，这才发现。喇嘛寺里，喇嘛们昼夜不停地念经，许多喇嘛齐声高念，发出同一个宏大的声音，还敲打着十几面大鼓，吹起几十支长号；这些声音合在一起，几里路之外都能听到，我们住地离喇嘛寺不太远，被吵得日夜不安宁。喇嘛教都信神，国民党的飞机来，本要炸我们红军，但是喇嘛们从来没有见过飞机，他们以为这是“大神鸟”来了，都跑出来，跪成一大片，向“神鸟”祈祷，念经又叩头。飞机发现了这么多人，在上空转了两圈，认为是红军，就投炸弹，喇嘛被炸死不少，喇嘛惨叫，说“神”不是来送福的，是来送灾难。以后飞机再来时，他们就不敢这么迎接了。藏族死了人来用天葬、水葬、火葬，人分几等，葬分三种。天葬，是把人割成几大件，挂在树干上，我就看见过树上挂的人肉，乌鸦在那儿吃它；水葬，是把尸体扔进河流中冲走；火葬，是堆起木柴，放上尸体，用火烧掉。只有喇嘛以上的所谓有身份的人，才能享受火葬这种待遇。我好几次看见用火烧死人，藏族人说烧了就会变成神。

我们在炉霍县住了三个月。这时上级向我们传达，说是红二方面军经过长征后，已来到云南、贵州一带，向西康前进，离我们红四方面军不远了，快与红二方面军会合了，我们准备迎接红二方面军的胜利前来。为了迎接红二方面军，我们红四方面军的部队又向南打，以牵制敌人，使二方面军顺利到达我们红四方面军这一地区。我们除给自己准备粮草外，还给红二方面军准备粮草与衣物等。为此，我们每人都捻羊毛线，每人编一两双毛袜子或毛衣上交，准备送给二方面军的同志。时隔不久，贺龙、关向应同志领导的红二方面军胜利地来到炉霍以西的甘孜县，与我们红四方面军会合了。这时，张国焘取消了他的党中央机构。在朱德总司令、贺龙、关向应等同志的坚决主张下，张国焘才不得不同意红二、四两个方面军共同挥师北上，到陕北去与毛主席、党中央和红一方面军、陕北红十五军团会合。

于是我们红军在 1936 年初夏又出发了，红二方面军是初次过草地，我们红四方面军又过第三次雪山草地。这时我们附属医院改名为野战医院了。我在第三次过草地中，被调任该院政治处青年干事职务。我们从道孚出发向北前进，又经过一些大雪山和许多虽不算大雪山的高山，还翻越火焰山。以前在四川我们就走过两座也叫火焰山的大山，现在又过一个火焰山，传说它是历史上唐僧等人到西天去取经时路过的真正火焰山。我们一共走过三座火焰山，谁知道哪一座是唐僧他们走过的呢？火焰山的确名不虚传，山上没有树木和草，是红石山，山上很热，热似火烤，传说这红石山是被大火烧成的。说是孙悟空借到铁扇公主的芭蕉扇后，本来只能扇一下，火就熄了，可是他不听话，胡来一气，接连扇了好几下，火越来越大，把整个山的树木和草都烧掉了，石头也烧成红的了。他累得够呛，又急又气，气喘吁吁地坐下休息，刚往下一坐，石头把他的屁股烫红了，猴子的屁股都是红的，据说起因于此。我们听了这种故事，都哈哈大笑起来，还互开玩笑说："你可不要坐下，小心把你的屁股烧红，成了猴子。"我们在火焰山里，还看见那绝壁大石之上，有一个个相距几米远的长型坑，传说是猪八戒趟过的脚印，人们又是一阵笑声，使我们在行军中精神了许多。又翻一座大山，我们在那雾气腾腾的峡谷之中行走时，看见一个大水潭，山间还有几个大石洞，人们说这就是孙悟空大战"白骨精"的地方。有人在高声喊："白骨精你快出来，叫我们看看。"山谷中震荡着回音，我以为真的是"白骨精"在答话了，心里有点害怕。

因为我当时年龄还小，也没有经验，这时分不清哪是黄铜，哪是金子，也没有想到要找金子。有一次，我在找干粮时，捡到一个约四五寸长的黄色金属条，它像一个短尺，我把它拿在手上玩，以为这是铜的，没有多大用处，但被另外一个同志看见了，他要去看了看之后，也说："这是铜的，没有用，给我玩吧！"我就给他了。事后别人才告诉我，说这是个金尺，是金的，很贵重。我去追要时。那人却说已经丢失，我无可奈何。还有一次，我弄到一个木碗，以为碗上包的是铜皮，被别人用搪瓷碗换走了。我心想一个木碗换一个搪瓷碗，划得着，搪瓷碗比木碗结实耐用；而以后才知道那是一个用金叶包的木碗，又上当了，后悔莫及，真是个大傻瓜。我们在这一带地区行军中，看见许多地方的河床里，藏民淘金时挖的大大小小的坑，偶尔也看见他们在那儿挖沙，用水冲洗淘金，是沙里澄金。在这少数民族地区，很多地方都产金，人们的金子多。在一些喇嘛寺庙中，各个大殿供奉着的一排排、一层层无数的小神中，多数是泥的，部分是面的，少数是铜的，也有金的，小神像外表都是铜粉涂的金黄色，看不出内部是什么质量的，喇嘛都跑了，我们有的人偷偷进去找金佛像，想乘机发洋财，违犯纪律。不少藏民的脖子上挂有一个项链，上面拴有一个铜的或金的小佛爷，是暗藏在胸前衣内的，视如生命般的重要而保护着。藏族地区因为气候寒冷，他们尤其是妇女们，每天都得往脸上涂油，以防外出后大风吹得脸皮冻裂口子。他们用酥油当润面油，外出后风吹日晒，沾上灰尘，脸上总是油光光的发亮，黝黑，露出白牙、白眼珠，倒也醒目，真是黑白分明。可能是因为这些地区太阳紫外线很强，人们脸面黑里暗红，呈咖啡色。

我们红军长时期没有盐吃，身上无力，平路都走不动，爬坡就更困难。我因为长期不吃盐，脸色发黄，到一个地方进屋，连楼梯也上不去。藏族楼房的梯子，不是级梯，是在树干上锯若干个小台阶的简易楼，容易转动，很不稳定。我身上软而无力，走不上楼去，就用两手扶着梯子往上爬，爬了半节，树梯突然转动，小台一面朝下了，我被吊在那儿，上不能上，下不能下，只得喊“快救命呀！”这里有些地区的大山里，有一种石头味咸似盐。我们为了找这种盐石，就出发到很远的深山去，专门寻找这种盐石，有时得行走几天才能到有这种石头的地方，见了带灰色的石头，就用舌头去尝试，认定是“石盐”，就背回来用。藏族也用这种石盐。但有时候，我们到达很远的地方，也未找着这种石盐，只得空空如也扫兴而归。

我们在藏族地区和雪山草地中，总是长期没有鞋穿，甚至草鞋也没有。但因为这里有牛、羊皮，所以我们在许多情况下，是穿“王八鞋”。因为我早已有经验教训了，有过赤脚行军的痛苦，我在道孚县时就有预见地准备了两三双这种“王八鞋”。这种所谓“王八鞋”，是用一块牛皮或羊皮，用刀割成一个王八样，长形的，有脚那么长，前边和后边各伸出一块，像是王八的头和尾；两边各有突出的两个条，像是王八的四个爪，铺在地面上，真像个王八形状;又在这上边的突出末端各穿一个孔，穿入细绳，将其套在脚上，拉紧细绳拴好，就是“鞋”了，就能走路了。这时候哪有袜子呢？连布袜子也没有。一年多来，我都用撕成一尺见方的旧布裹脚，再穿上“王八鞋”过日子。这种“鞋”不见水时还好穿，挺软和的，可是一进水，就滑得很。滑得很有两个原因：一是“鞋”接触下雨的地面时，它滑得很；二是脚在“鞋”内滑得很。有时整天走在泥水中，脚在里面滑得歪来扭去疼得很，把脚脖子都扭肿了，真是滑得一点不能行走。可是，如果你不用它，赤脚走路更受不了。但它还有一点好处，如果你不想要它时，就可以作为干粮，烧或煮着吃了。一物两用，也算不错。

我在少数民族地区和过雪山、草地时，一年没有洗过澡，也没有换洗过衣服，老是原来那一身，全部家当都穿在身上。身上的虱子多极了，身上又痒又麻木，每到一地就想脱衣捉虱子。由于大小虱子成堆，捉不过来，就往下扫，往下抖。虱蛋多得像一摊摊小米，或是一个靠一个整齐地排列在衣缝里，我就用牙咬，咬得直响。嘴里还有一股咸味，一口又一口地往外吐咸水。人们常说“虱多不痒”，这是真的，只觉得身上有些地方麻木似的。有一次行军中，被大雨淋湿了全身，总觉得后背既痒又麻得很，实在难受，到了宿营地，因能烤火取暖，我就脱下衣服找虱子，发现内衣后背中间有如大菜盘那么大的一摊虱子，密密麻麻一大片，一个挨一个地互相挤着。这么多的虱子，使我目瞪口呆了。可是奇怪得很，上下衣别处无一个虱子，它们全部到我背心这个地方来集合了。大概它们是来此“开大会”吧！不然怎么会这么集中起来呢？因为我全身都湿透了，只有这一摊虱子的地方，布是干的。这块地方的外衣是用油绸补过，虱子都到这个干地方来，既避雨又有肉吃，它们真会找好地方。我想这是全部歼灭它的好机会，展开衣服在火苗上连烤带抖动，虱子在火里炸响，像是炒芝麻似的。我说：“你痛快，我也痛快。”把虱蛋也烤炸了，斩尽杀绝，真痛快。孩子们：你们出生以来，由于生活条件好了，一个虱子也没有见过。更不用说见这么多的虱子了，你们哪能见到它这么集合起来的奇特“美景”呢？你们那能像我这样的“享受”呢？这是独特的“享受”啊！难道不是吗？

在这段时间的行军中，我的干粮袋等是放在政委的马背上驮着的，我只背一支小冲锋枪、一条弹带、一个斗笠、一个挂包，倒也轻松。走累了，上山时我还拉着马尾走，这更省劲了，习以为常了。可是有一次，马发脾气了，我去拉它的尾巴时，它踢了我一蹄子，正好踢在我的嘴上，把我嘴唇踢破了，流了很多血，牙也被踢掉了半个（现在我嘴里有一颗牙还是缺少半块），牙和嘴肿了好几天，不便吃饭。

在少数民族地区行军中，反动统治者在很多地区实行坚壁清野，动员少数民族把粮食都藏起来，把群众赶到大山里去躲起来，我们每到一地都是空无一人一物。他们想把我们红军饿死。反动武装在红军行军的沿途和驻地进行袭击，凶狠至极，使我们红军队伍在这些地区受到不少损失。我谈谈以下这样一些具体情况：我们红军队伍住进寨子之后，反动武装人员偷偷来袭击我们，暗杀我们红军。比如我们单位的炊事员，晚上睡着了，敌人偷偷进入室内，用长刀砍死了好几名炊事员，第二天早上才发现情况。这些反动武装人员，夜间来到房子周围，藏在暗处，我们当然看不见他，如果有一二人夜间外出，他就从暗处突然出来砍死你；白天我们在山谷中行军，小路两边是看不到两公尺远的大树密林，这些反动派暗藏在大树后，见我们红军因事单独行动或掉了队的个别人员路过时，他们就从树后突然出来砍死你。我们有了血的教训，在行军时，规定任何人都不得掉队，哪怕离队几米十几米远也不行，每个人在行进中，也是自觉地紧紧跟上，以免挨刀。反动派在红军必经之路的山上，布下“滚石阵”，然后藏在山上观察，看见我们红军行进的队伍，路过深谷中的羊肠小道时，他就从山上往下推石头，一个个大大小小的石头，不断地滚下山来，砸死砸伤我们一些人。有些地段，我们在很长的山谷小道行进，都是处在敌人的“滚石阵”之下，因为这一边是森林与绝崖，另一边下面是河流，我们无法躲避，即使是密如冰雹的石头下来，也得继续前进，走得越快越好。如果队伍因此就停止下来，不敢前进，那就是等着挨石头，损失就更大。这些反动派藏在山上，又是密林，我们在下边看不见人，只见石头往下飞，所以我们无法开枪打。到了这些地段，我心里有些怕，行进时两眼老是看着山上有无滚石下来。我们通过这些地段时，为了少受和不受损失，行进的序列是人与人的距离拉大一些，如无滚石则快速通过；如有滚石，就要看准，在石头未到头顶之前，或等滚石过去了再前进，猛跑过去。我有两次是只差那么一点点没有被滚石砸着的呀！我曾亲眼看见前边的人被石头下来砸死了。我也曾经有那么两次，在夜间从房子里出来，到墙外边去大小便时，差一点没有被反动派的长刀砍着。又有那么一次，我们在密林的深谷小道上行进时，前边的桥被反动派破坏了，我们只得临时搭桥，以便通过。因为过这种独木桥很困难，人又多，通过得很慢，好一阵子才能过去一个人，所以后边那长长的队列只得原地等待。就在这时，山上的滚石下来砸我们，河对岸的反动派藏在密林里，开枪打我们，后边又是敌人在追击我们。我们遇到这突如其来的四面同时发生的情况，上山不能，过河不行，前进走不了，后退是追兵，只好就地打。当然我们也开枪打他，但在密林中，看不见一个敌人，只能朝着敌人枪响的地方还击。我们行军队伍这么多人，被挤在不大的一片树坪里，真是危险极了。一些同志都牺牲在这个地方。我们这个单位一些同志负了伤，还牺牲好几名。敌人的枪弹密集，打得我面前的树叶直响，树枝掉下，不时死伤人，我跟前一个同志在哭叫声中突然倒下去了；另一个同志脸上突然流着鲜血，他手按住伤处大哭，鲜血顺手流到臂上。我当时看到这种情形，就把头钻进一个石头小洞里，身子在外边，就像那“鸵鸟攒沙”，自以为安然无事一样。就在这时，我们红军的炮兵赶来了，用迫击炮往对面山里的冒烟处打了两炮，还真灵，敌人就鸦雀无声了。这以后，少数民族中的反动武装传说“就怕红军的找人炮”。他们只知道枪，没有见过手榴弹和炮，所以觉得奇怪得很，怕炸他们，因为他们已经尝过这个苦头。

我们继续前进，又有那么一天，我们还是在前边所说的那种地形和敌情下行军时，敌人在这里一个突出部的山梁上布着“滚石阵”，山下河对面藏着敌人。我们要通过这儿的小路，山上来滚石，河对面的敌人也向我们通过的人射击。我们行军队伍通过这个鬼地方时，和往常一样拉开距离，一个个跑步通过，减少伤亡，但还是死伤了不少红军战士。山上滚石不断地下来，河对面敌人打冷枪，专打通过这儿的单个前进的红军，真是不妙。我通过时，看准没有石头下来，就猛跑，但石头还是下来了，在我身后飞下河去，把树都砸断了。在猛跑通过这儿时，冲锋枪上的弹夹正好掉在这个拐弯处的地上了，只听一声响，我知道是弹夹掉了，但未敢去拾，猛跑过去了。过去之后，仔细一想，这不行，不能丢掉弹夹，得返回去拾来。不然，丢失了弹夹，这条冲锋枪就无用了，红军纪律很严，要被杀头的。我就横下一条心跑回去拾弹夹，像兔子似的那么快，拾起弹夹又往回跑。这时飞来一颗子弹，把我的帽子打掉了，我又拾起帽子跑，总算没有被打死，捏了一把汗，真是上天“保佑”，“阿弥陀佛”。我们向这个方向前进了一天，太阳都快落山了，这时领导上才发现行进路线不对头：怎么，走了一天，也不见我们前面的红军走过的痕迹，路面不像有部队走过的，也没有见有马蹄印，没有部队休息烧水的遗址，分析一定是走错了，可能是在上午过桥之后，拐弯拐错了，应往左拐沿河而上，而我们是向右拐，沿河流而下了。在这样危险的地区，一个单位走错了方向，反其道而行之，走出这么远，实在危险得很，当时只有一个营的兵力掩护总卫生部和我们这个医院前进，搞不好就可能被敌人消灭掉。卫生部长苏井观听了这样的情况报告之后，一下就晕过去了，倒在地上，不省人事。医生赶快抢救他，别的领导同志也劝他不要这样着急。他苏醒过来之后眼里流泪，几个领导同志抱着一块哭，就怕敌人将我们消灭在这个地方。当即决定行军队伍马上往回返，去赶上前面的红军。我们立即动身往回走，又通过了中午光挨枪、石的鬼地方，又死伤了一些人。天黑时，在一个山沟里的密林中露营驻下，这天夜间，掩护我们的一个营，在驻地周围警戒着，保护我们的安全。各个单位都开会进行动员与布置，要十分警惕，随时准备打仗。我们都睡不着，谁也不敢高枕无忧睡大觉。果然，敌人来袭击我们了，天还没亮就打起来了。我们决心立即冲出去，以免被围歼。我们这个营的部队勇敢战斗，两个连在前边冲，一个连在后尾掩护，其他单位在中间跑，边走边打，总算出来了。可是在这第二天返回行进途中，又沿途受到敌人阻击，我们又伤亡了几个同志，来到了昨天上午通过的那座木桥，又继续沿河面上。在这天下午，我们即迎面遇见了来迎接我们这支队伍的一个团。苏部长等见了团长等领导同志，悲喜交加，不知该说什么好。团长安慰似地说：总部首长得知你们昨天晚上未到达预定目的地，很关心你们，命令我团迅速返回来找你们，现在你们安全地赶上来了，这就好了，我们一起前进吧！在昨天的突围中，我当时觉得有如重棒在我背部猛击了一下似的。在这天晚上，卸下弹带并脱去上衣，看是怎么回事，只见弹带里的一个弹夹，是一个装有子弹的弹夹，被子弹打扁了一块，敌人的子弹打在我背后这个弹夹上后，它的力量较小了，未能穿入我的右背，真有点后怕。如果不是弹夹所阻，我可能就没命了，这大概又是“上天在保佑”，真是“无巧不成书”。

这时，我们已没有什么干粮了，不说过草地的粮了，现在离草地还远，眼前就缺干粮度日。敌人实行坚壁清野政策，群众都躲在山里，我们什么也见不到。在这危急情况之下，怎么办呢？不能坐以待毙。这时上级对遵守群众纪律也放松了些，要求：全军能多保存一个红军战士，革命就多一分胜利的力量；红军生命第一，要用一切手段找到吃的，只要能找到就行。所以，我们每到一地，第一位的任务就是找吃的东西。粮食大多被埋藏在室内外地下，我们千方百计挖找，对室内外均是地挖三尺。我们先用擦枪的通条插地探测，如果土是松的，通条一下就能插进去的地方，就能发现粮食；牛羊圈里，上边盖着很厚的牛羊粪，下边地下埋有粮食，我们也能挖出来；有些粮食藏在夹墙里（两面均是墙，中间放粮食），我们探测发现后，也能找到；有的粮食不仅藏在室内地下，还藏在野外地下，我们仔细搜查，发现有新土的地方就挖。有时不但挖出粮食,还有衣物等,也挖出了一些埋在地下的熊骨和熊掌。这时，我们哪里知道熊掌好呢，把它都扔了。凡是挖出来粮食的地方，我们把粮食拿走时，还写一个纸条，并留下一定数量的银元，放在地上，压好才走，以作报酬。这种做法，不仅是在少数民族地区，我们在汉族地区也同样这么处理。凡是不见群众时，我们红军拿走了什么东西，总得写个条子说明,并留下银元或大烟土(鸦片烟)。在1949年全国解放之后，你们可能从报刊上看到：在过去我们红军经过的地方，有的群众还保存着红军当时留给他们的条子和钱的事迹吧！群众交出了当年红军的遗物等珍贵的革命文物，已放在革命历史博物馆展览了，你们看到过吧？我们在藏族地区发现过不少熊骨，可见这些地区狗熊多，说明少数民族是吃熊肉的。但是，我们当时并不知道这是狗熊，谁见过活熊呢？我只听说过有“人熊”。我小时候就听到传说：“人熊吃人。它见到人，就抓住人的两手。高兴得笑死过去，它笑醒之后开始吃人；人们有了教训，以后外出行动时，在两只小臂上套入两个竹筒，等它笑死过去时，你赶快脱掉竹筒就跑。”所以我见到熊骨就怕，认为这些地区有“人熊”，可能就是狗熊，哪里还有什么“人熊”呢？

哎！我忘记了说过大河流的事，现在我说说我有几次是如何徒步过大河流的。过雪山是小个子占便宜，过河则是大个子沾光。过雪山死的人，多是大个子和年纪大一些的，过来的人多是个头矮一些、年纪小一些以及经常有马骑和身体十分强壮的人。这是因为雪山上空气稀薄，大个子人哪怕只比别人高出 20 或 30 公分，耗氧就更多，呼吸就困难；矮个子往往年轻，也没有结过婚，身体很壮实，在那只差十几二十公分高的情况下，氧气就多一些，所以能占这个便宜。到过草地，也是大同小异。不过最重要的还是看你冻和饿的情况如何，这是决定性的条件，无论是在草地或雪山,都是这样。死人主要是因饿和冻,再加上空气稀少,支持不了,就会死去。我的个头矮一些,水深流急,过河就更困难一些。有两次过河时，河水较深，我两脚着不了底，被冲走了，都是别人把我救起来。以后我过河时，就找和我相好的大个子战友，给他说好话，两手紧紧抓住他的衣服，死也不放手，我脚不着地，好似游过河的，可是我到今还是不会游泳。贵在平时交朋友，危难时就能生死与共了。

我们又行军了一些日子，快到大草地边，又没有干粮了，只得就地住下，准备过草地的干粮。哪里有粮食呢？根本没有。肚子饿极了，千方百计找吃的，我多次找到了“转转经”（即前面我说过的用水冲着转盘转的经书筒），用刀子割下外层的牛皮，拿回来烧着吃。因为我们都知道喇嘛寺中的小佛像，成千上万个中有些是面粉做定的，人可以吃。我和其他同志一样，到喇嘛寺中去找面人。小佛像中有一些泥的，外表看不出哪是面的、哪是泥的，我们就逐个对其品尝才知道，实践第一嘛！有时一个面人也没有，有时找到几个面的，就拿回来吃，这叫“人吃人”。这数不清的小佛爷,都很小,只有二三寸高,都是“释迦牟尼”,都是一个模样，都是一个颜色——金黄色，我也辨别不出是否有金的，即便是有，我也不会要它，因为这时一切都是为了吃，再贵重的东西，如果不能吃，要它也无用，解决不了当时的困难，拿上它反而增加身上的负荷量，成为负担。在这样艰难的情况下，身体又瘦弱，哪怕身上减轻一两重量，也是好的。我们同样知道敌人赶走了群众，他们带上粮食藏在深山老林中，又看见远处大山里许多地方在冒烟，我们分析这一定是躲藏在山里的人的炊烟。于是各个单位都上山去，到冒烟的地方去找粮食。上级给各单位分山分片包干,一齐进发,去搜山。因为山高路远，各单位一早就出发，上山时，采取梳篦战术，人员疏散，齐头并进，到了山顶再集合队伍。我在密林中,一直向冒烟处走,什么目标也未发现，未找到粮食，到了中午，爬到山顶，又累又饿，坐下来休息，吃一点随身带的干粮。此行得不偿失，只好集合起来，返回下山。我们这样出动好几次，都扑了空，劳累之后，身体更弱。但是这么饿着等死不行，又必须到新的地方去找粮吃。到了新的地区住下，又像以前一样搜山找粮。有一天，我和我们院部一位年龄较大的政治处总支书记走在一起上山找粮。我俩都拿着枪,他背的是一支小马枪,我背的是那支小冲锋枪，我俩端着子弹上膛的枪搜索前进，眼睛睁得圆溜溜的，随时准备对付敌人。到了半山，敌人向我们打枪，打得树叶唰唰响，但是根本看不见敌人在哪儿，我们只能向着枪响的方向还击。走着走着，突然间有狗在我们上边狂叫，一定有人了，我们跑步冲上去，只见一个小帐篷下，有两名藏族妇女，三条狗向我们扑来，把我的裤子撕破了，把总支书记的腿咬破了。他一枪打死了一条狗，另两条狗吓得逃跑了。这两位妇女跪在地下向我们叩头，嘴里直说“喀卓，喀卓”。我们知道这是说“你好，你好”的意思,在求饶命。她们身边放着两皮口袋青稞面粉,还有酥油。因为互不懂话，我俩用手比画着，意思是要她们给我们青稞面。她们懂得了,给了我们一口袋,我俩给她们留下三个白洋（银元),她们不敢收，我俩把白洋放在她们面前就走了，继续往山上前进，但是什么也没有找着。敌人又在树林里向我们打枪，我俩怕出事，就返回下山。走了一阵子，我坐在一个大石头上休息，敌人打冷枪，他们能看见我们，我们看不见他们。我坐在大石上，两腿分开，半躺半坐的靠在大树下，只听枪声响时，小石片打在我的手上，仔细一看，这粒子弹正好打在我的裆下石头上，把石头打了一个坑，如果它高一寸，就打在我的什么地方了，那就完蛋了。我说："好家伙，真危险呀！"我站起来就往山下跑，一直跑到山脚停下来，才松了一口气。住了几天，我们又出发继续前进……

我们红军来到川、康、青三角地带的大草地附近时，要作过大草地的最后准备工作。红军部队都沿前进路线停下来，主要是休整一下，准备过草地的干粮。因为前进沿线红军队伍很多，找不到吃的。为了准备干粮，许多部队不得不离开行军路线，分别向左右两边的东西方向出发，越过重重大山去找粮，一走就是几百里远，只有这样才能找到吃的，甚至要经过打仗取得胜利，才能得到吃的和穿的。这时红军的唯一任务，就是为粮食等物作殊死的斗争，流血牺牲也在所不惜。因为只有活着才能有中国革命，人活着就是革命的胜利，这种胜利是最大的胜利。没有革命武装，就没有革命的一切。在高山与草地交界的地区，我们的医院跟随一个团的兵力，一起出发，到很远的地方去找粮食和牛羊。走了两三天，来到西边很远的地方。这时如果能遇到敌人就很高兴，因为打仗才能得到衣食等东西；枪支不要，因为我们减员很大，自己的枪支已多得无法带走，还得挑选最好的枪支留用，而把那些不好的枪支，扔进河里，或埋在地下。我们在这次远出找食物的行动中，收获还可以。在途中遇见了一些反动武装，打了两个小仗，弄到了一些马匹和粮食，又在草地边遇见几群野马、野驴，开枪打死了不少。打野马、野驴时，比打仗还热闹，偷偷地接近，四面包围，用密集火力猛打。野马突围冲来，差一点没有把我踩死。我们胜利返回时，既抬伤病员，又抬粮和肉。所以，我们这次准备的干粮，主要是少而精的马肉、驴肉干，还有青稞面。

我们红军要第三次过草地了。第二、四方面军开始从炉霍、甘孜一带出发时，第二方面军走一个路线，四方面军分走两条路线，共分左、中、右三条路线前进，到草地时，又变成左、右路军。分为两条路线通过。就在要出发的当天早上，我们野战医院的政委殷荣坤同志，不幸牺牲了。这天早上，他兴致勃勃，要自己动手试打一下跟随院长的那位警卫战士的冲锋枪能否连发，院长和我们好几个人都说："快出发了，还没有吃饭，不要试了。而且有人听到打枪也不好，会惊动别人的。”他不听劝说，一定要试打，并说：“我到楼下牛屋里去打。外边听不见枪声，没有事。”他拿着枪下楼去了，院长和他那位警卫战士还有我，都随后下楼去看他试枪。院长还提醒他：“你慢点，注意点。”话音刚落，枪声响了，不连发。那个弹壳卡在枪膛，没有退出来，所以不连发。政委迅速将枪直立在地上，自己用脚使劲地蹬了一下枪机，枪又响了，他倒下去了。这是因为手拉不开枪机时，他用脚蹬开枪机时，枪膛内的弹壳退出后，枪机复进，推上了第二粒子弹，击针把子弹打响了，而他的头正好是在枪口之上子弹击中上嘴唇，弹丸进到脑子里去了。他倒下去后，没有吭一声，很快就停止了呼吸。我见政委倒下去了，赶快去扶他，扶不起来，就扶着把他抱在怀里，让他成为坐的姿势，我急着忙喊：“政委、政委，你怎么啦？”不见他伤口流血，血是从口腔流入食道去了，所以外边看不到流血。政委的两眼还睁大着，我用手摸摸他眼皮，他闭上眼了。我们都痛哭起来，他的未婚妻闻讯从楼上跑下来，抱着政委的身子，哭得一次又一次晕过去；医生给她打了抢救针。院长马上将此突如其来的情况报告了总卫生部，部长苏井观和政治部主任立即赶到现场，详细询问了一切，似乎还怀疑是否别人打死政委的，特别是对那位警卫战士和我。院长证明自己在场，亲眼看见的事实，也就没事了。我们紧张地忙着善后工作，将政委的衣服都给他穿上，毯子盖在他身上，给洗了脸和手，安放在担架上，抬他到远处一个山包下，挖坑掩埋好，我们才慢慢离去。因此我们单位和整个红军队伍，当天晚出发了两个小时。我们将政委的遗物都交给了他的未婚妻，其中有十块白洋，一个小金船。她骑着政委的马走，一路上哭了一天，眼都红了，也不吃饭。我现在又为什么要专门谈谈政委牺牲这件事呢？因为我是他挑选来的院部书记，他一直对我很好，我们长时间在一起战斗与生活，生死与共，亲如手足。政委识字不多，上行下达的材料都由我替他写，就连他给未婚妻的信，也是他当面告诉具体内容，由我执笔写的。他对我没有什么不可谈的。

所以他的未婚妻对我也很好，给我补衣服，做鞋穿。可见我与政委的革命友谊之深厚了。院长识字，能自己写东西，不怎么靠我办事，他见我和政委关系这么好，总是有点“吃醋”①，所以在以后第三次过草地中，就把我调到政治处去任青年干事。在1953年学习文化写作文时，我特地写了一篇叫《怀念殷荣坤政委》的回忆录，以资纪念他。如今事隔近50年了，我也68岁了，但是我的心中总是没有忘记这位政委，我永远怀念他。

我们红军第三次通过的草地，与第一、二两次有所不同，它有如下特点：一是草地大，我们走了30多天，才出草地；二是水草地多，旱草地少，多是在泥水里行动；三是风、雨、雪更多，更大；四是基本上见不到敌人的反动武装骑兵和牛群，弄不到马肉、牛肉吃。这些特点，是第一、二次所过草地中没有的，它说明要比过第一、二次草地更加艰难得多。我们先是走水草地，在泥水里走了20多天，没有一点干的地方，没有一点没有水的地方，我们的两只脚20多天中完全浸泡在水里。这种水草地的草，长得很高，不见水，脚踩在红泥浆水里，稀糊糊的粘在脚上，很厚一层，看不见自己穿的鞋袜是什么颜色，只能看见脚上是红色的泥浆，多少天来，脚都是这样子，难受得很，想找一点清水洗一下脚也没有。脚被浸泡得肿胀起来，脚面上的一层泥壳干了时，扯得肉皮紧痛。脚面裂开许多血口子。“王八鞋”上绳子好像短了许多，把肉捆得那么紧，脚痛腿也痛，我总是不时去松松“鞋”带，才好受一点。我那“王八鞋”里进了红泥浆水，脚在“鞋”里滑得不能很好行走，但这里是平地，又是软地底，所以没有像在走山路上时滑得那么厉害。

不幸得很，就在我要过完这种水草地的前两天晚上，我的右脚被开水烫了，是开水壶倒了烫着脚拐处，破了一块肉皮，用布包着伤处。这

① 这是作者的主观想法——编者注。

时又遇上要过水草地，脚整日在泥水中，怎么能好呢？泥水把这个伤处刺得疼极了，根本不可能冲洗换药，时间长了伤处化脓了，肿得很高，实在难以行走。但是我又怎能掉队呢？掉队就意味着死亡。我咬紧牙，忍着剧痛，一直坚持走着，还是坚持下来了，坚持就是胜利。

我们在这多天的泥水中，晚上是怎么度过的呢？是如何睡觉的呢？我们红军中就炼出了睡觉的硬功夫，不仅仅躺下能睡，在行走中也能睡，在泥水中站着还能睡。我在以往的行军途中，因为疲劳也是在行走中，边走边睡觉。眼睛闭着行走入睡，还做梦，还打呼噜，走着走着，头碰着前面那个人的身上，才醒过来，这是常事。现在，我们在泥水中能睡觉，而且睡得香甜。在水草地里，没有干处可以在地上睡觉，没有别的办法，只好站着睡，是三四个人背靠背地站着睡觉，这比行走中睡觉放心多了。说也奇怪，人们都能睡得很好，天亮才醒。孩子们：你们见到过世界上别的地方有人站着睡觉的吗？没有吧！我过去就没有听说过，也没有见过，我只见到过我自己和其他红军战士当时是这么睡觉的。我们红军这种动物，是世界上再也找不到的特殊动物，有这种特殊功能与本龄，只有我们红军才能做到这一点，别的任何动物都永远不可能做到。如果不是我自己这么睡过和见到过，那我也是不会相信在世界上竟然有这么奇特的动物。当然，也不完全是站着睡觉的，有时还是躺在泥水中睡，天上还下着雨和雪，这比第一、二次过草地时睡觉的条件更恶劣，更惨痛。孩子们：你们听说过有别的陆地动物在泥水中睡觉吗？也没有吧！只有我们这些钢铁好汉才能做到这一点。那么，我们在这个地方是喝什么水呢？当然没有清水喝，是喝这种泥水，是拿用具尽量在两边没有被人踩过的稠泥上面，取泥比较少一点的红水来，在用具里沉淀一会儿之后再喝。这一带地区，有很大的能把人陷进去致死的沼泽，它比第一、二次那种沼泽地更难过，因此又死了一些人，这里就不重复谈了。

我们好不容易过完了水草地来到旱草地，这就好多了，不由得心中高兴起来。这时，我们行进，又变换成方队前进，情景又和第一、二次过草地时那样，这也不重要了。我们到了旱草地，脚上的红泥浆干了，铁壳似的一层拉着肉皮，许多小裂口流血，用水洗干泥浆也洗不下来，只好用手一点一点地剥，肉皮粗得像树皮。在旱草地里虽然行军好走了，夜间也能躺下睡觉，但是夜里下雨雪，淋湿全身，甚至冻死人。不过在旱草地中有一个不同的情况，就是我们睡觉时不住在地形高一点的地方，而是睡在低凹处。为什么要这样呢？因为高处蛇多，尽是蛇窝，我们怕蛇咬着。这里蛇很多，可以说到处都是，有小青蛇，也有毒蛇。为什么蛇窝是在地形较高的地方呢？因为高处泥土干一些，蛇窝不会常被雨水浸泡，它真会找好地方。这时候，我们早就缺少干粮了，当然又是吃野菜、野草充饥，有了蛇，就吃蛇肉，它比起野菜和野草来，当然好吃得多。平时人们总是怕蛇，这时谁也不那么怕它了，但愿见到蛇。我们住下后，还出去千方百计找蛇，挖蛇洞，把它打死，拿回来吃肉。一般都是把蛇肉弄熟了再吃，但是有时没有弄熟的条件，只好生吃蛇肉。孩子们：你们听说过世界上有别的地方的人生吃蛇肉吗？没有吧！只有这时候的这个地方的这些无所畏惧的人才生吃蛇肉呀！我就吃过几次蛇肉，不过没有生吃罢了。红军战士，在这种种艰难中，都是想活着，而想活下去又是为了什么呢？他们无私无畏，都是一切为了中国革命，心中想的是人民，只有人民，没有别的什么私心杂念，这是最高尚的人。所以他们对于世界上这种最困难的困难都能克服，世界上的苦没有比这更苦的，都叫我们红军吃了，是这种想不到的艰难之苦，哺育了中国革命的种子，浇灌出红军战士心中的革命之花。在这些日子里，因缺少吃的饿死了不少人。可是也有人吃多了，被膨胀致死。这是怎么回事呢？人们在过草地以前，准备有牛肉干，在过草地中，有的人肚子饿极了，一次吃牛肉干太多，又喝了很多水，牛肉干在肚里发大，膨胀好几倍，把胃撑破了致死。以后，人们有了教训，知道用四五斤鲜肉才能炒干的一斤重的牛肉干的厉害，才不那么狼吞虎咽地吃个够了。我曾有一次吃得多了一些，胃里难受极了，知道有的人被撑死了，我更加注意了。在这万分困难的情况下，我听说有吃人肉的情形，心里又怕又难过。

在这次从四川到西康，再从西康到草地过完时，红四方面军的减员损失很大。这期间大仗打得很少，伤员不太多，人多是在雪山、草地中被冻死和饿死的。这期间的伤病员，有些好了之后归队了，有些较重的伤员同志，自己知道要活着才行，拼命地跟着走，途中牺牲了一些，也活着一些走过来了。对于一点也不能走的重伤病员，尽量设法抬走，但是在以后的时间里，好人也是饿得走不动了，都是骨瘦如柴，抬别人实在是困难，不抬别人自己也走不动了，甚至有的同志因抬别人而自己死去。那些被抬着走的同志，在这种情况下，坚决不让别人抬他走了，要别人赶快走，去追上行军序列。他怎么也不上担架，“要死，死我一个，不能让你们也死”。大家相互抱着哭，甚至有的同志拿起自己的枪说：“你不走，我就打死我自己。”也有的说：“你不走，我先打死你，再打我自己。”有一个伤员同志他这么说着，比画着时，突然开枪打死了他自己。人们痛哭着，掩埋好了他之后才离去。也有不少伤病员同志，被领导上安置在少数民族家中，他们当了老百姓。其中有一些同志在全国解放之后，回到了自己的家乡。在这漫长而又艰难的环境中，有些伤病员被冻死和饿死了；被冻死或饿死的人中，首先是这些伤病员。有许许多多身体强壮的战士都被冻死或饿死，何况这些身体虚弱的伤病员啊！我们红军中的骡马，这时又很少了，多数是饿死的。因为它在许多天里没有吃过粮食等马料，只能吃点草，甚至连草也吃不饱，骡马骨瘦如柴，行军时还得驼上很重的东西；人骑骡马，这时是用于伤病员。我记得有这么一件事：把一匹马交给了伤病员，要他们自己喂养，自己骑用，他们用以走了一些天，因人没有什么吃的了，他们就把马杀死吃肉了，以求人活着。肉是吃了，还背着一些肉行走，最后是肉吃完了，人还是走不动而掉队饿死。这种做法是“杀鸡取蛋”，人马双亡。我们医院的马匹，在最后的日子里不叫它驮东西，让马空着走，可是它还是走不动，有的倒下去死了。我见到军马在临死之前，它流下了眼泪。在这种困难之下，一些领导同志知道军马就是自己的生命，只有军马在，才能骑着走过草地；没有了马，自己就可能死去，把马看成是第一生命，自己舍不得吃干粮，而留下喂马。

红军部队过雪山草地时，由于减员很大，枪比人多。因为每少一个人，就多一支枪。干部在行军中把死去的战士的枪支，一条又一条地背在自己身上行进，身上背三四条步枪，负荷这么重，也不能随意扔掉，怕落到敌人手里。枪支实在太多已无法带走，到达营地后，集中处理这些枪支，一是用火烧，烧了木质部分，用以烤火，将铁的部件埋在地下；二种办法是卸下枪机，只带枪机走，把其他部分扔掉；三种办法是把枪扔进河里去，特别是轻武器中的重机枪等。

中国工农红军第一、二方面军，都只过了一次雪山草地。我们红四方面军，由于张国焘反党闹分裂，则在一年中连续三次过雪山草地，真够倒霉的了。这样，红四方面军减员很大，从下述情况就可以知道部队减员的严重情况了。在我们过第一次雪山草地之前，每个步兵团满员是 2000 多人，每个连队是 100 多人；在过了第一、二两次雪山草地之后，部队损失一半，我那时在团里工作，亲眼看见一个连只有五六十人了。以前，一个团的行军序列很长，得等好半天，才能过完一个地方，以后则很快就过完了。以前，一个步兵团全部集合时，是黑压压站成一大片；以后全团集合起来，只站一小块地方。在过完第二次雪山草地之后，在川西南补充了大批兵员。虽没有以前的人数那么多，但也不少，一个团有 1000 多人，一个连有近百人。而以后又过雪山到了西康，则减员很大，特别是在第三次过雪山草地之后，红四方面军的减员情况更严重。就以我们这个医院为例吧，医院经常在后方，是总部的直属单位，也不是战斗部队，而且有时还从已痊愈的伤病员中选留一些在医院工作，得到补充，即使是这种情况，比其他单位条件好一些，但非战斗减员也是很大的，减少了一半多，尤其是女同志少得多了。这就可以想象到战斗部队的减员情况如何了。在快过完第三次草地时，我亲自看到路过的步兵团，他们不过只有一个营的兵力，人数少得可怜。每一个步兵连有一面军旗在前，后边只跟随着30人左右；甚至有个别连队只有十几二十人，前面是撑旗兵，后边是连领导干部，再就是班排长，没有几个兵。

现在专门谈一下军旗问题。红军总部、军、师、团、营、连各级都有一面军旗，旗杆似一支长矛，尖端有铁尖头，下有红缨，根部有一个铁锤头，可以用以随时插入地下，立起军旗。军旗靠旗杆的部分是一条白带子，其他为红绸子，白条部分书有本单位番号，如“中国工农红军第四方面军第三十军八十九师二六七团团部”字样。有一个旗套，是用桐油漆了的黄色布套，平时军旗卷起装入旗套，驻军时军旗立在营门口，卫兵看守，行军时由撑旗兵执撑军旗行进。部队集合开大会时，所有军旗都展开，在队列前头，显得部队威武壮观。在行军时军旗在最前面，引导部队前进。总之，不论在任何情况下，军旗都在最前面。军旗象征着革命要胜利，象征着革命烈士的鲜血。红军中有一条铁的纪律，不论在任何情况下，要保护好军旗，要像保护自己生命一样去保护好军旗，人在军旗在，人亡军旗也得在。在作战中，由撑旗兵执撑的军旗冲在最前面，引导部队向前冲杀，军旗到了哪里，部队就得冲到哪里。由于有了这条纪律，加上红军指战员的英勇牺牲精神，所以作战时如虎添翼，战无不胜，攻无不克，总是打胜仗。一个单位，只要他的军旗在，就标志着这个单位的存在。作战时，一个撑旗兵被敌人打倒了。另一个人马上去撑起军旗继续前进，这么一个接一个地冲上去，真是前赴后继。如果军旗被敌人的子弹打穿了，或者被火烧了一块，红军战士就痛心，它以后成为革命历史文物。孩子们：你们去北京天安门前“中国革命历史博物馆”参观，看到过这珍贵的革命文物了吧！那时，我们也还有些迷信，如果有时因为吹风等原因，把军旗吹倒了，就认为今天不吉利，不知道要出什么不好的事。不过，这也充分说明了红军战士对军旗的尊重心情。

我们第三次过完了草地之后，又来到了大雪区域。又是那重重大雪山，不得不通过。这时拐向东北方向前进，还是要通过张国焘认为过不去，而又被红一方面军一年前就通过了的天险腊子口。蒋介石的国民党军队，要千方百计将我们红二、四两个方面军困死在雪山之中，以阻止我们最后通过雪山区，继续北上去与红一方面军会合。他知道如果我们过了这雪山区之后，到了甘肃，他就无险可守了。国民党军在雪山区层层设防，把守要地。在天险腊子口这个地方，敌人至少有两个团的兵力防守着。我们不通过腊子口，是过不去的。我们红军打腊子口，打了两天攻不下，最后是派大部队偷偷地绕到敌人背后，爬上山顶，进行偷袭，居高临下，才打开的，歼灭了守敌后，红军才通过了这里。

过了腊子口，又走了一些天，我们来到了甘肃南部的大雪山岷山南面，要翻越这最后一座大雪山。岷山这座大雪山也不小，翻这个雪山同样艰难。这时，各级领导向下传达，说：“前面是我们要通过的最后一座雪山，雪山草地我们都战胜了它，都走过来了，我们战胜这最后困难，是不成问题的。同志们加油吧！过了这座雪山之后，就到好地方了，争取过雪山的最后胜利。”红军广大指战员都高兴起来，情绪高涨，走路劲头也大了，一个个奋勇前进。一些伤病员同志，似乎伤病也好了许多。本来大家肚子里空空的，没有吃的，四肢无力，难以坚持行军，可是现在似乎肚子里也不那么饿了，也不觉得那么疲劳了，以前，人们面部表情严峻，很少笑容，而这时人们都面带喜悦，心情畅快。以前，人们怕不知还要走多少天才能翻过雪山，所以总是不敢在肚子很饿时多吃干粮，以防万一。而现在再走两天就可以过完大雪山，也不必这么担心了，多吃一些干粮吧，把干粮用在这最后困难时刻，“把钢用在刀刃上”。我自己当然是这样的了。我把一直保存着舍不得穿的那双鞋，也拿出来穿上了，以免我的脚老受活罪。这是政委的未婚妻给我做的鞋，不由得我又想起了殷政委。第二天，我们来到了岷山以南的山脚下宿营。第三天一早就开始爬雪山。雪山上的情况和我们过这座山的情形，大致与过去的雪山和艰难情况是一样的，不过人们的行动劲头更大，爬山比以前快一些了，争先恐后地说说笑笑走着。这时，人们并不只是一条线似的跟着前进，而是哪儿能上去，就从哪儿往上爬，像一窝蜂似的上山。山上前边的干部等，老在不断地喊:“同志们，加油上呀！快到山顶啦！”其实离山顶还远得很，他们是在鼓舞我们快快上山。我爬得又快又累，沿途停下休息了好几次，向高处望去，还不见山顶。我坐下边休息边吃干粮，吃饱了好战胜这最后一个雪山顶。当我休息时，突然看见了我小时候的同学石良相同志，他也看见了我。我俩参军以后第一次相见，悲喜交加。他的一只臂负伤后，一直未好，都臭了，他脸上黄瘦得不像个人，见了我就哭，十分凄惨。我也流了泪，安慰他一番，给了他一点干粮，扶着他一起上山。前面山头上，又有人在高喊：“到了山顶了，你们快上来看吧！山那边没有大山了，真好看呀！”我的劲没有了，但还是拼命地往上爬。好不容易来到了山顶，已是下午了。我一眼就看见北边真的没有高山了，是小黄土山。我们站得这么高，居高临下看前边，北边那黄土高原的地方，地势那么低，山那么矮小，尽收眼底。这时我在想：这座大山比北边地形突起几千公尺高，这以南是重重大雪山，是大森林，前北边地形那么低，尽是一片黄土，没有树木，祖国的大地构造是如此天壤之别，真是奇妙得很，它区别得这么分明。我高兴极了，就马上下山，到了半山坡，已无雪了，更好走了。人们也像上山那样，哪儿能下，就从哪儿往下跑。我自己不知这时哪里来的那么大的劲，连走带跑，在那些不好走的危险地段，我连自己也不知道是如何通过下来的，是走过来的，是跑过来的，还是飞过来的，就这样高兴得糊里糊涂来到了山下。这时，我们在山下休息一下，大家蹦呀，跳呀，唱起红军胜利的歌。我们一年半以来，从来没有这么高兴过。真是“更喜岷山千里雪，三军过后尽开颜”。

三大主力红军胜利会师

我们下了岷山之后，来到哈达铺住下，进行休整。这时，我们红军已包围着岷县县城，城内有国民党西北杂牌军鲁大昌之旅，坚守城池，我军围困该敌 40 天，未能攻下该城。

我们红军过了雪山草地之后，张国焘的反党贼心不死。他要红四方面军，并企图强迫红二方面军也一起跟他走，即由甘南一带转向青海省，再由青海打到新疆去，名曰“要背靠苏联”，以求一存。我记得比较清楚，命令我们从岷县附近出发，急速向西行进，日夜兼程，在途经洮州城外时，被我包围在城内的敌人，夜间老打枪，还打照明弹。我们向西走了好几天，又接到命令，叫向后转，返回到岷县境内，转向北方前进。这期间在甘南转来转去，弄得我们莫名其妙，不知是怎么回事。事后我们才知道是：红二、四方面军在甘孜会合之后，党中央即再三电令二、四方面军迅速过草地北上，到陕北与红一方面军及红十五军团会师，在朱德、贺龙同志坚持执行中央命令的劝告下，才一起过草地北上，在红二、四方面军到了甘南时，党中央又电令继续北上，中央准备派一方面军西进，迎接二、四方面军的到来。这时，朱德、贺龙同志又再三劝告张国焘北上，坚决反对西进青海。张国焘这才不得不听从党中央的电令，不得不听从朱德、贺龙等同志的劝告，而命令红四方面军从洮州以西返回北上，张国焘想造成红二、四方面军的分裂阴谋，没有得逞。在第二次来到岷县境内时，因为吃了很小的嫩土豆、嫩蚕豆，我突然患痢疾病，病得很厉害，一天大便十多次，便脓便血连续近十天，这时不但不能行走了，而且起不了床，住进医院。我这次重病，差一点死了。

由甘南北进，通过甘肃省，向陕北前进的途中，红二方面军是右路军，经过武都、徽县、天水、宝鸡以北，再经平凉地区，向陕北前进。

我们红四方面军为左路军（北边这条路线），穿过甘肃省南部地区，向中部前进，继续北上（实际上是东进），在穿过西安至兰州的公路时，我们占领了铁公岭，打到了兰州以东离兰州不很远的地方。我在这公路上，第一次看见一辆卡车，才知道汽车是个什么样子。来到了甘肃省地区，我们就听说“骆驼大得很，它吃人”。当我第一次看见骆驼时，它躺在河滩里，我害怕它来咬我，离它远远的，不敢到跟前去看。红军战士听说有骆驼，都跑去看，谁也不敢靠近它。有的人向骆驼投土块，骆驼大叫一声，突然站起来，头抬得那么高，脖子伸得那么长，吓得我们往回跑，其实，骆驼哪会吃人呢？那是吓唬我们的话。也是在甘南行军途中，我们第一次看见了窑洞。因为我们从来也没有见过人住窑洞，听说有了窑洞，都想看看是个什么样子。一见窑洞，就觉得这不错，人工挖一个又高又长的大洞就是，一个大窑洞，比一间房子还宽大，这比盖房子好多了，既不用木料，也不用砖石，还不用做木床，人们睡土炕，冬暖夏凉，倒也舒服。我们所经过的甘肃一些地区，多是回民区。这里地势平坦，很少有树木，沙丘比较多，还有草原，牛羊很多，到处可以见到羊群。这里家家户户都有大而黑的毛驴。我们初次见到这种大黑毛驴时，还以为是黑骡子。这里的回民很讲究骑“走驴”。所谓走驴，就是专门训练成的走得很快的大毛驴，走得如狂奔，但又不是狂奔，是四肢交叉行走，不是那种前双肢、后双肢同时起落的狂奔法。走驴、走马走得既非常快，又很平稳，人在骑它走时很舒服。大走驴胸前挂着红缨和铃铛，在快速行走中铃铛响着，真是显得威武。回民地区，人们都居住在很大的土寨子里，住得非常集中，尽是大寨子，看不见零散居住的村庄。寨子像一座座县城那般大，高大的土围墙如同城墙一般，也有高大的寨门如同城门。寨内有清真寺，有首领管全寨，也有地主反动武装守卫寨子。为什么这些地区都是大寨子呢？因为这里一是风沙大，二是盗匪多。高大的土围墙，一可防风沙，二可防盗匪。进寨子必须经过寨门，寨门一关，吊桥收起，人就进不去。要攻克一个大寨子并不容易。

回教的清真寺内，没有泥像，只供着一个用红布包好的棒，我还未弄清这是什么意思，回教不给我们解释。回民多是吃牛羊肉，不吃猪肉，所以没养猪的。回民们自己不能随意宰杀牛羊,要请清真寺的“阿訇”来，他念完经之后，才杀死牛羊。我们汉人，是不准进入清真寺的。西北地区中的平原很多，也很大，这些平原中没有石头，尽是土。我们在甘肃行进中多少天来，未曾见到过指头那么大的石子，所以人们想找一块石头用，是找不到的，连一个小石子也没有。我们到甘肃省另外一些地方时。这里的人们，居住就不是大寨子，不是那么集中，而是依地形的不同，分散居住的。因为这些地区也是平原，没有山包，人们在平原中找一个适当地点，挖一个很大的四方形的坑，有几十米大，有十多米深。在这个大坑里挖几个窑洞，住一户或几户人，挖一个斜洞通到上边平地，进出人畜。斜洞也很大，安装有大门，可以通过马车。这样，倒也严密，很安全，它同寨子的作用是一样的，能挡风沙，盗匪进去也困难。只不过寨大、坑小，寨子在地平面之上，坑在地平面之下罢了。我们在这种黄土平原地区行军，看不见什么树木，也看不见远处有房子。如果发现某处有了几棵树，那儿一定是有人户了。因为从远处看不见住大坑里的人家，只能看见几棵树，这是有住户的标志，到了树跟前才能看到住户;我们在夜间行军宿营时，很难找到人户，即使路过坑住居民处时，还以为没有人家，还在说找不到村庄住户。在我们红军进到这些居民处休息时，我开始是不敢进窑洞的，进去之后，又马上出来，总怕窑洞塌下来砸死人，所以我宁愿在外边坐着，也不进去。群众说:“你不用怕，进窑洞休息吧！它塌不下来。”我进入窑洞睡觉，睡下也是心神不安，两眼老看着窑洞顶，不敢合眼，怕它塌下来。有的人开玩笑说：“看，窑洞快塌了。”吓唬人们。其实窑洞一般是不会塌下来的,以后习惯了，也就放心了。窑洞快垮塌时，是有预兆的：窑洞有新裂缝，往下掉土，下雨时漏水。有了这些征兆，人们就不能进入窑洞，或者赶快出来。对于古老与破旧的窑洞，特别要注意这些。

在红四方面军于1935年秋打到川西南的天全、芦山县一带地区时，党中央率领的红一方面军已胜利到达了陕北，与陕北红军刘志丹部及红二十五军会合，正确地解决了红二十五军与刘志丹部的矛盾冲突，增强了红军内部的团结，并将红二十五军及刘志丹部合编为第十五军团。接着在1935年冬季又组织了红军东征，部分红军东渡黄河，进入山西的晋西南地区，消灭了阎锡山等部一些敌人，补充了兵员与物资，巩固了陕北苏区，然后回师黄河以西，回到陕北；以后又组织了西征，占领了定边、盐池县等地区，发展了陕北苏区，为以后的迎接二、四方面军到来，创造了有利条件，也牵制了敌人，让红二、四方面军能够从西康顺利北上。在我们红二、四方面军从甘南出发向陕北前进时，党中央为让二、四方面军顺利到达，与一方面军胜利会师，又再一次组织指挥红一方面军从陕甘宁苏区西进，牵制敌人，配合红二、四方面军的行动。这样形成：红二、四方面军向东进，一方面军向西进，三个方面军实行向甘肃中部的会宁地区之向心突击。这时，蒋介石慌了手脚，他看到在过去的近十年里，对于我们共产党及其所领导与指挥的中国工农红军，派大军进行了无数次的“围剿”，几百万军队的大规模“围剿”，一共五次大的“围剿”都失败了，又派大军对长征中的红军前堵后追，分割与包围，都未能消灭了红军，红军反而胜利通过了雪山草地，眼看红军三大主力又要汇合在一起，他对我们恨得要死，怕得要命。他知道红军三大主力军如果汇合在一起了，他就更无办法了，于是蒋介石调集了他的主力和地方杂牌军，即他的嫡系与非嫡系军队，100多万人，亲自出马指挥与督战，想把红军消灭在大汇合之前，即使消灭不了，也不能让红军汇合，否则“后患无穷”。蒋介石的嫡系胡宗南率大军来了；薛岳部来了；甘青两省的“五马”（马洪全，马洪远，马步芳，马步青等）率骑兵部队来了；西北军杨虎城部近在咫尺，还有在1931年日寇侵占我东北三省时，蒋介石不准抵抗，而被撤到关内的东北军张学良所部。但杨虎城、张学良对蒋介石的“攘外必先安内”政策不满，不是那么积极地打红军。我们一、二、四方面军，在粉碎了国民党军队的围追堵截之后，于1936年秋天，在甘肃省会宁县胜利会师了，我们红军的长征即宣告结束。这是中国革命的伟大胜利。中国共产党所领导的工农红军，全部汇合在一起了，更是无敌的力量。蒋介石、国民党想消灭红军，终以失败告终。

在我们红军三大主力胜利会师之时，我们全体红军指战员欢喜若狂，毛主席、党中央为之高兴。因为：我们党自从1927年8月1日领导南昌起义，创建了中国工农红军之时起，我们无产阶级有了自己的革命武装，掌握了枪杆子，又渡过了极其艰难险阻的岁月打败了敌人的进攻，完成了二万五千里长征，红军汇合，团结统一，中国革命胜利更加有了希望。我们想到这里，谁不高兴呢？我们三个方面军的指战员在一起，互相拥抱、欢呼，曙光在前，携手前进。

就在这胜利会师的大喜日子里，张国焘的反党贼心依然不死。他又分裂党，分裂红军，背着党中央，私自命令红四方面军的部队，从黄河边的靖远县渡黄河西进①。他要红四方面军通过河西走廊，打到新疆去，还是他那个“背靠苏联”，企图称王称霸，建立独立王国阴谋的借口。在红四方面军的部队渡过黄河一半时，即第三十军、九军、五军团已过去，而第四军、第三十一军及总部和直属单位尚未过河时，国民党的胡宗南所部及马家的骑兵部队，从黄河上游与下游，从两头向心突击过黄河的红军。黄河渡口被敌人截断，红军后续部队无法过河了。

到达陕北苏区学习

在三个方面军胜利会师之前，红四方面军已成立了“抗日救国总

① 红四方面军系据中革军委命令渡黄河西进——编者注。

指挥部”，实际上这是一个率领后方一些单位的机构，总指挥是原第三十三军军长王维舟（全国解放后，他任中央民族事务委员会主任）。以后红四方面军要西渡黄河，就把我们红四方面军中不能过黄河的重伤病员集中起来，进行编组，叫这批伤病员跟随“抗日救国总指挥部”到陕北苏区去。我这时病未好，而且又增加了新的疾病“猩红热”，身体很不好，走不动路。所以，我也被精减清理，编到这个伤病员集中的单位来了，罗应怀同志（现任北京军区副政委）也编进来了，我是从此时认识他的。于是我们这个单位跟随“抗日救国总指挥部”前进，途中经过打拉池、预旺县、海原县、固原县等地之后，进入了陕北苏区，来到了三城堡以南的环县所属之河连湾。这时我的病已好多了，我们还参加了山城堡战斗的后勤工作。由彭德怀同志亲自指挥的山城堡战斗，消灭了胡宗南进攻我军的一个旅，这是我们红军历史上有名的战斗，我们中共党史和军史上,有专门记载。我们来到了陕北苏区,当时心里很高兴，觉得似乎来到了后方，苏区是革命根据地，安全得多了；觉得我们来到了党中央跟前，幸福极了；觉得离开了张国焘的右倾逃跑主义、土匪主义、军阀主义，能够开始在党中央毛主席的英明领导之下，在中央的正确路线与政策指导之下，可以更好地去革命，更有光明前途。不久，我们即奉命归属当时驻在曲子镇的“陕甘宁省军事部”，将我们这批四方面军来的干部编组为“干部训练队”，开赴华池县的元城镇住下，进行学习。这是我参加革命以来，第一次能够在这安全环境的条件下进行学习，也是我第一次坐下来学习一些政治、军事和文化，在革命队伍里接受革命的熏陶。由此，我们四方面军的干部，深感党中央对我们的关心与培养，要把我们这些在长征中活着过来的幸存者、革命的种子培育得很好，然后再撒出去，使其在全国其他地方生根、发芽、开花、结果，这是革命事业的需要。这些都是 1936 年 10 月份的事情。

我们在元城镇学习期间，周恩来副主席、朱总司令经此专门来看望了我们。此事，我已在 1982 年专题写了《周副主席、朱总司令来看望我们》这篇革命回忆录，有专稿上送，并有录音。为了我这本回忆录的完整性，现在我把周副主席、朱总司令来看望我们的情况谈一下吧！事情是这样的：

元城镇位于东河上游,在两条小河的汇合处。由此往北,顺河而上，通往盐池县、定边县；往南顺东河而下，是悦乐镇、东华池、庆阳县；往西通向曲子镇、三岔镇、环县、洪德城、山城堡；往东沿小河而去，即到保安县（现为志丹县），党中央当时就住在这里。元城镇这里是山区，在山岳环抱之下，该镇只有几户人家，都是土窑洞。这里冬天气候寒冷，只产少量小麦，多产小米、土豆、高粱等，群众养羊较多，生活条件差，比较艰苦。但这里是苏区内地。群众对共产党和红军有深厚的感情，积极生产，拥军支前，参军参战，努力支援革命战争。

1936 年 12 月 13 日，即西安事变的第二天，我们在这里高兴地第一次见到了敬爱的周恩来副主席和朱德总司令。这是我们革命战士盼望已久的也是终生难忘的大喜事。这一天真是大喜的日子。那天下午，太阳快要落山了，周恩来副主席和朱德总司令带着几名随员，骑着马，从西边前线回党中央所在地保安县的途中，来到了我们干部训练队。我们学员看见大院里来了一些人马，大家都从窑洞里跑出来，看是谁来了，可是很多学员都不认识是谁来了，只见干部训练队的队长、政委迎上前去,向首长敬礼,欢迎周副主席和朱总司令的到来,热情地向首长问好。周副主席和朱总司令微笑着点头，并与队长、政委等一一握手，还向我们学员招手致意，说：“同志们好。”这时我们队长任昌辉向学员们介绍说：“这是周副主席，这是朱总司令，是专门来看望我们干部训练队的学员的。”我们学员热烈鼓掌，表示欢迎。中央首长来了，我能够见到，高兴得几乎跳了起来。周副主席、朱总司令向我们大家招手并问好。然后，我们队领导干部说：“请首长进屋内休息。”周副主席、朱总司令点了点头，又向我们大家招手后，才进入窑洞去。

我总是想多看看周副主席、朱总司令，站在窑洞门外，依依不舍地离开时，看见中央首长在洗脸、喝水，和队领导干部说话，谈笑风生。周副主席、朱总司令当时很年轻，周副主席才30多岁，朱总司令已年近50岁，在那艰苦的革命岁月里，为革命操劳，显得有些面容消瘦，但是精神却很好，身体结实。周副主席留着有二寸长的胡子，这是为了革命事业的需要，为了安全起见，他有意留着长胡子。周副主席、朱总司令生活简朴，衣食方面差不多和我们普通的红军战士是一样的，他们穿的是破旧棉衣，慈祥的面孔，眼睛炯炯有神，精干矫健。他们在洗脸之后，坐在炕上，尚未很好休息，就开始向我们队领导干部详细询问了干部训练队的情况，谈了很长时间。天已经快黑了，这时朱总司令向警卫人员说:“总政委（即张国焘）到了没有？”警卫人员说，还没有到。周副主席、朱总司令都说：“你们马上派人到来路上去接他。”从这一点也即可以说明我们党对张国焘总是采取团结方针的。吃晚饭时，周副主席、朱总司令和我们大家吃的几乎是同样的饭菜，是小米干饭、炒土豆、炖白菜、豆腐，只增加一个炒鸡蛋。因为天气很冷，为了让人暖和一些，安排了周副主席、朱总司令在我们部队隔壁的小窑内夜间睡觉，因为窑洞大就冷。我们用羊粪将这个窑洞的土炕烧得热乎乎的，让首长好好睡一夜。对周副主席、朱总司令的保卫工作，作了专门研究布置，队领导干部亲自参加，并组织我们身体好的一些学员配合中央首长带来的警卫人员，夜间在窑顶上、院墙内外，进行站岗放哨与巡逻，我也参加了站岗放哨，自己感到能直接担负一次保卫中央首长的工作，十分光荣。在12月份严寒的夜晚，虽然我们穿的衣服单薄，天气很冷，寒风刺骨，脚冻手疼，但我们的心中是热乎乎的，并不觉得太冷。因为心中想的是：一定要站好岗，放好哨，保卫好中央首长，做到让首长绝对安全，万无一失。

第二天早上，周副主席、朱总司令起来得很早，太阳刚出来，就吃完了早饭，要出发回中央去。我们干部训练队的全体学员和工作人员在院外集合起来，列队欢送。我们站好队以后，队领导干部陪着周副主席、朱总司令来到队前，队长宣布说："同志们，周副主席、朱总司令，是在百忙中专门来看望同志们的，现在请中央首长讲话。"队列里响起了热烈的掌声，欢迎首长讲话。首先是周副主席讲话，然后是朱总司令讲话，讲了目前形势与任务。具体讲了三个问题：

首先是讲：同志们，你们好！你们为革命辛苦了。现在，我们红军第一、二、四三个方面军已经胜利会师了，和陕北的红十五军团胜利会合了，全国的工农红军胜利会合在一起了，团结统一了，这是中国革命斗争的伟大胜利。同志们来到了陕北苏区，来到了党中央的身边，我们代表党中央向红四方面军胜利到来的同志们，表示热烈欢迎。我们中国工农红军是一支不可战胜的革命武装力量，它粉碎了国民党反动派几百万军队的重重包围、封锁和一次又一次地大规模"围剿"进攻，走过了世界上其他任何军队也不可能走过来的雪山草地，战胜了无数的艰难险阻，完成了二万五千里长征。中国革命武装力量不仅没有被国民党所消灭，而且胜利会师了，团结在一起了，我们胜利了，国民党失败了。

其次是讲：关于西安事变的消息。周副主席、朱总司令在讲话中都讲了这个问题。他们说："向你们宣布一件大事，前天，12 月 12 日，国民党东北军的张学良将军，西北军的杨虎城将军，在西安扣留了蒋介石。日本帝国主义侵略我们中国，蒋介石不抵抗，他把国民党军队调来打红军，说什么'攘外必先安内'，就是说要先消灭我们中国共产党和红军。国民党东北军、西北军的官兵要求抗日，去打日本鬼子，不愿意打红军。但是蒋介石不答应他们抗日的正义要求，所以张、杨二位将军就把蒋介石给扣留起来了。捉住蒋介石，是要他答应抗日，他不答应，恐怕不行。我们中国共产党早就提出了'停止内战，一致抗日'的救国救民主张。我们红军北上，过雪山草地，千辛万苦，就是为了要抗日，到抗日前线去打日寇。全中国人民都不愿意当亡国奴，国民党统治区的工人、农民、学生等，举行要求抗日的游行、请愿，势不可当……"

最后，周副主席、朱总司令在讲话中，向我们学员提出了要求与希望。指出：现在的革命形势很好，在我们提出的抗日主张影响下，全国军民要求抗日的呼声不断高涨。我们苏区的形势大好，得到了巩固与发展；红军全部会合在一起，在党中央的号令下，统一行动；军民团结，战胜一切困难，积极生产，支援前线。同志们为了革命事业，出生入死，历尽艰险辛劳，前赴后继，走过了雪山草地，能够在长征中活着保留下来，你们是革命的种子，革命成功要靠同志们去努力地完成。在革命的大好形势之下，同志们才能有今天这样的好机会进行学习，要通过学习提高自己的政治、军事、文化水平，迎接新的革命任务。在学习中要注意理论联系实际，联系你们自己在革命斗争中的实际事例，很好总结一番，这对于自己会提高得更快一些。同志们刚从雪山草地过来，身体还没有恢复得很好，有些同志伤病未愈就积极参加学习，这种革命精神是难能可贵的。我记得，在周副主席讲到这里时，还问了在队列中的罗应怀同志（现北京军区副政委）：“你叫什么名字？”答：“我叫罗应怀。”又问：“你的伤好了一些吗？”答：“好多了。”周副主席又说：“你们看，这位同志的一双手因为负伤，早已残疾了；他新的伤还没有好，一双臂还挂着三角巾，在边养伤边学习，真是好同志。同志们，再见吧！”

周副主席、朱总司令讲完话之后，我们长时间地热烈鼓掌，感谢中央首长对我们革命战士的亲切关怀与教育。张国焘也阴阳怪气地讲了几句，但是他与周副主席、朱总司令截然不同。周副主席、朱总司令穿着朴素，没有架子，平易近人，和蔼可亲，如果不是领导上介绍，谁也估计不到这就是中央首长。然而张国焘的穿着很讲究，有点像个飞行员的打扮，他头上戴的是航空式的皮帽，上边有一副防风镜，上衣是黑皮夹克，脚上穿的是高筒皮靴；他长得很肥，挺着个大肚子。他在讲话中，铁一般的嘴脸，右手拿着一个马鞭子，指手画脚地说着，马鞭子晃来晃去，好像又要打人似的。看来，张国焘其人，就是这种习惯性的神态，不然就是他作贼心虚，故作镇静，装腔作势，借以吓人。当时我们见到张国焘这种神态，又联想起了：听说在长征途中，他不要伤病员，把伤病员扔了不管，伤病员们在路上拦住了张国焘的马头，请求他带走，他怒气冲冲，掏出手枪把可怜的伤病员给打死了。听了这个消息，我当时不由得打了一个寒战。

周副主席、朱总司令骑马东去，我们又热烈鼓掌，表示欢送。我们解散队列之后，顿时活跃起来，因为捉住了蒋介石，我们大家高兴得活蹦乱跳。这时队领导干部叫我们学员立即分组进行讨论。在讨论中，我们争相发言，热闹非凡。大家都说：周副主席、朱总司令的讲话，是很重要的指示，对我们的教育意义很大。也是很大的鼓舞与鞭策。我们是第一次坐下来学习的，纷纷表示决心：我们一定要按照周副主席、朱总司令的指示与要求，努力学习，提高自己，以适应革命新形势新任务的需要。特别是关于捉住了蒋介石的问题，我们讨论得可热闹啦！都说：我们干革命，就是为了消灭国民党，打倒蒋介石。这一下把蒋介石给捉住了，达到了我们的目的，真是大快人心。还说：捉住了蒋介石，就不能放了他，要把他看守好，防止他跑了。又说：我们报告上级领导，请他们转告党中央，建议把蒋介石用绳子吊在飞机下边，叫飞机到我们苏区上空转悠，使我们亲眼看一看蒋介石这个家伙是个什么样子，然后再杀了他，这才解恨。

我们党中央采取了英明决策，正确地解决了西安事变问题。周副主席遵照党中央关于解决西安事变的方针、致策，亲自到西安去给张、杨二将军做工作，与他们协商并进行说服，然后又和张、杨一起与蒋介石进行了谈判。在迫使蒋介石答应了停止内战、国共两党合作抗日的条件下，释放了蒋介石，促成了以后全国动员，进行抗日战争的新局面。西安事变捉住了蒋介石，当时我们党内多数人都主张把他杀掉。党中央根据此情况，关于为什么要释放蒋介石这个问题，在全党全军范围内专门进行了说服教育工作，使我们提高了认识。这方面，从以后抗日战争发展的新形势中得到证实，活生生的事实更加教育了我们自己。党中央正确解决西安事变的问题，是中国革命史上一次伟大的战略转变。回想起来，我们当时要求杀掉蒋介石，实在是很幼稚的。

节选自中国人民政治协商会议四川省苍溪县委员会文史资料委员会编:《苍溪文史资料》第12辑， 1996年12月，第1—99页。

李国策，1917年生，四川苍溪人。1933年参加中国工农红军，1936年加入中国共产党。红军长征时任红四方面军第三十军二六七团营部书记、红四方面军总医院院部书记等。新中国成立后，曾任华北军区军务部副部长，北京军区装备计划部部长，邯郸军分区司令员，山西省军区副参谋长、顾问等职。

一位幸存者的回忆

李国策

人们常把多次遇险称之为“九死一生”，然而我却经历了 20 多次死的危险又幸存下来。

我 1934 年调到红三十军八十九师二六七团新剧当宣传员。1935 年红四方面军强渡嘉陵江之后，我们部队一直打到四川灌县以北，离县城只 40 多里，正指望去看世界闻名的都江堰，但部队忽然命令向西渡河。这里河宽流急，没有任何过河工具，经过反复探察，研究的办法是：在东西悬崖上各打下两三根大树桩，系上一条粗大篾索，过河时人爬在篾索上，用手抓着和用腿夹着绳索，仰面朝天，悬在绳索下，手抓脚蹬，像量步虫似的一步一步向前移动身子，稍不注意就要落入澎湃的急流中，在我过河之前已有几名战士就这样葬身鱼腹。我那时才十六七岁，看到这情景惊呆了。终于轮到我过河了，我鼓足勇气，爬上竹绳，移到江心就半点力气也没有了。我心里很明白，只要手指一松就会掉下去，脑海里也闪现出“今天革命到头了”的想法。就在这时，我朦胧地听到对岸已过河的同志们不断在喊：“同志们，加油啊，再加一把劲就胜利了！”于是我长吸一口气，调动全身力气，紧紧抓住竹绳，吃力地向前蠕动。一步、两步、三步……终于移到了对岸。这是我参军后的第一次历险。

长征路上，每天国民党有几十万大军围追堵截，天上有几十架飞机狂轰滥炸。松潘战役后不久，我们红二六七团从前线换防到第二线，部队驻毛儿盖与松潘之间的拉子梁，守卫着从毛儿盖去松潘的公路，保卫驻在毛儿盖的党中央。敌机不停地来回侦察、扫射、轰炸这条公路。我在这座山上两次遇险：一次是敌机扔下一枚炸弹就落在我蹲的大树下，树皮擦掉一大片，小树枝折断，但是炸弹没有响，因为这是一片森林，地面松叶很厚，像海绵似的松软，炸弹虽是擦着我的身子着地，没有碰着硬物而未爆炸；又一次是一枚炸弹落在我临时搭起的树棚里，我和另外两名剧团成员躺在一起，炸弹爆炸后，都被尘土掩埋了。我爬起看到演戏团的大鼓小鼓炸得粉碎，便赶紧叫喊他们快起来收拾道具。可他俩就是不应声，我上前推他们，才发现都已停止了呼吸。我的命大，不仅没有死，而且没有伤着，但我为朝夕相处的战友的牺牲而感到万分悲痛！

第三次过草地前，我和医院院部总书记上山找粮，仅买到一些青稞面就下山了。我俩在半山腰的一块石头上休息，忽然一阵枪响，密集的子弹击中了我坐的那块石头，子弹穿破了我的裤裆，就是没挨着肉，如果再射高一点儿，我也就完蛋了。部队打开芦山县之后，红八十九师驻在灵官场，与敌人形成对峙局面，一天上午敌人在飞机掩护下，大规模向我军进攻，这时我们新剧团已解散，我当上了团部传令兵。我们传令兵班爬在碉堡外的战壕里，打退敌人多次进攻后，敌人又一次冲上来了，迫击炮弹像冰雹似的落在阵地周围，碉堡炸塌了，我被泥土掩埋在下面。瞬间，我苏醒过来，费力推开压在我身上的同伴（他们的心脏都已停止了跳动），可我怎么也站不起来了。原来我的腿部受了重伤，两条腿被炸弹片穿了四个窟窿，鲜血如注。敌人又冲上来了，我已抱定必死的念头。正在这时，我们班一位同志冒着雨点般的枪弹，背着我冲下山去。因伤势严重，必须转到芦山县后方医院，在路上又碰着敌机轰炸扫射，抬担架的是两位老乡，见敌机来了，便连人带担架甩在路边，钻进树林躲飞机去了。炸弹频频落在我躺的担架周围，我自觉没有生的希望了，闭着眼睛等死。可敌人投下的那许多炸弹,就没有一颗落在担架上。敌机飞走了,两位老乡从树丛里出来，又抬起担架把我送到了医院。

住医院半年，伤好后我被调到野战医院做青年干事。在少数民族居住的道孚地区，地方反动武装布下了“滚雷阵”，当我通过滚木雷石区时，一颗子弹飞来，打掉我的帽子，我拾起帽子继续往前冲。事后才想到，若是子弹再往下移一厘米，我的脑袋就开花了。就在这次战斗后不久，我们医院行军迷了路，遭到敌人袭击，突围时我的右臂像被什么东西猛击了一下，晚上才发现是敌人的子弹击中了我背着的弹袋上的子弹夹，还把弹夹打凹了，却未穿透过去，这颗子弹还藏在弹夹缝穴里呢！若有效射程再靠近一点，若不是子弹夹做了盾牌，子弹就穿透我的身躯了。

我们的部队曾三次过草地，走过了万水千山，自长征开始到结束，我曾染上伤寒、疟疾、痢疾，三次患重病，几次死去又回生；过草地我被陷入泥潭，新剧团一位姓宋的同志伸过笛子把我拉起，没被溺死；在雪山草地站岗，到半夜血液凝结，身子已僵直，被换岗的同志发现救活没被冻死；过丹巴铁索桥没摔死和一次蹚水过河冲入急流被人救起没被淹死；第三次过草地围猎野马，马群突围猛冲过来，气浪把我冲倒，野马和野驴纵身从我身上越过，没把我踩死；草地中，我的干粮被盗，十余天断粮，奄奄一息，幸遇张团长、司务长和班里同志们凑合给我一点炒面维系生命，而未被饿死……

我一个穷人家的孩子，为推翻剥削阶级而参加革命，可是为革命也必须付出牺牲。作为革命军人，特别是红军所经历的超过人类生理极限的特殊战斗，每时每刻都可能死掉。加上后来的抗日战争、解放战争不下 20 次遇险而未死。凡长征战士，都是置生死于度外的，“死有重于泰山，有轻于鸿毛”，牺牲在长征路上的红军战士，是为拯救国家和民族

而死，他们的死比泰山还重，他们生命的光华，将永远把前进的道路照亮。（赵华修整理）

选自中国老促会、湖南老促会、中国老区报编：《热血丹心：纪念中国工农红军长征胜利60周年》，接力出版社1998年8月第1版，第176—179页。

三军过后尽开颜

——我随红四方面军长征

冯凯

今年是中国红军长征胜利 60 周年纪念。在这喜庆的日子里，我这个亲身经历过长征，而且是三过雪山草地的幸存者，永远不会忘记那艰苦的岁月。

1

1933 年春红四方面军历经了四个多月的反“三路围攻”胜利结束后，革命根据地面积扩大了一倍以上，在四川省新建了江口、仪陇、长池、思阳、苍溪、万源以及我的家乡旺苍等县的苏维埃政府。

我原名冯云贵，现名冯凯，从小就在地主家当放牛娃，深受地主的残酷压迫和剥削。1933 年春红军刚到我的家乡四川省旺苍坝，我立即从地主的魔窟中逃跑出来，参加了红军。我被分配到四方面军第九军军部任交通警卫员。军长何畏，副军长许世友，因当时军部没有通讯设备，与各师联系全靠交通员跑着传递命令和信息！我人小，个子小，胆大心细又机灵，两条腿跑得飞快，大家都叫我“小飞毛腿”。长征中我在战场上执行任务时，不管枪林弹雨还是尸山火海，我都毫无畏惧地冲过去，及时地完成任务。尤其是送鸡毛信急件时，我经常是踩在死人身上越过封锁线，为避开敌人密集的子弹，不时卧倒在死人堆里，弄得全身血肉模糊也要准时完成任务。

1934 年长征开始时，红四方面军为迎接红军主力扫清道路，在金子山战斗中，敌人一个旅冲到我们军部门口来了！为了保卫镇龙关总指挥部徐向前等首长的安全，军长何畏让我们交通警卫队，每人各带一支短枪、一把大刀、四枚手榴弹、一把长矛，他亲自带领我们冲杀，把蜂拥而来的敌人全打下去了，杀得敌人尸横遍地，血流成河。敌人妄想用船来转移残兵败将，我们抢先把船打坏，敌尸浮满河道。但我军的损失也很惨重，仅我们交通警卫队的战士就牺牲了大半，除军长外仅我五人幸存下来，继续长征。

2

我们红四方面军从 1935 年 3 月西渡嘉陵江到 1936 年 10 月和中央红军大会师的 19 个月中进行了艰苦的长征。由于张国焘的分裂活动，我们经历了极为曲折的行程：当时党中央提出北上建立川、陕、甘革命根据地的战略方针，而张国焘却在长征中的危急关头，企图篡党夺权。他违抗中央命令，擅自率军南下，成立第二中央，把红四方面军拖入了往返三过雪山、草地，转战川、康、甘边境极为不利的境地，使红四方面军受到重大的损失……

为策应中央红军的行动，中央电令四方面军集中全力向西线进攻，因此我红四方面军奋力突破了敌人的坚固江防，横扫了涪江、嘉陵江流域的敌人，攻克了八座县城，歼敌一万多人，创造了四方面军战史上大兵团强渡江河的模范战例。我们不仅沿途要同敌人进行战斗，而且经受了极为恶劣的自然环境的考验。曾经往返三次翻越终年积雪、海拔5000米的大雪山。山上空气稀薄、气候变化无常，时有冰雹、狂风、大雪降临。为了躲避风暴的袭击,部队必须在每天12时以前通过顶峰。因此我们就得在头天下午出发，连夜到达主峰。我们三次往返雪山都是在漆黑的夜里，摸爬在陡峭的雪山上，刨开冰雪前进的。每个人上山时汗流浃背，全身衣服湿透，到了山顶经寒风袭击后，身上衣服成了冰筒。有时大风夹着冰雪刮得人马站立困难；有时天气晴朗，冰雪反射的强烈日光刺得人眼睛一时失明，头晕脑涨、腰腿疼痛。这样困难的条件下，我们全体红军战士都发扬了高度的团结友爱精神和革命英雄主义气魄。在雪山上有人倒下时，大家都抢着去扶、去背、去抬！使不少伤病员被安全地抬过了大雪山。当时，也有不少人死于雪山上，被大雪掩埋其中。尤其是共产党员、各级干部都是以身作则，带头帮助战友们背东西、照顾伤病员和年幼体弱的同志。经过全军的共同努力，终于克服了三次翻越大雪山的困难和艰辛。

3

我们四方面军，为迎接中央红军和一方面军，在翻越大雪山后，必须立即向阿坝地区挺进。摆在我们面前的是茫茫数百里的水草地，没有人烟，间或有极少的藏民，也是过着游牧生活，粮食非常缺乏。我们出发前准备了干粮，但为数甚少，每天每人能分一两把。沿途沼泽遍地，不仅水里有毒不能饮用，而且走过此地还要倍加小心，只能踩在水草根头上走，偏离了就有陷下去难以自拔的危险。加之气候时晴时雨，常有狂风冰雹袭击，在这异常恶劣的自然条件下，红四方面军全体指战员团结一致,互相帮助,战胜困难。为了照顾伤病员，大家宁愿自己吃野菜，也要把干粮让给别人，就这样，大家在早日与中央红军胜利会师的鼓舞下，于 1935 年夏天第一次通过草地。

第二次过草地是张国焘背叛后，于 1935 年 9 月发布南下命令，强制四方面军“打回通、南、巴，打回成都去”。当时我已调总指挥部任交通警卫，跟随总指挥徐向前、陈昌浩军首长。回头再次原路穿越草地雪山，已是黄草遍地，寒风凛冽，看到草地的荒凉景象，令我想起了两军会合后又分裂、再走回头路，心里总觉得不是滋味。特别是第一次过草地时留下的痕迹，还历历在目。那些无法掩埋的红军战士尸体，横竖躺在土坑里,已经腐烂得恶臭难闻,让人目不忍睹。当时我们衣食奇缺、疲惫不堪，不得不再次与恶劣环境搏斗。这次竟连野菜也找不到吃了，我们就把皮带、皮鞋子煮来充饥……在寒冷潮湿的水草地上，不但没有住房，就连一块干地也找不到。晚上我们就背靠背围坐在一起，燃起篝火抵御晚风的侵袭。由于南下西进往返草地雪山，连续进行激战，使红四方面军减员很大，受到了惨重的损失。

第三次过草地是 1936 年夏天，在红二、四方面军会合后开始北上，向毛儿盖、包座前进。这样我们又要第三次越过茫茫数百里的水草地！这次虽然准备得比较充分，但比前两次的路程远，时间长，经历了更加严重的困难。所带干粮不够沿途食用,就再次以野菜、草根、牛皮、树叶、树皮以至泥土来充饥，连朱总司令的战马都杀给战士们吃了，最后把马骨头也煮了几次来给大家充饥。经过全体指战员的努力奋斗，再次走出了被称为绝境的水草地，取得了第二次北上的胜利。

4

第一次与红一方面军和中央红军会师是在懋功。1935 年春，红四方面军准备渡江西进，策应中央红军渡江北上。在一个月时间里，敌人先后投入 20 个旅的兵力，被我红四方面军歼灭一万余人，为保障我军西进与党中央和红一方面军的胜利会师作出了重要贡献。在长征中，途经藏族地区时九军军长何畏身负重伤。总指挥部下令将军长送总指挥部疗养，军部派我交通警卫队的班长李亚田（原辽宁省军区副司令，现已离休）和我们四名警卫护送何畏到总司令部，同时将我留总司令部任警卫工作。因此，我目睹了当时会师的盛况，以及分裂后的争执等……

1935年5月红一方面军经过会理、冕宁北上,两个方面军相距渐近，会师指日可待。红四方面军指战员们欢欣鼓舞，斗志昂扬，决心以实际行动迎接党中央和一方面军的胜利会师。部队热烈地展开了捐献衣物、鞋袜的活动，准备了大批的慰问品。不久，一、四方面军的前锋部队便在夹金山下相会了。6月初，我军占领懋功以东要镇达维镇，同中央红军会师。两支兄弟部队的战友们紧紧握手拥抱，欢呼跳跃，驻达维部队积极地贴标语，让房子，准备粮食、蔬菜，充满了欢乐的景象。

6月中旬，毛泽东、周恩来、朱德等中央领导到达达维镇，两个方面军住此部队共同举行了胜利的会师庆况大会。当毛泽东等中央领导和张国焘等四方面军的领导相见时，双方互相拥抱，一片欢腾……当天中央军委总政剧团，为大会演出了精彩的节目，会上歌声、掌声、欢呼声此起彼落，充满团结热烈的气氛。

两军会合后的总兵力达十余万人，士气高昂。当时党中央确定了会师后的战略方针是："集中力量向东、向北发展，在川、陕、甘建立根据地。"而张国焘却污蔑攻击中央北上的战略方针为"右倾机会主义的逃跑路线"，因此中共中央决定趁在毛儿盖准备过草地之机，召开政治局会议，解决党内争端。会场设在毛儿盖的一个喇嘛庙里。开会时正好是我在会场门外警卫值勤，故能眼见毛泽东、朱德、周恩来、张国焘、陈昌浩等进入会场，并亲耳听到了张国焘和毛泽东等人在会上的大声争吵。会后,张国焘发布了南下命令,带领四方面军从阿坝、包座地区南下。

第二次与红二方面军会师是在甘孜。红四方面军被强制南返后，在连续两个月的战斗中，全军指战员历尽了重重困难，尤其是百丈一战伤亡万人。1936 年初张国焘才被迫同意了中央的新策略，并于 6 月份取消了第二中央，四方面军和二、六军团共同北上，向松潘、包座前进，于 7 月初两支兄弟部队在甘孜胜利会师了。会师后中央电令红二、六军团组建二方面军，贺龙任总指挥，任弼时任政治委员。当时他们在甘孜与张国焘、陈昌浩、朱德等相见。从此，四方面军又在党中央的统一指挥下，于 1936 年秋初同二方面军先后开始北上。红四方面军总部和第九军、第四军为中央纵队由徐向前率领，从炉霍地区出发，经查理寺、毛儿盖向包座前进！

第三次是红一、二、四方面军三军大会师，结束长征。1936 年 10 月红一方面军攻占了会宁城。四方面军先头部队第四军与总指挥部先后到达会宁城，受到一方面军的热烈欢迎。同时红二方面军也经天水、渡过渭河进入会宁。三个方面军胜利大会师。至此，全国三大主力红军在万众沸腾中胜利结束了长征。（张平整理）

选自《党史纵横》1996年第10期。

冯凯，原名冯云贵，四川旺苍人。1933 年参加中国工农红军。红军长征时任红四方面军第九军军部交通警卫员、红四方面军总部警卫员。新中国成立后，曾任辽阳军分区后勤部部长。

长征中的红四方面军红军大学

张宗逊

1935 年 6 月中旬，红一方面军和红四方面军在四川西北部的大小金川地区会合。两大主力红军的会师给全党全军带来了无比的兴奋和力量。为了创造陕甘根据地，党中央决定统一两个方面军的组织和行动，红军分兵左右两路向甘南进军。

当时，提高干部的军事政治水平，适应抗日救国的需要，也是一项重大的战略任务。为此党中央决定，把红一方面军干部团和红四方面军红军学校合并,成立中国工农红军大学。任命倪志亮为校长（未到职），原红军九军军长何畏为政委（后叛变），刘少奇兼政治部主任，李特为教育长，莫文骅为总支书记。中国工农红军大学随右路军行动。

右路军过草地到达班佑、巴西地区后，张国焘率左路军抵达阿坝地区，借口噶曲河涨水，违抗党中央北上的决定，命令左路军停止北上，还电令右路军一起南下。党中央识破张国焘的阴谋，决定率领红一、三军团和中国工农红军大学一起继续北上，速出甘南。

在中国工农红军大学，李特鼓动红四方面军的学员南下，编为一个红军大学干部队，随同红四方面军部队行动。当时，我奉叶剑英参谋长的命令，由红四军（我任参谋长）调到驻夹溪的总指挥部。我去报到时不知道党中央北上的决定，没赶上北上的队伍。9 月 12 日，我被分配到红四方面军红军大学干部队当教员，由李特和何畏介绍同学员见了面。该队有学员二三百人，随总指挥部沿老路由夹溪南下，重过草地，于9月30日到松岗附近的邓家桥休整。

10月5日，张国焘在理番县（今马尔康县）的卓木碉公然打出反党旗帜，组成非法“党中央”、“中央军委”和“中央政府”，继续破坏党和红军的团结统一。10月9日，以红四方面军原红军大学干部队为基础，在卓木碉又成立了红四方面军的红军大学（以下均称红军大学）。张国焘派刘伯承总参谋长到红军大学工作（后正式任命为校长）。刘伯承同志就利用这个阵地，有计划地提高红四方面军指挥员的军政素质和管理教育部队能力，耐心地向干部和学员宣传党中央的正确主张，引导他们走上党中央、毛泽东同志所指引的“团结一致、北上抗日”的正确道路。

回顾长征中红军大学的历史，至今记忆犹新。

（一）

红军大学的领导机构很精干。校长刘伯承，政委何畏。我任参谋长兼高级指挥科科长，协助刘校长做教学组织和行政工作。参谋长下面设有一个行政科（后来改为供给科）、负责行军、宿营、伙食和生活管理工作。以后随着学校扩大，又增设了卫生科和警卫连。原红九军政治部主任王新亭任红大政治部主任，政治部下设宣传科。

红军大学原干部队的学员都是团营两级军政干部，组成上级政治科和上级指挥科两个队，上级政治科科长彭绍辉，教导员李井泉；上级指挥科科长周子昆（后为陈伯钧、曹里怀、马良骏），教导员李培南（后为李园芳、黄志勇）。高级指挥科的学员是在卓木碉新招的，从部队抽调了30余名军政干部来学习。当时，规定在作战行动中师级干部可以随带牲口两匹、饲养员、炊事员、勤务兵各一人，警卫员二人；军级干部可随带牲口三匹，文书、勤务兵、炊事员各一人，警卫员三人。这样，只有 30 几个学员的高级指挥科实际上就有 100 多人，宿营的时候也要一个村才能安顿下来。红大的每期学员规定学习时间为三个月。

1935 年 10 月中旬，原军委总队的防空机枪排和工兵连归红大建制，编为一个特科中队。以后又将高级指挥科军、师级学员带来的文书组成青年队，将公勤人员和九军交通队（都是部队的优秀战士和班排长）组成一个干部队。以上几个队统编为中级干部队，由皮定均任队长、黄志勇任指导员。同时，还成立了一个政治连、学员大都是各军调来的支部书记和少数排长。中级干部队和政治连的学习期限规定为半年。

1936 年 4 月，红大转移到炉霍时，各科又招收了第二期学员。在校部新设了教育科，郭天民担任科长。这时，红大已扩大到 1500 多人。九十月间，在甘南以红大中级干部队为基础成立一个步兵学校，直属总部领导，校长倪志亮。

我记得在红大担任过教学工作的，军事教员有周子昆、陈伯钧、彭绍辉、郭天民、曹里怀、马良骏、李奇柱、赖先勋、符显禄、王波等；政治教员有张际春、毛庭芳、黄志勇、李培南、陈志方、罗世文、潘自力、朱光等；还有洪水同志（越南人）担任文化教员。

红军大学各学员队一开始就建立了较为健全的科（队）、排班等行政组织，校部和学员队都建立了党支部和党小组。刘校长经常以普通党员身份参加校部的党组织生活，积极帮助党支部了解思想情况，做好思想工作，为全体干部作出了榜样。

红大的学员，都是有丰富作战经验的各级指挥员，但大都出身贫苦的工人农民，不少人从小就当放牛娃，根本没有念过书。他们说："我们有机会进'红大'学习，真是做梦也想不到的。学校里既学文化，又学军事和政治知识，这是一生中了不起的大事。"所以，每个学员都能抓紧时间勤奋学习。

（二）

在长征路上办红军大学，环境特殊、气候恶劣，物质条件很差，还要边打仗、边行军、边教学，真是史无前例。

刘伯承同志针对当时的具体条件，为红大提出了“理论联系实际，全面培养干部”的教育方针。就是说，把马列主义的原理，特别是军事方面的理论，结合当时斗争的实际，需要什么学什么，缺什么补什么。要求把学员培养成为有高度政治觉悟，有指挥作战本领，有管理教育能力，有艰苦奋斗不怕牺牲精神的红军干部。刘伯承同志亲自主持制订学校的教学计划。他在中央苏区时就有丰富的办学经验，深知办学的重要，反复向我们讲明办学的目的、意义和方法。他经常对我们说，古今中外能打胜仗的军队都没有“不教而战”的，没有训练部队是乌合之众，不讲战术的指挥员是无头苍蝇，打起仗来东撞西碰，四零五散，各不相顾，没有不失败的。

红大的教学课程主要设政治课和军事课。在政治教育方面，开设了中国革命史、中共党史、马列主义理论知识和军队政治工作等课。着重讲红军的性质、任务和宗旨，把大家的认识逐步统一到毛泽东同志为代表的党中央制定的“团结一致、北上抗日”的政治路线上来，再就是组织学习党的抗日民族统一战线政策，为将来开展工作做准备。除了正式讲课以外，还结合当时部队在少数民族地区活动，要求大家了解少数民族的风俗习惯，遵守保护寺庙和宗教信仰自由等政策，并且向群众宣传民族自治、民族平等、民族联合和国家统一的道理。为此，要求大家都学会点常用藏语。针对四方面军当时存在一些军阀主义倾向，学校狠抓了“三大纪律，八项注意”的教育，强调官兵平等和军民团结，反对打人、骂人。刘校长提出了我们的拳头不能打在工农阶级兄弟身上，只能打在敌人身上的口号。

在军事教育方面，开设了《苏联红军战斗条令》和《苏军野战条令》课程，这是刘伯承校长在戎马倥偬之中，一字一句翻译出来的，他开设条令课为的是红军的长远建设，另外还有军事地形学和射击原理等课程。战术从单兵训练开始到班排连的作战指挥进行野外练习，营到兵团的作战指导则采用沙盘作业或图上作业训练。红大的学风是在实践中学，学以致用，从来不讲空洞的理论。一方面边学习理论、边总结过去的作战经验，一方面联系当时实际提出要学会“打”和“走”。“走”是长征的一门主课，一是给学员们讲爬雪山过草地等不同地理环境的行军、宿营、警戒各方面的知识；二是讲红军北上可能经过的地区情况，如地形特点、气候变化规律、沿途民情和物产分布，以及敌人的部署情况等等。“打”就是可能遇到的不同战斗,在各种情况下,如何对付敌人。要求学会打骑兵、打平地战、打山地战、打河川战、打隘路战、打麻雀战。这些学习内容，既实用又生动具体。

刘伯承同志提倡教员讲课多做示范，学员要多做操练，使学员们能够较快地掌握运用所学知识，学会怎样带兵、练兵、用兵。

因为红大的学员们文化程度大都很低，有的甚至不识字，红大专门从红五军团调来洪水同志，负责全校的文化学习。刘校长经常对大家讲自己的经历，鼓励大家刻苦学习。他说他在莫斯科东方大学学习的时候，为了学习俄语，吃饭、散步，甚至上厕所也用小木棒在地上练单词，很快就掌握了这一语言工具。大家听了都很受启发，当时，红大油印出版了一个校刊，名为《红炉》，给大家提供了一个很好的学习园地。刘校长为《红炉》题写了刊头和发刊词。发刊词的大意是：我们学校就是一个“红炉”，我们要在这个“红炉”中锻炼，努力学习军事、政治、文化，向恶劣的自然环境作斗争，坚强的革命意志在这通红的炉火中锻炼出来。刘校长还带头为校刊写稿，当时红四方面军转战于四川、西康交界的险山急流之中，经常发生隘路战斗，刘校长认真总结了隘路战斗的经验，考察隘路的大小、长短、暴露或隐蔽，定出适应隘路环境的战术，写出了《当前的隘路战斗》一文，发表在《红炉》第一期上。

红大的学习期限很短，而学习的内容很多，时间安排很紧。刘伯承同志抓紧落实教学计划，和学员一起听课，了解学习情况，耐心细致地回答学员提出的问题。学员们经过紧张的学习，都能学到一定的知识，达到预定的教学目的。

（三）

红军大学没有固定校址，按着战局的发展和粮秣筹集等情况，不断地行军转移，只能抓紧宿营的时间进行教学训练。起先在卓木碉成立之后，只训练了一个星期。1935 年 10 月 21 日转移到绥靖县的沙尔泥，在那里搞了大约三个星期的训练又继续南下。红大随总部行动，途经丹巴、懋功、达维、夹金山（大雪山）、宝兴等地，于 12 月 15 日到达天全县的红岩坝。这次行军，沿途都是走路，找粮食搞饭吃，没打什么仗。

在红岩坝才正式按教学计划上课。我担任高级指挥科的军事课，刘伯承同志只要有空就跟着听课。当每一项军事课程学习结束时，他都亲自作讲评和总结。他讲话通俗易懂，由浅入深，生动风趣，还善于运用典故，举例形象。例如他在战术课小结时，非常生动地比喻：我们千万不要学牛抵角的战术，去消耗、胶着。要学狼的战术。当一个人推车过来的时候，它不咬，只在旁边跟着。瞅准上坡的时候，才突然跳出来咬推车人的屁股。推车人不敢撒手，白白让狼咬掉一块肉。学员们听着笑声不断，印象十分深刻。

红军大学在天全县红岩坝共驻了两个月零八天，完成了教学计划的三分之一。1936 年 2 月 13 日向北行动，途经宝兴、夹金山、达维、懋功、丹巴、道孚，于 4 月 4 日到达炉霍。高级指挥科在转移途中利用休息时间继续上课，甚至在丹巴休息一天，准备翻越两千米的党岭山主峰时还坚持学习。那时学习条件极差，没有纸笔，就用打土豪时寻到的一点旧书翻过来写，用子弹壳做成笔，找货郎担买点颜色冲成墨水；住在道孚的时候，大家从山上找来石片，在烂墙下拣些石灰块作纸笔。晚上没有灯就点松脂照明。高级指挥科第一期学员到达炉霍之前，终于完成了教学计划并进行毕业分配。

进入炉霍以后，红大驻在一个喇嘛庙里。这座喇嘛庙的房子很多，都是金色屋顶，有的还是两层楼，下面堆放东西，上面住人，庙里原有七八百名喇嘛，因为他们不了解红军是什么队伍，都纷纷出逃了，只留下少数喇嘛看庙。在炉霍期间，刘伯承同志特别强调在学员中普遍进行少数民族政策教育，要求大家尊重少数民族的生活习惯，宗教信仰，保护群众安全，提出人人要做群众工作，开展调查研究，打扫卫生，帮助群众做好事。刘伯承同志以身作则，经常带着通司（翻译）找没逃走的喇嘛谈话，向他们解释红军的政策，说明红军是穷人的队伍，和国民党军队有本质的不同，请他们把山上的喇嘛找回来。经过我们耐心细致的宣传工作，跑上山去的喇嘛和群众陆续返回。他们还多次和红军举行联欢会，表演歌舞，欢迎红军的到来。在喇嘛庙里，我们上课学习，喇嘛念经拜佛，大家相安无事。

炉霍是藏族聚居地区，地处草地，交通不便，气候恶劣，经济条件很差，补给困难。朱总司令和刘伯承同志号召全体同志努力适应环境，自已动手，克服困难。炉霍的大喇嘛庙里，存有许多羊毛，我们利用这些羊毛，人人学习捻线，织毛衣、毛裤、毛袜，打草鞋，准备过冬。不久，每人都织成一套半毛衣，打好三双草鞋。炉霍烧柴很困难，当地群众都是烧牛粪。校领导便请当时参加红军的藏族战士为部队表演烧牛粪和架帐篷。部队随带的粮食到炉霍不久就吃完了，只能就地筹粮，吃青稞面。为了弥补粮食的不足，校部号召大家挖野菜来补充。学校还举办了采野菜的短训班，组织挖野菜比赛来推动这项工作。

在炉霍，红大举行了一次阅兵和体育运动会，当时在喇嘛庙前搭了一个检阅台，在军事体育表演之后，朱总司令和刘校长检阅了队伍。阅兵之后，刘伯承同志讲了话。他说：将来革命胜利了，我们的人民武装要组成浩浩荡荡的分队，接受党和国家领导人的检阅。他的讲话鼓舞了全体学员学习军事政治的积极性。

（四）

1936 年 6 月底 7 月初，红二、六军团和四方面军部队在甘孜会师。消息传到红大，大家非常振奋。刘伯承同志号召校部的党员们每人织一件毛衣、毛裤或毛袜来迎接红二、六军团的同志，他自己在工作之余也熬夜织毛衣。

7 月初，红二方面军与红四方面军经过阿坝，沿着红一方面军走过的路线北上。红军大学在炉霍随红四方面军总部出发，经壤塘喇嘛寺、噶曲河北上。这时，刘伯承、陈伯钧等同志到红二方面军帮助工作。后来红二方面军抵达甘肃时也组成一个红军大学，刘伯承同志兼校长。

红大在炉霍训练了将近三个月。由炉霍出发时，除每人配给 15 斤糌粑，酥油、食盐、茶叶各一斤外，学校供给科还准备了大批牦牛和一些羊群随军行动。当时不知道到底要走多长时间，所以规定每人每天只准吃二两炒面，其他主要靠挖野菜充饥。后来随带的粮食吃完了，沿途又筹不到粮食来补充，就规定每个伙食单位每天杀一头牛。牛也一天天减少了，人员营养不足，行军很吃力。这期间根本不可能进行教学了，只能在行军中与饥饿和疾病作斗争。

红四方面军冲破重重困难，直到 9 月下旬，才经阿坝、巴西、腊子口到达岷县附近。这时，张国焘提出分兵西渡黄河的方案。后来，中央来电，指出“我一、四方面军合则力厚，分则力薄”。明令禁止四方面军西渡，迅从通渭、陇西线北上。月底，方面军继续北进。

1936 年 10 月，红一、二、四方面军在甘肃会宁地区会师。10 月 21 日红军大学由会宁的张城堡出发，11 月中旬抵达环县的洪德城。11 月 24 日，接到中革军委电令：命何畏带红四方面军红军大学高级指挥科去保安，张宗逊带红大的其余部分去木钵与红一方面军红军大学第三科会合。我即带红大上级指挥科、青年队和部分教职员去木钵。会合后，根据中革军委命令组成中国工农红军第二学校。11 月 28 日，红二方面军的红军大学学员由谭家述同志带领也来到木钵，编入第二学校。

红四方面军红军大学从成立到和陕北的红军大学合并，仅一年的时间。一年来，在战斗极为频繁，条件极为艰苦的长征途中，红大全体人员克服了种种困难，培训了从班排到军师干部 3000 多人次，使这些同志的军事水平、政治水平以及管理教育部队的能力，都有明显的提高。红大为党和红军的建设作出了很大贡献。

1986 年 5 月于北京

选自中国人民解放军历史资料丛书编审委员会编：《红军长征·回忆资料（2）》，解放军出版社1992年9月第1版，第97—104页。

长征路上的红军大学

侯正果

1935 年 6 月，红一方面军和红四方面军会师后，在党中央、毛泽东同志直接领导下，从川西懋功地区开始北上。9 月间，经由毛儿盖进入草地。走到阿坝后，张国焘野心毕露，不顾党中央和毛泽东、朱德、刘伯承等同志的再三劝导，擅自率领红四方面军和红一方面军一部分队伍，再过草地，翻雪山，经毛儿盖、懋功，向川康边的宝兴、天全、芦山一带退却。草地行军本来非常艰苦，我们二次过草地，更是苦不堪言。特别是时值深秋，缺衣少食，掉队的人日渐增多，冻死、饿死的不少。到天全，芦山后，我们在这里停留了三个月，本想攻打成都，但是，这时敌主力薛岳的部队入川，与四川军阀刘湘配合，我军遭到了顽强抵抗，部队损失严重，困难越来越大，指战员思想混乱，怨声四起。正当我们进退两难的时候，毛泽东同志率领红一方面军北出草地，通过腊子口，进入甘南，胜利到达陕北，打来电报要朱德、刘伯承等同志再次劝导张国焘率军北上。这一胜利消息，大大鼓舞了我们的士气，为我们指明了前进的方向——只有“团结一致，北上抗日”才是唯一的光明大道。

在这一形势下，为了迅速提高红四方面军指战员的军政素质和管理教育部队的本领，引导他们再次爬过雪山、越过草地，走上党中央、毛泽东同志所指引的“团结一致，北上抗日”的正确道路，朱德、刘伯承等领导同志提议，经总部批准：于1935年10月在卓克基成立了红军大学。

为了加强对红军大学的领导，总部指派刘伯承同志兼任校长，张宗逊同志负责教学组织工作。陈伯钧、彭绍辉、郭天民等同志任军事教员,黄志勇同志等任政治教员。第一期设有高干科（队)､政治科（队),学员大约 300 多人。1936 年 1 月在天全又成立了政治连，皮定均同志任连长，黄志勇同志任指导员，我担任支部书记兼一区队长。连里的学员大都是由各军抽调来的支部书记和少数排长。学制为半年。

长征路上的红军大学，最大的特点是：边走、边打、边教、边学。“走”，那是我们的主课，翻山越岭，涉水过河，可以说差不多每天都是在行军中度过的，接着也就出现了各种不同情况下的行军、宿营、警戒以及思想问题要解决。“打”，就是随时会遇到各种各样的战斗，要打各种不同的敌人,如山地战､河川战､隘路战､麻雀战,打步兵､打骑兵､打反动地方武装等等。在刘伯承同志亲自指导和教员的讲授和帮助下，研究和总结怎样走，怎样打。这些都大大丰富了我们的学习内容，既生动又具体，既适用又实际。回忆当时的学习生活，真是体现了刘伯承同志所倡导的“理论联系实际，全面培养干部”的教育方针和“教员讲课多示范，学员学习多操练”的教学方法。做到了“需要什么，学什么”；“缺什么，补什么”。

下面就我所记起的几次主要学习内容和学习方法，作一些扼要的叙述。

1936 年 1 月初，政治连开学。开学的第一课就是由皮定均、黄志勇同志传达刘伯承同志亲自制定的教育方针与教学计划，阐明学习目的、意义和方法。我记得，当时刘伯承同志根据红军的思想情况与斗争实际以及今后的需要,给我们设置了政治､军事､部队管理教育等课程。政治课主要学习红军的性质、任务和目的；党的统一战线政策；党的民族政策；“三大纪律，八项注意”等内容。军事课主要学习平地战、河川战、隘路战、山地战、麻雀战等战术，以及打骑兵的方法。部队管理教育课主要学习怎样带兵、养兵和练兵，以及学习在雪山草地等恶劣自然条件下行军、宿营、警戒等方面的知识。

给我印象较深的是学习“红军的性质、任务和目的”，实际上是讲红军为什么要“团结一致，北上抗日”。在讨论中，大家自然而然地谈到我们目前的处境和今后的前途。有的说：我们在川康地区转了将近一年，枪支、弹药得不到补充，吃的穿的和医药用品又非常缺乏，这样长期下去那怎么得了？！有的说：我们红军绝大部分都是南方人，在气候严寒、天气多变的川康高原实在呆不下去。还有的说：我们过去作战在南方，大多是起伏地带，学会了一套行之有效的战胜敌人的办法。如今这里大多是崇山峻岭，峡谷激流，敌人不仅有国民党的主力、地方的杂牌军，还有少数民族反动头人的武装。我们不仅要对付敌人的步兵，还要对付骑兵。不改变过去的那一套打法，怎么能打败敌人、保存自己呢？！党支部和教员根据这些思想认识，进行正面的启发、引导，并向我们反复讲解全国革命形势和红一方面军胜利到达陕北的好消息。所有这一切，无形之中使我们逐渐认识到南下是条错误的道路，只有北上抗日才是正确的。当然，那时我们还是在张国焘的高压统治下，不敢大胆明说而已。

在刘伯承同志亲自主持下，在天全我们学习军事地形课。主要给我们讲红军北上所要经过的地区的军事地形及注意事项。一是讲主要的高山大川的名称及其概况；二是讲重要关隘、险要地段及其特点；三是讲雪山和草地的气候及其变化规律；四是讲沿途少数民族的情况以及他们的风俗习惯、宗教信仰；五是讲沿途反动武装的情况及其兵力部署；六是讲重要的城镇及其在军事上的作用；七是讲沿途的物产及其分布；等等。学完之后，使我们对于北上途中将要遇到的情况和问题，有个概括的了解。

在天全的张家湾，黄志勇同志给我们讲政治课——军民团结、官兵团结等问题。他针对红四方面军内部存在军阀作风残余的缺点，重点讲解官兵团结，上下级团结的重要性。我记得，讲课中他还引用刘伯承同志经常给我们讲的“拳头不能打在工农阶级兄弟身上”，“官兵团结心连心，黄土变成金”的道理，启发我们要做到爱护战士，尊重战士，战士才会拥护干部，体贴干部。这样，我们的红军就会结成钢铁般的集体。

在快要进入藏民聚居地区的时候，我们重点学习了党的民族政策，学习了藏族兄弟的特点，宗教信仰，风俗习惯，并学会了几句日常应用的藏话。当我们刚进入藏民聚居地区时，由于受蒋介石国民党反动派的欺骗宣传，他们对我们抱有戒心。开始，不接近我们，也不卖东西给我们，后来由于我们模范地执行了党的民族政策，有时用刚学到的几句简单藏话向他们宣传，当他们知道我们是什么样的队伍后，也就能借房子给我们住，卖东西给我们吃和用，有的还能给我们带路。当然更重要的宣传工作是领导上派专人去做的，我们只是做了一些具体接触到的个别事情。

我记得，为了及早做好过草地的粮食准备工作，刘伯承同志还给我们讲过有关筹粮的方法及其重要性的课。讲完之后，还组织我们进行了一次有趣的对比性讨论，题目是:“我们过草地，是要枪，还是要粮？”讨论中，有的说：枪重要，枪是用生命和鲜血换来的，没有枪就没有我们的生命。有的说：人是铁饭是钢，一天不吃饿得慌，有枪也背不动，更谈不上行军打仗。还有的说:我们上一次南下过草地,战斗伤亡不多，饿死、冻死的不少，我看粮重要。通过讨论，大家进一步懂得筹粮的重要性后，教员便给我们讲筹粮的方法和注意事项。在红军大学里，经常组织类似这样的启发式的教学方法，使我明白了很多道理。

在丹巴准备过大雪山时，组织我们专门学习有关高山行军、宿营等知识，并发动我们总结前一次爬雪山的经验教训。从而使我们得出每天上午 8 点至 11 点为过山的最好时机,其他时间则天气变幻无常。此外，还要多穿衣服,带好辣椒、生姜和雨具,整理好鞋袜等,以便防风、防雪、防雹、防滑倒。

到了道孚后，我们开始学习怎样攻打反动武装守备的寨子。教员讲完后，便组织我们去打一个很大的反动喇嘛寺，以便更好的巩固所学的知识。可惜扑了个空，那些反动武装喇嘛都跑光了。在返回学校的途中，我们想在一个山沟的畜牧场里借宿。我们一面准备攻打，一面喊话宣传。后来，还是喊话宣传起了作用，留我们住了一夜，还卖给我们一些牛和羊，我们如数给了他们藏洋。

在快要进入草地的时候，在刘伯承同志的指导下，校里一连举办了织毛衣、打草鞋、搭帐篷、拔野菜、烧牛粪等四五个短训班，每班派两三个人前去学习，学完后回来再教大家。我们全连每个人便都很快地完成了准备一套半毛衣、三双草鞋的任务。在道孚、炉霍这些地方，因为有牛有羊，所以织毛衣用的毛不难找。只是打草鞋用的麻却难找，我们就用破衣服、破布头当麻打草鞋。以后这些东西也没有了，我们就用牛、马尾巴上的长毛搓成绳来打。到了炉霍，便发展成把牛皮割成草鞋的样子，再用绳子系起来，便成了很结实的牛皮草鞋。办短训班，在红军大学也是一种常用的教学方法，凡是需要广泛发动群众迅速完成的任务，一般都先办短训班，然后再加以推广。此外，还组织过拔野菜、搭帐篷以及烧牛粪的比赛，借以交流经验，推动工作。

在炉霍，刘伯承同志亲自教我们打骑兵。他那生动具体的讲述，细致准确的示范，诲人不倦的精神，今天回忆起来，就好像发生在昨天一样。后来，我们在中阿坝时奉命到一个寨子去打粮，突然看到山下一群敌骑兵向我们飞奔而来，我们就迅速占据有利地形，当敌人进入有效射程后，立即按照刘伯承同志教给我们的“排枪快放”的打法，一举便把敌骑兵击退。战斗结束后，大家都异口同声地称赞：今天这一仗打得成功，都是刘伯承同志教导的结果，他的打骑兵的方法真灵。

1936 年 4 月底，我们政治连在炉霍举行了毕业考核。考核时，根据刘伯承同志的指示，如果学员对所学的东西都能达到“三会”，即会讲、会教、会做（应用），才能评为优秀学员。此外，还规定：能识别十几种以上的野菜，在五分钟内搭好一座简易帐篷，在十分钟内用牛粪烧好一壶开水，以及筹粮最多，织毛衣、打草鞋质量最好和最节约子弹、药品、粮食等等，才能评为优秀并发给奖品。考核结束后，5 月 1 日举行毕业典礼。5 月 9 日，我告别了红军大学，走上了新的工作岗位。

在红军大学我虽然学了不到半年的时间，但收获很大。我的军事水平、政治水平以及管理教育部队的能力，都有明显提高。特别是在政治上，由于在这里思想基础打得牢，使我能够在以后的战斗岁月里，紧紧跟随党中央、毛主席南征北战没掉队。当然，这和刘伯承同志的谆谆教导，以及他在红军大学所倡导的一套教育方针、教学方法，也是分不开的。当我在解放军学校里工作的时候，总是把这一套教育方针、教学方法当作我工作中的准绳，结合具体实际努力实践。

选自《革命回忆录》(10)，人民出版社1983年7月第1版，第140—147页。

在雪山草地的红军大学

王波

在震惊世界的中国工农红军二万五千里长征中，一、四方面军在四川西部的夹金山会师。会师后，总司令部随四方面军行动。鉴于日本帝国主义对我国加紧进攻和全国抗日运动的高涨，在八一宣言指引下，为保存和培训军、政干部，提高各级干部的军事政治水平，以便适应抗日救国战争的需要，成立了中国工农红军大学。学校于 1935 年 11 月底在草地松岗（今金川县以北）四方面军总部所在地成立，由中国工农红军总参谋长刘伯承同志任校长。

我是先于校长刘伯承同志两天到松岗报到的红军大学高级指挥科第一期的第一个学生。三个月学习期毕业后留校部工作，担任步兵学校的军事教员，直到 1936 年西安事变前。对在雪山草地创办的这个红军大学（以下简称“红大”）的整个情况，我是比较清楚的，40 多年以前的事，至今记忆犹新。

（一）

“红大”在松岗成立后，沿大金川西岸南下，进驻金川县以北沙尔泥村（今沙尔泥公社）地区时，充实和健全了校领导机构。除刘伯承校长外，又调来了校参谋长张宗逊。在参谋长领导下，成立了一个负责行军、宿营、分配房子、伙食及生活管理的行政科（后改为供给科），同时调来原九军政治部主任王新亭同志任校政治部主任。在学生方面，开始只有一个高级指挥科，由部队抽调下来的在职军、师两级干部 20 余人。我被编入高级指挥科学习。在沙尔泥村驻军两个星期中，高级指挥科逐渐扩大为 30 几个人。

在战争环境中，规定每一师级干部可随带牲口两匹，饲养员、炊事员、勤务兵各一人，警卫员二人；每一军级干部可随带警卫员三人，牲口三匹，炊事员、饲养员、勤务兵各一人。30 几个军、师级干部的高级指挥科行起军来，就是 100 多人的大队人马；驻军时，住房就要一个村庄，一大片。在这期间，除高级指挥科一个连队外，又集结了营、团两级军政干部 300 多人，分别组成了上级政治科、上级指挥科两个队。李井泉任上级政治科科长，曹里怀任上级指挥科科长，张宗逊兼任高级指挥科科长。随着学校的扩大，相应地又增设了在校参谋长领导下的供应科、卫生科、警卫连。在沙尔泥时，建立了各科（队）班、排的行政组织，同时也建立了党的支部和党的小组，尚未有计划地组织学习。

在沙尔泥地区集结学生，建立校的领导机构及整理党内外组织工作两星期后，随着战争形势的发展，“红大”即奉命沿大金川西岸随军经丹巴县东渡大金川，翻越夹金山（大雪山）南下。经宝兴到天全、芦山地区的红岩坝驻下来，开始按教育计划学习。高级指挥科由张宗逊担任本科军事教员。“红大”在红岩坝的两个多月中，完成了教育计划的三分之二。在这期间，学校又进一步扩大，把由部队抽调来的班、排、连干部，组成了“红大”附属步兵学校，内分步、骑、炮、工、辎等多兵种，共三个营。“红大”校长刘伯承兼任步校校长。

在那艰苦异常的战争环境中，在气候和物质条件都十分恶劣的雪山草地上，创办了中国工农红军大学，实在是举世无双的奇迹。被调到“红大”学习的每个学生高兴地说：“我们这些穷苦农民出身的黄泥巴脚杆，一个大字不识的粗脚粗手的大老粗和地主老财的放牛娃，有机会进‘红大’学习，真是梦想不到的幸福。在学校既学文化，又学军事、政治知识，这是一件了不起的大事啊！”因此，每个学员都能抓紧时间勤奋学习。

（二）

高级指挥科的教学计划，军事方面是从步兵的单个教练、队列和步枪的瞄准、射击、测绘地图等各种基本动作及基本军事常识开始。战术方面，由利用地形地物的单人动作开始，到班、排、连的作战指挥（以上都是野外作业）；连以上的营、团、师、军、兵团级的战略、战术指挥（都是沙盘作业），以及五万分之一至三十万分之一的军用地图的图上作业。

政治教学方面，由政治部作出教育计划，协同司令部的军事教育计划统一协调安排。由政治部直接领导全校政治主任教员。张际春同志担任高级指挥科政治教员。学习的内容有中国革命历史、中国共产党党史及马列主义理论常识。

文化教育方面，就我们高级指挥科的学生来说，除一位军参谋长陈天池同志读过几年小学、我读过一个月的高中外，其他同志都是一字不识的文盲。虽然他们在军事指挥方面都是身经百战、有丰富作战经验的指挥员、红色的战斗英雄，但都没有文化，好多人连自己的名字都写不好或根本写不出来，还得从一、二、三、四、五学起。校领导为了提高大家的文化水平，在校政治部宣传科专门配备了文化教员，由五军团调来洪水同志（越南人）担任，他除了负责全校的文化学习外，还开设了中国及世界地理等常识课。

在高级指挥科的政治教员张际春同志动员下，我们利用军事、政治学习的业余时间创办了墙报——《战火》。墙报由我负责编辑。陈天池同志和我帮助不会写字的同志代写墙报稿子。在三个月的学习过程中，我们的《战火》墙报坚持每星期出版一次，共出了九期。一次，刘伯承同志来高级指挥科视察，发现我编辑的墙报，感到很惊奇，并表扬说：好得很！你文化程度比大家高一点，要帮助大家学好文化。刘伯承同志的表扬给我和给全体同学以很大的鼓舞。从此，高级指挥科的同志写稿的人更多了，人人投稿。我还为每期墙报的刊头画了漫画。墙报的内容都是大家学习、生活与思想情况的反映。每次行军时，我还专门把这些墙报包好收藏起来。如有一两天的休息时间，我就把它用钉子钉在墙上让大家学习，很有趣味。

在红岩坝时，“红大”校部还创办了《红炉》校刊。刘伯承同志亲自书写刊头并题词。题词说：“我们学校就是一个‘红炉’，我们学习军事、政治、文化，以及向一切恶劣的自然环境作斗争，克服一切困难，就要在这个‘红炉’中来锻炼。坚强的革命意志就是在通红的炉火中锻炼出来的。”（大意）《红炉》校刊一共办了 17 期，开始为四开张（油印），以后在炉霍就改为小册子了。

因为每期学习时间只有三个月，要学的内容很多。为了使学员们在这样短的时间内能学到更多的东西，刘伯承同志亲自抓教学计划，抓得很紧、很细；同时经常深入各科学员中了解学习情况，和学员们一起参加听课、学习。对于学员们向他提出的问题，他都耐心细致地一一回答。他还以他在莫斯科东方大学学习俄语的经过鼓励大家刻苦学习，不要被困难所吓倒。每一项军事课程作业学习结束，张宗逊讲完后，他都要亲自讲评和总结。刘伯承同志讲话很风趣，他善于运用四川俏皮话（四川方言），有时使大家笑得肚子疼。因此，尽管当时的学习是紧张的，条件是艰苦的，但我们的学习生活却充满着乐趣。就是在红岩坝这两个多月的时间，我们在“红大”真正学到了一点东西，学员们感到受益不浅。

（三）

1936 年 3 月初，“红大”奉命撤出红岩坝，再由南下时的原路经过宝兴、夹金山、丹巴，进驻丹巴西北革什扎河的红光、大嗓。在行军的大小休息中，在红光、大嗓驻扎的两个星期中，为了完成教学计划，“红大”学员都抓紧时机进行学习和讨论。

“红大”在红光、大嗓休息后继续沿革什扎河而上，翻越了海拔 5470 公尺的党岭山，经道孚进驻炉霍。“红大”的宣传鼓动工作是十分活跃的，在从沙尔泥村南下到天全、芦山的红岩坝，再由红岩坝北上到炉霍的过程中，政治部首先派出宣传队，先于部队半小时出发，在前进途中预定的大小休息地点进行宣传鼓动。等部队到达休息地点时，宣传队员们送茶送水，并为大家表演快板，演唱歌曲，高呼口号，进行宣传鼓动，以减少部队的疲劳。此外，他们还在沿途用石灰水、墨水书写各种宣传标语、口号。形式多样，内容丰富多彩，不断提高了部队战胜困难的勇气。

就是在由红光、大嗓向炉霍出发的途中，第一期高级指挥科宣布学习毕业了。毕业后，我被留校分配工作，任步兵学校政治连队的军事教员（皮定均任连长，黄志勇任指导员），行军时指挥这个连队行动。

“红大”进驻炉霍后，又继续招收了军、师两级干部 400 余人次组织了两期高级指挥科及上级指挥科和上级政治科。同时扩大了步兵学校，还扩大了工兵、炮兵（迫击炮）、骑兵等兵种，连同校部领导机构共约 1500 多人，与总部同驻炉霍庙内。

随着“红大”的扩大，增设了相应的机构和充实了校部领导。步兵学校调来原红九军军长何畏任校政治委员；增设了教育科，由郭天民任科长，负责全校的军事教育计划。在教育科下又成立了军事教员班，有马良俊（回族）、李奇柱和我等五个军事教员。在政治部下又设立了政治、文化教员班，由政治教员李培南、洪水等同志任教。我在军事教员班一个月后调到校部教育科任科员，负责全校军事教育计划，并兼任步校政治连队的军事教员。

在炉霍期间，《红炉》校刊办得十分活跃。刘伯承同志不但号召全体学员努力学习文化，为校刊投稿，他还亲自为校刊撰写稿件。记得我还为校刊画了幅漫画，画面是学生们用木棍作笔，以大地为纸，在沙土上写字学文化，克服当时无笔无纸的困难。校刊上还发表过当时打骑兵的战术教材及打骑兵的歌词，其歌词大意是：

指挥员和红色战斗员们，努力学习打骑兵呀！骑兵目标高又大，沉着勇敢不要怕。就地组织起火墙，最好打。卧射、坐射、跪射和立射，精确瞄准打敌人！……

一边教学，一边举行各种学习的比赛和表演。“红大”教育的方式方法和内容多种多样，非常生动活泼。在炉霍期间，是“红大”的黄金时代。

炉霍地处草地，交通不便，气候恶劣，经济条件很差，粮食被服缺乏，因此，我们还进行了一些适应环境的补助教育：

自制毛衣，解决缺衣问题。炉霍大喇嘛寺的羊毛很多，都是奴隶对奴隶主（反动的大喇嘛头子）的贡品。在草地的第二个寒冬又快到来之前，整个驻炉霍的部队（“红大”也不例外）就地取材，由朱总司令发动普遍地学习打毛衣、毛裤、毛袜等各种防寒的毛织品，以解决部队缺衣问题。

学烧牛粪，解决烧柴问题。大草原地区烧柴比较困难，草地居民普遍是烧牛粪。校领导便请当时参加红军的少数民族战士为教师，教部队学习烧牛粪、架设帐篷露营的实习表演。

这些辅助教育，对当时克服生活上的许多困难起了不小的作用。

（四）

“红大”很注意少数民族政策教育和做好驻地群众工作。

当部队到达宿营地安排就绪后，便根据村子的大小、民族习惯、群众情况、驻军时间长短，由政治部的宣传人员配合群工干部及党员干部，立即在群众中开展调查研究，与群众交谈，打扫卫生，帮助群众做好事，进行各种宣传教育，动员青年参军等活动。时间稍长一点就进行军民联欢，组织群众唱歌跳舞，召开各种大小不同的会议，宣传党和红军对少数民族的各项政策，检查红军的三大纪律八项注意的执行情况。离开宿营地时一定要把驻地打扫干净，并与群众亲切话别。这是红军的光荣传统。

“红大”住在沙尔泥村时，政治部宣传队调查到当地的一首民歌：“兵占平，民占坡，蛮家住在山窝窝！……”（“蛮家”是藏族同胞对大汉族主义愤怒的自卑之称）。这首民歌反映了中国封建社会以及国民党统治时期，我国少数民族在大汉族主义压迫下的苦难生活。在校政治部组织的一次有方面军总政治部副主任傅钟同志参加的军民联欢晚会上，校政治部主任王新亭同志从这首民歌谈起，讲到了大汉族主义对兄弟民族的压迫。他说：我们是中国共产党领导的工农红军，是穷苦人民的军队。我们坚决反对大汉族主义欺负兄弟民族。中国各族人民都是在一个国家、一块土地上生活的兄弟姐妹，是一家人。他还着重宣传了我们党的民族政策，我军的三大纪律、八项注意及当时的各种政策。王新亭同志的讲话得到到会群众的拥护，对“红大”全体学生也是一次很好的政治教育。会后，藏族同胞男女中青年百余人，还为我们红军举行了一次我们从来没有见过的藏族集体歌舞。红军同兄弟民族的关系亲如一家。这是多么生动活泼的政治工作啊！

在炉霍期间，“红大”驻在炉霍庙里。庙内尚有百余喇嘛未跑，与我们一起生活。当时，在学员和部队中普遍进行了党对少数民族的政策教育，尊重少数民族的生活习惯和信仰自由，保护他们的安全。对留下的百余喇嘛的生活资料和生产资料，秋毫无犯，保证他们生活下去。我们学习，他们照常诵经拜佛，互不干扰。从 1936 年 3 月下旬“红大”随总部进驻炉霍，一直到 8 月初奉命离开炉霍继续长征北上，整整驻了五个月。

（五）

1936 年 6 月，由任弼时、贺龙、关向应、萧克等同志率领的红二、六军团长征到达甘孜，与四方面军会合后继续北上。“红大”随四方面军总部由炉霍出发，经壤塘喇嘛寺、嘎曲河北上。

“红大”在炉霍住了五个多月,已将存粮吃完。部队由炉霍出发时，每人只配给了 15 斤糌粑（青稞炒面）,酥油、食盐、茶叶各一斤。此外，学校供给科还统一准备了全校每人一头牦牛及一些羊群随军行动。当时不知道过草地要走多少时间，规定每人每天只准吃二两炒面，不够由自己采野菜补充。

部队由炉霍出发，每天只走 30 华里。随后，由于整个部队粮食紧张，刘伯承同志命我指挥步校皮定均政治连，离开校部前往右侧绕道沿途筹粮，到噶曲河会合前进。经过三天的侧翼行军筹粮，结果只碰到一个小小的喇嘛寺，搞到几百斤牛羊肉干和几百斤鲜牛羊肉，只能解决该连一点问题。部队的粮食一天天紧张，随军带的牦牛，每天每个伙食单位杀一头，牛一天天减少。由于营养不足，同志们的身体一天天垮了下来。我们“红大”由红光、大嗓翻越党岭山时，我被分配到步校政治连随行。当时我还有两匹牲口。一匹驮运随我一路的四大员的行李、口粮，一匹由我骑用。但在翻越党岭山时,学员病号很多。由于我的身体很好，在行军中我一人替学员背三支步枪，一手牵牲口，一手扶病号。马背上驮一个病员，马尾巴又拉一个病号，翻越了大风刺骨吹人欲倒的山顶垭口，胜利地克服困难走下山坡。过了噶曲河以后，我的两匹牲口在一个露营的夜晚被少数民族的骑兵盗走了。这时，校部已离开了，只有校政治部未走。没办法，校政治部主任王新亭同志临时写了个条子，给了我一头大牦牛，才解决了驮运行李的问题，自己步行。可是，三天以后牦牛病了，交部队伙食单位杀后吃了。在缺粮、少吃、营养不足的情况下，我的身体也大大削弱了，每日扶杖而行，天天又拉肚子。一天走 30 华里都很吃力，实在不行了。在警卫员苏武明同志一再催促下，我利用宿营时间找到校部参谋长张宗逊同志，正好刘伯承同志也在，他见我病成那样，马上批准我使用一匹参谋长用的大肥马，没有那匹大肥马，我是过不了草地的。

好不容易冲破敌人的重重封锁，克服了各种困难，胜利通过了草地，于 9 月下旬翻越了天险腊子口，到达哈达铺，休息一天后，经岷山以南进驻岷州以西三十里铺。

“红大”在三十里铺驻了两个星期。此时调来原四方面军总参谋长倪志亮同志任“红大”步校校长。我调到步校任教育长，与倪配合负责整个“红大”附属步校的教育及行政事务工作。于 8 月底奉命由三十里铺西进，到了洮州。

1936年10月上旬，红一、二、四方面军在甘肃会宁胜利会师。“红大”在洮州奉命东返，经三十里铺、岷州南面、武山、通渭、华家岭，进入会宁以北甘沟驿休息。这时“红大”的高级指挥科、上级指挥科和上级政治科、全校教职员及营以上干部专门返回会宁参加了一次四方面军直属干部扩大会议。四方面军总政治委员陈昌浩同志作了一、二、四方面军胜利会师后的形势报告。“红大”在甘沟驿住下休息三天后，又继续北进郭城驿到陈家塬时，校部立即派我和几个军事教员，随带通信警卫数人到靖远渡河点去侦察地形、道路及船只情况，准备西渡黄河。当天下午我们返回校部郭城驿后，晚上靖远渡河点即被敌胡宗南部占领。他们截断西进去路，迫使我们不得不由郭城驿经陈家塬、海塬、豫旺堡、甜水堡、山城堡到达洪德城。

“红大”自 8 月初由炉霍北上，经过大草原到陕北与一、二、四方面军及陕北红军会师，在这期间，由于当时的恶劣环境，根本不可能进行计划教育了。我们的主要任务成了在长征行军中与饥饿、疲劳和疾病作斗争。“红大”学员们都在这个“红炉”中经受了千锤百炼。

（六）

“红大”进驻洪德城的当天晚上，周恩来副主席来到“红大”，他代表党中央来看望和慰问全校干部和学员。当晚“红大”举行全校大会，会议由刘伯承同志主持。会上，周副主席讲话，他说：我们一、二、四方面军经过长途行军，战胜了一切困难而胜利会师了，与陕北红军会师了。这是我们党的胜利，是全中国人民的大胜利！同志们辛苦了。我代表党中央和毛主席来看望你们，欢迎你们和慰问你们！紧接着他讲了当时全国的政治、军事形势及日本帝国主义进攻中国，妄图灭亡中国的局势，号召大家团结在党中央周围，准备反对日本帝国主义的侵略。周副主席的讲话，使全校同志受到极大的鼓舞。

周副主席在洪德城与我们见面讲话的第二天，“红大”即经环县进入木钵休息。这时，刘伯承同志奉命调回中央。中央另派袁国平同志继任校长，郭化若同志任教育长。原“红大”参谋长张宗逊，政治部主任王新亭、政治主任教员张际春等同志均调回中央。政治部撤销了，其他机构未动。11 月初进入曲子镇，直到西安事变。根据当时形势，“红大”的高级指挥科、上级指挥科和上级政治科均调延安与抗日军政大学合并。一、二、四三个方面军的步校奉命集中于庆阳县城。我们教员班随步校到庆阳以后，于 1937 年 1 月上旬，我便被调到延安抗日军政大学第二期编入第二队（师级干部）学习。

回顾“红大”的创办过程，虽然时间不到一年，条件极差，又处在长征过程中，在战斗极为频繁的情况下，却克服了重重困难，为党和红军培养了大批干部，实在是一件了不起的事情。在不到一年的时间里，“红大”先后培养了班、排、连、营、团、师、军干部 3000 多人次，学习了文化，总结了自己的作战经验，初步掌握了一些军事、政治理论常识。有人说，这个红军大学是世所罕见的。现在还健在的许世友等许多党的优秀的高级干部都是当时“红大”的学生。“红大”的贡献是很大的。

选自《艰苦的历程：中国工农红军第四方面军革命回忆录选辑》（下），人民出版社1984年12月第1版，第126—137页。

进红军大学学习（节选）

洪学智

红四方面军三过草地，几过雪山，减员很大。1936 年 8 月间到了甘肃临洮时，红四军的两个师编成了四个大团。

在临洮，我被调到四方面军政治部组织部当部长。张文仍在四军供给部工作，我们结婚才几个月就分开了。

刘志坚是一方面军三军团留下来的，接替我任红四军的政治部主任。

我到四方面军政治部组织部工作时间不长，有两个月。曾到三十一军检查了一次工作，费时一个多月。

我从三十一军回到方面军总部，组织上决定红四方面军政治部与红军总政治部合并。那时总政治部主任是陈昌浩兼，方面军政治部主任是周纯全。两个政治部合并后，组织部长是张琴秋，我是组织部副部长，方强也是副部长，一共有三四个副部长。

红四方面军过草地后，部队收缩，干部超出很多，决定成立红军大学，对干部进行培训。何畏是红九军军长，抽他出来当红大校长。我考虑自己参军后，到处转战，马不停蹄，没有时间学习理论，要求到红大去学习，提高文化理论水平。

政治部的同志说我身体好，应该去部队带兵，不赞成我去红大学习，说学习可以选其他人去。

我直接找到张琴秋部长，说现在干部多，我做组织工作还不熟悉，参军后一直未集中时间学习过，趁此机会到红军大学学习最好。

张琴秋说，再研究一下答复你。很快，张琴秋告诉我，同意我到红军大学学习。

当年 11 月，我正式到了红大。那时红军大学才组织起来，教学方面还很不正规。况且，红大是一边行军，一边教学，没有固定校舍。我们在行军中也没正式上什么课，主要是自己研究，学些东西。红一方面军和红四方面军会合后，我们到了达拉池，中央派彭德怀来迎接红四方面军。率领红二十五军到陕甘边、后为红十五军团军团长的徐海东，也来欢迎我们。

这时，奉中央军委命令，为执行宁夏战役计划，由陈昌浩、徐向前率部西渡过黄河作战，说是要打通与苏联的联系。原来说红四方面军的五个军都过黄河的，红大也要随部队过黄河，后来由于胡宗南部队截击，只过去了三十军、九军、五军。

这样，四军、三十一军留下来了，同胡宗南打了两仗。

西路军过黄河后，朱德总司令和张国焘带着一些人直接到中央所在地保安，我们红大也随之到保安会合，中央派郭述申来当我们队长。

保安那个城很小，几十户人家，我们住在十二里铺。在荒凉的山坡上，有几个简陋石头洞子，那就是红大的校舍。

到保安不久，中央确定我们红大与中央红大合并。

1936 年 12 月 12 日，发生了双十二事变，张学良、杨虎城在西安临潼把蒋介石抓起来了。形势突变，学员们一阵欢腾，说这下好啦，蒋介石完蛋了，中国革命要出现转机了。等了一天后，上级命令合并编队。编队时，红四方面军去的都编到了二队，二队队长倪志亮。只把我一个人编到一队，与红一方面军的同志在一起，理由是我还有些文化，一队要求高一些，水平也能跟得上。红大一队原来的学员已毕业，还剩下 11 个人。

不久，中央决定红大搬到延安。校长是林彪，教育长罗瑞卿，调练部长刘亚楼，政治部主任傅钟。

我们那个班的党小组长叫符确坚，腿有毛病，走路一拐一拐的。我有匹马，有个警卫员，有个马夫。我看他走路很困难，就把他的东西驮在马上，把马让给他骑。路上，天气虽然很冷，但我走得浑身发热。我们在安塞县住了一晚上，第二天到延安，住在延安师范学校宿舍里。

红大以后又调了一些人来，有四五十人。红大一队里，开始时红四方面军就我一个人，在第三小组，以后把周纯全、何畏、钱钧也调来了。

1937 年 3 月间，西路军失败的消息传到延安，大家都很震惊，十分痛心。三个军都惨败了，在红军战史上绝无仅有。徐向前、陈昌浩奉命离开部队回延安，剩下的部队交给李先念指挥。

这时，中央政治局正在开会，要张国焘检讨，批判张国焘的错误路线。

在长征中的毛儿盖会议，中央决定北上。后来为什么让我们又南下，我在部队工作，对上层的情况不了解，也没人传达这个问题。上级命令部队南下，我们就执行了。

在延安上党课时，朱德总司令讲党史，讲中央决定北上，张国焘坚持要南下。张国焘到阿坝后，不愿意北上，要右路军南下。中央政治局去电要他北上，张国焘以噶曲河水上涨为由，坚持南下。于是中央遂率一、三军团北上。这是我第一次了解的当时党内斗争的情况。我认识到中央决定北上的方针是正确的，张国焘南下是错误的，成立第二中央更是错误的。

节选自洪学智:《洪学智回忆录》，解放军出版社2002年10月第1版，第125—128页。

忆长征中党的基层组织建设①

马连理

我们党在长期的革命实践中形成了许多优良传统，这些优良传统不但关系到党风和社会风气，而且直接关系到我们党的前途和命运。令人忧虑的是，近几年我们有些党员丢掉了党的优良传统，在人民群众中造成了很坏的影响，严重损害了党在人民群众中的威信，玷污党的形象。因此我们一定要时刻注意对年轻一代的教育，尤其是对年轻党员的教育。要让他们懂得今天革命的成功来之不易，政权的取得是经过千辛万苦，多少革命先辈用鲜血换来的。要要求我们每一个共产党员坚定革命信念，像入党誓言提出的那样：要为共产主义事业奋斗终生。

回顾我们党的发展、壮大史就会发现，中国共产党之所以能够由一个共产主义小组发展到有几千万党员的大党，就是因为，无论条件多么艰苦，情况多么复杂，我们基层的党支部始终都在发挥着战斗堡垒的作用。我体会这正是毛泽东同志在革命战争年代就提出的把“支部建在连上”英明之处。“支部建在连上”，在革命战争年代决不是一种形式的需要，而是取得战斗胜利的一种必要措施，是我们党对武装力量绝对领导的一种体现。在我军建军初期，由于人员来源比较复杂，绝大多数是一些没文化，还不懂得参加革命军队是为了本阶级的利益和党的利益而

① 编者对原文略有删改。

战斗的普通农民。这样在军队内部就会出现雇佣思想、享乐主义思想或离队思想，这些问题如不加以解决就会严重地削弱红军的战斗力。要解决这个问题，要使军队置于党的绝对领导之下，把党的最基层组织党支部建在军队的最基层组织——连队，就成了解决这个问题的一个极为重要的方法。红军在根据地经历了敌人五次“围剿”，长征路上敌人以数十万大军围追堵截，我们的红军战士跟着毛主席和党中央翻过了雪山，走过了草地，走上抗日最前线，粉碎了敌人要消灭红军的阴谋的一个重要原因，就是由于当时我们党的基层组织——党支部建在了连队。党支部在连队里发挥着战斗堡垒作用，共产党员发挥着先锋模范作用，极大地凝聚和稳定了军心，使人民军队能够排除千难万险，不断发展壮大。

我是 1934 年参加红四方面军的，当时仅有 15 岁。参加红军在共产党的领导下闹革命，为穷苦人打天下，这样朴素的革命道理还是我参军后在党的教育下才懂得的，也是我身边的那些共产党员的实际行动所影响的。每当战斗发起的时候，党代表总是带领连里的共产党员站出来，冲杀在最前边，正像许多电影中演的那样，那种“共产党员跟我来！”的光辉形象，正是战争年代中我们基层党员的真实写照。这些在战斗中能够勇于牺牲，不怕苦，不怕死的共产党员之所以能够发挥作用，就是由于我们党的基层组织建在了连队。那时战争环境复杂，敌人的力量还是强大的。每次进行战斗动员都非常简单，党员同志首先站出来，争着排队前边站，如果要冲锋，他们就在最前边，如果要撤退，他们就在最后边。党支部的核心领导作用教育了全体党员，全体党员的模范作用影响着全体战士。哪里战斗激烈，共产党员就出现在哪里，党支部也就把工作做到哪里，党员的模范作用就发挥在哪里。在血与火、生与死的考验面前，是来不得半点犹豫的，也是最能考验每一个人的。我也正是在这些共产党模范作用的影响下，逐步地坚定了革命信念，成长为一名光荣的共产党员。

1935 年四五月间，为迎接中央红军北上，我所在的四方面军三十一军，参加了四方面军发起的强渡嘉陵江战役。在这次战役中，红军共歼敌约一万余人。过江以后，后方机关及所有部队全部转移到嘉陵江以西，开始了长征。红军当时四面受敌，前有敌军堵截，后有敌兵追击，天上还有敌人的飞机轮番轰炸，左右两侧还有敌人围攻。没有根据地做依托的红军部队，生活条件相当艰苦，加上每天几乎都要进行战斗和行军，要组织好这样的一支队伍，困难的程度是难以想象的。当时部队每天要向什么地方走，在哪里打仗和到什么地方才能休息，作为一般的战士是根本不知道的，就是连队基层干部也不清楚。但是只要一声令下，要冲锋立即投入战斗；要组织部队转移，搞到急需的粮食弹药、药品等工作时，连队中党支部又发挥着重要的作用。党支部和党员同志们不但不停地宣传红军打仗是为了穷苦人的解放，“红军是共产党领导的人民军队”，而且事事处处模范带头。前面发生敌情，总是党员同志冲在最前面。行军中为体弱和生病的同志背背包、扛枪，到宿营地后，又不顾劳累为大家找柴草，烧水做饭，照顾病号，还要做发动群众工作，向当地群众进行革命宣传等。中国工农红军在长征中播撒下了无数的革命种子，充分体现了中国共产党人及其领导下的人民武装力量，为人民求解放，不怕苦、不怕死的大无畏的英雄气概。

我所在的红四方面军，在长征路上一共翻越了五座海拔 4000 米以上的大雪山，沿途跨越了 15 条江河，并三次过草地。雪山、草地是无人区，气候非常恶劣。红军由于没有御寒条件，全体指战员是穿着单衣翻的雪山。山上空气稀薄，呼吸困难，许多身体不好的同志就长眠在山上。还有的同志不小心滑到山下被雪掩埋牺牲了。翻过大雪山后，部队进入了草地。草地，其实是一片河沟纵横积水遍地一眼望不到边的沼泽地。在这茫茫无边的水草地上，到处是野草，根本就没有路，后边的人必须跟在前边人走过的脚印走，不然就有落进泥潭的可能。草地的气候也相当恶劣，有时一天中就把一年四季都过了。在过雪山、草地前，部队准备了一些干粮，开始几天还有吃的，后来所带的粮食越来越少，每天只能吃一些野草，到后来所有粮食全吃完了，树皮、树叶、皮带就成了除野草、野菜以外可以吃的东西了。这样的艰苦条件，这样的恶劣环境，红军战士没有人怕死和叫苦，艰苦的环境反而更坚定了红军战士们跟着共产党,跟着红军就一定能走出雪山、草地的决心。我有一个战友，叫周维中，是我们一起参军的老乡。参加红军后，由于他比我大几岁，行军作战总是照顾我。他比我入党早，是我们连里的党员战士。对党支部的决定，这个同志都尽力地去完成，受到同志们的爱戴。就是这样一个好同志，在第二次过草地时，由于把粮食让给了其他同志吃，自己只吃草根、树叶，最后牺牲在草地里。在当时如果有谁让出自己的口粮，就等于把死亡留给自己，把生存的希望让给了其他的同志。正是由于建在基层连队的党支部发挥着作用，带领党员干部，又影响着其他战士，对长征的胜利起了重要的保证作用。

今天，回顾党的历史，我们更加认识到，“没有共产党，就没有新中国”。我们今天的幸福生活是无数共产党人浴血奋战取得的，是无数革命先烈用生命换来的，这一点我们包括我们的子孙后代一定要牢牢记住。

选自中共天津市委组织部、中共天津市委老干部局编：《风展红旗如画》, 2001年编印, 第111—114页。

马连理，1919 年生，陕西宁羌（今宁强）人。1934 年参加中国工农红军,1938 年加入中国共产党。红军长征时为红四方面军第三十一军战士。新中国成立后，曾任天津市南开区区长、中共天津市南开区区委书记、南开区人大常委会主任等职。2008 年在天津逝世。

长征亲历记

——忆在红四方面军的艰苦岁月①

任寿武

1933年春天，由张国焘、陈昌浩领导的以徐向前为总指挥的红四方面军到了我的家乡四川省苍溪县。红军的到来，给我们这些世世代代受地主剥削和压迫的穷苦人带来了希望，带来了光明。红军在我的家乡打土豪，分田地，宣传贫苦人要团结起来打倒旧军阀，推翻人压迫人的旧社会。我们被红军革命精神所感动，我和父亲、姐姐都投入到革命洪流中来了。我父亲被村里人选为第一任村苏维埃主席，后来又担任村川陕苏维埃总社的社长。我也参加了赤卫队。1933年8月，我与父亲、姐姐分别参加了红军。我当时只有14岁，参军后被分配到红四方面军八十九师独立营当战士，在与国民党军浴血奋战一年多后，于1935年初开始了红四方面军与红一方面军为了北上抗日而会合的艰苦长征。

（一）

为了奔赴懋功迎接红一方面军，我们要经过川西北的茂汶、理县等

① 编者对原文略有调整。

少数民族杂居地区。那时，国民党特别歧视藏族、羌族等少数民族，当地有句顺口溜叫“官住平，民住腰，羌族住在山包包”。住在山包包上的少数民族缺吃少穿，生活十分艰难。

红军进草地前，搞不到粮食，不得不把麦穗割下来，搓碎炒熟，每个人只分得一碗半的麦子，要求吃 12 天。在进入草地通过一个叫扎格勒的地方时，那里的水奇缺，一碗水能卖上一块大洋，红军战士硬是挺过来了。当时天气异常炎热，战士们杀了一头牦牛，把肉切成条，放在石板上晒，几个小时后用手一搓牛肉条就成了面儿，装在袋子里，以备充饥。老天爷又变化无常，一会儿说刮风就刮风，说下雨就下雨。草地,实际是一片毫无人烟的沼泽地,草长得一米多高,草根下都是水，又有许多坑洼，如果人与牲畜不慎掉下去，越动就越往水下沉，根本无法救，最后连人带牲畜就会被草地的泥水淹没，我们有许多战士就是这样牺牲了。草地的水很臭,又有毒,不但不能饮用,还散发出瘴气，人呼吸后脑袋肿得很大。由于在这样的草水里行走，穿的草鞋不两天就坏了，没办法只好用破被单包着脚走。脚在臭水里泡的时间久了，就烂得一块一块的，有的还裂成手指那么宽的大口子，走起路来十分困难。晚上宿营很难找块干点儿的地方，如果遇到棵树在树下躺一躺就算不错了。晚上草地气温很低，因为没有棉被，只好大家共用一床被单，为了取暖都侧着身子一个挨一个躺下，把脚弯、腿弯、腰弯这样“三道弯”互相依靠着，然后上面再盖上个被单。可天亮了哨兵一吹起床哨，却看不到人，因为都被大雪覆盖了，被单也都被冻在地上，一揭被单就成了一个个布条了。后来带的仅有一点粮食吃没了，大家饿得实在不行。有一天，走到一个破房子里，有人忽然发现了两张干牛皮，他就先用刀子把皮子割成许多小块，然后用火烧了烧，又用水煮一煮,发现还可以吃。于是，大家把皮带、枪带、皮鞋都这样煮吃了。就这样一边在草地里行军，一边不断地同前来袭击的国民党军队打仗，走了十多天才走出了草地。

（二）

我们过了草地，走过阿坝，有一天到了理县，走到一个叫黑水芦花的地方。这里地势险要，崇山峻岭，一片片原始森林，一道道深深河谷，是人迹罕至的地方，根本没有路。红军战士就想办法，在一个有几十丈深河谷的山崖石壁上打个洞，再把树桩打进洞里，在树桩与树桩之间搭上树枝，这就成了跨越河谷的通道。可是，在这样的路上行走是非常危险的，我们有许多战士就是在这里掉下了河谷，牺牲了。有时遇到山谷之间没有桥，红军战士就用竹子扭成绳索，把竹壳一破两半，将破成的竹筒扣在竹编的绳索上，我们把它叫作“扭壳子桥”，大家只能骑在“桥”的竹筒上滑过去。很多战士特别是女战士很难过去这样的“桥”，不少人从“桥”上掉下山谷牺牲了。这个地区野猴子还很多，红军队伍行军中不时受到野猴群的袭击。有时一个猴群大约有上百只猴子。可能是猴群突然见到了人，觉得特别惊奇，于是猴王一声大叫，群猴就从山顶上推着大石头往下滚，砸伤了不少战士。后来我们派一个班战士爬上山顶开枪把猴群赶跑，大队伍才顺利通过。

（三）

在红四方面军第一次过草地时，我遇见了姐姐，她看见我非常高兴，告诉我她在红四方面军总部被服厂工作。说着便急忙从口袋里拿出川陕边区用的布币给我，我说红军要过草地哪里也买不到东西，况且这布币在别的地方也不能用。我们姐弟一起谈了离家后的经历，然后依依不舍地分别，此后我们就再也没有见面，至今我也没有姐姐的音信。我与父亲最后一次见面是在黑水芦花，父亲当时在部队当司务长，他再三嘱咐我在红军要好好干，并相约晚上我到他的宿营地去找他。不料当天红军与敌人遭遇，一仗打下来就已经天黑了。我到父亲所在部队找他，战友们怕我难过，对我说这里没有这个人，实际上父亲已经在战斗中光荣牺牲了。没有见到父亲我不死心，第二天早上，我又到路边上站着，看着父亲所在的部队一个一个人走过，我一个一个辨认，直到大部队人马全都过去了，也没有见到父亲的踪影。当时我难过极了。我决心永远跟着红军干到底，完成父亲未竟的事业，为父亲和所有的劳苦大众报仇。

（四）

过了黑水芦花地区之后，不久就到了党岭山脚下。党岭山海拔5000多米，山上积雪常年不化，山势非常险峻，这就是我们第一次要翻越的雪山。据当地老乡讲，翻雪山的人要在嘴里含一块辣椒或生姜，就能抵挡住寒冷。我们把筹集到的生姜和辣椒分给每个战士一小块，开始出发翻越雪山。越是往雪山顶上攀登，越是寒风刺骨，当时我们的红军战士，身上只是穿着一层单衣，硬是抵挡着这样的严寒。山上空气非常稀薄，呼吸困难得很，再加上在过膝盖深的雪地里跋涉，每走一步都得使出全身的力量。有的地方积雪非常厚，山涧中几十丈高的松树在积雪中只能露出梢头。积雪覆盖的山涧非常松软，一不小心就会听到“沙”的一声，我们的战士或马匹就会掉进雪洞里。为了抢救战友，我们一个班战士把绑腿解下来，结在一起变成一条绳子，绳头拴上一块石头，顺着雪洞送下去，只要雪洞中的人还活着，他拉住绳子，大家使劲就能把他救出来。然而救上来的人是很少的，大多数人掉下去就再也没动静了。在雪山顶上我们决定休息一会儿，有的战士实在太累了，就坐了下来，可是几分钟后开始起程，他就不能动了，我们上去一推，人已经死了。当地老乡告诉我们，在雪山上绝不能坐下休息，因为雪山上空气稀薄，人一停下来就有生命危险，我们不少红军战士就是这样长眠在雪山上。雪山的气候变化无常，有时是大晴天，有时却突然下起鹅毛大雪或冰雹；有时是微风拂面，有时却突然刮起大风暴雪，天昏地暗，什么也看不清楚。就这样我们红军战士奇迹般地翻过了党岭雪山。大家豪迈地高诵："天空鸟飞绝，群山兽迹灭，红军英雄汉，踏碎寒冰雪。"

（五）

翻过雪山后，我随徐向前的指挥部驻扎在夹金山南的天全县任家坝，当时我在指挥部通信营当通讯员。徐向前总指挥个子高，身材也瘦，文质彬彬的，从外表上谁也看不出他是一员战将，是一位优秀的指挥员。徐总工作严谨，一丝不苟，考虑问题十分周到，要求下属非常严格。有时他彻夜工作，我们给他站岗，如果有事情他就把笔往桌子上一撂，弄出声音，我们听到了就立即进屋听从徐总指挥的吩咐，谁若是没听见，就要受到首长的批评，因为你没有用心为首长服务。可是在平时生活上徐总又是那样平易近人，他和我们一样穿着灰大衣，不同的是他的军大衣外面缝个大口袋，经常装些他常用的文件。有时吃过饭徐总还与大家一起打打篮球，说说笑笑，不分彼此。

有一次我们通信营接到徐总指挥的命令，任务是从我们的驻地任家坝，翻过夹金山到懋功，为红四方面军总部张国焘、陈昌浩、张琴秋等送一批文件材料。我们一排 30 人，每人背一捆。为了防备敌人的袭击，徐总另外又派两个排战士把我们夹在中间武装护送，一直送到我们上了夹金山，他们才返回。爬山时我们一个人踩着一个人的脚印走，谁走不动，大家就拉着他走，反正不能让任何一个人掉队。由于高山空气稀薄引起的不良反应，第二天中午爬到山顶时，我们很多战士的嘴角、鼻子、眼角都出了血。就这样我们走了一天一夜，直到第二天晚上才到了懋功，把信送到总部机关，然后又翻过夹金山，回到任家坝徐总指挥处，圆满完成了任务。长征途中翻越夹金雪山，大多数人过了一次，而我却过了三次，那样艰苦的战斗经历我一辈子也忘不了。

记得还有一次，徐总指挥派我从任家坝徒步往二三百里外的雅安送信。徐总指挥对我说，这次送信没有信函，要求我必须把信的内容全部背下来，到雅安向红四方面军总参谋长倪志亮复述。我那时虽不识字，但记忆力好。徐总说一句，我背一句，他说完一遍，我复述一遍，大约有 100 多字的内容,不一会儿我就一个字不漏地背了下来,徐总很满意。可过了五六分钟后，他又让我背了一遍，我又流利背了下来，于是徐总指挥才命令我立即去雅安执行任务。我走了半个多小时，发现我们警卫营战士骑马追上来了，说徐总指挥叫我跑回去见他。我赶紧上气不接下气地跑了回去，以为发生了什么新情况。徐总指挥微笑着说，你把刚才信的内容再复述一遍，我又熟练地背了下来。徐总指挥说 :“你到雅安可不要背漏了，要记住。你现在可以走了。”我日夜兼程赶了一天半的路到了雅安，见到了倪志亮同志，我把命令复述了一遍。命令的大致内容是 : 你们先头部队到达雅安与敌人遭遇时，应对敌人追击，打过雅江桥去，但由于没有乘胜追击，敌人逃过桥去后，把雅江桥炸了，问倪志亮同志能否尽快修复雅江桥，大约需要多少时间，当地的敌情如何，请回复。倪参谋长很快写了回信，我赶回来后把信交给了徐总指挥，他看过信后说:“你的任务完成得很好，回去休息吧！”后来我回过头一想，徐总指挥所以这样做，主要是担心通信员被俘后泄露机密，没文字信函，即使出现了意外，敌人也得不到什么。对徐总指挥在这件事上表现得如此严谨的作风，至今我怎么也不能忘怀。

（六）

1936 年 2 月，红四方面军撤出天全地区，经懋功到甘孜，途中再次翻越雪山后，还要经过艰难跋涉的大草地。为了适应过草地、筹集粮食和侦察道路的需要，红四方面军组建了一个骑兵师，分三个团和一个通信营，共 3500 多人，许世友同志任司令员。我从徐总指挥部被调到骑兵师，分配到师部警卫排工作。当时警卫排田排长对我各方面帮助很大，在他的教育和启发下，我向党组织提出了入党申请，党支部经过讨论决定同意我加入中国共产党。当时田排长找到许世友同志说：“介绍任寿武同志入党只有我一个人不行，应该有两名同志做介绍人，您能不能做另一个介绍人？”许世友同志爽快地说：“那好吧！”听说许司令员做我的入党介绍人，我非常激动。我的入党宣誓仪式就在许世友同志的办公室里举行。许司令的办公室和住处设在一个被红军占领的反动土司的房子里。入党宣誓那一天，许世友同志办公室的墙上挂着鲜红的党旗，参加的人只有许世友和全排的党员同志。田排长领誓，我在庄严的党旗下宣誓，决心要把我的一切及生命献给伟大的共产主义事业。半年后，我的预备党员转正。

在过草地途中，我们骑兵师在大部队向噶曲地区前进时走在最前头，突然前面的侦察兵骑马跑过来向许世友同志报告说，前方山头背后有一股反动土司部队正向山顶移动，如果敌人先于我们占领制高点向我军进攻，我军就要遭到严重损失。许世友同志当机立断，只见他骑在马上，一手拿着匣子枪，一手拿着大马刀，命令我们师部骑兵警卫排紧跟着他冲，一定要抢在敌人前面占领山头，随后三个骑兵团快速接应。接着他大喊一声“冲！”就自己跃马挥刀冲在最前头。我们警卫排 30 多名战士紧紧跟随着他，生怕首长出了问题。然而我们使出了全身力气拼命在后面追赶，就是追不上他，只见他一个人骑马跑得飞快，把我们远远抛在后面。不一会儿，许司令员单枪匹马冲上了山头，和敌人交上了火。接着我们警卫排也冲上了山头，护卫在许世友同志的左右，把敌人压了下去。随后三个团骑兵也赶到。战斗打得很激烈，敌人死伤无数。反动土司败退后，把山下的牲畜和藏民一起带走。战斗结束后，我们才看清山下是一个盆地形的草场，宽阔的草地上还有土司没有来得及撤走的十几座帐篷，那里面还有许多肉和粮食。当晚许世友同志命令我们在帐篷里扎寨休整。晚饭后，许世友同志命令警卫排紧急集合，大家站好后，许司令员用眼睛扫了一下大家，先问道："你们中间是不是有改字派（叛徒）？"大家莫名其妙，异口同声地说："我们红军战士没有改字派！"许司令员说："今天在山头上的那一仗，如果不是我抢先跑上了山头，我们红军骑兵师损失惨了，可是你们这么多人就没有一个人和我同时跑上山头，这分明是怕死嘛！怕死不就是改字派吗！"我们听了许司令员这一番话，一方面非常佩服他无比英勇善战不怕牺牲的革命精神；另一方面我们又觉得有点委屈，一是我们的马没有司令员的马跑得快，二是我们的骑术也不如他。但是对司令员的批评我们还是服气的。从这件事上我们不仅加深了对他的敬仰之情，也增强了我们的严格自律精神。

谁知军情瞬息万变，就在当天晚上我们睡到半夜时，反动土司又来偷袭我们了。许司令员立即召集三个骑兵团长开会，命令三个骑兵团各占领一个山头，一定要守住阵地，谁也不许后退，否则就按军法论处。我们警卫排也投入了战斗。这次夜战打得很艰苦，一直到天蒙蒙亮时，我们才打退了敌人，双方伤亡都很大。我看见了我很熟悉的一位指导员，肠子都被打出来了，他自己用双手把肠子捧着往肚子里一塞，外面用布一包扎，又接着与敌人厮杀。后来把他送到红军总医院治疗，几个星期后他竟奇迹般地活过来了，又回到了我们中间。天大亮结束战斗时，只见横尸遍野，每个红军战士的战刀和身上都是血淋淋的。我们打扫了战场，掩埋了战友的尸体。正在我们收拾战利品的时候，只见有一大群羊在牧羊狗的带领下，向我们的帐篷走来。大家一见这场面非常高兴，我们的战利品中又添了这么多只羊。在这次战斗中，我们除了缴获敌人的武器和粮油外，还有50多两重、一尺来长的银元宝六个，小的银元宝也有一些。我们携带着这些东西走到噶曲河边时，河水又窄又深，大家就说这些银元宝这么重，又不能花掉，带着它行军过河太不方便了，怎么办好呢？我灵机一动说："还不如把这些银元宝扔到噶曲河里，我们既轻了装，敌人也拿不到，以后有用时再说。"大家都认为这是个好办法。我们大家一起把这些银元宝"扑通、扑通"都扔到河里了。我想这些银元宝至今还沉睡在那里。

这天晚上，我们骑兵师和红军大部队隔着不远都在草地里宿营。我们看见总部的朱德总司令拄着拐杖，正在察看部队各部分战士，他每走到一处就亲切和蔼地询问各方面的情况。问战士们是哪一部分的，见战士们在吃饭，就问吃的是什么，做的饭多不多，还笑着说：给我吃点行不行。战士们赶快给朱总司令盛了一小碗，他吃了一点点，又到其他部队的宿营地去看望。当时我们骑兵师师部作训科长刘清南同志看在眼里，记在心里。大家都知道，朱总司令是坚决执行党中央决议的，要走出草地北上抗日，而张国焘不同意，就故意刁难朱老总，不给他马骑，不给他粮食。当天黑下来的时候，刘清南同志把我和几个人叫去，说："派你们执行个任务。天黑后，你们去朱总司令住的地方送去一匹好马、一袋面、半袋米、3斤挂面，我们不能让朱老总饿着和我们一起过草地。送去后你们不要说是谁送的，这件事也不要对别人讲。"按照刘科长的吩咐，我们把东西送给了朱老总。他很高兴地说："谢谢你们。"后来我们看到朱老总有马骑，有粮吃，指挥红军继续前进，我们感到由衷的高兴。从此我们红军向会宁地区继续前进。（陈文清整理）

选自《党史纵横》1997年第10期。

任寿武，1919 年生，四川苍溪人。1933 年参加中国工农红军，1935 年加入中国共产党。红军长征时任红四方面军总部通信员、骑兵师师部警卫排战士。新中国成立后，曾任解放军机械化第一师二团政治委员、师政治部副主任兼直政处主任，商洛军分区副政治委员，陕西省体委主任等职。2005 年在成都逝世。

长征叙事①

何纯尧

1933年初，红军来到我的家乡四川南江，成立了苏维埃政权，打土豪、分田地，并告诉乡亲们：红军是穷人的队伍，是专门打那些骑在穷人头上的地主、土豪的，是帮穷人过上好日子的队伍。当时我才十二三岁，我亲眼看见那些红军战士帮助穷人担水，耕地，给穷人治病，受到老百姓的热烈拥护。红军的一位连长说：要过上好日子，就要跟着共产党，参加红军，打土豪、打反动派，穷人才有出头的日子。虽然当时我不知道共产党是什么，但红军来了，我们家分到了田地，分到了财物，我们吃饱了饭，这是活生生的事实。于是我和其他乡亲一起去报名参加红军。工作人员觉得我年纪太小，不肯收我，我就死缠硬磨不走。这时一个干部模样的红军首长看见了，问我："娃娃，你为什么要参加红军？"我回答说："参加红军就不怕地主欺负了，就能吃饱饭了。"那位红军领导笑了笑说："好！为了不让地主、反动派欺负你们这些受苦的娃娃，让你们吃饱饭，过上好日子，就收下你了。"

参加红军后，首长叫我当勤务兵。我看到和我一起参军的乡亲们有的发了长枪，有的发了大刀、长矛，而我什么也没有，心中很不乐意当这个勤务兵，多次要求发枪给我，去打土豪、打地主。首长见我

① 编者对原文略有删改。

不高兴，就耐心地开导我说：“当勤务兵也是革命。”我问首长说：“什么是革命？”首长说:“打土豪、打反动派，让他们永远欺负不了穷人，就是革命。”我对“革命”二字开始有了粗浅的认识，便听首长的话，当了勤务兵。后来营长知晓我读过两年私塾，能识几个字，人也比较机灵，就叫我当传令兵。我在当传令兵期间，别人完不成的任务我能完成；别人找不到的地方，我能找到，任务完成得比较出色，受到部队首长的称赞。

1935 年四五月间，我随红四方面军在猫儿跳（小地名）过嘉陵江，由于一路上有国民党军队的围追堵截，我们白天不能活动，只能在夜间行走。那段时间天气也不好，每天都在下雨，在红军到达小坝地（小地名）的途中我生病了，又吐、又拉，还发高烧，整天头都是昏昏沉沉的。首长看我又病得这么厉害，就在当地为我找了一家（红军家属），给我留下 100 元现大洋，要我留在老乡家，好好养病，说:“前面的路还很长，等你养好病后，我再派人来接你。”我听了坚决不同意，一定要跟着首长走，首长还是叫我留下养病，我急得哭了，首长见我态度坚决，也舍不得我，就叫两名战士一路上照顾我。行军时，一名战士拿着一串干辣椒对我说：“吃辣椒能退热。”我一听，就抓过几个干辣椒塞进口中大嚼起来，霎时辣的我满头大汗，身上的衣服也汗湿了。说来真怪，汗水一出，身上的热也退了，我的精神好了很多。

当部队走到离茂州不远的一个垭口，部队在那里休整，首长叫我们守垭口。这个任务比较艰巨，一是要拦截国民党军队的进攻；二是要劝阻部分红军家属及川陕苏区的政府人员，叫他们不要跟着部队走，留在当地继续坚持革命。

在守垭口时，国民党军队向垭口进行了几次疯狂的进攻，我们利用手中的土枪、土炮、大刀英勇战斗，击退了敌人多次进攻。在战斗中，司令员叫我传达命令给营长，在传达完命令正准备返回时，被敌人的一颗子弹打伤了右小腿，顿时鲜血直流。当时条件非常艰苦，战场上没有专门的医护人员，也没有什么药品，我赶紧就把自己的衣服撕下一块包扎伤口止血，及时返回司令部。面对敌人强大的攻势，部队被迫转移，由于生病未愈，加上枪伤流血过多，在转移的途中，我昏了过去。也不知过了多久，我感觉到好像有人在推我，我睁开眼睛一看，一位老战士端着一大碗热腾腾的开水站在我的面前。我努力坐起来，接过碗，一口气将开水喝了下去，才感觉自己活过来了。经过多天的行军，我被送到黑水的红军医院治疗，此时伤口已感染化脓、溃烂。在没有麻药的情况下，我咬紧牙关，忍着剧痛，让医生取出了我小腿里的子弹头。

在转移途中的一天上午，当部队走到一个圆堡的地方时，碰上国民党军队的阻击，双方展开了激战。在战斗中，我被敌人的炮火震昏了，由于时间紧急，部队撤退时战友们都认为我牺牲了，没有管我。到下午我被太阳晒醒了，一看周围一个人也没有，只有战后留下的尸体，部队也不知撤到什么地方去了。这时我想我一个人怎么办？身上的枪及干粮都没有了，我总不能在这里等死吧？我要找部队！怀着“我一定要找到部队”的坚定信念，我摸黑走了整整一夜，才看到一藏民的木板房，走进木板房。看见里面有几个掉队的战士在烤火，我刚走到火堆边，又累又饿就一下又昏倒了。第二天醒来，我走出木板房，看见昨天烤火的那几个战士已被杀死倒在山坡上。我独自顺着大部队走过的脚印继续追赶部队，由于身上没有干粮，饿了我就找水喝，喝饱了又坚持走，饿了又找水喝……那些天自己一人走在路上都能听到水在肚子里叮咚叮咚地响。

在寻找部队的途中，一路上看到地上躺着很多自己的战友，他们有的受伤严重无法行走，有的已经死了，随时还能碰见国民党的追兵。有一次，我听到远远传来一阵杂乱的马蹄声，就迅速找地方隐蔽起来，这时一队国民党骑兵从我身旁飞驰而过，他们手舞战刀，非常残忍地将一些受伤掉队躺在地上无法行走的战友们活活砍死，身首分离，血流一地，国民党骑兵走过的路上，红军战士的尸首随处可见。我看见国民党军队的暴行，更加激发我打土豪、打反动派，跟红军干革命的决心。

在我独自寻找部队的几天中，渡过一条河，这条河表面看水不深，我下河时水也只有齐腿深，我十分放心地走着，眼看快到岸边了，谁知毫不提防的我，脚迈出去就踩空了，人一下子就沉到一个深潭里。我不会游泳，拼命在水中挣扎，突然抓住了一根树木，才捡回一条性命。爬上岸又走，这样坚持走了五六天，有天晚上我实在太累了，就在小树林里靠着树睡着了，不知什么时候我被雨淋醒了，这时正巧过来一支红军医疗队发现了我，护士看我又伤又饿，就抓了一把奶渣给我，我看见护士要将为伤员煮过麦子的水倒掉时，赶紧问："能把那水给我喝吗？"护士就把水给了我。我就一把奶渣，一口水地吃了一顿。几天以来，我一直是靠喝水维持，未进一点食物，现在吃着奶渣，喝着煮过麦子的水感觉香极了，美极了。

第二天，我独自继续往前走，到了查理寺（地名），到处都是部队，我就开始寻找自己的部队，可找了一天也未找到。我就到地里捡一些变质的麦穗，晚上在寺庙里，搓麦穗用脸盆炒麦粒，然后找了块破布包起来充饥。第二天清晨，天刚麻麻亮，我又出去找部队，没走多远，突然碰到司令员的马夫在叫另一个人，我就叫马夫的名字，他一看见我，吓得拔腿就跑，边跑还边大声地喊："打鬼，打鬼，你是鬼，不要来害我。"我在后面追，边追边给他说："我是人，不是鬼，我没有死。"我喊了多次，他才慢慢站住对我说："别人都说看见你死了。"我说："我没有死。"还对他讲了我活过来后这几天的经历，后来他才相信了，把我带回了部队。这时，部队正在做爬雪山、过草地的准备工作。

紧接着红军到了藏区，开始藏民对红军不了解，加上国民党的反动宣传，大部分藏民都躲起来，粮食也埋藏起来了。有的还时常成群结队骑马持枪对我们进行骚扰，打伤了我们很多的同志，严重影响了我们筹粮等工作的准备。在这种情况下，上级命令我们不准开枪还击，不准抢劫藏民的财物，还叫懂藏语的同志深入藏民家做工作，告诉他们红军是穷人的队伍，也是藏族穷人的队伍，是为大家谋幸福的。后来藏族同胞看见红军队伍纪律严明，不像国民党宣传的那样，才逐渐对红军有所了解，打消顾虑，开始和我们接触，后来还把埋藏的粮食拿出来送给我们。记得一位藏族大妈看我年纪小，身体有病又有伤，穿着单衣还要爬雪山，很心痛我，要送一件藏服给我，但我们当时有严格的规定和纪律，不准白拿老百姓的东西，我就坚持不要，那位藏族大妈找到司令部，硬要见首长，后来还是首长给了她两个银元，我才收下了衣服。至今回想起来，永远都忘不了那位藏族大妈对当年红军的支持，对我的情义。

虽然经过几天短暂的准备和休整，但一下来了这么多部队，这么多的人，使得物质和粮食非常缺乏。我们很多战士仍身穿单衣，为了抵御寒冷，我们将能御寒的一切物品包括稻草都捆在身上，有的还把干辣椒和野胡椒带在身上，准备在爬山时用吃辣椒造热的土办法来增加身体的热量，抵御寒冷。

巍巍雪山，空气稀薄，山高缺氧，在我们爬雪山的当天，天上下着鹅毛大雪，刺骨的寒风夹着雪花直扑我的身上，加上山路陡峭，那真是寸步难行呀！就在部队刚爬山不久，和我一起当兵的另一位战友，突然生病，他全身打着寒颤，眼看就要不行了，我立即将藏族大妈送给我的藏服脱下让他穿上。我自己则穿着单衣，寒风吹得我全身发抖，我也有点走不动了，这时我头脑中闪现出我上次掉队寻找部队的情景，我想：这次我一定不能掉队，无论再辛苦，再艰难只要人不倒，就要紧跟队伍走。接着我从包内掏出事先准备的干辣椒，放在嘴里使劲地嚼，用这个曾经为我发烧时退热出汗的土办法，来让我身上增加点热量，抵御寒冷的侵袭，并把牺牲战友身上的稻草解下来，捆在自己身上继续往前走。我看见有的战友走不动了，想坐下歇口气，谁知一坐下后就再也起不来了。针对这种情况，部队首长叫我们爬山时不能停、不能坐，下山时不能往下滑。我身边的一位战友，在即将要下山时，对我说：“我实在走不动了。”我听后赶快叫他不要坐下，要坚持走，还没等到我把话说完，这位战友就倒在地上，再也起不来了。那位曾经用一大碗热开水救过我命的老战士在爬雪山时滑下山崖，牺牲了。

回望走过的雪山，随处依稀可见的一些黑点，那都是死去的战友，我们用雪将有些战友埋在了雪山上。

爬完白雪皑皑的雪山，我们走进了荒无人烟的茫茫大草原。在我们走过的草地中有两种：一种是旱草地，另一种是水草地。水草地有沼泽，人在泥泞中行走，没走几步就没有力气了，可说是举步维艰。在走水草地时，还时常有人和马匹及牲口陷进去，无法逃生。记得和我一起参加红军的一位同乡，因刚开始走草地，不了解草地的习性，在伸手去救陷在泥潭中的另一位战友时，自己也被拖下了泥潭牺牲了。有一次我不小心一脚踩进了一个泥潭，身体开始往下陷，旁边的战友发现了，叫我马上向后倒地，他们几个人抓住我的手把我往后拖，由于陷得不深，终于把我从泥潭中拉了出来，在战友们的帮助下，我又一次逃过了死亡。

在草地除了要面对危险的沼泽地外，我们还忍受着饥饿的严峻考验。虽然我们在进草地时，大家都准备了一点干粮（约一至二斤麦子），但超强的体力消耗，使我的粮食很快就吃完了。在几天的草原行军中，前后看不到边，没有人烟，我们到哪里去弄粮食呀？为了充饥填肚子，有力气走出草地，同时还要随时提防国民党军队的袭击，我们就挖野菜、吃草根。开始大家都不认识毒野草，将挖回来的野菜混在一起煮了吃，结果有的战友吃了全身发肿，严重的中毒身亡。我身边有些战友因吃了有毒的野菜死去了，我当时见了十分害怕。就不敢随便吃野菜，但肚子饿了又怎么办呢？我想起掉队寻找部队时，用喝水充饥的方法，后来当其他战友吃野菜时，我就到处找水喝，结果就用这个办法我走出草地。

事后回想自己几次死里逃生的经历，我的内心充满了恐惧，不知这样的死亡今后还会碰上几次，心中不由升起对家的思恋，冬天家中那温馨的炉火，母亲带着我们兄弟几人，围坐在火炉旁的情景时时出现在我的眼前。我五岁时，父亲给地主当长工，因劳累过度，病重无钱医治而去世，母亲为了扶养我们长大，呕心沥血，含辛茹苦，操持了家中的一切劳务。我在家里是老幺，母亲及哥嫂都十分喜爱我，我真想马上回家，与他们团聚。但是回想参加红军的这几年来，首长对我的帮助和教育，让我明白了为什么要革命，红军为什么要长征的道理。特别是经过参加红军几年来的战斗洗礼，使我明白不打倒反动派，劳动人民就过不上好日子的道理。回首长征以来的这段往事，为革命献出生命的战友们，更加坚定了我跟着红军打地主、打土豪、打反动派的决心。那时我年龄虽小，但首长讲的这些道理至今都常常地刻在我的脑海中，让我永远难忘，也一直指引我以后的革命生涯。

1935 年秋，部队到了中阿坝。在中阿坝时，红四方面军领导张国焘来看望我们，随身带了一个警卫排，第二天开大会时，问大家："是北上还是南下。"我当时年龄小，也不知什么是北上和南下，只听张说，北上到甘肃，要走很远，路上很辛苦；南下就是四五天到成都，可以吃米饭和苞谷。因为当时红四方面军大部分是四川人，都同意南下。第二天部队敲锣打鼓的开始南下，边走还边喊口号："反对右倾机会主义向北逃跑。"一连走了五六天，打了很多仗，又死了很多战友。让我们感到纳闷的是，部队一直打到遂宁、雅安，也没有看见米饭和苞谷在哪里，以后就在当地开展武装斗争。直到 1936 年 7 月红四方面军和红二方面军在甘孜会合，才停止喊"反对右倾机会主义向北逃跑"的口号，我随部队北上到保安，然后到延安。

选自中共重庆市委组织部、中共重庆市委宣传部、中共重庆市委老干部局、中共重庆市委党史研究室编：《峥嵘岁月——重庆市老干部回忆录第三集》，2006年10月，第60—70页。

何纯尧，1919 年生，四川南江人。1933 年参加中国工农红军，1937 年加入中国共产党。红军长征时任红四方面军通信员。新中国成立后，曾任重庆市交通局副局长、重庆市人大常委等职。2012 年在重庆逝世。

永远的记忆

王永亮

红军长征胜利已经70周年了，但当年参加长征的记忆在我的脑海里依旧那么清晰，每当我想起长征时的艰苦岁月，想起那些和我并肩战斗的战友，总会彻夜难眠，热泪盈眶。

强渡嘉陵江

1935年3月28日晚上9点多钟，接到上级命令强渡嘉陵江。渡江时我们看护连的指战员和伤病员登上用树木做的小木船、竹筏，迎着敌人密集的炮火向江的对岸划去。敌人的炮弹炸在江中，激起数米高的水柱和浪花，有的小船被炸沉、炸翻，有的船只过不去，第一次渡江没有成功。部队重新集合进入大山里，作第二次渡江准备，砍树造船，船只集中，火力集中，就这样我们看护连渡过了嘉陵江。过江后我们到了一个小镇上，在江边站岗的战士听到江的岔口处有哗哗的响声，以为有敌人，再一看原来是一条非常大的鲇鱼，几个战士把鱼捞上来交到炊事班，炊事班用猪油炸了一盆，战士们可解馋了。

两次翻越夹金山

1935 年红四方面军从川陕根据地出发，一路上由于国民党十几万军队到处围追堵截，天上飞机轰炸，地上派兵尾追，红军从敌人的包围之中杀出一条血路，一路急行军来到了海拔几千米高的夹金山。夹金山常年积雪，当地人称它为神山，无人去过，我们也是第一次过这样的雪山，很是不习惯，山高空气稀薄，战士们上到半山腰，就觉得胸闷气短，喘不过气来。气候还极为恶劣，随时都有暴风雪和冰雹打下来，我们都用树枝做拐杖，艰难地向上爬，年龄小的战士没有多大体力，尤其我们看护连的伤员们更是看着雪山发愁，再加上没有吃的，就靠我们卫生人员的帮助，才勉强跟着往上爬，有的伤员就牺牲在半山腰的雪山上。

第二次是由于张国焘分裂红军，红四方面军又返回来南下，第二次过草地之后，再次翻越夹金山。由于没有吃的，没有药品，敌兵再追，战士们已经没有精力再爬这么高的雪山了。可是不爬雪山又回不去，只能死在草地里，没有办法，战士们手拉着手，拄着木棍艰难地往上爬。身上穿的单薄衣裳，脚上穿着草鞋，没有草鞋的就用破布裹着，有的走到半山腰草鞋没有了，有的战士牺牲时非常可怜，刚才还听到说话声，一会儿人掉到雪坑里，眼看着自己的战友牺牲，救都没法救，真是非常难过。

过草地

过草地时，有时太阳很高，没过一会儿，就乌云密布，狂风暴雨，雹子打得你都不知捂哪好，时常被雨水淋的浑身透湿，被雹子打得鼻青脸肿。红军战士大都是年轻人，还有不少小战士，我这个看护长责任非常重大，既要看好小战士又要照顾好伤员。休息时，不管有多累我也要先检查战友们几个人盖一床被子，还要看用单子搭的小棚子能睡几个人，那时当个小干部是非常有责任心的。过草地时，走着走着有的战士或伤员就找不到了，再一看人已经陷到沼泽地，一个个只露着头，挣扎着往上爬，抢救及时爬上来的继续前进，爬不上来的就牺牲了。因伤病、饥饿，我身边还有不少战友就在过草地的途中倒下，而再也没有醒来。

1936 年第三次过草地时，部队正在宿营休息。在草地艰难地行走了几天的战士们，没有吃一点东西，饿得眼前直冒金花。突然看见一头牦牛，战士们不顾一切扑上去，扭住牛头的角，一使劲就把牛放倒了，用刀子把牛血放出来，挖个地坑点上火，放在大锅里用热水一烫，那肉还没有熟，就一人一块吃了。当时觉得很好吃，比草根、树皮、皮带好吃多了，尤其比饿极了捡马拉出的“玉米粒”要香得多，当时就感到浑身是劲。

过腊子口

1936 年红四方面军第三次过草地之后，经过一个星期的行军，到了甘肃的腊子口。现在想起腊子口的那些险情，头都有些发胀。腊子口地形险要，我们走在羊肠小道上，下面是非常深的河流，天上有国民党的飞机轰炸，山上有敌人往下扔石头。走着走着，又下起了大雨，战士们浑身上下都湿透了。我正好有一块破羊皮顶在头上，雨水打得你都睁不开眼，走到晚上伸手不见五指，当时大家都非常疲劳，又冷、又困、又饿，天空打一下闪才敢走几步。当时脑子总在想，白天要是牺牲了，还有战友知道，如果今天晚上死了都不知道是怎么死的，是敌人扔乱石砸死的？还是被敌人子弹打死的？或是掉下河里淹死的？天快亮了，前面的部队摸上山，打退了山上的敌人，部队才过了腊子口。

中共天津市委党史研究室供稿。

王永亮，1916 年生，河南光山人。1931 年参加革命，1936 年加入中国共产党。红军长征时任红四方面军第三十一军医院看护长。新中国成立后，曾任天津市机床厂副厂长。2009 年在天津逝世。

忆长征前后的坎坷历程①

王佩章

60年前，举世瞩目的中国工农红军经受了信念和人类生命极限的考验，胜利地完成了二万五千里长征，打开了中国革命的新局面。

步行千里当红军

1911年我出生在四川广汉新白乡缪家河坝漩水沱的一个世代农民家中。兄妹七人，我排行第三。从小在新丰乡小学念过书，因家中人口多，生活困难，14岁那年，父亲便送我去成都府（今成都市）西街的一家修表店当学徒。两年后，听人说有一个兵工厂要招工，那里的工钱多，我托人去说妥，便去兵工厂当了工人。

1933年秋，成都的学生都歌唱《东北救亡曲》，不久工厂也唱起来了。当时传说东三省被日本鬼子侵占了，伪政府出告示不准唱这首歌，并说是共产党在传谣。没几天警察局开始抓人，闹得社会上人心惶惶，有些工人跑到乡下去了。这时我的家里带信来说老人病了。我便请假回家看望病人。那时广汉更乱，当地政府下令清乡，抓壮丁，捉共产党，

① 编者对原文略有修订。

逼得许多年轻人都躲出去了。我在家住了几天，耳闻传说不一：有的说共产党到川北去了，家里的人则说政府正在清乡、捉人，不如出去躲一躲,等待安定一点再回来。我便到连山乡住在一位朋友的家。他说金堂、中江有年轻人到川北当红军去了，红军是共产党的队伍，为穷人办事，不抓丁，青年人去就行。我问川北在哪？他说在南充那边。我便打定主意去当红军，他即给我凑了点路费。为了路上能顺利通行，我买了一把斧头、一把锯，用竹竿扛上，遇有人问，便说是修家具的。

到了南充，一打听，人们说还要往北走，只要看见穿黑军服、帽子上有个红五星的就是。我一直走到南江县的一个镇子上，只见村边晒坝有部队在出操，走近去问一位军人："老总，你们是那一部分的？"他说："我们不叫老总，叫同志，你有什么事？"我说："家住成都府，听说这边有红军。"他说："我们就是红军，你想当红军吗？"我说就是来当红军的。他便把我领到部队。队长对我说:"我们是中国工农红军，专为老百姓办事的，是红四方面军二十五师七十五团警通大队；这里就是共产党领导的苏区，主席张国焘、总指挥徐向前、政委陈昌浩。"当时我十分高兴，从家乡步行1000余里，历尽艰苦，终于找到了红军，当上了红军。

西进长征过草地

1935年5月,红四方面军离开川陕苏区的通(江)、南(江),巴(中)向西进发，开始了艰苦卓绝的长征。部队途经广元就开始打仗，到达江油时，仗越打越大。再往西经千佛山、茂县、理番（今理县），天天都是行军打仗。有一天大队教导员召集全队队员讲话："红四方面军要去迎接中央红军，蒋介石阻拦，特调来胡宗南、薛岳，邓锡侯等部，他坐镇成都指挥，对中央红军也在进行围堵、尾追，我们只有边打边走，在茂县打掉了胡宗南的一个旅，又给我们添补了装备，直到米亚罗，情况才开始好些。”

7 月中旬的一天，教导员又讲 :“中央首长来了，几天都在开会，决定红军要北上去打日本侵略军。”当时才离开苏区不久，又才打了胜仗，吃穿都没什么困难，战士思想简单，当兵打仗叫到哪就到哪，都不在乎。那天大队长集合部队讲话 :“这次北上要过草地，带几天干粮，马上就要出发。”走了个把月，在毛儿盖住了两天，教导员动员过草地。茫茫无际的大草原，没有人烟，向导都找不到，我们花钱雇了两个通司，会说汉话。这里筹粮困难，每人每天一斤粮，供给部发的青稞，大家炒熟打成细粉做干粮。进了草地后干粮也不能随便吃，只能按规定的时间吃，这是命令，犯了要受处分。

进了草地，走了三天，有的单位就说干粮没发够，已吃完了。部队领导说，干粮吃完了，只有吃野菜、野果。其实那里本来就无什么可吃的野果。草地连天降雨，积水泛滥，淹没行路，只好由前面专门探路的同志在发现泥潭的地方插个标记，以防止后来者被陷没。当时草甸也被淹没，到处是潴淤水，水有毒，不能吃，陈年蓑草腐烂其中，有伤口的染上很快溃肿，重者成残废。有时不慎干粮掉进水里，捞起来也不能吃，遍地是水也不能喝，偶遇小溪，没柴没火烧不开，怕有毒也不敢喝，只有忍渴，艰难行军。眼看广大指战员的体质日渐衰弱，不少战士在行军中突然倒下去，再也起不来了。我们整整在泥潭里泡了五天，才走出了草地，到达了包座，此时清兵点将，各单位都有一些同志在恶劣的自然环境英勇捐躯，永远留在草地了。

水煮皮件当饭吃

北上到达包座，已是 8 月下旬，在那里住了十来天，只听说中央首长在开会，我们团的驻地离包座十几里，什么也不知道。一天大队长开会说有任务，发了干粮就出发。队长又讲，向南走，不准问。当兵的跟着走，走了一天旱路，又进草地了。

9 月的草地，气候一日万变，瞬时劲风夹着雪片，向露宿在草坡上的身着单衣，靠相互依挨、用体温借暖的战士袭来，内无果腹之食，外无御寒之衣，可谓饥寒交迫。每当离开宿营地，总会留有盖上一层白雪而长眠于世的红军烈士。我军指战员在革命信念的激励下，以顽强拼搏的革命斗志和高度的阶级友爱，与大自然进行殊死搏斗。

干粮吃完了，战士们吃野菜、野果，吞嚼火烧水煮后的皮带、马鞍、皮鞋和枪背带等皮件。指战员们用豪言壮语自编了顺口溜："身无寒衣肚内饥，晕倒爬起来跟上去，走到宿营地""天当被，地当床，暴风雨来了当蚊帐""天上无鸟飞，地上无人炊，茫茫草原，蓝蓝的天，只有红军亲眼见。"一把干粮、一条军毯，我传给他，他又传给别人。对每一个置身于这种死神随时来临的荒原的战士来说，首先想到的是故友和同志。

行军途中住医院

部队二到毛儿盖，休息了三天，团政治处主任对大家说："毛泽东犯了右倾错误往北跑了，他们是湖南人，不愿跟他们走的朱总司令、刘伯承总参谋长都是四川人没有走，我们是四川的红军，他们走不多远不饿死，也会被敌人消灭的，我们要在川西北开辟苏区。我们九军属总部直接指挥，马上要去打党坝。"①

此时我生病了，不能吃东西，动不得，肚子胀得像鼓，几天没有大

① 张国焘违背中央北上方针南下，并诬蔑毛泽东等为"右倾逃跑"——编者注。

便。当时因连续过草地，长途行军，病号很多，一行动就只有大家互相搀扶着。不久把不能动的人交给了卅军。政委张广才讲，不管哪个单位的伤病员，不能走的都送到卓克基医院。到医院又拖了几天，实在不行了。一天医院的同志找来一块肥皂，泡化成水，给我盥肠、通便，医生说是肠梗阻塞。人确实拖垮了。医院是流动的，又转到马尔康，到处没粮食，病号吃青稞粉，重病号吃玉米粉糊糊，一餐每人分不到两小碗；根本没药，就是住下休息，说不上治疗，经常都见有红军战士的遗体往外抬，心多紧啊！

冬天的马尔康，单衣不能御寒，供给部门弄了些羊毛分给大家，叫各自搓捻成毛线，发动女兵织毛衣。还有些羊皮，硝制成革，给每人做了一件无袖的皮卡克，暖暖前胸后背，白天能动的伤病员去捡柴，回来给大家烤火。伤口看着溃烂，开始用盐水洗、消毒，以后找不到盐，连人吃的也没有。医生讲，人常不吃盐也不行，后来有人想出法子，挖硝土熬水，过滤沉净当盐吃，又苦又涩。医院转到大金（今金川县），住了一段时间，已是 1936 年 4 月份了，但那里仍似寒冬季节，气候多变，随眼看去，战士们都在浑身哆嗦，牙齿打架。

归队后任中队副

1936 年 4 月底,九军伤病员都想早日出院,议论纷纷。当时有人说:“九军没有了”,战士们一下情绪不安。院长给大家讲话:“要安心养病，不要听谣传。说没有九军了是乱说,要追究责任。”这一下再没人说了，说了的心里也很紧，害怕特派员来查问。

到了 5 月，五军过来了。院长说原九军的同志可以归队了。五军军长是董振堂，政委是黄超，政治部主任是杨克明。我和部分同志出院归队了，上级领导叫我还是回警通大队二中队，担任中队副队长。

重过草地听动员

7 月初的一天，军部杨克明主任在军直机关和纵队的大会上讲，党中央、毛主席他们去年北上到陕北后，打了很多胜仗，工作开展得很好，二方面军也来了，中国工农红军三大主力要会师陕北，全力抗日。大家要做好准备，再过草地，待供给部发了干粮就出发。这次我们走的线路还是毛儿盖、班佑，军直纵队走前面，大部队走后面。这次的路线比较熟悉，也要好走些。大家知道草地的困难，主要是吃、住，没有人烟的地方，一走几天，大家又要吃一次大苦了。热天过草地，要比去年 9 月的气候条件好些。我们是共产党领导的军队，过草地吃点苦算个啥？部队首长和大家都是一样，同甘共苦，要发扬红军的好传统，团结互助，党员、团员、干部带头，帮助小同志、伤病员和体弱的女同志，我们的任务是走出草地，走出草地就是胜利，第一个目标是到包座。

会后大家议论纷纷，首长讲得清，毛主席他们到陕北了，不知道是哪个当官的乱摆布，叫我们在这里转草地，一个连队几过草地把人都给过完了。我说，北上南下都是上边的事，咱们当兵的叫走哪就走哪，不要乱猜想，说错了特派员来查问就麻烦了。

两天后，李屏仁参谋长在军部机关召开的会上讲：原计划每人发 10—15 斤干粮，因筹不齐，每人只发七八斤，另外筹集了部分牛羊，分给各单位，可抽调些不扛枪的小同志，组成牵牛队，行军时拉着走，住下就放牛，吃完粮食就杀牛；吃粮要听命令，按规定的时间和定量，不准乱吃，犯了要受处分，因早吃完会饿死在草地的；杀牛要先报经营部批准，营里规定杀一头牛吃几天，除了皮子外，头、蹄、内脏都必须吃干净，绝不能有丝毫浪费。会上，还发了《吃野果须知》的小册子，叫连队干部教会战士认识和采摘野菜、野果。他又讲，原准备给每人发一套衣服，三人一件雨具，五人一条毯子，30 人一个帐篷，因部队人多，需要量大，途经的地方又穷，筹集不起，所以都取消了。口粮还将在北上途中设法添补，别的什么也没有了。

北上三次过草地

1936 年 8 月，我们北上第三次过草地，是走芦花、毛儿盖。战前动员后休息了两天，军部即命令军直纵迅速前进，前边就是茫茫的草原。8 月的草地还是高温，白天 35 度左右，夜晚都不下 25 度，人们成天像泡在热水塘子里，没有多的话，你可静听 :“加油跟上，走好”。大家只有一个信念 :“走出草地就是胜利”。一天虽只走几十里，确实是人困马乏。三五人相互拉扯着前进，提心吊胆，随时有陷入泥潭淹没的危险。碰上有草墩子就休息一会儿再走，天黑时要找一个大点的草甸宿营，此时各排要先报告又走掉了几个人。整整走了七天才到包座。进草地之后，没有吃饱过一次，每天泡在热泥浆里，每前进一步，都要使出全身气力。最后两天确实太难了,有的人走着走着身子一歪,眼翻几下，来不及说话，就长眠于草原了。他们实际上多是饿死或累死的。

七天的草地行军，要比旱地走一个月还难。我们部队从黄胜关出发时的 118 人，到班佑后还有 92 人，总共牺牲了 20 多人。

巨石砸我负重伤

在哈达铺休息了三天，补充了一些干粮，部队朝岷县方向进发了。腊子口是甘南较大的一座山的门户，也是我军必经之地。过去这里从来没有什么驻军，去年中央红军经过这里后，国军驻天水的鲁大昌奉命派部队把守这个通往草地的关口。出发前我们没有听说山口有什么军队，那天中午休息后进山时，走到山口，抬头一看，山高沟深，两山夹一沟，站在沟底看不见天，队长走前边，我走后边。峡谷要走很长一段时间才能过得去，路很窄，队形拉得更长了，队伍正走着，前面传来口令："山上有敌人打枪，后边的跟上。"我督促大家紧跟前进。话音未落，一块巨石从天而降，还未来得及躲避，我就被砸在路下三四米处的一个石坎上，当时什么也不知道了，苏醒过来时，才发现自己和死人躺在一堆，摸一下全身是血，试了几下，爬不起来，已经不能动了。忽然听见路上有人走动，便用力呼叫："救人！"下来一看，正好是团里的张参谋。他使劲地搀扶我，身子也起不来。他说："你的腿有问题，等我去叫人来。"停了一阵，教导员带人把我抬到军直急救所，全医生给我包扎过后，打了针，王维主任前来看了后，即叫担架送我到锁龙镇总医院。锁龙镇是岷县北面一个较大的镇子，医院住在一个大寺庙里，伤员很多，我的腿在医院已做了治理，那里比川西北的条件好，吃的粮食多，也吃得饱，对伤病员恢复健康好多了。

伤残红军留甘南

9 月底的一天，院长给伤病员讲："大军已经过去，不少伤病员也已归队，上级命令我院去赶部队，确实走不动的，就留此休养一段时间，恢复了健康再归队。经医生检查，现有 30 多个同志只有留下，我们已和老乡说好，留下的同志每人给四只羊、两人给一头牛，作为今后的生活来源。每人另给三块银元、一块鸦片烟作自用，各人保管。"当即点了留下同志的名，其中也有我的名字。

当日午后，医院通知留下的同志带背包到院部集合，管理员给大家发了钱物，并把我们带到村边，老乡赶着牛车在那里等候，教导员把留下的同志分别交给了老乡，同时按人头分点了牛羊。我们便上车随老乡走了。约赶了十多里路，到了一个村边，赶车的人说已经到了。一下车就有老乡来接人，他们都很热情，搀扶伤员，肩扛背包，并按早已分好的人数，各自领着走了。

我和另外四个同志分在一家，房主给我们安排了一间大房，里面有大炕。五人住下后，心里都不踏实，当天晚饭后，我们凑在一块议论，大家七说八说，都认为这里比镇上还困难，汉、回、藏民杂居，语言复杂，话都听不懂。医院领导不是说过大部队已经过去，我们留在这里谁管呢？反正不能在此等死，不如回去找部队，意见一下就统一了。

散失红军收容队

当晚我们彻夜难眠，好容易熬到次日黎明，天还不太亮，大家即收拾行李，互相搀扶着返回了锁龙镇。哪知医院早已于头天晚上就出发往北走了。几个人像没有娘的孩子，坐在路口等候。路上不时过来三五成群的落伍人员，我们便向他们打听后面还有无人来，那些人说:“还有，董军长还在后边。”我们一直等到上午10点过，董军长带了一队人马过来了。我们向军长报了留下的情况，一致要求随部队走。军长一看，我们跟部队走也有困难，便叫一位科长给了匹马，并说：“你们还离不了拐子（即拐杖），只能跟着后边走，把路上掉队人员尽量收上，从草地走出来不容易呀！带出去一个，就是一颗革命的种子。”

他们没给留路线图，我当时只想跟着红军走过的脚印走就对了，就这样我又自然成了一个收容队长。大家都带有干粮，照着前面的脚印走，累了坐下休息一会，天黑进村找地方住下，连续走了两天，一下就成了200多人的大队伍。

两通匪劫人马散

一天上午，我们收容队才走了十来里路，到了岷县、武山交界的一个山梁子时，只见迎面来了两个老乡，他们走得慌张，问他去武山的路怎么走，他都不说话，仅用手指了一下就走了。我觉得情况不妙，可能有啥问题。果不然，一过山梁，即冲出一伙土匪，有的拿枪，有的拿刀，有的拿棍棒，匪徒对我们的伤病员乱砍乱杀，横冲直闯。我大声喊道："你们是哪里的？"当即过来两个贼眉贼眼的人，不由分说，乱打一通，打得我趴在地上。他们闹了一阵子就走了。饲养员扶我起来一看，我们的人死的活的都有，东倒西歪，喊声叫声不停。我看这次遇难，已经收拾不了场面，便与饲养员商量后招呼能走的同志快走吧！

又走了两天的路，那天午后，我们正走着，路边又遇上十来个土匪，把我们打在路边，东西抢光，衣服脱走，身上只留件破汗衫、破裤衩和皮卡克，其他什么也没啦，牲口和人都不见了。真是"屋漏又遭连夜雨，船破又遇顶头风"。我顿时觉得周身疼痛难忍，躺了一阵。先摸了一下自己的腿，还抬得起来。哼！没有被折断，藏在绷带里的钱还在。心想，幸好总医院把腿给接好了，土匪连拖带打，伤痕未裂，我的拐子还在，便架着拐子又独自朝北走了。当时我的腿疼得站立不住，走不远就得坐下，歇息，走了约有十来里，天快黑了，走到一个村边，路旁有座小庙，实在走不动了，艰难地爬进庙内，躺在那里，真说不清是怎么回事。醒来时夜里是一片黑乎乎的，连身子也翻不动，伤腿疼得揪心，肚子饿得心慌，全身冷得直抖，好似已经成了一个没有断气的死人了。

好心乡亲周济我

天亮后，听到庙外的路上有人走，我勉强爬出门槛，看见路边麦茬地有个中年妇女抱麦秆，就用力喊了一声："大嫂，给点麦秆。"她看了一眼，给我抱了一抱丢进庙里。我又说："喉咙干得冒烟，给点水吧！"她没吱声，便去隔壁端来一碗水。一口气喝了下去，心里马上好受了。我又不自觉地对她说，"是土匪打成这样，两天没吃东西了。伤口疼得很。"她还是没吭声气就走了。过了一会儿，她端来一碗面条对我说："随便吃点吧！"并站在门外等着，我的眼泪接着落下来了。吃完面，真不知道说什么好，大嫂走后，我把麦草分开铺了一点，盖在伤腿上一点，躺下睡觉。到天黑时，进来一个50多岁的老人，一见面就问："伤重吗？"我说："是土匪打的，东西抢光了，我是四川成都府人，回不去。"他把我扶到他家，并对他老伴说："叫他住一下吧！"给安排了住的地方，又煮面条给我吃，便休息了。尽管我没有说明身份，老乡都还是知道我是红军伤员。这时我清楚自己已经完全脱离了部队。

大娘见我那身披挂，就把大爹的旧衣服找来给我穿上，我好像回到了自己的家。住了三四天后的一个晚上，听大娘说：歇了几天，叫他走吧！这两天团防又来了，上边来人开会说"又要清乡"。大爹说："叫他在屋内不要出去就行了，腿好点再走吧！"大娘又说："院里的人都看见了，说出去不得了，又说你隐瞒红军哩。"他们的话我都听到了，绝不能连累老人，可又往哪走呢？还是往北走吧。

第二天早饭后，我感谢大爹、大娘，要去赶部队，他们说红军往北走了。老乡真好，我很受感动，架起拐子出了村，往北走有七八里那里有条河，看水不深，我进去走了不远，腿打闪闪，站立不住便摔倒了，只好又返转来坐在河边的一块石头上，一会儿过来两个卖布的人，他们是去赶场路过这里，一看见我就问："是伤喽腿啦吧？"我说："是土匪打的，抢完了东西。"他们也要过河，并说："我们扶你过去，"边走边说：

“这地方很乱，前几天过红军，路上好走，这几天团防又来了，捉你们这号人，捉去就没有好受的。”过了河，还给了我一些钱，并说：“前边有个新寺镇，顺大路十几里，是武山县管的地方，打听着点。”便同我分手了。

生活无法去讨口

经过无数磨难,我到了毕口镇。但到此时此地,我的钱早已用光了,没有钱用，只有去讨饭吃。我在村边的一个破窑洞住下，白天去要饭，天黑回窑里歇息。那地方的人很和善，要就给你，有时一天要的馒头可吃两三天。当地主食是小麦，秋季是杂粮和土豆。也常听说“清乡”，其实没人管，两天赶一次场，你去要，钱、物、吃的东西都要得上；当地卖木炭的多，要也给你，要来还可卖。我什么都要。天气冷了，用要来的钱添置了一些穿的。不赶场就去村外捡柴，晚上烧点火。

话说快过年了，有个姓朱的，不是镇上人，他在镇上有盘碾子，寒冬腊月生意少了，他想回家过年，便叫我去给他看门，那当然行啰，我就搬进了碾房，白天仍然去讨口，有锅有灶也能煮点东西吃，比破窑好多了，天黑也休息得好。姓朱的第二年 2 月才来，他来后，我给看了几个月的门，也不好撵我走。我和他住在那里，人熟了什么都说，他看我身体好多了，便对我说:“小王，你的腿不方便，四川成都又回不去，就在这里吧！其实，几次过红军掉队下来的人不少，失散下来后落在这地方的多着哩！这村就有几个，有的扛活，残的要饭，小鬼就给人当干儿子，还有的给财主当上门女婿呢！你这小伙也蛮不错，找个合适的就算了。”我说：“是啊！还是要个归宿才行，有合适的再说吧！”

经过几个月的休息，我的腿小坡、小坎都能走了，身子也比以前好多了，要饭也习惯了，不像开始时总难开口。在那里不赶场，便去周围的村讨要。确实发现落伍失散在当地的红军战士不少。就近的也打堆，可少有聚集，都怕出事。

失散红军初聚会

一个下雨天，在我住处遇上个老同志，他说："我们早知道你住这里，我在给人扛活，也要饭。"并说："这里有好几个，谁也顾不了谁。"我们商量决定约他们哪天在村边找地方交谈一下，大家有个共同的心情，都是有话没处说。过了几天，约好在碾房会合了，相连的两个村，共七八个人，一谈失落经过，大家都很心酸：在家没有饭吃，红军当了几年啦，雪山、草地折腾了几次算走出来了，掉队下来，沿途看到路边、村边，死的都是红军战上，阶级兄弟，没想到甘南仍然要受饥饿、伤病、死亡的威胁，随时又有国军、团防杀害的可能，部队又不知去向，我们是来革命的，到底又犯了什么罪呢？女同志的眼泪唰唰流，好在这里的老乡好，留了条命下来。有个姓陈的安徽人，也是负伤掉队下来的，现在给一个姓康的财主家当了上门女婿，都一个心思要去找红军。我说："你们都已经有个安身之处了，不要轻易走动，等打听到部队下落，好走点的时候，再想法去找，咱们都是南方口音，一开口人家就知道你是红军落伍下来的，这边还好些，马村那边只要被团防捉去，就活不成，不要去找死。"

当晚我总是反复在想，在这里总不是个办法，陷在乡村里，什么也听不到，城市去不了，又到哪里去找红军呢？这时已经是 1937 年 4 月，不太冷了，一天突然想起部队离开苏区时，通南巴还设有留守处，如果找到留守处，不就回家了吗！我即打听成都在哪个方向？路程好远？从哪里走？我清了一下余钱，又积极要些钱物，只要路走对，准备点钱，边走边讨要，一定能回到通、南、巴。我几次想对那几个同志说，又怕他们说我想回家，况且在路上人多了，怕又不好走。问当地做生意的人，去四川要经过的地方。不论吃什么苦，也不会比雪山、草地苦，再苦也要去找红军。当时我也没有和姓朱的老板说，头天黑夜我就收拾好行李，天一亮他还在睡，我就不辞而别地独自走了。

出了狼窝进虎口

我架着拐子边走边问，先后途经礼县、西和、成县到略阳。到此一问，说是离四川的广元不远了。我一路主要靠讨吃，有时也买点馒头、锅盔、大饼；天气不冷了，有方便地方就住宿一夜，有时也住店。走到广元，已经是 1937 年 7 月了。

刚到广元城边，路口有个国军站岗，他拦住我盘问、不让走。为了不暴露红军身份，仍像在甘南对付团防那样，编了一套瞒天过海的话："我是成都府要饭的，腿跌伤了，要回家。"他把我弄到连部，连长问我，还是那样说。他叫个班长来，把我交给他，就这样我又当上了国军。他们是孙震部队，在广元修飞机场，任务较重，每班按十人计算，每天十方泥巴背着走，每人要背一立方。连、排长手拿鞭子当监工，走慢的要挨打，我开始也挨了些打，后来将伤痕给他们看了对我才好些，一干三个多月。

坚持北上找红军

10 月的一天，营长集合我们讲话："修飞机场的任务完成了，上级命令我们北上去打日本，是蒋委员长统帅，国共合作，过去是打共产党，现在要合作抗日，共军的总司令是朱德，共军编成了国民革命军第十八集团军第八路军，已经在华北打日本了。”我当晚睡在床上想，不管他改编成什么军，只要是朱总，他就是红军。

后来我问连长，八路军在什么地方？连长说不知道，还说：“当兵的打听那些有什么用，叫到哪就到哪。”又说：“上边还讲了，施工中受了伤的，走不动的都留在这里，打仗这玩意儿架着拐子是不行的。”

这一下又麻烦了，要想法子跟部队走，到北方定能找到红军，我就主动把连里几支抓子勾有毛病的枪修理了一下，连长问我怎么还会修枪？我说：“泥巴挖完了，要打仗了，这些枪有毛病怎么行。我原是成都兵工厂的人，抓去当兵，负伤后就不要我了，我讨口回家，又被你们留下了。”连长把我的情况汇报给营部，营长叫把各连有毛病的枪都收来交给我修，我一下成了修械所工人，也再没有人说我腿拐不能上战场的话，终于实现了我北上找红军的愿望。

甩脱国军回部队

没过几天，我所在的国军队伍从广元出发，到陕西宝鸡坐火车到山西洪洞县。一下火车就听老乡说这是中央军不是八路军。住下后的第二天,我又问老乡这里是否有“八路”？从而得知西边村就住有“八路”。当时听说队伍要休息两天，我便请假去买点要用的东西。到了不远的村子，即看见穿灰服装，挂有十八集团军臂章的八路军，遇上一个干部模样的人，我就问:“同志，你是哪个单位？”他说:“我姓王，叫王振邦，你问哪个？”我说：“我是原四方面军五军的，腊子口负伤，掉队后被国军收容,我打听无线电二台的同志。”王说:“你天黑来这里，我等你，送你去二台。”天黑前我将要带的日用品装在挎包里,天黑下来就出去，到约定地点，王已在那里等候，我们到了二台，一见面熟人就多了。他又送我到万安镇司令部的住处，一个参谋询问过后，便把我交给了管理员。他们问我的腿怎么样？我说：“背了几个月泥巴了，就是右腿短左腿约四厘米。”管理员说：“你就去辎重队搞押运吧。”这一下我可高兴了，总算回到红军的老家了。

三人同行到延安

1937 年 11 月的一天，管理员叫我和熊光贵、朱原荣去谈话，他对我们说：“部队有任务要转移，组织决定你们三个有残疾的同志到延安去，到那里后，再给你们安排适当工作。”他还把要走的路线和经过的具体地方、沿途注意事项，都作了详细交待，并发了路费，开了路条。他还一再嘱咐我们：“这里去延安的路较远，还要过黄河，会有许多困难的。你们要团结互助，一定要坚持走在一路，共同安全到达。”我们当即表示:“听从组织安排，再困难也比不上过草地、翻雪山的困难大。就是爬，我们也要爬到延安去。”

第二天，我们三人便扛着自己的行装出发了，一连走了七天，架着拐子，历经艰辛，三个残疾红军终于平安地到达了当时的党中央所在地延安。接着，他俩分到荣校，我一个人分到总后勤部当收发，当时的后勤部长是邱会作。

回过头来话长征

我从 1935 年离开川陕苏区西进参加长征，到中途不幸负伤离队，看到很多自己不可理解的事。在那两年多的时间里，我的思想还有些糊涂，不明事理，只知道当红军闹革命没有错。到了延安后，经过学习，才理解长征是我们党为走上全面抗战的一次伟大的战略大转移，为中国革命的伟大胜利创造了不可磨灭的历史奇绩。

在长征途中，党中央积极争取，红二方面军的大力协助，红四方面军广大指战员的强烈反对，及时纠正了张国焘的分裂路线，终于圆满地完成了伟大的战略大转移。

红军二万五千里长征的胜利是以重大牺牲为代价换取的，锻炼了每个红军指战员，把参加长征的每个战士都炼成了钢铁英雄汉。

长征是革命的宣传队，是播种机，为以后的全国胜利奠定了坚实的基础，这在党的历史上是一个生死攸关的转折点。现在全党、全军、全国各族人民正在邓小平同志建设有中国特色社会主义理论的指引下，在以江泽民同志为核心的党中央领导下，以红军长征的艰苦奋斗精神去进行社会主义建设的新长征。（常峰铭、王德明整理）

选自中国人民政治协商会议四川省德阳市委员会文史资料委员会编:《德阳市文史资料选辑》第14辑，1996年12月，第1—18页。

王佩章，1911 年生，四川广汉人。1933 年参中国工农红军。红军长征时为红四方面军第九军二十五师七十五团警卫通讯大队战士、第五军某部警通大队二中队副队长、第五军散失红军收容队队长。新中国成立后，曾任四川广汉中学干部。

回忆长征岁月①

马福寿

一、贫苦的家庭孕育着革命的志向

解放前，我一家六口人，由于家庭贫寒，父亲在松潘背包子几十年，终因劳累成疾，在我一岁多时去世了。生活的重担压在母亲身上，给地主说了无数的好话才租了五亩多旱地，但一年耕作下来给地主交租后，口粮也所剩无几，只能挖野菜，推玉米棒面充饥。我十多岁了还没有裤子穿，一年四季都打赤脚，一家人只有两床千补万补的烂被盖，为了维持生活，我只有背脚（帮人背货）、熬硝、上山挖药或到凤仪出卖劳力。因人小力不足时常边走边哭，一年起早贪黑还是过着吃不饱、穿不上衣的痛苦生活。就是这样还要受地主、债主的打骂。我大哥马福堂被当地的反动势力送进了监狱，二哥马福龙被地主打跑多年不敢回家。全家人东逃西散，每过一个节日，地主放炮，杀猪宰羊，吃的大酒大肉，穿的绸缎皮衣，我们却连玉米面都吃不上。每当这时，想起外逃、坐牢的哥哥，我和母亲便抱头痛哭。到了1933年冬，我二哥回来了，1934年大哥也出了监牢，全家人团圆了，可是没有吃的。

① 原题为《父亲马福寿参加中国工农红军前后的回忆》。选入本书时编者略有修改，并改为现题。

哥哥们就和母亲四处哀告才借回几斗玉米。勉强过了年。这时，听人们传说毛泽东领导的红军已到北川了，是共产党的军队，专为穷人谋利益。当时我们兄弟三人懂得的事太少，但听说共产党为穷人打天下，能过上好日子觉得特别新奇，如旱苗望雨，也就盼红军早日到来。每当我们想起当时的穷苦日子，便要谈论起共产党、毛泽东领导革命的主张。一家人越谈越高兴，异口同声地说："穷人人多，必定是胜利的，富人人少，必定要失败。只有参加这支军队，闹革命才有出路，才有好日子过"。通过这些谈论，我们兄弟三人就萌发了参加中国工农红军闹革命的念头。

二、一家三兄弟参加了中国工农红军

1935 年初，毛泽东领导红军闹革命的主张一天比一天传得多了，我们都兴高采烈地盼望红军早日来到茂县解放自己。在红军快到茂县时，2 月 29 日①我大哥和二哥连夜到茂县方向去了，尔后又赶往北川参加了红军。一个月后（阴历四月十三下午②），我大哥、二哥给红军带路一齐到了三龙，我当天也参加了红军。红军的到来，使当地反动势力十分恐惧，他们采取欺骗、煽动等手段，组织了三龙、曲谷、洼底乡 1000 多人，天还没亮就袭击了纳呼的红军，由于敌人来势凶猛，我军不备，红军受到了严重的损失。敌人的气焰十分嚣张，继续进攻卡玉村。我们新老战士共同御敌，齐心协力，视死如归，一次又一次对敌人的强攻进行反击。敌人一层又一层地包围了我们，并大叫"快缴枪逃命吧，纳呼的人（红军）已全部被我们消灭了，你们只要缴枪，我们放你

① 此为阴历时间，阳历为4月2日——编者注。

② 阳历为5月15日——编者注。

们回去就是！”等反动口号。我们战士答道：“向来就只有敌人向我们缴枪,红军根本就没有缴枪的事。不要梦想,你们不怕死的就上来吧！”敌人又组织了一次攻击。在这天中午的反击中，我二哥马福龙光荣牺牲了，当年才 24 岁。晚上，红军领导人下令，叫我和大哥带路突围撤到沙坝。这时我军能战斗的战士只有 20 人左右，敌人却有千余人。我和大哥接到带路突围的命令后，奋不顾身地把枪背上，手提大马刀、手榴弹（当时规定夜里遇敌时，只能用手榴弹、大刀与敌人战斗，不准打枪浪费子弹）。我和大哥从房子里挖好了地洞,带上红军退出了住房阵地,绕过了重敌把守的多道防线，从三龙的卡玉到龙坪时，天已快亮了（龙坪原不属三龙管辖）。后来我们才知道当地反动派集中了那么多力量原来是为了防止沙坝的红军到三龙来增援的。我们在从三龙退出到龙村坪时，被敌人发现，又进行了战斗。我和大哥对红军领导说：“这样进村往沙坝走，地形对我军不利，应从龙坪村对门小路过花桥往沙南去。就是过不去沙坝，也可以占领那边的山头，敌人也无法。”红军领导马上下令，重新过河，边走边打，从龙坪的对门小路一直往花桥打去了。敌人却还在龙坪和花桥靠龙坪的这一边的山岭上。这时天已快亮了，当敌人知道我们是从三龙退下来的红军时，更加疯狂地阻击我们，想把我们这支军队吃掉，红军的领导下令说:“同志们，现在一定要把伤员背好，决不能丢下革命同志，冲吧！”一声令下，我们除抬伤员的战士外，其他 14 名指战员异口同声地喊“杀啊！”提着大刀、手榴弹冲向敌人，把敌人杀得东倒西歪，血水遍地，没有死的也四处逃命去了。我们胜利地到达了原先预定的目的地沙南镇。可是，在这次战斗中我大哥马福堂却光荣地献出了自己年轻的生命。我们到达沙南关口时，从沙南开出的一支 300 余人的红军队伍开往张归寨方向。当天中午（阴历四月十五）从茂县开来沙南的 1000 多老红军部队在沙坝吃了中午饭后，向三龙方向开去。

三、加入红军特务连

在沙坝调整休息了五天后，就到了理县（现在的薛城），又进行了半个月的整训，部队到了威州，我们被编入二十七团①二营六连。在耿达一带参加战斗后，调回凰岭、棋盘山、玉白岭和龙口一带，担任掩护大部队的后卫任务。这时，红九军的后队掩护部队在汶川的黄土坎至威州一带。黄土坎是红九军的前沿阵地，敌人进攻黄土坎受到了严重损失。我们的大部队离开这一带后，敌人就上来了。敌人到茂县渭门关时，我所在的这个连还在棋盘山、玉白岭、龙口一带担任掩护大部队的后卫任务。我们连就住龙口这个寨子，哨位就在桑坪一带，这里是红军守敌人偷渡岷江的重要防线。一天，我们在姜维城上发现十多个敌人在观察我军的情况，上级领导分析敌人可能要在夜里偷渡岷江。天一黑，我们的军队就埋伏在桑坪一带的沿河岸边。不到半夜，敌人果然抬上筏子偷渡岷江来了。等敌人偷渡到河心时，连长一声令下，猛烈的火力向敌人射击，敌人在筏子上鬼哭狼嚎，200 多个敌人连人带筏掉入河中送了命。此后敌人再也不敢偷渡岷江了。

四、见到伟大领袖毛主席

正当我们和敌人每天在岷江两岸进行战斗时，上级派来部队接替了我们担任的掩护任务，把我们部队调往了马唐。在马唐住了一个月，又调往马尔康。在马尔康的路上，途经卓克基时，我们在几株树下面看见一个身穿灰色大衣的高个子和几名随同人员坐在木头上一面谈话，一面

① 红三十一军无第二十七团，疑为第二七一团——编者注。

抽袋烟。那个高子笑眯眯地注视着我们这支行军的部队。我觉得这个人很特别，就站在那里全神贯注地看着他们，忘了走路，过了很久我才跑步追赶队伍。走了一段路（在现在的军分区住地），我们遇见从马尔康开来的一支 30 多人的红军部队，这支部队是中央红军一部（当时一方面军叫中央红军）。这是我第一次看到一方面军。这支队伍打着红旗，迈着整齐的步伐向卓克基开进，见到我们时他们亲热地招呼："同志，前面上去的部队走到哪里了？"我们答："正在卓克基的草坪上休息呢！"

我们到了马尔康，来到现州委驻地背后半坡上，在那儿的一间房子里住了两个月。我们这个连随红三十一军政治部担任保卫领导机关的任务，很多领导人到卓克基开会，回来听他们说，毛主席已从卓克基出发了。这时我们一些战士就谈论那天见到毛主席时的情景。指导员对我们说，身穿灰色大衣的高个子就是毛主席。在座的十多名战士高兴得跳了起来，都说那天应当多看一看呀。大家问指导员："什么时候才能再见到毛主席呢？"指导员说："大家好好干吧，今后一定能见到我们的毛主席！"

五、方向突变

部队准备过草地，每个战士备五六双草鞋、60 斤炒面干粮，还要准备皮衣或毛衣、眼镜（要有色眼镜）。通过几次动员，我们的战士热火朝天地积极行动起来。老战士、班长、排长、连长都帮助新战士打草鞋，打毛衣等。

正在这时候，上级突然来令，调我们这个团到金川。我们一天就到了金川。第二天天快亮时，部队紧急集合，宣布编入了三十一军老团——二七四团，并向南开去。走了四五天后的一天早上，部队集合时团政委讲："现在不过草地了，要到成都过新年"。当时我们哪里知道张国焘在搞反党、反中央的阴谋分裂活动呢，还是一心一意像以往一样南下英勇作战，参加了宝兴县、芦山岗阻击敌人的战斗中，我们连早上出去100多号人，晚上只剩下八个人了。干部全部牺牲，由五排班长指挥战斗，我也被班长指定为副班长，协助班长指挥战斗，并在战斗中受了伤，被送通场治疗一月零两天。伤愈后我又返回前线原部队。这时候，我们二七四团在大垭口守阵地，薛岳的军队攻击这个阵地。他们用金钱收买士兵，每人发360元钱，叫士兵向大垭口进攻，经过七天七夜的战斗，我们部队打退了敌人的攻击，守住了阵地。

六、毛主席来电叫我们到陕北去

1936年1月初在大垭口，指导员动员全连战士讲：“毛主席来电叫我们到陕北去，那里创造了比原来更大的革命根据地，我们要长行军。每个人准备60斤干粮（当时炒米60斤）。”这里准备草鞋、炒米比马尔康条件更好，几天就准备好了一切。这一次又听到毛主席的声音，全连指战员兴高采烈，积极准备物资，盼望早日到毛主席那里去。

1936年1月10日左右，我们从大垭口出发，往陕北进军。这是第二次过夹金山到小金，一直开往道孚，转来开往打剑炉方向，在上金川、下金川一带担任掩护大部队北上的任务。我们后续部队，在转到道孚时，还开往鼻口大寺院打击反动派。又从鼻口寺院到道孚，然后才开往炉霍。到了炉霍，部队为战士检查身体，身体确实虚弱的伤病员，要动员留在这里交当地苏维埃安排。这也是上级对战士的关心。但我听到领导动员后，却生怕动员我留在这里。在讨论时，我和大多数战士一样。坚决要求过草地北上到陕北去，与全国红军总会合，跟毛主席闹革命。最后决定我不留下时，我才放心了。

从炉霍到甘孜的中间，有一座大寺院，我们从炉霍出发当天就在这个寺院宿营。这里四面都是森林和宽广的草原，离人户很远，当地反动派在红军队伍路过时，就来袭击我们的后队。住在这里的第二天早上，我们先在森林的两边埋伏起来等敌人来。吹响集合号后，大部队就开始出发了，大部队还没有走完，我们就在山上看见远处来了 300 多个骑兵，都是穿的白毛皮衣服，来势非常凶猛。我们一切都准备好了，只等他们进入火力圈。敌人一直向前冲，一进入我们的埋伏圈，我们猛烈地从四面包围冲杀。不多时，他们就落了网。在这次战斗中，我们缴获了战马 160 多匹，还活捉了 80 多个敌人，其余的匪徒四散而逃。这是我第二次参加与草地匪徒骑兵打仗。当天下午，我们就到了甘孜县。第二天就领到当地苏维埃政府为我们准备的干粮。在甘孜这里有红军苏维埃政府。还有医院和被服厂的机关等。

七、这里我参加了本连收容队

我们军的连收容队是以党支部为首的 12 名身强力壮的战士组成。收容队的任务非常繁重，除了要把能走的伤病员尽量扶走外，还要把不能走的伤病员安排到当地老乡家里掩护起来，以免被狼吃掉或被反动派抓走。同时，我们还要掩埋在行军中牺牲战友的尸体。更为感人的是，许多体弱、生病的战友在荒无人烟的草地上，实在走不动时，为了不拖累我们，宁可开枪自杀，也不愿落入反动派手中。在整个雪山草地的艰苦行军中，我亲眼看见为革命利益而牺牲的革命先烈数不胜数。他们有的连自己的姓名也没有留下，就默默地牺牲了。他们的英勇气概，更激起了我们对国民党反动派的刻骨仇恨。我们收容队每天走在全连的最后，如有战友生病，我们就背、抬或帮助给他们东西吃，把我们背的开水干粮给他们吃，我们自己就多吃野菜和盐水，尽力帮助他们。有的战友感动得热泪盈眶，他们更坚定了革命的信心。就这样，我们互相关心，互相爱护，互相帮助，克服重重困难走出了草地。原来营以上领导骑马，在过草地时就把马让给伤病员骑。后来没有吃的，领导就把马杀了给伤病员和战士吃，谱写了一曲“官兵一致同甘苦，革命理想高于天”的胜利凯歌！

八、光荣地加入中国共产党

出了草地我们打到漳县。在原来的远凸，我由马吉先同志介绍，光荣地加入了中国共产党。这是我一生最难忘的日子。入党后，通过党的培养、教育，我一天比一天更深刻地懂得了革命的道理，更能明辨是非，革命的信念也就更加坚定了。

我们在打通渭城后，张国焘又把我们调回漳县，说什么：“要打通国际路线。”这时候，部队反映出对这一行动的许多不满情绪，但当时我们又不知道具体原因。正在行军时，中央来人送信，叫我们停下不再前行了。不多时，团政委给我们讲话，他说：“我们不去青海、新疆了，到陕北毛主席身边去，和一、二方面军会合。”全体指战员马上又高兴起来，边走边唱歌来到了通渭城，准备了些干粮，快速行军开到四十里堡，和胡宗南的反动军队打起来。在九背河夜战中，我们缴获了40挺机枪，捉了不少敌军官兵。高楼战斗，因为九军、三十军等我们的主力部队调过黄河，而敌人又把渡口占了，敌人白天飞机轰炸，晚上步兵堵截我们，我们三十一军和四军只能尽量避开敌人往陕北开。（马平山、马平章、李智整理）

选自中国人民政治协商会议四川省委员会文史资料和学习委员会编：《四川文史资料选辑——红军长征在四川》第48辑， 2006年编印，第195—202页。

简忆参加红军和长征①

周凯

1932年冬月，红军到毛浴秦家岭，我那时在贾家坝给阎朝敬当佃户。阎已死，寡妇当家，歪得很。红军未入川以前，反动派就造谣说：“红军是红头发，青面獠牙，要吃小孩子。”红军打的旗上有镰刀斧头，反动派说：“这是两兄妹起家，哥哥是工人，手拿斧头，妹妹是农人，手拿镰刀。”反动派用各种恶毒语言攻击红军，未看到红军以前心里有些害怕。

我看到红军穿的普通人的衣服，对穷人问寒问暖，亲热得很，红军在秦家岭作宣传说“红军是为穷人的，打土豪劣绅专为穷人撑腰”。这才看到红军并不是反动派所说的那样，当时很多人参加了红军，我也就参加了红军。

打开通江，在木溪号成立了乡苏维埃，主席王文光，这个人在通江坐过监，做事果断。红军到秦家岭，处处依靠穷人，很快就把群众发动起来了，组织了赤卫军、少先队。组织赤卫军进行训练的叫赵明成，我当少先队队长，虽然不晓得啥子，跑路很得行。1933年春，老官庙建立区委，郑本富任区委组织部长，介绍我入团，我弟弟周兆福也入了团。不久，我任木溪号少共书记。那时我们的任务是：一、组织少先队站岗

① 原题为《从部队到铁路局》，编者节选有关内容，对个别地方作了修订，并加现题。

放哨，盘查往来行人，清查坏人；二、组织赤卫军打土匪，支援红军；三、组织运输队，给红军运送粮食，抬担架；四、发动群众打土豪、分田地；五、扩大红军，动员群众参军；六、组织代耕队，帮助红军家属生产。群众发动起来后，叫干啥就干啥，轰轰烈烈热火朝天，这六项工作搞得有声有色。参加少先队的是15至19岁的。参加童子团的是十至14岁的。参加赤卫军是20岁以上的。群众一发动起来，少先队、童子团、赤卫军就很快组织起来了。

1933年2月，我参加川陕省工农兵代表大会。参加大会的，分中、青、妇。中就是20岁以上的，青就是20岁以下的少先队，妇就是妇女，在中、青中都有妇女。木溪号去的两个，我是青的代表，另一个是中的代表，名字忘了。开会地点在通江城隍庙，约300人。有军队代表。共开七天。在开会期中，有袁克服、余洪远、熊国炳，还有刘瑞龙、肖成英、傅钟、吴朝祥等。省少共组织部长叶德贵讲过话。会议选举委员，我被选为委员，留川陕省工作。

1933年4月，收紧阵地，总指挥部、川陕省委、省苏、保卫局等都迁到得汉城。在那里开了一次军事会议，研究打仗的问题。十一师住空山坝，师长汪乃贵，政委李先念。那时程世才为团长。省委派我和另外几个同志到空山坝，作支援军队的工作。每天开群众会，组织群众慰问红军，组织群众打草鞋，组织群众运粮食。“通江河水清又清，编起斗笠送红军”，这是当时流行的一首民歌。我们还组织群众编斗笠，军队需要什么，我们就组织群众干什么。空山坝大胜仗与群众的努力支援分不开。

粉碎了田颂尧的三路围攻，省委迁巴中。在巴中开工农兵代表大会，我也参加了的。会后我到赤江县。赤江县少共书记是吴尚德（义名吴瑞林）。我被派到镇龙观任该区少共书记。不久，又调赤江县任少共宣传部长。赤江县委书记吴永康，秘书赵明灯（诨名天不亮），此人干劲大，工作热情，每天天不亮就吹哨子，催起床下操，久而久之，就叫他“天不亮”。赤江县少共秘书叫杨烟灰（人就像个烧烟的样子，取了这个诨名），大家都喊诨名，本名反而忘了。这个同志到延安后任供给部长。不知现在做什么工作。

第一次工农兵代表大会是熊国炳作的报告，在这次会上，还把他选举成了主席。第二次工农兵代表大会是在巴中召开的，过后就是收紧阵地。第二次收紧阵地又退回来，我们赤江县委退到秦家岭。到了 6 月，就开始反攻。这次反攻，一面打到巴州、万源、苍溪、仪陇，另一方面打到绥定。

1933 年 10 月，我从赤江县到仪陇县当组织部长。直到 1935 年，我们开始西征到绵阳，走剑阁、茂县、懋功，到西康，走黑水、芦花到松潘，就过草地。后来我们到了出师峡，就成立金川省，省委书记是邵式平，少共书记是吴尚德，以后就是他当省主席，省保卫局长是丁为选，周纯全以后是省委书记，何柱成是道委书记。长征时，省组织部长是谢富治，刘瑞龙以后调总政治部，主任是傅钟。张国焘违背中央“北上”方针南下后，另成立了“中央”。在成立时进行选举。朱总司令坚决反对，朱总司令说：我是朱毛不分，我不能举手，你们说顽固就顽固。

因我们在出师前就被党组织派到天全、芦山开展工作，我带的五个人从金川到天全后，又被调到“中央”工作，和康克清在一起。以后，二方面军也来会合了，在这个情况下，加上打雅安失败，没有打开，牺牲相当大，中央又严令北上，朱总司令也主张北上，徐向前也主张北上，于是就说服了张国焘。张国焘也就取消了另立的中央。到 1936 年 6 月份，又成立了四方面军的党校，校长是刘希平（原是军政委，跟我们到草地，后到新疆被俘叛变）。教务主任就是黄火青，总支书记是康克清。党校里面分党班和团班，团班里面有百把人，党班里面也有百把人，我那时在团班里面当班长，领导 100 余人过草地。后到岷州（岷县），在哈达铺成立特委，我任少共书记，陈子谦任特委书记。

那时反张国焘路线开始了。关于张国焘路线的问题，我那时经常参加师以上的干部会议。张国焘亲自开会，作过一个检查报告。由廖承志作记录，以后由傅钟同志在会宁召开军长以上的会议，有许世友、何畏等，我也参加了，会议就是讨论这个问题。我们以后又到党校，继续长征，最后到了陕北的定边。到双十二事变时，校务主任就是陈芳武。（李瑞明、赵德荣1981年10月16日记录整理）

节选自周凯：《从部队到铁路局》，载中共通江县委党史资料征集组编：《通江现代史资料选》第2辑，1982年6月，第105—108页。

周凯，四川通江人。1932年参加中国工农红军，1933年加入中国共产主义青年团，后转入中国共产党。红军长征时任红四方面军少共组织干部、红四方面军党校学员等。新中国成立后，曾任铁道部第二工程局处长。

我的战斗历程

刘文学

我出生在猫儿垭（现苗南公社）刘家岩一个穷人里，十岁就失去了父母，给别人放牛、帮工过日子，生活非常艰苦。

一、参加红军

1932 年底，红军入川打土豪、分田地，解放了穷人。第二年 1 月，成立一区苏维埃，我就参加革命，到区苏搞宣传工作。后当少先队长。区上成立游击队时，我又当游击队长。万源人李平作副队长，分队长有刘先成（白沙河人），张光远（宣汉人），赵义（宣汉人）。整个游击队有 120 多人。大部分队员使用的武器是矛子、马刀，也有少数步枪。

游击队成立不久，就开到草池上面魏家河剿匪。那一带的土匪以祝光初为头，他原是国民党军里的一个营长，生得很胖，叫别人给取了个“祝蛮子”的诨名。他在下陈家坝设了个团防局，养了几十个兵，加上莲子坝大老爷、母家梁二老爷、过街楼三老爷、马家河四老爷，各养兵丁几十人，共计 200 多土匪，使用蛇蚤龙、手提式、手枪、机枪、步枪等武器，在那一带胡作非为，抓人抢东西，闹得鸡狗不安。游击队开到那里一打，土匪们“哗”地一家伙逃得精光，他们都是本地人，隐蔽起来，就成了老百姓，等我们一走，这些家伙又聚集起来乱搞。我们剿了半年多匪，都没有把土匪整干净。不久，上级把我们这个游击队调到巴州，全部编入红军，我被调到二九五团一营三连当排长，成了正式红军，同时由青年团又转入了共产党。

二、攻克剑门关

1934年底，我们红四方面军从通江出发，走陈家坝，翻乌林垭，到南江木门甑子坝，开始了西征。部队日夜行军，迅速到了剑门关。

剑门关是川北咽喉，地势险要，一座口袋形的山堵住去路，四面都是万寡悬岩，唯有当中一个人字形的卡门，一路石梯穿过，可以通向山背后的开阔平地。只要过了这里，就是平原地带，部队可以随意行动。可是，敌人也狡猾，用一个旅的重兵防守在这里。我们二九五团和二九七团两个团的兵力攻打关口，打了七天七夜不但没有打开，伤亡还不断增多。军长王维舟气坏了，亲自到场指挥，发动干部战士想办法，出主意，尽快攻上去。总指挥部也调九军的一个营来配合我们。最后，我们找出攻不开的原因，就是敌人占着山高、石寨坚固、工事严密的优势。于是，我们就搭云梯，从悬岩上往上冲。用几根树干接成的云梯还够不上，我们又绑夺又给云梯助劲。在云梯顶上，再搭人梯，人重人，趁着半夜三更的时候，运上山寨一个突击连。这时，敌人睡得正香，哨兵也睡了。突击连的战士干掉了敌人的哨兵，立即把机抢掉头对准敌人，打开关口，大部队一拥而上，冲上山寨，一齐开火，把敌人的一个旅消灭得半个不剩。缴获大小迫击炮、重机关、水机关、捷克式等枪支无数。同志们为死难烈士报仇，把敌人杀的杀，摔岩的摔岩，弄了个精光。血流成河，尸横遍地。我们又乘胜追击，打到灌县，和邓锡侯部队接上了火。

不久以后，提升我当连长。进住军教导队学习军事，三个月后毕业，又升为二九五团第一营营长。

三、天城山阻敌

在西征路上，我们每天都在敌人的枪林弹雨中行军，来到天城山，指挥部命令我们死守阵地。我带一个连首先爬上山顶，砍树子扎三道木城，挖工事，等待敌人。但天城山很高，老远看起，就像天是扣在山上一样。山脚是河，下着大雨，山上木竹儿上结着冰块，雪停起有几尺厚，人一出气就会结成冰。我们费了很大的力，才把工事做好。敌人进攻我们，打了七天七夜，没有前进一步。因为交通运输不便利，粮食、物资送不上来，我们在山上也就饿了七天七夜，实在饿心慌了，就烧雪水喝。到第八天，邝团长带着一班传令兵和两个炊事员挑来两担荞麦面，我连看都没看一眼，就让给战士们吃光了。恰在这时，敌人又开始进攻了，枪炮打得特别激烈，团长叫打，我说等敌人到了眼前才开火，他就带着传令兵悄悄地跑了，敌人攻到第一道木城时，我把队伍隐蔽在二道木城里，全部揭开手榴弹，喊声“放”，手榴弹、炸弹像下雹子一样打向敌人，普遍开花，轻重机枪也一齐射击，打得敌人屁滚尿流，死伤无数，活着的急忙逃命。我们乘机追赶，撵了几十里路，大获全胜，还缴到许多食品充了饥。

四、归队

我们虽在天城山，虽然完成了阻击任务，但却和大部队失去了联系。接着，我们就从一个几十里路的沟沟里插过去，侦察到敌人有一个旅的兵力在那一带活动。一天下午，我们隐蔽在草草里，看到一个敌人背着枪，提了一个罐罐，嘴里哼着歌子，逍逍遥遥地走了过来。我一挥手，命令七班长去抓个活的。七班长悄悄地从他背后跑过去，扯起一枪托把那家伙打倒在地，马上堵着嘴巴，就擒了过来，一审问，情况属实。我们又继续往前走。可是，敌人也发现了我们，第二天，敌人就全部从后山抄过来包围了我们。我们边打边退，在一个青石板上，打旗兵受了伤，队部又撤到苞谷地里，采取打蛇蜕皮的战术，又往山上退。刚拢半山腰，听到师政委在喊甩炸弹，“轰”，一颗炸弹落在我们阵地上，我大吼了几声，师政委发觉打了自己人，才停止了甩炸弹。但敌人越围越近。七班长在半岩上跪射，阻击敌人，其余的战士急忙往山下撤，一颗子弹打来，揭开了七班长的膝盖骨，他尖叫一声，倒了下去。我赶忙跑去给他包扎，留了些干粮，说：“不要怕，七班长，你在这里藏到，我们晚上来接你。”他却哭着说：“不用了，这次我革命成功了，你们要努力战斗。”我心痛如刀绞，告别了七班长，带着部队又转身往山下撤。因为敌人卡断了我们的退路，冲上了师政委所占的山头，我们唯一的活路，也只有往山下撤，才能保全部队。

天，在慢慢地变黑了。当我们从葛麻藤里往下滚时，七班长拉响了所有手榴弹，和冲上来的敌人同归于尽了。

到了晚上，我们连滚带爬才撤到了山下。战士们一个整天没有喝口水、吃口饭，口里干得起涎。既没一颗粮食，又和师部失去了联系。怎么办？我把部队隐蔽起来，找班长以上的干部来开会，商量对策，先准备去侦察。正在这时，忽然传来骡马声，还有人的抱怨声：“他妈的，不晓得这是哪，莫送给了敌人。”我一头站起大声问道：“什么人！”“自己人。”“干啥子！”“给旅部送饭。”听他们的回答，是敌人毫无疑问，我将计就计，故意发起脾气说：“他妈的，这时才来，快把老子们饿扁了。”另一个排长接着吼道：“在这里，还不快送来。”一班敌兵押着拉的佚子，吆着毛驴驮起饭菜来到我们跟前，战士们一跃而出，大吼：“不准动，举起手来。”敌人不知不觉就当了俘虏。敌人的饭菜，我们正需要，战士们吃了过后，就按伕子说的方向，去追赶大部队。

第二天早上 9 点钟左右，我们才找到大部队，师政委一把拉住我，格外亲热，看到我们抓的俘虏，听了我的汇报，他伸出大拇指，直说呱呱叫，表扬了我们，把临阵脱逃的邝团长撤职处分，提升何一品副团长当了团长。

五、一连吃敌一个团

长征在继续，二次进攻天全，我受了伤，养好后，又调到九军二十五师三十一团一营当副营长，跟随部队走威州、茂县、理番、杂谷脑、马唐，到达夹金山。我们走的那路，碰到杨森部的一个团在修马路。当夜下大雪，堆了几尺厚，我们宿营在敌人对面，那些家伙还不知道，第二天一早，五个敌兵去搬柴，被我们哨兵发现了，抓过来问清了情况，就决定打。我们吃完早饭，就集合部队，整个兵力也只有我带的三连在前，作为尖兵。命令一下，战士们一齐冲向了敌人。因为天气冷得要命，敌人的枪支弹药都冻住了，那些家伙冷得缩做一团，筛糠一样，打了一颗子弹，就再也打不动扳机，只好跪在地上，拱手而降。第二天，军部来电表扬我们，军报大力宣传，说我军一部，昨日占领夹金山，一连俘虏敌人一个团，缴获各种枪支千余条。从此，我们师名声远扬，被总指部命名为模范师，不久，又改为教导师。

六、打牛场

1936 年初，我们打到天全、芦山，识破了刘湘假投降的诡计，发现他给我们送的像磨子样的饼饼盐中有毒，就退回了其他物资，挥师出川，向西康进军。

部队进入西康，得到命令，准备干粮过草地，没有粮食，我们就去打牛场，弄到一万多头牦牛，其他菜牛、羊子、骡马不计其数。每人分到不少牛肉当干粮，经过穷八站、富八站、不穷不富又八站、旱八站加水八站，五个八站，每站 90 里路，还只是从草地边边上穿过的。经过几十天的艰苦行军，到达黄河尾子以后，我们的干粮都吃得精光。没有什么充饥,就把河边的酸枣树砍来,到河里去打鱼吃。这里的鱼是黄色，可以吃，还很多，鱼群时不时涌上浅沙滩，趁此机会，一棒一条，打到不少，就解决了没粮吃的问题。

七、过黄河

要过河了，没有船咋办？战士们都踩水，河水深浅不一，又冷得刺骨，我们也顾不得这些，齐扑扑跳了下去。可是河中间水很急，沙子又往下漩，前面去了几十人，后面就不敢过河了，军长看到这种情况，拔出手枪下死命令，非过不可，不过就枪毙，叫战士们都脱衣服，光着身子往对河踩，女兵们怕羞也不行，也必须和我们一样，脱得赤条条的，一个拉一个，互相帮助着过河，同志们团结一致，终于渡过了这道难关。

经过一冷一冻，加上饥饿，部队疲乏极了，战士们还病倒了不少。营长害了重病，我就当了营长。带着战士们艰难地向腊子口进发。

来到腊子口山脚下，我们什么吃的都没有了，战士们饿得不行，我就叫杀马吃，营政委黄坤同志还舍不得，我就亲自动手杀了自己的战马，把肉和皮子分给战士们充饥，自己才把马骨头砸碎了吃。

八、进占岷县

过了腊子口，进入岷县境内的油坊沟，碰到两个榨油的，搞到了些洋芋和麦面，才给战士们吃了个饱饭。接着，就进入战斗，一连前锋、二连本队、三连后卫，我带着一连，在迫击炮和重机枪的掩护下，一鼓作气攻开 13 个碉堡，上了寨子，缴获 12 挺机枪，得到了很多粮食。宣传队跟着去宣传，老百姓又给我们送来了不少菜、肉、包子，多得不计其数。战士们吃了几天好的，养精蓄锐。师长黄贻锋（诨名沙子师长）赓即命令我们攻打敌人的供给部。那是供岷县城里的供养站，有鲁大昌部的两个连在防守。我带一连准备去偷袭。刚打两颗迫击炮弹，把敌人营房一炸，那些家伙一窝蜂就涌了出来，气势汹汹地扑向了我们。再一看地形，敌人占的地方是个马鞍形，我们不好打，一个计策在我脑壳一闪，决定打敌人的埋伏。我们把指挥旗一扬，命令一个班假装逃跑，引诱敌人追赶，其余部队迅速向敌人的两面包抄过去。刚刚布置妥当，敌人就追了过来，我喊声打，子弹像下雨一样扫了过去，敌人就像折麻秆一样地倒了下去，死亡一连多人，跑了几十个。我们乘机冲进敌人的供给部，缴获到很多银元、鸦片、酒、肉、衣服、棉花、被子和布匹；用来武装自己。敌人厨房里的卤肉、鸡鸭和包子还在冒气，我抓起一个卤鸡就啃。恰巧师政委来到身边，他笑着不让吃，说有毒，我不信，说敌人不晓得我们来打,也没那样快就放了毒。边说边啃,吃得更加起劲了，他笑着打了我一拳，骂道："馋鬼。"

"嘟嘟嘟"，冲锋号响了，枪声也骤然激烈起来，那是主力部队在攻打岷县县城。没有多久，我们就攻开了城墙，冲进去，歼灭了鲁大昌的一个骑兵旅，缴获其他物资不算，还新得了两架无线电台。

九、脱险

占领岷县之后，我们就乘胜追击。部队到达高坡，又遭到敌人一个旅的阻击。为了搞清敌人的兵力布置，我带一个连，穿着敌人的衣服，大摇大摆地去搞侦察。走到一个小镇上，遇到一个卖纸烟的人告诉我们，说街后面就是敌人的旅部，话刚落脚，敌人就开始发问了：“什么人？”“自己人。”“口令？”我们答得不对，敌人跟着就撵了下来。我们见四面都在打枪，慌忙命令大家分散往回跑，到树林里集合。等我们又集合拢来时，天已经黑了，不远处，就有敌人的一个县政府，我们又赶到那里，下了县自卫队的枪，可是县长却从后门跑了。我们撵出来，看到一明一灭地手电筒在动，立即又去抓到一个人，经过审问，才知道他就是县长，我处决了这个家伙，得了他一支崭新的驳壳枪和一支手电筒。

事后，师部又令我营去占领一个山头阵地，阻击敌人。五个尖兵在前面开路，我带一连紧紧跟进。突然，路边冒气的马屎，吸引了我，情况不妙，恐遭埋伏。我这样想着，忙叫尖兵停止。“叭叭叭”枪声恰在这时响了起来，子弹密集，越打越激烈。“砰”一颗子弹从我后脑勺穿过。我抖了一下，意识到情况严重，急忙命令同志们打蛇蜕皮，往后撤。“砰”的一声，我头上又挨了一下，接着就见一个敌人的骑兵冲了过去，他那长长的军刀还沾着我头皮上的血。我顿时觉得眼前发黑，脑壳天旋地转，晕得不行，忍着痛，反身一枪，把那骑兵打死摔在地上，又强撑起头，安排部队安全脱了险，才被警卫员背下来送了医院。

十、走向新战场

1937 年底，我们红四方面军经过千辛万苦，战胜重重困难，终于胜利地结束了长征，到达延安。找到何连珍，被编到军区司令部干部队，我当队长，蒲中怀（赤江人）、张在华（现住红卫村）、罗志福（苗南红旗二队）等人是队员。我们在这里改编了杨虎城军的一个连，可是里面一个副营长和排长，打死我们派去作领导的老红军，叛变投降了敌人。司令部命令我们干部队去打叛匪，还派一个班的骑兵支援我们。战斗开始，我们首先包围了敌人，用交叉火力猛攻。叛匪经不住打，不大一会儿就垮了。骑兵冲上去，一个战士不慎，被叛匪副营长挤下马来，骑着他的马就跑。我拿过那个战士的枪，瞄准叛匪，一枪把他打了下来，战马驮着他的尸体跑到跟前，缴到了九条子弹、一支二十响的盒子枪。这时，又听一个战士汇报，说敌排长又打死了一个老红军，我一气之下，拉过来就把敌排长砍了。

全面抗战开始，我又被任命为红四团第一营营长；奔赴西华池一带打游击。因兄弟部队五次攻打吴起镇，打不下来，我们团去猛攻，一家伙就打开了。团长黄开秀同志不幸中了冷枪。身负重伤。我招呼人去抢救，后脑壳上也挨了一枪，随着就倒下去，滚下大岩，摔坏了腰。团长牺牲了，我三次受伤，也成了二等残废，不适应战斗部队。伤养好后，进住延安边保教营学校。从此，就离开战斗部队，走向了地方工作的新战场。（赵德荣整理）

节选自中共通江县委党史资料征集组编：《通江现代史资料选》第2辑，1982年6月，第122—131页。

刘文学，四川通江人。1933 年**参加中国工农红军。红军长征时任红四方面军第三十三军九十八师二九五团排长、连长、营长，红四方面军第九军二十五师三十一团营长等。**

在战火中成长（节选）

齐成玉

像许许多多的红小鬼一样，我是在战火硝烟中成长起来的，是党的心血、人民的乳汁把我哺育大的。我的每一点进步都离不开党和人民。

当红军

我第一次参加红军是 1932 年冬，同我二哥齐成明一路在长坪参加的游击队，只有 11 岁。后来游击队要整编，嫌我太小，红军给我换了身新衣裳，又给我两块钱，叫我回去，说是以后长大了再来，我便又回到家里种地。

1933 年 5 月，在反“三路围攻”的空山坝战役中，我二哥牺牲了。他当时是红四方面军特务团第五连的一个排长，是红军和政府组织人抬回来安葬的。安葬后没几天，我同大嫂在坡里薅包谷草，把包谷苗薅断了几根。我大嫂说：“你看你，薅个包谷草都这里也锄断，那里也锄断，你能干个啥子？你当兵别人都不要你！”我不服气，说：“不要啊？你看我再去他要不要？”这样，我又第二次到长坪参军。

走到长坪，正碰上河口不知是县政府还是区政府的一个同志。他问我的来历，说：“你还愿不愿意参加？”我说：“我就是来参加的，找不到呀！”他说："好嘛，你跟到我走！”我的名字是红军给起的，我原先只知道我的小名叫齐六元子。根据我二哥叫齐成明，就给我起了个齐成玉。从那时起，我就到两河口区苏维埃政府当勤务员。

当时，红四方面军一个特务团住在两河口，这个团正是我二哥参加的那个团。这个团的机关枪连一个当兵的，原是长坡这个地方的一个长工，我们经常见面。他说："你哥哥原来就在我们这里跟政委当勤务员，你还可以来。”我说："要得，请你给政委说一下。”他向政委说了，又把我领到政委那里叫政委看。政委说："这个人好像有点不像，齐成明瘦些，他长得胖些。”经过我一个姑姑和河口区苏维埃政府证明，部队才把我收了，叫我当号兵。后来，这个部队往简池坝搬家，早晨 8 点钟出发，整个部队大概是 11 点钟走拢，我下午 3 点多到 4 点钟才走拢，人家都一觉瞌睡睡醒了。我们那个号长说："你是怎么搞的呢？”实际上我是什么东西都没拿，没背行李，号也不让我背，只拿了双草鞋。人小了，走路不行。后来有人要到军部送信，政委说，把这个娃儿带到军部去，这样就把我带到军部。

四军的军部当时驻在洪口，四军后勤部、军医院也在洪口。起初，叫我在后勤部学裁缝。人家说："你这个人呀，学剪，拿不动剪子，学打又没有机器，你学钉扣子！”我钉了几回扣子，他们又说："你干脆给我们打开水，给我们扫地，我们帮你打衣裳。”在洪口搞了段时间，人家还是嫌我小，又叫我到医院当看护员。先是到外科端脓盘。端脓盘，我又闻不得麻药，一闻到就头痛，想发吐。又叫我到内科当招呼员，给伤病员倒屎倒尿。后来也不行。医院搬家到廖坪，我经常生病。病好了我就给那些伤病员说我不想在医院。便同他们一起出院到了镇龙观。分配工作时，人家一看，就说："你排队排后面去！”看到我小，参谋长说："他也不能去，把他留下"。又问我是哪里的。我说我是医院的看护员。他说："你来干啥？”我说："我要到前方去打仗。”他说："你打啥仗呀？到后方！到总供给部去！”我就到了苦草坝，总供给部。

到了苦草坝，把我分配到骑兵营。那时所谓骑兵营就是运输队，搞运输。我那阵很走过些地方，到过鹦哥嘴呀，杨柏河呀，流二沟呀。最后，总供给部有一个科长，他不知是犯了错误还是因为啥子，叫他到长坪粮站当指导员，我就跟他当勤务员。那算是参军之后第一次回到长坪。

回到长坪一看，没有别的人。当地乡苏主席是袁代福，我喊他表叔。我请假到家里去看一下，指导员说要找人证明一下。袁代福很慷慨地说："我证明！我保证他要回来。"这样就回家去看了看，探了亲。家里只有大嫂在。大哥不在家，父亲也不在家。我过后想，为啥他们不在呢？主要是当时那个政策，群众不了解，加上地主欺骗，所以跑了，家里不敢住人。所以这次回家，父亲、大哥我都没会得到。走到狮子庵，碰到个薛家地主老太婆，她说："你不要说哟！"我说："你也没得啥子嘛，我说你做啥子！"从这可以看出，那时有些地主没有跑远，就在周围藏起的。

在长坪时，我记得黄梁嘴有几个石工在那里打石头疏通河道，前后可能搞了一个月。我还给他们送了几回猪脚杆，五天、七天送一回，后来指导员又搬了，我又被分到骑兵营，以后又到银行，在得汉城住了一段时间。

长征路上

到银行不久，队伍就开始了长征。我们是晚上走流二沟翻的山，到南江大河坝，再过巴中地界。

后来到了苍溪，在那里听说准备过嘉陵江，休整了一两个月。我们过嘉陵江走的是木门，后坝，到中坝。那时总部扎在中坝。可能是绵阳没有打得开，就走的北川、茂县，总部又住在茂县。在茂县还碰得巧。那时敌人的飞机轰炸，擦着山飞，我们一机关枪打去，还打落一架飞机。

以后又走理县，再过去就到刷经寺。听说要过无人区。在刷经寺就开始处理票子。我们当时印得有布票子，一剪刀剪成两块，打草鞋。过了刷经寺，进入阿坝，住了一个多月。一切干粮都准备好了，看到前面的队伍打起洋鼓，又在喊口号，什么“反对北上”哟，“反对逃跑主义”哟，不往北走，往南走。一问，说是前面的队伍，有些走了，有些南下。我们南下，经过丹巴，住了几天，作了准备，翻夹金山。我记得第一回翻夹金山翻回来，是走的夜路，快天亮了才走到半山坡。为了防止敌人飞机袭击，说是要在 10 点钟以前通过。从那面翻过来，只有 30 几里路，那个路好走。

这时总部住在芦山。我们这个部队一行军，牲口就驮的银子、金子、鸦片烟。到了那一带，把银子、金子放下，去拉粮。我记得我还过雅安去拉过粮。那时红军在雅安未站得住脚。听说是打雅安的部队打到离雅安几十里路时歇了一晚上准备战斗。本来敌人听说红军要打雅安，已经退了。看到红军未来又返回来。敌人把铁链桥砍断了。对岸是悬崖绝壁，把铁链桥砍断了就没办法过。如果跟到追，把雅安打下后，很可能要坚持一段时间。那时已是 1936 年初，要过阴历年了，下大雪。我们牵着牲口，驮着粮食，山上还有人掩护。敌人的机关枪、步枪，不时打倒我们几匹牲口、几个人。到那时，人也不怕了。不过也得过，人家都过了，你不过咋办？敌人的枪弹嗖嗖直响，要不要又打倒我们一个人。

后来又听说前面在邛崃打仗，没打好，再一次要过草地。又进入甘孜、炉霍。从芦山出发再翻夹金山，还费了点劲。白天不敢过。敌人的飞机，上午从 10 点钟到 12 点，下午从 1 点到 4 点多，一天飞到黑。我们翻那个山，走到天黑走拢。说是今晚上一定要在天亮以前翻过这匹山，后面还有部队，不通过不行。从这个方向过夹金山是 60 几里路，而从丹巴那面过来只有 30 几里路。上山时，隔不多远还有啦啦队喊跟上，有人招呼。一下坡就没有路了。下坡时，牲口也控制不住，四个脚一齐梭，人也往下滚，喊的喊，叫的叫，找不到路。走到天亮，才把山下完。结果一清队伍，有些滚到雪里了，派人去找，你在哪去找嘛。马大还好找，鞍子也不在了，驮的东西也找不到了。坡倒不陡，都是懒坡。但都是雪裹起的。后来一问，说是凡是晚上翻山都倒霉。我们后勤机关晚上过，那算倒了霉了，损失不小。

从那里进入甘孜，就捻毛线、打衣服、织袜子、织手套，欢迎二、六军团，就是二方面军，贺龙的部队。作了一段整顿之后，把衣服、钱粮都准备好了。那时红四方面军织得有衣服，用粗羊毛线织的，染成灰色。是制服，还是整整齐齐的哩。我们就是在那里准备二次过草地。我后来就没分到总部。骑兵营当时金子、银子也不多了，损失也大了。重新成立了个骑兵师，就把我弄到骑兵师师部的骑兵排当通讯员。那时我生病，拉肚子，牲口也管理不住了。我原先有一匹好马，本来很烈，经过我训练，很好。参谋长把马给我换了，他这匹很差劲。马不好，人也有病。后来就叫我留下，到牛场去放牛，暂时留在后一步。这样，我就到了红五军团。红五军团是一方面军过草地没有过得去，留下来跟到朱老总走的那个部队。我是后来被收容的。我们好多个小鬼一路。军部的一个军需科长叫我跟他当马伕，他还有个警卫员。我们两个小鬼第二次过草地就全靠他。他有一匹马驮的帐篷、粮食，还有匹骡子，我们三个人、两匹牲口。靠这两匹牲口，把我们驮过草地。

过了草地，进入甘肃到了渭河上游，那个科长就不要我给他当马伕了，叫我给他当通讯员。那时那个通讯员才难当。白天飞机炸，正是五黄六月，人都躲在高粱地、包谷地里，到处找不到个人。一到了晚上，灯笼火把到处都是人，人喊马叫的，人都出来了，这个部队、那个部队，连连不断地。

后来打开了甘肃的徽县、成县等几个县，成立了军部供给处，军部供给处成立了个通讯排。这个通讯排只有两个通讯员。我们两个小鬼部都是原来参加红军的。那一个当排长，我是副排长，叫我们去扩兵。我们小娃儿扩兵只能去动员小娃儿，都是十几岁的小娃娃，加起我们两个才 18 个人，叫我们编两个班。

从甘肃以南继续朝黄河边上走，走了一个多月，我们通讯排就没得人了。白天去送信，飞机轰炸，新兵娃儿被炸乱了。晚上到处都是人，他们就到别的部队去了，最后只剩我们排长、副排长两个人。就叫我们一个人亲自去送信。后来走到垮街子，又找不到部队了。走了几天几夜没睡觉，我说我今晚非要睡一觉不可，反正后面有人来。我一觉睡到天亮，敌人飞机轰炸，又没有人来了。到了下午，吴德来了，他那时不知是个营长还是团长。他看我是四川人，就说："你这四川嘎子，到我们这个部队来，我们这个部队好啊！"我说："我们那个部队也好呀，我还要去送信哩。"他说："你那个部队走乱了，过了河了，你到哪里去找？"这一下，我就到了吴德那个部队。那时兵源缺乏，人也走乱了，你收到就是你的人，我收到就是我的人，反正你跟到走。这样，我就换了部队，到了六军团。（郭际富、赵德荣整理）

节选自中共通江县委党史资料征集组编:《通江现代史资料选》第2辑，1982年6月，第45—51页。

齐成玉，1921 年生。1932 年参加中国工农红军，1936 年加入中国共产党。红军长征时任红四方面军总供给部战士，骑兵师师部通讯员，红五军军部军需科通讯员、军部供给处通讯排副排长等。新中国成立后，曾在重庆市房建公司工作。

红四方面军长征片断回忆[1]

黎正祥

架竹索桥强渡岷江

为了粉碎敌人的“围剿”，红四方面军从川北苏区出发，经通江、南江、巴中，直捣川西南，在攻占了北川、茂州（现在的茂汶县）等县城后，准备向黑水、芦花方向前进。

那时，我在红四方面军总部水兵连（后改工兵连）连部当传令兵。我们连正在北川执行守桥任务。一天晚上，我正熟睡，连长突然把我叫起来，要我通知各排排长到连部开会，会上指导员传达了上级要我们连到茂州架桥的紧急命令。为了争取时间，除三排在北川继续执行守桥任务外，一、二排连夜就出发了。连队经过一天一夜翻山越岭的急行军，按时赶到茂州。

茂州位于岷江的东岸，是一个人口不多的村镇。在我们到达以前，老百姓家里的粮食都被国民党反动派抢光了，不少人听了反动宣传，对红军不了解，听说红军要来都跑了，我们的筹粮工作没法开展，连队的粮食也吃光了，只好吃野菜充饥。

到了茂州，我跟着副连长刘少康到总部接受架桥任务。总部的一

① 编者对原文略有删改。

位首长向我们交代说：现在敌情很严重，情况很紧急，国民党的二十军和四川军阀刘湘、刘志乾的十几个团紧跟在我们后面追击，企图把我们消灭在茂州山区。我们的后续部队顽强地阻击了几天，伤亡也很大。为了粉碎敌人的“围剿”，总部命令你们连在三天之内，在岷江架一座桥，保证大部队顺利通过岷江。

副连长回到连队传达上级指示后，立即带领连里的干部到江边勘察地形。我跟着他俩来到岷江边，只见两岸都是高山峻岭，水面宽有 180 多米，时值盛夏，江水暴涨，黄澄澄的江水在高山陡壁中间急流直下，一个漩涡套着一个漩涡，汹涌澎湃的江水互相击撞着，发出的吼声在两岸高山回荡。从上往下看，真叫人有点心寒。他们边勘察地形边开会分析情况。

一排长首先发言说：“在这里架桥，任务十分艰巨，一是时间紧，人员少，作业量大；二是没有架桥器材；三是水深流急，河面宽，架木桥是不可能的。”

大家望着波涛滚滚的岷江水，正在发愁，副连长刘少康突然叫起来：“有了，有了。”连长郭连顺急着问：“什么有了。”刘副连长指着山上说：“你看这竹子不是很好的架桥器材吗？我们再把竹子破成竹篾，绞成竹绳，就可以架一座竹索桥。”连长听完考虑了一会说：“在这里架桥也只好如此，没有其他器材可用。”于是即向各排下达了架桥任务。

夜雾重重，同志们顾不上一天一夜急行军的疲劳，就开展了紧张的架桥准备工作。

砍竹、破篾、打绳是准备工作中首要工作。由于山上竹林荆棘丛生，又是夜间作业，给我们完成任务增加了许多困难。同志们迎着困难上。很多同志的衣服都被划破了，不少同志身上、大腿和胳臂都划出了一道道血淋淋的伤口，但谁也没有叫一声苦。战士们饿了，煮点野菜充饥，困了用露水擦擦脸，又继续干起来。经过两天三夜的奋战，备料工作基本就绪，十根 200 多米长手腕大的竹绳也打出来了。做桥板的木板也借到了。

第三天，天还没有亮，紧张的架桥战斗开始了。因为水流太急，无法把一条 200 多斤的大竹绳送过对岸。连里挑选了几个水性较好的同志把小绳子捆在腰上先游过对岸，再用小绳子把大竹绳拉过去。几位勇士一下水，就被激流卷入漩涡，他们拼命地与急流搏斗，使尽全身力气往对岸游，只见他们顺着急剧的汹涌往下滑，时而被漩涡卷没，时而露出水面。岸上的同志看到此情景，无不为他们捏了一把汗，大家都瞪大双眼，脸绷得紧紧的，谁也没有说话，只是暗暗地在心里给他们使劲，直到几位勇士游到对岸，才松了一口气。接着他们又用小绳子艰难地把十根大竹绳拉过对岸绞紧。竹绳拉好，全连全力以赴地投入了紧张的铺设桥板战斗。下午 3 点多钟，一座竹索桥在岷江上出现了。这座桥全长 220 多米，宽一米五，桥底是六根大竹绳，上面铺上木板，两旁各两根竹绳作栏杆。

当我们正在兴高采烈地迎送着大部队过江的时候，突然来了两架敌机在架桥点上疯狂轰炸扫射。炸弹在我们周围爆炸，掀起一道道黄土，子弹像暴雨般地落在我们身边。连长高声呼叫：同志们，赶快保护架桥器材，干部战士奋勇跃出战壕，冒着生命危险，奋不顾身地抢救器材，经过一场激烈的战斗，架桥器材转移到安全的地方，可是三班有几位战士在这次战斗中不幸中弹牺牲了。敌机还是不断地轰炸扫射，一次比一次激烈。突然有两根竹索被炸断了，有的桥板掉到江里。战士们看到辛辛苦苦架好的桥被敌人炸坏了，都挥舞着拳头，恨不得把那些国民党飞贼揍下来。当连里及时召开党团员会议，进行抢修竹索桥的动员的时候，同志们虽然已经几天几夜没有合眼了，但是那时大家只有一个信念，就是迅速把桥修好，让大部队通过。

天黑了，同志们强忍极度的疲劳和饥饿，投入了抢修竹索桥的战斗。连夜赶上山砍竹、破篾、绞绳。接着又是争分夺秒的拉绳、铺板。有三名战士在铺设桥板时，因为竹绳晃荡太甚，加上疲劳饥饿过度，不慎掉进了汹涌的江中。在黑沉沉的江面上，只听见桥上有人喊："有人掉到河里去了。"在岸边作业的同志要求下水抢救，连长把大家拦住，沉痛地说："同志们的心情我理解，可是现在黑得伸手不见五指，江水又那么急，下去抢救只会增加伤亡。"大家听连长说完，只好含着眼泪，继续紧张作业，直到天将亮时，连长才派几名同志沿着江下游寻找，可是找了几天也没有找到，估计可能是牺牲了。

第四天早上，晓日初出，满天红霞，薄雾方收，水气弥漫，这座竹索桥又屹立在岷江上，大部队源源不断地通过。从远方看去，活像一条巨龙奔腾在岷江上，它象征着英雄的红军工兵战士是不可战胜的。

那时，三排也从北川撤回归建，战友重逢，特别激动，同志们看看那奔腾不息的岷江水，又望望那横跨岷江两岸的竹索桥，霎时之间，歌声，欢呼声融成一片，震动了岷江河谷。

过雪山

1935 年 6 月间①，红四方面军的军直属队来到高入云端的大雪山——夹金山下，一眼望去，皑皑白雪，十分耀眼，它是我们在前几天就看到的了，而现在我们就在它下面，要翻越过去，看来要付出很大的代价，克服巨大的困难。

到达山下的当天，四方面军副总指挥王树声向军直的干部、战士作了简单的动员，他用手指着雪山说：它是我们继续北上道路上的一大障碍，我们要发扬红军英勇作战、奋勇杀敌的顽强战斗精神，一定要越过去。接着他还简要地讲了翻过这座天然屏障就是胜利的重要意义，要求我们共产党员、共青团员起模范带头作用。最后交代了注意事项后，我

① 此处回忆时间疑有误，似应为1936年春——编者注。

们就开始了翻越雪山的准备工作。

6 月，在我们家乡四川正是青翠碧绿，春尽夏来的季节，而在这里，却是白雪茫茫，一派冬意。

一切准备就绪，下午 5 点多开始翻山，为了鼓舞战士们的斗志，部队唱起了歌："敌人的骑兵不用怕，沉着、勇敢来打他，我们消灭他，我们打垮他……"这里气候变化无常，从出下出发时，又闷又热。到了半山腰，一会儿是风，一会儿又下起雪来，风雪交加刮个不停，厚厚的雪地，被晚霞映照着刺眼得很。越往上爬风越大，气温也越来越低，大风裹着鹅毛大雪迎面扑来，使人提不起头，干部、战士手拉手的继续前进。过了半山腰，空气也稀薄起来，走起路来就更加吃力了。每前进一步都要付出很大的气力。这时，在出发前用布包好的脚，已经和包布冻在一起，几乎失去了知觉，整个部队都在缓慢地行进。太阳落山以后，我们也不知道走了多久，在山下灌满的一壶水（其实是个竹筒子）早已喝完了，没有喝完的，也冻成了冰。这时又渴又饿，只好抓一把炒面，再抓一把雪塞进嘴里，边走边嚼，那炒面拌着雪水到了肚子里，真是连心都凉透了。但是，当时也只有一个信念：坚持到底，翻过去就是胜利。

大概爬了三分之二的路程的时候，天气越来越冷，道路由于前卫部队走过把雪踩得结实了成了冰路，走起来越来越滑。我们连里的通讯员陈民锡同志在前几次战斗中负过伤，在开始上山以后，已昏倒九次，我们让他休息一会儿再走，他总是说：不要紧，要跟上部队。而话刚一完，没走几步，眼一花就栽下一丈多深的雪坑中，差一点就掉到深涧雪谷中，在他旁边的一个十几丈深的大雪坑里，人根本无法下去，在里面还可以看见前卫部队一匹驮装备的马掉下去，四只蹄子朝天地被雪埋在里面。当我和旗语兵范树祥同志下去，把陈民锡同志拉上来以后，我们的连队已走到前面去了，我们就和另一个连队一起继续前进。这时，山越来越陡，雪也更厚了，由于体质虚弱，再加上刚才上下了一次雪坑，浑身一点力气也没有了，一股股冷汗直往外冒，浸湿了衣服，又被冻成了冰。范树祥同志为了照顾陈民锡同志，把旗交给我扛，他把陈民锡同志背一段、拉一段地继续前进，战友的友爱，在最艰苦时刻是最大的鼓舞，陈民锡同志又挣扎着自己走。这时，天已快亮了，在灰蒙之中，隐隐可见山顶，就在这时，陈民锡同志又一次昏倒，他苏醒过来断断续续地说：现在要是有口热水喝该多好啊！你们……一定要……翻过去，翻……翻过去就是……就是胜利。我和范树祥听了十分难过，我赶忙把装有雪的竹筒子放在自己胸口上热化了，然后送到他嘴边，他喝了一口这是战友用体温温热了点的水后，还没来得及说句话就闭上了眼睛。风雪不停地刮着，好像要把整个世界刮翻，可是它却永远刮不倒红军战士的坚强的革命意志，低头望着陈民锡干瘪、安详的遗容，泪花夺眶而出，我和范树祥用洁白的雪把红军战士陈民锡同志的遗体掩埋了，擦干了泪水，继续向顶峰前进。雪山，有多少个红军战士永远地留在了你的身旁，但是你却没有留住红军前进的步伐。曲折的道路，恶劣的气候，大自然给我们带来的巨大困难，丝毫没有动摇我们的决心。下午，我们终于翻过了夹金山，但是，我们却永远怀念那些留在雪山上的战友。

1978 年 9 月 6 日

选自中国人民政治协商会议广东省委员会文史资料研究委员会编:《广东文史资料》第28辑，广东人民出版社1980年9月第1版，第54—60页。

黎正祥，1916 年生，四川巴中人。1933 年参加中国工农红军，1935 年加入中国共产党。红军长征时任红四方面军总部水兵连（后改工兵连）连部传令兵、排长。新中国成立后，曾任解放军高级工程学校战术系主任、工兵第六团团长、广州军区工程兵副参谋长等职。

露　营

吴保山

长征途中，露营生活是别有风味的。在一望无垠的草原上，地势稍高，比较干燥的地方，就是我们最理想的宿营地。当落日的余晖，照映得草原泛着金光的时候，我们面黄肌瘦的脸上，都显出愉快的神情。队伍一停下来，有的同志端着盆子去找水；有的在用树枝掘坑搭灶，要是地面坚硬，用树枝掘不动，就用干牛粪来垒。盆子在我们手里，真是“物尽其用”了：端水用它，拾干牛粪（当柴烧）也用它，等火点燃了，把它往灶上一坐，就成了烧水做饭的锅。一切准备好了之后，一个同志烧火，其余的人就一面闲谈，一面挑选沿途采来的灰灰菜，准备晚餐。身强力壮的人，则自动去接掉队的同志。这时您看吧，一缕缕炊烟袅袅上升，萦绕在草原的上空。草原就像一个拥有很多人口的村镇，充满着蓬勃的生命力。

炊烟给人们带来了愉快，劳累了一天，看到它就会想到吃东西、休息，而这些对于我们都是极其重要的。可是你知道这炊烟是多么来之不易吗？干牛粪不易点燃，烧火的同志恼火极了。先是蹲在地上，伏下身子去吹，累得头晕眼花也不行。后来就索性趴在地上，把嘴凑在牛粪跟前吹。烟熏得人眼泪直流，牛粪的气味，呛得人直恶心，大家看着干着急，使不上劲，因为谁也没有烧牛粪的经验。记得有一次是柯茂同志烧火，他正用手擦着被烟熏了的眼睛，大家就跟他开起玩笑来了：

“怎么？想未婚妻了，你应该抓紧时间早点结婚呀！看，现在天南海北的……”“哈哈哈……”我们在旁边哈哈大笑凑热闹。柯茂是我们科里最年轻的一个，他有一个年轻的爱人，正准备着结婚哩，我们就奉命北上抗日了，因此大家好用这事和他开玩笑。他总是红红脸，腼腆地笑笑，一声不吭。可这会他正被干牛粪弄得一肚子气，一见大家还逗他，就跺着脚，哭了。开玩笑的人才住嘴。

往往是在我们快把“饭”做好的时候，掉队的同志也就赶到了。大家总是一跃而起，带着愉快和友爱，跑上去抱着，拉着，让出最好的位置叫他们休息，就像迎接久别重逢的亲人。

晚餐了，我们围在一起，吃野菜。没有炒面吗？有的，不多，不到找不到野菜的时候，谁也舍不得动。可是对于身体弱、有病的同志却表现得非常慷慨！即令他们不吃，大家也得像发命令一样叫他们咽下去。吃饭的时候，我们总爱谈天说地的，过去常议的，是打土豪分田地的故事；翻过雪山之后，谈话就增加了新的题材了，每谈到高峻、严寒的雪山，我们一步步走过来了，人们的心里充满了自豪，对未来也增加了信心。

吃完了就睡觉。真是，走在雪山上，我们是“顶天立地”；睡在草地上，我们又是“铺地盖天”了。辽阔的草原上，燃着一堆堆的野火，宛如天上的繁星，闪闪发光。战士们围着火堆横七竖八地躺着。在寂静的夜里，除了呼噜噜的鼾声外，听不到别的动静。有人逗趣地把李白的诗《静夜思》后两句改了四个字：“睁眼望明月，低头入睡乡。”用来形容当时的情景。

草地的天气变幻莫测，时风时雨，时热时冷，一天就像过了春、夏、秋、冬四季似的。最难熬的是晚上，阵阵凉气袭来，砭人肌骨。我们，除了个别的同志有一张老羊皮外，大家是既没有垫子，也没有被子，下冰、上凉，睡到半夜就醒了。四肢冻得僵硬，唯一的办法就是捡些牛粪烧一堆火烤烤，过了一阵子，倒下再睡。无数个这样的夜晚，这样度过了。

不过，这还是好的，若是遇到雨天，那就更糟了，它破坏了我们简单得再不能简单的生活。在风雨的夜里，牛粪点不着，我们只好喝着冷水嚼生野菜。然后，我们就背靠背的相偎依着，头上淋着雨，以身体互相取暖。就这样，一到醒来的时候，也仍然可以发觉不少同志，倒在泥水里呼呼地睡着，疲倦使我们什么也不顾了。

要是在大树林里宿营，那就是我们最大的幸福。但这只是到快出草地的时候才遇到过的。树林里，拾柴、做饭、取暖都比较容易，而且树枝茂密，又遮露又挡风，像个天然的大房子。一堆一堆的火光，把树林子照得通红，大家情不自禁地唱起来：

我们是抗日的先锋，

我们是战斗的英雄，

……

这嘹亮的、振奋人心的歌声，此起彼落，四处飘荡。好像在参加一个盛大的联欢晚会，大家忘却了一天的疲劳，整个森林草地，充满一片欢乐的气氛。

遇到这样的夜晚，我就吃它一顿“上等饭”。所谓“上等饭”，就是白水炖牛肉，炖的时候就是香味扑鼻，很想要吃它几大碗解解馋。喜欢吃辣椒的同志，拍着大腿直后悔：“早知道有炖牛肉，怎么也要带几个辣椒来！”但吃的时候，大家就皱眉了，油盐都没有，又腥，又腊，弄不好，还要吐出来。我们倒在树林里，确是很美，比露天暖和多了。难得这样好机会，大家都想睡个够，捞捞本。

第二天醒来，身上还是湿漉漉的，四肢酸痛，我们活动，活动，拍掉身上的草叶和泥土，又前进了。

选自吴保山等：《露营》，吉林人民出版社1960年1月第1版，第12—14页。

吴保山，原名巫保山，1915 年生，江西赣县人。1930 年参加革命，同年加入中国共产主义青年团，1934 年转入中国共产党，同年参加中国工农红军。红军长征时任红一方面军第九军团政治部地方工作科科长、红四方面军第三十二军（后编入红二方面军）政治部地方工作部部长等。新中国成立后，曾任解放军第四十六军副政治委员、中国人民志愿军第四十六军政治委员、沈阳军区政治部主任、总参谋部第三部政治委员、福州军区副政治委员等职。1955 年被授予少将军衔。1972 年在福州逝世。

长征路上三件宝

杨国喜

60 年前的中国工农红军二万五千里长征，有很多有意义的故事，但长征中的三件宝：草鞋、行军棍和红军笔，对我印象最深。

打草鞋

行军打仗离不开两只脚板，当年红军长征就是靠两只脚板套上两只草鞋，走过万水千山的。

可想而知，爬雪山过草地，要磨坏多少鞋。这么多鞋，从哪里弄呢？

没有鞋，打赤脚能不能走呢？回答是能走，又不能走。所谓能走，是因为红军指战员大部分是南方穷苦老百姓家长大的，缺吃少穿，常年光着脚跑到田里干活，吃苦惯了，磨炼出来了。在红军队伍里，为了崇高的革命事业，在长征中，即使一时没有鞋穿，也能坚持走一阵子。但是到严冬季节、爬雪山和荆棘路时，光着脚走就不行了。长征毕竟不是在自已的家门口，过雪山时，有的因赤脚冻坏了脚，走一步跌一跤，鲜血渗透了裹在脚上的破布，在草地上留下了斑斑血印……所以说，打赤脚吃苦耐劳的精神是可佳的，但赤脚硬走把脚弄伤也是不可取的。怎么办？红军长征路上又没有制鞋厂，每日走的都是新区，一时又难以得到群众的支持，红军又无钱买鞋，最根本的方法，就是发扬红军一贯的光荣传统，现有的要节约，没有的要自力更生自己打草鞋。

行军穿鞋是十分费的，在爬雪山过草地时有时一天半天就能穿坏一双。有鞋穿的都很爱惜自己的鞋，坏了就缝了又缝，补了又补，一般布鞋底脱了帮，掌了又坏，坏了又掌，实在不行就用草绳捆绑在脚上。

这些穷苦孩子，在家也不都穿布鞋，皮鞋连见都没见过，穿草鞋打草鞋却不陌生，发扬这个优势和长处，只要有稻草，随时用随时打，有时一次就打好多双。

把稻草一捆捆泡湿打草鞋，上头拴在腿上头拴在腰上绷紧，双手把稻草的绳子穿过来穿过去，尽管有的打得粗糙有的打得细些，有的打得丑些有的打得美些，有的打得熟练有的就打得不快，打成一双双金黄崭新的草鞋，蹬在脚上，还真的解决了大问题，不论在井冈山的密林中，还是长征的雪山草地上，都刻印着革命草鞋的印迹啊！

稻草打草鞋是最理想最方便最便宜的材料，可是到了没稻谷的地方就成了问题，爬雪山过草地就更是个难题了，出路在于发动群众，群策群力，如找那些茅干柔软之类草木植物的东西，有的还找来了桐树皮，有的又找到了一把把野麻，处置之后也能打成很结实很美观的草鞋。

布条麻用来打凉鞋，那是高级、舒适、结实、美观的鞋子，像这类是很少的。

草鞋的默默奉献我们是不会忘记的。打草鞋体现出来的艰苦、乐观的革命精神永远鼓舞着我们。

行军棍

红军在长征途中，不少同志与行军棍结下了深厚的感情，在艰难困苦的环境中，它能帮助渡过难关，如渡河、夜行军、爬雪山和过草地等。

它就是指战员的伙伴和得力助手。爬雪山难于上青天，手里的棍子就增强翻越雪山的力量。一踏上草地,就给来了个下马威。茫茫无际的草原，浊水到处乱窜，行军棍就伴随我们走过草地。

红军开始是战略大转移，后来叫长征，当时为了避开敌人大部队的围追堵截和飞机轰炸，免遭意外的损失，所走的大部分是深山老林，羊肠小道，在没路的地方开出新道，小伙子两条腿走起来还行，可是伤病员和上了年纪的老人就要有帮手。遇到难走的路，像爬雪山过草地的时候，几乎所有的人手里都有一根棍子，这不起眼的小东西，可也为革命立了大功啊。

用它探路用，过草地在泥水里往前行，不知深浅，棍子就成了开路先锋，探准了才迈步，探不准继续探。即使前面已经走过人的，也不能麻痹大意，因草地泥淖太多，不小心就陷进去了。有一次，我们宣传队在路旁进行宣传鼓动工作，与前面拉开了距离，走在队前头的同志踏着部队脚印前进，可一下子就陷进去了，还好，后面的队员一个接一个把他拉住，他才没有陷入泥潭牺牲。

用它相互拉人，过草地时如有人陷在泥淖里，就伸出棍子叫他拽住，大家使劲往外拉，行军疲劳时。走不动了，就相互拉着棍子走，提起神来，过草地伤病员越来越多，没有那么多人去抬，去背，有时就相互搀扶着，最好的办法就是让病号拉着身体好的人的棍子，借助着持棍人的拉力往前走，这个办法用得最多最普遍，再就是过河的时候前后都相互抓住棍子，过得就比较安全。

在草地夜间宿营搭棚，棍子可用作支撑物，还可以用来晾晒东西，或用来烧火煮饭，更可以用它来保护自己免受野兽侵害。

每个人都十分爱惜自己的行军棍，给自己的行军棍取上个动听的名字，比如:“红军棍”、“一条腿”、“一只手”、“手拐杖”、“指挥棍”、“离不开”、“助友棍”等等，名字繁多，不胜枚举。

更有意思的是，每个人各显其能，把自己的棍子装饰得美美的，先是选择结实的棍子，把皮去掉，再作细致加工，在棍上画上山水画，刻上龙头虎尾，有些还刻上很有意义的字，像“旅行万里，名传四方”、“行军一根棍，走路才有劲”、“行军不怕累，全靠行军棍”、“草地探险家，安全接力棒”等，有条件的还涂上各种颜色，更显得好看。

为了把行军棍搞得美观，大家还互相观摩学习，行军休息时把每个人的行军棍集中放在一起，进行观摩评比，丰富了行军中的精神生活，同时也调动了大家的积极性。我们宣传队里的娃娃兵，在队长李路宝的指导下，制作精巧、展览时还得了个集体奖，每个人也都得了奖。宣传队每在路旁做宣传鼓动工作时，就把行军棍排成队插在那里，走路的指战员边走边啧啧称赞不已。

行军棍，不但是助力器，而且还是长征路上诞生的艺术品呢！

红军笔

那时，我还是个刚满 11 岁的“红小鬼”。我所在的那支红军队伍里，像我这样十一二岁、十三四岁的“红小鬼”多的是哩！可别小瞧了我们这些“娃娃兵”，大家都是党从死亡线上救活的穷孩子，不怕艰难困苦，不怕流血牺牲，作战可勇敢呢。就是有一条，没有踩过学校的门槛子，斗大的字认不了一升。

为了革命的需要，上级找我们开展识字运动，可是，战友们都是穷苦人出身，全没文化，找谁当教员呢？

找不到喝过墨水的人当教员，认识一个字、两个字的人总是有吧！那好，认识一个字的，我们就请他做“一字师”；认识两个字的，就是“两字师”。我的入党介绍人李路保同志①，年龄比我大几岁，参军早一点，

① 李路保，上文写为“李路宝”，原文如此，无可考——编者注。

识的字多一些，就成了我们的“大学问家”。他把同志们东一个、西一个献出来的单字，串起来，编成了一段顺口溜，作为我们的课文：

不识字，是瞎子，

谁的名，分不清。

要革命，学识字，

懂道理，方向明。

我们的大课堂就是行军的路上。出发前，每个人要事先找好一块桦树皮、薄木板等能写字的东西，作为识字板；再把当天要学的几个字，写在上面，挂到走在自己前面的那位同志的背包上，队伍出发后，边走边学。嘿，弯弯曲曲的长蛇阵，一人跟着一人，一路上教字念字的声音此起彼伏！

笔和纸呢？那就更是“百花齐放”了，黄色的土坷垃，白色的石灰块，黑色的木炭条。甚至于树枝、草棍，都是我们珍贵的“笔”；山顶上的积雪，大地上的红土，河滩上的黄沙，草地上的黑泥，都是我们的“纸张”。不少同志，还把树枝剥光了皮，用刀子削成钢笔或铅笔的样子，又在上面刻上了“红军牌钢笔”或“红军牌铅笔”几个字，左看右瞧，爱不释手。也有的同志，用削尖了的子弹壳做笔尖，用光滑的细竹做笔杆,做出的“红军笔”可别致了。如果一时找不到合适的“笔”，干脆把地上的细土抹平，就用手指头在上面练写字，这叫“自身牌笔”，我们的“笔”和“纸”真是用不完啊！

红军的生活是艰苦的，但是精神财富却是最富有的。同志们都知道自己为什么学，为谁学，劲头鼓得足足的。行军时学，宿营时学，做游戏时也在学。同志们把生字片在类似扑克牌的一种薄木片上，谁抽出了谁就要念出上面的生字，学字认字的道道多着呢！字认得多了，我们又学着连句，先学“我们是红军”，再学“红军是中国共产党领导的军队”等，后来，我们又发明了快速识字的积累法，用已经学过的字领头，后面再把没学过的同音字排起队来。开始时，字写不好，长一笔，短一笔，高的、矮的、胖的、瘦的，腿长的、腿短的，什么样的都有，很不整齐。经过半年多的努力，同志们笔下的“队伍”整齐多了，腿长的变短了，个矮的长高了,胖子不那么胖了。瘦子也不瘦了。我呢,已经当上了“宣传员”，用一大把生麻，结结实实地绑了支大毛笔刷子，提着一只装满了石灰水的洋铁桶,在红军走过的村头、路口,居然写起大幅的标语来。

到了抗日战争时期，我们这些曾经握过“红军笔”的“娃娃兵”，有许多同志已经能自己动手写报告、写总结了。1946 年，解放区的报纸上，登出了我写的第一篇战地报道，我端详着报纸上排列整齐的铅字,心潮起伏,是党,使我们这些睁眼瞎子睁开了眼睛啊！全国解放后，我们这些幸存的“红小鬼”，多数人已经走上了领导岗位，有的已经成为各种专门家了，这是多么巨大的变化啊！

今天，事情已经过去了几十年，但是，当年的那些木杆的、竹竿的各式各样的“红军笔”，还历历在目，它像一根根金色的旗杆，一支支闪光的红烛，永远铭记在我的心中！

选自沈阳军区政治部编研室编:《红军将士忆长征》,白山出版社1996年8月第1版,第430—435页。

杨国喜，1921 年生，四川巴中人。1933 年参加革命，1935 年参加中国工农红军，1936 年加入中国共产党。红军长征时为红四方面军战士。新中国成立后，曾任解放军第十九兵团军政干部学校政治部主任，第七步兵预备学校政治委员，吉林省通化军分区政治委员，沈阳军区外长山要塞区副政治委员、第二政治委员，中共旅大市市委书记，沈阳军区旅大警备区副政治委员、顾问等职。2009 年在沈阳逝世。

红军碗

杨国喜

红军长征使用的碗种类很多，品种齐全，五花八门，有质地美观的木质碗，有造型各异的铜、铁、银、锡金属碗，还有色彩鲜艳的陶瓷碗、搪瓷碗等。这些来自各民族的碗，争奇斗艳，组成了碗的大世界。

红军爬雪山过草地时吃大锅饭的极少，没有什么粮食，也没有什么可烧的，大锅下了“岗”，炊事员都“失业”了。为了便于行军打仗，减少战士身上的负荷，大部分人都吃起了“小灶”，当上了炊事员，这些碗也派上了大用场，既当碗又当锅。常言道，“巧妇难为无米之炊”，没有米哪能煮饭呢？困难难不倒红军战士，我们用野菜、草根、树叶及皮带煮熟当饭。木质碗不能当锅，但它有很多好处，倒进滚烫的开水和饭菜不像金属碗那样烫手，掉在地上不容易摔坏，也不会生锈，携带轻便，行军打仗没有撞击声响。金属碗不怕烧，可以做饭，还不易损坏。最吃香的是铜碗，既美观又实用，在少数民族地区有时还将它用来做赔偿品，若损坏了他们的东西或吃了他们的粮，就忍痛割爱，用它来赔偿了。

有趣的是各种金属碗，不仅可以当作炊具，而且还可以当作乐器，打完胜仗后敲打起来，汇成锅碗瓢盆交响乐。有时吃完饭后或行军休息时，一些战士也把碗拿出来敲敲打打，活跃部队的文化娱乐生活。

红军战士使用的碗大部分都有碗套，有的是自己动手缝制的，有的是乡亲们慰问部队赠送的，还有一些是妻子或恋人特制的。有的碗上烫了画,有的刻上了“红军碗”三个醒目大字。战士行军累了,身体不舒服,抚摸着它们心里便特别亮堂。(丁金栋整理)

选自《党史文苑》2006年第19期。

难忘的少年时代

葛明旺

1921 年冬天，我出生在皖西大别山区一个贫苦的农民家庭，由于生活艰难，营养不足，使我像石缝里长出的竹子，又瘦又小。饥寒和欺凌，也促使我幼小的心灵从一懂事起就充满了疑问和不平。听大人们传说，有些地方的穷人闹共产，成群结队去打土豪，分田地，人人有饭吃有衣穿，我心里就天天盼望着那样的美事快点实现，有时夜晚做梦也梦见跟着大人去打土豪，高兴得从睡梦中惊醒。

1930 年春天，我的家乡金寨地区成立了苏维埃政府，成千上万的农民群众，欢天喜地，处处张灯结彩，我和小伙伴们像喳喳叫的喜鹊，出出进进都在唱：“八月桂花遍地开，鲜红的旗帜竖呀竖起来……”

在党的组织下，金寨的群众分别组成了赤卫队、少先队、劳动童子团。男女老幼都拿起了武器，武装起来的群众达四万多人，我父亲是贫协委员，两个叔父都参加了地方独立团。我不满十岁，费了很大劲才争取加入了儿童团。我把染成红色的棍子做得长长的，找根布带扎在腰上，站岗放哨，查路条，送信，干什么都尽力学着大人的样子，一个心眼保卫苏维埃。

大别山区人民的武装斗争如火如荼，使反动派极度仇恨恐慌。1930 年左右，他们出动飞机，抬来大炮，疯狂地喊叫着“驻进山头，杀尽猪牛，见黑就打（见人影就打枪），鸡犬不留”的杀人口号，气势汹汹来“围剿”革命根据地。在方圆不到两三百里的金寨地区制造了五个万人坑、两个千人墓，惨绝人寰的大屠杀，吓不倒红军和苏区人民，敌人发动的“围剿”,一次又一次被挫败,直到1932年秋天,反动派纠集30万人马，进行第四次“围剿”，由于党内错误路线的干扰，红军主力被迫在10月份离开了根据地。红军与大别山区人民结成的骨肉关系，如山相靠，似岭相连，红军往哪里转移，群众就跟着往哪里走，两个叔父带着我紧紧跟着地方独立团。为便于行动和战斗，部队在湖北某地整编，两个叔父被分别编入红十师和七十三师，领导见我年纪小，就再三动员我同老弱妇幼离队返回。不管怎么劝说，我哭着躺着就是不离开部队，叔母、表姐和儿童团中队长胡定瀛等一些小伙伴，强拉带拽领我走，我没命地又喊又叫挣脱他们去撵红军。我不跟红军走，能到哪里去啊！家乡的茅屋早被反动派放火烧了，父亲被抓走，母亲是死是活不知道，我哪有家？红军就是我的家，就是我的亲人！我就像一个小尾巴，红军在前面走，我就在后面跟，部队开饭，我就跟着吃，部队宿营，我就跟着睡觉。尽管大人们都故意对我板着面孔，谁也不说个“要”字，但是每次开饭却都关照我吃饱，每次宿营睡觉，总是争着把衣服盖在我身上。我看父兄辈红军对我外冷内热，并不真心撵我，也就和他们黏糊得更紧了。每每高兴，我就大声唱起“八月桂花遍地开，鲜红的旗帜竖呀竖起来……”欢快的乡音，唱得大人们都乐起来。我把红军当亲人，红军父兄们把我当做亲骨肉。

部队辗转通过鄂豫交界地区，登上了千里秦岭。这时，已是雪花飘飘的11月天气，大家身上仍穿着从家乡出发时的衣服，在风雪中行军，肌肤如刀割针扎。我身上披着大人的夹衣，就像穿上了大氅，可是脚丫子太小，大人的鞋穿不得，只好把沿途打土豪找到的女“洋袜子”，一双又一双地穿在脚上，走不多远，袜底就破了，再弄些破布、棉花绑缠在冻肿的双脚上，继续跟随部队行军作战。

敌人在重峦叠嶂的秦岭处处设防堵截，身强力壮的人，都在前头冲锋陷阵，老弱伤病走在后面。我和负伤的李厚柱叔叔结伴而行。李厚柱是我家邻居，从小就十分喜欢我，他身上的伤口愈是疼痛，就愈是把我的手拉得更紧，就像怕丢掉我似的，山越爬越高，风越刮越紧，实在走不动了，李厚柱叔叔就拉着我在一个背风的旮旯里半躺着休息。谁知道一躺下，他就再也起不来了，我哭喊着拉他："李叔叔，你可不能躺下，咱们快走哇！"可是不管我怎么拉喊，他再没能动一下，只是强睁着期望的眼睛，深情地对我说："树子，别管我！你……你……你快走，莫要掉队啊！"说完，就闭上了眼睛。我离开他的遗体，牢记烈士的叮嘱，追赶部队。

快要走出秦岭时，部队昼夜行军。一天夜晚，部队在蜿蜒崎岖的山道上摸索前进，走走停停，停停走走，我迷迷糊糊地倒在路边睡着了，一直到收容队的人过来，才发现有人在路边躺着，他们开始以为我是个死人，但一经搬动折腾，我醒过来了，部队领导知道了此事，叫我跟着叔父走，不许我单独行动。第二天拂晓出发时，领导派人带我站在路旁等着找叔父。队伍不断地在我面前通过，一直快到中午，我的二叔父终于过来了。他挑着一副担子，里面装着油印机和油墨纸张，显得十分沉重。他一见我，先是一愣，接着放下挑子，一下把我搂在怀里，征途遇亲人，我激动得一句话也不出来，只把头紧紧地抵在二叔怀里。带我的同志见我们叔侄亲热的样子，就笑着说："老葛，快把小家伙放在担子里担着，再丢了，我可不负责！"找到了二叔，我高兴得手舞足蹈。二叔真的要挑着我走，我说什么也不干，最后他叫我手扳着担子走，两天后走出了巍巍秦岭，来到了大巴山脚下的钟家沟。

1932 年 12 月初，部队翻越大雪覆盖着的大巴山，到了川北的通江，在这里建立了"通、南、巴"革命根据地，我开始给傅钟同志当公务员，名曰公务员，实际上却给上下周围的人增加了不少"公务"。一次开饭，大家都吃过了，炊事班等我给首长打饭，可就是见不到我的人影。首长们工作又忙又紧张，也忘记了吃饭，当给养员的二叔父，就把饭给首长们送去。首长们见我没回来，就把饭又给我留了一些，叫二叔父快去找我吃饭,原来我正在老乡家耍,一耍起来就忘记了开饭。二叔把我找来，气得要揍我，首长们反而给我说情 :“饶了，饶了，下次别忘开饭就行了！”我难过地哭鼻子，首长们却围着逗我，我终于破涕为笑。首长的爱人和周围的大姐们，也都把我当做自己的小弟弟，这个给我缝衣服，那个给我做鞋子，一针一线都交织着真诚的友情。

1934 年，我给军政委王建安同志当公务员，当时虽然不到 13 岁，但却很要强，看见首长的警卫员挂着盒子枪，背着大马刀，跟着首长东冲西杀，又抓俘虏，又缴枪，有多带劲！于是，我就向首长要求当警卫员，王政委早就看出我不想当公务员的心思，就说 :“那好吧！”我见首长答应得这么痛快，高兴得一跳一蹦的。首长叫人拿来了我十分眼气的“两大件”驳壳枪和大马刀，他叫我全部披挂到身上，我慌里慌张，把“两大件”左背右挂地拾掇到身上，只见驳壳枪枪套掉到脚面上，马刀刀鞘碰着腿肚子，真是站也不是，坐也不行。只听首长说了声 :“跟我走！”王政委就大步流星，爬向后面山头，没走一会儿，已把我远远撂在后头，我身上的“两大件”，碰碰撞撞，碍手碍脚，顾了枪，顾不了刀，顾了刀，又顾不了枪，十分狼狈。这时，首长已爬上了山头，挥着手向我喊 :“快上来呀！”跟随他的警卫员也喊 :“加油呀！加油！”我踉踉跄跄赶到首长跟前，满脸羞愧，首长给我擦掉汗水，说:“怎么样？当警卫员，跟不上首长，那怎么警卫首长？”接着就和蔼地给我讲了革命工作要各尽其能，只要是革命的话需要都光荣的道理。我心悦诚服，主动把“两大件”交还首长，安心工作了。

红军部队同志间的革命友爱，给了我无限的温暖和幸福。记得在空山坝庆祝一举消灭四川军阀田颂尧 30 个团的重大胜利时，部队举行各种比赛。当时三十军八十八师二六三团政委陈锡联同志，跳远跳得很出色，好多人都跳不过他，观看的首长和同志们都一个劲儿地鼓掌 :“要得，要得，再来一次！”听见大家的掌声和鼓励，他高兴地把我背在背上，和大家比赛跳。首长背着我跳，我好像腾云驾雾，跳了一次又一次，最后一次，首长蹲在沙坑里不起来，原来是他的脚崴了，我还傻乎乎地趴在他背上，催着首长再跳。从此，一遇喜庆场面，首长和同志们就背上我玩。在舟坝，洪学智主任和张文同志结婚的时候，大家嘻嘻哈哈地祝贺，闹新房，这个提出要新郎跳舞，那个提出要新郎新娘唱歌，闹得新郎新娘招架不住，新娘灵机一动，把我背上跑起来，从举行婚礼的地方，一直背着我跑到新房，跑得她满头大汗，笑得大家前仰后合。

红军撤离川北根据地时，我染病发烧，军卫生部的大姐和兄长们，用担架抬着我行军。高烧不退，他们弄来甘蔗，埋在热灰中烧热，榨汁给我喝，使我从昏迷中醒过来。我见担架磨破了他们的肩膀，挣扎着要下来自己走，他们不答应，故意把担架一颠一闪地上下忽闪，口里唱着川北小调，不停脚地往前走。翻越夹金山时，队伍刚爬到山顶，突然浓云滚滚，狂风大作，冰雹没头没脸地往下砸，砸得锅盆咚咚响，惊得骡马满山跑，一位老同志把我紧紧搂在怀里，顺着山坡往下滚，我身上没有受伤，而他的身上却被冰雹砸得青一块，紫一块。这位老同志以后再没见上面，据说在过草地中牺牲了。

由于张国焘分裂主义路线的干扰，我们在雪山草地中辗转往复，闹得疲惫不堪。最后一次过草地时，有一天宿营，脚下到处是水，没有一块干地，我倒在水中躺了一夜，全身被泡得发白发胀，双脚血肉模糊，再也走不动了。就在我眼看不行了时，陈锡联同志叫人把我放到他的马背上，一直驮了五天，使我终于通过草地，走上了北上的道路。

选自吴华夺等：《星火燎原普及本之十·我跟父亲当红军》，解放军出版社2009年9月第1版，第148—152页。

葛明旺，1921 年生，安徽金寨人。1932 年参加中国工农红军，1937 年加入中国共产党。红军长征时任红四方面军第四军勤务员。新中国成立后，曾任新疆军区政治部青年部部长，新疆军区司令部办公室主任，北疆军区副政治委员、顾问等职。2003 年在北京逝世。

革命理想高于天①

罗青长

今年是红军长征胜利70周年。70年弹指一挥间，我已从一个十几岁的“红小鬼”步入耄耋之年。然而70年前那一幕幕悲壮的场面仍历历在目……

红军长征几万里，铁流泻处，哪里没有一曲动人的悲歌？红军跨越十几个省，所到之处，哪里没有浸透着红军战友的热血？抚今追昔，我常自问，是什么力量把中华民族成千上万的热血青年聚集在一起，形成一股无坚不摧的力量？他们明知征途有艰难险阻，却毫无畏惧，万死不辞，前仆后继地奔向一个目标！这个目标就是崇高的共产主义理想，这种力量就是永存的长征精神。

什么是长征精神？长征精神就是一往无前、所向无敌的革命英雄主义精神。1934年8月，红四方面军三十军八十九师到达我的老家四川省苍溪县。当时我在苍溪中学从事党的地下工作。为了响应党的号召，我和23名同乡小伙伴一起加入了红军的行列。正好赶上了红四方面军反“六路围攻”的尾声，接着参加了广昭战役、陕南战役。1935年3月，随红四方面军强渡嘉陵江，告别了生我养我的家乡，踏上了长征征途。这一去就是18年，当年苍溪曾输送了三万多优秀青年参军，

① 编者对原文略有修订。

待1952年我重返故里时，幸存者不过几百人。同我一起参军的23名小伙伴只剩下我一个人。他们大部分都牺牲在长征途中。记得当年红军驻扎在大金川时，我任武工队队长。一次与少年先锋队指挥部的熊作方同志一起去联络被敌人围困在崇化县照壁山一座喇嘛寺中的妇女独立连，当我们到达喇嘛寺时，只见残垣破壁余烬未熄，我30余名红军女战士全部被敌人枪杀。其中有一个我认识的达县籍女战士高丽生，她是一个中学生，年仅16岁，临牺牲前仍紧握手榴弹，怒目圆睁，此情此景让我终生难忘。像这样可歌可泣的英雄事迹，长征途中不胜枚举。特别是我西路军指战员在与马匪的浴血奋战中，更是演出了一场惊天地、泣鬼神的活剧，两万多红军战士几乎全部壮烈牺牲，仅存400多人。1936年10月，红军三大主力在甘肃会宁县会师后，西路军政治部副主任曾传六曾要调我到西路军任抗日少年先锋团组织股长，而总政治部副主任傅钟决定我留在红军总部政治处，我才躲过一劫，幸免于难。而西路军的抗日少年先锋团几乎全部壮烈牺牲，我的好朋友——西路军抗日少年先锋团政治处主任莫异明同志硬是从死人堆里爬出来，才死里逃生。1938年他返回延安时，脸上仍留着被敌人马刀砍下的伤疤。可以说，我是那一场场腥风血雨的幸存者，也是那一幕幕悲壮历程的见证人。

长征精神就是万众一心、团结拼搏的革命集体主义精神。在长征的行列里，有年过半百的老一辈无产阶级革命家，也有稚气未尽的红小鬼，有男同志，也有女同志，还有许多少数民族同志。大家为了一个共同的革命目标，扶老携幼，生死相助，汇成了一股无坚不摧的革命洪流。当时，我刚满16岁，长途跋涉使我疲惫不堪，有时走着走着就睡着了。一次在草地暂时休息后，我懵里懵懂地跟着部队出发了。走到半路才发觉枪丢了，我吓出了一身凉汗。正要回身去找，忽然看见干部大队指导员傅崇碧同志帮我扛着枪朝我走来，他严肃而又和蔼地对我说："罗青长，死人也要守着四块板板么！你这个当兵的，怎么敢把家伙丢了？”当时，我又羞愧又感激，这件事让我终生难忘。由于张国焘的错误路线，我们红四方面军三次过雪山草地，每一次我们都有一些红军战士长眠在那里，而每一次我们都是依靠集体的力量闯过了这些生命禁区。1942 年我在延安看到四川大学几个青年学生写的重访雪山草地路的调查报道，标题是“白骨嶙峋……”使我感慨万端，不禁潸然泪下！记得过岷山时，大雪弥漫，寒风怒号，有些红军战士被冻死在那里。与我同班的姜钟同志由于年小体弱，又得了雪盲症，行动十分困难。班里的战友们发誓，“决不让一个人掉队，就是背也要把姜钟背出雪山。”高山缺氧，空气稀薄，一个人行走都气喘吁吁，再搀扶一个人，困难可想而知。但我们就是凭着阶级友爱，共同战胜了困难。藏族同志天宝（桑吉悦希）也是这样，在战友们相互扶携中挣扎着过了草地。直到后来见面时，他仍称呼我为“老班长”，可见战友感情之深。还记得 1936 年夏，我率武工队完成筹粮任务寻找部队，在丹巴县的两河口发现渡河的桥梁被敌人烧毁，桥下水流湍急，我们会游泳的人不过半数，而敌人追兵将至，子弹横扫，情况十分危急。这时我急中生智，令大家解下绑腿，连结成绳，然后会游泳的人和不会游泳的人交叉抓住绳索，一起下到水中，顺流而下，终于在敌人赶到之前到达了东岸的红九十一师师部。

长征精神就是战天斗地其乐无穷的革命乐观主义精神。在长征途中，无论敌人多么凶残，无论党内斗争多么严峻，也无论自然条件多么恶劣，红军指战员始终保持着高昂的斗志，对革命前途充满着信心。一次战斗中，我和于桑同志同在大金川崇化县的独松渡口的一条战壕里，敌人一阵子弹扫来，把我们埋在尘土里，两人脸上沾满鲜血，也不知谁负伤了，我们抢着为对方包扎。于桑擦掉脸上的血迹，抹了一把脸，朝我微微一笑。这一笑深深地印在了我的脑海里，它充满了对死神的蔑视，也充满了对革命的信心。这种微笑我在廖承志同志的脸上也见到过，那是在一个特殊的场合。1934 年 11 月 7 日，我在巴中县川陕第四次党代表会上，亲眼看到廖承志（何柳华）同志被张国焘以莫须有的罪名关押起来。我以为他被害了，后来才知道由于张国焘等人慑于廖承志父母的声望和党中央知道他在红四方面军中，才没有对他下毒手。长征途经北川县时，恰逢大雨，我躲到一块石崖下去避雨，没想到与廖承志不期而遇，我乘卫兵不备，想询问他的近况，安慰他几句。谁知他毫无沮丧之意，还向我吐了吐舌头，然后是他那特有的微微一笑。红军指战员就是以这种革命乐观主义精神嬉笑斗逆境，迎接并战胜长征途中的各种艰难险阻。爬雪山过草地时可以随处听到指战员们的歌声、笑声。李伯钊同志率领的红星剧社在战斗间隙给红军将士们演出精彩的文艺节目。1935 年 6 月，在黑水芦花庆祝红一、四方面军会师的晚会上还演出了苏联红军的踢踏舞等。过草地时，不知由谁作曲的《打骑兵歌》不胫而走，在红军中广泛流传，给了我们无穷的力量。歌词唱道："无敌的红军是我们，打败过蒋贼百万兵，努力再学打骑兵，我们百战又百胜。"

长征胜利 70 周年，让我想起那些长眠在长征路上的战友们。和我同班的一个小伙伴，生性活泼，平时总爱张着嘴乐，我们叫他"叉口"。过草地时，由于饥寒交迫，他倒下去了，临牺牲前，他拉着我的手说："我不行了，你们去把红旗插遍全中国吧！"几十年来，这句话始终萦绕在我的耳边，一直在激励着我，鞭策着我。

纪念长征胜利 70 周年,更使我想念尚健在的红军老首长和老战友。我们现在年事已高，聚会的机会不多了，借此短文转达我对他们的敬意和问候，祝他们在新的长征中，健康长寿，再立新功!

纪念长征胜利 70 周年，我更殷切期望青年一代永记长征精神，不忘今天幸福生活来之不易。当年红军长征时，指战员绝大部分是 20 岁左右的青年，他们为了崇高的共产主义理想，做出了惊天动地的英雄业绩，名扬世界，永载史册！我也相信当代青年一定能够接过前辈长征的火炬，肩负起振兴中华的重任，让伟大的红军长征精神代代相传！

改写于 2006 年 8 月 22 日

选自《神州》2006年第8期。

罗青长，1918 年生，四川苍溪人。1932 年加入中国共产主义青年团，1934 年参加中国工农红军，1936 年转为中国共产党党员。红军长征时任中共川陕省委秘书、金川少共省委宣传部干事、金川武装工作队队长、红四方面军干部大队班长等。新中国成立后，曾任中共中央军委情报部一局局长、联络部副部长，国务院总理办公室副主任、副秘书长，中共中央调查部秘书长、部长，解放军总参谋部情报部副部长、全国人大常委会委员、副秘书长，中共中央委员，中央顾问委员会委员等职。2014 年在北京逝世。

长征精神永不忘

孟永明

我是 1933 年 10 月 1 日在家乡四川南江参加红四方面军，部队攻打过旺苍，参加过嘉陵江战役。我们第九军和三十军是在苍溪县境内强渡嘉陵江的。

渡江战役结束后，我军乘胜发起江油战役，后来我又参加了懋功附近的两河口战斗。在懋功红四方面军和一方面军会师，准备北上。长征开始前组织动员小同志留下，我们哭着坚决不留下，再大的困难都不怕，就是死也要和大家死在一起，组织上只好让我们跟着部队出发。

在长征路上，我在第九军七十六团卫生队当卫生员。由于张国焘作梗，把原定的北上路线改为穿过纵横数百里，自然条件极为恶劣的川西北草原，它位于青藏高原与四川盆地的连接段。这一地区海拔 3500 米以上，荒无人烟，是一望无边的沼泽地和淤泥潭，天气变化莫测，走几天都见不到一块干地方，大家只好泡在水里睡觉，至今我的腿和腰部都留下风湿病。遇上淤泥潭稍不小心踏进去，就有被吞没的危险。过草地时，我们班有个叫大顺的战士，腿上长疮，由于没有药治加上整天在潮湿地里泡着，于是感染化了脓、生蛆、腿肿得老高，发着高烧，我们用担架抬着他。大顺昏迷了好几天，牺牲前他拉着我的手说："英太（我原名孟英太），这是我省下的一点干粮（半个饼子），你拿去吧！我不行了，你一定要坚持下去，走出草地啊！"现在回想起他我心里都非常难过。在长征路上，走不动的同志都是主动把仅有的一点点粮食拿出来，把生存的希望让给能走的同志，把困难、牺牲留给自己。多么崇高的无私奉献精神啊！走出草地到达巴西地区时，已有很多同志牺牲在草地上。

在长征路上没有吃过一顿饱饭，挨饿挨冻是常有的事。能找到野菜充饥还算是好的，我吃过草根、树皮，以至把枪皮带用水泡了煮着吃。有的同志忍受不住饥饿之苦，甚至将前面走过的同志和牲口拉下的粪便，通过雨水冲刷后留下没有消化的苞谷粒等粮食抬起来又吃。人饿到极点为了生存管不了那么多了。有一次我饿得实在走不动了，倒在路边上，一位首长路过看见了，过来喊我："小鬼走不动哪？"随即拿出一点盐，调了一碗水给我喝，喝下去以后躺了一会觉得身上有了点劲，又爬起来跟着部队继续前进。在饭都吃不饱的情况下更谈不上抽烟，可是抽烟的人，烟瘾发了怎么办？有的摘树叶卷起来抽，晚上怕暴露了目标，有的只好趴在地上，捂者脑袋藏着抽，我当时年纪小，看见这个情景，决心长大了也不学抽烟，至今我也不会抽烟。

过完草地，领导叫我当小马夫，安排我给一位团长牵马。团长身体不好，组织上给他配的马他都没有骑，和大家一样步行，把马留给负伤的、实在走不动的重病号。有一天团长叫我："小鬼，你牵着马只管往前走，有人问你，你就说首长在前面，你要是走不动了，就拽着马尾巴走吧。"像我们这些年幼的同志，在这样恶劣的自然条件和吃不饱穿不暖的情况下，还能生存下来，全靠组织的关怀照顾。在长征路上，我们这些年纪小的组成一个队，队长是年龄稍大一些的女同志担任，她们像大姐姐一样照顾我们。和我们一块吃饭一块睡觉，我们都亲切地叫她们"姐姐"。在长征路上，必须严格按照上级指示行军。人迹罕至的大雪山，海拔 4000 多米，终年积雪不化，一上一下约 35 公里，高山空气稀薄缺氧。翻越雪山时领导要求中途不能停下来休息，有同志坐下来休息就起不来了。山上积雪很深，稍不小心就会滑下山崖摔死。我们都是结伴而行，不许掉队。由于高山缺氧，上山时有的同志喘不过气来，走不动了，队里其他同志将他的背包和枪取下来帮他背上，并互相搀扶着走，实在走不动了，只有扔掉背包轻装前进。我们人小更怕掉队，总是和大家走在一起，再累也坚持着不坐下来休息，紧跟队伍行动。翻越雪山时我们队还没有掉队的。

翻过雪山、进入少数民族居住区，能看见地里种着粮食，心里格外高兴。有的同志偷偷拔几颗麦粒放嘴里，领导再三讲要遵守群众纪律，并告诉大家，前面就有食宿站，会让大家吃饱饭的。我记得过了腊子口，走到一个地方，先头部队把一切都准备好了，叫我们进到一个大大的院子里，地上铺着草，安排队伍住下休息。我们一躺下就起不来，睡得很香，开饭时队长一个一个地叫才醒得来。大家看到香喷喷的米饭，还有菜、汤，都想放开肚皮吃个饱。后来领导讲话了：说一次不能吃得太多，怕把大家肚皮撑爆了，你们的命是非常可贵的，能坚持走到这里已是相当不容易的。眼看就快要到根据地了，所以必须定量，少吃多餐。刚开始一天吃五顿，慢慢饥饿感消失以后，改为一天三顿。每天吃了就睡，不准出大院。渐渐地看到人就长胖了，普遍脸上脱了一层皮，白红白红的脸蛋又露出来了。当时组织考虑得十分周到、细致。尽管条件差，但对每个红军战士关怀备至。我就是在这样的大家庭里成长起来的。

长征行军过程中，每个红军指战员，都具有大无畏的顽强拼搏精神。为了革命的胜利，大家早把个人生死置之度外，所以才能克服重重困难、历尽千辛万苦到达陕北革命根据地，取得长征的伟大胜利。长征的胜利，粉碎了国民党反动派扼杀中国革命的企图，使中国革命转危为安；保存了党和红军的基干力量，使中国革命取得最后胜利。

今年是红军长征胜利 60 周年。这段重要历史值得弘扬的正是红军长征精神，它是党的伟大精神财富，我们永远不能忘记长征精神，它将永远激励着子孙后代奋发进取。今天，我作为一名参加过长征的红军战士，回忆长征走过的路，缅怀在长征中牺牲的战友，深感今天取得政权来之不易，把我国建设成为民主、富强、文明、现代化的社会主义强国，让子孙后代过着幸福、美好的生活，这就是我们红军战士最大的心愿。（潘远友整理）

选自中共中央党史研究室《中共党史资料》编辑部、中国延安精神研究室《中华魂》编辑部、中国炎黄文化研究会《炎黄春秋》编辑部编：《红军不怕远征难——纪念红军长征胜利60周年征文集》，中共党史出版社1996年10月第1版，第344—347页。

孟永明，1917 年生，四川仪陇人。红军长征时任红四方面军第九军二十七师七十六团卫生队卫生员。新中国成立后，曾任解放军某部营长。

红小鬼和“红小鬼营”

严朝维

红四方面军第三十军八十八师，在长征途中曾有一个由五六百名少年组成的战斗集体，它没有正式名称，没有正式番号，人们管它叫“红小鬼营”。当时我是这个集体中的一员，虽然这个组织仅仅存在三四个月，但在我的脑海里一直难以忘却。现回忆整理出来，以示对“红小鬼营”中牺牲的战友的缅怀。同时，对还活着的“红小鬼”表示崇高的敬意。

我当上了红军

1933 年 1 月，红四方面军主力从鄂豫皖革命根据地转移到四川北部，开辟了以通江、巴中、南江、万源、达县、宣汉、仪陇等县为中心的川陕革命根据地，并在通江建立了川陕苏维埃政府。

在川陕苏维埃政府和人民群众的大力支持下，红四方面军粉碎了国民党反动派的多次进攻。特别是 1933 年 10 月至 1934 年 8 月，国民党兵分六路，大举向根据地进犯，长达十个月之久。我根据地军民共同抗击，取得了歼敌 25 个团的胜利，打破了敌人妄图拔除川陕革命根据地，消灭红四方面军的美梦。

这些胜利，震撼了敌人，鼓舞了广大人民群众。根据地人民纷纷参加红军；国民党统治区的革命青年，冒着人头落地、杀亲灭族的危险，冲破重重封锁，跋山涉水，来到革命根据地参加红军；使红四方面军一下子扩充到十多万人。

参加红军的有青壮年，也有少年。其中绝大部分是来自穷苦人家的子弟，他们受尽压迫剥削，为了翻身求解放，参加了革命。有的是受革命思想熏陶，向往革命根据地的青年学生，他们为了追求真理，投奔到革命阵营。我是被逼上梁山，参加红军的。

我的家乡在川北江油县，家境贫寒。父亲给地主干活，早年累死了，剩下我和老母亲。我八岁就给地主放牛。11 岁那年，因另一家地主要抓我抵债，又上不起国民党的苛捐杂税，被迫只身逃出虎口，到 100 多里外的旺苍县庙儿弯小镇，在一家茶馆里当帮工。整天干着大人一样的活计，熬更守夜地干，累死累活地拼，只给饭吃，不给工钱，还经常受到老板的打骂和欺侮，在我幼小的心灵里播下了仇恨的种子。有时一个人含着泪花独自沉思：天下乌鸦一般黑，什么时候才有个出头之日啊！

茶馆里南来北往的人很多，这庙儿弯又毗邻川陕革命根据地，有关红军的消息比较灵通。从茶客们的耳语中，我知道红军打富济贫，对人和气，不打人骂人，是为穷人谋翻身打天下的队伍。也听到了许多红军打胜仗的传闻。我心里盼望着早日见到红军。

1934 年 12 月，一个天气寒冷，北风呼啸的夜晚，红军终于来到了这个小镇。第二天一早，我照常打开了店门。一会儿，几个红军战士走了进来,和蔼地问我“叫什么名字？”“生意如何？”我一一作了回答，并对他们诉说了我的身世。

一个身强力壮的战士用同情的眼光看了看我，问道：

“小娃子，你多大年纪了？”

“12 岁过了。”

“能吃苦，能走路吗？”

我心里想，要让我当红军多好。于是愉快地说：“一天能走百把里路。你们能走多远，我也能走多远。”

他又问我：“愿不愿意当红军？走远路掉不掉队？”

我立即答道：“早就盼着呢，一定不会掉队。”

他看我当红军的决心大，便说：“那好，你就跟我们一块干吧。”

就这样，我高高兴兴地当上了红军，走上了革命的道路。我所在的部队是八十八师二六八团新兵连。

五次留队

那时，红军中像我这样的娃娃兵可不少。我们年纪虽小，对红军、对革命却有着深厚的感情，仿佛我们的生命就和红军、和革命联系在一起，不管受了多少挫折，遇到多少困难，始终坚定不移。

在长征途中，我们这些娃娃兵和老战士们一样，经历了人世间想象不到的艰难困苦，却没有被吓倒。相反，组织上屡次动员我们离队，都被我们“坚决留队”的要求一次又一次地谢绝了。就我来说，也曾有过五次被动员离队，五次要求留队的经历。

第一次发生在长征开始后不久。一天，部队途经我的家乡何家坝。接收我当红军的那位战士，是我的班长。他走近我的身旁，拍了拍我的肩膀：

“你家离这里有多远？”

“还有几里路。”

“小严啊！你年纪太小了，等长大点，再来当红军吧。”

班长这么一说，我差点哭了。

“我人虽小，可从没有掉过队。为啥不要？！”

班长解释说，“马上又要打江油城了。往后仗越打越多，路越来越难走。长途行军人小不行啊。”

我一边擦眼泪，一边坚决地说：“管他打到哪里，遇到什么困难，我都不怕，我坚决要留下当红军。”

班长见我态度还是那样硬，又说服不了，就把我留下了。

部队攻打江油、牛场坝之后，又在这一带休整了几天。接着大队人马溯江而上，到达北川县境。一天下午，部队正在河沙坝里休息，作出发前的准备。班长把我们五个娃娃兵叫到一起，说：“今天夜里部队要行军100多里路，山高路陡。上级要我把你们送到医院去。”我们奇怪地问：“我们身体都很好，为什么要送我们去医院？”班长没多说，只是叫服从命令。

我们五个娃娃兵被班长带到医院，才知道是把我们交给了地方。我们知道部队没走多远，就从医院悄悄溜了出来，跟着部队的去向，紧紧追赶。第二天太阳偏西的时候赶上了部队。我们气喘吁吁地向首长报告后，首长面带微笑，让我们归队了。

我们继续前进，山越来越大，人烟越来越少，吃的时有时无，生活越来越艰苦。白天在烈日之下行进，夜宿深山老林。蚊虫叮咬，病疫侵袭。一些同志不曾倒在敌人的刀枪之下，却被饥饿和病魔夺去了生命。有一次，我们饿极了，一个和我差不多大的红小鬼，摘吃了四川红花椒，因为吃得过多，不幸中毒死去。这在我的记忆中印象很深。

在这艰苦的行程中，为了减少不必要的牺牲，部队每到一个村寨，都动员伤员和年幼的红小鬼留下来。交给当地政府照顾，或去无子人家，或送少数民族当儿子。组织上后来又动员我三次，可我一直不肯离开部队，就留下继续当红军。许多红小鬼也都不愿离开部队。我们深深相信，只要有红军存在，就一定有我们这些娃娃兵。

在“红小鬼营”里

红四方面军的长征是从1935年3月开始，到1936年10月结束。我们的进军路线是从川陕革命根据地出发，途经青川、平武、江油、北川、茂县、松潘，折而南下芦山、天全，西进丹巴、道孚、甘孜，北上穿过草地、大雪山，最后进入陕北根据地。

“红小鬼营”的事，就发生在茂县到芦花这一段，时间是1935年7月至11月间。

国民党反动派对红军的长征，调动大军围、追、堵、截，层层设防。天空有飞机侦察、轰炸，地上有机枪、大炮阻击。红军既要同国民党正规军作战，又受到地方土匪武装的骚扰，有时一天要打好几仗。

主力部队打头阵，我们这些红小鬼和勤杂人员就跟在后面。1935年七八月间，部队到达茂县后，为了利于部队的行动，加强对红小鬼的管理和教育培养，根据师部指示，将不肯离队的五六百红小鬼集中起来，编为五个连，组成一个营。这个营没有正式编制和番号。红军八十八师的“红小鬼营”就这样诞生了。

“红小鬼营”建立之后，我被编在一连连部任勤务兵。上级指示我们暂住茂县待命，从思想上、组织上、军事上、物质上、积极做好准备，应付更大的困难。

在茂县，我们每天都进行着紧张的政治学习、军事训练和文化学习。军事训练的内容，主要是队列、步伐、执勤、放哨、行军和一般军事常识。政治课着重讲革命斗争形势和北上抗日的伟大意义，教育大家要准备吃大苦，耐大劳，经受住艰难困苦的考验，随时准备着为民族的解放，为革命事业的胜利英勇献身。文化课主要是配合政治学习，搞好扫盲识字，既学文化，又提高政治觉悟。大家的劲头可足了，都积极参加学习、训练，随时准备上前线杀敌立功。

由于张国焘“左”倾错误的影响，这期间也出现了一些令人痛心的事。在政治学习和组织整顿中，对出身于富裕家庭或是有一些小缺点的红小鬼搞“审查”、“清洗”，把一些曾经跟我们一起出生入死、愿意革命的同志排斥出部队。先叫他们交待，大家又给予“帮助”，再经有关人员审查。他们认为不行的交地方政府处理或撵走，他们认为勉强可留下来的，也另眼看待。记得有一个姓何的红小鬼，是我的同乡，因他父亲是做生意的，本人又读过几天书，就说他不是贫雇农出身，而打入另册，但认识交待较好，勉强留了下来。当时挑担、背油桶这类事，经常是叫表现不好和“不可靠”的人去干。“红小鬼营”解散时，其他同志都分去跟着首长或干别的事情，小何却分去背油桶。这油桶是铁皮方形的，装满有三四十斤重。时间一长，小何的背擦破皮，发炎溃烂了。他要求换一下，领导人说要“经得住组织的考验”，“还应加强锻炼”，不让换。在翻越当亮大山的途中就没有见到他，不知是死是活。1953 年我回老家看望时，专门查访，也未打听到。

经过一个多月的学习和准备后，我们这个营向着黑水、芦花方向转移。一路上凶山恶水，雪峰直插云天。秋去冬来，天气渐渐冷了。部队整天在原始森林、雪山峡谷中行军。同志们常常借景开玩笑，有时还编点儿顺口溜。现在还记得这么几句：

抬头难见天，
穿鞋不会干；
时儿风雪舞，
时儿星满天。

真是苦中有乐啊！环境虽苦，却没有人打退堂鼓。

这段时间，我们都是在邛崃山脉的崇山峻岭中奔走，沿途是人烟稀少的少数民族地区。由于民族隔阂和受国民党反动宣传的影响，对红军认识不清，一些地方的少数民族躲藏起来，不时袭击阻拦我们。一忽儿沿河两岸的高山上传来枪响，一忽儿密林深处又响起枪声。有的同志就被冷枪击中而受伤或牺牲。

我们的粮食早就吃完了，药品也没有，饥病交加，疲惫不堪，不少同志就这样永远离开了我们。到达芦花时，我也病了，全身发高烧，头晕脑痛，没有药又没有吃的。同志们好容易才弄到一点青稞，给我煮碗稀饭端来，清汤寡水，照得见人影。当时能吃到点粮食，已经是很不容易的了。平时都是采野菜、草根、野果充饥。没有药就硬挺着同疾病斗。我咬紧牙关，到树林里帮炊事班使劲砍柴，累出了一身大汗，同志们又上山找些草药来给我吃，才逐渐好转。我们在芦花住了五天，病未好完，我又跟着大部队出发了。

在人烟稀少、交通不便的大山里行军，战斗减少了，但部队的给养和行军遇到了更大的困难。随着敌情、环境的变化，“红小鬼营”已不能单独完成行军任务，不适应形势发展的需要了。于是，在芦花解散了这个组织。把余下的三四百红小鬼分到各机关、部队、医院，有的去照顾首长，有的去搞勤杂工作。“红小鬼营”的历史使命就此结束了。

在战斗中成长

我被分到总部卫生学校去照顾首长。首长对我们这些红小鬼关怀备至。行军爬山，尤其是夜间行军，首长怕我们走不动或打瞌睡，叫我们拉着马尾巴。有时首长还把马让给我们骑。说是照顾首长，实际是首长照顾我们。

越往前走，困难越大，吃的、穿的、用的都遇到了意想不到的困难。翻大雪山时，雪深过膝，到处有雪窝、雪崩，随时有被冻死、雪崩砸死、雪窝埋没的危险。大风雪刮得人睁不开眼睛，人困马乏，挨饿受冻。白天艰难地在雪地里行走；夜里衣服单薄，又没有被子盖，我们就靠在一起，蜷缩成一团，互相取暖。过草地时，我们实在饿得受不住了，我就和其他同志一起，去把马拉的粪便拣来冲洗，淘取未消化的马料，再加野菜、盐巴煮熟吃。后来马也没有料吃了，有的首长就把自己的马杀给部队吃。吃完马肉,又吃马皮,能吃的东西都舍不得丢。我管的那匹马，首长和我忍饥挨饿，把它保护下来，没被杀掉。

我们这些红小鬼，在首长和同志们的关怀照顾下，许多人都翻过了大雪山，三次越过荒无人烟的草地，后来为解放全中国、为祖国的社会主义建设作出了应有的贡献，不少同志还担任了重要的领导工作。可惜当时年纪小，许多人的名字都记不起了。

在抗日战争和解放战争中，一些当年“红小鬼营”的同志又为中国人民的解放事业作出了贡献，有的光荣牺牲了。我最亲密的小伙伴，冯泽龙同志就是其中的一个。我们一同度过 14 个春秋，我在心底里一直怀念着他。

冯泽龙同志是四川苍溪人，比我大两岁。我俩一起长征，一起在过“红小鬼营”，往后又在一起照顾首长，同时三过草地，转战陕甘宁。我俩同甘苦，共患难。没有吃的，一同挨饿;找到一块糌粑，平分着吃。天冷了，我俩抱在一起睡觉，同盖一小块用牦牛毛织的旧帐篷布，一直用到延安才送给一家房东做鞋穿。过草地时，一次我俩睡在斜坡上，熟睡梦酣，倾盆大雨引起山洪暴发，把我冲滚十多米远，幸被一棵树阻住，才未掉进河里。他也险些被水冲走。在战斗中，他骁勇异常，屡立战功，淮海战役中光荣牺牲，为革命流尽了最后一滴血。他是我们“红小鬼营”中成长起来的一只雄鹰。

每当我回忆起这些往事的时候，我的心久久不能平静，它激励着我在建设四化的新征途中继续前进。（杨光能记录整理）

选自《贵州文史丛刊》1982年第4期。

严朝维，1922年生，四川江油人。1934年参加中国工农红军。红军长征时任红四方面军第三十军八十八师“红小鬼营”勤务兵、方面军总部卫生学校战士。

长征中的“学兵连”

秦传厚

放下牛鞭当红军

我出生在安徽省六安县一个贫农家庭，从小就给地主放牛。1930年，我的家乡来了红军，那时我只知道红军是好人，是穷人的队伍，不打人骂人，不抓丁拉夫，说话和气，纪律严明，是专门和地主老财作对的。什么共产主义、革命、打土豪、分田地、建立苏维埃，我听了都非常新鲜。不久，乡里成立了苏维埃政府，我也加入了少先队并任队长，和大人们一道，把地主的土地、粮食、财物都分给了穷人，烧毁了地契，闹得热火朝天。在斗争中，我初步懂得了一些革命道理。于是，我带领十几名少先队员毅然参加了红军。由于我是独生子，母亲舍不得我，更怕我在打仗中被打死，她对我说：“老孩（老生子），你是咱家的独苗苗，你走后，娘怎么办啊！”当时，我又想当红军，又不想离开娘，但最终还是参加了红军。我这一走，就再也没有见过母亲一面。据老乡说，我走后，母亲就被地主折磨死了，临死时还叫着我的名字。

我们的“学兵连”

红军主力于1932年进入四川后，我随红军涉过汉水，越过巴山来到四川。红军入川后，打土豪，分田地，长期受压迫、受剥削的人民兴高采烈，扬眉吐气，纷纷踊跃参军。部队由入川的四个师15000人发展到五个军15个师八万多人，建立了中共川陕苏维埃革命政府。川陕苏区根据地，逐步发展到23个县，43000平方公里的红色根据地。1934年8月，刘湘纠集了四川大小军阀20余万人，发动了对川陕革命根据地的“六路围攻”。经过一个多月的鏖战,红军粉碎了各路军阀的围攻，不断发展和扩大。

1933年4月，我在红四方面军三十军八十九师政治部当宣传员，并给文建武同志当警卫员。一天，文建武同志把我叫了去，先和我谈了斗争的形势，讲到部队虽然取得一些胜利，但减员也很大，特别是连队基层干部，既带兵经验少，又缺乏组织指挥能力。为了培养基层干部，提高他们的素质，军里决定在全军范围里抽调一些出身好、反应灵活、年龄小（16—18岁）有培养前途的同志组建一个学兵连，让我去当指导员。

我听到这个消息后，呆了一阵，然后说:“不行，不行，我没有文化，仅识得几个字，还是你手把手教的呢，让我当战士还可以，当指导员干不下来。”

后来，在文建武同志的慢慢开导下，我才答应到学兵连去了。

1934年4月，我们红三十军学兵连正式在巴中县恩养河成立。当部队集合起来时一看，全连大多是十五六岁的小战士，有的是通信员，有的是司号员，有的是宣传队员，有的说话连童音都没有变。最小的要算连部的通信员刘子林同志，他是个孤儿，只有12岁。他的父亲是一个老赤卫队员，在给红军送信时被白匪抓住烧死了。父亲死后，母亲也被还乡团逼死了。他要求参加红军，可是他太小了，但他顽强地跟着红军走了 100 多里路，坚决要参加红军报仇，最后才被收下的。学兵连的干部年龄也不大，我 19 岁，连长曾其银 20 岁。我们学兵连共有 150 人，战士们个子小，穿上军装都显得很大，有的衣服长到膝盖。别看个子小，可还是挺威武的，每六人一支小马枪、一把红缨大刀、两颗马尾手榴弹。在队伍里一站，整整齐齐，生龙活虎的，还蛮像回事。这些武器别看不算好，可当时在红军队伍里也算是首屈一指的。学兵连的战士精神抖擞，走到哪里都歌声嘹亮，步伐整齐。老乡和部队一听到歌声就知道是我们来了，所以，部队和老乡们又叫我们是“小兵连”。

学兵连组建后，部队利用战斗间隙开展了各种形式的军事训练，白天练射击、刺杀、投弹、拳术等，晚上还要学文化，上政治课，唱革命歌曲。尽管学兵连的生活是很艰苦的，可战士们都非常乐观。

踏上长征路

1935 年 1 月，红四方面军广昭战役结束后，又发动了嘉陵江战役，这次战役历时 24 天，歼敌一万多人，取得了空前的胜利。但这时张国焘却错误地认为中央红军西进，蒋介石主力很快就要压到四川，得出“与其被敌人赶走，不如主动撤走”的逃跑主义结论，放弃了具有战略意义的川陕根据地，于是红四方面军渡过嘉陵江后便开始了长征。

学兵连的战士一听要离开战斗过的根据地，都十分难过，许多人都哭了。长征开始后，学兵连紧随三十军军部行动。1935 年 3 月，部队行军经过江油中坝，为了配合大部队作战，军部决定抽我们连一部分同志，去完成一项特别任务。我回来传达后，战士们一听说要打仗，个个争先恐后，生怕轮不到自己。最后我决定派出有侦察经验的李群山带两个组化装侦察敌情，抓一个哨兵，弄清敌人的装备和布防情况。第二天李群山满身血迹，一个人带回了俘虏，其余人都牺牲了。军部审讯了俘虏，查清了敌人的兵力要比原来的估计多得多。战斗打响后，部队歼灭了驻守中坝的敌军，就在这次战斗中，李群山同志给主力部队带路，在战斗中光荣牺牲了，年仅 16 岁。

打下江油后，部队向平武、松潘一带进发。长途行军，要背枪、背包、背干粮，有时还要捎带上一些后勤部门没收土豪劣绅的东西，有三四十斤重。每天一到宿营地，大家都累得不想动弹。尽管这样，我们还是要帮助老乡扫地、挑水、推磨等。行军最重要的要算是脚了，在红军里还流传着这样的歌谣：“行军、行军全靠脚跟。山呀、山呀，你高，高不过我的脚背。路呀、路呀，你远，远不过我的脚尖。”没有鞋，全靠自己用麻绳和布条、稻草打草鞋，草鞋穿不了多久就烂了，只好赤脚行军。到了宿营地，不管怎样困难，还是要想法弄点热水洗脚，一洗脚，只见一串串的血泡一个摞一个，战士们就用针穿马尾刺破血泡，然后用布包起来，第二天又继续行军。

行军路上，小战士们虽然走不动了，但还坚持做宣传鼓动的工作，山谷里不时传来小兵们稚气的童声：“同志们，快加油，后面跟着前面走，走得快，行如飞，气得老蒋没法追。”部队一听到红小鬼啦啦队的鼓动声，顿时增添了信心，鼓舞了士气，都说这些娃娃能走，咱们也不能落后。

我们还经常派出宣传队向白匪喊话。一次，部队在平武附近遇到白军的伏击，在战斗中，我们利用硬纸做成的喊话筒向白军喊话：“白军士兵们，我们红军和你们一样，都是穷人，我们穷人不打穷人，红军宽待俘虏。”……渐渐地枪声稀了，晚上有些白军拖着枪来到我们阵地，哭诉他们是被白军抓来的壮丁，不愿为白军当炮灰，当看清我们学兵连都是小战士时，竟夸我们是天上的“神兵”。

一天，部队行军宿营后，李先念同志来到我们连里，对我们说：“小鬼，累不累，晚上给部队演出点节目。”

大家响亮地回答：“行。”

就这样，我们不顾一天行军的疲劳，又开始排练晚上演出的节目。夜幕降临了，部队围坐在篝火旁，点上几盏马灯，我们连的小鬼就忙开了，有的唱上几句家乡小调，有的唱上几首大家都熟悉的革命歌曲，还有的打上几套刀枪棍棒，还有的把从地主家缴获来的绸缎衣服套在矮小的身上，演几出自编自演的小戏。虽然节目不算精彩，可也逗得大家哈哈大笑。笑声把一天的疲劳冲到九霄云外去了。

过草地

部队到松潘后，上级命令，部队将重伤员疏散在可靠的老百姓家里养伤，准备干粮，轻装，准备过草地。这时连里许多同志都患了重病，一个人病了就得几个人抬着。到了毛儿盖，连里只剩下 80 多人，其中有十几个伤病员。当时大部队准备过草地，人多，筹集粮食十分困难，领导找了一个藏族土司给我们上课，介绍草地的情况，注意的事项，哪些东西能吃，哪些东西不能吃。

经过一段时期的休整，部队开始向草地前进了。草地的天气像娃娃脸，变化无常，一会儿下雨，一会儿下冰雹，一会儿又是晴天烈日。地上到处都是沼泽，一不小心陷进去就很难爬出来。就这样，我们这些小同志还是互相搀扶着向前行走。粮食吃光了，就吃野菜，到最后把连里唯一的一匹驮东西的老马也杀了。许多小战士因为饥饿过度，走着走着就倒下去，再也没有站起来。为了中国人民的解放事业，他们献出了年轻的生命。活着的同志没有畏惧，他们擦干眼泪，带上牺牲战友的武器继续向北走。我记得有一个叫黄玉的小伙子，临牺牲时对我说：“指导员，我不行了，你们不要管我了。”我问他想吃什么，他说：“想吃一顿白米饭。”说完就离开了人间。

能吃的东西早就吃光了，大家就找野菜吃。就这样过了 20 多天我们终于走出草地。到了班佑，我们连只剩下 30 多人。当时部队连续经过几次大的战斗，减员很大，特别是基层干部数量急剧下降。这时，根据军领导的指示，将学兵连的战士分配到部队去当基层干部，有的当了连长，有的当了指导员，还有的到机关当了参谋、干事。又经过一年多曲折艰险的路程，经过三次过草地，我们终于到达了陕北，和红一、二方面军胜利会师了。

事情至今已经过去 60 多年了，但学兵连红小鬼们天真活泼、英勇顽强的精神还深深地印在我的脑海里。

选自《人民公安》2002年第19期。

秦传厚，1915 年生，安徽六安人。1930 年参加中国工农红军，同年加入中国共产主义青年团，1933 年转入中国共产党。红军长征时任红四方面军第三十军学兵连指导员等。新中国成立后，曾任四川省公安厅副厅长、厅长，四川省副省长兼公安厅厅长，中共四川省委常委，省委政治委员会书记，四川省检察院检察长，省人大常委会副主任，公安部咨询委员等职。2002 年在成都逝世。

长征路上的炊事班[①]

刘玉生

1933 年，我刚满 15 岁，为了打土豪分田地，解放全中国的劳苦人民，参加了中国工农红军。入伍后没有几天，连队指导员把我叫去说："小刘同志，你当'伙头军'，好吗？"当时在我们红军中常常幽默地管炊事兵叫"伙头军"。可是我那时还不懂这个，一听就炸了，执拗地说："不！我不当伙头军，我要当红军！"指导员笑了，他拍着我的肩膀亲切地说："小鬼，'伙头军'，就是一名光荣的红军战士呵！"接着，他对我讲了一些革命道理。这样，我就当上了革命军队的"伙头军"。

红军长征时，我在红四方面军的一个连里当炊事班长。我们班的战士们除了携带枪支子弹以外，还扛了炊具。我背上两口大锅，司务长担着一副油盐担子。川陕根据地的人民像送别亲人一样，为我们准备粮食、柴草、牲畜。队伍出发后，沿途各村的人民群众都设有开水站、休息站，吃饭、住宿都为我们准备得好好的，因此，我背的那两口大锅没有用上，我们司务长挑的那两只油盐桶，也总是满满的。在长征途中，每当我们想起川陕苏区人民的那种骨肉深情，就觉得浑身有使不完的力量，再大的困难也不在话下。

记得当时我们出了懋功以后，离根据地越来越远了，环境和条件也

① 编者对原文略有删改。

一天比一天艰苦。国民党反动派猖狂地追击红军，前面还有四川军阀阻击，周围是茫茫草原，人烟稀少，战士们身上带的粮食渐渐少了。红军战士们为了保存革命力量，北上抗日，都自觉地把干粮省下来不吃，另外想办法去捕捉一些飞禽野兽和野菜来充饥。我们炊事班的同志，每天都跟上部队走出几十里路去寻找食物。开始时，每天都有不少猎获物可以充饥，后来就不行了，大家经常是走出很远，却空着手回来。这样一来，有的同志就泄气了，说“宁肯肚子饿一点，也不要再去跑这冤枉路了”。还有人说：“留着劲往北走，别瞎遛腿啦！”

有一天，天气很好，无风无云，大家以为这天至少要走 80 里路。可是突然发现敌机空袭，前方部队传下命令，宿营休息。趁这时候，连党支部召开了支委扩大会议，指导员宣布开会，他说：“我们要保证部队战士吃饱，顺利通过草地。克服这个困难，要大家来想办法。”可是食物到哪里去找呢？大家一时想不出办法来，你看看我，我看着你，没有说话。这时指导员忽然冲着我说：“炊事班长，咱们连那两口大锅以后就不要背了，没有食物可煮，背锅有什么用呢！”往常指导员说话总是和颜悦色，鼓励大家树立革命的信心，可是今天的话却有些异常，一下子把我说愣了。这大锅怎么能丢掉呢？他是我们炊事班为革命战斗的武器呀，就是没有粮食，给同志们烧水煮野菜也离不开锅呀。我急得喊了一声：“锅可不能丢！”我这一急，可把大家急聪明了，你一言我一语地出谋献策，经过一番讨论，会上做出了决定：发动全连战士在行军打仗间隙、宿营休息时，人人捕捉野兽、找野菜、挖草根，剥能吃的树皮等。这个会开得很好，鼓起了大家继续战斗的情绪。原来指导员说要丢掉大锅的话是为了激发大家振作精神，多想办法，克服食物困难。散会时，司务长老丁同志那个高兴劲儿，竟用他家乡的小调自己编词唱起来：“这雪山草地育英雄呵……”

不论是国民党反动派的前堵后追，还是生活上的日益艰苦，都阻挡不住英勇无敌的红军战士胜利前进。每到宿营地，我们就打起炉灶，烧上一大锅开水，各班就送来榆树皮、桦树皮、甜草根、榆树叶、山椿叶、薇薇菜、水齿芹、马齿苋、紫翠菜、蘑菇等几十种野生植物，炊事班的同志一齐动手，满满煮上一大锅，掺上一二斤青稞面，一无盐二无油，同志们吃得很欢。

我们连有四个排，12 个班，100 多人，领饭时排成四行，连队干部总是排在最后。我和司务长一份一份地给大家打饭，分给每个同志还不到一碗。每分到党团员时，他们就自动退下来跑到排尾去。看到党团员这样，其他同志也都主动地让年纪小或年纪大、有病的同志先吃，多吃一些。分到最后，锅底里只剩下一点青稞面糊汤，这才给连长、指导员。连长和指导员经常是端起碗左看右看，舍不得吃，最后还是送给伤病员吃。我和司务长常常被这种革命的、深厚的阶级友爱感情激动得热泪盈眶。有一次，司务长手拿着分饭勺子小声对我说："小刘，你看，咱们红军中有这样好的干部、战士，打蒋介石，推翻三座大山不成问题！"

我们进入草地已经有几个月没有见到粮食了，吃树皮、草根也由三餐减到两餐。司务长担的油盐早已吃光，我背上那两口大锅，因为没有油水和经常不烧，也生锈了。同志们常和我开玩笑说："刘班长，你人越来越苗条，背上的锅可越来越厚啦。"同志们由于长时间吃不到粮食和盐，体软无力，皮肤变成了青色，头发发红，指甲也变成了古铜色，脸上和手上都长了很长的茸毛。虽然物质生活异常艰苦，同志们的革命精神却非常旺盛。不管是行军途中休息，还是夜晚宿营，大家都是说说笑笑，非常乐观。

严冬一天天逼近了，高原上的寒冷无情地折磨着工农红军的指战员。我们从根据地出发时随身穿的衣服已经从棉变夹，又从夹变单。大家身上的衣服都很单薄。连党支部发动群众想办法解决部队战士的冬装问题。干部、战士一齐动手割野草，行军时背在背上晒干，然后编成草帘子，作为被褥，用从藏族群众那里买来的牛羊毛和飞禽野兽毛捻成线织衣服、袜子，兽皮也当衣服披。就这样互相关心互相爱护着继续前进。

来到草地中心时，气候变化无常。一会儿浓雾弥漫，天昏地暗；一会狂风大作，飞沙走石；一会儿是瓢泼大雨夹着冰雹；一会儿又是彤云密布，雪片横飞。经过草原上的沼泽地，一不小心就会陷进泥水里去。为了迅速脱离这个地区，行军的速度加快了，同志们拖着被泥水泡得乌黑发肿的双脚，手拉着手，互相搀扶着向北方前进。由于急行军，衣服被汗水湿透了，又被自己的体温烘干，每个同志的身上都长了虱子，大家风趣地称它为“革命虫”。就这样，我们每天能走七八十里，甚至100里路。

越是在艰苦的时候，我们的连长和指导员的笑话越多。有一天，他们竟作起诗来了。

接着，大家也你一言我一语地朗诵起自编的诗来了。草原上一片欢笑，不知不觉一口气走出了三四十里路。

但是，重重困难仍然在考验着我们。恶劣的气候条件，饥饿的煎熬，行军作战的劳累，使得病号一天天地增加，身边的战友只要一躺下，就再也起不来了。部队有医生，可是没有药物治疗，他们常常是两耳挂着听诊器，手摸着伤病员的脉搏，热泪直流，领导干部看到这种情景更是焦虑万分。战士们和领导干部为了互相安慰，互相鼓励，就唱起革命歌曲。有多少同志就在这艰难的时刻，怀着对革命必胜的信念，闭上了双眼。至今，我一想起这些战友，就心里十分难过。

最使我不能忘怀的，是我们连事务长老丁同志。他是安徽人，是从鄂豫皖苏区转到川陕苏区的，能识几个字，会打算盘加减法，在我们连队人人都夸奖他，别的连的同志也说我们有个好事务长。因为他对革命事业负责，“管家”管得好，所以在川陕苏区时，我们连的伙食就搞得比较好，除了保证同志吃饱吃好以外，每人每月还能分到几分钱的伙食尾子。行军时，他总是挑着那副油盐担子，再加上自己的行李、干粮、枪支子弹，负担已经够重了，但他还经常帮助别人挑行李，帮我背大锅。进入草地以后，指导员、连长看他身体不好，让他把那副空油盐桶丢掉，他不同意，说是到了有人烟的地方得设法给同志们买点油盐装桶里。他的干粮自己舍不得吃，节约下来给班上的战士吃，给打机枪的同志吃。同志们不肯要，他就说：“你们吃饱了好打冲锋，消灭敌人。”有一天晚上,前锋部队打来电报说,前边200里的地方有村庄了。我们计算一下，大约再有三天就可以走出草地。大家非常高兴，第二天天不亮我们就出发了。走到太阳偏西的时候，事务长走不动了。我看他四肢无力，迈步艰难，我就拿出我的干粮袋抖了一阵，抖出半把青稞面。

我说：“事务长，我还有点青稞面，你吃上两口吧。”

他和蔼地对我说：“留下你自己在关键的时候吃，行军你背大锅比我辛苦，我拔几棵野菜边走边吃就能跟上队伍。”我坚持要他吃，他看了我一眼，严厉地说：“我命令你把那点青稞面装回干粮袋里去！”

他竭力支持着和我们一块走，一路上仍然说说笑笑，不觉到了宿营地。他笑嘻嘻地对炊事班的同志说：“今天我们走的路程足有80里，明天再加上一把劲，胜利就在眼前！”

大家盼望出草地的心切。天不亮就有人学鸡叫，大家明知道草地上没有鸡叫，可是也以为是天明了，司号员也吹起了起床号。大家赶紧集合出发。走到中午，我们爬上一个小山头，司务长又走不动了，坐下来休息。这时空中响起了飞机的响声，前面的枪声也响得厉害。大家做好了战斗的准备，可是事务长坐下去再也起不来了，他闭着眼睛，脸发白，嘴发乌，呼吸越来越困难。我心里又着急又难过，再一次提起干粮口袋对他说：

“司务长，你吃上两口垫垫饥，咱们一起走吧！”

他用尽全身的力量发出很低的声音：“小刘班长，我不能吃，你留下吧，我吃了你的青稞面咱俩都得饿死，多活出来一个人，是革命的一份力量。你千万不能把我们连里的两口大锅丢掉了。走出草地有了村庄，你满满地做上两大锅饭，让同志们吃得饱饱的，好去消灭敌人。”

说完，他慢慢地从身上解下钱袋又对我说：“这是全连的伙食费，账本也在里面。离开苏区以来，结账还剩下大头洋、川洋、藏洋一共56元；连长、指导员曾说走出草地打胜仗后，要给同志们会餐，这个任务只有你去执行了。”

他吃力地喘息了半晌才又接着说：“你告诉指导员走出草地上级发零用钱时，替我交这个月的党费。”

他又指着那副油盐担子说：“你告诉连长、指导员，就说是我的意见：这副担子由你担上，事务长的职务就由……”

下面的话没有说完，事务长的双眼就闭上了。我们的好事务长，全心全意为革命，在过草地时，他总是那样激励我们树立信心，克服困难，坚持前进，可是就在这即将走出草地的前一天，他却离开了我们。我悲痛万分，眼泪扑簌簌地往下直掉。我把他的两手放在他的胸前，把他的双腿拉展。我看他躺在地上，脸上还留着笑容，他是为迎接胜利而死去的。为了掩埋这为革命而光荣牺牲的无产阶级战士，我让副班长带着炊事班的同志去追赶队伍，我和担水的战士裴明忠同志留下来，用锅铲子、饭勺子挖了一个深坑，把司务长掩埋了。我们向前去追赶队伍，走出一里多地，我的眼泪还在一颗一颗地往下掉，我不断地回头望着掩埋司务长的那个方向，心里难过，再也走不动了。我俩坐了下来，这时太阳已经升到当空，她的光辉照耀在这无边的草地上。突然间，我仿佛看到前方的同志正在向我们召唤。我站起来，擦干了眼泪，对裴明忠同志说：“不要难过！我们要化悲痛为力量，继续战斗下去！”我重新挑起烈士留下的这副担子，和裴明忠同志大步去赶队伍。

节选自《中央民族学院学报》1975年第3期。

刘玉生，1918年生，四川万源人。1933年参加中国工农红军，1936年加入中国共产党。红军长征时任红四方面军某连炊事班长。新中国成立后，曾任解放军通信兵学院院务部管理处处长。2016年在北京逝世。

红四方面军无线电通信始末

宋侃夫

白色恐怖下秘密训练学习通信

我被派到鄂豫皖苏区创建无线电通信前，是在上海学习的无线电技术。

1930年四五月间的一天，中央特科负责通信的陈寿昌找我谈了话，他说，党中央了解到我在浙江工业专科学校学习过电气专业，就决定通过江南省委把我从上海市法南区委调到中央特科学无线电，由他直接领导我们。到特科工作后，陈寿昌介绍两个青年（从湘鄂西根据地派来的）同我住在一起，学习、生活都由我负责。我们便在沪东华德路一带租到一个小前楼住了下来。陈寿昌先介绍翁瑛来给我们讲无线电技术。主要讲两本书：一本是电器工程的普通课本；一本是袖珍英语无线电课本。他从电器的一般常识讲起，讲无线电的原理和电子管、变压器、电阻等组件的作用；然后讲收音机、发报机的装配、线路与应用。讲完课以后，就让我们学着安装收音机，先装三个电子管的，后装四个电子管的、五个电子管的。那时年纪轻，手也巧，眼睛也亮，学得很快，以后又派伍云甫、王子纲二位教我们学报务，练习收发电报。在白色恐怖笼罩下的上海秘密学习无线电，要时时隐蔽身份，提防狼犬般的特务暗探，稍有不慎，就可能暴露身份，遭到破坏，不是一件容易的事情。我们发现房东老板是流氓，排场很大，来往人员很杂，就开始有所戒备，有一次他发现了我们装收音机，就凑过来探问，我们装作若无其事的样子说："装个收音机听无线电广播。"不久，就又换了个住处，继续学习无线电报务，同时还学装15瓦功率的电台。我们对付房主流氓的办法，主要采取三个办法：一是一切学习活动保密，尽量不引起别人怀疑；二是房间里不放任何通信材料，经常领房东小孩到房子里玩；三是外出时把钥匙交给老板娘，以避免引起任何猜疑。过了一段时间，我又和徐以新住在一起，一块学习。我们买了一架煤气炉子，自己做饭吃。这时与我们联系的人是吴永康，他在四川北路开了个电器行，公开身份是电器行的老板。我们需要什么电器设备，就找他，由他供给（吴永康后来被派到川陕省委工作，在西路军石窝战斗后牺牲了）。这以后，我们又搬到沪西康脑坨路同小沙沟路交界的地方，同湘鄂赣来的王同志及另一个同志共同租住两间房，一起学习。一天，陈寿昌突然来了，他从口袋里掏出一卷钞票，说："小宋啊，外面很紧张，你们不要随便出去，可以在旅馆包饭送到家里吃。"他又说："这些钱你们用，今后可能在相当时间里不会有人来找你们。"我追问："发生了什么事？"陈寿昌告诉我："顾顺章叛变了，他是我们特科的主要负责人，对上海党中央的情况很熟悉，你们住的地方他不知道，但也要提高警惕。"还说："翁瑛不来了，让你们自己学，自己练习，自己安排生活。留下的钞票，除房费、水电费外，每月每人还有15元到20元的生活费。"

以后，才从陈寿昌那里了解了顾顺章从上海护送张国焘去鄂豫皖苏区，在汉口被国民党特务抓住，并叛变的全部情况。

后来，我同陈寿昌、王子纲恢复了联系。我们学报务，也学机务，我还负责教蔡威和杨兰史。过了不长时间，组织上又派乐少华与我们联系。乐少华主管政治思想和行政生活。我们不能在一个地方久住，又搬到沪东华德路那个流氓家的亭子间，我一个人住了一段时间，后徐以新又来同我住在一起。我们经常在深夜试发电报，发完报立即将天线拆除。

就这样，在党组织的周密安排下，我们在敌人的鼻子底下坚持了一年多的学习，掌握了无线电通信的技术。

赴鄂豫皖　川陕苏区　创建电台

1931 年 10 月，党组织派乐少华同我谈话。乐少华说："无线电技术你们已经掌握了。准备派你到鄂豫皖苏区去。"他还说："徐以新同志也去。你们好好准备一下。"过了一个时候，乐少华又来了，他交待我和徐以新带四个密码本子到鄂豫皖苏区去。从上海到苏区，敌人设了一道道关卡，身上揣着密码本是无法安全通过的。所以，所谓"带密码"，是要把四本密码完整准确地记在脑子里。那是用英文字母编的密码本，徐以新记一本，同上海党中央联系的；我记三本，同江西苏区、湘鄂西苏区和湘鄂赣苏区联系的各一本。那时特科主要负责人是黄平，我们背的密码本就是黄平主持制定的。密码全部记熟后，乐少华又找我谈话，交待了启程日期和注意事项，送来了路费。我与徐以新一路，我们俩同岁，从外貌看，我比他长得老相一些，所以对外称兄弟，我是哥哥，他是弟弟。我们从上海坐火车经南京、徐州转陇海路到开封下火车。途中用什么姓名、坐什么车、在哪吃饭、住什么旅馆，都是党组织派内部交通秘密安排的。我们到开封下火车后，来人说："给你们买好了到信阳的火车票。到郑州吃午饭，有人暗中保护你们。"并告知，到信阳住什么旅馆，到什么地方接头。在信阳一个旅馆里住了一天，徐以新就到木板房卖香烟的地方去接头，不料卖烟的门关了，没有联系上，我们很着急，万一接不上头，就只能再返回上海。当时住旅馆警察查得很紧，为了应付查房这一关，我们到信阳医院去看病，徐以新装病。警察盘问时，我说：“我们兄弟俩到汉口去，弟弟生了病。”警察环顾房内，看到徐以新满脸病容，桌子上放了几个药瓶子，就信以为真，放过了我们。第二天，又到那个木板房去买烟，这回顺利地接上了头。我们按照接头人交待的方法，立即去天主堂医院看病，有人见我们手上拿着药，马上带我们走进一个房间，那里摆着已经准备好的化装衣服。我记得，我穿的是蓝布大褂，束着布腰带，头戴瓜皮毡帽，打扮成商人模样。我们马上出发，交通员挑着担子给我们带路。出了信阳城门，交通员告诉我们，城外有几道国民党的岗哨，不要怕。路过哨兵岗位的时候，交通打了个招呼，也没盘问我们。可是等我们走过以后，就听背后哨兵指指戳戳地说：“老共，老共。”走着走着，天下雨了，田间小路很滑，我们这些走惯城市马路的人，一步一滑，跌得浑身成了泥巴猴儿。天快黑的时候，走到一个老百姓家里，才发现我们一路同行的有六个人，经过互相介绍知道有成仿吾，任炳煌，还有一位姓戴。交通说，这里是苏区的游击区。老乡待我们很热情，晚上为我们预备菜饭和酒，成仿吾兴致很高，好好喝了几杯。这一夜睡在稻草铺上，很新鲜，很舒服。

第二天，继续赶路，交通说，目的地是宣化店。天还在下雨，路越来越不好走，腿越来越酸痛，我过去没有走过这么远的乡间小路，很不习惯，就拄了个棍子走。到了宣化店，罗山县苏维埃照顾很好，住了一个晚上，我腿疼得厉害，实在不能走了，便给我一匹马。我不愿骑，坚持着走到郭家河，又住了一夜，乡苏维埃的同志对我们很热情。当时决定他们五个人先走，留我在郭家河休息两天再派人送我。徐以新他们走后，我活动了一下，思想上也不甘落后，于是就又追了上去。自从进入鄂豫皖苏区后，就感觉到气氛不一样，到处是红旗、红缨枪，少先队、共青团、妇女会很活跃。我刚爬上一个山梁，遇到三个青年妇女放哨，她们身旁插着两支红缨枪。老远向我招呼：“同志弟，歇一会！”（这是苏区最亲切的称呼，年龄大的称“同志哥”，年龄小的称“同志弟”。）

没等我回话，她们就围上来问长问短，我给她们看路条，她们发现我的鞋子大，提不上，就抢过去缝了鞋带，我顺手掏了一些铜板给她们。她们哈哈笑着问：“同志弟，你是哪里来的？咱们苏区可不兴这一套。”这时，我不得不对她们说了实话，她们听说我是从上海党中央来的，更是体贴入微，关怀备至，有的跑回家拿吃的，有的倒水，发现我衣服上一只纽扣要掉，立即穿针引线给缝牢。这是我参加革命以来，第一次真正感受到阶级姊妹的温暖，心情非常激动，说了些感谢话，就按她们指的方向赶路了。

1931 年 11 月 20 日傍晚，我到了中央鄂豫皖分局和军委会机关驻地新集，这是个土寨子，寨门前有红军战士站岗。到了中央分局，蔡秘书长接待我和同来的同志。我与徐以新住在军委会。第二天，见到了蔡威和王子纲，他们是走徐州，经蚌埠，从皖西六安进入苏区的。他们俩向我们介绍了鄂豫皖苏区的情况和电台的器材筹备情况。蔡威也住在军委会，王子纲先到无线电训练班工作去了。

来到鄂豫皖苏区，我的心情非常高兴。每天听到起床号就起床跑步到“红场”（新集的一个大操场）所有驻新集的部队、机关、学校，都到“红场”参加操练，还有赤卫队、少先队、妇女、儿童团，又吹号、又唱歌，真是一派“万众一心，团结战斗”的热烈场面。晚饭后“红场”也有活动：有的打球，有的游戏，有的排节目，十分活跃。

节假日的“红场”，更是红火，开运动会、打篮球、踢足球、田径赛、演戏等，应有尽有。我参加了军委的“红星”篮球队，常与中央分局的“红旗”队比赛。

在新集住了几天，我深深地爱上了苏区紧张而愉快的战斗生活。这个时期对我锻炼很大，与在上海国民党统治区的地下党活动，完全变了个样子。人与人之间是同志式、兄弟般的关系，诚挚得很。在上海同志间谈话也很亲切，但总觉得有点距离。来到苏区后，党政军民学之间，没有隔阂，没有拘束，每个人好像都溶化在一股热气腾腾的革命洪流中了。

我们到了鄂豫皖苏区后，战斗中缴获了不少电台，但都是少这缺那，一台完整的也配不齐。我同蔡威分配到军委参谋部工作。我分管谍报和机要，同时还负责编印军委出版的油印小报《军事通讯》，每周出三至四期。参谋部主任李安慈直接领导我们。这期间，我认识了鄂豫皖中央分局和军委会的许多领导同志，除张国焘外，还有徐向前、陈昌浩、蔡申熙、沈泽民、周纯全、郑位三、徐宝珊、傅钟、张琴秋等。到达新集的第二天，我和蔡威在军委小餐厅用餐时，第一次见到张国焘，在交谈中，发现他是江西萍乡人，和我是老乡。开始，他对无线电通信工作不放心，经我们解释后他表示急于建立电台。我告诉他目前器材不足，于是他急忙将保卫局局长周纯全找来，当面交待要他想办法到外地去购买器材，需要多少钱就用多少钱。

1932 年 3 月间，部队在新集以北的潢川打了一仗，缴获了一部完整的电台，真是雪里送炭，我急忙跑到前线去接收。在前线我见到了徐向前和舒玉璋，他们把电台交给我带回，还带我到阵地上参观。行前又赠给我们两匹很好的骑兵马。一匹给了蔡威，我的一匹一直骑到长征路上。有了这部电台，加上充电机、手摇马达，设备比较完整齐全，从此四方面军正式建立了电台。

因为通报密码是我从上海带来苏区的，译电工作就一直由我负责。开始通报，电文极其简单。第一份电报是向中央苏区汇报黄安大捷。中央苏区回电也很简单，向我们祝贺并通报中央苏区的胜利消息。随后，我们才陆续收到用电报发来的一些政策性文件，如土地政策、工商业政策、对待俘虏和地富的政策等。紧接着与湘鄂西、赣东北苏区也取得了通讯联系。

西征川陕，到大通江后，张国焘召开会议，决定以两河口、毛裕镇为中心建立根据地，然后西南发展。张国焘对知识分子极不信任，大小知识分子都被他杀掉了。我们能得以幸免，是由于他离不开我们技术人员，没有电台他无法掌握敌人动向和中央的指示。

有了根据地，环境比较安全，在噶阳坝我们决定再扩建一个台并成立电务处。我任处长兼三台台长，王子纲为一台台长，蔡威为二台台长。我既管报务，又管机要译电，还管行政。为了培养无线电技术人员，在通江办了一个30人的训练班。

张国焘长期不完全相信我们搞到的情报，总是要问："可不可靠？"只有当他从地面侦察员得到的情报相符时，他才点头。有一天深夜他只带了一个警卫员，突然来到电台，见到我和王子纲等都在埋头破译电报，他的怀疑才有所消除，说了一句："你们辛苦了！"从此比较信任我们。

西征途中，陕西杨虎城部孙蔚如军长通过陕南党的关系，派他的参议武志平来我军联系，带来一份详细的川北地图送给我们，同时还送给一些东西，如药品、电池等。事后张国焘决定派徐以新到陕南与孙蔚如联络。徐回来时带来了一些电台急用的干电池，更为重要的是孙送给我们一本使用过的密码底本，这对破译国民党当时使用的密码规律是大为有用。

我们进驻通江后，四方面军领导内部发生了分歧，争执不下。曾中圣、罗世文、李春林、廖承志、朱光、张琴秋、徐以新、王振华等对张国焘脱离鄂豫皖苏区、发动群众的政策及干部使用等方面有很多不同看法，据说他们已报中央，对此，张十分不满，将他们逮捕入狱。红四方面军入川后，从中央来电看开始对张国焘没有什么责备。后来才有些批评，如电文中提出："不要三心二意，要决心立下脚跟，发动群众，团结干部，团结全党"等词句。没有严厉批评他，有一客观原因：即1933年下半年中央苏区负责电台工作的曾三来电通知我们："制定密码的中央特科负责人黄平已被捕叛变，十分机密的电报，不用此密码。"我向张国焘汇报后，他决定只告一些战报。因而造成中央对川北苏区了解甚少，当然也就不可能有更多的纠偏指示和批评了。

为中央红军通报敌情 倍受称赞

1934 年 10 月，中央红军长征到达湖南时，我们收到的情报中，得知处境十分艰难。当时我们对中央红军的去向捉摸不定。为了给中央红军提供情报，我们以贺国光行营电台为中心，加紧破译蒋介石的密码。破译的任务主要出我和蔡威担任。开始，我们只能猜出几个字，以后发展到能译一部分字，逐步摸索了规律，终于破译了蒋的密码。我们将掌握的中央红军周围的大量情报，送给总指挥部领导审阅、经过分析、整理，再发给中央红军，按约定的时间呼叫通报，工作十分繁忙。特别是对方电台在行进中，他们一宿营就呼叫我们，因此我们必须坚持全守听，沟通后立即发报。

红二十五军(徐海东部)到达陕南时,我们也从敌台收到不少情报,可惜他们没有电台，无法与我们通报，我曾建议派一个团去支援他们，顺便带一部电台和密码本去，但张国焘不同意。那时四方面军无线电通信正处在发展时期，人力物力较充足，完全有力量支持兄弟部队建立通信网。

1935 年 6 月，徐总指挥派韩东山率两个团越过夹金山与中央红军会合。会师后，决定执行一个新的战略——建立川陕康甘根据地。那时还未听说要到陕北，而是在甘南一带建立根据地。当张国焘在前方会见了中央领导同志回到卓克基后，亲自给我打来一个电话说："会师后要调整红军总司令部的机构。朱总要过来，刘伯承参谋长也要过来，张当总政委。"不久，我又接张的电话通知，要我们到门外等候迎接朱总司令等人。没多久，朱总和刘参谋长来到我们驻地，他们只带来一个搞秘书工作的刘少文和周子昆。

初次见面，朱总给我留下深刻的印象。他非常朴素，慈祥和蔼，平易近人，没有首长架子，在他面前可以无话不谈，无拘束之感。一、四方面军合师之后，朱总来到左路军。他经常到三局的电台来，我和他的接触渐渐多起来。他十分关心红军的通讯建设和情报工作。他总是以大局为重，循循善诱从正面开导我们。有一次他对我说:“你总还记得吧！当你们离开鄂豫皖以后，你们周围的敌情紧张，又昼夜行军，很少停下来和我们通报。我们估计你们掌握敌情不多，就利用一切机会为你们提供敌军的部署、兵力和动向，给四方面军的行动帮助不少。另外，我也记得，一方面军进入云贵川地区时，我们的敌情也很紧张，也是昼夜兼程，无法停下来作电台侦察，是你们及时报告了敌军情报，对我们的行动方向有极为重要的帮助，这表现了红军之间的情谊非常深厚。天下红军是一家嘛！都是党的队伍。过去我们不分彼此，今后更要不分彼此。一、四方面军的心是一致的，目标是共同的，都是一个思想，一个模式锻造出来的。”

西进几次战斗受挫　受令毁机

1936 年 9 月的一天，接到中央电令，决定北渡黄河，执行中央先取宁夏的战略。渡河后先占领中卫、一条山。但情况突变，使四方面军西征，累受挫折。记得 10 月底，三十军、五军、九军约两万余人从靖远渡过黄河。还有的部队由于胡宗南卡住兴化的永清渡口，无法过河。河西走廊平原地带，是国民党军马步青控制地区，该部主要是骑兵，行动迅速，杀伤力大。而我军力量单薄，进军宁夏实有困难。正当进退维谷之际，中央来电取消宁夏战略，改为西进，在甘北适当地区发动群众建立根据地，并指示成立西路军。11 月 7 日在赵家水，召开纪念十月革命大会上，陈昌浩、徐向前讲了话，表示坚决服从中央决定，完成打通国际路线的任务，正式成立了西路军。

会后，徐、陈找我和王子纲谈话。由于二局没有渡过河来，首长要我兼做二局的敌情工作，开始没有接受这个任务，第二次谈话，领导的态度十分坚决，我们才答应决心破马家的密码。于是三局又把所有的收音机架起来，截收敌台电报，根据报头上的内容，全力以赴投入破译工作，大约用了一周时间，可译出敌台电报的 80%。记得蒋介石给马步青一份密电，大意是 :“红军破译工作很厉害，你们要注意。”值得一提的是，孙蔚如以前送来的西北军使用过的密码底本，对破译很有参考价值。经过半个月的努力，我们全部举握了甘北敌军部署、行动时间、方向等，这对我军实现西进计划无疑是十分重要的。

西进第一战役计划占领永昌县，在古浪打了一个恶仗。王树声亲自指挥，由于我军缺乏对付骑兵的办法，九军损失惨重。我们电台离前线不远，电台的同志既要对付敌人骑兵的袭击，又要保证通信畅通。战斗频繁，电台随部队转移多，人困马乏，为了战斗的胜利，我们不顾个人安危，完成了通讯任务。占领永昌县城后，我们在那里整休一段时间。1936 年 12 月中旬，西安事变后，我们向中央发电，告急求援。中央回电：国共合作统一战线的工作正在进行，准备派领导人联系，同国民党西安行署谈判，让“二马”（马步青、马步芳）停止向西路军进攻。这时陈昌浩提出以永昌为中心建立根据地，徐向前反对这个计划。此时，我们恰好破译了马步芳给马步青的一份电报。大意是:“若共军不久留此地，向西走，可不打，如停就打。”其实我们可以一直西行，在玉门以西敦煌一带扎营，可惜没有这样做，造成以后的战斗更加紧急。

1937 年 1 月，五军军长董振堂带领 3000 人死守高台。我们从敌人电报中知此情况，立即报告陈昌浩，派骑兵去策应。1 月 21 日，高台城被敌人攻破，董振堂看到敌人冲上来要捉他，便用最后一颗子弹打了自己，董振堂的牺牲，对我们是个教育，后来我手枪里就保留两发子弹，以备应付紧急情况。

部队边走边打，继续西进。夺取了一个较大的寨子——倪家营子。

敌人很快又包围了这个寨子。正面突围不可能，只得偷偷地挖地道逃出，一出寨子，队伍就乱了。敌人的马两次从我身上踏过，马丢了，幸亏同志们的帮助，才追上电台的同志。走了几里路，看见一间有灯光的房子，进去一看，是徐、陈等领导先到那里烤火，他们又给我一匹马，才算赶到宿营地。我们把电台架设起来，发现总工程师刘光甫不见了。后来从敌报中得知他已被俘。这次战斗部队伤亡很大，为了避开敌人的围堵，领导决定部队向祁连山进军。

进山必须经过梨园口，而敌人早在那里埋伏。在这次反伏击战斗中不少军师领导阵亡，如九军军长孙玉清、政委陈海松等都是这次战斗中牺牲的。为了阻击敌人的冲锋，我和电台的同志们都拿起步枪参加前沿战斗，终于取得胜利。

1937 年 3 月 14 日，我们到达石窝，敌人跟踪追上我们，双方又是一场恶战。至此两万多人的部队，只剩下两三千人，几乎全军覆灭。

有一天，军政委员会开会，会中把我叫去参加会议。徐向前、陈昌浩、李特、李卓然、李先念等都席地而坐。会议气氛低沉，待我坐下，李特向我传达会议决定。他说："现在情况很不好，电台行动不便，除留下一部和中央保持通报外，其他全部砸掉。徐、陈目标大，要离开部队，什么时候离开还未定。"这时，我看了徐、陈一眼，只见他们脸色深沉。面对这种悲惨的情绪，内心痛苦至极。

会议结束后，我向电台的全体同志传达了会议决定。同志们听后，个个痛哭失声，挑选最好的电台，留下足够的备件，含着泪水把自己亲手建立起来的电台又亲自砸掉了。毁掉电台后，大家不知所措……

为突围胜利再砸电台重见曙光

剩下的这部电台还在工作。每到一地就把电台架设起来，坐在地上和中央台通报。每到夜间部队无灯无火，一片漆黑，只有电台的宿营地，以蓄电池为电源的小灯泡闪闪发亮，带来一片光明，这又是一番景色。每当叫通中央台，收发一份又一份电报时，大家的情绪为之一振，欢快的心情取代了一天的劳累，只有这时才有一些欢声笑语。

困难重重，电台的同志情绪不稳定，不少同志想和部队一起打游击。我们想方设法稳定大家的情绪。在极度困难的处境中，同志们之间一句关心的话，可在失望中得到力量，在迷惘中又重新醒悟。一点生活上的照顾，可重新鼓起生活勇气，也许能幸存至今天。记得解放后碰见一个曾在我们电台工作的报务员，回忆在祁连山时说："幸亏你这个局长把马让我骑了半天，要不然那天我就见马克思了。"

在祁连山近两个月的时间，没有碰见一个敌人，没有听到任何枪声，但我们都感到像失散的孤儿似的，有一种孤寂茫然的情绪笼罩着1000多人的队伍。

快出山前，收到中央一份电报，告诉我们共产国际通过新疆的关系，正设法接应我们。这无疑是在黑暗中又看见了灯火，在死亡线上又有了生机。

出山后，根据地图观察，去新疆有两条路，一条经敦煌、一条经安西。据当地老乡讲，安西城只有80几个警察。于是决定攻克安西，并将这个意图电告中央，但未见回电。

事实相反，守城之敌约三个团的兵力，火力很猛，根本攻不上去，只好退回到附近的村子。可是敌人尾追不放，迅速包围了这个村庄。我们四方面军电台向中央发出最后一份电报，"攻克安西未成，受敌包围。"夜幕下垂，领导决定砸掉最后一部电台。我们预感到全军覆灭的命运在等待着我们。除了砸掉电台外，所有的机密电报、密码本均付之一炬。经过一昼夜的强行军突围摆脱了敌人。又向西南方向的沙漠地带行军三四天，沿大路走了一天，忽然听到远方有汽车的声音，不久见车上插有两面红旗。红旗！这是自己人，大家的心情沸腾了。车停下，果然是陈云、滕代远等中央领导派队伍接我们来了。真是柳暗花明，绝望逢生。1937 年 5 月 5 日，在纪念马克思诞辰的这一天，西路军幸存的 800 余人，坐上几十辆汽车向乌鲁木齐驰去，在乌鲁木齐东门外一个兵营里，编成干部大队开始了学习通信、炮兵及空军的训练生活。从此，结束了西路军悲壮的行程，迎来了新的曙光。

选自中国人民解放军总参谋部通信部编研主编:《红军的耳目与神经——土地革命战争时期通信兵回忆录》，中共党史出版社1991年4月第1版，第235—246页。

艰苦创业转战南北，无线通信屡建奇功

王子纲

到鄂豫皖苏区去

早在1930年，我在上海地下党工作时就学过无线电技术，后由组织分配到天津地下党电台工作。1931年初，即党的六届四中全会后，组织上调我到上海，协助特科无线电培训班工作，具体任务是当小先生，教报务。1931年10月下旬的一天，组织上找我和蔡威谈话，决定派我俩到鄂豫皎根据地去创建无线电通信工作，谈话的时间不超过十分钟，准备的时间只有两个小时。1931年10月的一个早晨，我和蔡威从上海出发，经南京、蚌埠、正阳关、霍邱、麻埠、金家寨去新集。

一路上，我和蔡威同交通员拉开一段距离，由他们引导着，通过了无数道关卡，闯过了许多难关。到正阳关镇，第一个交通员的使命完成了，由他找到了第一个联系人，据介绍，这是一位共产党的同情者。在正阳关，我们休整了几天，模仿当时商人的样子，剃成了光头，为了掩饰刚剃过的痕迹，硬是光着脑袋晒了几天头皮。从正阳关镇要进入苏区，霍邱县城是必经之地，这个县，实际上已到了苏区的边缘了。因此国民党不惜重兵把守，县城里戒备森严。摆在我们面前的第一个问题是怎样进霍邱城。我们在正阳关耐心等待机会，终于通过交通员找到了一个关系，这个关系就是该县县长的卫队长。我们花了好些大洋，请卫队长喝酒、抽大烟，又送了礼物。卫队长见我们是商人，而且还是通过关系介绍的，就喝了酒，收了礼，拍着胸脯满口答应带我们进城。城门处，四个荷枪实弹的哨兵分立两侧，卫队长带着我和蔡威，对哨兵说了声：“这是我带来做生意的人。”我们就顺利进了城。进城后，又通过第二个联系人（也是共产党的同情者）与守城的一个国民党正规军的团副接上了头。一完成使命，联系人就悄然离开了。我和蔡威都感到奇怪，第二个联系人的身份我们不清楚，团副的真实身份我们更不知道。这个团副到了我们住的客栈，显得十分健谈，他大讲共产党，并说在我们这儿讲没关系。我和蔡威没动声色。他还说他专搞往苏区运盐高价出售，再低价从苏区贩运茶叶两头赚钱的买卖。我们是怎样出霍邱城的呢？离霍邱城20里地的榆林店子，就是国民党的防务线。团副派了一位参谋送我们，沿途我们看到国民党的警戒非常之严。防务线附近挖了壕沟，土往里翻筑起了一人多高的土墙，壕沟里积满了水，这在作战中是易守难攻的要塞。但即使如此，敌人仍然防备甚严，隔不到100米就有一个帐篷，驻一个班的兵力。防务线的出口处，直立着四名全副武装的哨兵，他们的枪刺是打开的。那个参谋将我们带出仅够容纳一辆独轮板车通过的防务线出口。防务线外是丘陵地带，只走了几百米，他就坐在一处坡地上，目送我们远去才返回。出防务线路口时，他就告诉我们只能送一程，而且还要绕道返回，避免哨兵盘问。这时候，我们每人的口袋里就只剩一块大洋了，各带的50块大洋，一路过关卡都花在请客上了。

出了榆林店子，还要经过一个民团管辖的防区，这些民团比国民党正规军还要啰嗦。组织上交待我们：因霍邱县县长被我苏区俘虏了，通过民团管辖区盘问时，就说是县长的代表，到苏区去进行交涉的。幸好，这一段没遇到什么麻烦。出了国民党防务线约20多里地，就到了赤白交界的地方。几位老乡指着交界线的对面对我们这两位“商人”说，对面有红旗的地方就是共产党活动的苏区了，那儿有赤卫队，你们不要过去了。我们便亮出了霍邱县县长代表的身份。过去后，很快与赤卫队接上关系，并讲明是上海党组织派来的。起初，赤卫队不相信我们，把我们“押送”到乡苏维埃政府，第二天又“押送”到皖西北特委的所在地麻埠。这时，我们把上海党中央的介绍信交给了特委领导。

10 月下旬从上海出发，到麻埠正好是 11 月 7 日十月革命纪念日。以后，我们就凭着乡、县苏维埃政府开的“路条”，全靠两条腿，于 11 月中旬走到了鄂豫皖苏区的中心新集。这时，按照上海党中央的精细安排，宋侃夫和徐以新已从另一路，经南京、徐州、开封、信阳到了新集。

创建电台

在我们去以前，红四方面军没有建立无线电台。到新集后，宋侃夫和蔡威分到军委当参谋，徐以新到军委分会工作，我分到电信处当秘书长。电信处长叫穆子路，是从国民党徐源泉四十八师俘虏过来的，是我在香山慈幼院念书时的同学。这个人很反动，后来被枪毙了。

电信处下面有两个训练班：一个是无线电训练班，共有 20 多名学员，有游正刚、冯志录、徐定选、董德英、吴寿堂等；另一个是有线电训练班，李玉奎就在这个有线班学习，训练班的政委是孙光明。当时还有一个特务队负责买器材，有时甚至要化装到武汉去买，耿锡祥就负责这件事。

1931 年 11 月 7 日，中国工农红军第四方面军在七里坪正式成立，总指挥是徐向前。时值九一八事变之后，蒋介石不但不抗日，反而调集重兵“围剿”革命根据地。蒋在鄂豫皖根据地四周集结 15 个师，悍然发动第三次“围剿”。因而，红四方面军成立才三天，就进行了黄安战役。

开始缴获了陈调元部队的一部三灯收信机，没有面板，用胶木条拼凑起来，装上可调电容器。我们就用它抄收新闻。所以，红四方面军开始建立无线电通信的情况同中央苏区差不多，也是只有收报机，没有发报机。黄安战役从 11 月 10 日起，直打到 12 月底，鏖战 40 多天，结果我红四方面军首战告捷，全歼敌赵冠英的六十九师。尤为难得的是，此次战役缴获了一部完整的电台。只是蓄电池不够好，只能维持一个来小时。在黄安还俘虏了两个报务员、一个机务员，县电报局长和他的女儿、儿子也跟来了，后来都到电信处工作，他的女儿钱云到无线电班学习，局长则负责翻译新闻。

当电台从前方运回新集时，我们真是如获至宝。我们在上海学习时，都没有系统地组装和使用过军用电台，因为那时特殊的斗争环境、简陋的学习条件不可能让我们接触整套的机器，也不可能有组装整部电台或上机操作的机会，所以对赫姆莱特充电机怎样联接、启动、浮充都不清楚。怎么办呢？我就将敌电台的机务员找来，叫他连接、操作，我在一边看，很快就学会了。我还问他，电压不够怎么办？他说可以一边发报一边充电，后来我懂得了这种方法叫“浮充”。

1932 年 2 月，红四方面军的第一部电台在新集南门外钟家畈的一个小祠堂诞生了。宋侃夫、蔡威和我三个人来到电台上工作。开始还是抄新闻，一边呼叫上海及友邻苏区。1932 年二三月间，首先同湘鄂西的红三军沟通了联络，使用的是从上海用脑子“带”来的密码和通规。湘鄂西苏区电台报务员喻杰生和我在上海一起学习的，后来病故了，同我们通报的是后派去的刘进。接着，又同中央苏区沟通了联络。由于上海地下电台的天线只能架在屋檐下，听不到我们的讯号，所以同上海始终没有联通，而一直通过中央苏区转报。第三个联络对象是湘鄂赣苏区。由于先后与三个苏区根据地及上海党中央沟通了联络，从而能及时地得到党中央的指示，了解各革命根据地的情况，这样就从根本上改变了红四方面军及鄂豫皖苏区过去长期闭塞的状况。在同湘鄂西的来往电报中，有两份电报的内容我至今还记得很清楚。有一份电报是要求四方面军派飞机去轰炸，还有一份是要求四方面军派部队去支持。反四次“围剿”后，红三军的电台没有了，联络就中断了。

撤出鄂豫皖到川陕

打黄安以后，部队东征，在苏家埠、韩摆渡战役中缴获了几部机器，但都不完整。后来缴获厉士鼎部一架电台，比黄安那架新，是国民党军政部造的，电子管插在上面。后来打潢川又缴获张钫部一架电台，接着又打鸡公山，打麻城。由于缴获，无线电通信设备大大增加了。到了反第四次“围剿”时，已分成一、二两个电台，我和宋侃夫在一台，蔡威和徐以新在二台，由蔡威负责。出于反第四次“围剿”，天天打仗，天天行军，我们同湘鄂西、湘鄂赣苏区的无线电联络相继中断了。一、二台之间试验过联络。

1932 年 10 月，红四方面军主力部队于黎明时分突破敌人的“围剿”包围，由广水、王家店车站之间穿越京汉铁路，开始了战略大转移。到四姑墩时，曾决定把二台留在鄂豫皖，后来又决定不留，一起经二郎畈过京汉路。二台随红七十三师王树声同志过京汉路时，由于指挥员还不习惯使用电台，把电台及人员同七十三师的大行李放在一起。过铁路时，突然遭到敌人的袭击，一台顺利通过，二台的机器丢掉了。在这紧急关头，蔡威同志沉着地指挥二台转移。徐向前总指挥派了徐深吉同志的那个团，又掩护二台脱险，并夺回了器材。

过京汉铁路后，由于敌人的围追堵截，我们不得不一直西征，经枣阳、新野、邓县、丹江、南化塘，西出漫川关，过关中平原，翻越以险峻名扬天下的秦岭，又翻过大巴山，于 1932 年 12 月 20 日到达川北通江。我们两个电台住在一起，有了一个相对稳定的工作环境，于是开始抄收国民党中央社的新闻，从中收集情报，并同中央苏区保持着联络。在用收信机随便收听中，发现了国民党田颂尧、邓锡侯的电台。他们发报的报头、报尾是使用明码，中间是密码。电台移动时，他们总是要发：“QRC

（贵台何处）”、“QRA（贵台何名）”，回答也是使用明码。这样就从电台上知道了敌人的行止情况，于是侦察工作就这样开始了。

1933 年 2 月开始无线电技术侦察工作后，一台、二台又分开，蔡威负责的二台到前线，主要担负技术侦察工作，有时也担负一些通讯工作，我们一台在后方，主要担负通信任务，也兼搞技术侦察。搞无线电技术侦察工作是一件十分艰辛的事，白手起家，一切都在摸索中前进。蔡威在这方面花费了大量心血，建立了卓越的功勋。从 2 月至 6 月，四川军阀田颂尧投入 38 个团的兵力发动了“三路围攻”。这时，蔡威的无线电技术侦察工作有了很大的突破。我和宋侃夫的一台在技侦工作方面也取得了新的进展。一、二台在技侦工作方面随时交流，沟通信息，使工作进展更快了。记得在反田颂尧“三路围攻”的一次战斗中，敌人左路以 13 个团的兵力进攻我们，由于我们的电台侦知了敌军的部署情报，事先做了周密的战斗准备，结果我军以少胜多，打垮了敌人的猖狂进攻，同时吃掉了敌六个团的兵力。最终，历时四个月的反“三路围攻”以敌人损兵折将 2.4 万余人而胜利告终。

1933 年 5 月，空山坝战斗后，进行了小坎子战斗。那时，王树声还不会使用电台。小坎子被围冲不出去，他就到电台上问蔡威说，有线电不通，离张主席（指张国焘）很远，冲不出去怎么办？蔡威说，可以用无线电。王树声还不太相信，就让蔡起草了一份短报：“小坎子被围，怎么办？”这份电报是我收的，翻译后送给了张国焘，张国焘回了六个字：“死守待援，国焘”。后来迂回部队赶到消灭了敌人。这可以说是四方面军部队间无线电通报的一个战例。

在反田颂尧“三路围攻”后，我们电台的技术侦破工作日臻成熟、完善。在反刘湘的“六路围攻”中，我们的电台对敌情了如指掌，已能及时、准确地向总指挥报告敌人的行动计划、战斗部署，工作做得十分出色。经过十个月的奋战，红四方面军愈战愈强，刘湘以“官损五千，兵折八万”，“耗资一千九百万元”的凄惨下场向蒋介石请罪而告终。全国解放后，李先念、王树声对红四方面军的电台工作有过很高的评价，他们说，在十倍于我军的敌人的围攻下，如果没有你们的工作，那我们的仗是很难打的，你们是有功的。

同一方面军及二、六军团会师前后

一、四方面军会合时我们一台是在理番县东门外同一方面军会合的，在那里第一次见到刘伯承和林伯渠。王诤来到我们这个台，和我们一起到了杂谷脑，又碰到岳夏那个电台（一分队）在那里。后来到黑水、芦花，翻越上、中、下大谷（打鼓）山到了毛儿盖。8 月 6 日中央开了沙窝会议。接着调李景瑞、朱忠春和两个译电员到我那个台工作。从此一、四两个方面军的无线电通信人员会合在一起了。第一次过草地时，还碰到了曹丹辉、李白、周维等。当时我们住在阿西，有一次胡宗南的部队向包座逼近，当时我正好生病了，朱忠春、李景瑞通完报出去了。我不放心，上机听一听，正好碰上三十军电台汪名震在呼叫，我赶快把电报收下来，译电员（同一方面军汇合以后，报务、机要分开，开始有了译电员）很快把电报译出来，内容是：敌人一个师向救济寺①开进，敌人如果攻占了，我们就没有办法，敌人已过去一个团，怎么办？我叫人赶快把电报送出去，徐向前和陈昌浩看到电报立即回电："为什么不打？"让马上发出。两个钟头以后前方回电"敌人全部消灭"。这时，我的电台是跟随右路军总指挥部，张国焘到左路军去了。

在阿西期间曾收到张国焘几份电报。开始电报说噶曲河涨水，部队过不去，让派人去接。以后还有三次电报，一次是张国焘要南下，徐向前回电："南下下策，西进中策，北上上策。"后来，张国焘还要南下，

① 即求吉寺——编者注。

回的电报还是一样，从电报看，张国焘是想南下的，而陈昌浩、徐向前则主张北上。

毛主席带中央红军北上，走的时候我们一台不知道，二台也不知道。第二天早晨一起床，看见借二台的一部充电机放在那里，部队已经出发了。中央红军走了之后，徐问前、陈昌浩发了个电报，问张国焘右路军怎么办（指未随毛主席北上那一部分）？张国焘来电报说南下。从我看到的几份电报中可以看出徐向前、陈昌浩是不同意南下的，而张国焘是坚持要南下。① 后来，电台和译电员分开了，电报的内容就全不知道了。

毛主席带一方面军走后，电台的呼号全改变了，虽然，对方的手法还可以听出来，但是，再叫就不通了。从此我台就和一方面军中断了联络。

南下部队回到道孚、炉霍时，已经是 1936 年三四月间了。在道孚朱总司令到电台对我交代，要设法同二、六军团联络，多发一个字也是好的。我记得当时二、六军的电台经常变，今天一个声音，明天又一个声音，隔一两天就叫不通，叫通了又不是原来的机器。二、六军团到达金沙江以南时，才同他们联络上，不久，朱总司令又交代，让同中央红军取得联络。这时，汪名震、尤静轩、黄奕棋等都在我那个电台。不了解对方电台呼号，联不上怎么办？大家就想办法，有一次我从手法上找到了前指的电台，于是就采用干扰的方法，他发报，我就调到他发报的频率上，他收报，又调到收报的频率上，使他工作不成。接着又用原来通报的老呼号去呼叫，他没有办法，就回答了，我告诉他今天没有报，明天再来。我把这件事报告了总部。这样才同中央红军联络通了。

同二、六军团联络，是在二、六军团到达金沙江以南时联络上的。

---

① 实际情况是：张国焘于9月8日、9日连电陈昌浩、徐向前，令“右路军即准备南下”。此后，陈昌浩改变态度，同意南下。徐向前不愿把红四方面军部队分开，也只好表示南下——编者注。

在西路军到会宁会师以后，我跟着三局过了黄河，时间是 1936 年 10 月 30 日。由于二局没有过去，搞情报的没有了。徐向前、陈昌浩、李特就叫宋侃夫和我想想办法。我们对“五马”的情况什么都不了解，于是就用一部收信机，一路上搜索敌人的电台，破译敌电。部队到永昌时，才把敌人的密码搞出来。这时，正好赶上双十二事变，我们也是从敌人的电台里知道的，第二天，中央才发来电报。

高台事件时，敌人的电报也是我收到的，唐士吉当时也在那里。天气很冷，我一看这电报很重要，就接过来抄。高台受到围攻时，敌人已经不用密码了，完全用的明码，我就抄一句送一句，时间是在 1937 年 2 月间，电报的主要内容是什么时候攻城了，打巷战了，上房了，最后是董振堂军长牺牲了……

到了三道流沟，在梨园堡前又打了一仗。后来由于西路军损失很大，处境很不好，经常陷入敌人的包围。3 月中旬的石窝会议，决定徐向前、陈昌浩同志离开部队回陕北，由李卓然、李先念、王树声等七人组成西路军工作委员会，剩下的部队分为左、右支队开展游击活动。

离开石窝，又向前走了半天，翻过一个大山，在一个山沟里碰到了耿锡祥、汪名震那个电台。这时，因电台侦察敌人情况已不是靠密码了，而是靠听，听他电台的方位，来判断他动没动。当我们了解到敌人在石窝附近没有动时，便在这个山沟里休息了一昼夜，到第二天才继续走。我们背着收信机，一直跟着李先念同志在祁连山坚持斗争，但这时搞无线电侦察工作已经是更加困难了。

到安西时，我们离敌人很近，后来在红柳园附近被敌人包围，在那里坚持了半天。晚上，我跟着一匹马冲了出来，在一个水池边上碰上了徐明德、唐士吉等十几个人，我们就一起向前走。只见前边一片平原，没有山了，怕敌人追来，便转向北走，这时我已经走不动了，正好北边的山上有一股清水，算是救了我们的命。我们十几个人组成了两个班，由卢富贵当班长，徐明德当副班长，白天隐蔽起来，晚上找大路走。到了大泉又碰上了刘寅；我们便一起走到了中央接应我们的地方星星峡。

选自中国人民解放军总参谋部通信部编研室编：《红军的耳目与神经——土地革命战争时期通信兵回忆录》，中共党史出版社1991年4月第1版，第247—255页。

电台工作二三事

游正刚

特种兵训练班

1931年10月，我和冯志录、徐定选、袁少清等七八人，从鄂豫皖苏区文化委员会创办的列宁高小提前调出，分到苏区彭杨军事政治学校第一期特种兵训练班学习。我们从郭家河列宁高小驻地出发，在几个同学的送行下，背着小包袱，步行60多里，来到了新集。训练班设在新集城街北头一家大当铺里。

训练班约七八十人，分炮兵、卫生、通信等几个专科。在通信专科中还分无线电和有线电两种。负责教务工作的领导同志接待了我们。他问了问我们各自一些简单情况后，顺手拿出一张纸，念了念学校事先拟定好的分配方案，明确了每个人的学习专业。我被分配在无线电专业，学习报务。

在学无线电专业的学员中，我来的最早。接着从安徽六安来了三四个人，从湖北黄安、麻城抽调来十几个人。在湖北来的学员中还有几个女同志，如大个子吴寿棠、矮个子蒋应春、王×兰等。这样先先后后，共来20余人。男同学住在当铺一进大门的大屋子里，女同学住在靠里面的一间小房子里。

教我们课的老师先后有王子纲、蔡威、宋侃夫，还有刚从苏联回国的徐以新，王子纲、蔡威是在上海通过党中央特科关系，学会报务和机务的。宋侃夫也是在上海学的，他和徐以新是我们无线电训练班开课后从党中央派来的。几位老师分了工：王子纲教报务，宋侃夫教英文，蔡威教机务。在教学中他们责任心强，要求严格，深入浅出，能把通报英语和电容、电阻、电波这些难学难懂的知识，讲得形象具体，易学易记。

蔡威老师，操着一口福建口音的上海话，加上学员对无线电名词生疏，开始听他讲课，就像听外国话一样听不懂。于是，他就不厌其烦地拆开机器，对照实物和线路图，一遍又一遍耐心地讲解，使我们既学了技术，又学了文化，终于掌握了这门看来深奥玄妙的专业。

无线电训练班学制规定六个月，大家一律过军事生活，穿军装，打绑腿，戴红五星八角帽，吃饭吹哨，早晚点名，队列教练极为严格。我和麻城来的同学董德英等人，因学习理解快，成绩优良，且又因工作急需，学了刚满五个月，就提前结业，分配到电台上边工作边学习。

第一期无线电训练班结业后，接着在原地方又办了第二期，老师仍由王子纲、宋侃夫、蔡威等兼任。先后共计培养学员 30 多人。由于残酷的斗争和张国焘的肃反扩大化，这批人经过反四次“围剿”，西征到达四川时，只剩下五个人。为了适应四方面军发展的需要，到四川又先后开办了两期，共计 50 多人，结业后补充到各电台。

第一部电台

我们无线电报务训练班教课的几位老师，是专门负责组建红四方面军电台工作的。所以，他们除教好课外，还十分注意了解部队在战斗中的缴获，一旦发现有发电机、电动机、无线电器材，路程再远也要亲自去收集，搬运回驻地。

1932 年初春，我们的学习进入到实习阶段。一天，蔡威老师得知我军在粉碎敌第三次“围剿”中，连续大捷，在全歼黄安守敌赵冠英的六十九师时，缴获 15 瓦电台一部和一些无线电器材，但当时因四方面军没有这种专业人才，不会使用，且搬运不方便，只好先就近掩埋在来家河。后因负责掩埋工作的同志一时找不到，来家河又是一片山地，不知情者很难寻找，故机器就一直沉睡于地下。蔡威老师通过访问当地老人，深入调查研究，找到了埋藏地点。于是就带领我们十几个男同学去挖掘。抬回新集后，蔡威老师让我们当助手，他亲自拆洗、检修，边干边讲，修复了机器。

鄂豫皖军事委员会分会参谋部得知后，当即决定架设电台，与党中央和兄弟苏区进行联络。为了安全保密和工作方便，总指挥部在新集南门外河东边钟家畈村边柳树林里，用石头垒了一幢房子，作为电台工作室。我们几个年轻学员在几位老师的带领下，搬机器、架天线、搞卫生，大家齐心协力，很快安置妥当。

红四方面军的第一部电台建立了，由宋侃夫负责，报务人员有蔡威、王子纲，我和董德英作见习员。徐以新负责机要，搞密码翻译。全台计干部四人，学员四人。

作为电台通信的密码本，在中央派宋侃夫和徐以新来苏区以前，已交给他们，让其背会记牢。徐以新记一本，即与上海党中央联系的。宋侃夫记三本，即同中央苏区联系的一本，同湘鄂西苏区联系的一本，同湘鄂赣苏区联系的一本。

一切准备就绪后，王子纲首先戴上耳机，按动电键，小心翼翼地调着频率，按照规定呼号呼叫，一呼叫就沟通了。守在旁边的人，特别是我们几个学员更是高兴，真正相信了这个神话般的事实：这些机器在天空里就能传字。

我们首先沟通的是与中央苏区的联络，接着又与湘鄂赣、湘鄂西苏区联络通。随之，我们就经中央苏区电台转报，向上海党中央发出第一份和第二份电报，先后报告鄂豫皖苏区的兵力情况，报告黄安战役、商潢战役的胜利。中央给我们的第一份电报是祝贺胜利和通报各苏区的情况。

看到这种千里传信息的情况，四方面军首长和广大红军战士高兴地说：这下可好了，不用派地下交通十天半月，甚至几个月地来回跑了。敌人又抓不着，还很安全。

一分为二又合二而一

电台成立不久，部队在攻打花园车站时，活捉了国民党河南军阀岳维俊，向他要了一些通信器材和汽油，对我们电台进行了补充。接着于 1932 年 5 月，部队又在皖西苏家埠打了个漂亮仗，歼敌三万余人，缴获几部电台和大批无线电器材，从而使我们的电台设备得到根本的改善。于是，我们就一分为二，把一个台分成两个台。一台是宋侃夫、王子纲，随方面军总指挥部和军委行动。二台是蔡威负责，带领我和冯志录、马文波随前方部队行动。这时，和我同时见习的董德英，不幸被张国焘搞的肃反扩大化诬陷为 AB 团，说他破坏无线电机，把他枪杀了，当时他才 18 岁。

一分为二后，电台面临的新困难是人手不足，技术力量薄弱。我们这些青年学员还不能独立工作，只好让宋侃夫、王子纲、蔡威、徐以新四人白天晚上围着电台转。王子纲老师的报务最娴熟，发报又快又清楚，中央苏区电台的“老康”（即曾三）说:一听手法就知道是王子纲。

本来四位老同志就够忙的了，但他们为了扩大苏区，巩固根据地，还不忘收听敌台广播，向领导提供敌人情报。

6 月，蒋介石纠集 26 个师另五个旅 30 余万大军，对鄂豫皖苏区发动第四次“围剿”。红四方面军转向外线作战,我们电台也随机关转移。

转移中，由于器材多又笨重，什么东西也舍不得丢，甚至连随手可以找到的毛竹天线杆，也派人扛着走。这一来，扛的扛，抬的抬，光为电台服务者竟有 300 多人。

我们电台转移到皖西北时，先住在燕子河，后住在山上小界岭。因行动不便，用人太多，根据总部指示，二台在小界岭把不用的机器精简了一部分。

之后，电台就一直跟总部从河南到安徽，再转战到湖北，放弃了创建多年的鄂豫皖根据地，开始了西征。

10 月 11 日，部队从广水至花园一线过京汉铁路时，敌人大约一个师堵截，插断了我军七十三师的行军纵队。在二郎畈我们二台遭受了袭击，电池、充电机、汽油丢失了一部分，人员还险些被俘。原来我们二台的技术状况就不好，这样一来，七摔八碰，又丢失器材、就更差了。鉴此，两部电台只好又合二而一。

由于战争局势的变化，部队在湖北黄安河口附近停了两天，总部开了一个军事会议，决定放弃鄂豫皖苏区，经随县、枣阳、淅川、南化塘，过豫西南阳地区，绕个小圈子，进入漫川关山区，突围出去。在过漫川关时，因山势陡峭，道路狭窄，部队轻装，宋侃夫、王子纲他们一台的一架充电机也给埋掉了。

破译敌报

四方面军翻过漫川关，经陕南、子午镇，过巴山、两河口、苦草坝、毛裕镇，抵达四川通江。

1932 年 12 月 29 口，我们四方面军在通江建立了川陕根据地，成立了川陕省临时革命委员会，结束了几个月的长途跋涉。

部队以通江为中心，发展到通、南、巴地区，在建设根据地中，四方面军又有了新的发展。由原来撤出鄂豫皖苏区时的四个师，扩编为四个军。其间，一次打驻守绥定府国民党川陕边防军督办公署专员刘存厚时，缴获了大批电台和器材，一下子使我们发了“财”。于是，我们电台在毛裕镇休整时，根据总部指示，成立了方面军电务处，宋侃夫任处长，管理电台、机务、机要。电台由一个台扩大为三个台：一台台长王子纲;二台台长蔡威;三台台长宋侃夫兼。接着，在陕南宁强县杨木坝，歼灭胡宗南的补充团,我们又“补充”了电台和器材。遂又成立两个台：四台台长是我，五台台长徐明德。至此，四方面军每个军都能配属一部电台因人手不够，一、三台常在一起。跟总指挥部行动的军，与总部合用，不单独设台。这是四方面军电台发展的全盛时期，也是用无线电通信保障作战指挥最有声色的时期。

电台增多后，二台除负责通讯联络外，还负责做了一些破译工作。四台除与部队通讯联络外，还负责收听敌台广播。

1933 年 2 月 12 日，国民党川陕边“剿共”督办田颂尧以 38 个团的兵力，组成左、中、右三个纵队，分由田颂尧、刘存厚、杨森带领，气势汹汹地向川陕根据地进攻。由于我们事先掌握了敌军行军时间、兵力部署、进攻方向，使方面军首长情况明，指挥依据可靠，仅四个月就全线击败了“三路围攻”,歼敌 14000 余人,缴枪 8000 余支、炮 50 余门。

随着四方面军的发展，川陕根据地的扩大，不甘失败的敌人就愈加疯狂地向我们展开了一次又一次新的进攻。1933 年 10 月，这种反革命的反扑达到了高峰。敌“围剿”总司令刘湘下达动员令，纠集 110 多个团，约 20 万乌合之众，分六路向我军进攻。战役开始后，由于我们不间断地向徐总指挥提供敌人情报，反“围剿”战役节节胜利，严重地打击着敌人。21 日，我军在攻打万源守敌时，我和蔡威在一块搞侦听，当我们从敌台上得知守敌刘存厚部粮食接济不上，士兵没有饭吃时，就立即把情报让通信员熊远绪送给徐总指挥。方面军政治部从徐总处得知后，因缺乏经验，就原封不动向部队传达了。这时，我军前沿阵地与敌相距咫尺，红军战士在战壕中便以此为据瓦解敌军。敌人得知后，引起怀疑，又用密码电报向上司报告，说他们军中有“共党”间谍、特务，要求清洗;说“共党”电台侦听得准,要尽快更换密码。我们收到敌报后，又将情况报告徐总指挥。为了保密，徐总当即指示总部机关：今后战场瓦解敌军的喊话，我都要审查。

在破译敌人的密码时，大家对我军的密码极为保密，做到一般情况很少发报，即使发报也很简单，并多采用暗语。有一次我跟程世才副军长带领的30军的一个师到仪陇县楠木寺渡口侦察，看嘉陵江上是否有船。我们从仪陇黄金庙出发时商定，有船发“包袱没有丢”五个字，无船发“包袱丢了”四字。结果无船,我们报告主台后,复电“回”一字。这对我们来说简明扼要，而对敌人说就够猜的，一要破译密码，二要猜暗语含义，困难就大。

在长征路上

1935年初，中共中央电示红四方面军，集中主力向嘉陵江以西进攻，以配合中央红军北上。3月28日，强渡嘉陵江战役开始，4月21日攻克北川，战役结束。此时，张国焘擅自决定放弃艰苦创建的川陕根据地，实际上红四方面军开始了长征北上。6月12日，方面军派李先念率领的30军的先头部队在夹金山北麓，与红一方面军的先头部队会师。

会师不久，我们电务处扩编为总部三局和二局。电台由三局统管，主要任务是通信联络和兼管一些收听敌台的工作。后来有12个台，一至五台，由四方面军电台组成，我在四台工作。六至十二台，由一方面军电台组成，其中第十台是专门负责收发新闻，作为新华社对外广播的一个台，其英语代号:“CSR”。有时在代号后面加上个阿拉伯数字，即:

“CSR-4”,“4”是代表四方面军的。① 二局主要是侦听，蔡威任局长。

一、四方面军会合后，分左、右两路军开始北上，后由于张国焘闹分裂，中央红军继续北上了，而四方面军却在兜圈子，让指战员经受着一次又一次来回过草地的折磨。这时，部队的生活极为艰难，吃的是树皮、野菜，穿的是沿途打土豪弄来的各种男女衣服，既不整齐，又不御寒，还要天天行军打仗。我们做电台工作的就更艰苦了，白天要跟部队活动，夜晚要坚持值班，我这个台有一段时间只剩下我一人，既搞机务，又搞报务，还规定半小时和主台联系一次，实在困极了，我就趴在电台前睡觉，把马蹄表交给站岗的警卫战士，委托他半小时叫我一次。人的精力是有限的，因此长征途中非战斗减员很多。在过草地时，我先是双眼失明，总部医务主任傅连暲看后，因无条件手术，只好让我吃白水煮羊肝。我走不了路，总部首长就给派了两匹马，让我换着骑。我不能上下，好几个同志就帮着扶上搀下，后来右眼恢复视力，左眼仍失明，遇到过桥和险路，马不好走，我就爬着过。当第二次折回过草地，南下至卓克基时，我又得了伤寒病，幸亏组织关怀，从红九军二十七师医院派来一个担架班，把我抬出草地，才幸存下来，我离开四台后，台里工作交由曾庆良负责，随红四军行动。一个多月后，我基本病愈，便赶到了天全县十八道水总部驻地，遂分配到蔡威领导的二台工作。

长征中我们不仅生活艰苦，工作上的困难也很多。首先没有纸张抄报，大家就在行军和宿营时留神找。在过藏民区时，甚至连寺院里用的草纸也拿来写了字。没有铅笔就用木柴棒燃成炭棒代替。在克服困难方面，还数蔡威的办法多，为了节省汽油，他在流水的地方利用水流落差带动充电机发电，机油不够用，他把猪油和汽油混合起来代用。就这样，在全体无线电通信战士的共同努力下，确保了无线电通信畅通无阻。

1936 年 7 月，红二方面军和红四方面军在甘孜会合，后来我在二

---

① 8月初，红一、红四方面军混编为左、右两路军，红军总部随左路军行动，后归红四方面军管辖——编者注。

局十四台当台长，肖森、李永悌等几人当报务员，加上警卫战士全台共有 20 几人，工作任务主要是搞侦听。原来搞通信的电台留下一、三、五台继续担任通信任务。8 月间，蔡威，我好老师，不幸积劳成疾，在岷州病逝，时年 30 岁。

我们到延安不久，毛主席在王家坪住地接见了我们，赞扬大家是无名英雄，要我们祖祖辈辈都搞电台工作，死了就埋在清凉山上。在这欢快、幸福的时刻，想起老师宋侃夫、王子纲他们带着电台，随西路军西渡黄河未归，眼前又浮现出四方面军创建无线电通信工作的艰苦经历。

选自中国人民解放军总参谋部通信部编研室编:《红军的耳目与神经——土地革命战争时期通信兵回忆录》，中共党史出版社1991年4月第1版，第284—291页。

游正刚，1916 年生，河南新县人。1929 年参加中国工农红军，1930 年加入中国共产主义青年团，1934 年转入中国共产党。红军长征时任红四方面军总部电台台长。新中国成立后，曾任解放军第一坦克学校训练部副部长兼战术系主任、装甲兵训练处处长、第三坦克学校训练部部长、第四坦克学校副校长、河北省军区副参谋长、北京军区装甲兵副司令员等职。1992 年在北京逝世。

从鄂豫皖到陕北

——忆红四方面军的有线电通信

李玉奎

1930 年，我这个年幼失去了双亲的孤儿，经过七次软磨硬泡，终于当上了红军，并于不久后被抽到鄂豫皖中央分局参谋部直接领导的电信学校（也叫电话队）学习有线电。从此，我便与有线电通信结下了不解之缘，至今不曾改行。红四方面军的有线电通信比无线电通信建立得早，应用得广。电台建立后，也只是担负同中央苏区、湘鄂西苏区和湘鄂赣苏区的通信联络任务，以及对敌的无线电侦察工作，苏区内的战斗指挥、部队调动、后勤保障、政权建设和支持前线等通信联络任务，仍主要靠有线电通信去完成。从鄂豫皖到川陕，红色的线路架遍苏区的山山水水，传递着战斗号令和捷报。作为有线电通信战士的幸存者，有责任将红军电话兵的英雄事迹和两个苏区有线电通信情况写出来，以悼念先烈，激励后人。

新集电信学校

1930 年，我由七里坪县苏维埃保安队调到电信学校去学习，同去的有李学勤、李道存、李道公、李学少四人。电信学校当时也习惯地称作电话队，归鄂豫皖中央分局参谋部直接领导。电信学校设在鄂豫皖根据地中心新集（现在河南新县），在北街当铺一个几进大院内。队长姓张，是位高个子的北方人，为人正直厚道，工作严肃认真，以身作则。教官姓康，戴副眼镜，像个大学教授。秘书长是王子纲。当时宋侃夫、马文波不住我们那里，但常来修理无线电收发报机和充电机。我们一开始都在无线电班学习，个把月后又分到有线电二班学习。

学习生活紧张愉快，概括地说可以叫“三操两讲”，即早起上操，早饭后讲一课，中午饭后上操，下午一课，晚饭后再上一操。讲课的教材是张队长、康教官合编的。我们这些学员都是文化程度很低的穷孩子，为了能让我们听懂课，教材都编成三字经式的顺口溜，从什么叫电话、电池、各部件、被覆线、铁线铜线、莫尔斯基（电报）等最基本的讲起。讲课的方法还沿袭了一些旧私立学校的办法，即教官讲一句，我们念一句，下了课硬背，背错了要罚站。但是，也搞了些“改革”。现在回想起来，当时我们文化那么低却能速成，主要是理论联系实际。讲课时，把一部旧磁石电话机拆开，把耳机、受送话器、感应线圈拿给我们看，一一讲解；每人发一个笔记本，教我们把受话电路、送话电路、铃电路一个一个描绘出来。这种教法使我们印象很深。这本图可成了我们的宝贝，以后守电话出了毛病，全靠翻本子查图，用一副无线电耳机接上干电池找电路故障。还实行边学习边实习的办法，抽学习好的轮流去中央分局总机值班，老电话员值正班，新来的学员当副班，值几个月后也能顶正班。在学习期间，我们还参加了苏区四条干线的架设，爬杆，架线，学习打扣、紧线。就这样在架线任务的实践中，边学边干，边干边学，一群没多少文化的农村小孩子，竟然很快地成了红军的电话兵。

新集电信学校可以说是红四方面军通信的最高学府。当 1932 年 3 月间在东线苏家埠、韩摆渡战役胜利后转战北线围攻六安州时，我在潢川十里头患伤寒病，被送到丁里湾附近沙窝红军总医院住院治疗，病愈出院路过丁里湾到彭杨军政学校探望，学校已大大发展了。通信器材、教具很多，讲课时能拿出各种型号的总机、话机给大家作示范，还可以让学员用话机做排障练习，教学质量也大大提高了。它随着战争的需要而不断发展，培养出了一批又一批的红军报务员、电话员。

反“围剿”中的鄂豫皖有线电通信

1930 年前，鄂豫皖苏区有鄂豫边、豫东南、皖西三块根据地。这三块根据地各自都建立了有线电通信，但相互间没有联系，其联络主要靠秘密交通员，又慢又不安全。1930 年 4 月成立了鄂豫皖特委；红第三十一、三十二、三十三师合编为中国工农红军第一军；6 月成立了鄂豫皖边工农民主政府。特区政府的建立和红一军的组成，统一了边界地区的党政军领导，使三块根据地连成了一个整体，形成了鄂豫皖根据地。1931 年初，由四军和红十五军合编的红四军攻克新集后，以新集为中心，先后架设了四条长途线路，形成了遍及整个鄂豫皖根据地的有线电通信网。

这四条长途线路就是我在电信学校学习时参加架设的干线。一条从新集经箭厂河、杨村岗、七里坪，至黄安县南门郭寿九村的方面军前线总指挥部，并于原鄂豫边根据地的线路相联结；一条从新集沿潢河向北，架到泼皮河，与光山、罗山地区的有线电网相联结；另一条从新集向东，架到沙窝、丁里湾、白雀园、商城、叶家集，到 1932 年 3 月进行苏家埠、韩摆渡战役时，这条干线又延伸到苏家埠、韩摆渡前沿阵地；还有一条从新集架到金家寨、麻埠、独山、与皖西地区有线电网相联结。这些干线都用 3.0 或 4.0 铁线，野战部队主要用被复线。在新集这个鄂豫皖根据地的政治、军事中心，设有 20 门、10 门磁石式交换机各一部，除担负党政军领导机关的通信任务外，还负责联通以上四条干线，使中央分局和军委对红军各师、苏区各县、甚至前沿阵地，都通有线电话。

1931 年底 1932 年初，红四方面军在第三次反“围剿”中，胜利进行了黄安战役、商潢战役，接着将挥师东进，进行苏家埠、韩摆渡战役，因前方急需电话员，便决定抽一部分人组建、充实前方红四军总部电话队。我就在那时离开电信学校，调到了前方，分配到第十师电话队。当时十师师长王宏坤，政委甘于景。电话从军部、师部、团部架到营、连，一直架到前线的壕沟里，上通下达，指挥作战非常灵便。由于架线多，话机多，电话员不够用，只能一人守一机，白天黑夜连轴转。吃饭常由师长、团长的通信员送到总机边上吃，连上厕所也得有人替换。我先在十师师部守总机,后又被派到二十八团团部守总机。我那时只有 15 岁，有时困极了也不敢打瞌睡，只好用手捏自己的鼻子。七里桥围歼打援，消灭陈调元援兵三万多人，缴获了很多通信器材，俘虏了不少通信人员，经过宣传政策，他们愿意留下来，补充到我们的电话队。他们大部分是北方人，过来后表现不错，同我们一起守机架线，也能吃苦，我们则向他们学习了不少有线电技术和知识。这些同志后来在战争中牺牲不少，有些是很好的同志。后来我又被调回总部电话队。每到一地队长便找作战参谋，画出部队驻地简图，回来便立即向班长布置任务，各班长则领着大家侦察路由。架线任务分工明确：总部电话队负责架到师部；师部电话队负责架到团部；团电话班则负责架到营。有时，部队着急，干脆就派通信员骑马来接我们，给我们带路。我们身背一络车被覆线跑步放线，速度很快，过路时便用竿或树枝架过去，或挖个沟槽走线。行军时，我们每人背一部皮盒子话机，一拐线，一到驻地顾不上休息，就架线，开拔时，部队走后我们才能收撤线，然后背上机线还要赶部队。

电话员不但辛苦，而且有时也很危险。1932 年八九月间，第四次反“围剿”开始了。那时，蒋介石亲自坐镇武汉，国民党主力部队集结于黄陂、花园一线，战争形势很紧张。有一次我被派架设总部到最前线十一师的线，中间要经过一道狭窄而又无法隐蔽的山梁，国民党军队用轻机枪封锁了这道山梁。我背着络车飞跑过去，子弹嗖嗖地打在脚旁，溅起了干热的尘土。架通了到师部的线返回总部，路经这道山梁时，子弹打得更凶了。那时的脑子里，似乎只考虑架线、通话，顾不得更多。年纪小，也没作战经验，竟然手拿斗笠挡向子弹射来的一方，一边猛跑，好像斗笠能挡住子弹似的。现在回想起来还总觉得可笑。那一仗打了几天几夜，伤亡不小，总部撤到离七里坪十几里路的潭树岗。七里坪打的很残酷，已经展开了肉搏战。敌机整天轰炸，我们没有高射炮和机枪，对付不了它。我们的十门总机就设在一棵大树下，敌机在头上盘旋，我们三个守机员还都是娃娃，没有惊慌，谁也不离总机。就这样，保证了徐向前总指挥的命令直通七里坪前线各部队。

转移途中

1932 年七八月间，红四方面军撤离鄂豫皖根据地，以运动战向东转战。我们随总部撤退路过新集，同丁里湾、彭杨军政学校与转移来的有线电训练队等汇合在一起，由戴学浩任队长，张焱岭任副队长，王子纲等也带电台同我们会合了。这时的电话队有二三百人，仍归总部参谋处领导。继续进行运动战，翻飞机山向金家寨再经团陂南进转了一个圈又向西突，为了行动迅速，突破西线，总部经过湖北红安县高桥区回到四姑墩。总部决定把行动不便的伤病员遣散回家。当时我的脚坏了，听说让我回家，硬是拄着一根棍子忍受疼痛跟部队走。部队从四姑墩出发，通过广水至花园间的铁路，经应山到湖北枣阳。我的脚竟“走”好了。在枣阳，我们同总部一起被国民党军队包围了，便投入了突围战斗。这是我们第一次真正参加战斗，许多同志连枪都没有，就从被打死的敌人手中搞武器，边保障电话通信边战斗，边打边撤，有十几位电话员，在这次战斗中光荣牺牲了。部队突出枣阳，经襄樊向鄂西前进，快到老河口附近，又被国民党包围了。总部下令丢掉一些辎重，把迫击炮埋掉，但却拨了十几匹骡子给电话队来驮被复线，每匹骡子驮八盘，每盘500米。总部首长说：枪炮可以丢，电话线不能丢。于是，两名电话员负责一匹骡子，继续突围前进。我和刘洪宾（河南人）在一组，我们身背电话机，他在前我在后，由于连续行军打仗，非常疲劳，有时走着走着前面队伍在路上停下，我就打起瞌睡来，一头撞到骡子屁股上，被它踢一下，也顾不得痛继续行军。10月份前后过漫山关时，已是秋风瑟瑟，山上满是雾和霜雪，我们仍穿若单衣、草鞋。有的同志病得走不动了，别人就替他背上电话机、被复线。翻过漫山关以后到关中子午镇附近，过汉水,又翻秦岭(大巴山)。在这数九寒天大雪封山的严冬,风餐露宿，昼夜行军，再苦再累，我们心中只有一个信念：别的可以丢，电话机、电池、电线不能丢。

在川陕苏区

1932年底1933年初，红四方面军开辟了川陕边革命根据地。总部驻在通江县城。电话队及总机设在南门里的一个县衙门内，同参谋处驻在一起，我们用被复线向各机关架通了电话。

到川陕后，总部的电台只能同中央苏区保持联络，同时要以主要力量开展无线电侦察，通过破译敌电为方面军首长掌握敌情提供依据。各部队都没有电台，方面军总部对各军的指挥及各军间的协同配合，都要靠有线电通信来保障。为了尽快建立和发展有线电通信，电话队依靠地方政府选购电杆，利用原来国民党留下的铁线，加上打通江、南江、巴中等城市缴获的电报局的铁线，架起了以通江为中心、四通八达的川陕苏区存线电网。还修复了通江至巴中的电报线。由于是新开辟的苏区，群众基础差，一时还不如鄂豫皖，沿途架线比较困难，每到一地，乡苏维埃给点米，由我们自己做饭，只有辣椒拌饭，连盐都很少。随着苏区扩大和巩固，政权建设和宣传教育工作得到加强，群众了解了共产党和红军是为人民群众打天下的，以后我们在架线和电话站工作中受到群众的关心和支持。当时在架线中遇到一个困难，缺少绝缘子和钉瓷瓶的洋钉。我们便拿样品给烧窑师傅和铁匠，请他们照样制作，解决了问题。四川地下党还从成都经营山、从重庆经宣汉、达县，向苏区运送了不少铁线和电话器材。一次我从通江架线到十师（后改编为三十军，师长倪志亮、政委李先念），地点是从得胜山延伸到两河口，见到河上过来一只小船，下来一位商人模样的人，头戴礼帽，身穿大褂。后来在师部见到他，才知道他就是重庆地下党派来的人。

在川陕苏区，有线电通信又得到进一步的发展。1933 年后，红四方面军原来各师均扩编为军，各军都有电话队，师有电话排，团有电话班。四军电话队长是王存干，九军电话队长刘五国，三十军电话队长周吉山，后调总部电话队任副队长，胡发荣接任，三十一军电话队长张甫臣。为加强总部电话队的领导，参谋部调通信连指导员赵福基任指导员，调三十军电话队长周吉山任电话队副队长。从 1933 年到 1935 年，四川军阀在蒋介石催促下对川陕苏区进行了“三路围攻”、“六路围攻”等多次“围剿”，在反“围剿”作战中，当我军向敌人发动进攻，扩域克城时，我们电话队就不分日夜地架设电话线，向前方延伸，保障作战指挥；当敌人集结重兵发动“围剿”时，我军缩短战线，收紧阵地，我们就马上撤电杆、收电线，发动群众向后方运送。当时，除苏区内各级政府间都通电话外，部队已可通到团及前沿阵地。

由于长途有线通信都使用铁线，距离远，衰耗大，特别是下雨阴天，音量小，针对这种情况，我们每隔一段距离就建立一个传呼电话站，负责传话、转话，有点像今天长途线路上的增音站。我在南线红四军时，曾在通江至万源前线间的传呼电话站工作过，精神压力很大，担心听不懂方言传错话而误大事。还有一次我所在的电话站遭到国民党土匪的包围，砍断了我们的电话线，如果敌人夺取了电话站，不仅要牺牲电话员，还可能泄露通信机密。想到这里，我冲出去接上了电话线，迅速将紧急情况通报了四军军部骑兵连，骑兵连飞速赶来解了围。

由于苏区扩大，电话普及广泛，在川陕苏区，我们又开办了两期有线电训练班，由我负责当总部电话队训练班班长。总部首长很重视通信训练工作，把训练班安排同总部驻在通江北门同一个大院内。学员都是从前方挑选来的好战士，都是鄂豫皖过来的。第一期学员记得有朱茂祥、黄友端、彭德银、孟长春、陈传阳（在红西路军牺牲了）等。1934年春，在通江又开办第二期有线电训练班。因部队和苏区扩大，急需电话人员，所以第二期学员比较多，在川北通南巴入伍的青年战士多。这两期训练班都是使用鄂豫皖苏区电话队编印的教材《电话摘要问答》。由我和其他同志讲课。第二期学员彭光扬至今还保存有当时听课的笔记。在川陕办的几期有线电训练班毕业生，后来都成为有线电骨干。并且以师傅带徒弟的方法培养出许多优秀的电话员，无论是在前方还是后方的电话站都作出了许多贡献。还有些同志在敌人的围攻下遭到残杀，为革命光荣牺牲了。我们永远怀念他们。

由于苏区扩大红军部队，扩编前后急需有线电通信。红军各级指挥员和战士都十分重视有线电器材，在战争中收集缴获敌人的有线电器材。四川军阀为保护自己的利益，同蒋介石的主力部队联合对川陕苏区进行“六路围攻”。我那时调到南线万源附近，在红四军十师师长陈再道师部任南线电话支队队长，住在前线指挥所仙居顶。陈再道喜欢下象棋，打仗空隙我就同他下象棋。反攻敌人“六路围攻”时，北线我军三十军、三十一军在空山坝突破敌人防线，动摇了南线刘湘部队，我军乘胜反击，在罗文坝消灭了刘湘一个独立团和一个师。住在罗文坝对面一座地主大庄园里的敌师部，都撤退逃跑了。我们刚从仙居顶下山到达罗文坝，陈再道叫我同通信队过河到敌人师部去收集有线电器材。通信队长在前面先进到大院内，见到了许多敌人甩下的武器弹药，其中有一堆木箱，打开一看发现里面装着像六号干电池一样大小的“铁筒”拿起来很重，头上还有两根很粗的绝缘铜线，我一边观察，心里半信半疑。通信队长当时还高兴地说："能缴获这么多电池可够用了。"当时我根据自己所学过的干电池的知识，心想，如果真是干电池里面就应有一根炭精棒和炭精粉，于是我顺手在地下找了一把鬼头刀，把那个像干电池的"铁筒"放在四合院门口的石狮子头上，用力砍了一刀，当第二刀砍下去时，因用力过猛引起了火花，只听"轰"的一声，"铁筒"爆炸了。原来这并不是什么干电池而是电雷。电雷爆炸冲击力很大，当时门楼被炸倒了，我也被掀倒在院子当中，头发和眉毛都被烧焦了，腿也受了伤，被通信队长背到罗文坝医务所里进行了包扎。陈师长跟我开玩笑说："小李呀！我叫你收集有线电器材，谁叫你砍地雷呢！"后来追击敌人时，师部给我一匹马骑上，我也没有住医院和休息，经一段时间后就好了。直到现在我腿上还留下了一个伤疤。

红一、四方面军会合后并肩北上翻雪山过草地。

总部电话队随左路军跟朱总司令和张国焘从阿坝过草地。我带一个电话排跟毛主席党中央和徐向前总指挥的右路军经过几天翻山越岭的行军到达毛儿盖。那时秦基伟、杜义德在总指挥部任参谋，通知我们在毛儿盖迅速架通中央机关和总部及附近部队的电话。当地是少数民族地区，周围是原始森林，我们在一天一夜时间里把所有单位的电话都架通了。在这里，我第一次见到了毛主席等中央领导同志，当时我心情很激动，他们各位领导同志非常热情、平易近人。毛主席问："小鬼，你是哪里人？"我说："是湖北红安县吕王城人。"毛主席又问："你多大了？"我："今年 18 岁了。"过去只听说过"朱毛红军"，这次亲眼见到他们，给我留下了深刻印象，使我永远不能忘怀。

在毛儿盖住了几天，准备干粮，在六七月份开始向草地进军。徐向前总指挥也是平易近人、待人可亲，受到了全军同志的尊敬。他生活俭朴像个大学教授，每次打仗他总在前方亲自指挥，战斗再紧张他也是胸有成竹。

我从毛儿盖出发带领一个电话班跟随徐总指挥向那茫茫无边的草地进军，经过几天的急行军到达草地边沿的班佑，前面的三十军等部队已消灭了敌人四十九师。包座、救济寺①、上打鼓、中打鼓、下打鼓一带也已被我军拿到手。我们电话排也随通信营从班佑到达下打鼓，住在救济寺、喇嘛庙附近。总机安装在下打鼓，当天我们就迅速向包座架线。救济寺到包座有十几里地，沿途均是原始森林，放线只能穿过森林踏着牦牛走出的羊肠小道。这里人烟稀少，道路两旁古木参天，完全成了猴子的天地，许多大小猴子在我们身边上窜下跳，我们迅速把线架到了包座，并在包座又安装了一部十门磁石电话总机，使中央负责同志和中央机关的电话全部架通。架通后我们电话班就精心守总机和维护线路。由于工作紧张，条件艰苦，我生了病。这时突然接到上级命令，由于张国焘搞分裂，同中央闹独立，毛主席党中央迅速作出英明决策，在一个晚上带领中央红军和中央机关撤离包座北上腊子口，这时包座一带的电话都不通了。上级通知我们撤电话，又经原路再过草地向南返。当时我病还未好，发着高烧，部队通知我可以疏散到藏民村寨里去，我坚持要跟部队一起行动，上级给了我一匹马骑，并且把干粮也驮在马上，带领电话班跟随徐向前总指挥的通信营向草地班佑前进。走了六天，到了离毛儿盖还有一天路的噶曲河，当时天降大雪，河水暴涨，骑着马无法过河，我只好让马驮着干粮行李过河，我也涉水过去。当马走到河中心时一个浪头打来，把马、干粮和行李都冲走了，我在对岸追出了几里路也没找到。我只好跟随部队到了毛儿盖，因半月前从毛儿盖第一次出发过草地时把粮食就已带走了，第二次返回来又没找到干粮，部队又向南走了几天，经过两次草地，大家的干粮都已很少了。我在电话班和通信队同志们仅有的少量干粮的支援下，还能走得动。因饥饿，我的身体很虚弱，我叫电话班跟部队继续前进，而我已掉了队，走在部队的最后面。

---

① 即求吉寺，下同——编者注。

在当时艰苦的条件下，同志们个个都是忍饥挨饿，凭着顽强的毅力继续前进。在我们第一次走过草地时，因大雪覆盖，只能看到一片白茫茫的银色世界，但等我们二次返回再过草地时，所看到的却是一具具因寒冷饥饿倒在路边的红军战士的遗体。在长征的路上有无数的红军战士倒下了，直到今天我回想起那当时的情景，心中还感到非常沉痛。

部队继续向卓克基前进，我跟在部队的最后，因没有干粮，饥饿难忍，两腿瘫软，无力行走，在路边看到了前面部队战士排出的粪便中带有未消化的青稞麦粒，我便把它拣起来，放在盆里，在河水里洗一洗，再加上一些野菜煮一煮充饥。当走到离马尔康还有一天的路程时，我们宿营在一个河边上，这天晚上忽然下起了漫天大雪，风雪交加，后来又下起了冰雹。在长征的路上经常会遇到这种严酷的恶劣气候。第二天继续行军，我拾了一根棍子拄着，好不容易才走到了马尔康，在马尔康附近的河滩上我拣到了一堆前面部队丢下的马肠子。我在河水里把它洗了洗，用脸盆煮的半生半熟就吃了。到了夜晚肚子疼得难以忍受，可当时也没有医生和药。部队都已经在前面走了。我只好挣扎着拄着一根棍子忍疼继续向前走。马尔康离卓克基还有十多里路，我又走了一天，到晚上才到达了卓克基，赶上了电话队。

到达卓克基后，前面的部队都在这里整休并准备了一些干粮，我到后电话队也分给了我一些干粮。干粮就是青稞麦子磨成的面，叫炒面。当时我们电话队接到总参谋部的指话，要电话队办一个机务训练班。并且指定要我来负责办这个训练班。这个训练班的目的是要选优秀的电话人员，学习技术，提高技术水平。当时的教员是从一方面军五军团调来的几位教员，一个是姓王的，叫王化馨，还有二位姓吴、姓罗的同志，他们的名字我已记不清了。在卓克基开始上课学习，不到一两天时间，部队又继续行军南下。我们翻过夹金山，经宝兴县，然后到达四川南部的天全和芦山县。我带着机务训练班就跟随总部驻在芦山双河场附近的一个村庄里，在双河场驻军时，我们有线电训练班每天照常上课。王化馨是山东馆陶县人，虽然年龄较大，但精力充沛，因他过去受过正规训练，精通有线电技术，讲起课来，深入浅出，非常耐心，学员们都能听得懂。罗技师和吴技师是广东梅县人，口音很重，大家听起来很费劲，大家要我当翻译，因我过去学过又懂得技术，所以当时大家戏称我“李翻译”。这三位教员待学员们很好，和大家一起吃苦耐劳、同甘共苦、耐心地指导学员学习，认真地传授有线电技术，使得学员进步很快。当时，一方面军留下的有线电同志同电话队合并了。一方面军的李益厚也调到电话队任副指导员，李副指导员很善于作政治思想工作，对同志热情关心，由于他以身作则使一方面军下来的同志同电话队的同志团结的很好。不久他还介绍我兼任了保卫干事，不幸的是，李副指导员后来同电话队的大部分同志，过草地经会宁同部队过黄河时不知下落，我失去了这些好的战友，至今回想起来还非常怀念他们。虽然当时的有线电通信很落后，但在30年代的长征路上，像李副指导员、王、罗、吴三位技师这样的红军技术干部，为了培养有线电技术人才，付出了辛勤劳动，作出了很大贡献，直至献出生命。特别是在既要行军又要打仗的恶劣环境下办训练班是很不容易的，学员们也是不顾疲劳，废寝忘食地苦学苦练，后来训练班的许多同志都成为我军有线电的技术骨干力量。

我们有线电训练班正在芦山县双河场学习时，突然接到总部通知，要我们迅速准备行动。当时部队在天全芦山以东以及南边前线遭到了国民党蒋介石亲自指挥的主力部队四川军阀联军的阻击，部队无法打开局面，只好撤退下来转头北上。我们就从双河场向宝兴、夹金山撤退。当时电话队同三局是驻在芦山县附近，他们先向北出发了。我们训练班路过芦山往夹金山行军时，听到电话队留守同志告诉我，有一名电话员因病留在附近一个村庄里。当时我马上带了一个训练班的学员来到了村庄，在村庄里看到了许多伤病员，在这些伤病员中，我们找到了那位有病的电话员（他叫罗福兴，四川巴州人，是通江县有线电训练班的第二期学员，现已离休在巴州)，我和电话队的同志找来了一副滑杆（担架)，将罗福兴抬着追赶前面的部队，一直到了宝兴夹金山下才追上了我们的电话队。接着我们就再一次翻越夹金山。夹金山很高，终年积雪覆盖,气候十分恶劣,大风大雪不时向我们袭来。特别是刚从草地返回，大家身体还未恢复都很虚弱。我们训练班跟着电话队翻山越岭却没有一个被甩掉的，大家团结互助，互相关心，也没有一个掉队的。行军几天后，我们又要翻越比夹金山还高、气候条件更加险恶的党岭山，我们每个电话员不仅要背上自己的行李和干粮，还要背上一部电话机，有时同班的同志谁病了，其他同志还要帮助他背电话机和行李。大家没有一句怨言，都是自觉自愿地帮助同志，真是互助友爱像亲兄弟一样。当我们快到党岭山的山顶时，我前面有一个40来岁的运输班长，是四川通南巴人，他的名字我已记不清了。他身背一部20门总机，身体非常消瘦，在爬到党岭山的半腰时就已很艰难地移动着步子。走到离山顶还有一华里路左右，他实在走不动了。当时我身背两部电话机和一条枪，还有干粮和行李，也是上气不接下气一步一步向前移动，所以难以帮助他背总机。这时他对我说：“小李，我不行了，得歇口气。”就在路旁的雪坡上坐下来。没想坐下去他就再没起来，我们又失去了一位优秀的共产党员。在长征的路上有许多红军战士为了中国人民的解放事业默默地献出了他们宝贵的生命。大家流着泪将他的遗体用冰雪掩埋了。我把自己背的电话机给了同班学员，代他背上总机，继续翻山。在翻山路上最使我们受感动的是，当我们走到离山顶不远的雪地上遇到了杨尚昆的夫人李伯钊，她带领政治部宣传队的同志们顶风冒雪抗严寒踏冰雪爬到了山顶，站在行军的路旁，用自己编的顺口溜和快板，边唱边喊并高呼口号，鼓励大家下定决心，加油翻过党岭山就能有粮食吃了，还要休息几天。在这样艰苦的条件下，一位青年妇女干部都能不怕冷、不怕饿，充满着革命的乐观主义精神是难能可贵的。她们的精神给我们带来了极大的鼓舞。我们翻过了雪山到达了道孚县休息。我们虽然顺利翻过了大雪山，但身边也有几位同志在路上去世了。我们今天活下来的同志会深深怀念他们。伯钊同志也是年过古稀已经离开了我们，但她那种高尚的共产主义情操永远是我们学习的榜样。

我们在道孚县休息了几天，这里都是藏民地区，虽然言语不通，但藏民对我们很亲近，帮助我们备青稞麦的干粮。我们电话队在李益厚副指导员细致的政治思想工作的指导下，严格遵守三大纪律、八项注意，藏民对我们很有好感。休息几天后，我们又从道孚县出发到达川西炉霍县，在炉霍县驻军休整。炉霍有一个大的喇嘛庙，庙的周围也住有不少藏民。训练班驻地离朱总司令很近，我在安装电话时第一次见到朱总司令那平易近人的政治家风度和威武庄严的军人风度，他还同警卫员、勤务员以及我们训练班的学员们一块在喇嘛庙外面一块土地上种菜。他没有一点高级首长的架子，待人说话和蔼可亲，同战士打成一片，同我们一起劳动。

1936 年 5 月朱总司令号召开展“五一”节运动比赛，主要是田径运动。朱总司令也参加了运动会。他的球打得不错，田径运动也不错。我当时是电话队的运动员之一，我参加了跳高和跳远比赛，并得了个第三名。休息的时候朱总司令同我们聊天谈心，我听得懂他的四川话。他讲：“你们这些小鬼在四川天府之国生活的习惯吗？四方面军在川北仗打得不错么。……”朱总司令还给我们讲了许多的革命道理和革命胜利的前途，并嘱咐我们：这里是藏民居住区，要了解民族风俗，遵守红军对少数民族的政策和纪律，事事要讲团结，搞好民族和官兵的团结，要相互关心，并询问我们工作学习生活的情况……号召我们利用整休前空闲时间，为迎接贺龙同志的红二、六军团，每人至少要自己打一件或一套毛衣裤;送给他们。朱总司令说:“他们长途行军，天气寒冷，很辛苦，我们是一家人么！”说话间朱总司令和康克清同志，同我们一块在门前搓、打起毛线，谈笑风生，康克清身穿一套洗得干干净净缝补得整整齐齐的旧军装，腰上还戴一支手枪，显得十分朴素、精神。她同我们一起劳动，问我们生活习惯不习惯，身体怎么样，工作劳动累不累……真像个和蔼可亲的老大姐。

通过同朱总司令一起劳动和生活，我们这些穷苦娃娃、红军战士深深地感受到，朱总司令不仅是我们全军的总司令，而且如同我们亲密的兄长，是我们红军战士的表率。这更坚定了我们跟着毛主席和朱总司令、周副主席北上抗日的决心。

6 月，贺龙、任弼时领导的红二、六军团来到了甘孜，两支兄弟的红军部队会合在一起，踏上了共同北上的征程。对于我们来说，这已是第三次过草地了。由于部队多，青稞炒面有限，很快就吃光了。这里既无牦牛又无酥油，我们只好找一些野菜充饥。1936 年的十月革命节，我们坐在草地上搞了一个庆祝纪念会。在向班佑行进中我们又沿着第一次和第二次过草地的路线走，沿途我们看到了许多被雪覆盖着的红军战士的遗体。到了班佑又往救济寺方向行军，到达救济寺后，我们饥寒交迫，实在难熬。只好将自己腰上的皮带和一张鼓皮烤焦后，放在洗脸盆里煮一煮充饥，忍着寒冷和饥饿拄着棒子继续前进。当时前面的部队已拿下甘肃南边的腊子口，我们电话队跟部队驻在哈达铺休息了几天。先将电话线架好后训练班未参加守机就去准备干粮。我们备好干粮后就随同总部到了洮州，在那里休息了一天后接到总参谋部的通知，我便带着训练班跟随朱总司令和张国焘的通信营继续向会宁方向前进。在会宁中央红军和陕北红军迎接了我们，至此，三大主力红军胜利会师了。到会宁后我们电话训练班就归通信营领导，业务归参谋部的参谋指导。在那我们休息了几天后就继续向陕北保安县（现称志丹县）前进。我们跟随朱总司令和张国焘的通信营到达保安县后。我们有线电训练班又从通信营划出同中央军委通信连合编为通信连第二排，我任排长。

回顾近 60 年的战斗岁月，不禁感慨万千。我是一个幸存者，在我的身边，有许多先烈倒下去了，他们为了共产主义理想，为了中国人民的解放事业，献出了宝贵、年轻的生命。他们的英名和业绩，将永垂青史！

革命先烈千古！

选自中国人民解放军总参谋部通信部编研室编:《红军的耳目与神经——土地革命战争时期通信兵回忆录》，中共党史出版社1991年4月第1版，第311—327页。

李玉奎，1917年生，湖北黄安（今红安）人。1930年参加中国工农红军并加入中国共产主义青年团，1935年转为中国共产党。红军长征时任红四方面军总部电话队班长、排长、保卫干事等。新中国成立后，曾任北京市电信局副局长、局长，国家邮电部部长助理、副部长，解放军总参谋部通信兵部电信总局副局长等职。1998年在北京逝世。

把红色线路架遍苏区

袁学邦

我于1933年6月参加革命，在四川阆中县鹤峰寺（是阆南县区苏维埃所在地）三十军经理处粮秣站当通信员。到六七月份，又叫我到军部参谋处工作。

到了龙山三十军军部参谋处，参谋长柴洪儒问我这个15岁的小鬼，当司号员行不行，还拿了一只军号叫我试吹，我吹不响。他又问我当电话员干不干？那时我参加革命不久，干什么都喜欢，便连声答应了。就这样，我来到三十军军部电话队，当了一名电话员。

三十军军部电话队原来的队长是周岐山，他被调到红四方面军总部电话队任副队长以后，胡发荣接任队长。我到电话队的时候，队里正在补充人员，总人数达到30来个（现在还记得的有胡发祥、胡绍子、鲍先友、刘子胜、陈子富、黄玉明、宋文联、关永生、李成喜、袁学邦、蒲广清、张中贤、罗××等），但分布很散。队长带着一部分人（胡发祥、袁学邦、关永生、李成喜、张中贤等）随参谋长驻龙山，保障军部的电话通信，培养新的电话员；陈子富、黄玉明、宋文联随军长余天云、政委李先念在前线；其余人员分布在石马场、商坡子、木门、樽子坝、长赤、八庙垭等电话站，对左与方面军总部（通江）、对左邻与九军（巴中）、对右邻与三十一军（南江）保持电话通信，维护通信线路。电话队前装备杂得很，单机有西门子式、依巴德（高叉）式、瑞典式、瑞士式、开罗式等；总机设在木门，是西门子式20门的，被复线是橡胶纱包绝缘的，有二三十盘，还是在鄂豫皖革命根据地作战中缴获的，经过一路上驻军、作战使用，被覆层大部分都掉了。说起来还有个笑话。胡发荣同志年轻，有朝气，很能干，就是不懂技术。在龙山的时候，他利用休整的时机，组织大家整修被复线。怎么修呢？他说我教你们。他到苍溪县苏维埃政府（驻龙山）领来桐油、白布、棉线、铁锅、柴禾等，又叫大家对被复线进行检查，原有的接头要重新再接，再将接头和被复线脱皮处用白布条包起，用棉线绑好，然后又用铁锅把桐油熬成明油（明油冷却后可以凝固）再将被复线包了布条的地方放在油锅里浸煮一会儿。拿出来晾干后再绕在络车盘上。经过这样查修的被复线，都不能用了。因为橡胶层经高温浸煮后都熔化了，使芯线生了锈，不但电阻增大，通话声音非常小或根本不通，而且很容易折断。这实在是为不懂科学技术，好心办了蠢事。

那时通信骨干较少，像我这样干过两年通信才十六七岁的小鬼，也常常要独当一面。1935 年 2 月，红四方面军进行陕南战役，向陕西的汉中、宁羌、沔县（今勉县）进攻。部队在前面走了，我带着几十个民工跟在后面。总部参谋处来了个参谋，把电话队的队长、指导员叫到一起，向我布置任务，要我经过指定的地方架设线路与三十一军九十一师沟通联络。电话队的领导就给我安排架设用的线料和其他材料、工具以及动员民工等事项，还给我开好介绍信，以便沿途找苏维埃政府解决吃、住和动员民工等问题。我一个人奉命带了几十个民工和所有的线料，从旺苍坝起，翻过一座大山，经宁羌向沔县、汉中方向架线。架通后，在大山上的官路口、李家坝设电话站，前面跟前线部队取得联系，后面跟旺苍坝方面军总部取得联系。

不久，我被调到方面军总部电话队。红四方面军总部电话队，是在鄂豫皖苏区成立的。在离开鄂豫皖苏区到四川这段时间里，总部电话队的人数并不多。1933 年 1 月间，在通江县，从各团抽了一部分老战士，开办了短期的电话训练班，现在成都的四川省邮电管理局的孟长春，就是这个班的学员。这批同志后来成了红四方面军有线电通信的骨干。红四方面军的部队发展成为五个军的时候，他们有的到军里去了，有的就留在方面军总部。以这个训练班的部分人员和鄂豫皖过来的老同志为基础，红四方面军总部电话队逐步发展起来。我来到这个电话队的时候，队部驻旺苍坝（今旺苍县），队长是戴学浩，政治指导员是赵福基，副队长张延龄、周岐山。电话队下属三个分队，我是三分队的，分队长是现在邮电部的副部长李玉奎同志。电话队的总人数，我说不清，因为在旺苍坝的人员虽然比较集中，但真正在家的人并不多，其他人员又都分布在整个川陕革命根据地将近 20 个县那样一大片地区，确切的人数很难知道。各分队没有固定的分工，具体任务由上级根据作战指挥需要确定：有的随部队行动，撤收不适用的线路，架设新的线路；有的驻守电话站，维护线路和保持通信联络。总部电话队由方面军参谋长领导，参谋长是倪志亮。

红四方面军的五个军，四、九、三十、三十一这四个军，每军都有电话队。三十军电话队有 30 来人。三十三军，是川东地下党领导的游击队编成的，人数少，机构小，武器装备等条件也差，没有成立电话队，每次行动，都由总部电话队向该军架线。通信线路的架设和撤收任务，一般都由参谋处在部队有重大行动之前向电话队布置，情况紧急则随时布置。在建立通信线路的同时，就把管理维护勤务组织起来。一般是谁架设谁负责管理维护，尔后再根据行动的性质、活动的区域等情况，区分责任范围，由总部电话队和各军区电话队分工负责。例如从通江到龙山干线，由三十军电话队负责管理维护的线段和电话站有：龙山、石马场（军政治部保卫部所在地，设单机。电话员有胡绍子等人）、木门（一边通南江三十一军，一边经樽子坝通巴中九军，往后经长赤到通江方面军总部，设 20 门总机，电话员是鲍先友等人）、樽子坝（设单机、电话员二人）、长赤、八庙垭、大河口；再过去，从陈家坝起，经过涪阳坝一直到通江，这些电话站和线段，就都归总部电话队负责管理维护了。

在川陕革命根据地，有线电通信搞得比较好，建立了一个颇具规模的有线电通信线路网，基本上各县都通电话。这个有线电通信线路网，从通江（方面军总部）到龙山（三十军参谋处）这一片，我记得比较清楚。从通江到龙山的干线，经过涪阳坝、陈家坝、大河口、八庙垭、长赤、木门、石马场等地。军首长在龙山前面的红山场一带活动，从龙山军参谋处到这一带没有架通线路，只靠徒步通信联系，跟军长、政委的三个电话员，是在行动中负责对所属师或团沟通有线电话联系的。在这条干线上的木门有线电话站，架设了通往左、右邻的支线，一边通南江三十一军，另一边经樽子坝通巴中九军。从通江经涪阳坝、新场坝到南江干线,通三十一军。从通江到巴中也有干线,通九军。在陕南战役时，还从旺苍坝经李家坝、官路口、宁羌向沔县、汉中方向架设了干线。

建设这样的有线电通位线路网，需要大批的架设器材和惊人的运输力量。红四方面军进入川陕地区的速度很快，国民党军队和政府原来架设的线路，大都来不及撤走，被我军接收了；敌人进攻时，我军就把所有的线路都撤掉。这样几次反复,我军的线料（主要是铁线）就很充足，可以架很多线路。其他架设器材就好办了。电杆，和乡苏维埃政府打个招呼，就地砍伐。苏维埃政府对红军架线，重视得很，尽一切力量来支持。瓷头请砖瓦窑烧陶土瓷头代用。钉子请铁匠打，开始打得不好，后来制了模子来打，打好再淬火，就很好用了。运输、挖洞、埋电杆，都靠民工,挂线等技术性较强的工作,才由电话员来做。遇有能利用的树，把树梢一砍，就用上了，大风也刮不动。这实际上是简便的架空线路，倒还好用，只不过时间长了，线条生锈，遇上雨雾，绝缘性能较差，摇铃不响，通话声音变小。

川陕革命根据地的群众条件极好，有线电通信线路的管理维护工作，得到人民群众的大力支持。通信线路上的电话站，一般都设在乡、区、县苏维埃政府所在地的群众家里，电话员无论是守机还是外出查线，都在群众家里吃饭，生活上得到照应，使电话员能有更多的时间和精力用于工作；群众发现断线等故障，就赶快跑到最近的电话站去报告，查线的电话员往往在途中遇上赶来报告的群众，很快就可以排除故障，恢复联络。

我们的通信线路，有时也受到国民党特务土匪等的破坏，有些地区的斗争还很激烈。在我们新开辟的地区，国民党总是留下一部分武装打游击。1933 年我在三十军的时候，那个地区就有国民党留下的一股武装，为首的余海青，原来是营长，后来这股武装改编成一个团，余海青任团长。这帮匪徒一度闹得很凶，动不动就把通信线路破坏掉。三十军参谋长亲自带了一个多连，日夜穷追，经过两个来月，到 1933 年 10 月，硬是把这股反动武装消灭了，这一地区才得到太平，我们的通信线路的安全也有了保障。

在通信线路上，设立了很多电话站。重要的电话站，像木门电话站，是几条干线的汇集点，就安了总机。一般的电话站，通常安单机。樽子坝电话站，一头通巴中，一头通木门，就只安一部单机搭在线路上，要和这一头通话，就把那一头的线路断开，要实行中间传话，就把两头的线路都接上。这样的电话站，呼叫时能响铃的当然最好，规定摇铃信号就行了，但实际上多半不响铃，只能靠听话音，雨多的日子，24 小时都得听，双方通话还常常要协助传话（复诵即可）。

那时，所有的用户电话单机，都要由电话员守机。电话员接到电话，立即向首长报告；如有电话给对方，由电话员发出；有时，首长也上机亲自通话。工作方法和现在的无线电话差不多。在野战条件下，首长实施前线指挥时，都带电话员随行。师里没有电话队，则由军部电话队派电话员。随首长行动的电话员，通常带单机和必要的线料，在行进路线和活动地点附近如果有干线，搭上线就通话，没有干线，电话员就休息，首长也就只好使用徒步通信了。团里一般用不上电话。

红四方面军的有线电通信，在前后方互通情况、保持联系，保障作战指挥等方面发挥了重要作用。1933 年反“三路围攻”时，绥定（今达县）宣汉、万源、万县这些地方的战况，当天夜晚或第二天就可以通过有线电话站传到通江方面军总部，这在当时是起很大作用的。还有在战场上直接利用敌人通信线路，冒充敌人上级，调动敌人就范，从而使我军获得胜利的事例。1933 年 10 月敌人发起“六路围攻”，刘湘任总指挥，把我军压缩在通江所属两三个区的一小片地方，围困了半年多，到 1934 年八九月，我三十军发起反攻，以二六五、二六八两个主力团，一个夜摸，从通江到涪阳坝之间插进去，占领了铁家山刘湘部队的阵地。这个陡地虽然面积很小，地位却很重要。刘湘从东面集中了大量部队企图夺回，都未得逞。我军把刘湘的重兵进攻打败后，乘势一个猛攻，攻到长赤、木门之间。敌人退却时，四方面军政委陈昌浩每到休息地点，都要叫电话员接上电话侦听敌情，有一次，电话员刚把电话搭在敌人的有线电通信线路上，正好听到敌人（当时敌人的后方还在木门，我们对这些敌人的情况比较熟悉）李家钰师找他们的上级（好像是田颂尧）讲话，陈昌浩立刻拿起电话，以命令的口气，要求他们如何如何行动（意思是要他们不要跑掉），这就为我军黄木垭战斗的胜利创造了极有利的条件，敌人大部被歼。田颂尧的力量本来不小，遭此打击后所剩无几，他也就倒台了。

由于红四方面军总部电话队和各军电话人员的共同努力，由于人民群众的积极支援，在川陕革命根据地的 20 个县境内，电话线路四通八达，联络畅通，为保障作战指挥和战斗胜利，做出了贡献。这一阶段的有线电通信情况，可以用这样几句来概括：话机电线靠缴获，打钉烧窑靠工匠，电杆就近林中砍，架撤运输靠民工，线路中断群众报，排除故障修复快，电话人员责任强，四面八方都畅通。

1935 年 3 月，红四方面军撤离川陕革命根据地西进，一过嘉陵江，有线电话通信日趋困难。那时，我奉命随三十一军九十一师行动，该师从陕南撤出时担任警卫。这次撤离，撤得这样快，是张国焘的决定，详情我们不知道。九十一师撤出时，通信线路根本没有撤（大概是行动太快来不及撤），只是把线路剪断了。我们不明底细，带着民工，背着从李家坝方向撤回来的线，从宁羌路过鱼洞河、张坝到尖场子，还一路走一路看，看到线断了就接上。快到尖场子时，看到前面的房子烧着了，还有枪声，才知道情况不对头。从梅水铺一带抢渡，过了嘉陵江，我们带的线逐渐少了，国民党遗留的线路也不如平川地那么多，条件越来越困难。在剑阁、平武、北川，还能与总部通话，到了干沟、土门一带，就通不成了。九十一师打开干沟、土门，消灭了刘文辉的手枪营，并乘胜夺取了茂州（今茂汶自治州），没有用上电话（在此次战斗中，我缴获一把钳子，至今仍保留在身边）。以后，九十一师又继统从茂州沿岷江向汶川、灌县进军。进到索桥，发现敌人在雁门关（离威州不足十里的地方）一线构筑密密麻麻的工事，堵住了去路，九十一师才在索桥的少数民族村寨里住下来。过了几天，总部电话队把线路架到，九十一师才和在茂州的王树声副总指挥取得联系，报告了情况。这时，红三十一军政委带着一部分部队配合九十一师攻打威州（汶川）、理番（今理县），他的指挥所设在离索桥五六里路的半山腰上。一位领导同志命令我和于次早两人从索桥架线到军指挥所去。我们当时只有一卷查线用的铁线，一听到这个命令，都愣住了。要总部从茂州运线来，又赶不上急用。于次早同志报告了这个情况，那位领导同志当即很严肃地说：我们要跟副总指挥联系，前线要跟后方联系，没有电线，就把你们的裤带解下来架通。在这种情况下，指挥员的心情可以理解，可是要用裤带架通，就外行了，不导电的东西怎么能用呢？这件事，说明我军离开了根据地，没有通信器材，很困难；还说明与总部的联系确实要有保障，证明了战场指挥通信的重要性。打开威州以后，九十一师师部、师政委在岷江东边的河滩上，看到九十一师的副师长带着二七一团在江对面，后来副师长也看到了师政委。江面最窄的地方大约有 100 多米，大声说话，嗓子喊哑了也听不到，想写个条子包上石头扔过去，又扔不到对岸；既没有电话、报话机，又不会用旗语，实在没有办法取得联系。我和于次早同志感到很不是滋味，领导同志在这种情况下不会责备电话员，可我们是搞通信工作的，惭愧呀！九十一师进驻理县（杂谷脑）时，上级又让我随在威州对面的龙口防守的三十三军行动，负责同九十一师以及红三十一军政委那里取得联系。过了一段时间，三十三军副军长罗南辉率领的两个师（实有两个团）抵挡不住优势敌人的进攻，分两路撤退。当时根本没有什么通信联络，我只背着一部电话机、几节电池和一捞被复线，一路走一路把总部架往杂谷脑的线路剪断（因为敌人追得太紧，来不及撤收）。到了理县，九十一师才把敌人顶住了。

1935 年八九月间，九十一师过草地，弄得更狼狈。从杂谷脑出发，要经过马塘、查理寺、中阿坝（阿坝）等地。离开杂谷脑以后，就再也没有人烟了，马塘本来是有少数民族村庄的，但人都跑了，找不到向导。我们又没有电话、没有电台，只凭百万分之一的路线图行军。按地图计算，行军路程约 500 里，预计走七天，师部下令准备七天的干粮、草鞋等。出发的当天，要翻过马塘山，到马塘宿营。开始，天气晴朗，走到山下，就遇上暴风暴雨大雪大冰雹，大家被淋得像落汤鸡一样，加上寒气逼人，呼吸十分困难，行动非常不便。直到第三天天亮，人员已经牺牲了不少，还有的单位没有到达。第三天，由马塘出发，走过一片森林、山区，便进入水草地。走了五六天，每人带的干粮已经吃完，还看不到查理寺，看不出草地的边际。经过师、团领导开会研究，认为行动方向可疑，万一遇上敌人，很难对付，于是决定返回马塘，弄清方向，并补充干粮。师、团领导同志星夜先走，部队随后。他们回到马塘时，三十一军政委决定：没有干粮补充，按原方向继续西进到阿坝。于是，他们迅速离开军部星夜赶回部队，动员部队继续西进，没有干粮杀骡马，党团员带头做好工作，克服困难，保证完成西进任务。走了几天，骡马杀完了，只好找野菜、野草，拾柴拾牛粪点火煮着吃。草鞋穿烂了，只好打赤脚，每人脚上都有不少血泡。水草地像弹簧，脚踏下陷，脚抬弹起。

有的同志踏破了草皮，陷入泥潭牺牲了。过河牺牲的，得急病牺牲的也不少。坚持下来的同志，也疲劳得难以忍受。前后共走了十四五天，才到查理寺，又走了两天多，这时每团只剩千人左右了。

为什么损失会这样大？看来有三个原因：一是张国焘同中央搞分裂，畏敌逃跑，使部队陷入困难境地；二是部队领导同志调查研究不够，不了解该地区恶劣的自然条件，思想准备和物质准备不足；三是缺乏先进的通信装备，不能迅速地沟通联系，耽误了时间。

总之，离开了川陕革命根据地，在长途行军、作战中，尤其是爬雪山过草地时，有线电通信工作遇到了极大的困难。

1935 年 12 月，我在懋功（今小金）回到总部电话队时，见到了新调来的一方面军电话队的副指导员李月厚，技师王化馨、罗 ××（广东梅县人）。

为了适应战争对有线电通信人员的需要，红四方面军有线电通信的训练工作一直抓得比较紧。早在 1933 年初在通江就办了电话员训练班，训练内容比较简单。主要内容有：军队的有线电通信的重要性；电话机的安装、使用和保养；战场架设和长途简易架空线路的架设，各种口音的识别（当时红四方面军主要是湖北、河南、安徽三省的人，还有其他省的人，口音很杂，尤其河南、山东人的口音，我们这些四川人很难听懂）；微弱话音的听辨和复诵；爱护器材的意义和措施等。通过思想教育和实际操作技能训练，电话员增强了责任心，提高了专业技术水平，从而保证了川陕根据地内有线电通信的顺畅。那个训练班最明显的不足之处，就是有线电话通信的原理和有关知识讲得太少。当时的电话队长戴学浩，副队长张延龄、周岐山，都是解放过来的人，虽有经验，技术上也懂一些，但是从理论上却讲不出来，电话通信的原理也说不清楚。因此，每当电话机发生故障时，胆小的电话员急得直哭，等待处分；胆大一点的，准备背上破坏电话机的罪名，卸开电话机细心观察各部位的工作情况，领会工作原理，然后再试着擦擦灰尘，紧紧螺钉，有时竟碰巧把故障排除了。

1935 年 12 月下旬，红四方面军总部电话队在懋功又组织了第一期机务技术训练班，由李玉奎、李青成任正副班长，王、罗两位技师任教员，学员有黄友端、孟长春、王昌荣、颜邦应、王国富、袁学邦、李青成、苟在堂、张华成、罗福兴等十多人。训练内容有电话单机的种类和程序，送话、受话、发电、电铃四种电路的原理，故障判定检查修理，各式交换机电路原理和检查修理，电磁学原理、吸拒定律、战场被复线架设、长途车永久性线路架设等。两位老技师，既有理论知识，又有实践经验，讲课通俗易懂。这次机务技术训练班，使学员们对电话通信的原理和有关技术知识有了较好的理解，也为后来军委三局电话队培养有线电通信技术干部和指挥干部取得了有益的经验。

1936 年 7 月初，红四方面军与红二方面军在甘孜会师，不久，两个方面军共同北上，总部电话队的绝大部分同志（包括罗技师和机务训练班的副班长李青成）随前总行动；留下机务训练班的人员加上技师、文书、炊事员、运输员、管理排长，还有少数几名电话员跟着总司令部，在行军路上又陆续收留了各军掉队的电话员，其中有王义昭、邓明辉等人。10 月上旬，红二四方面军与红一方面军在会宁会师。12 月初，红军总司令部到达陕北保安（今志丹县），与党中央会合。在保安，随总司令部行动的四方面军电话分队与军委通信连电话班合编。合编时，军委通信连电话班有班长胡培元，电话员舒祥和、黄万辉、杨树基以及一位甘肃籍的小个子等不到十个人，红四方面军电话分队有机务训练班的李玉奎、黄友端、孟长春、颜邦应、王昌荣、王国富、张华成、苟在堂、罗福兴、袁学邦，还有技师王化馨、管理班长蒲广清、文书彭光扬，电话员刘海先、张中贤、赵本金、张 ××……饲养员邓明慧、范 ××，炊事员任成杰，共 30 多人。合编后，成立电话排，共有 40 来人，属军委通信连建制，李玉奎任排长。通信连建制内，还有一个骑兵通信排和一个徒步通信排。连长是个江西人，指导员原来是军委通信连电话班长,他们的名字我都忘了。电话排一共有两个骡子驮的20华里被复线。在保安的一个来月，只给毛主席、朱总司令等几位军委的领导同志及军委机关架设了电话。张国焘那里，还有一些部门，都没有架电话，因为线太少。长途通信线路，也因为没有线料没法架。

1936年底，张学良的部队撤离延安。我军接管延安时，我们随军委前站人员进入延安城。在北门口城隍庙开设了我军的第一部总机。并按设营人员号的房子给毛主席等领导同志架通了电话。长途通信线路，当时只有从延安经甘泉、富县、洛川到西安的属于地方电信局的线路还在使用，从延安到绥德方向的线路，因为经过红军刘志丹部队的游击区，常被破坏，我们接管延安后，又重新架设。

1937年初，正是全国抗日战争爆发前夕，形势发展很快。国内和平基本实现，抗日民族统一战线初步形成。在这段时间内，我军通过驻各地办事处和地下党的关系，买来并且运到延安一批有线电通信器材，主要是铁线、电话单机（桌机和军用皮机大都是西门子的），各种电话机用的炭精板、炭精砂、电铃线、花线等零件、材料，以及胶布、钳子、起子等，为建立边区的长途通信线路，准备了一定的物质基础。

1937年四五月，军委通信连扩编为通信大队，原通信连的徒步通信排和骑兵通信排扩编为通信连，电话排扩编为电话队。通信大队属总参谋部一局（局长郭化若）建制，大队长徐其海，电话队队长李玉奎，指导员彭光扬。电话队成立后，进行了紧张的施工，先后建立了凤凰山（党中央)、王家坪（总参谋部)、南门外（边区政府、二局)、宝塔山（抗大）等机关电话，架通了延安经姚店子、甘谷驿、延长到黄河边马头关的长途线路。

选自中国人民解放军总参谋部通信部编研室编:《红军的耳目与神经——土地革命战争时期通信兵回忆录》, 中共党史出版社1991年4月第1版, 第328—338页。

袁学邦，1918 年生，四川阆中人。1933 年参加中国工农红军，1935 年加入共产主义青年团，1936 年转入中国共产党。红军长征时任红四方面军第三十一军九十一师电话员、第三十三军电话员、方面军总部电话队电话员。新中国成立后，曾任中央军委通信部通信处有线科科长、空军司令部通信兵部副处长，第四机械工业部七三〇厂厂长，电子工业部第三十研究所所长等职。2003 年在成都逝世。

我党我军的第一部“新闻电台”

——长征回忆片断

岳夏

从江西中央苏区，到二万五千里长征，我大部分时间为工农红军总司令部搞军事电台通信和“新闻电台”工作。

从上海到瑞金

1933年，上海地下党组织，将我和另一位同志从上海派到江西中央苏区，去加强红军中的电台通信工作。按照组织调令，于3月初，我们由秘密交通员护送，从上海搭乘日本海轮启程，经过汕头、潮州、大埔、峰市等地进入中央苏区。一路几经险阻，我们总算胜利地到达了当时党中央、工农红军总司令部的所在地——瑞金。记得途经汕头时，白色恐怖空前严重，在我们到达的头一天，有八名地下党员同志，在汕头中山公园门前被国民党反动派杀害。

到瑞金的第二天，我们去瑞金的下肖区党中央组织部报到。经当时的中央组织部长任弼时同志谈话，分配我到军委无线电第六分队当报务员。不久，因工作需要，又派我负责搞“新闻电台”的工作。以前，这里还没有建立专门抄收国内外通讯社新闻电讯的电台。只是有时候，由负责军事通信和秘密联络的机要电台，挤出时间，抄收一些电讯稿供红色中华社和《红色中华报》使用。间或也由无线电第岳夏六分队对外发些苏区情况的报道,呼号是 CSR。现在看来,我们搞的这部“新闻电台”可称是我党我军的第一部“新闻电台。”

白手起家建台

处在国民党反动派的重重围困下，我们当时的条件是非常艰苦的，一切都靠白手起家。我们的第一部“新闻电台”，只有收报机。它是哪里来的呢？我记得是用缴获敌人电台的旧零件，自己动手装配起来的。蓄电池和干电池也是从敌人那里缴来的。

“新闻电台”的行政领导归中央军委，业务领导归红色中华社。红色中华社是当时党中央和中华苏维埃中央政府的通讯社，它编辑的《红色中华报》是党中央和中华苏维埃中央政府的机关报。

我们“新闻电台”的任务是：抄收国民党中央通讯社每天播发的电讯。我们收的是明码，抄录下来后，直接送红色中华社，由该社译电员李柱南同志（外号活电码本）很快译成中文，然后油印出来，送给党中央、中央军委负责同志参阅。当时，红色中华社的编辑人员先后有：沙可夫（又名陈微明，已病故）同志、任质斌同志等。党中央对红色中华社和“新闻电台”的工作是很重视的。我去送电讯稿时，经常见到当时党中央领导成员之一的秦邦宪（博古）同志。我们“新闻电台”的工作，曾多次受到上级的表扬。

瑞金艰苦生活

“新闻电台”设在瑞金县下肖区“大树下”的一座破庙里，距离红色中华社很近。当时“新闻电台”的报务人员只有两个人。两人轮流值班，抄收和收听伪中央社的电讯。每人每天要连续工作12个小时。工作虽然很紧张很劳累，但是，想到这是为我们自己搞新闻事业，我们的精神无比振奋，工作热情是很高的。我当时患肺结核病刚好，每天由于工作时间长，精神高度集中，使大脑过度疲劳；再加上营养不良，躺下睡觉时常常发生晕厥现象。

当时，国民党反动派已开始对中央苏区进行第五次“围剿”。由于中央苏区党和工农红军的一些领导人推行了王明的“左”倾机会主义路线，反对和排斥以毛泽东同志为代表的马克思主义正确路线。结果，本来完全有把握粉碎白军的第五次“围剿”却未能实现，反而使自己陷于被动挨打的困境，处境非常孤立。一切生活上的需要，如食盐、布匹和日用百货等，都断绝了来源。所以，中央苏区军民的物质生活是万分困难的。当时因粮食极度缺乏，红军指战员和地方政府工作人员，包括毛主席、周副主席、朱总司令在内，每人每天只能分配到半斤左右的糙米，不得不采取每人按每顿饭的定量，盛入一个小小蒲草包内，挂上写有姓名的竹牌，放在锅内煮，按定量吃。我们从事脑力劳动的电台报务人员和机关参谋工作人员，为了发扬阶级友爱，还自动分出一些粮食给从事体力劳动的通信员和其他战士吃。由于营养不足，又长期没有盐和油吃，红军指战员体质急剧下降，发生了大量的夜盲症和浮肿病。我们不得不动员全体同志，用松脂木点燃作火把，夜晚到水田中捕捉泥鳅、田螺、青蛙来增加营养，改善伙食。除了定量供应粮食外，每人每天还有五分钱的菜金。党为了照顾我们技术人员，每人每月另发给三块银元津贴，非党技术人员发20到100元。其他同志，无论是干部或战士，都只能争取分到一点“伙食尾子”，用这点“伙食尾子”作零花钱,买牙刷、牙粉或针线用。尽管物质生活很差，但是，大家的精神还是非常愉快的。

我在“新闻电台”工作了半年左右，因工作需要，军委又下令，把我调回军事通报台，“新闻电台”的工作就交给黄乐天同志担任了。

1934年，红军开始长征时，据我所知，“新闻电台”的工作暂时中断了。当时我已担任无线电营长兼第一分队队长，负责军委、总司令部同红军第一、三、五、九军团和各主力师之间的通报联络，以及同二、四方面军的通报联络。长征途中，由于每天都在行军，还要日以继夜地作收发报工作，睡眠极端不足。特别是我们当电台台长的人，除了要作好领导工作外，还要同一般报务员一样，按正常班次上机。当军委总部首长有万万火急的电报要发给各军团、师时，随从参谋就在专线电话中指名要我亲自上机拍发，因此，睡觉的时间就更少了。在行军中，尤其在夜晚行军时，组织总是派一二个武装通信员跟随着我，怕我在大休息时，在路旁睡熟听不到出发的哨音而掉队。那时，每次大休息时，我一定躺在路旁迅速入睡，就在小休息的短短三五分钟时间内，也非睡着不可。有时毛主席、周副主席的随从参谋，通过专线电话找我查问紧急电报收发情况，担任副班的报务员，往往叫不醒我。我就告诉他们：“以后来电话时，你们就抓住我的头发，狠狠地薅醒我。”

抄收外语新闻

到1935年6月间，红一、四方面军的大部队在川西的懋功县（现名小金县）胜利会师，中央军委又派我带领无线电第一分队到红四方面军去工作。当时，红四方面军的领导权是掌握在张国焘的手里，对我台很不放心，怀疑我台是中央派去监视他的，后来于 1935 年冬在雅安附近强令收缴了我们的发报机，派我们电台随国家政治保卫局行动。从此以后，我们就专门担任抄收新闻的任务。这样，我又开始了第二次作“新闻电台”的工作。

这次“新闻电台”的工作，起初是抄收国民党中央通讯社和陕北党中央的红色中华社每天播发的新闻电讯。不久，工农红军总司令部三局叫我台设法抄收外国通讯社电台播发的新闻电讯。当时，我们电台对于外国通讯社电台播发新闻的呼号、波长和播发时间都不知道。我想出了一个办法，每天同另一位报务员，把在收报机上收到的电台的呼号、波长和出现的时间，统统随手记在一个专用的本子上。经过半个多月的时间，我首先听到苏联伯力电台（RKL）播发的塔斯社英语新闻；后来又抄收到莫斯科塔斯社电台（RKD）播发的英语新闻；接着又发现日本东京的用英文字母拼写的日语新闻，西贡的法语新闻以及德语新闻；等等。

按上级通知，我们把抄收到的外语新闻一律送到保卫局，由当时被关押的三个人（以后才知道这三个人是廖承志、罗世文、朱光同志）负责译成中文。廖承志当时化名何柳华，他能翻译英语、日语、法语和德语新闻，为我们“新闻电台”作了很多工作。当时我对于他的外语熟练程度十分佩服，出于好奇和渴望向他学习的心情，曾几次试图与他接近攀谈，但每次他都表示冷淡，甚至不理睬我。直到 1936 年 9 月，我们第二次过草地后，张国焘放松了对他们的监视，他才告诉我：他那时是张国焘关押的政治犯，因为怕连累我而不肯和我交谈。

“新闻电台”的工作，在当时曾起到了重要的作用。当年在红四方面军担任宣传部长的刘瑞龙同志，后来就多次对我说过：那时“新闻电台”所抄收的新闻，特别是苏联塔斯社的英语新闻和东京的日语新闻，对长征途中与外界处于完全隔绝状态的红军统帅机关是很有参考价值的。当时领导机关的同志，在过雪山草地前向部队作动员讲话时，经常引用我们抄收的国际新闻，来鼓舞全体指战员革命斗争的必胜信念，去战胜面临的艰难险阻，以争取胜利。

用土办法发电

在长征途中，当部队重新越过夹金山再进藏民地区以后，我们“新闻电台”发电机的燃料——煤油没有了，这就发生了电源断绝的危机。这时“新闻电台”党支部召开了紧急会议，把这一危机公开向全体人员宣布，动员大家开动脑筋，出主意，想办法，克服这一困难。经过深入调查研究，我们发现藏民地区的大小居民点，差不多都安装有利用溪水落差转动的水磨，我们就利用水磨装置来发电。办法是：把水磨上面那块受水力冲击转动的石磨片取下来，安装上一个木制的圆盘，它的大小同圆桌面一样，边缘刻了木槽；同时，把发电机上的汽缸和活塞全部卸下，用一条长牛皮带，一头套在木轮的槽内，另一头套在发电机的发电转子外端铁轮的槽内（它是用绳子拉动这个铁轮，使轮子转动而引起发电机发动的一种装置）。经过多次实验，终于发出电来了。接着，我们又采取升降水闸来控制流量，以调节发电的转速。同志们都高兴地说：这是我们的第一个“水力发电机”呀！从1936年春一直到四方面军第二次过草地北上时为止，我们都是由战士们轮流背上这个大木轮，一到宿营地，就把我们的“水力发电机”安装起来，用它发电供“新闻电台”用。现在回忆起来，当时我们新闻电台的机务员刘雨亭同志（已故），在燃料完全断绝的情况下，参加了利用水力发电的主要工作，使我们“新闻电台”能不间断地工作，他作出了重大贡献，永远值得我们怀念和学习！

和错误路线斗争

当时我们“新闻电台”的同志，既面临工作条件的艰苦，又得时时警惕张国焘的迫害。那时，张国焘极力封锁在陕北的党中央消息。记得张令彬和杨梅生同志经常到“新闻电台”同我聊天。有一次，我把从红色中华等国内外通讯社收到的政治、军事动态，特别是中央红军在陕北直罗镇全歼东北军一〇九师，活捉敌师长牛元锋等胜利喜讯告诉了他们,他们为鼓舞战友们斗志,把这消息传出去了。这件事张国焘知道后，把我们三人都列入了黑名单。幸亏原红一方面军的刘少文同志将这一情况告诉了我，我们三人及时提防，才免遭他的迫害。

以后才知道，张国焘为了建立他的非法统治，对原红一方面军留在红四方面军中对他反党分裂路线不满的绝大多数同志，都采取了特务、法西斯手段。他不仅杀害了不少反对他的革命同志，而且对留在红四方面军的朱总司令、刘伯承总参谋长也进行了骇人听闻的迫害和围攻。在彷徨痛苦之际，我和另一位同志曾找到康克清同志，托她向朱总司令请示，在这种状态下，我们应该采取什么态度？不久，康克清同志向我们口头传达了朱总司令的指示，大意是说：红四方面军指战员中大多数都是雇农、贫农，阶级成分好，我们红一方面军留在红四方面军中工作的所有同志都应该关心爱护这支兄弟部队；要少讲空话，多做实际工作，不作无意义的牺牲；用中央红军的经验，诚心诚意地帮助红四方面军，把它建设成为一支党所领导的坚强的武装力量。我们听到这些指示以后，顿时感觉到心明眼亮，从迷雾中看到了光明。这样，我们就能在受到张国焘的排斥、打击和迫害险恶处境中安下心来,努力为“新闻电台”工作，不去搞那些铤而走险的行动，避免了无谓的牺牲。

1935 年秋，当我们第二次通过了草地后，我因另有任务，离开了“新闻电台”，这方面的工作由另一位同志接替。

到现在，40多年过去了，每当我回忆起这段经历，想到我们小小的“新闻电台”能为中国革命的胜利作了一点点工作，心里总是感到欣慰和振奋。今天我写这段回忆忆录，是为了自勉，也是想献给在新长征中从事新闻通讯工作的战友们，更好地继承和发扬我党的优良传统，为祖国的现代化建设作出新贡献。

1979年3月7日

选自《新闻研究资料》1979年第1期。

长征歌声永不落
——回忆我的长征

萧光

1931 年以后，以王明为代表的“左”倾路线在我们党内逐渐占据了统治地位。特别是在第五次反“围剿”作战中，博古、李德排斥了毛主席的领导，采取了单纯军事防御的路线，制定的战略战术也是脱离当时实情的，使红军遭受很大损失，仗越打越糟糕，根据地越打越小，敌人步步紧逼。最后，不得不仓促决定离开中央根据地，开始战略转移。开始长征时，我们并不知道红军要往哪里去，要走多远。看到老百姓依依不舍和不安的心情，我们只能说：“我们很快会打回来的。”没想到，一走就是二万五千里，等到再解放江西时，已经过了近 15 年。

我从 1933 年开始在红一方面军总部做机要工作，负责译电。1934 年 10 月，我随红军第一方面军从江西瑞金出发，作为中央军委①机要员，一直紧紧跟随毛主席、周恩来、朱德、刘伯承等领导人行动，负责中央军委对全军行动的命令、指示、重要情报的上呈下达，各部队行动情况的上报，各种敌情通报的译电工作等。

机要通讯工作是首长的耳目喉舌，关系到战斗的胜负，红军的命运。所以，无论打仗、行军、宿营，我们总是离首长最近，首长走到哪

① 中央军委应为“中革军委”，即中央革命军事委员会——编者注。

儿，我们就跟到哪儿。长征路上最辛苦、最忙碌的，就是周恩来副主席。部队一出发，我们机要科、电台、作战参谋、警卫部队总是跟在周副主席身边，经常是先头部队快到宿营地了，周副主席才出发，他要等前后部队联络接通了才走。

译电员和报务员的工作十分辛苦。行军时要背着沉重的电台机器、文件和行李，同大家走一样的路，到了宿营地还要长时间地工作，天上有敌机轰炸，地上有国民党蒋介石几十万大军围追堵截，每天神经绷得紧紧的。我们总是边行军，边工作，电报一来，立即找个隐蔽的地方，迅速把电报译出来，马上交给首长，处理完电报又继续追赶队伍。几天几夜睡不了一个安稳觉是常有的事。有时竟到了边译报、边打瞌睡的地步，还有时端着杯子喝水，人就睡着了，等候回电的功夫，就打起呼噜来了。我从事机要工作几十年，最累最苦就是在长征路上，电报量大，环境险恶，战斗频繁，对人的意志是一种极大的考验。周副主席曾经对我们说，你们虽然不上火线拼杀，但机要工作的成效是一般战斗员所做不到的。一份及时无误的电报，会给部队奠定胜利的基础，一字之差，失之毫厘，就会差之千里，给全党全军造成不可挽回的损失。多少年来，我一直深切体验着机要工作的这份光荣与责任。

离开苏区后，各方面的条件越来越差了。没有桌椅，背包就是我们的办公桌；没有铅笔，就用树枝、竹签代替；没有墨水，就用烟灰调成墨汁；没有纸，把用过的纸上的字擦掉再用，发现一小块纸就像宝贝似的留起来。过藏区时，废弃的藏文经幡纸的背面是空白的，我们高兴地攒起来。铅笔小得拿不住了，插在子弹壳里接着使。

周副主席平时对我们要求很严格，要求我们工作必须做到秘密、迅速、准确。他常说："任何情况下都不能延误时间，不能有差错，不能泄密。"还说："能早一分钟得到中央的指示，就能多争取一分胜利。"

行军赶上大雨，我们用油布把密码本严严实实地包好，挟在腋下，浑身上下被雨淋透了，可密码本却是干干的，完好无损，因为它是我们的生命和战斗的武器，是红军的生命。毛主席也十分关心文件电报的安全，不止一次地叮嘱工作人员，任何时候都要保护好文件、电报，并对警卫员说："遇到危急情况，你们不要顾我，先保护秘书和文件。"

长征路上最惨烈的战斗——湘江战役

红军从江西瑞金出发，一路西进，连续突破敌人三道封锁线，11月下旬，到达湖南、广西交界的湘江东岸。蒋介石调集了40万大军，在广西全县、兴安、灌阳布下口袋，设置了第四道封锁线，企图利用湘江天然屏障，前后夹击，把红军消灭在湘江东岸。

而长征之初的军事指挥权仍然掌握在博古、李德手中，他们主张"整体迁移"。红军主力从瑞金出发，就像大搬家似的，坛坛罐罐，什么都带着，光挑子和担架就有2000多副，还有大批的驮骡驮马，整个部队笨重不堪，行动缓慢，一天走不了二三十里路。五军团负责全军的后卫掩护，被敌人紧紧咬住屁股，不分昼夜地边打边撤，处境十分被动。

一、三军团是红军主力，长征路上的开路先锋，最艰巨的任务常常由一、三军团承担，他们互为左右手。11月25日，一、三军团抢占了湘江的重要渡口，而中央纵队离那里还有100多里路，总司令部十万火急电报，命令中央纵队火速前进，迅速渡江。部队开始轻装，扔掉笨重东西，急行军，日夜兼程，但还是在两天后才赶到渡口，敌人已经从四面包围上来，前面的部队拼命坚守阵地，掩护大部队过江，后面的部队浴血奋战，阻击敌人，战斗非常激烈，整个湘江硝烟弥漫，炮火轰鸣，震耳欲聋。

当时已临近入冬，夜里天气很冷，我们电台、机要和参谋人员跟随周副主席在湘江东岸两天两夜，他一直没有休息，没有睡觉，组织指挥各军团，全力堵截蜂拥而至的敌军，保证渡口的安全，掩护中央纵队渡江。江上临时搭起了几座浮桥，各部队争分夺秒，马不停蹄地强渡过江。浮桥上人多拥挤，许多战士顾不得水凉，把衣服一脱，东西往头上一顶，涉水过江。大家劝周副主席赶快过江，但他根本不顾自己的安危，说渡江迟一分钟就多一分代价，坚持在几个渡口亲自指挥，直到部队大部分过了江，我们才跟着周副主席离开东岸。

70 年过去了，每当想起那英勇悲壮的场面，想起与敌人激烈拼杀的情景，想起那些牺牲的战友，心里就隐隐作痛。“左”倾冒险主义领导者在军事指挥上的错误，又一次使红军遭受了严重的损失。

从第五次反“围剿”战斗开始以后，红军总是处于被动挨打的境地，湘江战役后，部队中的不满、怀疑和要求更换领导的情绪更是达到了顶点。过了湘江，毛主席坚决主张放弃与二、六军团会合的计划，改向敌人力量薄弱的贵州方向前进，争取主动，打几个胜仗，使部队得以喘息和休整。

中央政治局在黎平召开会议，王稼祥、朱德、张闻天、周恩来等大多数同志赞同毛主席的主张。会议结束后，部队经过整编，立即向贵州进发。1935 年 1 月，红军强渡乌江，攻占了遵义，这是自长征以来红军打的第一个大胜仗，大鼓士气。

遵义会议期间，首长开会和住宿在楼上，毛主席和王稼祥住在外边，我们机要科办公和住宿都在楼下。会议总结了五次反“围剿”以来的失败教训，撤换了博古、李德的军事指挥权，选举了毛泽东、张闻天、周恩来、王稼祥、朱德为中央领导，并成立了毛、王、周军事指挥小组，遵义会议是中国革命成败的转折点。毛主席的威望、领导地位和核心作用确实是在中国革命的实践中逐步形成、发展和确立起来的。

长征路上最关键的时候——张国焘分裂党和红军

1935 年 6 月末，我们红一方面军翻越大雪山夹金山后，在懋功和红四方面军会师。大家欢呼雀跃，紧紧拥抱，像见了亲人一样，还开了会师庆祝大会，中央在懋功以北的两河口召开了政治局会议，确立了继续北上，建立川陕甘抗日革命根据地，促进全国抗日民主运动的战略方针。

会后四方面军向中央提出要电台，要机要干部。军委决定派我们到四方面军去工作。同去的有电台队长岳夏，电台政委袁光，机要员陈茂生和我等同志。从此，红四方面军仿效红一方面军采用机要和电台分开的体制，有了专职译电员。

本来，两大主力会师，摆脱了敌人的追击，有了明确的行动方向，形势很好。可是这时候的张国焘仗着自己人多，兵强马壮，跟中央闹独立，妄图分裂红军，另立“中央”。中央政治局在毛儿盖召开会议，决定红军分为左右两路北上。右路军在毛主席、周副主席的率领下，由毛儿盖经过草地北上，由张国焘、朱德、刘伯承率领的左路军经阿坝北上。张国焘走到了阿坝后，拒绝执行党中央北上的命令，擅自命令部队退出草地，调头南下。当时经我们手发出的电报都是南下的命令，我们很奇怪，感觉事情不对头，就悄悄用电台和中央军委联系，问中央到什么地方了，有什么指示，我们怎么又南下了?

张国焘发现了我们的做法，立即下令电台不准对外联络，并把这部电台改成了新闻台，让岳夏去收新闻，切断了我们与中央的联系，我也被调到当时的金川省委工作。与敌人打仗我们一点不害怕，可怕的是红军内部出了问题，错综复杂的路线斗争对机要战士的政治嗅觉和革命立场是严峻的考验，我们日夜盼望早日摆脱这种困境，跟着毛主席北上。

张国焘公开与中央闹分裂后，蛊惑战士南下，到成都坝子吃大米去，实际上是向川康边境一带退却。张国焘南下一路碰壁，遭到敌人的合围，几仗下来，红军伤亡惨重，加上川藏边区自然条件很恶劣，人烟稀少，没有粮食吃，陷入困境。这时，红军第二、六军团在贺龙、任弼士、关向应的率领下，突破重围，到达甘孜。与四方面军会师后，在朱德、刘伯承、贺龙、任弼时等同志的坚决斗争下，广大指战员看清了张国焘的错误路线，不愿意再跟着他走，纷纷要求北上。张国焘无路可走，没有办法，只好北上。这时，金川省委撤销，我被调到红五军团①，在军团长董振堂的率领下，我第三次踏上了过草地的艰难历程。红四方面军是三次爬雪山，三次过草地，历时两年，这都是张国焘错误路线造成的恶果。

长征路上最艰苦的经历——第三次过草地

过草地之前，我们先翻过了雪山。山上终年积雪，空气稀薄，雪山上根本没有路，又滑又陡，空手爬都很困难，何况我们还背着电台、密码本和重要文件。军长董振堂看我个子又瘦又小，还背着那么多东西，就把他的马让给我骑。我推让不掉，就把所有的东西连干粮都放在马背上。不幸在下山时，马一下滑倒，摔到山崖下，连同我仅有的一点干粮都滚下去了，我心痛了好长时间。董振堂军长看见了，就把他的干粮分给我一半。在那种情况下，这点干粮就是救命粮，比黄金还贵啊！虽然我所有的东西都随着马摔下山了，但密码本还在身上。当时有规定：密码本不离身。

天灰灰，草莽莽，遍地沼泽，满目荒凉，这就是 1936 年七八月间的川北草地。饥饿、寒冷、疾病、伤痛、疲劳、泥沼……随时随地威胁

① 红五军团于1935年7月已改称红五军，习惯上也有称红五军团——编者注。

着我们每个人的生命，而饥饿是最大的威胁。过草地之前，我们把牧民丢掉的烂羊皮、烂牛皮，剪了做成鞋。后来没有吃的了，就把鞋脱了，用火把鞋上的毛烤掉，刮干净，煮了充饥。草地沿途的小山包旁、小树和岩石下面到处可以看到饿死的红军战士的尸体。我们的机要科长毛庭芳同志就是在过草地中牺牲的。

进草地之前，我就因为饥饿和疲劳，身体极度虚弱，害了伤寒病，一连几天发高烧，烧得我不住地打寒战，呼吸困难，浑身无力。我只得拄着棍子，咬着牙赶路，再累也不敢停下来，怕一坐下就站不起来了。部队走，我跟在后面赶，部队休息，我还是一步不停继续往前赶，生怕掉队，掉了队就意味着永远留在草地里了。就这样，一直熬到出了草地。当走出草地时，我已经奄奄一息，病得不成样子了。与一方面军会师后，我被送到医务室一连 20 多天没爬起来。能活着走出草地，真是幸运。有多少红军战士永远留在了草地里。

也许是马克思嫌我年纪小不肯收我，但最重要的是红军队伍中的团结友爱救了我。在我患病的那些日子里，首长、同志们时刻关心惦记着我，到处为我找医找药，这个搀我一把，那个给我口水喝，一句鼓励的话就给我增添无穷的力量。

我能从长征中走过来，并且活下来，一辈子要感谢同志们的救命之恩。就像朱老总说的："我们红军部队是革命大家庭，同志们要发扬阶级友爱、团结互助精神。我们长征的每一个同志将来都是干部。每带出一个同志，就给革命增添一份力量！"跟着这样的首长，靠着对共产主义的理想和信念，还有什么困难不能克服，还有什么敌人不能战胜。

红军长征胜利已经过去 70 多年了，但长征精神永存，它不但是我们党的、中华民族的，也是全人类宝贵的精神财富。

选自国务院机关老干部活动中心编辑：《永远珍藏的记忆》，2007年，第36—42页。

萧光，1917 年生，广东大埔人。1929 年参加中国工农红军，同年加入中国共产主义青年团，1933 年转入中国共产党。红军长征时任红一方面军总司令部和中革军委机要科译电员、红军总司令部（随红四方面军行动）机要科机要员、红五军司令部机要科机要员等。新中国成立后，曾任中共中央办公厅机要局副局长，中央档案馆馆长、党委书记，中共中央办公厅、国务院办公厅人民来访联合接待室主任，中共中央办公厅、国务院办公厅信访局顾问，全国政协委员等职，2014 年在北京逝世。

永不消失的电波

秦华礼

参加革命

1912年12月，我出生在四川通江的一个雇农家庭。我家一共有四个孩子，我是最小的也是家中唯一的男孩，不到一周岁时亲生父亲就去世了。全家生活主要靠母亲替别人做针线活换些粮食。三个姐姐大约在十几岁、八九岁时卖给人家当“抱女子”（童养媳）。大约在我11岁时，母亲招了男人（上门汉），他送我上了私塾小学读书。那时的私塾小学就是十几家家长一起凑钱，请个先生教孩子念书。当时给我们教书的先生叫陈天笔，有70多岁，我们一起读书的有十几位同学，家庭出身有富农，也有中农和贫农。那时读书很不容易，特别是在农村。所以在学习的时候，我非常认真刻苦，在一年半的时间里，我读完了《大学》、《中庸》、《论语》、《诗经》、《孟子》等。虽然一时都不理解，但我能按先生的要求，把书上的内容全都死记硬背下来。在私塾读了一年半后，因交不起学费而辍学在家。小时候，我经常生病，按照当地的风俗，家里请了算命先生。算命先生说我一定要学一门手艺。后来，母亲就让我跟别人学裁缝手工。于是，我就跟着师傅李连奎学做裁缝。

1932年12月，红四方面军入川，第一站就到了我的家乡陈家坝。听宣传红军是穷人的队伍，打土豪分田地，而且纪律严明，不拿群众一针一线，不打人不骂人，官兵也是相互平等的，我就加入了红军——地方游击队。我刚参加队伍时，也没有枪，只发两颗手榴弹。我们拿着大刀、红缨枪，跟着队伍打土豪、分田地。一个月后，我所在的游击队改编为洪江县独立营，我被分到二连任副连长，当时县城来了一个指挥长，指挥长是秦基伟，独立营归他指挥。不到一个月，独立营开赴空山坝打土匪。大约三四个月后，我就加入了红四方面军三十一军九十三师二七九团。我在二营四连当排长，并兼连队文书。

在我担任排长兼连部文书期间，为了不影响排里的工作，连长给我配了一名副排长，这在我们连里是比较特殊的。排里的作战和人员的思想政治工作由我负责，其他的事都由副排长负责。我当文书主要职责是：一是每天到了晚上，我就统计全连的枪支弹药消耗、人员状况和伤病员等情况，并向营里写出报告；二是给连长读条令条例、给指导员读讲课稿。因为连长和指导员不识字，在上军事课时，我就给连长读《步兵条例》，由连长解释和做动作示范；而指导员每次在上政治课前，都由我先读讲稿给他听，然后指导员解释，并结合自己的感想对全连官兵进行政治教育。连长待人很谦虚，而指导员的记忆力非常好，与他们在一起工作时，我确实感受到了红军的官兵一致，政治上平等。当时，我还兼任连队的宣传队长，主要任务是向当地群众宣传红军的各项政策，扩大红军的影响和招募新战士。有一次，我带领三名战士，在四川苍溪县元坝子镇的地方开展宣传活动，宣传红军分田地、打土豪的政策，宣传红军不打人、不骂人的纪律。宣传动员大会一结束，就有 50 多人报名参加红军。回来时，我们带了一个排的新战士，连长、指导员见到后十分高兴。

光荣任务

1933 年的下半年，我们连指导员在一次战斗中负了重伤，我就被任命为代理指导员。1934 年，军里要组织基层优秀干部学习培训，我被连队推荐参加这次培训。在参加军培训班之前，我去师政治部开组织介绍信时，遇见了师政委叶成焕。我向他报告了参加军培训班学习一事，叶政委对我说：“师政治部缺人，你就不要参加学习了，你就到师政治部报到吧！”这样，我就留在了师政治部任巡视员。不久，我在四川千佛山战斗中，腿部负重伤被送进红军总医院治疗。那时，医院不但条件简陋，而且还缺医少药，完全要靠自己恢复身体，因此康复得比较慢。

在我住院期间，院长通知我说，“红军马上就要长征了，所有重伤员都要就地安排到老乡家养伤，好了后再回部队”。当时我想，若留了下来等养好伤再去找大部队就困难了。所以，我执意要跟着队伍走。后来，医院来人说，你要想跟部队一起走也行，但必须自己想办法走。那时，我的腿伤还很重，既不能步行，连马也不能骑。这样医院在长征出发前，给了我两大块大烟土，大约有二斤多重，帮我找了两个农民用担架抬着我走。每天晚上宿营时，我就给他们发一点大烟土，作为付给他们工钱。就这样快到草地时，我的伤痊愈了。按当时红军的规定，所有伤员好了后都由军部统一分配。1935 年出院后，我被分配到了三十一军政治部组织部，任干事。

1935 年 7 月，红一方面军与红四方面军会师后，决定恢复红军通信学校。要求各部队选调一批政治可靠、出身好、有一定文化基础的同志去学校学习无线电通信。经组织严格审查后，我被选中了。我和另外两名战友到学校报到的第一天，伍云甫政委就把我们带到他住的房间里。伍云甫是三局政委。过了一会儿，我们就听见音乐和屋里有人在讲话，但屋子里除了我们没见有别人，感到奇怪。我们正在纳闷时，政委说话了，“这是无线电收音机发出的声音，你们调来就学无线电通信”。当时我就对无线电产生了浓厚的兴趣。

开学时，我被任命为学生排长，全排 45 人，分三个班。我们校长是刘光甫，教员有刘寅、沈毅力等人，他们都是从国民党军队过来的，来前，在国民党军队无线电台工作。学校的条件十分简陋，我们称之为“三无”学校，即：无固定学习场所，无文字教材，无教学设备。虽然条件艰苦，但我始终没有忘记走时军首长对我们说的，“你们一定要好好学习，有了无线电台我们部队就能打大胜仗”。那时，铅笔和纸张都是前方打胜仗缴获敌人的。我们一个月才发一支铅笔。为了节省，教员要求铅笔一律不能把笔芯削细。后来，我们干脆就用竹子代替铅笔。我们找来毛竹片，把竹片削尖后再用油炸。这样做的竹“铅笔”很硬，在地上好写字。没有教材，完全凭教员过去所学的理论和实践经验教课，他们能在地上把无线电工作原理图讲得清清楚楚。

学校只有两只电键，所用电池都是前方部队在电话机上用过的，不能用后再卸下给我们学校使用，这些电池一般都用不了多久。有一次，我们正在使用时，突然没有了电。我急忙把电池取出来查看，发现电池顶部有渗出的白色液体。我就用手指头沾了点放在嘴里舔了舔，感觉有点咸、有点麻。于是，我先用盐放在电池顶部四周，再用火烤一烤，用手电筒小电泡测试一下，灯泡发亮，就说明有电了。为了时间用得长一点，我干脆把旧电池外围纸盖子剥掉，在周围用锥子钻上许多小孔，然后，用竹筒泡上盐水，把电池放进去泡起来，用的时间就比较长了，我们就叫它“麻子”牌电池。

在通信学校，虽然学习条件特别困难，但我们的学习积极性很高，创新精神强、灵活。我们两个人编一个小组学习英语和收发报，方便边走边学。行军期间，我们不停学习，一人讲英语，另一人讲汉语。平时休息时，连队早上晚上报名时，都用英语报数 one、two、three……到了学习的后期，我们还学习拆卸和组装无线电收发信机。若遇到不懂的问题，教员就会用竹片在地上画图，并讲明此部件的性能和作用。经过八个月的紧张学习，毕业时，我们每个人都能每分钟收发 150 个电码，完全合格。

特殊使命

1936年，我学习毕业后被分配到第四军军部任电台台长，我所使用的这部电台也是第四军的唯一一部电台。当时军长是陈再道，政委是王宏坤。

对陈军长，我在刚当红军时就听说过他的传奇故事。陈再道军长，是湖北麻城县乘马岗程家冲人，原名程再道，1926年，报名参加共产党领导的农民义勇军时,填表人将“程”写为“陈”。1932年8月8日，红军向敌陡坡山阵地进攻。陈再道营长一马当先，率全营勇扑敌阵。两名敌军士兵从左右两侧攻击他，他怒吼一声，以枪托向左边砸去，又回身以刺刀向右捅去，两名敌人顷刻毙命。突然一颗敌人的子弹飞来，从陈再道营长右臂打进，后背颈出来，差一点击中他的咽喉，这时他的伤口血喷不止，他全然不顾，继续率全营向前突击，骁勇之名由此大振。而且，陈再道作战有瘾，一听到枪声心里就发痒，特别喜欢枪对枪、刀对刀、面对面的拼杀。即使他当了师长、军长后，也常常擅离指挥位置，亲自奔向敌人的阵地前沿。所以每次作战前，徐向前总指挥在下达作战命令时，必须补充一句：“不许陈再道打冲锋！”

有一天，陈再道再次骑马冲向敌人的前沿阵地。徐向前听说后，找到陈再道，问他说：“骑兵团缺个排长，你看谁去合适？”陈再道不知什么意思，愣了一下。徐向前接着说：“我看你陈再道挺合适！”陈再道这才明白，连忙说：“报告总指挥，下次我再也不会了。”

我到军部报到时，首长们十分热情，也非常高兴。陈再道军长对我说：“以后打胜仗把握就更大了，你工作中还有什么困难？”我说：“服从组织安排，听从首长指挥，决心完成首长交给的各项任务。”我接着又说：“现在军部电台还没有天线不能使用。”陈军长听后说：“不是无线电台吗？还需用什么天线？”我连忙向首长解释道：“无线电台也需要天线，只是不用电线与通话双方连接……”后来，我向电话队要了一些皮复线，把外面的胶皮剥下，让另一位战士帮我用手按住电键。我一边看着安培表的指针，一边测试天线的长度，费了很大劲，我才把天线的长度确定好，但绝缘胶带也没有，我就试着用竹片代替，最终电台即可工作。那时电台很少，哪里需要就临时派我去，完成任务后又回到军部。

报务员工作不但繁忙辛苦，有时还十分危险。我每天都要收发大量电报。工作虽然辛苦，但首长对我们很关心。除在伙食上给予照顾外，工作上也给了很多便利，给我单独配了一匹马。草地行军，夜宿时没有房子，专门给电台配了一个小帐篷，方便夜间电台工作。当时，我既是台长又是报务员。为了不漏过任何信号，我必须时刻守听着电台，有时我连吃饭都戴着耳机，困了就戴着耳机趴在台前打个盹。有时实在是太困了，就用凉毛巾擦擦脸再继续工作。有的时候，大部队都出发走了，我仍要把上级或首长需要的急电收发完，才能带着电台离开。

保护电台

出了草地，部队继续向北转移。在西渡黄河时，遭到了胡宗南部队的阻击，我们四军和三十一军没能渡过黄河，经过四天四夜的急行军到了甘肃岷州三十里铺。胡宗南的部队赶到时，大部队已经撤离。当时我没有走，仍在坚持工作，直到敌人进了村，在其他同志的催促下我才收好电台离去。不一会，敌人就占领了全村。由于军司令部的其他人员已经转移，我只好把电台人员集中，背着电台、电瓶追赶大部队。我们一边跑一边还要躲避敌人飞机的轰炸。当看到敌机投弹时，我们就迅速趴下。炸弹响过后，我们就趁着烟雾拼命地向前跑。就这样，一会儿趴下，一会儿起来再跑，直到跑出十多公里才追赶上了红四军第十师的部队。当时，师长不敢接受我们和电台。找到陈锡联政委后，他决定派了一个连保护送我们去找军司令部，直到第二天下午，我才找到军首长和司令部。电台完整地保护了下来，军首长非常高兴，表扬了我们。

1936 年 10 月，一、二、四三个方面军胜利会师。1937 年 8 月 22 日，红四方面军改编为八路军一二九师，我就任师司令部电台队长，投入到抗日战争之中了。（吴光祥、李富慧整理）

选自中共南京市委党史工作办公室、中共南京市鼓楼区委党史工作办公室编：《红旗漫卷——南京部分老红军口述长征史》，中共党史出版社2006年10月第1版，第105—114页。

秦华礼，1912 年生，四川通江人。1932 年参加中国工农红军，1933 年加入中国共产党。红军长征时任红四方面军第三十一军政治部组织部干事、红军通信学校排长、第四军军部电台副台长。新中国成立后，曾任四川省邮电管理局副局长、云南省邮电管理局副局长、北京邮电学院党委第二书记、南京邮电学院院长兼党委书记等职。

长征路上的通信学校（节选）

秦华礼

长征路上的通校

1935 年 3 月红四方面军发起嘉陵江战役。那时我在三十一军，组织上调我去通信学校学习。我到学校比较晚，邓国军、刘继明、胡正光等已到了学校。我去之后，还有一批学员陆续来。能被选到通信学校学习是很光荣的，因为入校审查相当严格，要挑选出身好、政治上可靠的党、团员。比方我吧，就是先经师政治部审查，又经过三十一军政治部审查,才选送到通信校来的。学校共有 30 余人,组成一个排,我当排长。和我在一个排的有杨大奎、李福荣、冯国焘，还有个姓黄的同志。学习的科目主要是报务、机务、英文和通报用的缩语。

1935 年 6 月，一、四方面军会合以后，两个方面军的通信学校就合并在一起了。校长是刘光甫，教员有刘寅、沈毅力，兼课教员有李世俊、王玉恒，岳夏（罗若遐）专教英语，政治课教员是刘振堂。通校里还设有一个高级班，学员有聂鑫、郭龙飞、刘周映、钟明江等。

通校的生活是紧张愉快、生龙活虎的，也是艰苦的。我们都是穷孩子出身，文化程度很低，学习条件也差，大部分时间都在露天上课。可我们学习的劲头可足了。例如学英文字母，我们以前见都没见过，可是不到一星期我们就背熟了，还学会了拼音。因为大家都知道学习的目的性和重要性，有学以致用的紧迫感。大家发明了很多学习方法，把学习同各种活动结合起来。集合报数时，我们规定必须用英语，one、two、three……晚饭后做游戏，也用英文字母和数字；行军休息时，两人编一组，互相提问、背诵。这样一来，“土包子”学洋文，学得也蛮有兴趣，卓有成效。报务训练没有器材，就连代用的木头电键数量也很少，30多人只有六个，我们就竖起大拇指当电键练，这种肉电键还真方便，行军中也能边走边练。训练用的电池都是前方电话队用完了送到后方来的废品，但这也难不倒我们，我们把锌皮捅上几个洞，放在粗毛竹做成的竹筒里，用盐水泡起来，没电的电池就有了电，而且还可以用很长时间，大家给它起了一个名字，叫“麻子”牌电池。铅笔、纸张也很少，一个月只发一支铅笔，为了节约用笔，沈毅力教员专门给我们上了一堂“怎样削铅笔”的课，告诉我们只准削掉木头，不准削铅，抄报时要把铅笔来回转着用。纸每人只发一小块，留到考试时才准用，平时练习抄报用的是打土豪时从地主家抄来的古书，以及打仗时缴获的敌军文件。

机务课主要由刘光甫讲，他不讲理论，因为我们听不懂，就只讲他个人维修、维护机器的实际经验，例如，机器有了什么毛病，会出现什么现象，怎么办才能修好，等等。他讲，我们也只能带着耳朵听，因为文化程度低，都不会记笔记。他讲的那些经验，后来我们在工作中确实都用上了。我们在听课的基础上，还学习装机器。练习装配机器的零件像电容、电阻、变压器等都是缴获敌人的收音机后拆下来的，平时都交由学员自己保管。我们把这些零件当成宝贝一样，小心收藏。我们学习装配的是哈特莱发报机和三灯收报机，发报机用两个31管，收报机用三个30管，都是美国RCA生产的。学习装配的方法也是独特的：把地面铲平弄光，用棍子在上面画个图，然后在图上摆好零件，知道哪根线怎样连接。用现在的话讲，就叫布线。再进一步就是用木头板去摆，把线绕上就行了，不必焊接，摆好由教员检查，接上线用电表量一量，通了就行。那时通校只有一个150伏的电压表。第一个装好量过拆掉，下一个人再装。就靠这样简陋的条件和近乎原始的方法，我们全都学会了装收发报机。

我们学习收发报也抓得很紧，只要有一点时间，即使是行军休息一个小时也要上课。还要学习文化，规定每人每天识两个汉字。行军时，每人的背包上挂个小木牌，上面写上两个汉字，前边的人走，后边的人就学。这种“行军课堂”还真是咱们红军的一种创造呢！就这样，我们毕业时的成绩还不错，我发报一分钟可以发到140个电码。

由于前方急需报务员，我们提前毕业了，八个月长征路上的通校生活，永远留在我的记忆中。

在四军电台

从通校毕业后我被分到红四方面军第四军电台工作。四军军长陈再道，政委王宏坤。那时，电台已比较多了，有的军有一部电台，也有配备两部电台的。电台一般不固定，需要时临时派遣。我去的是第六台，六台台长是一方面军来的，叫朱忠春（抗战时在三八六旅，1942年牺牲），我是副台长，黄萍是报务主任，还有报务员钟明江、刘周映。七台在三十一军，台长周维。

长征到甘南时，我们四军和三十一军在三十里铺被敌人包围，电台差一点丢了。事情经过是这样的:张国焘原来命令九军、三十军、四军、三十一军、五军都过黄河，前面九军、三十军、五军都顺利地过去了，我们四军、三十一军正在离黄河64里的三十里铺休息，突然敌人包围上来，空中还有几架飞机，四军独立师从前面退了下来，我们经过四天四夜行军，疲劳得要命，敌人突然进了村子，形势非常紧张，我和几个通信员、运输员背着机器顺着公路向黄河方向跑，到天黑时，我们电台上的人都到齐了，一个也没有丢。我找到了四军第十师师长，要求电台跟他们走，他说负不起责任，不敢接受。后来又找到师政委陈锡联，他坚定地说，派一个连保护你们。黄河已被敌人封锁，过不去了。这样，经过一天一夜的行军，我们才找到了四军军部。

十师师长为什么不让我们电台跟他去呢？因为红军时期电台是最宝贵的，如果丢了一个电台，指挥员就要被撤职。那时电台受到特别照顾，例如部队行军，其他人不能随便插队，但电台可以随便插队。因为经常是电台工作完了部队都已出发，我们要很快赶上军部，所以我们骑上马可以随便穿行。那时对电台人员的要求也是很严格的，若烧坏一个真空管就要关禁闭，因为这些东西是有钱买不到的。对电台上的技术人员在生活上也给以优待，发给津贴费，红军自己培养的报务员十个月给三块现大洋，解放过来的技术人员给的更多，沈毅力是60块，刘光甫是100块，以后他们都要求减少。另外电台还给五块钱的夜餐费。过草地时，我们电台跟着陈锡联，他每天晚上都到电台来一次，当他知道我们没有东西吃时，就赶快想办法叫警卫员弄点酥油送来，由于首长在生活上关心，所以电台上的同志工作很安心，积极性也很高。

1936年12月，部队到达陕北，这时四军成立了电台中队，中队长李白，有两部电台。三十一军只有一部，台长周维，报务员刘泮林、何维信。西路军过黄河后处境困难，为策应西路军组成了援西军司令部，刘伯承为司令员，我们电台随队西征。从陕西三原出发到甘肃镇远县一带，电台集中了，除四军、三十一军的电台外，还有跟司令部的电台（台长李景瑞），共有四部电台，这时电台既要侦察又要通信。记得我们的电台负责和第八台联络，对方人员是徐明德、曾庆良。西路军失败后，我们部队就返回屯子镇训练。不久，李白调走了，当时不知他到什么地方去了，解放后到上海才知道他在上海解放前夕牺牲了。

节选自中国人民解放军总参谋部通信部编研室编:《红军的耳目与神经——土地革命战争时期通信兵回忆录》,中共党史出版社1991年4月第1版,第298—301页。

转战途中传捷报

马文波

我于 1932 年 5 月参加红军，迄今已经 52 年了。其中绝大部分年月从事于无线电通信和技术侦察工作。回顾往事，历历在目。

我原在军阀陈调元部第四十六师一三七旅旅部电台任机务员和报务员。1932 年春红四方面军进军皖西北，苏家埠战役胜利结束后，我自愿参加了红军。从此我就成为红军中的一名无线电通信战士。

在红四方面军第一部无线电台筹建期间，无线电干部的培训工作，就成为当务之急。1931 年秋开办了第一期无线电报务训练班。第二期训练班开始后，组织上调我去训练班工作。这一期学员有 30 名左右，直属电台领导。在行政上编为一个排，冯志禄任排长，下面编三个班。教员有钱 ××（原黄安县电信局的局长，我军攻下黄安县城后参加红军）、金乃绍（原是敌军电台报务主任）和我。兄外编配了司务长一人，炊事员三人，勤务员两人，单独成为一个伙食单位。为了便于教学，又按不同的入学时间，将学生分为甲班和乙班，分别上课。课程设置主要以收发报训练为主，插进一些无线电通信常识、Q 简语和简单英语会话。三位教员报据各自的特长分工担任课程。当时虽然学员的文化水平很低，教学设备简陋，又缺乏教材，但由于学生和教员团结友爱，互相帮助,努力克服种种困难,因而学成绩还是好的。蔡威主管训练班工作，认真负责，他经常听取汇报，了解训练情况并进行指导，经常和几位教员促膝谈心，做细致的思想政治工作，使我们受益很大。

训练班经过一段训练，到 1932 年 7 月底，国民党反动派开始了第四次“围剿”。军事形势的急剧变化，迫使我们立即停课，待命转移。8 月 1 日下午，鄂豫皖省委在驻地红场召集后方机关工作人员和当地群众一万余人，举行了军民动员大会。省委书记沈泽民同志在大会上作了重要讲话，号召苏区军民立即动员起来，拿起武器开展武装斗争，配合打击敌人。为粉碎敌人“围剿”，维护苏区人民利益，与敌人战斗到底。

会后，训练班就接到通知，跟随后方机关转移。8 月 3 日由冯志禄带队随省委机关向豫南、皖西方面移动。经过十多天的行军到达金家寨，遇到宋侃夫、王子纲，他们率一部电台随方面军总部行动，经冯志禄请示联系后，确定训练班继续向皖西大山前进，去与随七十三师行动的蔡威所率领的另一部电台会合。经过几天艰苦的急行军，在鄂、皖交界处之西界岭赶上了蔡威，经过这一段转移，训练班的学员减员不少。一部分年龄较大的学员在转移途中被留下分配做地方工作，也有少数学员在行军途中迷失了方向，走散了。部分随军转战、保留下来的学员，如冯志禄、徐定选、游正刚、徐明德、刘忠生、陶婉荣、史兰青等，成为后期无线电通信的主要骨干。

9 月下旬反“围剿”作战进入紧张阶段，为粉碎敌人“围剿”，鄂豫皖红军军事委员会决定：留下一部分部队配合地方武装坚持根据地游击战争，而将主力部队转移到外线作战。10 月 10 日，军委会主席张国焘、方面军总指挥徐向前、政治委员陈昌浩率领红四方面军主力部队（红四军三个师、红二十五军之七十三师）及军委总部机关共两万余人，从京汉铁路南段的广水、花园之间突破敌人封锁线，越过京汉铁路向鄂西随县、枣阳进军，开始了转战鄂豫陕川的军事行动。在历时三个多月的艰苦行军作战中，无线电台始终保持着与中央红军的联络，有力地保障了方面军总部首长与党中央、中央军委的紧密联系，及时得到中央指示和敌情通报，对保障部队行动安全和作战胜利起到了极其重要的作用，多次受到总部首长的称赞和表扬。漫川关一战就是一个生动的例子。我军转移至陕鄂交界重要隘口漫川关附近，原先预定抢占该关直插汉中，但敌军刘峙部丁德隆旅已先我一日进占该关，阻我西进。当时总部决定以主力部队进行强攻，经两昼夜激战终未得手。第三日下午总部再次调整部署于夜间进行强攻，正在此时，电台收到中央军委发来的急电说：敌军两个师已进至你们附近对你们已形成包围形势，必须设法撤离……总部首长看完电报后立即改变部署，决定全军于晚间利用夜暗走山边小道秘密突围。当我军撤离时，不断发现敌军用迫击炮和机枪盲目发射进行封锁，但未发觉我军行动。经一夜的时间全军顺利地走出了敌人的包围圈，安全地脱离了遭到敌人前后夹击的险境。

在转战中总部首长对电台人员和机器的安全十分重视和关心，物质生活上也尽可能给予照顾。尤其在行军途中电台遇到危险情况时，总部首长总是亲自过问处理。这里仅仅记叙两次遇险情况：一次是蔡威带领的电台和训练班人员，跟随七十三师越过京汉铁路后，到达了一个村庄附近休息，陷入敌人预设的埋伏圈。当电台搬运人员刚放下机器设备和行李准备吃饭时，突然枪声四起，大批敌军从四面八方向我冲来。我掩护部队的指战员当即奋勇抵抗，掩护我们突围。但电台的全部设备和运输人员却被敌人堵截在埋伏圈里难以冲出。蔡威即将情况报告总部，徐向前总指挥得知后，立即命令先头部队跑步返回接应，迅速击溃了敌军，把被包围的全部电台和设备及人员都接应出来，除丢掉了两筒油料外，人员和机器均无损伤。另一次遇险是在我军摆脱敌军，翻过秦岭，进入陕西关中地区前，在沿秦岭北麓向西到达子午镇时，当时天色已晚，部队均已宿营，总部电台也已架起天线开始联络。突然，一股敌军乘夜色前来袭扰，使我不得不将电台撤离，但天线未来得及拆除，即被敌军隔断通路。也是上级命令部队将敌军赶走，我们才派人将天线拆下收回，避免了损失。

1932 年冬，我军再度翻越秦岭，经过近半月的行军，于 12 月 8 日进入汉中盆地。当日夜间全军徒涉汉江，进驻汉江南岸的南郑、城固、洋县、西乡等县。尾追之敌胡宗南部，已经被远远抛在秦岭山区和汉江北岸,并已无力与我作战。汉江南岸地区人烟稠密,物产丰饶,有“粮仓”之称，为我军进行休整补充提供了良好的条件。总部遂决定各部队就地进行休整，补充物资，并发动群众开展土地斗争，组建地方游击武装。在此期间电台始终保持着与中央电台的联络。不久电台接到中央发来的敌情通报，得知四川军阀田颂尧、刘文辉、邓锡侯等部，为争夺成都兵工厂，正在成都市内进行混战，川东北地区比较空虚。此消息从报纸上也得到了证实。军委会和总部首长经研究后,决定集中力量向四川发展，创建以川北为中心的川陕边根据地。1932 年 12 月中旬，我军到达四川通江县之两河口，接若向通江、巴中、南江、万源等县前进，很快便占领了通、南、巴三座县城和乡镇，打开了创建川陕边革命根据地的新局面。军委会和方面军总指挥部分别进驻通江和巴中县城，电台也随军委机关驻通江县城郊毛裕镇进行休整。

利用这极好时机，我军抓紧了无线电通信干部培养训练工作。1933 年六七月间，开始由部队抽调优秀青年，9 月正式开学，命名为第三期无线电训练班。训练班共有学员 17 人，由徐明德、徐定选两同志负资。当时训练器材奇缺，有的教员兼职，授课时间也不固定，基本上采取互教互学的方式。在没有电键和蜂声器之前，初期教收发报时，曾用口念字母符号进行训练，其简陋情况可想而知。训练班和电台同住在一个院子内。王子纲和我也在工作之余抽时间参加上课。后来我们自制了蜂声器，上收发报课的条件才得到改善。出于学员学习积极性高，训练进度较快。1934 年秋又开办了第四期训练班，学员约 30 余人，由彭宗株、戴国栋两同志负责。红四方面军无线电训练班的大部分学员后来成为通信侦听技术的骨干。

入川不久，军委下令成立电务处（对外仍称电台）。由宋侃夫负责，蔡威、王子纲协助，将无线电通信、机要、干部训练统管起来。开始抄收新闻，为军委会和总部提供参阅资料。此事由王子纲和我两人担任，每天下午和晚上抄收中央苏区广播台红色中华社（简称红中社）和南京国民党中央社播发的新闻。每天抄收六小时，然后将抄收的电报翻译出来。抄收和译电由我们两人互相轮流干。因此很少有休息时间。虽然很累，但看到抄收的电报给军委会和总部首长在决策时起到重要作用，内心感到十分愉快。经过一段时间，我们对明码译电比较熟悉了，王子纲提出改变抄收方法，减去译电步骤，抄收时不再抄收电码，改为直接抄收汉字，经过试验后完全可行，这是一种新的工作方法，很有益于技术业务的提高，还解决了轮休问题。

在此期间蔡威提出增加一部收报机，收听敌台情况。开始时是对根据地周围敌军电台进行侦听，我们很快摸清了敌军电台的通信网络，从敌台相互晤谈(Q简语)和抄收的明码电报中获得了极重要的军事情报，如敌军的部队番号、主官姓名、驻地位置、行动方向、指挥系统都搞得一清二楚。我们及时将所得情报上报，供指挥作战使用，受到首长的重视和好评，并指示将这项工作列为电台工作的重要任务，予以加强和发展。红四方面军的无线电技术侦察和猜破工作也就从此开始，并随着无线电通信工作的发展而发展起来。

当年5月初，为了粉碎敌军对我根据地的进犯，军委会指示派一部电台随王树声副总指挥行动。由蔡威和我两人带电台一部和几名学员（冯志禄、徐定选)，前往南江三尖铺地区，归王树声副总指挥领导，担负与军委会电台联络和侦控当面敌军电台的任务，收集情报供上级参考。5月中旬在我军入川后首次进行的空山坝战役中，技术侦察发挥了较好的保障作用。我军取得了一举歼灭敌军两个师、毙俘敌军官兵共8000余人，缴获各种武器6000多件，并将残余部队全部赶出根据地的重大胜利。

空山坝战役结束后，蔡威所率之电台（即二台）即去前方，随总指挥部行动,我奉命仍回后方电台（即三台）工作,随着根据地的扩大，我军作战兵力的迅速发展，战线拉长，各部队的通信联络依靠有线电话和骑兵通信，已不适应全军指挥作战的要求。在1933年冬至1934年秋，先后成立了四台和五台，分别配属到前线指挥部和各军，负责保障无线电通信联络。限于技术力量不足，派出的四、五两台，只配台长一人，没有助手。如四台台长游正刚、五台台长徐明德都是身兼数职，既要担负来往电报的收发，又要负责密码的翻译，工作相当繁重。二台、三台的工作情况更为紧张。这两部电台分别配属于军事委员会和方面军总指挥部，一驻前方一驻后方，都担负着三重工作任务，即通信联络、内部机密电报的翻译和侦破敌军的密电。所配业务人员却很少，二台除蔡威台长外，只有冯志禄、徐定选、陈福初等几名助手。宋侃夫所率之三台，也只有王子纲和我共三人，承担着与中央军委电台、方面军总部电台（即二台）的通信联络，内部来往密报的收发翻译上报，以及对敌军数十部师旅以上电台进行严密的侦控等任务，每天工作时间都在16小时以上。1933年10月，敌军出动了20余万人，分兵六路向我根据地进攻。为了保障我军反“围剿”作战取得胜利，我们三个人架起五部收报机，除保障我军通信联络外，主要力量都用在侦控敌军电台上。每天抄收敌台电报200余份，并择其重要密报译出上报（如作战计划，行动命令等），使我统率机关对敌军的行动了如指掌，有利于选择战机，使用兵力，给敌以歼灭性的打击，终于保障了我军反“围剿”战役取得了伟大胜利，彻底粉碎了敌军的“六路围攻”，毙伤敌六万余人。俘敌二万余人。在这段时间里，我们感到既紧张又劳累。那时年轻，有拼搏精神，当顺利地完成一个又一个任务，捷报频频传来时，真是有使不完的劲，精神上受到极大的鼓舞，心情感到格外的兴奋和愉快。

粉碎敌人“六路围攻”后，革命根据地扩大到20多个县，人口近400万，整个形势对巩固根据地和加强我军建设都十分有利。但由于张国焘的错误领导，他对敌军新的进攻力量作了过高的估计，对根据地出现的暂时困难（如敌人撤逃时裹走了一些青壮年，遍地稻谷缺劳力收割，筹措军粮遇到困难等）缺乏信心，竟然决定将主力红军撤出通南巴革命根据地，渡过嘉陵江向川西北地区转移，并于1935年3月间开始行动。① 在此期间王子纲奉命带领电台一部去前线指挥部工作，保障渡江作战中的通信联络；宋侃夫所率之三台随军委会行动，驻于南江县旺苍坝（即现旺苍县）。3月下旬我军派出主力部队一举攻占川陕要隘剑门关、昭化、苍溪、阆中等县，控制了嘉陵江300余里的江面，保障了我军主力部队五个军十余个师及后方机关约八万人安全地渡过嘉陵江，转移到川西北松潘、理番、茂县地区，在这期间无线电通信和侦破敌电都做出了成绩，在保障作战、指挥部队转移中发挥了重要的作用。

1935年夏，我们三台随军委会移防至茂县城郊工作，至6月中旬中央红军长征到达四川懋功与红四方面军会师，全军振奋，欢欣鼓舞。当时中央军委三局王诤局长在行军途中给宋侃夫打来电话，互相表示祝贺和慰问。并交谈了无线电通信工作情况。之后，三台即离开茂县移防至黑水、芦花。6月底党中央召开了两河口会议，制定了全军北上甘南的战略方针和创建川陕甘根据地的作战行动计划。在此期间中央军委三局抽调了七部电台，20多名技术干部，配备给红四方面军各军师和后方机关，大大加强了各部队无线电通信的工作。原属四方面军的三台和四台工作任务不变，仍以侦破敌台密报获得重要情况为主，并确定二台随前敌总指挥部跟右路军行动，三台随总司令部跟左路军行动。大约8月初，三台由黑水、芦花出发，渡过梭磨河，经刷经寺到达卓克基总司令部。于8月中旬随总司令部途经马尔康大藏寺、马河坝、杏理寺、中阿坝等处，行程约半月，到达黄河上游支流噶曲河岸边，因河水流速湍急无法架桥，试验徒涉和寻找徒涉点，经过两天多侦察探测未获结果，

---

① 红四方面军西渡嘉陵江的主要原因是策应中央红军长征。红四方面军主力强渡嘉陵江作战开始后，张国焘决定撤出以通（江）南（江）巴（中）为中心的川陕革命根据地——编者注。

致使部队受阻于该河岸边，无法前进。总部即令各部队撤回原地①，我们随总司令部返回中阿坝休息。两天后即随总司令部由原路返回卓克基，三台住在卓木碉。10 月 5 日张国焘总政委召集宋侃夫、蔡威、伍云甫、王子纲开会，研究、决定将二、三台合并组成总部二局，由蔡威任局长，负责侦破敌台密电任务，不再担负通信联络工作。此时宋侃夫是总司令部三局局长，伍云甫是政治委员，王子纲调任协助蔡威搞侦听破译业务。二局成立后先后由一方面军调来了 20 多名技术干部，有李连仕、肖森、郭宝华、刘泮林、李广寿、冯云芹、朱忠春、陈明、廖昌林、闻述尧、罗舜初、王家才、贺光华、蔡有容、谢特山等，这些同志对加强二局技术业务建设作出了重大贡献。

选自中国人民解放军总参谋部通信部编研室编:《红军的耳目与神经——土地革命战争时期通信兵回忆录》,中共党史出版社1991年4月第1版,第276—283页。

马文波，1911 年生，安徽怀远人。1932 年参加中国工农红军，1935 年加入中国共产党。红军长征时任红四方面军总指挥部电台报务员、报务主任、科长等。新中国成立后，曾任华北军区司令部情报处处长、中央军委技术部副部长、外交部副部长、解放军总参谋部第三部副部长等职。1955 年被授予少将军衔。1993 年在北京逝世。

① 实际是张国焘违背中央“北上”方针,令部队南下——编者注。

红四方面军的军工生产

李汎山

在川陕苏区

1932年12月，红四方面军从鄂、豫、皖进入四川，开始创建川陕革命根据地。1933年10月，我由省苏维埃文化委员会到红四方面军总经理部，部长是郑义斋，我在军需科任科员。此时，正是红四方面军胜利结束了历时十多天的宣（汉）达（县）战役，缴获了四川军阀刘存厚的兵工厂全部，及其准备与我作战三年之久的枪弹粮秣、军需物资。所缴获的大批武器弹药就地补充了部队，兵工机器和半成品步枪、机枪、子弹以及钢材、硫酸等兵工材料，运往通江东门外新成立的兵工厂。郑义斋部长兼任新兵工厂厂长。调军械科长李仕品到兵工厂做具体工作。兵工厂设在通江东门外一家地主大院里。1934年1月开工生产。有白药生产车间（用硫酸烧棉花做成白药）、手榴弹生产车间（用铜生产麻尾铜手榴弹）和机床车间（除为本厂机器服务外，主要是修理前方不能修理的机关枪、迫击炮和做些步枪零配件）等。为反刘湘“六路围攻”，收缩阵地，兵工厂只开工一个多月，即停止生产，向通江北面的苦草坝迁移。3月，在苦草坝对面的罗平又恢复生产。仍然维持了在通江时的产量，每天生产子弹四五箱（每箱500发）、手榴弹20多箱(每箱20枚)。当时制造手榴弹也是很不容易的。化铜的焦炭不够用，就用木炭代替；搭化铜炉子用的甘孜泥（耐火材料）也要从旺苍坝运来；没有净化铜水的锑，就通知全军将锑制的用器毁掉送到手榴弹厂；好炸药不多（手榴弹雷管用好炸药），就用黑炸药替代，为此，又成立了硝厂。

宣达战役除缴获了刘存厚兵工厂的全部机器设备外，还缴获了他的印刷厂、造币厂以及军需生产的全部机器设备。我们用所缴获的军需生产机器，充实并扩大了我军的被服厂（男工厂）。男工厂的工人由原来的几十人，增加到 100 多人，编为一个连，连长（厂长）胡宗月（后为罗应军），副连长（副厂长）向再志、指导员姓周，名字记不清了。缝纫机也由原来的 20 余台增加到 60 多台。工厂设有管理科和管理排。管理科长负责原材料的领取，被服成品的保管；管排长分管后勤事务。还设有秘书，负责行政事务。女工厂也扩大了，由原来的几十人增加到 300 多人。女工厂的工人，除了做军衣外，还担任一些运输任务，作风很像战斗部队，郑义斋部长即报请上级批准改编为妇女工兵营，营长林英琴（即林月琴），教导员王泽南，副营长刘伯兴，秘书杨文局。

与被服厂生产配套的还有纺织厂、染整厂、弹花厂、松烟厂等。宣达战役缴获的织布机全部充实了纺织厂，扩大了生产规模，工人增加到 100 多名，织布机增加到 47 台，总经理部在当地或外地收购棉纱，给工厂织布提供原料。生产的布匹有两种：一种是窄幅土布，宽只有一尺二寸，长有三四丈，供被服厂做军衣用。另一种叫宽幅洋布。对这种布的质量要求非常严格，纱支粗细一致，织得均匀，没有线疙瘩，刀切不卷边。经染整后送川陕省银行的造币厂制作布币。纺织厂主要是织布，但也织袜子、毛巾和医院用的纱布。建立在通江县蹇家山的弹花厂，从各地招收了 300 多名弹花工人。工厂编为营级单位，营下有连、排。弹出的棉花交被服厂缝制棉衣和被子。染整厂的主要任务是漂染收购来的和纺织厂生产的粗布（土布）、细布（洋布）。对印制布币的细布，要求漂出来洁白光亮。主要操作程序是将细布放到有漂白粉的池子里浸泡一段时间，取出后放到清水池里反复揉搓，脱去棉脂加蛋清再揉搓，然后上粉烘干、碾平，最后上白蜡。用这种光滑清白的布印制出来的布币，既清晰，又美观。

敌军对川陕苏区的四面封锁，造成了购进染料和漂白粉的困难。没有染料，就建起了松烟厂。在松树较多的大山崖上，糊一个顶端被罩住的烟筒，从下面烧松枝，烟子积多后，扫下来装包，然后送染整厂作染料。当时制作染料的主要原料,除松烟外,还有稻草灰、苦楝子、核桃壳、丝瓜壳、黄泥巴等。

1933 年 12 月底，我任总经理部军需科副科长。科长是吴先恩。他在前方随指挥部行动，我在后方负责后勤军需指挥工作。当时军需科的任务十分繁重，要求准备十万套单衣。这需要大批土布和大量染料。所需染料全部山松烟厂来完成；所需布匹，自己的纺织厂织一些窄幅土布，但远远不能满足需要，主要来源是购买当地老姓家里织的窄上布。总经理部在各地集市上都设有收购站，各收购站将收购的布匹及时送交总经理部。染布厂将土布染成灰布后，交被服厂进行裁剪和上机子扎缝。男工厂将裁剪和扎缝好的衣料（半成品）交给女工厂，女工们用手工缝制成衣服，钉好扣子，锁好扣眼。苏区买不到缝纫机上用的线，就买土蚕丝（也叫火把丝），手工合成线供缝纫使用。经过大家的共同努力，做十万套单衣的艰巨任务基本完成，军服的样式为中式:上衣对襟，三个口袋；裤子分长裤和短裤两种。扣子是用铜钱包布做成的。衣服的颜色，绝大部分是供前线部队穿的灰色衣服。但也有少部分是供后方人员穿的蓝色衣服。厂里设有工会组织，负责宣传教育，经常开展生产竞赛活动，鼓励工人以实际行动支援前方。对生产数量多、质量好，超定额完成任务的工人，给予奖励。除毛巾，鞋袜、毛衣、被面等奖品外，还发奖金（银元），为了完成生产任务，不少职工在缝纫机房吃饭，在桐油灯下加班。从 1933 年初到 1934 年底，在近两年的时间里，尽管敌人频繁地“围剿”进攻，但被服厂的工人们不畏艰难险阻，坚持生产，完成任务。

总经理部被服厂生产的衣服、被装，除供总部直属机关的需要外，主要拨给各军、师。为方便供给，减少运输，各军、师也办有小规模被服厂（所）。军办的被服厂，大的100多人，小的几十人，师办的被服厂大的几十人（有缝纫机五六台），小的十多人。小厂子大都没有缝纫机，主要靠手工缝纫。军、师两级的被服厂（所），在军、师经理处的领导下，就地购买布匹等原料，做成被服后就近供应部队及伤病员。

川陕苏区处于敌人的四面包围之中，由于战斗频繁，被服厂也经常随总经理部转移。反“三路围攻”胜利后，1933年底，苏区迅速扩大，被服厂从得汉城迁回通江蹇家山，扩大了生产规模。1934年3月。为了粉碎敌人的“六路围攻”,被服厂随总经理部再次迁到苦草坝。12月，红四方面军向西转移，被服厂迁到旺苍黄泽乡，除加紧生产军服外，还加班赶制部队渡江用的油布包。

1933年到1934年之间，总经理部还办有斗笠厂，脚码子厂、皮件厂等。斗笠厂在初建时规模很小，只有20多名工人。1931年初，迁往碧溪场，与总经理部碧溪织布厂和铁工厂合并。合并后工人增加到150多人，编为三个连。直至1935年红四方面军撤离川陕苏区才解散。在两年的时间里，共编斗笠两万多顶，供应部队。斗笠厂的管理是比较严格的，不准带家属、小孩，实行八小时工作制。每人每天手工编织一顶斗笠。斗笠美观适用。笠沿用白布条包边，涂桐油，上有红五角星，工人是当地的篾匠，实行计件工资。建立脚码子厂是为了解决川北地区阴雨连绵，山高坡陡，路滑难行，给部队行军作战带来的困难。厂里装有15盘炉子，统一领导，分散生产。规定每盘炉子每天打脚码子15双。由于工人经常加班，实际都大大超过规定的产量。生产所用的材料，由工人到红四方面军铁工厂（在钢溪河）去背，规定100斤对条铁打300双脚码子。从1933年建厂到工厂撤销的两年多，共生产了数万双脚码子。工厂除生产脚码子外，还生产大刀、矛子等兵器，对支援粉碎敌人的“三路围攻”和“六路围攻”，做出了贡献，多次受到上级机关的表扬。皮件厂建于1933年上半年，全厂有六七十名工人，主要生产子弹袋、手枪套、文件包、马刀鞘、枪背带等，生产用的主要原料是牛皮。

1934年3月，我由军需副科长调任总务科长，负责总经理部的行政工作，并代管各工厂和各地收购站。当时，各收购站除收购布匹外，最主要的任务是收购粮食供应部队（苏区公粮只够地方机关及运输人员用，军队主要靠没收地主粮食及买粮食）。反“六路围攻”时，万源方向集中了许多部队，当地粮食很少，老百姓都是靠吃土豆充饥。当地收不上粮食来，我们就组织运输队，把通江得胜山方面粮食收购站的粮食运往万源。为了及时指导各收购站的工作，郑义斋部长经常把各站的负责人召集到总经理部来开会，一开就是一个通宵。夜间加餐就是吃荞麦面疙瘩。郑部长一边吃，一边念叨着当地老百姓流传着的一句话：“荞麦面，冷水和，气死公公，饿死婆婆”。意思是说，荞麦而看上去数量很多，做熟了吃起来又很少，不出数。当时，苏区运粮任务十分繁重，既没有行车的道路，又没有骡马驮运，全靠人力背抬，因此，运粮大军经常不下万人。

1934年11月，我被调到清江渡任办事处处长。清江渡是四方面军总参谋部的驻地。我带着各科抽调的人员及被服厂一个排，女工厂一个连，从苦草坝来到清江渡。主要任务是，在倪志亮总参谋长的直接指挥下，就地生产被服，供应部队，同时接收南部调来的食盐，再组织后运。当时，各军、师首长都来清江渡开军事会议。徐向前总指挥也从巴中赶来参加。年底，办事处圆满完成任务后，来到旺苍坝庙儿湾，与苦草坝的总经理部会合，办事处撤销。被服厂、女工厂的工人各回原厂。我回总务科继续当科长。总经理部集中被服厂、手榴弹厂和修理厂的工人，在庙儿湾全力生产手榴弹（此后不再生产子弹）和修理枪支（所有不能修复的步枪，夜间秘密投入东河内）、为西渡嘉陵江亦即长征做好准备。

在长征途中

1935年3月，渡江战役打响了，总经理部及其所属的男工厂、女工厂随部队开始向西强渡嘉陵江。能随身携带的机器设备尽量带走。缝纫机拆开，由几个人背，一人背“牛儿”（机头），一人背脚架，一人背面板，一人背行李，四人一组，每人负重几十斤。女工厂的主要任务是帮助搞运输。她们将棉花、布匹、被服、食盐和较轻的机器（中、小车床）等，连背带抬随身带走；将兵工厂较重的钢材、硫酸、机器（大车床等）装船，准备运到猫儿跳后，再一站一站向西倒运。参加运输的，除人民运输队外，还动员了后方机关人员。张琴秋带领妇女独立团也到猫儿跳参加运输。我负责一站一站倒运物资，做收尾工作。3月29日，部队于阆中以北渡江成功，并于31日攻占阆中县城。装运物资的船，由旺苍坝绕阆中县城，再沿嘉陵江向猫儿跳逆水上行，船速很慢。在敌人追赶下，为争取时间，又不使机器、钢材等落入敌手，船未到猫儿跳，即将这些物资沉入江中。4月21日，部队占领北川。月底，总经理部及各工厂在北川城南一个乡村住了约20多天，被服厂、手榴弹厂、硝厂等抓紧时间开工生产，修械厂抢修枪支。其他工厂，如斗笠厂、铁工厂、皮革厂、织布厂等，因人员大大减少没有开工，其工人帮助手榴弹厂工作。

红四方面军开始长征后，部队的供给主要靠前线就地解决。为此，郑义斋部长决定成立三大兵站，跟随部队行动。一大兵站站长是秦基伟，二大兵站站长是张瑞德，三大兵站站长是黄子玉。

1935年5月15日，红九军、三十军主力攻占茂县。总经理部亦随之经土门到达茂县，住在文庙里。由于敌机天天轰炸，于是决定将工厂与总经理部分开。再设立一个机构，带着工厂边行军边生产，新的机构成立后，派了六名干部在文庙旁一间民房内刚刚开始办公，因遭敌机轰炸，不幸全部牺牲（那天我有事没去）。5 月中旬，部队攻占威州，进而占领理番。总经理部又派一些干部，由我率领到达理番，住在蒲溪沟，工厂又开工生产了一个多月，将随带的布匹全部做成军衣发给部队。不久，即开始动员过草地，要求彻底轻装。我记得当时只带走了较轻的雷管、炸药、少量钢材、一部五尺小车床和造手榴弹的一些工具。将较重的十来部车床和硫酸、钢材等全部埋掉。

1935 年 6 月，红四方面军与红一方面军在四川懋功胜利会师后，总经理部改称四方面军总供给部。总医院改为四方面军卫生部。我任总供给部制造处处长，6 月底，我带领各工厂的全体同志携带物资，从蒲溪沟出发，经杂谷脑、马塘至芦花。之后，继续前进，向毛儿盖开拔。行至距毛儿盖只有一天行程的上下打鼓时，突然接到上级命令，停止前进，又折返经马塘到梭磨，等了约一星期，又经马塘至查理寺，准备过大草地。8 月，由查理寺出发向阿坝东北的噶曲河开进。工人们除肩负机器、物资、行李外，还要带上 20 斤干粮、十斤木材。大家团结奋斗，克服重重困难迅速北上。走了五六天，又奉命返回理查德德寺，再向西北开进，到达阿坝。从蒲溪沟到阿坝，行军二个月，长途跋涉，一路经过渺无人烟的茫茫草原和高山深沟。草地的天气变化无常。时而晴空万里，时而黑云翻滚，接着就是鸡蛋大的冰雹接连不断地向我们袭来。满地的冰雹很快又化成遍地横流的水泽。我们在冰冷的水里行进，刺骨地疼痛。晚上，投宿无营，背靠大树，身穿被雨淋湿的衣服过夜，可谓道路艰险，缺吃少穿，风餐露宿，百般艰辛。阿坝羊毛、牦牛毛很多，这是生产冬装的最好材料。同时，粮食、燃料（牛粪干）很多，生活条件也比较好。被服厂设在阿坝的一个喇嘛庙里，迅速架起机器进行生产。男工厂主要是将毛织品做成冬装。女工厂主要是纺毛线、缝毛衣，用织布厂织毛衣。在纺毛线、织毛布、缝毛衣的过程中，克服一无工具、二无技术的困难，发动大家献策献计，研究出一个土办法，即把黏土（黄泥巴）揉成鸡蛋大的泥球，中间插上根木棍，待泥球干后，就成了搓毛线的工具。但效率不高，后来又制造出手摇纺线机。五人搓毛条，一人纺毛线，一天可纺四五十斤。在阿坝，各工厂都在创造条件投入生产。炸弹厂在生产手榴弹时，没有原料就派人带领部队到各喇嘛庙收集铜器；没有木炭，就到处寻找木材烧成木炭以供化铜。硝厂的同志们土法上马，就地取材，发动大家到房前屋后扫硝土熬硝（还能产一部分食盐），以供制黑炸药用，斗笠厂与皮革厂合作，用烟子熟牛皮，然后做成皮斗笠和皮革鞋。铁工厂继续打制刀、矛，修械厂忙碌地修理部队送来的机步枪。总之，各工厂都千方百计克服困难，干得热火朝天。一天，朱总司令来工厂视察，我陪同朱总察看了被服生产的每道工序。只见朱总面色黧黑，目光炯炯，步履稳健，一如往常，似天塌下来也能顶住。

1935 年 9 月，阴谋分裂党中央的张国焘，谎称噶曲河涨水过不去，强令左路军和右路军的第四军、第三十军，分别由阿坝、包座回师南下，走上了分裂党和红军的犯罪道路。我只好带领各工厂的全体同志随军再次过草地南下川康。征途中，我们看到红军第一次过草地时留下的行军、宿营痕迹。有些用树枝搭成的“人”字棚里，还堆放着无法掩埋的战友的尸体。我们这支 700 人的队伍（工厂人员和运输队全体），顶风雨，履泥沼，熬饥寒，再次同草地的恶劣自然条件搏斗，又有一些同志献出了宝贵生命。当时我百感交集，心事重重，不理解为什么要南下。尽管想不通，但工作不放松，只要部队休息几天，工厂就开工生产，除此之外，还要组织筹集粮食、运输物资，供应部队。入冬，我们随总供给部到达绥靖。在绥靖，工厂继续生产和作短期休整，不久即随部队从绥靖到丹巴，翻越夹金山。山高路陡，冰雪皑皑，寒风刺骨，行进非常困难。头天我们爬到北坡半山腰宿营，第二天翻越山头，走了很长一段积雪的山岭，才下山到尧碛。这是军事史上罕见的艰苦行军，是人同自然界的殊死斗争。在这座神秘的大雪山上，既显示着大自然力量的凶猛无情，更表现着我们红军指战员的无穷智慧和力量。天气令人莫测地变幻着。大山下还是晴空万里，走到半山腰，突然黑云密布，风雪交加。山顶上空气稀薄，再累也不敢停留休息，茫茫白雪反射的光，毫不留情地猛刺人的眼睛。夜间，处于零度以下的气温，冻得人们瑟瑟发抖，彻夜难眠。我们这个集体没有被困难吓倒，大家发扬互助精神，你搀我扶，不让一个兄弟姐妹滚滑到山下。大家发誓人在机器在。翻过夹金山，经宝兴到达芦山的灵关。总供给部、卫生部都住在这里。这个地区不产棉花，也不织布，解决部队的冬装便成了一大难题。我看到这里棕树比较多，就联想到自己家乡用棕皮做的蓑衣，既能遮雨，又能御寒。于是一方面建议部队自己收集棕皮制做棕背心；一方面组织我们各工厂和运输队的同志上山采集棕皮，赶制了一批棕衣及时供应了部队。

1936 年 1 月，郑义斋部长调走，任命倪志亮为总供给部长。我们随总供给部离开灵关折返北进。途中任命我为管理科长。之后，途经懋功又来到绥靖，因工作需要，又调我去任被服厂厂长。在绥靖住了一个多月，主要任务是生产和筹粮。倪部长几乎每天晚上召集工厂的领导开会、检查工作。他要亲自查看铁工厂打制的矛子亮不亮，掐着手表在缝纫机旁，看工人一分钟扎多少针来计算工作量。在绥靖，部队吃粮非常困难。我经常带着工人随部队去打粮。3 月底，我们随供给部南下，经丹巴、道孚到达炉霍。从丹巴到道孚，途经雪山，我带病同大家一起翻越大雪山——党岭山。山上积雪很厚，山高路滑，气候变化无常，狂风大作，飞雪夹着沙石打得睁不开眼，站不住脚，到了道孚，许多女同志患了雪盲症。我们在炉霍住了两个月。各工厂抓紧时间进行生产，其生产情况和在阿坝时差不多。6 月，郑义斋回总供给部任部长，倪志亮被调走，我到制造处工作。

1936 年 7 月 2 日，红二、四方面军在甘孜会师，由于党中央通电张国焘迅速北上甘南，同红一方面军会合，共同创建西北抗日根据地。同时也由于朱德、刘伯承、徐向前、任弼时、贺龙等坚决维护党中央的正确路线，和红四方面军广大指战员纷纷要求北上，张国焘被迫取消“第二中央”，同意北上，但他仍未放弃向青海、甘肃方面转移的企图。这样，我们在炉霍一面生产，一面准备第三次过草地的物资。除准备了大批帐篷外，还准备了辣椒、生姜、食盐等。7 月 3 日，我们随部队从炉霍出发，每天天不亮上路，下午 3 点多宿营。走到阿坝，所带的干粮全吃完了。由于当地上层反动土司、喇嘛的宣传破坏，藏族群众都跑了。部队一无干牛粪烧，二无粮食吃。只好烧麦穗，煮麦粒来充饥。过了噶曲河到达包座。8 月中旬，在岷县我再次出任制造处长。10 月到达甘肃会宁，实现了一、二、四方面军胜利大会师。会宁会师，胜利结束了红四方面军历尽艰辛，三过草地（我和工厂、运输队的同志们过大小草地有五次之多），多次爬雪山，转战川、康、甘等省，历时一年多的长征。

在河西走廊

1936 年 10 月 25 日至 30 日，四方面军总指挥部，遵照中央军委和红军总司令部的命令，陆续指挥部队西渡黄河，共渡过 2.1 万余人。其中三十军六个团，九军六个团，五军四个团，另有总指挥部机关及直属骑兵师、特务团、教导团、妇女独立团等。供给部在靖远附近渡过黄河。不久，中央军委授予西进部队以“西路军”番号。红四方面军供给部改为西路军供给部，部长还是由郑义斋担任，卫生部长是苏井观，我被任命为军实科长，仍然负责军工生产，我带领男工厂、女工厂、炸弹厂、硝厂、修械厂等各工厂的同志们，随部队急进在空旷的西北原野里。飞沙扑面，呵气成冰，衣不胜寒，沿途不时同追堵的马家军（马步芳、马步青）发生激战，双方均有伤亡。11 月中旬，供给部随三十军八十八师绕道西进，包围土门子，迫守敌骑五师工兵营 350 余人投降。其中 200 余人参加了红军，其余均行释放。11 月下旬，我骑兵师和二六九团一举攻克山丹。12 月初，我们顺利进驻该地，并立即开工生产；男工厂、女工厂将收购的老百姓旧衣服改成军装发给部队，并把自己搞到的一点布做成新军服发给从前线下来的伤病员；手榴弹厂将从地主家收集来的大批铜钱，用焦炭或木炭（焦炭用完以木炭代替）将其化成铜水，制造手榴弹，共开了两盘炉子，一天可生产二三箱；硝厂和修械厂也都紧张地进行生产和维修。

当我们各工厂生产最紧张的时候，也正是各部队同敌人战斗最激烈的时候，从 11 月上旬到 12 月上旬，西路军奋战月余，毙、伤敌约 9000 人。但敌依仗源源不断的补充，实力得以及时恢复。而西路军处境困难，尽管供给部加倍努力，各工厂拼命生产，但远远不能补充战斗消耗。特别是当西路军全部进入“河西走廊”蜂腰部后，更加面临着新的困难。这一地区东起凉州、西迄高台，长达数百里。北面沿龙首山脉的古长城外，为荒凉的大沙漠，南面为终年积雪、海拔四五千米的祁连山，中间宽不及百里，村庄零落，人烟稀少。当地没有党的工作基础。在敌人的长期欺骗宣传下，群众对红军的主张多不了解。因此，这一地区不论地理和群众条件，都对红军非常不利，我们深感物资补给极为困难，工厂的生产原料没有来源。

12 月下旬，我们撤离山丹，冒着西北高原凛冽的风雪继续西进。30 日，我们供给部和卫生部，随红五军进入临泽县域，1937 年元旦拂晓，五军军长董振堂，率 3000 多人一举攻占高台。守敌保安队、民团共 1400 余人全部投降，其中部分接受红军改编。五军缴枪 100 余支，并俘虏不少高台和永昌、山丹逃来的县政府反动官员。1 月 12 日，敌以四个旅、另三个团和民团一部，开始围攻高台。红五军全体指战员倾全力与敌浴血苦战，子弹打光了，就用我们工厂制造的刀、矛和手榴弹，猛刺狠炸攀上城头的敌人。经十多个小时苦战，终因敌众我寡，收编的民团叛变，与主力联系切断，而陷入力竭援绝的境地。军长董振堂、政治部主任杨克明以下 3000 人大部壮烈牺牲。

敌人在攻占高台后，集中兵力围攻临泽，其一部兵力围攻城外的五军部队，主力侧向城垣攻击。城内红军，除一个警卫连外，均为机关和后勤供给部、卫生部的人员，守备力量异常薄弱。在这危急关头，机关干部、各工厂的全体同志、医务人员、担架员、饲养员，无论男女，全部投入战斗。我们供给部负责守北城。面对强敌的围攻无一人畏惧。男女战士齐上阵，前仆后继，英勇杀敌。白天敌人用大炮轰塌城墙，晚上女工厂的同志们又搬砖背土修起来。敌人猛攻了四五天，数次攀上城墙，但都被我们或是用大刀、长矛戳下去，或是用手榴弹砸下去。敌人始终未能从北城攻进来。部队子弹打光后，守城主要靠手榴弹。生产手榴弹成为当时刻不容缓的紧迫任务。我除参加守城外，主要精力用在抓手榴弹的生产上。化铜钱的焦炭很快用完了，木炭也用光了，怎么办？当时，我心急如焚，急中生智，试着用木头直接燃烧，将甘孜泥（耐火材料）罐里的铜钱化成铜水，成功了。收集来的木头烧完了，我就带着工人们去砍树或拆无人居住的破旧房上的木头，送炸弹厂作为化铜燃料。守城部队凭着坚强的意志和土法制造的手榴弹，顽强拼搏了几昼夜。但终因敌众我寡，被迫突围转移。工人和战士们含着眼泪，忍痛将经过雪山草地而没舍得丢弃的车床、缝纫机等各种机器和修理工具砸烂，同其他物资一起处理掉。我们随五军突出重围后，供给部编到指挥部四局，各工厂的同志们补充到部队。之后，在大战倪家营子和转战祁连山的浴血奋战中，绝大多数同志壮烈牺牲，真是“一片土地一片血，一个战士一团火”。

1990 年 11 月

选自中国人民解放军历史资料丛书编审委员会编：《后勤工作·回忆史料（1）》，解放军出版社1994年5月第1版，第747—756页。

李汎山，曾用名吕凯，1910 年生，四川蓬溪人。1929 年加入中国共产党，1933 年参加中国工农红军。红军长征时任红四方面军总经理部总务科科长、总供给部制造处处长等。新中国成立后，曾任西南军区后勤部财务部部长，南京军事学院后勤教授会主任，解放军后勤学院教育长、副院长，总后勤部军政干部学校校长等职。1955 年被授予少将军衔。1992 年在北京逝世。

回忆红四方面军的后勤工作

程儒珍

一、各时期后勤组织情况

（一）农民自卫军时期：农民自卫军除有队长、指导员领导全军以外，还有一个司务长，管理全军的经济工作，也就是吃饭和穿衣；另有一个“买办”，协助司务长购买物品，没有卫生人员。后勤工作就是在这样的基础上，随着革命武装力量的发展而发展起来的。

（二）红十一军时期：1928 年 1 月，湖北黄、麻的工农武装鄂东军改编为工农革命军第七军，4 月第七军又改编为红十一军三十一师，我在三十一师副官处当副官。1929 年 5 月河南商城的武装编为三十二师，1930 年 1 月安徽六安、霍山的武装编为三十三师。这时，设有留守处，负责后方勤务工作，吴先保任主任，有副官二至四人。师有副官处，设主任一人，副官二三人。师以下单位、对外称团，对内称队，有司务长、买办各一人。各队都组织了红色士兵委员会，实行军事、政治、经济三大民主，它有权监督经费开支。

当时的卫生组织，是直接由军、政首长领导的。有总医院，院长、政委下设：总务科（科长、副官共三四人）、医务科（主任、医官、看护员共 20 人左右）。

师以下的单位无卫生人员。

（三）红一军时期：1930 年初，红十一军改为红一军，后勤工作也随之扩大，并按业务性质有所分工。后方留守处下设总务、人事科（兼管财政），每科有科长一人，副官二三人；还有修械所（所长一人）、被服所。红一军军部设有副官处，下设人事、总务、交际三个科，每科有科长一人，副官三四人。我在军部副官处任副官。师也设有副官处，主任一人，亦有总务，人事、交际三个科。每科科长一人，副官二至三人。团设有副官处，有主任一人，副官二至三人，团以下为连，有司务长、买办各一人。

这时卫生机构也有发展，除师以上有医院外，团也组织了医院。下设总务股（二至三人）、医务股（五至六人）；担架队的人数随伤病员的人数而定。连队没有看护员。

1930 年下半年，留守处改为军需处，主任吴先保。下设总务、财政、军需三个科。各科有科长一人，副官三至四人。军部除保留原副官处外，另组成了军需处。下设总务、军需、财政、辎重四个科。每科科长一人，副官三至四人。军需科下面有一个被服所，有三四架缝纫机；还有一个修械所。师、团还是副官处。

这时卫生组织没有变化，总医院住黄安县箭厂河一带。只是总医院伤病员多，下面分成了两个病号连，有连长、指导员、司务长和买办。

（四）红四军时期：1931 年春，红一军和鄂东南的红十五军合编为红四军。不久，革命军事委员会的军需处改编为总经理部，下设总务、财务、军需三个科，每科有四五人不等。科内人员，原来的副官改称科员。但由于习惯，还是有人叫副官的，到 1932 年，才基本改过来。军需科下面，仍有修械所、被服所（有所长一人，工人 40 人左右，缝衣机十架左右）。红四军军部的军需处也改为经理处，处长吴先保，政委张雨滴。下设总务、财务、军需、辎重四个科，每科三四人（粮秣科成立几天后又撤销了）；仍保留了原修械所、被服所，并成立了辎重队、监护连。我任军部经理处总务科长。师的副官处也改为经理处，下面分设总务、财政、军需、辎重四个科，每科有三四人，有一个监护连，50至100人；在辎重科的领导下有辎重队，分骡马辎重队和肩挑运输队，骡马时多时少，辎重队和监护连的任务，是负责前送后运物资。这时团副官处也改为经理处，设主任、指导员，下设总务、财政、军需股，每股二三人，并有一个辎重排，骡马十匹左右，人员四五十人不等。因部队扩大，团以下设立了营，营不负责各连的供给，只有一个管理员和一个采买，负责营部的各项开支，管理伙食，连队除仍有一个司务长外，将原来的“买办”改为“采买”；因为大伙见到“买办”就开玩笑，说他是“买办资本家”，所以改了。这时后方总医院院长为苏井观，除保留原有的卫生机构外，营组织了医务所，有所长、医官、看护员共五至十人，另有担架队20至50人不等。

（五）红四方面军时期：1931年11月，红四军和红二十五军合编为红四方面军。

这时的后勤组织，鄂豫皖革命军事委员会总经理部的机构，根据部队的发展，人员有所增加，下属两个分经理处，一分经理处住商城，二分经理处住黄安，处下面分总务、军需、财务科，主要管理被服厂、小型鞋厂、修械所，保管武器弹药。原红四军的经理处改为红四方面军经理处。红二十五军另组成了军经理处。下设总务、财政、军需、辎重四个科（每科五至七人），以及修械所、被服所、辎重队、监护连等。师以下的后勤机构未变。

卫生机构：原红四军医院改为红四方面军医院。

1932年冬，红四方面军西征入四川，第七十四、第七十五师仍留在鄂豫皖，第十、第十一、第十二、第七十三师西征。在途中的后勤组织，没有什么变化，只是根据工作的需要，红四方面军经理部增设了粮秣科，有四五人。各师、团经理处有的也增设了粮秣科、股，有的没有增设。

到四川后，军委会总经理部部长为张雨滴；我任红四方面军经理部部长。后红四方面军下属的师扩大为军。这时的后勤组织：原红四方面军经理部扩大为西北革命军事委员会总经理部，住四川通江县，部长郑义斋，我任副部长。下设总务、财政、军需、粮秣、军械五个处，每处十人左右。原修械所扩大为兵工厂，下设修械厂、子弹厂、炸弹厂，工厂共有1000人左右。原被服所扩大为：男被服营（男工人）、女被服营（女工人）。开始各营直接领导工人，后来部队发展，编制也就扩大了，下设总务股，有股长、司务长各一人，采买二三人。营部下面又分设两个连（每连三个排，每排二三十人，共计200至300人左右）。同时组成了鞋厂，有厂长、指导员、司务长、采买，工人100至150人左右。木碗厂有厂长、指导员、司务长、采买，工人约20至50人。

总经理部还在绥定、巴州各设有一个留守处（主任、干部若干人），下设兵站十多个（站长、干部若干人）。

总经理部原在苦草坝，后迁通江，下属二个经理分部。第一分经理部在四川通江县以东的德汉城。部长曹述成。下设总务、财政、军需科，每科三四人。另有监护连50至80人。开始时领导被服营、兵工厂，保管各种物资；后来了厂迁至通江，主要任务就是保管物资。另红四方面军经理部兼第二分经理部，住在恩阳河，并兼盐务合化总局，部长由我兼任。下设总务、财政、军需、粮秣、军械五个科，每科五至十人，另有通信连50至100人。军需科领导男工被服连、女工被服连（各连60至100人）、鞋厂（厂长、指导员、工人100人左右）、修械所（所长、工人30至50人）。总务科领导骡马辎重队（队长、指导员、马夫百余人）、肩挑辎重队（队长、政指、挑夫百余人）、马掌班（班长、工人20多人，炉子十多个）、斗笠木碗排（排松下属斗笠班、木碗班各20余人）。粮秣科领导粮秣总站，站长一人，干部二三人，总站下属八个粮秣分站，每站有一二个干部及通信员若干人，负责征收、保管、发放粮食。

此外还设立了五个盐务合化分局，每局有局长、司务长、采买各一人。工人根据盐井的多少而定，每局最少时200多人，最多时达400多人。第二分经理部所属各单位共有 2000 人左右。

各军的后勤组织为经理处。下设总务、财政、军需、粮秣、辎重五个科，每科四五人。还有辎重队、监护连。师为经理处，下设总务、财政、军需、辎重、粮秣五个科，每科三四人，亦有辎重队、监护连。团为经理处，下设总务、财政、军需、粮秣股，每股二三人；辎重排一个，约 50 人。营以下未变。

这时的卫生组织：原红四方面军的医院扩大为西北革命军事委员会的总医院，在四川通江东面的王坪一带，院长苏井观。下设政治部、总务处、医务处。还有几个分院（分院主要根据住房条件，确定医院的大小，其中一个医院在青江渡），下设总务科（科长、管理员、司务长四五人）、医务科（主任、医官、看护员若干人）。

各军也由原来各师的医院扩大为军的医院，机构未变，只是人员增加了。各师则由原来医院扩大而成，下设总务科、医务科、担架队。各团、营组成了医务所、但人员不足，有的只几个人，少数连队有看护员，大部分连队没有看护员。

（六）长征时期：总经理部仍分总务、财政、军需、粮秣、军械五个处，下面的单位除个别缩小、撤销外，还有五个兵站部，先头出发，筹粮供应部队，并带有各工厂的一些工人，带走了一些能带走的机器、工具，随军行动。总医院只是人数减少了一些。

二、供给来源及方式

（一）派饭：是红军初期解决吃饭问题的一种基本方法。红军每到一地，就组织各家给红军做饭吃，在穷人和比较“过得去”的人家（一般是中农以下的户）吃饭给钱，在发财人家（一般是富农以上的户）吃了饭不给钱或少给钱。这种派饭制度，一直实行到 1929 年下半年。后来由于红军发展了，取得了胜利品，装备了自己，才慢慢改变为由自己起伙做饭吃。

（二）筹款：是红军经费的重要来源。组织了特务队，到苏区以外的地区，将劣绅、军阀、官僚资本家捉来，强迫他们给枪、给弹、给物、给款、给药品等。1931年在双桥镇活捉岳维峻后，要了款子约12万元、棉衣一万套、驳壳枪100支和一些西药等物品。到四川后，由于红军扩大，各师、团都有侦察队，有时也采取上述方法进行筹款，但只是经费来源的辅助方法。

（三）苏维埃供给和群众慰劳：红军在苏区整训，或路过苏区时，由苏维埃发粮和群众慰劳解决。

红军每到一个宿营地，房子早已打扫得干干净净，等待红军来住。红军的背包刚刚放下，群众就围拢来，亲热地叫着："同志！到我家去洗脸吃饭吧！来！我给你背背包。""还是到我家去，我家做了几个菜！""喂！你们不要争，还是到我家去，我家杀了鸡啦！"大家都争着请红军去吃饭。红军与人民的关系，真是血肉相连鱼水相依。红军在苏区时，就由苏维埃供给。在苏区边境打仗时，群众就做饭送水，运输弹药，抢救伤员。

（四）没收：没收军阀、地主、官僚资本家的财产，是红军时期财政的主要来源之一。在苏区是由苏维埃负责没收，在白区或赤白交界地区，因无苏维埃，红军就直接负责没收工作，以解决红军的供应。没收的方法：在打开一个城镇时，由政治部、经理部组织没收委员会，主任以下有宣传调查组、没收组、运输组，负责没收工作。在行动时，每到一地，由政治机关向群众进行宣传和调查，确定没收对象后，由经理部负责没收分配。从鄂豫皖到四川的途中，有时因调查不清，而主人又不在家，很难确定是否应该没收。怎么办呢？如果不急用，就原封不动，如果急用，就动用一部分（主要是粮食）；红军带有钱时，就按量折价，将钱放在主人家神龛上的香炉下压着，没有钱时，就写一封信，附上借条，说明红军到此无饭吃，动用了一部分粮食。有时候，没收的东西很多，就开群众大会，进行宣传，将没收的粮食和物资分给穷苦群众。在白区行动或进行战斗时，若当地解决不了红军的供给，就组织武装，到离住地几十里路以外的地方去打粮食。由宣传调查队、武装队、打粮队向广大群众进行宣传，调查地主、富农情况，调查清楚后，就没收，将粮食运走，供给红军。

（五）取之于敌：通过战争，缴获敌人的武器，武装自己；夺取敌人的物资，供给自己。这是红军解决装备的基本方法。

（六）发行货币：发行货币开始是解决红军供给的辅助方法，后来它的作用和范围逐渐扩大起来。在鄂豫皖苏区，革命军事委员会财委会就设立了银行，发行少数纸票子。后来没收地主、军阀、官僚资本家的一些银子，就以手工按照国民党银元“大头”、“小头”的版样，自造银元。纸币只在苏区使用，银元除在白区使用外，在苏区的银行还要以银元兑回发行的纸币，以巩固纸币的信誉。在四川打开通江县后，缴获石印机两部，把石印机搬到离通江东北的苦草坝，印发纸币，通用全苏区。1933 年夏，军阀田颂尧向苏区进攻，苏区范围缩小，经济、财政非常困难，连印纸币的纸都没有，洋布也没有，便以土布找染坊漂白，将染布压平，使土布的表面光滑平整，能充当洋布，印成布票子，渡过了难关。从此以后，纸币就有布的和纸的两种，土布票子的面额为一、二、三、五串；洋布票子和纸票子的面额为一、二、三、四、五元。不久打败了田颂尧，打开新政坝，军阀邓锡侯在新政坝有个铜元厂，工人解散了，小机器大部分搬走了，只剩下笨重的大东西。我们召集原在该厂的工人开会，向他们说明政策，工人帮助我们把机器搬到通江县进行生产。这个工厂建立后，不仅能造铜元，还能造川版银元。随着经济的发展，西北革命军事委员会财委会及各县都建立了银行机构，当时银行的任务，主要是以自己制造的银元，铜元兑回发行出去的纸、布货币，并掌握金融政策，与敌人对苏区的经济封锁作斗争。这项工作对苏区的经济发展和保障红军的供给，起了很大作用。

（七）生产经营和税收：在鄂豫皖苏区和川陕苏区，都建立了税务局。城镇的基本税收有营业税、屠宰税等，由于生产水平较低，在财政来源中，还不占主要地位，粮食税收是财政的主要来源。

川陕时期的生产经营有两种性质：一种是生产自给，这只是长住在苏区的机关部队种点蔬菜，补助自己食用。另一种是组织合作社进行商业活动。这种合作社是在打开一个城镇后，没收地主、军阀、官僚资本家的商店（一般是杂货铺），改变成为苏维埃的合作社，继续经营，以补助经济来源之不足。因四川出药材，合作社除杂货外，药材经营有相当的发展。这时还组织了一种半自给性的商品生产，这就是生产食盐，由盐务合化总局和下属的五个分局负责经营，生产的食盐，除供给苏维埃工作人员和红军食用以外，剩余产品以商品出售，从而收回自己发行的货币，和换取布匹，扩大经济来源。

红四方面军过了两次草地。两次过草地的供给情况是：第一次过草地，因走得仓促，准备不够，由部队自行解决供给，但兵站部还是随先头部队行动，征购了一些粮食、羊毛和藏布供应部队。第二次过草地，就有了准备。由五个兵站部，分别到道孚、炉霍、甘孜一带，一面筹集给养，一面等待红二方面军。为了使筹集给养工作进行得更好，在兵站部下面还分设了一些小站，其中一个小站在党岭山。筹集的方法有这样几种：（1）收购：用银子收买粮食、羊毛、藏布和帐篷。（2）打反动的奴隶主的牛场，这种情况是很少的。（3）向喇嘛庙或土司衙门征购。就这样准备了一些酥油、糌粑、草鞋（有布的、麻的、牛皮的）、羊毛和帐篷。每人发给糌粑 20 斤左在；每人准备草鞋二至三双；羊毛要先捻成毛线，才能打毛衣、袜子、手套，或交藏民织成布，再发给部队；帐篷很粗笨，用牦牛驮着，最后连牦牛也杀了吃了。凡能找到野菜等代食品的地方，尽量不吃携带的糌粑，或煮野菜掺一点糌粑吃，吃过 20 多种野菜。

由于供给来源不固定，对部队的供给，基本上没有统一、固定的标准。没收敌人东西多时，就饱吃一顿。来源不足时，就减少供给量。在鄂豫皖第四次反“围剿”时，正是青黄不接的季节，只有吃稀饭度日。在苏区和红军大发展时期，虽搞过一些供给标准，但也不能经常保证按标准供给。

当时后勤保障其他方面的工作都比较简单。比如部队的运输力量，除前面谈到的骡马辎重队、肩挑运输队以外，还根据战争需要，动员群众组织肩挑队和担架队，抢救伤员，将缴获的物资运送后方，或者跟随红军到白区“打粮食”。运输工具只是一根扁担，两条绳，或者是两个箩筐、两个袋子，到以后才有部分牦牛和毛驴。

群众的动员工作，是由苏维埃协助进行的。参加运输的群众，也和部队一样，有一定的组织形式。人少时组成排、连，人多时组成营、团；由团长、政委、营长、教导员负责领导。各单位的负责人，由苏维埃介绍的党员担任，还要成立支部，过组织生活，以保证任务的完成。红军在每个连队派有一名政治工作人员，领导部队进行群众工作，宣传党的路线，掌握没收政策，维护部队群众纪律等。

选自中国人民解放军历史资料丛书编审委员会编:《后勤工作·回忆史料（1）》，解放军出版社1994年5月第1版，第39—45页。

程儒珍，1900 年生，湖北黄安（今红安）人。1927 年加入中国共产党，参加了黄麻起义。1929 年参加中国工农红军。红军长征时任红四方面军保卫局总务处会计科科长、红四方面军总部兵站部第一分部部长等。新中国成立后，曾任中南军区后勤部油料部部长、湖北省军区后勤部部长等职。1955 年被授予少将军衔。1963 年在武汉逝世。

长征中红四方面军的兵站工作

吴先恩

1935 年春，红四方面军退出战斗了四年的川陕根据地，强渡嘉陵江西进，准备到川西北与红一方面军会师，开始了长征。

6 月中旬，红四方面军的第三十军与红一方面军在懋功胜利会师，粉碎了蒋介石妄图阻止一、四方面军会师的恶毒计划。但是，由于张国焘的分裂活动，使四方面军在北起阿坝，南到天全，芦山，西到甘孜的川西北与西康东部一带，盘桓了一年半，几次翻过雪山，三次穿越草地，不仅使部队大量减员，遭受巨大损失，而且给后勤保障工作带来了极大的困难。后勤战线的广大干部战士，想方设法为部队筹集粮食和物资，克服重重困难运送伤病员，为主力红军（包括红一、二方面军）长征的胜利做出了贡献。许多同志为此献出了宝贵的生命。

（一）

1935 年 3 月，部队开始长征后，控制了嘉陵江与涪江之间的广大地区，继而向西——岷江地区进击。我作为方面军经理部军需处长兼前方办事处主任，一直随前线部队行动，负责筹集粮食和物资。四川素有“天府之国”之称。这一带又接近四川盆地的中心，气候宜人，物产丰富。部队边打边走，随地筹粮，基本沿用缴获、打土豪征集粮食的办法，部队的供应状况还是好的。

5 月上旬，部队先后撤出彰明、江油、青川、平武地区，向岷江地区西进。中旬，相继占领了松潘、汶川、理番县（今理县）、茂县（今茂汶羌族自治县）。此地是川北高原，是青藏高原的一部分，一般海拔 3000 米以上，空气稀薄。天气是时晴时雨，一会儿是大雨瓢泼，一会儿又是狂风冰雹，一天几变。这种恶劣气候，我走了那么多地方，还是第一次见到。

对于我们来说，地势、气候等困难还不是主要的。这一带是人烟罕至的大草原，又是以藏族为主的多民族杂居地区。当地居民除种少量青稞外，基本上过的是游牧生活。征集物资、粮食本来就有困难，再加上历代反动统治阶级推行大汉族主义，造成了很深的民族隔阂。少数民族，特别是他们的上层人物，对红军的到来存有戒心。为了在这里站稳脚跟，避免造成民族磨擦，方面军总部做出决定，一定要尊重少数民族的风俗习惯，特别是不得随意进入喇嘛寺。这项决定，对后勤部门的同志来说，无疑带来了更大的困难。藏族是政教合一的民族，寺庙是藏胞的圣地，不仅享有宗教大权，也是政治、经济和文化的中心。据我们了解的情况，寺庙除了屯集大量粮食外，还有为数不少的牛羊。不进喇嘛寺，到哪去搞那么多的粮食？

当时，整个方面军尚有正规部队五个军一个师，连同地方武装和随军行动的地方党政机关、学校及军工工厂职工在内，共约十万人，要管这么多人的吃穿，还要为一方面军的到来做准备，如何解决这一大难题，这成了我们的一块心病。

当部队行进距理番县城杂谷脑大约 50 多里的一个村庄时，方面军总政治部主任张琴秋来电，通知我去开会，研究部队的供给问题，记得除张琴秋外，还有方面军经理部部长郑义斋，第三十三军军长王维舟等。我们分析了形势，认为这里虽然偏僻，但物产还是富足的。对汉人地主的财物，我们当然还可继续采取没收的办法。但对少数民族的头人，特别是权力很大的寺庙也采取这种办法，势必使原来已很深的民族矛盾更加激化，从而使我们在这一带无法立足。张琴秋说，寺庙对藏胞有剥削压迫的一面，但长期受汉人反动统治阶级的欺侮，只要我们坚决贯彻执行党的民族政策，是完全可以争取他们中立乃至对我们支持的。因此，决定改变过去靠缴获、打土豪的方式，采用购买的办法来解决部队供应问题。我们建议总部设置一个兵站部，直属总部领导，统筹解决部队供应问题，并尽快派一个高级代表团去寺院谈判。

很快，总部下达了成立兵站部的命令，并任命我担任部长，张雨滴为政治委员。张也是湖北黄安人，当时已40多岁，在我们中间年龄算较大的。他从小就给地主当长工。参加红军后，一直在后勤战线工作。为了搞好兵站工作，他经常深入部队，征求意见，了解情况，勤勤恳恳，任劳任怨。由于积劳成疾，他后来在翻越党岭山时不幸牺牲了。兵站部的人员，以原来军需处和前方办事处的同志为主，并从部队调了一些同志组成。任务主要有三条：一是筹备粮食物资，二是转运伤员，三是管理枪支弹药。随着形势的发展，兵站部还先后在道孚、炉霍、甘孜等地设置了分部，开展工作，为部队筹集了大批物资。不久，成立了波巴依得瓦政府（藏族人民政府），邵式平任主席，何长工任粮食部长。这样，筹集粮食和物资的工作就由地方政府担负起来，兵站部就只有负责运送伤员和管理弹药这两项任务。

（二）

兵站部成立后，总部又批准了去喇嘛寺谈判的建议，指定张琴秋、王维舟和我为代表去完成这个任务。当地的头人把我们的愿望传达给杂谷脑喇嘛寺。寺院同意我们前往，但不准带部队和武器。经过简单的筹备，我们三人和通司（翻译）带着礼物，计500块银元，藏民最需要的棍子茶和盐巴各千余斤，去进行这次不平常的“朝圣”。

对于这次谈判能否成功，我是没有多大把握的，好在负责的是张琴秋、王维舟。别看张琴秋是个女同志，但很能干，也很有水平。她曾去苏联学习过，有一定的外交经验。王维舟年纪较大，我们都称他王老。他是四川人，对当地的民情风俗较了解。因此，我们商定，谈判以张琴秋为主，王维舟为辅，如果谈判顺利，则由我负责和对方交涉价格、付货方式、地点等具体事宜。

杂谷脑的喇嘛寺是个有相当规模的寺院，不仅是理县各地小寺院的中心，而且是邻近几个县较大的一个。我们来到寺院后，按照藏族习惯向喇嘛们献上了哈达和礼物，并参拜了只有六七岁的小活佛。他们对我们的接待也是很隆重的。经过一阵寒暄之后，开始了谈判。从交谈中可以听出，他们对部队到这一带后能够尊重他们的民族习惯还是满意的，对这种状态能否持久下去则有疑虑。张琴秋力陈我党、我军的民族政策和宗教政策。王维舟则以军事长官的名义向他们担保，如发生侵犯藏族利益和违反宗教规定的事件，请他们及时向我军报告，或由我们对肇事者进行严惩，或由他们按民族惯例进行惩处。并表示，对所需物资一律用银元结算，按商定的价格，一手交钱，一手交货，实行公平交易。诚恳的态度，终于打消了他们的顾虑，答应供应我们青稞、牛羊等物资。但是在数量的多少上，双方分歧很大。根据掌握的情况，他们的粮食、牛羊都是不少的，但答应卖给我们的数量却很少。我们想尽量多买些，以保障部队的需要，从上午到下午都谈不拢。后来我和张琴秋、王维舟商议，认为这次谈判主要是摸索经验，为今后开展工作打下基础，不宜搞僵。因此，我们主动作了些让步，他们也同意增加一些数量，达成了成交牦牛1000头、羊三万只、青稞麦和炒面45万斤的协议。同时，我们也答应供应藏民比较缺乏的茶叶、盐巴和日用品。

这次谈判的成功，其意义不仅在于搞到了一些物资，更主要的是取得了经验，找到了一条在少数民族地区解决供应问题的有效途径。总部立即转发了这次经验，通知各部队都用这种办法，以军、政、后首长组成代表团，和当地的寺院及藏族头面人物进行谈判，筹集物资，并将结果和搞到物资的数量报告兵站部。很快各部队都行动起来了。杂谷脑喇嘛寺也将我军尊重他们民族习惯和严守纪律的事实告知了其他寺院。因而谈判总的来说是顺利的，各部队都买到了不少物资，由于条件不同，有的部队所在地域比较富些，搞到的青稞和牛羊就多些，有的部队驻地比较贫瘠或谈判不顺利，搞到的东西就少些。对此，兵站部就要根据各部队人员情况进行调剂。虽然大家都知道粮食和物资关系到部队和每个人的生存，但都能顾全大局，对买到的物资如实上报，对调出物资也毫无意见。

但是,并不是每次谈判都取得成功。在上阿坝,有两个相邻的寨子，由于头人受了国民党特务的挑唆，不仅拒绝与我们谈判，而且多次对我军进行袭扰。奉总部命令，由我出面和他们再次进行谈判。为了预防不测，这次我带去了一个加强连。我们首先到了那个较小的寨子，进去后才发觉是一座空寨。我知道中了埋伏，立即命令撤退，可是已经来不及了，四面山上的牛角号响成了一片，子弹雨点般地打来，我们只好依托寨子进行抵抗。我看实在突不出去，就派几个同志趁黑夜摸出去报信。九军政委陈海松闻讯后，带了一个团，才把我们接了出去。这次不仅没有搞到粮食，还伤亡了十几个同志。

（三）

1935 年 6 月，红一、四方面军在懋功会师。会师之前，总部就号召全军指战员每人送给老大哥部队的战友一件礼物。我们设在杂谷脑的兵站除通知各部队的供给部门负责为将到达的一方面军部队准备物资外，自己也为此准备了20来万斤青稞、一万多头牛羊。战士们都积极行动起来，有的打草鞋，有的织毛袜、手套，还有的把随身携带的衣物拿出来，准备送给战友们。可惜由于地域广大，两个方面军的许多部队没能见面，所以，准备的东西没能全部交到他们的手中。

红一、四方面军会师后，中央军委根据两河口会议所确定的战略方针，于6月底拟定了《松潘战役计划》。后由于敌人兵力集中，凭垒固守，我军屡攻难克，决定放弃攻打松潘的部署，改为执行夏洮战役计划。于是红军不得不穿越自然条件极为恶劣的松潘水草地出甘陕。

松潘水草地，纵横数百里，是个神秘的地方，自古以来杳无人烟。草地上空阴森迷蒙，气候变幻莫测，地上遍布沼泽，茂密的草下尽是深不可测的沼泽，只有细细寻找才能找到可行之路，稍不留意就有“人陷不见头，马陷不见颔”之危。

在这次行动中，我带兵站部随左路军行动。兵站部一分部部长程儒珍带领部分同志随右路军行动。各部队都将已筹集的粮食和牛羊制成炒面和肉干，以备路上食用。

部队是8月15日和20日，分左、右两路军分别向阿坝和班佑地区挺进的。经过近一个星期的艰苦行军，右路军终于通过了被人称为绝境的草地。

1935年8月中旬，我们左路军在朱总司令的率领下也已到达阿坝，准备沿右路军的行军路线穿越水草地。

我正忙着为部队筹备过草地的物资，朱总司令派人把我找去。一见面，他就风趣地说：“要过水草地了，你这个管粮草的准备得怎样了？”我回答说：“粮食和肉干已按规定的数额分配给部队。根据工作性质不同，我们规定了每人每天的定量。”他又详细询问了是怎样规定的。我说：“战斗部队的战斗员和担架员最多，每人每天六两（旧制16两秤），伤员每人每天也是六两，机关干部和勤杂人员每人每天四两。”他听了点点头说：“干部嘛就要吃苦在前，享受在后。”他又问我：“这些够了吗？”

我说："每人每天还有不少牛羊肉做的肉干，估计问题不大。"谁知，听了这话，他脸上的笑容消失了，严肃地说："问题不大？看来你们还是蛮轻松的。估计可不行噢。同志，这块地方我到过，水草地跟我们脚下的草原可不同，到处是烂泥塘，气候变化无常，什么困难都可能遇到。你们要把困难想得多些，想些应急办法才行啊！"接着他拿出一个厚厚的本子说："我帮你一臂之力吧。"他掂着本子又说："这可是我保存了多年的宝贝，是个大粮库啊！"听了这话，我一时懵了。一个本子怎么会是粮库呢？打开一看，真是喜出望外，原来是各种各样的野菜标本。

听当地藏民同胞讲，水草地里有的地方水有毒，一些植物也有毒，搞不好就会丧命。总司令这个本子里，不仅有可吃野菜的标本，还有一些毒草的标本。这可真的解决了大问题。回到兵站部，我们将标本进行了复制，并通知每个师来一个人，进行了识别野菜的培训。培训的办法很简单，人员集中后，先对大家进行简单动员，把朱总司令在草地见到的情况向大家作了介绍，然后就到山上对照标本采集。回来后以 80% 的野菜加 20% 的青稞煮一大锅，每人吃一碗。这个地方几乎没有蔬菜，几个月来吃的多是酥油、糌粑、炒面和牛羊肉，所以大家尝了以后，有的说好吃，有的说味道不错。待做到每人都能确认后，就让他们将复制的标本和采集的鲜野菜带回去，照此办法逐级培训，要求务必做到全军每人都能正确识别。

这次培训对保障部队通过水草地起了作用，整天在泥水里行军，靠每人每天几两粮食，是根本不行的。每到休息时，大家就自动到周围去寻挖野菜。靠着这些野菜，挽救了不少同志的生命。以后，我们在这一带活动了一年，为了不与民争粮，有的部队就只好靠野菜度日，它的作用就更加显示出来了。

右路军穿过草地后，忍着饥饿和疲劳，在包座歼敌近 5000 人，缴获了大批武器弹药以及粮食、牛羊等。

正当右路军等待左路军前去会合时，张国焘无视党纪军纪，公然违抗中央命令，不仅令左路军按兵不动，并令右路军的四方面军南返。这样，红一方面军被迫单独北上，而四方面军所属部队不得不南返。程儒珍和兵站部的同志除将部分物资分发给部队外，又在部队的帮助下，克服重重困难，带着粮食和弹药，再次穿过水草地，返回阿坝。这些粮食和左路军在当地征购的部分粮食被集中到阿坝后，作为预防不测和突发事件的储备，由兵站部掌握起来。1936 年 7 月，红四方面军和红二方面军会合，战胜张国焘的分裂活动，决定继续北上后，这些东西又拿出来，一部分调剂给了红二方面军，一部分下发部队，保证了整个部队再次穿过水草地。

（四）

从 1935 年 5 月至 1936 年 7 月,部队在川康地区活动了一年多时间，忽而南下，忽而北上，分散在数百公里的高原上。当张国焘违抗中央命令，带着四方面军部队南下时，中央连电张国焘，再三指出："目前方针只有向北才是出路，向南则敌情、地形、居民、给养都对我极端不利，将使红军陷入空前未有之困难环境。"后来证明这个预见是非常正确的。川康地区地广人稀，农作物很少，数万部队在这一带停留，短期尚可，长期征战，不能不给部队的供给带来极大的困难。我们搞供给工作的同志尽管作了最大努力，仍然不能满足部队需要。刚到川西北时，还能购买到一些粮食和牛羊。随着时间的推移，不但这些越来越难搞到了，就连里野菜也越挖越少。在这种情况下，部队的衣食全靠兵站部包下来是不可能的。兵站部除掌握一定数量的机动物资外，日常工作主要是为部队调剂余缺，制定发放标准，推广经验。部队的日常供应，主要是靠各部队自己解决。

红军能够克服重重困难，是与领导的关怀和战士们的创造精神分不开的。

在这一段时间里，徐向前一直在前面活动。我和他见面不多，但他对兵站部的工作还是经常关心的。1936 年 7 月，大约是我们撤离甘孜后一次行军时，我们碰到了一起。他问我:“怎么样，困难不少吧？”我如实地回答:“主要是伤员太多，吃的不好搞。”他感慨地说:“是呀，部队损失不小啊,又遇到这么个鬼地方,你身上的担子不轻啊！”当时，我对张国焘进行分裂活动情况还不甚了解。现在回想起来，他对张国焘不执行中央北上方针的做法是非常不满的。他说 :“有什么困难，可以找部队，我已和他们都打了招呼，也可直接请示朱总司令，他会帮助你的。”

川康一带地处高原，气候本来就恶劣，如果在雪山、草地，气候对每个人的影响就更大。战士们衣单鞋缺，有的走着走着就栽倒了，许多同志再也没有醒过来，长眠在这块土地上。后来，我们慢慢地取得了一些经验，多准备些辣椒、胡椒，遇到这种情况，都喝点辣椒水，抵御寒气，或在鼻子里撒点胡椒面，打个喷嚏，清醒一下。不要小看这些土办法，还真派上了大用场，救了不少人的命。

吃，是我们行军中的第一个大难题；穿，则是第二个大难题。在这方面，战士们发挥了极大的创造性。经过行军、打仗，战士们退出川陕根据地时带的衣服已基本穿烂，鞋子也已磨穿，靠着草鞋虽然能够走路，但却无法抵御高原的寒冷。我们从藏族同胞那里买了不少毡子发到部队，战士们就用牛羊皮板包起来，做成“鞋子”，总算解决了“鞋”的问题。至于穿，我们曾设想买一部分氆氇（藏民织的一种土布），但搞到的很少。这里不出产棉花，但盛产羊毛，由于交通闭塞，许多藏民家里和喇嘛寺都有不少存货。我们买来后，发动战士自己加工。买来的羊毛较硬，当时又没有加工工具，战士们便把羊毛摊在地上，用红柳条抽打软了以后纺成毛绳（由于加工粗糙，只能说它是绳，而不能称之为线），再织成毛衣、毛裤、毛袜和毛手套。有些战士更是别出心裁，他们把牛羊皮剪成两块板，搞些羊毛厚厚地铺一层，再用柳条或羊毛绳固定，胸前一块，后背一块，就成了一件御寒的背心。时间一长，“鞋子”磨穿了，背心穿破了。就这些破烂，战士们也舍不得扔掉，细心地保存起来。后来过草地断粮时，才拿出来把它煮烂，成了救命粮。

1936 年 7 月初，红二方面军排除千难万险，到达了甘孜地区。在此之前，兵站部设在炉霍、道孚的分部，已为他们筹集了不少粮食、牛羊和食盐。各部队也准备了一些物资。当他们到达驻地后，房子已打扫干净，开水也已烧好，一批批由战士亲手制成的毛衣、毛袜等慰问品，一件件送到战友手中，充分显示了兄弟部队的亲密团结。

会合后的二、四方面军分三路联合北上。我们左纵队由朱总司令率领，从甘孜等地出发，经东谷、西青寺、阿坝准备穿越水草地向包座、班佑前进。到达阿坝后，我们正在为过草地紧张地作准备工作时，朱总司令又一次把我找去，听取关于兵站工作和伤员安置情况的汇报。经过一年的辗转作战，特别是天全、芦山战役后，部队减员很大。除每个军、师、团都组织了担架队外，我们兵站部还担负着运送 600 名伤病员的任务。他问我用多少副担架和牲口运送这些伤病员，我回答说只有 100 多副担架。他听了摇摇头问我：“你们还有多少牲口？”我说：“有 200 多匹，但都驮着枪支弹药。”他听到这里时，说：“把枪统统毁掉，都用来驮伤员。”看到我面有难色，他关切地问：“有困难吗？”我告诉他：“在四方面军，毁枪是要受处分的。”他说：“现在情况变了，人是最宝贵的，要人不要枪。要是处分你，你就说我决定的。”他看到牲口还不够用，马上给各部队打电话，下令抽调牲口，他还从为自己驮文件的牲口中抽出一匹马给了我们。第二天部队出发前，他还派了两个参谋，检查落实情况，在朱总司令直接关怀和带领下，各部队有两匹牲口的领导都抽出一匹，有些年轻力壮的领导还轮流骑一匹，把马让给了伤员。靠着部队的支援，我们才得以将伤病员妥善安置，该坐担架的坐担架，能骑牲口的就骑牲口，为顺利通过水草地奠定了基础。

在红四方面军转战川康的艰苦岁月里，红军战士的阶级友爱，各级后勤保障人员吃苦在前，享受在后的自我牺牲精神，是增强团结，战胜敌人，克服困难，做好各项后勤保障工作的力量源泉，弥补了物质条件的缺乏和我们兵站工作的不足。过草地的时候，为了保持体力，我们规定五里一小休息，十里一大休息。每天出发前，要派出一个由干部、战士和炊事员组成的前站组，负责探路。他们一路作出路标，部队就沿着他们作出的记号，踩着前面的脚印，摸索着前进。打前站的同志很辛苦，在路上要找块较干的坡地，支好锅，挖些野菜，放点盐煮一锅，等部队到来。当部队吃饱了，喝好了，还在休息时，前站组的同志又背起锅出发了。

在这种艰苦环境条件下，革命队伍中那种特有的战友间的深厚阶级感情和友爱精神，就越发显出它的光彩。有人病倒了，大家主动搀扶，或用担架抬。记得有个战士，走着走着就晕倒了。等他醒来时，发现自己躺在担架上，抬他的竟是自己的营长。这位战上再也躺不住了，翻身下了担架，恭恭敬敬地给营长敬了个礼，就赶部队去了。我在过草地时得急性痢疾，又吐又泻，烧得糊里糊涂的。多亏了陈明池、吴维继等几个同志，硬是用担架抬着我走出了草地。无论是翻雪山还是过草地，单人行走都很困难，而担架员们却要抬着 100 多斤重的战友，一步一步地艰难跋涉。每次休息和宿营，他们还要照顾伤病员吃喝，付出的辛苦比常人要多得多。一些同志由于饥饿和过度疲劳，抬着抬着就倒下了，有的同志就再也没有苏醒过来。

看着担架员这样辛苦，伤病员也表现了很高的精神境界。在过草地时，一天早晨，部队正要出发，突然一位同志向我报告，说伤病员都不肯上担架了。我不知是怎么回事，立即赶到现场，看到担架员连说带拉要伤病要上担架，而伤病员却挣扎着死活不肯，双方正争得不可开交，看到我来了，一位伤病员代表对我说："首长，不能再拖累同志们了。我们都商量好了，给我们留下点武器，如果找到人家，我们就在这一带打游击。如果找不到人家，甩掉我们这些包袱，给同志们减轻点负担，也算是为革命尽了最后一点力。”听了这话，我鼻子一酸，泪水直在眼圈里打转。我们怎么能把他们丢下呢？我强忍着泪进行了说服工作，但无济于事。

我一看软的不行，就只好来硬的，命令他们上担架。这时，伤员们提出了一条要求，允许他们每天把自己的口粮分给担架员一些，否则就违抗命令也不上担架。望着这些可爱的战友，我只好答应了他们的要求，平息了这场“风波”。

1936 年 8 月初，我们克服了重重困难，终于胜利地穿过了水草地，到达了包座，进而继续挥师向甘南地区北进。又经过两个多月的征战，于 10 月在甘南会宁地区和一方面军胜利会师。这次是他们迎接我们了。为了我们的到来，一方面军的战友们准备了大批慰问品，送来了毛衣、毛袜等日用品，还有大批肉和蔬菜。看着这些丰盛的物资，我这个管了多年物资的老后勤眼睛也湿润了。为了这一天，我们经历了多少曲折，克服了多少艰难困苦，又有多少同志倒下了。但是，我们毕竟胜利了。铁的事实说明，无论是敌人的围追堵截，无论是恶劣的自然环境，还是张国焘的分裂活动，都不能阻挠我们前进的步伐。中国共产党领导下的工农红军是不可战胜的！

1987 年 4 月

选自中国人民解放军历史资料丛书编审委员会编：《后勤工作·回忆史料（1）》，解放军出版社1994年5月第1版，第423—432页。

红四方面军医疗卫生的组织演变及其工作发展

陈积德

红四方面军的医疗卫生员工作，是在革命战争极其艰难的环境里，随着革命形势的发展，从无到有，从小到大，经历较长时期的建设发展，而日趋正规与完善。我长期在红四方面军做卫生工作，经与许多老同志交换意见，对这项工作的历史作以下回顾。

一、鄂豫皖苏区时期的医疗卫生工作

自 1927 年 11 月起，鄂豫皖地区党组织，根据中共中央八七会议的精神，领导暴动，先应在鄂东黄麻地区、豫南商城、皖西六安发展革命武装，1930 年分别编为红十一军三个师。

1929 年 5 月间，红十一军三十一师在黄安刘家园(今红安县七里乡)组建了鄂豫皖苏区第一个红色医院。这个医院只有林之翰和戴淑先两位医生。戴淑先是中医，林之翰在国民党部队里在实践中学的西医。看护员是从农村动员来的四个年轻姑娘，她们边学习，边帮助诊治护理伤病员、制作绷带材料和上山采集草药。伤病员来了，没有病房，只能分散住在当地群众家里。药品器材，除由组织上设法由国民党统治区采购部分外，大部分是自采草药解决。就这样，医院不仅完成了部队伤员的诊治和生活照顾，还给根据地广大群众治病。

随着红军和根据地的发展，医院初步充实扩大。1930 年初，苏井观担任刘家园总医院院长，增加了三名西医，建立了较正规的手术室，四位看护员已成长为司药或看护长，陆续培养了 20 余名看护员。这个医院在组织上、设备上和管理制度上都逐步健全，给鄂豫皖根据地红军卫勤组织与卫生工作的发展奠定了良好的基础。

这期间，红十一军三十二师也在斑竹园附近的界板冲（今安徽金寨县）组建了红军医院，石新任院长。1930 年 4 月间，红十一军奉中共中央指示整编为红一军。1931 年 1 月中旬，红一军转战到豫南商城长竹园，与鄂东红十五军会师，合编为红四军。由于红军和地方武装游击队的发展壮大，战线不断延长，伤病员也逐渐增多，原有医院很难满足需要。于是，红四军在原有医院基础上，加强组建了皖西总医院和鄂东总医院，师、团也建立医院和医务所等卫勤组织，地方的重点地区也建立了为群众服务的医疗机构。

1931 年 11 月，鄂豫皖红军扩编为红四方面军。皖西总医院改编为总指挥部医院（亦称前方总医院），院长苏井观，政委曹达成，我任医务主任；鄂东总医院迁往黄安箭厂河（今属河南省新县），扩编为军委后方总医院，院长孟汎然、政委胡明政、副院长邵达夫。总指挥部医院直接指挥各师医院，红十师医务主任周吉安，红十一师医务主任王子元，红十二师医务主任刘凤元，红十三师医务主任胡子杰。各团设有前方团医院，营有医务所，连有卫生员。此后，后方总医院陆续在鄂豫边的新集、八里湾、七里坪（以上在今河南新县）、大塘湾（今红安县）、麻城白凤嘴、卢家山，皖西的麻埠、金家寨地区成立了八个分院。第一分院医务主任曹学珍，第二分院医务主任刘洪生，第三分院医务主任吴子南，第四分院医务主任杨翰，第五分院医务主任林之翰，第六分院医务主任邝都成，第七分院医务主任张克彬，皖西北军委分院院长陈少华，后来又在麻埠成立了中医院和中医训练班，每个分院和部队医院都有中西医三四名，看护员六七人，设有简单的手术室、药房和内外科病房，药品器材多数采用当地中药和土制外科医用器械材料，只有总医院有少量外科常用西药和手术器械。

1932 年 10 月初，第四次反“围剿”战斗失败，红四方面军退出鄂豫皖苏区，转移到外线作战。后方总医院将不能随军行动的千余名重伤员留在根据地内，分批安置在大别山区较安全隐蔽的地区，由副院长邵达夫负责组织治疗，并配合留下来的主力红七十五师（后扩编为红二十五军）和黄安独立师等地方部队牵制打击敌人。后方总医院一部分医护人员和 400 余名随军治疗的伤员，由孟汎然院长带领随主力部队行动。转移途中，进到陕西枣阳新集附近与敌激战，孟汎然动摇潜逃，上级决定后方总医院并入总指挥部医院。

二、川陕边时期的卫勤工作

红四方面军总指挥部医院和后方总医院合并后，经过整编，由我和曹达成政委带领医院人员和 300 名较轻的伤病员继续随军，冲破敌人围堵封锁，部队沿鄂西北、豫西南地区与阻击敌人边战边走，迂回经秦岭进入陕南，涉汉水袭入汉中。部队长途征战，供给补充困难，亟需寻找一处落脚点进行休整。经侦察得知川北敌军防守薄弱，地形险要，群众条件对我有利，且四川军阀在川西混战正酣，无暇北顾。红四方面军遂于 1932 年 12 月中旬乘虚越巴山入川。敌守军不堪一击，红军一气占领了通（江）、南（江）、巴（中）三个县城和广大乡镇，随即着手创立川陕革命根据地。

1932 年 2 月和 6 月，成立川陕省临时革命委员会和西北革命军事委员会（以下简称西北军委），总指挥部医院奉命在通江县城北泥溪场改编为红四方面军总医院。红四方面军设卫生部，总医院既是医院，又是卫生部性质的单位，我和曹政委负责组织领导全军师团卫勤工作事宜。1933 年 2 月间，苏井现和曹述成带领医护人员和担架队事务管理人员等 40 人，在巴中的恩阳河地区建立野战医院，苏井观为院长，曹达成为政委，就近接受前方后送的伤病员的治疗和指挥各师医院的工作。总医院为了缩短后送伤病员的距离和解决病房设在村内过于分散等问题，决定迁往通江县城附近的毛裕镇，原来未愈的伤病员大部留在原地，成立一个分院继续治疗，陈永寿（陈益）为医务主任。总医院设在毛裕镇一座大庙院和几栋没收豪绅地主的楼房内，病房、诊疗室和生活用具设备得到改善。这样伤病员得到了较集中舒适的休养场所，减少了医护人员在村庄病房之间奔波，克服了医院工作中的忙乱。

红军的威力震撼了四川军阀的封建割据统治，川西的军阀混战暂时罢手，并企图全力向革命根据地大举反扑。这时我军正在休整，部队经过四个多月不停歇的转战，缺乏粮食供给，指战员中发生消化系机能障碍和呼吸器官疾病，以及流行性传染疾病日益增多。毛裕镇街内和镇外新设的七栋病房都陆续住满了伤病员，达 1400 余人。医院全体人员都投入病房，除诊治工作，一切事务性的工作，如筹备铺盖、打水、担饭、帮病人洗手脚、擦澡、喂饭、煎药等，只要能做的事就动手干，人人都忙得不亦乐乎。县委和政府自动组织干部与洗衣队，帮助伤病员补洗衣服，仍然感到人少事多忙不过来。方面军领导对医院建设极为重视，派红十二师政委甘元谨来院担任政委，张雨滴担任总务处长负责医院财经和供给工作；总政治部由巴州聘请名医梁作舟、梁卓然父子和杨冠英、陈殿之等七八名经验丰富的中医师来院工作。各级政府协助动员 50 多名男女少先队员来院参加看护工作，机关和群众团体也自动组织慰问队，敲锣打鼓抬着猪和各种食品、生活用品来慰问伤病员。在各方大力支持下，经过积极治疗，不到一个月时间，绝大多数伤病员陆续痊愈出院归队。

1933年3月间，为了适应反敌人围攻作战的需要，总医院迁返泥溪场,新院移到分场坝。这时因医院出现反动言论事、甘元谨政委被捕，上级调省委周光坦来院担任院长，红七十三师政治部主任张琴秋来院成立政治部并任主任，我仍任医务部主任。在医务部内由杨冠卿、丁世方负责成立中医部，我兼管西医部。医院由党政领导和伤病员休养营营长组成医院管理委员，负责研究解决医院较重大的问题。在集体领导的基础上，实行了较细的分工：周光坦负责全面领导；张琴秋负责伤病员和工作人员的思想教育；我负责医务行政和业务工作；张雨滴负责全院财经、粮秣、被服等供给工作；丁世方在中医部边学习边负责组织工作；苏井观因病回总院休养，痊愈后留院，成立医务学校，苏任校长兼西医部业务领导;红色医生汪新义和詹看护长负责护连（营？）的业务领导;看护员的行政生活管理，由留院工作的一位伤残营长负责。伤病员生活管理按病房地区编为班、排、连，各班、排、连长由他们推选轻伤员担任。政治部在医院俱乐部组织了文娱委员会和宣传队，到病房唱歌、表演文娱节目，给伤病员选读报纸，宣讲前线战斗消息和革命胜利形势，做思想政治工作，搞得生动活泼，很受伤病员欢迎。

总医院迁返泥溪场不久,各线敌军开始向我根据地进攻。4月中旬，前方战斗陆续多起来，不到两个月时间，陆续收到各师医院转来较重的伤员1500余名,仅5月底到6月初的一周内,就接收了伤员900余人（其中2/3以上的伤员是敌军官兵），医院附近的十几个村庄较大的房院都往满了我方和敌军遗弃的伤员。那时，我们医院有中西医生共14名，护士30多名，人少任务重。医务部决定将部分病员，由中医部八位中医带着十多名红色中医生进修班学员,负责诊治,西医部的六个医生（连我在内）带领治疗护士，不分昼夜地抬者消毒敷料、药械、消毒锅等，分头到各自分工的村庄，逐个给伤员换药，做扩创、取异物与腐骨等手术（较大手术则集中到院部手术室进行），和安置伤员住处等。大家忙得经常没有时间吃饭，就是累得发昏也不放下手中的工作。所有工作人员随着伤病员的猛增，都十分繁忙，有的忙于准备病房安置伤病员；有的筹备供应生活必需的物资；有的请地方政府派群众武装协助布哨，严防暗藏敌特破坏和监视被俘伤兵，保护伤病员的安全；宣传队也到病房参加护理伤病员，边工作边进行政策宣传和表演节目。此外，敷料室和炊事班的同志，也为准备大量消耗的消毒敷料和2000多人每日三餐饭菜的供应，忙得不可开交。总而言之，医院的工作人员在党的教育下阶级觉悟和工作热情都很高，无论环境多么艰苦，都埋头苦干，勤勤恳恳地为伤病员服务。

在这期间，周光坦院长在医院管理委员会议上，传达了西北军委关下“当前形势与后方部队再行后迁准备的部署”报告，西北军委指示总医院要提高治疗效率，缩短疗程，准备在“反攻战略”必需时，拟后迁曲江洞。医务部立即召开部务会议，根据上级部署研讨具体措施，实行“划休养区（三四个村庄）分病房”，医护人员分片分组负责治疗的办法，要求尽快治好伤病员，保证不出任何差错，使伤病员好得快，出院归队快。于是突击开始了，一共划分三个伤员休养区，每区一个医护组，出两名医生与十人的看护班组成。每区有400名左右的伤员，每个看护负责40名左右的伤员的治疗和指导卫生员的日常护理工作。各组在当时的技术和物质基础上，想了许多积极措施，组与组之间虽然没有公开提出什么竞赛，大家却有一股竞赛的劲头，每个同志无不时刻惦记着他负责的伤员伤口好转情况。经过努力，实现了在最短时间内重伤员显著好转，轻伤员提前出院归队。

1933年6月中旬，红四方面军粉碎了田颂尧等封建军阀的“三路围攻”。西北军委在7月间，以原来四个师扩编为红四军、三十军、九军、三十一军。我任红四军医务主任，王子元任红三十军医务主任，刘凤元任红九军医务主任，胡子杰任红三十一军医务主任。总医院为使各级医疗机构适应部队发展的需要，将原来的师医院扩编为军医院，原来各团的医务所扩编为各新编师的医院；原来各营的卫生长或医务室，经过扩充，建成35个（红三十一军缺一个团）团医务所。这时摆在我们面前的一个艰苦任务，是要解决卫生干部和药品器材的补充问题。我们除抽调部分干部充实各级医疗机构的领导外，由各级医院协同各级政治部、处，分头在驻地聘请了100余名中医，充实各级医疗机构（军医院二至四名；师医院五至六名，有的多到八名；团医务所一至二名）。另外由部队和政府选送了100多名男女青少年，到总医院的卫生学校（苏井观任校长）学习；各军、师医院也相继成立了看护训练班，使红四方面军的卫生队伍迅速壮大。在药品器材补充方面，除中药和少数普通外用药械由苏区城镇没收和征购外，西药与器材多是从战役中缴获和派人化装到白区购买（后来是利用商贩偷运）等办法，以解决部分必需品。红军进仪（陇）宣（汉）达（县）后,有些医院开始自制一些酊剂（阿片酊、复方樟脑酊、远志酊、陈皮酊、复方豆蔻酊，碘酊等），大黄浸剂、大黄末、碳酸镁等制剂。敷料除手术用材料，都用土布，普通棉花脱脂消毒，供换绷带用。大小换药镊子、脓盘、消毒碗、受水器，用废旧钢轨、铜器、铜钱打造，探针与耳鼻镜等则用银质首饰等原材料打造，利用竹木自制压舌板、副木，以旧煤油桶、铁皮解决了部分消毒盘、冲洗吊桶、污物箱等用具。

1933年8月间,第二次工农兵代表大会以后,总医院搬家到鹦哥嘴。营山、渠县战役胜利后，又迁到沙溪区王坪。这时又增设五个分院，红四军政治部主任徐立清来院任政委。陈水寿任第一、第三分院医务主任，秦子珍（秦光远）任第三分院医务主任，陈银山（陈浩平）任第四、第五分院医务主任。此时，政府机关开始重点建立一些专为机关团体和群众服务的医疗卫生机构，把通江县财经委员会的医务所和一个私营的中西医药小药房合组成立了川陕省苏维埃政府的工农兵医院。而部队各级医疗机构，仍义不容辞地积极满足驻地附近机关团体和群众就医问题。

10月间，王维舟等领导的川东游击军，在配合主力红军攻占宣汉、达县战役中，在南坝场改编为红三十三军。我们在其原有的医疗组织基础上，抽调了一批技术人员补充该军，从总医院调肖邦宁任该军医务主任，成立了一个军医院、三个师医院，九个团医务所。

红军击溃敌刘存厚、杨森部，占领了宣汉、达县、万源、城口、营山、渠县，仪陇、广元、苍溪、阆中、昭化（今并入广元）等15个县城与大部地区，卫生队伍和药品器材等物资得到不少补充。11月间，以刘湘为首的四川军阀组织了四倍于我的兵力，对川陕苏区进行“六路围攻”。红四方面军英勇奋战，经历了十多个月的反围攻作战，终于在1934年9月中旬粉碎了敌军围攻，收复了广大根据地。在历次战役中，全体卫生人员出生入死，在战场上抢救伤病员，有力地配合了作战，取得了战争的胜利。

三、长征和西路军的卫勤工作

1934年冬初，红四方面军主力给陕南守敌歼灭性的打击后，回师扫除嘉陵江两岸守敌。1935年3月，张国焘擅自决定放弃川陕苏区，命红四方面军渡江西进。6月间，红四方面军主力一部占领理番、懋功后，先头部队与红一方面军胜利会师。两大主力会师以后，红四方面军总医院与中革军委总卫生部合并，贺诚任部长，周光坦任政委，红四方面军的各军、师的医院相继改编为各军、师卫生部，红四军卫生部长游德顺，红九军卫生部长单承猛，红三十军卫生部长徐基兴，红三十一军卫生部长熊又刚，红三十二军卫生部长吴清培（后张汝光），红三十三军卫生部长肖邦宁，各团的医务所改编为团卫生队。从此红四方面军的卫生行政与医疗业务相结合的形式，改变为行政领导与医疗业务逐步走上分工负责的方式。

1935年8月间，红一、四方面军爬雪山过草地，在巴西、松潘地区，将阻截红军北上抗日的敌军及其援军彻底击溃。这时，张国焘反对党中央北上抗日的方针，进军阿坝后，不顾朱总司令等的劝告，于 9 月中旬，擅自带领原红四方面军的部队与红一方面军的一部和直属队，复经草地南下，并蒙蔽广大指战员，组织成立伪中央。南下部队到懋功与阻击敌军遭遇，又开始激烈的战斗，在攻克宝兴、血战百丈关后，进占天全、芦山、名山、荥经等县的广大地区，暂时与敌转入对峙状态。11 月间，建立了四川省委与省政府，在当地群众帮助下，伤病员的病房逐渐得到集中，药品器材得到一些补充。这时苏井观任卫生部长，徐立清任政委，成立了五个后方医院。但是不久，红军又处于优势的敌人围攻之中，连续进行了几个月艰苦卓绝的战斗，部队损失很大，没有喘息休整的机会。

1936 年春，红军被迫放弃天、芦地区，再行北上。我们把不能随军行动的许多重伤病员，妥善地安置在群众家里。3 月间，部队到丹巴，斜向西北翻越党岭山（大雪山），第三次过草地。这时伤病员同大部队一样，在水草地艰难地行进，我们有十多匹牲口、十来个药箱，总是先走后到宿营地。每到宿营地，医护人员忙着找高地安置伤病员，医生忙着查看伤病员；看护给伤病员换药、找水和干粮。每天换下来的绷带都利用途中大休息时洗，然后行军时搭在背上吹干备用。我带着一个排武装作总收容队，总是在别人准备离开宿营地时到达，只能休息一会儿，吃点干粮又去赶大部队。在过草地后期，药品器械都消耗完了，只剩医护人员随身带的一点药械。我们搜集了仅有的几件旧床单、衣服和旧衣絮，煮一下代替敷料，粗制奶油代药膏，最后只能用喇嘛经的草纸片和阔叶、野菜叶子来给伤病员盖伤口。

6 月间，红二、四方面军会合后，张国焘被迫取消伪中央，在甘孜以朱总司令、任弼时等为核心成立了西北局。8 月，红二、四方面军到达甘南，击溃沿路阻击的敌人，于 10 月间与红一方面军在会宁地区胜利会师。

1936 年 10 月 27 日，红四方面军大部直属队和红三十军、九军、五军在甘肃靖远县渡过黄河。过了黄河的部队组成西路军，卫生部长苏井观，政委徐立清，医务主任杨锡光，医院院长丁世方。红三十军卫生部长宋杰，红九军卫生部长单承猛，红五军卫生部长陈春甫，我在红三十军任医务主任。陈昌浩总政委在全军前讲话，说是中央的命令，要扫除障碍，创立甘、青、新根据地，完成打通国际路线的光荣任务。11月中旬，西路军一气占领了古浪、永昌、山丹、临泽、高台等县广大地区，震撼了甘、青马鸿逵的封建老巢。西安事变后，马鸿逵组织了甘、青“五马”反动武装50个团，其中骑兵占1/3，向我各个据点进行疯狂进攻。从12月底起，不到四个月时间，进行了大小数十次战斗，残酷的大血战达五次之多，红军弹尽援绝，被敌人各个击破，损失惨重。这段时间内，卫生工作也最为紧张艰苦，医护人员少，任务紧迫，往往我们正在病房为伤病员治疗换药，那边战斗号角又响了，只得留下一两个医生照料伤病员，其他人员都背上绷带材料奔向战场进行急救。妇女独立团都分散到各军帮助卫勤人员救护、转运伤员，第一营吴朝祥营长带着一二百矫健的女同志到红三十军卫生部来工作，只要枪声一响，她们就和医护人员一起奋不顾身在枪林弹雨中抢救和转运伤员，有时担架不够用或地形不适用担架时，她们背起伤员就走。在同敌人迂回作战或转移阵地时，因伤病员多数不能走，她们两人一副担架，肩膀压肿了也不肯休息。转移时多是夜行军，不准点火把，一遇下雨，路面泥泞，更增加她们的劳累和艰辛，她们那种不畏艰难，奋不顾身地完成异常艰苦任务的精神，令人难以忘怀。在艰苦的战斗中，我们只得到少量缴获的药品，开始以土布土棉花等代用品为交换绷带的材料，到最后我们成了空袋子的白衣战士了。

1937年4月，我们退进祁连山的800多指战员，在李先念率领下突围到新疆。党中央代表陈云和滕代远带着车队到甘肃和新疆交界的星星峡迎接我们，这时卫生人员只剩苏井观、杨锡光，肖邦宁和我等十多个人，我们随身携带的仅剩六把换药镊子。西路军在极端困难条件下，同优势敌人浴血奋战，创造了许多可歌可泣的英雄事迹，他们为革命英勇献身的精神，永为革命后人所敬仰。

回顾红四方面军的卫勤组织，从小到大的成长历史。它的组织形式和工作方法，一开始就以卫生行政和医疗业务相结合的医院形式出现，从当时的技术干部及物质条件来看，那种医院的组织形式和工作方法，是较适合当时部队和根据地客观需要的。从团医务所到各级医院，一直既有西医又有中医，既有西药房又有中药房，这种中西医药相结合的治疗办法，既适应当时群众就医的信任和习惯，也解决了临床上药材供应的困难，更说明当今“中西结合”和“土洋结合”发展人民卫生事业的方针是行之有效的。

1990 年 1 月

选自中国人民解放军历史资料丛书编审委员会编：《后勤工作·回忆史料（1）》，解放军出版社1994年5月第1版，第583—591页。

隰积德，1905 年生，河北易县人。1927 年参加北伐战争，1932 年参加中国工农红军，1937 年加入中国共产党。红军长征时任红四方面军第四军医务主任。新中国成立后，曾任国家邮电部邮电医院院长，卫生部卫生工作处处长，林业部卫生处处长，中国药品生物制品检定所副所长、顾问等职。1996 年在北京逝世。

红四方面军总医院的片断回忆

徐立清

1934年5月，我调到红四方面军总医院任政治部主任，时间虽然不到一年，但在那极端艰苦困难的日子里，整个医院人员团结一致，千方百计救死扶伤的忘我精神，一心一意为伤病员着想的战友情、同志爱，使我永远难以忘怀。

（一）

红四方面军进入川北后，建立了以通、南、巴为中心的川陕革命根据地，部队迅速发展壮大，由原来的四个师扩编为四个军。

为了适应红军建设和斗争的需要，在原有基础上，建立了由四方面军总部直接领导的总医院。四方面军总部没有设卫生部，总医院除了直接领导七个分院外，还要担负总部卫生部的工作，对各军卫生工作进行业务领导。我到总医院工作的时候，医院的建设已具有相当的规模，各方面工作已有一定基础，全院工作人员和伤病员共有一万多人。院部当时设在通江王坪，除设有医务处、总务处、政治部和伤病员连外，还专门编有洗衣队、担架队、运输队、生产队、挖药队等。为了防止敌人的袭击和骚扰，医院有专门的警卫部队，以保卫医院和伤病员的安全。

在频繁的战斗环境下，部队流动性、变化性很大，往往伤病员治愈后，原来的部队或者已经整编，或者已经转移。所以，病好伤愈的同志，一般不回原部队，由医院另行分配工作。

办医院首先是要有医疗卫生人员，伤病员增多，医院扩大，而医务人员的奇缺，是当时医院建设中最突出的问题。

根据四方面军总部指示，医院办起了卫生学校，自己培养医疗卫生人员。同时，各军也开办短期卫生人员训练班，解决各部队医务人员的不足。卫生学校和卫生人员训练班，以学西医为主，同时也学中医，边学习边到医院实习，参加实际工作。这是当时培养医务人员的主要办法，为红军和根据地培养了大量医疗卫生人员。西医人员的另一个来源是俘虏敌军的医官，实行宽大录用。记得当时俘虏政策就规定了一条，凡是俘虏的医官，一个也不准杀。有的敌军医官被俘后，感到红军生活艰苦，偷偷逃跑了，我们把他找回来照常使用。中医医生的主要来源是就地雇请。当时虽然红军经济匮乏，但只要打听到哪里有名中医，就拿出高价把他雇请来，有的竟高达每月几十块银元。有个老中医叫杨成元，医术高明，曾当过伪团总，红军解放通江后，他怕群众起来杀他，躲在深山老林的山洞里不敢出来。我军听到他的一个徒弟介绍，说杨成元的医术好，医院就叫他徒弟去动员杨，说：只要杨好好给红军看病，我们保证他的生命安全。经他徒弟一动员，杨成元果真下山到了总医院工作。我们不仅没有杀他，而且热情相待，给予重用，杨成元深受感动，拿出他祖传的秘方精心给伤病员治病，治好了不少重危的伤病员。杨老中医在同红军的朝夕相处中，也逐渐了解了红军，认识了红军，和红军建立了患难与共的感情。红军撤离川陕根据地时、杨成元说什么也要跟红军一道走。长征途中，生活更加艰苦，杨老中医年纪大体弱，毕竟经不住折磨，结果光荣地牺牲在长征途中。

药品和医疗器材的缺乏，是总医院工作中的又一个突出问题。不仅没有现在这样现代化的设备和多种多样的药品，就连一般的红汞、碘酒也是稀有的。医院所有的同志特别是搞药物供应的同志，无时无刻不在为寻找、制作药品器材而操心。

川北通、南、巴一带交通闭塞，加上敌人的“围剿”、封锁，是很难搞到药物的，有时缴获敌人一些药品，那简直是如获至宝。记得攻下达县后，缴获敌人较多的药物。药房的同志一直精心把这些胜利品保存起来，作为抢救重危伤病员的急救之用。总医院和各分院都建立有专门的挖药队，每天背着背篓到山野里挖掘，采集中药，并负责挑选、洗净、晒干、炮制。用废旧铁皮和竹子做消毒盘、镊子，用竹席、门板做担架等。想尽各种办法，克服药品器材的不足。食盐是当时的主要消毒剂。刘湘组织“六路围攻”的时候，食盐供应异常缺乏，工作人员近两个月没有盐吃、把食盐节省下来保证伤病员治疗用。

（二）

当时，红军的医疗设备和药品不足，医疗技术也比较落后。在这极端困难的条件下，却治好了好多奇特的疾病，使很多伤情很重的创伤得到了痊愈。这里，很重要的一条，就是全体医务人员饱含深厚的革命同情心精心治疗和热情护理。那时，几乎天天都在打仗，随时都有从前线送下来的伤病员，必须随到随收；遇有重伤员，还要立即组织抢救。有时，部队的同志跑来报告，什么地方有一批伤病没有担架送，担架队的同志必须马上出发，赶去抬回伤员，不管白天夜晚，刮风下雨，总是随叫随到。这里虽没有同敌人面对面地流血激战，但同志们却时刻紧张地战斗在自己的岗位上，用自己辛勤的心血和汗水浇注在阶级兄弟的心灵里。西药少，中药多，大量的药物要煎熬、配制，外伤病员多，要经常换药，观察伤情的变化；外伤病员很多行动不便，吃饭穿衣都困难，要给他们端饭，喂饭、洗脸、洗脚、穿衣，直至打水擦澡，搀扶伤员解大便小便。为了让伤员安心治病，医院编有一个剧团，经常轮流到各伤病员连、各分院演出。医院的工作人员也自编自演一些短小精悍的节目给伤病员助兴，让亲人们愉快地度过医院生活。这里，没有谁对工作挑挑拣拣，没有谁分自己分内分外之事，没有谁说哪种活我可以干，哪种活我可以不干，大家只有一个心愿，一切为了革命战友早日恢复健康。

在医院大量的护理和勤杂工作中，女同志确实起了“半边天”的作用。总医院扩编后，吸收了很多女青年参加医院工作。本来四川的劳苦妇女都是能吃苦、粗活细活都能干的，红军来到川北，她们获得了翻身解放，当上了红军战士，更有一股子使不完的劲。她们和男同志一样，脚穿草鞋，或者光着脚，挽起裤腿，抬、挑、背、杠，样样都是能手。她们做护理工作，态度和蔼，耐心细致，处处体贴伤病员的病痛。她们在完成本职工作后，一有空就给伤病员洗衣服，打草鞋，做针线活，缝补衣服，总是得到伤病员的赞扬和好评。

红四方面军撤离川陕根据地、总医院也随四方面军总部开始转移。频繁的行军流动，给医院工作带来很多困难。不少伤病员不能行动，靠骑马、担架抬。在长征过雪山草地期间，部队一两个月没有粮食供应，靠野菜、树皮充饥。在这极端困难的情况下，医院的同志们首先想到的是流血负伤的战友，把舒适一点的房屋、帐篷让给伤病员住，把搞到的一点粮食和好消化的野菜送到伤病员的面前。往往有这样的情况，当医护人员把一碗稀粥野菜汤端到伤病员面前时，伤病员看到日夜为自己操劳的战友如今也面黄肌瘦，禁不住含着泪光，端着野菜汤怎么也吃不下去。那真挚的战友情，同志爱，那宁可自己闭上眼睛，不愿眼看战友倒下的崇高精神，确实难以用语言来表达。

（三）

总医院和各分院除了接收红军中的伤病员外，还要给根据地的群众看病，随到随看，热情相待。

凡是有苏维埃政府介绍信的贫苦群众，一律免费治疗。1934 年秋，通、南、巴一带痢疾流行，很多群众死于痢疾的病魔之下。医院在繁忙地接收病员的同时，积极投入了消灭病害、抢救群众的工作。同志们想办法，献良方，配制了一些治痢疾的土药在群众中推广；教育群众深埋粪便，避免疾病传染；组织医疗队到群众家里抢救病人。这些积极有效的措施，使一些患病群众免于死亡。长征途中，我们来到藏族地区，医院的医务人员在条件恶劣、困难重重的条件下，还坚持给藏族群众看病。

总医院还经常向根据地群众进行普及卫生知识的宣传教育工作，到处张贴"爱清洁，讲卫生"、"实行卫生，强健身体"的标语。部队所驻的城镇附近，总是打扫得干干净净。当时，川北一带种鸦片和吸食鸦片盛行，不少群众因吸毒成瘾，倾家荡产，卖儿卖女。红军中的医院和卫生部门，积极配合地方苏维埃政府戒烟局，向群众宣传吸鸦片的害处，发动群众禁止种鸦片、吸鸦片，同时，把已经生产出来的鸦片收购起来，作为医院的药物用料。经过反复宣传教育，根据地种鸦片、吸鸦片的人数大大减少。广大群众高兴地说：共产党来了，连年收成好，少生疾病，人畜兴旺。

军为民，民爱军。医院为群众看病，积极宣传卫生知识，受到了广大群众的热烈欢迎，在当时那样偏僻落后的山区产生了巨大的影响。每当医院伤病员增多，群众就自动帮助医院抬担架，腾房子，打扫卫生。他们送来粮食、猪肉、鸡蛋以及布鞋、袜底、草鞋等生活用品，慰问伤病员和医院的同志。在地方政府组织下，他们帮助医院采集药材，送来外伤包扎用的白布、棉花，给伤病员洗衣服，缝补衣服。可以这样说，在当时红军医院里，时时、处处都有“军爱民，民拥军”的生动事例。红军撤离根据地时，有的伤病员因过分体弱伤重，不能随部队撤走，不少群众冒着生命危险，帮助医院转移、收留伤病员。临别时，群众反复告诉医院的同志：“红军是为我们穷人受的伤，请你们放心，有我们在，就有伤病员在。”这肺腑之言，骨肉深情，不仅使伤病员安心留下，而且鼓励着医院的同志去投入新的战斗，踏上新的征程。

1982 年 4 月

选自中国人民解放军历史资料丛书编审委员会编：《后勤工作·回忆史料（1）》，解放军出版社1994年5月第1版，第592—596页。

徐立清，1910 年生，河南商城县吴店区申家湾（今属安徽金寨）人。1929 年参加中国工农红军，1930 年加入中国共产党。红军长征时任红四方面军总医院政治部主任、总卫生部政治委员。新中国成立后，曾任第一野战军第一兵团政治委员兼新疆军区政治部主任，中共中央新疆分局副书记，解放军总干部部副部长、总政治部副主任，济南军区政治委员，成都军区第一政治委员，中共中央候补委员，中央军委委员，全国人大常务委员会委员，全国政协常委，中共中央顾问委员会委员等职。1955 年被授予中将军衔。1983 年在北京逝世。

回忆红军长征途中的卫生防疫工作

刘良栋

第五次反“围剿”失败以后，1934年10月间红军开始了举世闻名的两万五千里长征。一方面军红九军团是从江西省会昌县出发的，是长征中的后卫部队。后有敌人追击，每天行军上百里；前有掉队的伤病员，既要搞好本部队的医疗防疫工作，又要做好收容队的工作，条件十分艰苦，任务很繁重。在这种情况下搞好卫生防疫工作，显得更为重要了，根据我的回忆，在长征途中我们主要从以下几个方面抓卫生防疫、卫生保健工作的：

一是保护好脚　红军长征全靠两条腿走路，每天少至50—60公里，多至120公里，因此必须有一双铁脚板。记得当时有多少同志因脚坏而掉队，有的甚至被反动的地主、土匪杀害了。为了保护脚，我们采取了种种措施：

要求每个人都要学习打草鞋，一个人至少要备用二至三双草鞋。因为一双草鞋穿二至三天就磨烂了，一双布条、麻编的最多也只过七至十天，没有草鞋保护脚，就无法完成行军打仗的任务。为了解决打草鞋的原料，每到一地除向老乡买稻草外，要求大家在没收地主的财产时，尽量多带些布和麻，到了宿营地，连里组织大家把稻草槌软，把布撕成条条，开始编鞋。卫生长和卫生员要深入到各班检查编制的草鞋，合脚不，穿的不合脚，脚要打泡的。有时我们从敌人那里缴获的破胶鞋，把鞋撕掉，留下鞋底，用刀子穿上眼，把布条穿上，做成胶底草鞋，比较耐穿。

要求每人要有四五块包脚布。红军是没有钱买袜子的，有时缴获敌人一两双袜子，也不耐穿。为了防止新草鞋把脚磨破，防止冬季把脚冻坏，要求大家在缴获地主财产时，不管是新布、旧布、黑布、花布，尽量多带些，以便保持有包脚布用。到了宿营地，卫生人员首先要督促大家洗、晒、晾、烤包脚布，当时晾不干的，带在行军途中或休息时把它晾干，经常保持包脚布清洁。夏天许多同志舍不得用，赤着脚穿着草鞋走路，留着冬天或特殊情况下使用。

教育大家防止摔伤和崴脚。为了避开敌人的追击，红军多是夜行军，走的多是小路和山路，因此卫生长要积极宣传:走路时全脚要着地，步伐要平稳，互相要提醒，没有紧急情况，行军速度要适中。夜间行军在没有敌人追击的情况下，可以打着火把或打手电走。

每到宿营地要求人人要洗脚，有条件的要烧水洗脚，洗掉脏汗气，消除疲劳，睡觉时要求把脚抬高，以减少下肢充血和消除疲劳。

指导大家挑脚泡，整天行军，走路多，脚打泡的事还是经常发生的，因此每到一地卫生人员要督促大家把脚洗净，从针线包里取出针，用火或酒消毒，而后用针把泡刺破，放出积水，有条件时擦上点红药水，但不能把泡上面的皮撕掉。没有条件的用干净包脚布包上，休息一夜第二天就可以走路了。到了四川茅台地区，我们打土豪没收了地主资本家的酒厂，于是我们建议首长让每个人用小瓶带上点，用酒搓擦扭伤肿病的部位，进行消毒，后来在行军途中大有用处。

二是预防各种传染病的发生和流行　长征途中因传染病夺去了很多同志的生命，记得在四渡赤水，部队在贵州、遵义、桐梓、仁怀、茅台一带和敌人遭遇，打了几仗，伤员较多，加之一些同志得了痢疾、疟疾等传染病，只好留在老乡家里养病，我们走了以后，有不少同志不幸被当地的地主武装杀害了。所以预防各种传染病的发生，是保证红军有生力量的重要措施。我们主要抓了以下几种传染病的预防和治疗。第一是消灭虱子，预防斑疹伤寒的传染。除要求大家勤洗、勤煮、勤晒衣服外，对没收地主的衣服，不管是男的、女的、什么颜色的，只要能穿，就建议分给大家，以便有换洗的内衣；第二是注意饮食卫生，预防痢疾；第三是保护好小腿预防溃疡；第四是消灭蚊子，预防痢疾。用烟熏和消灭的办法，住在老乡家里可以使用，然而在野外露营，用烟熏只能顶一阵子，因此要求大家用床单、被单尽量把没有被衣服遮盖的脸、头、脚等部位盖住，并在身边放一把长毛草，随时准备驱赶蚊虫，虽然采取了不少防范措施，但有很多同志还是得了疟疾，当时治疟疾的“金鸡纳霜”（奎宁）是很难搞到的，因治疗不及时，许多同志患了疟疾还要坚持走路，有的发高烧，冷得全身打颤，走不动路，就钻到老乡的草堆里，派一名同志看护，等发烧过去了再赶队伍。后来我们搞到一个“偏方”，即用狗（特别是一两个月的奶狗）炖生姜吃，治好了很多慢性疟疾。有的同志从江西、福建出发时带上中草药上山，用水煎服，对治疗疟疾也起了一定作用。

三是防日晒和中暑　红九军团到了云南已经是三四月份。这里的三四月份的天气，气温已经很高了，有时烈日当空像火一样，热得使人透不过气来，如果在毒日下行中，很容易被晒坏。为了防日晒和中暑，我们采取了早晨 3 点钟左右开始行军，上午 10 点多钟太阳出来不久，部队坐下来休息，下午 3 点多钟太阳斜西了再出发，直到晚上五六点钟才宿营。休息时尽量在树林里和树荫下，没有树的地方，把床单支起来，打个凉棚，有时必须顶着烈日走，卫生人员要提醒大家戴头笠、草帽，或者用湿毛巾把头盖上，解开衣扣。路边有树木的要在树荫下行进。出发前让炊事员烧一锅开水，在水里加点食盐，动员大家一定要喝足水，并要用壶和瓶子装满水带在身上，以便行军路上喝。

四是防风温、防风寒、防感冒　贵州省当时被称作是：“天无三日晴，地无三里平，人无三分银”的地方，我们行军到那里正是“清明时节雨纷纷，路上行人欲断魂”的季节，在这阴雨连绵的天气里，我们要求大家必须带上雨伞、斗笠、油布、油衣、草帽、蓑衣等防雨用具，行军中遇上下雨，就用这些雨具遮雨，连这些用具也没有的同志，下雨时就提醒大家用毛巾、床单或衣服把头遮住，如果衣服被雨打湿，就要及时提醒大家换下来，搭在背包上边走边晾，或者到了宿营地把衣服晒干、烤干，夜间露营只有少数人可以住上帐篷（打土豪得来的，用马匹、毛牛驮着），大多数同志是没有帐篷可住的，因此每到一地要组织大家搭“土帐篷”，即用四根棍把被单支起来，中间用一根高一点的棍顶起来，既挡风又防雨。大家入睡了，卫生人员要深入班里检查每个人是否用衣服和毛巾把肚子盖上了，没有盖上的，要轻轻地给盖上，以防受凉。

过水草地时，大家在一片茫茫的水草里、泥沼里，艰难地行走，第一、二次过草地大家没有经验，露营时没有铺的，吃了不少苦头。第三次我们从四川甘孜县入草地到阿坝，从阿坝又进入了草地，出发前要求大家都带上一张羊皮，到宿营时，找一块比较突出的地面，拔些青草铺得高高的，草的上面铺上羊皮，头的上面盖上被单，大家背靠背的坐下就可以休息了。

到了四川境内，部队要翻越夹金山、梦笔山、党岭山几座终年积雪的大山，山上白雪茫茫，空气稀薄、缺氧，出发前要求大家打好包脚布，多穿些衣服，以防冻伤；上山时要求大家拄好拐棍，慢步行走，不准说话，不准停留，更不准坐下休息，有走不动的，要发扬阶级友爱精神，前拉后推，坚持前进。到了雪山顶，遇上晴天，在太阳的强烈照耀下，放射出刺眼的光芒，有的同志因没有经验，眼睛得了雪盲。我们接受了这个教训，要求大家不准直视阳光和白雪，要把眼睛眯起来，半睁半闭着，或者用手半遮着眼睛走路，来预防雪盲病。

长征路上是很少有药物用来治病的，唯一的办法是搞好预防。为了防止感冒，在过草地前，行至四川天全、芦山县境内，我们组织大家筹备了一些生姜、茶羔（用茶熬成的羔，携带方便）、干辣椒带上，还让大家尽量多带些盐和红布。在行军途中有的同志受凉、伤风就熬生姜、辣子汤喝，虽然不是什么灵丹妙药，但起到了防寒、发汗、开胃、预防感冒的作用。喝茶羔水可以健胃、除火。咸盐的用途就更大了，不仅做野菜汤不可缺乏，伤病员的伤口消毒也全靠它，特别到了藏族地区已成了奇缺的东西，几斤盐、二三两茶和几尺红布就可以换一头大牦牛和几只羊，可以换到粮食吃。

五是防中毒　1936 年 6 月间，第三次过草地时，从阿坝到包座一段行程，是饥饿威胁着红军生命的最艰难的一段行程，共走了 20 多天，有多少同志为了中国革命在草地里献身躯，埋忠骨，每当回忆起这些老同志，使我情不自禁地肃然起敬。本来从阿坝出发时，我们每个人都背了 20 来斤炒面，可以因为收容前面掉队的同志太多，为了把每颗革命的种子尽最大努力带出草地，炒面就是生命，一个人的炒面要几个人分着吃，尽管节省吃、掺野菜吃，没有几天带的炒面已全部吃完，我背炒面的那个袋子已经洗了四次，再也无法洗下面水煮菜吃了。在这一望无际、荒无人烟的水草地、干草地里，走了 20 多天，我们只见到一所用牛粪堆起的破房子，已变成了废墟，哪里还能搞到粮食吃，只有吃皮带、鞋底、羊皮，凡是身上带的有皮子的东西都吃完了，只有吃草根、野菜、蘑菇等野生植物。不是什么野菜都可以吃的，搞不好就要中毒。为了防止中毒，我们卫生人员和连里领导一起组织大家根据自已家乡食用野菜的经验，鉴别哪些可以吃，哪些不能吃，还采取了自已亲口尝、亲自吃的办法进行识别。经过验别，我们认定了灰菜、野葱、野芹菜、地皮（地木耳）、大叶菜等八九种菜可以吃，特别是灰菜成了我们主要食用菜，但必须先用开水烫一下，除掉碱性，然后放到锅里加上盐熬沸，这样既不涩也好吃多了。虽然我们采取了一些防中毒的措施，但因为一粒粮食也见不到，许多同志食用了野菜，脸上、身上就浮肿，有的眼睛肿得眯成了一条缝。记得一次四连连长组织大家拣蘑菇吃，不料没有鉴别吃了有毒的蘑菇，弄得全连同志上吐下泻，幸好没有死人。后来吸取了教训，再也没有发生类似中毒现象。

没有粮食吃可以饿死人，而有吃的啦，又要防止撑死人。特别是经过长时间的饥饿，偶尔见到饱饭，切忌吃得太饱。过了草地到包座以后，正是豌豆、蚕豆和新麦子刚下来的季节，当我们看到金黄色的庄稼的时候，心情是多么激动啊！经和老乡联系买下一些麦子或者蚕豆、豌豆用手捋下穗子和豆角，点着一堆火，大家围坐一起烧着吃，越吃越香，越吃越想吃。这时卫生人员就要提醒大家，不要吃得太多、太饱。草地没有挡住我们，饥饿没有征服我们，我们胜利地走过了草地。

在下包座，有粮食吃，同志们的身体很快得到了恢复，接着我们经中包座，上包座进入了甘肃省哈达铺，继续北上。

长征中的卫生保障是在十分艰苦的条件下进行的，我们就是靠这些卫生管理措施，战胜了困难，取得了胜利。回想当年的情景，我深深感到，只有在党的领导下，各级军政领导的重视与支持卫生工作，才能做好部队卫生工作，我希望我们大家都要记住这一条真理。

革命先辈们为创建新中国所作出的贡献是不朽的！（邵玉南整理）

节选自刘良栋：《回忆红军时期的卫生防疫工作》，载高恩显、高良、陈锦石编：《新中国预防医学历史资料选编（一）》，人民军医出版社1986年12月第1版，第509—514页。

刘良栋，1916年生，江西瑞金人。1933年参加中国工农红军，1935年加入中国共产党。红军长征时任中央红军第九军团卫生部部长、红四方面军第三十二军（后编入红二方面军）卫生部部长等。新中国成立后，曾任解放军第二一〇医院院长。

红九军团卫生工作片断回忆（节选）

刘洪辉

十一、准备过草地、卫生部开办医训班

1935 年 7 月 6 日红九军团进驻松岗地域，进行筹粮和休整，准备过草地。红四方面军三十一军九十二师暂归我军团指挥，总部派来一些工作人员，医务人员帮助工作，剧团人员来表演文艺节目，进行慰问。军团卫生部开办医务训练班，学员约 20 名，参加学习成员现在能回忆起来的，有杨桂生、刘洪挥、谢力强、颜德明、李玉和、李朝选、罗洪端、陈金榜（后改名陈森）、曾照灯等。课程有内科、外科、药物、拉丁文等。内科重点讲肠伤寒、斑疹伤寒、回归热，胃肠道疾病、消化不良；呼吸道疾病，气管支炎、肺结核、肺炎、感冒、流行性感冒，在草地和北方较易发生的传染病，高山高原反应症，关节炎、冻伤冻疮等预防和治疗。吴清培部长和许德是主要讲课人，拉了文是由杨盛祥担任。在那个条件下办学习班困难是很多的。无纸、只有找一些废的藏经书，无黑板，就在墙壁上涂上黑烟灰做黑板，找白土自做粉笔。因为废藏经书也不够用，就在地上圈个沙盘进行练习。每隔三至五天还要出去搞一次粮食，背回来制作成干粮，过草地用。学习很紧张，生活很艰苦，但大家的学习热情很高，劲头很足，精神很愉快。这次学习班开办了四个多月，在业务知识上有很大收获。

十二、第一次过草地

约 8 月 10 日前后，红九军团由松岗出发，沿梭磨河，经马尔康、卓克基、梭磨抵达马塘。在马塘就停下来待命，一直下雨不停。连队不知道要停多久，怕把干粮吃光，到草地没有吃的，就到树森里找到很多红色蘑菇和野菜回来吃，吃后上吐下泻，昏迷等中毒，有数人中毒死亡，中毒较轻（吃得少些）的经用阿托品、活性炭末、甘草剂、强心剂等抢救治疗都全好了。这是一次吃野蘑菇教训。这里的野蘑菇外表看和南方能吃的蘑菇没有什么区别，这是一种毒蘑菇。这件事发生后卫生部和各团卫生队，搞得手忙脚乱，原来没有这方面准备，这一来忙得不可开交。约待命四至五天后，又经原路返回松岗，各单位回到原住地，不几天全军团开大会，宣布了第九军团改名为三十二军，会后回到松岗，中央警卫营（其中一大部分是在贵州时，由七团抽调去的）又回到了九军团，营长杨梅生（原是八团团长）回来了，卫生人员有蒋耀德（卫生所长）、吴树隆（看护班长），看护员饶业辉、黄祖波等。

十三、张国焘的错误路线南下向四川进军

张国焘分裂党中央、分裂红军的一套所谓“正确路线”，向中央机关和军委机关、五、九军团及四方面军全体传达“教育”后，红九军团在松岗地区又进行了两个多月休整。10 月中旬，在举行南下战役（即向四川进军）之前，军委总卫生部贺诚部长来到三十二卫生部，要把医训班学员和教员都调走。去成立卫生学校。由于军领导和军卫生部领导不同意全调走，因此只调走许德和一部分学员。留下的学员除个别回原

部队外，大多数留在军卫生部，成立救护队，由卫生部张政委率领，随军部指挥所行动。

10 月 20 日前后，由松岗出发，沿大金川东岸前进翻越了十多座大山，这一路敌人很弱，不堪一击，被我军追得吸鸦片烟时间都没有，沿路掉队、病人很多、一瘸一瘸的，道路两旁到处抛弃背篓和破烂衣服等物品，狼狈不堪。追击到泸定附近遇到李炮水部队才有些抵抗力。我军占领天全县后，（约 12 月中旬）接到上级指示，要我军执行新任务，三十二军由名山地区出击，打到甘肃南部去。军政治部作了传达和动员，要后面的卫生部、供给部迅速跟上部队。进到名山地区，四方面军把雅安敌人围得紧紧的，敌人每天晚上点着火把在城墙上呐喊，一直叫到天亮，每天如此。名山以东，四川军阀和蒋介石的嫡系军队，作了大纵深配置层层阻击，大纵深构筑有各种类型碉堡和地堡，致使我军每前进一步，都要付出很大的代价。单独一个军根本无法过去。三十二军又转向荥经县、汉源方向，占领荥经县，在这里过的 1936 年元旦，进行了扩充部队，陈福全、刘明志、柴友文等同志是这里参加红军的。

1936 年 1 月间，蒋介石把它在贵州的薛岳、周浑元纵队、川陕边境的胡宗南部队，这些都是蒋的嫡系，还有四川军阀的主力“教导师”、“模范师”都调集到成都以西至西南一线，向我军大举进攻。经过激烈战斗，我军伤亡很大，围攻雅安部队，撤回到芦山、宝兴县境内，进行第三次过夹金山。三十二军由荥经撤回到天全县。军卫生部回到天全县城西侧（距离县城七至八里）进行休整、过春节。从荥经县撤退，有的团干部就发牢骚，说这打的什么鬼仗？！三十二军内部就广泛传说，一、三军团在陕西劳山和直罗镇打了两个大胜仗，并议论张国焘南下是错误的，事实已经证明，他的路线失败了。春节后，军卫生部张政委调走，刘先胜来当政委，医务主任蒋耀德、医生杨盛祥、孔桂忠、周泽藻、蒲仁清，药房负责人刘见水、我到药房当调剂员，休养连长丁运昌、指导员刘大煜，医生魏功浩。吴清培部长得了伤寒病，发高烧，全身皮肤发黄，昏迷。由于当时药品缺乏，得不到有效治疗和安静休息，再加上行军途中下着大雪，翻越雪山，天气十分寒冷，在从天全县至懋功途中，经过金汤县时病故了。他的尸体埋葬在金汤县或懋功县。吴清培是广西起义参加者，医学院校毕业，有医药学理论基础，有丰富的工作经验，工作作风勤勤恳恳，踏踏实实，生活艰苦朴素，是一位很好的卫生医务领导干部，他的逝世是红三十二军卫生工作的一大损失。医生张日荣也在这之前不久病故了，他是福建省上杭县人，也是一位很好的同志。

三十二军冒着大雪纷飞的严寒天气，沿着大金川东岸（即南下道路）向北撤退，连续翻越了数座大雪山后，到达丹巴西渡大渡河，在丹巴出发部队集合场地，政治部辛世修主任向大家宣布一、三军团在陕西劳山和直罗镇打了两个大胜仗的消息，辛主任讲完，集合场上就沸腾起来了，欢欣鼓舞，给翻越党岭大雪山，增添了很大的精神力量，到越过党岭山顶，没有感觉到费什么劲就过去了。

十四、执行迎接二方面军任务

3 月底或 4 月初到达道孚，朱德总司令在那里等着我军。当天中午部队在一个大草坪上集合，朱总司令讲话，罗炳辉军长，何长工政委作了动员讲话，上级交给我军的光荣任务，是去迎接二方面军（二、六军团）。动员会结束，部队立即出发，离开道孚，沿鲜水河下走了 30 多里才宿营，一直沿着鲜水河南下，翻越了不少大山，穿过原始森林，抵达雅江占领县城。我军后面是红四军的部队，我军将雅江县移交给红四军，进抵雅江以西的汪堆—杰珠—西俄洛堆一带地区，进行休整，作迎接二方面军的准备工作，排练文艺节目，到河里捉鱼晒鱼干，我们药房晒了十多斤鱼干，捐献毛巾、衣服等作慰问品。5 月中旬，部队从西俄洛堆出发向理塘县前进，6 月 3 日在理塘南甲洼与六军团十六师胜利会师。在西俄洛出发前两三天我调到休养连药房工作。部队出发后，休养连移到军部驻的土司家、是一个大土司院，可以住好几百人，休养连连长孔桂忠，医生魏功浩，我当司药，有 20 至 30 名看护员、炊事员、担架员工作人员约 70 至 80，伤病员 200 多，要我们只留用七天的药材，七至十天就来接我们，这是卫生部告诉的。等了半个多月不来接，药材全部用光，只有到山上去挖远志根、大黄等中草药，煎汤药给病人吃，红四军有一个营和我们住在一起，他们也没有药，有时还到我们休养连来看病、要药。休养连从西俄洛堆出发由原路返回道孚，沿途安全归红四军负责，经过雅江时，受敌人封锁，红四军掩护我们通过的，途中休养连粮食困难了，他们支援了我们等。这两次情况对照，说明了张国焘是错误者。休养连回到道孚，经炉霍、甘孜赶到东谷才回到三十二军，休养连的全体人员，除两至三名重伤病员送炉霍总医院外，全部回来了。我们到达东谷时，部队已在那里休整做过草地准备好几天了，我们回来只准备三至四天就出发了。出发前休养连暂时撤销，轻伤病员返回原部队，由连队自己带走。我调一营卫生所当司药，医生是张声炎，看护员有罗宏光、李世常，勤务员陈福全。

十五、第二次过草地

三十二军于 6 月底或 7 月初，由东谷出发，开始第二次过草地的行军。每人身上都有 30 至 50 斤的负荷，有熟干粮、木柴和自己原有的行李，很多人还背有羊皮或狗皮（作褥垫用），我背有四至五张羊羔皮。行军两天到一个牧场停下来，这个牧场有羊万只以上、牛数千头，是三十军八十七师看管的，我军接过来等二方面军来到时交给他们。我军在这个牧场看管约有十天，在这期间，张国焘、任弼时、贺龙、关向应等经过时，还给我军全体见面讲话。将牧场牛羊交给二方面军后，我军向阿坝前进，在距阿坝还有一天半路程的一天早晨，在出发集合场上，罗炳辉军长亲自动员，要大家只留一天吃的干粮，全部捐献出来，交给后面二方面同志，他们缺粮严重，发扬阶级友爱精神，这是我军的光荣传统。把床单铺在草坪上，大家往那里倒，像小山一样二三十堆，我还有七八斤炒面，只留了约一斤。过草地粮食是头等重要的问题，罗军长亲自掌握，不到开饭时间，不准吃，自己身上背的粮食也不准吃，发现谁吃了，把你干粮没收，还给饿一顿到一天的处分。三十二军粮食问题管理得好，饥荒威胁不太严重。二、六军团这方面缺乏经验，吃了苦头，饥饿减员大。原来说到阿坝就有粮食，我军到阿坝仍没有我军的粮食，据说有一点粮食留给二、六军团的。我们只有到地里去拾点青稞麦回来，用火烧一烧吃，部队派人出去寻找粮食，还伤亡了一些人，一营管理员在寻找粮食中牺牲了。在没有找到粮食之前，把皮带、皮鞋，凡是皮制物品都烧来吃了。军卫生部找到一个有 1000 多斤的大粮窖，这下可救了卫生部的命了，全军都开展寻找粮窖活动，这才解决我军缺粮问题。到达中包座时粮食吃完了，部队只有到离开中包座 60 至 70 里处寻找到粮食，吃到哈达铺还有余粮。到哈达铺，粮食有的是，饥饿问题不存在了，有的单位和个人，就放开肚皮吃，因而消化不良、胃肠道疾病发生很多，个别人吃得过饱，胀死了，卫生部发现此事，及时抓了教育和防止暴饮暴吃措施，要求干稀搭配，吃七八成饱，并讲清要求这样做的道理，收到了效果。

三十二军 6 月底或 7 月初就进入草地，在东谷东北面一个牧场停了约十天，到中阿坝又停了十多天，由原来的前中卫，变成最后卫，作为总收容队，到 9 月上旬末才到哈达铺，在草地 70 余天，担负着掩护全四方面军和军委直属队机关和二、六军团过草地的任务。

十六、哈达铺至山城堡

三十二军到哈达辅后，进行了整编，二军团五师归三十二军建制，改名为九十六师（辖属二八六和二八八团）；原三十二军部队编为九十四师(辖二八〇团和二八二团)。整编后,军长罗炳辉、政委袁任远、参谋长郭鹏、政治部主任张平化，供给部长仍然是赵镕，卫生部长张汝光，卫生部政委姜胜、医务主任许德、医生魏功浩、刘良栋、杨盛祥、邹荣美、医助李朝选和何明秀（后改何曼秋）。九十四师师长肖星怀、政委辛世修，师卫生部长吴树隆、政委谢采贤，医生张声炎，司药刘洪辉。九十六师师长王尚荣，政委谭友林，师卫生部部长董家龙、医务主任涂通令。

9 月下旬三十二军进到甘肃省南部成县，九十四师师部住小川镇，部队部署在西汉江东岸至小川镇一线，这地区人口稠密，物产丰富，部队在这里休整、筹粮筹款、扩充新兵补充部队，向群众宣传红军抗日主张等，开展群众工作。同时与武都方向前来之敌王均部和从陕南前来的胡宗南部，展开激烈战斗。掩护二方面军总指挥部和二、六军团向天水方向转移。10 月 10 日前后，经过天水附近和渡过渭水河时，遭到敌人飞机狂轰滥炸，伤亡了一些人和骡马，地面敌人到处袭扰，我军一面急行军一面与敌人战斗，边打边走。10 月 26 日九十四师司令部撤销，师直属队，分配到二八〇团和二八二团，师卫生部一分为二，一半到二八〇团，另一半到二八二团，部长带领我们到二八〇团卫生队,政委和医生张声炎到二八二团卫生队。整编完,当天夜里就急行军。27 日早晨到达袁家河，进入宿营地约 30 分钟，西面九十六师驻地山上发现敌人,我们立即往东面山上撤退,敌人轻、重机枪一起向我们开火,子弹打在我们撤退山坡上，激起好大灰尘，但无一人负伤。10 月 19 日我军抵达环县，还没有进入宿营地，就得到命令，要我军连夜赶到连河弯准备参加山城堡战斗，没有进房子，吃了一点饭，约下午 5 至 6 时又出发，沿着环县小河沟北上，这一整夜，涉水 20 多次，河沟里已冻有冰碴子了但又没有全冻，膝关节以下又湿又冷。20 日早晨 8 时许就到了集结地域连河湾。在山上隐蔽，太阳出来不多久，敌人飞机就来了，在连河湾上空盘旋了几圈，扔下几颗炸弹就跑了，这一天敌机来了十多次，由山城堡至环县这一条河沟上空来回盘旋。21 日三十二军进到洪德城附近作为第二梯队隐蔽在洪德城东西面的山坡上，午后 2—3 点战斗打响，3—4 时战斗非常激烈，当时上面传来，要二八〇团进入战斗，我团刚上到阵地上敌人就向北溃逃了，太阳已下山了，天色逐渐暗了，追击枪声很远去了。我军在山城堡的沟里和东西山坡上，摸黑打扫战场至晚上 10 时至 11 时，第二天第三天均在打扫战场，搜集到很多子弹和手榴弹，还有步枪轻机枪。沟里和山坡上有敌人的死马匹及死尸，把他们掩埋了。三十二军在洪德城、山城堡一带休整到 12 月中旬，即西安事变后，这期间粟裕同志来我军向全体讲一次话，讲红七军团北上抗日的遭遇情况。

十七、参加追击军和援西军

“西安事变”后不几天，按军委命令：三十二军和二十八军及骑兵团组成追击军，向定边、盐池方向追击，追到大水坑就停止前进了。在大水坑过的 1937 年元旦。在元旦之前，在一次会上团政委刘孝德宣布中央决定，取消共产青年团组织名称。共产青年团员年龄 18 岁以上的、没有受处分错误者一律转为正式党员。我是这次转党的。元旦节后不几天，又出发向西向南经过预旺北南的苦水区（两个多月前走过的地区）、固原、平凉到达崇信县休整，过春节、扩充新兵、补充物资，向群众宣传红军的抗日主张。军卫生部成立医训班，我调回卫生部药房工作并参加训练班学习，谢力强、曾照灯都参加学习，这个医训班成员都是老的卫生员和看护员、司药、医助都参加学习。

1937 年 2 月中旬，春节后，军委指示三十二军参加援助西路军。由崇信县出发经泾川、镇远到固原东南的石家沟口镇，停止待命，后来得到消息，西路军已经失败。援西军撤销。三十二军在这个回民区一直住到 4 月底或 5 月初，在这期间收容到从西路军回来的一些同志如吴志佩、戴家和等。

十八、红军改编为八路军

1937 年 5 月上旬三十二军进抵陕西富平县庄里镇地域休整。8 月 25 日改编为八路军一二〇师三五九旅七一八团，原红九军团部队九十四师改编为第一营，九十六师（原二军团五师）改编为第二营，红军前总特务团改编为第三营。团长文年生，副团长（实际是团政委）帅荣、参谋长欧阳家祥、政治处主任罗志敏，供给处主任刘华春，卫生队长潘世徵、副队长许德、医生有张声炎、刘良栋、袁光瑜、曾广昌、司药曾照灯、刘洪辉、谢力强、黄祖波。改编后开到洛川县驻房整训和住洛川东北军搞联欢、互相参观。我们卫生队由潘世徵和许德主持给东北军做过几例阑尾手术，在军训中发生几例骨折伤和肩关节脱臼，进行复原固定，效果都很好，受到他们称赞，两军关系搞得很密切，很友好。11 月上旬太原失守后，黄河边情况很紧很乱，七一八团由洛川出发经延安，毛泽东主席给排以上干部讲话。

这支部队的特点是：执行党中央和中央军委指示坚决，执行各项政策做得好，组织机构精干，机动性能好，战斗力强，战斗作风好，行动迅速，能吃苦耐劳，重视教育和干部培养，三大纪律八项注意做得好；不足之处是力量单薄，担负大战役的正面主攻力量弱。它乃是周恩来副主席称赞的红九军团的“战略骑兵”。

一、二、四方面军会合后，从二、四方面军到三十二军来工作的卫生人员有汪世昌、李世常、罗真云、吴少先、洪青生、吴之佩、严多何、胡世元、赵本清等同志。

红九军团卫生部从成立起，就对全军团的防病治病、阵地抢救、医疗救护、医药器材筹集供应，人员培训等十分重视，抓得很紧，做出了很大的成绩。在卫生人员的培训上，利用战斗间隙经常开办训练班，采用带学生办法，每个医生带一名看护员当学生，进行培养，我曾当过张日荣医生的学生。培训卫生人员的优良传统一直保持了下去，许德同志是做出了贡献的。培养出不少为部队服务的红色卫生人员，对他们的业务水平和思想觉悟都有很大提高，有好些同志又经过后来学校或自己努力学习，在抗日战争、解放战争和社会主义经济建设中，成为卫生战线中的骨干，如师、军卫生部长、医院正副院长、省卫生厅正副厅长、医学院校正副校长、总后卫生部正副部长等均有。

这份材料，第一稿写出后，经涂通今同志、张令彬同志、王振祥同志阅后，提供了不少宝贵意见。涂通今同志还把他保存林伟同志的长征日记给我阅后，对九军团战斗历程的回忆起到很重要作用，他又是此材料核审者。再是南京空军顾问刘昂同志也提供了一些情况。这材料实际是集体回忆材料。

节选自高恩显、高良、陈锦石编：《新中国预防医学历史资料选编（一）》，人民军医出版社1986年12月第1版第300—308页。

刘洪辉，1916 年生，江西瑞金人。1932 年参加中国工农红军，1936 年由共青团员转入中国共产党。红军长征时任中央红军第九军团看护员、

红四方面军第三十二军（后编入红二方面军）卫生部司药等。新中国成立后，曾任解放军总后勤部军事医学科学院防化医学研究所副所长、顾问等职。2015 年在北京逝世。

时刻关心伤病员

芮波

我从1931年参加红军，做了几十年的军队卫生工作。这里回忆的，是我在红四方面军七十三师和由其扩编的第三十一军卫生部工作时的一些经历和见闻。

巴山道上阶级情

1932年的十冬腊月，红四方面军从陕西穿越210里路的大巴山，南下四川。当时天寒地冻，山高路滑，为了保护伤病员安全过山，我们卫生部的同志作了严密分工，谁照顾哪几副担架上的重伤病员，谁帮助哪些徒步行走的轻伤病员。大家顶风冒雪，艰难行进，走到陡峭险峻的地段，看见翻在深涧的牲口、行李，就提心吊胆地注意伤病员的安全，把轻伤病员们背着或搀扶着走过去。走了三四十里路，我们带的轻伤病员和师机关随队的轻伤病员，有一些已经走不动了。这时，许多领导干部又像往常一样，把自己骑的牲口让给伤病员们骑。在我们奋力爬坡时，我看到一匹火花骡子驮着一个面带病容的“小鬼”，还有一个“小鬼”拽着这匹骡子尾巴，旁边有一位女同志，拄着一根棍子，喘着粗气步行。我扭头一看，这位女同志不是别人，正是全军知名的师政治部主任张秋琴。只见她一边走，一边像摆家常一样和这两个“小鬼”谈话，说:“你们的病不要紧，快上到山顶了，到山上休息一下，吃点东西，就会好的。”她有说有笑，亲切慈祥，丝毫没有首长的威严劲，却像亲人对待子女那样的温柔。同志们看到师首长这样吃苦在前，以身作则，爱护病号，关心战士，都受到了教育，得到了鼓舞。许多同志加快了步伐，有一些轻伤病员，纵然已经累得蹒蹒跚跚，甚至一瘸一拐，还是提起劲来，拼命跟上队伍。

部队大休息了，别的同志开始歇一歇腿，吃点干粮，吸几口烟；我们卫生部的同志在王成旭主任、葛海洲政委的带领下，却抓紧时间开展工作。有的伤员伤口化脓了，我们赶快清洗疮面，换换药；有的伤员饮食不能自理，我们就拿着干粮一口一口喂他们；还有一些病号干粮不够吃，工作人员就毫不犹豫地递过去自己的干粮；有些重伤病员要大小便，我们就背他们到方便的地点去解手。卫生人员行军当中是没有休息时间的!

部队继续行进了。走到半途，看护长宋维真同志跟不上担架了。他一屁股坐在地上站也站不起来。他说是头昏，心慌，身上难受。我摸他头上不烧，不像是生病，估计可能是饿的，累的。我赶快拿出我的米袋，倒出两把炒包谷子，抓了一把雪给他吃。他吃罢这点东西，身上有精神了，心不慌，头不昏了，站起来就跨步赶担架。原来，他的干粮都给病号吃完了，他是多半天没有吃一口东西才饿倒的。

到了宿营地，我们先把伤病员安顿在先头部队搭好的草棚里。紧接着迅速扯出我们工作人员的垫单，遮在棚子周围，为伤病员挡风雪。大家还打柴烧火为伤病员取暖；铲雪烧水给伤病员洗脚。还有给伤病员喂饭的，换药的，十分繁忙。那时候生疥疮的多，病员奇痒难忍，比较痛苦。而疮痂不破，上了药效果也不好。为了尽快解除病员的痛苦，我们坚持给这些同志用热水洗患处，用力将疮痂搓破，使伤口流出黄水，然后敷上硫磺软膏。我们只知道这是我们的责任，什么脏呀、怕传染呀，想都没想过。

伤病员们安静地休息了，我们才开始料理自己的生活。

舍生忘死救伤员

红军战士作战，卫生人员首先要考虑伤员的安危。救不下伤员，就是严重失职，就是奇耻大辱。

1934年，由七十三师扩编的第三十一军打广元的银矿山。因敌居高临下，凭借坚固工事，火力又强，我军连攻两次不下，阵前负伤的不少。我们卫生部的同志十分焦急。形势不容犹豫，我立即带着一班看护员冲上前去，利用地形，匍匐前进，冒着吱吱作响的弹雨，把伤员往我方一侧的小树林里搬运。不料敌人发现树林内有红旗，以为这是我军指挥所，便集中几挺机枪的火力向树林中射击。有两个伤员不幸中弹牺牲，我感到十分难过，便一跃而起转移其他伤员。正在搬运当中，突然我的腿一软栽倒了。我知道是负伤,便赶快就地向后一滚,滚到了坎下。这时才看到我的左大腿上部鲜血直流，子弹是从前到后贯穿过去的，伤口比较大。因为带的绷带在抢救伤员时用完了，我连忙解下绑腿，包扎止血。那时，敌人火力正猛，我们撤也撤不下，等到黄昏，我军又一次发动冲击，才把我和其他伤员撤下去。这次战斗，我虽然负了伤，但是看到大多数伤员得救，我从内心得到了很大的安慰。战斗结束后，徐深吉同志亲自到我师卫生部慰问伤病员，嘱咐我们好好养伤，还留给每人五块银元补助生活。伤员们看到首长这样关心，个个很受感动。

1935年过夹金山，漫山白皑皑的冰雪，气候变化剧烈。许多同志穿着草鞋赤着脚，冒着零下二三十度的严寒，爬上空气稀薄的大雪山。过山以后，发生了大量的冻伤和雪盲病号。为了伤病员的安全，我们副师长亲自带领一个连掩护卫生部。在一个寨子里,休息了几天。有一天,反动民团突然包围了寨子，向我实施攻击。我们卫生部的全体同志和轻病号，都编成战斗班排，和连队一起走上寨子进行防御。令人震惊是，我们的副师长在指挥战斗时中弹牺牲了。我们含着泪水又在王主任、政委的指挥下继续战斗。寨中藏族群众从几天相处中，看到我们纪律严明，秋毫无犯，非常同情我们。一位藏族老大娘，因为我们为她治好了病，主动叫她儿子给我们当向导。一天晚上，趁着夜暗，领着我们的队伍从小路突出了敌人的包围。当伤病员知道了副师长为了掩护他们而不幸牺牲的消息时，同志们热泪滚滚，怀着十分悲痛的心情，悼念这位永远值得怀念的指挥员。

困难再大也不能中断治疗

红军的医药来源主要靠战斗缴获，在鄂豫皖，在川陕根据地，还能利用关系到白区去采购一些，困难虽存，不算太大。可是，自从离开川陕根据地,医药供应越来越艰难。走到雪山草地附近,我当了红色医官，那时正规的医药几乎一点也搞不到了。眼看着伤病员的伤情病情得不到好转，我的心里像刀割一样的难受。怎么办？我们卫生部党委一次次发动群众，号召大家自力更生搞代用品，无论如何也不能中断治疗。

最普通、最常用的生理盐水和酒精没有了。我们熬食盐水代替。盐！今天走到哪里也不稀罕，可是在当时的川西北少数民族地区，一斤盐巴要用几斗粮食交换。藏民辛辛苦苦打猎获取的麝香呀、羚角呀、熊胆呀，也不过才能换上几斤盐巴。我们的伙食中，盐的供应量都大大减少了。但是，供给部门偶尔从小集镇用银元买一点盐巴，或者部队打土豪，打反动的区乡公所缴获一点盐巴，就很快送给我们卫生部。我们卫生部的同志有时宁肯多吃几餐淡饭，也要节余下来一点盐巴做药用。

探伤口的探针，手术用的镊子没有了，我们就上山砍竹子，削成光滑的细竹片，经过煮沸消毒，制成了竹探针，竹镊子，照样可以使用。手术刀用得不能再用了，我们就买剃刀、藏族的短刀，经过消毒当作手术刀用。有一次，伤口盖布一块也没有了，伤员等着手术。我们有两个看护员立即主动拿出自己的垫单。在当时，这种垫单每人仅有一块，一到晚上裹在身上睡觉，既当铺又当盖的呀！他们把自己的垫单撕成条条，煮沸消毒，用于手术。

当时，部队病号最多的是疟疾、疥疮和冻疮。没有药，我们用熟猪油、牛油代替凡士林，把硫磺碾成粉末，自制硫磺软膏；用民间土方，采集草药，拣羊粪蛋代替冻疮膏和奎宁。

就在这医药极端匮乏的条件下，我们师卫生部在长征途中做了数百例上千例野战外科手术，治疗了许许多多的病号。每逢伤病员恢复健康归队，和我们握手告别之际，我们总是像打了胜仗般地高兴。

过草地之前

由于张国焘反党闹独立，使红四方面军在他的影响下来往折腾，过了三次草地，给部队带来了很大损失。草地位于四川阿坝以北，一片沼泽，泥泞难行，一不小心陷下去，很难再爬上来。1936 年在理番，再次过草地北上之前，师部考虑一些伤病员的情况不好，要是用三四个人轮流抬一个过草地，将会使部队受更大损失。为了避免不必要的牺牲，决定把重伤病员就地安置，并要政治部派人协助卫生部做好这一工作。动员工作开始了，许多重伤员悲痛难忍。他们说：从参加红军起，就一直受着党的教育，党的关怀，苦虽苦，可是红军队伍里充满了阶级友爱，是个温暖的家，说什么也舍不得离开呀！我们工作人员当中，许多年轻的同志也难以抑制自己的感情。因为伤员之中，大都是从鄂豫皖来的，从川陕边来的，我们都是同甘共苦，一起生活，一起战斗了多年的战友啊！我想着他们离开队伍后的凄凉状况和可能遇到的危险，不由得也流下了泪。但是，我们知道，只有将他们留下，才是对他们的最大照顾。我们向藏民群众宣传，要求好好保护伤员，照料伤员，告诉群众，红军还会回来的。同时，又劝慰这些伤员，要他们好好养伤，依靠群众的掩护，扎下根来，做一颗革命的种子。这时供给部根据师首长的命令，送来了一些银元。特别重的伤员发百十块，重伤员发几十块，作为生活费用，一次安顿了100多名重伤员。分别时刻到了，我们怀着依依不舍的心情，离开了这些战友，重新踏上了通往草地的征程。（聂俊整理）

选自谢振华等：《征程曲——我们的战斗回忆录》（上），
军事科学出版社1987年12月第1版，第44—49页。

芮波，1918年生，安徽霍邱人。1931年参加中国工农红军，同年加入中国共产主义青年团，1934年转入中国共产党。红军长征时任红四方面军第三十一军卫生部医生。新中国成立后，曾任西藏军区卫生部部长、西藏军区后勤部副部长、贵州省军区后勤部副部长等职。1992年在贵阳逝世。

红军中的粉笔队

贾安潮

1933 年 12 月，红四方面军为了粉碎敌人的“六路围攻”，决定地方党政工作人员参军参战，这样，我便由地方转入了红军部队。因我读了几年私塾，有些文化知识，到了部队后，不久便被分到粉笔队工作。开始，我对粉笔队是干啥子的不太清楚，经过老同志的介绍，才知道粉笔队原来就是用石灰化成水浆、装在一个小铁桶里、再用茅草捆一个草把子、一端砸成丝代笔，在墙壁、石壁或木板、石碑等方便写字的地方书写革命口号和标语的工作。工作了一段时间，我对这一工作很感兴趣，觉得自己的书没有白读，现在是有用武之地了。

粉笔队写的标语稿子，是由军以上政治机关根据各个时期的方针、政策及军事任务编拟的，粉笔队只能因时因地的按原稿书写，不得随意想写什么就写什么。

在长征途中，我们写的最多的是“翻过雪山就是英雄！走过草地就是胜利！”“保护少数民族利益！尊重少数民族风俗习惯！”“不住喇嘛寺！不进经堂！不翻佛经和摸神像！”在藏民区，我们还模仿藏文写标语，用木板书写挂在树上或放到河里，让其顺河漂流到藏民区。

在城市、乡镇，则写“保护工商业！”“红军买卖公平！不侵犯商人一针一线！”有适当墙壁，则写共产党的十大政治纲领。部队驻扎时期，则由粉笔队的同志在适当的古碑、石壁或永久性建筑物上写出大小不同字的标语、口号，再由钻字队精雕细刻，然后涂上颜色，非常美观，经久不变。

在抗日战争前夕，党提出抗日宣言以后，我们则写“扩大抗日民族统一战线！”“停止内战，一致抗日！”“中国人不打中国人！枪口一致对外！”“国家兴亡，匹夫有责！”，等等。

粉笔队从红军时期到抗日战争时期，一直得到上级领导的重视和支持，走到哪里宣传到哪里，深受人民群众的拥护与欢迎。1937 年二三月间，我们驻在平凉、镇原一带。一天，我们正在写标语，援西军司令员刘伯承同志来了，他见到我们把工人的“工”字写成“互”，把穷人的“人”字写成古体的“人”,把打倒蒋介石的“介”写成古体的“介”，就十分亲切而又严肃地说：“粉笔队的同志呀，你们这样写，把我这个半知识分子都‘绊’住了。写字不大众化,老百姓怎么认得呀！”以前，我们认为那样写是艺术字，还很得意，经过刘司令员的纠正，以后我们就认真书写正楷字，一点不马虎。

在领导和首长的重视关怀下，粉笔队的工作十分出色。记得在 1933 年的一天，我见到了一名白军士兵，背着一支枪、30 发子弹，半夜里从军阀田颂尧的部队驻地跑来向红军投诚，我们问他：“你带枪跑到红区来，不怕杀头？”那个士兵很干脆地回答道：“你们不是到处都写有优待白军士兵的标语吗，我还怕啥子嘛！我相信你们墙上写的话，相信红军是说到做到的。”

1935 年，红军进驻桐梓后，有一天，我们发现一个学生打扮的年轻人，总是跟着我们粉笔队，看我们写的标语，听我们的谈话，整整跟了一个上午。第二天，我们发现他又来了，仍旧看我们写的标语，听我们的讲话。我们向群众刚宣传完，那位青年就十分激动地跑了过来，拉着我们的手说：“我早就想当兵，参加革命，为国为民，可是邓锡侯的部队自称是‘国民革命军’，他们却压迫士兵，打骂士兵，鱼肉人民，老百姓恨透了，这两天看了你们写的标语，又听了你们的讲话，感到红军才真正是人民的军队，是天底下最好的军队，请你们收下我吧！”经过我们的引介，他参加了红军。

1936年，红四方面军第二次返回藏民区。进军瞻化城的时候，蒋介石曾用飞机送去了一名高级喇嘛，叫诺喇①，号称活佛。诺喇带了一个步兵加强连，每班配有一挺机关枪，来到瞻化藏民区，企图煽动藏民，阻止红军北上。当红军进攻瞻化城时，他的队伍一上山，就被山上的藏民包围了，把他的一连人缴了械，诺喇也被活捉了，并交给了我们红军。藏民群众为什么如此了解红军，拥护红军？开始，我们都有些迷惑不解，经过与藏民群众闲谈才知道，原来红军第一次经过藏民区时，严格执行少数民族政策，遵守纪律，没有侵犯藏民兄弟的任何利益，同时，粉笔队在各地用藏文写了不少有关红军与藏民的关系、红军的政策主张等方面的标语、传单，这些宣传对藏民影响很深，因此，广大藏民从内心热爱红军，支持红军。

1970年，我回到家乡四川阆中县，看到了当年红军粉笔队钻刻在阆中县“华光楼”拱门上和钻刻在东城门拱上的标语仍然依稀可辨时，感到十分亲切，不禁又使我想起粉笔队当年书写和钻刻标语的情景……（陈志愿整理）

选自杨国夫等:《星火燎原·未刊稿》第4集，解放军出版社2007年8月第1版，第147—149。

贾安潮，1907年生，四川阆中人。1933年加入中国共产党，1933年参加中国工农红军。红军长征时任红四方面军第四军十二师政治部粉笔队员、军宣传队分队长。新中国成立后，曾任湖北省军区供给部副部长、后勤部部长，武汉军区后勤部副政治委员等职。2006年在武汉逝世。

① 应为诺那，下同——编者注。

我为红军当翻译

梁跃堂

红军在长征中，一方面要闯关夺隘，与敌人进行激烈的战斗；另一方面还要做好少数民族工作，取得他们对红军的支持，并点燃各少数民族地区革命的星星之火。我是藏族人。长征路上，我是一位帮助红军与藏族同胞进行沟通的翻译，通过我，部队向藏族同胞宣传革命宗旨，很多藏族同胞由不了解红军，到和红军成了朋友、同志。他们纷纷支持革命，为红军提供粮食，有的和我一样加入了长征的队伍。

一、12岁的我走长征

我出生在四川省阿坝藏族自治州理县杂谷脑镇的一个藏族家庭。“杂谷脑”是藏语“嘎相郎”的谐音，意为“吉祥之地”，然而，它却并没有带给我一个吉祥的童年。我家境贫寒，父母去世早，我很小就成了孤儿。

1935 年 5 月上旬，红四方面军撤离川陕苏区以后，为摆脱敌人南北夹击的不利局面，决定主力向川西北发展，于是在我的老家四川理县驻留了一段时期。年仅 12 岁的我也就是在这个时候参加了红军。理县是汉族和藏、羌、回等少数民族的杂居地区，其中藏民占人口多数。

看到红军来了，我感觉特别新奇，也厌倦了原来的生活，于是在老战士的动员下，我这个小毛孩就报名参加了红军，进入第九军二十七师特务营。由于生活在汉藏杂居地区，我从小就会汉语和藏语，所以就当起了通司（藏语翻译）。

二、骑上首长的马

1935 年 6 月，红四方面军为迎接中央红军北上，部队西进，翻越位于理县西南方的海拔 4000 多米的红桥山。那时我刚参加部队，头一次过雪山。红桥山上云雾笼罩，看不见山顶，气候变化无常，一会儿骄阳似火，一会儿又狂风大作，暴雨、冰雹同时打下来。快爬到山顶时，大雨又变成了鹅毛大雪，像柳絮一样漫天飞舞，覆盖了我们前进的路。这个时候，年纪大和身体不好的很多人都牺牲了。对于许多人来说，那个时候只要坐下来喘口气休息一下，很可能就永远也起不来了。最后，我们总算是征服了红桥山，和中央红军的先头部队会师了。

要是没有老战士们的帮助，我也许翻不过雪山，战胜不了那么多的困难。看我年龄太小了，部队里的“大人”，尤其是领导，非常照顾我。有了吃的，就让我和女战士先吃；看我走不动了，首长就让我骑上他的马，真神气！走到后来，实在没有吃的了，首长就下令把自己的马杀了给战士吃。那是 1936 年的春节前后，印象很深，我们特务营分到了一个马头，二三十人饱餐了一顿。

三、让藏族同胞了解红军

红军到达藏民聚居的地带时，我这个“小翻译”就开始发挥作用了。

我们红四方面军严令部队执行民族政策和纪律，尊重少数民族的风俗习惯，与少数民族群众坦诚相见，与他们交朋友。有些藏民起初并不了解红军，我的工作就是通过宣传红军的革命宗旨来让他们了解红军，让他们知道，红军和他们是一家人。刚开始，工作开展得挺艰难，但渐渐就好了，后来有的藏民主动找我问红军的情况。再后来，由于藏民们的互相转告，红军一到藏民聚居的地方就会受到欢迎，他们都主动向红军提供粮食，红军都一一付给他们钱。红军那时还发动贫苦牧民、农民联合起来，分田地、牛羊、财物，并坚持打击进行破坏活动的反动分子，使广大藏民摆脱了重重枷锁。随着对红军了解的深入，有越来越多的藏民支持革命，他们帮助红军带路、探消息、运送物资、转移伤员等。（李海峰整理）

中共辽宁省委党史研究室供稿。

梁跃堂，1923 年生，四川理县人，藏族。1935 年参加中国工农红军。红军长征时任红四方面军第九军二十七师特务营勤务兵、通司（藏语翻译）。新中国成立后，曾任空军沈阳第八航校大队政治委员、沈阳市机械工业管理局副局长等职。2013 年在沈阳逝世。

在长征途中

长虹

1933 年底至 1935 年期间，有一支活跃在川北苏区（通、南、巴等县）和川西少数民族地区的红色宣传队。这个队只有 20 来人，队员平均年龄不过 12 至 13 岁。他们都是川北城镇农村的穷孩子，都受过地主豪绅的剥削和压迫，对阶级敌人怀着无比的仇恨，因而踊跃参加了红军。当时年龄最小的恐怕是冉光照同志了，而我也只有 11 岁。

这个宣传队的正式名称叫红四方面军第四军军医院新剧团。我们的任务是向红军战士、伤病员和当地群众进行宣传鼓动工作，演出一些短小的活报剧和舞蹈，如《八月的桂花》、《锄头舞》等等。剧团的服装、道具都极其简陋。从土豪劣绅那里没收的各色衣服和彩绸稍加修改就是舞蹈服装，几支笛子、箫、口琴和洋鼓就是乐器了。往往一个人要担任好几个角色，既是舞蹈演员又是话剧演员，有时还兼音乐伴奏。至于演出的场地就更为简单了，青天为幕，大地是舞台，夜晚在月亮地里或点上几支大火把演出，如能弄到几个汽灯就算是最好的条件了。

我们新剧团除担任演出外，还兼任照顾和运送伤病员的工作。当时战争条件非常严峻，我们与红军战士一道行军，行军途中要赶在战士前面唱歌、喊口号。每天到达宿营地，同志们休息了，我们还要赶排第二天的演出节目。当时虽然大家年纪小，工作累，生活苦，但是充满革命乐观情绪，工作任劳任怨，从未有人叫苦。只要一提起红色宣传员，人们都翘起大拇指称赞:“这些红小鬼，人小志气大，真是好样的。”此外，我们还做壮大红军力量的工作，每次演出后下台来，就向青少年进行宣传示范和做发动群众的工作。

不久，刘湘开始对我川北革命根据地大举围攻，党和政府工作人员历尽艰辛出生入死参加支援红军作战。我们红色宣传员也参加了运送伤病员的工作。虽然我们人小力气不足，有的人只有枪那么高，但是大家干劲很大，抬担架一抬就是好几十里远，甚至上百里的路程，没有一个偷懒的，大家都是争先恐后抢着抬。同志们抬上伤员后又说又笑，又喊又唱地向前走，伤病员看到我们这帮红小兵抬着他们，感到轻松愉快，伤病也减轻了。

在我军粉碎刘湘“六路围攻”后不久，我们西进到黑水芦花一带。那时战争很紧张，生活也极为困难。许多伤员从前方运下来后，就由我们接收与护理，并转移到安全的后方。有一次我们负责护送二三十个伤员到预定的目的地。其中不少是缺胳膊断腿的，尽管这样，他们都充满革命英雄主义精神，十分乐观，自己拄着双棍或单棍行走，只有个别伤重的才让我们用担架抬。这次路程较长,前进方向敌情复杂,困难很多,左侧是高山峻岭，右侧是湍急的大河，河对岸的敌人不时向我们吆喝挑衅，甚至射出冷枪。遇上这种情况，我们都迈开整齐的步伐，伤员们把拐棍扛在肩上，仿佛是持枪前进的队伍，弄得敌人也摸不准是啥家伙，不敢轻举妄动。其实当时我们只有两支步枪和几发少得可怜的子弹。

大约是在1936年初春，我们由懋功出发翻过终年积雪的党岭山，经过西康道孚便到了较大的喇嘛寺庙地——炉霍。我在炉霍参加了总卫生部办的卫生训练班，结业后就被分配到总部一局担任卫生员。一局是大机关，就我一个卫生员，治疗护理什么都干，白天随大队行军。当时物质条件很差，红军干部战士都是穿草鞋，有的是用生牛皮做的草鞋，又没有袜子，大家都赤脚穿草鞋。生牛皮鞋浸了水以后比铁还硬，不少同志把脚磨破了。我的脚也磨出了血泡。因为一局人手少，我这个卫生员还要参加站岗放哨，随时防备敌人的偷袭。因为那时少数民族兄弟受国民党和土司头领的欺骗宣传，对红军的政策是不了解的。有时土司的反动武装会突然向我们袭击，因此我们每到一地，都要加强警戒。

由炉霍向西北方向行进，在过草地前不久的一天，我看见在河边的浅滩上有十来个人聚集在一起向前进的队伍瞭望。我当时好奇地一拐一拐地走上前去，看见站在前头的是一位约莫 50 岁左右，身穿旧军服的老人。等我快走到他面前时，他突然问我：“小鬼！你是干什么工作的？”当时我一愣，答道：“我是卫生员。”他又问我：“你多大了？”我答道：“14 岁了。”“小鬼，你真不简单！快过草地了，加把劲走吧。过了草地就好了。……”

离开老人后，同志们告诉我，他就是我们红军的总司令朱德同志。他那和蔼可亲的音容，朴实健壮的身影，深深地铭刻在我的脑海之中，永不忘记。

选自《人民日报》1981年8月17日。

长虹，1922 **年生，四川人。**1933 **年参加中国工农红军。红军长征时任红四方面军第四军军医院新剧团战士、红四方面军总部一局卫生员。**

红四方面军文艺宣传工作琐忆

熊云

1933 年 9 月，我随家乡四川苍溪的暴动农民转移到仪陇县，编入红四方面军第九军。10 月因战斗频繁，红九军将一些“娃娃兵”挑出来，送往后方巴中新市街。那里当时是红四方面军总政治部所在地。

总政招待所是几排大瓦房，掩映在苍翠的绿荫之中。我们住的那间房子里，有我这样十四五岁的孩子六七个。大家到了一块儿，很快都熟了，“叽叽喳喳”猜测着领导可能让我们干什么。

第二天，总政周如公秘书长来了。跟着他的还有一位女指导员，姓李，也就是十八九岁模样，她身着军装，头戴八角帽，腰扎武装带，煞是威风。周秘书长笑眯眯地问我们想干什么。大家立刻嚷开了，有的要求当侦察员，有的要求回前线。周秘书长笑了一下，挥挥手 ：“服从分配吧，让干什么就干什么。”他说完，李指导员拿出一支金黄色的长笛，对我们说 ：“你们试一试，看谁能吹响。”

第一个人拿过笛子，吹了两下，笛子发出两次尖锐的响声。女指导员让他交给第二个人。第二个人吹的脸红脖子粗，只听到“嘘嘘”的吹气声，笛子响都不曾响。周如公秘书长笑着让他把笛子递给我。我接过笛子，用舌头湿了一下笛膜，先吹了一支过去放牛时常吹的牧牛曲，又吹了一支山歌。女指导员笑了，脸上露出两个浅浅的酒窝：“好了，好了，跟我走吧。这只笛子送给你了。”说完，她又拿出一支笛子让其他几个孩子试。结果那几个人都会吹。她让我收拾收拾,一会儿跟她走。然后,她就到其他屋里挑人去了。不大一会儿,她让别人来招呼我。我看到她挑选的男孩、女孩足有十七八个呢!

下午,李指导员将我们领到了一幢大院里,这里就是红四方面军总政治部新剧团。几天后,新剧团和政治部宣传队合并,队伍大起来;成立了话剧队、舞蹈队、音乐队、旧剧队、歌咏队、宣传队(专写标语)等十余个队,约300余人。其中170多人都有枪,而且装备比较好,很多是花机关枪(冲锋枪),平时演出作道具。行军、住宿,这170多人就集中起来,担任警戒任务,也叫武装工作队。

1933年秋,红四方面军趁四川军阀混战未结束,采取集中优势兵力各个击破的战术,举行了三次战役,歼敌两万余人,开辟了大片新区。10月,刘湘正式就任四川"剿匪"总司令,纠集20万人,对川陕根据地发动"六路围攻"。我军采取了收缩阵地的方针,在运动中消灭疲惫敌人。1934年1月中旬,红四军、红九军、红三十军各一个师在东线反击,在马鞍山歼敌三个团另两个营,在胡家场歼敌一个旅的大部,形成了对峙局面。这时,我们新剧团接到了奔赴前线的命令。

敌人和我军隔东河对峙,气氛紧张得很。敌士兵在军官的反动宣传下,认为红军是妖怪,白天还像个人样,一到晚上就要吃人,还生吃小孩。领导把我们调上来,就是要揭穿敌军官对士兵的欺骗。

晚上,我们爬到河边的隐蔽部里向敌人喊话,敌人惧怕得很,一听我们喊话就开枪。第二天晚上,我们换了女宣传队员喊话,敌人不开枪了,听我们讲什么。

女宣传队员先喊:"中国人不打中国人。"

敌人士兵乱喊道:"谁跟你们是中国人!"

女宣传队员又喊道:"东三省已被日本侵占了,蒋介石不抗战,我们联合起来打日本救中国。"

敌士兵喊道:"日本在哪里?我们在哪里?你说打日本为什么跑到

这儿来了。”说完嘻嘻哈哈开始起哄。

女宣传队员声音高起来：“你们不爱国也算，可你们知道不知道，你们当兵后，你们的老婆、孩子怎么受保长、甲长的欺侮？怎么受保长、甲长的压迫剥削？”

一句话，敌人哑了阵。

接着，女宣传队员用很多事例讲了白区人民的痛苦，讲了男人被抽丁后，女人的苦处。最后，用婉婉、凄凉的声调唱了一首歌：

穷人生的……唉，
没有粮食卖，
只好上山去砍柴，挑到街上卖。
早起未天光，落雨又落霜，
一路走来一路晃……

这一夜，对岸上敌人一枪未发，我们知道宣传起作用了。

以后，我们继续去宣讲红军的政策，讲红军官兵平等。宣传完，打个四川花鼓，唱段小调给他们听。敌士兵从对岸要求再打一个，我们又重新打个花鼓唱段小调。通过多种多样的宣传，使岳东、东河一线的敌士兵都不打枪了。宣传，由晚上发展到白天，除了政治宣传，也唱一些民歌，勾起敌士兵的思乡情绪。如我们唱《十把扇子恋恋》时，敌士兵饭都不吃了，跑到树下呆呆地听。有的敌士兵传过话来：“我们都不要打枪，也不要在隐蔽部里躲着，都出来说说话行不行。”我们分析出，敌士兵想看看我们是什么样子，是不是妖怪，就答应了他们的要求，男、女宣传队员站出来让他们看，他们一见我们大都是十五六岁的、很活泼的孩子，气得大骂当官的胡说八道。并说：“以后双方都不要打枪了，我们要打枪时，就是当官的来了。”

后来，随着宣传，这一线的敌士兵们对我军的政策加深了了解，跑过河来和我们讲话，给我们送子弹。以后敌军官强迫他们进攻时，好多人抵制上级的命令，红军一追击，马上举枪当俘虏。可见宣传工作极大地瓦解了敌军的斗志。

我们新剧团在宣传当中，还制作了许多“传单”。这种“传单”是把竹子锯成一尺多长，再破成二指多宽，晾干后，把我党、我军的纲领、政策和主张写在上面，再用桐油漆好，晾干了撒放到河里去，让它顺流而下。很多部队、宣传队也这样做了。一时间，成千上万块竹板标语顺着龙山、岳东的河流入嘉陵江，又流入长江。沿途都有人捞起来。共产党、红军、苏区的情况传出上千里外，极大地扩大了我们的影响。白军的士兵在河里洗澡，也常常操起竹板标语带回去，一传十、十传百，起了很好的宣传作用。

有些同志为了使宣传的时间长一些，别出心裁地在一两丈高的岩石上，雕刻下了塔式标语。以备我军撤退后仍起到宣传作用。如“赤化全四川”，就雕刻成了下面这个样子：

这就是人们所说的“红崖”。经过时代风雨的冲刷，如今在四川的通江、南江、巴中等地的岩石上，仍能依稀辨出塔式标语的痕迹。这是红军文艺宣传工作的光荣见证。

1934 年 2 月，为诱敌深入，创造战机，我军进行了战略性的退却，新剧团也撤到了通江地区，为各级苏维埃和群众演出。一天晚上，我们在安新场演出话剧《估拉》，内容是反映农民被拉伕后悲惨遇遇，叶寿昌同志演保长，装得惟妙惟肖，十分逼真。演着演着，激起了看戏群众的阶级仇恨，不知谁喊了一声“打”，下面观众跳上台，把叶寿昌同志拉下来就打，打得叶寿昌同志连声大叫，会场顿时乱了，新剧团的人和苏维埃干部赶紧跑上去拉，边拉边解释，群众才猛醒过来。说：“噢！是演戏嘛！怎么……”都不好意思地笑了。

不久，我调到了总医院新剧团。总医院住通江县王家坪，下属九个医院，所以新剧团的规模很大，下设话剧队、舞蹈队、音乐队、新剧队、旧剧队……编制和总政新剧团差不多，也有较好的武器装备。在那里，主要是为伤病员演出，也为群众演出。总医院政治部主任张琴秋同志走到哪里把我们带到哪里。

1934 年 3、4、5 月份，敌刘湘命令发起第二期、第三期、第四期进攻。我军开始了运动战，有力地打击了敌人。7 月，红四方面军在辽原前线召开军事会议，确定开始反攻。8 月下旬，红四方面军以一部分在东线牵制敌人，主力迅速西移，发起西线反攻。西线各路敌军，力图自保，纷纷撤退。红四方面军兵分数路，乘胜追击残敌，收复了仪陇、阆中、巴中、苍溪、南江，直占领北起广元、南至嘉陵江东岸的广大地区。毙、伤敌六万余人，俘二万余人。这时，我们新剧团的文艺宣传工作，转移到了俘虏兵身上。

9 月中旬，我们先在巴中为俘虏兵进行了演出。下旬，又到了云山县，这里集中了二三千俘虏兵，看押部队已对他们进行了初步教育。

我们一到，看押部队十分高兴，很快在收了庄稼的旱地里为我们搭起了戏台。我们挂上布景，摆好了道具，于下午 3 点多，开始演出了新编的歌剧《劝郎回头》。我在后台吹笛子伴奏。向下面一看，俘虏兵坐满了大块大块的田地，黄乎乎一片。

歌剧一开头，场下秩序有点乱。舞台上的背景是一广阔的野景。一个国民党士兵端着枪，在战壕边站岗。台下的俘虏兵们看着;发出了“哧哧”的笑声。

一起板，哨兵开口念道:“红军是妖怪，女红军更厉害……”正说着，一个农妇打扮的女人拉着一个小孩走上台。哨兵吓了一跳，一拉枪栓：“干什么的？”看他的丑态，台下的俘虏兵又是一阵“哧哧”的笑声。

“我出来找丈夫。”

“你丈夫在哪里？”

“我丈夫在二十四军当兵（四川军阀田颂尧的部队）。”

哨兵一愣，看了她半晌，问道：“你是哪儿的人？”

女人答道：“我是宣汉浦家场的人。”

哨兵说:“我也是浦家场的人。”接着又问，“你丈夫当兵几年了？”

“九年。”

哨兵背过身去，用食指在胸前勾了个“九”字，想了想，又开始掰着指头算自己入伍时间，一算，正是九年，不禁吐出了舌头，丢下枪，慢慢转过身去……

台下静得很，俘虏兵们张大嘴巴，紧张地看着。

女人丢下孩子扑上去，哭喊着：“狗娃他爹，你还活着？”接着哭唱了自己一路千辛万苦才找到这里的经历。台上说着，台下的俘虏们都低下头，把脸埋在两膝中间，联想着自己的亲人。

台上的哨兵又问：“家里的父母双亲怎样了？”妻子又哭又唱，说出他走后父亲怎样冻饿交加，含恨身亡，母亲外出讨饭掉进池塘中淹死，自己和孩子在泪水中度日……演员演得很真切，自己首先感动地掉下了泪。俘虏兵们看着，看着，不知谁先“哇”的一声哭起来，其他俘虏也跟着哭起来，有的人趴在树上哭，有的捂着脸哭。一时哭声震天，弄得看押部队也没法维持秩序了。

这时，前半场结束，大幕徐徐合上，俘虏兵们哭得更厉害了，我其他小宣传队员们，放下笛子、鼓、锣，跑下台，去劝他们不要哭，要注意身体。有些十三四岁的小队员还称他们“哥”，这一下他们哭得更厉害了，有的哭着说道：“我们可怎么办呵？”

这时，吹哨集合了，一个红军指挥员喊道:“大家不要哭了，坐下，看后半场！”

俘虏兵们刚抹着眼泪坐下，大幕拉开了，剧情继续发展。那女人先是责骂丈夫不该参加国民党二十四军，直责骂得丈夫抬不起头来。接着，又给了丈夫一个台阶，说他当兵也是身不由己，受了当官的不少打骂。然后又开始说唱家乡来了红军，给穷人分了房子分了地。红军官兵平等，打仗时当官的冲在前面。有人受了伤，群众给抬送，还拿鸡蛋慰问……唱着、唱着，台下的俘虏兵都瞪大眼睛抬起头。

台上那个哨兵一抱脑袋，蹲在地上：“这可怎么办呵？”

他的妻子拽起他，斩钉截铁地回答：“当红军！”

台下不少俘虏兵喊起来：“对，当红军！当红军！”这时大幕徐徐闭上，全剧结束。紧接着，有人搬出一张桌子放到戏台边，喊道：“要当红军的到这儿来报名。”俘虏兵们一听，潮水般地涌过来，纷纷报名参军。我们新剧团的同志除了帮助登记，还用红纸条写了“参加红军报名处”，挂在桌边。

过了好长时间才登记完了，有1000多人报名当红军。还有好几百俘虏待在戏台前的平地上。我们又在桌前挂了一个纸条：“愿意回家的报名处”，挂出后又有200人来报名，我们当即给他们开了通行证，发了路费，由政府的同志们把他们领走。最后只剩下100多人了，我们又挂出了一张纸条：“愿回你们原部队的报名处”，他们看了，犹豫好久，才一一上来报名。我们同样热情地给他们登记，我们知道，他们返回白军后，是我们最好的宣传员。

要返回白军的俘虏过了两天才动身，因其他红军部队的俘虏兵们，也有愿回白军的，总部把他们集中到一起，由一个被俘的白军参谋长带队遣返。我们新剧团在庙儿湾敲锣打鼓欢送他们回去。广源县红军派人和对面白军联系，说明有七八百俘虏要回去，请他们接受。他们声明不接受。无奈，只得让俘虏的白军参谋长把队带回去，俘虏兵还没走近，对面白军阵地就开始用重机枪扫射，俘虏兵们退了回来，骂道：“这帮混蛋，竟然用重机枪迎接老子！不回去了，当红军！”结果这些人，包括那个参谋长，大部分都当了红军。

1935年1月，中央政治局和中央军委，电令红四方面军：“于最近时期，实行向嘉陵江以西进攻，配合中央红军渡江北上。”但是，张国焘看不到坚持川陕根据地的有利条件，认为由于中央红军的西进，蒋介石的主力部队会很快压到四川来，得出了“与其被敌人赶走，不如主动撤走”的逃跑主义结论，擅自决定放弃川陕根据地，将根据地的红军和游击队西调。自此，红四方面军开始长征，在无根据地的情况下与敌作战，渐渐被动起来。

6 月，我们总医院新剧团住在北川县半山腰一个团总的大院里，遭到 200 多地主武装的袭击，由于哨兵发现得早，我们的武装工作队反击有力，毙伤敌人 20 余人，将其打跑。离开这里不久，向金川沙进军的路上，有一股土匪想抓我们的人，我们各队有枪的同志迅速行动，一部分加强两侧和后尾的警卫，一部分去解救和土匪交火的尖兵。经短时间的战斗，土匪被打死一个，打伤一个，其余狼狈逃窜。

在艰难的长征路上，新剧团歌声不断，宣传不断，使很多穷苦群众认识了红军，参加了红军。有时在很累的情况下，甚至于在草地上、雪山腰，新剧团也不失时机地放好警戒，设立鼓动棚，鼓励战士们不要掉队，坚持下去。

但是，由于张国焘的机会主义路线和分裂红军的阴谋，使红四方面军损失很大，伤病员骤增。

1936 年 10 月，红军在会宁会师。红四方面军总医院和方面军卫生部合并。不久，一部分部队西渡黄河。此时，红四方面军总医院和一方面军分手。我们新剧团的队员们，分到了五军、九军、三十军和下面的分院，我到了三分院。

10 月下旬，红四方面军三十军渡过黄河后，九军、五军、红四方面军政治部、供给部、总医院先后渡过黄河，组成西路军，新剧团的队员们，几乎全部随部队渡过黄河。我当时所在的三分院因敌机轰炸，侥幸被隔在了黄河以东。

11 月，西路军在河西走廊与敌血战，冲杀四个月未曾解脱，终遭失败。新剧团的成员无一生还，到延安后，我曾多方打听，但没找到任何线索。我很悲伤，也十分怀念他们。

1937 年冬，日军进攻晋东南，我们去扩军，住到了一个村子里。有一天，出现了敌情，住在村子里的同志们转移了，我们因外出，不知道。别人通知我们后，再急忙去追赶。到宿营地才听说，好多东西来不及带，都丢掉了，其中有我那支从川陕苏区带来的金色的长笛，至此，似乎新剧团的一切一切都不复存在。但是，在以后那漫长的战斗生涯中，我总觉得有许多火热的东西伴着我跋涉。渐渐地我明白起来，那是新剧团战斗的号角，那是红军文艺战士一双双闪亮的眼睛……（李金明整理）

选自中国人民解放军文艺史料编辑部编：《中国人民解放军文艺史料选编·红军时期》上册，解放军出版社1986年12月第1版，第378—386页。

熊云，1920 年生，四川阆中人。1933 年参加中国工农红军，1935 年加入中国共产党。红军长征时任红四方面军总医院新剧团战士。新中国成立后，曾任解放军总后勤部军械部四九四仓库副库长等职。2003 年在保定逝世。

为了理想的社会

——忆红军时期宣传队的一段生活

冉光照

1933年，鄂豫皖红军翻过大巴山到了四川境内。我的家乡南江县从此出现了一支亘古未见的队伍。他们出操、上课、召开群众大会，都唱着一支歌：

打倒帝国主义，
铲除封建势力，
实行土地革命，
……

这支能打仗会唱歌的队伍，给我穷困、荒凉的家乡带来了希望和生机。他们开群众大会，发表演讲，句句话都注入了人们的心里。

那年我才12岁，从小无父无母，在饥饿和贫困里度过了自己的童年。红军的歌、红军的演讲，更能吸引我这12岁的孩子。一天，红军召开大会，一位红军战士登台演讲，他说，我们红军的任务，就是我们每天所唱的：打倒帝国主义，铲除封建势力，实行土地革命；我们的目的就是建立一个没有人剥削人、人压迫人，人人有饭吃，人人有衣穿的理想社会……

这是多么具有号召力的话呀！我们朝思暮想的不就是这样的社会吗？12年辛酸痛苦的孤儿生活，让我一下子听懂了红军的道理，便一头扑进了红军的队伍。

1934 年，我作为营长的小通讯员陪他住院。正遇上医院要成立一个新剧团。那时把文明戏称为“新剧”，以和传统的戏曲区别。医院院长徐立清同志[①]把我留下当了新剧团的团员。整个新剧团不到 20 人。一年之后，我们这个团和四军政治部宣传队合并，成为四军的宣传队。那时四军的政治部主任洪学智，宣传部长于飞，都对宣传队十分重视，常常亲自指导，倍加关心。

宣传队共分三个分队，我所在的三分队共四个男孩子、六个女孩子，都是十二三岁的年龄。至今还能记得的有王新兰，她是当时舞蹈组组长，念过书，聪明伶俐，长得非常可爱，性格也十分活泼，舞蹈跳得最好，是我们队女孩子中的佼佼者。还有一位叫彭德华，后来在西安给周恩来同志当报务员时，牺牲了。另一个年龄最小，她是由叔叔背到红军，送到宣传队来的。外号叫小风琴。有人说她活泼得像一架小风琴，还有人说她是一架小风琴换来的。这是一支不知忧愁、不怕艰苦的队伍，整天唱呀，跳呀，在革命的征程中成长。当然，在我们队伍中，也有人走着曲折的路。记得有一位年龄较大的女同志，因谈恋爱受了处分，开除了军籍。但是，她没有改变自己的理想，她怀着赎罪的心情，背着沉重的包袱，一直跟着红军的队伍，翻过了雪山，涉过了草地，历尽痛苦和艰辛，一直走到延安。

我们当时的任务，不外是向群众宣传、演出和行军途中的鼓动。红军每到一地，都要召开群众大会，宣传红军的主张和任务，进行扩红。在这样的会上，宣传队都要演讲。我们年龄小，担任教唱和维持会场。有一次，我们把“抗日救国的八大主张”背得很熟，当众演讲。群众听了无不赞叹:“这样的孩子都能讲出这些道理，红军一定会得到天下！”

演出的形式十分简单。戏多是活报剧,集体创作,没有专职的编导,

① 徐立清应为红四方面军总医院政治部主任——编者注。

几个人在一起研究一个提纲，然后分配角色，就化装上台演出。当时演出的活报剧《活捉刘湘》，很受群众欢迎。打土豪分田地，就把当地土豪的罪恶在台上演出来。这样简单的文艺，也很有感染力，台上出现的情景，群众信以为真，常常台上台下，口号声连成一片。

除了演戏，便是跳舞，《八月桂花》是当时流行的舞蹈。男女孩子都穿上打土豪得来的花衣裳，腰里系着红绸，根据歌词的意思编些形象化的动作，变换着队形。红绸忽闪忽闪，满台飞舞，部队和群众都爱看。直到 1935 年 12 月，才教给我们跳高加索舞、乌克兰舞。

宣传队最经常的任务是部队行动中的宣传鼓动。每次行军，部队首长派一个连队和宣传队一起提前出发，在部队经过的山顶、路口设鼓动站，当部队最疲劳的时候，我们就喊口号，打金钱板，说三句半，演奏乐器。我们有七八根笛子、四把口琴、一面洋鼓、两个镲，还有一个铜盆，这是我们的全部乐器。这个铜盆的作用是万能的。宿营时烧饭，早晨起来洗脸，晚上烫脚，演出、鼓动又是我们的乐器。我们经常演奏的是民谣，还有《马赛曲》。七八根笛子的合奏，也颇为动人。一面洋鼓一敲，也能振奋士气，疲劳不堪的队伍，顿时鼓足了劲头。

红军开始长征后，我们宣传队也踏上了悲壮的历程，作出了我们的贡献。那时部队每翻一座雪山，我们宣传队都先于部队登上山顶。等到部队经过我们身旁的时候，便高呼“翻过雪山就是胜利！”“为了建立没有剥削、没有压迫的社会前进！”夹金山刮着“钢风”，把一重重的雪都吹光了，寒气透骨，但是，只要我们心中怀着这样的信念，心里就有一盏明灯。记得在翻夹金山那一天，我自己完成了宣传任务，但已饿得腿脚发软，再也走不动了，掉了队。掉队，是很可怕的，一个人孤单单地走在路上，道路茫茫，不见人影，有时遇上藏兵，不是被杀掉，就是被收留做“娃子”。我一面走，一面哭，可巧指导员来了，他一弯腰把我背在身上，分队长又夺去了我的背包。我伏在指导员的背上，又感动得呜呜哭了起来。过草地的时候，我得了伤寒病。部队决定把我留下。

我知道，一旦把我留下，就再也赶不上队伍了。于是就对指导员说:“我死也要死在草地上！”就这样，发着高烧，忍着饥饿，进入茫茫草地。白天和宣传队一起鼓动，晚上我们小鬼分队就撑一个白床单作为帐篷，点起一堆篝火，你挨着我，我挨着你，倒在一起度过寒夜。第二天，草地上还迷蒙一片，又响起了起床号，我们背着小背包，怀着未褪的疲劳又踏上了征程。沿途，除了宣传鼓动，还要抬担架，背伤员，大同志两人抬一副，小同志四人抬一副。连担架都找不到时，就背着伤员走。有一次我扶着一个伤员走了一天的路程，到了晚上，他说 :“小同志，这一天你太辛苦了，我无法感谢你，送给三块银元作纪念吧！”后来这个伤员还是倒在草地上了。他送给我的三块银元，我一直背在身上，一直到了天全，我们宣传队一点吃的都没有了，我用它买了烧腊大家充饥。

我们宣传队的大多数同志都走出了草地，我的伤寒病不知不觉也扛过去了，只有一位小同志杨森，他一直病着，劝他留下来，他说:“走吧，苏联胜利了，我们也会胜利！”一天他从牦牛上一头跌下来，再也没有醒来，结束了他短暂的一生。

我们红军宣传理想，也以自己的生命和热血为理想奠基。(晓果整理)

选自中国人民解放军文艺史料编辑部编:《中国人民解放军文艺史料选编·红军时期》上册，解放军出版社1986年12月第1版，第387—390页。

冉光照，1921 年生，四川南江人。1933 年参加中国工农红军，1937 年加入中国共产党。红军长征时任红四方面军第四军政治部宣传队第三分队战士。新中国成立后，曾任解放军军乐团政治委员、八一体工大队政治委员等职。1987 年在北京逝世。

忆红军时期的歌舞

张星点

战斗化和音乐化的红军生活

1933 年 8 月，我的家乡满山都开遍了芳香的桂花，“天府之国”的川北山区已有些凉意。吃过早饭我没有向有病的母亲告别，就和十几个同乡一起，到土坊山下十多里远的渔溪寺参加红军去了。我们刚走到渔溪寺街道附近，就听到一阵嘹亮雄壮的歌声：

红色军人个个要牢记，
三大纪律八项的注意。
第一不拿人民一针线，
群众对我拥护又喜欢。

这是我在童年时代，第一次听到的红军歌曲，这首歌曲，现在我们部队还在继续唱。歌词虽有变化，曲调仍和原来一样。

到渔溪寺后，大家就分了手，我被分到红四方面军三十军九十师二七〇团的一个连队。同志们对我热情极了，红军里边无论干部战士，互相一律平等，亲如兄弟，真像歌子里面唱的那样：

当兵就要当红军，
处处工农来欢迎，
官长士兵都一样，

没有人来压迫人。

当时，一个比我稍高的小同志跑来抓住我的手问道："小弟弟，你多大了啦？"我说"九……"这"九"字一出口，就立刻停了下来。因为我怕红军嫌我小，不要我。我曾经想好要报13岁，却把"九"字说出来了，我立即改口说："13啦。"大家听成"93啦"，惹得他们哈哈大笑。有人说："你怎么会有93呢？"我忙声明："不是93，是13。"其实我是1924年阴历正月十五日生的，参军时只有九岁。

那天，穿上刚发给我的新军装，戴上缀着红五星的八角帽，打上绑腿，扎上腰带，再也不像从偏僻山村来的放牛娃了。

在连里，我每天都和同志们一块出操、学制式操课，唱歌，做游戏、劳动……一天到晚，生活紧张而愉快。

红军生活不但是战斗化的，而且是音乐化的。红军的各项任务及全部生活，几乎都可以用音乐来表达。红军所在的地方，时时处处都有歌声，使人感到乐观、愉快。人们从歌声中获得精神力量，使人勇敢、斗志旺盛，对革命充满胜利信心。

红军歌曲的内容极为丰富，涉及红军生活的各方而，如出操、上课、站岗、放哨、劳动、练兵、行军、打仗等等，如《出操歌》、《跑步歌》等。在《出操歌》里，从"立正、向右看齐"，一直唱到各种队形变化，作战动作和要领等，可惜我只记得下面几段：

立正式，向右看齐，
预备向前看，
抬头报数，
数数数，一二三四五。
向右转，四路纵队，
托枪开步走，
左后转弯，
走走走，对准本行走。

向左转，二路分队，

前面有敌人，

一齐瞄准，

快快快，预备与敌战，

各同志，左右散开，

装枪预备放，

半面前进，

干干干，杀敌要勇敢！……

这样出操，不感到枯燥和疲劳，动作也记得快，跑步时，还有《跑步歌》,有时也用《红军革命歌》代替,因为这个歌的节奏很适合跑步唱：

革命潮流高涨起，

工农兵士大联合，

我们红军组织工农来革命，

纪律严明讲平等；

不怕死，不爱财，

齐心消灭反动派，

努力杀敌勇敢去斗争，

要把军阀帝国主义消灭净！

还有配合作战和射击训练的《射击军纪歌》，以及每个红军指战员必须懂得并遵守的《红军纪律歌》、《爱护武器歌》、《步哨守则歌》等。通过这些歌，活跃了部队，丰富了文化生活，增强了革命责任感，巩固和提高了部队战斗力。例如《爱护武器歌》中说：

同志们呀要知道，

枪子弹何处来?

勇放冲锋拼命杀敌，

头颅和热血换来的。

一唱这歌，就想到红军的武器弹药来得不易，应该加倍爱护。《步哨守则歌》告诉战士说：

前方第一是敌情，
村庄道路记心中，
监视区域须分明，
轮到换班要交清。

这些歌，使新入伍的红军战士，能够很快获得作为一个革命战士必须懂得的知识。

有一次，我掉了一发子弹，班长就叫我唱《爱护武器歌》。当我知道武器是用“头颅和热血换来的”的时候，就觉得在当时那种困难条件下，丢失一发子弹就是犯罪！从此以后，我就知道自觉地爱护武器了。

还有一次，我偷偷地拿过班长的枪和子弹，想打一枪过过瘾，谁知被班长发现了，他严肃地问道：“你要做什么？”我结结巴巴地说：“我……想……打……一……枪……”班长说:“《射击军纪歌》怎么唱?你唱唱！”一唱这歌,就知道自己违犯了纪律。还有《红军三大任务歌》、《杀敌歌》、《战斗动员歌》以及各种配合当时任务的歌曲。这些深受红军指战员喜爱的歌曲，证明了一个值得我们重视的道理，歌曲艺术是最富有群众性和战斗性的，也是最长于和政治任务与战斗任务相结合的艺术形式。红军中的文艺工作者，反对歌曲脱离当时的革命政治和红军的生活的倾向，主张利用歌曲艺术的群众性、轻便性、灵活性和战斗性，去尽可能反映红军生活的深度和多样性。

红军“新剧团”的文艺活动

我因年龄太小，在连里待了没有多久，就被送到“新剧团”。剧团有男有女，多半都是娃娃兵。新剧团演出的节目有歌唱、舞蹈、话报、戏剧等，什么《八月桂花》哪，《童子舞》哪……除演出外，还经常到连队或群众中去作文艺辅导工作，主要是教唱革命歌曲和排节目。其次，就是通过标语、传单、绘画、演讲等形式宣传党的政纲和主张，宣传抗日救国的道理和红军的胜利，并作扩大红军的工作。剧团及宣传队的演出节目，都是根据红军和苏区群众的生活编写的，形式也很多样。新剧团和宣传队总是把各种文艺形式当作宣传工作的手段。面向连队，用文艺武器去巩固和提高部队战斗力。

剧团和宣传队的活动，必须服从革命的需要、战争的需要。因此，红军中的文艺工作者，总是那么善于反映红军的生活和配合战斗任务。剧团和宣传队的演出是非常灵活的，既能在舞台上，也能在街头或广场，可以集中演出，也可以分散演出，以满足红军和工农群众的需要为目的。

为了便于分散演出，新剧团需要有更多的人能够参加演出。因此，我到新剧团的第二天就派人教我跳舞。刚从山沟里出来，手脚很笨，一个《童子舞》花了两天半才学会，有些老演员看见我跳舞的难看样子，就向我撇嘴。

学完《童子舞》又学《八月桂花》。《八月桂花》并不是单纯的歌，而是载歌载舞先学唱，再学舞：

八月桂花遍地开，
鲜红的旗帜竖呀嘛竖起来，
张灯又结彩呀啊，张灯又结彩呀啊，
光华灿烂现出新世界。
亲爱的工友们呀啊，亲爱的农友们呀啊，
唱一曲国际歌庆祝苏维埃。

第一段词是边唱边舞，唱完第一段词就光跳舞不唱词。不过要演员自己唱过门（边唱边舞）。

新剧团和宣传队，在战时，还特别注重行军中的鼓动工作、战场上的鼓动工作与瓦解敌军工作。在行军途中，经常在人们疲劳的时候，就听到剧团或宣传队的锣鼓声，男女团员或宣传员的歌声和口号声；在战场上，可以经常听到剧团和宣传队响亮的喊话声。

“同志们，莫掉队，翻过山去就有大米吃！”“同志们，加油啊，前面不远就是宿营地！”这些指战员们所熟悉的、亲切的喊话声，从川北到川西，从雪山到草地，一路上都伴随着部队前进。

草地中的文艺战士与歌咏活动

1935 年 6 月，一、四方面军在川西懋功地区胜利会师后，即兵分两路，穿越草地北上。过草地，是红军长征途中一次极端艰苦的历程。我们进草地正值 9 月天气，部队穿着单衣，经受着暴风、寒雪、饥饿、疲劳和疾病的折磨以及敌人骑兵的偷袭。就在这种极端艰难的日子里，广大红军指战员却充满了胜利的信心和乐观情绪。新剧团和宣传队的男女同志更是十分活跃，他们不辞艰辛地进行着行军中的鼓动工作。一路上敲锣打鼓，为部队唱歌，表扬好人好事，喊鼓动口号。红军部队，一路上红旗招展，歌声嘹亮。

当部队穿过草地并打下包座后，中央红军继续北上，而我们四方面军却转过身来南下，再过草地。二过草地已是 10 月深秋季节，饥寒难忍。部队刚经过第一次草地行军和松潘、包座的战斗，极度疲劳。

当时，部队不知道南下是张国焘分裂红军的阴谋活动，虽然疲劳，但听说回去“攻击成都、活捉刘湘”、“建立川西根据地”，对部队也有一定的鼓动作用。特别是生长在通、南、巴等地的同志，都想看看自己的省会成都是什么样儿。文艺工作者也围绕这些新的任务，积极展开创作和教歌活动。例如，部队出了草地，唱起了新创作的《南下歌》：

红军哪南下行哪，
拉索米索要打成都城哪，

积极进攻敌人哪，

要解放川西穷苦人哪，

多来多拉索多拉米索。

到了离成都不远的地方，部队进行了“活捉刘湘”的战斗动员，就唱起了鼓舞斗志的《打刘湘歌》：

莫打鼓儿莫敲锣，

听我唱个作战歌，

摆开队伍打刘湘，

一个要打他五个。

又如，第一次过草地，我们多次遭到敌人骑兵的袭击。第二次过草地，我们也组建了骑兵队伍，并在部队普遍进行打骑兵的教育。在行军中和宿营地，到处都在学唱《打骑兵歌》：

指挥员和战斗员们，

努力学习打骑兵啊，

四个基本的原则，

一条一条记在心哪，

第一基本原则沉着冷静，

勇敢坚定，确实相信手中武器，

一分一秒不要放松，

准备战斗打骑兵。

在草地，大家的干粮十分缺乏，不得不一边行军、一边寻找野菜充饥。一天，宿营后，营里打了一头野牛，给各连分了牛肉、牛骨和牛皮。各连又按人数分到各排各班。每个人都分到一小块牛肉，大家舍不得吃，就带在身边作干粮。各排把分到的牛骨集中起来熬汤，把牛皮烧熟，与野菜、青稞煮在一起，全排在一起吃了一顿牛骨、牛皮汤熬野菜。大家一边吃，一边高兴地唱起了《吃牛肉歌》：

牛肉本是好东西罗喂，

不会错呀！

吃了补养人身体呀，

咳当真！

牛骨拿来熬汤喝罗喂，

不会错呀！

牛皮还能做鞋穿呀，

咳当真！

1936年，我们第三次过草地。一天，我忍受着饥饿与疲劳，正沿着河流前进，追赶我们的队伍。一路上，掉队的人越来越多。有的边走边说："走了十多天还不见人烟，什么时候才能走出这个鬼地方！……"中午时分，我正在朝前赶路，前面忽然传来一阵阵清脆、甜美的歌声，是一位女同志唱的《慰问伤病员歌》。我还记得几句：

一劝伤病员，同志们罗喂，

你们在前方杀敌人罗，

你们作战最勇敢罗喂，

光荣负伤为人民罗。

亲爱的同志呀，光荣负伤为人民罗。……

我迎着歌声走去，前面河边有一片树林，树林里我们的担架队和伤员正在那里休息。那边女同志一边烧水一边为伤员们唱歌。我走到那位女同志跟前，她一下就认出了我。原来她是新剧团的，部队南下以后，一次，我们上山背粮，她见我背不动，就从山上一直帮我背到山下。回到驻地，又帮我洗衣服，从那时我就认识了这位比我大七八岁的大姐姐。当时我不知道她的姓名，她大概听别人叫我"小张"，她就记住了。一见面就问我："小张，好久没有见你了，今天怎么掉队了？"我说："身上没劲，走不动……"我没有告诉她我肚子饿得走不动了。她好像知道我饿了，就抓了两把青稞给我，并说："快吃了赶队去！"我感激地谢过这位姐姐，又继续朝前走去。

刚离开担架队和伤员没多远，忽然响起一阵急促的枪声！我抬头一看，一股敌人的骑兵正朝我飞奔而来，离我只百米远近！我立即转身钻进了右手边的灌木林中。骑兵过去了，我钻出灌木林，又回到了担架队和伤员休息的地方。哎呀！满地都是血淋淋的尸体！担架队员和伤员没有一个活着的！只是在尸体中找不见新剧团那位给伤员烧水和唱歌的姐姐。我高声喊着："姐姐！……姐姐！……"嗓子喊哑了，也没人答应，回答我的只是大地的沉默与河里的流水声……

选自中国人民解放军文艺史料编辑部编：《中国人民解放军文艺史料选编·红军时期》上册，解放军出版社1986年12月第1版，第369—377页。

张星点，1924年生，四川巴中人。1933年参加中国工农红军。长征时任红四方面军新剧团战士。新中国成立后，曾任西北军区政治部文工团研究员，兰州军区文工团音乐教员、创作组组长等职。

红四方面军在四川及长征时的部分歌词

熊云

我的家乡在四川省阆中县新逢乡。红四方面军入川后，离我们家乡不远的苍溪县元宝山地区，发生了农民暴动。这次暴动集合了好几万农民，后来加入了红四方面军，我也是其中的一员。暴动酝酿了三年多时间，做了很多深入的宣传工作，其中比较突出的是用歌曲启发农民的觉悟，有几首歌我至今记忆犹新。

《农民自叹》

我本是一农民，
千万种痛苦我都受尽；
我家里多么贫，
我一直去帮耕；
地主剥削豪绅压迫到如今；
一年到头多辛苦，
满身的血汗都刮净；
为什么我们不翻身，
为什么我们不翻身，
拿起锄头去和他两个拼！

《共产党、苏维埃、红军劝农民起来去斗争》

可怜的农民、农民，
农民那么贫，
地主压迫你、豪绅剥削你，
你为什么还不在红场里，
还在黑暗里，
请你一致挥戈上战场，
上战场，拼一场。

《穷人生的唉……》

穷人生的唉，
没有粮食卖，
只好上山去砍柴，
挑到街上卖；
早起未天光，
落雨又降霜，
一路走来一路晃，
实在是冤枉。

一进东门街，
眼望都是柴，
今天的柴多不好卖，
卖不出价钱来；
土匪和民团，
做事真难办；
不管你大担和小担，
随便他把钱。

当卖一串三，
他只给六百钱；
又买米来又称盐，
我实在没法办。

心想吃碗饭，
手中又未有钱，
饿着肚儿往回转，
一路好做难。

可恨那清乡军，
他拖枪七八根，
一进门就凶神神，
没钱就捉人。

元宝山暴动以后，我们于 1933 年 8 月编入了红四方面军。当时的部队是红九军，我先是在红九军警卫连当战士，几个月后，被调到红四方面军总医院宣传队。开始分配在音乐股工作，后来任宣传队队长。该宣传队在一、四方面军会合后，于甘肃会宁解散。这期间，为了配合部队的政治工作，我们宣传队演唱了许多歌曲、戏剧。演出后，收到了很好的效果。到现在我只记得一部分歌了：

《赞列宁》

他创造了世界革命——苏联共和国，
他建设了社会主义第一、三国际。
推动历史，正直伟大，
红人类称豪光、豪光，
随时为了纪念列宁而斗争。

东方劳动的人们，
快来团结，
为纪念列宁而斗争，斗争！

《工人解放歌》

革命战火遍地燃烧，全国又全球，
我们的敌人垂死又作困兽的格斗，
起来，起来，饥寒交迫，巩固我团体，
努力奋斗最后胜利是我们的。
红色苏俄革命亲兄弟，
马克思和列宁他是革命家，
共产党起暴动，就把俄皇杀，
现出一小新社会革命完成。
我们工人创造世界人类人无疑，
不做工的资产阶级还把我们欺，
起来，起来，饥寒交迫，巩固我团体，
努力奋斗最后胜利是我们的。

《“五一”世界工人劳动节歌》

“五一”是世界工人劳动节，
团结一致为解放而斗争，
用自己的手创造的世界，
用自己的血夺回救自己。

“五一”是工人流血斗争日，
芝加哥工人的殷红血迹，
深印在每个工人的心间，

为着斗争的胜利要团结。

《红军青年战士歌》

红色的青年战士气昂昂，
好比那东方刚出的太阳，
不怕英勇牺牲杀敌一猛虎，

冲锋陷阵百战百胜谁敢挡，
我们永远站在前线上。

红色的青年战士争先进，
我们要加入共青团，
遵守纪律，服从命令要坚决，
军事、政治、医务、文化、娱乐去学习，
我们就是将来的主人。

《日本帝国主义》

日本帝国主义，提起它真可恨，
占领我东三省，杀我工农兵，
占热河，又攻击我平津，
飞机大炮一齐来，屠杀又奸淫。
屠杀又奸淫，没得路逃生，
工农带士兵，自动团结起呀，
齐一心！
千辛万（嗬）苦呀，拼死往生（路）活（路）的钻，
英勇是可钦。

你们的家乡，到了日本兵，
你们为什么还要打我们?
弟兄们，
说来真伤心。
你们打的是卖国仗，当的是亡国兵!
当了亡国兵，生活是苦得很，
挨打挨骂挨冻又受气呀，
修碉堡，日夜不停留，
言一声它真可恨，他随便乱杀人。

你不打我们，我不打你们，
我们联合起来打日本，
弟兄们，
看你赞成不赞成?
如果你要赞成的话，
我来接你们。

《红军南下歌》

亲爱的工农同志们啦，亲爱哎哎哟；
红军的南下胜利大得很，我唱你来听，亲爱哎哎哟；
伟大的胜利，
我们打垮刘湘兵，亲爱哎哎哟；
一、二、三、四消灭尽，占领懋功城；亲爱哎哎哟；
红旗插遍了宝兴，亲爱的哎哎哟，
天全打垮刘文辉，芦山来占领，亲爱哎哎哟；
乘胜追下雅州去，亲爱哎哎哟；

机关枪扫得满天钻，敌人吓破胆，亲爱哎哎哟。

《雪山歌》

这一次的行军，
迎接民族革命，
积极进攻那敌人，
首先赤化陕甘宁，
不逃跑不掉队，
粮食困难要节省。

《草地行军歌》

行，行，行，草地中大家一起进！
不怕困难，奋勇的向前进，
我们要拿出布尔什维克的精神顶要紧，
时刻得准备着打敌骑兵。
我们是百战又百胜的铁红军，
粉碎了蒋介石的进攻，
行，行，行，稳坐西北向前进！

《二、四方面军会合歌》

看，战胜了一切，
听，震动了全国，
英勇弟兄们，伟大的会合，
来欢迎二、六军，举红旗向前进，
一定要胜利，杀敌去努力。
横扫湘鄂黔川，英勇的二、六军，
高举中华民族的旗帜，

抗敌反蒋主力是我们。

大踏步向前进，赤化全中国。（廖伍洲笔录）

选自中国人民解放军文艺史料编辑部编：《中国人民解放军文艺史料选编·红军时期》下册，解放军出版社1986年12月第1版，第436—442页。